The New Cambridge Medieval History
Volume VI *c.*1300–*c.*1415

新编剑桥中世纪史

第六卷　　约1300年至约1415年

[英] 迈克尔·琼斯（Michael Jones）主编

王加丰　等译

CAMBRIDGE

中国社会科学出版社

审图号：GS（2020）575号
图字：01-2009-0820号
图书在版编目（CIP）数据

新编剑桥中世纪史. 第六卷. 约1300年至约1415年/（英）迈克尔·琼斯主编；王加丰等译. —北京：中国社会科学出版社，2020.3
书名原文：The New Cambridge Medieval History, Volume Ⅵ, c.1300 – c.1415
ISBN 978-7-5161-9696-0

Ⅰ.①新⋯ Ⅱ.①迈⋯ ②王⋯ Ⅲ.①欧洲—中世纪史—1300-1415 Ⅳ.①K503

中国版本图书馆 CIP 数据核字（2017）第005527号

出 版 人	赵剑英	
责任编辑	史慕鸿	
责任校对	赵雪姣	
责任印制	李寡寡	

出　　版	中国社会科学出版社	
社　　址	北京鼓楼西大街甲158号	
邮　　编	100720	
网　　址	http://www.csspw.cn	
发 行 部	010-84083685	
门 市 部	010-84029450	
经　　销	新华书店及其他书店	
印刷装订	北京市十月印刷有限公司	
版　　次	2020年3月第1版	
印　　次	2020年3月第1次印刷	
开　　本	650×960　1/16	
印　　张	85	
字　　数	1310千字	
定　　价	298.00元	

凡购买中国社会科学出版社图书，如有质量问题请与本社营销中心联系调换
电话：010-84083683
版权所有　侵权必究

This is a Simplified-Chinese translation edition of the following title published by Cambridge University Press:

The New Cambridge Medieval History, Volume 6 c. 1300 – c. 1415

ISBN 9780521362900

© Cambridge University Press 2000

This Simplified-Chinese translation edition for the People's Republic of China (excluding Hong Kong, Macau and Taiwan) is published by arrangement with the Press Syndicate of the University of Cambridge, Cambridge, United Kingdom.

© China Social Sciences Press 2020

This Simplified-Chinese translation edition is authorized for sale in the People's Republic of China (excluding Hong Kong, Macau and Taiwan) only. Unauthorised export of this Simplified-Chinese translation edition is a violation of the Copyright Act. No part of this publication may be reproduced or distributed by any means, or stored in a database or retrieval system, without the prior written permission of Cambridge University Press and China Social Sciences Press.

Copies of this book sold without a Cambridge University Press sticker on the cover are unauthorized and illegal.
本书封面贴有 Cambridge University Press 防伪标签，无标签者不得销售。

图卢兹的圣路易为安茹的罗贝尔加冕,西莫内·马丁尼(约 1284—1344 年)作,那不勒斯卡波迪蒙特国家博物馆

总编委会

主　　任　武　寅
副 主 任　于　沛　郭小凌　侯建新　赵剑英
成　　员　（以姓氏笔划为序）
　　　　　　王大庆　王以欣　王加丰　叶　民　刘　健
　　　　　　杨巨平　李　政　吴宇虹　汪连兴　宋立宏
　　　　　　张　强　陈仲丹　陈志强　陈　恒　金寿福
　　　　　　胡玉娟　拱玉书　宫秀华　祝宏俊　顾銮斋
　　　　　　晏绍祥　徐晓旭　徐　浩　徐家玲　郭　方
　　　　　　郭沂纹　黄　洋　曹宏举　彭小瑜　裔昭印
顾　　问　刘家和　朱　寰　王敦书　庞卓恒

编辑工作委员会

主　　任　赵剑英
副 主 任　郭沂纹　魏长宝　王　茵
项目统筹　郭沂纹　张　湉　安　芳
成　　员　刘志兵　宋燕鹏　张　湉　安　芳

新编剑桥中世纪史

编委会

大卫·阿布拉菲亚（David Abulafia）
罗莎蒙德·麦基特里克（Rosamond McKitterick）
马丁·布雷特（Martin Brett）
爱德华·鲍威尔（Edward Powell）
西蒙·凯恩斯（Simon Keynes）
乔纳森·谢泼德（Jonathan Shepard）
彼得·莱恩汉（Peter Linehan）
彼得·斯普福德（Peter Spufford）

本卷主编 迈克尔·琼斯，诺丁汉大学法国中世纪史教授

本卷译者 王加丰，浙江师范大学历史系教授
柴　彬，上海大学文学院历史系教授
谷延方，天津师范大学欧洲文明研究院教授
张殿清，河北大学历史学院教授
郑朝红，河北大学外国语学院副教授
郭　俊，山西晋中市委党校讲师
刘　慧，宁夏师范学院政治与历史学院讲师

总 译 序

《剑桥古代史》《剑桥中世纪史》与《剑桥近代史》是剑桥大学出版社出版的三部世界史名著，代表了西方史学研究的趋势和水平，在西方史学界乃至世界史学界享有极高的学术地位，国际史坛习称为"剑桥三史"。其中，《剑桥近代史》的第2版以《新编剑桥世界近代史》的中文译名，已由中国社会科学出版社出版，成为我国学人及广大世界史爱好者的重要读物。

《剑桥古代史》初版于20世纪前期，自70年代开始由英语世界及法国、德国等国的知名学者和专家进行长达30年的重写，由原来的12卷扩展至14卷19册。新版《剑桥古代史》将初版中公元3世纪的古代史下限推到公元7世纪左右，大量增加关于古代埃及、西亚文明与早期希腊历史，以及社会经济史、文化史的内容，在古代文明的起源、古代经济的一般特征、古典文明与东方文明的关系、古代世界的转变等一系列根本问题上，取得了重大突破。

《新编剑桥中世纪史》共计7卷8册，与旧版《剑桥中世纪史》相比，在编写体例和篇章编排上更为清晰明了，突破了传统政治史的旧框架，试图呈现"全面的历史"，将经济、社会、精神、文化等领域纳入论述范围，提供了对中世纪更为全面、翔实的记载。值得注意的是，新编系列摆脱了以往将欧洲视为世界全部的"欧洲中心论"，反对将欧洲各国历史机械拼凑或简单相加，力图从整体上考察中世纪欧洲各国的历史发展轨迹及相互间的影响，反映了一个世纪以来西方学术研究的繁荣与进步。

多卷本《剑桥古代史》（14卷19册）和《新编剑桥中世纪史》（7卷8册），由于篇幅巨大，内容涉及史前史、古埃及史、古代近东史、古希腊史、古罗马史、基督教文明史、伊斯兰教文明史等丰富的历史与多种文字，其中包括大量古代文字，如埃及象形文字、西亚楔形文字、古希腊文、拉丁文等，翻译难度极大，此前一直未能组织翻译出版，这不能不说是中国世界史学界的一大憾事。

改革开放以来，我国世界古代史和世界中世纪史学科取得长足进步，在高校与科研院所中形成了一批受过良好的专业和外语训练的研究队伍，翻译《剑桥古代史》与《新编剑桥中世纪史》的条件逐渐成熟。由于历史学是其他各门人文社会科学的基础，翻译出版两部巨著，不仅会改变中译本《新编剑桥世界近代史》"一只孤雁"的状态，把体现世界史学高水平的"剑桥三史"全部介绍到国内，而且对推动我国世界历史学科，特别是世界古代史和中世纪史学科的建设和人才队伍建设，着力提升中国世界史体系及世界通史研究水平具有重要的学术价值。迄今为止，《剑桥古代史》和《新编剑桥中世纪史》尚无英文之外的译本，中译本的完成和出版，将是这两套重要历史学著作的第一个译本，对于提高我国世界史研究在国际学术界的地位，以及提高我国的文化软实力都有重要意义。

为了将这两部史著翻译成中文出版，中国社会科学出版社于2008年购得了两部著作的中文版权。2010年初启动了由著名历史学家、时任中国社会科学院副院长武寅研究员主持的"《剑桥古代史》《新编剑桥中世纪史》翻译工程"。2010年下半年，该工程被批准列为中国社会科学院重大科研项目和国家社科基金重大招标项目。

在首席专家武寅研究员的领导下，翻译工程集中了全国科研机构和高等院校世界古代中世纪史一流学者组成翻译队伍；聘请国内世界古代、中世纪史老专家作为顾问；组成了由具有较高学术水平和组织经验的世界史专家、出版社领导及相关人员参加的翻译工程工作委员会（简称总编委会），负责翻译工程的日常工作，确保翻译、出版工作的顺利进行。

"翻译工程"不是简单的、一般意义的翻译，而是将这种翻译建立在深入研究的基础上，在某种意义上，这是难度更大、任务更为艰巨的研究性课题。两套史书共27卷册，涉及语种众多，国内和海外对人名、地名及专有名词的译法多有不一。课题组首先组织翻译了各卷册名词索引，又由专人将其汇编成两大本《世界古代史译名词典》和《世界中世纪史译名词典》，作为翻译工程的指南，将来可作为我国世界古代、中世纪史研究和翻译的工具书出版。两部史著不仅涉及的语种多，涉及的学科门类也多，增加了翻译的难度，课题组反复多次请教了不同语种不同专业的专家，解决难点疑点问题。在忠实翻译原著的同时，为便于读者理解，适当增加了译注，在一定程度上反映了国内外最新研究成果和中国学者的观点。

虽然时间紧、任务重，课题组成员发扬艰苦奋斗、精益求精、甘于奉献的精神，按时完成了任务。在此谨对课题组全体成员表示感谢，感谢首席专家武寅研究员，她自始至终率领大家攻坚克难，并从头到尾审阅了全部书稿；感谢于沛研究员做了大量组织工作并审阅了大部分书稿；感谢郭小凌教授和侯建新教授，在完成本卷册翻译任务的同时，还分别担任了古代史和中世纪子课题的负责人，做了大量组织和审稿工作；感谢所有译者，他们拿出宝贵时间，完成繁重的翻译工作。特别感谢刘家和、朱寰、王敦书、庞卓恒等国内著名老专家，作为顾问全力支持翻译工程。感谢中国社会科学院科研局和国家社科规划办提供的多方支持，有力保证了"翻译工程"顺利进行。感谢中国社会科学出版社赵剑英社长在人力财力上给予大力支持，感谢郭沂纹副总编做了大量具体的组织统筹工作，感谢前社长孟昭宇和原副总编辑曹宏举等关心和支持本课题的所有人，没有他们的支持，本课题也不可能顺利完成。

剑桥翻译工程课题组
2017 年 12 月 17 日

《新编剑桥中世纪史》译序[*]

《新编剑桥中世纪史》(*The New Cambridge Medieval History*) 的中译本终于要与华语世界的读者见面了！它将与新版《剑桥古代史》中译本一道陆续出版发行，无疑是奉献给中国学界的一道丰盛大餐，尤其助力于我国的世界史学科的基础性研究，想到此，相信付出8年艰辛劳动的译者们无不深感欣慰！

旧版《剑桥中世纪史》是著名的"剑桥三史"（剑桥古代史、剑桥中世纪史、剑桥近现代史）之一，酝酿于1904年，出版时间从1911年至1936年最后一卷完成，前后耗时33年之久。[①] 自面世以来，一直被认为是同类作品中的扛鼎之作。大约20世纪中叶前后，随着西方新史学的兴起，"剑桥三史"的内容渐显陈旧，[②] 此后旧版虽多次有略加修改的重印本，仍不能满足时代要求，因此剑桥大学出版社决定先后启动"剑桥三史"的重新编写工作。1995年，英国剑桥大学出版社首推《新编剑桥中世纪史》（以下简称《新编》）第二卷，自此各卷相继出版，到2005年，共7卷8分册英文版《新编》全部问世。从20世纪80年代后期酝酿重编事宜到全部出齐，《新编》也经历了大约20年。这是一部欧洲史的著作，虽然该书也涉及并写到了近东和北非等地区，仍不能称为世界史作品，然而，它的学术影响却是世界性的。

---

[*] 天津师范大学郑阳博士帮助搜集了相关资料，在此致以谢意。

[①] 参见 P. A. Linehan, "The Making of the *Cambridge Medieval History*", *Speculum*, Vol. 57, No. 3 (Jul., 1982), pp. 463–494。Linehan 是《新编剑桥中世纪史》8人编委会的成员之一，他的这篇文章详细地介绍了老版《剑桥中世纪史》的来龙去脉。

[②] 甚至有人戏称为"鸡肋"，比如，约翰·阿珀斯博士是批评者之一。他于剑桥大学获得博士学位，从事黑死病和瘟疫史研究。他在回忆旧版剑桥中世纪史时说，在其攻读博士学位时无人推荐他去阅读这部作品，包括其导师克里斯托弗·布鲁克在内，尽管该书第七卷涉及他的研究时代，而且该卷主编之一的扎克利·布鲁克还是其导师的父亲。参见 John Aberth, "Review: *The New Cambridge Medieval History*, VI: *c.1300–c.1415*", *Speculum*, Vol. 77, No. 4 (Oct., 2002), p. 1324。

一

每部史学著作都不可避免地留下时代的烙印。《新编剑桥中世纪史》和旧版《剑桥中世纪史》作为具有谱系关系的两部史著，既有联系又有区别，从内容取舍、写作风格不同到编纂体例和史学理念的变化，都可以品味皇皇巨著背后的时代沧桑。《新编》与旧版主要有哪些区别，或者说什么是《新编》的主要特点？

其一，《新编》撰写体例和内容都发生了变化。剑桥大学史学编纂体例的传统是兼顾主题和时段两大要素。[①] 旧版各卷也兼顾了两大要素，只是政治性主题被强化，各卷大都依照特定的政治主题编排。诸如罗马基督教帝国与日耳曼各王国的建立、日耳曼人和西方帝国、东罗马帝国、帝国与教廷之争、教廷的胜利、帝国和教廷的衰落等，显然是一部典型传统的政治史和军事史，显示了那个时代的史学特征。19世纪末以降，兰克学派盛行于世，在史学方法上强调实证主义，叙事内容则以政治史研究为中心。剑桥大学的史学圈深受其影响，其代表人物阿克顿勋爵主编的《剑桥近代史》把西方的政治史推向新高峰。旧版《剑桥中世纪史》则紧随其后。英国史学界对于政治史的过分强调显然限制了《剑桥中世纪史》的研究视野和内容取舍。[②]

《新编》编排的方式以时段要素为主，诸分卷依时序相衔接；同时各卷试图紧扣住该时段最具典型特征的历史画面，重视政治，也不忽略经济、社会、文化与艺术等方面。而且，关注下层社会的历史，关注非精英团体的历史，打破了旧版以英雄人物为焦点的传统。[③] 有人认为这种撰写体例有进步也有缺陷，最大的缺陷莫过于主题过多而无法形成有机整体，神形俱散。例如，巴克拉克在对新编第二卷所作

---

① 参见 J. O. McLachlan, "The Origin and Early Development of the Cambridge Historical Tripos", *Cambridge Historical Journal*, Vol. 9, No. 1 (1947), p. 83。

② 参见 B. Bachrach, "Review: *The New Cambridge Medieval History, II: c. 700 – c. 900*", *Speculum*, Vol. 74, No. 1 (Jan., 1999), p. 217; E. Peters, "Review: *The New Cambridge Medieval History, IV: c. 1024 – c. 1198*", *The International History Review*, Vol. 28, No. 2 (Jun., 2006), pp. 375 – 378。

③ P. Freedman, "Review: *The New Cambridge Medieval History, V: c. 1198 – c. 1300*", *Speculum*, Vol. 77, No. 1 (Jan., 2002), pp. 122 – 123.

的书评中，就批评该卷由于过多强调社会、文化等当下学界热捧的各个研究维度，致使难以归纳出该时段的历史特征。[1] 阿珀斯在评论《新编》第六卷时，毫不客气地指出该卷各章之间缺乏整合性，只见树木不见森林。[2] 不过总的看，《新编》的体例普遍受到好评，一些学者认为，即使上述那些问题存在也无伤大雅，因为从受众角度看，这部作品主要面对具有相当研究基础的学术群体，属于专业研究生使用的大型教科书，大多数人只是查阅相关部分，很少通读全书，因而在一定程度上回避了该书撰写体例上的缺陷。[3]

其二，改善编纂组织方式，研究视域涵盖整个欧洲。19世纪末20世纪初，民族主义思潮盛行，以致引发世界大战，这给旧版《剑桥中世纪史》留下深深的伤痕。第一次世界大战爆发后，剑桥大学出版社特别委员会决定罢免所有参与《剑桥中世纪史》撰写的"敌对国家"的学者，并以"自己人"取而代之。据此，所有来自德国、奥地利、匈牙利甚至俄国的作者皆遭排斥出局，而这些作者本是当时相关领域的一流学者；取而代之的学者往往相形见绌。[4] 结果旧版《剑桥中世纪史》迟迟不能成书，质量也大打折扣，皆为后人所诟病。第二次世界大战后，人们对于民族主义及其引发的灾难进行了深刻的反思，推动了《新编》编纂的国际合作精神。作为一部英语学术著作，《新编剑桥中世纪史》的非英语撰稿人在各卷中均占有一定的比例，最低占24%，最高则达到46%。[5] 此外，《新编》展现了更为公允的学术立场。以《新编》第二卷为例，主编麦克科特里克及其英籍同事对欧洲大陆历史事件客观而准确的叙述和分析，颇受好评，远非旧版可比，后者的一些表现被斥责为强烈的"盎格鲁中心

---

[1] B. Bachrach, "Review: *The New Cambridge Medieval History*, II: *c. 700 – c. 900*", *Speculum*, Vol. 74, No. 1 (Jan., 1999), p. 219.

[2] John Aberth, "Review: *The New Cambridge Medieval History*, VI: *c. 1300 – c. 1415*", *Speculum*, Vol. 77, No. 4 (Oct., 2002), pp. 1324, 1327.

[3] D. Shanzer, "Review: *The New Cambridge Medieval History*, I: *c. 500 – c. 700*", *Speculum*, Vol. 83, No. 2 (Apr., 2008), p. 436.

[4] 例如，第八卷第四章涉及15世纪的神圣罗马帝国，取代德国学者科伊特根（Keutgen）的是英国学者拉芬（R. D. G. Laffan），在给当时《剑桥中世纪史》主编之一的特纳（J. R. Tanner）的信中，拉芬坦言："我阅读德文很慢，困难重重，因此几乎不能阅读任何重要的德文著作，尽管我有时提及它们；虽然我希望明天去学习这门语言，但在相当一段时间里却无法精通。"见 P. A. Linehan, "The Making of the *Cambridge Medieval History*", *Speculum*, Vol. 57, No. 3 (Jul., 1982), p. 466.

[5] 根据《新编剑桥中世纪史》各卷撰稿人情况统计得出。

主义"。① 旧版《剑桥中世纪史》的所有主编均有剑桥大学的背景，而且一人通常兼管数卷，权限过大，交接无序，无可避免地影响了作品质量。② 《新编》的最高编委会由8名国际学者构成，各卷的主编向编委会负责，从而有利于编纂组织工作公允有效地推进。

《新编》的研究视角囊括整个欧洲，麦克科特里克指出，《新编》第二卷致力于通过跨学科的方法探究整休欧洲的发展。③ 各卷太多都有北欧、东欧地区的专门章节，而且波兰、捷克、立陶宛、挪威等国的学者直接参与了各卷的撰写并取得了丰硕的成果。④ 同时注重欧洲与周边非基督教文明的互动。事实上，欧洲整体史以及文明互动的观念在《新编》各卷中均有表现。伊斯兰教世界在《新编》中具有更重要的位置，比如《新编》第四卷第二部分中有两章专门探究相关时期的伊斯兰世界。⑤ 对此，彼得斯认为新版欧洲中世纪史的研究视域扩展到了东方和南方的新边界。⑥

其三，史料翔实，并力求史料与分析并重。剑桥史学一向以扎实敦厚的研究院风格著称于史学界，《新编》承继了这一传统，而且原始资料的来源范围更加宽泛。不仅包括各种传统的档案与法典，个人信件、税单、货单、徽章、忏悔书、墓志铭、印章、社团手册和工艺品等都纳入涉猎范畴。近几十年最新考古成果的贡献也相当醒目。应该说，《新编》比旧版的史料基础更为坚实和广阔。各卷末所列参考及进一步阅读书目，占该卷总篇幅的15%以上，是全书的重要组成部分。一方面重视原始资料，另一方面重视吸纳和展示当代学者的最新研究成果，浏览参考书目可掂出成果之厚重，也感受到明显的时代气息。《新编》另一个明显的新特征是，加强了历史解释和评论的力

---

① J. Campbell, "Review: *The New Cambridge Medieval History*, II: *c. 700 – c. 900*", *The English Historical Review*, Vol. 113, No. 452（Jun., 1998）, p. 684.

② 关于旧版《剑桥中世纪史》的编辑组织的变化以及各位执行主编的问题，均见 P. A. Linehan, "The Making of the *Cambridge Medieval History*"。

③ Rosamond McKitterick, ed., *The New Cambridge Medieval History*, II: *c. 700 – c. 900*, Cambridge, Eng.: Cambridge University Press, 1995, pp. xvii – xviii.

④ 例如，T. Noonan 在《新编剑桥中世纪史》第三卷中关于东欧地区的研究便十分出色，被认为具有很高的学术价值。见 J. Contreni, "Review: *The New Cambridge Medieval History*, III: *c. 900 – c. 1024*", *The International Historical Review*, Vol. 23, No. 3（Sep., 2001）, p. 633.

⑤ David Luscombe & Jonathan Riley-Smith, eds, *The New Cambridge Medieval History*, IV: *c. 1024 – c. 1198*, Part 2, New York: Cambridge University Press, 2004, chap. 22, 23.

⑥ E. Peters, "Review: *The New Cambridge Medieval History*, IV: *c. 1024 – c. 1198*", *The International Historical Review*, Vol. 28, No. 2（Jun., 2006）, pp. 377 – 378.

度。它保留了兰克学派实证主义的方法，同时在相当程度上摒弃了述而不论、怀疑论及不可知论，后者曾被调侃为"外交"型历史学家的风格。秉持述论并重的原则，而且不失时机地介绍其他相同的和不相同的观点，无疑使史学思辨更富有张力。

二

下面，笔者对《新编》各卷做简要介绍，以方便读者阅读。

《新编》共7卷8分册，探讨的时段自大约公元500年至公元1500年。其中第一至三卷探究中世纪早期的欧洲历史，第四、五卷探究中世纪盛期的欧洲历史，第六、七卷探究中世纪晚期的欧洲历史。各卷情况大致如下：

第一卷主要阐释6—7世纪欧洲发端时期的背景历史。先以导论方式介绍了晚期罗马帝国、蛮族入侵以及相关史料及其解读。继而以时段为序，以地域性政治实体为单元分别讨论了这一时期的历史。最后一部分以专题的方式探究了犹太人、王权、地中海与北海经济等问题。考古材料和各种非文献史料的运用是本卷的亮点，伊斯兰文明和拜占庭文明在本卷中占有一定的分量，显示了开阔的视野。

第二卷主要阐释8—9世纪欧洲文明形成时期的历史。本卷重点探究以法兰克王国为中心的蛮族王国对欧洲的塑造性作用，包括政治观念、统治方式、社会组织、教俗关系、文化生活等各个方面。本卷分为四个部分。第一部分一般性介绍8、9世纪欧洲各王国和各族的政治史；第二部分分析王权、贵族、经济制度、军事组织、乡村社会等专题；第三部分阐述教宗制度与仪式，以及教俗关系；第四部分从不同方面系统地探讨了8、9世纪的欧洲知识与文化的历史。

第三卷主要阐释"漫长的10世纪"（可上溯至9世纪末下推及11世纪20、30年代），欧洲封建制、庄园依附制出现与形成，欧洲的政治格局和政治版图由此奠定。本卷分成三部分，第一部分为经济—社会史的各类专题，第二和第三部分以加洛林帝国地域为界，分别探究"后加洛林欧洲"各国，以及"非加洛林欧洲"各地区的历史。欧洲在这一时期完成了从古代世界向中世纪世界的转变，欧洲核心区各王国开始了自我认同的历史进程。

第四卷主要阐释11—12世纪政教二元架构下的欧洲。本卷分上下两册，两册的基本内容大多涉及教会或教会与俗世的关系。上册作为专题史，论述了宗教和世俗两个世界的发展与变革，包括人口、农业、贸易、城市、教会改革及其与东派教会、伊斯兰世界和犹太人的关系等。下册侧重于政治史视角，探究教俗重大政治事件的进程与发展，包括教宗制转型、欧洲各王国、各地区精英阶层的兴起与政府组织的发展等。

第五卷主要阐释13世纪的欧洲历史，以西欧地区与外界前沿地区的互动为研究框架，从多个维度凸显"扩张"这一时代主题：如天主教会的扩张、欧洲人口的急剧增长和经济扩张，以及王权的深度发展等。

第六卷主要阐释14—15世纪欧洲的历史，凸显14世纪进步性的一面。传统上认为14世纪以灾难与衰退为特征，特别是黑死病损失了欧洲三分之一的人口。本卷在客观分析大灾变的同时，指出14世纪是旧事物衰落、新事物萌生的时期，例如战争技艺的提高、近代国家的起源、市民阶层的兴起与宪政的发展、农民社会地位和生活水平的提高等。总之，进步隐含于混乱和衰败之中。此外，把东欧作为独立主体进行叙述，是个明显的变化。

第七卷主要阐释1415年前后至1500年左右的欧洲历史，重点是欧洲民族国家的发展。而各国的案例呈现出多样性特征，无论政府和政治体制发展，还是贵族的地位和作用均如此。另外，与第六卷强调14世纪的进步一样，本卷也力图扭转一些非理性的传统观点，多角度展现该时期欧洲所取得的成就，正是在这一背景下，欧洲文明步入现代。

三

《新编剑桥中世纪史》的权威性举世公认，被世界各国历史学科及其他相关学科图书馆列为基本藏书，某种程度上具有了工具书的性质。这种学术性极强的鸿篇巨制，翻译难度相当高，非置身其中是难以体会的。将艰涩的学术语言译成流畅、准确的中文绝非易事，不仅需要深入了解已经逝去的且千变万化的语境，还要排除古希腊文、拉丁文、古英文、阿拉伯文等不常见文字和死文字的干扰。不仅如此，由于是大型系列学术专著，一些规定性语言要求卷内一致，还须各卷一致，中世纪史与古代史也须避免矛盾和误解。仅仅人名地名的统一这项工作就耗费了我们大量的精力和时间。工作初期我们花费了几乎一年时间，逐渐消化有可能产生歧义的数万词条。2013年初，在天津师范大学专门召开了"新编剑桥中世纪史译名研讨会"，对有争议的人名地名"会诊"，反复讨论，逐条敲定。在上上下下的若干回合中，几乎每个词条译法，都集中了大家的意见，最后编成涵盖上万词条的《中世纪史译名手册》，供译者使用。这不是说我们做得很好了，只能说尽力了。由于水平有限，仍难免疏漏和错误。杨绛先生曾云：翻译就像是抓虱子，再小心也不免有落网之虫。那就请大家与我们一起来抓虱子吧！不论译名还是译文，诚恳地期待读者批评指正。随着我国世界史研究水平的提升，也期待着更好的中译本问世。

参与《新编》翻译的各卷册主持人名单如下：

第一卷（$c.500$—$c.700$）徐家玲教授（东北师范大学历史文化学院）

第二卷（$c.700$—$c.900$）郭方研究员、李桂芝副研究员（中国社科院世界历史研究所）

第三卷（$c.900$—$c.1024$）顾銮斋教授（山东大学历史文化学院）

第四卷上（$c.1024$—$c.1198$）彭小瑜教授（北京大学历史学系）

第四卷下（$c.1024$—$c.1198$）陈志强教授（南开大学历史学院）

第五卷（$c.1198$—$c.1300$）徐浩教授（中国人民大学历史学院）

第六卷（$c.1300$—$c.1415$）王加丰教授（浙江师范大学历史系）

第七卷（$c.1415$—$c.1500$）侯建新教授、刘景华教授（天津师范大学欧洲文明研究院）

在《新编》中文版即将问世之际，我对上述主持人表示衷心感谢，对各卷的译者们表示衷心感谢。数年愉快的合作留下美好的回忆。《中世纪史译名手册》的审校工作，彭小瑜教授、徐家玲教授倾注了大量心血，谨致以敬意。感谢项目首席专家武寅研究员，没有她出色的领导，很难组织起如此庞大的、来自几十所高校和研究机构的学术团队。感谢赵剑英、曹宏举、郭沂纹、魏长宝、王茵等中国社会科学出版社的领导、编辑和工作人员的辛勤工作。在译名手册的编纂中，初选上来的数万词条需逐一查重、核准，天津师范大学欧洲文明研究院陈太宝博士默默做了大量的基础性工作，翻译微信群的交流活动等，青年教师刘芮付出劳动，在此一并表示谢意。

是为序。

侯建新
2016 年 1 月 17 日
于天津师范大学欧洲文明研究院

译 者 序

本卷于2000年由剑桥大学出版社出版，叙述约1300—1415年的欧洲史，也涉及西亚和东地中海地区。它与本书第一版相对应的，是C. W. 普鲁维特-奥顿和Z. N. 布鲁克主编并于1932年出版的《剑桥中世纪史》第七卷（下面简称"1932年本"）。本卷内容充分反映了大半个世纪以来西方学术界对欧洲14世纪历史认识的变化。

一

本卷的一个重要特点，是它比"1932年本"更多地关注经济社会史，特别是后者。经济社会史在西方史学中早已出现，但在其史学中取得突出地位是在第二次世界大战以后。史学关注点的这种变化，是第二次世界大战后西方经济社会发生重要变化的反映。

社会史涉及城市生活、乡村生活和家庭生活，及城市和乡村管理、人口、婚姻、妇女史等多个重要领域，也包括共同体精神的变迁。不同的土地制度和生活传统形成不同的家庭结构，不同时期及不同历史条件下的出生率、结婚率和死亡率都不一样。本卷从动态的角度描写人们生活的特点，即不把14世纪的社会生活看成一个僵化的模式，而是关注它在不同时期、不同地域的变化。在第二章中，作者指出，14世纪里像佛罗伦萨这样的城市传统的公社价值观得到重塑，成为文艺复兴各种观念和理想形成的基础之一，有助于我们更全面地认识文艺复兴的背景及其与中世纪的联系。人口和妇女问题受到高度重视，这是20世纪中后期西方学术界的热点问题之一。第七章"瘟疫和家庭生活"相当广泛地讨论了妇女的社会地位，其他章节也不时地提到一些精英妇女的地位与作用。此外，以前通常被历史学忽视的犹太人、异端、罪犯、穷人，也成了主流研究的组成部分。

本书的另一个重要特点是强调西欧各种新因素的出现。通常认为14世纪是一个无可奈何地衰落的、黯淡的世纪，虽然有时也承认某些新因素的出现。在本卷主编看来，"1932年本"就过于强调其负面形象，所以本卷在展示它衰微的一面时，更多地肯定了新的东西及其活力。这些新因素主要有：

1. 13世纪开始的"商业革命"在14世纪上半叶发展到顶峰，该半世纪下半叶成为"许多变革的开端"（第175页），这些变革在下一个世纪里加速进行。其基本表现是西欧的核心区开始从地中海周边地区、东欧输入粮食、原材料并向它们输出手工业品。到15世纪时这种贸易格局变得相当明显，可看成国际分工初步形成的表现。与这一变化同时进行的是贸易技术或手段的重要变化，如大公司、银行、汇票、保险及传送商业信函（以及汇票）的定期信使服务等的出现。另外，14世纪末，欧洲经济发展中心开始从意大利北部向南部德意志转移，这是未来欧洲北部成为资本主义发展中心的一个步骤。

2. 欧洲各国起源于前一世纪的中世纪议会在14世纪普遍走向成熟，国王、教俗贵族和城市三方的关系制度化了，有了矛盾他们可以在议会里讨价还价，而不是随随便便诉诸暴力。对欧洲来说，14世纪多灾多难，天灾人祸接连发生，1337年开始的英法百年战争一直持续到15世纪中期，1348年暴发的黑死病造成大量居民死亡，英法等国发生市民、农民暴动。还有一些国家出现继承危机，神圣罗马帝国分裂加深，政教斗争的尖锐化也加剧了这个世纪的政治和社会冲突。所有这些都曾促使统治者萌生和强化与臣民（主要是贵族和市民）共度时艰的观念。1302年法国国王菲利普四世第一次召开全国三级会议，其目的就是团结国内力量与教宗卜尼法斯八世斗争。面对众多的冲突和矛盾，统治者纷纷通过与下属协商的方式以便取得尽可能一致的意见，议会成为统治阶级各集团合作的平台。国王希望以此取得征税或动员臣民的权力，贵族或城市则希望借此限制正在成长中的王权，防止君权滥用及官僚机构迅速膨胀。中世纪的议会到中世纪末和近代初期虽然大都走向衰落，但英国革命爆发于国王与议会的斗争，法国革命爆发于三级会议内部的冲突，现代西方的议会制度起源于中世纪，这已成为定论。关于权力结构或政府管理的这种变化及其与近现代的关系,"1932年本"已经有所觉察,但本卷作了更肯定性的评价。

3. 伴随着上述变化的是国家主权理论的发展。本卷第二章指出,一般认为13世纪大学教育中那种生动活泼的局面在14世纪消失了,这样讲虽有一定道理,但该世纪在神学、法学、医学等领域的教育成就不应低估。法学家们用罗马法来论证政治发展的新成果,讨论诸如政教之间、君主与法律之间的关系等问题。但丁还对教宗权力提出挑战,认为世俗君主的权力来自上帝,与作为上帝代理人的教宗无关,国王们和皇帝也无须对教宗表示忠诚,这些思想影响深远。

4. 神学思想也发生重要变化,出现了一种信仰个体化的趋势。比如,"鼓励个人通过使用许多不断增长的、原创性的冥想文学走向得救",成为"该世纪最有创造性的宗教成就之一"(第12页)。信仰的个体化实际上是对个体智力的肯定,是16世纪初宗教改革的基本信条"因信称义"和"预定论"的理论基础。14世纪后期英国威克利夫的学说实际上预示了宗教改革的发生。有意思的是,关于这种变化的性质,研究中世纪思想或早期人文主义的学者曾视之为"经院哲学"的衰落,本卷作者指出"这样一种解释似乎值得怀疑"(第63页)。

其他一些方面,如本土语言的使用也是新因素的重要表现。在这个世纪里,教士或僧侣们用本土语言撰写、宣讲布道的文本。圣经也开始部分地被译为各国文字。一些作家也这样做,"但丁和乔叟很可能是以其各自的本土语言来引用缪斯的第一批诗人"(第301页)。

上述各方面的发展,拿我们的话来说,最终为未来的资本主义起源提供了条件。或者说,资本主义起源的条件,不仅指像14世纪在佛罗伦萨等地出现的资本主义性质的手工工场,还包括政治和思想文化等方面的一系列变化,以及某种萌芽形态的世界分工的形成,这是经济、政治、社会、思想发生全方位变化的结果。

二

关于本卷的内容,还有几点值得注意。

首先,政治军事史,特别是其中的政教关系,依然是重点。与

"1932年本"相比,这方面的篇幅有所减少,但不意味着其重要性的降低。本卷第三部分专门讨论政教关系,第二、第四部分大体上相当于国别史,着重叙述各国的政治军事史,但欧洲中世纪的特点是任何国家都离不开政教的冲突与合作。14世纪的政教关系发生了不利于教会擅权的变化,因为各国的王权在增长,王权的增长是国家经济政治生活复杂化的结果,不可阻挡。当然,从另一方面看,天主教的势力在继续扩张,1386年立陶宛大公约盖拉(Jogaila)皈依天主教,是当时的一件大事。另外,国内的世界中世纪史教科书通常会讲11世纪末到13世纪末的八次十字军,实际上14世纪里教皇和一些世俗统治者还有多次十字军的尝试,本卷对此有颇为详细的叙述。关于各国国王和历代教宗的性格、百余年间的许多政治事件、教会大分裂时期的众生相、俄罗斯或奥托曼的兴起过程,本卷都有栩栩如生的描述。特别是,安纳托利亚半岛上众多伊斯兰埃米尔小国与东正教的拜占庭帝国又斗争又合作的关系,很能说明为什么奥托曼帝国在兴起后能驾轻就熟地在宗教上采取宽容政策。

其次,本卷的写作风格是偏重于历史事实、历史观点的叙述和分析,大手笔的概括不多。按主编自己的解释,这是由于他的"眼界和抱负都比较有限",不奢望对历史作出"宏伟的全景式扫视",他追求的是通过叙事和观点的介绍,再作出一些适当的评价,以激发读者的思考(第6页)。他接着又强调指出,这样做是为了接受先前的教训,因为从"1932年本"来看,此类陈述很容易过时,它们只反映了当时作者的"种种盲点和错误见解",所以他必须"小心谨慎地对待那种具有普遍适应性的、笼统的或自以为是的陈述"(第10页)。可见,主编心中可能有自己的"全景式"见解,但他不想把它们都写出来。通读全书,我们可以感到,本卷的叙事和分析风格有助于我们对一个个具体的史实进行思考,有助于理解主编所想强调的欧洲历史的多样性和特殊性,但若要对比较重要的历史事实得出一个总的印象,显得不太容易。了解这一点,了解这种写作风格的利弊,会使我们在读书的过程中,在得出自己的结论时,不会过于自以为是。

再次,14世纪是通常所说的早期文艺复兴时代,但关于早期文艺复兴的产生和代表人物,特别是中国读者颇为关心的作为其背景的资本主义萌芽的情况,本卷没有予以比较完整、系统的讨论,有关论述散见于第八章"14世纪欧洲的贸易"、第十二章"意大利、法国和英国的文学：本国语言的使用和缪斯"、第十五章"但丁和彼得拉克时期的意大利"等处。本卷关于当时佛罗伦萨等地手工工场运转情况的叙述甚至不如旧版《剑桥中世纪史》，不过在旧版中，这方面的内容不是在本卷主编所声称取代的第七卷，而是在其第六卷。

最后，本卷的众多作者虽然主观上大都希望做到尽可能客观地叙述和分析历史问题，但我们应该看到他们一般只是站在西方人的角度看问题，对他们的分析和结论，我们应该有自己的思考。另外，由于这是在老版本上的更新，它带有老版本的一些特点。比如，在本卷内容所涉及的空间范围看，它虽然给予了东欧、西亚和地中海东部更多的关注，但集中于西欧和神圣罗马帝国的历史这点没有变，这是这套书的特点。

三

关于译文，有两点得说一下：

1. 原书用了许多斜体字，一般都是非英语的西方语言，包括拉丁语，译文一律加粗。但在以下情况下不加粗：作者先用英语，然后在括号中用斜体字标出原来的语言或术语，在这种情况下，我们翻译时把斜体字放在括号里，但不加粗。另外，句子中并非开头、非专有名词或章节名称而首字母或整个单词都用大写的，也予以加粗。

2. 不少人名和地名有多种称呼，源于不同国家或地区对同一个人名、地名的不同拼写或发音，本书作者来自不同国家，他们在称呼这些人名、地名时往往根据自己国家的习惯，虽然有的在括号内会注明其他称呼，但大多数没有这样做，我们一般根据作者的用法翻译，并在括号内注出原文。比如，"圣法兰西斯"和"圣弗朗切斯科"其实是同一个人，即方济各会的创始人，我们还是根据原文作出不同的翻译（后者主要用于教堂或修道院的名称），但"圣母马利亚"虽然在不同语言中写法有区别，本卷的译名是统一的。由于这个原因，全书中少数人名或地名可能有两种或几种译法，请读者多加注意，之所以这样做，是因为一些不太著名的人名、地名，难以确定不同的称呼是否指同一个人或同一个地点。

本卷的翻译分工如下：郭俊译第五章，刘慧译第六章，柴彬译第八至十章和第二十一至二十七章，谷延方译第十一至十五章，张殿清和郑朝红译第十六至二十章。我翻译其余的正文及目录、前言、索引等，并对全书进行统一校对。

　　由于原文涉及的内容相当广泛，出现了多种语言，特别是拉丁语，常常超出我们的知识范围和语言能力，十分感谢多位审读专家和本卷编辑先后对本卷译稿提出的各种修改意见，如果仍有译得不妥或错误之处，敬请读者批评指正，非常感谢！

王加丰
2019 年 12 月 13 日

目　　录

插图一览表 …………………………………………………	（1）
设计图一览表 ………………………………………………	（5）
地图一览表 …………………………………………………	（6）
王朝世系一览表 ……………………………………………	（7）
作者简介 ……………………………………………………	（8）
前　言 ………………………………………………………	（11）
致　谢 ………………………………………………………	（14）
缩写语 ………………………………………………………	（15）

第一部分　总论

第一章　导言 ………………………………… 迈克尔·琼斯（3）
第二章　14 世纪西欧关于政府的理论和实践
　　　　………………………… 阿尔贝·里戈迪埃（19）
　　第一节　一种政治理论 ………………………………（19）
　　第二节　一种统治艺术 ………………………………（33）
第三章　各种宗教思潮和表达 ………………… 杰里米·卡托（47）
第四章　大学 …………………………………… 雅克·韦尔热（76）
第五章　乡村社会 …………………………… 保罗·弗里德曼（94）
第六章　城市生活 ………………………… 让－皮埃尔·勒盖（116）
第七章　瘟疫和家庭生活 … 克里斯蒂亚娜·克拉皮斯－聚贝（141）

第八章 14世纪欧洲的贸易 …………… 彼得·斯普福德（175）
第九章 骑士制度与贵族 ………………… 莫里斯·基恩（235）
第十章 宫廷赞助与国际哥特式 ………… 保罗·宾斯基（250）
第十一章 建筑 …………………………… 保罗·克罗斯利（264）
第十二章 意大利、法国和英国的文学：本国
语言的使用和缪斯 ……………… 尼克·哈夫利（291）

第二部分 西方各国

第十三章 大不列颠岛 …………………………………（311）
 第一节 爱德华二世和爱德华三世统治时期的
   英格兰 ……………… W. 马克·奥姆罗德（311）
 第二节 理查德二世的统治 ………… 卡罗琳·M. 巴伦（337）
 第三节 威尔士 …………………………… A. D. 卡尔（379）
 第四节 14世纪的苏格兰 …………… 亚历山大·格兰特（391）
 第五节 爱尔兰 ………………………… 罗宾·弗雷姆（426）
第十四章 法国 ……………………………………………（441）
 第一节 卡佩王朝最后几个国王和瓦卢瓦王朝
   早期诸王（1314—1364年）……… 迈克尔·琼斯（441）
 第二节 查理五世和查理六世统治下的法兰西
    ………………………… 弗朗索瓦·奥特朗（483）
第十五章 但丁和彼得拉克时期的意大利 ……………… （506）
 第一节 意大利北部 ……………………… 约翰·劳（506）
 第二节 佛罗伦萨与共和国传统 ………… 路易·格林（537）
 第三节 意大利南部 ……………… 大卫·阿布拉菲亚（558）
第十六章 神圣罗马帝国 …………………………………（590）
 第一节 从纳索的阿道夫到巴伐利亚的刘易斯
   （1292—1347年）………………… 彼得·赫德（590）
 第二节 卢森堡家族和巴拉丁的鲁佩特
   （1347—1410年）…………… 伊凡·赫拉瓦切克（628）

第十七章　低地国家(1290—1415年) … 沃尔特·普雷韦涅尔(648)
第十八章　伊比利亚半岛 …………………………………(675)
　　第一节　阿拉贡王室 ………………… 阿朗·福雷(675)
　　第二节　卡斯蒂尔、纳瓦拉和葡萄牙……… 彼得·莱恩汉(700)

第三部分　教会与政治

第十九章　阿维尼翁教宗 ……………… P. N. R. 朱特什(741)
第二十章　教会大分裂 ………………… 霍华德·卡明斯基(764)

第四部分　北欧和东欧

第二十一章　波罗的海欧洲 ……………… S. C. 罗韦尔(793)
第二十二章　14世纪时中欧诸王国 ……… 克劳德·米肖(836)
第二十三章　14世纪的罗斯诸公国…… 南希·希尔兹·科利曼(870)
第二十四章　14世纪时拜占庭帝国 …… 安杰利克·E. 莱欧(906)
第二十五章　14世纪时爱琴海和巴尔干地区的
　　　　　　拉丁人 ………………… 米歇尔·巴拉尔(939)
第二十六章　奥托曼人的兴起 ………… I. 梅坦·孔特(956)
第二十七章　东地中海地区的基督徒与穆斯林
　　　　　………………………… 彼得·埃德伯里(986)

附　录
王朝世系一览表 ……………………………………(1009)
参考文献：第一手资料和第二手著作(按章编排) …………(1018)
索　引 ………………………………………………(1201)

插图一览表

卷首插图

图卢兹的圣路易为安茹的罗贝尔加冕，西莫内·马丁尼（Simone Martini，约1284—1344年）作，那不勒斯卡波迪蒙特国家博物馆（Museo nazionale di Capodimonte）

原文第562页和第563页之间的插图

插图1　伊利大教堂的圣母堂（Ely Cathedral, Lady Chapel），建于1321—约1349年，从东面看（伍德曼斯特恩［woodmansterne］出版社）

插图2　阿维尼翁教宗宫（Palais des Papes）的雄鹿室（Chambre du Cerf），按照教宗克雷芒六世（1342—1352年）的要求建造（巴黎吉罗东［Giraudon］出版社）

插图3　阿西西圣弗朗切斯科大教堂（Assisi, San Francesco）的矮教堂（lower church）。所显示的壁画作者：契马布埃（Cimabue），来自乔托（Giotto）的作坊（负责最左边，横贯拱顶的部分）；皮耶罗·洛伦泽蒂（Pietro Lorenzetti）（对面的耳堂部分）；中殿旁边小教堂内的作者是西莫内（Simone）

插图4　西莫内·马丁尼（Simone Martini）的《圣家族》（The Holy Family）。签署的日期为1342年。创作于阿维尼翁。这种题材——基督蔑视他的尘世的父母亲，在西方艺术中几乎是独一无二的（利物浦沃克美术馆［Liverpool, Walker Art Gallery］）

插图5　锡耶纳市政厅（Palazzo Pubblico, Siena），安布罗焦·洛伦泽蒂（Ambrogio Lorenzetti）创作的《好政府的寓言画》（Allegory of Good Government）

插图6　让·皮塞勒（Jean Pucelle）约1325—1328年间为法国王后让娜-德埃夫勒（Jeanne d'Evreux）的《时间之书》（祈祷书）作的装饰画，对开本第15页（左页）至第16页（右页）：《基督被捕和圣母领报》（The Arrest of Christ and the Annunciation）（纽约修道院艺术博物馆［Cloisters Museum］）

插图7　布拉格卡尔施泰因城堡（Karlstein Castle，Prague），皇帝查理四世奉献给圣凯瑟琳的私人小教堂的内部装饰。所绘的壁龛是意大利风格，圣坛前的挂饰（altar frontal）是波希米亚风格

插图8　教会历书中法国查理五世的加冕图（1365年），国王接受他的同辈人的亲吻（大英图书馆［British Library］，Cotton MS Tiberius BVIII 对开本第64页［右页］）

插图9　威斯敏斯特的圣斯蒂芬小教堂（St Stephen's Chapel）的壁画片断，创作于1350—1363年，表达《旧约》中的故事，画作的格局体现了意大利、法国和佛兰德的影响（不列颠博物馆［British Museum］）

插图10　《威尔顿双连画》（Wilton Diptych），约创作于1395年（伦敦国家美术馆［National Gallery］）

插图11　佛罗伦萨新圣母马利亚教堂（Santa Maria Novella）的斯特罗齐祭坛画（Strozzi altarpiece）《死神的胜利》（Triumph of Death）（局部），14世纪50年代奥卡尼亚（Orcagna）作坊创作

插图12　《二月》，来自贝里（Berry）公爵约翰的《时间祈祷书》（Très Riches Heures），创作于1413—1416年，对开本，第2页左页（尚蒂伊孔代博物馆［Musée Condé，Chantilly］）（巴黎吉罗东出版社）

插图13　摩西喷泉（Moses fountain）的先知，位于第戎尚莫尔沙特勒斯会修道院（Chartreuse de Champmol，Dijon），克劳斯·斯吕特（Claus Sluter）创作于1395—1403年

插图14　昂热的《启示录》挂毯，图解《启示录》第八章第10—11行的内容，即茵陈星落下的情况。14世纪70年代为安茹公爵路易一世而作（昂热挂毯博物馆［Angers，Musées des Tapisseries］）（巴黎吉罗东出版社）

插图15　法国国王约翰二世的肖像，约作于1350年（巴黎卢

浮宫）

插图 16　尸体雕像，枢机主教让·德·拉格朗日（Cardinal Jean de Lagrange，卒于 1402 年）墓的局部，在阿维尼翁圣马夏尔小教堂（Saint-Martial）

插图 17　威斯敏斯特宫圣斯蒂芬小教堂（St Stephen's Chapel），始建于 1292 年，小教堂上部东分隔间北面的内部正视图（理查德·狄克逊［Richard Dixon］约画于 1800 年，藏于考陶尔德艺术学院［Courtauld Institute］）

插图 18　格洛斯特大教堂（Gloucester Cathedral），从东面看的唱诗坛，约始建于 1337 年（照片：克里斯托弗·威尔逊［Christopher Wilson］出版社）

插图 19　马林堡（Marienburg）（马尔堡［Malbork］），条顿骑士团的城堡，从西面看，右边是高堡（High Castle）（始建于 1280 年前），左边是总团长（grand master）的宅邸（约始建于 1330 年）（德国艺术史文献中心［Bildarchiv. Foto Marburg］）

插图 20　威斯敏斯特大教堂门厅内景，建于 1391—1401 年（A. F. 克斯廷［Kersting］出版社）

插图 21　吕贝克圣马利亚小教堂（Lübeck, St Mary）的唱诗楼，始建于 1277 年（布伦瑞克尤塔·布吕登［Jutta Brüdern, Brunswick］出版社）

插图 22　布鲁日市政厅，建于约 1377—1387 年

插图 23　佛罗伦萨的市政厅韦基奥大楼（Palazzo Vecchio），建于 1299—1315 年，从西北面看，右边是雇佣兵凉廊（Loggia dei Lanzi，建于 1376—约 1381 年）（阿林纳里［Alinari］公司）

插图 24　佛罗伦萨乔托钟楼（Giotto's Campanile），约始建于 1334 年（图片由考陶尔德艺术学院提供）

插图 25　图卢兹多明我会（Toulouse, Dominican）教堂（所谓的雅各宾派教堂），始建于 1229 年，完成于 1390 年，内景，从东北方向看

插图 26　伊利（Ely）大教堂的八角楼和灯塔，建于 1322—1340 年（克里斯托弗·威尔逊出版社）

插图 27　格洛斯特大教堂，回廊东边人行道上面的扇形拱顶，建于约 1351—1364 年（克里斯托弗·威尔逊出版社）

插图28　牛津大学的新学院（New College），建于1379—1386年，从西面看（洛刚［Loggan］出版社1675年版）

插图29　赫尔圣三位一体教堂（Hull, Holy Trinity church），从东面看的唱诗坛内景，约建于14世纪20年代及以后（克里斯托弗·威尔逊出版社）

插图30　耶夫尔河畔默安城堡（Mehun-sur-Yèvre Castle），始建于1367年，从北面看（来自林堡兄弟为贝里公爵约翰绘制的《时间祈祷书》中的微型画，作于1413—1416年）（尚蒂伊孔代博物馆）（巴黎吉罗东出版社）

插图31　科隆大教堂（Cologne Cathedral）西边正面，约1300—1310年设计。西南面的塔的底下两层建于约1310年到15世纪初。西北面的塔的最低部分建于15世纪，其余部分按照残存的中世纪的平面图F建于1842—1880年（斯图加特海尔加·施密特-格莱斯纳［Helga Schmidt-Glassner, Stuttgart］出版社）

插图32　布拉格大教堂，建于1344—1385年，唱诗坛内景（慕尼黑沃尔纳·纽美斯特［Werner Neumeister, Munich］图片社）

插图33　施瓦本格明德（Schwäbisch Gmünd）圣十字架教堂（Holy Cross church），中殿和唱诗坛内景，从东面看（斯图加特海尔加·施密特-格莱斯纳出版社）

插图34　巴塞罗那大教堂（Barcelona Cathedral），始建于1298年，从东北面看的内景（巴塞罗那马斯［Mas, Barcelona］出版社）

插图35　帕尔马·德·马略尔卡大教堂（Palma de Mallorca Cathedral），始建于1306年，从东面看的内景（巴塞罗那马斯出版社）

插图36　米兰大教堂，从西面看的唱诗坛外景，始建于1386年（阿林纳里公司曼塞尔［Mansell］出版社）

插图37　奥尔维耶托大教堂（Orvieto Cathedral），从西北面看的中殿外貌，始建于1290年，教堂正面始建于1310年，建造者为洛伦佐·马伊塔尼（Lorenzo Maitani）（阿林纳里公司）

插图38　佛罗伦萨圣十字教堂（S. Croce），从东面看的内景，始建于约1292年（阿林纳里公司）

王加丰译

设计图一览表

1. 条顿骑士团的城堡马林堡（Marienburg，又称马尔堡［Malbork］）的教士会礼拜堂（Chapter House）平面图，约1330年 ………………………………………（266）
2. 卡尔施泰因（Karlstein 或 Karlštejn）城堡，始建于1348年，1367年前完工 ……………………………（266）
3. 万塞讷（Vincennes）城堡平面图，始建于1361年 ………（267）
4. 乌尔姆大教堂（Ulm Minster）西塔设计图A，设计者乌尔里希·冯·恩兴根（Ulrich von Ensingen），约1392年（乌尔姆城市档案馆［Stadtarchiv Ulm］，I）……（271）
5. 韦尔斯大教堂（Wells Cathedral）唱诗坛、唱诗坛后部和圣母堂的平面图，建于约1322—约1340年 ………（278）
6. 斯特拉斯堡大教堂（Strasbourg Cathedral）设计图B，1275—1277年德希奥-贝措尔德（Dehio-Bezold）重新描绘的原初的设计图 ……………………………（281）
7. 布拉格大教堂底层平面图，设计者阿拉斯的马蒂亚斯（Matthias of Arras，活跃于1344—1352年间）（黑色部分）和彼得·帕勒（Peter Parler，活跃于1356—1399年间）（灰色部分） ……………………………（284）
8. 佛罗伦萨大教堂平面图，始建于1294年，目前的中殿建于1357—1378年，八角形围墙建于1377—1421年 ……（289）

王加丰译

地图一览表

地图1	1300年时在运转的大学	（78）
地图2	1300—1400年间建立的大学	（79）
地图3	1400年时在运转的大学	（80）
地图4	约1300年的欧洲贸易	（192）
地图5	约1400年的欧洲贸易	（218）
地图6	14世纪的苏格兰	（403）
地图7	到1360年的英法百年战争	（458）
地图8	1360年的法兰西	（466）
地图9	1360—1396年的英法百年战争	（490）
地图10	伊比利亚半岛	（679）
地图11	14世纪的波罗的海欧洲	（794）
地图12	立陶宛大公国	（799）
地图13	14世纪晚期的普鲁士	（811）
地图14	14世纪的利沃尼亚	（814）
地图15	约1396年的俄罗斯	（872）
地图16	米哈伊尔八世治下时期的拜占庭帝国	（912）
地图17	14世纪40年代的拜占庭帝国	（926）
地图18	爱琴海世界	（954）
地图19	约1350年时的安纳托利亚与巴尔干	（967）
地图20	约1400年时的奥托曼国家	（976）

王加丰译

王朝世系一览表

表 1　理查德二世统治时期的王室家族 ……………………（1009）
表 2　法国卡佩王朝后期诸王和瓦卢瓦王朝早期诸王 ………（1010）
表 3　14 世纪立陶宛格季米尼德王朝的大公们 ……………（1011）
表 4　北方诸君主：波美拉尼亚的埃里克的后裔们…………（1013）
表 5　卢森堡家族 ……………………………………………（1014）
表 6　匈牙利和那不勒斯的安茹家族 ………………………（1015）
表 7　莫斯科的丹尼洛维奇王朝诸大公 ……………………（1016）

王加丰译

作者简介

大卫·阿布拉菲亚（David Abulafia）：剑桥大学地中海史高级讲师（Reader），康维尔和凯厄斯学院（Gonville and Caius College）研究员（fellow）。

弗朗索瓦·奥特朗（Françoise Autrand）：巴黎青年女子师范学校（Ecole Normale des Jeunes Filles）教授。

米歇尔·巴拉尔（Michel Balard）：巴黎第四大学教授。

卡罗琳·M. 巴伦（Caroline M. Barron）：伦敦大学皇家霍洛韦和贝德福德新学院（Royal Holloway and Bedford New College）中世纪史高级讲师（Reader）。

保罗·宾斯基（Paul Binski）：剑桥大学讲师（Lecturer），康维尔和凯厄斯学院研究员。

A. D. 卡尔（Carr）：班戈（Bangor）威尔士大学（University of Wales）威尔士史教授。

杰里米·卡托（Jeremy Catto）：牛津大学奥列尔学院（Oriel College）研究员。

保罗·克罗斯利（Paul Crossley）：伦敦大学考陶尔德艺术学院（Courtauld Institute of Art）高级讲师（Reader）。

彼得·埃德伯里（Peter Edbury）：加的夫（Cardiff）威尔士大学高级讲师（Reader）。

阿朗·福雷（Alan Forey）：一度为达勒姆（Durham）大学历史学高级讲师（Reader）。

罗宾·弗雷姆（Robin Frame）：达勒姆大学中世纪史教授。

保罗·弗里德曼（Paul Freedman）：耶鲁（Yale）大学历史学教授。

亚历山大·格兰特（Alexander Grant）：兰开斯特（Lancaster）大学高级讲师（Senior Lecturer）。

路易·格林（Louis Green）：莫纳什（Monash）大学历史学教授。

尼克·哈夫利（Nick Havely）：约克（York）大学高级讲师（Senior Lecturer）。

彼得·赫德（Peter Herde）：维尔茨堡（Würzburg）大学历史学名誉退休（emeritus）教授。

伊凡·赫拉瓦切克（Ivan Hlaváček）：布拉格查理大学辅助历史科学和档案学（Auxilliary Historical Sciences and Archivistics, Charles University）教授。

迈克尔·琼斯（Michael Jones）：诺丁汉（Nottingham）大学法国中世纪史教授。

霍华德·卡明斯基（Howard Kaminsky）：迈阿密（Miami）佛罗里达大学历史学教授。

莫里斯·基恩（Maurice Keen）：牛津大学高级讲师（Reader），巴利奥尔（Balliol）学院研究员。

克里斯蒂亚娜·克拉皮斯-聚贝（Christiane Klapisch-Zuber）：巴黎高等社会科学研究学校（Ecole des Hautes Etudes in Sciences Sociales）教授。

南希·希尔兹·科利曼（Nancy Shields Kolimann）：斯坦福（Stanford）大学历史学教授。

安杰利克·E. 莱欧（Angeliki E. Laiou）：哈佛大学教授。

约翰·劳（John Law）：斯旺西（Swansea）威尔士大学高级讲师（Senior Lecturer）。

让-皮埃尔·勒盖（Jean-Pierre Leguay）：鲁昂（Rouen）大学历史学教授。

彼得·莱恩汉（Peter Linehan）：剑桥大学讲师（Lecturer），圣约翰学院研究员。

I. 梅坦·孔特（I. Metin Kunt）：伊斯坦布尔萨班哲（Sabancı）大学教学人员（Faculty Member）。

克劳德·米肖（Claude Michaud）：巴黎第一大学历史学教授。

W. 马克·奥姆罗德（Mark Ormrod）：约克大学历史学教授。

沃尔特·普雷韦涅尔（Walter Prevenier）：根特（Ghent）大学历史学教授。

阿尔贝·里戈迪埃（Albert Rigaudière）：巴黎第二大学历史学教授。

S. C. **罗韦尔**（Rowell）：维尔纽斯（Vilnius）历史研究所（Institute of History）。

彼得·斯普福德（Peter Spufford）：一度为剑桥大学货币史高级讲师（Reader），女王学院（Queen's College）研究员。

雅克·韦尔热（Jacques Verger）：巴黎第二大学历史学教授。

P. N. R. **朱特什**（Zutshi）：剑桥大学大学档案管理员（Archivist），圣体学院（Corpus Christi College）研究员。

王加丰译

前　　言

　　我第一次间接体验主编一部剑桥史的种种艰难和喜悦，是我观察我的非凡的导师J. P. 库珀（Cooper）的工作时得到的。他在十多年间努力奋斗，完成了《新编剑桥世界近代史》中的《西班牙的衰落和三十年战争（1609—1648/1659）》那一卷。或许我那时就应该懂得合作编写一部著作需要比通常有更多的编辑技巧和耐心。尤其是，如果该项目要保持在合理的字数界限内并在一定的时间内完成，而主编仍然想与写出各自章节初稿的撰稿人保持平等的话，那么在劝诱那些与作出最后努力仍有某种距离的作者时，需要不断地挥舞铁拳，但要外柔内刚，以便完成预定的目标。在这样的情况下，如同本套书其他卷的情况一样，原先建议的时间表已经延误了。对这种规模的著作来说，从构思到出生正好近似于大象从怀孕到分娩的时间。所以，正是怀着这样巨大的喜悦（还有一种强烈的解脱感），我现在可以说我是多么感谢所有为此书撰稿的人。我特别感谢那些接替其他人为本卷撰稿的人，因为有些原先选定的人未能撰写分给他们的章节。在这些人中我们会难过地注意到两个优秀的美国学者，大卫·赫利希（David Herlihy）和约翰·博斯韦尔（John Boswell），他们都曾接受本书的撰稿工作，但都未能写下任何东西就去世了。克里斯蒂亚娜·克拉皮斯－聚贝（Christiane Klapisch-Zuber）是前者理想的代替人选，因为她曾与赫利希合作写下开拓性的著作《托斯卡纳人与他们的家庭》（*Les Toscans et leurs familles*, 1978），这次欣然同意接手他未能完成的工作；而阿朗·福雷（Alan Forey）则在更晚得多的时期友好地提供帮助，写了关于阿拉贡的一章，这是博斯韦尔原先答应过的工作。另一个后来的替换者是使我深感受惠的斯蒂芬·罗韦尔（Stephen Rowell），他不仅就波罗的海的历史作了内容广泛的概述，而且还就涉及斯拉夫人世界的其他章节提出有益的建议。很重要的还要说一下，保罗·弗里德曼（Paul Freedman）是在更晚得多的时候才招募来的新成员。因为在最后一刻的时钟已经敲响的时候，他宽宏大量地同意撰写关于乡村社会的一节（居伊·布瓦［Guy Bois］原先曾约定承担撰写这一部分）。没有这一节，关于经济的部分就会不充分、令人遗憾。这里我必须向上述同事们道歉的是，以下过错肯定与他们无关：在本卷工作启动后，他们在简短的时间内如此迅速、有效地完成了各自的任务，但却耽搁好几年才看到他们撰写的章节得到出版；虽然曾给他们某种机会修改各自写出来的文本，但如果要求他们按照在各自领域里获取的更成熟的经验和不断赢得的进展再加以修改的话，一些人现在自然会用不同的方式来处理自己承担的章节。曾作过某种努力，注意在几年前编辑的参考文献中加上重要的内容，虽然最好似乎是让它们着重体现本书各个章节写作时所依据的著作。

作为一个大型的国际团队的主编，我曾在本卷写作过程中受到极大的鼓励，既有来自许多国家的繁忙的学者向我表示的友谊，又有当我为确定本书最终文本而进行编辑时学者们的慷慨合作。当本书的编撰工作开始时，许多人我只知道他们的名字，但现在我对他们有了更多的了解，我很高兴地感谢他们对我的恩惠。我想，这样讲也是公平的：对许多人来说，即使不是所有的撰稿人，在大多数领域里他们各自的主题都存在庞大的现代文献，压缩这些文献的内容是一项挑战，常常显示出比他们开始时所想象的更加费力。下面，几乎没有哪一章的作者声称自己所写的内容是无所不包的，所有的撰写人都必须作出会招致不满的决定，即决定写什么或不写什么（其中有些问题在下面的《导言》中要加以解释）；所有作者都以极大的耐心接受了主编的指导，甚至当他们可能被误导的时候也是这样。一些人曾决定相当广泛地为他们承担的章节加上注释，其他的人则简单地提供一个参考书目，这些书目反映了他们自己阅读过的材料，指明他们研究领域的某些最有用的文献。这方面未能做到标准化，我希望这将被接受为一种可以理解的妥协，因为我渴望不要把所有的撰稿人都塞入一个强求一致的、同样的模子里。

还有一些人，如果没有他们，本卷的面貌可能会显得很不相同。在这些人中，必须特别提一下朱丽叶·韦尔（Juliet Vale），她负责把一些章节从法文译成英文（第二、四、六、七章、第十四章第二节、第二十二章和第二十五章），从德文译成英文（第十六章第一节），而葆拉·肯尼迪（Paula Kennedy）则负责把捷克语译成英语（第十六章第二节）。两个人都一丝不苟地努力传达原文的意思，保证恰当地使用各种惯例，用另一个字母体系拼出人物、地点和官职的名称，使说英语的读者能够阅读这些章节。确实，她们所做的有许多是一个总主编的工作，对此我非常感激。在处理参考文献方面，同样我得到克莱尔·泰勒（Claire Taylor）非常宝贵的帮助。本卷的技术编辑琳达·兰德尔（Linda Randall）以及索引编者大卫·阿特金斯（David Atkins）的帮助，在改进文本的前后一致性和准确性上也是极为宝贵的。我还必须感谢编辑这本书的同事们，特别是罗莎蒙德·麦基特里克（Rosamond McKitterick）、大卫·阿布拉菲亚（David Abulafia）、克里斯托弗·奥尔曼德（Christopher Allmand）和编委会的其他成员，谢谢他们在过去十多年来的帮助和鼓励。还必须特别提一下出版社的威廉·戴维斯（William Davies），谢谢在那些好日子和坏日子中他的宽容和可靠的、支持性的建议和帮助，我希望我们恰好共同避免了他所说的"最糟糕的状况"。

迈克尔·琼斯（Michael Jones）
王加丰译

致　　谢

本卷使用了许多绘画和建筑或其他物品的图片，前面已经向允许我们复制这些绘画和照片的机构表示了感谢（第 xi—xiii 页）；设计图 1—8 的来源也已经在适当时机感谢过，而各份世系表是在出版社里制作的。我们感谢雷金纳德·皮戈特（Reginald Piggott），他使用难懂的信息并按照作者们有时是苛刻的要求来绘制这些专业的图表。

最后，但绝非最不重要的是，本卷主编还想把伊丽莎白·琼斯（Elizabeth Jones）博士给予自己的巨大帮助记录在案：既感谢她近来的校对工作和在格式上的种种建议，也为了她许多年来的每一种支持，这些支持的时间甚至比本卷写作的时间还长。

王加丰译

缩 写 语

AAPH	*Anais de Academia portuguesa da historia*
AASS	*Acta Sanctorum*, ed. J. Bollandus *et al.*
AB	*Analecta Bollandiana*
ABret	*Annales de Bretagne*
ABSHF	*Annuaire-bulletin de la Société de l'histoire de France*
ABurg	*Annales de Bourgogne*
ACNSS	*Actes du Congrès national des Sociétés savantes*
ADH	*Annales de démographie historique*
AE	*Annales de l'Est*
AEM	*Anuario de estudios medievales*
AESC	*Annales: économies, sociétés, civilisations*
AFH	*Archivum Franciscanum Historicum*
AFP	*Archivum Fratrum Praedicatorum*
AgHR	*Agricultural History Review*
AHC	*Annuarium Historiae Conciliorum*
AHDE	*Anuario de historia del derecho español*
AHP	*Archivum Historiae Pontificiae*
AIBL	*Académie des inscriptions et belles-lettres*
AIPHO	*Annuaire de l'Institut de Philologie et d'Histoire Orientales*
AK	*Archiv für Kulturgeschichte*
ALKG	*Archiv für Literatur- und Kirchengeschichte des Mittelalters*
AmHR	*American Historical Review*
AMi	*Annales du Midi*
AN	Archives nationales, Paris
ANo	*Annales de Normandie*
APAE	*Anciens pays et assemblés d'état*
APH	*Acta Poloniae Historica*
ArtB	*Art Bulletin*
ASF	Archivio di stato di Firenze

ASI	*Archivio storico italiano*
ASL	*Archivio storico lombardo*
ASP	Archivio di stato di Pisa
AV	*Archivio veneziani*
BAE	Biblioteca de autores españoles
BAR	British Archaeological Reports
BB	*Byzantino-Bulgarica*
BBA	*The Black Book of the Admiralty*, ed. T. Twiss, RS, 1, London (1872)
BBCS	*Bulletin of the Board of Celtic Studies*
BBHS	*Bulletin of the Business Historical Society*
BCRH	*Bulletin de la Commission royale d'histoire*
BEC	*Bibliothèque de l'école des chartes*
BEFAR	Bibliothèque des écoles françaises d'Athènes et de Rome
BEP	*Bulletin des estudes portugaises*
BF	*Byzantinische Forschungen*
BG	*Bijdragen tot de Geschiedenis*
BH	*Bulletin hispanique*
Bib. mun.	Bibliothèque municipale
BIDR	*Bolletino dell'Instituto di diritto romano*
BIHR	*Bulletin of the Institute of Historical Research*
BJRL	*Bulletin of the John Rylands Library*
BL	British Library
BMGM	*Bijdragen en Mededelingen voor de Geschiedenis der Nederlanden*
BN	Bibliothèque Nationale de France, Paris
BPH(1715)	*Bulletin philologique et historique (jusqu'à 1715)*
BRAH	*Boletín de la Real academia de la historia*
BS	*Byzantine Studies/Etudes byzantines*
BSAF	*Bulletin de la Société des antiquaires de France*
BSBS	*Bolletino storico-bibliografico subalpino*
BSOAS	*Bulletin of the School of Oriental and African Studies*
BSPS	*Bolletino storico pisano*
BSPSP	*Bolletino della Societa pavese di storia patria*
BST	*Biblioteca storica toscana*
BZ	*Byzantinische Zeitschrift*
CAXI	*Crónica de Alfonso XI*, ed. C. Rosell, BAE, 66, Madrid (1875)
CBHB	Corpus Bruxellense Historiae Byzantinae
CEFR	Collection de l'Ecole française de Rome
CEHE	*The Cambridge Economic History of Europe*, ed. J.H. Clapham, M.M. Postan *et al.*, 8 vols., Cambridge (1941–89)

CEIII	*Crónica de Enrique III*, ed. C. Rosell, BAE, 68, Madrid (1877)
CFIV	*Crónica de Fernando IV*, ed. C. Rosell, BAE, 66, Madrid (1875)
CFan	*Cahiers de Fanjeaux*
CH	*Cuadernos de historia*
CH(E)	*Cuadernos de historia (de España)*
CHCA	*Congresso de historia de la corona de Aragón*
CIEB	*Congrès international des études byzantines*
CJI	*Crónica de Juan I*, ed. C. Rosell, BAE, 68, Madrid (1877)
CJII	*Chronique des règnes de Jean II et de Charles V*, ed. R. Delachenal, 4 vols., Paris (1917–20)
CMCS	*Cambridge Medieval Celtic Studies*
CMH	*Cambridge Medieval History*
CMRS	*Cahiers du monde russe et soviétique*
CNRS	Centre national des recherches scientifiques
Cortes	*Cortes de los antiguos reinos de León y de Castilla*, ed. Real Academia de la Historia, I, II, Madrid (1861–3)
CPI	*Crónica de Pedro I*, ed. C. Rosell, BAE, 66, Madrid (1875)
CPIII	*Pere III of Catalonia (Pedro IV of Aragon) Chronicle*, trans. M. Hillgarth, with introduction and notes by J.N. Hillgarth, 2 vols., Toronto (1980)
CRC	*Crónicas de los reyes de Castilla desde Don Alfonso el Sabio*, ed. F. Cerda, I, Madrid (1781)
CRH	*Commission royale d'histoire*
CSHB	*Corpus Scriptorum Historiae Byzantinae*, 50 vols., Berlin (1828–91)
CT	Geoffrey Chaucer, *Canterbury Tales*
DA	*Deutsches Archiv für Erforschung des Mittelalters*
DBI	*Dizionario biografico degli Italiani*, ed. A.M. Ghisalberti et. al., 49 vols. continuing, Rome (1960–97)
DDG	*Dukhovnye i dogovornye gramoty velikikh i udel'nykh kniazei XIV–XVI vv.*, Moscow and Leningrad (1950)
DOP	*Dumbarton Oaks Papers*
DR	*Downside Review*
DVE	Dante Alighieri, *De vulgari eloquentia*, ed. A. Marigo, 3rd edn, Florence (1957)
DVL	*Diplomatarium Veneto-Levantinum*, I: *1300–1350*; II: *1351–1454*, ed. G.M. Thomas, Venice (1880–99)
EB	*Etudes balkaniques*
EcHR	*Economic History Review*

EETS	Early English Text Society
EHH	*Etudes historiques hongroises*
EHR	*English Historical Review*
EO	*Etudes orientales*
FC	Jean Froissart, *Chroniques*, ed. S. Luce *et al.*, 15 vols. continuing, Paris (1869–1975)
FHS	*French Historical Studies*
FOG	*Forschungen zur osteuropäischen Geschichte*
FS	*Franziskanische Studien*
GAKGS	*Gesammelte Aufsätze zur Kulturgeschichte Spaniens*
GBA	*Gazette des beaux arts*
GDGSO	M. Hayez (ed.), *Genèse et débuts du grand schisme d'occident*, Paris (1980)
GG	*Geschichte und Gesellschaft*
Gli Scaligeri	G.M. Varanini (ed.), *Gli Scaligeri*, Verona (1988)
GP, ed. Failler	George Pachymeres, *Relations historiques*, ed. A. Failler, 2 vols., Paris (1984)
GP, ed. Bekkerus	George Pachymeres, *De Michaele et Andronico Palaeologis Libri Tredecim*, ed. I. Bekkerus, 2 vols., Paris (1855–7)
Gregoras	Nicephorus Gregoras, *Byzantina Historia*, I–III, ed. L. Schopen and I. Bekker, *CSHB*, Bonn (1829–55)
HEMP	*Historia de España*, general ed. R. Menédez Pidal, 18 vols., Madrid (1957–90)
HF	Geoffrey Chaucer, *The House of Fame*
HG	*Hansische Geschichtsblätter*
HID	*Historia. Instituciones. Documentos.*
HJb	*Historisches Jahrbuch*
HL	Cl. Devic and J. Vaissete, *Histoire générale de Languedoc*, ed. A. Molinier *et al.*, 16 vols, Toulouse (1872–1904)
HMGOG	*Handelingen van de Maatschappij voor Geschiedenis en Oudheidkunde van Gent*
HR	*Historical Research*
HT	*History Today*
HUS	*Harvard Ukrainian Studies*
HZ	*Historische Zeitschrift*
IARP	Index Actorum Romanorum Pontificum ab Innocenti III ad Martinum V Electum
IC, *Hist.*	Ioannis Cantacuzeni, *Eximperatoris Historiarum Libri IV*, ed. L. Schopen, 3 vols., *CSHB*, Bonn (1828–32)
IESH	*Irish Economic and Social History*
IH	*L'information historique*

IHS	*Irish Historical Studies*
IJTS	*International Journal of Turkish Studies*
IMU	Italia medievale e umanistica
IZ	*Istoricheskie zapiski*
JBAA	*Journal of the British Archaeological Association*
JBaS	*Journal of Baltic Studies*
JBS	*Journal of British Studies*
JEEH	*Journal of European Economic History*
JEH	*Journal of Ecclesiastical History*
JG	J. and P. Zepos (eds.), *Jus Graecoromanum*, 1, Athens (1931)
JGF	*Jahrbuch für Geschichte des Feudalismus*
JGO	*Jahrbücher für Geschichte Osteuropas*
JHI	*Journal of the History of Ideas*
JHP	*Journal of the History of Philosophy*
JIH	*Journal of Interdisciplinary History*
JItH	*Journal of Italian History*
JMH	*Journal of Medieval History*
JMRS	*Journal of Medieval and Renaissance Studies*
JÖB	*Jahrbuch der Österreichischen Byzantinistik*
JRAS	*Journal of the Royal Asiatic Society*
JRSAI	*Journal of the Royal Society of Antiquaries of Ireland*
JS	*Journal des Savants*
JSAH	*Journal of the Society of Architectural Historians*
JThS	*Journal of Theological Studies*
JWCI	*Journal of the Warburg and Courtauld Institutes*
JWH	*Journal of World History*
JZCH	*Jerónimo Zurita. Cuadernos de Historia*
KQS	Kirchengeschichtliche Quellen und Studien
LJ	*London Journal*
LS	*Lusitania Sacra*
MA	*Le moyen âge*
MAHEFR	*Mélanges de archéologie et d'histoire publiés par l'Ecole française de Rome*
MCV	*Mélanges de la casa de Velazquez*
MED	*Middle English Dictionary*, general ed. Hans Kurath, 11 vols. (continuing), Ann Arbor (1956–)
MEFRA/M	*Mélanges de l'Ecole française de Rome*
MGH	*Monumenta Germaniae Historica*
MH	*Mediaevalia et Humanistica*
MHR	*Mediterranean History Review*

MIÖG	Mitteilungen des Instituts für österreichische Geschichtsforschung
MKVA	*Medelingen van de Koninklijkse Vlaamse Academie*
MPG	J.-P. Migne, *Patrologia e Cursus Completus, Series Graeca*, 161 vols., Paris (1857–66)
MS	*Mediaeval Studies*
MSHAB	*Mémoires de la Société d'histoire et d'archéologie de Bretagne*
MSHP	*Mémoires de la Société de l'histoire de Paris et de l'Ile de France*
(N)AV	*(Nuovo) Archivio veneto*
NCMH	*New Cambridge Medieval History*
NMS	*Nottingham Medieval Studies*
NRHDFE	*Nouvelle revue historique de droit français et étranger*
NRS	*Nuova rivista storica*
OCA	*Orientalia Christiana Analecta*
OCP	*Orientalia Christiana Periodica*
ODB	*Oxford Dictionary of Byzantium*, 3 vols., Oxford (1991)
OESA	Order of Augustinian Canons
OFM	Order of Friars Minor (Franciscans)
OMCTH	Ordines Militares. Colloquia Torunensia Historica
OP	Order of Friars Preacher (Dominicans)
OSP	*Oxford Slavonic Papers*
Part.	*Las Siete Partidas*, ed. Real Academia de la Historia, 3 vols., Madrid (1807; repr. 1972)
PBA	*Proceedings of the British Academy*
PBSR	*Papers of the British School at Rome*
PER	*Parliaments, Estates and Respresentation*
Poly.	Ranulph Higden, *Polychronicon*, ed. C. Babington and J.R. Lumby
P&P	*Past & Present*
PP	William Langland, *Piers Plowman by William Langland: An Edition of the C-Text*, ed. D.A. Pearsall, London (1978)
PrAPS	*Proceedings of the American Philosophical Society*
PRIA	*Proceedings of the Royal Irish Academy*
PRO	Public Record Office
PS	*Population Studies*
PTEC	*Positions des thèses de l'Ecole des chartes*
PU	*Preussisches Urkundenbuch*, ed. M. Hein, E. Maschke, K. Conrad *et al.*, 6 vols., Königsberg and Marburg (1882–1986)
QAMK	Quellen und Abhandlungen zur mittelrheinischen Kirchengeschichte

QDHG	Quellen und Darstellung zur Hansische Geschichte
QFIAB	*Quellen und Forschungen aus italienischen Archiven und Bibliotheken*
QFGG	Quellen und Forschungen aus dem Gebiet der Geschichte
QSBG	Quellen und Studien zur baltischen Geschichte
QSGDO	Quellen und Studien zur Geschichte der Deutschen Ordens
RAH	Real academia de la historia
RBPH	*Revue Belge de philologie et d'histoire*
REB	*Revue des études byzantines*
REG	*Revue des études grecques*
RF	*Romanische Forschungen*
RH	*Revue historique*
RHDFE	*Revue historique de droit français et étranger*
RHE	*Revue d'histoire ecclésiastique*
RHGF	*Recueil des historiens des Gaules et de la France*
RIS	*Rerum Italicarum Scriptores*, ed. L.A. Muratori, 25 vols., Milan (1723–51); new edn G. Carducci and V. Fiorini, Città di Castello and Bologna (1900–)
RLR	*Revue des langues romanes*
RMAL	*Revue du moyen âge Latin*
RN	*Revue du Nord*
RPH	*Revista portuguesa de história*
RPV	*Registres du trésor des chartes*, III: *Règne de Philippe de Valois*, pt 1: *JJ 65A à 69*, ed. J. Viard, Aline Vallée and J. Favier, Paris (1978)
RQ	*Römische Quartalschrift*
RQH	*Revue des questions historiques*
RQly	*Renaissance Quarterly*
RS	Rolls Series
RSCI	*Rivista di storia della chiesa in Italia*
RSH	*Revue des sciences humaines*
RSJB	*Recueils de la Société Jean Bodin*
RStds	*Renaissance Studies*
RuH	*Russian History*
SAO	*Studia et Acta Orientalia*
SB	*Studia Byzantina*
SCH	*Studies in Church History*
SDECH	S.B. Chrimes and A.L. Brown, *Select Documents of English Constitutional History 1307–1485*, London (1964)

SEER	Slavonic and East European Review
SF	Südost Forschungen
SFGG	Spanische Forschungen der Görresgesellschaft
SG	Studia Gratiana
SH	Studia Hibernica
SHF	Société de l'histoire de France
SHR	Scottish Historical Review
SJ	Society of Jesus
SJH	Scandinavian Journal of History
SL	Standen en Landen
SM	Studi Medievali
SMGBO	Studien und Mitteilungen zur Geschichte des Benediktineordens und seiner Zweige
SMRT	Studies in Medieval and Reformation Thought
SR	Slavic Review
SRP	*Scriptores Rerum Prussicarum*, ed. T. Hirsch *et al.*, 5 vols., Leipzig (1861–74); repr. with a sixth vol., Frankfurt am Main (1965)
ST	Studi e Testi
SV	Studi veneziani
SVen	Storia di Venezia
THSC	Transactions of the Honourable Society of Cymmrodorion
TM	Travaux et mémoires
TODL	Trudy Otdela drevnerusskoi literatury
TRHS	Transactions of the Royal Historical Society
UTET	Unione tipografico-editrice torinese
VF	Vorträge und Forschungen
VKAWLSKB	Verhandlingen Koninklijke Academie voor Wetenschappen, Letteren en Schone Kunsten van België
VMGOG	Verhandlingen van de Maatschappij voor Geschiedenis en Ouheidkunde van Gent
VQHF	Vatikanische Quellen zur Geschichte der päpstlichen Hof- und Finanzverwaltung
VSW	Vierteljahrschrift fur Sozial- und Wirtschaftsgeschichte
VV	Vizantiiskii Vremennik
WF	Wege der Forschung
WHR	Welsh History Review
ZHF	Zeitschrift für historische Forschung
ZKG	Zeitschrift für Kirchengeschichte
ZR	Zeitschrift für Rechtsgeschichte
ZRVI	Zbornik Radova Vizantoloshkog Instituta

第一部分

总　论

第 一 章
导　言

本卷取代 C. W. 普鲁维特－奥顿（Previté-Orton）和 Z. N. 布鲁克（Brooke）主编的《剑桥中世纪史》第七卷，本出版社 1932 年出版，① 其副标题是《帝国和教宗职权的衰落》（*Decline of the Empire and Papacy*），论述"大体而言的 14 世纪"。虽然它很多篇幅是叙述 1252 年以来的西班牙及约 1272 年以来的英格兰、法兰西和德意志，但有些章结束的日期已经完全进入了 15 世纪。此外，它有相当可观的一部分，特别是那些专注于犹太人、中世纪地产、农民生活、早期文艺复兴和中世纪神秘主义的专题，都放在一个更广泛的背景上来展开讨论，常常覆盖从 1100 年到 1500 年的整个时期。这样做带来的一个结果，是减少了关于 14 世纪本身的种种特点的特定信息。而所有的学者，那时的和现在的，都认为这个世纪是整个中世纪最动荡的甚至是世界末日般的一段时期，或者如一个见识广博的同时代人菲利波·维拉尼毫不掩饰地说的："这是一个每况愈下的沉船的世纪。"②

并不是说《帝国和教宗职权的衰落》没有涉及任何其他方面的内容：它约有 3/4 的篇幅是用一种牢固的叙事架构来叙述传统的政治史，尤其是叙述教宗们和皇帝们、国王们和诸侯们、各国议会和各个等级的事迹。其一些章节仍然可以通过挖掘而有所得，但现在已有许多新的资料，在大多数情况下是大量现代的第二手文献，可以用来重构各个事件的序列或重新解释个人的作用。试图完全对那本书所描述的欧洲作同样性质的详细叙述，这简直是不可能的，也不可取。在地

---

① *CMH*, VII,《前言》。
② Filippo Villani, *De ... Famosis Civibus*, cited by McLaughlin (1988), p. 135.

理范围上，它和本卷所强调的东西也有种种区别。

还有，尽管对东欧和北欧给予某些关注，如有几章是讨论汉萨（Hansa）、条顿骑士团（Teutonic Order）、波希米亚（Bohemia）和俄罗斯的，但大部分叙述集中在中世纪天主教欧洲的心脏地区：意大利、法兰西、德意志和不列颠群岛，对其他地区的关注比较少。但注意到这一点很有意思：叙述瑞士13—15世纪的发展所占的篇幅比讨论西班牙从13世纪中期到1410年的一章还要多。自20世纪30年代以来，在西班牙本地及在其他地方，特别是在英美的历史学家中，对西班牙的历史研究曾有一个特别大的爆炸性的增长。晚期中世纪的意大利也是这样，那里本土的历史学家，以及大批外国的学者，他们不仅利用罗马和教廷的档案馆，还彻底搜索了像佛罗伦萨、威尼斯、热那亚和锡耶纳（Siena）等城市的资料丰富的档案馆。确实，这个时期总的特色是：有少数最近几代学者未能更好地做到"档案"导向研究的领域发生了很大变化，特别是自从处理数量迅速增长的、以各种形式出现的历史资料的技术手段得到改善以来，更是这样，因为个体学者和研究团队可很容易地获得这些手段。③

在《帝国和教宗职权的衰落》中一些最少涉及的领域，在那套《剑桥中世纪史》中虽然曾予以有限的论述，但论述的篇幅出于有意地安排而显得不平衡：关于东南欧、地中海世界及与伊斯兰的关系的几章大半在该卷中被删除，而被集中在讨论拜占庭全部历史的单独的一卷书中。④ 如果说当前这一卷书在年代的期限上比它的前书更加协调，大都保持在约1300年至约1415年的时间框架内，那么还可以说它在地域上也包含了更广泛的地区，覆盖了东欧、北欧和地中海世界，包括拜占庭、巴尔干和奥托曼人的兴起，都得到了实质性的关注（第二十一章至第二十七章）。甚至偶尔也会简短地瞥一下更广阔的远处景象：注意到蒙古人仍然把罗斯（Rus）各公国的政治发展笼罩在自己的阴影下的影响（第二十三章），金帐汗国（Golden Horde）的文化影响（从帕多瓦男爵坎格朗德·德拉·斯卡拉［Cangrande della Scala，死于1328年］采用的名字来看，它象征性地暗指可

---

③ Herlihy and Klapisch-Zuber（1978）提供了这种趋势的一个开拓性的例子。
④ 很快就被认为不合适，原先的那一卷随后经过 Hussey 的修改和扩展（1966—1967 年）。

第一章　导言

汗），⑤ 1402 年"跛子"帖木儿（Timur the Lame）在安卡拉（Ankara）打败素丹巴耶齐德（Bayezid）显然使不可阻挡的奥托曼人的兴起受挫而暂时突然停顿下来（第二十六章），东方市场及从东方来的产品的经济意义（第八、二十五章），更不用说黑死病的轨迹，都揭示了亚洲对 14 世纪欧洲的遥远而明显的影响的不同方面。⑥ 而在基督教王国内部，该世纪见证了地中海、北海和波罗的海这三个世界之间一种更加密切得多的互利共生关系。比如，各种图表的发展显示了地理知识的扩大，这是通过那些连续不断地出现的航海指南、海图的制定而显示出来的，如大约在 1300 年前后，意大利和伊比利亚的海员与大西洋沿海地区和北欧建立了定期联系（参看第八章）。⑦

然而，这种地域上的覆盖面的增加必然要弱化对个别国家的某些深度论述，而这种深度论述正是本书 1932 年版的特点。比如，在那里意大利和德意志所占的篇幅刚好少于 10%，法兰西则刚刚超过可利用的篇幅的 10%，而不列颠几乎占 20%，仅关于威克利夫（Wyclif）和罗拉德派（Lollards）的讨论就多于分别叙述威尔士、爱尔兰和苏格兰三个地方的篇幅。在本书中，只有不列颠群岛多于 10%，没有任何其他地区多于 5% 或 6%。

普鲁维特-奥顿和布鲁克那一卷与本卷（还有本套的其他卷）的另一个明显差别，是历史叙述的章节与分析和专题的章节在篇幅比例上现在更为合理，本卷 1/3 的篇幅用于"总论"（General themes）（第二章至第十二章），虽然为公正起见有必要指出：这些章节的许多焦点紧紧地集中在中世纪西方的心脏地带，首先是其精神领导依靠罗马（或阿维尼翁 [Avignon]）的那些地区。所以麦基尔韦恩（McIlwain）关于"中世纪等级会议"的著名概述，这里指的是关于代表会议制度的讨论，大半被归入"西欧政府的理论和实践"中，或使它们出现在那些专门论述单个国家的章节中，尤其是在合适的时候出现于论述英格兰、苏格兰、低地国家和西班牙的章节（第十三章第一、二、四节和第十七、十八章）中。⑧ 这方面的问题，像众多

---

⑤ 见下面原文第 464 页。
⑥ Abu-Lughod（1989）从一种冷静的世界的眼光来看中世纪晚期欧洲的经济成就。
⑦ Mollat and La Roncière（1984）.
⑧ 关于"代表会议"（Representation），也参见 *New Cambridge Medieval History*, VII, pp. 29 – 64（原文页码）。

的其他问题一样，是阿尔贝·里戈迪埃（Albert Rigaudière）敏锐地指出的："14世纪西欧的多样性如组成它的各个国家的多样性一样。"⑨ 这种评论同样也适用于东欧和北欧的社会条件和政治结构，第二十一章到第二十三章表明了这一点。

尽管当代一些历史学家对宏伟的全景式扫视感兴趣，如最近出版的两部高度成功的单卷本著作把欧洲史作为一个整体来审视，表明当非凡的提炼和综合能力与智力上高度的严密性、想象力和组织技巧结合起来时能够写出多么好的书，⑩ 但本书的写法性质上不一样，眼界和抱负都比较有限。当然，本书可以引申出各种激发思考的一般性模式，如那些专题讨论的章节所表明的，而且这些模式会不断激发人们思考。许多章因此尝试一种不太深入论述的方式，它并非那么不懈地追求事实的倒不如说是追求凭印象的、解释的方式，虽然这种方式的目的，同时也是以某种平衡的手段阐明当代历史编纂学的一些分歧之处。

政治事务必然继续拥有重要地位，虽然我们希望在大多数以讨论政治为主的章节中也承认广泛的社会和文化问题。比如，在许多比较先进的政体中，官僚机构和日常行政程序的发展曾不仅意味着政府的发展，也意味着统治者、他们的政府雇员与他们的其他臣民之间关系的变化，还有教育、读写能力的传播和特点等的变化（参照第二章至第四章、第十二章，第十四章的第一、二节等）。当然，本书也关注王权的或者特定政治语境中共和主义的意识形态和象征符号，还有皇帝和教宗对普世权力的种种主张。后者的主张对那些地理上不确定的和分裂的地区——德意志和意大利——的历史有特殊的影响，产生了该时期关于王权和教权性质的一些最引人注目的政论，如帕都瓦的马尔西利乌斯（Marsilius of Padua）的《和平的保卫者》（Defensor Pacis），以极其特殊的方式颠覆了教宗的传统观点。⑪

《帝国和教宗职权的衰落》并不缺少经济和社会的历史，但本书反映出现代各种研究成果赋予了经济和社会一种更大的重要性，这里最长的章节中有两章是专门讨论它们的："瘟疫和家庭生活"（第七

---

⑨ 见下面原文第17页。
⑩ Roberts（1996）；Davies（1996）.
⑪ 见下面原文第20、541页。

章）和"贸易"（第八章）。但有极少数名义上讨论"政治"的章节完全忽视了社会经济史。许多历史学家，甚至政治史学者，都把该世纪看成两个半场（two halves）（这里借用通常与某种流行的运动项目联系在一起的套语）的世纪，以黑死病为界，这一事实必然反映出他们重视（不管是为了他们自己特定的关注点而证实或否认其重要性）这一完全没有先例的惊人事件，及重视其所有的多方面的反响，大量文献就是围绕着这个问题发展起来的。一般而言，与13世纪相比，14世纪见证了一个扩张和巩固的时代，继承它的是一个收缩和剧变的世纪，更多的有关细节我们将在下面看到。

第四章"大学"一般性地表达了知识界主要的组织制度的发展，在关于特定地区的其他章中也涉及这个话题（参看第十六章第二节，第二十一、二十二章），那儿我们追踪高等教育和学校的数量增长和各个中心的特征发生的变化。世俗权力在鼓励这种发展中的不寻常的作用，在许多例子中表现得非常明显；同时，在学术、神学和哲学思考与社会上其他阶层的宗教思想和精神实践之间的相互影响，也得到了论述，特别是在第三章中，在许多其他地方也有涉及（参看第十六章第二节，第二十三、二十四章）。在讨论许多地区时，恐怕最明显的是讨论伊比利亚、巴尔干、中欧和东欧时，基督教徒与其他宗教或信仰者之间的关系无疑很重要。卡斯蒂尔（Castile）的多宗教**共存**（*convivencia*）的破裂（第十八章第二节）、对待犹太人日益变得野蛮（参看第十八章第一节），只是偶尔被基督徒与犹太人合作的一些迹象所抵消，如在东地中海贸易中的合伙关系（第二十五章）。奴隶制的残存或复发（第八章、第十八章第一节、第二十一章和第二十六章）表明这时期基督教王国方面越来越不宽容。另一方面，奥托曼人在崛起过程中对宗教或种族差异显示出比传统公认的更大的同情（或接受和宽容这种事实）（第二十六章）。关于那些日益增长的"民族主义的"或"种族的"种种情感及其特征（或许最著名、最具体的表达是1320年的《阿布罗斯宣言》[Declaration of Arbroath]，第十三章第四节）的主题，在其他地方也有讨论（参看第十三章第三、五节，第十五章第一节，第十六章第二节，第二十二章）。这个世纪见证了国家在机构和意识形态方面的重要进展，因为世俗权力变得日益自信，不断摆脱教会的遏制。

在第十九章和第二十章中，影响西方教会等级制度以及教会和国家关系的各个发展过程，是特别从教宗和枢机主教的职权的观点来讨论的，但在叙述特定的国家时教会事务也是到处都得到适当考虑的一个主题。比如，在叙述英格兰时讨论了《圣职法》（Statutes of Provisors）或《蔑视王权罪》（Praemunire）或罗拉德派（第二章，第十三章第一至二节），在叙述波希米亚和神圣罗马帝国时讨论了胡斯（Hus）及其门徒的背景（第十六章第二节，第二十二章），或者在叙述东欧时讨论了罗马天主教与东正教的关系（第二十三、二十四章）。众所周知，在欧洲的土地上，该世纪也见证了异教被正式根除，其表现是立陶宛大公约盖拉（Jogaila，即亚盖洛［Jagellon］）于1386年同意皈依罗马天主教，并与波兰"国王"雅德维加（Jadwiga，即赫特维克［Hedwig］）结婚，天主教扩张性的政治演变达到高潮，把一个按西方人的标准来看在该世纪初还是非常原始的社会（有人把它比作墨洛温王朝的高卢）带进与基督教王国的充分交流之中（第二十一章）。

与旧版《剑桥中世纪史》的做法相比，本书收入的照片使得在论述艺术和建筑的章节（第十、十一章）中有可能通过图解来说明某些关键的例子。这两章的一个重要主题是占支配地位的哥特式风格的各种不同表达方式的演变，哥特式风格是一种"具有非凡的形式多样性的国际语言"。[12] 同时，该世纪经历了法国文化传统和价值观的霸权的某种崩溃或缩减，在过去两个世纪里这种霸权在该领域对如此众多的其他文化和价值观发生影响。或许这是第一次令人信服地根据非基督教的证据，特别是根据对世俗宫廷艺术和对主要的城市共同体如何赞助艺术的研究，使艺术和建筑方面的这些变化得到很好的展示。关于这些君主或寡头统治集团赞助艺术的物质证据——手稿、绘画、挂毯、珠宝、建筑等得到了极大的关注，这种关注不仅体现在上述章节，而且在其他地方，尤其是关于皇帝查理四世时的布拉格、爱德华三世时的温莎（Windsor）（"它的时代的凡尔赛"）、法国查理五世时的巴黎、安茹的罗贝尔（Robert of Anjou）时的那不勒斯；但类似的观念和时尚遍及波罗的海北部，甚至延伸至诺夫哥罗德（Novgo-

---

[12] 下面原文第234页，及参看原文第222页。

rod）城市共和国。也没有忽视如克雷芒六世及其直接继承者那样的教宗持有的"麦切纳斯式"的态度，*慷慨资助文学艺术，彻底改变了阿维尼翁的城市风貌（第十九章）。常常较少受到承认的，可能是该世纪上半叶拜占庭文化中一次引人注目的"文艺复兴"，这次复兴在很大程度上也依赖于世俗的，特别是帝国的赞助（第二十四章）。

关于如此经常地被以灾难性的方式来加以描述的这个世纪的城市生活，也经历了某种变化，许多地方的城市当局对城市生活中的各种问题日益采取理性的态度，有更多的证据表明它们在城市规划、建筑管理方面采取各种措施，他们关心健康、水的供应，城市居民的健康状况成为（在一个受瘟疫支配的时代这或许并不奇怪）许多城市议会的一个重点关注对象，这种关注并非只限于意大利的城市。对大部分城镇（towns）和城市（cities）来说，防御同样是一个重要的优先考虑的问题，是开支的一个方面，而且肯定也是刺激市政机构增长并带来相关社会变化的一个根源。[13] 在城市共同体中，除了描述各地的城市政府变得日益世俗化并越来越老练，本书还特别关注佛罗伦萨的意识形态，它既是一个重要的工业中心又是一个重要的文化中心，在那里传统的公社价值观在该世纪末明显得到了重塑，其特点是，在有教养的精英阶层中对与共和国自由有关的各种古典概念形成了一种新的欣赏标准，这是"文艺复兴"的各种观念和理想出现的一个必不可少的阶段（第十五章第二节）。

第十二章讨论迅速成长的意大利、法国和英格兰的文学，这是文艺复兴到来的一种征兆。如果说重点是放在某些关键人物上，即集中讨论标志着欧洲本土语言写作兴起（该世纪非常有特色的文化成就之一）的但丁、彼得拉克、薄伽丘、马肖（Machaut）、德尚（Deschamps）、乔叟，放在当时关于"作者"（authors）或"诗人"（poets）等概念的辩论上，那么其他人（包括最初的一批人文主义者）的著作（学术的、论战的、想象的、历史的、说教的、描述的）是利用许多其他地方来讨论的。同时，本土语言对各单个"国家"或

---

* 麦切纳斯（Maecenas）：古罗马文学艺术的赞助者。——译者注

[13] 见下面原文第 117—118 页（第六章），及参看 Contamine（1978）和 Rigaudière（1993），pp. 417–497。

"政体"的更广泛的政治、社会和文学的意义，是在若干章中反复出现的一个主题，不仅出现在关于西欧"中心区域"的章节中，也出现在完全处于这个中心区域以外地区的章节中，比如，出现在关于波希米亚（第十六章第二节，第二十二章）、波罗的海（第二十一章）的叙述中，也出现在关于斯拉夫人、东正教和拜占庭世界的叙述中（第二十三、二十四章）。关于个人的情况也是这样，如卡罗琳·巴伦（Caroline Barron）所说，到该世纪末，本土语言的使用与读写能力的传播相结合，有时也使我们听到普通人的声音，包括妇女的声音（第十三章第二节）。

关于篇幅，所有的作者都予以严格的限制，总是必须对内容的选择作出艰难的妥协。在各个章节间部分内容的重叠不可避免，因为同一个主题或政治环境必须从不同的角度作出概述，但我们已经尽一切努力把重复保持在最低限度。实际上，主编接到各章原先的草稿时，注意到此类重复相当适度，真是一件让人高兴的事情，这要归之于同事们的合作，归之于在开始撰写前大家都交换想法和计划。凡是允许存在部分重叠的地方，通常都是因为我们感到各章作者的不同视角是互相补充的。从整体的角度看，总的目的是总结近来那些最好的研究成果和批判性的思考，而不是对不断增长的第二手文献提供一个无所不包的叙述。

这样做的一个主要后果，如已经提到的，是突出欧洲各地经历的多样性和特殊性。另一个附带的后果，是使一个总主编小心谨慎地对待那种具有普遍适应性的、笼统的或自以为是的陈述，因为（请原谅该导言与《帝国和教宗职权的衰落》的不同看法）非常明显的是：在理解过去时，此类看法是多么容易过时，同时也反映出我们的种种盲点和错误见解。在本书的编写中这种谨慎进一步得到了鼓励，因为我们正在处理的是一个世纪，在某些方面它在有记录的欧洲历史上没有明显可以比较的东西，这在人口统计方面恐怕表现得最清楚。

在三年或四年时间里，从1347年到1351年，欧洲至少损失了1/3的人口（在某些地区这个数字还要大得多），紧接着的另一个一百年或一百多年间，总人口继续下降，在欧洲大多数地方下降了另一个1/3，结果是人口前所未闻的衰退，在大多数经济发达地区人口减少多达 2/3 或甚至更多。在 1300 年曾有 3 个人的地方，到 1450 年时通常只有一个人，虽然如克里斯蒂亚娜·克拉皮斯 – 聚贝（Christiane Klapisch-Zuber）所指出的，14 世纪晚期确实经历了一次显著的恢复，走出了该世纪中期的低谷（第七章）；但 15 世纪初瘟疫和战争的复发再次使这一向上的人口发展趋势逆转，加剧并延长了晚期中世纪的人口危机，确保这种衰退的独一无二的持续性。[14] 许多此类事实在 1932 年就已经知道（或至少是推测到），即使普鲁维特 – 奥顿和其他撰稿人不能确定黑死病在其他领域的影响的严重性；而出于各种非常不同的原因，这种不能确定黑死病影响严重性的情况在某些方面今天仍然如此，尽管我们对中世纪晚期流行的人口模式、疾病的范围和生育率、结婚率和死亡率的知识，与过去相比已经远远详细得多了（特别参看第七章）。对许多地区来说，在这些问题上现在肯定不缺乏可使用的信息（只有少数作者未能作出概括性的估计，因为缺乏合适的证据），[15] 虽然对许多统计结果及其差异仍然存在大量争论。并非完全出于某个主导性的动机，本卷的作者几乎都没有忽视黑死病及其反复出现所造成的现实的或心理的种种含义，这也是真实的，不管是在论述政治、社会、经济或财政问题时，甚至考虑文化问题时都存在这种情况。只要把《帝国和教宗职权的衰落》的索引中关于黑死病和瘟疫的少数引文出处与本卷中关于它们的大量类似条目加以比较，这种差异就会粗略地突现出来。

很容易看到这一点：在 1932 年的版本中对别的一些重要问题的遗漏或强调如何反映了那一代人的种种期望和关注点，历史研究的方式从那时到现在已如何发生变化：经济和社会史及文化和思想问题的历史所占的篇幅相对有限，这些内容大概至多占那一卷书的 10%，它是多么强调外交、战争、宪制发展和国家行政管理和制度的变化，这些是占有支配地位的甚至是强制性的主题。这些内容依次被放在一个已经过时的和各种强求一致的假定的架构中，即放在一个包罗万象但界定得并不怎么明确的"封建模型"中，这个模型不顾变化和发

---

[14] 见下面原文第 133、135 页；Jones（1994）的著作，简短地概括了关于 15 世纪后期法国人口的恢复。

[15] 关于黑死病对拜占庭影响的谨慎的评论，见下面原文第 821 页；关于黑死病对波兰影响的一种乐观的观点，见原文第 750 页。

展的证据，在主编看来各种事物在该世纪末好像依然处在开端时那个样子。他的整体估计极其悲观。赫伊津哈的《中世纪的衰落》(Waning of the Middle Ages) 的英译本是1924年出版的，可能并非巧合。⑯所以，有人说在14世纪存在"一种衰落，不是那种大幅度退化，而是各种占优势的观念的僵化，逐渐丧失其生命力"。这种说法，在理查德·萨瑟恩（Richard Southern）爵士最近关于1320年前的经院哲学人文主义转变的权威描述中得到了某些共鸣，虽然存在各种非常不同的细微差别。⑰如下面所指出的，与其说这是在一个充满活力的智力辩论时期"经院哲学衰落"的一种情况，不如说是一种兴趣的转移，转向道德和个人作用的问题，是这方面学术讨论特征的典型体现。⑱更普遍的是在宗教问题上，14世纪的经院哲学在1932年的版本上被不屑地称为"静止的"，认为托钵僧处于衰退之中，十字军的理想被视为"即将过时"，军事骑士团被忽略了，而且被包裹在平淡无奇的问题中，精神领域唯一表现出创造性和将来有前途的是神秘主义，它是"个体灵魂直接探索上帝"的表现。⑲

当然，此类观点中含有深刻的道理，但如第三、四章所特别表明的，对这种变化的过程和性质还是可以作出一种更积极的评价，因为随着时间的推移，这些变化影响了人类所有的制度和组织。在14世纪里既有旧事物的衰微又有许多新事物的开始。关于这一时期社会各阶层的思想方式、行为和实践，我们现在知道的要比过去多得多，这些方面揭示出人类活动、经历和成就的丰富性和有益性。这些活动、经历和成就在它们自己的时代有重要意义，对所有那些对欧洲的过去感兴趣的人来说则具有持久的重要性。仅引两个例子。杰里米·卡托（Jeremy Catto）突出了这时期精神关怀（pastoral care）得到种种改善的方面，鼓励个人通过使用许多不断增长的、原创性的冥想文学走向得救的途径，是该世纪最有创造性的宗教成就之一（第三章）。

在世俗事务中也是这样。即使骑士精神"真的成为因循守旧的、浮华的东西，是'镀金无法掩饰的苍白'（gilded pale），为的是把平

---

⑯ Huizinga (1924).
⑰ Southern (1995).
⑱ 见下面原文第43—44、55页。
⑲ *Cambridge Medieval History*, VII, p. xx.

民的东西挡在外边，造成太过频繁地从内部限制平民的东西"，而"封建时代则慢慢地移向落幕的时光"，[20] 如第九章和第十章所表达的；但骑士精神并非只存在于宫廷或城堡的圈子中，它也有创造性的、适应性的一面，对其他方面的发展有各种影响。关于晚期中世纪的"战争艺术"的更一般的讨论放在本套书的第七卷，[21] 但这里我们也可以把注意力转移到战争的理论和准则与骑士精神的实践之间种种联系的意义：不只是关注它们在这个世纪的各种巨大冲突中的应用，如著名的百年战争及其许多衍生结果，而且还注意战争作为一种刺激因素在这个世纪许多领域的变化中所起的一般性的作用。

在战争所推动的制度、行政管理和财政的发展中（比如，这时期先进的创新性的国家组织的建立，特别是正规的税收制度的建立，及由此而来的所有社会后果）可以最明显地看到这一点。但还有一些有限的技术进步。比如，火炮的传播，从14世纪20年代以来缓慢进行，1370年后大为加快；到1400年，建筑上也出现一些适度改变，以适应并应对大炮造成的新的威胁，还有战场上新的战术的演变，首先是由于长弓（long bow）的大量使用。[22] 战争的花费到处都在上升，人员和物资的损失可能很严重，甚至在该世纪中期人员因瘟疫而减少以前就已这样。有一个异乎寻常的例子，显然就是1410年条顿骑士团与波兰－立陶宛国家之间的坦能堡战役（battle of Tannenberg），这次战役有大量武装力量参加。[23] 在此时期，甚至在最先进的国家，即使以传统的封建方式来招募军队尚未完全被新的方式所取代，这方面的军事实践也正在迅速展开。14世纪时无处不在的战争是本卷最黑暗但最显而易见的标记之一，不管是巨大的国际冲突、内战还是十字军在西班牙反对摩尔人（Moors）的战争、在巴尔干反对奥托曼人或在波罗的海反对异教徒的战争。在波罗的海地区，1386年的那些事件并没有自动地也没有突然地终结条顿骑士团及其西方同行（confrères）的活动。同时，研究晚期十字军的现代历史学家现在用一种更积极、更具同情的方式来评价这时期十字军的努力和成就，

---

[20] *Cambridge Medieval History*, VII, p. xvii.
[21] Allmand in *NCMH*, VII, pp. 161–174.
[22] Contamine (1984); Allmand (1988); Prestwich (1996).
[23] 见下面原文第755页。

如第九、十九章和第二十七章所特别表明的。

在政治事务方面，在1932年的版本中对14世纪有类似的凄凉的、否定性的判断："在这些创举（即早期官僚主义和行政管理制度的发展，尤其是为了适应战争供给的需要）中新型的骚动（ferment）竭尽全力，但没有打破封建的模子……该世纪结束时教会、封建主义和公认的生活哲学依然处于它们本来所处的位置上。"（原文第vii—viii页），"14世纪只是一个过渡时代的开始"（原文第xx页）。这个世纪尽管是"努力的和激动人心的"，特别是沿海的佛兰德的伟大的暴动和反抗（1323—1328年）、法国的扎克雷起义（Jacquerie，1358年）、佛罗伦萨的梳毛工人起义（1378年）、英格兰的农民起义（1381年），但"这一反抗封建化的、骑士的君主制及其守旧的官僚主义工具……的潮流"竟都被"击退"了（原文第xi页）。虽然对以下现象有了某种认识，即百年战争和黑死病"加速了刚开始的衰败并促进了（人口）自然增长"，某些"文艺复兴的甚至是非常朦胧的现代的先兆开始出现"，但总的基调确实是黯淡的。

许多此类判断都在随后的正文中再次得到系统阐述。讨论"封建的"政府形式到"现代"的政府形式的一节，在普鲁维特－奥顿的叙述中即使只是"朦胧地"察觉到，在近年来的研究中已经得到了证实。近年来现代历史学在研究"早期现代国家"的起源时相当关注1280—1360年这段关键时期。㉔ 虽然英国和法国曾经被视为这时期"最先进的封建君主制国家"，该视野大半已经转往分析13世纪晚期以来关于主权的各种见解如何使王权性质发生变化。在法国，特别是在那不勒斯，这些关于主权的见解都以重新研究罗马法为基础，这至少为西欧的国王、诸侯及其顾问提供了新的强有力的概念工具，以实施他们的权威。㉕ 与其简单地把14世纪看成早期（earlier）"封建"时代的末尾，不如像现在这样通常把它设想为一个形成阶段，处于一个更长的一直延伸到现代早期政府实践的发展的连续发展之中，这种设想肯定更为正确。这些发展，特别是通过允许职业精英——律师、财政顾问、官僚等的出现来促进社会变化，这些人通过

㉔ Genet（1990）；Blockmans and Genet（1993）.

㉕ 见下面原文第25—29页；Ullmann（1949）；关于这些发展的近年来的考虑，见 Coulet and Genet（1990）.

在国家各重要机构（法院、**高等法院**［parlements］、财政部［exchequers］、**财政署**［chambres des comptes］、秘书和各种会议中的职务）任职，使自己成为统治者必不可少的人员，由此为自己获得稳固的社会地位，依次体现了一个时代的基本形式，这个时代在大陆的许多地方即使不是延续到18世纪旧制度（ancien régime）本身的终结，也无疑一直延续到17世纪。㉖

同时，另一个特点是旧的"封建"贵族适应环境变化的出色能力，近年来研究得非常多（参看第九章、第十四章第二节、第二十二章），像骑士精神、"封建主义"的死亡都经历了很长的时间。总之，该时期见证了大陆上许多地方的贵族加强他们的社会和政治优势，尽管在他们的政治或经济命运中存在偶尔的挫折和危机。贵族的理想肯定发挥着持续的魅力，对社会上的其他群体而言是"社会抱负的一个中心"。㉗ 或者观察一下市民的转变中的社会关系，这些变化一度以"资产阶级兴起"或"民主的增长"的综合性的描述来概括。这里，更深入的分析也已经揭示出使城市政治复杂化的许多互相交叉的矛盾和利益冲突，在每个城镇和城市中，各家族、行业、行会和其他法人团体既联合又分裂，创造了可能难以用简单的标语作出概述的各种模式。比如，在"正在兴起的资产阶级"中，既有胜利者也有失败者。在某些城镇，寡头集团的统治加强了，而在其他城镇中选举权在扩大。意大利北部或佛兰德、莱茵兰（Rhineland）或德国南部这些最高度城市化的地区，它们的城镇生活相互之间形成鲜明对比，在市政结构和社会方面与其他地区形成鲜明对比，如在基督徒或摩尔人治下的伊比利亚、奥托曼人治下的巴尔干或北欧和东欧的城镇，其中的某些地区存在着类似于"东方的"城市结构模式。㉘

提醒研究这时期的西欧历史学家记住这时期拜占庭财富的规模，这是明智的。至少在该世纪初，君士坦丁堡和塞萨洛尼卡（Thessaloniki）均约有10万居民，1321年皇帝安德罗尼卡二世（Andronikos II）能征集起一百万个金币的税收（这笔钱只代表几十年前米哈伊尔

㉖ See Jones in Bulst, Descimon and Guerreau (1996).
㉗ 见后面，特别是原文第218—221、431—435页，及参看 Contamine in NCMH, VII, pp. 89–105。
㉘ 见下面原文第118—123、565—567、778—782页；Nicholas (1997) 提供了一个晚期中世纪城市生活的很好的概述。

八世［Michael VIII］有能力征收的税的 1/7！）（第二十四章）。彼得·斯普福特把意大利北部城镇所支配地区与北部汉萨城市支配的地区作了类似的引人注目的比较，即比较这两个地区财富的相对规模（relative scales）和商业活力，他计算的结果是这时期地中海世界至少要比后者大 5 倍或 6 倍。㉙ 部分是由于这个原因，特殊的注意力已经指向意大利各政权（尤其是热那亚和威尼斯）与拜占庭的经济关系，只是从该世纪的中期开始后者发生了惊人的政治崩溃（第二十四、二十五章）。就对地中海地区的城市研究而言，如同对众多其他地区的研究一样，曾存在太多关于各个城市的细节描述，这些描述揭示了种种差异，既有结构上的也有暂时出现的差异，反映了在一个经济迅速变化的时代经济和社会发展的不同阶段，也反映了诸如战争、瘟疫、饥荒和其他自然的或人为的灾难之类的偶然因素发生作用的随意性。㉚ 所以，近年来关于黑死病后的西方在中世纪余下的大部分时间里城市状况恶化的悲观主义观点，可以与这里一些作者讨论该世纪中期危机后的中欧、东欧和北欧城镇的更乐观的结论相比较（第十六章第二节、第二十一章至第二十三章）。

至于当代历史学关注的另一个问题，即妇女在中世纪社会发挥什么作用，有一个粗略的估计：在近 500 个小标题中，这些小标题大体上是《帝国和教宗职权的衰落》所讨论的主题的索引，明确提及妇女的不到 10 个，有的是一般性地提及，有的是提到某个特定妇女的名字。在这几个小标题中，有 4 人出现在关于中世纪神秘主义的一章中，她们是宾根的希尔德加德（Hildegard of Bingen）、诺里奇的朱莉安（Julian of Norwich）、锡耶纳的圣凯瑟琳（Saints Catherine of Siena）和热那亚的圣凯瑟琳。这些关键人物（希尔德加德除外）在下面的章节中自然会在合适的地方发现她们的位置，而关于 14 世纪的社会中妇女的总的地位将在"瘟疫和家庭生活"一章中加以广泛的讨论（第七章），虽然她们在其他地方也会得到一个较小但必要的位置。比如，她们在拜占庭社会的地位也得到了审视。㉛ 至于那些在政治上留下重要声誉的人，像卡斯蒂尔的玛丽亚·德·莫利纳（Maria

---

㉙ 见下面原文第 205—206、802 页。
㉚ 也见 Nicholas（1997）。
㉛ 见下面原文第 807、809—810 页。

第一章 导言

de Molina）太后（死于 1321 年）（第十八章第二节）或结过多次婚的那不勒斯王后乔安娜（Joanna，死于 1382 年）（第十五章第三节）、"瑞典之主"玛格丽特（Margaret）（第二十一章），还有肯特的公主琼（Joan）（第十三章第二节），更不用提"波兰之王"雅德维加（赫特维克）（第二十一、二十二章），所有这些人都值得认真讨论。王家女主人和受宠的佳丽在政治密谋（这种密谋在伊比利亚半岛特别有破坏性）中发挥的突出作用是这个时代的一个特征，显得极其清楚（第十八章第二节），虽然她们在其他方面的影响也不能被忽视，如爱德华三世和艾丽丝·佩勒兹（Alice Perrers）的例子所表明的（第十三章第一节）。这提醒我们：不管我们该如何多地考虑到各种非个人的经济或社会的力量，至少对"高级政治"（high politics）来说，个人的性格和脾气在这个时期是一个关键因素。在解释各种事件的过程中，在解释统治者、王朝或政府的成功或失败时，低估这种作用将是错误的。[32] 通过充分利用家族自己的成员，即利用**世袭领地**（*Hausmacht*），来促进王朝利益，如桑迪·格兰特（Sandy Grant）提醒我们的 14 世纪晚期苏格兰的例子，并非仅仅限于中世纪的帝国，它也是该世纪大部分统治家族的特征（第十三章第四节）。

关于除妇女之外的其他群体的讨论，通常大都被先前的历史编纂学所忽视，但现在成了主流研究的组成部分。犹太人、异端、罪犯、穷人（虽然遗憾的是这里不包括精神病患者，除了偶尔犯精神错乱的统治者，如荷兰的威廉五世［第十七章］或法国的查理六世［第十四章第二节］），也大多被整合进国别史里，而不是列出一个专题加以讨论。在 14 世纪欧洲许多地方存在的奴隶制也已经提及：发现这种制度的地方有地中海、某些波罗的海国家，还有中欧部分地区，但在诺夫哥罗德显然没有。[33] 当然，农民在大陆的大部分地方仍然构成全部居民的 90% 或以上（在 1932 年的版本中已经给予一个特别的位置），不仅在关于西方乡村社会的一章（第五章）特别讨论了他们的状况，在关于拜占庭的一章（第二十四章）讨论了他们的地位，而且到处都会提到他们。这里再次表明了法律地位、习惯法、继承习

---

[32] 关于英格兰的理查德二世和法国的查理五世的例子，见下面原文第 316—325、331—333、423—426 页。

[33] 见下面原文第 781 页。

俗、经济机会或政治意义的多样性。对以下问题除了进行谨慎的评论外，我们几乎不可能轻易作出概括：许多西方农民在后黑死病时期生活水平和生活条件的改善，他们在北欧和东欧的同伴的自由和机会减少的种种不祥之兆。在后来的几个世纪中，北欧和东欧的农奴制成为暴虐的制度。

所以，如《帝国和教宗职权的衰落》一样，本卷当然也反映了当代历史学的一些行事方式和偏见，及主编和编委会的某些武断的选择和偏好。总的说来，虽然这里仍有许多政治事件的叙述，这种叙述构成了第二部分到第四部分的大多数章的核心，但这些章的前面有一个很长的分析性的部分，即第一部分《总论》。在这部分中，我们试图概述关于政府、宗教、智力、经济、社会、文化和艺术的一些主要模式，它们是该世纪的标志。音乐是各种文化成就中最难根据历史证据获得再现的艺术形式，在论述中匆匆带过，虽然偶尔能听到它的回声。[34] 我感到还有其他不足，其中某些不足本来可以通过更好地规划全书来弥补。比如在地区的论述中，斯堪的纳维亚或许本来可以得到更多一些篇幅，瑞士肯定未得到它在1932年版本中的那种关注，塞尔维亚仅仅顺便提及，波斯尼亚（Bosnia）也只有一点点篇幅。还有一些被省略的不幸的事件，在某种程度上它们依然是14世纪奥托曼人进入巴尔干造成的持续存在的遗产，从1987年就开始构思本卷内容，这种省略更加让人感到辛酸。欧洲的概念本身本来应该得到更好的讨论。[35] 在杰出人物中本来也可以更多地关注个别思想家、作家或艺术家，但已经到了交出本卷的时候，以便读者们最终可以判断它是否符合维拉尼关于该世纪的观点，或它是否避免了"越来越糟糕"的情况。

迈克尔·琼斯（Michael Jones）
王加丰 译

---

[34] 见下面原文第733页，关于从条顿骑士团的头领到大公夫人安娜（Grand Duchess Anna）的古钢琴（clavicord）和便携式管风琴（portative organ）的天赋，关于1398—1399年间为立陶宛大公维陶塔斯（Vytautas）服务的笛手，见 *New Cambridge Medieval History* 第七卷 Curtis 所著部分，第319—333页（原文）以更多的篇幅讨论了晚期中世纪的音乐。

[35] 见 Moore（1996）。

第 二 章

14世纪西欧关于政府的理论和实践

14世纪西欧的多样性如组成它的各个国家的多样性一样。它遵循着一种受其变化莫测的地理形态所支配的历史节奏，各种频繁扩散的传统施加自己的影响，而人们对此却并不看重，他们的灵活性使自己渐渐摆脱了各种封建的强制。但除了这种多样性，在14世纪里也有一种统一性。中世纪的西方深深扎根于一种共同的宗教和一种共同的文化。基督教王国和拉丁语的使用构成一个统一的区域，即使教宗和皇帝仍在争夺某种最高地位，然而各个国家的虽然缓慢形成但无可置疑的权利要求把这种争论砸成了碎片。他们都享有同样的冒险经历，在建设他们的政治制度中都作为基督教君主采取行为。在这个世纪里，当封建主义死亡时，绝对君主制到处都迈出最初的步伐。在这些年轻国家的生活中，宣传家（propagandists）、哲学家和法学家占据着极其重要的地位，但他们仍然非常小心，犹如设计它们的结构并注视着它们诞生那样。他们每个人都用自己的方式设计出一种政治理论（见下面第一节），而君主、政务会委员和行政官员则被慢慢吸收进来建构一种真正的政府管理艺术（下面第二节）。

第一节 一种政治理论

在14世纪，把政治学研究建设成知识（**科学**）的一个分支的愿望并非新东西。因为很长时间以来，亚里士多德的所有关系疏远的继承人都已经开始走上了这条道路。法学家自己已不再待在政府外，诸如《科隆大全》（*Summa Coloniensis*，1169年）这样的作者，甚至在

"关于这个国家的政府、城堡和村庄或这个王国和世界的政府的科学"(*sciencia de regimine civitatis, castri et villae seu regni et orbis*)的缓慢产生过程中,看到了解决他那时代各种政治问题的一种有效的手段。两个世纪后,尼古拉·多雷姆(Nicolas d'Oresme)把政治科学作为一门高尚和自主的学科展现在人们面前。难道不应把它看成"流行的所有知识分支"中的一支,"作为非常重要、最有价值、最有用的"一种知识吗?就为这个原因为什么不把它看成一种"系统化的"(architectonic)科学即"所有科学的女皇"?但在他的眼中,法学家可能不再是唯一控制它的人,如罗马的吉勒斯(Giles of Rome)1300年左右专门留给他们的那个刺目的名字"政治白痴"(political idiots)已经证实了这一点。

这就证明在政治理论和政府科学的领域中,14世纪经历了深刻的演变。不忽视罗马法系的贡献,这是哲学家、神学家和宣传家们所完全加以吸收的东西;他们通过扩展通常是狭隘的领域,保证自己的深思导致一种真正的政治理论(本节"一")。集中于帝国的**世界主权**(*dominium mundi*),其优势地位使各年轻的国家维护自己权利的声音不断减少(本节"二");关于君主权力的研究,则导致了国王的职务(*ministerium regale*)的理论(本节"三")。

一 从学术上的法律到政治科学

学术上的法律(learned law)支配着14世纪的整个政治思想,不管它是被排斥还是被改写。即使它从未曾提供一种以某个完整的政治构想的形式作出的阐述,它也总是提供了一种通向政治深思的方法,并相当于一种尺度轴(structural axis),14世纪的国家主义者(statist)的社会就是围绕着它而建立起来的。

它绝对不可能无视评注者(glossators)笔下的罗马法传导给它的那些模式,这种罗马法在12世纪末跨过了阿尔卑斯山,在下一个世纪里支配着大陆所有伟大的法学家的思想。亨利·布拉克顿(Henry Bracton,约死于1268年)正是部分通过这些内容而建立起他自己对普通法的构想;在法国,在图卢兹、蒙彼利埃和奥尔良的学校中,由罗马法所塑造的整个政治制度的基础慢慢生了根。13世纪中期,让·德·布拉诺(Jean de Blanot)著文讨论帝国的权力问题,或后来雅克·德·勒维尼（Jacques de Révigny，死于1296年）和皮埃尔·德·贝勒佩尔什（Pierre de Belleperche，死于1308年）、皮埃尔·雅各比（Pierre Jacobi，死于1350年），都努力试图依靠罗马法复活整个政治制度，这些不是巧合的结果。作为由一个远远超过他们自己时代的欧洲面积的帝国传下来的遗产持有人，他们试图解读它的所有信息，以便以罗马模式为中心重建新生的国家。这就是为什么所有这些法学家在自己的评注中或所给出的咨询意见中，都要从罗马法出发来构想出各种方案，以便不断解决他们时代面临的种种问题。

尤其是在后注释法学派（school of the Postglossators）的手中，罗马法被再次发现，成为评注的对象，在14世纪上半叶的西方到处都在维护它的权威；即使它不是作为一种直接可使用的制度，至少也是作为一种承载着某种新活力的模式，指望它来激发政治想象力。这个新学派的领袖巴尔托鲁（Bartolus，1314—1357年）以其创新天赋支配着这个学派。他比前辈更加关注实践，总是使政治思考集中于关键性的主题。他怀有一种中世纪秩序毁灭的预感，不断地写作讨论帝国（imperium）和教士职位（sacerdotium）的关系，考察就在他的眼皮底下存在的君主和法律（loi）之间，被公开指责的暴政、非正义战争和违犯法则（droit）之间的微妙关系。* 对他来说，及对所有那些追随他开辟出来的道路的人，特别是对其中的鲍尔达斯（1327—1400年）来说，法则（droit）构成了政治思考的最重要的核心（cardinal axis）。智慧（sapientia），适合于促进对神的某种理解，同时也是知识（sciencia）的一个分支，使它有可能驾驭政治机制的复杂性；它又是一种艺术（ars），唯有关于它的详尽的知识，才能培育起一种更好的权力应用手法。

巴尔托鲁不仅把所有这些优点归之于罗马法，而且他对教会法（canon law）也采取了一种类似的赞许姿态，认为它在他的时代的政治社会中承担着一项非常重要的任务。在某一点上，当君主们为了促进国家诞生到处都在致力于收回教会的权力，使其完全处于世俗权力的影响之下时，巴尔托鲁运用自己的才智强调了在建造新的国家实体

---

* 原文中，这句话里的"法律"和"法则"作者都用了英文"law"，但分别用括号表明前者指的是"loi"、后者是"droit"。通常，droit 指的是"权利"。作者的这种用法也许是想表明当时人对这个概念的理解与当代人有区别。下面的"知识"相当于"科学"，也是这样。——译者注

的过程中，曾转移给教会的权力在一般情况下所起的作用。在这方面他走得如此之远，甚至主张在许多情况下，**教会法胜过其他的法律**（*jura canonica prevalent legibus*）。从当时的情况来看这不过是一种极为正常的眼光：在 14 世纪时，市民社会和基督教社会仍然构成两个平行的组织，建立在共同的基础上。无论是诸如被同时代人认为"教会法的源头和喇叭"的乔瓦尼·安德烈亚（Giovanni Andrea，死于 1348 年）和帕诺米塔努斯（Panormitanus，死于 1453 年，被称为**"法律之光"**［*lucerna juris*］）这样的意大利人，还是诸如让·勒穆瓦纳（Jean le Moine，死于 1313 年）和皮埃尔·贝特朗（Pierre Bertrand，死于 1349 年）这样的法国人，他们都是 14 世纪伟大的教会法学者，他们的前辈的继承人，他们通过自己的诠释对他们时代的政治理论作出了不可比拟的贡献。虽然如罗马法学家一样，他们对国家主义者（statist）的社会从未拥有一种整体的想象，但他们提出来的解决方法，基于他们为教会而提出来讨论的问题，对于他们时代的市民社会发展来说具有非常重要的意义。他们关于通过各种规则的慢慢成熟而使基督教社会组织起来的构想，这些规则包括**"较明智的和大多数的"**（*sanior et major pars*）或**"涉及所有人的事情应该经过所有人的同意"**（*quod omnes tangit ab omnibus approbari debet*）等，对世俗国家来说具有作为模式的宝贵价值，可以通过应用它们而获益，解决新的政治机制的定位向他们提出来的各种问题。这是教会的各种组织和有效的司法技巧大规模地向国家转移的过程，教会是一个高度组织起来的社会，当时各种国家组织仍然正处于摸索的过程中。

所以，在 14 世纪的大部分时间里，法学家，不管是罗马法的还是教会法的，作出了实质性的贡献，他们用自己的思想丰富了政治理论和政府管理的实践。但他们并非这方面的唯一力量。他们的作用长期受到神学、哲学和修辞学的贡献的威胁，常常被判断为太刻板、不适用；同时还受到政治科学的贡献的威胁，政治科学生气勃勃，每一次都不断地坚称存在关于权力的普通话语。在《论世界帝国》（*De Monarchia*）中，但丁（Dante，1265—1321 年）已经问了三个基本问题。帝国"这个独一无二的公国"有助于世界的安康吗？罗马人承担君主统治的职责是正确的吗？最后，君主统治所行使的权威直接来自上帝还是来自上帝的某个其他的使臣或代理人？对前两个问题，这个《神曲》(Divine Comedy)的作者作出了肯定的回答，在作为一种基本原则确立以前，世俗政治权力完全独立于上帝的代理人，只能从属于上帝自己。所以国王们和皇帝们被免除了对教宗权力的所有忠诚。在展望君主的神授权力的教义时，但丁这个意大利北部的政治流亡者和难民求助于皇帝，要求他使"受奴役的意大利和这个悲伤之乡"摆脱教宗的支配地位。

沿着这条道路进一步往前走的是帕都瓦的马尔西利乌斯（1275/1280—1343年）。他是**艺术家**（artiens）和**物理学家**（physiciens）的产儿，大学的**可怕的孩子**（enfants terribles）和传统的坚定的反对派，他承载着动荡的意大利城市政治的整个遗产。他是巴黎大学校长，与吉伯林党（Ghibellines）的政治冒险行动关系密切，然后是巴伐利亚的刘易斯（Lewis of Bavaria）的受尊重的顾问，成为他的帝国代理人（vicar）。马尔西利乌斯喜欢亚里士多德而不是托马斯主义的神学和罗马法。这就是为什么他的《和平的保卫者》(Defensor Pacis，1324年）强烈反对产生于教宗制度控制下的基督教的政治秩序。这位僧侣霸权的不共戴天的仇敌否认教会所有的权力，把其拥有的权力都转交给国家，由此国家有权向它的成员提供精神食粮。在国家中，主要的权力必须还给人民，特别是市民组成的代表大会的立法权。这是要构建一种全新的权力制度，它不包括宗教领域，以便创立某种国家的绝对主义。正如激进派所想象的，这种制度的归宿只可能是一种极权主义的制度。

拥护这些论点，但采用了一种更温和的形式的，是奥卡姆的威廉（1270—1347年），他作为神学院的产儿，代表了一个多世纪前的法兰西斯会（Franciscan Order）的传统。略懂（smattering）一点哲学，这位牛津的毕业生在维护教宗职权的全部完整性时，还表明他自己是一个僧侣政治的坚定反对者，帝国的尊严直接从这里产生出来。它只能**直接来自上帝**（immediate a solo Deo），正是通过皇帝这个中介，从他被大多数选帝侯选为皇帝那一刻起，上帝统治着这个世界。这等于承认皇帝拥有真正的**世界主权**（dominium mundi），为此之故，各个年轻的国家将要在未来很长的时间里向他挑战。

二 从世界主权到各个国家的主张

随着弗雷德里克二世（Frederick II）死后帝国的崩溃，然后是大空位时期（Great Interregnum，1250—1273 年），13 世纪标志着帝国世界权力的结束。民法和教会法的法学家到处都在坚持恢复他们自己国家的主权，并作出著名的表述：**国王是他的王国里的皇帝**（*rex in regno suo imperator est*），从西西里到英格兰，这句话都取得了胜利。然后开始了一个三重的演变，支配着西欧国家的重新组合。帝国没有消失，但它成了碎片，而各民族君主国到处都在取得一些胜利，除了意大利半岛，那里各城市国家取得了不同程度的成功。从这种深刻的国家重组过程中，三种政治制度和三种非常不同的政府形式将要产生出来。

即使权势已经缩小，**世界帝国**（*imperium mundi*）在皇帝手中的神话仍然坚实地扎根在 14 世纪的头脑和政治实践中。虽然巴尔托鲁本人接受了以下观念，即这个世界更大的部分不再承认帝国权威，从属于**罗马帝国**的**王国**（*regna*）和**城市**（*civitates*）越来越少了；但还有那样一些人，带着某种怀旧情绪，认为皇帝仍然应该支配所有的国王和所有的国家。在他们眼中，这些国家获得独立只是**一种事实上的独立**，不是**法律上的**独立。此外，在 14 世纪里仍然有许多宗教法规学者，除了那些曾鼓励各**王国**自治的，都相信教宗仍然是唯一真实的皇帝，而皇帝是他的代理人，任何**王国**都不可能最终逃避帝国的权力。这足以解释为什么皇帝亨利七世在罗马加冕（1312 年）后又向西方所有的君主写了一封信，重提他的帝国拥有普遍权力的主张。他并不缺乏证明该主张的论据。他保留了一种非常有力的工具——罗马法，罗马法是得到普遍应用的。他的审判应该得到所有地方的承认，所以一个臣民始终可以不服从他的国王的判断而向皇帝上诉，所以**冒犯君主罪**（*lèse-majesté*）在本质上始终被看成帝国必须具备的一项罪名。

但 14 世纪的政治事件没有为这种司法论证帮忙。甚至单单在德意志民族的神圣罗马帝国的范围内，皇帝也不再是唯一持有权力的人。他还必须从与各属地诸侯的关系中获得他自己存在的依据，教宗认为这始终是一个笑柄。如果说与教宗的纷争是根据精神的而不是国家主权的依据进行的，那么这依然是正确的：皇帝发现自己处于一种与教宗有关的依附性的困难处境中，因为教宗总是要求使每一个当选的皇帝合法化的权力，即为当选的帝国皇帝加冕。与帝国主张的普遍主义（universalism）的斗争因而是公开宣布进行的。这种斗争不可能不衰退，因为帝国、教会和基督教王国这些概念的混淆，太密切地受制于德意志人关于帝国的观念，已经导致皇帝超越自己的权限，篡夺公认的教宗的特权。亨利七世死（1313年）后，巴伐利亚的刘易斯转向罗马人而获得他的权力，1328年他向罗马人宣布说："在这座城市中，靠上帝的慈悲，我们已经从对我们特别可敬的罗马人民手中合法地接受了帝国的王冠和权杖，感谢上帝和我们自己的不可战胜的力量，我们统治着这座城市和这个世界。"也正是为了与这种依附于教宗有关的处境作斗争并证实帝国的自主性的需要，他接收那些与教宗争执的法兰西斯派做自己的顾问，包括奥卡姆的威廉或哲学家帕都瓦的马尔西利乌斯。

完全摆脱臣服教廷的愿望得到了制度化的表达，一种是巴伐利亚的刘易斯制定的两部宪法，另一种是1338年在伦斯（Rhens）举行的选侯会议的声明。他们宣告：罗马人通过全体一致或大多数人的投票选出来的国王，其权力的有效性无须求助于教廷的任何确认。这意味着，由于诸侯们的支持，对教宗权力的依附结束了；但同时这也意味着，把帝国权力更牢固地处在自己的控制下，使帝国成为一个双重的国家，从此以后诸侯选举团与皇帝就分享了帝国的统治权。这种发展在1358年的帝国法典（Kaiserliches Rechtsbuch）中被视为神圣不可侵犯，从15世纪初开始被称为《黄金诏书》（Golden Bull）。这个著名的文本把以下程序固定下来：选侯们（Kurfürsten）投票表决，规定必须拥有多数票才能当选。这样，选举的原则胜利了，教会与帝国之间的棘手问题最终得到了控制。帝国使自己摆脱了教会，但加强了诸侯们的权威；这助长了权力的分裂，促进德意志诸公国成功地几乎把全部皇帝的权力转化成选侯们自己的权力。因此，该行为把皇帝及其政府的软弱制度化，他的政府不具有他可以遥控的、使人们服从他的权力所必要的那些机构。没有或实际上没有一个领土范围或一种财政制度，结果是没有财政资源，皇帝不可能为自己装备起一支职业化的军队。司法机制仍然一模一样。司法权在大部分时间里都作为一种采邑授予他人,总是脱离皇帝的控制,使和平总是依赖于地区的联盟。至于城市,这是中央政权通过向它们强加苛刻的税收而取得部分收入的地方,它们发现自己时常暴露于诸侯们特别是选侯们贪婪的目光下,从此以后这些诸侯都已授有真正的领土主权。

这样一种演变只能促成民族君主国的兴起。这个世纪越接近尾声,这些诸侯的政府越感到必须建立起一种组织,以便处理产生于现代国家的各种巨大需要,他们有责任对此作出反应。无可否认,还不存在如我们所理解的"国家"(state)这个词,当时常用的"status"这个词后面总是跟着一个补充的成分:**共和国**(*status republicae*)、**王国**(*status regni*)、**君主国**(*status coronae*)。所以,"status"这个词所指的东西多于国家,是成为一个"国家"的一种方式。但这不是因为国家还不存在,而是因为,可以这么说,它具有了各种主要构成成分和一个政府,其平稳运行不断引起了理论家们的注意。在14世纪里,整个西欧,除了意大利,民族国家每天都在成为现实,并获得它自己的主权。巴尔托鲁本人同意:所有这些**王国**(*regna*)事实上都不再隶属于帝国的**主权**(*dominium*),而且自此以后它们是主权的持有者,**事实上但不是法律上**,它们因而是最常见的持有这种主权的力量。使它们成为民族主权君主国的这种演变很彻底,即使还没有一个作者曾成功地界定一种条理清楚的主权理论。最本质的是这一点:各项重要的、充分独立地行使的特权——**统治权**(*imperium*)、**权力**(*potestas*)、**司法权**(*juridictio*)和**行政权**(*administratio*),传统上是授予皇帝的,现在被授予各个王国了。

巴尔托鲁同意这一点。同时他坚持这样的看法:皇帝以其**君主或最高统治者的权威**(*auctoritas principis vel superioris*)保留着一项永恒的权利,即确认这些新的权力拥有者的合法性,及每当他们的行为像暴君时免去他们权力的合法性。但这里不只是对当时现实的一种客观描述,更多的是对过去的依恋。在13世纪70年代,这方面的理论越过了这个转折点。其标志是雅克·德·雷维尼(Jacques de Révigny,死于1296年)在讨论《法理概要》(*Institutes*)的《读物》(*Lectura*)中力求阐明:法国国王**不承认世界上存在任何高于自己的权力**(*in* *temporalibus superiorem non recognoscit*），然后是老纪尧姆·迪朗（Guillaume Durand the Elder，死于 1296 年）对此作出响应，连续强有力地重复 **"法国国王是他自己的王国的君主"**（*Rex Franciae princeps est in regno suo*）的公式。其他地方也一样，到处都刮起同样要求独立的风，不管是在西西里还是在卡斯蒂尔。在西西里，卡拉马尼科的马里努斯（Marianus de Caramanico，死于 1288 年）在《西西里王国法令汇编》（*Liber Constitutionem Regnum Siciliae*）的前言中，致力于证实西西里国王的独立地位；而在卡斯蒂尔，阿方索十世（Alfonso X）的《法典七章》（*Las siete partidas*）代表他们的君主继续作出同样的辩解。在 14 世纪，国王是他们自己王国里的皇帝，不再有任何怀疑。所有的政治文献都有丰富的材料见证这一点。所有这些年轻的国家最终摆脱了帝国的权力，也希望摆脱教宗的**全部权力**（*plenitudo potestatis*）。这是一种不受限制的权力，到那时为止，它使教宗有权干预这些国家的生活，比如既可以废黜一个国王又可以豁免一个国家的臣民不服从他们的君主。但在 14 世纪初，已经到了这样的程度：教会和教宗职权的命运紧密相关，要所有这些摆脱了帝国的民族国家继续承认暂时依附于罗马，这样一种局面已经不可想象了。这就是它们有力地拒绝依附教宗的原因，这既因为教会此时正经历着各种严重困难，又因为他们经常宣传的愿望就是最后获得自己的完全独立。甚至在意大利，教宗和皇帝也是勉强维持着他们的监护权。

在 14 世纪里，圭尔夫党（Guelfs）和吉伯林党的古老对抗逐渐衰退，直到那时这种对抗极其猛烈地把半岛撕得四分五裂。这两个帮派的支持者，从前如此强烈地互相对抗，现在开始同意承认他们有共同利益，那就是在涉及教宗和皇帝时做好保卫自己自治权的每一件事情。从那时开始，除了威尼斯，一直以来它总是有能力维护自己的自治权，传统上是教廷的一个封臣的那不勒斯王国及半岛上几乎其他所有的城市，除了教宗国（Papal States），它们必须做的不就是成功地使自己摆脱教宗或帝国的牛轭，以便实现拥有它们自己的制度和政府的城市国家的地位吗？当然，这里有威尼斯和其他伦巴第（Lombard）的城市，它们曾经从帝国特权中获益。但这种特权的**合法**转让很罕见。在很长一段时间里，有一个主要由教会法学家开始的统一的、非常古老的教义运动,那时也受到罗马法学家的支持,该运动**事实上揭开了城市自治的道路**。他们断言它们已经离开了教宗和帝国的轨道,它们已经解决了**"城市有自己的君主"**(civitas sibi princeps)的理论,巴尔托鲁把该理论系统化,并加以概括。但这里不应对此产生误解。巴尔托鲁所设想的城市(civitates)仍然只是一种自治的城市,是公认的皇帝行使的所有权力的托管者,但不是一个逐渐建立起自己的制度的名副其实的城市国家。几乎所有的城市都必须认真对待帝国的**代理人辖区**(vicariate)问题,无论如何它仍然阻碍着完全自治的道路,更不要说赞许特定制度的诞生。像佛罗伦萨和比萨这样的城市谋求成为帝国的代理人辖区,并在向皇帝宣誓后成功地实现了这一目标,这件事很有意义。由于获得了代理人辖区,这些城市常常成功地使自己对所控制的**周围乡村地区**(contado)的统治合法化,并成功地强化了它们的制度制定工作。这些组成部分使城市慢慢地加入城市国家的行列,更好地界定了把管理它们的责任委托给城市的那些人的权力。

三 从君主的权威到国家的权利

在整个14世纪的欧洲,国家开始有力地显示出自己的力量。以学者们的司法思想为基础的什么是公共的和什么是私人的之间的区分,即**公法**(jus publicum)与**私法**(jus privatum)的区分,对国家的形成与独立自主的政府的存在作出了重要贡献。国王和国家从此以后分开来了,日益从属于特定的司法体制。这就是为什么国王现在拥有使国家人格化的角色,代表它并以它的名义来行动。这种新的眼光在以下意义上获得了成功:发生了权限上的完全转变,从一个向封建主义夺取权力的君主到成为一个为政府和国家的命运负责的国王。最好是分清法学家和政府的理论家致力于讨论的这些权限。在这个领域,14世纪时把成熟的东西和新颖的东西同时结合起来了。说它成熟是因为它只是巩固前几个世纪已获得的东西,在描述国王,把他说成一个正义的爱好者时,每一次都必须逐渐加以精致化,使他在面对该时期的种种危机和困境时成为一个立法的国王。说它新颖是因为这种对君主有利的学说明确规定君主要为这个国家的和平、安全和繁荣负责,还有他所缺乏的权力要素把他的职责带向一个如愿以偿的结论:征税权。

所以，正是在 14 世纪里，仍然显现为最高统治者的帝国的形象，第一次变得模棱两可起来，公权和私权都是这样，因为皇帝是一个被选出来的封建领主，由于大诸侯们的一致同意才获得权力。尽管他的职能的性质有这种持续的两重性，这位最高统治者仍不屈不挠地领导着一场顽强的斗争，为的是使舆论在某种最高统治权的范围内集中起来，这种统治权是这个国家的一座真实的圣殿，所有的特权从前都是移交给罗马皇帝的。在起重要作用的特权中，首先是司法权。它始终被皇帝与大封建领主共享，但为皇帝所索求，其行使似乎是某种妥协政策的产物。从巴伐利亚的刘易斯治下开始，德意志帝国法院（imperial German court 或 *Deutsches königliches Hofgericht*）直到那时依然是巡游性质的法院，现在定居下来，由此使帝国具有"国家司法"的特点。这样，帝国中央司法权的权威，同时还有负责审理最重要案件的一个高等法庭和一个普通最高法庭的权威都得到了维护，后者的任务是所有最后的上诉程序都必须在它面前终结。尽管如此，这位最高统治者未能成功地实施对司法和公共秩序的控制，除非他成功地使封建法（*Lehnrecht*）与管辖权（authority）分开，并始终如一地把它与属地法（*Landrecht*）分开。无论如何，这就是所发生的事情。依赖于这种被设想为某种挪用法定权力的有效手段的**封建法**，诸侯们日益控制了所有的社会生活领域，自称拥有说明法律的权力。诸侯们的行为得到了支持，在关于《萨克森法鉴》（*Mirrors*）的评注中这方面发生了整体性的转变，特别是受到了 1386 年的《萨克森封建法释义节录》（*Abridged Gloss of the Lehnrecht of the Saxons*）的支持。然后**事实**上真正发生了一次司法权的划分。皇帝在他的法庭内拥有司法权，诸侯们拥有其他案件的司法权。这样司法变得不太像诸侯政府的属地权，而更像授予统治着这些侯国的诸侯们的一项真正的权利，这些侯国的结构开始围绕着诸侯的权力稳定下来。因此正是借助于封建法，司法权缓慢地成为诸侯国权限的一个不可缺少的部分。

在其他地方，到处都发生了相反的发展趋势。西方所有的君主都通过击败封建主义重新获得自己的司法权。不管国王是亲自行使审判或委托他人代表他审判，在理论家们的笔下他的形象都被描绘成一个法官。14 世纪的法国见证了这种赞美，克里斯蒂娜·德·皮尚

（Christine de Pisan，1365—1340年）说查理五世亲自主持审判，尖刻地批评所有的王权辩护人所委托的法官。让·热尔松（Jean Gerson，1363—1429年）不断地破口大骂所有那些"出售判决，牺牲一方当事人的权利，拒绝审理穷人和无辜者的案件"的人，而菲利普·德·梅齐埃（Philippe de Mézières，1327—1405年）则视这些人为不折不扣的"掠夺者和暴君"（*pillars et tyrans*），指责他们"在王国里反对国王，像领主那样统治"。无可怀疑的是这里有对国王司法权的信任，菲利普·德·梅齐埃甚至提议从意大利的法庭汲取灵感，改革整个法国司法系统。但对法国君主来说，这一要求太过分了，因为在自己领土的范围内他的所有权力几乎未经历过任何阻挡。一旦领主审判权几乎完全从属于王权，通过上诉、移送审判程序及把案件保留给国王审理等手段，教会的司法权也通过"特免案件"（privileged cases）而受到严格控制，君主们自然会发现他们自己必须保有这项成果，通过委任法官来行使这一权利，虽然这些法官的能力和公正性是有限的。从**巴伊管区**（*bailliage*）的法庭到王国最高司法权威机构巴黎的**高等法院**，在13世纪最后几十年建立起来。在国王控制下司法的级别变得更加严格，司法权限也得到了更好的界定，国王与他的政务会议（council）构成了司法大厦的拱顶石。

同时，英格兰经历了一个类似的演变，即使王室法官的介入遇到了教俗贵族领主更大的抵制。他们不愿承认自己的权限必须受到限制，所作出的判决必须受到控制。他们还拒绝履行使他们的自治拥有可靠根据的经常性的义务，这是王室想使他们服从的一项措施。尽管如此，到14世纪末，王室司法权最终在三个非常重要的领域取得了胜利，即由民事上诉法庭处理的土地财产和个人地产的案件，由税务法庭处理的王家财政方面的案件和王座法庭（King's Bench）处理的反对国家的犯罪行为。由于王室到处都取得了上述司法权，所以它**制定法律**（*condere legem*）的权力也到处都在自然延伸。

自从那些法律注释家产生以来，辩论已成为日常生活的一部分。司法行为的自然的结果，是在某种程度上立法权发现在**世界主权**（*dominium mundi*）受到控制后自己没有任何直接的持有者。在整个14世纪里，一个非常强有力的要求随之而来，作为城市国家的一方和作为民族国家的一方都一样。在下一个世纪它们的事业得到了理解,但它们拥有什么权威,获得颁布法令的授权吗?针对这个问题,人们提出了多方面的答案。

既然相当数量的意大利城市一直在遵从**自由城市**(civitates liberae)的法规,他们的议会能自由颁布**法规**(statuta),常常在数量和质量上超过民族国家的立法。在 14 世纪,这些法规与罗马法共存的问题仍然存在,而罗马法正在逐步构成一种真正的**普通法**(ius commune),其权力很快限制了城市的立法自由,正如——但在较小的程度上——限制其他国家的立法自由一样。

在伊比利亚半岛的国家中,如同在法国,君主们的立法资格从那时起得到了公认。到处,"令君主高兴的事情就具有法律的力量"(quod principis placuit legis habet vigorem)、"君主不受法律的约束"(princeps legibus solutus est)等口头禅,纯粹凭武力流行开来,常常自发地得到某种广泛的解释,使授予君主一种巨大而规范的能力成为可能,至少在理论上是这样。事实上,绝对没有必要在这两个被蹩脚地理解的套话中寻找某个规定,为君主拥有绝对的**制定法律**(condere legem)的权力辩护,因为从他宣布他是根据对君主的某种理解来行动(ex certa scientia principis)的那一刻起,他的立法行为在所有的情况下总是可以被证明是有理的。所以,这里没有值得惊讶的东西:事实上,所有这些国王都被授予"制定法律和法规……或使它们简化或完全撤销和废除它们的权力",如《韦尔热之梦》(Songe du Vergier)的作者就为法国国王提出了这一点。但在任何地方,都没有像英国那样,拥有这种立法身份的国王通过他的法庭活动,促进了法律和地方惯例的统一,如此迅速地使之得到确立,这是一种产生"普通法"(common law)的程序,能迅速把法律提升到与罗马**法**(lex)那样的地位。除了授予君主的这种重要身份,还加上他必须在他的政务会议(council)上审判所有误判案件的权力,这是 1349 年爱德华三世正式委托给他的大法官(chancellor)的权力。所以,依靠国王的政务会议的判例法(case law),然后是大法官法庭(court of chancery)的判例法,"衡平法"(equity)开始逐渐成长起来。这一过程很好地说明:在所有的情况下,司法权如何出色地构成了规范的权力的最可靠的基础。

既是法官，又是立法者，14世纪的君主们，还坚持要求有能力实施一种不可分割的权利：向他们想征税的任何对象征税。即使他们在这一点上没有完全成功，即使《韦尔热之梦》向我们展现的想象有些理想化的成分，比如，它说整个欧洲的"国王们……他们可以向自己的臣民征收此类额外补助金、盐税、炉灶税（hearth taxes）和各种税收"，但我们还是必须承认王室的征税权到处都已成为一种事实。封建税收逐渐被国家税收所取代，因为在这整个世纪中无疑发生了深刻的变化，在心态的层面上与在把君主和国家粘合起来的关系的层面上都是这样。此后，税收不再被认为是君主征收的一种他应得的权益，而是完全相反，即它是臣民为了参加这个王国的防务必须承受的一种负担。征税就这样逐步合法化了，国家作为国王以外的某个受益者出现，这种进展需要更加强有力地予以关注。在财政领域，如同在其他领域一样，刚刚超越于君王个人之上的正是这种国家。无可否认，它仍然不得不常常与地区和城镇的代表协商，但这种协商总是比较容易，因为所征收的税款从此以后是为了**王国的利益**（utilitas regni）或为了**公共需要**（necessitas republicae）。这是王权实行征税的一项条件，不是征税的一个障碍。

以1350年左右的法国为例，这是这样一段时间，在这个过程中等级会议（estates）虽然是政治生活中一种有重要影响的力量，但它从未有任何真正反对征税的行动。或以同时期的卡斯蒂尔为例，它的君主拥有值得效仿的财政制度，几乎未曾因为必须获得议会（cortes）和城市的征税许可而遭受折磨。议会和城市代表从未成功地限制或按规定共享王室征税权。最后，以英格兰为例，那儿有一种类似的发展。在整个13世纪，国王们获得了向臣民的私人货物（goods）正常征收一种税的习惯，议会未曾反对这种习惯，并在下一个世纪继续对国王们要求征收的直接税和间接税作出善意的反应。反对王室征税权的行为更多地来自人民，1381年起义就是在创建一种新的人头税后爆发的。

这足以让这位君主想起，英国如同其他地方一样，始终有必须使权力的理论适应事实的实际情况。从某种充分酝酿中的政治科学的角度看，必要性迫使人们更谨慎地朝着某种统治艺术转变。

第二节 一种统治艺术

尽管13世纪已经标志着亚里士多德思想的胜利，对一种新的政治科学来说，这非常有意义，14世纪的特征是更多地把这些思想投入权力日常运作的具体实践中。试图解决不同的政府面对的政治危机，人们经常寻找关于解决这些危机的方案。到处都表现出一种关切，使国家适应于亚里士多德提出的方案。某个像尼古拉·多雷姆（1325—1382年）那样的理论家大声宣告这种必要性，断言"按照地区的多样性和各地人民的气质、意向和习惯，他们的实际权利（positive rights）和他们的政府应该不同，这是合适的"。这方面的努力尤其表现在对各国家机构进行界定并使它们运作起来，从此以后这项工作支配了专业的统治阶级（见下面"一"）和一个日益有组织的政府，其种种联系把整个国家更紧密地结合在一起（见下面"二"），这种发展趋势导致政治科学走向一场争论，最通常的结果是这种争论结束于一场富有成果的对话（见下面"三"）。

一 政府的专家们

14世纪西方国家的整个历史，反映出它们持续关注的是把在权力实践中富有经验的政府专家置于首位。这首先适用于君主，其首要关注的始终是使自己周边围绕着一批受过良好教育的顾问。

从伊比利亚半岛的国家到英格兰，如果走过所有欧洲国家的首都，可看到君主们此后都好像是一个真正的政治专家。做一个国王成了一门有学问的职业，在各种严格的规章框架内进行操作。此外，如果你未能表明自己值得或有能力承担这份工作，或如果你在履行国王职务时越过被法律和习俗规定的种种界限，你就可能失去王位。

在伊比利亚国家中，对国王们有很多要求，在14世纪里，他们中很大一部分是儿童国王，甚至还常常来自外国或曾在远离王位的地方被扶养长大。所以他必须接受关于这个新的国家的每一种事情的教育，包括它的各种习惯和法律。埃夫勒（Evreux）伯爵菲利普（Philip）的命运在这方面特别有意义。1328年由于他妻子让娜（Jeanne

的继承权，纳瓦拉（Navarre）王位落到了他身上。在几个月中，当继续任瓦卢瓦（Valois）王朝菲利普四世的政务会议成员时，这位纳瓦拉的新国王必须着手了解关于这个国家的每一件事情，他在短时期内熟悉了它的各种人员、语言和机构。或者以安特克拉的特拉斯塔马拉家族的斐迪南（Ferdinand of Trastámara of Antequera）为例，他来自卡斯蒂尔，在那儿取得摄政职位，1412年被选为阿拉贡国王。他不得不马上弄清楚阿拉贡王室和该北方省的全部秘密，其地中海政策和大陆政策与卡斯蒂尔在这方面的政策没有联系。还有卡斯蒂尔的君主的例子，完整地反映出需要如何在短时期内训练幼年登基的君主问题。斐迪南四世在1295年登基时是1岁，阿方索十一世1312年上台时几乎未满2岁，而1350年佩德罗一世（Pedro I）15岁时就登上了王位。对这些非常年幼的君主来说，迅速而集中的教育是不可或缺的，这样他们才可以尽可能快地承担起治理这个国家的责任。

教育国王并培养他的统治艺术，看来到处都是一项迫切的、不可或缺的事情。《法鉴》（Mirrors）认为这种教育是可能的，它提出的方式一方面是使君主成为一个政府管理的专家，另一方面是向他灌输这样的思想：他的根本职责首先是把他的人民带向某种确定的目标。他是一个天佑的人，受上帝派遣并赋有最高贵品质的人，他应该具有毫无困难地实践政治家的所有美德的能力。在14世纪的法国，无数作者，诸如热尔松、克里斯蒂娜·德·皮尚、菲利普·德·梅齐埃或《韦尔热之梦》的作者，都通过一种理想化的君主画像，久久地留恋于描述他应该如何以爱来统治、使自己受人爱戴、没有奉承拍马、杜绝任何暴政始终使自己受到尊敬、总是实践"真理的美德"，只有这样他才有可能做到小心谨慎地统治。但是还有一种期望：君主应该谦卑、虔诚、贞洁、严肃、慷慨、宽宏大量、开明和公正。因此，这种理想人物由禁欲主义、堪作模范和超越自我构成。但表现为一个美德的模范是不够的，君主还必须有能力使自己的形象光彩照人，体现出他所有的威严。由于通晓臣民的种种要求并对之持开明态度，君主也应该受到赞美、服从和敬畏。这些就是使他得到授权的品质，由此他可以庄严地承担起他的职责，完全指向和平和正义的胜利。

14世纪的法国学者以如此精确的细节来展现的这种理想君主的肖像，在比利牛斯山那一边的伊比利亚半岛也能发现非常类似的描述方式。阿方索十一世（1312—1350 年），卡斯蒂尔的国王和最高司法官（Justiciar），遵循基督教王国所有国王的榜样，曾把罗马的吉勒斯（Giles）的《论君主的统治》(De Regimine Principum) 译成卡斯蒂尔语。同时，以该论著为基础，他的表兄弟唐·胡安·曼努埃尔（Don Juan Manucl）在自己的《国家之书》(Libro de los Estados) 中阐述了一整套政府管理制度，对王室的最高统治权、法律、《法典》(Fueros) 和人民参与行使权力等作了审慎的思考。维塞乌（Viseu）主教阿方索·派斯（Alfonso Pais）追踪这场运动，在撰写一部《法鉴》时全面关注对国王职能的分析，稍后正是卡斯蒂尔的大法官佩德罗·德·阿亚拉本人，在工作过程中作了类似的政治思考。所有上述作者都同意：一个国王强有力地行使自己的权力是必要的。在登上王位时，其议会（cortes）的欢呼使他的权力合法化，加冕几乎毫无例外地绝对得到了加强，但很少见到涂油仪式，这种仪式实际上从西哥特人的时代以来已经减少了。正是在那时，在诸如萨拉戈萨（Saragossa）、潘普洛纳（Pamplona）、布尔戈斯（Burgos）、里斯本或圣地亚哥（Santiago）这些从 14 世纪以来指定要成为首都的城市，国王就在其中的一个城市接受他的国家的大主教的涂油礼。被上帝选择，并得到他的人民喝彩的国王，其权力此后有了一个更好的基础，但这个基础并不是在任何情况下都是绝对的，如果违反则以暴君论处。对暴君，该世纪所有的西班牙作者都同意予以谴责。在法国，整个思潮也认为限制国王权力有很大价值，因为虽然国王无例外地接受过涂油礼，是**最像基督的国王**（Most Christian King），但他在 14 世纪西方各王国的世界中占据着一个与众不同的位置。尼古拉·多雷姆带头，成了这些作者的代言人，采取反对过多把**全部职权**（plénitude de posté）授予国王的立场。与此相对立，他使用了**有节制的权力**（posté modérée）的概念，以便纠正绝对主义意识形态的反常影响，他令人注目地指责这种意识形态，在他看来它完全是毁灭性的，最明确的是在财政领域。

这个阶段的法国几乎未听到类似的声音，整个 14 世纪里，此类讨论似乎在海峡那边更多一些。这无疑是因为爱德华二世、爱德华三世和理查德二世已逐渐造成了某种被确认的绝对君主制的全部后果。众所周知，他们已经忍受着上述国王的种种严酷打击。这些国王认为自己超越法律并免除所有的义务，只视其臣民为一个个被迫服从他们的个人，而且视其王国为自己的私有财产，他们阻挠普通法和各种法令的实施，赦免罪犯，避开由议会授权征税的必要性。这就是为什么爱德华二世从1308年以后被迫重新进行加冕礼宣誓，完全为未来行为的种种后果承担责任。除了传统上国王在这种场合作出的各种承诺，他还保证遵守共同体，主要是男爵们的共同体，赖以建立起来的公正的法律和习惯法。这些男爵在其1308年的声明中响亮而清楚地确定了王权和国王个人的区分，断言他们的敬意和忠诚归于王权，不是归于国王。

这种主张肯定是1327年议会废黜爱德华二世的预兆，紧随而来的是宣布爱德华三世的公告。太倾向于强化自己的权力，以太严厉的手段控制政务会议和他的大法官，这位新的君主不知不觉地为1341年的严重危机准备了条件。这场危机只因为一场妥协才结束，结果是王室特权进一步减少了。爱德华三世承认《大宪章》至高无上的价值，承诺没有议会裁决不解职任何官员。但即使他背弃他在1343年作出的所有保证，1341年的危机也同样是王权的一个不稳定的因素，是加强议会作用的一个强有力的因素。从那以后议会被认为是有能力解决国王及其官员之间冲突的唯一机构，有争议性的话题本质上不再被看成私事而是公事了。在理查德二世时期，王室和议会的关系持续紧张。在整个1386—1388年的严重危机中，君主权威受到严重挑战。议会真正以一个最高法庭自居，要求对开支进行某种非常严格的控制，并希望国王不在场超过40天时擅自拥有闭会的权利。非常简单，它希望表明它绝不以任何方式从属于国王的权威。国王最终不得不同意设立一个委员会，一年内赋予它改革国家的权力。议会的立场变得强硬起来并一直持续到1388年的无情议会（Merciless Parliament），这次议会使议会最终成为法定的仲裁人并被认为拥有最高权威。在拒绝屈服的国王与一个全能的议会之间发生了决裂。在整个1397—1399年间，这位君主最后加强自己的绝对主义的努力成了被议会废黜的直接原因，国王的部分特权移交给登基的亨利四世，他现在持有的权力既来自上帝，同时又来自通过议会表达出来的王国的同意。如果能得到更好的劝告，英格兰的国王无疑能更好地控制自己的权力向绝对主义发展的倾向。

第二章 14 世纪西欧关于政府的理论和实践

君主有必要在自己周围拥有一个忠诚的、开明的政务会议，理论家总是强调这一点，在 14 世纪所有国家的政府管理实践中被广泛付诸实施。它在法国表现得特别精确，如查理五世本人主张：一个不想被指责为暴君的国王的职责，是"依靠一大批聪明人，教士或俗人，组成的政务会议"来统治。在照此办理并遵循亚里士多德的论述的过程中，他还显示出对整个思想潮流及对他的扈从迫切恳求的事情持非常开放的态度。所有上述作者都断定：顾问们构成了政府管理中君主不可能绕过的一个齿轮。热尔松告诫查理五世沿着这条道路前进，他写道："让政务会议做所有的事情，你不要对此感到后悔。"克里斯蒂娜·德·皮尚则主张君主始终要从**合适的、恰当的人**（*gens propices et convenables*）中选择那些**老练的、有判断能力**（*science et preudomie*）的人做自己的顾问。他们都必须显示出种种胜任此职的品质和依据，这不是一个他们是否爱好公共服务的问题，同时显示出他们对真理的感悟能力和他们坚不可摧的对君主的依恋，看来，君主到处都保持着对政务会议的人员构成和会议召集的控制。政治博弈中的关键部分，由君主与政府工作中最重要的角色大法官（chancellor）分担。

在法国如同在英格兰，大法官是重要官员中以永久形式残存下来的唯一的一个，这使他在**御前会议**（*curia regis*）解体后的政府运行机制中发挥某种决定性的作用。尽管王室限于为君主服务，但大法官和顾问们（councilors）都在第一线上，负责草拟文件、司法审判、政务会议和政府决策的所有工作。这就是自 13 世纪中期以来，为什么整个欧洲的君主们的周围都围绕着这些人员，君主能够信任他们，奖赏他们，他们向君主宣誓为这个国家服务，保守它的全部秘密。在英格兰，从 1257 年以前开始，在法国从 1269 年以前开始，及在整个 13 世纪下半叶以来的德国诸邦，都有了类似的零碎的发展，这种发展使国王，他的大法官和顾问们从此以后真正成了国家的支柱。

政务会议人员的构成成分是流动的，因为国王总是召集任何他希望使用的人进入这个组织。它的权限也是灵活的，不断发生变化，日益明显地走向专业化：主要限于政务会议的职能范围内，但附加有司法的职能。这种演变在 14 世纪的英格兰特别清楚，那儿税务法庭、民事上诉法庭和王座法庭经过一段很长的时间后从政务会议中逐渐分离开来,从亨利三世统治时期开始构成了一种复杂的司法整体,在这个整体中每一个法庭(现在与政务会议只有远距离的接触)都有它自己的司法管辖领域。法国也发生了一种类似的演变,但时间上稍后一些,因为它只是在13世纪最后几十年**高等法院**才开始获得自主权,直到14世纪30年代这种自主权才明确起来。到那时,政务会议完全承担了它的主要功能,即向国王提出建议,与国王一起参加保留给君主的司法审判工作。在伊比利亚的国家中,14世纪时政务会议的作用无疑仍然是更加重要的,王权的主要部分来源于此。这就是为什么控制这个会议就意味着控制这个国家,为什么国王的宫廷也就是一个施展阴谋的中心,在这儿所有的候选人为进入这个会议而竞争,王公们或国王的密友们都在这种会议上碰面。

因此,就这样,在中世纪末,不管是英格兰的大会议(great council)或常设咨询会议(continual council),还是法国的**小会议**(*conseil étroit*)、**枢密会议**(*conseil privé*)、**机密会议**(*conseil secret*)或**大委员会**(*conseil grand*),德国诸侯的秘密会议或宣誓会议(sworn council)或米兰的秘密会议,它们的一个问题都是部分地从财政和司法工作中分离出来,而财政和司法工作在其早期历史中都曾是它们照管的事情,这样它们可以专注于国家的秘密事务,更好地为国王出谋划策,并与国王一起审理国王不想委托他人审判的案件。这就是为什么只有少数几个人,至多几打人,被允许进入这种会议,使他们成为站在君主一边的这个国家的真正主宰者。贵族或市民(bourgeois)、律师或金融家,国家的各项决策总是来自他们,在全面转化的过程中恰当地促进良好的政府管理的推动也来自他们。

二 一个压迫的政府

14世纪时西方国家政府结构的复杂性,主要是前一世纪政府官僚机构无与伦比的兴起造成的。其发展是各中央行政部门增加的直接后果。其刻板、惰性及有时缺乏适应现代国家各种新要求的能力,使地方行政部门的创立成为必要;这些地方行政部门日益多样化,有能力在现场立刻解决所有中央政府不可能解决的问题,因为在大多数情况下中央政府信息不灵并缺乏迅速而有效地介入的行动手段。优先权由此交给了政府及其各个部门，与中央政府的推动有关，其行为日益变得自主，还常常变得包办一切，同时成为被统治者的沉重负担。这样讲对 14 世纪的法国来说显得特别真实，英格兰稍有差距，而伊比利亚国家保留的制度处于这两者的中间。

在法国，整个 14 世纪里中央行政部门的人员不断膨胀——王宫诉状审理庭（requêtes du palais）的顾问（councillors），1314 年是 4 人，1343 年是 29 人；**高等法院** 1314 年有 20 个顾问，1343 年有 62 个；1316 年大法官法庭（chancery）有 30 个公证人，1361 年有 59 个。这种发展的必然结果是地方行政机构越来越复杂。人们有这样的印象：国王在首都的官职和代理人的增加，使整个国家的地方管理部门和办事人员的数量也需要相应增加。从 13 世纪中期开始，**巴伊**（bailli，或译"执行官"）从一个巡回的、没有固定地区的官员成为一种驻地固定的行政官，为一个范围清晰界定的区域——**巴伊管区**（bailliage）的行政事务负责。在 14 世纪初，他在所管理的地区内拥有全权，以一个真正的总督（viceroy）的形象出现在人们面前。在某种程度上他是君主的全权代表，在那儿行使国王授予的所有特权。他是司法机关的首脑，主持巡回法庭（assizes），其审判员的构成视他的愿望来选择，由平民代表与**可尊敬的人**（probi homines）混合组成，根据他们良好的法律知识来选择。他为王室财源的所有收入负责：组织**司法官职**（prévôtés）外包，向承包者收税；保证征集所有的费用（levies）、税收和罚款。他为维护公共秩序负责，赋有名副其实的社会治安权。其权力还因以下责任而进一步得到加强：他必须义不容辞地公布和遵守所有王室的法令，并可以凭他的法定权力使法令适应地方的种种需要。法官、收税者、立法者，这就是 14 世纪最初几十年巴伊的肖像。他由国王付酬，直接对国王负责。从与**巴伊管区**的所有牵连中摆脱出来，他可能不出生自所任职的**巴伊管区**，可能不在那儿拥有任何财产，对他来说，三年期满后离开所任职的地区是强制性的。他不得不承认他像国家的一个真正的代理人，其地位和生涯是完全被明确地界定的。

但是，当中央行政管理事务正成倍增加并多样化的时候，让**巴伊**成为这个国家某个地方唯一的发话人，这将会把太多的问题集中在一个人的手中。只有在整个王国内才能把一种类似的发展作为一个整体来规划，这是不可避免的。通常主动性来自**巴伊**本人，在中央权力没有要求他这样做的情况下，大约从14世纪20年代开始，他在自己周围集中了一群协作者，这些人的行动最终将反过来反对他们自己。这些协作者或官员开始时是**巴伊**自己挑选的，但在他们被国王本人任命为国王真正的代理人以前，已经逐渐为自己僭取了某种自主权，**巴伊**碰到的肯定是这种情况。从13世纪最后几年开始，他们在**巴伊**的管理下负责征收和处置各种资金。1320年他们成了真正的王室收税人，这是"美男子"菲利普四世（Philip the Fair IV）一项法令的结果，该法令禁止**巴伊**插手处理所有资金方面的事务。一种类似的演变使巴伊的副手（lieutenant）成为真正的王室法官，这种副手是从13世纪末开始受委托协助**巴伊**管理司法工作的。尽管居民反对，国王开始系统化地否认**巴伊**可以把他辖区内的任何司法权委托他人代理，1389年他必须正式批准这种新的发展情况。所以受益的是国王，他使这些管理司法的**巴伊**的副手成了真正的王室法官，他们受国王任命并受他直接控制。在财政和金融方面，最终**巴伊管区**的机构也经历了同样的权力缩减的过程。从1355年开始实施的沉重的**炉灶税**（fouages）的征收完全避开了巴伊，有利于其他官员，那时先是由三级会议（Estates General）任命的，接着由国王任命的**埃律**（élus）*负责。他们的征税区域根本不称**巴伊管区**，而是**财政区**（élection）。

在伊比利亚诸王国，各遥远地区的生活政府常常知道得很少，迫使君主们设计出一套复杂的行政机构，把自己的管理行动延伸到现场。一个总是可以调整的管理系统支配着地方的行政组织。这些国家从总体来看，管理一个省的责任委托给某个**梅里诺**（merino）或**阿德兰塔多**（adelantado，意为"州长"）。如果他被置于一个公认具有经济或战略重要性的地区首脑的职位，有时会领受**市长**（mayor）的称呼。所有这些代理人都接受国王以一份特许状（charter）的形式委托给他们的权力，详细列出他们的权力清单。因此，他们的权力也是充

---

* 埃律（élus）法语里是"当选者"之意。百年战争中税收频繁，一些收税人不受地方信任，1340年法国北部一个地方的会议提出如果让它自己任命的人来收税，那么它就会通过一项税收。1345年国王提议各地区可以自己选出人员来收税。不久后该项任命权先后转归三级会议和国王。——译者注

分的、合法授予的，目的是要他们管理他们所辖的**梅林达德**（*merindad*，意为"地区"），加强其安全、法律和秩序。如果国王未成年或不在，如在 14 世纪初的纳瓦拉，所有这些权力就会增强：那时**梅里诺**授权任命一批王室城堡的**主管**（*alcaytes*），并以王的名义接受他们的效忠宣誓，理论上，任命的权力只能来自国王。根据这样的规划，**梅林达德**构成了一个真正自治的单位，在这里梅里诺与一整批官员行使权力，这批官员只从属于他，依赖于他的推荐才能找到一个职位。他的**法官**（*justicia*）和他的收税员（receivers）特别属于这种情况。这些都是代理人，但他们有时会忘记他们代表的是中央政府，因而会受到诱惑而滥用手中的权力。

最幸运的是，贵族和城市市民会使他们想起自己的职责，在**议会**（*cortes*）召开时在国王面前从未忘记这样做。这就是为什么阿拉贡的国王们经常在国内巡游。他们认为这样做很重要，能表明自己亲近臣民，能够倾听他们的冤情。不管是在德尼亚（Denia）、梅诺卡（Minorca）还是在特鲁埃尔（Teruel）都是这样。至于纳瓦拉的国王，他们使自己适应于卡佩王朝的呈情（requests）制度，这使国王们可以不断得知他们的王国中总体上发生了什么事情。此外，这些适合于延伸君主权力的地区行政管理结构又增加了其他任务，**巴伊**的制度加上一种职务，受托成为代表国王在其城镇的代理人，他承认市议会，把城市的所有冤情上报中央政府。如果此项职责处理得好，总有机会在国王及其臣民之间开始一次真正的对话。因此，在西班牙与在法国一样，复杂性无疑是 14 世纪地方行政管理的基本特点。

在英格兰也一样，但无疑是在较小的程度上。从 10 世纪以来由拥有全权的郡长（sheriff）支配的地方政府管理的事务逐渐多样化，这使郡长在 14 世纪时成为国王的一个代表，但慢慢地失去手中的主要权力，正像法国的**巴伊**一样。自 1242 年以来，管理充公产业的官员（escheators）已经剥夺了他在财政事务上的主要权力。此外，从亨利二世以来开始的减少郡长的司法机关所辖地区的政策，在这方面也不断发生作用。各郡司法巡回审判区（judicial circuits）的增加，在巡回法庭上来自威斯敏斯特的法官坐在郡法庭开庭时郡长坐的位置上主持审判；还有逐渐形成的验尸官（coroners）制度，其主要工作是如果有人死了，进行验尸，使大陪审团得以把被告提交给巡回法庭的法官。正是出于同样的减少郡长权力的观点，13世纪的君主们已经逐步建立起"和平守护者"（keepers of the peace）的制度。这些官员的职责，在军事领域和在治安领域一样，是成为真正的治安法官（justices of the peace），这是在爱德华三世治下的1362年正式实现的。他们具有常任法官的外观，在司法领域和行政领域都同时赋有决定权和执行权。这些人被认为是其所在地区最重要的官员，逐渐淘空郡长所有权力的具体内涵，郡长的基本权限仍然是在他所辖郡内传达国王文书。从规模和发展趋势来看，这仍然是一项不断增长的重要的特权，因为中央官僚机构生产的书面文件数量越来越多。

就这样，如同14世纪西欧的其他国家，英格兰行政管理的突出特点在于它拥有大批自己的官员。不管是由国王任命但不是由他付薪的，如郡长、管理充公产业的官员、治安法官，还是郡法庭选定的如验尸官那样的官员，他们都有助于产生一种地方政府管理有很大独立性的印象。这种感觉还因以下原因而大为加强：众多的特许（司法权豁免）和法院高度自主地运行，特别是陪审制度。现实情况更加微妙。虽然英格兰的国王们曾向所有这些地方当局授予某种自主权，这首先是因为他们指望得到地方官员不付薪的服务，这种自主权的确切界限国王们是严格加以规定的，但事情并未至此结束。君主们指派的或地方居民选举出来的这些地方当权者的职责，首先是执行威斯敏斯特送来的命令。既然这些官职没有一个是有报酬的，它们只能由富有的人来承担，通常是土地所有者。不管这些人是不是骑士，他们总是显示出关心维持既有的秩序，基于同样的理由，也关心保证王室命令得到尊重。也是由于有了他们，并通过他们的办事机构，国王与郡之间开始了富于成果的对话，这种对话注定要在议会的框架内继续进行。在法国，相反，这种对话除了通过代表会议，几乎没有用其他方式来进行，地方行政官员由国王付薪并日益成为职业的行政官员，既没有兴趣也没有资格参与某种类似的对话。

三 一种必要的对话

整个14世纪里，代表会议制度（representative institutions）支配着那些统治着这个国家的人们之间的关系的全部历史。该世纪到处都是一个对话的时期，这是通过三级会议（estates general）和省的三级会议这个中间机构实现的，或者在英格兰是在议会的框架内实现的。为什么这样一种对话会建立起来，它是如何得以延续下来的？

这些对话机构在14世纪强化了自己的地位并非偶然。许多此类机构都起源于前一个世纪，尽管其余的是与封建主义一起诞生（light of day）的，但所有的此类机构都毫无例外地在14世纪经历了它们的顶峰。非常简单，因为在这个存在各种危机和困难的世纪里，国民面对着不断维护自己权力的国王和政府，更感到需要让他们听到自己的声音。在法国是战争与财政困难，在低地国家（Low Countries）是亲王去世后没有男性继承人，在德意志诸邦是继承造成持续的、不断重复的分裂，在匈牙利是随着路易大王（Louis the Great）死后爆发的1382年的政府危机，这些都是有助于解释等级会议不可抗拒地发展起来的因素。

这些机构有各种差异，但它们都在自己的组织上遵从一个共同的模式，都是非常广泛地基于教会代表大会（assemblies）的方式建立起来的。教会会议（Synods）和教士会（councils）从此以后构成了教会代表大会，它的成熟使所有方式的代表制的试验和研究成为可能。"涉及所有人的事情应该经过所有人的同意"的名言得到了强制性的承认，以便它为所有的政治代表会议所采纳，不管是1295年英格兰的议会，还是逐渐出现的大陆所有国家的等级会议都是这样，只是时间有先后。同意这条原则意味着代表制的问题强制性地得到了解决，因为并非所有不同等级的代表都可出席议会的各种会议。这是因为代表权的方法在整个13世纪已经逐步取得进展，代表可以逐步加以委派，他们的选民开始时只授予他们有限的权力，**即听证和报告**（ouir et rapporter）的权力，然后慢慢地而且带有许多保留，他们有了**某种充分的权力**（plena potestas），至少是在理论上授予他们有采取行动的充分自由。

与司法方式并行发展的，是14世纪的等级会议经历了构成成分可观的扩大。直到13世纪中期，受召集前来开会的主要是贵族和教士代表。从此以后，城镇代表缓慢地或点点滴滴地开始上场。这在法国特别真实。在这方面经过圣路易（St Louis）几次尝试后，14世时国王们的政策是尽可能广泛地扩大城镇代表的出席名额。在神圣罗马帝国有一种非常类似的发展,但稍晚一些,1362年城镇代表第一次出席蒂罗尔(Tyrol)的等级会议。所以,13世纪末在勃艮第出现"三个等级"(three estates)的表达方式后,这些代表大会日益被归类为三级会议,在大陆欧洲的所有地区广泛传播,在州或邦(state)一级也得到广泛采纳。英格兰有不同的演变道路,因为其议会同时拥有如大陆上的等级代表大会那样的权力,但最主要的是还拥有相当大的司法和立法权力。

移交给这些对话机构的职责提出这样的问题:它们是各等级代表的集会(assemblies)还是议会(parliament)。经过一段时期的反复试验,在14世纪里它相当好地得到了界定。除了国王渴望与国民沟通,及他的臣民的代表流露出来的与他见面的渴望,这些代表大会的召开总是为了解决各种特定的问题。那时它们似乎是真正的政府机构,适合于对问题提出解决办法,这是一些国王不想或最经常的情况下是他不可能单独解决的问题。与钱币有关的各种问题似乎曾是这些早期代表大会予以全神贯注并使其深感焦虑的对象。它们支配着13世纪各国议会的活动。此后,钱币不再是国王关注的对象,如同在封建时期(feudal period)一样。这就是为什么教士、贵族和市民通过他们在等级会议中的代表的活动,控制大部分货币政策的原因,特别是在货币制度变化方面的政策。他们到处都有非常真实的影响。这方面的例子有爱德华三世,他在1352年同意未经议会同意不就货币方面采取任何措施,还有好人约翰(John the Good)也在1355年向三级会议作了类似的允诺,而在下一年里,布拉邦特(Brabant)的珍妮(Jeanne)和瓦茨拉夫(Wenceslas)也允诺未经向国民求教就不做这方面的任何事情。

更尖锐的还是14世纪的战争及为其提供资金的问题,使货币的管辖权问题在这样的背景下渐渐消失了。无疑,代表大会的成功主要应该归功于战争的持久性。正是财政帮助而不是战争指挥方面的建议或忠告,是14世纪的国王们向他们的等级会议或议会所要求的东西;当国王们试图使与会者相信这种必要性和迫切性时,总是证明要他们答应征收新税的理由。既然战争在继续,税也必须不断征收。但离建立永久性的税收原则仍然有很长的距离。君主们暂时不得不承认：一种税只有出于需要并得到自己臣民的代表的同意，才能征收。等级会议和议会甚至常常对统治者施加更加严格得多的限制。1340年不是议会任命特派员去控制他们已经同意的税的征收吗？还有，从1355年开始，朗格多克的三级会议不是建立了整个关于**埃律**的管理制度，着眼于控制**补助金**（aides）从评估到征集的整个管理工作吗？

这是各种议会发挥重要作用的十年。事实上，14世纪中期是标志着它们的顶点的阶段。虽然英格兰的议会成功地、永久性地确立了自己的胜利成果，但在其他国家的等级会议却不是这样。在那些"三级会议"（the estates general）的称呼已经成为传统的国家中，三级会议失去了某些分量，此后国王们更多地是与省一级的等级会议打交道，与它们讨论其领土的保卫及批准补助金的问题。这样就给它们的代表提出各种冤情提供了一个机会，而国王在经过仔细审查后有时会把它们的要求转变成法令。这是在法国常常发生的事情。在西班牙也是这样，那儿的**议会**在《加泰罗尼亚章程》（Constitutions of Catalonia）和阿拉贡的《法典》（Fueros）的制定中发挥了最重要的作用。在英格兰，由于此后议会在财政问题上发挥的作用如此强大，以至它有一种明显忽略自己权力的倾向，没能加强在司法事务上的规范能力。直到13世纪末，对于它收到的个人的申诉书，如果它判断为是合适的，就把它们反映的问题加进送交国王的集体申诉书（collective petitions）里。这样，在1327年，一份共同的申诉书第一次引起国王在议会里发布一则法规。这一程序发展到这样一种程度：议会收到的要求裁决的个体申诉书越来越少，它的法庭变得空闲起来，所以14世纪中期议会成了一个真正的立法机关。这是一个独一无二的演变，西方的任何其他国家都未经历过，即使等级会议在某种程度上仍然到处都是重要法令的发起者，它们提出建议，有时凭借自己的不满强制加以实施。

但它们的召开不太有规律性，所以它们的活动难以真正变得制度化。会期通常很短，至多几天时间，其节奏从属于君主的善意，可能加泰罗尼亚和阿拉贡例外，那里每年召开议会的习俗在14世纪初已经确立。即便在那里，理论与现实也相差很远。相比较而言，在英格兰，每次议会召开的时间平均是大约三个星期，在14世纪它实际上每年都召开。此外，由于同一些贵族几乎也总是被召集到上院开会，众多的骑士和市民代表常常连续几届参加下院的会议，所以，可以更好地加以理解的是，这样一种延续性如何得以使议会成为一种迅速有能力巩固自己权力的机构，以反抗君主的权力。各国的等级会议没有类似的发展，即使有的等级议会，如阿拉贡的，在整个14世纪里成功地发展起永久性的委员会，负责在两次会议期间延续议会的活动，有能力迫使国王与它保持经常性的对话。

"对话"是一个关键词，在整个14世纪支配着关于权力的理论和实践。加强对国家进行控制的政府，到处都面对着着手自我组织起来的国民。逐渐摆脱了封建主义，国民不再准备回到隶属的地位，他们面对国王发出自己的声音。国王的权力无人争议，但是每个人都希望看到它是受到控制的，它的行使是有限制的。有两段坚定发展的时期支配着14世纪的这种政治演变。直到约14世纪40年代，在法学家的思想迅速扩展的带动下，王权持续增长，越来越强大。到处，政府的大批机构及其官员的数量在不断增加，保证了它的成功。但随着战争的到来及伴随而来的危机的发生，于是这种高昂的热情被粉碎了。从西班牙到英格兰，从匈牙利到法兰西，出现了一种民主潮流，它提醒国王们：在这种政治博弈中，他们必须聆听他们臣民的声音，认真考虑臣民向他们提出来的问题。

阿尔贝·里戈迪埃（Albert Rigaudière）
王加丰 译

第 三 章
各种宗教思潮和表达

　　14 世纪宗教思潮的主要决定因素，是前一个世纪里集中努力的结果，最终将影响公共礼拜和私人祈祷的每一个方面。那就是按照某种一致同意的神学语言来整理、有逻辑地陈述并解决各种问题，由此建立起一种有条理的宗教教育方法。上帝与这个世界、人的灵魂的关系和救赎的本质等持久不变的问题没有解决，但已经被成功地包含在一种抽象的、大半是亚里士多德的语言中，并得到普遍的讨论。参与讨论的是巴黎的一批训练有素的和自觉的精英，及其在牛津、剑桥和各种托钵僧（friars）修会的学校里的追随者。解决这些问题的尝试已经产生并继续产生各种或多或少合乎逻辑的哲学上的综合。托马斯·阿奎那（Thomas Aquinas）的综合成果，受到多明我修道会（Order of Preachers）*的推动，1323 年在他被正式宣布为圣徒后已广为人知，在 14 世纪最初几十年碰到了实力相当的对手，这是一个更难以归类的思想群体，其思想与法兰西斯会博士邓斯·司各脱（Duns Scotus）、彼得·奥里奥尔（Peter Auriol）和弗朗索瓦·德·梅罗纳（François de Meyronnes）相联系。这些人普遍接受的逻辑推理方法产生了影响，约 20 年后造成对神学语言进行批判性的重新审视活动，这与奥卡姆的威廉相联系。由于宗教思想的道德和社会的方面开始支配着论争，这成为一种充满活力的回归奥古斯丁的思想观念。这些思想群体没有造成明显的思想派别：实际上 14 世纪所有的神学家都是不依赖权威的思想家，不可能把他们归类为奥古斯丁派、托马

---

　　* 多明我修道会在 1216 年正式得到批准成立时称为 "Order of (Friars) Preacher" (O. P.)，拉丁文为 "*Ordo Praedicatorum*"，15 世纪后才更多地称为 "Dominican Order" 或 "Dominicans"。——译者注

斯派、司各脱派或**现代路线**（via moderna）的追随者，但这只是从广义上而言的。他们通过一套共同继承下来的术语、概念和一种共同的分析训练而统一起来，该世纪丰富的宗教文献中的大部分概念体系（conceptual structure）都要归之于这种分析训练。罗曼·勒尔（Ramon Lull）的通过记忆的冥想（contemplation through memory）、知性（understanding）和意志，迈斯特·埃克哈特的（Meister Eckhart）"灵魂的场地"（ground of the soul），扬·勒伊斯布鲁克（Jan Ruysbroeck）的本质的统一和《不知之云》（The Cloud of Unknowing）中的裸爱（naked love）等，这些都是或都来自神学家的概念。

在整个 14 世纪里，神学家的学问通过大学中新的神学院和无数的大教堂、修道院和托钵僧的学校，在欧洲各地扩散，并开始比以往更直接地集中于个人所面临的道德和教士职责（pastoral）的问题。神学家们开始在教会管理中发挥某种积极作用，这是与 13 世纪时阿奎那、根特的亨利（Henry of Ghent）或彼得·约翰·奥利维（Peter John Olivi）那样的博士们充满教诲和沉思的生活相比较而言的，他们的后继者在世俗和教会事务及在传教和宗教裁判所审判官的工作经历，深刻地改变了他们的思想。比如，多明我会修士皮埃尔·德·拉·帕吕（Pierre de la Palud）离开巴黎的学校为教宗约翰二十二世反对法兰西斯会的贫困观（Franciscan poverty）辩护，然后作为耶路撒冷的主教（patriarch）去推动十字军事业（1317—1342 年）。理查德·菲茨拉尔夫是牛津大学的一个世俗博士，在与希腊和亚美尼亚教士的辩论中为本尼狄克十二世和克雷芒六世服务，1360 年他于阿尔马（Armagh）大主教的职位上去世，这时他是托钵僧的尖刻的反对者；捷克神学家阿达尔伯特·朗松尼斯（Adalbert Ranconis，死于 1388 年）曾在巴黎和牛津学习，为皇帝查理四世服务，任他的文书（clerk）和宫廷传教士，支持波希米亚的改革运动；法兰西斯会小兄弟会（Order of Friars Minor）修士（坎迪亚［Candia］的）彼得·菲拉吉（Peter Philargi）是来自克里特岛的托钵僧，在帕多瓦、牛津和巴黎学习过，他推动天主教教义在立陶宛的传播，先后被任命为伦巴第几个主教区的主教，做过米兰公爵的使者，最后被选为教宗亚历山大五世（1409—1410 年）。在这里的每个例子中，都是实践经历使这些神学家重新集中自己的兴趣和思想，把他们与教士的精神指导工作有直接关系的各种主题带到最前沿的方面来。毫不奇怪，这有时导致尖锐的争论，参加争论的既有宗教法规学者又有神学家，某些争论还卷入罗马教廷的司法程序。比如，基督和使徒的贫困问题，它触及法兰西斯会的宗教使命，在教宗约翰二十二世在位期间在该修会内引起了危机；而在该世纪中期，托钵僧与世俗教士的关系引起了一场类似的关于教会财产及其在圣经中的依据的争论，1350年当菲茨拉尔夫在阿维尼翁第一次提出这个问题后，在该世纪下半叶及其以后不断产生回响。

较不具有戏剧性但对俗人的宗教信仰来说同样重要的，是在欧洲教士中神学教育的缓慢进展。在1300年，一个主教，**更不用说**一个堂区教士，上学学习是例外，甚至在有学问的教士可能取得最大进展的英格兰也是这样。比如，在维埃纳（Vienne）省，大主教和他的五个副主教（suffragans）都未曾上过学，只有后来他们的继承人之一的日内瓦的亨利（Henry of Geneva）曾在一座大学——波伦亚大学学习过，这是一个经过选举但未经确认的瓦朗斯（Valence）的主教。①另一方面，许多大教堂的教士会（chapters）和某些修道院已开始任命受过训练的托钵僧为诵经人（lectors），在许多欧洲的城镇中世俗教士甚至俗人也进入各托钵僧修会的学校学习。多明我会修士雷米焦·德尔·吉罗拉米（Remigio del Girolami）在新圣母马利亚教堂（Santa Maria Novella，约1275—1315年）做诵经人的工作，深得佛罗伦萨公社的尊重。在早期的大学尚未建立起来以前，很可能埃尔福特（Erfurt）和科隆托钵僧的学校有能力在德意志人和东欧人之间传播神学知识。随着该世纪的推进，托钵僧的学校成倍增加，没过多久各大学里新的神学院开始培养堂区教士（parish priests）、大教堂教士（cathedral canons）和主教，当然还有托钵僧。到1414年，当康斯坦茨公会议（Council of Constance）召开时，主教中神学博士虽然是少数，但这是一个相当大的少数，还有一批数量更可观的教令博士（doctors of decrees）；在公会议的实际领导层（effective leadership）中，受过大学教育的占绝大多数。

因此，法学家和神学家一起参加了界定教士的精神使命的工作。

---

① Boisset（1973），pp. 116–125.

波伦亚作为罗马法和教会法早期教学中心的成功，在 13 世纪里曾经被巴黎、牛津、奥尔良、蒙彼利埃、萨拉曼卡和其他许多地方大学的教会法学院所效仿。这些学校的许多**校友**都怀有强烈的福音的目的（evangelical purpose）感，不管是在基督教王国边界以外地区从事传教工作的，还是在这个王国的边界内从事保卫正统信仰和实践并宣扬基督教教义的都一样，其典型代表是雅克·迪埃斯博士（Dr Jacques Duèse）、弗雷瑞斯（Fréjus）主教（1300 年）和阿维尼翁主教（1310 年）——1316 年他成了教宗约翰二十二世。教会法（canon law）作为一种在使用中的法律，必须对当时教会的各种问题和人们着重关注的事情作出反应，它是 13 世纪的教令法学者（decretalists）为贯彻第四次拉特兰公会议（Lateran Council）关于教士的精神职责的思想而制定成型的；到该世纪末，一批指导传教士、告解神父和堂区教士的简明的实践性文献开始形成。在 14 世纪流行的各种概述中，有两本伟大的著作，即芒德（Mende）主教老纪尧姆·迪朗写的《法鉴》（Speculum Iuris，约 1274 年）和《祷告的理由》（Rationale Divinorum），这两本书成为教士各自履行教规和礼拜仪式职责的指南；而弗赖堡的约翰（John of Freiburg）的《告解神父大全》（Summa Confessorum）是为堂区教士编写的一本法律、神学和实用准则的摘要（1295—1302 年），甚至使用得更加广泛。这种实用的文献既影响教士的实践又被他们的经验所修改，到该世纪末出现了一种新的综合，它更敏感但不再纵容人类的弱点，其体现是巴黎大学校长让·热尔松的《三部集》（Opus Tripartitum）和其他讨论教士精神职责的小册子。整个 15 世纪及更久，这些书籍一直拥有众多读者。

这批书的学说的主旨，通过两个主要渠道传递给俗人。最广泛的一种可能是通过布道，在城镇居民甚至在乡村共同体的生活中，这是变得日益常见的事情。自 14 世纪以来，数不清的布道活动一直坚持下来，它们的形式起初是对圣经文本的一种偏重理论的阐述，但不断得到修改，以适合未受过教育的人的听讲能力，其内容通过**说教故事**或含有简单的道德寓意的趣闻来推广普及。托钵僧是这种通俗的布道形式的先导者：他们的风格，从多明我会的罗伯特·霍尔科特（Robert Holcot）的精心设计的经典故事到枢机主教贝特朗·德·拉·图尔（Bertrand de la Tour）的"为了普通百姓的利益的坦诚的说教"，或法兰西斯会的菲利波·迪·蒙泰卡勒里奥（Filippo di Montecalerio）的雅致的修辞转向，都能更好地激发起不同的教堂会众的理解能力。虽然绝大多数布道稿本都是用拉丁语保留下来的，但有一点是清楚的，它们通常都用本土语言来演讲，常常带来强烈的效果。像多明我会说加泰罗尼亚语的文森特·费雷尔（Vincent Ferrer）这样的巡回布道士，于1399年和1419年间在法国巡游，在露天场地向大批民众布道，人们相信他对舆论有深远影响。英格兰的罗拉德派（Lollards）和波希米亚的胡斯派（Hussites）的布道也同样使人恐惧。

从最好的方面说，布道是一种强有力的说服工具，其对本土语的文学发展影响深远。然而学校的宗教思想为俗人所接受的第二种手段在个人良心的更深的层次上的效果，是可以争论的，这就是日益增加的私下忏悔的实践。这种方法也是托钵僧发展起来的，在14世纪里，这种方法变得很平常，因为至少有更可观的一部分俗人每隔一定的时间实行私自忏悔，经常履行，虽然不是像托钵僧那样普遍和频繁。关于指导忏悔的文献十分丰富：《良心个案大全》（Summae Casuum）是教会法庭审理的案例汇编，还有如法兰西斯会比萨的巴塞洛缪（Bartholomew of Pisa）的《比萨大全》（Summa Pisanella），为忏悔者的提问提供了详细的忠告和计划。忏悔的影响可以追踪的地方是，通过私下盘问良心的实践，就忏悔者而言它促进了独立的宗教思想的发展。兰开斯特公爵格罗斯蒙特的亨利（Henry of Grosmont）的《圣药之书》（Livre de Seyntz Medicines）就罪及其纠正的办法展开了观点鲜明的原创性的讨论，是忏悔礼的一个成果。该世纪下半叶，欧洲的**贵族**中拥有一本个人化的祈祷书（prayer-book 或 book of hours）已成为平常事。祈祷书源于《诗篇》（Psalter），发展成一种汇编，包括个人祷告辞、最喜爱的圣人事迹和来自当代著作的祈祷文，按个人兴趣而定。比如，一本来自14世纪晚期罗德兹（Rodez）教区的样本现存格拉斯哥（Glasgow）图书馆，包括一幅圣诞节弥撒（nativity mass）和晚祷的图，上有忏悔的圣诗和普罗旺斯语的连祷文（litanies in Provença），大概其主人是一个俗人。

传统上，宗教虔诚的最公众化和社区化的特征曾集中在各个地方圣人身上，有数不清的例子，这些圣人都来自古代晚期或中世纪早期,通常只因受到普遍赞誉而被称为圣徒,在14世纪时对人们的宗教热情仍然具有吸引力。比如,达勒姆(Durham)的守护神圣卡思伯特(St Cuthbert)的墓碑上写道:"本堂区居民以最庄严的誓言宣誓或拿起十字架发誓。"② 再如,巴塞罗那的守护神圣尤拉莉娅(St Eulalia),阿拉贡的国王们在她的坟墓四周建立起教堂地下室(crypt,完成于1339年),为朝圣者提供住宿,而在上面的教堂上则供奉着该圣人的哥特式的塑像。一种地区性的崇拜也可能集中于一个新得到公认的圣人及其遗物上:最怪诞的一件事,是那不勒斯王国福萨诺瓦(Fossanova)的西铎会的(Cistercian)修道院对托马斯·阿奎那的崇拜,在他于1323年被正式封为圣人以前很久,修道士和世俗的虔诚信徒,包括该圣人的家族,就与多明我会的托钵僧激烈争夺他的各部分尸体碎块(dismembered body)的所有权,结果之一是他亲笔签名的某些著作作为遗物保存在那不勒斯的女修道院中。

在那些稳定的、得到公认的共同体中,即那种依赖于一个单独的、非共享的仲裁者的共同体,其对地方圣人的崇拜最为明确。然而,越来越多的欧洲人因职业的缘故而处于流动中,因此他们较不倾向于依赖一个限于特定地方和圣坛的崇拜对象。他们的宗教需要有时通过朝拜偶像来满足,这些偶像如孔波斯特拉(Compostela)的圣大詹姆斯(St James the Greater),在坎特伯雷的圣托马斯·贝克特(St Thomas Becket),或该世纪末开始得到信奉的隐士圣罗奇(St Roch,约死于1380年),对他的崇拜成了抵抗瘟疫的一种预防剂。这些非地方化的精神保护神中最强势的当然是圣母马利亚,对她的崇拜在东正教中已经得到很好的确立,在西方,12世纪以来把她作为一个有人性的和亲切的符号,部分是把她与基督的人道联系起来,部分是把她与典雅的爱(courtly love)的理想联系起来。随着圣贝尔纳(St Bernard)的祝福在整个欧洲传播,通过法兰西斯会及特别是伽尔默罗派(Carmelite)传教士的积极宣传,献给马利亚的各种各样的宗教庆典和私人祈祷在14世纪变得流行起来:无数的祭坛画中都绘有天使报喜图(Annunciation);圣家庭(Holy Family),与其第二位的崇拜对象圣安妮(St Anne)和圣母进殿(Presentation of Mary)图像;圣母

---

② Dobson(1973),p. 28.

升天节（Assumption）；奉告祈祷（Angelus），说"万福马利亚"，到 1400 年都常常在中午或晚上举行；念珠祈祷（rosary），一种辅助个人祈祷的方式，因**现代虔诚**（devotio moderna）运动的出现而流行开来。

信仰马利亚既可以用私下的也可以用公开的宗教仪式来表达，这种信仰的增加是俗人中个人宗教信仰扩散的一个特征。与这种信仰并行的，还有众多关于基督道成肉身（incarnation）或受难（passion）的各个方面的信仰，常常产生于个人的崇拜，并演变为公共庆典，比如耶稣变容节（Transfiguration）、荆棘王冠（Crown of Thorns）、耶稣的五处伤口（Five Wounds）和圣名（Holy Name）。相比之下，对圣体节（Corpus Christi）的崇拜，也来自弥撒的教规，保持了公众的、社区的性质，尽管耶稣蒙难对个人的激情同样有魅力，因而在下一个世纪里，成为一种独一无二的渠道，通过它礼仪年（liturgical year）的祈祷可以被内心虔诚的复苏之水（reviving waters）所更新。起源于 1240 年前列日（Liège）的贝居安会（beguines），它最后于 1317 年获得普遍的地位，并迅速为各地的世俗宗教兄弟会所采纳，特别是在城镇中；圣体游行（eucharistic processions）迅速扩散，它与市民的自豪感相关，有时也因为希望或纪念某个地方的圣体奇迹而实施统一的仪式。在 15 世纪里，游行队列的重点发生变化，转而戏剧性地重演各地自己创作的耶稣受难的情节。在每一个阶段，圣餐崇拜所体现出来的个性化，都触动敏感的神经，激发起一种广泛的个人的反应，所以毫不奇怪，关于它的固有仪式的各种不同观念在 1400 年左右激起了剧烈的争论。

圣体节行会（Corpus Christi guilds）只是各种各样使人眼花缭乱的兄弟会中的一种，从同业公会（trade guilds）到被某种共同的规则、宗教习俗或甚至信念所限制的各种团体里都有。同业公会在意大利的大制造业城镇里最为发达，它通常有某种宗教的特征，通过各种团体献身于互助保险或特定的慈善事业。这种组织可能引起官方的反对。圣体节行会在 14 世纪以前很久就已产生，在 1300 年后迅速增加，它们的目的也开始更准确地确定下来。加入这种组织的男女俗人不断增加，他们追求的是一种特定形式的慈善或奉献的渴望。建立和管理医院可能是各种兄弟会（confraternities）最普通的活动，比如，在锡耶纳的拉·斯卡拉（La Scala），那是圣凯瑟琳曾照看病人的地方，或在阿维尼翁的圣贝内泽（St Bénézet）医院。产生于13世纪的**自笞者**（*disciplinati*，即鞭打自己以求赎罪的人）形成了另一类组织，他们代表共同体履行公开补赎（public penance），在欧洲南部的城镇中其方式是相互鞭打。众多的兄弟会都是地方性组织，成员大半是工匠，他们常常把自我鞭笞与对圣餐的崇拜结合起来，如在锡耶纳，或与圣名结合起来，如巴塞罗那的兄弟会。这些兄弟会引起教会当局关注的与其说是鼓励，不如说更多的是怀疑，其数量不断增长是因为他们得到了俗人的广泛支持。尽管如此，为许多基督徒的罪承担公开补赎的想法来自修道院的训导，其受到公众欢迎是早期修道院的宗教思想在14世纪的俗人手中得到积极开发的许多标志之一。

这种兄弟会可能充当了许多热心人的团体的一个榜样，在13世纪，他们表现出各种非正统的信仰和实践，成为教会当局谴责和镇压的目标。这些异端团体的内聚力是一个有争议的问题。这些团体中的大部分都产生于12世纪后期的宗教骚动，卡塔尔派（Cathars）或阿尔比城卡塔尔派（Albigensians）的二元论的准则和**完人**（*perfecti*）组成的领导层，曾在意大利和法国使无数的人皈依，但在1300年受到迫害后，只在少数山区村庄残存下来，可能几年后就完全消失了。14世纪的瓦尔多派的（Waldensian）宗教团体是另一种问题，它们继承了早期的一波热情，怀着使徒的贫穷和简朴的宗教信仰的理想。他们也是在高地（upland）的村庄中坚持下来的，主要是在阿尔卑斯山的高地上，虽然在什么程度上他们意识到自己属于一个独立的教派，这一点并不清楚。此外，他们已经渗入德国，在其西部和南部的某些城镇和东部边境的某些村庄中能够发现一些小团体，显然有秘密巡回的"导师"（masters）为他们举行宗教仪式。这些团体明显与众不同的特点，虽然有限，但似乎一般都使他们不受邻居的欢迎，1392年和1401年间在德国出现了一股齐心协力把他们从德国连根拔掉的努力，就依赖于公众的可靠支持。这种努力没有完全成功，一些瓦尔多派残存下来，后来作为启蒙者受到胡斯派的欢迎。但总的来说，他们和其他诸如意大利的弗拉蒂切利派（Fraticelli）这些热衷贫困的人，对流行的宗教习俗几乎没有什么影响。

第三章　各种宗教思潮和表达　　　　　　　　　　55

作为公众团体，各种兄弟会对许多俗人，特别是对这些年间寻找个人宗教体验的妇女来说，其本身并没有为他们提供精神营养，虽然它们可能使个人更容易发挥主动性。来自欧洲几个地区的一些证据，特别是14世纪晚期的证据表明，俗人和教士都在非常认真地考虑宗教生活的正确的外观形式，不管是某种修道的使命，还是某种现世的敛心默祷的生活，都是这样。前者是一个托钵僧的合乎福音的生活，是对隐士或遁世者的唯一的召唤（solitary calling），后者是一种"混合型的"生活（"mixed" life）。* 尽管关于这个主题的相当可观的文献是经过训练的教士写下来的，但它们经常产生于俗人对生活建议的需要：瓦尔特·希尔顿（Walter Hilton）写的一本小册子，讨论宗教生活对指导加尔都西派（Carthusian）的大藏衣室（great wardrobe）管理者的职业的效用，亚当·霍斯利（Adam Horsley）和热尔松为他的（his）姐妹写了一系列关于冥想的小册子。是否进入一个宗教修会，及如果进入的话，哪种教规或教团适合于某种特定禀性的问题，看来对那些受过训练并已经从事某种职业的男人来说显得特别尖锐。在修道院和托钵僧团体内，以下问题变得很明显：有必要用普通的宗教措辞说明不同修会的生活方式的理由，这种说明可能意味着改革。本尼狄克十二世曾为所有的主要修会颁发过新的章程，其实施情况事实上有缺陷，从而激发他们反省托钵僧和修道院的各项规则。比萨的巴塞洛缪大约于1385年写文章，为法兰西斯会像基督那样生活的主张辩护。比这略早，一系列关于如何教育本尼狄克派见习修士的小册子，是伯里圣埃德蒙兹（Bury St Edmunds）的一批不具名的作者撰写的。在他们出身的修会之外，这些著作可能没有广泛传播开来，但它们表明它们的作者了解同时代的民意和愿望。

然而，在各个已经建立的修会内部和外部，精神体验的多样性和从中发展起某种宗教生活的一些团体的非规范行为很突出。此类非规范的团体之一，是多明我会第三会（Dominican tertiary）的凯瑟琳·贝宁卡萨（Catherine Benincasa）的*家庭*（*famiglia*），人员来自她的周围，并在1367—1380年间用通信的方式来扩大。她后来被封为圣人，即锡耶纳的圣凯瑟琳。该团体包括她的精神指导人多明我会的卡

49

---

* 这里指的大概是：在俗的生活，但尽可能按修道的标准来要求自己。——译者注

普亚的雷蒙（Raymond of Capua），他后来主张改革，并成为多明我会的总管（reforming master-general），英格兰勒卡托（Leccato）的隐士，奥古斯丁会的威廉·弗莱特（William Flete）和瓦洛姆布罗萨（Vallombrosan）修会的僧侣乔瓦尼·达勒·塞勒（Giovanni dalle Celle）。尽管凯瑟琳在通信中语气有些盛气凌人，但所有这些人都是高度个性化的人物，凭自身的资格都可以做精神上的顾问。他们尊重她个人对上帝的体验，她的体验产生于内省："我的坟墓（cell），"她写道，"将不是一种石头的或木头制的，而是自知（self-knowledge）的那一种。"③ 她的影响因为她没有遵循已确立的渠道而显得更加大。她的同时代人格哈德·格罗特（Gerard Groote）在荷兰艾瑟尔（Ijssel）山谷的城镇中建立起来的非正式的、自愿的共同体，看起来是类似的有独立想法的人组成的社团，其个人的献身不寻求来自团体的共同帮助，除了共同的体力劳动。所以，该团体以共同生活兄弟会（Brethren of the Common Life）而闻名（因为与任何特定的生活方式不一样）。在北欧社会的猜疑下，他们需要为了没有某种统治而生活在一起的权利而斗争。第三个同时代的团体或许是约翰·威克利夫（John Wyclif）建立的"穷传教士"（poor preachers），起初它看来大概是一个经过大学教育的激进的传教士团体，但没有证据表明他们有任何共同的活动，除了讲道和用本国语言撰写书籍，这些书现在都在。有的人在已建立的团体或宗教修会内，有的人在它们之外，在非正式的群体中，一些隐士和遁世者事实上过着与世隔绝的生活。该时代的精神生活取决于个人的选择和个人的虔诚形式。

在这样的背景下，意大利的知识分子进行的关于积极生活和沉思生活的相对优点的争论，这是彼得拉克含蓄地促成，而科卢乔·萨卢塔蒂（Coluccio Salutati）更明确地提出来的一种思路。这种争论是某种更广泛的选择的一部分，在14世纪晚期，不仅人文主义者而且欧洲所有受过教育的人，不管是俗人还是教士，都面对着这种选择。彼得拉克从气质上讲是一个懂世故的人，经常地或许越来越多地为修道生活所吸引，这一点他在《论宗教的悠闲》（*De Ocio Religiosorum*）和《论孤独的生活》（*De Vita Solitaria*）中讲得很清楚。敬慕他的萨

---

③ Fawtier and Canet (1948), p. 60.

卢塔蒂，作为佛罗伦萨的司法官，他在职业上致力于公共事务，并于 1372 年在一本临时称为《论联合的和有效的生活》(De Vita Associabili et Operative) 的书中建议为参与公共事务辩护；但在经受 14 世纪 70 年代令人痛苦的危机后，他变得不那么确信。到 1381 年，他为一个已经加入某个修会的朋友写了一本提出建议的书《论孤独和虔诚的生活》(De Seculo et Religione)，在书中他赞美修道生活，认为那是最高理想。这个问题持续困扰着他，使他"在两种对立的态度之间感到紧张并经常改变立场"。④ 瓦尔特·希尔顿考虑的也是同一个问题，虽然他犹豫的程度要小一些；这也是热尔松向他的姐妹详细说明的问题。即使作者们作出了不同的结论，即使他们中的许多人甚至未能坚持某个前后一致的答案，两种生活所提出来的选择问题想必曾是真的。

在这个世纪里表达出来的各种宗教愿望的令人困惑的多样性中，有可能辨别许多观点或主题的轮廓，这是兴衰起伏的学术争论通过不断触及当时的各种问题而暴露出来的。由于学术界吸收了亚里士多德的逻辑学，然后它在巴黎的学校中迅速发展，较早的各种宇宙学和光的形而上学（light-metaphysics）让位于更加基本的问题：首先是 13 世纪 70 年代出现的形式的统一性或多元性问题，世界上生命的整体地位，不管在人看来是自然的，或只是一种临时状态（provisional state）的或半衰期（half-life）的生命，似乎都依赖于这个问题；然后是上帝与造物的关系的大问题，包括上帝的无所不能和人的自由，上帝关于造物的知识和人关于上帝的知识，不管是道成肉身只是人类堕落的一种后果，还是上帝的恩典与人的善功的最终关系。从大约 13 世纪 80 年代以来，这些问题支配着巴黎、牛津和在各省的托钵僧修会的神学院。甚至经过两代人的辩论后，虽然关于它们的独创性的思想已经有些耗尽，但直到 16 世纪它们仍然是学术界神学训练的标准内容。在论证这些问题的过程中，神学家的角色发生了意味深长的变化：虽然 13 世纪的神学家，包括阿奎那，向俗人提出了基督教信仰的一种巩固的、逻辑上无懈可击的理智的基础，基于此某种健全的、基督教的精神指导或传教工作或推测性的神秘主义思想就可以建

---

④ Baron (1966), p. 109.

立起来，但根特的亨利、邓斯·司各脱和彼得·奥里奥尔，都敏锐地意识到人类关于上帝的知识受到系统性的限制，似乎都把对上帝本身的推测作为他们的任务。最后，在奥卡姆的威廉毁掉众多公认的抽象概念和某些新奥古斯丁派神学家的反智主义（anti-intellectualism）之后，人类知识的逻辑界限已经开始很好地建立起来，以至于神学家的推测开始失去人们的信任，为如约翰·威克利夫那样的各种新柏拉图主义的思想体系，或更广泛的意义上为各种形式的神秘主义神学留下了空间。逻辑学，先是训练了推理性的神学，然后在事实上窒息了它，并于这个最后阶段从该领域撤退。

推理性的宗教思想的高潮阶段的预言者，是1280—1320年间巴黎的在俗教师（secular master）根特的亨利（死于1293年）。他的一系列杰出的神学论争与所争论的问题迅速而广泛地传播。这里，在不同的标题下他的精力转向存在（being）的基本性质，认为这是向人类理智提出来的问题，把像可能性和存在这些人类头脑中固有的某个普通层次上的观念，与感觉所理解的种种物质现实并列。在把这些相当熟悉的概念带到一个新的抽象的水平时，他假定了两个完全不同的存在序列：一个是作为呈现给感觉的种种存在的世界，起源于创世；另一个是本质的世界，是头脑天生就知道的世界，其产生归因于拥有神的理智。由此他提出了一系列激发起人们兴趣的、不明确的区分：本质（essence）的永恒和上帝的永恒之间的区分、本质的抽象与个体物质的具体本性（nature）的区分、本质的淡漠（indifference）与独特性和普遍性的种种确定的特性（properties）之间的区分。他没有解决这些问题。他的继承人，特别是邓斯·司各脱试图缩小他所创造的本质和存在之间的鸿沟。这将鼓励14世纪的神学家以在可能的世界与现实世界之间的一种鲜明对照的形式，探索上帝无所不能的各种逻辑界限。无论如何，如14世纪许多虔诚的文献所显示的，在上帝压倒一切的力量与人类的可能性（contingency）之间日益增长的紧张关系的感觉，只限于各类学校内部。亨利只是用逻辑的语言来陈述，而他以后的神学家则试图解决已经开始在几个诡辩（sophistication）的层面上支配宗教思想的各种问题。

根特的亨利在这些问题上的系统阐述，为那些追随他的重要的神学家提供了一种文本，最著名和最有影响的当然是约翰·邓斯·司各脱，这位牛津大学培养的法兰西斯会的神学家，在1308年早逝前的十年期间，还在巴黎和科隆教过书。司各脱试图缩小他的前辈提出的本质与存在之间的分离问题，他的方法是把存在的概念本身，**如它存在的那种样子存在**（ens in quantum ens），作为知识的对象。人类关于上帝的知识是有限的：在**人所设想的上帝**（theologia nostra）与**实际存在的上帝**（theologia Dei）之间有差别。所以，意识到人类理性在领会上帝中的这些限制，但遵循奥古斯丁和安塞姆（Anselm）所说的"他们相信自己非常努力地试图理解自己信仰的东西"，⑤ 他致力于通过人的自由意志的概念，把握关于上帝意志自由的某种本质的东西。人的意志就相反的行为来说是自由的，如烧毁什么或不烧毁什么，倾向于相反的目标就产生相反的结果。其本身是易变的，因而是不完美的；但尽管如此，它在自己的品质（character）中带有某种神的意志的残余，是一种积极的力量或某种因果原理（causal principle），一种创造性的原理。但人类的意志受理性和种种天生倾向的支配，爱对自己有好处的东西；这种爱因上帝无偿的恩典而变得完美，使秩序井然的（well-ordered）意志真正地、天生地是自由的。上帝完美的自由意志不具有人类的易变性，而是拥有**坚强**（firmitas）或不动摇的意志，这是它的各种理性意向（inclinations）完美的表现。所以它既是完美地坚定的，又是完美地自由的。如创世本身一样，基督的道成肉身是上帝的爱的一种绝对自由的行为，独立于人类的因果律，它不可能只是作为原罪的结果的一种补救方法。司各脱为法兰西斯会关于圣母马利亚纯洁受胎（immaculate conception）的教义辩护，主张道成肉身优先于任何人类行为，认为她与基督的关系、她的母亲身份与亚当的罪的继承无关。

在许多典型地具有司各脱思想特征的概念中，包括单义性（univocity）、人的存在的性质（being-ness of beings）、**个体性**（haecceitas），他们的此一性（this-ness）——其本身就是法兰西斯会喜欢论证的观点的一种发展，即事物在其不能简约的单一性上是可知的，

---

⑤ 'Augustinus et Anselmus crediderunt se meritorie laborare ut intelligerent quod crediderunt.' John Duns Scotus, *Ordinatio* II d. 1. q. 3, cited by Wolter (1986), p. 5.

这是他明显加以辩护的。这种把人类意志自由作为享有上帝绝对自由的某种完美的表现的观念，或许是影响最大的宗教观念。像他的许多思想一样，它扎根于法兰西斯会的神学和灵性（spirituality）中，对个体有强烈和具体的意识，它集中于神的意志和人类意志在慈善和爱中达到完美的见解，并集中于把神学作为一种实践的而不是一种推测的科学来解释。对司各脱来说，神学是关于自由及其在慈善中达到完美的科学，与哲学、自然科学、原因和必然结果的领域不一样。他的成就是按照根特的亨利对有关概念的提炼方法来重新解释它们，这些概念包括现实的和可能的存在、对上帝来说什么是自由的及什么是必然的，赋予它们理智的一致性和力量，以便忍受甚至吸收14世纪的新的逻辑学的成果。如果他活得更长一些，他可能使他的神学学说摆脱训练有素的职业特征（professionalism）。甚至在他最专业化的著作中，在基于某种沉思的想象来分析上帝的本质时，也有一些这方面的迹象：他在结束他后期写的小册子《论第一原理》（De Primo Principio），向上帝祈祷时，他求助于上帝的形式品质（formal qualities），先是用学校的语言，然后用更神秘的措辞说："您是无边的善，最自由地把您的美德之光作为所有东西中最可爱的东西传输给每一个单独的存在，这些单独的存在都把以其自身的方式回到您的身边作为最终的目标。"[6]

在神学理论界，众多独立的思想家对司各脱关于上述公认的问题的解决办法进行了讨论、修改和发展；信奉"司各脱主义"（Scotism）的人作为一个学说的团体，其一致性的程度只能算是一般。他们最有影响的地方，是就上帝对受造物和自然法的无所不能的关系问题上作出了许多不一致的回答，维持了一定程度的人的自由和个性，这个问题涉及上帝的无偿恩典和人的善功的道德问题。这些问题第一次而且是最尖锐地摆在神学家面前，但它们以某种形式涉及一批比他们远为广泛得多的信徒——俗人和年老的妇女，按照奥卡姆的威廉的说法，偶然性和自由意志的问题困扰着神学家们，[7] 而且它们也存在

---

[6] 'Tu bonus sine termino, bonitatis tuae radios liberalissime communicans, ad quem amabilissimum singula suo modo recurrunt ut ad ultimum suum finem.' Scotus, *De Primo Principio*, p. 144, cited by Wolter (1986), p. 8.

[7] William of Ockham, *Contra Benedictum*, III, *Opera Politica* III, p. 231.

于英格兰的宗教诗歌《珍珠》(Pearl)的作者的头脑中。司各脱死后不久，大半由于英格兰的逻辑学家和神学家的努力，他们简化神学辩论的术语并使这些术语经受更严格的逻辑的检验，对这些问题的精确解释达到了一个新的阶段。这一工作主要是奥卡姆的威廉在1320年前后着手进行的，他是法兰西斯会的另一个神学家，当然他不是唯一做这项工作的人。"唯名论"的逻辑学的使用，对各种名称（terms）的特性的分析，引入物理学的计量词汇（measure language），注意力集中于认识论的问题，诸如人类关于上帝的认识的限制，对自己的信仰的真理性的认识的限制等，及随着现代逻辑学的每一次新的应用，大家一致同意的能经受逻辑论证的神学命题减少了，这使神学日益与自然秩序分离，只有得到公认的基督教教义才免于含糊不清的指责。到14世纪20年代，先是在牛津，并很快也在巴黎，"英格兰的"逻辑日益流行，曾与司各脱有关的那些形而上学的问题，如本质和存在等，开始退缩。

尽管如此，在14世纪最后三分之一世纪的中期，神学没有忽视根特的亨利及其同时代人曾经澄清过的那些重要的宗教问题。诸如亚当·伍德姆（Adam Woodham）这样的法兰西斯会神学家，诸如奥古斯丁会托钵僧里米尼的格列高利（Gregory of Rimini）这样的神学家，诸如托马斯·布拉德沃丁（Thomas Bradwardine）、理查德·菲茨拉尔夫这样的世俗教师，他们的辩论集中在两个主要的相关问题上：上帝的预知如何得以与未来取决于人类意志的偶然事件相一致；上帝的无理由的恩典，并非由任何人类的代理人所造成，如何可能在不破坏自由意志的观念的情况下与人的善功联系起来。在一种由上帝无所不能的观念支配着的神学中，为人类的选择保留一个位置的必要性，促使一些神学家采纳了"半贝拉基派"（semi-Pelagian）的观点，为人的善功对得救的有效性辩护，比如亚当·伍德姆或巴黎的神学家米尔库的约翰（John of Mirecourt）就是这样做的。但舆论的潮流正强劲地流向相反的方向，此类观点的陈述只是激发他们的"奥古斯丁式"的反对派起来谴责他们的观点，这些观点不再被看成纯粹的学术分歧，而是看成对信仰本身的挑战。对布拉德沃丁来说，主张人类参与得救工作的人是忘恩负义的人和恩典的敌人，他们在为自由意志辩护时诉诸理性和经验是精神错乱的一种表现形式。⑧ 虽然在他的捍卫前定论（predestination）的重要著作中，即 1344 年出版的《上帝的事业反对贝拉基》（*De Causa Dei contra Pelagianos*），他试图把他的每一件事的发生都是必然的观点与最低限度的人的自由意志形式调和起来，但他的深层次的信念是上帝的恩典是完全没有理由的，它造成了善功，而不是对善功作出响应，这种信念是从对某个学术问题的抑制中解脱出来的结果。

紧随着里米尼的格列高利和托马斯·布拉德沃丁的，是 14 世纪下半叶的神学家们，有在巴黎的奥尔维耶托的胡古利努斯（Hugolinus of Orvieto）、蒙蒂纳的狄奥尼修斯（Dionysius of Montina）和在牛津的约翰·威克利夫，他们普遍持有一种关于恩典和得救是前定的观点。它作为一个个人称义（personal justification）问题的逐渐形成，揭示出它具有某种宗教上的重要性。神学家们讨论这个问题，这些神学家本身就是从事教会的精神指导工作的布道者或告解神父，或与他们有密切关系。圣经学的重新兴起及其在布道、传教工作中的不断应用，通过与分离的东正教教会的神学家的讨论而对教义要点进行重新阐述，还有忏悔的实践，这些都拓宽了他们的思想视野，像布拉德沃丁的著作就表明了这一点，他引用了范围广泛的非哲学家和非神学家的权威著述。他与他的同时代人，似乎曾把上帝的无理由的恩典和获救者的预定（predestination）的教义，看成一种起安慰作用的、不动摇的而不是绝望的信仰来源。因为他们敏锐地意识到，这个世界上的人们，其中包括许多告解神父，必须不断地作出种种决定，这些决定的结果是人们在作出决定时无法预测的。对布拉德沃丁来说，这种真理的实现几乎是一种宗教的启示，是"很多难以达到的真理";⑨ 而且在不同的程度上，神学家们开始从"无效的"推测退缩，求助于他们视为坚固的或简单的真理。牛津的布拉德沃丁的同时代人理查德·菲茨拉尔夫把圣经之光（light of scripture）与他先前的各种神学推测作了对比，发现那些推测就像他故乡爱尔兰的沼泽地里呱呱叫的"青蛙和蟾蜍"那样徒劳。这也是威克利夫享有的一种看法。到该世

---

⑧ Bradwardine, *De Causa Dei contra Pelagianos*, p. 309.
⑨ 'Ipse me deduces in montem huius inaccessibilis veritatis.' Ibid., p. 808.

纪末，巴黎的神学家让·热尔松将谴责学校里讨论的那些问题，斥之为无效的、无结果的和无实质的。对在巴黎、牛津和在帝国许多新建大学的神学院里的辩论来说，这种观点并非完全是公正的，那儿关于宇宙和上帝的无所不能也许存在各种限制的问题，继续得到真正不寻常地自由的探索；但这些争论与神学家向外看的、精神指导方面的职责是一致的，得到了对宗教问题的兴趣正在觉醒中的大学以外世界的共鸣。

这种共同摒弃早期神学家的种种推测的做法，曾被研究中世纪思想的史学家，还有早期人文主义的研究者，视为"经院哲学"（scholasticism）衰落的清晰证据，人们认为经院哲学是13—14世纪大学里的思想体系。然而，鉴于1350年后该世纪的许多宗教学者表现出令人赞叹的但极其多样化的才智，这样一种解释似乎值得怀疑。不如说，这是在宗教问题上兴趣普遍转移的结果，转移向对个人持一种道德的眼光，使个人的称义和得救，更广泛点讲是关于良心的各个问题，成为焦点。夸大这种抽象性或超脱性可能是一个错误，甚至对14世纪最孤高的哲学家来说也是这样。在接下来的几代人中，对一个更广阔的世界的关注将走向前台。在这个世界上受过教育的人，即专注于上述问题的积极教士（active clergy）或俗人，在他们手中上述不变的神学哲学问题，即由于对宗教真理使用严格的逻辑而发现的问题，使历史学和教会学的种种推测有了依据。这些推测的内容，包括基督教教规（Christian dispensation）的各个发展阶段，其起源，其信徒的共同体的命运和构成，及公共宗教崇拜和个人虔诚的特性等。在14世纪初，无数描述基督教的历史和末世论的书籍广泛传播。许多法兰西斯会的成员，著名的有圣波拿文都拉（St Bonaventure），都曾看到圣法兰西斯（St Francis）作为上帝仁慈的一件作品而显身。恢复原始教会的美德，在某些人的眼中为即将到来的世界末日做好了准备。彼得·约翰·奥利维（Peter John Olivi）是一位严格主张"法兰西斯式贫困"的斗士，他曾按照菲奥勒的约阿基姆（Joachim of Fiore）的理论，把这个概念发展成一种基督教历史的叙述，把它分成七个时代，其结束的最后阶段是托钵僧开创的精神使整个世界皈依基督教。一种另类的观点是1306年被判处烧死的约阿基姆派的弗拉·多尔奇诺（Fra Dolcino）的想象，他基于《启示录》把历史分成四个阶段。这些观点主要对那些狂热的人物有吸引力,他们处于受过教育的人群的边缘。但对但丁(读他的书的人要多得多)来说,古代美德、罗马法的理性原则和使徒们的纯粹宗教的衰落,是根据天意的历史发展方式的构成部分,当真正的罗马统治将要恢复时,这些东西将会在一种即将发生的**世界革新**(renovatio mundi)中翻转过来。

这些异教徒的和基督教的历史叙述,在日益意识到基督教世界的空间和时间边界的欧洲俗人和教士中流通。13世纪发生了许多事情,使人们不仅重视伊斯兰世界,也重视蒙古帝国和遥远的远东文明。把穆斯林和犹太人的哲学著作译成拉丁文,大多数神学家对此都很熟悉,这已经表明并非所有的智慧都是通过拉丁文或希腊教父(Greek fathers)来传达的;而到达蒙古汗国并与中亚的聂斯托利派基督徒的组织网建立起联系的第一批传教士,在他们的报告中提供了某种不可估量地拓宽基督教王国边界的希望。在希望使用推理来使穆斯林接受基督教的学者中,法兰西斯会第三会的成员,来自马略尔卡岛的拉蒙·勒尔(Ramon Lull),可能是最有影响的,他针对非基督教徒的皈依提出了各种各样的"艺术"或指导原则;他关于伊斯兰和穆斯林哲学的知识,还有关于犹太人智力传统的知识,鼓舞着他在三种一神论宗教的共同基础上寻找努力的方向。他讲授东方语言的计划于1312年被维埃纳公会议(Council of Vienne)所采纳,他关于发动一次十字军的计划,还有他对使非基督教徒皈依的思考,在法国的宫廷环境中有一定影响。这里,在该世纪余下的时间里,受过教育及拥有一些关于东方知识的俗人,如威尼斯商人马里诺·萨努多·托尔塞洛(Marino Sanudo Torsello)或骑士和政论家(publicist)菲利普·德·梅齐埃(Philippe de Mézières),都试图以智力和特定的信息来点燃十字军的热情。在14世纪里关于非基督教的知识即使受到限制,也在到处传播;关于教义要点的讨论,其中1320—1350年间教廷与各种各样的亚美尼亚高级教士们的接触,导致理查德·菲茨拉尔夫写下了《论亚美尼亚人的问题》(De Questionibus Armenorum),这本书思考了在学校系统之外的教义的几个方面。牛津的神学家博尔顿的约翰·尤思雷德(John Uthred of Boldon)提出了异教民族的得救问题,包括那些在纪元前活着的人和没有经过洗礼的婴儿,这问题在该世纪后半叶甚为流行。到1415年,虽然基督教在东方的使节减少了,而伊斯兰在巴尔干的影响在增长,但基督教王国的智力边界已经显著扩大,并意识到其他宗教传统是广泛存在的。把基督教王国重新团结起来的勇敢尝试,基础性的工作是在1438—1439年的佛罗伦萨公会议上奠定的,即使其最终注定要失败。

这些思想方式,修正了抽象的哲学深思,很大程度上是受外部环境促进造成的。此外,它们还因西方基督教内部发生的种种事件而发生改变。1302年,法国的菲利普四世把他与卜尼法斯八世(Boniface VIII)的争吵带入紧要关头,在阿纳尼(Anagni)对卜尼法斯八世本人施加了剧烈的暴行。该事件的戏剧性场面激发人们紧急思考作为一个法人团体的基督教的权威和教会的性质。把教会作为一个共同体来分析的神学家巴黎的约翰(John of Paris),宗教法规学者约翰·莫纳旭(John Monachus)和小纪尧姆·迪朗(Guillaume Durand the younger)的不同观点,都把同样的原则应用于罗马教廷和主教团(body of bishops),依靠自然法和亚里士多德的学说提供一个普遍的结论;诸如安科纳的奥古斯蒂努斯·特留姆福斯(Augustinus Triumphus of Ancona)这样的教宗的辩护士,则怀有他们的对手的观点。但到14世纪20年代和30年代,当约翰二十二世攻击法兰西斯会,主张自己在基督教教规中享有某种独特位置时,引起一些持异议的托钵僧思考某个异端教宗的问题。流亡中的奥卡姆的威廉此时正在皇帝刘易斯(Lewis)在慕尼黑的宫廷中,他重新解释了这个问题,把它看成一个神学家或其他那些负责质疑及最终是评判政府当局的人的个人良心问题。理查德·菲茨拉尔夫作为1350年在教廷发起的关于主权(dominion)本质的争论的主要参与者,也持有奥卡姆的威廉的观点。菲茨拉尔夫是阿尔马(Armagh)的大主教,由于反对托钵僧干预他教区的圣职工作激起了这场争论,先是发展成一场对托钵僧所主张的贫穷和行乞的实践的批判,然后发展成对基督教教会主权性质的思考。在这种思考中,菲茨拉尔夫及他的某些对手提出了这个主题:合法的主权依赖于其拥有者处于某种恩典的状态中,因此为了实践的目的而遭受主观良心的判断。在巴黎及在新建的布拉格大学里都可发现这些观念的支持者,但它们最雄辩的辩护者是14世纪70年代在牛津的神学家约翰·威克利夫。威克利夫原先是菲茨拉尔夫对托钵僧的批判的一个支持者,他在伟大的小册子《论公民主权》(*De Civili Dominio*,

1375—1377年)中比他的同时代人更进一步提出了个人良心和个人判断的思想,他只在圣经的世界中发现上帝固有的永恒思想在尘世的表达,并把它的特定含义留给读者的内心去判断。

当局对威克利夫的观点的直接反应是敌视,因为他把自己的思想扩展成对教会等级制度和流行的宗教习俗的范围广泛的抵制,包括反对对圣餐的崇拜。尽管如此,他的思想在牛津大学众多教师中及在英格兰宫廷一些持**正统观念**的人中,得到了不同程度的赞赏,在这些人中流传着剥夺教会财产的计划;他的一群追随者在半秘密的状态下实施了一个野心勃勃的福音化项目,包括由学者把圣经译成英文,制定一批英文范文的布道词、经文并掀起一个巡回讲道运动,目的是使人对主教和教士的权威产生疑问。他们的独立立场在欧洲到处都得到共鸣。在巴黎,正在对大学进行改革的老师们,如皮埃尔·德·阿伊(d'Ailly)、热尔松和尼古拉·德·克拉曼奇(Nicholas de Clamanges)对本尼狄克十三世要求阿维尼翁教宗职位的主张只给予有保留的支持;在罗马,教宗的秘书尼姆的迪特里希(Dietrich of Niem)甚至对罗马的或最后是比萨的教宗申请人也不热心;在布拉格,一连串的改革家,扬·胡斯博士是其高潮时的代表,接受威克利夫的号召,行动起来挑战教会权威。虽然随后波希米亚的分裂不属于本章讨论的范围,但它所由以爆发的那些观点传播很广,并被教宗职位的分裂及随之发生的个人对权威进行某种判断的必要性所加强。该危机甚至也迫使那些对自己的正统思想感到自豪的主教们和世俗君主们作出自己的判断,把这作为自己的责任;同时代的宗教法规学者如安东尼奥·德·巴德里奥(Antonio de Butrio)着手援救他们,提出强迫私人良心的**衡平**(*epieikeia*)或必要性的观念。当1414年康斯坦茨公会议召开时,各种公共问题已经稳固地转移到**内在法庭**(*forum internum*)或个人判断的竞技场上来。

诉诸良心为那些"外表活着的、站着活动的人"展现了一种内部灵修(spirituality)的逻辑,一种个人通往称义和恩典的道路;到14世纪的最后几年,**过客**(*viator*)的精神发展和终身朝圣的观念已经成形,足以促使某种特定的冥想文学(literature of contemplation)的产生。这种艺术的实践者本人常常都是宗教修会成员,他们常常用本土语言写作,向修女、女隐士及越来越向俗人呈送自己的著作。在迈斯特·埃克哈特、锡耶纳的凯瑟琳和瓦尔特·希尔顿的手中,冥想文学在洞察力和感知能力上都达到了新的水平,总体上一直来被视为14世纪最具原创性的成就之一。

冥想的艺术或实践当然并非产生在这个时期。在西方的传统中,其根源有两个,一个是奥古斯丁关于上帝的爱是理解的基础的思想,另一个是伪狄奥尼修斯（pseudo-Dionysius）,他把冥想划分为净炼（purgative）、照明（illuminative）和契合（unitive）三个阶段；它萌芽于被僧侣和隐士们理想化了的孤独状态,采纳了祈祷的形式和圣安塞姆的沉思方式,并开始在12世纪巴黎圣维克托（St Victor）修道院的学校中得到明确的表达。圣维克托的休（Hugh of St Victor）很可能是第一个使这个术语最早具有清晰的宗教意义的人,他似乎还曾简述过朝圣者达到上帝的各个阶段。灵魂向着上帝的旅程的想法,曾由其继承人圣维克托的理查德（Richard of St Victor）详细阐述过,对他来说爱和关于上帝的知识最终是一致的。由于他对自然地理解上帝与用神秘主义的方法认识上帝不加区分,所以神学和冥想本质上是一样的。他的"沉思的"神秘主义成为智力取向的基础,14世纪莱茵兰的神秘主义作家把它带进自己指导下的修女和贝居安妇女（beguines）的各种沉思的体验中。理查德去世一个世纪后,法兰西斯会神学家波拿文都拉更具体地界定了冥想的目标,他聚焦于道成肉身和耶稣受难,即基督的人性方面的表现,这正是法兰西斯会的忠诚指向所在。通过使它成为一个灵修指导（spiritual direction）的主题,这是托钵僧正在开发的一个话题,他拓宽了它的吸引力,使它走出维克托修道院的世界,走进较小受正式规章制约的各修女团体和女隐士的心灵中,遵循伪狄奥尼修斯提出的冥想的净炼、照明和契合三个阶段,他制定了它的架构（framework）,标明什么东西正开始迅速成为一种更广泛流行的、更深刻的个体精神的发展方式。

同时,或许是在托钵僧们的影响下,各种松散的宗教团体或兄弟会,其特有的标志是忠诚于基督的生活和受难,特别在意大利和莱茵兰的城镇中迅速成长。妇女们在这些人中很突出,特别是在德意志和低地国家。在她们留存下来的许多言论中,世俗的爱情诗的语言也适应于冥想：**净配神秘主义**（*brautmystik*）或婚礼的意象（bridal image-

[59]

ry）是荷兰诗人安特卫普的哈德维奇（Hadewijch）的冥想诗歌的特色。她关于在狂喜痴迷中与上帝结合的暗示似乎表明：她的通过爱而使堕落的人回归其创造者的思想来自她自己的宗教体验，虽然她可能通过托钵僧熟悉了维克托派（Victorines）的文学传统形式。在灵修导师（spiritual directors）的指引下，虽然她及她的同时代人可能就是这样的指导人，她们的宗教体验肯定不只是以文学的形式表现在自传体的著作中，而且还表现在他们中许多人都会写的书信和笔记中，由此证明存在着一个广泛的、自治的运动。在松散地控制着的贝居安会的、贝格会（beghards）的、自笞者（flagellants）的各个共同体中，热情偶尔会超越正统理论的界限，各种唯信仰论的（antinomian）倾向不时地在一些团体中浮现出来，如像德意志的自由灵兄弟会（Brethren of the Free Spirit）或意大利的弗拉蒂切利派之类的团体。从追求美德中获得此类解放的表达之一有《纯朴心灵之镜》（The Mirror of Simple Souls），这显然是瓦朗谢讷的玛格丽特·波雷特（Marguerite Porète of Valenciennes）写的，冥想完全取代了道德的生活。她于1310年被烧死。然而，更常见的是像多明我会的哈勒的亨利（Henry of Halle）这样的托钵僧指导者的影响，他是冥想者马格德堡的梅希蒂尔德（Mechtilde of Magdeburg）的顾问，他的影响强大到足以维持学校教学与灵修（spirituality）的联系。虽然冥想者的这种宗教体验是可信的，但这些体验日益用神学的概念来表达，有时就用他们的告解神父或指导者的话语来表达。

这些心灵的指导者之一是多明我会的托钵僧迈斯特·埃克哈特（死于1327年），莱茵兰各灵修学校的领军人物，他显然分享了他的会众的冥想生活和体验。就其所受的训练和禀性来看，埃克哈特属于在巴黎接受教育，并把自己对宗教真理的托马斯主义解释带进德意志心脏地带的少数精英神学家，通过布道传播关于心灵生活的各种指导意见和对圣经的解说。他的主要工作，像他同时代的多明我会或法兰西斯会人士一样，就是从事精神指导活动，这一点是没有争议的。但他走得更远：对**本质神秘主义**（*wesenmystik*）或在冥想中与上帝结合的观念，他完美地作出了某种唯理智论的（intellectualist）及确实是形而上学的解释。这种解释的某些东西要归之于阿奎那，更多的可能要归之于犹太人和阿拉伯哲学家的新柏拉图主义的灵感，西方各大学都知道这些哲学家的著作。这种解释的萌芽已经由安特卫普的哈德维奇表达过，虽然不是用哲学语言表达的。但现在它在一个神学家的手中加上了一种冥想的光泽，并通过讲道和各种论述教给了多明我会的修女们，很可能也教给了俗人。埃克哈特采用了先前的净炼（purgation）的概念，或除去其精神内容，把它置于一个形而上学的虚构的平面上，视各种造物为虚无，从它们回归上帝并参与上帝的过程中寻找它们真正的存在（very being）。撇开所有被创造出来的东西，心灵的"土地"涌现出来，它作为一种非受造的存在，是上帝本人的一部分，在这里神圣的生命能够在某个人类的个体中扎根。对埃克哈特来说，冥想的道路因此超越有道德的和尊崇圣事的生活，它把朝圣者转变成"高贵"的人，一个具有神性（Godhead）的人。埃克哈特的精神导向因而比以往更加表现出**本质神秘主义**的特点，使它成为一种合乎逻辑的精神成长过程，以或多或少是托马斯主义的术语给予它一种坚实的神学解释。在他手中，冥想成了一种独特的艺术，独立于宗教虔诚曾由以形成的祈祷生活和道德进步。

在埃克哈特晚年，托钵僧们的观点在辩论的气氛中发生变化，这是不可避免的，因为他的教导会使人怀疑他具有唯信仰论（antinomian）和泛神论的倾向。他被迫解释和捍卫自己的立场，但他在可能澄清自己的名声前死于阿维尼翁。1329年他的教义中能够被理解的一些含义（senses），但不是全部，受到谴责，但埃克哈特本人得到了赦免。他的著作的一个特征，这很可能加剧了反对他的意见，是它们使用本土语言：尽管他的教义论证缜密，而他的布道词和某些阐述是用德文写的，几乎是这种语言中第一次出现这样抽象的概念，其服务对象是他指导的多明我会的修女，因此为俗人使用和滥用这些概念打开了大门。他的教友继续对多明我会女修士和其他妇女团体进行灵修指导，促成了一种冥想神秘主义的莱茵兰"学派"的兴起。埃克哈特的年轻的同事们，传教士约翰·陶勒（Johann Tauler）、亨利·苏索（Henry Suso）和讷德林根的亨利（Henry of Nördlingen）影响了修会外的其他教师，像佛兰德人奥古斯丁会教士扬·勒伊斯布鲁克、匿名写下《德意志神学》（Theologia deutsch）的条顿骑士团的骑士和"山地的上帝的朋友"（Friend of God of the Oberland）都是这样，后者可能是斯特拉斯堡的空想家拉尔曼·默斯温（Rulman Merswin）。

他们都是一群不断增加的大半是女性组成的信徒的告解神父和向导，他们中许多人描述各种幻觉和启示或写神秘主义的诗歌。多明我会在科尔马（Colmar）和特斯（Töss）的女修道院、斯特拉斯堡附近的伊勒－维尔特的约翰派信徒（Johannites of Isle-Verte）和在布拉邦特的赫鲁嫩代尔（Groenendael）的奥古斯丁派，都是埃克哈特的冥想艺术活跃的中心。或许这些团体中最有洞察力的指导者是埃克哈特的年轻的同事亨利·苏索（死于1366年），他大半在乌尔姆（Ulm）完成的禁欲冥想和灵修咨询的生涯成为他们中许多人的榜样，他的著作得到了广泛的阅读，这些著作描述**本质神秘主义**但没有过多地归因于埃克哈特。在他的《智慧的时钟》（*Horologium Sapientiae*）（该书还有一个德文版本）中，他把莱茵兰学派的坚定的内省与对贞女马利亚和基督受难的朴实的、普遍流行的信奉结合起来，这种结合迫切地等待着**现代虔诚**的到来。苏索认识到宗教体验的个体特征和多样性及关于该主题的大量实践文献在日益增长，他可能是第一个明确说明无情的（stony）冥想的道路是向所有的人敞开的。

它肯定是向那些不希望在以某种规章组织起来的共同体中生活的人开放的。比如，对锡耶纳的凯瑟琳来说，约在1367年她作为多明我会第三会的成员，决定生活在各种各样的信徒和伙伴（associates）的团体的世界中，虽然她显然得到过多明我会的卡普亚的雷蒙的帮助。雷蒙是她的灵修导师，他叙述她生平事迹的书《伟大的传奇》（*Leggenda Maiora*）及某些她自己的著作留传下来了，后者中包括她的大量书信汇编和一些祈祷文。她的1377—1378年的《对话》（*Dialogo*）拥有特别广泛的读者，常常被翻译成其他文字。在她的著作中缺乏思辨性的语言（speculative language），但这或许未使她显得特别与同时代的德意志人和荷兰人不一样，因为像修女玛格丽特·埃布内（Margaret Ebner）和苏索的传记作者伊莉莎白·施塔格尔（Elizabeth Stägel）的著作都是这样的：思辨性的神秘主义是她们的导师如苏索本人和埃克哈特这样的神学家的活动领域。事实上，凯瑟琳关于灵魂从有罪上升，通过识别和爱的不同阶段而最终与上帝结合，及上帝与存在同一和罪人与不存在同一的话题，在《对话》中都有强调。这部《对话》或许是她所受的多明我会的教诲的成果。属于她自己的更特别的东西是她的果断，及确信她个人关于上帝的想象与改革这个世界的种种罪恶的需要是结合在一起的。像她的同时代人约翰·威克利夫一样，她认为这些罪恶是教士未能在道德上起带头作用的结果，更明确地说是教廷离开罗马的结果。内心的灵性或"自知"必须与教会的使徒使命相结合，与某种改革过的和有序的公众信仰相结合，这是15世纪继续存在的一个主题。对凯瑟琳来说，召回迷路的绵羊，使其遵奉上帝的意志，是一项仁慈的工作，通过这一点我们可能了解她的真正的灵修生活。

锡耶纳的凯瑟琳把谦卑与神圣的权威结合起来，当她因格列高利十一世居住在阿维尼翁而告诫他时，这种权威似乎甚至曾经得到这位教宗的尊重。这是在这个世纪中精神的领导权扩散的一种迹象，在托钵僧的手中它与关于冥想艺术的知识的传播并列发展，在某些方面这是神学知识激增的结果。这种发展迟早要允许地方性的精神顾问的出现，去影响一批有限的门徒或甚至通过他们的门徒或著作，影响更多的虔诚的信徒。此类信徒中的一个是斯特拉斯堡的银行家拉尔曼·默斯温（死于1381年），他们在伊勒－维尔特（Isle-Verte）的团体对莱茵河中上游有某种影响；另一个是格哈德·格罗特。然而，最有影响的是英格兰的隐士理查德·罗尔（Richard Rolle，死于1349年），他的拥护者和著作使他逐渐成名，先是在他的故乡约克郡，然后是整个英格兰，甚至传到国外。虽然罗尔在1320年时无疑住在牛津，想必曾接触过那里的神学家的某些学说，但他没有明显的精神导师，而是回顾12世纪时的修道院的先例。像他同时代的德意志的修女一样，他用拉丁语和英语描写自己的经历。当他"得知自己被注入各种天国的、心灵的声音并理解它们时，这些声音是永恒的赞美歌，前所未闻的甜美的旋律"，他使用热、甜、和谐（harmony）等类似的物理属性和流行的爱的语言，试图传达某种早期精神危机的本质。[10] 罗尔在皮克灵（Pickering）附近，然后在汉普尔（Hampole），建立自己的隐居处，他逐渐地，不是没有反对的声音，设法通过个人接触、讲道及如《生活方式》（*Form of Living*）这样的手册，设法在他的邻居中传播自己关于冥想生活的见解。他的工作结出了果实：除了像隐士

---

[10] 'Flagrante autem sensibiliter calore illo inestimibiliter suavi usque ad infusionem et percepcionem soni celestialis vel spiritualis, qui ad canticum pertinet laudis aeterne et suavitatem invisibilis melodie.' Rolle, *Incendium Amo is*, p. 189, trans. Wolters (1972), p. 93.

玛格丽特·柯克比（Margaret Kirkby）和汉普尔的修女们那样的信徒，他去世后英格兰北部的加尔都西派的修道院也迅速增加，这些修道院都接受他的著作并使其迅速扩散。围绕着约克大主教托马斯·阿伦德尔（Thomas Arundel，1388—1396年）周围的教士圈把他的著作作为精神指导内容的组成部分，在俗人中逐步培养一种家内虔诚的习惯。这是与格哈德·格罗特和锡耶纳的凯瑟琳的方向一致的：从埃克哈特和德意志的多明我会向封闭在修道院里在某种宗教原则下过日子的修女们提供极度冥想的神秘主义，转到传授各种对智力要求较低但更加直接的体验，这些体验不仅在团体的或与世隔绝的孤独环境中能达到，而且在那些积极投身现世生活的内心超然的俗人中，即在瓦尔特·希尔顿所说的"混合生活"（mixed life）中，也可以达到。

两个英格兰的灵修作家希尔顿和《不知之云》(*The Cloud of Unknowing*)的匿名作者，发展起在现实世界过冥想生活的主题，14世纪最后20年间他们都在特伦特（Trent）北部写作，显然相互认识并相互影响。他们的写作都仿效理查德·罗尔，都打算纠正他过度使用物理学的语言，用颇为无拘束的语言写作，并把冥想的实践带进公认为虔诚修行的领域。这两个人的主要著作都使用英语，为发过宗教誓言的门徒写作，希尔顿也用拉丁文向受过教育的朋友提出建议。《不知之云》的作者可能是一个博瓦尔（Beauvale）修道院的加尔都西派，他从伪狄奥尼修斯和维克托派（Victorines）那里得知上帝绝对不可理解的观念，与14世纪的神学家如布拉德沃丁和里米尼的格列高利的思想情投意合。他还比前人进一步发展了灵魂通过未知的黑暗，即清空感觉的记忆，而前进的观念。不像埃克哈特，但像理查德·罗尔，他视冥想生活为意志在上帝的爱中达到顶点的过程，而不是一种理智的进展。瓦尔特·希尔顿（死于1396年）是一个剑桥的宗教法规学者，在经历一段简短而不令人满意的独处生活的试验后，他放弃世俗生活进入位于诺丁汉郡瑟贾顿（Thurgarton）的一个奥古斯丁会的修道院。可能就是为了这个缘故，他在界定积极的（active）和冥想的生活的任务时，比他的同时代人走得更远；如他的同时代人科卢乔·萨卢塔蒂一样，他是用肯定的措辞来构想这两种生活方式的。他向一个叫约翰·索普（John Thorpe）的朋友提出合乎道德地在这个世界上生活的建议，又建议另一个叫亚当·霍斯利（Adam

Horsley)的朋友成为一个加尔都西会的僧侣。他的《完美的阶梯》(*Scale of Perfection*)是为一位女隐士而写的,虽然书中提出的各种规诫涉及更广泛的问题。像他的前人一样,他区分了冥想的三个等级,这三个等级的表现形式的特点都是燃烧的爱,虽然他对最高的一级有某种特殊的理解;但他拒绝冥想免除了冥想者的道德领域和宗教义务的想法。原则上,冥想和普通基督徒反对罪的斗争是同一件事,冥想的生活以不同的形式向所有的人敞开。

希尔顿与锡耶纳的凯瑟琳和其他 14 世纪晚期的灵修学者一样,扩展了冥想生活的概念:从个体在某种规则下生活的特殊的职业扩展到,虽然不太彻底,把俗人的生活包含在内。他们的规诫可能在隐士中影响最大,虽然诺里奇的朱莉安(Julian of Norwich)约于 1393 年写她的《展现或启示之书》(*Book of Showings or Revelations*)时显然没有读过希尔顿的著作或《不知之云》。在洞察力和学问上,她的书比得上这两本书,可能是类似的顾问塑造了她的思想,她通过自己在表达上无可匹敌的清晰和简朴,转而有力地影响了其他在一个更广阔的虔诚的世界中生活的人。献身于冥想生活的各宗教修会兴旺发达,特别是加尔都西派的各个团体,在该世纪里其成员的增加相当可观,还有西莱斯廷派(Celestines)和新布里吉丁修会(Brigittine Order)的修女和教士的少数修道院,后一个修会是瑞典的隐士和空想家圣布里吉特(St Brigit,死于 1373 年)建立的。这些修道院的主要活动之一渐渐走向抄写和传播冥想的文献,常常用本土语言写作,用于俗人的宗教生活。苏索、锡耶纳的凯瑟琳和其他灵修作者有这么多册的著作幸存下来,大半要归功于他们的工作。

格哈德·格罗特在低地国家的组织松散的追随者所承担的,也是同一种工作。他们有时以共同生活兄弟会而闻名。他们也信奉那种不太那么得意洋洋的、高度集中的和推理的冥想方式,或称为**现代虔诚**,在一种普遍的意义上这是锡耶纳的凯瑟琳或诺里奇的朱莉安的特征。围绕着格哈德·格罗特集结起来的第一批兄弟,其某些东西要归之于在赫鲁嫩代尔的勒伊斯布鲁克的榜样和灵修学,但勒伊斯布鲁克的《心灵的婚礼》(*De gheestelijke brulocht*)以埃克哈特的传统发展起来的那种思辨性的神秘主义的个人形式,未对他们产生影响。对他们来说,对格罗特也一样,冥想是博爱的完美形式,是教士的职责,特别是布道和灵修忠告，所由以产生的一种精神状态。1384年格罗特死后，他的门徒佛洛朗·拉德维金斯（Florent Radewijns）在温德舍姆（Windesheim）建立了一个修道院，作为各地兄弟会团体的一个中心，最终，不管是它本身还是它的许多女儿修道院的成员，都结成了一个整体。15世纪最伟大的灵修学著作托马斯·阿·肯皮斯（Thomas à Kempis）的《仿效基督》（*Imitation of Christ*）是在兹沃勒（Zwolle）的女儿修道院里写成的。

　　勒伊斯布鲁克的著作偶尔带有一些泛神论的短语，受到一位神学家的尖锐批判，不过其提出的灵修建议即使比**现代虔诚**更理智，也是与它类似的，他就是让·热尔松（死于1429年）。这是这种体裁成熟的一种标志：热尔松，这位巴黎大学的校长及该大学长期从事神学问题讨论的继承人，竟曾阅读该世纪灵修写作方面的主要文稿，并在他长期的笔墨生涯中不断地亲自撰写这方面的东西。他的著作的主体部分是在教士职责领域，在这方面他不仅提出了一个神学家的洞见，而且显示了一个教会领军人士的视野，特别是在对告解神父和布道者的心理理解的问题上。作为一个牧师，他坚定地把神秘主义道路的出发点置于谦卑悔罪之中，在1400年用法文为俗人使用而撰写的《冥想之山》（*The Mountain of Contemplation*）的小册子中，他宣布这条路是向任何信徒开放的。此外，他说到做到，倾吐出一连串普通的形象来表达一种精密的神秘主义神学：祈祷时应该像一个手中拿着帽子的乞丐那样走向圣母马利亚、走向圣人、走向基督；冥想中的爱和知识的关系就像蜂蜜与赋予其形式的蜂巢的关系；这个世界的爱是一个笼子，笼中的鸟只有准备飞离时才能看到；灵魂必须通过否定而获得的知识（knowledge by negation），就像观看一个雕刻家通过凿掉一些原料来创作一个美丽的雕像。这最后一个狄奥尼修斯的图像意味着他回到了冥想思想的最终根源；在去世时，他正在给伪狄奥尼修斯的神秘主义神学写评注。

　　热尔松对他前人思想的反思表明了他对过去种种学术成就的领悟。确实，可以把他看成14世纪理智和心灵两方面遗产的受惠者：作为一个牧师和讨论忏悔的作者，他执行第四届拉特兰公会议阐述的及由教堂布道坛之外的托钵僧们传授的纲领；而在公共道德领域之外的内心宗教生活范围内，则鼓励他的同时代人做到自知、祈祷和怀有希望。因此他有能力为法国的教士和宫廷,并最终通过康斯坦茨公会议,为更广阔范围内的大批信徒制定出一种公共宗教,这种宗教适应于处在一个有序、有权威但反应灵敏的教会内的俗人表达自己的良知和虔诚。他的神学使 14 世纪的学校中争论的重大宗教问题,如恩典、前定论和人的善功等,与灵魂得救和个人良心的召唤问题联系起来,由此把各种神学和心灵的规诫统一成一批合乎逻辑的关于灵魂治疗的观念。关于这方面,他的实用的忠告很广泛,从主教巡视到儿童的学校教育的都有。在这当中,虽然他的许多想法都触及了诸如称义和教会制度(Church order)这些在 16 世纪将变得尖锐起来的问题,但他是他的时代的儿子。在 14 世纪的过程中,各种令人惊叹的而且现在已经高度专业化的神学思想体系、教会法和系统化的灵修学(spirituality),为世俗的宗教渴望和世俗的良知提供了空间。热尔松虽然是这个过程的一个先驱,但他只是许多人中的一个,这些人中有的是俗人有的是教士,他们的个人宗教和私下的良知创造了 15 世纪的这种新的宗教景观。

杰里米·卡托(Jeremy Catto)
王加丰 译

第 四 章
大　　学

大学网

14世纪时，虽然西欧的大学仍比较少，但它们在知识的发展和扩散中占有不可挑战的、强有力的地位。大学网的各个主要中心仍然是那些最古老的大学，是那些在13世纪初在波伦亚、巴黎和牛津建立起来的大学。它们的威望是无敌的，他们吸引着最大多数的学生。它们既是教学水平的标准，又是新建立大学的组织结构的模式。

在13世纪里另有一打的大学建立起来，但它们的影响要小得多。虽然有一些大学，如剑桥或在蒙彼利埃的医学院，几乎与已经提及的那些大学一样古老，但其他大学的建立要晚得多，建立的时间大都可追溯到约13世纪50年代和60年代，它们中有意大利的帕多瓦大学、法国的图卢兹大学、西班牙的萨拉曼卡大学。其他的（如里斯本大学、莱里达［Lérida］大学和蒙彼利埃的法学院）是在13世纪相当晚的时候建立的，预示着14世纪新大学的建立。

以上情况证明了大学的成功，从这时起，大学成了一种被普遍接受的机构。尽管如此，大学建立的速度仍然是有限的。在某些情况下，它的建立只要教宗确认它的**大学**（*studium generale*）资格就行，* 这一般指那些在这一时期的不同阶段已经按大学的水平在运行的学校，比如，奥尔良的法学院（1306年）和卡斯蒂尔的巴利亚多利德（Valladolid，1346年）**大学**都是这样，1364年奥尔良大学的特权扩展到昂热

---

* *studium generale* 是当时对大学的称呼，用 university 来称呼大学是后来的事情。——译者注

第四章　大学

(Angers) 大学。到处都有真诚地建立的新大学。这里，市民和教会的积极性几乎总是起关键作用；所以这种趋势日益取代大学老师及其学生追求共同体自治的重组活动。成功是可变的。在某些地方，首先是那些已经具有某种重要性的学校，发展成了**大学**，虽然速度不一致。但在有的地方，尤其是当统治者武断地坚持在一个没有学术传统的地点建大学时，所规划的大学要么从未见过天日，要么迅速垮台。

　　这种新的机构继续建立起来，特别是在欧洲南部，直到教会大分裂的开端（Great Schism，1378 年）才停止。在意大利，罗马大学（*studium Urbis*，1303 年，与教廷书院［*studium Curiae*］不同）、佩鲁贾（Perugia，1308 年）大学、比萨大学（1343 年）、佛罗伦萨大学（1349 年）和帕维亚大学（1361 年），都是通过教宗诏书的形式确认的，而其首创的努力则来自各地的市政当局或（如在帕维亚）米兰公爵。但在依靠教宗或帝国的诏书试图把一些城市学习文法和法律的学校转变成**大学**的尝试中，也有许多不成功的例子。属于这种情况的有特雷维索（Treviso）大学（1318 年）、维罗纳大学（1339 年）、弗留利地区奇维达莱（Cividale del Friuli）大学（1353 年）、阿雷佐（Arezzo）大学（1355 年）、锡耶纳大学（1357 年）、卢卡大学（1369 年）和奥尔维耶托（Orvieto）大学（1378 年）。同样，虽然在萨勒诺（Salerno）的那些开办很久的医学学校仍然很活跃，但在中世纪的条件下不可能把它们转变成一所真正的大学。在法国南部，阿维尼翁大学是作为普罗旺斯伯爵和教宗共同努力的一个结果而建立起来的（1303 年）。1332 年，卡奥尔（Cahors）的执政们从他们的同胞教宗约翰二十二世那里获准在他出生的城镇建立一所小小的大学。一个规模更小的大学是 1365 年皇帝查理四世（Charles IV）批准的奥兰治（Orange）大学，是应城市和当地统治者双方的请求而建立的。至于 1339 年在格勒诺布尔（Grenoble）建立的大学，是应法国王太子（dauphin）的要求而建立的，但几年后就消失了。最后，在伊比利亚半岛，当葡萄牙的里斯本大学发生动乱时，这座大学被暂时转移到科英布拉（Coimbra，1308—1339 年和 1355—1377 年）。阿拉贡的国王们（1300 年他们已经在加泰罗尼亚建立起莱里达大学）在他们王国的另外两个地方建立了两座小型大学，即鲁西永（Roussillon）的佩皮尼昂（Perpignan）大学（1350 年）和阿拉贡的韦斯卡（Huesca）大学（1354 年）。

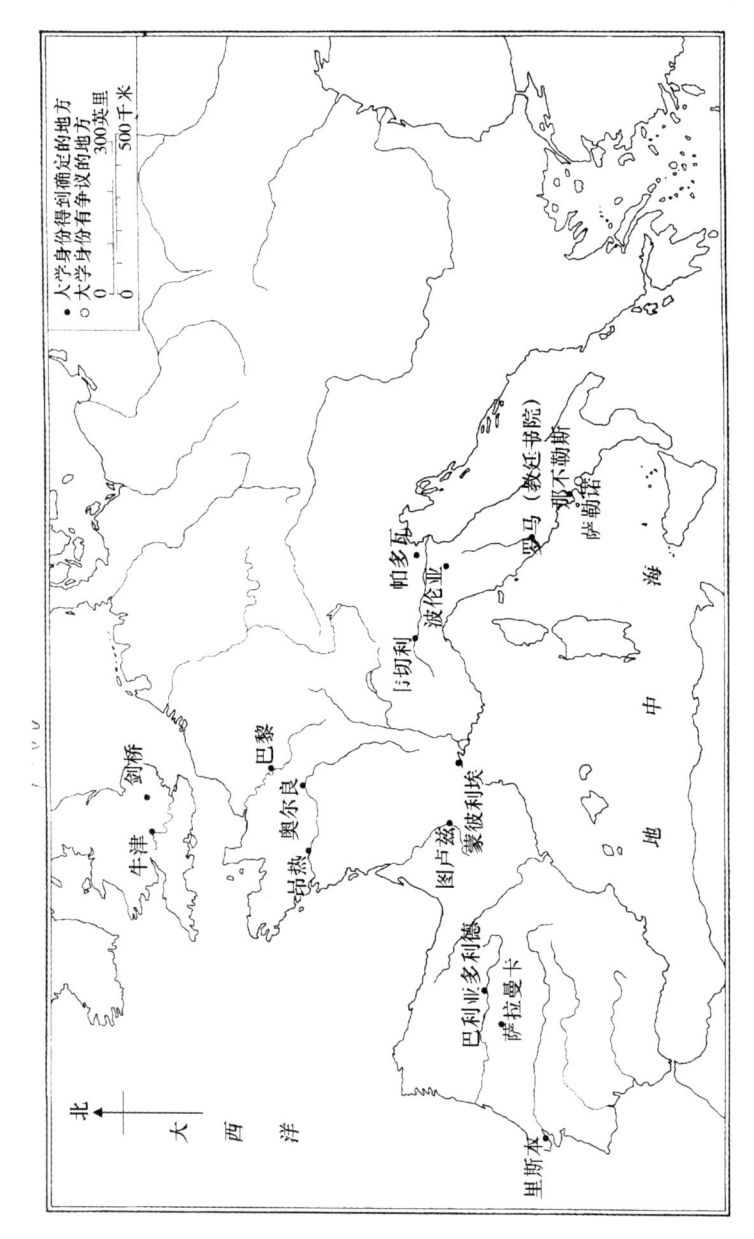

地图1 1300年时在运转的大学

第四章 大学

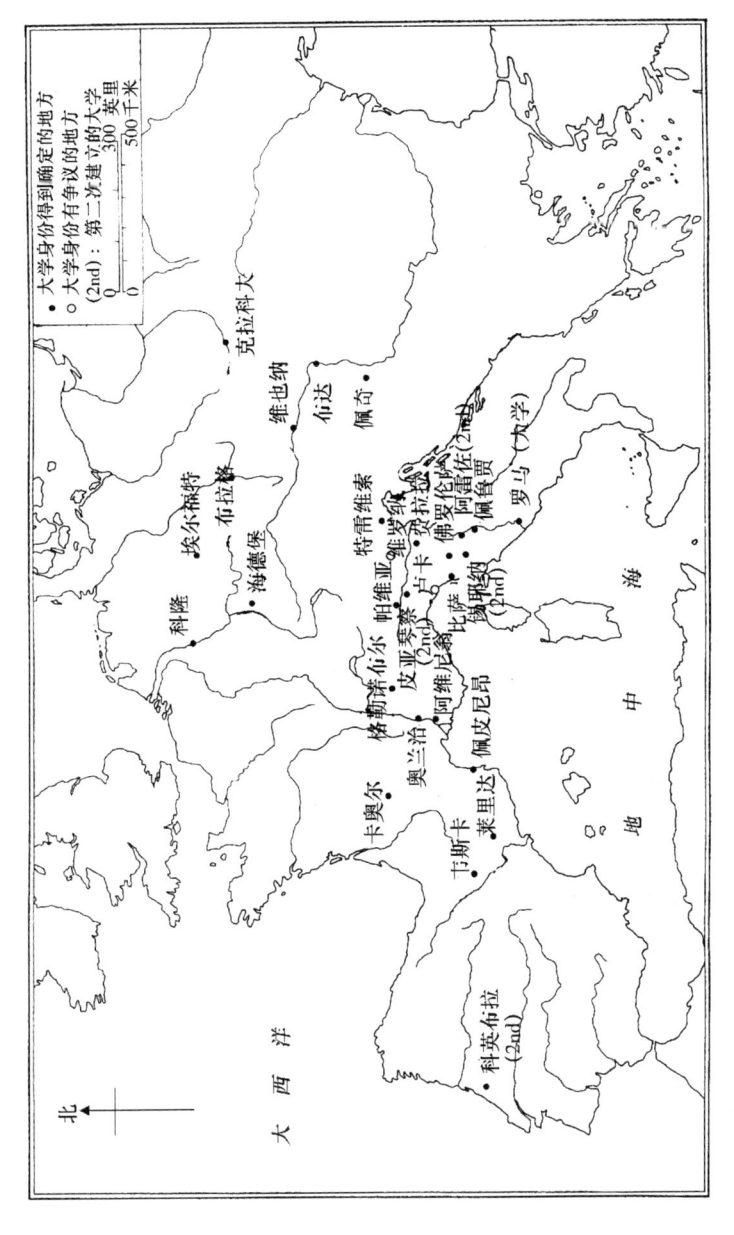

地图2 1300—1400年间建立的大学

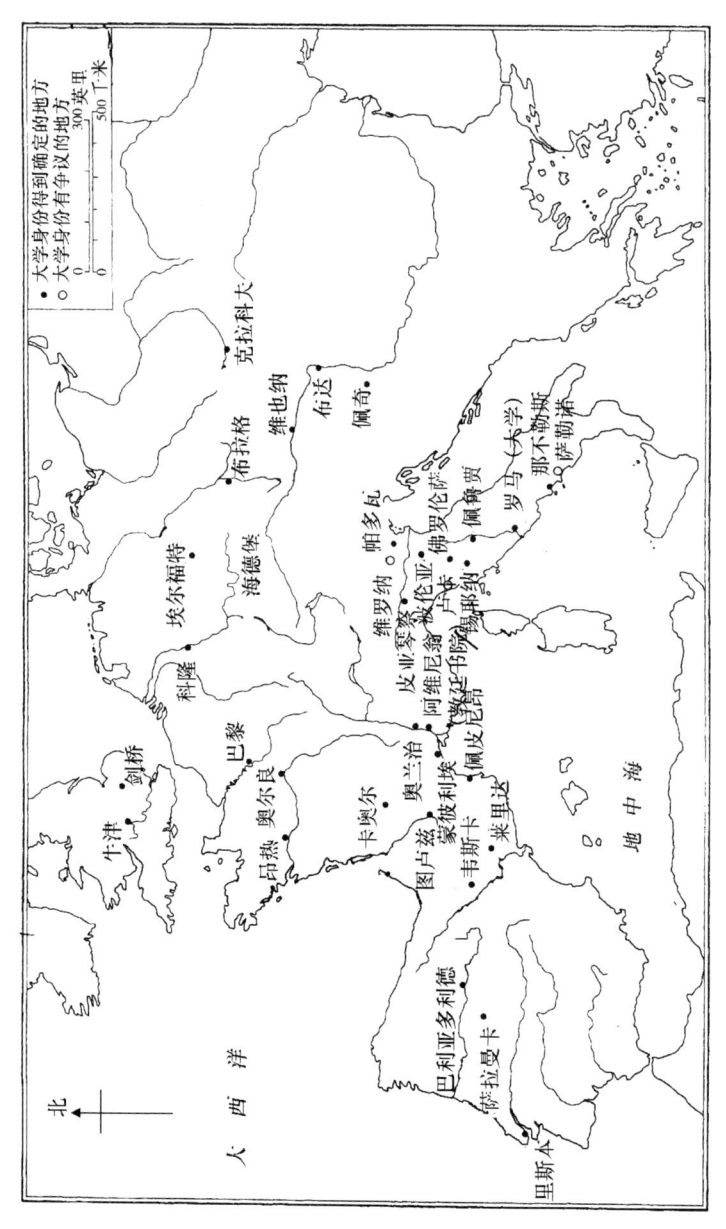

地图3 1400年时在运转的大学

第四章 大学

所有这些大学都建立在盛行罗马法的地区，它们主要关注的是学习法律。它们的规章都基于波伦亚大学的章程，按照当地情况而加以修改。1378年前在北欧和中欧建立的大学要远远少得多。这种迟滞的原因无疑应该在这些地区相对存在的社会和政治的拟古主义（archaism）及其城市的缓慢发展中寻找。当然，从13世纪以来德意志、波兰和匈牙利也有求学的大学生，但他们都到巴黎和波伦亚学习。这些人常常是富有的贵族，对支持在自己的国家里建立本土大学没有特殊的兴趣，而这本来是会极大地改善当地人通向大学教育的机会的。尽管如此，在1347—1348年间，皇帝查理四世，他是一个对法国文化有强烈兴趣的统治者，决定在教宗帮助下在布拉格创建一座完全新型的大学，按巴黎大学的模式，由11个学院组成。然而，在最初几十年间该大学办得相当困难。碰到的困难更要多得多的是邻近的统治者想效仿查理四世的种种尝试。1365年，哈布斯堡的鲁道夫四世（Rudolf IV）在维也纳建立了一座大学，但它直到14世纪80年代还完全缺乏活力。波兰国王和匈牙利国王建立的克拉科夫大学（1364年）和佩奇大学（1367年）甚至更不成功，很快就消失了。这种不幸部分是由于不利的形势，部分是由于缺乏王室的持续支持。

所有这一切在1378年后都发生了变化，是教会大分裂的结果。尽管巴黎大学仍然忠于在阿维尼翁的教宗，但德意志的城镇和诸侯们还有中欧的君主们，都宣布他们支持在罗马的教宗。教会大分裂的危机在这些相对年轻的国家中强化了民族身份感。这使得它们的统治者更坚决地控制他们的教士和官员的培训，更坚决地亲自支持自己的大学。盎格鲁-德意志"民族"的老师们在巴黎处境困难，他们乐意听从他们同胞的呼吁。在相当大的程度上，正是由于这些人使布拉格大学和维也纳大学恢复了元气（随着1385年巴黎著名的神学家朗根斯泰因的亨利的到来），埃尔福特大学（1379—1389年）、海德堡大学（1385年）和科隆大学（1388年）才得以建立。虽然1389年在布达创办的匈牙利的大学几乎与之前创办的大学一样不成功，但作为国王（约盖拉［Jogaila］）拉迪斯拉斯·亚盖洛（Ladislas Jagellon）的新举措的一个结果，重新创办的克拉科夫大学（1397—1400年）见证了曙光的降临，在15世纪和16世纪里它成为西欧文化在中欧的主要中心之一。北欧所有这些新创建的大学或多或少都模仿巴黎，它们最早的一批教师中有许多也都是在那里培养的，他们采纳的既有巴黎大学的制度架构（有校长、学院和四个"民族团"［nations］），又有巴黎大学智力活动的各个兴奋点，尤其是讲授文科（liberal arts）和神学。相比之下，在南欧，建立大学的活动停止了。唯一的例外是1391年新费拉拉（Ferrara）大学的建立，为了建这座大学，埃斯特（Este）侯爵从罗马获得一份教谕，但它在1430年后才真正活跃起来。

任何关于14世纪西欧大学的画面都可能是不完整的，除非在一定程度上提及某些古老大学的扩张，扩张的形式是增设新的学院，特别是增设神学院。教宗对此非常警惕。起初，其政策曾严格限制有资格授予受尊敬的**神圣的神学博士**（*doctor in sacra pagina*）头衔的神学院的数量，只有少数出类拔萃的中心才可创办这种学院，其影响无可争辩而且正统理论能得到保障。在实践中，由于剑桥仍然是一座小大学，这意味着牛津（其学生几乎全部来自不列颠群岛内），尤其是巴黎拥有垄断最高层次的神学教学的地位，虽然人们明白教宗总是保留通过教宗训谕来授予博士学位的权力，或者是教宗直接下达，或者通过教廷书院（*studium Curiae*）授予。

这种情况在14世纪中期发生了变化。巴黎和牛津因教义之争而四分五裂，削弱了它们垄断神学教育的权利。这时出现了来自地方和民族的一系列压力，要求大学完善自身，每座大学都有自己配备齐全的学院。教宗遂采取一项新政策，由此神学教育不再集中在几个特定的中心。布拉格大学从创办时就设有神学院。1360年后，此类学院激增，特别是在欧洲南部的大学中，无可否认那里普遍乐于把地方办的、托钵僧办的**书院**（*studia*）升格，成为有权授予学位的大学级别的学院（university faculty）。以这种方式教宗们在各大学建立神学院，从1360年起是在图卢兹大学和波伦亚大学，1363年在帕多瓦大学，1369年在帕维亚大学，1396年在萨拉曼卡大学，1400年在里斯本大学。在教会大分裂时期，在罗马的教宗由于没有任何理由与巴黎打交道，他们遵循着类似的方针在德意志新建的大学中（维也纳大学、海德堡大学、科隆大学和埃尔福特大学）及在克拉科夫大学建立神学院。最初的一批校务委员（regents）通常是受过巴黎大学某个世俗专业教育的教师。

最后，我们需要记住：**大学**网只代表一整个系列的教育机构的上层，这个教育机构系列在 14 世纪里可能在扩张。这里不讨论家庭的和职业的学徒制，但无疑那是这时期最普通的教育形式。这里也不可能考察在贵族和某些**资产者**（bourgeois）家庭中看到的私塾教育（private tutoring），但无疑还存在非大学的学校。在城镇中甚至在某些乡村聚居点中，由私人或城镇当局提供财政支持的小小的文法学校，向儿童和青少年进行基础教育。当然，还有堂区学校（parish schools）和其他受各种宗教基金资助的学校。各大教堂和某些大学的基金会（collegiate foundations）仍然拥有活跃的教士会学校（chapter schools），其中有些甚至是寄宿学校。在某些情况下，其水平堪比有些大学的文学院的水平。更接近于大学的模式的有无数（人文学科的、哲学的、圣经研究和神学的）**书院**（studia），其创办管理者是各个托钵僧修会，为他们自己培养在整个基督教王国活动的成员。

这些教育机构，除了英格兰的学校，对它们的研究至今尚比较少，在本章中将不再详细加以考察。关于它们的组织、它们的老师来源（一些是文学硕士）、学生数量或其教学内容，我们都知道得很少。尽管如此，事情很可能是：所有这些机构，特别是城镇里的学校，在 14 世纪里学生变得更加众多。此类学校向大学提供未来的生源（值得注意的是成为未来的民事律师[civil lawyers]，常常直接进入某个法学院，无须任何人文学科方面的培训），这些学生具有必不可少的拉丁语和逻辑学的基础。甚至对那些没有进一步接受高等教育的人来说，他们至少也会以简单化的方式表达在大学教育过程中发展起来的某些学术思想。简言之，14 世纪里创办大学潮流的背后，似乎有一个广泛得多的背景，即对教育的一种普遍增长的需求。

制度的稳定

在 14 世纪里，大学是一种稳定的机构，在政治和社会舞台上得到各种演员的充分承认，被接受为法律和政府机制的一个必备的部分。有时大学自治曾成为 13 世纪巨大冲突的焦点，但此后这一点未受到过挑战。每个人都会提及的大学建立的基础性文献（1158 年的《居住法》[Habita]，1231 年的《知识之父》[Parens scientarum]），在每所大学中都通过统治者或教宗颁布的许多特权和批准而得到扩充，这些统治者和教宗控制着学术共同体（scholarly community）的实际运作。财政免税和司法豁免，独立的教学和研究组织，对教义的正统理论进行内部控制，对撰写和销售大学里的书籍的控制，这些都是大学逐渐获得的或被正式授予的权利。

当然，学生居民，即大群年青的、好骚动的外来人与大学所在城镇的居民和当局间的紧张关系没有减少，后者很快对学生们的无法无天和自高自大失去耐心。"城镇与大学师生"（town and gown）间的冲突十分惊人，14世纪大学的历史不时穿插着打架、谋杀、开除和自愿流放。1321年在波伦亚大学，1332年在图卢兹大学，1355年在牛津大学，1382年和1387年在奥尔良大学，都出现了一模一样的场景：一场偶然发生的打架，一般说来在普通居民的压力下地方当局迅速介入，一种校方支持学生的答复和富有特色的一次罢课或"脱离"（secession），最后通过上级当局的干预而秩序得以恢复，这种干预大半是同情大学的。结果，此类事件没有使大学自治进一步受到挑战，而是使教师和学生享受的特权逐渐得到确认和增强。在牛津，大学与所在城镇的紧张关系以大学师生对这座城镇拥有某种监护权而结束。

14世纪里，大学还享有来自世俗和教会的各种机构的相当可观的经济支持。这不仅推动了大学的发展，而且也影响师生们的生活方式，并提高他们的社会地位。由于教宗保留的圣职任命权和圣职（预先）委任权的数量不断增长，结果之一是，教宗手中可自行处置的教会有俸圣职的数量不断增加，他孜孜不倦地、慷慨地向教师和学生们分发这些圣职，还提供居住期间享受的各种特许。对许多人来说，来自此类圣职的收入是一种正常的生计来源。城镇和统治者有时也向某些学生捐助生活费用，但最重要的是他们开始承担向教师付薪的责任。最早的一些例子要追溯到13世纪，但总的来说，这时期未能获取教会收入的教师们的生活受学生们能否按时上交**学费**（*collectae*）的风险所左右。有记录的市政当局向一个法学教师付薪的最早一个例子，来自1279年的波伦亚。这种制度在1320年后变得广泛起来，在意大利所有的大学中，这成了标准的做法，在伊比利亚半岛的大学也一样。在后者的情况下，教学工作的薪水从传统上给予国王的教会收入（*tercias*）中划拨。另一方面，巴黎和牛津是大学的教士特

第四章 大学

征保持得更为清晰的地方,校务委员的生活继续依赖教士有俸圣职的收入。在任何一种情况下,学生付的**学费**和考试费日益提高,与之相配的是,他们向私人提供法律和医疗咨询,无论在哪里,这仍然是一项重要的额外收入。

当局和知名人士对大学的慷慨资助,在 14 世纪时更多地是通过各种学院(colleges)的建立表现出来。这种现象最初也出现在 13 世纪,但其充分发展要到下一世纪。最初的学院都是小小的宗教基金会,其目的是向少数贫穷学生提供临时住处,其最早出现的时间在 1200 年以前,但某些重要的基金会的建立似乎在 1250 年以后。建立此类基金会的有巴黎(索邦 [Sorbonne],1257 年)、牛津(默顿 [Merton],1264 年;大学学院 [University College],1280 年;巴利奥尔 [Balliol],1282 年)、剑桥(彼得学院 [Peterhouse],1284 年)。这些学院不仅有寄宿房间,而且(作为谨慎招收**同事**[*socii*] 的一个结果,还有一个图书馆和一个加强全体教职员团体的教学工作组织)也是真正的智力生活的中心。这种现象在 14 世纪得到了极大的扩展:巴黎就建立了 37 个学院,其中许多学院很小,牛津和剑桥各建立了 5 个和 7 个,但它们要更加富有得多。甚至欧洲南部的大学也接受了这种机构,14 世纪里图卢兹有 7 个学院,蒙彼利埃有 4 个,波伦亚有 4 个,包括地位显赫的西班牙学院(Spanish College,1367 年)。

学院的建立者有时是高级教士(教宗、枢机主教、主教、大教堂教士会的教士 [canons of chapters]),有时是世俗统治者(有 1304 年巴黎的法兰西王后建立的纳瓦拉学院、剑桥的国王学院 [King's Hall] 和牛津的女王学院),有时是重要的王室官员。商人和市民对这些机构的兴趣要小得多,因为这对他们的文化和宗教的关注点没有什么关系,不能服务于他们的政治目标。

虽然大学的社会地位在 14 世纪得到了加强,但他们的基本结构没有变化。13 世纪已经出现的两种主要制度类型——巴黎的"教师大学"(university of masters)与波伦亚的"学生大学"(university of students)仍然是供参照的经典模式,* 都拥有不可或缺的人物(校

---

* "教师大学"指由教师掌管校务;"学生大学"指由学生掌管校务。——译者注

长、院长、全体教员、"民族团")。尽管如此,14世纪是各种大学章程(statutes)发展的伟大时期。大学机构的具体化意味着从此以后有可能制定详细的章程,这些章程比13世纪的各种一般性的特权或根据现实情况来制定的文本更加具体得多。这种性质的章程的公布,在图卢兹是1311—1314年,在牛津和波伦亚是1317年,在帕多瓦是1331年,蒙彼利埃是1339—1340年,巴黎是1366年。在萨拉曼卡看来要等到1411年才公布。至于新建立的大学,它们从一开始就有一套完整的规章汇编,以某个古老的大学为依据来制定(图卢兹大学是卡奥尔大学的模型),或更常见的是,把巴黎和波伦亚的特点结合起来。

在学生们学习的系列课目中,或在所使用的教学大纲和教学方法上,也有少数创新。"权威"的名单(亚里士多德、《句法学》[Sentences]等)几乎仍然是不可改变的,而讲授和辩论仍然是两种基本的教学和考试形式。我们能从这种教学和制度结构相对缺乏发展的情况中,推断出大学在14世纪时已经开始僵化的结论吗?这个复杂的问题需要谨慎地回答。

最重要的大学,即那些吸引着绝大多数学生和最著名教师的大学(巴黎大学和牛津大学的哲学和神学、波伦亚大学的法学,但它们日益面临来自帕多瓦大学、佩鲁贾大学、比萨大学和帕维亚大学的竞争;蒙彼利埃大学、波伦亚大学和帕多瓦大学的医学),看来具有非凡的活力是其14世纪的典型特征。在这时期建立的大学里发展起来的大量新学说和文本,本卷前面两章已有所涉及。这些大学产生的热烈争论表明智力的激情,尽管有少数官方谴责的例子,但极大的讨论自由继续成为文科各学院和神学院的惯例。

为了不重复已经说过的东西,我们必须记住:对托马斯主义和亚里士多德思想的批评是14世纪里所有哲学和神学辩论的中心点。这种批评本质上源于奥古斯丁的思想,但使用了各种不同的方式。法兰西斯会的修士或世俗教士的神学家(诸如邓斯·司各脱或奥卡姆)的作品,其目的是消除所有决定论的倾向,同时承认神的无所不能和使人极度痛苦的选择自由,恩典和自由意志、预定论和得救等成为基督教人类学的关键主题,并将延续一段很长的时间。

第四章　大学

无疑，对 13 世纪的那些思想体系的挑战，至少是间接地，使真正的哲学及甚至科学各学科的扩张成为可能，以下情况都说明了这一点，如在牛津大学出现的默顿学院的"计算者"（calculators）、*该世纪上半叶的那些杰出的逻辑学家（瓦尔特·伯利［Walter Burley］、罗伯特·基尔文顿［Robert Kilvington］、理查德·斯温谢德［Richard Swineshead］），及稍后在巴黎评论亚里士多德《物理学》（*Physics*）的让·比里当（Jean Buridan）和尼古拉·多雷姆（Nicolas d'Oresme）。

14 世纪最初几十年，法律教学同样让人眼花缭乱。"注释法学家"（glossator）被"评论法学家"（commentators）所取代。这些学者精通所有的辩证法的资源，他们在当时城市和国家的种种具体实情的基础上，把某种综合的、理性的法律概念与一种更强烈的愿望即表达**普通法**（*ius commune*）那些难以捉摸的学说结合起来。在民法方面，有在波伦亚、锡耶纳、佩鲁贾、比萨、帕维亚、那不勒斯和佛罗伦萨任教的奇诺·达·皮斯托亚（Cino da Pistoia，约 1270—1336 年）、巴尔托鲁·达·萨索费拉托（Bartolus da Sassoferrato，1314—1357 年）和巴尔多·德利·乌巴尔迪（Baldo degli Ubaldi，1327—1400 年）；在教会法方面，有波伦亚的一个真正的专业王朝的创立者乔瓦尼·安德烈亚（Giovanni Andrea，约 1270—1348 年）。这些人都是这时期所达到的中世纪法学顶峰的代表。法国学派也因奥尔良的教授和图卢兹的博士（*doctores Tholosani*）而闻名，虽然他们的名气要小一些，他们也写出了一批很有价值的著作，其灵感与那些伟大的意大利人的著作的灵感是接近的。

最后，该时期是中世纪医学院的黄金时代，在帕多瓦和波伦亚（那儿在蒙迪诺·代·柳齐［Mondino dei Liuzzi，1276—1328 年］的影响下出现了人体解剖），还有蒙彼利埃，都是这样。这里的医学院目睹了像阿尔瑙·德·维拉诺瓦（约 1240—1311 年）这样出色的博士，他回归盖伦氏学说（Galenism），反映了创造一种本质上是理性的医学学科的愿望，但这种愿望仍然没有忽视医学的治疗目的。著名的《大

---

* "计算者"指 14 世纪时以布拉德沃丁等为代表的一批思想家，其特点是用数学方法思考哲学问题，故名。——译者注

外科》(*La grande chirurgie*)的作者居伊·德·肖利亚克(Guy de Chauliac,约1300—1368年),是蒙彼利埃医学院的另一个成员。

上述简短的概述足以证明:这些伟大的大学的智力创造力在14世纪并没有减少。此外,重要的是要强调这一点:在范围广泛的各个学科(布道、政治科学等)中,总的来讲这些新学说都与该时期社会和心理的种种期望深切一致,并给它们的作者带来了巨大的奖赏。布拉德沃丁(牛津的伟大的"计算者"之一)成了坎特伯雷大主教,皇帝查理四世让巴尔托鲁·达·萨索费拉托任他的顾问,并允许他在自己的外套上缀上帝国纹章。多雷姆与法国国王查理五世密切合作,而居伊·德·肖利亚克是三个教宗的大夫。在更广泛的范围内可以这样说:同时代人清晰地觉察到了大学教学的创新价值,这种价值无疑有助于大学研究目标的成功和社会进步,有助于那些曾经追求创新的人们。

然而,不应让这种智力的辉煌掩盖那些更黑暗的方面。到处都有缺乏创意的教师,他们按照传统的学说进行教学。这些传统学说有时甚至成为官方教条,比如1309的后的多明我会的托马斯主义,或法兰西斯会中的司各脱主义(Scotism)(无可否认它易于走向各种不同的解释)。出于谨慎,其他的校务委员采取了一种简单的折中主义态度。

另一方面,刚才提及的各种成功主要发生在最古老、最重要的大学里。在较不重要的大学中,特别是在新建立的大学中,对这些伟大的争论只产生一种遥远的回声,部分是因为受大部分生源来自本地的影响。较不著名的教师和学生首先关注的是获得学位,因为这对某种成功的生涯是绝对必要的,所以师生们都容易满足于掌握一套呆板的、不苛刻的大学课程。至多,我们可以假定:在14世纪,所规定的课程仍然相当好地受到尊重,结果是毕业生的能力大体上符合大学章程中规定的标准。

无论如何,还是不要让该时期大学教育扩散的相对乐观的总体画面遮蔽了这一事实:这些大学没有能力摆脱从上一个世纪继承下来的种种限制和约束。这些限制特别表现在强调权威、经院哲学的方法及传统的学科分类系统的狭隘的框架,还有**学生**(*scolares*)的各种社会偏见。因此,14世纪如同13世纪一样,有同样多的理由谴责令人窒息的圣经诠释，因为它把推理的神学放在首要地位，使科学本身边缘化，继续排斥工艺学、历史学、古典作品、本土文学和各种东方语言（尽管有 1312 年维埃纳公会议的宗教法规 Inter Sollicitudines），还有习惯法。对大学制度的直接批评仍然很少，这是真的，尽管最早的一些人文主义者（彼得拉克）对大学的看法有保留，从迈斯特·埃克哈特到格哈德·格罗特的神秘主义者有时对大学表示过失望。但没有人会冒险对这样一种机构提出过激的挑战，因为大学的智力创造力看来远未耗竭，而其社会和政治的重要性则比以往更为明显。

大学与社会

要确切弄清楚 14 世纪西欧大学生的人口构成是困难的，然而对特定大学的规模作出估计是可能的。约从 1300 年开始，波伦亚大学的学生肯定超过 2000 人。别的地方的大学生的数量也有过各种估计，但都是关于该世纪末的数字，因为那时原始资料变得较为丰富（出现了最早的录取登记簿和向教宗提出各种申请的公文）。1348 年的黑死病及其后的各次流行看来丝毫没有导致学生数量持续减少，因为社会对求学的需要非常强烈。约在 1380—1400 年间，巴黎有多达 4000 名大学生（他们中有 3/4 属于文学院［faculty of arts］），牛津有 1500 人，布拉格、图卢兹和阿维尼翁都肯定超过 1000 人（后者大半是教宗驻地的缘故）。但在其他地方，大学生的数量大大低于这个数字：对剑桥、蒙彼利埃、昂热和奥尔良来说，500—700 个大学生大概是合理的估计。那些更加小的**大学**（如法国的卡奥尔）只能满足于拥有几十个大学生。

关于这些学生群体的构成我们也是几乎什么都不知道。他们是流动人口，这是不言而喻的。然而地域性的流动不应该估计过高。主要是德意志人地区和中欧的生源往外流动，一方面流往意大利（波伦亚、帕多瓦），另一方面流往巴黎。蒙彼利埃医科大学似乎曾拥有非常广阔的招生范围，因为来这儿读书的人要少得多。但在别的地方，学生流动超越国界的情况不常见。牛津和剑桥的影响主要是往不列颠群岛延伸，萨拉曼卡大学和巴利亚多利德大学是在卡斯蒂尔内部扩展，里斯本大学和科英布拉大学是在葡萄牙内部扩展。意大利的学生实际上从未跨越阿尔卑斯山，法国南部的大学主要向法国南部和相邻的加泰罗尼亚和阿拉贡招生，后者的本土大学（莱里达大学、韦斯卡大学、佩皮尼昂大学）仍然非常小。

社会流动的界定更要困难得多。贵族出身的学生（主要来自中下层贵族）是一个留下最多文献资料的群体，但他们占学生数的百分比变化相当大。在地中海各地区他们占的人数不太多（少于5%），在那里，他们与城市贵族（urban patriciate）处于竞争之中；在巴黎和牛津的著名的文学院里他们占的比例也不多，其学生的一个十分重要的部分似乎来自乡村和地位相对较低的家庭。另一方面，那些准备到法国或意大利学习的来自帝国的学生中，贵族出身的比例似乎多达20%，德意志"民族"到处都有一种相当贵族化的特征。

大学教育为社会晋升提供了各种真实的机会。至少它确实为那些已获得一种学位的人提供最低限度的收入；因为在14世纪里，无疑仍然有相当比例的学生，可能是大多数学生，未能通过毕业。我们在很大程度上忽略了这些学生的命运。另一方面，对毕业生来说，特别是对那些高级学院（higher faculties）的高级硕士（licentiates）和博士来说，值得钦羡的生涯前景由此向他们打开，能通向各种有声望的、生利的职位。当一个家庭的某个成员获得一份大学合格证书时，这常常是他们社会地位提高的一个决定性阶段，有时是成为贵族的道路上的第一步。然而，我们在谈论大学资格证书的"职业化"（professionalisation）时必须小心。这些证书认可的不是任何特定的技术能力，而是掌握某种相对而言是理论的、在社会上有威望的知识体系（拉丁文、辩证法、亚里士多德哲学、罗马法、经院神学）；同时，还有各种有用的联系网，在这些联系网中，以前的毕业生也是仁慈的保护者，会协力支持他们年轻的同事和受保护人的晋升。

教会特别乐于为他们学习提供实质性的资助，并由此为毕业生打开了通往一种教士生涯的大门。在教廷，教宗的高级管理部门实际上被大约40个博士和高级硕士所控制，他们主要是正式取得民法和教会法执业资格的人。主教职位也经常由毕业生和民法专家担任：曾有人计算过，他们至少构成了阿维尼翁教廷下属的50%的主教；而在英国国王爱德华三世治下时期（1327—1377年），则占英国多达70%的主教。大教堂的教士会（chapters）也是这样：约在该世纪中期，里昂大教堂43%的教士（canons），图尔奈（Tournai）大教堂64%的教士是大学毕业生，他们中一半以上来自某个大学的学院（higher faculty）。这些数字从一个国家到另一个国家都不一样，在法国北部和英格兰（那儿甚至在堂区教士中都能发现大学毕业生，这并非不寻常）比在伊比利亚半岛或神圣罗马帝国要高得多。14世纪时德意志的大教堂教士会的教士中，曾经历过任何形式的大学学习的教士（canons）少于1/3。

为个人、城镇或为统治者服务，也向毕业生、文学硕士尤其是法学毕业生提供越来越多的职位。在14世纪里，中央级的法院（如巴黎的**高等法院**）都处在来自大学的专业的民法学家手中。甚至在省一级，王室的中层管理部门，也任用一些博士和高级硕士。在意大利城镇的法庭（tribunals）和大法官法庭（chanceries），情况也是这样。不从事教学的医学博士，进入诸侯、大人物和高级教士的随从队伍并不困难。

14世纪的学术界完全知道他们的工作和头衔的社会尊严（从这时起这一点就很好地建立起来了），并明显对此进行了表达。他们对显赫和优先权的爱好，加上一种高度发展的等级感，渗入大学生活的每一个方面。这清楚地表现在考试费用的持续增加上，表现在大学庆典活动的炫耀和虚荣上。14世纪建立的一些最有地位的学院，诸如巴黎的纳瓦拉学院（Collège de Navarre，1304年）、波伦亚的西班牙学院（Spanish College，1367年）或牛津的新学院（New College，1379年），其豪华的建筑、极具影响力的图书馆、公开宣称招收"精英"（elitist）就表达了这种新的姿态。

不过，我们不应提早讲述未发生的事情。虽然如我们所曾看到的，14世纪的大学仍然具有极大的智力的活力，但重要的是既不要夸大它们的职业特性也不要夸大它们社会排他性。杰出的个人的成就，如巴黎的让·热尔松或英格兰的威克汉姆的威廉（William of Wykeham）的成就，都证明大学教育对那些具有必要的理智能力的人来说，通常仍然是比较容易达到的。在13世纪里依然还有某种普世主义的东西决定着大学生的学习状态。这里，如在许多其他领域一样，正是1378年使西方陷入分歧的教会大分裂，促成了一次潜在的危机。

结语：大学与教会大分裂

在某种意义上，教会大分裂无疑给古老的普世主义带来了新的生命。面对教宗权威的崩溃和信徒的不安，巴黎的神学家和宗教法学家领导的学术界相信他们被授予承担以下工作：即使不是僭取教会本身的权力，那么至少也要向高级教士和统治者建议，提出解决方案及倡导可能克服危机的方法。尽管有来自王室的压力，巴黎的大学生花了几个月的时间支持阿维尼翁的教宗克雷芒七世。在以下两个派别之间出现了激烈的争论：一方是充满激情的"克雷芒派"和主张召开一次大公会议（general council）的人，另一方是主张两个教宗同时引退的人，对两个教宗采取中立或撤销服从的方针可能加强了这场讨论。这场争论从巴黎传播到法国南部的大学，那是坚定地支持阿维尼翁教宗的地方。争论也传播到继续忠于罗马的那些大学，如牛津、波伦亚、布拉格，及尤其是德意志那些新建立的大学，朗根斯泰因的亨利（他曾从巴黎来到维也纳）在那些地方有极大的威信。在拒绝克雷芒七世及其支持者的要求时，他们还坚决主张改革的迫切性和必要性，认为召开一次公会议可能是有益的。这场争论停止了一小段时间，但在1392年后又充满活力地重新开始，作为对两个相互对抗的教宗的不妥协作出反应。1398年，主要是巴黎大学的人员作出了"撤销服从"驻在法兰西王国的教宗的决定。

在法国，只有图卢兹大学反对这一行动。由于西方的任何大学或统治者都没有追随这种做法，所以1403年，该行动的倡导者不得不放弃这个没有成熟的决定。巴黎大学的许多成员欣慰地欢迎"恢复服从"；他们向阿维尼翁送去了长卷的请愿书（向教宗请求豁免），这是在1394年他们为了证明自己对本尼狄克十三世即位持保留态度曾摒弃的做法。事实上，大学成员中越来越多的人认识到，虽然与教会大分裂斗争的必要性没有减少，但大学本身只会从这种冲突中得到好处。

主教们和统治者无疑仍向大学寻求忠告，但他们既没有财政资源（以教会有奉圣职的形式），也没有像1378年前那样由教宗保证的自治。基督教王国分裂成两个互相竞争的服从对象，如我们所见，这导致了新的大学和新的学院的创立。特别是巴黎失去了一些追随者和国际影响,其生源日益地区化(如同较小的或晚近建立的大学一样),大多来自法兰西王国北半部。到处,教宗权力的倒塌留下了权力分散的空间,世俗国家和城市日益向大学施压的大门敞开了。比如,牛津大学(尽管在1395年其豁免权曾再次得到重申)还是没有能力顶住坎特伯雷大主教的及王权通过这位大主教施加的专横干预。1411年,在经过25年徒劳的抵制后,阿伦德尔(Arundel)大主教决定性地取缔了所有形式的威克利夫的学说。

这样,像这时期许多其他机构一样,当时人或许没有充分意识到这一点,大学不可抗拒地被卷入这个变动的过程。教会大分裂造成的有利形势,把民族教会和现代世俗国家置于政治舞台的最前沿。

雅克·韦尔热(Jacques Verger)

王加丰 译

第 五 章
乡村社会

　　几乎如 14 世纪的历史在每一个方面的表现一样,影响中世纪乡村的最重要的事件是黑死病,及该世纪后半叶继之而不时出现的瘟疫。从 650 年这样一段安全距离(safe distance)看,黑死病在农村历史上常常表现为一种人口—经济的事件:突然急剧的人口减少,造成中世纪社会结构的一系列紊乱。有两种互相矛盾的方法来分析这种令人惊讶的历史事件的例子,这在学者中已经形成习惯。第一种是把随之而来的各种发展结果与瘟疫联系起来。农业萧条、农民起义和大部分贵族阶级的毁灭,这些都可以看成瘟疫流行及重复出现的结果。在什么程度上,各方面的长期变迁可以归因于黑死病(诸如农奴制在英格兰的衰落及其在东欧的加强,或教会的危机)仍然不清楚,把它作为进入 15 世纪的一个动力来看时更是如此。
　　另一种方法是通过显示其他单独影响社会变化的因素来极力贬低黑死病的影响。按照这种观点,人口下降、农业停滞和大范围的农民不满都发生于 1348 年以前,所以 14 世纪的"危机"在其最初几十年间就已显现,因此黑死病要做的就是确认或促进已经在进行中的发展趋势。这种观点与黑死病猛烈地毁灭一种稳定的经济社会结构的见解形成对照。
　　这两种阐释倾向都是有意义的,因为它们影响着如何看待这个世纪及其种种剧变,尤其是影响 14 世纪后期农业社会毫无疑问出现的危机与其前发生的事件是否存在有机联系的问题(如果有,有多早)。此外,讨论黑死病影响的尝试与关于农业和社会危机原因的各种不同观点交织在一起,以下两种观点之间的争论尤其如此:一些人强调人口变化是社会变化的基本根源,另一些人识别经济体系内部的各种冲突,这种体系的运行独立于有多少农民需要工作或需要吃饭的问题。由外在于经济的力量,如各种疾病或气候变化造成的人口减少之类与人力无关的因素,有必要与中世纪经济体系**内**诸如继承习惯或农民与其地主之间的关系等因素加以比较。①

农业制度的基本特征

中世纪农业经济的多样性比我们想象的更多。现在看来这幅画卷随地区和时间而不同,而不是大量无差别的农民普遍致力于小麦的耕作。在各村庄内部,农民在身份、持有地规模及其对自己领主的义务等方面都有相当大的区别。教科书上关于中世纪庄园的描述,把它看成一个自给自足的单位,若干村民由一个领主控制着,并通过统一的庄园习惯来管理,这种模型对中世纪盛期就不合适,对于14世纪来说更加缺乏根据。同一个村庄的居住者常常是不同领主的佃户,在持有多少土地(如果有的话)这一点上,村民中有极大的差别。此外,领主的倾向是从对自己地产的积极监管中抽身,使地租从劳役和实物义务转为货币,这进一步拉开了现实与自给自足的领地形象之间的差距。

影响农民的生活的,有家庭单元的性质、习惯和内在于乡村共同体中的其他共同责任,还有领主管理制度的特征。地区之间有相当大的差别,但是欧洲14世纪的大部分农业家是勉强维持生计的农民,他们也为市场而生产并向领主支付一笔地租。家庭的生计、农产品市场、土地和劳动力及佃户的各种义务之间的相互作用,影响着农民的命运及诸如土壤肥力、农民持有地的面积等各种显而易见的基本事项。

欧洲各处都有用来描述一个农民持有一份理想的份地的概念。在实践中,**曼苏**(mansus)、海得(hide)、威尔格(virgate)、**胡符**(Hufe)通常并没有一个标准的面积,但其含意是一块完整的农民租地所应该具有的规模。对欧洲大部分地区来说,大约30—40公顷看来是一份充足的持有地面积,但是拥有比这少得多的一块土地(少

---

① Harvey (1991), p. 3.

至 4 公顷），农户就足以支撑一个家庭的生活，并完成把剩余物产作为地租上交给领主的义务，只要土质达到中等，农民可以得到所需要的工具。甚至在 14 世纪以前，上升的人口、可分割的遗产和日趋减少的未开垦的土地储存，这些都意味着大部分农民的持有地少于标准，必须凑合着过日子，通过季节性的劳动或生产某些商品而非谷物来补充自己的收入。罗伯特·福西耶认为，从总体看，在中世纪的鼎盛时期，至少 40%—50% 的农民拥有的土地少于 4 公顷。②

农户规模通常很小，基本上是夫妻构成的家庭。富裕农民的家庭可能比较大，包括穷亲戚、劳工和不再有能力劳动的年长的双亲。对于年老的父母来说，生前与他们的孩子订立养老合同，作为在死前就把家庭财产转让给孩子的回报，这种情况并非不寻常。由于高死亡率和平均寿命不长，含有三代人的家庭的数量并不多。

丈夫合法地控制妻子财产的程度因地而异。在地中海各个地区，更多见的是农民妇女可以拥有和保留她们自己的财产，与她们丈夫的财产分开，也不是她们嫁妆的一部分。通常，在整个欧洲，法律几乎都不承认妻子在经济上的独立；同时她们对作为嫁妆的土地或对用来维持生活的亡夫的遗产拥有排他性的权利，却被广泛承认。

丈夫和妻子都参加生产，以便获得食品和收入。男性农民常常趋向于涉足所谓的"外部经济"领域，女性农民则更多关注紧邻住所周围的地方，即关注于"内部经济"，这种情况很平常。耕作、开垦土地、放牧通常是男性的活动，而照看奶牛、家禽和蔬菜园，酿酒和做衣服，还有抚养孩子、做饭和打扫房子，则是女性的工作。然而，特别是在收获季节，妇女也要参与田间活动并有一定的任务（如拣拾落穗），这被认为是她们的特殊责任。③

在欧洲那些村落相对集中的地区，这种家庭经济适合乡村内部的关系网络。村庄对农民家庭有重要影响，这种影响的程度，随欧洲各地区人文地理的差异而不同，而且性质上也不同于领主与佃户的关系。比如，在德意志西南部，乡村习俗常常通过详尽的**法规**（*Weistümer*）来阐述，但是这些并非关于古老的民间习惯的纯粹自发

---

② Fossier (1988), p 146. 也见 Rösener (1992), pp. 125 – 126; *Agrarian History of England and Wales* (1988), II. pp. 594 – 714; Freedman (1991), pp. 36 – 38。

③ Bennett (1987), pp. 115 – 117.

第五章　乡村社会

的表达，部分是领主的唆使并为了他们的便利而造成的结果。④

历史学家有时曾倾向于夸大中世纪后期乡村的团结，把它看作乡村习俗的专横和顺从的范例，或看成更有助于反对现代道德沦丧的范例。更晚近的做法是用个案来证明乡村内部的分裂，比如朗格多克的蒙塔尤（Montaillou）的例子，并强调不同阶层中村民的分化。⑤ 在英国，庄园法庭的卷宗揭示了一个经过选举的乡村领导人的群体，他们的相对富裕使他们拥有在当地实施有关规定的力量。⑥ 在整个欧洲，各乡村共同体管理着耕地及像牧场和森林这类公有地的区域，并对纠纷作出非官方的决议。

14 世纪里家庭和共同体都经历了相当大的混乱过程，原因是由疾病和流行病造成的极大的死亡率和随后的经济不稳定。削弱共同体纽带的一种措施是农民日益抛开祖传的财产（familial property），增加流动。⑦ 另一种方法是发展买卖土地的市场。1350 年后的人口减少和经济停滞可能曾削弱使村庄团结在一起的各种纽带，因此，加速发展的土地市场可能暗示着一种更强烈地维护个人利益的努力。另一方面，此类交易可能不表明村庄和家庭联系的瓦解，而只是家庭内部和邻里之间解决争议的一些办法。⑧ 一个活跃的土地市场并非必然与共同体制度的生存不相容。个人主义和共同体纽带的对立在欧洲乡村社会尚十分模糊。⑨ 在 14 世纪结束后很长一段时间内，尽管有种种剧变，但乡村共同体的情感本身总是在各种持续存在的实际要求中表现出来，尤其与影响农民的主要的外在因素——领主权有关。⑩

领主和农民

14 世纪的欧洲，存在绝对保有土地所有权的农民，但更多的农民和某个地主只有含糊的联系，或拥有基于用益权（usufruct）的种

---

④ Rösener (1992), pp. 159 – 160.
⑤ Le Roy Ladurie (1973); Fossier (1973).
⑥ Raftis (1974), pp. 24 – 264; DeWindt (1972), pp. 206 – 241.
⑦ Raftis (1974), pp. 129 – 182.
⑧ Razi (1981).
⑨ Ruiz (1987), pp. 423 – 452.
⑩ Blickle (1992).

种权利（如中世纪地中海地区在适应罗马法的过程中形成的永佃权[emphyteusis]），使名义上的佃户实际上持有土地。甚至还有一小部分地区，在地形崎岖的地方如山地或沼泽，通常能形成独立的农民共和国（如在瑞士的森林州[Forest Cantons]，荷尔斯泰因[Holstein]的迪特马尔申地区[Dithmarschen]）。然而14世纪欧洲绝大部分的农民不拥有现代所有权意义上的财产。他们必须为所耕作的土地向某个领主支付一笔可观的地租。地租有三种基本形式，可以互相结合：一定数量的货币、劳役形式的服务和佃农收获物的一部分。到14世纪时，与过去因经济太过原始而无法支撑任何非常广泛的钱币制度的情况相比，用货币支付地租已经变得平常得多。劳役可以采取多种形式，从带口信到运送粮食到为建筑工程劳动都是，但从地主的观点看，农民履行劳动义务的最重要的方面是在一个领主的自营地（demesne）上劳动，即领主作为专用土地保存起来而非出租的那部分地产。交纳收获物的比例变化不一，但可以多达收获物的一半。*

地主向他们的佃户收取租税不仅仅基于经济关系。在很多情况下他们拥有司法权，允许他们扮演法官和收税员的角色。比如，他们可以强制性地垄断磨坊，村民会被迫到一个属于领主的磨坊里把谷物磨成粉，并为此交一笔费用。此类限制甚至在农民形式上获得自由时仍然存在，虽然非常清楚这些是农民做农奴时的义务。到1300年法国已几乎没有什么农奴，而在13世纪和14世纪早期，在英国的大部分地方奴役状态还很常见，那儿约有1/3的家庭都是由不自由的人组成的。⑪ 农奴制在朗格多克很弱，在卡斯蒂尔很罕见，在加泰罗尼亚发展很快（影响1/4的乡村人口）。⑫ 在加泰罗尼亚南部（新加泰罗尼亚[New Catalonia]）农奴制不常见，但在这个王国北部的吉罗那（Girona）周围地区的农民中几乎普遍存在。

这些地区的甚至地方的变异使对农奴制进行一般性的概括很困难。尽管农奴身份被视为一种严重的耻辱，它剥夺了农民出席公共法庭或成为教士的资格，但其法律上的无资格并非总是转化成经济上的

---

* 这里的话很拗口，实际上是讲货币地租、实物地租、劳役地租三种地租形式。14世纪时实物地租的比例一般都在收获量的1/2以下。——译者注

⑪ Hatcher（1981），pp. 6–7.

⑫ Vicens Vives（1978），pp. 18–19.

低下地位。曾经有人论证过,特别就英国而言,维兰(villeins)比自由的但边缘化的劳动者在经济上常常更加富裕,而且更有效地得到习俗的庇护。[13] 奴役状态创造了一种契约,但也创造了对土地的一定程度的占有,这种占有是长期的,可以世袭和转让。

受奴役的身份是否真实,其标志是受领主随心所欲地控制的程度,这是他的超经济的力量的标志,但这可以扩展到自由人和非自由人。14世纪晚期的农民起义主要与权力的专横有关,包括奴役状态,但也包括诸如森林使用或领主侵占公有地之类问题,这些都影响自由和非自由的佃户的权利和习惯法。农民的奴役状态不仅使领主刻板地倾向于专横和强制的权力,也集中表现为黑死病后那些年间农民日益增加的憎恨,憎恨领主权力的永恒化和强化。

对于欧洲北部而言,特别是对英格兰而言,13世纪是领主自营地农业的鼎盛时期。受农产品高价格和可得到现成的劳动力所驱动,地主直接开发自己的自营地。农民在这些土地上劳作,这些农民中有的是履行自己的一部分义务的农奴,有的是地主雇佣的无地的劳动者或那些持有地少于标准的人。在13世纪和14世纪早期人口稠密的环境中,大部分农民持有的土地不足以养活他们自己。下面两类人差别极大:一类是拥有维持一家人(少数几个人)生活的土地的人,一类是要么完全没有土地要么只拥有少量土地但无法避免入不敷出的人,除非他们有能力找到工作做个临时工,或通过一门手艺如酿酒或其他活动来获得收入。高粮价及可以方便地得到大批贫困的、潜在的劳动力,促使领主开发他们的自营地,依靠按惯例服役的农奴进行耕种,并雇佣其他劳动力作补充。

其他地方,如在德意志,14世纪继续经历着一种以前就已出现的趋势:把整个庄园出租给承租人,向他们收取地租,以取代那种基于领主自营地的开发制度(*Villikation* 或 *Fronhof* 制度)。在地中海地区,农业开发一直以来更加分散,领主从来不曾拥有依赖佃户的劳役来耕种的大块专用地。即使是大地主,像伊比利亚半岛上那些西铎会的大修道院,他们从拥有的土地上得到可观的地租和服务,但目的不是为了直接耕种自营地。在地中海大部地区,用实物支付仍然远比用

---

[13] Dyer (1980), pp. 103–106; Hatcher (1981), pp. 22–26.

劳役或纯粹用货币支付地租重要得多。

14世纪的人口和经济衰退造成的总的影响，应该是进一步解除领主对他们地产的直接管理。然而同时，他们不再能维持自己原先的办事风格了，那是他们在劳动力存在剩余的时代行使的相对温和的监管方式。伴随着工资上涨的压力（劳动力短缺的一个结果）和农产品价格下降（需求急速下降的结果），领主试图使用他们的强制权力从佃户那里压榨更多的东西弥补损失。这种努力的形式是重新注重农民受奴役的身份，扩大并深化农奴制。他们既打算维护一种更加武断的封建领主的控制措施，又计划强行实行各种防止佃户迁走的规章，而当劳动力供给超出需求时，本来是不值得为这种事烦恼的。为应付这种急剧变革的局势，地主们还有其他可行的策略（如把可耕地转变为牧场，或从种植小麦转为种植那些投入劳动力较少的作物），但是封建领主的权力和农民的种种期望之间的矛盾显然是中世纪晚期最显著的现象之一——频繁的、暴烈的农民起义的背景。由于经营自营地不再有利可图，降低佃户的身份也只取得有限的成功，领主们将被迫成为不在地主（absentee），靠收取地租为生；但是即使在那些从未存在大规模自营地的地方，这种退出直接管理土地耕作的过程也是与不顾一切地企图从农民租户手里夺走尽可能多的好处同时发生的，此类企图的成功程度各不相同，主要依赖地理和环境的具体情况。

总的来说，贵族阶级的种种偏爱、责任和他们组织农业开发的方式，要求领主们允许农民实行某种高度的自我管理。一个由**巴伊**（*bailiffs*）、管事（stewards）和其他官员构成的数量可观的阶层负责实施领主的种种权利和确保税收的榨取。然而这些收入的复杂性和多样性以及这种间接剥削制度的内部缺陷，为农民提供了一定的抵抗空间，或者至少提供了一些小小的颠覆性的手段，使一整套在理论上常常是毁灭性的义务难以完全实现。

虽然佃户对自己的财产实施了相当有效的控制，但重要的是不要忽视他们是处在领主制统治下的事实，这种统治的特点是领主设法从他们的农民的生产所得中榨取相当大的分量，并对他们施加超经济的力量。这种力量在好年代可能更多地是潜在的而非具体实行的，许多被严格禁止离开所耕种土地的农奴迁往邻近乡镇。但是在14世纪后期，已经不太可能再容忍这种未经批准的流动；从匈牙利到德意志到英格兰，领主都实施先前曾被视为理论上的强制权。此外，在地主和农民之间的纽带松散的地方，这种强制性的权利可能产生有利于领主的作用。比如，有期限的出租取代了原先地租固定且确保持有的出租方式，新的出租方式允许领主驱逐佃户或与他们重新协商承租的义务。[14]

黑死病之前

14世纪上半叶见证了许多自然的和人为的灾难，这些灾难对乡村经济产生了有害的影响。其中最骇人、最严重的是大饥荒（Great Famine），从1315年开始几乎影响整个欧洲北部。它至少持续了两年时间，在有些地方晚至1322年才结束。这次饥荒的直接原因是一系列极端多雨的夏季和少见的寒冬，导致收成减产，其累积的结果是灾难性的。在许多地区，天气造成的破坏还由于战事（特别是在佛兰德和不列颠群岛）以及各种家畜疾病的流行而更加恶化。

关于灾难性的雨水和持续的冰冻的哀叹，出现于这时期北部欧洲所有地区撰写的编年史中，树木年轮测量法（树木年代学）证实了这些文字证据。这些情况有可能反映了欧洲气象条件的长期变化，从理论上讲它促使人们把向着更潮湿、更寒冷的天气变化的趋势，看成中世纪农业和人口扩张结束的根本原因。然而，几乎没有确凿的证据证明这一点，可能性较大的是多雨和寒冷的天气更加随意地出现而且起伏异常。

地中海各地躲过了这一特殊的灾难事件，但它们不会永远免除这种危机。比如，在加泰罗尼亚，1333年将被后来的资料称为"第一个坏年份"，因为它是一系列粮食歉收的开端。那些人口稠密的乡村地区比人口稀少的地区所受的损害更加严重，但这个规则有许多例外。在英格兰，尽管在人口密集得多的东盎格利亚（East Anglia）的死亡率相对要少一些，但南部可能有多达10%或甚至多达15%的人口丧生。[15]

---

[14] Genicot（1990），pp. 76–77.
[15] Jordan（1996），pp. 118–119.

虽然很快就从饥荒中恢复过来，但是这件事既可作为"灾难的14世纪"的一个早期的暗示，由此激起各种关于灾难发生有多少要归之于不可避免或不可能事先安排好的外部事件的问题，又可反对把它作为人口爆炸说的一个指标，即人口已经超出土地、技术和经济可以支撑的人口界限。

在经过几个世纪的强劲发展后，13世纪后期欧洲的人口似乎已经稳定下来；14世纪时人口大幅下降，这种下降甚至发生在黑死病造成的令人震惊的人口损失之前。这是M. M. 波斯坦（Postan）的一项成就，他基于中世纪农业经济的种种内部缺陷发明了这一人口变化的理论。与其把人口损失归咎于诸如粮食歉收或气候变化等纯粹的外部因素，波斯坦着手处理农业生产与人口之间的关系，这本质上是一个马尔萨斯的问题。在缺乏农业技术进步或农业投资的情况下，乡村不可能支撑持续的人口增长。波斯坦与J. Z. 蒂托（Titow）合作，收集并研究温切斯特（Winchester）主教的佃户向他支付遗产税的证据，直接证明了1300年后死亡率的增加。⑯ 死亡率的这种增加不仅仅因为各种打击和灾难所造成，也是长期的人口变动的结果。实际上在经过几个世纪不间断的增长后，英格兰的人口已然达到异常高的水平，超过了其农业系统可能支撑的最大的人口密度。可耕地的扩大达到了收益下降的程度。由于开垦活动从肥沃的土地转向土壤和气候都较不利于种植的地方，人口扩张不可能再简单地基于被耕作的土地数量的增加来进行。按照波斯坦的说法，在黑死病发生前人们已经放弃了一些居民点和农场，这本质上是某种人口过剩、土壤耗竭和不切实际地耕种边缘土地造成的生态危机。因此，14世纪早期的人口损失是"马尔萨斯陷阱"（Malthusian checks），不断增加的死亡率虽然残酷，但朝着重建人口和生产之间的平衡发展是必然的。⑰

近年来更直接地测量人口变化的方法，在很大的程度上已经证实波斯坦关于英国人口的某种结构性下降的命题，虽然这种下降更加突然，不是逐渐的变化。14世纪初英国至少有500万居民，英国人口要到进入17世纪以后才再次达到这个数字。⑱ 人们假定14世纪初的

---

⑯ Postan and Titow (1958–1959), pp. 392–417.
⑰ Postan (1972) and (1973).
⑱ Smith (1991), pp. 49–50.

法兰西、德意志和斯堪的纳维亚也有类似的超乎寻常的人口数量。[19]

一些地方的人口减少发生在黑死病之前。例如在对皮斯托亚（Pistoia）周边乡村的研究中，大卫·赫利希发现早在13世纪中期人口就已开始下降。[20]另一方面，在埃塞克斯（Essex）的乡村，直到大饥荒人口几乎没有什么变化，大饥荒导致15%的人口损失。然而，从1317年到1347年，人口似乎又减少了30%。[21]对亨廷顿郡（Huntingdonshire）、北安普敦郡（Northamptonshire）和白金汉郡（Buckinghamshire）的庄园的研究证实了14世纪上半叶人口的显著下降，尽管伍斯特郡（Worcestershire）的赫尔索温（Halesowen）庄园的景象显得有些不同。[22] 1300—1348年间人口增长率出现下降，但尽管大饥荒造成了15%的人口损失，其实际人口总的来说还是在适度增长，增长了4%。[23]

14世纪早期欧洲部分地区人口只经历了一次小挫折，例如在西里西亚（Silesia）中部，在经历了一些相对而言不大的困难后，农业经济的扩张重新开始，一直到1350年后才结束（这个地区也曾设法避免黑死病）。[24]然而，在许多地区（如普罗旺斯、诺曼底、托斯卡纳）乡村人口减少类似英国发生的情况。[25]但在布伦瑞克（Brunswick）的圣布拉辛（Sankt Blasien）教堂教士会的地产中，1320年后相当数量的农场被遗弃了，但这更多地是粮食连续歉收和战争造成的，而不是由于农业经济内部的紧张关系或生态限制。[26]

布伦瑞克的例子表明了波斯坦的研究方法的一个中心问题：尽管有广泛的（但不普遍的）人口损失，但是马尔萨斯人口危机理论的证据是脆弱的。他关于日益向收益递减的边缘土地扩张的假设大半是推论性的，几乎没有什么证据支持这一点。有些地区退出耕种的事实不能证明土壤的耗竭，不如说是证明了**整个**中世纪阶段的一种更有活

---

[19] Abel（1980），pp. 21-22；Gissel（1976），pp. 43-54.
[20] Herlihy（1967），pp. 56-57.
[21] Poos（1985），pp. 515-530.
[22] Ritton（1977），pp. 132-143；DeWindt（1972），pp. 166-170；Bennett（1987），pp. 13-14，224-229.
[23] Razi（1980），pp. 27-32.
[24] Hoffmann（1989），pp. 114-147.
[25] Klapisch-Zuber and Herlihy（1985），pp. 62-63；Baratier（1961），pp. 80-81；Bois（1984），pp. 50-53.
[26] Hoffmann（1989），pp. 197-207.

力的景象。最明确的例子是西班牙,尤其是旧卡斯蒂尔(Old Castile),那里的人口损失开始于 13 世纪中期,此前没有出现已经接近人口密度临界的任何征兆。[27] 在这个实例中,我们可以指出耕种者往新开放的安达卢西亚(Andalusia)迁移,这是 1212 年后基督教急速扩张的结果。在德意志也一样,即使不是那么引人注目,但村庄的被遗弃也要归因于各种其他因素而非马尔萨斯陷阱。就英格兰而言,对居民点的景观和模式的历史考察使人对波斯坦关于边缘土地的关键作用的假设产生怀疑。[28]

很难否定人口统计学的巨大意义,但是人口的急剧波动是与它们产生于其中的社会发生相互作用的,而不是取代、越过或撕裂各种不相干的社会力量。[29] 封建领主的统治在黑死病前就已处于紧张状态,很可能没有流行病也会存在农业危机。尽管如此,由于不用接触地面(不像战争)就能毁灭数量巨大的生命,所以流行病创造了新的压力和许多新的机会。

1348—1350 年间死亡的欧洲人口或许多达 40%,这对农业社会的结构有直接影响。到处,除少数由于某种原因而黑死病未触及的地区(如贝恩[Béarn]、部分西里西亚和部分波兰),人口锐减影响了工资和物价,并因此影响土地价格和领主与农民的关系。另一方面,黑死病的影响和经济或社会对它的反应在欧洲的不同地区是不同的,这意味着在流行病发生前各地的情况并不相同,各地区的法律和制度结构影响着劳动者和土地所有者的命运,与它们影响不具人格的人口统计事实是一样的。[30]

黑死病前已经存在危机,表现为饥荒和人口的某种停滞或下降,黑死病可能使这种危机凸显出来;或者黑死病可以看成一种残酷的但并非完全出人意料的马尔萨斯陷阱,其作用是使一个人口过剩和经济上过度扩张的社会恢复平衡。某种编史的共识,在英国特别明显,但并非英国专有,已倾向于把黑死病的影响降至最低限度,这部分是因

---

[27] Ruiz (1994), pp. 291–313.
[28] Dyer (1989), pp. 48–57.
[29] Bois (1984).
[30] Brenner in Aston and Philpin (1985), p. 21.

第五章　乡村社会

为不愿意相信随机产生的外部事件能具有令人震惊的历史影响。降至最低限度的一种方法，如上所述，是关注这个世纪下半叶发生的那些事件之前的发展趋势，另一种是强调各种情况恢复正常是如何迅速。这些见解与黑死病前危机存在的程度有关：如果 1348 年前人口的某种重新安排已经在进行中，那么令人震惊的人口迅速损失将是证实而不是突然扭转现有的发展趋势。

有一种广泛的共识是 1348 年后乡村人口的损失在继续，引发了长期的、剧烈的经济和社会混乱。到 1400 年，一直存在持续不断的人口损失，乡村地区比城市更糟。1377 年，英国人口只比《末日审判书》(*Domesday Book*) 的时代多一点点。大部分人口损失都是黑死病造成的，但也要归因于 1360—1362 年、1369 年和 1375 年连续发生的瘟疫。[31] 在皮斯托亚周围乡村，1401 年时只有约 9000 个居民，而 1244 年时有 31000 个，人口损失超过 70%，十分惊人。在同一时期，农村公社的数量从 124 个减至 44 个。[32] 曾有人估计，英国大约有超过 3000 个村庄在不同的时期被遗弃。后来的圈地放牧和稀树草原 (parkland) 的建立当然是最重要的，大部分英国村庄都是在 1450—1550 年间自愿放弃或被迫遗弃的；但是黑死病本身构成了"史前圈地运动"，因为粮食需求和价格的突然下跌推动了土地向牧场的转变，而这最终又是 14 世纪中期一系列突然发生的流行病造成的。[33]

在德意志各地区，诸如图林根 (Thuringia)、士瓦本 (Swabia) 沿多瑙河的山区、勃兰登堡北部的马克 (Mark)，经历了村庄遗弃率超过 40% 的过程。另一方面，莱茵兰同样受到黑死病的重创，但是居民点的数量几乎没有损失。1300—1500 年间整个德意志失去了 25% 的村庄。然而，如维尔纳·勒泽纳 (Werner Rösener) 指出的，重要的是要区分以下两种情况：完全被遗弃的地方，田地和所有一切都被遗弃；土地继续得到耕种，即使居民迁到了附近其他地方。[34]

尽管有遗弃村庄并向城市的迁移现象，但人口全面减少并不意味着成比例地遗弃土地。就这方面来说，14 世纪早期的特征是某种马

---

[31] Miller in *Agrarian History of England and Wales*, III (1991), pp. 1–8.
[32] Herlihy (1967), pp. 68–72.
[33] Beresford and Hurst (1971).
[34] Rösener (1992), 255–256.

尔萨斯饱和（Malthusian saturation），人口下降缓解了对土地较不肥沃地带的压力，但居民点人口密度的下降不会引起土地生产力的某种成比例的损失。由于需求减少，农产品价格和土地价值都缩减了；同时因为劳动力供应减少，工资面临上涨的压力。黑死病的后果看起来将有利于那些幸运地活下来的较低阶层的成员；在许多情况下，以前那些无地的劳动者现在发现自己身处对劳动力需求的难得的局面，能够有效地改善自己的处境。

从长远来看（即到世纪末），农业经济衰退后转为一种萧条，并影响其他经济部门。价格和工资的变化及稍后的经济危机尖锐化有时显然与黑死病有关（作为长期和短期的影响），但更经常的是与一系列持续不断地折磨着欧洲的流行病有关。因此，对于布伦瑞克的圣布拉辛教堂的土地来说，在1320—1340年间有人耕种的农场的数量显著减少。由于黑死病，由于许多幸存的佃户受到其他地方更好的机会的诱惑而离开，这导致了人口的减少。然而，对农业经济的直接影响没有那么严重，可能是因为尽管人口在14世纪早期就已开始下降，但相对于农业开发的可能性来说该地区在受到瘟疫的打击前仍然存在人口过剩的现象。然而到1400年，乡村经济及与此相关的修道院的收入都已崩溃。1/4的农场被遗弃了，修道院不再耕种自己的自营地（demesne），除非雇用昂贵的临时工来劳动。这些情况更多地是归因于1350年以后疫情的累积影响而不是归因于黑死病。㉟

在对中世纪后期诺曼底的研究中，居伊·布瓦（Guy Bois）识别出经济危机的几个阶段，影响这场危机产生的是1348年的人口灾难（总计50%的死亡率），还有封建经济内在的一些问题。在1314—1347年间这一开始阶段的人口停滞后，黑死病带来了人口崩溃，但并未直接导致急剧的物价下跌或工资戏剧性地上涨。1380—1413年间农产品价格下降了25%，但人口却出现了相当可观的恢复，至少是部分恢复。真正的经济灾难发生在1415—1450年，但这里所涉及的不只是疾病而且还有其他外部因素，如战争和基于小规模生产和封建领主的榨取这样一种封建经济内部固有的紧张关系。㊱

㉟ Hoffmann (1989), pp. 212 – 224.
㊱ Bois (1984).

波斯坦对英格兰的研究成果证实：我们忽视了黑死病的直接的根本性的影响。[37] 在法国南部的布里尼奥勒（Brignole）地区，大部分佃户都以优惠条件持有土地（长期租佃 [emphyteutic lease]），这种情况在 1348 年后似乎没有什么变化。小的地产被遗弃，但优质土地的价格依然很高，每年人口税（census）的缴纳维持稳定，不论是在绝对价值方面还是在被耕种土地的价格比方面都是这样。[38]

无论如何，有其他迹象表明黑死病对工资和农民的态度确实有直接影响。尽管直到 14 世纪 70 年代后期英格兰物价尚未开始急剧下降，但佃户和劳动者已在要求改善他们的租约和提高工资。较早的即 1349 年的《劳工法》（Ordinance of Labourers），以及于 1351 年由国会确认的《劳工法》（Statute of Labourers），对工资上涨的压力作出反应并有力地得到实施。庄园的记载显示黑死病后工资保持稳定，但是他们可能通过伪装来逃避工资控制的法规，办法是用现金支付和采用其他不用记载的刺激办法。[39]

英格兰的工资法令是黑死病的短期经济影响的最明确的证据，至于它如何起作用的问题则有相当多的不同意见。R. H. 希尔顿发现，开始时抑制农业劳动者的工资是成功的，这种情况持续到 1360 年，1380 年后上升的趋势加快了。[40] 惩罚性的工资立法是封建领主反动举措的一部分，他们试图在黑死病后维护甚至加强领主的地位。劳役和罚金增加了，禁止迁移得到了更严格的执行。[41] 然而甚至在 1381 年英国起义之前，而且无疑在该世纪末，此类努力都没有成功。达勒姆（Durham）的主教在巴拉丁伯爵领地（palatinate）上拥有独特的政治权和司法权，但也被迫放弃了征集劳役的尝试。[42] 瘟疫反复流行造成的人口后果，使领主不能维持原有的地位，难以继续奴役自己的佃户，这即使不是造成英格兰维兰身份逐步衰落的原因，也极大地促进了这一过程。

封建领主的反动并非到处都不成功，即使在英国，这种反动也不

---

[37] Postan (1973), pp. 186–213.
[38] Leclerq (1985), pp. 115–1280.
[39] Hatcher (1994), pp. 1–35.
[40] Hilton (1983), pp. 39–41.
[41] Raftis (1964), pp. 144–152; Brenner in Aston and Philpin (1985), p. 35.
[42] Britnell (1990).

是单纯靠援引人口必然性的理论抵制得了的，1381年的起义表明了这一点。在加泰罗尼亚，地主竟实施一种新的奴役形式，比流行病前得到公认的奴役形式要无情得多；在15世纪晚期它将需要一场彻底的农民起义来废除奴役权。[43] 在东欧大部分地区，黑死病的后果标志着农民地位恶化的开端：由一度自由的身份向受奴役的身份转变，进入近代很久以后他们都将忍受这种地位。[44]

农民暴动

在13世纪以前，欧洲乡村共同体有许多地方性的暴动，但1300年后，尤其是在黑死病后，农民运动的规模和性质发生了变化。动乱扩散到广阔的地区，并且激发其爆发的原因不再是不满特定村庄或庄园的惯例，而是出于种种社会要求和期望。[45] 这些冲突中给人印象最深刻的是1358年法国的扎克雷起义（Jacquerie）和1381年英国的起义，它们震动了这两个王国，虽然持续时间短暂（从上层社会的观点来看），但有可怕的结果。人们认为这些起义至少与作为14世纪特征的社会和经济危机有关。在有些情况下（特别是扎克雷起义），它们反映了暴力、动乱和压迫的令人绝望的局面。在某些方面它们也是农民感到自己处于更有利的地位从而可以提出各种更强有力的要求的结果。1381年英国的起义常被看作特别受人喜欢的历史概念"期望增长的革命"的例子，该概念表明工资、地位和土地持有条件未能获得预期的改善，会导致农民提出种种要求，这些要求比在受到更大的压迫但不太意识到机会的环境下更加过激。

农民起义被分为各种各样的类型，这些类型试图说明小范围的、孤立的不满的各种表现与中世纪晚期发展起来的那些更大的运动之间的差别。俄罗斯历史学家B. F. 波尔什涅夫（Porchnev）确认了3种农民反抗的形式：逃亡、不完全抵制（partial resistance）和公开起义。[46] 近来关于近代和更早时期的农民会社的研究表明了间接的、日

---

[43] Vicens Vives (1978); Freedman (1991), pp. 179–202.
[44] Brenner (1996), pp. 272–275.
[45] Köhn (1991).
[46] Rösener (1992), pp. 238–240.

常的抵制形式的重要性,这种斗争形式不用公开对抗就能破坏占支配地位的精英们的要求。

京特·弗朗茨(Günther Franz)是研究德国1525年农民起义的历史学家,他把反抗分成两种:一种叫依据"旧法律"(Old Law)的反抗,即援引习惯法而发生的反抗,由某个领主破坏地方习俗而激起;另一种是基于普遍得到应用的原则而爆发的反抗,叫依据"神法"(Godly Law)的起义。弗朗茨认为,前者从本质上看只针对某个领主或某个领地的司法权,而1525年起义的意图则被解释成关于自由和基督教平等的争论,马丁·路德的学说使这种争论成为可能。㊼同样,彼得·伯克(Peter Burke)假定以下两者之间的对立:一种是传统主义的运动,寻求恢复某种早期的正义秩序;另一种是激烈的反抗,不再提及某种理想化的过去而想象某种社会的巨变。㊽这里,反传统的想象并没有像弗兰茨所说的那样与宗教讨论相联系。

另一种分类法是这样的:一种是由某种充满激情的宗教期望所驱动的弥赛亚式的反抗(如15世纪初的波希米亚),另一种是比较现实的起义,由对社会流动的某种渴望所驱动。居伊·富尔坎(Guy Fourquin)加上第三种:一种罕见的政治和财政危机促成了起义(法国的扎克雷起义和英国农民起义)。㊾

这些分类和其他的分类方案都有一个共同点,都渴望把两种运动区分开来:一种是"严重的"运动,它涵盖一大片地理区域或看起来代表某种反传统的选择;另一种反映了平常存在的各种不满,通常认为这是保守和抵制变化的农民社会固有的特点。尽管限于1到2个庄园的暴动和像1381年英国那种规模广泛的起义之间有着明确的区别,但这些基于所假定的动机的分类倾向于掩盖这种程度上的差别,因为地方性的问题可能用激进的意识形态的措辞来表达,并与各种超越堂区范围的问题相联系。在14世纪的大规模起义中,政治问题激起了长期的社会的和经济的冤情。在佛兰德,饥荒、战争和管理不善的影响造成了1323—1328年的反叛,这次反叛的起因是繁重的税收,但它也是对剥削成性的领主统治的一次打击。扎克雷(Jacquerie)起

㊼ Franz (1984), pp. 1 – 91.
㊽ Burke (1978), pp. 173 – 178.
㊾ Fourquin (1978), pp. 129 – 160.

义也如富尔坎所论证的，是普瓦蒂埃（Poitiers）战役、王室的财政需求不断增加和无法无天的军队的蹂躏所造成的法国国家危机的产物。促成1381年的英国起义的，是臭名昭著的人头税和冈特的约翰（John of Gaunt）和王室大臣们不得人心的举措。

只有当农民被假定为是无助的或对他们地区以外的事物一无所知时，他们卷入对捐税或政府腐败的抗议才会令人惊讶。确实，1300年以后农民暴动的特点之一，是他们用来表达自己思想的措辞超出了地方冤情问题。法兰西和英格兰君主的财政需求不应被看成这些起义的唯一原因，土地持有情况、封建领主权力的武断运作和其他地方性问题是这些起义的目标。

中世纪第一次大规模的农民起义是佛兰德沿海人民反对腐败的伯爵政府及其亲法国的政策。农民们烧毁城堡、驱逐伯爵的官员、管理他们自己的领土并建立了一支军队。[50] 在布鲁日（Bruges）、伊普尔（Ypres）和科特赖（Courtrai）地区形成了一个事实上的农民共和国的中心，这个共和国从布尔堡（Bourbourg）海岸一直延伸到斯凯尔特（Scheldt）河。从1323年至1328年夏，他们在卡塞勒（Cassel）战役中被法国军队击溃。

佛兰德起义提出的是关于作为一个整体的佛兰德政府的政治和财政问题。这次起义并不完全是农民起义，布鲁日和伊普尔的居民也加入了起义，构成起义成员的一部分。在最后两年间，佛兰德起义变得更加激进，并倾向于更强有力地表现出把斗争目标直指富裕的地主和教会而非伯爵政府财政上的腐败。因此，这次叛乱把一种明确表达的政治纲领与可视为传统冤情的刺激结合起来了。

法国1358年的扎克雷起义相对短暂，但比佛兰德起义给同时代人留下的印象要深刻得多，部分是因为它发生在法国的中心地带，也因为从一开始它就被看成一场本质上反抗贵族的起义。扎克雷起义开始时是对普瓦蒂埃战役失败（1356年）后法国、英国和纳瓦拉军队劫掠农村的反应。王国政府除了试图为约翰二世国王榨取赎金之外已经不起作用，贵族未能保护自己的佃户，并因为在与英国人的战斗中的糟糕表现而丧失信用。

---

[50] TeBrake（1993）.

第五章 乡村社会

农民在 1358 年 5 月末开始在博韦内（Beauvaisis）抵抗抢劫的骑士，但这很快转变为反对贵族的普遍起义，并迅速向巴黎、皮卡迪（Picardy）周边地区蔓延，而且在香槟和诺曼底得到一定的响应。同时代的编年史家让·勒贝尔（Jean le Bel）认为领导这些农民的是"好人雅克"（Jacques Bonhomme），不久后这场起义就被称为"扎克雷"（这个名字出现在后来的傅华萨［Froissart］的历史著作和《诺曼底编年史》［*Chronique Normande*］中）。一个叫纪尧姆·卡勒（Guillaume Calle）的人被认定为这场反叛的首领，但是各地农民还是选出当地的首领，起义在很大程度上是自发的。贵族们在纳瓦拉国王"坏蛋"查理二世（又译"卡洛斯二世"）的帮助下很快镇压了起义。在这次血淋淋的镇压扎克雷起义的过程中，与农民联盟的莫城（Meaux）被烧毁，纪尧姆·卡勒被逮捕并被处以一种"模拟加冕"的死刑，即把他放在一个炽热的铁"宝座"上，并用一个加热的铁箍给他"加冕"。

关于扎克雷起义的动机这一话题仍有很大的分歧。19 世纪的历史学家西梅翁·吕斯（Siméon Luce）将起义归因于瘟疫、战争、税收和封建领主压迫的结合造成农民过度悲惨的境况。[51] 居伊·富尔坎把起义的社会基础缩小到最低限度，将它看成王室和贵族权力的合法性碰到某种独特的短期危机的结果。按照富尔坎的说法，在起义中很活跃的农民是富裕农民，他们构成起义队伍中的少数派，并受到外部力量尤其是一些城市精英的鼓励，这些城市精英反对贪婪的王国政府，并对失业的士兵（men-at-arms）造成的普遍混乱感到十分愤怒。[52] 玛丽－泰雷兹·德·梅德罗斯（Marie-Thérèse de Medeiros）在讨论当代关于扎克雷起义的各种叙述时，也怀疑这场起义本质上是反对贵族的说法，但承认贵族没能保护他们的佃户因而失去了合法性的光环。她的著作证明编年史作者们在相信起义的目标的确是贵族阶级这一点上是一致的。[53] 扎克雷起义，尽管它只持续了几个星期，但作为农民的愤怒和上层阶级易受攻击的一个象征将持续存在。

英国 1381 年的起义作为乡民反对地主阶级怒火的爆发也将长远存留在人们的记忆中。15 世纪初，牛津一个世俗教士（secular clerk）

---

[51] Luce (1894), p. 9.
[52] Fourquin (1978), pp. 134–139.
[53] De Medeiros (1979), pp. 11–23.

在一本登记簿的页边空白处写了一首诗：

> 人要当心，不要犯傻，
> 斧头和板凳要多思量；
> 板凳很硬，斧头很锋利，
> 这是理查德国王的第四年。[54]

当然，农民武装出现在伦敦和他们对这位年轻国王的威胁，在人们的回忆中是世界被颠倒过来的一个可怕的实例。约翰·高尔（John Gower）用一场噩梦的幻觉来描绘这些事件：各种先前有用的牲畜逃脱它们的枷锁，给这块土地带来毁灭和动乱。

然而，在这里，也可以明显地把叛乱看成源自某种原因而非阵发性的愤怒或弥赛亚的平等主义。1380年议会投票决定征收为期四年的第三次人头税，叛乱开始时是对政府致力于这次征税的反应。在5月底和6月初，暴动从埃塞克斯西南部开始，并蔓延至包括肯特（Kent）郡、整个东盎格利亚（East Anglia）、赫特福德郡（Hertfordshire）、剑桥郡及至少是部分苏塞克斯（Sussex）、萨里（Surrey）和米德尔赛克斯（Middlesex）等地。有两支农民军队在伦敦聚集，瓦特·泰勒领导的肯特郡的人和埃塞克斯的起义者。肯特郡的武装于6月12日分别在布莱克希斯（Blackheath）、萨瑟克（Southwark）和兰贝斯（Lambeth）渡过泰晤士河，烧毁了伦敦大主教的宅邸。从北部来的埃塞克斯的人被允许进入伦敦，现在加上肯特郡的武装。他们烧毁了冈特的约翰的官邸，洗劫了由王室财政大臣罗伯特·黑尔斯（Rober Hales）担任主持的教堂。国王和他的随行人员避难于伦敦塔。6月14日在迈尔恩德（Mile End）的谈判体现了起义军的运气的顶点。他们迫使14岁的国王同意废除农奴制并让人草拟承认佃户自由的详尽的宪章。他们还赢得国王同意，把与土地面积相联系的租金率统一起来，取消对贸易的各种限制并实行一次大赦。这些起义者是否有更多激进的计划，如是否想建立一种不依赖议会而是依赖一个由普通人组成的"真正的下院"（true commons）的君主制，仍然有争

---

[54] Justice (1994), p.251.

议。瓦特·泰勒和他的追随者确实完全将局势掌握在自己手里，他们离开迈尔恩德进入伦敦塔，并在那里立刻把大主教苏保利（Sudbury）和黑尔斯加以处斩。

第二天，即6月15日，在史密斯菲尔德（Smithfield）国王和起义者再次会晤，据《阿诺尼玛莱编年史》（*Anonimalle Chronicle*）的报道，在这里瓦特·泰勒提出了新的要求：包括终结所有的领主权，但国王的除外；分配教会财产；取消所有的主教，但留下一个主教。泰勒可能未曾想过与国王达成协议，据说他行为嚣张、放肆，与国王握手并在国王面前喝啤酒。伦敦市长威廉·沃尔沃思（William Walworth）袭击了泰勒，把他杀死，而国王则试图安抚农民，声称自己来领导他们。起义者相对平静地散去。稍后政府使用审判机器来对付起义者，但起义的兴起与镇压都比法国的同类事件较少流血。

在伦敦提出的要求在什么程度上表达了整个农村的不满，这并不明确。瓦特·泰勒的要求和约翰·鲍尔（John Ball）在布莱克希斯的讲道（他引用了这个对句［couplet］：当亚当挖地夏娃织布时，谁是绅士?）都提出了某种平等的理论，是对领主地位的一种攻击。研究特定地区的历史学家们并不强调在史密斯菲尔德提出的激进要求，而是表明早期的各次骚乱和1381年事件之间的联系。农民曾试图运用合法手段反对被他们视为专横的领主行为，而不是以像1381年起义这样的方式来抗击贵族。许多极其热情地参加1381年起义的地区都有过关于受奴役的身份和随之而来的各种义务方面的诉讼史。萨福克（Suffolk）的埃尔姆汉姆（Elmham）和埃塞克斯的莱斯（Leighs）的佃户曾试图证明自己的自由身份。1377年一场叫作“大谣言”（Great Rumour）的运动席卷了英格兰南部的40个村庄，在这场运动中封建领主对劳役的要求受到基于《末日审判书》的自由租佃规定 100
的抵制。(55) 在圣阿尔班（St. Albans）修道院，1381年的起义军从修道院走廊地面上挖出手推磨的部件，这是先前农民与修道院关于领主磨坊垄断权的冲突中被没收并被铺设在走廊的地面上的。圣阿尔班修道院禁止其佃户在修道院外磨谷物，对这种强制压服的记忆在1381

(55) Faith (1984).

年还继续存在，因此当农民在这个喜庆的日子里闯进修道院时，他们挖出这些石头，把它们分成一块一块的，在一个类似于分配圣餐面包的典礼上互相分发这些石块。(56)

圣阿尔班的事件也证明农民对被认为是古老的习惯的尊崇，而不是根据在史密斯菲尔德提出的纲领改造社会。圣阿尔班的佃户烧毁了记录他们义务的文件，但同时坚决主张修道院院长提供据认为是国王奥发（Offa）颁布的一份宪章。宪章“用大写字母写成，颜色有两种，金黄色和天蓝色”，里面包含着他们的自由身份的基本条款。修道院院长抗议说他不知道有此类文件，并承诺他将会进行查找，最终他被迫另外写下一份宪章，承认农民所要求的各种相当有限的让与措施。(57)

鉴于各地的要求多种多样和由于编年史家怀有敌意的叙述，使得重新构建农民起义纲领变得很困难，所以不能把英国起义看成是某个单一的或某个主要原因造成的。无论如何，14 世纪的历次起义中最明显的是，必须把英国的例子看成与黑死病及随后各次流行病的结果所产生的情况有关。此前对持有地的义务就存在各种地方性的冲突，此时又加上了对专横的领主和政府的征税的普遍不满，而这些税收本身又是土地价值和王室财政遇上危机的结果。领主渴望抵制工资上涨并利用自己佃户中许多人的不自由身份来增加每况愈下的收益，这与农民改善处境的期望、对农奴制及其各种侮辱的不满发生了碰撞。

1381 年起义被镇压不意味着英格兰农民反抗的结束。在 1381—1405 年间，尤其是在肯特郡、柴郡（Cheshire）和约克郡，还将有五次地区性的起义。(58) 更重要的是，14 世纪的最后 10 年封建领主出租土地的速度加快了，随之而来的是放弃自营地的耕种方式。这阶段的农民有能力使用威胁手段离开自己的居所，以便自己在更有利的条件下与领主谈判，尽管当局重申了关于迁移和农业工资的惩罚性法规。这段时期见证了程度非同寻常的迁移运动，有理由推测：农民在 1381 年使用直接手段未能取得的东西，现在他们利用自己仍拥有的

(56) Walsingham, *Gesta Abbatum Monasterii Sancti Albani*, III, p. 309.

(57) Faith (1984), pp. 63 – 65.

(58) *Agrarian History of England and Wales* (1988), III, p. 797.

最伟大的武器——劳动力的减少，至少部分获得了成功。尽管不可能确定农奴制在英格兰结束的日期，但是毫无疑问 1381 年标志着它消失的关键时刻，这一过程将在 15 世纪完成。

保罗·弗里德曼（Paul Freedman）

郭　俊 译

王加丰 校

第 六 章

城市生活

尽管很多历史学家多么希望避免概括，以便为各地区之间种种非常大的差异留下合适的空间，但无法否认的是，随着先前的扩张而来的经济紧缩深刻地影响了 14 世纪的城市。发生于 1314—1317 年间的粮食歉收及其所导致的短缺，还有黑死病（1347—1350 年）及随后瘟疫的多次暴发，都使情况恶化。结果是城市人口水平锐减，勉强靠农村流入的难民来填补。这些因素与高税收率和一些国家的政府对钱币的控制相结合，一起阻碍了商业和手工业制造活动，加剧了社会的紧张关系。

1300 年左右欧洲城市概况

14 世纪初的欧洲城镇是经历了数世纪扩张的结果。在欧洲南部和地中海地区（意大利、加泰罗尼亚、阿基坦 [Aquitaine]、普罗旺斯），及欧洲北部和西北部某些地区（像佛兰德，莱茵兰，塞纳河、罗讷河 [Rhône] 和卢瓦尔河 [Loire] 流域，海峡和大西洋海岸），城市的密度比较大。

很多地区建立了城市网。经济、人口和文化的扩张使得绝大多数主教所在城市恢复活力，这些城市的起源可追溯到古代晚期和中世纪早期。在城堡、修道院、小修道院附近发展起来的很多富裕的农村，成功地使自己提升，进入真正的城市行列；而殖民、拓荒及保卫易受攻击的边界地区的需要，成为晚近的城市得以建立的原因，这方面有君主、教俗封建领主的深思熟虑的创造和乡村移民的开拓性的活动。

13 世纪末和 14 世纪见证了阿基坦的 300 个**城堡**（*Bastides*）中最

第六章 城市生活

后一个城堡的建立,也见证了坐落于威尔士和苏格兰边界的最后一批"新植城镇"(planted towns,如卡纳封[Caernarfon]、康韦[Conway]及毁灭后重生的特威德[Tweed]河畔的伯威克[Berwick])的建立。在中欧和东欧,除了德意志人和斯拉夫人的殖民点(勃兰登堡、但泽、罗斯托克[Rostock]、斯德丁[Stettin]),还有条顿骑士团(Teutonic knights)新近持续不断地建立的定居点。梅克伦堡(Mecklenburg)有一半城市的形成可以追溯到1250—1350年间。

尽管如此,要为每个王国或大领主的领地拟出一张城镇的名单相当不易。实际上,同时代的统治者都没有对那时建立的大小居民点做过记录,即使出于政治、军事或财政等方面的考虑促使他们碰巧这样做时,他们的结论也是五花八门,各不相同。比如,法国就是这样,关于市民在省级议会集会的记载就存在很大偏差。朗格多克(Languedoc)和朗格多伊尔(Languedoil)的三级会议,在1302年时参加的城镇有91个,1308年是259个,1316年是227个,1318年是96个!根据美国历史学家C. H. 泰勒(Taylor)的说法,共有570个地方受召集来参加这些代表会议,并在其中发挥一定作用,但绝不是说这些地方都可称为充分意义上的城镇。① 因为不管从经济、人口、制度、建筑的角度还是从宗教的角度(供养托钵僧的修道院)讲,它们都不符合城市必备的标准。

即使13世纪城市化的步伐在加快,欧洲还仍然保持着浓厚的乡村性质,在有些地区高达95%的人口生活在农村。所有的国家(爱尔兰、斯堪的那维亚、葡萄牙),还有诸如奥弗涅(Auvergne)、布列塔尼这样的省份或帝国统治下的萨伏依(Savoy),都仍然满足于拥有可怜的、小小的城镇,这些城镇与其相邻的农村没多大区别。

城市居民的增加更多地是人口从腹地或周围乡村地区(法语"plat pays",意大利语"contado")迁入的结果,而不是自然增长。来自不同社会阶层(贵族、律师和农民)的人受城市提供的工作、商业机会、安全及有利的税率所吸引,他们集聚于城墙内的区域中,或者住在人口稠密的郊区。关于佛罗伦萨、热那亚、巴塞罗那、里昂

---

① Taylor (1954).

等城市移民运动的地理和社会政治起源的研究，可谓硕果累累。在人口没有得到任何真正恢复的情况下，承担直接税义务的**户主**（*chefs d'ostels*）名单，承担封建义务的纳租人名单，有义务服兵役的成年人的卷宗或已婚妇女（如在阿讷西［Annecy］）的记录等，使历史学家对有关数字能得出一个"精确的近似值"（借用 A. 克鲁瓦［Croix］用的短语），尽管关于纳税户（fiscal hearth）的概念和免税的概念存在各种不确定性。[②] 这一证据无可怀疑地表明大部分人口中心都很小；实际上，14 世纪的大多数城镇都勉强达到或超过 1500—2000 居民。毫无疑问，萨伏依公爵喜欢居住的尚贝里（Chambéry），14 世纪时人口还不到 4000 人；日内瓦伯爵的首府阿讷西的人口几乎不到 1500 人；福雷（Forez，蒙布里松［Montbrison］除外）、科曼日（Comminges）伯爵领、布列塔尼公爵领（除了南特［Nantes］、雷恩［Rennes］、瓦恩［Vannes］）和葡萄牙的大多数城镇的人口都是这样一种规模。基于这一背景，拥有 1 万到 2 万居民的城市属于不同的级别，约克、诺里奇（Norwich）和布里斯托尔（英国除伦敦外最重要的城市）都属于这个级别的城市。任何拥有 2 万以上居民的城市中心，都已经拥有非常多样化的活动，并对周边地区具有非凡的影响力。14 世纪大灾难之前的人口水平最高。有人曾经论证过，巴黎拥有 20 万以上的居民，紧随其后的是佛罗伦萨、热那亚、米兰、那不勒斯、巴勒莫（Palermo）、罗马和威尼斯（这些城市都拥有大约 10 万居民）；伦敦大概有 8 万居民，根特（Ghent）的居民大约在 5 万到 6 万之间，布鲁日的居民约为 5 万；其他城市（鲁昂、里昂、科隆等）的居民在 2 万至 4 万之间的水平上。关于中欧、东欧新近建立的城市，吕贝克（Lübeck）在 1300 年时大概有 1.5 万居民，但泽、马格德堡、纽伦堡、维也纳和布拉格的居民接近 2 万。当然这些都是假定的数字，那些与巴黎和伦敦有关的人口数字特别频繁地引起争论。尽管如此，就是这些近似的数据也表明了城市人口的扩张及其限度。值得怀疑的是：整个欧洲是否有 80—100 个超过 1 万人口的城市。

城市景观是其前几个世纪间，尤其是 13 世纪里，经历若干代人

[②] Croix（1974），p. 43.

第六章　城市生活

的塑造而形成的。如果完整地再现城镇规划的地貌，要么显示为"双重城镇"（double towns）（一个在古典时代建立的主教所在地的城镇与一个生气勃勃的、商人和手工匠的堡［bourg］相结合的产物，它们在某个较晚的时期在某个修道院旁边发展起来，比如佩里格［Périgueux］、图卢兹和纳尔榜［Narbonne］就是这样）；要么是复合的、多网格（multicellular）的定居点，由某个古代的中心与其边缘的堡合并而成，是城市扩张的主要阶段的产物（如巴黎、兰斯［Reims］、莱登［Leiden］）。但大部分重建的城镇的规划都有一个不太复杂的结构。因为实际上每个计划都是独立的事例，草率而且过于简单，有时候它们只不过是一条主干道，加上城墙里的一条街巷，几条次要的路把两条路连起来；有时候它们也套用一些新建城镇的做法，这些新的城镇或多或少采用正规的网格布局，是经过更深思熟虑的城镇设计建立起来的（如艾格莫特［Aigues-Mortes］、蒙托邦［Montauban］）；有时候则是采用中心辐射式的规划，城墙是其外围的界线，里面为椭圆形或圆形，最重要的道路都通往中心，中心矗立着教堂（布里夫［Brive］）、堡垒或市场（布鲁日）。

虽然城镇可用的空间很少经过测量，除了地中海的城市（威尼斯、巴勒莫、那不勒斯），而且在城墙内仍可看见耕种的土地，但城内交通仍然极其困难。通往设防的正大门的道路，只有一两条主干道（大街、马路、大车道）是能够承受马拉的货车和其他重载的交通工具的。其他道路是迷宫一样的小街、胡同和走廊，还有分割各个**居民区**（quartiers）或行政区的道路（如塔拉斯孔［Tarascon］、卡奥尔［Cahors］），它们只不过是一些陡峭的、弯弯曲曲的通道或**小巷**（Boyaux，如沙特尔［Chartres］），两边出挑的房子使路面显得幽暗无光，还堵塞着各种工具、用品和垃圾。14世纪开始时，对道路维护、建筑物正面的排列或为了公众健康表示任何关切的领主或者共同体还很少（如圣奥梅尔［Saint-Omer］、欧里亚克［Aurillac］和意大利的城镇）。

毫无疑问，城墙阻碍了流通。大部分大城市都靠城墙来保护，城墙不断延伸，把处在城镇边缘的居民点包围起来，也是城市扩张的一种标志。设防的巴黎的表面面积从卡佩王朝最初几个国王时的12公顷，发展到菲利普·奥古斯都（Philip Augustus）时的275公顷，而到查理五世和查理六世时已达到 400 公顷,城墙也在相应地延伸到右岸。这是一片相当大的区域,但绝非罕见,比如根特和科隆占地都超过 500 公顷。但大多数中等的和不重要的城镇都设法着重保护一个堡垒和一座设防的教堂(如圣马洛[Saint-Malo]),环绕整个城镇的城墙远未完成,更不用说对称和有效,尽管我们从众多编年史中的城镇缩影图中熟悉了埃皮纳勒(Epinal)的图像。

很多年来,往往是以极大的代价,在危及他们脆弱的预算平衡的情况下,欧洲的城镇曾接受捐款兴建令人惊讶的哥特式建筑,这些建筑往往就是城镇举行礼拜仪式、商业活动及形成同伴关系的中心。14 世纪初见证了这些不朽的遗产的进一步精心加工的过程。很多大教堂的建筑场地都很繁忙:埃夫勒(Evreux)大教堂的唱经楼(choir),约克大教堂的中殿,乌得勒支(Utrecht)、锡耶纳、佛罗伦萨和卢卡(Lucca)的大教堂都是这一时期建造的。堂区教堂、小教堂和医院的数量随着城市地域的扩大到处都在增加,并且改变着传统的宗教生活结构。托钵僧的修会——多明我会、法兰西斯会、伽尔默罗派(Carmelites)、穷克拉雷派(Poor Clares)都在人民和城镇当局的支援下建立了自己的修道院:1210—1275 年间建立了 423 家女修道院,1275—1350 年间又建立了 215 家。③ 此类女修道院的存在及其数量,成为识别城镇层次和给它们分类的一种附加的方法,因为信徒们的捐赠能够供养三或四个女修道院并提供临时住宿。佩鲁贾(Perugia)的圣多明我(St Dominic)教堂(建于 1305 年)是一个灵感的源泉,它拥有三个同样高的中殿,极大地增加了内部空间。欧洲北部各个城市公社、意大利和阿基坦的各个执政府(consulates)及英格兰、德意志的其他较后建立的市政府都关注它们的官方建筑,政府和商业机关所在地构成公众议事厅(Public palaces)的有:佛罗伦萨的市政厅韦基奥大楼(Palazzo Vecchio,建于 1299—1315 年)、欧洲北部和佛兰德坐落在城镇正中心的钟楼(伊普尔完工于 1825 年,根特建成于 1337 年)、意大利用于公众集会的广场(锡耶纳的演练场[Piazza del Campo]和佛罗伦萨的大教堂广场)、英国和佛兰德的市政厅(guildhalls)、法国的**市政厅**(*maisons communes*)或德意志诸如布雷斯劳(Breslau)那

---

③ Emery (1962), p. 3.

样的市政厅（Rathäuser）——更不用提及市场、桥梁，等等。

1300年左右的城市肯定没有显示出衰退的景象，即使大约至少在两代人的时段内显示出不祥的预兆。在许多中心中，城市贵族阶层（其统治地位建立在金钱和联姻基础上的商业寡头）的破产已显而易见，他们的腐败和对公共财政的无效率的管理已经受到公开谴责和攻击。富人和穷人、**大人物**（*popolo grosso*）和受剥削受羞辱的**小人物**（*popolo minuto*）之间的分裂日益加剧。最初的城市问题就产生于这种鸿沟，并受到众多不公正现象及对苦难大众的剥削所推动，结果是罢工（杜埃［Douai］）、骚乱（1280年左右在伊普尔和布鲁日，1306—1307年在巴黎）以及发生于意大利和佛兰德的持续不断的起义。

一个苦难的世纪

一些章节标题，诸如"天启（Apocalypse）的时代"或"悲剧的时代"、"痛苦的世纪"或"百年战争的世纪"都强调14世纪西方深刻的断裂：大灾难接踵而至，没有哪座城镇和哪一代人可以幸免。即使有助于使先前的扩张结束的其他因素都被人遗忘了，凶险的饥荒、瘟疫和战争的三重事件还是深深地铭记在人们的记忆里。

13世纪下半叶开始的恶性循环持续发酵。在某个较早的时期，所有地区和全部城镇都经历了食物短缺的困境：卡斯蒂尔开始于1301年，朗格多克发生在下一年，巴黎是在1305年。特别是处于劣势的地区，定期蒙受营养不良、食物短缺和饥荒，造成这种情况的原因有粮食歉收、供应困难、商人和包税人的无耻投机，还有大范围的物价飞涨和谷物储存安排上的失误。人们因营养不良而变得虚弱，因而更容易受到流行病的侵袭（这样的情况在奥尔维耶托［Orvieto］就发生过）。大饥荒给这个已经过分拥挤的世界带来了一次大屠杀，尤其是在城镇中，城镇是乡村过剩人口的天然迁移地。北欧在1315—1316年受到流行病的侵袭，朗格多克是在1332年和1375年，加泰罗尼亚和巴塞罗那是1333年。在"第一个凶年"里，巴塞罗那有1万人死亡，占人口总数的20%。1316年5月1日和11月之间的几个星期中，伊普尔的居民减少了2974人，占总人口的10%。一个目睹者描述了每天那些饿殍是如何从街道上被收走，并在新的墓地中草草地埋葬在那些为此挖出来的沟渠里。此外,在整个14世纪对食物短缺的担忧仍然是城市政府关注的主要问题。这部分地说明了他们为什么要加紧对**腹地**(*plat pays*和*contado*)的控制,实施专断的价格控制和各种类似的措施,但无论如何城市的腹地常常没有能力向市民提供一整年的粮食(热那亚和威尼斯)。

被称为"瘟疫"的疾病,其起源往往不确定,已经不止一次地袭击了西部城镇。在该世纪初,塞维利亚(Seville,1311年)和巴伦西亚(Valencia,1326年和1335年)曾受到严重侵袭。但这仅仅是黑死病的前奏,而黑死病则预示着普遍的大混乱。黑死病是由来自克里米亚的卡法(Caffa)的热那亚船只携带回来的,1347年9月到达墨西拿(Messina)。这种"瘟疫"(腹股沟淋巴腺炎瘟疫)的特征是炎性淋巴腺肿(buboes)(腺的发炎肿胀),并常常伴有肺炎并发症和败血症。这种瘟疫于1347—1352年袭击了西欧。这一祸害的蔓延可以一个个城市加以追踪:1347年11月它侵袭马赛,阿维尼翁是1348年3月,里昂和图卢兹是同年4月,7月在鲁昂暴发,巴黎是8月。1348年底它袭击伦敦,哥本哈根和卑尔根(Bergen)是1349年,1350年6月波及吕贝克。疫病的淫威在严酷的寒冬稍有收敛,但是随着气候渐暖和湿度增加它又重新活跃起来。瘟疫消失了一段时间,但每过10—15年又剧烈地重新肆虐:这些危险期出现在1360—1363年、1373—1375年、1382—1383年、1389—1390年及就在这个世纪的末年。各种复杂因素的结合导致城市更容易受到影响:它是高度集中的人口居住区,战时驻军和难民的存在,不卫生的糟糕的居住条件以及盛行的混乱和放荡(promiscuity);而且一片片半液体状的废弃物堆积在各处街道上,当时的舆论也予以谴责,认为这无疑是传染病的源头,还有携带着病菌的啮齿目动物和跳蚤大量繁殖。不存在精确的死亡统计数据,当时人所举证的死亡数字(按照教宗的医生居伊·德·肖利亚克的说法,阿维尼翁死亡人数6万)纯属虚构。然而,疫情的严重程度可以根据支配了那些有重要身份的人(比如富人,巴伦西亚称为"*richs homens*")的惊恐的浪潮来判断,他们疯狂地逃往与世隔绝的地带;也可以从其他人的态度和逆来顺受的言论及某些个人的暴烈的或情绪性的具体反应看出来。对尸袋(mortuary cloth)的大量需求(里昂、佛罗伦萨)、公证人的书写室里显著增多

第六章 城市生活

的遗嘱数量（贝桑松［Besançon］）、向教堂和托钵僧修道院的遗赠等都是衡量疫情严重性的重要因素。同时，纳税人的数量、学徒契约数量，还有城市税收岁入，都急剧下降。根据税收记录就有可能估算瘟疫对人口水平的影响。来自阿尔比城（Albi）的两本登记册，即 1343 年和 1347 年的税收名录（compoix），表明该城纳税家庭从 1550 户减至 685 户。据估计，1335—1405 年间图卢兹的人口从 5 万减少到 1.9 万，70 多年间人口减少了 58%。大多数人的估计都证实了同时代编年史家让·傅华萨关于人口锐减的印象，他写道："世界上 1/3 的人死了。"④

那些处于地方领导地位的人充分意识到了瘟疫的严重性、其起作用的速度和传播的程度，尽管他们没有能力理解这种无情的灾难及其非常有选择性地伤害某些人的根源或原因，有时候主要是侵袭成年人，有时则主要袭击孩子（1362 年巴伦西亚许多儿童死亡），穷人比富人更容易被传染。临死前他们被隔离在自己的房屋中，或者待在已经与等待死亡的地方几乎没有什么区别的医院里；租用草草筑成的房屋，包括过去用于压榨葡萄的作坊（wine presses，如在南特）或茅舍（阿讷西）；采取控制和限制旅行的措施，驱逐来自疫情地区的外来人，如士兵和商人；有时他们甚至不得不在病人死亡前就将其处理掉（如在于泽什［Uzerche］）。医生和理发师医生（barber-surgeons）及护理人员都被组建起来，但实际上都成了挖墓人。* 黑暗中总有一丝光明，瘟疫也一样，它至少给人们提供了一个（罕见的）机会，清洁道路及采取促进公共健康的措施，清除流动的**污水和粪便垃圾**（bouillons et dépotoirs），筹建新的排水沟和管道。

估计战争对于城市史的影响更加困难得多，百年战争由于多次被一些和谈条约打断，所以"战争"这个词用了复数，它比其他短期的和更加地区化的冲突显得更重要。关于后者，我们这里只需提一下 1366—1369 年间卡斯蒂尔的"残忍者"彼得（Peter the Cruel）和特拉斯塔马拉的亨利（Henry of Trastámara）之间的内战及其持续冲突，各城市之间的流血斗争，波罗的海各海上国家的对抗，法国的盗匪或

---

④ Froissart, *Chroniques*, ed. Luce, IV, p. 100.
* 欧洲中世纪的理发师往往兼任外科医生。——译者注

意大利各城市公社付钱的雇佣兵或暴君的劫掠，1303年佛罗伦萨的冲突，派系（皮斯托亚的黑党和白党之间）斗争，农民起义中的族间仇杀甚至城市的政治示威，如1381年英国工人起义。凡是冲突时期，总是伴随着围攻、抢劫和屠杀。有时和平的实现反而是更加危险得多的事情，比如，被遣散的雇佣兵，他们被剥夺了雇主付给的金钱和已经成为习惯收入的赎金和战利品。当然，这些危险的分布是不均衡的。大城市中心由于有适当的防御设施，比大的乡村得到更好的保护，可以在围攻和**骑兵队的袭击**（chevauchée）中免于毁灭，除非发生某些麻烦的事情，比如背叛或起义。只有那些不设防的郊区，最小股的匪帮也能随意加以蹂躏。1355年，黑太子（Black Prince）的**骑兵队的袭击**横扫朗格多克，随后在1356年的普瓦蒂埃战役之前进入阿基坦北部。这些都是系统地抢劫和毁灭的战役，在这过程中，纳尔榜（Narbonne）和卡尔卡松（Carcassonne）的郊区、一些城市（如卡斯泰尔诺达里［Castelnaudry］）边缘的教堂和修道院还有皮鞋和纺织作坊（如在利穆［Limoux］）都付出了惨重的代价。其中最毫无节制的行为是1356—1360年间在巴黎周边和法兰西岛活动的各色匪帮队伍（routiers）犯下的。1358年9月，"坏蛋"查理（Charles the Bad）雇用的纳瓦拉人因未能攻取亚眠（Amiens）城，就进行报复，放火焚烧亚眠的城郊，据傅华萨的估计，3000多座房屋被大火烧毁。即使这一记载可能有夸大的成分，但是不可否认的是，60年后在该城依然看得到废墟和被烧焦的城墙遗迹。驻军对他们所驻扎的地方而言与其系统地加以蹂躏、骚扰和袭击（travailliet, herriet et guerriet）的内陆地区一样危险。因此，驻扎在普瓦图地区（Poitou）的吕西尼昂（Lusignan）的英国军队要为该地遭受的劫掠负责，在原住民眼中这些占领军不可相信。最后，在战争年代还有另一种破坏形式，即蓄意烧毁房屋；这既可清除火线上的障碍，又不使袭击者拥有任何藏身之处。即使证明有理由这样做，这种决策也已经产生了灾难性的后果（在图尔［Tours］和普瓦蒂埃都是如此）。

即使如此，14世纪大多数欧洲城市所经历的困难，不能完全归因于战争、瘟疫和饥荒三部曲本身，尽管这些是巨大的灾难。在这些总的危机中各地也有各自的戏剧性事件：1361年发生在纳尔榜的一次反常的水灾，一夜之间造成300处住宅消失。由于大多数房屋还是木头或泥墙加茅草顶的建筑,火灾也时常发生:据巴塞尔(Basle)一部编年史的记载,1298 年施特拉斯堡的一场火灾导致 355 座房屋被毁,1313—1315 年间,一场未经识别的流行病使 1.5 万人丧生;1359 年一场大火洗劫了蒙布里松;1373 年一场地震摧毁了蒙彼利埃。

一些问题与近代国家的兴起有关,国王和君主们,迫切需要金钱来建立行政机关、从事外交活动;征集军队和维护他们的生活方式也要为城镇的危机承担一部分责任。市民们不断谴责不公正的税收(*maltôtes*)和勒索,埋怨强制性贷款和持续增加的税率,包括间接税(*aides*)、户口税(*fouages*)、直接税(*tailles*)和盐税(*gabelle*)。市民们不得不频繁地承受三种税收:地方领主征收的古老的封建负担、国王或君主强加的新税和市政府征收的用于维护城墙和守备部队的捐税。在有些王国中,他们还得像农民一样承受反复的货币贬值和货币操控所造成的各种后果:这种情况在 1337—1360 年间的法国发生过 85 次,1385 年后查理六世在位期间发生的次数更多。这些措施似乎是合理的,因为政府缺乏金银,又希望消除债务并同时增加盈余;但它们挫伤了独立谋生的人、投资者和商人的投资信心,同时还造成了一种有害于经济和贸易的不确定的氛围。在 1355—1358 年的巴黎会议上,埃蒂安·马赛尔(Etienne Marcel)和朗格多伊尔三级会议代表们的首要诉求之一,就是恢复货币稳定。在黑死病期间蒙受迫害并长期生活在被驱逐的威胁中的外国人(1358 年在巴黎的英国人)、典当商人、伦巴第的银行家、犹太人的共同体,都感受或忍受鄙视、嫉恨及关系恶化。在这种情况下,他们在促进投资和恢复商业方面没有任何作为。

每当遭受灾难袭击或发生政治冲突,城市都要付出高昂代价。市民生活会被打断或甚至几年间瘫痪难以恢复,由此造成的各种后果可以根据经济活动、社会动乱和人心不稳来衡量。有的地方整个地区变成废墟或被居民所遗弃。财政档案记录了一件又一件遗弃的例子,习惯上用来描述这些被遗弃的地方的词有 *frostes*、*desbastives*、*dekeues et awasties*(佛兰德),* 各处都有本来维护得很好的房屋变成了废墟并被遗弃(*masures ruineuses, desherbregées*)。1375 年兰斯的城市官员记

---

* 这是几个当时佛兰德人使用的词汇,用来描述城镇被废弃或被毁灭的景象。——译者注

载，房屋租金依次下降了 30%—50%。同一时期，视察特鲁瓦（Troyes）的王室特派员的报告证明：大多数居民因赋税过重而背井离乡，"他们为所承担的税负所累而已经离开或正在离开这座城市，仅有 300 个纳税户还在此居住"。⑤ 在被认为富裕地区的房地产价格的下跌证实了灾难的规模，基于对图卢兹为征税目的而制定的市民财产清单（*livres d'estimes*）的计算，显示出该地区城市财产总值的估价是：1335 年为 175 万图尔制造的里弗尔（*livres tournois*），1384 年降至 46 万里弗尔，而在 1391 年这一数字已低于 30 万里弗尔。

这种情况在地方的层次上反复出现，从建筑工地到工场、从市场到包税人都是这样。然而，我们必须控制自己，不要作出一般性的概括。那些受影响较不严重或那些长期享受宁静生活的城镇即使从瘟疫中也能更快得到恢复。14 世纪时里斯本走上了成为大西洋沿岸重要港口的道路；巴塞罗那只在该世纪末才显示出一些衰退的迹象；阿维尼翁继续利用教宗的存在；在一种非常不同的层面上，随着和平的恢复和继承战争（War of Succession）的结束，布列塔尼的小城镇已经使他们腹地的有限资源变得有利可图，并加入了重要的商路。

盛行于各地的不稳定的气氛也是造成日常生活遇到的各种困难的原因。各种不满的迹象、由苦难引起的起义、社会最下层的愤怒，都变得越来越频繁，在 1378—1382 年间的一次突然发作中达到顶峰。这次发作的标志是以下一系列动乱：佛罗伦萨（1378 年）、根特（1379—1382 年）、在法国的一些城镇中和法国重要的封地上（1378 年在尼姆［Nîmes］和勒皮［Le Puy］，1379 年在蒙彼利埃）以及在德意志（但泽［Danzig］、布伦瑞克和吕贝克）。这些起义通常持续时间不长，但是它们的暴力使人们出其不意地受到影响：居民们大声叫骂着涌向街道，他们中有商人、行会成员及其雇工、建筑工人和居住在半农村的郊区的受雇佣的农业工人（1381 年在贝济耶［Béziers］）。掠夺的预期吸引了很多处于社会边缘的人，一些鼓动者加入了他们的队伍，这些鼓动者来自赞成激烈变革的地区，怀有各种政治动机。大多数编年史家并不同情这些人，说到他们时用了**恐怖**（*effrois*）、**震荡**

---

⑤ Bibolet (1975), II, p. 14.

第六章 城市生活

(*commotions*)、**公社**(*communes*)等字眼,*或使用地方的名称,如里昂语"*rebeynes*"(**反叛**)、鲁昂的"*Harelle*"(**阿雷尔**,源自暴徒的呼声"阿罗"[Haro],1382年)、巴黎"*maillotins*"(**持木槌者**)起义(1382年)、佛罗伦萨"Giompi"(梳毛工人)起义(1378年)等。历史学和社会学研究致力于揭示暴力的周期,比如研究发生在里昂⑥或在朗格多克⑦的暴乱,追踪各种不满日益增长的程度并最终导致暴发的过程,并且强调这种暴乱的结果是仇外、反教士和排犹的情绪(1382年巴黎就是这样)。历史学家和社会学家还致力于识别那些被捐税激发起来的起义和贫困引起的起义,还有那些被政治运动所点燃并受强有力的人物所支配的起义。这方面的例子有14世纪初布鲁日的皮埃尔·克尼恩(Pierre Coninc),1334—1345年和1375—1382年根特的雅姆(James)和菲利普·范·阿特维尔德(Pillip van Artevelde),及1355—1358年巴黎的埃蒂安·马赛尔。

更困难的是用文献来说明下面这些人长期经历的不安定的生活,即那些在街头、门廊下、墓地以及在每一个集市和市场上随处可见的人,那些来到这个世界上后不适应环境、犯有各种各样的过失、无休止地乞讨的异乡人。在正常条件下,每个社会单元都有一个破坏性的边缘;14世纪时,这些成分因难民的涌入而膨胀起来,并在乡村的贫穷使城镇情况恶化时又因城镇本身的日益贫困化和雇佣兵的存在而加剧了。此时,城市成了吸引各种边缘成分的磁石。除职业罪犯之外,还有一批暴民、乞丐(*caymans*)、流浪汉及混在"学生游吟诗人"群体(*goliardic bands*)中的粗俗的人(*ribald men*)和妓女。迄今记录最为丰富的司法资料是巴黎的**高等法院**或**裁判所**(*châtelet*)的登记簿,包含数千件审讯记录和赦免证书,这些记录使我们有能力复原社会中那一小部分令人不安的人的生活情况,这批人的不凡事迹是街谈巷议的材料。⑧ 城市最终开始关注这件事并加以约束:1354年法王约翰二世指示他的一个司法官员皮埃尔·利厄维利耶(Pierre

---

* 中世纪意大利北部、法国北部、佛兰德一些通过斗争或甚至起义来获得自治的城市政权称为"公社",整个城市自治运动称为"公社运动",所以这里的"公社"一词带有动乱或起义的意思;或指由此建立起来的城市政权。但在一般情况下,"公社"仅指市镇的政府组织。——译者注

⑥ Fedou (1964).
⑦ Wolff (1954).
⑧ Geremek (1976).

Lieuvillier），要他用各种可能的方法把扰乱公共治安的犯罪分子从这个王国清除出去，所列举的人中有"削去钱币边缘的人（coin clippers）、拦路抢劫的强盗、男女小偷、绑架妇女者、拦路抢劫者、骗子和作伪证者"。但结果证明这个法令是无效的。情况恶化到这样一种程度：1395 年巴黎市民在黄昏后不敢外出，以免遭受那些"社会地位低下的人"的袭击。立法非常关注那些流浪者、游手好闲之徒（在这样一个人口减少和劳动力短缺的时期特别令人厌恶）、娼妓和老鸨以及保护他们的恶棍，这些人的存在对诚实的市民是一种侮辱。好人约翰二世于 1351 年颁布一项法令：乞丐们必须在三天内作出决定，要么选择工作，要么被驱逐出境；对那些不愿工作的人施以重罚，包括用烧红的铁给他们打上烙印。

但是城市暴力绝非专门为了对付那些潦倒的人。市民们随时有机会在众多的酒馆（阿维尼翁有 66 家）中的一家喝上一杯"使自己热乎一下"。人的行为显然总是冲动的：阿维尼翁法庭审理的 54% 的案件多少与肉体的和口头的暴力直接有关，仅打架一项就占案件总数的 40% 以上，伤害（injure）占 7%，而盗窃仅占案件总数的 3.5%。[9] 在巴黎、兰斯、雷恩（Rennes）和图赖讷地区（Touraine）的一些城市，情况也与此类似。

一个变化的世纪

同时代的编年史家与领主和市政管理档案通常提供给我们的那种悲惨的景象，不应该使我们无视 14 世纪城镇中发生的种种变化。

战争和瘟疫都不能制止建筑的扩张。普遍不安的气氛甚至促进了军事建筑物的建造。欧洲各地当局都主动地修缮和扩展他们的城墙，以保护新的城区。这方面的工作不断取得进展，在汉堡和比萨大概发生于 1300 年前后，在热那亚和雷根斯堡（Regensburg）从 1320 年开始，卢万（Louvain）、布鲁塞尔和巴塞罗那是在 14 世纪中期，奥格斯堡是在 1380 年左右。随着百年战争重新开始，法国那些在和平和遣散的年代几乎没有什么事情可做的沉睡的砖瓦工场重新活跃起来。

---

[9] Chiffoleau (1980), pp. 342–343.

因此，法国许多城镇的防御工事得到改进和加强：兰斯从 1337 年开始，图卢兹在 1345—1380 年间，巴黎在埃蒂安·马赛尔时期（这时期城市同时受到雇佣兵和扎克雷起义军的威胁），普瓦蒂埃在贝里（Berry）公爵约翰统治时期（1372—1416 年）。每个人，从国王本人、城堡主管到地方领主都支持这些市政方面的新举措。1367 年 7 月 19 日，查理五世颁布一项法令，命令法国所有享有王室特殊恩惠的城市（bonnes villes），在最短的时间内检修各自的防御工事。虽然很多城镇的城墙得到了修复，塔楼、城门和幕墙（curtain walls）都能更好地适应攻城战术的变化，但结果绝非普遍地让人感到满意，这些新修复的工事也不能与阿维尼翁、约克或葡萄牙的奥比杜什（Obidos）或吉马雷斯（Guimares）的防御工事遗址相匹配。绝非每个人都坚信良好的防御工事有长久的重要性。个人主义和教条主义的结合妨碍人们在财政投入上作出必要的共同努力（普瓦蒂埃）。人们指控主教们和大教堂的教士犯有重大过失，兰斯愤怒的市民闯入大主教的官邸，声称他未能履行自己作为他们的保护人的责任！一些管理得很糟糕且施工草率的工事声名狼藉，极不合适。由于缺乏资金，致使一段段幕墙仍然没有修好，一度曾经单纯用篱笆来填补缺口（在特鲁瓦）或者直接用房子的后墙充当城墙（阿讷西的所谓的**房子做的城墙**［murenches］）。

筑城工事改善的同时，守军、民兵及其他防守力量也得到了加强。1312 年当佛罗伦萨受到来自卢森堡的亨利七世的威胁时，该城能动员 1.2 万市民保卫自己的安全，**既有农民**（contadini）、雇佣兵，又有步兵和骑兵。从 1317 年开始，很多法国城市的市民都恳求法王菲利普五世任命那些强有力的军事首领来保护他们的城市。结果是，城市军事首领的办事处到处出现，成为地方行政管理的中心之一和贫困贵族的专门的活动场所，因为这些贵族为它提供的金钱和其他物质利益所吸引。从理论上讲，在每一次军事集结中，年龄在 16 岁到 60 岁之间的男子都应该全副武装到场，这是每个"户主"的职责。然后这些人被分成 12 人或者 50 人的小队沿着城墙分散开来，这就是众所周知的 **10 人队**（dizaines）和 **50 人队**（cinquantaines）。城市卫队有三个主要职责：看守城门（这是一项受尊敬的工作，通常由那些最重要的市民担任）、在塔楼的哨位上值勤和在城市街道上巡夜（或称**后方夜间巡逻**［*arrière-guet*］）。我们不应该对那些市民的军事才能怀有任何幻想：他们的训练和装备都很差，几乎没有什么积极性。巴黎市民在1356—1358年间的出击及其在同一时期与雇佣兵的冲突远非成功。

所有守军的装备水平都逐步并普遍得到提升。那些最早的叙述和装备清单所提供的信息无法进行比较。"大炮"（artillery）这个词，从最广泛的意义上来理解，指各种有刀刃的（bladed）武器、石弩和其他围攻器械。最初的大炮（称为 bastons 或者 engins）逐渐开始出现在城墙工事上：起初是重型射石炮（14世纪40年代初在里尔［Lille］或图尔奈［Tournai］开始使用），逐渐以其他更合理的口径来补充，如蛇形的、锥形的**铁炮**（veuglaires）和有某种垂直弹道的迫击炮。这些武器的操纵需要专门人员按照某个"大炮专家"（master）的命令来进行，这些专家是炮手而不仅仅是铁匠。有些城市因军火制造而声名鹊起：列日（Liège）除了刀剑的制造工和整修工（finishers）还有制枪匠；从14世纪开始，迪南（Dinant）和那慕尔（Namur）有了相当规模的铁制和青铜制的枪械工业，而在米兰、布雷西亚（Brescia）和其他伦巴第城市，数额巨大的盔甲和装备订单成为其经济命脉。

无论何时，只要城市有一段时间暂时免于战争，或者仅仅由于幸运而躲过战争，它们就会继续扩张并大规模增加自己的资源。城市景观经历了一个在城墙内外持续扩张的过程，有时会完全改变原有城市的模样。在教宗、枢机主教们和教廷的所有部门迁移到阿维尼翁后（1309—1378年），大批移民随之前往，阿维尼翁得到了彻底改造。这座城市的城墙内迅速建立起设防的教宗宫殿，私人宅第和其他建筑物持续出现，所容纳的人口成倍增长，迅速增加到3万人以上。意大利的城市持续扩张，所修建的私人和公共的宏伟建筑物日益增加：该世纪中佛罗伦萨的警察长官官邸（Bargello）（或者市政官大楼［Palazzo del Podestà］），锡耶纳的市政府大楼（Palazzo Pubblico）和威尼斯公爵宫（Palazzo Ducale），这些都是大规模的"公共殿堂"（Public palaces），正面饰以金碧辉煌的绘画和雕塑，如帕尔马（Parma）的科米尼斯剧院正厅（Platea Communis）、锡耶纳的演练场（Sienese Campo）。然后是喷泉和横亘于店铺之间的桥梁，前者多模仿佩鲁贾

第六章　城市生活

的尼科洛·皮萨诺（Niccolo Pisano）的杰作，后者如佛罗伦萨的旧桥（Ponte Vecchio）或比萨的新桥（Ponte Nuovo）。北欧城市（贝蒂纳［Béthune］、布鲁日、杜埃、根特、泰尔蒙德［Termonde］）新建的钟楼及其钟和铃，还有德意志城市（亚琛［Aachen］、科隆）新建的市政厅（*Rathäuser, Bürgerhäuser*），都反映出同样的活力。促进贸易活动的商业设施也发展起来：从面包师和鱼贩子使用的简单设施，从商人的货摊和挂满绘画的画廊（如日内瓦和尚贝里的文献所记载的），到为特定目的而建立的面积相当于大教堂的市政大厅（佛罗伦萨）、第一家股票交易所或金融市场（布鲁日和巴塞罗那），或威尼斯和巴塞罗那的垄断性的兵工厂。即使是在被战争蹂躏的国家，国王或君主法庭的存在也会促进该城市的复兴。14世纪末，贝里公爵约翰国王到达普瓦蒂埃，为这个因不断战争及1346年有人蓄意燃起的大火而损毁的居民点带来了宽松的环境。它提供了各种契机，促使人们重新将土地分成许多独立的小块地皮，建立起一个大钟楼（*Gros Horloge*），修复伯爵的官邸、大教堂和城墙。尽管被1346—1360年的事件所打断，巴黎和法兰西岛（Ile-de-France）在查理五世和查理六世统治期间重新经历了城市的发展过程：扩建了卢浮宫，新建了高级贵族的城内住宅（这刺激了复杂的土地和房地产交易），为学生修建的学院建筑也改变了整个邻近街区的面貌，比如巴黎大学区（university quarter）。在蒙特（Mantes）、莫（Meaux）、图尔和鲁昂（Rouen）都出现了类似的发展，都有大教堂和圣旺（St Ouen）的教堂那样的建筑。

14世纪基督教建筑仍在增加，比如，可以看到佛罗伦萨的大教堂（"托斯卡纳最宏伟的教堂"），奥尔维耶托大教堂和锡耶纳大教堂。⑩ 英国的建筑师创造了装饰式（Decorated）和垂直式的（Perpendicular）建筑风格，* 如（1340年后）格洛斯特（Gloucester）的唱诗班唱坛和回廊，埃克塞特（Exeter）大教堂，坎特伯雷大教堂和温切斯特（Winchester）教堂的中殿。这时期还可看到一些独特的教堂建筑，如巴塞罗那的海上圣马利亚教堂（St Mary-of-the-sea），马林

---

⑩　Bargellini（1977），pp. 60–61.
*　哥特式建筑12世纪传入英国后，先后发展起三种风格，先是早期英国式，然后是装饰式和垂直式，后者从14世纪后期开始流行。——译者注

(Malines)大教堂和于伊（Huy）大教堂。

对城市规划的压力反映在城市小块地皮的进一步细分上（比如，伦敦沿河滨马路［Strand］一带），反映在现存社区布局（如日内瓦的里弗区［Rive quarter］）和新建的郊区的改变上。（据 J. 海斯的说法，文献记载了 1320—1348 年间城墙外 70 个居民点的例子。[11]）14 世纪见证了某种城市政治理论观念的发展，这种观念得到了强制性立法的支持。从 1309 年开始，锡耶纳的市议员（aediles）要求在道路旁边建房子必须经过正式批准；在其他地方，市政当局禁止擅自进行扩修，修筑突出的塔楼、楼座和阳台，因为这些既破坏现存街道外观的统一，又妨碍公众来往并且遮挡阳光。卫生设施也得到了明显改善：如在帕维亚和瓦恩（Vannes），通过修建排水道来完善仍在使用的罗马时期铺设的排水系统；在其他地方，优先铺砌重要的街道；饮用水的供应通过水井、引水渠、地下水道和水源的建设而得到改善。然而，即使有了地下水道，也无法掩盖这种排水系统的缺陷，在屠夫、染匠和制革工人居住的地带总是存在严重污染。

很难说这些公共工程在增加各个市民的地方责任感方面是否发挥了作用，因为毕竟这些市政方面的进步并不普遍。一个城市可能因为没有特许状或者只是由于自然的政治演变过程而失去自治权。即使如此，重要的是认识到：在那些所谓自主的城市里，普通民众并非总想保持那些现存的公社或执政的特权，因为这些特权不给他们带来任何好处，他们更喜欢让一个王室官吏来取代腐败的寡头政府，王室官吏能向他们提供有效的保护。14 世纪初，在桑斯（Sens）、贡比涅（Compiègne）和桑利斯（Senlis），这个问题就是用上述措辞表现出来的。实际上，位于与佛兰德伯爵领交界处的图尔奈，拥有一份非常有利的公社特许状，使它享有程度可观的自治；但在 14 世纪时，这些自由被查理五世取消，王室派出的**巴伊**成为这里的最高长官。圣康坦（Saint-Quentin）遇到了同样的不幸：因为在关于特权性质的问题上试图"欺骗"国王，1311 年特许状被废除。犯有**冒犯君主罪**要受重罚。莫城因为被指控勾结埃蒂安·马赛尔和扎克雷起义军，引起国

---

[11] Heers（1961）.

第六章　城市生活

王的雷霆之怒（ira regis），该城的特权被取缔，从此巴黎来的**长官**（prévôt）统治了这座城市。在鲁昂和巴黎，1382—1383 年由于极度贫困和过于沉重的赋税激起了起义，也受到同样严厉的惩罚。

那些没有获得自治权的城镇，仍然臣服于领主的管辖（在布列塔尼）。其他城镇（尤其在伦巴第）因为无止境的冲突而陷入混乱状态，它们选择抛弃不平等和僵化的假民主，让一个专制者（signore）来保护自己，专制者是一个由无产者和雇佣兵来维持自己权力的专横的统治者（tyrant），他通过将自己的独裁权力传给儿子而建立起一个王朝。马泰奥·维斯孔蒂（Matteo Visconti，卒于 1322 年）一生都是人民的首领，他使米兰人接受他的法律和他的子孙，米兰是一个公国的首府，在 1395 年升格为公爵领。一些人竞相仿效维斯孔蒂，有费拉拉（Ferrara）的埃斯特（Este）女侯爵，热那亚的西莫内·博卡内格拉（Simone Boccanegra）（"终身总督"），还有波伦亚和维罗纳（Verona）的统治者。威尼斯人相信，1355 年 4 月 15 日野心勃勃的总督马里诺·法列尔（Marino Falier）这个新人（homines novi）[*]的产儿被处决后，他们将无须走上这条道路，但这座城市还是陷入由十个贵族组成的市议会的牢牢掌控之下。

如果把上述各种保留放在一边，无疑这是对的：战时的孤立，政府为控制任何危机所经历的困难，统治权力和多种多样的集体利益之间"不断讨价还价"的政治，总的来说都有利于**好城市**（bonnes villes）享有各种城市特权。[⑫] 这种表述越来越多地用于表示被认为是富裕和繁荣的城市社区，这种由城墙包围起来的社区（福雷[Forez]有 13 个、里昂地区有 12 个、波旁地区[Bourbonnais]有 11 个）拥有最低限度的公共机构，但是与国王及其法庭享有特殊的联系。这些联系以各种方式表现出来：虚情假意地相互交换书信（图尔），向王室和国家的代议机构派遣代表团，每当国王正式莅临这座城市时向国王表现其忠诚。与国王改善关系的举动在最不发达的地区表现得最明显。编年史的记载表明，市民们极频繁地受召直接与君主、城市长官（captains）及军事首领协商，讨论各种问题并宣誓效忠。

---

[*] 这里的"新人"指新一代的城市统治者，即上面所说的"专制者"。——译者注
[⑫] Chevalier（1982）.

一般来讲，市政管理的学徒期开始于征收地方税（deniers communs）。征收地方税本来是君主或者领主权力的职责所在，但他们同意转让这种职责，授权市民征收公共建设工程所必需的赋税。重新修建城墙，购买新的武器，支付守军和民兵的费用，城市代表的开销以及各方面的改善，都表明应该建立某种预算制度。所以，我们可以估计：修建一道长 2 公里的普通水平的城墙或修建 4 个城门和大约 30 个塔楼，将需要大约 8 万里弗尔（以钱币计算）。1342 年卡奥尔重建城墙需要花费 6.7 万里弗尔，兰斯修缮城墙花了将近 15 万里弗尔，相当于建造 2000 所住房的价格。中世纪晚期，很多城市都把大部分资源花在修建城墙上，在某些情况下这种花费占其总收入的比例多达 70% 或 80%！财政问题很快显得严重起来。小地方的正常收入来源是城市通行费、来自护城河的捕鱼权和草场的租金、经营采石场和砖瓦厂（阿讷西）的收益、出售打捞权的收入和法院判决的罚金，这些都只不过是权宜之计。城市开始征收的直接税和间接税，不久后便在整个欧洲成为常规。处在周期性替换的君主权力管辖下的城市政府，到处都求助于特殊的税收。税收标准，或者按所需要的总额来计算（佩里格、圣弗卢尔 [Saint-Flour]），或者（在意大利）以**财产登记**（allibramentum）或库存产品为基础来计算，所登记的财产额是根据**估价**（estimo）来评定的。在别的地方，这些税收可能或多或少采取强制贷款的形式（第戎 [Dijon] 在 1358—1369 年、锡耶纳、比萨），或采取来自国王、主教或教宗的财政补贴和补助金的形式（佩里格、鲁昂、阿维尼翁）。到处都对制成品和市场上交易的商品进行征税，还有食品。唯一不同的是税的名称：这些名称有 leydes 或 leuda，barrages 或 cloisons。饮料税，尤其是酒税，是有保证的、收益最稳定的税种，它在阿基坦称为 souquet，在勃艮第称为 courte pinte，而布列塔尼则称为 billot 或 apétissement。由于城墙保护了整个共同体，包括周边乡村的农民，所以这方面的税理论上是向整个共同体征收的；但实际上，有许许多多豁免的规定，其操作有利于教士、贵族和官员。

从 14 世纪下半叶开始，对税收和支出的管理意味着账目的登记册或案卷开始变成普通的东西。一系列账簿的存在，在某些地方完整地覆盖一个很长的时期（尚贝里、圣弗卢尔），而在另一些地方

第六章 城市生活

则不完整（第戎、普瓦蒂埃），这使我们有可能跟踪城镇年收入的发展，包括其货币支付和实物支付，以及有可能确定主要的支出名目。这些名目有公共工程．城墙维修（在罗德兹［Rodez］被称为 *l'hobra dels murs*）、征用物资或房地产等的付款、购置武器、官方活动和外交使团的支出、城镇雇员薪金、诉讼支出以及偿还贷款。保管这些账目、做好议事记录、制定各种规章并进行评价，所有这些职能的履行意味着存在一批合格的书吏和公证人队伍（英国称城镇书记员［town clerks］），他们服从法国国王的严格控制，有时控制他们的是国王的官员，如鲁昂的巴伊，其他地方是**财政署**（*chambre des comptes*，即法国王室会计处［accounting office］）的成员。

这样，城市的管理逐渐成形。那种壮观的但不定时举行讨论"共同利益"的市民大会，即意大利各城市公社的**民众大会**（*arengo*），很快被**当选者**（*elus*）或**贤人**（*prud'hommes*）等少数人组成的政务会议及其官员所取代。这种会议起初是临时性的，然后很快就变成永久性的。代表各个共同体的行政长官（procurators）出现了，一起出现的还有各种各样名称的市镇代表：市政官、执政官和**市政长官**（*echevins*）。任命会计官和其他负责公共工程、炮兵、水源和桥梁方面的官员（在阿维尼翁和第戎）的实践也传播开来。

这个世纪的种种困难使富人和穷人之间的差别更突出：一边是少数富裕的城镇居民，有影响的生意伙伴和竞争对手；另一边是许多劳工。在主人与工人和下流社会（underworld）间有一条鸿沟，后者处在社会等级的最底层，完全没有地位，是被那个他们自己很少看一眼的社会所排斥的一种奇怪的混合物。

我们的资料显示，有声望的市民的范围在扩大，在文献资料中提及的种类在扩大，如**有钱人**（*riches hommes*）、**被继承的人**（*héritable*）、**继承的人**（*hereditaires*）（在佛兰德和德意志）和**街上的人**（*viri de plate*）或**捐客**（*placiers*）（纳尔榜）。除了常常受到危机袭击的传统成员——历史名城的商人，他们还开始包括**普通民众**（*popolo grasso*）的代表。他们的同行活跃在欧洲和大西洋之间往北和往东的商路上，其代表是德国的汉萨同盟；意大利大金融公司的首脑们依然以家族为基础。还有人数更多的律师（lawyers）、公证人、代理人和辩护律师（advocates），他们都受过大学教育或在他们未来的同事的写作室（writing-offices）中受过培训（里昂）；各种记载都越来越多地提到地方高级行政官、政府官员、代表会议的代表、财政署或会计处，在他们后面有各种船只（ships、galleys 和 vessels）的船主（fitters-out），还有纳税农民、廷臣和（佛罗伦萨）主要行会的师傅。特别难以理解的是，更不用说对之进行分类，这个拥有各种工资和薪水、佣金和谢礼、补助金或甚至是"几壶酒"（pots of wine）的人组成的色彩斑斓的世界。一些账目、遗嘱尤其是赋税登记册（**估价簿**［*estimes*］、**资金簿**［*vaillants*］和**地籍簿**［*compoix*］）提供了对他们的财富和社会地位进行量化评估的基础。每个城镇都有它应该拥有的精英阶层：福雷的小店主（诸如蒙布里松的拉尔迪耶［Lardier of Montbrison］，他几乎无法积累起可怜的 200—300 **里弗尔**，而这是扩大经营范围所必需的）和里昂富有的勒维斯特（Le Visite）律师家族，他们之间无法相比；鲁昂的勒利厄尔（Le Lieur）商人家族或在爱德华三世时期伦敦享有此种影响的酒商和羊毛商；更不用说威尼斯的沿大运河（Grand Canal）和里阿尔托岛（Rialto）居住的船主们，或佛罗伦萨的巴尔迪（Bardi）家族，他们在事业成功的顶峰时期，拥有巨大的资本，总数达 200 万弗罗林（florins）。

尽管如此，这些十分不同的个体有一些共同之处，他们对作为整体的城市生活和社会有深刻影响。他们的成功常常昙花一现，引人注目。1300 年生活在佛罗伦萨的人哪一个能预见 40 年后同一个巴尔迪家族的崩溃？这个家族（与佩鲁齐［Perruzzi］和阿恰约利［Acciaiuoli］家族）卷入了冒险的银行业的运作，而他们的王家债权人无法偿还贷款；也没有任何人能预知这些银行家将被下一代金融家所取代，即被阿尔贝蒂（Alberti）、里奇（Ricci）、斯特罗奇（Strozzi）和美第奇（Medici）家族所取代。意识到危险并受自我保护的本能所推动，富人们倾向于使自己的经营活动多样化并找出能够向他们提供相应安全的退路。不管他们的财富达到什么程度或拥有这些财富已有多长时间，所有这些暴发户都对房地产投资表现出同样的关切；他们还充分利用正直的外表和贵族等级的开放性。除非住在城墙内并在城墙内拥有房地产，任何人都不能成为拉罗歇尔（La Rochelle）百人会议（Council of One Hundred）的成员。正如凡尔登作家尼古拉·德·

维莱（Nicholas de Villers）说的："富人们获得房屋、葡萄园、牧场和田地。"⑬ 这种惯例强调少数人获得土地、财产、权利和租金的能力。家庭住房是一项**首要的**投资，并由于连续的财产购置而得到更新和扩大。它的名称多种多样，阿尔勒（Arles）称为 *ostel* 或 *hostel*，鲁昂称为 *tènement*，意大利叫作 *manoir* 或者 *torre*。它们最理想的位置是坐落在城市的主要街道（**大街**［*grande rue, magna carriera*］）上，靠近大教堂或市场和处于被城墙包围起来的城市中心。然而，我们不应该忽视市民对出租房地产、在最贫困的城区从事投机活动、把阁楼租给学生及对客栈（图卢兹）、花园和其他不允许建房的区域（*non aedificandi*）（日内瓦和根特）的兴趣。在 14 世纪时坚固的家庭住房，其富丽堂皇的灯火在夜间使整个城市都感到眼花缭乱，但它们很少能走过若干世纪的长廊而留存下来。意大利的商业城市佛罗伦萨、威尼斯和锡耶纳是这方面做得最好的榜样。在保存不好的例子中，有证据表明房屋根据价值来分类，有估价为 1000 **里弗尔**、2000 **里弗尔** 及以上的类别（兰斯，圣弗卢尔），所使用的建筑材料提到了卡昂（Caen）的"像帕罗斯岛的大理石那样闪光的"石头，还有使用雕刻的镶板、壁画和金属结构的迹象。简言之，表明财富的一切外部标志的有：拱状的地下室（根特和日内瓦），回廊和阳台，宏伟的楼梯、水井、盥洗室、精致的家具、窗户和艺术品。在郊区和其他地方购买小块土地、农场和拥有分成制租佃合同的农地，较为罕见的还购买一块领地，这些构成了通往最终和最高成就的另一种步骤，那就是被正式授予贵族头衔，表明地位的完全转变。各种文本和微型画也揭示了富裕市民对自己的衣橱的兴趣，对珠宝和各种心爱的物品、贵重的盘子、所喜欢的饭菜及各种碰运气的游戏的兴趣，此类爱好达到了这样一种程度，以至于法律禁止奢侈，道德家不时地规劝他们应该更有节制，敦促他们本人和他们的妻子约束欲望。他们对手稿的兴趣表明，这一时期有声望的市民远非缺乏教养。市民在世俗文化的发展方面发挥了重要作用，既表现为"公共"（communal）学校的传播（这种学校甚至在萨伏依、波兰和阿莫里卡［Armorican］半岛的最小的城镇都可以找到），还表现为送自己的孩子上大学。市民的自豪感，他对

---

⑬ Schneider（1956），p. 526.

别人看到自己的良好操守的关心，对某种死后生活显示出高度恐惧而不是出于个人深沉的虔诚，激励着他们作出牺牲。无疑这种牺牲对这样一个阶层的成员来说是艰难的，他们的本性并不慷慨，还因为贪婪而受到谴责。实际上，他们的资助转化成稀稀拉拉的礼物，进入教堂、女修道院和医院的手中，转化的途径是向大学、宗教协会、修辞院（chambers of rhetoric）（佛兰德的**宗教文艺团体**[*puys*]，鲁昂也有类似组织）付款，委托制作艺术品，最后是建造包含着他们自己坟墓的小教堂。

面对这个精英阶层的是一个在作坊和工场中劳动的劳工世界，这些作坊的数量、存在及其需求在14世纪的历史上留下了痕迹。在大城市里，各种自治性质的协会有多种多样的名称，如"guilds"、"trades"、"arts"（*confréries*，*métiers*，*arti*）。* 此类组织对其成员和学徒、工匠和劳工负责，是需要认真考虑的一种社会力量。约1300年时巴黎的税收登记册列出的工匠至少有5000个。在布鲁日、根特、佛罗伦萨、兰斯、鲁昂和图卢兹等地，有成千上万的女性纺纱工、织布工、梳毛工、修布工、漂洗工和染匠，都完全受其雇主呢布商人的支配，这些布商向工人分发原材料并出口制成品。行会成员及其雇工在糟透的环境下劳动，所得到的工资少得可怜。在佛兰德，他们必须面对失业的威胁，这是因为百年战争初期英王爱德华三世禁止羊毛出口；他们还不得不面对社会上有影响的人的鄙视。在根特，他们被称为"蓝指甲"（blue nails 或 *ongles bleus*），在佛罗伦萨被称为梳毛工人（Ciompi），或甚至被简单地称为"人渣"（scum 或 *merdaille*）。在该世纪的部分时间中，工资波动起伏；流行病暴发后工资开始上涨，直到英王爱德华三世和法王约翰二世出台法令（1349年、1351年、1354年）后被冻结。他们的工资仅够支付食物和承租一间小阁楼，比如，在巴黎大学区里这是一个20平方米的房间。他们的收入根本无法应付物价上涨和清偿债务。比如，1362年普瓦蒂埃的一个工人的日工资是15个**第纳尔**（*deniers*），可以买3公斤200克面包，到1372年时仅能买1公斤600克面包，此时正处于一次饥荒中！连续的流行病带来的是市场收

---

* 通常译为"基尔特"或"行会"，这是一些着重于其工作性质的组织。中世纪另有一类组织如 fraternité、fraternity（通常译"兄弟会"）则着重于慈善的功能。——译者注

第六章 城市生活

缩、顾客减少，日益发展的来自生产低价商品的乡村工业的竞争，或者只是一种时尚的改变，这些因素中的任何一个，都可能对传统产业产生致命影响。由于依赖城市的繁荣，在出现经济不景气时，皮革工人属于第一批遭受折磨的人（在比萨），布商和织工也受到类似影响。经济停滞的影响，北欧的旧纺织业中心阿拉斯（Arras）、杜埃、圣奥梅尔（Saint-Omer）、伊普尔和根特很快就感觉到了。这些困难说明了为什么城市要在内部和外部都采取保护主义：禁止陌生人在地方市场上出售制成品，在城市的一定半径内（1341 根特限定为 5 公里）禁止农民从事纺织。进入各行业高层次梯队的通道，实际上成了那些富裕的现有行会师傅的孩子的特权。在 14 世纪里，各社团的法规（corporate statues）开始有统一的标准，在法国这种标准以**国王之物**（la chose du roi）而闻名，这就是未来想成为行会成员的帮工必须长期进行的、代价高昂的准备工作，做出一件"杰作"（masterpiece）及分发礼物和举行宴会。这种保守主义有效地阻止了任何下层阶级的成员提升社会地位的可能性，加剧了现存的不平等。与赋税和物价上涨的压力一起，它们促进了某种不满情绪的发展，成为有助于各种非法"联盟"和最早的社会运动孕育的基础，如佛兰德语**罢工**（takehan）和意大利语 ristopio* 就属于此类运动，还有前面已提及的那些城市暴力的爆发。很多城镇还成了"城市显贵"和行会师傅之间为控制地方行政官而斗争的场所，像奥格斯堡这样的城市是幸运的（1368 年它通过分权并建立一种双议会［two chamber］制度解决了自身的问题）。大多数则是靠武力取胜（1348 年在纽伦堡和 1396 年在科隆），并最终建立独裁政权，意大利的专制者（despots）很快就利用了这样一种局面。

尽管如此，对 14 世纪末期城镇的经济和社会状况持悲观的看法会有某种风险，那就是看不清这时期发生的其他方面的发展。城镇的工作无声无息地经历着某种质变，由于更广泛地使用轮子（wheel）、更有效的织机和建立工业作坊，技术得到了改善，这些作坊集中分布在河岸边，其数量之多有时到了危及水上交通的程度（在阿讷西）。更高水平的专业技能出现了，职业变得更加专业化；现有的贸易中一些新的分支发展起来，这是对那些不太容易满足的客户需求作出的反应，

---

* 具体词义不详，大概指罢工或"非法"集会。——译者注

也是对手头的工作日益复杂作出的反应。炮手（cannoneers），在不同工作领域的人看来他曾经只是一个铁匠，但现在已变成完全有别的一种专业的工匠。虽然纺织业的危机在许多城市中有一种不利的影响，但高质量产品的生产仍在继续，因为对佛罗伦萨的织锦和卢卡的丝绸的需求并没有减弱。这也是这样一个时期：在小城镇中兴起了一些新的中心，这些中心有能力适应普通顾客的需求，生产在定价上具有竞争力的轻便的织物。这种情况的例子很多，如马林（Malines）、翁斯科特（Hondschoote）、不拉班特的海伦塔尔斯（Herenthals）、卑尔根奥普佐姆（Bergen-op-Zoom）和英格兰、布列塔尼很多从事织布的小城镇。其他种类工匠的劳动也取得了发展，比如军火制造、纸和羊皮纸的制造、造船业（法国国王在鲁昂开办的海军工厂）。

虽然一个城市的活力主要表现在它的工作上，但它也通过娱乐活动反映出来。在法国14世纪关于世俗庆典方面的记载比其前各个时期的记载要好。这些世俗庆典活动使市民得以忘却他们的日常担忧，摆脱各种习惯性的约束。同时记载得很好的还有为数甚多的宗教节日、加冕礼和圣体节（Corpus Christi）的游行（自教宗克雷芒五世推崇在圣餐中基督的真正临在［real presence］以来，这种游行开始普遍化），及欢迎大贵族、使团和"兴高采烈地到来的国王"（joyful entries of the king 或 joyeuses entrées du roi）。很快，其他地方的君主们也纷纷效仿。城镇在欢迎自己的统治者时，也沿着一条仔细确定的线路举行一系列庆祝活动。

这一时期城市历史的矛盾性使我们很难得出任何一般性的结论。我将引R.福西耶最近一本著作中的一句话结束本章："各种困难和进步如此精致地得以平衡，以至于生活在那个时代的人无法确定历史正在走的方向。"[14]

让－皮埃尔·勒盖（Jean-Pierre Leguay）

刘　慧 译

王加丰 校

---

[14] Fossier (1983), p. 95.

第 七 章
瘟疫和家庭生活

约在1300年时，在某种程度上欧洲的人口似乎到处都达到最大值，达到了极限。还有少数迹象使人们可以预言几乎在3个世纪前开始的扩张正在减速；这些迹象在14世纪上半叶将迅速增加。正是在那时，就在这个世纪的中期，响起了可怕的黑死病的丧钟。由此，一个以致命的、反复侵袭的折磨为特征的时期开始了，同时代人把这些袭击解释为被人类堕落所激起的天怨神怒的征兆。事实上，这个世纪结束于另一场重要的可怕疾病的流行，而15世纪是在一种悲痛的气氛中开始的，它要承担不可根除的烙印。此后，瘟疫伴随着中世纪的人们，用阿兰·沙尔捷（Alain Chartier）的话说，它像"可恶的、数不清的邪恶和祸害"——饥饿、战争和死亡那样不可避免。

没有历史学家怀疑这种灾祸的野蛮爆发，它成了一种普遍性的现象并在几个世纪中影响着欧洲的居民，促使生产方式、生活和感情方面发生种种深刻变化。关于这场传染病的后果的精确评价，关于这时期一系列祸害的作用的评价，是更困难的事情。这场袭击欧洲的瘟疫独立地产生了颠覆或更新封建社会结构的作用吗？把这整个社会引入死亡之舞（Dance of Death）的这个令人可怕的骨架，历史学家必须把它作为自己分析基础的模式吗？死亡率的增加在人类的动乱中发挥了某种天意的、决定性的作用吗？

1965年前的研究试图评估瘟疫打击的程度，经济史学家绘制出图表，或不如说，绘制出如他们所研究的各种城镇和乡村那样众多和多样化的图表，来表现中世纪末的人口变化趋势。对与马克思主义密切接触的一整代人来说，在或大或小的程度上，比较各种人口的图表与价格和工资的图表，构成了一种有希望的视野：把中世纪时期的知识建立在可靠的、定量的基础上，通过挪用已经对近现代的理解进行更新的"系列史"的研究方法，来构成最雄伟的目标，尽管有种种困难散布在中世纪学者的道路上。

历史学家最近质疑过用数字表示的所有的灾难系列和评估方法吗？我们不如说这是一种研究重点的转移，而不是放弃以前所遵循的那些方法。最近几十年的历史著作一直在讨论的这些问题最富于成果的方式之一，就是通过家庭来考察总体上的人口反应和个人行为，家庭是它们的交汇点。1970年后这方面的研究曾受到历史人口学那些成功地研究近现代的著作的鼓舞，反映出对中世纪人口模式特征的关注。对某种居民中个人生活周期和各种人口变数的演变周期的研究，优先于对某个特定城镇或地区的人口估算的研究。就他们来说，家庭的社会学和人类学已经导致兴趣的转移。他们关键性的贡献，已经使历史学家更清楚地看到他们不满足于自己使用的各种研究工具的原因。比如，估算平均家庭规模或一个住户（"炉灶"［hearth］）中个体的数量，这是关于中世纪的如此之多的估算中永远造成疑虑的问题，现在恢复了它的意义，只要把它视为各种复杂关系的产物，种种人口和经济的强制、司法准则和家庭战略的一种十字路口。不仅"住户"（household）的构成和各种职能归因于它的每个成员，而且其与更广阔的亲属、邻居和共同体联系的世界也可能成为历史分析的中心对象。家庭结构，配偶、亲戚和代际之间的关系，家庭作为生产和生殖的一个单位的功能由此成为一个首先考虑的问题。

在这种历史研究的语境中，可能被瘟疫的暴发和死亡率的上升所推动的各种变化的问题，需要一种新的处理方法。所以这是一个较小考虑某种环境的问题，而是更多地思考各种机制、个人或集体对种种挑战的反应，如疾病、死亡、各种用数字表示的东西的减少、经济毁灭或社会衰退。此外，这是一个解释中世纪人口制度的问题。有可能谈论欧洲中世纪的人口制度与现代人口制度之间的延续性，谈论欧洲中世纪中期和晚期的人口制度的延续性吗？某种完全的断裂真的足够深刻地影响人口制度和家庭组织的各种变数，以至于人们可以谈论不同的人口制度吗？如果存在过某种人口发展的中断，那么瘟疫的暴发发挥了什么作用？以此出发，中世纪史专家已经要求估计死亡率的作用，评估其他人口统计数据，把它们与现代的人口统计数据作比较。

第七章 瘟疫和家庭生活

可惜的是，它们的资料不具有**旧制度**时期的堂区登记簿和财政或宗教统计的统一性、一贯性和延续性。可以使用的中世纪证据仍然极端零碎和前后矛盾，几乎总是关于某个社会精英的资料，因而对作为一个整体的人口来说几乎没有什么代表性，所以，在使用早期现代（early modern）关于出生和死亡的登记册时，该如何设计用于分析这些资料的方法呢？当历史学家的胃口增大时，资料问题更加尖锐。

研究中世纪史的历史学家习惯于把每一件事情都往好的方面描述，但是为了使他们的资料揭示出关于这些时期的死亡率、结婚率和生育的某些真相，他们进行了充满危险的运算。人们很容易对此类努力作出批评，而且常常被证明是合理的。有人说遗嘱至多只能用来计算某种替换率（replacement rate），不能用于计算死亡率，更不用说用它来测定生育力。甚至人口统计数字，很长时间以来关于中世纪历史人口学的最好的资料来源，很少是详尽的，而且在大多数情况下只覆盖一批有限的居民，其不完整性相当严重，以至于任何概括都是成问题的。此外，除了极个别的例外，我们拥有关于这时期地方人口总数和各种人口变量的资料吗？比如关于某个特定时期和某个地方（其人口在同一个日期是已知的）的死亡数量的资料。最后，领主对结婚、非婚生子女、死亡和继承进行征税的情况如何，必须考虑到这方面某种难以估计的逃避程度吗？以反复操控证据为代价，它们总会提供任何除了成问题的估价数字以外的东西吗？[①]

这是否意味着我们应该不再致力于承认过去那些传染病在历史上起过的应有作用，而是深入中世纪人口体系的种种秘密？当然不是。最近 20 年或 30 年间的著作至少已经使我们有能力评定各种工作假设（working hypotheses）。这尤其是本章将试图考虑的问题：探究的线索远远比大批多样的、有偏爱的、无疑是临时的成果要多得多，在过去 20 年或 30 年间，关于人口和家庭的研究已经大量增加了。

---

① 关于对使用来自英格兰庄园法庭卷宗的这方面数据的批评，见 Hatcher（1986），esp. pp. 20 - 22。关于使家庭成员和城市人口密度的计算成为可能的炉灶（hearth）的登记表和土地税的账簿，见 Heers（1968）。关于 Burgundy 的炉灶（住户）的概述，见 Leguai and Dubois in *La démographie médiévale*（1972）；Carpentier and Glénisson（1962）。

人口减少

一件基本的、有必要做的、仍然有其迫切性的事情，如我曾说过的，是要接触这个问题就必须立足于一个古老的历史编纂传统的沃土中。关于欧洲不同国家的人口发展及其各个阶段的演变的描述，并从黑死病前传染病反复暴发有关的角度对其人口下降程度的评估，持续支撑着近年来著作的兴趣。② 传统上，产生于这种视角的这幅图景大体上以叙述性的资料为基础。这些资料通常是描述性的，有时实际上带有误导。③ 所以，人们注意到，不止一个同时代的编年史家在面对1347—1349年黑死病时保持了沉默，就如恐怖和震惊曾使他们停止说话似的。④ 当他们的继承者鼓起勇气提出被这种灾难的反复爆发造成的人口损失数字时，情况变得更糟糕，一般而言不可能相信他们的话，只能把这些数字作为说明他们的恐惧的一种尺度。无论如何，自1960年以来，根据地籍簿和炉灶数、炉灶税和财产评定的登记簿、盐的消耗量、应受征税的个人、市民账册等资料，人口数字得到挖掘、重新发现、出版或被使用的数量已经相当多。⑤ 尽管不像下一个世纪的同类材料那样多样化、那样丰富，但在14世纪各类管理部门的档案——王室的、庄园的或公社的——已经变得丰富起来。为各种各样的目的而留下来的所有这些资料，能够揭示人口运动的种种特定联系，并允许我们推测这种运动的各个共同原因。它们不仅真实地用数字说明了这些传染病的种种后果，而且也说明了当局的各种应对措施的力度及其所采取的形式。

人口增长减速

在某种程度上，14世纪上半叶整个欧洲的人口增长减速都是有文献依据的。同样，人口仍然稳定在一个通常认为非常高的水平上。无疑，无差异是不可能的，这里和那里，当有的地区或共同体的人口

---

② 这方面经典的图景依然是 Mols（1954—1956）的书。
③ Bulst（1987）．
④ 关于这种沉默，见 Dubois（1988a），esp. p. 318。
⑤ 关于1979年前出版的这些著作的详细名单，见 Fossier（1979）。

已经开始下降时，其他地区或共同体保持着自己的人口水平。

所以，在 14 世纪上半叶，情况明显不一致似乎曾是英格兰的特征，其全部人口在公元 1300 年后达到 400 万到 600 万（甚至 700 万）之间，可能是 250 年前的 3 倍或 4 倍。⑥ 对 1300—1348 年的人口演变进行某种评定，虽然会出现困难；但在地方的层次上，村庄和城镇的不景气或人口下降问题，研究起来也同样不容易。M. 波斯坦 20 世纪 50 年代提出新马尔萨斯命题（Neo-Malthusian theses）引起了一场辩论，⑦ 紧随而来的是英国和加拿大的历史学家加强了对人口统计学的研究，并扩及中世纪庄园和村庄的土地和生产资料问题。虽然没有获得关于人口持续上升或某种早期下降的直接证据，但他们至少出示了关于乡村存在种种差异的许多例子。⑧ 比如，在伍斯特郡（Worcestershire）的哈尔索温（Halesowen）庄园，在 1316—1317 年的饥荒中，人口看来下降了 15%，而在这个国家人口最稠密的地区诺福克（Norfolk）的科尔蒂瑟尔（Coltishall）的庄园，人口似乎一直维持着原有水平，直到黑死病暴发才下降。⑨ 按照最近研究这个问题的历史学家的说法，萨福克（Suffolk）西部的贝里圣埃德蒙兹（Bury St Edmunds）快活地度过了 14 世纪和 15 世纪的黑暗年月，虽然这座城市在 1347—1377 年可能曾损失 40% 的人口。⑩ 但处在这个国家的中心的考文垂（Coventry）是以某种完全荒凉的状态进入 16 世纪的。⑪ 整个北部欧洲，经济衰退对城镇常常有一种猛烈的影响，尽管它们中有一些不可思议地逃过了这种伤害。⑫

在法国，一个地区与另一个地区之间，断裂同样引人注目。当人口达到其最高点时，其标志是 1328 年的**炉灶大调查**（grand état des feux）的结果，⑬ 这一时期这个国家在其边界内可能曾拥有 1500 万居民。但建立新城镇（villeneuves 和 bastides）的运动已经绝迹，许多不

---

⑥ Russell（1966）；Postan（1972）；关于更大的估计数字，Hallam（1981）；Titow（1961）。
⑦ Postan（1950a）and（1950b）。
⑧ Raftis（1957）；De Windt（1972）；Britton（1977）；Smith（1984）。
⑨ Razi（1980）；Campbell（1984）。
⑩ Gorttfried（1982），esp. p. 52.
⑪ Phythian-Adams（1978）and（1979）；Dobson（1977）。
⑫ 关于低地国家，见 Prevenier（1983）；关于德意志，见 Dollinger（1972）。
⑬ Published in Lot（1929）。

久前创建的城镇已经消失。[14] 停滞,甚至某种衰落,也是城镇在 14 世纪第二个十年,尤其是第三个十年后的特征。对大部分城镇来说,人口数的顶点出现在大约 1320—1330 年间。[15] 这在诺曼底,在 1320 年后的兰斯,在 1330 年后的佩里格(Périgueux),在上普罗旺斯和马赛,都可以观察到。[16] 但这种趋势并非全都相同:比如,离普罗旺斯不太远的贝济埃人(Biterrois),甚至在下普罗旺斯,在黑死病前没有显示出人口下降的迹象。[17]

最后,地中海的国家中只以意大利为例,[18] 那里的人口看来曾在 1290 年左右达到顶峰,大约有 1100 万居民。[19] 从皮德蒙特(Piedmont)到埃米利亚(Emilia)、罗马涅(Romagna)、托斯卡纳,甚至到南部地区和地中海诸岛屿的城镇,人口减少并未等到黑死病才开始。[20] 就托斯卡纳来说,特别是 E. 菲乌米和 D. 赫利希的研究已经表明,在一个增长阶段的末期,人口稳定下来,在 1290—1320 年间仍然处于一个很高的水平。但在 14 世纪的第二个 25 年里,即在黑死病前它开始相当引人注目地下降。[21]

人口的这种下降并未以一种有秩序的方式发生,即并非通过计算而放弃那些曾被很快开拓出来但从长远看已证明无利可图的土地,或者离开那些太难以保护、无法防守的场所,或把精力转往那些更富饶的地方。正是食品缺乏和商人投机使人们愤怒的抱怨声强烈起来,痛苦的、毁灭性的死亡危机、人口的大退缩开始了。残酷的饥荒贯穿 14 世纪上半叶,有时紧随着要命的传染病,这些是臭名昭著的黑死病的前奏。在意大利,经常出现粮食短缺,1328—1329 年的短缺袭

---

[14] Pesez and Le Roy Ladurie (1965); Higounet (1965).
[15] Higounet-Nadal (1980), esp. pp. 194 – 196, and (1988), esp. p. 301; Dubois (1988a) and (1988b).
[16] Bois (1976); Higounet Nadal (1978), ch. 2; Lorcin (1973); Baratier (1961), pp. 80 – 81; Desportes (1979).
[17] Gramain (1972); Bourin-Derruau (1987).
[18] Les Espagnes médiévales (1983); Berthe (1984); Guilleré (1984).
[19] Beloch (1937 – 1961); Bellettini (1974); Del Panta et al. (1996).
[20] 关于一种全面的观点,见 Mazzi (1982)。关于特定地区:Comba (1977); Pini (1969) and (1976); Herlihy (1973); Trasselli (1964); Day (1975)。
[21] Fiumi (1962); Herlihy (1967); Ginatempo and Sandri (1990)。关于 Tuscan 的细节,见 Herlihy and Klapisch-Zuber (1978), pp. 166 – 171, 177 – 179。在 San Gimignano,乡村地区的人口下降比城镇能更明显地看出来。

击了这个半岛的大部分地区;[22] 1339—1340 年，然后是 1346—1347年的短缺,[23] 整个意大利都经历了饥馑的恐惧。[24] 由坏天气为先导的一次可怕的饥荒，1315 年后蹂躏了北部欧洲国家,[25] 受害的有德意志和低地国家、英格兰和半个法国。[26] L. R. 普斯研究的埃塞克斯的三个乡村共同体，在这些令人沮丧的、黑暗的年份里失去的人口多达 15%。在布鲁日和伊普尔，约 10% 的人口死于 1316 年的饥饿。[27] 另一方面，这次"饥荒和死亡的大瘟疫"，这里用乔瓦尼·维拉尼（Giovanni Villani）的话，对意大利没有什么影响，只是轻微地触及托斯卡纳。[28]

这位佛罗伦萨编年史家的话表明，"大量死亡"的原因不是饥荒而是直接来自这次"瘟疫"。远在 1347 年前，饥荒和瘟疫这对恶魔就令人不安地重新出现在这时期编年史作者的著作中，这是一种更加令人注目的结合，因为我们事后知道：一场更加可怕得多的"瘟疫"将在这个世纪中期阴森地显现出来。所以，这两个词是含糊不清的，它们与死亡和疾病相结合，对两者的实质不加区分。应该在死亡和生存危机之间建立起什么联系？紧随高物价和食物短缺时期而来的就是传染病吗？或者说后者打乱了经济生活，从而为前者铺平了道路？[29] 这些关系中的第一点比较容易理解，但 1348 年前所有大量死亡的危机没有证实这一点。产生于饥馑和营养不良的所有种类的传染病、疾病都尾随粮食短缺汹涌而来。[30] 在城镇的穷人中，在那些被迫生活在不卫生的住处的人中，及在那些被战争、坏收成、不安全和饥荒驱离农村的饥饿的人群中，斑疹伤寒、肺结核、疟疾、天花、流感和支气管肺并发症（broncho-pulmonary complications）很容易找到自己的肆

---

[22] Grundmann (1970). 1302—1303 年、1310—1311 年、1322—1323 年，Tuscany 遭受了严重的粮食短缺。
[23] Cherubini (1970); Pinto (1972).
[24] Mazzi (1982), p.37.
[25] Lucas (1930) 仍然是重要著作。
[26] Kershaw (1973).
[27] Poos (1991), p.106, fig. 5. 2a, p.96; Van Werveke (1959).
[28] 'Nel detto anno MCCCXVI grande pestilenzia di fame e mortalità avenne nelle parti di Germania…': Villani, *Nuova Cronica*, (IX. 80), ed. Porta (1990) (X. 80), ll, p.285.
[29] Neveux (1968).
[30] Carpentier (1962b); NcNeill (1976); Del Panta (1980).

虐对象。㉛因饥饿而来的营养不良和体质弱化为细菌和病毒的袭击打开了大门，不管致病的中介因素是什么；加速进行的城市化、人们挤进城市中那些有损健康的地段，助长了传染病的流行。贫困剥夺了穷人在面临疾病时的应对能力，而富人可以迅速离开自己的住所，或逃往某个瘟疫未触及的地方，还可到医生、外科医生那儿看病或咨询，及采用某种恰当的饮食。

因此，对1347年前重创欧洲某些城市和地区的每一次"瘟疫"都进行识别虽然有困难，㉜但有一点是清楚的，即无论如何，城镇和农村的穷人为此付出的代价特别高。同时代人几乎是自发地把传染病和食物短缺联系起来的做法，直率地提出了极大增长的人口与其拥有的资源之间的平衡问题。直到14世纪最初几十年，人口增长才停止下来。在众多历史学家的眼中，14世纪初过剩的人口可能曾为毁灭性的饥荒和传染病提供了避风港，维持人口与有限的资源的平衡是必要的。即使出现了多次马尔萨斯意义上的"矫正性反应"（corrective reactions），那么在这种分析框架中这些反应无疑还是不够的，因为在1347年秋天瘟疫重新回到了欧洲的大地。

瘟疫

上述所设想的这场瘟疫暴发前抑制人口增长的种种因素，要评价其作用及其是否足够，相当困难。要决定这场瘟疫在马尔萨斯反应的军火库（arsenal of Malthusian reactions）中的位置，则是一个更加有争论的问题。

一个多世纪以前，耶尔森（Yersin）识别出为这场大灾难负责的**病菌耶尔森菌种**（*Yersinia pestis*）。4年后，在1898年，病菌的携带者印度鼠蚤（*Xenopsylla cheopis*）也在孟买（Bombay）得到确认。当找不到它更喜欢的老鼠时，它就寄居在人身上。这种跳蚤的作用，向

㉛ Mazzi (1978), pp. 44–65; Biraben (1988).
㉜ 比如，两场最残酷的瘟疫（1340年和1347年）的性质是什么？在托斯卡纳它是紧随高物价和食物缺乏时期暴发的，后一场瘟疫作为下一年瘟疫大流行的序幕，特别侵袭了妇女、儿童和佛罗伦萨的穷人。Mazzi (1982), p. 31; Villani, *Nuova Cronica*, ed. Porta, lll, pp. 225–228, 483–486. 关于那些不属于1340年在佛罗伦萨流行的传染病的特征（按照 Villani 的说法，这场传染病夺去了15000人的生命，也可以通过 S. Maria Novella 的死亡登记册来测算），见 Carmichael (1986), pp. 63–65。关于黑死病前法国传染病的情况，见 Higounet-Nadal (1980), pp. 196–197。关于各种不同疾病相互依赖的病理群落（pathocenosis）的概念，见 Bulst (1989)。

第七章 瘟疫和家庭生活

人传染并传播腺鼠疫（bubonic plague），长期以来就是辩论的对象，但今天不再需要加以证明了。[33] 人们已经逐渐了解以下事实：这种瘟疫的现实生态系统；有利于它保存和传播的环境和条件；还有它的症状学的各种变异和肺鼠疫（pulmonary plague）的第二特征，它直接传染给暴露在含有病菌的痰液的环境中的人，无须通过蚤咬的中介过程。

这种祸害1347年9月袭击了墨西拿（Messina），然后横扫欧洲，但这里不是描述这个过程的地方，而是只需提及J.-N. 比拉邦（Biraben）的伟大的综合性研究成果，它以全部地方性的研究成果和先前学者的有关著作为基础。[34] 迅速地扫视一下这场大流行病造成的人口后果，仍然是必要的。然而，我们应该看到：历史学家们依然未能以某种令人满意的方式用数字来具体说明它的确切影响。整体估计各各不一，死亡人数处于欧洲人口的20%—50%。所使用的尺度仍然不确定，因为拥有以下资料的地区很罕见：要么关于实际上在这场瘟疫中死亡情况的详细报道，要么略早于或略晚于它的人口普查数据。人们被迫根据非常狭隘的地方化的资料来推算，或依赖间接数字计算死亡率。

有必要进行初步的观察。关于这场传染病，欧洲许多地方每年都有关于所受影响程度的记载。[35] 它们最基本的特点就是以叙述的资料为基础，但不可避免地是不完整的。除了此类陈述，关于这场传染病的危害程度几乎完全可以从法国的统计数字中获得。这些数字都基于黑死病期间一系列地方或地区的葬礼资料，时间跨度是1347年末到1350年或甚至1351年，突出地表明了这是直到那时为止所有有记载的、可以计量的死亡危机中最凶残的一次。[36] 在英格兰，关于庄园法

---

[33] Bulst (1985), esp. p. 253; Biraben (1975), I, pp. 7–21. 无论如何，几种老鼠共有的另一种跳蚤，也把这种病菌从一个人传给另一个人，而第三种跳蚤（*Pulex irritans*）是人所特有的，也很可能曾传染这种瘟疫：同上，第13页。

[34] 关于黑死病的年表，见 Biraben (1975), I, pp. 74–81。关于英格兰，见 Ziegler (1969), pp. 120–201。关于斯堪的纳维亚，见 Benedictow (1992a) and (1992b)。

[35] Biraben (1975), I, p. 124, graph 5.

[36] 见 Graph 3 的曲线，基于 Sens 主教区的讣告名单、法国主教的死亡人数、里昂人的遗嘱和 Burgundy 的 Givry 的葬礼登记册[Gras 1939) 和 Biraben (1975), I, pp. 157–162 的分析]。Biraben (1975), I, p.427, 沿 Lille 周围地区土地所有者的死亡曲线图成为一个例外。也见关于以下材料的评论：Burgundy 的 Givry 和 Saint-Nizier（里昂的一个堂区）的葬礼登记，巴黎的 Saint-Germain-I'Auxerrois 的遗嘱及圣职空缺的情况，见上引书 I, pp. 156–184 的概述。

132 庭的研究使我们有可能加强对它的影响的估计。教士中的死亡率，如在许多庄园中一样，平均约为45%，个别地方比这还高。㊲ 比如，在黑尔斯欧文（Halesowen），死亡率接近这个水平，与各种被低估的数字不一致。㊳

或许正是在意大利，在城市和乡村居民的核心地区，高死亡率最引人注目地得到了证实。黑死病被称为“佛罗伦萨的瘟疫”，这很大程度上是薄伽丘提出来的。这座城市1348年3月开始受到这场传染病的袭击，延续到该年9月，受到非常严重的打击，夺去的生命达到居民的一半，这是真实的。㊴ 各个岛屿和南意大利各大港口很快受到袭击。㊵ 这场瘟疫传到大部分内陆，但一些地区躲过了这场灾难，如米兰及其周围一带。㊶ 此后三年中，在整个欧洲的一些地区，影响较小的瘟疫再次发生。

从1349年开始，这场瘟疫从西班牙传到葡萄牙，并同时向其他地方传播，如法国北部和东部、莱茵兰、低地国家南部、㊷ 瑞士、奥地利、匈牙利、英格兰南部大部分，然后在1350—1352年间到达波兰、俄国、德意志北部、波罗的海和斯堪的纳维亚。这些地区的当局深感震惊，已经对灾难进行评估，调整自己的日常行政管理，使之适应这场灾难造成的新形势。这实际上不是因为他们试图了解人口损失的全部确切数字，不是因为许多人还未曾返回，另一方面也不是因为那些居民大量死亡的地区新移民的流入已经很明显，而是因为他们必须把还没有消失的纳税人或业主记录在案。以黑尔斯欧文为例，在这场传染病结束后的6个月中，英格兰的庄园法庭仍在调查死亡数并登

㊲ 基于有产业的阶层的**“死亡后的调查”**（*inquisitiones post mortem*），Russell（1948），pp. 214 – 217，把平均死亡率定为约25%，并承认修道院共同体中的死亡率更高。更低得多的死亡率，Shrewsbury（1970），pp. 122 – 124，估计居民死亡率为5%，把黑死病视为一种斑疹伤寒和腺鼠疫的混合，这种估计和观点受到了强有力的质疑。

㊳ Razi（1980），pp. 99 – 107.

㊴ Matteo Villani 谈到居民5个人中有3个人死亡，见 Villani，*Cronica*（I. 2），9。死亡人数可能并非总是像编年史家们所说的那么严重；关于波伦亚，1348—1349年间能够拿起武器保卫城市的人数减少了35%，见 Pini and Greci（1976），table x，p. 417。

㊵ Biraben（1975），I，pp. 73 – 82；Del Panta（1980）. 关于威尼斯，见 Mueller（1979），esp. pp. 71 – 76。Carpentier（1962a）仍然是关于黑死病侵袭的最充分的叙述。

㊶ Albini（1982），pp. 14 – 16.

㊷ 关于大流行病的传播，见 Biraben（1975），I，pp. 72 – 111。对这个理论已经作出了一些纠正（见 Biraben［1975］and McNeill［1976］的概述）。按照这些新的意见，低地国家没有受到1348年黑死病的侵袭，见 Blockmans（1980）。

第七章 瘟疫和家庭生活

记重新使用的持有地的数量。㊸ 佛罗伦萨很快决定使纳税人的名单适应新的现实需要，着手进行新一轮的住户登记。㊹ 到处，人们试图利用劳动力缺乏和堂区居民减少的机会，从外面吸引移民。他们尝试着控制失控的物价和工资，重新开放贸易渠道，填补行政管理、公证人和医务人员的空缺。在奥尔维耶托（Orvieto），E. 卡彭铁尔曾深入全面地研究过其档案，但不幸的是未能提供关于这场瘟疫对人口影响的确切信息，1348 年后这个地区的所有地方当局都采取越来越多的措施：其中，他们决定调整农村的**里拉**（Lira）税制，建立一种炉灶税（hearth tax，或译"户税"），寡妇或孤儿都可以成为户主，加强家庭理事会（family council）以更好地保护非常年轻和单纯的继承人，使其免于形形色色的骗子的欺骗。㊺

这场传染病在 14 世纪 50 年代潜伏地下，但不时地突然重新出现。㊻ 1357 年后，瘟疫在德意志许多地方重新发生，并从那里向西、向南传播。1361—1363 年间，恐怕威尼斯也是瘟疫传播的另一个源头，西方和地中海地区的很大一部分再次遭受瘟疫的折磨，这一次那些逃过第一波瘟疫的共同体被夺走了 1/3 居民的生命。㊼ 伴随着这"第二次瘟疫"的，是其他几次瘟疫的暴发，其暴发的间隔平均在 11—12 年。㊽ 直到世纪之交的 1399—1401 年间，又有一次新的大瘟疫，侵袭的地区首先是意大利、法国和低地国家。在托斯卡纳，那里的死亡或葬礼登记册从这时期起有部分保存了下来，年度死亡率猛增，在阿雷佐（Arezzo）增加了 7 倍，在佛罗伦萨增加了 17 倍。佛罗伦萨有记载的葬礼的死者多于 11000 人，但同时代人说有 2 万人死亡，这座城市因此而失去的人口，最低的估计是其居民的 1/5，更大的可能是 1/3。在 1400 年 7 月传染病肆虐的顶峰时期，每日死亡数比普通年份增加 40—50 人。㊾

㊸ Razi (1980), pp. 101 – 103.
㊹ Barbadoro (1933).
㊺ Carpentier (1962a), pp. 178, 181, 191. 也见 Bowsky (1964)。
㊻ Biraben (1975), I, pp. 103 – 105.
㊼ 米兰就是这样，见 Albini (1982), p. 18。
㊽ Biraben (1975), I, p. 133, 驳斥这样的理论：瘟疫的侵袭可能与太阳黑子周期有关，但他不（第 154 页）排除某种间接的影响，即视之为太阳黑子影响啮齿目动物繁殖的一种结果。
㊾ 关于佛罗伦萨和**死亡登记册**（libri dei morti），见 Mazzi (1984)；Carmichael (1986), pp. 63 – 66。关于 Arezzo，见 Del Panta (1977), esp. p. 304。

15世纪上半叶的特点是传染病蹒跚而来，经常光顾，还有与其他形式的疾病相混同，这使识别瘟疫的暴发比14世纪时更加困难。1450年后，至少凡有死亡登记册的地方，如在佛罗伦萨或在某个宗教共同体中，可以计算出死亡率，这些混合疾病往往一次又一次地高度流行，年度死亡人数的表格会偶尔明显地表现出某些严重的危机时期。[50] 在15世纪时，瘟疫与粮食短缺的结合似乎更加牢固、更加频繁，但要确定这种关系的趋势，是困难的。[51]

认为这些疾病起因于**耶尔森菌种**，或归入症状与其密切相关的传染病，这使同时代人的诊断变得混杂不清，很成问题。比如，这几乎无可怀疑：1359—1364年间，一次天花的传播，对从德意志到英格兰、从法国到意大利的儿童人口有非常大的影响，这时毫无疑问正是第二次腺鼠疫流行的时候，或许称为"儿童瘟疫"是正确的，因为要区分天花导致的死亡和鼠疫造成的死亡，是困难的。此外，1385—1393年间瘟疫复发并与各种传染病相结合，所以1387年在托斯卡纳和德意志，流感的影响与瘟疫的影响混合在一起。在15世纪里，在染上瘟疫的病人身体上表现出来的各种传闻中的征兆，可能是由错误的、不可靠的诊断造成的，今天这些征兆会毫不犹豫地被视为斑疹伤寒（exanthematous typhus）。[52]

同时代人认为腋窝的或腹股沟的淋巴结炎（axillary or inguinal buboes），是瘟疫的一种无可辩驳的迹象。当他们报道它们时，我们可以相信他们的诊断，并考虑瘟疫的存在是肯定的（这并不排除它掩盖了其他相关传染病的可能性）。另一个迹象也使同时代的观察家保持警惕。当那些负责健康事务的人和当局注意到在一条街上或一所住宅中死人的数量增加时，他们发出了警告。[53] 事实上，正是瘟疫在狭隘的家庭圈子内闪电般地传播，在几天内就夺去这个家的大部或全部人的生命，这是在1348年后最悲惨地打击同时代人的瘟疫传播方式。为了父母的罪甚至消灭无辜的婴儿，这肯定是神发怒的迹象。这

---

[50] 比如，见 Hatcher (1986), p. 26, fig. 1。
[51] Dubois (1988a), pp. 327–328；关于反对的意见，见 Biraben (1975), I, pp. 147–154：表明这场传染病同样可能是，或可能不是，先于、紧随或伴随着饥荒，因此不可能得出一个结论。
[52] 由立克次氏体（rickettsia）引起并由虱子传染的一种病疫，它引起内出血，患者的身体上出现黑色的或黑蓝色疤痕，就像所说的"发黑而死"（Black Death）一样。见 Carmichael (1986), pp. 10–26。
[53] Ibid., pp. 21, 24–25.

第二种迹象并非不重要,因为这一视角很快就要涉及我们,即家庭问题。这是因为它使遗产继承和传统的社会角色分配陷入混乱。瘟疫威胁最大的是合法的秩序、古老的团结及其表达形式——家庭纽带。

生命周期

1348 年这场大灾难及其后来历次复发和变化影响了人们的心态,要把握政府对这些事件的反应,一种好办法是了解疾病逼近或其出现得到公认时记载下来的各种具体迹象。然而,关于挑战着生死节奏并把我们带回到个人行为上来的深刻的人口变化趋势,这些记载能告诉我们的东西微不足道。

14 世纪下半叶大灾难的发生普遍化了。在瘟疫进一步暴发的过程中,人口得到恢复的希望成为泡影。在传染病过去后的时期,凡各种数字确切,足以用来分析居民的各种反应的地方,我们一开始就会注意到某种迅速复苏的假定。我们可看一下佛罗伦萨**周围乡村地区**(*contado*,包括小城镇)的一个区,即桑塔皮亚诺(Sant'Appiano)的**各个堂区**(*piviere*)的炉灶(住户)情况。以 1350 年的指数为 100,在紧接着这场瘟疫的时期,人口以一种适度但显著的方式复苏,1357 年达到 107。但一种不可阻挡的下降和 1400 年的瘟疫使这个指数退回到 78,并在 1427 年降到最低点,指数低至 62。[54] 第二个例子表明了 1348 年大规模死亡在该世纪下半叶一连串不同传染病中的位置,并表明了很长一段时间后出现复苏的可能性。在诺曼底的科地区(Caux),如果 1314 年炉灶数的指数定为 100,那么这个指数在 1347 年减至 97,然后在约 1374—1380 年间降为 45 左右(在这接近 50% 的人口损耗中,30% 死于黑死病,20% 是在 1357—1374 年间死去的)。此后几十年非常清楚地见证了人口恢复过程:1410 年左右,这一指数爬升回 65。[55]

这些人口恢复增长的例子在地方的层面上可能大量出现,但很快因为瘟疫的复发而逆转。下降和复苏的模式是不同的,对瘟疫的反应

---

[54] Muzzi (1984), esp. p. 137.
[55] Bois (1976), pp. 51–57, 249, 277.

的多样性证明：1348年瘟疫的暴行不是不可补救的事件，这及时地为历史学家提供了关于晚期中世纪种种危机的专门解释。

事实上，如果我们要把1385年左右视为14世纪的结束，那么最引人注目的可能是强劲的人口恢复。黑死病的独特地位因此将被排除，即它不足以把这个被裁短的14世纪染上暗淡的色调。但如果我们设想一个延长的14世纪，把它延长到约1420年，那么受人口下降趋势所损害的全体居民将不得不承认自己在人口复苏上的失败。而且从14世纪30年代开始的人口持续下降将以全方位的方式显现出来；人们会发现黑死病结束后20年间的人口复苏，只是部分地弥补了它造成的人口的惊人下降。人口下降看来最终得到了证实，就在该世纪末它又受到瘟疫的重大打击；这种打击一直延续着，虽然步伐慢了下来，大约到1420—1430年才结束。

总之，15世纪最初几十年人口达到极低的水平，并在很长时间内保持着这个水平。人口长期衰退和某种收缩的过程停止了，1348年的黑死病是这一过程最惊人的时刻。但各个恢复的阶段无疑表明：人口资源并未完全被这些传染病耗尽。因此，理解这种旷日持久的衰退的机制，意味着对人口变化曲线图的不同构成要素的分析，虽然如我们所知，为中世纪的人口研究收集起必要的资料，极端困难。

死亡率

让我们从死亡率开始。许多学者认为黑死病的首要作用是调整人口和资源之间的平衡。确实，它似乎最适合于担当这种角色。然而，甚至在一批封闭的居民中，诸如某个宗教共同体或任何其他的职业群体，当死亡人数被准确地记录下来时，只有在例外的情况下其年龄构成才被记录下来，由此死者的年龄分布才为世人所知。[56] 从其出生就跟踪某个特定的团体，以年龄来观察死亡的数量，并计算预期寿命（life expectancy），就更罕见了。

因此，许多关于中世纪死亡率的特点的推断都基于估计，或基于上述成人群体中死者的可能的年龄分布情况。各种分析都集中于那些

---

[56] 因此，有Biraben关于1355年管理着自己主教区的127个法国主教的死亡率的分析。到1391年时他们全部去世，也就是说这批人的死亡发生在36年中，这里不考虑他们就职时的年龄。见Biraben（1975），I, pp. 177-184 和 p. 185 的表。

第七章 瘟疫和家庭生活

显要的群体、统治家族或宗教共同体;人物传记研究方法上的进展无疑将充实这样一种方法所必需的资料。[57] 这些探究已经揭示出14世纪末寿命缩短了,这是某个婴儿期死亡伤害中的幸存者依然可能有希望获得的寿命。这样,在14世纪最后25年,一个年轻的英格兰君主如果与13世纪末像他一样的人相比,就平均数计算,将会少活8年。[58] 预期寿命的这种减少,导致死者的分布向更低龄的人转移。比如,在1350—1500年这整个时期,英格兰的贵族死亡时有一半低于50岁,但如果把我们的观察限于1350—1375年间出生的那一代人,那么这样的人几乎有3/4。

通过使用生命表(life-table)模型,曾有人估计过这些成人的预期寿命,并把它在一个时期与另一个时期之间作比较。对达到20岁的男人来说,预期寿命通常是30年左右。[59] 在某些共同体或宗教修会中,一个人加入时的年龄及死亡时退出的年龄是知道的,或可以估计的,曾有人为此构建出若干份死亡率表(mortality-tables)。在坎特伯雷基督教堂(Christ Church)小修道院的本尼狄克派僧侣中,如果其入院的年龄被假定为不变,那么生于15世纪第二个25年并于1445—1480年间入院的那一代僧侣,其生命预期是20年或25年,显然低于1395年后入院的那一代僧侣。[60] 我们还应该注意到,与17世纪和18世纪的圣莫尔(Saint-Maur)的宗教团体相比,死亡的影响对14世纪晚期和15世纪那些年轻的本尼狄克派来说,比对3个世纪后年轻的**莫尔会修士**(*mauristes*)要大得多。[61]

在一个封闭的、受保护的共同体中,有时可以观察到其成员的年龄分布。在巴黎附近的隆尚(Longchamp)女修道院,1325年有46%的成年妇女(20—60岁)和24%的老年修女,但1402年时这两

---

[57] 然而,我们必须注意到,它们通常都由于各成员加入团体的时间和年龄的不确定性而被曲解,这使对整批人的解释有风险。见Rosenthal(1973)。

[58] Ibid., p.293, tables 1A, 1B。也见更早的关于英格兰的公爵们的研究,见Hollingsworth(1957);关于英格兰君主的长寿,见Russell(1948), p.180。

[59] Hollingsworth(1957), pp.10–11, and cf. Hollingsworth(1977)。

[60] Harcher(1986), pp.28–29。

[61] Ibid., pp.36–37;在Le Bras and Dinet(1980)中考察了8000个**莫尔会修士**。然而,16世纪晚期和17世纪英格兰的贵族拥有的生命预期,与曾被假定为14世纪和15世纪贵族的生命预期相比,几乎没有什么改变,或常常显得更短。见Rosenthal(1973);Hollingsworth(1964), p.56。也见Vandenbroucke(1985)。该作者注意到:在金羊毛骑士团(Knights of Golden Fleece)1500年后出生的骑士中,与其15世纪的先人相比,可以看出生命预期的某种下降。

个群体各占 1/3。(62) 我们必须记住：年龄结构比总的死亡率水平更好地反映了上述事件对不同世代的人的影响。这里，在前一时期有更多年轻修女进入修道院，在 14 世纪末修女年龄的老化可能是由于招募新人时受到各种变化的影响。

全部人口的变化，人口对传染病压力的反应都是这样的吗？我们难得一见的这些 14 世纪和 15 世纪初的年龄金字塔（age-pyramids），也是人口老龄化的证明。佛罗伦萨附近小城市普拉托（Prato）的人口在 1371 年时显示出某种活力，这离它在 1363 年受到瘟疫严重侵袭
138 很近。这一年龄金字塔与几乎二代人后的 1427 年的年龄金字塔比较的结果，表明那时有记录的人口复苏，从其中期的角度看，并没有妨碍这种平衡向有利于年龄金字塔的顶部转移，而损害最年轻的那些群体。(63) 在 15 世纪第一个 25 年，人口稳定在最低的水平上，相对于最年老的人来说，各类最年轻的人（youngest）在某种程度上到处都受到侵害。1422 年在兰斯的圣彼得堂区，那些不满 15 岁的人（家仆和学徒确实未算入这个群体，虽然该城里有许多这样的人）几乎不到总人口的 1/4，60 岁及其以上的人占 7%；而在维罗纳，1425 年时第一个群体占 29%，但第二个群体有 15%。(64) 在 1427 年的佛罗伦萨，前后两个群体分别占总人口的 39% 和 12%，仍然与处于增长阶段的人口比例相差非常大。

我们不应被这些通常来自特权群体的成年男人表面上的长寿所误导，被无可否认地由老人给我们的真实影响所误导。在 14 世纪，从人口统计学的观点看，老人重要性的增加掩盖了生命预期的某种减少；即使在 20 岁时，有人曾估计大约有 30 年的生命预期，但到这个年龄活下来的人仍还可能活到很老的年纪。(65) 此外，新生婴儿的生命预期仍然是高度猜测性的，因为对我们来说，建立一种基于群体的婴儿死亡率表，这几乎始终是不可能的。有些地方可以尝试这种试验，即在那些拥有家庭档案的地方，可以找到关于出生日期、结婚和死亡的确切证据，有可能再现这些家庭，但此类探究一般用于处理数量非

(62) Dubois（1988a），p. 363.

(63) Herlihy and Klapisch-Zuber（1978），pp. 374 - 378 and figs. 21A，21B. 关于 1371—1372 年的**估计**（*estimo*），见 Fiumi（1968），pp. 88 - 101；其陈述开始于 1371 年最后几个月，止于 1372 年 1 月。

(64) Desportes（1966），p. 497；Herlihy（1973），p. 101.

(65) Guenée（1986）最近曾提出这个问题。也见 Vandenbroucke（1985），table 2，p. 1011。

常少的个体。在利穆赞（Limousin）的一些家庭中婴儿死亡率有28%，使用死亡率表的话，我们可以推断新生婴儿的生命预期不超过30年。它几乎与佛罗伦萨一些给人们留下自己档案的家庭一样，在15世纪第一个25年这里的人口也达到了最低点。[66] 但我们远远没有能力准确地考察13世纪末和15世纪初之间的变化。死亡率的差异依赖于年龄和性别，特别是关于各类儿童年龄的群体的死亡率差异，我们同样一无所知。

出生率和生育力

我们关于人口曲线图的其他构成成分的知识，同样也是空白。缺乏关于全部人口的资料困扰着出生率的计算，结婚率还得加上完全不知道配偶双方的年龄问题。至于生育力，这实际上是无法触及的，除了任凭自己沉溺于一系列假设；人口中的女性部分，事实上文献记载和相关档案资料要比男性少得多，除了上层社会的少数女性。其实在那样的环境中，甚至她们出生的记录也是既不完全又不规则。但无论如何，还是可以得出某些结论。

各个年龄的金字塔和出生、死亡的运动的图表，意味着某种死亡率和出生率的危机之间的相互影响。年龄金字塔不仅揭示出这些危机的概况，而且也揭示出一旦危机过去后新生婴儿剧增的情况。1371年普拉托及其周边乡村的年龄金字塔显示了一个非常清晰的低谷：由于上面提及的8年前"儿童瘟疫"的打击，年幼的或年轻人的数量都处于很低的水平。但紧随着这次下降，在一个较低的年龄金字塔的水平上（这也与1348年黑死病后几代人的人口缩减所导致的出生下降相一致），有几年间婴儿大量出生（但在这个金字塔中仍然比较低）和3年时间的中度生育（moderate births），可能代表着向正常生育的回归。所以情况似乎是这样：1363—1364年的传染病后，在2—3年间出生率经历了一次增加的冲动。或许，在一种较小的规模上，就在1427年**地籍册**（*catasto*）制定前出现的很多婴儿的降生，也是1424年的"小"瘟疫后托斯卡纳的年龄金字塔经历了一次出生率的

---

[66] Biget and Tricard (1981); Klapisch-Zuber (1995) and (1998).

跳跃的证据。[67]

从洗礼和葬礼的曲线图的某种比较的角度看，死亡率和出生率之间的短期运动的联系，也是证据。现代社会的材料已经证明了这一点。[68] 在一次死亡的危机中，洗礼的曲线图惊人地下降，经过一些时间的停滞后，它重新开始提升，这时危机已经过去。[69] 到15世纪末，在每次传染病流行时期，佛罗伦萨和波伦亚的情况都表明，其洗礼数相对于正常时期下降了12%—30%；接着，在瘟疫过去后2年，有时是3年，洗礼数量达到高峰。[70] 在锡耶纳，那儿自1381年以来有葬礼登记册，洗礼高峰期确认为1388—1389年、1393年，及然后是1401年后的2年，这些都发生在其前几年死亡率下降以后。[71]

我们应该把危机时期洗礼数量的下降归于什么原因？无疑，我们必须考虑到相当一部分夫妻逃离城市，他们的新生儿的洗礼也在其他堂区。但紧接着瘟疫的几年中洗礼的下降，不是闭经的结果，即不是饥荒引起的那种下降，而是瘟疫期间对夫妻行为感到恐惧造成的，这种恐惧会在忏悔和担心的时刻表现为夫妻关系的中断，这是真的吗？[72]

常常由同时代人作出的一种双重的观察结果，提及瘟疫暴发后妇女的极端生育力，和控制着生存者的夫妻关系的狂热。比较夫妻们在一场传染病之前和之后所表现出来的生育力及其最终结果儿女的出生，也似乎证实了这一点。[73] 在中世纪末期，这可以用事实来证明吗？

14世纪的家族是多育的。这种主张通常基于来自王室或诸侯世系的例子。把从人数如此之少而且是这样一个极其没有代表性的社会群体中获得的结果普遍化，用来认识全体人口的发展倾向，显然不可能赢得任何支持，除了那些基于对幸存的后代的计算而作出的

---

[67] Herlihy and Klapisch-Zuber (1978), pp. 376–377, fig. 21 and 382–383, fig. 23.
[68] Livi Bacci (1978a).
[69] 见 Biraben (1975), I, pp. 310–331 所引用的例子，及所分析的 Auriol 在1720—1721年的瘟疫之前、之中和之后的洗礼曲线图。
[70] Herlihy and Klapisch-Zuber (1978), pp. 182–187, figs. 2–3, and p. 197, table 20; Bellettini (1961), pp. 87–90; Live Bacci (1978b), pp. 63–91.
[71] 据 Ottolenghi (1993) 提供的数字，还必须对这些数据进行批判性的研究。
[72] Biraben 以 Auriol 的情况为例，详细讨论过这些反应，见 Biraben (1975), I, pp. 323–331。
[73] Ibid., p. 330.

结论，关于这些后代的存在我们是通过他们父母的遗嘱才知道的。另一方面，因为家庭档案的存在，我们得以接触城市下层的居住环境中生育力的特点。(74) 在1350—1500年间，J. -L. 比热和J. 特里卡尔研究过的利摩日（Limoges）的6对夫妇，平均各生了9.8个孩子，但至少这59个孩子中的54%没有活到成年。此外，所有家庭的平均数（包括在妻子的生育期的末期仍活着的，即**完整的家庭**［*completed families*］，和由于配偶中因一方死亡而生育过早被打断的家庭，即**完成的家庭**［*familles achevées*］），只有6.9人。(75) 在阿拉斯（Arras），1389—1470年间选出的四个家庭平均共生育了9.75个孩子。(76) 这个数字与佛罗伦萨的相当。在1290—1530年间，佛罗伦萨的数字可以与之比较，在所研究的**完整的家庭**中，平均有11个孩子出生，**完成的家庭**的平均数只有6.4个；可以算出来，所有的家庭总数是113个，凡母亲是在20岁前结婚的，理论上经过30年的婚期，她能生下9.3个孩子。(77)

因此，这是一个非常高的生育水平，但这根本上不是“自然的”。这意味着它仍然有某种保留吗？人口能够诉诸这种保留来平衡 141
传染病造成的破坏吗？近来历史人口学方面的研究已经澄清了各种机制，前现代欧洲的人口就是通过这些机制对死亡率的变动作出反应的。(78) 他们倾向于突出结婚率的作用，结婚率比生育力更容易被感知，它的两个组成部分——婚姻的频率和结婚时的年龄——可以更直接地被改变。

结婚率

如果我们有幸同时拥有关于两者的足够的统计资料，诸如关于勃艮第的日夫里（Givry）的婚礼曲线图和葬礼曲线图，把它们放在一起，我们能看到前者在一次传染病中被打断，但随后直接达到顶峰，

(74) 各种单独的信息片断常常被提出来证明特定家庭的这种多育的特征，但选择这些孤立的例子的确具有一种危险，即根据他们孩子的数量得出普遍多育的结论，见 Chevalier（1975）II, pp. 318－319 n. 51 所引的例子，结婚25年间生18个孩子的家庭，及31年的婚姻中生14个孩子的家庭。

(75) Biget and Tricard（1981），p. 343.

(76) Delmaire（1983）.

(77) Klapisch-Zuber（1988）.

(78) Wrigley（1969）; Wrigley and Schofield（1981），p. 425; Dupâquier（1972）; Bideau（1983）; Klapisch-Zuber（1993）.

而且在该场瘟疫结束后的第二年仍然稳定地维持在一个比正常时期更高的水平上。[79] 这些因死神当政而拖延下来的新的结合，有许多属于寡妇和鳏夫的结婚，一旦传染病过去他们就尽可能快地抓紧时间重新结婚；但结婚也是年轻人的事情，他们已经推迟了自己的结婚计划或他们在结婚上变得自由了，因为他们已突然继承了一笔遗产、一块持有地或一笔生意，致力于尽可能快地安家落户。[80] 这些新配偶的较高的生育水平，反过来能解释在瘟疫暴发后的第二年出生率的跳跃。

在普拉托城及其周边乡村，更多的新生儿出现在1371年，在年龄金字塔上处在1365—1367年的水平。这种出生潮可能把一种趋势掩盖起来，即1363年瘟疫后的一阵结婚潮。这里有两个方面引起我们注意：1371年结婚的人的比例非常高，初婚的平均年龄（按照各种年龄的结婚的人的比例计算）非常低。两代人后，在1427年，**地籍册**表明：孙子的婚姻行为，不管是城里还是乡村的居住者，与他们祖父母的不再一样。在托斯卡纳的这个地区，姑娘的婚礼推迟了一年或二年，而男孩子的婚礼则推迟二到三年。[81] 所以看来很可能是：在14世纪末在托斯卡纳，结婚的年龄和频率对出生率的上升作了调整。

但是我们知道，20岁以下的青春期的生育率是低的，在他们夫妻的一生中，与20—25岁已婚妇女的生育力相比，仍然比较低。佛罗伦萨的例子证实了这一点，那儿的生育率看来与他们在利摩日或阿拉斯的同时代人一样。在姑娘们很年轻就结婚的地区，各种压力的运作会因此影响男性的婚龄。如果没有这种影响生育力的因素，其结果将具有极大的社会重要性，这里佛罗伦萨再次提供了支持这一点的证据。因为对20岁的男人来说结婚道路的敞开和封闭，后者如把他们的婚礼推迟到他们30岁的时候，使之成为年轻人高比例的婚期，其结果将大不一样，前者等于保证迅速进行世代接替，或许还使被视为配偶间理想的关系发生变化。另一方面，当姑娘们结婚较晚时，由此

---

[79] Gras（1939）和 Biraben（1975），I, pp. 157–162 的分析。

[80] 关于1701—1740年间 Auriol 的例子，那儿，在这场瘟疫前，再婚在全部婚庆中的比例几乎是15%，在瘟疫中下降，如初婚的一样，并在瘟疫过去后直接上升至64%。见 Biraben（1975），I, pp. 318–321。

[81] Hajnal 的方法是按照各种年龄的结婚的人的比例计算，结果是：姑娘的结婚年龄，城里是16.3—17.6岁，在13个周边乡村中是15.3—17.3岁；男人的结婚年龄，在城里是23.8—26.9岁，在同一些乡村中是22.3—24岁。见 Herlihy and Klapisch-Zuber（1978），p. 207, table 24。

而来的生育情况，对生育力具有直接明确的影响，因为妇女生育力最大的时候就是 20—25 岁。

然而，应该设定某种条件。像死亡率一样，晚期中世纪的结婚率在短时期内是高度可变的，而在长期中，用 L. R. 普斯的话讲，则远远要"刻板"和"冰冷"得多。[82] 所以让我们从这种二重的视野，识别死亡率对结婚率的影响。在直接的将来，一场瘟疫对生育的影响倾向于集中在下一年的初婚增加，他们的结合只是在瘟疫流行期间被推迟，由此为出生率的恢复提供强有力的推动，因为这些年轻人的结合特别能生育。如果考虑到寡妇再婚按规定要延迟，那么她们的重新结合将使生育力的提高稍后一点表现出来。因此她们将往往会延长出生率的恢复期，延长到瘟疫后的第二年，甚至第三年。然而，从更长的时期来看，这种调整的发生是缓慢的。这一点已经在前现代各个长时间段的统计数字中得到证实，那时结婚率在危机后的一代人的空间内向不同的层次展开。[83] 结婚率要产生可感受得到的、持久的影响，事实上必须在人们的习惯和心态上发生深刻变化。因为即使人口统计学的世界不单独从属于生物学的各种约束，婚姻关系及这种关系之外的整个家庭领域，也不会不加抵制地屈服于它们的原则。

两种制度和一种破裂？

托斯卡纳结婚率的各种特点仍然相对稳定，尽管这些特点中有许多跌宕起伏。从那些难得的 14 世纪初的数字看，如同从 15 世纪末和 16 世纪关于结婚率的那些可得到的统计数字看一样，一幅相对前后一致的画面浮现出来：妇女的婚龄在 20 岁以下，1400 年前要低得多，1500 年左右不再那么低，同时城里的又要比乡村的大。男人的婚龄相差大，但总是在 20 岁以上，一般而言保持在 26 岁左右，在城市里和富人中会达到 30 岁。要确切地估计得到确认的单身汉的比例很困难；另一方面，老处女的比例并不重要，1350 年后处于结婚状态的和孀居的包含了 95% 以上的成年妇女。这些特点并非托斯卡纳所特有。在中世纪意大利中部和北部的城镇中，结婚或寡居妇女的比

---

[82] Poos (1989), p. 801.
[83] Bideau and Perrenoud (1981).

例非常高，在法国东南部也是这样，法国西南部比这还要高。在罗讷（Rhône）河流域和普罗旺斯，诸如图卢兹和佩里格，或在蒙塔尤（Montaillou）村，妇女在 21 岁前就结婚，男人或多或少是在 27 岁前后。[84] 在前现代，这种情况在西班牙也得到了证实，这些中世纪的特征在已经引证过的法国和意大利的那些地区一直持续着。[85]

这些特点无疑相当于一种人口模式，这种模式与 30 年前 J. 哈依纳尔命名为"欧洲的"婚姻模式很不相同。[86] 众所周知，他认为把传统欧洲社会与世界上其他社会区分开来的，是它的妇女和男子的特别高的结婚年龄（25 岁或更多）、配偶间的年龄有一个小小的差距、两性中永久独身者的高比例。今天，他所说的一切最好称为"西北欧洲的"模式，这表明重要的地区性修正意见已经把它的应用范围限制起来了。此外，自 1965 年以来哈依纳尔已经提出：他的模式可能并未考虑到 14 世纪晚期英格兰的情况；在其他方面，地中海各地区拥有他识别为属于"东欧的"模式的几种特征。[87]

英格兰的婚姻具有"非欧洲的"特点，该理论是 J. C. 拉塞尔（Russell）的著作向哈依纳尔提出来的，拉塞尔使用 1377 年英格兰的人头税收入来估计 14 世纪的结婚率。他的结论曾受到挑战，他使用的文献证据受到了批评（尽管要求对数据进行修正的各个假设没有在相反的意义上作出完全有说服力的解释）。[88] 对英格兰不同地区的研究没有提供一个有说服力的结论，因为这些研究的结果是互相矛盾的。在黑尔斯欧文，黑死病发生前，16—19 岁的姑娘与 21 岁的青年小伙子结婚；黑死病发生后由于土地充足，使这种"非欧洲的"年龄进一步降低。[89] 但对林肯郡（Lincolnshire）的沼泽地（Fenland）

---

[84] 15 世纪时妇女的婚龄是 20—21 岁，男子是 24—25 岁，1440—1500 年间罗讷河流域的居民就是这样。见 Rossiaud（1976）。图卢兹的妇女是 16—17 岁，男人是 25—28 岁。见 Laribière（1967）；Higounet-Nadal（1978），pp. 282，291 - 292。蒙塔尤的姑娘是 17—18 岁。见 Le Roy Ladurie（1975），pp. 275 - 279。

[85] Smith（1981），见 Smith（1983）的概述。

[86] Hajnal（1965）.

[87] 分别见 Ibid., pp. 119，103，120。

[88] Hatcher（1986），pp. 21 - 22 讨论了 Russell 的分析和批评，见 Smith（1981），pp. 114 - 115，and（1983），p. 111。

[89] Razi（1980），pp. 60 - 64，136 - 137. 必须注意：Herlihy（1985），pp. 103 - 111 收集了关于整个中世纪欧洲初婚年龄的证据。这位作者的结论是：女性的结婚年龄直到 13 世纪在各地都非常低，男性的结婚年龄从 12 世纪以后开始提高。

的研究得出了相反的结论：婚姻的"欧洲"模式在13世纪末以前是适合的，并由于黑死病而变得更加牢固。因此，我们应该及时追溯中世纪西欧模式在英格兰的起源问题吗？研究肯特郡的沼泽地的历史学家 H. E. 哈勒姆没有排除这种可能性，他认为如果按时间顺序往前追溯，人们将可能看见那里有一种"地中海式的"或一种"东欧式的"婚姻模型。[90]

这也是从对英格兰其他地区和法国北部的研究中得出的结论。与研究欧洲南部的人口统计学家相比，由于材料较少，研究欧洲北部地区的历史学家被迫从结婚和独身的比例中推断晚婚的可能性，或某种推迟结婚的可能性。今天研究者似乎倾向于开始接受这种观点：当时的男女青年都持一种"谨慎"（prudential）的结婚态度。这同样适用于1460年后的诺曼底，[91] 1422年的兰斯，[92] 和15世纪的伯里圣埃德蒙兹，[93] 但证据常常太过缺乏。凡存在真实的结婚年龄文献证据的地方，这种证据也是太少，其结果仍然是半色调的信息（half-tones）。14世纪末和15世纪，在阿拉斯和利摩日，城镇**资产者**（*bourgeoisie*）家庭的年轻男人在20多岁或30多岁时与20岁左右的姑娘结婚，[94] 女性的结婚年龄仍然有待思考：这仍然是中世纪吗？已经处于现代"欧洲模式"的边缘了吗？这一讨论仍然悬而未决。为使这种讨论有一个结果，我们将需要耐心地积累能澄清婚姻行为的资料，这些资料不仅指该世纪生物学和家庭的大变动的情况，而且包括更早时期的相关情况。

综上所述，虽然结婚率作为主要的人口调节器而起作用，但这种角色的发挥是在两种形式的限制内运作的，即不仅有生物学的而且还有文化的限制。在一种基于"地中海的"婚姻模式的人口体系中，通过进一步降低女性的结婚年龄不可能有真正的生育力的增长。看来情况似乎曾经是：死亡率造成的压力的各种直接后果，首先是男性的

---

[90] Hallam (19685). 使用庄园的婚姻税（merchet）的资料，哈勒姆估计黑死病前女性的初婚年龄是21.4岁，男性的是26.1岁；黑死病后，女性的结婚年龄上升到24.6岁，男性的是25.5岁。Smith (1983), pp. 120–124, 使用了上述庄园中的两个庄园关于农奴（serf）的同一些文献，计算出结婚的和单身的比例，与西北欧的模式是完全协调的。
[91] Bois (1976), pp. 317 and 331, 关于16世纪初的情况。
[92] Desportes (1966), p. 489.
[93] Gottfried (1982), p. 61 n. 34.
[94] Biget and Tricard (1981), pp. 327–330; Delmaire (1983), pp. 305–306.

结婚年龄发生变化。这样一种人口战略的后果仍然是有节制的，或许这能说明文艺复兴时期地中海人口相当缓慢的增长类型的形成。另一方面，在一种包括“西北欧的”婚姻模式的体系中，在几年时间内对女性婚龄的操控保证了生育力的某种迅速复兴，并在很长的时间内可能使其作出更灵活的反应。

家庭平衡

在许多社会限制的汇合点上，婚姻、一对夫妻的组成和家庭群体在一个更大的社会纽带的整体中的位置，已经成为理解过去的人口问题的中心对象。结婚率这种人口统计学和社会生活的调节器，融合进更广泛的家庭和家族的类型中。婚姻在被国家或甚至被教会控制之前很久，就已经被纳入家庭的范围。所以，人们所理解的各种“家庭结构”的必要条件影响着人口变化的趋势；反过来，这些结构也经受着人口运动的种种影响，并对人口体系进行修改。家庭和人口组成之间的互动要求我们不要忘记这两个方面的视角。

各种模式

受可得到的资料的限制，中世纪学家很早就已着手处理家庭结构的特征和变化问题，通常是赋予其中一种特征（家庭群体的某个方面）以某种重要性，这种做法现在看来可能是不适当的。在那些文献最充分的事例中，“炉灶”（住户）有时可以加以计量。它是家庭的并基于财产的单位，但常常是为行政管理的目的而使用的财政和理论上的概念。但是，我们可以用这个概念做什么？有人提出，1350—1427 年间，在托斯卡纳的圣吉米尼亚诺（San Gimignano），城里的居民人数大约减少 33%，乡村的居民人数减少 15%，而成员范围较广泛的住户的数量减少得更加厉害，(95) 从这种断言中我们能得出什么看
146 法？要考察炉灶的统计数字和人口的统计数字变化之间这种分离的原因，我们必须知道住户的结构。当前关于 14 世纪时逐户相加的、确

(95) 城里的住户损失了 1350 年时的总数的 55%，乡村的住户损失了 47%，住户的平均人口分别从 3.5 人增加到 4 人，从 4 人增加到 7.5 人。见 Fiumi (1962), p. 150。

切的人口计数资料很少，所以每户平均规模的公式实际上表示了什么，我们几乎一直不知道。

不止一个观察家曾对以下事实感到震惊：家庭群体的规模从一个社会到另一个社会或从长期来说，事实上都是一样的，尽管在地方的层面上它可能经历过重要的波动。这种观点忽视了家庭演变的基本动力。让我们以普拉托及其**周围乡村地区**为例，其极为丰富的档案提供了13世纪末以来的独特的信息。在其**周围乡村地区**，那时每户的人数平均5.6人，在1339年只有4.3人，1371年是4.7人，1427年是5人。其城里的变化并非完全与此同步：1298年是每户4.1人，1339年是3.9人，1371年是4.2人，但1427年回落到3.7人。(96) 我们关于14世纪的人口运动所知道的情况，促使我们相信1339年然后是1427年，平均每户人数的下降有不同的原因。但我们不能从这一系列的家庭人数的索引中推论说：家庭组织与这一种家庭模式而不是与另一种有关，或它是在某种前后连贯的历史过程中一直往前演变的。关于把家庭群体粘连在一起的那些纽带的性质，家庭人数的索引什么都没有说清楚。就澄清那些适应于各种人口限制的手段来说，除了以某种间接的和模糊的方式，它也没有告诉我们任何东西。

无论如何，人们经常看到小规模的中世纪家庭面临重重压力，并从对它的这种夫妻组合特点的关注中得出各种结论。这一点已经变得更加明显，因为某种过去的欧洲的家庭模式，已经被用来提供一种理论框架，并把中世纪的那点贫乏的证据放在这个框架中来整理。这个家庭模式是通过观察现代人口的各种类型来构建的，并用上述讨论过的婚姻模式表达出来。按照这种模式，西方的年轻人在有能力自立门户时，也就是说，当他们能够获得经济独立时，就着手建立夫妻关系。这时，这个新建立的住户就在“当地”选定一个“新”住处，与父母不一样的住处。在期待结婚的过程中，年轻人积累了自立门户所必需的财产，办法是进入那些已确立的家庭，为他们服务。(97) 这样，这个模式令人信服地把晚婚率整合进社会再生产的机制中，它预

(96) Fiumi (1968), pp. 47 - 48, 72 - 73, 89 - 90, 109 - 111; Herlihy and Klapisch-Zuber (1978), pp. 211 - 212.

(97) Laslett (1973) and Hajnal (1982) 曾概述这种家庭的各种特点。

先假定了年轻的单身男子的行动趋势——是作为生产单位的各个家庭之间的一个额外的劳动力预备队,是一个"生殖库"。

从这一点出发,不仅产生了年轻仆人在各个家庭的外来人中占高比例的观点,而且还认为家庭结构非常简单,剥夺了它的世系深度方面的内容,把它缩减成核心单位内的父母和孩子的各种纽带。各种基于单独一对夫妇的结合的此类家庭单位的特征,表明了每一次死亡率的高峰时期的影响及它的抚养水平的影响。因此,发现这一点将是正常的:在某种"欧洲的"人口模式中,以一对夫妇为基础组织起来的住户很大程度上占有支配性的比例;占比例极少的住户是几对夫妻共同生活的;还有一种占比例很小的家庭含有一个寡居的母亲或鳏居的父亲或处于结婚年龄的亲戚;最后,有很多住户拥有仆人。

这样一种家庭模式的特点是整个欧洲早在中世纪就已存在的吗?我们不应夸大这种模式。地区研究长期来都强调长期的、在欧洲不同地区分布非常广泛的现象,这似乎与这种占支配地位的模式相矛盾。在法国南方,比如在朗格多克,由法律史学家揭示出来的亲戚或外来人之间司法上的结合形式,已经在家庭实践的层面上展现在人们面前:**线性合并**(remembrement lignager,如勒华拉杜里所称的)的倾向和 14 世纪和 15 世纪之交的**联合住户**(frérèches,即几对夫妇共同生活的家庭)的建立。它们依赖于某种巩固的契约性的架构,永久地在家庭共同体的生活中打上了自己的标记;到中世纪末,其内部复杂性,及有时在规模上,都在增加。[98] 对欧洲南部的研究,在 20 世纪 70 年代数量增加了,[99] 这些研究认可了上述各种地方形式在"地中海"模式中的整合,它是一种与欧洲西北部的家庭模式形成对照的模式。其特征是:婚后居住在男方家庭并以父亲为中心(patrivirilocal);具有世系的深度;不同辈分的几对夫妇共同生活,常见的是同一代人的几对夫妇的联合,即**联合住户**及其他的形式;还倾向于喜欢与来自别的地方的仆人建立家庭关系。[100]

此外,一种家庭发展周期的概念[101]已经带来了更老练的用来分析

---

[98] Le Roy Ladurie (1972), pp. 162 – 168.
[99] 关于我们的时代,见 Dondarini (1984) 和 Leverotti (1984) 所分析的数据。
[100] Smith (1981), p. 125.
[101] Berkner (1972).

组合的观察数据的方法。其经验之一,绝不是最不重要的,是论证这样一种家庭体系,该体系的特征是具有向相继的一代代人延伸的发展周期,家庭群体的结构很复杂,它适应于一种更小的住户规模,即接近于核心家庭的规模。事实上,这种体系意味着几对配偶生活在一起的可能性,但从这样一种共居(cohabitation)中产生的复杂性,在整个周期的所有发展阶段中都没有被我们意识到。周期性地及临时地,家庭群体变小了,变成了一种单纯的形式,然后,在周期的某个后期阶段,它再次开始扩张。[102] 高死亡率使婚姻的瓦解增加,这进一步削弱了一个观察家在一对对配偶构成一个复杂的、人数众多的住户的情况下,偶尔发现这个周期中的某个关键点的机会。因此,某种"地中海的"模式并非总是在任何一个时刻都是可以及时识别的。在中世纪末,当受到黑死病猛烈打击的时候,情况肯定是这样。

各种形式的住户

中世纪末的高死亡率以不同的方式摇撼着,可能是修改着,各种家庭结构。可以承认,这个时期的种种不幸扰乱着家庭并大大损耗它们的元气,使它们内部的等级变得模糊起来。然而,重要的是要区分:一种是与维持生计的危机相联系的死亡率的后果,另一种是黑死病危机造成的死亡率的后果。第一种危机鼓励人们逃往城镇,这是流浪的开始,其结果可能是永久的,其与土地和家庭的纽带被决定性地打破了。高物价和饥荒,随后而来的总是传染病,这是太经常发生的事情,这促使乡村居民放弃自己的土地,因为这时耕种这些土地的家庭的幸存者在自己的家乡既不能播种也不能收割。城市里的穷人和来自内陆腹地的难民涌进各个慈善机构。这儿和那儿,遭受巨大压力的当局追逐着他们的城墙外铤而走险的乞丐们,这些乞丐开始扩大成众多武装团伙,毁灭乡村并包围设防的城镇,造成双重的混乱和灾难。[103] 研究14世纪的,尤其是研究15世纪的历史学家,不知疲倦地回到这些人口运动,这种流浪、这些通常已经中断与其家庭联系的人

---

[102] Berkner (1975).

[103] 见 *Il libro del Biadaiolo* 的导言, ed. Pinto; La Roncière (1974)。关于战争和不安全的后果,及其与瘟疫的联系,见 Dubois (1988a), pp. 337–346; Biraben (1975), I, pp. 139–146。

的迁移，及其破碎的家庭等问题。㉛ 许多著作都曾致力于试图研究乡村的重新殖民，有人推测：与来自其他被破坏地区的逃亡者重新组建的家庭的结构，往往不会太复杂。㉜

瘟疫对不同的人造成的结果是不一样的：对城镇里的富人来说，它意味着逃亡，而且也只在传染病期间才是这样；而对穷人来说则不是这样。一旦危险过去，它间接地刺激许多人群不太理性地涌入城镇，因为那些被各种特权和行业垄断权所吸引来的移民，那些很快会进入**资产者**的名单的人，已经去世或流失。㉝ 在这一点上，我们也设想由这些新来者建立起来的家庭可能既不是很富有，也不是很复杂。这些补充城市中被瘟疫严重损耗的人口的移民，有的是个人前来定居，有的是核心家庭。㉞ 因此在死亡率的某种峰值过去后，结婚率的压力的影响明显增强。所有这些发展都增加了成功地自立门户的年轻夫妇的比例。

回到普拉托的例子。最初的两场瘟疫过去后，1371 年时占支配地位的住户由单纯一对夫妇的小单元构成（65%），这一点非常显眼。但 1427 年后这种住户的比例再次下降到 58%，1470 年降至 55%。这种差距在**周围乡村地区**甚至更大。㉟ 这个例子表明：家庭应对死亡率的压力所采取的方式仍然没有明确的特点。通过观察"多重（multiple）家庭"*的比例，有可能更好地确认这一点。与托斯卡纳的其他地方一样，在 14 世纪末，普拉托城无疑应该被列入"地中海的"家庭模式。如它的住户比例所显示的，几对夫妇的家庭联合组成一个大家庭（14%），这种家庭虽然不占有很大的比例，但仍然与"北部欧洲"的模式不相符。后来，1427 年时在它的**周围乡村地区**，这一比例增加了一倍（28%），一个世纪后，几乎要达到三倍（36%）。

所以，当人口停滞时，从 15 世纪 20 年代以降，标准的家庭模式

㉛ 见 Comba (1984) 画的精美的图画，它附有过去和新近出版的著作的完整书目。关于引自司法资料的众多例子，见 Gauvard (1991)。

㉜ Pinto (1984); de Moxó (1979)。

㉝ 关于德意志，见 Mols (1954–56)，I, p. 74; Dollinger (1972), pp. 113–120; Comba (1984), p. 52。关于意大利，见 Pinto (1984), pp. 33–39。

㉞ 比如，见 Montanari (1966)。

㉟ 其份额分别是 65.58% 和 55%，见 Herlihy and Klapisch-Zuber (1978), pp. 518–519。

* 即"联合住户"或后面的"复合住户"。——译者注

恢复了自己的特点，再次明显地展现在世人面前。1364—1371年间仓促建立的新家庭、匆忙自立的年轻配偶和移民，只是暂时替代不同类型住户的比例，实际上他们并没有导致深刻的变化。

14世纪的历次瘟疫的结果是什么？是创立了或只是突出了在地中海各地城镇及其乡村地区表现得非常明显的父系之间相互依赖的倾向，还是相反，造成了相互冲突的倾向？在法国南部和中部，如上面所指出，外来人和不同辈分的亲戚的契约性结合共同组成的**联合住户**增加了。这些现象是类似的吗？他们是对同样的需要作出回应吗？法国南方的**联合住户**首先寻求的不是克服不安全，而是打断财产占有或土地耕作上的延续性吗？他们所渴望的结合形式因此发生了影响，施加压力促使新的司法理论和实践的发明。在意大利，强有力的父子相传的家庭结构扎根在一种古老的法律土壤中，这种土壤早在黑死病发生前很久就受到罗马法复兴，特别是关于嫁妆的法律的复兴的滋养。怀着清楚地了解其他趋势和其他类型的家庭组织的希望，我们或许必须回到12世纪以前，回到那些在牢固的基础上重组家庭领域的父系继承原则以前。

寡妇和单身的个人

在欧洲北方的社会中，打破把配偶、父母亲和孩子结合在同一个屋檐下生活的纽带，在南方打破兄弟和堂表兄弟或叔父、舅父和侄子、外孙之间的纽带，这场瘟疫给他们留下的是相关的个人的松散的聚合体，很长一段时间中不存在可以识别的婚姻结构。残存的住户增加了，构成这些家庭的是单身的个人、共有继承权的孤儿（orphaned co-heirs）、仍以婚房为家的配偶中活下来的一方。甚至在城市社会中，这种家庭所占的比例也很突出，那儿占优势的组织系统本来很难使这种情况成为现实。1371—1470年间，这种家庭在普拉托占全部住户的总数不低于20%，在1427年的佛罗伦萨这一比例爬升至25%。乡村地区与此形成鲜明的对照，因为托斯卡纳的**分成制**（mezzadria）很不适应于非常小的家庭单位；这里，单身的个人所能提供的劳动力很有限。1371年在普拉托周围，这种住房（炉灶）降至全部住户的6%。相比之下，晚期中世纪的城镇是向离乡背井的人，及向所有那些婚姻和家庭受到损害的人提供生计的地方。

寡妇的情况是极富有启发性的。我们通常看到的妇女，只是那些在主人或财政管理部门人员眼中独立生活的人，这些人大部分都是寡妇。在 14 世纪上半叶，出现了她们本人成为一个家庭或一份持有地的主人的机会。这些机会视其是否居住在城镇或乡村而不同，从一个地区到另一个地区也不相同；它们还依赖于司法条件和生产关系，因为生产关系控制着当地乡村地产的使用权。在托斯卡纳的城镇中，这种住户在整个人口中的比例很高：在普拉托，1325 年时占总住户数的 19%，1339 年是 24%。[109] 1339 年，该城 1/4 住户的户主是寡妇，这事实表明那些希望重新结婚的人遇到了困难，因为这正是人口在一个非常高的水平上稳定下来并在人们感觉不到的情况下开始下降的时候。同时它也表明，在人口好转的时机，这座城市向最弱小的人提供了各种新的机会。1371 年，户主是寡妇的家庭的比例在普拉托重新下降至 16%，1427 年降到 15%。[110] 在其周围的乡村地区，在这整个时期这种情况的存在受到更多的限制。在这里，**分成制**支配着地主和农民的关系，各种契约都有赖于男性劳动者和一个完整的家庭。[111] 很可能，乡村里那些没有在原地重新结婚的寡妇没有其他选择，除了移居城里或待在由一个成年儿子接管的农场上。事实上，正是在 1427 年的**地籍册**中，我们发现了她们：许多这样的人单独居住在城里勉强维持生活，更经常地是住在一个孩子的住宅里与他们一起生活。像分成制一样，在意大利的习惯法中，与嫁妆和遗产相关的法律及其实际应用不鼓励妇女的经济独立。相反，它们促使她们被整合进有一个成年男性——父亲、丈夫或儿子，甚至女婿——的住户中，他们将管理她们的嫁妆。在 15 世纪初，这样一种情况容易融入南部欧洲更普遍的家庭架构中。这种架构导致收紧亲戚之间的纽带：鼓励他们一起坚守，而不是分散他们的力量。

在欧洲西北部，情况不是这样。比如，在英格兰的庄园里，地主直接控制着自己领地上女农奴的婚姻，她们与外人结婚、重新持有份地都要交税，同时地主仍然控制着土地的使用权。[112] 13 世纪末和 14

---

[109] Fiumi (1968), pp. 70, 80, 92.
[110] Ibid., pp. 92, 111, 1427 年在乡村地区，她们构成全部住户的 6.7%。
[111] 1427 年，在托斯卡纳佛罗伦萨，这种户主是寡妇的家庭持有的分成制农场（mezzadria）数量极少（占总数的 1.6%），见 Herlihy and Klapisch-Zuber (1978), p. 486, table 78。
[112] Searle (1979); Goldberg (1992).

世纪初，女性承租人的比例比托斯卡纳分成制农场的要远远高得多；这些女性承租人绝大多数都是寡妇，她们拥有已故丈夫的全部或部分财物。[113] 这一时期的另一个明显特征，是手中有土地支配权的寡妇频繁地再婚：这是一种经过领主同意的婚姻，他允许她的新丈夫向他交纳现金后可参与占有一块份地。现在有人已经证明：在14世纪上半叶，再婚寡妇组成的家庭在全部有夫妇的家庭中比黑死病后占有更重要的位置。在一个土地自由持有权（free tenure）稀少的时期，并不缺乏申请结婚的人。1300年左右，在剑桥郡的科特纳姆（Cottenham），农奴结婚的人中有一半是再婚。当人口压力和对土地的渴求减轻后，这一比例急剧减少。[114]

死亡率的提高使土地再分配更快地运转起来，受益的是年轻人，没有遗产的非长子。此后他们愿意优先选择一个与自己同代的女继承人为婚姻伴侣，而不是选择一个寡妇。[115] 由于总人数中只有较少的人能控制一块持有地，寡妇因此成了这一过程的"牺牲品"。[116] 老人越快地被年轻人取代，结婚的发生就越频繁，或许初婚的年龄也降低了，这有助于提升生育力，因此可以解释为一个复杂过程的结果，这个过程的特点是土地使用权的形式及其受益者的类型发生变化。[117] 必须再次说明的是：扎根于并非严格意义上的人口范围的各种社会行为形式，在人口对瘟疫的影响作出反应时发挥着某种决定性的作用。

经济战略和文化继承

文化选择和继承也对各种家庭结构，并通过这些家庭结构对人口

---

[113] 独立的妇女构成户主的10%—18%，见 Franklin (1986), esp. pp. 188-189。
[114] Smith (1983), pp. 124-127；还有 Ravensdale (1984)。在 Halesowen 有可以比较的观察成果：1349年前，根据庄园法庭卷宗所知道的寡妇有63%重新结婚，但此后这个数字只有25%，见 Razi (1980), pp. 63, 138。这种比例，虽然比以前小，但别的地方仍然不低。在 Taunton，结婚的女性中寡妇占的比例多达33%，在 Witney（剑桥郡）是26%，在 Thornbury 是14%。与 Halesowen 的63%可以相比的数字，应该是33%—37%，见 Franklin (1986), p.199。
[115] 这种现象可以在1349—1359年间的 Norfolk 的 Coltishall 观察到。那儿妇女持有一个农场的数量在同时期大幅下降，其原因是去世的佃户被其活着的儿子所替代的比率很高。见 Campbell (1984), pp.96-99, tables 2.1, 2.2, 2.3。
[116] 然而，Franklin (1986) 捍卫一种更乐观的看法。他相信在1350—1450年间的人口减少过程中，对那些未再婚的女户主来说，各种机会都在扩展，增加了她们的自主性、主动性和她们的幸福。
[117] 然而，甚至这一点也有争论。近年来的著作坚持认为：由一个年轻的丈夫和一个年长的寡妇组成的夫妻具有高生育力（Schofield and Wrigley [1981], pp.222-224）；一个中年的鳏夫与一个年轻的姑娘结婚也是这样。他们挑战那种较传统的观点：在夫妇中有一方是再婚的，其生育力比较低。

施加着某种强有力的影响。首先是各种司法准则。一种限于男性继承人平等的原则（比如，中世纪晚期应用于意大利中北部的城市公社的），并非必然引起分裂和男性继承人之间的共居（co-residence）。然而，当所继承的个人财物适合于这样做的时候，他们会觉得这是值得做的事情。一片太小的土地不可能支撑他们日常相互依存的需要，但一个足以支持一个家庭的分成制农场则有各种机会把一定数量的儿子们维持在一起，直到他们结婚并甚至在结婚以后也保持不变，这样可以避免求助于付薪的劳动力。另一方面，一笔商业买卖可能被分开来，无须迫使继承者们一起生活；当达到成人年龄时，他们会更愿意在析分遗产时独立过日子。社会抱负和职业献身节制着这种基础性的家庭模式，使它显示出来或把它掩盖起来。

约 1400 年前后的托斯卡纳是观察的一个好场所。这里，边缘地区的小土地所有者显示了同样执着于共同生活的习惯，与中心**周围的乡村地区的**分成制下的农夫一样，其表现是包括几个家庭的住户占有高比例。另一方面，那些不只是或不直接靠土地过活的家庭，并不符合这个体系的种种不言明的标准：过剩的儿子（surplus sons，即非长子）在其他地方找到工作，复合住户（complex households）的比例相当大地下降。在城镇里，正是世袭遗产的存在或缺乏决定着该住户的结构。如同在财富和一个住户的规模之间的关系一样，在财富和家庭群体的内部复杂性之间也有一种明确的关联性：社会地位越高，该家庭拥有的实现这种不言明的家庭模式的机会越多，这被看成是它的特点。[118] 最后，在社会—职业范围的两个极端，有两个完全能体现中世纪家庭结构的标志性的数字。在穷人中最穷的那些人中，在佛罗伦萨是织工、梳毛工，有夫妻的家庭占优势（83%），其家庭拥有的人口规模接近该城的平均数（3.9 人），这个社会群体包括少数来自"多重家庭的住户"的单身人。[119] 在富人中，即在羊毛和丝织行会的出资人中，单身人并不单独居住，而是仍然构成他们所出身的家庭不可缺的一部分。至于寡妇，她们并非总是能毫无困难地重新获得自己的嫁妆，也仍留在已故丈夫所属的家庭中。这样，家庭群体主要不是

---

[118] Herlihy and Klapisch-Zuber (1978), pp. 469–522.
[119] Stella (1990); La Roncière (1974).

第七章 瘟疫和家庭生活

因为夫妻关系而巩固起来,几乎有 1/4 的住户,像生活在某个农场上的农民家庭一样,是由几个家庭组成的住户,他们的父系联系把他们凝结在一起。

在缺乏可比拟的资料的情况下,与中世纪欧洲其他地区的精确比较无可否认地是有害的。在利摩日,这是一个盛行南方文化的城镇,伯努瓦(Benoist)家族成为一种"多核"(polynuclear)的单位,在某些时期,婚后的儿子们和侄子们及其后代与族长们的后代一起生活。[119] 但在法国北部,我们看到父亲和妻子的财产被作为继承人的儿子及其妻子所继承,不是共同生活在同一个屋檐下。所以在阿拉斯,家庭的规模似乎取决于活着的孩子的数量而不是几代人之间或各继承人之间的凝聚力。[120]

反过来说,关于家庭中仆人的存在情况,我们知道得较多的,是关于西北欧的而不是地中海南方的。这里,主要的信息来源——产生于财政需要的**估价**(estimes)或普查——无疑很少考虑到他们。[121] 一个男性仆人住在农场上不是常有的现象;一个家庭必然是在不得已的情况下,才会同意让自己女儿们的性的名誉暴露于某个工作场所的种种危险之下。或许两种情况例外:一种是在商人阶层中,他们乐意让自己还未成年的儿子,到一个遥远的商号中开始职业体验;另一种是在贵族的环境中,那儿封建文化支配着宫廷服务,教育不是基于年轻人的体循环(systematic circulation),如同在英格兰或在欧洲北部的其他地区所做的那样。[122]

因此,社会经济的决定因素、文化因素和价值体系,对家庭组织具有种种直接影响。它们也间接地影响着行为和最终的人口变数。比如,以母乳抚育为例,在 14 世纪和 15 世纪里,虽然佛罗伦萨的父母们在这方面作出的决定并不缺乏自我兴趣的因素,但他们为此辩解的主要理由,是基于对男人和女人在世界秩序中的位置及各自角色的某

---

[119] Biget and Tricard (1981), pp. 357–358.
[120] Delmaire (1983).
[121] 在我看来,Herlihy 作出以下结论是仓促的:在不同的收入级别中,孩子或年轻人的较大或较小的比例,揭示出佛罗伦萨的年轻人在富人和穷人之间的一种真正的循环。见 Herlihy (1985), pp. 155–156。
[122] Kussmaul (1981); Smith (1981), pp. 118–119; Desportes (1966), p. 489. 考察中世纪意大利农民家庭中的仆人问题的研究成果很少,而知道得较多的,如果不是他们的人数,至少是关于市民家庭中的仆人及其工作条件,见 Guarducci and Ottanelli (1982); Romano (1991)。

种判断。[124] 比如，在日常道德和被允许的行为模式中清楚地表现出来的这种影响女性"天性"的价值观和认识，在这里获得应用，为最终提升一些社会群体的生育力作出了某种贡献。同样，在一些社会群体中根深蒂固的两性间的等级制度，有助于加强和移植地中海家庭模式对一个非常年轻的妻子的偏爱，并为之辩护，这成为持有权力的，无疑也是子女日益增加的丈夫获得的一项成果，但后者的重要性并不是第一次得到引证。用结婚率的变化来抗衡生物学的灾难，对其作出"预防的"或"矫正的"反应，只有以某种文化遗产为基础才有可能，因为这些反应是迟钝的、不言明的，所以更加有力。

因此，这里有两种模式，其含义开始明显起来。但上面提出的问题又回来了，而且更加执着得多。从哪一天起能够发现这种区分？1371年的普拉托和1377年的人头税是一个非常长期的运动开始的标志，是一个断裂点，因为它在某些地方创造了一个家庭集中的过程，而在其他地方则创造了一个向着前现代时期欧洲的特异性演变的过程，是这样的吗？或者这仅仅是一些倒退的插曲，通过在某种体系的中心的一个小小的摆动（该体系的其他方面都是稳定的），来表达被外部创伤所激起来的一种失调，是这样的吗？总之，这里我们正在讨论的是一些附带现象，这些现象提供了一幅使人把它们误解为整体发展趋势的图画，或者这里讨论的是一个使各种先前的发展趋势逆转的过程中几个决定性的阶段，这样讲是对的吗？要回答这些问题现在还太早。新的研究途径将必须开辟出来，必须研究14世纪以前的情况，以恢复家庭被瘟疫侵入所唤起的那些反应的充分含义。

克里斯蒂亚娜·克拉皮斯-聚贝（Christiane Klapisch-Zuber）
王加丰 译

---

[124] Klapisch-Zuber (1983).

第 八 章
14世纪欧洲的贸易

要讨论欧洲贸易，14世纪是一个非常棘手的单元。该世纪前半期的大部分时间在很大程度上与13世纪相似，而且这段岁月里的种种贸易模式在许多方面都是漫长的13世纪的所谓"商业革命"的实现及其巅峰。同样，该世纪后半期各种贸易类型也展示了许多变革的开端，这些变革在15世纪时开始加速。因此，尽管存在与前面的章节和后续的卷册发生某些重叠的风险，我还是将该世纪分成两部分来讨论。

贯穿于该世纪整个前半期，短途贸易的种种模式与大约1300年时的模式大体保持未变。广阔的市场网络以及在欧洲许多地区已经建立起来的市场城镇，实际上仍然没有什么变化。开辟其他市场的尝试寥寥无几，而且极少数获得特许状的市场通常也不成功。即使如此，在西欧大部分乡村地区已经普遍建立起来的中世纪市场经济仍然未受损害，而是得到了巩固。① 大部分乡村生产者可以继续毫不费力地至少卖掉他们的部分产品，获得货币，以应付需要用货币交纳的诸如租金和税收一类的义务。接近该世纪中期时，欧洲的总体货币供应或许达到了其在中世纪的最大值。②

如同存在商品可以在一星期一次的地方市场上出售的市场网络，漫长的13世纪也见证了众多年度性集市的建立。在这种年度性的集市上，地方产品可以售给来自更遥远的地方的顾客，人们可以买到来自更遥远的地方的产品。这鼓励了可观的地区性农业专业化的发展。

---

① Day (1987); Britnell (1993).
② Spufford (1988), pp. 240–263.

例如，波尔多（Bordeaux）的腹地葡萄园扩大了，其代价是谷物种植的减少；或者是谷物生产集中于那些向北流入波罗的海的河流的两岸。在大部分此类集市上，都有一种具有突出重要性的当地产品，例如阿普利亚（Apulia）的奶酪集市，某个地区专业化生产的产品正是通过此类集市参与到长途贸易中来。尽管本章的大部分内容将要关注长途贸易——引导它的主要是消费而不是生产，但始终必须铭记在心的是，长途贸易通常通过这种地方市场网络，特别是专业化的年度集市，最终与生产者联系起来。

无论如何，有少数集市的重要性远远超出了地区的范围。从 12 世纪开始，在香槟地区的 4 个集市城镇依次举行的 6 个为期 2 个月的集市，具有超地区的重要性，并充当了商人们之间的联络点，这些商人来自尼德兰南部、意大利北部、巴黎、莱茵兰，及来自神圣罗马帝国的德意志各地，至少深入远至诸如梅森（Meissen）那样的地方。到 1300 年这些集市处于衰落之中。它们在不景气中进入 14 世纪，但随后大都成了债务清偿场所。[③] 至那时，香槟地区不再是此类国际性集市的适宜之地了，因为来自北意大利和托斯卡纳地区的商人们已经在布鲁日、巴黎、伦敦设立永久性的代理商，这些人可以更有效地处理以往在上述集市进行的交易。然而，这没有为来自神圣罗马帝国德意志各地的商人们带来利益。

其他少数具有国际性重要意义的集市不仅继续繁荣，而且其重要性在 14—15 世纪间还增加了。某些集市被描述为香槟地区那些集市的"替代集市"，并且像香槟地区原先的集市一样，它们通常也在可航行的河流边举行，以便陆路和水路都可以进入。这些集市中最重要的是那些位于美因河畔法兰克福（Frankfurt-on-Main）的集市，"德意志"的商人们在那里采购低地国家的各种产品，主要是羊毛织物；有位于安特卫普和斯凯尔特（the Scheldt）河畔的贝亨奥普佐姆（Bergen-op-Zoom）的集市，在那里汉萨同盟、莱茵兰和南德意志的商人不仅与尼德兰人，而且还同来自其他诸多民族的人相遇；有位于巴黎以下的塞纳河畔的圣德尼（Saint-Denis）集市，那里古老的朗迪（Lendit）（集市）由此获得新生；还有那些位于索恩（Saône）河畔

[③] Bautier (1953), pp. 97–147; Chapin (1937).

的沙隆（Chalon）集市和罗讷（Rhône）河畔的日内瓦集市。④

不同于近代生产者领导的经济，14世纪欧洲经济显著地是一种以消费者主导的经济网络。大宗生活必需品的贸易很大程度上取决于人口规模，特别是城市人口的规模，而高价值商品的贸易则依赖于相对狭小的富人群体的需求，他们购买奢侈品的能力，主要依赖他们所接收的以货币支付的地产收入。

人们普遍同意：用前工业的标准来衡量，该世纪早期人口的总体**规模**非常庞大，的确处在整个中世纪的最高点上。然而，关于这时期的人口发展**趋势**却有着许多争论，同时，除了地区间的差异，欧洲某些地方城市与乡村的发展趋势可能不相同。决定贸易规模，尤其是城市人口规模的更多地是高层次的人口，而不是各种趋势。到1300年，欧洲大多数主要中心城市已经集中于一个地带，从南方的佩鲁贾（Perugia）延伸到北方的伦敦，包括托斯卡纳和伦巴第诸城市，蜿蜒穿过南德意志的城市进入莱茵兰以及默兹（Meuse）河中游到布拉班特（Brabant）和佛兰德的城市，结束于英格兰东南部的城市。罗讷河流域诸城市形成该城市带的西部边缘。然而，某些主要城市位于该城市带之外，其中有最重要的城市巴黎。一个次要的城市集聚带向西部延展，起于伦巴第和利古里亚（Liguria）地区，贯穿普罗旺斯与朗格多克到加泰罗尼亚和巴伦西亚（Valencia）。1300年左右，北意大利的城市在"香蕉"形的地带内形成了最重要的城市群，尼德兰南部城市群的重要性紧随在它后面。⑤

所有这些城市都需要供养，大多数城市所消费的食品远非它们自身紧邻的内陆所能提供。在14世纪40年代之前，当城市人口相对于农业生产率来说处于一种异常高的水平时，食品价格很高，而工资很低，所以绝大多数城市居住者特别看重以谷物为基本成分的食品，例如面包或者面条（pasta），特别是用大麦和黑麦做成的食品，因为它们比小麦便宜。

少数城市可以依赖它们的腹地，这便产生了一种规模很大又不是

---

④ Verlinden (1963), pp. 126 – 153; Dubois (1976); Blockmans (1991), pp. 37 – 50, and (1993), pp. 21 – 26.

⑤ 参见 Leguay and Klapisch-Zuber, pp. 102 – 106, 127 – 130；关于城市"蓝色香蕉"（blue banana）的各种演变图的讨论，见 Davids and Lucassen (1995), pp. 11 – 19。

长距离的食品贸易。巴黎的 20 万居民可以仰仗于谷物,它们产自塞纳河及其众支流构成的巨大的盆地,并通过河流运至巴黎;伦敦人则可以依赖英格兰的整个南部与东部的资源。⑥ 然而,北意大利诸邦国的政府却必须确保有足够的食物供给,有时要从很远的地方并且以高昂的价格运进来。⑦ 地中海上的许多贸易只与运至北意大利的谷物有关,一些最大的贸易公司,譬如佛罗伦萨的佩鲁齐(Peruzzi)都积极地参与其中。⑧ 庞大的运输船只的演变,如威尼斯和热那亚人的大型圆形船(round ships),就是为了满足这一需求。他们运至北意大利的谷物,不仅产自阿普利亚和西西里地区,也来自希腊、黑海、北非以及安达卢西亚(Andalusia)。位于从加莱(Calais)延伸至科隆(Cologne)的一个稠密地带的南尼德兰诸城市,只能部分地从法国北部和东部盛产谷物的土地获得供给。它们依赖于遥远的波罗的海的谷物,是汉萨同盟的商人用中世纪的海船(cogs)运过来的。

因此,欧洲城市带的北端和南端的食物供应,通常依赖完全不同的地区。实际上存在着一个部分统一的谷物市场,一边是从法国南部延伸至波罗的海东岸,另一边是从卡斯蒂尔(Castile)南部延伸至黑海北岸;在这两大区域间联系甚少,除非连续发生两年或更多年份的歉收。例如,1316 年,在北部欧洲大饥荒期间,这是由爱尔兰至波兰的歉收引起的,尼德兰南部城市遭受了最严重的打击,因为它们依赖于从非常遥远的地方进口谷物而非本地的资源。伊普尔,这是当时一个为国际市场提供豪华的羊毛织物的重要制造业城市,仅仅在 1317 年的四个月内就有 1/10 的居民死去,因为贫困和饥饿,政府不得不用公款予以下葬。杰出的佛罗伦萨商人兼编年史家乔瓦尼·维拉尼评论说:"所有食品的价格变得如此之高,假如没有追逐暴利的商人设法通过海路从西西里和阿普利亚运来粮食,人人都会死于饥饿。"⑨ 此类大宗生活必需品的交易,即使是用最大型的圆形船所能允许的最低价格来运输,也只有当价格高到足以抵消高昂的运费时才

---

⑥ Cazelles (1972); Keene (1989), pp. 99 – 111.
⑦ 参看 Il libro del Biadiaolo, ed. Pinto, pp. 107 – 130, 以及 Pinto (1972), pp. 3 – 84, for 1329 and 1346。
⑧ Hunt (1994).
⑨ Lucas (1930); van Werveke (1959), reprinted (1968), pp. 326 – 338; Giovanni Villani, Cronica, ed. Porta, Bk x, ch. 80.

有利可图。

在 14 世纪，谷物贸易可能曾是主导性的贸易，无论地方的还是长途的贸易都是这样，但它绝非唯一的大宗贸易。在"食品"中，葡萄酒是仅次于谷物的商品。如同谷物一样，由于数量大（及常常由于它的低价格），葡萄酒通常是唯一值得通过水路——海上或河流——来运输的商品，除非距离非常短才使用陆路运输。四个主要的葡萄酒出口港是波尔多、塞维利亚、那不勒斯和克里特岛的坎迪亚（Candia）。像谷物一样，葡萄酒的大宗贸易在地中海地区要远比其他地方重要得多。尽管意大利北部广泛地生产葡萄酒，但那里的乡村地区似乎曾没有能力向它的那些大城市提供足够的葡萄酒，就像它所能提供的谷物一样。利古里亚地区是唯一的例外，其所出产的葡萄酒足以超过热那亚地区的消费量。热那亚人不仅出口他们自产的葡萄酒，还从海外大量进口以供应托斯卡纳地区的城市，同时威尼斯人也为伦巴第地区运来葡萄酒。[⑩]

盐也是每个人的必需品。此外，盐被用作储藏食物的主要方法，长途运输鱼要是没有盐或油就无法完成。不同于食品和饮料市场，盐的市场遍布各地，因为乡村居民不得不和城镇居民买一样多的盐。盐的交易量尽管很大，但并不如谷物和酒的交易量一样可观。

从诺福克到塞浦路斯，欧洲许多沿海地带都有盐泽，这些盐泽在妥善处理时就会成为盐田。在北部地区，如在瓦尔赫伦岛（Walcheren），通过运用燃料、泥炭来加快缓慢的自然蒸发过程；但在南方，太阳自身就提供了充足的热量。尽管许多地方都可以发现盐田，但只有少数盐田才能在满足最近的地方市场的需要时，有多余的产品外销。这些盐田中最重要的是那些位于布尔讷夫（Bourgneuf）湾周边的盐田，就在卢瓦尔河南面；那些被伊维萨岛（Ibiza）的加泰罗尼亚人（Catalans）控制的位于巴利阿里群岛（Balearics）和撒丁（Sardinia）岛的盐田；那些沿着朗格多克和普罗旺斯海岸的盐田；以及那些威尼斯控制下的，特别是在那些在威尼斯的潟湖内和环潟湖的盐田。威尼斯人也试图全部买下亚得里亚海沿岸所产的所有其他食盐，他们的驳船载着食盐沿波（Po）河及其众支流而上，售给米兰、

[⑩] Cracybeckx (1958); James (1971); Lloyd (1982), pp. 83–93.

维罗纳、波伦亚以及所有位于亚平宁山脉至阿尔卑斯山之间的城市。[11] 威尼斯人在伦巴第建立起食盐贸易垄断的种种尝试部分地被热那亚人挫败，后者虽然没有他们自己的重要盐田，但其从普罗旺斯、朗格多克和撒丁岛，特别是从"盐岛"伊维萨岛买进大量食盐。热那亚人随后有能力担当起向其他地方供盐的角色，正如对谷物一样；他们还像威尼斯人在亚得里亚地区所做的那样，试图在意大利的第勒尼安（Tyrrhennian）海的一侧建立垄断。托斯卡纳向热那亚人购盐，如同教宗国、那不勒斯王国所做的那样。此外，热那亚人向威尼斯人在伦巴第本身的垄断发起挑战。盐是热那亚城后面的各个山口上最经常地看到的产品，成千上万的骡子装载着盐翻山越岭运往皮德蒙特（Piedmont）。

海盐并非中世纪欧洲唯一的食盐。多地都有卤水井和盐矿，虽然大多数都和沿海盐田一样，仅仅具有一种本地的或者地区性的重要性。例如，柴郡（Cheshire）的卤水井出产的食盐基本用于满足英格兰中部和北部的需求，不会参与长途贸易中来。不过，某些矿盐却可以供应范围更大的市场。北德意志的吕内贝格（Lüneburg）和哈莱因（Hallein）出产萨尔茨堡（Salzburg）**盐**，可能是两个拥有最大的内陆盐资源的地方，在规模上紧随其后的卤水井与盐矿，是位于弗朗什孔泰（Franche Conté）的萨兰（Salins）和位于东德意志的萨勒河（Saale）上的哈雷（Halle）。[12] 沿海盐场出产的盐的运输通常始于水路，并常常终于陆路，而产自卤水井和盐矿的盐的运输则常起于陆路，有时从水路到达终点。盐因此提供了水陆联运中相互依赖的绝佳例证。如果可行的话，水运总是首选，因为盐是一种很需要讲究运输速度的商品；然而它又是如此不可或缺的一种生活必需品，所以陆路运输普遍较高的成本，加上可观的税负和中间人的利润，通常都可以由最终的购买者所承担。[13]

虽然欧洲和地中海的橄榄油的运输量，不如谷物或葡萄酒和啤酒的大，可能也不如盐，但所涉及的数量仍然很可观。橄榄油是一种多用途商品。最好的油用来烹饪和食用，也可作为一种替代性的食品防

---

[11] Hocquet (1978–1979).
[12] Mollat (1968).
[13] Hocquet (1985).

腐剂。从突尼斯和塞维利亚（Seville）进口的桶装涂油的金枪鱼，在南欧等同于产自北欧桶装的斯堪尼亚（Scania）腌制的鲱鱼。它的重要性还在于它是制作硬质白肥皂的关键原料之一;[14] 陈油被用于其他的工业用途，如作为变质黄油或者猪油的首选替代物，用于皮革的硝制，或在布匹制作过程中用于水洗羊毛（washed wool）的润滑油。橄榄油的最大生产地是南意大利和南西班牙。伦巴第消耗大量的油但不生产油，托斯卡纳生产一些油，但无法自给。因此，从那不勒斯和阿普利亚各港口南意大利的橄榄油被大量出口到北意大利。西班牙生产的橄榄油被往北运至佛兰德和英格兰。热那亚人在北上的路上装载安达卢西亚的橄榄油而开始参与该项贸易，但到14世纪20年代西班牙人开始装载自产的油驶往北方，至14世纪60年代，英格兰人向南寻求橄榄油，从西班牙运往布里斯托尔的商品中，橄榄油在数量上很快跻身于仅次于铁的商品之列。阿普利亚和安达卢西亚的油也由热那亚和加泰罗尼亚商人运至利凡特、亚历山大城、叙利亚和小亚细亚。

所运输的所有商品中重量最大的当属建筑材料。即使是水路，石头和砖块也只值得向不太远的地方载运，除非运的是最奢侈的材料，例如来自卡拉拉（Carrara）采石场的大理石。不过，木材要经受海洋和河流的长途运输。所以，在一份14世纪初运往布鲁日的货物清单中，不仅包括从列日（Liège）沿默兹河漂流而下的巨大木梁，以及从德意志沿莱茵河顺流而下的建筑木材，也包括从挪威海运而来的建筑木材。造船与建房都离不开木材。欧洲西部的造船业依赖来自波罗的海地区的木材，特别是桅杆和圆材（spars），这可以追溯到中世纪后期。不仅建房造船需要木材，还需要用木材建造无数的木桶，这些木桶除了用于运输葡萄酒和啤酒，还用来运输谷物和盐、毛皮和鱼。

木材的主要用途是作为燃料，用于家庭取暖和烹饪，用于商业性的面包房，以及诸如制造砖瓦、熔炼矿石、烧制陶瓷、酿造啤酒和蒸发卤水等产业。例如，米兰和布雷西亚（Brescia）的军械制造者对木炭的胃口贪得无厌，但是与穆拉诺（Murano）的玻璃制造商比起来，他们所消耗的燃料数量就黯然失色了。玻璃制造业不仅造成内陆

---

[14] 见下面原文第174页。

地区的森林毁坏，使威尼斯人忧心忡忡，因为这影响到为阿森纳（Arsenal）的造船业提供合适的木材，而且还使达尔马提亚（Dalmatia）的森林遭到迅速和毁灭性的砍伐。他们从越来越远的地方，最后甚至是从克里特岛获得木炭。欧洲西北部则有矿物质煤（mineral coal）可用。自13世纪以来，英国大部分煤田的开采规模都很小。由于运输费用，煤炭只值得在紧邻地区使用，除了诺森伯兰煤田的煤炭，该煤田离海岸非常近，海运方便，目的地远至伦敦和布鲁日。诺森伯兰煤田的产量被列日附近的煤田超越。西北欧之外，甚至旅行者对煤矿的存在也是如此一无所知，以至于当马可·波罗在亚洲邂逅煤炭时，他的报道把它说成一种欧洲尚不知晓的新玩意！除了木材、木炭，以及数量有限的地区的矿物质煤，中世纪晚期的欧洲也使用泥炭作为一种热源，用于家庭和工业目的。然而，同矿物质煤一样，泥炭因运价昂贵，对其大量使用仅限于产地附近。

铁是到处都需要的，用于制造如犁铧之类的农具等物件。这些物件一般是在需要它们的地方制造，铁的交易大多数是铁匠专用的条行铁（bar iron），而不是制造好的铁器。铁的矿床不规则地散布于欧洲，而且大部分只能服务于一个有限的区域。除了某个地点，陆路运输的高昂费用将铁的成本推高到一种让人望而却步的价格。所以通常见到的铁的使用，基本上只是在木制的工具上裹上金属边棱，像铁锹就是这样。较低的运输成本，如西北部西班牙的埃尔巴（Elba）或巴斯克（Basque）省的铁，那里的冶炼厂位于港口内或其附近，这意味着某些铁能够被运至更远的地方。不过，大多数大规模的铁制品的制造都处在离铁矿石资源不太远的地方。例如，伦巴第地区的矿石，就在米兰和布雷西亚用于大规模地制造盔甲，或者图林根（Thuringia）的矿石在纽伦堡用于制成锁具。[15]

最复杂的大宗贸易对象是纺织品及用于纺织品制造的各种原料，如羊毛、明矾与棉花等。对大多数居民来说，大部分服装是用那些比较便宜的羊毛制成的，而且许多衣服并非用新布制作，而是常常用加工过的和多次再加工的旧布。在大城市中，常常有各种**旧货商**（rigattieri）行会、补鞋匠（clothes cobblers）行会、衣物翻新匠行

---

[15] Sprandel (1968).

会。欧洲许多地方制造各种质地的羊毛布料，但甚至在较低端的市场，那里有大规模生产大量廉价布料的区域。许多巴黎人可以现场用便宜的布料制作衣服，南尼德兰地区的居民也可以这样做。不只是质地最为昂贵的羊毛布料进入国际贸易，许多品质稍差的羊毛布料也广泛流通，特别是那些在阿图瓦（Artois）、佛兰德、埃诺（Hainault）和布拉班特制造的。14世纪早期，根特和伊普尔的毛织物生产达到顶峰。在1310年至1320年间的若干年中，每年仅在伊普尔正式登记的布料就超过了9万匹（rolls）。[16] 人们知道，根特的产量更高，而且有可能这一时期廉价布料不仅在数量而且甚至在价值上都超过了高档毛织品。根特，特别是伊普尔，布料生产在1320年左右非常突然地下降了。主要损失是无法向意大利出口廉价毛织物。[17] 某些较廉价的毛织物以及价格远为昂贵得多的纺织品仍对外出口，或者由汉萨商人经海路运往波罗的海，甚至远至诺夫哥罗德，或者由科隆人经陆路运进德意志。许多产品是在法兰克福的各个集市上出售的。

另一个重要的呢绒生产区是北意大利，尽管1300年左右这里的城市在廉价布料上还不能自足，有相当数量仍然从北方进口。然而，呢绒已经主导了托斯卡纳各个城市的经济，如普拉托、皮斯托亚（Pistoia）和锡耶纳，甚至阿雷佐和沃尔泰拉（Volterra）等城市都是这样，不过关键的制造业城市是佛罗伦萨。乔瓦尼·维拉尼所描绘的佛罗伦萨的主街道是一个十字架形的结构，他还兴致勃勃地强调说，在十字的中心点矗立着拉那行会（Arte della Lana，又译拉那或兰纳公司）大楼，即呢绒制造商们的行会总部。这最为恰当地象征着呢绒制造居于全城事务中心的性质。依据他的说法，该城有不少于三万人依赖于呢布工业，而在14世纪40年代后期的某个时间，佛罗伦萨的总人口介于10万至12万，这使佛罗伦萨跻身于欧洲最高等级的城市之列。如果我们相信维拉尼所说的话，那么佛罗伦萨有1/4—1/3的人口依靠这单独一种活动为生，而且每年都生产出大约八万匹呢绒。他相信这一点或许是对的：佛罗伦萨在该世纪早些时候实际生产的布料更多，不过其价值却小得多，因为那时生产的都是些比较廉

---

[16] Van Werveke (1947) 修正了 Laurent (1935) 的意见。
[17] Chorley (1987), pp. 349–379; Munro (1991), pp. 110–148.

价、粗糙的布料。⑱ 尽管廉价布料的生产在佛罗伦萨略有收缩,在佛兰德有相当大的萎缩,但在伦巴第诸城市中却似乎在增长,如科莫(Como)、米兰、克雷莫纳(Cremona)、帕尔马、维罗纳、帕多瓦和维琴察(Vicenza)都是这样,那里呢绒制造业虽很重要,但也只是诸多活动之一。呢绒制造在朗格多克和加泰罗尼亚也获得了发展。

这种大规模生产的廉价布料使用了巨量廉价的羊毛和明矾,由此产生了羊毛和明矾的大宗交易。与西地中海相邻的所有土地,特别是地中海南岸,它们饲养的绵羊的羊毛都对生产廉价产品的托斯卡纳毛纺工业作出了贡献。⑲ 同时,来自佛兰德自身、法国、德意志、爱尔兰、苏格兰和英格兰北部的便宜、粗糙的羊毛,则被佛兰德和法国北部的相关产业用来制造低价呢布。⑳ 明矾是必需品,用作媒染剂(mordant),及用来除去羊毛和布料上的羊毛脂与油类。14世纪欧洲使用的明矾几乎全部来自小亚细亚,一个热那亚人的联营企业,名为"开俄斯的**马奥那**"(*mahona* of Chios),几乎逐渐垄断了它的出口。热那亚人的散装货船将明矾大量运至比萨港(Porto Pisano)和布鲁日,供应给托斯卡纳、佛兰德和布拉班特的呢绒制造商。

和呢绒类似,亚麻布也产自多地,品质多样,其品质取决于劳动力的技艺和所使用的亚麻的质量。处于这一产品系列末端的是一些非常便宜和粗糙的织物,称为粗麻布(*grosses toiles*),甚至有一部分进入了国际贸易。并非所有的织物都用于穿戴或者家内使用。大麻纤维被制成坚韧的帆布,比如,常用它来捆扎成卷的上等织物。至14世纪初期,罗讷河 – 索恩河(Rhône-Saône)流域的粗制大麻织物被运过塞尼山(Mont Cenis)隘口进入意大利。后来,人们沿罗讷河而下把它们从艾格莫特(Aigues-Mortes)运至意大利。人们还把大麻与棉花混合制成帆布,是亚麻布的一种替代品。

对相对便宜的棉织物的使用也越来越多,该世纪较早时期棉织物的生产集中于伦巴第地区。伦巴第迅速发展的棉纺织业依赖于数量不断增加的进口棉花,是威尼斯人和热那亚人从小亚细亚,尤其是从叙利亚运过来的,那里生产最好的棉花。西西里和卡拉布里亚(Cala-

---

⑱ Giovanni Villani, *Cronica*, ed. Porta, Bk x, ch. 257 and Bk x11, ch. 94.
⑲ Melis (1990), pp. 233–250.
⑳ Munro (1991), p. 111.

bria）也开始种植棉花，但不像蚕丝，北意大利本身无法种植棉花，必须依靠进口。这是一种体积很大的商品，经由海路运输是最好的方法。伦巴第的棉织物出口至整个欧洲和地中海地区，颇为古怪的是，一些棉织物又回流到叙利亚。波河盆地的各个棉布生产中心，在很多方面与那些亚麻布和较廉价的毛织物的生产中心相一致，即从皮德蒙特而下经伦巴第本身至埃米利亚（Emilia）、罗马涅（Romagna）和威尼托（Veneto）。[21]

在该世纪前半期，人口，特别是城市上层居民，所产生的种种需求决定着大宗贸易的规模，但是庞大的人口也形成规模巨大且持续增长的奢侈品贸易的基本背景，因为他们不仅使雇主得以支付低工资，也允许城乡地主能够获得高租金。这就导致了极端两极化的社会，在其中异常高比例的财富流入那些最富有的人手中。对奢侈品日益增长的需求，因此得到了新近被释放出来的大批现金的支撑，这些现金来自租金方面的一场革命。到1300年，地主们基本上收取货币地租，取代了先前的货物、劳役和硬币的混合地租，其中硬币所占的地位最不重要。

高高的、大半是货币的地租收入账册，使地主们有能力居住在他们想住的地方，他们经常选择居住在主要城市中，一年中至少有部分时间是这样，虽然有时这是不得已而为之。这些情况的增加是13世纪的另一个现象。大规模征收货币税的可能性也构成国家形成过程的基础，这一进程于13世纪庄严揭幕，14世纪时不断得到精心设计。对高价值奢侈品的需求因此倾向于集中在各主要城市，而此类物品的长途贸易也因此倾向于往这些城市聚集。虽然大多数"主要城市"，如巴黎、根特、伦敦、威尼斯或米兰，都已在13世纪获得了它们发展的黄金时期；但直到14世纪，某些主要城市，如阿维尼翁，才成为这样的城市，或如布拉格和布达（Buda）才进入它们增长的最佳期。许多大城市将政府的角色与其他角色相结合，如根特与制造业，热那亚和伦敦与商业，米兰、威尼斯和佛罗伦萨与制造业和贸易。因此，就像在13世纪后期一样，高价值产品的长途贸易，继续集中在那些主要的可以花费租金与税收、制造业和贸易利润的地方。

---

[21] Mazzaoui (1981).

奢侈品消费包括什么呢？是更好的居住、摆设、侍奉和穿戴，甚至更好的吃和喝。在很多情况下，更好仅仅意味着更多。特别是在饮食上，更多的财富时常意味着更丰盛的肉和鱼，以及较少的面包和种类较少的蔬菜。但这并非更大数量的牛肉、猪肉与羊肉，或甚至猎物，而是一些非常适合于长途贸易的东西；这是来自极遥远地方的辅助性食物，香料和调味品，因为即使任何单个的贵族家庭也只消费少量胡椒、丁香、肉桂、肉豆蔻。[22] 它们加在一起，就使这类从印度和印度尼西亚运到西欧的商品具有非常可观的数量。中世纪关于香料这种小货物（small goods）的定义，既包括某些相当大的像蔗糖这样的产品，进口它是因为有钱人要用来替代蜂蜜，也包括药物，如药剂师使用的中国大黄和织布用的染料。

某些奢侈品交易也和大宗贸易并驾齐驱。英格兰的国王们、阿维尼翁的教宗们享用的上等葡萄酒，分别产自加斯科涅（Gascony）和勃艮第最好的葡萄园，不过这些也是生产较便宜的散装葡萄酒的地区。长途运输的奢侈品中，比重最大的是各类高档纺织品，然而富人的服饰不仅包含纺织品还有毛皮。毛皮在西欧广泛用于缀饰服装，更奢侈的是做服装的衬里，它们大部分来自俄罗斯的森林。在野外搜捕野兽的捕猎者大都将兽皮交给他们的领主，领主将毛皮卖给当地商人，后者再将毛皮贩运至西欧人购买毛皮的地方。许多较廉价的毛皮，特别是松鼠皮，经诺夫哥罗德和波罗的海运出，而许多较昂贵的毛皮，如白貂皮和紫貂皮，则经塔纳（Tana）和黑海运出，在那里卖给威尼斯和热那亚的商人。在上面两个地区，另一种森林产品——蜂蜡，西方商人大量加以收购，为富人提供上等蜂蜡制成的蜡烛，蜡烛芯是棉质的。我们拥有关于北方毛皮贸易规模的零散数据。1336年至1337年冬天，在汉萨同盟设于诺夫哥罗德的"代理商行"或**商站**（kontor）——彼得霍夫（Peterhof），有160个毛皮购买商，他们大都是吕贝克人。那些未加工的毛皮在运输中要装在大桶里。1368年，有一艘驶往吕贝克的船装载的此类大桶有17个，总共有7.5万至10万张毛皮。[23] 意大利的毛皮买家和他们的汉萨同盟同行一样，

---

[22] 关于英格兰所消费的数量之少，参见 Dyer (1989), pp. 49–85。
[23] Dollinger (1970), pp. 210–219；关于下一段，见 Veale (1966)。

第八章　14世纪欧洲的贸易　　　　　　　　　　　　　　　　187

更喜欢购买那些未经加工的毛皮，这样通过使用他们自己的毛皮加工者，可以在原皮的购价上大赚一笔。

虽然北欧和东欧的森林是毛皮的主要产地，但它们并非唯一的产地。例如，来自爱尔兰的貂皮经利物浦进入西欧的贸易之中，同时廉价的兔子皮则是到处可得。新生的黑羔羊的皮也被看作毛皮，英国的买家称之为"羔羊皮"（budge）。据称它得名于北非的布日伊（Bougie），即这种皮毛向意大利输出的出口地之一。最好的羔羊皮来自黑海地区，即后来以"阿斯特拉罕"（Astrakhan）知名的地方。欧洲中世纪晚期的毛皮贸易，无论是汉萨同盟运送的大宗毛皮，还是意大利人载运的大宗高档毛皮，都汇聚于布鲁日。随后毛皮从那里分销各地。例如，来自科隆、低地国家的商人，还有英国人，将毛皮运进英格兰。不足为奇的是，中世纪晚期英国的乡绅，能够以多种多样的毛皮来装饰自己的服装，有俄罗斯的松鼠皮、卡拉布里亚松鼠皮（calaber）、白鼬皮、灰色的或者最昂贵的灰背白腹的松鼠皮，英国贵族则去高档市场购买貂皮、紫貂皮和羔羊皮。

出类拔萃的奢侈织物还是丝绸，其中最精美的仍然来自中国本土，来自中国的丝绸中有一些是意大利商人运回欧洲的。1340年前，弗朗切斯科·佩戈洛蒂（Francesco Pegolotti）可能是在法马古斯塔（Famagusta）经管巴尔迪的分公司，并兼管其在亚美尼亚的分部时，在笔记本中记载了其竭尽所能收集到的关于对华贸易的诸多可能性。进行陆上穿越亚洲的耗资惊人的行动，其全部目的就是带回最精美的丝绸，丝绸的赢利远远超过巨大的成本。[24] 在中国的一些法兰西斯会的主教写回欧洲的信件中，附带地提及那里有热那亚的商人，例如1326年在中国南部的宰桐（Zaytun，今泉州）[25]，这座城市因缎子而得名。除了产自中国的丝织品，意大利人还进口波斯、小亚细亚和叙利亚制作的丝绸。然而，欧洲人穿戴丝绸与日俱增，北意大利自身也开始生产。到1300年，卢卡早已确立为西欧最具影响的丝织业城市。卢卡的企业所使用的生丝有一部分就是从西西里和卡拉布里亚输入的，但大部分还是来自更远的地方，比如，热那亚人从小亚细亚运回

---

[24] Pegolotti, *La Pratica della Mercatura*, pp. 21–23.
[25] 佩鲁贾的 Andrew 是宰桐的主教，他的信件，in Dawson（ed.）, *The Mongol Mission*（repr. 1980）, pp. 235–237。

来的生丝。供应给卢卡的生丝中有极少的一部分是本地的卢尼贾纳（Lunigiana）生产的，它是托斯卡纳地区最早的产丝地。卢卡织造的丝织品由卢卡人和其他托斯卡纳商人贩运至欧洲各地，他们贩卖这些产品，也贩卖利凡特制造的精美的丝织品，甚至还有来自中国的更精美的丝织品。卢卡的丝织品开始替代中东的丝织品，而中东的丝织品原本也是中国丝织品的替代物。森达尔（Cendal）是一种轻薄织物，也是最常见的一种丝织物，被广泛地用于服装及其衬里，以及室内装饰甚至用于制作各种旗帜。有许多单色的森达尔可以选用，亚洲所有的丝织业地区都生产这种丝绸，在意大利也一样。萨克塔丝绸（Sactant）和塔夫绸（taffeta）都与森达尔相关。二者都起源于东方（塔夫绸得名于波斯的**塔夫塔**[*tafta*]），但它们也都在欧洲生产。六股丝锦缎（samite）是一种更重、更结实、更光鲜的单色丝绸，主要用于服装和装饰，尤其适于刺绣。它的希腊名字，与其斜纹织法有关，暗示它最初是拜占庭的一种织物，尽管在意大利被大量仿造。缎子则还要更光滑些，是模仿原先从宰桐进口的织物而制造的。最重和最奢侈的单色丝织品是天鹅绒，它有着短而浓密的绒面，可能是在意大利开发的产品。大多数更昂贵的丝绸都不是单色的。六股丝锦缎和天鹅绒的图案式样是织出来的。14世纪其他有图案的丝织物是宝大锦（baudekins）和卡玛卡（camacas），后者也源于亚洲，绘有鸟、动物、葡萄以及其他植物的图案。在锦缎（damasks，大马士革风格的织物）中，将它的图案与背景区分开来的不是颜色而是质地。[26] 诸多织物中包含着的图案的特殊复杂性和深度，意味着丝的纺织远比羊毛纺织复杂和昂贵得多。浮花织锦（brocades）和浮花天鹅绒还可以通过使用"银"线或"金"线变得更加华丽，实际上就是将银线或镀银的金属丝呈螺旋状地缠绕在丝线上。所有这一切都意味着，此类织物的最终消费者是很有限的。能享用它们的只有皇帝、国王、教宗及其廷臣、主教和王公，以及各大城市中的**巨头们**。

尽管这些织物中的大部分，即使不是全部，来源于东方，但卢卡人和其他意大利人还是对它们进行了提炼。在该世纪里，卢卡的丝织业衰落了，不过许多卢卡的工匠带着他们的技艺投奔威尼斯，就像他

---

[26] King (1993), pp. 457–464.

们在此前的13世纪去波伦亚一样。威尼斯已经成为进口生丝的主要港口之一,继而取代卢卡成为出产丝织物的最重要的城市。在这个世纪里,佛罗伦萨和其他托斯卡纳的城市也建立了丝织业。

1300年前后,欧洲依然存在一个很大的消费厚重羊毛服装的贵族市场。然而,最豪华的服饰,如各种丝绸,只有数目极为有限的地方才能生产,其产品仅出售给统治者及其家族,还有最富有的巨头。在该世纪初,高档呢布的主要产区是南尼德兰。当那里的廉价毛织品生产大规模衰落时,高档呢布的生产仍继续着。[27] 14世纪90年代,一个解释《健康手册》(*Tacuinum Sanitatis*)的伦巴第人在说明"羊绒服装"时举例说,某位裁缝让一位顾客试穿一件衣服,并向他讲述了"最好的就是这种佛兰德生产的衣服"的传说。冲击佛兰德的呢布工业的危机,并未影响邻近地区早已充分确立的呢布工业,梅赫伦(Mechelen,即马林［Malines］)及像布鲁塞尔和勒芬(Leuven,即卢万［Louvain］)等布拉班特的城镇都是这样。与其相反,那里的产量在14世纪20年代实现了迅速增长。有一段时期,即使是产自如蒂勒蒙(Tirlemont,即蒂嫩［Tienen］)那样的布拉班特中等城镇的布料,也能远销匈牙利和普鲁士。[28] 该世纪后期,用于出口的高档毛织品也在英格兰开始生产,这是自百年战争开始以来对羊毛出口强行征收重税的保护之下实现的。布拉班特和英格兰地区的呢布制造业主利用在佛兰德地区发展起来的技艺,并鼓励熟练技工前来移居。

乔瓦尼·维拉尼在14世纪30年代指出,佛罗伦萨呢布制造业的一个重要组成部分,是为贵族市场设计的品质最好的高档呢布。他写道,总产量的价值,廉价的和昂贵的加在一起,不低于120万金弗罗林,大约相当于英法两国国王们的岁入之和。在他生活的时代,奢侈布料的生产是一个新生事物。14世纪20年代,积极进取的佛罗伦萨商行开始直接为佛罗伦萨进口最昂贵的英国羊毛。这些羊毛最初用于模仿生产品质奢华的低地国家的呢布,通常以**弗兰切斯卡平绒**(*panni alla francesca*)而闻名。它们之中最昂贵的被描述为**多吉奥式**(*a moda di Doagio*),就像从佛兰德进口的最昂贵的呢布是杜埃(Douai)

---

[27] Munro (1991); van der Wee (1975), pp. 203–221, reprinted (1993), pp. 201–222.
[28] Peeters (1988), pp. 165–170.

的式样。在价格上紧随其后的是**梅利诺式**（*a modo di Mellino*）和**博尔塞拉式**（*a modo di Borsella*）或**博尔塞拉**（*a Borsella*），它们分别是马林和布鲁塞尔呢布的仿制品。事实上，布拉班特的很多熟练工匠被引诱到佛罗伦萨，帮助他们生产这些仿制品。此后佛罗伦萨出产两种品质截然不同的羊毛布料。一方面，那里生产用优质英国羊毛制造的呢布，供应地中海世界的奢侈品市场，如满足那不勒斯宫廷中的贵族的需求。这种产品很快就不再被看作一种仿制品，而被视为一种有着自身地位的高档织物，其售价甚至超过佛兰德和布拉班特出产的毛织品。它日渐被称为**圣马蒂诺呢**（*panna di San Martino*），得名于其生产集中在一起的地区的称呼。另一方面，那里仍然生产**加尔博呢**（*panna di garbo*），这是为传统的大众市场生产的较廉价的纺织品，使用较次的地中海羊毛制造。[29]

　　与高档丝绸和羊毛织物本身的长途贸易一起的，还有染料的长途贸易，染料是制作这些面向市场的产品必不可少的原料。染色的成本因所染颜色的不同而大相径庭。染色可以是一种昂贵而奢侈的工艺，对最精美的羊毛织物而言，至少要占总制造成本的 1/4，有时甚至多达一半。在有图案的丝织品上使用不同的颜色或者至少使用同一颜色的不同色度，意味着需要染色的是丝织品的丝线而不是其成品。染色可能是整个布料制作过程中最讲究技艺的，而且除了技艺，还需要相当可观的资本。这不仅仅指房屋和大缸方面的固定资本，而且首先还需要周转资本，对许多人来说，即使不是对所有的人都这样，染料是非常昂贵的。靛蓝是一种普通蓝色染料的原料，在皮卡迪（Picardy）、图卢兹周边以及伦巴第地区都大量种植这种植物。茜草是最常用的红色染料，虽然是一种原产于波斯的植物，在法国和低地国家也被广泛种植。不过，其他的染料则来自更遥远的地方。产自锡兰（Ceylon）和爪哇的巴西苏木（Brazil wood）令人惊异地广泛用于产生一种鲜艳的红褐色。所有染料中最昂贵的当属"胭脂虫红"（grain）或"雌胭脂虫的干虫体"（kermes）。在佛兰德，这种染料的价格一度达到茜草的 29 倍之多。它来自两种盾形虱子（shield-lice），寄生在常绿橡树上，自葡萄牙和摩洛哥至亚美尼亚与克里特岛的地中

---

[29] Hoshino (1980), and (1983).

第八章 14 世纪欧洲的贸易

海不同地区都能找到。采集雌虱是在五、六月份，赶在产卵前把它们杀死并在太阳下晒干。晒干时，它们很像种子或者小蠕虫（worms），因此被称为 kermes 或 vermiculus（分别来自阿拉伯语和拉丁语，意思均为小蠕虫）。当其被研碎并与水混合，就产生一种**朱红色**的染料。它只用于最华丽最昂贵的红色织物，但正因其昂贵，故常会将它和其他染料混合使用。凡是用"胭脂虫红"染色的羊毛织物，即使是部分使用，均以猩红色闻名。这里，或许就不仅有**朱红**（*vermeille*）猩红色，还有各种各样的猩红色，如**血红**猩红色、**紫色**（*violete*）猩红色、**深紫红**（*murrey*）猩红色、褐色"猩红色"，甚至还有黑色的和深暗蓝色的猩红色，最让人惊异的当属绿猩红色。"白猩红色布"似乎一般指尚未染色的猩红品质的布料。㉚ 只有最昂贵的织物，由威尔士边界（Welsh Marches）或者科茨沃尔德丘陵地带（Cotswolds）生产的最优质的英国羊毛制成的呢布，才值得使用如此昂贵的染料。它们往往也是面积最大的织物，经过多次裁剪。所有这一切都使得它们更加贵重。在该世纪末的克拉科夫，从布鲁塞尔输入并被波兰宫廷采购的猩红色布料，每厄尔（ell，在英格兰通常约等于 45 英寸长）布的价值，是在克拉科夫附近乡村纺织并运入该市的普通面料的 16 倍。

最精美的亚麻布不仅用于制衣，也用于制作被褥和桌布，销往遥远的地方。就在该世纪初，它被《库曼语汇编》（*codex Cumanicus*）的编纂者——可能是热那亚人，编入他的拉丁语－波斯语－库曼语词典的单词和短语，这对在波斯和中亚经商的意大利商人可能是有用的。库曼语是那里的**通用语**。唯一被意大利人大量带到波斯和中亚的欧洲商品是亚麻布。这本三种语言的书的编纂者认为值得将出口优质亚麻布的不同产地加以区分。在他的若干分类中，"伦巴第的亚麻布"、"香槟的亚麻布"和"德意志的亚麻布"覆盖了整个制造业地区，其余的如"奥尔良的亚麻布"或者"法布里亚诺（Fabriano）的亚麻布"则和个别地方相联系。他的分类中的某些特殊地点，诸如兰斯或者贝加莫（Bergamo），属于他的普通地区范围。他精确地确定了 1300 年前大多数，但并非全部，生产并出口优质亚麻布的重要地方。当然，他是以一位向东方出口商品的意大利人的视角来写的。

㉚ Munro（1983），pp. 13－70.

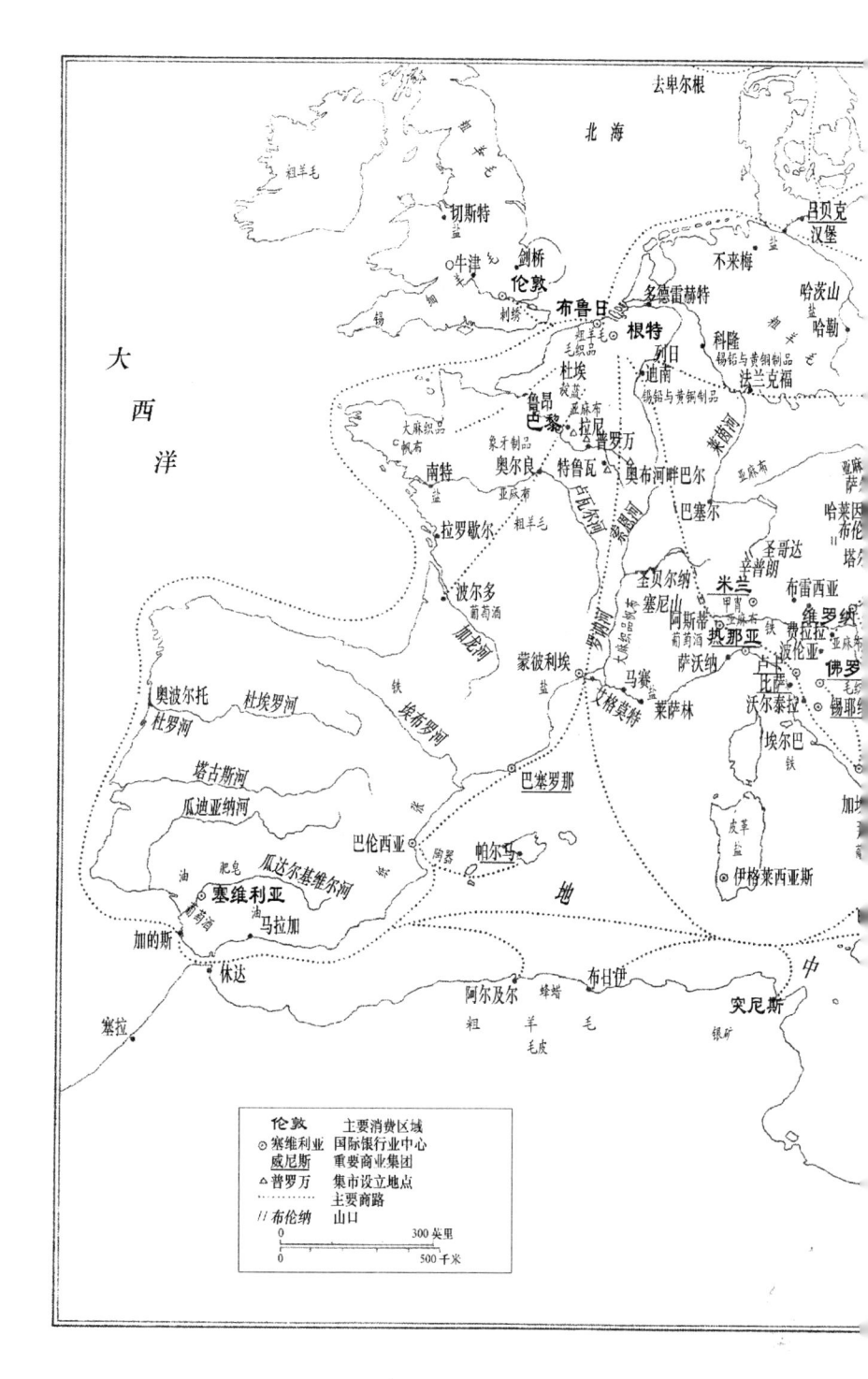

地图4　约1300年的欧洲贸易

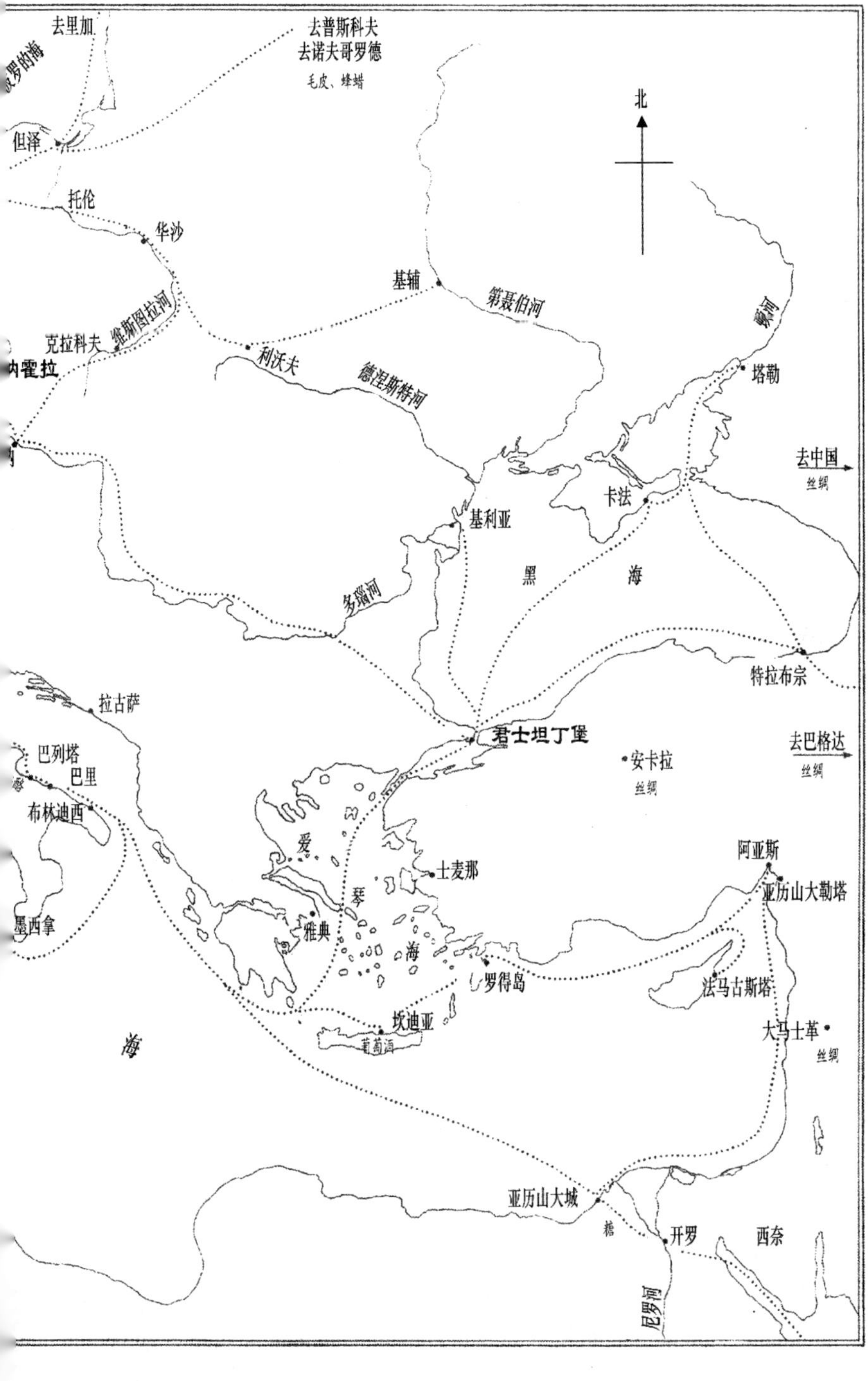
去里加
去普斯科夫
去诺夫哥罗德
毛皮、蜂蜡
北
但泽
托伦
华沙
基辅
第聂伯河
顿河
塔勒
维斯图拉河
克拉科夫
利沃夫
德涅斯特河
去中国
丝绸
卡法
基利亚
黑
海
多瑙河
特拉布宗
拉古萨
君士坦丁堡
去巴格达
丝绸
安卡拉
丝绸
巴列塔
巴里
布林迪西
爱
琴
海
士麦那
阿亚斯
亚历山大勒塔
雅典
墨西拿
罗得岛
法马古斯塔
坎迪亚
葡萄酒
大马士革
丝绸
海
亚历山大城
糖
开罗
西奈
尼罗河

北欧的情况要依据另一种视角，即依据 1390 年伦敦港的海关账目。伦敦进口的亚麻布约有 12000 匹以上，每件都有 50 厄尔长，其中约 5500 匹来自尼德兰，主要来自佛兰德地区，约 6000 匹来自威斯特伐利亚。这表明北欧生产优质亚麻布的重要地区有两个，一是从阿图瓦延伸到布拉班特的"佛兰德"地区，以及奥斯纳布鲁克（Osnabrück）周边地区。后者并非"德意志"亚麻布运往亚洲的发源地，"德意志"亚麻布产自士瓦本（Swabia）大面积的亚麻种植区，其以康斯坦茨湖为中心，绵延 250 公里，东起莱希（Lech）河，西至巴塞尔，并从阿尔卑斯山向北越过上多瑙河。这一地区生产的亚麻布被运过阿尔卑斯山，因此也成为热那亚出口商的手中之物。在这些专业化的地区中，所制造的亚麻布适于出口，和羊毛织品制造一样，控制在商人企业家手中，他们监督相关的各个生产程序，并确保所生产的亚麻布符合尺寸和品质的固定标准。

除了大批量生产通常相当昂贵的亚麻布，伦巴第地区也参与生产棉织品，而且棉织品如羊毛织品一样品质差异甚大。有些非常奢华，如米兰和克雷莫纳（Cremona）的精制棉纺织品，因式样、质地和颜色而闻名，不过大多数并非如此。也有许多属于交叉纤维（cross-fibre）的织物，如丝－棉和亚麻－羊毛，其中远为重要的是亚麻和棉花混纺的粗斜纹布，将亚麻的坚韧性与棉的精致和柔软相结合，当然价格要远比亚麻布低廉得多。在 14 世纪里，"伦巴第"粗斜纹布的生产增长特别迅速，以纯亚麻和纯棉织物的减少为代价。

与亚麻布生产密切联系的是纸张的生产。对书写材料的需求随着保存各种记录的增加而迅速上升。这方面最典型的是教会和国家的中央政府，随后是它们的各级管理部门，以及记录地产经营情况的土地所有者。保存账目成为每一个级别的机构的正常特征，从一个王国的**总税务官**（recette générale）的账本到最简陋的医院账本都是这样。此外，在商业中还出现了书面文字的爆炸式应用。羊皮纸的供应难以与快速增长的需求同步发展，纸张的使用因而日益增加，在日常应用中普遍取代了前者。起初，基督教欧洲使用的纸张全部都从穆斯林世界进口。不过，当巴伦西亚和西西里地区被基督徒重新占领后，它们的造纸业没有中断；在 13 世纪时，意大利北部和中部也开始造纸，特别是在生产亚麻布的地区。14 世纪时，在纸张市场中占据主导地位的是用破旧的亚麻布制成的纸，产自马凯（Marches）地区的小城镇法布里亚诺，该地因其生产优质亚麻布早已出名。没过多久，法布里亚诺的造纸师傅迁往其他地方建立造纸厂，就像卢卡的丝织工一样把他们的技艺带到新的地方。在该世纪末之前，造纸业已经跨越阿尔卑斯山，像粗斜纹布的制造一样。德意志造的第一张纸产自一个磨坊，就在纽伦堡城墙外的佩格尼茨（Pegnitz），1390年厄尔曼·斯特罗默（Ulman Stromer）为了造纸把它改成造纸厂。他在那儿任一家年代久远的进出口商号的执行主管，当然，该商号一直从意大利进口纸张和许多其他商品，因此在南德意志拥有一个现成的纸张市场。

用来覆盖桌子、墙壁和地板的（地）毯的纺织，也是取代到那时为止从东方进口的奢侈品的另一种产品，挂毯的编织也是这样。在该世纪末，少量的"土耳其"和"撒拉森"（Saracen）挂毯仍从利凡特进口。然而，到1350年，巴黎已经建立了完备的挂毯编织业，那里宫廷提供了一个广阔的国内市场，并且法国王室是惊人的购买者。1350—1360年间，约翰二世至少购买了235张挂毯，他的儿子们也都延续了这一传统。勃艮第的"无畏者"菲利普（Philip the Bold of Burgundy）据说曾收藏有1400年时欧洲存在的各种最精美的挂毯。在尼德兰南部，阿拉斯长期是该工业的中心，它生产的挂毯就称为"阿拉斯"、"阿拉斯呢布"、"阿拉兹"（arazzi，意大利语的称呼）。但到1400年时，图尔奈也几乎成了一个同样重要的挂毯产地。

当然，挂毯是经过布鲁日销售才散布到整个欧洲的。较便宜的种类被称作**翠绿**（verdure或greenery），有着重复的绿叶图案，可以没有风险地随机出售，不过最昂贵的挂毯上的图案是一些特定的故事、**某些大人物**，为特定的客户悬挂在特定的房间而制作，必须专门定做。兰开斯特公爵冈特的约翰（John of Gaunt）拥有的阿拉斯挂毯，是为了悬挂在他位于伦敦与威斯敏斯特之间的斯特兰德（Strand）大道的宫殿式"饭店"而编织的。

与挂毯编织的规模相当不同的是**英国刺绣**（opus anglicanum），即用丝和金线在各种织物上刺绣，不过通常是在亚麻布上。大多数留存下来的范本都与教会有关，是精心制作的斗篷式长袍和十字褡，绣有宗教题材，如在罗马拉特拉诺（Laterano）的圣乔凡尼教堂和在波伦亚的市立博物馆收藏的长袍，它们曾经分别属于教宗卜尼法斯八世

（1294—1303年）和本尼狄克十一世（1303—1304年）。然而，文献证据表明，尚有着一个可观的世俗市场，虽然极少有实物遗存下来。我们知道的是，英格兰的亨利三世购买过刺绣，而且接下来两个世纪的英国王室账目继续表明，英格兰诸王以及他们的家族成员仍是伦敦"刺绣工"的主顾。绣花礼服曾经大量存在，例如，爱德华三世，他的王后和他的儿子黑太子爱德华（Edward the Black Prince）都曾穿过。这些服装中仅有这位黑太子的一件绣花外套存世，由坎特伯雷大教堂收藏。配套的床上用品——床罩、华盖、靠垫以及帷幔也都是刺绣的。

正如在向整个欧洲的统治者、贵族和比较重要的教士供应顶级刺绣方面，英国首都的刺绣工发展起某种程度的垄断一样，巴黎的象牙雕刻工的情况也大体相同。不仅有一个巨大的国内市场支持他们，他们还在整个欧洲找到了市场。在全世界的博物馆收藏的两千多件中世纪欧洲的象牙雕刻中，绝大多数都来自巴黎。只有少数是在其他地方雕刻的，其中英格兰至多有60件，意大利则要更多一些。几乎所有存留下来的象牙制品都可追溯至13世纪70年代至1400年。尚不清楚的是：这一时间段象牙制品贸易所反映的情况主要取决于时尚的变化，还是欧洲之外贸易环境的改变。意大利商人从阿克（Acre）、亚历山大城和拉甲佐（Lajazzo）购买象牙，再用船运回马赛、艾格莫特或者布鲁日，再送往巴黎；在巴黎几个行会构成了一个名副其实的象牙雕刻工的区域，他们在那里形成一个严密的团体，生活和工作都在一个特定的区域进行，与伦敦的刺绣工所做的完全一样。像**英国刺绣**那样，大多数存留下来的象牙雕刻都是关于宗教题材的，内容为宗教礼仪的雕刻品、供奉圣体的圣体盒以及神职人员的头像。不过，文件证据再次显示，世俗的象牙盒、梳子、镜子、杯子、国际象棋棋子、骰子，还有国际跳棋和十五子棋（backgammon，或称西洋双陆棋）的筹码，这些东西的存在曾经数量可观，刀柄和写字板（tablets）也是这样。

以橄榄油为基本原料制成的白色肥皂是又一种源于穆斯林世界的产品。当卡斯蒂尔人占领安达卢西亚时，他们继续制作这种肥皂，并通过海路出口。14世纪时这里生产的肥皂成为北欧贵族使用的**最好的**高档肥皂。卡斯蒂尔肥皂产业的优势不仅依靠当地油料供应充足，还凭借众多富含碱的植物可用，将其燃烧后所得的灰烬适于制造硬白皂。叙利亚也制造类似的肥皂，其拥有优质的"苏打灰"（soda ash，即纯碱）；制造这种肥皂的还有种植橄榄树的南意大利的那不勒斯地区，尤其是加埃塔（Gaeta）。一旦威尼斯、热那亚和普罗旺斯商人开始从埃及和叙利亚进口适用的"苏打灰"，肥皂制造就可以被转移到北意大利和普罗旺斯。南意大利的橄榄油是他们制造肥皂的另一关键成分。人们用船只运送阿普利亚的橄榄油，越过或沿亚得里亚海北上，供应拉古萨（Ragusa）、安科纳（Ancona），尤其是威尼斯的肥皂制造商，同时，意大利西海岸的肥皂则是在萨沃纳和热那亚制造的。威尼斯人和热那亚人为了北欧市场而同卡斯蒂尔直接竞争。他们也向近东、法兰克人的希腊（Frankish Greece）、君士坦丁堡、土耳其人的小亚细亚、罗得岛和塞浦路斯出口肥皂，也有非常可观的数量的肥皂运回叙利亚和埃及销售。这些贸易都是通过海运进行的，若是以陆路运输则其成本会高得多，所以这样重的产品在陆路上运多远才是值得的，是一个需要考虑的问题。实际上在14世纪后期，威尼斯的高档白肥皂大概是这些肥皂中价格最低的商品，将它运过阿尔卑斯山仍然有利可图。

陶器与布料类似，虽然各地都在制作，但正如进入国际贸易的高档纺织品仅限于少数地区制造的产品一样，高档陶器亦如此。最受青睐的陶器是穆斯林的锡釉陶器（tin-glazed earthenware），其最终原产地是波斯。14世纪早期，马略尔卡（Majorca）岛对巴伦西亚和安达卢西亚的釉制器皿流通意义重大，该岛因此而得名（称为majolica，即锡釉陶器）。有光泽的西班牙摩尔式（Hispano-Moresque）锡釉陶器是被北意大利人仿制的又一种商品。陶器的衍生品则是在罗马涅地区的法恩扎（Faenza）生产的，被用作餐具、香料瓶、药剂师的罐子、瓷砖和各种装饰用的小部件。

与陶器餐具一起的，还有黄铜和锡镴的餐具，以供给那些想使用某些优于木质或粗陶餐具，却还没有能力使用银制盘子的人。默兹（Meuse）河上的迪南（Dinant）是生产此类黄铜餐具的最重要的中心，因此以"迪南金属器皿"（dinanderie）而闻名，出口至整个欧洲。赫尔（Hull）的海关账目显示，1310—1311年共有七艘装载着黄铜"罐"的船进入这个港口，其中的一艘装有11400件，而赫尔并不是英格兰最重要的港口之一。在富人阶层中特别流行的是黄铜的盛水器，用于饭后倒水洗手，还有又宽又深的盘碟。和餐具一样，黄铜烛台也广泛出口以供家内和教堂照明时用，或是固定在墙上，或是立在桌上。

欧洲制造的享有声望的餐具并非只限于陶器、金属器皿和锡镴制品，还有威尼斯制造的高档玻璃制品。因为火灾的威胁，1291年从潟湖到对面的穆拉诺诸岛玻璃制造商的火炉曾被撤除。威尼斯工匠制造玻璃的工艺最初源于叙利亚，而富含钠的特殊的碱性灰（alkaline ash）也必须从叙利亚进口。如肥皂一样，这种灰是威尼斯玻璃制造拥有优势的关键配料之一。普通的杯子与瓶子、透明的窗玻璃与镜子大量输出，还有眼镜、声名远播且昂贵的彩色碗与花瓶，有时还有异国情调的珐琅制品。这些产品都远近闻名，人们十分熟悉。除了向北和向西出口穆拉诺的玻璃器皿，威尼斯也向东方出口，此类出口商品14世纪10年代到了埃及，40年代到达希腊、君士坦丁堡、罗得岛和黑海沿岸。

毫无疑问，对远方奢侈品的需求导致了国际贸易额方面巨大的数量变化。此外，由于贸易额集中于数量有限的特定地区，或者更确切地说是沿着这些地区之间的数量有限的商路集中，某种决定性的集聚开始形成，商业在经历各种纯粹量变的同时，已经开始发生质的变化。在商业经营方式上的此类质变被冠以"商业革命"的头衔，根据造成制造业组织种种变化的"工业革命"的名称类推而来。只有当货币供应的集中和随之而来的贸易的集中增长到越过某个临界点，这一重大转变才有可能发生。

由于该世纪前期高价值商品的长途贸易大都控制在北意大利人手中，在大约1250—1350年间，正是他们精心创造了大多数互相关联的贸易技巧，它们都曾是这次"商业革命"的基本表现。在14世纪时，这些经商的新方法全被继承下来。的确，诸如公司的组织结构、地方银行业和保险等某些方面，需要进一步加以发挥和完善。加泰罗尼亚商人也采用这些"意大利人"的方式来经商；至本世纪末，一些南德意志的商人也开始加以仿效。

直到在任何特定的路线上达到某种临界的运营规模时，所发生的事情就是贸易量在传统框架中的增加。然而，一旦临界量已经达到，企业的规模就会允许劳动分工。某些商行大到足以支撑，并足以持续地支撑三个独立的部分：留在北意大利的专职的坐商，专门从事筹措资金和组织进出口贸易；专门的承运商，要么是海上的船主，要么是陆上的**承运人**（*vecturii*），他们把来自委托人的货物交给自己的代理商；专职的代理商自身，他们居住于海外或者阿尔卑斯山以北，根据发给他们的指示卖力地献身于销售或购买。

这种劳动上的三重分工，最初自然而然地发生在那些不久前需求最为集中的道路沿线，也就是那些沿北意大利诸港口至利凡特的航线。稍后，北意大利人的聚居地（colonies）开始出现在罗马、那不勒斯、巴勒莫和突尼斯以及香槟地区的集市上；与此同时，其他城市的代理人的聚居地也开始在北意大利各城市中建立起来。后来，但仍在1300年前，北方也发现了这样的聚居地，如巴黎和伦敦这样的都城，还有某些拥有富庶的腹地的大港口，如布鲁日、塞维利亚、巴塞罗那和蒙彼利埃。因此可以完全合理地期待14世纪早期的公司，如佛罗伦萨的巴尔迪或佩鲁齐，在伦敦或巴黎、突尼斯这样的城市中设有分支，并且同这些城市进行大量贸易。到该世纪中期，热那亚、比萨和佛罗伦萨的商人聚居区不仅分布于突尼斯和布日依（Bougie，出自此地的蜡使法国人以蜡烛一词来命名这座城市），还分布于位于柏柏尔（Barbary）海岸远至现代摩洛哥萨菲（Safi）的北非所有重要港口。来自巴塞罗那的加泰罗尼亚商人也有聚居地，至少在某些北非港口是这样。意大利同莱茵河以东甚至是最大的城市之间的贸易从未达到过这种临界规模。即便在大商行通过居住在国外的中间商运作的那些商路上，买卖规模不大的商人们仍旧带着他们的货物四处贩运。在14世纪20年代，150多个加泰罗尼亚商人仍然进行他们从巴塞罗那到北非的一年一度之行，即使在北非沿岸马格里布地区的某些城市中，一个世纪或甚至更久以前就已经有了定居的加泰罗尼亚人的共同体。

各东道主城市为这些定居的外国人制定了各种各样的规章。有时会提供给他们一个享有特权的交易场所，他们在其中或多或少受到限制，例如汉萨同盟位于伦敦码头区的"钢院商站"（Steelyard）、在威尼斯的**德意志商栈**（*fondaco dei tedeschi*）专门接待在阿尔卑斯山南面经商的德意志商人，或在突尼斯的专门接待意大利、加泰罗尼亚商人的**货栈或客栈**(*funduks*)。有时，这些外籍商人受的限制较少，比如居住在布鲁日的来自意大利诸城邦的商人，他们可以在旅馆，甚或家庭中，在城市里他们中意的任何地方，租住房间，前提是有一位市民做其担保人，通常是他们所寄宿的旅馆老板。然而，即使分散各地，来自同一邦国的商人仍有某种共同的组织，以某处领事馆为中心。威尼斯、热那亚、卢卡和佛罗伦萨的商人均在布鲁日设有这种领事馆。

外籍商人经常受到的限制，是他们只能与当地人而不是与其他外国人交易，或至少必须将自己的商品优先供应当地人，而且当被允许与其他外籍商人交易时，必须雇用当地人做经纪人。在所有的商业城市中，经纪人在促成买卖双方交易时是极其重要的。旅店老板就常常充任经纪人。生意的中心是交易所，在那里可以找到各类专业的经纪人，每天在固定的时间，他们都随时准备向买卖双方介绍特定的商品，介绍借款人和贷款人、承运商和保险商，并且撮合他们之间的交易。欧洲的第一座交易大楼似乎是巴塞罗那的洛蒂亚（Lottja）或者隆迦（Lonja），1392年落成。在这些为经纪人而建的建筑落成前，经纪人聚集在逐渐留出来供他们活动的特定的广场上，例如热那亚的银行家广场（Piazza dei Banchi）、威尼斯的里亚托广场（Piazza of the Rialto），或是佛罗伦萨人的领事馆坐落其中的布鲁日的广场，是用一个富有的旅店老板兼经纪人的家族名字来命名的，即凡德伯尔斯（van der Beurse）或者德拉布尔斯（de la Bourse）广场。

这场带有革命性的商业劳动分工的副产品，包括国际银行业的肇始和汇票的发展，延续几年而非限于一次航行过程的国际贸易公司的创造，传送商业信函（以及汇票）的定期信使服务，低利率、地方银行业、保险业、复式簿记法应用的开始，以及商业教育的发展。[31]

所有预期的买家或返家的卖家再也不必随身携带大量可能被盗的贵金属。交易用的贵金属有多种形式，不管是硬币，还是银铸马克条（mark bar）和以盎司为单位的袋装金粉，根据交易地区而定。取而代之的，是坐商通过其代理人和代理商借助汇票来发放和接收汇款。到1300年，汇票已发展成具有确定的格式，在以托斯卡纳的几个大

---

[31] De Roover (1942), pp. 34–39, republished in Lane and Riemersma (1953), pp. 80–85; see also De Roover (1963), pp. 42–118, and (1974).

城市为核心的国际银行业网络中，它已经成为常见的商业支付手段。这一网络向外扩展，从北意大利至教廷所在的阿维尼翁、蒙彼利埃、巴塞罗那、巴伦西亚、塞维利亚，有时也包括里斯本，向北达到巴黎、布鲁日和伦敦，南至那不勒斯和巴勒莫。即使是在这些城市之间，虽然大部分交易都可以用汇票来进行，但交易结果的不平衡最终还是以金或银来解决。当两个地方的银行业之间的失衡变得过于严重时，汇率就会上升（或下降）到某种程度，超过其中一个地方的银行业的黄金输入点（specie points）。换言之，与购买一张汇票相比，即使计入所有伴随的成本和风险，向一方或另一方运输金银条在短时期内还是更为划算的。汇票发展的一个结果是，将白银从布鲁日运至伦敦或者从巴黎运至佛罗伦萨，或是将黄金从塞维利亚运至热那亚，它们的净数量并未缩小，但是其所代表的贸易量的增长却远远超过所有比例。汇票极大地增加了这些城市之间国际交易可用的货币供应量。[32]

虽然汇票是商人为商人而开发出来的，但非商业人士也很快开始使用它们。教宗是汇票最重要的非商业用户；征税人利用汇票将征收来的钱款运送至设在阿维尼翁的罗马教廷**财政部**。[33] 前往教廷的主教们不再需要确保他们的侍从带着的银马克条的数量是否充足。那些去朝圣或受其君主派遣出任大使的贵族，也可以利用汇票为自己服务。不过这是有种种限制的。某些国际间的政治性的支付，诸如军饷、对花钱多的盟友的补贴、王室嫁妆或者赎金，如为赎回法国国王约翰二世所付的赎金，都可以轻易地证明其数额太大，不是正常的商业系统所能应付的，因此只得大部或者全部都用运送金或银的方式来兑现。例如1328年，当（教宗）约翰二十二世需要向伦巴第地区的教宗军队支付6万弗罗林时，他必须全部通过运送硬币来实现。有一段插曲提供了运送硬币所包含的风险的一个绝佳的例子：尽管有150名骑兵护卫，但护送队在途中仍遭到伏击，损失了一半以上的钱币。不过，到14世纪初，在这种城市网络之内有很大比例的正常支付是通过汇票完成的。

---

[32] De Roover (1953); Spufford (1986), modified in Mueller (1995), pp. 121–129.
[33] Renouard (1941) and Favier (1966).

不过，在这些银行业所在地的范围之外，即使是普通的国际收支主要也必须通过金银锭来实现。在存在着某种巨大而持续的贸易失衡的地方，由于那里介于欧洲矿业中心和商业发达地区之间，汇票制度很少有发展的机会。14 世纪时，尽管本尼狄克十二世曾诚挚却徒劳地要求佛罗伦萨各公司在克拉科夫设立分支机构，但在能够利用西欧的银行业系统之前，波兰、匈牙利或者奥地利的教廷征税人仍不得不将金银锭运至布鲁日或者威尼斯。就在该世纪末，南德意志的一些商人开始偶尔使用汇票，但在整个世纪里，即使是德意志其他地方最著名的商业城市，如吕贝克，也基本上处于这种交换网络之外。与此类似，意大利以东地区也很少使用汇票支付，尽管偶尔从利凡特到意大利之间的贸易会使用它。

14 世纪初期见证了托斯卡纳各个巨大的贸易公司的鼎盛期，其众多雇员散布于许多不同城市的分支中，不过它们的组织可以追溯至 13 世纪中期的公司，例如锡耶纳的邦西尼奥里（Bonsignori）、卢卡的里卡尔第（Riccardi）和佛罗伦萨的切尔基（Cerchi）。佛罗伦萨和卢卡在该世纪初达到巅峰，而锡耶纳作为一个贸易城市虽仍然重要，但已经开始衰落。尽管这种分支众多的国际贸易公司是托斯卡纳地区那些最大型企业的典型形式，但各种类似而略有区别的形式正在北意大利其他地方成长，如在威尼斯、热那亚和米兰。[34] 佛罗伦萨的巴尔迪可能是中世纪最大的公司，当它在 1318 年重组时，拥有的资产高达 87.5 万金弗罗林，远大于任何一位欧洲统治者的岁入，甚至法国国王的收入也不如它。其前一次的重组在 1310 年，当时资产划分为多达 56 个股份。[35] 在公司存在的时期，这些股份可以转让而不会破坏合伙关系。持有这些股份的不仅有公司创始家族的成员、公司的主要雇员，后者受到鼓励将其积蓄投入他们自己的公司，而且还有其他富人。这些人是并不完全关心公司实际运作的投资者。

从 13 世纪起，许多托斯卡纳地区的公司为了增加资产，在股东认购的资金外，以很低的固定利率使用短期借款。商业上获得成功的一个关键因素是，为了商业的目的拥有现成可用的贷款，利息要远低

---

[34] Renouard (1968), pp. 107 – 247.
[35] Sapori (1926).

于其他地方。在该世纪初，北意大利的商业性年利率通常都低于10%。即使在佛兰德，利率也不低于16%，这使意大利人获得了巨大的竞争优势。㊱

这种低息资金中的某些部分可以从当地银行获得。鉴于国际银行业的增长与进出口活动同步，地方储蓄银行业被嫁接在货币兑换商的工作上，这发生在西地中海沿岸与从布鲁日到列日的南尼德兰的许多城市中。㊲ 这些银行利用自己的金库向它们的经常账户的客户们提供安全保障，并提供可以向其他客户进行账目支付的便利。存款账户的持有人，往往是宗教机构或孤儿，获得随后被银行家们用于投资的存款的利息，获得利息的还有把一部分钱存入银行的经常账户持有人。意大利国际性的贸易公司的任何一个分支都乐于吸纳存款。在14世纪上半期，英格兰的大贵族就将可观的现金存入佛罗伦萨各公司在伦敦的分部。林肯伯爵将钱存入弗雷斯科巴尔迪（Frescobaldi）公司的分部，赫里福德（Hereford）伯爵把钱存在普尔奇（Pulci）银行的分部，"幼者"戴斯彭瑟（younger Despenser）则存在巴尔迪和佩鲁齐两家公司的分部。㊳

商业成功的另一个关键是比自己的对手们更迅速地获得经济信息。代理商和代理人因此经常向他们的委托人报告，并接受源源不断的指令；他们的商行向来来往往的信使付款，信使则不断地在商业中心之间传送商业信函和汇票。此外，运送无人跟伴的货物的种种风险，由于处于胚胎状态的海事保险的发展而扩散，威尼斯在这种保险中起了带头作用。

国内的坐商再也不仅仅是单独的个体资本家。作为一家公司的首脑，他也是一个必须对股东及其存款人负责的管理者，要处理以下各种复杂的商业关系，如与代理人、代理商、承运商、旅店老板、保险商、分包商、供应商以及分散在西欧大部分地区和地中海地区的客户的关系。经营这种公司的人因此都保存着数目庞大的账簿，这些账本都开始采用新的复式记账法的制度。㊴ 此类业务理所当然地需要那些

㊱ P. Spufford（1995），pp. 303–337.
㊲ De Roover（1954），pp. 38–76, reprinted in（1974）.
㊳ Fryde（1951），pp. 344–362.
㊴ De Roover（1956），pp. 114–174.

从事交易的人具有读写和计算的能力,因此依赖于一种广泛的教育基础设施,它不仅要保证人们的读写技能,还要掌握商用算术。

世俗的、本地语的教育在意大利和南尼德兰早已很好地建立起来。从1300年后大量遗存下来的文档中可以看出,在利古里亚、伦巴第、威尼托和托斯卡纳地区还涌现出大批学校老师。在工商业城市卢卡,1345年时公社(commune)聘用了一位**算术家**(*abbachista*),即教授商业算术的教师,他也教记账并担任公社的一名会计,享有一处免租金的住房。关于公社的此笔开销的解释是:卢卡的公民们"大量从事商业经营,如果一个人不了解算术和算盘,那么生意将会寸步难行"。公社关于适宜的教育基础设施的那部分条例,无疑有助于保持卢卡商人在国际贸易中的突出地位。⑩

毫无疑问,在这个商业文书的世界中,托斯卡纳的商人,特别是佛罗伦萨的商人,似乎都有写作备忘录的嗜好。有非常多的**记事本**(*libri di ricordanze*)遗存至今。其中大多数主要涉及个人和家庭事务;也有部分是把个人事务与商业事务结合起来的,还有涉及其他方面的。诸如像巴尔迪公司雇员弗朗切斯科·佩戈洛蒂(Francesco Pegolotti)保留下来的记事本,就为种种商业的考虑而写下许多有用的东西。⑪

除了贸易方式上的转变,在贸易路线和运输手段上也有很大的变化。13世纪欧洲主要的陆上贸易路线可以描述为一个三角形。在西部,有陆路和从佛兰德到托斯卡纳的水路相结合的商道,通过香槟地区,并在那里与当时欧洲最大的单一消费中心巴黎连接起来,然后超过阿尔卑斯各个山口,如大圣贝尔纳(Great Saint-Bernard)山口、辛普朗(Simplon)山口和塞尼山口,进入意大利后称弗朗西杰纳(Francigena)大道。在东部,则有从托斯卡纳通向中欧矿区的道路,这条路经过塔尔维西(Tarvis)山口离开意大利并向前穿过维也纳。与此类似,佛兰德也与矿区相连,这条道路"从英格兰到匈牙利,从海岸穿越佛兰德平原,然后从通格莱斯(Tongres)经(马斯)特

---

⑩ M. Spufford (1995), pp. 229–283.
⑪ Spufford (1991), pp. 103–120.

里赫特（[Maas] Tricht）进入科隆"。[42] 13 世纪三角形的主要陆上路线被 15 世纪自南德意志向外辐射的道路网所取代，这种取代并非一种直接的继承关系。虽然在 13 世纪中叶和 15 世纪后期有那么多的货物通过陆路运输，但 14 世纪时大量贸易是通过水路进行的。[43]

从 13 世纪大三角的陆上商路的各个角上，向外进一步延伸出各种道路，其中很多是水路。陆路和河流贸易与海上贸易在大多数情况下是互补的。地中海、北海、波罗的海的海路和横跨欧洲的陆上道路相接。从布鲁日起，不仅有横渡海峡到达英格兰的很短的海路，也有穿过北海与波罗的海的汉萨同盟的商路。自热那亚、比萨和威尼斯，有通向马格里布和利凡特地区的海路。从梅森、波希米亚和斯洛伐克的矿区，也有一条往东的道路，通过北部的层层山峦，到达克拉科夫、基辅和更远的地方。

随着航海技术的进步和相应的海上活动的扩展，意大利人在这方面作出了特殊贡献，意味着三角状的陆上道路已部分地被更遥远得多但更便宜得多的海上商路绕开了。从意大利乘坐热那亚人的大帆船（carrack）向黑海前进，再从那里沿德涅斯特（Dniester）河而上，穿过勒沃（Lwów），这样就能够更容易地到达克拉科夫，而不是全程横越大陆。从佛兰德能更轻松地到达克拉科夫：乘坐汉萨同盟的小船到达但泽或托伦（Toruń），再逆维斯图拉河而上，而不是沿着"从英格兰至匈牙利的大道"走。更为重要的是，可以更容易地乘坐大帆船或平底大船（galley）直接从热那亚或威尼斯到达布鲁日，而不是横跨大陆越过阿尔卑斯山、汝拉山（Jura）、勃艮第和香槟。

对横越欧洲的各条陆路和水路而言，西北欧和意大利之间的大西洋航路因此被看作另一种选择和竞争对手。自维京人（Vikings）时代以来，从北方到地中海的航行就在断断续续地进行着。然而，迟至 13 世纪，这条海路才开始被更多地用作商业目的。基督徒"再征服"伊比利亚半岛的成功，为进行切实可行的海上商业旅行提供了合适的歇脚处。塞维利亚自 1248 年被基督徒占领后，这里的一个热那亚人

---

[42] Hendrik van Veldeke 是这样称说的，他是使用德意志方言写作的最早的情歌作家之一。
[43] 关于这些陆上商路的更多细节，可参见第 13、15 世纪卷的有关章节。

的社区就开始为人所知。塞维利亚不仅成为意大利人特别是热那亚人的一个大门口，可以利用它的安达卢西亚腹地提供的众多商业机遇，而且也是向前航行进入大西洋的一处绝佳的中转站。当然，它并非唯一的此类中转站。14世纪时，塞维利亚的热那亚人社区在规模上与加的斯（Cadiz）的热那亚人社区相当，加的斯是在1265年被重新征复的，它拥有一个更优良的港口，但没有像塞维利亚那样拥有富庶的腹地。塞维利亚的热那亚人社区或许也可和在马拉加（Malaga）的相媲美，后者拥有一处更好的港口，只不过坐落在尚未收复的格拉纳达（Granada）王国。在里斯本还有个稍小的热那亚人社区。接下来人们发现热那亚的船只绕着西班牙环行，远至拉罗歇尔（La Rochelle）。热那亚的平底大船走过所有这条海路来到佛兰德，已知最早的是在1277年。此前加泰罗尼亚的船舶可能已经这样走过。这种商业航行最初是偶发的，随着时间的推移越来越常见，但定期航行只有到14世纪才出现。

政治形势也给穿越香槟地区直达佛兰德的陆路运输造成严重中断。菲利普四世和佛兰德之间的战争，以及在北意大利自身发生的战争，导致贸易避开穿过法国东部的传统商路。汝拉和阿尔卑斯山西部各山口通行费收益的减少，反映了这一点。除了陆路运输车辆转向莱茵兰的商路，某些商人还抓住了通过新的海路来运送货物的机遇。

只要这条航线只适用于平底大船的航行，那么它只是陆路和水路运输的一个昂贵的替代品，因为它的庞大的人力编制使运行成本非常高。威尼斯最早的"大型平底船"（great galleys）于1290年左右开始采用，这是地中海传统的多桨战船的扩大的商用版，需要近两百名船员，大多数是桨手，装载的货物却只有50吨。1314年，威尼斯政府下令建造适于航行至佛兰德的特种平底大船。它们比那些原先专用于地中海的"罗曼尼亚式"（alla misure di Romania）船稍大一些。1318年时，那些面向大西洋的"菲安德罗式"（alla misura di Fiandra）大船长40米，船中部宽五米，高2.5米。在接下来的1/4世纪里，威尼斯人将他们的"大型平底船"建造得越来越大，直至大到原规模的三倍。1344年时，它们能够装运300千斤（*milliaria*）（150吨）的货物。到1400年，它们被造得比以前稍大些，而且有了第二桅杆，变得比划桨船更擅长航行，尽管它们仍然需要一个很大的编制名额。1412年时的条例规定：在总数约250人的船员中，应有170名是付给适当薪酬的桨手，而且都应该是自由的威尼斯人，不是罪犯或奴隶。这种人员配备的水平意味着，虽然与13世纪90年代相比这些船运转成本明显降低了，但要正常航行运输仍耗资惊人，而且与圆形船相比，它们的能力仍远为逊色，这时圆形船的建造正越来越大。虽然威尼斯人仍在使用平底大船，热那亚人则很快在商业上不再使用这种船，因为花费太高。在该世纪的大部分时间里，热那亚人只有国有的战船才是平底大船，为军事目的而保存着。

1300年后，威尼斯政府越来越多地介入商用平底大船的运营。与私有的平底大船一起，这些船也日益受到监管并且必须得到许可，政府拥有并经营的船舶也开始出现。1329年，参议院选择了国有平底大船，作为可以被私人经营者包租的船只。每年都对包租合同进行拍卖，因此有可能看到许多正规的威尼斯平底大船服务的发展。[44]

已知最早的"佛兰德"号平底大船于1315年从威尼斯出发，尽管某些私有的平底大船可能到过"西方"，即到达亚得里亚海以西，或许还去过北非、巴利阿里群岛（Balearics）和伊比利亚半岛更远之处，并抵达北海。1317年至1336年，几乎每年都有包租的平底大船船队派往佛兰德，但在该世纪中期则变得极不规则，因为在一代人的时间中，从北意大利穿过南德意志到达莱茵兰和南尼德兰的陆路与水路出现了复兴。往佛兰德的平底大船自1384年后或多或少每年都会重新出现。除了伊比利亚各港口，它们也在英国各港口停靠，有时在南安普敦，有时桑威奇（Sandwich）；在14世纪90年代，在抵达布鲁日或者偶尔到布拉班特的安特卫普之前，也会停泊在伦敦。

在东部，平底大船远赴"罗马尼亚"，即君士坦丁堡和希腊，自1303年威尼斯与拜占庭帝国实现和平后断断续续地进行，14世纪20年代后步入正轨。1319年，他们与特拉布宗（Trebizond）签订一项条约后往前进入黑海。而同金帐汗国大汗的成功谈判意味着威尼斯人也能将其船舶派往塔纳。1383年，进入黑海的大船队先是到达塔纳，而后去特拉布宗。

---

[44] Lane (1963), reprinted (1966), pp. 193 – 226; Tenenti and Vivanti (1961), pp. 83 – 86 以及地图；Lane (1973), pp. 126 – 134。

奔赴"海外殖民地"（Oltramare）的船队，即前往原为西方人的十字军占领的利凡特地区的船队，在阿克陷落后仍在继续，但取道克里特岛和塞浦路斯驶往亚美尼亚的拉甲佐。该世纪上半期，通常它们最远仅航行至塞浦路斯，但1366年后则会经常到达叙利亚的贝鲁特。1300年前后，赴亚历山大城的船队会与到"海外殖民地"的船队结伴而行，最远共同航行至莫顿（Modon，即迈索尼［Methoni］，位于伯罗奔尼撒半岛的西南端）的威尼斯人的基地，然后分道扬镳。然而，同马穆鲁克（Mamluk）埃及的贸易从1324年起被教宗禁止了，赴亚历山大城的船队直到1345年才恢复。到1400年，赴亚历山大城的威尼斯船队，成为欧洲海上运输到那时为止最重要的唯一有护航的船队。

然而，即使在威尼斯，"大型平底船"也不过是商船队的一个较小的，即使是最有声望的部分。其商船队中较大的部分，几乎是热那亚和巴塞罗那船队之和，由帆船组成。随着时间推移，帆船的规模日益扩大，运转起来也更有效率并且更为低廉。从威尼斯赴佛兰德和英格兰的贸易船队可能装载着香料以及其他非常昂贵的商品，离开横跨欧洲的商路在沿海航行，但在很大程度上，与陆上贸易的真正竞争是由散装货船的发展来进行的，这些货船能够以更便宜的价格在南北之间运送其他商品。当然，散装货船在波罗的海和地中海的发展与谷物贸易相关。在谷物贸易中，任何距离的陆路运输都会使其售价令人望而却步，而南尼德兰和北意大利的城市又不得不以这些产自远方的谷物为食。

13世纪时，意大利人在地中海上使用一种相当笨拙的帆船，称为**布丘斯**（*bucius*）或**布斯**（*buss*），而波罗的海上汉萨同盟的柯克船（cogs）则小得多，不过效率却更高。二者的容量均比大型平底船要大，而所需船员相比较而言却极少。最大的汉萨同盟的柯克船约能装载200吨，而最大的**布丘斯**则约能装载500吨。自1300年起，地中海地区开始仿造稍小的汉萨同盟的柯克船，被称作**科卡船**（*cocca*）。在该世纪里，地中海上的大帆船（carracks）获得了发展，它把**布丘斯**的规模与柯克船的许多优点结合起来。与老式的**布丘斯**相比，一艘大小相同的大帆船仅需要一半船员，而且还可以造得更大一些。在该世纪的最后数年，这种船只的数量和尺寸都发展得特别快，尤其是在热那亚，那里甚至建造了千吨级的大帆船。除粮食和伊维萨岛的盐之外，热那亚人还用这些船运输来自小亚细亚的明矾、伦巴第或图卢兹出产的靛蓝，把它们运往南安普顿或布鲁日。平底大船在途中需要非常频繁地在各地码头上停靠，为其众多的船员进行补给，大帆船与此不同，它可以航行很长距离而不必进港。运送明矾的热那亚船只常常只需停靠一次，即使是从福西亚（Phocaea）航行至南安普顿或布鲁日这么远的航程也是如此。无怪乎散装货的运输价格在该世纪里出现了下降，而海员的薪酬则急剧上升。该世纪初，佩戈洛蒂在自己的笔记本中写道，把明矾和靛蓝运往北方的运输成本分别增加了约24%和30%；而在该世纪末，弗朗切斯科·达蒂尼（Fransesco Datini）在运输这两种商品时，则只需付上述运费的8%。达蒂尼是中世纪留下最为翔实的文献的商人。[45]

1350年前后，威尼斯人将他们管理平底大船的方法扩大到圆形船，并把它们组织进统一管理的有护航的船队。这种船队分别在1346年和1366年驶往亚历山大城和贝鲁特。然而，与平底大船不同，对**柯卡船**的控制并未从官方管理发展到国有化。每年定期派出的**柯卡船**组成的护航船队，往克里特岛一次，往叙利亚两次，分别因其带回的主要商品葡萄酒和棉花而得名，被称为"葡萄酒船队"（muda vendemian）、"棉花船队"（muda gotonorum）。[46] 当然，这些"叙利亚"船队也会在返程中搭载其他商品，如塞浦路斯的糖。将赴耶路撒冷的朝圣者运送到雅法（Jaffa），原先是由威尼斯人与比萨人和热那亚人分享的，不过在该世纪末则为威尼斯所垄断。每年，从威尼斯出发的这种专门规定运送朝圣者的船只，至少有两艘，有时更多。1384年，七艘平底大船和一艘**柯卡船**向圣地运送了600名朝圣者。[47]

在13世纪时意大利三大海上强权中，1284年比萨在梅洛里亚（Meloria）海战中被热那亚剔除出局，在这次战役中热那亚彻底击败了它在西地中海的主要对手。比萨港口的铁链被运至热那亚作为胜利的象征。从实践的角度讲，这使热那亚得以接替比萨的角色，成为托斯卡纳迅速发展的经济的主要承运商。比萨人作为商人仍然很活跃，不过不再是承运商。比萨商人在君士坦丁堡和突尼斯最为活跃，在该

---

[45] 见下面原文第196—197页。
[46] Doumerc（1991），pp. 357–395.
[47] Ibid., p. 385.

世纪上半期,在塞浦路斯和小亚美尼亚(Lesser Armenia)仍能够同热那亚人和威尼斯人竞争。他们主要使用热那亚的船只来运货,不过也会使用威尼斯和加泰罗尼亚的船只。佛罗伦萨人在14世纪时虽然是极为重要的商业国家,但除了阿尔诺(Arno)河上的小船(boats),并无自己的船运业。他们的货物通常都由热那亚船只运送。[48]

就像以前处置比萨一样,热那亚曾多次试图排除威尼斯人,两大海上强国间的一系列重要战争使得地中海贸易持续停滞多年。在同热那亚发生第三次战争的1350年至1355年间,威尼斯没有往外派出平底大船船队,而在1378年至1381年的第四次战争中该船队也只去过亚历山大城。在这次战争中,热那亚人几乎成功地摧毁了威尼斯人,就像他们对待比萨人的那样。但是在紧要关头形势出现逆转,在基奥贾(Chioggia),即在通往威尼斯潟湖本身的入口处,威尼斯人从他们咄咄逼人的对手那里夺得胜利。热那亚人发现他们不但不能洗劫威尼斯,反而使自己的贸易受到了严格限制。1379—1401年间,热那亚海运贸易的海关账目表明,其贸易额由约200万金弗罗林降至80万弗罗林以下。[49]总体迹象是,威尼斯的贸易相应增长。基奥贾一战后,处于强有力地位的威尼斯政府坚持:诸如香料这样的最贵重的商品,只可由它的武装的"大型平底船"装运。这是维护该业务运转的一项必要的规定。截至那时,欧洲进口香料在很大程度上受制于在亚历山大城的威尼斯买家。

尽管地中海地区有众多其他贸易港口,但在遥远的地方唯一一个可以和热那亚、威尼斯比肩而立的,是加泰罗尼亚的主要城市巴塞罗那。加泰罗尼亚的航运业包括马略尔卡岛(Majorca 或 Mallorca)和巴伦西亚的航运业,它不仅在地中海西部极为重要,而且在西地中海以外也是这样。[50]梅里斯教授认为,他能够发现的巴塞罗那、巴伦西亚和马略尔卡岛的联合商船队,在数量上只被热那亚、萨沃纳和利古里亚其他港口的联合商船队所超过,因为尽管热那亚在基奥贾一役后无法再从香料贸易中分得一杯羹,但它仍然保有最庞大的商船队。他发现了1383年至1411年间利古里亚的921艘船和加泰罗尼亚的875

---

[48] Balard (1991), pp. 1–16.
[49] Felloni (1984), pp. 153–177; Day (1963).
[50] Carrère (1967) and Abulafia (1994).

艘船的相关记录。然而，加泰罗尼亚的船只明显要小，大都不及热那亚相关船只的一半大小。最通常的载重量仅有300**博蒂**（*botti*）（约200吨）。在加泰罗尼亚服役的船只中，他未发现新的千吨级的大帆船。加泰罗尼亚的航运当然不局限于地中海地区，因为他发现，该时期有接近50艘加泰罗尼亚船只航行到北海。他还发现，西班牙北部有更多的船只曾航行至北海。这些船是比斯开湾沿岸的，它们将卡斯蒂尔的羊毛、铁、肥皂和加斯科涅的酒运往低地国家和英格兰。这些驶往北方的西班牙船只是按加泰罗尼亚船只的相同尺寸制造的，不与热那亚的散装货船竞争。[51]

该世纪表明了大规模投资陆路贸易基础设施时期趋向结束。因为人们总是极频繁地一起使用河流和陆路运输，并不断地变换运输方式，所以常常得同时迎合对这两种运输方式的种种需求。河流得到疏浚，被改建成运河，新运河一条条地修建起来；大量桥梁的兴建取代了渡船，桥梁下方河流上的航行条件不断得到改善的同时，新的码头建立起来了。道路也得到拓宽和修缮，还开凿了通过许多山脉的新隘口，并新建了一批通向这些隘口的道路。该世纪上半期见证了这些改善工作的继续，不过速度较慢。

佛兰德地区及其城市走在了建造运河的前列，但是远甚于陆路的是，运河需要持续和昂贵的维护费用，特别是疏浚和防护坝的保养。这些费用通常大大高于来自通行费的收入，甚至像布鲁日和根特这样高级别的城市，也感到维持其运河的压力。从易北河到吕贝克间开凿的运河，比佛兰德的任何一条航道都要宽得多，在长达八年的施工后，第一批船只于1398年抵达吕贝克，无比喜悦的公众举行庆典，迎接它们的到来。

对13世纪的伟大的商业复兴和中世纪末之间的总体印象是：货物运输变得既快捷又廉价，并且除了那些恶名昭著的例外，也更安全。无处不在的大队驮马和驮骡，还时常由运输货物的主人伴行着，这种现象在欧洲许多地方，甚至包括某些山区，都在不同的时间里被专业运输公司经营的两轮然后是四轮货车所取代，这些专业运输公司由一个提供仓库和包装设备的旅店网络组织起来。支撑这种变化的基

---

[51] Melis（1984a）.

础，是道路的宽度和路况获得了革命性的改善，以及无数桥梁的兴建。由于"道路革命"把各方的动力集中起来，提供适合于原始的封闭式马车（coaches）和四轮运货马车（wagons）运输的良好道路，日益成为公共政策的一大目标，特别是在那些具有商业利益的地区。改善和维护道路的支出，至少是部分地，可以用用户缴纳的通行费来支付。他们愿意支付这笔费用，因为路况改善了，他们能够运载更多的货物，运费也更加便宜了。由于不论以体积或以重量来衡量，成本都降低了，超过特定距离也值得运输的商品种类也增多了。像更昂贵的奢侈织物一样，更廉价的纺织品也值得长途运输了。经济实惠地、更长距离地运送商品的能力，反过来又鼓励更高度的专业化，不用说也扩大了欧洲许多地区的贸易量。

在意大利北部和中部，无数的跨河流、跨小溪的桥梁建造起来，在低洼的地方匆匆修筑起支撑新道路的堤坝，主干道路得到拓宽，并且要么铺上了砾石要么铺上其他筑路材料。可以使用轮式运输工具的地区大为扩展，甚至是在被丘陵分割得极其破碎的地区，驮畜运输货物的速度和轻松程度也获得大幅提升。北部和中部意大利的所有城邦挑选出他们认为重要的几条道路，予以特别关注。即使是蒂沃利（Tivoli）这个小公社也拥有一条自己铺设的，或不如说是重新铺设的马约尔大道（via Maior），因为他们的**硅酸盐岩和石头铺成的大道**（*via silicata et lapidea*）过去曾是罗马人的蒂泊蒂娜大道（via Tiburtina）。

在佛罗伦萨，到1300年，政府在已经负责维护的十条主干道之外又添加了两条**重要干线**（*strade maestre*）。在这两条**重要干线**上，修建了横跨阿尔诺河的主要支流如埃尔萨河（Elsa）、佩萨河（Pesa）、锡耶伟河（Sieve）和比森奇奥河（Bisenzio）的大桥，大都是石头桥。作为这些大桥的补充，有无数的**小桥**（*ponticelli*）横跨在小溪流上，其中有一半可能是用木头建造的。1280年至1380年间，这个公社建造了大约70座大小不一的桥梁。到1380年，该世纪初建造的许多木建构桥梁已被石桥所取代。[52] 驮畜肯定可以在改善了的道路上行走得更快，但佛罗伦萨改造的道路中仅有少数完全适合于轮式车辆

---

[52] La Roncière（1976），进行了压缩和微小改动（1982年）。

第八章　14世纪欧洲的贸易

通行，如沿阿尔诺河南岸新建的佛罗伦萨通往比萨的道路。当跨越埃尔萨河的石桥于1347年最终建成时，把货物运到比萨全程都用马车终于成为可能。

比萨人能根据不同的地形，建造适于车辆通行的道路。他们在低洼地区匆匆修建了许多堤坝来支撑他们的主要道路，把这些道路拓宽至15英尺（4.6米），使两辆新的大型马车可以通过，然后以此为标准铺设了很长的里程。截至1308年，新铺设的罗马大道（via Romea），即向南通往罗马的"沿海岸"大路，已经从比萨往前推进了25英里并仍在继续修建，已拓宽的道路也达到了85英里。考虑到当时各城市内铺设主街道还是一件相对新奇的事情，而且许多城市的街道仍尚未铺设，所以铺设如此长距离的道路是令人惊讶的。

许多通向阿尔卑斯山山口的道路也都得到相当大的改善。例如，布伦纳（Brenner）山口南边的道路是1314年改建的；博尔扎诺（Bolzano）的一个公民私人出资改建，使该城北部通过山脊的旧路改成从伊萨尔科（Isarco）山谷通过。这些改进部分地带有竞争性。塞普蒂默（Septimer）山口的道路先前曾是穿过阿尔卑斯山中部把米兰和莱茵兰连接起来的主要山口，但13世纪时圣哥达（Saint-Gotthard）山口的道路开通后，大量人群和车辆不再走塞普蒂默山口的道路。塞普蒂默山口北边的道路向下延伸，在库尔（Chur）进入莱茵河上游河谷，因为通行量降低而遭受损失，故其主教让人铺设该山口的上部，以期挽回一些失去的通行量，但这是一次不成功的尝试。

当某一特定道路牵涉一群商人的利益时，他们并不仅仅满足于坐视地方当局是否继续做好道路的维护工作，地方当局的行为要视具体情况而定。他们会采取各种积极措施以确保某件事情得到履行。如果有关当局是这些商人自己的政府，那么这会比较容易做到。当涉及其他政府时，为维护和改善道路而施加有效压力会更加棘手，需要耐心地谈判。米兰商人对辛普朗（Simplon）山口道路的养护有着浓厚兴趣。每隔一段时间他们就会派出市政官同锡永（Sion）主教谈判，后者是从马蒂尼（Martigny）以下到辛普朗的罗讷河上游河谷的瓦莱（Valais）的领主。有存世记录的最早的谈判是在1271—1273年和1291年。进一步的谈判发生于1321年、1336年，最后一次不晚于1351年。市政官能向主教及其管家提供的是金钱，包括一次性付款并同意增加各种各样的费用。

西欧同世界其他地区间最引人注目的远程贸易,在14世纪初达到了最广泛的程度,当时热那亚与威尼斯定期出发的商人团体,与某些加泰罗尼亚人、普罗旺斯人、比萨人与佛罗伦萨人一起,不仅出现于从摩洛哥到突尼斯的马格里布诸城市中,也分布在埃及、叙利亚和亚美尼亚诸港口中,在拜占庭帝国及其对手土耳其人的土地上也有他们的身影,他们也活跃于从多瑙河河口至克里米亚的卡法、从亚速海的塔纳至特拉布宗的黑海沿岸各港口,他们甚至进入位于波斯内陆地区蒙古人的伊儿汗国统治下的大不里士(Tabriz)。虽然西欧人从未设法渗透到马格里布诸港口以外的地区,但时有时无的探险家兼商人确实曾穿越亚洲到中国的道路,寻找丝绸,到撒马尔罕(Samarkand)和印度寻求宝石,甚至非常偶然地光顾了印度尼西亚的香料诸岛。某些欧洲人远赴波斯湾,来到那里的珍珠养殖场,并继续从海上到达斯里兰卡(Sri Lanka)的那些珍珠养殖场和印度南部种植胡椒的海岸。这些远距离的接触大多是蒙古人在13世纪中叶统一亚洲大部分地区的后果。只要蒙古的统治仍然基本上未受惊扰并保持宽容,那么西方商人就有可能进入并穿越蒙古诸汗国到达中国和印度。尽管亚洲的贸易对某些欧洲人来说很重要,而且某些亚洲商品在欧洲得到广泛传播,但要清醒地意识到,欧洲在整个欧亚贸易格局中的重要性仍较小。[53] 除了优质亚麻布和一些羊毛织品,欧洲毕竟没有多少东西可以呈献给世界的其他地区。14世纪上半期,西方人通过向东方运送大量白银才能弥补贸易的失衡。

14世纪下半叶

然而,蒙古人的"和平"在14世纪三四十年代走向终结。中国人发动的反对蒙古领主们的起义获得成功,那些在华的欧洲人因为与蒙古人的联系而被屠杀。其他汗国在混乱中陷于瓦解,波斯汗国分裂后各地的统治者也变成了不容忍基督徒的穆斯林。[54] 威尼斯和热那亚

---

[53] Abu-Lughod (1989).
[54] 热那亚统治者试图讨价还价,并通过禁止他们的商人横穿波斯远赴印度来向他们施加压力,但都是徒劳的!

第八章　14 世纪欧洲的贸易

在大不里士的飞地被废弃，沦为废墟。此外，埃及和叙利亚的马穆鲁克统治者征服了亚美尼亚，从而关闭了通往亚洲的门户。

直接贸易联系的中断并非意味着贸易的完全破坏，尽管贸易量减少了。该世纪下半期，西方商人仍继续赴卡法、塔纳、特拉布宗、布鲁萨（Brusa）、贝鲁特和亚历山大城进行贸易，但他们再也不能渗入这些地点以外的地方了。威尼斯人能够在贝鲁特得到的基本上都是叙利亚的商品，如棉花和制造玻璃与肥皂的苏打灰。它无法替代拉甲佐，因为它不是一个用于长途贸易的港口。失去亚美尼亚通道和意大利商人在大不里士的殖民点，意味着贸易过程中来自印度、印度尼西亚和中国的商品的很大一部分要通过亚历山大城。1400 年前后，威尼斯商人在该地仅能从埃及人手中采购香料、宝石、珍珠和丝绸，这些货物是埃及人从阿拉伯商人和古吉拉特（Gujerati）商人手中购来的，后者的货物则购自西印度洋各地，或者购自中国的承运商，这些中国人从更远的地方购买这些货物。商业链条中环节数量的增加并非必然导致价格大幅上涨，不过这为价格上涨提供了更多机会，而且涨价的也不仅仅是商人。当埃及的马穆鲁克统治者抵制不住增加税收的诱惑时，西方的反应则是加快已经存在的替代过程，替代的产品不管在什么地方生产都可以。丝绸、挂毯和地毯均已能够在欧洲制造，甚至替代象牙的兽骨在该世纪末也能生产了。桑树和甘蔗可以在欧洲或者欧洲控制的岛屿上种植（如塞浦路斯），结果是只需要从小亚细亚或埃及进口较少的生丝和糖。不过，叙利亚的棉花和纯碱仍然是需要的，也缺乏印度、中国和印度尼西亚的烹饪用和药用香料的替代品，在亚历山大城除了接受对方要求的价格也没有其他选择。因此，在该世纪后半期，欧洲仍然向东方输出更多的贵金属，不过从 14 世纪 50 年代起，输出的贵金属中更经常的是黄金而不是白银。[55]

与亚洲的贸易，如同欧洲内部贸易一样也萎缩了，因为欧洲富有的消费者对奢侈品的需求下降了，诸主要原因中有剧增的战争与动乱，随之发生的是货币贬值和军事开支、税收和强制贷款，人口减少导致租金下降，随同发生的还有工资的上涨刺激制造业产品价格增加。

从 14 世纪 30 年代后期开始，许多地方爆发了旷日持久的战争。

---

[55] Spufford (1988), pp. 283 – 286, 353 – 354.

法国的菲利普六世、维罗纳的德拉·斯卡拉家族（della Scala）和米兰的维斯孔蒂（Visconti）家族的野心，都挑起长时间的冲突，类似的冲突有教宗们拼命争取重返罗马的种种尝试，意大利南部和卡斯蒂尔的内战。战争给贸易带来许多有害影响。某些是直接的，但许多是间接的。战争本身对相关的地区非常有害，例如在法国西南部的加斯科涅及其周边地区，盎格鲁－加斯科涅军队的**骑兵队的袭击**及其蓄意毁坏性的行为，以及法国的种种报复，使这个地区遍地种植的葡萄园变得一片荒芜。后果是波尔多的葡萄酒出口锐减。[56] 商人和其他地区的葡萄种植者灵活地适应这一状况，法国的消费者面对着更多的卢瓦尔河葡萄酒，"佛兰德的"（Flemish）消费者面对着更多的莱茵葡萄酒和更多的啤酒以取代红葡萄酒，而摆在英格兰消费者面前的则是产自安达卢西亚和葡萄牙的葡萄酒。

　　由契约连队（indentured companies）进行的战争的直接副产品是骚乱，其产生原因是和平恢复后终止向那些此前按这种契约或**合同**（condotte）获得报酬的雇佣兵付款。运输途中的货物自然成为他们的猎捕对象。失业的**雇佣兵**的劫掠成为欧洲许多地方政府全力关注的事情之一，它们采取各种措施来确保货物在运输途中的安全。例如，配备护卫人员成为德意志许多邦国的关切之事，而所有这些护卫都需要支付报酬，这就相当可观地增加了陆路运输的成本。在这一点上，佛罗伦萨政府走得更远，它在自己的主要道路上建立了许多设防的定居点。值得注意的是起自波伦亚的要道沿线，这是佛罗伦萨获得必需的粮食的必经之路。因为路人常常受到暴力的威胁，为保障这条穿过亚平宁山脉荒凉的心脏地带的道路平安，政府投入了大量精力，兴建了一条穿过焦戈（Giogo）隘口的新道路，还有位于斯卡佩里亚（Scarperia）和菲伦佐拉（Firenzuola）的设防的小镇。到 1400 年，作为从阿尔卑斯山各个山口到达罗马的途径，这一道路已经成为奇萨（Cisa）通路的主要替代者。新道路的优势并非速度，因为地形和旧的福塔（Futa）山口的通道大体是一样的，而在于相对比较安全，因为人们指望沿途的守备部队会为过往商旅提供某种程度的保护，就像以前阿尔托帕肖（Altopascio）的骑士所做的一样，在那里古老的弗朗西

---

[56] Boutruche（1947）；Craeybecks（1958）；James（1971）.

杰纳（Francigena）大道穿越塞班亚（Cerbaia）的森林深处。

商人们以他们自己的方式分散风险。保险逐步发展起来，并且更为常见。许多保险属于海事保险，针对的是风暴和自然灾害，但也有为防范海盗而保险的因素。结果是重兵保护的威尼斯平底大船承运的货物吸引了大量低额度的保险金。弗朗切斯科·达蒂尼坚称他的所有公司都为所有运输中的货物提供保险。此外，他在比萨的公司从比萨外港（Porto Posano）出航的货物都参加了集体投保。保险机构也可能从陆路运输的货物上获得保险费，陆路的主要威胁是劫掠。

战争的主要间接影响通过税收体现出来。各地的征税方法差异很大，对贸易造成的影响也是这样。百年战争期间，英格兰筹集资金的主要途径之一是增加羊毛出口的关税，按每袋而不是**按价**征税；所提高的税率，维持了足够长的一段时期，使较为廉价的英国羊毛变得价格过高而在国际市场上失去销路。直接税，即使是贵族和上层僧侣也不能豁免，在相当大的程度上削弱了他们消费奢侈品的能力。

在意大利的城市国家中，相似的效应是被没完没了的强制性贷款造成的。富有的佛罗伦萨人既痛苦地抱怨他们被这些贷款弄得一贫如洗，因为在紧急时刻每个月都要索取；但又对15世纪最初几年间繁荣的恢复感到欣慰，因为这是在经历一段如此之久的时间后才到来的。很容易不去考虑此类抱怨，但不会忽视这种欢欣。在14世纪上半期，由于战争较不频繁政府通常在数年内就能偿还强制性贷款，要是和平恢复，利息也会小心翼翼地予以支付。在该世纪下半期，政府还没有能力归还一笔借款，另一笔借款又叠加上来，甚至支付利息也不稳定。当这种情况发生时，公社债务中的股份转卖价格跌落至极低的水平，以至于义务的捐款人感到自己实际上被征税了。"基奥贾之战"后，利息支付被推迟，交给威尼斯政府的100杜卡特（ducat）的强制贷款转卖价仅为18杜卡特。[57]

当政府宣布钱币贬值而不是征税时，对富人的可支配收入造成了一种类似的甚至更严重得多的影响。[58] 这种现象发生在14世纪40年

---

[57] Lane (1973), p. 196.
[58] Spufford (1988), pp. 289–318.

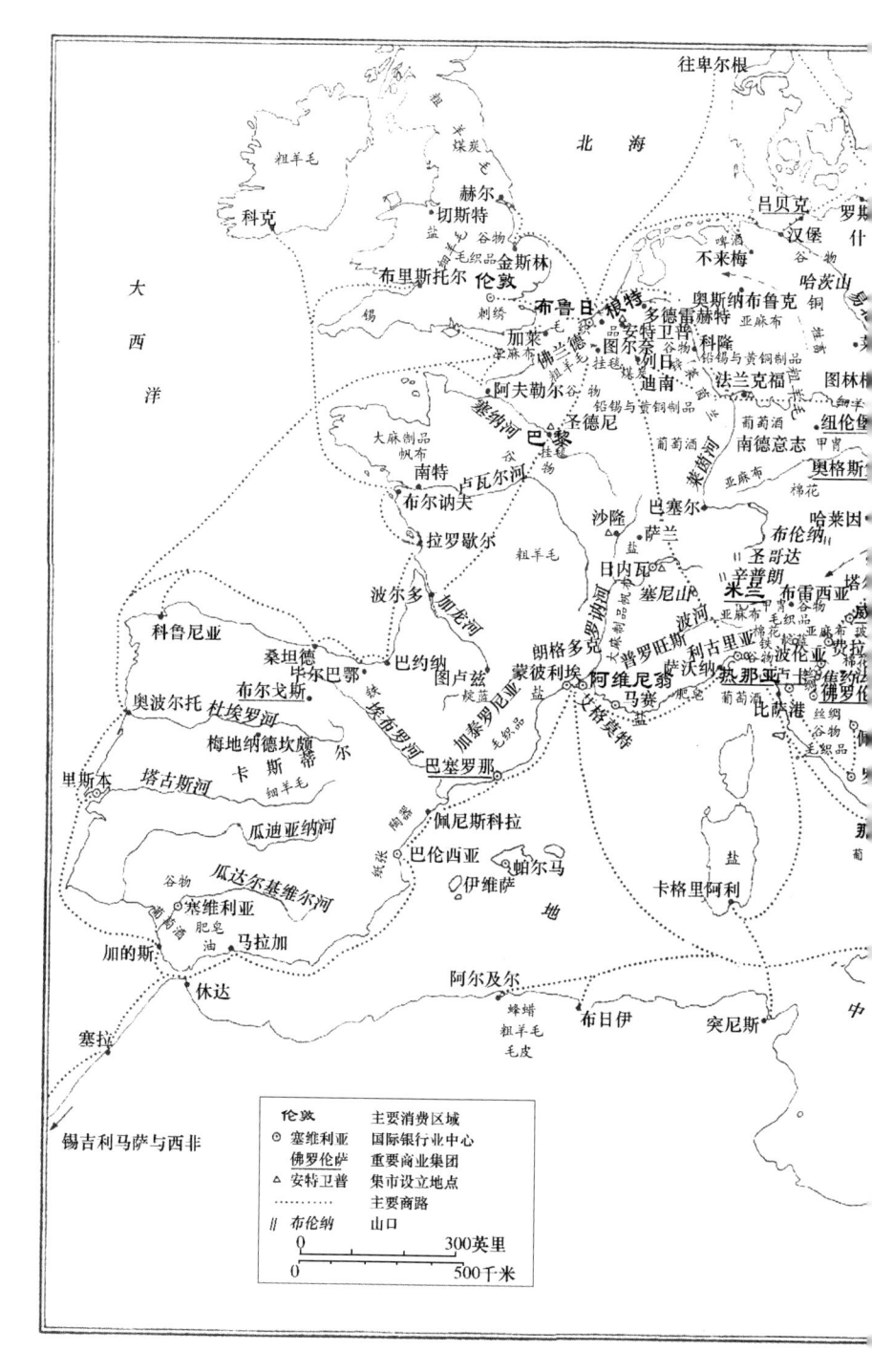

地图 5　约 1400 年的欧洲贸易

地图195

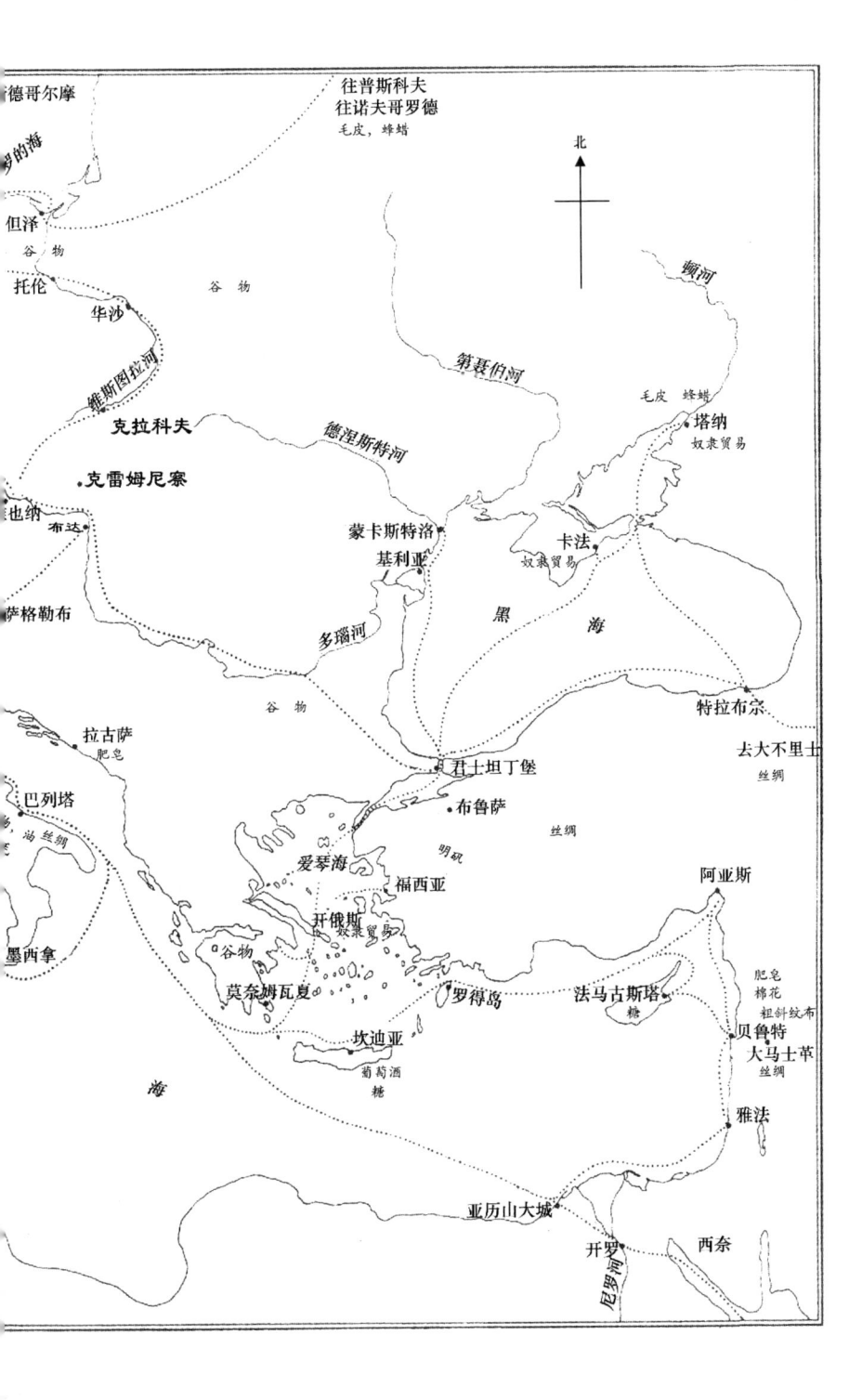

往普斯科夫
往诺夫哥罗德
毛皮，蜂蜡

北

斯德哥尔摩
波罗的海
但泽
谷物
托伦
华沙
维斯图拉河
克拉科夫
克雷姆尼察
维也纳
布达
萨格勒布
拉古萨
肥皂
巴列塔
墨西拿

谷物
第聂伯河
顿河
德涅斯特河
蒙卡斯特洛
基利亚
多瑙河
谷物
毛皮，蜂蜡
塔纳
奴隶贸易
卡法
奴隶贸易
黑海
特拉布宗
去大不里士
丝绸
君士坦丁堡
布鲁萨
丝绸
爱琴海
明矾
福西亚
开俄斯
奴隶贸易
莫奈姆瓦夏
罗得岛
坎迪亚
葡萄酒
糖
法马古斯塔
糖
阿亚斯
肥皂
棉花
粗斜纹布
贝鲁特
大马士革
丝绸
雅法
亚历山大城
尼罗河
开罗
西奈
海

代和50年代的法国。这一影响严重削弱了所有那些靠以钱币来计算固定收入为生的人的购买力,比如,几乎所有以收租为生的地主就是这样。1360年,贵族们坚持恢复健全的货币,即使这意味着征收大量直接税,这是贵族们也必须缴纳的。⑤⁹ 卡斯蒂尔在14世纪50年代和60年代的内战中发生了类似的货币贬值,此后,1371年健全货币的恢复仅仅持续到下一波的货币贬值,这发生在80年代的战争期间。这对卡斯蒂尔的地主,以及对王室本身的正常收入都是毁灭性的,因为国王是国内的首要地主。随之而来的汇率变化使输入品变得更为昂贵,不利于那些拥有土地、使用进口奢侈品的消费者,但汇率的这些变化也使出口成本降低。因为卡斯蒂尔是中世纪欧洲高档羊毛的另一个重要的出口地,货币贬值使得卡斯蒂尔的羊毛较为廉价,而与此同时,关税则使英国羊毛更贵,故至该世纪末,在尼德兰南部的呢布制造业中,卡斯蒂尔的羊毛已经开始以相当大的数量取代了英国羊毛。

地主们也被迫将开支向武器倾斜。米兰和布雷西亚的军械匠在这些混乱时期做得尤其成功。他们能够提供所有的军械,既有大规模制造的由数千甲片缀成的现成的铠甲,供大批步兵之用,也有为王公和大贵族量身定制的盔甲,上面有最昂贵的手工雕饰。在该世纪末,德比(Derby)伯爵,即后来英格兰的亨利四世,向米兰定做铠甲,四位军械匠带着半成品来让他试穿,然后再完成全部制作并将其硬化。

战争的成本也影响国际金融界。各个进出口商号常常被迫把钱借给它们的分支机构所在国的政府。它们一般会得到优厚的利息,借款通常也会以若干特定来源的收入作为担保。如果一切顺利,那么有关商号就会获得一笔可观的利润,并且在东道国做的生意也会更加左右逢源。不幸的是,战争一般要比预期持续更长的时间、花费更多的钱,变得不可能按照原来的安排向债权人还款。不时地甚至连某些意大利最大的商号也破产了。例如,1326年,在存世120年后,佛罗伦萨的斯卡利(Scali)公司倒闭了。维拉尼评论说,这对佛罗伦萨的打击比(一年前)在阿尔托帕肖被卢卡人打败更糟糕。但这些较早的破产与14世纪40年代的那些破产相比,就不算什么了。这次破产潮,消灭了欧洲四家最大的公司,都是佛罗伦萨人的。它们遭受的

---

⑤⁹ Cazelles (1976), pp. 293–311.

折磨，既有国内征收的强制贷款的极高利率，又有向国外的统治者超额放款。这四家大公司的破产引发其他公司连锁反应，因为这些大公司为了把钱借给统治者曾大肆筹款，是靠它们的声誉向其他公司借款的。截至1346年，佛罗伦萨有350多家商号倒闭。

14世纪40年代的破产浪潮造成了普通商业信用的巨大收缩，虽然时间不长。在托斯卡纳，没有任何一家商行有足够能力替教宗经营来往于阿维尼翁的钱款传送业务。百年以来教宗首次将这项业务交给一家非托斯卡纳的银行家的商行，即来自伦巴第的阿斯蒂（Asti）的马拉巴拉商行（firm of Malabayla）。"不要借钱给统治者"这一经验并不容易学会，因为统治者会使用禁止商业活动的威胁，使不向他们借款的主张变得很难实行。然而，一条不同的经验"不要作为一个统一的国际公司来运转"却得到了应用。与以往相反，如阿尔贝蒂（Alberti）这些在倒闭风潮后建立起来的跨国公司就采取了公司集团（groups of companies）的形式，这样一来，在一国碰到的麻烦仅影响派驻该国的贸易公司，而不会拖垮整个集团。因此，该世纪末，组成达蒂尼公司集团的机构有：在阿维尼翁、佛罗伦萨、热那亚、比萨和巴塞罗那的各自分离的进出口商号（巴塞罗那的商号在巴伦西亚和马略尔卡岛设有分支机构），在达蒂尼的家乡普拉托有两家呢布制造企业和一个染坊，在佛罗伦萨有一家独立的银行。达蒂尼的商业生涯始于阿维尼翁，然后回到了普拉托，最后，他利用佛罗伦萨的一家控股公司来管理他的公司集团。他的商业活动主要与西地中海贸易有关，其核心是制造和销售使用西班牙羊毛的呢布，但他的商业活动延伸到了羊毛的采购上，采购的方向一个是英格兰的科茨沃尔德（Cotswolds）丘陵地区，另一个是塔纳和埃及。他的公司集团，还有银行业和保险业，实际上经营所有的商品，从盔甲到廉价的画作都是。虽然那种具有统一形式的单一的、巨大的公司已经被一种集团的结构形式所取代，但他还是设法对所有企业保持一种异常牢固的控制，其办法是向每个企业接二连三地发出指令，并要求它们频繁地向自己提供报告。现存的档案中，有若干单个公司的管理者在一个星期内向他写出的信件。⑥ 14世纪下半叶，这种集团结构逐步发展，

---

⑥ Melis (1962); Origo (1957).

在从美第奇家族到瓦尔堡（Warburg）家族的几个世纪中一直是大型国际企业的关键模式之一。

14世纪40年代上述大商号的破产导致了国际邮递服务的瘫痪。这种服务机构看起来已经足够庞大，可以独立经营。17家佛罗伦萨幸存下来的商号联合起来经营定期的公众邮递服务。此后，信使们经受各种艰辛，每周往返于佛罗伦萨、比萨至巴塞罗那，往返于布鲁日的信使则走两条路线，取道巴黎和取道米兰和科隆，为所有的商业机构传递书信。卢卡人也有一家类似的机构，经营往布鲁日的通信服务，热那亚人经营的这类机构到达布鲁日和巴塞罗那，后者有时会延长到塞维利亚。加泰罗尼亚也有从巴塞罗那至布鲁日、比萨、佛罗伦萨的信使服务，同时伦巴第各城市也有到巴塞罗那的邮递服务。除了这些共同的邮递服务，私人信使也奔跑于威尼斯、阿维尼翁、罗马、那不勒斯和伦敦之间。他们传递的商业信函数量惊人。在某些路线上，有可能由不同的信使在一周内数次送交信件。在达蒂尼集团的不同公司之间递送的信函中，不少于32万件存留至今。[61]

上述破产的另一个后果，是意大利人在国际贸易中的主导地位受到了限制。在13世纪里，意大利人已有一定能力闯入北欧市场，因为他们可获得充足的低廉的信贷，这种优势使他们得以通过提前付款而将信贷从买方延伸到卖方，用于先期购买诸如还未长成的羊毛等商品。这种提前购买的行为颠覆了传统的从卖方到买方的贷款延伸方式，使那些较少获得高价放贷机会的商人失去竞争能力。在上述14世纪40年代的那些破产风潮过去后，意大利信贷的萎缩意味着从卖方到买方的传统信贷关系的复兴，并且也给了竞争中的商人进入国际贸易一个新机会。与该世纪最初25年相比，该世纪最后25年从英格兰出口的羊毛中由英格兰本国商人处理的比例要远远高得多。不是意大利人，而是贸易中心（Staple）的商人开始成为英格兰羊毛出口的主导团体。在从事海外贸易的英格兰人中，伦敦和布里斯托尔的商人最为重要。如今英格兰国王取得强制性借款的对象是他们，而不再是意大利人，诸如赫尔的威廉·德·拉·波尔（William de la Pole）这

---

[61] Melis（1973）．

样的英格兰本土人领导商人们组成的公会（consortia）借款给国王。[62]某些人，比如德·拉·波尔，从王室的财政政策中增加自己的财富。其余的人则像他们的意大利前辈一样，一败涂地。以类似的方式，其他地方的商人团体也在大西洋的国际贸易中取得进展。在布鲁日、南安普敦建立了殖民点的葡萄牙和北部卡斯蒂尔的商人、布列塔尼人（Bretons）和诺曼人，都加入英国人从意大利人手中抢回生意的行列中，就像布鲁日附近各个港口的人，如米德尔堡（Middelburg）人，所做的一样。[63] 欧洲内部的主要获益者是德意志南部诸城市的商人。到1400年，他们基于一种久已确立的跨阿尔卑斯山贸易的传统，按照意大利人的模式发展起多分支的公司集团。随着那里的利率开始下降，他们积累起了可以投资于采矿或者制造进口替代商品的资本，正如北意大利人以前所做的那样。[64]

国际信贷的萎缩仅是货币供应量全面下降的一个方面。尽管付款方式简化了，手写的支票取代了个人口头要求把资金从一个账户划拨到另一账户的做法，但利用地方银行服务的可能性还是出现了普遍收缩。兑换货币的银行家的数量开始直接下降，但到该世纪末这种下降并不是很厉害。可以认为，1400年时布鲁日1/10的成年男子仍然拥有银行账户。[65] 不过，由于货币兑换商数量减少，一些城市，如布拉班特地区的布瓦-勒-达克（Bois-le-Duc）和卢万（Louvain），已经采取行动，由市政府提供货币兑换业务，尽管尚不提供其他银行服务。[66]

金属货币的数量自身也出现了下滑，这加剧了信贷的衰退，即使它并不必然会导致这种后果。欧洲人与亚洲的整个贸易曾是在以下基础上扩大的：欧洲有供给充足的白银，这些白银被输入东方，以平衡与东方之间的贸易逆差，也就是说自利凡特以及利凡特以东地区发出而由他们购买的商品价值超过了他们输出商品的价值。[67] 如果欧洲内部不时地发现新的、更大的银矿，以替代那些已然枯竭的旧矿，那是

---

[62] Carus-Wilson and Coleman (1963); Lloyd (1977); Fryde (1988), pp. 53 – 86, 181 – 200.
[63] Childs (1978); Touchard (1967); Mollar (1952); Nicholas (1992).
[64] Von Stromer (1970).
[65] Lopez (1973), pp. 335 – 341, de Roover (1948) 的推断。
[66] Van der Wee (1963), II, pp. 358 – 360.
[67] Ashtor (1971) and (1983).

没有问题的。然而,自 1300 年在库特纳霍拉(Kutná Hora,即库滕贝格[Küttenberg])发现银矿之后的一个多世纪中,再也没有发现新的大型银矿。白银的产量在 14 世纪上半叶达到了最高值。此后,开采的矿石或许每年足够生产多达 20 吨用于制币的白银,其中六吨以上实际上用于制造硬币。然而,在整个 14 世纪下半期,产自那儿的矿山的白银逐步减少,尽管直到下个世纪初它才停止生产。1300年前后,欧洲另一个主要的银产地是位于撒丁的伊格莱西亚斯(Iglesias)(基耶萨镇[Villa di Chiesa])的那些矿山,不过那里的产量在 14 世纪 40 年代出现锐减。14 世纪初期商人们的笔记(如佩戈洛蒂的),看见库特纳霍拉和伊格莱西亚斯出产的银正流出欧洲。由于开采的白银越来越少,向利凡特及更远的东方持续输出白银的结果,是在欧洲自身范围内减少了可用于流通的白银的供应。到 14 世纪 90 年代,银币的缺乏折磨着欧洲,[68] 是中世纪晚期的第一波"金银荒"。即使是像英格兰这样一个国度,由于出口羊毛而维持着一种非常有利的商业平衡,但到 1400 年,其流通的银币数量约仅为一个世纪前可得到的1/10。当然,不管是在 1300 年还是 1400 年,银币都不足以构成全部货币。1300 年时,在北欧特别是在国际贸易中,银条和重达 1 马克(mark)的贵金属锭仍然被用于巨额支付;而在 1400 年,则有可观的金币在流通(如同 1300 年时金币就已在南欧部分地方流通一样)。14 世纪 20 年代在斯洛伐克的克雷姆尼察(Kremnica)发现、采掘黄金及把它铸成金币,可得到的金币的流通达到一种新的规模,先前南欧可从非洲西部获得的金币数量远不能与之相比。自 14 世纪 30 年代晚期起,用于军事目的的巨额开支使得西北欧成为地中海沿岸以外地区使用金币的先锋。金币的使用在一定程度上缓解了日益增长的银荒,它取代了支付给东方的白银,也使金矿开采开始承担起弥补与利凡特的贸易中收支失衡的责任。金币不仅在国际支付中取代了银条和成桶的银币,而且也日益用于数额小得多的支付款项。在欧洲的某些地方,黄金用来向农民的产品付款,反过来农民有时也以黄金来支付租金。至该世纪末,一些工匠,如织工,其工作报酬都是以黄

---

[68] Spufford (1988), ch. 15, and Day (1978), pp. 1–54, reprinted (1987).

金来支付的。⑲ 所有这些都是相对"粗笨"的支付行为。金币无法用于支付的场合，是日工资，以及城市生活普通的日常开支。

14世纪后半期与前半期最明显的差异，是几个世纪的潜伏后鼠疫于1348年再次暴发。反复发生的鼠疫浪潮在减少14世纪早期居高不下的人口水平的种种作用为人们所熟知。尽管在许多城镇和城市中，发生了如此之多的人死于鼠疫的现象，但总体后果是减少了乡村人口，而城市，特别是那些重要的城市，则从乡村吸引大量移民以填补那些死去的人留下的空缺。首先感觉到鼠疫对经济的直接影响的是城市。城市的租金下跌得最快最多，同时城市的工资则上升得最快最多。在佛罗伦萨和巴黎，就在第一波鼠疫暴发的一年间，工资的购买力或多或少提高了3倍，甚至英格兰南部的那些小城镇中建筑工匠的日工资也翻了一番。人口变化引起的经济效应是非常不均衡的。在英国或佛兰德的农村，直到14世纪70年代，在第三波鼠疫过去之后，地主能够为空闲的持有地找到新的租户，而且即使是在该世纪最后25年也很少有被遗弃的土地。⑳

农业生产下降的原因中，各种人口因素与气候因素混合在一起。在这个世纪里，欧洲的气候似乎逐渐变得更加寒冷，而且或许变得更加潮湿。其结果不仅是更多的"坏收成"，普遍压低了产量，而且也使某些适宜在某些特定地区种植的作物发生变化。例如，啤酒和葡萄酒的生长线就移往南方。用于酿造当地廉价葡萄酒的葡萄的种植，在英格兰南部消失了，而现在比利时也是如此，这促使人口稠密的尼德兰南部居民日益饮用啤酒，而不是葡萄酒。

人口方面的种种后果也因社会混乱而加剧。在加斯科涅或托斯卡纳，遗弃乡村持有地的现象比英格兰和佛兰德发生得更快，因为战争和动乱使得城墙所产生的安全感有更大的吸引力，农业生产的衰落也要快得多。其结果是城市人口，即使已经极大地下降，就像佛罗伦萨的情形一样，仍不得不严重依赖于长途进口的粮食，并依旧容易遭受饥荒。㉑ 然而，城市中实际工资上涨与租金下跌的一个直接后果，是

---

⑲ La Roncière (1976).
⑳ 沿着从亚洲来的商路到来的第一波瘟疫，曾被 Matteo Villani 生动地描述过，见他的 *Cronica*, ed. Porta, Bk 1, ch. 2；参看上引书，第131–133页。
㉑ La Roncière (1976)；Hunt (1994) 暗示并非如此。

使大量民众，包括熟练的工匠，脱离了近于饥饿的境地。相反，从14世纪50年代起，这些人能够过上一种比维持基本的最低日常饮食更好一些的生活。这意味着他们可能购买原先被认为是半奢侈品的商品，尤其是肉类和乳制品，同时对谷物的需要，尤其是对如黑麦之类较廉价谷物的需求，则相应下降，因为生活水平普遍改善的一个组成部分，就是可能偏爱小麦面包。

即使是城市人口和饮食上的微小变化，也会对遥远的地方产生不相称的后果。加莱-科隆城市带城市人口的总体下降，转变成对谷物（尤其是黑麦）需求的更大得多的下降。这些谷物产自波罗的海地区、勃兰登堡、波美拉尼亚（Pomerania）、波兰和普鲁士。吕贝克被普遍认为是汉萨同盟最重要的商业城市，有关进出这个港口的货物的最低价值额的数据，直至1368年才出现，而且关于14世纪也只有三份数据可用，是1379年至1384年间的。[72] 因为证据如此有限，所以有必要非常仔细地考察每个数据，确定其是否可能具有代表性。1379年至1384年的贸易的价值，有一种显著的连贯性（介于6.2万至6.6万纯银的马克之间）。不过，1368年贸易价值额几乎是十年后的2.5倍（超过15万马克的纯银）。看起来1368年并不是一个怪异的年份。[73] 上述时间跨度的那些年份目睹了鼠疫的第三次来访及其造成的后果，在这当中三波鼠疫吞噬人口的种种累积的恶果开始发作。所以，可以合理地预测：吕贝克在1368年至1379年间的海上贸易出现巨大的萎缩是真实的。受到影响的不只是汉萨同盟的贸易，上述产粮区也出现大量人口死亡的情况。原先的耕地复归为灌木丛，地方市场结构也被打乱。[74] 这是从该世纪初存在的大量集市退缩的第一步。尽管到1400年农村人口处于全面减少之中，但大部分地方的地主还是以某种方式设法维持土地的耕种；人口减少的最终结果，即定居点的完全消失，在很大程度上被拖延到了15世纪。

---

[72] Dollinger (1964), pp. 431–432; Sprandel (1975), pp. 97–123; Hammel-Kiesow (1993), pp. 77–94. Hammel 以吕贝克马克的形式提供了他得出的数据，就像它们在资料中出现时一样，然后将它们转化成纯银的马克的重量，比较其不同时期的变化。

[73] Hammel 曾反驳以下意见，即认为更大的数额仅仅反映了松德（Sound）海峡在关闭后又重新开放的情况；关于那一年吕贝克的海上贸易为什么竟然异常膨胀的问题，也未提出其他建议性的解释。

[74] 在 Ucker Mark，1375年农民的农场有一半已经废弃，见 Carsten (1954), p. 100。

第八章　14世纪欧洲的贸易

饮食中另一方面的变化是对肉类的需求日益增长。欧洲一些地区抓住了大规模发展畜牧业的时机。不同于谷物，肉类的运费低廉，因为牲畜在被宰杀前会被驱赶至目的地。匈牙利平原上一些正在长大的牛群被驱赶着绕过阿尔卑斯山东麓，它们在东北意大利沼泽地上的旅程结束后，又要使它们重新长膘，只有到那时才把它们赶入北意大利各城市的屠宰场。匈牙利的其他牛群会被沿着多瑙河南岸赶往南德意志，成为那里的城市市民的肉食。丹麦的牛，有许多在汉堡出售后就在那儿被运过易北河，然后被赶往莱茵河下游沿岸的湿地，在那里它们经过蓄膘，再被供应给南面那些紧邻的城市。在英格兰的西米德兰（Midlands），牧牛业日益发展，以满足伦敦不断增长的对肉类的要求，法国西部与巴黎的关系也是这样，这些饲养地与消费地之间的距离稍短一些。粮食贸易萎缩了，肉类贸易却出现了上百年的增长势头。

大批民众生活水平的提高也反映在服装上。人们对更廉价、更轻薄的呢布的需求比以前更大了，这自然引起较廉价呢布制造业的扩张。这种布料的生产在伦巴第也增加了，佛兰德东部和布拉班特北部的许多小城镇也是这样。结果制造商对原材料的需要增加了对卡斯蒂尔和阿普利亚羊毛的进口，从而又刺激了中卡斯蒂尔高原和阿普利亚山区的季节性迁徙的羊群的发展。

对廉价棉布的需求也出现了可观的增长，这种增长起初表现在对伦巴第制造的棉布的需求上，这里制造的棉布使用了威尼斯从叙利亚进口的棉花。对伦巴第和佛兰德出产的亚麻布的需求也增长了。但由于纯亚麻布相当昂贵，故而需求增长最大的是粗斜纹布（fustian），由棉和亚麻混纺而成，在14世纪最后几年，粗斜纹布的生产兴起于南德意志。到14世纪70年代，来自乌尔姆（Ulm）、奥格斯堡和纽伦堡的商人，在米兰和威尼斯购买叙利亚的原棉，而原先他们所做的只是把北意大利的棉花和粗斜纹布运回去。粗斜纹布很快就在南德意志本土以更低的成本来生产，冲击着伦巴第的粗斜纹布在阿尔卑斯山以北地区的销售。粗斜纹布的主要生产中心是乌尔姆和奥格斯堡以及二者之间的小城镇，尽管其他地方也生产一些粗斜纹布，如苏黎世或广阔的士瓦本的整个亚麻种植区。这种纺织品大都会被漂白或被染黑。到1400年，奥格斯堡和纽伦堡的商人就已带着乌尔姆的粗斜纹布前往法兰克福的集市和科隆。⑦⑤

城里的房租和农村的地租的下降分别出现于 14 世纪 50 年代和 70 年代，承租户从中获益，地主则都损失惨重。空闲的房子和空置的土地更糟糕，因为它们不会带来任何收入。城里最破败的房屋任由其倒塌，农村最贫瘠的持有地则恢复为荒地。⑦⑥ 这一点对地主的影响某种程度上可以从大的教会地产上看出来，那些地产在很长时期内基本保持不变。例如，1340 年至 1403 年间，位于巴黎盆地的圣德尼（Saint-Denis）修道院的地产收入下降到一半以下。⑦⑦ 单个世俗家庭收入上的变化实际上不可能计算，因为世俗地产极少能长期保持不变，很容易发生地产买卖、女继承人出嫁、嫁妆和遗产分割（在这种习惯仍保留着的地方）。尽管如此，这一点很清楚：从总体上看同一地区世俗地主的租金总收入的下降，与教会地产租金总收入的下降是一样的。斯塔福德伯爵的租金总收入，从 1372 年时的 3000 英镑左右下降至 1400 年时不足 2000 英镑。⑦⑧

正如租金的下降有利于佃户而有害于地主，同样，实际工资的上升也对雇主有害而有利于受雇者。因为大多数就业属于耕作农业和服务业，所以不可能转嫁工薪增加的成本。只有小部分制造业从业者增加的工薪才可能被转嫁别处，即可以提高制成品的价格。奢侈品价格的上涨最大，因为相应来说它们消耗更多的劳动力；例如，与较廉价的呢布相比，高档羊毛织物的价格中包含了更多的劳动力构成成分。制造这些织物的纱是用一种手动的锭子（drop spindle）纺出来的，而不是用纺车，它们是用足来漂洗而非用漂洗机，并且要经过更费力的加工过程，还需要人们更勤快地剔除布的粒结（burl），并且它们的绒毛要更频繁地加以起绒（teazle）和修剪。⑦⑨

一方面是土地收入减少、与军事相关的义务增多；另一方面是人工制造的奢侈品价格上涨，富人对奢侈品的购买力降低了，尽管不可能给出随之发生的影响长途贸易需求下降的精确数字。作为需求下降的一个结果，自 14 世纪 70 年代以来佛罗伦萨的呢布制造明显处于不

---

⑦⑤ Von Stromer (1978); Mazzaoui (1981), esp. pp. 137–144.
⑦⑥ 见 Herlihy (1958) 与 (1967); 以及 Dyer (1989), 关于意大利和英国的实例。
⑦⑦ Fourquin (1964).
⑦⑧ Rawcliffe (1978), Dyer (1989) 引述, pp. 27–48, 他对英国贵族收入演变的探讨。
⑦⑨ 对生产流程的合适的概括, 见 Munro (1988), pp. 693–715。

健康的状态，尼德兰南部各大城市也是如此，那里人们也使用昂贵的英国羊毛织造大量厚实而奢华的呢绒服饰。布鲁塞尔、马里内斯（Malines）和卢万原是该世纪上半期日益重要起来的纺织业城市，现在也走向衰落。[80] 另一方面，英格兰兴起了高档呢布制造业，它利用了本土的羊毛和"佛兰德"的技术。在该世纪中叶，英格兰的呢布出口实际为零，但到该世纪末，按付关税的标准计算，各种尺寸和品质的布料出口已增长到相当于4万匹，[81] 不过这种增长绝不可能弥补其他地方生产的萎缩，丝织品产量的上升亦是这样。历史学家们曾假设存在一种时尚上的变化，即从青睐于呢绒转向青睐于丝绸。更多的丝绸正在卢卡之外的其他北意大利城市中织造出来。然而，绝非清楚的是：这些地方生产的丝绸是否要取代呢布，或是否取代从利凡特和东方进口丝绸的下降的数量，甚或取代那些截至当时在卢卡织造出来的丝绸。即使是英格兰的关税记录，全欧洲保存下来的资料最为完整的地方，也不可能让我们得出那里对进口丝绸的需求数据，而且这种需求可能正处在增长中，尽管意大利丝绸生产的一些特定批次的数字可在该世纪末的账目中找到。

由昂贵的纺织品到奴隶似乎是，事实上也是，一个长距离的飞跃，但人类本身也成了一种非常重要的奢侈的"商品"，在市场上被购进和售出。奴隶贸易或许和丝绸贸易同样重要。可以肯定的是，这一贸易肯定是在该世纪下半叶发展起来的。当农业领域里主要由男性构成的奴隶消失的时候，家内女奴隶的使用，虽然在拉丁基督教欧洲是非法的，可能从未完全停止过。[82] 西欧以外地区的家庭奴隶制经久不衰，而且常被去那些地方经商的人遇见，伊比利亚半岛、克里特岛和塞浦路斯也是如此。14世纪下半期，法律上认可的家庭奴隶制重返南欧。例如，1363年佛罗伦萨使其变得合法。伴随着人口下降而来的工资上升，可能使买一个年轻的女奴隶比雇用一个自由女仆花费少一些，也可能不会少一些，但前者肯定更为灵活，可能也更使主人享有声望。不管是出于经济还是实用的动机，或是作为奢侈品，富裕家庭"消费"奴隶少女的现象越来越多，奴隶贸易的规模越来越大。

---

[80] Van der Wee (1975).
[81] Carus-Wilson and Coleman (1963), pp. 14–16, 75–87, 138–54.
[82] Stuard (1995), pp. 3–28.

因为年轻女奴频繁地为其主人生下的孩子会被施洗并且是自由的，所以不存在世袭的奴隶群体，新的奴隶一直以来都需要购买。南欧家庭新买进的大批奴隶少女大都源于亚洲。在塔纳，威尼斯的圆形船装载的不仅有谷物，也有相当数量的亚洲奴隶少女，以满足欧洲的需求；同样，热那亚人也发现，他们从卡法或开俄斯回来的大帆船，除了装运谷物或明矾，也可用于运送奴隶。尽管蓄养基督教同胞为奴隶是违反戒规的，但热那亚人和威尼斯人有时还是会载运东正教希腊和斯拉夫的少女。尽管西欧人用虚构的观念来安慰自己的良知，即这些少年的父母故意卖掉他们以便让他们能在西方过上好生活，但来自亚洲的少年奴隶减少了，某种程度上是草原地区那些两败俱伤的战争的一个结果。在上述战争中被俘虏的男童最终几乎绝不可能到达欧洲。相反，埃及人购买了这些男童，并让他们在马穆鲁克的军队服役。[83] 同样，非洲儿童也因西非的战争而变得可以购买。妇女和少女往北行进，穿越撒哈拉沙漠，有很长的历史。那些在旅途中幸存下来的大都进入北非的家庭，偶尔才有人到达欧洲。

奴隶作为一种"商品"是独一无二的，而且只要他们的孩子出生时在法律上是自由的，就没有什么东西可以替代他们的输入。14世纪下半期，他们与宝石、珍珠、东方香料一起，继续被输入西欧，同样因为没有替代品。来自欧洲之外的其他输入品减少或者停止了，因为输入物已经被欧洲内部生产的丝绸、棉花、陶器、玻璃、纸张、挂毯、地毯和白色肥皂所取代。由于中世纪后期的贸易很大程度上依赖于消费者的要求和需要，正是这些满足消费者需求的商人，资助在欧洲内部生产那些以前由欧洲以外地区供应的商品，并常常控制着它们的生产。毫不奇怪，北意大利作为产生商业领导人的主要地区，众多的进口替代型制造业也集中在这里。

在欧洲三大商业发达的主要地区中，将其中两个在该世纪下半期的贸易规模进行某些有限的比较是可能的。波罗的海贸易和地中海贸易之间的任何比较，均需从吕贝克港口进出货物的最小值和关于热那亚港口的类似证据着手。吕贝克被普遍认为是汉萨同盟最重要的商贸城市。热那亚的证据要远为完备得多。自14世纪起，那里有1334年

---

[83] Verlinden (1955 – 1977); Origo (1955), pp. 321 – 366; Lane (1973), pp. 132 – 133.

的关税数据,然后有1341年至1406年间46年的数据。凭借这些数据,我们就拥有可以公正地比较南北贸易的资料了。在14世纪50年代、60年代和80年代,进出热那亚港的贸易额通常摇摆于140万弗罗林左右。在60年代末,这一贸易额相当剧烈地上升,并于1371年超过200万金弗罗林。在1376—1377年,热那亚海上贸易额仍然处于这一水平,但在80年代初下降到170万金弗罗林以下,而且很快降回到50年代和60年代的水平。为了同这些热那亚的数据进行有效的比较,我将吕贝克的数据转换为意大利的用语。[84] 1379—1384年的数据表明,这些年间吕贝克的贸易萎缩,贸易额约为35万金弗罗林,当时热那亚的贸易额也从200万弗罗林跌落至170万弗罗林。换言之,在这一时间,经由热那亚港的贸易额从吕贝克的六倍缩小到后者的五倍。比较1379年至1384年这段短时期内的贸易额是公正的,毫无疑问,热那亚的贸易要比吕贝克多许多倍。在基奥贾之战前,[85] 总的、非统计性的印象,是在贸易量上威尼斯与热那亚居于同一级别,尽管可能略低于热那亚。如果这样的话,威尼斯的贸易规模很可能也是大约5倍于吕贝克。对地中海地区来说,其他港口的重要性不能与热那亚、威尼斯和巴塞罗那相比,尽管比萨港、马赛、拉古萨甚至安科纳和艾格莫特并非不重要。而在波罗的海地区,没有哪个港口堪与吕贝克港竞争,虽然如但泽、罗斯托克和托伦等地也不应忽视。把威尼斯和巴塞罗那的数字考虑在内,这样把热那亚的数据增至3倍,然后假定每一区域中的其他港口是成比例排列的,由此设想在14世纪70年代地中海的贸易额可能是波罗的海地区的15倍,这也许有些夸张,不过并不太过分。这一推断非常轻率和冒险,但很可能准确反映了贸易规模的大小。

在北方,除了商业规模要小得多,商业技巧的发展程度也远远低得多。虽然迎合了极少数消费者并使用少得多的货币和较少的信贷,北欧仍然普遍缺乏国际性的兑换机构或地方转账银行,没有保险辛迪加(insurance syndicate)或者建立国际性贸易和工业集团的可能性。尽管如此,也不应认为这些商业中心总是静止的。变化会不断发生,

---

[84] 前面原文,第201页。
[85] 前面原文,第186—187页。

因为个体的进取精神会使它发生。"经济领导场所正在转移",⁸⁶ 发生在欧洲最重要的呈香蕉形分布的城市带中,14 世纪时尤其明显。⁸⁷ 在其南端,商业和制造业发展的优势影响力正从托斯卡纳往北面的伦巴第转移。佛罗伦萨和其他托斯卡纳城市的廉价呢绒制造业正在衰落,在伦巴第各城市中却日渐兴盛。丝绸生产在卢卡正在萎缩,却在威尼斯和波伦亚蒸蒸日上。粗斜纹布、陶器、纸张、肥皂和玻璃等制造业都在亚平宁山脉北面发展起来,而且那里的盔甲制造也越来越兴盛。这种发展态势是以下变化的反映:作为该地区主要海港的威尼斯一派繁荣,而作为托斯卡纳货物主要运输者的热那亚港陷入了危机。毫不奇怪,像米兰和威尼斯这样的城市,尽管遭受了数波鼠疫的伤害,还是吸引了足够多的移民来保持自己的人口,或甚至略有增加。热那亚和佛罗伦萨没有能力这样做。尽管有移民,佛罗伦萨的人口在 1340 年至 1400 年间还是减少了一半以上。在这条城市带的最南端,如锡耶纳和佩鲁贾等城市,损失最严重。去工业化的漫长过程正从南部开始。

当托斯卡纳(特别是托斯卡纳南部)正在失势时,这条城市带从伦巴第向北的下一个地区南德意志正在崛起。截至该世纪末,南德意志地区诸城市已经开始的这种增长,在随后的两个世纪里将变得非常重要。正是南德意志的而不是北德意志的商人,吸收了"意大利人"的经商之道,积累了廉价资本,建立起他们自己的国际性的商业—矿业—制造业企业。⁸⁸ 他们继续前进,从简单地向意大利进口货物、销往各地,到生产其中某些货物的替代品,如粗斜纹布、纸和盔甲。有意义的是,1392 年这些商品不再出现在运过阿尔卑斯山的商品系列中,即不出现在 14 世纪纽伦堡最重要的商号之一的克雷斯(Kress)公司的进口商品名单中。负责该公司在威尼斯的业务的是希尔波特·克雷斯(Hilpolt Kress),他的账簿向我们栩栩如生地展示了这些变化的影响。布匹构成从威尼斯发出的最重要的货物种类。有一年,他的账本中记着 101 匹布料类,主要是丝绸,从成匹的廉价的

---

⁸⁶ 这个短语是在献给 van der Wee 的纪念文集中使用的,用来概括他关于尼德兰的著作的一个主题,见 Blockmans in Aerts et al. (1993), pp. 41–58。

⁸⁷ 见前面原文,第 157 页。

⁸⁸ Von Stromer (1970)。

"帕什亚特"（Pasthart），每匹仅值3.5弗罗林，到一匹不低于40弗罗林的豪华的蓝色天鹅绒，这一价格接近当时佛罗伦萨普通劳动者两年的工资。其中大部分布料均属中档商品，如售价约每匹10—14弗罗林的锦缎，还有每匹7.25弗罗林的塔夫绸。这些仍属奢侈布料，但不像天鹅绒那样奢华。到这时，大部分此类布料已经在意大利北部生产，但其他的则仍来自更远得多的地方，来自大马士革或巴格达，塔夫绸甚至来自撒马尔罕。这101匹布料总共价值1075个弗罗林。价值仅次于布料的，是总值接近880杜卡特的香料，其中约半数（以价值计）是印度辣椒。克雷斯从威尼斯进口的第三种重要的商品是珍珠。这些珍珠的重量不少于257.25盎司，其价格分为七个档次，最低的是每盎司5先令6便士，最高的是17先令。这些珍珠的总值并未出现于账簿中，但不会比香料的总值低很多，甚至可能相当多地超过布料的总值，取决于各种质地的珍珠在总重量中各占多少盎司。在价值上远远低于丝绸、香料和珍珠的，是许多其他的商品。如蔗糖，产自西西里或者克里特岛或地中海东部某个地区的种植园，但在威尼斯进行精炼；一捆捆来自叙利亚的原棉和一桶桶肥皂。在从越过布伦纳山口到纽伦堡的650公里（400英里）险途中，值得运输的接近价值下限的商品想必是肥皂。在账本中，他的记载是每100磅仅值2杜卡特，克雷斯进口的肥皂总计半吨，其价值远远不如一匹豪华的蓝色天鹅绒。克雷斯还往相反的方向运出超过3600弗罗林的银，其中大约2/3是银锭，1/3经过纽伦堡银匠们的精心制作。从现代的眼光看，附加在熟练技艺上的价值似乎令人吃惊地小，因为银盘的价值仅仅约比银条高8%。与银相比，从这种道路送往威尼斯的黄金好像很少，只有价值刚刚过500弗罗林的黄金，而且由于大约价值140弗罗林的黄金被运往相反的方向，所以黄金的净值并不太大。在克雷斯送往威尼斯的其他四种商品中，可能仅有波罗的海的琥珀还值得一提，但其价值几乎不会多于往相反方向运送的蔗糖。

所以，实际上，克雷斯与威尼斯的贸易商品构成，在一个方向上几乎全部是银与银盘，在相反的方向上则主要是丝绸、香料和珍珠。德意志南部本身开始有能力生产如此之多的其他奢侈品。这只是"经济领导场所正在转移"的一部分，在随后的几个世纪中，这种转移在向北的城市带上一路前进,在20世纪开始向东南方向折返前,从伦巴第转移到南德意志,转移到安特卫普及其腹地,到联合省,到英格兰。但是那些历史事实构成了若干其他的故事。

彼得·斯普福德(Peter Spufford)

柴　彬 译

王加丰 校

第 九 章
骑士制度与贵族

在1325年一个无法准确确定的日期，匈牙利国王查理－罗伯特创建了圣乔治协会（Society of St George），这是一个由50名骑士组成的精英团体，他们被授权穿戴特殊的服饰，每年聚集三次，参加他们协会的"理事会"（聚会日期为圣乔治日、圣母降生节和主现日［Epiphany］）。还要求他们宣誓遵守创建者章程所规定的一系列宗教上的骑士义务。[①] 据我们所知，这是最早创立的王室世俗骑士团，其问世是14世纪骑士历史中最为引人注目的新特征之一。在圣乔治协会创立后，相继建立的有卡斯蒂尔的绶带骑士团（Order of the Band）（1330年）、英格兰的嘉德（Garter）骑士团（1349年）、法兰西的星星（Star）骑士团（1351年）、神圣罗马帝国的金带扣（Golden Buckle）骑士团（1355年）、萨伏依的领圈（Collar）骑士团（1364年）和布列塔尼的貂皮（Ermine）骑士团（1381年）。尚有其他的骑士团。所有这些协会的章程彼此间都具有一种大家庭式的相似性。它们详细说明成员对君主或骑士团"团长"的义务以及彼此间的义务，规定定期召开理事会（通常是在骑士团的守护神的纪念日，随后是在小教堂中举行大弥撒［High Mass］和豪华盛宴），并且制定关于团体礼服和徽章的样式和穿戴的规则。

骑士团的成员资格限于那些出身高贵并且声誉上"无可指摘"的人士。它们的创建者们显然希望：成员们应该表现出当时人们眼中最优秀、最珍贵的骑士气质，是贵族所特有的。

考虑到这些新骑士团的第一个的创建时间，刚好是古老的十字军

[①] Boulton (1987), pp. 30ff.

圣殿骑士团戏剧性地瓦解12年以后，那么它们的崛起似乎不可避免地表明，一种世俗的、君主的导向正在增长，它成为14世纪骑士理想发展的一个重要特征。这些机构创办时的环境看起来确实能证实这一看法。

圣乔治协会是查理－罗伯特国王在挫败了一场匈牙利多位年长的土著男爵的大叛乱后建立的，隐藏于建立该团体后面的主要目的，似乎是为了尊崇和巩固新贵族的忠诚，这些新贵族是在他统治的最初15年的内战期间聚集到他的身边来的。所以，协会章程的前言宣称：协会的主要目的是保护国王免受敌人的伤害。②《阿方索十一世编年史》（*Chronicle of Alfonso XI*）讲述的内容与卡斯蒂尔的绶带骑士团（我们所知道的君主创办的第二个组织）的早期历史十分相似："所以，就发生了这样的事情：那些在反对国王敌人的战争中做出某种好事的骑士和侍从们……国王以这样一种方式赐予他们建立这个团体，使他们每个人都希望很好地表现骑士精神，以便获得国王的荣誉和善意。"③ 它成立的时机掌握，也与匈牙利骑士团的情况相似，是一系列非同寻常的场合的背景中作出的适当举措。1330年，阿方索十一世借助这种时机庆祝自己战胜国内的敌人和摩尔人，庆祝活动的高潮是他仿照孔波斯特拉（Compostela）的圣詹姆斯的形象非同寻常地接受骑士身份，及在布尔戈斯（Burgos）登基。④ 那不勒斯的花结（Knot）骑士团（1352年）和海船（Ship）骑士团（1381年）的创建，明显地与该王国继承权斗争中的命运转折相关，一个骑士团的目的在于巩固那些塔兰托（Taranto）家族的路易（Louis）的支持者，而另一个则旨在支持与前者敌对的都拉斯（Durazzo）家族的事业。后者在战胜路易的遗孀乔安娜（Joanna）女王后，都拉斯家族的查理被加冕为那不勒斯国王。⑤

这一时期两大最有名的君主骑士团建立的故事和另一场继承权战争的历史融合在一起，那就是著名的英法百年战争。爱德华三世在取得克雷西（Crécy）和加莱大捷后建立了嘉德骑士团，立刻纪念英国

---

② Boulton (1987), p. 36.
③ Ibid., p. 53, 引自 *CRC*, I, pp. 178–179。
④ Ibid., pp. 52–54; 亦见于 Linehan (1987), pp. 229–243。
⑤ Boulton (1987), pp. 216ff, 291ff.

骑士的功绩（大部分创始成员都曾武装起来上过克雷西战场），大胆地维护他为之战斗的事业的正义性，"反驳可耻的人、违抗他的人，他们竟然认为他为恢复（法国）王位所承担的一项如此正义的事业是坏事"——真是"心怀邪念者可耻"（honi soit qui mal y pense）。[6]"好人"约翰（John the Good）于 1351 年创建星星（Star）骑士团，至少在一定程度上显然是对爱德华的骑士团的一种机敏的回应，其章程中有一条款规定，其成员在加入任何其他骑士团之前必须征求君主的允许，无疑其意在阻止法国贵族受爱德华所宣传的骑士精神的蛊惑而效忠于金雀花王朝（Plantagenet）。[7]

这些有关世俗骑士团起源的故事都有一个明显的共同主题，即君主们的愿望：通过他们的骑士团成员间的同伴关系，把他们贵族中独特而杰出的成员凝聚起来，为自己服务，其目的是在他们的贵族臣民的眼中普遍加强自己的名誉和声望。这样做会导致一种比较，即比较创建骑士团与君主们寻求使人们受到义务约束的其他手段之间的优劣。后者包括授予补助金、赏金、家庭或军职，时常伴以赠送礼服和徽章项圈（livery collars）（往往用与骑士团的徽章非常相似的词语来描述），[8] 通过这些方式，君主们希望能够强化（或者替代）领地附庸和忠诚的纽带。从这一角度来看，世俗骑士团这种机构是作为一种习惯的特殊变体而出现的，这一习惯在英格兰称为保持关系（retaining），即他们这些作为随从（retainer）组成的精英团体的同伴关系，受特定的、超封建的私人关系和为某位君主服务的誓言所制约。因此，在这时期骑士的意识形态中这些骑士团似乎再次强调日益增长的君主导向。

看来这一点是清楚的：以这种方式看待 14 世纪的新骑士团说明了很多问题。例如，花结骑士团的伙伴们的誓言，是献出"他们的全部力量和智慧"，做他们君主的忠实的助手和顾问，"无论是在军事上还是其他事务上"都一样。[9] 这明显仿效了英国式契约的措辞

---

[6] Ashmole（1672），p. 184, Quoted by Vale（1983），p. 76. 后者，pp. 76 – 91, 为我们提供了关于嘉德骑士团创建的最佳的当代描述。
[7] Boulton（1987），pp. 194 – 195; Renouard（1949），pp. 281, 300.
[8] De La Marche, *Mémoires*, IV, pp. 161 – 162, 试图在司法上辨别授予某种专用服装和授予某种徽章项圈或**有题铭的纹章**（*devise*）之间的关系，他感觉到这是一种重要的区分，但理解得不够。
[9] Boulton（1987），pp. 229 – 230; 引文出自那不勒斯花结（Knot）骑士团的章程。

（以及法国的相对应的措辞——**联盟**［*alliance*］合约），它们均使骑士或侍从的服务在和平与战争时期保持不变。编年史描述了阿方索十一世是如何命令"某些骑士和他家内的侍从必须在他们的衣服上佩戴某种饰带，他自己也这样做……从那时起，他每年都向那些骑士赠送配有某种饰带的类似服装"。[10] 不过，同样清楚的是，这并非历史的全部。随从的成员身份和骑士团的成员身份之间既有重要的相似性，又有极大的差异。

随从会因为自己的服务而指望获得供养；一个骑士团的成员身份更有可能使他花费钱财而不是带来经济回报（当然，他可以合情合理地期待他的君主给他慷慨的资助，但这绝非他们之间关系的内在本质）。各个骑士团的章程都向其成员（包括君主或团长）施加宗教礼仪上的、非常具体的而且人们绝不可能在一份关于随从的世俗契约中发现的那些义务。在领主和随从之间，通过缔结契约随从为领主服务而换取领主允诺的保护和不错的领地，这样结合起来的纽带和他们之间的这种关系可以用含有骑士风度的语言来表达。然而，各骑士团的创始人都注意强调那些更夸夸其谈、更普遍的目标，上述纽带不会有存在的空间。这些创始人宣称他起的作用是"尊崇骑士精神并颂扬忠诚"（绶带骑士团），"为了上帝和圣母的荣耀，颂扬骑士精神和增添荣光"（星星骑士团），"为了褒扬优秀骑士并提高他们的名声，弘扬骑士精神"（海船骑士团）。[11]

因此，把一个骑士团的骑士们和组成一个精英团体的随从们加以比较，证明是不适当的；可以肯定的是，这样做虽不会导致误解但仍然不完整。从一个领主的观点看，一份结合成随从关系的契约或一份提供土地和宣誓效忠的契约，其目的都是保证获得良好而忠诚的服务，军事上的或其他方面的服务。一个骑士团机构的宗旨并非只是牢固地为某个领主或君主服务，同时也是以贵族的眼光粉饰这种服务，其方法是把他对某个人的追随与各种观念和理想结合起来，这些观念和理想只与他的行为略为相关，或者甚至毫不相干。此类骑士团的创建者都谋求实现这一点，其方法是承认传统的、贵族的骑士文化的种

---

[10] *CRC*, I, p.178, 为 Boulton（1987）所引，p.53。
[11] Boulton（1987），pp.70, 178, 296.

第九章 骑士制度与贵族

种目标和意义,以武力服侍上帝(承认十字军,把它作为最高级的表现形式),维护骑士的忠诚与杰出的军事才能的美名,捍卫妇女和女性的荣誉。这里,正如他们的章程所揭示的,在骑士精神的形成中,起最重要的作用的是伟大的传奇文学。这种文学是在 13 世纪成熟的,在塑造普遍适用于基督教世界所有地区的骑士精神的准则中贡献极大。在以下意义上,它的风格是强烈地个人主义的:它最有力地反复出现的主题,是考验单个骑士的荣誉的品质。传奇文学对骑士精神的这种作用往往是明确而刻意公开的。星星骑士团的成员对他们位于圣康(St Quen)的圣母之家(House of Our Lady)的盾牌的设置,就是直接仿照佩塞福雷(Perceforest)的传奇故事中对逍遥宫的厅堂的描述来制作的。[12] 同时代所有的评论者都知道而且理解爱德华三世在建立嘉德骑士团时,是在寻求重现亚瑟王的圆桌骑士的辉煌。[13] 从这个角度看,14 世纪的新的世俗骑士团的骑士精神与其前的骑士精神间的差异,开始显得没有那么清晰,其不断增加的君主与世俗的倾向,尽管仍然很重要,但不太显著。

有人曾提出一种某个骑士团与某个随从群体之间的比较。一种可供替代的、重叠的并同样富有启发性的相似物,应该是某个高贵的君主或贵族的家庭,通过这种家庭君主与贵族同样寻求招募服务人员并将其加以美化。出于这些目的,这种美化可以扩展君主的影响网络并深入贵族的世界,远远不是某个骑士团所能做到的,因为牵涉的人数极其众多(尽管这里应该记住:某些君主的骑士团相当大:人们设想星星骑士团是一个有 300 名骑士的团体)。

王室当然是一个古老的组织。因为从最早的时候开始,它就必须使自己的人员翻番,这些人有的是他的卫兵,有的是他的从事社会活动的扈从(经过动员也可以成为一个军事单位),其精神和许多仪式都注入了强烈的骑士风度和贵族风格。就像达西·博尔顿所说的,王室"长期以来发挥了这样一种作用,即总体上以它所服务的君主的财富、重要性和高贵品质给世界留下深刻印象,其手段既有大批的宾客、珍稀美食和奢侈的娱乐活动,也有环绕君主及其家庭的复杂的日

---

[12] Keen (1984), p. 191.
[13] Boulton (1987), pp. 101–117.

常礼仪,并以奢华的服饰和环境使其锦上添花"。[14] 管理这种仪式的家庭条例特别适合与骑士团规章中涉及以下事项的条款相对比:充分详细地规定长袍与徽章的款式与穿戴,在守护神纪念日的盛会上大弥撒参加者的行列的优先次序,及随后举行的宴会上座位如何安排。两者间的区别不是语气或风格,而在于:骑士团规章针对的是某种单一的、年度的事件,王室条例针对的是一个更庞大得多的人群的日常惯例。

王室家庭在14世纪时规模越来越大,组织也越来越复杂。在"好人"约翰统治之初,法国王室的常设人员已经达到400人,到其孙子查理六世统治末期这个数字翻了一番。当然,王后和任何王室子女均有他们自己的家庭。一个重要的君主的家庭被划分为各个相互独立的部门,每个都关注一项专门的服务,如卧室(最隐秘的私室)、**备餐室**(*Bouteillerie*)、**酒室**(*echançonnerie*),等等。每个部门自身都有各个级别的付薪的官员与仆役,较高的职位通常限于那些出身高贵的人(正如骑士团的成员限于贵族出身的人,此外通常还限于那些已被授予骑士资格的人)。领取王室补助金的贵族仆人通常轮流在宫廷度过一段时间,在他们伴同君主时,他们及其仆人(实际上还有他们的马匹)都由王室供养,由君主承担费用,就像一个随从及其仆人在其领主家里一样。以适当奢侈的方式供养这种贵族扈从的成本可能是巨大的,它持续消耗着君主的钱包,有严重的财政影响。这就是为何王室开支在14世纪30年代的法国成为一个激烈争论的问题,并且在查理六世时期再次出现,英格兰的理查德二世统治时期也是如此。然而,君主们似乎常常认为,就其买来体面的声誉和效劳的保证来说,这笔钱花得很值。所以,人员和津贴每一次都会迫于压力而减少,但很快就会重新开始攀升。

在君主的家庭开支中,最明显的浪费部分是娱乐、宴会、骑马比武与盛大的庆典,这里我们再次碰到了前面提出的同一种问题的模棱两可性,即把骑士团的伙伴关系比之于领主与其随从的纽带是否有效的问题。王室的核心作用是维持君主的生活方式并确保其获得忠诚的服务,但很明显的是,不由此进一步往前走,这些目标是无法实现

---

[14] Boulton (1987), p. 2.

第九章 骑士制度与贵族

的。为了有效地让来访者和渴望为他服务的人留下深刻印象，君主需要把他的家庭、生活方式与独立于当前优先考虑的政策和治理的各种目标结合起来。因为这些目标是贵族的文化传统所珍视的，君主全力这样做，很自然地有助于加强甚至进一步控制那些基于贵族心态的价值观与目标。因此，在这个时代宫廷的盛大庆典和娱乐的全部历史中，都同样有一种努力，要唤起过去的骑士精神的光环，就像半历史的（semi-historical）传奇文学作品所记载的那样。这也是各个骑士团的章程同样致力于唤起的东西。1306 年，爱德华一世为了庆祝其长子封爵而举办宫廷宴会，就试图模仿天鹅骑士（Swan Knight）的故事，天鹅骑士是耶路撒冷的征服者戈弗雷（Godfrey）传说中的祖先。⑮ 戈弗雷本人的功绩，为 1378 年法兰西国王查理五世提供了盛会上使用的**舞台造型**和隆重庆典的主题，用来招待他的宾客神圣罗马帝国皇帝查理四世。⑯ 关于"狮心王"理查德（Richard Lion Heart）的神秘的**故事情节**，即他怎样保卫一个关隘，抗击萨拉丁（Saladin）及其萨拉森人的军队，于 1389 年被用来迎接伊莎贝拉女王进入巴黎。⑰ 12 年后，女王的家庭和国王的廷臣试图通过建立一个爱情宫（Court of Love）并在创作爱情诗的竞赛中消磨冬季的时光。这可能暗示着：他们同样可以用一种典雅的方式相爱，像以前兰斯洛特（Lancelot）或特里斯特拉姆（Tristram）做过的那样。⑱

在宫廷娱乐活动中，马上长矛格斗（jousts）和比武大赛（tournaments）通过奢华的场景，为激起壮丽的骑士风度的光环提供了专门的机会。它们附带地也往往会强调和强化骑士风度的种种个人主义倾向，因为列入名单的竞争者要按照平等的条件来争夺奖赏，以证明他们杰出的武艺；并且它们向时尚的年轻贵族提供了给贵族女观众们留下深刻印象的绝佳机会。他甚至可能在他的长矛或者头盔上，佩戴一件来自某位心爱的情妇的信物。在比武大赛中，君主宫廷的骑士精神的历史与君主骑士团的历史直接交织在一起。朱丽叶·韦尔曾犀利地提出，在遴选嘉德骑士团的创始成员时，爱德华三世的指导思想是

---

⑮ Denholm Young (1961), pp. 251–262.
⑯ *CJII*, III, pp. 235–242; Bullough (1974), pp. 97–122.
⑰ Froissart, *Oeuvres*, Lettenhove, xiv, p. 9.
⑱ Green (1983), pp. 87–108.

选择两支实力平衡的比武队伍（所以，在圣乔治小教堂中，国王这边有 12 个马厩，王子那边也有 12 个马厩）。因此，该骑士团是按照一种"内庭与王室的比武活动的某种延伸"的方式来创建的。[19] 一位渴望功名的骑士在可能试图加入绶带骑士团时所使用的方式，同样表现了这一点。他必须挑选至少两名骑士团的骑士，并向他们发出比武的挑战（他们必须接受）。如果他成功地坚持了这场挑战，随后他将会被送进国王的宫廷。这是对亚瑟时代的故事的强烈模仿，其中"圆桌骑士不断挑战陌生人（或者被陌生人挑战），并且不断将他们送回亚瑟的宫廷，加入他们的队伍（如果认为值得）"。[20]

宫廷比武大会可以而且经常以直接唤起某种文学上想象的方式来举行。1334 年，爱德华三世在邓斯塔布尔（Dunstable）以莱昂内尔爵士（Lionel，兰斯洛特的表弟）的方式武装起来，参加马上比武。[21] 就在另外一场马上比武大会之后，即 1344 年 1 月爱德华三世在温莎宣布他打算创办一次圆桌会议（Round Table），"其方式和持续时间，如前英格兰国王亚瑟阁下已经放弃的圆桌会议一样"，[22] 其开幕式将放在五旬节（Pentecost）举行的一次更为宏大的马上比赛上（它似乎从未发生过，但圆桌肯定已经开始建造，并花了钱）。1401 年在威斯敏斯特大厅举行的庆祝布兰奇（Blanche）公主婚礼的马上长矛格斗中，参加的骑士们都采用了寓言中的头衔，令人联想起《玫瑰传奇——热烈的期望》(Roman de la rose—Ardent desireux)、《渴望学习》(Voulente d'apprendre)、《失去的力量》(Le povoir perdu)。他们还以与之相称的风格创作了极富文学色彩的挑战信（但并没有忘记提到：他们来到亨利四世的宫廷，是因为该宫廷是一面"真实的镜子和典范，包含着所有的荣光、谦恭和**优雅**"）。[23] 在这阶段的所有此类庆典中最有名的一次，是 1390 年在圣安格勒维尔（Saint-Inglevert）的马上长矛格斗，它没有此种模仿的成分，但是这一庆典的各种仪式，诸如触摸大帐篷外面挑战者的靶标以显示将要进行哪些系列的比赛等程序，都特别浮华和精细，预示着下一世纪勃艮第的**武力通行**

---

[19] Vale (1983), p. 88.
[20] Boulton (1987), p. 76.
[21] Vale (1983), pp. 68–69.
[22] *Chronica Adae Murimuth*, ed. Thompson, p. 232.
[23] Barker (1986), pp. 97–98.

(*pas d'armes*)的奢侈气派。

宫廷比武大赛场面的表演和气派之铺张，将问题推给了历史评论家：这里我们正在看到的是不是骑士制度被慷慨的赞助吸收进君主的权力范围？或者更确切地说，我们看到的是不是君主及其宫廷陷于贵族对骑士制度的痴迷而不能自拔，醉心于对名誉的狂热崇拜与对个人勇猛的传奇化？很难给出一个确切的答案。

上面引用的两则例子有助于提醒我们，宫廷庆典、盛宴和比武大赛的举办在14世纪逐渐变得越来越复杂。在监督和指导宫廷娱乐和典礼方面，纹章官（herald）发挥了某种重要作用。他们的声望和地位的"级别"稳步上升，在这一时期非常明显。当我们在12世纪和13世纪初的文献上第一次看到纹章官时，还难以把他们从流浪艺人和**吟游诗人**（*jongleurs*）中区分出来。我们听说他们奔波于一个个比武大赛之间，希望从参加比赛的人那里得到**慷慨的馈赠**和一定程度的赞助，但他们似乎并不固定地附属于任何特定的主人。然而在英格兰，至少到爱德华一世时期，王家纹章官定期获得王室的报酬，与吟游歌手一样。㉔ 到14世纪末，他们的服务已经变得极为重要，在任何王室中都已成为不可或缺的人物。安茹的纹章院长（Anjou King of Arms）用一张图表解释某位夏洛特（Charlot）被查理五世"加冕"为法兰西纹章院院长的过程。他在14世纪晚期写的短文中也描述了册封纹章官助理与纹章官的详细仪式：在这个场合，他们应该穿上缀有其领主纹章的无袖短外套，庄严宣誓要忠实地履行自己的职守。㉕ 过去曾和吟游歌手一起游荡的人已经成长为受人敬重的、穿制服的官员。

在这个膜拜贵族的仪式与优先权的骑士精神的世界中，纹章官的职责变得内容广泛、高贵和显赫。君主们期望他们识别其边界上的贵族和绅士（还有其他人）的纹章和世系，检查并核实那些提出要参加比武大赛和战时在敌对各方间传递信息的人的纹章与头盔上的饰章（helmcrests）。他们也必须充任"纹章的告解神父"，㉖ 也就是说他们必须有能力就荣誉的各种微妙的论点提出忠告，还要精于依据骑士的

㉔ Denholm Young (1965), pp. 54–60.
㉕ Oxford, Bodleian 图书馆, Rawlinson MS C 399, fos. 77–78; 以及 Keen (1984), p. 137。
㉖ *BBA*, I, p. 297.

能力很好地衡量他们成就的范围。难怪傅华萨指望纹章院长和纹章官们为他的编年史提供关于骑士功绩的信息，因为如他所描述的，"这些人恰好是此类事务公正的调查者与忠实的汇报者"。[27] 为了履行这方面的职能，纹章官需要有文化的男性来担任，精通那些确立骑士价值观和成就标准的传奇的历史。截至14世纪末，他们已经完全接近于成为骑士制度中一种世俗的神职人员。

用正确的纹章术语来描述纹章，作为纹章官的专门技能，一般而言对骑士的礼仪和贵族文化极为重要。正是通过他们的外衣和饰章（crests），骑士们和随从们在马上长矛格斗和比武大赛时进行互相识别，在战场上也是这样。在温莎的嘉德骑士团的圣乔治小教堂内，在星星骑士团的圣康大厅，骑士团成员的盾徽绘制在他们的马厩和座位上。在教堂或城堡的玻璃彩饰和壁画中，纹章会让人想起骑士团的伙伴关系和骑士制度的功绩。所以，受托马斯·布雷德斯顿勋爵（Thomas Lord Bradeston）委托，格洛斯特大教堂（Gloucester Cathedral）东窗上的玻璃彩饰，几乎由1346年那些伴随着他在克雷西战斗过的骑士的一长列纹章构成。[28] 柯尼斯堡（Königsberg）大教堂中光彩绚丽的纹章绘画，是纪念条顿骑士团贵族团队的冒险经历的，他们从国外奔赴普鲁士为的是武装讨伐异教徒。[29] 盖尔热（Gelre）在他的《赞美诗》（Lobdichte）的序言中告诉我们："盖尔热，我有要事要烦劳你。"某位女士告诉盖尔德斯（Guelders）的纹章官克拉塞·海能（Claces Haynen）："我要建造一个新的会议厅，饰以有纹章的盾牌。你必须选出那些无可指责的骑士，值得我将他们的纹章画在我的会议室中。"[30] 在14世纪的贵族世界中，纹章官的确扮演了极重要的角色，因为他们能将贵族的种种抱负和成就转化为生动的图案和符号语言，这位女士要求盖尔热做的就是这种事。他们也能为了他们发誓为之效忠的整个贵族世界的利益，将其意义加以逆向解释："**再者**，对所有的骑士来说，你们在所有方面都应该是准备就绪的、隐秘的；对主人、女士、贵妇人和事业，你们都应该是殷勤体贴的，并劝

---

[27] Froissart, *Oeuvres*, Lettenhove, II, p. 2, 11.
[28] Denholm Young (1969), p. 9.
[29] Paravicini (1990), pp. 67–167.
[30] *Wapenboek ou Armorial de 1334 à 1372 ... par Gelre Héraut*, Bouton, I, p. 67; Keen (1984), pp. 139–141.

告他们接受你们具有的所有真理与美德，愿上帝保佑你们。"[31]

这里就再次产生了那种我们早已熟悉的模棱两可性。纹章官是君主的仆人，君主的纹章佩戴在他的无袖短外套上，王侯的钱包维持着他的生活；同时他也是全体贵族的仆人，他们的能力和个人荣誉的记录员。不过，就这种第二角色而言，有更深层的特点，在此情形下它弱化了这种含糊性。在迄今所引用的例子中，纹章学已经被用来象征贵族所奉献的某些公认的价值观，才能、忠诚和对圣战的热衷——即与骑士团章程所宣扬的承诺类似的那类价值观。但更常见的是，并且远为常见的是，纹章被用来传达某些更为世俗的信息，即标明贵族的血统和贵族家族内部的联系，也就是记录贵族家谱和社会排他性。君主和贵族一样，都可通过鼓励与开发这种排他性来促进自己的利益。

14 世纪的家族，即使是较不显赫的贵族家族，都日益热切地要求获得他们自己的纹章和饰章，无疑这在部分程度上只是一种时髦，但也是贵族等级自身产生不安全感的一种征兆。领主的收入来自土地，这一贵族生计的传统支柱正处于压力之下，特别是黑死病之后，人口减少使领主和佃户（其租金常常采取的形式是劳役或产品，或者两者都有）之间经济上讨价还价的力量平衡朝着有利于后者的方向倾斜。该世纪的众多战争对农村地区的破坏有同样的后果，许多地区甚至更加尖锐，因为更持久地遭受战争的破坏。另一方面，贵族对铺张浪费的嗜好和对其生活方式与传统的自豪则没有丝毫收敛；那种风格和那些传统毕竟是其尊严的外在的、明显的标志，是将他们和普通人群**隔离开来的制度**（*apartheid*）。贵族需要确保他们的尊严、特权和排他性能在这个新近困难重重的世界里得到承认、尊重与重视。佩饰纹章这种由君主或纹章官确认或批准的权利，正好提供了此等保证。君主可能向贵族（以及拥有佩戴纹章资格的人）确认的其他权利与特权亦是如此，诸如以贵族用剑为国王服务为由而在财政上予以免税，[32]（这种特权在 14 世纪迅速而广泛地蔓延开来）或者规定**丧失贵族资格行为**（*dérogeance*）的原则（即某些职业，特别是零售业，是与贵族资格不相容的）等，最早出现于这时期的法律体系中。[33] 同

---

[31] *BBA*, I, p. 297.
[32] Dupont-Ferrier (1930–1932), II, pp. 175ff.
[33] Dravasa (1965), pp. 135–193 and (1966), pp. 23–129.

时，对受宠的竞争加剧了，那是通过为君主服务可以获得的，就像那些贵族出身的人看重在王室家庭中保留体面的职位一样。贵族的收入需要各种酬金、补助金的支撑，而职位可以比以前带来远远好得多的回报。

反过来说，君主们需要他们的世俗贵族臣民的支持、服务与忠诚，与贵族对他们的需要是完全一样的。当然，这种情况一直以来都是这样，但在 14 世纪里，从君主的角度看，这一需要已经以各种重要的方式变得比以往任何时候都更具强制性。君主的司法权的网络如今已经进一步扩大，远远超出从前所达到的程度，君主的权利侵入各级法庭，染指各种各样的案件。"美男子"菲利普（Philip the Fair）时代的巴黎**高等法院**是以前法国国王们的封建**国王法庭**（Curia regis）的"直系后裔"，但到他的时代，这一法庭不再仅仅关注王室的附庸和"附庸的附庸"（rear-vassal）的事务，而是关系到一大批其他的人，即使他们持有贵族的封地，而且其封地远离王室。战争规模越来越大，一个国君需要有能力动员更广阔领域内的贵族臣民，也不再顾及他们在持有土地的封臣阶梯中的位置（这样，可能不得不为他们的服务支付报酬）。战争花费也变得远远比以前大得多，因此在军事情况紧急时，一个君主需要有能力通过批准征税来利用他的领地或王国的全部资源。总之，统治已经成为一项更复杂、规模更大、更专业的事务。教会不再是以往一度存在过的那种独立的力量。因此，在诸如法兰西、英格兰和那不勒斯王国及在伊比利亚的各个王国中，世俗贵族们实际上是唯一拥有各种资源、政治意识和组织能力的集团，他们在内政、外交和战争等方面的博弈中受到倚重，是一支独立的力量，需要加以良好的管理。在这当中，君主们因为其拥有的地位，不可避免地成为首要的博弈者，他们的成功或垮台，依赖于他们的管理。结果是，比以往任何时候，并在一种更为休戚与共的意义上，他们需要自己贵族的支持。这里，君主慷慨地使用恩赐的手段，只解决部分问题。若做得太过分，会成为财政上的败笔；无论如何，这个问题的规模已变得太大。除了发挥他们钱包的作用，君主们需要更深入地触及贵族的内心和思想，或许这工作特别需要把他们统治的领土内各地区的小贵族也包括进来。在菲利普四世治下最后一年以及他的儿子路易十世和菲利普五世时期，法国各省的贵族联盟引发了许多麻烦，原因是这些贵族感到自己的特权和地位受到王室税收和政府过度干预的威胁。这提供了一个不祥的例子，说明如果君主不能在心灵上成功地笼络他们，什么样的事情就可能发生。

然而，如果能敏锐地意识到形势变化的价值，贵族的不安全感会成为君主的机会：这实际上是这里所追踪的各个主题的寓意。贵族珍视他们的特权，他们的司法管辖权，以及佩戴纹章、在他们房屋四周筑起雉堞、穿戴与其他人不同的服装等权利。他们也珍视使他们被视为高贵的那种生活方式，珍视他们崇尚军事服役、美德、慷慨、忠诚和举止优雅的一整套价值体系。这种贵族价值体系的关键要素是荣誉。在战争中和在宫廷中，在危难时和在嬉戏时，都要做到体面地生活，这是12、13世纪那些编写说教小说的传奇文学作者们围绕的主题。这些小说最大限度地在贵族读者中传播，包括城市贵族（patriciates）和土地贵族（nobility），把我们所称的骑士制度和谦恭培育成一种体系，实际上把贵族生存的方方面面都纳入其中。所以，君主若想赢得贵族的心灵和思想，那么突出自己，使自己像一个以那些传奇英雄为典范的人，并使宫廷显示为荣誉的殿堂，而他本人就是荣誉的源泉，这是符合他的利益的。

这便是明确传递的王家骑士团代表王室的信息。这些骑士团是一些协会（societies），其成员限于那些贵族出身而且是**无可指责**的人，他们曾宣誓恪守骑士准则的最高要求，绝不临阵脱逃，始终支持自己的同伴，维护上帝、妇女和他们的君主的荣誉。宫廷的盛大庆典和娱乐活动，耶路撒冷的戈弗雷（Godfrey）和"狮心王"理查德的功绩的**故事情节**，仿效亚瑟王时代风格的比武大赛和马上长矛格斗，都表达了同样的信息。把特许状（有时还有纹章）授予贵族的做法日益增加，日益增加的还有授予表示尊贵的新头衔（或者重新加以解释的头衔），诸如公爵、侯爵、子爵等，激发了同样的抱负，并重新强调君主作为"荣誉之源泉"的角色。一度是君主、贵族以及全体骑士的仆从的纹章官，致力于将君主们宣传的这个方面系统化，使之成为一门学科。

自然，在这种程序中也存在种种危险。在通过美化和拥护其价值观来寻求贵族支持的过程中，君主的恩惠也使各种力量恢复活力，这些力量绝非必然会或总是根据君主的利益行事。军事骑士魅力的培养无疑会倾向于鼓励一些人扰乱秩序,比如自由连队(Free Companies,或译"雇佣兵")的首领,他们希望独立地拼杀出通往权力和荣誉的道路,他们过着依靠战利品为生的不稳定的生活,并在残忍地获取收益时模仿骑士的言谈举止。这些人中的一些人曾红火一时,使法国南部和中部的大片地区难以控制,毁灭了那里的繁荣。王室的做法也为那些大领主提供了例子,这些领主对君主来说是最有独立性、最具潜在危险性的附庸,他们可能应用君主的方法,使自己更加独立于君主,并用自己的领主权侵蚀君主的权威。蒙福尔(Montfort)公爵在布列塔尼就是试图这样做的,其方式是编造半神话性的布列塔尼人(Breton)的历史,举行盛大的公爵加冕礼,组建自己的骑士团,即貂皮骑士团。[34] 从君主的角度向骑士讲清楚以下行为的本质区别并不容易:一种是个体冒险者赤裸裸地以刀剑赢得的荣誉,另一种是效力于公共福祉而赢得的荣誉;或者一种是某个大领主可能操控的忠诚,另一种是应该给予君主的忠诚。君主是"他自己的王国中的皇帝",在王国中拥有最高的统治权。然而,这些都是王室权威的阿谀者的教训之类所宣扬的东西,如同《弗吉尔之梦》(Songe du vergier)(写于法兰西查理五世的宫廷)的作者已试图清楚地加以表达的。[35] 意味深长的是,在《弗吉尔之梦》的论点借以发展起来的对白中,接受提示的人物,他作为君主权力的代言人及其公共福祉的化身,是"骑士"。这是时代思潮的一种标志。

　　从长远看,到中世纪末期,开始主宰欧洲政治舞台的诸王国之实力,是建立在王室利益与贵族利益的成功联姻上,即一方能确保自己的权威,而另一方能确保自己的尊严、特权与荣耀。在 14 世纪,从这种圆房(consummation)回到双方求爱的时期,我们仍有很长的路要走。伟大的骑士编年史家让·傅华萨,很好地把握了这一时代的也是我一直试图讲述的这个故事的节奏。他在文书方面的学徒生涯中曾经是一位诗人,生活在重要宫廷的边缘,他作为一个历史学家所受的深远影响来自他所阅读的亚瑟王的传奇故事,这些传奇故事激发了他的史诗《梅里亚多尔》(*Meliador*)。这就是为何他的编年史读起来常

---

[34] Boulton (1987), pp. 274 – 278; Jones (1991), pp. 141 – 173.
[35] 最容易找到《弗吉尔之梦》的书或许是 *Revue du moyen âge latin*, 12 (1957);但亦见于 *Le songe du vergie*, ed. Schnerb-Lièvre。

常像一个传奇故事，以至于在分析**现实政治**时漫不经心到幼稚的程度，但通过其对战争和冒险的交错叙述，呈现了一大群光辉的典范，他们在行动中笃守骑士风度和宫廷气派的价值观。把君主的权力作为一项原则，他显然并没有太多的兴趣，但在他描写的战争中，那些征战的君主的名字在他的书中自然是赫然耸立的。意味深长的是，那些他大多出于本能而加以赞美的人，也是那些最擅长故作姿态地表现骑士风范的人，如爱德华三世、风华正茂的黑太子和富瓦（Foix）的加斯顿·费布斯（Gaston Fébus）。他们跻身于自己时代最成功、最有影响的统治者和统帅之列，并且得到了最好的回报，绝非偶然。

莫里斯·基恩（Maurice Keen）
柴　彬译
王加丰　校

第 十 章
宫廷赞助与国际哥特式

赞助的新体制：阿维尼翁与意大利

有一种解释是，哥特式艺术在中世纪晚期的发展特征不是国际主义，而是非同寻常的多样性；但那些主要的泛欧洲的风格，无论是罗马式、拜占庭式或前几个世纪的哥特式，则都具有某种国际性的特点。这种多样化背后的主要因素是新的赞助制度的出现，因为在委托制作的重大的艺术和建筑作品中，当西欧各国的宫廷继续发挥着它们的非凡作用时，新兴的、强大的城市在赞助中的作用正在不可阻挡地增强。尽管我们可以指出 13 世纪那些重要的城市中心，例如巴黎、伦敦和罗马，但在下一个世纪里在诸如科隆、布拉格、锡耶纳和布鲁日之类的城市中，城市赞助的泛滥使更有生机的艺术生产和更为广泛的风格的出现成为可能。在这整个世纪里教会赞助也在很大程度上保持着它的活力。在科隆，大主教们主持完成了他们体现法国灵感的新的大教堂，教堂饰有彩色玻璃和法国－意大利式的板面油画，创造了一种独特的城市风格的哥特式艺术，完全可以与意大利市民的成就相媲美。在英格兰，无比富裕的教区继续见证着采用奢华的新的哥特式风格（Decorated Style）的重大建造活动，伊利（Ely）的本尼狄克派僧侣非常好地概括了这种风格（插图 1）。整个西欧都如此，在法国南部尤其是在图卢兹（Toulouse）发展起来的那种宽敞的教堂所体现的托钵僧建筑的影响，如今已被更偏远的地方感受到，就如在德意志一样。

正是尝试和交流上的新气象的不寻常特征，使该世纪经历了一些影响力极为短暂的政治或艺术中心的兴起。其中之一是法兰西南部的阿维尼翁，克雷芒五世（Clement V）在任教宗期间（1305—1314年）迁移到那里。这一剧变标志着法国霸权对教宗的胜利，实际上，这也是在罗马持续了近两个世纪的重大艺术赞助的结束。作为教宗的宫殿和大教堂，阿维尼翁的装饰是由有意大利背景并在那里受过训练的艺术家进行的，证明在意大利各个中心培育出来的欧洲艺术的重要性正在增长，这些中心指的主要是锡耶纳、佛罗伦萨和那不勒斯，其重要性的增长是以牺牲罗马为代价的。随着天才们从罗马流散，这些城市中的每一个都接待了意大利的壁画画家和板面画家，这些画家都具有卡瓦利尼（Gavallini）、乔托（Giotto）和西莫内·马丁尼（Simone Martini）那样的水准，他们为创造14世纪西欧艺术的新的审美观作出了如此之多的贡献。西莫内在生命的末期受到吸引，从锡耶纳来到阿维尼翁，实际上1344年死于那里。

阿维尼翁发现它自己与那些早期的政治中心处于相同的地位，特别是君士坦丁堡和亚琛（Achen），它们曾承载着罗马神话的重担。阿维尼翁建立教廷，反映了向着固定的政府中心发展的趋势，而这在13世纪的巴黎和伦敦已经清晰可见。但是它大于一个行省城市的现实重要性是短暂的。阿维尼翁从未作为一个特别形成的赞助中心而出现，至多是一个英国、法国或更通常的是中部意大利血统的各种国际风格短暂的聚会之地。我们第一次发现如约翰二十二世（John XXII，1316—1334年）这样的教宗委托英国画家和砖瓦匠负责教宗的工程，尤其是他在阿维尼翁的坟墓，与爱德华二世（卒于1327年）在格洛斯特的墓类似。但是仅有一个教宗，即克雷芒六世（1342—1352年），通过完成教宗宫殿的修建与装潢，巩固了教宗们在阿维尼翁的永久存在。像众多14世纪的赞助者一样，他的贡献是独特的。他的寝室在崭新而壮观的教宗宫（Palais des Papes），即所谓的雄鹿室（Chambre du Cerf），绘着绚丽的、世俗的渔猎方法的百科知识图像，背景是茂密的林地，画面上还有星罗棋布的光着臀部的小天使（插图2）。这一题材，既暗指古式的田园画《古罗马》（*Vetusta Roma*）又暗指《玫瑰传奇》（*Roman de la Rose*）所表达的贵族文化，在同时代的巴黎王室邸宅内得到了共鸣，即查理五世（1364—1380年）时期的圣保罗公馆（Hôtel de Saint-Pol），但是它的景观表达大部分早已归功于意大利的壁画装饰。它屹立着，作为这一时期即使是异想天开地引入的优秀的艺术折中主义的产物，它既是现代的又是有意识地保守的作品。①

尽管阿维尼翁对其他地方只有间接的影响，但它是那些出人意料的赞助中心出现的象征，它们得益于艺术家和各种观念的流动。在此类中心中，布拉格（Prague）是最具异国情调的，我们将在王朝艺术（dynastic art）的背景下考察它。安茹（Angevins）时期的那不勒斯同样较早地得益于罗马人的离散。1310年后，卡瓦利尼、乔托以及西莫内·马丁尼都受雇在那里工作，并似乎带去了他们的罗马的、佛罗伦萨的和锡耶纳的（Sienese）风格。从这一意义上讲，那不勒斯才是罗马教会赞助和托斯卡纳商业赞助的真正继承者。但是乔托（卒于1337年）在1330年前是那不勒斯的罗贝尔二世（Robert II）的宫廷画家，还是圭尔夫派（Guelf）的同情者，因在那不勒斯时绘制的一幅题为"九英雄"（Nine Heroes）的作品而出名。这幅作品根据列日一个主教在该世纪初撰写的一个文本创作而成，是当时流行于北部贵族圈的法国-佛兰德式的英雄传奇文化类型的一个典范。他后来为米兰的维斯孔蒂家族工作，所创作的作品几乎都有同样的特征，是英雄史诗的，又是国际性的和民间风格的混合。

乔托的作坊在意大利仍然有极大影响，这种影响与其说产生于他为斯克罗韦尼（Scrovegni）家族装饰阿雷纳小教堂（Arena Chapel），时间大约在1305年（因为是年该家族被流放离开帕多瓦，小教堂在该世纪的部分时间内关闭），不如说是因为乔托的团队在阿西西圣弗朗切斯科（San Francesco）大教堂的工作，其门厅的壁画是这时期意大利这方面的壁画中特有的、最重要的（插图3）。西莫内也在这里工作，关于这时期国际性艺术是怎样的及它将如何发展的问题，我们必须特别依靠他来寻找一种更全面的理解。② 西莫内卓越的绘画技巧，以他在锡耶纳市政厅（Palazzo Pubblico）和在阿西西圣弗朗切斯科大教堂的壁画为例，其持续影响不仅阿维尼翁感受得到，而且远至诺里奇（Norwich）、巴塞罗那（Barcelona）和布拉格等地都感受到

---

① 关于John XXII，参看Bony（1979），p. 65；关于阿维尼翁（Avignon），见Enaud（1971）；Laclotte and Thiébaut（1983）；另见Paris（1981），p. 325。另外参看Gardner（1992）。
② 总体情况，见White（1966）；Martindale（1988）。

了，传得比乔托或他的忙碌的圈子的任何作品都要遥远得多。除了其影响，西莫内的作品似乎特别重要的原因有两点。首先，他的风格在 14 世纪意大利的绘画中显示出一定程度的不寻常，他领悟并吸收法国哥特式艺术已经发展起来的观念，这明显表现在他现存最早的作品中，即约 1315 年在锡耶纳市政厅创作的"圣像"（Maestà）。他的作品代表了北方的和意大利因素的某种综合，为后来所称的 1400 年前后这段时期的国际哥特式风格（International Gothic Style）做好了准备，并可能预示了这种风格。如果说杜乔（Duccio）创造了锡耶纳绘画的模式，那么西莫内宣传了这种模式。其次，西莫内的委托方和素材异常广泛（插图 4），他对革新王室肖像和市民肖像的贡献令人难忘。接近 1320 年时，他为那不勒斯的罗贝尔二世绘了一幅圣坛镶板画，描绘罗贝尔接受加冕的场景，为他加冕的是他已封为圣徒的法兰西斯会的兄弟图卢兹的圣路易（St Louis of Toulouse），很明确这是一幅王朝作品。③ 他也完成了对锡耶纳的市政厅的装饰，使他的"圣像"面对气派不凡、身着戎装并骑着马的圭多里齐奥·达·福利亚诺（Guidoriccio da Fogliano，1330 年代早期）的画像，福利亚诺是锡耶纳的一个军事英雄，但这幅画像也充分反映了锡耶纳市民自我认同的形象。可以说，西莫内第一次在面板（panel）上创作肖像，即 1336 年左右画的彼得拉克（Petrarch）的情人劳拉（Laura）的图像，这个诗人在他的十四行诗中曾提到过她。西莫内与这种高水平的知识分子相识，也表明了艺术家的新获得的地位。

只有与西莫内近乎同时代的乔托才配得上西莫内的视觉上的幽默感、多才多艺和智慧。乔托本人也曾因创作佛罗伦萨市政府委托的作品而知名，这些作品以寓言的方式表达了这个公社的政治状态。此类政治的、寓言化的作品并非完全是新兴的，但其范围主要也是限于北欧的王室艺术，以手稿画饰（manuscript illuminations）和壁画的方式探索君主制的道德基础。到 14 世纪时，意大利的壁画在叙事体的宗教艺术领域发生显著变革，在这里壁画表现哀婉的新的能力直接找到了一种合适的宣泄途径。然而，14 世纪意大利世俗的城市赞助者复兴了寓言式描绘的格调；纪念碑式的宗教绘画的有说服力的技法、修

---

③ 参看前面的卷首插画。

辞手段现在被转变成更加直率的政治目标。④ 博学的安布罗焦·洛伦泽蒂（Ambrogio Lorenzetti）的寓言式壁画《好政府和坏政府》（Good and Bad Government），1337—1339年间创作于锡耶纳的市政厅，是这种新风格的典型实例（插图5）。它们使以下两者协调起来：一方是那些被敏锐地观察到的并具有道德特点的景观，另一方是各种类型的半寓言式的象征。对这些图片的最令人信服的分析，不是视其为亚里士多德哲学观念的图解，而是视其为前人文主义的、塞内加和西塞罗的政治思想的图解。⑤ 他们用例子说明了布鲁内托·拉蒂尼（Brunetto Latini）创作于13世纪60年代的《宝鉴》（Trésor）所熟悉的那些见解，顺便说一下，直至14世纪，法国和英格兰的君主圈子里这些见解一直有人在研究。或许最重要的是，这些绘画艺术传达此类观念，着手对其进行实质性的思索，而且这种传达和思索的能力在迅速增长，从这种角度看，它们与先前那些书面文本的关系也是不严格的。

王朝艺术和国际哥特式风格

一方面是主要赞助地的诸城市的兴起，这些城市的艺术日益以它们自己的审美认同及其所雇用的艺术家的思想为标志，另一方面是西欧各王朝保持着某种决定性的重要地位。如果说13世纪见证了法兰西和英格兰的宫廷风格（Court Styles）的出现，那么14世纪则目睹了上述风格的多样化，而且进一步处于意大利艺术与日俱增的影响下。意大利艺术可说是该时期一个重要的共同因素。然而，尽管意大利的影响范围很广，但其影响并不全面，并且时常是肤浅的。直到该世纪最后1/4的时间，风格的转变仍然很少见，而且其深远影响仅限于赞助者的上层。

目前，欧文·帕诺夫斯基（Erwin Panofsky）和米勒德·迈斯（Millard Meiss）的看法，仍主导着有关最高层次的贵族艺术的艺术史方面的讨论。他们认为：在13世纪的巴黎得到发展的这种类型的

---

④ Belting (1985).
⑤ Skinner (1986); Starn 与 Partridge (1992).

宫廷手稿画饰，由于与意大利绘画的接触而被根本改变，这种变化表明了国际哥特式风格的形成，并且最终预示着下一个世纪尼德兰的艺术。[6] 这使以下主张成为可能：手稿画饰实际上是1300年后阿尔卑斯山以北地区最主要的因而也是最具代表性的绘画方法。尽管更多晚近的学者已质疑这种手稿画饰的首要地位，但确实，通常认为这种风格发生变化的**常被引用的权威作品**（locus classicus）与宫廷气派的巴黎画饰家（illuminator）让·皮塞勒（Jean Pucelle，死于1334年）的工作有联系。[7] 至14世纪第一个10年的早期，有明显的证据显示法国宫廷开始资助水平接近卡瓦利尼和乔托的意大利艺术家，到20年代则更公开地承认意大利画家们正在从事某些非凡的、与法国的贵族文化有潜在关联的工作。传播各种观念的主要手段有两个：艺术家的流动和艺术作品的流转。让·皮塞勒于14世纪20年代为法兰西的让娜-德埃夫勒（Jeanne d'Evreux）王后的一本小书《时间之书》（《祈祷书》）（Book of Hours）上作的装饰画（插图6），可以说明这两种传播方式的一方或双方，因为其构图显示出学习了某些极其类似于杜乔的"圣像"中的东西。"圣像"完成于1311年，置于锡耶纳大教堂的高高的圣坛上。从那时起，越来越多的文献提及意大利面板绘画（panel paintings）在北欧的传播，尤其是在法国和英国的王室圈中，这证明了各种观念在艺术市场自身层面的一种流动性。通道在扩大，这种交流类型的主题，尽管有社会级别上的排他性，将主导着该世纪里皮塞勒与赞助者贝里（Berry）公爵约翰（John）和他的勃艮第的亲戚之间的关系。法国赞助者在意大利艺术中发现的有吸引力的东西是什么，这只能通过北方艺术家复制南方艺术样品的方式来论证。显然，绘画空间的表达，以及曾被（有点吝啬地）描述为锡耶纳绘画中的"哑剧"（pantomime）的东西特别引人关注。[8] 但是，这时期对某些风格的需求上的种种变化无疑是创作者的创新带动的，并且可能已经受到这时期意大利修辞学的影响，但丁（Dante）证明了这一点（《炼狱篇》第11章）。他赞美诸如乔托和契马布埃（Cimabue）这样的画家之间符合时尚的竞争，虽然是作为他们自豪的一种标志。

---

[6] Panofsky (1953), pp. 21–50; Meiss (1967).
[7] Panofsky (1953), pp. 24–34; Morand (1962).
[8] Meiss (1967), pp. 3–29.

至14世纪,在建筑发展的冲动中法国的引领作用已经放慢。在一定程度上,法国的邻居呈现出艺术上的首创精神,建筑领域是英格兰,绘画领域是意大利,这可能意味着已经讲到过的西欧艺术格局在更大范围内的重新调整,当然也是法国霸权的某种下降。⑨ 至该世纪末,勃艮第和佛兰德也打算显示自己的能力,挑战巴黎在北欧的一个艺术领域——造型艺术(figurative arts)中依然拥有的最高地位。如果说哥特式艺术和建筑的兴起与法国君主制度有密切的联系,那么它在中世纪晚期发展的多样化可能也反映了15世纪君主制的"危机"。查理五世(Charles V)统治前后法国力量逐渐减弱,特别是14世纪40年代和50年代在军事上惨败于英国人之手以后,或许还与法国王室赞助上日益抬头的文化保守主义有关。这是一个查理曼(Charlemagne)和路易九世(Louis IX)的黄金时代的各种观念在建筑和王权标志上获得具体表达的时期(查理五世家族多次仿造13世纪的圣小教堂;查理曼大帝的肖像被置于法国王室权杖上,制于约1365年)。这些努力都旨在在视角上把瓦卢瓦(Valois)王朝与一个帝国的过去联系起来。⑩

然而就其实质而言,它们并不是独一无二的。西欧还未摆脱帝国的理念,尽管自1250年弗雷德里克二世(Frederick II)死后帝国的力量已经衰落,帝国的艺术如今却在另一个新的中心布拉格激发出来。这里,卢森堡王朝的那个古怪的成员皇帝查理四世,正在建造一个帝国政府中心,集中于圣维特大教堂(St Vitus's Cathedral)和卡尔施泰因城堡(Karlstein Castle)。前者是按照前一世纪发展起来的法国**辐射式**风格(*Rayonnant* Style)的一种变体来建造的;后者充当了帝国的金库,其形状为查理所决定,是曾经尝试过的中世纪城堡观念中最令人难以置信的虚构症(fabulation)的体现。该城堡内部的装饰完成于大约1360年,覆盖着次贵重的石料、镀金的底料和固定在墙上的面板绘画,由波希米亚与意大利的画家绘制,采用了拉丁西方很早以前就已经被取代的装饰方法(插图7)。⑪ 在利用手头材料创作北方宫廷赞助人普遍追求的各种象征和审美效果的过程中,波希米亚

---

⑨ Bony (1979).
⑩ Meiss (1967), pp. 36–40; Paris (1981), nos. 202, 204; see also ch. 11.
⑪ Munich (1978); Gibbs (1989), pp. 176–202.

的帝国绘画艺术是一个最重要的实例,能说明罗马的(Romanesque)、拜占庭和意大利的艺术在其中的地位和贡献。持有这种追求的特别是像查理那样的人,在一个帝国权威逐渐缩小的时期,他们代表了占据帝国皇位的那些相对新生的王朝。在这一意义上,布拉格与阿维尼翁相似。查理是一个天生的**利用现成材料进行制作的人**(*bricoleur*),对那些启示性的思想,比如对圣城耶路撒冷的宝石的意象,有一种热情,后来他回忆起布拉格主教的讲道赞美了这一点。但在这方面,查理的美学制度并不是独特的;相反,它恰好象征了这时期许多重要的艺术赞助的折中主义、多产性和实验性,尽管是以特别集中的、拟古的方式来进行的。

与查理四世对启示的热情和强制性地搜索圣物相比,查理五世的法国宫廷的这种气氛则被冲淡了,冲淡它的力量是人文主义,是学者的智慧,克里斯蒂娜·德·皮桑(Christine de Pizan)的回顾性的颂文《贤者国王查理五世的功绩和美德之书》(*Le livre des faits et bonnes meurs du sage roy Charles V*,1404 年)就把这归因于国王。查理建立了一座巨大的图书馆,藏书900卷,包括来自皮塞勒的商店的有画饰的手抄本,亚里士多德关于君主伦理的著作和不少于八次加冕礼的**教会历书**(coronation *ordines*)。[12] 这里给我们的印象,是宫廷更强调君主统治伦理的科学表述,而不是那时英雄传奇文化的模式。查理不是唯一拥有亚里士多德著作的君主,也有人向英格兰的爱德华三世提供类似的文本,但他的兴趣更广泛;并且在探索同时代如锡耶纳那样的城市国家政府的理论基础的人中,他是唯一来自王室的最重要的同行。在查理五世统治时期,在兰斯(Reims)使用的法国加冕礼的**教会历书**第一次出现了详尽而仪式化的精确的插图(插图 8)。该类型的插图表明这种仪式本身相对稀罕,或许其作用是图解的关于礼拜仪式的**回忆录**(*memoria*);但更可能的是它们标志着**教会历书**本身的权威表述以及使权力的象征意义固化的愿望。英格兰的**教会历书**恰好在同一时期也开始正式加上插图,在所谓的《国王加冕礼仪书》(*Liber Regalis*,14 世纪 90 年代)中,包含着1308 年首次使用的英格兰中世纪加冕礼的最终表述。同样,像在法国一样,14 世纪晚期的

---

[12] Sherman (1969); Hedeman (1991); Sherman (1995).

英格兰是一个惊人地保守的时期,尽管英格兰王权的总体实力更为强大。法国和意大利的各种艺术理念通过王室家族的中介作用已经进入英格兰,特别是伊莎贝拉(Isabella)王后,她拥有一些意大利的面板绘画,还有埃诺(Hainault)的菲利帕(Philippa)王后,她为自己在威斯敏斯特大教堂(Westminster Abbey)的坟墓雇用了一位佛兰德雕刻家。威斯敏斯特的圣斯蒂芬小教堂(St Stephen's Chapel)的爱德华三世的大型壁画,创作于14世纪50年代,也表明了阿维尼翁和意大利的背景(插图9)。但在理查德二世(Richard II)统治时,尽管诞生了一种完全国际化的作品,如《威尔顿双连画》(Wilton Diptych,约1395年)(插图10),但从其赞助者的身体姿势中却留下了一种更加根深蒂固的保守主义印记,即修建13世纪风格的威斯敏斯特大教堂中殿,和14世纪90年代创作的引人注目的独裁主义者类型——理查德的全身肖像画。[13] 在最广泛的范围内巩固各种古老思潮的最后努力表现为王朝的或皇家陵墓的修建,它们最初出现于12世纪,其发展形态是圣德尼(Saint-Denis)、威斯敏斯特,最后是在圣克雷伍斯(Santes-Creus)。

日益增加的保守君主的形象提醒我们,14世纪通常被认为是一个危机的、社会快速变化的、本土文化崛起的、饥馑及人口灾难的世纪。对约翰·赫伊津哈(Johan Huizinga)而言,它是一个开启中世纪文化"衰落"的世纪,是导致15世纪北欧发生某种决定性转变的世纪,即向悲观主义和病态转变。在许多关于这个时期的思考中,危机与保守主义这两种现象当然是联系在一起的。这方面研究最有名的还是米勒德·迈斯的文章,他提出:瘟疫在佛罗伦萨以及锡耶纳的发生在艺术上和精神上激起一种反应:反对14世纪前期艺术上的人文主义和自然主义。其最有代表性的是神学上的禁欲和与其说是亲近不如说是疏远上帝的意识,表现在佛罗伦萨画家奥卡尼亚(Orcagna)的作品中(例如,新圣母马利亚教堂[Santa Maria Novella]的斯特罗齐祭坛画[Strozzi altarpiece]),以及他圈内人的作品中(插图11)。[14] 迈斯的文章写于战后时期(1951年),他的提法的明显优势

---

[13] Binski (1995).
[14] Meiss (1951); Huizinga (1955);但需参考 Van Os (1981)。

第十章　宫廷赞助与国际哥特式

在于博得了某种直觉性的赞同。14世纪40年代和20世纪40年代的大屠杀的相似性，以及紧随这两次大屠杀而来的艺术上的抽象化都是明显的。最近，迈斯的提法被评论为一种过分单一原因的解释，并且过分依赖于对他所关注的艺术年代学的某种独特的理解。曾被认为黑死病后创作的某些作品已被改回这场瘟疫之前，这意味着连续性和非断裂性。正因为意大利对瘟疫的反应是高度诗歌化的（例如，薄伽丘的《十日谈》[Decameron]），所以不能产生相当于北欧的造型艺术和文学在黑死病后进行调整的那种证据，尽管这场瘟疫的流行是普遍的。而且，14世纪50年代和60年代艺术市场的结构及其资助者仍相对地被忽视了，尽管在财富分配和支出以及艺术界的构成上，有可能发生了深刻的变化。

　　这些变化一般都与大约1400年前后时期西欧所谓的国际哥特式风格的起源联系起来。可能为这种风格下一个简明的定义的，主要不是参考一整套清晰的风格特征，尽管实质上这种风格是法国和意大利艺术实践相交融的最终成果，这个过程1300年后不久在皮塞勒和西莫内的作品中就已开始；而是要参考公认为具有重要价值的特定艺术品。明显的例子是异常华丽的《时间之书》（Book of Hours），部分饰画是由林堡兄弟（Limburg brothers）为查理五世的兄弟贝里公爵约翰绘制的，1416年尚未完成，名为《时间祈祷书》（Très Riches Heures）（插图12）。关于14世纪晚期法国绘画与15世纪佛兰德绘画之间的时期，欧文·帕诺夫斯基在他研究这时期艺术的开创性的成果《早期尼德兰绘画》（1953年）中，视其为一段"耀眼的插曲"，对它的绘画风格作过简明的分析。[15] 对帕诺夫斯基而言，除了其混血儿的性质，这种风格有两个盛行的特征。首先，它具有某种陈列展示的特点，表明在社会快速变动时期炫耀式消费是重申返祖性的（atavistic）社会等级制度和社会控制的一种手段。根据这种说明，《时间祈祷书》中日程表上的图片不是关于和谐的、丰产的社会秩序，不是一种**优美的安排**（belle ordonnance）的文献，而是关于驾驭社会差别的文献。其次，通过这种风格中的社会不安全感，可以窥见中世纪晚期文化中的"夜间的（nocturnal）方面"，用病理学意义的话语来讲，

---

[15] Panofsky (1953), pp. 51–74; Baltimore (1962).

这一面强调醒悟、病态和怀旧。

很大程度上，帕诺夫斯基的解释仍要归功于19世纪布克哈特的文化史的广泛但加以区分的看法，这种看法导致国际哥特式（一种在意大利与皮萨内罗［Pisanello］和真蒂莱·达·法布里亚诺［Gentile da Fabriano］有联系的风格）被简化成保守的、回顾的并且略微有些艳俗的风格，成为马萨乔（Masaccio，卒于1428年）发起的意大利绘画上的渐进式革命的兄弟。⑯ 迈斯注意到，国际哥特式风格，如它最初于19世纪90年代（被路易斯·库拉若［Louis Courajod］）所界定的，是集体完成的，不仅在于它的混合形式，而且可以说在于它的历史不是被某个国家或某个人物所确定。准确地讲，它是意大利15世纪文艺复兴主流文化史中沙文主义与艺术个人主义表演的对立面。但是帕诺夫斯基和迈斯所提供的补救办法，即代之以强调北方个别大师创作的决定性作用，如林堡兄弟、布西科大师（Boucicaut Master）和雕刻家克劳斯·斯吕特（Claus Sluter）（插图13），反过来也受到抨击，因为他们转而研究哥特式艺术这一文艺复兴时期艺术与修辞的批判和解释的范式，也因为他们以英雄史诗的、过于贵族化的措辞来考虑它。⑰ 最后，重点已经决定性地从此类宏大叙事所导致的种种困境，转向对各个地方的、地区的和城市的研究；简言之，转向一种更加民主但魅力稍逊并在许多方面勇气稍逊的视角。

如果说我们对这一时期艺术的理解发生了重要变化，那么我们是在艺术含义的领域内发现这一点的，不是在它的风格方面，因为战后的鉴赏范式多半仍没有受到挑战。对尤里乌斯·冯·施勒塞尔（Julius von Schlosser）称之为宫廷艺术的研究，学术界继续强调这个时期受惠于12世纪和13世纪开创的封建文化的浪漫色彩。这种文化的显著特征，强调骑士理想和英雄题材，早在1400年之前就已获得自己的特性，经常出现在有插图的文本和非纪念性的装饰品中。随着世俗骑士团的建立，尤其是英格兰的嘉德骑士团（1349年）、法国的星星骑士团（1351年）和勃艮第的金羊毛（Golden Fleece）骑士团（1431年）的建立，这一过程是骑士理念最终制度化的一个环节。在

---

⑯ Christiansen (1982).
⑰ For Sluter, Morand (1991).

第十章　宫廷赞助与国际哥特式　　　　　　　　　　261

这一层面上，在非常真实的意义上这一时期是回顾性的、因循守旧的。[18] 几乎 14 世纪每一个重要的、纪念碑式的图画系列，无论是《九杰》（Nine Worthies）、亚瑟王的准则（Arthurian canon）、圣经的和古典的传奇故事，或是《启示录》（Apocalypse）（插图 14），并且不管是在壁画上还是在挂毯中，在 1350 年前的北欧均用文字和图片来表达，并且通常（就亚瑟王系列和《启示录》来说）是在 1300 年以前。从 14 世纪起，存世的世俗装饰品的数量显著增加，并且它们和规模较小的作品的联系仍很明显，例如《时间祈祷书》中的日程表上的图像和特伦托（Trento）的托雷－德尔阿吉拉（Torre dell'Aquila）中的绘画（1390—1407 年），如同克雷芒五世（Clement VI）时期那样，描绘的是各种世俗的消遣和贵族的嬉戏或休闲方式。[19]

宗教艺术与主观性

但是如果这时期王朝艺术或领主艺术的发展标志，是某种程序化（routinisation）的形式，那么相对被忽略的宗教画像领域则显示出更多的活力。伴随着造型艺术中哥特式风格的诞生，13 世纪见证了一种新的"自然主义的"绘画修辞学的出现，源于先前的虔诚习俗的普遍化，也是一种复兴的但本质上是对所描绘的世界的表面印象予以形而上学关注的产物。这种修辞学，通过宗教题材的人道和亲切感重新凸现在观众面前，与一些新的通常涉及圣母马利亚和基督受难（Passion）的主题相联系。这个修辞和主题的领域在 14 世纪继续发展，但是被集中在各种新型的形象上，为当时宗教情感中更加内省、更加虔诚的风气服务。如果此类主题实际上出现在中世纪晚期艺术的所有层次受资助的作品中，那么判断它们本质上是不是"大众化的"，是无益的。特别典型的是在虔诚的宗教艺术和观赏者之间的关系逐渐发生的某种变化，这在哥特式艺术和意大利艺术中都有所发展。该世纪见证了虔诚图像（andachtsbild）的日益大众化，特别是

---

[18] Keen (1984) 及前面原文第 209—213 页。
[19] Martindale (1981)。

在北欧，但在意大利也如此。诸如"耶稣面像"（Veronica）、"忧伤之子"（Man of Sorrows，即"耶稣"）和"圣母哀悼基督"（Pietà）之类的主题，现在服务于把虔诚的注意力集中到非叙述的图像表达，一般是关于基督受难的图像，以适合于沉浸在冥想中的行为。[20] 这个世纪产生了第一批画在面板上的小比例尺度的肖像，通常是侧面像（例如，法国约翰二世约 1350 年在卢浮宫的肖像）（插图 15），这个世纪也见证了一种形状特别幽闭恐怖的小型面板的虔诚画的迅速流行，这可能并非巧合。此类图像出现的前提是社会开始重视个体关注（individual attention）的模式，这种关注无须中介，是与上帝面对面的宗教体验。在这些图像中，我们可以合乎逻辑地看到一种适用于当时的神秘主义的关注形式。

此类默祷的图像，在俗人中，在宗教人士中也一样，在使用上与高度秩序化的祈祷习俗有关（尤其是**现代虔诚**［*Devotio Moderna*］），不仅广泛出现于面板绘画中，也广泛出现于如《时间之书》（Book of Hours）之类的祈祷手稿中，它有着其前数世纪相对而言尚未探究的苦行赎罪的、忏悔的特征。这一特征自身完全是国际化的，因为新虔诚的艺术和文献如今在西欧绝大部分地区都有典型意义。世俗百姓的虔诚体验和仪式被一种日益相似的体制所支配。在塑造他们时，由各宗教修会培植起来的种种形式的灵性（spirituality）的影响，以及 1274 年里昂公会议上首次正式公布的炼狱（Purgatory）教义的广泛影响，都是巨大的。[21] 炼狱的教义将拥有广泛的含义，无论是在纪念碑式艺术的领域，其中私人葬礼用的小教堂或附属于礼拜堂的小教堂（chantry）如今发展迅速，还是在各种图像的领域里，都是这样。因为死亡时的审判及此后的清洗本质上具有个人主义的、主观的特点，虽然在教义中没有言明，但这种特点正在逐步削弱基督救世的戏剧中那些关键时刻的正规的、集体的末世论，这种末世论已经统治了先前几个世纪的艺术，尤其通过末日审判（Last Judgement）表现出来。现在，虔诚艺术受炼狱赎罪的逻辑推理所驱使，被牵连进一个日益精密的工具性的体制中。

---

[20] Ringbom (1965); Belting (1981), pp. 301–302.
[21] Le Golf (1984); Hamburger (1990); Van Os (1994).

第十章　宫廷赞助与国际哥特式

在 14 世纪的新主观主义（new subjectivism）中，存在某些更根本的现代的东西，因为正是在这里，在宗教想象的领域，各种关于个性的新概念正在得到探索。意大利艺术，尤其是壁画，提供了探索的手段，观众用自己的眼光和感情来探索画面的空间并直接与各种图像约会，由此艺术和观众之间的关系可以重新协商。在西方艺术中，各种图像第一次专门迎合观赏者个人的意识，可以说它们充当了个人救赎的多面镜的角色。通常被说成中世纪晚期宗教和丧葬艺术的病态的东西，所反映的无非是种种精致的手段，主要是一种在意大利鲜为人知的哥特式恐怖，个人的或特定的救赎观念现在通过这些手段而被具体表达出来。诸如"三个生者和三个死者"（Three Living and Three Dead）、"死亡之舞"（Dance of Death）之类的主题，还有最让人毛骨悚然的**尸体**墓穴（transi tomb）（以一具腐烂的尸体来表示死者的肖像），尽管经常被拿来当作文化悲观主义和焦虑的范例，但是可以理解为观众向自己展现完成人生经历的一个例子，因此也是展现一种新的自我意识的例子。无独有偶，在一篇着手讨论阿维尼翁教宗的文章中，提到已知最早的**尸体**墓穴之一，是纪念阿维尼翁大教堂枢机主教让·德·拉格朗日（Cardinal Jean de Lagrange，卒于 1402 年）的（插图 16），这同时也是一个象征**虚荣和谦恭**的纪念碑。[22]

保罗·宾斯基（Paul Binski）
柴　彬 译
王加丰 校

---

[22]　Cohen (1973).

第 十 一 章
建　　筑

　　14世纪见证了哥特式建筑的成功扩张：从一个主要是法国的现象，转变成为整个欧洲的现象。哥特式建筑变成了基督教王国主导性的视觉语言，在这一进程中，哥特建筑在其生命的第一个世纪里所曾表示的几乎所有方面都经历了变化。它曾被视为欧洲高级教士的神学和礼拜仪式的婢女，那是一个小小的由同类人组成的圈子，现在则作为社会上多种多样的资助者的建筑而出现，这些人大部分是俗人而非教会人士，它有了新的活力，但其赞助者却碎片化了。在国王们、王子们、高级贵族和一个繁荣兴旺的市民阶级（bourgeoisie）以及"广受欢迎"的各托钵僧修会手中，哥特式建筑迅速发展出各种新的、更世俗化的建筑风格，在某种程度上它就是受到了这些新客户的种种希望的推动。如果"大教堂"——长方形大教堂和修道院教堂——主宰了哥特式建筑的第一个100年，那么小教堂、城堡-宫殿（castle-palace）、城市及其公共建筑，现在则第一次被视为中世纪晚期哥特式建筑的主要挑战对象。反过来，这些新的资助人阶层改变了中世纪艺术的地理分布。巴黎和法国北部在12世纪和13世纪享有的建筑领袖地位，开始受到迄今为止一直位于哥特式建筑世界边缘地区的那些资助中心的质疑，譬如那不勒斯、佛罗伦萨、科隆、伦敦、巴塞罗那、布拉格和马林堡（Marienburg）等，其中许多中心现在都是新的世俗政府的首都。艺术权力天平上的这种转变对建筑风格的历史具有深刻影响。13世纪哥特式建筑的这种统一的、有时候是呆板的表达方式，即所谓的**辐射式**（*Rayonnant*）风格，由于察觉到一个几乎无限多样性的地方需求和地方品味，不得不迅速转变为一种更松散、更兼收并蓄和更灵活的体系。哥特式建筑从一种分布地区有限但形式相对一致的风格，显现为一种形式上特别多样性的国际语言；由于它在基督教世界的边缘地区迅速激增，所以它碎化成有各种创意的地区和民族的方言。①

许多 14 世纪的建筑词汇，就总体而言就是晚期哥特式建筑语言，它最初的清晰表现不是在大教堂而是在小教堂里，如英王爱德华一世在威斯敏斯特宫的圣斯蒂芬小教堂（St Stephen's Chapel），始建于 1292 年（见插图 17），这绝不是巧合。将新的、通常分布广泛的欧洲各个统治中心联系在一起的，是一种共有的"宫廷"文化，它把**慷慨赠予**（*largesse*）、骑士制度和王朝炫耀的贵族价值观提升为一种世俗的宗教，并在小教堂和城堡－宫殿里，为其神圣的政治理念找到了最雄辩的讲坛。

像教宗克雷芒六世的祈祷室（oratory），即他的**默祷室**（*capella sua secreta*）,处在高高地矗立在阿维尼翁教宗宫中的天使塔（Tour des Anges，约 1343 年）一样，私人小教堂的传统特点，很容易适应于**现代虔诚派**（*devotio moderna*）内向的虔敬行为。但是，14 世纪小教堂也获得了新的、半世俗的回响，像家族陵墓（约 1390 年，贝里公爵约翰在布尔日的小教堂），像圣物库（查理四世在布拉格的城堡小教堂，始建于 1370 年，用来储藏荆棘冠［Crown of Thorns］的碎片），作为狂热崇拜统治者地位的场所，放在里面的那些遗物都是皇室的。路易九世在巴黎的圣小教堂（Sainte-Chapelle，1242—1248 年），作为供奉荆棘冠的神龛和上帝把王权赐予卡佩家族的**认可**（*imprimatur*），对中世纪晚期大多数小教堂都产生了影响。它被一长串 14 世纪特有的法国的**国王小教堂**（*capellae regis*）（布尔日、第戎、里永［Riom］、万塞讷［Vincennes］）以某种自我意识到的、忠诚的保守主义风格所仿制，从威斯敏斯特的圣斯蒂芬小教堂到马林堡的圣马利亚小教堂都是这样，它是各种形式上更自由的小教堂的模本。尤其是，它为该世纪两个最宏伟的王室神龛提供了原型：英王爱德华三世在格洛斯特大教堂的附属小教堂唱诗坛（chapel-choir），该大教堂作为他父亲"殉道者"爱德华二世（插图 18）的陵墓，始建于约 1337 年；以及法王查理四世在亚琛大教堂的玻璃房唱诗坛，作为辉煌的查理

---

① Gross（1948）；Frankl（1962）；Wilson（1990）.

大帝遗体的安放地和日耳曼诸王加冕礼的场所，建于1355年。[②]

一系列雄伟的城堡－宫殿引人瞩目地同时出现于该世纪中叶，有英王爱德华三世的温莎城堡（1348年）、苏格兰国王大卫二世重新修建的爱丁堡（1356年以后）、在马林堡的骑士团总团长（grand master）的宫殿（始建于1330年）（设计图1）、教宗克雷芒六世在阿维尼翁扩建的教宗宫（始建于1342年）、查理四世的卡尔施泰因城堡（Karlstein Castle，始建于1348年）（设计图2）、卡齐米尔大王在克拉科夫修建的瓦维尔城堡（Wawel，始建于约1350年）和法兰西查理五世重建的万塞讷的**城堡主楼**（*donjon*）（1361—1369年）（设计图3）等，是权力的天平从教会建筑向世俗建筑这一新转移的仅有的最能说明问题的征兆。几乎所有这些建筑都比当地同时期的教堂建筑物

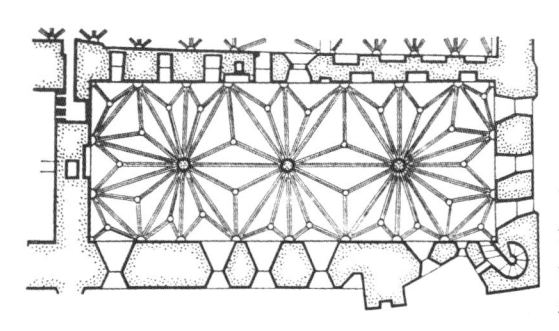

设计图1　条顿骑士团的城堡马林堡（马尔堡）的教士会礼拜堂平面图，约1330年

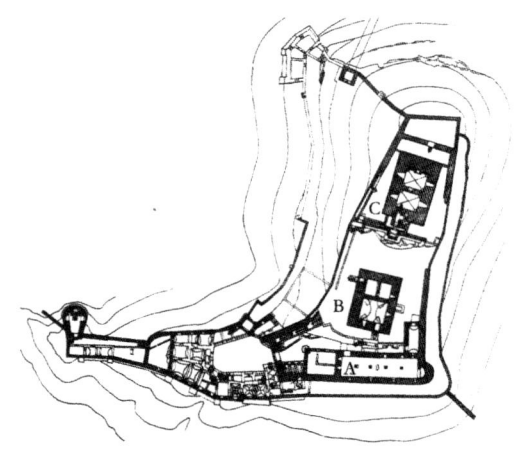

设计图2　卡尔施泰因城堡，始建于1348年，1367年前完工

　　A 帝国宫殿；B 圣马利亚和圣凯瑟琳小教堂位于其内的教堂塔楼；C 圣十字架小教堂位于其内的高塔

---

② Branner（1965），pp. 56ff；*Die Parler*（1978），I, pp. 121-139；Wilson（1990），pp. 204-208.

第十一章 建筑

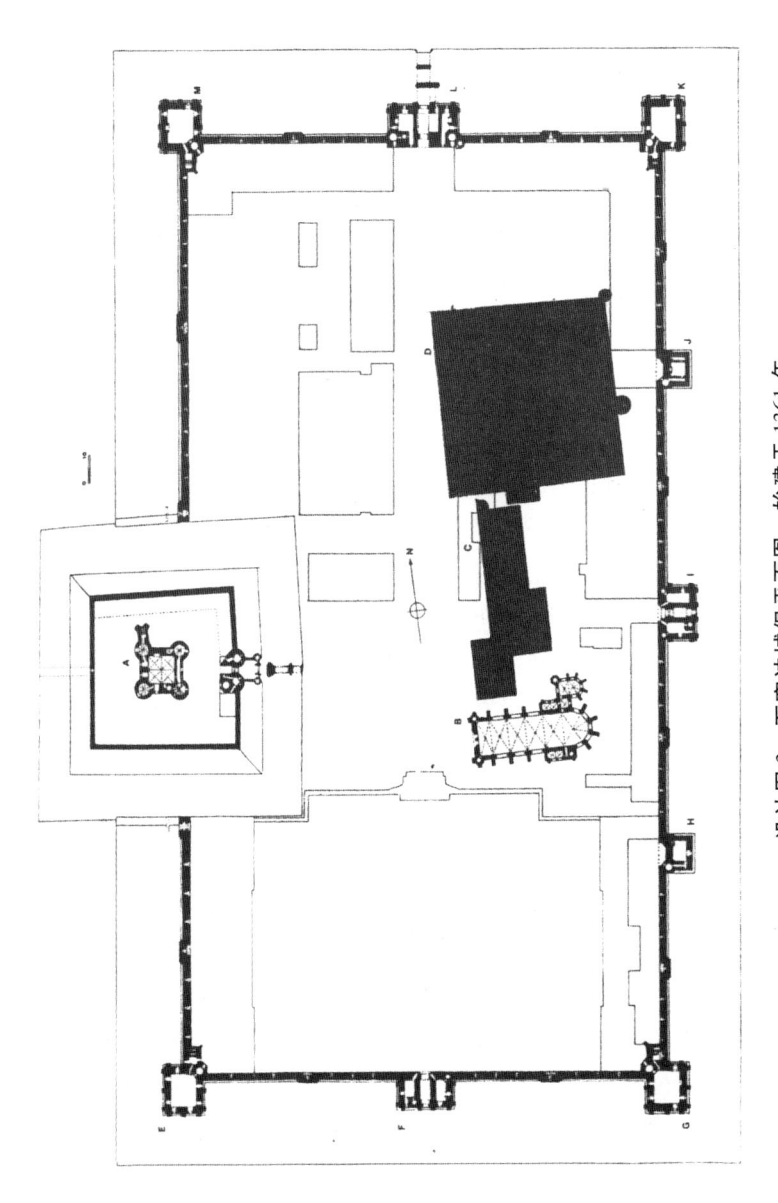

设计图 3 万塞讷城堡平面图,始建于 1361 年

A 城堡主楼;B 圣小教堂;C 和 D 以前的城堡(没有保留下来)

238 更高大，更奢华（造价在 51000 英镑的温莎城堡成为英国中世纪建筑史上最昂贵的建筑），它们中有许多接管了旧式大教堂的功能，即作为石匠的训练场，作为传播新风格的休息厅。它们也是令人生畏的军事机器。百年战争保证了军事投入水平的增加，刺激了防御规划的完善。法王查理五世重新修建万塞讷的城堡主楼，确保这种建筑形式直到中世纪末在法国一直流行。爱德华三世的女王堡（Queenborough，1361—1365年，又译"昆伯勒"）是欧洲最精密的同心城堡。马林堡在中世纪的围攻中只屈服过一次，而卡尔施泰因则从未屈服过（插图 7 和 19）。③

在城堡的警戒线后面，人们可以关注日益增长的对隐私、舒适、宽敞的住处的某种要求。14 世纪里，在旧式堡垒向新式宫殿的转变过程中，扮演关键角色的很可能是瓦卢瓦法兰西的国王和公爵们。在臭名昭著的阿维尼翁教宗宫的奢华的鼓舞下，查理五世和他的兄弟在 14 世纪下半叶建造的那些豪华的城堡宫殿（万塞讷、索米尔，耶夫尔河畔默安［Mehun-sur-Yevre，插图 30］和巴黎圣波勒宫［Hôtel de Saint-Pol]）在以下方面起带头作用：公共空间与私人空间的巧妙分隔，用于冥想及用于如**学习**和祈祷的那些私人房间的增加，重视壁炉和它的上部结构的装饰，提供采光良好的、教会标准的窗花格饰（window tracery）的空间，设置精致的走廊和屋顶平台，由此可以注视各个花园和景观。合乎体统地维持一个大家庭和客人的生活，是中世纪晚期**慷慨**的最终象征，这在设计上发挥着某种核心的作用。博尔顿（Bolton）城堡（始建于 1387 年）四边形的简单规划，很大程度上是由其内部所拥有的巨大而多样化的区域所决定的——全部根据扈从的地位而小心地加以安排。

这些舒适、内向的城堡宫殿同样也展示出某种形象，像宏伟的大教堂一样，经过装饰，给人留下深刻的印象并使人信服。查理四世的具有异国情调的卡尔施泰因城堡（插图 7，设计图 2）——帝国遗物的神圣场所和圣地的堡垒——实际上是作为某种神圣的进程来经历的。查理五世的万塞讷城堡，以巨大的长方形城墙围绕着常驻的宫廷和王室卫队（设计图 3），暗示了一种小规模的理想的城市，这是巴

---

③ Platt（1982）；Górski（1973）；Skibiński（1982）；Crossley（1985）；Albrecht（1986）. 关于 Karlstein，见 Gibbs（1989）and Stejskal（1978）。

第十一章　建筑

洛克鼎盛时期绝对主义者要求的先声。大部分城堡宫殿唤起了更传统的骑士精神和血统的美德。爱德华三世的温莎城堡是他新建的嘉德骑士团的总部,被看作一个新的卡米洛(Camelot)。* 无论他们宣传的是什么,这种城堡宫殿盗用"教会的"窗花格、雕刻和绘画,使它具有教会意象的权威的某些含义。在法兰西,"教堂"的这些重要特点可能是第一次系统地集中于入口和观众席最重要的位置:门房、楼梯和大厅。查理五世的卢浮宫(1360—约1370年)的楼梯是他资助的建筑杰作,把格子窗和雕刻的楼梯确立为法国家庭和宫廷建筑的主庭院占支配地位的模式,一直持续到16世纪中期。"美男子"菲利普国王在巴黎的西岱宫(Palais de la Cite,约1300年)和理查德二世在威斯敏斯特大教堂(1394—1401年,插图20)建造的那种巨大的会堂,都拥有其家族历代国王的雕像,其屋顶可列入最伟大的木建筑杰作之列,从中可以看到国家的意识形态被转换为一种现实,一种像古代伟大帝王的正殿那样夸张和气势恢宏的真实的事物。④

14世纪见证了欧洲自治市的鼎盛时期。独立、富有且拥有进取心,这些城镇对教会垄断哥特式建筑同样发起了有创造性的挑战。中世纪城市形成一种新的建筑风格:这是远比大教堂的**整体艺术**(*Gesamtkunstwerk*)更复杂的一种井然有序的实体,它吸收并在某种意义上取代了后者。在科尔德(Cordes)、圣吉米尼亚诺(San Gimgnano)和讷德林根(Nördlingen),一些建筑实际上仍然完整地保留了下来。但是,大多数流传至今的建筑,常常以天上之城(Celestial City)的形象,只出现在板画油画的背景中:排列紧密的房屋和由一圈城墙紧紧包围着的一个个高耸的尖塔。在那种单一的、现实主义的表意符号里,教堂占据支配地位,因为城市的地位依赖于它们的规模和数量。⑤ 到1300年,在中部意大利,大教堂的维修和建设已经从主教转移到了城市公社。⑥ 在北部,尤其在高度城市化的布拉班特,在荷兰沿海岸的城市中,在波罗的海南部地区的汉萨同盟港口,一个富有的城市贵族阶层建立了一系列巨大的砖砌的教士会主持的教堂(collegiate church)

---

* 英国传说中亚瑟王宫殿的所在地。——译者注
④ Colvin (1963), pp. 527–533, and Binski (1995), pp. 202–205, for Westminsster.
⑤ Frugoni (1991).
⑥ Braunfels (1953).

和堂区教堂（例如吕贝克圣马利亚小教堂［Lübeck, St Mary, 插图21］, 哈勒姆［Haarlem］的圣马沃［St Bavo］教堂），这些教堂即使不是在装饰上，在规模上也可与法兰西-佛兰德那些高大的哥特式大教堂相媲美。⑦ 不过，这些公社神圣的城市身份最明显的视觉象征却是尖塔。在德意志西南部，罗伊特林根（Reutlingen）、罗特韦尔（Rottweil）、埃斯林根（Esslingen）、斯特拉斯堡（Strasbourg）和乌尔姆（Ulm）（设计图4）等城市都明确宣布，作为帝国自由城市（Reichstädte）它们拥有自治地位，通过使用巨大的、单独的塔尖（如果乌尔姆的教堂完工的话，本来有可能成为中世纪世界最高的建筑），不含糊地暗指德意志罗马式和前罗马式建筑中那种古老而威严的正门朝西的塔式建筑（westworks）。⑧ 在佛罗伦萨，当地贵族的许多私人塔楼在13世纪末被新建的公社（primo popolo）拆毁，为乔托设计的大教堂钟楼（始建于1334年）（插图24）的建设铺平了道路，用佛罗伦萨和民众（popolo）的盾形徽章装饰，将城市内那些表示具有政治影响力的身份的旧式塔楼转换为单一中心的形式。⑨

在城墙内，公社政府发现自身有责任建造新形式的城市建筑。行会大厅呈现出一种新式的奢华（考文垂的行会大厅始建于1394年，自命不凡地效仿冈特的约翰在凯尼尔沃思城堡［Kenilworth Castle］的大厅和理查德二世在威斯敏斯特的大厅）。加泰罗尼亚-阿拉贡贸易集团（trading empire）的市场和海关大厅，即所谓的**交易所**（lonja），原计划要成为一个**非常漂亮、宏伟和豪华的**（molt bella, magnifica y sumptuosa）建筑（正如一份15世纪的资料这样描述的巴伦西亚的交易所）。布鲁日的（始建于1239年，完成于1482—1486年）和伊普尔的（完成于1304年）这些佛兰德人建造的伟大的呢绒大厅，按照行业和职能很好地安排它们的内部空间，但使它们的建筑正面（facades）成为中世纪城市最具纪念性的特征。⑩ 最重要的是，市政厅作为城市主权的象征，同主教大教堂一起，成为城镇生活的主要集合点，在城市的等级体系中占有一种新的突出的地位。在高度城

---

⑦ Nussbaum（1994）, pp. 102–109.
⑧ Ibid., pp. 192–204; Braunfels（1981）, pp. 138–146.
⑨ Trachtenberg（1971）.
⑩ 关于呢绒大厅和**交易所**，见 Nagel（1971）。

设计图 4　乌尔姆大教堂西塔设计图 A，设计者乌尔里希·冯·恩兴根，约 1392 年

市化的尼德兰,市政建筑物有创意地依赖教堂装饰的情况实际上得到了扭转,而且布鲁日市政厅的正面(约建于1377—1387年)(插图22)及其15世纪在布鲁塞尔的继承者,预测并鼓舞了15世纪晚期布拉班特大教堂建筑的那些炫耀性的细节(甚至包括整个尖塔的设计)。[11] 在意大利,更伟大的纪念碑式的市政厅设计使它更加自由地摆脱了基督教装饰风格的种种限制;佛罗伦萨的市政厅韦基奥大楼(插图23),将堡垒的简朴与来自教堂建筑(双重连拱的花饰格子窗)和家庭建筑(阳台上的走廊)的特点结合起来;在雉堞状的城墙和巨大的瞭望塔般的钟楼中,它起了整个城市的视觉缩影的作用。[12]

在这种新的城市建筑领域,对它的形状与排列的控制,没有一个地方比中部意大利各共和国城市表现得更惊人地明显。对于14世纪意大利的托斯卡纳城市而言,它们在起源与灵感上把自己炫耀为罗马人,建筑物是政府的另一个分支,是秩序意识的一种公共表现,它将纯粹的**城市**(城镇建筑物)转变为亚里士多德和西塞罗式的理想城市(一种城市共同体)。在比萨、锡耶纳和佛罗伦萨,公社所承担的责任不仅是实施它们详细的建筑管理规章,而且也要提供新的设施——喷泉、凉廊、街道的铺砌和拓宽,凡出现重新塑造整个城市结构的机会的地方都要加以管理。14世纪时的佛罗伦萨,有人估计有9万人口,提供了一个关于规模巨大的城市规划的传奇例子。1284到1299年见证了这样一些设计:一个长8.5千米的环形城墙,一个巨大的新式大教堂和同样令人印象深刻的方济各会的教堂(圣十字教堂[S. Croce])和韦基奥大楼,可能全都出自阿诺尔福·迪·坎比奥(Arnolfo di Cambio)之手。像大多数托斯卡纳城市一样,佛罗伦萨城市规划根据城市生活两极化的特点,围绕着大教堂和市政厅而展开。在14世纪期间,环绕着韦基奥大楼的广场逐渐呈现出它现在的形式,其中包括最后为市政厅封闭式的厚重外形而装饰的金箔叶片、雇佣兵凉廊(Loggia dei Lanzi,1376—约1381年)(插图23)的宽敞的拱廊。大教堂的广场经过铺砌、扩大,甚至降低它的高度以提高大

---

[11] Bialostocki (1972), p. 345.
[12] Trachetenberg (1971), (1988) and (1989); Rubinstein (1995).

教堂和洗礼池的可见度。新的加尔查沃利大街（Via Calzaiuoli）把这两个中心连接起来。处在这条街的中间点上的佛罗伦萨人公共生活的第三个中心奥尔圣米凯莱（Orsanmichele，始建于1336年）教堂兼谷物交易所，在这条街上起首要作用；乔托钟楼则戏剧性地把该街的入口化为大教堂的广场（插图24）。这是处于最慷慨、最炫耀时期的城市建筑；**公共美化活动**（publicum decus）被视为好政府的镜子。[13]

这座城市结构的必不可少的组成成分，是修士们的修道院，通常处于城市较贫穷的边缘地带，成为其城墙的一部分。修士们的教堂为中世纪晚期的教会建筑增添了一种新型的风格。尽管修道院的类型多种多样，而且（有时）具有大教堂的规模，但是修士们的所有教堂都拥有一种确定无疑的简朴性——没有耳堂、高塔和丰富的建筑装饰，与其信奉的贫穷及异教徒对大教堂建筑的豪华傲慢的批评相一致。还有一点与众不同的是，它们常常具有混合的外貌，暗示着化缘生活的双重特点。它们高大和明亮的单通道的唱诗坛，使人们回想起**辐射式**风格的小教堂的设计，宣告了它们作为**学生修士**（ordines studentes）[*]的身份，他们是路易九世的宠臣，是塑造和吸收了13世纪晚期巴黎的知识和艺术文化的神学家们。[14]确实，德意志和中欧的托钵僧的**长形唱诗坛**（Langchore）——一种特别受奥地利和上莱茵的哈布斯堡家族偏爱的形式——似乎是有意识地唤醒人们对那些圣小教堂（柯尼希斯费尔登 [Konigsfelden]，维也纳圣方济各会的教堂路德维希绍尔 [Ludwigschor]，两者都是14世纪20年代的建筑）的回忆。但是，作为**托钵僧的修会**（ordines mendicantium）的建筑，这些托钵僧把他们教堂的正厅，建造成为城镇无产者布道的大厅。它们同（由祭坛围屏加以突出的）唱诗坛之间的反差不可能有比这更直率的了。这些常常是非拱顶的、巨大而简单的大厅，经常被宽敞的（通常无柱头）的拱廊分割成开放的通道，看起来像谷仓或者——当被单排柱子从中部分开时——很像食堂、医院，或者教士会礼堂（图卢兹多明我会教堂，插图25）。将半世俗的形式提升为一种新的神圣

---

[13] Braunfels (1952); Larner (1971); Frugoni (1991).
[*] 即多明我会和方济各会修士，因为他们几乎是中世纪唯一致力于学习的修会修士。——译者注
[14] Schenkluhn (1985).

的背景，也许有助于解释托钵僧修会建筑对于中世纪晚期的一种兴旺的建筑风格，即对宽敞的堂区教堂和城镇教堂产生的深远影响；因为这些教堂的正厅看起来也许无论如何"不神秘"，它们都庇护着表达某种神圣意义的图像，这些图像或是采用大量的循环壁画（相当于用视觉图像来**解说**托钵僧的布道）的形式，或者以更随意的、杂乱的形式，画着各种祭坛、围屏、陵墓和崇拜的偶像，这些都是小规模祷告的对象，清楚地表达了那种庇护着它们的"中性的"（neutral）空间气氛。

对于中世纪晚期而言，神灵寓居在不计其数的小小的天国里，如同在宇宙的建筑中一样。中世纪教堂建筑的装饰能让人经受一种精神上的分级行进过程：通过各个分离的空间，即通过各种真实的和象征性的门槛，用拱门或壁龛标出它们的界限，最后接近天堂。为了使人们幻想天堂中的"大量楼宇"（《约翰福音》，14：2。中译本为"许多住处"），确实很有必要采用这些关键的栅栏和空间，它们曾被戏称为"袖珍建筑"——玩具建筑物（通常是各种形式的壁龛），用窗花格加以装饰，用拱形门、微型尖塔或者小尖塔作屋顶。[15] 在14世纪，这些复杂的冠盖结构如其数量众多一样，证明具有各种各样的功能。它们装饰建筑物西面的正面（斯特拉斯堡、埃克塞特、鲁昂）和内置的建筑物的微缩模型、唱诗坛围屏（林肯[Lincoln]）。它们被用于微型的圣骨盒（亚琛的三塔神龛[Three Towers Shrine]），或者用于它们较大的变体、陵墓的上部结构（爱德华二世，在格洛斯特；教宗约翰二十二世，在阿维尼翁）。它们组成那些神奇的塑像的华盖（奥尔圣米凯莱圣体龛，在佛罗伦萨），毫不奇怪地垄断了唱诗坛的器具——无论是教士专座（林肯）抑或是主教的神座（埃克塞特）、主祭台（上韦瑟尔[Oberwesel]），还是祭台的围屏（内维尔围屏，在达勒姆）。中世纪后期石匠的大量精力都投入这些行家里手的精美作品的制作中；由于它们的形制和几何图形设计程序与全尺寸的建筑实物是等同的，所以它们在无限大和无限小的东西之间建立了一种奇妙的亲缘关系。实际上，它们可以被作为新奇物品的检测场，这种新奇物品只是在后

---

[15] Boucher (1976).

第十一章 建筑 275

来才被全尺寸地建造起来（最早的扇拱垂饰以微型的形式出现在图克斯伯里［Tewkesbury］一个14世纪晚期的陵墓的顶棚上）。从美学角度说，它们对某种世界秩序（universal order）作出了贡献，因为它们应用于所有的媒介——木制围屏、金属神龛、石制壁龛和建筑物的彩画玻璃里人物的华盖——以同一种精确而神奇的几何学语言把整个教堂统一起来。因此，就是各媒介之间这种自由地互换，打开了中世纪晚期石匠的眼界，使其通向一个装饰效果更加广阔得多的领域。例如，英国14世纪的木匠的独创性，在当时教堂建筑的极为异乎寻常的解决方案上打上了自己的印记（唱诗坛侧道穹顶，圣·奥古斯丁的布里斯托尔修道院）；德意志的建筑形制在14世纪第二个25年里从斯特拉斯堡向锡耶纳传播，曾经同金匠乌戈利诺·迪·维耶罗（Ugolino di viero）在奥尔维耶托建筑的圣骨盒密切相连。一个世纪后，菲拉雷特（Filarete）开始谴责北部的哥特式建筑，因为它是由金匠发展起来并"应用到建筑上去"的。至少，他的直觉是正确的，因为归根结蒂，微型建筑的各种象征作用的反响远远超出它的实用的和美学的优势。14世纪的大量建筑，从巨大的尖塔到圣骨盒的华盖，通过将其圈围在窗花格的隔间里，正要唤起神圣的情感。

244

　　1300年后，巴黎在建筑方面的权威的衰退是显而易见的，欧洲人拒绝它的最复杂精致的作品的**辐射式**风格。**辐射式**风格自从在建造圣德尼大教堂（Saint-Denis，始建于1231年）新的唱诗坛时被公式化后，它就迅速成为欧洲大教堂建筑的**通用语言**（*lingua franca*）。这种风格在变薄的、优雅的、瘦削的表面上占支配地位的是无所不在的花饰的窗格子，它继续使那些怀旧的法国资助人着迷，直到14世纪后半期。⑯但是，在1300年前后的20年间，在欧洲其他地区，这种建筑风格发现自己面临着严峻挑战。在意大利、加泰罗尼亚和法国南部部分地区，它实际上被忽视了；在英格兰和德意志，它则经历了一场重要而独特的转变。

　　在欧洲北部，晚期哥特式建筑的大量词汇和句法在13世纪90

---

⑯ Schürenberg（1934）；Branner（1965），pp. 112–137；Freigang（1992）.

年代的英格兰被创造出来,中世纪后期英格兰的国王们对其国家的教堂建筑的影响,比其他任何君主国都更有决定性。尽管威斯敏斯特宫还欠圣小教堂(Sainte-Chapelle)一笔普通债务,但是,坎特伯雷的迈克尔为它设计的圣斯蒂芬小教堂(Michael of Canterbury's St Stephen's Chapel,始建于1292年,为爱德华一世而建)以一种在欧洲史无前例的、自由和独创性的方式,颠覆了法国**辐射式**建筑风格的基本原则(插图17)。最明显的是,这场转变涉及法国式僵硬风格的"软化"和活泼化,其特点是:将双曲的"S形"拱门引进窗花格的装饰图形;用一种新式的装饰性的穹顶(穹顶的枝肋)模糊分隔间的划分;大量使用装饰性的雉堞状的飞檐以打破**辐射式建筑物**立面的垂直连贯性,这种飞檐分布在该小教堂各个主窗的上面,断然将穹顶和筒拱柱(vault shaft)分开。但是,小教堂也对**辐射式**的窗花格饰的主导地位构成挑战,将新的中心主题放在最显著的地位:在壁龛上有一个微型的拱形篷盖,一种借自**辐射式**风格的桥门的形式,但是现在它脱离了原来的建筑架构,在这里被用作教堂内部立面的主要物件。由于没有**辐射式**风格的窗花格饰的大量网格做框架,这些壁龛和其他精心设计的装饰细节呈现出它们自身的一种非凡和独特的生命力。在消解掉**辐射式**风格中所有呆板僵硬的东西后,向以下风格转变的道路就打开了,即将小教堂视为一个具有独特的设计风格的松散的混合物,它有一个简朴而可观的穹形地下室,外部有金属的窗饰网格,内部有一个镶嵌的壁龛。[17] 坎特伯雷的迈克尔使用形成对照的模式的设计方法不是新颖的,它是由欧洲大陆许多建筑师独立地发展起来的。但是,它对英国的"**盛饰建筑风格**"(Decorated Style,约1290—1350年)的建筑物有深远影响,这些建筑物中有很多直接受惠于圣斯蒂芬小教堂以及爱德华一世时期同时代的其他建筑。

14世纪早期的大部分时期里,爱德华提出的所谓的"宫廷风格"[18],即那种唤起新的、充满生机的视觉的哥特式建筑风格,在14世纪早期大部分时间里在英国引起了创造性的装饰风格的爆发,

---

[17] Wilson (1990), pp. 191-196.
[18] Bony (1979).

从约克郡和林肯郡的闪烁的曲线窗花格饰，到西南部诸郡类似于伊斯兰式的枝肋和网状拱顶，凡是**辐射式**建筑风格的穹顶被设想为一种限定分隔间的顶棚的地方，都被一种不中断的天花板的观念所取代，天花板上有浮雕和密集的图案（图克斯伯里修道院和韦尔斯大教堂的唱诗坛［设计图5］，两者均建于14世纪30年代）。这种新确立的自由不仅需要惊人地扩大某种装饰性的词汇，而且还需要使用坎特伯雷的迈克尔的创作"模式"，以区分礼拜仪式的功能或者强调象征性的意义。因而，韦尔斯大教堂（始建于14世纪20年代）重建的东部呈现了一种混杂的序列，八边形的圣母堂、低矮的类似教堂地下室的祭坛后部、一个高高的类似于小教堂的庇护所和唱诗坛，每一处都使人想起礼拜仪式上各自的用途。[19] 在伊利大教堂（插图26）巨大的中央交叉部的上面，在赞美盎格鲁-撒克逊守护神圣埃塞德丽达（St Etheldreda）的大量雕塑和绘画的项目上面，浮现出一个独特的木制的穹顶和灯塔（始建于1322年），这是中世纪木工手艺的奇迹之一，与相邻的同时期的唱诗坛的传统形制形成鲜明对比。它以一个类似于殉道者遗物陈列所的八角形体来构思，是一个古典英雄祠（heroa）的哥特式版本，实际上对大教堂的小修道院（cathedral priory）的神圣地位引导了一场引人入胜的**戏剧性变化**（coup de theatre）。[20]

那种所谓的垂直式建筑风格（Perpendicular Style），始于爱德华三世改造格洛斯特大教堂南面的耳堂和唱诗坛（1331—1367年），主宰了此后英国200年的建筑风格，恢复了**辐射式**建筑风格把窗花格作为内部立面的组织原则的观念。[21] 格洛斯特大教堂（插图18），及其杰出的教堂追随者坎特伯雷大教堂（1378—1405年）和温彻斯特大教堂（始建于1394年）的中殿，都排斥那种**盛饰建筑**（Decorated）风格的奢华的装饰细节，赞成一种综合视觉的统一性，其所主张的原则是：把类似的和重复的窗花格嵌条扩展到几乎整个内部的表面。但是，自相矛盾的是，人们发现它与**辐射式**建筑风格的最清晰的联系是

---

[19] Wilson (1990), pp. 199–203.
[20] Lindley (1986).
[21] Wilson (1990), pp. 204–223; Harvey (1978).

设计图 5　韦尔斯大教堂平面图

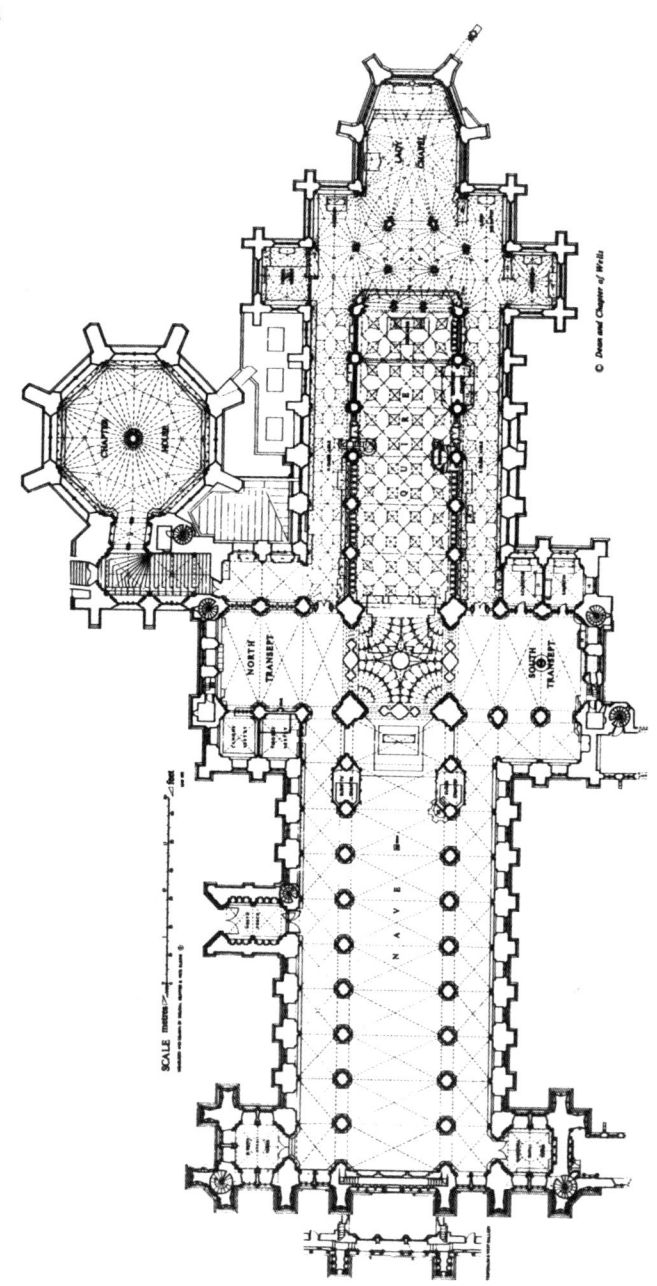

东区，在约 1322—约 1340 年间经过改造，包括圣母堂（最右处），唱诗坛和两者之间的唱诗坛的后部

垂直式建筑风格最具独创性的扇拱（现存最早的范例是约 1351—1364 年间建造的格洛斯特大教堂回廊东边的人行道），英格兰独有的一种建筑形式，它的分叉式窗花格嵌条在设计上确实类似于**辐射式建筑风格**的半个玫瑰花窗（rose window）。[22] 垂直式建筑风格的简单、可复制的词汇容易适应于多样化的建筑市场变化着的各种需求。像**盛饰建筑**风格一样，它在起源和早期扩散过程中是一种王室的或与王室相联系的风格，很快就在温莎、威斯敏斯特（插图 20）和冈特的约翰的凯尼尔沃思这些伟大的城堡－宫殿里获得青睐。但是，在赋予大学建筑（牛津大学的新学院）（插图 28）一种新的尊严和秩序方面，在创建东盎格利亚和科茨沃尔德（Cotswolds）各堂区教堂的那种有克制的华丽方面（结构上模仿伦敦那些杰出的托钵僧的教堂），在为这些"羊毛教堂"*和大教堂的交叉处提供高贵的平顶塔楼方面，它同样也是有效的。作为那些"拥有众多塔楼的天国城市（city of Sion）"的象征，它们将中世纪后期英格兰的许多地方变成了神圣的景观。

在法国，百年战争造成了贫困，国王们作为教堂建筑赞助人不愿承担其官方承认的责任，不可能出现任何君主领导的关于教会的**辐射式风格**的改革。有意义的是，我们是在王室和公爵宫殿这一"更自由"的类型中，而不是在恋旧地回顾性的教堂建筑上，得以瞥见以下转变的最初迹象：从**辐射式**风格转变为法国哥特式晚期最后阶段的**火焰式风格**（Flamboyant Style）。使这种建筑风格获得这个名字的曲线窗花格饰（flowing tracery），出现（几乎可以肯定受到英国人灵感的启发）于居伊·德·达马丁（Guy de Dammartin）建造的圣小教堂，处于贝里的约翰在里永的城堡内，也出现于他为同一个公爵在普瓦蒂埃的城堡大厅内建造的壁炉上，两者都建于 14 世纪 90 年代。**火焰式**在各种结构之间的融合——省略大写字母，允许装饰线条交织，或"消失"在墙壁或柱子上——及其将光秃秃的墙面与带有复杂窗花格饰的通道并列的趋势，都以不同的形式被预料到了，如在"美男子"菲利普国王在巴黎西岱宫（1299—1323 年）**大厅**（Grand

---

[22] Leedy (1980).
* 指用羊毛贸易的收益建造的教堂。——译者注

Salle）的穹形地下室里，在普瓦蒂埃的公爵宫殿（约1390年）**莫贝尔容塔楼**（*Tour maubergeon*）的底层地板上。最具戏剧性的，是在贝里的耶夫尔河畔默安城堡（始建于1367年）（插图30），在那里，居伊·德·达马丁在一个简朴的军用建筑的底层结构上设置了一个飘逸而雅致的辐射式屋顶风景（roofscape）。[23]

然而，在教堂建筑中，**辐射式**体系的最冒险的进展发生在德意志，这些进展与地方传统和来自英国的短期而有决定性影响的刺激和加入混合起来了。德意志建筑师充分利用各种各样富有的、激烈地竞争的赞助者：小宫廷、有影响的选侯－大主教、半自治的**自由城市**和那些在比较相似的东部领土上的统治者，如奥地利的哈布斯堡家族、波希米亚的卢森堡家族和普鲁士的条顿骑士团。它们共同促进了在欧洲北部没有先例的建筑风格的多样性，一种由波罗的海沿岸和德国北部平原的砖砌建筑，与南部、西部石建筑地区形成鲜明区别的混合的多样性。[24]

在莱茵兰地区，斯特拉斯堡大教堂（设计图B，约1275年，设计图6）和科隆大教堂（平面图F，约1300年，插图31，现存建筑物的西边的基础）的正面设计，标志着德国人摆脱半个世纪来法国人指导的时刻。法国人关于建筑物西部正面和谐的观念，即建筑物的正面和塔楼或多或少具有同样重要性的观念（巴黎圣母院、拉昂、兰斯的大教堂），让位于一种令人赞叹的想象，垂直的尖塔占据了主导地位，这在哥特式建筑里是史无前例的。整个建筑的大量构成成分贝体化为一个巨大的窗花格饰的屏风，其中的一些蜿蜒盘绕成古怪而充满活力的图案，有许多则神奇地独立于建筑物正面中央的前面，就像巨大的竖琴琴弦。在科隆，无光泽的窗花格饰板实际上将塔尖的外观溶解为精工雕琢的透孔织物。在同时代的法国，没有一座建筑物能像这件艺术杰作那样，把**辐射式**窗花格饰运用到西面的塔式建筑，形成一种特大的德意志人的罗马式版本；何况法国人的**辐射式**建筑的正面其实没有预感到这无数的窗花格饰的基本图案——尤其是那些重复的、打破飞檐的三角形顶篷——累积起来的力量会产生并加强一种势不可

---

[23] Albrecht (1986) and (1995).
[24] Nussbaum (1994).

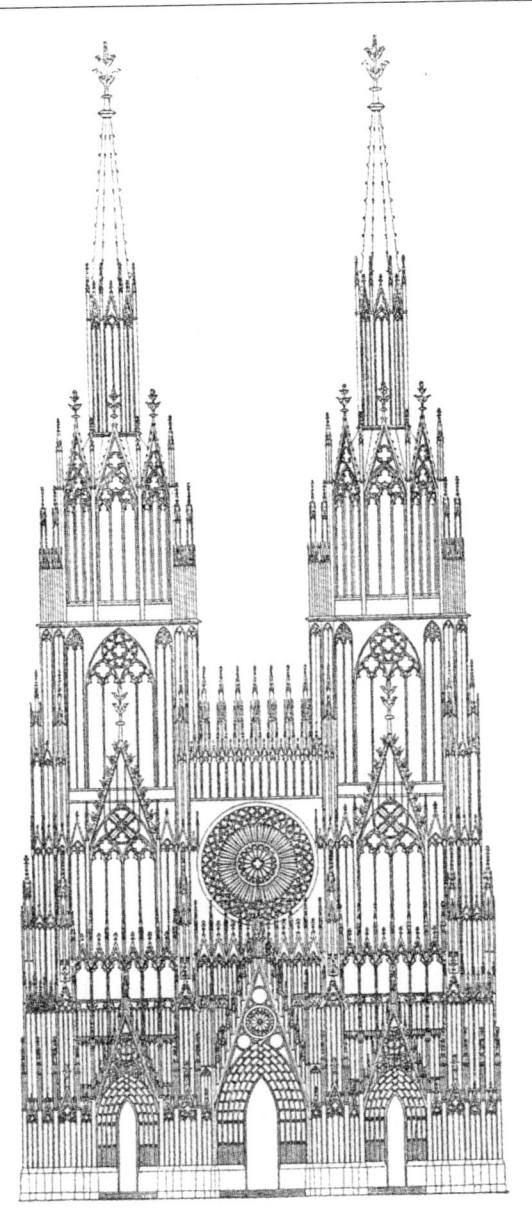

图6 斯特拉斯堡大教堂设计图 B，1275—1277年德希奥-贝措尔德重新描绘的原初的设计图

当的、垂直的**冲力**（*élan*）。在将建筑物正面纳入尖塔之后，不可避免地，德意志将回到完全只由西部的塔楼替代正面（façades）的罗马式准则。弗赖堡大教堂（Freiburg Minster，建于约1300年）被窗花格饰包裹起来的西面的尖塔，成为中世纪后期巨型单一尖塔的建筑典范（乌尔姆、维也纳、埃斯林根［Esslingen］、斯特拉斯堡、法兰克福）。

在其他地方，莱茵兰的这种精致的窗花格饰迅速被吸收进各种更具"地方"特色的形式，尤其是德意志人传统的厅堂式教堂（hall church）：高高的过道的墙壁可以融合窗花格饰的外壳，这种窗花格饰在侧立面（lateral facade）外表占支配地位（明登［Minden］大教堂，约1280年），用高高的灯罩来烘托宽敞的内部（海利根克鲁茨［Heiligenkruz］西铎会教堂，建成于1295年；索斯特［Soest］的维森教堂［Wiesenkirche］，始建于1313年）。大厅的结构，其内部空间完全被柱子和拱顶所限定（没有天窗），最终一定会将建筑师的注意力既集中到窗花格饰，又集中到拱顶。毫不奇怪，在德意志，装饰性拱顶最早的一些例子在该世纪最初30余年出现在有双重通道的大厅，见德意志西南部一批西铎会的修道院建筑（贝本豪森［Bebenhausen］餐厅和毛尔布荣［Maulbronn］教士会礼堂），以及——显然是在英国教士会礼堂手掌般的"伞"形拱顶的影响下——在北部汉萨同盟地区，如吕贝克（约1320年）的书信小教堂（Briefkapelle）和条顿骑士团在西普鲁士（约1320—1340年）的马林堡总部的教士会礼堂和餐厅（插图19）。装饰性的拱顶，是晚期哥特式建筑使内部空间倾向于统一和复杂化的最明显的表现之一，㉕ 在该世纪下半叶从帝国的这些角落传播到德意志大部分地区，尤其是东部（奥地利、波希米亚、西里西亚和波兰南部）。到1400年，这些地区的大部分主要作坊已经落入德国中世纪最大的共济会成员的王朝帕勒（Parler）家族的控制之下。㉖

神圣罗马帝国皇帝查理四世和帕勒家族中最著名的成员彼得之间的伙伴关系，在重建布拉格把它作为帝国新首都的过程中，是这方面德意志人曾有过的最亲密的关系，相当于同时代法国和英国的"宫

㉕ Clasen（1958）.
㉖ *Die Parler*（1978）; Stejskal（1978）.

第十一章　建筑

廷"建筑上中央政府的赞助。彼得·帕勒（Peter Parler）可能曾经作为学徒参加过科隆大教堂西边正面的建筑工作，他完成了布拉格大教堂唱诗坛（1356—1385 年）（插图 32，设计图 7）的建设，相当于以一种与坎特伯雷的迈克尔建设圣斯蒂芬小教堂同样的探索精神，改变了传统的**辐射式**风格。科隆大教堂唱诗坛内部的所有地方，引用法兰西-德意志**辐射式**风格的标准，仅仅是为了颠覆它。几何图形的窗花格饰被一种特殊（而且非常早的）曲线所取代。典型的法兰西的平面和垂直性被强有力的横向的突出点（horizontal accents）所削弱，所有一切都经过全面构思：教堂拱门上三拱式拱廊的栏杆、"之"字形的退场之处和通气窗的突出部分、包裹在一个拱肋的网格里的无分隔间的筒形拱顶，最后的，也可能是设计最独特的地方，是一个大师级的系列拱顶。这些拱顶经过装饰——triridials、* 下垂的浮饰、骨骼般的肋条——表明唱诗坛和耳堂是最重要的礼仪性或者象征性的区域。

对**辐射式**正统做法的这种大胆攻击，无论将其灵感归因于英国**盛饰建筑**的装饰的拱顶和退台式（set-back）天窗（插图 29），抑或更多地归因于地方模式，布拉格大教堂都成为德意志哥特式晚期的大量建筑进入 15 世纪的源头。其外部装饰的"巴洛克式"的活力，尤其是其南塔与相邻的耳堂正面基于窗花格和壁龛的表达方式，在德意志南部的巨型尖塔中得到了热情的发挥，著名的有维也纳的圣斯蒂芬教堂（很可能约 1400 年后还在建）、法兰克福大教堂（始建于 1415 年）、乌尔里希·冯·恩兴根主持建造的乌尔姆大教堂的巨型尖塔（设计于 1392 年）（设计图 4）和斯特拉斯堡大教堂的巨型尖塔（始建于 1399 年）。彼得·帕勒设计独特的装饰性拱顶引发了德国人对精心制作的拱肋模式的兴趣，纯粹就创造性和复杂性而言，它将英国建筑透示出来的各种预兆远远抛在了后面。甚至在彼得来到布拉格之前，在他（或/和他父亲海因里希［Heinrich］）为施瓦本格明德（Schwäbisch Gmünd）的圣十字架教堂（Holy Cross church，始建于 1351 年）（插图 33）唱诗坛的设计中，实际上已经创造了 15 世纪德意志众多大厅式唱诗坛（hall choir）的原型。运用对比"模式"（modal）构成的原则，彼得将莱茵河上游地区托钵僧修会建筑中的

---

* 词义不详。——译者注

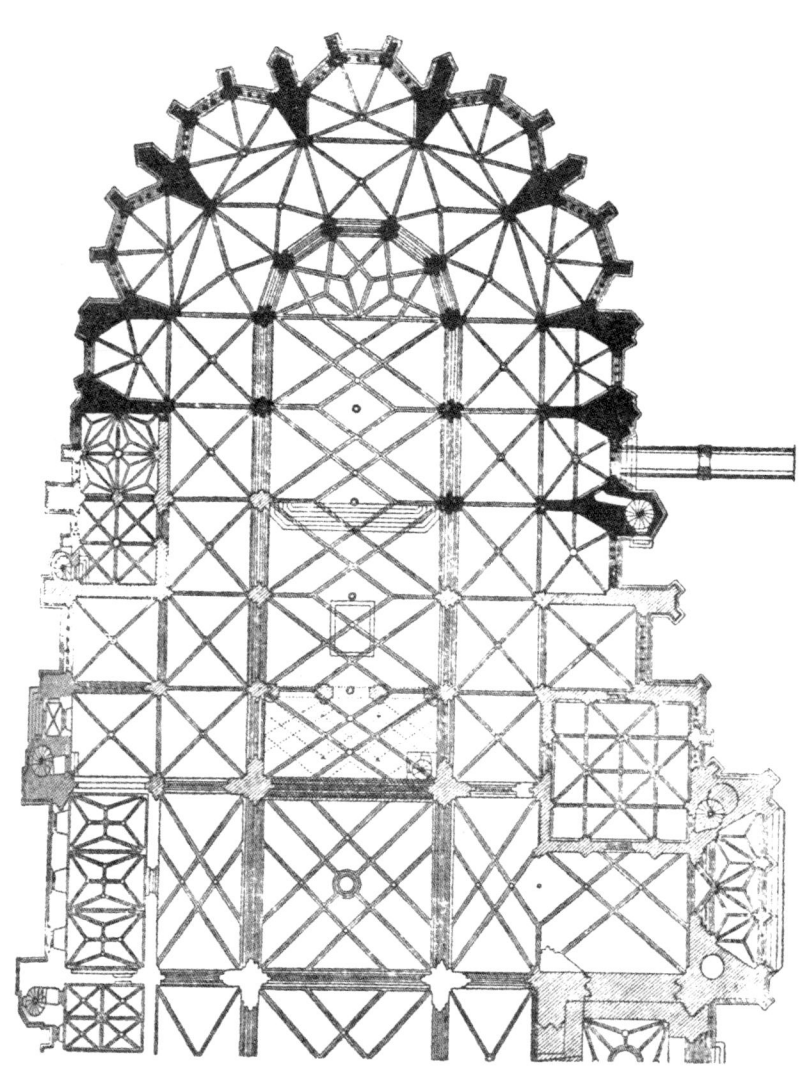

设计图7 布拉格大教堂底层平面图

设计者阿拉斯的马蒂亚斯（活跃于1344—1352年间）（黑色部分）和彼得·帕勒（活跃于1356—1399年间）（灰色部分）

光秃秃的圆柱，同外表有一个平坦的环形圈的小教堂结合起来，后者以重新整修的巴黎圣母院半圆形的后殿为模本。无论是在装饰细节上还是在内部空间的结构上，14 世纪后期德意志任何一位优秀的建筑师（在士瓦本的乌尔里希·冯·恩兴根、在勃兰登堡的欣里希·布伦斯伯格［Hinrich Brunsberg］、在巴伐利亚的汉斯·冯·布格豪森［Hans von Burghausen］）都不能不被彼得破坏性的新奇事物所触动。

在阿尔卑斯山以南，**辐射式**建筑体系和装饰品没有遭受几乎整体上被抛弃那样显著的变革。地中海有两个区域，加泰罗尼亚和意大利中部和北部，在 14 世纪里成功地创造了它们自己独特版式的哥特式晚期建筑，北部哥特式的装饰让路于简朴的壁饰和巨大的空间，令人想起哥特式全盛时期结构工程上最伟大的成就，甚至超越了它。这些简朴同托钵僧的特殊影响有很大关系。在北欧，他们的影响力大体上局限在城镇和堂区的教堂，但在欧洲南部，近一个世纪以来他们曾经是哥特式建筑风格最主要的输入者，自然要把他们的影响扩展到"更高级的"大教堂的建筑。1298 年，巴塞罗那的新教堂（插图 34）在阿拉贡的詹姆斯二世和法兰西斯会主教的共同支持下开始建设。我们又一次面临着在"模式"构成方面的一种有独创性的应用，在这里，两种建筑体系，一种是"托钵僧的"，一种是**辐射式**，在一个给人留下深刻印象的宽敞的建筑内部结合起来；其侧面的扩展性，产生于一个阶梯形的、金字塔式的横断面和带有凸出的侧廊的高高的连拱廊，确实受惠于布尔日和托莱多的大教堂。它的中央空间大体上包含"大教堂"和各种**辐射式**的标记（集束式柱子模仿利摩日和克莱蒙费兰［Clermont-Ferrand］大教堂的柱子，矮小圆形的通风窗源于托莱多大教堂的内部侧廊）。但是，带有简单的墙面、各个蜂窝状的小礼拜室、没有耳堂的侧面空间，让人回忆起巴塞罗那托钵僧教堂的一个悠久的传统，即基于一种更简单的**只有一个正堂**（nef unique）的规划（13 世纪中期的圣卡塔琳娜［Santa Catalina］教堂，1326 年建造的佩德拉尔韦斯［Pedralbes］修道院）。这是对托钵僧的美学优点的一种记录：巴塞罗那大教堂的两个最突出的模仿者——海上圣马利亚（Santa Maria del Mar）堂区教堂（始建于 1324 年）和帕尔马·德·马略尔卡（Palma de Mallorca）大教堂（始建于 1306 年，插图 35）——都竟然排斥大教堂的**辐射式**遗产，赞同托钵僧的教堂的简朴。两者既在规模上与最大的哥特式大教堂相媲美，又使人们在其侧面的各小教堂、过道及其高度惊人的拱顶形成的阶梯式的空间中，回忆起布尔日的"家族"。但是，这里无疑存在顺从和模仿。这些巨大而失重的空间，采用非常薄的墙体，及其不可能变小的柱子和执着的简朴，看起来似乎有意再次重建哥特式体系，并将其延伸到它的各种结构的强度的极限，剥去了它的**辐射式**的繁琐物饰，恢复其原初的亮度与宽敞。㉗

在14世纪的意大利，这些托钵僧把哥特式体系切割成一种更加碎化得多的政治艺术文化。当北部各个专制政府、热那亚和威尼斯这些海上共和国、托斯卡纳和翁布里亚各共和制的城市国家以及安茹的阿普利亚和西西里的国王们，都可以多方面地利用拜占庭式、罗马式、哥特式、古典风格甚至穆斯林的传统时，我们不能期望意大利哥特式建筑的历史朝向任何一个清晰的线性方向发展。㉘在这种混乱中（尽管安茹家族统治的意大利南部将一直保持例外），一个常见的主题是意大利人对现代性的怀疑。菲拉雷特（Filarete）以人文主义的理由而不把哥特式视为**现代作品**（lavori moderni），这植根于14世纪托斯卡纳历史主义者的偏见，以及确信其作为丰富的古典和罗马式建筑遗产的保护者拥有特殊的地位（这两者仍然是不可分割的，有时混淆在一起）。对绝大部分意大利资助人而言，北部的哥特式风格看起来像可疑的外地人和**暴发户**，只是在迅速适应当地的习俗后才被容忍。意大利的环境中另一个共有的因素，源于其进步的城市文化，是它的主教区激增和相对贫困，结果它们的大教堂的维护和建设转移到城市政府手中。尤其是在意大利中部，大教堂被尊崇为城市宗教和公共生活的镜子。这种建筑权力的转移到14世纪末期在意大利几乎普遍发生，这既扩大又限制了专业建筑师的自由。作为定居在城市里的建筑师、精英——**管理建筑的石匠**（capomaestri，如在奥尔维耶托的洛伦佐·马伊塔尼［Lorenzo Maitani］）（插图37），将其职责扩大到所有城市工程，但同时也被要求遵守严格的建筑管理规章，在修建特殊的公共工程时，诸如修建大教堂，要定期把他们的设计提交给由非专家的市民——画家、金匠和普通俗人——组成的委员会，他们可能征

㉗ Lavedan (1935); Durliat (1962).
㉘ White (1966); Trachtenberg (1991).

集竞争对手的各种设计方案。在这种竞争和公开说服的氛围下，意大利人演化出提交设计方案的更加"流行的"方式，不是采用北部喜欢的精确地规划工程图，而是采用直接能理解的建筑模型，并在羊皮纸上依透视法画出示意图的方式。㉙ 由于建筑师的主要技能被认为等同于**构思**（disegno）和绘图，于是将重要建筑物的设计和建造委托给画家（乔托）（插图 24）、雕刻家（阿诺尔福·迪·坎比奥）和金匠（兰多·迪·皮耶罗 [Lando di Pietro]），是合乎逻辑的。允许业余人士指导大教堂的建造（这在北方是不可思议的）是意大利的具象艺术（figural arts）在 14 世纪享有巨大声誉的一种措施。这也有助于解释为什么一座外观简朴的建筑常常设计成一个纯粹画壁画的框架，使人们了解困扰着意大利工程的许多结构难题的原因，及为什么在意大利石匠会议上透露出对稳定性的挥之不去的关注。

米兰大教堂成为意大利建筑的这种不安全性的**广泛争议的问题**（cause celebre）（插图 36）。它始建于 1386 年，其设计规模准备与法国最大的教堂匹敌，甚至超过它们。它不得不引入一系列法国和德国建筑师，为其本质上是伦巴第式的建筑穿上一件最现代的北部哥特式建筑的那些细节做成的异想天开的衣服。㉚ 在此过程中，北方人遇到了米兰人关于结构稳定性的观点，与他们自己的、同样不科学的实践形成尖锐对立。在大教堂的问题上，这种古怪而庄严的南北妥协背后的主动精神，部分来自米兰的市民贵族（bourgeois patriciate），他们渴望模仿德意志**自由城市**的华丽建筑；部分源于詹加莱亚佐·维斯孔蒂公爵，他指望，一个巨大的**国王的教堂**（königskatedral）可以加强他对意大利王位的诉求。1402 年，他英年早逝，使得那个梦想如同体现它的大教堂一样不合时宜。

只有在托斯卡纳和翁布里亚的城市中，**辐射式**风格才恰当地融入了意大利的传统，然后主要在教堂的那些外部元素中，如塔楼和建筑物的正面，最有可能显示出公社的自重。奥尔维耶托大教堂西边正面（始建于 1310 年）（插图 37）及其预备图样，显示出尝试性地使那些传统的托斯卡纳的元素——多色的大理石覆面和马赛克装饰——顺应

㉙ Middeldorf-Kosegarten (1984), pp. 147–158.
㉚ White (1966), pp. 336–350; Ackermann (1949); Romanini (1973); Welch (1995).

法国**辐射式**风格关于正面设计的各种线性的和几何图案的原则。[31] 在糅合这样对立的两种风格中，其内在的问题在乔托的佛罗伦萨大教堂钟楼（始建于1334年）（插图24）的设计图中很明显：一个典型的佛罗伦萨立方体的主楼，被不协调地戴上一个直接效仿弗赖堡大教堂的纯粹德意志辐射式的尖塔（从未修建）。[32] 14世纪托斯卡纳的建筑师在建造圣骨匣、神龛（佛罗伦萨的奥尔圣米凯莱）、桥门（塔伦蒂[Talenti]设计的佛罗伦萨大教堂中殿）和楼体正面时，继续使用一套异常丰富的**辐射式**风格的表达方式，有时显示出他们对各种（大半是德意志的）模型的深刻知识（锡耶纳大教堂、唱诗坛和洗礼堂正面，始建于1317）。[33] 但是，关于教堂的主体建筑，罗马式和基督教早期传统重申了它们的权威。在奥尔维耶托的教宗城里，新教堂于1290年开建，被认为是对罗马的圣母马利亚大教堂（S. Maria Maggiore）和拉特兰（Lateran）教宗宴会大厅（插图37*）的一种松散的模仿。佛罗伦萨被但丁誉为"罗马最美丽和最著名的女儿"，随着阿诺尔福·迪·坎比奥的到来——他直接来自罗马——这个城市也被赋予了一种新的权威，他的法兰西斯会的圣十字教堂（S. Croce，始建于约1292年），在规模上同罗马基督教早期最大的长方形教堂相媲美（插图38）。毫不奇怪，阿诺尔福对佛罗伦萨大教堂（始建于1294年）的新式中殿的未实现的规划——分得很开的八边形柱子和一个木制的屋顶——有一种罗马的**庄严**（*gravitas*），是严密地模仿圣十字教堂的简朴和空灵感的，反映了托钵僧的建筑重塑意大利最高等级的教堂建筑的影响力。[34] 最终，阿诺尔福所规划的中殿被当时弗朗切斯科·塔伦蒂的版本（始建于1357年）所取代，但丝毫没有减少托钵僧的影响，因为该设计是佛罗伦萨教堂建筑中值得祝贺的各种杰作的混合物：柱子（piers）模仿奥尔圣米凯莱教堂，阳台栏杆模仿圣十字教堂，方形拱顶的分隔间模仿多明我会的新圣母马利亚教堂（S. Maria Novella）。

---

[31] Middledorf-Kosegarten (1984), pp. 148–153.
[32] Trachtenberg (1971).
[33] Klotz (1966).
* 本书的第37幅插图，不是这里所说的教宗宴会大厅，而是上面提到的奥尔维耶托大教堂，全书没有关于这个宴会大厅的插图。——译者注
[34] Toker (1978) and (1983).

第十一章 建筑

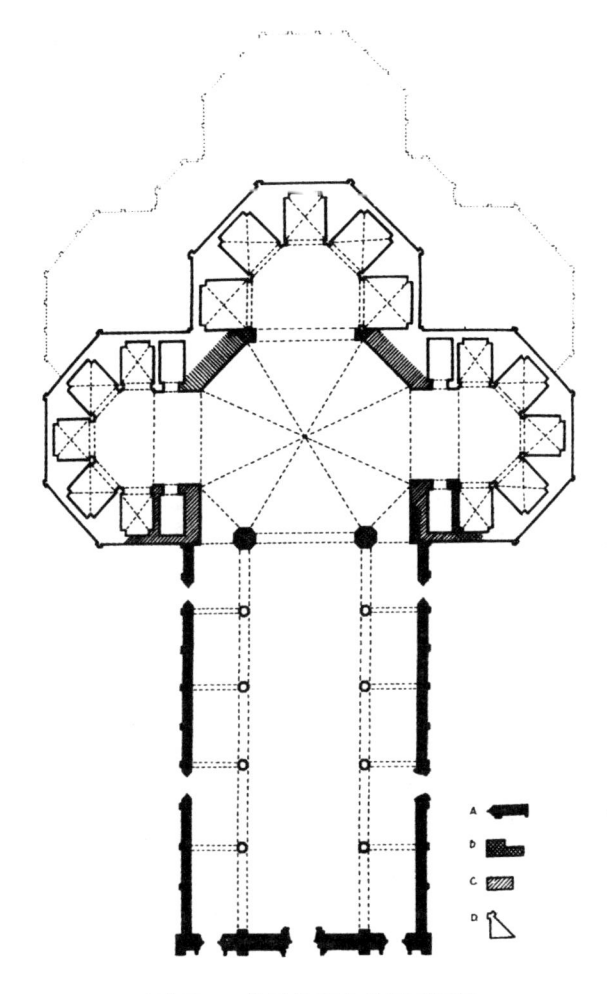

设计图 8 佛罗伦萨大教堂平面图

始建于 1294 年，目前的中殿建于 1357—1378 年，八角形围墙建于 1377—1421 年

A 在地基上升高的砖石工程，今天仍在使用

B 在废弃的地基上升高的砖石工程，发掘于 1965—1980 年

C 升高的砖石工程，可能通过完成 A 和 B 而重建

D 升高的砖石工程，可能通过图片和文献证据而扩建 A、B 和 C 时重建（在托克 [Toker] 之后）

阿诺尔福为大教堂东边各个部分做的规划（设计图8）几乎就是古代天国穹顶（Dome of Heaven）的宏伟复兴。它采用一个巨大的三叶形平面（trefoil-plan）的形式，从一个八边形的圆屋顶往四边辐射，覆盖整个中殿。直接刺激来自佛罗伦萨的主要城市竞争者——锡耶纳大教堂的更古老的中殿和耳堂交叉处的圆屋顶，尤其是由两个穹顶庇护着他们城市的女赞助人圣女（Virgin）的高高的祭坛。这两种安排唤醒了所有圣母教堂的原型——罗马万神殿，它再次献身，成为圣母马利亚的圆形建筑物。（而且，阿诺尔福的圆屋顶有意识地模仿佛罗伦萨更古老的八边形洗礼堂，该洗礼堂本身又是万神殿的一个复制品。）[35] 虽然锡耶纳的笨拙的六边形十字仍然是一个奇怪的东西，但阿诺尔福所幻想的教堂东区被其14世纪的继承人稍微扩大，并在布鲁内莱斯基（Brunelleschi）主持的圆屋顶中胜利地得以实现，实际上成为基督教古代的和文艺复兴时期的集中式教堂（centralised churches）之间的桥梁。

保罗·克罗斯利（Paul Crossley）
谷延方　译
王加丰　校

---

[35] Middledorf-Kosegarten (1970).

第 十 二 章

意大利、法国和英国的文学：本国语言的使用和缪斯

自从缪斯们（Muses）开始赤身裸体走进男人的视野以来，一些作家已经在道德讨论中高风格地使用她们，而其他人则征召她们服务于爱欲。但是你，我的书，最早让她们歌唱在战争中遭受的苦难，因为这些还从来没有人以意大利的母语来描述过。①

这段话是说明薄伽丘（Boccaccio）在《苔塞依达》（Teseida，14世纪30年代晚期）中如何描述其诗歌的主题的。如同在他之前的但丁一样，他经常援引和提及缪斯们，尤其是在作品开始和结束的时候。不过这一段落也表现了一种敏锐的意识——意识到本土语言的使用、作者的身份和诗歌的地位，这三个主题是本章将要涉及的内容。②

《苔塞依达》的这一段落也暗示了但丁关于使用本土语言的观点。在14世纪的第一个10年，但丁（Dante）的《论俗语》（De Vulgari Eloquentia）已经为"杰出"的本土语言作家确认了三个主题："英勇善战、爱之烈火和意志的方向"。③ 但丁还在某种程度上预料到了薄伽丘的"裸体的缪斯们"，如在他的《飨宴》（Convivio）中

---

① Boccaccio, *Teseida* XII. 84 (my trans.).
② 尽管这里少数地方也提到了西班牙和日耳曼文学，但不可能对这两者平等对待。关于这一时期西班牙文学的英文指南，参见 Deyermond (1971) 和（关于 Catalan）Terry (1972)，还有 Auerbach (1965)，pp. 320 – 324，和 Chaytor (1966)，pp. 89 – 90。关于 Juan Ruiz，*Libro de buen amor*（《真爱之书》）的相对应的英文本；还有 Zahareas (1965) 和 Smith (1983)。关于德文的类似材料，参见 Garland and Garland (1986)，尤其是词条 'Ackermann aus Böhmen', 'Eckhart', 'Hadamar von Laber', 'Heinrich Frauenlob', 'Heinzelin von Konstanz', 'Konrad von Megenberg', 'Oswald von Wolkenstein', 'Seuse (Heinrich)', 'Tauler (Johannes)' and 'Wittenweiler (Heinrich)'; 还有 Auerbach (1965), pp. 327 – 332。关于这方面德文的简明指南，参见 Bahr (1987)。关于 Eckhart 的英文资料，Clark (1957), Borgstädt and McGinn (1986)。
③ Trans. Haller (1973), p. 35 (*DVE* II. ii. 8).

把用本土语言评论诗歌的散文比作一位处于**自然美**（*natural bellezza*，《飨宴》I, x, 13）状态的妇女。不过，薄伽丘将拉丁文等同于"衣服"是令人感兴趣的，可视为但丁之后的两个世纪里意大利在使用拉丁文与本土语言之间的一种复杂关系——用奥尔巴赫（Auerbach）的话说是**友好关系**（*rapprochement*）——的反映。④

三位"佛罗伦萨的桂冠诗人"（但丁、彼得拉克［Petrarch］和薄伽丘）全都既用拉丁文又用本土语言写作，但是对这两种语言之间的关系，他们的态度是复杂而多变的。但丁在理论上（在《论俗语》和《飨宴》I）、在辩论术方面（在他写给乔瓦尼·德尔·维尔吉利奥［Giovanni del Virgilio］的《牧歌》［*Eclogue*］中）以及在实践上（在《神曲》［*Commedia*］中）阐述了这一论题，他还热情洋溢地论及本土语言，认为它曾"在我的诞生中有一份贡献"，因为它是"将我的父母亲结合在一起的东西……正如铁匠在打造一把刀时，火为他冶炼铁一样"（《飨宴》I, xiii, 4）。然而，他认为同拉丁文相比**俗语**（*vulgaris*）是"高贵"的，这一看法在14世纪引发了批评性的辩论，如它在20世纪造成的讨论一样。⑤ 在生涯结束时（1373年）薄伽丘——他的人生经历更尖锐得多地反映了拉丁文和本土语言之间复杂的交互作用——通过讲授《神曲》用但丁的语言悔恨地承认自己感到了对他的指控：他正在亵渎缪斯。⑥ 因而，对这两位作家而言，虽然（正如被引用的那些段落的形象化描述所显示的）本土语言在字面上完全是一个动人的主题，但拉丁文依然是他们两人使用的一种媒介和需要严肃对待的一种力量。⑦

这一时期的书籍汇编也反映出，在拉丁文持续拥有重要性的同时，人们对本土语言的文学作品的兴趣在日益增长。一份关于14世纪和15世纪图书馆的调查得出如下结论："君主们的藏书强烈地揭示出向本土语言倾斜，其中法语和托斯卡纳语最受喜爱。"⑧ 不过，这也是清楚的：大多数藏书在构成上还是拉丁文占优势，例如，14

---

④ Auerbach (1965), p. 318.
⑤ E. g. Grayson (1965), pp. 54 – 76, and Cremona in Limentani (1965), pp. 138 – 162. 也见于 Mazzocco (1993)。
⑥ Sonnet cxxii in *Opere minori in volgare*, ed. Marti, p. 134.
⑦ Haller (1973), pp. xxviii – xxxviii, and Grayson (1965), p. 73.
⑧ Kibre (1946), pp. 269 and 297.

第十二章　意大利、法国和英国的文学:本国语言的使用和缪斯　　293

世纪重要的图书馆之一——法兰西查理五世（1364—1380 年）的图书馆包罗了范围非常全面的拉丁文作家的著作，从古典时期（奥维德、李维）、古代晚期（奥古斯丁、波修斯）和经院哲学（索尔兹伯里的约翰），一直到当代的人文主义（彼得拉克的《对话》）。⑨

不讨，翻译的图书，大部分是从拉丁文翻译成本国语言的，逐渐成为这些藏书中的一个显著特征。奥尔良的查理在 1417 年和 1427 年的图书馆目录清单中，列出了数量相当可观的此类译本——包括这一时期最受欢迎的几本著作：波埃修（Boethius）的《哲学的慰藉》（*Consolation of Philosophy*）和巴托洛梅乌斯·安格利库斯（Bartholomaeus Anglicus）的 13 世纪的百科全书《论事物的属性》（*On the Properties of Things*）。⑩ 这场"翻译运动"在 13 世纪时正在聚集力量，⑪ 本质上它更多地促进了 14 世纪本土语言在法兰西、英格兰、意大利和伊比利亚半岛的发展。⑫

例如，圣经部分章节的翻译，或圣徒生平的译本（如雅各布斯·德·沃拉金［Jacobus de Voragine］的《圣徒列传》［*Golden Legend*]），也在这一时期传播得更广泛的宗教文学中构成一个重要的部分。是否"**神圣的令状**（Hooli Wryt）不应该或不可以被引入英语"的问题，显然是一个政治议题，将在 16 世纪莫尔（More）和廷代尔（Tyndale）的争论中再次浮现，现在在严格的意义上它在罗拉德派（Lollard）一本讨论 1407 年左右的圣经译本的小册子中被提出来了。⑬ 然而，正如该小册子在某种程度上所承认的，圣经故事和（在欧洲其他地方）圣经的各种版本在 14 世纪 80 年代威克里夫的英文版圣经问世之前，完全可以得到。⑭ 还有更正统的宗教团体，如多明我会成员在 1355 年左右为法兰西国王约翰一世提供了一册《旧约全

---
⑨　Ibid., p. 270.
⑩　Ibid., pp. 271, 279 and 284 – 285. 关于 Boethius 著作的译本，参见 Gibson（1981），Minnis（1987）and Copeland（1991），ch. 5。
⑪　Minnis and Scott（1991），p. 374.
⑫　关于法兰西的译本和本土语言，参见 Kukenheim and Roussel（1963），p. 115；关于英格兰，参见，Coleman（1981），pp. 41 – 42, 184 – 188, 313 – 314 and 319 – 322（n. 204）；关于意大利，见 Antonelli et al.（1987），pp. 449 – 450, 463 – 465；关于西班牙，见 Deyermond（1971），p. 149, and Terry（1972），pp. 33 and 36。关于总体上讨论中世纪的译本和散文，见 Chaytor（1966），ch. 5，以及更晚近的 Copeland（1991）。
⑬　Bühler（1938），pp. 167 – 183.
⑭　Coleman（1981），p. 186.

书》（Old Testament）[15]，或者把他们虚构的、信奉同一宗教的、同时代的人士"用本土语言写作的主祷文、圣亚力克西斯（St Alexis）的赞美诗、圣贝尔纳（St Bernard）的挽歌……以及其他此类胡言乱语"，提供给薄伽丘在《十日谈》（*Decameron*）（VII, 1）中所描写的虔诚的佛罗伦萨呢绒工人。这些人也以其各种不同的方式对本土语言有着既定的兴趣。

正如英国的圣经翻译者特雷维萨的约翰（John of Trevisa）所宣称的，以本土语言布道说教是翻译的一种形式。[16] 还可看到，14 世纪晚期特雷维萨的同代人——罗拉德派信徒在遵循托钵僧尤其是多明我会的传统。[17] 多明我会修士和圣方济各会修士自从他们的团体在 13 世纪早期建立以来，在这一领域曾经非常活跃；自 13 世纪下半叶开始，他们已经成为关于各种传道资料的手册（*artes praedicandi*）的主要创造者和生产者。[18] 在 14 世纪多明我会一直保持着自己的声望和地位：托斯卡纳的本土语言布道者和普及者焦尔达诺·达·里瓦尔多（Giordano da Rivalto）、多梅尼科·卡瓦尔卡（Domenico Cavalca）和雅各布·帕萨万蒂（Iacopo Passavanti，但丁和薄伽丘的同时代人）都是该修会成员，14 世纪时用本土语言布道的重要倡导者还来自德意志（艾克哈特·冯·霍赫海姆 [Eckehart von Hochheim] 和约翰·陶勒 [Johann Tauler]）和西班牙（文森特·费雷尔 [Vincent Ferrer]）。[19]

加泰罗尼亚的多明我会成员费雷尔（1350—1419）被人描述为"一个老练世故的神学家，他深思熟虑地创造了一种受大众欢迎的习语，目的是为了与未受教育的大众交流"。[20] 托钵僧们在整个 14 世纪也深深卷入这种公众教育。[21] 这时期的一些主要的世俗作者——从但丁（在《天堂篇》[*Paradiso*] XXIX, 85 – 126 中攻击布道者面对**俗人**

---

[15] Deanesly (1920), p. 20 (with n. 2); 关于圣经译本，还可参见 Fowler (1977)。
[16] 最好的文本，见 Burrow and Turville-Petre (1992), pp. 213 – 220。
[17] 关于"罗拉德派的社会和政治意义"，参见 Coleman (1981), pp. 209 – 231。
[18] Owst (1926), chs. 6 – 8; Coleman (1981), pp. 172 – 184; and cf. ch. 3 above, pp. 58 – 60.
[19] 关于在意大利的布道，参见 Rusconi (1981), esp. pp. 114 – 199, and Lesnick (1989); 法兰西，Lecoy de la Marche (1886) and Levy (1981); 英格兰，Owst (1926), Wenzel (1986); and Spencer (1993); 德意志，Clark (1957), Zeller and Jaspert (1988) and Haug, Jackson and Janota (1983), pp. 76 – 114; 西班牙，Deyermond (1971), pp. 140 and 143, and Terry (1972), p. 32。
[20] Terry (1972), p. 32. Sanchis y Sivera (1932 – 1934) 编辑了费雷尔的布道辞。
[21] Smalley (1960) and Pratt (1966)。

[*vulgo*]时的自负),经薄伽丘(在《十日谈》中,尤其是 Ⅵ,10 和"作者的结论"['Conclusione dell'autore],以及《乌鸦》[*Corbaccio*]的部分章节),到乔叟(Chaucer)(在《布道者和宽恕者的故事》[*Summoner's and Pardoner's Tales*])中,都对此类活动表达了不真诚的恭维。来自这类资料的讽刺作品本身似乎都承认托钵僧与其盟友们所迎合的这种欲望的力量。这一时期主要的推动力之一,是普通信徒渴望参与教会内部事务——因此,自 13 世纪晚期以来,世俗修道团体(lay orders)不断增加,使用本土语言布道和虔诚的著述的受众日益扩大。㉒ 所以,毫不奇怪,14 世纪中叶的薄伽丘会构思那么多关于托钵僧勾引市民阶级妇女的神话㉓——尤其是当我们记起《十日谈》作者心目中的听众都是城镇妇女,这位作者在与这些听众的关系上采用了一种兄弟的,甚至是告解神父的角色。他与这一时期的其他作者(譬如乔叟)也许将擅长言辞的天主教会修士们视为另一种自我(alter ego),或甚至看成一种博取有文化的俗人关注的竞争对手。㉔

读写能力、口语和听力

这一时期识字的俗人不断增加,其动力也来自其他原因。例如,从该世纪初开始,反教权主义(anti-clericalism)作为挑战"拉丁语至高无上的地位和拥护拉丁语的**教士**和**学者**的特权"的组成部分,其重要作用不应被低估。㉕ 此外,正如克兰奇所指出的,在他研究的这个时期(1066—1307 年),识字人口的扩大并不意味着**教士**可以简单地"将他们的文化强加给无知和消极的**俗人**。在一定程度上,教士的技能逐渐被人们吸收,只要它们是有用的"。㉖ 实用的读写能力,即"注重实效的读者······在任何一种业务的处理过程中必须具有的阅读或书写"的能力,在这一时期继续扩展,实际上这已经使人想

㉒ Pullan(1973),p. 62. 关于虔诚文学,参见 Trinkaus and Oberman(1974)。
㉓ E. g. in *Decameron*, ed. Branca, Ⅲ. iv, Ⅳ. ii, Ⅶ. iii and the *conclusione dell' autore*; see also *Corbaccio*, trans. Cassell, pp. 59 – 61 and 140 n. 266.
㉔ Havely(1983),pp. 264 – 265.
㉕ Clanchy(1979),p. 185.
㉖ Ibid. ,p. 199.

起：14、15世纪的读写能力的程度也许被低估了。㉗

也是在这一时期，较有进取心的俗人读者开始一展身手。到该世纪末，可以说在英格兰、法兰西和意大利，读写成为"非教士阶层的某种更明确拥有的能力"的状况，实际上已经开始实现，因为到那时"以本土语言书写的作品记录了很大一部分他们自己的遗产"。㉘关于俗人教育、书籍收藏、遗赠和书籍出版的证据大体上证实了这一点，㉙某种"娱乐消遣式的读写"（literacy of recreation）可以说已经成为俗人活动的一个显著特征（特别是如果宗教"虔诚"也被包括在这一类别中，更是如此）。

但是，"有教养的读者"（帕克斯[Parkes]的用语）的概念可能是一个太受限制的、过于现代的概念，毕竟不能广泛地应用于这一时期俗人的读写水平，假如我们使用它只是指单独的、无声的阅读。正如伯罗谈及大约1100—1500年间作者、听众和读者的环境时所说的："对待一份书面的文学文本的通常做法……是表演它——阅读就是一种表演。即便单独的读者最经常的做法也是大声朗读……并且大多数阅读都不是单独进行。"㉚ 如克兰奇所猜测的，大约到1300年时，"私人阅读想必依然是一种奢侈享受，大半局限于退隐的女士和学者。书籍稀少，通常礼貌的做法就是在一个群体中大声朗读，分享它的内容"。㉛ 单独默读的做法在14世纪正不断传播开来，㉜ 沙尔捷的断言也许可以得到证明：作为一种促进新的理智视野和"以往无法想象的大胆行为"的手段，㉝ 它比印刷机更加重要。但是，除了俗人中的某些精英，阅读的体验主要还是口头和听觉上的：书写"主要为知识再循环服务，回到口头世界"。㉞

㉗ Clanchy（1979），p. 265；Parkes（1973），pp. 555 and 564 – 565.
㉘ Clanchy（1979），p. 201.
㉙ 关于教育，Graff（1987），esp. pp. 75 – 106；Orme（1973）；and Grendler（1989）；also McFarlane（1973），pp. 228 – 247；Davis（1984），pp. 137 – 165；and Boyce（1949）。关于书籍收藏和遗赠，Kibre（1946）；McFarlane（1973）；Clanchy（1979），pp. 125 – 132；and Coulter（1944）。关于书籍印刷和传播，Graff（1987），esp. pp. 88 – 92；Clanchy（1979），ch. 4；Griffiths and Pearsall（1989）；and Marichal（1964）。
㉚ Burrow（1982），p. 47.
㉛ Clanchy（1979），p. 198；也见于 Crosby（1936）；Chaytor（1966），pp. 10 – 19 and 144 – 147；and Walker（1971），p. 17。
㉜ Saenger（1982），pp. 367 – 414；Burrow（1982），pp. 53 – 54；and Chartier（1989），p. 125. 关于这一时期英格兰和法兰西的公开朗读，参见 Coleman（1996）。
㉝ Chartier（1989），pp. 125 – 126. 译者按：该作者我国习惯上译为"夏蒂埃"。
㉞ Ong（1982），p. 119.

第十二章　意大利、法国和英国的文学:本国语言的使用和缪斯　　297

　　口头表演和交流还继续成为本土语言作家的意识和写作步骤的一个独有的特点。所以，在 14 世纪晚期，乔叟的梦幻诗歌（dream-poem）《声誉之宫》（*The House of Fame*）真的这样谈到它的叙述者，说他好像一个坐在他的书面前的读者，浑然不觉其门外的世界并"如任何石头般地哑然无声"。然而，这首诗歌中产生这一场景的部分，是从传统的口头表演者向其听众的恳求开始的：

　　　　现在，每一个人都来听一听，
　　　　英语是能够理解的！

在这段演说文本的下面两行里，还有两个表示听力的动词（listeth，就是 listen，与 here，即 hear）。㉟ 后来乔叟也在对他的公众的演说中，同时戏谑地提及《磨坊主的故事》（*The Miller's Tale*）中**私人**（或许是淫秽的）**读者**，以及它的**公共**（可能会尴尬的）**听众**。他的同时代人傅华萨（Froissart）尽管不断地维护书写字（written word）的重要性，㊱ 但他似乎也使用"口语中表示姿态"的动词（**说**［parler］、**听**［oïr］，等等）以便他作为作者可以亲自介入文本。这类证据表明：他"保留**写**（écrire）这个动词的习惯用法，指称已经编写在纸张上的文本，表示与正在处理中的不断变化的以口授构成的口头创作文本不一样"。㊲ 在多数情况下，本土语言的写作过程似乎还没有被简单地视为作者和读者之间无声的互动，也没有被视作"和平与安静"的过程，引用一个稍稍晚些的（拉丁文）作家的话，不是那种"带上一本书，待在角落里"（*in angulo cum libro*）阅读的过程。㊳

　　认识到作者的意识的这些方面，视其为口语和读写能力之间互动的一个特征，这绝不是否认这些作家对社会地位、名称和声誉的要求的重要性。例如，傅华萨在《编年史》（*Chroniques*）最后一版的序言中，颂扬了作家的角色，㊴ 在后来的生涯中，他吐露了这样的希

㉟《声誉之宫》，第 509—512 行及第 652—658 行。所有乔叟作品的引文，均来自 *The Riverside Chaucer*, ed. Benson et al.。
㊱ 例如，Diller (1982), p. 182 n. 6。
㊲ Ibid., p. 151. 不过，还可参见 Walker (1971), p. 39。
㊳ Thomas à Kempis, quoted in Eco (1983), p. 5。
㊴ Boitani (1984), pp. 125–126。

望:当他"死去腐烂"时,他将在他的"高尚而尊贵的历史"中继续活着。[40]

作者身份

在13世纪的经院哲学家手中,**作者**的概念已经经历了显著变化,当时依据圣经来写作的作者开始被视为"受到神的启迪而且是至高无上的人,他们拥有自己的文学、道德的各种目标和问题,及各种过失和风格"。[41] 圣波拿文都拉(St Bonaventure)常常引用这样的作家分类:"抄写员"、"编纂者"、"评论家"或"作者",突出这些词作为个人特性的概念(与**他人**相对的**自己**[sua as opposed to aliena])。[42] 这一过程的下一阶段的标志是"自我评论"的发展,把它作为商讨本土语言著述的地位的一种手段。[43] 但丁在《新生》(Vita Nuova)和《飨宴》(以及如果《致坎·格朗德的书信诗》["Epistle to Can Grande"]是可靠的话,那么它是一份关于《神曲》的拉丁文导言)中为他自己的诗歌提供了以本土语言作出的散文体评论。[44] 薄伽丘为他的《苔塞依达》写了大量**注释**(glosses),某些观点发展成讨论神话艺术的短文;彼得拉克在一封信中评论了他自己的第一版《牧歌》。[45] 在该世纪晚些时候,一篇法语的评论附加在《爱之棋》(The Chess of Love)上,这是一首遵循《玫瑰传奇》(Roman de la Rose)[46] 传统的长诗;乔叟的朋友、同时代的约翰·高尔(John Gower,约1330—1408年),用拉丁文对他重要的本土语言诗歌《情人的忏悔》(Confessio Amantis)[47] 作了自我评论。

在14世纪里,但丁的《神曲》本身很快变成了评论(既有拉丁

---

[40] Palmer (1981), p. 1. See also *FC*, XII, p. 2.
[41] Minnis and Scott (1991), p. 197.
[42] Bonaventura, *Opera Omnia*, I, pp. 14–15.
[43] Minnis and Scott (1991), esp. pp. 375–380 and 382–7; also Minnis (1990), pp. 25–42, and Weiss (1990), pp. 118–129.
[44] 关于"书信诗"的翻译,Haller (1973), pp. 95–111, and Minnis and Scott (1991), pp. 458–469 (excerpt)。它的真实性现在依然存有很大争论,参见 Kelly (1989), Paolazzi (1989) and Hollander (1993)。
[45] *Familiari*, ed. Rossi and Bosco (1933–1942), X, p. 4.
[46] Minnis (1990), p. 33 and n. 26.
[47] 关于高尔对《情人的忏悔》所作的拉丁文注释,参见 Pearsall (1988), pp. 12–26。

文的也有本土语言的）的素材。⁴⁸ 他成了薄伽丘的一个楷模，成了彼得拉克的"影响的焦虑"（anxiety of influence）的一个原因。⁴⁹ 到该世纪末，他的名声已经在欧洲广为流传。乔叟在《僧侣的故事》（*Monk's Tale*，第2460行）中称他为"意大利的伟大诗人"，在《巴斯妻子的故事》（*Wife of Bath's Tale*，第1125行）中称他为"聪明的佛罗伦萨诗人"。克里斯蒂娜·德·皮尚在她的《命运变化的人生》（*Livre de la mutacion de fortune*，写于1400年至1403年间）中称他为"勇士—诗人"，在《知识之路》（*Chemin de long estude*，1402—1403年）中，她向"佛罗伦萨的但丁"和他的"非常美丽的风格"（moult biau stile）表示敬意。⁵⁰ 到1429年，《神曲》的第一部纯粹本土语言的译本出现于西班牙（译成卡斯蒂尔散文和加泰罗尼亚韵文），到1417年它已经两次被译成拉丁文。⁵¹ 因此，乔瓦尼·德尔·维尔吉利奥在1321年（用拉丁文）为但丁创作的墓志铭，似乎并非夸大其词，他说道："缪斯们的荣耀，最受爱戴的本土语言作家躺在这里，他的名声响彻全世界。"⁵²

法兰西和英格兰的某些用本土语言写作的作家，也获得了广泛的名声和同时代人的认可，即便他们的作品没有译成拉丁文，或者还没有受到一个彻底的批判领域的关注。纪尧姆·德·马肖（Guillaume de Machaut）是这一时期法国诗坛的领袖人物，站在一种传统的前头，该传统还包括奥顿·德·格朗松（Othon de Granson）和厄斯塔什·德尚（Eustache Deschamps），在下一个世纪里有克里斯蒂娜·德·皮尚、阿兰·沙尔捷（Alain Chartier）、奥尔良的查理（Charles

---

㊽ Kelly（1989），chs. 3，4 and 6，and Minnis and Scott（1991），pp. 439–458（esp. p. 442 and n. 13）。

㊾ 薄伽丘关于但丁的观点和应用，见 Havely（1980），pp. 8–9 with nn. 117–129，and Minnis and Scott（1991），pp. 453–458 and 492–519。关于彼得拉克担心成为但丁的一个"不情愿的或无意识的（*vel invitus ac nesciens*）模仿者"，参见其 *Familiari*，XXI. xv. 1 I（p. 96）。

㊿ Christine de Pisan，*Le livre de la mutacion de fortune*，II，p. 15，lines 4645–4646；and *Le livre du chemin de long estude*，p. 49，lines 1141，1128–1130 and 1136–1137.

㉛ Friederich（1950），pp. 16–18（1429年 Ferrer 的加泰罗尼亚韵诗译本），27–28（Villena 的1428年的卡斯蒂尔文散文版），78（Matteo Ronto 的译本［很可能在14世纪末之前］and Giovanni da Serravalle's 1416–1417年的译本）。Serravalle 的翻译看来在1415年的康斯坦茨公会议上已经启动（ibid.，p. 190）。

㉜ 我的第3—4行的译文。关于墓志铭的拉丁文文本，参见 Wicksteed and Gardner（1902），p. 174。

d'Orléans）和弗朗索瓦·维永（Francois Villon）。[53] 1377年马肖死后，德尚在两首**叙事诗**（ballades）里把他作为"百花之花，高贵的诗人和著名创造者"来纪念。[54] 他的作品对乔叟14世纪70年代和80年代的诗歌有重要影响，尽管这位英国诗人没有引用他的名字（不像对但丁）。[55] 乔叟自己的名声看来在世之时即已得到承认，不论在他自己的国家（例如，得到他的朋友高尔承认）[56] 抑或在国外（同样）被德尚的一首**叙事诗**所认可。[57]

这些作家的身份感被他们自己以各种各样的方式清晰地表达出来。例如，近年来关于马肖的一些研究发现：这位诗人"有意识地"创造作家的身份，其方法是"与古法语时期的……圣徒传记、传奇故事的那种博学的叙事者的风姿结合起来，用第一人称抒情地表达对**伟大的情诗**（grand chant courtois）的看法，以及对职业的艺术家持一种新的观念"。[58] 他们还强调马肖视写作为"一种专业的、半职业的活动"的意识，"监督他的著作出版及关注对它们的改编"的意识。[59] 这种监督和关注（不论出于何种原因）在乔叟对待自己的文本时并不明显——的确，思想敏锐的文本校勘者已经对他的文章里可能留下的无条理的情况作过评论。[60]

不过，在乔叟的例子中，诗人的身份意识还通过其他方式来传递。例如，像他主要的意大利楷模但丁和薄伽丘一样，他在自己诗歌的某些重要的、新的起点，从《声誉之宫》到《特洛伊罗斯和克丽茜达》（Troilus and Criseyde）都引用了缪斯。[61] 这种引用在古典和中世纪的拉丁文中是司空见惯的习俗，但在这一时期对于寻求身份的本土语言诗人而言，它们似乎已成为一种让人激动的手段，用来调动那些富于想

---

[53] Poirion (1965), pp. 192–193 and 203–205.
[54] Deschamps, Oeuvres complètes, I, pp. 245–246 and III, pp. 259–260.
[55] Wimsatt (1968); 也见 Windeatt (1982) and Machaut, Le judgement, ed. Wimsatt et al.。
[56] Gower, Confessio Amantis, VIII, p. 2941*. 此处，在高尔关于该诗结尾的"最早的修订本"里，维纳斯（Venus）把乔叟说成是"我的门徒和我的诗人"。不要忽视高尔本人在国外的名声：在15世纪前半叶他的《忏悔》（Confessio）被翻译成葡萄牙文（一个版本现在已佚失），然后是卡斯蒂尔文的散文，参见 Russell (1961) and Moreno (1991)。
[57] Deschamps Oeuvres complètes, II, pp. 138–139. 一个译本见 Brewer (1978), I, pp. 39–42。此处，在第20行和第31行，德尚在这里称乔叟为"伟大的翻译家"和"高贵的诗人"。
[58] Brownlee (1984), p. 3. 关于诗人的身份，还可见 Miller (1986)。
[59] Williams (1969), pp. 434 and 445–446.
[60] E. g. Blake (1985).
[61] 《声誉之宫》，第520–522行；Anelida & Arcite, 第15–20行；Troilus II, 8–10。

象力的资源和某种明确阐述的目的。提及缪斯通常会有一种修辞效果，类似于作者"对读者发表演说"的效果，有时缪斯甚至会一直伴随着演说的展开——如在但丁《天堂篇》(Paradiso, 1 - 18)的第二章中——在此类演说的中部，提到了"新的"和/或者"九个"缪斯。在乔叟的《特洛伊罗斯》(1—49)第二卷中，伴随着对情人的演说，援引掌历史的缪斯克丽奥（Clio），同时还有一些丰富而奇怪的混合性的语句，暗指但丁和其他的人。

  看来，但丁和乔叟很可能是以其各自的本土语言来引用缪斯的第一批诗人。[62] 但丁在《神曲》**三部中的每一部**（cantica）的开头或接近开头的地方（《地狱篇》II,《炼狱篇》I,《天堂篇》II）都是这样做的，由此他遵循并发展了古典的实践。[63] 乔叟在从《声誉之宫》到《特洛伊罗斯》的很多场合，都提及但丁的引文和所引用的语言；通过这种"翻译"，他对《神曲》的各种新开端的意识作出了强有力的回应。《声誉之宫》和《特洛伊罗斯》中经过改编的几段但丁的引文，体现了新的开端,[64] 可以证明，《声誉之宫》本身到处都是开端性的——包括它在援引"最后一本小书"（lytel laste bok'，1091—1109 年）时呼吁阿波罗的指导，这在它接近文学"行业"和"诗歌艺术"的过程中达到了一种既崇拜但丁又自我贬抑的奇怪效果。

诗人、寓言和小说

  "诗歌艺术"具有本土语言身份的另一个迹象，是这一时期**诗人**这个词在不同语言中的使用（poeta, poète 和 poet）。在但丁之前的意大利语中，**诗人**（poeta）通常指古典作家——因而布鲁内托·拉蒂尼（Brunetto Latini）在其《修辞》（Rettorica）中提及"高贵的**诗人**（poeta）卢坎（Lucan）"，在提及亚里士多德的**诗人**（poete）概念时，

---

[62] *Grande dizionario della lingua italiana*, XI (1981), s.v. *Musa*,[1] senses 1, 3 and 4. 关于乔叟，参见 the *MED*, 'M' (1975) s.v *Muse*, senses a – d. 实际上，在英语中该词汇最早使用很可能是在乔叟的《声誉之宫》(14 世纪 70 年代后期)中，第 1399 行，及约在 1380 年他关于波埃修的著作的译文中(e.g., I. m. 1.4, pr. 1. 78 and pr. 5.72)。关于乔叟和缪斯，见 Taylor and Bordier (1992)。

[63] Curtius (1953), pp. 228—246.

[64] 比如，改编过的《地狱篇》II, 第 7—9 行，在《声誉之宫》中第 523—528 行；改编过的《天堂篇》I, 第 1—27 行，在《声誉之宫》中 1091—1109 行；改编过的《炼狱篇》I, 第 1—12 行，在《特洛伊罗斯》II, 第 1—11 行。

把它作为颂扬和责备的调停者（mediator）。⑥ 同样，但丁的《地狱篇》和《炼狱篇》中单复数的**诗人**（poeta 和 poeti）几乎总是指维吉尔（Virgil）和斯塔提乌斯（Statius），而且甚至在《炼狱篇》那些明确赞美普罗旺斯和意大利的韵文传统（《炼狱篇》XXIV and XXVI）的章节中，还使用了较不高尚的措辞，如**独裁者**、**别名叫**和**制造者**（dittator，detti，fabbro），来描述使用本土语言的诗人的活动。⑥ 只有在《神曲》最后使用**诗人**这个词时，才确实用它来指称但丁，因为他渴望这个头衔，当时他设想返回佛罗伦萨去接受这项桂冠（《天堂篇》XXV，8）。

266 类似的情况出现在但丁的其他著作中，意大利语 poeta（**诗人**）这个词的使用也流行起来。在《飨宴》中，它通常指古典诗人，《论君主制》（Monarchia）的第二卷中常常提及的**诗人**是维吉尔。不过，一些重要的例外能在他的其他著作中看到：一本是本土语言著作《新生》，另一篇是他的拉丁文论文《论俗语的说服力》（De Vulgari Eloquentia）。在普罗旺斯和意大利，**俗语诗人**（poeti vulgari）的出现，被认为是相对晚近的现象（《新生》第 XXV 章）；《论俗语的说服力》的中心议题，是那些**俗语诗人**和"用本土语言写诗的杰出的教师们（teachers）"的身份和先例。⑥

在法语中使用 poète（诗人）和在英语中使用 poet（诗人），看来在该世纪晚些时候经历了一个类似的发展过程。在德尚（14 世纪 70 年代）之前的法语作家，像但丁在《飨宴》、《地狱》和《炼狱》中的大部分做法一样，"只在涉及古典**作家**时才使用这个词"。⑥ 德尚看来是扩展诗人这个词的用法的第一个人，用它来指称以本土语言写作的作家，这见之于他的两首纪念马肖的**叙事诗**。在第一首诗里，马肖**被赋予高贵的诗人和著名的作者**（faiseur renommé）的地位，先前的**制作者**（faiseur）这个词被用来解释诗人的身份；在第二首诗中，诗人描述了一座先贤祠，同时代的作家被置于其中，这是一种祈求的方

---

⑥ La Rettorica, pp. 10 and 65.
⑥ 《炼狱篇》XXIV, 59, and XXVI, 112 and 117。关于但丁《神曲》的全部引文均来自 Scartazzini-Vaindelli (1932)。
⑥ DVE I. x. 3, xii. 2, xv. 2 and 6 and xix. 2; also II. ii. 9, iii. 2 and viii. 7. 还可参见 the Enciclopedia dantesca, IV (1973), s. v. poema, poesia, poeta, poetare, poetica and poetria (pp. 563[a] – 571[a])。
⑥ Brownlee (1984), p. 7.

式，与但丁曾隐含在《天堂篇》(1，29)中的方式十分相像。因而，德尚使用 poète（诗人）这个概念"看起来是深思熟虑的，意在扩展它的含义范围"。⑥⑨

在英格兰也是如此，直到14世纪晚期 poet（诗人）这个词才适用于任何本土语言的作家；甚至直到那时，它还是保留给那些最优秀的作家。郎格兰（Langland）在14世纪60年代和70年代依然以旧的方式使用它，应用于那些在现代意义上不是"诗人"的古典**作家**（柏拉图和亚里士多德）。⑦⑩ 乔叟在《特洛伊罗斯》和《坎特伯雷故事集》的末尾，继续赋予自己"制造者"（makere）这一谦卑的名字（相当于但丁的 fabbro［制造者］和德尚的 faiseur［制作者］），（在本土语言作家之中）他只为但丁和彼得拉克保留**诗人**的称号。⑦⑪ 不过，德尚（约在1385年）、高尔（约在1390年）和莱德格特（Lydgate，一般说来，约1410—约1439年），全都将乔叟本人曾经拒绝给予自己的称号赋予了他。⑦⑫ 就乔叟来说，可以认为他使用 poesye（**诗歌**）和 poetrie（**诗歌**）这些词，是着眼于他自己可能在但丁说过的那些"杰出的教师们"中拥有的位置。在《特洛伊罗斯》的结尾，他嘱咐他的"小书"隶属于"所有的诗歌"（v，1790行），他似乎至少是试探性地，还设想它在维吉尔、奥维德、荷马、卢坎和斯塔提乌斯所代表的令人敬畏的传统中的一个位置，这些都是那时他所引用的名人（1792年）。

稍晚一些，在《特洛伊罗斯》的结论里，乔叟还在相当不同的意义上使用 poetrie（**诗歌**）这个词，以某种方式揭示了一些重要而有争论的问题。这是一个严厉地摒弃异教崇拜与追名逐利的段落，结束于似乎在"在诗歌中"（1854—1855行）也要摒除学识渊博的异教作者的精神（或者也许是"风格"）。在乔叟及其同时代人（如特里维萨[Trevisa]）的其他用法里，poetrie 聚集了一系列含义——从古

---

⑥⑨ Brownlee（1984），pp. 7 – 8，关于该词汇有用的讨论，见于 pp. 220 – 221 in n. 11。关于这一时期的"制作"（making）和"诗歌"，还可参见 Olson（1979）。
⑦⑩ Langland, *PP*, *C-text*, XI, pp. 121 and 306, and XII, pp. 172 – 174.
⑦⑪ *CT*, IV, p. 31, and vii, p. 2460.
⑦⑫ 德尚在其《叙事诗》（*ballade*，见 Deschamps, *Oeuvres complètes*, II, pp. 138 – 139。一个译本见 Brewer［1978］, I, pp. 39 – 42）的"后记"的第一行使用了短语"poète hault"；关于高尔，见 Gower, *Confessio Amantis*, VIII, p. 2941 *。关于莱德格特颂乔叟为不列颠的"最重要的诗人"（cheeff poete）或"诗人之花"（Floure of poetes），参见 Brewer（1978），pp. 46 – 58。

典神话、寓言和小说到（更不光彩的）迷信、骗术和错误。[73]

关于诗歌的地位和寓言与小说的价值的争论，可以追溯到柏拉图的《共和国》（Republic）及其以前——所涉及的各种问题早在 14 世纪之前很早就已经被教父和经院学者们充分讨论过了。例如，波埃修的哲学女士（Lady Philosophy）曾经断然拒绝她的患者接受诗歌女神的安慰[74]——圣维克托的休（Hugh of St Victor）曾普遍蔑视"诗人们的歌"。[75] 给诗歌与其他相关学科排序（从评论的传统看，似乎是一种特别受喜欢的游戏）的阿奎那，曾对诗歌表现出一定的厌恶，因为它**缺乏真实性**。[76] 另一方面，奥古斯丁曾把谎言与带有某种真实目标的小说区分开来。索尔兹伯里的约翰承认，诗歌至少也许是"哲学的摇篮"。同时在 13 世纪晚期，亚里士多德的《形而上学》（Metaphysics）正被用作权威的依据，证明"最早的诗人也是神学家"的观点。一些经院学者，包括阿奎那的对手布拉班特的西格（Siger of Brabant），都准备考虑这种危险的可能性："神学的各种模式在某种意义上是诗性的。"[77]

在 14 世纪里这种争论看起来加剧了，尤其是在意大利。部分原因是本土语言文学的扩张和使用本土语言的作者试图界定身份并获得地位。不过在相当程度上也与拉丁人文主义（Latin humanism）的进展有很大关系。所以我们发现，14 世纪意大利的几位人文主义者身列"诗歌捍卫者"之中，他们主要投身于拉丁文的写作（诸如 14 世纪初的穆萨托［Mussato］和该世纪末的萨卢塔蒂［Salutati］），还有像彼得拉克和薄伽丘那样的作家，他们既用拉丁文又用本土语言写作。

关于诗歌地位的争论，几位意大利多明我会成员的参与是这一时期值得予以某种关注的一个特征。[78] 这些人中有曼图亚的乔瓦尼诺

---

[73] 乔叟的《声誉之宫》第 1001 行的 Poetrie，指古典神话。"神话"或"寓言"的意思在 The Squire's Tale，第 206 行的使用似乎更令人怀疑，在那里，"这些古老的诗歌"与"各种幻想"（第 205 行）和"各种古老的传奇"（第 211 行）交织在一起，特里维萨在 Polychronicon（II，p. 279）的译本里，将 poetrie 等同于 feyninge 和 mawmetrie（"偶像崇拜"），在他的 Bartholomaeus（BL，MS Add. 27944, fo. 180a/b, cited in the MED）的版本中，把它与流行的各种"错误"联系起来。

[74] De Consolatione I. pr. 1.

[75] Minnis and Scott（1991），p. 122.

[76] Aquinas, Scriptum super libros Sententiarum I prol. a. 5, ad 3 – quoted in Witt（1977），p. 540 ii. 7.

[77] Minnis and Scott（1991），pp. 209 and n. 39, 122 and n. 29, 210–211 and nn. 43–45.

[78] Curtius（1953），pp. 217–218 and 226–227.

(Giovannino of Mantua), 他于 1316 年同穆萨托就该主题通信交换意见, 还有乔瓦尼·多米尼奇 (Giovanni Dominici), 他在 1405 年给萨卢塔蒂写信, 对古典人文主义进行抨击。[79] 多明我会成员投入论争, 很可能是因为他们继承了阿奎那的那种亚里士多德的学说, 及关注于捍卫作为一门学科的神学至高无上的地位。也许, 他们也把在世俗文学的扩展中投入可观的精力作为他们自己的目标——正如我们所看到的, 最畅所欲言的"诗歌捍卫者"之一薄伽丘注意到了这种投入(《十日谈》VII, 1)。

在这种争论中, 常常被引用的一个关键文本是波埃修的《论安慰》(*De Consolatione*) 开头的一段文字, 哲学女士指责缪斯为**舞台上的妓女** (*scenicas meretriculas*)——悲剧中的妓女(在 17 世纪的译本里)。因此在 1330 年前后, 最早对但丁怀有敌意的批评家——多明我会修士圭多·韦尔纳尼 (Guido Vernani) 的攻击开始了(主要是针对《论君主制》), 他将创作《神曲》的诗人描绘成一个具有欺骗性的、有害的人, 其吸引人的、雄辩的外貌可能用"甜美的妖妇塞壬 (siren) 的歌唱"使灵魂放弃真理。韦尔纳尼明确将这些歌唱与曾被波埃修的**哲学**斥之为**舞台上的妓女**的那种"诗意的幻想和小说"联系起来。[80] 关于波埃修的这段文字, 彼得拉克在《辱骂医生》(*Invective contra Medicum*) 中认为很重要, 因为可以重新解释它, 使它对诗歌更有利。[81] 薄伽丘也认为它很重要, 数次回到这段文字上来。在《异教徒诸神谱系》(*Genealogie Deorum Gentilium*) 第 14 卷第 20 章中, 薄伽丘充分注意两种缪斯的区分: 一种是独居的、沉思的缪斯, 居住在卡斯塔利亚 (Castalia) 泉水附近的月桂丛林里; 另一种缪斯是从事表演的**艺人**, 她"受到声名狼藉的喜剧诗人的引诱而登上舞台, 为了一笔佣金漠然地以各种低俗的方式把她自己展示给那些游手好闲的人"。他得出结论: 当波埃修称缪斯为"舞台上的妓女"时, 他只是谈到"演戏的缪斯"。[82]

---

[79] 关于乔瓦尼诺和穆萨托之间的交流, 参见 Dazzi (1964), pp. 110–115 and 191–195。多米尼奇的论文文本是 *Lucula Noctis*, 他同萨卢塔蒂论战的最好记述, 见 Witt (1977)。

[80] 关于 *De Reprobatione Monarchiae* 的相关部分, 参见 Matteini (1958), p. 93, 第 7—23 行。"可能的"写作日期是在 1327—1334 年之间 (ibid., p. 33 n. 5)。

[81] Petrarch, *Prose*, ed. Martellotti, pp. 658–661.

[82] Translated (irresistibly) by Osgood (1956), pp. 95–96.

对薄伽丘来说，最后的这种差别似乎非常重要，以至于他在自己最后的重要著作，即在用本土语言评论但丁的著作（1373—1374年）中重述了它，他是在从人文主义出发为诗歌进行广泛辩护时重复这个观点的。[83] 就其本身而言，这种区分并没有特别新鲜的地方：穆萨托曾经在1309年前的某个时候在一封信里利用了这种区分，他笼统地关注于为"诗人的小说"索取重要的权利，同时却谴责它们的戏剧对应物（*fictiones scenice* [**舞台上虚构的故事**]），他承认，奥古斯丁也曾这样做过。[84] 这种区分在穆萨托的例子里似乎有一点奇怪，他的例子来自一部关于塞内加的悲剧（*Ecineris*）的作者，不过他的本意很可能是让他的剧作在教堂讲坛中诵读而不是在舞台上表演。看起来，只有在某个无业游民阶层面前，穆萨托的缪斯才会卖弄她自己。[85]

诗歌的人文主义捍卫者抛弃戏剧，是一种令人感兴趣的举动——不过，戏剧本身（具有讽刺意味的是，这时它的主题本质上依然是宗教和道德）看来已经从这种抛弃中留传下来。[86] 就这时期的某些作者而言，留传下来的还有对表演的兴趣（无论多么"不体面"或"低贱"）。比如，很明显的是，薄伽丘自己的弗拉特·奇波拉（Frate Cipolla）（《十日谈》VI，10的西塞罗 [Cicero] 村），或者乔叟笔下的磨坊主，他追随那位杰出的但说话声像舞台上的反面人物的**骑士**。[87]

使这种高雅文学争论复杂化的表演和口语的能力，可以通过对比俄耳甫斯（Orpheus）这位**出类拔萃**的诗人的两种不同外貌来说明，这两种外貌来自两个密切相关的作家所著的两个文本：薄伽丘的《谱系》（*Genealogie*，14世纪60年代）第14卷和乔叟的《声誉之宫》（14世纪70年代晚期）。因为在后一首诗歌里，当俄耳甫斯出现在声誉之堡（Castle of Fame）前面时，他没有像"受到神圣的思想推动的那些最早的神学家"，或像"那些以高尚的声音赞颂神圣的难以理解的事物的圣人"那样做，而在薄伽丘的《谱系》

---

[83] 参见薄伽丘，*Esposizioni*，ed. Padoan, I. Litt. 111. 108–111 (pp. 42–43)。
[84] In Ep. VII, to Giovanni da Vigonza, in Dazzi (1964), esp. p. 182 (Italian trans.)。
[85] Ibid., pp. 84–85.
[86] Vince (1989) and Simon (1991).
[87] *CT*, I, line 3124.

(XIV，8 和 16）中却是这样做的。⑧ 相反，乔叟的俄耳甫斯在这里至少是一个表演者，他带领一队乐师、游吟诗人、艺人和魔术师，通过诗歌使用的词汇**技艺**（*craft*）和**灵巧地**（*craftely*）把他们联系起来，该段文章的内容囊括了从高级技能到低级奸诈的广阔的语义学领域。⑨ 他的描述甚至可以说是对使用英语的《奥菲欧》（*Orfeo*）的一种间接贡献，也有助于传奇文学（romance）——另一种"低级"文学类型的长期存在，不知怎的它在经受人文主义者的反对后依然活下来了。⑩

此类复杂的情况可以提示我们：尽管关于诗歌、小说和表演的地位的争论涉及各种严肃的问题，但是它有时可能以一种轻松戏谑的方式来进行。那些多明我会修士的"诗歌的敌人"间或允许他们自己炫耀某些才智。例如，曼图亚的乔瓦尼诺将诗人的花冠（及含蓄地暗示他的对手穆萨托自己的桂冠）讽喻化地解释为"沿着各种各样的物品旋转的东西，使自己只关心这些物品，同时继续尽可能地远离真理"。⑪ 他们有时在展现例子的过程中突然快活地颠覆这个例子，像多米尼奇所做的，他通过援引古典作家来支持他漠视他们的论点，或者在他自己的其实并不十分杰出的《萤火虫》（*Lucula Noctis*）的标题中，利用了他的对手的名字（*Coluccio*）。⑫ 因此，但丁对他的听众的演说中引入的一种与众不同的喜剧性的冲突，或许在他去世后的一个世纪里，可能也有助于描述关于使用诗歌、文学和本土语言的论点：

O tu che leggi, udirai nuovo ludo
（读者，这里是一种陌生的新游戏）⑬

尼克·哈夫利（Nick Havely）
谷延方 译
王加丰 校

---

⑧ Osgood (1956), pp. 44–46 and 76.
⑨ *The House of Fame*, lines 1203, 1213, 1220 and 1267.
⑩ 关于传奇文学，见 Stevens (1973), Ramsay (1983) and Bennett (1986), ch. 5.
⑪ Dazzi (1964), p. 113（我的译文）。
⑫ 指出这一双关语的是 Hay and Law (1989), p. 295。
⑬ *Inf.* XXII, line 118（我的译文）。

第二部分

西方各国

第 十 三 章

大不列颠岛

第一节　爱德华二世和爱德华三世统治时期的英格兰

1307—1377年间英格兰的历史是一个引人注目的时代，又是一个充满暴力的时代，1315—1322年的大饥荒和1348—1349年的黑死病终结了12、13世纪的人口增长和经济扩张，遽然加速了它的社会结构的重大变化。英格兰开始与苏格兰、法国发生长期战争，造成了军事、行政管理和财政方面前所未有的重负，使得英格兰政府及其臣民之间的联系接触更加密切，同时也陷入了更频繁的政治冲突之中。政府管理运作日益复杂，这体现在发展演化出一个更加精密的司法体系以及议会作为税收和立法机构出现在政治舞台上。最重要的是，这些变革聚焦于国王个人身上，要求国王比以往反应更敏锐、更精明、更具灵活性。

14世纪的许多政治日程安排是在爱德华一世统治时期就已经定下的。在13世纪90年代，爱德华一世就已经陷于三线作战的境地：在威尔士，他早期的征服措施遭到当地居民不断的仇视和反叛；在苏格兰，他企图解决苏格兰王位继承权争议问题，结果引发了全面战争；在法兰西，他拒绝接受法王菲利普四世对阿基坦（Aquitaine）公爵领行使最高封建宗主权，于是在1294—1298年间引发了一轮没有结果的对抗。上述战争的成本代价高昂，在前两个场合，爱德华一世不得不重新颁行"大宪章"（Magna Carta）和"森林宪章"（Charter of the Forests），以此来安抚政治反对派，换取他们对其财政、军事政策的支持。不过，甚至在此之前，爱德华一世就已经承认有必要抛弃某些争议较多的王室政策。1294年，在对法战争前夕，他宣布取消综合巡回法庭（general eyre），这是王室定期派出巡视各郡的一个专门的司法委员会，负责听取诉讼以及对地方行政管理情况进行一般性的调查。巡回法庭一直被各地视为地方自治权利的一个主要威胁，王室将之废弃主要出于行政管理的缘故，但其暗含的政治动机也是非常明显的。如果爱德华一世的后继者决定把上述战争继续下去，那么他们也将不得不作出让步，以换取臣民们一如既往的道义上和物质上的支持。这里已经埋下了14世纪最大的政治挑战。

爱德华二世不是一个能够迅速而有效处理此类危机挑战的人物，虽然他拥有健硕的身体、运动员的素质，这些通常都被视为一个成功的国王的品质，但是，爱德华二世追逐个人的趣味喜好，将其置于政治稳定之上，最后酿成了灾难性的后果。毫无疑问，他最大的问题在于所选择的朋友。拥有"心腹或亲信"（favourites）是一个中世纪国王常犯的小错误，不过与他们产生同性恋关系则完全是另一码事。1308年在加冕礼上，爱德华二世给予最亲密的伙伴皮尔斯·加弗斯滕（Piers Gaveston）的正式礼遇竟然超过新王后——法兰西的伊莎贝拉。在1312年加弗斯滕横死后，爱德华二世依然没有流露出任何真正改过的迹象。到1317年，宫廷里又出现了一小撮受国王青睐的宠臣，以休·奥德利（Hugh Audley）、罗杰·艾默里（Roger Amory）和威廉·蒙塔古（William Montague）为首。在14世纪20年代初，爱德华二世向"幼者"休·戴斯彭瑟（Hugh Despenser the younger）大肆赐予职位、地产和荣誉，而此人恐怕是国王所有朋友中最受争议的一个。这种过分宠幸行为威胁着国内政治活动，因为国王限制其他贵族进入宫廷，排除了他的天然顾问即那些高级贵族对军事、外交和政府管理政策的影响。或许，爱德华二世憎恶那些男爵贵族不只是出于个人原因，也有某种意识形态上的敌视。的确，他对圣托马斯的"圣油"（Holy Oil）传说感兴趣是君主主义观念的一种明显的征兆，此类观念更通常地是与理查德二世联系在一起的。① 但是，无论其动机是什么，爱德华二世的个人判断从根本上打破了政治平衡，造成了内战，最后加速其统治的崩溃。

---

① Philips（1986），pp. 196-201.

1327年，爱德华三世尚未成年就继承了父亲的王位。他与父亲不同，的确，在许多方面，其统治的特点和风格是对前任国王一种有意识的纠正。爱德华三世完全符合当代人关于王权的形象。他是一个传统的基督徒、骑士制度的热情的膜拜者和支持者、艺术的尽职的庇护人。在实际生活中，爱德华三世似乎有意将其城堡、宫廷礼仪甚至他的服饰，都用来作为提升其职位的神秘性和威严的一种手段。14世纪中叶，他在温莎（Windsor）兴建的新宫殿曾被称为他那时代的"凡尔赛宫"，这完全正确。② 最重要的是，爱德华三世擅长战争艺术。14世纪30年代，他在对苏格兰的作战中很快就发现自己具有军事指挥的兴趣和天赋，发展起各种军事技巧，后来在英法百年战争初期得到了充分利用。爱德华三世的雄心壮志远不限于战场，也许，人们还认为他实行了非常成功的国内政策，从而显著地提高了王室权威。③ 但是，这种雄心被他小心谨慎地控制着，目的是适应政治共同体的各种利益和积极性，因而在实施过程中能获得高度支持。在14世纪中叶的几十年中，爱德华国王的信誉在其臣民和敌人中变成了一句格言：爱德华三世是一个值得信赖的人。④

在爱德华二世和爱德华三世统治时期所发生的主要事件中，最显著的可能就是战争。虽然军事战斗只是零星小规模的，但是这一时期英格兰与苏格兰及与法国的敌对行动可以说几乎影响了政治生活的方方面面。直到14世纪30年代，战事活动的主要区域是在苏格兰，到1305年，各种迹象表明爱德华一世曾经成功地征服了这个北方的王国，该王国将只能附属于英格兰王国。但是，这种期望在爱德华国王去世之前就已经破灭了，卡里克（Carrick）伯爵罗伯特·布鲁斯（Robert Bruce）声称有权继承苏格兰王位，领导了武装反抗英格兰占领军的起义。爱德华一世死在前往北方镇压苏格兰叛乱的途中，将反对苏格兰复活的这个棘手的任务遗留给儿子爱德华二世。因宠幸加弗斯滕带来的政治纠纷以及王室财政所面临的窘迫境地，使英格兰在数年间停止了对苏格兰的军事行动。结果布鲁斯的力量恢复了对福斯

---

② Brown (1963), p. 163.
③ Ormrod (1987b).
④ 详情参见 Le Bel 的评论, *Chronique*, II, pp. 65–67.

（Forth）河北部的控制，并严重侵犯了洛锡安（Lothian）和边境区（Borders）。1314年夏，爱德华二世率军北征，这是一支苏格兰人曾目睹过的最庞大的英格兰军队，但没想到6月24日这支军队在班诺克本（Bannockburn）遭到了一次极为丢脸的失败。

布鲁斯现在对英格兰安全构成了严重威胁。1315年，他的兄弟爱德华入侵爱尔兰北部，企图利用爱尔兰酋长们同英格兰行政官员之间的紧张关系达到自己的目的，当时的爱尔兰是金雀花（Plantagenet）帝国一个重要的前哨阵地。甚至有人计划组建一个有威尔士人、爱尔兰人和苏格兰人参加的凯尔特人大联盟。虽然该计划后来不了了之，但苏格兰人频繁地侵扰英格兰北部，危害甚重。由于中央政府不能提供足够的军事保护，当地居民被迫同入侵者私下达成协议，例如，在1311—1327年间，达勒姆郡民众缴纳4000—5500英镑赔款给布鲁斯及其支持者。[5] 1322年，英军又遭到一次惨败，结果卡莱尔伯爵安德鲁·哈克雷竟然变节投降到苏格兰阵营。哈克雷后来受到审判，以通敌叛国罪被处死，令人哭笑不得的是，英王爱德华二世在英格兰北方的威望竟也荡然无存。尽管英王依然否认罗伯特·布鲁斯所主张的他是独立的苏格兰的国王，但是现在英王不得不拖延时间。1323年双方达成了一个13年的休战协定。

1327年，爱德华二世被废黜，王后伊莎贝拉执掌政权，使英格兰对苏格兰的政策出现了显著而短暂的变化。从严格的法律字面来讲，休战协定在爱德华二世垮台后就已失效，所以布鲁斯立即恢复了对英格兰与苏格兰交界地区的劫掠。王后伊莎贝拉的情夫罗杰·莫蒂默领导了一次战争，结果是一场战略和财政上的双重灾难，于是英格兰人被迫求和。根据1328年的条约，爱德华三世的政府不仅承认苏格兰的独立，也承认罗伯特一世的君主地位。两国和平由双方联姻得到保障：罗伯特的继承人大卫（David）同英格兰公主琼（Joan）缔结婚姻。伊莎贝拉和莫蒂默从布鲁斯处得到某种满足，后者承诺支付20000英镑作为英格兰北部地区遭受损失的补偿。除此之外，对金雀花王朝而言，条约是一次彻头彻尾的失败，它是英格兰先前在班诺克本的军事溃败在外交上的体现。

---

[5] Scammell (1958), pp. 393, 401.

第十三章 大不列颠岛

1330年，爱德华三世在驱逐了他的母后和莫蒂默后直接接管了英格兰王国。人们自然认为，他会废除1328年条约，并恢复祖父和父亲的对外政策；特别是1329年苏格兰国王罗伯特·布鲁斯死后，继承王位的只是一个孩童。爱德华三世行事时必须略为谨慎，因为没有几个英格兰贵族会对再打一场北方战争表现出任何浓厚兴趣。但是，有一小批北方男爵决心收回他们曾经在苏格兰低地（Scottish Lowlands）拥有的土地，由于苏格兰贵族中出现了一位觊觎苏格兰王位的爱德华·巴利奥尔（Edward Balliol），使英王爱德华三世获得了可能是他一直都在寻找的重开战端的机会。1333年，英格兰政府机关迁到约克，目的是协调部署军事攻势。从该年到1336年间，爱德华三世至少5次率军攻入苏格兰。他后来同意承认巴利奥尔为苏格兰国王，但要求巴利奥尔向其宣誓效忠，并且将苏格兰低地的8个郡交给英格兰人。不过，为了确保英格兰人新近取得的对特维德（Tweed）北部的统治，还需要在那里长期驻扎一支强大的军事力量。从1336年开始，爱德华三世的注意力越来越转向法国方面的事务，1337年后，留在边境地区的英格兰驻军逐渐被布鲁斯派所驱逐。这场战争又一次演化为一系列的边境劫掠活动，在这些冲突中谁也没有取得战略或外交上的重要优势。

1346年，这种僵局却被一个意想不到的事件打破。是年，苏格兰国王大卫二世在内维尔十字架之战（battle of Neville's Cross）中失败被俘。英方谈判者自然试图利用他们的优势地位以获得额外的外交让步，而无子嗣的大卫二世一度似乎竟然准备接纳爱德华三世的一个王子作为苏格兰王位继承人。⑥ 双方最后于1357年在伯威克（Berwick）签订条约，但只不过是罗列出了大卫缴纳赎金的各种条款，关于英格兰人对苏格兰宗主权这样较深层次的问题只字未提。无计划的谈判更决定性地继续朝着和平进行。在14世纪60年代，英格兰金雀花王朝继承苏格兰王位的念头依然悬而未决，但是，伯威克条约标志着爱德华三世对苏格兰的野心事实上终结了。像以往常常发生的那样，英格兰国王的注意力转向了法国，他在那里面对着更重要的问题。

---

⑥ Duncan（1988）．

英法战争进程沿着一条不同的轨迹发展,尽管这种战争常常同英格兰与苏格兰的战争交织在一起。1307年,爱德华二世不仅继承了英格兰王位和爱尔兰领主的地位,而且也通过继承领有阿基坦公爵领和蓬蒂厄(Ponthieu)伯爵领。阿基坦是亨利二世和他的儿子们所掌控的那个一度庞大的大陆帝国的最后组成部分,因此它具有重要的战略地位和象征意义。按照1259年的《巴黎条约》,英王亨利三世需要放弃对欧洲大陆其他领地的权利诉求,为拥有阿基坦公爵领必须向法国国王行臣服礼。爱德华一世不喜欢这个条约,但是找不到如愿以偿的替代办法。结束1294—1298年间英法战争的1303年的条约,只是简单地恢复**战前状态**。对两国未来更重要的则是联姻决定,它通过英格兰太子威尔士亲王和法王菲利普四世的女儿伊莎贝拉公主的婚约,将两个王国更密切地联结起来。

1308年英格兰王子和法国公主结婚,爱德华王子继承英格兰王位,即爱德华二世。爱德华二世利用婚姻之旅前往布洛涅(Boulogne),为阿基坦领地向他新的岳父——法国国王行臣服礼。但两国之间的友善关系只是表面的,也是短暂的。年轻的伊莎贝拉王后受到了爱德华二世"宠臣"加弗斯滕的羞辱,加之英法使团着手解决阿基坦和法国边境地区的领土争端突然失败,于是巴黎和威斯敏斯特之间发生了尖锐的交锋。1320年,爱德华二世前往亚眠(Amiens),他的大舅子——法国国王菲利普五世准备按照他的阿基坦公爵身份接见他,法国国王的顾问们开始提出令英王感到尴尬的封君封臣的地位问题。爱德华二世不耐烦地对准备接见他的法王说:他准备向法王表示敬意,但不打算特别履行宣誓效忠,因为这将会使他成为卡佩君主的臣仆。⑦ 假如爱德华二世在英格兰国内地位稳定,假如爱德华在英格兰和在加斯科涅的地位安全可靠,那么他对法王的这种锋芒逼人的手段也许会成功。但是,当法王查理四世于1324年突然挑起武装冲突并占领阿基坦公爵领时,爱德华二世地位的弱点就暴露无遗了。英格兰在阿基坦的行政机构感觉迟钝,已经造成了许多潜在的紧张关系,加斯科涅领地实力最强大的领主之一阿尔伯特的阿马尼厄(Amanieu

---

⑦ Pole-Stewart (1926), pp. 414–415.

of Albert）又在随后的圣萨尔多（Saint-Sardos）战争中叛变投向法国阵营。⑧ 由于这个和其他的原因，战争并未持续多久。1325 年夏，双方很快就安排了某种形式的和平。

起初，1325 年的妥协似乎令人鼓舞。爱德华二世同意将阿基坦移交给他的长子，后者急匆匆赶往法国向他的卡佩王朝的舅舅行臣服礼。这种安排有助于避免一个英格兰国王向法国国王鞠躬屈膝的羞辱场面。不幸的是，长期采用这种安排则依赖于金雀花王朝存在一个继承人。当爱德华三世 1327 年 1 月继承英格兰王位时，他没有儿子可以移交其在法国的领地。因而当法王查理四世 1328 年死去时，爱德华三世别无选择，只得亲自向新国王菲利普六世行臣服礼。实际上，这种谦恭低头完全可能被人视为一种明智的外交举动。14 世纪 20 年代末，英格兰谈判代表的主要想法是按照《巴黎条约》恢复阿基坦领地边界。而按照 14 世纪 20 年代人们公认的观点，赢回这些有争议领地的最好方法就是为此行臣服礼，然后通过外交程序正式转让它们。正是本着这种精神，最后爱德华三世于 1331 年同意公开承认其于 1329 年的宣誓可以被视为完整的臣服礼。⑨ 显而易见，在 14 世纪 30 年代初，英格兰还没有人预测到将来会爆发一场"英法百年战争"，更不要说期待战争的发生了。

现在人们普遍认为，爱德华三世同菲利普六世的交恶起源于外交谈判没有解决领地争端，他们越来越感觉到只有通过武力才能得到这些领地；而且英格兰人确信阿基坦的未来安全要得到保障，唯一的办法就是使它摆脱对法国君主的封建臣服，并宣布成为一个只受一个国王公爵（king-duke）控制的独立自主的国家。⑩ 无疑，只有在这样的背景下，我们才能够更好地解释爱德华三世的决定，即提出有权继承法国王位的主张。1328 年，当卡佩王朝男性继承人断嗣时，爱德华的政府正式宣布通过母亲的血统他有权利继承法国王位，他的母亲是前任法王查理四世的妹妹。但是，英王没有竭力坚持这项权利，直到新的瓦卢瓦王朝国王菲利普六世于 1337 年宣布占领阿基坦领地的意图时，对方还未听到过任何这方面的主张。甚至到了那时，还要再过

---

⑧ Vale（1990），pp. 164 – 174, 240.
⑨ Ibid., p. 50 n. 12.
⑩ Jones（1989）pp. 238 – 243, 245 – 246 简短地评述了关于该问题的历史编纂的情况。

近3年时间,即在1340年初爱德华三世才永久性地采用法国国王的称号。在此期间,爱德华三世曾经试图遵循其祖父的政策,准备同德意志和低地国家建立一个反法联盟。当他寻求佛兰德加入这个阵营时,他不得不承认一个棘手的现实:这个国家是法国的一个附庸国。而采用法国国王的称号,爱德华就给当地民众提供了一个避免这种利益冲突的一种便利的手段。所以开始时,几乎没有或没有任何迹象表明爱德华三世蓄意利用其法国国王的新称号以达到什么更大的目标,他仅仅是把这作为一种外交武器而已。1337—1340年间的英法冲突只是领地之争,而不是王朝纠纷。

然而1341年后,形势急剧变化。爱德华三世通过主张拥有法国国王称号得以干预布列塔尼公爵领的继承权纠纷,接受了其中一个竞争者约翰·德·蒙福尔(John de Montfort)的臣服效忠,他在法国的影响范围由此显著扩大。与此同时,解救加斯科涅的各种计划也在制定当中,该领地自1337年被法国占领后一直在设法照料自己。最后,制定了直接攻击菲利普六世的计划,作为法国对英格兰南部沿海地区进行一系列敌对性侵扰活动的报复。英格兰人的各种攻击行动的最大成果是1346年在克雷西(Crecy)取得大捷,1347年占领加莱。这些胜利显然加强了爱德华三世的影响力,刺激他进一步扩大外交要求的范围。到14世纪50年代初,爱德华三世不仅声称对阿基坦有司法管辖权,而且宣称这种司法权扩大到普瓦图(Poitou)、安茹(Anjou)、曼恩(Maine)和图赖讷(Touraine)等地。1356年,他接受自1259年以来他的先辈已经丢掉的诺曼底公爵称号。爱德华三世在外交上的一些姿势很可能被看作对瓦卢瓦王室的侮辱,因为法国王室某些成员在上述地区领有封地。不过,有争议的土地也是安茹(Angevin)家族原先领地的一部分,只是它早已被法国人收复,并在约翰王和亨利三世时期该家族声明予以放弃的。爱德华三世受到战事胜利的鼓舞,也迫切需要为其迅速长大的王子们提供封地,因此他现在似乎在着手重建他的祖先已经失去的大陆帝国的计划。[11] 1356年,当英格兰黑太子在普瓦蒂埃(Poitiers)取得巨大胜利,俘虏法王约翰二世时,爱德华的这个梦想看起来开始变成现实。

---

[11] Le Patourel(1958);Ormrod(1987a).

但是，像苏格兰国王大卫二世的情形一样，关于释放法王约翰二世的谈判远远比英格兰人所想象的要艰难复杂。法国的软弱使得爱德华三世进一步提出更加苛刻的条件。1359 年，他要求法国提供近 70 万英镑的巨额赎金，以及对从加莱到比利牛斯山脉（Pyrenees）之间的一片又长又宽的巨大地带拥有完全的最高统治权。当这些要求遭到拒绝后，爱德华三世又发动了一场战争，显然要完全征服法国。只是在当这次战争失利的时候，英格兰人才同意作出妥协，于 1360 年达成《布雷蒂尼条约》（Treaty of Brétigny）。法国缴纳 50 万英镑赎金，赎回约翰二世，而爱德华三世则放弃法国王位的要求，但控制着一个面积大大增加了的阿基坦公爵领。人们对协议的解释各不相同，不过，我们有充分理由认为爱德华三世只把它当成权宜之计。[12] 尽管他不再使用法国国王称号，但是直到法方承诺的所有土地都转入英格兰手中，他才作出一个正式放弃的声明。此外，他继续干预布列塔尼和佛兰德事务，这也表明他无意恪守条约的全部条款。1364 年，约翰二世去世，更富攻击性的查理五世继承王位，这进一步增加了双方交战的可能性。不过，可笑的是，没有哪一方能够预见到 1369 年后形势将发生戏剧性的变化。

1362 年，爱德华三世授予其长子阿基坦王子称号，立他为设在波尔多（Bordeaux）的一个独立的行政机关的首脑。在法国西南部，统治者常驻当地是一个很新奇的现象，而王子的各项政策也不适合拉近他同这里的新的臣民的关系。14 世纪 60 年代末，许多领主向巴黎**高等法院**上诉，试图挑战他的征税权利。当英格兰王子拒绝法王查理五世要他出席法庭的传唤时，瓦卢瓦王朝重申自己对阿基坦的封建宗主权利，并宣布罚没领地。英格兰政府动作也不慢，接受了法国挑战。自 1369 年以来，英格兰人就开始进行各种重要的军事准备活动，但随后的战争证明这是英格兰人的一场灾难。英格兰人原先在法国内部和外部的盟友以惊人的速度离他们而去，几年下来，黑太子的政府就被赶出阿基坦大部分地区，仅限于在波尔多和巴约纳（Bayonne）之间的沿海一带。冈特的约翰 1373 年对法国发动了一场战争，也未取得战略上的优势，只是徒然使已经濒危的财政状况雪上加霜。1375

---

[12] Le Patourel（1960）.

年，英格兰人在布鲁日被迫暂时休战。在国内关于战事失败的一片愤怒争吵声中，在公众对法国即将入侵的忧虑中，爱德华三世的统治结束了。

14世纪里英格兰各地所受的战争影响在不同时期和不同地区差别很大。敌人的劫掠造成的一个结果，是这个国家的部分地区遭受了巨大的困难。1322年，一支苏格兰军队入侵，向西远至兰开斯特和普雷斯顿（Preston），向东远至贝弗利（Beverley），所到之处一片荒芜。即便政府派军队去保卫这些地区，对当地居民来说也是好坏参半。约克郡的伊斯比（Easby）修道院声称，在内维尔十字架之战胜利后，由驻扎在那里的部队造成的损失达200英镑，要求得到赔偿。[13] 南部沿海地区频频遭受法国军队的突袭侵扰，破坏甚重。1338年下半年，法军袭击南安普敦，使许多居民变得一贫如洗，港口贸易停滞了整整一年。但是，1340年英格兰海军在斯勒伊斯（Sluys）取得胜利，1350年又在温切尔西（Winchelsea）海岸附近重创卡斯蒂尔舰队，大有助于英格兰在海峡确立优势地位。尽管偶尔有谣言流传，其中有些还受到王室蓄意鼓励，但在14世纪70年代以前英格兰几乎没有再出现威胁国家安全的事件。因此，虽然苏格兰人的侵扰从未完全彻底消除，但英格兰南部和中部地区并没有直接经历被占领或破坏造成的困难。这个英格兰土地最肥沃、人口最兴旺的地区免受外来的攻击，无疑有助于解释英格兰王权为什么能够有效地动员各种资源，在大陆打一场旷日持久的战争。

14世纪时的英格兰军队规模不大，即便是1346—1347年政府征集32000人围攻加莱，也只代表全部人口的一小部分，占1%。然而这种粗糙的数字统计低估了实际卷入战争的人员规模：不仅同时在不同的战线打仗，而且还有相当多的人员从事运输和一般性的军事服务工作。实际上，在战争最紧张的时期，大概有10%的成年男性受雇从事各种形式的军事服务。[14] 募集这样一支军队是一项重要的行政管理方面的锻炼。从爱德华一世起，政府就敏锐地察觉到传统的军事义

---

[13] Thompson (1933), pp. 329–332.
[14] Postan (1964), pp. 35–36（其估计数字基于瘟疫之后的英格兰人口）。

第十三章 大不列颠岛

务无法满足皇家军队的军事需要，有时在一段时期里政府采取了颇具争议的、试验性的方法。14世纪上半叶的大部分时期里，在对苏格兰作战时王室继续使用封建征召的方式提供一定比例的骑兵部队。[15] 然而在法国服役就不一样了。到14世纪40年代，王室通过自愿契约的方式征募不同阶层的骑兵，承诺付给他们日薪，并承担他们主动服役期间造成的各种费用和债务。为了保障步兵部队兵源，王室开始依赖于一种征召制。[16] 的确，在14世纪20年代中期，看起来所有成年男性都必须武装自己，保卫本地安全的义务可能扩大了，于是大批部队以忽视他们自己的共同体安全为代价得以到他们本土以外的地区作战。1327年后这个计划即告放弃，部分原因是公众在议会里施加压力，部分原因是战争方式发生了变化。这种变化的特点是步兵的重要性降低，轻骑兵和骑射兵（mounted archers）的重要性增加。14世纪40年代，政府试图引进一种由地方供给军队给养的制度，为时很短，很快就瓦解了。此后人们普遍认为，所有为进攻性战役服役（offensive campaigns）的军人全都应该通过自愿的合同来征募，并且直接由王室支付薪金。

　　英格兰组建军队方式的这些变革的主要后果，是政府财政负担极大地增加了。爱德华一世在1294—1298年对法战争的耗资，据估算约为75万英镑。圣萨尔多（Saint-Sardos）之战的费用要小得多，大约超过6.5万英镑，但是在1337—1341年百年战争的第一阶段，爱德华三世累计支出和债务至少涨到80万英镑，也可能高达100万英镑。虽然战争支出在14世纪50年代再次下降，但在1369—1375年间又跃升至63.5万英镑。[17] 只是在14世纪20年代中期，王室才有能力通过正常收入来支付大部分军事费用支出，因为此时英王爱德华二世享有打败国内贵族反对派所获得的赃物。在其他时候，王室严重依赖于贷款，起初由意大利的金融公司提供，后来由一批英格兰商人提供。为了给这些贷款提供担保，政府被迫征集大量特别税。爱德华二世和爱德华三世为支撑战争而敛取的税收主要分为三类：强制征用食

---

[15] Prestwich, (1984).
[16] Powicke (1962), pp. 118–212.
[17] Prestwich (1972), p. 175; Fryde (1979), p. 94; Waugh (1991), p. 213; Harris (1975), pp. 327–340; Sherborne (1977), p. 140.

品、羊毛和其他商品；通过与教俗两界协商而征收的直接税；向海外贸易征收的间接税。

王室征用权（purveyance）开始时是供给王室成员食物的一种方法，后来在爱德华一世时演化成一种国家税收，其目的是为王室军队供给食物，有时也提供装备。承办者应该就其所征用的物品付费，但常常受到指控，说他们付出的钱款远远低于市场价格，且不支付现金而是信用凭证，通常是被称为符木（tallies）的上面刻有数字的木条。王室征用权是一种地方性的做法，不是全国性的现象，通常应用于盛产谷物的南部和中东部地区。也许正是由于这个原因，官方和非官方资料中不时出现的关于武装暴动的报告最终证明都是没有根据的流言。关于王室征用的不平等所造成的恼怒可能更容易向某人自己的邻居而不是向政府发泄。[18] 但是也有一些时候，像14世纪10年代中期和14世纪30年代后期，王室征用权的负担加之谷物歉收（在后一个时期），以及硬币严重短缺，在农民中普遍造成极大的经济困难。在1337—1347年间爱德华三世也试图采取强制措施征用羊毛，并取得了不同程度的成效，其目的主要是为了同商人团体签约的贷款提供担保。关于使用王室征用权征用食品和羊毛引发的各种抱怨，成为议会事务中经常讨论的一项内容。1351年，下院尚有能力确保大幅削减要各郡承担的谷物、豆类和肉类数额，这些东西是准备用于供应英格兰驻在加莱的新的卫戍部队的。[19] 在媾和后，就在1362年，王室就准备允诺降低其特权的标准，对王室征用权实行限制。在此之前，王室征用权的承办人很可能是与英格兰乡村共同体打交道的各类王室代理人中最令人痛恨、最令人恐惧的一种。

强制征用的物品几乎不可能用货币来量化，相比较而言来自直接税的收入则可以以某种精确性来计算。在1307—1377年间，王室以直接补助金的名义向教俗两界征收总计约207万英镑的款项，这笔数字令人注目，其中大约150万英镑，是在爱德华三世同菲利普六世开始交恶的1337年到1375年布鲁日休战之间征收的。[20] 税负的确切分布情况很难判断。大量下级教士免缴按收入征收的教会什一税，那些

---

[18] Maddicott (1987), pp. 299–308, 337–351.
[19] Burley (1958), p. 52.
[20] 所有税收的数字皆取自 Ormrod (1990b), pp. 204–207 及 Ormrod (1991), pp. 151–175。

有责任纳税的人如果在缴费时遇到困难，也常常得到富有同情心的对待。俗人补助金不是按照收入而是按照动产价值来估算。直到1334年，很多家庭——可能甚至是相当大一部分家庭，其财产都在应该纳税的最低额度之下。所以从理论上讲，直接税制度不是不适当的倒退的措施，但另一方面，纯粹由于征收频繁以及地方行政官吏的腐败，使人们对它多有争议并在经济上造成破坏性的影响。计税基数（tax base）或多或少本应保持稳定，但实际上变动剧烈。在13世纪90年代至14世纪30年代之间估价数额总的说来是下降的，这充分表明或者确实是经济上有困难，或者是蓄意欺瞒，或者也许两者兼而有之。1334年，政府试图遏制这种下降趋势，放弃了为征税对个体家庭财产进行估价的做法，转而同地方共同体协商整体缴税的方法。事实表明议会十分欢迎由此形成的税收制度，"1/15和1/10"的税额成了14世纪及后来采用的惯例。不过，与此同时，缴税最低标准的观念就放弃了，相当大数量生活比较贫困的农民家庭因此被拉进税收体系之中。黑死病过去后，由于英格兰人口急剧下降，缴税人口的比例很可能进一步上升。在这样的背景下，毫不奇怪，1377年启用的、尝试性的人头税制度竟会采用人口数量而不是家庭作为征税的基础，当时爱德华三世奄奄一息，直接税似乎开始变成英格兰社会的一项普遍义务。

这时期间接税的发展也相当重要。1307年，王室从海外贸易中有两项固定的收入来源：对出口羊毛征收的"老关税"（ancient custom），初次征收是在1275年；1303年开始征收的"新关税"（new custom），只由外国商人缴纳，征税对象是出口的羊毛、进口的酒类、进出口的呢绒以及其他商品。爱德华二世在1311—1322年间被迫放弃新关税，于是政府来自海外贸易的税收在缩减，从他统治前5年的年均1.55万英镑，缩减至1315—1316财政年度的区区7000英镑。不过，从1317年开始，王室开始试行强制借款和对出口的羊毛征收额外补助金。起初，税收负担是相当温和的，在1316—1336年间，间接税收益平均每年只有1.35万英镑，但在百年战争开始后，情况急剧变化。1336年，爱德华三世同议会协商，对英格兰出口的羊毛每袋加征1英镑关税。到1342年，该项特别税上升到每袋2英镑，此后爱德华三世及其继承人在一系列连锁授予（interlocking grants）

中一再重申这一点。其结果是王室收入显著增长,从百年战争开始到布鲁日休战期间英格兰王室从海外贸易敛取了近227.5万英镑关税,大约比同时期的直接税收入高出50%。确实,正是英格兰的海关署对爱德华三世的军事胜利最终有重大影响。

毫不奇怪,征税重点转向间接税具有重要的政治和经济后果。早在1297年人们就已经认识到,出口羊毛的成本被商人们以较低的市场价格的形式传递给了生产者。当羊毛补助金成为税收体系的一个固定特征后,人们开始着重关注这样一个问题:不仅应该同出口商协商,而且还应该与羊毛生产者协商。后者的天然代表论坛就是议会。英格兰本土的呢绒业也迅速对新的贸易条件作出反应,开始消费越来越多的羊毛原料,并利用低得多的呢绒出口关税向欧洲大陆输出越来越多的产品。在这个意义上,间接税像直接税一样影响了英格兰范围广泛的居民。这样说肯定一点也不夸张:14世纪中叶税收体制的变革是中世纪英格兰制度史上最重要、影响最深远的革新之一。

王室榨取其臣民经济和金融资源的能力在很大程度上依赖于后者的合作。14世纪里英格兰政府没有常备军或警察部队,虽然有一大批高度组织起来的人员管理着中央行政机关,但在地方各郡甚至根本不存在一个近似于专职的官僚机构。因而,国王依赖于其所管理的政治共同体的积极或消极的承诺,尤其取决于贵族们的态度。1307年时,构成高级贵族的少数伯爵和一小群实力显赫的男爵可能缺少他们的大陆同伴享有的独立的司法权,但依然是英格兰政治舞台上的主导力量。新国王爱德华二世召回被其父爱德华一世流放的皮尔斯·加弗斯滕并授予他的这位朋友康沃尔(Cornwall)伯爵称号,这件事强有力地证明了贵族们的重要性。1308年显贵们在林肯伯爵领导下,至少在两次场合正式抗议王国的混乱局面,指责加弗斯滕造成朝野公开冲突。更不祥的还是他们在国王个人和王位之间作出的区分:

> 行臣服礼和效忠宣誓更多地是涉及王权而非涉及国王本人,更密切地同王权相联系而不是同国王个人相联系……如果国王不愿意更正并消除一个在大范围内伤害人民感情并且有损王权的错误,而且人民也已经这样认定,那么通过强制消除邪恶是理所当

然之事，因为国王向自己统治的人民宣过誓，他受自己的誓言约束，他的臣民有义务与他一起治理这个国家并支持他。[21]

值得注意的是，这种观点后来在为废黜爱德华二世辩护的论点中消失不见了，[22] 然而，它高度表明了权贵们的老练和果敢：在英格兰历史上那么早的历史阶段中，他们居然能够清晰地阐释政治理论中如此重要的一个观点。

到 1309 年，贵族反对派的领导权传到爱德华二世的大表哥兰开斯特伯爵托马斯手中，他曾深受在其他方面过度节俭的先王爱德华一世的喜爱，现在是国王之下英格兰王国最有权势的人物。他日益将自己比作西蒙·德·蒙福尔（Simon de Montfort），蒙福尔是亨利三世时期贵族反对派的领导人。也许，正是出于这个理由，他扩展了贵族们的基本要求，除流放加弗斯滕外，还更笼统地呼吁进行一场政治和行政管理改革。在 1310 年 2 月的议会上，爱德华二世同意任命 21 名领主为执法官（ordainer），他们被授予广泛的权力，从事调查和改革王国的管理制度。他们的建议于 1311 年秋得到正式采纳和公布，即《新法令》（New Ordinances）。该法令在很多方面都是贵族议事（baronial counsel）传统的一个鲜明体现，也表明 14 世纪早期英格兰政府管理的高度专业性。该法令对国王施加了一些重要限制，坚决要求重要国事如宣战，及某些王室特权如安排恩赐（patronage）和改换货币等，应该"通过贵族们的公议许可，并经议会通过"才可付诸实施。[23] 不过该法令的核心内容是对加弗斯滕的冗长的、详细的、充满感情色彩的指控，他现在应该被"完全驱逐出英格兰、苏格兰、爱尔兰和威尔士以及我主国王在海外的全部领地……永远不得返回"。[24]当爱德华二世拒绝执行该项条款时，一些执法官自己采取行动，于

---

[21] SDECH, p. 5: 'homagium et sacramentum ligiantiae potius sunt et vehementius ligant ratione coronae quam personae regis…quando res errorem corrigere vel amovere non curat, quod coronae dampnosum et populo nocivum est, judicatum est quod error per asperitatem amoveatur, eo quod per sacramentum praestitum se [obligavit] regere populum, et ligii sui populum protegere secundum legem cum regis auxilio sunt astricti'. （译者按：此为文献原文，下同）
[22] Dunbabin (1988), pp. 496, 501, 有进一步的论述。
[23] SDECH, pp. 12, 13, 16: 'par commun assent de son baronage, et ceo en parlement'.
[24] SDECH, p. 15: 'de tout exilez, auxibien hors du roiaume Dengleterre, Descose, Dirlaunde, et de Gales, come de tote la seignurie nostre seignur le roi auxibien dela la mere … a touz jours saunz james retourner'.

1312年夏以叛国罪处死了加弗斯滕。随着贵族们共同敌人的消失，大部分伯爵和男爵很快就对执行新法令失去兴趣；两年来主要的政治辩论就围绕着处死加弗斯滕的模糊不清的合法性问题进行，而国王显然认为他是被谋杀的。

只是英军在班诺克本惨败后，兰开斯特伯爵才能使人们恢复对新法令的兴趣，迫使爱德华二世接受并实施关于政府管理和恩赐权的各种条款。几年间，政府似乎一直在谨小慎微地遵守着有种种限制的新法令，虽然兰开斯特伯爵始终执拗地敌视宫廷，但贵族中许多重要成员，包括彭布罗克伯爵（Pembroke）和赫里福德（Hereford）伯爵，由于获得国王的青睐而受到鼓舞，同时受某种忠于国王的天性的驱使，结果都回到了王室的圈子。1318年，双方在所谓的《里克条约》（Treaty of Leake）中达成妥协，满足兰开斯特伯爵继续执行新法令的要求，但是限制他在政务会（council）的影响。这种安排是否能提供一种持久的解决方案，这一点还不确定，因为国王和他的表兄现在在个人问题上和政见上都分成了两派。几年内，另一场关于庇护宠臣的争论挑起的将不仅是政治摩擦，而是全面彻底的内战。

戴斯彭瑟家族（Despensers）是一个长期为王室服务的古老家族，"长者"休·戴斯彭瑟（Hugh Despenser the elder）是爱德华二世执政的大部分时期里的一个朝臣。该家族在格洛斯特（Gloucester）伯爵吉尔伯特·德·克莱尔（Gilbert de Clare）战死于班诺克本战役后开始崭露头角。克莱尔的遗产在他的三个姐妹之间分割，其最年长的姐姐是"幼者"休·戴斯彭瑟（Hugh Despenser the younger）的妻子。在随后的几年里，戴斯彭瑟通过司法程序、骚扰和露骨的暴力等手段，试图完全控制克莱尔在英格兰和威尔士交界地区（Welsh Marches）的地产。到1320年，爱德华二世显然已经对戴斯彭瑟着迷，另一个加弗斯滕式的危险隐约出现。贵族们驱逐大小戴斯彭瑟的各种努力都失败了。1321年底，兰开斯特伯爵成为边境领主联盟的领袖，该联盟的目的是为其政治诉求添加军事影响力。各种围攻和小规模的冲突不仅在边境地区而且也在英格兰北部发生，然而1322年3月，爱德华二世在巴勒布里奇（Boroughbridge）打败了兰开斯特伯爵的部队，赫里福德伯爵战死沙场，兰开斯特伯爵本人不久后在蓬特弗拉克特（Pontefract）被处死。随之而来的是非同寻常的壮观场面：爱德华二世大规模搜捕、监禁、处决政敌，夺取他们的地产，与戴斯彭瑟家族分享大量战利品。"幼者"休·戴斯彭瑟现在成为英格兰王国最富有的贵族，年收入接近7000英镑。与此同时，1322年通过的《约克条例》（Statute of York）最终取消了《新法令》，完全恢复爱德华二世原有的权力。于是，随着国王恢复军事、政治和财政的至高无上的权力，他几乎可以为所欲为。在14世纪20年代中期，英格兰显然正向专制制度演进。

但最终，爱德华二世和戴斯彭瑟的统治注定要被贵族反对派所摧毁。1325年，伊莎贝拉王后陪同年轻的爱德华王子（即后来的爱德华三世）前往法国。很可能在这儿伊莎贝拉王后开始同威格莫尔（Wigmore）的罗杰·莫蒂默私通，此人是边境地区的一个叛乱者，在巴勒布里奇战斗中死里逃生。许多领主、主教也加入他们的阵营，这些人以前忠于爱德华二世，但现在已经被日益具有威胁性的戴斯彭瑟的权力体制所疏远。在这些人中，有国王自己的同父异母兄弟——肯特伯爵埃德蒙（Edmund）。受法国国王和埃诺（Hainault）伯爵的支持所鼓舞，伊莎贝拉和莫蒂默开始策划密谋入侵英格兰。1326年9月，当他们在萨福克（Suffolk）的奥维尔（Orwell）登陆时，几乎没有遇到什么有效的抵抗。一些显贵如爱德华二世的另一个同父异母兄弟诺福克伯爵迅速叛降，爱德华二世自己则逃亡到威尔士南部，使得伊莎贝拉王后几乎未经一战就接管了王国的统治。随之而来的惩罚行动与爱德华二世在巴勒布里奇战斗之后的报复政策相类似。戴斯彭瑟家族及其盟友阿伦德尔（Arundel）伯爵遭到追捕，随后被杀，爱德华二世本人最初被监禁在凯尼尔沃思（Kenilworth），后来被转到伯克利城堡（Berkeley Castle），1327年9月他神秘地死于该地。㉕

爱德华二世逊位（如官方所称的），1327年1月爱德华三世正式继承英格兰王位，就职布告遍及国内各个角落。㉖ 大多数政界人士大概都承认废黜国王（正如现在这样）是必须的，他们不愿意深究该行为在宪法上的合法性问题。金雀花王室的王统保持下来了，即使人们未曾预料到继承会这样加速发生。此外，新政权特意迎合公众舆论；还派人向罗马教宗提出申请，要求将政治殉道者兰开斯特伯爵托

㉕ 关于不太可能发生的爱德华二世逃亡欧洲大陆的故事，参见Cuttino and Lyman（1978）和Fryde（1979），pp. 200-206。
㉖ *SDECH*, p. 38.

马斯追封为圣徒；又为后者的兄弟亨利恢复爵位、地产，并将其任命为年幼国王的摄政会议的首脑。这些措施暂时有助于掩藏如下事实：伊莎贝拉和莫蒂默怀有同臭名昭著的戴斯彭瑟一般无二的野心。1328年9月，莫蒂默就任边境地区伯爵，此事引发众人不满，兰开斯特的亨利和国王的两个叔叔诺福克（Norfolk）伯爵和肯特伯爵领导了一次武装起义，叛乱很快被镇压下去。1330年初，肯特伯爵埃德蒙被捕并被处死，这一事件清楚地标明伊莎贝拉和莫蒂默的这个少数派政权同戴斯彭瑟一样武断专横，具有威胁性。

1330年10月，年轻的爱德华三世采取了第一次决定性的个人干预行动，此后一系列此类行动穿插于他的积极的政治生涯之中。他夜间秘密进入诺丁汉城堡（Nottingham Castle），突袭并擒获他的母亲和她的情夫莫蒂默，并立即下令拘捕和审判这位边境地区伯爵。莫蒂默被押解到伦敦，在议会里接受贵族们的审判，被判处死刑，全部爵位和地产均被没收。然后，爱德华三世着手重建成员已大为减少、士气大为涣散的贵族政治。1330年恢复了理查德·菲查伦（Richard Fitzalan）的阿伦德尔伯爵爵位，已经失效的德文（Devon）和彭布罗克（Pembroke）伯爵领在1335年和1339年重新恢复。在1337年3月的议会上，爱德华三世立其男婴为康沃尔（Cornwall）公爵，并任命了不少于6名新伯爵，其主要意图是在即将来临的英法大战前补充高级贵族队伍。在王室和贵族之间寻求一种长期和解的希望陡然上升了。

这些措施是否取得真正效果还难以判断。作为一名年轻人，爱德华三世倾向于将他的大部分时间和大量恩赐用于一小群家族骑士身上，这些人以爱德华二世的一个宠臣威廉·蒙塔古（William Montague）的儿子为首。这个团体在相当程度上为现存贵族阶级所接受，因为他们中至少有两人来自显赫的贵族家族：格罗斯蒙特的亨利（Henry of Grosmont）是兰开斯特伯爵的儿子，威廉·博恩（William Bohun）是赫里福德伯爵的兄弟。具有讽刺意味的是，爱德华三世的失败之处就在于他宣称的目标上，即统一全体贵族进行对外战争。14世纪30年代卷入苏格兰战争的贵族大体限于北方的权贵，他们怀揣重新占有北部边境地区之外土地的希望。在理论上，对法战争应该对更多贵族具有吸引力，但是有必要为英格兰本身提供强大的防御措施，加之1340年前缺少在欧洲大陆的军事行动，这意味着只有为数不多的伯爵和男爵积极参与了第一阶段的百年战争。由此造成的是国内行政机关和在欧洲大陆作战方沟通的失败,这无疑说明了 1341 年 4 月议会里出现的政治破裂的原因。当时萨里(Surrey)伯爵、阿伦德尔伯爵和亨廷顿(Huntingdon)伯爵选择支持摄政议事会的首脑——大主教约翰·斯特拉特福德(John Stratford),对战事不断失利的国王把各种武断的指控堆加在他身上,他则提出上诉。在随后的协商中,爱德华三世被迫承认一项法令:保证英格兰贵族只有在其同侪面前才能接受审判,王国主要官员的任命和解职应该在议会里进行。对外政策的失败和男爵反对派势力的增长相结合,又一次挫败了王室的野心。

但是,如果夸大国王和贵族们之间在 1341 年出现的裂痕,那就错了。爱德华二世曾经用 11 年时间才打败贵族反对派,并废弃新法令;而爱德华三世只花 6 个月时间就同贵族们达成了富有成效的相互妥协,并确保他们同意取消 1341 年法令。一旦国王放弃 14 世纪 30 年代后期毁灭性地耗费金钱的外交政策,并显示出他准备接受贵族们在军事战略方面的建议,那么个人间的争执,甚至原则上的冲突都很容易被忘却。14 世纪 40 年代英格兰军事形势好转,大大消除了贵族们对法国及对苏格兰的战争是否明智的忧虑,也紧紧地将贵族的命运同国王的对外冒险捆绑在一起。14 世纪 40 年代王室广泛采用军事服役合同(contracts for military service),为贵族们提供了真正获得经济收益的机会,即确保他们获得薪水以及在赎金和劫掠物中享有一份份额,这是中世纪战争的一项极重要的特征。最重要的是,国王的战争给贵族们提供了一个机会:通过从事贵族阶级的天然职业活动——战争,来证明他们对这个王国的职责及他们对王权的忠诚。1348 年,爱德华三世通过建立"嘉德骑士团"(Order of the Garter)将宫廷的尚武精神制度化,这也是最早建立的君主的骑士团之一。1352 年,他又在《叛逆法令》(Statute of Treasons)中显示更强烈的和解信号,明确规定和限制了对叛国罪和小叛逆罪(high and pretty treason)的指控,确保贵族不会遭受含糊的指控和即决裁判(summary justice),在 14 世纪 20 年代曾有那么多的贵族受到过此类对待。这样,英格兰贵族在对王权的热忱、充满活力的支持中联合起来了。

14 世纪中期令大家感到满意的局面不会,也不可能永远持续下去。到1369年重启对法战争时,爱德华三世的许多最亲密的朋友和最有才干的军事将领都已过世,14世纪70年代形成的一批新的贵族将领缺乏强有力的**行会精神**（*esprit de corps*）,而这曾经是他们父辈的典型特征。从14世纪50年代后期开始,王室的恩赐范围也减少了,因为爱德华三世越来越关心自己王子们的需要。[27] 不幸的是,随着莱昂内尔王子（Prince Lionel）和爱德华王子在1368年和1376年死亡,及不受欢迎的冈特的约翰（John of Gaunt）成为国王的主要代言人,将王室家族作为某个宫廷党派的努力化为乌有。14世纪70年代中期,王国权力的真正中心不在男爵们的大议事会,而是在一个由廷臣组成的狭隘的小集团手中,其领导人是皇室管家内维尔勋爵（Lord Neville）、国王侍从拉蒂默勋爵（Lord Latimer）和国王的情妇艾丽丝·佩勒兹（Alice Perrers）。他们不许旁人接近年迈的国王,人们怀疑他们不仅更加经常地操控王室的恩赐,而且还进行不正当的金融交易。尽管这些人远没有如加弗斯滕、戴斯彭瑟家族或甚至如威廉·蒙塔古那样谋取到大量好处,但事实证明对于日益不满的贵族群体而言,他们成了更易于遭到攻击的靶子。在1376年的"贤良议会"（Good Parliament）里,他们以及他们与商界签订的许多合同都遭到指控,结果被解除公职并被逐出王室。

因此,对高级贵族而言,爱德华三世的统治在变动无常和希望幻灭中结束了。贤良议会甚至在王族内部也暴露出裂痕,因为埃德蒙王子和托马斯王子抛弃了他们的兄弟——冈特的约翰,转而支持贵族反对派。不过,这幅纷争的图画也可以明确地勾勒出来。14世纪70年代英格兰贵族集团依然具有非常大的易变性,远远超过爱德华三世统治的任何时期。在理查德二世摄政期间,他们显示出来的凝聚力将比他们在爱德华三世未成年时的凝聚力大得多。最显著的事实,是在1330—1377年间居然完全没有反抗王室的武装叛乱。爱德华二世几乎一直生活在军事反对派的威胁之下,在爱德华三世死后仅10年多一点的时间里,贵族叛乱就再次活跃起来,反对他们的君主理查德二世。中间这些年也许是整个中世纪历史上英格兰王室和贵族在政治上保持和谐最长的一段时期,这是一项成就,足以位居爱德华三世众多

---

[27] Ormrod (1987a), pp. 408–416.

政治成就的前列。

英格兰贵族也许对14世纪王权的命运产生了重要影响，但是他们绝不是参与政治活动的唯一群体。爱德华二世和爱德华三世的统治以政治群体的扩大为显著标志，最鲜明的体现就是议会的发展。自亨利三世以来，称为议会的会议已经定期召开，参加者有国王、政府主要官员、一批教俗直属封臣（tenant-in-chiefs），他们与会的目的是讨论重要的政策或争执不下的司法案件问题。不过，从13世纪90年代起，议会成员的构成已经发生变化，因为国王越来越频繁地召集各郡和各城镇选举产生的代表出席此类会议。其意图在爱德华一世1295年的著名的召集文书中有明确说明：使国王的每一个臣民在形式上都参加议会；通过这样的方式，可以宣传和讨论一般性的有重要意义的问题，所达成的决定可以视为对整个王国都具有约束力。㉘ 实际上，所谓各郡骑士和市民代表的主要功能是判断国王关于钱的要求是否合理，以及批准直接税；但他们也被授权提交他们选区居民的各种书面请求，将议会作为一个伟大的司法和行政事务的交流中心。后来中世纪议会的大部分政治作用都是从上述两个职能里产生出来的。

1307年，英格兰议会最终成为一种确定的、得到普遍接受的机构。在爱德华二世时期，也有许多会议被称为议会，实际上只是一些男爵贵族们参加的议事会；即使召集议会代表参加，但此时的议会同后来更成熟形式的议会存在显著差别。约在1321—1322年出现的匿名的《议会召集的形式》（Modus Tenendi Parliamentum）识别了议会内的6个"等级"：国王、高级教士（spiritual peers）、教士代表（proctors）或低级教士、世俗贵族、各郡骑士和城镇代表。㉙ 最后两个等级之间的差别非常显著，虽然爱德华三世在1327年以后的每届议会都召集骑士和市民，但是，直到14世纪30年代后期，官方纪录才开始将他们视为一个单独的团体，称为下院。大约与此同时，教士大半放弃了议会，更喜欢参加他们自己的教士会议（convocations）。那些继续亲自参加议会的主教和修道院院长现在则更密切地与伯爵和

㉘ Stubbs, *Select Charters*, pp. 480–481.
㉙ Pronay and Taylor, *Parliamentary Texts*, pp. 78–79, 91.

男爵联系在一起，作为一个等级，被称为**格兰茨**（grantz）或大人物。㉚ 到百年战争开始时，可以明确地说，议会作为一个两院制的机构已经形成。

无疑，英格兰税收的理论和实践最终塑造出了这种持久形式的议会。1339 年，上下两院第一次就要求征收一项特别沉重的补助金问题，向国王作出了不同的答复。上院贵族们提出缴纳他们地产收入的 1/10 农产品，骑士和市民们则坚决主张应允许他们将此要求提交给他们的选区居民才能作出决定。㉛ 这件事清晰地表明：男爵们只能代表他们自己阶级的成员投票表决是否征税，对整个王国都具有约束力的税费征收只有下议院才有权批准。此外，1340 年 4 月，下议院第一次批准征收羊毛补助金，从而从先前的商人会议手中接管了该项税收的控制权，它将成为政府财政收入的机器中最重要的单项税种。下议院确立单独控制间接税的征收花了一些时间，但在 1362 年他们最后赢得一项立法保证：所有此类税收都必须经过议会讨论并只由议会授权。到爱德华三世统治末年，国王的议会，确切地说是议会中的下议院，已经公认为是对国王全体臣民征收直接税和间接税的唯一合法的权力机构。

在早期议会中下院的其他重要职能，如转达其选区居民的各种请愿，在爱德华二世和爱德华三世时期也发生了各种重要变化，有了新的进展。到 1307 年，中央政府的官员们敏锐地意识到，提交到议会的大量私人事务有把他们淹没的危险，妨碍了更有普遍意义的、重要事务的处理。因此人们作出各种努力将各种私人请愿从议会转移出来，由大法官法庭和各地法院处理。不过，这种理性化的安排根本不可能阻止这种请愿活动，实际上还使人们把更多的注意力转向那些被议会高级职员列为"公共请愿书"（common petitions）的文件所列出的要求。最早的这类议会文件只是一些来自私人或地方共同体的要求，其中偶尔会提出一些具有普遍性的问题，因而被认为是值得在国王面前和在议会的会议室里加以讨论的。直到 14 世纪 20 年代，骑士和市民在挑选公共请愿书的过程中没有起到什么积极或创造性的作

㉚ Brown (1989), pp. 209–211.
㉛ Harriss (1975), p. 255.

用。事实上，是男爵贵族们继续充当社会的代言人，草拟那些带有普遍性的抱怨和不满的报告清单，诸如提交给 1309 年斯坦福德（Stamford）议会和 1310 年威斯敏斯特议会的那些议案。[32] 根本性的变化看来是在 14 世纪 20 年代发生的，这时骑士和市民接管了此项职责，开始表达那些被他们自己视为公共请愿书的要求。出现这种变化的原因很可能是在巴勒布里奇的战斗后贵族反对派势力瓦解了，而余留下来的兰开斯特派的同情者不愿意公开对抗戴斯彭瑟政府。这种胆怯懦弱显然没有传导到骑士和市民身上，这是他们保持政治和社会独立地位的一个鲜明证据。事实上，现存的 1324—1325 年的公共请愿书中一些最严厉苛刻的批评不是针对王室，而是指向贵族的。[33]

下议院成功地劝说王室接受他们的批评，很大程度上取决于他们同意批准征税。如果议会给国王提供财政援助，那么国王更可能作出慷慨的政治让步。值得注意的是现存 1324—1325 年的公共请愿书大部分都没有成功，原因不仅仅是戴斯彭瑟政府麻木淡漠，而且还由于爱德华二世在此期间两次要求金钱援助都遭到了议会拒绝。[34] 在爱德华三世统治时期，下议院是非常乐于帮助国王的。事实上直到 1376 年，征收直接税的要求才再次遭到议会拒绝。下议院显然不愿意在税收和矫正冤情之间建立一种正式联系。不过，早在 1309 年议会就已经警告国王：如果他不能听取臣民的冤情，那么他的税吏在各郡将面临活跃的抵制。所以，实际上关于税收的讨论、表达和倾听公共请愿书通常是密切联系在一起的。[35] 从 1327 年起，尤其是在 1340 年之后，王权答复公共请愿书的方式出现新的重要变化。王室接受的请愿要求以及政务会提出的纠正方案，现在都正式通过法令体现出来，作为王国法律的一部分在各郡颁布公示。因此，除了税收权和不久前取得的作为社会这个更广泛的政治共同体代言人的角色，骑士和市民在立法方面又赢得了一个角色。

不应夸大下议院对立法程序的控制。编制法规并为实施法规作各项准备工作的，仍然是国王政务会的成员，而不是骑士和市民。而

---

[32] Tuck (1985), pp. 57–59, 63; 但参看 Harriss (1975), p. 120。
[33] Ormrod (1990a), pp. 19–20。
[34] Buck (1983), pp. 252–254。
[35] Harriss (1975), pp. 98–127, 提供了全面的讨论。

且，成文法（statute law）虽然理论上具有约束力，但经常被漠视，有时遭到王室的公开嘲弄。在1308年的加冕典礼上，爱德华二世被要求宣读新的誓言：他将"保持和维护公正的法律和社会将会选择认定的习俗"。㊱但实际上，爱德华二世一直随意作出好法律和坏法律的判断，废除那些他认为有悖于普通法或伤害了王室特权的法规。正是基于这些理由，爱德华二世在1322年取消了新法令，爱德华三世废除了1341年的法令。因此，立法程序一直处于王室的普遍监管之下。的确，在涉及限制王室特权的敏感问题时，王室特别仔细地强调其行动的自由。1362年的《征用法令》（Statute of Purveyor）就是国王提出来的，"出于其自己的意志，没有大人物或下议院的动议"。㊲无论如何，此类立法的各种理由是不言而喻的。实际上，我们知道，1362年议会就扩大羊毛补助金的提议和关于王室征用官吏的惯常做法造成的一些激烈抱怨的问题，进行了某种艰苦的讨价还价。㊳程序上的各个环节都保留着，但是政治的实际内容已经转移了。

或许，议会影响王室政策的能力，在司法管理的变化上得到了最好的体现。1294年以后王室放弃了巡回法庭，这在司法体系上造成了很大的空缺，只能部分地靠一些不定期派出的专门委员会来填充，这种委员会是爱德华一世在1304—1305年间创建的，其委员们被戏称为"14世纪的英格兰流氓"（trailbastons）。结果，在很多人看来，这是公共秩序受到的一种严重破坏。王室和贵族们根本没有起而迎接这种挑战，而且人们还认为他们利用这种情况谋取私利。1317年，诺森伯兰一名很有影响的骑士吉尔伯特·米德尔顿爵士（Sir Gilbert Middleton）能够召集起一支900多北方人组成的军队，包括几个来自拥有土地的阶层的成员，武装叛乱，对抗王室。㊴14世纪20年代中期，戴斯彭瑟似乎幕后操纵了一场腐败、恫吓和使敲诈勒索合法化的运动，造成了许多绝望无助的受害人。即使在1331年爱德华三世热情地向贵族发出呼吁，号召他们行为举止更加诚实正直后，国王仍继

㊱ *SDECH*, pp. 4 – 5: 'tenir et garder les leys et les custumes droitureles les quiels la communaute de vostre roiaume aura esleu'.
㊲ *SDECH*, pp. 83 – 84: 'de sa proper volente, sanz mocion des grauntz ou communes'.
㊳ Harriss (1975), pp. 505 – 506.
㊴ Middleton (1918); Prestwich (1992).

续在自己的住处窝藏许多臭名昭著的违法犯禁者，如约翰·莫林斯（John Moleyns）爵士和托马斯·布雷德斯通（Thomas Breadstone）爵士。犯罪团伙的分裂破坏活动也从北方蔓延到了中部地区，14世纪30年代的大部分时间里，福尔维尔（Folville）家族和科特雷尔（Coterel）家族在这儿横行无忌，百姓苦不堪言。

在这种情况下，毫不奇怪，议会下议院对皇家司法的结构和运作越来越持批评态度。王室和下议院大体上都同意：显而易见的补救方法是在地方建立更加持久的司法机关。显然，适合这项工作的人选就是治安官们，他们出身于小地产阶层，自13世纪晚期以来就已经开始负责接受起诉、拘留犯罪嫌疑人，并等待王室司法官吏到达地方对案件进行裁决和定罪。现存第一份要求将治安官擢升为司法官员的文献来自1327年，到1340年时此类提议已经成为下议院政纲的固定特征。⑩ 但是，唯有黑死病带来的挑战才最后说服政府认识到这一提议的明智和必要性。在1349年和1351年，王室颁布《劳工法令》（Ordinance and Statute of Labourers），制止黑死病后工资急剧上涨的要求。实施该项法令的责任移交给了由地方绅士组成的郡的特别法庭。这种试验性做法很成功，于是在1361—1362年，治安委员们被授予权力，不仅可以审理有关劳工法的案件，而且有权判决司法辖区内的各种刑事案件（trespasses and felonies）。虽然这些新的"治安法官"的权力在接下来的30年里有所波动变化，但是把司法权力委托地方来行使的总的政策或多或少是稳定的。因此，议会下议院的坚持最后取得了胜利，治安法官的出现可以视为下议院取得的最显著的政治成就之一。

在爱德华二世和爱德华三世时期，议会转变成一种重要的政治机构，因此对王室而言，其表现既是一种机会，也是一个威胁。议会的代表性使国王从此以后有理由通过直接税和间接税的形式，开发未被利用的财富资源，并创造出一个异常老练的和生产性的公共财政制度。不过，在此过程中，国王的臣民有了阐述意见、批评政府并有效地促成各项改革的机会，这是以前的贵族反对派很少做得到的。新的

---

⑩ Putnam（1929），pp. 24 – 25, 42 – 43.

政治对话的后果在1376年"贤良议会"的事件中充分得到了证明。[41] 50多年来，下议院第一次拒绝批准国王征收一种直接税。相反，下议院还提出了一长串草拟好的请愿书，对王室的军事政策和国内各项政策提出全面指控。通过他们的代言人彼得·德·拉·马雷爵士（Sir Peter de la Mare），下议院对一个由朝臣和金融家组成的核心集团作出了一系列正式指控，迫使冈特的约翰作为国王代表，在议会上院议员面前贯彻一系列由国家起诉的案件的审讯（state trials）并予以判决。该贤良议会是一个极为特殊的事例，过度关注它的各项活动很可能会危险地扭曲我们对中世纪晚期英格兰政治的理解，不过，在某种真正重要的意义上，1376年议会标志着下议院作为一个成熟的、独立的政治力量的出现。骑士和市民们肯定意识到上议院同情他们的事业，但他们着手行动所使用的既自信又专业的方式，证明自爱德华二世以来他们在各方面都取得了显著发展。英格兰的政治共同体（political community）已经成熟了。

因此，14世纪前75年见证了英格兰政府的政治和行政管理方面发生的一些最激进的变革。在很大程度上，政治气候依然取决于国王的个人品行。编年史家雷纳夫·希格登（Ranulph Higden）认为，爱德华二世的厄运直接源自他倾心于演员、歌手、挖沟人、筑堤工、水手和游泳者，尤其是他的第一个情人也是最重要的情人皮尔斯·加弗斯滕。[42] 与此相同，托马斯·沃尔辛厄姆（Thomas Walsingham）后来也将14世纪70年代英格兰政治局势和军事形势的逆转，归咎于年迈的爱德华三世的堕落以及艾丽丝·佩勒兹的恶毒影响。[43] 不过，编年史家们对道德问题的强调往往掩盖了上述两位国王统治时期制度方面非常重要的发展。从爱德华一世时期起，政治共同体介入税收的批准授权，这给予它一种影响王室大部分国内外政策的总方向的宝贵机会。爱德华二世没有看到这种发展的更广泛的含义，事实上，到14世纪20年代，他的统治刚愎自用，甚至无视政治对话的基本原则，采用一种有可能破坏他的许多臣民生活的方式实行统治。爱德华三世

---

[41] Holmes（1975），有详细论述。
[42] Higden, *Polycbronicon*, VIII, p. 298.
[43] Walsingham, *Historia Anglicana*, I, p. 328.

统治的真正创新之处在于其决定扩大获取臣民各种建议和同意的政治传统,参与者不仅包含贵族,而且还有小地主(minor landholders)和商人,议会里下议院议员就是他们的代表。通过这样的政治协商过程,王国的臣民很可能比以往任何时候都更加熟悉公共事务。[44] 他们也产生更高的公共服务期望,更加信赖王权有能力保卫他们的权利和利益。从这种态度中萌发出来的不仅有对中世纪晚期英格兰政治的希望,还有对它的破灭。

W. 马克·奥姆罗德(Mark Ormrod)

第二节 理查德二世的统治

导论

理查德二世迅速而平静地继承了王位,虽然他的统治的结束要更加果断得多。理查德二世对其曾祖父爱德华二世的命运感到困惑不解,他的曾祖父在1327年被废黜并遭到谋杀,在某种程度上爱德华三世却未受这个问题的困扰。理查德二世试图防止自己重蹈其曾祖父之覆辙,结果恰恰激起大贵族们采取他最恐惧的反叛行动。不过,虽然两人最终命运相似,但理查德二世和爱德华二世的统治还是有很大区别的。与他的曾祖父爱德华二世不同,理查德二世有着坚强的性格,其中包括一些很有魅力的品质如勇敢、忠诚。此外,他制定和追求各种有长期目标的政策,不仅对个人而且对国家都是有意义的。但是,理查德二世也缺乏中世纪国王所必备的某些品质:他不喜欢真实的战争,尽管他与某些贵族发展个人友谊,但同作为整体的英格兰贵族的关系相处得很糟糕。在一定程度上,理查德二世既不像爱德华一世和爱德华三世那样成为"贵族伙伴中的一个"(one of the lads),也不同于后来的亨利四世和亨利五世,他天性多疑且遮遮掩掩,使他周围的人感到不安,萌生不安全感。中世纪君主统治的成功依赖于国王个人的能力和才干,君主制度本身还没有发达到足以支撑一个孱弱无能的国王的程度。理查德二世的能力并不适合其继承的重任,不过

---

[44] Maddicott (1978), pp. 27–43.

他并非一个无足轻重的人，他不容争辩的一些品质即便不适合担任一个中世纪的国王，也给14世纪最后25年的英格兰留下了独具特色的印迹。

在考察某个特定国王的统治时，历史家只是简单地将英格兰历史的缩微胶卷的一部分罩上一个框架，这个框架有助于人们集中自己的注意力。1377—1399年之间的这部分英格兰历史与其他部分有什么不同呢？国王和贵族们之间产生一系列对抗并非稀罕事，尽管它们采取了新的形式。不过，还存在一些不能塞进关于理查德二世的框架（Ricardian frame）的冲突：1381年民众性的大起义；约翰·威克利夫以及他的"罗拉德派"（Lollard）信徒攻击英格兰教会的习俗和教义；在伦敦和其他城镇崛起了一个富有、极具竞争性的商人阶级；议会下院作为城市和乡绅组成的"中产阶级"金融（及其他）利益的代言人的形成；此外，把英语作为书面语的做法迅速扩张，不仅作为娱乐和教化用语，而且成为商业和政治语言。自1348年以来，流行性的瘟疫使英格兰人口保持在生存资料所能承受的范围内，对已经缩小的人口中的相当一部分人来说，实际工资的上升保证了他们能过上更高水平的生活。人们现在拥有更多的货币，有更多的闲暇时间去开发各种新技能，他们在国内不断迁移、挑战公认的秩序。各地的教堂、市政厅和大宅的建筑都采用了典范的垂直式风格（Perpendicular Style），沿中世纪英格兰的石头墙壁上编织着网状的花饰窗格。这些石墙有时支持着华丽的、结构复杂的扇形穹顶，比如格洛斯特修道院新建的回廊（1351—1377年）就能看到这种穹顶。理查德二世统治下的英格兰也是一段充满机遇、竞争和试验的时期。

原始资料

关于理查德二世的统治，文献资料极为丰富。至于其先前的国王们的统治，则有大量财政署、大法官法庭和司法系统的档案，这些档案世代相传。一项新颖的材料是国王秘书约翰·普罗费特（John Prophet）在14世纪90年代保留的王室会议记录。[①] 为了补充中央政府档案的不足，各地方机构开始更系统地保管自己的档案资料，其中

---

① 打印于 Baldwin (1913), pp. 489–504。

第十三章 大不列颠岛

不仅有无处不在的各地庄园法庭和账簿的卷宗，还有各城镇的行政管理档案。在伦敦，最早的系统连贯的行会账簿始于 14 世纪 90 年代（其中有绸布商、裁缝、杂货商和金匠），从 14 世纪最后 25 年以来保存下来的遗嘱比其前保留下来的要多得多。

编年史家也对理查德二世的统治做了详细记载。② 其中修道院的编年史家尤为繁忙，除托马斯·沃尔辛厄姆在圣奥尔本斯修道院（St Albans Abbey）建立得很好的文书房里从事著述之外，亨利·奈顿（Henry Knighton）也在莱斯特郡菲尔兹（Fields）的圣玛丽修道院拿起笔来写作，还有一个僧侣，大概是理查德·埃克塞特（Richard Exeter），也在威斯敏斯特叙述一直到 1394 年的史事，该书对首都发生的事件记载得特别详细。此外，还有许多特别有趣的比较简短的编年史著作，如以盎格鲁-诺曼语（Anglo-Norman）写作的《匿名编年史》（Anonimalle Chronicle），提供了关于 1376 年"贤良议会"和 1381 年农民起义的内容，它即使不是第一手资料，也是独一无二的记述。在理查德二世统治末年，亚当·阿斯克（Adam Usk）写了一本生动的著作，记述亨利·博林布罗克（Henry Bolingbroke）篡夺王位、理查德二世倒台的经过。来自北方西铎会（Cistercian house）的一小群编年史家像惠利（Whalley）、迪厄拉克雷（Dieulacres）和科克斯托尔（Kirkstall）等人，尽管断断续续，也记载了理查德二世统治最后几年的情况。此外，英格兰的事件还吸引了海峡对面欧洲大陆学者的注意，让·傅华萨（Jean Froissart）通过与英王理查德二世身边随行的贵族领主谈话交流，非常熟悉 1381 年农民起义的一些细节，而他本人于 1395 年还亲自访问了英格兰。③ 14 世纪 90 年代其他驻留英格兰的法国人，也生动地记述了理查德二世遭到背叛以及死亡的经过。④ 而且，在理查德二世统治时期，一种新型编年史开始出现，这就是伦敦编年史（London Chronicle），其特点是以"市长任职期间"的事件而不是以王朝年代划分历史，而且使用英文写作。⑤

文献资料非常丰富，其中一些是以拉丁文书写的，另一些则是以

---

② 参见 Martin (1997a)。
③ 参见 Stow (1985)。
④ 参见 Palmer (1978 – 1979)。
⑤ E. G.. *The Great Chronicle of London*, ed. Thomas and Thornley; *Chronicles of London*, ed. Kingsford.

英格兰法语撰述的,但是越来越多的文献是用英文写成的。杰弗里·乔叟(Geoffrey Chaucer)、威廉·郎格兰(William Langland)和约翰·高尔(John Gower)的著作,《高文爵士与绿衣武士》(Sir Gawain and the Green Knight)的作者,甚至复杂高深的托马斯·阿斯克(convoluted Thomas Usk)都能使我们更加理解和感知14世纪晚期男人和女人们最关注考虑的事情。一个新的读者群体正在涌现,主要由绅士、商人、工匠和律师、医生等专业群体组成。从上述这些阶层人士的私人图书馆中流传下来的文献资料极少,只有一些家庭账簿、一个单身商人的账本以及几封书信。⑥ 尽管这些档案资料微不足道,但它们有助于我们了解那些生活于公共视野之外的男男女女的生活境况。首都发生的事件的影响有时在这里可以得到评价,那些既不是王后也不是公主的女人们开始在体制内找寻一个位置,开始发表言论。

遗产:1376—1380年执政的王室政府

出生在波尔多的理查德不是生来就要成为国王的,他在王位继承顺序上名列第三。1367年理查德出生时,他的父亲黑太子爱德华是位著名武士,依然健在。理查德有一个哥哥也叫爱德华,比他年长4岁,但在1371年,一切都改变了:他的哥哥死了,他的父亲卧病,全家人离开波尔多前往英格兰。现在,理查德注定要继承英格兰王位。

在英格兰,爱德华三世统治的辉煌时代已经一去不返,1360年的《布雷蒂尼条约》标志着英格兰对法战争胜利的顶峰。现在,这些刚刚被征服的法国领地正悄悄摆脱英格兰人的控制,尽管冈特的约翰和他兄弟们拥有不寻常的**骑兵队的袭击**(chevauchées)。更糟糕的是,法国人正开始报复英格兰人,袭击英格兰南部沿海地区,进攻拉伊(Rye),摧毁了温切尔西(Winchelsea)很大一部分地区。1369年,随着王后——埃诺的菲利帕(Philippa of Hainault)去世,爱德华三世转而在艾丽丝·佩勒兹的怀抱里寻求慰藉,后者是威廉·温莎爵士的妻子。现在爱德华已经五十七八岁了,看起来已经老迈不堪,或者至少对那些他40多年来倾注精力的政府诸事已了无兴趣。由于

---

⑥ *Household Accounts*, ed. Woolgar; James (1956); Rickert (1926–1927); Walker (1991).

第十三章　大不列颠岛

黑太子患病不起，管理王国的重任如果不是全部，也是大部落到了爱德华三世的第三个儿子冈特的约翰身上。在理查德的第一次议会里，许多前国王大臣出示的各种证据生动形象地描绘了政府管理的寝宫特点。显而易见，爱德华三世已经卧床不起，完全受艾丽丝的支配和摆布，她已经成为王权背后的一支强大力量。⑦

1376 年议会（以"贤良议会"而著称）的下议院在彼得·德·拉·马雷的领导下，对那些他们认为牺牲国家利益、中饱私囊的人士发动了连续攻击，彼得本人是来自赫里福德郡的一位骑士，同时还是马奇（March）第三任伯爵埃德蒙的总管，而后者是爱德华三世在爱尔兰的代理官员，也是国王的次子克拉伦斯公爵莱昂内尔（Lionel）唯一女儿菲利帕的丈夫，他们的两个儿子罗杰（Roger，生于 1374 年）和埃德蒙（生于 1376 年）在理查德继承王位之后都成为英格兰王位的假定继承人（参见原文第 886 页）。⑧ 在"贤良议会"里受到指控的人有王室总管拉蒂默爵士、一小撮**暴发户**（*nouveaux riches*）伦敦商人，以及一些在法国经历过辉煌时期、留待任用的军队将领，他们被控出卖英格兰驻军要塞给法国人。冈特的约翰竭尽全力为拉蒂默辩护，维护王室政策的统一完整。那些被认定有罪的人则或遭监禁或被处以罚金，不过他们没有被指控犯有叛国罪，因而没有被处死。在数月之中，所有的人都被释放了。同后来理查德二世统治时期的议会审判比较而言，"贤良议会"的做法是非常温和的，但是议员们对政府的指控有助于遏制一些王室大臣的自私劣行，证明了议会作为政治论坛的潜在能量。1376 年议会见证了司法弹劾的发展过程，尽管它不能制定王室政策，但它可以用来批评王室政策。正是在议会里，下院议员们选择一个人作为他们全体成员的代言人，这就是下议长（Speaker）。⑨ 伦敦商人亚当·伯里（Adam Bury）、约翰·佩克什（John Pecche）和理查德·莱昂斯（Richard Lyons）等人的耻辱行径，导致他们被解除高级市政官（aldermen）职务，这转而又引发伦敦城治理方式的全面变革。⑩ 这些变化，包括每年的市政官选举，开启了

---

⑦ *Rot. Parl.*, III, pp. 12–14.
⑧ 但是，看一下近年来发现的起草于 1376 年的文献。在这份文献中，爱德华三世似乎已经排除了来自母系的其他继承人，而赞同其在世的儿子们的男孩子继承王位。见 Bennet（1998），p. 591。
⑨ Roskell（1965）.
⑩ Barron（1981）.

伦敦市政管理上极为动荡的一段时期。党派之间不在法庭上而在街道上争斗,"小人物"开始有了发言权。[11]

虽然冈特的约翰已经设法取消"贤良议会"的大部分做法,但政府内部依然存在一个权力真空,君主制的核心人物原本应该在这里发挥主导作用。1376 年 6 月,黑太子死于肯宁顿(Kennington),爱德华三世也于 1377 年 6 月 22 日撒手人寰。理查德,一个年仅 11 岁的高高瘦瘦、很引人注意的男孩,在"施洗者"圣约翰生日祈祷式前夕继承了英格兰王位。因为他出生在主显节(Epiphany)的盛会上,这一天因约翰给基督施洗而受到世人庆祝,所以理查德终其一生都认为他本人与圣徒有着一种特殊关系,对圣徒极为虔敬,认为圣徒是他的专门保护人。[12]

最为重要的是,年轻的国王应该接受加冕,加冕仪式可能给人们留下了深刻印象。我们不知道谁在幕后策划了这一活动,也许是黑太子为理查德挑选的私人教师吉夏尔·德·安格勒(Guichard d'Angle),或者更有可能是继安格勒之后担任理查德老师的爵士西蒙·伯利(Simon Burley)。不仅理查德的加冕仪式不同于以前的典礼,而且仪式活动也被精心地记录下来。实际上,理查德二世的加冕典礼是这种仪式第一次被同时代编年史家完整全面地记述下来。[13] "在盛大华丽的庆典中,最显著的变化是在队伍走向教堂之前,没有世俗选举程序;誓言本身的措辞也很可能做了改动,着重强调服从作为世俗君主的国王。"[14] 在冗长的典礼仪式中,理查德本人好像已经睡着了,不得不由西蒙爵士将他背回寝宫。西蒙在教堂里没有逗留太长时间,以便回到加冕现场收藏珍贵的王权标志物,结果一只神圣的加冕礼用的鞋子掉在人群中,丢失了。据说,这只鞋子阿尔弗雷德国王曾经穿过。[15] 尽管理查德很疲倦,但加冕典礼似乎给这位年轻的国王留下了深刻印象,他认为他已经同其他人分离开了,被置于"忏

---

[11] "小人物"这个词语是 Thomas Usk 在其 1388 年的上诉书中使用的,参见 A Book of London English, ed. Chambers and Daunt, p. 25。
[12] Gordon (1993), pp. 55–57.
[13] Munimenta Gildhallae, ed. Riley II, pp. 456–482.
[14] Jones (1968), p. 15.
[15] West. Chron., pp. 415–417.

悔者"爱德华的直接、专门的保护之下。⑯ 理查德执政后,有时带来访的客人,像1386年带亚美尼亚国王,参观各种王室标志,表明它们属于"先前被加冕的人"(quibus olim fuerat coronatus)。⑰

一旦国王已经加冕,那么就必须统治国家,但是理查德好像是缓慢地接受王权的重担的。⑱ 在加冕典礼后的圣诞节,伦敦市民组织了盛大的化装演出,招待理查德国王。演出队伍里有一些绅士、一位皇帝、一个教宗和几个枢机主教。他们使用灌了铅的骰子和理查德做游戏,取悦他,结果"他每次抛骰子都赢",他就这样"赢了一只金碗、一只金杯和一枚金戒指"。⑲ 节日活动也许只是娱乐性的,不过他们给王权的职责提供了一种不真实的入门介绍。也许是理查德母亲的影响,他的童年期被不正常地延长了。当理查德正式接过政府的权柄时,他已经22岁了。

另一方面,在理查德国王尚未成年时,王国如何治理呢?没有证据表明爱德华三世曾经为此做过任何准备工作,他的遗嘱里当然也没有提及这一点,尽管他可能同一些政务会委员(即政府大臣)讨论过此事。不论采取何种方式,解决办法找到了,这就是任命一系列管理委员会(governing council),遴选一些大贵族、主教和一些有能力的骑士和职员在各个委员会任职。各个显而易见的利益群体都有代表参加,像冈特的约翰、他的兄弟剑桥伯爵兰利的埃德蒙(Edmund of Langley,后任约克公爵)、白金汉伯爵伍德斯托克(Woodstock)的托马斯(后任格洛斯特公爵),还有一些黑太子家族的骑士代表了王妃琼(Joan)的利益,以及一些"激进派"分子,这些人1376年时曾挑战过宫廷派,依然保持着一种超然地批评的传统。⑳

各个委员会都面临着诸多严峻的问题,最棘手的是王国的安全防卫问题。英格兰人在法国立足依赖于继续在加莱、瑟堡(Cherbourg)、布雷斯特(Brest)的"外堡"城镇(barbican towns)驻军。上述城镇都位于布列塔尼公爵约翰的领地内,而他对英格兰的忠诚反

---

⑯ Gordon (1993), pp. 54 – 55.
⑰ *West. Chron.*, pp. 156 – 157.
⑱ 理查德正式出席议会是在1377年10月,*Rot. Parl.*, III, p. 3.
⑲ Stow, *Survey of London*, I, pp. 96 – 97.
⑳ Lewis (1926).

复无常，是靠不住的。波尔多则位于阿基坦公爵领的心脏地带。[21] 保持这些驻军的成本代价很高昂，而丢失它们又是一种耻辱。法国国王查理五世（1364—1380年）在遏制英军入侵方面，比他的父辈狡猾精明得多，他得到一些军事将领，像贝特朗·迪·盖克兰（Bertrand du Guesclin）、奥利维耶·德·克利松（Olivier de Clisson）和让·德·维埃纳（Jean de Vienne）等人的协助，这些人将战火蔓延到英格兰的领土上。在理查德二世统治早期，英格兰人发动**骑兵队的袭击**，没有取得什么成效，整体说来是不成功的（例如，阿伦德尔伯爵1378年进攻阿夫勒尔［Harfleur］，白金汉伯爵1380年围攻南特都徒劳无功）。苏格兰人同法国人建立联盟，对英格兰北部边境施加压力，使得珀西（Percies）家族——英格兰东马奇（East March）地区传统的守护者，率领其人马一直保持着战争状态（费用主要由国王支付），造成他们有能力挑战一切权威，甚至连兰开斯特公爵也不放在眼里。[22] 英王理查德尚未成年时的政务会的政策，是通过发动**骑兵队的袭击**，对法国施加压力，从而取得和平，或者至少同苏格兰人达成休战，但是战争已经扩大，超出了上述两国舞台。佛兰德在经济上同英格兰紧密相连，它是英格兰羊毛的一个重要市场，正如英格兰是佛兰德人呢绒（以及其他制造品）的重要市场一样。佛兰德的纺织城镇根特、伊普尔和布鲁日等都受到亲法国的伯爵梅尔的路易斯·德·马尔（Louis de Male）的控制，无法同英格兰建立正式同盟。伯爵本人通过将唯一的女儿和继承人玛格丽特嫁给勃艮第的菲利普，此人是查理五世的一个很有势力的兄弟，于1384年继承了佛兰德伯爵领，从而加强了这种亲法倾向。英法战争也扩大到卡斯蒂尔王国，当地争夺王位的诉求者都从英法国王处寻求支持。特斯拉塔马拉（Trastámara）的亨利是私生子，没有合法继承权利但继承了王位（1369—1379年），他同法国人建立同盟，率领强大的卡斯蒂尔海军站在法方阵营对英作战。英格兰冈特的约翰于1371年迎娶了卡斯蒂尔王位的合法继承人康斯坦萨（Constanza）公主，但实际上她对亨利及其子胡安（Juan）只有潜在的而没有真正的威胁，不过约翰对亨

---

[21] Palmer（1972）；Jones（1970）.
[22] Storey（1957）；Tuck（1968）；Walker（1991）.

有卡斯蒂尔国王的名号感到欣喜,尽管他依然依靠在英格兰的庞大地产生活。在理查德二世统治时期,英格兰人于 1381 年、1386—1389 年两次在伊比利亚半岛采取大规模军事行动。当战争失利时,婚姻联盟继续给英格兰人带来利益。㉓ 但是这些活动没有提供结束对法战争的解决办法。

理查德尚未成年时的政务会面临的另一个重要任务是为年轻的国王找到一个合适、相称的王后。显然,国王的婚姻是一种极为重要的外交联盟,而且十有八九是一张只能使用一次的牌。出于我们目前尚不清楚的各种理由,政务会向安妮(Anne)求婚。安妮公主是神圣罗马帝国皇帝查理四世(即波希米亚-捷克国王查理一世,死于 1378 年)的女儿,也是波希米亚国王瓦茨拉夫四世(Wenceslas, 1378—1400 年)的姐妹。英格兰人进行这桩联姻的政治目的是拉拢一个对抗法国的强大盟友,捎带得到大量陪嫁的嫁妆和一个生育力旺盛的王后。这些事物安妮公主一样也没有提供,不过她好像是一个感情忠贞、心思细腻的妻子,使她的丈夫一生生活幸福,没有在宫廷里引发任何冲突或矛盾。虽然威斯敏斯特的编年史家说英格兰花费了一大笔钱,结果只得到"这个微不足道的女人",托马斯·沃尔辛厄姆也惋惜地提及新娘子本应该在嫁给理查德时带来一笔丰厚的嫁妆(实际没有),他们很可能代表了许多人的看法,但到安妮王后死时,编年史家们开始赞美她温柔、谦恭的美德。㉔ 英格兰 1377—1380 年间的对外政策几乎不能认为是成功的,无论在战争抑或外交方面:如同苏格兰达成短期休战,缔结了一次不起作用的婚姻联盟,丧失在佛兰德的影响和市场,为维持在法国的驻军付出高昂成本以及对法国北部发动两次袭击,其后果即便不是灾难性的,也是不成功的。这是很糟糕的一手牌,打得很差。

但是,理查德尚未成年时的政务会还有其他事情要考虑,他们必须在权贵们对立的利益中间保持一种平衡,因为王国的安康最终依赖于这种平衡。在不存在君主意志的情况下,王室的恩惠和庇护如何分配呢?冈特的约翰财大势大,普遍遭到众人的憎恨和猜疑。肯特的琼

㉓ Russell (1955).
㉔ *West. Chron.*, pp. 23 - 25; *Annales Ricardi Secundi*, p. 169; see Saul (1997a), pp. 455 - 457.

及她继承自黑太子的那些骑士家族,像理查德·斯图里(Richard Stury)爵士、西蒙·伯利(Simon Burley)爵士或约翰·沃思(John Worth)爵士这些有能力有影响的人又扮演了什么角色呢?但是当大贵族们在权力真空的边缘争逐时,另一种对王权更严重的威胁正在村落和庄园里积聚。

1381 年:叛乱和罗拉德派

英格兰王国总人口在 1348—1349 年黑死病打击后急剧衰落,造成经济混乱。教俗大地主并没有因这些变化而一贫如洗,不过人口数量锐减无疑将经济优势转到了劳工一方。尽管政府颁布法规,其目的是恢复**以前的状态**,但是劳动力成本不可阻挡地上升了,物价也出现了小幅攀升,因此挣工资的劳动力无论男性抑或女性,都生活得比以前富裕了。不自由的劳工现在开始对各种束缚限制感到愤怒,这些条条框框在人口膨胀时曾经给他们提供了某种安全保护,现在则只是限制他们增加经济收入的机会。实力雄厚的大地主不得不使用阴谋诡计,有时也采用暴力手段来维持他们得自地产的日常收入水平。在城镇,有技术的劳动力奇缺,到处都有大量工作机会,有更多的货币可以消费。"小人物"现在能够而且的确使他们的声音被上层听到了。

1381 年起义是各地工人和地主之间一系列抗议和冲突的顶点。[25] 地方治安法官强制执行劳动法规的做法显然恶化了大众的敌对情绪,他们不仅对地方政府而且对中央政府政策产生不满。通常认为,1381 年起义是自发的,不仅是对农奴制(villeinage)的憎恨积聚起来的一种愤怒反应,而且也是对 14 世纪 70 年代赋税沉重的一种反抗,特别是反对 1377 年、1379 年和 1380 年新增加的人头税。人头税的主要目的是对新近富裕起来的工资劳动者征税,如果不是更公平地,也是为了更均衡地在全国人口范围内分配赋税的负担。税收很可能引发了起义,不过近来的研究表明,起义具有高度组织性和协调性。[26] 这不是一次愤怒农民的自发起义,而是由当地共同体中有身份的人,如陪审员、庄头以及管家等领导的。[27] 惊恐的僧侣编年史家将叛乱者描绘

---

[25] Hilton (1962); Faith (1984).
[26] Brooks (1985).
[27] Dyer (1984).

成牲畜一般野蛮粗俗,但实际上,在英格兰东南部的村落里,这些滋生和孕育叛乱的地区,能读会写、有文化的人很普遍,远远超出僧侣史家的意料。[28] 这些新近富起来的人通常也是有文化的。老克雷芒·帕斯顿(Old Clement Paston,死于1419年)是诺福克郡帕斯顿庄园的一个农奴,将他的儿子威廉(出生于起义前3年)送去上学。[29] 一些信件在乡村劳工中散布,其中有些落入"政府"手中,出乎意料地被惊恐的编年史家保存下来。[30] 由此看来,很可能是叛乱者于6月14日星期五在迈尔恩德(Mile End)、次日在斯密菲尔德(Smithfield)会见国王时,把关于各种要求的一份书面材料呈递给国王,对此国王承诺要向他们颁发宪章、专利权和各种"书写下来并经过盖章"的保护他们的函件。虽然叛乱者未曾料到政府会厚颜无耻地欺骗他们,但他们确信不达目的就不收兵。[31]

起义发生了,因为出现了一个新生的、强有力的"农民领袖"阶层,他们能够领导农民并清晰地阐述经济和社会方面的不满,这些怨恨在以前极度贫穷时一直受到抑制。不过,起义群众的各种要求并不限于乡村生活的不公正现象,他们也关心国家政治事务,他们意识到中央政府政策和措施的不足之处。[32] 对法战争的失利、法军对南部沿海地带的侵袭以及沉重的赋税和劳工法,全都遭到民众憎恨,人们认为是国王身边的叛国者造成了这一切,他们挡在国王和他的"真诚的民众"之间。如果理查德二世(现在年方15岁)不仅担任君主,而且实施管理,那么一切都将万事大吉。显而易见,以政务会议的方式组成的政府缺乏力量和方向,但是,强有力的君主统治就真的是更好的选择吗?

6月13日在布莱克希斯(Blackheath),在圣体节(Corpus Christi)的盛会上,起义群众向国王提交了一份请愿书,里面列举8个人是叛国者,列于名单前面的有坎特伯雷大主教和英格兰大臣西蒙·萨德伯里(Simon Sudbury)、罗伯特·黑尔斯(Robert Hales),后者是医护骑士团英格兰修会(English Priory of the Knights Hospitallers)的

---

[28] Strohm (1992); Justice (1994).
[29] Richmond (1990), pp. 12–14.
[30] 刊登于 the Peasants' Revolt of 1381, ed. Dobson, pp. 380–383。
[31] Anonimalle Chronicle,刊登于上书,第160—166页,尤其是第164页。
[32] Ormrod (1990).

首领，自2月份以来担任英格兰财政大臣。当理查德二世6月14日前往迈尔恩德会见起义群众时，一伙武装人员冲进防卫虚弱的伦敦塔，将两个人拉到塔山（Tower Hill）处死。毫不奇怪，理查德国王决定不回伦敦塔，而是在布莱克弗赖尔斯（Blackfriars）附近的大衣帽间（Great Wardrobe）度过一夜。次日清晨，理查德二世又骑马去斯密菲尔德会见另一拨起义者，正是在这里，起义领袖瓦特·泰勒（Wat Tyler）遭到杀害。凭借天生的勇气，理查德二世策马向前，声称他本人是起义群众的领导者，正在寻找一位领导人的起义者接受了他的指挥。大家散成小股队伍，返回各自的城镇和村子。然后，政府的报复行动开始了。邻居亲友相互控告对方参与了叛乱活动，王室法官审理后释放了许多人，也处死了很多人。对1381年"大声叫骂的日子"（hurling days）的记忆，使得政府将恐惧转化为考虑和关注更多英格兰民众的需要和想法。国家政治参与度扩大了，不是通过投票权而是通过民众的直接行动，统治者学到了他们永远也不会忘记的教训。

怎样理解起义的相对成功呢？的确，起义群众拥有令政府出其不意的优势条件。直到1381年6月，没有一个人能揣测到地方性的抗议活动可能或者将要升级为这样一场统一的、组织严密的大规模起义，政府严重低估了反抗运动的复杂性，不过政府当时也处于紊乱状态。以国王名义实施统治的那些权贵，未必就是背叛了国家利益的卖国贼，但他们是最无能、最自私的一小撮人。当然，这不包括冈特的约翰，他确实很有能力，对国家也很忠诚，不过他主要关心在欧洲大陆追求家族利益（他已经同卡斯蒂尔王国合法的女继承人康斯坦萨结婚）。起义群众以及其他人不信任他，高呼他们"不要名叫约翰的国王"。[33] 倘若约翰不是在北方同苏格兰人协商休战停火事宜，很可能，他就会遭受与萨德伯里、黑尔斯同样的命运。[34] 1381年6月的农民起义已经充分证明，理查德尚未成年时的政府暴露出它实际上是"一个不稳定、优柔寡断的平庸政权"。[35] 起义群众轻而易举地进入伦敦，时人认为主要是由于某些人的背叛行为造成的，即起义者是伦敦

---

[33] 关于起义时期群众对约翰财产的袭击破坏，参见 Crook（1987）；Walker（1983）。
[34] Walker（1991）.
[35] Ormrod（1990），p. 90.

城高级市政官（aldermen）中的同情者放进来的。实际上，伦敦市政府像中央政府一样，也处于一种混乱状态。1376 年的"民主改革"确保了城市由选举的市政官管理，由于新市政官必须每年重新选举，结果他们对接手的工作并不熟悉。㊱ 正如威斯敏斯特的僧侣所观察到的，伦敦城市本身处于分裂状况，在遇到突发事件的时候，没有能力制定统一的政策，更不要说执行政策了。㊲ 首都不可能守得住。

当惊恐万状的僧侣开始回想 1381 年 6 月起义的原因时，他们将责任归咎于各个方面。只有《匿名编年史》（Anonimalle Chronicle）的作者看出了农民起义的某些合理性。㊳ 托马斯·沃尔辛厄姆，一个本尼狄克派的僧侣，抓住机会责怪托钵僧修会的修士，但是他也将世界的动荡与约翰·威克利夫（John Wyclif）及其追随者罗拉德派的异教思想联系起来。㊴

自 14 世纪 60 年代以来，威克利夫一直在牛津讲学，但他的非正统思想是逐渐渗透到大学以外的世界的，他公认的能力使他获得权贵人物的注意，像冈特的约翰就任命他担任出使布鲁日的大使，据理质疑教宗在英格兰征税的合法性；1378 年他出席了在格洛斯特召开的议会，反对教会提出的向债务人提供庇护的主张。威克利夫在宫廷的朋友有公主琼及其家族的一些骑士，如理查德·斯图里、路易斯·克利福德（Lewis Clifford）爵士等人，但是作为朋友，不一定意味着要完全接受和认同威克利夫的思想。他思想中的激进主义起初没有被众人完全理解。

威克利夫攻击教士滥用俗界的捐赠，认为这些财物交给他们是为了促进其宗教职能，不是满足他们的物质享受；教会的真正权威属于它那些注定要获救的真正的信徒；僧侣和修士追名逐利、教廷分裂（1378—1417 年）的丑闻以及教区牧师和主教的腐化堕落，都阻碍基督徒的救赎。

除了对现实教会的这些批评，威克利夫还攻击教会圣餐变体（transubstantiation）的教义，基督的真实肉体如何可能虚伪地以面包

㊱ Barron (1981).
㊲ West. Chron, p. 9.
㊳ Anonimalle Chronicle, in the Peasants' Revolt of 1381, ed. Dobson, pp. 123–124.
㊴ Walsingham, in ibid., pp. 367–369.

和酒的形式出现?[40] 威克利夫的许多观点本质上都是对教会持怀疑态度的,逐渐削弱了民众宗教信仰的种种实践,如狂热崇拜偶像、朝圣以及信仰圣徒和向神父忏悔。威克利夫摒弃了这些公共活动,代之以个人、良心和包含着上帝智慧的圣经。为了使普通信徒男男女女能够读懂圣经,必须把圣经翻译成英文,这是威克利夫身边一小群正直、志同道合的人士的工作。其中一些是在牛津受过培训的神职人员,还有一些则是有文化的绅士。[41] 这种宣传福音的工作,大多是未来的事情,但到1381年,威克利夫的观点遭到教宗公开批判,他本人也被传唤,前往伦敦兰贝斯(Lambeth)举行的宗教会议(1378年)、伦敦黑修士教堂(Black friars' house)(1382年)回答指控。尽管威克利夫遭到这些公开谴责,但他依然平安地在他的拉特沃思(Lutterworth)教区去世。他攻击教会持有财产,不是什么新奇的做法,不过它具有威胁性,在民众当中引起广泛反响。威斯敏斯特的僧侣写道,威克利夫的目标是"取悦俗人而不是上帝,因为他在上帝的教堂里恶毒地传播大量异教的、错误的教义"。[42] 在英格兰,异教思想第一次传播到大学之外,进入世俗大众的世界。托马斯·沃尔辛厄姆正确地看到,在史无前例的群众性起义和异端邪说出现之间存在一种关联,两者在很大程度上都是由经济繁荣、富裕造成的。因为繁荣孕育了知识文化,而知识文化转而鼓励有理有据的抗争,鼓励抵制官方的公告和声明。即便是那些不识字的人也有机会聆听新思想,讨论新思想,按照新思想采取行动。本国的书面文化强化了威克利夫对国家和教会现存秩序的攻击,毫不奇怪,僧侣团体感到恐惧,因为他们对劳动和知识的控制已经受到了挑战。

理查德二世青少年时期的政府:1381—1387年

1381年6月的农民起义将理查德二世拉进舞台中心,成为众人瞩目的焦点,不过他似乎非常勉强,不情愿地接过掌控王权的缰绳。也许,他周围的贵族不鼓励他掌权。频繁的政务会在1380年终止了,

---

[40] 在 *De Eucharistia* 里,威克里夫写道:"庄严的圣礼凸显了基督肉体的重要性,肉体被奉为神圣,被崇拜,被信徒怀着铭记和模仿基督的意图吃掉",引自 Aston(1987),p. 320。

[41] Aston(1987);Catto(1981);Thomson(1997).

[42] *West. Chron.*, p. 107.

从那时起，理查德二世在名义上执掌了政权。他对国事的关注似乎不稳定。1381年秋，他从中斡旋促成了冈特的约翰和亨利·珀西（Henry Percy）两人妥协和解，后者是诺森伯兰伯爵，在此前夏天约翰陷入农民起义的困境时，他没有积极进行援救。1382年1月，理查德二世同安妮结婚，公主刚刚从波希米亚来到英格兰，而冈特的约翰依然把持着宫廷。1382年2月，伦敦市民要求"他们似乎应该只有一个国王……他们只希望做一个君主的臣民"。㊸ 理查德二世对如此尖锐的要求是如何回答的，我们不得而知，不过冈特匆忙地离开了伦敦。

理查德二世统治中期的政策或治理模式不易识别，不过还是有一个连续的目标，即理查德二世和他的大臣开始寻求一种手段，与法国达成体面的和平。要改变一项实行了40年之久的政策并不容易，该政策曾经取得诸多成功，而当战争的范围不仅包括法兰西，而且还包括佛兰德、卡斯蒂尔、葡萄牙和苏格兰等国家时，想结束战争就更是难上加难了。在和平没有得到保障之前，战斗不得不持续进行。1383年，诺里奇（Norwich）的主教戴斯彭瑟对佛兰德组织了一次"十字军"，结果惨败；1386—1389年，冈特的约翰领导了另一次讨伐卡斯蒂尔的政治十字军（political crusade）。与此同时，理查德二世亲自率领一支军队于1385年侵入苏格兰，以报复法国将领让·德·维埃纳在上一年袭击英格兰。不过理查德二世似乎并没有培养出嗜好战争的性格，他更喜欢观赏比武竞技，而不愿参与其中。他的王权形象不是军事方面的，而且他大概充分意识到代价高昂的战争会使国王与议会发生冲突。威斯敏斯特的编年史家敏锐地发现，国王为了"维持常年战争打击法王，将不可避免地使其臣民无休止地背上新税的负担，对国王自身具有破坏性后果"。㊹

爱德华三世与其臣民联盟抗击法国，曾经取得显著的成功，不过假如他想要取得战争胜利的话，也使国王依赖于议会下院批准的税收（参见第13章第一节）。同样，如果不能首先得到下议院的支持，理查德二世不能征收直接税或间接税。看来很可能是这样：理查德发现

㊸ *West. Chron*, p. 25.
㊹ Ibid., p. 205.

"操作"一次议会会议,其中必然要有的谈判和磋商会使他难堪。在14世纪80年代,下议院日益不满王室政策,他们关心各种各样的问题,像税收的沉重负担、地方官吏的腐败、领主对徽章(badges)的分配(导致地方匪帮横行和陪审团遭到恐吓等)以及王室滥用各种资源。㊺ 在下议院看来,不仅对外战争大体上是不成功的,而且国王个人似乎也过于奢侈浪费,同时还任性、变化无常。㊻ 1385年,下议院在上议院的支持下,提出一项重要的改革方案:下一年国王应停止从王室收入中拿出钱来赐予他人,同意由3名政府官吏每年审查王室收支;还有一些地方官吏选任方式的改革。理查德二世支吾吾地同意了绝大部分改革建议,而下议院则慷慨大度地批准国王征税。㊼

虽然理查德二世未经议会同意不能征税,但是他的庇护特权依然不受限制。理查德二世决定慷慨地赏赐他的朋友,但没有利用这种特权建立一个广泛支持王权的群体。西蒙·伯利爵士是一个来历不明的人,通过为黑太子服务得到晋升,担任了理查德的私人教师,他应该得到国王的奖赏,但是他得到的酬劳太多了。他被赐予利伯恩(Leybourne)在肯特郡的遗产,而后在1385年远征苏格兰时被授予伯爵,尽管这次提拔不久后就被撤销了。㊽ 与此同时,迈克尔·德·拉波尔(Michael de la Pole)是赫尔(Hull)城一个成功商人之子,已经被赐予厄福德(Ufford)的领地,又被国王册封为萨福克郡的伯爵。罗贝尔·德·维尔(Robert de Vere)继承贫困化了的牛津伯爵领,但得到理查德二世的提拔,先是担任都柏林的侯爵(此前未听说过的一种职位),然后在1386年10月,被授予爱尔兰公爵。如此乖张的册封举动疏远了原先的贵族群体(例如,国王的叔叔埃德蒙,他在1385年担任了约克公爵,另一个叔叔托马斯担任格洛斯特公爵),还有必不可少的资助也耗费金钱。在下议院看来,王室得到的遗产应该用于维持政府运作支出,而不应该随意赏给国王身边那些贪婪、自私自利的朋友。如何巧妙地运用王室恩赐特权,也许是中世纪国王面临的一个最棘手也是最重要的任务:少年理查德很倔强,难以胜任。

㊺ 关于下议院在1381—1382年未能成功地施行政府改革,参见 Ormrod(1990)。
㊻ Saul(1997a),pp. 81 – 82, 146 – 147.
㊼ Palmer(1971b).
㊽ Saul(1997a),pp. 114 – 117.

在14世纪80年代，理查德二世还试图干预政府的另一个领域，这就是伦敦的管理。自1376年的“贤良议会”以来，伦敦市的管理一直充满了混乱和争斗。[49] 理查德二世决定尽力组建一个“党派”(party)，他选择支持激进的一方——北安普敦的约翰，1382年强烈要求伦敦市民重新选举约翰为市长。不过，理查德二世似乎又逐渐厌弃了约翰，也许是他不能稳定地控制城市，遂转而支持约翰的强有力的竞争对手——食品杂货商尼古拉斯·布伦伯尔（Nicholas Brembre）。有证据表明，布伦伯尔曾借款给国王会所（king's chamber），作为报答，国王支持他的“保守”政策，以有利于批发商和富有的海外贸易商人。1384年，理查德二世对布伦伯尔的支持甚至到了这样的程度：在伦敦进行市长选举时派遣3名家族骑士担任观察员(observer)，以确保他的当选。[50] 14世纪80年代在对伦敦政治活动进行干预时，理查德二世显著地表现出参与派别政治的倾向，而不是保持中立地位。

看来很清楚，在14世纪80年代，如果脱离其亡父的煊赫声望以及其叔叔的专横影响，理查德二世还很难确立自己的独立权威。当伦敦被废黜的市长1384年受审时，他强烈要求理查德“在你的叔叔兰开斯特公爵没到场的情况下，不要进行判决或执行审判权”。可以理解，理查德二世勃然大怒，宣布他有能力进行审判，不仅是对北安普敦的约翰，而且对兰开斯特公爵本人也能审判。[51] 早在1385年，理 311
查德二世大概曾纵容一场谋杀其叔叔的阴谋，这激怒了冈特，他提醒国王：既然拥有对臣民的生杀予夺之权力，他就不应该纵容私人谋杀。国王应该寻求一些贤良、忠诚的大臣，克制非法活动。这一次，理查德二世平静地答复其叔叔，他的母亲王太后琼急忙插进来，弥合了家族的裂痕。[52] 毫无疑问，理查德收到了更多良好的建议，但显而易见，他的脾气很急躁。坎特伯雷大主教威廉·考特尼（William Courtenay）批评理查德二世选择大臣不当，批评他阴谋刺杀冈特的约翰，这时大主教先是遭到国王一连串的威胁，继而理查德二世试图

㊾ Bird (1949); Nightingale (1989).

㊿ *Calendar Select Plea and Memoranda Rolls of the City of London, 1381 – 1412*, ed. Thomas, pp. 62 – 63.

(51) *West. Chron.*, p. 93.

(52) Ibid., pp. 111 – 115.

用剑刺穿他，只是被3个廷臣阻止才没有这样做。考特尼后来被迫跪在地上，乞求国王原谅他的无理冒犯。(53) 当阿伦德尔伯爵在议会里声称，国家缺乏良好的管理，很快会彻底崩溃时，理查德二世告诉他说他在撒谎，可以滚蛋了！(54) 人们期望，中世纪的国王同国内贵族们商讨国事，这种协商可能既有建议也有批评，而理查德二世不能认真听取臣下建议，这就削弱了他所寻求建立的君主权威。他行事像一个十几岁的任性男孩，同样众人也把他当作孩子来对待。

王室权威形成中的危机：1386—1389年

在理查德未成年和作为成人执政之间的这几年，在君主统治方面标志着一个分水岭。当危机开始时理查德19岁，而在1389年5月，当理查德二世正式宣布自己已成年，准备对王国独立承担责任时，他22岁。这3年间发生了太多的事情。

看来很清楚，理查德二世基本上没有理睬1385年议会给他提出的建议，他没有认真对待，既没有克制自己的支出，也没有收敛大肆赏赐王室土地和职位的做法。1386年10月，当议会集会（即“非凡议会”［Wonderful Parliament］）时，下议院联合上院贵族，决定起诉弹劾王室大臣迈克尔·德·拉波尔。理查德二世拒绝撤销迈克尔职务，带着他去了埃尔特姆（Eltham），宣称他不会按照下议院的要求解雇他的在“厨房里干粗活的厨工”。贵族院反对派的领导权，这时好像落到理查德二世的叔叔格洛斯特公爵托马斯和伊利主教（Ely）
312 托马斯·阿伦德尔手中。如果冈特的约翰7月9日没有离开英格兰，形势就不可能发展到如此地步。约翰前往欧洲大陆为其继承卡斯蒂尔王位的权利而战，为促进英格兰利益与打击法国而战。格洛斯特公爵和阿伦德尔主教来到埃尔特姆拜访理查德二世，表面上看是宣布议会有权利调查国王和政府大臣的财政支出，同时也提醒国王不要重蹈爱德华二世的覆辙。受到告诫后，理查德二世返回议会，解除了大臣拉波尔的职务，允许继续对其进行弹劾。对拉波尔的指控主要集中在：贪赃舞弊、接受贿赂；未能合理使用议会批准的税收，结果在根特英

(53) Walsingham, *Historia Aglicana*, II, p. 128; *West. Chron.*, p. 139.
(54) *West. Chron.*, p. 69.

格兰驻军与勃艮第公爵进行战斗时，没有向他们提供援助；在国家面临严重入侵威胁时，防务空虚；(55) 英格兰与法国和解的政策最后以屈辱而告终。

但是，弹劾拉波尔并不是两院合作的主要目标，他们的主要目的是强加给国王一个 12 名贵族组成的大政务会，他们和新当选的政府重臣（托马斯·阿伦德尔已经接替拉波尔，担任了政府大臣）共同监督国王的政府的一切财政支出和恩赐行为。他们还将组成一个调查委员会，并得到授权出入王室，可以要求查阅所有“卷宗、档案和其他契据文书”，然后可以修正、完善在政府任何一个部门或在王室本身发现的一切浪费、未履行和超额支出等问题。他们被授权讨论和裁决所有争论，“促进王室的各项权利和收益、更好地管理王国治安和法律以及减轻民众痛苦”。(56) 尽管这个改革型政务会据称是“根据我们自己的一致、自由意志”而建立起来的，但显然事实并非如此，理查德二世打算尽可能地不和它扯上丝毫关系。在政务会里，不是所有成员都反对理查德二世，像尼古拉斯·莫里斯（Nicholas Morice），他是沃尔瑟姆（Waltham）的修道院院长，看来曾是理查德的朋友。(57)

为了躲避政务会的注意，理查德二世离开伦敦。在安妮的陪伴下，他在温莎度过圣诞节，在这里，前王室大臣拉波尔加入宫廷，一起庆祝节日活动，然后他去了诺丁汉和林肯，在圣乔治节时又返回温莎城堡。1387 年 8 月，理查德二世召开了两次重要的会议，第一次是 8 月初在施鲁斯伯里（Shrewsbury），第二次是 8 月晚些时候在诺丁汉举行的。这两次会议没有议会成员参加，只是理查德二世挑选了他的一些朋友为其出谋划策。这些人中有都柏林大主教罗伯特·威克福德（Robert Wickford）、达勒姆（Durham）主教约翰·福德姆（John Fordham）、奇切斯特（Chichester）主教托马斯·拉肖克（Thomas Rushook），同时还是国王的告解神父；还有班戈（Bangor）主教约翰·斯沃弗姆（John Swaffham）、罗伯特·德·维尔、迈克尔·德·拉波尔以及一个同罗伯特·德·维尔关系密切的王室书记员
约翰·里彭（John Ripon）、法律见习生约翰·布莱克（John Blake）、 313

(55) Palmer (1969); Roskell (1984).

(56) 全文翻译的特许证书，参见 *West. Chron.* pp. 173 – 175。

(57) Ibid., p. 169; Saul (1997a), pp. 162 – 163.

约克大主教亚历山大·内维尔（Alexander Neville）。后者曾经被委派为议会议员，不过似乎已经投到"国王的党派"[58]一边。这两次会议的目的是征求和记录（这是约翰·布莱克的任务）一群法官关于最后一届议会的法令的合法性问题的观点，这些法官包括王座法庭首席法官罗伯特·特雷西良（Robert Tresilian）、民事诉讼首席法官罗伯特·贝尔纳普（Robert Belknap）和其他四个人。法官们宣布，一个强加给国王的政务会，如上届议会所为，在法律上没有效力，而且只有国王才能决定议会的程序和内容，国王可以随意解散议会。只有征得国王许可，其大臣才能够被合法地弹劾。会议还宣布，从爱德华二世的统治上寻找议会的判例是不合法的。所有倡议这种非法法案的人士都应以叛国罪论处。[59] 并非不可理解，理查德二世在议会上下两院的压力之下，试图寻求一种关于君主权利的明确阐释，而近年来发展起来的法律界人士很可能非常乐于给予他想要的答案：议会是他创造的，必须按照他的意愿行事。这些答案很可能是由特雷西良领导下的法官们提供的，内容包括"对于君主的至高权力作出中世纪英格兰最引人注目的阐述"，它们标志着理查德二世在解释王权方面迈出了重要一步。[60]

然而，理查德二世面临的困难在于，政治危机并非总是可以通过法律手段来解决。理查德二世决定暂时不把这次会议的决定公之于众，同时准备反击他的对手——1386年议会的领导人。伦敦市民也许是在尼古拉斯·布伦伯尔的鼓动下，向国王保证他们将"在陛下需要他们的一切事情上"提供支持。[61] 11月10日，伦敦市长和市民们欢迎理查德二世回到城里，威斯敏斯特修道院院长和修女也举行隆重仪式接待了他。[62] 但是，法官们的意见泄露出去了，格洛斯特公爵和阿伦德尔伯爵获悉后，审慎地谢绝了国王要求他们出席的传唤，并事先通知、召集他们的部属扈从在哈灵格（Harringay）集合，发动了一场对内维尔、维尔、拉波尔、特雷西良和布伦伯尔的控诉，指控他们叛国。看来他们意识到，必须在受到攻击之前先发制人。11月7

---

[58] Davies (1975a).
[59] Chrimes (1956); Clementi (1971).
[60] Saul (1997a), p. 174.
[61] *West. Chron.*, p. 207.
[62] Ibid., pp. 208–209.

日，在威斯敏斯特大厅的正式会议上，理查德二世接受了他们对他5名顾问和支持者的指控，同意将在次年2月3日召集的议会里举行听审。正式起诉通常应在王室总管（格洛斯特本人）的法庭里进行，那里的局面可能对理查德二世的朋友们不利。因此，理查德二世的回答非常精明，即接受他们的指控，但需要在议会里听审。

但是，尽管理查德二世能够选择法庭地点来审理对其臣僚的指控，却失去了主动权，他的对手已经抢先行动。上了对手的当，理查德二世十分恼火，于是默许内维尔和维尔出逃，后者受到鼓动后策马北驰，到西北部募集国王的武装力量。这是一个疯狂的计划，以惨败告终。在牛津西面的泰晤士河的拉德科特桥（Radcot Bridge）上，维尔的军队被格洛斯特公爵、阿伦德尔伯爵、沃里克伯爵、亨利·博林布罗克（德比和莫布雷伯爵）和诺丁汉伯爵5位"上诉贵族"（Appellants）的联军彻底击溃。[63] 一听说维尔溃败，理查德二世离开温莎城堡，前往更安全的伦敦塔。当理查德二世和"上诉贵族们"进行协商时，伦敦市长和高级市政官们竭力保持中立。[64] 很有可能，在12月底，理查德二世实际上有两三天处于被废黜的地位。在这个关键时刻，大概是格洛斯特公爵与其侄子德比伯爵亨利之间出现分歧，挽救了理查德二世，但是毫无疑问，国王的尊严和君主权威遭到了侵犯。[65] 他的大多数家庭成员、宫廷骑士、教堂教长和神职人员、秘书以及宫廷里许多人的妻女遭到驱逐，他们的职位由上诉贵族们信得过的人士取代。[66] 事实上，理查德二世被软禁起来。他很愤怒，也很苦恼，他的实际权力遭到削弱，而维尔的善意的然而徒劳的努力只是让人看到理查德优柔寡断和表里不一。他的地位比一个月之前要削弱得多。

1388年2月8日议会召开，不久即以绰号"无情的"（Merciless）议会闻名于世，[67] 议会持续开会至6月，期间休会3个星期。内维尔、维尔、拉波尔、布伦伯尔和特雷西良都被宣判为叛国者，尽管只有布伦伯尔和特雷西良两人在场接受审判。他们不是唯一的牺牲

---

[63] Myers (1927); R. G. Davies (1971).
[64] *West. Chron.*, p. 225.
[65] Clarke (1932); Knighton, pp. 426–427.
[66] *West. Chron.*, pp. 230–233.
[67] 'parliamentum sine misericordia', *Knighton's Chronicle*, ed. Martin, p. 414.

品，其他人也遭到审判和惩处，有伦敦的代理郡长托马斯·阿斯克，他煽动和告发北安普敦的约翰；法律见习生约翰·布莱克，他起草了法官们的议题和答案；爵士西蒙·伯利和其他3名宫廷骑士约翰·博尚（John Beauchamp）、詹姆斯·伯纳斯（James Berners）和约翰·索尔兹伯里（John Salisbury）。托马斯·拉肖克是多明我会修士，也是奇切斯特主教，还是理查德二世的告解神父，如果不是他的神职（cloth）救了他，他也会遭到与众人相同的命运。犯错的法官们被放逐到爱尔兰，其余同理查德二世关系密切的骑士和神职人员待在伦敦塔里，等待审判，不过他们在议会的最后一天被释放了。[68] 这是一次对理查德二世家族无情的、大规模的清洗，理查德已经没有能力去制止。上诉贵族把这些人视为

> 挖空心思在我们的领主国王和我们这些贤良贵族、善良民众之间制造纷争、仇视和分裂，竭尽全力毁灭国王和王国，支持我们的领主国王（our lord the king）身边的邪恶政府，遂使国王的善良高贵之心离开了王国的贵族和民众。[69]

像1381年的叛乱者一样，上诉贵族攻击那些他们认为站在国王和正确、忠诚的民众之间的人，他们的某些愤怒源于国王的恩赐封赏没有落到自己身上（他们抱怨伯利被任命为多佛尔总管，不满德·维尔把赫里福德郡的莱昂斯霍尔［Lyonshall］庄园转让给他），[70] 不过这些上诉贵族在着力打击某种作风的政府，打击那种遮遮掩掩的、排他的、党派的和不可预测的政府。理查德二世政府的过失责任是国王还是他的顾问大臣造成的？只有时间才能告诉我们。

6月1日，理查德二世设宴招待所有的贵族领主，两天后，在威斯敏斯特修道院高高的祭坛前，理查德重新加冕宣誓，而贵族们也重新向他宣誓效忠。[71] 看来，在1387年末理查德二世确实曾被废黜了几天时间，这样才能理解必须重新举行上述加冕典礼的举动。一个小

---

[68] West. Chron., p. 269.
[69] 起诉 Burley, Beauchamp, Berners and Salisbury 条文中的第13款, Rot. Parl., III, pp. 241–243; West. Chron., p. 269。
[70] West. Chron., pp. 273, 277.
[71] Ibid., p. 343.

型委员会得到任命,他们和政府的一些重臣共同监督国王的活动。与此同时,理查德二世以打猎度过了夏天大部分时间,而让那些上诉贵族处理政府事务。

上诉贵族的治理不是非常成功。8月,苏格兰人在奥特本(Otterburn)击败英格兰军队,俘获了亨利·霍特斯珀(Hotspur),他是诺森伯兰伯爵的儿子。9月初,阿伦德尔伯爵出征大陆普瓦图(Poitou)后返回英格兰,他成功地劫掠当地,并焚毁敌方城镇和船舶,但是未能与布列塔尼公爵约翰会师,也未能按照预定计划入侵法兰西。在剑桥附近的班维尔(Barnwell)小修道院举行的议会(9月9日至10月17日)上,理查德二世通过支持下议院的要求,即废除贵族领主向扈从(和其他人)颁发徽章的做法,看起来已经能够重新确立自己的权威。[72] 理查德二世提出率先放弃自己的徽章,使得上议院感到很尴尬,因为他们也打算如此动作。理查德二世还支持下议院将羊毛贸易中心(staple)从米德尔堡(Middleburg)移回加莱的愿望。这届议会的主要议程看来是草拟详尽的法规,以限制劳动力流动和尽力控制工资。在剑桥,下议院的利益得到了充分表达,而在"无情"议会召开时它们没有得到足够的关注。[73] 理查德二世不信任他的"天然顾问"——上议院,愿意与来自各郡的骑士和城镇市民合作。这不是一个天然的联盟,不过它表明国王正在将其注意力转向政府事务。

理查德二世的个人统治:1389—1397年

1389年5月3日,理查德二世召集领主贵族在威斯敏斯特举行一次规模宏大的议事会,正式宣布他的意图,即他已经达到法定年龄(22岁),应该独自承担治理王国的重任。理查德二世在位的第一个12年,一直处在别人的控制之下,现在他准备亲自处理政务,以促进王国长久和平与繁荣。5月8日颁发的一个公告向外界宣布了国王的决定。[74] 为了表明这种变化,理查德二世解除了上诉贵族选任的3

---

[72] Saul (1990).
[73] 关于剑桥议会的卷宗没有留传下来,参见 Tuck (1969)。
[74] Rymer, *Foedera*, VII, pp. 618-619; *West. Chron.*, p. 393. 1388年11月3日,法兰西的查理六世全面接管政府,他比理查德二世还要年轻一些。

名政府重臣，任命威克汉姆（Wykeham）的威廉为政府大臣，任命埃克塞特主教托马斯·布兰廷赫姆（Brantingham）为财务主管（这两位上年纪的男人都曾经担任主教达20年之久），并任命埃德蒙·斯塔福德（Edmund Stafford）掌管国王的私人印章。他是一位年轻的神职人员，黑太子最忠诚的骑士之一的儿子，不久后将成为主教和大臣。上述任命是稳妥的，不会引发争议。

　　理查德二世的统治方针是经过仔细考虑的，他需要在贵族当中建立权威，需要重建一个有效率、忠诚的家族和文书人员队伍。他必须学会同上诉贵族共存，也得学会在没有童年密友的情况下继续生存。迈克尔·德·拉波尔于1389年9月死于巴黎，亚历山大·内维尔和罗伯特·德·维尔于1392年在流放地卢万（Louvain）死去。显而易见，理查德二世对自己没有能力帮助流放的朋友感到伤心。当冈特敦促他允许被放逐的市长——北安普敦的约翰返回伦敦时，他回答说如果他能够赦免北安普敦的约翰的话，那么他还知道其他很多人现在还在国外遭受困苦，他真希望也有能力赦免他们。⑦⑤让德·维尔回国很可能是政治自杀之举，理查德二世决定不重蹈爱德华二世之覆辙。上诉贵族也许是受到良心的折磨，将精力转向海外，参加了十字军，而理查德二世看到他们离开时也许并不感到难过。阿伦德尔前往圣地的计划不了了之，不过在1391年，格洛斯特公爵参加十字军去了普鲁士，德比伯爵也于1390年去了立陶宛，1392年又去了一次。第二年，德比伯爵和沃里克伯爵托马斯·博尚（Thomas Beauchamp）两人都以香客身份访问了圣地，只有诺丁汉伯爵莫布雷（Mowbray，从1397年后任诺福克公爵）看起来更喜欢待在英格兰国内。⑦⑥ 1389年12月，冈特的约翰成功地将女儿卡特琳娜（Catalina）嫁给卡斯蒂尔国王胡安的儿子兼继承人亨利后，从卡斯蒂尔王国回来，他出售自己对卡斯蒂尔王位的继承权，换回了一大笔钱。现在，在理查德二世组建的新的贵族团体里，约翰担任了稳定分子的角色。新团体包括约克公爵和他的儿子爱德华、莫布雷、国王的同父异母兄弟肯特伯爵托马斯、亨廷顿伯爵约翰、托马斯·珀西爵士（他于1397年被封为伍斯

---

⑦⑤ *West. Chron.*, p. 441.
⑦⑥ Tyerman (1988), ch 10.

特伯爵)、被封为威尔特郡伯爵的威廉·斯克罗普(Scrope)爵士,年轻的约翰·博福特(John Beaufort)。后者是冈特的约翰和凯瑟琳·斯温福特(Katherine Swynford)的儿子,1397年成为萨默塞特(Somerset)伯爵(参见原文第886页)。理查德二世利用他所支配的恩赐特权确保了与老贵族的联盟,还组建了一个新贵族群体。通过赏赐职位和土地,他扩大了贵族群体支持王权的基础,间或也孕育了贵族间的派系纷争。拉尔夫·内维尔(Ralph Neville)(大主教和王权的支持者亚历山大·内维尔的兄弟)1397年被册封为威斯特摩兰伯爵,部分原因是为了抵消珀西家族在北方边境地区的过大权力。[77] 1393年,因在英格兰中部西北地区毗邻地带的领主权问题,阿伦德尔伯爵和兰开斯特公爵发生冲突。[78] 贵族内部出现某些纷争、摩擦对国王是有利的,不过这是一个危险的游戏。事实证明,托马斯·莫布雷和博林布罗克之间的冲突对理查德王权的威胁是致命的。

不过,当理查德二世精心培育权贵的支持时,他仍然不忘争取下议院支持的必要性。1391年,政务会颁布一个条例,限制"扈从的制服和维持费"(livery and maintenance),但并未如下议院在1399年要求的那样禁止分发徽章。[79] 尽管德文伯爵爱德华·考特尼因维持费受到指控,被带到政务会面前,不过很少有关于此类事件的诉讼发生。精明的理查德没有让政务会作出决定,但是至少允许对上述行为发出某种警告。[80] 此外,尽管理查德二世也许乐于限制扈从制服的赏赐、减少恐吓手段的滥用(维持费的消极面),不过至少自1390年起看来他本人在各郡以及在王室都打算组建自己的侍从队,成员都佩戴他的"白雄鹿"徽章。[81] 这些人在各地充当国王的代理人,如果有必要的话,他们可以被召集到中央,保卫和"加强"国王的势力。

在理查德二世亲自实行统治的整个时期,他不断寻求与法兰西达成和平。从1389年起,一系列的休战维持了**现状**,同时两国使节为了永久和平的原则而频繁奔波。1390年3月,理查德二世册封冈特的约翰为阿基坦公爵,因而为解决法国人提出来的一个棘手问题开辟

---

[77] Storey (1957); Tuck (1968).
[78] Bellamy (1964–1965).
[79] Saul (1990).
[80] *Select Cases*, ed. Baldwin, pp. 77–81.
[81] Gordon (1993), pp. 49–50.

了道路：法国人要求作为阿基坦公爵的英格兰国王，应该向法王宣誓效忠。这是一个很巧妙的办法，不过并没有受到所有人的欢迎，尤其是阿基坦的居民，他们不喜欢公爵领从英格兰王室分离开来。他们可能不喜欢有一个常驻公爵的前景，特别是像冈特的约翰这样的强权人物来担任这个任务。[82] 1394年6月，王后安妮死去，这为解决上述问题提供了新的方法。两年后，双方达成协议：理查德二世迎娶查理六世7岁的女儿伊莎贝拉，得到13万英镑的嫁妆。双方同意休战28年，两国计划进一步谈判以确保永久和平（但没有实现）。两国君主同意联合行动，结束教会分裂局面，还计划联合组织十字军。[83] 11月，理查德二世渡过英吉利海峡，在精美繁琐的典礼仪式中，在加莱的圣尼古拉教堂迎娶了年轻的新娘。毫无疑问，理查德的"黄金织物展示场"（Field of the Cloth of Gold）极为昂贵（花费了大约1万至1.5万英镑），不过这笔支出由新娘丰厚的嫁妆和结束战争的姿态而储存起来的大量资金所抵消。[84] 英格兰放弃了瑟堡和布雷斯特的外堡城镇，这两个城镇是从纳瓦拉（Navarre）国王和布列塔尼公爵处租借来的，每年要耗资5000多英镑以维持城堡和驻军的费用。阿基坦的问题还没有解决，不过1396年的休战提高了英王的国际地位，彰显了理查德二世与众不同的眼光，即将欧洲统一在一个教宗之下，追求共同反对异教徒的事业。看来，理查德也许真的厌恶基督徒间的流血争斗。冈特以及理查德二世身边的其他人或许也有同样的和平想法，但就整体而言，英格兰多数人还很难放弃延续了两代人之久的观点和期望，因为自1337年以来，英格兰同法国一直处于交战状态。对理查德二世而言，把这种政策扭转过来是一个相当可观的外交成就。

放弃与法国人的真枪实战，理查德二世能向其好勇斗狠的臣民提供一系列规模盛大的比武大赛，这在14世纪80年代晚期和90年代尤为突出。[85] 这也使十字军有可能进入北欧地区和远征地中海与异教徒战斗。冈特的儿子约翰·博福特和一群英格兰骑士1390年加入法

---

[82] Palmer (1966a), (1966b) and (1971a); Philpotts (1990); Goodman (1992).
[83] Palmer (1971a); Keen (1998).
[84] Meyer (1881).
[85] *West. Chron.*, pp. 432–433, 437, 451; Barker (1986); Lindenbaum (1990); Gillespie (1997b), 尤其是第122–125页。

国军队攻打突尼斯,他还率领另一群骑士出现在匈牙利的尼科波利斯(Nicopolis),1396年有一支十字军在该地被土耳其人歼灭。理查德二世的同父异母兄弟约翰·霍兰(Holland)后来出任埃克塞特公爵,成为新建的"基督受难骑士团"(Order of the Passion of Jesus Christ)的庇护人,该骑士团由菲利普·德·梅齐埃(Philippe de Mézières)所建立。加入该骑士团的还有其他贵族和"中等阶层"的人。[86] 此外,理查德二世于1394—1395年、1399年亲自领导了对爱尔兰的两次军事远征。他是近二百年来第一个到访爱尔兰的英格兰国王,给他的王国的这个麻烦的部分带来了一股新的创造力。他的远征目的与其说是战斗,不如说是和解以及促使"野蛮的爱尔兰人"、"反叛的爱尔兰人"效忠于英格兰王室。[87] 马奇(March)伯爵罗杰·莫蒂默被国王任命为驻爱尔兰的代理大臣。这是一个合乎逻辑的任命,因为他在当地领有大量地产。罗杰不仅受到民众普遍欢迎,而且他还是英格兰王位的假定继承人(参见原文第886页)。1389年,理查德任用其侄子萨里(Surrey)公爵托马斯·霍兰取代了罗杰。理查德的爱尔兰政策是否产生了长期后果,这是难以确定的(虽然英格兰国王的出现在短期内确实带来了和平)。14世纪90年代,理查德二世试图给他的贵族和骑士们提供另一种不同的军事生活。英格兰将不再有针对法国的**骑兵队的袭击**,不过将有不流血的比武大赛、十字军冒险和王室远征,形式上是军事的,但动机上是和平的,由国王亲自领导在王国较偏远的地区进行。在理查德二世看来,这样的军队与其说是战争工具,不如说是外交代理人。

理查德二世的主观意图是使自己成为整个王国事实上的统治者,而不仅仅是在东南地区,确实他完全可能已经对东南地区(尤其是伦敦)产生了一种明显的厌恶情绪,因为该地在1387—1388年时支持那些上诉贵族,不过不能简单地认为他的政策是消极的,他想统治他的整个王国。在西南地区,他册封其同父异母兄弟约翰·霍兰为埃克塞特公爵,以削弱德文伯爵考特尼的控制和影响。1397年,理查德二世将柴郡提升为公国(principality),他的扈从中有许多来自西

---

[86] De Mézières, *Letter to King Richard II*;关于参加基督受难骑士团的英格兰贵族名单详见 Clarke (1932)。

[87] Curtis (1927a) and (1927b); Tuck (1970); Johnston (1980) and (1981)。

北地区。(88) 这位国王还花费了大量时间在王国各地巡游，特别是在中部地区和沿威尔士边境地区，不过他也关注北部地区。英格兰与法国的和平带来了与苏格兰的休战，因此也为国王带来了一次挑战诺森伯
320 兰珀西伯爵权力的机会，该家族的巨大影响部分源于他们充当着守卫者的角色，在北部边境抵御苏格兰人入侵。首先，王室可以削减每年3000英镑的支出，珀西家族每年领取这笔款项用于维护东部边境安全；其次，理查德二世挫败了珀西兼管西部边境的欲望，将该地区授予自己的同父异母兄弟亨廷顿伯爵约翰·霍兰，继而封给他的堂兄弟爱德华（约克公爵之子），但是，作为对阿尼克的（Alnwick）珀西和雷比（Raby）的内维尔这两大家族野心的抑制，1398年理查德二世任命冈特的约翰为代理大臣，成为这两个边区的顶头上司。(89) 1392年，理查德二世北巡至约克，一方面是表示他对伦敦的不满，但也是为了表明王室权力在北方诸郡的存在。(90)

理查德二世渴望统治整个王国，也包括“中部英格兰”（middle England）、各郡的骑士、乡绅和城镇的商人、工匠。在1389年到十年后他被废黜这段时间中，理查德二世招募了82个骑士和125个绅士，全部是终身服役，其他骑士大概是以短期合同形式征募的，这些人中有些曾经被上诉贵族们征召过。理查德招募他们的主要目的不是军事的，而是让他们“充当非正式的网络，把王室和宫廷与这个王国的偏远地区联系起来”。(91) 一些人担任了郡长，例如赫里福德郡的托马斯·克兰沃（Thomas Clanvow）和伯克郡（Berkshire）的约翰·戈拉弗尔（John Golafre）爵士，其他的像安德鲁·纽波特（Andrew Newport）可能被任命为关税征收吏。(92) 许多人被选为议会成员。约翰·布希（John Bushy）爵士于1383年第一次被选为下院议员，是兰开斯特家族的扈从，理查德二世巧妙地将他招募进王室关系网，他在1394年和1395年的议会中被选为议会议长（Speaker），1397年两次当选，有效地控制着下议院的事务，维护国王的利益。(93) 苏塞克斯

(88) R. R. Davies (1971); Morgan (1987).

(89) Tuck, 1968.

(90) Harvey (1971), but see Saul (1997b).

(91) Saul (1997a), PP. 265 - 269.

(92) Coleman (1969).

(93) Roskell *et al.* (1992), II, pp. 449 - 454.

郡的爱德华·达林格里德（Edward Dalyngridge）爵士曾经是阿伦德尔伯爵的家臣，他和理查德·斯图里（Stury）爵士两人都是国王的骑士，也是14世纪90年代王室议事会中最活跃的成员之一。

在14世纪90年代，理查德二世竭尽全力去影响和控制政务会和议会。虽然他一度憎恶和蔑视这个在1386年强行加到自己身上的政务会，不过在90年代晚期，理查德二世还是乐于同政务会合作。贵族们并不经常出席政务会，其影响也不是很大，经常出席政务会的是一群勤奋工作的专业人士，像达林格里德和斯图里等人，他们处理枯燥琐碎的政府事务，而又始终考虑国王的意志。此外，像对考特尼的传唤一样，政务会开始答复关于维持费的指控，行使半司法的职能。在亨利四世统治时期，议会关注控制国王政务会的人员构成，这向我 321
们提供了理查德成功的一个生动的标志，他把王室政务会发展成了一个国王意志的实际代理机构。通过谨慎地处理，议会的事务也被置于国王的控制之下，正如法官们在1387年曾宣布过的，议会应该服从王命。1397年1月，下议院恢复了他们在14世纪80年代中期的老习惯，提出了一份含有四点要求、批评国王政府的请愿书。他们的抱怨中只有一条是新增加的，即他们对王室和养在宫廷里的众多主教、贵妇人的“巨大而过度”的费用感到不满。理查德二世对这条指控作出了尖锐的反应，声称君主的臣民不应该批评王室，如此行事的下议院已经冒犯了国王陛下。请愿书的起草者是一位名不见经传的书记员托马斯·哈克赛（Haxey），很不幸，他被表示悔罪的下议院交了出来。上议院顺势宣布那些批评王室的人犯有叛国罪，哈克赛被正式判刑，然后又因为他的神职人员身份而被赦免。(94) 曾有人提出哈克赛的请愿书是一个“预谋”的工作，他正好被用来引出理查德二世渴望得到的那份上议院的宣言，但很可能情况未必如此。(95) 然而议长约翰·布希的精心策划使这个事件对理查德二世有利。当年晚些时候，布希再次操纵下议院接受对格洛斯特、阿伦德尔和沃里克伯爵的审判和定罪；同样重要的是，他还诱使下议院把羊毛税收授予国王，终身享用。这一授予，以及建立一个议会委员会来处理未尽事宜，暗示理

(94) *Rot. Parl.*, III, p. 339.
(95) McHardy (1997).

查德二世打算无须召集议会而实行统治，因为他已经从费用高昂的对外战争中解脱出来。很可能，他的臣民也将此视为负担减轻的一个举措。

理查德二世对国内商人和手工业者的政策更难以评估，这些人在下议院的作用似乎总是从属于骑士代表。不过值得注意的是，理查德二世常常在王国境内巡游，这必然导致王室在各郡花销甚大。关于理查德二世在 14 世纪 90 年代精力旺盛的巡视的一项研究显示，他频繁出访的程度常常是每年一次以上，想必这曾推动城镇经济的发展，如坎特伯雷、罗切斯特、格洛斯特、伍斯特、诺丁汉、北安普敦、庞蒂弗拉克特（Pontefract）和约克，至少有 50 个城镇在这十年中招待过国王，而王室本身的消费也慷慨大方，而且即便是最外围的成员也需要膳食住宿。(96) 看来，理查德二世很可能比他的父辈更为英格兰市民所了解，或许他们已经发现王室阶层的出现和消
322 费符合他们的胃口。约克特别受到国王的青睐，施鲁斯伯里被授予一份新宪章，很明显是安妮王后怂恿的结果。(97) 理查德二世同伦敦这座城市的关系的文献资料最多，也最惹人争议。在其叔叔、大贵族和政务会的支持下，1392 年，理查德二世决定使伦敦就范。也许他要的完全是金钱，不过他也厌恶伦敦市政的动荡和派系斗争。伦敦的市长和市政官们被收监、受审，城市被处以罚金，总额 3 万英镑，尽管比人们最初预想的要低一些，但也是一笔不菲的钱财。伦敦城落到了国王手里，由一个王室派出的监察官（warden）管理，最初是爱德华·达林格里德爵士，后来是国王的另一个骑士鲍德温·拉丁顿（Baldwin Raddington）爵士担任。8 月，理查德二世和王后受到伦敦市民的盛大欢迎，仿照前些时候巴黎迎接法国王后的仪式。可见，惹恼君主的代价是高昂的，不过对伦敦的打击很可能因理查德二世在 1392—1395 年间为王室大肆采购各种物品而得到很大缓解。国王花费了 1.2 万英镑，几乎全部流进了伦敦手工业者和供货商的腰包，诸如布商约翰·亨德（John Hende）和绸布商理查

(96) 关于理查德二世的巡游，参见 Saul (1997a)，第 468—474 页。

(97) Harvey (1971); Saul (1997b); Shrewsbury 宪章是 1389 年赐予的，相关的插图见 Gordon (1993), p. 22。

德·惠廷顿（Whittington）就是这类人。(98) 这样，理查德二世在他本人、其家族和英格兰的“商业”阶层之间编织起了各种经济纽带。当然，这种联系不仅仅是商业方面的，尼古拉·布伦伯尔是伦敦的食品杂货商，宫廷生活让他眼花缭乱，在1388年因忠于理查德二世而吃尽苦头。他的经历表明：14世纪晚期的英格兰社会大概还没有感受到后来几代人对商业的敌视。布伦伯尔的寡妻伊多妮娅（Idonia）是伦敦一个酿酒人的女儿，后来嫁给鲍德温爵士；索尔兹伯里的伯爵约翰·蒙塔古（John Montagu）在理查德统治末期曾是国王的密友之一，迎娶了伦敦市长兼绸布商亚当·弗朗赛斯（Fraunceys）之女莫德（Maud）；理查德·惠廷顿本人则娶了艾丽丝（Alice），新娘的父亲伊沃·菲茨沃伦（Ivo Fitzwaryn）爵士是国王的侍从骑士之一。(99) 通过各种不同的方式，王室政策不仅传播到英格兰各郡，而且也扩散到各个城镇和深入到手工业者和商人之中。理查德二世没有忽视更广阔范围内的政治国民（political nation）。

理查德二世拓展王权的努力依赖于同教会建立的同盟，无论国内抑或国外。1389年，教宗乌尔班六世死去，教会分裂局面并未结束，他的支持者选举卜尼法斯九世（Boniface IX）为其继承者。卜尼法斯需要理查德二世提供支持，而英格兰国王则试图利用这种需要以确保爱德华二世被封为圣者。但是，尽管理查德二世方面花费相当大，赠送礼物、派遣使节和编撰一本爱德华二世的各种奇迹的书，教宗依然
不为所动。(100) 也许他不愿意依从英王的意志，因为1390年英格兰议 323
会颁布法令，对那些寻求教宗授予圣职的人士予以惩罚。实际上在执行该法令时，英王是获允使用斟酌决定权的，这使得理查德二世有相当大的行动自由，不过从教宗的角度来说，这就不太令人满意了。在14世纪90年代，卜尼法斯冻结了对英格兰主教的许多任命，看来有必要澄清英王和教宗之间的权利了。1398年11月，理查德二世和卜尼法斯达成一项协定，在某些观察者看来，英格兰对教宗的让步似乎

(98) Barron (1969) and (1971); Kipling (1986); Strohm (1992).

(99) *West. Chron.*, p. 407; Rawcliffe (1994), p. 93; *Calendar of the Cartularies*, ed. O'Connor, pp. 21-22; Barron (1971).

(100) Perroy (1933); Palmer (1968).

比教宗希望的还要多。或许，促成爱德华二世被教宗封为圣者是理查德二世的主要目标。[101]

看来没有什么疑问，理查德二世是一个极其虔诚的人，尽管有些因循守旧。他痴迷于圣徒，尤其是对"施洗者"约翰，及他的前辈受人尊敬的"忏悔者"爱德华。[102] 在各种危机时刻，他拜访"忏悔者"爱德华的墓地，经常在王后陪同下身着国王的盛装，出席威斯敏斯特修道院为圣人的节日举行的盛会。[103] 当然，在14世纪80年代，理查德二世很可能受到了某些与罗拉德派骑士相联系的进步宗教思想的影响，罗拉德派骑士在他的家族中很有势力，像理查德·斯图里爵士、约翰·克兰沃爵士和约翰·蒙塔古爵士等。不过显而易见，直到14世纪90年代，理查德二世一直把自己视为反击异教徒、捍卫正统教会的斗士。[104] 在他的墓志铭中，理查德二世声称他已经将教会的敌人踩在脚下。[105] 在威克利夫或其罗拉德派的追随者的说教中，没有什么对理查德二世具有吸引力的东西。诸位圣徒和教会的宗教仪式对他来说是至关重要的，正如他在捍卫教会方面扮演一种重要角色一样，教会也为理查德二世提供了认识其王权的背景和类型。看来，教会有些神职人员与理查德二世拥有相同的观点，正如一些法官曾经为王权专制提供了合法性根据一样，教会在90年代也为这种观点提供了精神上的证明和背景。理查德二世在其年轻时期与专横跋扈型的主教相处不睦，像1381年担任坎特伯雷大主教的威廉·考特尼，还有托马斯·阿伦德尔，他于1396年接替威廉继任大主教。理查德二世更喜欢学者型的主教如埃德蒙·斯塔福德，1391年他将其提升为埃克塞特主教，以及托马斯·默克斯（Thomas Merks），此人曾是威斯敏斯特的一名僧侣，理查德二世封其为卡莱尔（Carlisle）主教。哈克赛在请愿书中批判过的宫廷派的主教们，还包括索尔兹伯里主教理查德·米特福德（Richard Mitford）、伍斯特的罗伯特·泰德曼（Robert

---

[101] Theilmann (1990); Walker (1995).
[102] Wood (1988), ch. 10; Saul (1997a), ch. 13.
[103] Saul (1996).
[104] McFarlane (1972); Thomson (1997).
[105] 关于理查德二世墓志铭的原文，参见 Royal Commission on Historical Monuments... Westminster Abbey (1924), p. 31; 关于译文和讨论，参见 Lindley (1998)。

Tideman）和圣大卫修道院（St David's）的盖伊·莫尼（Guy Mone）。[106] 理查德以同样的方法建立了一个新的贵族党，开始打造一个他认为与他志趣相投的主教团体，他们中许多人在他被废黜之后依然忠诚于他。理查德二世还成功地寻求教会修士的支持，他的告解神父大部分是多明我会修士；正是在法兰西斯派修士当中，亨利四世将遭到对其王位合法性的最严重、最合乎逻辑的攻击。[107] 324

理查德二世将教会看作其力量和权威的源泉，此外教会还为他的王权提供了神秘的、高贵的背景。可以想象，理查德二世的陵墓充满了宗教图饰，而且值得注意的是，现存的理查德二世的两幅彩绘图像都将其置于宗教背景之下。威斯敏斯特的这幅画像是画在修道院里面的，显然在暗示头戴荆棘冠的基督和理查德二世陛下之间具有某种相似处。[108] 与此相同，在威尔顿双连画（Wilton Diptych）里，在人世间的理查德二世因得到圣徒们的支持而闻名，被圣母马利亚和幼年的基督迎进天国。[109] 他的宗教没有导致自我怀疑，而是强化印证了他原先的认识，即他是被上帝专门选中注定要成为国王的，对其王权的挑战就是挑战上帝的意志。正如圣徒们在人间受到热烈欢迎一样，国王也应受到尊重，光彩照人。1392 年当伦敦市民与理查德二世妥协和解，举行一场庆典时，所选择的主题就是基督第二次降临新耶路撒冷王国，四场盛装的游行突出王权的精神特征。王权得到了圣徒、天使和全能的上帝的支持，并得到圣餐的礼物。[110] 奢华庄严对于理查德二世的统治来说，是必不可少的，不过其代价也是昂贵的，尽管不像对外战争那样耗资巨大。

毫无疑问，理查德二世的宫廷是豪华富丽的，他的坟墓和威尔顿双连画（我们可以假设是国王授权制作的）都暗示着理查德二世的爱好的精致。他自 1394 年以来改建威斯敏斯特大厅，揭示出他想象

(106) Saul（1997a），p. 370.

(107) Ibid.，pp. 320－321；Roger Dymmok 是王室拥护者 John Dymmok 爵士之子，他是一名多明我会修士，著书捍卫正统教会，回击 1395 年 12 名罗拉德派的主张，参见 Eberle（1985）；Dymmok1396 年在 King's Langley 宣誓就任伦敦女修道院院长，1391 年圣灵节降临时在理查德二世面前宣讲教义，见 Emden（1957－1959），I，p. 617；书中插图，参见 Gordon（1993），plate 11；关于法兰西斯派修士保卫理查德二世，参见 *An English Chronicle*，ed. Davies，pp. 23－24；Barron（1990），p. 144 and n. 92。

(108) Alexander（1998）.

(109) Gordon（1993）.

(110) Kipling（1986）.

的君主制的宏伟规模，他的国库财富登记清单长达 40 页，也说明了
王室收入巨大。(111) 与法国的休战减缓了理查德二世装备军队的需求，
而且还给英王带来了 133333 英镑的嫁妆收入，其中 83000 英镑大概
是在 1399 年之前就收到了，有一些嫁妆或许法国就是以列在存货清
单上的盘碟和贵重物品支付的，还有一些看来是以现金方式直接流入
王室的内廷府库的。不过，除了议会所批税款之外，理查德二世还开
325 发了其他筹募钱款的渠道。1398 年 1 月，下议院在受到劝诱下批准
国王终身享用来自关税的收益；1392 年伦敦曾经被罚款 3 万英镑，
作为它恢复部分自由所付出的代价。1397 年夏天，王室专员（commissioners）巡行国内，为国王筹集贷款，在国库的收条卷宗里记录着 220 个借款者的名字，共借贷 2.2 万英镑，但是很多人拒绝出借，因此这些贷款不可能是强制的。直到理查德二世被废黜，几乎还没有人得到偿还。自 1397 年以来，理查德二世还开始向那些在 1387—1388 年时曾与上诉贵族联系密切的人士出售赦免特许状（charter of pardon）。这些出售举动大概总共征集了 3 万英镑。(112) 理查德二世完全理解约翰·福蒂斯丘（John Fortescue）后来的分析，即国王一定要比其大贵族远为富有，这是至关重要的。1399 年当理查德离开英格兰赴爱尔兰远征时，他留下了将近 5 万英镑，储存在他的切斯特（Chester）领地的霍尔特（Holt）的城堡里。在 14 世纪 90 年代，英格兰君主制在财政上是富足而强大的，外表上给人们留下了深刻印象。考虑到理查德二世是不可战胜的，人们认为他应该有可能免于厄运。哪里出错了呢？

胜利和失败：1397—1399 年

直到 1397 年夏，理查德二世还能够加强王室权力而不会引发众议。在约翰·布希爵士的帮助下，此人在 1397 年 1 月的议会上被选为下议院议长，同年 9 月再次当选，国王已经有能力阻止下议院批评王室及其花费行为。尽管有格洛斯特公爵嘀嘀咕咕的敌对情绪，英格兰与法国的休战还是得到了保障。上诉贵族在 1387—1388 年时的扈

(111) Eberle (1985); Wilson (1998); Ilg (1994).

(112) Barron (1968).

从有许多已经被招募进国王的亲兵队里,理查德身边围绕着一群他自己选择的新贵族。[113] 尽管理查德二世已经完全没有危险,但他依然决定先发制人,对旧日的上诉贵族发动攻击:格洛斯特、阿伦德尔和沃里克全部被逮捕,在1397年9月的议会上,阿伦德尔和沃里克两人被诉犯有叛国罪,并被判罪,阿伦德尔在伦敦被处死,沃里克被判终身监禁。格洛斯特被逐出英格兰,流放加莱,在那里他适时地死了,或者更有可能的是,理查德下令谋杀了他,而加莱长官托马斯·莫布雷(Mowbray)则默许这种行为。莫布雷是诺丁汉伯爵,是被从其他上诉贵族那边争取过来的人。曾有人提出:在采取行动、打击那些旧日的上诉贵族时,理查德二世仅仅是出于复仇的动机:他要惩罚这些贵族,10年前理查德二世曾经在他们手中遭受羞辱。[114] 的确,理查德一直铭记在心,不过他的主要动机看来可能出于恐惧。《特赖松编年史》(Traison)的作者写道:1397年夏出现了一个反对理查德二世的新阴谋。[115] 实际上,这似乎是不可能的事情,不过非常可能的是理查德二世认为确实存在这样一个阴谋,遂决定先发制人。格洛斯特公爵的两个兄弟,兰开斯特公爵和约克公爵也站在国王一方协同行动,这个事实也许表明他们也认为格洛斯特公爵对国王的忠诚是游移不定的。当议会召开时,现场已经为理查德二世取得胜利准备停当。[116] 埃德蒙·斯塔福德是埃克塞特主教兼政府大臣,他就服从的义务进行布道宣讲,他的话取得了显著效果。如同撤销对上诉贵族们的宽恕一样,组建1386年政务会的法令也被取缔了。大主教阿伦德尔遭到下议院弹劾,因为他参与了1387—1388年的事变,被撤职流放。当议会1月在施鲁斯伯里再次集会时,"无情议会"(Merciless Parliament)通过的法令被撤销。为了确保新法令的永久效力,会议决定:被判罪的上诉贵族的主要继承人将绝不能成为议会成员或进入政务会,这是

---

[113] Mott(1991),特别是第168—169页。
[114] 1398年,在写给皇帝曼纽尔(Manuel Palaeologus)的信中,理查德二世还提到那些叛乱贵族,说那时他尚年幼,贵族们攻击了君王的最高权力和其他各种权利。见 *English Historical Documents*, ed. Myers, pp. 174–175。
[115] Printed in *Chronicles of the Revolution*, ed. Given-Wilson, pp. 99–102。
[116] Evesham 的僧侣 Thomas Walsingham 的编年史关于议会的叙述和议会卷宗的大量摘录,刊于 *Chronicles of the Revolution*, ed. Given-Wilson, pp. 55–89。Thomas Walsingham 是 *Eulogium Historiarum* 的匿名作者。也见之于下述著作的叙述:*Chronicon Adae de Usk*, ed. Thompson, pp. 22–35;Given-Wilson(1993a)。

一项奇怪的尝试,阉割了某些重要的贵族成员的政治作用。此外,他们的土地和庄园已经被没收、归王室所有,他们的后代大概也不可能发挥重要的政治作用了。新的官职赐给了理查德二世的支持者——新贵族(沃尔辛厄姆当时称其为"duketti"),[115] 罚没的庄园地产也被赐予获得贵族称号的人。所有出席秋季议会的成员皆手按圣爱德华的神龛宣誓,永远维护本届议会的所有法令。在施鲁斯伯里的最后一天,议会组建了一个委员会,处理一切重要事务。随着政敌被摧毁,法国公主的嫁妆和关税的收益得到保证,国王完全可能想过这是他不得不打交道的最后一届议会。他是正确的,不过并非因为他所想象的那些理由。

1397—1398年议会的两次议会,显然是按照1387年法官们在回答关于君主权力的问题时所阐述的原则来运作的。这正是理查德二世所期望的议会,在这里国王掌控着议会事务的进程,贵族院和平民院遵照君王意志行事。在这次引人注目的政治背景变动中,议会顺从王命的行为不难理解:理查德已经剥夺了上院贵族的领导权,安排他自己的人为其首领;下议院里约有42%的成员是新人,国王确信议长约翰·布希应该是他的仆人。[118] 这位国王下大力气操控议会里发生的事情,结果他成功了。

国王用誓约来确保议会通过的决议永久有效,并试图把这项政策扩及更广泛的共同体:市长和法警(bailiff)、郡长、教士和主教等,都被要求发誓赞同本届议会两次会议通过的各项法令。人们受到劝告购买赦免状,否则无法确保得到任何真正的安全。[119] 在这种怀疑和不确定的氛围下,有两个人特别感到了威胁,一个是亨利·博林布罗克,近来升迁为赫里福德公爵,另一个是担任诺福克公爵的托马斯·莫布雷。两人都曾是1387—1388年上诉贵族的成员。其中莫布雷很可能是最没有安全保障的,因为亨利受到庞大的兰开斯特家族的地产和拥有突出地位的父亲的保护。此外,诺福克公爵莫布雷还很孤立无援,在某种程度上,他是格洛斯特公爵死亡的共谋。他企图拉拢亨利·博林布罗克合作对付理查德二世,但是这个计划,即使有这种计

---

[115] *Annales Ricardi Secundi*, p. 223.
[118] Roskell *et al.* (1992), I, pp. 197–208.
[119] Barron (1968).

划的话，也失败了，亨利转而向理查德揭发莫布雷的阴谋。[120] 国王无法阻止他们之间的指控和反指控的行为，3月召集的议会委员会命令两人将争端诉诸决斗裁判。9月16日在考文垂，列在名单上的这对决斗对手没想到国王剥夺了他们比武决斗的机会，理查德二世不能容忍其中任何一人获胜，于是两人均遭放逐。诺福克公爵被终生放逐，博林布罗克则被放逐十年。这里理查德二世又一次显示出他有能力掌控困难局面，变不利为有利。显而易见，莫布雷是一个飘忽不定、不可靠的人，如果他要口无遮拦、放言无忌的话，那最好让他到国外去发表高论。亨利·博林布罗克也可以被撵到国外去，让他坐坐冷板凳，找一个新的夫人，因为他的原配妻子玛丽·博恩（Mary Bohun）已于1394年7月去世。随着时间的推移，他在英格兰不会对国王构成大的威胁。兰开斯特公爵同意了上述判决，其他人也没有提出反对意见。但是，对国王而言，形势却比看起来更加危险，因为他已经从他的圈子里清除了所有那些原本会批评或缓和他的观点的人，现在他的信息已变得很不灵通。

不过目前看来，一切似乎很安全。国王要其臣民宣誓的誓言里，现在又包括一项承诺——支持在考文垂作出的判决和法令。[121] 对1397—1398年议会法令和考文垂判决的关注，后来在理查德二世的遗嘱（草拟于1399年4月）里同样也能看到。在遗嘱里，英格兰王室剩余的大量金银财宝将传给理查德二世的继任者，条件是严格遵守并认可上述法令和各项判决。[122] 理查德二世对那些通常不情愿作出的誓言抱有如此大的信心，可见其正在脱离社会现实。

理查德放逐亨利·博林布罗克的意图是把这作为一种手段，让他置身事外，直到流言蜚语销声匿迹。不过这种拖延战术的成功要依赖于冈特的约翰活得足够长，可以居中斡旋，促使其子与国王和解。理查德二世的赌注没有得到报偿，因为冈特的约翰在1399年2月3日死了。国王面临着兰开斯特家族庞大地产如何继承的问题，他能冒险让亨利继承父位、担任兰开斯特公爵吗？不管冈特的约翰有什么缺点，他在政治上从来没有对理查德二世构成过威胁，总是鲜明地忠于

---

[120] 关于近来对这些令人费解的事件的解释，参见 Given-Wilson（1994）。
[121] Barron（1968）.
[122] 理查德二世的遗嘱译文见 Harvey（1967），第156—159页，附录4。

他的侄子（同时提出了大量不受欢迎的建议）。值得注意的是，对理查德二世统治最严重的威胁发生于冈特的约翰不在国内的期间。理查德二世在14世纪90年代统治的相对成功和稳定，在很大程度上既归功于国王的权力，又同样归功于约翰对他的支持。理查德决定稳重行事，3月18日，他撤销了亨利在缺席情况下也能继承官职和封地的委任状，但他几乎没有采取什么措施以确保国王权力在兰开斯特家族的巴拉丁领地（Lancastrian palatinate）的生效问题。情况很可能是，理查德打算将地产移交给——即便不给亨利，也是给他的儿子。[123] 对兰开斯特家族的遗产不能像对上述上诉派贵族的封地那样处理，换言之，这些封地不能分割，也不能用来增加王室地产或赏赐给忠诚的仆从。就理查德二世而言，收回委任的权力，只是让兰开斯特家族再一次领有封地而已。

也许，理查德二世没有充分认识到他采取取消委任状的行为所造成的风险。否认亨利·博林布罗克享有指望继承遗产的充分权利，然后国王未加任何防范离开英格兰，再次扬帆远征爱尔兰，这在政治上是一种非常愚蠢的行为。6月1日，理查德二世前往沃特福德（Waterford）；到6月底，亨利·博林布罗克躲过奥尔良公爵（Orleans）疏忽大意的监督，沿着英格兰东海岸航行，寻找一个合适的登陆地点。7月4日，王国的监护人（keeper）——无能的约克公爵派人给理查德送信，告诉国王博林布罗克在拉文斯堡（Ravenspur）登陆的消息。国王滞留在爱尔兰，也许是因为他接受了奸诈的建议，不过更可能的情况是他已经遣散了他们远征爱尔兰的船只，而重新集结新的船队需要时间。[124] 虽然理查德先行派遣索尔兹伯里伯爵在北威尔士征募军队，但是他本人直到7月24—27日才到达南威尔士。[125] 但大约与理查德到达的同时，约克公爵在伯克利城堡（Berkeley Castle）向亨利投降，两天后，7月27日布里斯托尔陷落。在卡马森（Carmarthen），国王决定放弃他的家人，向北退却，通过威尔士与索尔兹伯里伯爵汇合。当他艰难地行进时，亨利正在巩固并扩大战果：8月

---

[123] Mott (1991).
[124] Johnston (1983b); Sherborne (1975).
[125] 难以确定理查德二世离开爱尔兰和到达威尔士的日期；Sayles (1979) 认为理查德国王7月17日离开爱尔兰。

5日，理查德王国的心脏切斯特向亨利·博林布罗克投降。当理查德二世到达安全的康韦城堡（Conway Castle）时，他几乎已经无计可施，唯有经海路逃亡。8月12日，诺森伯兰伯爵作为亨利的特使前来劝说理查德离开康韦到弗林特城堡（Flint Castle），亨利·博林布罗克正在那里等着与他谈判协商。诺森伯兰伯爵已经接受了亨利赏赐给他、令人垂涎的西部马奇（West March）监护者的职务（wardenship），委任状上盖有兰开斯特公爵的印章，可能他希望亨利登上英格兰王位。[126] 不过，亨利本人在这一点上很可能尚未拿定主意，但他知道，他作为兰开斯特公爵的身份应该得到确认，还应该召集一次议会来解决他和理查德国王之间悬而未决的问题。即使亨利在弗林特时犹豫不决，但当他和理查德国王到达切斯特时，很可能因为伦敦市长和市民代表团的到来而促使他下定了决心。伦敦市长和市民代表宣布他们放弃对理查德二世的忠诚，声明上盖有城市公章。[127] 8月19日，以理查德二世的名义但以兰开斯特公爵的权威发布令状，9月底在威斯敏斯特召开议会。从这一点来看，事情已经很清楚，理查德国王已沦为阶下囚，亨利即将成为英格兰国王。剩下的唯一问题就是王权如何转让给亨利以及如何合法化的问题。

当理查德二世被安全地监禁在伦敦塔的时候，亨利和他的谋士们拼命搜寻法规和历史先例，以证明他们即将采取的行动的合法性。王位的合法继承人应该是年轻的马奇（March）伯爵埃德蒙·莫蒂默，通过女性世系他的先辈可以追溯到爱德华三世的第二个儿子，但是以男性世系排序（参见原文第886页）亨利则是爱德华三世第三个儿子的后代。在王位继承上，英格兰还没有形成排除女系后代的惯例，确实，英格兰人要求法国的王位正是依据女方的继承权。因此，通过这条路线，亨利不可能找到继承王位的合法性。最后，在9月29日，理查德二世被劝放弃王位，很可能是在威逼之下作出的，尽管我们还不清楚理查德二世是逊位给亨利抑或只是——上帝。理查德二世所犯罪行的名单（有33条，一生之中每年1条?）也被编制出来，与他的逊位诏书在议会9月30日举行的一次会议上一起宣读。然后，亨

---

[126] Bean (1959), p. 220; see also Sherborne (1988).
[127] Barron (1990), p. 142.

利用英语宣读他要求王位的主张,这是一种将几种可能的理由混合在一起的模糊不清的说明:谱系血统源自亨利三世,蒙上帝神恩眷顾,王国需要一个贤明的政府。[128] 尽管议会上下两院对亨利的诉求报以热烈呼应,尽管亨利在圣爱德华的节日举行加冕典礼,据说那时圣母亲自将膏油交给托马斯·贝克特(Thomas Becket)为圣爱德华行涂油礼。但亨利仅仅是**事实上的**国王,而不是**合法的**国王。[129] 理查德二世依然是受过涂油礼的国王,甚至在他死后,他的影响还继续困扰着继任的兰开斯特家族统治者。[130] 兰开斯特家族的宣传机构炮制了一份关于废黜理查德二世的官方说明《记录和过程》(Record and Process),长期以来一直遭到世人怀疑,认为它不是对事实真相的忠实记录。[131] 兰开斯特派对这些事件的观点深深影响了几乎所有英格兰编年史家的记载,涉及内容不仅包括1399年所发生的政治变动,而且还包括理查德二世统治最后10年的情况。在理查德国王统治的最后几个月,与其关系密切的廷臣写的法国编年史提出了一种较为偏袒国王的观点,不过未能分析他的统治的性质。他们主要是从个人恶意和背信弃义的角度来解释把理查德淹没的灾难。[132] 对于兰开斯特家族而言,从理查德普遍不受欢迎的角度来说明支持他的力量的迅速崩溃,是举手之劳,由此强化了亨利的主张,即王国"由于缺乏管理,处在毁灭的边缘"。不过,很可能是王国监护人的犹豫不决的领导,以及理查德二世本人不在国内而在爱尔兰,能解释他明显缺乏支持的原因。他缺乏有能力的贵族领袖支持他的事业,故而他潜在的支持力量枯萎了。假如理查德二世能够或者愿意更迅速地从爱尔兰返回英格兰,整个局面也许就完全不同于我们所看到的这个结果。可以说,柴郡和其他地区有许多人,包括勇猛的诺里奇主教亨利·戴斯彭瑟,都试图为理查德二世战斗。此外,在理查德二世被废黜后的圣诞节,一群与他关系密切的人士策划了一次使他复位的阴谋。这些人中有两位霍兰——他的同父异母的兄弟和侄子,格洛斯特伯爵托马斯·戴斯彭瑟

---

[128] *Rot. Parl.*, III, pp. 422–423; Strohm (1992), ch. 4.
[129] *Annales Ricardi Secundi*, pp. 299–300; Wilson (1990).
[130] McNiven (1994); Morgan (1995); Strohm (1996).
[131] Printed and discussed in *Chronicles of the Revolution*, ed. Given-Wilson, pp. 168–189; Stow (1984); Barron (1990).
[132] 参见 Jean Creton 的记载, *Chronicles of the Revolution*, ed. Given-Wilson, pp. 137–162.

第十三章 大不列颠岛　　　　　　　　　　　　　　　　　377

和索尔兹伯里伯爵约翰·蒙塔古。他们已经被亨利赦免，失去了大部分新近得到的头衔，但是依然保留了大部分封地。对他们来说，如果不是被忠诚于理查德二世所推动，没有理由起来对抗亨利·博林布罗克。他们还得到了许多骑士和教士的支持，不过正如德·维尔在1387年12月英勇然而背运的起事证明是对理查德的致命打击一样，恰恰12年之后，支持理查德二世的力量的另一次军事冒险也被轻而易举地挫败了，表明同样是灾难性的。[133] 未及一个月，理查德二世死去：这场反抗显示出对活着的前任的种种危险性，不过它也揭示出理查德二世还有能力唤起臣民的忠诚，他的统治在国内不仅有诋毁者也有许多支持者。

　　如果我们知道一些理查德二世所读的书籍或一些影响他的观念，那么会有助于理解他对王权的认识。看来他的私人教师曾不断给他灌输法国人的浪漫思想，不过他很可能有能力阅读拉丁文。在宫廷中，他比取代他的兰开斯特君王更加鼓励诗人前来写诗，如傅华萨（Froissart）、乔叟、约翰·克兰沃（John Clanvow）爵士以及约翰·蒙塔古爵士；高尔（Gower）还应理查德之请创作了《情人的忏悔》（*Confessio Amantis*）。[134] 1390年，理查德二世付给伦敦的教士（clerks）10个英镑，让他们在毛皮商井（Skinners' Well）旁边表演"我主耶稣受难"（Passion of Our Lord）和"创世记"（Creation of World）的戏剧。[135] 剧本原稿是献给国王的，不过很难确定这些内容是反映了理查德国王尽人皆知的嗜好，抑或仅仅体现了作者的固有思想观点。法国骑士梅齐埃的菲利普在1395—1396年给理查德二世写了《一封信》（*Epistre*），力劝他担任致力于夺回圣地的新的基督受难骑士团的保护人。[136] 大约同一时间，罗杰·迪莫克（Roger Dymmok）——一位多明我会神学博士向理查德二世呈送了一篇论文，质疑罗拉德派的各种异端思想。他颂扬理查德国王的英明，为国王宫廷奢华铺张的生活方式辩护，教导民众要明白自己的位置，尊重他们的领主。[137] 牛津大学图书馆保存了一份做工精美的手抄本，是一个不知

---

[133] Ibid., pp. 224–239; McNiven (1969–1970); Crook (1991).
[134] Green (1980).
[135] Lancashire (1984), no. 543.
[136] De Mézières, *Letter to King Richard II*.
[137] *Rogeri Dymmok Liber*; Alexander (1998).

名的作者为理查德而写的，即便不一定是出于他的吩咐。书中告诉国王如何理解人，其方法有遵照泥土占卜（geomancy）的原则，解释梦境和评估身体表征。在该书热情洋溢的导言中，理查德二世受到赞美，不是因其杰出的军事才能，也不是因为他的正义，而是因为他的智力和洞察力。通过使用该书，国王将变得更加富有智慧，臣民们将求神赐福于他的统治，并将变得事事顺从国王。[138] 上述作者们都意识到这些信息对这位国王来说是值得接受的，他们的著作非常吻合国王在他自己的信件和特许状的措辞中流露出来的王权形象。

　　理查德二世的统治特点曾被概括为"空虚"（empty），[139] 也许与其说是"空虚"还不如说是脱离实际。这是真的：理查德二世常常把外在的形式视为权力的实质内容。通过选择帝王称号以及他的作风和服装，他蓄意使自己远离民众。[140] 也许，曾有人很好地向他建议读读勃拉克顿（Bracton）的书，或关于战争艺术的论著，或者关于如何教导王子，但是他却将精力集中在他的王权的宗教和威严方面。在理查德二世的观念中，君主制是强大而不可挑战的，这根植于他对过去的认识，根植于他所理解的英格兰王权传统，不过这种观点也期待着后来约克王朝和都铎王朝那种中央集权化的王权。[141]

　　理查德二世统治时期发生了一些重要变化，其中许多变化是由人口减少、经济重新繁荣、对宗教习俗和信仰的新态度、社会各阶层广泛使用书面英语（从1381年起义农民的信件到亨利·博林布罗克在议会中索求英格兰王位）等培育出来的。更多民众的声音正被人们听到，如肯特和埃塞克斯郡的农村工人、伦敦和约克等城镇的小市民的声音；在议会里，下议院有能力界定和捍卫其工作程序，独立于上议院处理事务，在制订和批评政策上采取主动。面对如此之多的变化和对习惯行事方式的挑战，理查德二世在其法律顾问、宗教人士辅佐下，形成了一套关于王权独裁的理论。王室要控制议会，但更喜欢有能力"靠自己"过日子，无须召集议会。王权的这种独立性将由结束对外战争、建立起王室的财政资源而得到保障。在一位伟大和令人

---

[138] Oxford, Bodleian Library MS 581; Taylor (1971); Carey (1992).
[139] Saul (1997a), p. 467.
[140] Saul (1995).
[141] Barron (1985); Saul (1997a), p. 440.

赞叹的君王的统治下，臣民将会了解服从与和平的真正价值，他们也将在遵守一种天主教的信仰中统一起来[142]。这个统一、忠诚的王国的想象，包括"未开化"的爱尔兰、威尔士和边境地区的领主和巨头，如珀西家族、内维尔家族和考特尼家族，他们生活在这个王国的偏远地区。这桩和谐的事业将得到一群有能力的、忠诚的王室骑士和王家小教堂教士的服务，这些人将在国王的指导和命令下工作，国王又得到贵族和主教们的支持。但如果王国的和平无法通过自愿赞同而得到保障，那么武力就可能是必不可少的。在理查德二世宏伟的计划中存在些许冷酷的倾向，正如格洛斯特、阿伦德尔和沃里克所发现的。他既不能接受反对的意见也不能接受批评，结果他的看法基本上就是一己之见，只有少数与他志趣相同的廷臣享有他的见解。甚至在那些接近这位国王的人士中，一种怀疑和恐惧的气氛也在滋长，很难消除。到他统治末期，这种气氛已经淹没了国王本人。

在20世纪的不列颠，君主制已经远离理查德式的想象，议会和"小人物"现在占据了政治舞台中心。因此，很难再将他的观念置于它本身的政治语境中。理查德二世所缺乏的，事实上也可能是他曾轻视的，是协商沟通的技巧，这种技巧原本有可能将他的政治见解推销给他们的臣民。理查德国王统治时期社会和政治关系紧张，而他未能加以解决。

卡罗琳·M. 巴伦（Caroline M. Barron）

第三节 威尔士

随着威尔士王子卢埃林·阿普·格鲁菲兹（Llywelyn ap Gruffydd）于1282年12月11日死去，以及他的兄弟戴维兹（Dafydd）次年10月被处死，威尔士的独立运动结束了。英格兰王室在1267年的《蒙哥马利条约》（Treaty of Montgomery）中所承认的威尔士公国落到了英王爱德华一世手中。按照1284年3月的《威尔士条例》（Statute of Wales），英格兰的郡制区划和行政司法长官制度被移植到威尔士原

---

[142] Eberle (1985).

有的行政机构上，新的法庭也建立起来。英格兰人的刑事法律和程序被引进威尔士，当然威尔士的法令在民法和个人诉讼领域依然保留下来，在西南部和部分边境地区，一直延续到16世纪。爱德华一世对威尔士公国的控制通过兴建一系列城堡得到保障，有些城堡在1277年《阿伯康威条约》（Treaty of Aberconwy）之后即已修建，在卡那封（Caernarfon）、康韦（Conway）、哈莱克（Harlech）和博马里斯（Beaumaris）等地是后来兴建的，现在均属于英格兰中世纪军事建筑中杰出的名胜古迹。每一个城堡都附有一个自治城镇，设立城镇的特许状的条款内容很慷慨，其目的是作为英格兰人的居住中心，在必要时可以加强城堡的防卫，贸易活动也可集中在这里进行。1284年带来的这些变化通常被称为"爱德华式北威尔士解决方案"（Edwardian Settlement of North Wales），这是一种类似于在威尔士南部流行的模式，但后者已经有一个更长的演变过程。

边境地区（March，即"马奇"）与威尔士本土（现在是公国）的区分继续存在，控制边境地区的是拥有自治权的领主，是自11世纪以来盎格鲁－诺曼人渗透的结果。爱德华一世不可能为整个威尔士立法，即便他曾想这样做；他也没有理由去干涉边境地区，那儿的许多领地如今已由英格兰的权贵所持有。不过他所做的就是通过使用君主特权，利用个别领主出现的任何问题谋取利益，1291年两个领主因为边界纠纷发生战争时他就这样做过。有时，王室行政机构也能够对其他领主施加压力。

除了军事和经济方面，解决方案总体说来是保守的。威尔士地方机构里，权力依然保持在以往那些首领手中，唯一的区别是，现在是以英格兰王室的名义行使权力。这些地方首领中的某些人在以前不同时期都曾经为国王和王子效力过，现在继续担任官职。确实，没有他们的合作，国王的政府也不可能发挥作用。总体而言，他们都接受了新秩序，只要他们不受到干扰、在当地的统治没有受到威胁。在某种程度上，这些人在爱德华一世统治下也许感到更加舒适惬意，因为在卢埃林（Llywelyn）统治末期，财政压榨和高压手段严重损害了臣民的忠诚。边境地区的领主们以前曾认为威尔士人最好由威尔士人来统治，爱德华一世并非未注意到这个教训。

在1284年条例和13世纪末之间，威尔士发生了两次叛乱事件，但是没有一次叛乱可以视为试图恢复失去的独立地位。第一次叛乱发生在1287年,由南部一位感到幻想破灭的领主领导,很快就被镇压下去,他本人被俘并被处死。1294—1295年发生的第二次叛乱要严重得多,领导人是当地王室家族的成员,叛乱者初期取得一些成功,爱德华一世为应付他们而被迫取消了计划好的在法国的一次战役。叛乱活动最后被镇压下去,虽然英格兰的代价是促成了一次重要的财政和宪法危机,但英格兰人没有采取报复性的掳掠行动。看来,这位国王老练、敏锐地处理了整个事件,问题的关键在于威尔士共同体中的土著领导人在起义中扮演的角色。正是这些人的参与使爱德华一世意识到某些事情并非十分恰当。有几个原因导致了他们的不满:王室的一项新税使他们非常痛恨,如爱德华一世为了那场在法国流产的战役而于1294年在威尔士征募军队。不过这个公国的主要抱怨来自王室税吏的强制性要求,尤其是在北部地区。这些强制性要求基于卢埃林统治末年的反常情况,到1294年,该共同体的首领被迫进行公开抗议,有证据表明这次叛乱是有预谋的。这些人想要的是得到公平待遇,而不是恢复土著王朝,爱德华一世抓住了问题的要点。整个事件象征了征服后的那些年间英格兰王室与当地民众的关系:有合作,不过也有冲突。

1301年,爱德华一世册封他的儿子——卡那封的爱德华为威尔士王子,王子在1307年继承英格兰王位,即爱德华二世。正是在爱德华二世统治时期,威尔士在中世纪英格兰政治中扮演了最重要的角色。由于爱德华二世和那些男爵领导人之间的关系紧张,最后于1322年导致内战的爆发。许多重要人物本身就是边境地区的领主,结果是威尔士公国和边境地区不可避免地卷入其统治时期的动乱之中。1314年格洛斯特伯爵死亡,没有直系继承人,随之而来的是格拉摩根(Glamorgan)领地发生分裂,对整个边境地区的权力平衡造成威胁,引起其他领主的忧虑,其后果就是在1321—1322年间的战争,席卷了边境地区南部大部分地区。这场战争转而又破坏了极大地依赖于边境地区的大贵族的英格兰各派力量的微妙平衡,结果是爆发内战,王室取得胜利。在威尔士开始的一次边境居民的冲突最后造成男爵领导人的毁灭,国内各势力重新进行了组合。

在爱德华二世统治的垮台上,威尔士也发挥了作用,尤其是一个重要的边境地区的贵族卷入其中，此人是威格摩尔（Wigmore）的罗杰·莫蒂默，他成了王后伊莎贝拉的情人。1326年，这对情侣从法兰西返回英格兰，在尼思（Neath）附近俘获逃亡的国王爱德华二世。国王被监禁起来，随之被谋杀。爱德华二世被废黜对威尔士产生了影响，在一定意义上，它标志着1284年以来这个公国的威尔士政治领导人与王室享有的政治蜜月的终结。王室领地上的威尔士人看来是忠于爱德华二世的，在北威尔士似乎曾有人至少策划过一次把国王从囚禁中解救出来的行动。随后据称莫蒂默方面有人发出警告，说有另一次阴谋，这导致了除掉这位已被废黜的国王的决定。实际上，威尔士人的态度远比初看起来要复杂。在边境许多地区，形势多种多样，威尔士人的首领完全可能采取他们领主的立场。总是存在使当地土著首领陷入诱惑的风险。1315年布鲁斯（Bruce）入侵爱尔兰，随之而来的似乎是罗伯特和爱德华·布鲁斯与一些威尔士的首领进行接触，这些接触得到了回应。爱德华二世谨慎地对待威尔士公国的土著首领，尽管其中一个首领似乎的确遭到过一段时间的监禁。不过，他们对爱德华二世的儿子和继承人爱德华三世并非特别忠诚。在北威尔士，王室显示出对各城堡的自治城镇的英格兰居民的宠爱，结果是地方共同体的领导人日益感到失望，尤其是在爱德华三世即位后，一旦亲自掌权，就把他在威尔士的领地仅仅视为他进行军事行动的人力和财力的一种资源。

1343年，威尔士公国被封给爱德华三世的长子——爱德华，其更为人所知的名字是黑太子（Black Prince），新王子的官吏们继续剥削搜刮这块领地的资源。也许，正是王子的行政机构进行的各种调查，加上威尔士首领中已经渐渐孕育起来的憎恨情绪，造成了1344年和1345年数次严重的暴力事件。结果是在北威尔士的英格兰人中产生了一种歇斯底里的气氛，他们威胁说除非采取某些措施否则就要离开。这位王子的行政机构还设法将其权威拓展延伸到边境地区，在这一点上比任何一个土著王子所曾做过的都更加冒险。但每一次此类努力都遭到抗议，边境地区在威尔士公国的独立地位由1354年的一份条例得到确认，它重申边境地区的领主是王室的直接封臣。

1337年开始的英法战争对威尔士有深远影响，该公国和边境地区都成为英格兰王室征调人力的对象。一些威尔士人表现出众，不过一个典型的威尔士战士是普通的弓箭手或步兵,一个勇敢的虽然有些训练不足的士兵。在这场战争的大多数重要战场上都有威尔士军人的身影,尽管这些现役军人似乎没发什么财。1360年双方敌对行动暂时停止后,一些人加入了自由连队。* 在威尔士公国,军事服役大概吸走了共同体内部一些更会制造混乱的成分;另一方面,人们也存在某些忧虑,认为军人在法国服役可能造成威尔士部分地区缺乏足够的防务,这个公国的官员数次报告说有人看到可疑船只驶离海岸,此外还担忧法国人或卡斯蒂尔人登陆入侵。

像14世纪时期大多数经济形式一样,威尔士占主导地位的是农业,手工业规模很小,主要是煤炭和金属采掘,许多手工业工人和工匠也是农民或小土地持有者,很少有人与土地没有什么关系。主要出口产品是羊毛、呢绒、牲畜、皮革和木材,进口的主要是葡萄酒、盐和奢侈品。同时代的诗歌显示出,来自法国或西班牙的葡萄酒,来自塞浦路斯或印度的糖,都能够进入卡迪根郡(Cardiganshire)或安格尔西岛(Anglesey)乡绅的餐桌上。威尔士公国没有大城镇,大多数是市场和服务中心,为当地共同体提供服务,很多城镇仅是村子而已。威尔士最繁荣的城镇可能是西南地区的那些港口,像卡马森(Carmarthen)、哈弗福德韦斯特(Haverfordwest)和滕比(Tenby)等都广泛地从事对外贸易,其他港口有南部的切普斯托(Chepstow)、加的夫(Cardiff)、斯旺西(Swansea)、卡迪根(Cardigan)和北部的博马里斯、康韦,地方性的经济中心还有布雷肯(Brecon)、奥斯沃斯特里(Oswestry)、里辛(Ruthin)和雷克瑟姆(Wrexham)。此类城镇中有许多最初是作为英格兰人的居民点建立起来的,不过到14世纪初许多城镇包含了某种强大的威尔士人的成分,其中也有些一直以来是威尔士人的居住点。对市民而言,迎娶威尔士乡绅的女儿、其后代完全被当地共同体同化的事情并不罕见。卡那封市民瓦尔特·德·汉普顿(Walter de Hampton)之子就是著名的格威林·阿普·沃特(Gwilym ap Wat),他参加了格林·德乌(Glyn Dŵr)起义。

---

* 自由连队(free company):西欧中世纪晚期的一种独立行动的雇佣兵组织,不从属于任何政府。——译者注

站在社会等级顶端的是土著共同体的传统首领,他们的地位基于英格兰人征服前后所持有的职位,基于他们在各自地区的权力、影响和他们拥有的土地,这些土地部分来自祖先的遗产,有些则是君主慷慨赏赐的结果。其领导家族是埃德尼费德·法伊钱(Ednyfed Fychan)家族,他的一个后裔在1485年成为英格兰的国王,而在14世纪期间,该家族成员是土著共同体无可置疑的首领,尤其是在北威尔士。不过当地还有很多其他家族,即便没有同样的规模,也发挥了类似作用。无论在公国还是边境地区,他们都在地方层面上占据着大多数职位,形成了一个密切地编织起来的网络。他们曾被描述成"乡绅阶层"(squirearchy),不过威尔士语**士绅**(*uchelwyr*)也许更合适贴切。1282年后,威尔士不再有土著统治者和宫廷,这些士绅承担着文化领袖的角色,成为土著诗歌传统的庇护者。这是戴维兹·阿普·格威林(Dafydd ap Gwilym)的时代,他是中世纪欧洲所有最伟大的诗人中的一个,确立了在某种严格的韵律体系内创作抒情诗的新模式。诗人们,这些已经经历过严格学徒训练的职业艺术家,来自士绅阶层,他们中有些人担任着地方官职。他们表达了他们的亲属和他们的庇护人的价值观和态度,也表示他们的政治意识,他们构成了威尔士政治国民(political nation)中关键的一部分。

有些家族比其他家族取得更大的成功。在14世纪,威尔士人自由持有的地产模式开始出现,在该模式下大部分土地被授予一个有血缘关系的群体,因而是不可转让的;与此同时,开始买卖世袭土地。为了便于土地转让,可能使用了一种叫**普里德**(*prid*)的威尔士的法律工具。这是一种担保品或抵押品制度,土地被抵押一定的年限,作为回报获得一笔钱。许多以**抵押**(*tir prid*)方式进行交易的产权转让证书保存在家族文献汇编里,显示出这种法律工具在地产成长过程中发挥了一定作用,尽管被禁止实行,采用英格兰法律进行交易的产权转让证书甚至更多,它也意味着禁令日益形同虚设。数百份此类证书证明威尔士在14世纪出现了一个兴旺繁荣的土地市场,这一时期也见证了一些拥有大量土地的家族开始崛起。这些士绅中有很多人都是相当富有之辈,拥有土地、牲畜、现金和货物。弗林特郡(Flintshire)诺索普的辛沃里格·塞斯(Cynwrig Sais of Northop)死于1311年,拥有现金120英镑,而卢埃林·布伦(Llywelyn Bren)这位1315

年在格拉摩根发生的起义的领袖，有8本账本，其中3本是用威尔士文撰写的。

这个社会基本上划分为自由人和非自由人，是一种普遍存在的区分，但还有另一种区分。在威尔士许多地区，很难见到一个英格兰人，而有些地区，如南彭布罗克郡（Pembrokeshire），由于自12世纪以来移民和定居的结果，几乎完全英格兰化了。在北部，特别是在东北部新的边境领主辖区里，移民活动近来才获得进展；这种移民有时迫使威尔士本地佃户迁往贫瘠的土地，为新来的殖民者让路，由此酿成一种长期存在的愤恨。两个民族生活在不同的法律和习俗下，每一个民族都对对方的生活方式和文化表示怀疑，其结果就是双方关系紧张，常常升级为暴力冲突。对登比（Denbigh）或达夫林克洛伊德（Dyffryn Clwyd）的英格兰人来说，威尔士人可能看起来贼眉鼠眼、邪恶、不诚实，而对与他们为邻的威尔士人来说，英格兰人通常是造成他们所有问题的一个很合适的替罪羊。

正如在欧洲其他地区一样，威尔士的14世纪是一个危机的时期。在该世纪上半叶，气候变化、饥荒、牲畜疫病和天灾接踵而至。而后在1349年发生了腺鼠疫的大流行，以黑死病而闻名。到1349年春，瘟疫传播到格温特（Gwent），然后沿边界吞没了北威尔士，同时在西南部它似乎经海路来到卡马森城，然后从那里扩散到其他地区。现存记载证实了瘟疫造成的毁灭性影响，一个同时代的编年史家估计，威尔士有1/3人口死于瘟疫，当时还有一个诗人描述过瘟疫的各种后果。在很短的时间里，土地无人租用，庄稼无人收割。瘟疫的后果在档案材料里也得到证实：地租无法收缴，越来越多的土地落入王室和边境贵族派出的那些接管无主土地的官吏（escheators）手中。瘟疫中大量的受害者是农奴，这一事实意味着庄园的领主自营地缺少耕作的劳动力，而时局的普遍混乱又使得许多农奴很容易迁移到别处去寻求更好的前景。所有地区人口大为减少，许多地区再也没有恢复过来。虽然不是每个地区都有证据保留下来，但已存的证据足以揭示瘟疫带来的影响。1349年的黑死病只不过是第一次，也是最严重的一次瘟疫，此后瘟疫时常暴发，南威尔士部分地区在1361—1362年和1369年遭受损失最为严重。

不过，瘟疫的长期后果并非普遍都是灾难性的，它解决了人口过剩问题，在消除土地自由持有的传统模式方面发挥了重要作用，该持有模式因可分割的继承制的实施而遭到进一步削弱。其结果是许多人发现他们祖传的份地经过数次分割后面积非常之小，遂卖给更成功的邻居。大部分没有租出去的土地在少数几年间都有了佃户。当局曾如此急于处置这类土地，以至于几乎未加核查，这意味着外来者有能力承租这些土地，因而迈出了走向富裕的第一步。瘟疫的另一个后果就是边境地区的领主放弃直接经营自营地的做法。这个过程在瘟疫暴发之前就已经开始，因为一些领主发现经营自营地经济上越来越不划算，不过自营地解体速度在1349年后加快了。现在领主权越来越变成了一种征收地租和赋役的事情。乡村人口继续减少，到15世纪早期，许多农奴的共同体已经消失，他们的可耕地撂荒变成了牧场。

正如在欧洲其他地区一样，所有这一切的后果是一种不安和迷茫的气氛。在威尔士人的首领中似乎曾迅速萌发出一种对金雀花王室和王族的失望情绪。在陷入困境和关系紧张的时候，人们很容易将责任归咎于政府当局，而如果政府恰好代表外族统治者的话，那么他们就是再合适不过的替罪羊了。即使在那些组成威尔士政治国民的精明的现实主义者和实务家当中，也可能一直存在着一股忠诚以往的统治者的暗流，这可能促成了格温内思（Gwynedd）家族最后一个继承人的事业，此人在14世纪70年代不止一次参与恢复祖先地位的活动。

欧文·阿普·托马斯·阿普·罗德里（Owain ap Thomas ap Rhodri）是卢埃林·阿普·格温内思的侄孙，他的祖父是卢埃林最小的弟弟，退职后去了英格兰，1315年死在那儿。1369年他的孙子欧文投奔法国，成为为法国人服役的一个重要的雇佣军首领之一，以"伊万·德·加勒"（Yvain de Galles）而著名。在1369年和1372年，在法国人支持下，他两次企图恢复祖先的遗产，不过两次远征都流产了。他又策划了一次远征活动，但无果而终。最后在1378年，欧文在围攻吉伦特河畔的莫尔塔涅（Mortagne-sur-Gironde）时被一个英格兰间谍刺杀。欧文远远不止是一个野心勃勃的王位觊觎者，在英格兰服役的许多威尔士战士都加入他的队伍，形成了一个威尔士连队（Welsh company），其中有些人直到14世纪90年代还在法国服役。这些人加入欧文的队伍表明，在威尔士依然有一些人清楚地意识到欧文的身份及其象征意义；还有一些恭维他的诗歌，也有一些其他证据表明他的权利诉求在威尔士的领导人中引发了回应。也许,这可以解释为什么英格兰人决定在 1378 年杀死他。整个事件大概反映了威尔士土著首领们的混乱和困惑;恢复土著王朝可能曾被视为一种现实的可能性,尤其是其王位索求者欧文是一个杰出的战士,能够争取法国人的支持。在威尔士,欧文不会被世人遗忘,人们通过他的绰号"红血手"欧文(Owain Lawgoch [red hand])来纪念他。他加入了长眠英雄的行列,睡在一个山洞里,等待醒来并拯救他的人民的召唤。

当时的社会、政治、经济困境影响了整个威尔士,教会也没能幸免。大约 1350 年后,越来越多的肥缺落到了来自王室的办事员和教士手中,而出身**士绅**家族的教士日益遭到忽视。这是造成人们憎恨的又一个原因,因为有学识、受过教育的威尔士教职人员发现自己被剥夺了晋升机会,而他们视此为自己的权利。低级教士面临通货膨胀和农产品价格下跌的困境,修道院也同样如此,他们都遇到了所有大土地所有者遇到的问题。14 世纪下半叶威尔士面临的另一个问题是法律和社会秩序问题。到该世纪末,任何一个自诩为重要的贵族都拥有**自己的亲兵队**或扈从队,在必要时可以按自己的意愿行事,这些人主要由其亲属、依附者和佃户组成。从法国战场回来的经验丰富的失业士兵意味着这些扈从队能够招募到许多人手,现存的司法卷宗表明当情况合适时这些**士绅**会在何种程度上嘲弄法律。在大部分边境领地中,也不是没有有助于维护社会良好秩序的常住领主,而且尽管在许多领地之间有关于逃犯引渡的安排,甚至对来自其他地方的违法者进行审判和处罚,但这些都没有发挥应有作用。理查德二世统治后期,英格兰的政治问题没有对威尔士产生太多的直接影响,虽然理查德国王 1399 年在爱尔兰打完最后一仗返回时在南威尔士登陆,北上来到弗林特。在那里,理查德二世被亨利·博林布罗克囚禁起来,后者取而代之登上王位,即亨利四世。

理查德二世被废黜一年之后,中世纪晚期威尔士历史上最重要的事件开始了。1400 年 9 月,有一个威尔士的领主,名为欧文·阿普·格鲁菲兹·法伊钱(Owain ap Gruffydd Fychan)或欧文·格林·德乌(Owain Glyn Dŵr),是格林迪法尔罗伊(Glyndyfrdwy)和辛莱思欧文(Cynllaith Owain)的领主,在东北地区一些首领面前被立为威尔士亲王，随后他们攻打了里辛镇。欧文是威尔士波伊斯（Powys）和德修巴斯（Deheubarth）王族的后裔。的确，在他身上，两个王朝的血统相聚融合了，他的父亲是波伊斯王族后裔，而母亲是德修巴斯王族的后代。他经历过一些军事服役活动，1385年参加了理查德二世对苏格兰的战争，1387年参加对法战争，他还是威尔士最富有的土著大土地所有者，年收益大约有200英镑。换言之，他可以被称为威尔士地方政府的一个成员。然而1400年时，他起而反抗英格兰人，自立为亲王（prince），开始了一场长达10年之久的叛乱。叛军攻击里辛后，又袭击了威尔士东北地区其他城镇，还在安格西岛发动起义。亨利四世的反应是率领一支军队进入北威尔士，大部分叛乱者投降。次年初，议会通过一系列刑事法规，强行取缔了威尔士人的许多权利。这次立法举措很可能在威尔士当地首领中引起极大愤慨，1401年耶稣受难节，当驻军在教堂里做礼拜时，威尔士人占领了康韦城堡。秋季，亨利四世率军进入南威尔士，不过这次征讨没有产生结果，因为欧文拒绝认输。在接下来的数年里，欧文取得一系列胜利，英格兰王室经过数次战争都毫无所得。议会的反应是进一步实施一揽子刑事条例，对威尔士人施加更严格的限制，并限制英格兰人娶威尔士妇女为妻。

342　　1403年，北威尔士的法官亨利·珀西（Henry Percy），也称霍特斯珀（Hotspur），发动叛乱反对亨利四世。叛乱者被击败，霍特斯珀在施鲁斯伯里（Shrewsbury）战役中被杀，不过这对欧文的命运没有什么影响。次年，他占领了哈莱克（Harlech）和阿伯里斯特威斯（Aberystwyth）城堡，将哈莱克作为他的大本营；他还在马汉莱斯（Machynlleth）召集了一个议会，有法国和卡斯蒂尔两国代表参加。现在，威尔士一些最重要的教士加入了他的阵营，这些经验丰富的宗教法规学者和行政管理者给他提供了他所需要的政治、外交技能，他们的建议的成果很快就会被世人看到。欧文需要的首先是外部的支持援助，这方面显而易见的来源就是法兰西，法国人能够给他提供军事和外交支持，而他则为法国人提供了创建第二条战线的机会。1404年7月14日，法兰西和威尔士签订了一项条约。1405年初，欧文又迈出了另一个野心勃勃的步伐，他和埃德蒙·莫蒂默以及霍特斯珀的父亲——诺森伯兰伯爵签署了一份三方契约，欧文将拥有威尔士大部分地区，而他的两个盟友将平分英格兰的其余领土，由莫蒂默的侄子担任国王。不过这项契约没有什么结果。1405 年，局势开始逆转。

是年，欧文吃了两次败仗，其中一次败仗中他的一个儿子被俘，他的兄弟被杀死。不过该年夏天，一支法国军队增援他，联军入侵英格兰，推进到伍斯特（Worcester）附近的伍德伯里山（Woodbury Hill）。这也许是具有决定意义的一步，但是欧文马上撤回威尔士，也许是意识到他的通讯路线过于漫长。在一定意义上，伍德伯里山标志着威尔士独立的斗争开始走下坡路，但这不意味着与法国联盟的结束。1406 年，欧文开始拟定条款，准备放弃威尔士教会对罗马教宗的效忠，转而投向法国人支持的阿维尼翁教宗。该条款特别令人感兴趣，它表明欧文的顾问们乐于利用教会的分裂局面。条款中包括有一个独立的威尔士省，把几个英格兰人的主教区包括在内，以及在圣戴维兹（St David's）设立一个大主教，威尔士的圣职只限于讲威尔士语的教士担任；还要建立两所大学，一所在北部，一所在南部。但是为时已晚，整个威尔士地区正在向英王投降，缴纳罚金以求宽恕。亨利四世在英格兰的地位正变得越来越牢固，威尔士没有希望再得到法兰西的援助了。1408 年，欧文在哈莱克和阿伯里斯特威斯的堡垒陷落了。越来越多的威尔士的共同体与国家讲和，1410 年，欧文对边境的最后一次袭击被击溃。他本人从来没有被俘虏过，大概死于 1415 年。

这次叛乱有很多原因。它是某种欧洲模式的一部分，在 1350—1450 年间，欧洲大多数国家都经历了至少一次严重叛乱。在一定的程度上，这些都是由瘟疫引发的普遍不满和迷茫气氛的一种后果，其中大多数是社会或经济方面的抗议，但在威尔士起义演变成一场民族运动。在英格兰，不自由的人的怨恨在 1381 年的农民起义中爆发，在威尔士也有同样的不满情绪，但这些不满似乎已经包含在土著共同体首领们的不满之中，他们是起义的核心力量。

在欧文·阿普·托马斯·阿普·罗德里被暗杀，及只有微弱的格温内思家族血统的边境地区伯爵罗杰·莫蒂默 1398 年死于爱尔兰之后，具有威尔士古代其他两个王族血统的欧文·格林·德乌是显而易见的民族领袖的候选人，各土著共同体的首领们非常熟悉他的身世和他的立场。在 1400 年决定性的集结之前，起义很可能经过精心策划，这一点由一些献给欧文的诗歌得到证实，它们暗示欧文是受到召唤而承担起他的责任的。

欧文起义也有一种救世主的色彩。在威尔士长期以来有一种诗歌预言的传统,召唤昔日英雄回来重建布立吞人(Britons)的荣誉。这种诗歌通常模糊不清,预言**先知之子**(*mab darogan*)即将来临;到14世纪末,诗歌的演唱者已经吸收了一些菲奥勒的约阿基姆(Joachim of Fiore)的世界末日的思想。其中一些可以与欧文·阿普·托马斯·阿普·罗德里的事业联系起来,其他此类诗歌肯定是指欧文·格林·德乌。这些还不是威尔士爆发起义的仅有的原因。教士们也投入欧文麾下,最初是在牛津的威尔士教士被指控代表欧文从事密谋活动。受过教育的教士因被排除晋升的机会而愤恨不已,低级教士承受着难以忍受的经济压力,都参与了起义。王室和边境长官的税吏的要求不断增加,而这时社会上各个比较贫困的阶层正处在极为困难的时期,因此他们也都被拉进了起义队伍。1381年英格兰农民起义的各种原因,也是威尔士1400年起义的原因。欧文和他的副手们还有能力利用了在法兰西和苏格兰积累起来的丰富的军事经验。

起义最后失败了,因为这个国家停止了抵抗;最终王室的优势力量和资源是决定性的,法国人的支持事实证明是不可靠的。不过欧文·格林·德乌的起义不是一次简单的反抗英格兰王室的暴动,它已经被描述为"被征服民族的大规模的反抗",而且,它还表示了某种统一的、独立的威尔士民族意识的幻想。① 这是14世纪的各种紧张关系和困境造成的后果,加上威尔士政治国民的失望和憎恨情绪,在某种程度上这也是一次内战。这里,有获利者也有失败者,不过就整体而言,威尔士的"士绅"依然掌控着他们的共同体。叛乱活动造成了很大的破坏,但很快就采取恢复建设的措施;随后的历史时期反映出来的种种问题都是14世纪危机的结果。从长期来看,正是这场起义将威尔士置于更加广阔的政治舞台上,用一位历史学家的话来说:"现代威尔士……开始于1410年。"②

A. D. 卡尔(Carr)

---

① Davies(1987),p. 462.
② Williams(1959),p. 183.

第四节　14 世纪的苏格兰

在 12、13 世纪期间，苏格兰的历史是一部获得显著成就的历史。① 在五个方面很突出。第一是经济全面增长，农业发展支撑人口繁衍，人口大约增长到百万之众；与此同时通过东海岸的自治城镇，繁荣的羊毛和皮革出口贸易使货币供给量增加，超过了 4000 万银便士（约合 18 万英镑），苏格兰货币在中世纪的"英镑区"（sterling area）与英镑可以互换流通。第二是政治扩张，苏格兰王国从福斯河（Forth）和格兰扁山脉（Grampians）之间的心脏地区向北、南、西三面扩展，当 1266 年从挪威手中强行兼并西部群岛（Western Isles）时实际上达到了现代苏格兰的边界。第三是通过明确界定王室世系而巩固了政治权力，确立了长子继承制原则，引进了"现代的"政府和宗教制度，② 是一些类似于法兰西和英格兰的制度（即使不那么官僚化）。第四是建立了一个简单而有效的地方权力系统，一套遍及全国的郡长管区网络，在古老的土地所有权的结构上增加了一层王室的权威。这些土地所有权的结构由各个"省的"大伯爵领和各种领地组成（见地图 6），其间点缀着较小的男爵领地（大部分由"诺曼"家族持有，他们是 12 世纪时国王从英格兰引入的）。第五是仍然维持着"新来者与原有居民之间的一种平衡"：讲盖尔语（Gaelic）的家族及习俗甚至在社会最高层也保留着。因而，尽管苏格兰已经演变成了一个非常典型的欧洲王国，但其种族成分混杂不一，只通过其民众对自己国王的忠诚表现出来。

这些方面对于理解 14 世纪的苏格兰也有至关重要的意义，不过接下来的历史进程就迥然不同了。随着 1290 年王室直系继承人断嗣，苏格兰的"14 世纪"就早早地开始了。英格兰国王爱德华一世利用随后苏格兰的王位继承纷争，1296 年苏格兰陷入了一场痛苦的国家存亡之战，1306 年之后又因一场同样痛苦的内战而使事情变得更加错综复杂。苏格兰的政治扩张因此结束，政府和社会极为混乱。继而

---

① 最好的描述参见 Barrow（1981）and Duncan（1975）。
② 但是苏格兰没有大主教，另外苏格兰教会（被称为教宗的"特殊的女儿"）由各省主教理事会管理。参见 Watt（1993）。

瘟疫在1349年降临，吞噬了大量人口，严重影响了经济发展。14世纪下半叶见证了王室家族的新的纠纷，此外"高地问题"（Highland problem）出现了。苏格兰像其他地区一样，继扩张和统一的时代而来的是一个收缩和动荡的时代。

苏格兰人民

在1296年到1346年的50年时间里，苏格兰有2/3的时期蒙受公开的战争之苦，这是不列颠历史上战争拖延最长的时期。战争伊始，重镇伯威克（Berwick）被占领，居民遭到屠杀。随后，数千苏格兰步兵在6次惨败中丧失生命，伤亡总额很可能达到了第一次世界大战中苏格兰人伤亡总数的1/3，比其他任何时期都严重。虽然会战的次数不多，但"正规的"（normal）战争造成了巨大的经济损失。在整个战争区域——远远超出了泰河（Tay），庄稼被毁坏或无人管理，牲畜遭到屠宰或被驱散，货币被偷窃或丢失，村庄和城镇被焚烧。诚然，随着军队撤离，经济恢复得相当迅速。不过，从短期来看，战争给苏格兰的南部和中部居民，有时也给它的北部居民，造成毁灭和灾难（更不用说死亡了）。

此外，即使没有发生这场战争，苏格兰经济也可能陷入困境（尽管这不能证实）。[③] 经济扩张不可能无限期地持续下去，在海拔1000英尺高的边境丘陵上播种谷物，这在今天是不可能的事情，这一事实表明农业正在接近下限。由于英格兰北部和爱尔兰都遭受了1315—1317年欧洲的大饥荒，很可能苏格兰也同样经历了饥荒。14世纪30年代再次出现饥荒，同时爱德华三世在14世纪40年代的财政政策不仅耗尽了英格兰的也耗尽了苏格兰的货币。总的说来，由于苏格兰经济在本质上同英格兰类似，密切地联系在一起，我们没有理由认为苏格兰经济没有发生同样复合的下滑趋势。对于苏格兰民众而言，在14世纪上半叶的经历很可能比他们在前两个世纪所经历过的要艰难得多。

然而，最糟糕的年份即将来临。1349年，编年史家福尔登的约

---

③ 除了海关卷宗外，我们缺乏14世纪苏格兰长期的经济证据。对现存资料的最好的分析见Gemmill and Mayhew（1995），也可参见 Grant（1984）更简洁的讨论，见该书第三章。

翰（John of Fordun）写道：

> 出现了如此严重的瘟疫和死亡率……任何地方都没有听闻过，书籍上也没有写过……瘟疫如此严重以至于整个人类的1/3被迫去见上帝……一旦肉体炎症确实形成了肿块，在这个世界上的生活很难再持续两天。④

像其他地区一样，瘟疫在1361—1362年、1379—1380年、1392年以及1401—1403年卷土重来。由于苏格兰寒冷、潮湿的气候以及较低的人口密度，福尔登所描述的淋巴腺鼠疫也许没有如此猖獗（1362年宫廷逃往北方的阿伯丁[Aberdeen]）；也可以说相反，这场淋巴腺鼠疫可能更严重，福尔登对死亡率的估计大概被按比例降低了，但这样做极不明智。到该世纪末，苏格兰人口大概削减了一半，余下大约50万人。正如在欧洲大多数地区一样，1349年以来的各次瘟疫构成了苏格兰人民曾经遭受的最大的苦难。

经济方面的后果更为复杂。幸存者可以得到更多土地和食物，农夫持有地的标准面积似乎增加了一倍，接近14世纪末，苏格兰"土地供应非常丰富"。⑤ 与此同时，地租大幅度下降（在苏格兰，地租大都每年确定一次）；同13世纪的"和平时期"相比，全国俗人地产在1366年的估值降低了48%。有一块单独的地产，敦提（Dundee）附近的坦纳迪斯（Tannadice），1263年时价值为60英镑，但在1361年时只值30英镑。⑥ 土地所有者的收益很可能受到严重影响，不过缴纳地租的农夫则可能富裕起来。至于食品，小麦和麦芽的价格看来上涨了，燕麦和燕麦粉的价格大体上保持不变。牲畜的价格下降了很多，这也许反映出大多数劳动力密集型的谷物生产缩减了，人们转向了畜牧业，由此导致肉类和其他畜产品消费的增加。遗憾的是，工资方面没有可资利用的资料，不过土地所有者放弃了自营地耕种，肯定是劳动力成本增加造成的（因为谷价没有下降）。与此同时，农奴制消失了。这些特点（加上同英格兰的战争缓和下来）表明，后

---

④ Fordun, *Chron. Gent. Scot.*, I, pp. 368–369; trans. from Bower, *Scotichronicon*, VII, p. 273.
⑤ Bower, *Scotichronicon*, VIII, p. 63.
⑥ *Act. Parl. Scot.*, I, pp. 500–1; *Exch. Rolls Scot.*, I, p. 9, II, p. 153.

瘟疫时期，经济条件对苏格兰普通民众而言想必改善了——只要他们躲过了瘟疫。

明显的还有，出口贸易短期内出现了繁荣景象，特别是羊毛出口（苏格兰大概是欧洲第二大羊毛出口国，仅次于英格兰）。瘟疫过后，欧洲对廉价呢绒需求量很大，这意味着14世纪60年代苏格兰每年的羊毛出口保持着该世纪20年代的水平，即每年约在5500袋（远超过800吨，相当于100万只绵羊的剪毛量，约为英格兰出口量的1/6）。14世纪70年代羊毛出口更加活跃，1372年出口羊毛的最高峰值超过了9000袋。不过这一趋势没有保持下来，在1385—1390年间（战争摧毁了佛兰德人的呢绒工业后），羊毛出口陷入低谷，每年出口量略高于3000袋，在15世纪第一个十年跌到了2000袋以下。

一袋苏格兰羊毛在国外售价通常是4—5英镑，因而"正常"年份每年出口羊毛5000袋以上可以为苏格兰经济赚取约25000英镑，显然超过进口，在瘟疫前足以支付进口商品所需资金。但是后瘟疫时代的欧洲，作为苏格兰主要进口货物的制成品的市场价格更高；在1357—1377年间，超过5万英镑流向英格兰，用于支付国王大卫二世（David II）的赎金。⑦结果到1367年时，尽管羊毛出口依然良好，但苏格兰遭受了一次流通货币短缺之苦，钱币不得不减轻15%的重量。如此一来，打破了同英格兰货币的古老比率。到1373年，英格兰王室实行一种4∶3的货币兑换率；1385年后，羊毛出口下跌酿成了更严重的问题。在1385—1390年间，至少羊毛出口量减少了12000袋，这意味着苏格兰经济损失超过5万英镑，而此时苏格兰的货币供给很可能已经跌至10万英镑左右。因此，1393年时政府被迫再次进行货币贬值，约1400年时硬币先是降到原先重量的64%，然后又降到38%，同英格兰货币的兑换率则跌到2∶1。

到14世纪末，苏格兰货币价值只有其原先价值的一半，其结果就是"所有的物品都比以往更昂贵"，邓弗姆林（Dunfermline）修道院院长1409年时如是抱怨道。⑧虽然价格上升只是名义上的，不是真实的，但货币价值、通货膨胀（或如现代不列颠所遭受的"滞

---

⑦ 参见后面原文第352—353页。
⑧ 引自Nicholson（1974），p.268。

涨")很可能抵消了任何因劳动力短缺而带来的工资上升。因而，14世纪晚期的苏格兰没有出现像英格兰那样生活水平大幅上升的情形，看来苏格兰没有出现过"价格剪刀差"现象。不过从欧洲的情况来看，英格兰的情况可能是独一无二的（由于其货币坚挺），而在苏格兰，由人口下降而来的经济收益是非常有限的，似乎更接近欧洲大陆大部分地区出现的情况。

独立战争

在14世纪，苏格兰的政治史受它与英格兰的战争所支配。[9] 当13世纪90年代的王位继承危机将苏格兰置于内战边缘时，各监护人（在国王不在时，议会任命他们管理国家）要求英王爱德华一世在两个王位竞争者约翰·巴利奥尔（Balliol）和罗伯特·布鲁斯（Bruce）之间进行仲裁。爱德华照此办理，于1292年选择了巴利奥尔，[10] 但同时他要苏格兰人接受他本人为苏格兰的最高领主，并极其苛刻地滥用这种地位（尤其是征调兵役与法兰西交战）。苏格兰人在1295年发动叛乱，大贵族们组建了一个议事会，强迫国王约翰·巴利奥尔予以接受；它同法国结盟，于1296年向英格兰发动进攻。战争的短期结果是苏格兰战败，被英格兰人征服；而从长期来看，英－苏战争或冷或热地一直持续到16世纪中叶。

事后看来，这场战争看来是不可避免的，因为苏格兰像英格兰一样进行政治扩张，两国不可能无限地扩张而不发生冲突。13世纪90年代，在征服威尔士之后，英格兰扩张势头正盛，因此毫不奇怪，爱德华一世试图让苏格兰重蹈威尔士的覆辙。他发动大规模入侵，1296年在邓巴（Dunbar）、1298年在福尔柯克（Falkirk）摧毁了苏格兰军队。他于1296年废除苏格兰国王约翰·巴利奥尔，在1296年和1304年获得大批苏格兰权贵人物的归顺，于是强行建立起英格兰人控制的行政机构。但每当苏格兰看起来是失败的时候，新生抵抗力量就会涌现出来，爱德华一世不得不再次镇压。1307年，爱德华又一次率军入侵苏格兰，死于途中。

---

[9] 关于战争第一阶段（到1328年）的最好描述是 Barrow（1988）and McNamee（1997）。
[10] 参见 Duncan（1995），关于大量有关文献，参见 Stones and Simpson（1978）。

对苏格兰人长期持续的抵抗很难加以解释。一种强烈的民族认同感已经发展起来，但是如果按照爱国主义来解读苏格兰人的屈服，似乎过于简单化。寻找既得利益方面的解释要更容易些：教士们抵制约克大主教的优越地位；当苏格兰的羊毛被扣押时，富裕农民和城镇居民利益遭到损害；土地所有者厌恶爱德华一世专横的王权；一些个别人士的立场随私人因素而摇摆不定。然而要强调苏格兰人的不一致，那就搞错方向了。爱德华一世发现很难向福斯河以北地区有效推进，在苏格兰保持大量驻军成本高昂，完全用英格兰人取代苏格兰土地所有者阶级不切实际，因此要征服苏格兰，他就必须迫使大多数当地人放弃对苏格兰王室的忠诚，并永远接受英格兰人的统治。但是，这一切只能通过说服才能达到，而不是依靠军事武力的威胁。可是，爱德华一世虽然要求苏格兰人效忠于他，他却不愿意采用有价值的恩赐来收买人心。[11] 因此，只要存在可以选择忠诚苏格兰国王（或监护人）的机会，苏格兰人就不可能长期接受英格兰人的征服。

这种选择机会一直存在着，因为苏格兰像其他"发达的"欧洲王国一样，拥有一套即便在军事惨败之后也能够维持运行的管理体制。因此，诸如威廉·华莱士（William Wallace，最为著名）、安德鲁·默里（Andrew Murray）以及约翰·科明（John Comyn）等苏格兰的领袖人物能以国王约翰的名义维持着某种行政管理，并通过正常的征召机制征集军队。他们由此削弱了英格兰人的基础，并于1297年在斯特灵（Stirling）桥、1303年在罗斯林（Roslin）打败了英格兰军队。这本质上是一场"人民战争"，尤其是富裕农民参加了战斗，[12] 不过战争的领导权掌握在贵族手中。由于通婚的缘故，大多数苏格兰贵族具有"诺曼"血统，就像盎格鲁－威尔士人和盎格鲁－爱尔兰人一样。但是当后者臣服于英格兰王室并为其效力时，苏格兰的"诺曼人"及其后裔则臣服于苏格兰的王室，并为独立事业提供不可或缺的领导，即使这种提供是不稳定的。

最成功的领袖是罗伯特·布鲁斯，他是卡里克（Carrick）的伯爵（也是1290年王位诉求者的孙子）。1306年，在苏格兰显然已被

---

[11] 这些内容要点依据于 Prestwich (1972), pp. 111–112, and (1987); Duncan (1992), pp. 143–144; Barrow (1978), pp. 118–119, and (1988), pp. 132–136。

[12] Barrow (1976), pp. 155–157; Duncan (1970), pp. 14–17; Grant (1994), pp. 85–88。

英格兰人征服的情况下,他掀起暴动并结束了英格兰人的统治,但是当他杀死竞争对手巴德诺赫(Badenoch)的约翰·科明(约翰·巴利奥尔的侄子)后为自卫而发动叛乱时,厄运开始了。布鲁斯自立为王,称为罗伯特一世,使其行动合法化。[13] 但是,在苏格兰人看来,他是一个废黜国王约翰·巴利奥尔的篡权者,他最初获得的支持是有限的。与此同时,强大的科明-巴利奥尔派成为他无法和解的敌人,这个派别转而支持英格兰人来摧毁他。

他们差不多就要成功了,罗伯特很快变成了一个被打败的流亡者,绝望地寻求爱尔兰人的援助。但是,在爱德华一世死后英格兰人的军事压力减轻了;在一系列重要战斗中,罗伯特孤立他的对手,最终在苏格兰北部打败了科明-巴利奥尔派。到1310年,罗伯特控制了苏格兰北部大部分地区,并有能力转向苏格兰南部,甚至越过边界线进行袭击。到1314年中,只有几个堡垒还在他的反对派手中,著名的有斯特灵城堡(Stirling Castle)。1314年6月,当英王爱德华二世试图为受困的斯特灵城堡解围时,罗伯特的长矛军队在班诺克本摧毁了英格兰军队,在军事史上,这是一次可以同1302年科特赖(Courtrai)和1315年莫尔加藤(Morgarten)相比肩的战役,其意义可能远远超过后两者,因为它教育英格兰指挥官认识到部署防守性步兵的价值。

班诺克本战役结束了英格兰人对苏格兰南部地区的占领(虽然伯威克直到1318年才重新回到苏格兰人手中),不过爱德华二世不承认苏格兰的独立,因此罗伯特加强了对边境地区的侵扰劫掠,与此同时他的兄弟爱德华·布鲁斯在1315年入侵爱尔兰。然而苏格兰人未能抵达英格兰南部,"布鲁斯入侵爱尔兰"以爱德华·布鲁斯的惨败并于1318年死去而悲惨告终。另一方面,英格兰人于1319年、1322年两次入侵苏格兰,由于罗伯特采取了焦土战略,英军陷于挨饿而被迫撤退。这场战争已经达到僵局状况,1323年,爱德华二世不情愿地同意双方长期休战。但是协议随着1327年爱德华二世被废黜而失效,苏格兰人大规模的袭击随之而来,迫使英格兰王后伊莎贝拉和莫蒂默的不稳定的政府同意和平条约,1328年双方签署《爱丁堡条约》

---

[13] 参见 Duncan(1992),pp. 135-136。

(Treaty of Edinburgh），确认苏格兰的独立地位（获得2万英镑回报！）

然而，未及一年，苏格兰国王罗伯特一世死去，留下一个5岁的儿子继承王位，即大卫二世。[14] 罗伯特的主要大臣詹姆斯·道格拉斯（James Douglas）（通常以"好人詹姆斯爵士"著称）、马里（Moray）伯爵托马斯·伦道夫（Thomas Randolph）接着很快去世。受到削弱的布鲁斯政权在1332年遭到流亡的巴利奥尔-科明派的进攻，其领导人是先王约翰·巴利奥尔之子爱德华·巴利奥尔，这些人得到英格兰国王爱德华三世的支持。爱德华三世在1333年废除《爱丁堡条约》，重开英-苏战争。苏格兰人1332年在珀斯（Perth）附近的杜普林（Dupplin）、1333年在伯威克附近的哈里顿山（Halidon Hill），两次被英格兰部署的防御弓箭手和士兵击溃。这些战斗摧毁了布鲁斯政权的力量，出于安全考虑，年幼的大卫二世被送到法国，而苏格兰则被爱德华三世（吞并了苏格兰南部大部分地区）和爱德华·巴利奥尔瓜分。

不过，对苏格兰的再次征服是不巩固的，游击队抵抗运动爆发了，特别是安德鲁·默里（他是华莱士的同僚的儿子，又是罗伯特一世的连襟）领导的游击队。1335年他在迪塞德的卡尔布利恩（Culblean on Deeside）打败对手巴利奥尔的一支军队。1335年、1336年，爱德华三世两次大规模入侵，仅仅使苏格兰人暂时屈服；1337年后他的主要精力转向同法兰西作战（部分原因是法国人打着"古老同盟"[auld alliance]的旗号援助苏格兰人）。[15] 从那时起，英格兰的军事活动松懈下来（尽管默里于1338年去世），但是布鲁斯派的支持者在假定的继承人罗伯特·斯图尔特（现在是监护人[16]）领导下，重新稳健地控制了苏格兰王国。1341年6月，十几岁的大卫二世被人从法国送回苏格兰，到1342年中期，只有伯威克还由英格兰

---

[14] 关于大卫二世统治时期的战争的主要记述有 Nicholson (1974), chs. 6－7, 补充性的见 Nicholson (1965), Webster (1993) and Boardman (1996a), ch. 1。

[15] Campbell (1965), pp. 189－191; Curry (1993) pp. 140－144, 150。

[16] 他是罗伯特一世的外孙，其母是罗伯特长女，通常以"罗伯特总管"著称，这意味着他是"苏格兰的总管"，直到1371年这一名誉职位一直由斯图尔特家族（该姓即源于该职位）的首脑担任。出于方便，这里我简单地使用了他的姓，但要注意"总管"职务是带有土地的，在西南地区，面积广大，像大多数伯爵领或大领地一样。译者按：steward 这个词作为姓译为"斯图尔特"，作为普通名词，意为"管家"、"管事"，是职务演变成姓氏的一个例子。

人占领着。

14世纪30年代的战争不是1296—1314年战争的一个简单的补充。爱德华·巴利奥尔是一位比他的父亲还要优秀的领袖,尽管战争中的伤亡几乎摧毁了苏格兰人(或布鲁斯派)的领导层。爱德华三世从父辈的失败中意识到,不要试图对整个苏格兰王国施加封建的或直接的统治,他直接吞并了苏格兰南部地区,让给巴利奥尔其他地区,只保留名义上的领主权。这种"非封建"的手段伴随着他的新战争策略,预示着他后来对法兰西的政策。[17] 对苏格兰而言,通过把土地交给巴利奥尔,苏格兰北部地区的问题得到了解决。英格兰人的军事手段更加残酷,对当地反对势力进行恐怖威胁,迫使其屈服,如果有必要的话,驱逐并取代当地的自由土地持有者。

因而,爱德华三世像爱德华一世一样,对苏格兰具有极大的威胁性。他的关注点转入法国,这简直是老天保佑。然而在1337年时苏格兰远远没有被征服,苏格兰人对巴利奥尔的支持从来不是很强大,他本人太过于依赖爱德华三世,因而无法被民众广泛认可而成为合法的国王。还有,向布鲁斯的追随者归还那些曾经赐给他们但已"被剥夺继承权"的土地,这一举措强化了后者对大卫二世的效忠。爱德华三世的新策略是有缺陷的。吞并苏格兰南部激起当地民众的反抗。在北部,巴利奥尔的官员得不到足够的支持(在卡尔布利恩[Culblean]没有驻扎弓箭手)。总之,破坏和没收封地的政策没有达到预期效果。与此同时,那些归附爱德华三世或巴利奥尔的人士遭到原布鲁斯游击队的袭击,在很多人看来,对他们二人效忠只是两害相权取其轻的问题而已。[18] 地方权贵立场视具体情况而各不相同。但是,当爱德华三世去法国作战时,苏格兰问题显然对他而言已不是当务之急。这时钟摆最终摆向有利于布鲁斯的事业——苏格兰的独立。

无论如何,在1342年时战争并没有结束。相反,大卫二世率军袭击了英格兰,无疑是想效仿他父亲的军事成就。相反的事情发生了。1346年秋,苏格兰军越过边界,入侵英格兰,响应法国人在克雷西战败后提出的援助请求,并错误地认为由于爱德华三世围攻加莱

---

[17] Keen, 1973, p. 110.
[18] 参见 Webster (1993) and Brown (1997a).

港，英格兰北部已经没有什么男人了。在达勒姆附近的内维尔十字架（Neville's Cross），苏格兰军意外地发现了来自英格兰北部的一支军队并被他们打败，许多苏格兰贵族被杀或者被俘虏，被俘的人中有苏格兰国王大卫二世本人。次年，苏格兰南部再一次遭到爱德华·巴利奥尔率领的英格兰军队的占领。

具有讽刺意味的是，巴利奥尔很快就被爱德华三世抛弃了，英王已经意识到从内维尔十字架战役中获利的最好方式就是礼待囚徒大卫二世，把他视为苏格兰国王。[19] 因此，他试图迫使苏格兰人按照他的条件赎回他们的国王——此时的苏格兰再次统一在罗伯特·斯图尔特麾下，他已从内维尔十字架逃回苏格兰。起初，爱德华三世意欲对苏格兰拥有完全宗主权，当遭到拒绝后，他又提出要求：他的儿子冈特的约翰应被立为假定的王位继承人，倘若大卫二世死后没有后嗣，那么约翰将继承苏格兰王位。大卫二世赞同此议，但不出乎意料的是斯图尔特拒绝了。在法国人支持下，他还阻挠签署一份赎金协议。但在爱德华三世1356年蹂躏了洛锡安（Lothian）后（随之法国人在普瓦蒂埃战败），双方签署了一份协议。1357年，大卫二世被释放，但缴纳10万马克（66667英镑）赎金，偿付期在10年以上，在此期间双方休战，苏格兰提供23名人质作为担保；英格兰的宗主权以及关于苏格兰王位继承权问题被搁置在一边，不过爱德华三世沿边境在苏格兰境内设置了一个缓冲地带。

到1357年，爱德华三世清楚地意识到他不可能征服苏格兰，条约或许给了他实际上想要的东西：名望、现金和一条安宁的边界。不过在苏格兰，大卫二世发现，尽管征收特别税，他也不够支付赎金以及维持王室开销，因此在1360年他停止缴纳赎金。不愉快的谈判随之开始了，爱德华三世提出取消赎金建议，其代价是他本人担任苏格兰的假定继承人，大卫二世则想恢复以前的建议——由爱德华三世之子冈特的约翰担任假定继承人。1364年的苏格兰议会（听取了赞成、反对的各种理由）驳回了这两种建议。[20] 最后的结果是苏格兰缴纳更高的赎金，采用操作性更强的分期付款方

---

[19] 关于谈判协商事宜，参见 Duncan (1988) and Campbell (1965), pp. 196–203。
[20] Ducan, 1994 年。

式。接着在1369年英法战争再次爆发后,赎金总额又削减到最初的数量,分期付款降到每年2667英镑,双方签署了一项14年之久的"长期休战"新协议。

爱德华三世的对外政策是含蓄地以再次入侵的威胁作后盾的,不过苏格兰人开始意识到这基本上是一种恐吓。当然,他们小心翼翼地不过分触怒他,定期支付已削减的赎金数额,即便在1371年大卫二世去世、罗伯特·斯图尔特继位为罗伯特二世后也依然这样做。[21] 只是当1377年爱德华三世去世时,苏格兰方面才停止支付赎金,不过缓冲区大部分还保持在英格兰人手中,苏格兰人自然希望重新占有它。因而,长期停战的最后数年里苏格兰贵族在逐渐侵蚀英格兰人控制的地区,当1384年初休战期满,他们就迅速占领剩余地区(除了杰德堡[Jedburgh]、罗克斯堡[Roxburgh]和伯威克几个要塞)。

罗伯特二世随后希望签署一项新停战协议,不过存在着强大的对英战争压力,年轻一代的"鹰派"贵族(以王位继承人卡里克伯爵、道格拉斯家族第二代伯爵为首)使国王成了旁观者;[22] 还有法国人施加的压力,他们希望苏格兰变成法国打击英格兰的第二战线,并于1385年派遣军队来到苏格兰;还有英格兰国王理查德二世方面的压力,他理所当然要进行报复。结果是双方各自发动了一系列袭击,其高潮是1388年苏格兰人兵分两路入侵,其中东路军黄昏时分在奥特本(Otterburn)大败英格兰追兵。苏格兰人的意图很可能是利用英格兰的上诉贵族引发的危机(Appellants crisis),迫使英方签署一个令自己满意的和平条约,就像1328年一样。尽管苏格兰没有达到目的,但厌战情绪最后导致两国在1389年后开始一系列停战,由此苏格兰早先获得的利益得到了巩固。因而,在该世纪结束时,英格兰和苏格兰两国之间保持了相对和平的局面。

不幸的是,和平未能持久,理查德二世被废之后,战争再次爆发。1402年,苏格兰入侵者在汉布尔顿山(Humbleton Hill,在诺森伯兰郡)遭到彻底失败,不过英格兰并没有随之占领苏格兰南部,

---

[21] 关于战争的其余情况,参见 Boardman (1996a), chs. 4-8, and Grant (1992)。
[22] 参见下面原文第360—361页。

英格兰王室已经开始认识到战争对北部边境没有任何益处。尽管没有签署正式的和平协议,但英－苏关系的基础已经改变,不再涉及征服和解放的问题,现在基本上是两个分开的国家之间的边境摩擦。尽管英王爱德华一世和爱德华三世采取过各种军事行动,但苏格兰依然成功地维持了独立地位。

战争曾用来维持13世纪的领土现状,但是,它深刻影响了苏格兰的国家地位。虽然苏格兰的某种国家和身份认同已经存在,但两者都得到了极大强化。各种独特的既得利益群体都越来越认同民族国家,而几个世纪前的跨界的土地所有权情况已不复存在。还有,一种重新界定王权与人民关系的国家意识形态发展起来。在13世纪90年代,"递降"(descending)的观念已得到遵守,即如果国王承认臣服,那么他的臣民也得这样做。[23] 但苏格兰人公然对抗英王爱德华一世,实际上是否认了这种理念,一种遵循"上溯"(ascending)观念的意识形态最后清晰有力地表达出来,这特别见之于1320年上呈给教宗的《阿布罗斯声明》(Declaration of Arbroath)。该声明是"中世纪……王朝团结统一的最雄辩的陈述",[24] 它正式宣布,罗伯特一世是国王,因为他捍卫了苏格兰王国的独立,如果他竟然屈服于英格兰人,那么他就要被废黜王位。诚然,这是布鲁斯政权的一种宣传,很难完全与政治现实相吻合。[25] 不过当战争进行时,《阿布罗斯声明》的意识形态(有意或无意地)得到了坚守,用以反抗爱德华·巴利奥尔、爱德华三世,也包括(含蓄地)反对大卫二世。再者,14世纪晚期,福尔登的约翰的《苏格兰国家编年史》(*Chronicle of the Scottish Nation*)一书和约翰·巴伯(John Barbour)的方言诗歌《布鲁斯》(*The Bruce*)都对苏格兰的远古和近期历史作了充满民族感情的描述;在大众层面,关于威廉·华莱士的民谣民歌也传播了民族自由的信息。这些都反映了苏格兰国家独立原则得到巩固和强化的各种途径,成为几个世纪以来不言自明的真理。

---

[23] 关于"递降"和"上溯"理论,参见 Ullmann (1978), esp. pp. 19 – 26。

[24] Reynolds (1984), pp. 273 – 276, at 274. 关于原文,参见 *Act. Parl. Scot.*, I, pp. 474 – 475;最好的译文见 Duncan (1970), pp. 34 – 37; cf. Bower, *Scotichronicon*, VII, pp. 5 – 9。关于它的讨论,有 Barrow (1988), pp. 302 – 311, Simpson (1977), Reid (1993) and Grant (1994)。

[25] 参见下面原文第357页。

第十三章　大不列颠岛　403

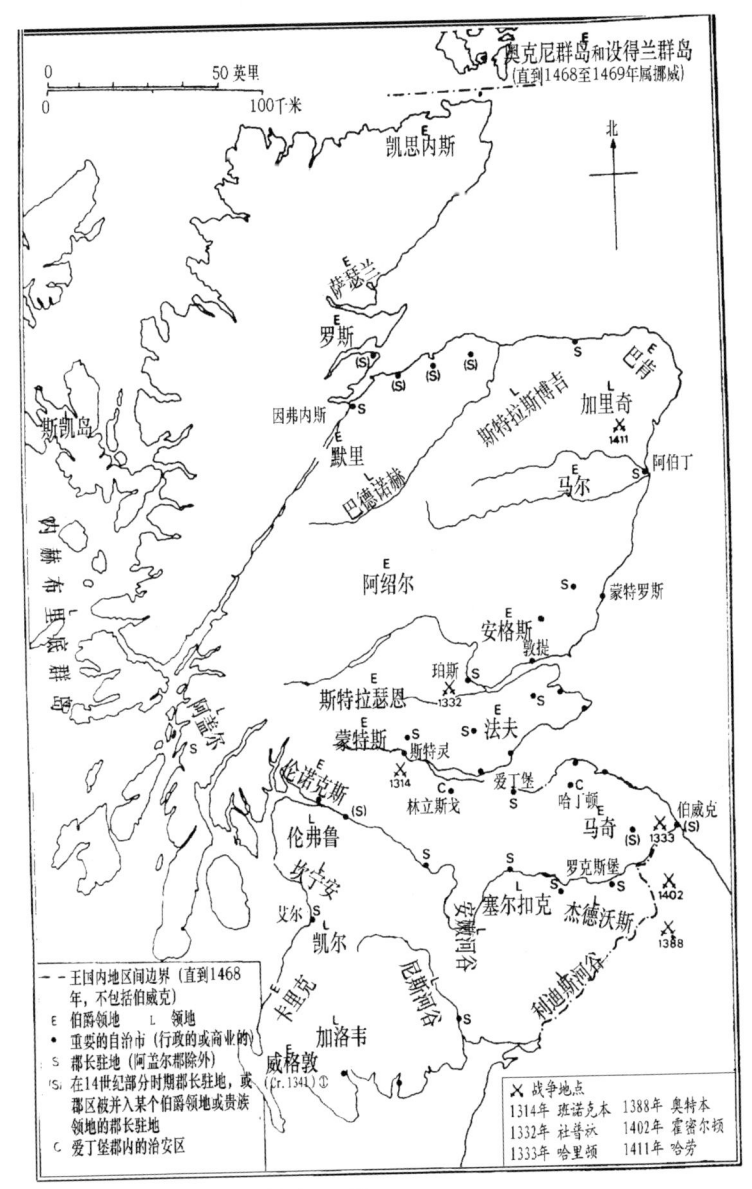

地图6　14世纪的苏格兰

政治和长子继承制

14世纪的苏格兰也有它的国内政治,尽管国内政治与战争纠缠在一起,很难分开。[26] 当然,在所有时代的所有国家里,国内政治活动基本上集中在掌控政府方面。今天,政府主要由选举来决定,在中世纪则取决于各种叛乱和王位继承造成的冲突。不过,自12世纪以来,在"发达的"王国(包括苏格兰)里,通过引进长子继承制王位继承纷争极大地减少了:国王死后由其最大的儿子继承王位,而不是在诸子当中平分或通过其主要成年亲属的冲突来解决。结果,一系列"合法的"国王能够获得基本的、长期的忠诚。不过长子继承制也有问题,长期困扰着14世纪的苏格兰。问题主要集中在王室家族身上。如果国王未成年或昏庸无能,谁来统治国家呢?王室成员里主要幼子们扮演什么角色?最糟糕的是,如果国王死后没有留下一个明确的继承人(这在1290年后带来了灾难),会出现什么情况呢?

在1290—1292年的王位继承大纷争中,约翰·巴利奥尔有更强的理由和血统背景,但年长的罗伯特·布鲁斯的确也有一个理由。[27] 不幸的是,布鲁斯诉诸暴力,并求助于英格兰,提出接受爱德华一世为最高领主(这意味着巴利奥尔也必须承认这一点)。[28] 尽管布鲁斯在死前承认巴利奥尔为国王,但他的家族在1296年时不愿为巴利奥尔战斗;同样,在巴利奥尔被排除后,虽然年轻的罗伯特·布鲁斯(未来的国王)确实在1297年参加了苏格兰的独立运动,但当巴利奥尔家族有可能复辟时,他就在1301年臣服于爱德华一世。那时,毫不奇怪,苏格兰派往教廷的大使含蓄地将国家的灾难归咎于布鲁斯家族。[29]

然而,苏格兰的政治命运在1306年被布鲁斯派的一场**政变**改变了。内战同国际战争交织在一起,巴利奥尔派势力强大的科明族人——他们以前是苏格兰独立运动的领袖,现在站在英格兰人一边反对罗伯特一世,这就造成了苏格兰人无法抹掉的印象——自相残杀和

---

[26] Nicholson (1974) 详细地描述了苏格兰国内政治情况,不过这里讨论的内容主要来自Grant (1984) ch. 7, 按照Boardman (1996a) 的观点进行了修改。
[27] 关于1290—1306年时期和罗伯特一世的统治,参见Barrow (1988)。
[28] Duncan (1995), pp. 214–221; Stones and Simpson (1978), II, p. 187.
[29] Duncan (1995), p. 212; Bower, *Scotichronicon*, VI, pp. 159, 177.

通敌卖国。布鲁斯的政治对手甚至从来都不接受王位被布鲁斯占有的事实,派性不太那么强的苏格兰人则面临痛苦的两难选择:他们应该认可布鲁斯家族的篡权、支持苏格兰的独立事业呢,还是依然承认合法的巴利奥尔的王权并接受英格兰人为最高宗主?[30] 他们中大多数人很可能是等待,静观其变,结果罗伯特一世取得最后胜利,在班诺克本确定了结局。

1314年后,罗伯特一世的胜利为所有苏格兰人接受认可,只有少数势不两立的人除外,他们的爵位和地产被没收。他把罚没来的地产都用来赏赐自己忠诚的支持者,包括海家族(Hays)、基思家族(Keiths)、坎贝尔家族(Campbells)、佛莱芒家族(Flemings)、林赛家族(Lindsays)、西顿家族(Setons)和汉密尔顿家族(Hamiltons)等,他们的后代成为苏格兰贵族首领,达数世纪之久。其中三位尤为显赫,罗伯特的外甥托马斯·伦道夫－马里伯爵、"好人詹姆斯爵士"道格拉斯和他的女婿瓦尔特·斯图尔特。他们全都从国王罗伯特一世那里得到大量封地,后来他们的后代彼此之间纵横捭阖,成为苏格兰的一个重要政治主题。

然而现政权的统治基础看来很狭窄,罗伯特一世是用武力夺得王位的,没有获得民众普遍而长久的忠诚。他的恩赐对象排除了许多重要贵族(尽管有《阿布罗斯声明》的吹嘘),很难看到整个精英阶层积极地效忠于他。比如说,有一半的伯爵态度明显不冷不热。[31] 此外,罗伯特也存在潜在的王位继承权问题,1315年,他的成年兄弟爱德华被立为王位继承人,因为罗伯特唯一的孩子是一个女儿,叫玛乔利(Marjorie),被认为不适合继承王位。但是到1318年晚期,爱德华(他很可能妒忌罗伯特,前往爱尔兰谋求自己的王国)和玛乔利都死了,只留下玛乔利的婴儿男孩罗伯特·斯图尔特,成为罗伯特一世的唯一后代。布鲁斯政权没有保持长期稳定,自1314年以来战争进展不很顺利(在爱尔兰遭到彻底失败),罗伯特一世还受到教宗要求他同意停战的强大压力。这些情况很可能解释了为什么1318年12月通过关于反对密谋和煽动性言论的立法,这或许可以在现存不

---

[30] Duncan (1992), pp. 125–135.
[31] 这是我的印象,来自 Robert I's *acta*, in *Regesta Regum Scottorum*, V。

真实的"诽谤"（smear）中略窥一斑，它讲的是1298年布鲁斯曾为英王爱德华一世而进攻华莱士。[32]

1320年，事态濒临危急关头。当《阿布罗斯声明》声称全体贵族都支持国王时，紧接着就发现有人密谋杀害国王，很可能是为了拥戴约翰·巴利奥尔的儿子爱德华为苏格兰国王。[33] 密谋者大多是前巴利奥尔－科明的支持者，这些人已经失去了王室的恩惠；还有一股重要的成分来自斯特拉森（Strathearn），罗伯特在1306年曾经劫掠过该地。最后，阴谋很容易就被粉碎了，罗伯特一世在国内的政治地位得到极大加强，不过残存的冲突一直延续到14世纪30年代。

虽然罗伯特一世在1324年的确有了一个儿子，但该儿子即位时尚未成年，于是因王室家庭问题又上演了十年战争。[34] 理所当然的摄政者马里伯爵于1332年去世，而"好人詹姆斯"（good James）道格拉斯爵士、他的儿子和兄弟都在1330—1333年间去世。此后，布鲁斯的事业遭受了两派纷争之苦，一方是罗伯特·斯图尔特——假定的王位继承人，另一方是约翰·伦道夫，新的马里伯爵，后者大概是一位更优秀的军事领袖，憎恨斯图尔特的优先地位。他们的纷争造成其他抵抗首领的对立的两极化。虽然大卫二世的支持者最终获胜，但这绝不意味着他们的统一。大卫二世从法国返回苏格兰也未能促成统一和解，因为他偏爱伦道夫，厌恶斯图尔特，后者虽然是大卫二世的侄子，却年长国王8岁。王室家族内部的紧张关系在他的整个统治时期一直持续存在。

1346年罗伯特·斯图尔特从内维尔十字架（Neville's Cross）逃回，由于他拒绝迅速营救大卫二世，遂使局势恶化。这是以新的方式提出了"谁统治苏格兰"的问题，焦点不在王位继承权而是在监护权上。斯图尔特的地位得到加强，因为马里伯爵战死在内维尔十字架，又没有子嗣后代，他最近的亲属是其连襟——马奇（边境）伯爵帕特里克·邓巴（Patrick Dunbar），他也从战场上生还，随后与

---

[32] *Act. Parl. Scot.*，I，p. 472；Fordun, *Chron. Gent. Scot.*，I，p. 330；Bower, *Scotichronicon*, VI, p. 95. 该诽谤最戏剧性的表达，见于不久前梅尔·吉布森（Mel Gibson）的电影《勇敢的心》（*Braveheart*）。

[33] Duncan（1992），p. 129.

[34] 关于大卫二世的统治，参见Nicholson（1974），chs. 6, 7, Webster（1966），尤其是Boardman（1996a），ch. 1。

罗伯特·斯图尔特合作。道格拉斯的领主威廉（"好人詹姆斯爵士"的侄子）在1348年到了成年的年龄，他也与斯图尔特合作。斯图尔特慷慨地奖赏他们：尽管马里伯爵领的继承仅限于男性后裔，但马奇伯爵得到了该郡领地的绝大部分；道格拉斯也扩大了自己的地产，并对这些地产获得了仅次于国王的处置权。斯图尔特本人则把巴德诺赫（Badenoch，原本是伦道夫的领地）以及空缺的斯特拉森伯爵领加到自己在阿绍尔（Atholl）的地产中，缔造了一个横贯高地中部的领地群。斯图尔特-邓巴尔-道格拉斯的三头政治本身很成功，但政治形势不同于巴利奥尔对布鲁斯的时期，因为他们都拥护布鲁斯的王权，因此大卫二世注定要返回苏格兰，或迟或早而已。

1357年，大卫二世回国，局势再次发生变化。尽管开始时大卫批准了斯图尔特的授予行为，并将他和道格拉斯都擢升为伯爵，但到1360年时，他着手维护自己的王权，对大贵族施加压力。各地富裕的领主都被征募到他的麾下，用他们（尤其是担任地方行政司法长官）定期召开法庭和从事审计；在14世纪60年代，王室政府似乎富有进取心。此外还有赎金问题。1360年的苏格兰拖欠债务，使大部分人质被扣留在英格兰，其中数人死去，这意味着（按照条约）要么大卫二世返回英格兰接受囚禁，要么由一些最大的巨头前往顶替。由于担心国王选择第二种方案，这显然促使道格拉斯、马奇和罗伯特·斯图尔特于1363年发起叛乱。[35] 他们谴责大卫二世的统治以及他违规使用赎金，并威胁要流放他，即把他送回英格兰以便取消赎金、营救幸存人质和减轻政府压力。

叛乱者高估了自己的力量，大卫二世和他的支持者迅速采取行动，迫使他们投降。不过没有处死任何人，也没有实行其他明显的惩罚措施。但是，大卫二世的目标对准罗伯特·斯图尔特，后者不得不宣誓效忠国王及其官员，违者以剥夺王位继承权论处。实际上，在大卫二世眼中，斯图尔特继承权就相当于失去了，因为他近来再婚了，新王后玛格丽特·洛吉（Margaret Logie，娘家姓德拉蒙德［Drummond］）是一个寡妇，有一个儿子。1363年，当建议由英格兰王子——冈特的约翰替代斯图尔特作为苏格兰王位的假定继承人时，大

㉟ Cf. Duncan (1993), pp. 264-265.

卫二世确信自己会生一个继承人,他是带着这种自信同英王爱德华三世进行谈判的。㊱

在布鲁斯和斯图尔特的这种对抗冲突中,各种幕后势力交织在一起。罗伯特·斯图尔特采取了布鲁斯在1306年后的完全独立的立场,而大卫二世则"完全赞同英格兰国王的事业";关于冈特的约翰拥有继承权的理由在于,他的妻子拥有苏格兰科明家族的血统!㊲ 新王后的亲属(来自斯特拉森)有着反布鲁斯家族的背景,其中还有人在1320年和1332年因叛国罪被处死。大卫二世麾下其他亲信(主要来自洛锡安和苏格兰东部)是以不同的家族为基础的,有别于罗伯特一世的统治基础,因为罗伯特一世的近亲的后代似乎与罗伯特·斯图尔特更加亲密。因此,斯图尔特可能曾被称为罗伯特一世的真正的继承者,如议会在1364年或许承认过的那样。一个重要的后果就是,在1357年前大卫二世的宫廷阵营开动宣传机器,质疑斯特尔特的行为、监护权和"暴政",这其中甚至包括福尔登的编年史,该书一贯诋毁罗伯特·斯图尔特。㊳

不过,在1363年后,双方不再有公开冲突,因为斯图尔特不再反对大卫二世的压力;相反,主要的政治论题是戏剧性地擢升王后的亲属和依附者,以便创造一个实力强大的"德拉蒙德派"(Drummond faction)。她的外甥马尔科姆(Malcolm)娶了道格拉斯的女儿,她的侄女安娜贝拉(Anabella)嫁给了斯图尔特的长子约翰,这时该派的力量显著增强。然后,1368年约翰被授予布鲁斯家族的卡里克伯爵领,这表明他(而不是其父)被视为假定的王位继承人,或者被视为当然继承人,持有这种看法的人认为大卫二世不会有孩子。罗伯特·斯图尔特已经被搁置一旁(实际上在1368年曾被短期收监入狱),他的长子被拉拢,进入了王室的圈子。

这种创议也许来自王后,她很可能意识到大卫二世不能生育。但是大卫不这样认为,1369年他休掉了王后,盘算着迎娶马奇伯爵乔治㊴的妹妹阿涅丝·邓巴尔(Agnes Dunbar),乔治和他的兄弟约翰一

㊱ Cf. Duncan (1993), p. 353.
㊲ Duncan (1994), pp. 55–57.
㊳ Boardman (1997).
㊴ 托马斯·伦道夫的另一个后代,1368年他继承了堂兄弟帕特里克的爵位。

起走到了政治前台，大卫二世把法夫（Fife）伯爵领转到他们名下。他们得到了罗伯特·厄斯金（Erskine）的支持，此人是伦弗鲁（Renfrew）男爵，自14世纪50年代以来一直担任主要的行政大臣。新政权在1370年颁布法规，禁止地方官员执行非法的王室命令，这标志着14世纪60年代雄心勃勃的政府的结束（也许责任被推到了前一任王后身上）。不过政府保持着对罗伯特·斯图尔特的压制，他一度失去斯特拉森领地。另一方面，约翰·邓巴尔娶了斯图尔特的一个女儿，这表明邓巴尔家族实际上预期拥有斯图尔特的一部分继承权，并建立起与未来的国王约翰·斯图尔特——卡里克伯爵的各种关系。

然而，1369—1370年间的人事安排到1371年初被推翻，因为大卫二世突然死去，54岁的罗伯特·斯图尔特最终成为苏格兰国王。[40] 道格拉斯伯爵立刻举行了一次武装示威，很可能是针对厄斯金和邓巴尔家族，[41] 但是他们两人坚决拥护罗伯特二世的权威，道格拉斯伯爵打了退堂鼓，结局很耐人寻味。道格拉斯的儿子娶了新国王的另一个女儿，还得到一大笔年金，而道格拉斯则取代厄斯金担任了苏格兰南部的司法大臣（jusiticar，首席法官）；厄斯金保留宫廷的显赫地位，不过他控制的爱丁堡和斯特灵城堡落到了国王两个年龄最大的儿子手中。约翰·邓巴尔失去了法夫领地，国王的次子得到了这个最重要的伯爵领，但作为补偿，他被封为马里伯爵，像他的先祖托马斯·伦道夫一样，而他的兄弟马奇伯爵得到了伦道夫的安嫩河谷（Annandale）领地，但是巴德诺赫（Badenoch）——伦道夫的马里郡的一部分，被封给国王的第三个儿子。

这就是斯图尔特统治第一个十年的典型事件。贤明慷慨的恩赐封赏使贵族们很满意，但是罗伯特二世的儿子们登上了政治之树的顶峰。长子约翰拥有卡里克、阿绍尔、斯图尔特家族的领地以及爱丁堡城堡；次子罗伯特受封为法夫和门蒂斯（Menteith）伯爵，兼领斯特灵总管；第三个儿子亚历山大被封为巴德诺赫领主，兼任王室在莫拉伊费斯（Moray Firth）以北的代理人，从1382年起又担任了巴肯

---

[40] 关于罗伯特二世的统治，Boardman（1996a），chs. 2-6，是目前标准的记述。
[41] 通常认为，道格拉斯伯爵想要得到王冠，参见 Boardman（1996a），pp. 39-43。但是，我认为在 Wyntoun, *Original Chronicle*, VI, p. 264 中的编年史记载是最好的，它似乎表明，厄斯金是道格拉斯的打击目标，这种说法要合理得多。

(Buchan)伯爵和罗斯(Ross)领主；第四子大卫被封为斯特拉森和凯斯内斯郡(Caithness)伯爵。以前，国内政治取决于王室家族最直接的一小撮人，现在（碰巧像欧洲其他地区一样）则沿着一个庞大的王室家族和将苏格兰各地的伯爵领"斯图尔特化"的某种**世袭领地**(*Hausmacht*)的政策来旋转。

但是，庞大的王室家族很少是统一的。在14世纪80年代，斯图尔特家族分裂了，其中一个问题是卡里克伯爵依然同德拉蒙德家族保持联系，与在1371年前把他视为未来国王的前国王大卫二世的其他支持者保持往来。这些人变得越来越不耐烦。此外，那些在苏格兰北部拥有利益的贵族反对将大量权力授予巴肯伯爵亚历山大·斯图尔特，[42]而巴肯伯爵滥用手中职权严重影响了国王对他的大力支持。再者，罗伯特二世意欲结束1384年战争的想法遭到了反对，反对者有卡里克伯爵的大部分亲信，特别是那年夏季继承其父爵位的新的道格拉斯伯爵。最后的结果是1384年11月发生的政治大变动，大政务会(council-general)[43]将国王的行政权力转交给卡里克伯爵，让他担任国王的副手。表面上的理由是罗伯特二世年事已高——68岁了，但实际上是发生了一场**政变**，王国的监护权（或它的对应物）再次成了政治关注的焦点。

然而，卡里克伯爵（其利益在苏格兰南部）作为副手，没有处理有关巴肯伯爵的事宜，这使得他的拥护者感到失望，不过他们还是很欢迎卡里克和道格拉斯的积极战争政策，这导致了1388年对英格兰的入侵。不幸的是，道格拉斯伯爵战死于奥特本，没有留下后代，卡里克伯爵竭力确保道格拉斯家族庞大的领地落入其连襟马尔科姆·德拉蒙德手中，该人是已故伯爵妹妹的丈夫，但是这些领地是限定由加洛韦(Galloway)领主阿奇博尔德·道格拉斯(Archibald Douglas，"好人詹姆斯爵士"的私生子)继承的。阿奇博尔德与国王的第二个儿子法夫伯爵建立同盟，法夫伯爵得到罗伯特二世拥护者的支持，反对其兄卡里克伯爵，还通过处理他的兄弟巴肯伯爵而得到更广泛的支持。卡里克伯爵的权力逐渐消失了，在1388年12月的一次大政务会

---

[42] 后来，通常以"巴德诺赫之狼"著称，参见下面原文第372—373页。

[43] 形式上稍微不如议会那样正式的一种机构。

上，法夫伯爵取代其兄，担任了国王副手，而阿奇博尔德则变成了道格拉斯的第三任伯爵。

这种反**政变**的种种影响一直持续到罗伯特二世在1390年去世之后，尽管卡里克伯爵继承了苏格兰王位，称罗伯特三世，㊹但是其弟法夫伯爵的副手地位保留着（很可能是他的确设法约束管制了巴肯伯爵，尽管后者采取了无耻的对抗行径）。㊺不过到1393年时，罗伯特三世的长子卡里克伯爵大卫已经成年（15岁），被认为足以辅助其父亲，法夫伯爵的副手职位结束了。但是卡里克伯爵行事越来越不受约束，罗伯特三世不得不既与野心勃勃的兄弟们争斗，又要防着无法无天的儿子，他无法处理这种前所未有的复杂局面。法夫伯爵在苏格兰中部的权力稳如磐石，卡里克伯爵接管了"德拉蒙德派"的势力和斯图尔特家族在西南地区的领地，而国王试图重建其在苏格兰东南地区的地位又引发了道格拉斯伯爵的对抗。

实际上，在14世纪90年代晚期，罗伯特三世不断地失去对王国的控制。他的长子卡里克伯爵和他的兄弟法夫伯爵（1398年两人分别担任了罗斯西[Rothesay]公爵和奥尔巴尼[Albany]公爵）以及道格拉斯伯爵，事实上管理着王国。1399年1月，大政务会通过任命罗斯西公爵（时年20岁）为国王副手，正式确认了这一点，尽管开始时公爵的任职期只有3年，还处于奥尔巴尼公爵和道格拉斯伯爵主导的政务会的监督下。这笔政治交易因罗斯西公爵迎娶道格拉斯伯爵的女儿而得到巩固，但是这需要撤销先前的罗斯西公爵与马奇伯爵女儿的婚姻（马奇伯爵在1370年时想与王位继承人建立紧密联系）。马奇伯爵十分恼怒，1400年变节投降英格兰，在1400—1402年间两国边境战争中扮演了重要角色。㊻

在苏格兰，马奇伯爵领被道格拉斯家族第四任伯爵（他于1399年圣诞节继承了父亲爵位）接管，罗斯西公爵显然曾筹划了这件事情，这也恶化了他与马奇伯爵的关系。此外，到1401年，罗斯西公爵伙同他另一个叔叔——臭名昭著的巴肯伯爵，一直在挑战奥尔巴尼

㊹ 他将名字从约翰改为罗伯特，可能是为了避免是否将约翰·巴利奥尔列入他的先辈的问题，而"罗伯特三世"则强调了同罗伯特一世的继承连续性。Boardman (1996a), chs. 7–10, 是目前关于这一统治时期的标准叙述。

㊺ 罗伯特二世刚刚去世，巴肯伯爵就焚毁了埃尔金（Elgin）教堂，参见后面原文第373页。

㊻ 马奇伯爵是英格兰人在汉布尔顿（Humbleton）取得胜利的重要原因。

公爵在苏格兰中部的权威。㊼ 他忽视了政务会的监督,行事日益专横,日益像个实际上的国王。他叔叔的态度出现了急剧变化,当1402年初罗斯西公爵的三年任职期满时,奥尔巴尼公爵把他逮捕(在道格拉斯伯爵的支持下),将他囚禁在(法夫的)福克兰(Falkland)城堡,他死在那里。大政务会赦免了奥尔巴尼和道格拉斯,并让奥尔巴尼公爵担任国王副手,不久后马尔科姆·德拉蒙德以罗斯西公爵一样的方式去世。在15世纪早期,政治已经变得更加具有暴力色彩。毫无疑问,这是因为罗斯西公爵绝不愿自己像父亲罗伯特三世一样在别人的阴影下执政,而奥尔巴尼公爵和道格拉斯伯爵大概极度忧虑地看到罗斯西将会成为国王,因此先发制人采取行动。将来(不是现在)王权还会是苏格兰政治的焦点。

　　罗斯西公爵的死亡在王室家族内部——罗伯特三世幸存的儿子詹姆斯(最后为国王詹姆斯一世)和奥尔巴尼家族之间造成了世仇,这导致1424年奥尔巴尼家族第二任公爵及其亲属被处决,并(部分地)导致1437年詹姆斯一世遭暗杀。㊸ 所有这些都是令人恐怖的暴力行为,不过在这段时期内,苏格兰上层政治大都相对平稳,15世纪早期没有看到频繁的政治斗争,在14世纪时更是这样。毕竟,导致罗斯西公爵死亡的紧张关系可以追溯到14世纪40年代,但重要的是这些紧张关系确实没有很快迸发成暴力冲突。一个可能的原因是人们对早些时候巴利奥尔和布鲁斯斗争的后果记忆犹新,另一个原因是国王副手的职位为大贵族提供了一种削弱国王权力的手段,而无须废黜和杀害国王。不过主要原因很可能只是苏格兰贵族精英阶层不希望发生大规模暴力冲突,尽管竞争和冲突是所有政治活动本身固有的特点,但他们通常采用和平手段,接受**既成事实**以便和平解决政治危机。当狭隘的心胸将要造成对抗冲突时,妥协折中通常是更标准的解决办法。一旦布鲁斯和巴利奥尔的内战结束,只有罗斯西公爵担任国王副手这种特殊的情况下,上层社会的政治活动才变成生与死的问题,而此前不是这样的。㊹

㊼ Boardman (1992), pp. 7–8.
㊸ 参见 Brown (1994a), chs. 2, 8。
㊹ 至于不太乐观的观点,可参见 Brown (1994b)。不过,尽管布朗(Brown)博士和博德曼(Boardman)博士在其令人钦佩的大作中强调政治冲突,我一直来的看法是冲突双方相互妥协的事例极为众多,远远超过了暴力活动。

王室、政府和共同体

在政治叙述中,关于王室和更广泛的共同体之间的对话和对抗(这在英格兰宪政史上十分引人注目)的主题,在苏格兰显然是不存在的。不过,这并不意味着 14 世纪的苏格兰没有宪政史。[50] 例如,支配着 14 世纪苏格兰关于国家独立的基本问题的争论;还有重新界定王权和共同体之间的关系,使撤销国王的行政权力合法化,如果他不维护这个王国的利益(如 1295 年所发生的事情)。与此相结合的有国王年少或不在时使用监护人的制度,还有通过设置国王副手的官职来削弱国王权力的实践。

监护人和国王副手都是由议会任命的。苏格兰议会在 13 世纪晚期已经发展起来,[51] 在 14 世纪时议会和大政务会(councils-general)经常举行,它们是"王国的共同体"(community of the realm)或者(用 14 世纪 50 年代以来的术语)是"三个等级"(three estates)的制度体现,是研究维护国家利益所需要的任何事情的最高场所(forum),诸如制定成文法、批准条约和监督防务、司法和财政以及授权征税,或听取请愿和上诉事宜。换言之,它们确实具有像英格兰议会一样的职能和权力,包括在必要时对抗国王,只不过它很少这样做。大体说来,14 世纪苏格兰议会的历史对王权来说是非对抗性的。

这主要归因于政府的体制,像其他地区一样,苏格兰国王有政务会辅佐自己的统治,他的大臣和秘书处传达他的命令和"令状"(brieves),他的家庭维护他的生活,他的财政署监督他的财政。但中央政府的官僚机构是有限的,除了秘书处(称为"小教堂"[chapel],表明它起源于王家教士),没有什么其他独立的行政部门。该家庭的头子,即宫廷总管(chamberlain)掌管王家财政,而财政署只不过是大体上每年一次的**特设的**审计员的会议。在宫廷总管麾下,固定的家庭成员只有一个管家、一些文书和服务员以及各种低级仆人。[52]

---

[50] 该问题还需采用现代研究成果,尽管 Mackinnon(1924)and Rait(1924)依然很有价值。关于中世纪苏格兰政府最好的入门介绍是 Duncan(1975)and Webster(1975)。这里关于议会和政府的叙述来自 Grant(1984),ch. 6,该书主要以 *Act. Parl. Scot.*,*Exch. Rolls Scot.* 里面的材料为基础。多卷本 the *Regesta Regum Scottorum* 主要是关于罗伯特一世和大卫二世时期的内容。

[51] 参见 Duncan(1966)。

[52] 参见 Duncan(1993),pp. 244-250。

还有一些王室亲属作为补充，其中一些享有聘任酬金，但没有正式的骑士或扈从群体的机构。至于王室收入，每年很少超过 10000 英镑，通常不到 5000 英镑。

在地方，郡制的网络系统由郡长、"王室代理人"（crownar）和一些下级官吏来运行，而与中央保持联系的监督人员由巡回高等法院法官（司法大臣）、议会和大政务会共同任命。虽然从法律上讲，各个郡包括各自的伯爵领、各个地区的（provincial）领地和教会地产，但实际上这些都是独立的单元，伯爵、领主和高级教士们行使着行政司法长官一样的权力，而且在某些情况下还拥有巴拉丁（palatinate）或"君主"的权利。在各郡核心地区，男爵领主们（大约有 300—400 个，大体像教区一样）也有着与行政司法长官同样的权力，尽管是处在后者的监督之下。[53] 因而，地方政府实际上大多掌握在伯爵、领主、高级教士和男爵们的手中，王室官职持有者的行动范围是有限的，这一点已经为事实所证明：只有两名高等法院法官。

然而，我们不能因此得出结论：政府一定是不胜任的。考虑一下政府的主要职能：防务和司法。从长期看，14 世纪苏格兰的保卫工作是成功的，它采用了古老的责任义务制，所有体格健全的男人都要参加战斗，保卫家园，他们无偿地受伯爵（每一个伯爵领都有自己的军队）或郡长或地方男爵的征募，在他们的军队里服役。其军队形式多样，有步调整齐一致的大部队，也有一批武装人员集合在一起的游击队，不过征兵令通常以国王名义发出，不服役要受到惩罚。[54] 至于司法方面，解决暴力的主要方式也是很古老的，通过仲裁和家族首领认可的赔偿数额来解决纷争，但在通过上述手段无法达成和解时，就通过庄园法庭和郡法庭来解决。这些法庭也审理土地争端和处理偷窃事件，但谋杀、强奸、纵火和武装抢劫等重罪要保留给高等法院法官和享有国王特权的贵族处理。在大多数情形下，立法提议来自下层，不过所援引的理由均来自王国的法律，无论它们是处理关于人际之间的暴力的"古老法律"，即在 14 世纪时编纂成法典的专著《国王的权威》（*Regiam Majestatem*）和《司法程序》（*Quoniam*

---

[53] 关于各郡、男爵领和王领的分布图，参见 McNeill and MacQueen (1997), pp. 192 – 194, 201 – 207。

[54] Barrow (1990); Duncan (1975), pp. 378 – 385; Grant (1984), pp. 154 – 156。

Attachiamenta），还是通过法令来颁布的新法律。通过当事人向郡长、高等法院法官和议会上诉或投诉，庄园法庭受到监督。[55] 审判的现实机制大概不会太复杂，不过没有理由认为正义的维护不如任何其他地区。

尽管如此，地方拥有立法提案权（initiative），这意味着中世纪英格兰常常使用的短语"服从王命的自治政府"，对苏格兰是不适用的；相反，苏格兰具有"以国王名义自治"的特点，各地领主大部分在王室权力之下掌管他们自己的地产。这个概念在土地持有结构上也维持着：每个持有国王土地的人都必须向国王宣誓效忠，未得国王许可，不得转移自己的财产；拒绝承认王室权威等于违反忠诚誓言，犯禁者的土地因此会被剥夺；继续违反意味着叛乱，将以叛国论处。即使最没有威信的国王也会援引1293年约翰·巴利奥尔打击布鲁斯家族、[56] 1400年罗伯特三世罚没马奇伯爵财产之类的事例。不过在上述例子中，国王仅仅是处理个别人或一小群人，通常得到政治共同体（political community）中绝大部分人的支持。一般说来，桀骜不驯的贵族要么自动退却要么被迫屈服（正如1363年斯图尔特、道格拉斯和马奇伯爵三人叛乱的结局一样），屈服并重新向国王宣誓效忠就会结束这个问题。

这种制度的根源可以追溯到遥远的过去，不过郡长法庭和庄园法庭的联动则是12、13世纪的产物。在这样的地区，国王采用忠诚的地方领主（土著或外来的）作为在全国范围内维护王室权威的主要工具，在王室司法和领主司法之间也尚未出现严重冲突。此外，伯爵领地、贵族领地和男爵领地前后连成一片，在领地内庄园法庭已经有效地运行着，所以王室法庭没有以牺牲领主法庭为代价而兴旺起来。国王也没有发动耗资巨大的海外战争，这类战争使得英格兰君主把极其沉重的财政负担压在地方行政和司法机关身上。因此，苏格兰王权对于政府的态度从来没有变成"掠夺性的"，[57] 它同地方领主的关系通常是良好的。

1296年后，情形依然如此。尽管出现了破坏和动荡，但土地持

---

[55] Wormald (1980); MacQueen (1993), esp. ch. 2.
[56] *Act. Parl. Scot.*, I, p. 449.
[57] 该措辞显然用来指亨利一世政府，见 Southern (1970), p. 231.

有结构和政府依然维持着，国王甚至通过册封新的男爵领地和建立各种国王特权而扩大了领主司法权。新的战争尽管激烈但本质上是防御性的，对此王室不需要支付薪俸。事实上，这场战争只导致两次重税：在1328—1330年间按照爱丁堡条约支付给英格兰20000英镑，在1358—1360年间为大卫二世分期支付的赎金，初期的赎金数额每年在6000英镑左右，这一数额与英格兰的税收成比例，不过只缴纳了6年。除此以外，苏格兰王室财政需求相对要小些，一年约在5000—7000英镑，主要用来维持规模相当小的王室家族成员生活。㊾

但是，财政的基础的确变化了。起初苏格兰国王以自己的王室庄园地产维持生活，这在13世纪时还是如此，虽然到13世纪80年代还有出口关税（每袋羊毛特别征收6先令8便士）。粗略算来，当时王室土地年产约5000英镑，关税又有2000英镑，但罗伯特一世和大卫二世慷慨地将财产赐予其拥护者，结果在14世纪60年代，王室地产产值每年大概不及500英镑了。相反，作为一种对王室赏赐的**补偿**，议会于1326年同意罗伯特一世每年可以从直接税中抽取约2000英镑，终生享用。然而3年后罗伯特死去，该法案不再有效。为大卫二世管理苏格兰王国的监护人都用他们自己的领地收入来支撑自己的家庭。王室财政在1357年后因大卫二世的赎金才再次出现危机，成为一个重要问题。起初，国王的赎金从沉重的直接税中支付，但议会最后批准的解决方案是关税增加4倍（每袋羊毛出口税达到1英镑6先令8便士），用来缴纳赎金，而直接税只是偶尔授权征收，目的是使王室有能力清偿债务。14世纪60年代后期，当时海关收入增长每年超过10000英镑，同时需要缴纳的赎金却减少了，直接税因此变得无关紧要。罗伯特二世最后一次征收直接税是在1373年。由此王室财政开始变得几乎完全以关税为基础。当羊毛出口兴旺繁荣时，从苏格兰人的生活水平来看王室生活是非常富足的。但是这种状况没能持续下去，到14世纪90年代羊毛出口急剧下跌，导致王室在15世纪出现了严重的财政难题。

不过在此之前，王室财政在14世纪60年代只是一个引起争议的政治问题，没有像英格兰那样造成长期纷争。这同苏格兰议会历史有

㊾ 关于税收和财政方面内容，参见 Grant（1984），pp. 162 – 166；also Nicholson（1974），at index。

着明显关系。一个有关的要点是：独立的“下议院”在苏格兰议会里没有发展起来，苏格兰议会一直是教士、贵族和市民的一院制的集会。(59) 市民代表从每个自治城镇选出，但乡村不同，是以土地持有权为基础选举议员代表。每一个直接领有王室土地的人都有资格出席，因此在一定意义上它覆盖整个王国。但出席议会的地主和士绅与显贵们坐在一起，属于贵族等级，不存在单独的“郡”的代表因而也不存在“共同体”代表的观念。取而代之的是，14 世纪 60 年代议会开始选举各个专门委员会（随之被称为“法规议员”[Lords of the Articles]），处理大量议会事务。在功能上，它们很像英格兰的下议院，但这些委员会主要由王室政务会成员和亲信构成，因此很难说是一个代表更广泛的共同体讨论冤情、表达对王室政府的种种不满的论坛。不过考虑到苏格兰政府的运作方式，“大众”的抱怨更多地可能是地方性的，是针对个别领主的，而议会的确提供了一个最高论坛，可以由它来组织集体行动以处理各种冤情，当然是以国王的名义来进行。

因此，苏格兰议会很大程度上是一个代表王室的机构，不过它不是国王支配的一个橡皮图章。实际上没有一个国王拥有这样的权力：强行把自己的愿望强加于一个不情愿的议会内或议会外的共同体，或 367
者是公然反抗法律。即便是大卫二世在 14 世纪 60 年代时也不能为所欲为。相反，在实践中，国王依赖于共同体的普遍支持，议会和大政务会就是正式表达共同体意志的地方，或者是臣民偶尔撤回对国王的支持的场所，如 1384 年和 1398 年出现的情况。

这里面没有什么新东西：得不到共同体的普遍支持，没有一个苏格兰国王能够统治下去。不过就直接拥有的实际权力而言，14 世纪时国王的权威或许比其先人还要软弱一些。在 13 世纪，事实上国王明显享有整个政治共同体的积极支持，而 14 世纪时罗伯特一世、大卫二世、罗伯特二世和罗伯特三世不是这样。实际上，他们每个人都是一个派别的首领，尽管 1314 年之后完全无保留的、积极对抗的行动很少（不包括 1332—1342 年），但是其中任何一人都只能得到大部分贵族的不冷不热的认同和支持。

(59) 自治城镇代表在罗伯特一世统治时期第一次被召集与会，到 14 世纪 60 年代他们出席议会已成为习惯。

这里提出了关于恩赐的问题。作为派别首领，国王不得不犒赏自己的支持者，收买其他人。在 14 世纪的苏格兰，王室的恩赐主要包括赐予土地、现金年金（cash annuities）[60]和各种特权，尤其是男爵权力和君主特权（regality）。与所有的恩赐一样，此类赏赐也有一种基本的政治作用，但其后果是一把双刃剑。例如，土地和现金的赏赐减少了王室的资源。还有，当王室土地被转让时，国王失去了大量地产，而这是他们的先人定期光顾的地方，目的是保持王室在各地都积极存在的印象。[61] 君主特权的赏赐减少了王室"正常"统治管理的地域，到 1400 年时赏赐掉的君主特权大约涵盖王国土地的 1/10。[62] 因此，王室恩赐的一个后果是进一步削弱了国王自己的实际权力。

只要地方贵族是忠诚的、值得信赖的，那么这就没有什么问题。当然，没有一个国王（或监护人或国王副手）会认为此系理所当然。每一个国王都依次提拔其近臣或其亲属在各地担任重要职位，可见恩赐并非只为奖赏。这就是数量如此众多的古老王室土地，连同被罚没的巴利奥尔-科明家族地产被赏赐出去的原因。再者，因为（像其他地区）14 世纪的苏格兰每一代人都约有 1/4 的大贵族家庭存在男性断嗣的情况，转归王室的财产可用于再次赐出。更重要的是，数量巨大的领地，包括大部分伯爵领地和贵族领地，是由女性继承的，她们通常是嫁给那些当权人物的支持者，无论谁当权都是这样。[63] 因此，毫不奇怪，在该世纪的国内政治中，有利的财产转移是一项特别重要的考虑对象。

但是，由于无论通过赏赐抑或同女继承人结婚的方式获得的土地通常是永久性的占有，那些在某个政权下仕途得意的贵族通常将财产保留给他们的继承者——至少在内战结束之后是这样。因此，尽管各派贵族有充足的动机去获取政治权力并由此享受王权的恩惠，但自 14 世纪 40 年代以来，先前的赐予和财产转移一般不会被某个新政权取消。其后果是：虽然存在着争夺权力的众多竞争，但土地所有权也保持着相当大的延续性。只要前政权的支持者与新政权合作，他们就

---

[60] 当王室财源主要来自关税时，现金式赏赐增加了。
[61] Grant (1993a), esp. pp. 48–49, 63–70.
[62] 一种估算，来自 McNeill and MacQueen (1997), p. 207 里的我的地图。
[63] 关于大贵族家族断嗣和女性继承遗产问题的讨论，见 Grant (1985)。

能够保留自己的地产和在地方上的职位。此外，苏格兰的制度（不像英格兰的）没有赋予王室宠臣通过贪赃枉法的手段来处罚他人或接管他们地产的权力。[64] 因此，在14世纪晚期的苏格兰，中央政权的更替一般只产生很有限的反响。即使那些没有获得在中央掌权的人——无论是国王、监护人或国王副手——同情的人，只要接受其权威就不会有任何损失，因此"以国王名义自治"的制度得以保持。

王国的边境

虽然从长期看，与英格兰的战争给苏格兰的政府制度造成的变化相对比较小，但战争的确对被统治地区产生了明显影响。12、13世纪的扩张停止了，取而代之的是收缩。1266年吞并的马恩岛（Isle of Man），1333年永久性地转入英格兰手中。在陆地上，丢失的土地不是永久性的，但南部大部分土地处在英格兰人手中超过半个世纪。[65] 即使在1384年苏格兰人重新占领英王爱德华三世划定的缓冲区的最后一部分，但此后杰德堡、罗克斯堡和伯威克依然是英格兰人占领的前哨堡垒，直到进入15世纪还是这样。

这不仅仅是一个政治疆界变动的问题，像14世纪发生的那么多的战争一样，在地方冲突频繁出现的地区出现了一条不固定的边界。[66] 这部分原因是苏格兰人实行"不让被占领区的居民过和平生活"的政策，结果造成英格兰人对苏格兰领土进行报复性的袭击，苏格兰反过来又报复性地袭击英格兰本土。更普遍的是，掠夺战利品的机会，尤其是掠夺非常容易转移的牛，是一种最强有力的刺激。当然，大多数活动只是简单的目无法纪的行为——一个国家的犯罪分子逃到另一个国家以逃避法律制裁。在公开开战期间，其后果实际上是一场混战；在休战期间，占领区的问题意味着局面几乎与战时一样糟糕，尽管两国政府都采取措施努力维持秩序，任命边境监察官和休战"保护者"，他们在共同的"边境日"（March days）执行专门的边境法规。

---

[64] Grant (1987), pp. 40–51 里讨论的一个要点。
[65] 在1314年之前、在1333—1341年之间、在1346年之后、在1356—1377年之间以及1377—1384年的大部分时间。
[66] 关于英格兰和苏格兰的边界，参见 Goodman (1987) and (1992)。

在那样的环境下,需要有强大的地方权贵领导这种再征服,抵抗袭击和全面掌控局势,但是这样的环境也鼓励地方军阀的崛起。一个事例就是道格拉斯家族的粗暴的幼子——金斯卡维尔(Kingscavil)的威廉·道格拉斯,此人在1335—1341年苏格兰复国运动中战功卓著。⑰当局试图把他调离边境,授予他阿绍尔伯爵领,但是他通过(与罗伯特·斯图尔特)交换封地,获得边境领地利兹代尔(Liddesdale)。然后,当1342年他的一个地方对手亚历山大·拉姆齐(Alexander Ramsay)被任命为罗克斯堡郡长时,道格拉斯把他杀了。然而因为他在军事上的重要性,他逃脱了惩罚并自立为罗克斯堡郡长。1346年,他在内维尔十字架战役中发挥了某种领导作用,但是被英格兰人俘虏。被囚期间,他同意支持英王爱德华三世的要求,作为回报他收回利兹代尔领地,但当他1353年返回苏格兰要收回领地时,被同名同姓的年轻族人杀死。这位年轻的族人是道格拉斯家族的主要首脑之一,但道格拉斯很大程度上曾使他黯然失色,而他也声称有权拥有利兹代尔领地。显而易见,老威廉·道格拉斯在边境地区从事危险的扩大私人权益的活动,但他地位很重要,所以能够侥幸逃脱谋杀的罪名。在这个例子里,"以国王名义自治"的制度已经瓦解。

不过,利兹代尔领主的事例具有多大的代表性,还很难说。假如战争以不同的方式进行,各种问题或许是威廉·华莱士造成的,在1296年时他率领着一伙盗贼,⑱事实上,他成了一个英雄。同样,在13世纪90年代,道格拉斯领主是一个臭名昭著的闹事者,他的儿子詹姆斯可能效仿他行事,与英格兰人有私人间的冲突,可没有导致他加入罗伯特一世的队伍。⑲"好人詹姆斯爵士"是最成功的军阀,他得到的回报是在边境地区拥有大量土地和特权,罗伯特一世可能曾让他担任那里的军事总督,不过他不是唯一的指挥官,因为其他人包括托马斯·伦道夫也是那里的主要领主。罗伯特一世的政策是在权贵中分配地方权力,但后来继承中的各种偶然事故因贵族们战死疆场而加剧,导致詹姆斯爵士的后代——道格拉斯家族的伯爵们逐渐取得支配

---

⑰ Brown (1997a) 里包含有对威廉·道格拉斯生涯的优秀分析。
⑱ *Cal. Doc. Scot.*, II, p. 191.
⑲ Barrow (1988), p. 83; Duncan (1992), pp. 139–140.

地位，特别是在 1389 年其第三任伯爵又为家族地产增加了加洛韦和博斯韦尔（Bothwell）两块领地。1400 年马奇伯爵叛变，投往英格兰方面，这消除了制约道格拉斯家族第四任伯爵的最后势力，伯爵适时地接管了马奇伯爵的邓巴尔和安南达勒领地。

因此，14 世纪见证了道格拉斯家族开始控制苏格兰边境地区的过程，该家族所有的伯爵看来显然都"过于强大"，尤其是第四任伯爵，他大概是苏格兰有史以来势力最大的权贵。道格拉斯家族为自己的权力辩护，宣扬说他们多年来保卫国家、抵抗英格兰的侵犯而得到了应有的回报。在整个 14 世纪的欧洲，这位伯爵是一个过于强大的领主的典型，这种领主权基于军事领导，迅速崛起于边境地区。[70] 道格拉斯家族崛起并主宰苏格兰南部边境地区，其结果想必肯定是王室权力在该地的萎缩，但这不是绝对的。该家族所有的伯爵都是精明的政客，通常活跃在王室政府的中心部门，在一定意义上可以认为他们是拥护王权的根本制度的。当然他们的影响巨大，特别是在对外政策方面，不过看来他们没有滥用自己在地方上的权力。这里有一个与 15 世纪中期该家族第 8 代伯爵（1445—1452 年）的比较，很有教益：后者公然蔑视王权，导致被国王杀死和伯爵领地遭到毁灭。[71] 相反，在 14 世纪，道格拉斯家族的伯爵们在制度内运用自己的权力，从来不冒那种家破人亡的风险。

这同苏格兰高地的边界也形成意义深长的对比，该地区包含着苏格兰的另一种边界，是内部的边界。[72] 它不是地理或语言上的，而是高地盖尔人（Gaelic）社会内部本身的一种界限。一边是那些领主们接受了王室权威和国家法律的地区，另一边是象征性地忠于王室但遵循盖尔人传统领主权的地区。这些地区将继承权给予某个酋长的亲属群体中的任何一个男性成员，但不允许女性继承家族遗产，这意味着不可能通过婚姻手段获得领地。冲突是地方性的，或者是继承权纠纷，或者是接管势力较弱小的亲属的土地。[73] 盖尔人的社会是高度军事化的，酋长们通过向被征服的农民榨取贡赋并要他们为战士提供住

---

[70] Brown (1997a) and (1997b).
[71] Grant (1984), pp. 191–195; for details, see McGladdery (1990), ch. 4.
[72] 关于高地地区内容，参见 Barrow (1973), Bannerman (1977) and Grant (1984), ch. 7。
[73] Bannerman (1997), p. 213.

处来获取和持有土地,这在讲盖尔语的爱尔兰地区也很普遍。[74] 换句话说,强权就是公理。

到13世纪中叶,这条边界已经被推回到高地西部和群岛(Islands),即使那些传统的盖尔人在1266年之后也开始被同化了。这一过程是由高地东部的权贵们带头推动的,尤其是巴德诺赫的科明家族和罗斯(Ross)的伯爵,不过也包括西海岸最大的盖尔人领主阿盖尔的麦克杜格尔家族(MacDougalls of Argyll)。然而,该过程因战争爆发,尤其是内战的发生,而突然中断了。内战中麦克杜格尔家族同科明家族一样,反对罗伯特·布鲁斯,结果失败,失去了他们的领地。不再存在麦克杜格尔领导的西部的统一运动,反过来,他们的竞争对手艾莱的麦克唐纳家族(MacDonalds of Islay)崛起并占据了主导地位,创造了半独立的、具有传统盖尔人特色的"群岛领地"(Lordship of the Isles)。[75]

麦克唐纳家族因为与麦克杜格尔家族长期不和,故而支持罗伯特一世。14世纪30年代,他们挑动巴利奥尔反对布鲁斯。[76] 在上述两个事例中,他们获得了领地封赏,无疑这些土地是他们已经占有的。但是这方面的主要进展是在1346年。那时罗斯伯爵在西海岸的领地遭到另一个重要的亲戚——加默兰的麦克卢埃里斯家族(MacRuairis of Garmoran)的攻击,他让人刺杀了该家族的首领。这使得艾莱的约翰·麦克唐纳,麦克卢埃里斯的妹夫,接管了加默兰领地,也许是作为他妻子继承的遗产,更可能是通过暴力得到的。1337年,约翰曾经自称为"群岛之主"(Lord of the Isles),但唯有当他获得加默兰领地后,才标志着麦克唐纳家族领地的真正出现。此外,在1346年,马里郡的最后一个伦道夫伯爵死于内维尔十字架之役。当罗伯特一世建立该伯爵领(包括巴德诺赫领地)的时候,他的打算是伦道夫家族取代科明家族控制苏格兰高地中部地区,并向西部地区渗透。这种想法在14世纪30年代很难实现,在1346年之后就不可能了(这时该伯爵领落到了马奇伯爵手里)。正是在麦克唐纳家族的"群岛领地"形成时,抗衡它的一支重要力量消失了。苏格兰高地地区的权

---

[74] Boardman (1996a), pp. 83–88; cf.. Simms (1987), pp. 116–128.
[75] McDonald (1997), chs. 4–6; Bannerman (1977).
[76] 关于麦克唐纳家族,比如,参见 Munro and Munro (1986), and Grant (1988)。

力结构被改变了。

这一点被监护人罗伯特·斯图尔特充分意识到了。他将长女嫁给约翰·麦克唐纳;⑦ 至于斯图尔特本人,则娶了高地地区另一个显贵罗斯伯爵的妹妹,罗斯伯爵是"群岛之主"约翰的一个妹妹的丈夫。一个新的家族网络开始控制高地地区,特别是当斯图尔特(已经拥有阿绍尔领地)接管了巴德诺赫领地之后。⑧ 不过这并未将"群岛之主"融入苏格兰社会。约翰·麦克唐纳将监护人视作与自己相同的人,在大卫二世1357年由法国返回苏格兰后,他蔑视王权,拒绝政府向其领地征税。罗斯伯爵支持他反对国王,两人"拒不服从命令",缺席14世纪60年代举行的议会。⑨ 此外,1366年议会谴责在阿绍尔、阿盖尔、巴德诺赫、洛哈伯(Lochaber)和罗斯的叛乱者;由于阿绍尔和巴德诺赫处于斯图尔特手中,看来他已经同麦克唐纳和罗斯伯爵联合起来了。或许,因为斯图尔特显然不在当地,他对那些地方上的亲属已经失去了控制。不过,看来也许他像一个传统的盖尔人的领主,在利用高地的军阀。⑩ 如果真是这样的话,那么到14世纪60年代,苏格兰内部的边境正引人注目地向东部移动。

我们还需要考虑更大范围内的因素。首先,像在同英格兰交界的地区一样,突发的战争和意外的遗产继承摧毁了早期的社会结构,造成许多不在领主(不只是斯图尔特)。在这样的环境下,盖尔人传统的领地注定要复苏繁荣起来。其次,约翰·麦克唐纳在其领地内行使的权力意味着,对其采取军事行动的最好机会现在已经失去了。最后,很可能高地地区和西部群岛受瘟疫的折磨不如苏格兰其他地区那么严重,所以人口天平发生了变化。低地地区向高地扩张的殖民运动停止了(正如苏格兰语言以牺牲盖尔人语言为代价的扩散停止下来一样),人口流动现在也许来自高地地区西部,通常以某种无序状态进行。所以,总而言之,苏格兰人的北部社会正在经历一场深刻变化。

一种反应是以暴制暴,正如大卫二世1369年所做的,那一年他率领一支军队远征北部,迫使"群岛之主"约翰和罗斯伯爵屈服。

---

⑦ 以前常有人说麦克唐纳休掉了第一任妻子,但她可能只是去世而已。
⑧ 他的妻子是马里郡伯爵的寡妻,巴德诺赫领地也许是她根据亡夫遗产继承权而获得的。
⑨ Nicholson (1974), pp. 178–179.
⑩ Boardman (1996a), pp. 31–2 (n. 66); from *Act. Parl. Scot.*, I, pp. 497–498.

这是王权对挑衅的大贵族的一种正常反应，不过在高地地区出现新的情况的背景下，这种做法并不能提供一种长期的解决方案。另一个办法是设立常驻军事总督，如罗伯特·斯图尔特在1371年继承苏格兰王位后所做的那样。他将巴德诺赫封赐给他的第四个儿子亚历山大，[81] 任命他为国王副手，掌管这个国家在大峡谷（Great Glen）那边的大部分地区，1382年又通过让他迎娶已故伯爵的女继承人来控制罗斯伯爵领。亚历山大（本来有巴肯伯爵的称号）成为高地地区有史以来最大的领主，至少在羊皮纸上是这样说的。[82]

假如巴肯伯爵的领地治理得当，那么斯图尔特的政策将是非常英明的，但实际结果是灾难性的。罗斯女伯爵以前曾经嫁给重要的林赛家族（Lindsay family）的一个亲戚，该家族人士站在其年幼的儿子的立场强烈反对巴肯伯爵在罗斯领地的地位，伯爵先前的亲属也持反对立场。还有，巴肯伯爵还同马里的伯爵及其主教激烈争执。更普遍性的问题是，他采纳了盖尔领主传统的统治方法，从高地的战士中招募了一支军队，由地方提供住处并缴纳保护费。使事态更糟糕的是，他没有能力维持公共秩序。

毫不奇怪，当地出现了抗议风暴，促使罗伯特二世的王权名声扫地。[83] 最后，在法夫伯爵1389年担任国王副手后，巴肯伯爵因为"对共同体没有价值"而被撤销职务。[84] 巴肯伯爵作出狂怒的反应，1390年罗伯特二世去世不久，他和他那伙"野蛮的、邪恶的高地人"（wyld, wikkit heland men）[85] 焚毁了在埃尔金（Elgin）的马里大教堂，这一暴行印证了他后来的绰号"巴德诺赫之狼"。无论如何他使整个政治共同体团结一致反对自己，很快他就被迫屈服、缴纳赔款。他的妻子因其擅离职守而与其离婚，他失去了罗斯领地。尽管他的私生子们1392年参加了大规模袭击南部的行动，但都被俘虏和关入监狱。最终，政府的确设法处理了这只巴德诺赫之狼。

不过，他的生涯严重恶化了苏格兰高地中部的形势，与此同时他

---

[81] 巴德诺赫领地是从约翰·邓巴尔的马里郡伯爵领分离出来的，见上引书第360页。译者按：这里疑作者有误，在原文第360页，亚历山大是第三子。
[82] 关于亚历山大生涯的考察，见 Grant (1993b), Boardman (1996a), at index, and (1996b)。
[83] 见上引书，第360页。
[84] *Act. Parl. Scot.*, I, p. 556.
[85] Wyntoun, *Original Chronicle*, VI, p. 368.

让高地门户洞开,使西海岸的势力经由大峡谷渗透进来。在14世纪90年代,麦克唐纳家族的各种势力出现在那里,主张在当地拥有他们自己的军事力量。此外,巴德诺赫之狼巴肯伯爵在罗斯领地的敌手的反应是向群岛之主寻求援助。因而尽管在14世纪初西海岸盖尔人领主的势力曾经被限制在边缘地区,但到14世纪末时,群岛领地的触角已完全在整个高地地区扩展。巴德诺赫之狼已经促成了他所期望的相反的后果。更严重的是,虽然约翰·麦克唐纳同他的岳父罗伯特二世保持了相当良好的关系,但1387年他死后,他的寡妻没有得到按照苏格兰的法律她有权得到的土地遗产。于是,她向议会上诉,议会授权她可以代表自己的利益采取行动。这造成了新的群岛之主同王权的严重对抗,最后使得政府不得不进行更多的军事讨伐。

这样,14世纪结束时苏格兰的北方频繁地出现紧急状态。现在,麻烦不只限于西部边陲之地,整个高地地区似乎都陷入危机之中。其结果是在低地地区,整个盖尔人的高地都被视为祸乱和危险之源,一种明确地把高地和低地加以区分的意识已经生根,这种意识在14世纪早期未曾发现,而到14世纪晚期已极其重要。可见,苏格兰内部的边境不在西部,整个高地地区已开始成为一个边境区,这表明王国内部出现了比苏格兰-英格兰边境地区更严重的收缩。

然而,如果以这样一种全面危机的笔调来结束对14世纪苏格兰的描述,将是错误的。例如,王国从来没有萎缩成以爱丁堡为中心的一条狭窄的"辖区"(Pale)。换言之,虽然在苏格兰高地地区正在进行的演变与爱尔兰正在进行的演变极为类似,但盖尔人的社会复兴在苏格兰造成的问题实际上要少得多;尽管存在着高地和低地差异的各种观念,这些观念虽然正在硬化,但没有制度化,没有形成一种种族隔离的形式。而且,更一般地说,在14世纪末影响苏格兰王国的无论何种困难,都远远没有它在14世纪初时所面临的那些严重。毕竟,在1300年前后,整个王国似乎都处在灭绝的边缘境地。因此,虽然国内问题随着该世纪的推移似乎日益增多,但仅仅用外部威胁的减弱来解释其政治在这个世纪的总体变化是不够的。的确,"劫后余生"也许是对苏格兰14世纪历史最好的总结方式。

亚历山大·格兰特(Alexander Grant)

第五节　爱尔兰

　　1394 年当理查德二世率领一支军队赶赴爱尔兰时，他是自 1210 年约翰王之后第一位造访该领地的英格兰君主。不过，在理查德二世远征不久之前确实有过先例，最著名的是他叔叔莱昂内尔（Lionel）的远征。莱昂内尔是乌尔斯特（Ulster）伯爵和克拉伦斯（Clarence）公爵，在 1361—1366 年间曾担任爱德华三世派驻爱尔兰的国王代表。1360 年在基尔肯尼（Kilkenny）举行的一次大规模的政务会上，爱尔兰的英格兰人曾经告诉爱德华三世该国处于危险状态，描述了他们到处遭受爱尔兰人袭击的情况，最高法院法官（justiciar）受到财政收入萎缩的限制，在行进途中很多次面临袭击，几乎无法应付。[1] 派遣莱昂内尔带领大批随员来到爱尔兰，绝大部分花费均由英格兰支付，在某种程度上就是对上述强烈要求援助的一种回应。同样在 1385 年，爱尔兰的高级教士、领主和平民们已经预测到一场夺取土地的战争即将发生，恳求理查德二世"亲自筹备调查和造访爱尔兰，以解救或拯救上述他自己的领地"。[2] 1392 年，都柏林（Dublin）市民又送出一份内容无甚区别的信件。

　　这些呼吁以及英格兰人对它们的反应，大概会使爱德华一世感到吃惊，很大程度上他视自己在爱尔兰的权威为理所当然之事。那时，都柏林政府在财政上是自给自足的，定期往英格兰输送现金，筹集对威尔士和苏格兰战争的物资补给品，为王室在佛兰德和苏格兰的战斗招募远征部队。上述状况可能使爱德华二世感到惊讶，那时爱尔兰的英格兰人已经击退了苏格兰人的一次入侵，在 1318 年击败了罗伯特·布鲁斯的兄弟爱德华，他曾经占领乌尔斯特伯爵领，还采用了"爱尔兰国王"的称号。即使承认这在一定程度是当地移民精英的特别吁请，他们希望打开英格兰人的钱袋，以此来限制王室对爱尔兰的征税需求，但显而易见的是，14 世纪里形势已经发生了太多变化。

---

[1] Richardson and Sayles (1947), pp. 19–22.
[2] Berry, *Statutes*, pp. 484–487: 'qil soi vodra tailler en sa propre persone de suerveer et visiter sa dit seigneurie en rescous et salvation dycelle et en resistance del conquist semblable en hast affaire et en salvation de sez povres lieges en celles parties'.

在许多官方文献里给人印象深刻的忧郁和惊慌的语调,泄露了各种真实的焦虑。爱尔兰内部的变化使得这个国家不太愿意接受英格兰人的法律和管理,也不愿意接受传统的贵族管理形式。这些变化还在这个殖民地的中心区域的居民中产生了一种敏锐地意识到的脆弱性。

14世纪早期,爱尔兰的权力在盖尔人领主和英格兰人领主之间分享,前者包括具有英-法血统的常住显贵、各郡的一些小七地持有者和城镇市民的共同体,后者则像国王一样从远方行使他们的权威和获取自己的收益。这些群体间的势力分布因地区的不同而不同,除了其他方面的原因,其具体分布还反映了这个岛的自然地理状况。都柏林地区表明当地可耕的低地、高地、森林和沼泽的地形轮廓如何在这方面产生了鲜明对比。都柏林本身是财政署和普通民事诉讼法庭所在地,也是大主教的驻地,而大主教本人通常与王室政府关系密切,因此都柏林是欧洲北部的重要城市之一,城市里的精英人士都讲英语,同英格兰保持着密切的贸易关系。从都柏林北部到德罗伊达(Drogheda)和邓多克(Dundalk)有一片低地被一个讲英语的绅士控制着,人们对他的记忆保存在由其家族名字组成的、以"town"作为后缀的大量地名中。③ 即使在爱尔兰的这个移民人口稠密的地域,土著居民大概依然占据绝大部分,不过占主导地位的文化是英格兰人的。城市南部的情况则很不相同,那里的土地升高并伸入威克洛丘陵(Wicklow hills)。围成一圈的庄园属于王室和都柏林大主教,这些庄园理论上的南部边界包含着峡谷和山坡之类的景色,为了畜群和牧场,各移民家族之间在这里彼此竞争,他们也同样与当地爱尔兰的同行竞争。在这样的环境中,世仇和劫掠牲畜是很平常的事,习惯性的暴力还常常侵及庄园核心区域,庄稼常常被偷,还可能导致都柏林市本身进行军事动员。在威克洛和威克斯福德(Wexford)北部地区,当地领主们意识到历史的作用,利用历史来证实他们作为当地的人和牲畜的主人的地位,及作为王室档案里所描述的"和平"和"战争"的裁决者的地位。这方面最鲜明的例子是由古老的麦克默罗(Mac-Murrough)王朝提供的,自1327年以来"伦斯特之王"(king of

---

③ Otway-Ruthven (1968b), plate LXII at p. 455; Smith (1993).

Leinster）的称号周期性地复活。④

这种反差对比在整个爱尔兰都存在，其各种地方性差异使得国家的社会和政治结构难以描述，不过从乌尔斯特边界的邓多克（Dundalk）到利默里克（Limerick）和科克（Cork）一线两侧的地区之间，还是能够看出明显的差别。这条线的南部和东部，英格兰人的统治占主导地位。这一地区有重要的港口和王室的据点，如德罗伊达、都柏林、沃特福德、科克和利默里克，还有一些诸如基尔肯尼、新罗斯（New Ross）和约尔（Youghal）这样的贸易城镇，它们处在显贵的领主权的管辖下。这一地区内分布着网状的郡县和特别行政区（great liberties），实行英格兰人的法律，拥有行政职位的也仅限于具有英格兰身份的人士。每个社区都有土地贵族世家，提供郡长、治安官、验尸官和警官职务人选，提供出席议会的骑士议员代表，议会通常在都柏林或基尔肯尼召开。此类家族的财富和社会地位，部分来源于他们对当地居民的领主权，这些处在肥沃的河谷地带的居民中有许多人的祖先最初来自英格兰和威尔士。

不过，除了威克洛，南部和东部还有许多地区居住的人并不多，也不实行英格兰法律。确实，甚至在1300年以前，似乎就已经出现一种移民后撤现象，从曾经尝试过殖民的奥法利（Offaly）、莱伊什（Leix）、米斯（Meath）西部或蒂波雷里（Tipperary）北部等边远地区后撤。⑤ 每个郡和特别行政区所垦殖的耕地都接近边境地区，这些地区转而又逐渐演变为"战争之地"（land of war）。在这些边境地区，那些主要成员仍然意识到自己的英格兰人身份的家族同爱尔兰人通婚，定居在一个混杂的法律世界里，那儿盖尔人的习俗，尤其是用人质做抵押品和用暴力手段追求补偿伤害的做法很有影响。⑥ 到15世纪时，爱尔兰游吟诗人阶层演唱的韵文中还赞美边界领主劫掠牲畜的行径。⑦ 政府当局的当务之急是保卫英格兰人居住的区域或"和平之地"（land of peace），反击来自边界的入侵。议会和大政务会的立法要求个人履行义务（根据各人财力保有马匹和武器，奋起呼叫、

---

④ Simms（1987），pp. 16–17；Frame（1995），pp. 162–175.
⑤ Nicholls（1982），pp. 372–374.
⑥ Mac Niocaill（1976），pp. 39–40，and（1984），pp. 110–117.
⑦ O'Sullivan, *Poems on Marcher Lords*；Simms（1989），pp. 180–182.

抓贼，不和干非法勾当的人做买卖），也要求各共同体承担责任（彼此互助、避免受到诱惑而作出单方休战的决定、按照郡长或治安官员的命令集结起来）。⑧ 政府也进行直接干预，每年召集一小支军队去惩罚劫掠者。

英王的大臣们在爱尔兰东部和南部采取的军事行动不太像是针对敌人的一场战争，更像是对领地进行管理。在某种程度上，高等法院法官颇像盖尔人的最高领主，支持那些要在爱尔兰各地担任官吏的候选人，索取人质和（以"罚金"的名义）征收牲畜贡赋。爱尔兰的政府在某种程度上是英格兰人的和官僚主义的，在其他方面它意味着权力和沿爱尔兰边境的外交机构。英格兰王室在爱尔兰南部和东部的统治依赖于常住显贵的合作，尤其是奥法利的杰拉尔丁家族（Geraldine）和巴特勒家族（Butlers）的领主们，前者于1316年成为基尔代尔（Kildare）伯爵，后者的权力主要在基尔肯尼和蒂波雷里，在1328年担任了奥蒙德（Ormond）伯爵。这些伯爵也以两种方式进行管理，他们从位于"和平之地"并吸引众多移民的那些庄园获得收入和各种服役人员。⑨ 此外，在处于他们势力范围之内的边境地区和"战争之地"的同胞中，他们是军阀和熟练的外交官。保存下来的书面契约揭示了这个边境世界的特性。1350年，两个来自基尔代尔和米斯边界的盖尔人首领，为了回报基尔代尔伯爵在他们同其他爱尔兰人发生冲突时提供援助和生活费用，承诺在自己辖区的战争由自己承担费用来为伯爵效劳，如果由伯爵提供报酬则"投其麾下、跟随他的旗帜，参加在整个爱尔兰范围内的远征和战争"。⑩ 虽然英格兰人的权力在爱尔兰东部和南部大部分地区很强大，但是这不等于英格兰人的习俗在这里也如此。对英格兰王室和贵族当局来说，最重要的是在日常的行政管理之外，还有能力设计出各种控制和有影响力的统治措施，同时又不与地方气质相对立。

在想象的边界线（imaginary line）的北部和西部，统治方式迥异。这一地区不是完全没有城镇和连绵成片的庄园化的低地。例如，

---

⑧ E. g. Berry, *Statutes*, pp. 194–213 (1297), 374–397 (1351).
⑨ Empey (1986).
⑩ *Red Book of Kildare*, no. 168: 'vexilla viagia et guerras per totam Hiberniam sequentes et respondentes sumptibus dicti domini Mauricii filii Thome [the earl]'.

戈尔韦(Galway)是一个富有的港口,与一个很多人居住的内陆腹地直接相连。忒斯卡德(Twescard)是乌尔斯特郡北部以科尔雷恩(Coleraine)为中心的地区,拥有一个虽然孤立但仍繁荣的庄园群;晚至14世纪50年代,克莱尔(Clare)的女士伊莉莎白·德·伯格(Elizabeth de Burgh)从她在这一地区的地产中获得了可观的收入。[⑪]尽管北部和西部地区有几个小居民点并进行封闭式的开发,但是这一地区的地形并不利于殖民事业。大贵族及其军事随员在1177年左右进入这一地区,创立了不稳定的最高领主权,但盖尔人社会在很大程度上未被触动。本地领主(其中主要有现代乌尔斯特郡的奥唐奈尔家族和奥尼尔家族[O'Donnells and O'Neills]、康纳赫特的奥科农家族[O'Connors of Connacht]、托蒙德的奥布里恩家族[O'Briens of Thomond]和德蒙的麦卡锡家族[MacCarthys of Desmond])控制着他们祖传的大部分地区。他们可能发现自己成了向那些现在以地方统治者行事的大贵族纳贡的人;但是假如后者的权力摇摇晃晃的话,那么他们就会处于很有利的地位,可以在更广阔的区域内重建自己的权力。

1315年,在苏格兰人入侵前夕,德蒙和凯里的杰拉尔丁家族的领主们(Geraldine lords of Desmond and Kerry)和托蒙德的德·克莱尔领主(de Clare lord of Thomond)把爱尔兰的西南部与都柏林、英格兰连接在一起。他们是各大家族间与麦卡锡家族和奥布里恩家族相抗衡的力量。但他们在爱尔兰领地圈以外的力量与理查德·德·伯格(Richard de Burgh)相比,就显得相形见绌了,后者自1280—1326年以来担任乌尔斯特伯爵和康纳赫特领主,掌管着各个移民共同体,既是封建的准领主又是盖尔人首领,其统治几乎不受都柏林的干预。理查德伯爵本人不是边远落后地区的粗人,他在英格兰拥有财产,安排其家族成员与英格兰和苏格兰的贵族联姻。克莱尔的伊莉莎白是他的儿子和继承人的妻子,她是格洛斯特伯爵的一个妹妹,格洛斯特伯爵本人则娶了理查德的一个女儿,就像罗伯特·布鲁斯——未来的苏格兰国王所做的那样。爱尔兰更偏远的地区英格兰王室并非鞭长莫及;但是在南部和东部,英王的权力是通过缜密的行政管理来行使

[⑪] McNeill (1980), pp. 136–147; Frame (1982), pp. 63–64.

的，受到各家族和共同体各种各样的联系的支持，再远一些的地方就依赖于同一小批强大的显贵的联系。

尽管自14世纪50年代以来各种尖锐的抱怨传到了英格兰，英格兰14世纪在爱尔兰的统治不是一个完全崩溃的故事。但这一时期无疑看到天平的优势明显摆向有利于地方而非中央政府，有利于边境习俗而不利于英格兰法律。变化的进程现在依然没有完全弄清楚，其中一个困难是13世纪晚期以来可得到的资料比早期更加丰富、更加多种多样。都柏林政府的财政卷宗揭示了战争方面的支出，都柏林和基尔肯尼的拉丁文年鉴记叙了爱尔兰人的劫掠，宫廷档案提供了关于犯罪和骚乱的现成证据，私人领地的档案则泄露了显贵和土著爱尔兰领主之间的密切联系。这些材料使我们很容易描绘出爱尔兰从一个较有秩序的世界转向衰落的图景：这本身可能部分地是各种正式的特许状和遥远的英格兰档案的一种产物，那些关注早期历史的人士必须根据这些材料来撰写。不过，虽然爱尔兰在13世纪和14世纪之间的对照有时是以过于直白的措辞来表达的，但它不是一种幻景。

在远离中心的地区，无论如何王室和贵族的控制是脆弱的，那里的各种变化可能最容易加以确定和描述。苏格兰人入侵的那些年份是关键性的，他们的存在破坏了盖尔人爱尔兰的稳定，打破了从乌尔斯特到明斯特（Munster）西部爱尔兰人和英格兰人之间的平衡。1318年，克莱尔的理查德被奥布里恩家族杀死，1321年他的儿子死后，托蒙德（Thomond）领地由在外地的女继承人共同分割，英格兰人在利默里克西部的影响无可挽回地失去了。德·伯格家族领地的命运对英格兰王室在爱尔兰统治的影响更严重。1315年5月，爱德华·布鲁斯在乌尔斯特登陆，此时理查德伯爵仍然正在扩大他的实力，获得了德里（Derry）周围的土地和伊尼什欧文（Inishowen）半岛上的一个堡垒建筑。[12] 然而是年年底，布鲁斯和他的盟友多纳尔·奥尼尔（Donal O'Neill）已经将他排斥在乌尔斯特之外，并在康纳赫特煽动了一次暴动。尽管最终打败了苏格兰人，但是德·伯格家族庞大帝国的凝聚力消失了。1333年，理查德伯爵的孙子和继承人遭到谋杀（他为自己粗暴地恢复帝国的努力付出了生命）后，乌尔斯特伯爵领

---

[12] Sayles, *Documents*, no. 86; Otway-Ruthven (1968a), pp. 214–215.

被有效管辖的范围大为缩减，只剩下几个沿海的飞地。奥尼尔家族势力范围向东移动，而安特里姆的格伦家族（Glens of Antrim）则接待了群岛的麦克唐纳家族（MacDonalds of the Isles）的一个分支。在康纳赫特，德·伯格家族的幼子们巩固了他们的领地，彼此争权夺利，也同奥科农家族竞争。虽然英王爱德华三世早在 1342 年就安排莱昂内尔同乌尔斯特伯爵的女继承人结婚，但对遗产的支配很难保持。莱昂内尔和他的莫蒂默继承人在康纳赫特都没有太多影响，莫蒂默家族在北部的权利诉求既因他们较早死去而被破坏，也因奥尼尔家族的强权而受到损害。

这些事件意味着乌尔斯特和康纳赫特两郡包含着各种规模的领地，都掌握在爱尔兰人和爱尔兰化的英格兰历代王朝后裔的手中。其中的重要人物也许偶尔与中央政府打交道，但在英格兰人眼中他们的地位是**事实上**的，而不是**法律上**的。形势的变化在阿尔马（Armagh）大主教地位的提高中清晰可见，从理查德·菲茨拉尔夫（Richard Fitzralph，1348—1360 年）时期起，阿尔马大主教人选一直是英格兰人或具有英格兰人血统。大主教通常驻扎在劳斯和米斯的移民中间，从那里他们彻底控制着土著领主和乌尔斯特高级教士之间的外交，其手段是交替地使用哄骗、开除教籍、对某种利害关系与另一种利害关系进行权衡等。在促使奥尼尔（O'Neill）家族和其他北部领主在 1395 年听命于英王理查德二世的过程中，大主教约翰·科尔顿（John Colton，1383—1404 年）是起了作用的。[13] 在西南地区，杰拉尔丁家族在 1329 年就已经出任德蒙（Desmond）伯爵，可以成为弥合中央政府和地方社会之间的分歧的桥梁。第一任伯爵（1329—1356 年）和第三任伯爵（1358—1398 年）都短期担任过爱尔兰的最高司法官，但因为他们距离都柏林太遥远，又与爱尔兰王朝有各种密切联系，所以引起英格兰官方的猜疑，带来了政治管理的难题。虽然没有人怀疑过整个爱尔兰在理论上都是英格兰国王的领地，即便是某些最偏远的地区该权益最终都属于王室家族成员，但正规的和有效的服从渠道并不多。

爱尔兰南部和东部的变化更为微妙。在 14 世纪末，重要城镇、

---

[13] Simms (1974); Watt (1981), pp. 200 – 213.

郡和特别行政区的基本框架是完整的,郡长和治安官依然是政府任命的,基尔代尔和奥蒙德伯爵势力依然强大,并且通常是顺从的,但尽管如此,英格兰的法律和文化也出现了萎缩。来自领地内部的资料勾勒了一幅英格兰人占据的土地被爱尔兰人重新征服的画面。把所发生的事情描述为"边境地区的社会模式深入侵袭'和平之地'"也许更为恰当。这也许同农业耕地退缩、畜牧业活动扩大相联系,伴随着对牲畜的劫掠和对牧场的竞相追逐。⑭ 其后果是必须通过惩罚性的讨伐、谈判和**专门的**交易而不是通过日常行政手段来扩大实施管理的地区。这在官场滋生了一种危机意识,当然也在萎缩的"和平之地"的居民内部造成了危机,防御外敌入侵的负担落在了他们身上。他们的忧虑是 14 世纪中叶立法活动出现的原因,最突出的表现是 1366 年制定的《基尔肯尼条例》(Stature of Kilkenny),该条例试图限制和监管英格兰人和爱尔兰人之间的条约,防止英格兰人的社会模式进一步被侵蚀。⑮

这些变化的后果在各个方面都可以看得到。都柏林政府征集的税收急剧下降,在爱德华一世时期税收每年达到 5000 英镑或更多,而到爱德华三世时很少超过 2000 英镑,仅够支付官吏薪水和偶尔的惩罚性的讨伐费用。⑯ 自 14 世纪 60 年代以来,当更大压力开始落在英格兰的领主身上,需要更多地靠自己的力量来保卫他们在爱尔兰的土地时,许多不在领主的反应是清偿他们在爱尔兰的权益。治安的衰退在关键地区也可以被发现。流经威克洛和莱伊什各个盖尔人的堡垒之间的伦斯特南部的巴罗(Barrow)河流域,是都柏林和南部各城市、郡之间的交通要道。自 14 世纪 20 年代以来,因为旅途危险,已有多次关于免除南部地区的市长和郡长出席税务法庭的例子。到该世纪中叶,巴罗地区的城镇诸如卡斯尔德莫特(Castledermot)和卡洛(Carlow)等都变成了边境哨所,政府不得不时时调动那些捉襟见肘的资源在边界一线维持驻军。1359 年,巴罗河东部的麦克默罗和西部的奥莫尔(O'More)得以第一次联合起来,尽管最高司法官奥蒙德伯爵在莱伊什击败了他们,但是这种不祥的联盟大概是爱尔兰的统

---

⑭ Simms (1986), pp. 379–390; Nicholls (1987), pp. 413–416; Down (1987), pp. 480, 490.
⑮ Berry, *Statutes*, pp. 430–469.
⑯ Richardson and Sayles (1962), pp. 93–95, 99–100.

治者1360年向爱德华三世诉苦的原因："你的敌人爱尔兰人通过普遍的协议和密谋，正在联合起来抗争。"[17] 到理查德二世统治时期，阿特·麦克默罗（Art MacMurrough）向巴罗河流域各共同体征收"黑色地租"（保护费），扩大自己的收入。据说他有一枚印玺，将自己说成是"蒙上帝之恩的伦斯特之王"。[18] 这一地区治安水平的降低逐渐造成南部沿海地区（该地港口的大量财富日益落入当地显贵手中）同政府拥有统治权的核心地区东部诸郡相分离，后一部分在都铎早期被称为"英格兰辖区"（English Pale）。[19]

英格兰人殖民中心地带萎缩的原因有待历史家们作出全面分析。王室对领地的各种政策和变化不能解释这种变化。爱尔兰一直在为英格兰国王的军事活动作出贡献，但是从1296年苏格兰战争爆发以来，爱德华一世通过税收特别严厉地压榨爱尔兰，吮吸它的"剩余"收入，为了物资供给而在各港口的内陆腹地搜索。对英格兰的研究证实，我们不应低估中世纪贪婪的行政管理能力对经济的负面影响。虽然爱德华二世和爱德华三世为了在苏格兰进行的战争继续从爱尔兰征用物资补给，但是到1307年都柏林实际上就不再向英格兰支付现金了。[20] 英格兰王室的税收重负自然落到了那些中央政府统治最有效的地区，这些地区同时还遭受土地持有不稳定的折磨。1314年格洛斯特伯爵死后，基尔肯尼领地被分割；1324年彭布罗克伯爵刚一去世，威克斯福德（Wexford）也是同一结局。德·弗登（de Verdon）家族在米斯和劳斯（Louth）的庞大领地1316年后被几个女继承人分享。卡洛和基尔代尔在王室手中转来传去，有时当作郡来管理，有时又被作为特别行政区。米斯的特里姆（Trim）被罗杰·莫蒂默和他的妻子在1307年所继承，但因为罗杰的生涯中经历了多次政治风暴，它也不止一次地被没收。因而，当中央政府到处都在要求人们注意它的存在并向它提供资源时，它发现自己的事务在日益增多。这些困难因1315—1318年的动乱而加重。1315年，爱德华·布鲁斯从乌尔斯特渗入劳斯进行破坏性的**骑兵队的袭击**，并于1315—1316年冬季穿过

---

[17] Richardson and Sayles（1947），p. 20：'les Irrois vos enemys par tote la terre d'un assent et covyn sount communement levetz de gerre, ardauntz, destruyantz et praiauntes de jour en altre vos liges celes parties'.
[18] Graves, *Roll*, pp. 128–130; Curtis, 'Unpublished Letters', p. 286.
[19] O'Brien（1988），pp. 14–26.
[20] Lydon（1964），p. 57.

米斯和伦斯特北部,苏格兰国王罗伯特跟在后面,抵达都柏林郊区,而后于 1317 年初一路劫掠到达利默里克。这些劫掠与欧洲范围内的饥荒同时发生,结果这些处于英格兰统治下的居民既受到自然灾害的折磨,又受到饥饿士兵的各种要求的勒索。

这些变故共同造成了政局混乱、王室收入明显下降,不过它们没有使人产生爱尔兰领地已经被破坏到无法恢复这样一种意识。毕竟,苏格兰人最后被打败了,他们在爱尔兰的出现像饥荒一样不仅给他们的对手也给他们的盟友带来了深刻影响。黑死病的到来及后来瘟疫的多次暴发则是另一个重要事件。英格兰和爱尔兰的资料都宣称,瘟疫在爱尔兰的暴发是不均衡的,对"和平之地",即对生活在城镇和庄园村落里居民的破坏,超过对边境及更偏远地区的牧民造成的伤害。当时的这些判断,有些也许过于简单化,但我们没有理由怀疑它大体上的正确性。14 世纪晚期以来的王室档案经常提及英格兰人居民区人口减少的现象,并将瘟疫后果同战争影响联系起来考虑。[21] 看来,英格兰的工资上涨率也吸引了爱尔兰的居民。当理查德二世宣布随他在 1394 年进行远征的所有生于爱尔兰的人都应该返回时,据记载有 500 多人得到豁免,这表明那时有相当多的移民流出爱尔兰的领地。[22] 1398 年,萨里公爵担任英王驻爱尔兰的代理大臣时,努力作出各项规定,其中包括英格兰政府应该组织一个重新殖民的规划,包括在英格兰的每一个教区或每隔一个教区都有一个男子及其妻子"移居爱尔兰"的运动,因为"那里沿边境一带都被毁坏了"。[23]

正是在这样的背景之下,英格兰对爱尔兰的政策开始显现出来。在那些致力于为国王治理这个国家的人士看来,麻烦在于王室的行动不受,不可能仅仅受或主要受爱尔兰领地的情况所支配。决定国王态度的是英格兰的政治,对苏格兰和法国的战争形势。然而,如果爱尔兰在王室优先考虑的议程中地位下降了,那么对爱尔兰领地的认识变化确实会影响试图采取的措施,正如爱德华三世统治所表明的。爱德华三世在 1331—1332 年计划组织一支爱尔兰远征军,正要渡海的数

---

[21] E. g. Richardson and Sayles (1947), p. 20; Dublin, National Archives, RC 8/27, pp. 679–681.
[22] Lydon (1963) p. 137.
[23] Gilbert (1865), p. 561: 'pur la dite terre enhabiter la ou ele est destruyte sur les marches'.

个星期里苏格兰发生的事件为英格兰提供了干预的机会,这是爱德华三世无法抵制的诱惑。他曾经动摇过,想转向爱尔兰,主要是担忧罗杰·莫蒂默在其未成年时在那里拥有的影响,并怀疑莫蒂默所宠幸的显贵是否忠诚(莫蒂默政权曾经创建了奥蒙德和德蒙两个伯爵领)。他决定将其活着的第二个儿子莱昂内尔与爱尔兰乌尔斯特的女继承人结婚,这表明他将爱尔兰视为其家族中的一个成员可以借以发迹的地方。1344年,新任最高司法官拉尔夫·厄福德(Ralph Ufford)的主要任务,是表明王权在北方的存在,在西南部遏制德蒙伯爵的野心,在爱尔兰的东南部反对麦克默罗家族以稳定边境地区,其他的事情是次要的。拉尔夫·厄福德是王室家族的方旗骑士(banneret),曾与莱昂内尔的岳母——兰开斯特的莫德(Maud)、孀居的乌尔斯特女伯爵——结婚。

渐渐地,当来自爱尔兰的不满怨声载道时,爱德华三世开始意识到他的领地不只是遇到了麻烦,而且面临着解体的危险。这也许不是巧合:1349年7月,当瘟疫的后果充分显露出来之际,爱德华三世在任命新的最高司法官托马斯·罗克比(Thomas Rokeby)时忧郁地评论了爱尔兰的混乱局势。1359年,在他跨过海峡前往法兰西前,他觉得有必要向其驻爱尔兰大臣致歉,因为他没有能力给他们送去援兵。[24] 1360年7月,在爱尔兰基尔肯尼草拟呼吁书的那些人想必知道这个时间是合适的,因为几个星期前国王刚刚签署《布雷蒂尼条约》。

尽管爱德华三世对这份请愿书的答复受到更大范围内的事件的制约,但意味深长的是随着莱昂内尔1361年被任命为驻爱尔兰代理大臣,在基尔肯尼拟定的关于爱尔兰的种种不幸的结论,几乎逐字逐句变成了官方文件。这一插曲揭示出爱尔兰的英格兰人玩弄政治游戏的技巧。具有讽刺意味的是,他们这样做的能力大半要归因于王室政府施加在他们身上的压力。例如,在14世纪50年代,征税的批准量,无论是各个郡在自己的法庭上批准的、几个郡在地区性的大政务会上批准的,抑或是在爱尔兰议会里作为一个领地的整体来批准的,都曾频繁地增加。长期以来,对于财政问题的讨论一直伴之以一系列问题

---

[24] Otway-Ruthven (1967), pp. 47, 58; Frame (1996b), pp. 280–281.

的出现，如来自爱尔兰人的军事和文化威胁、不在领主没有为防务尽到足够的责任、来自英格兰的大臣的无能，这些问题构成了一个独具特色的政治程序。㉕当安全区域缩减时，爱尔兰内部认同和团结的意识也有所增长，就如与王室代表和国王本人对话的习惯在增长一样。

莱昂内尔的到来标志着爱尔兰在英格兰王室议事日程上的地位上升了，这种趋势此后很难再逆转。由国王的一个儿子来治理，目睹爱德华三世为莱昂内尔在1361—1366年的军事费用支付了大约38000英镑（在爱尔兰人看来这是一笔巨大的数额），这些迅速改变了爱尔兰的英格兰人的期望。㉖下一任英格兰驻爱尔兰地方长官是温莎的威廉——王室家族的一名骑士，与14世纪时他的许多前任没有太大差别，他要求任命马奇伯爵或其他一些显贵（他们会发现这更容易引起英王注意和榨取英格兰人的资金）的公文很快抵达英格兰宫廷。而当1375年大半因为在法国的战争使威廉未能获得王室曾许诺给他的经费时，爱尔兰下议院阻挠他征税的努力，理由是贫困，并告诉威廉：为英格兰的士兵筹集薪水是他和他的政务会的事务。他们真正的意思是：这是国王的事务，与他们无关。

在英格兰方面，直到14世纪70年代官方似乎一直认为投入金钱和军队很快就会改善爱尔兰的政局。当1369年任命温莎的威廉时，按计划英格兰方面给他的经费将逐年减少，国王显然希望爱尔兰很快会再次变得有利可图。1385年，当英王理查德二世将爱尔兰领地授予他的宠臣罗伯尔·德·维尔（Robert de Vere）时，国王把这看成一桩买卖，德·维尔最终每年要缴纳5000马克给王室（结果，1386—1387年英格兰的政治危机妨碍他踏入爱尔兰）。此类期望表明英格兰王室并没有理解爱尔兰领地的局势。爱尔兰官方报告不断夸大其词，让国王相信爱尔兰有一个可以决定性地予以击败的敌人；实际上，爱尔兰只有一个形势复杂的边境地区居民的社会，只需要时时加以监控和管理。如果一个经费充足、麾下拥有数百名英格兰士兵构成军队核心的代理大臣在爱尔兰出现，这些士兵分散在各地驻防，就能够增加移民的信心，使主要的边境领主更加支持当局，同一些土著爱

㉕ Richardson and Sayles (1964), pp. 111–118; Frame (1982), pp. 315–317; Frame (1998), pp. 28–30.

㉖ Connolly (1981), p. 117.

尔兰领主建立起各种联系,并大概每年增加1000英镑左右的税收。[27]当代理大臣撤走时,局势很快就明朗起来:几乎什么变化都没有发生过。即使在爱尔兰的一个永久据点保持一支很小的军队,王室也不愿长期承担这样一笔费用,因为它还有其他很多事情要做。

理查德二世的到来,在某种程度上是英格兰人自1360年以来寻求解决爱尔兰问题方法的顶点。他亲自率领一支军队打击东南部的爱尔兰人、接受归降,并告知英格兰政务会他已经"征服"了伦斯特。[28]但是到1398年,曾给他带来名声的那些成就几乎没有什么保留下来。正是为了挽救这些成就,1399年理查德二世返回爱尔兰,结果给亨利·博林布罗克入侵提供了便利条件。在持怀疑眼光的人看来,好像理查德二世是以下观念的主要受害者,即短期的政治和军事措施能够改造一块领地,而实际上其状态是经济、社会和文化(还有政治和军事)变化的相互作用造成的。不过除了这种提法,人们对理查德二世的政策有更多的看法。理查德二世不仅亲征爱尔兰,而且带来的军队多于5000人(莱昂内尔曾经有不到1000人的军队)。[29]一些英格兰的贵族陪同他出征,他试图通过把伦斯特和明斯特(Munster)的闲置土地和罚没土地赏赐给这些贵族,使他们卷入爱尔兰的事务。至少他曾得出如下结论:需要投入比以往所采取的更大的承诺和更激烈的行动。

更重要的是,1394年9月至1395年5月理查德二世在爱尔兰停留期间,他的方针改变了。他开始意识到爱尔兰政体现状的缺陷,这种缺陷对以往英格兰人的行动有巨大影响。他的父辈们几乎完全同王室大臣、不在地主、殖民地政务会和议会、重要的城镇共同体和住在当地的较大的领主们打交道,换言之,是同英格兰人领地的现存权力机关打交道。这种关系对于实现100年前王室的目标是绰绰有余的,但现在则不足以反映爱尔兰内部权力分布的情况。当盖尔人领主,还有一些难驾驭的英格兰的边境家族的首领,前来向他臣服时,他不得

---

[27] Richardson and Sayles (1962), p. 100; Frame (1973), pp. 37–38; Connolly (1981), pp. 109–110.

[28] Curtis, 'Unpublished Letters': 'nous semble estre conquis et d'estre vraisemblablement en paix toute-la terre de Leinstre'. The prelates of the English Parliament responded by saying 'il est vraisembableque vous avez conquis le greindre partie de mesme vostre terre' (Curtis, *Richard II in Ireland*, p. 138).

[29] Lydon (1963), pp. 142–143.

不作出如何对待这些居于领地合法机构之外的强大人物的决定。

理查德二世的回答是：接受这些"反叛的英格兰人"进入他的和平计划，更有意义的是在王室和盖尔人的主要领主之间创造（或恢复）一种直接联系。爱尔兰的首领们向国王宣誓效忠，被国王接受为忠实的部下，这一程序很可能伴随着正式授予他们英格兰人的法律地位。㉚ 他们承诺当需要的时候参加政务会和议会（以前他们通常被排除在外，不得参加），其中一些人被授予骑士身份，在傅华萨看来，把他们引入上流社会反映了理查德二世的愿望。㉛ 就国王而言，他愿意做一个保护人和仲裁者，尤其是为许多盖尔人领主与住在当地或不住在当地的显贵之间存在的领地纷争仲裁。理查德二世的行动等于一种迟来的努力，即试图抓住权力模式已经发生显著变化的爱尔兰的一些现实问题。但是，这里的现实情况证明比他可能曾期望的更复杂、更不容易处理。他在爱尔兰的出现带来了相互矛盾的期待：住在当地的领主，如曾要求在威克洛和康纳特拥有权利的奥蒙德伯爵，希望恢复被爱尔兰人长期占领的土地和权利；与国王一起来到爱尔兰的那些不在当地居住的领主也持同样的立场，这当中有罗杰·莫蒂默——马奇和乌尔斯特伯爵，还有已经继承加洛（Carlow）领地的诺丁汉伯爵托马斯·莫布雷。对爱尔兰的土著领主而言，他们所要求的只是希望持有那些属于他们的合法财产。但是，如何界定"合法性"呢？一个人的正义是另一个人的财产被剥夺，正如莫蒂默和奥尼尔之间关于爱尔兰北部准领主（sub-lords）的土地和军役的争端所显示的。

理查德二世在离开爱尔兰后虽然尽其所能地推动1395年初所勾勒的乐观的解决方案，但是他没有找到一种方法来调和他出现在爱尔兰所引发的各种不相容的权利诉求。倘若国王驻扎在爱尔兰并由英格兰的财力支持数年，也许会取得更多的进展，或者也许只是使可能发生冲突的那些关键问题尖锐化。但是将注意力持续地集中在一个边缘领地是根本不可能的。在亨利四世统治时期，对爱尔兰来说，英格兰的干预和财政困难都恢复到以往的程度，类似于1394年前那一代人

㉚ Otway-Ruthven (1980), pp. 92 – 94.
㉛ Johnston (1980), pp. 1 – 2.

面临的情况。亨利五世的关注点在法兰西,他急剧削减了英格兰对爱尔兰的支持。有意思的是,1360年以来在爱尔兰的英格兰人发出种种灾难预测,结果没有发生大的灾难。[32] 从爱尔兰历史家的立场看,理查德二世造访爱尔兰的主要影响,可能在于暴露了英格兰人对爱尔兰的统治权的理论构架和岛内实际权力地图之间的鸿沟。这道鸿沟一直存在着,但是在14世纪豁然扩大了;对一个并非以政治敏锐闻名的统治者来说,仅仅集中几个月的精力来关注这个问题是不足以弥合这道鸿沟的。

罗宾·弗雷姆(Robin Frame)
谷延方 译
王加丰 校

---

[32] Matthew (1984), pp. 97 – 108.

第 十 四 章
法　　国

第一节　卡佩王朝最后几个国王和瓦卢瓦王朝早期诸王（1314—1364年）

　　1314年11月29日菲利普四世过早驾崩，结果证明这是卡佩法国命运的一个重要转折点。这一事件与欧洲范围的各种清晰的经济危机征兆同时出现，为本章所关注的主要政治事件提供了一个背景。庄稼歉收、饥荒和疾病随着数个多雨潮湿的夏季而来，造成各地普遍出现悲惨的情形，如1315—1317年的"大饥荒"（Great Famine）造成许多人、畜死亡。佛兰德的伊普尔（Ypres）在这些年中损失了1/10的人口，法兰西北部其他地方的人员死亡也接近这个数字。在许多地区（诺曼底、福雷[Forez]、上普罗旺斯[Haute Provence]），中世纪人口的高峰期已经过去。巴黎——西方最大的城市和知识文化中心，疾病暴发前居民超过了20万人，此后在接下来的上百年时间里疾病、战争和政治动荡使城市人口减少了2/3。巴黎的腹地法兰西岛（Ile-de-France）——古代王室领地的中心，在1300年左右曾经是王国人口最密集和最富庶的地区，在50年间被瘟疫和战争所破坏。1358年5月，扎克雷起义在博韦内（Beauvaisis）爆发，迅速波及从北部皮卡迪（Picardy）到南部奥尔良（Orleans）之间的地区，起义原因部分是普遍的经济危机，部分是短期的政治、军事因素，是一次乡村手艺人（artisans）和工匠（craftsmen）的暴力反叛。扎克雷起义打击的特定目标是贵族阶层，谴责他们玩忽职守和近来的军事溃败。许多乡村庄园、城堡和地产遭到洗劫的同时，不幸落入叛乱分子手中的一些贵族被极为残忍地处死。虽然在这次暴力流血的叛乱中也必须考虑到其他因素,但是它体现了这段时间自然灾害和人类错误的结合对王朝的法兰西造成的可怕后果,它摧毁了社会和谐,将政府置于极度的紧张状态中。

在法兰西同英格兰国王爱德华三世及其盟友发生战争以前,即法国尚未遭受战争的破坏前,彼得拉克曾对法国有所了解,当 1363 年返回法兰西时,他在一首著名的挽歌中把亲历目睹的破坏景象与自己年轻时所知道的丰裕富庶的情形作了对比。① 如果说在 1300 年左右,法兰西是西欧最大的基督教王国,其文化影响得到广泛承认,那么它现在展示出一幅迥然不同的形象:它的土地缩小了、行政机构分裂了、乡村遭到蹂躏破坏、国王蒙羞受辱。造成这种令人惊异地转变的理由构成了下文讨论的主题,但作为补充,还是要注意到这其中的各种变化,即使在王国最黑暗的时期,这些变化也为后来的建设性的发展提供了一种基础。正如后来弗朗索瓦·奥特朗(Francoise Autrand)所证明的那样,在另一次灾难降临之前,这种转变在该世纪下半叶已经部分完成,而后重塑瓦卢瓦法国的重任必须由查理七世重新开始。

政治社会:菲利普四世的遗产

从许多观点来看,1314—1364 年这段时期都是令人着迷的,尤其是因为在法兰西,政策制定和日常事务的管理第一次能够比较详细地按照"政治"来进行,同时王室、政务会、大法官法庭、财政署和**巴黎高等法院**(*parlement*)、政府各个部门以及决定性地塑造了**旧制度**(*ancien régime*)的那些制度的历史,都可以在某个形成阶段加以考察。不仅可以追踪相继的各届政府所追求的那些特定的规划,而且还可尝试将这些具体政策同它们可能的支持者联系起来,这些支持者或者是在国王的政务会中,或者是在一个政治上日益清晰地表达自己要求的集团中。恩庇(patronage)与附庸(clientage)的关系网络,如同在后来的几个世纪中一样,是这时政治的本质,可以在讨论各种公共问题和满足各种私人利益时加以考察。因为除了王室及其仆

---

① Petrarch, *Letters of Old Age* (*Rerum Senilium* x. 2), II, pp. 366 – 367;Delachenal(1909 – 1931),II, p. 21. 关于大饥荒,见 Jordan(1996)。

人外，还有其他许多人也怀有应该如何治理王国的各种想法。统治着庞大的、环绕着整个王国的各个公国（principalities）（如佛兰德、布列塔尼、勃艮第、加斯科涅）的亲王们，王室属地（apanages）（安茹、瓦卢瓦、普瓦图［Poitou］、埃夫勒［Evreux］、拉马什［La Marche］、波旁［Bourbon］）的持有者，或各伯爵领（阿朗松［Alençon］、布卢瓦［Blois］、福雷）的持有者，法国南部（富瓦［Foix］、阿尔马尼亚［Armagnac］、阿尔布雷［Albret］、科曼日［Comminges］）那些失控的领主和那些**富裕和防御较好的城市**（bonnes villes），等等，所有这些地方都有自己的行政机构、习俗以及各种决定着它们与王权关系的特权。"民族"（nation）的概念处于萌芽期，除君主制本身以外没有其他国家机构。在菲利普四世统治下，国家（body politic）内部的种种分歧曾被专断的（authoritarian）政府掩盖着，而内部分裂、王朝更迭（1328年）和对外战争将使它们再次暴露出来。"'美男子'菲利普的统治标志着中世纪法国君主制发展的顶峰"：② 法兰西国王需要经过许多代人的时间而且在非常不同的情况下，才能再次享有类似程度的控制。

虽然菲利普四世对佛兰德战争所需财力判断失误，而且其晚年的独裁倾向显然造成了1314—1315年的同盟危机，这时王室权威遭到挑战，君主正式向外省出让了许多特许状（charter，又译"宪章"），同意它们享有各种特权，但是对同时代人而言，菲利普四世仍然是一位严厉而神秘的、令人畏惧的、强大的统治者，拂逆他是很危险的。"不论他想要什么东西，他都会采取行动"，两名阿拉贡的使节在1305年如是评论道：国王所宠幸的兄弟瓦卢瓦的查理于1308年对另外两名大使说"他是我们的老爷，我们不能强迫他或强行给他提建议"。③ 通过无情地剥夺犹太人、圣殿骑士团和伦巴第人的财产，菲利普四世不仅显示出坚强的意志，而且也显示了他日益增强的政府管理能力。为了适应他的各项政策，重要的制度和管理革新也依次提上日程。对"现代法国国家"起源问题的研究，在近年来的著作中已经追溯到12世纪。④ 这里的"现代法国国家"的内容，指对一块特

---

② Strayer (1980), p. xii.
③ Brown (1988), p. 238.
④ Duby (1991), pp. 129, 298; Balard (1991), pp. 101–125.

定的领土、其资源、财物和人民行使自己职权的君权，它通过垄断司法，垄断发动战争和缔结和约、征收赋税、控制货币制度等权力，不仅在政治上而且在社会、经济和文化上开始控制人民的命运。人们几乎没有什么争论，都认为菲利普四世对于它的发展提供了某种决定性的动力。继之而来的各任君主的政治在许多方面表现为对这种发展的一种反动。

也许，与菲利普四世追求的种种现实目标一样重要的，是他的统治所见证的意识形态上的各种变化。这些都提升了王权的形象和利益，而以牺牲以前那些与他分享权力的人的利益为代价，特别是牺牲那些贵族、男爵、外省王子和教会的利益。这具有特殊的意义，因为对菲利普四世本人有很大影响的早期基督教王权的模式，即圣路易的王权模式，包括稳健的货币政策、低税收、公正司法和保护教会与贵族等，在1314—1315年被王室的反对派作为一种改革纲领所采纳，直到1360年都对人们的思想有很大影响。它限制了卡佩最后几个国王和早期瓦卢瓦诸王得以利用他们神圣的祖先来为自己的统治辩护的程度。⑤

与圣路易的模式相比，除了许多其他著作，《双方的问题》（*Quaestio in Utramque Partem*，1303年）和巴黎的约翰（John of Paris）写的《论国王和教宗的权力》（*De Potestate Regia et Papali*）都强调君主的约定俗成的权力。这些著述都通过仔细解读罗马法和采纳它的准则，尤其是通过对**冒犯君主罪**（lèse-majesté）的论述，来强调自己的主张，为加强王权辩护。虽然卡佩王朝最后几个国王在公诉谋反和背叛上犹疑不决，不像民法所允许的那样严厉，但是查理四世追捕加斯科涅的闹事者茹尔丹·德·伊勒-茹尔丹（Jourdain de l'Isle-Jourdain），最终于1323年将其处决以儆效尤，表明了哪些事情是君主可以做的。纪尧姆·德·南吉（Guillaume de Nangis）的编年史的续写者写道："自从加内隆（Ganelon）*的时代以来，还从来没有这么一位非常伟大而优雅的人士以这样一种方式死去。"该作者所写的是这样一位贵族：自一桩私人恩怨使他在10多年前受到人们注意以

---

⑤ Beaune (1985), pp. 140–141 = Beaune (1991), pp. 104–105.
* 加内隆：《罗兰之歌》中背叛查理大帝的骑士。——译者注

来,他玩世不恭地利用法律惩罚的滞缓,公然蔑视王室权威、谋杀官员。⑥

早期瓦卢瓦诸王很快就学会了这个教训。菲利普六世(1328—1350年在位)即便是在反对强权人物(有时会带来不可预见的、破坏性的政治后果)时也日益采用仲裁程序。**国王亲自审问的案子**(cas royaux),即只能在国王法庭上审判的严重罪行,而且最后只有国王才能作出说明的案子,是一个在机敏的律师手中允许对案子作无限的、灵活地延伸的概念。法国国王们都充分了解这些情形:**巴黎高等法院**的扩展成为此时期的一个重要特征,这不是偶然的巧合,君主在执行国内外政策上广泛采用诉讼的形式也就不令人感到意外了。1337年后同英格兰的战争不可避免地促使菲利普六世和约翰二世对受到以下指控的人实行警戒性的惩罚:拱手放弃城镇和堡垒的人,或者在试图保持忠诚的同时却与敌人保持着"叛变性的"交流的人。不过意味深长的是,在很多情形下,只是在亡命者已经逃脱王室的控制后,当局才建立适当的法律程序,对其进行**缺席审判**(in absentia)。⑦

像菲利普四世一样,瓦卢瓦王室的国王在对待其臣民时也显示出残忍和冲动。最突出的例子是菲利普六世惩罚1343—1344年叛乱的布列塔尼人和诺曼人,1350年约翰二世合法但不公正地杀害(judicial murder)埃乌(Eu)伯爵拉乌尔·德·布里恩(Raoul de Brienne),1356年他还抓捕并处死王太子在鲁昂的支持者。不过到处都一样,政治总是以许多野蛮的报复行动为标志的。1354年纳瓦拉(Navarre)国王查理二世,法国一个重要的大土地持有者,谋杀了宫廷总管查理·德·拉·塞尔达(Charles de la Cerda),就是一个很好的例子,它促使两年后约翰二世实施报复行动。一连串短暂的君主统治造成政权频繁更迭,助长了许多派系斗争。每一次政局变动都会给先前的反对派扭转局势的机会,因为可以找到替罪羊为不得人心的政策承担责任。

菲利普四世、菲利普五世和查理四世的主要财政顾问(分别是

---

⑥ Ducoudray (1902), I, pp. 489–493; Cuttler (1981), pp. 144–145; Vale (1990), pp. 132–139.
⑦ Perrot (1910); Cuttler (1981).

昂盖朗·德·马里尼［Enguerran de Marigny］、热拉尔·盖特［Gerard Gaite］和皮埃尔·雷米［Pierre Rémi］）的命运，也许是这种政治不稳定的最好写照，他们每一个人都被其继任者处死。事实上，一些人在人事部门的变动中已经发现：伴随着每一个国王即位，两个松散的顾问大臣群体——出于方便称之为**财政署**（chambre des comptes）派和**高等法院**（parlement）派，轮流交替地得到君主恩宠。亨利·德·苏利（Henry de Sully，死于 1336 年）和米莱·德·努瓦耶（Mile de Noyers，1304 年是红色方形王旗的掌旗官，死于 1347 年）曾被视为那些拥护菲利普四世实施扩张性财政政策的人的代表，也曾受到菲利普五世的青睐，该政策看来体现出**财政署**派观点的特征。埃蒂安·德·莫尔奈（Etienne de Mornay）则是瓦卢瓦的查理的顾问大臣（死于1325 年），路易十世（1314—1316 年）的大臣和查理四世（1322—1328 年）的主要顾问，是**高等法院**派的典型代表。在菲利普六世统治初期，由于国王不愿意冒犯那些新近曾帮他掌权的人士，故而纪尧姆·德·圣莫尔（Guillaume de Sainte-Maure，1330—1335 年担任顾问大臣）发挥了关键作用。但在他死后，米莱·德·努瓦耶再次掌握大权，从 1335 年到 1346 年**财政署**派享有君主的高度恩宠。⑧

争议较少的是，概括地说路易十世和查理四世推行的政策，标志着对其父亲的一种反动，尽管菲利普五世及其后的菲利普六世都重新任用那些菲利普四世时期具有政府管理经验的人员。就路易十世而言，人们通常认为他是一个软弱无能的国王，因为他牺牲马里尼，发放各种特许状，而他之所以如此行事完全是因为需要安抚调解其父亲统治时激起的反对派势力。他以一种政治家的方式消除对政府的批评指责是值得颂扬的。为了答复已在许多省组建起来的贵族、教士和市民的同盟在 1314 年秋提出的要求，1315 年 3 月 19 日，路易十世承认《诺曼底宪章》（Charte aux Normands），随之而来的是授出更多的特许状，所授予的地方有朗格多克（1315 年 4 月 1 日，1316 年 1 月）、勃艮第（1315 年 4 月和 5 月 17 日）、阿图瓦（Artois，1315 年 5 月）、香槟（Champagne，1316 年 3 月）、奥弗涅（Auvergne，1315 年 9 月，1324 年再次确认），皮卡迪、普瓦图、图赖讷（Touraine）、安茹、曼

---

⑧ Lehugeur（1897 – 1931）and（1929）；Cazelles（1958）．

恩（Maine）、圣东日（Saintonge）和昂古姆瓦（Angoumois）等地的特许状是在 1315 年 9 月承认的，还有贝里（Berry，1316 年 3 月）和纳韦尔（Nevers，1316 年 5 月）。虽然法国没有"王国共同体"（community of the realm），各种同盟也与提《大宪章》的英格兰男爵们不一样，不寻求确立对君主的长期控制，但是许多特许状除了包括一些特定的问题外，的确也提出了一些普遍性的问题。由此它们对卡佩王朝在最后几十年间得以急剧扩展其权力的许多行为施加了某种正式的限制，并为将来王室与其主要臣属之间的协商形成了一个参考点。⑨

除了各种"派别"和"同盟"，在全面讨论这一时期的政治和社会时，需要考虑到诸侯们的利益，像瓦卢瓦王朝的查理和菲利普，即未来的菲利普五世和查理四世，当时都还是**拥有封邑的王子**（apanagistes），或者像那些实力显赫的领主如勃艮第公爵厄德（Eudes）四世（1315—1347 年）、阿图瓦的罗贝尔（死于 1342 年），或者后来纳瓦拉的查理二世（1349—1387 年）。家族和世袭的观点依然强有力地塑造着王室关于政府的观念。与国王关系密切的王子和贵族们在王室政务会上扮演了主导角色，制定并执行政策（特别是军事政策）。他们能够起用和废立各个大臣，正如马里尼在 1315 年和法兰西宫廷总管贝罗·德·梅克尔（Béraud de Mercoeur）在 1319 年所披露的。大多数保留下来的顾问在不可避免地离开自己的领地期间，必须常驻巴黎管理有关事务。我们已经提到了瓦卢瓦的查理和埃蒂安·德·莫尔奈之间的联系，他还任用让·德·谢尔舍蒙（Jean de Cherchemont）和让·比尤阿尔（Jean Billouart），这二人的主要生涯后来都是为君主服务。臭名昭著的无耻律师纪尧姆·德·布勒伊（Guillaume de Breuil）是《巴黎高等法院的行为方式》（*Stilus Curie Parliamenti*）一书的作者，在他的委托人当中有英格兰国王爱德华三世、科曼日（Comminges）伯爵和阿图瓦的罗贝尔，科曼日伯爵通过保证册封纪尧姆为贵族来偿付部分债务。⑩ 王子们也必须满足各种支持者（clientèles）。

此类纽带在中心和边缘地区之间创造了一个密集的关系网络，由

---

⑨ Brown (1981); Contamine (1994).
⑩ Ducoudray (1902), I, pp. 221–222; Lewis (1981), pp. 179–192; Rogozinski (1976), p. 284.

各种微妙的规则和习俗支配着。在这些年间,人们发现不同的地方群体在不同的时期在巴黎占支配地位——勃艮第人、香槟人、诺曼人。间或这会导致激烈的混战,如 14 世纪 50 年代与纳瓦拉"派"的混战。为了获得君主召见,促进一件诉讼或获得一项恩惠,至关重要的是要有已经身居庙堂高位的朋友,或借助于中介"筹划奔走者"(fixers),这些人能够磨平越来越充斥着繁文缛节的办事过程中的障碍。[11] 次要的演员也期盼得到报酬:佩里格(Périgueux)的公证员埃利·德·帕帕索尔(Hélie de Papassol)1337 年代表他所在城市的市议会去巴黎办理正当的差事时,悄悄塞给王室家庭教师费里·德·皮基尼(Ferri de Picquigny)5 磅柠檬和 5 磅糖,因此他才得以接近国王。1330 年,一些伦巴第人送给阿朗松(Alencon)女伯爵一箱橘子,给官僚主义的轮子加上润滑油。对很多人而言,代表政治现实的不是高级的国家事务,而是这种情况。

王位继承和国王的形象

长期以来,卡佩君主一直利用礼仪仪式以补充其物资资源之不足。虽然菲利普四世个人性情冷淡和禁欲(打猎的热情除外),但他充分了解展示君主威严外貌的重要性。从他对加洛林祖先的一次强调中可以察觉他关于王权的象征意义和视觉形象的思想头绪。这是在重新安排圣德尼(Saint-Denis)修道院历代王家坟墓时,他关于坟墓排列顺序的意见暗示了法兰西从其起源起一直由一个单一的王朝统治着的观点,他还模仿该修道院的一个僧侣伊夫(Yves)写的圣德尼修道院的《生活和工作》(1317 年),强调这个王国的统一和基督教的遗产。同时代人将法兰西视为"圣地",视其居民为"上帝的选民",其统治者是"最有基督徒品德的国王",这些观念大多是菲利普四世及其顾问们的创造。[12] 像路易九世一样,他使王权显得有尊严。

在 1314 年,王权的这种尊贵是有疑问的。一件丑闻震动了王室家族:菲利普四世的三个儿媳妇全都被指控犯有通奸罪,被收监,她们被控的情夫菲利普(Philippe)和戈蒂埃·多奈(Gautier d'Aunay)

---

[11] Lewis (1985), pp. 151 – 165, and cf. Higounet-Nadal, 'Le journal des dépenses'.
[12] Strayer (1971), pp. 300 – 314; Beaune (1985), pp. 91 – 93, 120, 209 = Beaune (1991), pp. 30 – 32, 63 – 64, 175.

被处死(《新编剑桥中世纪史》第5卷，原文第313页)。该事件无疑给卡佩王朝最后几个国王蒙上了一层阴影，尽管现在很难判断这种家庭危机所造成的长期影响。无疑，它沉重地打击了菲利普四世，也许这对他最后患上的疾病有促进作用。但是，这是国王本人揭露的事件，并使几个情夫受到了公开审判。菲利普四世已经树立了基督徒国王的好名声，几乎没有明显的情欲方面的缺点。更重要的是，这一事件很可能强化了反对女性继承王位的偏见，因而无意间造成了卡佩王朝直系血统在数年后出现断嗣。在其他不合格的人选中，人们对路易十世的女儿让娜（Jeanne，生于1311年）的合法性也表示了相当的怀疑，因为她野心勃勃的叔叔——普瓦蒂埃的菲利普阻止她继承其短命的同父异母兄弟约翰一世（1316年）的爵位，后者是路易十世和他第二个妻子的遗腹子。尽管菲利普五世的妻子——同样受该丑闻强烈影响的勃艮第的让娜最终被免除罪责，但菲利普只留下几个女婴，1322年人们把她们置于一旁而偏爱查理四世。

　　查理四世的第一次婚姻被废除后，他又结过三次婚，但仍然没有生育一个儿子。到1328年去世时，他留下了一个遗腹女儿。偏见和先例已经僵化到如此程度，以至于在瓦卢瓦家族的菲利普看来，一位女性继承法国王位（或表达这种要求）的想法是完全不可思议的。他本人是男性非长子谱系中菲利普三世的一个孙子，在竞争空缺王位时将挫败英格兰国王爱德华三世，后者是菲利普四世的外孙，其母伊莎贝拉是这位已故国王的姐妹。虽然此时已不谈《萨里克法》(Salic law)，但弗朗索瓦·德·梅罗讷（François de Meyronnes）写过一篇关于《沃科尼亚法》(lex voconia) 的专题论文，将女性排除在继承权之外，该世纪后期这一王位继承的基本原则被奉为圭臬，以证明法兰西王室实践的合理性。[13] 其他人对瓦卢瓦家族继承王位的合法性抱有疑虑，这种怀疑因后来遇到的灾难而加重了。英王爱德华三世已经在自己的大印玺上刻上了法兰西王室的百合花（fleur-de-lis）纹章，并在1337年正式提出继承法国王位的要求；与此同时，另一个依据女性血统而拥有正当继承权利的是纳瓦拉的查理，他出生于1332年。在14世纪50年代，他的效忠对象、政治野心频繁地发生变换，无法

---

[13] Beaune (1985), p. 266 = Beaune (1991), p. 247; Lewis (1981).

对其进行简单的分析，但关于该问题的任何讨论都会承认他的血统接近王位继承权的条件。

菲利普四世的儿子们，无论他们个人如何看待通奸丑闻或更重要的女性继承权问题，他们都理解这一时期典礼仪式和王权的徽章对于提高"王室信仰"（religion of royalty）的重要性。长期以来加冕礼一直用于证明王权的神秘性，他们越来越突出葬礼的仪式，在王后们的夫君接受王冠而王后们没有接受涂油礼或加冕礼的情况下，越来越突出在圣小教堂（Sainte-Chapelle）安排与之相配的给人印象深刻的加冕礼（像查理四世的第二任、第三任妻子卢森堡的玛丽和埃夫勒的让娜，菲利普六世的第二任妻子纳瓦拉的布兰奇［Blanche］都是这样）。此类场合宣传了君主权力及其延续的确实性；特别是在葬礼的情况下，至少它能最大限度地扭转不利的局面，如1314年和1328年间五位国王接二连三地迅速魂归地府的情况。王室还采取措施鼓励更多的人参与这些场合（婴儿约翰一世的仪式除外）以扩大宣传。还为有文化的观众准备各种书面的描述材料，典礼仪式变得更加固定，权力转移交接的象征意义变得更加明确。

仪式中还有许多内容强调驾崩国王的各种基督徒和君主的特征，通过典范的灵床情境展示出来。菲利普四世的灵床包含了所有的经典要素：他被描画成在生命的最后一刻仍在忏悔的形象，向自己的忏悔神父认罪并顺从地连祷（litanies）、乞求大家的宽恕、领受圣餐和做临终圣礼、亲吻圣物，双臂伸展成十字架状或者以十字架来署名。正是在这庄严的最后时刻，据说菲利普四世不仅向儿子提出其他忠告，而且还传授各种医治国王之病（淋巴结核）的神奇魔力的秘密。菲利普六世意识到他继承卡佩王朝君主的权利合法性问题，他以两种方式接受圣餐，并充分展示自己的医疗魔力（来自远至布拉班特、布列塔尼和维瓦赖［Vivarais］等地区的35个人，从1337年1月1日至6月30日的一段短时间内接受过王的触摸治疗，有关记载保留下来了），炫耀性地证明他享有与其他卡佩国王类似的特性。[14] 据说他在临终时还向儿子反复述说他反对英格兰人的继承权

---

[14] Fawtier, 'Un compte de menues dépenses', p. 187（= Fawtier (1987), ch. xiv, p. 4）；关于葬礼仪式，还可参见 Brown (1978) and (1980)；Beaune (1985) = Beaune (1991)。

的主要观点。

其他临终的君主移交王权的象征物如王冠或指环,以表明王朝统治的延续与合法性。也可能使用著名的圣物,如菲利普五世死时摆放在床边的用荆棘编成的王冠。像父亲一样,菲利普五世在死时取消了税收,后来1380年查理五世驾崩时亦是如此,这是1328年卡佩王朝更迭时统治的基本模式没有发生改变的另一迹象,包围和限制着它的是各种古老的象征物和仪式。体现了那些唤醒人们情感记忆的视觉的象征物,如(查理大帝的)**乔伊乌斯之剑**(*Joyeuse*)、权杖和**正义之手**(*main de justice*)、两顶主要王冠(分别归之于路易九世和查理大帝,1340年菲利普六世在一项法令中称后者为**伟大的皇冠**[*grande couronne impériale*])、王族旗帜以及无所不在的蓝底金色百合花的纹章图案等物品,1314—1364年间的法国国王都积极地加以推销,以激励人们忠诚于他们的法兰西观念。14世纪30年代晚期,当种种国内困难和外部纠纷逐渐结合起来导致在几条战线上发生战争时,这样行事的必要性变得更加急迫了。

与其他强国的关系

法国国王菲利普四世在其统治鼎盛时期,由于战胜了教宗卜尼法斯八世、佛兰德人和英格兰人,在国际事务上居于主导地位。领导十字军运动以及支持瓦卢瓦和安茹王朝在意大利和神圣罗马帝国的扩张计划,使得法兰西在更大的舞台上表现自己。菲利普四世的兄弟——瓦卢瓦的查理是1308年神圣罗马帝国皇帝选举中的一位候选人,而1313年则轮到菲利普四世的儿子普瓦蒂埃的菲利普成为候选人。对未来而言具有重要意义的是,沿着法兰西东部从尼德兰到萨伏依(Savoy)和普罗旺斯的长长的边境线上,许多帝国的封臣正被吸引进法国王室的势力范围。法国的其他重要盟友,其中有些是通过联姻方式确定的,将法国同不列颠群岛或伊比利亚半岛上最亲近的邻居联系在一起,为其外交斡旋提供了种种机会。尤其要感谢保留下来的阿拉贡大使的外交报告和备忘录、财政报告以及与职业公使如埃利亚斯·约翰斯顿(Elias Johnston)这位"历史过程的守护人"的工作有关的其他记录(即英法两国谈判的档案),使我们对这种复杂的、包括教宗在内的所有西方大国都卷入的外交过程,常常能够了解其每天的细节。⑮

卡佩王朝末期和瓦卢瓦王朝早期君主的统治就是建立在这种外交框架上。虽然在佛兰德发生进一步战争是不可避免的（1315 年、1319 年），但到 1322 年法国势力随着佛兰德伯爵路易一世的登基达到顶峰，路易是菲利普五世的一个女婿，是继承罗贝尔·德·贝蒂纳（Robert de Béthune，参见后面原文第 574—575 页）而上台的。他感激涕零地接受法国人的援助，镇压了 1323 年在佛兰德沿海一带爆发的一次起义，这次起义曾得到城镇居民的大力支持。佛兰德城镇因 1326 年 4 月的《阿尔克条约》（Treaty of Arques）而短暂就范后，在布鲁日和根特的领导下很快再次起来反抗，直到菲利普六世在卡塞勒（Cassel）使叛乱者遭受一次令人瞩目的失败（1328 年 7 月）。残酷的镇压随之而来，其中包括惩戒性地处死布鲁日市长威廉·迪根（William Deken）。1337 年后，佛兰德伯爵与其城镇臣民之间的世仇再次上演，此时法国人继续支持伯爵（1346 年伯爵在为法国人作战时殒命于克雷西），而英格兰国王爱德华三世则支援佛兰德城镇，这些城镇是英格兰出口羊毛的非常重要的消费者。

在康布雷（Cambrai）、图尔奈（Tournai）和凡尔登（Verdun）等主教区，王室的控制范围扩大了，超出了法兰西王国和帝国之间的传统边界。1324 年，教宗约翰二十二世竭力推翻皇帝——巴伐利亚的刘易斯（Lewis of Bavaria），在奥地利人的怂恿下将皇帝的宝座送给查理四世。刘易斯的一个主要竞争对手——卢森堡的约翰是波希米亚国王，他在法国宫廷或意大利度过的时光，与在自己那个遥远的王国度过的时间同样多或者更多。在英法战争初期，他成为法国王室在法国南方（Midi）的代理人，为瓦卢瓦王朝的事业也英勇地战死于克雷西。但瓦卢瓦王室和卢森堡家族的联盟保持下来了。（卢森堡的）约翰的妹妹博妮（Bonne）1349 年嫁给了法国诺曼底公爵约翰，他（卢森堡的约翰）的儿子兼继承人——神圣罗马帝国皇帝查理四世在 14 世纪 50 年代中期对法国王太子查理的帮助至关重要。此前，法王菲利普六世在莱茵兰、低地国家和罗讷河（Rhône）以东地区的王子和贵族中大量招募新成员。为了抵消英王爱德华三世与埃诺的菲利帕

---

⑮ Finke, *Acta Aragonensia*; Cuttino (1971); Hillgarth (1971); Cheyette (1973); Strayer (1980).

(Philippa of Hainault)联姻带来的外交优势,菲利普六世也在 14 世纪 30 年代同她的父亲埃诺伯爵威廉、布拉班特公爵约翰以及其他尼德兰王子建立联系。此时的英格兰和法兰西竞相角逐,试图恢复以往那些曾经效力于爱德华一世和菲利普四世的盟友。巴伐利亚的刘易斯曾于 1338 年让爱德华三世任其总代理人(vicar-general),但 1342 年他舍弃了爱德华三世,同菲利普六世签署了一项条约。⑯

在英法百年战争早期,在较早时期建立起来的各个模式中一直影响着事态发展的另一个领域涉及苏格兰。法兰西和苏格兰之间的第一个正式协议签订于 1295 年,后来被称为"古老同盟"(Auld Alliance)。1327 年罗伯特·布鲁斯(罗伯特一世)和法王查理四世在科尔贝(Corbeil)重新签约后,两国同盟关系在随后的英法战争中始终是一个稳定因素。英王爱德华三世宣布放弃"我们或我们的先人过去曾经在苏格兰王国寻求的一切权利",并在北安普敦正式签约(1328 年 5 月)。但这仅仅是一个权宜之计,因为爱德华三世拒绝承认布鲁斯年幼的继承人——大卫,而是支持爱德华·巴利奥尔和"被剥夺继承权"的人(Disinherited),即那些根据 1328 年条约被剥夺土地的贵族。接着,英格兰在 1332—1336 年间每年都入侵苏格兰,大卫·布鲁斯遭到驱逐,被迫流亡法国(1334—1341 年),但法王菲利普六世聚集力量支持大卫,为使大卫的拥护者渡过难关不仅提供外交支援而且给予刚好足够的、必不可少的军事援助。⑰

1337 年后的一些事件强化了法兰西和苏格兰的这种军事联盟。1341 年布鲁斯返回苏格兰恢复国王身份,击退了英格兰人最新的几次侵犯,但在爱德华进攻加莱时,布鲁斯为了援助其法国盟友而入侵英格兰,竟然在内维尔十字架(Neville's Cross)之战中失败并被英格兰人俘虏(1346 年)。在大卫被俘期间(最后于 1357 年因缴纳巨额赎金而获释),法国人的外交和军事援助再一次阻止爱德华三世把他的优势推向极致。1356 年,法国军队被派往苏格兰,尽管法王约翰二世在普瓦蒂埃被英格兰人俘虏(1356 年 9 月 19 日),但在艰巨的谈判中保护其苏格兰盟友依然是法国外交的一个目标,该次谈判最终

---

⑯ Lucas (1929); Lyon (1957); Trautz (1961); Nicholas (1971); Vale (1991).
⑰ Prestwich (1989), p. 187; Campbell (1965); Nicholson (1965); Webster, *The Acts*, nos. 20-21, 23-24.

导致双方于1360年签订《布雷蒂尼-加莱条约》（Treaty of Brétigny-Calais）。在条约里，法国人一度放弃法国-苏格兰联盟以换取英王爱德华三世放弃与佛兰德人联盟的允诺。那时英格兰人已经从惨痛的经验中认识到：追求在欧洲大陆扩张通常会给他们的北方边界招致麻烦（参看前面原文第352—353页）。

在影响西欧所有大国态度的英法战争成为世人关注的焦点前，14世纪早期大量外交活动集中在十字军问题上。这里，教宗从传统出发希望法国担任领导角色，直到14世纪30年代初发生的一些事件才使这种主动权向地中海诸国转移成为可能，后者与东方有更直接的联系。如果说查理四世对教宗的呼吁不冷不热的话，那么菲利普五世和菲利普六世的反应则是特别热心，他们制定的计划和向小规模的、预备性的往东的远征提供人力和物力支持表明了这一点（参考下面原文第868页）。[18] 在1328—1331年间，菲利普六世除了与其堂兄弟埃夫勒（Evreux）的菲利普（纳瓦拉国王）、卢森堡的约翰以及南部的一些主要贵族如富瓦的加斯顿（Gaston of Foix）和阿尔布雷（Albret）的领主们有密切联系外，还与卡斯蒂尔王国的阿方索十一世在组织一次十字军远征格拉纳达（Granada）摩尔人的计划上联系密切。该次十字军最初定于1330年春出征，继而延迟至1331年。[19] 最后菲利普六世撤出，声称与英格兰人的关系碰到了越来越多的困难，同样的理由后来还严重削弱了1336年在地中海组建十字军的计划。但一般而言，法国人同卡斯蒂尔王国一直保持着良好关系。1337年后这些关系得到了利用，特别是法国人要求卡斯蒂尔提供海军支援，1350年一支卡斯蒂尔的舰队袭击英格兰，被英格兰国王爱德华三世在温切尔西（Winchelsea）海面上击溃。

英法之间关系恶化的主要理由众所周知，它们集中于阿基坦（吉耶纳［Guyenne］）的问题上。1259年的《巴黎条约》（Treaty of Paris）已经重新确认英格兰国王作为该公爵领的世袭统治者，是法兰西国王的附庸。随后的条约（1279年在亚眠［Amiens］、1303年在巴黎签订的条约）确认了英王的附庸地位。但是，受罗马法影响，

---

[18] Viard (1936); Housley (1980) and (1986); Tyerman (1984a), (1984b) and (1985).
[19] Miret y Sans, 'Lettres closes'; Mahn-Lot (1939); Cazelles, *Lettres closes*.

在 13 世纪后期关于什么构成了"主权"(sovereignty)的更清晰的观点自然而然地发展起来,这导致卡佩王朝的法学家们自 1259 年起开始非常精确地界定包含在效忠中的义务,并强调英王兼阿基坦公爵及其管理机构应该完全服从法王。在吉耶纳推行各项王室**法令**的尝试限制了地方自治权,如鼓励加斯科涅法庭向巴黎**高等法院**上诉造成同样的结果。加斯科涅政局混乱促使双方关系恶化,因为这给法国人提供了许多进一步公开干预的机会。[20]

当这种局势与其利益相抵触时,英格兰人和加斯科涅人自然发现这种情况令人生厌,但当对他们有利时又准备加以鼓励。例如阿尔布雷的阿马尼厄七世(Amanieu VII of Albret)曾经利用这种申诉制度,波尔多那些互相角逐的派别或与公爵的统治机构发生纠纷的各个修道院也曾对此加以利用过。因而,贵族们和其他人士利用英王-阿基坦公爵的官吏与卡佩王室的相互争斗而坐收渔翁之利。这造成 1314 年后来自阿基坦领地的抱怨迅速增加、源源不断,出现大量诉讼。在英格兰方面,人们也越来越认识到摆脱这种两难困境的唯一办法,是获得法国人对吉耶纳作为一个凭本身资格就是主权国家的认可,这是 1300 年左右第一次提出来讨论的一种立场。1337 年后这变成了爱德华三世及其政府的主要目标,也许是最重要的目标。

在 1303 年的《巴黎条约》和 1337 年 5 月 24 日菲利普六世没收吉耶纳领地之间的一代人,见证了英法双方作出极大努力以求和平解决其争议,但彼此都带有一种日益加深的挫折感。不守信用的指控和日渐加深的敌意在 1323 年曾转化为短期的战争,其原因是这个地区存在权利和司法权的错综复杂的特有局面:自 1259 年以来,这里的英格兰-加斯科涅人和法国人的利益经常发生冲突。萨拉(Sarlat)修道院的院长想把在阿让奈(Agenais)的圣萨尔多(Saint-Sardos)的一个小修道院转变成一个**城堡**(bastide),与法国王室**共同享有**该城堡的**领主权**(pariage),由此触怒了一个邻居——蒙珀扎(Montpezat)的领主。当巴黎**高等法院**作出有利于萨拉修道院院长的判决时,蒙珀扎的领主谋杀了法国王室派往该地执行法令的一名官员,随后求助于拉尔夫·巴塞特(Ralph Basset)——英王爱德华二世在吉耶纳

---

[20] Gavrilovitch (1899); Chaplais, *The War of Saint-Sardos*, and (1981); Vale (1990).

领地的总管，由此两个君主的利益发生了直接冲突。

　　起初，爱德华二世不支持自己的总管，但是战场上的军队很难控制，冲突升级。1324年7月1日，法王查理四世宣布没收吉耶纳领地，英格兰方面也已经派出军队。瓦卢瓦的查理率领一支法军深入吉耶纳领地，机敏地予以回击，包围了吉伦特（Gironde）河上的拉雷奥尔（La Réole），该城于9月23日投降。双方安排了一次休战，但未及数星期又计划部署进一步的军事行动，双方调兵遣将造成大量军费支出。最后，爱德华二世在王后伊莎贝拉领导的**政变**中被推翻，使得和平条约在1327年3月得以签订。为了收回法国人占领的大部分土地，英格兰-加斯科涅人同意支付沉重的赔款。

　　但是1327年和约没有解决正在恶化的怨恨之情，尤其是当重新划定边界时，这种愤恨之情在那些蒙受领地没收和流亡之苦的人中间更为突出，虽然菲利普六世的登基延缓了战争的重启。[21] 1331年，英王爱德华三世对法国宫廷做了短期访问（此前爱德华二世曾经于1313年在巴黎、1320年在亚眠出席过法国宫廷会议），他承认拥有吉耶纳领地应向法王行封臣之礼。另一个外交"程序"是于1332—1333年在阿让（Agen）举行的会议，它类似于1306年在梅尔河畔的蒙特勒伊（Montreuil-sur-Mer）、1311年在佩里格举行的会议，目的是解决1294—1298年战争以来的那些突出的纠纷，但许多以前的争论重新摆到桌面上来。在所有这些会议中，法国人显得"好像他们是两个地位不平等的人而不是两个君主之间的诉讼的一方"，还有这些年里法国君主"在阿基坦问题上既是原告又是法官"的角色，这样的倾向和方式到如今已经彻底破坏了英格兰人的自信心。[22] 正式的外交会议往往恶化而不是解决问题。到14世纪30年代中期，两个国王之间的以下其他争端把双方关系带到破裂点：法国人在苏格兰的干预、在低地国家的外交和经济角逐，爱德华三世担心菲利普六世热衷十字军的种种意图和他可能使用自己的强大舰队，阿图瓦的罗贝尔在为其属地的战斗中被判以**冒犯君主罪**后逃亡到爱德华的宫廷。[23]

---

[21] Dossat (1978); Vale (1990).

[22] Vale (1990), p. 228, cf. also Cuttino (1944) and (1971).

[23] Cuttino (1956); Allmand (1988); Vale (1989, 1990).

第十四章 法国

战争和政治：1337—1360 年

1337 年 5 月 24 日后，若隐若现的战争才逐渐激烈起来，这场战争并不开始于菲利普六世轻易取得的那些标志性的胜利，如 1294 年和 1324 年没收吉耶纳公爵领，当时法军迅速占领了这块土地。在英格兰王室总管奥利弗·德·英厄姆（Oliver de Ingham）指挥下，加斯科涅的部队从一开始就展示出相当顽强的抵抗意志。众多的围城行动使战争具有一种消耗战的特点，后来的战争也很少失去这一特点，尽管这时期和后来最引人注目的通常还是那些壮观的战役和战斗。除了佩讷·达让奈（Penne d'Agenais）在 1338 年 12 月叛变投向法国人、1339 年 4 月布尔格（Bourg）失陷，英厄姆在吉耶纳领地顶住了法国人早期的猛烈进攻，获得许多赞扬。[24] 在 14 世纪 40 年代，英格兰派遣更多的援军来到波尔多，加强南方（Midi）抵抗力量和军事活动的展开。德比（Derby）伯爵亨利成功地占领了贝尔热拉克（Bergerac），1345 年在欧贝罗歇（Auberoche）再次使法军遭受失败。诺曼底公爵约翰未能重新占领艾吉永（Aiguillon，1346 年），而德比伯爵则有能力发动毁灭性攻击，深入普瓦图，减轻了法军对吉耶纳的军事压力。

在北方，在教宗本尼狄克十二世的鼓动下，谋求和平的谈判开始时是与战争的准备活动一起进行的。但在 1338 年仲夏，爱德华三世终于发动了他的第一次重要的大陆战役，在低地国家登陆。在这里他已经精心组建了一个成本高昂的同盟，沿袭传统试图将法兰西包围起来，这一传统可以追溯到英王理查德一世统治时期。在经过毫无章法的调动部署后，战争于 1339—1340 年间沿着法国北部边境以突然袭击和反袭击的方式危险地展开了。爱德华三世曾于 1337 年 10 月试探性地采用过"法兰西国王"的称号，在佛兰德盟友的促使下，从 1340 年 2 月以他的行事风格公开采用这一称号。他送了一封挑衅的书信给"自称为国王的瓦卢瓦的菲利普领主"，主动提出在这个王国恢复圣路易时代的习俗，从而不仅将自己置于显赫的外国盟友的盟主

---

[24] Vale（1990）；Sumption（1990），关于直到 1347 年的这场战争的详细叙述。

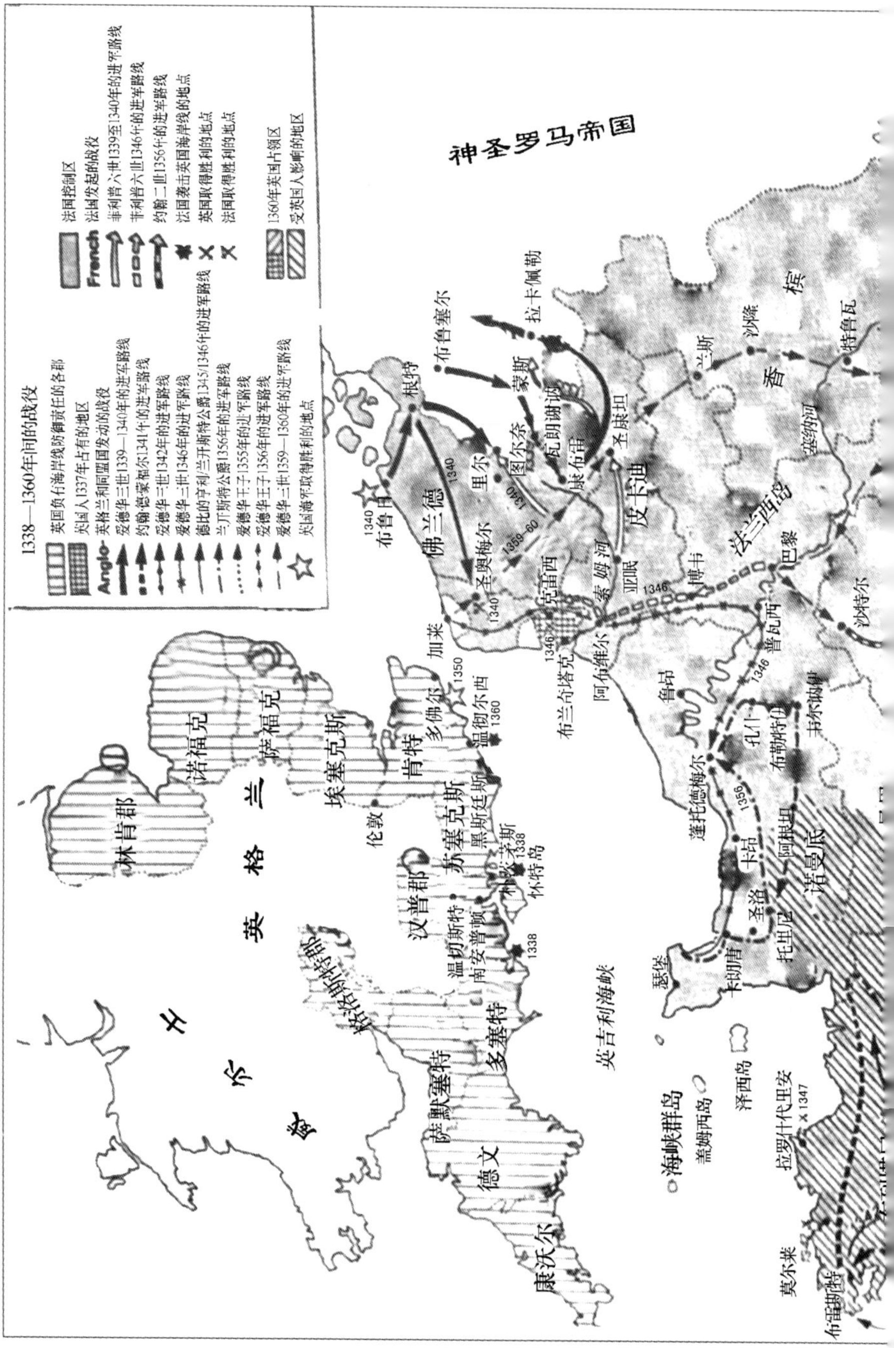
1338—1360年间的战役
英国负有海岸线防御责任的各郡
英国人1337年占有的地区
Anglo- 英格兰和同盟国发动的战役
爱德华三世1339—1340年的进军路线
约翰·德·蒙福尔1341年的进军路线
爱德华三世1342年的进军路线
爱德华三世1346年的进军路线
德比的亨利/兰开斯特公爵1345/1346年的进军路线
兰开斯特公爵1356年的进军路线
爱德华王子1355年的进军路线
爱德华王子1356年的进军路线
爱德华三世1359—1360年的进军路线
英国海军取得胜利的地点
法国控制区
French 法国发起的战役
菲利普六世1339至1340年的进军路线
菲利普六世1346年的进军路线
约翰二世1356年的进军路线
法国袭击英国海岸线的地点
英国取得胜利的地点
法国取得胜利的地点
1360年英国占领区
受英国人影响的地区
神圣罗马帝国
英格兰
林肯郡
诺福克
萨福克
埃塞克斯
伦敦
肯特
多佛尔
温彻尔西
1350
1360
黑斯廷斯
苏塞克斯
汉普郡
温切斯特
南安普顿
朴茨茅斯
1338
怀特岛
格洛斯特郡
萨默塞特
多塞特
德文
康沃尔
英吉利海峡
海峡群岛
盖姆西岛
泽西岛
布鲁日
根特
布鲁塞尔
蒙斯
拉卡佩勒
瓦朗谢讷
里尔
图尔奈
康布雷
圣康坦
皮卡迪
佛兰德
圣奥梅尔
1340
1359—60
加莱
克雷西
1346
索姆河
亚眠
阿布维尔
布兰舍塔克
博韦
巴黎
法兰西岛
兰斯
沙隆
香槟
特鲁瓦
塞纳河
沙特尔
普瓦西
鲁昂
孔什
布勒特伊
韦尔讷伊
蓬托德梅尔
卡昂
阿朗坦
诺曼底
圣洛
托里尼
卡朗唐
瑟堡
1356
拉罗什代里安
1347
莫尔莱

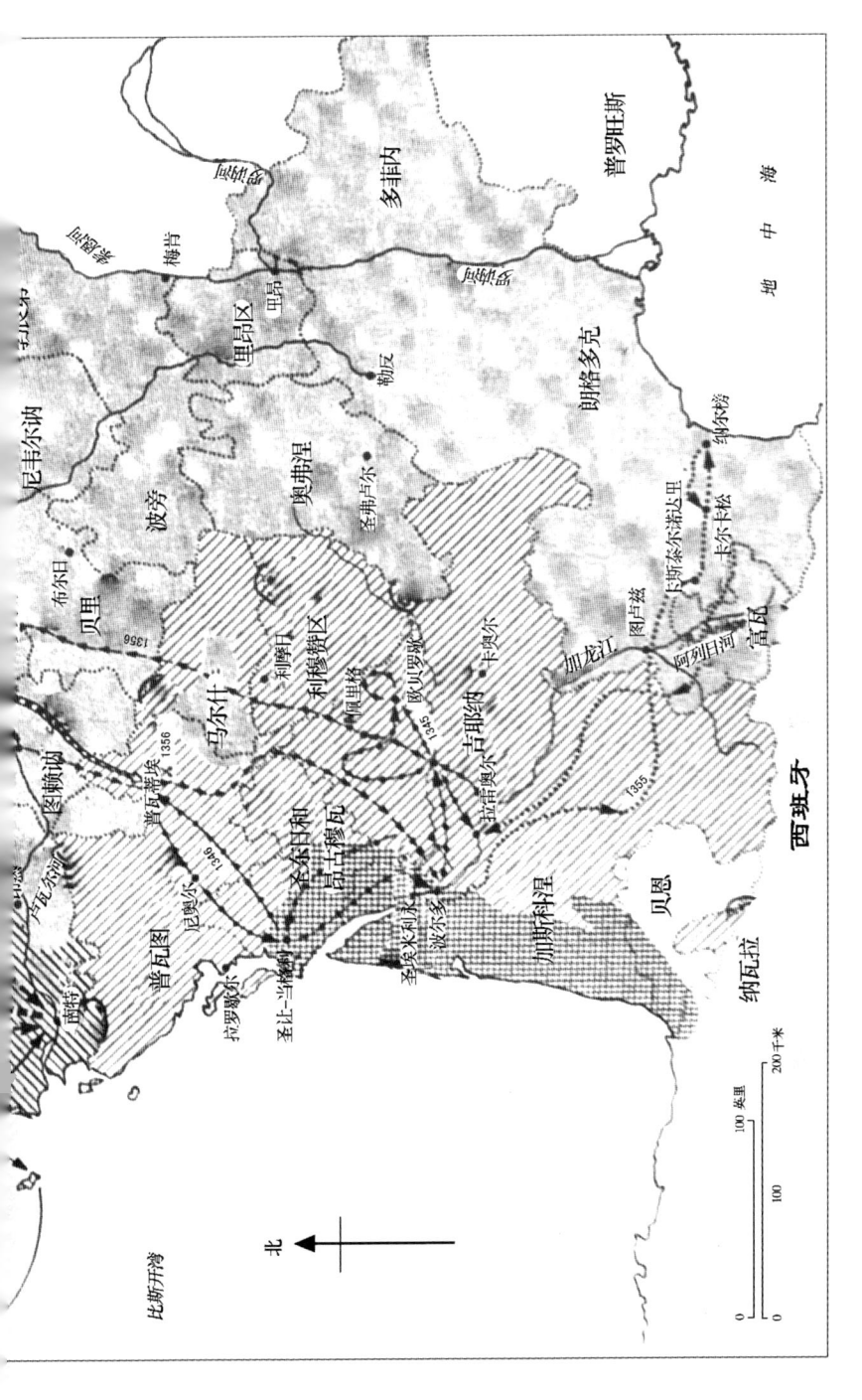

地图7 到1360年的英法百年战争

之位，而且将自己树为法国国内瓦卢瓦王朝反对派的领袖。[25]

经过这些准备工作之后，战争正式开始了。一百年来英法之间第一场重要战役在斯勒伊斯（Sluys）海面打响（1340年6月24日），当时英格兰人往佛兰德运送部队的战船把法国海军司令基耶莱（Quiéret）和贝于谢（Béhuchet）率领的一支大军围困在靠近港口的狭窄地带，使其蒙受巨大损失。在陆地上，圣奥梅尔（Saint-Omer）遭到阿图瓦的罗贝尔的攻击，图尔奈（Tournai）被围困。大量军队被动员起来：1339年，法国人计划募集1万名骑兵和4万名步兵；1340年9月，菲利普六世拥有受雇于自己的28000名重骑兵和16700名步兵，而爱德华三世及其盟友也指挥着一支大概与此数目接近的军队。[26] 决定性的遭遇战似乎即将来临，但还没有哪一个国王准备好拿命运来冒险。1340年9月25日，双方在埃斯普勒尚（Esplechin）安排一次休战，给人留下了一种虎头蛇尾和幻灭之感。菲利普六世退兵以便恢复元气，因为国内对其统治之不满已公开显现。英格兰方面也是如此。耗资巨大而未有明显的收益回报，这在1340年冬季给爱德华三世造成了一场严重的政治和经济危机（参见前面原文第289页）。显而易见，如果要继续进行在欧洲大陆的战争，他就必须采用一种与其资源相适应的战略。

1341年布列塔尼的继承权纷争给爱德华三世提供了一次机会，除了保护英格兰同吉耶纳的交通线，还能够以较低的成本颠覆瓦卢瓦王朝的统治。因为一个敌对的布列塔尼有可能扰乱隶属于英格兰的加斯科涅赖以维持行政机构运转的葡萄酒贸易，同时还可能破坏往波尔多输送人员和物资的通道。爱德华三世先发制人，主动提出支持已故公爵约翰三世（1312—1341年）的同父异母兄弟约翰·德·蒙福尔（John de Montfort）争夺公爵宝座，反对已故公爵的侄女让娜·德·庞蒂耶夫尔（Jeanne de Penthièvre）继位，后者是法王菲利普六世之侄查理·德·布卢瓦（Charles de Blois）的妻子。该案件被提交到**高等法院**的一个专门委员会审理，到菲利普六世宣布他愿意接受布卢瓦

---

[25] Froissart, *Oeuvres*, ed. Lettenhove, xviii, pp. 170–172; Déprez (1902); Le Patourel (1984); Jones (1989).

[26] Contamine (1972), pp. 65–74; Sumption (1990).

代表其妻子为布列塔尼领地而履行的臣服礼（《孔弗朗判决》[*Arrêt de Conflans*]，1341年9月7日）时，蒙福尔为抵制法王的判决已经返回领地，通过爱德华三世提供援助的允诺和布列塔尼人的支持而加强了自己的信心，布列塔尼人因不希望看到王室影响在这个公爵领有任何扩大而支持他。㉗

敌对状态导致了令人痛苦的内战，直到1364年内战一直肆虐于布列塔尼。诺曼底公爵约翰率领的一支军队从昂热（Angers）缓慢推进，强制执行《孔弗朗判决》，11月占领南特，蒙福尔在那里被俘，但是他的妻子让娜·德·佛兰德（Jeanne de Flandre）在他被俘虏后继续抵抗法国王室军队。她急切地恳请爱德华三世提供他曾经承诺的援助。1342年，三支规模不断增加的英格兰军队抵达布列塔尼，分别由瓦尔特·曼尼爵士（Sir Walter Manny）、北安普敦伯爵威廉·博恩（William Bohun）和爱德华三世本人率领。英军占领了数处关键的海岸要地，其中最重要的是布雷斯特（Brest）。爱德华三世指挥一支快速挺进的**骑兵队**袭击并穿越该公爵领，在12月包围了瓦恩（Vannes）；他还派遣一些指挥官攻击南特、雷恩（Rennes）和迪南（Dinan）并蹂躏了乡村地区。一些布列塔尼领主，包括克利松的奥利弗三世（Olivier III de Clisson）——先前菲利普六世阵营的一个同伙，现在共同支持英格兰-布列塔尼人。菲利普六世的反应则是大量征集自己的部队，但他重施1340年的故技，缓慢地向布列塔尼领地推进。双方在一个安全的距离内互相遭遇后，又安排一次休战（1343年1月19日在马莱特鲁瓦[Malestroit]）。在此期间，两国国王同意在阿维尼翁进一步举行磋商，教宗克雷芒六世以个人身份担任调停人。在这个过渡期，英格兰-布列塔尼人加强了对布列塔尼海岸的控制，并在瓦恩建立了他们的大本营，该地是休战开始不久后移交给他们的。

1344年10月，当和平会谈最终举行之际，尽管教宗申明他没有偏见，但英格兰人疑虑重重地看待他的调停斡旋。最后，造成两国国王长期敌对纷争的问题一个也没有得到解决。布列塔尼休战协定也没有得到很好的遵守。1344年查理·德·布卢瓦包围了卢瓦尔河口的

㉗ Jones, 'Some Documents', (1987) and (1988a); *Recueil des actes de Charles de Blois*.

盖朗德（Guerande），占领了坎佩尔（Quimper）。其他城镇和堡垒迅速转手，有些多次易手。从 1344 年至 1347 年，英格兰－布列塔尼军队在北安普敦伯爵和托马斯·达格沃斯爵士（Thomas Dagworth）率领下在布列塔尼北部特别活跃。1347 年 6 月 20 日，布卢瓦在拉罗什代里安（La Roche Derrien）被俘，并被押往英格兰。不过到那时候，北部战争中心已经转移到了诺曼底，当地贵族们在阿尔古（Harcourt）家族领导下欢迎爱德华的军事干预。1346 年，英格兰人的**骑兵队**发动了第一次重要战争。

爱德华三世在科唐坦半岛（Cotentin）的拉奥格（La Hogue）登陆，在诺曼底切出一条毁灭带，英格兰人通常避开城镇但洗劫了卡昂（Caen），他们派遣那些在沿海岸线跟进的船只把战利品运回英格兰。爱德华发现了法方派一支军队入侵英格兰的旧计划，并加以宣传以博取国内对战争的支持，对英格兰人而言战争已经进入了最富有成果的阶段。爱德华出现在塞纳河流域，在往北向皮卡迪进军前，巴黎已经在望；这时法国军队最后集结起来准备反攻。1346 年 8 月 26 日，在蓬蒂厄（Ponthieu）的克雷西，两军最后进行交锋。经过机敏地选择和准备作战场地，[28] 英格兰军队虽然比法军少，大约有 13000 人，但采用了自 14 世纪 30 年代早期对苏格兰战争发展起来的战术，第一次大规模地展现集群弓箭手的可怕威力。法军兵力是英格兰人的两倍多，高傲的法国骑士急于抵达阵地前沿，骑马越过辅助部队热那亚弓弩手往前冲锋，但被英军彻底击溃。英格兰北安普敦伯爵和沃里克伯爵在战斗中发挥了显著作用，不过这一天在英格兰方面最引人注目的当数 16 岁的爱德华王子——威尔士亲王取得成功的方法。法王菲利普六世逃离战场，而波希米亚的约翰、佛兰德伯爵路易以及其他许多大贵族，还有成千上万其他阶层的士兵都战死疆场。尽管几乎没有人质疑法王的勇敢行为，但一场批评其政府的风暴战前就已在酝酿之中，现在爆发出来了。**三级会议**（*états*）要求改革，盐税被暂时取消，人事上也作了变动（参见下面正文第 419 页）。更糟糕的事跟随而至，爱德华三世悠闲地向海岸推进，着手围攻加莱。

---

[28] Sumption (1990); Fowler (1991), p. 79.

第十四章 法国

虽然菲利普六世认真采取措施以解除加莱之围，但毫不奇怪，他又回到了避免直接军事对抗的政策。最终，加莱在坚守近一年后于1347年8月4日投降。尽管后来英格兰人耗费巨资来维持加莱港及其辖区，但现在他们有了加莱这座桥头堡，到伦敦和到南部沿海海岸都很方便，从那里还可发动**骑兵队的袭击**。在法国方面，1347—1348年冬季重启关于补给的协商。随着克雷西战役后在政府中扮演更重要角色的公爵约翰"欣然即位"，单单诺曼底的**三级会议**就同意捐献450000 **图尔城铸的里弗尔**（livres tournois），超过此前20年整个国家征收的战争补助金之总和。㉙ 到1348年3月，采用诺曼人每镑征8便士的营业税模式，根据骑兵的薪资来核算所需数额，达成协议在全国范围内为战争征收大约300万**图尔城铸的里弗尔**。但是瘟疫的暴发阻碍了这项税款的全额征收，黑死病在1347年11月1日左右到达马赛，1348年3月到达阿维尼翁，5月到达里昂，很可能经海路由波尔多传播到鲁昂，8月20日左右到达巴黎。除了同英格兰及其盟友休战以外，法国别无选择，1348年9月1日双方同意停战，在以后的几年间数次重新签约。同以往一样，该休战条约也未得到严格遵守。

战争已经开始发展出一种与此前英法战争不同的动因和特征，这就是为什么它对法国造成特别严重影响的原因。战争蔓延为贵族间的世仇和冲突提供了幌子，如阿尔马尼亚家族（Armagnac）和富瓦家族（Foix）之间的仇杀，就是1315—1316年间授出的那些特许状引起私人战争的典型例子；在许多地区，以前曾在菲利普·奥古斯都时代见到过的野心勃勃的军官和散兵游勇（routiers）也变得难以控制。瓦尔特·本特利爵士（Walter Bentley），他刚刚在1352年被爱德华三世任命为王室派驻布列塔尼的代理大臣，写了一封不同寻常的便函，就关于"如何处理为一场肮脏的战争（guerre guerroyante）而战的目无法纪的军人"之事向威斯敏斯特寻求紧急建议。㉚ 这种祸害在所有种类的祸害中极具破坏性，乡村居民被迫向当地要塞的占有者缴纳保护费（rançons 和 patis）或实物，这些占有者仅仅在名义上对君主保

㉙ Henneman（1971），pp. 228ff.
㉚ Froissart, *Oeuvres*, ed. Lettenhove, xviii, pp. 339–343.

持着最松散微弱的忠诚。在布列塔尼,这些压榨是当地居民所知悉的第一种常规税收。

在毗邻安茹、诺曼底和普瓦图的边境区,或沿着加斯科涅长长的边界线的忠于英格兰人和忠于法国人的地区的中间地带,当地居民常常被迫向双方驻军缴纳钱款,但没有一个地区是安全的。像奥弗涅那样的偏远地区为散兵游勇提供了庇护所,正如富庶而人口众多的巴黎附近地区吸引他们的注意一样。劫掠烧杀造成巨大破坏,庄园收益急剧下降。城镇居民躲在仓促间建造起来的或翻修的防御工事后面也不安全,因为长期的恐惧和不安情绪支配着这些居民。[31] 最鲁莽的**散兵游勇**的头目也可能发动他们野心勃勃的**骑兵队的袭击**,像罗贝尔·诺尔斯(Robert Knolles)在 1358 年袭击欧塞尔(Auxerre)和奥弗涅,詹姆斯·派普(James Pipe)1358—1359 年劫掠诺曼底和法兰西岛,他们的行动在 1360—1368 年间的大聚会(Great Companies)运动中达到顶峰。那时冷酷的职业士兵因受到战利品和冒险活动的诱惑被吸引到法兰西,而当《布雷蒂尼条约》签订时,他们被暂时解除合同,于是实行报复,其造成的大破坏远至阿尔萨斯、普罗旺斯和朗格多克。与英格兰人、法国人、布列塔尼人或加斯科涅士兵一道的,还有来自德意志、西班牙、意大利甚至匈牙利的士兵,在这里都可以看到,对他们而言,英法战争提供了一种谋生方式。

一种由外交斡旋、军事行动和休战组成的复杂模式,因黑死病而短暂中断,于 1349 年之后重新开始。爱德华三世与年轻而野心勃勃的佛兰德伯爵路易·德·马尔(Louis de Male)结盟,然后与纳瓦拉的查理二世联合,与他草拟分割法国的计划。1353 年,当爱德华三世短暂地显示出愿意牺牲布列塔尼的蒙福尔派(Montfortists)时,双方同意释放查理·德·布卢瓦的协议草案。为了对抗这些举措,法兰西国王约翰二世也积极行动进来,尽管他受到自己的顾问大臣间的严重分歧的限制。1354 年 1 月,在纳瓦拉国王查理二世的挑唆下,查理·德·拉·塞尔达(Charles de la Cerda)被谋杀,随之而来的一系列事件更为扑朔迷离。约翰二世获悉纳瓦拉国王同英格兰人的交易

---

[31] Contamine (1978); Desportes (1979), pp. 539ff, 关于一个个案研究。

第十四章 法国

后,掩藏起真实情感,于1354年2月22日在芒特(Mantes)同其达成妥协,因为担忧英王爱德华三世会利用纳瓦拉王国的诺曼人领地,获取进入法国的通道,正如他曾这样使用布列塔尼和加莱。1354年4月,法国人同英格兰人在吉讷(Guines)开始进行新的谈判,条约草案也准备好了,待以后在阿维尼翁召开的一个会议正式批准,尽管最终和平的希望破灭了,因为没有任何一方愿意批准这份条约。[32] 当双方再一次坐在谈判桌前时,英格兰人因军事上的成功而居于更加强有力得多的地位。

对14世纪50年代大部分时间而言,战争遍及法国北部;在莫龙(Mauron,1352年8月),瓦尔特·本特利爵士击败了居伊·德·内勒(Guy de Nesle)指挥的一支强大的法军。在诺曼底,德比的亨利——现为兰开斯特公爵,扩大了英格兰人的势力范围,而后作为王室代理大臣在布列塔尼度过一段时期,不过在经过9个月的围攻后依然未能占领雷恩(Rennes)。在法国南部,威尔士亲王爱德华于1355年抵达波尔多,他的到来标志着新一轮冲突对抗的开始,10月份他指挥了一场极为获利的劫掠活动,远及纳尔榜(Narbonne)和地中海沿岸。次年,他从波尔多向东部和北部进军,横扫一切,直逼卢瓦尔河,这是一场有计划的战役,与从加莱和诺曼底方向突击的英军行动相一致。当法王约翰二世决定迎击这位英格兰王子时,他转而向吉耶纳进军,但因战利品所累行进缓慢,恰在普瓦蒂埃城外与法军相遇。1356年9月19日他使法军又遭受一场惨败,以俘获这位国王本人而圆满结束了这场战斗。约翰二世被带往波尔多,最后被带到英格兰,俘虏他的人对他照顾周详,但其军事失败的政治和军事后果则是灾难性的,因为英格兰人最后索要了一笔巨额赎金,而约翰二世被迫同意放弃他王国的1/3地区的主权(地图8)。即使这次军事惨败迫使法国王室设计一种向其臣民征税的新的、有效的手段,改革其货币以及彻底检查其行政机构,约翰二世本人对这些发展变化也没有什么影响,因为这些改革主要是他的太子查理和顾问们完成的(参见下面原文第417页)。[33]

---

[32] Bock, 'Some New Documents'; Fowler (1969); Cazelles (1982); Jugie (1987).
[33] Delachenal (1909-1931); Hewitt (1958); Cazelles (1982).

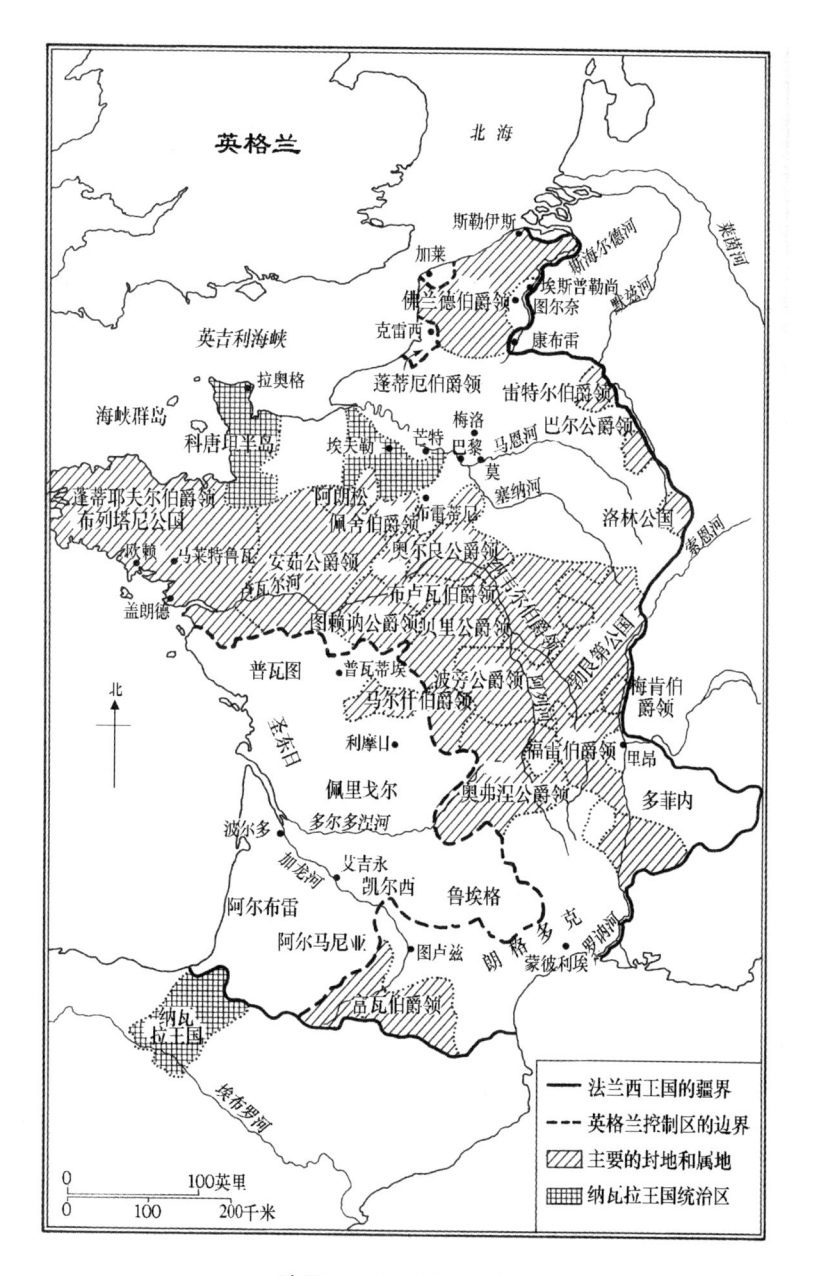

地图8　1360年的法兰西

行政机构、司法和财政

随着王室领地和司法、财政活动的扩展,菲利普四世的统治是以行政管理方面的许多重要进展为标志的。菲利普五世、查理四世和菲利普六世继位后又将数块领地置于王室的直接控制之下,包括普瓦图、拉马什(La Marche)、安茹、曼恩、图赖讷(Touraine)和瓦卢瓦。法国王室领地达到了中世纪时期的最大规模,在 1302 年时只有 28 个司法总管辖区(**塞内沙尔管区**［*sénéchaussées*］和**巴伊管区**［*bailliages*］),到 1328 年时达到了 36 个。[34] 直至约翰二世在 14 世纪 50 年代开始为其年幼的孩子们预作安排,这方面几乎没有发生什么变化。波旁(Bourbon)公爵领是 1327 年创立的,主要出自已经掌握在这位新公爵手中的土地;1332 年菲利普六世将诺曼底封授给他的儿子约翰,但领地的行政管理机构(严格地说和它的收益)基本上保持在王室手中,直至克雷西战役之后这位公爵终于被授予某种自治权。[35] 1345 年,菲利普国王把奥尔良公爵领赐予较小的儿子菲利普,补偿他未能得到多菲内(Dauphiné),当向安贝尔二世(Humbert Ⅱ)购买这块帝国采邑的谈判结束时,他曾许诺过要把它给这个儿子。1349 年,多菲内被授予诺曼底公爵约翰的长子查理,作为王室继承人的特别属地从王室领地中分离出来独立持有。1361 年当勃艮第公爵领归还王室时,约翰二世早已经将其儿子路易封在安茹、约翰封在贝里(Berry),1363 年一个新组成的勃艮第公爵领被封给菲利普。

司法总管的调动,即**塞内沙尔**(seneschals)和**巴伊**(baillis)这些地方民事和军事机构关键人物的调动,防止他们在任何一个地区扎根坐大,在路易九世时就已经采用,现在一直保留着。虽然伴随着国王更替发生了一些变化,但没有证据表明那时实行了全面的变革。许多人即使是在南方地区服役,也是从北方贵族和骑士家族中征募而来的。但是菲利普六世拓宽了征募模式,雇佣王国传统边界之外的贵族来担任这些司法总管,譬如阿古·德·博(Agout des Baux)来自普罗旺斯,皮埃尔·德·拉·帕吕(Pierre de la Palud)来自萨伏依。

---

[34] Dupont-Ferrier (1902), p. 14.
[35] Tricard (1979), contra Cazelles (1974).

通常两到三年是一个服务期。1319—1342 年间，这方面的变动莫城（Meaux）有 13 次。那些任职时间更长的贵族包括于格·基耶莱（Hugues Quiéret），他于 1325—1332 年间在博凯尔（Beaucaire）和尼姆（Nimes）担任了 7 年总管，戈德马尔·迪·费伊（Godemar du Fay）1328—1335 年在维特里昂佩尔索瓦（Vitry-en-Perthois）担任**巴伊**，在 1337/1338 年和 1345 年间被埃拉尔·德·利尼奥勒（Erard de Lignol）和他的儿子托马斯所取代，而后在 1343 年至 1352 年间管理莫城。不过 1328 年后，没有一个人能够与皮埃尔·德·昂热（Pierre de Hangest）的任期记录相媲美，他是蒙迪迪耶（Montdidier）的一个市民，于 1303—1320 年间任鲁昂的**巴伊**，然后在 1322—1326 年间再次出任。此外，他在漫长而辉煌的生涯里，还于 1300—1302 年间出任韦尔讷伊（Verneuil）的**巴伊**，1320—1322 年间出任科唐坦半岛（Cotentin）的**巴伊**。他的一个儿子在 1334 年时是菲利普六世的首席书记官（chief notary）。㊱

杜邦－费里埃（Dupont-Ferrier）称这些人为"不屈不挠的平等派"（indefatigable levellers），他们准备着这一天的到来："在国王及其臣民之间，除官吏外不再有任何人。"㊲ 更晚近的研究修正了上述把他们视为王权的"狂热的仆人"的画面，认为他们狂热拥护的更多的是君主主义而非国王本身。至少对南方地区而言，已有人论证说，尽管塞内沙尔的确以牺牲教会和贵族为代价来扩大王室权威，但他们这样做也得到了地方统治精英的大力协助，包括提出各种建议，特别是城镇市民和受过大学教育的律师更乐意提供这些帮助，这些精英也因自己的努力而得到丰厚的报酬。㊳ 此类精英构成了小型政务会稳定的成员，向塞内沙尔提出建议，提供受高层频繁变动所威胁的行政管理机构的延续性和关于地方的知识。在南方，地区和城镇的议会广泛采用并鼓励雇佣法律专家任职。像那些在各个省证明自己才华的塞内沙尔和**巴伊**一样，对最成功的律师而言，上述低级职位通常为他们通往中央政府的锦绣前程铺平了道路。菲利普六世和约翰二世统治时期，巴黎**高等法院**的许多成员都来自"法学家"（legists），他们是

㊱ Delisle（1904）and Dupont-Ferrier, *Gallia Regia*, 关于人事变化；Rogozinski（1969）。
㊲ Dupont-Ferrier（1902），p. 873.
㊳ Cazelles（1958）；Rogozinski（1969）.

第十四章 法国

在卡佩王朝末期崭露头角的。[39]

中央统治机构的增长是这时期的一个显著特征。虽然法国国王及其家族一直保持巡行状态，尽管是在巴黎周围一个相当传统的容易行动的圈子里流动（查理四世已经被戏称为"旅行国王"［le roi voyageur］，单单在1332—1333年间菲利普六世就变换驻地78次），[40] 但趋势是主要大臣及政府各部门"走出宫廷"（go out of court），逐渐在首都长期定居。这种迁移早在菲利普·奥古斯都时期就开始了，但在14世纪初这方面的动力开始聚集起来。从路易十世治下时期开始，王室大法官（chancellor）（现在逐渐在国王的顾问中重新获得自1185年以来久已失去的权威）正式从国王扈从队伍中消失了，他通常驻在巴黎。自1318年以来他有一个靠近圣小教堂（Sainte-Chapelle）的办公室，位于**国库**（trésor）和**羊皮纸厂**（parcheminerie）之间，作为**听审法庭**（audience）使用。到约翰二世时，西岱宫（Palais de la Cité）容纳了政府所有的主要部门，当王太子查理永久地搬迁到卢浮宫和圣波勒宫（Hotel de Saint-Pol）时，巴黎向中世纪**行政管理都会**（cité administrative）的演变就完美地结束了。[41]

政府管理日益复杂，大量卷档随之积聚，都促进了这种发展势头。菲利普五世是"一位中央集权的和热衷于管理的君主"，是"菲利普四世的儿子中最富有创造力和想象力的"，在一大堆改革活动中他全面整饬王室家族、政务会、大法官法庭和**财政署**（chambre des comptes），深入调查王室的各项权利。[42] 菲利普六世还扩大了政府的司法和财政机关：不仅财政署、高等法院，还有**王室诉状审理庭**（requêtes de l'hotel）、**王宫诉状审理庭**（requêtes du palais）和**诉状审理庭**（chambre des enquêtes），都迅速发展起来。菲利普的统治也是以调查一系列关于王室的权利开始的，对统计数据和政府部门运作方式的独特关注可以认为是国王及其亲信顾问采取的新举措。行政管理能力得到改善，如对大法官法庭的库存档案加以收集和编纂。对王国内的**户**（feux）或税收单位的数量进行的著名调查是在1328年完成的。

---

[39] Pegues (1962); Autrand (1981).
[40] Bautier (1964), pp. 92, 110.
[41] Cazelles (1982); Guenée (1985), p. 132.
[42] Lehugeur (1897-1931); Brown (1971a), p. 399.

现存的几份"预算"和"作战计划"都是关于菲利普的行政官员如何进行量化操作的进一步的证据，在战争时期和资源有限的情况下这样做是必要的。[43] 1343年提交给国王的一份报告表明了谋求财政节约的努力，因为自1314年以来某些关键部门雇佣的官吏数量增长了5倍。[44] 那些专业化的服务职位，如王室秘书和公证员，开始发展起共同承担责任的制度（collegiality），因为虽然王室在1343—1361年间限制其增长数目，但它也确认了政府雇用职员的情况，职位逐渐形成等级制度，公证处在多种场合拥有集体特权。[45]

官僚机构发展情形可由大法官法庭本身得到很好说明。从不久前的1307年以来，大法官法庭开始频繁地登记文件，虽然依然遗漏下许多文件没有登记，这是评估政府是否能够有效地进行日常管理工作的一个重要问题。不过，通过模仿更先进的阿拉贡或英格兰的大法官法庭，使人员通过更严格的训练和选拔程序，改善了王室先前的一些做法，使政府的管理工作取得显著进步，保存下来的登记材料的迅速增加证明了这一点。从查理四世统治时期开始，充足的经济收入和长期稳定的就业前景吸引着各类职员为王室效力。不仅司法大臣，而且许多较低级别的官吏，都以显著提高的业务能力为前后相继的几个国王服务。一些王室职员，除去他们的专业职责，还因循一种较古老的传统，显示出对历史和文学的兴趣。让·马亚尔（Jean Maillart）著有《安茹伯爵传奇》（Roman du comte d'Anjou，1316年），他的同僚热尔韦·迪·比斯（Gervais du Bus），其公证员生涯从1313年一直持续到1338年，1314年完成了一部辛辣的讽刺作品《福韦尔传奇》（Roman de Fauvel）。这是在这个世纪的下半叶继续存在的一种前人文主义的传统。[46]

官僚机构仍存在弱点，这凸显了中世纪官僚机构的局限性，并不断成为政治争论的一个根源。例如，并非所有的司法大臣都显示出最高的行为标准。让·德·谢尔舍蒙（Jean de Cherchemont）效力于菲利普五世，而后又效力于查理四世和菲利普六世，期间只有一次短暂

---

[43] Jassemin, 'Les papiers de Mile de Noyers'; Lot (1929).
[44] Moranvillé (1887).
[45] Bautier in Lapeyre and Scheurer (1978).
[46] Bautier (1964) and (1986).

的中断，因索取过高酬金而遭到其继任者马塞·费朗（Macé Ferrant）的严厉谴责。现代研究已经证实了这项指控。费朗的一位关系密切的同僚——纪尧姆·德·圣莫尔（Guillaume de Sainte-Maure）是图尔的教长（dean of Tours）和司法大臣（1330—1335年），他在4年半的时间里不仅所登记的文献数量只有他的认真勤勉的前任在一年时间内的登记数，而且去世时他的房间里依然留下数目极其众多的未登记的特许状，以至于他的继承人缴纳了 4000 **里弗尔** 才免于吃官司。除了官吏的无能外，还有品格的缺点。据说圣莫尔曾经恐吓一个使用小城堡印章（Châtelet seal）的意大利包税人，说如果他能同其妻子睡觉，他只能付一点幽会费！因此，毫不奇怪，关于各个级别王室官吏腐败和贪婪的抱怨经年不断，1314—1315 年至 14 世纪 50 年代的改革者们都迫切希望改善官吏的道德水准。圣路易曾经在 1254 年就这个问题颁布过一个重要**法令**。1303 年，作为其改革措施的一部分，菲利普四世公布了另一个伟大的**法令**，该法令频繁地重新颁布，最晚近一次是 1351 年约翰二世颁布的。它提供了一项根除腐败的综合计划，但只是部分得到实施。[47] 通过扩大行政服务，创建各类君主法庭——**财政署、国库**，最重要的是**高等法院**，这一时期的君王们使官僚机构有了一种它们自己的生活，其生存时间如**旧制度**一样漫长。

巴黎**高等法院**是目前为止最敏感的中央机关。还在 1314 年时它已演化出许多专业化的职能，直到 1789 年它都在履行王家最高法院的职能。审理下级法庭的上诉日益成为其事务中的一个重要内容，尽管它也处理许多一审案件。这一时期司法变得越来越老练了，记载**高等法院**事务的各种新的系列文献揭示了这一点，如自 1312 年起建立了独立的刑事登记册，自 1320 年起开始编纂各类审判和判决的文献。它还整理汇编了它自己拥有的王室法令（自 1337 年以来）和各类书信（1342 年）。[48] 不过，在路易十世统治开始时，巴黎**高等法院**依然在某些方面类似于英格兰议会。

像爱德华一世治下的议会一样，巴黎**高等法院**更多地仍然是一种特殊场合（occasion）而非一种制度。它不仅具有一种司法职责也具

---

[47] *Ordonnances*, I, pp. 354 – 368, 560 – 561, 694 – 700, II, pp. 450 – 464.
[48] Ducoudray (1902), I, pp. 272 – 273; Lot and Fawtier (1957 – 1962), II, pp. 332 – 367.

有某种政治职责，其成员流动性极大，许多参与者只是不定期地出现，这取决于君主的恩宠或者其他事务的压力。直至1345年，一项重要法令才规定了人员、固定的薪俸和雇用的条件，在此之前，巴黎高等法院一直代表着一个广泛的跨专业的阶层，而不是它即将演变成的那种单纯的司法官员。因为在它开庭时，可以看到王子、主要的廷臣、拥有高级荣誉职位的官吏（王室总管、仆役长）、主教和从一个广阔的地理圈内召集来的其他神职人员、贵族和市民，包括许多来自南方的民事律师，而且随着这个世纪的进展，还能看到支配着它的弗洛特（Flote）、布西（Bucy）、普雷勒（Presles）、多尔芒（Dormans）、多热芒（d'Orgemon）等第一流的望族成员。[49] 它也不像后来那样热衷于延揽业务。譬如，那些大领地（1337年前的勃艮第、布列塔尼和加斯科涅）的地方议会（convention）发展起来后，**高等法院**把许多案子发回这些地方议会自己的法庭审理，因为这些案子不符合司法不公或错误裁判的上诉标准。在这一时期，要求扩大**高等法院**的上诉司法权的压力很大一部分并非来自它自身，而是来自下面，来自那些对他们自己的地方法院提供的司法审判感到不满的个人和集体，这方面或许来自阿图瓦的证据具有典型的意义。[50]

英格兰的议会发展起请愿（petition）制度以矫正冤情，与其相比，巴黎**高等法院**缺少的是任何严肃的选举要素。这一点将在各种全国性的或地区性的贵族会议（assemblies）上看到，最早召集这种会议的是菲利普四世。特别是在菲利普五世治下时期，广泛地采用了男爵、教士和市民组成的会议形式，以一种令人费解的合作形式来获取建议、支持甚至金钱，最重要的是获得政治支持和解释君主的政策。[51] 佛兰德的战争、十字军、货币制度和行政管理改革频频提上日程。在1318年和1321年，王室试图通过会议协商一笔补助金。有些会议由单独一个等级组成（最早使用"三个等级"这个词与奥弗涅1355年举行的一次会议有关）。在1316年1月和3月之间，至少有227个城镇的代表出席了在鲁昂、莫城、布尔日举行的三个独立的会议，1317年3月45个城镇的代表在巴黎集会；与此

---

[49] Autrand (1981).
[50] Small (1979).
[51] Taylor (1938), (1939), (1954) and (1968); Brown (1971b); Russell Major (1980).

第十四章 法国　　473

同时大约有 275 名贵族出席了 1315 年 12 月的会议，1318 年 4 月出席会议的贵族则不少于 431 人。一份大约 300 名"核心"贵族的名单，也许出自菲利普四世时期，看起来曾构成这些会议的核心。至于城镇，其代表的构成更为随意和无规则。出席情况最好的是在 1317 年 5 月的会议，当时确实有超过 500 名高级教士、贵族和男爵出席了会议，出席会议的也许"另外还有数百人"，[52] 这一数字直至 1346 年的会议才再次达到。

其他会议则将跨越这个政治共同体的各阶层人物聚集在一起，会议期也许仅仅持续几天，但通常都持续 1 周或 2 周。由于在法兰西全国范围内召开一次单独的会议存在着实际上的困难，所以几乎同时举行几个地区性的而不是一个单一的集中的会议变得很平常。图卢兹、布尔日和普瓦蒂埃是朗格多克代表喜爱的集会地点，而巴黎、奥尔良或王室领地上某个较小的城镇则通常担任东道主，招待来自朗格多伊尔（Languedoil）的代表。但每年举行一次重要会议的一任君主的统治过去后，继之而来的是 20 年间（1322—1343 年）国王基本上回避召开"全国性"的会议。对菲利普五世召开的各种各样的会议结果感到失望，可能是人们对此类会议的看法变得清醒起来的主要原因；各类会议未能提供具有约束性的承诺，不断地需要在地方的层次上进行商议削弱了王室的努力，延长需要紧急达成的决策所花费的时间，逐渐消耗了人们的热情。

例如，菲利普六世在其统治早期显然认为不需要召开什么会议。1329 年和 1333 年举行的**三级会议**在档案里没有留下什么痕迹，正是财政匮乏迫使他在 1343 年召集一次会议，恢复了大规模的会议形式。1345—1346 年，出于行政管理方便起见，为朗格多克和朗格多伊尔召开两次单独的会议，这很正常。更重要的大会于 1346 年和 1347 年举行，在后一次会议上，王室接受了一项重要的改革规划，也许是在国王儿子约翰的推动下作出的。

事实证明，他比父亲更支持代表会议。1346 年在担任朗格多克的王室代理人时他曾经主持过这里的**三级会议**，也主持过那些诺曼底属地的代表会议。他的当政开始于 1351 年在巴黎和蒙彼利埃（新近

---

[52] Taylor (1954), p. 436.

从马略尔卡［Majorca］国王处购得）召开的全体会议，不过最集中地召开磋商会议的时期是在 1355 年 12 月和 1358 年 5 月之间。那个混乱无秩序时期的反常和变动无法详加叙述：开始时是一种合作冒险，即为了战争满足国王急需的人力和金钱，但国王在普瓦蒂埃战败被俘后这些变质了，王室已经失去了主动权，**三级会议**寻求控制政府的政策。㊳

1357—1358 年，朗格多伊尔的**三级会议**每隔几个月就召开一次，但在巴黎商会会长埃蒂安·马赛尔（Etienne Marcel）、拉昂（Laon）主教罗贝尔·勒·科克（Robert le Coq）的革命激情影响下召开次数逐渐减少，他们的盟友呼吁彻底改革行政机构。他们于 1357 年 2 月对政府进行了一次清洗，1 年后当着太子的面处死了 2 名他们最痛恨的对手。接着，内部纷争和马赛尔被刺（1358 年 7 月 31 日）才使摄政委员会摆脱了控制。毫不奇怪，未来的查理五世不会成为会议的朋友。在 1359 年后（除了 1363 年在亚眠、1367 年在贡比涅［Compiègne］召开过短期会议），由于王室在艰难地拼凑被军事失败和社会革命所击碎的王国，在 1420 年之前再也没有召集过全国**三级会议**。

1314—1364 年这段时期表明：对于相继的各个国王所面临的紧急需要来说，把一个单独的会议作为常规的解决办法是不实际的。这决定了大多数正式的磋商会议将仍然保持在地方的层面上。因为当一个单一的**三级会议**未能生根时，地区性的会议，特别是**朗格多伊尔的三级会议**，还有几个省的会议，却确实作为政治景观中的日常现象建立起来。㊴ 这些**三级会议**得到了王室的积极鼓励，从 1339 年以来在诺曼底、1352 年后在勃艮第都是这样。1355 年它存在于奥弗涅，在多菲内是 1357 年，阿图瓦是 1361 年；同时布列塔尼的**三级会议**最初召开于 1352 年，目的是商讨英王爱德华三世关于索要查理·德·布卢瓦的赎金事宜。㊵ 上述会议和后来的会议以"**召开地方三级会议的地区**"（*pays d'états*）而闻名，行使了不同程度的权力和影响，特别是在财政问题上向政府提出建议和同意有关要求，政府的盘算中从来不可能完

㊳ Delachenal (1900) and (1909–1931); Funk (1944); Cazelles (1982); Cazelles (1984).
㊴ Russell Major (1980); Lewis (1968), pp. 328–374.
㊵ Pocquet du Haut-Jussé (1925).

全拒绝考虑它们的意见。从那以后,它们需要不断地寻求支持或用强迫性的手段达到自己的目的,其中有许多一直存在到1789年。

在菲利普四世统治时期,同阿拉贡、英格兰和佛兰德的战争刺激财政机构和更深思熟虑的税制的发展,虽然他只是推广以前的税收而没有创建全新的税种。[56] 这确立了支配下半个世纪发展的一种模式;"明显的(或紧急的)需要"的法律原则被用于证明征税的合理性。人们普遍同意战争时期的军事服役是责无旁贷的,不过在颁布**征召诏书**(*arrière-ban*)后,现在常常要求被征人员缴税而不是在王室军队中服役。这个"战争补助金时代"(埃内曼[Henneman]语)一直持续到1356年。1313年菲利普四世同意:一旦证明税收合理性的紧急状态已经过去(**原因消失,结果也就消失**[*cessante causa, cessante effecta*]),就返还曾经征收的金钱。这个先例在1314年后该时期的大部分时间里支配着税收的开支。[57] 只能以补助金的方式为特定的战争征收、支出金钱。在大多数人看来,直接税一直是一种非同寻常的事情。在1356年前,强制性地普遍征税所带来的政治风险妨碍了连续几任政府去解决这个棘手问题。

结果,王室常常被迫采用传统方式来征敛额外资源,或者试行间接税。这种税制的原则很简单,对基本的国内商品、食品、饮料和制成品的销售征**税**,而像海关税费这样的**特别税**(*maltôte*)则向以出口为目的的商品征收。初期的税率非常之低,每磅征收1便士,在一个有限的时间内征收。但事实证明,销售税是获得稳定的财政收入的最可靠的方式之一,它们演变成了全国和地方税收的一个固定特征。譬如,正是通过这种方式,自14世纪30年代以来大多数城镇的防御工事得到了资金支持。未来注定长期要征税的对象是盐,**盐税**(*gabelle*)最初于1341年开始强制征收,1346年取消,但在1356—1380年间再次征收,从1383年之后就成为固定税收。

瓦卢瓦王朝头两位国王像菲利普四世的儿子们一样,以他为榜样,在封长子为骑士、出嫁女儿、参加十字军或征集赎金时充分利用自己的特权按习惯取得补助金(customary aids)。在1332年封诺曼底

---

[56] Henneman (1971), p. 27.
[57] Brown (1972).

的约翰为骑士和把女儿玛丽（Marie）嫁给布拉班特的继承人时，菲利普六世企图同时征收补助金，但引发众怒，以至于他最后宣布放弃他的权利。1335年他的女儿死去，还有约翰病危以至于人们感到他生存无望时，菲利普六世甚至偿还了一些金钱。正是1356年必须赎回国王本人的极端必要性迫使王室迅速发展起一种彻底的新型税收制度。国王赎金是以**炉灶税**（fouage，即住户税）为单位征收的，该税自菲利普四世以来曾经广泛应用于南方地区，但现在推广到全国。**间接税**（Aides）、销售税也扩大了。为了筹集赎金，王室控制下的法兰西被分成几个区（通常与主教管区的范围一致），以**财政区**（élections，原意为"挑选"或"选举"）而闻名，因为第一批税官是**三级会议任命**（**选定**）的，不过王室很快就接管其控制权，组建了**税收总署**（recettes générales），在该世纪后来的时间里由向**财政署**和**间接税法庭**（cour des aides）负责的顾问们（councillors）进行监督。从1360年起，王室开始任命税官并向他们及其属员支付薪金。[58]

　　征敛钱财的另一传统手段是发行和操控钱币，菲利普四世统治时期的这种标志性的习惯直到1360年一直是王室财政政策的中心要点。关于这时期法王王室财政总收入的档案非常稀少（大部分年份的平均年收入很可能在50万到100万**里弗尔**之间），但在1349年（应该承认，由于瘟疫暴发，这是一个特殊的年份），王室在圣诞期（Chrismas term）的收入的2/3（在78.1万里弗尔中有52万里弗尔以上）来自国王造币提成权（seigniorage）的收益，造币提成权是指他回收和改铸货币的权利。[59] 1324—1325年查理四世大约有20%的收入来自这种渠道，看来这是一笔比较正当的收入。风险更大的是为了获得短期的现金收益而改变货币兑换率和使货币贬值，这是一种最过度开发和最不得人心的王室政策之一。从13世纪90年代到1330年，王室钱币已经丧失了其真实价值的30%，在接下来的30年里又贬值50%。在1337年1月1日到1360年12月5日之间，王室发行的货币的币值、银含量或货币类型的**突变**或变动不少于85次（仅在1354—1360年就有51次）。这种**突变**通常遵循着一种调整货币价值

---

[58] Henneman（1976）；Cazelles（1982），pp. 389–401.
[59] Fawtier, *Comptes de Trésor*；Henneman（1971），pp. 44–45.

第十四章 法国

的循环模式，先是短时期内恢复健全货币的某种尝试，但接着证明这只不过造成了又一轮更夸张的货币贬值。卡泽勒认为 1346—1355 年之间出现了 5 次循环。[60]

这种政策是用传统的措辞来证明其合理性的。正如 1347 年 1 月 16 日菲利普六世在送给博凯尔的塞内沙尔的一项命令的序言中所宣称的："就这个王国而言，关于制造钱币的技能、实践、供给以及所有的规章制度都只属于我们和我们王室的尊严，我们不能相信任何人对此会有任何怀疑。"遵循这种策略的理由也直截了当地表达在 1348 年 3 月 18 日的信件里："因为我们的战争和这个王国防御的需要，我们必须这样行事。"[61]

关于市场大概能够挺住何种程度的货币贬值，并将其最坏的结果降至最低，政府采纳了来自内行的巴黎商人的建议，过度贬值因而得以避免。但是这方面频繁的变动带来越来越多的压力，不仅有来自城镇政治寡头的压力，他们不喜欢政府的做法，还有来自世俗贵族和高级教士的压力，因为他们的地租随着每次货币贬值而下降。1314—1315 年，恢复路易九世时代的良币已经成为一种战斗口号。14 世纪 50 年代中期"令人震惊的政治混乱"[62] 最终促成了一次对抗，当时的政府偶尔甚至指示官员不要对那些触犯一大堆自相矛盾的法规的人提起公诉，"格雷欣法则"（Gresham's law，即"劣币驱逐良币"）以一种报复方式发挥了作用。

一群改革者受到尼古拉·多雷姆（Nicolas d'Oresme）的影响，在桑斯（Sens）大主教纪尧姆·德·梅伦（Guillaume de Melun）的领导下，反对货币只归王室独家掌管的观点，倡导恢复"坚挺货币"（strong money）。1360 年 12 月 5 日，约翰二世获释归来不久就颁布一项**法令**，采纳了上述观点，把它作为王室的政策。以新近制造的**法郎**为基础建立一种健全的金币，恢复银币标志的质量，将朗格多克和朗格多伊尔（自 1356 年以来曾以不同的标准来制造）流通的银币重新统一起来，这些标志着为时 25 年的货币稳定期的开端。[63]

---

[60] Cazelles (1962b) and (1966b); Fournial (1970), pp. 97–125.
[61] *Ordonnances*, ii, p. 254; Fournial (1970), p. 145.
[62] Fournial (1970), p. 103.
[63] Cazelles (1966b); Spufford (1988), pp. 295–306.

财政需要与一种不断增长的道德和宗教纯洁感联合起来，法兰西是一片蒙受上帝之恩的特殊的土地，它必须通过自己的信仰和虔诚来映照上帝的王国，这种信念有时促成了打击不受欢迎的少数群体的行动。1306 年驱逐犹太人为 1307 年攻击圣殿骑士团提供了一种模式，与此同时对伦巴第金融家的长期勒索也穿插着一阵阵强烈的敌意，这是将来长期存在的另一种政策。正是在财政的压力下，1315 年路易十世同意法国再次接纳犹太人 12 年时间。1319 年鼓吹十字军，1321 年牧羊人运动（Pastoreaux movement）的复兴和麻风病患者的阴谋（Lepers' plot）等特别事件（当时据说格拉纳达的穆斯林计划征募犹太人和麻风病患者，往井里投毒来报复进行**再征服运动**的基督徒），都标志着另一轮迫害的开始，在南方地区尤为严重。菲利普五世再次拘捕犹太人，并没收他们的财产。查理四世通过榨取罚金继续骚扰他们，其中有些罚金是在他父亲统治时期开始征收的，直到 12 年过去后的 1327 年，那时法兰西王国实际上已没有犹太人留在那儿了。[64] 最后的清洁派（Cathars），包括广为人知的蒙塔尤（Montaillou）的异端分子，也被迫害灭绝了，驻在图卢兹的王室官吏直到 14 世纪 30 年代还在处理清洁派的财产。[65]

伦巴第人在香槟市集上，在向王室、贵族和城市共同体提供贷款和其他金融服务方面扮演着更重要的角色，但定期遭受困扰：王室欠债赖账、武断地命令他们削减债务、禁止他们收取利息或向他们敛取额外的保护费。在战争时期他们受到的压力更大。菲利普五世特别积极地打击他们，不过查理四世（1324 年）、菲利普六世（1331 年、1337 年、1340 年、1347 年）也颁布法令，限制他们在法国境内的自由。直到 1363 年，王室最终宣布废除债务——很多年以前从他们那里夺取的各种钱款。[66]

就这种政策的商业后果而言，由于 14 世纪上半叶伊比利亚半岛的商人越来越多地出现在法兰西北部，其不利方面因此而部分被抵消。例如，1310 年菲利普四世批准葡萄牙商人在阿夫勒尔

---

[64] Barber (1981); Beriac (1987); Jordan (1989); Brown (1991c).
[65] *HL*, x, Preuves, pp. 793, 813–815; Le Roy Ladurie (1975).
[66] Lot and Fawtier (1957–1962), II, p. 204; Henneman (1971), pp. 82–83, 127, 227, 240, 254, 310.

(Harfleur)从事贸易,1341年又重新批准;两年前类似的许可证曾经授予阿拉贡和马略尔卡的商人,让他们使用该港口;与此同时,法兰西和卡斯蒂尔在1336年后的外交联盟也带来了各种商业合同。⑥⑦ 对一些受到偏爱的意大利城市国家如热那亚、威尼斯而言,情况也是这样,他们的市民逃脱了在法国的伦巴第人的命运,因为他们拥有进行战争所必不可少的军队和海军资源。很多热那亚人和摩纳哥人(Monagesques)受雇于法国王家海军在鲁昂的兵工厂——**船园**(*Clos des Galées*)里工作,这是法国与英格兰战争机构相对抗的为数不多的例子之一。⑥⑧

王室和教会

作为菲利普四世和教宗卜尼法斯八世剧烈斗争的一个结果,王室对法兰西教会的控制加强了。克雷芒五世将教廷迁到阿维尼翁(1308年),使得教宗驻地在地理上更接近巴黎,鼓励了双方的频繁交流。1316年6月当路易十世去世时,未来的菲利普五世正在阿维尼翁。教宗约翰二十二世连珠炮般地向他提出一旦他继承王位就必须执行的国内外政策的建议。菲利普六世在1335年访问过教廷,约翰二世也不止一次造访过教廷。从克雷芒五世到乌尔班五世的所有教宗,不是法王先前的仆人就是法国的教士。其中有几个对法国国王有一种亲密无间的忠诚,他们提供建议(如约翰二十二世和克雷芒六世)或者向可能继承王位的人提供物质援助,如提供圣职、教宗诏书、各种特许和其他特权。他们允许法国国王为十字军冒险及为各种更世俗的目的对法国教会征税。就克雷芒六世而言,他还提供大量财政贷款,菲利普六世感恩戴德地加以接受,用以反对爱德华三世的战争。⑥⑨

自菲利普四世统治以来,在法国教士的什一税(*décimes*)与其说是教会的税收不如说是作为王室或国家的税收来征收的。⑦⑩ 教宗约翰二十二世连续四年把教士**什一税**授予菲利普五世。像菲利普六世在

---

⑥⑦ *RPV*, nos. 4070 and 4406, cf. also nos. 3342, 3830, 4407; Daumet (1898).
⑥⑧ Merlin-Chazelas, *Documents relatifs*.
⑥⑨ Faucon (1879); Henneman (1971), p. 197.
⑦⑩ Lot and Fawtier (1957–1962), II, p. 207–208; Henneman (1971), pp. 348–350.

1328 年所获得的一样，查理四世享有两年一次的征税权。在 1333 年，一项连续六年的征税权得到授权，尽管后来由于菲利普六世没有踏上十字军的征途，所以教宗本尼狄克十二世收回这项授予。1344 年，克雷芒六世豁免了由此而欠下的所有未偿付的税款（超过 280 万弗罗林），菲利普再次享受两年一次征收什一税的权利。在 1355—1360 年间有一个中断期，不过后来的法王们继续征收**什一税**，直到 16 世纪。君主的频繁征收以及全国性征收的特点造成了这样的观念：他们是真正的"法兰西国王"。

这种观点也得到菲利普四世及其儿子们的鼓励，他们在整个王国范围内积极促使其教士顾问晋升为主教和其他重要教职，因为他们常常把这些教士顾问派往远离巴黎的主教区任职，作为向偏远地区拓展王室影响的一种手段。这在 14 世纪早期的布列塔尼和法国西南地区表现得特别鲜明，尽管后来当约翰三世及其继承人促使他们自己的提名人得到提拔时，在布列塔尼出现了某种反抗。[71] 其他获得信任的教士，像博韦主教让·德·马里尼（Jean de Marigny，1315 年被处死的马里尼的弟弟），在英法战争开始之际作为王室副手被派遣到南方地区；或者任职于中央行政机关，如任**财政署**的署长或**高等法院**的教士顾问。1347 年，任命了 3 名主要修道院院长组成的一个委员会来监督财政改革，这表明"**财政署派**"的影响日渐消失。一个主教辖区通常成为对一个教士大臣的酬劳。

在菲利普四世手中遭到连续打击后，教会的司法审判权出现某种恢复。在双方联合时，国王颁发了授予各种特权的特许状，在这些特许状中君主承诺维持主教们的权利；还向修道院和大教堂的教士会颁发许多单独的确认书（confirmations），与颁发给世俗贵族的此类证书一样。[72] 但是，来自外省的宗教会议的抱怨表明，世俗当局仍然给他们带来压力。在菲利普六世继位后不久，1329 年 12 月他在万塞讷（Vincennes）召集了一次会议，教会和国家的关系这个陈旧的话题得到了彻底公开。他的动机是什么依然模糊不清，也许这仅仅是他想告诉别人他完全拥有各种权利的另一种信号（参见本书原文第 411

---

[71] Pocquet du Haut-Jussé (1928), I, pp. 225ff.
[72] *Ordonnances*, I, pp. 615, 647.

第十四章 法国　　481

页)。不论实际情况如何,**高等法院**的一位极其能干的**律师**皮埃尔·德·屈尼埃(Pierre de Cugnières)在12月15日担任国王的主要发言人,向高级教士、律师和其他与会的显贵们宣布:国王将要"重新整合教会的不动产"(reintegrate their temporalities)。[73] 他详细说明了如此行事的理由,列举了来自教会司法机构的66条抱怨,他认为这些抱怨侵犯了世俗贵族的权利。

虽然在场的很多人都是经验丰富的老手,他们能记得菲利普四世和卜尼法斯八世之间的严重争端,无疑很熟悉上述论点所产生的大量文献,但显然他们还是吃惊于王室的全面攻击和辛辣的口吻,要求给些时间来考虑所提出的问题。在随后的会议上,负责代表教会答复的人士,一个是刚选上的桑斯大主教(未来的教宗克雷芒六世)皮埃尔·罗杰(Pierre Roger),另一个是欧坦(Autun)主教、**财政署**署长(自1331年起担任枢机主教)皮埃尔·贝特朗(Pierre Bertrand),他们进行了一场坚实的辩护,甚至使得皮埃尔·屈尼埃对他们作了安抚性的答复。1330年1月5日,他就"与你和平,不要害怕,故我们同在"(Pax vobis, nolite timere, ego sum)的主题进行劝诫。[74] 随之进行了进一步的交流沟通,但整个事件悄无声息地结束了,国王显然承认他不会再进一步侵蚀教会特权,不过他同时告诫主教们:如果他们不想再次招惹王室的注意,那么就得做必要的改革。这些事情大部分停止了,直到本世纪后来的教会分裂(Schism)才再次点燃这种争论,《韦尔热之梦》(Songe du vergier)概述了这个过程。[75]

40年前,雷蒙·卡泽勒描述了关于"瓦卢瓦的菲利普统治时期的危机"。[76] 1314—1364年是一段持续很长时间的危机时期,因为社会、经济和军事困难都增加了。1314年的通奸丑闻和卡佩王朝最后一个君主未能留下直系子嗣,在1328年造成卡佩王朝男性直系家族断嗣,自10世纪以来第一次产生关于王位继承问题的严重纠纷。在国内,菲利普四世的政策造成的不满情绪,在1314—1315年的联盟

---

[73] Durand de Maillane (1771), III, p. 445; Olivier-Martin (1909).
[74] Durand de Maillane (1771), III, p. 501.
[75] *Le songe du vergier*, ed. Schnerb-Lièvre.
[76] Cazelles (1958).

(leagues)中爆发出来，王室被迫重新考虑与整个王国内清晰地表达自己政治见解的群体的关系。改革已经提上日程表，但是如何实现改革，观点各异。因此，关于王室应该如何为其不断扩大的需求提供资金的看法，也是人言人殊。到菲利普五世统治末期，像其父亲一样，他也提出了许多人认为过高的税收要求。他的继任者明智地后退了，尽管战争无情地不断吞噬王室的资源。

在度过蜜月时期后，对瓦卢瓦家族在1328年继承王位的怀疑和法国内部不断增加的反对势力，被追求自己野心的英格兰爱德华三世巧妙地加以利用，他要做吉耶纳的君主，或许还要求法国的王位。随后的英法战争不仅是反抗外部侵略的战争，也是一场内战。军事溃败削弱了瓦卢瓦王朝。克雷西战役后，1346—1347年的**三级会议**再次呼吁改革，在黑死病肆虐和约翰二世继承王位后，在从1355年开始的巨大的社会混乱的动荡时期，这些要求变得非常迫切。法王在普瓦蒂埃被俘以及王国在《布雷蒂尼条约》中被分割，标志着瓦卢瓦王朝命运走进最低谷；同时各种新的力量利用王室的软弱，正起来威胁瓦卢瓦法兰西的脆弱的统一。

1347年，富瓦的加斯顿三世声称：除了上帝他不承认有谁比他的贝恩**子爵**（*vicomté* of Béarn）更加优秀。选自《罗马法》的文本，先前用来为国王关于君权的假设辩护的观念，同样也出自1336年和1341年的布列塔尼。那里的法学家论证说：公爵是"君主（prince），他不承认任何上级领主"。⑦ 如果国王可以主张要求最高统治权，那么君主们为什么不可以？法兰西正在进入一个"公国（principalities）的时代"。在这个时代里，国王的权力在1300年左右虽然明显居于主导地位，但即将受到外省竞争对手的严重挑战，他们中没有一个人强大到足以单靠自己的力量击败国王，但是在这场英法战争中有能力（特别是与爱德华三世结盟）利用君主的困境谋取自己的利益。⑱ 在王室曾经一度强有力的地方，还有其他不祥的软弱无能的征兆：菲利普四世在布列塔尼征收赋税，提名任职布列塔尼的神职人员，他的继任者则无此能力。自从路易九世时代以来，王室致力

---

⑦ Tucoo-Chala (1960), p. 62, and (1961), pp. 160–161, 'laquoau tee de Diu e no de nulh homi deu mont'; Jones, 'Some Documents', p. 5.

⑱ Le Patourel (1984).

于建立起在全国范围内对制造钱币的垄断权,但在1315年颁布一项重要的**法令**后,这种努力开始失去势头。[79] 最强大的贵族拥有铸币权这一点得到了确认,他们迅速成长的行政机构在没有有王室干预的情况下运作的能力日益增长。在外省如吉耶纳、布列塔尼和佛兰德,1337年后法国国王的影响在任何事情中都迅速消失了。

当然,应该避免夸大其词,即使最软弱的法国国王也享有某些固有的有利条件和相当可观的资源,因为在这样一个社会中,权力是以另外的方式在广泛的范围内进行分配的,特别是大贵族们的权力,因为尚缺乏先进的行政管理机构来支撑,或者缺乏清晰地表达出来的政治纲领。卡佩王室关于统一在一个君主之下的"法兰西"的观念依然有一种强大的吸引力。这时期所采取的一些步骤最终将使国王得以有效地利用这些资源,重建君主制。不过从短期看,王权已经遭受了严重的挫折。拥有一群贤能的顾问的查理太子,在其父被囚于英格兰期间已经有效地治理着法兰西,他是否在1364年4月8日继位后能够恢复王权的形象,时间将会证明这一点。

迈克尔·琼斯(Michael Jones)

第二节 查理五世和查理六世统治下的法兰西

距法国历史学家第一次对政治史的事实和传记的方法论提出批评已经过去60年了,我们还能以个别国王的统治为中心来撰写历史吗?答案无疑是"可以"。在被人类学和社会学的方法拓宽后,政治叙事已经转变为权力结构的历史、正在发展的国家的历史。历史不仅探究一个国家的各种仪式和习惯,还探究各种权力的中心及其种种符号和标志,国王这个人物居于所有这些新的历史研究领域的中心位置。结果,国家本身现在是在一种新的视角下被观察,但是国王依然是重要的中心。

自从关于各种态度的研究证明此类历史事实为集体记忆提供了一

---

[79] Dieudonné(1932).

个框架以来，历史叙事，包括年代和战争，已经赢回了在上述权力结构史中的地位。在 15 世纪 20 年代和 30 年代，巴黎**高等法院**里的一个辩护律师在确定与"战争那一年"相关的一件事实的日期时，不需要专门说明他正在谈论的是 1415 年的阿金库尔（Agincourt）战役。叙事方法已经重新获得它在历史研究中的地位，但自埃内斯特·拉维斯（Ernest Lavisse）和 19 世纪实证史学的时代以来，它的着重点已经发生了戏剧性的变化。

现在，结构的首要地位被认识到了：组成它的是权力的社会基础以及它的知识根据（即决定政治行动的各种思想观念）和意识形态。与此同时，传统研究已经极大地改善了我们对于各种国家运行机制——军队、税收和行政机构的认识。

法兰西是一个王国，这个国家实行君主政体。国王是政治制度最顶端的显赫人物。我们需要识别这个人物在 1356—1442 年间所带有的一切突出的特征，这一时期包括查理五世的摄政和统治、查理六世的统治。

神圣的国王的权力是由上帝恩赐给他的。《韦尔热之梦》的作者写道：他是"基督在尘世的代理人"。[①] 在那些特殊的场合（加冕礼，国王进来的时候，在查理五世统治时期甚至他从一个地方来到另一个地方的时候），国王向众人明确展示其王者之尊。"宫廷的礼节礼仪"——用于确立与行为举止相关的先后顺序和繁文缛节的准则，经过更精细和更合乎逻辑的界定，成了国王最高统治权的背景。这件事是查理五世完成的，他命令两名关系最密切的臣僚（一个是他的堂兄弟路易，埃唐普［Etampes］伯爵，另一位是他的朋友和第一内侍［first chamberlain］比罗·德·拉·里维埃［Bureau de la Rivière］）负责制定礼仪。根据《大编年史》（*Grandes chroniques*）的记述，当神圣罗马帝国皇帝查理四世在 1378 年访问法王时，他们小心地确保皇帝骑乘一匹黑马进入巴黎，将白马（按照帝国习俗，它是"统治的象征"）留给法王。至高无上的国王是政治行动的主体。

但是，他也是仁慈恩泽的源头，并且他是一个人。这一时期的政

[①] *Le songe du vergier*, ed. Schnerb, I, p. 51.

府尚未变得冷酷和没有人性。国王和臣民之间的情感纽带正是构成民族君主制的纽带。因为他们是臣民，国王在信件里始终称他们为"他亲爱的和深爱着的"，反之，他们获悉国王约翰二世在普瓦蒂埃被俘时，"心中怀着巨大的悲痛"；再往后一个时期，他们听到查理六世患病时的反应，是赤脚走过巴黎的大街小巷，祈求上帝治愈他们深爱的国王。他们知道做叛逆或叛乱之事就是令王国"蒙羞"。爱和恨在当时的政治语言中扮演了首要角色。

在这一时期，王位起初是由被囚的约翰二世占据着，他在普瓦蒂埃战场上被俘（1356年），英格兰人将他囚禁在伦敦，向法国索要赎金。虽然他已经被迫将权力移交给他的儿子查理，但他依然从远方把自己的顾问们强加给儿子，他们遵循着一整套特殊的政策。然后是"英明的"查理五世继承王位。

甚至在活着时，查理五世就被视为一位模范国王，他的统治是法兰西瓦卢瓦王朝最初几个国王在经历灾难后的一段重建时期。近来的历史学已经弱化他的这种光彩炫目的形象，有人开始质疑其政策的独创性和效力问题，其他人则已经把使查理五世获得声誉的那些历史事实视为王室宣传的产物，这是国王的那些有学问的随从的杰作，他们致力于创造贤明国王的形象。更详细地考察该形象本身是更富有建设性的工作。根据克里斯蒂娜·德·皮尚（Christine de Pisan）的观点，国王的智慧在于"他对学习和知识的伟大的爱"。② 这反映在国王对书籍和智力活动的兴趣爱好上，他乐于将外交问题提交给民事律师（这使英格兰黑太子勃然大怒）和他的知识分子朋友。从他对时间和工作的管理和他平静而冷淡的举止与温和的秉性中，也能看到这一点。这些都是约翰二世非常缺乏的，傅华萨曾把约翰二世描述为"急脾气、不可捉摸"。③ 简言之，查理五世的统治方法是强调理智和理性，以效力为主要目标。

查理五世周围环绕着一群知识分子，其中最著名的当数诺曼人书记官尼古拉·多雷姆——那个时代的一个世界性的学者。作为纳瓦拉学院（College of Navarre）的院长，他反对约翰二世，曾经写过一篇

---

② Christine de Pisan, *Le livre des fais*, II, p. 42.
③ Froissart, *Oeuvres*, ed. Lettenhove, IV, p. 202.

关于货币制造方面的专题论文《论货币》(De Moneta)，文章挑战君主操控（"重新改变"[remuer]）制币的权利。他是查理五世的支持者，为国王和"共同的善"（common good）翻译了亚里士多德的作品。其他学者受邀将圣奥古斯丁的《上帝之城》(City of God)、索尔兹伯里的约翰（John of Salisbury）的《政治学》(Policraticus)、韦吉提乌斯（Vegetius）等人的著作译成法文。在他的亚里士多德《政治学》译文的开端，尼古拉·多雷姆安排了一个新词汇术语表，这些新词是他为表达"普通话语里没有的词汇"而编造的。于是法语词汇因增加了诸如"经济"、"立法"、"无政府"和"民主"等而充实起来。正是在查理五世统治时期，法兰西拥有了政治思想绝不可少的各种概念。

查理五世也是卢浮宫图书馆的建立者，那里 1000 本书籍得到了一丝不苟的保管，有目录清单，而且最重要的是归读者自由使用。除了历史书和爱情小说，他们还找到了一系列引人注目的政治科学的书籍。这是运作良好的一个图书馆，到查理五世统治末期，它还获得了《韦尔热之梦》——一部应国王之命而撰述的政治百科全书，此外还有作为国王及其政务会的工作工具的各种文献汇编：经过修订的教宗敕令集（bullarium）或登记簿，收集了教宗写给法兰西国王的最重要的信件，一部与英格兰国王缔结的条约的汇编和一本包含有各种外交文献的《联盟之书》(Book of Alliances)。

国王在手抄本方面树立了一个重要榜样，他亲自决定抄本的画饰：自己身穿学院服装、坐在书柜前一个旋转的王座上让人描绘。国王的智慧加之他的成功，意味着其统治的许多方面，包括税收，不是被人们接受就是被遗忘了。当他弥留之际，人们已经在述说"英明的查理国王的美好时代"。

查理六世继承父亲王位时还未满 12 岁；他在勒芒（Le Mans）森林第一次患上疯病时也不到 24 岁，经过了 8 年的未成年阶段（实际上的，而非严格意义上的法律术语，因为他是在 1380 年 11 月 4 日加冕为王的）和 4 年亲政。5 个世纪后的我们不可能准确地识别他的病症，但国王遭受了一系列的危险期和暂时康复期。在两个危险期之间，查理六世神志清醒，足以再次承担起君主的重担。至少直到 1415 年事实就是这样，因为在阿金库尔战役之后，他的理智就变得

第十四章 法国

长期迟钝不清了。国王的"缺席"使同血统的王子们——查理六世的叔叔们（贝里公爵和勃艮第公爵）和他的兄弟（奥尔良公爵）——的对抗失去控制。

不过，王室形象还没有完全毁灭，如果认为英明国王的形象已经简单地被疯王的形象取代了，那就完全误解了当时人的态度。查理六世行动敏捷，擅长马上比武和骑士比赛，沐浴在 1382 年在罗斯贝克（Roosebeke）战胜佛兰德城镇民兵所带来的荣耀下，梦想着参加十字军远征，最重要的是他是一个具有骑士风范的王子。后来，当除了战争和灾难之外便一无所有时，法国人在蒙难国王的身上看到了他们自己的形象。在国王忧愁的脸上，他们还看到了基督受难的神情。他们称他为"深受爱戴的"（Well Beloved）查理。

查理五世只是瓦卢瓦王朝的第三位法兰西国王。在 14 世纪中叶，君主制度还要经历 1328 年王朝更迭后果的余波。这解释了王室作出大量努力来强调王权的合法性、法国国王的谱系和血统的原因。最重要的行动是 1374 年颁布的法令，将国王成年的年龄固定在 14 岁，同时制定了适用于王位的继承法，即排除女儿、实行长子继承制及由与去世的国王血统最接近的男性继承的制度。其他法令确立了王室领土不可转让的原则（1361 年），并将这纳入加冕典礼的誓言中。他们还宣传（被《布雷蒂尼条约》所裁剪过的）这个王国是不可分割的，君主统治权在任何情况下都不能放弃这个观念。该观念将主导与英格兰的外交谈判，直至《特鲁瓦条约》（Treaty of Troyes）的签订。

在查理五世统治时期，那些完全相同的原则（统一、不可分割性）或极为类似的原则（只能由直系男性继承）也适用于 1360 年约翰二世为儿子们创建的公爵领地，适用于奥尔良公爵领甚至勃艮第公爵领，不管其古代习俗如何。国王最亲近的家族成员通过其特殊的领主地位与法国的其他男爵们区分开来，在这个王国中享有某种特权的身份。他们接近权力的源头，由于在王室税收中获得金钱而享有大量资源，在国王的明确控制下他们位于封建等级制度的顶端，支配或吞并那些年收入在 1 万和 1.2 万**里弗尔**之间艰难地生存着的伯爵领地（comtés）。

根据一直围绕着国王、他的加冕礼和他的神奇的力量（他有能力治愈那些患有淋巴结核病的人）的各种传说，查理五世的学者侍从构建了一套信条，使人们的注意力集中于圣瓶（Holy Ampulla）、红色王旗和国王手臂上的百合花，同时还颂扬法兰西王国是新的福地（promised land），承载着上帝的选民。国王的神奇力量也扩大到他的近亲身上，在14世纪中叶那些至关重要的年月，他们以"法兰西血统的领主"而闻名，然后则因为他们的盾形纹章而以"百合花领主"（第一次提及是在1355年的一份官方文件中）而闻名，因为这种纹章上装饰着三支百合花，同国王的盾形纹章的装饰一样。这是法兰西的家族谱系，先是查理五世而后是查理六世对圣路易顶礼膜拜，他们模仿巴黎王宫里的圣小教堂的式样建造圣小教堂（Saintes-Chapelles）（在万塞讷［Vincennes］或布里的勒维维耶［Le Vivier-en-Brie］），或者像查理五世还向家族中那些自己也建造了圣小教堂的（例如在里永［Riom］和布尔日的）显赫成员授以"圣荆棘"（holy thorns）（来自基督的荆棘冠）。

王冠是国王的标志，查理五世赋予了它最重要的意义。事实上，王冠作为宝石饰物和观念，它象征着王国王的职位，这时期正是人们开始在国王本人和国王职位之间作出区分的时候。日期标注为1360—1380年间的文献用最高尚的语言赞美君主。就在这时期查理五世放弃了西岱（Cité）的王宫，让它成为行政部门（**高等法院**、**财政署**等部门）用房，而把圣波勒宫（Hotel de Saint-Pol）作为王室居住处，并在很大程度上改建了卢浮宫。然后，全国**捐税事务**总参议大会（the assembled body of the councillors-general on the *fait des aides*）也开始在国王的财政中作出严格区分：哪些是指定的"国王财产"，哪些是指定用于公共开支的收入。

在1422年查理六世的葬礼上，关于国王两种身体的观念第一次得到了具体的表达。承载着他遗体的灵柩上盖着一个与国王一模一样的雕像，带有王族的徽章，直至查理的尸体埋入地下、司礼官宣布王位的继承者。国王虽然驾崩了，但他依然拥有神秘的、不朽的身体，这象征着君主制的延续，远远超出了单个统治者的生命。

在法兰西的中世纪史基本上就是大革命之前的历史时，学者们尽力构建起中央集权的国家、民族统一和法国领土扩张的轮廓。1356—1422年间的经历开始于法国在普瓦蒂埃的惨败和约翰二世在战场上被俘。查理太子——诺曼底公爵返回巴黎时，既无军队也没金钱，召开了全国三级会议。他击退了反对派势力的进攻，其中巴黎商会会长埃蒂安·马赛尔在反对派中地位最显赫。约翰二世的女婿和老对手"坏蛋"查理（Charles the Bad，纳瓦拉国王，路易十世的外孙）的行为，加上扎克雷起义（或农民起义），在埃蒂安·马赛尔被刺杀（1358年7月31日）之前，都进一步恶化了混乱局势。《布雷蒂尼条约》（1360年）带来了百年战争第一阶段的结束，法王被迫把王国西南部1/3的统治区域割让给英格兰国王。约翰二世因缴纳300万**埃居**（écus）的赎金而获得自由（只缴付了部分赎金，不过赎金是造成强制征收直接税的原因）。约翰二世一返回法兰西，首先做的事情之一就是创建**法郎**（franc），这是持有封地的领主们所需要的坚挺货币。此时的法兰西遭受领土缩小、破坏和人口削减，又到处都遭受靠战争谋生的成群结队的雇佣兵的蹂躏。与此同时，纳瓦拉国王"恶人"查理已经采用军事手段在勃艮第继承权问题上反对国王。查理五世即位的黑暗日子因贝特朗·德·盖克兰（Bertrand du Guesclin）在科克莱尔（Cocherel）战胜纳瓦拉人（1364年5月）而使人感到兴奋。不过数月之后，法国人又遭受了一次失败。当时（得到英格兰国王爱德华三世支持）的布列塔尼公爵约翰·德·蒙福尔在欧赖（Auray，1364年9月29日）战役中击败他的竞争对手——得到德·盖克兰帮助的查理·德·布卢瓦，不过这次战役实际上结束了布列塔尼长达20多年的内战。

加斯科涅的一些领主在1368年反对威尔士王子——吉耶纳公爵及其税收政策，诉状提交到了法王和巴黎**高等法院**面前，这给了查理五世一个机会，以便恢复按照《布雷蒂尼条约》的条款而放弃的那些省份的主权。结果，冲突再度上演。逻辑和必要性的结合迫使法国国王采取一种新的、本质上是防御性的策略，他雇佣了一支小规模的常备军。1375年（这时教宗的干预导致了布鲁日的休战），几乎所有失去的法国省份都被重新征服，英格兰只持有吉耶纳、加莱管区（March of Calais）、瑟堡（Cherbourg）和在布列塔尼的少数据点。不过为这次重新征服法国人花费很大，因而实行高水平的税收。加之教会大分裂（Great Schism）和布列塔尼人起义、法国南部城镇叛乱，虽在1378—1379年被国王代理安茹公爵无情地镇压下去，但为查理五世有恢复作用的统治的末期罩上了一层阴影。

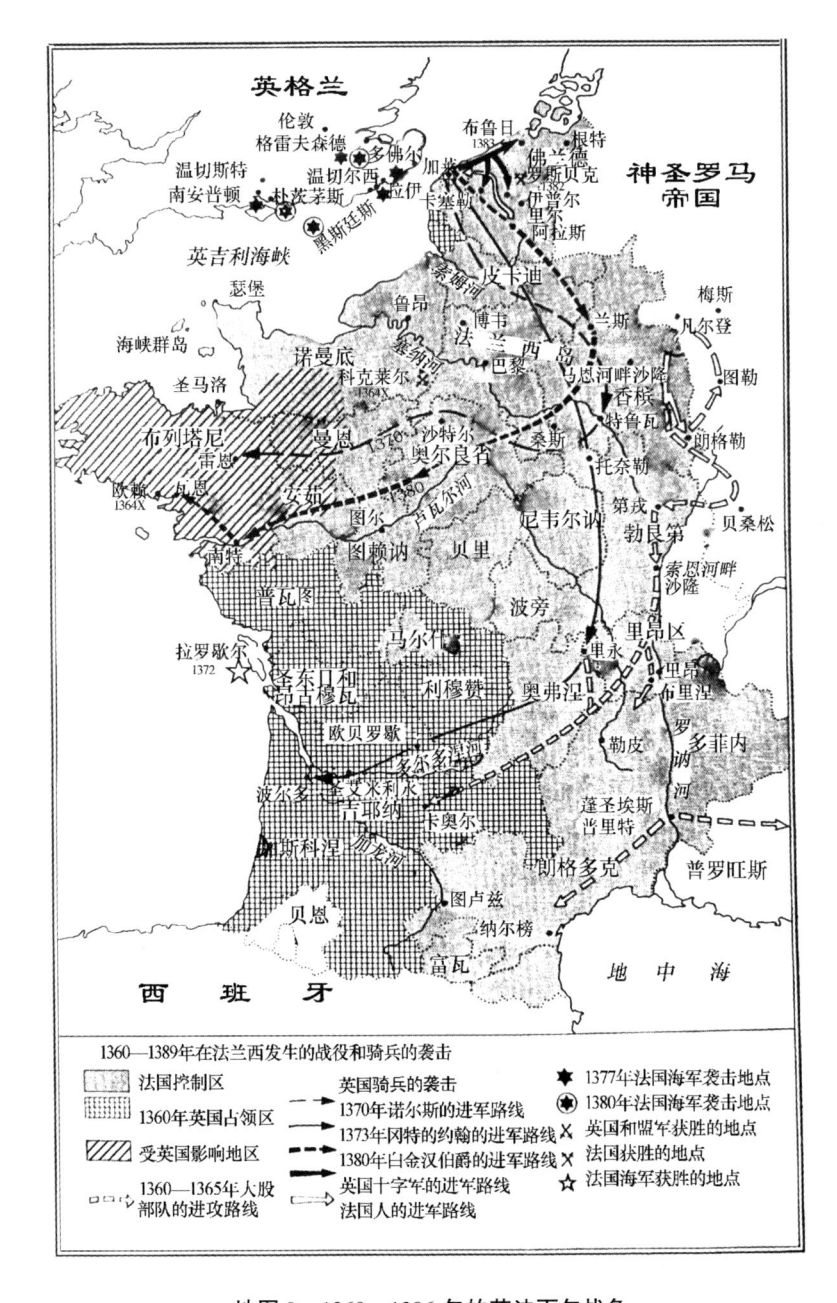

地图9　1360—1396年的英法百年战争

第十四章　法国

查理五世驾崩，权力留在年幼的查理六世的三个叔叔手中，他们每个人都既受到整个王国利益又受到自己公国利益的驱使。安茹公爵路易是那不勒斯王国乔安娜女王的继承人，需要国王的金钱去征服他的意大利王国。勃艮第公爵菲利普（他不久就通过妻子的权利继承了佛兰德）需要国王的军队去镇压佛兰德城镇的叛乱。贝里公爵约翰被任命为王室驻朗格多克的总代理（lieutenant-general）。因而，他从该省获得了大致接近于其公爵领的收益，而其领地曾经是约翰二世统治时期王国内税收最丰厚的地方之一。

与此同时，在1380年曾经笨拙地废除而在次年又重新实施的直接税，激起了一轮汹涌的叛乱浪潮。南方地区经历了"图钦"（Tuchins）起义，北方城镇也举行了起义，兰斯、拉昂、奥尔良都出现骚乱，最严重的是鲁昂的"阿雷尔起义"（Harelle）和巴黎的"铅锤党人"（Maillotins）或"棒锤党人"（Maillets）起义。在两年时间里，巴黎不受王室控制，直到王室军队在罗斯贝克彻底击溃佛兰德人（1382年11月27日）才向王室屈服。

当国王20岁时，顾问团（Marmosets）的回归提供了同查理五世统治的某种连续性。但在1392年，国王疯病发作，贝里公爵和勃艮第公爵掌握了大权，此后他们与国王的兄弟奥尔良公爵路易争权夺利。他们迅速地分裂为两个阵营，一个由勃艮第公爵领导，另一个由奥尔良公爵领导。危如累卵的是他们不仅控制着王室财政，而且还管理着国家，最重要的是对外交事务的影响。因为勃艮第公爵寻求扩大他在低地国家的影响，而奥尔良公爵偏爱一种反对英格兰的好战政策。教会是双方产生分歧的另一个根源。奥尔良公爵路易始终是阿维尼翁教宗的坚定支持者，而勃艮第公爵则支持结束教廷分裂的各种努力。国王本人意志的缺失使亲王们之间的对抗不受约束地发展起来，而且还加强了各公爵领的地位——由于王室的财政支持，他们有能力模仿王室的模式为自己配备行政机构、资金和法庭。

奥尔良公爵路易被勃艮第公爵"无畏者"约翰命人刺杀（1407年）、1413年巴黎的卡博什派（Cabochiens，勃艮第派的支持者，希望通过暴力实施他们的改革措施）运动、阿尔马尼亚派和勃艮第派之间的内战，这些都造成王室权力的动荡，尽管在王室官员的支持下,年老的贝里公爵和当时的王太子路易在 1414—1415 年间也曾采取过一些措施。路易时任吉耶纳公爵,死于 1415 年 12 月。

法兰西被这些分裂势力削弱了,没有能力击退英格兰人的进攻。在经历查理六世统治初期的好战年代后,顾问团开始了一系列漫长的和平谈判。但是法国人拒绝割让任何主权,而英格兰人让这种"冷战"持续下去也没有什么损失。由于双方无法讲和,外交官们签署了一份 28 年的休战协定,由英王理查德二世和法王查理六世之女——法兰西的伊莎贝拉(Isabella of France)的婚姻予以保障(1396 年)。婚礼为双方高层会晤提供了另一次机会,随后是两个国王之间的个人联系。不过这对两国之间确立最终和平无济于事,对吉耶纳和加莱管区的边界问题也没有什么影响,那儿不断发生敌对行动和日常消耗战,对这些地区的居民造成极大的伤害。

随着理查德二世下台和兰开斯特王朝亨利四世即位,英法敌对行动重新开始。英格兰人利用法兰西内部的政治分裂,吉耶纳发生了多场战斗,还有大量海军方面的行动和 1411—1412 年间一系列令人眼花缭乱的军事和外交斡旋。1415 年,亨利五世在诺曼底登陆,法军在阿金库尔遭到全歼(10 月 25 日),英军挺进诺曼底。阿尔马尼亚派和勃艮第派之间的冲突还在持续。1418 年 5 月 29 日,勃艮第派成功占领巴黎,屠杀了王室总管贝尔纳·达尔马尼亚(Bernard d'Armagnac)以及他们能找到的他的任何支持者。该派其他成员则带着年轻的查理太子出逃,他们撤到外省的贝里和普瓦图(太子的封地)。在两个月的时间里,他们得以在当地建立起一个由太子领导的政府,太子宣布自己是法兰西的摄政。

第二年,法兰西因勃艮第公爵"无畏者"约翰被谋杀而分裂,太子目睹了这一罪行,阴谋是在他的政务会里策划的,当时他出席了会议。新任勃艮第公爵"好人"菲利普和王后伊莎贝拉以国王(他比往常更多地不再"出席"会议)的名义,同英王亨利五世签订了《特鲁瓦条约》(the Treaty of Troyes,1420 年 5 月 21 日)。查理太子因其"种种罪行"而被剥夺继承权,换言之,因为是他谋杀了勃艮第公爵。在查理六世去世时,英王亨利五世准备继承法国王位,通过迎娶法王最年幼的女儿——法兰西的凯瑟琳(Catherine of France),他将成为法王和王后的"儿子",并将从此统治这个王国。法兰西和

第十四章　法国

英格兰的"双重君主制"（double monarchy）因而得以确立，其中每一个王国都保持着"它自己的权利、自由和习俗、惯例和法律"。

《特鲁瓦条约》根本没有带来和平，而是给一个已经分裂为三个联盟的王国注入了新的战争推动力。这三个联盟是：英格兰人占领的诺曼底、法兰西岛和吉耶纳和加莱管区；勃艮第公爵控制下的香槟和皮卡迪，还有勃艮第、佛兰德；法兰西中部和南部诸省依然忠于查理太子，加上安茹、曼恩，当然还有多菲内（Dauphiné）。在遭受兵痞劫掠和如此拆分后，确实存在着一种真正的危险：法兰西王国也许会彻底消失。然而，在英王亨利五世死后两个月，法王查理六世也于1422年10月22日去世，亨利六世继承王位，成为英格兰和法兰西国王，而查理太子在他那小小的布尔日王国里自称为法兰西国王。在贞德的栋雷米（Domrémy）村和其他地方的一些人认为，他这样做是正确的。

在查理五世和查理六世的统治所跨越的3/4个世纪里，历史学家们能够察觉到两股重要潮流，有时一同发挥作用，有时则相互对立。一方面，现代国家崛起，伴随着相应的官僚机构、税收制度、国王的抽象的和独立的权力，以及赋予公共服务至高无上的地位。另一方面，存在传统的王权结构：封建的、个人的、尊重特权和已确立的习俗和个人纽带，对改革的基础而言，这是一种理想的模型。

这两方面要素的根源存在于过去。现代政府的起源必须从12世纪晚期发生的变革中寻找。尤其是菲利普·奥古斯都（1180—1223年）统治时期的推动力在1280—1348年间的"美男子"菲利普及其继承人统治期间依然持续着。至于改革的理想，要以怀旧的方式追忆到"我们的圣路易老爷的美好古老的时代"，那时的自我节制和努力曾经给君主制带来了无与伦比的道德和神圣声望。

到1360年，现代国家前进的步伐被对外战争失败、起义和由此发生的内战所打断，逐渐失去了其最初的某些动力。当约翰二世返回法兰西时，一种"新的政体"已经安置停当，它承认贵族对社会—政治的支配作用。④ 常规税收制度的确立和一个有组织的官僚群体的

---

④ Cazelles（1982）.

逐渐形成,都为这种国家的发展提供了一个框架;建立在明确界定的各项原则的基础上,真正的权力下放也在着手进行。在《布雷蒂尼条约》签订后的那些年间,这种新的政治社会秩序在法兰西的建立,其在查理五世统治下的维持以及随后的演变,由此产生的紧张关系和最终崩溃,是查理五世和查理六世统治下的法兰西历史的一个重要组成部分。

政治社会:掌权的贵族阶层

当罗贝尔·德·洛里斯(Robert de Lorris)于1358年在他的艾默农维尔(Ermenonville)的城堡遭到扎克雷起义农民的攻击时,"因为他非常恐惧,所以宣布放弃贵族身份,并发誓他热爱巴黎的市民(bourgeois)和公社(commune),超过他对贵族的爱。由此他连同他的妻子和孩子们都得到了拯救"。⑤ 作为巴黎一家客栈老板的儿子,自1348年以来这位有权势的政客就已经拥有受封贵族的证书,晋升至贵族行列。这对于政治和社会成功而言是必不可少的。10年后,他放弃权利的声明没有持续下去。一旦危机过去,罗贝尔·德·洛里斯重新采用他的骑士头衔,为其儿子让(Jean)(以朗瑟洛[Lancelot]而闻名)安排了一场体面的婚礼,出外打猎,充分利用司法制度来迫害其乡下邻居——简言之,他采用了体现贵族生活方式特征的所有姿态和行为模式。一旦动乱已经过去,贵族再一次成为法兰西无可争议的统治阶级,贵族阶层一直是所有社会抱负的焦点。

实际上,在1356—1360年间的危机年代贵族阶层声望降到了最低点,然后其政治和军事的重要性迅速恢复。战争失败,尤其是在普瓦蒂埃遭受的"崩溃"引发了一股强烈的反贵族潮流,14世纪的所有资料都简单地称之为"非贵族阶层反对贵族的骚乱"。这并不能阻碍在精力充沛的桑斯大主教纪尧姆·德·梅伦(1345—1376年)的领导下,一个非常典型的贵族群体在约翰二世的政务会里发挥领导作用,建立起一套政府管理的制度,在重建法兰西王国的同时也恢复了贵族阶层在政治上的杰出地位。卡泽勒曾称梅伦为"14世纪的枢机

---

⑤ *Chronographia Regum Francorum*, ed. Moranvillé, II, p. 273.

主教黎塞留"。⑥

但是，贵族阶层的地位依然如故吗？甚至，它还是同一个贵族阶层吗？贵族们构成了一个固定不变的群体，他们独特的社会品质和政治角色通过血统门第传递，这种主张不应该掩藏其正在经历着的深刻的社会变革。其中一些是长期的变化，影响了西方整个基督教世界。收入下降、与附庸的政治关系相对衰落，甚至各个骑士团的创建都属于这种类型的变革，不过其他变化可以归因于查理五世和查理六世统治时期的政治决策。

为了评价这些变革的重要意义，我们必须估价 14 世纪中叶贵族们在法国社会里占据的地位。他们构成人口的 1.5%—2%，大约有 4 万到 5 万个家庭，或者人口数量约在 20 万和 25 万之间。⑦ 贵族内部存在着严格的等级制度：1350 年的一份名单开头列有 350 名**男爵**、2 名公爵、27 名伯爵、16 名**子爵**（vicomtes）的名字，其余的人被简单地归类为**重要人物**（sires）。因而，等级制度在有血统关系的亲王之下强调两个等级，一个是伯爵（comital）等级，一个是男爵等级。不过还有其他区别对待的因素：一些**男爵**持有的领地构成一个完全连接在一起的整体，而其他男爵持有的封地则是分散的。这种情况转过来又影响着他们的政治角色和决策。

在他们下面是数量巨大的骑士和乡绅（squires），这些人是小贵族，其收入和权力按照早期封建水平来说都降低了。不过，贫穷对他们的儿子的抱负来说是一种鞭策，他们构成了教会和政府服役人员的来源，其城堡构成的网络遍布整个王国。作为一个社会群体，贵族阶层比人们通常所认为的更容易进入。如果一个人不再处在一种"高贵地生活"的位置，他就得离开这个群体；同时，只要对那些渴望向上流动的人士来说贵族阶层依然是唯一的社会榜样，那么它就会不断地吸收新来者。

无论贵族阶层构成如何，在 1360 年它一直是国家军事、政治和社会事务依然得以控制的框架。受到军事溃败、政治危机及确实还有国家无情地崛起的震撼的正是这种框架，所以在查理五世和查理六世

---

⑥ Cazelles (1982).
⑦ Contamine (1997), pp. 48 – 56.

统治时期必须予以加强。

1360年，当约翰二世被释放返回法国时，必须找到营救他的赎金，政府采取了关键性的措施。总起来说，这些措施是由三方面主要内容构成的一揽子计划。第一是引入**法郎**——一种坚挺的金币，它摧残了货币市场，但对那些以钱币计算方式接受支付的人（显而易见是教俗领主）来说，它保证了高收益和稳定的回报。货币稳定状态一直持续到1385年，这时货币小幅贬值有助于经济恢复。流通状况继续缓慢地恶化，直至1417年，当时危机迫使国王恢复通货贬值政策，这为他提供了1417—1422年间的大部分收入。

第二，建立直接税制度，与此相关的一种财政制度保持至1380年基本上没有变化，然后经历若干变动和争论而幸存下来。这里最重要的方面是贵族免税的规定。尽管有封建的特别税（aids）的先例（这种税在四种不同的情形下征收，其中之一是为了征集赎取领主的赎金）和1360年征税的专门指令（"按照这个王国的普遍习俗，国王的所有臣民有义务交税"），但贵族什么也不交。1363年贵族免税得到正式批准。第三，对王家行政机构中的官吏数量作了限制，这象征着国家的发展受到了阻碍。

在查理五世统治时期，这个王国的军事重建，不论是防御抑或进行再征服的军队重建，都给贵族提供了新的机会，同时恢复了他们的军事职业。有些贵族担任有薪俸的职位，如担任城镇总兵（captains）和王家城堡总管。其他贵族在保卫他们自己的城堡时也得到报酬。贵族们在收复失地的军队中有自己的位置。他们支配着管理战争财政的12个全国**捐税事务**总参议组成的群体。此后，贵族的职责就是"在国王的战争中为国王服务"，此后不久简化成在任何职位上"为国王服务"——无论是在国王的宫廷、在他的政务会里任职抑或作为他的一名官吏。

贵族的身份由此重新生光，因为他们拥有薪俸、工资，有时还从国王处获得帮助他们"维持自己的地产"的补助金，这样他们可以继续参加战争。"依靠自己为生"，即单纯依赖来自自己的土地和领地的收入为生，在查理五世的贵族中已经不多见，尽管诗人也许会声称"在宫廷服务没有遗产"、"我只愿依靠自己为生，此外别无所求"。但厄斯塔什·德尚（Eustache Deschamps）虽然这样叹息，他还是非常了解这一点：除了为国王服役，他能够做的只有游手好闲、无所事事（*manger ses poreaux*）。⑧

居伊·德·拉·特雷穆瓦耶（Guy de la Trémoille）的例子完全能说明这种情况。1396年他在十字军东征时死于尼科波利斯（Nicopolis）。一个叫迪诺·拉庞迪（Dino Rapondi）的意大利商人负责他的财务事宜，估计来自其土地和领地的年收入总计11225**法郎**，不过加上居伊从国王、教宗和勃艮第公爵那里收到的补助金、工资和礼物，能保障其年收入达到29060**法郎**。

王室政策不仅将贵族阶层置于一个安全的财政立足点上，而且还具有一种道德维度，这时期三位国王中的每一个都对此作出了独特的贡献，下面的例子说明了这一点。1352年约翰二世建立了星星骑士团（Order of the Star）。这并未持久（在普瓦蒂埃遭到灾难性失败后消失了），不过国王的本意是：它既是对英格兰人创建嘉德骑士团（1348年）的一种反应，同时也是把这个王国的骑士集合在国王和王室周围的一种手段。

无论如何，查理五世关注于提高贵族阶层的政治教育，为他们提供关于政治理论的某种理论知识。他为什么还让人将如此之多的拉丁文著作译成法文？如果不是为了他的家庭、宫廷、家族和政务会使用，为什么他要在卢浮宫建立著名的图书馆？至于查理六世，从其个人统治伊始，他就宣扬贵族价值观，采用某些器具和制服，挑选某些颜色和一种象征性的徽章，由其宫廷中的每一个人佩戴。也许除了头戴雄鹿飞行的王冠外，没有什么比这更高贵的徽章了，1381年9月17日，查理六世选择它以纪念其即位一周年。

贵族阶层从查理五世时期执掌权力，得到国王的帮助，但也为国王服务。这种服务需要社会的政治结构发生相应变化，在查理六世统治时期人们已经敏锐地觉察到了这一点。

国王的仆人：迈向官僚体制国家

如同贵族阶层的历史一样，国家官吏的历史也必须从一个长期的视角来考察。尽管如此，查理五世和查理六世的统治在"官僚体制

---

⑧ Eustache Deschamps, *Oeuvres complètes*, I, p. 148.

国家"的建设中构成了一个关键阶段,其中一些阶段可以标明其具体日期。

这样,1360年的"限制官员数量"法令抑制了正在进展的国家官僚机构,它固定了中央行政机构的数量。关于官吏数量过于庞大的想法极其根深蒂固,所以借助于改革法令它证明有可能在一个世纪中坚持这种官僚机构最小化的做法。但是,这意味着像巴黎**高等法院**(已经被它自己的成功所压倒)那样需要雇佣辅助人员,并眼看着自己变得没有能力审理在某个合理的期限内如流水般涌来的案件。不可能对**高等法院**那大约不到一百人的委员有太多的期望,一年到头他们作出100—150个判决,此外他们还要处理大量其他事务。中央行政机构的官吏总数不到250人(不包括税收系统,该部门通常被认为是一个例外,拥有它自己的行政管理机构)。

"选举或选择"的观念是在查理五世统治时期新出现的,无疑它源于国王本人。经过教会的实践、亚里士多德和西塞罗著作的博学的读者和译者的赞扬,选举被认为能将最优秀的候选人展示给国王,这样的人将是"贤良的和最合适的"、"适宜的和恰当的"。此外,它加强了查理五世统治时期执政团队的稳定性,使人们深入认识到在查理六世统治下存在着一个君主的仆人阶层的事实。1372年,查理五世要政务会的一次全体会议选举法兰西的司法大臣,正如他使贝特朗·杜·盖克兰当选为王室总管(constable)一样。但是,自1366年以来,巴黎**高等法院**一直来自己选举院长(president),从1391年以来它还定期选举自己的委员。**高等法院**是整个官僚机构领域无可争议的典范,因而官员选举成了标准的实践。1413年规范它的行为的卡博什派(Cabochiens)的法令绝不是什么新发明。对于选举制的热情从1370年以来一直持续不衰,直到1420年才冷却下来,因为当时的公共舆论要求更高水平的公共服务,期望政务会作出一种开明的抉择——一种比国王有偏爱的选择更好的官员任命方式,因为国王的偏爱总是向着"那些喋喋不休地提要求的人"。

在查理六世个人统治的为数不多的几年里,"顾问团"的工作对国家机器而言是一个具有重要意义的时期。每个机构都配有旨在提高其效率的精确的规章制度,最重要的是一揽子措施确立了公职的真正地位。王室官员的两种角色区分开来了:私人和公职人物,因此后者

"在履行其职责时"受国王的保护,当代表国王行动时免于为其行为承担责任。如果"未举行过听审",不可免除任何官员的职务(这一条开始变得不可取消),除非他已经犯了罪。⑨

强化行政等级制度与对效率的关注、对团体身份和共同目的的认识同步进行,这有助于将下述人们结合在一起:他们的统一只建立在献身于公共服务的基础上。顾问团及其追随者几乎将公共服务变成一种神秘的理想,目睹了普通百姓不仅支持国王及其世系,而且也支持政府、国王的政务会,支持**高等法院**和这个国家,这是按照他们的意志作出的规定。

"你是国王的教士",教宗使节在1416年如此告诉**高等法院**的法官。⑩ 就政府部门中执行政策的一个群体而言,说他们是一批教士当然是对国王官吏的一种恰当的描述。人们已经观察到:他们演化成一个社会团体——如同贵族阶层的历史,是一个漫长而渐进的过程。但从1380年到1420年这段时间是一个重要时期,当时国王的官吏可以说构成了一个社会群体,但尚未形成一个社会的"等级"(estate)。

国王的官吏本身在数量上不足以单独构成一个等级,但他们是核心,其他人都围绕着他们聚集起来,包括城镇和庄园的行政管理(世俗的或教会的)人员、所有那些从事司法管理的人员、辩护律师、代诉人和公证员,还有为他们工作的办事员等。行政官吏、律师和财政官员,享有共同的文化(受到教会法和市民法的控制)、共同的活动和收入来源,此外还有共同的语言——更确切地说他们是能说法语—拉丁语两种语言的人(什么拉丁语!"世俗朋友所使用的……普通的拉丁语"[Latinum grossum ... pro laïcis amicum]——一个年老的委员向高等法院建议道)。⑪

查理六世统治时期,生气勃勃是这个群体最重要的特征,理智的活力在那些与意大利城镇和教宗法庭联系密切的大法官法庭(chancery)的各个部门中浮现出来,因为14世纪初人文主义开始在巴黎出现。然后,是一个不缺少金钱的群体的经济上的活力,因为他们的收入(以薪水、工资、补助金和礼物的形式)采用了现金支付的方

---

⑨ Autrand (1969), pp. 314–319.
⑩ Ibid., pp. 324–331.
⑪ Guilhiermoz, *Enquêtes et procès*, p. 198.

式。随着这些家庭向上爬得更高，还明显存在其他的社会活力。简言之，这个世界没有什么是静止的，各种东西都是通过学习、工作和职业能力而容易获得的，它为社会进步提供了各种巨大的机会。一些人认为机会太大了。因为很多人以一种险恶的眼光看待这些新来者。对顾问团（"Marmosets"或Mahomets）的批评充斥于这一时期，他们是受宠之人，因国王恩准而进入高层。这种人大概只有牺牲那些古老的贵族家族的利益才能爬得如此之高，后者已经被战争和政治危机所摧毁。政治危机再次造成命运的车轮改变方向，结果那些曾经因社会地位的上升而遭致最多诟病的贵族不可抗拒地垮台了，其中有让·德·贝蒂扎克（Jean de Bétizac）、让·德·蒙泰居（Jean de Montaigue）和皮埃尔·德·埃萨尔（Pierre des Essars）。

根据1345年的法令，巴黎**高等法院**大约有100名官吏、院长、委员（councillor）、办事员、公证员和传达员。他们的历史反映了以**高等法院**为核心的社会整合的节奏和进行过程。在该世纪末之前，他们长期而稳定的职业生涯将**高等法院**变成了王家司法的一个专业管理人员的机构。

一张日益紧密的联盟和关系网笼罩在法庭上。1345年，三名委员里就有一个人同法庭的另一个成员（过去、现在或将来）有亲属关系，1418年这个比例已经上升到70%。1413年的卡博什改革者们大声吼叫：首席院长（first president）亨利·德·马尔勒（Henri de Marle）在**高等法院**里有亲戚！然而，这不仅仅是在一个家族里分享高等职位利益的问题。经联姻所强化的家族纽带和联盟关系有助于他们抵制外部压力，弥补尚未明确限定的等级制度纽带，总之有助于法院更好地运转。在查理六世统治时期，每一个院长都被一小群国王的追随者簇拥着。尽管如此，总还是有留给新人的空间，因为易进入性是一种基于天赋的社会环境的首要特征。

最后，还有一个群体认同问题。为了确保其自身以及确保公共服务的需要得到满足，**高等法院**不得不打破旧有的联盟。当在王子中出现敌对竞争时，地方的忠诚最具抵抗力。但是法院以其毫不妥协的尊严和团结反抗领地王子们施加的压力。因而，它构成了这个国家内第一个伟大的机构。

高等法院的法官们是作为一个机构来着手获取以前只属于贵族阶

层的那些特权的,这些特权包括贵族财产继承习俗、获得教职的优先权和赋税豁免权等,都是在1398—1411年间逐渐得到的,而且全部是以国王服役的名义索取和获得的。结果,**高等法院**的法官们享有某种非常类似于贵族阶层的地位。在这一时期,我们可以正当地谈论一个"官员的"或"长袍的"贵族阶层吗?国王的官吏们就整体而言,在社会内部构成了一个新的等级了吗?

在官职和贵族之间作出清晰的区分,这是不可能的,因为如此众多的贵族受雇为国王服务。财政方面的职位通常由**市民**(*Bourgeois*)——有钱放贷的商人所持有,但通常军事职位和**巴伊**和**塞内沙尔**职位绝大多数都是贵族成员,还有数量可观的人员在法律部门任职。**高等法院**的人员构成在1345年时贵族占60%,1384年为43%,但在1398年再次达到55%,这个比例一直保持到1418年的危机。

然而,有些人比其他人更加高贵。**高等法院**的一些委员来自古老的贵族之家。临近14世纪末,同时代人的文本开始将这类人同绝大多数受封的贵族及其后代区分开来,前者被称为"军人血统"(*de militari genere*)或"通过父母而来的贵族血统"(*ex utroque parente de nobili genere procreati*)。这种贵族的起源存在于遥远的过去,但模糊难辨。他们属于骑士家族,现在几乎全都贫困化了,同时期这些家族还出任巴黎的大多数主教、阿维尼翁教宗和相当多的枢机主教。

除了小贵族,从查理六世统治时期开始还有另一群才干之士为国家服务,正如有一群人为教会服务一样。他们是暴发户的儿子、主教或大教堂教士的外甥或侄子、那些曾经取得高级职位及因其才干而受封为贵族的人的后代,简言之是那些我们可以称之为新贵族的、生而为国王服务的人。在14世纪末,正是这部分人主宰着**高等法院**。这些新贵族的崛起并非没有人注意到。在15世纪初,社会上对这些古老的骑士贵族的意识加强了,同时还有一种贵族反对非贵族的意识,特别是反对那些新近受封为贵族的人。不过,在为国王服务时这些紧张关系没有造成古老的贵族阶层的内聚力的分裂。旧有的体制框架出现了裂缝,但依然很坚固,官员(或"长袍"[robe])贵族在严格的意义上还没有得到承认。

尽管有所有这些变化,尽管国家在贵族的定义、特权、功能和资源方面具有压倒性的作用,但查理五世和查理六世时期的法国社会尚未看到一个新统治阶级的曙光。

王国和诸公国

14 世纪 60 年代所确立的政府制度的一个方面需要特别加以详细观察，这就是分权的趋势，反映在约翰二世为其儿子们创立了三块属地：路易，安茹公爵；约翰，贝里公爵；菲利普，勃艮第公爵。它们是领地公国（territorial principalities）的起源，在 15 世纪的历史进程中将成为一种如此沉重的负担，将在长得多的历史时期里成为法国社会和政治结构中一件极其麻烦的事情。

它们的源头在于 13 世纪末就已经开始的大贵族领地的发展，至少存在于那些地理上连成一体的领地公国（territorial principalities）的发展中。布列塔尼公爵领和佛兰德伯爵领就是如此；在较低的层次上，富瓦伯爵领也是这样。这些公国具有国家的许多特征。然而有一项是始终缺乏的，即不容置疑地征收直接税的权利，尽管布列塔尼公爵盗用了这项权利。应该承认，拥有属地（apanages）的王子们享有王室征收的税金的一部分。在这方面，查理五世和查理六世统治时期的王室政策加速了领地公国的演进，以至于造成古老的封建秩序被彻底颠覆的地步。除了勃艮第公爵领，这些属地是在把一些旧的领地合并在一起的基础上建立起来的，其持有者通过宣誓效忠君臣关系才从国王那儿获得持有公爵领的身份。在这一点上它们有别于古老的封建习惯，如同法兰西王国一样，它们是不可分割的，也不能被女性和旁系亲属继承。

由于约翰二世的政策不仅在查理五世和查理六世时期得以保持着，而且还扩展到奥尔良公爵领，甚至波旁家族的领地，因而法兰西王国的封建版图就完全改变了。从布列塔尼到勃艮第，这些幅员辽阔、强大而巩固的公国楔入王室两大块直辖领地之间，北边的一块从香槟到诺曼底，南边的一块是朗格多克。

王子们是国王的天生顾问，但也在中央行政机构代表着他们自己臣民的利益。因而他们对王国的发展方向施加着相当大的影响。不过与此同时，他们也将现代国家机构引入自己的领地（或者推动它的引进），引入有效率的行政管理机构和包括一种可以上诉的公正的法律制度。他们的首都和宫廷给这些外省城镇带来新的生活。许多小贵

第十四章 法国

族成员都受到吸引，前来为他们服务，正如他们被吸引去为国王服务一样，这些小贵族在这里获得工资、补助金、礼物和收益。

这无疑是一种权力下放的类型，受到君主的大力推动。自从查理五世统治以来，由于国王的政策，直系血统的王子们享有比其他公爵或伯爵高得多的收入水平。在1375—1380年间，贝里公爵和勃艮第公爵每年大约花费8万**里弗尔**，而最富有的伯爵的开支也不会超过2万至2.5万**里弗尔**。

在查理六世统治时期的1390—1410年间（相对繁荣和税收沉重的年份），王子们的权利甚至取得更大的进展。就1404—1405一个年度而言，奥尔良的路易收入40万**里弗尔**，其中90%来自国王；前一年，勃艮第公爵收入185300**里弗尔**。因而毫不奇怪，王子们的领地（apanagist principalities）吸收了如此众多因遭受财政困难的折磨而被合并的**伯爵领**，造成如此众多的古代封建家族的消失，而有利于奥尔良公爵或多育的勃艮第家族。

贝里公爵的例子显示了这种制度运行的方式。1360年当他作为人质前往伦敦的时候，他收到贝里和奥弗涅作为自己的属地，1369年查理五世又把普瓦图交给他。但是就在1369年，贝里和奥弗涅遭受了一群群散兵游勇的劫掠，同年普瓦图也受到了英格兰人的毁坏。因此，王子起初完全致力于领地的平定和再征服。查理六世未成年时及后来患上疯病，这些情况把贝里公爵连同其他王子置于政府首脑的地位。贝里公爵约翰是推动国家发展的一名积极的支持者，更倾向于有效率的行政管理而不是同臣民对话。他在实行永久性的税收方面发挥了作用，同时王室的行政管理机构充斥着他的官员。他在自己的领地建立了现代行政机构，建立了一个法庭（即 grands jours），用于审理上诉案件，还在布尔日建立了一个**财政署**（1370年）。布尔日、普瓦蒂埃和里永由于有了他们的宫殿和圣小教堂、法庭、商人、艺术家和教士，获得了地区首府的地位。

这些政策的成本是由王室财政来承担的，再加之对王国管理的分歧，老公爵被拖入了王子之间的对抗和内战的漩涡。不过当贝里公爵1416年去世时无子，他的属地归还王太子——未来的查理七世。1418年，查理发现该领地的制度结构和人力资源使他能够在两个月的时间里，在布尔日王国组建一个政府和一个行政机构。

勃艮第国家（Burgundian states）的组建及其在法兰西王国边界之外的扩张，是法王行动造成的后果。1361年，约翰二世宣布自己是勃艮第遗产的合法继承人。然而，忽略了王国领土不可让与原则的是查理五世，他继位伊始就将这个公爵领授予自己的兄弟菲利普。菲利普于1369年与佛兰德的玛格丽特（Margaret of Flanders）（佛兰德伯爵领、阿图瓦、勃艮第伯爵领的女继承人）联姻，是一项重大的外交成就。在国王和王子之间存在某种人员交流，在第戎（Dijon）和根特（1386年）建立了**财政署**，司法案件从勃艮第公爵领送至巴黎**高等法院**，所有这些都是君主和王子间密切联系的证据。

当勃艮第公爵严重侵犯王室财政时，或当"无畏者"约翰在改革中发挥主导作用时，他们都没有想到要摧毁君主制。虽然前一个世纪开始佛兰德伯爵领继续沿着那条已经不可阻挡地与法兰西王国相分离的道路前行，但这不是这位公爵的过错。即使该领地以勃艮第公爵领和勃艮第伯爵领为中心向低地国家扩张，他也不应该受到责备。勃艮第开始于"无畏者"约翰，大半形成于"好人"菲利普时期，结束于把"勃艮第"领地转变成非常类似于某个独立的国家。

"从领地走向国家"的表述特别适合于布列塔尼公爵领。由于有一个支持英格兰人的公爵，以及具有各种非常显著的民族特征，当查理五世成为国王时，布列塔尼几乎不可能仍然会是法兰西王国的一部分。布列塔尼出生的法国王室总管贝特朗·杜·盖克兰是公爵蒙福尔的对头，他宣称布列塔尼是"我的民族和我的国家"（My nation and my country）。布列塔尼的民族情感建立在历史传统之上，有着独特的宗教特点，是不容置辩的事实。1378年，当查理五世从公爵约翰四世那里没收领地并试图将其并入王室领地时，这一举措遭到所有布列塔尼人的反对，甚至庞蒂耶夫尔家族（Penthièvre，此前该公爵爵位的竞争者）及其支持者也是这样。

查理·德·布卢瓦在1364年的欧赖战役中被杀，他的死亡和1381年的第二次《盖朗德条约》（Treaty of Guérande）专门为蒙福尔家族确保了该公爵领。然后，布列塔尼不仅在领地内部实行自治，而且对英格兰和法兰西奉行一种中立政策。该公国在财政、法律制度和宗教政策方面比任何其他领地都更严格地独立于法国国王。尽管如此，像其他地方一样，布列塔尼也采纳王室的模式。约翰五世不是走得如此之远以至于在1417年标榜自己为"蒙受上帝恩典"的公爵吗？在这整个时期，布列塔尼人本身一直受到法国国王及其宫廷、军队和官吏任命方式的强烈吸引。

各公国领地的历史在1422年还没有走到终结。但一个世纪之后它们就消失了，毫无痕迹地被吸收进王国的版图，那时可曾有人想象过这一点吗？在它们的界限内建立起来的各种城镇和社会结构、制度和社团、宫殿和教堂——所有这些活跃的外省生活的基础都将留存下来。查理五世和查理六世时期见证了它们的建立。

法兰西王国的历史在1422年并没有结束，尽管同时代人放弃了一切希望，预言它即将毁灭。我们现在能够作出评价——而他们不能：尽管有政治和经济灾难，但法兰西社会和制度结构在继续进步，即便人们难以察觉到。

弗朗索瓦·奥特朗（Françoise Autrand）

谷延方 译

王加丰 校

第 十 五 章
但丁和彼得拉克时期的意大利

第一节 意大利北部

亨利七世的远征

1310 年 10 月 23 日，当选皇帝卢森堡家族的亨利完成了他的翻越阿尔卑斯山之行。① 他此次远征的一个主要理由是要在罗马接受皇帝加冕典礼，此外他还决心恢复其在意大利王国的权利，该地曾是帝国西部的一个重要组成部分，当时帝国边界囊括了亚平宁半岛北部大部分地区。同这两个目标相联系的是一种全面平定他的意大利领土的渴望，但是这个任务令人望而生畏。这一地区近来没有形成权力集中的传统，更不要说实施帝国统治了。它是由一堆马赛克式的领地（lordships 或 signorie）和公社组成的，它们都在保护自己自治权的同时却普遍忌妒它们的邻居。这些敌对和竞争有经济上的根源：控制土地及把自己所在地区与欧洲其他地区和地中海连接起来的商路。它们也有某种围绕着效忠对象而形成两极分化的政治特征，并以残暴和坚韧来弥补它们在系统的意识形态内容方面所缺乏的东西。吉伯林派（Ghibellines）向神圣罗马帝国及其意大利盟友寻求支持和合法依据。圭尔夫派（Guelfs）则与罗马教宗联盟，其在意大利的主角是佛罗伦萨公社和安茹家族，后者还担任普罗旺斯伯爵和那不勒斯国王，在皮德蒙特（Piedmont）拥有土地。这些效忠对象不仅显示了地区内部和整个意大利的分裂，而且还同各个城市内部为取得优势地位而争斗的各个派别有联系。

---

① Bowsky (1960); Tosti Croce (1993).

亨利七世没有处理意大利问题的经验，一些当代资料和后来的史学家提出的看法，是一种相当天真的、时代错误的空想。不过阿尔卑斯山北面的帝国几乎不可能做到无忧无虑，同时代的证据以及最明显的帝国大法官法庭的档案，都揭示出亨利是一位勤勤恳恳、精力充沛和意志坚定之人。1310年春天，他曾经派遣一个特别使团宣布他将要进行远征，寻求支持，敦促和解与揣测各方反应。他进行了长时间的谈判协商，为的是得到教宗克雷芒五世的认可；教宗在1310年9月1日的一份教皇通谕里表达了对他的支持。最后，亨利七世不是作为一个篡权者、入侵者或征服者的身份来到意大利的，而是一位合法的统治者，他显然认为他的作用是一个和平缔造者。

起初，亨利的远征看起来相当成功，他的大使们在任何地方都不曾遭到断然拒绝。即使某些圭尔夫派政权——尤其在米兰——曾经显得谨小慎微，那么他们在其他地方的反应看来是合作的。亨利本人沿途一路受到欢迎，他让流亡者归来及在互相仇视的派别之间实现公开和解的计划得到普遍实施。在一些城市——阿斯蒂（Asti）和米兰——他开启了无所不包的改革，涉及重新修订法规，更普遍的做法是他派遣帝国代理人（vicars）主持各地公社的政府。1311年主显节（Epiphany），他在米兰的圣安布罗乔（San Ambrogio）举行加冕典礼，出席典礼的人员很多。皇室对东方三博士（Magi）的崇拜在这座城市里非常牢固。1311年1月14日，亨利任命其堂兄弟萨伏依公国的阿梅代乌（Amedeo）伯爵为伦巴第代理主教（vicar-general），并征收30万弗罗林的一大笔税款，在北部城市中间分配缴纳。2月12日，在圭尔夫派首领领导下米兰开始了一系列叛乱，并蔓延到其他城市，他们对这些政策的含义感到震惊。总的说来，这些叛乱通过调停都被平息下来。

但是，亨利七世取得的成果是表面的，与这些事件关系密切的编年史家们都承认意大利政治诡谲多变的性质，强调许多领主对皇帝的敌视。圭多·德拉·托雷（Guido della Torre）——米兰圭尔夫派和伦巴第圭尔夫派事业的领袖，在亨利七世翻越阿尔卑斯山之前曾经向他作出友好姿态，但他随后的行为继而表明他是一个相当勉强的臣民。他由于卷入2月12日起义而被流放，所以拒绝向这位当选的皇帝妥协。即便是吉伯林派维罗纳的德拉·斯卡拉（della Scala of Verona），尽管他过分恭维地向皇帝表示忠诚、愿意随时提供政治和军事援助，但也追求他们自己的利益，拒绝允许他们城市的圭尔夫派流放者返回维罗纳。更普遍的是，亨利七世渴望能确保流放者回归他们的城市这似乎有利于吉伯林派的事业：他到达意大利时，北方大部分政权已经是清一色的圭尔夫派。他的一些政策再次脱离实际：30 万弗罗林税额里的一部分被分配给像威尼斯那样不打算缴税的城市。对任命那些外来者为帝国代理人的任命也可能是判断失误，尤其当这些人表现出党派性和在政治上缺乏策略时更是这样。

在面对反抗势力时，亨利七世发现越来越难以维护"和平国王"的角色，这是教宗克雷芒五世要求于他的，也是他给自己规定的角色。当叛乱城市克雷莫纳（Cremona）在 1311 年 4 月 26 日投降时，他没有宽恕该城市民，而是夷平他们的城门和城墙，撤销他们的特权，将其**周围乡村地区**（contado）（城市对周边乡村的司法管辖权）直接置于帝国行政管理之下，并施以大量罚款。对盟友的需要、对军事和财政援助的需要，迫使亨利七世日益依赖于当地的领主，把帝国代理主教的称号出售给米兰的马泰奥·维斯孔蒂（Matteo Visconti）那样的吉伯林派（1311 年 7 月），以及特雷维索的里卡多·达·卡米诺（Riccardo da Cammino of Treviso）那样的机会主义的圭尔夫派（1311 年 5 月）。

亨利七世行为的更加公开的党派性，加之他摆出威胁公社自治权和圭尔夫派领主地位的姿态，刺激了意大利北部圭尔夫派的事业，同时也引起佛罗伦萨的警觉，它确信自己有必要挫败亨利七世的进展，并在意大利内外赢得盟友。对布雷西亚（Brescia）的围攻（1311 年 5 月到 9 月）是亨利和日益上升的圭尔夫派反对势力之间的一场实力较量，对于这位当选皇帝而言，结果是在人员损失和政治动力方面都证明这是一场皮洛士式（Pyrrhic）的胜利。它也揭示出亨利七世军事和财政资源的不稳定性；当他在 10 月前往帕维亚（Pavia）主持一次帝国议会时，有人担心他可能成为该城一个勉强忠于他的圭尔夫派领主菲利波·朗古斯科（Filippo Langusco）伯爵的俘虏。

然而在帕维亚，亨利七世受到怂恿，将其绥靖的努力扩大到热那亚。该公社的政策受势力强大的贵族派别所支配，他们的利益冲突或许曾防止任何一个王朝夺取这里的领主权，但它也促使一些**平民**

(*popolani*)，即新近拥有财富和政治影响的家族，提出分享政府权力的要求，及鼓励外部力量在这座城市寻求盟友和委托人。14 世纪初的数年里，人们看到了贝尔纳博·多里亚（Bernabo Doria）和奥皮扎诺·斯皮诺拉（Opizzano Spinola）之间不稳定的休战，他们分别同米兰的维斯孔蒂和蒙费拉（Montferrat）的侯爵相联系。不过 1309 年，奥皮扎诺曾试图以教区首席神父（rector）和终身首领的职位统治这座城市。这激起其他家族组建起一个联盟，将其驱逐流放，不过他在 1311 年 10 月 21 日作为当选皇帝亨利七世的扈从返回热那亚。

正如亨利七世到达意大利后所发生的那样，他的帝位的威望、人们对和平和政治庇护的渴望，给他带来了初期的成功——多里亚家族款待亨利，获允拥有将帝国的雄鹰标记添加到他们纹章上的特权。经过同主要贵族和行会成员商量，亨利在 11 月 14 日收到热那亚的效忠表示和为期 20 年的领主权。不过意大利北部的分裂局面、佛罗伦萨领导的逐渐增强的圭尔夫派对他的敌视，及需要向罗马施加压力，都决定了他对热那亚政府的影响将是短暂的。1312 年 2 月 16 日，亨利离开该城，尽管他确实得到了罗马人的加冕典礼，但是他的死亡很快就证实了他在意大利北部的成果的崩溃。

外国干预

在大多数问题上，亨利七世对意大利的干预必须判定为一种失败：吉伯林派的事业复兴，尤其是维斯孔蒂家族在米兰对其对手德拉·托雷的胜利，导致派系斗争激化。[②] 无论如何，他的远征带来的种种希望和恐惧激励着一代编年史家和政治思想家，其中最著名的是佛罗伦萨的但丁·阿利盖里（Dante Alighieri，1265—1321 年）。对历史学家而言，1310—1313 年的事件阐明了 14 世纪意大利北部许多独具特色的主题。

也许，最明显的就是外国干预问题。一般说来，这可以解释为由该地区富裕、战略地位重要及内部政治分裂所造成，然而也可以发现更具体的政治原因。该地区作为帝国一部分之地位，以及它控制前往

---

② Cipolla (1881); Valeri (1949), pp. 1 – 326; Simeoni (1950), I, pp. 1 – 223; Valeri (1959); Fondazione Treccani degli Alfieri (1954 – 1955); Partner (1972), pp. 266 – 383.

罗马举行加冕典礼的必经路线之事实，有助于说明为什么要求帝国权力的人、他们的支持者和反对者都要介入这里的斗争。在亨利七世远征结束后的这个世纪里，五位皇帝候选人亲自进入这个半岛，他们是刘易斯四世（Lewis IV，1314—1347年）、他的对手哈布斯堡家族的弗雷德里克（Frederick of Habsburg，1314—1330年）、他的继承者查理四世（1347—1378年）、巴拉丁伯爵巴伐利亚的罗伯特（1400—1410年）、西吉斯孟德（Sigismund，1410—1436年）。

还有其他有利害关系的势力。教宗约翰二十二世（1316—1334年）拒绝承认刘易斯四世的帝位要求，1317年他以**帝位空缺**（*vacatio imperii*）为依据安排自己来统治意大利王国。为了实现这种要求，他使用了宗教武器；他还准备进行军事干预，以及争取其他人的支持，尤其是安茹的罗贝尔（1278—1343年）的支持。如果说哈布斯堡家族的帝国野心失败了，但本世纪他们在意大利半岛也的确获得了领地和司法权益。1363年1月26日，鲁道夫四世得到了蒂罗尔（Tyrol）的继承权，随之而来的还有布雷萨诺内（Bressanone）和特伦特（Trent）两个主教区职位的世袭提议权（advocacy）。同年任命他的司法官前往特伦特，使得这个王朝获得了特伦提诺（Trentino）主教的大部分世俗司法权。③

外部力量作为意大利公社和统治者的保护人和盟友再次进入这个半岛。1319年，特雷维索（Treviso）和帕多瓦（Padua）两地承认哈布斯堡的弗雷德里克的最高领主权（over-lordship），以挫败维罗纳领主坎格朗德一世德拉·斯卡拉（Cangrande I della Scala）的领土野心。④ 当波希米亚国王约翰1330年12月进入意大利时，起初他是作为刘易斯四世的一个盟友，伦巴第许多城市都接受了他的领主权。1396年，热那亚向法兰西的查理四世投降，寻求米兰公爵詹加莱亚佐·维斯孔蒂（Giangaleazzo Visconti）的保护。此前，詹加莱亚佐已经同法兰西结盟。1387年4月8日，奥尔良公爵路易和詹加莱亚佐的女儿（在那时是他的继承人）瓦伦蒂娜同意联姻，所带来的是阿斯蒂（Asti）成为嫁妆的一部分，而且还带来继承维斯孔蒂家族遗产

---

③ Stella (1979a), pp. 512–513.
④ Varanini (1991), pp. 181–183; Riedmann (1991), pp. 243–267.

的前景。

最后,意大利北部的一些(城市)国家是欧洲舞台上的强国,激起了外国势力的敌意。威尼斯人支配亚得里亚海的野心造成这座城市同匈牙利的冲突,争夺达尔马提亚(Dalmatia)。1357年,匈牙利的军队蹂躏该地区,迫使威尼斯共和国放弃它的领地,包括扎拉(Zara,即扎达尔〔Zadar〕)城,共和国总督也宣布放弃达尔马提亚公爵的古老头衔(1358年)。⑤ 后来匈牙利加入一个同盟,在基奥贾战争(War of Chioggia,1378—1381年)中短期内对威尼斯实施封锁,迫使它放弃在伊斯特利亚(Istria)和意大利大陆的领地。1391年,佛罗伦萨企图遏制米兰的领主,争取阿尔马尼亚(Armagnac)伯爵约翰三世的援助,虽然后者的远征结束于在亚历山德里亚(Alessandria)的失败(7月25日)。1401年,佛罗伦萨人出钱请巴伐利亚的罗伯特进入意大利,但他在布雷西亚被维斯孔蒂击败(10月24日)。

虽然阿尔马尼亚伯爵和巴伐利亚的罗伯特两人为证明他们自己行动的合理性,都将詹加莱亚佐说成篡权者,但也可以把他们称为雇佣军首领——**雇佣兵队长**(*condottieri*)。意大利北部富裕而分裂局面的另一个后果,是外国士兵大量涌入。⑥ 一些人是随着上面提到的远征活动而来的,另一些人则是被邀请到这个半岛作战的。一些士兵是在《布雷蒂尼和约》暂时中止英法百年战争(1360年)后,来到意大利半岛谋求就业的。因而在1361年,蒙费拉侯爵雇用阿尔伯特·斯特尔茨(Albert Sterz)的白色连队(White Company),其成员由来自不同国家但在法国作战过的退伍老兵组成。无疑,这些久经沙场、几乎对当地没什么忠诚感的职业士兵的影响可能相当大。反对他们的各种同盟周期性地建立起来。编年史家时常为他们以及那些数量更大得多的意大利**雇佣兵队长**的行为感到悲伤。⑦ 少数军事首领获得了声望和财富,著名的有英国人约翰·霍克伍德(John Hawkwood)爵士(死于1394年)。但他们的军队规模、组织纪律和政治支持从来没有强大到产生持久的影响,对大多数进入该地区的外国势力也可以下同

---

⑤ Lazzarini (1969), pp. 217 – 220.
⑥ Mallett (1974), pp. 25 – 50.
⑦ Bueno da Mesquita (1941), pp. 187 – 205.

样的结论：几乎没有人拥有建立永久统治所需要的那些资源或政治意志。

这对那些加过冕的、有抱负的帝王来说也是真实的。刘易斯四世已经被刻画成受雇于吉伯林派事业的一个雇佣军，在1329年离开意大利前——再也没有返回过，他实际上缺少政治支持。查理四世则精明得多，更注重实效，利用其帝位出售特权，狡猾地利用政治分裂谋取领地利益，虽然也是在很短的一段时间内。在登上帝位之前，他支持一个反对德拉·斯卡拉的联盟（1337—1358年），这曾经给他带来贝卢诺（Belluno）和费尔特里（Feltre）。

教宗实行世俗统治的野心从未实现过，尽管花费了大量努力和金钱，特别是在约翰二十二世在位时期。受到詹加莱亚佐鼓励（1391—1392年）的那些浮夸的想法，即通过在教宗国（Papal States）建立一个法国人的王国而结束教廷大分裂的局面，无果而终，1396年佛罗伦萨和法兰西之间建立联盟以便瓜分维斯孔蒂的领地，其结果也是这样。热那亚的动荡在1409年造成法国人统治的终结，与此同时匈牙利以损害威尼斯而获得的收益到1420年时也丧失了。⑧

内部分裂

政治分裂是被亨利七世远征揭示出来并激化的另一个问题。⑨ 这是同时代人深切关注的一个问题，部分出于这个原因，为维斯孔蒂扩张行为辩护的人乐于认为统一与和谐是该王朝的目标和成就。在一个更为宗教和情感的层面上，对和平的愿望解释了人们为什么对1399年**白党**（Bianchi）的苦行赎罪运动给予热情的呼应。但这个问题深深吸引当时人，是因为它解决起来不容易。维斯孔蒂企图禁止各个党派的标语，但那些支持政府的除外，这种措施等于承认自己的失败。**白党**运动没有产生持续的影响。

派系可以具有很强的地方性，一种彼此敌对的家族和他们的支持者或**塔形社会等级**（consorterie）之间为谋取权力而进行斗争，米兰的维斯孔蒂和德拉·托雷家族之间就是如此，或者阿斯蒂的萨拉里奥

---

⑧ Cusin (1937), I, pp. 251–315.
⑨ 本节注2；Hyde (1993), pp. 58–86.

(Salario) 和达·卡斯泰洛 (da Castello) 家族之间也是如此。派系也可能具有某种地区特点，这并不奇怪。尽管有多种多样的表现，但北部意大利不含有种族、语言、文化和地理上的各种差异如此之大的实体，以至于创造出内部的"文化"边界。因此，遭到驱逐流放的家族及其追随者很容易在其他地方发现盟友和保护者。坎格朗德一世德拉·斯卡拉（1291—1329 年）的宫廷是一块吸引吉伯林派流亡分子的磁石，也是他们能够谋划回去重掌政权的一个基地。此外，在某个城市内部争夺支配地位的斗争，外部势力也可能卷入其中，他们或设法利用这种局势谋利，或是因为当地盟友寻求他们干预，像 1335 年在韦切利（Vercelli）维斯孔蒂家族和蒙费拉侯爵的斗争就是如此。地方性冲突的影响，在各派系竭力将其本身同更广泛的原则问题联系起来的方式中也能看到。据说，这些原则是为了聚集支持的力量和证明其派别行为的合理性的。因此，在 13 世纪晚期，维琴察（Vicenza）占统治地位的家族可以给其政治反对派扣上异端的帽子。⑩ 然而更普遍的是，声名狼藉而长期存在的都是各种低于圭尔夫派和吉伯林派标准的群体。

对许多同时代或接近同时代的观察者而言，这些党派本身就是派别纷争的原因：因此编年史家皮耶罗·阿扎里奥（Pietro Azario，1312—1366 年）将斗争关系的起源追溯到两个魔鬼瓜尔夫（Gualef）和吉伯尔（Gibel）。不过，精明的观察家则倾向于把它们视为方便旗（flags of convenience），没有任何真正的意识形态内容或一致性。例如，在其《编年史》第十卷中，佛罗伦萨的乔瓦尼·维拉尼（Giovanni Villani）将读者的注意力吸引到如下事实上：1332 年，布雷西亚的圭尔夫派与传统的吉伯林派德拉·斯卡拉结盟，将波希米亚的约翰赶下台，一同被赶下台的还有支持约翰的吉伯林派。维拉尼继续谈及意大利圭尔夫派的重要力量——安茹的罗贝尔和佛罗伦萨——如何准备同吉伯林派维斯孔蒂和德拉·斯卡拉建立联盟，以便在这一年剥夺卢森堡的统治者对意大利的领主权。在现代史学家中，一致的看法是把党派视为政治、军事及甚至经济结盟的方式，既在地方也在地区的层面上发挥作用，而且认为这些方式缺乏任何意识形态的核心

---

⑩ Carlotto (1993), pp. 24 – 25.

内容。

不过，如果说圭尔夫派和吉伯林派的战斗呐喊是地方纷争和地区分裂的症状而非其原初的或基本的原因，如果说意大利北部的某种叙事史难以建立，那么局面就不会如此混乱以至于无法解释。外来干预无疑具有重要影响。在某种程度上与此相联系的是这一事实：该地区缺乏一种政治统一的意识。[11] 意大利王国的观念幸存下来了，这是真实的。这也是真实的：某种意大利的意识存在着，也就是存在某种以"伦巴第"这个词来表达的北部意大利的意识。但是，这些观念大半限于少数有学问的人、政治领导人和他们的顾问，它们缺乏鲜明的、始终如一的定义。对某些人来说，"伦巴第"可能包括北部大部分地区；对其他人而言，它只是几个地区中的一个而已。[12] 再者，意大利和伦巴第的观念很少形成政治行动。在北部意大利各城市国家中偶尔形成过同盟——为了与波希米亚的约翰或雇佣军团伙战斗——从来没有囊括整个地区或长期存在。

更强烈得多地感受到的是对地方的忠诚，我们看到这些忠诚可以找到许多方式来表达。乡村共同体，无论是单个的或联合起来的，可能寻求保持或扩大其行政、财政和司法特权。在某些情况下，它们的自治权建立在其战略重要性的基础上，如在萨伏依伯爵的土地上的奥斯塔河谷（Val d'Aosta）。在其他情形下则是因为其经济重要性，例如，维罗纳北部山区的泰德斯奇山（Montagna dei Tedeschi）的木炭产区从德拉·斯卡拉那里赢得了特权。[13] 有时，对特权的需求来自政治和军事环境。通过臣服于奥尔良的路易，萨沃纳（Savona）希望自己从热那亚的领主权下分离出来（1394年）。

渴望获得更大自治权的强烈愿望在特里雅斯特（Trieste）的历史上构成了一个重要主题。[14] 该城小心翼翼提防威尼斯的商业和政治布局。威尼斯共和国通过建立一个堡垒（1371—1377年）致力于施加

---

[11] Hay (1988), pp. 375–388.
[12] *Anonymi Ticinensis*, *RIS*, XI/1 (1903), p. 64; *Chronicon Veronense*, *RIS*, VIII (1726), p. 642; Dati, *Istoria di Firenze*, pp. 84–85; Azario, *RIS*, XVI/4 (1938), pp. 10–11; Cortusi, *RIS*, XII/5 (1941), pp. 78, 80; Lunig, *Codex Italiae Diplomaticus*, I, pp. 1365–1372; Cipolla and Pellegrini, eds., 'Poesie minori', 75; Dante, *Paradiso*, IX, lines 25–27, 43–44.
[13] Law (1974), pp. 152–163, and (1981a), p. 7.
[14] Lazzarini (1910), pp. 229–236; Stella (1979a), pp. 500–509.

直接的领主权,激起该城的反抗,它先是归顺于阿奎莱亚(Aquileia)的主教(patriarch)(1380 年),继而在 1382 年投向奥地利的利奥波德三世(Leopold III)。哈布斯堡王朝在意大利的统治后来遭到民族统一主义(irredentist)历史学家的批评,但在 14 世纪晚期,它允许特里雅斯特获得更广泛的自治权;该城没有被整合进公爵领地。奥地利公爵的税收权力受到限制,该城一直由其自己的法规和官吏实施管理。

最后,如果对自治权的追求以相对公式化的请愿书的语言正常地表达出来,即如果它没有变成一件直接行动的事情,那么对自由的渴望就会激发起诗人、演说家和传道士的灵感。例如,帕多瓦的律师、诗人和历史家阿尔贝蒂诺·穆萨托(Albertino Mussato,1261—1329 年)创作了《埃塞里尼德》(*Ecerinide*,1311 年),警告他的同胞市民提防暴政的危险。在他的史诗中,同时代的坎格朗德一世德拉·斯卡拉对他们的威胁勉强地用埃泽利诺三世·达·罗马诺(Ezzelino III da Romano,1194—1259 年)来代表,后者是特雷维索边界地区先前的一个扩张主义暴君。该作品影响巨大、非常切题,帕多瓦政府甚至奖励给穆萨托一顶桂冠,并命令公众阅读他的诗作。[15]

对于公社自由更热忱的捍卫事例是由帕维亚提供的。14 世纪上半叶的大部分时间里,该公社受贝卡里亚(Beccaria)家族的统治,该家族常常扮演着近邻米兰维斯孔蒂家族的委托人的角色。1355 年 6 月 3 日,神圣罗马帝国皇帝查理四世将帕维亚的主教代理人职位(vicariate)授予蒙费拉侯爵乔瓦尼·巴列奥略二世(Palaeologus II),作为削弱维斯孔蒂影响的宏大战略的一部分,但是城市内部争取独立的斗争是由一名奥古斯丁派修士雅各布·布索拉里(Jacopo Bussolari)领导的。[16] 他热切地将城镇自由同改革联系起来,以及他保卫该城的组织工作,使他赢得了侯爵和市民们的支持。这也使他遭到彼得拉克的非难和贝卡里亚家族的敌视。这时期,彼得拉克的雄辩才能正为维斯孔蒂家族服务;1357 年,该家族被驱逐出城,罪名是腐化堕落、叛国和暗中破坏帕维亚城市的自由。不过当维斯孔蒂家族同他们

---

[15] Gianola (1984), pp. 201–236; Avesani (1988), p. 507; Berrigan (1990), pp. 67–80.
[16] Novati (1904), pp. 59–61; *DBI*, XV, pp. 580–582; Ceriotti (1972–3), pp. 3–34.

的对手达成和解时,帕维亚被抛弃,唯有孤军奋战。在经历了一场决定性的抵抗后,1359 年 11 月 13 日它向加莱亚佐二世·维斯孔蒂(Galeazzo II Visconti) 屈服。

帕维亚的陷落在维斯孔蒂家族权力增长过程中标志着一个重要阶段,它有助于导入意大利北部历史不稳定性的最后一个重要原因:扩张的冲动。关于这一点存在几种解释。正如已经提及的,该地区不是被自然边界明确地分割开来的,相反它的河流、湖泊和山口都鼓励互相沟通。其次,流亡者可能刺激了统治者的野心:帕多瓦的流亡者加入了坎格朗德一世的阵营,这最终造成 1328 年该城的陷落。还有,各乡村共同体和城市可能选择他们偏爱的外国统治者为领主而不选择另一个,如 1387 年,维琴察向詹加莱亚佐·维斯孔蒂投降,而没有选择邻近的帕多瓦的卡拉拉(Carrara)。但是更重要的扩张可以从战略和经济利益方面加以解释,这里一个典型事例是由威尼斯提供的,它需要保卫对其繁荣,确切地说是对其生存至关重要的贸易路线。这个共和国并非总是战无不胜。1308 年开始的一场战争,其目的是控制波(Po) 河河口附近的费拉拉(Ferrara),结果是代价高昂和羞辱的失败(1313 年)。不过从 1388 年开始,这个共和国开始了一系列战斗,在意大利、伊斯特里亚和达尔马提亚获得可观的领土收益。[17]

政府的形式:暴君制

亨利七世的远征所揭示出来的意大利北部最后一个特征,是地方政体的数量及其差异性,不仅在规模和财富方面而且在政府的形式上都变化多端。可以辨别的有三种类型:教会和世俗封地,源于封建的分封;以共和国的政府形式来统治的公社,为享有特权的市民提供了政治参与的机会;领地权(lordships) 或**暴君制**(signorie)。最后一类政体通常被视为第二种政体的对立面:一位"暴君"武断、暴烈地剥夺公社的自由。不过这种观点模糊了如下事实:大多数公社政体都是由在竞争中获得优势的少数家族统治的,而领地的统治形式在这一时期以前很早就可以看到,在 14 世纪里**暴君制**在意大利北部代表

---

[17] Cozzi and Knapton (1986), pp. 3–48.

最流行的政府形式。[18]

在**暴君制**中,可能辨别出两种主要形式:一些领地压倒性的仍然是农村特色,另一些领地中主要城市开始在该地区占支配地位。就前者而言,有一些起源于古代,诸如帕拉维奇尼(Pallavicini)之类的家族就是如此,该家族在帕尔马、皮亚琴察和克雷莫纳拥有城堡、土地和司法权。家族遗产的分割是一种削弱家族势力的因素,在维斯孔蒂家族统治的伦巴第它们在政治上从来没有达到突出的地位;然而同维斯孔蒂家族结盟,从其直接的最高领主查理四世那里得到的各种特许状,以及一些家族成员——"虔诚者"曼弗雷迪诺(Manfredino,1254—1328年)和乌贝托(Uberto,1302—1378年)的能力,都有助于将某种**帕拉维奇尼式的国家**(stato Pallavicino)保持到15世纪。[19]

另一些乡村领地就是在这一时期产生的。达尔·韦尔梅(dal Verme)家族作为维罗纳的德拉·斯卡拉的军人和行政官员,上升到显赫地位,从坎格朗德一世及其直接继承者手中获得土地、官职和各种特权。该家族的一支在1354年遭到流放,不料竟受到维斯孔蒂家族的奖励,获得皮亚琴察和帕尔马地区的领地,这构成了下一个世纪**韦尔梅国家**的基础。从1377年起,有能力的**雇佣兵队长**贾科莫(Giacomo)重新得到德拉·斯卡拉的宠信,认可了他在维罗纳持有的土地,这件事后来得到帝国公文批准(1387年),随后维罗纳总督詹加莱亚佐·维斯孔蒂(1387—1402年)和威尼斯共和国(从1405年)也加以承认。[20]

以城市为中心的**暴君**也从**周围乡村地区**的庄园和仆人中吸收大量兵力。一般而言,他们地位之崛起发生在13世纪晚期和14世纪早期,代表了一个党派或一个派系首领的胜利。在那些对他们怀有敌意的同时代人眼中,在后来通过这些同时代人提供的资料而准备夸大公

---

[18] Jones (1965), pp. 71–96; Waley (1978), pp. 133–140; Law (1981b). Philip Jones's latest (1997), 对这个主题的重要贡献出现在这一章写完好以后。

[19] Litta (1819–1899), V, tavola XVI; Nasalli Rocca (1968), pp. 65–113; Chittolini (1981), pp. 591–676.

[20] DBI (1986), pp. 279–281; Varanini (1988a), pp. 198–203, and (1988b), pp. 65–81.

社政体的民主成就的历史学家眼中,这些人物通常以暴君的面目出现。㉑ 有很多理由解释这一点:他们一般都是篡权者,未经过其合法的领主、帝国或教宗的直接批准而夺取权力,以牺牲公社政府为代价而着手实施自己的统治。他们的崛起常常通过暴力,伴随着流放反对派。他们的政策屡屡表现为扩张主义,进一步挑战帝国和教廷的利益,同时也挑战意大利其他政权的利益。从内部看,他们的政府可能受党派利益所左右,无视共同的利益。最后,作为个人,一些**暴君**以任性、反复无常和危险人物的面貌出现。

这些特征的许多方面看起来就是维斯孔蒂家族的特点,在同德拉·托雷家族的长期斗争后,该家族于 1311 年开始执掌政权。这些好斗的吉伯林派的**暴君派**(*tiranelli*)引起教宗约翰二十二世的敌视。1322 年,他们被处以**缺席**审判和被开除教籍,用来指控马泰奥和加莱亚佐·维斯孔蒂的罪名的长长的名单,包括异端邪说和请求巫师但丁·阿利盖里帮忙杀害教宗。在 14 世纪晚些时候,詹加莱亚佐的扩张主义引起佛罗伦萨和其他地方的警觉,导致了反对他的宣传战和各种指控,指控内容从谋求统治整个意大利、背叛 1397 年的十字军东征,到给他的敌人下毒。㉒

不过,该家族看来最有争议的成员似乎是他的叔叔贝尔纳博(Bernabò)。他显而易见的残暴和精神错乱般地理解公正使他被归类为一个暴君。他偶尔羞辱和野蛮地对待教士成员使他成为教会的敌人。他提升关于自己权威的视觉形象,最戏剧性的表现是约在 1364 年他授权建造一座他本人骑在马背上的塑像,塑像被置于米兰他自己的宫殿附近,即在孔卡(Conca)的圣乔瓦尼(S. Giovanni)大教堂高高的祭坛后部的上方。这使他遭致了崇拜偶像的指控。㉓ 他展示给对他怀有敌意的同时代人的暴君形象看来为以下事实所证实:1385 年 5 月 6 日他被他自己的侄子戏剧性地逮捕,詹加莱亚佐试图通过列举贝尔纳博的罪恶行径来证明自己行为的合理性。㉔

然而,正如詹加莱亚佐在进行宣传时所表明的,**暴君制**还有另一

㉑ Ercole (1929); *Enciclopedia Italiana* (1949), XXXI, pp. 754 – 760; Simeoni (1946), pp. 413 – 454; Baron (1955); Sestan (1961), pp. 41 – 69; Lanza (1991).
㉒ Biscaro (1920), pp. 446 – 481; Romano (1894), pp. 309 – 360; Besozzi (1981), pp. 235 – 245.
㉓ Cognasso (1922), pp. 121 – 123.
㉔ *Annales Mediolanenses*, *RIS*, XVI (1730), pp. 784 – 801.

面，它能抵消那种关于他们的不友善的形象，那是他们在阿维尼翁、佛罗伦萨和其他地方的那些雄辩的敌人制造出来的。一些崛起的家族没有资格实行统治，如 14 世纪早期帕维亚的贝卡里亚家族，但很多暴君制的王朝寻求一种头衔以便使自己的政府合法化。它们首先求助于自己统治的公社，虽然把他们的当选视为真实的、自发的可能是一个错误，但作为权力合法性来源之一的公共当局接受这种选举结果，与公共制度的残存有联系，这种情况鼓励了像埃尔科尔这样的历史学家把此类政府描述成一种两头政治（diarchy），各种传统的形式和观念与新的并存。[25] 在那之后，暴君向其最高领主，通常是向帝国，但也向教廷，寻求主教代理人职位。因此，马泰奥·维斯孔蒂在 1294 年得到了伦巴第的主教代理人职位，1311 年得到了米兰的主教代理人职位。第三，当权力变得越来越根深蒂固时，他们寻求获得某种君主的或宫廷的气派。[26] 与此同时，越来越多的政治思想家和历史学家开始将**暴君制**吸纳进人们所接受的政府类型之中，不再把它们看作畸变的政体。[27] 与此相关的事实是，已建立的王朝开始利用它们自身的宣传机构为自己唱赞歌、证明它们行为的合理性。[28]

在此类作者的眼中，詹加莱亚佐是一个和平的缔造者，在他自己受欢迎的领地上和在整个意大利都是这样。他是一个信使，一个弥赛亚般的人物或者一个新凯撒，将意大利从野蛮的外国军队手中解救出来。[29] 甚至即便是他的叔叔也可以从正面加以展示。佛罗伦萨诗人和小说家弗朗切斯科·萨凯蒂（Francesco Sacchetti）无疑将贝尔纳博视为一个残暴而好战的暴君，也可以把他描述为一个慷慨大方、平易近人的统治者，关心穷人，受到正义感的引导。在他突然垮台后写成的匿名的《挽歌》，以同情的语句描绘他：曾经是伟大的统治者，在意大利和欧洲既令人感到恐惧又受人尊敬，他因其侄子的欺骗和**命运**无常而跌落。[30]

---

[25] Ercole (1910); De Vergottini (1941), pp. 41 – 64; Cognasso (1955), pp. 78 – 89.
[26] Green (1990), pp. 98 – 113; Kirsch (1991); Varanini (1994), pp. 311 – 343.
[27] Canning (1987), pp. 209, 221 – 223; Green (1993), pp. 335 – 351.
[28] Cipolla and Pellegrini, 'Poesie minori', pp. 5 – 206; Lanza (1991).
[29] Romano (1915), pp. 138 – 147.
[30] Medin, 'La letteratura', pp. 568 – 581, and (1891), pp. 753 – 795; Conti, *Novella inedite*; Musatti, *Lamento*.

教会的特伦特和阿奎莱亚公国[31]

特伦特主教拥有世俗统治权，这是一处战略上极为重要的地区，他将此归因于帝国的封赐。不过到 14 世纪时，这种权威已经被他自己的臣民，尤其是被像卡斯特尔巴尔科（Castelbarco）那样的附庸王朝严重地削弱了。他们的堡垒和领地在特伦特南面的阿迪杰（Adige）河流域，虽然这些家族的成员从主教处领得采邑，但他们倾向于追求独立自主的战略，是他们更往南的那些邻居——维罗纳的德拉·斯卡拉家族、曼图亚的贡扎加（Gonzaga of Mantua）家族以及米兰的维斯孔蒂家族的盟友、委托人和**雇佣兵队长**。但是这个家族集团（clan）极为分裂，而且主教的权威甚至遭到他的主教区的世袭拥护者蒂罗尔伯爵的更严重的侵害。当利希滕施泰因（Lichtenstein）的乔治（1390—1419 年）试图削减伯爵的影响时，哈布斯堡家族的弗雷德里克四世利用特伦特和特伦提诺的混乱局势进行干预（1407—1409 年），这行为本身是遏制主教权力的另一种尝试。尽管教廷、康斯坦茨公会议（Council of Constance）和罗马人的国王西吉斯孟德都提出抗议，但这位主教事实上被剥夺了所有的世俗权力。

在某些方面，意大利北部另一个教会公国阿奎莱亚的情况与此类似。[32] 这里的君主兼主教也把他的世俗权力归因于帝国的封授，但到 14 世纪时，面对当地要求自治的愿望，如同特里雅斯特的情况一样，还有其他强国的领土野心，如威尼斯在伊斯特里亚，所以它的范围实际上已经缩小到弗留利（Friuli）地区。即便在弗留利内部，主教职权也已经受到其臣民的损害，包括一些公社，主要是乌迪内（Udine）和希维达尔（Cividale），势力煊赫的封建王朝如萨沃尔尼安（Savorgnan）家族或戈里齐亚（Gorizia）伯爵，后者在 14 世纪大部分时期里都是阿奎莱亚教会的拥护者。最后，再次像特伦特的例子一样，阿奎莱亚主教职位因其战略重要性而遭致邻近以及较远地区的权力的干预，它们急于取得这里的主教任命的某种发言权。例如，三名

---

[31] Costa（1977），pp. 108 – 115；Stella（1979a），pp. 510 – 516.
[32] Joppi（1888）；Cogo（1898），pp. 223 – 320；Cessi（1914），pp. 414 – 473；Cusin（1937），I，pp. 27 – 316；Seneca（1952）；Leicht（1955），pp. 3 – 40；Paschini（1975），pp. 421 – 746；Corbanese（1984），pp. 217 – 240.

主教与卢森堡皇室密切关联：尼古拉（Nicola，1350—1358 年）是皇帝查理四世的同父异母兄弟，马卡多·迪·兰德克（Marquardo di Randek，1365—1381 年）曾经是帝国大臣，乔瓦尼·迪·莫拉维亚（Giovanni di Moravia，1387—1394 年）是查理四世的外甥。乔瓦尼遇刺身亡——这是同萨沃尔尼安家族世代仇杀的后果，帝国、威尼斯、帕多瓦的卡拉拉家族、米兰的维斯孔蒂家族以及弗留利的公社和各个封臣，都向罗马教廷提出了主教候选人。

不过，这种局面还不是一幅全面的政治衰落和分崩离析的图景。例如，马卡多主教很有能力，而且任职长达 16 年。他试图捍卫教会的权利，在"基奥贾战争"（1378—1381 年）中加入反对威尼斯的同盟，他有能力恢复——虽然是暂时的——对特里雅斯特和伊斯特里亚的权力。其次，这个主教管区在所有分裂的地区维持着一种惊人的统一意识，可能比在意大利北部其他地区所能发现的更加强烈。这一点通过它的议会表达出来，并受到议会的鼓励。这个议会已经获得了从防御到征税、从立法到对外关系等事务的权力。弗留利的地位如此重要，一位 16 世纪的观察家将 14 世纪的弗留利描述成一个共和国而不是公国。㉝

但是，不论如何不同寻常，议会本身尚未有足够的凝聚力以便能掌控 1381 年后的局势。乌尔班六世不明智地任命枢机主教菲利波·达朗松（Filippo d'Alençon）为**享有薪俸代领权**（*in commendam*）的主教，造成忠诚对象的两极分化和各种外部力量的介入，最主要的是威尼斯和卡拉拉家族的侵略性的干预。威尼斯人起初把自己描述为和平缔造者或捍卫阿奎莱亚自由的斗士，但是他们很快就作为盟友加入萨沃尔尼安家族一方，成为卡拉拉家族的反对者。该地区的商业和战略重要性导致威尼斯共和国日益卷入其中，最后到 1420 年时征服弗留利，实际上根除了主教的世俗权力。㉞

皮德蒙特公国

14 世纪早期五个公国之间展开了皮德蒙特统治权的争夺。㉟ 安茹

㉝ Koenigsberger (1978), pp. 40–42; Hay and Law (1989), pp. 231–236.
㉞ Law (1988a) and (1996); Ortalli (1996); Girgensohn (1996).
㉟ Gabotto (1894), (1895), pp. 75–324, (1896), pp. 81–95, and (1897); Marie-José (1956); Ruggiero (1979); Cognasso (1971); Nada Patrone (1986), pp. 61–86.

家族是普罗旺斯伯爵和那不勒斯王国的国王,以库尼奥(Cuneo)为基地统治着一个伯爵领。该地还有两个侯爵领地萨卢佐(Saluzzo)和蒙费拉(Montferrat),后者被巴列奥略(Palaeologus)王朝的一个支系统治着,该王朝于 1305 年通过联姻而继承了这个领地。主要的萨伏依世系的大多数领地位于阿尔卑斯山以北,但是萨伏依伯爵统治着苏萨河谷(Val de Susa)和奥斯塔河谷(Val d'Aosta)。一个非长子的支系持有皮德蒙特"男爵领",以皮内罗洛(Pinerolo)和都灵(Turin)两座城市为基础。1301 年,菲利波一世迎娶了希腊拉丁公国女继承人之后,这个非长子支系通常指萨伏依-阿凯亚(Savoy-Achaia)家族。

萨伏依-阿凯亚世系和萨卢佐侯爵都是萨伏依家族的封臣——虽然常常是不情愿的,萨伏依伯爵领和蒙费拉侯爵领都是直接从帝国领受的。例如在 1355 年,萨伏依-阿凯亚家族的贾科莫寻求同查理四世建立起一种直接的封建关系。在诸种特权中,他有能力确保征收通行税的权利,这使他与自己的直接上司萨伏依家族的阿梅代乌六世(Amedeo VI)发生冲突,贾科莫最后被迫交出他的封地,再以 16 万弗罗林买回来(1360—1363 年)。相比之下,安茹家族在皮德蒙特的伯爵领地是查理二世在 1304 年为他的儿子创立的,没有得到帝国批准。只是到了 1355 年,乔安娜一世——普罗旺斯的女伯爵和那不勒斯的女王才从查理四世那里求得授权证书。

该地区的历史是一系列令人眼花缭乱的、短暂的王朝和外交结盟的历史,为的是保卫和拓展那些参与者的领地与权力。这一系列活动因下列事实而更加复杂化:皮德蒙特是一个具有战略重要性的前哨地带;各参与者都有着自己的国际利益,最突出的是安茹家族和萨伏依家族,两者都密切地卷入法国事务。不过,在 14 世纪里,可以辨别出该地区存在几种发展趋势。

安茹家族的权力逐渐消失,至 14 世纪末他们已经丧失了在皮德蒙特的全部领地。1381 年,安茹的路易放弃了最后一块领地,以确保萨伏依家族支持他争取那不勒斯王国的继承权。相比之下,萨伏依家族的卷入程度不断加深。这一点同维斯孔蒂家族领地的积聚相媲美;随着 1335 年获得韦切利,这个米兰王朝逐渐成为该地区的重要强国之一。有时,萨伏依家族和维斯孔蒂家族似乎有意于在他们之间分割皮德蒙特。比如，随着 1350 年加莱亚佐二世·维斯孔蒂和阿梅代乌六世的姐妹彼安卡（Bianca）联姻；还有 1386 年，这位伯爵再次将一些安茹的城市划给维斯孔蒂家族。他们未能如愿分割皮德蒙特的部分原因，在于一些更小的公国谋求维持及扩大其自治权，同各主要参与者和法国王室讨价还价以达到自己目的。

在这些普遍发展趋势的背后，存在着一种始终在变动的地理－政治环境。库尼奥在 1381 年割让给萨伏依家族之前曾经被转手 10 次。亨利七世、查理四世和瓦茨拉夫四世（Wenceslas IV）将阿斯蒂封授给萨伏依家族，后者只是短期持有（1305—1306 年、1327 年）这块封地；此外它在安茹家族、蒙费拉侯爵之间转手，最后转到维斯孔蒂家族手中，竟然被詹加莱亚佐作为他女儿瓦伦蒂娜的部分嫁妆，1387 年随她嫁给了奥尔良的路易。对于这种纷乱的局势可以提出各种理由。首先，像其他地区一样，很多情形取决于统治者；当 1343 年安茹的罗贝尔死去时，他的遗产传给了乔安娜一世，而她既不是男性也没有能力完成这项任务。相比之下，阿梅代乌六世这个"绿色伯爵"（Green Count，1343—1348 年）是有个性、精力和能力的统治者，他在相当长的统治期间里发展了他的王朝事业，提高了王朝声望。[36]

其次，皮德蒙特没有较大的城市来支配，或者允许其他人来支配，这整个地区，伊夫雷亚（Ivrea）在瘟疫之前大约有 5000 人口，而都灵和皮内罗洛仅有 4000 名居民。像意大利其他地区一样，相对较小的城市规模并没有减少地方的忠诚感，或许有些自相矛盾的是，这促使他们草率地改变对那些远方领主的忠诚，这一过程进一步受到城内那些向外部寻求保护者的派系的鼓励。在这里，阿斯蒂的圭尔夫派索拉里（Solari）和吉伯林派达·卡斯泰洛（da Castello）之间的斗争是一个很好的例子。

最后，皮德蒙特当然并未与更广阔的发展环境隔绝。例如，意大利各个政权在 1356 年普遍建立联盟反对维斯孔蒂家族，使安茹家族得以恢复他们的一些领土。14 世纪末力量正在增长的政权能够从外部吸收各种资源。两个王朝都实行扩张政策：意大利北部和中部的维斯孔蒂家族；萨伏依家族在现在的法兰西和瑞士境内都拥有土地。而

---

[36] Cox（1967）.

且像法国"外省"的其他贵族成员一样,他们都能够利用法兰西在百年战争和查理六世统治期间政治动荡的困境。此外,萨伏依家族当然还控制着阿尔卑斯山的那些关键的通道。

后世的历史学家努力厘清该地区的王朝史和外交史,试图记述萨伏依家族的崛起,这些努力已经在一定程度上使他们的关注点偏离对皮德蒙特各种不同政府的性质的分析。该地区的政治史也许暗示着当地受封的领主和公社享有相当大的自治权,统治者的权威通常仅仅是名义上的。安茹伯爵领就是这种情况,甚至在安茹的罗贝尔去世前就已如此。更为普遍的是,随着在诸如防御、税收和继承权问题上取得发言权,议会的历史也指向相同的结论。㊲再者,萨伏依家族是巡回流动的,尚贝里(Chambéry)是他们的主要居住地之一,但并不是稳定的宫廷驻地。这个王朝也面临着阿尔卑斯山季节性的障碍,对其某些臣民不得不承认他们拥有广泛的豁免权,譬如对那些在奥斯塔河谷的人就是如此。

另一方面,萨伏依王朝的确寻求提高它的权威,例如,通过利用它同帝国的关系及它的封建地位。1356年,阿梅代乌六世从德皇查理四世那里获得宝贵的司法特权,他的法庭被宣布为来自教会以及世俗法庭的上诉案件的终审法庭。1365年,他的封建权威因被授予帝国世袭的主教代理人职位而增加。阿梅代乌还利用他对萨卢佐和萨伏依-阿凯亚家族的封建宗主权谋取利益。例如在1362年,他鼓动幡然悔悟的萨伏依-阿凯亚的贾科莫迎娶博热的玛格丽塔(Margherita of Beaujeu)——他的一个重要支持者的妹妹。这导致他与前妻所生的儿子菲利波丧失了继承权。菲利波随后的失败——及可能他的死亡,都是阿梅代乌伯爵幕后策划的,他随之变成了贾科莫指定的继承人的摄政,发人深省的是这位继承人也叫阿梅代乌(1368—1377年)。这些举措都发生在1418年阿梅代乌八世整合萨伏依家族全部领地之前,是由于该非长子支系断嗣后采取的行动。

萨伏依家族有能力通过创造性手段和投机取巧提高自己的权威,在卡纳维塞(Canavese)和皮德蒙特其他地区发生的**塔基尼**起义(revolt of the *Tuchini*,1386—1391年),向我们提供了进一步洞悉这

㊲ Koenigsberger (1978), pp. 42–46.

些手段的机会。**塔基尼**这个词可能来自"全部团结起来"（tutti uniti），这场起义同英格兰和法兰西乡村的反封建暴动很相似，但是它被妒忌萨伏依家族在卡纳维塞的权力的蒙费拉侯爵所利用，同时也被伯爵的一些封臣所利用。起义最后被暴力镇压下去，起义者被处以罚金、罚没土地以及流放等，不过阿梅代乌七世也对悔悟的乡村共同体作出让步，将他们置于自己的直接统治之下。他还迫使该地区的封臣重新宣誓效忠，抓住这个机会削减他们一些传统的封建特权。

威尼斯和热那亚共和国

威尼斯共和国与众不同：[38] 它不仅保持着政治上的独立，而且也不像意大利北部的大多数公社，它还保持着共和国的宪政体制。此外，它显得相对超脱于党派斗争：圭尔夫派和吉伯林派的标语口号很少出现在这个城市的编年史中。赞赏它的同时代人——"威尼斯神话"的早期制造者，将这些成就大半归功于它的宪法和制度，更多的现代史学家在相当大程度上愿意同意这种观点。后者的关注点大部分集中在大政务会（Greater Council）所谓的**塞拉塔**（serrata）或者"锁定"（locking in）上，它是宪政体制有效的立法团体。**塞拉塔**是一种程序，指1297—1323年间采取的一系列措施，它造就了一个明确的世袭贵族团体，其成员就是大政务会成员。这些举措曾经被视为具有革命的性质，代表贵族群体对民众的胜利，使削弱共和国首脑的总督的权力变得完善。

但是，近些年来，人们已经从一个相当不同的视角来考察**塞拉塔**，这源于人们意识到随1297年而来的是政务会规模急剧膨胀，从1296年的210人扩大到1311年的1017人、1340年的1212人，那时政务会工作开始在公爵宫殿的一个新会堂中举行，以便容纳更多的成员。弗雷德里克·拉讷和其他学者[39]曾从威尼斯在东地中海和亚得里亚海的军事和商业灾难的背景下观察这些事件，把大政务会的扩大视为一种尝试，以保障那些显赫家族无论短期内如何遭逢厄运都能在政府中拥有一个位置。此外，虽然人们一度认为严格的审查程序得到实

---

[38] Brown (1895); Lane (1973); Cozzi and Knapton (1986), pp. 3–21.
[39] Lane (1966), pp. 288–308, and (1971), pp. 237–274; Chojnacki (1973), pp. 47–90; Rösch (1989).

施，但在实践中政务会成员的资格在较长的时间里可能仍然是开放的。1381年，30个非贵族家族被授予世袭成员资格，以作为对他们在基奥贾战争中提供财政援助的一种奖赏。也许，更有意义的是如下事实：审查成员的出生和结婚的登记机制直到下个世纪才得以建立。⑩ 换言之，宪政制度之所以在保障威尼斯相对和平与稳定的局面中发挥了一定作用，不是因为它在诸势力之间实现了某种理想的平衡——正如一些同时代人所认为的那样，也不是因为它是严格而明确的，而是因为它保持了灵活性，能够充分包容政治阶层中现实而有抱负的成员。

不过，城市宪政制度本身不能为其相对稳定和共和政府的生存提供全部解释。首先，发生了两次企图推翻政府的严重事件。1310年发生的第一次事件是由三位杰出的贵族成员领导的——巴亚蒙特·蒂耶波洛（Baiamonte Tiepolo）、马可·奎里尼（Marco Querini）和巴多尔·巴多尔（Badoer Badoer）——他们因共和国为控制费拉拉而陷入一场灾难性的战争而感到愤怒，急于在政府中获得更大影响。他们的追随者人数很少，组织很差，起义很快被镇压下去。不过政府非常严肃地对待这场叛乱，授权建立了一个监管安全的地方行政机构十人理事会（Council of Ten）。第二次威胁发生在1355年，是总督马里诺·法列尔（Marino Falier）企图夺取权力的一次尝试。⑪ 他的动机尚不完全清楚。在度过了漫长而辉煌的生涯之后——对一名威尼斯贵族而言是非常引人注目的，他已经被查理四世封为伯爵，又封为骑士，他可能反对那些施加在总督职位上的各种束缚。他来自一个相对较小但古老的贵族之家，在76岁高龄担任总督职务，也许他妒忌那些人丁更兴旺的世家大族及其更年轻的成员，并对他们感到恐惧。也许这是他对黑死病后普遍动荡的风气及对抗击热那亚的一场战争的失利（1350—1355年）作出的反应。他可能甚至受到了大陆上迅速涌现的暴君制的榜样的影响。不论如何，他的阴谋被发现，并被轻而易举地粉碎了。

然而，正如1310年的叛乱一样，共和国政府充分严肃地看待

---

⑩ Chojnacki (1994), pp. 1 – 18.
⑪ Lazzarini (1963).

1355年的事件，规定每年举行感恩游行活动。这表明政府不存在骄傲自满情形，这迫使历史学家们进一步寻求威尼斯相对稳定的解释。为什么不再有更多的叛乱发生？为什么1310年和1355年起义获得的支持如此寥寥？

可以再次从很有影响的威尼斯神话中得出各种解释。有人主张：不论在威尼斯内部还是在各阶层之间都存在着一种团结意识。贵族家庭为了共同利益而减少他们的野心，他们对国家和他们的臣民——大多数居民都养成了一种责任感。不过，人们也很容易再次质疑这些看法。在作为一个整体的社会中，人们在**塞拉塔**建立后的那些年里越来越意识到社会地位问题。[42] 在贵族内部，在家庭规模、财富和政治声望方面存在相当大的差异，很难找得到一种和谐的药方。可以发现，贵族们利用他们的特权地位在法庭上获得了优先待遇。[43] 还可以识别出个别人同共和国的敌人密谋，最突出的是与帕多瓦的卡拉拉家族密谋。[44] 政府的腐败也很容易看出来。[45] 宪政的行为准则遭到如此藐视，以至于自1396年以来反对**徇私舞弊**（*broglio*）——不合乎宪法的做法——的各种措施开始获得通过。总督们，但不是法列尔，挑战他们的职权的界限。有才干但野心勃勃的安德里亚·丹多洛（Andrea Dandolo，1343—1354年）曾对他的职权持一种极为得意洋洋的观点，以至于晚年时他已经非常不受其贵族同僚的欢迎。

但是，如果威尼斯社会及其政府比之令人敬佩的评论家们想承认的更加无序、有更多的缺陷，那么事实依然是：它的历史没有被政权更迭、大规模流放或社会不满的爆发所打断。这座城市独特的地理位置可能对此作出了某种重要贡献？正如评论家们所注意到的，它孤立于大陆，使它较不容易受到攻击，而在别的地方这常常是一个造成不稳定的因素。它的商业贵族确实在大陆拥有地产，但是这时期该共和国在大陆没有大规模的领土，这个事实也许阻碍了上述地产成为政治和军事权力的基础，如在**大陆**（*terraferma*）城市的**郊区**（*contadi*）就可能发生这种情况。

---

[42] Mueller (1992), pp. 53–62.
[43] Ruggiero (1980).
[44] Kohl (1988), pp. 707–709.
[45] Queller (1986).

此外，正如拉讷曾提出的，大陆的派系斗争的事例可能曾给威尼斯上了一堂课。也许这促成了当代人注意到的一种极不寻常的团结意识，通过这个共和国对它的历史和制度的庆祝中表达出来。[46] 最后，特殊的地理位置可能曾促成威尼斯的稳定性，尽管它有大规模的、来自世界各地的流动人口。按照规划和可得到的资金和劳动力，努力保护城市建筑、维护其不可或缺的水上通道以及保障其居民生活必需品和奢侈品的供应，这种努力也许曾鼓励一种更大的统一意识和对公共利益的尊重，以及对政府的需要，超出我们在其他地区所能看到的情况。

当然，热那亚作为威尼斯首要的商业对手，通常与派系斗争联系在一起。[47] 例如在1396年，一本匿名的小册子敦促热那亚人向维斯孔蒂家族屈服，以使城市恢复昔日的辉煌、结束"地狱的和恶魔的派系斗争"。[48] 这种名声与其事实相符，对这座城市的焦虑不安的历史的解释基本上是社会经济性质的。热那亚的政策很大程度上受贵族阶层影响，这个阶层既从里维埃拉（Riviera）、撒丁岛和科西嘉岛的领地获取力量，也从商业上获取力量，像格里马尔迪（Grimaldi）、洛梅利尼（Lomellini）和多里亚（Doria）家族就是这样。受民众欢迎的像阿多诺（Adorno）和弗雷戈索（Fregoso）这样的"家族集团"（clans），也有重要影响，除了世系长短不同，很难将他们与贵族阶层明确区分开来，但他们新近崭露头角，也受到土地、领地和贸易的推动。最后，城市自身有**小人物**（*popolo minuto*），他们根本不是一个志趣相投的团体，而是包括从公证员到水手的一系列范围广泛的拥有不同职业和财产的人员。

社会关系紧张无疑促成了热那亚的混乱的历史，但太过专门地以阶级的措辞来解释那段历史可能是一个错误。显贵家族自身会形成对立的支系，如斯皮诺拉（Spinola）家族。敌对而不是阶级团结，造成了数十年的仇杀，如阿多诺和弗雷戈索家族之间，以及他们接受吉伯林派和圭尔夫派的事业。此外，如阿多诺等家族会从城市及其**周围**

---

[46] Robey and Law (1975), pp. 3–59; Fortuni Brown (1988), pp. 31–45; Crouzet-Pavan (1992), pp. 527–566, and (1994), pp. 416–427; Lane (1973) .

[47] Vitale (1955); De Negri (1968); Benvenuti (1977); Petti Balbi (1991) .

[48] Novati (1886), pp. 3–15.

乡村地区的广泛社会阶层中吸收同盟者和委托人。这种现象在其他地区也非常普遍,在热那亚则更进一步导致**阿尔伯基**(*alberghi*)即家族集团的建立,他们采用共同的姓,在这个城市里明确分开的地段上生活,周围有设防的围墙。

对这种局势的厌烦导致 1339 年民众欢迎西莫内·博卡内格拉(Simone Boccanegra)担任共和国总督。[49] 这个职位对这里的政体而言是新的,但西莫内家族很久以来就是杰出的市民。他组建了一个更受欢迎的政权,贵族家庭被禁止担任总督职务和长老理事会(council of elders 或 *anziani*)的成员。他着手恢复热那亚在里维埃拉的权力,保护这座城市在地中海地区的商业和殖民利益。但是这些政策不仅冒犯了贵族阶层,高标准的税收和高估自己职权的观点也使他失去大众的支持。既不能重新集结民众也不能在贵族中找到盟友,博卡内格拉 1344 年走上了自我放逐之路。

内部进一步的动荡和外部的失败,导致热那亚 1353 年接受了维斯孔蒂家族的**暴君制**(*signoria*)。正是在他们的支持下博卡内格拉返回城市,不久他就领导了一次反对外国人统治的起义,恢复了总督职位(1356 年)。他再次在国内实行反贵族政策,同时竭力保护热那亚的海外利益,尤其是在科西嘉岛的利益。然而,由于政策的花费、擢升家族成员以及对总督职权的傲慢理解,他再次失去支持。1358 年皇帝查理四世封他为帝国代理人和海军上将。反对他的各种阴谋在酝酿着,当他于 1363 年死时,人们怀疑他是被毒死的。

不过,总督的职位保留下来了,即使它的占有者中几乎没有人能够长期将其权威凌驾于城市之上。第一次是安东尼奥托·阿多诺(Antoniotto Adorno)在位(1378 年),仅持续了数个小时而已。在他第四次尝试这个职位(1394—1396 年)时,像洛梅利尼、斯皮诺拉和菲耶斯基(Fieschi)这些敌对的家族就向法兰西求助。[50] 他们的候选人是奥尔良的路易——法王查理六世的兄弟和詹加莱亚佐·维斯孔蒂的女婿,这位候选人在亚平宁半岛上还有其他的领土野心。为了从谋略上击败对手,这位总督使城市向法国国王投降。他甚至委身担任

---

[49] *DBI*, XI, pp. 37–40.
[50] Jarry (1896); Puncuh (1978), pp. 657–687.

王室地方长官（1396—1397年），直至查理六世不再满足于"公社捍卫者"的投票选出来的职位，建立一种更直接的统治，1401年任命让·勒曼格尔·布西科元帅（Jean le Meingre, Marshal Boucicaut）为地方长官后尤其如此。此人将热那亚看作进行十字军远征和在意大利拓展法国势力的一个基地，不过他的政府——按照热那亚人的标准来看——是目标明确的、专制的。他加强防御工事，扩大卫戍部队，削减行会权力并主持法律和财政改革。1402年，他在热那亚的支持者们要求查理六世任命他为终身地方长官，但是到1409年时，他的统治已经变得如此苛求和不得人心，以至于热那亚人发动了叛乱。如果法王指控他们犯有叛国罪，他们就诅咒布西科为暴君。

热那亚内部的弱点影响到其城墙外发生的事件。它对自己的领地里维埃拉的管辖权时断时续。企业家们建立了联营组织**马奥那**（Maone），以便捍卫和开发殖民地开俄斯岛（Chios, 1347年）和科西嘉岛（1378年）。像多里亚这样的贵族家族追求的政策，例如在撒丁岛的政策，常常独立于这个城市的公社。[51] 但是，夸大热那亚的缺点或对它的结果进行过多负面的描述，那将是不正确的。仔细观察热那亚政治中的派系斗争，能够揭示出一种鲜明的连续性，它的主要参与者们没有一个被摧毁或遭受永久流放的。公社幸存下来，与之相随的是一种对这座城市的强烈的忠诚感也流传下来，人们不可能长期忍受外国的统治。归之于布西科的各项举措，1403年改革法规条例、建立圣乔治银行（Bank of St George）来管理公共债务，实际上都是热那亚人的发明创造。"散居国外者"（diaspora）部分是由内部派系纷争造成的，这给予热那亚人一种国际角色，使他们成为陆地与海洋上的商人、银行家、雇佣兵和探险家。

暴君制的政体：维罗纳的德拉·斯卡拉家族

自13世纪早期以来，德拉·斯卡拉家族就支配着维罗纳的一个中心区，即古老的圣马利亚教堂（Sta Maria Antica）所在的**居民区**（contrada）。[52] 他们将自己的成功归功于由土地、城市房地产和商业

---

[51] Assereto (1900), pp. 119–160; Petti Balbi (1981), pp. 147–170.
[52] Carrara (1966); Istituto per gli Studi Storici Veronesi (1975); Varanini (1988b); DBI, XXXVII, pp. 366–462; Varanini (1995).

得来的财富,而不是归功于古代贵族封号和乡村的封建领地。他们在这座本地城市和特雷维索边界区崛起并执掌政权,可能也是他们支持埃泽利诺三世·达·罗马诺的一个后果,后者是一个吉伯林派的军阀,13世纪中叶曾经主宰意大利东北部的政治。

像其他大多数**暴君**一样,德拉·斯卡拉家族通过击败并流放他们的对手来保障自己的地位,不过他们有代表性的地方再次表现在:他们是党派领袖,所以严重依赖于维罗纳的其他主要家族和邻近城市的合作与支持。例如在13世纪70年代,他们同曼图亚正在建立自己的暴君制的博纳科尔西(Bonacolsi)家族建立联盟。另一个有代表性的地方是,德拉·斯卡拉家族试图通过从公社获取官职和封号,来加强自己的权力并使之合法化。1259年,马斯蒂诺一世(Mastino I)被选为**最高行政长官**(*podestà*),1262年当选为民众首领(captain of the people)。1277年他遇刺身亡,他的兄弟和继承人阿尔贝托一世(Alberto I)被立为终身民众首领,这一事件已经被视为德拉·斯卡拉家族开始正式建立**暴君制**的标志。

然而,这些官职以及伴随它们的有关礼仪不应从真正的选举的角度来理解,实际上是安排好的喝彩。此外,像其他**暴君**一样,德拉·斯卡拉不满足于仅仅依赖于人民主权(people sovereignty)对他们进行授权,他们还努力获取帝国主教代理人的职位。坎格朗德一世和阿尔博诺(Alboino)率先如此行事,于1311年3月7日从亨利七世处购买了这个称号。[53] 就1359年以来的德拉·斯卡拉家族而言,即便其世袭继承原则得到了承认,但是依然未能摒弃将该家族成员的权力和继承权合法化的呼声,不管是在共同的或单独的情况下都是这样。

德拉·斯卡拉及其他**暴君**持续重视此类程序的一个首要原因在于这一事实:被授予的法律、政治和经济权力极为广泛。因此,人们或许期望德拉·斯卡拉家族的政府产生相当大的影响,在某些方面它确实做到了。他们重新修订了各项公共法规(1276年和1328年),并熟练地操控了各种公社的机构。**最高行政长官**或首席地方行政官成为该家族的一个代理人,而各种较大的协商性的会议则被废弃。建立了一个财政官的职位**庄头**(*fattoria*),起初是为了管理该家族的财产,

---

[53] Sandri (1969), pp. 195–250.

最后主宰了公共财政。

如其他**暴君**一样，德拉·斯卡拉对教会有相当大的影响。从13世纪晚期开始，他们就被称为教会的"保护者"，从1331年开始被称为"提倡者"（advocates）。在这些称号背后是圣职在其家族及其盟友成员间的分配。例如，从1268年到1275年，当该家族王朝正在建立时，马斯蒂诺一世的兄弟圭多·德拉·斯卡拉（Guido della Scala）担任主教。1361年，教团会员（canonry）之职授予坎西尼奥里奥（Cansignorio）年仅2岁的儿子。从1361年到1375年，**庄头**管理维罗纳和维琴察教区的教会收入，分配其教士的薪俸。更普遍的是，德拉·斯卡拉家族及其盟友被授予教会土地以及收取什一税的权利。不过，他们之间并非总是剥削利用的关系。像其他暴君制的王朝一样，个人虔诚和对自己名声的关注的混合，导致该家族一些成员进入教会，向教堂、宗教团体和慈善团体捐赠财物。坎格朗德一世虽然被开除了教籍，但依然于1324年在维罗纳建立圣马利亚修会（Servites），创建圣马利亚·德拉·斯卡拉教堂。

如上面所表明的，德拉·斯卡拉家族对于城市的外观面貌有影响。在他们的指导下，从防御工事到桥梁和引水渠等公共工程的修建都得以进行。该家族的优势地位，以其他各种方式用石头来表达，如通过在城市行政管理中心附近修建宫殿和宏伟的陵墓纪念碑。该王朝崇尚富丽堂皇，关注它吸引才学之士来其宫廷的名声。的确，在这一时期"宫廷"不再辉煌，除了偶尔举行庆祝结婚和受封为骑士的仪式，及变成"法庭"，后者是他们统治的一个永恒的方面。

这样的饱学之士之一，尽管从未成为其朝臣，就是但丁，他大概在1304年访问维罗纳，从1312年到1320年住在那里。在这位诗人看来，坎格朗德一世正在实现亨利七世的使命；对于该王朝的敌人如帕多瓦的律师阿尔贝蒂诺·穆萨托而言，他就是暴君埃泽利诺的继承人。在这些形成对照的观点背后，隐藏着这样的事实：像许多其他**暴君**一样，德拉·斯卡拉奉行一种扩张主义政策，他们在初期取得了成功。他们开始统治特雷维索的边界区，以1311年得到维琴察为开端，还囊括了该地区之外的一些重要城市——布雷西亚（1332—1337年）、帕尔马（1335—1341年）、卢卡（1335—1341年），这就刺激了马斯蒂诺二世企图问鼎伦巴第王冠的流言蜚语。

第十五章 但丁和彼得拉克时期的意大利

这些政策从威望的方面看可以部分得到解释,该王朝(坎格朗德)两名成员所采纳的绰号被选出来用于唤起对大汗成就的回忆,同时宫廷诗人,及最终是他的陵墓纪念碑,都表达了对坎格朗德一世的征服成就的赞美。扩张也有经济方面的动机,可以得到更多的收入来源以充实王朝和犒赏它的支持者,以及增加军队规模和提高职业化水平。扩张主义政策也有政治方面的动机,德拉·斯卡拉家族感到需要支持维罗纳之外的其他城市的代理人。最后,扩张政策还有某种战略目的,那就是拒绝将城市和贸易路线留给敌对政权。

这些要点可以表明德拉·斯卡拉家族对他们统治的城市产生了深刻影响;不过,如其他许多暴君制的政权一样,不应夸大他们政策的成就和影响范围。为统治者自身创造的各种形象——骑士般英武、虔诚、雄伟气派、关心自己的臣民——几乎没有什么新东西。他们所统治的那些公社的结构基本上仍然未经触动,而且一般说来,城市和行会法规允许缓慢变化而不能屈服于剧烈的修正。正如所提及的,该王朝没有远离自己的臣民;像其他**暴君**一样,德拉·斯卡拉家族依靠其他主要家族的支持来维持统治。贷款、军事和政治支持会得到奖赏,如婚姻联盟、教会和政府职位、教会土地和权利、从流放者那里罚没的财产、采邑和领地。因此,德拉·斯卡拉家族的支配地位促进了其他家族的利益,这些家族有的来自维罗纳(贝维拉夸[Bevilacqua]家族),有的来自受它支配的城市(维琴察的塞雷戈[Serego]家族)和意大利其他地区(佛罗伦萨的阿利盖里[Alighieri]家族)。

最后,他们的政治成就是脆弱的。坎格朗德一世和他的侄子马斯蒂诺二世、阿尔贝托二世建立的大"国"对该王朝几乎没有表现出什么深切的忠诚,当佛罗伦萨和威尼斯领导的一个联盟转为反对它时(1337—1339年),它就崩溃了,最后德拉·斯卡拉的领地被削减到维罗纳和维琴察两地。婚姻联盟也不能保证得到支持。1350年德拉·斯卡拉女王(Regina della Scala)与贝尔纳博·维斯孔蒂(Bernabò Visconti)结婚,后来一旦合法的世系继承发生变化时,这场婚姻促使他们渴望得到维罗纳的领主权,1379年他们声称它的领主权必须以44万弗罗林来购买。正如这里所表明的,这个王朝的统治本身并非一直保持着凝聚力,其内部分歧可能造成权力掌控的脆弱性。1354年2月爆发的一次反对坎格朗德二世的起义,是由他的同父异母兄弟弗雷尼安诺（Fregnano）领导的。这次起义使这位维罗纳领主确信在威尼斯投入大笔资金才是安全的，他还在该城修建一座设防的宫殿或城堡，这些举措使他更加不受欢迎，促使他于1359年12月14日被他自己的兄弟所谋杀。

人们认为，其他兄弟自相残杀的例子不但造成该王朝进一步丧失声誉，也促成了它的垮台。[54] 1381年，安东尼奥（Antonio）谋杀他的兄长以获取**暴君**职位，他随后的行动疏远了维罗纳一些主要的家族。但是，真正使他倒台的是对外政策的失败和军事上的失败。安东尼奥参加了1385年威尼斯反对帕多瓦的卡拉拉家族的战争。战斗中由于米兰领主向他进攻，他损失惨重。1387年10月维罗纳受到的一次袭击，暴露出几乎没有人愿意支持他们处于困境中的统治者。安东尼奥逃亡威尼斯。随后该家族一些成员试图恢复**暴君制**的种种努力，从未能在内部和外部聚集起足够的支持力量，从而无法取得成功。

走向一种新型的国家？

一般说来，研究意大利北部的历史学家将大部分注意力集中在维斯孔蒂家族身上，尤其是放在詹加莱亚佐身上；[55] 特别是在意大利统一以来及在法西斯主义时期，该王朝可能被视为意大利政治中一股强大的新生力量，被视为一个新的、更加统一的国家的设计师。有许多支持这样一种观点的论据。14世纪晚期，维斯孔蒂的统治范围达到最大，包括从东北部的贝卢诺（Belluno）到西南部的锡耶纳的广阔地区。其他国家的档案记载和编年史家的著作，不论是朋友还是敌人，都反映了这样的事实：维斯孔蒂家族在半岛政治中有重要影响。再者，他们的统治区域包括这个国家人口最密集、经济最活跃的一些地区，这为该王朝提供了雇佣强大的雇佣军的各种资源。

与此相关的是这一事实：不论在米兰还是在诸如里奇奥（Reggio）和沃盖拉（Voghera）那样的"外省"中心，现存档案资料都表

---

[54] De Marco (1938), pp. 107–206, and (1939), pp. 1–20; Law (1988b), pp. 83–98.
[55] Cipolla (1881); Valeri (1949), pp. 1–326; Simeoni (1950), I, pp. 1–223; Valeri (1959); Fondazione Treccani degli Alfieri (1954–1955); Partner (1972), pp. 266–383; Cognasso (1922), pp. 121–184, and (1923), pp. 23–169; Valeri (1935b), pp. 101–132; Ilardi (1978), pp. 331–342; Chittolini (1980); Soldi-Rondinini (1984), pp. 9–37.

明这里有一个活跃的、雄心勃勃的政府在发挥作用。㊚ 许多历史学家从这些档案中构建出的这个新型的国家，是一个日益中央集权化的并具有权威的。公社咨询机构如米兰的"900人委员会"（Council of Nine Hundred）受到监督。各贵族家庭、教会、各从属的公社和乡村共同体的各种豁免权和特权，都被日益置于详细审查之下。那些从属的城市的**最高行政长官**和其他地方官吏成了由中央政府任命的职位，同时公社政府自身的权力也被削减，几乎只剩下一个不情愿的收税者的角色。各种地方法令都经过集中修订和审查，**暴君**的命令可以把它们置于一旁。教会也未能避免这一过程，1382年，詹加莱亚佐利用"教廷分裂"的局面颁布命令：圣职持有人必须得到他的政府批准。㊛ 腐败受到打击，公共秩序也通过采取措施而得到加强。

与这些发展现象密切相关的是，王朝本身日益尊重自己。它的王朝的、外交的和军事的成就日益成为庆祝的对象。它吸引越来越多的宣传者，将自身与地方上的圣人崇拜联系起来，像米兰的圣安布罗斯（St Ambrose）或东方三博士（Magi）。㊜ 它开始着手一种日益有抱负的王朝联姻政策，同塞浦路斯、德意志、法兰西和英格兰等地的诸侯和王室联姻。这些联盟成为宫廷举行盛大庆典的场合。维斯孔蒂家族高贵的身份感在其他方面也能看到：自1363年以来，对加莱亚佐二世的威胁被定义为**冒犯君主罪**（lèse-majesté），贝尔纳博宣称他是自己领地上的教宗和皇帝，詹加莱亚佐在1395年和1396年购买了米兰公爵和帕维亚伯爵的世袭爵号。流言四处传播，说他觊觎王冠。作为与欧洲其他王子同等地位的一个统治者，他的地位可以根据1402年他死后举行的精心制定的、出席者众多的葬礼来评价。㊝

然而，随之而来的是维斯孔蒂家族国家迅速瓦解。一些城市恢复了公社独立的地位，而其他城市则沦为一度忠诚的**雇佣兵队长**和邻近强权的猎物。这些发展变化意味着：维斯孔蒂国家并非如历史学家们一度相信的那样，它既不是一种不同的也不是一种可靠的创造。它在詹加莱亚佐统治下的统一不如说是一种特殊现象，他的父亲加莱亚佐

㊚ Comani (1900a), pp. 385–412, and (1900b), pp. 221–229; Cau (1969–170), pp. 45–98.
㊛ Prosdocimi (1973), p. 60.
㊜ Kirsch (1991), p. 9.
㊝ *Ordo Funeris Joannis Galeatii Vicecomitis*, RIS, XVI (1730), pp. 1023–1050.

二世和他的叔叔贝尔纳博曾经分割家族领地，后者将权力移交给他的妻子女王（Regina），后来又传给他的儿子们。詹加莱亚佐本人预料到他的领土将会被他的继承人分割。[60]

此外，即使各种豁免权和特权可能受到抨击，它们也可以为了该王朝的支持者和维斯孔蒂家族本身而创造出来，在某些情况下，如在洛迪吉阿诺（Lodigiano），这些特权的创造以牺牲教会和地方财产所有人的利益为代价。[61] 如果说维斯孔蒂的势力和干预在某些地区很显著，一般说来是那些更易于到达或接近米兰而又具有强大政府传统的地区，那么在其他地区，它的影响显得微不足道、时断时续。例如，贝加马斯科（Bergamasco）几乎常年处于内战状态，维斯孔蒂在该地的统治很少超出偶尔尝试调停调解的范围，更多的是进行惩罚性的远征，必要的话支持吉伯林派的势力。类似的即使较不混乱的局面，在其他地区也可发现，例如在贝卢诺。[62]

大量遗留下来的关于维斯孔蒂统治情况的档案不单单证明了他们的影响和权力，还揭示了他们曾遇到过极大的困难，在建立和平、批准修筑堡垒、提高税收的过程中，在控制那些来自个人、贵族家庭、城乡共同体和教会要求获得特殊待遇的请愿的浪潮中都会碰到此类困难。最后，应该注意的是，几乎没有什么证据能表明出现过对国家的一种全新的理解。1408 年，卡洛·马拉泰斯塔（Carlo Malatesta）给詹加莱亚佐的继承人之一菲利波·马利亚（Filippo Maria）的建议，按标准来说是有特色的，是君主的一面镜子，它强调诸如需要尊敬上帝和正义、赢得臣民信任、褒扬忠言和避免偏心之类的内容。[63]

结论

14 世纪意大利北部通常是以暴君制政体的出现为特征，其中一些发展成为公国领地。领地（lordship）是最普通的政府形式，但是**暴君制**在起源的时间、范围、司法特征和持续性方面相差甚大。此外，共和政体残存下来。这在威尼斯和热那亚最为明显，

---

[60] Comani (1902), pp. 211–248; Valeri (1935a), pp. 461–473, and (1938).
[61] Agnelli (1901), pp. 260–306; Black (1994), pp. 1150–1173.
[62] *Chronicon Bergomense*, *RIS*, XVI/2 (1926); Miari, *Cronaca Bellunese*.
[63] Valeri (1934), pp. 452–487.

不过共和主义持续影响着那些失去独立地位的城市政府，如特里雅斯特，并作为一种潜在的政府替代形式而残存下来，譬如在帕维亚和特伦特。

这一时期也与更大、更强的意大利政府的兴起相联系。维斯孔蒂家族在15世纪早期设法恢复其权威，尽管从来没有恢复詹加莱亚佐曾经达到的边界。这一点，加上萨伏依家族领地的增加和威尼斯作为意大利的一个主要权力的出现，能使人想起这一时期见证了一种转变：从众多焦虑不安的领地和公社转变为受少数领土国家影响的某种比较稳定的局面，这一过程与外国势力衰落相联系。还有许多事情可以证实这种见解：雇用了规模更多、更职业化的雇佣军，为一些国家的扩张提供了新的刺激和手段。不过，较小的政权如蒙费拉侯爵领和曼图亚的贡扎加家族领地幸存下来，尽管常常充当其强邻的代理人。此外，哈布斯堡政权在阿尔卑斯山南面建立起来，而在该时期的末期法兰西和神圣罗马帝国的影响和领土野心，甚至还有教廷的势力，都只处于暂时搁置状态。

最后，新的领土国家的结构仍然很脆弱，它们不是某些不可阻挡的历史过程的最后产物，而是依赖于其统治者的技巧和资源才生存下来。如同以往一样，它们必须面临的挑战出现了，这些挑战来自更广泛的地理－政治环境。这些挑战也来自臣属的领地、城市和城乡共同体。对于更新的政府形式的忠诚几乎都是以自身的利益为前提：寻求保护和以官职、荣誉、特权和豁免权为形式的恩赐。整个这一时期乃至以后很长时期，地方的效忠和野心保持着它们的重要性。

约翰·劳（John Law）

第二节　佛罗伦萨与共和国传统

到14世纪第一个10年时，佛罗伦萨已经成为一个伟大的贸易城市。它已发展出一种允许其主要商业家族分享权力的政治制度，而不会引发曾经玷污其早期历史的具有毁灭性的世代仇杀，并处于文学和艺术领域的创造力喷薄而出的门槛上，产生了但丁、乔托（Giotto）

及其同时代人的伟大作品。100年后，它接近它的文化——文艺复兴文化的最辉煌的时代。在此期间，它经历了促使意识形态和智力重新调整的一场危机，使得过去的一些遗产能够以经过改良的方式保存下来，而另一些遗产则通过变化以适应新的环境。在1301—1342年间，这座城市利用其先前各种成就的资本，享受了一段时间的商业扩张，这时内部相对稳定并在与其各个邻居的冲突中获得成功，即使最终耗费甚大。继而，在1342年至1382年期间，它开始进入一个经济与人口萎缩的危机时期，进入其共同体内部各势力之间关系紧张的时期，在以往这些紧张关系或者彼此之间相互妥协，或者受到占主导地位的政治势力的抑制。在城市的历史上，这是这样一个阶段：与过去的发展路线产生某种中断，但没有清晰地意识到替代它们的各种新趋势的出现。最后，在1382年到大约1402年间，城市政治精英的权力开始重新得到坚持，为一种新的文化奠定了基础。

尽管这一时期出现了断裂现象，但依然存在一种意识，即意识到在此期间发生的各种变化达到了已在进行的种种发展的完成状态，但是这些变化的方向因为新的环境而被改变。商业精英阶层主张自己应该拥有权力的趋势在13世纪就已经出现，这是一种强有力的智力传统。但是，要使这一时期曾使佛伦萨社会分裂的那些紧张关系得到和解或克服，将需要一定的时间。1282年创立执政官职位（Priorate）、1293年通过《正义法规》（Ordinances of Justice），实行了合乎宪法的解决方法，代表了向这种结果迈进的第一步。在1301年底，圭尔夫派的"白党"和"黑党"之间的长期冲突，以前者被宣告有罪并被流放而告终，但他们的世仇已经证明自1280年以来给这个城市带来和平的那些尝试的脆弱性。不过从这时起，一定程度的稳定已经达到，即使在圭尔夫派"黑党"政权的早期年代，那些曾经建立这个政权的人依然面临着许多困难。

他们获得权力得到了卜尼法斯八世的支持，及（应他的盼咐）通过瓦卢瓦的查理的军事干预；但当这位教宗与法国君主发生冲突受辱后于1303年驾崩时，他们发现自己处在一个易受攻击的位置上。卜尼法斯的继任者本尼狄克十一世（Benedict XI）不是单单支持这个执政的党派，而是寻求在它与被流放的"白党"之间达成一种和解。他委派普拉托（Prato）的枢机主教尼古拉作为教宗使节前往托斯卡纳，试图在各派之间实现和解。当更难驾驭的圭尔夫派"黑党"挫败他实现这一目标的种种努力时，他便将该城置于禁止一切圣事活动的处罚（interdict）之下。但1304年7月他的去世再次使这个公社中居于主导地位的党派果断地恢复了打击对手的运动。① 1305年5月，佛罗伦萨和卢卡（Lucca）的联军在那不勒斯王位继承人罗贝尔指挥下，包围了皮斯托亚（Pistoia）。皮斯托亚现在处在被放逐的"白党"的统治下（1301年），该派的许多人都逃亡到此地安身。如编年史家所证实的，接踵而来的军事行动进行得极其残忍，② 重新复活了佛罗伦萨现行的政权与其传统的圭尔夫派盟友——安茹君主和卢卡公社之间的联盟。1305年，法国人克雷芒五世当选为新的教宗后，教会试图再次居中斡旋，命令围城部队撤离皮斯托亚，并威胁要再次实施禁止一切圣事活动的处罚。佛罗伦萨当局对此的反应是，让他们的指挥官那不勒斯王国的罗贝尔同这位教宗谈判，同时保持对这个受围困城镇的封锁。1306年4月该城屈服投降。胜利者把严厉的条款施加给这个战败的城市。佛罗伦萨人和卢卡人分别占领皮斯托亚**周围乡村地区**的一半，城墙被夷为平地，从此以后它的**最高行政长官**由佛罗伦萨政府任命，军事长官由卢卡政府任命。③

由于在围攻皮斯托亚的结束阶段公然反对教宗，并蔑视他的新任使节——所谓的吉伯林派枢机主教拿破仑·奥尔西尼（Napoleone Orsini），使得该城再次处于禁止一切圣事活动的处罚之下，禁令一直持续到1309年9月。不过这看起来不曾削弱它的政权，也许是因为近来的军事胜利，从此以后它巩固了自己的地位。早在1304年，在"黑党"初期的首领科索·多纳蒂（Corso Donati）最亲密的伙伴与该党其他成员之间就已经爆发了争吵。这种裂痕似乎表明了双方的分道扬镳之处：一方是那些准备在普拉托枢机主教造访佛罗伦萨时同其达成妥协的人，另一方是那些不愿向他作出任何让步的人。不过，到1306年12月，该城政权非常稳定，足以允许重建拥有各自**旌旗**（gonfaloni）的武装或者**民众**（popolo）的武装团队，最早的是1250

---

① 关于"白党"和"黑党"之间的长期冲突及其后果，参见 Davidsohn（1956 – 1968），IV，pp. 238 – 360；Del Lungo（1921），pp. 110 – 360；Holmes（1986），pp. 168 – 182。
② Compagni, *Cronica*, III, chs. 13 – 15；G. Villani, *Cronica*, bk VIII, ch. 82.
③ Davidsohn（1956 – 1968），IV，pp. 410 – 442；Del Lungo（1921），pp. 367 – 371.

年时批准的,现在规模则从 20 个减到 19 个。1307 年 3 月,创建了一个新的职位——《正义法规》的执行官。这些措施表明,那些掌握了立法权的人,领导"黑党"派系的"权贵"曾经极为讨厌这种权力,现在不仅乐于接受它,而且还愿意利用它并扩大行会成员的民兵组织来支持它本身的权威。不过,对民众事业的这些明显让步似乎尚未造成政治参与的任何扩大,因为真正的权力依然掌握在有限的几个家族集团的手中。④

但是,1308 年以来,最初曾主宰圭尔夫派"黑党"的贵族人物失去了派系内的领导地位。在这一年,科索·多纳蒂与他先前的盟友闹翻,受到公社谴责,当试图逃离城市时被加泰罗尼亚雇佣军杀死。该派系其他的昔日首领中,罗索·德拉·托萨(Rosso della Tosa)1309 年死于一次事故,而贝托·布鲁内莱斯奇(Betto Brunelleschi)和帕奇诺·代·帕奇(Pazzino dei Pazzi)分别在 1311 年和 1312 年遇刺身亡。这些人物离开政治舞台使得他们以前在**富裕的平民**(*popolani grassi*)中的支持者控制了政府,诸如索德里尼(Soderini)家族、瓦罗里(Valori)家族、阿尔比齐(Albizzi)家族、斯特罗齐(Strozzi)家族、阿尔托维蒂(Altoviti)家族、本哥尔希(Buonaccorsi)家族、阿恰约利(Acciaiuoli)家族、里奇(Ricci)家族、佩鲁齐(Peruzzi)家族、美第奇(Medici)家族等,它们在 1310 至 1313 年间发挥了越来越重要的作用。⑤

促使圭尔夫派"黑党"优势地位得到巩固的因素,不仅有以前那些蛮横的首领的退出,及其利用佛罗伦萨国家机构使之有利于自己的能力,而且还受到外部种种军事威胁的帮助,这些威胁使开始时仅仅是一个派别的政权承担起这个城市自由的捍卫者的角色。除了 1317—1320 年和 1339—1341 年这两个短暂的间歇期,自 1312—1342 年的 30 年间佛罗伦萨一直处于战争状态,先是与皇帝,然后同吉伯林派暴君或邻近各个公社打仗。特别是,就在亨利七世远征意大利期间,它的统治者根据圭尔夫派的理论发展起一种为自己抵制皇帝辩护的理由。他们对圭尔夫派理论的理解不只限于支持教会的事业,而且

---

④ Najemy(1982),pp. 79-81.
⑤ 关于 1302 年至 1313 年间佛罗伦萨内部发展情况,参见 Compagni,*Cronica*,III,chs. 2-3,8-9,19-21,28-41;Davidsohn(1956-1968),IV,pp. 361-369,460-467,485-494,544-552。

还包括他们从帝国获得的城市独立。⑥ 自 1308 年亨利七世当选皇帝起，被流放的"白党"就热情地支持这位皇帝，在其 1310 年进入意大利后甚至更是如此，这就使他们的对手很容易采用城市捍卫者的角色，反对他们所相信的皇帝对这座城市构成的威胁。即便亨利七世起初在教宗克雷芒五世的批准下前往罗马，在那里他将接受帝国皇冠，佛罗伦萨的那些掌权者也是竭尽全力阻挠他在意大利半岛的巡行，秘密鼓励克雷莫纳和布雷西亚（Brescia）举行叛乱，并和罗贝尔密谋反对皇帝。此前的 1309 年，罗贝尔已经继承他的父亲查理二世，即位为那不勒斯国王。最后，在 1312 年，当亨利七世经过热那亚和比萨，正在前往罗马途中时，他们甚至设法赢得克雷芒五世的支持。尽管如此，这位皇帝还是能够继续举行他的加冕典礼，然后返回托斯卡纳。在那里，1312 年 9 月他围攻佛罗伦萨。但他甚至没有足够的军队包围城市，被迫在 11 月撤退。尽管如此，他对佛罗伦萨构成的威胁一直存在，足以使佛罗伦萨人担忧，以至于 1313 年 5 月他们准备在 5 年内将其公社的统治权转让给那不勒斯国王罗贝尔。不过次年 8 月，亨利七世死于布翁孔文托（Buonconvento），他们很快就摆脱了对皇帝的恐惧。⑦

在随后的一段时期，为抵制皇帝的斗争而提出的各种意识形态的根据，将构成在与吉伯林派暴君乌古乔内·德拉·法焦拉（Uguccione della Faggiuola）和卡斯特鲁乔·卡斯特拉卡尼（Castruccio Castracani）的冲突中发展起来的政治态度的基础，那时保存宪政政府、反对暴政的威胁取代了对帝国的反抗，这成为圭尔夫派事业的基本要素，得到佛罗伦萨人的拥护。随着亨利七世的死亡，他们曾经想当然地认为：他们将有能力很快重建其城市在托斯卡纳的霸权。但是，比萨有 800 人加入了已故皇帝的雇佣军骑兵，而且他们已任命亨利的热那亚前任代理人乌古乔内·德拉·法焦拉为军事长官，这注定要挫败佛罗伦萨人的上述期望。由于手中握有可指挥的军队，乌古乔内不仅成功地夺取了比萨的权力，而且迫使附近的卢卡签订一项和约，要求其重新接纳它的流放者。当这些流放者 1314 年背叛该城而投奔他时，

---

⑥ Bowsky (1958).
⑦ 关于亨利七世和佛罗伦萨，参见 Davidsohn (1956-1968), IV, pp. 524-543, 552-752; Del Lungo (1921), pp. 398-435; Bowsky (1960), pp. 153-205。

他发现自己在西部托斯卡纳地区掌握了相当大的领土，次年在蒙特卡蒂尼（Montecatini）佛罗伦萨人及其盟友遭到决定性的失败，他将加强对该地区的控制。⑧

比萨和卢卡1316年发生自发的起义，推翻了乌古乔内，局势暂时有所缓和。那不勒斯国王罗贝尔和新皇帝弗雷德里克三世之间的**接近**（rapprochement）创造了一种外交气氛，1317年托斯卡纳各个圭尔夫派或吉伯林派的政府得以在这种气氛中达成和平。不过这种接近只带来敌对行为的暂时平静。比萨和卢卡在其新的军事首领，实际上不久就成为统治者，加多·德拉·盖拉尔代斯卡（Gaddo della Gherardesca）和卡斯特鲁乔·卡斯特拉卡尼的带领下，保持了他们先前对帝国的政治忠诚，仍然处于佛罗伦萨势力范围之外。1318年，那不勒斯的罗贝尔也干预热那亚事务，支持它的圭尔夫派，从而点燃了一场冲突：一方是他与他的党派，另一方是该城的吉伯林派、米兰的维斯孔蒂家族及其盟友。被拉进这场冲突的首先是佛罗伦萨人，他们派遣军队前往伦巴第，其次是教宗约翰二十二世，他于1316年当选，是亲安茹王朝的教宗；⑨最后是卡斯特鲁乔·卡斯特拉卡尼（此之前是卢卡领主）和比萨人，他们在1320年对托斯卡纳的圭尔夫派发动牵制性的攻击，以减轻维斯孔蒂的军事压力。结果，佛罗伦萨发现自己又一次在邻近地区进行战争。1325年，皮斯托亚的统治家族特第奇（Tedici）把自己城市割让给卡斯特鲁乔·卡斯特拉卡尼，同年晚些时候佛罗伦萨人在阿尔托帕肖（Altopascio）被击败，使敌对行动兵临佛罗伦萨人的城墙之下。像在1313年一样，到处抢劫的敌军出现在他们的大门口，促使他们寻求安茹王室的保护。1326年，他们约定那不勒斯国王罗贝尔之子卡拉布里亚（Calabria）的查理为他们的领主。接着，吉伯林派对这位王子出现在托斯卡纳的反应，是邀请巴伐利亚的刘易斯来到意大利。他在1322年米勒多夫（Mühldorf）战役后已经取代弗雷德里克三世成为皇帝。由于他的干预，卡斯特鲁乔·卡斯特拉卡尼不仅能够确保一个公爵领，而且在1328年还获得比萨的主教代理人职位，因而把他的统治区扩大到对佛罗伦萨构成一

---

⑧ Davidsohn (1956–1968), IV, pp. 762–810; Vigo (1879), pp. 6–84; Green (1986), pp. 30–38, 51–71.

⑨ Tabacco (1953), pp. 39, 153–155, 179–188.

种严重威胁的程度。对佛罗伦萨来说，幸运的是，卡斯特鲁乔·卡斯特拉卡尼在经历失去和重新占领皮斯托亚后，在该年晚些时候去世。没有人能把他的领地拢成一体，他的国家瓦解了。巴伐利亚的刘易斯1329年返回德意志后，比萨保持了独立的地位，皮斯托亚开始同佛罗伦萨人达成协议，条件是实际上承认佛罗伦萨的宗主权，卢卡处于脆弱而易受攻击的处境中，由一队无报酬的、桀骜不驯的皇帝骑士控制着。[10]

战乱岁月和1317年至1320年间的短暂休战，不仅激起了人们一种对暴政的恐惧，使得反对伦巴第托斯卡纳诸暴君的斗争成为佛罗伦萨人对外政策的焦点，而且它们还有助于巩固圭尔夫派"黑党"对这个城市的支配地位并使其合法化。1313年至1321年末，城市在名义上已经被置于那不勒斯王国的罗贝尔的最高领主权之下（他的最高领主权已经延长，超出了原先定的5年期），1326—1328年间是其儿子拥有这一权力。城市政权的寡头性质因1310—1323年间的实践而强化了，在这期间**执政官**（signoria 或 Priorate）经政务会（council）授权可以选择自己的继承人的做法普遍化了。然而，1328年卡拉布里亚的查理死后（他自己曾经任命了许多公社官员），为了挑选在佛罗伦萨政府各主要行政机构任职的官吏，人们设计了一种新的任免程序。这给人一种印象：在有利于一些主要家族的精英分子支配城市的同时，允许政治阶层（political class）的成员广泛地参与政府管理。到1328年12月实施主要改革前，那些适合在政府任职的人选是由一个大委员会投票选出来的，该委员会开始以"详细审查"（scrutiny）的机构而为人们所知，它的组成成员有**执政官**，来自各公司的19名正义旗手（Gonfalonieri）、12个最显赫的行会每个委派2名执政（consuls）或主事（rectors）、5名来自**商业**（mercanzia）或贸易委员会的成员，还有从城市的6个行政区特别挑选出来的代表。所有获得2/3多数票的人员的名字，将被放进写明具体岗位的口袋里，表明经过投票他们有资格担任职位；当这些职位需要补充人员时，就会从口袋里抽出他们的名字，加以使用，直到两年后收集新一轮的"详细

---

[10] Tabacco (1953), pp. 152–192; Davidsohn (1956–68), IV, pp. 874–1162; Caggese (1922–30), II, pp. 10–130; Azzi (1908).

审查"的材料。还采用了各种排除法,以便防止个别人或同一家族成员在某个规定的期间内占据一个以上的职位,并禁止那些犯有某种过错或尚未缴纳其税款的人占据已通过录用资格审核因而有资格任职的岗位。

职务的承担者快速轮换,由于任期短暂(执政官任期2个月,所谓的各公司的正义旗手和"十二贤人"[Twelve Good Men]组成的"选举团"[colleges]任期4个月),这种制度确实可以使政府相当广泛地分配职位,但仅限于经过某次"详细审查"所批准的人员。分析1328—1342年间担任执政官职位的人员构成,表明这一时期政务会里主要家族的成员高度集中,这些家族成员承担了97个最突出的职位,占这些职位的比例多达74%。[11] 再者,在同一期间还有频繁的权力特许(*balìe* 或 concessions of authority),即把权力让与**执政官**或特别委员会,战争期间尤其如此,诸如1336—1339年间反对维罗纳的战争,1341—1342年间与比萨的战争,这些**执政官**或特别委员会实际上开始控制各个财政采邑(financial fiefdoms),使他们不仅能够花费金钱,而且能够处置某些税收或**盐税**(*gabelle*)的收益,或者征收强制性贷款以满足需要。[12] 尽管佛罗伦萨执政官的选举制度有显而易见的民主性质,但政府的实际操作权力依然大半保留在一个有限的商业家族团体手中。由于战争成本不断上升,这些家族的影响因这时公社越来越依赖于富裕市民的贷款而日渐增加。在此期间,对那不勒斯和英格兰王国而言,巴尔迪(Bardi)、佩鲁齐和阿恰约利等公司作为金融家已经获得支配性的地位,通过银行和一般的贸易活动他们已经积聚了巨额资本。[13] 正是这种利用上述公司或其他类似企业提供的信贷的能力,使佛罗伦萨政府有能力抵消它在乌古乔内·德拉·法焦拉和卡斯特鲁乔·卡斯特拉卡尼手中遭受的失败,并最终战胜了这些统治者曾建立的昙花一现的暴政。

但不幸的是,越来越依赖于财富以弥补政策之不足的做法带来种种风险,由于那10年间在意大利北部的权力制衡中发生了变化,其

---

[11] Najemy (1982), pp. 117 – 118, and, 关于1310—1328年间的佛罗伦萨政府和后面的选举改革,参见 pp. 79 – 116, and Guidi (1972)。

[12] Barbadoro (1929), pp. 572 – 603, 614 – 622.

[13] Sapori (1926), pp. 5 – 92, and (1955 – 1967), II, pp. 653 – 763, 1037 – 1070.

结果是这种风险在 14 世纪 30 年代变得更加严重。直至 1329 年左右，佛罗伦萨不仅受益于它的广泛的财政资源，而且也从它与教宗和那不勒斯王国的结盟中受益。然而，在那些秉承圭尔夫派的传统，习惯于用自己的方式来克服各种困难的人的领导下，它的政府难以适应某种新的环境并对之作出反应：在这种环境中，外交路线并非按照党派忠诚来确定，而是从属于各种权宜之计的考虑，可能随着令人困惑的影响而改变。由于致力于获得对卢卡的控制，佛罗伦萨陷入了这一时期意大利政治的流沙之中，它自己也掉进了更深的债务泥潭；由于过度使用其商业经济资源，政府对商业的影响开始恶化。它的各个商业公司对其外国客户作出过多的承诺，因而促进了一场财政危机的突然爆发。

1329 年，佛罗伦萨人就采取行动，反对卢卡，当时热那亚的吉伯林派盖拉尔多·斯皮诺拉（Gherardo Spinola）已经从先前占领该城的德意志骑士手中购买了这座城市。当他发现自己没有能力保卫它时，就在 1331 年将其割让给刚刚进入意大利的波希米亚国王约翰，后者已被一批伦巴第公社宣布为最高领主，因为这些公社正面临被更强大的邻居征服的威胁。这些强邻以及佛罗伦萨对约翰到来的反应是，联合起来反抗他，并蓄意分割那些已经把自己置于其统治之下的公社的领土。不过，佛罗伦萨在 1332 年与米兰、维罗纳、费拉拉、曼图亚和科莫（Como）缔结的同盟未能带来收益，在波希米亚的约翰于 1333 年从意大利撤军后，[14] 卢卡先是转到帕尔马的罗西（Rossi）家族手中，而后在 1335 年又落到维罗纳的马斯蒂诺·德拉·斯卡拉之手。此前马斯蒂诺曾许诺获得卢卡后把它让给佛罗伦萨，佛罗伦萨人对他未能遵守约定感到极大愤慨，遂同威尼斯人，后来又同米兰、曼图亚和费拉拉人建立同盟反对他。随后在 1336—1339 年间发生的战争使他们耗费了 50 多万弗罗林，[15] 但还是未能使对方交出卢卡，而威尼斯则在战争的最后一年同维罗纳单独签订了和约。根据该和约，只承认佛罗伦萨获得它的军队已经占领的涅瓦勒河谷（Val di Nievole）地区。不过佛罗伦萨已经间接地从近年来的敌对行动中获

---

[14] 关于波西米亚国王约翰对意大利的干预，参见 Dumontel (1952), pp. 12 – 124。

[15] ASF, Capitoli 17 fol. 47.

得好处，1337年通过购买获得阿雷佐（Arezzo）。阿雷佐的领主塔拉蒂（Tarlati）家族曾鲁莽地与马斯蒂诺·德拉·斯卡拉同舟共济，而后又无法抵挡佛罗伦萨人及其佩鲁贾盟友对该城的联合攻击，于是被迫将它卖掉。⑯

这些微不足道的收益，是通过与其不相称的巨大代价获得的，无法补偿佛罗伦萨人为获得它们所付出的各种努力，又使他们在外交上处于软弱地位。现在它不仅作为领土国家比米兰逊色，米兰是14世纪30年代的战争的主要受益者，而且它也无法再像直至1329年前那样，指望教会和那不勒斯王国的支持。教宗约翰二十二世被本尼狄克十二世所取代，他的使节贝特朗·德·普耶特（Bertrand de Poujet）于1334年被逐出波伦亚（Bologna），从而结束了佛罗伦萨和罗马教廷之间的亲密联盟，此前双方的合作已经因教会同波希米亚的约翰联合而遭到削弱。⑰ 那不勒斯国王罗贝尔在其统治末期，全神关注于试图重新征服西西里岛，⑱ 在1335年热那亚恢复吉伯林派的政权后他从北意大利的政治事务中脱身，也造成了直到那时一直是佛罗伦萨外交政策基本支撑点的崩溃。然而，佛罗伦萨政府未能充分考虑到这些变化的影响，正如它未能充分重视过去十年来在伦巴第和托斯卡纳地区逐渐发展起来的新的外交均势的含义一样。

1341年，佛罗伦萨伙同卢基诺·维斯孔蒂（Luchino Visconti）、教宗、那不勒斯国王罗贝尔和其他统治者，鼓励柯勒乔（Correggio）家族从马斯蒂诺·德拉·斯卡拉手中夺取帕尔马，促使它作出这种决定的是，它希望德拉·斯卡拉失去这个公社后，就再也没有能力控制卢卡。然后它与德拉·斯卡拉协商从他手中以25万弗洛林的巨额价格购买卢卡。但是这个计划，用这种方法得到这座城镇及其领土，收回这块已如此之久不为它拥有的属地，将被挫败。比萨人担心，如果卢卡转入佛罗伦萨人的控制之下，他们自身的独立将受到威胁，于是在卡斯特拉卡尼派的支持下立即包围该城，他们发现了在卢卡恢复圭尔夫派政权不受当地人欢迎的机会。对最近购买卢卡的佛罗伦萨人来说，更严峻的是米兰、曼图亚、帕尔马后来还有帕多瓦的立场，它们

---

⑯ 关于这些战争，参见 Perrens（1877–1883），IV, pp. 144–258.
⑰ Dumontel（1952），pp. 31, 69–71, 108–114; Tabacco（1953），pp. 316–325.
⑱ Caggese（1922–1930），II, pp. 241–250.

第十五章 但丁和彼得拉克时期的意大利

决定同比萨站在一起,防止佛罗伦萨成功实现对卢卡的占领。[19] 这些马斯蒂诺·德拉·斯卡拉的敌人,怀疑现在事实上在斯卡拉和佛罗伦萨人之间存在某种联盟,于是行动起来维持他们所认为的**现状**和现存的权力均势。对形势的这种发展,及对1341年10月在第一次试图打破对卢卡的包围时被击败,佛罗伦萨公社当局感到震惊,遂转而依靠传统手段,向教廷和安茹君主那里寻求援助。1342年1月,佛罗伦萨将卢卡的领主权授予那不勒斯国王罗贝尔,它希望这会诱使罗贝尔和教宗强迫比萨人放弃对这座城市的包围。然而,这种期望没有成为现实,不论罗贝尔抑或阿维尼翁的教廷都敦促佛罗伦萨人缔结和约,而不是坚持战斗、保卫卢卡。1342年5月,又一次解围尝试失败,佛罗伦萨政府任命雅典公爵布里恩的瓦尔特(Walter of Brienne)担任它的新的军事首领和"保护者"(conservator)。该公爵是安茹家族和法国王室的亲密伙伴,1326年时曾经代表卡拉布里亚的查理在佛罗伦萨担任代理人。但是,他根本未能给卢卡人的事业带来成功的结局,1342年7月当卢卡在商讨它自身的投降事务时,这位军事指挥官冷眼旁观;而后在次年9月,利用委托给他指挥的军队夺取政权,并让人宣布它自己为佛罗伦萨、皮斯托亚和阿雷佐三地的终身领主。[20]

关于以此种方式肇始的雅典公爵的"暴政",已经有多种多样的解释。意大利经济史家阿曼多·萨波里解释佛罗伦萨统治阶层接受其统治的原因,是这个城市的商业公司需要确保一个正式的债务延缓偿还期,使他们避免因英格兰国王爱德华三世未向他们偿还所欠大额债务而破产。[21] 但是,同时代的编年史家乔瓦尼·维拉尼认为,支持雅典公爵的力量主要来自**大亨**(grandi)和**小人物**,前者偏爱他是因为他准备暂停《正义法规》,后者喜欢他则是因为他们希望打破**富裕的平民**(popolani grassi)的优势。[22] 那些原初拥护他的事业的家族,诸如巴尔迪、弗雷斯科巴尔迪(Frescobaldi)和罗西家族,也许用以下

---

[19] Ibid., II, pp. 260 – 269.
[20] Ibid., II, pp. 271 – 279; Paoli (1862), pp. 7 – 17.
[21] Sapori (1926), pp. 145 – 149. 他坚持认为(第149—154页),当公爵也暂停偿还这些公司向公社提供的强制性贷款时,所涉及的有关以前曾经支持过他的公司,也转而反对他。
[22] G. Villani, *Cronica*, bk XII, ch. 3. 关于公爵的佛罗伦萨政府及他被推翻,还可参见 ibid., bk XII, chs. 8, 16 – 17。

事实来解释似乎更有道理：自从 1340 年 11 月密谋反对公社失败以来，他们一直处于被流放状态，曾经和比萨的军队围攻卢卡，与他们自己的城市作战。[23] 还曾经密切地同塔拉蒂家族、乌贝尔蒂尼（Ubertini）家族、乌巴尔迪尼（Ubaldini）家族、阿尔诺河谷的帕奇（Pazzi of Val d'Arno）家族联系，后者在 1342 年 7 月曾企图占领阿雷佐，此后还在佛罗伦萨的**周围乡村地区**发动叛乱。当雅典公爵在 10 月同比萨缔结和约时，他也同那些反叛家族缔结了和约，撤销对他们的定罪，恢复他们以前的财产、权利和特权。

他与这些家族及佛罗伦萨其他主要家族的和谐关系未能长久持续。部分原因是他企图争取**小人物**的好感，承认拉那行会（Arte della Lana）的染工拥有独立的行会，在他 1343 年举行的庆典活动中允许来自下层的 6 队（brigate）人参加游行。这使城市的商人们感到恐惧，他们认为此类让步削弱了以工人从属于企业家为基础的社会秩序和经济制度。然而，佛罗伦萨精英阶层对公爵统治迅速幻灭的另一个更重要的原因，是他的政府发起的对**管理委员会**（balìa）中的 20 个成员的系列起诉，这些地方官曾负责管理坚守卢卡的战争。他们被指控挪用公款，被课以沉重罚金，其他一些显贵则被处死，如奥古斯塔（Augusta）或卢卡的城堡主乔瓦尼·代·美第奇（Giovanni dei Medici）、当地的一个财务主管纳多·鲁塞莱（Naddo Rucellai）、阿雷佐的军事长官古列尔莫·阿尔托维蒂（Guglielmo Altoviti），罪名是背信弃义和盗用钱财。布里恩的瓦尔特担任佛罗伦萨的领主，尽管后来被描述为一种暴政，但在这座城市没有出现一些人所曾预想的那种完全不寻常的发展，即像 1313 年把类似权力授予那不勒斯的罗贝尔、1316 年授予卡拉布里亚的查理（实际上还有 1267 年授予安茹的查理）后出现过的那种情况。使他的统治与其前各个前任区分开来的东西，是他们满足于充当统治阶级或占优势的派别的工具，而他则决定努力通过各种惩罚性的措施，恐吓统治阶级，使之屈服。那不勒斯的罗贝尔在 1343 年 1 月去世，他的政权失去了最强有力的外部支持，不久后，即便是他最初宠爱的"权贵"（magnates）和银行家也开始同最杰出的**富裕的平民**密谋反对他。至少有 3 个密谋在酝酿之中，在

---

[23] See ibid., bk XI, chs. 118, 134, and ASP, Comune A 31 fols. 9^v–12^v.

第十五章　但丁和彼得拉克时期的意大利　　549

这一年的 7 月 26 日汇合成一次独立的武装起义。在他的部队到达执政官广场（Piazza della Signoria）之前，起义军阻断了他的部分士兵。已经在广场集中的那部分军队连同这位公爵最后被困在执政官大楼（Palace of the Priors）。被围困 8 天之后，在此期间佛罗伦萨各个从属的城市也发动叛乱反对他。他开始同起义者达成妥协，同意放弃他的权力，条件是他和他的人能够安全撤出这座城市及其领地。㉔

与此同时，反对他的那些起义领导人在该城主教的祝福下，建立了一个 14 人的政务会领导下的新政府，其中 7 个是**大亨**，7 个是**平民**，这些人来自巴尔迪、罗西、里奇、佩鲁齐、马加洛蒂（Magalotti）、卡瓦尔坎蒂（Cavalcanti）、詹菲利亚齐（Gianfigliazzi）、阿尔托维蒂、托尔纳昆奇（Tornaquinci）、斯特罗齐、美第奇、德拉·托萨、阿狄马利（Adimari）和比廖蒂（Biliotti）等家族。但是，这个委员会尝试草拟一部法规，将创造一个 12 人的执政官团体（Priorate），其中 4 人是"权贵"，这一企图在 9 月 22 日引发了一次民众起义，结果是重新实施《正义法规》，一个社会基础相当广泛的政权正式建立。按照以前贵族的管理体制，城市分成四个部分的建制予以保留，但是执政的数量（包括司法行政长官）被削减到 9 人，全部都是**平民**。㉕

驱逐布里恩的瓦尔特导致佛罗伦萨丧失了它的大部分领地，它的附属城市中普拉托是 1351 年收复的，皮斯托亚在 1353 年，阿雷佐直至 1384 年才收回。随着他的垮台，佛罗伦萨那些主要商人的公司破产了，佩鲁齐公司在 1343 年破产，阿恰约利公司在 1345 年、巴尔迪公司的破产是 1346 年。㉖ 1348 年黑死病暴发，距 1340 年另一次毁灭性较小的流行病仅仅 8 年时间，将城市人口从 9 万多减少到只有该数字的一半。㉗ 这些灾难使经济活动水平处于严重萧条之中。尽管在 14 世纪晚期出现复苏，但佛罗伦萨银行家在 1340 年前的西欧曾享有过

㉔ 关于这位公爵的统治，参见 Paoli (1862), pp. 18 – 45, 64 – 145; Becker (1967 – 19688), I, pp. 150 – 172。

㉕ Becker (1967 – 1968), I, pp. 173 – 176; G. Villani, *Cronica*, bk XII, chs. 18 – 23; Najemy (1982), pp. 129 – 138。

㉖ Sapori (1926), pp. 158 – 182。

㉗ La Roncière (1982), pp. 673 – 574 提出，人口从 1347 年晚期的 95000 人下降到 1349 年的 41000 人；Pardi (1916), p. 58 认为在同一时期，城市人口从 93000 下降到 40000 人。关于黑死病对佛罗伦萨的影响，还可参见 Falsini (1971)。

的显赫地位,再也未能恢复。㉘在城市内部,在雅典公爵夺取权力之前,那些支配政治生活的杰出家族的地位,被他们的商业企业的崩溃、1343年实行的"详细审查"制的自由主义(liberal)性质而遭到削弱,因为该制度处于各种反贵族力量的影响下,这些力量是在该年9月的巷战中获得优势的。与直到1342年的形势相比,1343—1348年间仅有1/3的执政官职位被那些曾被布鲁克描述为显贵(patricians)的人所占据,剩余职位中大约有一半由14个小行会和中等行会的成员所控制(265个政治职位[political office]中多达140个分给了新家族的成员)。㉙

14世纪30年代和40年代变化的综合后果,对佛罗伦萨及其统治阶级来说不仅是破坏性的,而且使人们对建立在实践基础之上的许多价值标准和见解产生怀疑,而这些实践在1267—1329年间曾经给这座城市带来非凡的成功和繁荣。与教廷和那不勒斯王国的联盟和大家族在城市政治中所占有的突出地位,在形成支配这个公社的各种命运的观点时都曾是决定性的。这些大家族在意识形态上和财政上同教会和安茹君主相联系,同时通过向其政府提供贷款而打开其市场的那些国家进行贸易和金融活动而致富。然而,14世纪30年代的外交革命,及佛罗伦萨的经济规模最终没有能力生产足够多的贷款来支撑众多王国的军事开支,逐渐破坏了上述基于形势的政策的可行性,而且现在形势也已经发生了变化。其结果是政治失败、财政崩溃和大众再次起来反对寡头政权,这削弱了此前其权威不曾遭受挑战的那些人的地位,这样两种对立的趋势在随后的历史阶段显现出来。一方面,统治的精英中有一些为了保持在城市政治中的领导地位,变得愿意同1343年以来进入政府的新的人士合作,对他们的要求作出反应。但是,统治集团中的另一部分人在**大亨**的支持下,企图将权力限制在城市的主要家族手中,保持这个公社对圭尔夫派事业的传统忠诚。

更保守的势力能够利用1348年瘟疫期间许多市民离开佛罗伦萨的局面,使限制来自小行会的执政官(priors)的数量的条款获得通

㉘ Sapori (1955–1967), II, pp. 1067–1070, III, pp. 127–133; Hoshino (1980), pp. 194–206; Brucker (1962), pp. 11–27.

㉙ Brucker (1962), pp. 105–107; Becker (1962), and (1967–1968), I, pp. 178–230; Becker and Brucker (1956), p. 96; Najemy (1982), pp. 145–152.

过,限额为两人,符合该职位的小行会的总数从 14 个减至 7 个。[30] 然后在 1358 年,他们甚至赢得一次更大的胜利,成功地通过一项措施:允许这时由"权贵"和**富裕的平民**所控制的圭尔夫派,阻止那些他们宣布为有吉伯林派嫌疑的人占据政府里吸引他们的各种职位。办法是"警告"他们:他们属于嫌疑分子。[31] 然而,尽管取得这些成功,旧的统治集团中那些较不妥协的人支配城市政治的能力,依然受到限制,因为城市贵族阶层大约在 1350 年左右分裂了,一派由阿尔比齐家族领导,另一派由里奇家族领导。后者与受大众欢迎的派别站到一起,一般说来能够在政务会的议事过程中拥有优势,例如在 1350 年,他们设法取消了其前把符合公职资格的小行会数量限制至 7 个的决定。[32] 只有在圭尔夫派内部,阿尔比齐家族及其盟友才具有某种决定性的优势,他们利用这种优势地位来"警告"那些他们最不赞同的人,并因此防止他们进入政府任职。但是,即使是这种策略也必须小心使用,以防滥用而引发对其应用的抵制。1366 年,当该派试图依靠它来谴责公社大法官塞尔·尼科洛·莫纳基(Ser Niccolò Monachi),里奇家族及其支持者的反应是利用他们在政务会的影响通过了一项规定:在圭尔夫派 6 名贵族军事首领的基础上,增加 2 名小行会成员。在意识到滥用"警告"来控制该机构的风险之后,阿尔比齐派在 1367—1371 年间没有再频繁地诉诸这种手段。[33]

结果,一种不稳定的力量平衡在这个城市的政治生活当中开始盛行起来,无论寡头的倾向抑或大众的倾向都没有获得某种决定性的优势。尽管使用了各种各样的手段试图限制"新人"担任公职,但他们的代表还是继续出现在政府中,而且其情况要比 1342 年之前好得多。[34] 不过在 1371 年,阿尔比齐派的地位得到提升,此时它成功地战胜乌古乔内·代·里奇(Uguccione dei Ricci),直到那时里奇都是那些反对阿尔比齐派的人的首领,"寡头"派的两名首领皮耶罗·德利·阿尔比齐(Piero degli Albizzi)和卡洛·德利·斯特罗齐(Carlo

---

[30] Najemy (1982), pp. 158 – 162; Brucker (1962), pp. 120 – 122.
[31] Brucker (1962), pp. 165 – 172.
[32] Ibid., pp. 123 – 128.
[33] Ibid., pp. 202 – 221.
[34] Ibid., p. 160; Najemy (1982), pp. 195 – 216; Becker (1967 – 1968), II, pp. 95 – 133. 但是,他们的比例低于 1343 年至 1348 年(Witt [1976], p. 248)。

degli Strozzi）替他偿付债务，将他从财政困境中解救出来。㉟ 在这种发展势头的鼓舞下，该派很快就再次在城市政治舞台上扮演更好斗的角色。在某种程度上，这是由该派中那些坚持公社传统对外政策的人士的不满所激发起来的。

自 1343 年以来，在佛罗伦萨，两类人之间的分歧有一种扩大的趋势，一类是对教会事业保持传统忠诚的人，另一类是意识到这个城市和教廷之间存在着政治利益的差别，开始逐渐摒弃教会事业的人。同教宗克雷芒六世的关系变得紧张起来，因为他在雅典公爵被驱逐之后继续支持他，还因为 1345 年政府决定使当地教职人员从属于世俗司法管辖权。继而，在 14 世纪 50 年代，在教宗使节枢机主教阿尔博尔诺斯（Albornoz）的指导下，教会采纳了一项旨在重新征服教宗国的政策，从而与佛罗伦萨产生摩擦。佛罗伦萨认为，意大利中部一个强大的政权的加强，会使自己的利益受到威胁。与此同时，关于如何处置那些劫掠成性的"自由"连队（"free" companies）和米兰的暴君大主教乔瓦尼·维斯孔蒂（Giovanni Visconti）侵入托斯卡纳之事，使佛罗伦萨与教宗间的疏远之感尖锐起来。教廷的意图只在于促进它自己的利益，因而公社在着手保卫它自身时，便自行其是。㊱ 在这个早期阶段出现的这种猜疑在 14 世纪 70 年代将再次浮现，那时格列高利十一世重拾其前任强行控制教宗国的努力。1371 年，佩鲁贾被迫向他屈服，这尤其令佛罗伦萨政府感到惊恐，视之为教宗在意大利中部削弱公社制度的一场按计划进行的运动的第一步，因而对次年流传的据称教宗策划反对锡耶纳的谣言加以严肃对待。

不过，关于教会对城市自由事业构成威胁的这种感觉，并非城市政治精英各派别达成的共识。那些依然主宰着圭尔夫派的阿尔比齐派的人还保持着他们先前对罗马教廷的忠诚，日益同公社采取的立场背道而驰。不幸的是，这只是增强了他们的敌手对假定的教会秘密意图的担忧。在 1373 和 1374 年，教宗的侄子杰拉德·杜·普伊（Gerard du Puy）和阿尔比齐家族之间进行接触的传言，引起了人们对他们同教廷勾结的恐惧。猜疑的气氛因 1375 年在普拉托发现一次密谋而进

㉟ Brucker (1962), pp. 249–250; Becker (1967–1968), II, pp. 134–135.
㊱ Becker (1967–8), II, pp. 119–123; Becker (1959); Panella (1913); Baldasseroni (1906); Brucker (1962), pp. 131–143, 172–183.

第十五章　但丁和彼得拉克时期的意大利

一步强化，教宗在波伦亚的主教代理纪尧姆·诺埃勒特（Guillaume Noellet）也被认为牵涉其中。公社当局将其所看到的视为教会怀有敌意的表现，感到惊慌，遂决定采取行动。军事行动的指挥权被授予一个委员会，具有讽刺意味的是该委员会的成员以"八圣徒"（Eight Saints）而闻名，随之发生的战争也将以其来命名。城市政府对教宗国的各附属城市提供援助，成功地敦促它们起来反抗教宗格列高利十一世。当波伦亚、佩鲁贾、卡斯泰洛城（Città di Castello）、维泰博（Viterbo）和奥尔维耶托（Orvieto）迅速起事时，教宗的反应是对佛罗伦萨处以禁止一切圣事活动的惩罚，这对佛罗伦萨的贸易产生了灾难性影响。这种冲击和敌对行动的花费，很快就引发人们反对继续进行这种冲突。1378 年，圭尔夫派在这方面率先行动，被它"警告"的人员数量迅速增加，甚至"八圣徒"之一的乔瓦尼·迪尼（Giovanni Dini）也被纳入那些被谴责的人员之中。[37] 这转而导致圭尔夫派的反对者寻求抑制他们认为过分的一些做法。该年 5 月，萨尔韦斯特罗·代·美第奇（Salvestro dei Medici）成为司法官（Gonfaloniere of Justice），他已取代乌古乔内·代·里奇成为受欢迎的或较温和派别的贵族领袖。当他获得启动立法的权力时，竭力劝说选举团和政务会批准一项要求更加严厉地实施《正义法规》的命令，但未成功。他失败后，随之在 6 月 22 日发生了行会共同体成员领导的一次起义，不过行会之外的被剥夺选举权的羊毛工人也参加了。

后来以"梳毛工人起义"（Tumult of the Ciompi）而闻名的事件就这样开始了。起义得名于这些劳工的外号，他们受到拉那行会的统治，但无论在拉那行会里还是在公社里都没有权力。在雅典公爵统治下，他们中一些人的权利曾经获得短暂认可，如曾允许染工们成立自己的团体，但在他被驱逐后，染工的这项特权被撤销，不准工人拥有结社的权利；他们中的丘托·布兰迪尼（Ciuto Brandini）因企图获得该权利而于 1345 年被处死。[38] 随后的 30 多年间，佛罗伦萨几乎没有出现工人阶级好战的迹象，也许是因为黑死病后劳动力短缺造成生活水平提高的缘故。不过到 14 世纪 70 年代中期，工资劳动者生活条件

---

[37] 关于"八圣徒"战争及其起源，参见 Brucker（1962），pp. 265–357；Gherardi（1867–1868）；Trexler（1974），pp. 133–162。

[38] Brucker（1962），pp. 110–111。

的改善停止了，这种环境也许可以解释 1378 年民众暴力爆发的原因。[39] 但大体上，它看来也许是拥有政治权利的那些行会成员之间的冲突带来的无意识的后果，其中一些人准备让被剥夺权利的工人与他们联合起来，扩大他们的数量，以便对政务会施加压力，使其通过反对"权贵"和圭尔夫派的各种措施。事实上，这一直接目的实现了；因为在骚乱的群众烧毁了阿尔比齐派首领的房屋后，一个由 81 名市民组成的**管理委员会**（*balìa*）得到批准，它决定所有曾经被"警告"的人的案件都应该由即将成立的执政官重新加以审查，与他们敌对的贵族中有几个人必须被开除公职。

然而，这种对公众情绪让步以平息事态的措施没有成功。7 月 20 日，梳毛工起义，试图强制推行他们自己的一揽子诉求。在杀死一名令人憎恶的警官塞尔·努托·达·奇塔·迪·卡斯泰洛（Ser Nuto da Città di Castello）后，他们强迫执政官们放弃政府大楼，并通过口头欢呼方式选举了他们中的一员米歇尔·迪·兰多（Michele di Lando）担任司法官。夺取政权后，他们创立了三个新的行会，一个是梳毛工人或羊毛业中的工人的行会，一个是染工行会，还有一个是紧身上衣生产者和相关行业的行会。他们还制订并通过新的宪法条款，规定 1/3 的政府职位分配给这三个团体，1/3 的职位分给小行会的成员，1/3 职位分给重要行会的成员。接着，阿尔比齐党的头头们被流放，建立了一支由梳毛工组成的民兵，用来保卫现政权。

但是，那些带来这场革命的更激进的势力不完全满足于这些改革，提出进一步推进改革。他们先是在圣马可（San Marco）女修道院外面集会，然后在新圣母马利亚教堂（Santa Maria Novella）外集会，选举了 8 名代表，指示他们与执政官们谈判，确保他们接受其他法令，禁止拘捕债务人并授权梳毛工代表直接参与政府管理。但这些要求在那些更极端的无产者群体和其以前的盟友之间产生了分裂。米歇尔·迪·兰多与各个大行会、小行会以及那些染工和紧身上衣生产者的行会联合起来，在 8 月 31 日与他们的一次武装对抗中镇压了他以前**小人物**中的支持者。这一镇压的后果是，梳毛工行会在 9 月初被解散，曾经在新圣母马利亚教堂集会的那些领导人被处死或被放

---

[39] La Roncière (1981).

逐。宪法中另一个变化是将余下的两个新的行会归并到14个小行会，在现有的16个**小行会**（arti minori）和7个**大行会**（arti maggiori）间平均分配政府职位。

结果，一直持续到1382年的这个政权得到了大行会中的工匠和**中等**（mezzani）或中层类型的人的支持，也得到一些反抗传统的显贵的支持。在1378年7月的起义后，萨尔韦斯特罗·代·美第奇在城市政治中不再发挥某种突出作用，但乔治·斯卡利（Giorgio Scali）、托马索·斯特罗齐（Tommaso Strozzi）和贝内德托·德利·阿尔贝蒂（Benedetto degli Alberti）三人依然是有影响的人物。1382年1月，当三人中的前两位因无事实根据起诉清白而受人敬重的乔瓦尼·坎比（Giovanni Cambi）而受谴责时，这一丑行迅速造成该政权垮台。⑩呢绒商利用那些执掌权力的人在政治上的孤立，起来反对他们，在随后的"议会"（parlamento）或市民集会上成功地促进了他们的失败。这次会议接着选举了一个**管理委员会**，重新接纳1378年被流放的那些人，恢复他们的财产、各种权利和**平民**（popolani）的身份。它还解散了染工行会和紧身上衣生产者的行会。即便如此，这些举措所造成的政府变化并未恢复到一个真正的寡头统治的局面。在执政官中，起初有4个职位、接着在下一个月是3个职位，仍然保留给小行会。向被怀疑为吉伯林派的市民提出"警告"的权力自1378年后已经中止，现在又恢复了，但被授给**执政官**和"选举团"，而没有授给圭尔夫派。不过，此前以此种方式被谴责的人，在接下来的4年里将不得在政府任职。

在这个舞台上，这座城市里拥有最强大政治影响的两个人多纳托·阿恰约利（Donato Acciaiuoli）和里纳尔多·詹菲利亚齐（Rinaldo Gianfigliazzi），采纳了一种相当温和的立场。他们的地位通过1384年收复阿雷佐的事件中发挥的领导作用而得到提升，这一年他们从富有的士兵昂盖朗·德·库西（Enguerrand de Coucy）手中购得阿雷佐，他在此前不久刚刚占领该城。但1387年，随着又一次城市骚乱的发生，马索·德利·阿尔比齐（Maso degli Albizzi）领导的派别成

---

⑩ 关于梳毛工起义，其原因和后果，参见 Brucker（1968）；Rodolico（1899）and（1945）；Rutenburg（1971），pp. 96–110, 157–354；Najemy（1981）。关于梳毛工在财政方面的要求，参见 Barducci（1981）；Bernocchi（1979），pp. 23–36；and Cipolla（1982），pp. 96–102。

功地组成了一个新的**管理委员会**，推行更多的改革。结果，在**执政官**中小行会的职位被限制到只有两个，还制定更严格地使用钱包或**小钱包**（borsellino）的条款，从这种包中抽出两个来自重要行会的候选执政官的名字，予以就职，这一数字在 1393 年增加到 3 个。从这一时刻起，在佛罗伦萨的政治中有两种趋势日益明显：第一是统治精英阶层地位的巩固，第二是排斥杰出市民在政府任职，因为他们有可能挑战统治集团或成为民众反抗政府的核心人物。马索·德利·阿尔比齐在政权中获得某种显著地位，1387 年他就已经设法确保贝内德托·德利·阿尔贝蒂被流放，他将叔叔皮耶罗之死——在 1379 年因密谋反对当时的政府而被处死——归咎于阿尔贝蒂。然后，在 1393 年，当马索担任司法官时，阿尔贝蒂家族的其他成员也随之被剥夺公权；同时，奇普里亚诺（Cipriano）、阿尔贝托（Alberto）、乔瓦尼、皮耶罗和内罗佐（Nerozzo）因所谓的串通合谋而被驱逐，他们的几名亲属被判刑或被宣布为"权贵"；在同一年，贵族家族中最有影响的，直到那时还被称为**大亨**的，包括巴尔迪、弗雷斯科巴尔迪（Frescobaldi）、罗西、托尔纳昆奇和阿狄马利、里卡索利（Ricasoli）等家族，都被转为**平民**。这时草拟的一个新的"详细审查"制度也强化将某些势力排除出政府的倾向，尽管同时还允许支持这个政权的广大群体相当广泛地参与政权。随后 1394 年流放菲利波·巴斯塔里（Filippo Bastari）、1396 年流放多纳托·阿恰约利，从政府职位中又消除了现政权的两位潜在对手。[41]

这些政治变动的后果，是使佛罗伦萨上层阶级更具有同质性，不易于分裂。而在 13 世纪晚期，许多重要的商人已经准备同工匠行会联合起来，共同反对那些更加狂暴的古老贵族；到 14 世纪末期，他们的后代也许是看到梳毛工起义的过度行为，结果更喜欢同以前的**大亨**合作，反对任何大众事业的复苏。这一时期促使统治阶层内部必须进行更多的联合与团结的另一个动机，是外部入侵的威胁。在 1354 年乔瓦尼·维斯孔蒂大主教死亡和 1382 年内部危机终结之间，尽管佛罗伦萨曾一度免遭可怕的敌人的侵略，但自 1385 年以来它要面对

---

[41] 关于佛罗伦萨 1382—1396 年的政治史，参见 Perrens（1877 – 1883），VI, pp. 1 – 50；Rado（1926），pp. 58 – 222；Molho（1968a）and（1968b）；Herde（1973）；Witt（1976）；Brucker（1977），pp. 46 – 101；Rubinstein（1981）；Najemy（1982），pp. 263 – 300。

一个危险的对手——詹加莱亚佐·维斯孔蒂，这位统治者决心利用他的先人在米兰周围逐步建立起来的广阔领地，把它们作为基地，缔造一个将主宰北部意大利的王国。在他已经控制维罗纳和帕多瓦后，1390—1392 年间佛罗伦萨也卷入了一场意在遏制其权力快速增长的战争。随后双方在 1397—1402 年间发生了一场更严重的对抗，战争中佛罗伦萨发现自己处于不利的地位。部分原因是它的领地远远小于米兰；部分原因看似荒谬，是由于佛罗伦萨努力弥补这一不足造成的，尤其是 1384 年它通过购买获得阿雷佐，导致它的邻居非常担忧它的扩张主义，以至于它们去寻求詹加莱亚佐·维斯孔蒂的保护。这样在 1399 年，比萨转入他的手中，同时米兰军队被允许入城，同年晚些时候米兰军队进入锡耶纳，次年进驻佩鲁贾。1402 年，波伦亚向他投降，使他的国家把半个佛罗伦萨包围起来，只是因为不久后他染上瘟疫而死亡，佛罗伦萨才得以摆脱他造成的危险境地。[42]

他的王国因而解体，威尼斯人随后征服了维罗纳和帕多瓦，佛罗伦萨在 1406 年获得比萨，结果是阻碍了米兰人在意大利北部恢复霸权的可能性，并在该地区三个主要国家间创造了一种权力平衡。这些新的发展情形提高了佛罗伦萨现政权的声望，使它较容易巩固 1387 年至 1393 年宪政变革所获得的权力。它们也为汉斯·巴伦（Hans Baron）所描述的这个城市中"市民人文主义（Civic Humanism）的出现提供了背景。

在开发并推动这方面发展的早期阶段，关键人物是科卢乔·萨卢塔蒂（Coluccio Salutati），他从 1375 年至 1406 年间担任公社的司法官（chancellor）。他曾经被早期学者如阿尔弗雷德·冯·马丁（Alfred von Martin）和汉斯·巴伦[43]视为一位保守和内向的思想家，通过近年来彼得·赫德、阿曼多·彼得鲁奇、罗纳德·威特和丹妮拉·德·罗莎[44]等人的著作，已表明他是一位作家和共和主义者，他把罗马遗产与他所服务的城市所拥护的政治事业联系起来。从他 1374 年写给弗朗切斯科·圭尼吉（Francesco Guinigi）的信——这是他来佛

---

[42] 关于同 Giangaleazzo Visconti 的战争及其结局，参见 Landogna (1929), pp. 56 - 91；Mesquita (1941), pp. 69 - 172, 187 - 292；Brucker (1977), pp. 125 - 208。

[43] Martin (1916); Baron (1966), pp. 96 - 166.

[44] Herde (1965); Petrucci (1972); De Rosa (1980); Witt (1983), pp. 146 - 177, 247 - 252.

罗伦萨之前写的,到写于 1403 年的与安东尼奥·洛斯基(Antonio Loschi)的辩论,他都将自由视为那个时代佛罗伦萨人同古罗马人所共有的绝对必要的价值观念,并将传统圭尔夫派对共和国自由的捍卫㊻和对暴君制的反对转变成一种信仰,坚持从古典时代以来的宪政政府、法治原则和在法律面前市民平等的观念。虽然不像他那些更激进的信徒布鲁尼(Bruni)、波乔(Poggio)和尼科利(Niccoli),他不允许他对古代的敬仰淡化他对不久前佛罗伦萨的那些伟大作家——但丁、彼得拉克和薄伽丘的崇敬,因为他仍然构建了他那些年轻的追随者将要加以扩展和详细阐述的"市民人文主义"的特征。通过摆脱他所接受的、佛罗伦萨先前的圭尔夫派意识形态中的宗教含义,他为通过理智活动来确认某种政治秩序的行为奠定了基础。如同他的各种观念一样,该政治秩序植根于 14 世纪早期的先例,但它已经得到修改,这种修改是佛罗伦萨在 1342—1382 年间的发展过程的结果。通过这种发展产生的各种变化,一个基于商人和工匠的联盟并执着于以教会事业和公社自由为目标的社会,已经让位于这样一个社会:它赞美一种受古典共和国自由的观念所激发出来的、有教养的精英阶层的理想。

路易·格林(Louis Green)

第三节　意大利南部

在 14 世纪,西西里的两个王国激烈争夺对意大利事务的影响,其中以大陆为基础的一个王国还反复谋求重新兼并其在这个岛上的对手。此类冲突对战斗人员的资源是一种严重消耗,还迫使政府日益依赖有势力的地区贵族和外国银行。结果是政治权力的解体,伴随而来的就是经济混乱,特别是在乡村地区。因此,14 世纪意大利南部王国的特征发生了显著变化。有争论的问题是:造成的破坏持久到何种地步?由于战争灾难伴随着瘟疫造成的人口死亡,情况变得更为复杂。在西西里,经济恢复受到该世纪末阿拉贡-加泰罗尼亚王室到来

㊻ 关于 14 世纪晚期佛罗伦萨圭尔夫派思想内涵的变化,参见 Witt(1969)。

的刺激，该王室利用西西里－阿拉贡支系王朝的绝嗣重新强化自己的权威，不断获得成功，并对该岛的经济产生了有益影响。在大陆，经济复苏因政府长期软弱而受到阻碍，其特点是执政的安茹王朝自身内部存在严重内讧。

这里主要讨论在意大利和地中海地区更广阔的政治冲突中，那不勒斯的安茹国王们和西西里的阿拉贡诸王扮演的角色。我们将特别关注那不勒斯的罗贝尔（Robert of Naples），他的统治标志着安茹王朝充当意大利政治的仲裁者的努力达到最高峰。

安茹家族的"聪明人"（Wise）罗贝尔1309年继承王位，与此同时还发生了将极大影响那不勒斯的安茹王国的一些新情况。1308年末，卢森堡伯爵亨利被日耳曼诸侯们选为神圣罗马帝国皇帝。在这相同的10年里，教宗的驻跸地不是在意大利，而是固定在位于安茹家族普罗旺斯伯爵领的阿维尼翁。教廷毗邻普罗旺斯的安茹宫廷，教宗离开了意大利，这提高了那不勒斯国王罗贝尔的地位，成为罗马、托斯卡纳和伦巴第地区圭尔夫派利益的首要捍卫者。罗贝尔可以在其频繁造访普罗旺斯时同教宗交换意见；同样，教廷也不得不小心翼翼地提防安茹家族加强对整个意大利的控制。因而，存在着拉向几条道路的紧张局势——趋向法国或安茹宫廷的各种政策，或者倾向于一个潜在的中介者，他能够在意大利缔造没有安茹势力的和平局面。教廷从来没有放弃希望安茹家族将会领导一次十字军，对这些自封的"耶路撒冷和西西里的国王们"来说，优先考虑收复耶路撒冷自然有更大得多的吸引力。

教宗克雷芒五世开始将神圣罗马帝国皇帝亨利七世视为一种制衡安茹家族的罗贝尔的力量。的确，他竭力鼓励罗贝尔向亨利七世示好。亨利派人前往意大利北部诸城镇，要求它们承诺效忠皇帝，但他的大使在安茹家族的皮德蒙特领地指示阿斯蒂市民不要向罗贝尔国王行臣服礼，这进一步引起了罗贝尔的猜疑。市民们承诺他们同时效忠亨利七世（1310年）。当然，从法律意义上说，罗贝尔是神圣罗马帝国的一名封臣，因为皮德蒙特伯爵领是从皇帝那里领有的，不过很长时间以来，已经没有任何日耳曼国王如此迫切地在意大利实施其对帝国领地和称号的权利了。

然而，亨利七世起初并未谋求剥夺罗贝尔的领地，他遵从教宗的计划，安排了与其对手安茹家族的一次联姻，把帝国的阿尔勒（Arles）王国作为亨利女儿的嫁妆。这是一次慷慨的给予，引起了罗贝尔的兴趣，因为阿尔勒王国包括普罗旺斯伯爵领（从法律上讲是罗贝尔的另一块帝国封地）。然而，另一方面，他在佛罗伦萨的盟友们敦促他坚定地反对当选的皇帝，因为这些盟友正打算这样做。1310年，罗贝尔访问佛罗伦萨，与佩鲁齐家族的银行家们待在一起，受到他们的慷慨款待。逐渐地，他开始从克雷芒对亨利所取得的进展感到惊恐中获益。克雷芒任命罗贝尔为他驻罗马涅（Romagna）地区的主教代理（1310年），尽管他同前任教宗们一样，不愿让安茹家族的国王们在意大利北部的教宗领地上担任职务。鲍斯基曾论证说：克雷芒让罗贝尔作其代理人的原因，不是在如果发生与亨利的冲突时他希望加强罗贝尔的力量，而是希望利用安茹的军队控制罗马涅地区诸城镇的暴动，例如吉伯林派发动的拥护亨利七世的叛乱。① 毫无疑问，这种考虑推动克雷芒进一步靠近罗贝尔，不过教宗主要担心的很可能是亨利七世不愿尊重教廷在罗马涅的领土完整。必须允许亨利进入罗马举行传统的皇帝加冕礼，这是件非常令人头痛的事情。

亨利七世的确在1310—1311年间着手弥合伦巴第城镇中的派系斗争造成的一些伤痛，不过反对派的主要中心仍然是托斯卡纳的圭尔夫派。佛罗伦萨决心抵制亨利，而他则避开佛罗伦萨。他去了罗马，但该城部分地区被安茹军队占据着。他在巷战中接受加冕礼（1311年6月）。一支安茹军队的存在，敌视亨利自己的军队，这只会促使亨利七世更倾向于吉伯林派的各个团体，他对他们有影响。亨利果断地决定反击罗贝尔。他的女儿现在将被送往西西里的阿拉贡宫廷，与之联姻，在那里建立吉伯林派势力的中心。西西里国王弗雷德里克三世（Frederick III of Sicily）成了帝国的一个"海军上将"。教宗进行斡旋的努力很快被弃置一边。为保卫帝国利益发动一场战争，亨利没有什么困难就选择了理想的攻击目标——佛罗伦萨。他包围这座城市（1312—1313年）和那不勒斯王国，并剥夺帝国授予那不勒斯国王的全部荣誉称号，甚至包括西西里的王位，但至少可以说，他对西西里

---

① Bowsky (1960), pp. 122–124.

的宗主权是有争议的。为了实施这些声明，他计划入侵那不勒斯；教宗克雷芒现在完全醒悟过来，迅速还击，发出将任何攻击其封臣罗贝尔的人开除教籍的威胁。意大利因教宗组织针对亨利七世的十字军而得救，因1313年8月亨利死于高烧才发生的意大利南部的新的动乱而得救。

安茹的罗贝尔在这些插曲中的态度远远没有克雷芒或亨利那么明朗。自从他亲自帮助他父亲查理二世重新确立安茹家族在皮德蒙特的统治以来，他的确对失去那里的统治权的危险感到不安。当初他愿意同卢森堡家族讨论联姻时，尽管没有任何承诺，他似乎也反映了他父亲的见解。他的确探索了和平的可能性，但是他担心伦巴第和托斯卡纳地区反对圭尔夫派的运动，他极大地受到在佛罗伦萨的所见所闻的影响。他是被引向以军事干预反对亨利七世的尝试的，起初他并未打算实施这种尝试。然而，这些最终导致全面战争的举措，较之最初同亨利七世的那些**预备性谈判**（*pourparlers*），更准确地反映了其统治的风格。帝国的冒险家们不断来到意大利，但是安茹的罗贝尔已经度过了为保有王位而必须面临的最严重的威胁。

安茹的罗贝尔开始介入意大利政治也是以教宗的另一次冲突为标志的：1309年教廷发动反击威尼斯的十字军，这是一场教宗克雷芒五世和威尼斯人争夺费拉拉宗主权的斗争。该城已经被其统治者埃斯特的阿佐七世（Azzo VII d'Este）传给他的私生子弗雷斯科（Fresco），而不是传给他的合法继承人。由于阿佐七世曾同罗贝尔的姐妹比阿特丽斯（Beatrice）结过婚，所以安茹的各种联盟都受此事影响。弗雷斯科怂恿威尼斯人接受费拉拉的宗主权（这是他们觊觎已久的），只要威尼斯人支持他为费拉拉的领主。这使得威尼斯人同弗雷斯科的其他盟友——吉伯林派的流亡者和一些小领主发生了联系。教宗坚持认为费拉拉是罗马涅尚未赎回的一个地方，是圣座罗马教廷领地的组成部分。他倡议组织一次十字军反对威尼斯人，并努力使查理二世对他的主张感兴趣，虽然效果甚微，但是他设法挑起罗贝尔国王反对威尼斯人的怒火。在阿普利亚（Apulia）的各个贸易城市威尼斯人的商品被罚没。查理一世同威尼斯人保持良好关系（特别是反对米哈伊尔·巴列奥略［Michael Palaeologus］），查理二世也偏爱他们，但现在发生了相反的变化,对威尼斯人来说这是非常沉重的打击。在反对威尼斯人的十字军取得胜利后,罗贝尔接受了教宗在费拉拉的"主教代理"的职位。不过一旦教宗的代表准备将该城并入教廷财产,他也就放弃了这个职位。罗贝尔卷入这一事务部分可以归因于其家族同埃斯特家族的联系,部分是因为在普罗旺斯教宗实际上同他谈论过这件事情。最为重要的是,罗贝尔非常渴望在北意大利共同关注的目标上与教廷建立起和谐的关系。他乐于向克雷芒大献殷勤,以回报教宗在反对西西里的新的、强有力的十字军和其他目标上的支持。在支持这次十字军的过程中,他抛弃了与威尼斯人的友谊。他确信有其他盟友的支持,威尼斯人的政治援助是多余的。由于教宗成为其密切的盟友,他的外甥卡洛伯特(Carobert)在匈牙利追求宏大的目标,佛罗伦萨(不是威尼斯)成为其最密切的商业伙伴,亨利七时不久后去世,罗贝尔可以追求自己具有侵略性的目标了。

  罗贝尔作为国土的第一个经验,看来是促使他更加坚定地反对吉伯林派势力以及他们在西西里的盟友。他意识到,意大利南部处在反对安茹家族的两种势力夹击的危险中:一种是复兴的吉伯林派,他们已经从亨利七世短暂的事业中获得鼓舞;另一种是特里纳克里亚(Trinacria)的弗雷德里克,他现在为重新登上西西里王位而放弃对他来说不切实际的职位,因此恢复了同安茹家族的直接竞争。1314年,罗贝尔第一次袭击西西里,一无所获,只是证实罗贝尔强烈地怀有摧毁阿拉贡对手的愿望。在意大利北部,他的确获得了各种职位,皇帝亨利七世的去世,使教宗克雷芒五世可以随心所欲地处置帝国在意大利北部的职位,其依据是有争议的处置权,即在皇帝空位期间(*vacante imperio*)教宗暂摄整个帝国的权力。应教宗之请(1314年),罗贝尔成为帝国在意大利的代理人;受教宗的鼓动转而反对意大利最强大的吉伯林派势力——米兰的维斯孔蒂家族。维斯孔蒂家族恢复在米兰的统治这件事本身,乃由于亨利七世在他们与其对手德拉·托雷(della Torre)家族之间居中斡旋才成为可能。因此维斯孔蒂家族是亨利七世远征留下的最强有力的象征。不过,罗贝尔还需要关注伦巴第平原之外的地区:另一个反对教宗的斗士卡斯特鲁乔·卡斯特拉卡尼·德利·安泰尔米奈利(Castruccio Castracani degli Antelminelli)1314年掌握了卢卡的政权。皮德蒙特也需要安茹家族的关注，查理二世为了卢森堡的亨利已经把它的一部分放弃了。（阿斯蒂早在1314年3月就恢复了安茹家族的统治。）罗贝尔在意大利北部缓慢地取得的各项进展是不容易撼动的，即使安茹和圭尔夫派的军队于1315年8月在蒙特卡蒂尼（Montecatini）战败，当时托斯卡纳的吉伯林派得到马泰奥·维斯孔蒂的援助，在战场上杀死了安茹家族的一些成员。这场失败不可能成为一场整体的灾难，因为此时安茹家族依然在意大利北部拥有一些重要基地，包括诸如安茹家族在普拉托的领地那样的一些中等规模的城镇，最后还有重要的城市热那亚。

安茹家族的热那亚这块领地的创建，也许是罗贝尔在抵抗马泰奥·维斯孔蒂和吉伯林派势力复兴中最具野心的尝试。它也标志着罗贝尔和教宗约翰二十二世（1316—1334年）之间密切但不稳定的关系的开端，这位教宗雄心勃勃，他对吉伯林派的严厉谴责是英诺森三世或卜尼法斯八世的声明的凶猛回响。同他们一样，约翰热切地使用十字军，把这作为保卫教廷在意大利利益的一种武器，他宣扬圣战打击马泰奥·维斯孔蒂和西西里的弗雷德里克。这种动用一切教廷军事力量的坚强决心使他成为一个对罗贝尔有用的盟友；不过，约翰严格地坚持尊重教廷的权利，也导致盟友间的紧张关系。约翰说**皇帝空位**期间，他有权处置帝国的皮德蒙特伯爵领，说明他不可能听凭罗贝尔以什么权利来僭取它。约翰无疑说过这些话，结果只是使这位安茹国王感到不快。从根本上讲，在意大利作出重要军事决定的正是罗贝尔。

在热那亚，贵族派系之间的冲突表现得极端激烈和特别持久，这有削弱城市贸易地位的威胁；一些热那亚人，像摩纳哥的格里马尔迪家族（Grimaldi of Monaco），在安茹王室的崛起中看到了获救的希望。热那亚的吉伯林派在1317年因过于野心勃勃而失败。该年年底，圭尔夫派家族（费耶斯基［Fieschi］、格里马尔迪）掌握了国内权力，他们的对手多里亚（Doria）和斯皮诺拉（Spinola）家族向马泰奥·维斯孔蒂呼吁，请求武力援助。圭尔夫派的反应是向罗贝尔呼吁，请求派人员、金钱和船只来保卫他们被围困的城市。他们承认他与教宗一起都是热那亚的领主。为了解救热那亚，罗贝尔甚至从东方的军事行动中抽调了一支小规模的十字军船队，静候在马赛港。罗贝尔的领主权延期到1335年，那时热那亚的和解政府驱逐了安茹家族；在那之前，这位国王在热那亚逗留了好几个月，也许他是把该城看做从普罗旺斯沿意大利西北海岸线向东拓展安茹权力的一个跳板。

教宗-安茹组织的进攻维斯孔蒂的十字军几乎推翻了后者的统治，但却从未完全粉碎他们的力量。到1324年，安茹的罗贝尔通过外交干预，从马泰奥的儿子兼继承人加莱亚佐·维斯孔蒂（Galeazzo Visconti）那里得到一个承诺：将来抵制帝国在意大利的任何冒险。这一外交上的成功更加重要，因为到1324年，要求获得神圣罗马帝国皇位的巴伐利亚的刘易斯已经开始直接干预意大利北部政治事务。安茹的罗贝尔几乎未显示出任何对刘易斯感到极为恐惧的迹象，即使当刘易斯1328年在罗马由科隆纳（Colonna）家族拥立为皇帝时也是这样。他似乎已经推断出，托斯卡纳的战争首先会转移刘易斯的注意力，不再干预那不勒斯的事务。西西里的弗雷德里克派遣舰队前往北部援助刘易斯时，袭击了意大利南部海岸，但只是在刘易斯加冕之后，罗贝尔才开始逐渐同意教宗的计划。数月之后，他同意倡议组建一支反对刘易斯的十字军。他开始征集军队，但不清楚的是他是否想攻打这位皇帝。比如，他也许只是希望从征收十字军税当中获益，即那些教宗允许他留在自己手中以弥补战争费用的什一税。罗贝尔态度的另一个方面很可能是他对约翰二十二世感到恼火。无论其原因是这位好斗的教宗在试图指导安茹的政策时精力过于旺盛，抑或罗贝尔明显喜爱受约翰迫害的方济各会圣灵派（Spiritual Franciscans），14世纪20年代晚期见证了罗贝尔与约翰的分道扬镳。

这不是说安茹家族没有意识到吉伯林派在托斯卡纳卷土重来的危险。杰出的军人卡斯特鲁乔·卡斯特拉卡尼在同圭尔夫派作战时，尽管并非连续取得上风，也是经常取得胜利。安茹驻皮斯托亚的代理人被迫卷铺盖走人（1324年3月）；在阿尔托帕肖，吉伯林派在与一位安茹首领指挥下的佛罗伦萨圭尔夫派的作战中，取得了一次艰难的胜利（1325年5月）。同样，安茹家族驻在罗马涅地区一系列城镇——法恩扎（Faenza）、伊莫拉（Imola）和福尔利（Forlì）的代理人早在1314—1315年就已经失去权力；该地区的吉伯林派的影响因1325年11月在扎波里诺（Zappolino）取得一次胜利而得到加强，在这次战争中，吉伯林派的著名暴君卡斯特鲁乔和坎格朗德·德拉·斯卡拉（Cangrande della Scala）把他们自己的许多军队投入这个城市。圭尔夫派逐渐处于防守地位，甚至佛罗伦萨人认为他们只有接受一位安茹的总督才能保障自己的自由。早在1317年罗贝尔就曾把尼古拉·德·茹安维勒（Nicholas de Joinville）强加给他们，但佛罗伦萨人坚持说王室向他们派遣代理人与他们的自由传统不相容。不过在1325年，他们将城市的领主权交给罗贝尔的继承人卡拉布里亚（Calabria）公爵查理。他将随身带来数百名骑士，并将每年从这座城市收到10万弗罗林补偿他的开支。诸如普拉托和圣吉米尼亚诺（San Gimignano）等其他圭尔夫派公社也接受他为领主。他的确有能力对这些圭尔夫派的安全作出贡献：1328年，他的军队从吉伯林派手中夺回皮斯托亚。但同一年，卡拉布里亚的查理意外死亡，佛罗伦萨人直到1342年才找到一个替代人选，这时布里恩（Brienne）的沃尔特公爵应罗贝尔一再召唤来到佛罗伦萨。圭尔夫派尽管在扎波里诺失利，但他们在罗马涅地区仍然取得进展，教宗使节贝特朗·德·普耶特将许多城镇重新置于教廷控制之下。在波伦亚，市民们将罗贝尔的战袍与教宗约翰的外衣放在一起展示，这一迹象表明：至少在某些人看来，古老的军事联盟依然值得捍卫（1327年）。在约翰二十二世担任教宗的最后数年间，即直到1334年，阿维尼翁教廷和安茹国王之间才出现无可否认的分裂迹象。

　　波希米亚国王约翰1330年到达意大利，打开了一种令人意想不到的合作道路，即圭尔夫派和吉伯林派之间，还有吉伯林派和安茹家族之间的合作，以反对教宗的古怪政策。约翰是亨利七世的儿子，但是他不谋求成为皇帝，也不企图取代同意大利的联系现在已大为减弱的巴伐利亚的刘易斯。实际上，意大利的城镇，最早是布雷西亚，开始在他身上看到一种使人想起他的父亲亨利的和平的预示。14世纪30年代，布雷西亚尤为迫切地想寻求一位来自帝国的保护人，因为它受到了吉伯林派的维罗纳领主马斯蒂诺·德拉·斯卡拉的威胁。它的前任保护人安茹家族的罗贝尔，似乎没有作出努力，提供帮助。由于布雷西亚人向波希米亚国王呼吁，卢森堡的约翰比以往更加意识到他的父亲亨利的梦想——在意大利北部实现和平。当米兰人在阿佐·维斯孔蒂率领下向约翰屈服时，这位波希米亚国王的计划采取了更为具体的形式：他的盟友们被任命为他派驻伦巴第的"代理人"，他的军队干预安茹-佛罗伦萨联军对卢卡的围攻，兵不血刃地占领了这座圭尔夫派曾一度通过武装斗争夺取的城镇（1331年）。即便是贝特朗·德·普耶特也赶紧面对新的现实，与约翰国王建立同盟，并将帕尔马和其他伦巴第城镇的领主权授予他。

吉伯林派就整体而言——即便是维斯孔蒂家族，他们很快就不再抱有幻想——厌恶地注视着教宗约翰的新盟友。安茹的罗贝尔感到，他的地位也取决于对手波希米亚人的干预情况，他显然认为这与帝国以前的干预是一样的。佛罗伦萨的编年史家乔瓦尼·维拉尼观察到，罗贝尔国王支持吉伯林派的动机尤其在于他痛恨教宗-波希米亚人的联盟，在于他害怕巴伐利亚的刘易斯和波希米亚的约翰。在身后法国军队的支持下，1333年约翰再次进入意大利，不料3个月后竟在费拉拉被圭尔夫派、吉伯林派和安茹组成的"伦巴第同盟"（Lombard League）打败。到1334年，安茹的罗贝尔和巴伐利亚的刘易斯实际上相互发出了和平的呼喊声。毕竟，每一方都是这场"贫困运动"（poverty movements）的赞助人。在这个方面，奇怪而落伍的人正是教宗约翰二十二世，他在政治方面也是如此。约翰曾经有具体的目标：重建教廷在意大利中部的权利、返回罗马和支持圭尔夫派。但是，他更擅长于就其最终意图作出决定，而不善于谋划如何才能达到所决定的目标。在约翰的整个教宗任职期间，"聪明人"罗贝尔一直设法自己当家作主。

为了理解罗贝尔之所以对约翰二十二世关于意大利北部某些计划缺乏热情，有必要考虑一下这位国王所关注的其他事务。西西里尤其需要关注，因为弗雷德里克国王本人已经同刘易斯和吉伯林派联合起来；而且弗雷德里克在1320年就破坏了《卡尔塔贝洛塔条约》（Treaty of Caltabellotta）的条款，任命他的儿子彼得为继承人，当时人们认为该岛在其死后将归还安茹国王。此外，自14世纪30年代以来，阿拉贡的詹姆斯二世的继承人公开支持西西里的弗雷德里克。因而，波希米亚人进入意大利的那些年看到罗贝尔争夺西西里统治权的斗争加剧了；在1330—1343年间，安茹家族发动了6次远征，进攻弗雷德里克及其继承人。在短期内取得了显著成就，譬如占领巴勒莫（Palermo）的一个堡垒、墨西拿（Messina）海峡附近的米拉佐（Milazzo）；罗贝尔去世后3年，米拉佐实际上被安茹永久占领，不过在罗贝尔有生之年，没有一种征服成果是长期持续的，甚至不能用它们来迫使阿拉贡人同意谈判。这些远征的失败更令人感到惊讶，因为西西里的贵族严重分裂成两派："加泰罗尼亚派"（Catalans）和"拉丁派"（Latins）。甚至还有人反叛投向那不勒斯宫廷，譬如乔瓦尼·基亚拉蒙特（Giovanni Chiaramonte），一名显赫的贵族，从罗贝尔那里受封为西西里主教总代理（vicar-general）的职务，结果那是一项虚衔。即便是1342年在西西里一个孩子国王卢多维科（Lodovico）的继位，拉丁派掀起反对新任摄政的叛乱，也没有给安茹家族带来长期的成功。

如前所言，西西里战争被说成一次"十字军"。安茹王朝继续在东方庄严地履行他们的职责。1337年，在远征士麦那（Smyrna）的军队中有数艘那不勒斯的船只出现在今天土耳其的海岸边；自从耶路撒冷的圣约翰骑士团（Knights of St John）在1310年占领罗得岛，这一地区已经成为一个重要的战争场所。在安茹王朝所声称的以前属于拜占庭的土地上，取得了较多的进展。在当地托皮亚（Thopia）家族的合作支持下，"阿尔巴尼亚王国"似乎再次有可能成为现实。阿尔巴尼亚贵族在14世纪20年代和30年代忠于安茹王朝，很可能他们将安茹视为保卫他们的领地、抵抗塞尔维亚人的慷慨的保护人。在1336—1337年间，一位安茹王子——都拉斯的路易（Louis of Durazzo）在阿尔巴尼亚中部奋战，取得了反击塞尔维亚人的胜利。正是他的家族从安茹的罗贝尔手中得到都拉斯及其腹地，作为采邑。安茹家族在亚该亚（Achaia）也加强了他们的权威（1338—1342年），或者说强化了瓦卢瓦的查理的女儿凯瑟琳·德·考特尼（Catherine de Courtenay）的权威，她嫁入安茹王室，随身带来君士坦丁堡女皇的头衔，可以说那是她嫁妆的一部分。

更为重要的是，她将一个重要人物提至高位并引起王室注意，此人在日后若干年里将极大地有助于塑造那不勒斯王国，他就是佛罗伦萨人尼科洛·阿恰约利（Niccolò Acciaiuoli），一位杰出银行家的儿子。作为他援助固守亚该亚获得的奖赏，他在伯罗奔尼撒半岛西部得到第一块采邑。他一回到那不勒斯，就获得沿那不勒斯城周边的泰拉迪拉沃罗省（Terra di Lavoro）最高司法官的职位。

那不勒斯宫廷和匈牙利宫廷之间的联系得到了加强。两个安茹王朝之间建立婚姻联盟的一系列计划在乔安娜和安德鲁的订婚仪式中结出了果实，前者是罗贝尔的孙女，后者是匈牙利统治者卡洛伯特（Carobert）的小儿子。乔安娜在其父亲卡拉布里亚的查理于1328年去世后成为女继承人，需要一位有责任心的王子帮助她治理未来的王国。实际上，安德鲁作为女王配偶是一个有争议的选择，他激起人们极强烈的憎恨，以至于在1345年被谋杀了，但没有给乔安娜女王造成太大的遗憾。不过，安德鲁被谋杀也意味着，罗贝尔将那不勒斯和匈牙利两个王国联合的美好意愿在一定程度上导致了冲突。安德鲁的哥哥拉约什（Lajos）或路易大王率领两支极具破坏性的远征军进入意大利南部，为他被谋杀复仇。罗贝尔死后他的匈牙利盟友带来的这些无法预见的后果，不应被用来贬低他取得的真正成就：经过谨慎的协商后，这位那不勒斯的国王确保得到一项安排，其意图既不是导致两个安茹王国的联合，也不是使安德鲁自动得到王冠。此外，罗贝尔小心谨慎地驳回教廷的主张：如果他在他的孙女成年以前去世，教宗将接管附庸那不勒斯王国的权力。

在其遗嘱中，罗贝尔国王将普罗旺斯、意大利南部和重新征服西西里的资金传给乔安娜（1342年12月）。他所保持完整统一的土地没有分割。除了再次失去阿斯蒂（1342年8月）之外，甚至罗贝尔在皮德蒙特的权力也度过残酷战争的巨大压力而保留下来，密集的外交活动没有中断，继续进行。"聪明人"罗贝尔的影响一直出现在佛罗伦萨以及许多圭尔夫派城镇的政策中。即便，当佛罗伦萨人像1342年那样短暂地背离安茹的外交政策时，他们依然意识到可能遭遇的风险——在这个例子中，我们将要看到，还有财政风险。罗贝尔同样考虑了他的敌人的算计。他们知道他正在监视他们，不过他们始终不能推断他的意图。尽管对圭尔夫派的事业和他与教宗的联系承担责任，但罗贝尔是一个头脑灵活、思维敏捷的政治家，这一点在他对巴伐利亚的刘易斯和波希米亚的约翰的反应中清晰地表现出来。看来他本人就是主要政策的制定者，只是在乔安娜统治时期，首席大臣尼科洛·阿恰约利才在实际上开始代表统治者制定王室政策。罗贝尔在北意大利的政策使他赢得的"聪明人"绰号有某种公正性。

安茹王朝的长期激烈的战争必须以某种方式得到资金支持。安茹家族的资源随着西西里的丧失立即缩减了，该地的谷物曾经带来税收、军事供给,并对意大利北部的各个消费中心拥有宝贵的政治影响。在查理一世统治时期,一种复杂的再分配制度确保那些习惯性谷物短缺的地方,如大陆各省,尤其是那不勒斯地区,可以从该岛通常丰富的多余粮食中获得供应。因此,在收复西西里上的花费可以视为恢复政府财政的一种投资。所以毫不奇怪,王室满足于依赖外国银行家的贷款以维持战争和其他需要;而且阿普利亚(Apulia)和意大利南部其他偏远角落存在优质小麦产区,意味着国王在某种程度上依然能够利用谷物生产这一优秀传统。在安茹王朝偏爱佛罗伦萨那些大银行的例子中,可以看到它同外国商人的关系中最不同寻常的形式。1284年,巴尔迪家族、阿恰约利家族和莫齐(Mozzi)家族共给查理二世贷款1000盎司黄金,作为回报,他们得到许可从阿普利亚地区出口2250吨小麦。同一年,另外一些贷款还使他们得以从这里输出大麦和豆类。查理·德·拉·龙西埃曾计算出,在1290—1329这30年间,授予这些佛罗伦萨大银行和较小银行的出口权有40次以上,所有这些都是通过向王室提供数额不菲的贷款而获得的。② 仅仅在1311年,有记载的谷物出口数量就大约有45000吨,足以装满一支非常庞大的船队。谷物输出量的这种稳定上升正处在大量黄金被预付给查理二世和"聪明人"罗贝尔的时期,譬如1305年的一笔预付款就超过18000盎司。确实,王室再也不能仅仅通过支付利息和宣布放弃谷物出口许可证的收费权来表达其感激之情。佛罗伦萨人得到许可,豁免这些出口商品的所有关税;但是,这些特权的一个重要特征是,作为对一种特定恩惠的回报,它们被单独授给银行,而不授予整个佛罗伦萨公社,也不授予所有在意大利南部从事贸易的佛罗伦萨人。偿还贷款采取了多种形式,譬如允许银行控制来自王室资产的税收。卡斯特拉马雷(Castellamare)渔港最初授予来自卢卡的曾支持安茹王室的银行家;1300年,根据王室法令,它被转交给佛罗伦萨的巴尔迪家族。14世纪50年代,它实际上是那不勒斯的佛罗伦萨籍的显赫廷臣尼科洛·阿恰约利的采邑。佛罗伦萨人还一度控制了制币厂;他们获得对谷物出口征税的权利,最初是在亚得里亚海海岸的阿布鲁齐(Abruzzi)征税,后来沿同一海岸线向南推进到阿普利亚。

---

② La Roncière (1976), II, pp. 565, 571–573, 625.

另一方面，进入意大利南部市场也给佩鲁齐家族在那不勒斯王国售卖大量佛罗伦萨呢绒商品的机会。

在那不勒斯的统治者头脑中盘算的此类活动，将成为在国际上成功地发展他们自己的纺织业的计划。当地的有利条件看起来使此类计划切实可行：本地存在羊毛供应，查理一世早在1279年就对此表现出兴趣，曾经试图提高国内呢绒生产质量；在诸如萨勒诺（Salerno）这样的中心存在着染色工业，犹太人在这里具有某种特殊的作用；该工业在1299年得到查理二世进一步的推动，当时查理二世努力在意大利南部建立新的染坊。后来，查理二世付给来自佛罗伦萨的两兄弟48盎司黄金，鼓励他们在那不勒斯建立一个纺织厂。1308年，佛罗伦萨商人乔瓦尼·达·米拉诺（Giovanni da Milano）同意在那不勒斯居留10年，帮助创建以英国、法国和北非纤维为主要原料的羊毛纺织品工业，这暗示着意大利南部的羊毛实际上在质量方面，并不足以同托斯卡纳主要纺织城镇大规模出口所用的原料相竞争。这些措施，在邻近地区如马略尔卡岛（Majorca）有大量类似的同时代的例子，在"聪明人"罗贝尔统治时期反复推行，但成果有限。当那些来到那不勒斯的意大利北部纺织工人中显然存在异教徒时，甚至连君主的态度也冷却下来。

大银行，巴尔迪、佩鲁齐和阿恰约利银行，它们的规模甚至连15、16世纪的美第奇和斯特罗齐（Strozzi）也无法媲美，不仅在其兴起繁荣时而且在其14世纪40年代灾难性地崩溃时，都与安茹王朝密切相关。1330年前，佛罗伦萨人卷入那不勒斯事务达到高峰。此后，整洁的外观出现许多裂缝。内部争吵无疑降低了佛罗伦萨政府影响教廷和安茹的事务的效果，尽管起初这可能未曾严重影响大银行。外部纷争将佛罗伦萨带入代价高昂的战争，诸如1332年的"伦巴第同盟"。在这个同盟中，像德拉·斯卡拉家族和维斯孔蒂家族这些极其出乎意料的盟友，与佛罗伦萨和罗贝尔国王联合起来，企图拒绝波希米亚国王约翰。佛罗伦萨不得不贡献出600名骑士组成的成本昂贵的军队，它还得阻止约翰王在当地的盟友，其中最重要的就是卢卡的领主卡斯特鲁乔·卡斯特拉卡尼。即使在1333年约翰被打败后，巴伐利亚的刘易斯的支持者依然活跃，佛罗伦萨竭尽全力抵制托斯卡纳和伦巴第地区的吉伯林派。其结果是，到1341年，佛罗伦萨不得不向其盟友请求在战争开支方面提供援助；绝望之中，这个公社向那不勒斯国王罗贝尔求助："现在我们在伦巴第的事务上正在消耗不计其数的金钱，以至于我们现有的和未来的收入都已经用光了。"佛罗伦萨银行既不愿施以援手，也没有能力相助。阿曼多·萨波里暗示说，至少佩鲁齐家族的资金正在被耗尽：1331 年，公司重组，拥有 6 万英镑资本，但到 1335 年时，已经用掉了 59228 英镑 1 先令 2 便士。③

1343 至 1345 年间，巴尔迪和佩鲁齐家族的崩溃标志着大型商业冒险时代的终结，也标志着那不勒斯王权的财富戏剧性衰落的开端。这些银行家支持英王爱德华三世入侵佛兰德是一场财政灾难，而与此同时，佛罗伦萨人出于政治和财政的原因，企图使共和国从圭尔夫派联盟反对巴伐利亚的刘易斯的传统联盟中摆脱出来，这在那不勒斯激起了严重警觉。佛罗伦萨编年史家维拉尼写道：

> 这个王国中的许多男爵、高级教士以及其他富人，曾经将他们的金钱托予佛罗伦萨的公司和商人们保管，对事件的这种转折变得如此猜疑，以至于每个人都想得到偿还，对佛罗伦萨的信任崩溃了，在佛罗伦萨人做生意的其他任何地方，许多佛罗伦萨人的公司不久后都以这样的方式倒闭了。

传统观点认为罗贝尔和爱德华三世不守信誉造成银行破产，这种观点必须加以纠正；在佛兰德的蓄意冒险和政策摇摆不定，脱离以前亲安茹政府的轨道，这才是造成其毁灭的真正原因。萨波里正确地评论道："引发这场危机的不是那不勒斯国王没有根据的怀疑，而是佛罗伦萨公社的官方政策。"④ 随后，各公司要求罗贝尔及其女继承人乔安娜偿付数十年间累积的债务，不过他们很可能已经意识到没有希望立即获得偿还。这种要求只是一种正式的程序，乔安娜女王的拒绝只不过证实这些银行在劫难逃。对乔安娜而言，这不是一件轻松的事情，她已经继承了罗贝尔的债务，对此她有可能拒绝还债；但是安茹的统治者此后去哪里寻求他们需要的资金，那就不得而知了。因为佛

---

③ Sapori（1926）．
④ Ibid.

罗伦萨那些度过14世纪40年代危机的银行比以前资助安茹的罗贝尔的那些银行实力要小一些，也比它们更加谨慎。然而，还需要打仗——在西西里进行的战争和反对匈牙利人的战争，豪华的宫廷也需要金钱维持。

不应该夸大安茹王朝财政的这幅消极的画面。约翰·H. 普赖尔讨论过安茹王朝刺激经济发展的各种尝试：⑤ 小心保护在这个王国内流动的商人，改善诸如曼弗雷多尼亚（Manfredonia）之类的中心的港口设施（在查理一世统治时期）；建立一打以上的新市集；当战争不需要时王家舰队提供给商人们使用；在卡拉布里亚开采新的银矿，其采掘向外承包，政府征收1/3的收益。这些措施中几乎没有一个是全新的。君主大量储备食盐，如弗雷德里克时期就是这样做的；一旦这种矿物发售给买主，收益可能达到1300%。继续征收出口税，改革时期税负有时增加：查理二世引进了一种轻税（light tax），实际上是对豁免了"一切税负"（jus tari）的商品征收的；在罗贝尔统治时期，它演变为对所有商品征收的一种税，不管它们是否豁免了其他税负。

在寻求解释安茹经济停滞的原因时，普赖尔将这些措施置于托斯卡纳银行提供的战争贷款之前。安茹王朝的国王们与其同时代人相比算不上囊中羞涩：

某些欧洲君主的年收入（以弗罗林计，每年）

查理一世（在1282年之前）	1100000
安茹的罗贝尔	600000
法兰西的路易九世（1226—1270年）	500000
法兰西的菲利普六世（1329年）	786000
米兰的暴君（在1338年）	700000
英格兰的爱德华三世（1327—1377年）	550000—700000
教宗卜尼法斯八世（1294—1303年）	250000
教宗约翰二十二世（1316—1334年）	240000

区别在于：安茹的年收入随着时间推移逐步下降，而法国国王的

---

⑤ Pryor (1980), p. 46.

收入直到百年战争是上升的。在一定程度上，这只是失去西西里造成的，该地是安茹巨额财富的来源之一，但在罗贝尔统治末期以及乔安娜一世在位时期，该地越来越惊人地遭到侵蚀。再者，查理一世维持自己的宫廷和军队，有时不支付应该给予教宗的贡金；虽然在失去西西里后贡金被削减到每年仅 5000 盎司，但在其 1285 年去世之时，到期未付的黄金为 93340 盎司——将近 50 万弗罗林。不过安茹的罗贝尔煞费苦心地同教宗达成协议，到 1340 年偿清了其前任所欠的债务。这也是发生在罗贝尔进行西西里战争时期，因而给人留下深刻印象——即便那时罗贝尔的战争需求也没有吞噬全部财政收入："当军事胜利开始变得暗淡时，当安茹的统治范围缩小时，当财政收入本身萎缩时，该王室有能力控制财政赤字，逐渐削减乃至最后消灭赤字。"另一方面，罗贝尔的能力是他那些继承人无法媲美的，在其继承人统治之下，那不勒斯王国沦落为雇佣军团队混战的场所。

这些困难对人口的影响一般说来是难以估量的，这一画面被 1347 年最先达到西西里的瘟疫的肆虐所扭曲。在那不勒斯的档案被毁灭的过程中，几百万份相关档案的损失（1943 年），意味着今天不可能写出 14 世纪该王国的社会史。罗莫洛·卡杰塞仅利用安茹的登记簿来展示乡村生活的暴力趋向，表明实际上王室对商人和香客的保护常常是理论好于实践。⑥ 粗野的地主们，诸如条顿骑士团的骑士，发现他们的牧场被巴列塔（Barletta）地区的农民所侵占（1313 年）。卡斯特罗普里尼亚诺（Castroprignano）的领主抱怨说，他的农民不只是拒绝缴纳地租和履行服役，而且他和他的家人还遭到袭击，他的庄头被杀死。不过这个农民的实例恰恰表明，许多劳役都是新奇罕见的；他强迫其农民承担维修他的堡垒和磨坊的义务，他本人犯有豪夺王室自营地的罪行。很难知道罗贝尔时期该王国的这些事例在多大程度上具有典型性，或者是否就欧洲整体而言具有典型性。⑦ 当然，利用王室权力软弱来增强其在当地权威的是男爵领地，而王室自己慷慨地施恩惠于臣民，诸如对尼古拉·阿恰约利的行为，进一步侵蚀了王室对各省的控制。这种趋势使人们延续着这样一种梦想：重新征服西

---

⑥ Caggese（1922 – 1930）.

⑦ Hilton（1973），pp. 110 – 112，显然认为他能够从这些事例中概括出欧洲其他地区的情况。

西里，把这作为医治王国伤痛的一副灵丹妙药。

罗贝尔国王的"智慧"对其同时代人而言，最鲜明地表达在他的那些封赏的函件和艺术品中。除了罗贝尔对艺术的真正热爱，这些活动还转而增进安茹王室的政治利益；他还乐于使用他的艺术家，把他们作为宣传工具来阐明他的各项政策。罗贝尔的父亲和祖父曾经在文化方面一起庇护着西西里的宫廷，这种习惯从霍亨斯陶芬王朝和诺曼人那里继承而来，并通过他们回溯到遥远的伦巴第人和其他先辈人士。一定程度上，正是罗贝尔宫廷的规模和声名激起了人们独特的钦敬之情。这位国王谋求展示他的影响，扩展他的权力。安茹家族是以对贵重的丝绸和锦缎感兴趣而闻名的，体现了其特有的王权尊严和富有。罗贝尔在其阿拉贡对手反对他的主张中，谋求展示自己王朝的合法性。关于在艺术品中表现政治利益的最雄辩的文献，是杰出的锡耶纳人西莫内·马丁尼（Simone Martini）的一幅画，作于约 1317 年（见卷首插图）：画中罗贝尔的长兄——图卢兹的圣路易在宣布放弃王位而选择在法兰西斯会中生活后，将他的王冠授予罗贝尔。不仅仅罗贝尔自己获得西西里王位的要求，而且安茹王朝统治意大利南部的主张，都因王室家族中一位圣徒的存在而得到加强。如果图卢兹的圣路易的身体产生各种奇迹，那么安茹家族可能是一些篡权者吗？乔托是这时期佛罗伦萨无与伦比的画家，也来到安茹的宫廷，并从罗贝尔那里得到一笔年金。大约在 1330 年左右，他进行了一系列绘画创作，遗憾的是现在已遗失了，画中展示了古典时代伟大的英雄和圣经中的英雄与他们的妻子或情人：特洛伊的帕里斯和海伦、埃涅阿斯（Aeneas）和狄多（Dido）、参孙（Samson）和大利拉（Delilah）。

这里都是一些经典的主题，带有罗曼蒂克含义：乔托作品的主题反映了由安茹的查理带到那不勒斯王国来的法国的"哥特"文化传统，与经过革新的意大利的风格和主题相融合。安茹王朝在那不勒斯的许多宏伟建筑深受法国哥特建筑风格的影响，例如圣基亚拉（Santa Chiara）教堂，让人回想起法国和普罗旺斯的风格，罗贝尔和其他安茹家族成员就埋葬在这里奢华的大理石坟墓中。对普罗旺斯伯爵领有强烈兴趣，并自豪地在装饰品中炫耀查理一世国王的法国祖先的百合花标记，一个这样的王朝有这种嗜好一点也不令人感到惊奇。普罗旺斯诗人同意大利南部的抒情诗人混杂在一起，后者的作品曾经受到霍亨斯陶芬王朝的熏陶，他们一直活跃在安茹宫廷的周围，查理一世就把自己设想为一名韵文作家。诺曼人和霍亨斯陶芬宫廷同安茹王朝一样，在嗜好方面都不是兼收并蓄；安茹家族密切留意法国人和普罗旺斯人的典雅模式，只是在宫廷中加上多样性。如同14世纪的许多宫廷一样，那不勒斯宫廷也赞助那些模仿法兰西的星星骑士团和英格兰的嘉德骑士团那样的骑士组织；在罗贝尔死后10年，尼科洛·阿恰约利也为那不勒斯贵族阶层的精华组织了圣灵骑士团（Order of the Holy Spirit）。在一个战争中不法行为日益增多的时期，关注于骑士的理想，进一步展示了那不勒斯对欧洲北方宫廷影响的回应。

不太令人感兴趣的是那些安茹王室的封赏函件，尽管在这里罗贝尔国王在位时期因与彼得拉克的友谊获得了荣誉。彼得拉克于1341年来到那不勒斯，使得罗贝尔可以检验他是否有资格凭诗歌学识获得桂冠（Laurel Crown），这种荣誉从古代以来就未曾授予过。乔瓦尼·薄伽丘也积极研究古典文学，在那不勒斯出席了对彼得拉克的审查活动。虽然在企图获得安茹王室的慷慨封赏方面较不幸运，但薄伽丘在那不勒斯度过了他的青年时期，在巴尔迪银行作学徒。那时，他是尼科洛·阿恰约利的一位亲密朋友，尽管后来他们吵翻了。年轻的薄伽丘更多地沉浸在那不勒斯贵族的郊游和狂欢活动中，在王室宫廷中逗留的时间要少一些；不过他对"聪明人"罗贝尔的崇敬和那不勒斯教育对他的作品的影响都是真实的。在不太知名的、更长期地陪侍在宫廷的人物中，必须提及巴拉姆（Barlaam），一个说希腊语的卡拉布里亚人，薄伽丘跟他学会了一些希腊语。人们可以发现：安茹宫廷是唯一一个稳定地支撑希腊文本研究的欧洲宫廷。在犹太人翻译家的帮助下，科学和医学研究也很活跃。安茹王室保护这些犹太人，看来更多的是因为他们的学识而不是出于对他们的宽容：罗贝尔的妻子——马略尔卡的桑查（Sancha）一般说来是敌视犹太人的。1308年，从佛罗伦萨银行家得到的贷款被用于支付将阿拉伯著作译成拉丁文的费用，以及作为著名的罗马画家卡瓦利尼（Cavallini）的俸禄。在科学领域，这些事例与更宽容的诺曼人宫廷和霍亨斯陶芬宫廷相类似，相当引人注目。

此外，还有一个知识分子的活动领域，在政治上有助于安茹王朝。国王的法学家乐于证明那不勒斯的国王们独立于所有长官的控制。在查理二世和罗贝尔统治时期，法理学家马里纳斯·德·卡拉马尼科（Marinus de Caramanico）和伊塞尔尼亚的安德烈（Andrea of Isernia）使用意大利南部统治者历史上拥有的教宗使节的身份（monarchia sicula），证明国王们在日常事务中拥有不受干预的自由处置权。他们强调国王不臣服于帝国或其他权威：他在自己的王国就是皇帝。在对弗雷德里克二世1231年的法律书籍的评论中，伊塞尔尼亚的安德烈坚持认为，国王的法令必须被接受为法律，他的权力包括决定法律，他不受法律约束。对一本本身就强调统治者的话就是法律的法律书籍作出这种注释，有助于安茹王朝索求其霍亨斯陶芬王朝的先辈们拥有的高贵权力。虽然罗贝尔在向教宗缴纳贡金时比查理一世和查理二世都严格认真，但在其他方面，他是一个多产的立法者，坚持拥有其法律顾问指导他采用的至高无上的权威。埃米尔·莱昂纳尔提供了一列关于各种君主法令的生动而丰富多彩的序文，内容大多强调需要谨慎地进行司法操练，告诫防范人们作伪证、妨碍司法公正的倾向。[8] 可以较容易认定为罗贝尔所作的是许多布道辞和专题论述，他关于"真福直观"（Beatific Vision）*的观点甚至与教宗约翰二十二世的观点相冲突。他从圣经段落中抽取原文写入布道辞，这些段落必然要吸引一位武士国王的注意："我与那恨恶和睦的人许久同住。我愿和睦，但我发言，他们就要争战。"（《圣经·旧约》中的《诗篇》120：6—7）。事实上，在理智上最吸引他的是神学和法理学；正如诗歌和其他优雅文学曾是最吸引他的祖父查理一世的兴趣一样。

　　罗贝尔国王试图把自己展示为一位和平与正义的真诚的倡导者，给意大利北部许多市民留下了深刻印象。确实，威尼斯人从他那里得到的只是一点点粗略的正义，但在一首长长的赞美罗贝尔的公正和智慧的诗歌中，普拉托市民对他们这位领主那不勒斯国王的崇敬之情，主要是通过热爱而不是文学技巧表达出来的。在保留下来的三份普拉托颂歌的手稿中（现在保存在不列颠图书馆中），其中一份显示了罗贝尔国王的威严的侧面像，背景是绣有百合花标志的黑色呢绒，也许

---

[8] Léonard (1967), pp. 340–343.
* 指圣徒灵魂在天堂对上帝的直接认知。——译者注

这是一幅可靠的肖像,有着安茹家族的长鼻子和脸。信息很清楚:罗贝尔在其一生中的确给臣民留下了深刻印象,并赢得了他所寻求支持的那些人士的忠诚。查理一世在意大利政治中曾经是一个未请自入者,一个能够给圭尔夫派提供他们所需要的许多援助的强权人物;而就罗贝尔来说,他表现出巨大的政治睿智和高度成熟的关于如何关心其臣民利益的意识。他的确能顽强地追求自己的各项政策,如他收复西西里的战争所表明的,但是为了在意大利本身内部的更有限、更实际的目标,他放弃了他祖先更浮夸的梦想。

"聪明人"罗贝尔和西西里的弗雷德里克三世都是非常虔诚的人,乐于向方济各会圣灵派示好。在要求将巴勒莫的犹太人移入一个单独的犹太人居住区方面,弗雷德里克比罗贝尔做的还要多(没有产生什么直接后果)。因而,这是一种悖论:如此相信基督徒的一个君主居然将其作为国王的生涯中如此多的时间激烈地投入与教宗的冲突。这就是他对罗马教廷的尊重:当被开除教籍时,他恭顺地避免出席弥撒活动,不像他那浮夸的盟友米兰的马泰奥·维斯孔蒂,弗雷德里克的基督徒的虔诚被用来使人不相信教廷对他本人的指控。确实,1302年后他的改革纲领中的一个重要内容就是恢复和重建各地的教堂、修道院,为传播宗教学说而建立学校。⑨ 弗雷德里克作为一个虔诚的福音书传道者而出现;意识到需要加快收复失地,他与安茹对手一样坚持主张:道德改革将产生持久的和平与幸福。他对基督教信仰的深奥的锋芒(abstruse edges)的兴趣,在赞助神秘主义者传教士拉蒙·勒尔(Ramon Lull)和阿尔瑙·德·维拉诺瓦(Arnau de Vilanova)中达到高潮。

弗雷德里克成为西西里国王,因为他在各方面都是一个西西里人。1295—1296年间,西西里的男爵们担心自己被出卖而落入安茹王室之手,即作为整体和平的一部分,西西里被放弃,而撒丁岛和科西嘉岛则将被转交给阿拉贡王国。自1282年彼得大王(Peter the Great)到来之后,形势已经明朗:西西里叛乱者认为他们的目标是重建一个"民族的"君主国,而非打造一个加泰罗尼亚 – 阿拉贡王

---

⑨ Backman(1995).

朝的附庸国。对阿拉贡的詹姆斯二世而言，他玩世不恭地利用与罗马教廷达成的协议，提供了一些军队帮助安茹人与他的兄弟打仗，不过他也同弗雷德里克保持热情友好的通信联系。最好的结果就是保护弗雷德里克的统治，在阿拉贡、法兰西、那不勒斯和教廷之间保持和平。这一点在1302年的《卡尔塔贝洛塔条约》中达到了，当时弗雷德里克被授予"特里纳克里亚之王"的头衔，终生统治西西里，臣属于教宗的最高领主权。随之而来的是一系列在岛上复兴宗教生活的努力措施，这个岛在长期实施教权禁令期间被剥夺了充足的教士服务；道德改革不仅涉及把巴勒莫的犹太人隔离起来，只要他们拒绝皈依基督教，而且还涉及立法，以便保证奴隶拥有加入拉丁教会的机会，并得到仁慈的对待。还采取了一些措施促进经济发展，在短期内而不是从长远观点看，取得了较大成功，尤其是度量衡和商业税收改革，两方面都曾遭受制度不统一带来的折磨；数量众多的敕令证实主要的城镇拥有豁免内部通行税的权利。然而，高尚的意图逐渐被西西里的基亚拉蒙特（Chiaramonte）家族与其竞争对手之间的内部冲突所妨碍。

弗雷德里克自己未能遵守《卡尔塔贝洛塔条约》的规定（安茹家族是如此解释的），为安茹王朝自1312年以来的反复入侵提供了主要借口；在希腊南部，冲突也由各自的代理人进行着，当地出现了亲安茹和亲西西里两个派别，尤其是在加泰罗尼亚人的雅典公爵领，该领地名义上服从西西里人的统治。早在1322年，弗雷德里克就擢升他的儿子彼得登上王位，作为西西里的共治国王，因而践踏了条约关于该岛在其死后归还那不勒斯的规定。随之，在1325—1327年间，安茹王朝的军队远征西西里。彼得二世地位的提升并未防止一旦弗雷德里克三世去世就爆发叛乱，在男孩国王卢多维科登上王位之前，彼得二世的单独统治只有5年时间（在此期间，帕利齐 [Palizzi] 家族被逐出了西西里），这个孩子只是各派敌对势力手中的一个玩偶。1355年，另一个未成年的孩子弗雷德里克四世在安茹人对米拉佐和墨西拿的袭击中继承王位。假如西西里内部没有人支持恢复安茹王朝的统治，那么安茹人入侵西西里取得的成就要小得多。城镇之间，特别是墨西拿和巴勒莫的敌对冲突是一个因素；墨西拿不断寻求保持向卡拉布里亚的供应开放的路线，它的经济在某些方面传统上与后者的联系比与西西里岛更为密切。但是，强大得多的是那些大男爵的影响，他们在弗雷德里克三世及其继承者统治时期有能力在岛上开拓庞大的领地：例如北部和西部的文蒂米利亚（Ventimiglia）家族、东部的帕利齐家族、南部的基亚拉蒙特家族，那儿莫迪卡（Modica）伯爵领为他们提供了向其臣民扩张权力的每一个机会。王室的各项权利，诸如管理首都的犯罪行为和制币，被授予亲王贵族或被他们所僭取，他们正变成比国王本人还要重要的政治掮客。14世纪的西西里（那不勒斯也一样）是男爵们的美妙的时代，他们获得了转让采邑的权利（在某些方面在弗雷德里克三世1296年的《宽厚》[Volentes]法律颁布后变得容易起来，这是一项与罗杰二世和弗雷德里克二世的政策形成直接对照的法律）。另一方面，君主几乎没有选择的余地；尽管可以从谷物销售中获得可观的收入，但阿拉贡的国王们绝对缺乏能同敌手安茹家族作战的资源，也缺乏用于对意大利北部的吉伯林派施加影响的资源。"特里纳克里亚"诸王能从巴尔迪、佩鲁齐和阿恰约利家族得到的贷款并不少于那不勒斯的国王们，但是它们都不能解决君主们的财政困难。逐渐地，大男爵们甚至开始控制谷物出口贸易。君主容忍贵族们的扩张权力，目的是希望打造一个强大的男爵阶层，使他们在抵挡安茹人中起缓冲作用；但是代价非常高昂——转让王室自营地。正如爱泼斯坦评论的：从14世纪30年代至60年代，内战的肆虐已经"影响了政府机构和经济生活，远比西西里晚祷战争（War of the Vespers）本身更为严重和持久得多"。[10]

它们自身的主人——基亚拉蒙特家族及其以"拉丁派"和"加泰罗尼亚派"闻名的对手，听任私人纠纷迅速蔓延成内战。前者确信西西里岛国不可能抵抗大规模军队的入侵，而与安茹宫廷建立了联系。在14世纪中叶，当西西里岛在欧洲首先遭受腺鼠疫的灾难时，冲突依然进行着。男爵们花了数十年才搞明白：在冲突中没有赢家，只是通过破坏和无限的战争支出而削弱他们自身的权力。《卡尔塔贝洛塔条约》签订70年后，年轻的弗雷德里克四世才同教廷和安茹王朝达成和平协议，其条件与弗雷德里克三世认同的那些几乎没有什么不同。但是，这不是一次可以充分享受的和平，男爵们的权力未曾受

---

[10] Epstein (1992), p. 317.

到挑战，弗雷德里克本人在 1363 年写给弗朗切斯科·文蒂米利亚（Francesco Ventimiglia）的一封信中痛苦地说道：

> 如果我们缺乏王室的司法和尊严，如果我们的大城市和其他城镇都被霸占，如果用我们的名字来称呼的自营地的果实被其他人享受，我们生活在物质贫乏之中，而且人们以我们的庄严为耻，那么男爵们的和平对于我们又有什么用？对我们而言，这看起来是一种艰难的生活；现在我们是成年人，了解事情是如何变成这种样子的，就更加是这样。不过，如果每个人都知道自己的界限，他们就会把凯撒的东西还给凯撒，满足于他们的男爵领地和有俸圣职的收入。[11]

最后，弗雷德里克四世于 1377 年死去而未留下男性继承人，重新打开了内部冲突之门。主管"加泰罗尼亚"派的阿尔塔莱·德·阿拉戈纳（Artale d'Aragona），尽其能力接管了弗雷德里克的女儿玛丽亚的卡塔尼亚（Catania），作为他的权力基础，并希望安排同米兰人的联姻，既解决西西里岛的难题也为其利益服务。他和他的对手们——莫迪卡的曼弗雷迪·基亚拉蒙特（Manfredi Chiaramonte）、沿夏卡（Sciacca）周边的古列尔莫·佩拉尔塔（Guglielmo Peralta）和杰拉奇（Geraci）地区的弗朗切斯科·文蒂米利亚家族将西西里变成了四个代理人辖区，他们实际上各自行使着君主的权力，正式将这种大面积的分裂永久化，而这在 14 世纪 60 年代之前尚未正式形成。

在潜在的竞争对手当中分享权力还意味着对任何其他大男爵的排斥；正是古列尔莫·雷蒙多·蒙卡达（Guglielmo Raimondo Moncada），一名非代理人（non-vicar），把玛丽亚秘密地从卡塔尼亚带到巴塞罗那，同阿拉贡王子马丁结婚。这一举动的意图很快就明朗起来：阿拉贡的佩德罗四世（Pedro IV）在其漫长统治（1337—1387 年）的末期，一直思索着恢复阿拉贡人在西西里的统治，加泰罗尼亚派的雅典公爵领已经中断了与西西里王室的形式上的、微弱的联系，将阿拉贡国王视为其名义上的领主。1377 年之后这一点尤为明显：西西

---

[11] Cited by Epstein (1992), p. 320.

里静待着被征服,一旦教会大分裂和安茹王室内部的纷争改变那不勒斯统治者的注意力,使他们不再重提此时已变得陈旧的自己拥有这个岛屿的主张,情况更会如此。

阿拉贡军队在1392年入侵西西里,未能像其前1282年的进犯那样得到岛上贵族们的衷心欢迎:曼弗雷迪·基亚拉蒙特在巴勒莫进行抵抗,结果付出了被处死的代价。他的领地被转给侵略军的首领贝尔纳·德·卡布雷拉(Bernat de Cabrera)。马丁一世本人不是阿拉贡国王,但他是阿拉贡王位的继承人;只是在1409年他过早去世后,该岛才再次被统一到加泰罗尼亚-阿拉贡的领土复合体中,然后在这种情况下,他的父亲有些令人困惑地继承了他的权利,称为马丁二世。一年后马丁二世死亡,再次提出了不只是针对西西里的这个问题:谁将控制组成阿拉贡王权的5个王国和一个公国。西西里再次面临向诸如葡萄牙国王那样的掠夺成性的入侵者敞开大门的威胁;重新建立一个阿拉贡支系王朝的努力也没有成功。

人们已经看到,贝尔纳·德·卡布雷拉在西西里被授予大量土地。另一个主要的受惠者是古列尔莫·雷蒙多·蒙卡达,他获得的土地曾被称为"处于一个私人领主下的一片广阔而集中的领地"(un enorme concentrazione territoriale sotto la propria signoria);[12] 大领地的时代还没有终结,但将要发生的变化将是他们同一个更有作为的君主之间的关系。贵族阶层的人员经历了迅速更替,因为诸如阿拉戈尼(Alagoni)家族拥有的那种大地产,被分成了碎片。一个新的精英阶层出现了,其中有许多是支持王室的加泰罗尼亚派。[13]

不过,正如彼得罗·科罗和斯蒂芬·爱泼斯坦的研究所证明的,真正成功的是经济缓慢复苏以及君主逐渐重新申明对男爵们的控制。[14] 一定程度上,这可能反映了大贵族们一定程度的人力耗竭和收入减少,瘟疫和战争破坏使他们的土地上人口大量减少、总产量降低。积极的举措包括重建集市,恢复地方工业,地区内部的贸易变得活跃起来。与此同时,君主谋求重新创建一种有效率的行政管理机构,恢复对海岸线的控制(由此维护了对谷物出口税收的控制),制

---

[12] Léonard (1967), pp. 339–366.
[13] Corrao (1991), pp. 203–260.
[14] Corrao (1991); Epstein (1992).

订土地持有状况的登记册,恢复对严重犯罪案件的控制。王室设法在重新获得管理王室自营地的权力和安抚男爵贵族这两种需要之间寻找某种平衡。一件重要的、令人高兴的意外收获,是男爵们的收入在后黑死病时期一直下降,于是西西里像欧洲其他地区一样,贵族日益依附于王权。从长期看,城镇成了君主制的支持力量的另一个重要来源,尽管在马丁一世统治时期王权与城镇之间的关系一直很微妙。王室作出各种努力创建城镇民兵组织,这会减少对封建征调的依赖,从而减少对男爵们的利益的依赖;城市精英阶层正在出现,他们是复兴君主制度的一个潜在力量来源。但是,夸大君主制目前取得的成功也是错误的,它距离有能力支配自己臣民的"原绝对主义"(proto-absolutism)还有很长一段路要走。直到1398年,还存在顽强的反对势力,对加泰罗尼亚派和巴伦西亚派(Valencian)土地持有者的让步,有使他们取代那些古老的大家族的风险,即使他们拥有大量授有各种各样特权的移民。马丁本人在1397年和1398年间召开的议会正好表明了这一点:有太多的加泰罗尼亚派被授予土地,王室必须作出更大的努力靠自己过日子,这将意味着王室再没有权利和土地可以分发。因此,重新调整是缓慢的、痛苦的,是各方冲突利益的妥协。主动的行为通常来自社会下层,也许新集市的建立特别是边样。[15] 即便是马丁一世也将注意力从自己的王国转移到他父亲的事务中,在其统治末期乘船到撒丁岛去,那是一个常年动乱的地方,为了阿拉贡而非西西里在那里去世。不过,这也是他成就的一部分:西西里重新并入阿拉贡王室的领土范围,导致它的市场重新向加泰罗尼亚商人开放,西西里的内部纷争一度使他们望而却步;将西西里重新统一到安茹王国的争论则从视野中消失了。

14世纪里西西里的特点是混乱,罗贝尔国王去世之后,这一特点也开始在意大利南部表现出来。卡拉布里亚的查理公爵过早死亡,留下罗贝尔的孙女乔安娜作为王国女继承人,现存的男性支系成员——安茹-都拉斯(Anjou-Durazzo)和安茹-塔兰托(Anjou-Taranto)家族被抛在一旁;乔安娜嫁给了安茹家族的匈牙利国王路易

---

[15] Epstein (1992), pp. 113–115.

大王的弟弟。结果，在安茹家族内部埋下了纠纷的祸根，当乔安娜令人讨厌的丈夫安德鲁在1345年被民众抛出窗外的事件发生后，这些纷争进一步恶化了。现在尚不清楚乔安娜在其丈夫被谋杀的事件中是不是一个共谋者。还有其他许多潜在的受益者，不仅仅是乔安娜，根据所有的记载来看，她憎恨她那专横的丈夫。安德鲁本人对国王称号的期待是众人辩论的话题。另一方面，安茹-塔兰托这一支系所处的地位，完全能证实他们对一个没有明确目标的年轻女王拥有优势。他们使尼科洛·阿恰约利进入宫廷，成为君主的顾问。阿恰约利是佛罗伦萨的实业家和文人，变成那不勒斯的贵族，他曾是凯瑟琳·德·考特尼的一个忠诚的仆人，在她的亚该亚的领地上服务。

然而，随着匈牙利国王对其兄弟被谋杀一事表现出强烈反应，安茹家族各支系之间的斗争开始了。统治着克罗地亚的路易大王（Louis the Great）是一个面积巨大的各种领地的复合体的统治者，这片土地几乎从波罗的海（或至少是从他曾组织十字军讨伐的异教的立陶宛边境）延伸到亚得里亚海，他要求教宗让他担任乔安娜的最高领主，将整个意大利南部王国并入匈牙利版图。路易未能赢得教宗同意，不过1347年5月他进入那不勒斯城时，使意大利南部诸如拉奎拉（L'Aquila）的主人拉莱·坎波内斯基（Lalle Camponeschi）这样一些男爵确信，他是一个可望成功的候选人。一个危险得多的盟友是罗马独裁者科拉·迪·里恩佐（Cola di Rienzo），他在支持匈牙利的过程中看到了自己加强控制罗马的方法。在1347年晚期和1348年初，匈牙利国王路易看起来平稳地接管了那不勒斯王国的北部省份，这一征服过程在占领让他感到棘手的那不勒斯城市时达到高潮，这正是鼠疫杆菌开始席卷意大利半岛的时候。看来当时路易所犯的错误是，他没能赢得那不勒斯男爵们的信任，他处死了都拉斯公爵查理，无情地打击那些受到怀疑参与谋杀安德鲁的人士。尼科洛·阿恰约利的儿子精力充沛地组织了一次保卫内陆锁钥梅尔菲（Melfi）的战斗，后来它被作为一个伯爵领，授给了他的父亲。

这些不是堆积在乔安娜一世肩上的唯一困难。与热那亚关于文蒂米利亚领主权的持续纷争，直至1350年才解决；只是由于罗马教廷灵巧的外交活动才防止热那亚和匈牙利人建立军事联盟。1348年初，腺鼠疫到来时，正当乔安娜自己决定前往普罗旺斯，恳请驻跸在阿维尼翁的教宗克雷芒六世的帮助。获得教宗恩惠的代价是签一份协议，将阿维尼翁卖给教宗，此时的教宗已经是相邻的孔塔－弗奈辛（Comtat Venaissin）地区的领主。在安茹家族普罗旺斯的土地上，教宗将无须再做安茹家族的普罗旺斯土地上的一个令人尊敬的客人，但对普罗旺斯人而言，这只是一次"被诅咒的出售"（venditio maledicta）。关于她第一任丈夫被谋杀一事，乔安娜谋求向公众证明自己是无罪的，还寻求教廷赞同其第二次婚姻，她已经同塔兰托的路易签订婚约（实际上当她到达教廷时已经怀孕）。当安德鲁还在世时，路易就是安茹家族的一支势力强大的派系的首领，为人桀骜不驯。她不在那不勒斯王国，对路易大王的入侵后果几乎没有什么影响，当时这座城市正被匈牙利侵略者，还有掠夺成性的雇佣军匪帮，诸如弗拉·莫里亚尔（Fra Morriale，即蒙特利尔·德·格拉斯[Montreal de Grasse]）的士兵，蹂躏得支离破碎。如同肆虐横行的瘟疫一样，威尼斯人在路易大王背后的煽动可能损害他的生存，因为对达尔马提亚的控制，取决于路易是否有能力缔造一个从立陶宛边界到墨西拿海峡的庞大的安茹领地。现在他专注的是争夺亚得里亚海的斗争，这一斗争在1352年威尼斯人失去达尔马提亚而达到高潮。教宗反对他的远征。南部意大利人本身就不服管束。现在是匈牙利的路易打道回府的时候了。

这并不意味着匈牙利人撤离那不勒斯王国。塔兰托的路易在积极镇压匈牙利人的小部队，他还在宫廷中清除乔安娜自己的拥护者，将阿恰约利家族提拔到高级职位上来。可以预料，塔兰托的路易与乔安娜的婚姻更多地曾是路易获得这个王国的一种尝试，而不是在安茹家族内部两个敌对派别之间尝试进行妥协。匈牙利人第二次入侵，在1350年得到热那亚人的支持，结果是到1352年塔兰托的路易险胜对手，不过路易的真正胜利是在那不勒斯王国取得的，1352年5月在教廷支持下，他在该地加冕为国王，接受以乔安娜的名义领有王位的附带条件，但她的孩子都活得不长。同年，随着教宗克雷芒六世逝世，安茹家族失去了一个有力的、算是胜任的支持者。

还有另一位胜利者尼科洛·阿恰约利，他是一位有文化的佛罗伦萨商人，已经在莫里亚（Morea）获得了土地和封赏，现在已晋升为那不勒斯王国的大总管和梅尔菲的伯爵。他献身于贵族的价值观，遭到同时代佛罗伦萨人的嘲笑,他的价值观导致他建立了一个骑士团——"花结骑士团"或"圣灵骑士团"(Order of the Knot 或 Holy Spirit),意在颂扬骑士的勇敢精神,提高"耶路撒冷和西西里国王"在国内的地位和作为十字军赞助者的地位,他要往他在东方的有名无实的王国派出十字军。在 1354 年的作品中,尼科洛谈到需要"在收复西西里之后,收复耶路撒冷王国",这一想法植根于安茹诸王以往的政策中。当匈牙利人的威胁消失时,那不勒斯王国将它的战争机器转向其他领土,那不勒斯的国王们从这些行动中获得他们的官方头衔。"聪明人"罗贝尔的去世,曾伴随着安茹家族在米拉佐和利帕里群岛(Lipari islands)的成功。由于基亚拉蒙特派的呼吁,那不勒斯宫廷在 14 世纪 50 年代经历了态度上的变化,它精心制定计划,以确保西西里岛在重新统一的王国内能够享有一定程度的自治权。倘若没有这种内部支持,阿恰约利的小船队和军队不可能在 1354 年 4 月成功地降服西西里大部分地区,包括巴勒莫,但不包括加泰罗尼亚派在墨西拿和卡塔尼亚的权力基地(power bases)。为了控制他获得的地区,尼科洛·阿恰约利需要更多的资源,但是塔兰托的路易未能提供给他,他的成功遂不复存在,尽管后来命运重新回转,以至那不勒斯国王和王后得以胜利进入墨西拿(1356 年 12 月 24 日)。1354—1355 年其他忧虑缠绕着国王的头脑:阿布鲁齐家族中出现了麻烦,应塔兰托派的要求,都拉斯派的盟友拉莱·坎波内斯基在该地被谋杀了;那里雇佣兵团队继续肆虐不已。那不勒斯同教宗英诺森六世也产生矛盾,因为路易和乔安娜没有向教廷缴纳年贡,教宗给了他们一个教训,将其逐出教会;在这一争端被搁置之前,阿恰约利将有必要访问阿维尼翁一次(在 1360 年)。普罗旺斯也有麻烦,都拉斯派在该地拥有强大的盟友。1361—1362 年,都拉斯的路易在阿普利亚成为反对塔兰托的路易的中心人物;同时,在都拉斯的路易的支持下,日耳曼和匈牙利的雇佣军在那不勒斯王国胡作非为。那不勒斯试图制服西西里的最后一次努力陷入了文蒂米利亚和基亚拉蒙特家族的敌对冲突中,而且使局外虎视眈眈的一方阿拉贡的彼得四世的利益愈加清晰起来,他视自己为弗雷德里克四世的一个可能的继承人。那不勒斯人一直以来低估西西里内部对抗的程度,这种内部对抗,而不是他们自己的介入,才是该岛错综复杂的政治的支配性因素。

1362年，塔兰托的路易死了，大概死于瘟疫；两年后，尼科洛·阿恰约利被埋葬在他生前在佛罗伦萨城外建立的华丽的卡尔特修道院（Charterhouse）的墓穴里。"塔兰托的路易之死在整个王国造成非同寻常的腐败"，一个编年史家写道。⑯ 路易缺乏"聪明人"罗贝尔那样的广阔视野，但是他也几乎没有什么时间推行自己的政治举措，因为他忙于对付都拉斯派（Durazzeschi）、匈牙利人和其他对手的阴谋。不过，通过任命阿恰约利为重臣，他已经给那不勒斯王国配置了一个能干的并在战场上也胜任的行政官吏；阿恰约利的过错也许在于他的一个铤而走险的愿望，即被世人承认为一名真正的贵族——梅尔菲和马耳他（Malta）的伯爵，他的佛罗伦萨同胞，譬如童年时的伙伴薄伽丘都讥笑这种想法。乔安娜，独自再次寻求一个新夫君的支持，迅速选择了詹姆斯四世——马略尔卡末代国王之子，一个没有什么政治分量的人物，此人在心理情感上也不稳定，一个教宗使节恰当地将其描述为**感情丰富**（*argumentosus*）。不久，他漫游迷路，发现自己又一次置身于西班牙一所监狱里，乔安娜也没有感觉到特别懊悔。不过，他把不稳定因素注入了一个已经严重分裂的王国政府。

　　女王乔安娜一世的最后岁月的历史是一段宫廷阴谋频繁的记录，在某种程度上阴谋因西西里战争的最后结局而有所减少，因为各方都接受了1373年的条约。教廷企图将那不勒斯拉进一个有助于为意大利清除雇佣军匪帮祸害的同盟（1371年），不过这很快就转变成一场反对米兰的维斯孔蒂的十字军。即便远离北方，那不勒斯人在这块土地上依然有自己的利益，反米兰的战争的积极结果是在皮德蒙特恢复被维斯孔蒂家族占据的几块领地；马略尔卡的詹姆斯四世卷入这些战争，直至1375年死于热病，其在乔安娜女王床上的位置被布伦瑞克的奥托（Otto of Brunswick）所取代。后者是一名武夫，从过去的冲突中了解那不勒斯王国的事务，但他被明确地禁止接受它的王冠。

　　意大利内部的变化使那不勒斯王国进一步陷入危机。佛罗伦萨方面对教廷在意大利的重建日益敌视，以至于教宗格列高利十一世对这个古代教廷的盟友气势汹汹地发布了停止教权的禁令（1377年）。与

---

⑯ Léonard (1967), pp. 495-498，关于同时代人对他的统治的评价。

此同时，教廷永久返回意大利的各项明确计划在教宗抵达罗马时达到高潮，数月之后（1378年3月），格列高利在罗马去世。接着混乱的红衣主教团秘密会议选出了难以相处的乌尔班六世——前那不勒斯王国地区的巴里大主教，他的专横做派促使红衣主教们试图把他废除，代之以来自日内瓦的克雷芒七世。虽然乔安娜开始时同情乌尔班的诉求，但还是谨慎地试探专家的意见并像法国国王一样得出结论：克雷芒七世值得她予以支持。她的支持达到如此程度，以至于把对那不勒斯王国的人口应该征收的64000弗罗林税收转交给他，这是一项她本来可以很容易回避的义务。她还欢迎教宗克雷芒七世进入她的领地。她的新问题是：那不勒斯的舆论坚定地支持乌尔班，只因为他本人是一个**当地人**（regnicolo）。在反叛的威胁下，乔安娜屈服了，但是乌尔班并未满足于她的退让，把她作为异端和教会分裂主义者来引用（1379年）。当然，他可能看出乔安娜的权力现在极其脆弱。问题是谁可能取代她，显而易见的候选人是都拉斯公爵查理，他也从匈牙利的路易——教宗乌尔班的另一个支持者——的恩赐中受益。与他相反，乔安娜倾向于支持克雷芒七世的拥护者——安茹公爵路易一世，他是乔安娜的一个远房亲属，其家系上溯至那不勒斯的查理二世，后者曾与安茹断绝关系而支持瓦卢瓦的查理。路易一世已经在整顿朗格多克中显得很活跃，如同其瓦卢瓦家族的先辈一样，是一个收取各种王位头衔的重要人物：占领马略尔卡岛是他的一个理想，撒丁岛大概也是，不过作为一个觊觎者（pretender）他最持久的遗产是自称的"耶路撒冷和西西里之王"。1380年，乔安娜鉴于虽然历经四任丈夫，但没有一个亲生子嗣活下来的事实，同意提名路易为其继承人。

毫无疑问，假如他的兄弟法兰西的查理五世没有死于该年9月，那么路易会显露出更多热情；由于巴黎需要他，直到1382年他一直没有理睬都拉斯的查理的威胁。后者率领一支供应充足的匈牙利雇佣兵组成的军队决意往南进军，目的是驱逐乔安娜。在某种意义上，30年后，路易大王的各项计划现在正获得成功，加上教廷的支持，因为乌尔班六世1381年6月在罗马为查理三世加冕为西西里国王。乔安娜的配偶奥托被俘虏意味着那不勒斯的大门被打开，乔安娜女王被投入监狱。到1382年夏季，她被杀害，窒息而死；她的尸体放在圣基亚拉（Santa Chiara）教堂里展示，表示历经近40年的统治后，她的王国现在传给了最近的男性亲属都拉斯的查理。几乎不用怀疑，在安茹的路易一世——他最近被克雷芒七世任命为卡拉布里亚公爵——率领他自己的杂牌军穿过那不勒斯王国的边界之前，查理三世希望乔安娜不再碍事。

安茹的路易在意大利南部的战争中的确获得了一些显著的成功：到1383年时，他已经远远地深入那不勒斯王国的东边，8月30日，他公开接受了王冠。直到他1384年去世，由于法国人提供一定数量的援助，他一直设法维持他在阿普利亚的地位。他的儿子路易二世取代他接受了王位，但是未能把他父亲的军队团结起来。来自安茹公爵方面的威胁因此减弱了，查理三世可以祝贺自己稳稳地坐在那不勒斯的王位上。因此，假如不是反复无常的乌尔班六世突然将他革出教门，倡议组建一支反对查理的十字军，并将他以及他的继承人（第四代继承人）逐出教会的话，他大概就能这样安稳地过他的日子。所有这些显然是因为查理在捍卫教廷利益时声调不够高昂。查理派人将乌尔班撵走，并准备进行一次更大规模的征服——征服匈牙利，匈牙利在1382年9月路易大王死后没有男性继承人，也给王位索求者提供了机会。虽然查理很快就自立为克罗地亚和匈牙利中心地区的主人，但他树立了强大的仇敌，其结果是1386年2月他在布达的宫殿中被击败，不久后就死去了。如同在匈牙利一样，查理在那不勒斯的统治也很短暂，尽管他连续两次迅速赢得王冠显示出他的才能和冷酷无情，但是他低估了那不勒斯和匈牙利男爵贵族中那种彻底地坚持不懈的反抗精神。其他的王位诉求者依然存在，而他的以下设想表明他缺乏一种实践的政治智慧：他能够在意大利极为混乱、教廷分裂、中欧君主制度不稳定的时期统治匈牙利和南意大利。

教宗及其支持者获得短暂统治匈牙利的收益，还有中欧各王国提供的大量物资资源，想必能抵消普罗旺斯的损失，而且该领地还保持在安茹公爵手中，为他们提供了一个权力基础，从这里可以进一步策划入侵那不勒斯王国。乌尔班六世试图发动他自己大肆吹嘘的入侵那不勒斯王国的计划，虽然不久后去世了，但在1390年，新任教宗卜尼法斯九世接受了查理三世之子拉迪斯拉斯（Ladislas）继承那不勒斯王位的要求。在9年的时间里，路易二世和拉迪斯拉斯两人实际上瓜分了那不勒斯王国；如同14世纪的西西里，权力的仲裁者是男爵贵族，尤其是圣塞维利诺（Sanseverino）家族，1399年7月他们最终率领亲普罗旺斯派（pro-Provenal）投入都拉斯的阵营。作为查理二世的实际继承人，拉迪斯拉斯不断谋求匈牙利的王位，尽管没有成功，同时教宗还在他面前用塞浦路斯王位吊他的胃口，1402年拉迪斯拉斯迎娶了塞浦路斯国王的妹妹。

拉迪斯拉斯的主要成就是：他终于考虑处理那不勒斯王国的男爵权力问题，谴责那些曾经同情安茹的路易二世的要求的人，如圣塞维利诺家族和（在卡拉布里亚）拉佛（Ruffo）家族。他残暴的做法，包括在一次婚礼宴席上大规模逮捕马尔扎诺（Marzano）家族成员，让人想起近一个世纪后那不勒斯的费尔南多一世（Ferrante I）更著名的阴谋。即便如此，来自安茹公爵的威胁依然频繁不断，他间或取得惊人的胜利，使他暂时确信自己在教宗辖地中取得了优势地位，并对佛罗伦萨构成某种严重威胁。因而，1414年他的去世标志着一段高度冒险主义时期的终结，在此期间，安茹-普罗旺斯家族曾经一次又一次地企图取代都拉斯派（Durazzeschi），都未能成功，即使他们经常占领着那不勒斯王国的大部地区，还赢得了反复无常的男爵阶层的支持。这些男爵已经明白：他们最大的利益在于削弱君主的权力。

大卫·阿布拉菲亚（David Abulafia）
谷延方 译
王加丰 校

第十六章
神圣罗马帝国

第一节　从纳索的阿道夫到巴伐利亚的刘易斯（1292—1347 年）

纳索的阿道夫（1292—1298 年）

　　1291 年 7 月 15 日，哈布斯堡的鲁道夫（Rudolf of Habsburg）去世了。在去世前很长的一段时间里，他一直努力赢得选帝侯（选侯）们（自 1257 年以来，选帝侯负责德意志国王——罗马人的国王*的选举）支持其长子阿尔伯特继承帝位。亨利六世仿效英格兰和法兰西的模式建立世袭君主制帝国的计划失败后，鲁道夫只能沿袭旧制，在他有生之年，让他的一个儿子加冕，由此确保儿子成功继承。尽管这些计划曾经得到教宗洪诺留四世（Honorius IV）的支持，但未能实施，一方面是因为洪诺留四世离世，鲁道夫加冕为皇帝的事被再次无限期地搁置了，另一方面是因为在选举团（electoral college）中有的选侯反对这些计划。在鲁道夫统治的最后几年，情况对他并非不利：帝国最高的教会巨头美因茨大主教亨利，是这位国王的心腹，当时特里尔主教职位空缺，并且巴拉丁、萨克森、勃兰登堡和波希米亚等世俗选帝侯都通过婚姻而与他有亲戚关系。然而，科隆大主教韦斯特堡的西格弗里德二世（Siegfried II of Westerburg）认为，这些操控继承的计划是对选帝侯自由选举的一种威胁，他发现波希米亚国王瓦茨拉夫二世（Wenceslas II）支持他的观点。尽管瓦茨拉夫二世的选

---

* 罗马人的国王（King of the Romans），这里指被选侯们选举为神圣罗马帝国皇帝但未经教宗加冕时的称呼。加冕后称罗马人的皇帝（Emperor of the Romans），即神圣罗马帝国皇帝。——译者注

帝侯身份最终得到鲁道夫的认可，但因阿尔伯特拒绝将卡林西亚（Carinthia）割让给他，所以他拒绝支持阿尔伯特。阿尔伯特丝毫不具备他父亲那些讨人喜欢的特点，世人说他长相丑陋且行为粗鄙。他父亲刚一死，反对他的贵族就在士瓦本（Swabia）的核心哈布斯堡领地和新获取的奥地利领地上迅速涌现，这些人得到了瓦茨拉夫的支持。波希米亚国王决意阻止阿尔伯特当选国王，他为此目的而找到了足够多的盟友，诸如下巴伐利亚的公爵奥托三世（Otto III），奥托延续了其父敌视哈布斯堡的政策。这样，上巴伐利亚公爵刘易斯二世（Lewis II）这位莱茵的巴拉丁伯爵选侯，成为选侯中唯一支持哈布斯堡的人，因为瓦茨拉夫与萨克森和勃兰登堡签署了一项选举协议，他们都支持他未来的决策，而新的美因茨大主教埃彭施泰因的杰拉德一世（Gerard I of Eppenstein）也转入反哈布斯堡的阵营，并把新当选的大主教特里尔的博希蒙德（Bohemund of Trier）也争取过来。王位候选人理所当然由科隆大主教西格弗里德来提出。

选举和对外政策

在林堡伯爵瓦勒兰四世（Waléran IV）去世（1280年）后，科隆大主教西格弗里德陷入领地战争，与盖尔德斯的雷金纳德（Reginald of Guelders）结盟，反对贝格（Berg）的伯爵布拉班特（Brabant）和科隆城，该时期的科隆城总是支持大主教的敌人。1288年6月，他在血腥的沃林根（Worringen）战役中遭到决定性的失败。这次国王选举给他提供了至少弥补部分损失的机会。他推举的候选人是其忠实的战友，名不见经传的纳索的阿道夫（Adolf of Nassau）伯爵，他的领地处于兰（Lahn）的南边的韦伯格（Weiburg）和威斯巴登（Wiesbaden）之间。1292年4月27日，阿道夫在安德纳赫（Andernach）不得不同意大主教的要求，援助科隆教会，抗击科隆市民。倘若选举产生争议，他不可放弃王位要求；如果他破坏协议，就将失去王位继承权。《安德纳赫条约》（Treaty of Andernach）也是为赢得波希米亚国王投票选举阿道夫而专门谋划的，因此，还同意阿道夫的儿子鲁佩特（Rupert）和瓦茨拉夫的女儿阿涅丝（Agnes）的婚约。通过这种方式，以及阿道夫同意就奥地利、斯蒂里亚（Styria）和卡林西亚（被奥托卡尔［Ottokar］占领）三地作出有益于波希米亚的意见，瓦茨拉夫被争取过来，随之勃兰登堡和萨克森也站到了这一边。先是美因茨的杰拉德大主教，还有特里尔的博希蒙德，最后是巴伐利亚的刘易斯都加入了这一集团。这样，在签署选举协议（*Wahlkapitulationen*）后，1292年5月5日美因茨大主教在法兰克福以所有其他选侯的名义选举阿道夫为国王（**就选这一个** [*electio per unum*]）。科隆大主教于7月1日在亚琛为其加冕。

这些事件的结果，是摧毁了哈布斯堡的鲁道夫在一个强大的王朝权力的基础上巩固这个帝国的政策，选帝侯们相信阿道夫是他们创造出来为自己服务的工具。但在这一点上，他们肯定很快就会失望。他们原计划将哈布斯堡的阿尔伯特驱逐出他的领地以便有利于瓦茨拉夫，但阿尔伯特却凭借一项机灵的政策摆脱这一危险。他走了一步妙棋：认可阿道夫的当选。后者已经开始滑脱选侯们对他的控制，并且当接受阿尔伯特的效忠时，瓦茨拉夫对他的所有希望都落空了。阿道夫与布拉班特公爵达成和解，科隆大主教痛苦地大失所望；阿道夫于1294年1月谈妥了女儿梅希特希尔德（Mechthild）和鲁道夫的婚姻，美因茨大主教看到自己的全部希望都被出卖了。鲁道夫是莱茵的巴拉丁伯爵和上巴伐利亚公爵路德维希二世（Ludwig II）的儿子和继承人，还是这位大主教在领地政治中最机敏的对手。由于阿道夫还使其余的维特斯巴赫（Wittelsbach）家族的王公们处于帝国的特殊保护之下，这样他就创造了与其他选帝侯抗衡的砝码。对选帝侯们不利的是，维特斯巴赫家族在阿道夫去世前一直与其保持密切联系。阿道夫的对外政策延续了以科隆利益为基础的传统政策，于1294年8月与英格兰的爱德华一世签订协议，爱德华一世通过提供可观的援助与德意志国王结盟，共同对抗法兰西的"美男子"菲利普。

这个联盟也符合德意志的利益，因为此前（从菲利普三世统治时期开始），法兰西国王抓住一切机会向帝国边境扩张，并且利用地方上的民怨把帝国部分领地并入法兰西王国，比如他们在里昂、凡尔登周围和埃诺（Hainault）就是这样做的。与此相似，卢森堡伯爵亨利，也就是未来的皇帝亨利七世，成为法兰西的封臣，而勃艮第伯爵领的情况更进了一步，尤其严重，它虽属于帝国，但马上就要向法兰西效忠了。1294年8月31日，阿道夫向法兰西国王递交战书，理由是法兰西夺取帝国的权利和领地，1295年3月9日，菲利普四世轻蔑地对此作了答复。诚然，由于爱德华一世无法参与对法作战，战争并没有发生。首先是因为他在 1295 年中期以前一直忙于平息威尔士的叛乱，然后直到 1296 年中期，均忙于与菲利普四世的苏格兰同盟约翰·巴利奥尔作战，他还忙于应付那些不愿为其政策承担费用的贵族，及教宗不允许向教士征税的禁令。1297 年 8 月，当爱德华一世最后带着数量较为有限的军队在斯勒伊斯（Sluys）登陆时，德意志国王并没有前来帮助他共同抗击菲利普四世，而此时菲利普四世正向佛兰德挺进。纳索的阿道夫一方面与选帝侯们的关系正经历各种麻烦，另一方面，有一些迹象表明（但并不确定），法兰西的金钱阻碍着他站在英格兰盟友的立场上积极介入行动，然后在 1297 年 10 月他也与法兰西签订了停战协定，直到 1298 年 6 月卜尼法斯八世最后作出协商和解的仲裁。这标志着阿道夫依靠盎格鲁-德意志联盟插手西部事务的努力的结束。奥地利的阿尔伯特马上就与"美男子"菲利普重归于好，把政策拉回到古老的霍亨斯陶芬（Hohenstaufen）的模式，这一模式直到皇帝巴伐利亚的刘易斯治下时期才被再次打破。

王朝政策及其毁灭

德意志王国的法律和思想基础不足以构建一种成功的王朝政策；其统治者还需要一个强大的领地基础。在这一点上，小小的纳索地产是完全不够的。因此，阿道夫试图效仿霍亨斯陶芬家族和哈布斯堡家族来扩展他的王朝的力量。图林根提供了契机，那里自亨利·拉斯佩伯爵（Landgrave Henry Raspe）去世（1247 年）后，爵位继承问题一直争议不断，他的大部分财产都落到了梅森的韦廷侯爵家族（Wettin margraves of Meissen）手里；有一小部分领地——黑森（Hessen）被分出来，赐予亨利一世伯爵，1292 年 5 月阿道夫把他提升到帝国王公的行列，是他执政后实施的首批举措之一。在梅森家族幼子的世系于 1291 灭绝后，阿道夫就将梅森当作一块无主的帝国封地加以占有，并指派他的一个堂兄弟在那里代表他管理。然后，他又于 1294 年初从放荡的阿尔伯特伯爵手里买下图林根伯爵领。但很大一部分图林根伯爵领由效忠于美因茨的教会封地构成，购买这块领地本来应该得到美因茨大主教的首肯，所以这种在法律上颇具争议的购买激起了这位大主教的反对。另外，从此以后波希米亚的瓦茨拉夫

(他向南进入哈布斯堡领地的扩张已经因国王授予阿尔伯特的封地而停止,现在他看到留给自己的向北扩张的机会又被阿道夫入侵图林根和梅森阻挡住了)与国王的关系疏远了,对阿道夫来说,情形变得具有威胁性。尽管如此,反阿道夫联盟直到1297年圣灵降临节(Whitsun)才得以形成。

当时,大多数选帝侯齐聚布拉格,参加美因茨大主教给瓦茨拉夫实施已被拖延了很长的加冕礼。在大臣彼得·冯·阿斯珀尔特(Peter von Aspelt)的建议下,瓦茨拉夫已经与哈布斯堡的阿尔伯特拉近了关系。此刻,布拉格正在秘密策划罢黜阿道夫的计划,后来的几次会议一直讨论该计划。最后,1298年2月在维也纳的会议上,阿尔伯特承诺他一旦当选国王,就要在领地上向瓦茨拉夫作出某些让步。阿尔伯特发动了反对阿道夫的战争。1298年5月1日美因茨大主教杰拉德召集国王和选帝侯们于6月15日到美因茨开会,商讨结束帝国无法无天的战乱局面。他宣称在此紧急情况下,依照古老的法律原则,他作为帝国的首席大臣(archchancellor),有权为德意志做这件事。1298年6月23日,美因茨的杰拉德不仅以他个人的名义,还代表科隆大主教、波希米亚国王、萨克森-维滕贝格的阿尔布雷希特(Albrecht of Saxony-Wittenberg)伯爵和勃兰登堡侯爵,在国王不在场的情况下宣布废黜国王;在此过程中,他有时逐字逐句地引用英诺森四世在1245年的诏书中的措辞,该诏书以多次违法为由宣布废除皇帝弗雷德里克二世。选帝侯特里尔的博希蒙德大主教和巴拉丁的鲁道夫一世没有参与其中,后者仍然忠于岳父,另一方面,他年仅12岁的弟弟已把全部代表权交给了萨克森的阿尔布雷希特公爵。随后,奥地利的阿尔伯特立即被选为国王。就这样,这些选帝侯以令人怀疑的越权方式,废黜了他们自己曾选出来的国王。这是首次在教宗没有事先颁布禁令和罢免诏书的情况下就废黜一位国王,表明选侯选举团的重要性在增长。哈布斯堡的阿尔伯特返回其当时驻扎在阿尔蔡(Alzey)附近的军队中,并向阿道夫进军,阿道夫诉诸战争来解决问题。1298年7月2日,他们在沃尔姆斯(Worms)西部的戈尔海姆(Göllheim)交战,在这里纳索的阿道夫战败,负伤致死。他的尸体起初被安葬在罗森塔尔(Rosenthal)的西铎会修道院,然后在1309年又被安葬在施派耶尔(Speyer)大教堂的墓穴,埋在战胜他的人的旁边。这样，一个并非没有魅力的国王的统治就此结束（一位当代画家把他画成面目和善、中等身材、受过良好世俗教育的人；他像熟悉德语一样熟悉法语和拉丁语）。他作为选帝侯们的工具而当选，然后曾开辟自己的道路，最终又被选举自己的人罢黜。他的统治仅仅是德意志历史上短暂的一章。

阿尔伯特一世
与莱茵选帝侯的冲突及与法兰西结盟

阿尔伯特为了确保其统治的合法性不引起任何质疑，在纳索的阿道夫死后，就让人于1298年7月27日在法兰克福又重新选他一次；一个月后，8月24日，他在亚琛由维克博尔德（Wikbold）大主教加冕。与其前任不同的是，阿尔伯特的统治建立在广袤的哈布斯堡领地的基础上，不仅有位于莱茵河上游地区和瑞士的原有领地，还加上他父亲鲁道夫并入的奥地利这块很有价值的土地。阿尔伯特有能力通过可观的补偿来缓和波希米亚国王的敌意：瓦茨拉夫二世得到了梅森、奥斯特兰（Osterland）和波来森兰（Pleissenland）的帝国代理人的职位（vicariate）；国王把此前由霍亨斯陶芬家族创立的帝国领地海布（Cheb，即艾格尔［Eger］）授予他，承认波希米亚对克拉科夫和桑多梅日（Sandomir）的要求；又引导波希米亚向东北方向扩张。他也有能力安抚其余的选帝侯，一方面通过可观的金钱引诱和向他们移交领地，另一方面，他着手为帝国普遍和平法令（*Reichslandfrieden*）增加一些内容，因为当时这种法令敌视城镇而有利于诸侯。而且在实施王朝政策时，他尽量避免自己在建立一个以哈布斯堡领地为中心的统治政府的印象，因此，他将奥地利、斯蒂里亚和卡尔尼奥拉（Carniola）（鲁道夫获得的领土）授予自己的儿子们，这样就好像他作为罗马人的国王，并不想把这些领地作为自己政治势力的基础，进行有损选帝侯利益的扩张。众所周知，这种开始时的调节作用只持续了很短的时间，当阿尔伯特巩固在德意志的地位，开始奉行一种独立的政策时，选帝侯们就转为强烈敌视了。

阿尔伯特的对法政策为各君主间的首轮冲突提供了契机。前些年，法国国王"美男子"菲利普的确没有任何向东扩张的系统计划，但是他抓住每一个机会来扩大法兰西的影响；尤其在里昂周围和默兹

(Meuse)河边的洛林地区，他已经成功地大举侵入帝国领地（帝国古老的疆界要从这里往西过去很远才到达语言上的日耳曼－罗曼语族［Germanic-Romance］的边界）。皇帝与法兰西国王在沃库勒尔（Vaucouleurs）附近会面是一个古老的传统，可追溯至弗雷德里克·巴巴罗萨时期。这次德意志国王被邀请到那里时有一种象征的意义：他要承认法兰西最近获得的领土。早在阿尔伯特加冕前，他就与法王打过交道，签订了联姻协议：阿尔伯特的长子鲁道夫将与菲利普的姐妹布兰奇（Blanche）结婚，用哈布斯堡家族位于上阿尔萨斯和乌希特兰（Üchtland，在弗赖堡附近）的领地作嫁妆。这样阿尔伯特遵循了霍亨斯陶芬家族亲法政策的足迹。然而，这激起了莱茵河地区选帝侯们的反对。美因茨的杰拉德大主教想削弱哈布斯堡的力量，特里尔的博希蒙德已经因为法兰西的扩张受到直接影响，科隆的维克博尔德出于传统的政治经济利益而奉行亲英政策。在这种情况下，阿尔伯特开始试图支持法兰西的敌人——佛兰德的居伊·德·当皮埃尔（Gui de Dampierre），以对抗菲利普的同盟埃诺的阿韦讷的让二世（Jean Ⅱ d'Avesnes of Hainault）。这位德意志国王也与布拉班特、荷兰和洛林享有良好的关系。在弗朗什－孔泰和萨伏依，阿尔伯特也反对菲利普的盟友。然而他也与法兰西国王进一步进行谈判。1299年12月初，在位于图勒（Toul）和沃库勒尔之间的一个叫卡特勒沃（Quatrevaux）的小乡村，双方缔结了一个秘密协议。

菲利普和阿尔伯特通过翻译达成的协议，没有留下书面记录，很快引发各种离谱的谣言。这表明帝国西部地区反法情绪的力量。例如，有人称这两位君主已经规划好一种新的欧洲秩序：将默兹河和莱茵河边境、阿尔勒（Arles）王国和意大利北部都割让给法兰西；作为回报，德意志帝国将成为一个哈布斯堡家族统治下的君主国。毋庸置疑，所有这一切都更像是莱茵地区选帝侯们的宣传，他们认为法兰西和哈布斯堡结成太过紧密的同盟，会威胁他们的选举权。事实上，本来阿尔伯特似乎只是认可"美男子"菲利普兼并凡尔登地区，并只允许他在弗朗什－孔泰享有自由行动的权利。法兰西这边，著名的宣传人员皮埃尔·迪布瓦（Pierre Dubois）则勾画了未来法兰西影响下的德意志哈布斯堡王朝的图景。由于在联姻谈判中已把鲁道夫当作王位继承者看待，美因茨和科隆选帝侯（涉及他们的权利）拒绝对此表示同意，因为他们认为这是在挥霍和转让帝国的领地。1300 年，圣灵降临节那天这场婚礼在巴黎举行。实际情况与谣传相反，新娘并没有得到阿尔勒王国，而是在上阿尔萨斯沿弗赖堡和瓦尔茨胡特（Waldshut）周围的一片不怎么大的领地。

这位皇帝力图在莱茵河口一带扩展王室领地，这导致他和莱茵地区各选帝侯彻底决裂。1299 年荷兰、泽兰和弗里斯兰的伯爵们死后没有子嗣，根据哈布斯堡的鲁道夫治下时签订的协定，应由埃诺的伯爵阿韦讷的让二世继承。然而，这位德意志国王为了把伯爵领交给自己的一个儿子，将其作为无继承人的帝国封地据为己有。那时，国王当然要回避提出与列日（Liège）主教和佛兰德伯爵结盟以反对与盖尔德斯和布拉班特结盟的埃诺，这尤其是因为"美男子"菲利普不愿支持哈布斯堡在莱茵河口一带扩张。法王的兄弟，瓦卢瓦的查理，占领了佛兰德。虽然由于 1302 年的布鲁日"晨祷"事件（'Matins' of Bruges）以及在科特赖（Courtrai 或 Kortrijk）的胜利，把法兰西人理所当然地赶出了佛兰德，但是阿尔伯特那时的地位再也无力实施他的荷兰计划。失败的一个决定性因素就是选帝侯们已经公然表现出敌意。特别是科隆的维克博尔德，他认为自己受到了阿尔伯特政策的威胁，但美因茨的杰拉德也抓住这个机会再次起来反对这位哈布斯堡的国王，据说，当时他宣称手中还有另外一个或两个国王。由于曾被阿尔伯特击败的纳索的阿道夫的一个兄弟迪特尔（Dieter）接替博希蒙德继任了大主教，这样选帝侯间的反哈布斯堡联盟就完全形成了。他们把莱茵的巴拉丁伯爵，即维特斯巴赫家族的鲁道夫，争取过来。1300 年 10 月 14 日，美因茨、科隆和特里尔三个大主教和巴拉丁伯爵在位于宾根（Bingen）附近的下海讷巴赫（Niederrheinbach）缔结联盟，虽没有挑明反对谁，但联盟显然是针对阿尔伯特的。同时代的人认为，罢黜阿尔伯特的计划定下来了，莱茵的巴拉丁伯爵凭此将承担法官的职责。接着，重新选举一位新国王的计划又赢得了一票。这是因为萨克森-劳恩堡（Saxony-Lauenburg）和萨克森-维滕贝格之间争夺萨克森的选举权，阿尔伯特已支持后者，选帝侯们就把前者视为自己人，并因此取得了他的支持。

与其前任对比，阿尔伯特不承认自己的谋略不如别人。他在选帝侯的敌人中寻求盟友，并在莱茵兰一个地区的贵族和城镇中找到了这样的朋友，这些人在他支持的弗雷德里克二世死后，要求终止已设立的通行税（toll）。接着他在帝国各地发动他任命王室的支持者担任的**王室执行官**（*Landvögte*）前来支持，比如，韦特奥（Wetterau，在法兰克福东北部）和斯派尔高（Speiergau）地区的**执行官**。其他前来支持他的武装力量来自奥地利和施泰尔马克（Steiermark）。通过抵押帝国领地和来自城镇的财力支持，他成功地为计划好的作战筹集到了充足的资金。而相比之下，选帝侯的准备工作并不协调一致。这样阿尔伯特几乎没碰到什么麻烦就将他们逐一击败了。他首先进攻巴拉丁伯爵的领地。1301年6月，阿尔伯特围攻海德堡，使其周围地区一片荒芜。鲁道夫被迫求和，不得不承认他的兄弟路德维希与他共同摄政，并提供军队与那些不久前一直是他的盟友的人作战。1301年9月25日，美因茨的杰拉德的重要要塞宾根沦陷，莱茵高（Rheingau）也被帝国军队摧毁，他放弃了一切抵抗。1302年3月21日，阿尔伯特和杰拉德的势力已经被摧毁的美因茨达成和平协议。10月24日，科隆大主教也不得不屈尊媾和。11月初，特里尔大主教也与阿尔伯特讲和；这导致了阿尔伯特与纳索家族的和解。

　　就这样，阿尔伯特在两年内就粉碎了莱茵地区各选帝侯的对抗；用一位编年史官的说法，选帝侯们连"低声说反对他都不敢"。① 与纳索的鲁道夫不同的是，哈布斯堡的阿尔伯特已经证明在政治上和军事上都高于对手。虽然年老独眼，看起来不苟言笑，但他已经证明自己是一个机敏的政治战略家，他利用选帝侯和城镇间的经济纷争成功地争取到后者的支持。但尽管阿尔伯特击败了在德意志的反对者，当卜尼法斯八世承认阿韦讷的让二世为埃诺、荷兰和泽兰的伯爵，同时准备与帝国皇室建立更亲密的关系时，他并没有重启他在低地国家的抱负。这导致阿尔伯特卷进教宗和法兰西国王之间的纠纷中。

与卜尼法斯八世的关系

　　德意志帝国与教宗的关系任何其他欧洲国家都不能与之相比；自962年奥托一世复兴查理曼帝国以来，毕竟只有德意志国王是由教宗

---

① *Chronicon Ecclesiae Wimpinensis*, p. 673.

加冕为皇帝的。英诺森三世（1200/1201 年）以来的教宗从这种特殊关系中得到了各种特殊的权利。根据教廷的转化理论（translation theory），教宗在给查理曼加冕为皇帝那一刻，就把帝国从希腊人转到法兰克人手里了；从那以后，帝国凭借其起源和目标（principaliter et finaliter）就成为教宗的关注对象，教宗把选举德意志国王为未来皇帝的权利授予了德意志的王公们，选出的人要由教宗加冕为皇帝，教宗要从加冕权中获得仔细考察其资质并批准他当选的权利。那以前大部分德意志国王都拒绝教宗要求的批准权。教宗在皇帝职位空缺时行使帝国代理人职位的要求同样可以追溯到英诺森三世时期。随着选举团的出现，选侯们不愿看见自己选举国王的权利减弱，教宗的这种要求也遭到这个团体的抵制。纳索的阿道夫的选举发生在尼古拉四世于 1292 年 4 月 4 日去世后教宗职位空缺的初期，这一空位持续了两年多的时间。1294 年 12 月 24 日，卜尼法斯八世当选为教宗，他始终极其重视教宗的权力，当选皇帝是否经教宗批准的问题就变得异常尖锐。起初他没有谴责罢黜阿道夫的行为，而且他曾严厉地指责过阿道夫；在他眼里，从那以后帝国一直空位。选帝侯们就阿尔伯特当选一事与卜尼法斯八世沟通，讨好地请求他举行帝国加冕礼，但却巧妙地回避提请他批准选举之事。卜尼法斯被激怒了，宣布该选举过程不合法，阿尔伯特完全不合适，因为他曾叛乱反抗他的前任并把他杀害，拒绝为他加冕为皇帝。

然而这件事并没有产生严重的反目，因为卜尼法斯正全神贯注于与法兰西的冲突。哈布斯堡的阿尔伯特和法兰西的联盟激起教廷对他极不信任。尽管如此，教宗仍进一步与阿尔伯特谈判，只是把他当作奥地利公爵而非国王罢了。1300 年春天，一个德意志的使团前往教廷，同行的还有纪尧姆·德·诺加莱（Guillaume de Nogaret）率领的法兰西代表团，目的是获取教宗对阿尔伯特当选的确认，并为皇帝加冕做好筹备工作。教宗在这个显著加强他的权力的大赦年（jubilee year）接见了使团。他的反应也相应地更加粗鲁。他引用转化理论，把帝国说成完全依赖于教宗，并强调罢免不肖的统治者的可能性。然后他还得陇望蜀，要求阿尔伯特割让托斯卡纳（这一地区作为意大利王国［regnum Italie］的一部分，属于帝国），那时卜尼法斯正在谋划将该地区并入教宗辖地（Papal States）。这使他遭到但丁的反对，该问题在佛罗伦萨黑白圭尔夫派之间暴发了长期争斗，但丁因此被迫在1303年初流亡。显然阿尔伯特拒绝了教宗的这个要求，而且很明显，卜尼法斯八世也没有在选帝侯中找到支持者。1301年4月，教宗宣布阿尔伯特是王位篡夺者，命令各选帝侯和所有臣民撤回对他的忠诚。然而，这位国王并没有接受挑战，也拒绝被拉入任何关于教宗要求的讨论。他只是在打败各选帝侯之后，才于1302年3月在给卜尼法斯的一封信中委婉地表达了他的法律观点，强调废黜纳索的阿道夫和选帝侯们选举他的合法性，并请求教宗把他当作教会的真正的儿子来支持。他的特使在不损害帝国利益的前提下，对教会给予充分支持。特使们发现教宗与"美男子"菲利普的争斗已经白热化。在这种艰难的情况下，卜尼法斯改变了对这位德意志国王的态度，因为他迫切需要把他作为一个盟友来对抗法兰西，同时也为了在阿尔帕德（Arpáds）家族于1301年灭绝后支持那不勒斯的安茹家族继承匈牙利的王位。早在1302年11月，卜尼法斯就法兰西占领属于帝国的里昂一事发出了严正抗议。

1303年4月末（此时已经准备好对教宗的最后一击，纪尧姆·德·诺加莱已经在赴意大利的途中，要囚禁教宗，并把他押回法兰西，通过一次公会议来审判）双方举行了谈判，阿尔伯特的代表是大臣苏黎世的约翰（John of Zurich）。4月30日，在拉特兰（Lateran）宫一次庄严的集会上，卜尼法斯八世就皇帝问题首次发表了其他教宗从未作过的讲话。虽然他重提太阳和月亮这一陈旧的比较，但作出了有利于皇帝的解释：像太阳一样照亮万物的正是君主。"我今日列你在列邦列国之之上"这句出自圣经《耶利米书》的话，教宗们常用来说明他们自己的权力，卜尼法斯这次将它用于阿尔伯特：在教宗和教会的帮助下，阿尔伯特将监视列邦列国。这里，正是这位教宗试图赋予帝国以新的光辉，而此时帝国的星光早已黯淡，任何关于皇帝拥有至高无上权力的主张，即使仅仅是理论上的，也会遭到欧洲君主们的拒绝。无可否认，教宗的花言巧语从某种程度上是为了追求一个明显短期的目标：通过强调帝国统治权的普适性来羞辱法兰西国王。卜尼法斯曾清楚地表述过："法兰西人骄傲地宣称不承认有更高的权威存在，提出这一点不是为了反对帝国。这是谎言，因为在法律上他们（法兰西人）臣服于而且必须臣服于罗马皇帝和国王。"② 教宗本应利用所有的宗教理论来提升其自身的至高无上,但是他却在强调(好像与事实背道而驰)皇帝的绝对统治权,这看似荒谬的言论背后,却有着特定的辩证的必然性。

虽然从 13 世纪中期起,宣扬教宗制等级结构的理论家就把帝国置于从属教宗的地位,但却导致帝国普遍性的增加,因为帝国结构被吸收进教宗制的等级原则中。当然,卜尼法斯没有错过此次机会强调皇帝对教宗的依附。阿尔伯特不得不容忍以下事实:教宗继续认为他的当选不合法,但随后又凭借教宗的权力宣布它是有效的。他的大臣与人一起唱四音节音步的赞歌,赞美教宗权力万能。阿尔伯特通过宣誓服从教宗,但并不是效忠,他的誓言更接近教宗辖区内通用的表示臣服的宣誓,而不是以往皇帝的宣誓。在某种**承诺**(promissio)中,他成为教宗的臣民,他的前任授予他的所有捐赠和权利都得到确认,保证五年内不在伦巴第或托斯卡纳任命帝国代理人,并答应五年后只向那里指派教宗合意的帝国代理人。然而,不承认把托斯卡纳从帝国分离出来并入教宗辖区的任何可能性。即使卜尼法斯曾借此诱使这位德意志的国王接受涉及教宗与帝国关系的理论观点,显然对这些理论几乎不感兴趣的阿尔伯特也已经通过这种臣服实现了政治上的成功:在反击德意志的反对派中他已经使教宗成了自己的盟友。与法兰西的联盟自然无效;卜尼法斯废除了这位德意志国王订立的包括卡特勒沃协议在内的所有盟约。当这一消息传到巴黎时,"美男子"菲利普和他的顾问们视此为战争宣言,之前一直秘密进行的对教宗的指控现在公开了,1303 年 1 月 13 日他们在巴黎进行了陈述。9 月 7 日纪尧姆·德·诺加莱和夏拉·科隆纳(Sciarra Colonna)在阿纳尼囚禁了卜尼法斯八世。两天后这位教宗被释放,并回到罗马,此时他已被击败,丧失了一切权力。他死于 1303 年 10 月 12 日。他的去世使其与阿尔伯特签订的协议充其量只是一个短暂的插曲。在随后的几年里,阿尔伯特与法兰西的关系势必被动。

最后的岁月和死亡

战胜了反对他的那些选帝侯并与教宗达成协议,阿尔伯特的势力

---

② MGH, *Legum Sectio IV*: *Constitutions ... Tom. IV*, ed. Schwalm, p. 139.

由此加强，他可以应付帝国东部的边界问题了。首先，阿尔帕德家族灭绝（1301年）后，匈牙利爆发了王位争端。在1241年蒙古人入侵期间，贝拉四世就承认了皇帝的最高封建领主权；拉迪斯拉斯四世被谋杀后，哈布斯堡的鲁道夫在1290年就已经把匈牙利作为没有继承人的帝国封地予以没收。诚然，罗马教会索取匈牙利的宗主权有很长一段时间了，因此尼古拉四世和卜尼法斯八世支持查理·马特尔（Charles Martel，死于1295年）及其子查理·罗贝尔索取继承权。查理·马特尔是拉迪斯拉斯的姐妹——匈牙利的玛丽——和她的丈夫安茹的查理二世的儿子，查理·罗贝尔是马特尔与哈布斯堡的克莱蒙蒂娅（Clementia）的婚生子。然而，匈牙利人选定贝拉四世的外甥安德鲁三世，安德鲁得到了阿尔伯特的认可，还迎娶了阿尔伯特的女儿阿涅丝（Agnes）。他们的女儿伊莉莎白又嫁给了波希米亚瓦茨拉夫二世的儿子，即未来的瓦茨拉夫三世。安德鲁三世去世后，匈牙利的反对派拥立瓦茨拉夫三世为国王，因而不理睬安茹的候选人查理·罗贝尔的继位要求。普热米斯尔家族（Přemysls）因此进犯匈牙利，这绝不符合阿尔伯特的利益。更不符合其利益的是，瓦茨拉夫二世利用时局混乱，自己加冕为大波兰的国王，不过这一点得到了这位德意志国王的许可。面对相当巩固的普热米斯尔的权力，阿尔伯特现在支持教宗本尼狄克十一世推出的安茹候选人，此人同时也是他的侄子。他要求波希米亚不仅声明放弃匈牙利和波兰，还要归还梅森和其他领地。

　　双方都经过长时间的准备，战事在匈牙利（在这里，查理·罗贝尔于1304年取得胜利）、波希米亚和摩拉维亚爆发。然而1305年6月21日，胜负仍未分之时，瓦茨拉夫二世去世了；其子瓦茨拉夫三世宣布放弃匈牙利，作为交换，批准了他对波兰的领土要求。瓦茨拉夫三世动身去波兰时，在奥尔米茨（Olmütz）成为一场私人宿仇的牺牲品。瓦茨拉夫三世没有男性继承人，阿尔伯特宣布波希米亚为无人继承的帝国封地，把它授予自己的儿子鲁道夫。鲁道夫在法兰西籍妻子布兰奇去世后，娶了瓦茨拉夫二世的波兰籍遗孀，并通过1307年1月18日签订的财产协定，获得了波希米亚；如果他死后无子嗣，就由他的弟弟们继承。至此哈布斯堡的权力扩张似乎又迈进了一大步。现在他们的领土从强大的波希米亚往外延伸，深入波兰；波希米亚的奥托卡尔（Ottokar of Bohemia）一度曾统治过的大片区域，如今在他们的统治下似乎得到了恢复。庞大的东部复合体与上莱茵地区的哈布斯堡领地，通过横亘其间重组的帝国领地，联结在一起了。此前没有一个德意志统治者能在自己的控制下把一大片如此有影响力的领地统一起来。莱茵河流域的选帝侯们失败后，他们作为一种反对势力已经被排除；国王在做重大决策时，不用理睬他们的感受。德意志国王看来也已经完成了法兰西的君主在一个世纪前做成功的事情：通过王朝力量的扩张，为建立一个强大的、中央集权的、民族的君主国奠定基础。但是这一努力很快就因偶然事件灰飞烟灭，在历史上偶然事件常常起着重要作用。1307 年 7 月 3 日鲁道夫死了，年仅 26 岁。随着他的死亡，哈布斯堡在波希米亚的统治立即崩溃。那里的贵族和城镇都没有考虑鲁道夫的兄弟们，而是把卡林西亚的亨利请进波希米亚，于 8 月 15 日推举他为新国王。阿尔伯特遭到敌人围攻，对波希米亚发起的帝国战争在 1307 年秋天完全失败。1308 年，阿尔伯特在德意志南部和他的家乡集结新的盟友和力量。4 月末，这位国王逗留在哈布斯堡城堡附近的世袭领地；他的侄子约翰在那里，约翰是他弟弟鲁道夫与波希米亚瓦茨拉夫二世的妹妹阿涅丝的儿子。显然，阿尔伯特不承认约翰对波希米亚提出的领土要求，于是，约翰与一些来自瑞士地区的年轻贵族密谋杀死他的叔叔。1308 年 3 月 1 日，在温迪施（Windisch）当他们横渡罗伊斯河（Reuss）时，约翰在同谋的帮助下刺杀了国王，自此以后他就被称为"弑君者"。

这结束了以王朝政策为特征的统治。自奥托王朝以来，所有德意志统治者都追求加冕为皇帝，但阿尔伯特对此兴趣不大。这在他与卜尼法斯八世及其第二位继任者克雷芒五世的谈判中只起辅助作用；很明显，作为皇帝阿尔伯特的打算是在有生之年让其子加冕为罗马人的国王。令但丁极为气愤的是，阿尔伯特没有为远征罗马认真制订计划，而克雷芒五世居住在法兰西南部并最终在教廷所在的阿维尼翁定居，也妨碍了这些计划。就帝国的内部结构而言，阿尔伯特延续了他父亲的帝国政策。在普遍和平（general peace）的管理方面，他强化对城镇不利的因素，禁止那些**居住在城堡外的市民**（*Pfahlbürger*）（1298 年）和试图在城里定居的农民入城，此外还把普遍和平的实施交给地方统治者。他利用皇家领地的**地方行政长官的职务**（*Landvog-*

teien），通过任命**地方行政长官**（Landvogte）来加强帝国领地的管理，而且像他父亲一样，他热衷于谋求恢复那些已转让出去的帝国领地。新建的**纽伦堡地方行政长官职位**受到格外重视，在法兰克尼亚（Franconia）的帝国领地也受其管辖。这位皇帝鼓励帝国城镇加快人口和经济的增长，这部分地是为军事安全的目的服务，同时也是在延续他父亲的政策。然而，绝不可能存在某种系统地促使帝国城镇扩张的计划，并把这作为加强帝国权力的基础。因为这位国王同样支持世俗王公和教会王公建立城镇。他鼓励跨区域的贸易，尤其是对意大利的贸易（这也符合他自己的利益），但他肯定没有奉行取消关税的总体政策，这就阻碍了贸易；所以取消关税之事只是间或发生，给选帝侯们造成一些障碍。威尼斯商人、佛罗伦萨的银行家和贸易公司在帝国内再三受到支持。

那时几乎没有什么正规的金融管理，如其较前或较后时期的情况一样。城镇不得不承担绝大部分帝国税收负担；没有专门的税收管理机构，征税标准一事一议。虽然阿尔伯特不是市民的国王，但城镇居民并不反对他，他们需要帝国权力的保护以对抗地方王公。另一项更重要的收入来源是向犹太人征的税。在德意志王国，很长一段时间以来，他们一直被当作帝国皇室的仆人。阿尔伯特的统治恰处在这样一个时期：出现各种反对犹太人的示威，理由是所谓犹太人亵渎圣体，并杀害基督徒用于祭祀，这最终毒化了犹太人与基督徒的关系。这位国王站出来大力保护犹太人，财政动机在这一立场中发挥了相当大的作用；但由于过度抵押资源帝国财政还是遭受了巨大损失。

唯一的中央管理部门是帝国的文秘署（Chancery），它也监管收入和支出。三个王国（德意志，勃艮第——阿尔勒王国和意大利）构成的帝国的首席大臣（archchancellor），是一个纯粹形式上的角色，由美因茨、科隆、特里尔的大主教担任。在阿尔伯特统治初期，美因茨大主教就从其手里弄到了提名皇家大臣（chancellor）的权力。他推举的候选人为美因茨的教士埃伯哈德·冯·斯泰因（Eberhard von Stein），此人只任职到1300年，就爆发了与莱茵地区各选帝侯的冲突。他的继任者是苏黎世的约翰，是一个神父的儿子，受过法律和神学方面的训练，他开始时任首席书记官，之后任副大臣，最后是大臣。他领导了与卜尼法斯八世和本尼狄克十一世的艰难谈判，后来成为艾希施泰特（Eichstätt）的主教，最后成为施特拉斯堡（Strasburg）的主教。在弗雷德里克二世时建立的最高法院（high court），由皇家法院（royal court）的一名法官管理；在阿尔伯特统治时期，伯爵们在这一部门也很活跃。这位国王试图避免与选帝侯们商讨帝国管理之事；因此在纽伦堡只召开过一次（1298年）议会（Reichshoftag）。相反，帝国顾问（imperial councilors，即 *familiares*、*conciliarii*、*secretarif*）的作用却得到了加强。这一群体包括帝国文秘署的官员、宫廷教士（chaplains）、少数主教（特别是康斯坦茨的亨利）和大多来自士瓦本的伯爵。国王的妻子，戈尔泽的伊莉莎白（Elizabeth of Görz），对皇帝施加了特殊影响。此外，他有一种非常个人化的统治风格，使用的人员不断变化。哈布斯堡领地实行单独管理。1298年，在纽伦堡，阿尔伯特曾把哈布斯堡公爵领共同授予他所有的儿子们，但其长子鲁道夫负责具体管理，约1300年，他的弟弟们放弃了多瑙河流域的领地。1306年鲁道夫成为波希米亚国王，阿尔伯特的次子弗雷德里克接管了这一世袭领地的统治权。这里，也有相当多的城镇居民被吸收进来参与地区的管理。我们详细了解的只有关于**上游的土地**（*Oberen lande*，即莱茵河上游哈布斯堡的古老领地）的组织情况，公证人布尔夏德·冯·弗里克（Burchard von Fricke）拟定的土地登记册（*Urbar*）为我们留下了这方面的资料。

瑞士联邦

这几十年见证了瑞士联邦的起源，1291年，乌里（Uri）、施维茨（Schwyz）和翁特瓦尔登（Unterwalden）三个森林州（*Waldstätten*）建立了联邦。圣哥达（Saint-Gotthard）山口开通后，偏远的**四森林州湖**（*Vierwaldstättersee*）地区变得重要起来，因为它是连接莱茵河上游和意大利的最短的道路。这三地的法律地位各不相同。自1231年弗雷德里克二世的儿子年轻的亨利（七世）从哈布斯堡买下乌里以来，它就一直是帝国的一部分。1240年施维茨从弗雷德里克二世手中获得帝国自由权（*Reichsfreiheit*），但是哈布斯堡仍对它享有领主权。翁特瓦尔登属于哈布斯堡。在此期间有许多为战争与和平而结成的联盟（*Schwertbünde* 和 *landfriedensbünde*）。现在是许多农民共同体、地方贵族，将来还有城镇，都发誓不容忍任何外来人的审判。鲁道夫国王特许施维茨的民众只让他们自己河谷的自由人做法官，1291年该联邦希望把该项特许权扩展至全部三个森林州。矛头起初对准的是哈布斯堡的**地方行政长官**（*Vögte*）和其他官员。1308年阿尔伯特去世后就演变成反对哈布斯堡的起义，这是1471年或1472年首次记录下来的一种传说，威廉·泰尔（William Tell）和兰德福格特·格斯勒（*Landvogt* Gessler）这两个人物无法用历史事实来证明。而且，1291年也没有这样的起义。最初的联盟因而只是一个为了维权的联合体，它并不意味着为建立一个他们自己的国家而反对哈布斯堡的领主地位。1297年，纳索的阿道夫把帝国自由权赐予乌里和施维茨；亨利七世又于1300年将此扩展至翁特瓦尔登。只是在他死后的双重选举才导致了与哈布斯堡的冲突，因为这些森林州支持巴伐利亚的刘易斯，但遭到"美男子"弗雷德里克（Frederick the Fair）的禁止。弗雷德里克的兄弟哈布斯堡的利奥波德向联邦发动进攻，1311年10月15日他在莫尔加滕（Morgarten）山口被农民们打得落花流水。12月9日，联邦在布伦嫩（Brunnnen）经过更新，成为"永久联盟"。他们通过与哈布斯堡而不是与帝国战争获得自由。非哈布斯堡家族的国王们袖手旁观，赞成他们独立。14世纪时，联邦因卢塞恩（Lucerne）、苏黎世、格拉鲁斯（Glarus）、楚格（Zug）和伯尔尼的加入而壮大起来。1438年以后，哈布斯堡家族一直占据着帝国宝座，而这个妨碍哈布斯堡把东部领地与莱茵河上游领地连接在一起的联邦，则慢慢地从帝国分离出来，成为一个独立的国家，但无可否认，这是一个到1648年才被《威斯特伐利亚和约》（Peace of Westphalia）最终承认的国家。

亨利七世
当选和征服波希米亚

阿尔伯特意外死亡后，法兰西的"美男子"菲利普推举自己的兄弟瓦卢瓦的查理为候选人。在菲利普的安排下，查理已在意大利担负特殊使命，并已成为要求继承阿拉贡王位的人。菲利普的目标是德意志王国（German kingdom），并通过这个王国把帝国传给卡佩家族，正如法兰西国王的宣传官皮埃尔·迪布瓦在其关于恢复圣地的著作中所坚持的那样，他甚至还请求菲利普本人作为候选人参选。由于教宗克雷芒五世（在"美男子"菲利普的影响下）在阿尔伯特在世时，

第十六章 神圣罗马帝国

任命了三个法兰西的支持者到莱茵河流域三个重要的大主教区任职，这次计划似乎前景良好。1305年，海因里希·冯·菲尔内堡（Heinrich von Virneburg），一个似乎不太重要的莱茵兰伯爵的儿子，成为科隆大主教，与法兰西国王结立联盟。美因茨大主教是阿斯珀尔特的彼得，他曾是哈布斯堡的鲁道夫的私人医生，已成了哈布斯堡家族的反对者，执行波希米亚的瓦茨拉夫二世联合法兰西对抗阿尔伯特的政策。最后，法兰西国王和卢森堡伯爵亨利已为后者的弟弟鲍德温谋得了特里尔大主教的职位，鲍德温在巴黎学习多年，他也宣誓效忠菲利普。1308年5月，法兰西国王开始为其兄弟当选罗马人国王展开竞选，为此他花费了大量资金。毋庸置疑，克雷芒五世在应对法兰西国王时展现了炉火纯青的策略技巧，尤其是他推迟了面临的对卜尼法斯八世进行审判的危险；他行为谨慎，避免公开支持查理。显然他已经决定不让卡佩王朝的势力进一步扩大。最初，只有科隆大主教亨利（海因里希）认真支持瓦卢瓦的查理的候选人资格，而巴拉丁伯爵鲁道夫和其他人也在竞争这个王位，卡林西亚－波希米亚的亨利则犹豫不决，这些情况都不能增加查理的机会。

在这种形势下，卢森堡伯爵亨利巧妙地利用了各种机会。虽然他只是"美男子"菲利普的一个封臣，但他成功地破坏了这位法兰西国王的计划。他的兄弟特里尔大主教鲍德温把美因茨大主教拉过来，使他支持卢森堡的候选人资格。难以判断的是，当时在什么程度上对法兰西扩张的恐惧起了作用，这种作用只在后来才变得明显起来。两个莱茵地区的选帝侯成功地将所有世俗选帝侯都争取到他们一边，只有波希米亚国王是例外；最后科隆大主教为了回报对其作出的各种可观的让步，也站到卢森堡伯爵亨利一方。1308年11月27日，在法兰克福亨利以六票当选，并于1309年1月6日在亚琛加冕。

新国王年约30岁，是卢森堡伯爵亨利六世和拉罗什（La Roche）的儿子。如果退回到其位于摩泽尔河（Moselle）和默兹河之间的小小领地，亨利不过是一个寻求法兰西国王庇护的小伯爵。亨利在法兰西宫廷度过了部分青春岁月，这对他有很大影响。法语是他的母语；法兰西宫廷生活给他留下了深深的印痕，并且他的政治观点也受到了巴黎的强烈影响。德意志王国的重心曾在一小段时间内向西移动。克雷芒五世未经选帝侯们要求，就批准了亨利的当选。

接着，波希米亚的出人意料的时局变化把新国王的兴趣引向了东方。在那里，卡林西亚的亨利不受欢迎，在帝国选举期间保持距离使他进一步孤立。因此，那些有影响的教士，尤其是西铎会的修士，还有部分波希米亚贵族，向新国王提议让其独子约翰与瓦茨拉夫二世的小女儿伊莉莎白结婚，以便使获取波希米亚王位的要求合法化。7月，卡林西亚的亨利被剥夺波希米亚王位，此后不久王位就被授予卢森堡的约翰。但亨利七世没有等到波希米亚问题的最终解决，就在美因茨大主教于1311年2月7日在布拉格为约翰和伊莉莎白加冕之前，动身去了意大利。

因此，自己实际上没有做任何事情，卢森堡家族就积聚了将要延续一个多世纪的巨大的王朝势力；这个强大的王朝由德法交界地区一个无足轻重的伯爵家族发展起来，它还可以坚持波希米亚对波兰的领土要求。亨利七世很快就与其余的德意志反对派达成协议。1309年9月和10月，这位国王就已经改变原先敌视哈布斯堡家族的政策，最终批准了弗雷德里克及其兄弟们的帝国封地，其中包括"弑君者"约翰的封地，还交出摩拉维亚，作为五年期的典押品。哈布斯堡的利奥波德同意率领自己的军队参加国王对意大利的远征。

意大利远征

前两任国王把眼光紧紧盯在德意志的政治局势上，亨利七世与他们不同，他警惕意大利的事务和皇帝加冕礼。近一个世纪以来，没有一个德意志君主从教宗手里接过王冠。亨利恢复较早时期的意大利政策取决于几方面的因素。首先，毫无疑问他想避免与选举他的莱茵兰的选帝侯们产生分歧。无论如何他确实没有全面关注已经打开的东方的发展前景，把那里的政策留给儿子约翰处理。相比之下，他对意大利的兴趣一方面基于德意志帝国的传统，另一方面是由于一个事实，即他在法兰西宫廷时就熟知的法兰西的帝国计划。皇帝的尊严将使他获得对帝国的其他两个王国——阿尔勒和意大利的统治权，这也是着眼于加强他反对"美男子"菲利普的地位。在这方面，他的利益恰巧与克雷芒五世一致。1309年6月和7月，与教宗在阿维尼翁谈判的一个皇室代表团获得教宗对亨利七世当选的批准，还发表声明称亨利七世适于做帝国的皇帝，因而教宗要为他举行加冕礼。

作为交换，亨利七世宣誓保护教宗，这相当于先前德意志统治者向教宗尽的义务：不是像阿尔伯特给卜尼法斯八世那种表示服从的宣誓。克雷芒五世预定1312年的圣烛节（Candlemas）在罗马为皇帝加冕，那时他还计划重返罗马。这个日期对亨利来说太晚了；他已于1309年8月宣布远征罗马，并向意大利派了使节。其意大利计划的成败在很大程度上取决于那不勒斯的安茹统治者——罗贝尔国王的态度，罗贝尔在1309年继承其父查理二世成为西西里王国的国王。西西里王国的规模自1282年的西西里晚祷事件（Sicilian Vespers）之后缩减了，仅限于意大利南部的大陆地区。为了推动亨利七世的意大利远征，也为了让教宗重返罗马，意大利的枢机主教们，尤其是雅各布·加埃塔尼·斯特凡内斯奇（Jacopo Gaetani Stefaneschi）和尼科洛·达·普拉托（Niccolò da Prato），都希望消除"美男子"菲利普对教宗的影响，建议亨利和那不勒斯的罗贝尔结盟。按照这些计划，罗贝尔的独子卡拉布里亚的查理与亨利的女儿比阿特丽斯结婚，持有作为帝国封地的阿尔勒王国，那里安茹家族很早就已经作为普罗旺斯伯爵而牢固地确立了自己的地位。这样一个计划也有望缓和意大利圭尔夫党和吉伯林党之间的冲突。1310年夏天，相关的谈判在教廷举行，然而谈判严重受阻，既因为罗贝尔对金钱的过分要求，又因为法兰西国王不想让阿尔勒王国落到罗贝尔手里。同时，亨利七世与"美男子"菲利普为达成一项协议而谈判，一直持续到1311年，此时菲利普已经永久占领了里昂，但因德意志国王不想让菲利普得到弗朗什-孔泰和里昂，谈判并没有结果。

这些问题尚未得到澄清，1310年10月亨利七世就开始了意大利远征，教宗发布热情的宣言加以称赞，他希望伦巴第和托斯卡纳的城镇维持和平。亨利的儿子约翰作为皇帝的代理人留在布拉格。国王的军队规模小，大约由5000名士兵组成，那时没有普遍的封建征兵的说法。大部分骑士来自国王在帝国西部边境的家族领地，来自卢森堡、低地国家、洛林、阿尔萨斯、瑞士、勃艮第、萨伏依和多菲内，他们中的许多人努力通过支持德意志国王来摆脱强大的法兰西国王。在选帝侯中，只有亨利的兄弟特里尔的鲍德温陪伴着他，后来追随他的还有巴拉丁伯爵鲁道夫。在其他高职位的王公中，哈布斯堡的利奥波德在军中只待到1311年10月，在布雷西亚暴发疫情后逃跑了。这一支小部队从日内瓦湖越过塞尼山口（Mont Cenis）到达苏萨（Susa）。但丁称颂即将到来的国王为意大利的救星："欢呼吧，哦，意大利！尽管现在甚至受到萨拉森人的怜悯，但很快你将让全世界艳羡！因为你的新郎，这个世界的慰藉和人民的光荣，无比仁慈的亨利……正匆忙赶赴这场婚礼。"③ 由于这个国家被内部冲突扯得四分五裂，社会发展的后果无可否认地常常表现为非理性的派别之争。

主要城镇的居民，由强大的上层寡头统治集团（由旧的统治阶级、封建贵族、上层商人和工匠联合而成）和**民众**（popolo）构成，后者的绝大部分是工匠，一个世纪以来，他们一直迫切要求而且也在很大程度上成功地参与了市政管理。**民众**和寡头统治集团之间的社会冲突应该不同于统治阶级内部的斗争。统治阶级内部的斗争有大量不同的动机，合理的或不合理的仅作为次要的考虑，斗争中各方大都寻求当时势力强大的帝国或教宗的支持。在佛罗伦萨，自13世纪中叶以来，圭尔夫党一直是亲教宗和安茹家族的，吉伯林党是亲帝国的。流亡的佛罗伦萨人很快就把这两个政党的名字传遍托斯卡纳，但后来也传遍伦巴第。1300年左右，几乎各处（佛罗伦萨和威尼斯除外）的公社宪法都发生突发性的转变，政府由大多数市民的统治转向单一的**暴君**（signore）统治。各地转变的原因各不相同。大多数**暴君**是封建贵族成员；通常，他们获得城镇的权力，源于他们在该城镇所在地区的经济上处于支配地位及拥有领地，即拥有**周围乡村地区**（contado）。在这种令人绝望的情况下，但丁（他本人是得胜的圭尔夫党在佛罗伦萨分裂为白党和黑党的受害者）在卢森堡的亨利身上看到了一线希望。

亨利下定决心要在各派别之间、在统治者与被流放者之间建立和平。他设法保持中立，避免偏袒任何一方，也避免使用派别的名称。但是他在米兰时就遭到了失败。在米兰，遵从古老传统，他于1311年1月6日从大主教手中接过伦巴第王国的王冠，这是**意大利王国**（regnum Italie）也合并入帝国的标志。前一个阶段的米兰，在**民众**的

---

③ Dante, *Epistola V*（致意大利的国王们和王公们，约1310年9—10月），英语中用得最广泛的评述版（critical edition），*Le Opere di Dante Alighieri*, p. 406。

帮助下，托里亚尼家族（Torriani）已升到了**暴君**的地位，还查禁了寡头统治集团内的反对派——维斯孔蒂家族。当亨利秉承和解政策，把维斯孔蒂家族从流亡中召回时，圭多·德拉·托雷（Guido della Torre）在该城居民（他们不想为了弥补军费支出而提高税收）的帮助下组织起一次叛乱，但被这位国王镇压下去。亨利驱逐了圭多，任命马泰奥·维斯孔蒂为皇帝的代理人。这成为圭尔夫党宣传的信号，从那时起，这位国王就被贴上吉伯林党的标签；所有斡旋的尝试都失败了。亨利严惩收留叛乱分子的克雷莫纳（Cremona）。相比之下，里奇奥、帕尔马、克雷马（Crema）和洛迪（Lodi）都接受了他的统治；在维罗纳，斯卡利杰尔家族（Scaligers）获得了皇帝代理人的显职，帕多瓦也归顺了；此地的编年史官阿尔贝蒂诺·穆萨托（Albertino Mussato）是亨利的一个支持者。反帝国力量的中心是布雷西亚，5月中旬亨利在意大利吉伯林党的帮助下把这座城市围困起来，令人震惊地处死了其首领狄奥博尔德·布鲁萨蒂（Theobald Brusati）。围城达四个月之久，此间传染病夺走了许多人的生命，甚至亨利也病倒了。9月该城投降，得到了较宽容的处理，但城防工事被摧毁。

亨利的主要对手是佛罗伦萨。佛罗伦萨已把卢卡、锡耶纳和波伦亚这些圭尔夫派公社联合起来反对亨利；而且自1311年4月以来，在伦巴第、教廷和那不勒斯宫廷引导了一场日益清晰地表达出来的反对亨利的宣传战。佛罗伦萨对亨利在意大利的角色提出质疑，呼吁为"自由"而战，抵抗外国"暴君"——吉伯林派**暴君制**（*signoria*）的头子。克雷芒五世很快就感觉到了"美男子"菲利普和意大利圭尔夫党的压力，于是在1311年春天，他逐渐转变对亨利的友好姿态，越来越明显地支持反对亨利的圭尔夫党——这也是出于对教宗国的考虑。圭尔夫党的思想领袖——那不勒斯的罗贝尔，开始时踌躇不前，因为他有望获得阿尔勒王国，这是其前亨利曾愿意给他的。因此，尽管他于1310年在罗马涅被任命为教宗的教区首席神父（papal rector），但仍然对伦巴第的冲突反应冷淡，特别是他还面对着来自南方的危险、来自西西里岛（特里纳克里亚［Trinacria］）的阿拉贡统治者弗雷德里克的危险。尽管有上面这些情况，1311年8月，教宗使节枢机主教尼科洛·达·普拉托和卢卡·菲耶斯基（Luca Fieschi）到达亨利的军营，前者是吉伯林党和"白圭尔夫党"（White Guelfs）

的盟友，这两人要在罗马为亨利加冕。

10月，亨利向罗马进军，先前往热那亚，这时伦巴第的形势只是表面上的平静。热那亚再次暴发瘟疫，迄今对亨利有适度影响的玛格丽特王后去世了。亨利试图斡旋热那亚敌对家族间的争斗，还试图通过改革城市宪法，让**民众**（popolani）满意。这时候，他再次与安茹的罗贝尔就联姻结盟进行谈判，但没有任何结果。由于亨利同时也着手与特里纳克里亚的弗雷德里克谈判，罗贝尔变得越来越冷淡，尤其在亨利要求他亲赴罗马参加皇帝加冕礼，并因他在皮德蒙特、普罗旺斯和福卡尔基耶（Forcalquier）的帝国封地而宣誓效忠时，他表现得更是如此。然而，首要的是卢森堡的亨利不想把安茹的罗贝尔推入佛罗伦萨的怀抱，也不想让自己与克雷芒五世的关系变得更糟糕。当时佛罗伦萨对亨利采取了越来越敌对的态度，还把亨利在意大利北部的反对派动员起来，1311年12月和1312年1月帕尔马、里奇奥、布雷西亚和克雷莫纳爆发叛乱。早在1311年11月，亨利就完全听从但丁的建议，以**冒犯君主罪**着手起诉佛罗伦萨，一个月后，就将这座城市置于帝国禁令之下。以同样的方法，亨利起诉了伦巴第的叛乱分子，鼓励他的支持者，支持者中有米兰的马泰奥·维斯孔蒂和维罗纳的坎格朗德·德拉·斯卡拉。亨利还任命洪堡的伯爵沃尔讷（Count Werner of Homburg）为总指挥，取代伦巴第的总代理（general vicar），这样他就能指挥打击叛乱分子的军事行动了。1312年2月，亨利自己从热那亚乘船去比萨，3月6日入城。大量来自托斯卡纳和边境地区（Marches）的吉伯林派和白圭尔夫派（White Guelfs）正聚集在这座城市，此地一直有反对佛罗伦萨忠于帝国的传统。巴拉丁伯爵鲁道夫也带来了增援部队。亨利在教宗的鼓励下，再次恢复与安茹的罗贝尔会谈。但他也重新与特里纳克里亚的弗雷德里克谈判；他们如果成功联姻，有可能让教宗国陷入被包围的危险，这再次让教宗不安。4月末，亨利的军队沿着弗朗奇格纳大道（Via Francigena）向罗马方向挺进。5月7日他们在罗马的米尔维安桥（Milvian Bridge）上，与安茹军队开战。科隆纳家族是一个很大的贵族家族，控制着这座城市的拉特兰宫和圣母马利亚大教堂（S. Maria Maggiore）的周边地区，他们站在罗马人的国王一边，然而，举行皇帝加冕礼的圣彼得大教堂却在他们的敌人手中。由于亨利的军队未能打通通向圣彼得大教堂的道路，也由于与安茹的谈判失败，他打算在拉特兰宫加冕。

同时，安茹的罗贝尔在佛罗伦萨的影响下大大增加了要求，他声称自己在意大利全境以及在海上支持打击特里纳克里亚的弗雷德里克中都起了决定性作用，拒绝承认亨利事实上对托斯卡纳的统治，要求任命他的儿子为帝国在托斯卡纳的代理人，还要求国王在加冕后的四天内离开罗马，但他没有进一步提及阿尔勒王国。1312年6月29日，卢森堡的亨利在拉特兰宫由两名被委以此任的枢机主教加冕为皇帝。教宗迫于法兰西的压力，没有送出已经准备好的要求格拉维纳的约翰（John of Gravina）——罗贝尔的兄弟离开罗马的诏书，而是让亨利自己解决问题。就在亨利加冕为皇帝的当天，他在反对异教徒的一份法规中强调，按照古老的霍亨斯陶芬王朝的传统，帝国直接依附于上帝，因而对教宗的权利置之不理。他还宣称，所有民族和王国都从属于皇帝，这立刻遭到了"美男子"菲利普的拒绝。就在这次加冕礼前不久，克雷芒五世要求亨利与罗贝尔签订为期一年的停战协议，并禁止他进攻西西里王国。皇帝拒绝就此宣誓，以法律意见来支持自己的行为，强调其对世俗权力拥有独特的权利，把已经计划好的对安茹的罗贝尔的进攻说成是一场对一个叛乱分子的讨伐，而不是战争，这最终摧毁了皇帝、教宗和那不勒斯国王之间的关系。亨利与特里纳克里亚的弗雷德里克缔结了一桩婚姻联盟，并签订了一个互相支持的条约，然后于8月20日撤出罗马往北进军，开始一场反击佛罗伦萨及其同盟的战争。

1312年9月，皇帝听从他的法学家们的建议，在帝国领地阿雷佐而非罗马，开始对那不勒斯的罗贝尔提出法律诉讼；他依据的是帝国普遍法，而不仅仅是封建法。围攻佛罗伦萨无果后，1312年末亨利占领了该城**周围**大部分**乡村地区**，在战争中他对对手惊人地宽大。然而，与他对抗的圭尔夫党在伦巴第取得了令人瞩目的成功。亨利于1313年3月从比萨撤军，该城仍是帝国支持者的中心。在这里，他决定全力攻打那不勒斯的罗贝尔，罗贝尔经过长时间的犹豫后此时已经接受圭尔夫党联盟统帅的职务；一系列伦巴第城镇也向他屈服。在比萨，对托斯卡纳叛乱分子和罗贝尔的诉讼结束了。叛乱分子被剥夺了所有的权利和财产，尽管这一判决不能执行。接着在1313年4月26日，宣布此时正享有教宗无限恩宠的那不勒斯的罗贝尔犯有叛国罪、**冒犯君主罪**和叛乱罪，被判处死刑。随后是"美男子"菲利普代表罗贝尔介入的一场宣传战。众多在此期间写成的法律、政治的论著分别捍卫当时的皇帝、教宗或者安茹家族的观点；但丁的《君主政体》（Monarchia）公认为不属于此类著作，因为它是在皇帝去世几年后及诗人自己去世前不久才写成的。皇帝在财源已经枯竭的比萨筹备攻打那不勒斯，但他的意大利盟友们都非常不乐意支持他。因此，1313年8月8日，亨利带着一支大约4000名骑士组成的规模较小的军队离开比萨向罗马进发；与此同时，一支舰队准备攻打西西里王国。在围攻锡耶纳时，皇帝病得很重，之前他已经患过很多次传染病。这次患的大概是一种恶性疟疾，通常从8月开始肆虐，与其他传染病并发会导致快速死亡。8月22日，他沿着弗朗奇格纳大道往前走，进入锡耶纳南面的布翁孔凡托（Buonconvento）小镇。8月24日他在那里去世，还不到40岁。他的遗体被带到比萨，在那里的教堂找到了最终的安息之所。蒂诺·达·卡马伊诺（Tino da Camaino）修建的他的纪念碑式的坟墓的残骸，频繁迁移，今人发现放在教堂的南耳堂。亨利死后，意大利战争很快就瓦解了，军队四散而走，国家比以前更加分裂。

巴伐利亚的刘易斯
选举和开端

亨利七世去世后，"美男子"菲利普再次努力让他的一个儿子（后来的菲利普五世）参选罗马人的国王，但又失败了。由于法兰西国王和教宗都将不久于人世，选帝侯们可以相对不受影响地进行选举。亨利的儿子波希米亚的约翰被排除了，因为担心世袭君主制的建立。然而，却发生了双重选举：1314年10月19日在萨克森豪森（Sachsenhausen）（位于法兰克福附近的美因［Main］河南岸），莱茵维特斯巴赫家族的巴拉丁伯爵鲁道夫与其兄弟上巴伐利亚的刘易斯闹翻后，与萨克森-维滕贝格的公爵鲁道夫、科隆大主教亨利选举了哈布斯堡的弗雷德里克（后来以"正义者"［Fair］著称）为王；次日，在法兰克福的城门前，美因茨大主教彼得、特里尔大主教鲍德温、波希米亚国王约翰、勃兰登堡侯爵瓦尔德马（Waldemar）和萨克森-劳恩堡的公爵约翰（自1295—1296年起，维滕贝格和劳恩堡之间就萨克森的选举权展开了争夺）选举了上巴伐利亚公爵维特斯巴赫家族的刘易斯为国王。加冕仪式也同样有争议：弗雷德里克由有正式资格的科隆大主教加冕，并有真正的证章，但加冕礼却在一个错误的地方（波恩）举行；而刘易斯的加冕礼在一个正确的地点（亚琛）举行，但为其加冕的美因茨大主教并没有为国王加冕的资格，也没有合法证章。多数权威选票都投给了刘易斯，大多数选帝侯都支持他，但这个大多数的优势不明显，问题还需要用武力解决。

刘易斯在哈布斯堡宫廷长大，但对他的寄居地的情况人们知之甚少。在维特斯巴赫家族的继承问题上，在上、下巴伐利亚之间发生严重的分歧中，刘易斯有能力压倒其兄弟巴拉丁的伯爵鲁道夫和哈布斯堡家族。他当选为国王后，拥有背后的波希米亚-巴伐利亚地区的战略优势，它成为东部的哈布斯堡领地和前奥地利（Vorderösterreich）之间的缓冲区。财政原因使双方不可能发生激烈的军事冲突；因此，争斗转变为贵族间的世仇。战争到1322年9月28日才在艾恩（Inn）河畔的米尔多夫（Mühldorf）（慕尼黑东部）打响；在来自西面的士瓦本的哈布斯堡军队和来自东面的奥地利的军队能联合起来发动夹击攻势前，刘易斯使来自奥地利的军队遭到了毁灭性的失败，俘虏了弗雷德里克。这次胜利毫无疑问巩固了刘易斯的地位，但与弗雷德里克的兄弟利奥波德的斗争还在继续。因此，对刘易斯来说这是一个很大的成就：勃兰登堡的阿斯坎家族（Ascanians）灭绝后，他得以在1323年授予其子——另一个刘易斯（"勃兰登堡人"）为勃兰登堡侯爵。尽管在此过程中刘易斯不得不向阿斯坎家族和韦廷家族作出重要让步，并使自己疏远了卢森堡家族，但他在这个国家的东北部获得了选侯的发言权和一块可以作为基础的土地，这对他很有利，维特斯巴赫家族对勃兰登堡边境地区的统治一直延续到1373年。后来经过长时间的变迁，1417年这块领地被授予起源于士瓦本并已经将其统治扩展至纽伦堡的霍亨索伦（Hohenzollern）家族。自此该家族开始在德意志历史上发挥重要作用。

以同样的方式，但在当时是绝对不可能预测到的，1324年刘易斯与其第二任妻子玛格丽特——埃诺、荷兰和泽兰的伯爵威廉三世的女儿结婚，让他有望获得帝国西北部的领地。刘易斯试图终止古老的维特斯巴赫家族在巴伐利亚和巴拉丁的领地的分裂状态，在 1329 年的意大利战争中通过签订《帕维亚和约》（Treaty of Pavia），上巴伐利亚被授予刘易斯及其继承人，巴拉丁则授予鲁道夫。这两个支系划分了多瑙河以北地区，那些新并入巴拉丁的领地（在安贝格［Amberg］周围）此后就被称为"上巴拉丁"，到 1628 年才回归巴伐利亚。巴拉丁和巴伐利亚的这两个家族支系应轮流享有选举权，然而这没有得到遵守，巴拉丁一直掌握选举权。因此，德意志最古老、最团结的领地在 1623 年前一直被排除在皇帝选举之外。

与教宗约翰二十二世的争端

约翰二十二世是 1316 年 8 月 7 日当选的，这时教宗职位已经空缺两年多，起初他并没有介入德意志的皇位纠纷。根据英诺森三世在教宗国一项不起眼的诉讼中发布的教令，教宗们认为他们是皇位空缺期间帝国的代理人（vicars）。他们要求享有这一权利，并尤其要求在意大利实现这一权利，因为那里的帝国权威几乎彻底崩溃了。在意大利，"正义者"弗雷德里克娶了阿拉贡詹姆斯二世的女儿，与她的兄弟西西里（特里纳克里亚）的弗雷德里克三世建立了联系，但他也和弗雷德里克三世的敌人——那不勒斯的罗贝尔达成联姻协议，并任命罗贝尔为那些圭尔夫派统治的地区的皇帝代理人。约翰二十二世在那里推行自己的政策，大力宣扬教宗享有皇帝代理人职权的理论，并宣布撤销所有经皇帝亨利七世任命但未经教宗确认的代理人和其他官员的职务。他采取特别措施反对吉伯林党的统治者——米兰的马泰奥·维斯孔蒂、维罗纳的坎格朗德·德拉·斯卡拉和费拉拉的埃斯特，要以他们是异端为由剥夺他们的法律权利。然而，曾被教宗克雷芒五世任命为帝国代理人，后来在 1317 年又经约翰二十二世重新任命的那不勒斯的罗贝尔，只是很勉强地承认自己站在教宗的政策一边。在米尔多夫取得胜利之后，巴伐利亚的刘易斯（他没有接受教宗主动提出为双重选举纠纷斡旋的要求）于 1323 年春天介入意大利的事务，派遣由他自己任命的皇帝代理人梅尔斯泰滕的伯爵贝霍尔德（Count Berhold of Marstetten）去帮助维斯孔蒂和埃斯特家族。

这导致刘易斯在 1323 年 10 月受到支持异教徒的指控，教宗指控他在有争议的当选后未经教宗批准就非法行使王的统治权；要他在三个月内宣布放弃在德意志以及帝国其他地区的统治权，并废除他颁布的所有法令。刘易斯的案件虽然没有说服力，但他却让自己拖入诉讼。1323年12月18日，他在纽伦堡向教廷（就像教廷是一个不同于教宗的机构）上诉。他接受弗雷德里克二世已经提出的公会议理论，承诺出席公会议，强调自己的正统性；还接受在俗教士对法兰西斯会修士的各种抱怨，宣称虽然法兰西斯会修士无视忏悔的私密性，危害了教会，但却得到教宗的全力支持，因此教宗自身就是一个异教徒的嫌疑犯。刘易斯是由大多数选帝侯选出来的，因而是合法的，不需要得到教宗确认。然而，国王却没有宣布这一说法，而是公布1324年1月7日在法兰克福阐述的观点，后者省略了对约翰二十二世是异端的指控，但拒绝教宗承担法官的角色，并向公会议提出上诉。约翰拒绝对这些辩护说辞予以任何评价，并于1324年3月23日通过了将刘易斯逐出教会的判决，该判决将约束刘易斯余生的活动。1324年3月22日这位国王在萨克森豪森以更强烈的措辞向公会议上诉。他再次强调自己的当选有效，不需要教宗认可。然而除此之外，与在纽伦堡的上诉形成鲜明对比的是，这次指控教宗为异教徒，因为教宗与法兰西斯会发生冲突，谴责他们关于基督和使徒们是赤贫的观点。由于皇帝的宫廷里还没有法兰西斯派，关于这种教义争论的信息似乎是刘易斯派往阿维尼翁的使臣带回来的；此外，还使用了一篇论文，很可能源于敌视这位教宗的意大利法兰西斯派的圈子，帝国首席书记官乌尔里克·维尔德（Ulrich Wild）在国王不知情的情况下将其插进了文件中。后来刘易斯撇清自己，强调他只关心帝国的法律。在萨克森豪森提出的上诉书的拉丁文和德文译文在帝国的城镇中流传；随之而来的争论在各部分居民中广泛传播开来；最重要的是，市民受到吸引，积极地参与政治，由此政治不再是少数统治阶级关注的事情了。这次上诉没有正式通报给教廷。教宗继续走他的诉讼程序，于1324年7月17日剥夺刘易斯所有的统治权，宣布把他的支持者逐出教会并停止他们的一切圣事活动，还威胁要剥夺他们的帝国封地；教宗无意召开一次公会议。

阿斯珀尔特的彼得去世（1320年）后，哈布斯堡的支持者布赫克的马修（Matthew of Bucheck）成了美因茨大主教，帝国形势对刘易斯极为不利。波希米亚的约翰因为勃兰登堡和梅森，放弃了维特斯巴赫家族的事业，联姻拉近了他与法兰西的关系；他的儿子瓦茨拉夫，也就是未来的皇帝查理四世，是在法兰西的宫廷长大的。在巴黎，没有人支持将德意志皇冠授予波希米亚的约翰或法兰西的查理四世的方案；约翰二十二世试图推举一个卡佩家族的候选人，也没有成功。刘易斯预料到此类计划，这时他与"正义者"弗雷德里克（被囚禁在特劳斯尼茨［Trausnitz］城堡）结盟，并在1325年9月承认他为联合国王（*Mitkönig*），不过选帝侯们反对共同执政的安排。1326年初，刘易斯宣布，如果教宗在六个月内认可弗雷德里克是国王，他甚至准备退位。约翰二十二世予以拒绝，除非弗雷德里克因与被开除教籍的国王交易而遭受教会惩罚。这个巧妙的策略让教宗落下一个不宽容的坏名声，削弱了他在德意志的地位。弗雷德里克实际上忽视了他的联合王权，不久就于1330年1月13日去世了，他的弟弟利奥波德已经在1326年先于他去世，他的另一个弟弟阿尔伯特二世则全心全意致力于领土扩张。哈布斯堡家族因此不再是德意志王位的竞争者。

意大利战争和皇帝加冕

德意志的局势稳定，刘易斯就可能接受意大利吉伯林党的紧急请求，并去意大利接受加冕礼。这次加冕不得不在没有教宗——事实上是在反对教宗的情况下进行。刘易斯准备这样做，很大程度上是1326年帕多瓦的马尔西利乌斯（Marsilius of Padua）及其朋友扬敦的约翰（John of Jandun）来到其宫廷的缘故。马尔西利乌斯在自己的城市里是一个吉伯林派的支持者，后来成为巴黎大学的教师和校长。1324年6月他完成了《和平的保卫者》（*Defensor Pacis*），这使他和他的假冒的合著者扬敦的约翰被指责为异端，他们被迫逃亡。虽然这篇亚里士多德式的抽象著作具有激进的性质，但毫无疑问渗透着意大利北部那些公社的政治体验，不符合教会和帝国的社会政治现实，不过它的确在某种程度上影响了刘易斯的政策，即便影响的时间很短。马尔西利乌斯坚定地宣扬人民主权，即**人类的立法者**（*legislator humanus*）的理论，但由于人民与抽象的皇帝的关系不会总是很清楚，让教士和教会完全服从人民的统治只是乌托邦，不可能转化为现实政治。然而，刘易斯却能利用人民主权的学说使自己被罗马人选为皇帝。

马尔西利乌斯和约翰在刘易斯的宫廷受到的友好接待，为约翰二十二世提供了机会，1327年4月他以国王是异端为由着手进一步的法律诉讼；这次，教宗还剥夺了刘易斯巴伐利亚公爵爵位和帝国封地，轻蔑地称他为"巴伐利亚的刘易斯"，或干脆称作"巴伐利亚人"，这个称号一直被沿用至今。刘易斯想通过与西西里的弗雷德里克三世结盟来包围那不勒斯的罗贝尔。这次意大利战争的过程中，除了包围、攻占比萨，没有任何重要的战斗。在1327年的圣灵降临节，刘易斯在米兰按照惯常的方式加冕为**意大利王国**的国王，接过了伦巴第人的旧皇冠。在维罗纳、费拉拉和曼图亚的吉伯林党统治者被任命为皇帝代理人，同时刘易斯最积极的支持者卡斯特鲁乔·卡斯特拉卡尼被封为卢卡的世袭公爵。1328年1月7日，国王在公众的欢庆声中进入罗马。那不勒斯的罗贝尔的支持者此前就已被驱逐，他建立了由52位**民众**代表组成的政府，由1303年在阿纳尼袭击卜尼法斯八世的夏拉·科隆纳主管。刘易斯在朱庇特神庙（Capitol）宣布了他的统治意向：支持和提升罗马人民的地位。加冕仪式于1328年1月17日在圣彼得大教堂举行。这好像是一种折中的方式（虽然关于发生了什么事资料并非讲得很清楚）：两位主教为新国王实施涂油仪式；夏拉·科隆纳或者把王冠戴在了刘易斯和他妻子的头上，或者协助其中一位主教这么做。四天之后，约翰二十二世仍不知道这些事情，但他命令公开鼓吹讨伐刘易斯的十字军。3月31日，这位教宗宣布加冕仪式无效。在马尔西利乌斯的影响下，4月18日国王以惯常的理由，即教宗不仅把勃兰登堡侯爵领和意大利带进战争，还犯有异端罪，宣布废黜约翰二十二世；根据教会法，后一条是废黜教宗的唯一法律根据。

在5月12日耶稣升天节（Ascension Day）这一天，再次与马尔西利乌斯学说一致的是，罗马人民推选法兰西斯会修士科尔沃洛的彼得（Peter of Corvaro）为教宗；他取名尼古拉五世。似乎刘易斯对自己的第一次加冕心存虑疑，在圣灵降临节又由新教宗以传统的方式加冕为皇帝。然而，这位帝国的最后一位对立教宗（anti-pope）是注定要失败的，因为他没有枢机主教们和教廷，没有财政基础。1328年8月，罗马人民被过高的财政需求激怒了，尼古拉五世被迫同皇帝一同离开罗马，他的城市很快重新归属约翰二十二世。与西西里的弗雷德里克联盟向那不勒斯的罗贝尔发起攻击的计划，因资金匮乏并未实现。在北归的途中，从阿维尼翁逃出来的法兰西斯会修士——修会会长切塞纳的迈克尔（Michael of Cesena）、修会在教廷的代理人贝加莫的博纳格拉蒂亚（Bonagratia of Bergamo）、牛津神学家奥卡姆的威廉（William of Ockham）——与皇帝汇合，皇帝在他们的影响下，重新指控约翰二十二世为异教徒。在慕尼黑，这批法兰西斯会修士继续与马尔西利乌斯一起抨击教廷；结果明显证明这些人对皇帝不利，皇帝很快就找到了新的顾问。尼古拉五世向约翰二十二世屈服，意大利北部的吉伯林党也寻求与约翰二十二世和解。另外，坎格朗德·德拉·斯卡拉和卡斯特鲁乔·卡斯特拉卡尼去世了。1330年2月，刘易斯返回德意志，意大利战争被证明是失败的。

1330—1338年间的德意志政治和国际政治

很显然，这个以某种形式的民众主权为基础的帝国权威的概念失败了。同前几位皇帝一样，刘易斯被扔回到德意志王国的现实权力基础上。然而，尽管约翰二十二世重新致力于把瓦卢瓦的菲利普六世视为对立国王（anti-king），这里的局势发展对皇帝有利。在美因茨，大主教布赫克的马修去世后，特里尔的大主教鲍德温再次当选，他极力确立自己的地位，反对教宗的候选人海因里希·冯·菲尔内堡，因此越来越倾向于支持刘易斯一方。波希米亚的约翰也加入此方。结果是教宗对选举团的影响逐渐削弱。此外，政治影响力与日俱增的城镇也站在已被逐出教会的皇帝一方，不怎么理会教宗颁布的驱逐令和禁令。城镇缴纳的税款为帝国政策作出了实质性的财政贡献。而主教们对约翰二十二世的支持不是三心二意就是根本没有；另外，在许多主教教区里，都存在教宗的候选人和大教堂教士会选出的候选人之间的斗争。从1331年开始帝国城镇建立的士瓦本联盟（Swabian League），还有普遍和平联合会（Landfriedensbünde），有助于缓和帝国西南部和其他地区的局势。人们有充足的理由可以把这些事件——相当一部分德意志人民疏远教宗的行为——看作反对教廷的论点发生重大改变的开端，后来这将导致宗教改革。相当多的在俗教士和在寺教士都拥护刘易斯，比如，大多数的法兰西斯会修士（支持他们那些已被教宗罢免的上级）就是这样，尽管多明我会成员站在教宗一边。城镇居民经常不理会停止圣事的禁令，常把那些拒绝继续提供服务、主持圣事的教士从城里赶走。奥地利的弗雷德里克去世后，1330年8月皇帝与哈布斯堡家族最终达成协议，签订了《哈格纳乌条约》（Treaty of Hagenau），承认哈布斯堡家族的权利和领地。

另一方面，波希米亚的约翰于1330年末开始玩弄两面手法，这在一些时间内对维特斯巴赫家族来说是危险的。约翰未经授权就发起意大利战争，最初这是他和皇帝一起谋划的，并在开始时取得胜利，因为伦巴第的大多数吉伯林党城镇都把统治权移交给了他。因此，刘易斯不得不以帝国抵押品的名义承认他拥有这些在意大利新获取的土地，并在1332年8月与他签订"永久友好条约"。然而，早在1332年初，约翰就与法兰西的菲利普六世签订条约，规定如果他或者他的儿子之一成为德意志的国王和皇帝，便保证完全支持法兰西国王并承认法王的领地。双方子女的联姻加强了这份协议的约束力。卢森堡的约翰也于1332年11月在阿维尼翁与起初反对其意大利计划的约翰二十二世达成谅解：约翰同意教宗持有他认为属于教宗国的帕尔马、摩德纳和里奇奥，作为教宗的封地；还同意放弃卢卡，不进攻佛罗伦萨或那不勒斯。此外，他还承诺不再支持皇帝。约翰希望通过这种方式让各方都认可他在意大利新获得的土地。这一点尤为迫切，因为卢森堡的约翰的计划在德意志和意大利都遭到了反对。在德意志，巴拉丁伯爵、勃兰登堡侯爵和梅森侯爵还有哈布斯堡家族组成同盟；在意大利，那不勒斯的罗贝尔和佛罗伦萨领导了一个大联盟。正是在这样的背景下，这位波希米亚的国王建议教宗赦免皇帝，前提是刘易斯宣布愿意放弃王位，并将王位让与约翰的女婿下巴伐利亚公爵亨利十四世，约翰期望亨利十四世会大力支持他的意大利政策。

刘易斯起初对这一计划作出回应，他在1331—1332年也曾试图与教宗谈判，同意下巴伐利亚的亨利接替他。作为报答，亨利承诺如能当选并在选帝侯们同意的情况下，他将把阿尔勒王国和康布雷（Cambrai）主教区抵押给法兰西。然而，约翰二十二世不想满足刘易斯的条件，即解除教会的各种惩罚，由此间接承认其王位的合法性。因而皇帝在1334年夏天撤回协议，特别是因为当初签订协议的另一个动机——使波希米亚的约翰保持中立——消失了，这位波希米亚国王被圭尔夫派联盟逐出了意大利。约翰二十二世的策略也使自己陷入险境，他在真福直观（Beatific Vision）的教义上犯了错误，他主张天堂里受到祝福的灵魂只有在末日审判时才见到上帝，而不是在死后立即就见到，这一观点遭到巴黎神学家们的强烈反对。诡计多端的拿破仑·奥尔西尼（Napoleone Orsini）枢机主教希望教廷重返罗马，就抓住这个机会力促刘易斯向大公会议上诉，刘易斯照此办理。

法兰西斯会修士和多明我会修士也反对教宗这一学说，1333 年 12 月，由法兰西国王召集的一次公会议一致谴责他的学说为异端，教宗被孤立了，这位皇帝自己不费吹灰之力就又占了上风。可是，1334 年 12 月 4 日约翰二十二世去世了。他的继任者，西铎会的修士雅克·富尼耶（Jacques Fournier）已经在 12 月 20 日就被选出来，取名为本尼狄克十二世。本尼狄克十二世是一位出色的神学家，与好讼狂热的约翰二十二世相比，他的性格更加平稳。起初，与皇帝达成协议的机会似乎很顺利，因为刘易斯对和解过程没有异议，他还指示代理人就其皇帝资格不合法、上诉以及要求教宗批准等问题向教宗让步。然而，他不准备承认自己与马尔西利乌斯、法兰西斯会的异端邪说有联系。虽然双方都怀有良好的意愿，但没有达成协议，因为本尼狄克提出的皇帝必须与菲利普六世、那不勒斯的罗贝尔和解的要求不可能实现，也因为法兰西国王因阿尔勒王国和害怕英德达成协议而犹豫不决。在这种情况下，教宗顺应法兰西的愿望，让谈判失败。对皇帝的那些早已熟悉的严词谴责重新开始。现在刘易斯让自己陷入刚刚开始的英法百年战争，这对帝国不利。

1337 年 7 月 23 日，刘易斯与英格兰爱德华三世的大使在法兰克福缔结联盟，为了换取大量资金（然而他只得到了其中的四分之一），他承诺往法兰西派 2000 人帮助英格兰国王。那时皇帝可能已经策划好了反对阿维尼翁的远征，但是没能赢得王太子维埃纳的安贝尔二世（Humbert II of Vienne）的支持。另外，由于爱德华三世在 1337 年秋天没有发动战争，而是推迟了两年，皇帝与英格兰的结盟也没有生效。

1338 年的帝国改革

与英格兰结盟加强了皇帝在德意志的地位，教宗不妥协的个性影响了公众的见解，对刘易斯更为有利。刘易斯借此机会，通过获得德意志各个等级的帮助，解决迫切的宪法问题。毫无疑问，这是在效仿爱德华三世的模式，爱德华利用英格兰议会来支持他的反法兰西的政策。皇帝与海因里希·冯·菲尔内堡和解很重要，后者在特里尔的鲍德温退出后，继任美因茨大主教。失去教宗宠爱的亨利，试图从中调解，但本尼狄克十二世生硬地把担任德意志使节的主教们赶出阿维尼翁。皇帝于 1338 年 5 月在法兰克福召集等级大会，会上爆发出来的反教宗情绪使主教团（episcopate）感到了压力。在各帝国城镇写给教宗内容相同的 36 封信中，刘易斯的王国和帝国都被裁定为合法，教宗受到了尖锐的批评；信中宣称教宗的行为是对准这个帝国和"我们的祖国德意志"（our German Fatherland）的，这是早期民族主义的声音。刘易斯对他的正统性使用了一种新的表白方式（**大公教会信仰告白** [Fidem catholicam Profitentes]），暴露了他的顾问作者的法兰西斯派的身份。皇帝关于教宗应当从属于公会议的观点有前瞻性，而他把遵守教宗关于开除教籍和禁止圣事的教令的行为，视为该遭惩罚的罪过，证明他对获得大部分选帝侯、主教和民众的支持很有信心。随后选帝侯们在科布伦茨（Koblenz）南部的莱茵河畔集会。七个选帝侯中的四个都坚定地支持刘易斯：美因茨大主教亨利，科隆大主教瓦尔拉姆（Walram），他们对与英格兰结盟感兴趣；刘易斯的儿子——勃兰登堡侯爵，刘易斯的那些共享巴拉丁选侯权的堂兄弟们。两个卢森堡家族的人，特里尔的鲍德温大主教和波希米亚国王约翰，没有明确地站在皇帝一边，而萨克森的选票还在争议中。

1338 年 7 月 15 日，选帝侯们在兰施泰因（Lahnstein）面见刘易斯；次日，在皇帝不在场的情况下，他们在莱茵河岸对面的伦斯（Rhens）发布两份公文。在第一份用德语撰写的公文里，他们宣布打算保护受到威胁的帝国法律。第二份是用拉丁文撰写的公证文书，在咨询了其他教士和俗人后，以判例的形式制定基本法律条款：由选帝侯或大多数选帝侯选出的国王，无须教宗的提名、认可、批准、同意或授权，就可管理这个帝国的各种利益和权利，并享有皇帝称号；这一直是自古以来就有的帝国法律。其他有争议的问题，尤其是皇帝加冕和教宗提出的诉讼问题，都没有提及。从这些折中的做法看，该判例只是吸收了刘易斯的部分观点。选帝侯们很可能是在特里尔的鲍德温的影响下，使自己仅限于帝国和选帝侯的权利，他们为了自己的利益，捍卫这些权利而反对教宗，但他们不为刘易斯受争议的加冕礼承担责任；借此他们还可保持一条与教宗达成协议的通道。这符合贝本伯格的卢波尔德（Lupold of Bebenburg）的观点，他在1340年撰写并题献给鲍德温的小册子《关于王国和帝国的法律》（*De Iuribus Regni et Imperii*）为此提供了理论基础。

设置了这些界限后，鲍德温——与其仍支持法兰西的侄子波希米亚的约翰相反——转到皇帝的阵营一边，但他也确实与英格兰于1338年9月缔结了一份盟约。美因茨大主教甚至似乎已经拥护刘易斯对皇帝加冕和教宗诉讼的观点。在这一发展态势的促进下，刘易斯于1338年8月6日在法兰克福召开的帝国议会（*Reichstag*）上，颁布了一份关于选举国王的法案（*Licet iuis*）。法案超越了伦斯判例，规定皇帝只由选帝侯们投票选出，无须任何人批准；刘易斯应被视为"真正的国王和皇帝"，拥有管理帝国的领地和权利的充分权力，帝国的所有国民都臣服于他，违反者就犯有**冒犯君主罪**。是否刘易斯因此自称有权在教宗加冕前使用皇帝的称号，这一点不清楚。1338年9月初，在科布伦茨，刘易斯在爱德华三世在场的情况下，概述并重申了伦斯和法兰克福的决议，并进一步颁布各种法令，禁止私战，不准封臣不履行在帝国军队中服军役的义务（*Heerfolgepflicht*）。他支持英格兰国王获取法兰西的王位，以换取七年的新援助，任命爱德华为莱茵河西部地区的帝国总代理（vicar-general）。对法战争将于1339年春天发动；舆论对刘易斯的支持达到这样一种程度，甚至使特里尔的鲍德温在这期间承认了刘易斯的皇权。1339年3月，与本尼狄克十二世达成协议的最后一次努力失败了。由于波希米亚的约翰最后也效忠了皇帝，刘易斯在德意志的地位实际上已经成为不容置疑。

刘易斯与法兰西恢复友好关系；与克雷芒六世的谈判

尽管刘易斯的地位很稳固，但这位皇帝似乎不愿充分利用与英格兰的结盟。相反，他显然继续希望与法兰西达成和解；刘易斯在随后几个月内的拖沓行为不可能用其他任何原因来解释。1339年秋，爱德华三世入侵法兰西北部，当时这位皇帝的儿子勃兰登堡的刘易斯与其他王子一起在英格兰的军营，刘易斯反倒以英方未付补助金为借口，避免履行盟约定下的条款。1340年6月法国舰队在斯勒伊斯（Sluys）覆没，菲利普六世请求和解，刘易斯抱着法兰西为其在阿维尼翁斡旋的希望，公开转向法兰西的阵营，取消与英格兰的结盟，令爱德华三世感到失望，并于1341年1月与法兰西缔结协议。然而此次转变立场使刘易斯受损,各种讽刺皇帝的歌谣的出现,说明舆论已经转而反对他。本尼狄克十二世未作任何和解尝试就于1432年4月25日去世了。其继任者为来自法兰西南部的皮埃尔·罗杰(Pierre Roger),称克雷芒六世。他虽然是个**喜欢锦衣玉食的人**(*bon vivant*),但却天性不太随和,捍卫其前任对刘易斯的各种要求,甚至使其尖锐化。克雷芒曾执教波希米亚的约翰的幼子(未来的国王和皇帝查理四世),他似乎很早就有了用卢森堡家族的候选人对抗刘易斯的想法。1342年,为达成协议所做的一切努力都失败了;1343年初,形势加剧。查理早在1341年就被布拉格主教(不是适合此职的都主教区的[metropolitan]主教——美茵茨大主教)加冕为波希米亚国王,得到教宗的批准。随后在1344年,克雷芒六世把布拉格晋升为大主教区,从而加强波希米亚的自治。

刘易斯与卢森堡家族的最终决裂,来自卡林西亚公爵领的继承问题。统治该地的迈因哈德(Meinhard)家族,由于亨利公爵膝下无男,面临灭绝。他的女儿及继承人玛格丽特·毛尔陶施(Margaret Maultausch)成为哈布斯堡家族、波希米亚的卢森堡家族和维特斯巴赫家族的皇帝追求的对象。对他们来说,占有蒂罗尔(Tyrol)必然具有极大的战略重要性,因为可以出入意大利。事实上,玛格丽特起初嫁给了波希米亚的约翰之子约翰-亨利(John-Henry)(1330年)。约翰-亨利在亨利公爵去世(1335年)后,将卡林西亚割给了哈布斯堡家族,只留下蒂罗尔。然而,1341年末,玛格丽特将丈夫从蒂罗尔赶走,并正式答应同意改嫁给皇帝的鳏夫儿子勃兰登堡的刘易斯。1340年皇帝曾趁维特斯巴赫家族在下巴伐利亚的一个幼子旁支灭绝之机,统一整个巴伐利亚公爵领,这次他立刻抓住这个机会,宣布约翰-亨利与玛格丽特的婚姻无效,让玛格丽特嫁给他的儿子,但未取得教宗的特免,因为这两人处于禁止近亲结婚的血缘等级之内,本来需经教宗特许才能结婚。皇帝还把蒂罗尔赐予了这两个人。在慕尼黑被遗忘的帕多瓦的马尔西利乌斯与奥卡姆的威廉,此时再次崭露头角。

受皇帝之命,此二人为这桩婚姻交易撰写专家意见。马尔西利乌斯的观点(《关于皇帝在婚姻问题上的权利》[*De Iure Imperatoris in Causis Matrimonialibus*])与《和平的保卫者》的思路如出一辙:将包括赦免婚姻障碍、宣布婚姻无效在内的所有关于婚姻的法律,都视为世俗之事，并将其置于皇权管辖之下。奥卡姆的威廉在较不激进的前提的基础上，也无可否认地得出了类似的结论（在《关于婚姻问题的磋商》[Consultatio de Causa Matrimoniali] 中）。他宣布：作为罗马皇帝的继承人，或者依据紧急状态法和公众利益，刘易斯拥有婚姻事务的裁判权；况且，在这件事情上，教宗会作出不公正的裁决。刘易斯好像采纳了威廉的观点的要旨。然而，这些法律论据的脆弱性导致皇帝在公众心目中的形象进一步受损。而且所取得的成功也太短暂了。在勃兰登堡的刘易斯和玛格丽特的儿子死后，1363 年，蒂罗尔最终转给了哈布斯堡家族。维特斯巴赫家族在莱茵河下游的统治延续的时间稍长一些，直到 1425 年。在这里，这位皇帝在阿韦讷家族的最后一个人——埃诺-荷兰的威廉四世（1345 年）死时，毫无顾虑地攫取了领主权。在威廉四世的三个姊妹中，玛格丽特嫁给皇帝，菲利帕嫁给英格兰的爱德华三世，老三嫁给于利希（Jülich）的侯爵。刘易斯皇帝全然不顾任何其他继承人的诉求，把伯爵领作为无主的帝国封地予以没收，并赐给妻子玛格丽特，这想必使他与英格兰国王的关系进一步疏远了。

查理四世的对立王国和刘易斯之死

1338—1345 年，皇帝刘易斯虽然在获取领地上收获颇丰，但却进一步丧失了公众声望。结果，现在最终出现了卢森堡的查理的对立王国（anti-kingdom）的观念，查理是摩拉维亚的侯爵，从小在巴黎长大。这个受过良好教育的年轻人（1348 年后查理为自己的青年岁月写了一部自传）经过在意大利北部、摩拉维亚和蒂罗尔的系列活动后，已经明确地成为刘易斯的对手。1340 年前后，在父亲约翰眼睛失明后，查理就成了波希米亚的实际统治者。1344 年，皇帝刘易斯认为他还可以让形势向有利于自己的方向扭转。然而，8 月在科隆召开的选帝侯的会议、9 月在法兰克福召开的城镇和贵族的会议，尽管再次拒绝教宗的各种主张，即由教宗批准德意志国王当选、行使皇帝代理人职权，教宗享有超越皇帝的至高无上的封建权威和废黜皇帝的权力，但没有否定刘易斯对教会犯下的违法行为。这一点变得清楚起来：捍卫选举权和帝国的各种权利开始与刘易斯本人分离。卢森堡家族竭力要求重新选举；皇帝拒绝与摩拉维亚的查理共同统治的折中方案，因为他的目标是看到自己的长子继承王位。

第十六章　神圣罗马帝国

特里尔的鲍德温已经转而支持皇帝的反对者，现在这些人在选举团中成了多数。1344年秋天已经没有举行新的选举，这一事实主要是因为美因茨大主教海因里希·冯·菲尔内堡仍然站在刘易斯一边，他在国王选举中起某种突出作用。1346年4月，教宗克雷芒六世罢黜了刘易斯。与此同时，赴阿维尼翁的卢森堡特使以查理的名义答应了教宗的大多数要求，只拒绝接受其批准国王当选的权利，因为选帝侯们反对这一点。这次的顺从为查理赢得了"承蒙教宗恩宠之皇帝"（*Pfaffenkaiser*）的声誉。

经过初步准备后，1346年7月11日，查理在伦斯当选为德意志国王。他得到三位教会选帝侯、波希米亚国王和萨克森公爵的选票；两位维特斯巴赫家族成员——巴拉丁伯爵和勃兰登堡侯爵缺席。教宗被提请承认查理当选为国王，并为其加冕为皇帝，却不是请他确认这次选举；即便如此，谨慎小心的查理还是在克雷芒六世于11月主动批准后才使用国王的称号。由于科隆仍支持刘易斯，科隆大主教瓦尔拉姆于11月26日在其位于波恩的官邸为查理加冕。可是，查理的统治以一场大灾难开场。就像1214年的布汶（Bouvines）之战一样，英法两国再次用战争解决德意志王位争端。与从未前去帮助过英格兰盟友的刘易斯不同，波希米亚的约翰和查理四世在1346年7月12日加入法王菲利普六世的军队，向在法兰西登陆的英军挺进。1346年8月26日，英军的弓箭手和下马待战的重骑兵在克雷西（Crécy）给法军以毁灭性打击，打开了通向重要港口加莱的道路，并在第二年占领加莱。失明的波希米亚的约翰在克雷西战场丧生，查理也受了伤。在波恩加冕后，查理化装逃往布拉格，然后又转到蒂罗尔，在那里他试图煽动反抗维特斯巴赫家族的统治，但未果。皇帝刘易斯无疑没有能力从这种有利的形势中获益良久：1347年10月11日，在菲尔斯滕费尔德（Furstenfeld）（慕尼黑西部）的修道院附近，他在猎熊时突发心脏病去世。尽管刘易斯被开除了教籍，他仍被埋在慕尼黑的圣母马利亚教堂，埋在其第一任妻子比阿特丽斯身旁，这足以说明多次开除教籍和停止圣事的惩罚已经没有效力了。他死后也没有得到教宗的赦免。大约在1490年，公爵阿尔伯特六世在新建成教堂的塔楼南边的小教堂里，为其精心修建了一座豪华的坟墓，墓顶由红色大理石建成。从1619年到1622年间，反宗教改革

（Counter-Reformation）的支柱选帝侯马克西米利安一世（Maximilian I）委托汉斯·克伦佩尔（Hans Krumper）为刘易斯修建了一座华丽的墓碑。

在帝国权利问题上，刘易斯与教宗进行了长达33年的艰苦斗争。从此点看，他最终成功了：作为准确界定王权的一个结果，唯有如此才能保证其拥有者的各项具体的帝国权利，教宗为皇帝加冕的作用降低了，到后来更是可有可无；结束教宗干涉帝国历史的可能性已经来临。一般说来，教宗的权威在全体居民中也开始衰退。刘易斯尽管坚持不懈地追求自己的目标，但他也有些反复无常。在统治初期，他错误地过多依赖帕多瓦的马尔西利乌斯、奥卡姆的威廉和法兰西斯会修士。只有当他放弃了那些让人无法忍受的观点，致力于维护古老的帝国权利时，他才取得成功。但在1338年后，他还变得缺乏果断和一种更长远的眼光。他突然抛弃与英格兰的联盟，他在处理蒂罗尔遗产方面缺乏技巧，使他丧失了很多威望。只要他的对手是个像波希米亚的约翰那样缺乏坚定性的统治者，诸如此类的政治错误不会产生严重后果。要是刘易斯活的岁数更多一些，很难说他与谨慎小心的查理之间的争斗会产生什么样的结果。

彼得·赫德（Peter Herde）

第二节　卢森堡家族和巴拉丁的鲁佩特（1347—1410年）

查理四世统治时期（1346—1378年）的政治发展

鉴于巴伐利亚的刘易斯四世统治末期帝国（国际和国外）复杂的政治局面，如果权力真的将从维特斯巴赫家族转移到卢森堡家族，那么看起来很可能这是一个非常动荡的过程。年轻的查理是波希米亚国王卢森堡的约翰之子，也是亨利七世的孙子，他在教廷的直接煽动下被选为罗马人的国王，是对抗衰老中的维特斯巴赫家族的，他们间的矛盾难以和解。卢森堡家族在阿维尼翁搞的阴谋，已经使问题到了紧要关头，选举查理表明他们试图改变这种局面。谈判期间，波希米亚代表团向教宗作出了一系列影响深远的（某种政治和军事性质的）

承诺。这些主要涉及对法国的让步，还涉及教宗介入帝国事务的各种特权。因此，这些事件的参与者有充足的理由谴责查理是教宗的傀儡（Pfaffenkaiser）。

虽然不可能建立罗马人王位的世袭权，人们还是认为将权力集中在少数领导家族之手是可取的，然而与此同时，形成中的领土国家（territorial strates）之间正在无情地分割这一权力。查理四世的选举于1346年7月11日在伦斯举行，直到那时他只是摩拉维亚侯爵和波希米亚王位的继承人。使他当选的是四张名副其实的选票和一张有效性受到质疑的选票。波希米亚国王、科隆大主教、特里尔大主教和萨克森公爵投了四张合法票，保留着选帝侯委员会召集权并担任其主席的美因茨大主教也投了查理一票。然而，美因茨大主教起初是刘易斯的忠实支持者海因里希·冯·菲尔内堡担任的，克雷芒六世剥夺了他的职位，任命纳索的格拉赫（Gerlach of Nassau）取代他。亨利自然拒绝接受，分裂的阴影落在了这位大主教的职位上；然而，卢森堡家族一方有能力实现其基本目标，即使其长远抱负的实现在开始时有些不确定。这可从查理的加冕礼明显看出来，它没有在传统的加冕礼城亚琛举行，因为这座城市（和大多数帝国城市一样）仍然忠于巴伐利亚的刘易斯。因而查理勉强对付着在科隆大主教居住的波恩举行加冕。

查理在当选后的一段时间内，一直在估量政治和军事形势；事实上此时是暴风雨前的平静，在此期间查理努力巩固其在国内外的地位。1346年8月，人们发现查理和他失明的父亲处在克雷西战场上的法国一方。约翰的去世意味着查理（他只是轻微受伤）现在可以不受约束地登上波希米亚王位。更重要的是刘易斯皇帝的去世，他在离慕尼黑不远的地方外出狩猎时（1347年10月11日）从马上摔落而死，他的去世使情况大为简单化，对查理有利。在随后的几年中，他的对手相继去世，这让查理以同样的方式收获了越来越多的好处。他的对手中没有一个人有能力获得超过他的优势。查理首先打击勃兰登堡的维特斯巴赫家族，为了让离世皇帝的儿子们受窘，他承认了所谓的假瓦尔德马（False Waldemar）（一个精神错乱的篡权者，自称是勃兰登堡阿斯坎家族的最后一位侯爵，已于1319年去世）的继承要求。反对方当然不会无所事事，经过几次不成功的尝试，1349年1月30日维特斯巴赫家族控制下的选帝侯少数派选择了无足轻重的图林根伯爵施瓦茨堡的冈瑟（Günther of Schwarzburg）为对立国王。此前查理四世已经（通过各种让步手段）巧妙地说服英格兰的爱德华三世婉拒维特斯巴赫的君主们提供的各种荣誉。

查理在两条阵线上发动反击。他的第一任妻子去世后，他娶了巴拉丁的鲁道夫之女安妮，鲁道夫是维特斯巴赫阵营的成员，此举瓦解了维特斯巴赫联盟，使他在政治上取得圆满成功。查理包围埃尔特维勒（Eltville），向冈瑟展开全面攻势，也带来成功的结局。他给了冈瑟很多好处，冈瑟就放弃了国王的权力。查理也与刘易斯的儿子们和解，承认他们享有包括蒂罗尔和勃兰登堡在内的领地权。这样查理四世就成了帝国无可争议的统治者，得到所有人的承认，包括大部分以前一直反对他的帝国城市。他在亚琛加冕（1349年7月），进一步巩固了中央政权。然而，这一形势也由于其他各种情况而变得错综复杂。查理在政治事务方面的独立行为没有得到教廷青睐。而且，此刻欧洲正受瘟疫煎熬，德意志的情况尤其严重，直接导致了在各帝国城市中严重的反犹大屠杀（在这一问题上，这位新统治者也不是完全清白）。

查理这一时期的政策是沿着两条相互联系的道路发展，这在以后就更为明显了。他的家乡——波希米亚王国是他的立足点，他一开始发迹这里就为他范围广泛的国际政策提供了重要的经济、政治和（如有必要）军事基础。很快他的政策就转向巩固他在帝国内部的地位。这一转向的外在表现就是他前往罗马加冕。当然，查理的意大利政策不再受其前任们那样的帝国野心所驱使。尽管他极大地钦佩和敬重彼得拉克，但他一贯是个政治实用主义者，特别不愿受那些提倡复兴古罗马帝国的意大利人的影响。甚至当罗马的民众领袖科拉·迪·里恩佐（Cola di Rienzo）来到布拉格时，查理将其投入监狱，然后把他交给教宗。米兰的维斯孔蒂与托斯卡纳的各个中心城市、佛罗伦萨的**暴君**（*signorie*）之间持续猛烈的冲突，和教宗使节枢机主教阿尔博尔诺思（Albornoz）的说明，最终说服他开启此次行程。1355年，查理四世和规模较小的护卫人员（包括他的第三任妻子希维德尼察的安妮［Anne of Schweidnitz 或 Świdnica］）一起抵达罗马，他对意大利的实际权力没有任何要求,在复活节那一天(Easter Sunday,4月5日)在拉特兰大教堂接受加冕,成为罗马人的皇帝。他甚至在这座城市连一个晚上都没停留,就立刻踏上归程——这被那些力促罗马帝国复兴的人视作丧失尊严的溃败的表示。从政治上说,查理太过现实了,以至于不清楚自己真正的利益在哪里,他把全部精力都用于照料和提升阿尔卑斯山那边的帝国。此外,该时期这个**罗马帝国**(*imperium Romanum*)正在经历一些重要变化,特别是西部和南部的边界没有坚实地固定下来,它们随时都有可能随着封建忠诚的转移而发生变化。

查理很快就被那些支持中央集权君主制的人起了"帝国继父"的外号,还被指责总是偏向其家乡的领地,但重新评价他的统治可以得出更公平的结论。这是因为如果这位君主在自己的领地内没有坚实的基础,就不可能在帝国发挥影响,这就要求尊重并保证权力的平衡。除了在经济领域采取一系列的整合措施,为发展贸易建立各种先决条件;他还制定法律,在所有方面努力扩展一个家族关系网。在这些活动中,他无意识地倾向于作为波希米亚国王的角色而行动。

在查理主动进行的立法中,所谓的《黄金诏书》(Golden Bull)在帝国法律里占有重要位置,这部法律是他从意大利返回不久在纽伦堡颁布的,并于一年后在梅斯(Metz)作过修改:条款中的第1—23条在纽伦堡公布,第24—31条在梅斯公布。它将成为帝国沿用几个世纪的基础法律。其核心内容是罗马人的国王经选举产生,巩固世俗选帝侯的世袭地位,如今他们**在法律**上已被赋予充分的主权。三座城市的领导地位得到确认:美因河畔法兰克福(Frankfurt-on-Main)是举行选举之地,亚琛为加冕之地,最后一个但也是同样重要的纽伦堡为首届帝国议会的举办地。然而,除此之外,诏书的条款对城镇及城镇组成的任何联盟产生了不利影响,尽管诏书不能阻止这种事情的发生或废止这些活动。对黄金诏书的意义存在许多不同的评价。今天人们把诏书的条款视为中央政权和选帝侯之间的一种妥协,而且它把其余的等级都降格到边缘地位。

在查理的经济活动中,尤其值得一提的,是他很多次努力加强和保护长途贸易路线,还有支持诸帝国城市的经济发展。帝国文秘署颁布的大量有关商业的文件反映了这种对商业的兴趣。帝国文秘署经过逐渐演变，尤其是在文秘署长斯特雷达的约翰（John of Streda）1350年中期（在西里西亚的纽马克特[Neumarkt]）实施改革后，演变成高效率和相对灵活的中央政府机构，定期陪同这位君主在帝国境内频繁巡游（偶尔它也单独进行巡游）。**帝国高等法院**（Reichshofgericht）倾向于发挥君主代言人的作用；它也承担帝国法院的职能。除此之外，还有许多地方的帝国法庭，特别是位于罗特韦尔（Rottweil）的法庭。

查理不知疲倦的政务活动，使他的行程遍布帝国的所有地方，但他的大部分注意力放在东部地区，特别是波兰和匈牙利。这部分是因为卢森堡家族有可能得到这两地的王位；一个更重要的考虑是这两个国家，还有奥地利的哈布斯堡家族，对查理及其波希米亚的王朝，更确切地说是对卢森堡家族的政策，一直显示出某种潜在的威胁。然而，虽然查理在"中东欧"的纽带和联系方面花费了大量时间，但他肯定不会忽视在泛欧洲的范围内巩固帝国的中央政权。在这方面，他特别获益于恢复各种各样的传统手段，而获得另外两项王冠的打算则具有巩固自己权力的作用。

查理加冕为伦巴第国王（1355年1月初）是这些加冕中的第一个，随后是他加冕为皇帝。1365年6月4日他在阿尔勒加冕为勃艮第国王，此事发生在他往返阿维尼翁的过程中，在阿维尼翁他试图说服教宗乌尔班五世返回罗马，同时希望限制法国对最高精神权威的影响。查理异乎寻常地各处出行（证明了他不懈的政治活力），意味着即便对他那些最重要的行程也不可能适当地加以叙述，但必须提一下他在帝国政策的驱使下对意大利的再次巡游。1368年下半年他开始这次旅程，在随后一年的大部分时间他都待在意大利，在这个国家逗留长达15个多月。仅在罗马，查理就足足待了两个月，其间，他的最后一任妻子，波美拉尼亚的伊莉莎白加冕为皇后。在这里，他把教宗安置在这座永恒之都，实现了此行的主要目标；然而，教宗并没有在这里久留，再次返回了阿维尼翁。

从其他方面来看，可以毫不夸张地说，整个意大利之行（特别是花在意大利北部那些实行暴君制的地方的时间）充斥着与地方掌权者的会见，其中一些人相当重要，例如米兰的维斯孔蒂，他以前曾是皇帝的强劲对手。然而，在中欧出现了一个新的反卢森堡家族的联盟，由匈牙利和波兰的国王，还有巴伐利亚的维特斯巴赫家族以及其他人组成，这使查理相信必须迅速回家，发动一次强有力的军事和外交反击。通过这一手段，他使联盟分裂，并最终使其垮台。查理在中欧的众多单独的行程，同时也表明了他的帝国抱负和对波希米亚的野心。

回到教会的问题。应当指出的是，直到统治的最后一刻查理都在为它而忙碌。他关注教会改革中影响最深远的那些方面，关注与异端的斗争，尤其关注不断给教宗施压，迫其重返罗马。因此，在皇帝去世前夕发生的无法解决的教会大分裂（Great Schism）问题，促使查理在其子瓦茨拉夫的陪同下，启程远赴法国，此时瓦茨拉夫已加冕为罗马人的国王。事实上，在很多年间为建立一种罗马人国王的继承顺序而作的种种努力，由于帝国存在各种不利的情况，耗费了查理大量的时间和精力。1373年他获得勃兰登堡侯爵领的继承权，此后他本人就有资格拥有两张选帝侯的选票。但他争取莱茵地区的选帝侯们的努力，却让他付出昂贵的代价，他被迫作出的不仅有各种财政方面的条款，还有一系列让步，尤其是那些以新特权的形式授出的特许权。如果基于政治上的权宜之计来考虑，这些还是可以理解的，但这种不明智的政策对查理儿子的整个统治都将产生影响，结果证明由于种种原因查理之子不能胜任赋予他的角色。

然而，在完成所有这些讨价还价和作出这些耗尽财政的刺激措施后，在对帝国的世俗和教会的代表作出种种政治让步之后，查理仍须寻求教宗的批准（尽管《黄金诏书》根本没有提及征求教宗意见之事，当然也就没有必须得到教宗认可的规定）。查理向教宗写信：鉴于自己身体状况不佳，请求教宗格列高利十一世同意瓦茨拉夫的候选人资格和当选为罗马人的国王。这一文献保存了下来，上面的日期是1376年3月6日（选举之前三个多月），而教宗同意的日期是5月初。然而，有证据表明，这两份文件事实上都是在一年后起草的，但出于政治上的权宜考虑，把时间提前了。这也为查理和西部最高精神权威之间的关系提供了有说服力的证据。

查理于1378年11月29日去世，中央政府的统治权没有间断地转到其子之手；尽管如此，这确实是一个时代的终结。随着查理的去世，欧洲不但失去了最有教养的中世纪君主（他的作品的名单给人留下深刻印象，既有教育、神学著作，也有史学著作），而且也失去一位创造了某种伟大的政治、思想观念，并完全致力于将其实现的君主。

瓦茨拉夫四世统治时期（1378—1400年）的政治发展

瓦茨拉夫从统治伊始就深深地卷入了政治生活，认为他在这方面的努力完全徒劳，那将是错误的。大约在瓦茨拉夫加冕为罗马人国王后的两年半时，查理四世于1378年11月29日在布拉格去世，留给他的儿子（当时未满18岁）一个动荡的局势。确实，瓦茨拉夫从一开始就能够依赖他父亲的那些有经验的顾问，从他们那里获得帮助，虽然这些人在查理在世时总是待在幕后。瓦茨拉夫统治的早期年间，在帝国政治方面取得了两次虽然短暂但重要的成功，虽然不清楚功劳应属于年轻的国王还是他的顾问们。第一项是1384年7月26日建成所谓的海德堡**定居点**（*Stallung*）；第二项是1389年在海布（艾格尔）颁布的帝国**普遍和平**法令（*Landfriede*）。此前的1387年11月，建有所谓的梅尔根特海姆（Mergentheim）**定居点**。这两件事实质上具有更广泛的历史意义，所以有必要加以详述，关于其背景稍微有点长，特别是因为它们的发生是对帝国内部主要政治冲突的回应。很明显，冲突的根源可追溯到很久以前；然而只是在瓦茨拉夫统治期间，才呈现出更大的意义，因为他的父亲查理总有能力依靠威信和外交技巧来压制这些冲突，或至少使其缓解。

帝国内最引人注目的冲突双方，一方是城镇，另一方是贵族。城镇经济的重要性日益增长，导致其政治意识的增长。由于单个的城镇很难抵挡贵族联合起来的攻击性的压力，某一特定区域的城镇联合起来组成城市联盟，是它们自身生存利益的需要。欧洲北部汉萨同盟的形成已经有了一段时间；它主要把海边城镇联合起来，但其影响也远远深入内陆的个别城镇。如今，汉萨在德意志南部、西南部和莱茵兰首次开始成为一种有组织的力量。为什么联合起来互助对这些城镇有利，当然有其他原因。自查理四世统治以来，这位君主一直对城镇感兴趣，主要是将其视为一种收入来源。瓦茨拉夫被选为罗马人的国王，需要大量金钱为之铺平道路，这意味着许多帝国城市被抵押给了那些重要的贵族。城市尽它们最大的可能进行还击；1376年，士瓦本城镇同盟形成，其成员在不到十年的时间里增加到40个。其他城镇同盟也在地理位置邻近的基础上建立起来（尤其在阿尔萨斯、莱茵兰和萨克森），所有同盟都有一个防御性的政治纲领，虽然当时的紧张状态意味着昔日之敌经常发现彼此共处同一阵营（比如，士瓦本的城镇和哈布斯堡家族组成同盟来对抗它们共同的敌人——符腾堡的伯爵埃伯哈德 [Eberhard count of Wurttemberg]）。

虽然瓦茨拉夫本质上乐于友好地对待城镇，但他采取措施，阻止城镇联盟成为强大的、永久性的联盟，他赞成代之以创立既把城镇又把帝国大贵族包括在内的区域性的**普遍和平**（*Landfrieden*），因为这易于减弱城镇联盟的政治力量。该措施在很大程度上取得了成功，至少1389年在海布颁布的**普遍和平**法令是这样。此前，城镇和大贵族之间有大量军事冲突，还有其他各种各样的权力中心间的对抗。虽然在森帕赫（Sempach）战役中（1386年7月9日），来自瑞士联邦的步兵取得了对哈布斯堡骑兵的决定性胜利，为这一地区更持久的和平奠定基础，但帝国中部的城镇则接二连三地遭遇军事惨败。最具破坏性的，是1388年8月23日符腾堡的埃伯哈德二世在多芬根（Döffingen，离斯图加特不远）使士瓦本的帝国城市遭受全面惨败，接着是三个月后莱茵城镇在沃尔姆斯的失败。这两个事件证明，城镇实际上不可能获得优势，但同时大贵族们的资源也已耗尽。但最遭殃的是普通民众，他们要忍受某种焦土政策的冲击，还要向交战双方缴纳捐税。尽管如此，海布的**普遍和平**法令至少起到限制此类冲突的作用，并引起这位国王重新审视自己的政策，换言之，就是更多地注意封建帝国社会的上层。然而，他对帝国（也对波希米亚）事务逐渐失去兴趣，而他与莱茵的巴拉丁的对抗在日益增长，这意味着为将来的冲突埋下了种子。

很明显，在世俗和教会领域都潜伏着各种冲突。世俗领域关注的焦点是对外政策，尤其是瓦茨拉夫的罗马加冕之行，如果此行成功，无疑将提高国王的声望。另一方面，出行失败必然会促成帝国中央权力的瓦解。瓦茨拉夫实现其抱负的努力，不仅遭到法国旗帜鲜明地反对，它已为此设置了重重障碍，同时也受到意大利本身混乱局势的阻碍，更不用说国王自己的版图内的不稳定局势。这些都导致瓦茨拉夫和波希米亚统治集团上层之间的关系日益紧张，最终导致国王两次被波希米亚的主要贵族及其盟友囚禁。虽然第二次囚禁是在瓦茨拉夫于 1400 年被废黜之后的事，但这两次囚禁都与帝国自身的问题有关。

高级贵族们努力解决第一次冲突（当 1394 年国王被囚禁在波希米亚南部时）是为了自身利益，参与其中的重要贵族在稳定局势方面起了主要作用。这一派系由维特斯巴赫派的首领巴拉丁的鲁佩特二世（Rupert II）领导，他在听到波希米亚发生的事情后，立即于 1394 年 7 月 13 日让帝国议会选举自己为皇帝的代理人。鲁佩特二世（1398 年去世）并没有亲自到波希米亚就释放瓦茨拉夫四世之事进行和谈，但他确实派出了由他儿子鲁佩特三世率领的帝国军队。这些和谈的结果是瓦茨拉夫得以释放；然而，他现在的地位比以前任何时候都更衰弱了，虽然在随后的几年里，他试图恢复各项行政管理活动。然而，这并不足以说服贵族们修正日益增长的对他的消极看法，帝国城市则开始视这位国王为唯一可能的平衡力量，以制衡选帝侯和大贵族们不断增长的压力。其中有几个城市甚至在瓦茨拉夫于 1400 年 8 月 20 日被废黜后，仍继续支持他。1400 年后，瓦茨拉夫对这些城市的命运几乎没有表现出什么兴趣，也导致这些支持者当中最坚定分子向新的国王寻求**妥协**，新国王是在没有其他三位选帝侯参与的情况下，由莱茵地区的几个选帝侯选出的。鲁佩特三世成为罗马人的国王鲁佩特一世，他的统治从 1400 年持续到 1410 年。但在讨论鲁佩特三世的统治之前，我们必须回到瓦茨拉夫作为罗马人国王进行统治的最后岁月，以便调查他被废除的原因以及这些原因是否公平，人们对此有一些争议。

没有人愿意主张，瓦茨拉夫的统治在总体上是成功的，而对他作为统治者的角色作出积极评价更要难得多。然而，对他全盘否定是不公平的，尤其是，采取较少干预国家运转的方法，有时可能比不明智地插手某一地区的内部事务产生更好的结果。如果我们考虑 14 世纪 90 年代后半期这位国王的行程，也就是他被废黜前那段时期的行程，就能注意到他出行异常频繁，他的行政活动也有可比性。可以毫不夸张地说，想必曾有过几百份文件，写给各种各样的收件人，这些收件人几乎全部来自帝国本土，波希米亚在这些通信中并不突出。

即使匆匆瞥一眼文件的内容和收件人，就能看出他的兴趣异常广泛。出现在这个千变万化的万花筒里的，是那些帝国城市、各种教会机构、著名的教士和从贵族上层到地方乡绅这些封建体系的世俗代表。这些文件所覆盖的内容的名单也反映了异常广泛的兴趣范围，某种意义上完全是史无前例的，不过瓦茨拉夫初登罗马人国王的王位时可能不是这样。这些通信不仅包括那些被动的表达，即对那些请求确认或授予各种特权的信件的答复，也包括许多瓦茨拉夫发出的行政命令（这些构成全部通信的最大组成部分），其内容涉及安全通行或迁徙自由，或审核帝国中央机关关于发展经济的报告。另一方面，的确真实的是，所有这类事务几乎完全由波希米亚的行政机构来管理，这显然特别有害于帝国作为整体发挥作用。这个机构的关键人物是瓦茨拉夫的"帝国专家"——波希米亚的骑士斯维纳雷的博里沃伊（Bořivoj of Svinaře）。瓦茨拉夫另外两个常被提及的助手是洛伊希滕贝格（Leuchtenberg）伯爵和主教班贝格的兰普雷希特（Lamprecht of Bamberg），人们认为前者与波希米亚国家的关系紧密，后者曾是查理四世和施瓦茨堡的冈瑟的朋友兼助手。帝国的所有其他代表（包括选帝侯们），发现他们被瓦茨拉夫的宫廷排除在外，无望进入其中或无望对那里施加任何性质的影响。这与查理四世形成了鲜明对比，查理通过各种手段确保最高级别的贵族和教会权贵参与宫廷的政治活动，哪怕只是走走形式充当王家行为的见证人，其目的在于阻止帝国内两种主要政治力量的紧张关系的积聚，而瓦茨拉夫登上王位后，两者关系趋紧的步伐加快，尤其是在1384年以后。

1397年12月选帝侯们首次正式控告国王。其中他们还吐露了对国王向西部和意大利的各种让步的不满，并批评他的许多经济措施。他们也抗议国王过分依赖于文书工作，他们尤其憎恨瓦茨拉夫未能让他们充分了解各种信息的那种方法。当然，政策的实施，特别是日常的政府事务，在那时如果没有一些文书工作显然是不可能完成的；无论如何，看来实际存在的情况肯定不像人们从选帝侯们的抱怨和其他迹象中可能想象的那样。同时，又提出了怎样结束教会大分裂的问题，还有一个与此紧密联系的国王的罗马之行问题，但为此而进行的谈判尚未取得任何具体结果。

1398年1月在法兰克福颁布的关于10年间帝国**普遍和平**的报告，是这些抱怨达到顶点的标志。此后，情况逐渐好转。瓦茨拉夫返回波希米亚后，对帝国事务失去兴趣；他使自己的接触对象限于一个狭窄的官员圈子，只依靠那些来自他家乡所属王国的人员。应当指出的是，即使在一定距离之外也已经有可能进行有效统治；这无疑意味着要通过代理人来管理，但这并非总能得到人们的接受或承认。不管怎么说，瓦茨拉夫对帝国直接统治的时代已经结束了。正如海因里希·亨佩尔（Heinrich Heimpel）正确地说过的（1957年），选帝侯们对瓦茨拉夫统治的批评就是对巴拉丁阵营的批评，反对瓦茨拉夫的整个行动过程是精心设计的阴谋。尽管如此，情况已发展到这种程度，1400年8月20日，四位莱茵地区的选帝侯在科布伦茨附近的上兰施泰因（Oberlahnstein）举行的审判庭上碰面，根据选举团团长（dean）美因茨大主教约翰在同一时间所作的说明，废黜了瓦茨拉夫。在莱茵河对岸的伦斯，三位教会选帝侯和鲁佩特三世，共同选举后者为罗马人的国王。

巴拉丁的鲁佩特统治时期的政治发展（1400—1410年）

废黜瓦茨拉夫四世的声明重申了长期以来存在的许多不满，其中那些最严重的指责明显具有主观性，与现实状况几乎没有什么关系，这一点从对瓦茨拉夫封米兰的维斯孔蒂家族为贵族的批评中可以最清楚地看出来。维斯孔蒂家族原为帝国的代理人，瓦茨拉夫把他们提升到公爵的级别，这一行为被认为滥用皇权。然而，认为授予其公爵头衔具有使维斯孔蒂家族辖区与帝国其他部分隔开来的后果，这种观点将是不公平的；意指这一点就是忽视意大利北部的政治现实。在那里，法国正开始施加强有力的影响，瓦茨拉夫的策略实际上是打算（除了其他目的）使维斯孔蒂家族与帝国的其他部分保持一致，并阻碍他们与法国形成太密切的联系。瓦茨拉夫在帝国的地位也由于这一行为而大为削弱，但仍然不是完全没有希望。亚琛确实拒绝对新国王鲁佩特敞开大门，他因而不得已在科隆加冕。新国王与教宗的关系也同样错综复杂，由于没有请示过卜尼法斯九世，他不愿批准这一任命。这位教宗改变主意转而支持巴拉丁的事业的过程非常缓慢，因为他不仅真的坚持这种选举需要他批准，而且他还感到罢黜本来应该寻求他的同意。除此之外，教会大分裂也是重要原因，因为它打开了转移效忠对象的前景，或至少是使对瓦茨拉夫四世采取相对中立的立场成为可能。这两方面的因素都可能在不稳定的权力平衡中产生重要变化。所以，鲁佩特不得不等到1403年10月1日，才收到教宗对他当选的批准。从那之后，他是一个服从罗马的坚定的支持者。同时，人们认为法国在努力地促进**通过双方退位**（*via cessionis*），即在两个原有的教宗辞职后选举一个新教宗来解决分裂问题。然而，鲁佩特实施某种对外政策的种种努力，尤其是为他在罗马加冕所做的努力，都是徒劳的，他的统治受到注意是因为他失败了。

鲁佩特与佛罗伦萨从1401年9月开始实施的协定（签约的目的是使国王在意大利与米兰对抗时能够取得上风），在很大程度上只是一纸空文；德意志同样未能向他提供足够的财政支持。鲁佩特的意大利战役，尽管围绕着它的所有说法都很过分，但由于威尼斯的消极态度，在1401年后以惨败告终。许多被指责的问题还应该由罗马教宗卜尼法斯九世负责，他坚持拥有最终决定权，在经历长达三年的棘手谈判后才批准鲁佩特当选，这必然对鲁佩特在国内的处境产生极端不利的影响。他为巩固权力基础付出的努力，尤其是他对**普遍和平**政策的强烈偏爱，遭到了废黜瓦茨拉夫四世而选举他的那个派别的反对，这其中包括美因茨大主教、巴登侯爵、符腾堡伯爵，还有一些开始与鲁佩特的主要对手法国进行谈判的城市（所谓的1405年9月14日的马尔巴克联盟［League of Marbach］）。

在教会大分裂的问题上，鲁佩特坚决信守服从罗马的原则，而瓦茨拉夫四世则着手积极培养同法国的联系，在奥尔良的路易被杀之后，这些联系通过家族关系而得到加强。这是通过联姻实现的，即伊莉莎白，她是瓦茨拉夫的兄弟格利茨的约翰（John of Görlitz）的女儿，嫁给布拉班特的安东尼（Anthony of Brabant）公爵，后者因而在这个国家中承担了重要角色。卜尼法斯去世后，格列高利十二世当选为罗马教宗，在意大利的政治中经过一些讨价还价后，他拒绝由组成比萨公会议（Council of Pisa）的大多数枢机主教提出的**通过双方退位**的方式解决问题，该公会议得到了法国的大力支持。

由于鲁佩特继续坚持服从罗马,瓦茨拉夫四世抓住机会,与法国结成联盟,寻求以罗马人国王的身份出席这次公会议(比萨的枢机主教们准备考虑此事,因为鲁佩特谢绝对他们的事业表示任何同情)。即使当法兰克福的大贵族会议(1409年1月)未能保证无条件地支持鲁佩特时(包括科隆和美因茨的大主教在内的一些最知名的代表,都站在改良派的公会议一边),鲁佩特仍拒绝重新考虑自己的立场。他派往公会议的使团不能说服与会的成员,这丝毫不令人奇怪,甚至鲁佩特与几个罗马要人于1410年3月在马尔堡(Marburg)形成的联合,也没给他们自己太多的帮助。相反,似乎曾经一度还有可能出现另外一个对立国王,这时法国的影响相当大。命运结束了这次看起来难以对付的境况。1410年5月18日,这位莱茵兰-巴拉丁的鲁佩特国王在奥彭海姆(Oppenheim)去世了(他还不到60岁),这再次给卢森堡家族提供了机会。然而,此次机会却不属于瓦茨拉夫四世(他仍保留着罗马人国王的称号),而属于其家族的其他成员,这是在试图选取一位英格兰的候选人达成妥协落空后的事情。

在纷争中几乎同时选出了两位国王,这反映了他们对解决教会大分裂的不同态度:瓦茨拉夫的同父异母兄弟——卢森堡的西吉斯孟德(Sigismund)在纽伦堡的世袭城堡主(burgrave)的支持下,获得两票(来自巴拉丁和特里尔);而他的堂兄弟约斯特(Jošt或Jobst),摩拉维亚和勃兰登堡的侯爵,获得三票(如果只算勃兰登堡、美因茨和科隆的选票)或是四票(约斯特也得到瓦茨拉夫的支持,可以加上萨克森公爵的一票)。命运(显然并非没有某种帮助)安排约斯特突然去世,然后,在1411年6月重新进行的选举角逐中,西吉斯孟德成为所有选帝侯的选择,开始了帝国历史上新的、更加复杂得多的一章。

563

文化、经济和社会发展
大学

帝国国内历史的几个方面及其疆域问题,值得关注。就学校体系、大学和通常的文化而言,帝国的辖区绝对落后于意大利和法国。学习高等知识的分支,尤其是法律教育,总是有必要求助于外国的大

插图1 伊利大教堂的圣母堂,建于1321—约1349年,从东面看

插图 2　阿维尼翁教宗宫的雄鹿室，按照教宗克雷芒六世（1342—1352 年）的要求建造

插图 3　阿西西圣弗朗切斯科大教堂的矮教堂。所显示的壁画作者：契马布埃，来自乔托的作坊（负责最左边，横贯拱顶的部分）；皮耶罗·洛伦泽蒂（对面的耳堂部分）；中殿旁边小教堂内的作者是西莫内

插图4 西莫内·马丁尼的《圣家族》。签署的日期为1342年。创作于阿维尼翁。这种题材——基督蔑视他的尘世的父母亲,在西方艺术中几乎是独一无二的

插图5　锡耶纳市政厅，安布罗焦·洛伦泽蒂创作的《好政府的寓言画》

插图6　让·皮塞勒约1325—1328年间为法国王后让娜－德埃夫勒的《时间之书》（祈祷书）作的装饰画，对开本第15页（左页）至第16页（右页）：《基督被捕和圣母领报》

插图 7　布拉格卡尔施泰因城堡，皇帝查理四世奉献给圣凯瑟琳的私人小教堂的内部装饰。所绘的壁龛是意大利风格，圣坛前的挂饰是波希米亚风格

插图 8 教会历书中法国查理五世的加冕图 (1365 年),国王接受他的同辈人的亲吻

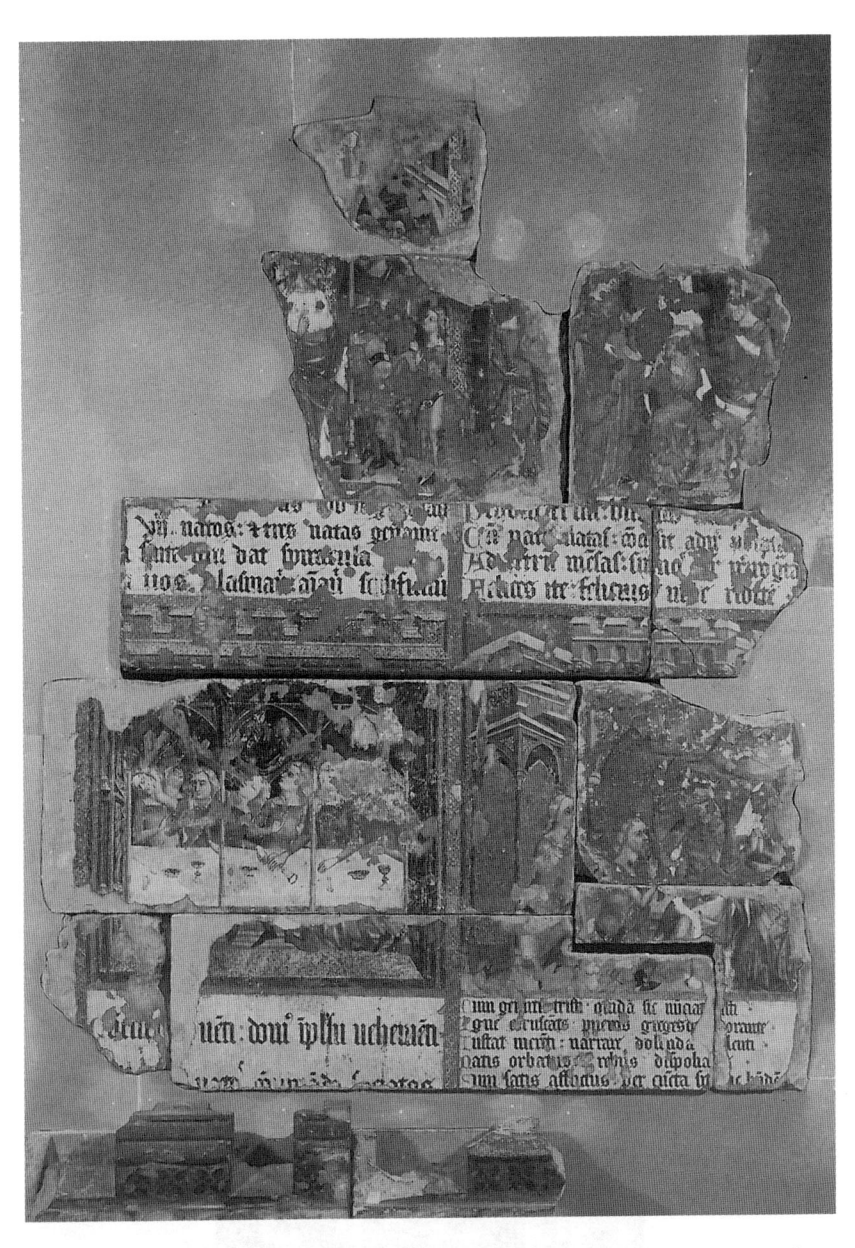

插图9 威斯敏斯特的圣斯蒂芬小教堂的壁画片断,创作于1350—1363年,表达《旧约》中的故事,画作的格局体现了意大利、法国和佛兰德的影响

插图 10 《威尔顿双连画》,约创作于 1395 年

插图 11 佛罗伦萨新圣母马利亚教堂的斯特罗齐祭坛画《死神的胜利》(局部),14 世纪 50 年代奥卡尼亚作坊创作

插图12 《二月》,来自贝里公爵约翰的《时间祈祷书》,创作于1413—1416年,对开本,第2页左页

插图13 摩西喷泉的先知，位于第戎尚莫尔沙特勒斯会修道院，克劳斯·斯吕特创作于1395—1403年

插图 14　昂热的《启示录》挂毯，图解《启示录》第八章第 10—11 行的内容，即茵陈星落下的情况。14 世纪 70 年代为安茹公爵路易一世而作

插图 15　法国国王约翰二世的肖像，约作于 1350 年

插图 16 尸体雕像，枢机主教让·德·拉格朗日（卒于 1402 年）墓的局部，在阿维尼翁圣马夏尔小教堂

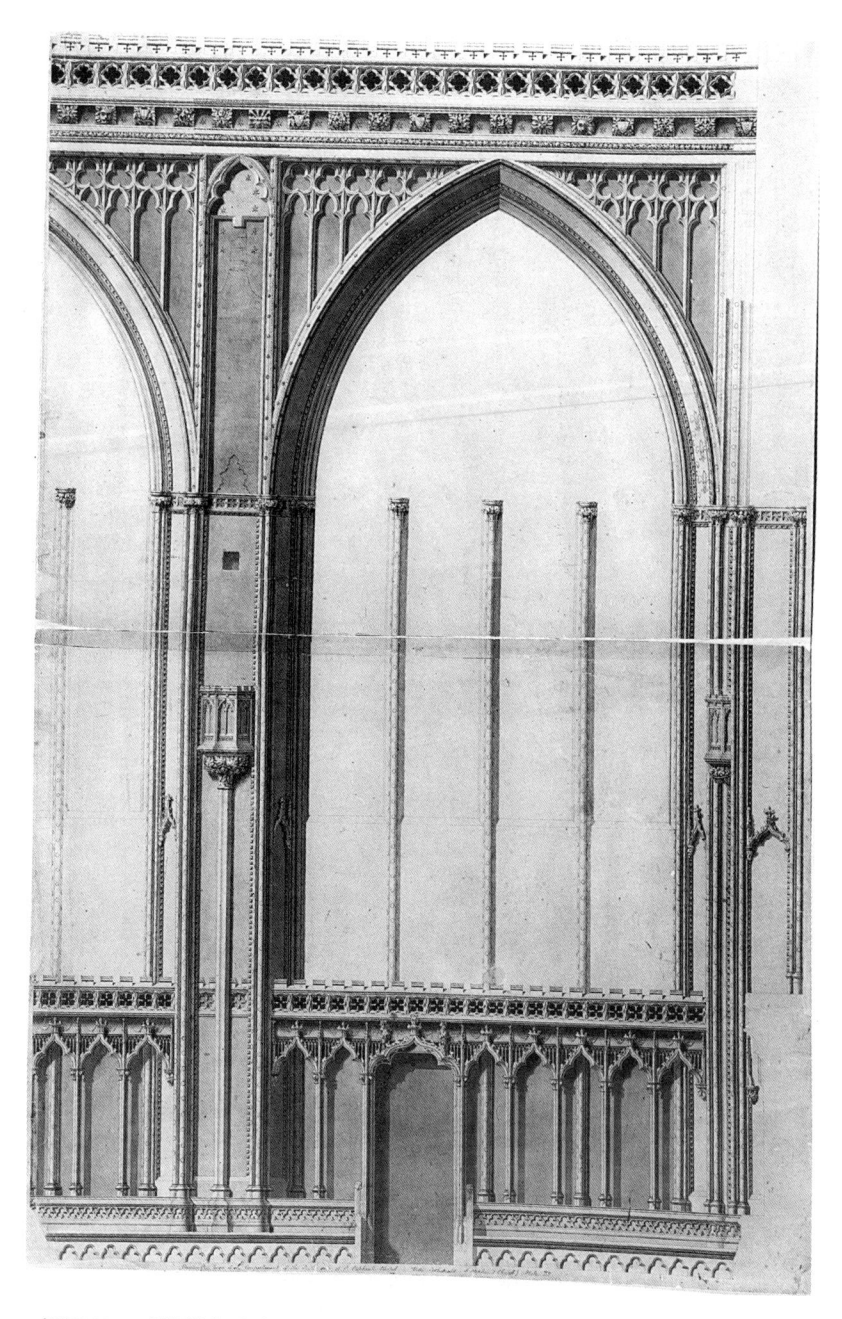

插图 17　威斯敏斯特宫圣斯蒂芬小教堂，始建于 1292 年，小教堂上部东分隔间北面的内部正视图（理查德·狄克逊约画于 1800 年，藏于考陶尔德艺术学院）

插图18　格洛斯特大教堂，从东面看的唱诗坛，约始建于1337年

插图19　马林堡（马尔堡），条顿骑士团的城堡，从西面看，右边是高堡（始建于1280年前），左边是总团长的宅邸（约始建于1330年）

插图20　威斯敏斯特大教堂门厅内景，建于1391—1401年

插图21　吕贝克圣马利亚小教堂的唱诗楼，始建于 1277 年

插图 22　布鲁日市政厅，建于约 1377—1387 年

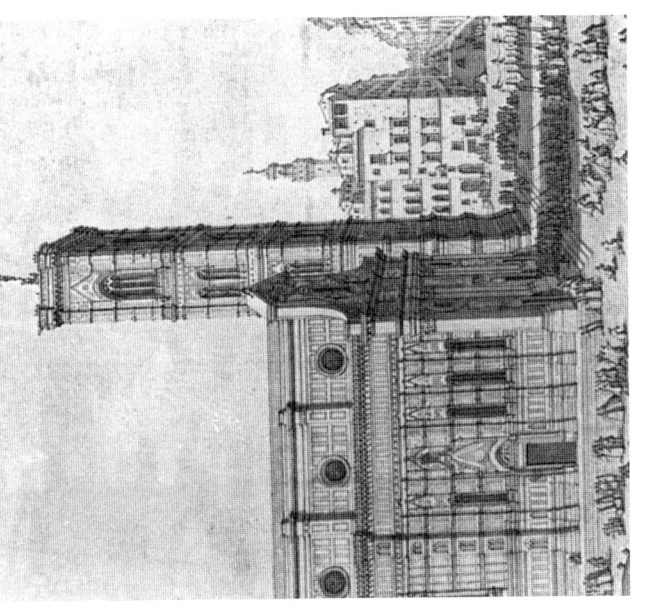

插图 23　佛罗伦萨的市政厅韦基奥大楼，建于 1299—1315 年，从西北面看，右边是雇佣兵凉廊（建于 1376—约 1381 年）

插图 24　佛罗伦萨乔托钟楼，约始建于 1334 年

插图 25　图卢兹多明我会教堂（所谓的雅各宾派教堂），始建于 1229 年，完成于 1390 年，内景，从东北方向看

插图 26　伊利大教堂的八角楼和灯塔，建于 1322—1340 年

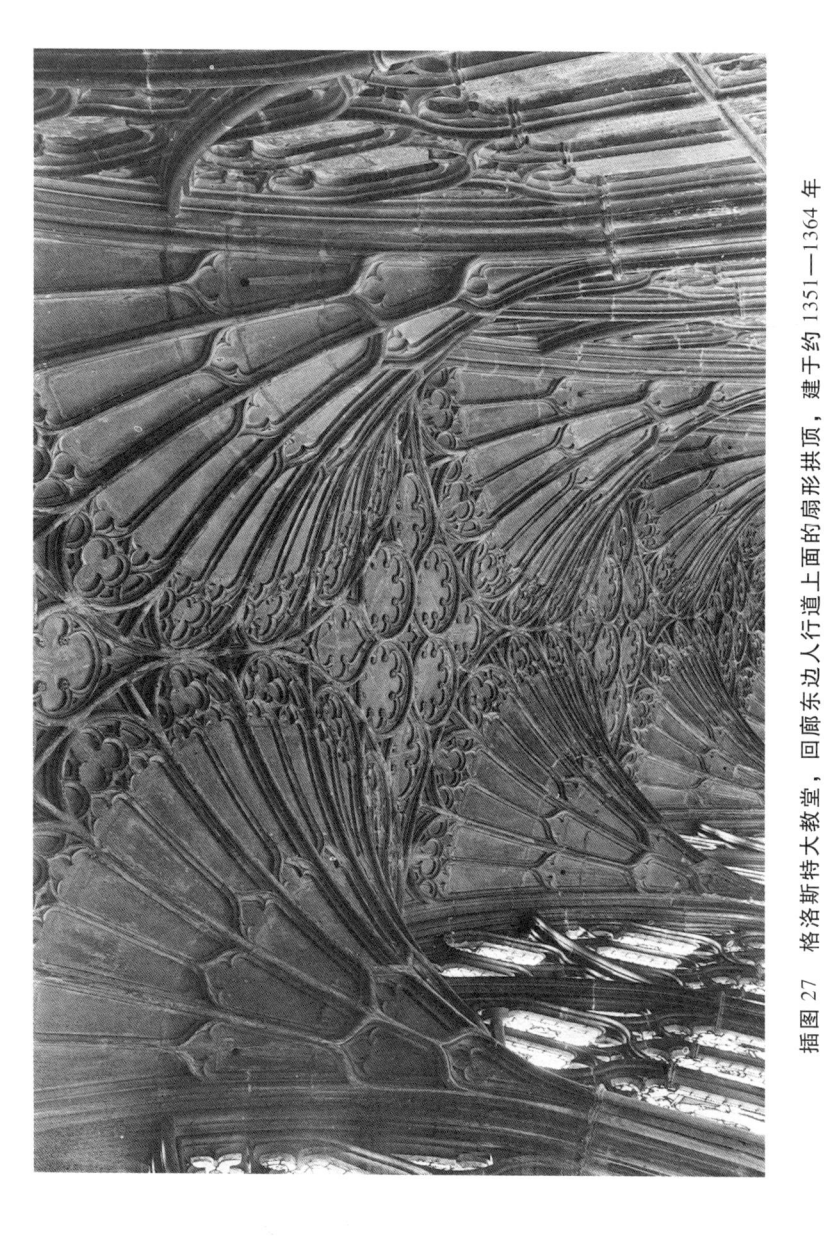

插图 27　格洛斯特大教堂，回廊东边人行道上面的扇形拱顶，建于约 1351—1364 年

插图 28　牛津大学的新学院，建于 1379—1386 年，从西面看

插图 29　赫尔圣三位一体教堂，从东面看的唱诗坛内景，约建于 14 世纪 20 年代及以后

插图 30　耶夫尔河畔默安城堡，始建于 1367 年，从北面看（来自林堡兄弟为贝里公爵约翰绘制的《时间祈祷书》中的微型画，作于 1413—1416 年）

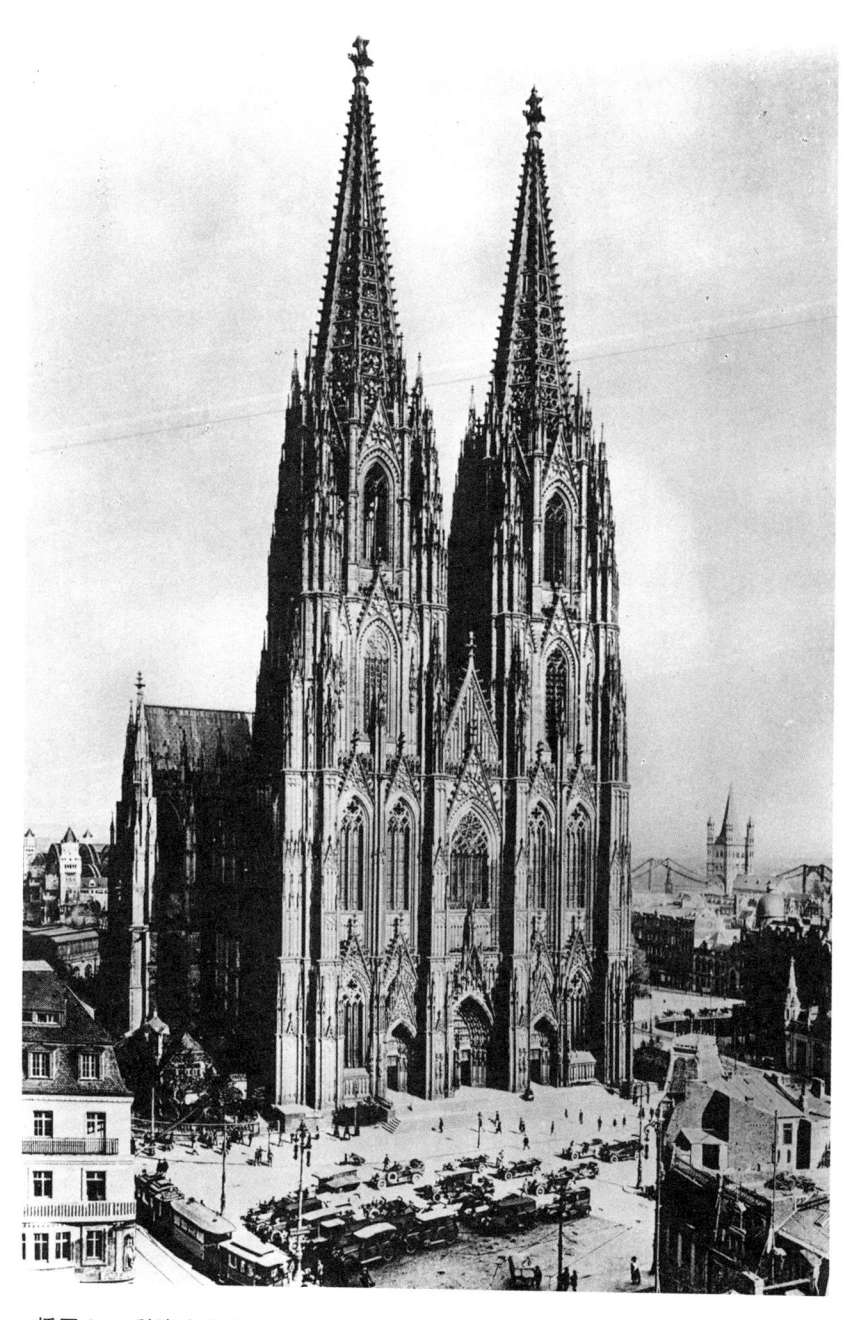

插图 31　科隆大教堂西边正面，约 1300—1310 年设计。西南面的塔的底下两层建于约 1310 年到 15 世纪初。西北面的塔的最低部分建于 15 世纪，其余部分按照残存的中世纪的平面图 F 建于 1842—1880 年

插图 32　布拉格大教堂，建于 1344—1385 年，唱诗坛内景

插图33 施瓦本格明德圣十字架教堂，中殿和唱诗坛内景，从东面看

插图 34　巴塞罗那大教堂，始建于 1298 年，从东北面看的内景

插图 35　帕尔马·德·马略尔卡大教堂，始建于 1306 年，从东面看的内景

插图 36　米兰大教堂，从西面看的唱诗坛外景，始建于 1386 年

插图 37　奥尔维耶托大教堂,从西北面看的中殿外貌,始建于 1290 年,教堂正面始建于 1310 年,建造者为洛伦佐·马伊塔尼

插图 38　佛罗伦萨圣十字教堂,从东面看的内景,始建于约 1292 年

学。那里的大学云集了来自帝国的大量学生（其中很多学生有教会背景或至少有过文书的经历）。帝国的神学教育情况稍好一些，有几所由宗教修会创办的出色的学习中心（其中首要的是位于科隆和维也纳的多明我会修士的学习中心；也有一个法兰西斯会和其他修会的修士可以学习的中心），但只对学习神学感兴趣的人相对较少，因而其意义有限。

查理四世是第一个认识到建立和发展高等教育制度的重要性的。显然最初是意大利使他明白这个道理的，他签署了一系列在帝国的意大利和勃艮第地区创办大学的证书（他对大学的进一步发展毫无兴趣）。但在他的家乡所属地区，就另当别论了，在那里，查理四世作为波希米亚国王在布拉格建立了中欧第一所大学（1348年4月7日）。为了这所大学，他早在一年多以前（1347年1月26日）就请求教宗批准。查理通过爱森纳赫特许状（diploma of Eisenach）将这所教育机构置于帝国的保护之下（1349年1月14日）。他打算这所大学覆盖的范围比之前的任何此类机构都要广泛。其招收的学生不仅来自帝国境内，还来自整个中欧和斯堪的纳维亚。其组织形式因而也与那些只迎合个别国家的大学相当不同。当然，大学稳固地确立需要一些时间，很快就出现了它不能充分满足不断增长的需求的情况。因而，在各种创办人的保护下，逐渐出现了其他的大学。

这些大学中成立最早的是维也纳大学。1365年，哈布斯堡的鲁道夫四世在预先请示阿维尼翁的教宗后，创建了这所大学，尽管十多年后（在1377年）它才开始正常运行。阿尔伯特三世也对这所大学作出了贡献，因为正是他在1383年设法从巴黎大学引进几位著名的神学家，一年后，他建立了神学院，此前只有布拉格大学才有这种特权。此后，维也纳大学的名声持续攀升。在1400年前后的某段时间，有人以夸张的形式声称它拥有4000名在校生。事实上它的学生不到1000名。海德堡大学由巴拉丁选帝侯在1385/1386年建立，它的存在也归功于几位著名的学者；它与布拉格大学和维也纳大学一起，履行着重要的知识传播和宗教职责的作用，为其创建者培养了许多治国顾问、外交家和主要官员。

同样，这一时期在帝国境内建立了最后一所大学——莱比锡大学

(它的诞生，是德意志的师生脱离布拉格大学的一个结果，由于瓦茨拉夫四世在1409年1月颁布的库特纳霍拉［Kutná Hora］法令，剥夺外国人的选举优势［electoral advantage］），它很快就成为其创建者梅森侯爵的主要支持者。只有两所大学，科隆大学（1388年）和埃尔福特大学（于1379年和1389年获得教宗批准证书，但直到1392年才开始运行）是由城市创办的，因此前景相当不同。1402年，埃格洛夫施泰因的约翰一世（John I of Egloffstein）主教经罗马教宗批准建立了维尔茨堡（Würzburg）大学，但它只存在了几年。

各个大学必然衍生出各种其他管理、经济或文化性质的机构或亚机构。其中，图书馆值得提一下。大学图书馆在很短的时间内就成为历史悠久的教会图书馆的对手，其学科覆盖的范围很快超越了后者。它们的组织形式像大学本身，尤其是在图书馆附属于单个学院的地方。大量手稿被保存下来，而且这些手稿的生产和销售已经呈现出某种明显的专业化性质。即使由于日益变得世俗化，大学与它们所处的城镇的联系日益密切，但它们也以其他各种方式互相合作。

当然，大学只不过是教育系统的顶端，在其下面（显而易见在此之前）一个较低的教育系统发展起来，它已开始与教会所专注的那些狭隘的观点和组织分离。毫不奇怪，在修道院或教士会的礼堂里那些古老的教会学校构成的教育网竟保持着各种特权。当然这主要是一个培养未来的神职人员的问题。然而，除此而外，在世俗生活的实际需要中至少有一种必要性变得明显起来，那就是开展初级和中级教育。这显然与城镇尤为相关，因为在乡村中基础教育仅限于屈指可数的少数堂区学校。另一方面，城镇里逐渐出现了一种更加不同的城市的或市民的教育，旨在培养学生掌握从事某种行业所必需的实用技能，但对这种教育我们了解得不太多。

城镇

尽管本世纪中期以后经济状况不利，城镇在这个变化相当大的时代还是显示出许多有活力的迹象。诸帝国城市的政治抱负频繁地导致具有不同结果的军事对抗，关于这一点有人曾提出，城市的地位与其经济实力直接成正比。经济实力分布得不怎么均衡。虽然诸帝国城市的网络连接得相当紧密，但大多数单个城镇和城市的经济影响力还只局限在其附近地区,只有少数城镇成功地将其影响力扩展到整个中欧乃至更远的地方。人们只需列举其中少数城镇的名字就够了,部分地是为了说明它们的多样性,但也是为了说明它们的直接功能——不仅指上文提及的那些领域,而且也从技术进步、艺术、一般而言的文化的角度来看的功能。因为城市处于成为世俗权力的堡垒的过程中,持有这种权力的或者是贵族成员或者是教会的领袖,虽然后者经常和他们原居住地的居民产生冲突(帕绍[Passau]、维尔茨堡、科隆等)。

如果不提布拉格(它在 1400 年前一直是波希米亚王国的中心,也是神圣罗马帝国的中心),那么我们只需提一下像纽伦堡、法兰克福、科隆、吕贝克、奥格斯堡、维也纳、海德堡和梅森这样的城市,因为马上就能明白其所覆盖的范围是多么广阔,地理上的和任何其他事情上的都是这样。这个名单中既有正处于帝国中心位置的城市,也有位于其边缘的城镇;既有和中央政权保持紧密联系的城市,也有处在帝国外围与帝国联系相对薄弱的城镇。吕贝克领导的汉萨同盟特别能说明这种情况,它实际上建立了它自己的世界。自前一个世纪以来,汉萨同盟就一直控制着贸易。它在北部和波罗的海沿岸的政治发展中也发挥重要作用,虽然它的一些不同的成员,如索斯特(Soest)和布伦瑞克,也深深地参与帝国本身的事务。在那些自我管理的实际上是独立的共和国的城市中,最主要的是科隆(它更多地关心欧洲的西部),其次是法兰克福和纽伦堡——是中央政权的两个主要支持者,这是查理四世在《黄金诏书》中解释过的(参见前面原文第 554 页)。

诸如维也纳和梅森这样的城市,其功能更多的是作为某个封建领主的居住地,因此极其依附于它们各自的统治者:维也纳依靠哈布斯堡家族,海德堡依靠维特斯巴赫家族,梅森依靠韦廷家族。这些城市为强大的统治家族实施自己的政策(经常有超出帝国边界的影响)提供了一个基地。然而它们只能在有限的程度上和城市同盟竞争,而且一般说来,这仅限于其统治者自我扩大权势的冲动促使他们提升城市地位的时候,特别表现在文化领域(如建立大学)或表现为建立各种教会机构。与此同时,一些特别古老的修道院共同体已经看不见它们**存在的理由**,不可逆转地衰落了。

在经济领域，城镇不但发展了它们自己的银行业和会计制度（然而它们仍往往落后于意大利人的制度），而且它们也是取得可观的技术进步的场所。例如，德意志的首家造纸厂是纽伦堡市民乌尔曼·斯特罗默（Ulman Stromer）于1389—1390年建立的；8年后，另一家造纸厂由尼克拉斯·布沃尔德（Niclas Buwalde）在萨克森的开姆尼茨（Chemnitz）建立起来。还有其他许多技术发明，发明并不限于城镇，但城镇为此类进展提供了最肥沃的土壤。最后，甚至连统治家族的成员也发现参与此类性质的活动是有利的。即使查理四世建设新航道的计划未能实现，但它确实引起了各种创新，导致更广泛地使用水力，并建立起运输系统；但最重要的是，不间断地（虽然并不总是非常成功）努力保护陆路交通的安全。由于在每一个层次上的贵族之间都有各种各样的世仇（fehden），因此陆路交通经常中断，迫使整个地区承受某种持续混乱的状态。

面对这种状况，有时中央政权和其他稳定的力量只维持表面上的和平局面也极其困难。众多的关税进一步阻碍了商品运输，关税和垄断贸易的权利（Stapelrecht）一起妨碍了商业体系的充分发展和各个领地之间更大程度的整合。农业上的进步不是无足轻重的，尤其在那些比较古老的方法已经变得陈旧而被更有效的方法所取代的地方，更是如此。公共生活（遭受了很多混乱，特别是在社会领域）的一个重要部分是公共慈善，还有官方约束或者至少是控制社会混乱状况的各种努力。除了与国家事务相关的各种形式的军事活动，也存在更多的地方性的冲突：这些"国内的"对抗几乎没有留下什么记载。

还可以提及中世纪社会两个更大的灾祸。作为城镇人口日渐集中的一个结果，它们造成的影响越来越大。这两个灾祸就是各种传染病和火灾，尤其是传染病，使中世纪的人口大幅度地减少。这方面最可怕的例子是黑死病。它在14世纪中期影响了整个欧洲，实际上造成整个地区人口大量减少。在14世纪上半叶，曾有人估计德意志的人口大约为1400万。1348年黑死病暴发并反复暴发后（1357—1362年、1370—1376年和1380—1383年），一些地方的人口几乎减少了50%。人口恢复缓慢：据估算，同一地区的人口到1470年时也只有1000万。还要考虑其他各种形式的人口变化，它们影响的是乡村而非城市（因为城市人口缩减会由乡村涌入更多的人口来补充）。由于城镇主要仍为木质建筑，制止火灾爆发事实上是无望完成的任务，尽管如此，各市议会颁布的各种越来越详细的治安法令，至少说明它们都在努力稍许降低火灾的危险。

就医疗供给而言，无论存在多少不足，它开始变得更加系统化，而且逐渐独立于教会，实际上直到那时教会是为病人提供任何形式的关怀的唯一机构。尽管教会经营的医院仍占大多数，但除此之外，现在更经常出现的是由城市当局或由个人建立的医院，虽然这些医院绝不可能完全满足人们的需求。

文学和艺术

教育和文化的发展一方面依赖于普遍性的倾向，另一方面依赖于艺术和科学各个分支中那些杰出的人物，虽然直到此时，艺术家和作家们的名字仍在很大程度上不为人所知。这种艺术家匿名的情况并非仅仅由于信息来源不充分所致；它也是中世纪传统的产物（虽然个人主义的新精神正开始在各地出现）。富有的资助人和城市中产阶级的领导成员也在这方面作出了贡献，因为他们认识到公众对艺术和学术工作支持的重要性。前面已经谈论过大学，但还应补充一点：从14世纪下半叶起，有数量可观的学生去罗马世界的那些老字号的大学求学，带回各种新观念，移植到帝国的土壤后获得了新特征。这直接或间接地反映在文学活动上，其范围扩展到当时所知的拉丁语和本土语即德语的所有种类的体裁。这些文学作品具有一连串迥异的方言的形式，尽管如此，从几个规模较大的档案馆藏品来看某些一致的趋势已开始出现。

就文学自身而言，与同时代的状况联系得最直接的，是那些与大学生活（那时处于反对教士生活的各种缺点的状态）相关的作品。克拉科夫的马蒂亚斯（Matthias of Cracow，死于1410年）是海德堡大学的一个重要人物，也是国王鲁佩特一世的首席顾问，后来任沃尔姆斯主教，创作了几十篇（册）作品。他与其他人一起反对教会的世俗化。在波希米亚国家，这种批判浪潮发展成由扬·胡斯校长（Master Jan Hus，死于1415年）领导的强大的改革运动，这自然产生种种反响，尤其在维也纳大学和海德堡大学。这一运动在规模上是泛欧洲的，在随后的几十年里能继续感觉到它的影响。

除了用拉丁语写的文学作品——大都致力于给神学和哲学问题做精细的注释，用本土语言创作的文学作品也出现兴旺的局面，这类作品关心宗教的主题，但也特别关注城市生活。除了史学著作（这里应提一下由纽伦堡市民乌尔曼·斯特罗默在 14 世纪末写的自传体作品《我的家族史》[Püchel von meinem geslecht]，它属于兴旺的城市史学传统），扎泰茨的扬（Jan of Zatec，即 Johann von Saaz，又以 Johannes von Tepl 知名）著的《波希米亚的庄稼汉》（Der Ackermann aus Böhmen）特别值得提及。作品采用通俗易懂的对话形式（鳏夫和死者间的对话），是一篇富于思想内涵的作品——有时被认为已具有文艺复兴的特征，但仍充斥着中世纪的习俗。许多作者用德语和拉丁语两种语言写作，内容涉及应用知识的各个分支。其中最重要的作者之一是梅根伯格的康拉德（Conrad of Megenberg，1374 年去世），他擅长政治和经济事务，也擅长医学和自然科学，他用德语写关于这些方面问题的文章。

宗教主题仍主导着绘画和雕塑，虽然在前些时期的大动乱后，教会开始失去对艺术家们的控制。彼得·帕勒（Peter Parler）这位杰出的人物主宰着建筑业，他创建了一个由门徒组成的建筑王朝，他们的作品在帝国许多不同的地方都能见到，像纽伦堡、施瓦本哈尔（Schwäbisch Hall）、施瓦本格明德（Schwäbisch Gmünd）等地都有，虽然他们最主要的"工场"是在波希米亚国。除了帝国各城市的那些宏伟的教堂和全部修道院，世俗建筑也开始引起人们注意。后者常常表现为封建领主的设防的建筑物，但也有为城市景观作出贡献的其他建筑，主要是一些市政建筑和大型的贵族宅邸。雕塑艺术与建筑紧密相连，它常常与建筑一起形成一个统一的整体。在 14 世纪末，建筑与各种绘画的紧密共生关系产生了一种特别的表现形式，以"美丽的风格"（beautiful style）或国际哥特式而闻名。

这里概述的这一时期之所以重要，是因为它在帝国结构的范围内为诸领土国家的发展奠定了坚实的基础。罗马人的国王确定无疑地失去了干预它们内部事务的权利。接近或不接近权力中心之间的差别无疑变得更加明显了。因此，这位罗马人的国王事实上成了许多统治者中的一个，即使他通常天然地被视为统治阶级中的**首要人物**（*primus* *inter pares*)。他的地位在很大程度上既取决于他的个人品质,也取决于他的家乡所属王国的经济潜力、他的军事和政治基础;家族关系在这方面发挥着重要作用,因而日益得到刻意培育。

伊凡·赫拉瓦切克(Ivan Hlaváček)

张殿清　郑朝红 译

王加丰 校

第 十 七 章

低地国家（1290—1415 年）

"尼德兰"或者"低地国家"是一组省份的共称，自中世纪早期它们就牢固地形成了社会经济和文化的统一体，在这些方面将它们相互紧密联系起来的纽带要强于它们与外界的联系。然而，在政治制度领域，这种统一性并不存在。各个公国都有各自的王朝，但依然没有最高统治者。大多数此类统治家族（布拉班特、列日、荷兰、泽兰、盖尔德斯［Guelders］等）均从属于德意志皇帝的封建管辖权。其他的（如沃伦-佛兰德）则在法国国王管辖之下。佛兰德王朝的领土，除了斯凯尔特（Scheldt）河以东（阿尔斯特［Aalst］地区）一小部分从属于德意志皇帝，大部分从属于法国国王。许多尼德兰的公国，断断续续地被共同的统治者联合在一起，诸如佛兰德和那慕尔（Namur）或荷兰、泽兰和埃诺（Hainault）就是这样。

在宗教领域，佛兰德完全处于几个主教辖区的范围内，但是，这些主教教座所在地都位于该伯爵领之外（康布雷、图尔奈、泰鲁阿讷［Thérouanne］），而布拉班特、列日以及低地国家的北部属于乌得勒支（Utrecht）。列日主教同时也是同名世俗公国的首脑，如乌得勒支主教一样。

低地国家内部各领地和城镇的权力平衡：与外部政权的关系（约1290—约1360年）

在14世纪上半叶，与此前、此后的两个时期相比，低地国家在参与行使权力以及关于各领地统治者的政治影响和势力范围方面，都清晰地展现出截然不同的形象。就内部而言，低地国家的城市里，曾

第十七章　低地国家（1290—1415 年）

一直垄断着政治权力的一批封闭的上层精英，也就是所谓的贵族阶层，此时已被参与城市管理的范围广泛的各社会群体所取代。在每个省的州政府中，直到那时权力也曾处于相对简单地联合起来的王公、贵族和教会上层阶级的手中，但各种新的群体也获得了政治影响力。在某些省，省级等级会议和其他代表机构，已着手将其参与和监督政府活动的权利写入宪法。在另外一些省，它们有能力使这种参与付诸实践，特别是通过使用他们长期积累起来的权力，就所属州的征税进行表决。

另一方面，就各比邻公国之间的权力平衡而言，14 世纪上半叶更像是前一个世纪的延续。低地国家的各个公国继续推行防御政策，旨在减少各大国（法国、帝国和英格兰）的干预。在经济和文化上，它们彼此之间保持良好的联系；在政治领域，它们仅限于在一对一的基础上把自己之间的矛盾限制在相当老套的邻里纠纷（例如，佛兰德对荷兰，布拉班特对佛兰德，布拉班特对列日）之内。这里缺乏一种全局的眼光或任何积极的政策，如果有这种眼光某个公国就可能渴望支配整个或大部分尼德兰。一般而言，这样的状况直到 14 世纪下半叶才改变。

佛兰德伯爵领（1297—1360 年）

直到大约 1300 年，由富裕市民组成的一个封闭的社会阶层一直垄断着佛兰德城镇的市议员席位。从 1252 年开始，特别是 1280 年以后，这个贵族阶层的地位受到了挑战。来自纺织部门的手工业劳动者、"中产阶级"的工匠以及一些因发家太晚而未被允许进入这个封闭的贵族阶层的新贵、商人企业家们，组成了一个混杂的阵线，他们发动罢工和社会反叛。1297 年，这些社会团体强行取得了市议员席位。佛兰德伯爵与法国国王之间以及英格兰和法国之间（1279—1305 年）的国际冲突引发的权力崩溃，无疑为这种**现状**的变化铺平了道路。旧贵族阶级丧失了垄断权。然而，由于这个阵线里的各个群体利益迥异，平民阶层（"工人阶级"）未能接管统治权。1305 年以后，制订城市政策的是一些激进派和温和派的代表，他们来自供出口的纺织业中的织布工、漂洗工的行会。参与制定城市政策的还有为当地市场而生产的众多行业，以及传统的贵族家族。经过在 1300 年左右的清洗后，最精明的贵族还成功地维护了自己在政治上的影响。这种政治上的合作一点也不顺利。社会冲突不时地突然爆发，例如，1311年根特的纺织工和漂洗工一起反抗富裕市民。然而1319年以后，富裕市民通过联合漂洗工和各个行业，将纺织工排挤出市议会，在很大程度上重新获得了它旧有的影响。随后，1336年，从英格兰进口羊毛的中断，以及随之而来的失业和饥荒的威胁，为纺织工人提供了契机，使他们在席卷根特和其他佛兰德地区的社会动荡中独占鳌头；而且在詹姆斯·范·阿特维尔德（James van Artevelde）的领导下，1338年他们成为支持英格兰、反对法国、反对佛兰德伯爵的广泛阵线的驱动力量，在政治上重新确立了自己的地位。然而，1345年同时发生了两件事，纺织工血腥镇压要求增加工资的漂洗工的起义，又在一次密谋中暗杀了阿特维尔德，加上他们在全部控制政府各种职位后傲慢自大，造成了所有其他群体的强烈反对。1349年他们被逐出政府，这种情况延续了十年。直到1359—1360年，各方就试图控制未来的冲突达成一个折中方案，才化解这种紧张局势。该方案规定：按照固定份额，富裕市民、"中产阶级"和纺织工人明确、全面地（直到1540年）分配市政府的各项职责，当然这里面不包括漂洗工。

关于整个伯爵领的政府管理，重心同样发生了变化。在13世纪时，伯爵与他精心挑选的贵族和教士组成的元老院（curia）实施统治。说得确切一些，虽然市民可以通过**佛兰德参审员**（scabini flandrie）的代表机构，发出某种政治声音，但元老院仍是五个主要佛兰德城镇的贵族阶层的代言人，其政治观点和社会利益与统治者没有本质区别。这种情况在1297年前后的抗议后发生了实质性的变化。从那时起，民众代表的制度——议员的"议会"——由各种社会群体构成，包括手工业者，其社会经济利益与以前那些政治精英的利益截然不同。较小的城镇和来自乡村的代表偶尔也成功地获得某种话语权。但最重要的是，根特、布鲁日和伊普尔这三个大城市，也叫勒当同盟（Leden），其对政治权力的追求，在根特的政治家詹姆斯·范·阿特维尔德的推动下，不断升级，在1338—1345年的革命时期达到顶峰。这呈现出两个发展方向。一方面，把伯爵领划分为三个势力范围（地区），三个地区的政治决策过程分别由三镇垄断。另一方

第十七章 低地国家（1290—1415年）

面，他们获取了独享这个伯爵领政府的控制权；实际上把逃亡法国的伯爵排除在外。阿特维尔德行动的合法性岌岌可危。这种处境的危险性变得类似于意大利的城市国家所面临的情况，虽然勒当同盟尽最大努力保持传统制度的形式，包括伯爵的职能，并尊重这种制度。1345年，这个城市阵线各成员之间的不和及每一城镇内各社会群体间的纷争，几乎使所有一切都恢复到以前的法律基础。新伯爵路易·德·马尔（Louis de Male，1348—1384年）知道如何处理这些城镇的共管问题。1359—1360年，他让它们任命一个委员会，来有效抑制伯爵管理中的任何弊端。在城镇参与管理越来越多的同时，自1300年起，伯爵们就增加了城镇在政府事务中的自治权，用忠诚的金融和法律方面的技术人员取代他们政务会中的贵族、教士和市民的成员，这些人此前一直来都是其社会群体的代言人。

佛兰德伯爵的国际地位主要由两方面基本因素来决定。一是作为伯爵宗主的法国国王，不断受到诱惑，干预伯爵领的政策和爵位继承（德意志皇帝也可以对佛兰德的帝国属地——阿尔斯特地区提出同样的要求，但其影响要小得多）。另一个因素是佛兰德在经济上，既因贸易之需依赖与意大利、德意志北部城镇的良好关系，又依赖与英格兰的良好关系，以便为其基础工业——纺织工业提供必不可少的原料羊毛。这些因素因许多周期性的因素而变得复杂起来，诸如相继的宗主们和伯爵们相比较而言的各种个性的力量及其抱负——前者追求最大化的霸权，甚至要吞并佛兰德；后者主张最大可能的自治。此外，伯爵们与伯爵领内特别是大城镇的政治精英的力量平衡在不断发生倾斜。

在取得布汶（Bouvines）战役（1214年）胜利后，法国国王支配欧洲政局的程度，已经可以兼并佛兰德。然而，在13世纪其余的时间里，这位宗主满足于让自己信得过的人登上佛兰德宝座，并通过解除佛兰德与埃诺王朝的联盟，削弱这些人的政治力量。直到大约1280年，佛兰德的当皮埃尔家族在与埃诺的阿韦讷（Avesnes）家族和荷兰的冲突中，一直在打法国牌。

居伊·德·当皮埃尔（Gui de Dampierre，1278—1305年任伯爵）和其子罗贝尔·德·贝蒂纳（Robert de Béthune，1305—1322年）利用一种三重的挑战，结束了这种局面。首先在法王"美男子"菲利普四世（1285—1314年）时期，他们必须面对这位国王对法国王位的有个性的强硬见解，他在思想意识上受其能干的法学家（*légistes*）的鼓舞，显现出中央集权和对外扩张的政策轮廓，几乎没有给佛兰德伯爵留下某种自主的空间。其次，始于1270年的佛兰德与英格兰之间的政治危机，与其他事件一起，导致佛兰德于1273年中断从英格兰进口羊毛，结果是有一点变得明显起来：与英格兰关系恶化，对佛兰德的经济是灾难性的。最后，这些国际问题和国内事务也有联系。1280年至1305年社会关系十分紧张，旧贵族显然寻求法国国王的支持，其他居民则求助于伯爵和英格兰。在同时代人的眼中，这种两极分化再明显不过，并将这两个政治集团分别称为"百合花派"（百合是法国国王的徽章）和"狮爪派"（狮子是佛兰德的徽章）。当1294年英法两大国发生冲突时，居伊·德·当皮埃尔在是否采取行动对抗宗主国法国时犹豫不定。然而，这种立场很快就被证明是死胡同。1297年，他与"美男子"菲利普决裂，宣布放弃封建忠诚，并与英格兰结成同盟。1300年5月，法国国王**武装**占领佛兰德，强行将其并入王室领地。虽然佛兰德军队于1302年7月11日在科特赖（Courtrai）（金马刺之战）打败了法国骑士，使后者蒙羞，但两年后法国国王一雪前耻，并于1305年签订《阿蒂瑟条约》（Treaty of Athis）。这个条约一方面虽然恢复了伯爵领的自治，但同时又强迫佛兰德赔付巨款并割地，即吞并沃伦-佛兰德（Walloon-Flanders）（里尔、杜埃和奥尔希［Orchies］地区）。该条约在《蓬图瓦兹条约》（Treaty of Pontoise，1312年）中又得到进一步确认。罗贝尔·德·贝蒂纳在位期间，始终反对法国对条约在资金方面的解释，因为这些条约对佛兰德十分不利。1314—1316年间，当两国关系又几乎出现1300—1302年事件的模式时，他也进行了某种军事抵抗。

和前两位统治者相比，路易·德·纳韦尔（Louis de Nevers，1322—1348年）个性软弱得多。1323年，佛兰德沿海地区的农村爆发起义。这场起义并不是源于饥饿的绝望之举，而是富裕农夫为争取更有利的财产法令而发起的运动。路易缺乏外交手段和洞察力来控制这种局势。他转向一个小群体——根特一个古老的**百合花派**（*leliaard*）家族，寻求他们帮助。1328年，像那些1280年前在位的前任一样，他倚靠法国国王平定了叛乱。在随后的无情镇压中，包括镇压城镇居民，路易为某种挫折感的不断增长和新一轮的反抗动机埋下了基础。由于法国的武装干涉和《阿蒂瑟条约》带来的财政负担，大部分佛兰德人都非常憎恨路易对法国奴颜婢膝，致使他完全失去信任。更重要的是，路易的这种行为导致英格兰国王爱德华三世在与法国交战之初就打击佛兰德，于1336年8月停止向佛兰德出口羊毛和谷物。路易现在发现他面临着与居伊（Gui）伯爵在1294年面临的同样的困境，但不同的是，这一次他太明显地把宝押在法国上，以至无法与英格兰进行任何外交接洽。此外，几个城镇的城市权贵和平民阶层为了自保，在詹姆斯·范·阿特维尔德的领导下，已经全体一致地选择了亲英立场。1339年12月，路易伯爵逃往巴黎。1340年1月，阿特维尔德承认英格兰国王为佛兰德宗主。然而，自大的根特和其他城镇之间的内部冲突，以及纺织工人中的激进派对其他社会群体傲慢无礼，导致这个联合阵线分崩离析，在1345年阿特维尔德被谋杀后情况进一步恶化。

城市联盟的分裂恰好为新伯爵路易·德·马尔提供了一次独一无二的机会，便于他对各国采取更独立的立场。诚然，1359年至1360年，路易伯爵和由他扶持的城镇地方行政官也遭到了突然兴起的各种社会力量的反抗，但路易足够睿智，不再借用法国国王的军事力量，而是试图并寻求各社会群体利益之间的某种圆滑的平衡。

布拉班特公爵领（1324—1347年）

像佛兰德一样，在13世纪的布拉班特城镇，人数有限的富有商人和工场主上层控制着各劳动阶层和工匠，后两者没有某种政治发言权。效仿佛兰德，布拉班特一些阶层的居民于1303年也爆发了起义，试图摆脱这种权力垄断，但只取得有限的成功。在卢万（Louvain），他们一次也未获得过市议员的席位。在布鲁塞尔虽然成功了，但也仅持续到1306年。迅速恢复原状表明布拉班特的贵族比佛兰德的同行更顽强。贵族巧妙地将自己的命运与公爵的命运联系起来，成功地使商业行会充当解决工人薪金纠纷的仲裁者，并向新近成功的商人工场主提供机会，把他们吸收到自己的行列中来。直到1361年，平民阶层才提出新的政治要求。

就布拉班特公爵领的政府而言，这段时期它处于从传统的封建状态向某种形式的人民主权的发展过程中。在前一种制度下，公爵在少数教士和贵族的帮助下制定政策，享有最高统治权。在后一种制度下，公爵通过地方议会和一个代表机构执行其臣民的意愿。分享政治权力的实现极大地受到以下情况的推动：从 1248 年到 1356 年的 5 次爵位继承中，有 3 次的继承者为未成年人。很典型的是，布拉班特的这种政治权力的重组体现为正式的法律文本；而在佛兰德，伯爵的反对者自恃强大，认为他们不必致力于写下他们行使的政治权力的份额。亨利二世（1248 年）和亨利三世（1261 年）的遗嘱，尽管仍然是在没有受到城镇干预的情况下起草的，但它们却是真正意义上的宪法的前身，在遗嘱中人民主权越来越严格地显现出来。另一个因素是关于"公共利益"的观念，即如何公平对待组成全部居民的不同群体。实际上，这不如说是一种促进有典型意义的商业和产业需求的委婉说法，城市精英希望借此巩固他们的地位。其实，这些 14 世纪初发生在布拉班特的变化，本质上就是摒弃将农业及贵族精英的利益置于城市利益之上的政策。在 1300 年前，王朝的权力以一大批贵族家族的追随者为基础。正是这种联合试图通过昂贵的扩张政策改进自己的形象，其扩张在 1288 年吞并林堡（Limburg）后达到巅峰。然而，军事业绩耗空了君主的国库，更糟的是，它成了外债不能偿还的原因。这反过来导致布拉班特商人在海外被捕。由于很多布拉班特贵族充当向公爵提供资金的金融家，他们也感到上当受骗，于是想强迫公爵改变政策。约翰二世（1234—1312 年）在上述两个群体的压力下，于去世前夕批准了《科滕贝赫宪章》（Kortenberg Charter，1312 年 9 月 27 日），规定建立由 10 位市民和 4 位贵族组成的监督委员会。1313 年 5 月，该委员会为公爵任命了两个摄政，但他们继续实行传统的政策，于是在一次城市政变中被免职。现在城镇的影响力是全面的，他们凭借一份佛兰德和沃伦的宪章，于 1314 年 7 月 12 日获得对公共财政的控制权。然而，科滕贝赫委员会的效力，直到 1332 年宪章被再次确认以及在 1356 年被《欢乐进入》（*Blijde Inkomst* 或 *Joyous Entry*）宪章确认后才建立起来。

在对外政策事务中，兼并林堡（1288 年）后，结束了一个世纪的积极扩张。从那时起，重点是防御德意志统治者和列日的大公－主教的领土要求。约翰三世（1312—1355 年）（他曾在法国宫廷接受教育并娶了一位法国公主）和法国之间的结盟即将形成。在1328—1334年间，公爵想要在与列日的双重冲突中，谋求法国国王菲利普六世的支持：一方面，列日的法庭，即和平法庭（Tribunal de la Paix），在布拉班特的司法权问题上表现得自命不凡；另一方面，约翰三世雄心勃勃，欲将列日的经济和战略重地马林（Malines）飞地置于自己的控制之下。然而，约翰三世很不走运，此时恰逢列日的统治者是亲法的主教，因此他的利益菲利普六世也必须加以考虑。另外，为了对抗其对手英格兰人在那里的影响，这位国王渴望成为尼德兰中立的仲裁人。这一因素在下面的事件中发挥了作用：1332年，约翰三世在东部军事活动中表现出傲慢自大，促成了一个广泛的反布拉班特联盟，由德意志国王波希米亚的约翰（也是卢森堡的公爵）领导，参加者包括古利克（Gulik）、那慕尔、盖尔德斯的伯爵和列日、科隆的主教。马林支持布拉班特，但是在战争期间被佛兰德购买，并于1340年被法国吞并。然而，与此同时，低地国家对法国掌控的过于强大的政治网络的猜疑已经增长，那慕尔、古利克、盖尔德斯与布拉班特于1334年结成了反法同盟。随着英法百年战争的爆发，尼德兰彻底重洗国际牌。爱德华三世成功地使佛兰德以外的整个低地国家对他着迷。约翰三世希望利用这种形势对他根深蒂固的对手佛兰德先发制人，说服英格兰把羊毛贸易中心转移到安特卫普，但是这方面的成功是短期的。

早在1339年，佛兰德城镇就推翻了亲法的伯爵，在阿特维尔德的统治下采取亲英立场，恢复了与英格兰的贸易关系，布拉班特不再是享有特权的贸易伙伴。然而，1345年英格兰确实以牺牲法国利益为代价，关照布拉班特吞并马林。此后百年战争的强烈程度有所缓和，因此就有了产生新的实用主义的空间，低地国家从与各大国建立联系转向内部寻求更可靠的盟友。1347年，佛兰德的新伯爵路易·德·马尔与布拉班特公主玛格丽特结婚可以从这个角度来理解。约翰三世甚至与皇帝查理四世达成**和解**。查理四世利用1347年的《黄金诏书》（Golden Bull）消除了列日的和平法庭（Tribunal de la Paix）的影响，规定世俗案件只能由公爵的法庭审理。另一方面，由于布拉班特和佛兰德对这两个省的自然边界斯凯尔特河以及马林地区的主权有争执，它们间的睦邻关系破裂了。经过一场兵戎相见，布拉班特被迫蒙羞吞下《阿特和约》（Peace of Ath，1357年），并把马林割给佛兰德。

荷兰、泽兰和埃诺伯爵领（1296—1356年）

此段时间伊始，荷兰－泽兰和埃诺这两个公国凭借历时长久的当地家族，拥有它们自己的特性。虽然埃诺从1195年到1278年与佛兰德建立了联合王朝，但此后它恢复了自己的王朝——阿韦讷王朝。在13世纪，荷兰－泽兰也由当地王朝统治，其中最强大的代表是佛洛里斯五世（Floris V，1256—1296年）。但1299年其儿子约翰一世早夭，没有留下子嗣，阿韦讷家族趁机继承了爵位。结果形成了埃诺－荷兰－泽兰联合王朝（一直延续到1427年，从1427年到1433年，这些省被并入勃艮第公爵领地综合体 [complex]）。埃诺是略显封闭的传统封建省份，而荷兰是国际商业区，它凭借有利的地理位置带来的先机，超前发展，这是一种最令人注目的、出乎意料的结合。在13世纪，显赫的贵族家族在这两个省举足轻重，但到了14世纪，在荷兰，城镇的活力要强大得多。

在弗洛里斯五世的统治下，荷兰通过吞并泽兰和部分乌得勒支，并重新兼并西弗里斯兰（West Friesland），极大地扩张了自己的疆土，面积达到最大。接近其统治的末期，国际局势紧张也给这里带来了亲法国派与亲英格兰派的冲突。后者要为谋杀弗洛里斯五世（1296年）负责，但只是使冲突全面恶化，所以在1299年弗洛里斯五世之子死后，埃诺的伯爵打着约翰二世的旗号，得以继承统治权。结果，佛兰德陷入法国及其盟国荷兰－埃诺的包围中。荷兰在与佛兰德争夺泽兰的战争中提高了自信，导致它于1304年在济里克泽（Zierikzee）取得军事胜利。威廉三世（1305—1337年）看似继续维持与法国的关系，比如他与瓦卢瓦的让娜的婚姻；但是实际上，他走自己的路，玩弄外交扑克游戏，虽然他与同样投机取巧的对手发生了冲突。例如，1308年，为防止法国势力的进一步增长，他支持卢森堡伯爵亨利当选为德意志皇帝。可是，亨利随后完全背叛威廉，反而站到佛兰德一边，拒绝支持他对泽兰的领土要求。

不过，威廉在支持德意志皇位的下一个候选人巴伐利亚的刘易斯（Lewis of Bavaria）时，就比上次更有斩获。威廉把一个女儿嫁给这位国王，另一个嫁给爱德华三世。这些政治掮客的运作，使威廉成为盎格鲁－德意志策划针对法国、阿维尼翁和佛兰德的阴谋的一个必不可少的中心人物。这一位置使他能够努力完成弗洛里斯五世的扩张政策，在弗里斯兰弗利（Vlie）东部确立他的权力（1325—1328年），又与盖尔德斯达成协议，将下斯蒂赫特（Nederstricht）纳入荷兰的控制范围，根据这一协议盖尔德斯可以得到乌得勒支的其他地区（1331年）。在百年战争开始时，威廉三世是埃诺－荷兰、佛兰德和布拉班特反法同盟（1336年4月）的建筑师，他把自己在瓦朗谢讷（Valenciennes）的宫廷发展成英格兰向大陆宣传的中心。

威廉四世（1337—1345年）展现了非常不同的形象。他冲动，缺少外交手腕，脱离亲英联盟，但处理得很不妥当，以至于法国国王也觉得他不可靠。他投身于西班牙、近东和普鲁士的无望的军事冒险，甚至未能维护荷兰的领土完整。1345年，他在一次与弗里斯兰人（Frisians）的战斗中以不体面地死于战场而告终。因他死后无嗣，随后出现了一段爵位继承的困难时期。1346年1月，皇帝巴伐利亚的刘易斯将这几个伯爵领作为封地，赐予他的妻子玛格丽特，即威廉三世的女儿。尽管她授予臣民许多特权，以此来缓和他们对威廉四世造成的财政崩溃的愤怒，但她几乎不能维护自己的权威。她任命自己的儿子威廉五世为荷兰－泽兰的伯爵（1349年1月），也未能成功地平息这种激情，而是好不容易才避免了一场政变。1350年5月，各个贵族团体，包括埃格蒙（Egmond）、海姆斯凯克（Heemskerk）和博尔塞勒（Borsele）这些贵族家族在内，创立了一个以保护荷兰领土完整为目的的联盟。久而久之，这个"全国性的"党派，开始以鳕鱼党（Kabeljauwen或Cods）自称。与之相对抗发展起来的鱼钩党（Hoeken），是其他贵族和诸如多德雷赫特（Dordrecht）的城镇组成的反对党。这个集团准备与玛格丽特对话。经过军事干预后，威廉五世于1350年底控制了荷兰，尽管只是把鳕鱼党收于麾下，而把鱼钩党驱逐出去。通过英格兰国王的斡旋，鱼钩党很快得以通过金钱交易，使威廉五世接受其返回荷兰的要求，玛格丽特则于1354年让位，但得到资金补偿。1356年她死后，与埃诺的王朝联盟重新在威廉五世的统治下建立起来。不过威廉五世的统治时间不长；1358 年，他首次精神失常的症状变得明显起来，于是他的妻子和此时担任摄政的他的兄弟阿尔布雷希特（Albrecht），将威廉五世加以囚禁，直到他 31 年后死去。

在荷兰与泽兰的城镇里，与佛兰德和布拉班特不同，在 1300 年左右没有发生政治权力的转移。诚然，1313 年，在莱登（Leiden）有一些行会内的骚乱；1319 年之前的一段时间里，米德尔堡（Middelburg）也有过纺织工人反对商人贵族的骚乱。直到 1371—1372 年，才发生严重的冲突和罢工。这种将近一个世纪的时间差异，可以归因于商业和工业发展相对较晚，因此社会问题的暴露也较晚。

在 13 世纪，荷兰和埃诺的政府通过伯爵与从贵族阶层中选出的市议员的合作来管理。像埃诺的威廉三世（荷兰的威廉一世）(1304—1337 年)这样性格强硬的人，并不愿意把权力委托给他人。在埃诺，他将市议会牢牢控制在手里。他很少住在荷兰（1328 年后再未去过），通常是由他任命一位**总督**来管理。不过他更愿意给已经被清除政治对手的市议会一定程度的自由（由此，他使那里的伯爵宗族兴起）。在市议会的正式架构外，威廉三世也试图建立一种与城市贵族合作的基础。很明显，伯爵和快速发展的多德雷赫特的市民形成了一个共同利益的群体，因为后者习惯性地成了伯爵的金融家。然而在 1330 年，一当该市的自大傲慢开始阻碍荷兰其他城镇的发展机会时，他就毫不犹豫地限制多德雷赫特贸易中心的功能。威廉三世总是玩弄势力均衡游戏。他的继任者威廉四世在外交上远远不如他，他严重依赖于来自城镇的补助金，不得不在荷兰和泽兰的市议会中接纳城镇代表，并在 1343 年任命了一个总督（博蒙特的约翰 [John of Beaumont]）。1350 年，威廉四世的统治日渐式微，各城镇和贵族阶层强烈要求在草拟该伯爵领财务部门的报告时，他们有出席的权利。然而，伯爵命令他曾经接受过罗马法培训的秘书——莱登的菲利普（Philip of Leiden），起草了一份君主制的小册子，这使得他在 1355 年基本上收回了那些已授出的特权。

列日亲王 - 主教区（1293—1364 年）

列日和其他各省不一样。980 年，为了削弱封建制度和教会的影响，皇帝拓展他的帝国教会（Reichskirche）体系，将列日提升为公爵－主教辖区。然而自相矛盾的是，随着12、13世纪的发展、皇帝势力的衰落以及教宗势力的增大，政治因素在主教选举中的作用越来越大。在实践中，该法令本身的模棱两可既招致教会邻居（如科隆大主教）也招致世俗邻居（如布拉班特公爵）的干涉。几个候选人代表着多种多样的委托关系，定期站出来。例如沙隆的雨果（Hugo of Chalon，1295—1301年），和他之前的其他人一样，是德意志国王纳索的阿道夫（Adolf of Nassau）的走卒，教宗拒绝为他加冕。随着像卜尼法斯八世这样强势教宗的上任，平衡完全倒向了一边。他将雨果主教调到贝桑松（Besançon），让自己的门徒瓦尔德克的阿道夫（Adolf of Waldeck，1301—1302年）接替他的位置，后来又让巴尔的蒂博（Thibaut of Bar，1303—1312年）接替。这个世纪的其余时间里，教宗一直享有任命权，但这却把真正的权力人物——法国国王遮蔽起来了。法国国王自1305年教宗定居阿维尼翁后就控制了他。同时，法国也表现出野心，欲在尼德兰扮演裁决人的角色。马尔克的阿道夫（Adolf of Mark，1313—1344年）由法国推荐进入阿维尼翁教廷，他在1320年保证支持这位国王对抗英格兰，并于四年后与法国缔结联盟。马尔克的恩格尔贝特（Engelbert of Mark，1345—1364年）依然是法国的忠实封臣。

由于列日主教在极大程度上是外部力量的傀儡，公国内某种民族意识的出现是在无视，甚至是反对这些主教的过程中进行的。这种意识来自城镇内部的活力，他们看出民族认同感不强，就有被他国吞并的危险，而且还看出他们的教会的标识（clerical label）已成为经济繁荣的障碍。此外，面对布拉班特的傲慢扩张，列日的人民极为愤怒。他们认为公爵约翰三世1288年吞并林堡以及列日周边小块领地的行径，是要把他们包围起来。只有马尔克的阿道夫主教在1328年控制其臣民后，他才能有力阻止布拉班特式的"帝国主义"。然而，其继任者恩格尔贝特在国内的位置不稳，又再次给布拉班特提供了恣意扩张的冲动。

在14世纪，列日居民的基本目标是把他们的亲王－主教辖区变成一个公国，走与其他低地国家一样的道路：一个具有鲜明的骄人特征的"列日国家"，其政府是不受外部力量强加而来的。为了实现这一目标，其臣民必须强行参政。不管是在这个地区的城镇中还是在政府里，权力的平衡都在发生转变。

列日城镇的社会阶层具有某种特定的类型，一部分原因是他们的教士、拥有特权的农奴（privileged serfs）和教会的附庸（ecclesiastical tributaries）（他们在某种程度上享受教会豁免权）所占的比例高，但主要是因为缺乏任何参与国际贸易的大规模的或集中的无产阶级工人。当然，有为地方市场服务的手工工人，并且他们早在1253到1255年就参加了新兴的富裕市民煽动的抗议活动，这些新兴的富裕市民此前被排除行使政治权力的权利，而封闭的贵族阶级则成功地维持了自己的垄断权。佛兰德的暴动为于伊（Huy）、福赛斯（Fosses）和列日更成功的反抗（1300—1303年）提供了榜样。随后，在列日的城市管理方面，贵族阶层和手工匠人有了平等的代表权。1312年列日主教空缺期间，贵族试图恢复他们先前的地位。然而，他们中的许多人被迫撤退到列日的圣马丁教堂，并在那里被活活烧死（圣马丁的罪恶［Mal St Martin］）。此后的一段时间内，这个古老的贵族阶层政治上一直无权，但是在《福特姆和约》（Peace of Vottem，1331年）中，马尔克的阿道夫倒行逆施，把商人和工匠的代表逐出了行政体制。

然而，社会力量的作用远比这次简单的反抗活动所揭示的要复杂得多。马尔克的阿道夫这位亲王－主教，从其大学教育中汲取了某种专制君主制的（authoritarian-monarchical）模式，来管理其辖区。1313年他就职后不久，便开始实施自己的想法，因此，新贵族、专业手工匠人和工人，还有贵族家族和教士都同样感到非常恐慌，强烈要求各种公民自由和参政的权利。紧随着的是，城镇和一些贵族成员的同盟与他们的主教之间的一系列冲突。后者蒙羞被迫逃往布拉班特，而教长（dean）和教士会（chapter）试图调解的情况又进一步使他失去面子。他被迫于1316年同意签订《费克斯和约》（Peace of Fexhe），建立一个由贵族、教士和第三等级组成的代表机构（国家的感官［sens du pays］）参与这个亲王－主教区的政府管理。这一条约的文本不久就承担了列日国家宪法的功能。1325年，各行会使此剧再次上演，在这种情况下这位主教又一次外逃，去了于伊。但是这一次主教调动外部军队支持自己，在胡瑟尔特（Hoesselt）（1328年）

击溃列日诸城镇。接着，他放弃军事权力，采用较为狡诈的外交和司法的镇压手段。不久后签署的《福特姆和约》（1331 年）倒行逆施，对行会加以严格限制，并且剥夺了他们的政治话语权。

怀有欧洲野心的领地统治者（约 1360—约 1415 年）

在这第二阶段，尼德兰的政治彻底重新洗牌，这是由于各种条件的非同寻常的结合造成的。四个重要领地中的三个都没有男性继承人：1345 年埃诺-荷兰绝嗣，1355 年是布拉班特，1384 年是佛兰德。每一次都引入外国王朝的后代：埃诺-荷兰和布拉班特的继承人属于德意志王室，佛兰德的继承者属于法国王室。进入一片陌生富裕的国土，以及由于他们出身的缘故而熟悉欧洲层面上的令人激动的政治象棋游戏，诱使这些能干的"外国人"既渴望在自己出身的王朝政治中发挥某种作用，又想实现领地自治的抱负。令人称奇的是，这种双向的方法不是不成功，因为这发生在这样一段时期：那些大国受到了严重削弱，或因为彼此交战（法国和英格兰），或因为内部分裂（德意志），或因为政策缺乏明确方向（教宗）。

勃艮第-佛兰德的景象（1360—1415 年）

路易·德·马尔是一个比其前任们更强有力、更会使用外交手腕的**实力政治**（*realpolitik*）的代表人物。他从其前任和自己的城镇政策的失败中得出正确的结论：不论佛兰德的经济还是佛兰德伯爵的威信，既没有从顺从地周旋于列强之间，也没有在盲目地追随英法两国中得到任何帮助。于是，他开始用一种经典的方式——军事才能——打造自己的权力光环。1356 年，路易·德·马尔率军入侵布拉班特，这时女公爵若昂（Joan）正处于费力的继承权斗争的过程中，她已被迫向自己的自信的臣民郑重地作出各种政治让步，这彻底破坏了她的权威。路易毫无顾忌地把埃诺的统治者拉入自己的阵营，尽管后者是布拉班特的盟友，并通过《阿特和约》（1357 年）成功吞并马林和安特卫普的贸易中心，由此扰乱了布拉班特的经济。然后，在 1367 年，路易欺骗了埃诺的阿尔伯特（Albert of Hainault），他迫使阿尔伯特的盟友法国国王转到佛兰德的阵营（虽然他想挽救确实悬而未决的联姻谈判）；而在布拉班特－佛兰德的边境冲突中，路易把和平强加给阿尔伯特，这样一方面增加了佛兰德伯爵继承布拉班特的机会，另一方面更进一步削弱埃诺伯爵对其城镇和贵族的权力。

同时，路易·德·马尔在国际舞台上也有了一席之地。从表面上看，他采用了与他人无异的传统手段，通过联姻获得强大盟友的支持。路易伯爵只有一个女儿玛格丽特可继承他的王位。虽然这一事实含有一些危险，但是鉴于佛兰德的经济实力，这也就代表着一笔可观的财产，路易的策略别出心裁在于他明白这一点。他让强国彼此互斗。1351年，他与英格兰谈判一桩可能的联姻事宜。但这只不过是一种施压的手段，因为1355年，他同意把女儿嫁给勃艮第公爵——鲁夫尔的菲利普（Philip of Rouvres）。菲利普于1361年突然去世后，他重新与英格兰谈判，也只是想再次增加价码而已。英格兰提出让路易拥有蓬蒂厄（Ponthieu）和荷兰的继承权，但是现在玛格丽特的市场价值已经提高，路易又毫无顾忌地开始与法国国王谈判，他让法国国王又等了三年。最终，路易在1369年接受了新的勃艮第公爵——菲利普（"无畏者"）的候选资格，菲利普是国王的兄弟，但正式接受要在后者同意把沃伦－佛兰德割让给他之后。这次婚姻打开了更多的领土前景，1384年路易逝世后，阿图瓦、弗朗什－孔泰（Franche-Comté）、纳韦尔（Nevers）和雷特尔（Rethel）伯爵领，以及马林和安特卫普的领地，也都落入这对佛兰德－勃艮第夫妇手中。

除了上述两个十分重要的王朝政策，路易还玩了涵盖范围更广的第三个游戏：一种在大国之间走钢丝的外交政策。为维护与英格兰的关系——这对佛兰德的经济至关重要，他规避了像阿特维尔德那样的风险，订立英格兰－佛兰德和平条约（1348年），并且还与其女婿一起试图调停法英**和解**（1375—1377年）。路易的策略与在这个古老的、熟悉的伯爵领的边界内保护经济和政治个性的古老斗争完全一致。然而，他死后，这项政策就被取代了。此前的一段时间，他的继承人"无畏者"菲利普就开始采取不同的政策。他在1369年结婚时，曾同时发下两个秘密誓言：一个发给其王兄，承诺在其岳父死后，把沃伦—佛兰德归还法国；另一个向路易·德·马尔保证，**不那么做**。这是两面派的走钢丝行为的另一个例子，它完全说明："无畏者"菲利普想要达到不同的目标,即在法国宫廷中的一个政治角色**和**在佛兰德-勃艮第的一个统治者的角色。

1379—1385年爆发的反对老伯爵及其女婿的佛兰德大暴动,出人意料地暂时打断了这些事件的进程,尽管当时路易已经通过重新引入根特织工参与政治决策,以及承认布鲁日和伊普尔的地方行政官进入他的委托人的行列,由此实现了国内和平,但起义还是发生了。事实上,这场反叛可以看作是在激进的亲英分子的鼓动下爆发的,是沿着詹姆斯·范·阿特维尔德的冒险思路进行的最后一次反动的起义,旨在减少伯爵的权力及三大城市作为准城市国家的优势。

1385年的《图尔奈和约》(Peace of Tournai)是一份有节制地镇压的条约。它显然意味着佛兰德与英格兰政治关系的破裂,但是这并没有阻止公爵在政治中立的背景下,立即努力达成一份英格兰-佛兰德贸易协议。在这种灵活的框架内操作,菲利普公爵(1384—1404年)作为一位法国王子,没有遇到太大的困难就在1396年倡导了英格兰国王与法国国王女儿的联姻,由此为其子"无畏者"约翰(John the Fearless,1404—1419年)于1407年缔结英格兰-佛兰德贸易协议打开了大门。

这种不结盟政策帮助纯商业的亲英派取代了政治的亲英派。但事实上,两个公爵也追求第二种政策,由此展现出各种相当引人注目的马基雅维里式的能力。这第二条路线是在法国国家政策中发挥积极作用的路线。这也是纯属巧合的一个结果。从1380年到1388年,"无畏者"菲利普与其他亲戚一起担任未成年的查理六世的摄政。1392年,当国王表现出精神错乱的迹象后,他重担此任。菲利普和同僚们行事都从捍卫各自王朝的利益出发,忽视了法国君主的利益;而且见利忘义,把法国的公共资金转往他们在自己的领地设立的亲王金库。在这些兄弟的争吵中,1407年"无畏者"约翰用暗杀的方式铲除了与他对立的委托方的领导——奥尔良公爵。只有到那时阿尔马尼亚派(Armagnacs)和勃艮第派之间的政治纷争才真正开始。他们都假装在为法国的**公益**服务。事实上,约翰很高兴看到阿尔马尼亚的生命之花在阿金库尔战役(1415年)中"为法国"凋零,同时他和英格兰人打情骂俏,给英格兰人一种他愿意与他们在法国一起生活的假象。实际上,支配他的只有一个动机——那就是他自己王朝的利益。

正出于同样的目的,促使"无畏者"菲利普缔结了一场双重的联姻,在1385年他让两个孩子与巴伐利亚家族的两位成员成婚,那时巴伐利亚家族统治着荷兰和埃诺。在这么早的时期,菲利普还不可能预见到这次联姻后来将导致两大块领土的合并,由此为低地国家在勃艮第王权下统一起来迈出了重要的一步。然而,这项协议的确意味着即将出现某种权力平衡,并且它也是这位公爵想将低地国家纳入自己统治范围的例证。沿着相同的路线,菲利普于1396年设法说服无嗣的布拉班特女公爵接受其子安东尼(Anthony)为她的继承人。这就是直到1430年,布拉班特一直处于勃艮第王朝的一个分支的统治下的原因,勃艮第王朝也以这种方法对它进行间接的政治控制。

国内事务方面,某种真正的力量平衡由于1385年这位君主与自信的佛兰德城镇签署和平条约后得以实现。1407年,经过长时间的不断增强的和解过程,"无畏者"约翰公爵觉着时机成熟到可以强制推行一些措施,限制这些城镇的自治权并抑制它们对权力的欲望。然而,在1411—1417年间,约翰为其在法国的政治野心付出了高昂代价,为此他不得不依靠来自佛兰德臣民的税收,这就迫使他作出让步,撤回许多与他的全国集权政策相关的措施。只是在"好人"菲利普统治下长期的和平,这种中央政府的政策才有可能发展。

埃诺,荷兰和泽兰(1358—1419年)

从1358年至1389年,巴伐利亚的阿尔布雷希特取代了他的精神失常的兄弟威廉,成为埃诺、荷兰和泽兰的伯爵;同时,他仍是巴伐利亚的公爵,还怀有在德意志帝国境内扩大影响的种种抱负。他的双重身份有好处,也有不利之处。一个好处是,他像勃艮第公爵一样,在娶了佛兰德的女继承人后,就有能力从某种掌权者的地位面对他的臣民,并且在他周围还有一种外国王朝的魅力。恰像勃艮第公爵一样,阿尔布雷希特想必发现这是一场巨大的挑战:所面对的这样一个欣欣向荣的省,其繁荣根本上依赖纺织业、啤酒业和其他产业的生存能力，以及各种国际贸易联系的畅通无阻。由于他自己来自一个传统的农业地区，这种挑战显得更为现实。这个巴伐利亚人在1358年采取的首批对策之一，就是把汉萨的贸易中心从佛兰德辽到多德雷赫特。另一件他优先考虑的事情，就是在他治下的几个省内实行政治中立，以便保证它们的经济繁荣，这与"无畏者"菲利普在佛兰德的举措一样。

然而，不论与各大国还是与各个邻居的关系，中立都是巴伐利亚的阿尔布雷希特登基后所预料的最后要做的事情，因为它们只能从赢弱的对手那里谋取利益。例如，爱德华三世就向他提出挑战，以自己妻子菲利帕的名义索要他的领土，因为菲利帕是阿尔布雷希特的姑妈。巴伐利亚公爵与列日主教也有口角，直到1360年才解决，而与布拉班特的冲突到1366年才解决（再次发生的冲突的解决要到1376年）。最令他头疼的对手是佛兰德伯爵，后者索要佛兰德与埃诺之间的边界地区（所谓的**争议之地**）。在一份1368年签订的使他屈辱的协议里，他被迫把这块领地当作来自路易·德·马尔的封地来持有。在领地内部，阿尔布雷希特的权力也被荷兰鱼钩党与鳕鱼党的政治冲突所侵蚀。由于这一原因，同时也由于他有许多时期经常不在低地国家，因为巴伐利亚也需要他在那儿尽责，他不得不忍受严重的权力损失。1362年，他被迫接受以下事实：他统治的三个低地国家的省分别建立一个议会，由城镇控制，有时也受教士或贵族控制，这些议会接管某些决策职能。结果是，直到1366—1368年的危机时期之后，阿尔布雷希特才有能力在欧洲的政治竞技场坚决选择一种中立政策，抵制住站在英格兰国王或法国国王一边的诱惑。

从此，巴伐利亚的境况与勃艮第–佛兰德的几乎完全一样。从社会经济学的角度看，这两个地方的权力集团也是类似的，都怀有控制低地国家其他地区的野心。然而，**实力政治**的逻辑让他们摒弃直接对抗而采取外交联盟的手段。在这种联盟中，他们彼此保持中立。1385年在康布雷举办的双重婚礼标志着这一联盟的形成。菲利普的大儿子约翰（因此也是法国王太子）娶了巴伐利亚的玛格丽特，菲利普的女儿玛格丽特则嫁给巴伐利亚的威廉，后者是荷兰–埃诺的伯爵威廉六世。

这样，在低地国家形成了法国和德意志势力的均势。这种平衡使勃艮第和巴伐利亚范围内的主要领导人能够与英格兰开展谈判，讨论英格兰与佛兰德、荷兰建立良好贸易关系的问题，使后两者摆脱正在分裂欧洲的大规模军事冲突。该中立政策也对以农业为生的埃诺的玉米出口产生积极影响。在低地国家本身内部，1385年签订的勃艮第－巴伐利亚协议，意味着巴伐利亚的阿尔布雷希特作为一位羽翼丰满的伯爵（1389—1404年），有能力更自由地致力于向乌得勒支和弗里斯兰扩张。

出于同一逻辑的考虑，荷兰和佛兰德的友好条约在1405年得以续签，并延伸到布拉班特，后者处在一个类似的勃艮第血统的人的统治下，也表现了相似的兴趣。在1405年至1408年期间，勃艮第的"无畏者"约翰为了证明自己在法国的政治抱负，必须到巴黎显示他的军事实力，每当此时，其同盟伙伴——埃诺－荷兰的威廉六世和布拉班特的安东尼的军队，就成为勃艮第家族友好的后盾。在勃艮第与法国进行艰难的谈判时，他也得到了他们有效的外交帮助，谈判的结果是缔结《沙特尔和约》（Peace of Chartres，1409年）和《阿拉斯和约》（Peace of Arras，1414年）。这三大集团的联合在低地国家内部也证明了自己的价值，他们共同在军事上支持列日主教，在奥泰（Othée）之战中摧毁了列日城市民兵组织，结果是联盟更明显地树立了政治威信。

勃艮第的安东尼（1415年）和威廉六世（1417年）相继去世，标志着三个权力集团间稳定的均势的终结，以及在低地国家间内战的开始。在新一轮阴谋和竞争的混乱中，巴伐利亚的杰奎琳（Jacqueline），她是威廉六世的独生女，嫁给布拉班特的新公爵约翰四世（勃艮第的安东尼的儿子），与巴伐利亚的约翰，即约翰六世的兄弟和直到那时的列日主教，都表现出对荷兰－埃诺的继承权感兴趣。正如所期待的，这一问题的仲裁人是"无畏者"约翰，他是昔日三个强大统治者中唯一在世的。也正是由于约翰，他有能力结束受到德意志国王支持的巴伐利亚的约翰和约翰四世（一个真正的勃艮第人）之间的冲突，1419年2月使双方签订《沃德里赫姆和约》（Peace of Woudrichem）。按照这个和约，两个对手共同管理三个伯爵领，允许巴伐利亚的约翰保有他已经攻占的领地，但他必须放弃荷兰－泽兰伯爵的头衔。

布拉班特公爵领（1345—1419年）

1345年后，在百年战争第一个激烈战争的阶段结束时，约翰三世，与佛兰德和埃诺的统治者一样，都选择了更中立的立场。在这种背景下，他试图更拉近与德意志皇帝的关系，1345年把自己的长女若昂嫁给皇帝的兄弟瓦茨拉夫。那时，这场联姻看起来仅仅是这种新的选择的象征性表示。然而后来因为约翰三世的儿子们相继夭折，这场联姻的意义就不仅限于此了。1355年，约翰三世去世后，留下的唯一的子女就是若昂，于是她和她的德意志丈夫一起意外地继承了爵位。由于到1355年时，神圣罗马帝国的威望已经大大褪色，这次继承并未被真正看作是德意志在低地国家发动的政变（在以前很可能会被认为是这样）。瓦茨拉夫的德意志背景并没有给他在布拉班特的新臣民带来多少印象。1356年，他的弱势地位诱使这个公爵领的代表会议从其公爵那里索取了一份具有宪法性质的文本。该文件规定这个代表机构在每一次宣布战争或和平时都应该拥有发言权，还要求这位统治者只能在布拉班特招募政府官员，并再次确认臣民对他的服从是有条件的。除此之外，佛兰德伯爵路易·德·马尔立刻利用若昂和瓦茨拉夫的弱势地位，于1356年入侵布拉班特。战争以布拉班特签订耻辱的《阿特和约》（1357年）而结束。条约使路易的妻子——布拉班特的玛格丽特（若昂的姊妹）获取了对布拉班特的继承权，还把安特卫普和马林并入佛兰德。

所有的这一切以及若昂后来不得不面对的众多暴动都表明，从政治意义上讲，当1385年在康布雷举行的双重婚礼开启勃艮第-巴伐利亚的联盟时，布拉班特是一个被削弱的穷亲戚。1390年，狡诈的外交官"无畏者"菲利普说服若昂（当时瓦茨拉夫已去世），当然是秘密地，指定他的妻子玛格丽特为她的继承人，并让他的儿子安东尼在布拉班特宫廷接受教育。1401年，安东尼获得了在其母亲和姨母去世后的继承权，并于1404年成为联合摄政。1406年12月，若昂去世后，他正式成为公爵。

勃艮第人被引入布拉班特，并没有导致两者的直接合并，而是布拉班特间接地被勃艮第化。这样的结果源自以下情况：任命佛兰德人担任各政府机构职务，设立账务部，按照佛兰德-勃艮第原则重组宫廷。1409年，在安东尼与皇帝的侄女戈利茨（Görlitz）的伊莉莎白结婚后的几个月里，看起来他恰有可能将使自己拥有一个更独立的立足点。然而，他以法国的一个优秀封臣的身份，在阿金库尔的战斗（1415年）中当场倒下了。1418年，安东尼的儿子菲利普四世继承了公爵爵位。在勃艮第人"无畏者"约翰的压力下，菲利普四世娶了埃诺伯爵唯一的女儿——巴伐利亚的杰奎琳，这表明截至1419年左右，勃艮第公国已几乎获得对全部低地国家的政治霸权。

列日亲王-主教区（1345—1417年）

马尔克的恩格尔贝特（1345—1364年）于福特姆（1346年）遭遇了一场丢脸的军事失败，败在列日和于伊的市民手下。相对于迅速成长的列日这个公国的代表机构，他和他的继承人阿克尔的约翰（John of Arkel，1364—1378年）和霍伦的阿诺德（Arnold of Hoorn，1378—1389年），都处于劣势。1366年，在这个称为"公地"（Common Land，即 sens du pays）的代表机构而非列日主教的驱动下，列日进行了领土扩张，结果把洛恩（Loon）并入列日。列日的民族认同感得到充满活力的城镇的滋养，这些城镇以列日城为先锋。在这些城镇内部，32个行业在1331年遭受了政治挫败后，重新获得了城镇政府的选举权（1343年）。他们甚至还在1373年要求建立了一个"22人委员会"（Commission of XXII），来约束选举中的弊端。1384年他们成功争取到了只由他们选举市议会的权力。

在公国层面上，1343年"公地"强行通过决定，建立一个高级法庭（**22人的特别法庭**[*Tribunal des XXII*]），由4位教士、4位贵族和14位市民组成。这样的构成，意在约束主教的权力，而且的确这个法庭的一项任务就是起诉违反法律的主教官员。

1390年，作为西方教会大分裂的一个结果，列日主教座的空缺成了一个教会—政治问题。罗马反对阿维尼翁，力促己方的候选人巴伐利亚的约翰（1390—1418年）就任。约翰是某位维特斯巴赫（Wittelsbach）皇帝的孙子，他与法国，荷兰和勃艮第-佛兰德诸王朝都有亲戚关系，而且他还怀有野心，要按照勃艮第模式把列日建成中央集权的公国。然而这个梦想遭到了自信的"公地"的反对，他们不喜欢这种君主政体。这种抵制以党派斗争的方式进行，斗争中手工业者、贵族甚至教士都联合起来,成为反对主教的海德罗特部落(clan of the Haydroits)。1406 年,他们认为这个统治者已经被罢黜了。法国政治中勃艮第人的劲敌奥尔良公爵与阿维尼翁教宗一起,准备作为与他们竞争的候选人。但那时巴伐利亚的约翰要求"无畏者"约翰和埃诺、那慕尔的统治者帮忙,由此在奥泰战役(1408 年)中击溃由手工业者组成的列日军队。但对主教来说,这是一次皮洛士式的胜利。事实上,"无畏者"约翰成了列日的保护者,并且他站在这位亲王-主教的背后,从政治上瓦解了列日的各个行会,把公爵亲王-主教区变成勃艮第的保护地。

其他地区(1280—1418 年)

乌得勒支主教区(1291—1423 年)

像列日一样,乌得勒支既是主教辖区,又是世俗的公国,同时也是外部政治力量的玩物。直到 1301 年,教宗作为**帝国教会**(Reichskirche)的变体,在主教任命中起最重要的作用。例如,谢尔克的约翰(John of Sierck,1291—1296 年)的行为,非常适合于某个教宗对教会内部改革的要求;在卜尼法斯八世与法国国王"美男子"菲利普发生严重分歧时,威廉·贝尔图(William Berthout,1296—1301 年)是教宗在英格兰的一个理想的代理人和能干的金融家。1301 年后,乌得勒支或多或少成了荷兰的保护国,阿韦讷家族很容易接近阿维尼翁的教宗,就成功地把他们的亲戚阿韦讷的居伊(Guy of Avesnes,1301—1317 年)、谢尔克的弗雷德里克(Frederick of Sierck,1317—1322 年)和迪斯特的约翰(John of Diest,1322—1340 年)推上宝座。然而,由于政治脆弱和财政疲软,这些统治者容易成为邻居的猎物。1331 年,乌得勒支主教的世俗财产被荷兰和盖尔德斯的伯爵控制和瓜分,荷兰分得下斯蒂赫特(Nedersticht),而盖尔德斯则得到上斯蒂赫特(Oversticht)。

尚不清楚的是,不知是因为受新主教阿克尔的约翰(1342—1394 年)(尽管他也是受荷兰伯爵保护的人)的倔强性格所促进,还是因为人民自身被外来的挑衅所激怒,1342 年后,乌得勒支的民族认同感很快就像当年的列日一样逐渐增长。无论如何,1375 年以首府乌得勒支为先锋，一个由教士、贵族和市民组成的代表机构正式组织起来；1345年，主教甚至敢于拿起武器反对荷兰。1423年，乌得勒支的市民得以使反勃艮第的候选人被任命为他们的主教，这样就推迟了乌得勒支并入勃艮第支配尼德兰的时间。

盖尔德斯伯爵领和公爵领（1280—1418年）

11世纪盖尔德斯出现了一个王朝，从1200年左右开始，这个王朝获得了由教士和贵族组成的一个委员会的支持，使得这个伯爵领到13世纪时形成了强烈的领地认同感。1280年与林堡实现王朝间的合并，促进了这种认同感的发展，尽管盖尔德斯的宿敌布拉班特于1288年征服林堡，使它遭受重创。然而，这种挫折同时也刺激盖尔德斯人更强烈地追求独立。在这种情况下，诸如尼麦根（Nymegen）和鲁尔蒙德（Roermond）这些发展良好的商业城镇非常活跃，比它们的商业竞争对手布拉班特做得更好。由于雷努二世（Reinoud II，1326—1343年）在低地国家的亲英阵营中作用显著，极大地提高了盖尔德斯的威望，皇帝于1339年提升他为公爵。他消除了来自布拉班特的威胁，并与荷兰结盟，获得乌得勒支东部（上斯蒂赫特）的世俗控制权。随着一段相对衰退的时期，古利克的威廉一世（1371—1402年）这个具有欧洲声望的统治者，与古利克建立了联盟。此时领地认同感的增长程度可从下述事件略见一斑：1418年，盖尔德斯的四个中心城市（每个城市统治该公爵领的1/4地方）和贵族同意，即使在其统治者死后无嗣，也要团结一致，保持领土完整。这种强烈的认同感也是盖尔德斯没有被勃艮第人征服的原因，也是它直到1543年才被哈布斯堡帝国兼并的原因。

周边地区

低地国家的其他地区，仍处于传统的封建农业社会，城市中心（现代化及要求参政的先驱者）比较少，对一般性的国家事务影响较小。然而，从经济学的观点看，这些地区作为土地储备的角色很重要。但是在国际政治方面，他们仅仅是跟风者，有时站在英格兰一边，有时又站在法国一边。他们还常被邻居兼并或统治。在这些风暴之间，他们在自己王朝的统治下，过着有些孤立、边缘化但因此相对

第十七章　低地国家（1290—1415 年）

不受扰乱的生活，该王朝的自治因而也经常比那些中心领地持续更长的时间。

弗里斯兰、德伦特（Drenthe）和格罗宁根（Groningen）的北部地区值得注意。作为帝国领地，它们处于皇帝统治之下，但却被交给来自其境外的地方统治者管理。1165 年，乌得勒支主教和荷兰伯爵受托共同管理弗里斯兰，但在 1339 年，管理权又被派给盖尔德斯的公爵；1343 年，格罗宁根受乌得勒支管辖。然而，没有自己的王朝却没有妨碍这些地方的人认为自己的领地是自治的，与任何其他领地一样。他们的认同感，一方面来自弗里斯兰农村百姓热爱自由的传统，另一方面来自一个城镇（格罗宁根）的活力，它起了经济中心的作用。

包括那慕尔、卢森堡和洛恩在内的东部和南部地带，是耕地和林区。与北部地区对比，这些地区各有自己的王朝，所有这些王朝都处于皇帝的封建统治之下。13 世纪里，那慕尔伯爵领先是受佛兰德－埃诺王朝的一个支系统治，随后受佛兰德和埃诺的联合王朝统治。1298 年，佛兰德伯爵把它割让给自己的儿子，此后直到 1429 年它都享有自治权。1421 年，勃艮第公爵曾从其前任伯爵约翰三世手中买下这个伯爵领，接着，后者又被允许再享受那慕尔伯爵领八年的使用收益权。在卢森堡，由于从 10 世纪起它自己的王朝就一直延续着没有中断，因此这里的领土认同感更强烈得多。卢森堡的几位伯爵（以及 1354 年后的公爵）受召成为德意志王国和帝国的统治者，使这种特殊性大大增强。这几位统治者是亨利七世（1308—1313 年）、查理四世（1346—1376 年）、瓦茨拉夫（1376—1400 年）和西吉斯孟德（1410—1437 年）。伯爵"瞎子"约翰与波西米亚国王女儿的联姻，建立了波西米亚和卢森堡从 1310 年到 1439 年的王朝联盟。这一联盟给这个王朝增添了许多光彩，使其能够发挥某种重要作用。1441 年，最后的女公爵，戈利茨（Görlitz）的伊莉莎白，在违背臣民意愿的情况下，将权力卖给了其侄子"好人"菲利普（Philip the Good）。洛恩有自己的伯爵，从 1078 年开始伯爵成为列日主教的附庸。在与布拉班特争夺领土的背景下，当伯爵路易四世死后无嗣时，列日的各个城镇和教士会认为将洛恩并入列日是明智之举。1366 年洛恩被永久并入列日。沃伦－佛兰德作为王朝联盟的一部分，一直由佛兰德伯爵统治到 1300 年左右。1305 年,法国将其兼并,但在 1369 年又将其归还佛兰德。

社会经济演变(1280—1415 年)

低地国家在这个时期没有形成一个政治统一体。至多是有几个支配着它们自己的卫星国的权力集团,怀着取得政治控制权的野心,彼此竞争。然而,在经济(和文化)的层面上,低地国家有明显的集体认同感和团结一致。佛兰德、布拉班特、荷兰和列日的中心地区存在某些相同的特征,只有意大利北部可与之匹敌。这些地区毗邻大海,气候温和,其地形有助于形成密集的运河和道路的网络。从 11 世纪起,佛兰德发展了繁荣的纺织业,并随之形成了一个国际销售网。在北方,荷兰和盖尔德斯有许多城镇(如前者的多德雷赫特,后者的坎彭 [Kampen]),相对较早就发展起来。布拉班特的纺织业,以及列日的纺织业和金属业都受益于它们的位置,即处于布鲁日与科隆的陆路交通线上。更多的周边区域(如弗里斯兰、卢森堡和埃诺)更适合发展农业和林业,但也因此发挥了极为有用的补充作用,为佛兰德-荷兰的沿海地区提供谷物,后者的城市人口占 36%—54%。低地国家意识到自己属于一个单一的经济实体的显著标志,是布拉班特和佛兰德主动调整各自的货币制度(1299—1300 年),使之相互适应,随后,这两个地区在 1339 年和 1384 年达成成熟的货币协定。布拉班特和埃诺也在 1337 年达成此类协定。

在这个时期的低地国家,纺织业占支配地位。最初是佛兰德的城镇(根特和伊普尔),随后是布拉班特的(卢万)、列日的(于伊)和荷兰的城镇(莱登),它们凭借自己豪华的纺织品征服国际市场。此类单一产品的生产使其在质量上乘方面有优势。然而,也有其风险,既因为它针对少数精英,也因为它在销售上依赖贸易线路,高质量羊毛的供应依赖从英格兰进口,前者易于因战争而中断,后者在百年战争期间风险特别大。另外,1300 年后欧洲人口停止增长,销售量也就减少了。佛兰德的工业到 14 世纪初进入衰退期,14 世纪 40 年代布拉班特也进入衰退期。1310—1350 年间,伊普尔的产量减少了一半,马林的产量则在 1332—1370 年间减少了 2/3。出于众多的原因，荷兰的几个中心较好地抵御了衰退的趋势。它们起步较晚；承载的传统负担较少；手段很灵活，进口了更廉价的英格兰羊毛（他们在 14 世纪末就已经这样做了）；最后，凭借合适的销售技巧，占领了波罗的海市场。荷兰也有其他的产业选择，如啤酒生产。列日的情况也稍微好一些，在纺织品以外，它还发展起一系列金属产业。佛兰德－布拉班特的旧工业区对危机的最初反应是实行贸易保护主义，强行取缔农村地区的廉价纺织品生产。然而，经济现实证明比人的愿望更加强劲有力，14 世纪下半叶，农村和小城镇又开始了廉价纺织品的生产。像伊普尔这样的大城镇因拒绝以这样的方式来调整，陷入进一步的衰退；而其他城镇，如根特，能够屹立不倒，恰恰是因为善于变通，将一大部分市场从外国精英转移到国内的精英。

在商业发展的速度和性质方面，这些地区之间也存在明显的时间顺序上的差异。1300 年后不久，佛兰德变成了被动贸易，而布拉班特则在整个世纪都保持着积极贸易模式。不过，坐商的模式可以做得相当成功：在 14 世纪，布鲁日毫无争议地是欧洲贸易的支柱，那里云集了来自英格兰、意大利、西班牙和汉萨同盟（Hanseatic）的商人，并有一种近代的银行制度在运转。在这个时期的荷兰，多德雷赫特扮演着几乎所有来往于默兹河（Meuse）、莱茵河和瓦尔河（Waal）的货物的存储和交换中心的角色。也是在这一时期，荷兰的船运业开始独立于其贸易功能，展现出自己独立的活力。

低地国家的社会组织也存在地域差别。上述各部分内容已表明：最初发生在佛兰德，后来是其他地方，一个封闭的贵族阶层的政治垄断和社会统治是如何在 1300 年后被有组织的商人和工匠瓦解的；后者在 14 世纪里如何很快陷入一种保守的社团主义，经常成为经济革新和调整的一个障碍。

文化演变（1280—1415 年）

气派的教堂和城墙到处林立，这是那时低地国家给任何游客首先留下的深刻印象。这些大厦当然主要是宗教、经济和行政场所，但是，高耸的教堂塔楼、高傲的钟楼、宽敞的医院还有许多象征城市权力和财富的功能。最重要的是，这些艺术品显示了风格的同质性，表明低地国家作为一个共同的实体的特征。继以默兹河地区为中心的罗马式风格风靡以后，佛兰德斯凯尔特河地区的哥特式（13世纪和14世纪上半叶）和布拉班特的哥特式（从14世纪中期开始）占主要地位。这些建筑是法国风格的有特色的变体，当14世纪里对罗马式建筑进行翻修时，荷兰－泽兰和列日模仿了这些变体的风格。

低地国家的显著特征之一，是城市和统治者的赞助同时很活跃，他们介入建筑事业起到了加强自身力量的作用。14世纪末，这种现象尤为瞩目，这时在那些拥有最强大的城市经济的地区，那些雄心勃勃的来自外部的王朝（荷兰的巴伐利亚、佛兰德的勃艮第）推动了一种富足的宫廷生活的发展，这种生活与市政环境完全协调。上述例子表明在什么程度上艺术既是这些王朝自我形象的一个组成部分，也是一种重要的国际性的商品；在较低的社会阶层，有活力的精神和智力生活在低地国家尤其是城镇的发展情况，在本卷前面已经有过说明。

沃尔特·普雷韦涅尔（Walter Prevenier）
张殿清 郑朝红 译
王加丰 校

第 十 八 章
伊比利亚半岛

第一节 阿拉贡王室

14世纪,阿拉贡(Aragon)王室的对外政策主要集中在地中海西部的岛屿与伊比利亚半岛本身,其多数军事活动也就集中在这些地区。詹姆斯二世(James II,1291—1327年)统治初期,其统治范围不仅包括阿拉贡王国、巴伦西亚王国和巴塞罗那伯爵领,它们组成了位于伊比利亚半岛上的阿拉贡王室统治的领土,还包括巴利阿里群岛和西西里。马略尔卡(Mallorca)是詹姆斯二世的祖父詹姆斯一世(1213—1276年)于1229年从穆斯林手中征服的,詹姆斯一世虽然曾利用过这个岛,但他把它同鲁西永(Roussillon)、塞尔达涅(Cerdagne)和蒙彼利埃组成一个王国,交给他的次子。阿拉贡的佩德罗三世(Pedro III,1276—1285年)于1279年声称对马略尔卡王国享有最高领主权,1285年,他的长子阿方索,不久就成为阿方索三世(1285—1291年),从其叔叔那里以武力夺取了马略尔卡,但没有夺取马略尔卡王国的大陆部分;阿方索后来还主张直接统治梅诺卡岛(Minorca),直到那时该岛一直是一个从属于基督教君主的穆斯林国家。西西里是1282年被阿拉贡所控制的,当发生反对安茹的查理的"西西里晚祷"(Sicilain Vespers)的叛乱后,佩德罗三世就占领了该岛。这一行动招致了法兰西籍教宗马丁四世的责难,他还将阿拉贡王国判给了法国国王菲利普三世的小儿子瓦卢瓦的查理(Charles of Valois);这转而又引发法国在1285年入侵阿拉贡,但并未成功。然而尽管有这些国际压力,还有来自阿拉贡内部的反对,佩德罗三世于

1285年去世后西西里被传给了他的次子,也就是未来的阿拉贡的詹姆斯二世;但是詹姆斯二世失去了他哥哥阿方索三世的支持,后者在去世前试图同教会和法国达成和解。

詹姆斯作为阿方索的继承人,设法像统治阿拉贡的其他领土那样来统治西西里,他任命自己的弟弟弗雷德里克(Frederick)为驻岛代表。然而,詹姆斯二世也面临许多他的前任们曾遭受过的那些压力。经过漫长的谈判,在1295年在阿纳尼签订的协定中,他放弃了对西西里的领土要求,而且还承诺归还从他叔叔马略尔卡的詹姆斯那里夺取的土地。各方同意:阿拉贡国王应该迎娶在那不勒斯的安茹的查理二世之女布兰奇(Blanche);为了补偿失去西西里的损失,教宗卜尼法斯八世答应把科西嘉岛和撒丁岛交给詹姆斯二世,但直到1297年,阿拉贡的国王才接受上述岛屿的授职仪式。巴利阿里群岛问题是1298年解决的,这时它们被转让给马略尔卡国王,虽然詹姆斯二世重新主张拥有佩德罗三世强加于它的最高领主权。与此同时,在阿纳尼谈判时设想的把西西里归还安茹王朝一事,因詹姆士的弟弟弗雷德里克在西西里称王而受阻。当务之急是废除弗雷德里克,教宗卜尼法斯八世希望詹姆斯二世能协助完成这一任务。在1298年和1299年,这位阿拉贡的国王确实两次发起征讨弗雷德里克的行动,但弗雷德里克仍然统治着西西里,直到1302年签订《卡尔塔贝洛塔条约》才达成一个解决办法:弗雷德里克在有生之年可以保留对西西里的统治权,但是放弃对卡拉布里亚(Calabria)的要求;他去世后,把西西里归还给安茹王朝。事实是,弗雷德里克去世后,其后裔仍然统治着西西里。

虽然撒丁岛和科西嘉岛被授予詹姆斯,但直到接近统治的末期,他才发动一场获得前一个岛的远征。此前,撒丁岛的权力主要落在比萨手中,但热那亚人和当地的家族,尤其是阿尔博雷阿的法官们(Judges of Arborea),在这里也享有权利。与此同时,阿拉贡国王卷入了其他战事。詹姆斯二世在统治初期需要别人帮助的时候,同卡斯蒂尔的桑乔四世(Sancho IV of Castile)结盟,但不久关系就紧张起来。在1295年桑乔四世去世后,詹姆斯抓住卡斯蒂尔王位继承上的种种不稳定性所提供的机会,提出阿方索十世的孙子阿方索·德·拉·塞尔达(Alfonso de la Cerda)为卡斯蒂尔国王,但作为回报,把

第十八章 伊比利亚半岛

穆尔西亚（Murcia）割让给他。1296年，詹姆斯占领了这个地区的许多地方。但是卡斯蒂尔和格拉纳达（Granada）的形势变化，导致詹姆斯于1304年接受一个折中的方案，只允许他保留瓜达马尔（Guardamar）、阿利坎特（Alicante）和塞古拉（Segura）北面的一些其他的领土。同卡斯蒂尔关系的变化为两国共同对付格拉纳达铺平了道路：双方商定，阿拉贡的国王将得到这个穆斯林王国六分之一的领土。1309年，詹姆斯二世袭击了阿尔梅里亚（Almeria），同时卡斯蒂尔的费尔南多四世（Fernando IV）转而反对阿尔赫西拉斯（Algeciras）。卡斯蒂尔人虽然得到了直布罗陀，但他们却在围困阿尔梅里亚中一无所获，这场围攻从1309年8月一直持续到1310年1月。詹姆斯关于进一步进攻格拉纳达的计划也落空了，尽管在1312年卡斯蒂尔国王阿方索十一世即位后的未成年期间内，詹姆斯努力寻求只运用外交手段和家族关系来影响这一信奉基督教的邻国，甚至在1319年任命他的儿子约翰为托莱多（Toledo）大主教。詹姆斯也凭借外交手段，于1313年使其在比利牛斯山的阿兰山谷（Valle de Aran）的权利得到承认，此地具有重要的战略意义，曾在13世纪80年代被法兰西人占领，但在1298年转由马略尔卡控制。

在14世纪最初20年的大部分时间里，阿拉贡国王还就撒丁岛问题进行了多方谈判，特别是与教宗、反对比萨的托斯卡纳的圭尔夫派及以该岛为基础的一些家族的谈判。在谈判的某一阶段，比萨自己甚至提出接受阿拉贡的领主权。但该岛是阿方索王子于1323年率军征讨才得到的。最初的征服耗时一年多一点，但詹姆斯二世不久就遭遇岛上反叛，阿拉贡王国政府强行指派的那些官员的行为是引发反叛的部分原因，还有热那亚人支持比萨人。在没有直系继承人的马略尔卡国王桑乔于1324年去世后，上述变化以及教宗的干涉，阻碍了詹姆斯二世采取任何决定性的尝试以便重新索要马略尔卡。王位转到已故国王的侄子手中，他成了詹姆斯三世。

詹姆斯二世之子阿方索四世（1327—1336年）身体不强健，时常表现得优柔寡断，在短暂统治的前期，他主要关注格拉纳达。格拉纳达与摩洛哥的马林王朝（Marinids）的统治者结成联盟，促使阿拉贡国王和卡斯蒂尔的阿方索十一世于1329年达成一份协定。但在1331年，当阿方索四世仍在谋求教宗帮助并未亲身卷入冲突之前，卡斯蒂尔国王和格拉纳达实现了和解。在当年以及随后的一年间，阿拉贡的领土实际上遭受了格拉纳达的多次袭击。撒丁岛也有诸多问题，1329年爆发了热那亚人支持的一次叛乱，这导致了阿拉贡与热那亚在西地中海的冲突。

1339年，当摩洛哥计划入侵伊比利亚半岛时，阿方索之子佩德罗四世（1336—1387年）与阿方索十一世结为同盟，并提供船只供反对马林王朝之用。佩德罗四世通常被称为"礼仪者"（the Ceremonious）佩德罗，但有人认为"斗士"（the Battler）佩德罗的称号更为恰当。[①] 他也同样提供船舶帮助卡斯蒂尔进攻阿尔赫西拉斯，该城于1344年落入基督教徒手中。但佩德罗四世在统治初期，更进一步关注马略尔卡，打算把整个岛国置于自己的直接控制之下。马略尔卡的詹姆斯三世迟迟才表示效忠阿拉贡的新国王，而且在1339年又与马林王朝缔结了一个条约。有人捏造詹姆斯在鲁西永非法制作钱币，他被传召到巴塞罗那出庭辩护；他没有出庭，法庭宣布了没收充公的判决。詹姆斯没有能力请求法兰西的帮助，在马略尔卡也不得人心，很快，1343年该岛就被阿拉贡所控制。虽然大陆的抵制更为强烈，但1344年7月马略尔卡国王投降。不久，詹姆斯谋求重新建立自己的政权，但1349年当他在马略尔卡试图重申自己的要求时被杀。除了蒙彼利埃以外的整个马略尔卡王国重新并入了阿拉贡。但撒丁岛和热那亚人仍在给佩德罗制造各种麻烦。1347年岛上爆发一场叛乱，局势由于阿尔博雷阿的马里亚诺四世（Mariano IV of Arborea）的背叛变得更加困难，马里亚诺于1353年跳出来公开表示反对佩德罗。阿尔博雷阿的法官们意识到：他们并没有在阿拉贡国王的统治下获得预期的独立。为了对抗热那亚的威胁，1351年佩德罗与威尼斯人结盟，次年在东地中海击败热那亚的舰队，但这场胜利不起决定作用。1353年，他们在撒丁岛附近取得一场对热那亚人的更具决定性的胜利，但该岛的反抗仍然存在，即使佩德罗在1354年亲自率一支远征军进行讨伐，也未能带来他的《编年史》所讲的"良好秩序"。[②]

然而在14世纪50年代中期，佩德罗不得不将注意力转向西部边

---

① Pere III, *Chron.*, p. 95.
② Ibid., p. 490.

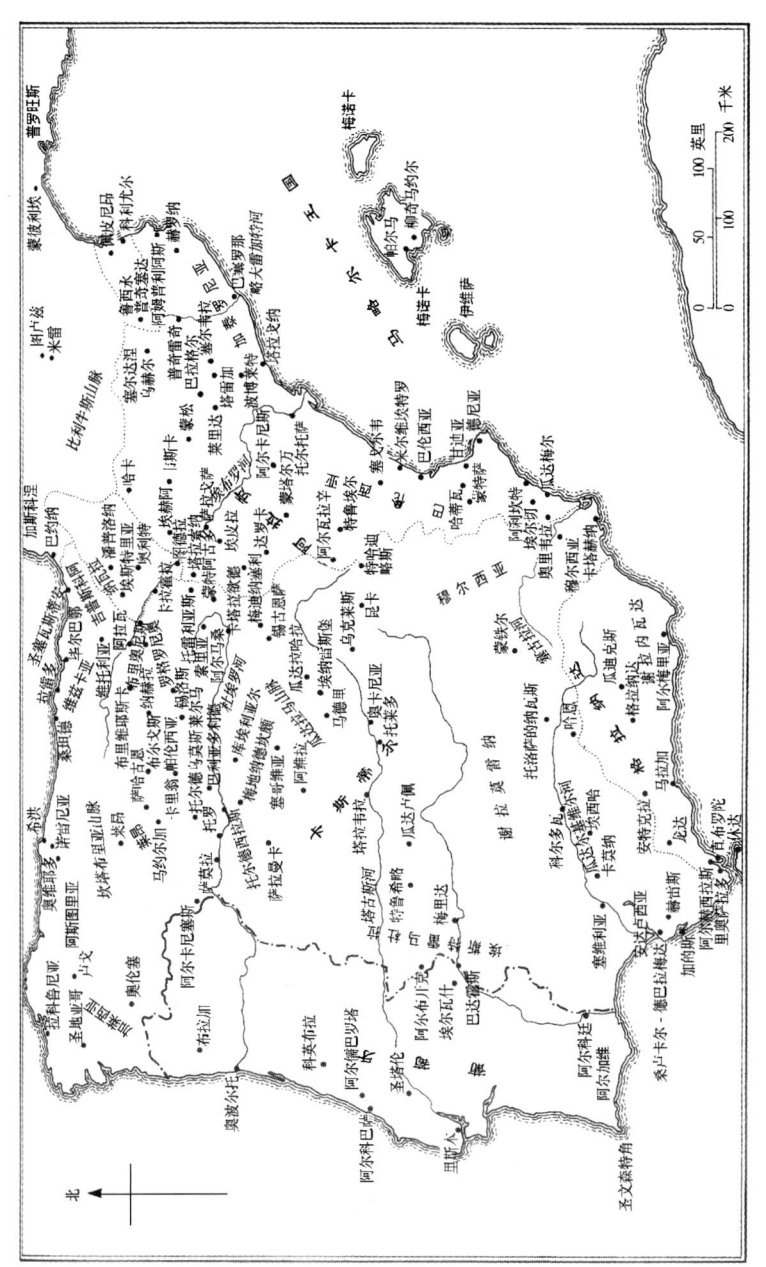

第十八章 伊比利亚半岛

地图10 伊比利亚半岛

界。1356年爆发了所谓的"两个佩德罗之战",这场战争显然是卡斯蒂尔挑起的。直接引发战争的事件是一个加泰罗尼亚人在卡斯蒂尔港口袭击运送热那亚货物的船只,但利害攸关的更广泛的问题包括伊比利亚半岛的霸权以及阿拉贡在穆尔西亚的权利。尽管阿拉贡国王和特拉斯塔马拉的亨利(Henry of Trastámara)结盟,后者是卡斯蒂尔的佩德罗一世同父异母的兄弟,但1357年3月卡斯蒂尔人还是占领了塔拉索纳(Tarazona)。随后协商无果,次年战事再起,双方在陆地发动攻势。1359年初,阿拉贡人挥师前进,远达梅迪纳切利(Medinaceli)。战事也在海上进行:1359年6月,巴塞罗那挺过了卡斯蒂尔舰队的一次袭击。1360年,佩德罗四世通过向塔拉索纳的卡斯蒂尔人**市长**(alcalde)付钱,收复了这座城市;在《特雷尔和约》(Peace of Terrer,1361年5月)中,双方同意归还占领的领土,佩德罗四世将不允许特拉斯塔马拉的亨利或费尔南多王子(佩德罗四世的同父异母兄弟)从阿拉贡的领土上发动反对佩德罗一世的战争。但是在1362年,在纳瓦拉(Navarre)、葡萄牙和格拉纳达的一定程度的支持下,这位卡斯蒂尔国王再次开始敌对活动,并取得了相当大的进展。1363年8月,卡拉塔尤(Calatayud)沦陷。1363年,塔拉索纳被重新夺回,萨拉戈萨(Saragossa)岌岌可危,更南部的特鲁埃尔(Teruel)、塞戈尔韦(Segorbe)和穆尔维耶德罗(Murviedro)都属于被征服的地方之列。1363年7月,在穆尔维耶德罗谈判签订的新和约使卡斯蒂尔保有在阿拉贡取得的可观收获,而佩德罗一世在巴伦西亚获得的土地要传给佩德罗四世的儿子阿方索,阿方索将迎娶佩德罗一世的女儿伊莎贝拉。然而该协议没有奏效,阿拉贡和巴伦西亚再次处于危险之中:阿利坎特(Alcante)、埃尔切(Elche)和南部其他的一些城镇和要塞,在岁末年初时都被占领;当时,巴伦西亚王国的大部分地区都在卡斯蒂尔的控制之下。卡斯蒂尔在1364年和1365年发动的进一步进攻并没有取得那么显著的成果,尽管1365年佩德罗一世攻占了奥里韦拉(Orihuela),阿拉贡人也有能力收复一些失地。但决定性的战役直到1366年才打响。到那时,佩德罗四世与法兰西的查理五世达成协议,后者提供由贝特朗·迪·盖克兰(Bertrand du Guesclin)率领的雇佣军团队。佩德罗四世还再次与特拉斯塔马拉的亨利结盟。阿拉贡入侵卡斯蒂尔而且进展迅速。佩德罗一世逃跑了，特拉斯塔马拉的亨利在布尔戈斯（Burgos）加冕为卡斯蒂尔国王。在卡斯蒂尔内部的持续纷争中，阿拉贡后来发挥的作用有限：外交斡旋并未转化为军事行动。然而直到1375年，阿拉贡才与这个相邻的王国达成一个最终解决方案。阿拉贡从这场战争中几乎没有获得什么好处：虽然收复了被佩德罗一世占领的土地，但特拉斯塔马拉的亨利并未兑现向阿拉贡国王作出的有关领土的承诺。

卡斯蒂尔战争也有助于马略尔卡问题的复活。1362年，詹姆斯三世的儿子詹姆斯摆脱囚禁，并支持佩德罗一世。后来他试图夺回鲁西永和塞尔达涅，但于1375年失败；查理五世的兄弟安茹的路易试图获取马略尔卡的计划也以失败告终，他是根据与詹姆斯姐姐的关系要求继承这个岛的。然而佩德罗四世晚年在撒丁岛并没有多少建树，那里阿尔博雷阿的法官一直在对抗。阿拉贡与热那亚在海上的冲突继续进行，佩德罗在晚年签订的那些条约没能使这场海战完全停下来。在西西里岛他也未能达到目的。1377年，西西里的弗雷德里克四世去世，只留下一个叫玛丽亚的女儿。佩德罗四世谋求收回西西里，计划将领土扩至该岛；然而他这个计划毫无所成，如他使玛丽亚嫁给他的长子约翰的打算一样，因为阿拉贡的继承人拒绝娶她。随后，在1380年佩德罗四世将他对西西里的要求传给次子马丁，并计划让马丁的儿子，也叫马丁，与玛丽亚结婚。

约翰一世（1387—1396年）的健康状况虽然不佳，却以热衷狩猎闻名，其政策虽不像父亲那么积极，但却放弃了佩德罗四世在教会大分裂上的中立立场，支持阿维尼翁的教宗。他还防止阿尔马尼亚伯爵贝尔纳（Bernard）入侵鲁西永，后者曾进一步提出对马略尔卡王国的领土要求；而且正是在约翰统治时期，他的侄子马丁和西西里的玛丽亚终于订立了婚约。1392年他发动远征，占有了该岛，虽然在随后的年月间，马丁和他父亲设法在岛上实施的权力有限。然而，约翰没有采取什么措施解决撒丁岛上一直存在的问题：酝酿已久的王家远征没有发生过。约翰死时，他的女婿富瓦（Foix）伯爵企图武力夺位，没有成功，马丁一世（1396—1410年）继承了哥哥的王位。马丁一世更加热衷宗教而不是战争，撒丁岛的困境依旧：与热那亚签订的和约并没有阻止这座意大利城市支持撒丁岛上的反对势力。但撒丁岛的这种事态有助于阿拉贡国王直接控制西西里，因为1409年小马丁在撒丁岛成功地镇压一场叛乱后不久便死于疟疾，由他的父亲继承了西西里，但后者在次年去世，没有嫡系继承人。

在 14 世纪，阿拉贡的大部分军事活动虽然都发生在伊比利亚半岛和西地中海的一些岛屿上，但在此期间，阿拉贡的国王们也试图在北非穆斯林国家中扩展自己的利益。詹姆斯二世统治初期，与卡斯蒂尔签订的《蒙特阿古多条约》（Treaty of Monteagudo）把穆卢耶（Moulouya）河以东的地区，这些地区当时主要由齐亚尼德王朝（Ziyanids）和哈夫斯王朝（Hafsids）统治，分派给阿拉贡，作为其扩张的范围；但是在 14 世纪，与在 13 世纪一样，北非仅为势力影响区域，而非征服区域。阿拉贡的国王们在北非并不谋求攻城略地，而是从以下途径获取利益：贡品，通过向北非各统治者提供基督教徒民兵和船只而获取金钱回报，从加泰罗尼亚商人在北非港口上缴的进口税中分得一杯羹。他们既从马林王朝，也从哈夫斯王朝和齐亚尼德王朝，获取这些利益。使用武力出于实现上述目的，而不是为了征服；在 1398 年和 1399 年对北非发动的两次十字军远征，也仅仅是为了报复海盗对巴伦西亚沿海地区的袭击。但部分由于阿拉贡的当务之急是关注其他战线以及基督教强国之间的争斗，还因为北非内部的政治变动，阿拉贡的统治者们在北非的所得与所期望的相去甚远。

阿拉贡同东地中海各地和西亚的联系不那么重要。在 14 世纪初期，詹姆斯二世与波斯的蒙古人伊儿汗（Mongol Ilkhan）有联系，后者需要一个与西方人的同盟对抗马穆鲁克王朝（Mamuluks）。当然，这些交流的一种背景是刚刚丢失圣地。但阿拉贡的统治者也同埃及的素丹保持着关系。在 1295 年于阿纳尼实现和解之前，詹姆斯二世正在寻求政治支持，但在这之后，阿拉贡统治者的利益就限于商务及以下事务，诸如释放基督徒囚犯，赴耶路撒冷朝圣的旅途安全，重新开放基督教堂和保卫圣墓教堂（Holy Sepulchre）。1315 年，詹姆斯二世扩展与东地中海的联系，迎娶吕西尼昂的玛丽（Mary of Lusignan）作他的第二任妻子，玛丽是塞浦路斯的亨利二世的大姐。因为亨利没有结婚，他的兄弟阿莫里（Amaury）又身陷囹圄，到一定时候塞浦路斯就有可能处于阿拉贡的统治之下。这桩联姻的谈判记录表明，阿拉贡人的确希望这样的结果。可能还曾有继承耶路撒冷王国的要求。可是亨利二世好像不赞成玛丽的继位诉求，他倾向于自己的侄子；无论如何,这场婚姻没有生下任何子嗣。

14世纪初,加泰罗尼亚雇佣兵团先为拜占庭皇帝安德罗尼卡二世(Andronikos II)打仗,之后又起兵反对他,最后在希腊的一些地方立足。但阿拉贡的国王直到1379年才正式统治希腊,这时弗雷德里克四世去世,佩德罗四世接过了西西里的要求,即成为希腊的领主。此前这些希腊土地处于威胁中,但尽管佩德罗四世寻找了同盟,还在1381年派出了一小支军队,雅典还是于1388年落入科林斯的领主佛罗伦萨人内里奥·阿恰约利(Nerio Acciaiuoli)之手,而且约翰一世好像在土耳其人于1394年蹂躏萨罗纳(Salona)的前几年,就放弃了他在希腊的权利。阿拉贡在希腊的统治非常短暂。

经常有人指出,阿拉贡向北、向南的传统扩张方向在13世纪被下述两方面因素阻断:法兰西君主在法兰西南部势力的不断增强;阿拉贡对半岛上穆斯林领土的征服份额已经完成。因此,阿拉贡日益关注地中海。但在14世纪初,阿拉贡没有完全放弃在半岛的扩张。由此引发了半岛利益和海上利益哪个更为重要的问题。例如,有些人提出,在13世纪90年代,半岛利益在詹姆斯二世的计划中占据更重要的地位;但也有人坚持认为,詹姆斯二世在半岛的行动总是为海上扩张的利益服务的,因为海上扩张需要稳固的领土基础;占据西班牙南部港口的重要性也得到了强调。[3] 虽然对撒丁岛的占领推迟了,但是围绕该问题进行的频繁外交活动当然表明詹姆斯未曾失去对它的兴趣。但如果在数十年间有一种完全始终如一的、前后一致的政策方针,那将是令人奇怪的,因为做不到。比如在阿尔梅里亚战役时期,詹姆斯二世谋求将原先分给撒丁岛的资金转走。实际上,詹姆斯似乎一直在利用一切可以利用的机会,而不是将注意力集中在某一地区。佩德罗四世大概也是这样。虽然佩德罗四世的许多活动集中在西地中海,有关而不是在伊比利亚半岛上,但在与卡斯蒂尔的战争以及与卡斯蒂尔有关的各次外交谈判中,他毫不迟疑地谋求获得他的西部和南部疆界的领土。

然而在半岛和地中海获得的一些利益,在商业方面可能对加泰罗

---

[3] 关于不同的观点,参阅 Soldevila(1963),pp. 404 – 405;Salavert y Roca(1956),I, pp. 169 – 170。

尼亚有利，有人指出，增进商业利益是阿拉贡制订政策的一个支配性的因素：在地中海上沿着"香料之路"的扩张。④ 在地中海地区的扩张确实得到了渴望获利的加泰罗尼亚商人的支持。举例来说，14世纪最初的几十年里，马略尔卡是巴塞罗那的一个竞争对手，在北非拥有自己独立的领事馆，但在岛上实行针对巴塞罗那商人的关税歧视的努力失败了。然而，虽然阿拉贡的国王们明确地谋求促进商人的利益，但是好几代国王希望或有能力追求一种以商业利益为主的政策的程度，可能值得怀疑。而且扩张的目标可能取决于现有的种种机会和权利；这个世纪里不是所有的阿拉贡统治者所设想的扩张活动都带有商业利益。如果曾有过某种一贯的意图，把对地中海的征服置于统一的管理之下，那么商业是影响王家政策的主要因素的观点会更有分量。但是在13世纪的大部分时间里，情况并非如此，那时王朝的各种考虑导致被征服的领土脱离了阿拉贡的王权。只是从13世纪后期开始，一种倾向于保持统一政策的趋势才明显起来：在詹姆斯二世统治之初，他就重复了阿方索三世采取的措施，不把马略尔卡与阿拉贡的其他领地分开；1296年，他对阿利坎特作出了一个类似的声明；在1319年，他宣称所有当时处在他统治之下的领土都不可分割。佩德罗四世在征服马略尔卡后，也作出类似的承诺，要将其置于阿拉贡的直接统治之下，并且他还谋求使西西里的女继承人嫁给他的长子。但是这些变化当然不能必然得出导致商业利益在当时起主导作用的结论。

现代人的解释经常强调商业因素的重要性，而同时代的资料则强调一些扩张背后的宗教动机。在远征阿尔梅里亚时，詹姆斯二世给费尔南多四世的信中写道："你我所开始做的这些都是为了侍奉上帝，是为了颂扬基督教，是为了将穆斯林异教徒赶出西班牙。"⑤ 也有人认为，与塞浦路斯联姻结盟的最大好处是能促进圣地的收复；1321年，阿方索王子也坚持认为，征服撒丁岛和科西嘉是发动一次往东的十字军的一个预备性的步骤。⑥ 然而，尽管有此类声明，及尽管有像诸如拉蒙·勒尔（Ramon Lull）之类的作家撺掇人们去圣战，但并不

---

④ Vicens Vives, Suárez Fernández and Carrère (1959), pp. 105–106.
⑤ Chamberlin (1992), p. 18.
⑥ Martínez Ferrando (1948), II, p. 77; Goñi Gaztambide (1958), p. 289.

存在与西地中海各穆斯林政权为敌的前后一贯的政策。在阿尔梅里亚战役发生前几年，詹姆斯二世就曾与格林纳达结盟对抗卡斯蒂尔，而在 1309 年攻打格林纳达之前，还曾与摩洛哥达成一个协议。同各穆斯林统治者的关系与同周边各基督教政权的关系几乎无甚区别。虽然阿方索四世优先考虑格林纳达而不是撒丁岛，可约翰二十二世却认为他的主要兴趣是从教会那里获得金钱。约翰二十二世的继任者本尼狄克十二世转而斥责佩德罗四世与穆斯林的关系过于友好。1339 年，佩德罗四世同卡斯蒂尔结盟反对穆斯林政权的动机，是出于政治的而非宗教的考虑。在 14 世纪，阿拉贡的国王们对收复圣地也没有表现出多大兴趣：尽管同波斯的伊儿汗多次接触，尽管詹姆斯二世与塞浦路斯联姻，但实际上几乎没有采取什么措施促进基督教统治的恢复。

然而，在一些同时代的资料中，上帝的荣誉与阿拉贡国王及其王国的荣誉相连。例如，1312 年，詹姆斯二世对他派往塞浦路斯的特使说，达成联姻的协议将是他自己及他的王国的"荣誉"和地位的"提升"。[7] 在 14 世纪阿拉贡国王们的心中，"荣誉"当然不是毫无意义的，这在那时期的加冕仪式中清晰可见，而且增加荣誉的一种方式就是获取军事上的胜利和拓展国王的权力范围。

但武力征服也使国王得到更多的物质利益。消灭马略尔卡王国可以防止其加入反阿拉贡的联盟，铲除格林纳达也会使巴伦西亚地区更加安全和稳定。可获得的财力不仅仅包括从日益成功的加泰罗尼亚商人那里得来的好处。来自北非的收益在前文已经提及，而且撒丁岛出产银、盐，还有谷物。尽管难以准确评估 14 世纪早期撒丁岛的财富，但在与该岛有关的谈判中，阿拉贡的特使维拉诺拉的维达尔（Vidal of Villanova）就曾记述了可从该岛获得"大量财富"。[8] 在佩德罗四世征服马略尔卡前，该岛就已经凭借其地理位置，即它与马格里布（Magherb）的特殊联系，成为西地中海贸易的一个商业转运港口。14 世纪初，马略尔卡的重要性主要不在于它所生产的东西，这时岛上的纺织业刚刚起步，但在马略尔卡王国的大陆领土上，佩皮尼昂的纺织业已颇具规模，而且在鲁西永和塞尔达涅的王室遗产也很可观。

---

[7] Martínez Ferrando (1948), II, p. 77.
[8] Salavert y Roca (1959), p. 435.

如果能够得到有效管理，所有被征服的地区都是有利可图的，能提供分发给王室追随者的恩赐品。

阿拉贡的国外冒险成败与否，其决定性因素必然是多方面的，例如，在阿尔梅里亚战役中，不利的气候条件和一些卡斯蒂尔贵族的立场妨碍了各种成功的机会，但在所有时期中一个主要因素是资源问题。阿拉贡的国王们并不必总是依靠诸如王室遗产以及王室临时税收之类的收入，这些收入是同时代的任何国王都可以期待的。偶尔会有一些横财。在1307年底之后的十年间，詹姆士二世控制着大部分圣殿骑士团在阿拉贡的巨额财产，阿尔梅里亚战役的部分经费是用圣殿骑士团的收入支付的，即使不是所有这样的收入都可用于国王的个人需要。吕西尼昂的玛丽的嫁妆共计30万拜占庭金币（besants），虽然在获取全额付款时遇到各种麻烦。也可以从教宗那里得到援助，甚至那些并非针对穆斯林的战争也是这样：在征服撒丁岛和科西嘉岛时，詹姆士二世就获准征收阿拉贡教会的什一税。但由于教会需要花钱的地方很多，而且并不完全确信西班牙人的计划的真诚性，所以教宗并非总会满足阿拉贡的要求。例如，1329年，约翰二十二世准备提供给阿方索四世的资助就远远少于其使节所要的数目。除了此类偶尔的收益，阿拉贡还可以期待来自当时是自己属国的马略尔卡的收入。在征服格林纳达和撒丁岛时，马略尔卡都提供了帮助；为征服撒丁岛，它提供了20艘战舰。

然而，尽管额外资助可以通过各种方式取得，但阿拉贡国王自己的资源是有限的。到14世纪早期，加泰罗尼亚自然地已经在商业和手工业方面取得了重要地位。14世纪中叶，巴塞罗那商人的活动越过地中海，不但在北非的港口，还在远至贝鲁特以及后来的大马士革等地建立领事馆。加泰罗尼亚纺织品的生产和出口在成长和发展。然而，在1300年，阿拉贡王室的领土却不及莱昂/卡斯蒂尔（León/Castile）的三分之一，后者的人口可能数倍于阿拉贡领土上的人口。战争使资源显得相当紧张，特别是在佩德罗四世统治时期，很难筹集到必需的资金。征税的要求在**议会**（cortes）的会议上引发了漫长的讨论，1364年佩德罗写道：巴塞罗那的会议"极度缓慢和困难"。⑨

---

⑨ Pere III, *Chron.*, p. 13.

1358 年这一点明显起来，一些加泰罗尼亚人反对为保卫阿拉贡和巴伦西亚提供帮助，也有人反对为撒丁岛的战事提供资金。授予的数目有时比国王的需求低得多。1368 年，佩德罗向巴塞罗那**议会**请求 42.5 万**镑**（*librae*），但议会只答应提供 15 万**镑**。1372—1373 年间出席加泰罗尼亚**议会**的人只同意出一笔贷款用于支付撒丁岛的费用。那些已经得到同意或实施征收的税也不容易得到。1341 年，几个加泰罗尼亚的城市或城镇反对征收前一年会议已经准许征收的补助金，还有其他各种各样的逃避缴税的尝试。犹太人的共同体担负着沉重的赋税，一些犹太人把移居国外当作摆脱过度征税的一种办法。各城镇出售补助金（pensions）来补足他们的义务，由此而导致了长期的负担，但是国王们还是很难以他们期望的速度筹到资金。为了尽快得到现金，他们必需求助于借贷。那时甚至付给军队的钱也常常拖欠。根据佩德罗四世的《编年史》，在 1364 年时，为了偿付，甚至征用巴伦西亚的教堂的装饰品。⑩

在 14 世纪的不同时期发生的王室遗产让渡使王室遭遇的财政窘境显而易见，但在 14 世纪末，马丁一世发现"并非出于我们自己的行为或失误，所有的王室收入和权利被转让、浪费掉了"，⑪ 于是他采取措施，弥补先前的损失。阿拉贡的国王们可以调动的规模有限的舰队也可以进一步说明资源紧缺问题。尽管 14 世纪时阿拉贡的政策常常关注西地中海，必须具备海军实力，但在 14 世纪前半叶，阿拉贡国王自己能够供养的战舰数量很少超过 30 艘，而一些竞争对手则有能力装备规模相当大的舰队。不管是在 1323—1324 年期间刚刚征服撒丁岛而与阿尔博雷阿的法官休（Hugh）以及岛上的其他群体结盟时，还是 14 世纪 60 年代受到卡斯蒂尔威胁而与法兰西和其他势力结盟时，阿拉贡的成功常常依赖于盟友取胜就在意料之中了。

资源问题应放在总的经济发展趋势的背景下来审视。有人设想的 13 世纪末欧洲某些地区的人口过剩，看起来无论如何并非阿拉贡领土上的一般特征。尽管加泰罗尼亚一些地区的持有地明显趋向于缩减，但在 13 世纪后期和 14 世纪初仍然在为新的殖民活动颁发殖民许

---

⑩ Pere III, *Chron.*, pp. 554–555.
⑪ Ferrer i Mallol (1970–1971), p. 355.

可证，只是没有先前那样的规模。而在北加泰罗尼亚，一些领主为了保存和吸引劳动力不得不作出妥协。1292年，圣殿骑士团甚至试图卖掉他们在略夫雷加特（Llobregat）河上游的普奇雷奇（Puigreig）的领主权，因为他们找不到定居者，领地再也无利可图。1315—1317年间，阿拉贡的土地也未遭受西方其他地区那样严重的农业歉收。但在14世纪上半叶，确实发生了歉收，在1310—1314年和1324—1329年两个时期，巴伦西亚城发生粮食短缺。但是赫罗纳（Gerona）教堂的法规汇编（statute book）却把1333年当作"第一个坏年成"。[12] 紧随此后下一个十年的末期而来的是黑死病。14世纪中期的这场瘟疫的影响结果各不相同。根据主教登记册（episcopal registers）的记载，在巴塞罗那主教区有人曾计算出1348年6月至9月间，约40%享受圣俸的教士死于瘟疫，而从1348年5月至1349年4月，该数字攀升至60%。但另一方面，1346年参加某个教士会的17名医院骑士团成员中，至少有14人在1349年还幸存；巴伦西亚的比利亚雷亚尔（Villarreal）似乎完全逃过了瘟疫。然而很难得到死亡的总人数：常用于估算人口总数的征税估值不常见，也难以解释；计算结果各不相同。有一种估算是：瘟疫暴发十年后，加泰罗尼亚地区的人口数量比黑死病前减少了20%。[13] 14世纪50年代，人口曾有某种恢复，城镇受益于乡村人口的移入，但长期的恢复仍受到瘟疫反复暴发的阻碍，如1362—1363年、1371年、1381年、1384年及后来都有疫情暴发，同时1358年又暴发蝗灾，1374年发生旱灾。在一些地区，疫情的影响又无疑因战争的种种后果而恶化：在1365—1366年召开的阿拉贡的**议会**上，安波斯塔（Amposta）的医院骑士团的城堡总管和卡拉特拉瓦（Calatrava）的领主抱怨特拉斯塔马拉的亨利二世的军队和法兰西的连队造成的损失。[14] 事实上，加泰罗尼亚的人口在15世纪继续下降，但阿拉贡和巴伦西亚的人口则稳中有升。

瘟疫以及其他因素造成的结果是土地，尤其是边远地区的持有地，无人耕种，无人缴纳佃租，劳动力短缺。佩德罗四世声称，鲁西

---

[12] Batlle (1988), p. 87.
[13] Nadal i Oller (1983), p. 66.
[14] Laliena Corbera (1987), p. 218.

永和塞尔达涅的瘟疫的一个结果，是"我们的收入大幅度减少"，[15]但他似乎夸大了这一因素的重要性。一种直接反应是立法控制工资和物价，但没有效果，萨拉戈萨**议会**在1350年通过的法令两年后就废止了。几十年间，工资和物价上涨。长远来看，生产性质发生了变化。在某些地区饲养绵羊日益重要起来，藏红花一类的作物有了发展：从14世纪中期开始，加泰罗尼亚和阿拉贡都大量出口藏红花。阿拉贡的经济正变得更加商业化。

领主们采取各种方法来保证劳动力供应。在巴伦西亚，人口减少迫使领主们限制穆斯林农民的移动及向外移民。这一趋势达到顶峰的标志，是1403年巴伦西亚**议会**通过的全面禁止向外移民的法令。有人认为，在阿拉贡，特别是在更北部的地区，黑死病导致农民地位恶化：粗暴对待农民的权利（*ius maletractandi*）变得普遍起来，农民被束缚在土地上。但是，详尽的研究并非总是揭示出一种所有方面都在恶化的情况。在下阿拉贡（Bajo Aragón）的卡拉特拉瓦的地产上没有证据表明将农民被束缚在土地上，而且医院骑士团为留住劳动力，至少在短期内减少了他们在阿拉贡省的所有地产的地租。他们认识到"降低地租、减少贡物，比把上述领地重新由骑士团直接掌管，对我们和我们的骑士团更有利"。[16]在阿拉贡，农民存在不满情绪，但只是零星、孤立地表达出来。

加泰罗尼亚的一些庄园地租减少了，但也使用了强制性措施：这个公国的更北部的地区的贵族践踏农民的权利，并增加农奴赎身的费用。在该世纪晚期的几十年中，农民表达了自己的不满。但这一观点并非总是得到接受：农民面对的严酷的条件是黑死病过后那段时期的动荡的主要原因。一些人争论说，主要问题涉及富饶地区的那些无人耕种的土地（*masos rònecs*），一些有地位的农民争取以优惠条件兼并它们。这引起领主一方的反对，他们想让它们成为承担重负的单独的地产。在某些情况下，这很可能是个原因，但冲突的更普遍的原因似乎是大额赎身费及其他权力的**滥用**（*mals usos*），即农奴需交纳的其他款项。心怀不满的加泰罗尼亚农民得到了国王的支持。1388年约

---

[15] Küchler (1969), p. 68.
[16] Luttrell (1966), p. 503.

翰一世谋求废除农奴需交纳的各项费用，提出农民应该补偿领主所丧失的权利。但几乎一个世纪过去后加泰罗尼亚才废除农奴制。

这些并不是14世纪后半叶经济困难的仅有的标志，当时也存在货币不稳定的情况。1346年佩德罗四世曾下令铸造一种金弗罗林，然而这种金币迅速贬值，到1365年金币的价值还不足最初的3/4。但**大银币**（silver *croat*）没有贬值，导致白银抽逃。后来，有的银行倒闭。在1381—1383年间，巴塞罗那的许多商号，也包括德科斯（Descaus）、帕斯夸尔（Pasqual）和埃斯克尔（Esquer）银行，由于向国王过度贷款而破产了。1406年的加尔贝斯（Gualbes）银行也是一样。也有人提出，14世纪后期，资金由商业向土地和年金转移，研究者注意力已经进一步转向1391年发生在巴塞罗那的暴乱，当时富人及犹太人遭受了攻击；工人工资的减少被认为是引发暴乱的一个因素。14世纪末发生的信任危机被认为是理所当然的。应对措施包括1401年在巴塞罗那建立公共银行（public bank）以及出台贸易保护的法规。一些人将这些问题视为中世纪晚期长期的"加泰罗尼亚衰落"的一部分，衰退始于14世纪中期。当然，讨论这一问题不能不审视15世纪的发展情况，不过可以注意到，人们对衰落年表、连续性以及必然性等方面的观点存在广泛的分歧。

国内政治问题和经济发展趋势影响着与外部各个国家的关系，反过来又受与各国关系的影响。14世纪的阿拉贡国王有时面临来自各种个体或群体的反对，包括他们自己的家庭成员、阿拉贡联盟（Aragonese Union）以及圣殿骑士团。13世纪80年代以反王权著称的阿拉贡联盟在1301年4月又重新复苏，当时有66个贵族在萨拉戈萨会面；其领导人中有赫里卡的詹姆斯（James of Jerica），他是詹姆斯一世的儿子。该运动公开宣称的目的是获得国王欠贵族的**作为骑士费的持有地**（*caballerias*），虽然很可能还有其他造成不满的原因，包括在1300年的**议会**上发布的与贵族利益相悖的法令。但这次运动提出的要求比13世纪80年代的要窄得多，几乎没有赢得什么支持者；在1301年，不像在13世纪80年代，没有一个城镇加入联盟。詹姆斯二世有能力克服这种威胁，在1301年晚些时候召开的**议会**上，他获得了阿拉贡的最高司法官作出的反对联盟的判决。

六年后，詹姆斯二世在他的王国内遇到逮捕、拘留圣殿骑士的问题，这些人被指控犯有叛教、异端和道德败坏等罪名。尽管这位国王能够毫无困难地接管这个骑士团的巨大财产，但大多数骑士团成员把自己关在他们的城堡里，必须得采取一系列的包围措施，有些城堡——例如，蒙松（Monzón）的城堡——就被包围了一年半之久。在准备阿尔梅里亚战役时，一些圣殿骑士团的城堡还在坚守。1312年圣殿骑士团被摧毁后，由于克雷芒五世想将阿拉贡境内圣殿骑士团的财产，转给医院骑士团，像他在其他国家中所做的那样，这位国王就声称他看到了来自医院骑士的一种潜在威胁。这两大骑士团在詹姆斯二世的王国内拥有大片庄园，这位国王坚决主张："如果把诸如上述两大骑士团拥有的两个系统的城堡和要塞、封臣和地租在这个王国内联合在一起，那么他们的力量将极其强大，可能使国王、他的人民和他的国土处于极度危险之中。"[17] 他想把自己疆域内的圣殿骑士团的财产，用于为西班牙的卡拉特拉瓦军事骑士团创建一个新的地方行政官辖区。最终他于1317年和约翰二十二世达成妥协，巴伦西亚的圣殿骑士团和医院骑士团的财产，都用于资助成立一个叫蒙特萨（Montesa）的新骑士团，该骑士团接受卡拉特拉瓦的教规，但是在阿拉贡和加泰罗尼亚境内的圣殿骑士团的财产要转给医院骑士团。事实上，医院骑士团的所得比其损失要多得多，结果他们占有了非常庞大的财产，尤其在阿拉贡和加泰罗尼亚更南边的地区。然而詹姆斯也获得了医院骑士团的某种保护，所设想的对王权的任何威胁都没有成为现实。

医院骑士团接管圣殿骑士团的财产后不久，王位继承人詹姆斯就通过简短的仪式加入这个骑士团，这是他在不情愿地娶卡斯蒂尔的费尔南多四世之女埃莉诺为妻，又马上抛弃她后发生的事。这些事发生在1319年后期，标志着詹姆斯二世和他的继承人之间难以相处的关系达到了顶峰，后者的行为与其父对他的期望不符，后来他于1320年转入蒙特萨骑士团，并在克雷乌斯角的斯塔斯（Stas. Creus）修道院定居，不料1323年有人说他在巴伦西亚过着堕落的生活。然而，尽管存在某种家庭危机，与卡斯蒂尔的关系也愈加紧张，但是并没有灾难性的政治后果。更大的实际性问题发生在埃莉诺后来与阿方索四

---

[17] Finke (1907), II, p. 213.

世的婚姻上，他们于1329年，也就是在阿方索四世的首任妻子——恩腾扎的特里萨（Teresa of Entenza）——死后的第二年结婚，特里萨是他的继承人佩德罗的母亲。埃莉诺不久就为她与阿方索的儿子费尔南多寻求更大利益，阿方索同意为费尔南多建立托尔托萨（Tortosa）侯爵领地，并把在穆尔西亚的地产交给他。但是还要把在巴伦西亚的地产转让给他的提议引发了敌意，该提议于是被放弃了。然而，佩德罗四世在其统治初期，力图剥夺埃莉诺和他同父异母兄弟的权利；但是，由于国内的反对，加上当时同卡斯蒂尔的关系紧张，使他放弃了这个计划。费尔南多直到1363年在佩德罗四世的指使下被谋杀前还依旧时不时地找麻烦，14世纪40年代后期他还在涉及阿拉贡联盟的冲突中起了作用。

在此期间，阿拉贡国王还受到马略尔卡詹姆斯三世的骚扰，佩德罗的继承安排引发了上述冲突，但这并不是导致不满的唯一原因。这场对抗运动曾被视为部分地是抗议阿拉贡王室中加泰罗尼亚人的利益的优势地位，并反对试图加强王权的行为。他们要求革除佩德罗来自加泰罗尼亚和鲁西永的顾问，认为他们支持罗马法的更独断专行的学说。佩德罗的妻子，即纳瓦拉的玛丽只生了女儿，国王在采纳法律方面的建议后，于1346年提名他的女儿康斯坦丝为继承人。后来，玛丽又生了一个儿子，但是母亲和孩子不久就过世了。尽管佩德罗后来娶了葡萄牙的埃莉诺，但是在继承人问题上有反对的声音，反对派的领导人是佩德罗的兄弟乌赫尔（Urgel）的詹姆斯。阿拉贡联盟复活了，这次有许多城镇和贵族加入进来，还得到了巴伦西亚的支持。佩德罗被迫接受联盟在萨拉戈萨召开的一次会议上提出的要求，虽然詹姆斯在1347年11月死了，但其同父异母的兄弟费尔南多又担任了反对派的领导者。佩德罗被迫接受费尔南多为自己的继承人。然而，王室在阿拉贡取得了胜利，在加泰罗尼亚人支持下于1348年7月在埃皮拉（Epila）的战斗中打败反对派，几个月后，巴伦西亚的反对派也同样被武力击败了。

后来，在佩德罗统治期间，更严重的问题由另外一场王室婚姻引发。1377年，这位国王娶了他的情妇佛提亚的西比拉（Sibilla of Fortia）为第四任妻子，她是阿姆普利阿斯（Ampurias）家族的一位小贵族的女儿。她力图提拔她的朋友和追随者，她的兄弟贝尔纳（Bernard)成了国王的财政大臣,一些职位给了阿姆普利阿斯家族的小贵族的成员。不仅国工的儿子约翰和马丁,而且包括佩德罗的女婿约翰,即阿姆普利阿斯的伯爵在内的其他贵族,都表达了不满,并诉诸暴力。然而,由于王位继承人拒绝拿起武器对抗其父亲,危机的严重性得以缓解,尽管他们之间的关系长期处于紧张状态:1380 年约翰自己与巴尔的约朗德(Yolande of Bar)的婚姻本身又加剧了摩擦。

尽管阿拉贡的国王们遭到来自多方的反对,但 14 世纪的特点并不是经常的、广泛的贵族对国王的武装反抗,曾有人认为此时期的加泰罗尼亚贵族正在经历由使用武力向利用议会程序达到自己目的的转变。⑱ 因此,**议会**的各种活动可以视为是贵族和城镇方面的欲望的进一步的表达。加泰罗尼亚和巴伦西亚正如阿拉贡一样,在法律与行政方面泾渭分明,因此都有各自的**议会**,但偶尔这三个地区也联合召开议会,如 1362—1363 年在蒙特萨召开的议会。在 14 世纪最初的几年,这些会议的参加者包括教士、贵族和市民,在阿拉贡的**议会**里上层和下层贵族形成了两个单独的等级。**议会**的历次会议自然为试图确保诸多权利和特权提供了种种机会,捍卫各种特权是永恒的主题:如 14 世纪伊始,在加泰罗尼亚的**议会**上,詹姆斯二世同意在每一个代理人辖区(vicariate)建立一个委员会,确保王室官员遵守议会先前通过的各种法令。但在评估 14 世纪国王及其臣民的关系中**议会**的确切意义,有必要考虑会议的频率以及参加者渴望参与的程度。在 13 世纪 80 年代,的确曾力图让**议会**在政府中发挥相当大的作用。在阿拉贡和加泰罗尼亚,佩德罗三世不得不作出每年召开会议的承诺,他还作出让步,在战争、和平问题上以及在制定新法律条款时都听取议会的意见。1287 年,阿拉贡联盟进一步迫使阿方索三世同意:由**议会**来任命他的政务会的成员。人们经常把 13 世纪 80 年代国王向议会作出的种种让步,看作是阿拉贡王国政府中议会发展到一个重要阶段的标志,还把阿拉贡王国议会拥有的权力和莱昂/卡斯蒂尔的议会拥有的权力作了对比。

然而,13 世纪 80 年代作出的这些让步的重要性要由其带来的长远后果来衡量。詹姆斯二世在其统治初期的 1291 年召集了阿拉贡的

---

⑱ Sobrequés Vidal(1970–1971),p. 522.

议会，但是下一次会议直到1300年才召开；同样，在加泰罗尼亚，1292年以后的八年时间里没有召开过一次**议会**。当然，在此期间，作出了关于西西里岛和撒丁岛等事务的决定。尽管1300年加泰罗尼亚**议会**的法令中包含了一年召集一次会议的条款，[19] 但在会议停止期间好像没有发生强烈的抗议。13世纪80年代作出的让步主要具有短期的意义。那时提出这种要求首先可看成是对一系列特殊情况的反应：当时王室政策激起了反抗，人们觉得这位国王必须加以约束。一旦反对的直接原因失去其早期的重要性——这次事件是插手西西里造成的——人们就乐于让国王重新统治了。这一阶段作为咨询机构的议会中，很难看出明显地具有一些历史学家赋予重要性的协商主义（pactist）观念的迹象。

14世纪早期的几十年里，**议会**的召开依然不定期。很明显的是詹姆斯于1307年主动同意了阿拉贡**议会**应该每隔两年召开一次的要求，较之其他统治者，他在遵守承诺上更加一丝不苟；而在此前几年，加泰罗尼亚和巴伦西亚颁布了类似的政令，规定**议会**应每三年召开一次。但是这样长的间隔时间，不可能确保就重要问题进行有意义的商讨；而且实际上这些规定也没有得到严格执行。在詹姆斯二世统治的整个时期，阿拉贡只召开过九次**议会**，尽管加泰罗尼亚**议会**召开较为频繁，但规定的会议并非总能召开。此外，在詹姆斯统治时期，绝不是所有被召集的人都出席会议：出席会议被一些人视为负担而非机会。

在阿方索四世统治时期，模式也是这样，在1328—1336年间，他没有在阿拉贡召开过一次**议会**。然而，13世纪80年代提出的那些要求可以充当先例，当出现新的反抗的理由时，它们就复活了。1347年，阿拉贡联盟重新组建起来，提出了每年召开议会并确认联盟**特权**的新要求，这一特权赋予**议会**任命国王政务会成员的权力。这次要求被武力镇压下去，1348年在萨拉戈萨的**议会**上，这一联盟的特权（Privilege），但不是1283年的总特权（General Privilege），遭到摧毁。然而不确定的是：1347—1348年间发生的这些事件，从长远来看，是否表明了贵族和市民作为一个集团参与政府管理的态度已经发生转

---

[19] Cortes de los antiguos reinos de Aragón y de Valencia y principado de Cataluña, I, p. 170.

变。他们仅仅是再一次对特殊的情况作出反应。

然而在佩德罗四世统治的许多时间里，频繁召开**议会**的会议，而且会议的持续时间通常都很长，但这主要是因为与卡斯蒂尔以及撒丁岛上的战事引发的财政需求所造成的，而非迫于臣民的压力。一些被召集人本人缺席，尤其是在会议时间很长的时候。然而对金钱的一再要求，也为**议会**提供了要求让国王作出让步的机会。赋予会议的对税收的征集和管理的控制权，主要由**议会**的各个委员会执行，这些职责是从国王手里争取过来的。加泰罗尼亚**议会**在 1300 年左右已经开始出现为此目的而建立的一个委员会或**代表团**（committee 或 *diputació*），虽然在开始时它具有临时的性质；但不断向佩德罗四世批准征税，加上一种公债的建立，有助于使其成为永久机构。人们经常把 1359 年看作是它稳固地确立的时间。在阿拉贡和巴伦西亚也开始发展起类似的委员会，不过是在 14 世纪后几十年才出现。虽然这些委员会的首要职能是财政方面的，但是这种角色有助于让他们在处理战争问题时有发言权，14 世纪后半期的各种事件都清楚地说明了这一点。1352 年加泰罗尼亚的**代表团**（diputats）开会决定与热那亚作战需要多少战船和人力，并确保这些资源只用于这场战争。1365 年这些官员还任命舰队的指挥官。同一年，它还要求给国王的钱只应用来保卫加泰罗尼亚，在 1357 年对由阿拉贡**议会**付钱的 700 名骑兵的使用也作出了同样的要求。是否批准补助金当然也可能视普遍性的冤情是否得到纠正为转移：1365 年在加泰罗尼亚授予补助金时，就附有这一条件。

然而，尽管国王的行动自由受到了限制，但佩德罗四世统治时期的**议会**活动可以解释为主要是对过度要求征税的一种反应：参加者首先谋求保护自己的财政利益。议会并非总是尽可能多地采取限制国王的措施：授予补助金并不是任何时候都取决于纠正冤情的情况，并且**议会**活动所影响的是政策的实施而不是制定。1356 年在佩皮尼昂召开的**议会**的确建议国王与热那亚和解，还提议不经**议会**商议不应发动其他任何战争，但是佩德罗并不受这些建议限制。

14 世纪后期，**议会**再次不像以往那些频繁地召开。接近约翰一世统治末期时，巴塞罗那和巴伦西亚人吐露了关于国王治国无方的抱怨，因为国王一直不召集此类会议，他们不能通过议会来表达不满。马丁一世统治的 14 年间，阿拉贡仅仅召开了两次**议会**。在 1388—

1405 年间，加泰罗尼亚的**议会**一次都没有召开过。现实并不与当时的理论家埃克莫尼斯（Eiximenis）描述的画面完全一致。**议会**的会议当然能够处理范围广泛的问题，但其权力依然有限，如那些参与者的志向一样。即使曾经有一种愿望，主张**议会**起某种更大的作用，但阿拉贡王国内各组成部分分别召开会议的实际情况也会妨碍这种尝试的进行。

  国王不仅要面对臣民的反对，而且还必须维持臣民之间的和平和秩序。贵族家族之间的不和与宿仇通常导致暴行和动乱，在 14 世纪最后几十年尤为如此。1387 年一场冲突把阿拉贡好几个望族卷入进来，卢纳的布里安达（Brianda of Luna）抛弃了她的丈夫洛佩·西蒙尼斯·德·乌雷亚（Lope Jiménez de Urrea），声称他们一直没有圆房，并且与路易·科尔内尔（Louis Cornel）履行了某种形式的婚礼。在接下来的一年，佩德罗四世试图阻止一宗存在已久的巴伦西亚人之间的世仇未果，同意担任维拉拉哥特的贝尔纳（Bernard of Vilaragut）和希梅诺·佩雷斯·德·阿雷诺斯（Jimeno Pérez de Arenos）之间的决斗的裁判。

  城镇或城市内部也发生了冲突。许多城镇享有一定程度的自治，统治权通常控制在寡头集团手中，虽然这里的任何城镇都不拥有意大利城市那样充分的自治。斗争有时发生在以家族为主导的派系之间，这些派系是争夺权利和地位的对手，比如萨拉戈萨的塔里尼（Tarines）和贝纳尔蒂诺（Bernaldinos）家族之间，或者在卡拉塔尤的里南瑟（Linances）和萨亚（Sayas）家族之间。在 14 世纪早期的韦斯卡（Huesca），冲突通常发生在小贵族与其他居民之间，这些小贵族通常不在城市管理方面起任何作用。1322 年**骑士**（Caballeros）和**王室非长子的后裔们**（Infanzones）达成一个协定，他们应各持有一定名额的城市官职。在巴塞罗那，市政权控制在一个由一百人组成的委员会（consell）和由五位**执政委员**（conseller）组成的执行委员会手中。尽管各行各业在委员会中都有代表，但身为"光荣的市民"（honoured citizens）的贵族阶层拥有最大的影响力：1334 年，他们有 64 人在委员会任职，而且还垄断了执政的职位。但 1386 年佩德罗四世批准一项计划：建议任命 6 位**执政委员**，其中两位来自贵族阶层，两位来自商人，两位来自手工业者；同时，**委员会**也要按同样比例选出。然而曾有人提出这里存在的阶级冲突达到什么程度的问题，因为这一事实表明，在精英派系之间存在对抗，导致他们与那些渴望公职以便达到自己目标的其他阶层相联合。[20] 然而，约翰一世很快放弃了这一新安排，而且1391年的变革，也同样是短命的。

不管是城镇还是乡村都感到了匪患和暴行频发的影响。14世纪后期，由于成群结队的失业雇佣兵和乡村心怀不满的居民的存在，这一问题可能变得更加糟糕。1384年达罗卡（Daroca）的城市当局发布的一份政令写道："许多罩着面具和经过伪装的人，在达罗卡城市和乡村的道路上和辖区内侵袭和抢劫，犯下所有种类的过度行为。"[21] 在边境地区，也有跨界抢劫问题。巴伦西亚的部分地区经常遭到来自格拉纳达的穆斯林的掠夺。这个地区的地理位置容易渗透，有时当地的穆斯林也会提供帮助。

14世纪，阿拉贡王国仍然存在三大宗教，这是局势紧张的又一个原因。在巴伦西亚，穆斯林占人口的大多数，但是由于穆斯林向外迁移、基督教徒在此定居，人口比例在发生改变。有人提出，在阿拉贡，穆斯林占人口总数的30%，[22] 而在加泰罗尼亚，虽然在埃布罗（Ebro）流域下游地区有众多的穆斯林，但是在更北部的地区却没有。犹太人相对较少，有人估计阿拉贡的犹太人接近总人口的5%，[23] 虽然他们的财富按比例来说很可能更多。

穆斯林人口中包括众多的奴隶，但是14世纪的奴隶并非都是穆斯林：那时阿拉贡的奴隶所有者也拥有一些来自东地中海的希腊人和蒙古人。奴隶的总数不得而知，但在14世纪后期的马略尔卡，人们认为他们的数量庞大，足以对法律和秩序构成威胁。1347年，佩德罗四世下令驱逐所有那些社会不需要他们提供的服务的人。很多奴隶是穆斯林——偶尔也有其他人，即在战争中及在西地中海的海盗袭击中抓来的俘虏，但奴隶身份可以继承，而且被奴役也是当时对一些违法行为的惩罚。在阿拉贡的领土上，自由的穆斯林也可能发现自己被基督徒任意变成奴隶。然而，奴隶身份并非一定是永久的，逃跑的穆

---

[20] Fernández Armesto (1992), p. 28.
[21] Sarasa Sánchez (1981), p. 117.
[22] Boswell (1977), p. 7.
[23] Motis Dolader (1990), p. 10.

斯林奴隶可以指望得到与他们有共同信仰的人的帮助，与各穆斯林政权签订的条约，如1377年和1382年阿拉贡和格拉纳达之间签订的条约，常常有交换俘虏的规定。赎身也是经常发生的事。到14世纪时，被称为**拯救者**（*exeas*和*alfaqueques*）的官员经常充当赎回基督教国家和穆斯林国家俘虏的中间人。奴隶所有者无偿解放奴隶也是可能的，但基督徒主人给穆斯林奴隶施洗礼不会自动导致自由，尽管可能有助于恢复自由。

　　14世纪在某些方面经历了强化对非基督徒的限制的过程，虽然在实践上并非总是得到严格执行。犹太人群体和自由穆斯林的社区都享有某种程度的自治，但是巴伦西亚的穆斯林人并不总能保持在13世纪协议投降时被授予的特权：一些官员是强行任命的而不是由选举产生，而且实际上，很多司法案件或者不由穆斯林官员或者不依据穆斯林的法律作出裁决。在较大的人口中心穆斯林和犹太人已经按惯例住在单独的城区，现有法律禁止他们与基督徒在某些方面的接触，特别是性方面的接触。为了清晰地把不同种类的人区分开来，13世纪颁布了关于犹太人衣着的法令，但显然直到1300年左右才普遍通过针对穆斯林人的这种法律；因此，1301年阿拉贡和加泰罗尼亚的**议会**发布政令，规定穆斯林必须留与众不同的发型。到14世纪末，又规定穆斯林人必须在袖子上佩戴一种特殊的标记。还不完全清楚有关发型和衣服的法规执行到什么程度。在巴伦西亚存留下来的文献里，提及发型的次数比衣着频繁得多；但在1387年韦斯卡的穆斯林的**社区**（*aljama*）声称，14世纪下半期要求穆斯林人采用名为**头顶剃光**（*garceta*）的发型，并不符合当地的传统习惯。当然，实际上，隔离并不是绝对的。个人并非一直住在指定的其所属宗教的居住区；信奉基督教的妓女在**摩尔人社区**（*morerias*）从业；基督教徒和穆斯林经常光顾相同的赌场和酒馆。贸易和商业会有不可避免的接触；包括国王在内的基督徒一般都求助犹太人和穆斯林医生。尽管犹太人不再像以前那样在王室政府里担任官职，但阿拉贡国王仍在宫廷使用他们，而且不仅仅是为了管理的目的：佩德罗四世既雇用犹太人的制图师，也雇用他们的天文学家、占星家。

　　当局也强制实施宗教限制。1311年，克雷芒五世禁止居住在基督教徒领土上的穆斯林举行宣礼（call to prayer）并到麦加朝圣。在阿拉贡王国，这种禁令的第一条得到一些高级教士和宗教裁判所审判官的支持，也得到了民众的支持。因此，詹姆斯二世于1318年发布命令，公开举行宣礼必须终止。但后来多次重申这项禁令表明了它并不十分有效，在1357年——当时佩德罗四世需要巴伦西亚的穆斯林的忠诚和钱财——为回报他们的付出，他允许在哈蒂瓦（Játiva）举行宣礼。也有证据显示，整个14世纪都有穆斯林从诸如巴塞罗那这样的港口前往麦加朝圣。也是在14世纪，宗教裁判所的审判官试图将他们的审判权扩展至犹太人，处理诸如犹太人违反他们自己的宗教及支持一些人从基督教皈依犹太教之类的事务。还要求犹太人和穆斯林尊重基督教。1300年有一条这样的命令：犹太人或穆斯林在大街上碰到基督教圣体节游行时，必须下跪或者躲避。而在韦斯卡，1307年的命令禁止穆斯林金属工人在礼拜天和节假日工作，因为此时正值附近的圣洛伦佐（San Lorenzo）大教堂举行仪式，工作的噪音会打扰正在做礼拜的基督徒。

对穆斯林和犹太人实施限制，通常都是国王对来自其他人的压力作出的反应。犹太人和穆斯林都是"王室的财宝"，为他们既提供支持和保护，又向他们征收重税，符合国王的利益。阿拉贡的国王们力图制止对穆斯林社区的攻击，还有日益增加的对犹太居民的人身侵犯。除了在圣周（Holy Week）频频发生针对犹太人的暴行，1320年当牧人十字军（Pastoreaux）从法兰西南部进入西班牙时，在哈卡（Jaca）和蒙克鲁斯（Monclús）攻击犹太人社区。在巴塞罗那、塞尔韦拉（Cervera）、塔雷加（Tarrega）和其他地方，黑死病的到来进一步加剧了对犹太人的攻击，马略尔卡在1370年和1374年爆发了反对犹太人的暴乱。最严重的是，1391年反对犹太人的暴行从卡斯蒂尔蔓延到巴伦西亚、加泰罗尼亚和马略尔卡。很多犹太人遭到杀害——马略尔卡城有记载的数字为300，巴伦西亚为250——许多人皈依了基督教，一些**社区**不复存在，尽管后来试图予以恢复。当然，在这种场合遭受攻击的不只有犹太人。1320年詹姆斯二世考虑到穆斯林也可能受到攻击，下令保护他们。1391年，有人试图攻击巴伦西亚的**摩尔人社区**，但为时不长。1398年发生了更多针对穆斯林的暴行，当时正在鼓吹对北非发动十字军。巴伦西亚的穆斯林受到普遍怀疑，认为他们同情、援助格拉纳达的统治者以及来自格拉纳达的穆斯林入侵者，因而遭受攻击，尤其在阿拉贡与格拉纳达处于敌对时期，例如在1331—1332年，巴伦西亚的边境遭到袭击的时候。穆斯林还受到基督教民众的侮辱：例如，在1363年，有报道说韦斯卡的基督教徒让他们的猪在穆斯林的墓地上拱土觅食。

13世纪末，在阿拉贡境内，犹太人被妖魔化了，这至少可解释为攻击犹太社区的部分原因，妖魔化犹太人先前曾在其他地方发生过。1294年，谣传在萨拉戈萨有一名基督教徒的小孩被犹太人杀害，1301年在巴塞罗那犹太人的**居住区**（*call*）发现了小男孩的尸体，这引发了人们的恐惧，指控犹太人祭祀杀生；1309年，马略尔卡对此类指控进行了调查。也有人断言，犹太人窃取了或者得到了圣体（consecrated host）：1367年在巴塞罗那发生了这样一个案件。还有人断言，犹太人往井里投毒，就像1321年特鲁埃尔（Teruel）有人所声称的那样；而在1348年，人们认为犹太人带来了瘟疫。毫无疑问，攻击犹太人也有物质方面的原因：基督教徒对从事货币借贷的犹太人的人数有一种夸张的看法，他们还抱怨高利贷法规被滥用。在攻击犹太人期间，可以销毁债务确认书，还可以攫取财产。1391年，在加泰罗尼亚的一些地区，攻击犹太人与社会抗议有关；同时在马略尔卡，对经济状况的不满引发乡村地区动荡时，就开始反对犹太人。在某些事件中，诸如1391年发生在蒙塔尔万（Montalbán）的袭击行为，显然没有超出抢劫和掠夺的范围。但是尽管有其他因素在起作用，杀害犹太人以及强迫他们皈依基督教，对以前大众性的十字军的回忆，都表明了对犹太人的信仰的一种态度，以及铲除它的强烈愿望。**共存**（*Convivencia*）这个概念无论如何绝不意味着接受其他宗教，并且正承受着压力，不同宗教群体间的紧张关系正在增长。各种各样局部性的紧张局势的存在是14世纪阿拉贡王国的特点。

阿朗·福雷（Alan Forey）

第二节　卡斯蒂尔、纳瓦拉和葡萄牙

在14世纪，来自比利牛斯山北部的游客会认为，西班牙半岛始终保持着它以前的样子，这片土地，仍然坚持自己的特色执着地无视

第十八章 伊比利亚半岛

西欧人熟悉的各种概念，使他们的各种合理的期待失望。1341 年，纳瓦拉国王埃夫勒的菲利普（Philip of Evreux）从法兰西北部出发——这里是 14 世纪纳瓦拉国王们常去的地方——帮助卡斯蒂尔的阿方索十一世从摩尔人手中夺取阿尔赫西拉斯，图德拉（Tudela）当局，**他的**行政管理机构，非常自然地提供了一笔财政捐助。但是他们花钱也是为了保证：基督徒国王的十字军不会打扰他在那里的摩尔人臣民的和平与安宁。1357 年，菲利普的儿子卡洛斯二世本着同样的精神，为他两个赴麦加途中的**穆德哈尔**（*mudéjar*）臣民向阿拉贡的佩雷三世（Pere III）*请愿。虽然这公然违背了维埃纳大公会议发布的禁令，但他的干预并非例外行为。12 年后，在基督教徒统治的西班牙核心地区，就在"进行圣战的"恩里克二世（Enrique II）追捕他的异母兄弟佩德罗一世时，布尔戈斯主教的主教代理有一群拒绝交什一税的人要处理，这也并非罕见，其所以引起关注是因为这些拖欠税款的人据说都是"所说的这座城市的摩尔人"。①

到 1400 年，若以政府的财政证据来判断，在公共场合出现的犹太人是摩尔人的 10 倍，② 此时，维护半岛种族**共存**的黏合剂开始分离，抛出各种仇恨，这种仇恨让来自林肯（Lincoln）和不来梅（Bremen）的游客更容易将伊比利亚识别出来。然而，一般来说，半岛上基督徒和基督徒之间的斗争继续着，就像他们在一百年前一样。阿方索十世曾在其制定的《法典七章》（*Siete Partidas*）的第二章中说，"很多不幸"趋向于降临一个国王未成年的王国，③ 在其子桑乔四世于 1295 年 4 月过早离世后的 30 年里，所有这些都因为这个政权的各种断层暴露出来而变成了现实，而阿方索曾试图以此为基础建立一个帝国。在葡萄牙和阿拉贡的统治者的煽动下，1320 年因机会、情感和王朝的考虑而重新联合起来的这些王国有分道扬镳的危险，半岛社会顽固地存在的狭隘封闭的特点再次重申自己的主张。

1295 年 4 月，费尔南多四世还是个六岁的孩子，在教会的眼里，

---

* 阿拉贡国王佩德罗四世（Pedro IV，1336—1387 年在位）。作为加泰罗尼亚国王来称呼时，称佩雷三世。阿拉贡王国是由多个王国组成的。——译者注

① Harvey (1990), pp. 141-142; Boswell (1977), p. 292; Tanner, ed., *Decrees*, p. 380; Peña Pérez, *Documentación*, p. 262.

② Suárez Fernández (1977-1982), I, p. 359.

③ *Part.*, II. 15. 3 (ed. II, pp. 133-134).

他是个私生子，半岛内外那些出于各自原因而支持第二代篡位者德·拉·塞尔达继承王位的种种势力，也认为他不合法，然而私生子们将于下一世纪里在卡斯蒂尔和葡萄牙都建立新的王朝。但是在 1295 年，人们仍把非婚生当成严重的事件，在坚持认为此事严重性的人当中最主要的是新国王的叔叔胡安（Juan）亲王和叔祖父恩里克（Enrique）。前者刚从受围困的塔里法（Tarifa）出来，在那里他与哥哥桑乔四世的敌人马林王朝合作，现在则要求继承王位；而后者这位阿方索十世统治初期的灾星，在意大利的监狱里被折磨 26 年后，于 1294 年夏天，再次出没于卡斯蒂尔政界，占据了国王监护人（tutorship）的角色。很快，这两人就和以前的那些幽灵联合起来：阿拉贡的豪梅二世（Jaume II）（即詹姆斯［James］二世）、葡萄牙的迪尼斯（Dinis）以及王国内那些捣乱的大家族的领导者们，这些人都想利用国王的年幼，为自己的领土利益服务。迭戈·洛佩斯·德·哈罗（Diego López de Haro）从阿拉贡发动入侵，并与胡安·努涅斯·德·拉腊（Juan Núñez de Lara）结成了同盟。④

站在这些人对立面的是王太后玛丽亚·德·莫利纳，当时她也就是 30 多岁。这一统治时期的编年史，部分取材于 14 世纪 40 年代秘书署（chancery）的档案，将桑乔四世的遗孀描绘成动荡年代的支柱、谨慎谦逊的典范。确实，按照该编年史的记载，它是我关于那段历史时期信息的主要来源，桑乔四世的厉害的遗孀不可能犯任何错误：为这位玛丽亚写传记的一个现代作者很推崇这一明显带有偏袒色彩的观点。尽管如此，编年史的内容还是充实详尽的，有关王太后精心看护其唯一财产——宝贵的孩童国王本人——的记载，毫无疑问是真实可信的。她绝不会把儿子交给"世上的任何人"。直到 1297 年春，也只在那时，国王才短暂地脱离了母亲的看护。⑤

费尔南多四世在父亲耕耘过的地方得到了收获。1282 年，反叛的桑乔王子通过向王国的各自治市（**市议会**［concejos］）呼吁，并培育创建他们自己的全国性联盟——**兄弟总联盟**（Hermandad general），

---

④ Gaibrois de Ballesteros（1922–1928），II，p. 393；NCMH，V，pp. 712–74；CFIV，p. 94b；González Mínguez（1976），pp. 29–33.

⑤ CFIV，pp. 95a, 108b；Gaibrois de Ballesteros（1967）.

由此释放了要在此后 50 年主导政治事务的力量。在 1295 年的春天，这些自治市成了卡斯蒂尔未来的仲裁者，因此，D. 恩里克这个"十足的捣蛋分子"（*gran bolliciador*）遍游王国，兜售自己的主张，乞求各地的支持。他向它们提起随他的神圣的父亲费尔南多三世去世而终结的黄金时代，并宣扬（该编年史的用词）这块土地再也得不到它应有的那种管理。只有阿维拉（Avila）和塞哥维亚（Segovia）抵制了恩里克的哄诱。⑥ 然而在喋喋不休地谈论纯真（innocence）的丧失时——D. 胡安亲王对这一话题驾轻就熟⑦——恩里克的宣讲对象却是那些改变了宗教信仰的人。1295 年 7 月至 8 月间，王太后在巴利亚多利德（Valladolid）召开**议会**会议。会上，所有卡斯蒂尔、莱昂和加莱西亚（Galicia）的**市议会**组成的**兄弟总联盟**，分别包括 64 个和 33 个自治市，对最近发生的事情表达了相同的看法。他们在阿方索十世统治的整个时期以及在桑乔四世统治的整个时期（甚至更加如此），一直遭受国王的不公正待遇。然而，有意义的是，他们不只把结盟的时间确定为 1282 年的这一时刻，当时制造他们的种种不幸的国王桑乔四世已经"以自己的态度增加了普遍的抱怨"，而且还保证要维护费尔南多四世的权利，致力于采取措施惩罚那些威胁他们其中任何一方利益的**有钱人**（*rico ome*）、**小贵族**（*infanzon*）或**骑士**（*caballero*），并规定他们应缴纳什么样的税种及过多久缴纳一次，还打造了法人的印章。另外，由埃斯特雷马杜拉（Extremadura）和托莱多大主教区的 33 个**市议会**组成的联盟及穆尔西亚地区的 9 个**市议会**组成的联盟，也采取了类似的措施。⑧

因此，王太后在巴利亚多利德**议会**上以及在其整个统治期间对**市议会**的培育，既不是她唐吉诃德式的举动，也不是"各种民主趋势"的展现。⑨ 不如说，这是一种承认，承认这些**市议会**从阿方索十世统治初期以来获得的经济力量必然具有的政治结果。⑩ 王太后起初发现巴利亚多利德的大门不对她开放，凭借纯粹锲而不舍的坚持，她最终得以在那里自主行事。她首先获得市政代表对其财政要求的支持，然

---

⑥ *CFIV*, p. 94a.
⑦ Ibid. , pp. 99ab, 107a.
⑧ Benavides（1860）, II, pp. 3 – 12；Suárez Fernández（1951）；Moreta（1978）, pp. 173 – 174.
⑨ Thus Gaibrois de Ballesteros（1967）, pp. 94, 200, 246.
⑩ Ruiz（1977）.

后逐个接见他们,从清晨到下午一直倾听他们发牢骚。王太后在8月的暑热中展现出来的毅力,令代表们"惊异"——大概是因为她的性别而不是因为她的年龄。她对待他们就好像他们是主权国家的代表,在1295年的春天他们的确享有这种地位。在她儿子整个未成年的时期,她在与他们打交道时经常比反对派智胜一筹,所依靠的手段是在全国范围内建立一个较好的情报网,利用城市的分歧获得帕伦西亚(Palencia)和其他主要中心的支持。但1295年发生的最重要事件,莫过于议会同意王太后取得**货币**表决权(a vote of *moneda*),这不仅因为她需要钱(她的确需要),同时也因为——正如编年史不止一次强调的那样——授予资金表明其权威得到了承认。[11]

与此同时,她也要付出高昂代价。对哈罗-拉腊同盟提出的解散议会的要求,玛丽亚当然不予考虑。但是,对其他任何建议她却乐于接受。在1295年及随后的几年间,妥协、让步、用钱换取支持司空见惯。迭戈·洛佩斯·德·哈罗恢复了维兹卡亚(Vizcaya)的领主权,这项权力是他被谋杀的哥哥洛佩·迪亚兹(Lope Diaz)于1288年丢掉的;D. 恩里克则受托担任国王监护人,尽管并不监管国王本人。效忠的价格是**每日2000马拉维迪**(*maravedís per diem*)。在其统治的第一年,为获得哈罗-拉腊同盟对共管(condominium)的忠诚,付给的钱是这一数额的150倍,[12]而且以后继续这样支付。

在巴利亚多利德召开的**议会**有助于观察旧秩序已经瓦解的程度。在这次会议上,自治市的影响在上升,它们的目的是将权力的杠杆永久掌握在自己手中。托莱多大主教贡萨洛·佩雷斯(Gonzalo Pérez)是桑乔四世统治晚期的核心人物,他被排除在议会会议之外,高级教士和教士被赶出宫廷,王室管理和对王印的保管都移交给"城镇的好人"。但是,这些城市革命分子的天性既不完全也不专门反对神职人员。他们的队伍中既有下层教士的代表,也有在俗修士(laymen)的代表;他们的怒火既指向世俗贵族,那些**有钱人**和**下层贵族**(*fijosdalgo*),也指向教会贵族。他们是幻想家,对未来的想象,**除了其他事物**,还包括禁止把国库中的王室土地(realengo)再赠予他人,并

---

[11] *CFIV*, pp. 95b–96b, 97b, 102a.
[12] Ibid., pp. 96b, 104a.

希望委托他们监管王室城堡。⑬ 1295 年的**议会**进程比同时期的其他所有会议都要短，这并非偶然。玛丽亚·德·莫利纳是个卓越的倾听者。

费尔南多四世的统治，就像编年史讲的，是一段令人昏乱的历史，充满一些无关紧要和自私自利的小事、缺乏信任，是这段历史的主要特点。国王的敌人重新对他表示归顺，就是为了从空虚的国库得到足够的资本来发动新的反叛。在费尔南多四世统治即将终结时，正如阿拉贡国王的人所报告的，"在这里，双方都既没有忠诚，也没有信任"。⑭ 因此在 1296—1297 年间，费尔南·罗德里盖斯·德·卡斯特罗（Fernán Rodríguez de Castro）索要蒙特福特（Monteforte）城堡作为支持国王的价码，而在他刚刚被赐予该城堡，就厚颜无耻地叛变投靠了 D. 胡安。在费尔南多四世未成年期间，政治组织的重组和再重组的复杂性难以用语言表达，此后研究 14 世纪的学者总是回避它。尽管上世纪发表了对该统治时期和阿方索十一世统治时期的编年史的各种解读，但我们仍未有对 1295 年至 1384 年间的卡斯蒂尔王国作出合适的现代的说明，而且也没有可资综述的足够的二次文献。因此，应该对这里的概述持比通常更多的怀疑态度。

随着对立的国王（anti-king）阿方索·德·拉·塞尔达在阿尔马桑（Almazan）就职，费尔南多四世仍与巴利亚多利德保持紧密关系，直到 1303 年才敢于向南进入新卡斯蒂尔（New Castile）。在上述境况下，葡萄牙和阿拉贡的统治者分别与 D. 胡安、阿方索·德·拉·塞尔达结盟，密谋瓜分王国。在 1295—1296 年间，这两位要求继承王位的人都同意把莱昂、加莱西亚和塞维利亚（Seville）分给 D. 胡安，把穆尔西亚王国分给阿拉贡国王，把昆卡（Cuenca）城分给阿拉贡国王的兄弟佩德罗亲王。1296 年 4 月，阿方索·德·拉·塞尔达及其阿拉贡盟友从东部入侵并包围了马约尔加（Mayorga），D. 胡安在莱昂宣布为王，阿方索在萨哈古恩（Sahagún）宣布为王，格拉纳达的穆罕默德二世在安达卢西亚再次挑起战争，D. 恩里克中断了大吃大喝、打猎游玩这些费心费力的安排，建议玛丽亚·德·莫

---

⑬ *Cortes*, I, pp. 130–133; Linehan (1993a), pp. 526, 543–548.
⑭ Giménez Soler (1932), p. 392.

利纳嫁给已婚的阿拉贡亲王:⑮ 这一建议遭到冷遇。王国陷入了自然状态（state of nature）。不久前被驱逐的精英的一个成员霍夫雷·德·洛艾萨（Jofré de Loaisa），写到了田野上没有牲畜，只有野兔出没，到处都是盗贼和纵火犯。由于缺乏人力和财力，玛丽亚被迫把她的孩子，派到托莱多、帕伦西亚和其他战略要地代表国王，其中最小的是个三岁的女孩。⑯

结果，对马约尔加的包围失败了，阿拉贡人在混乱中撤退——然而这里真正的赢家并不是少年国王而是死神。在饥饿的大地上疫病肆虐。然而更致命的传染病却是监护人 D. 恩里克传播的，他在库埃利亚尔（Cuéllar）**议会**上，这是卡斯蒂尔王国独自召开的**议会**（1297年2月至3月），提议将桑乔四世在南方征服的唯一地区塔里法，卖给其原来的主人格拉纳达国王。然而自治市的代表们同以前一样，在王太后的劝说下，否决了亲王的计划，而且为回报任命他们中的十二个人组成永久协商理事会一事，他们投票赞成征收一笔**任职费**（servicio），用于军事目的。在整个13世纪90年代后期，各自治市以及它们同意征收的赋税成为玛丽亚·德·莫利纳的支柱。虽然1297年9月在阿尔卡尼塞斯（Alcanices）签订的双重婚约的协议多少缓解了来自西部的压力，这是一种稍加掩盖的人质扣押形式，涉及费尔南多四世和葡萄牙的迪尼斯之女康斯坦扎（Constanza）的婚约，以及玛丽亚·德·莫利纳的四岁女儿比阿特丽斯（Beatriz）和葡萄牙继承人阿方索的婚约，但即便这种程度的缓解也是在付出高昂的代价才取得的。费尔南多实际上要给他未来的妻子提供嫁妆，卡斯蒂尔还要为获得（必不可少的）教宗的特许承担费用——所有这一切都回报甚微。因为获得教宗特许花了四年时间，所以协议的预期利益在很大程度上已经没有价值了。

在1297—1301年期间，取得的主要成就首先是国王得以幸存下来这一事件本身，随后是随着国王日渐长大，为取得其合法性在教廷进行的外交活动。国王的身份有望合法化，还有 D. 恩里克的惊慌失措，有助于使 D. 胡安回归政府的路线上来。阿拉贡的詹姆斯的代理

---

⑮ 而且，佩德罗亲王的妻子是 Guillerma de Moncada，曾许配给桑乔四世！见 Gaibrois de Ballesteros（1967），p. 104。

⑯ *CFIV*, pp. 97–108; Jofré de Loaisa, *Crónica*, p. 177; González Mínguez（1976），pp. 31–56。

人用象棋术语向国内报告说：这位曾经的王位竞争者走了一步象（bishop）。[17] 在巴利亚多利德的**议会**（1300 年 5 月）上，D. 胡安与他的侄子讲和，并拿到了补偿金：一万马克银币中的大部分，这一万马克银币是卜尼法斯八世为颁布费尔南多身份合法的诏书而设定的价格（这位教宗非常明智地没用卡斯蒂尔的货币报价），玛丽亚·德·莫利纳一直节俭地管理这笔钱，是议会为此目的的投票决定收取的。[18] 1301 年 9 月——这时胡安已重归反对派阵营——那份期盼已久的教宗诏书颁布了，同时颁布的还有其他诏书，批准与葡萄牙的婚约，同意连续三年把教会十一税的 1/3（tercias）赐予国王。在接着而来的秋天里，D. 恩里克四处宣称诏书完全是假的。尽管如此，费尔南多四世在 12 月庆祝了 16 岁的生日，获得了成人身份。[19]

马德里的领班神父（archdeacon）费兰·马丁内斯（Ferrán Martinez）是 1295 年遭驱逐的保守派的一员，他在骑士小说《西法尔骑士之书》（*El Libro del Cavallero Zifar*）里，用寓言的形式记述了随后发生的事件，当时的史官则提供了确切的依据。[20] 从少年一跃变为纨绔青年，这位不负责任的君主向玛丽亚·德·莫利纳表示感谢的方式，是允许他的叔叔 D. 胡安离间了他与她的关系，又让她遭受了各种各样的侮辱——然而，逼她交出账本只是表明正是玛丽亚·德·莫利纳在他整个幼年时期为这一制度提供了资金，而并非这个制度为她提供了资金。1303 年 8 月，D. 恩里克死了，时年 73 岁，他与胡安·努涅斯·德·拉腊的 15 岁的妹妹的婚姻（这是 1299 年胡安·努涅斯·德·拉腊重新归顺国王所付出的部分代价）可能加速了他的死亡。这样就腾出了卡斯蒂尔宫廷首席捣蛋者的位置，这一角色很快就转移给阿方索十世的小弟弟的儿子 D. 胡安·曼努埃尔（Juan Manuel）。在新国王为正式执政受训时，D. 胡安就获得了优势。根据编年史记载，1301 年，为国王取得合法身份筹集必要的资金时，1/4 的人口死于饥荒。1298 年卡斯蒂尔的情况，就如葡萄牙医院骑士团向

---

[17] Gaibrois de Ballesteros（1967），p. 119. 译者按：这句话的意思是 D. 胡安回归朝廷，做国王的助手。
[18] *CFIV*, pp. 117b, 119a.
[19] González Mínguez（1976），pp. 56 – 121.
[20] Hernández（1978）；Linehan（1993a），pp. 537 – 542.

国内报告的那样"不可救药，绝对毫无希望"。㉑

1304年8月，半岛上三个王国的国王参加的峰会在托雷利亚斯（Torrellas）举行。会上，卡斯蒂尔国王承认了阿拉贡对穆尔西亚古国相当一部分地区的占有，包括阿利坎特（Alicante）和奥里韦拉（Orihuela）在内的巴伦西亚和卡塔赫纳（Cartagena）之间的滨海地区。《埃尔切条约》（Treaty of Elche，1305年5月）对此作了详细说明。㉒ 然而，虽然阿方索·德·拉·塞尔达已经失去了阿拉贡人的支持，但是德·拉·塞尔达的威胁仍然没有根除。费尔南多四世身份的合法化未能消除这种王朝内部谋求王位的挑战。这种挑战一直持续到1331年。

在费尔南多四世统治的最后几年——在当时看来就是他统治的早期——大半忙于狩猎、在南方生闷气、游说揽钱。为了给卡斯蒂尔的军队发军饷，这位国王求助于他的葡萄牙的岳父、葡萄牙的妻子（他的妻子献出了三顶金冠和一枚胸针）和英格兰爱德华二世（没有成功），在其他所有途径都失败后，他又转向了挪用教会收入的惯例。为此，他至少两次被开除教籍。㉓ 但至少他现在有了需要发饷的军队，这是一个新的开端。1309年他对南方发动进攻，这是近20年来采取的第一次行动。然而第二年在占领直布罗陀后，便以失败告终：D. 胡安和 D. 胡安·曼努埃尔放弃了对阿尔赫西拉斯的围攻。因为这次背叛，国王决不原谅 D. 胡安，只是由于玛丽亚·德·莫利纳的及时斡旋，才得以阻止国王杀掉他的叔叔。㉔

1312年9月7日，这位国王在早早地吃了一顿午餐后死了，享年26岁。编年史的说法是他吃了太多的肉。㉕ 如果说费尔南多四世统治时期有什么事情值得记住的话，那主要就是其间召开**议会**的次数。在恰好17年的时间里，卡斯蒂尔和莱昂的**议会**几乎每年都召开，不是单独就是联合召开。㉖ 但是，尽管频繁召开议会表明费尔南多的

㉑ *CFIV*, p. 119a; Benavides (1860), II, p. 170 ('pravum et pravissimum').
㉒ *CFIV*, p. 136a; González Mínguez (1976), pp. 179–201; Costa (1981); Torres Fontes (1990), pp. 483–485.
㉓ Gaibrois de Ballesteros (1967), p. 168 (*CFIV*, c. 14); Lopes (1970a), pp. 64–72; Benavides (1860) II, pp. 355–356, 820; Linehan (1983), p. 283.
㉔ D. 胡安借口猎鹭（heron）匆忙离开王宫：*CFIV*, p. 166a–b。
㉕ Ibid., p. 169b.
㉖ González Mínguez (1976), p. 342.

状况窘迫,这并没有为1295年明确提出的所谓民主原则取得胜利起任何作用。实际上,1308年3月国王在格里约塔(Grijota)直接违背1297年在库埃利亚尔的立法,明确地否定那时通过的各项原则,并同意贵族的要求,由贵族来推荐他的顾问。[27] 1307年,胡安·努涅斯·德·拉腊公然违抗费尔南多将其流放的法令,在托尔德乌莫斯(Tordehumos)为自己构筑防御工事:一种从未听说过的行为。人们把是否能够执行这一法令看成对费尔南多权威的严峻考验。费尔南多失败了,胡安·努涅斯留了下来。[28] 在格里约塔签订的投降协议证实了这一结果。总之,到那时,他统治期间召开的第一次**议会**制定的法规已是一纸空文。最迟到1301年11月,一些教士已经返回王室秘书署,[29] 并无视格里约塔的协议,留了下来。1311年9月,一个阿拉贡代理人向国内报告称,D. 胡安及其追随者打算彻底清除王室内府,要杀掉它的一些成员,再雇佣他们自己的人来任职,这些人,据说除了主教、贵族(ricos homnes)和骑士(cavalleyros),还包括"他们愿意提名的来自城镇的人"。[30]

阿拉贡国王的线人所说的 D. 胡安及其寡头同伙采取的策略,使马克思主义历史学家在13世纪卡斯蒂尔的社会废墟上建立起各种扎实的理论依据的任务极大地复杂化了。卡斯蒂尔各自治市及其市议会(concejos)是政治寡头的竞技场,它们的内部分化招致别人对其加以利用,就像玛丽亚·德·莫利纳曾经娴熟地驾驭它们一样,它们也将会在本世纪余下的时间里,被人在**议会**上继续利用。[31] 就费尔南多四世统治时期召开的**议会**而言,它们的**会议记录**(cuadernos)当然不会承认此类内部分裂的存在,不过这方面的线索会比记录密谋杀人的证据多一些。**会议记录**不是这些信息的储藏库,而是记录国王对各自治市**代表**(procuradores)的请愿书的回应。出于同样原因,也不能从中推断出国王自己对任何事情的确定态度。在费尔南多四世执政期间频繁召开的**议会**会议上,他只起舆论渠道的作用。就此而言,下述一

---

[27] *CFIV*, pp. 158b – 159b; González Mínguez (1976), pp. 254 – 261; O'Callaghan, 'Las cortes de FernandoIV', p. 324.
[28] *CFIV*, pp. 152 – 156; Giménez Soler (1932), p. 352.
[29] Benavides (1860), II, p. 192.
[30] '... e homnes de villyas aquellyos que ellyos le dirian'; Giménez Soler (1932), p. 399.
[31] Mínguez (1989), p. 554.

般得到承认的观点就显得过分简单化了：1312 年巴利亚多利德召开的**议会**的立法珍藏着费尔南多四世的"政治遗嘱"。㉜ 这次会议所设想的各种措施，与 1295 年以来不断召开的会议上提出的改革司法制度的区别，就在于这些是一位国王统治期间的最后一批措施，而在这整个统治时期，他一直是领地贵族的傀儡。如果国王活得再长一些，他只能过得更加蒙混推诿。

1311 年 8 月，费尔南多四世的儿子出生了，这一点至少在当时是无可置疑的。㉝ 在临死前，费尔南多四世任命他的兄弟 D. 佩德罗作为其一岁儿子阿方索十一世的监护人（tutor）。由于费尔南多四世夺取了教会的收入，㉞ 他死时，整个王国都被禁止参加圣事活动。第二个未成年人继位使王室家族内原来的所有敌对活动再次活跃起来，不同的是，1295 年卷入的只有一位母亲和一位叔祖父，而 1312 年由于情节突然转到另一代人身上，政治场景变得更加拥挤得多。D. 胡安从 D. 佩德罗手里索要监护人的身份。1313 年 4 月至 6 月，在帕伦西亚召开的**议会**分裂成两派，从他们各自颁布的法令上能看出两个敌对亲王的政治议题中的某些东西。因而，虽然 D. 胡安的会议把前国王所有的**亲信**（privados）都驱逐出宫廷，并将王玺委托给城镇的俗人，玛丽亚·德·莫利纳和 D·佩德罗则规定在他们的永久顾问中要有四名主教。玛丽亚·德·莫利纳和 D. 佩德罗承诺每隔一年召开一次整个王国的**议会大会**（cortes generales），而 D. 胡安则规定每年召开地方的**城市联盟**（hermandades）会议，结果加速了国家分裂的进程，这一进程又强化了双方共有的反犹太人措施。㉟

1313 年 11 月，年轻的——虽然已经是诡计多端的——王太后葡萄牙的康斯坦扎意外死亡后，各王位竞争者便同意与玛丽亚·德·莫利纳共同承担监护权（在帕拉苏埃洛斯 [Palazuelos]，1314 年 8 月）。但是社会和领土的瓦解过程仍在继续，以在布尔戈斯的**议会**（1315 年 9 月）上成立的成分复杂的**兄弟总联盟**为标志，该联盟包括

㉜ Colmeiro, *Cortes de los antiguos reinos*, p. 213; Bueno Domínguez (1991), pp. 128 – 129; González Mínguez (1976), pp. 317 – 322.

㉝ 鉴于阿方索十一世能力超凡，Grassotti (1987, p. 724) 对此不太确信。

㉞ Linehan (1983), pp. 283 – 284.

㉟ *Cortes*, I, pp. 224 (c. 10), 227 – 231 (cc. 25 – 35, 37), 235 (c. 4), 236 (c. 11), 241 (cc. 25, 27 – 28), 244 (c. 42).

109 个**骑士**和 96 个**市议会**，由每一方任命六个成员组成永久委员会跟踪国王监护人的行动。㊱ 在卡里翁（Carrión）召开的议会（1317 年 3 月）得到报告称，到处都是混乱状态，王家土地被大量转让，政府破产，货币崩溃。那时正在卡斯蒂尔到处收税的教宗税官雷蒙德斯·德·塞拉（Raimundus de Serra）及其助手的记录充分证实了这一切。㊲ 1319 年 6 月，D. 胡安加入 D. 佩德罗在格拉纳达附近的战役 628
（为了有资格获得教宗赐予的一份教会收入）后，盟约便彻底瓦解了。因为两位亲王都殒命于此——D. 佩德罗被砍死，他的叔叔听到该消息后震惊而死。因此 D. 胡安的儿子“斜眼”（*el Tuerto*）D. 胡安和 D. 胡安·曼努埃尔便进入这一政治真空，每人都为自己索要监护人之职，后者得到了其阿拉贡岳父豪梅二世（Jaume II）的支持。这些年卡斯蒂尔国势衰微，特别容易受阿拉贡的干涉。1319 年在豪梅的要求下，约翰二十二世任命专横的阿拉贡王子 D. 若昂（Joan）担任托莱多大主教。那一年后来发生了“甘德萨（Gandesa）丑闻”：在婚礼的当天，善变不定的阿拉贡的法定继承人 D. 豪梅竟然宣布放弃继承权和新的妻子——卡斯蒂尔的莱昂诺尔（Leonor），从早晨的婚宴上逃走，而皈依（短暂地）宗教生活。㊳

1295 年玛丽亚·德·莫利纳的女儿伊莎贝尔已被豪梅二世抛弃，㊴ 如今她的孙女遭受了同样的命运。在这当中的全部时间里，玛丽亚·德·莫利纳一直钟情于**议会**，1295 年她坚持召开会议的智慧，足以证明 1319—1321 年间没有这样做的种种后果。由于没有召开会议，与她争夺权力的人利用了地方上的不满情绪；安达卢西亚的**城市联盟**对格拉纳达王国执行自己的外交政策，并详细表明接受**议会**推选的国王监护人或多个监护人的条件；㊵ 而与教宗使节大主教纪尧姆·德·皮埃尔·戈丁（Guillaume de Pierre Godin）讲和的努力也徒劳

㊱ Ibid., pp. 247 – 272.

㊲ Ibid., pp. 303 (c. 6), 311 (c. 28); *CAXI*, pp. 180b – 181a; Valdeón Baruque (1969), pp. 6 – 8, 13; Linehan (1971), pp. 247 – 249, and (1983), pp. 286 – 288. Cf. Kershaw (1973), p. 5 n. 7: “欧洲南部在 1315—1317 年没有饥荒的迹象。”

㊳ *CAXI*, pp. 181 – 185; Giménez Soler (1932), pp. 58 – 71; García Fernández (1991), pp. 155 – 160; Avezou (1930); Linehan (1993a), pp. 628 – 631; Sturcken (1979); Martínez Ferrando (1948), I, pp. 92 – 100.

㊴ *CFIV*, p. 97a.

㊵ García Fernández (1985), pp. 370 – 375; Anasagasti Valderrama and Sanz Fuentes (1985).

无果。

　　这位教宗使节，近一个世纪以来造访卡斯蒂尔的第一个这样的人，前来协助玛丽亚·德·莫利纳，直到她被下葬，才离开卡斯蒂尔。1321 年 7 月 1 日，这位伟大女性的辞世使王国失去了一股号召力。根据编年史记载，虽然该文本似乎被篡改过，玛丽亚·德·莫利纳在临终之际，将十岁的国王委托给巴利亚多利德的**市议会**监护。她在死前最后几天立的遗嘱里，选择把自己葬在北部城市，而不是像她在 1308 年曾指定的那样，埋在托莱多大教堂桑乔四世的旁边：这一意愿的改变表明了 1321 年夏季的政治现状，以及过去 13 年来公共秩序瓦解的程度。㊶

　　国王的叔叔兼新任监护人 D. 费利佩（Felipe）于 1322 年 6 月在巴利亚多利德召开**议会**，出席会议的代表来自卡斯蒂尔、莱昂和埃斯特雷马杜拉（Extremaduras）各地的**市议会**，这次会议制定的法规（这里拓展了该词的意思）描述了这样一片国土：到处都是要塞，从那里出来的成群结队的**土匪**（malfechores）使乡村罩于恐怖之中，到处充斥着谋杀、拷打、囚禁、纵火、敲诈勒索、拦路抢劫以及各种见不得人的勾当。黑暗笼罩着这片土地，在黑暗的掩护下，了结了数不清的私人宿怨，其中费利佩就是一个彻头彻尾的**大土匪**。这位亲王为控制圣地亚哥（Santiago）城向孔波斯特拉（Compostela）大主教发起挑战，把这个令人敬畏的法兰西多明我会成员逼入 D. 胡安·曼努埃尔的阵营，此后敌对双方的军队于 1324 年 8 月在萨莫拉（Zamola）城外交战。㊷然而，在这危急时刻，阿方索十一世尽管（就像史官所说的）仍然"年幼"，仍显示了自己的权威：命令交战双方解决争端。㊸《法典》（Partidas）的手稿，许多地方为适应政治需要而被篡改过，为这个 13 岁的孩子（或是那些控制他的人）规定他有权在 14 岁、16 岁或 20 岁时亲自执政。㊹费尔南多四世的未成年期一直持续到 16 岁的生日。然而，早熟的阿方索十一世更早采取行动，根据编

　㊶ CAXI, pp. 184–192; Fita (1908); Zunzunegui (1954); García y García (1988); Gaibrois de Ballesteros (1967), pp. 169, 243.
　㊷ Cortes, I, pp. 338 (c. 6), 361 (cc. 78–80), 366–367 (c. 100); CAXI, pp. 186b, 194b; Hechos de D. Berenguelde Landoria, ed. Díaz y Díaz et al., pp. 12–20.
　㊸ CAXI, p. 194b.
　㊹ Part., II. 15. 4, 5 (ed. II, pp. 134, 136).

第十八章 伊比利亚半岛 713

年史关于他治下时期这个王国的叙述，1325年秋天他在巴利亚多利德召开的**议会**上宣布自己成年，所以这一举措很及时。王国处于混乱状态，无政府状态盛行，人们成批结队地移居到阿拉贡和葡萄牙。[45]

一位编年史官在记述在卡里翁召开的**议会**（1317年）时这样写道：王室财库的枯竭是"由于国王们通过世袭赐予转让了大量的地方和城镇"，[46] 这也是他所编写的1325—1344年间统治史的主题。这一叙述中断后，在史官的笔下，其主人公所有行为的根本目的就是停止、逆转这一过程，并重树王家权威、重建王室财政。

"因此就不应该有**城市联盟**（hermandat）"，阿方索于1326年2月在巴利亚多利德发布命令。[47] 这是第一步。下一步是向大贵族们兴师问罪。五个月后，卡斯蒂尔的教士被要求为其先前侵吞王室土地（realengo）的行为作出巨额赔偿，[48] 而在该年年末之前，国王的表哥"斜眼"胡安的命运等于通知其他人：等待他们的是更从速的处理。维兹卡亚的领主被传唤到王宫，虽然国王的**亲信**阿尔瓦尔·努涅斯·奥索里奥（Alvar Núñez Osorio）向他提供了安全通行权中最安全的保证，但国王却根据"先判决后评判"的原则，刚一到就被砍倒了。此案件的起诉在执刑后进行，阿尔瓦尔·努涅斯得到了受害人的土地。D. 胡安·曼努埃尔在阿方索抛弃了自己的女儿康斯坦扎而选择葡萄牙的玛丽亚后，就得出正确的结论，[49] 于是他使自己"改变本性"（denatured），也就是正式割断与国王的所有联系，重返笔墨生涯。[50]

1313年，在帕伦西亚召开的**议会**曾关注时值三岁的阿方索的教育，发布命令要阿方索接触各种"良好的习俗"。[51] 1326年，这位少

---

[45] *CAXI*, p. 197a–b; 由 acta of the cortes (Cortes, I, pp. 372–389) 所证实。Cf. Valdeón Baruque (1969), pp. 14–18; González Mínguez (1983).

[46] *CAXI*, p. 180b; Cortes, I, p. 306 (c. 14).

[47] Cortes, I, p. 393.

[48] Nieto Soria (1984).

[49] *CAXI*, p. 203a (虽然作为桑乔四世的孙子和一个亲王的儿子，但"斜眼"胡安却随了母亲的称号，称为胡安·德·哈罗); Giménez Soler (1932), pp. 81, 531, 549, 551–552 (Dec. 1327；在这个例子里，未婚妻成了一个正式的人质，这表明了14世纪早期半岛联姻的真正本质——但设计这种联姻的最初目的，像是以最短的时间，用数目尽可能少的王子和公主来建立尽可能多的联姻)。阿方索已经回绝了一桩和英国的联姻。费尔南多四世统治时期与半岛外国家的第一桩联姻在1310年才发生。见 Gaibrois de Ballesteros (1967), p. 178。

[50] *CAXI*, p. 209b; Giménez Soler (1932), pp. 86–112; Gautier-Dalché (1982).

[51] Cortes, I, pp. 234–235.

年国王指挥人们杀死了他的表哥，D. 胡安·曼努埃尔有理由接受建议从一条大河的对岸与国王谈判。㊷ 然而，阿方索十一世此前一直处于**法官团**（letrados）的监护下，历史学家们确信该统治时期的很多成就都源于这一高层集团宣称的世俗主义的影响，然而，在这个集团成员的身份泄露后，人们发现其中不仅包括王室史官费尔南·桑切斯·德·巴利亚多利德（Fernán Sánchez de Valladolid），还包括教会权势集团的核心人物，例如佩德罗·戈麦斯·德·巴罗索（Pedro Gómez de Barroso，卡塔赫纳的主教，后来是枢机主教）、胡安·德尔·坎颇（Juan del Campo，先后任昆卡、奥维耶多和莱昂的主教）以及基尔·德·阿尔博尔诺思（Gil de Albornoz），后者为托莱多的大主教（1338—1351 年），此后成为罗马教宗的首要斗士。㊷ 这表明该年轻统治者的枢密院至少在表面上与其更传统的前任们的一样。

但是如果这个**法官团**独特的意识形态特点还有待鉴定的话，那么他们的成就——如果这些成就是他们取得的话——很快就在这片国土上显现出来了。这片土地因近期灾难重重，对近几年困扰整个欧洲南部地区的天气变化几乎毫无准备。㊷ 14 世纪 20 年代后期，卡斯蒂尔王国的王室统治遭受了自 13 世纪 70 年代以来最危急的情况。结果是有人在操纵宗教情绪，从表面上看是代表瓜达鲁普新圣地（new shrine of Guadalupe）的利益，实际上是为了在偏远的西南各地进行殖民，1312 年在巴利亚多利德召开的**议会**上那些地区就被认为特别容易遭受葡萄牙的影响。1329 年在马德里召开的**议会**上，国王不仅赶跑了卡斯蒂尔国内的敌人，也赶跑了诸如公证人、接受教宗预先委任的圣职人员（papal providees）等从外面闯入的人。㊷ 国王崇拜的英雄包括亚瑟王（King Arthur）和厄尔·熙德（el Cid），为了让他的勇士们时刻胜任职责，他不会拒绝任何比武或者圆桌会议的机会。他建立绶带骑士团（Order of the Band 或 La Banda），这是最早的骑士团之一，借此也就复兴了骑士习俗，（据其编年史官说）这一习俗已经潜伏"很长时间"了。国王本人也通过圣地亚哥建立的一座自动的雕

㊷ CAXI, p. 220a.
㊷ Moxó (1975)；Dupré Theseider (1972).
㊷ Cf. Rubio Vela (1987), p. 144.
㊷ Cortes, I, p. 348 (c. 40)；Linehan (1985) and (1993), pp. 624–637.

像（automated statue）而受封为骑士，在他21岁生日的时候首次接受了涂油礼，继而在布尔戈斯为自己加冕。他还铸造了一枚新印章，印章上国王的姿势非常庄严，而且他还将阿拉瓦（Alava）的领地（*señorío*）并入自己这个再次感到自信的王国。[56] 在1332年发生的所有这些事件中，可以证明这起合并对于双方来说大概都是最有意义的。1295年以来卡斯蒂尔的政治首次出现了活力，与纳瓦拉重新融入半岛事务的主流同时发生。

法兰西的国王们自1305年后就放弃了让纳瓦拉人独立的所有借口。胡安娜一世（Juana I）去世的时候，这个王国17个城镇的**好男人**（*hombres Buenos*）齐聚埃斯特里亚（Eltella，1305年5月），为捍卫他们的自由，他们承诺每年在奥里特（Olite）会面三次。但他们的集会却没有取得任何成果。胡安娜的鳏夫"美男子"菲利普宣布自己为法兰西和纳瓦拉的国王。他们的儿子路易在1307年10月访问潘普洛纳（Pamplona），并宣誓要保卫其新臣民的自由，但他停留的时间很短，只够用于任命一名总督、使法兰西人充斥纳瓦拉的教会、围捕那些通常被怀疑的人，并让人把他们押送往法国的监狱。这次被抓的是福尔蒂诺·阿尔莫拉维德（Fortuno Almoravid）和马丁·希梅内斯·德·艾瓦尔（Martin Ximénez de Aibar）。路易的一个功绩就是生了胡安娜这个女儿。1316年路易辞世时，尽管纳瓦拉人承认胡安娜是他们中的一员，但在1319年，巴尔巴藏的阿纳尔特（Arnalt of Barbazan）——两年内潘普洛纳的第五任主教，前四个主教都是由法籍教宗约翰二十二世任命的法兰西人——率领一个代表团来到巴黎，宣誓纳瓦拉效忠于菲利普五世。阿纳尔特主教的漫长任期（1318—1355年）为王国带来了表面上的稳定。1319年，他与卡佩国王就争议已久的潘普洛纳教堂在城里的世俗管辖权问题达成了一致，还获得许可重建毁于1276年的纳瓦拉旧城（Navarrería）。然而，三年后，他未能说服这个政治共同体接受查理四世——法兰西人眼中的"英俊小生"，在纳瓦拉人看来却是个"秃子"。[57]

1328年2月卡佩王朝统治的终结在纳瓦拉没有引发事端。三个

---

[56] *CAXI*, pp. 231a－237a, 266b; López-Ibor Aliño (1984); García Díaz (1984); Linehan (1993a), pp. 572－601; Ruiz (1987), p. 224; Linehan (1993b).

[57] Lacarra (1972－1973), I, pp. 251－269; Goñi Gaztambide (1979), pp. 19－105.

月后在潘普洛纳,摄政们召集的**议会**一致宣布胡安娜为他们的女王。但议员们在胡安娜丈夫的问题上都表现得小心谨慎:要求他保证如果胡安娜先死或者死后无嗣,他就要撤出纳瓦拉。这容易理解:埃夫勒的菲利普在法兰西的大本营比其13世纪的祖先们离纳瓦拉更远得多。结果证明他们的担心没有根据。尽管菲利普三世(1328—1343年)和胡安娜二世(菲利普三世死后,胡安娜活到1349年)不常在纳瓦拉,他们更愿意通过总督来统治这个王国,但他们的统治要好于纳瓦拉已经习惯了的统治方式:1330年更新了市民法(*amejoramiento de los fueros*),监督它的行政改革,与卡斯蒂尔、阿拉贡建立了通常的和睦关系,最重要的是他们生了八个孩子,还把女儿玛丽亚嫁给了未来的阿拉贡的佩雷三世。1343年9月费利佩在赫雷斯(Jerez)逝世,在那里他帮助阿方索十一世围攻阿尔赫西拉斯,这证明他对半岛的献身是非常认真的。[58] 到该世纪中期,这种献身变得不可持续,这并不是他们的过错。

本质上,在克雷西(Crecy)和普瓦蒂埃两场战役之间的时期,任何继承这个比利牛斯山王国王位的诺曼人都会注定经历一段艰难时期。虽然"坏蛋"卡洛斯二世无疑在政治上很有建树,然而在他统治的漫长时期(1349—1387年)里,他断断续续地展现某种天分,把平衡两处遗产的利益的任务复杂化,其中一处需要英格兰帮助,另外一处为了生存需要得到卡斯蒂尔人(因而还有法兰西人)的默许。14世纪50年代,关于他在法国的大胆表演导致他在那里深陷囹圄,本卷的其他地方已经描述过了。等到卡洛斯于1316年回到南方时,所有的西班牙王国都卷入了英法冲突。[59] 在我们继续往下叙述之前,最好将他们的各种线索都聚集在一起。

1325年1月7日,在统治葡萄牙46年后,国王迪尼斯去世了,他的儿子阿方索四世继位,在位达32年。1279年到1357年间,葡萄牙的繁荣富足证明了这样一条规律:该时期任何一位统治者所能作出的最大贡献,只不过就是活着。桑乔四世36岁逝去,费尔南多四

---

[58] Lacarra (1972–1973), II, pp. 11–48; Goñi Gaztambide (1979), pp. 129–135; Martín Duque (1970–1971).

[59] Lacarra (1972–1973), II, pp. 49–66;还可参看本书前面第十四章第一节,原文第407页,第十四章第二节,原文第427页。译者按:在上述译文中,"卡洛斯二世"(西班牙语)若按英语写法则译为"查理二世"。

世是 26 岁，佩德罗一世将在 34 岁时被杀，而且即便是阿方索十一世——他的 生似乎要支配 14 世纪半岛的历史——在 40 岁之前也去世了，而葡萄牙这些年间的历史却在所有各方面都显示出稳定、持续和发展。

葡萄牙的迪尼斯（1279—1325 年）是卡斯蒂尔国王阿方索十世的外孙，他继承了这位**聪明的国王**（*el rey sabio*）的许多智力优点，而作为担任要职的人的致命缺陷，却没什么遗传下来。**这位博学的国王**（*O rei letrado*）让人把另一部《法典》（*Partidas*）译成葡萄牙语，但又不让他的臣民受那些法规的伤害。他也是一位诗人。他还推广本国语言的使用，并促使政府通过法案采用本国语。从他的私生子巴塞洛斯（Barcelos）伯爵佩德罗·阿方索身上，体现出他把葡萄牙的历史置于葡萄牙民族发展的立足点上，如阿方索十世对卡斯蒂尔的历史所做的一样。到了 1290 年，他已经在里斯本建立了葡萄牙的第一所大学（*studium generale*）。在随后的整个世纪里，学校里的老师和学生定期在这座城市和科英布拉（Coimbra）之间来回往返，这是对一个地方的战乱不宁和另一个地方的太平无事作出的反应。像阿方索十世建立的萨拉曼卡（Salamanca）大学一样，在此既允许教法律、医学，也允许教文学艺术，但是没有神学。该大学的建立出于以下两个规定目的：为宗教和政府而推广知识，免去葡萄牙学者去国外学习这些知识的麻烦。关于迪尼斯本人的教育归功于法兰西老师的传说在文学中一直存在，但是这个故事在很久以前就被驳倒了。那时也像现在一样，在那些使大学拥有名声的原则的掩盖下，居于主导地位的也是那些专横的、理智简约（intellectual parsimony）的见解。[60]

尽管迪尼斯国王和阿方索十世很相像，但是到 14 世纪初，葡萄牙和卡斯蒂尔在一个非常重要的方面有着本质的不同：葡萄牙没有格拉纳达与之为敌，葡萄牙已经结束了对外的再征服。因此，在 1317 年，卡斯蒂尔的亲王们正忙着铲除兄弟们和表兄弟们的时候，葡萄牙国王则忙于招募热那亚人曼努埃尔·佩萨马亚（Manuel Pessagna）为有世袭权的舰队司令，还在莱里亚（Leiria）的松树林里懒散地种植

---

[60] Catalán Menéndez Pidal (1962), pp. 289 – 312, 409 – 411; Rashdall (1936), II, pp. 108 – 111; García y García (1976), pp. 31 – 34; Serrão (1979), I, pp. 231 – 232, 371 – 378; David (1943), pp. 21 – 23; Coelho and Homem (1996), pp. 651 – 654.

树木，以便为佩萨尼亚的子孙们提供船只的原料，也可为"航海家"亨利（Henry the Navigator）时期为征服新大陆提供船只的原料。[61]

迪尼斯17岁继位时，继承权受到了其弟弟阿方索的挑战，阿方索的理由明显站不住脚：迪尼斯是在父母的婚姻未被教会宣布为合法的情况下降生的。他不仅继承了王国，还继承了阿方索三世与葡萄牙教会之间的长久争端，以及由此招致的禁止参加教会活动和开除教籍的判决。国王和主教们直到1289年才达成和解，把他们的分歧减少到40条，并将此庄严地载入一个协定。[62] 与其父亲明显不同的是，迪尼斯很擅长回避冲突。虽然与教宗的磋商依然进展缓慢，但他在减少政治损害方面也表现出可观的聪明才智。因此，尽管1284年他恢复了**调查委员会**（inquirições）的称号，并在1286年采用了永久保存不动产的立法，意在叫停并且逆转将王室土地让渡给教会机构的行为，但执行这两个法令时都未引发此前的统治者所经历的那种骚乱。[63] 同样，他在1319年成功说服约翰二十二世将葡萄牙圣殿骑士团的财产转给一个新的全国性的军事骑士团，即基督骑士团（Order of Christ）。就在此前一年，在经历了长达30年的斗争后，迪尼斯让圣地亚哥修道会所属的各葡萄牙机构（Portuguese houses of the Order of Santiago）获得独立。独立是在卡斯蒂尔和罗马教宗的直接反对下取得的。尤其是卜尼法斯八世，他对此坚决反对：脱离会鼓励其他教团退出并使各王国走向分裂——如同当时四分五裂的卡斯蒂尔一样，但这对葡萄牙国王大有好处。[64]

D. 迪尼斯欣然趟入卡斯蒂尔的政治浑水，通过签订《阿尔卡尼塞斯条约》（Treaty of Alcanices），对自己有利地解决了长期以来的边界争端。[65] 这次，如迪尼斯统治的其他时候一样，又是他的王后，坚忍、圣徒般的伊莎贝尔——阿拉贡佩德罗二世的女儿、葡萄牙的玛丽亚·德·莫利纳的对应者——推动了和解事业。结果换回来的却是她

---

[61] Almeida (1922), pp. 248–251; Serrão (1979), I, pp. 259–261; Vones (1993), pp. 178–180; Coelho and Homem (1996), pp. 144–163.

[62] NCMH, V, pp. 702–704; García y García (1976), pp. 223–225; Almeida (1967), pp. 200–202.

[63] Almeida (1967), p. 113.

[64] Ibid., pp. 151–156; Serrão (1979), I, pp. 254–258; Benavides (1860), II, p. 15; As Gavetas da Torre do Tombo, II, pp. 409–413; Mattoso (1993), pp. 147–161.

[65] Above, p. 624; Serrão (1979), I, pp. 148–150.

的丈夫生了很多私生子。这些孩子中迪尼斯特别喜欢阿方索·桑切斯（Sanches），于是在 1314 年将他晋升为**王室首席管家**（mordomomor）。这项委任导致王国政权的实际改变，激发了迪尼斯的继承人——王后所生的儿子，也叫阿方索，比前一位阿方索小两岁——于 1320 年起而反抗他的父亲。老国王统治结束的标志是：时断时续的内战；迪尼斯实际上囚禁了自己的妻子；阿方索·桑切斯被流放到阿尔布奎克（Albuerquerque）。从被流放的时候起一直到 1329 年去世，桑切斯从卡斯蒂尔的这一要塞向山后（Trash-os-Montes）地区和阿兰提祖（Alentejo）地区发动了一系列进攻。⑥ 所以，在阿方索十一世使自己成为卡斯蒂尔的主人时，葡萄牙的阿方索四世（1325—1357 年）统治的早期蒙上了一系列事件的阴影，直到最近半岛格局的观察家才会认为这些事件带有典型的卡斯蒂尔风格。半岛的平衡看起来来发生了变化。

1328 年 3 月阿方索十一世同葡萄牙阿方索四世的女儿玛丽亚订婚，这是对新秩序的认可。六个月后，两人举行了婚礼，但因为是近亲，婚礼是秘密举行的。然而，新联姻很快就变质了。甚至在教宗约翰二十二世判定两人的乱伦结合毕竟是为了基督教王国的最大利益之前，⑥ 阿方索就被一个来自塞维利亚的年轻漂亮寡妇迷住了，这位名叫莱昂诺尔·德·古斯曼（Leonor de Guzmán）的寡妇成了**宠姬**（Favorita）。由于她既魅力四射又生养了很多孩子，而玛丽亚却两者皆无，也由于国王不能同时与二人共眠，而且显而易见他也毫无这种意愿，于是这个女人就决定了卡斯蒂尔在该世纪剩余时期以及此后的历史进程。

阿方索十一世统治期间，各种局势的纵横交错给王国消除了很多古老的家族，这些家族数百年来控制着自己的祖传产业，好像他们就是自己土地上的国王。许多没有像"斜眼"胡安、领主卡梅罗（Cameros）和胡安·阿隆索·德·哈罗（Juan Alonso de Haro）那样在 1333 年被杀而幸存下来的家族，已被多代的同族结婚的累积效应削弱了，而在 1350 年后又死于时断时续的战争和瘟疫。然而，除掉

---

⑥ Lopes (1970b); Serrão (1979), I, pp. 263–267; Mattoso (1993), pp. 161–163.
⑥ Linehan (1985), p. 288.

这些家族带来的潜在的政治优势，早就被供养阿方索的**宠姬**所生的十个孩子的需求吞噬掉了，这些孩子中九个是男孩。就像 D. 胡安·曼努埃尔于 1345 年向阿拉贡的佩雷三世抱怨的那样，国王和"那个坏女人"会给他们的子嗣"除了王位本身以外"的任何东西。然而，最终连王位也从阿方索的合法继承人手中夺走了。⑱

王位继承人——未来的佩德罗一世是葡萄牙的玛丽亚的次子，也是其最小的孩子——于 1334 年 8 月出生。但是此前，这位新生儿义愤填膺的外公已无法平息怒气了。1336—1337 年，阿方索四世联合当时被阿方索十一世围困在其位于莱尔马（Lerma）的城堡里的胡安·努涅斯·德·拉腊三世，及联合无可救药的 D. 胡安·曼努埃尔，入侵卡斯蒂尔。莫科斯奥（Moxó）把围攻莱尔马及其后果、国王对战败的胡安·努涅斯采取的怀柔政策视作王朝统治的转折点。这与 1307—1308 年费尔南多四世未能将胡安·努涅斯叔叔逐出托尔德乌莫斯，形成鲜明对比。葡萄牙人的入侵以溃败告终。⑲ 三年后，1340 年 10 月 30 日，阿方索四世、胡安·努涅斯、D. 胡安·曼努埃尔以及阿拉贡舰队，都参加了阿方索在塔里法外的萨拉多（Salado）河上打的一场大胜仗，失败的一方是格拉纳达的优素福一世（Yusuf I，1333—1354 年）和摩洛哥马林王朝素丹阿布·哈桑（Abu'l Hasan）的联军。在场的还有教宗使节和热那亚的船队，这既意味着萨拉多战役既是 1248 年以来西班牙的十字军获得的最显赫的成就，同时也为投机的商人提供了绝佳商机。国王的编年史官说，缴获的战利品如此之多，致使远至巴黎的黄金都贬值了 1/6——但大概不是由于这一原因，他才在史书中把这场胜利描述得比托洛萨的纳瓦斯（Las Navas de Tolosa）战役更有"德性"（virtuous）。⑳ 然而最重要的是，经过半个多世纪的内乱后，卡斯蒂尔又恢复为同时代欧洲人心目中的荣耀之地。

1340 年取得的胜利，证明阿方索十一世 1325 年以来所奉行的政

---

⑱ CAXI, p. 263a; Moxó (1969), pp. 24 – 25, 51, 57; del Arco (1954), pp. 283 – 289; Beceiro Pita (1987), pp. 90 – 91; Giménez Soler (1932), p. 645.

⑲ CAXI, pp. 273 – 283; Almeida (1922), pp. 261 – 264; Moxó (1990), pp. 312 – 313; CFIV, pp. 152 – 156; Giménez Soler (1932), p. 352.

⑳ CAXI, pp. 329 – 330; Goñi Gaztambide (1958), pp. 316 – 332; Hillgarth (1976), pp. 339 – 342; Harvey (1990), pp. 190 – 194.

策是正确的。他在推动骑士制度发展方面,卓有成效:所有的圆桌会议都获得了回报。他也有充足的理由在战前祈求瓜达鲁普贞女(Virgin of Guadalupe)的保佑,战后参拜她的圣殿。他在战前一年实行的改变经埃斯特雷马杜拉地区的游牧迁徙路线的**法规**(ordenamiento)也产生了影响,使人们迁入以前王国防守薄弱的角落。[71]

阿方索十一世将阿拉贡属地赏赐给他的侄子费兰(Ferran)和胡安(Joan),他们是阿拉贡的阿方索四世和卡斯蒂尔的莱昂诺尔的孩子,造成一些人的敌视,他还在1347—1348年间干涉阿拉贡内政,支持阿拉贡**联盟**(unión);[72]尽管如此,后萨拉多时代的阿方索十一世仍旧是近70年来第一位同时与阿拉贡和葡萄牙保持友好关系的卡斯蒂尔国王,这种状况使他有能力巩固在国内的地位。阿方索的城市政策依具体情况而定。在新机构**市议会团**(regimiento)里被任命为代表王室权力的官员,有时是**绅士贵族**(caballeros hidalgos)(如1337年塞维利亚的情况),有时是来自非贵族的**庄园骑士**(caballeros villanos)组成的城市寡头统治集团的成员(如1345年布尔戈斯和莱昂的情况),有时是两者的结合。因此,尽管**市议员**(regidores)制度的建立必然会破坏1282年以来就迅速发展的开放的市议会(council),但是一般说来,这些奉国王之命而确立的自治政府的代理人都是地方共同体的显赫人物。[73]阿方索以同样务实的态度来对待**议会**(cortes)和教宗。尽管他采取极端严厉的措施来获得各个旧军事骑士团的效忠,尽管像D. 胡安·曼努埃尔这样有传统观念的代表人物对他怀有深深的疑虑,尽管有天主教小兄弟会(Order of Friars Minor)的阿尔瓦罗·贝拉基(Alvarus Pelagius)在其所写的《国王之镜》(Speculum regum)中激烈地对他进行批判,但实际上深受罗马法影响的国王的顾问们,以一种健康的现实主义缓和了他的专制主义倾向。1348年颁布的《阿尔卡拉法令集》(Ordenamiento of Alcalá)宣布国王有权制定、解释、宣布和修改各种**市民法**(fueros)和法律,这被视为对地方自治的"致命一击"。然而此次并入该法令集的《法

---

[71] *Gran Crónica de Alfonso XI*, II, pp. 429–430, 449; Linehan (1993a), p. 620; Díaz Martín (1984), pp. 238–240.

[72] 参见本章第一节。

[73] Ruiz (1977), pp. 26–29; Casado Alonso (1987a), pp. 201–206; Rucquoi (1987), pp. 242–253; Torres Fontes (1953); Alonso Romero (1990), pp. 571–573.

典七章》(Siete Partidas) 的各种令状，是对1346年和1347年在雷亚尔（Villa Real）和塞哥维亚（Segovia）所颁布条例的补充，其作用是补充而非取代各地的**市民法**。⑭

阿方索十一世用1340年缴获的战利品雇佣了热那亚的船队，在1342年发动了对阿尔赫西拉斯的围攻。1344年，在加泰罗尼亚舰队和各色外国人（包括德比伯爵与索尔兹伯里伯爵，编年史官称他们为"英格兰王国很有地位的人"）的帮助下，这些卡斯蒂尔人在首次经历炮弹的体验后，占领了阿尔赫西拉斯。⑮ 五年后，阿方索返回南方，一心收复直布罗陀，这是1333年被马林王朝占领的。前景令人鼓舞：摩洛哥饱受战争摧残，守军没有希望获得支援。然而，1350年春，比任何东西都更致命的危险从海峡对岸袭来。黑死病从被围困的城市传入了卡斯蒂尔人的营地。最早的一批受害者中有38岁的国王，他在耶稣受难日（3月27日）死去。

尽管两年前瘟疫就到达了巴塞罗那和巴伦西亚，阿方索十一世与西班牙伊斯兰教徒最后对抗的致命后果依然具有令人不快的讽刺意味。1350年的卡斯蒂尔频频遭受饥荒：向1345年在布尔戈斯召集的**议会**提交的首份请愿书，就抱怨反常的天气和极高的物价，因为小麦价格上涨了六倍。⑯ 从比利牛斯山到安达卢西亚的广大地区，人们的身体变弱了，很容易死亡。纳瓦拉的统计数据表明了瘟疫肆虐的严重性：1330—1350年间，埃斯特里亚**地区**（merindad of Estella）的居民数量减少了63%，1362年瘟疫重新爆发导致人口数量的进一步急剧减少。农村居民不得不依靠犹太人的信贷度日，对这个社会来说这是一个不祥的预兆。早在1328年，政治真空就已经导致半岛上最早的反犹太主义运动的广泛爆发，据记载，报道说死亡人数高达1万。文献记录显示，葡萄牙的死亡率估计高达2/3，甚至9/10。据说，迪尼斯国王统治时的幸存者在1358年时就寥寥无几了，这些幸存者出于恐惧而变得非常虔诚，以至于在里斯本召开的**议会**（1312）上，有

---

⑭ González Alonso (1988), pp. 226 – 228; Moxó (1990), pp. 349, 355 – 361, 386; cf. Hillgarth (1976), pp. 345 – 346; Moxó (1976); Linehan (1993a), pp. 603 – 613, 639 – 653, 663; Alonso Romero (1990), p. 542.

⑮ CAXI, pp. 358 – 390; Harvey (1990), pp. 199 – 204.

⑯ Cortes, I, p. 484; CAXI, p. 253b; Valdeón Baruque (1969), pp. 11, 19; Gautier-Dalché (1970 – 1971), pp. 242 – 249.

人宣称教会即将获得整个王国。在巴利亚多利德召开的**议会**（1351）记录了同样的心理反应，这些反映的结果有能力挫败阿方索十一世为阻止王室土地变为永久管业而作出的所有努力。同时关于物价和薪资的诸多法令也足以证明卡斯蒂尔瘟疫的严重程度。在 1325 年后的八年里，杜埃罗（Duero）河北部的帕伦西亚主教教区的 420 个居民区中，至少有 82 个从地图上全部消失。然而，我们无法知道此死亡程度是否具有代表性，也无法知道前半个世纪的农村人口已经处于绝对下降状态（而非重新分布状态）。历史学家们像对其他问题一样，对此也有不同意见。但是巴利亚多利德的法律随不同的地区而变化，确实说明瘟疫对各地区的影响是不一样的。⑦

在"残忍的"佩德罗一世（1350—1369 年）的血腥统治时期，只有两次**议会**会议的记录被保存下来，巴利亚多利德召开的**议会**（1351 年）便是其中之一。佩德罗即位时 15 岁，他即位的第一年重疾频发，立即引发了王位继承问题，他的同父异母哥哥特拉斯塔马拉伯爵（count of Trastamara）恩里克提出了王位的要求。恩里克与胡安·曼努埃尔之女胡安娜就在莱昂诺尔·德·古斯曼的寝室完婚，这就决定了这位**宠姬**的命运。1351 年初，她在塔拉韦拉（Talavera）被杀，下命令的是王太后葡萄牙的玛丽亚，还有玛丽亚的表兄和所谓的情夫胡安·阿方索·德·阿尔布奎克（Juan Alfonso de Alburquerque）。这一行动决定了该统治后期的发展道路，编年史官洛佩斯·德·阿亚拉（López de Ayala）遗弃了佩德罗的事业，认为其统治时期的特点是有"许多错误与战争"的时代之一。⑧

阿尔布奎克对年幼国王的控制很快就崩解了。为追求与法兰西结盟，他安排佩德罗和布兰奇·德·波旁（Blanche de Bourbon）联姻。然而，当布兰奇在 1353 年春到达卡斯蒂尔时，国王的情妇帕迪亚的玛丽亚（Maria de Padilla）生下了他们的第一个孩子。在知晓布兰奇的父亲无法支付 30 万金弗罗林的嫁妆后，佩德罗坚持自己有权处置

---

⑦ Zabalo Zabalegui (1968); Leroy (1984), p. 240; Lacarra (1972 – 1973), II, pp. 29 – 30, 194 – 198; GoñiGaztambide (1979), pp. 104 – 105; Rau et al. (1963), pp. 215 – 216, 239; Sousa (1993), pp. 340 – 342; Verlinden (1938), pp. 127 – 142; Cortes, II, pp. 75 – 124; Cabrillana (1968); Sobrequés Callicó (1970 – 1971), pp. 86 – 96. Cf. Vaca (1977), p. 392; García de Cortázar (1990), pp. 179 – 200; Amasuno Sárraga (1996).

⑧ CPI, pp. 409a, 412b – 413a.

婚姻事务，在结婚三天后他就高调声明与新娘断绝关系。这位法籍卡斯蒂尔王后的命运既为国王的各种各样的国内政敌，也为法籍教宗英诺森六世，提供了冠冕堂皇地反对他的理由。这位国王的国内政敌中，有两个是与他争夺王位的人，即特拉斯塔马拉的恩里克和国王表兄阿拉贡的费兰亲王，还有国王的母亲，现在还有阿尔布奎克。佩德罗说服了萨拉曼卡和阿维拉的主教，让他们同意他的婚姻无效，以便他能娶胡安娜·德·卡斯特罗（Juana de Castro）为妻，这一事件强化了反对他的理由。1354 年末，佩德罗在托罗（Toro）陷入困境，被迫接受了屈辱的协议。在特哈迪略（Tejadillo）的"**审判**"（*vistas*）中，佩德罗让出了王室的控制权，就像他的祖父在 1308 年所作的那样。然而，不同于费尔南多四世，佩德罗一世显示出他有能力利用反对派内部的分歧。一年稍多一点的时间后，他恢复了主动，完全确立了对他的王国的控制。[79]

　　王国内部安稳了，佩德罗现在转向反对阿拉贡。虽然从表面上看，挑起这场战争的两位卡斯蒂尔王位的觊觎者在阿拉贡，但最近这次半岛霸权的争夺战实际上是更大范围的欧洲冲突的一部分，阿拉贡与法兰西结盟，而卡斯蒂尔和英格兰结盟。然而，触发战争的火花，是 1356 年阿拉贡人在卡斯蒂尔的港口桑卢卡尔 – 德巴拉梅达（Sanlucar de Barrameda）袭击热那亚的商船，当时佩德罗正在那里打算垂钓一天，看到了这个过程。卡斯蒂尔人获得彻底胜利。虽然交战双方先后在图德拉（1357 年）、特雷尔（Terrer，1361 年）和穆尔维耶德罗（Murviedro，1363 年）签订过休战协定，但到 1365 年时，佩德罗已经占领了佩雷三世一半多的领土，还通过残酷镇压粉碎了其国内的抵抗。1358 年佩德罗同父异母的兄弟法德里克（Fadrique）遭到残杀时，佩德罗就像斯卡比亚（Scarpia）似的，在隔壁房间吃着晚餐。从那时到 1361 年的时间里，他把包括妻子和姑妈（布兰奇·德·波旁和卡斯蒂尔的莱昂诺尔）在内的数十人都处决了。1362 年，佩德罗亲手杀死了红色国王**雷伊·贝尔梅霍**（Red King，*el Rey Bermejo*），即穆罕默德六世，后者于两年前从格拉纳达的穆罕默德五世手中夺取政权，打断了佩德罗的闷闷不乐的进程。同年，在塞维利亚召开的**议会**宣布佩德罗

---

[79] Ibid., pp. 455a, 458b; Suárez Fernández (1976), pp. 3 – 42.

与帕迪亚的玛丽亚（死于1361年）的私通是有效的婚姻——然而这一年的晚些时候，阿方索亲王死了，亲王是这一结合所生的四个孩子中唯一的男孩，他的离世就把该公告带来的所有好处都作废了。[80]

　　与此同时，特拉斯塔马拉的恩里克在妻子于1358年被人从卡斯蒂尔秘密带走后，又与别人生了一个孩子——后来的胡安一世。第一次攻打卡斯蒂尔遭到耻辱失败（1360年4月的纳赫拉之战）后，1362年7月，恩里克花钱买得自由团队（Free Companies）的帮助，通过签订《蒙松条约》（Treaty of Monzón，1363年3月），获得与佩雷三世的结盟，条件是恩里克承诺将其在卡斯蒂尔侵占领土的1/6割让给阿拉贡。1366年3月，在卡洛斯二世的默许下，恩里克的军队和由贝特朗·迪·盖克兰指挥的雇佣兵团穿过纳瓦拉，进入卡斯蒂尔。恩里克在布尔戈斯自己加冕为王，并且继续假装这是一次十字军，亲自将迪·盖克兰加冕为格拉纳达国王。由于佩德罗的军队部署在巴伦西亚王国，面对进攻，他措手不及。5月，雇佣兵团占领了托莱多，把佩德罗驱逐出塞维利亚。葡萄牙的佩德罗拒绝给他避难，佩德罗乘船驶向加莱西亚，在安排好准备谋杀圣地亚哥的大主教和教长（dean）后，他于8月初到达加斯科涅的巴约讷（Bayonne），并抱着复位的念头公开与黑太子（Black Prince）和纳瓦拉的卡洛斯展开谈判。

　　佩德罗的盟友在利布尔讷（Libourne，1366年9月23日）同意了他们的出价。佩德罗承担全部军费，维兹卡亚伯爵领——卡斯蒂尔的海军摇篮——割让给黑太子，吉普斯科阿（Guipúzcoa）省和阿拉瓦省割让给卡洛斯，从而重建纳瓦拉王国，再现它300年前掌控基督教西班牙的财富时的风采。盟军在纳赫拉（Nájera）取得胜利（1367年4月3日）以及佩德罗复位，这些合作条件马上就显得完全不切实际。军费总计高达约270万金弗罗林，而且黑太子发现，维兹卡亚伯爵的称号毫无价值。由于英格兰太子坚持让俘虏赎走，而不是把他们杀掉，这一唐吉诃德式的决定使恩里克的支持者又多打了一天的仗，令战胜者之间的关系进一步恶化了。到1367年秋，恩里克率领雇佣兵回来时，黑太子提出了一个不在协议内的要求：与阿拉贡、纳瓦

---

[80] *CPIII*, pp. 492–576（p. 569）; Russell（1955）, pp. 13–35; Abadal（1976）, pp. cxxxviii–cxlviii; SuárezFernandez（1976）, pp. 43–101; Harvey（1990）, pp. 209–214. 译者按：穆罕默德六世因其头发和胡子均为红色而被称为"红色国王"。

拉、葡萄牙一起瓜分卡斯蒂尔。然而与此同时,法兰西国王也一直很活跃。查理五世想得到卡斯蒂尔舰队的服务,于 1368 年 11 月批准了同恩里克签订的《托莱多条约》(Treaty of Toledo),并在下一个月派迪·盖克兰前往卡斯蒂尔。1369 年春,佩德罗经过拉曼查(la Mancha)时,发现自己被困蒙铁尔(Montiel)城堡内。他一反常态(他已处于绝望之中)同意和迪·盖克兰会谈,而迪·盖克兰则把他交给了恩里克。1369 年 3 月 22/23 日,恩里克将他砍死了。洛佩斯·德·阿亚拉在祭文里写道:"佩德罗睡眠极少但情人很多。而且他在国内杀死了很多人,这就是他遭遇人所共知的种种不幸的原因。"[81]

葡萄牙的情况可以说——确实有人主张——正如其他国家一样,政治危机不断加剧是人口"大量死亡"的一个结果。[82] 关于在 14 世纪 80 年代达到高峰的这一连串事件,虽然人们会想起其他一些较不深思熟虑的解释,但不可否认在 1348 年前的一段时期,葡萄牙确实有一定程度的繁荣。取得萨拉多的胜利后,阿方索四世向阿维尼翁索要资金,使他得以继续进行反对马林王朝的斗争。教宗授予了他所要求的资金,这对葡萄牙教会相当不利。1341 年 6 月,在热那亚船长和佛罗伦萨船长的统帅下,两艘船驶出里斯本。然而它们的目的地并不是北非。五年前,热那亚的水手兰扎罗托·马罗塞洛(Lanzarotto Malocello)曾到访加那利群岛的一座岛屿,并用自己的名字给它命名,现在他们又去那里了,带回来大洋对岸是陆地的证明。[83]

然而,这些年发生的另一件事,使阿方索四世的统治成为葡萄牙文学和历史的一个里程碑。伊内斯·德·卡斯特罗(Inês de castro)在 1340 年作为康斯坦扎的随从来到了葡萄牙,康斯坦扎是 D. 胡安·曼努埃尔的女儿,遭到阿方索十一世的遗弃。康斯坦扎现在是阿方索的继承人——D. 佩德罗的妻子。然而在她给 D. 佩德罗生下第二个孩子时,开始产生怀疑。伊内斯被聘为孩子的教母。这个孩子死了,证实了康斯坦扎的怀疑。1345 年,康斯坦扎生下未来的费尔南多一世后,也去世了。D. 佩德罗开始公开占有伊内斯。到 1351 年,

---

[81] Delachenal (1909 – 31), III, pp. 419 – 440, 467 – 486; Russell (1955), pp. 35 – 148; Suárez Fernández (1976), pp. 101 – 129; *CPI*, p. 593.

[82] H. C. Baquero Moreno, M. Caetano *contra*, in Rau *et al*. (1963), pp. 237 – 239.

[83] Serrão (1979), I, pp. 270 – 271; Phillips (1988), pp. 158 – 159.

这个让王子迷恋的情妇已给他生了三个儿子，一个女儿。但是伊内斯也让阿方索四世想到某种双重的王室家庭的幽灵，并意识到葡萄牙可能重演当前卡斯蒂尔正经历的苦难。于是，1355年1月，阿方索将伊内斯处死。佩德罗一世在1357年5月成为国王后，立即实施复仇行动。1360年6月，他宣布自己和伊内斯早在大约七年前就秘密结婚了。这一时间早于卡斯蒂尔的佩德罗宣称与帕迪亚的玛丽亚的关系的时间。在这两个佩德罗之间，确实没有什么好选择的。后来，这位葡萄牙国王用三名与王室同姓的逃亡者，从卡斯蒂尔把杀死他的情妇的两名凶手引渡回来。他边用餐边观看，下令手下把两个罪犯的心脏，分别从后背和从前胸取出来，重温了卡斯蒂尔的佩德罗先前的晚餐娱乐。然而让这两个佩德罗的编年史官洛佩斯·德·阿亚拉和费尔南·洛佩斯（Fernão Lopes）大为惊愕的并不是他们的偷窥变态行为，而是他们在处死受害人的方式上可耻的一致性。[84]

费尔南·洛佩斯认为，佩德罗一世统治的十年间，最值得纪念的是他执法不折不扣。人们说，葡萄牙从未经历过这样的统治。[85] 通过在埃尔瓦什（Elvas）召开（1361年5月）的**议会**颁布的一系列措施，世俗法庭和教会法庭的各自司法权限得到了界定，还确认了把教宗文件提交给君主否决的做法。[86] 佩德罗是个讲究实际的统治者，在整个14世纪60年代初期，他一直设法使他的王国避免卷入蔓延整个半岛的动乱。因此，当卡斯蒂尔的佩德罗在1366年被赶出其王国时，他拒绝提供庇护，并取消了自己的儿子及继承人费尔南多与佩德罗的女儿及继承人比阿特丽斯的婚约。在其统治期间，里斯本和奥波尔托（Oporto）出现了前所未有的繁荣。据编年史官所言，他在1367年1月去世时留下的财富，比以前任何国王拥有过的都多。

他的继承者在王朝野心和无法遏制的力比多（libido）的驱使下，将这笔巨款挥霍一空。卡斯蒂尔的佩德罗一死，费尔南多一世（1367—1383年）便与阿拉贡和格拉纳达结盟，向恩里克二世宣战，以桑乔四世曾孙的名义索要卡斯蒂尔的王位。以这样的身份，他于1369年6月侵入加利西亚。这次冒险是场灾难。费尔南多被迫宣布

---

[84] *CPI*, p. 506; Macchi and Steunou, *Fernão Lopes*, pp. 160–185; Serrão (1979), I, pp. 275–282.
[85] Macchi and Steunou, *Fernão Lopes*, pp. 13–67, 249.
[86] Barros (1945–1954), II, pp. 195, 213, 264, 281; Almeida (1967), pp. 355–357, 381–382.

放弃自己的要求,并同意迎娶卡斯蒂尔的公主莱昂诺尔(1371年3月的《阿尔科廷［Alcoutim］条约》)。然而,他刚刚做完此事,马上就把自己的命运抛入与冈特的约翰的联合,冈特于1371年9月同佩德罗一世健在的大女儿康斯坦扎结婚后,就擅用了卡斯蒂尔国王的称号。但是承诺过的英格兰的军队未能前来,使1372—1373年间的战役又成为一场灾难:恩里克二世的军队攻入葡萄牙,抢劫了里斯本,强迫费尔南多签下屈辱的圣塔伦(Santarem)条约(1373年3月)。费尔南多被迫重返法兰西-卡斯蒂尔阵营。然而与此同时,费尔南多虽然作出迎娶卡斯蒂尔公主的承诺,可是1371年4月,他竟然毫无畏惧地同莱昂诺尔·泰莱斯·德·梅内塞斯(Leonor Teles de Meneses)结婚了。这个寡廉鲜耻,荒淫无度的女人引起了广泛的憎恨,埃尔库拉诺(Herculano)称她为葡萄牙的卢克雷齐娅·博尔贾(Lucrezia Borgia)。莱昂诺尔不仅已经结过婚(与若昂·洛伦卡·达·库尼亚［João Lourenco da Cunha］),她还很快又勾搭了冈特在葡萄牙的线人胡安·费尔南德斯·安待罗(Juan Fernández Andeiro),做他的情妇。在安待罗的影响下,莱昂诺尔迫使费尔南多与英格兰人结盟,于1373年6月在圣保罗大教堂(伦敦)缔结盟约,距圣塔伦条约的签订只有三个月。

因此,到1373年,就在费尔南多一世统治的第六个年头,葡萄牙的政治社会已经四分五裂,并且不可逆转地两极化了。接着情况进一步复杂化:首先,1378年西方教会的大分裂导致英格兰宣告效忠乌尔班六世,而卡斯蒂尔则效忠克雷芒七世;然后在1380年,王位的女继承人比阿特丽斯分别终止了同卡斯蒂尔未来的恩里克三世的婚约,以及同冈特弟弟之子剑桥伯爵埃德蒙(Edmund)的婚约。1382年8月,剑桥喜剧性远征的不光彩结局把费尔南多的统治引上了合适的道路。当王后生下通常所认同的安待罗的孩子时,在巴达霍斯(Badajoz)的英格兰军队知道了他们的葡萄牙盟友已经与卡斯蒂尔媾和,知道比阿特丽斯终究要嫁给卡斯蒂尔的恩里克,而且也知道他们将丢脸地由卡斯蒂尔海军提供船只送他们回国。[87]

---

[87] Russell (1955), pp. 151 – 203, 296 – 344; Suárez Fernández (1960), pp. 3 – 11, and (1976), pp. 134 – 170; Lomax and Oakley, *The English in Portugal*, pp. 37 – 153; Serrão (1979), I, pp. 283 – 290; Sousa (1993), pp. 488 – 494.

第十八章 伊比利亚半岛

虽然情况很复杂,葡萄牙在 14 世纪 70 年代的政策如果与纳瓦拉的卡洛斯二世的相比,还确实是不偏不倚的。卡洛斯二世优柔寡断,不知道要支持哪一方,为了不必对两位卡斯蒂尔王位索求者承担责任,以至于在 1367 年,他让他的一个堂兄贝特朗·迪·盖克兰将自己囚禁起来,直到知道纳赫拉战役的结果才出来,那时他不得不卖掉妻子的珠宝收买同谋,让他们保持沉默。⑱ 此后,他就卷入了半岛上所有能想象得出的任何性质的联盟。随着不断变换的阿拉贡、英格兰、葡萄牙与卡斯蒂尔的恩里克的关系,他像气压计一样作出调整。卡斯蒂尔舰队回报查理五世对其特拉斯塔马拉事业的支持,在拉罗歇尔(La Rochelle)的海面上摧毁英格兰的舰队(1372 年 6 月),此后在同一年,卡洛斯二世被迫听命于卡斯蒂尔的各种要求,并被迫交出罗格罗尼奥(Logroño)、维托利亚(Vitoria)和阿拉瓦地区其他的城镇,这些都是他基于 1368 年的利布尔讷(Libourne)协议占领的地方。⑲ 然而,他仍继续策划反对卡斯蒂尔和法兰西。1378 年 3 月,他的内侍(chamberlain)雅克·德·鲁(Jacques de Rue)在法兰西被捕,这位内侍身上携带的证据泄露出重要内容:卡洛斯和英格兰谈判内容的范围,包括一个涉及卡斯蒂尔的**总督**(*adelantado mayor*)佩德罗·曼里克(Pedro Manrique)准备帮他夺回罗格罗尼奥的密谋,以及刺杀卡斯蒂尔的恩里克(代号"**闯入者**"[*intrusor*])及其姐夫法兰西国王的详细计划。对卡洛斯二世来说,这一发现的结果是双重灾难:他在法兰西的所有财产都被没收;英格兰的理查德二世曾答应过的援助被耽搁,本来这是作为回报他把瑟堡(Cherbourg)交给英国人而答应下来的;他的继承人卡洛斯王子和另外两个孩子也被查理五世扣留;他自己也在罗格罗尼奥险些被俘获,佩德罗·曼里克在那里耍两面派;最后,卡斯蒂尔入侵并击溃了纳瓦拉。《布里奥尼斯条约》(Treaty of Briones,1379 年 3 月)捆住了卡洛斯二世的手脚。他于 1387 年 1 月去世,留下了满目疮痍的国家和空空如也的国库。⑳

1383 年 10 月,当葡萄牙的费尔南多一世在经历 38 年的重压后

---

⑱ *CPI*, p. 550; Lacarra (1972 – 1973), II, pp. 99, 103.
⑲ Delachenal (1909 – 1931), IV, pp. 407 – 416; Russell (1955), p. 139; Lacarra (1972 – 1973), II, pp. 110 – 114.
⑳ Russell (1955), pp. 249 – 282; Lacarra (1972 – 1973), II, pp. 121 – 133, 149 – 154.

去世时，葡萄牙情况几乎一样糟糕，它的继位问题已经成为一个实际问题。由于下述境况，这个问题至少在1382年8月就已经被提上半岛的议事日程：至少有三个佩德罗国王的私生子竞争王位，分别是若昂和迪尼斯（为伊内斯·德·卡斯特罗所生），以及另外一个若昂（为另一个母亲所生），后者任卡拉特拉瓦军事骑士团葡萄牙分支阿维什（Avis）骑士团的团长；人们认为国王自己不能生育，但他却完全有能力把其他那些任性的王后所生的所有孩子在出生时勒死；莱昂诺尔王后的地位不断上升，而且她的好朋友安待罗（现在的欧伦［Ourém］伯爵）就在她身边。那时，在英格兰人的远征惨败后，葡萄牙10岁的王位女继承人——订婚多次的比阿特丽斯——已经许配给卡斯蒂尔胡安一世的一个小儿子。但一个月后，胡安一世的妻子死于分娩，1383年3月在欧伦伯爵安排下，比阿特丽斯嫁给了胡安本人。在这对夫妇生出王位继承人之前，葡萄牙王国将由摄政（大概是安待罗和莱昂诺尔）统治。如果他们没有孩子或是没有认真履行生孩子的职责，那么将由卡斯蒂尔国王和他的继承人来继承王位。此时25岁的胡安一世，只需不理会其童养媳（child-bride）即可，葡萄牙就会是他的——早晚也是卡斯蒂尔的。[91]

　　因此胡安一世只需等待并克制自己。然而他极度渴望拥有另一个王国，而不是让那两个摄政自己又制造一团混乱的局面，就着手把葡萄牙的王家纹章添加到他自己的军旗上，武力入侵葡萄牙。那些认为了解中世纪国王思维过程的历史学家们认为他的行为古怪。然而他的疯狂中还有一定程度的条理性。在1383年，完善从佛兰德到圣文森特角（Cape St Vincent）整个海岸线的防御，反抗英军的占领，这样的前景很有战略意义。[92]但是这样的想法不太可能在群情激愤的里斯本引起同情。阿维什骑士团的团长（有人说当时他在这件事上还没有野心，这让人难以置信）谋杀了欧伦，首都的卡斯蒂尔籍主教马丁（Martin）被人从大教堂塔上扔了下来，摔死了，莱昂诺尔·泰莱斯逃离了这座城市。里斯本遭入侵者围困，人们拥戴阿维什为王国的**统治者和保卫者**（regedor e defensor）（1383年12月），使者被派往

---

[91] Russell（1955），pp. 362–363.
[92] Suárez Fernández（1955），p. 47.

英格兰，目的是招募军队。这时瘟疫袭来，卡斯蒂尔最好的指挥官死了，胡安　世被迫撤退（1384年9月）。

半岛上的瘟疫，和1385年4月到来的人数少而且不太可靠的英格兰军队，共同发生了作用。与15世纪的传统有关的政治思想和律法主义者的（legalistic）的特殊辩护（pleading）的结合，也有助于他们的事业。1385年3月在科英布拉召开的议会上，阿维什的大法官（chanceler-mor）若昂·达斯·雷格拉斯（João das Regras）就要求会议按照这种传统进行。这位波伦亚培养出来的法学家是科英布拉**议会**的主办者。在某种学问和辩论技巧的名家表演中，他全面抨击了葡萄牙王室近期存在的奸淫、私通和不负责任的历史，除了他的主人的主张，他不在乎所有其他人提出的对王位的要求。教宗英诺森六世的信件被出示给代表们，确认佩德罗一世和伊内斯·德·卡斯特罗的婚姻是无效的，由此结束了他们的儿子若昂和迪尼斯即位的前景。他还质疑费尔南多与比阿特丽斯的父女关系，而且因为她嫁给了一位支持阿维尼翁教宗克雷芒七世的卡斯蒂尔人，这就排除了她继位的可能性。

对于一个波伦亚的老手来说，这一切都会一帆风顺。可问题是阿维什骑士团团长与其同父异母的兄弟们一样，也是私生子，而且严格地从法律意义上讲，作为军事骑士团的一员，他已无权行使王权。（确实，必须说服乌尔班六世解除他的隐修誓言，在必须杀人时该誓言不束缚他的手脚）。让阿维什骑士团团长成为若昂一世的原因并不在于他的合法性，而是他已经取得的成功及其政治追随者的力量。

出于同样的原因，这位骑士团团长保证他自己存活下来并使葡萄牙保持独立的也是一场战争的胜利，在1385年8月14日的阿尔儒巴罗塔（Aljubarrota）战役中，他以少胜多，战胜了卡斯蒂尔军队。这场胜利——用鲁塞尔的话来说——必须列入中世纪战事中最具决定性的战斗之一。[93] 葡萄牙的历史学家仍然专注于研究"1383—1385年的这场危机"。对15世纪30年代的费尔南·洛佩斯来说，它不下于宣告奥古斯丁历史学第七个阶段的到来。现在的问题，是把这场战争归类为爱国起义还是阶级斗争的一段插曲。[94]

---

[93] Caetano (1951); Brásio (1958); Russell (1955), pp. 357–399.
[94] Caetano (1953); Coelho (1984); Rebelo (1981) and (1983), pp. 57–110; Mattoso (1985).

然而，现在和那时一样，葡萄牙的危机不服从貌似有理的归类。费尔南·洛佩斯不仅把这些年的权力争斗描述为"新一代"加入"新世界"的行为，还记录了它所引发的那些真实的家庭中的各种真实的分歧。⑨ 上述战役刚刚结束，新王朝首任国王的最初想法就是沿袭传统路线，其表现是加强同英格兰的结盟，他自己与冈特的女儿菲利帕（Philippa）结婚（1386年5月签订的《温莎条约》［Treaty of Windsor］）。

这位葡萄牙编年史官歌唱自己的英雄的荣耀之词，表明若昂一世统治下的葡萄牙，与前三任特拉斯塔马拉国王统治下的卡斯蒂尔，形成了鲜明对比，卡斯蒂尔的延续性是虚弱的。虽然恩里克二世受到年老昏聩的阿拉贡佩雷三世和葡萄牙年富力强的费尔南多一世的夹击，但他仍处于鼎盛时期，就像一位现代卡斯蒂尔历史学家所描述的，他"重建了半岛均势"，⑩ 暂时确保了卡斯蒂尔的主导地位。但是为恢复旧秩序而付出的代价也不菲。至少在其统治的最初几年，这位篡位者大规模酬劳同伙严重损害了国家财政。这些酬劳对象既有他的家庭成员、小贵族，他分别向他们授予各种头衔和官职，又有法兰西雇佣兵团（迪·盖克兰被加封为公爵）和教会。造成这种损害的，还有创建那些限定继承权的地产（*mayorazgos*），使货币贬值以便偿还恩里克借自法兰西的债务。重新召开的**议会**（1370年在梅地纳·德尔·坎颇［Medina del Campo］，1371年在托罗［Toro］）叫停了这些做法。会上，在各**市议会**的坚持下，废除了那些具有破坏性的措施，创建一个由7位**法官**（*oidores*）组成的，有固定的骨干队伍的**王室法院**（*Audiencia*），全面修改了司法体系。⑪

如果给不同历史时期赋予人的不同特性是合情合理的，那么可以这样说：随着1379年1月恩里克二世的离世，14世纪的卡斯蒂尔失去了胆量和气魄，而闷闷不乐的胡安一世（1379—1390）则是一个新的神经衰弱时代的合适代表。阿尔儒巴罗塔是胡安一世的滑铁卢。如果在那里取得胜利，会帮助他以及他的王朝建立牢固的基础。而结

---

⑨ Serrão (1979) 1, pp. 298–313.
⑩ Valdeón Baruque (1966), p. 203.
⑪ *Cortes*, II, pp. 185–256; Suárez Fernández (1959), pp. 17–27; Valdeón Baruque (1966), pp. 273–363.

第十八章　伊比利亚半岛　　　　　　　　　　　　　　　　　733

果却是，**议会**利用国王在军事上的屈辱，通过索要对王室的控制权，尤其是其财政事务的权力，试图"以革命方式颠覆这个国家的宪法结构"。[98] 1385 年在巴利亚多利德，重组了王室政务会（council），由国内三个等级分别派四名代表组成。1387 年在布里维耶斯卡（Briviesca），第三等级的成员由四位法学家所取代，反映了某一群体的支配地位，这种情况在葡萄牙宫廷中也很明显；改革了**王室法院**，设立在指定的城市，每三个月轮换一次；还把创建 1 万常备军的计划列入议事日程（这是阿尔儒巴罗塔的回声）——但是由于费用过高，无法承担，1390 年在瓜达拉哈拉（Guadalajara）召开的**议会**上，其规模几乎缩减了一半。[99]

至于胡安一世统治时期"议会革命"的意义，最近研究他的一位历史学家好像不太确定。[100] 然而，关于 1390 年在瓜达拉哈拉召开的**议会**的意义，这位历史学家倾向于这样的观点：对卡斯蒂尔来说立法的广泛性代表了某种新政，这也反映了上升中的王室仆人组成的寡头集团的新的权力和影响，这些人在阿尔儒巴罗塔战役中及其以后已经享有盛名，这是以旧贵族成员的衰落为代价的，他们不是已经失宠，就是已经死于战场。[101] 这看起来虚无缥缈。因为虽然胡安与冈特、若昂一世签订了停战协议（1388 年在巴约纳 [Bayonne]，1389 年在勒林甘 [Leulingham]），由此冈特宣布放弃继承卡斯蒂尔王位的要求，作为回报获得 60 万金多卜拉（doblas），还有他女儿兰开斯特的卡特琳娜（Catalina of Lancaster）与未来的恩里克三世结婚。[102] 但国王胡安对葡萄牙的妄想一点也没有改变。事实上，就在瓜达拉哈拉召开的**议会**上，他宣布打算退位，以便追求葡萄牙的王位。若不是他的政务会耐心地向他展示过去 300 多年来领土分割的致命后果，他可能会把安达卢西亚、穆尔西亚、维兹卡亚的领主权、这个王国**教会十一税**的 1/3（tercias）挪归自己，而将卡斯蒂尔剩余下来的东西留给

---

[98] Pérez-Prendes（1974），pp. 58–59；Suárez Fernández（1977–1982），I，pp. 253–254.
[99] Russell（1955），pp. 400–531；Suárez Fernández（1976），pp. 287–303；Serrão（1979），I，p. 309；Suárez Fernández（1977–1982），I，pp. 337–350，373–376.
[100] 见 Suárez Fernández（1977–1982），I，p. 318（议会的"完全屈服"），335（议会的"必不可少的"作用）。Cf. Burns（1992），pp. 74–75.
[101] Suárez Fernández（1977–1982），I，pp. 373–388（"在瓜达拉哈拉召开的议会……无疑打开了一道通向希望的大门"，p. 388）。
[102] 两人都是阿方索十一世的曾孙辈。

他10岁大的儿子和摄政们管理的政府。显然,从他确实这样说过的措辞来看,他只是暂时地接受了那些与自己观念相反的理智建议。[103] 对卡斯蒂尔来说幸运的是,就在那一年,胡安一世从马上摔下来,死了。

还有另外的含义,从王朝而不是从个人的角度看,阿尔儒巴罗塔既是卡斯蒂尔也是葡萄牙的转折点。1385年后,这两个国家都由合法性受到质疑的国王统治。然而若昂曾赢得这场战争,这使他的鼓吹者能把他描绘成一个救世主式的人物,[104] 而胡安是战败者,于是失去了葡萄牙王国,而为了这一王国,他是准备牺牲他实际拥有的卡斯蒂尔王国的。阿尔儒巴罗塔战争后,胡安一世意志消沉,他禁止把卡斯蒂尔国王描述为众王之王,而从其他方面寻求恢复信心。在塞哥维亚召开的**议会**(1386年)上,他寻找不寻常的鼓舞人心的东西,结果在家谱上找到了。现在,他宣称他的正统地位来自阿方索十世的长子费尔南多·德·拉·塞尔达,这一正统性不是通过其父亲而是通过其母亲胡安娜·曼努埃尔获得的。[105] 他不仅提出这一冒险的论点,还宣布要致力于教会的宗教改革事业,并约略勾画了基督教徒国王所承担的那些宗教责任的意识,在下一年于布赖别斯卡(Bribiesca)公布的三个小册子中所包含的各项特别措施,都渗透着这种责任感。源于深信贯彻道德准则是君主的责任,或许尤其是在教会大分裂破坏了教宗权威的原则时,布赖别斯卡的各项措施包括以下法规:把违抗的孩子锁起来,惩戒教士非法同居,对犹太人和摩尔人实行严格的种族隔离。14世纪80年代中期的卡斯蒂尔已与阿方索十一世时期有了天壤之别。[106]

为了消除长久以来困扰卡斯蒂尔社会的陋习——阿方索十一世统治时期伊塔(Hita)的大司铎(archpriest)胡安·鲁伊斯(Juan Ruiz)著的《真爱之书》(*Libro de buen amor*)已经使这些陋习变得不朽了——就在瓜达拉哈拉召开的同一次议会上,胡安一世承揽了改革卡斯蒂尔教会的经济基础的任务。这是一件难办的事情,但胡安一

---

[103] *CJI*, pp. 125–129; Russell (1955), pp. 530–531.
[104] Rebelo (1983), pp. 57–89.
[105] Nieto Soria (1988), pp. 57, 72; *Cortes*, II, pp. 352–353, 363; Russell (1955), pp. 496–498.
[106] *Cortes*, II, pp. 362–78.

世得到了托莱多大主教佩德罗·特诺里奥（Pedro Tenorio）和奥维耶多主教古提埃拉·戈麦斯·德·托莱多（Gutierre Gómez de Toledo）这样级别的高级教士的帮助。恩里克二世的私生子阿方索·恩里克斯（Alfonso Enriquez）终于耗尽他这位同父异母的国王哥哥的耐心后，诺雷尼亚（Noreña）伯爵领被转让给上述高级教士的教堂。本着同样的精神，胡安一世资助了加尔都西修会（Carthusian Order）（新来到卡斯蒂尔的）和赫罗尼莫派（Jeronimites），还进一步提高了后者位于瓜达鲁普圣地的地位，还给巴利亚多利德的本尼狄克修士们慷慨捐款，条件是他们必须严格遵守幽闭修行的各项规则。[107]

  胡安一世和他父亲之间的差异，与他同时代的温和的纳瓦拉国王卡洛斯三世（1387—1425年）之间的差异，几乎没有什么明显区别。反过来说，后者是**他的**父亲的对立面。"高尚者"卡洛斯三世在其执政早期，致力于修补其父执政时形成的各种灾难，恢复王室财政和纳瓦拉化的管理方式。为了解决他的父亲手中被法国国王没收的土地问题，1404年，他用新建的内穆尔（Nemours）公爵领的租金、爵位和出售瑟堡（Cherbourg）的20万磅钱，换回香槟、埃夫勒和阿弗朗什（Avranches）伯爵领，最终解决了这个问题。由于碰上查理六世头脑清醒的机会很小，卡洛斯三世必须频繁地前往法兰西。即便如此，卡洛斯仍不失为13世纪30年代以来对半岛最尽职的纳瓦拉王国。他性情平和、坦率并且是卡斯蒂尔联盟的坚决拥护者。这确保他收复了图德拉、埃斯特里亚和圣文森特（1387年8月）。然而，他的妻子莱昂诺尔，也就是胡安一世的妹妹，患上了抑郁症。她臆想她的丈夫一心要毒死她，于1388年在卡斯蒂尔住下来，在那里住了整整七年。莱昂诺尔的胡闹，是导致混乱状态即将到来的部分原因，而这种混乱一直在威胁着未成年的恩里克三世。[108]

  1390年，莱昂诺尔以年轻国王姑姑的身份，给特拉斯塔马拉的保守势力及时提供了支援，当时在经过几十年的瘟疫和战争后**议会跃跃欲试**，胡安一世曾以某种方式好不容易维持着平衡的各种成分威胁

---

[107] Ibid., pp. 449–459; *CJI*, pp. 133–134; Suárez Fernández (1977–1982), I, pp. 316, 362–372; García y García (1981–); Fernández Conde (1978), pp. 97–127, (1978), pp. 97–127, and (1980–1982), I, pp. 451–461.

[108] Castro (1967); Lacarra (1972–1973), II, pp. 161–191, 204–217; Leroy (1988).

卡斯蒂尔，它有可能重现 13 世纪 90 年代和 14 世纪第一个 10 年的分裂和紧张局势。没有玛丽亚·德·莫利纳在近旁——葡萄牙的比特阿丽斯不可能充当这种角色，在这种情况下，**议会**占据了政治的真空。这是这一整个世纪已经发生的一定程度的政治变更，也表明马德里在这个王国事务中的作用日益重要。在 1390 年，来自 49 个城市的 123 名**代表**（procuradores）在那里作出决定，恳求胡安一世在试图退位时，提出建立一个摄政委员会的计划，并确保他们等级的成员在这个机构中能够构成多数，即占据 24 个席位中的 14 个。在马德里召开的**议会**（1391 年 1 月至 4 月）抢占先机，显示出政治权力内部分裂的程度，破坏了大主教佩德罗·特诺里奥维护寡头统治的图谋：诉诸胡安一世久被遗忘的遗嘱和《法典七章》只设立一位、三位或五位摄政的规定。史官阿亚拉评论道：这个王国里并没有那么多会让这个王国满意的人。[109] 他补充说，坊间有关监护人和摄政的谈论，让人想起阿方索十一世年幼时的糟糕日子。若**议会**的自信体现了 14 世纪第一个 10 年探索立宪主义的进步，那么现在也同当时一样，王国的城市和乡镇已经分裂，有趋于崩溃的倾向。据说，这些年各省摆脱当局束缚的趋势在北方尤其盛行。[110] 然而动乱首先发生在南方，1391 年 6 月公共秩序彻底崩溃，犹太人的**聚居区**（aljamas）被人围困起来。大众的偏见已经把犹太人和佩德罗一世联系起来。从 7 世纪 30 年代起，西班牙的犹太人就处境危险，但佩德罗一世的垮台并没有让犹太人暴露于像 1391 年时遭受的那种恶意和辱骂。由狂热的埃西哈（Ecija）领班神父费兰·马丁内斯（Ferrán Martinez）煽动的 1391 年大屠杀，标志着 14 世纪卡斯蒂尔最后的表面上的权力的瓦解。这一疯狂行为从塞维利亚开始，并从那里蔓延到整个安达卢西亚。据记载塞维利亚的死者多达 4000 人。北部所受影响较轻。阿亚拉评论道：是贪婪而非忠诚引发了这场屠杀。[111]

随着摄政统治的结束（1393 年 8 月），"**忧愁者**"（doliente 或 Doleful）恩里克三世（死于 1406 年）开始了他的个人统治。值得注

---

[109] CEIII, pp. 161–164, 186–194; Cortes, II, pp. 485–487; Part, II. 15. 3 (ed. II, pp. 133–134); Suárez Fernández (1955), pp. 609–614.
[110] Valdeón Baruque (1975), p. 383.
[111] Wolff (1971), pp. 8–9; CEIII, p. 177b.

意的是他表面上恢复了南方地区的秩序，果断地追捕那些煽动叛乱的旧贵族。因而在 1395 年，塞维利亚和巴斯克（Basque）伯爵领见证了**首席治安官**（*corregidores*）的建立，除掉了积习难改、制造麻烦的诺雷尼亚伯爵，并捣毁了他在希洪（Gijón）的要塞。这个过程的受益者都是那些新晋贵族家族的成员，他们已经占据了阿尔儒巴罗塔（Aljubarrota）战役中及其后产生的社会和政治的真空。[112]

1384 年圣诞节那天，卡斯蒂尔的文件注明日期的方式开始放弃使用西班牙式**纪元**（*era*），改用欧洲国家通用的计年法，这个半岛国家与欧洲大陆越来越紧密地缠在一起。[113] 因此很容易让人把这次调整和恩里克三世在 14 世纪 90 年代后期采取的新举措，总体上看作一个时代在更深刻的层次上结束的标志。这种想法很诱人，但很难证明是合理的。的确，恩里克三世是自费尔南多三世以来没有私生子的首位卡斯蒂尔国王。除此之外，正如 1396 年颁布的限制使用骡子的法令所展示的那样，前两百多年间并没有太多的变化。[114]

关于骡子的法律证明 14 世纪末的卡斯蒂尔社会仍像以前一样，是一个以马为中心的社会，一个为战争而组织起来的社会。但它介乎桑乔四世离世和重新占领格林纳达之间的时期，也证实了各种既得利益集团的力量，而社会也依赖这些集团提供的各式各样的服务，这种情况挫败了阿方索十一世在 1331 年类似于推进卡斯蒂尔骑士制度的努力。[115] 大主教、王室医生、神学教师、养鹰者及其他的人，都被认为属于根据标准来定的不同的等级变体。卡斯蒂尔社会仍然像一个蜂窝式的结构，但每条原则都有各种例外，就像它的统治者继续让人相信，当外出办事时，他们实际上有能力数坐骑的数量，那些两腿分开坐在马鞍上的是主教和其他的人。

彼得·莱恩汉（Peter Linehan）

张殿清 郑朝红 译

王加丰 校

---

[112] Suárez Fernández（1976），pp. 328 – 342；Mitre Fernández（1968），pp. 23 – 70，and（1969）；Bermúdez Aznar（1989），pp. 580 – 584.

[113] *CJI*，pp. 148 – 149；García y López（1892 – 1893），II，pp. 261 – 262. *Cortes*，II，pp. 532 – 7.

[114] *Cortes*，II，pp. 532 – 537.

[115] Linehan（1993a），p. 582.

第三部分

教会与政治

第 十 九 章

阿维尼翁教宗

罗马还是阿维尼翁？

从1309年到1376年，七位教宗相继定居在阿维尼翁。[1] 到14世纪时，这些身兼罗马主教的教宗不住在永恒之都既不是什么新闻，也不令人感到奇怪。在13世纪（以及更早的时期），罗马因为各种暴动和骚乱成了一个危险的地方，罗马贵族在其中起了带头作用。此外，夏天时该城不利于健康。为此，教宗习惯上在教宗国的某个城市中度过一段时间，尤其是在维泰博（Viterbo）、阿纳尼（Anagni）、奥尔维耶托（Orvieto）、佩鲁贾（Perugia）或列蒂（Rieti）等地。有人计算过，在1198年到1304年期间，教宗们有60%的时间不在罗马。这时期，西莱斯廷（Celestine）四世是唯一在罗马度过全部任职期的教宗，而他只当了17天的教宗。1226年后，就没有一位教宗在罗马度过整个夏天。[2] 然而，14世纪的教宗们70年都不在意大利，这也是史无前例的。

本尼狄克十一世（Benedict，1303—1304年）在佩鲁贾定居。1305年，枢机主教团选举波尔多大主教贝特朗·德·戈（Bertrand de Got）为他的继任者（克雷芒五世，1305—1314年）。虽然克雷芒（Clement）在各种场合声明他有意前往罗马，但在其近九年的任期里，他却从未设法离开过法国南部。这里面有以下几点原因：克雷芒

---

[1] Mollat (1965) and Guillemain (1962) 是关于阿维尼翁教宗的标准著作。主要的原始资料是他们的信件记录（部分由 Ecole français de Rome 出版）、教宗会议厅的记述（部分以 Vatikanische Quellen 丛书为名出版）和当时人的传记（edited by Baluze, new edn by Mollat, 1914 – 1927）。

[2] Paravicini Bagliani (1991), pp. 502 – 503.

热爱自己的家乡——加斯科涅（Gascony），热爱他的同胞，并慷慨地照顾他们；他与法国国王"美男子"菲利普关系密切；他渴望英王和法王进行和平谈判；他计划在维埃纳举行一次大公会议（general corncil），这一会议在1311年召开；他糟糕的健康状况；还有意大利中部和北部的混乱状态。

当选为教宗后，克雷芒从一个地方搬到下一个地方。1309年，他来到阿维尼翁。他并未打算在这个和平小镇永久居住。他住在那里的多明我会修道院，不时地离开阿维尼翁到格罗索（Groseau）、卡庞特拉（Carpentras）或这一地区的其他城镇。然而，教宗很快就发现阿维尼翁的优势。阿维尼翁毗邻孔塔－弗乃辛（Comtat-Venaissin），此地不仅早在1274年就归属教宗，还是教宗在意大利境外唯一的一块广阔的领土。无论如何，阿维尼翁本身隶属于普罗旺斯伯爵，伯爵也是西西里（那不勒斯）国王，因而他又成为教廷（Holy See）的封臣。使情况更为复杂的是，尽管皇帝的权力在阿维尼翁有名无实，但他是阿维尼翁最终的世俗封建主。阿维尼翁位于罗讷（Rhône）河东岸，该河是欧洲主要商业路线之一，对尼德兰与意大利之间的交通而言尤其重要。这座城市的地理位置比意大利中部更便于教宗与大多数国家发生频繁接触，如法兰西、英格兰和德意志，在某种程度上也包括伊比利亚诸王国，不便接触的主要是意大利诸城市国家。

阿维尼翁在克雷芒的继任者——约翰二十二世（Jacques Duèse，1316—1334年）时成为教宗的稳定的驻地。③ 约翰在成为枢机主教前是阿维尼翁主教。成为教宗后，他甚至仍住在经过改建、扩建的原主教宅邸。由于这样的安排可能曾给当时的主教——教宗的侄子——带来不便，约翰便提拔他为枢机主教，然后让该主教的职位空缺。从1330年到1332年，作为重返罗马的第一步，出现过各种把教廷迁往波伦亚的计划。这一想法在本尼狄克十二世（Jacques Fournier，1334—1342年）任职初期被多次提及，但不久就被放弃了。在原阿维尼翁主教宅邸的基础上修建了宏大的新居所，即教宗宫（Palais des Papes）。这表明已经没有早日返回意大利的希望了。朴素的宫殿

---

③ 关于阿维尼翁的优势，见 Renouard（1954），pp. 13 – 19, 25 – 28；Guillemain（1962），pp. 77 – 88。

第十九章　阿维尼翁教宗

外貌正好与教宗曾为西铎会僧侣、教廷和各个修会（religious orders）改革者的身份吻合。克雷芒六世（Pierre Roger，1342—1352 年）也是一个僧侣（本尼狄克派），不过他以较奢侈的方式对宫殿进行扩建和装饰。例如，他雇佣维泰博的马泰奥·焦瓦内蒂（Matteo Giovanetti）指导一批画师为其工作。1348 年他用 8 万弗罗林向西西里女王乔安娜购得阿维尼翁。这至少在理论上加强了教宗独立于世俗控制的力量。英诺森六世（Etienne Aubert，1352—1362 年）和乌尔班五世（Guillaume Grimoard，1362—1370 年）继续对宫殿进行建设。这些教宗和格列高利十一世（Pierre Roger de Beaufort，1370—1378 年）在百年战争时期，加强了城市的防御工程，以应对成群结队的雇佣兵团队的威胁。建筑活动不只局限于阿维尼翁。例如，约翰二十二世在此地区至少修建了六座城堡，还在索尔格（Sorgues）建夏宫和教宗钱币厂。从 1316 年到 1322 年，在索尔格的建筑费用比在阿维尼翁的还多。造币厂一直设在那儿，约 1354 年才迁往阿维尼翁。在阿维尼翁新城（Villeneuve-lès-Avignon），它位于法兰西王国境内，与罗讷河东岸的阿维尼翁隔河相望，几位枢机主教修建了夏宫。拿破仑·奥尔西尼（Napoleone Orsini）的宫殿落入皮埃尔·罗杰手中。在后者成为教宗克雷芒六世后，该夏宫又被扩建成教宗居所。此外，诸教宗还促进了新的教堂、修道院和教育机构的建设。英诺森六世由此在阿维尼翁新城建起了巨大的卡尔特修道院（Charterhouse），乌尔班五世在蒙彼利埃创立了两所学院，他还在马赛重修了古老的圣维克托（St. Victor）修道院。

在乌尔班五世时期，教宗重返意大利的问题再次变得重要起来。当时的阿维尼翁地区已没有过去那样安全，而且枢机主教阿尔博尔诺思（Albornoz）对教宗国的安抚使实现这一目标成为可能。1367 年 10 月乌尔班来到罗马。由于在意大利面临佩鲁贾的叛乱和其他困境，乌尔班于 1370 年返回阿维尼翁。格列高利十一世同样急盼返回罗马，1376 年他离开阿维尼翁，当时正在与佛罗伦萨激烈进行的战争也未能阻止他这样做。与乌尔班不同的是，格列高利随后在罗马去世。这两位教宗放弃阿维尼翁的决定，毫无疑问与该时期的宗教情感有关。罗马，而不是阿维尼翁，依然是信徒，包括那些受到 1350 年的大赦年（Jubilee）所鼓舞的信徒们的忠诚中心和朝圣的目的地。从格列高利在1375年与阿维尼翁某些市民的谈话中，可以看出重返罗马对他来说是一件事关良心的问题。他说前一年他病得很重，他把疾病归因于未能定居罗马。④ 乌尔班和格列高利的愿望遭到了那些因教宗居住在阿维尼翁而获益的人的反对，主要是法国国王、枢机主教们和该城镇的居民。在1367年和1376年，两次都有几名枢机主教依然留在阿维尼翁。

教宗能否返回罗马部分取决于意大利的局势，尤其是教宗国的状况。教宗国是不同领地的联合体：坎帕尼亚（Campagna）和马里蒂马（Marittima）属于拉齐奥（Lazio），在托斯卡纳的圣彼得的遗产（Patrimony），斯波莱托（Spoleto）公爵领，安科纳（Ancona）的边境区（March）和罗马涅（Romagna）。阿维尼翁教宗着重关注的一个问题是控制这些较远的省份。教宗们采取的方式显著不同。克雷芒五世、本尼狄克十二世和克雷芒六世一般都渴望避免大笔军费开支。他们满足于在那里行使某种较低程度的权力，但约翰二十二世、英诺森六世及其继任者不能接受这一点。克雷芒五世宠爱掌管遗产（Patrimony）的首席神父（rector）——加斯孔·阿玛尼尤·德·阿尔布雷（Gascon Amanieu d'Albret），允许他征税，而且不必向教宗提供账目。很难想象这样的让步能被约翰二十二世采纳，他命令整个公国实行更详尽的记账程序。约翰在1317年制定的《若是兄弟》（Si fratrum）的教令中宣称，皇位空缺时，由教宗行使皇家司法权，随后他委任西西里国王安茹的罗贝尔二世为帝国的代理人。他还派倔强不让步的枢机主教贝特朗·迪·普热（Bertrand du Pouget）为赴意大利的教宗使节。这些举措显然表达他严密控制意大利的渴望。贝特朗·迪·普热是由教宗派出的第一位拥有广泛的"总督"权力的驻意大利教宗使节。尽管花费了巨额资金（14年里给迪·普热拨款248万弗罗林），教宗的军队在弗拉拉仍遭受重创，教宗丧失了对波伦亚的控制（1333—1334年）。贝特朗·德·多尔克斯（Bertrand de Déaulx）是本尼狄克十二世驻意大利的教宗使节，他的任务是改革教宗国，1335—1336年间他为各省颁布了各项法规。然而，在这段时期一般而言教宗在边境区和罗马涅的权力相当有限。克雷芒六世再次派贝特

---

④ Segre, 'I dispacci di Cristoforo da Piacenza', p. 70.

第十九章 阿维尼翁教宗

朗·迪·普热为驻意大利的教宗使节,并赋予其更大的权力。他的任务之一就是对付科拉·迪·里恩佐,后者在1347年控制罗马长达六个月。1350年有了新进展,罗马涅的主教代理阿斯托奇·德·迪尔福(Astorge de Durfort)招募了一批外国雇佣兵。这些雇佣兵团队将被枢机主教吉尔·阿尔博尔诺思及其继任者们充分利用。

1353年英诺森六世任命卡斯蒂尔人阿尔博尔诺思为驻意大利的教宗使节及那里的教宗领地的主教代理。阿尔博尔诺思以非凡的精力和速度在这些地区重新树立了教宗的权威。托斯卡纳的遗产是反叛者乔瓦尼·迪·维科(Giovanni di Vico)盘踞的地方,那里的几个重要城镇屈服了。在边境区,阿尔博尔诺思和里米尼的马拉泰斯塔(Malatesta of Rimini)达成和解。在罗马涅,从弗朗切斯科·奥德拉菲(Francesco Ordelaffi)手里夺取切塞纳(Cesena)和佛利(Forlì),最引人注目的是从维斯孔蒂(Visconti)手中夺回波伦亚(1360年)。随之而来的是与维斯孔蒂长达四年的战争。只有在征服了阿西西等城镇,并且击败佩鲁贾(1367年)后,教宗才有效地控制整个公国。

阿尔博尔诺思在征服成功后就着手修建军事要塞。他的做法是当与某个暴君(tyrant)达成协议时,就授予他该地区代理人的职权,使其统治合法化。作为回报,他应该支付人口普查登记费用。例如,马拉泰斯塔被委任为里米尼和其他三座城镇的十年期的代理人职位,并承担每年6000弗罗林的人口普查登记费用,还要提供一百名服役的骑手。1357年在法诺(Fano)举行的一次议会(Parlamentum generale)上,阿尔博尔诺思为教宗国颁布了著名的《埃吉迪安法规》(Constitutiones Egidiane)。该法规大多是重新颁布早期的立法,包括贝特朗·德·多尔克斯颁布的法令,但也补充了一些新内容,同时剔除那些已经被取代的和多余的法律。该宪法在16世纪经过修订,一直使用到1816年,是阿尔博尔诺思留下的最经久耐用的遗产。1376年,在失去教廷的充分信任后,他与世长辞。人们对他的战争开销和把教宗的权力授予代理人的政策有各种疑虑。阿尔博尔诺思意识到有时有必要忽视教宗的指令。1357—1358年,英诺森六世用较温和的安多兰·德·拉·罗什(Andorin de la Roche)取代了他。虽然后来阿尔博尔诺思恢复了职位,但从1363年起他必须与德·拉·罗什平分使节职权。德·拉·罗什被委任为伦巴第使节,很快罗马涅就划归入他的辖区。

阿尔博尔诺思的政治遗产十分脆弱：正如1367年到1371年间的教宗国主教代理安格利克·格里茂德（Anglic Grimoard）所写的那样："匆匆扑灭的火焰很容易被再次点燃。"他面临佩鲁贾的反叛及与维斯孔蒂的另一次战争。格里茂德遵循往届教宗总管的习惯，喜欢汇编所辖地区的信息。应他的要求，其下属详细搜集了罗马涅在1370—1371年间的情况。格里茂德在写给其罗马涅和边境区的继任者——枢机主教皮埃尔·德·埃斯坦（Pierre d'Estaing）的忠告里，生动地描述了他管理的辖区教众——**那些受激情所驱使的人**（*homines…passionatissimi*）所遇到的困难。⑤ 教宗刚与维斯孔蒂缔结和平协定（1375年），一场叛乱就在一个更加出人意料的地区佛罗伦萨爆发，该城传统上是教宗的一个同盟者。叛乱扩展到教宗国的许多地区，佩鲁贾和波伦亚也包括在内。在格列高利十一世去世时，许多城镇已与教宗和解，佛罗伦萨人正在与教宗谈判。

与法国的关系

在教会分裂前很少有人质疑阿维尼翁教宗的正统性，教宗没有义务必须住在罗马。谚语**"教宗所在的地方就是罗马"**（*ubi est Papa, ibi est Roma*）在14世纪获得了某种新的意义。确实，在皇帝巴伐利亚的刘易斯与教宗斗争时期，出现了对后者的全面和强劲的攻击（扩展到离其居住地很远的地方）。然而，帕都瓦的马尔西利乌斯或奥卡姆的威廉的观点并不具典型性。这并不是说不可以批评教宗。同时期的人经常恶毒攻击他们，**尤其**是批评他们未能定居罗马。这些批评者主要是意大利人，由于教宗不在罗马，他们感到蒙受了经济上和威望上的损失。当时最著名的，至少是就其后来的几代人而言，最有影响的批评家是法兰西斯·彼得拉克（Francis*Petrarch）。虽然他在阿维尼翁及其附近地区待了很长时间，并与克雷芒六世、枢机主教们、教廷派（curialists）关系良好，但显然他憎恨阿维尼翁。他暗指

---

⑤ Theiner, *Codex Diplomaticus*, ll, pp. 527–539, no. 527（这里的引文在 pp. 537 and 539）。

* 这里用"Francis"，但在索引里是用"Francesco"（弗朗切斯科）。——译者注

这里为"巴比伦"和"地狱"。⑥ 甚至当今的历史学家们,也附和彼得拉克和路德的言论,有时将这一时期的教会称为"巴比伦之囚"。对此观点作出最令人信服的纠正的是法国的历史学家,这并非巧合。主要有17世纪的埃蒂安·巴吕兹(Etienne Baluze)和20世纪的纪尧姆·莫拉(Guillaume Mollat)。的确,历史学家对阿维尼翁教宗的态度倾向于受民族而不是受信条的影响,法国人和意大利人有代表性地扮演着拥护和反对的角色。

在历史学中有一个始终存在的问题是:阿维尼翁教宗是否从属于法国君主。由于缺乏对这两个权力间关系的最新综合研究,难以对这一问题作出回答。首先有必要记住:阿维尼翁位于帝国而不是法兰西王国境内。虽然阿维尼翁教宗全部来自法国南部,但他们在当选前与法国王室的关系却各不相同。克雷芒五世既曾为法王"美男子"菲利普服务也曾服务于英王爱德华一世。作为波尔多大主教,他是阿基坦公爵即英王的直接封臣。当选教宗后,两位国王都从他那里得到了宝贵的财政上的让步。约翰二十二世曾是西西里安茹王国的大臣(chancellor)。西西里的罗贝尔二世和法王菲利普五世支持他当选教宗。本尼狄克十二世、乌尔班五世和格列高利十一世在当选前与法王没有特殊联系,而克雷芒六世和英诺森六世则都曾为法国王室服务。克雷芒六世曾在巴黎大学以一个神学家成名,被菲利普六世派遣从事外交使命,他是**调查院**(chambre des enquêtes)的一个成员,并主持**诉状审理庭**(chambre des enquêtes)的工作。

阿维尼翁教宗通常和世俗权力持和解态度。他们给上述权力各种恩惠,法王无疑受恩惠最多,只有那不勒斯的安茹统治者有时能享有如此亲近的关系。值得注意的是,这一时期所有成功的封圣程序都是由这两个王室促成的。克雷芒五世是教宗中对待法国君主最圆通的一个,部分原因在于他性格软弱,部分原因在于卜尼法斯八世与法王"美男子"菲利普交恶后教宗脆弱的地位。1311年,菲利普无情地指控卜尼法斯为异端,克雷芒成功地全面掌控了事件的善后事宜,此后菲利普放弃了这一指控。作为回报,他宣布菲利普在阿纳尼(Anagni)对卜

---

⑥ E. g. Petrarca, *Le Familiari*, xll. 8;'mox enim michi iterum invito babilonicus uncus iniectus est retractusque sum ad inferos'. 关于其他段落,见 De Sade(1764 – 1767),1, pp. 25 – 27。

尼法斯的攻击无罪。当时，摧毁富裕的圣殿骑士团是菲利普更加重要的事情，这位教宗在1312年召开的维埃纳宗教会议上解散了该骑士团。法王主要以向教会收入征税的方式，来接受教宗慷慨的财政资助。这些税通常是为了十字军而征收的，但法国的国王们却将其用于反对英格兰和佛兰德的战争。克雷芒六世借给法王62万弗罗林，很难指望这笔钱能收回来。阿维尼翁教宗们出面干预这些战争（百年战争及其前的战争），试图建立和平。尽管他们强调自己不偏不倚，但是英国人怀疑他们偏袒法国。找到这种偏袒的例子并不难。1338年，佛来芒人（Flemings）与爱德华三世结盟，本尼狄克十二世就开除前者的教籍。爱德华认为克雷芒六世对他非常不公，以至于他考虑向大公会议（general council）申诉。凭借手中的婚姻特许权，教宗阻止了爱德华的联盟行动，帮助法国的国王们。以此方式，乌尔班五世拒绝特许爱德华的儿子埃德蒙（Edmund）与玛格丽特（Margaret）的婚姻，她是佛兰德、勃艮第、阿图瓦、纳韦尔（Nevers）和雷特尔（Rethel）等伯爵领的女继承人。如果联姻成功，英国在法国的势力会大大增强。玛格丽特嫁给了勃艮第公爵"无畏者"菲利普。

然而，不应该就此认为阿维尼翁教宗仅仅是法国国王的傀儡。教宗经常拒绝法国王室的要求，两种权力之间也有很多重要分歧，特别是在法国境内教会司法权的问题上。即使教宗们一般都偏向法国国王，这不只反映了他们的个人喜好和背景，而且也是一个政策问题。教宗的命运与法国君主的命运息息相关。教宗寻求法国人支持其十字军的计划和在意大利的政策。与法国保持密切关系对教宗有利。教宗的大量收入来自法国，来自法国的圣职收入是一个不相称地庞大的数量。在本尼狄克十二世时这个数字约为60%。

十字军和传教活动

如果在考虑法国与教宗的关系时区分不同教宗的态度是可取的，那么在讨论对待十字军的态度上，这种区分将更为可取。可以比较一下本尼狄克十二世与其前任和继任者的行为。谨慎的本尼狄克取消了法王菲利普六世的十字军计划。虽然约翰二十二世也对法国国王们卷入十字军持保留态度，但在其他方面，他却更为热情。他插手医院骑士团的事务，送钱给亚美尼亚人，支援他们反对穆斯林的斗争。克雷芒六世高度重视十字军运动。他的目标通常是有限度的和实际的。他组织了一个海军同盟来对抗安纳托利亚（Anatolia）的各个酋长国。1344年，他的20艘战舰组成的舰队（其中4艘为这位教宗提供）占领了士麦那（Smyrna），一直到1402年该城均为基督徒所控制。乌尔班五世发动了另外一次中等规模的远征，由萨伏依伯爵阿梅代乌指挥，目标是援助拜占庭帝国，这次远征取得了成功。1366年从奥托曼土耳其人手中夺取了加利波利（Gallipoli）和其他城镇。这次远征无疑促进了皇帝约翰五世于1369年归顺罗马教会。然而，这没有导致与希腊教会的重新联合，而这是教宗们如此企盼的事情。格列高利十一世为这些十字军远征更充分地使用了医院骑士团的资源。

在阿维尼翁时期，十字军依然是受教宗垄断的一件事情。即使并非总是都由教宗所发动，但十字军必须得到教宗的赞同。只有教宗能够准予赦免和其他特权，这把十字军和其他军事远征区分开来。教宗在促成、组织和指导十字军方面是一个活跃的角色。有时，远征军还有教宗的使节跟随。例如，皮埃尔·托马斯（Pierre Thomas）是塞浦路斯国王彼得一世的十字军的教宗使节，此次十字军于1365年攻占了亚历山大城（但没维持住）。然而，教宗对十字军的控制远非完美。众所周知，教宗无力阻止世俗统治者把为十字军而征收的税款挪作他用。14世纪人们在理论上和实践上继续表现出对十字军的浓厚兴趣，但这种兴趣的结果却并不令人满意。包括教宗在内的发动反对穆斯林十字军的大部分人，都有更直接、更迫切的事情需要关注。根据约翰二十二世的命令而组织起来并由克莱蒙的路易（Louis of Clermont）指挥的一支小舰队的命运，可以表明这一点。教宗在1319年借给西西里国王罗贝尔十艘军舰，支持他在热那亚海湾反对吉伯林派的战争，但此后再未听到过这些军舰的音讯。它们可能被一场风暴所摧毁。下面这件事更好地说明了这个问题：1363年乌尔班五世向阿尔博尔诺思保证说，在处理好贝尔纳博·维斯孔蒂的问题前，不会再发动往东方的十字军。⑦

教宗宣布反对西班牙的摩尔人和立陶宛的异教徒的十字军，但十

---

⑦ Housley (1986), pp. 78, 114–115.

字军并非限于反对非基督徒的远征。在教宗们的眼里，异端和分裂教会者同样都是十字军的攻击对象。这些措辞的界定有一定的自由度，包括那些在意大利抵制教宗的世俗权力的人。1322年，教宗指控维斯孔蒂为异端，宣布发动反对他们的十字军。后来还有反对维斯孔蒂和反对雇佣兵团队的十字军。1308—1309年的一次反对威尼斯的十字军就曾迫使这个共和国就范。

与反对异教徒的十字军相比，阿维尼翁的教宗们为扩大基督教影响而投入传教的精力和资源都比较少。然而，传教还是产生了一些成果，尽管成功局限于非穆斯林统治的疆域。传教士主要是方济各会和多明我会的僧侣。多明我会的一个分支**基督旅行团**（*societas peregrinantium*），是专为传教工作而组织起来的。在蒙古帝国设立传教的教区是阿维尼翁时期的一个特色。1307年克雷芒五世在元大都（Khanbaliq）建立大主教区，并派方济各会的若望·孟高维诺（Giovanni da Montecorvino）赴任。据传，使当地人皈依基督教取得了骄人的成绩，但这些成功似乎没有维持多久。1318年，约翰二十二世在波斯蒙古可汗的首都苏丹尼耶（Sultaniyeh）创立了另一个传教区，配有六名副主教（suffragan bishop）。该区域由多明我会控制，基督旅行团为其提供了三个大主教。在金帐汗国的领土（由黑海和高加索周边区域组成）上建立了沃尔普罗（Vospro，1333年）、马特莱加（Matrega，1349年）和萨赖（Sarai，1362年）三个宗主教区（metropolitan see），但它们存在时间都不长。萨赖是按大都区的模式创建的。在印度南部，约翰二十二世派出了一名经验丰富的多明我会传教士茹尔丹·卡塔拉·德·塞韦拉克（Jourdain Cathala de Sévérac），做维龙（Quilon）的主教。因为亚美尼亚的教会至少在名义上臣服教宗，这种独特的情况决定了在亚美尼亚的传教过程。其在锡斯（Sis）召开的宗教会议（1307年）同意与拉丁教会的全面合并，但这一规定在亚美尼亚的奇里乞亚（Cilician）王国（小亚美尼亚）以外就不会被遵守。小亚美尼亚（Lesser Armenia）和大亚美尼亚（Greater Armenia）齐心协力，结成更紧密的联合，特别是在使用拉丁基督教仪式方面。这些均由亚美尼亚主教涅尔谢斯·巴利恩兹（Nerses Balientz）领导。由渴望严格遵循拉丁基督教仪式的大亚美尼亚的多明我会建立了一个新的修会，叫**统一兄弟会**（*fraters unitores*），于1362年得到了英诺森六世的批准。他们成为拉丁势力在亚美尼亚扩张的主要工具。

教宗以多种途径促进传教。例如，1328年，约翰二十二世要求在图卢兹召开的多明我会理事会为传教活动至少提供50名僧侣。也有直接的财政支持。如我们曾看到的，教宗设立传教的教区并派教士任职。他们向传教士授予各种特权和广泛的权力，准许传教的大主教设立新的副主教职位，通常这是只有教宗才有资格做的事情。

教廷：行政组织和枢机主教们

阿维尼翁教廷因其稳定性而不同于13世纪的教廷。它在很大程度上不受13世纪教廷因具有巡回的特征而产生的干扰。当教宗不在阿维尼翁时，大部分行政机构似乎依然留在那里。甚至在乌尔班五世和格列高利十一世去罗马时，仍有众多官员留下来。教廷的稳定使管理机构得以发展；而且由于该城地处中心，交通便利，意味着教廷的业务量增加，这种发展也是必要的。

最大的行政部门很可能就是教宗的文秘署（apostolic chancery）。其负责人是文秘署副署长，他通常是一位枢机主教。其工作是撰写以教宗名义发布的信件。大部分是普通信件，对各种请愿书作出回复。如果有人想从教宗那里得到某种恩惠，他必须向文秘署提交请求，教宗会听取请求，或者由文秘署副署长听取那些较不重要的请求。因此文秘署要与来自拉丁基督教各地的请愿者或其代理人进行接触。请愿者如果不想亲自前往教廷，他可以指派一名代理人（或代诉人）。只要代诉人（proctor）倾向于具有彼得拉克所说的"**难解的教廷迷宫**"（*inextricabile curie labyrinthum*）的知识，[8] 这样做也是有利的。代理人活跃于包括文秘署在内的教廷的许多部门。在其任期快要结束时，约翰二十二世开始改革，值得注意的是其关于**家长**（*Pater familias*）的法规的改革，这可能是为了使文秘署能够更好地处理日益增加的事务。从此以后，对不同类别信件的处理有了更大的差别。发布司法信件的过程仍然相当简单，大部分此类信件都是指定一个或几个法官审理某个特定案件。这并不适用于那些施放恩典的信件，这些信件包含

---

[8] Petrarca, *Le Familiari*, xiv. 4.

明确的特许权（例如，它们授予受益人教会圣职或施以精神恩惠）。伴随着这些改革，控制的手段极大地增加了。例如，把这些信件抄写到教宗的登记簿上变成了惯例。如果不是更早的话，在本尼狄克十二世时，规定请求恩典的信件要登记在官方登记簿上。约翰二十二世和本尼狄克十二世的改革取得了成效，发布普通信件的程序更有章可循。

除了发出教宗回应各种请愿的信件，也有教廷主动发布的信件。这些所谓的教廷信件主要涉及政治、外交、财政问题和教宗国的治理。尽管文秘署的抄写员用大字体书写这些信件，但这些信件主要由教廷的财政部门——教廷圣库（Apostolic Chamber）而不是由文秘署负责。本尼狄克十二世时出现了专门负责这些信件的官员——秘书。这些秘书的职位使他们与教宗产生密切联系，所以他们都是有重要影响的人物。不足为奇，教廷信件常常必须以最快的速度准备好。在梵蒂冈档案馆的一封信的草稿上，有秘书尼克拉乌斯·德·奥克西莫（Nicolaus de Auximo）给一个抄写员的指示。上面说成稿应在当晚备好，他给抄写员的只是草稿的一部分（为了抄写员能马上开始工作）。⑨

圣库的负责人是圣库长（chamberlain）和司库（treasurer），有三名或四名圣库职员协助他们工作。他们都享有很大的权力。在阿维尼翁，圣库的管理变得越来越完备。加斯贝尔·德·拉瓦尔（Gasbert de Laval）是约翰二十二世的圣库长和司库，他改革了记账程序。在约翰的继任者那里圣库进一步发生变化，值得注意的是英诺森六世的司库们接连进行的改革。除了本尼狄克十二世任教宗的时期，圣库收入一直在增加。克雷芒五世时，圣库收入已是卜尼法斯八世时的两倍。格列高利十一世任教宗时达到最高点，年均收入为50万弗罗林以上。

为了筹集这些巨资，教宗主要利用并扩大现有的收入来源，尤其是各种与圣职相关的税收。那些被教宗委派重要圣职（大主教、主教、修道院）的人必须缴纳圣职税（service tax 或 *servitia*）。其主要成分是普通圣职税，占圣职年收入总数的1/3。我们发现克雷芒五世

---

⑨ Vatican Archives, Reg. Vat. 244, I, fos. 66–67, no. 137.

时一些高级教士还会付给教宗额外的"秘密圣职费",其数额超过普通圣职税。没有确凿的证据表明克雷芒的继任者们收取这项费用。首岁圣职收入奉献（annates）类似于**圣职税**,它是被委任次要圣职（不承担**圣职税**的圣职）的教士缴纳的税。约翰二十二世第一个系统地征收教职首年收入奉献。它们通常相当于任圣职第一年的估算收入。被称为**空缺圣职税**（fructus intercalares）的,指的是教宗占用只有他有权委任的空缺圣职的收入。1377年该税延伸到包括那些主要的圣职。由于教宗保有和可提供的圣职数目的增加,承担缴纳**圣职税**、教职首年收入奉献和**空缺圣职税**的数目也相应增加。在教宗的其他收入中,有针对教士收入的常规税（通常为估算收入的1/10）,以及为十字军和其他需要而征收的税。在理论上自愿缴付的"慈善补助金"（charitable subsidies）,为满足各种特殊需要也向全体教士征取。通过**褫夺权**（ius spolii）,圣库声称有权支配去世教士的动产,这里一般指那些死在教廷或没留下遗嘱的教士,或欠圣库钱财的教士。一种较不稳定的收入来源是来自属于教宗封地的各个王国（西西里王国负担最重,每年交8000盎司黄金）和教宗国的主教代理的人口登记费（census due）。当然,政治情况决定圣库是否能实际收到这些钱。教士要缴纳许多地方上征收的税,为此西方基督教世界被划分成不同的征税区（collectoire）,每一区域都设一个常驻的收税人。这一体系在克雷芒六世时才完全建立起来。收税人的职责就是收集应征税款并将其运往阿维尼翁。

尽管圣库账目上的开支记录并不总是那么有用,但仔细考察教宗的花费能够对其优先考虑之事有所深入了解。人们发现约翰二十二世在"蜡和某些非同寻常的材料"上几乎花费了270万弗罗林,但在认识到大部分战争开销也在该条目下时,大家也就觉得不足为奇了。⑩ 建造教宗宫花费很大,用去了本尼狄克十二世近18%的开支。在意大利的战役是圣库的最大负担。约翰二十二世、随后的英诺森六世及其继任者统治时,这种花费大幅增加。阿尔博尔诺思任教宗使节（1353—1360年）最初七年间的军事开支竟高达150多万弗罗林（尽管来自阿维尼翁的钱还不及此数目的一半,余款都是从意大利筹集的）。

---

⑩ Renouard（1941）, p.31;'pro cera et quibusdam extraordinariis'.

如果对教宗圣库的收入和开支做一比较，就会发现前三任阿维尼翁教宗有充足的收入：每人都在离任时留给继任者一笔钱。克雷芒六世的奢侈改变了这一状况，而英诺森六世及其继任者们在意大利更积极地开展活动，使得他们的资金日益紧张。第一次向意大利的银行家借巨款的是格列高利十一世，令人注目的是向佛罗伦萨的阿尔贝蒂·安蒂基（Alberti Antichi）借款。另一个涉及收入和开支关系的问题值得提及。教宗的收入主要来自阿尔卑斯山以北的国家，但是大部分钱却被花在了意大利。因此需要兑换不同的货币和运送巨款。为此目的，使用了意大利的，主要是使用了托斯卡纳的公司。这些公司包括佛罗伦萨的阿恰约利（Acciaiuoli）、锡耶纳的尼科卢奇（Nicolucci）和一家叫作马拉贝拉（Malabayla）的皮德蒙特人的公司。教宗对这些公司的政策既谨慎又灵巧。不把钱存在他们那里，这样圣库就可避免因公司破产而造成巨额损失。

　　一些交易绕过了圣库。因此，驻意大利的教宗使节通过在当地征税获得部分财政支持。还有一个教宗的私人金库，即**私人密室**（camera secreta）。没有关于这个**密室**的详细账本，它只是被偶尔提及。这些偶尔提到的情况表明，教宗以礼物或其他方式接受的大额款项流入这个密室。在英诺森六世及其继任者时期，人们知道上述教宗圣库和教宗**密室**之间的款项流转已经发生。

　　文秘署和圣库，教宗官僚机构的两个主要部门，都有它们自己的法庭。文秘署的**听审对立信件的法庭**（audientia litterarum contradictarum）主要负责发布司法信件。当某个案件中的一方反对对方关于发文任命某个或某几个法官成员的请求时，**听审对立信件的法庭**要听取异议。圣库法庭的审计员（auditor）判决财务案件。英诺森六世大幅强化了圣库长的司法权。后者开始听取来自审计员法庭的上诉，享有任何涉及圣库权利的案件的简易审判权。阿维尼翁时期教廷审理的诉讼数量有可能增加了。重要案件，其中一些案件有政治含义，可能由教宗和枢机主教在枢机主教会议上审理。一些案件也委托给某位枢机主教审判或向教宗汇报。**圣殿听审法庭**（audientia sacri palatii），也称教宗最高法庭（Rota），是一个拥有自己法官（审计员）的法庭。该法庭最早的规章还残存于1331年的法令《法之意旨》（Ratio iuris）中。天主教最高法庭主要审理涉及教会圣职的案件。听取某个案件的审计员在作出判决前需要和其他审计员协商。审计员用的《建议》(*consilia*)被收集在一本称作《教宗最高法庭最后决议》(*Decisiones Rote*)的书中,已知最早的这种汇编开始于1336—1337年。

阿维尼翁的各种法庭可以满足请愿者的诉讼热情,而宗教裁判所(penitentiary)则用于为他们的精神需求服务。宗教裁判所能为人们赦免罪过和教会的指责,授予婚姻特许状,改变誓约和补赎。在处理某些案件时,它能行使教宗专享的权力。某些类型的案件只由宗教裁判所的首脑——枢机主教担任的裁判官处理,但大多数由级别低的裁判官处理。《於主田园》(*In agro dominico*)法令(1338)对裁判官的权限作了规定。虽然在阿维尼翁的任何时期,总是有12—19个宗教裁判官,但也有一些在罗马的圣彼得大教堂,因为罗马仍是忏悔朝圣的目的地。尽管大部分教廷派都是法国人,但级别低的宗教裁判官就不尽然了,因为他们需要有能力听懂请愿者的忏悔。因此规定宗教裁判所里,各主要的语言区必须有人任职。例如,总有一或两个英语宗教裁判官。宗教裁判所发布自己的文件,为此它拥有一批特定的抄写员。

教宗的礼拜堂在教宗法庭的祈祷仪式和礼仪中起主导作用。本尼狄克十二世建立了一个新的礼拜堂,即**私人小教堂**(*capella privata*),因此现在有两个礼拜堂。新礼拜堂的教士与教宗关系密切,具有各种纯粹的礼拜仪式的功能。旧礼拜堂,即**大礼拜堂**(*capella magna*)及其成员(称为 *capellani commensales*)依然负责重要的仪式。阿维尼翁的仪式只在一个有限的范围内类似罗马的仪式。尽管在13世纪的罗马,这些礼仪在城市的不同地点公开举行,在阿维尼翁,在教宗宫竣工后,几乎所有的礼仪,甚至列队游行,都被限制在宫殿范围内。这里,只有教廷成员和高级宾客才能真实目睹这些活动。

丰富的资料,特别是教宗圣库的档案,使人们有可能研究阿维尼翁教宗的礼拜堂、其他机构和办公室,对他们的了解有可能大大超过对他们前任的了解。人们可以发现教宗监狱羁押的犯人的名字和施赈所向穷人施舍的一笔笔钱款。这些档案详细表明了那些负责教廷的物质福利的人的工作,这些人包括内侍(*cubicularii*)、医生、厨师、管家、马夫、搬运工、城市守备队、警卫和扈从、教宗法庭典礼官(拥有对教廷中的世俗成员的司法权)等等。教宗图书馆特别值得注意，它是西方最大的图书馆之一。圣库的档案室有两本关于教宗宫殿所藏图书的目录册，编于 1369 年和 1375 年。前一本书所列的目录更为完整，约有 2000 册图书。如人们所能想象的，有关圣经的、教父的、神学的和法学的书籍占大多数。很少有希腊文的手稿，但有 116 份希伯来语手稿。图书馆的监管取决于以多种方式任命的官员。他们的职责包括监督那些受雇为图书馆抄写手稿的抄写员。图书馆的藏书还包括教宗带来的和别人送给教宗的书，后者有写给教宗的献词。许多书通过**褫夺权**来到圣库，其中一些在图书馆安了家。

大型图书馆的存在与教宗的阿维尼翁城的文化重要性相符。教宗宫廷的精神气质无疑是保守的，实际上受教宗、枢机主教和教廷派（他们是法学家）所支配。然而，正是教宗制的本质使教宗宫廷成为来自整个基督教世界的人们的聚会之地，及成为传播知识、思想观念的论坛。这里还有文学兴致。尽管带有迁就的意味，彼得拉克提到了教廷对诗歌的热情。[11] 彼得拉克的生涯以及他与阿维尼翁长期而辛酸的关系使我们想起：早期人文主义者被吸引来到阿维尼翁，他只是这些人中最著名的一个。在其他人中有教宗的秘书弗朗切斯科·布鲁尼（Francesco Bruni）。正像彼得拉克在教廷设法向巴拉姆（Barlaam）学习希腊文一样，布鲁尼向底比斯大主教西蒙·阿图马诺（Simon Atumano）学习。后者应枢机主教皮耶罗·科尔西尼（Pietro Corsini）的请求，将普鲁塔克的《论控制愤怒》（De Cohibenda Ira）从希腊文译成拉丁文（1372—1373 年）。

阿维尼翁是一座大学城。卜尼法斯八世于 1303 年在这里正式建立大学。它几乎是专门的法学研究中心。教宗法廷的存在使这所大学蓬勃发展。学生来自广泛的地区，毫无疑问都受到在教廷获得恩惠的前景所吸引。教宗的定居给阿维尼翁带来了第二所大学——罗马教廷大学。该大学由英诺森四世创立，但有人认为它在阿维尼翁时期才成为一所充分发展的大学（studium generale）。[12] 它是由维埃纳公会议（Council of Vienne）任命希腊语和各种东方语言的教授的五所大学之一。虽然这所大学也教授教会法和民法，但它基本上是一所神学院，

---

[11] Petrarca, Le Ramiliari, xlll. 6–7.
[12] Creytens (1942), especially p. 31.

第十九章 阿维尼翁教宗

学生人数很有限。教授神学的始终是一个多明我会僧侣，从 1343 年起，他就以**圣殿教师**（*magister sacri palatii*）而闻名。除了大学教学，该神学教师似乎还要向教廷成员进行基础教育。教宗也向他请教神学问题。因此，当托马斯·韦利斯（Thomas Waleys）由于对真福直观（Beatific Vision）及其相关问题的观点而被监禁时，约翰二十二世要求贝尔韦瑟的阿尔芒（Armand of Belvéser）回应韦利斯的观点——这让阿尔芒不安，因为他与教宗意见相左。

枢机主教的地位模仿教宗。他们拥有自己的法庭、官邸、行政部门和**家人**（*familiares*）。侍从、秘书、审计员、告解神父、施赈人员和私人小教堂教士，还有其他的人，都为他们服务。在贝特朗·迪·普热作为教宗使节逗留在波伦亚时，他身边至少有 52 名**家人**。在克雷芒七世任教宗的第一年（1378—1379 年），枢机主教们的家人数量比这还要多。六位利穆赞（Limousin）的枢机主教拥有的仆从都在 53—79 名之间。绝大部分枢机主教是法国人。克雷芒五世促进了枢机主教团由意大利人占优势向法国人占优势的转变。当菲利普六世请求约翰二十二世晋升两个法国人进入枢机主教团时，教宗指出 19 名枢机主教中已有 16 名为法国人，看起来已经足够了。[13] 然而，他随后就从法国王室提供的候选人中委任了一名枢机主教（1331 年）。教宗们倾向于将枢机主教一职授予他们自己的同乡，因此大部分枢机主教都来自法国南方（Midi）。因为有三个来自利穆赞的教宗，所以许多枢机主教也来自这一地区。克雷芒五世选拔了那么多的加斯科涅人，以至于在他去世时他们已在枢机主教团（Sacred College）内形成了最大的群体；随后在卡庞特拉（Carpentras）的枢机主教选举教宗的秘密会议上，他们与意大利的枢机主教们争执不下。另一方面，在阿维尼翁举行的选举教宗的枢机主教秘密会议既迅速又和平，从本尼狄克十二世到格列高利十一世都是在这里选出来的。

枢机主教们是富有的。教廷的某些收入在枢机主教团和教宗之间平分，这些收入中主要有公共服务（common services）费，向各个教宗附庸国收取的人口登记费和教宗领地的净收入（net income）。枢机主教团的收入平均分给住在教廷的每一位枢机主教，因此枢机主教的

---

[13] Rinaldi, *Annales*, a. 1331, cap. 33.

数目少的话，会提高每一位枢机主教的收入。教宗当选时送给枢机主教一笔丰厚的礼品已成惯例；即使本尼狄克十二世也拿出了 10 万弗罗林。枢机主教们，包括那些来自修士的枢机主教，都被委任以获利丰厚的圣职。奥多因·奥贝尔（Audoin Aubert）在他的遗嘱中承认，在这方面他的叔叔英诺森六世对他过于慷慨。[14] 枢机主教们还从世俗统治者和请愿者那里收取补助金和礼物。例如，1355 年，按预定计划，两名枢机主教帮助西西里岛的国王路易和阿拉贡的康斯坦丝（Constance of Aragon）获得教宗的婚姻特许状，应该分享 5000 弗罗林。同时期的人谴责枢机主教的奢侈和贪婪，教宗在一定程度上也对他们持批评态度。约翰二十二世的教令《过规范的生活》（Dat vivendi normam）谋求限制枢机主教的家人规模及其奢侈的膳食，英诺森六世在《关于荣誉》（Ad honorem）中做了虽不那么严格但却类似的立法。英诺森即位时，只接受十份枢机主教为其**家人**的利益而递交的请愿书。

参与英诺森六世选举的枢机主教都签署了协定，他们中的每个人如果当选教宗都要保证遵守。虽然该协定谋求加强并扩大枢机主教们现有的权力，但被新教宗宣布无效。虽然新教宗做枢机主教时也在协定上签了名，但他是那些签名时附加以下限制性条款的枢机主教之一："如果以及这是在按照法律行事的范围内"（si et in quantum scriptura hujusmodi de jure procederet）。[15] 尽管枢机主教们的选举协定失败了，但他们仍拥有重要权力。他们形成一个紧密结合的集团，强化他们作为教宗的内部顾问的主张。教宗和枢机主教在枢机主教会议上考虑重大问题。最具影响力的枢机主教与世俗统治者关系密切，还倾向于奉行独立于教宗，甚至与教宗敌对的政策。从 1287 年到 1342 年，任圣阿德里安的枢机主教助祭（cardinal deacon of St Adrian）的拿破仑·奥尔西尼（Napoleone Orsini），就是一例。作为当时最有权力的枢机主教，埃利·塔列朗·德·佩里戈尔（Elie Talleyrand de Perigord）和居伊·德·布洛涅（Guy de Boulogne）在 1346 年前一直支持敌对派别，该派别试图控制西西里安茹王国的王位及都拉斯（Du-

---

[14] Mollat (1951), p. 63.
[15] Ibid., p. 100.

razzo）、塔兰托（Taranto）两个家族。然而，在教会分裂前，第一流的枢机主教绝不可能被选为教宗。反对这样一种枢机主教当选的反对力量太强大了。地位不那么显赫的枢机主教或是来自枢机主教团以外的人更容易当选。一些历史学家，可能受到枢机主教们造成教会分裂的作用的影响，认为阿维尼翁时期是枢机主教们的权力相对增长而教宗权力相对下降的时期，[16] 但对这一点要作出概括仍然是很困难的。枢机主教的财政地位得到了稳固，阿维尼翁行政部门的扩大意味着他们被赋予更多的责任。然而，尽管很容易看出，枢机主教作为一个团体渴望增加他们的政治权利，但没有证据表明他们成功地做到了这一点。

教宗的存在使得阿维尼翁的人口猛增。教廷的官员、**家人**、仆人和士兵，还有枢机主教们的家庭使人口迅速膨胀。然后还有银行家、商人、店主和其他被吸引到阿维尼翁的各色人等。除此之外，还有来教廷办事请愿之类的临时人口。据估计，阿维尼翁时代末期这个城市约有3万人口，而在黑死病前这一数字可能更高。[17] 阿维尼翁成为法国继巴黎之后的最大城市。虽然居民以法国人为主，但这里是一个世界大都会，而且有一个可观的意大利人的社区。

圣职委任和信息交流

阿维尼翁教宗对西方教会的控制达到了某种新的程度。教宗操纵维埃纳大公会议就是明证，这是该时期举行的唯一一次大公会议。在阿维尼翁教宗和教会的关系领域，一个值得特别关注的地方是关于教会圣职的任命。虽然教宗在12世纪和13世纪已经进行了此类任命，但阿维尼翁时期教宗的作用在这个问题上发生了转变。[18] 有必要分清主要的（主教辖区和修道院的）圣职和次要圣职。保留给教宗委任的重要圣职增加了。除了特殊的主教区，教宗还保留对所有级别主教区的任命权。比如，克雷芒五世，尤其是约翰二十二世就这样行事，在主教职位因主教去世、调任、提升或解职而空缺时，教宗保留所有

---

[16] Cf., e.g., Ullmann (1972), pp. 6–7, 186–187.
[17] Guillemain (1962), especially pp. 722–723.
[18] 特别见 Mollat (1921)。

这些职位的委任权。1363 年,乌尔班五世保留了所有年值 200 弗罗林以上的主教职位以及所有年值 100 弗罗林以上的修道院职位的任命权,达到了教宗行使任命权的巅峰。因为一个主教在同一个教区度过其全部职业生涯不再合乎习俗,教宗干预的机会越来越多,主教们被教宗在一个教区和另一个教区间调来调去。虽然大教堂的教士会(chapters),尤其是世俗统治者,依然对圣职任命施加影响,但即便法国国王也不总能占优势。不管谁获得任命,此时教廷才是野心和阴谋的中心。

尽管重要圣职的任命是教宗在枢机主教会议上作出的,但次要圣职的委任是从提交到文秘署的请愿书中产生的。请愿者可以请求并被授予某个空缺圣职或某一特殊类别圣职的下一个空缺(一个预期的职位)。由于教宗对全体圣职保有委任权,这极大地增加了次要圣职的任命范围。例如,约翰二十二世在《可恶》(*Execrabilis*,1317 年)教令中,要求所有教士放弃以兼职方式持有的治疗灵魂的圣职,由教宗处置这些圣职的任命。阿维尼翁教宗大量签发次要圣职的委任文书,但相当大一部分委任文书,尤其是预任,从未生效过。委任文书只是建立各种程序,这些程序可能使申请人最终获得圣职,但委任文书的实施是交给一位或多位享有相当大的斟酌处置权的执行人处理的;被委任者经常面临他人竞争或遭遇他人反对;而且有可能在委任文书中发现一点瑕疵,从而使委任失效。尽管如此,如果考虑教宗委任圣职的比例,而不是委任成功的比例,会出现另一幅图景。对大教堂(Grossmünster)和圣母大教堂(Fraumünster)这两所苏黎世的大圣堂(collegiate church)的考察已经证实,在已知空缺圣职如何填补的案例里,主要的方法是教宗委任。从 1316 年到 1523 年,教宗委任的方法填补了 149 个空缺的圣职,而只有 119 个是通过普通授予方式来填补的。[19]

14 世纪里,圣职申请者的意愿很大程度上可以解释次要圣职委任数量的激增。一般而言,与向地方有权势者申请相比,通过教宗获得圣职更不受人情关系影响,这种情况想必对很多人有吸引力。教宗特别偏爱大学毕业生。由大学呈递上来的申请案卷比大部分其他申请书都更受到优先考虑,而且大学毕业生还有其他优势。例如,某些类

---

[19] Meyer (1986), especially p. 159.

型的毕业生，将会免除受任者通常要经历的**写作方面**的检查。申请书登记册再现了教宗对已批准的申请的回应，表明了教宗的不同态度。克雷芒六世对申请人很慷慨并很少对他们的请求提出修改。另一方面，英诺森六世和乌尔班五世表达出对那些委任了过多圣职的教堂的关切，乌尔班渴望阻止兼职和不常驻任职地的现象。他给一名申请者的答复是"**离开教廷和住所**"。[20]

圣职委任的一种类型需要单独提一下：**以贫民身份**（in forma pauperum）的预任，其目的是支持无圣职的读书人（clerk）。这些穷读书人在每一位新教宗当选后就云集教廷，申请一份圣职。克雷芒六世当选后，这样的人数量最多（估计在 5500 人到 6000 人之间）。[21] 主要由于预任的签发数量庞大，导致众多穷读书人相互竞争，所以所颁发的预任书中能生效的只是其中一小部分。

委任制度渗透于教宗政府的所有机构。委任涉及文秘署（它负责发出委任文书和其他与圣职有关的信件）、圣库（各种与圣职有关的税收是向它缴纳的）和**最高法庭**（关于圣职的诉讼在这里举行）。委任既是阿维尼翁教宗制度走向中央集权的关键，也使教宗国得以向整个基督教会施加越来越大的影响。委任制使教宗自身受益丰厚——财政上被委任者要支付各种税，政治上由此控制了主要的教会官职。圣职委任也是奖赏枢机主教、教廷派和教宗亲戚的一种方式。当时的人把教廷看作圣职交易的中心，这不会令人感到奇怪。有反对教宗委任圣职的人，尤其是那些普通的委任者和世俗统治者，他们认为自己权力受到了教宗委任制的侵犯。圣职委任和财政政策可能是阿维尼翁教宗不受人欢迎的主要原因。教廷内部也有对该制度的各种担忧，各种改革的努力，特别是本尼狄克十二世时期的努力，可以表明这一点。同时代人对该体制提出的批评有时也引起晚近历史学家的共鸣。然而，对没有典型意义的圣职委任，尤其是对枢机主教和外国人的委任，过度强调教宗的个人意愿有可能歪曲事实。如它在大多数情况下所运行的那样，这一制度包含着众多的制约。所以，大部分被委任者在能够获得一份圣职前，其道德水准和受教育级别都要受到仔细审

---

[20] Schmidt, in *Aux origines* (1990), p. 363（有进一步的例子）。
[21] Meyer (1990), pp. 8–9.

查。地域上的差异也在考察范围之内,例如,在格列高利十一世时期,审查来自加斯科涅和西班牙的穷读书人的**贫民身份**的标准低于其他地区。[22] 此外,对兼职制的抨击是真实的,特别是从约翰二十二世和乌尔班五世以来更是如此。

阿维尼翁时期取得的中央集权的成就,最后值得提一下的一个方面是信息交流,尤其是教廷和与之相联系的各种个人、机构之间的信息传递。世俗统治者和主要宗教团体可以在阿维尼翁常驻一个代理人来维护他们的利益。这种做法非常普遍,以至于1349年克雷芒六世因法国国王未能遵守这种做法而发出怨言。[23] 这些代理人也向其委托人提供来自教廷的信息;凡保留下来的这些代理人的报告是某种最有价值的资料。其中,最好的系列资料是阿拉贡国王的代理人的报告。[24] 路易·桑克图斯（Louis Sanctus）是布鲁日教士团体的代理人,他的报告描述了1348年阿维尼翁瘟疫的情况。[25] 在教宗方面,随着需求日益上升,他们往各地派遣使节和特使,他们的经济利益由地方收税员监督。教宗的信件通过多种方式送到收信人或受俸神职人员手中。一般情况下,普通信件由教廷发给受俸神职人员或他们的代理人。教廷发出的信件可由某个从阿维尼翁返家的人递送。教宗拥有自己的信使,但只有最紧急的重要信件才用他们传递。后来发现,将信件委托给意大利的商业公司经营的邮政服务机构更便宜。急件信使传送信件的速度令人惊叹。通常他们从佛罗伦萨或波伦亚到阿维尼翁的时间是8天,马拉贝拉（Malabayla）商号的急件信使从巴黎到阿维尼翁只用4天半时间。商业公司也向教宗提供信息。克雷芒六世明确要求阿尔贝蒂·安蒂基向他提供消息。[26] 教宗保持消息灵通很有必要,为了获取情报他们会变得冷酷无情。1374年,格列高利十一世拦截了贝尔纳博（Bernabò）和加莱亚佐·维斯孔蒂（Galeazzo Visconti）的信函,以及萨伏依伯爵与其教廷大使的信函。[27]

---

[22] Ottenthal, ed., *Regulae Cancellariae Apostoliae*, p. 34, nos. 54–54a; cf. Tangl, ed., *Die päpstlichen Kanzleiordungen*, p. 48.
[23] Déprez, Glénisson and Mollat, *Clément VI*, III, p. 18, no. 4231.
[24] Finke, ed., *Acta Aragonensia*.
[25] Welkenhuysen (1983).
[26] Renouard (1941), pp. 389, 397–398.
[27] Segre, 'I dispacci di Cristoforo da Piacenza', p. 64.

结　论

　　本章试图描述教宗常驻阿维尼翁影响教宗制度特征的主要方式。克雷芒五世时，教宗制已经明显地被纳入法国的政治和文化轨道。然而，只有在约翰二十二世时，阿维尼翁的教宗制才出现许多其他的明显特征。约翰是阿维尼翁教宗中任期最长的一位，也是性格最为专横的一位。他引入改革使行政系统有能力更有效地承担其不断扩大的责任，本尼狄克十二世继续进行改革。我们还发现，在约翰任职时期教宗在界定教义上发挥了更具决定性的作用。尽管约翰关于真福直观的观点在他死后就被断然抛弃了，但他不顾方济各会的反对，对他们关于使徒贫穷（Apostolic Poverty）的教义继续进行谴责。这意味着教宗与方济各会联盟的结束，而后者在13世纪是教宗制的巨大支持力量之一。

　　阿维尼翁教宗对待法国国王和其他统治者的行为一般是安抚性的。主要例外是与巴伐利亚的刘易斯之间延续多年的斗争，这甚至导致了一位反教宗（anti-pope）——尼古拉五世（Nicholas V, 1328—1330年）的选任。皇帝查理四世时期大多数情况下是一种妥协和漠不关心的气氛。教宗向世俗君主作出各种让步，使他们对其自己领土上的教会能够行使更大的控制权，由此换回丰厚的补偿。在这方面，阿维尼翁时期代表了教宗权力的顶点。阿维尼翁行使的权力取决于那里的统治机器的发展。然而，当财政和其他压力逐渐损害教廷的管理实践时，并且当世俗君主以牺牲教宗制度为代价加强对教会的控制时，这一统治体系未能承受教会分裂的影响。教会**分裂**结束后，文艺复兴时期的教宗们已不可能恢复这个旧体系。此间发生了太多的变故。

P. N. R. 朱特什（Zutshi）
张殿清　郑朝红 译
王加丰 校

第 二 十 章
教会大分裂

1378 年事件及其结果

在 14 世纪的绝大部分时间里，在法国南部的阿维尼翁统治着世界各地教会的教宗们，造成了教宗君主制及在最大程度上为该制度辩护的教宗信徒的教会学。促使他们这么做的原因，主要是需要获得异乎寻常高的收入，来支撑他们那些为控制意大利的各个教宗辖地（Papal States）而进行的没完没了的战争。阿维尼翁教宗君主制的核心就是疯狂的"敛财主义"（fiscalism），在这当中，教宗圣职委任权的稳定扩展不断产生新的收入，或者增加向教士收入征税的条款。[1]但各个教宗辖地的公社（communes）和暴君政府（signorie）从未学会接纳这些来自法国的领主，并于 1375 年加入佛罗伦萨反对教宗的战争。第七代阿维尼翁教宗格列高利十一世（1370—1378 年）意识到无法从遥远的地方巩固教廷对这些领地的统治，就听从虔诚人士劝其回迁罗马的建议，决定搬回罗马；1376 年，格列高利十一世带着 23 位枢机主教中的 17 位和数百位教廷官员离开阿维尼翁，其中大部

---

[1] 这样得到的收入有：**褫夺权**（spolia 或者 'spoils'），即死去的高级教士留下的私人财产，教宗的征税官要征走除了葬礼费用和该教士的祖传遗产外的所有财产；**首岁圣职收入奉献**（annates），指教宗委任或保留的普通圣职的接受者要把估算的首年的净收入交给教宗；**圣职费**（servicia），指教宗在枢机主教会议上授予的重要圣职的一年估算收入的 1/3——也经常被称为首岁圣职收入奉献；**巡视费**（procurations），是主教或其他人有权征收的税，用于支付巡视下属教堂的费用，阿维尼翁教宗把这些据为己有；"**博爱**"补助金（'caritative' subsidies），是教宗向各级教士或各地区任意强求的各种数额的捐款；教士收入的**什一税**，是教宗任意强征的税，虽然原则上应用于十字军，但实际上用于满足各种需要，通常与所征税地区的世俗君主分享，有时全部给他们。此外，还有付给教宗的各种"恩泽"（graces）的酬金（比如圣职委任）；在法国，还有通过教宗授权由神职人员直接付给世俗统治者的援助费（aids）。除了最后一项，上述其他各项都可以理解为向教宗不享有的教士财产定期征收的直接税的替代品。

分官员为法国人，留下来的只有6位枢机主教和一些教廷官员。1377年1月17日，教宗一行讲入罗马。仅过了一年多后，格列高利就去世了。

教宗一行遇到的是一个令人讨厌的公社和民众，这些人对教宗回归罗马不管如何高兴，总是担心失去他，又憎恨在法国的教廷，就无保留地响应那些煽动他们叛乱的佛罗伦萨代理人的号召。② 怀有敌意的地方行政官和民众现在反复告诫城中的11位法国枢机主教，除非他们选出一名罗马人或至少一名意大利人做教宗，并且尽快这样做，否则就有性命之忧。③ 教廷在城里唯一的盟友是罗马贵族，他们已经被迫离开；而来自乡下的武装分队又加强了罗马民众的阵容。他们也不允许枢机主教们离开这座城市到一个安宁的地方进行选举。

枢机主教们彼此意见不一致，又没有时间留给他们解决分歧，4月7日他们进入梵蒂冈宫殿内枢机主教选举教宗的密室，大批罗马民众聚集在外面，高喊"选个罗马人，选个罗马人！""选个罗马人，或至少一个意大利人"，一些人还加上"否则我们将把他们全部杀死"。宫殿里满是军队，秘密会议室既不安静也不安全，罗马的官员们进进出出。情势不允许枢机主教们深思熟虑，第二天早上就在没有枢机主教团参与的情况下进行了选举，虽然没有选出一个罗马人，但至少选出了一个意大利人——那不勒斯的巴尔托洛缪·普里格纳诺（Bartolomeo Prignano）。这个人长期任教廷官员，现为巴里大主教和代理教宗的副大法官（vice-chancellor）之职，是众所周知的称职官员，他们估计他知道自己的位置——正如高贵的日内瓦枢机主教罗贝尔在一周后所说的："普里格纳诺在拥有较少的财产时，是我十分熟悉的朋友。"④ 事态平静了一些后，枢机主教们甚至在当晚又重新举行选举。但罗马民众再次袭击他们的选举，喊着新的口号"罗马人！罗马人！"，吓得枢机主教们谎称选举年老体衰的罗马枢机主教皮耶

---

② Trexler (1967), pp. 489–509; cf. Brandmüller (1974), p. 84.
③ 当时在罗马的16位枢机主教中，有4位是意大利人，6位是法国南部人，也就是从克雷芒六世以来一直支配着教宗职位的"利穆赞派"（Limousin' group），还有5位与该派对立的"法国派"，另有1位阿拉贡人佩德罗·德·卢纳（Pedro de Luna）与"法国派"结盟。"法国派"的红衣主教让·德·格朗热（Jean de La Grange）不在这座城市里。
④ 他在1378年4月14日写给查理四世的信，汇报乌尔班当选的情况，见 Brandmüller (1974) (= 1990), pp. 33–34, 'Vocatus est Urbanus sextus, mihi, dum erat in minoribus, valde domesticus et amicus, quamvis de gradu infimo nunc sit sublimatus ad supremum'。

罗·蒂巴尔代斯基（Pietro Tebaldeschi）为新任教宗。他们给他穿上教宗的法衣，让他坐在教宗的宝座上，把他作为新教宗展示给民众看，而他则一直表示抗议，说事情并非如此。这种情况使得枢机主教们离开宫殿，寻找安全的避难所，尽管他们在第二天返回后确认普里格纳诺为教宗，这一稀奇的事件，使这次不正常的教宗选举会议看起来来更加反常。

结果，普里格纳诺接受了当选，于1378年4月18日复活节这一天加冕为乌尔班六世。枢机主教们期望普里格纳诺继续遵守阿维尼翁传统，即在**事实上**与枢机主教团共同管理教会，并在适当时机带领他们全部返回阿维尼翁，他们准备把被胁迫的经历置于脑后，通过表现正常来使事物恢复常态。他们像对待真正的教宗一样对待乌尔班，将选举的结果昭告欧洲各君主，出席他召开的枢机主教会议，请求并接受教宗惯常赋予的恩赐。所采用的这些措施中有许多被当时及其后的人认为是"确认"公认为不规范选举的方式，而他们自己后来老是申明那样做还是觉得受到罗马民众的威胁。⑤ 但乌尔班突然变成一个超群的、无所不能的教宗，"现在从最低点升到最高点"（还是枢机主教罗贝尔的话）；他受那种由佣人变为主人的令人反感的激情所驱使，变成另外一个人，变成一个道德家。乌尔班立刻着手对枢机主教们发动正当的但侮辱性的攻击，反对他们的世俗、奢侈、兼职及忽视有名无实的罗马教会。乌尔班六世非但不接受他们立足于阿维尼翁的想象，而且还明确打算结束阿维尼翁体系：现有的枢机主教们将从王侯般的教会的共同统治者降低为顺从的廷臣；他们享受的教宗收入将留作罗马教会的维持费；他们的生活方式，乃至饮食，将要降到更卑微的程度；他们的人数将很快被新任命的意大利人的红衣主教数所超越。与此同时，乌尔班六世的行为和话语都显示出扭曲的人格，他缺乏自控，易于大发雷霆并启用教宗的绝对权力来应对个人的或政治的矛盾。显然，这些枢机主教们犯了一个错误。在胁迫下进行的投票，用后来科卢乔·萨卢塔蒂（Coluccio Salutati）的话说，"否则，众多的法国枢机主教几乎不会投票选出一个意大利人"，他们也被剥夺了

---

⑤ 他们的申明通常受到否认，但被两个现代天主教学者 K. A. Fink and A. Franzen 所接受，参见 Baumer（1977a），pp. 144, 171ff。

多花一些时间仔细商议和研究候选人的权利。⑥ 无论如何,乌尔班必须退位。日内瓦的枢机主教罗贝尔认识到,自己之前写的**家中人和朋友**(domesticus et amicus)真是一个怀着被压抑的憎恨的奇才,但自己当时没有看出来,就无所顾忌地把以下实情告知乌尔班:"圣父,您没有以尊重的方式对待我们枢机主教,这种尊重是我们应该得到的,是您的前任们习惯于展示给我们的,而且你在贬低我们的荣誉。我万分郑重地告诉您,枢机主教们也将努力贬低您的荣誉。"⑦

这里,枢机主教们的私利与他们对罗马教会的认识相一致,他们认为罗马教会是教宗为头颅枢机主教为躯体的联合体;头颅破坏躯体的"荣誉"——福利、权利和**地位**,就是在破坏教会。一些宗教法规权威论证废除一个破坏**教会现状**的教宗的合理性,更何况现任教宗如此明显地表现出性格错乱和反常;据推测,法国枢机主教中有7个左右的宗教法博士熟知此类文本。但枢机主教们身为狂热的教宗至上主义者,他们避开那些明确提出对教宗的无所不能进行某种限制的专家。于是他们选择了更为谨慎的不带有威胁性的论点,这使他们得以主张本次选举无效,而不是正式罢黜在位的教宗,并且这种主张取决于只有他们才能提供的证据。出于同样的原因,枢机主教们也拒绝由一次大公会议来作出裁决。到那时,大公会议通常被认为是对教宗制度的某种缺陷进行补救的常规措施,但他们说,只有教宗一人才有权召开这样一种会议,而当前却没有教宗。

所以枢机主教们擅自行事,"法国派"(French party)和"利穆赞派"(Limousin party)各自在枢机主教让·德·拉·格朗热(Jean de La Grange)和卡梅拉里·皮埃尔·德·克罗(Camerary Pierre de Cros)的领导下,把他们的分歧放在一边。一些人在5月上半个月退回到阿纳尼,其他人也效仿。克罗也采取同样的行动,带走教廷的档案和财宝(包括教宗戴的三重冠)以及教廷的官员。这时仍然没有

---

⑥ Salutati 在 1397 年 8 月 20 日写给 Margrave Jobst of Moravia 的信,见 Martène and Durand, *Thesaurus*, II, p. 1156。枢机主教 Pierre Flandrin 在其 1378—1379 年的论文中最清晰地阐述了被强迫的匆忙选举及其后果问题,见 Bliemetzrieder (1909a), pp. 25, 27, 31–2。Cf. Pīerovsky (1960), pp. 63, 87, 188; Fink (1968), p. 496.

⑦ 'In effectu, Pater beatissime, vos non tractatis dominos cardinales cum illo honore, quo debetis, sicut antecessores vestri faciebant, et diminuitis honorem nostrum. Dico vobis in veritate, quod cardinales conabuntur etiam diminuere honorem vestrum.' See Ullmann (1948), pp. 45–48; Souchon (1898–9), I, pp. 5ff.

公开决裂,但 5 月 8 日克罗从阿纳尼派出信使,告知法国国王查理五世关于此事的真实情况。到 6 月 21 日,所有法国枢机主教和佩德罗·德·卢纳(Pedro de Luna)都聚集到那里,7 月 20 日他们要求 4 位仍与乌尔班在一起的意大利枢机主教加入他们的阵营,理由是选举乌尔班乃出于胁迫,乌尔班并非教宗。然后,1378 年 8 月 2 日,他们就此情况发布声明,要求乌尔班放弃他目前**事实上**占据的职位。在乌尔班拒绝后,枢机主教们发表了(8 月 9 日)一份公开的"通告",咒骂乌尔班为教宗的篡位人。9 月 20 日在丰迪(Fondi),他们选举法国人日内瓦的枢机主教罗贝尔为教宗克雷芒七世:3 位意大利籍枢机主教(蒂巴尔代斯基已去世)也在场,但没有投票。克雷芒在 10 月 31 日加冕。两位教宗互相将对方及其拥护者开除出教,教会大分裂开始了。这时欧洲各国以各种各样的方式或者支持乌尔班,或者转向支持克雷芒,大分裂成为一个政治事实。由于克雷芒未能使意大利成为自己安全落户的基地,遂于 1379 年 5 月带着追随他的枢机主教和 500 名左右教廷官员回到阿维尼翁,定下了未来分裂年月的政治和地理界线。此后需要解决的问题,不是阿维尼翁枢机主教的特权地位,现在这一点是安全的,而首先是克雷芒能否"以武力的方式"结束分裂;其次是即使他失败了,教宗君主国在经受分裂为两个对抗的部分后有多少东西能够存留下来。

关于 1378 年的事件待解决的**不是**各种是非曲直的问题,这些问题在那时难以理解,而且自此以后一直"躲过了历史的裁决"[8] ——持续不断的争议完全证明了这一点。然而冲突演化为分裂就是另外一回事了——法国的查理五世及其兄弟安茹的路易对此要负责任,他们支持阿维尼翁教宗制度的重建,否则这个制度就夭折了。不管怎样,欧洲的分裂可以归结为哪些统治者愿意接受法国的领导(查理于 1378 年 11 月 16 日正式承认克雷芒),哪些不愿意。那不勒斯的乔安娜女王一贯支持枢机主教们;法国范围内的其他势力效仿她,如勃艮第、萨伏依、苏格兰,后来有卡斯蒂尔(1380 年);在意大利和帝国也有克雷芒的支持者。在"讲究礼节的"国王佩德罗(Pedro the Ceremonious)统治时,阿拉贡一直没有表态,他于 1387 年去世后,

---

[8] Valois (1896 – 1902), 1, p. 82.

阿拉贡加入了阿维尼翁的辖区；纳瓦拉于 1390 年步其后尘。欧洲的其他国家忠于乌尔班：英格兰、帝国的大部分地区（1378 年 9 月末，查理四世发表声明支持乌尔班）、波兰、斯堪的纳维亚、匈牙利、意大利大部和西西里。但是在"双方的辖区"和摇摆不定的区域都有些持不同意见的小块地区——葡萄牙转变了四次——不时也有陷入中立的时期。虽然某些君主研究了 1378 年事件的证据，但大部分没有这么做；他们的抉择都出于政治考量，[9] 因为各地作出的比较重要的决定实际上都是作出选择而不是抑制分裂或为教会统一而努力。

历史上的大分裂

国王的决定支配其臣民的选择——毫无疑问，我们可以将亚历山大城的牧首西蒙·德·克拉莫德的第一手观察推而广之："在法国、卡斯蒂尔、阿拉贡和克雷芒辖区的其他地区，许多人认为克雷芒的选举不符合教规，但国王的法律和命令强迫他们'管束他们的思想，服从基督'。"[10] 少数知识分子不太容易变通，其作品经常被引用来表明大分裂在当时引发关注的程度，但事实上，大众的普遍态度不如说是一种冷漠，还伴有对双方的"异乎寻常的宽容"——尽管欧洲分成两半，各视对方为支持分裂者，但却没有人提及宗教迫害。不管怎样，人们看到的是，这场冲突总的说来与世俗大众的宗教生活不相关，银行家和商人拒绝让教会分裂影响银行业与商业。人们的看法是："这是一个关于争论特定职位继承的法律问题"，归结起来就是两个人争夺教宗制中独特的财产权。在高级教士和世俗权力中有一种更基本的认识：就各自领地上的教堂而言，教宗制已变得"与一个管理层一样"，它的职责可由每一个教宗在其辖区内来履行。[11] 正因

---

[9] Swanson (1984), pp. 377–387, at 382："如果确实有东西在起作用的话，承认哪位教宗的决定是一种政治的决定：欧洲的分裂不是源自法律信念，而是基于对政治现实的看法。"也参照 Fink (1968), pp. 496ff; Favier (1980), pp. 7–16; Bautier (1980), pp. 459ff.; Hauck (1958), p. 682; Harvey (1983), pp. 7–8。

[10] Kaminsky (1983), p. 27, 关于拉丁文本（写于 1402 年）及所涉及的原始资料；"管束他们的思想"的段落，见 2. Cor. 10: 5, 'et in captivitatem redigentes omnem intellectum in obsequium Christi'。

[11] Swanson (1984), pp. 377, 386; cf. Kaminsky (1983), pp. 8–11, 教会官职，包括教宗都被视为财产；Favier (1980), pp. 7–16; Mollat (1980), pp. 295–303; Esch (1966), pp. 277–398。相左的观点见 Rusconi (1979)。

如此，几乎所有的牧师，无论多么虔诚，都会如此平静地接受其统治者所选择的教宗。

确实，正是以前的阿维尼翁教宗制度成功地建构了教宗君主制，事无巨细地管理教会，才导致了这种讲求实效的态度，它把教会机构具体化为有俸圣职制度，有俸圣职被视为财产权，获取和保留它是教士利益的主要目标。尽管这种利益一般通过教宗政府的运作来获得，但也可通过对教士起作用的所在地的君主而获得，将其作为该政体的神职人员的财产；法国的情况就已如此，英格兰和其他地区也是这样，只是程度不同。大分裂造成的危机强化了这种发展方式。阿维尼翁教宗君主制的过度膨胀，越来越被视为恼人的累赘，无论如何常识又使这一点变得明白起来：服从教宗很难说是救赎所必需的，虽然《一圣教谕》（*Unam Sanctam*）曾这样宣称过的，因为那时半个欧洲的人不可能仅仅因为没搞清谁是教宗而下地狱。的确有些人曾设想如果有两个以上教宗同时存在该有多么美好，在某个佛罗伦萨人的幻想中也许最好是有一打教宗。[12]

这并不是说人们普遍不重视由一位合法的教宗来领导一个统一的教会的影响，而只是说既不能无凭无据地假定大众"渴望统一"，也不能假定其臆想的结果。除此之外，最通常的情况是，谈论统一在公共话语中表现为一种真诚但无足轻重的陈词滥调，或表现为大学教授对大分裂造成学术普遍性受到破坏的那种特有的反映，以及表现为对家住另一个教宗辖区的毕业生的生涯的偏见。并非偶然的是，大分裂的初期，在巴黎大学，以教会公会议或其他方式解决分裂的最著名的倡导者是两位德国教授——朗根斯泰因的亨利（Henry of Langenstein）和盖尔恩豪森的康拉德（Konrad of Gelnhausen）。但他们关于通过大公会议裁决分裂双方的观点，恰恰是任何一方绝不可能接受的；我们将要看到，用教会公会议来解决分裂问题的方法以后才可实行。正如1409年召开的比萨大公会议，它不以对两个教宗作出裁决为目的，而是要强行终止他们两个的职位。具有审判性质的教会公会议遵守教宗信徒的教义；罢免性质的教会公会议起因于该教义丧失了诚信。

---

[12] Herde (1973), pp. 190, 192; Boockmann (1974), pp. 45–46.

教宗君主制的危机，也是曾使这种君主制具有法律效力的教宗信徒的教会学的危机。阿维尼翁教宗在有俸圣职授予和征税权方面的过度膨胀，曾基于这一假设：耶稣基督创建的教会是由使徒彼得管理的权力机构，彼得的权力可以传给他的继任者——教宗；主教是其他使徒的继承人，他们通过教宗委派获得管理和司法权，因此教宗可依自己意愿授予或剥夺他们的权力。所以教宗在享有充分权力的基础上，可以不受限制地把圣职委任的权利保留在自己手中，可以凌驾于教会的普通法之上，⑬ 而且他们对财政的僭取与有俸圣职授予权密切相连。通过与分享自己利益的世俗权力合作，教宗君主制从一种观念发展成一种政府制度，使教宗信徒的教会学拥有类似正统的特权。但是当教宗制度一分为二时，其教宗至上主义的思想体系只能提出一种通过武力（via facti）的解决方式，而这种办法现在明显无用，使得该思想体系一同蒙羞。那些最终成功的、更具实际性的"途径"将由其他教会学来证明其合理性。

　　无论如何，教会大分裂的历史重要性，在于这些观念的运动及该运动的发源地的经历，而不在于从历史上看是一些虚假的问题，诸如1378年哪方是正确的，忠实的教徒面对基督的无线缝合的外衣（Seamless Garment）上的裂口时的痛苦，或者康斯坦茨公会议从宪政的角度提出的教会会议至上论（constitutional conciliarism）的普遍性等，都是这样。在集权政策遭到普遍反对的时期，教会中的普通信徒和神职人员反对高调的教宗君主制是受到期待的事情，这淹没了引发它的各种初始原因。但不管怎样，结果证明大分裂的解决方法正产生于对教宗君主制的这种反应。的确，理解大分裂历史的关键取决于下面冷酷无情的事实：尽管大分裂始于一场对假定为迫切问题的争论，即哪一位1378年选出的教宗是真正的天主教教宗，这个问题却持续30年悬而未决；然后当欧洲的各国首脑达成共识，认为原先的问题**并不重要**时就解决了。无须评判彼此敌对的教宗，就可以将两者同时终止。

---

　　⑬ 关于教宗的"新法令"有很多抱怨，特别见'Speculum Aureum de Titulis Beneficiorum', ed. Brown, II, p. 63, a condemnation of 'omnes qui a jure communi per exorbitantes gratias, beneficia ecclesiastica sunt adepti, Papae plenitudinem potestatis pertractando'; Heimpel (1974)。

阿维尼翁与武力解决方案：失败与天罚

克雷芒七世与其前任阿维尼翁教宗们并无二致，只有三点不同之处：头衔可疑、辖区规模锐减和收入必然相应缩减。格列高利十一世时期，教宗的年收入为 30 万弗罗林，从 1378 年至 1398 年，降到了年均收入 18 万弗罗林。[14] 他这些收入几乎完全依赖法国——如果说大分裂前法国的收入占教廷圣库（Apostolic Camera）收入的 44%，那么现在法国几乎提供了全部的收入（其中，法国北部地区提供了最大份额），虽然 1387 年后有 10% 的收入来自阿拉贡。这些钱的大部分克雷芒必须用于在意大利的军事行动，他希望通过征服对手的追随者，强使另一方承认自己为教宗。阿维尼翁的唯一希望是**武力解决**（via facti），这也是法国瓦卢瓦王朝的君主们支持他的条件，他们中的一些人希望在教宗的保护和资金支持下，获取意大利诸王国。克雷芒把从法国教会榨取的 100 万弗罗林收入，用于支持安茹的路易长达八年的**武力解决**的努力，路易于 1379 年获得教宗四个征税区（collectories）的收入和教宗在 1382 年后三年的全部净收入。克雷芒的这些投入将会给阿维尼翁带来天罚，因为常规收入已经大大缩减，他不得不提高旧税，开发新税，并通过出卖圣职和恩典使他的授予有俸圣职的权力财政化。他买卖圣职的罪过，空前绝后，臭名昭著，这种财政主义（fiscalism）让其受害者——法国的神职人员感到讨厌，他们已经意识到历届阿维尼翁教宗特别给他们施加了多么沉重的财政负担。他们不久就将开始考虑摆脱教宗的问题。

武力解决的第一次具体行动出现在 1379 年 4 月 17 日，当时克雷芒七世仍在那不勒斯，他把大部分教宗辖地作为一块封地授予安茹的路易，这块封地是他将不得不征服的"亚得里亚王国"（Kingdom of Adria）。随后，教宗又支持路易的计划，即路易使自己被女王乔安娜

---

[14] 这一段的数据详见 Favier (1966), pp. 475, 580, 687–689 (1403 年后，教宗的收入降得更低，低至 12.5 万弗罗林); Kaminsky (1983), pp. 40–47。卡斯蒂尔在 1381 年获得了丰厚的免税，作为它支持阿维尼翁的回报；在其后的九年里，它又控制了教廷圣库在当地的收入来支付它在意大利参加的安茹王朝的战争。见 Favier (1966), p. 235; Kaminsky (1983), p. 28; Suarez Fernandez (1960), pp. 13–14, 21–22。

接受为她的继承人，1380年6月29日乔安娜做了这件事。乌尔班六世因此废黜了乔安娜的王位（那不勒斯是教宗拥有的一块封地），并支持女王的堂兄——都拉斯的查理（Charles of Durazzo）继位，于是乔安娜与路易一起为她的王位而战。虽然乔安娜也得到了她丈夫布伦瑞克的奥托（Otto of Brunswick）的保护，但他没能阻止查理于1381年7月占领那不勒斯，并于次年处死了乔安娜。1382年9月路易侵入这个王国，在1384年去世之前他一直在那里作战。后来，在整个大分裂期间，他代表儿子，后来是他儿子路易二世（逝世于1417年）自己，继续主张继承这个王国，间或有重要的斩获。

这不是唯一的例子。1390—1391年有一段时间，查理六世自己计划加入克雷芒、路易二世和其他人发动的一次庞大的远征，目的是征服意大利并使克雷芒在罗马就职。虽然进行了全面准备，克雷芒也很高兴，但该计划以失败告终，主要是因为瓦卢瓦王朝和金雀花王朝之间的战事使查理无法从与英格兰人的对抗中抽身。然后是在1393—1394年间，"亚得里亚王国"又被提出来，这次是作为奥尔良的路易的领地，他是查理六世的弟弟，也是米兰的詹加莱亚佐·维斯孔蒂的女婿；但由于无人愿意支付这笔费用，所以没有任何行动。1404—1405年，本尼狄克十三世进行了一次更加有限的**武力解决**的努力，但也因为未得到瓦卢瓦王朝的支持而逐渐消失。从可能做些什么事情的角度看，所有这些倡议都可以得到最好的评价：一个强大的法国国王或许可使上述追求成功，但查理六世1380年继承他的父亲登上王位时，尚未成年，后来自己直接拥有王权的时间也只有四年，1392年他就得了精神病。此后，他的两位叔叔贝里（Berry）公爵和勃艮第公爵控制的政府，对获得到意大利没有兴趣，都想放弃**武力解决**，这不可避免地放弃了阿维尼翁的冒险本身。

罗马：从教宗君主国到意大利公国

罗马教宗制度面临着不同的任务。法国的背叛使教宗政府实际上丧失了几乎所有的机构，更不要说法国和西班牙的教会，即使和阿维尼翁相比，罗马也缺乏相对安全的地理位置以及便于与整个欧洲来往的交通条件。在意大利各城市和公国互相攻击的动荡中，不论是乌尔班六世还是他的继任者卜尼法斯九世本人都必须成为意大利的君主，只能享受他们的支持者所允许的那些教宗君主制的残渣余屑。在英格兰，教宗享受的东西不多，那里的《圣职法》（Statutes of Provisors）原则上禁止教宗委任圣职。它也无论如何无法效仿阿维尼翁统治的精细复杂。没有像阿维尼翁那样广泛的征税区，没有次级征税者（sub-collectors）和密集的职员、官员体系，罗马教宗只能利用一些基本的配置——给英格兰派一名收税官，向波兰和葡萄牙也各派出一名等等，而且这些人和教廷交流甚少。银行家为各种支付和征税提供资金。至关重要的官僚制度的原则遭到破坏：税官还兼有其他职责，同一税区常常派有两名税官，对他们的各种约束被一改再改，他们很少提供账目或收据，而且包括十一税在内的许多财政来源，被分派给当地主教征收，或承包给**雇佣兵队长**或放债人。在这样的情况下，不可能提升专业能力。与大分裂前的教宗君主制相比，罗马教宗在意大利境外辖区的收入大幅下降。在意大利，他们不得不主要依靠来自各教宗辖地的领主收入（起初其净收益是负数）、来自教宗直接控制的各教堂的收入，以及教宗委任圣职和施予其他恩惠等可以收费的项目。乌尔班自己回避此类圣职买卖（尽管他也转让教会财产和权力，来为其军事事业筹钱），但其他教宗并非如此；鉴于缺少有序的财政体系，买卖圣职成了教会经济的常见模式。

乌尔班六世主要对在那不勒斯实行教宗的最高领主的地位感兴趣——他来自那里的一家贵族。尽管乌尔班的教宗职位在阿尔卑斯山以北的，尤其是在帝国西部的政治斗争中扮演举足轻重的角色，但他在那里的作用限于提供各种荣誉称号和财政特许权。即便是在意大利，乌尔班也让各教宗辖地陷入混乱，因为他把注意力转向了那不勒斯，既为了寻找教廷工作人员来填补法国背叛后留下的空缺职位，也为了寻求作为基地的领地，没有这种领地意大利教宗就无法生存。1378年10月，乌尔班任命了由25名成员组成的新枢机主教团，除4人外，其他均为意大利人，约有6人是他的亲戚；此外，管理部门和教廷也充斥着他的亲戚和熟人。至于那不勒斯王国，乌尔班希望他的封臣都拉斯的查理根据他的利益来治理，并将其中一部分变成自治的公国，交由其侄子弗朗切斯科·布蒂罗（Francesco Butillo）统治。但是，都拉斯的查理无意满足他的这两项要求，矛盾将驱使乌尔班陷入灾难性的暴怒,他借故生事,于1378年与查理决裂,开始了一场直至1389年10月15日他去世才结束的战争。与此同时,乌尔班将支持查理的枢机主教全部罢免,并于1384年底重新任命了18个枢机主教,其中6个是那不勒斯人。1385年1月有人检举六个枢机主教密谋宣布他不适合统治,把他置于监护之下。乌尔班下令逮捕这些反叛者,最终在对他们进行严刑拷打(除了英国人亚当·伊斯顿〔Adam Easton〕)后加在处死。我们看到他一度在刑讯室外做祈祷,这样他能够听到受害者的尖叫。[15] 人们看出了法国枢机主教早在1378年就察觉到的事情;然而,这次谴责乌尔班精神失常和"无能的"那些主教,都是乌尔班自己任命的,而且除了一人外全都是意大利人。

乌尔班的教宗职位除了引发大分裂,或许唯一的长久影响就是把教宗职位递送给了那不勒斯贵族,尤其在1387年布伦瑞克的奥托以安茹的路易二世的名义征服了那不勒斯后,大批那不勒斯贵族家族迁入乌尔班的教廷。从此以后,教宗职位将成为这些相互紧密联系的家族的家园;乌尔班去世后,这种情况得到了巩固,因为那不勒斯的枢机主教佩里诺·托马切利(Perrino Tomacelli)当选为教宗,即卜尼法斯九世(1389—1404年)。[16] 他的教宗职位成为那不勒斯人的财物,以庞大的托马切利家族为核心:人们知道其中大约有50人随着相关的布兰卡乔(Brancaccio)、菲利马里诺(Filimarino)、卡佩切(Capece)和卡尔博内(Carbone)家族成群结队来到罗马,接受教宗的高级官职和有价值的圣职。卜尼法斯在罗马的亲戚们,包括他令人生畏的母亲加特里莫拉·菲利马里诺(Gatrimola Filimarino),都经常运用自己的影响,控制教宗的许多恩惠、特权和恩泽的流动,把它们卖给向他们付钱的人;通过各种特许,所有年龄和能力方面的障碍都能够消除,如6岁的侄子成为在大教堂任职的教士(canon),一个7岁的孩子当上修道院院长。卜尼法斯采用类似的手段处理枢机主教之职:在1404年卜尼法斯去世时,枢机主教团中的10位成员中有8位来自那不勒斯王国,其中5位是他的亲戚。

造成卜尼法斯奉行敛财主义和买卖圣职的原因,与克雷芒七世一

---

[15] Erler (1890), p. 94.
[16] 下面的讨论主要来自 Esch (1969);关于概述,见 DBI, XII。关于那不勒斯人占据教宗职位的情况,见 Esch (1972)。

样，起初都源于大分裂后出现的紧急状况：军事开支庞大，但教宗收入大幅缩减。卜尼法斯在财政方面采取的应急方法更为精致。他从阿维尼翁教宗君主制的残余入手，包括广泛地把圣职保留在教宗手中，由教宗委任，随后征收**圣职费**（*servicia*）与首岁圣职收入奉献。对这些税收，他要求严厉，比如，1390 年 12 月 24 日，因为拖欠圣职费，他就开除了 30 名主教和 65 名修道院院长的教籍。他还出售尚未出现空缺的圣职的"期待权"，经常将同一职位卖给多位申请者；当接任的时机到来时，最有可能赢得任命的，是其条款中提到秘密优先权的套话最多的人，但都是从文秘署购买的。教宗政府的职位也出售给出价最高者。尽管在 1390 年的"大赦年"前往罗马或其他地方的朝圣者可免除炼狱的惩罚，但到了后来，就简单地通过收取现金向那些想赦免但又不愿朝圣的人出售赎罪券。1402 年 12 月 22 日，卜尼法斯甚至把某项提议的改革也变成生财之道：取消所有仍未付款的赎罪券、圣职委任和优先权，然而有一项限制性条款，即其持有人可以重新购买。无论如何，这些做法后来继续沿袭下来。在所有这些之外，还要考虑到卜尼法斯对他控制下的教会和教宗辖地的密集征税、委派**雇佣兵队长**收税，并且我们还注意到教宗的大部分收入由自行征收这些钱的银行拨付，这时我们就能理解为什么卜尼法斯好像腐败的化身，至少在其更感到惊愕的北方臣民看来是这样。并非偶然的是，对教宗的恶习的两次最野蛮的攻击发生在 1403 年和 1404—1405 年，先后出现了两本书，一本是《论罗马教廷的习俗》（*De Praxi Curie Romane*），也以《肮脏的罗马教廷》（*Squalores Romane Curie*）闻名，另一本是《反射不相宜的圣职买卖的金色之镜》（*Speculum Aureum de Titulis Beneficiorum*）。同样并非偶然的是，它们的作者都不是意大利人，而是北方人——分别是两个德国人（沃尔姆斯主教克拉科夫的马修 [Matthew of Cracow]，和海德堡的首席书记官乔布·韦纳尔 [Job Vener]）和一个波兰人（圣典学者帕维乌·沃德科维克 [Paweł Włodkowic]）。⑰ 那些年间，布拉格大学的捷克的教师们掀起了改良主义的思想运动，最终表现为扬·胡斯（Jan Hus）攻击圣职买卖，

---

⑰ 关于这些文本和作者的讨论，见 Heimpel (1974)；**其中**，他说明乔布·韦纳尔为克拉科夫的马修的《论习俗》加上了一套圣典学者的注释，韦纳尔是选侯，那时也是罗马人的国王，巴拉丁·鲁普雷希特（Palatine Ruprecht）的官员。

其同事倾向于视教宗为一个反基督的人物，如果不考虑这场大分裂的事实以及教宗表现为意大利的君主而导致教宗尊严的损失，这场运动就不能被人们理解。

这就是卜尼法斯九世的处境，他的任期致力于降低教宗辖地的地位以谋求对教宗最高领主权的承认。关于这方面乌尔班六世几乎没给他留下什么："规模大减的文秘署，散乱的档案文献，空虚的金库，以及大半远离教宗直接影响的各个教宗辖地"，还有罗马附近手握权力的亲克雷芒派，在这个教廷看来他们的公社使这座城市本身不安全。⑱ 在那不勒斯，卜尼法斯只能通过支持都拉斯的查理，及在他死后支持他的儿子拉迪斯拉斯（Ladislas），后者于1390年5月29日加冕为王，来补救乌尔班六世愚蠢的政策；但安茹的路易二世不久之后就来到这里，并很快占领了这个王国的大部分。在各个教宗辖地，卜尼法斯既要对抗那些几乎独立的主教代理（vicar），又要应付詹加莱亚佐·维斯孔蒂统治下的米兰的挑衅举动。后者在大分裂时保持中立，为法国渗透敞开了道路。卜尼法斯只能逐城斗争，到处打仗，靠贷款、**临时**税和其他非常规方法来筹钱，经常吃败仗，始终面临辖地倒戈投向阿维尼翁的威胁。由于卜尼法斯的顽强坚持，他最终取得了胜利：他的敌人们因死亡或因其他原因，被清除了。尤其是詹加莱亚佐的去世（1402年9月3日）改变整个意大利北部的版图。曾经失去的教宗对该地区的领主权现在可能得到恢复，枢机主教巴尔达萨雷·科萨（Baldassare Cossa）作出了显著贡献，他成为波伦亚的教宗领主（papal lord）。到去世（1404年10月1日）时，卜尼法斯已是各教宗辖地的主人，确切地说，他不是作为中央集权的各个地区的统治者，而是实际上行使权力的各个宗座的代理人（apostolic vicar）（至少有63人，其中包括许多教宗的兄弟和其他亲戚）的最高领主。卜尼法斯所做的工作使其继任者们最终能够减少教区教士职权，实行更直接的统治。他们在罗马能够这么做，也归功于他们的前任教宗："卜尼法斯九世一劳永逸地结束了自由的罗马公社。"教宗现在能成为文艺复兴的教宗了。

---

⑱ 关于此处和段尾的引文，见 *DBI*, XII, p.4（我引自独立编页的单行本）。

法国的解决方案

如果承认这场大分裂的故事只有一次突变的话,那它一定发生在 1392 年 8 月 5 日,当天法国国王查理六世首次出现间歇性精神失常,这使他无法统治国家,他的叔叔,贝里公爵约翰和勃艮第公爵菲利普,在被他于 1388 年免职后再次回到权力宝座。他们再一次开始让王家政策指向有利于自己的钱包和属地,其中他们最想得到的是享受和平——与英格兰的和平,还有教会内部的和平。结束大分裂对这两方面都至关重要。但是对"法国"来说,结束大分裂意味着放弃原初的计划,即放弃将阿维尼翁强加给欧洲的做法,承认从此以后的教宗就是驻在意大利的和罗马的教宗。这两种让步都可接受,但是每一个都有自己的**前提条件**。重新建立的阿维尼翁教宗,只有在所有人都承认其在一开始就不提倡教会分裂的条件下,才能被放弃,这样克雷芒及其支持者才不会背上分裂教会的恶名;这意味着,不在两者之间做任何裁决就同时终止两个教宗,并将有必要重新建立一个唯一的教宗。这可以是一个驻扎在罗马的意大利籍的教宗,但前提是,他不能享有阿维尼翁教宗对法国教会所实行的那种君主制。两位公爵决定结束大分裂,意味着制定可以满足上述条件的政策。[19]

早在 1394 年 1 月,王室就要求巴黎大学提出教会合并的各种体面的"方式",巴黎大学在其成员和校友中作了民意调查,总结出以下三种方式:大公会议(*via concilii generalis*)、仲裁(*via compromissi*)和通过双方退位(*via cessionis*)。6 月 6 日的一封公开信概述这三种方式,但把双方退位置于首位,"主要由于这一方式能够避免丑闻,并且可以保护双方君主和王国的荣誉不受伤害"。双方退位与其他两种方法不同,它设想无须在二者之间裁判就结束两个教宗制度,因而是王室政府能够认真考虑的**唯一**方法。正如国王的公爵们一年后将要说的那样,法国的国王和亲王们"不会允许把他们的荣誉交到法官们的手中",并且如托莱多大主教佩德罗·特诺

---

[19] 关于此处及下面的内容,见 Kaminsky (1983), chs. 2, 4–8。

里奥（Pedro Tenorio）在 1397 年所说的，"谁想被裁判为在过去 20 年里支持教会分裂？"这是后续问题的关键所在：因为如果统一之路终将证明是比萨和康斯坦茨的**大公会议**，那么这些公会议就不裁决 1378 年的各种问题，即不理会原先导致分裂的方案，而是把**退位**延伸为罢黜，罢黜是退位的带有强制意味的对应词。教会会议至上论和双方**退位**的主张在这方面基于同样的教会学的假设，这种观念视教会为**信友的团体**（congregatio fidelium），即全部普通信徒和担任神职的基督徒的共同体，其精神生活源于耶稣基督而不是教宗，他们最关注的是维护这个共同体的**地位**，这就要求结束大分裂，而不考虑教宗争夺者各自声称的合法性。**信友的团体**的政治行动的目的，由其世俗统治者还是由某次大公会议来代表，这只是个时机问题。

  第二个迫切需要，即缩减教宗君主制，也许符合另一种反教宗至上论的思潮——主教制主义（episcopalism）。主教制主义在 13 世纪的巴黎大学已经崭露头角，它反对各个托钵修会，因为它们拥有教宗赋予的在主教区免受主教管辖的特权。依据这种观点，耶稣基督不是通过圣彼得，而是直接在使徒中建立主教职，所以主教有自己作为主教的司法权和管理权，无需凭借教宗的授予，且不可被教宗侵犯。在法国境内，并与国王的保护作用有关，这种观念将演变成"高卢主义"（Gallicanism），注定要在中世纪后期大有作为；同时，这种观念永远也不会被巴黎大学和从巴黎大学毕业的法国高级教士忘记，它可以发展成**高卢教会**（ecclesia gallicana）的思想体系，它拥有的但已经被阿维尼翁的教宗至上主义严重侵蚀的各种"自由"，只能依靠王权来恢复。

  即使在贝里和勃艮第公爵控制王国政府的初期，也就是在 1384 年安茹的路易去世到查理六世于 1388 年进行直接统治前的时期，我们看到这一模式正在变成政治现实。在 1385 年 10 月 3 日和 6 日的法令上，王室使自己成为高卢教会的"自由和特许权"的保护者，反对克雷芒七世的财政革新——他的过分频繁的补助金、什一税的征收、向所有空缺圣职（不仅仅是那些他所授予的圣职）索取一年的收入的习俗、在对各教堂的财产进行高度估值的基础上征收**圣职费**和首岁圣职收入奉献，而实际上这些教堂拥有的财产价值其间已经大为缩减，还要求对所有高级教士拥有完整的**褫夺权**。[20] 其结果，用克雷芒派出协商缓和的信使的话来说，是"教廷财务院的毁灭"，因为教士们都援引各种法令推托自己应缴的各种费用。这将成为将来的范式，曾被阿维尼翁用来榨取法国教士的王权，现在被用来保护法国教会反对教宗的财政榨取制度的"自由"。

1394年9月16日，克雷芒七世去世了，这有利于公爵们推动抛弃阿维尼翁的计划。国王的政务会立刻致信各枢机主教，要求他们不要选出继任者；但是他们在9月28日选出枢机主教佩德罗·德·卢纳为新教宗后才收到这封信，佩德罗于10月11日加冕为教宗本尼狄克十三世。然而，为了表示尊重巴黎，每位枢机主教都曾首先宣誓：如果当选，将采取任何必要的方式并做任何实现统一需要做的事情，包括在大多数枢机主教都认为可取的情况下主动实行退位。本尼狄克十三世当选后，重复了这个誓言。在他还是枢机主教的时候，就宣布过自己迫切希望结束大分裂，如有必要可以主动退位；而现在，在向国王宣布自己当选时，他迫切要求王室寻找合适的"方式"，派出特使团，将解决方式带到阿维尼翁。但与此同时，他指示前往巴黎的特使向公爵们解释如下道理：在种种权利未明确规定时，退位可能导致某种比分裂更坏的情况，也就是转而"崇拜某个世俗偶像"——一个由伪枢机主教们选出的教宗。深信自己的合法性，并理所当然地信仰其阿维尼翁前任们的教宗至上的宗教学，本尼狄克十三世无论在当时还是以后都不可能接受强制的**双方退位**，因为解决分裂的这种"巴黎模式"意味着无视正义问题，只是要两位教宗屈从世俗政策，放弃各自的要求。[21]

公爵们与自己的首席教会顾问一同对此作出了回应，他们分别是阿拉斯主教兼勃艮第的大臣让·卡纳尔（Canart），和贝里的委托人（client）西蒙·德·格拉莫德（Simon de Gramaud），他曾是一个教会法的教授，一度任贝里的大臣，现为大主教级的高级教士（亚历山大城的牧首［patriarch］）兼王国政府的成员。他们动员法国教会支持政府政策，召集法国上层教士参加"第一次巴黎公会议"，给国

---

[20] Léonard (1923), pp. 272–286.
[21] Girgensohn (1989), pp. 197–247, 提供了关于本尼狄克的性格和思想的最佳理解。

第二十章 教会大分裂

王"建言",进而把教会的权力授予国王。在这里及在以后的时间内,格拉莫德起了关键作用,与他合作的有巴黎大学的两位杰出人物,神学家吉勒·德尚(Gilles Deschamps)和精通宗教法规的皮埃尔·勒鲁瓦(Pierre Leroy)(更著名的皮埃尔·德·阿伊[Pierre d'Ailly]和让·热尔松则不愿加入这个组织)。他们共同制定计划,确保公会议支持**双方退位**。巴黎大学发言人现在准备只拥护这种方案,把它作为解决大分裂的**唯一方法**,因此它具有强制性,任何有关权利的言论都被视为"绝对不妥"而不予考虑。西蒙还指出了以下必然结果:如果某个教宗拒绝退位,将有必要强制执行。这次公会议于1395年2月2日至18日召开,处于西蒙主持和严格管理之下。他向国王汇报,投票结果是赞成强制退位,有87票赞成,20票反对,2票弃权。

王室的这种决定将由三位王家公爵——贝里、勃艮第和国王的兄弟奥尔良的路易率领的使团带给教宗;西蒙还为他们拟定行动步骤,不给教宗留下任何谈判的余地,他早就了解这位教宗难以驾驭并憎恶这种性格。[22] 本尼狄克坚持以**正义的方式**解决教会分裂问题,要求两个教宗会晤(以**协议的方式**),讨论合法性,然后失败者退位,公爵们对此根本就不予考虑,使团没有达成任何协议而返回。然而,它却胁迫阿维尼翁的枢机主教们支持巴黎的计划——只有本尼狄克的西班牙同僚马丁·德·萨尔瓦(Martin de Zalba)拒绝服从——这实际上启动了教宗选举会议上的誓言:本尼狄克拒绝采纳**双方退位**的提议,现在是一名伪誓者。

此后的三年见证了法国政府努力拉拢其他政府支持**双方退位**:卡斯蒂尔追随法国的领导;英格兰的理查德二世与法国的一个盟国签订了长期休战协定,并娶了一位法国公主,在这样的背景下他被争取过来了;皇帝瓦茨拉夫四世,他也是波希米亚国王,愿意顺从这一主张;1396年9月29日,佛罗伦萨加入法国联盟。尽管没有乌尔班派或甚至乌尔班派的知识分子支持**强迫**退位,法国外交行动的结果却创

---

[22] Kaminsky (1983), p. 105, 因为 Martin de Alpartil 提供的证据,表明1391年西蒙任职枢机主教遭到了佩德罗·德·卢纳反对,人们猜测是因为佩德罗还不想让另外一个来自瓦卢瓦的委托人加入枢机主教团。参看1409年本尼狄克派往比萨的使节的报告,提及西蒙给他们造成的挫折,'de quo notum erat a diu et est adhuc quod nomen domini nostri pape Benedicti nedum nominare, immo eciam audire horrebat'(Brandmüller (1975a) (= 1990), pp. 68–69)。

造出某种欧洲形象,使公众从普遍接受大分裂转向一种必须结束分裂的感觉,而且最终认识到这意味着终止两个教宗的职位,不必对两者进行裁判。这一解决**方式**的一个重要里程碑出现在 1397 年,当时法国、英格兰和卡斯蒂尔派出联合使团,要求两位教宗引退。虽然没有哪位教宗愿意这样做,但这次行动本身使这种新形象变得更为真实。

然而,与此同时,法国政策必须应对本尼狄克的抗拒。现在其**双方退位**的政策将拓展为"削减服从"(subtraction of obedience),"服从"在其具体化的意义上主要被理解为教宗在法国教会中享有的各种权利和收入。㉓ 在其初期的版本里,"削减服从"指减少部分或特定的权利和收入,它要求在**双方退位**的背景下,在恢复"高卢教会的自由"方面有所作为,这意味着实实在在地削减教宗在法国教会享有的财权和任命权。1396 年 8 月 23 日至 9 月 15 日,在第二次巴黎公会议上,巴黎大学提议把这作为王室政策,但筹划中的联合使团使此变得不合时宜。同时,本尼狄克正在巴黎为其主张的"裁判的"(juridical)解决方式集结支持力量,这一方案将排除**双方退位**的方式,他称之为"非裁判"的巴黎模式。德·阿伊和热尔松都属于他的支持者。格拉莫德接受了本尼狄克的挑战,首先通过撰写《论削减服从》(De substraccione obediencie)表明自己的观点:**退位**不仅无论如何是按照教规提出来的,它也是强制性的;教宗拒绝它,就是拒绝接受可能结束分裂的唯一方法;这样的教宗因而是支持教会分裂的,由于分裂教会等同于异端,所以**根据这件事实本身**,他也就是异端,根本不是教宗,也没有资格享有他人的服从。换一种说法:教宗拒绝可能把教会统一起来的唯一方式,中伤了教会,这是在破坏**普世教会的地位**,宗教法规证明抵制或甚至除去这样的教宗是合理的。这就是"全部"削减的学说,它可导致和部分削减相同的直接结果,但其优势是事先就能使教宗的任何报复失效。另一方面,从某种高卢派的(Gallican)观点看,这种方法也有不利之处:它只是作为一种副作用来恢复高卢教会的自由的,随着单一教宗的恢复,这种自由会自动消失;从反对派的方面进行部分削减,仍然承认教宗的地位,能

㉓ 这个术语本身是宗教法学者所使用的;12 世纪时 Decretist Huguccio 在对 'Si duo forte'(79. dist., c. 7)作注释时曾写道:一个造成严重丑闻的教宗可由大公会议罢黜,'et si permittitur depositio, permittitur eius praeambula, scilicet subtractio oboedientiae solitae'(Bliemetzrieder [1904a], p. 153)。

把高卢教会的自由建立在可以持续的基础上。西蒙对高卢主义（Gallicanism）或任何其他的主义都不感兴趣，他将必须以某种方式把高卢派（包括他的合作者让·卡纳尔、吉勒·德尚）和皮埃尔·勒鲁瓦等结合成一个削减主义者的同盟，促进全部削减，但也不排斥部分削减。同时，西蒙将自己论文的副本送往欧洲各地。

在1398年5月22日到8月8日召开的第三次巴黎公会议上，向两位教宗派出的三方使团完成使命之后，这一计划就实现了。王室的公爵们和其他王侯级的人物主持会议，开始时格拉莫德代表王室发表演讲，提出以下问题：如果将**双方退位**定为王室政策，将如何实施才不至于引发质疑？接着赞成派和反对派就格拉莫德提出的问题展开辩论。所有人都知道，政府想要的答案是全部削减。在德尚和勒鲁瓦加入格拉莫德一边，并成为该派的主要发言人后，削减主义者联盟形成，巴黎大学的共同意见也支持全部削减，尽管也加上部分削减的主张。每一位高级教士和其他参与者都要单独来到公爵们面前，向他们宣读自己所写的投票内容。投票结果显示削减主义获得绝对胜利：在大致正确的官方计数中，247票支持立即执行全部削减，直到本尼狄克愿意接受**双方退位**；18—20票要求延期实施削减，直到再次传唤本尼狄克接受退位；16—18票支持再次传唤教宗，如遭教宗拒绝，即召开一次阿维尼翁辖区的公会议；17票的内容"古怪"。7月27日，投票结果递呈给国王，这也是把法国削减对本尼狄克十三世的服从定为皇家法令的日子。

第三次巴黎公会议在其他方面也很重要。一方面，这是教宗至上主义者的教会学和主教制主义教会学的史无前例的全面对抗，后者现在获得高卢主义的声誉，它开始在法国范围内的教会中生效，其任命将不受教宗的领导。这要求国王保护高卢派的自由（Gallican Liberty），无论如何，这次公会议上王室向教士提出的要求体现了这一点，即要求教士投票向王室提供财政"援助"。这是在过去的30年间，阿维尼翁教宗一直按惯例授予其征收的赋税，但在1398年4月1日到期后，本尼狄克教宗拒绝更新。现在，通过"全部削减"，王室可以直接要求王国内的教产缴纳补助金。与此同时，高级教士还提供教宗管理的其他功能，这些功能或由他们自己的但此前被阿维尼翁教宗撤销的权利来满足，或在教士的建议下由王室政府提供。所有这些都意味着，国王现在将对法国教会实行统治，保护教士的各种权利、特权和财产，以回报他们的"援助和建议"。在第二次巴黎公会议上，本尼狄克十三世的支持者勒皮（Le Puy）大主教埃利·德·莱斯特朗热（Elie de Lestrange）曾提出反对意见，说所谓的"高卢教会"不是法律上可行的**圣体**（corpus），因为在法国境内没有首脑，这是与所有的教派都有一个共同的领袖不一样的地方，它以罗马教会和教宗为首脑；因此，法国教会无权以法人团体的名义行事。他的意见现在受到了新出现的高卢教会使用公法甚至教会法的驳斥，这个教会以国王为首脑，随着**高卢自由**（Gallican Liberty）的建立，许多高级教士希望使它永存。

第三次巴黎公会议的另一重大新颖之处，是首次产生了一种思想，即用召开讨论罢免问题的大公会议来实施**双方退位**。它的产生是由于西蒙·德·格拉莫德认识到：他先前关于国王们的某种协调行动的观念有缺陷，于是在投票时，他在自己的表决票上关于**双方退位的实施**的意见栏中，加上了**大公会议**的方式：

> 我认为，为了确立一位教宗，应该把一定数量的并被其他人授权的君主和高级教士，从各个王国召集起来，与双方的枢机主教团的枢机主教们以及两个教宗的争夺者，不管他们同意与否，一起确定一个会面的地点。然后，这样召集起来的整个教会的代表，能够使争夺者双方辞职，或者把他们作为支持分裂者而予以惩罚，接着选出无异议的合法的教宗。[24]

这个计划的作用，起初局限在公共关系领域，十年后将成为比萨公会议的纲领。事实上，**双方退位**的政治事实上是一种媒介，公会议的观念必须通过这种政治活动获得人们认可，然后它才能使一个现实的公会议具有生气。

在随后的几年中，执行削减计划遇到的挫折比取得的胜利更多。尽管实际上所有的阿维尼翁枢机主教都按要求削减对本尼狄克的服

---

[24] 在巴黎的法语文本，AN, J 518, fol. 366r；由 Valois 出版（1896 – 1902），I, p. 163；Kaminsky（1983），p. 223（q. v. 关于背景）；当前的见 Millet and Poulle（1988），pp. 54 – 56。

从，但是教宗借助其家乡阿拉贡各种势力的支持，在教宗宫中有能力顶住压力。英格兰查理德二世于1399年被黜。为反对波希米亚国王瓦茨拉夫四世及其帝国，至少是西部的选侯们采用了类似的手段，这位国王是乌尔班的阵营里实施法国政策的另一个主要希望所在。1402年，图卢兹大学制作了一封反对削减主义的"信件"。奥尔良的路易采纳了该信件的观点，他某种程度上牢固地恢复了对本尼狄克的服从，后者甚至无诚意地允诺接受巴黎主张的**双方退位**政策。但无论如何，他只是重新得到一部分曾被削减的教宗的权利和收入，不可能长久坚持下去。

从巴黎到比萨

1398年后法国的计划，尽管表面上没有取得确定性的成果，背后却隐藏了实实在在的成功：它改变了舆论氛围，甚至改变了顽固的罗马教宗制度的舆论氛围。所以，1404年在卜尼法斯九世去世后，他的枢机主教们在教宗选举会议上宣誓：若当选教宗，会尽一切努力结束大分裂；如果有必要的话，包括退位。新任教宗英诺森七世重复了这个誓言。第二年，巴尔达萨雷·科萨，枢机主教团中起主导作用的枢机主教，委任法理学家佩特鲁斯·德·安乔拉诺（Petrus de Anchorano）撰写关于教会统一的论文，接受法国关于拒绝谈论任何合法性问题的观点。1406年，英诺森七世去世，随后的选举完全依照先例，在枢机主教团选举教宗会议的宣誓仪式上，每一位枢机主教的宣誓都毫不含糊地表达了如下意思：即使当选教宗也会**纯粹、自主而且真诚地**退位，如果另一个教宗的争夺者愿意这样做，如果"对立的枢机主教们"（anticardinals）愿意与罗马的枢机主教联合重新进行选举。新教宗还将在一个月内将上述内容写信向皇帝、"对立的教宗"（antipope）、法国国王和其他权力宣告这件事，并任命使节和对方教廷商定双方退位的会见地点；与此同时，新教宗将不任命新的枢机主教。显然，乌尔班派的枢机主教已经意识到，甚至他们自己的管辖范围内，要求教会统一的新的情感潮流也不可忽视；而且这种情感确实可以为他们自己所利用，因为一个用和平手段统一起来的教会，将可能使他们拥有已经拥有的东西，还会增加各种收入和机会，这是另一辖区的加入将会带来的。1406年11月23日,威尼斯人安杰洛·科雷尔(Angelo Correr)在占据绝对优势的那不勒斯枢机主教团的支持下,当选为新教宗,为格列高利十二世,按规定他必须准备好退位。㉕

安杰洛当选教宗后,的确重复了自己的誓言,并向各方发出信件。信件到达巴黎时,恰逢第四次巴黎公会议召开期间。这是由于本尼狄克没有信守承诺,而这是恢复教会权利的条件,巴黎大学力促召开此次公会议,批准新的削减法令。会议建议实行部分削减。1407年2月18日王室颁发了两道法令,要求实行部分削减;又颁布了第三道法令,将全部削减定为终极手段。然而,为对这个新的倡议作出回应,三道法令都被搁置了。与此同时,格列高利向已迁至马赛的本尼狄克派出使节,后者虽然同意双方退位,但说明首先要讨论权利问题——这始终是他的**必要条件**。4月21日,确定双方教宗将于10月份在阿维尼翁辖区的边缘地带的萨沃纳会面。"法兰西王国和教会"派出的由西蒙·德·格拉莫德和奥尔良公爵的委托人皮埃尔·弗雷内尔(Pierre Fresnel)率领的一个综合性使团,为获取本尼狄克最终接受无条件退位,不得已接受了上述安排,但他们仍要求本尼狄克承诺无条件退位。5月18日,本尼狄克加以拒绝,并继续抗议西蒙先前称其为支持教会分裂者和异教徒的攻击,西蒙的答复没有安抚之意。次日,本尼狄克起草了一份教谕,把辖区内的削减主义者全部开除教籍,不管其地位如何高,以此作为预留的手段。随后,使团前往热那亚,在那里雇了两艘平底大船,把格列高利带到萨沃纳,7月他们奔赴罗马。

在罗马,使团不得不应对格列高利的变卦:他现在刁难威尼斯人,指责他们把他委托给热那亚船队,并开始提出在他自己的辖区内选定一个新的会面地点,还谈论不商议权利问题就简单退位的弊端。格列高利的态度转变,尽管无疑要归因于其亲戚和那不勒斯的拉迪斯拉斯的纠缠不休(拉迪斯拉斯担心教宗职位在法国的保护下重新联

㉕ 'Fuit... assumptus ea condicione tantummodo, ut per citam renunciacionem cupitam et populonecessariam pacem afferret; credatque tua dileccio firmiter ipsum dominos nullatenus aliter assumpsisse',枢机主教 Antonio Caetani 这样说道,见他1408年11月26日从比萨写给 Carlo Malatesta of Rimini(在格列高利与他的枢机主教们的关系破裂后,他是这个教宗的保护人)的一封信(Girgensohn [1984], pp. 223–224)。

第二十章　教会大分裂

合后，会支持安茹的路易二世索取他的王位），但也与本尼狄克十三世所坚持的以下论点有某种关系：即使教会继续分裂，也要优于世俗势力强迫教宗职位要求者接受一种非裁判的解决方案。包括德·阿伊和热尔松在内的一些法国使节，立即放弃并离开罗马，然而，格拉莫德和弗雷内尔留了下来，通过直接与教宗的枢机主教们打交道，向这位教宗施加压力。结果，格列高利确实有了改变，但只是在地理位置上：他于8月9日离开罗马，9月4日到达锡耶纳，并在那里逗留到1408年1月22日。与此相反，本尼狄克在9月24日坐船驶进萨沃纳，并在格列高利错过最后期限后提出了一个备选方案：格列高利应前往彼得拉桑塔（Pietrasanta），本尼狄克前往韦内雷港（Portovenere）。1月3日，本尼狄克抵达韦内雷港，直到6月15日才离开；然而，格列高利在1月28日只去了离此38公里的卢卡，并在那里一直待到7月19日。很明显，本尼狄克表现积极，但是在其愿意遵守诺言的背后，隐藏着他从一开始就谋划的那些希望，而且只是在拉迪斯拉斯于1408年4月25日攻陷罗马后，才阻止他前往那里，从而无法达成某种**武力解决**的计划。

此时，巴黎的形势已经发生变化。巴黎大学暂时停课，抗议政府在不尽如人意的马赛会谈后，未能公布1407年2月18日的削减法令。奥尔良的路易在1407年11月23日被勃艮第的"无畏者"约翰的代理人刺杀，此后，本尼狄克就失去了其瓦卢瓦家族唯一的支持者。1408年1月12日，法国政府颁布法令，如果两位教宗到圣灵降临节（Pentecost，5月24日）时仍未联合起来，法国就将转向中立。3月4日政府把削减法令交给巴黎大学，如果到期不能满足这一规定，就予以发布。本尼狄克对此的答复，只是寄了一份写于1407年5月19日但未发布的教谕，作为警告。这被巴黎视为对君主尊严的蓄意侮辱：5月15日，削减法令发布，本尼狄克被指控**冒犯君主罪**；1408年5月25日，法国宣布中立；8月又召开了另一次教士们参加的巴黎公会议，为的是创立高卢教会的章程，再次削减对教宗的服从。

意大利局势到了紧要关头。法国使团在格拉莫德的带动下和两个教廷都保持着联系，几次往来于两者之间，动员双方的枢机主教们甚至在没有他们教宗参与的情况下采取行动。1408年5月初，格列高利完全中断谈判（他想在5月12日正式驳斥**双方退位**），禁止他的枢机主教和法国使团商讨，并且命令法国使节离开卢卡。法国使团来到比萨，大部分格列高利的枢机主教于5月11日在这里与他们会合，枢机主教们的恳求对象从格列高利转向基督、大公会议和某个未来的教宗。本尼狄克派出一队他自己的枢机主教前往里窝那（Livorno）与他们协商，但格拉莫德在那里也挫败了本尼狄克的努力。6月15日，本尼狄克为了自身安全，离开韦内雷港去阿拉贡统治下的佩皮尼昂（Perpignan）。6月29日，双方的枢机主教团的大部分成员终于在里窝那相聚，他们当着法国使节的面，宣布他们重新使教会联合起来的意向：

> 我们彼此承诺……以不可撤销的誓言来追求教会的联合……通过双方教宗争夺者退位的方式……如果他们回绝或拒不服从，我们将召开一次大公会议来考虑采取其他措施；然后我们双方的枢机主教团将联合成一个整体，依照教规进行选举，为这个教会提供一个单一的、真正的和不容置疑的牧师（pastor）。㉖

他们随后发出书信，准备在1409年3月25日在比萨召开一次大公会议。为会议提供经费的是法国，还有枢机主教巴尔达萨雷·科萨。后者把其作为波伦亚领主的收益投入佛罗伦萨的美第奇银行，在比萨公会议召开前三天，他从自己的账户中支付了42000弗罗林。

从比萨到康斯坦茨

比萨和康斯坦茨的公会议都有各自的关注点，但这里它们只扮演结束大分裂的双重角色。比萨大公会议的时间是1409年3月25日到8月7日，支持的国家有法国、英格兰、包括波希米亚国王瓦茨拉夫在内的许多意大利和帝国的公国。结果表明，这次会议应对两个教宗争夺者的手段有些过于简单，两位教宗虽然都被及时召集，但他们都拒绝参加会议；每人都主持了自己的公会议，本尼狄克在佩皮尼昂（1408年11月21日—1409年2月12日），格列高利在奇维达莱

㉖ Martène and Durand, *Veterum scriptorum*, pp. 798–803.

(Cividale)(1409年6月6日至8月17日)。在比萨公会议上，起草、宣读并执行了对两名教宗的指控：在1409年6月5日的会议上，西蒙·德·格拉莫德宣读了公会议罢黜两位教宗的裁决，这是他在1396年就制定的"全部撤销"原则的概要：

> 此次神圣的宗教会议代表全体教会，在当下的案件中充当审判佩德罗·德·卢纳和安杰洛·科雷尔的法庭，先前他们被称作本尼狄克十三世和格列高利十二世。会议作出如下判决：二人的罪行众所周知，他们曾是，现在也是教会分裂的支持者、培育者，背弃信仰，是臭名昭著的异教徒；他们受困于作伪证、违背自己的誓言等臭名昭著的罪行，是这个教会的声名狼藉的诽谤者；而且众所周知，他们在这些方面一直来屡教不改、无可救药、拒不服从又固执己见。鉴于这些和其他种种原因，他们已经使自己不配享有任何荣誉和尊严，更不配教宗职位。本次会议裁定：依据上帝和神圣的教规，并依据事实本身罢黜他们，剥夺他们的全部统治或主管的权力。同时，本次会议依据这一确定的裁决，剥夺、废黜、削除上述佩德罗和安杰洛的职位，禁止他们担当至高无上的教宗。本次会议还裁定罗马教会教宗一职空缺。[27]

其他方面也显示出此次公会议是法国的作品，格拉莫德是其"最重要的人物"，他主持各个关键会议，控制着比萨公会议的入场券，管理着其中的许多议程，包括不受法国代表团其他成员欢迎的一项决议，即将两个枢机主教团简单联合来选举新教宗，尽管法国人在其中会不占多数。

此外，比萨公会议推迟了一些人渴望的改革工作，但在6月26日进行了选举，选出彼得·费拉吉斯（Peter Philarges）为新教宗。他是个希腊人，但却是罗马辖区的枢机主教，受到枢机主教巴尔达萨雷·科萨支持。他采用了亚历山大五世的称呼。不久后，彼得去世，科萨本人继任，为约翰二十三世（1410年5月17日）。由于本尼狄克十三世和格列高利十二世还牢牢控制着面积缩减的辖区，前者得到

---

[27] Ibid., pp. 1095–1098; Vincke (1938), pp. 295ff.

了阿拉贡、卡斯蒂尔、苏格兰和法国南部一些领地的承认，后者得到了鲁佩特（Rupert）皇帝和一些德意志的邦国、里米尼的卡洛·马拉泰斯塔（Carlo Malatesta of Rimini）、那不勒斯的拉迪斯拉斯和其他几个意大利政权的承认，因此比萨解决方案虽然达到了法国的基本目的，把法国和几乎所有的欧洲政权联合起来——比萨会议选出的教宗拥有或获得英格兰、法国、意大利（除去刚才提到的那些政权）的承认，还获得除了鲁佩特皇帝（他于1410年去世）、黑森（Hesse）伯爵、特里尔（Trier）大主教和8位其他主教之外的帝国的认可，但它却不是确定的方案。约翰二十三世无力赢得其他政权的支持并继续进行改革工作，主要是因为他在意大利的处境不安全，不断受到来自那不勒斯的拉迪斯拉斯的压力，拉迪斯拉斯也要为约翰准备召开的罗马公会议（1412—1413年）的流产负责。最后，约翰为了继续实施比萨提出的计划，着手改革并最终废黜本尼狄克和格列高利，不得不求助于皇帝西吉斯孟德，两人筹划召开一次新的公会议，会议将在康斯坦茨而不是在意大利举行。

如1414年11月召开的康斯坦茨公会议（Council of Constance）所证明的，约翰二十三世和本尼狄克十三世没过多久都将被废黜，而格列高利十二世仅仅因为同意有条件退位，躲过了某种类似的判决。其条件为：开始时由他来"召集"本次公会议。这是一种**形式上的**退让，然而这使得这种意大利化的教宗制自此以后可以往前追溯它自己的罗马世系。单一的教宗制度最终得以恢复，1417年11月11日马丁五世当选。然而，这已不是**以前的状况**。马丁的收入只有大分裂前教宗享有的的1/3；他的**褫夺权**被终止；他在得到欧洲各个政权愿意承认当选结果前，必须与它们协商并签署协定，在这些协定中，神职委任权及与之相生的财源大幅缩减。而且新教宗也不可能重新获得胡斯派的波希米亚。大分裂确实标志着"中世纪教宗制度的结束"。[28]

霍华德·卡明斯基（Howard Kaminsky）

张殿清 郑朝红 译

王加丰 校

---

[28] Holmes (1975), p. 174; Thomson (1980), p. xiii; Wood (1989), pp. 120-121.

第四部分

北欧和东欧

第二十一章

波罗的海欧洲

如果乔叟式的人渴望在4月去朝圣，那么到8月他的同伴们也会明白，正如该诗人的法国同时代人厄斯塔什·德尚（Eustache Deschamps）所描述的，他们"错误地来到了普鲁士……就在这个夏天的服役期来到了伊夫勒朗（fault d'aler en Pruce... / ou en Yfflelent a la rese d'esté）"。[①]《坎特伯雷故事集》中那些虚构的骑士也参加的那次赴立陶宛的**十字军**（reysa）（经过普鲁士和利沃尼亚），在一份到1350年整个天主教世界都在使用的骑士日历中得到了证实。中古晚期的西欧同波罗的海地区的联系增强了。布里奇特修道会（Bridgetine Order）使整个北欧的宗教生活变得活跃起来。在波罗的海地区的传教引发了关于道德神学和在这片大陆到处征募十字军战士等方面的问题。这些朝圣者-战士在柯尼斯堡留下墓碑并在故乡纪念他们的功绩。立陶宛的主题在**纯文学**中变得时尚起来，"从前线唤起一位异教君主"是一种最时髦的标志。查理四世皇帝在布拉格的宫廷中供养着一个改宗的亲戚——布陶塔斯-亨利（Butautas-Henry），赐予他**赫尔佐克·冯·利陶恩**（Herzog von Litauen）的帝国头衔，作为他管辖加洛林（Caroline）的范围的依据。到14世纪90年代英格兰的理查德二世发现：不仅与斯堪的纳维亚人，而且与德意志汉萨同盟和条顿骑士团缔结商业协定时，该头衔都有用处。同苏格兰和法兰西进行战争物资交易的普鲁士和吕贝克商人尤其令英国人讨厌，正像该世纪早些时候里加人向立陶宛人供应**物资**和食物令这个骑士团自身烦恼不安一样。

---

① *Le miroir de marriage*, lines 2192-2194，约创作于1381/1389年。

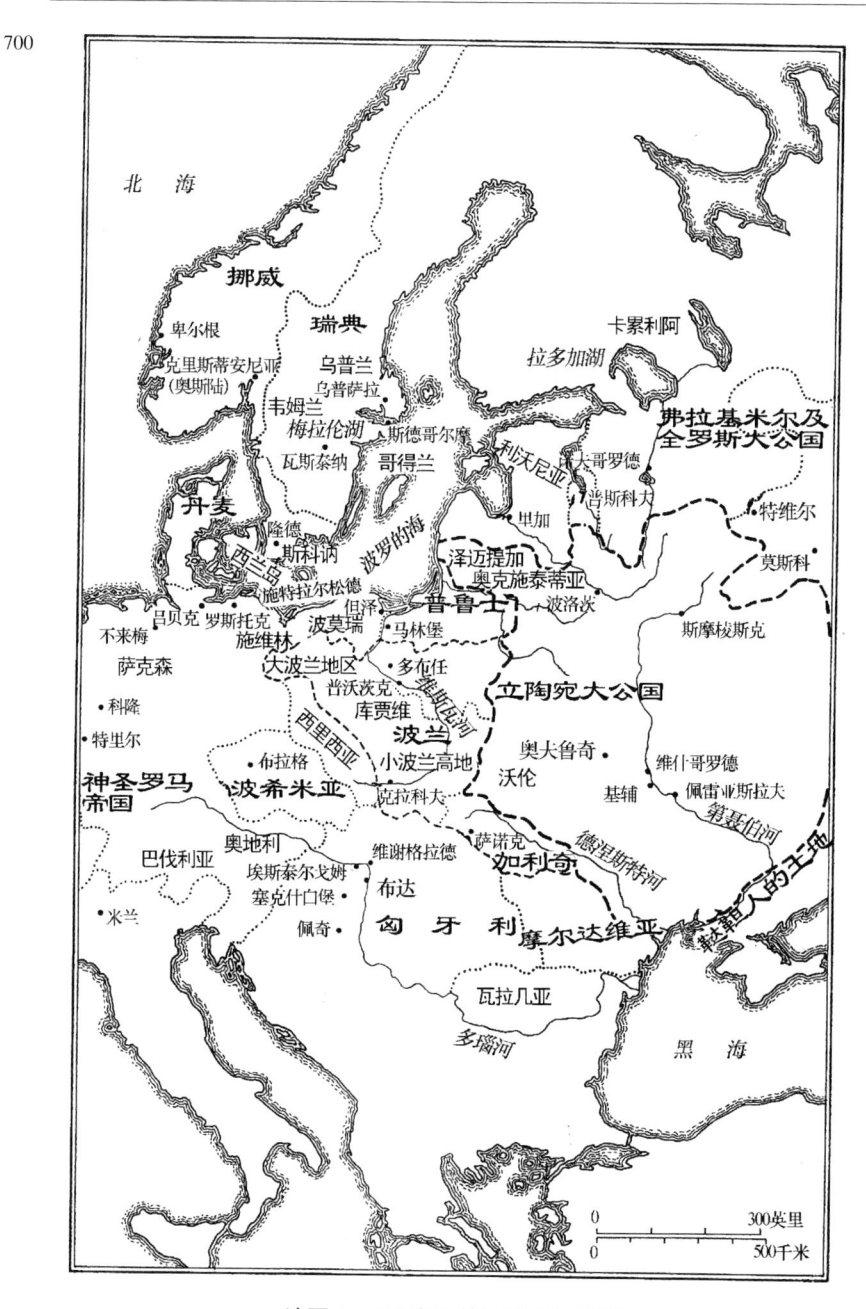

地图11　14世纪的波罗的海欧洲

第二十一章　波罗的海欧洲

波罗的海为几种北方文化——德意志的、斯拉夫人的和波罗的海的、天主教的、东正教的以及异教的——提供了一个中心,它们在其南岸交汇并间或混合。波罗的海地区从丹麦及其西面的殖民地延伸至俄国;从瑞典延伸至君士坦丁堡,或者用 10 世纪的话来说,从瓦兰吉亚人到希腊人。到 1400 年,立陶宛的统治者管理着一个将波罗的海世界重新与黑海联结在一起的帝国。"波罗的海欧洲"的心脏由立陶宛大公国(以及波兰王国)和条顿骑士团的领地构成。丹麦的**波罗的海控制权**(*dominium maris baltici*)是 13 世纪的特征,但 14、15 世纪逐渐让位于德意志人主导的汉萨同盟和立陶宛 – 波兰联合君主国。使用一种地中海式的比喻:斯堪的纳维亚对南部的波罗的海的罗马(Baltic Rome)所起过的作用,[*]就像迦太基曾在罗马帝国中起过的作用一样。

14 世纪里北方经历了数次泛欧运动的互动:商业联系的扩展、工匠以及其他专业人才的迁移、各托钵僧修会的活动、诸王国的(重新)集权、以牺牲国王权力为代价的贵族权力的上升,以及骑士道德规范的传播。波罗的海文化的兴盛,在于其内部的动力,在很大程度上归因于欧洲大陆上的战争、贸易和传教活动的混合作用。波罗的海共同体呈现出欧洲文化和文明的某种缩影,它大量吸取南方和西方的发展成果并对欧洲大陆的生活作出了自己的贡献:譬如圣·布里奇特(St Bridget)的神秘主义、鲍卢斯·弗拉基米里(Paulus Vladimiri)的法律思想、反土耳其人的十字军,以及从一种更物质主义的标准来看为西方市场提供木材、毛皮和谷物。在此我们将专注于立陶宛大公国和普鲁士、利沃尼亚的条顿**骑士团国家**(*Ordensstaat*)等国家组织的出现,以及它们与重建的波兰王国和斯堪的纳维亚诸君主国的关系。而挪威人的各君主国自身,它们向爱沙尼亚(Estonia)和白海的扩张及它们同诺夫哥罗德之间的冲突则关注较少。

原始资料

我们对于 14 世纪波罗的海地区的了解来自各种原始资料:诸如

---

[*] "波罗的海的罗马"(Baltic Rome),指立陶宛首都维尔纽斯(Vilnius)。——译者注

条顿骑士团、丹麦、瑞典、波兰以及俄罗斯北部的编年史,立陶宛、波兰、斯堪的纳维亚和条顿骑士团残存下来的信件和外交文本。"骑士团的秘密档案"（Order's Secret Aachive,现存于柏林）手稿上的各种签名很好地表明骑士团是如何维持一个邮递服务机构的,唯有鞑靼人的**亚姆**（*iam*）能够与之相匹——驿马、信童（letter boys）和信使们背负着信件日夜兼程,在他们通过骑士团辖区的主要控制点时这些信件都经过背书。由此我们明白一封信如何能在早晨9点钟从柯尼斯堡发出,在中午就到达勃兰登堡,下午6点从巴尔加（Balga）启程,经过一段70公里左右的旅程后约在次日早晨8点抵达埃尔宾（Elbing）。

我们拥有的诺夫哥罗德的桦树皮信件,显示了一个广阔的社会跨度内不同的文化水平和各种经济上的困扰,尽管信件用的是北欧古文字（它们几乎没有告诉我们更多已经知道的东西）。异教徒大公格季米纳斯（Gediminas）的宫廷中残留下来的信函说明了他的外交密谋、经济政策和不少关于他的性格的情况——我们所缺乏的某些关于同时期罗斯统治者的情况。

利沃尼亚、普鲁士、波兰和罗斯的编年史告诉了我们大量关于立陶宛扩张的情况。立陶宛编年史的记载开始于14世纪晚期,描述了1342年后的政治实况。15世纪里斯摩棱斯克成为该大公国的主要编年史中心。尽管缔结国际性协议也使用拉丁语和低地德语,但西部罗斯语是地方志使用的主要语言,虽然并非唯一这样使用的语言。在维陶塔斯（Vytautas,1392—1430年）统治时期,立陶宛大公们设立了他们最初的大法官法庭。保存从15世纪前半期至1795年的官方文件的《立陶宛档案》（Lithuanian Metrcia）,是关于该大公国历史的主要原始资料。丹麦的原始资料要稀少得多:《旧西兰岛编年史》（Old Sjelland Chronicle）叙述的事件一直到1307年;《新西兰岛编年史》（New Sjelland Chronicle）的作者（可能是方济各会修士）继续叙述到1363年。

韵体（rhymed）编年史在普鲁士和利沃尼亚流行开来（杜斯伯格的彼得［Peter of Dusburg］的拉丁语散文编年史的耶罗钦［Jeroschin］的德语译本,马尔堡的维甘德［Wigand of Marburg］的《普鲁士编年史》,《利沃尼亚韵体编年史》［*Livländische Reimchronik*］）,瑞典也是这样（骑士写的《埃里克编年史》[*Erikskrönikan*]）。《埃里克编年史》（创作于大约 1331—1332 年）旨在描述从埃里克·埃里克松（Eric Ericsson）到马格努斯·埃里克松（Magnus Ericsson）这段时间内瑞典的君主和王子们是如何生活的。其风格仿效瑞典的传奇故事和德意志史诗。在斯堪的纳维亚世界的其他地方，14 世纪也标志着萨迦（Saga）写作的一个高潮。

诗歌和**纯文学作品**数量可观，提供了一种北欧人如何看待他们自己以及其他人如何看待他们的说明。我们看到以下这些居民的活动空间在逐渐缩小：古典学者认为处于中欧的亚马孙人（Amazons）和狗头奴（dog-headed serfs），以及从德意志迁移至斯堪的纳维亚并最终到达波罗的海领土的那些基督教化的蛮族。中世纪晚期的骑士文学如果不提及往东北的历次十字军，甚至如果不想象法国和立陶宛贵族之间的联姻（让·德·乌特勒默斯的《历史之镜》[Jean d'Outremeuse's *Myreur des histoirs*]），那将是不完整的。

该地区不同地方都有土地登记簿和法律书籍幸存下来。丹麦（*Jordebohel – Århusbogen* [1313 年—]；*Roskildbispens Jordebog* [14 世纪 70 年代]）和瑞典（*Registrum Ecclesie Lincopensis*，14—15 世纪）的登记簿不仅记述了来自土地财产的收入，而且标明了建筑物、码头、桥梁、渔场等。雷瓦尔租金簿（Reval rentbooks）、安全通行权记录和其他会议（council）的文献，对爱沙尼亚的历史来说是最重要的。我们可以从丹麦的法律（来自日德兰的《托德章程》[Thord's Articles]，约 1300 年）、瑞典的法律书籍（来自南曼兰省 [Sodermanland]，斯德哥尔摩北部和南部；西曼兰省 [Västmanland]，斯德哥尔摩西部）和马格努斯·埃里克松的《法典》（*Landaslag*）中了解关于法律的情况。我们从被法学家们用来重建异教徒法规的《普鲁士法典》（*Jura Prutenorum*，约 1340 年的抄写本）中了解普鲁士人的法律。利沃尼亚和立陶宛的城市中使用的里加的法律有一些手稿留传下来，现存于柏林关于骑士团的档案中。揭示那时的经济生活的，有条顿骑士团官员的特许状、该骑士团的国库账本及其海关登记簿、里加和吕贝克的债务簿和汉萨同盟的记录，后者以出版的形式汇编成册，如 *Hanserecesse*、*Hansisches*、*Urkundenbuch*。

立陶宛大公国

立陶宛位于内韦日斯河（Nevezis）和内里斯河（Neris）分水岭处的涅曼河（Niemen，Neman，Memel）的东北部。这片大约有2/3英国面积的土地上覆盖着茂密的森林，并保持着大量的河流和湖泊。十字军的吟游诗人唱道：当骑士们开辟穿过腹地的道路时，"马站在齐鞍深的沼泽中"，枝条横扫骑士们的喉咙，使人疼痛。这些腹地富于猎物——野马、熊、驼鹿、野猪和野牛。根据波希米亚历史学家杜布拉维乌斯（Dubrawius）的说法，这里的居民简直同动物群体一样凶猛，他们大半以农业为生，集中在农庄和一小部分武士精英的城堡里，属于这些精英的是**巴约莱**（*bajorai*）（或贵族随从，其头衔借自罗斯的**波雅尔**［*boiars*］）和公爵（［*Kunigai, kunigaikščiai*］——比较一下：国王称为*König*）。凭借在罗斯的一系列军事征服，1398年立陶宛大公国在南方的边界已经接近克里米亚，在东边距莫斯科在100英里之内，是中欧和东欧最大的国家组织。

立陶宛人，属于波罗的海民族，而不是斯拉夫族，共享其他印欧语系的人的文化。他们的语言同拉脱维亚人和（现在已经灭绝的）普鲁士人的语言同源，保留着同其他印欧语系语言共用的形式和词汇。15—16世纪的人文主义者，如波尔·冉·德卢戈斯（Pole Jan Długosz）（卒于1480年）、锡耶纳人教宗庇护二世（1458—1464年）和立陶宛人米哈诺·利图阿努斯（Michalo Lituanus，活跃时间1550年），几乎不费力地（错误地）推断出立陶宛人源于古代罗马人，讲某种希腊-拉丁语，其中"火"（*ugnis*，拉丁语是*ignis*）、"水"（*vanduo*，拉丁语是*unda*）、"神"（*dievas*，拉丁语是*deus*）、"人"（*vyras*，拉丁语是*vir*）以及其他词，就像异教崇拜时期一样，保留着其古老的形式。② 在农民和武士的结构中，立陶宛人的社会比得上墨洛温人或盎格鲁-撒克逊人的社会。他们的宗教信仰也同日耳曼和斯拉夫的异教礼拜有许多共同之处。13世纪和14世纪里立陶宛人似乎已经在崇拜一群特殊的神明——佩尔库纳斯（Perkunas），是雷神，相当于

---

② Hartknoch（1679），pp. 92–93.

地图 12　立陶宛大公国

斯堪的纳维亚人的琐尔（Thorr）和古斯拉夫人的佩壬（Perun），还有安代（Andai）和铁匠之神（smith-god）泰利亚维尔或卡莱维里斯（Teliavel/Kalevelis）。

神圣的精灵充斥宇宙并通过神圣的动物如猪、蟾蜍和青蛇进行交流。因为要适应于乡村社会，宗教崇拜的神圣场所是河流、湖泊和树丛（grove）。神圣的树丛，也是异教徒们火化和敬拜死者的地方，常常成为条顿骑士团描述他们作战时通过的路途的主题。15世纪的编年史家让·卡巴雷·多维尔（Jean Cabaret d'Orville）曾说过，十字军战士是多么乐于尊崇此类松树或橡木组成的圣殿。如在斯堪的纳维亚一样，庙宇的出现似乎已是一种后来的现象，并在很大程度上与此不相关。宗教庆典常常在农庄上举行，主持这种庆典的有男人也有妇女。这种功利性的崇拜对其他神灵开放，包括基督，因为担心坚持上帝所精心守护的独特性会冒犯其他神灵。1251年立陶宛大公明道加斯皈依天主教时仍然保持着对各种旧神灵的尊崇。

立陶宛大公国最初引起其邻居们的注意，是作为一个重要的军事经济组织，而不是作为强盗们的藏匿地或仅是一块供人掠夺的地方。时在13世纪早期，一个由五个主要部落（clan）组成的群体确立了自己争夺这块土地上的权力的地位。1219年，20名亲王、公爵和一名女公爵（继承亡夫爵位的贵妇）同加利奇（Galich，在罗斯西南部）的统治者缔结一项协定；13世纪50年代，立陶宛公爵们现在被一位多少受到承认的主子即大公所鼓舞，开始将他们的版图往罗斯西部一些重视商业的公国扩张。立陶宛国家的形成可能深受种种经济可能性和政治必要性的影响，是12世纪晚期在该地区的西部和东部扩张所造成的。如佛兰德的歌所唱的，这种扩张本身是为在东部寻求一种更美好生活的欧洲整体移民运动的一部分。[3] 在最高职位的竞争中，大公的亲属们不仅向罗斯要求土地和支持，也向利沃尼亚的条顿骑士团求助。这种策略的结果之一就是明道加斯大公（Mindaugas 或 Mindovg, Mendog，约1238—1263年）于1251年受洗为天主教徒，并加冕为王，这可能是两年后由一位教宗使节在他位于维尔纽斯的新教堂里进行的。明道加斯国王叛教（1261年）和被谋杀（1263年）

---

[3] Naer Osstland willen wif rijden/Deer isser en betere stee.

后，接着发生了内战。至 1290 年，在特拉伊德尼斯（Traidenis 或 Trojden，约 1270—1282 年）统治的 12 年间政治形势已然稳定下来，并在普库维拉斯（Pukuveras 或 Pukuver，约 1290—1295 年）的领导下出现了统治立陶宛和后来的波兰的王朝，该王朝的统治直到 1572 年其世系灭绝时为止，这就是格季米尼德王朝（Gediminids）或亚盖洛王朝（Jagiellonians）。面对天主教传教团用暴力迫使异教徒改宗的情况，格季米尼德王朝这个异教的政权巩固了在立陶宛和对东正教的罗斯西部的控制，正是这一点标志着 14 世纪波罗的海地区独有的、最重要的系列事件的链条。立陶宛从一个三流的边缘地带转变为这一地区占支配地位的力量。

维泰尼斯大公（Vytenis，又称 Viten，约 1295—约 1315 年）是普库维拉斯的儿子，他与邻居罗斯和利沃尼亚建立了长期的合作关系，标志着立陶宛上升为一种在国际上起作用的力量。1298 年，他同里加的市民缔结一个条约，由此一支异教徒的卫戍部队将保护他们，即大主教的子民们，免遭条顿骑士团的劫掠。里加人在一场类似的努力中曾试图（并失败了）赢得丹麦国王的支持。这份军事合约直至 1313 年才失效，它保护并加强了立陶宛同这座城市的商业联系。现存的一份里加债务登记表说明了 13 世纪 80 年代以来立陶宛在这座城市中的贸易的重要性，及里加为这些异教大公们提供的服务。大公们利用里加的信使与西欧展开交流，并雇用了一名城市金匠。同时期维泰尼斯最终用军事力量吞并了罗斯西部的商业城市波洛茨（Polotsk，约 1307 年），完成了立陶宛小王公们从 13 世纪 50 年代就已开始的一个进程。立陶宛对德维纳（Dvina）的贸易路线的控制不仅对该大公国的经济，而且对它在利沃尼亚和罗斯的那些邻居们的经济也很重要。

在维泰尼斯的兄弟兼继承人格季米纳斯（Gediminas 或 Gedimin，Giedymin，约 1315—约 1342 年）大公的引导下，立陶宛变得更加接近于一般性的欧洲生活，在外交、商业和宗教事务方面都是这样。在 1317 年前，一位东正教的都主教（metropolitan，相当于天主教大主教级别）受君士坦丁堡的皇帝安德罗尼卡二世和牧首（Patriarch）约翰·格利基斯（John Glykys）任命，掌管立陶宛的罗斯地区的教会。尽管立陶宛人的这个省经常处于无在职教士的状态，但立陶宛的大公们还是不断地迫切要求有一位他们自己的都主教，以免一名定居在莫斯科公国的高级教士受地方政治力量的控制。在立陶宛向东扩张中的过程中，自那时起基督教的政治就成了一种重要武器（即使最终没有什么结果），以便在对罗斯诸公国的影响上与莫斯科的王公们展开竞争。

立陶宛帝国在罗斯的中西部范围内，即在黑海和白海之间的罗斯中最强大的。格罗得诺（Grodno，约1250年）是从普鲁士和马佐维亚（Mazovia）到基辅和黑海之间的道路上的一个重要的贸易站。再向东坐落着新格鲁多克（Novogrudok），这是明道加斯继承人的遗产，也是立陶宛东正教都主教区的中心。新格鲁多克的繁荣也依赖与拜占庭的贸易，而且同沃尔科维斯克（Volkhovysk）和斯洛尼姆（Slonim）一样，它也是这位大公的私人礼品。波洛茨（1250年，最后于1307年）是德维纳河（Dvina 或 Düna, Dauguva）上的主要商业据点，而当阿尔吉尔达斯（Algirdas 或 Olgerd, Olgierd）于1318年左右迎娶维捷布斯克（Vitebsk）的女继承人时，它的这座卫星城镇（维捷布斯克）也落入立陶宛人手中。斯摩棱斯克直到14世纪40年代都处于维尔纽斯的影响下。这座城市的王公们尽管没有屈服于莫斯科大公国，但充分意识到立陶宛对德维纳河与波洛茨、里加和诺夫哥罗迪亚（Novgorodia）的贸易路线的控制，对斯摩棱斯克的繁荣至关紧要。在格季米纳斯时代，立陶宛的控制延伸到波德拉谢地区（Podlasie），即与波兰接壤的罗斯最西端的地区——其首要城市是保留着"立托夫斯克"（Litovsk）绰号的布列斯特（Brest）。在南方，14世纪20年代立陶宛的军队突然攻击了加利奇-沃伦（Galich-Volyn'），格季米纳斯同意在那里设立一名马佐维亚亲王（Mazovian prince）——波列斯拉夫-尤里二世（Bolesław-Yury II），此人后来迎娶格季米纳斯的女儿欧菲米娅（Eufemia，即 Ofka）。在波列斯拉夫-尤里二世遭谋杀（1340年）后，柳巴塔斯·格季米纳蒂斯（Liubartas 或 Liubart Gediminaitis）控制了沃伦（Volyn'）。[④]"罗斯城市之母"基辅，可能于1323年已落入立陶宛人之手，但1362年后无疑已为大公国所控制，这是阿尔吉尔达斯在西涅沃德（Sinie Vody）战胜鞑靼人的一个结果。立陶宛

---

④ 后缀 -aitis 和 -aite /-ovich 和 -ovna 表示某人的儿子/女儿；这里，柳巴塔斯是格迪米纳斯的儿子。

在西南罗斯的存在导致了同波兰人（他们在1340年夺取了加利奇，并以利沃夫［Lvov或Lwów，Lemberg］为中心建立了一个天主教的省份）和匈牙利人的强有力的冲突，从14世纪早期起，匈牙利人就一直饶有兴趣地注视着自己的东部边界出现的新情况。

伴随着他们的战争实践和谨慎的商业联盟，14世纪的大公们追求一种王朝外交的政策。格季米纳斯成功地将女儿们嫁给他的各位重要的国外竞争对手：波兰王国的继承者卡齐米尔（Casimir，1333—1370年在位）娶了阿尔东娜－安娜（Aldona-Anna，1325—1339年），莫斯科公国的王公谢苗·伊凡诺维奇（Semën Ivanovich，1340—1353年）娶了艾古斯塔－阿纳斯塔西娅（Aigusta-Anastasia，1333—1345年）。这些联盟维持了一时的和平，但并不长久，正如贝奥武夫（Beowulf）诗人可能曾警告过他的那样。格季米纳斯家族明白这一点，安排婚姻主要是为了改善与立陶宛的主要竞争对手——波兰王国和莫斯科大公国——的关系。格季米纳斯和后来他的儿子阿尔吉尔达斯和凯斯图蒂斯（Kestutis或Keistut，Kinstut）主要同特维尔和马佐维亚的公爵家族一起，建立了一个反克拉科夫和反莫斯科的联盟网。这些联盟因为产生于共同的需求而很成功。这种安排极为有效，以至于波兰皮亚斯特（Piast）王朝最后一位国王，即卡齐米尔大王，拥有两位立陶宛血统的妻子；而且为了他宠爱的并可能成为继承人的孙子卡兹科（Kaźko）与一位立陶宛公主的婚姻而不得不寻求教宗的允许，因为这对年轻人的血缘过于接近。莫斯科被立陶宛的盟友包围起来了，它们是苏兹达尔（Suzdal'）和谢尔普霍夫（Serpukhov）、诺沃西利（Novosil'）和卡拉切夫（Karachev）、梁赞（Riazan'）和特维尔（见地图14）。莫斯科的谢苗·伊凡诺维奇曾两次成为阿尔吉尔达斯的连襟：一次是通过他同阿尔吉尔达斯的姐妹艾古斯塔（Aigusta）之间的婚姻，第二次是通过他的第三任妻子，即特维尔的玛丽亚·亚历山德罗芙娜（Maria Aleksandrovna）而成为连襟的，后者是这位立陶宛人的第二任妻子乌里亚娜（Ul'iana）的姐妹。

格季米纳斯家族在大公国沿罗斯诸省份的扩张得到了充分证明。1318年左右阿尔吉尔达斯迎娶维捷布斯克的女继承人后，立陶宛对维捷布斯克的控制显著增强。格季米尼德家族其他成员在罗斯建立的王朝有：出任平斯克（Pinsk）的王公和诺夫哥罗德军队指挥官的纳里曼塔斯（Narimantas）的儿子们，他们最后变节投奔了莫斯科，因为他们考虑自己的利益时确实已经很像罗斯人了；德米特里·阿尔吉尔达蒂斯（Dmitry Algirdaitis）发誓不会攻击他的同父异母兄弟约盖拉－瓦迪斯瓦夫二世（Jogaila-Władysław II，即Jagiełło），但仍然是德米特里·伊凡诺维奇的封臣，因为莫斯科统治者愿意给他更大的政治权力；尧努蒂斯的儿子们定居在扎斯拉夫尔（Zaslavl'）；奥勒科维奇（Olelkovichi）的弗拉基米尔·阿尔吉尔达蒂斯（Vladimir Algirdaitis）的后裔们统治着基辅。通过统治那些遥远的省份，年轻的格季米尼德王朝排除了大公同他们分享立陶宛中心地带的必要性。以这种方式，从罗斯获得的那些地区与这位大公之间的联系增强了，大公还依靠来自上述地区的军队和贡银坚持反击条顿骑士团的战争努力。这位大公的远亲们保持着他们的王公地位，但开始成为大公派往罗斯各个省的行政官（namestniki），而不是拥有他们自身权力的地方王公。维陶塔斯（Vytautas或Vitovt，Witold）甚至成功地使他们失去独立地位，将其变成大公的仆从。相比之下，格季米尼德的公主们则嫁给了外国的王子们，以对抗莫斯科和波兰统治者的野心，因此这些王室妇女为与马佐维亚和特维尔形成紧密的同盟网络作出了贡献。同样重要的是，这些跨国婚姻可能对这个统治家族有保护作用，使它免受任何谋求立陶宛自身最高权力的本土公爵的竞争。但当这样一种婚姻真的发生时，至少可以说这是不幸的。凯斯图蒂斯于1381年谋杀了侄女玛丽亚·阿尔吉尔代泰（Maria Algirdaite）的贵族丈夫，以防止瓦伊迪拉（Vaidila）在立陶宛内战中（1380—1382年）变成一名过于危险的分子。

在接踵而至的几乎40年的战争和1310—1320年的10年饥荒中，格季米纳斯试图鼓励专业人员（包括照管新来者的灵魂的教士）移居立陶宛，以复苏经济，在同骑士团的冲突中至少获得了一次停战以及对其边界的正式认可。为了促进事态的发展，格季米纳斯加入里加对骑士团的控诉，这是他兄弟维泰尼斯统治时期就已提出的问题，并派人把他的控诉书和他愿意接受施洗的暗示送给阿维尼翁的教宗。他自称为"立陶宛人和许多罗斯人的统治者"，于1323年向北德意志的方济各会、多明我会（他的宣传代理人）和商人们发出信件，邀请他们赴立陶宛定居：

我们请求你们在你们布道的城市、城镇和乡村中向你们的会众宣布这一点。如果有骑士或是贵族愿意前来，我们将给予他们收益，他们希望得到多少耕地我们就给多少；对商人、建筑工匠、木匠、弓弩手（balistariis）、修鞋匠和各类手艺人与他们的妻儿和牲畜，我们都准许他们自由出入并免除所有的关税、赋税和产权负担（encumbrance）。⑤

在获得与骑士团的和平协定（1323年10月）并被教宗约翰二十二世确认后，格季米纳斯在侍臣们和教宗使节派至维尔纽斯的特使面前有些戏剧性地宣称：他从未希望自己被施洗，并说"撒旦能为我施洗！"这种为了和平而主动提议施洗然后情况一旦允许就马上收回自己的提议的策略，成为整个14世纪往波罗的海的十字军的一个原因。格季米纳斯的儿子们，即阿尔吉尔达斯和凯斯图蒂斯（卒于1382年），用类似的方式在1351年同匈牙利和波兰的国王们协商，在1358年同骑士团和查理四世谈判。也许，以这种方式接近阿维尼翁带来的一个他们未曾要求过的结果，是来自西欧的十字军战士增加了，他们前来保卫骑士团，抗击可怕而狡猾的敌人。反对立陶宛的十字军自14世纪30年代以来急剧增加。

阿尔吉尔达斯（1345—1377年）的上台是1345年一次宫廷政变的结果。他的前任（和兄弟）尧努蒂斯（Jaunutis 或 Evnuty, Jawnuta，约1342—1345年）逃奔他们在莫斯科的姐妹艾古斯塔（或者她的丈夫谢苗大公）处。在那里尧努蒂斯接受了东正教，但却没有从他的新教友和连襟那儿获得实质性的支持。他回到立陶宛从他兄弟，也就是从新大公那里接受了一块封地。阿尔吉尔达斯回报他的主要盟友，即他的弟弟凯斯图蒂斯，授予他大公国南部和西部边境地区的领地和权力。凯斯图蒂斯为其主子尽心效劳，并为自己在波兰的骑士和公爵们中赢得了骑士勇士的声誉。他不是与阿尔吉尔达斯联合统治，而是屈附于后者。这种任用同胞执掌权力的做法在14世纪的欧洲并非不常见，令人想起的有冈特的约翰和卢森堡的查理（他于14世纪

---

⑤ 1323年5月26日格季米纳斯致萨克森的多明我会：*Gedimino Laiškai*, p. 49。

30年代为他的父亲约翰国王统治摩拉维亚［Moravia］），或瑞典的埃里克和瓦尔德马尔（下面原文第719页）。对阿尔吉尔达斯和凯斯图蒂斯来说，幸运的是他们的其他兄弟接受了这种现状：1347年尧努蒂斯满足于接受来自阿尔吉尔达斯世袭财产的土地。曼维达斯（Manvydas或Montvid）在1342年后的记载中没有出现过，纳里曼塔斯（Narimantas或Narimunt）于1348年战死沙场。柳巴塔斯满足于他在西南罗斯的领地。卡里约塔斯（Karijotas或Koriat）也专注于他那些南部公爵领地的争端。格季米纳斯、阿尔吉尔达斯和凯斯图蒂斯的女儿们，被送至国外嫁给波兰和罗斯的公爵们，给克拉科夫和莫斯科的统治者施加了巨大压力，他们一度也拥有来自立陶宛的配偶。

阿尔吉尔达斯统治下的大公国继续进行无情的东征。阿尔吉尔达斯同特维尔王公家族联姻，并想当然地认为有权拥有全罗斯的宝座，他三次攻击莫斯科未获成功（1368年、1370年、1372年）。他迫切要求（再）任命一名东正教的大主教（hierarch）来管理立陶宛的教会（着眼于进一步向东方扩张）。他妻子在特维尔的亲戚罗曼（Roman）是1355—1362年间的都主教。阿尔吉尔达斯在君士坦丁堡和西方之间维持着宗教和外交方面的平衡（这也是他父亲的统治标志）。他像格季米纳斯一样继续欢迎某些教士来到他的国家，并对方济各会修士保持特别认可的态度，因为他们能向罗马教廷清楚地提出各种祈求。尽管如此，那些蔑视他的明确命令的教士和基督徒则受到强有力的处理。很明显，在1369—1370年左右，当条顿骑士团对其西部边界的压力增大时他正准备攻击莫斯科，阿尔吉尔达斯处死了拒绝遵守大公国关于宫廷生活命令的三名侍臣（他们拒绝在大斋节期间吃肉或者剪掉胡须），还处死了五名公开布道反对立陶宛宗教崇拜的方济各会修士。

阿尔吉尔达斯死（1377年）后，格季米尼德王朝同胞间脆弱的联盟被亲属间的竞争打乱了，一边是阿尔吉尔达斯的继承者约盖拉（Jogaila），另一边是约盖拉的叔父（凯斯图蒂斯）和堂兄弟（维陶塔斯）。1381年凯斯图蒂斯在维尔纽斯的一场宫廷政变中推翻了约盖拉，但他自己却在第二年被囚禁并被谋杀。维陶塔斯逃到马林堡并在骑士团总团长的支持下（第一次）变成了一名天主教徒。1384年约盖拉同他的母亲为了大公头衔而考虑一门与罗斯的联姻。约盖拉将迎娶莫斯科王公的女儿。然而，考虑到莫斯科新近（1382年）被一支鞑靼军队彻底摧毁，一种可能更为实用得多的结合是与波兰的联姻。1385年，约盖拉同维陶塔斯和解，派遣一个由其兄弟们和主要的**波雅尔贵族**组成的代表团到匈牙利，就向波兰王位女继承人安茹的雅德维加（Jadwiga）求婚之事进行协商。他承诺代表匈牙利女王赔偿被他的新娘所遗弃的奥地利的未婚夫的父亲的损失，以他自己的人力和财力弥补波兰的所有损失；释放在立陶宛因禁的波兰战俘；使他的王国中所有的异教徒均受洗为天主教徒，并将立陶宛和罗斯的土地与波兰王权永远结合为一体（实际上合并的时间非常短）。**永久实行**（*perpetuo applicare*）这个含糊但显然又很有分量的说法纠缠着波兰－立陶宛联盟的关系，还有对复仇主义（revanchism）的恐惧。作为回报，约盖拉将迎娶雅德维加并被雅德维加的母亲，匈牙利的伊莉莎白，收养为儿子和继承人。1386年2月，约盖拉在卢布林（Lublin）被选为波兰国王，12天后在克拉科夫被施洗命名为瓦迪斯瓦夫（Władysław）（使每个人都想起波兰王位的恢复者瓦迪斯瓦夫·洛基泰克［Władysław Łokietek］），并于2月18日与雅德维加结婚。约盖拉因此成了三重意义上的国王：通过选举、收养和婚姻。1387年2月约盖拉带领一名主教，即他岳母的前忏悔牧师，赴维尔纽斯，并开始了将他的异教徒民众改宗为遵从罗马仪式的基督教徒的漫长过程。

立陶宛与波兰的联盟是14世纪国际事务中最精彩的部分。从理论上说，它结束了由条顿骑士团领导的泛欧洲的反波罗的海异教徒的十字军。但事实上，十字军运动在1387年之后加强了，因为骑士团声称改宗是虚假的，西方的君主们，包括亨利·博林布罗克，继续前往柯尼斯堡。整个14世纪90年代并晚至1416年，西欧的骑士和王公们继续进行**十字军**的事业，奔赴立陶宛。1399年当大公维陶塔斯让泽迈提加（Žemaitija）向骑士团总团长投降时，骑士团对立陶宛取得了暂时的领土上的胜利。然而，骑士们从未设法实现他们长期主张的占有立陶宛本身的目标。1410年立陶宛大公国和波兰王国的联军在坦能堡（Tannenberg）之战中击败骑士团，成为骑士团势力的具有象征意义的分水岭。这个联合体创造了欧洲最大的国家，缓和了立陶宛与波兰对基辅罗斯的东面遗骸的竞争。在这个世纪结束之前，波兰国王－最高大公（king-supreme duke）建议拜占庭和罗马教会的神父们在他境内召开公会议，以便着手消除基督教王国内部的分裂。

立陶宛－波兰联盟在各种竞争性的政治抱负的紧张态势中兴旺发达。曾邀请约盖拉执政的波兰贵族视自身为波兰王权的支持者，在某种字面的意义上是国王缔造者；立陶宛的波雅尔贵族阶层竭力提升自己在大公国的地位，支持各种谋求大公职位的候选者——这是我们从斯堪的纳维亚和波兰的历史中熟悉的一种习惯。格季米尼德王朝极其所能地采取一系列旨在控制那些把立陶宛领土从波兰，更准确地说是从约盖拉手中，分离出来的行动。约盖拉显得像一名老练的（换句话说，以后知之明来看是非常幸运的）赌徒。他承认他的堂兄弟维陶塔斯在立陶宛的权力，从1392年起授予他大公头衔，为他自己保持一种理论上的最高政治权力。1399年约盖拉的妻子去世后，他希望波兰贵族和维陶塔斯承认他的权力，维陶塔斯在1401年（通过维尔纽斯－拉多姆［Radom］条约）只被视为立陶宛的终身大公，他死后大公的帽子归还给约盖拉。15世纪初，约盖拉与他的兄弟斯维特里盖拉（Švitrigaila）和维陶塔斯的儿子齐吉芒塔斯（Žygimantas）玩弄类似的举措。到1434年约盖拉去世时，这两个王国仍牢固地掌握在约盖拉本人的妻子和儿子们手中，尽管这个大公国的领土上经历了武装的王朝竞争的临终痛苦。因此，1398—1409年在多重意义上是波罗的海历史的一个重要的分水岭：约盖拉完全被他的波兰和立陶宛臣民视为国王和至高无上的大公，此前不久在沃尔斯莱（Vorkslai）被鞑靼人击败的维陶塔斯吃到的苦头足以促使他同约盖拉合作。从1398年泽迈提加暂时向骑士团投降到1409年这个城市爆发起义，是骑士团最大规模的，尽管是不可维持的，领土扩张的标志。

在科里沃（Krevo）建立的联合君主国曾被比之于14世纪其他较不成功的王朝国家联盟，尤其是1397年在卡尔马（Kalmar）正式联合起来的斯堪的纳维亚诸王国联盟。两个联盟地理上的巧合，即南部和东部波罗的海被立陶宛－波兰联盟所控制，北部和西部范围被瑞典和丹麦控制，导致了很多表面上的相似性。卡尔马联盟建立在斯堪的纳维亚境内的贵族的基础上，缺少一个稳固的王朝中心。它在很大程度上是一个反德意志的贸易与政治的卡特尔，几乎在建立之时就迅速地瓦解了。立陶宛联盟远非仅是一个共同对抗条顿骑士团的联盟。它结束了东欧重要的领土纷争，提供了一条对抗骑士团的共同阵线，骑士团的实力至14世纪80年代晚期已经处于衰落之中。它是对立陶宛和波兰面临各种难题的一种王朝式的解决方法，并在中欧建立了最强有力的政权，但不是那种最强有力的君主制，这个政权的成员国既统治这个联合君主国，又适时地开始统治波希米亚和匈牙利。异教的格季米尼德王朝在波兰、罗斯和帝国领土上形成的各种家族纽带，使这个新近改宗的政权容易融入整体的欧洲文化之中。

条顿骑士团国家——普鲁士和利沃尼亚

像立陶宛大公国一样，普鲁士的僧侣政权（**骑士团国家**）紧随战争和贸易、殖民和布道团之后声名鹊起。条顿骑士团，或者引用其全称"在耶路撒冷的德意志人的圣贞女马利亚医院骑士团"，于13世纪30年代应一位波兰地方公爵马佐维亚的康拉德（Konrad of Mazovia）的邀请抵达波罗的海南部地区，至1300年他们在这个地区稳固地确立了自己的地位。1237年该骑士团合并了圣剑骑士团（Order of Swordbrothers）的残部，后者由里加主教于1202年为保护利沃尼亚的德意志商人而创建（1236年在索勒［Saule］被立陶宛人击败），并控制了利沃尼亚的大部分地区。

至13世纪80年代，该骑士团取得了普鲁士的大部和（波兰的）波莫瑞（Pomorze）地区，1309年骑士团总团长将其驻地从威尼斯迁至马林堡的要塞修道院，普鲁士的团长也把这里的公署让给了他。随着总团长西格弗里德·冯·福伊希特万真（Siegfried von Feuchtwangen）来到普鲁士，1276年获得特许状的马林堡充当了教会的和政治的首都，它是诺加特（Nogat）河边的一个修道院和一所宫殿、一个要塞和一个监狱——这个骑士团的威严及其有意在普鲁士留下来的象征（比较前面原文第235—236页）。

14世纪见证了在东北部的一个大规模的殖民计划。恶劣天气的周期以及该世纪第二个10年影响整个欧洲的饥荒，并没有赦免波罗的海地区。曾有人提出：格季米纳斯在14世纪20年代初期改进同天主教世界的联系的原因之一是经济上的，是对他赖以维持他的新生帝国的食物生产和国际贸易中的某种危机的反应。在普鲁士和利沃尼亚的骑士团也面临类似的窘境。骑士团专注于在与立陶宛接壤的荒野上建立殖民点。该世纪上半叶，威斯特伐利亚人迁往普鲁士尤其是迁往重建的波兰城镇埃尔宾（Elbing）、海乌姆诺（Chelmno）和托伦（Toruń）已经得到充分证实。骑士团在波兰和西南罗斯也采取了相似的政策。

在**立陶宛战争**（*bellum lithuanicum*）的最初60年间（根据骑士团的编年史家杜斯伯格的彼得推算，从1283年开始），骑士团向在普鲁士定居的移民发放了大约500项土地授予证书和法律特权（依据海乌姆诺和马格德堡的法典）。从我们能拼凑到一起的各骑士团总团长的传记中，能看到被新来的定居者所拓殖的一个又一个地区。团长迈因哈德·冯·奎尔富特（Meinhart von Querfurt，1288—1299/1300年）积极推进对格劳登兹（Graudenz）、基督堡（Christburg）、梅韦（Mewe）、普鲁士荷兰（Preussisch Holland）（后者正如名称所暗示的，大都是来自低地国家的移民）的殖民。沃尔讷·冯·奥瑟伦（Werner von Orseln，1324—1330年）将他的努力集中在维斯图拉河（维斯瓦河）的领土上；他的继承者，吕德尔·冯·布伦瑞克（Luder von Braunschweig，1331—1335年）以他在波美扎尼亚（Pomezania）的成就而著称。军事服役或武器供应，经常指定要普鲁士式或其他波罗的海式的设计（*brunie*），以满足来自德意志各公爵领地、波兰、罗斯、波罗的海诸民族甚至立陶宛的许多殖民者的需要。在某些情况下反对立陶宛的战争被规定为这些需要的理由。

将关于条顿骑士团殖民情况的考察分成几个地区也许是有益的，即分成先前的波兰沿海的波莫瑞诸省、中普鲁士和利沃尼亚。1308年但泽市民武装起义反抗波兰王位的觊觎者瓦迪斯瓦夫·洛基泰克。波兰王公的回应是邀请条顿骑士团恢复该城镇的安宁，并取得成功。然而，骑士团拒绝离开但泽，并将这片领土合并到**骑士团国家**中。1321年（当时洛基泰克在教廷起诉骑士团）和1410年（格伦瓦尔德）之间，骑士团向波莫瑞的但泽地区颁发了508项移居地特权（其中大多数，计258项，是在1351—1380年的30年间授予的）。但泽在1300—1416年间人口扩大了10倍（从2000人增加到20000人），并且明显德意志化了——22%是下德意志人和威斯特伐利亚人、25%是普鲁士人、10%来自荷尔斯泰因（Holstein）和沿海的波莫瑞、2.5%是西里西亚人、3%是斯拉夫人。到1340年但泽拥有了

第二十一章 波罗的海欧洲　　811

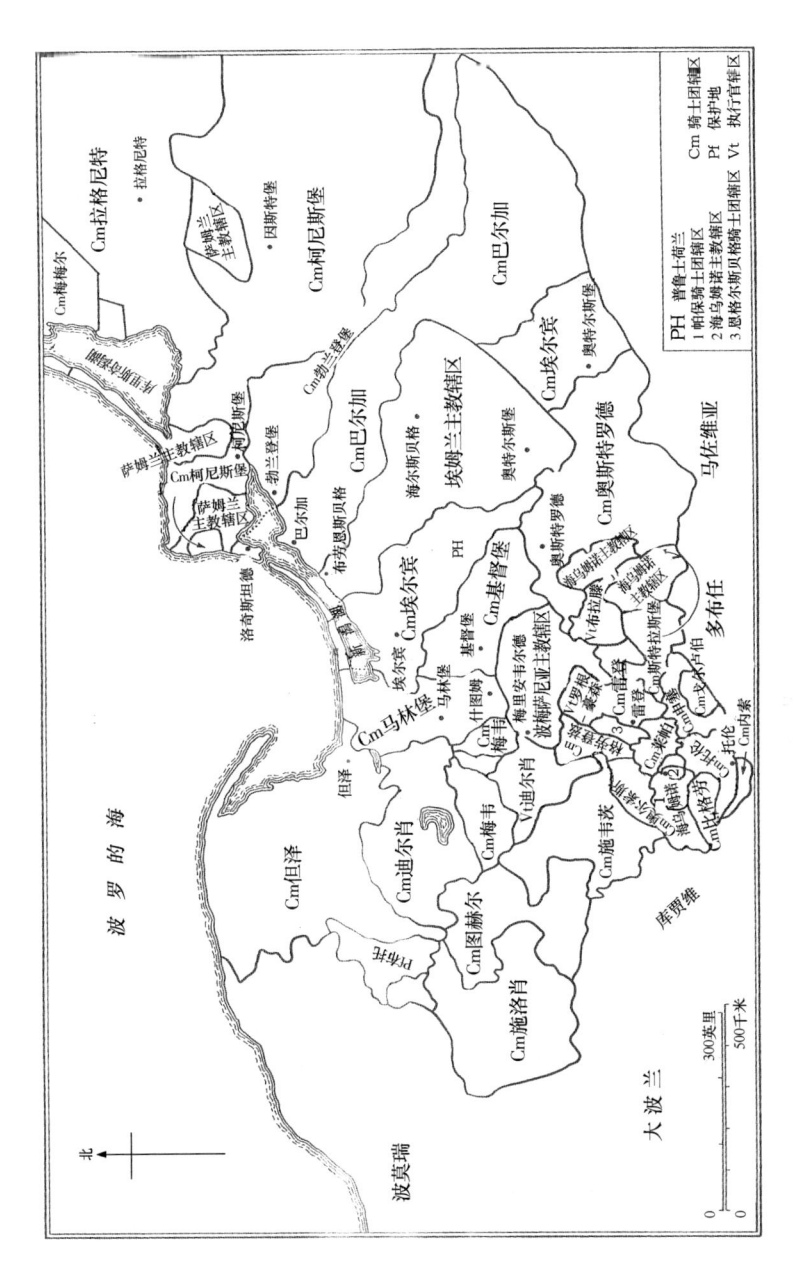

地图13　14世纪晚期的普鲁士

一处坚固的要塞，1343年该城镇被授予海乌姆法典（Chelm law）。1378年在长街市场（Long Market 或 *Dlugi Targ*）建起了一座哥特式风格的政务会议事厅。但泽问题始于1308年，在1945年方被解决。

殖民的努力在1310年后集中于埃尔宾骑士团辖区、波美扎尼亚和埃姆兰（Ermland）等地区。1325年左右，骑士团将精力转移到维斯图拉河、维斯图拉河湾和德尔文察河（Drwęca）、维纳河（Lyna）之间的西北普鲁士地区，还有东北部的勃兰登堡、巴尔加和柯尼斯堡等骑士团辖区（见地图13）。值得注意的是，从14世纪中期起普鲁士的殖民变慢了。从种族渊源看，在接近库贾维（Kujawy）、多布任（Dobrzyń）和马佐维亚的地方可以发现波兰移民，他们依据波兰法律建立了（436个之中的）84个村庄（尤其是在波莫瑞但泽的西北部地区）。波兰人从海乌姆诺和但泽地区迁移至普鲁士，特别是在当波美扎尼亚主教区的殖民化正处于强劲的时候。同时普鲁士人从波美扎尼亚迁移至阿伦施泰因（Allenstein，即Olsztyn）和埃尔宾骑士团辖区的南部地区。接近但泽地区的施塔加德（Stargard）和埃姆兰也发现了普鲁士人的村庄。14世纪时波兰古老的托伦城，这是骑士团根据德意志法典在其原址附近重建的，其人口中包括德意志人（13%）、西里西亚人（12%）、斯拉夫人和普鲁士人（23%）和从**骑士团国家**其他地区来的移民（28%）。在1350年前该骑士团建了20座新城，到该骑士团在格伦瓦尔德（Grunwald，即坦能堡，发生于1410年）战败时，以德意志法典为基础而修建或得到扩大的城市已经有94座。

13、14世纪之交，该骑士团在利沃尼亚的殖民活动减少。1300—1450年间仅授出42块领地。许多波罗的海农民采用德意志人的名字，并逐渐在记载中消失了。从财政资源中获利的骑士团也增加了自己持有的地产：通过抵押借款，即所谓的**抵押合同**（*Pfandverträge*）或抵押协议（pledge treaties），接受穷公爵们的土地。骑士团用这种方式巩固了他们对边界土地的持有，尤其是在南部和西部。米哈沃沃（Michałowo）于1304年被库贾维公爵抵押给该骑士团，并在1317年彻底卖给了它。1329—1341年间，骑士团总团长们从当地皮亚斯特的公爵们手中买下整个波美拉尼亚城和施托尔普（Stolp）地区。马佐维亚公爵们同样也抵押了维斯纳（Wisna），波兰国王甚至为 4 万荷兰盾（gulden）抵押了多布任（1352/1353—1363/1364 年）。骑士团最为壮观的购置，也许是 1346 年付给丹麦国王瓦尔德马尔·阿特达格（Valdemar Atterdag）1 万马克，换取丹麦的爱沙尼亚殖民地。

14 世纪所任命的骑士团总团长来自各个阶层，有的来自德意志王室家族，比如吕德尔·冯·布伦瑞克，有的来自高等贵族（迪特里希·冯·阿尔滕堡［Dietrich von Altenburg］，1335—1341 年）、下等贵族（沃尔讷·冯·奥瑟伦）和诸如卡尔·冯·特里尔（Karl von Trier，1311—1324 年）这样的城市贵族。骑士团总团长受法令约束，诸如涉及财产与征募等所有重大事务都必须与他的教友们协商，并采纳他的教士会（chapter）的建议。修道院（即在普鲁士的修道院）的日常管理，受一个由五名主要官员组成的委员会的监督，他们保留着古代的称号，即使已不是那些明确规定的职能：总指挥（grand commander）、元帅（marshal）（首席军事官员，尤其是负责柯尼斯堡骑士团辖区的防卫）、布帛总管（master draper）（譬如基督堡的指挥官）、高级医院骑士团成员（埃尔宾的指挥官）和司库（treasurer）（在马林堡城堡）。骑士团辖区（普鲁士有 10 个）是骑士团王国的主要行政单位。有时它被细分为以一处设防地为中心的**森林管理地**（*Waldämter*）或**保护地**（*Pflegerämter*）。骑士团事业的捍卫者（advocates，即 *Vogt*［地方行政长官］）统辖边远地区的地方法庭和军队。

在利沃尼亚，骑士团成员通常为市民出身，因此在利沃尼亚或普鲁士他们没有资格担任骑士团某个分支（house）的指挥官或团长（master），但在德意志他们可以如此。穿灰色外套披灰色斗篷的是执行辅助性职责的警卫（sergeants）。神父们作为骑士团的教友而存在，他们来自市民也并非不常见，尽管从普鲁士和利沃尼亚征募的新人越来越少。13 世纪里，骑士团的新成员主要来自东部和中部德意志（特别是图林根）。然而在 14 世纪里，其新成员的来源尤其集中在莱茵兰 - 威斯特伐利亚地区（在 1309—1410 年间这里输送了已知骑士团成员的 64%）。在所有的总指挥、元帅和团长中，40% 来自帝国的这些西部地区。在这段时期后期，选举一名任职时间比前任更长的团长成为一种传统。如果一名下德意志（Low German）贵族决定加入利沃尼亚骑士团，那么他现在这样做就是一项终身的决定，不是将其

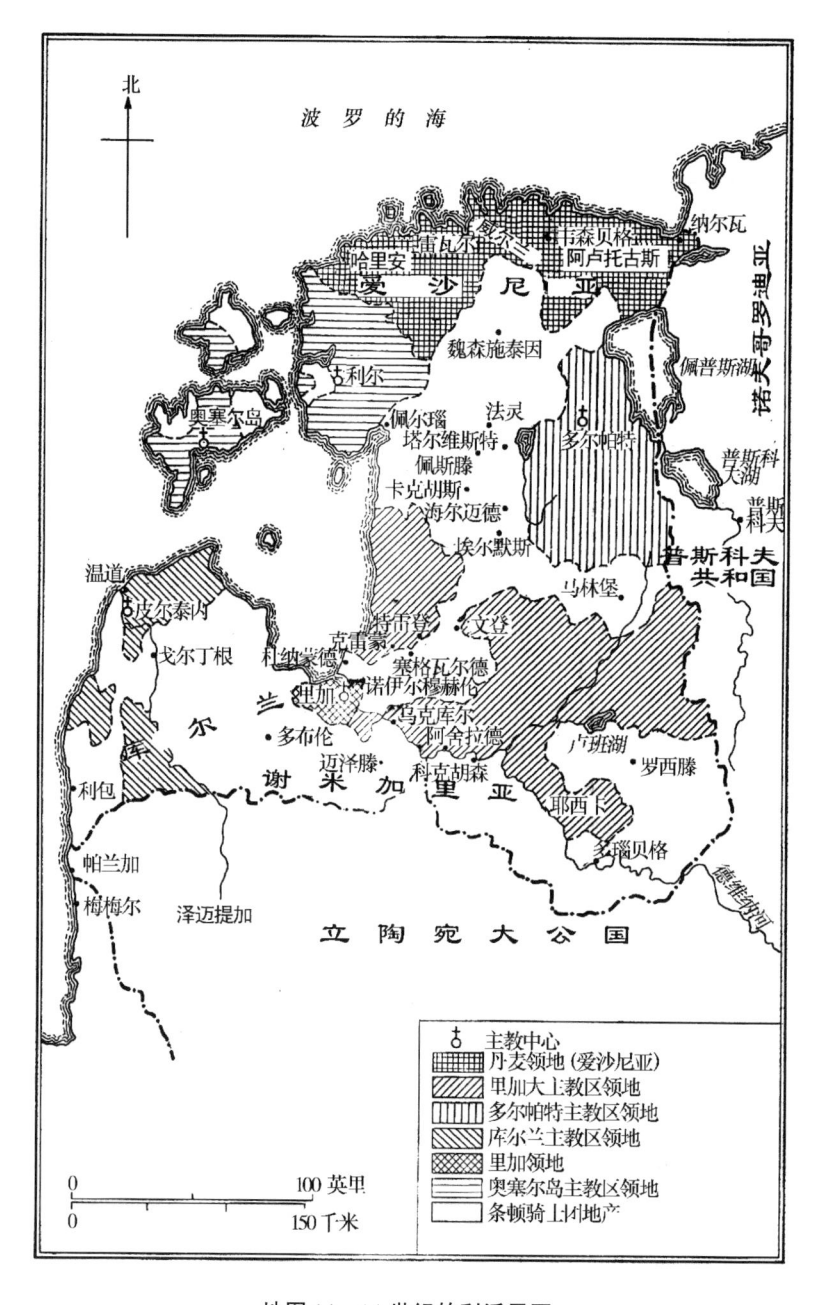

地图14　14世纪的利沃尼亚

作为自己在普鲁士的事业中的一个步骤。下德意志的小贵族主导着利沃尼亚骑士团，这与普鲁士的情况形成对照。讲德语的利沃尼亚贵族往往不会加入骑士团，尽管他们自身最初来自下德意志，并且在帝国内维持着家族纽带关系。

条顿骑士团不是利沃尼亚境内唯一的社会组织。里加大主教区，在时间上早于军事骑士团的一个机构，控制着利沃尼亚绝大部分土地。14世纪里骑士团试图将这个大主教区并入它持有的领地，引起了相当大的冲突。里加的教士和市民奋力维护他们的独立，尤其是当骑士团全部买下其他修士的财产的时候，比如买下杜纳蒙德（Dünamünde）的西铎会的地产，使他们实际上控制了从海上进入里加的河道。大主教们往往从整个地区选择而来（约翰三世［1295—1300年］是施维林［Schwerin］的伯爵；前隆德［Lund］的大主教延斯·格兰德［Jens Grand］与丹麦国王发生争执，1304年时拒绝移往里加）；偶尔会有来自更远的地方，为的是希望找到一名中立的候补者。波希米亚贵族弗雷德里克·冯·佩恩斯泰因（Frederick von Pernstein，1304—1340年）在他35年的任期中仅在其大主教区住过两年。从在阿维尼翁流亡起，他就试图在普鲁士安排一名波希米亚人的主教（即埃姆兰的赫尔曼［Hermann of Ermland］），并指控骑士团的违规行为。法庭讼案在整个世纪里持续不断：1353年英诺森六世派遣教宗专员（commissioners）来到里加，以教廷的名义掌管该教省。1375年，这位教宗仍然认为有必要敦促骑士们不要骚扰奥塞尔岛（Ösel）的主教，但毕竟教廷离利沃尼亚太远。

与波罗的海南部其他民族不同，爱沙尼亚人既不是斯拉夫人也不是波罗的海人，而是一个在语言和文化上同芬兰人和匈牙利人密切联系的民族。作为丹麦和德意志在该地区扩张的一个结果，13世纪早期爱沙尼亚的土地就被圣剑骑士团所占领，通过《斯滕斯比条约》（Treaty of Stensby），哈里安（Harrien，即Harjumaa）和威尔兰（Wirland，即Virumaa）在1238年被交给丹麦王室。直到1346年丹麦人一直占有这些领土。爱沙尼亚西南部形成多尔帕特（Dorpat）主教区，西部的土地和岛屿受奥塞尔岛和利尔（Leal）的主教们控制。

爱沙尼亚公爵极少居住在自己的辖区。在他的地盘上，政府控制在雷瓦尔（爱沙尼亚语称塔林［Tallinn］：丹麦人的城市）的主教和代理官员（lieutenant 或 capitaneus）手中。该代理官员由国王通过**我们的强人**（Potiores nostri：大贵族）组成的政务会议任命。参加政务会议的王家顾问的数目是变化的，从 1282 年的 12 人到 1343 年的 15 人，到 1346 年大概有 17 人。国王的封臣形成了自己的团体**封臣联合会**（universitas vasallorum）。从涉及雷瓦尔的基础设施和商业亏损的案件，可以清楚地看到地方的顾问和封臣们与国王如何协力一致作出或批准各种决策。⑥ 1307 年，雷瓦尔的代理官员、国王的宣誓过的顾问们和**封臣联合会**共同发布王室命令：保护与诺夫哥罗德之间的自由通行。里加大主教、其他的利沃尼亚的主教、普鲁士和利沃尼亚的骑士团、爱沙尼亚的代表们与丹麦国王之间的合作是很频繁的，1309、1313、1323 年的和平谈判以及各种商业协议都表现了这一点。特别恰当的一个例子是《维尔纽斯条约》（Treaty of Vilnius，1323 年 10 月 2 日），它使该地区在利沃尼亚骑士团、爱沙尼亚的丹麦人、里加大主教和立陶宛大公国之间维持了四年的和平。里加的债务登记册表明，格季米纳斯曾派代表到丹麦同国王协商。

在丹麦王位空位期间，丹麦在爱沙尼亚的统治显得对当地民众极具压迫性，以至于在 1343 年圣乔治日（St George's Day）这天，哈里安的本地人起义反抗丹麦和德意志殖民者。在雷瓦尔主教区，农民们抛弃基督教的衣钵并屠杀德意志殖民者，焚烧住宅和教堂。帕德斯（Pades）的西铎会修道院被夷平，有 28 名僧侣被杀死。这些起义者似乎打算向瑞典人投降（向奥博［Abo］和维堡［Vyborg］的主教分别派出使节）。7 月 24 日，奥塞尔岛的本地人起义，并攻击哈普萨尔（Hapsal）的主教和教士。根据编年史家赫尔曼·冯·瓦特伯格（Hermann von Wartberge）的叙述，骑士团总团长曾派遣一支 630 人的部队去平息哈里安和雷瓦尔的战争。次年他又派遣了另一支军队，这次是派往奥塞尔岛。1344 年 2 月 17 日，骑士团击败奥塞尔岛人（Öselians），将他们的领袖韦塞（Vesse）**倒悬在一种装置上**（in quadam machina）绞死（对那些试图通过谋反颠覆这个世界的人的一种惩罚），作为对其同伙的一种警告。立陶宛人以爱沙尼亚出现动乱为借口攻打在利沃尼亚的骑士团（1345 年 2 月 20 日）。一名利沃尼亚

---

⑥ Riss（1977），p. 329.

的地方领袖试图同这位立陶宛君主建立一个反条顿骑士团的联盟,但失败了:阿尔吉尔达斯因这位利沃尼亚人自称为出身王族而将其斩首。

瑞 典

13世纪瑞典见证了其最后一位强大的君主,马格努斯·拉杜斯拉斯(Magnus Ladusals)(卒于1290年),他试图限制贵族的特权,并主要因为将刑事犯罪中的**冒犯君主罪**引进瑞典法律而被人们记住。他当政时期经历了接受大陆文化时尚的过程,包括封授骑士称号和"骑士精神"的实践。然而,他巩固王权的尝试遭到了相当大的反抗,因此他发现有必要建立一个明确规定王室和贵族特权范围的王室政务会议。他去世后,其长子比尔格(Birger,时年11岁)被选为国王,还成立了一个显贵组成的摄政委员会。选出一名未成年人做国王是显贵们喜欢的一种秘密策略,由此他们可以控制摄政委员会。1302年比尔格接受加冕,但是广阔的土地被授予了他的兄弟埃里克公爵和瓦尔德马尔(Valdemar)公爵。王国的元帅托伊尔·克努特森(Torgil Knutsson)侵入西卡累利阿,从诺夫哥罗德夺取土地并建立了边境要塞维堡(Vyborg,即Viipuri)。公爵们和贵族们逼迫国王处决克努特森后就将矛头转向比尔格本人。国王逮捕了自己的兄弟们并将他们饿死在监狱里。比尔格逃往丹麦,他的外甥埃里克公爵的儿子马格努斯取代了他——一个已是挪威国王的三岁的婴儿登上了瑞典王位。这次**政变**加强了选举君主制的原则并将斯堪的纳维亚半岛统一在一个国王的统治之下,尽管他是一名婴儿。根据1319年的《自由信札》(Freedom Letter),由16—35名成员组成王室政务会议(*rikis radh*),其成员是从贵族、主教和各地区的代表中选拔的,大概在国王加冕礼结束后接受任命。**委员们**要宣誓忠诚于国王和王国,提交好的建议并且不能偏袒朋友或亲属。国王则要回报以热爱正义,保护人民,维护王室城堡,尊重授予教会、贵族和骑士的特许状。他既不允许外国人进入他的这个顾问委员会也不能授予他们土地、城堡或王室财产。

在国王马格努斯未成年期间,瑞典与罗斯大主教区诺夫哥罗德共和国的东部边界划在诺特堡（Noteborg，即奥列霍夫[Orekhov]）（1323年）。在1311—1320年间，瑞典与诺夫哥罗德军队的战斗有5次，根据罗斯编年史，战争主要发生在靠近瑞典维堡要塞的拉多加（Ladoga）和卡累利阿。1320年诺夫哥罗德海盗袭击挪威北部。得到莫斯科大公尤里·丹尼洛维奇（Yury Danilovich）帮助的诺夫哥罗德人试图抵制瑞典人的要求。1323年，尤里派遣一支军队去劫掠挪威的哈尔戈兰（Haalgoland），并着手确立对涅瓦河的控制。1323年，他建立奥列霍夫要塞，涅瓦河就从那里流入拉多加湖。8月12日，瑞典和诺夫哥罗德缔结一项和平条约，确立了他们在芬兰领土上的共同边界。在同瑞典人暂时解决这一争端后，诺夫哥罗德同利沃尼亚骑士团结成联盟，对抗立陶宛和诺夫哥罗德的前依附国以及与立陶宛交往频繁的卫星国普斯科夫（Pskow）。直到1326年，只有当一位新的大公和新的大主教愿意同格季米纳斯媾和时，这个反立陶宛联盟才垮台。1326年6月3日，与马格努斯的另一个王国（挪威）缔结了一个类似的条约。1333年，立陶宛的一个青年王子，即格季米纳斯的儿子纳里曼塔斯，在洗礼时被命名为格雷伯（Gleb），以便指挥数个诺夫哥罗德边境要塞（包括奥列霍夫）的守备部队。条顿骑士团、斯堪的纳维亚人、立陶宛人和西北罗斯的利益和竞争的纠结，最完美地阐释了波罗的海世界的复杂性和有时显然自相矛盾的特点：出于经济需要的领土扩张与宗教热忱（以及实用主义）结合在一起。

  1332年马格努斯从丹麦人手中夺取了斯科讷（Skäne）岛，由此获得了对主要的鲱鱼市场的控制。他占有斯科讷将近30年。为偿付他在斯堪的纳维亚的军事冒险和1348年反对诺夫哥罗德的十字军（见下面原文第728页）的代价，马格努斯试图通过征税来增加财政收入，由此激起整个瑞典社会的不满，这时它仍处于从黑死病的影响中恢复的过程。他违反1319年宪章的规定，将王室城堡授予一个外国人，这次是送给他的连襟梅克伦堡的阿尔伯特（Albert of Mecklenburg）。

  芬兰省在贵族与瑞典王权之间的斗争中仅是一个卒子。马格努斯·埃里克松在这个省拥有个人影响，并在那里强化瑞典的法律。传统上芬兰一直被授予那些有王家血统的贵族。1353年，马格努斯将它赐予一名非王室血统的贵族——一名忠实的仆从。贵族们起而反抗，迫使国王同他儿子中的两个分享权力。1362年，哈康·马格努松（Haakon Magnusson）被选为芬兰国王，该省首次向王室政务会派出代表。图尔库（Turku）的主教代表了教士们的声音。1363年哈康被撤换，由梅克伦堡的阿尔伯特取代。

丹　麦

丹麦是斯堪的纳维亚诸王国中最先进的一个国家，在13世纪它就已经控制了从日德兰半岛（Jutland）到爱沙尼亚的波罗的海地区。丹麦的君主制虚弱，没有能力抵制贵族和高级教士的野心。大主教隆德的延斯（Jens of Lund，1289—1302年），卜尼法斯八世从里加调过来的他的继任者，都保护教会的各种豁免权，使其不受王权干涉。国王埃里克六世曼维德（Eric VI Menved，1286—1319年）被允许在教会土地上征收代替军役的**税**（leidang），但教士们仍保持对他们的农民的控制权。世俗贵族设法加强自己的地位，反抗王室权威。埃里克控制梅克伦堡和波美拉尼亚的种种尝试削弱了王室的财政资源。他被迫承认他的男性亲属石勒苏益格（Schleswig）公爵的自治权，并将大片领地抵押给荷尔斯泰因（Holstein）的德意志伯爵们。复国后的波兰的国王们也对财政收入长期短缺的状况作出类似反应，将北部领土抵押给条顿骑士团。贵族中反抗国王的是他的兄弟克里斯托弗（Christopher），1320年埃里克死后他被选为国王。为了得到王权，克里斯托弗（二世）被迫同意**王国代表大会**（communitas regni）的要求，宣誓遵守一项协定。根据该协定的若干条款，国王承认自己从属于一个由教俗贵族组成的年度议会。未经议会准许他不得制定法律、发动战争或征收赋税。与此同时贵族们被授予向他们自己的农民收取罚金的权利。在日德兰，仅保留三座王家城堡，所有的新城堡立即被摧毁。在波罗的海地区的其他地方，王室政务会议试图禁止德意志人入选。1325年，克里斯托弗违背约翰二十二世的意愿将女儿玛格丽特嫁给皇帝刘易斯四世的儿子刘易斯。这位国王无力向女儿的公公支付所需要的1万马克嫁妆，导致他的儿子瓦尔德马尔在1346年将爱沙尼亚移交给条顿骑士团，以换取必需的现金来偿还债务。当克里斯托弗试图征收一种税时，引发了一场国内战争，他被迫逃出丹麦。空缺的王位为石勒苏益格的瓦尔德马尔（1326—1330年）提供了机会，他被选为国王，受德意志人荷尔斯泰因的格哈德（Gerhard）的摄政府所控制。克里斯托弗二世于1330年归来，但在同贵族的竞争中没有取得更多的成就。格哈德的八年统治以其于1340年被谋杀而告终。1340年当克里斯托弗的儿子瓦尔德马尔回到丹麦当国王时，他发现王室领地都被典当了，而且国库空空如也。瓦尔德马尔四世阿特达格得到教会的支持，使自己在哥本哈根立足，先前这里是属于西兰岛（Sjelland）的主教们的。他娶石勒苏益格公爵瓦尔德马尔（在14世纪20年代晚期统治丹麦）的姐妹为妻。他将斯科讷割让给瑞典的马格努斯（后者早已用武力夺取了这片地区），并把他的爱沙尼亚领地廉价出卖给条顿骑士团，三年后用这1万马克的钱从荷尔斯泰因的伯爵们手中购买了西兰岛和菲能岛（Funen）。这位国王成功地实施征税，并得到其臣民的支持。1360年的议会未对他的利益表示敌视。他因此着手一项扩张政策，从瑞典手中收回斯科讷，并获得了对哥得兰（Gotland）岛的商业控制权。

丹麦王权的软弱反映在丹麦钱币业的衰落上。我们知道，1355年阿特达格在西兰岛对每头牲畜征收6个（图尔城铸的）格罗斯（gros）币的税，用来铸造硬币，但这项收入是否全部用于它所声明的用途，是令人怀疑的。外国货币在丹麦得到广泛使用，尤其是英国英镑、法国图尔城铸的格罗斯和吕贝克的马克。银条也在丹麦的交易中发挥重要作用，就像其在该地区的其他地方一样，包括在立陶宛大公国和罗斯（以**格里夫尼**［grivny］而著称）。

1397年的卡尔马联盟

1375年瓦尔德马尔四世去世，继承人是他的外孙奥拉夫（Olaf），即玛格丽特（丹麦王妃）和挪威哈康六世（Haakon VI）的儿子，这位哈康国王于1363年丢失瑞典王位，而由阿尔伯特继承。阿尔伯特统治时期瑞典贵族加强了自己的政治权力。瑞典权贵波·乔森（Bo Jonsson）（这个怪兽"格里芬"［Griffin］）是一个典型的例子，他获得了数个王室城堡的控制权。1387年去世时他将自己的财产遗赠给玛格丽特。1380年奥拉夫继承挪威王位，同时还主张拥有瑞典的王位。由于不满阿尔伯特的统治,瑞典人,包括乔森妻子的遗嘱执行人,现在都殷勤地追求玛格丽特的支持。1387年,随着儿子的过早死亡,时为丹麦和挪威的摄政者玛格丽特被承认为瑞典**全能的夫人和公正的领主**(*fuldmaetige frue og rette husbond*)。1387年,这位国王的母亲受邀领导了一场瑞典贵族反对他们的德意志国王的起义。1389年,她的军队击败梅克伦堡的阿尔伯特的武装力量。1389年,玛格丽特的外甥埃里克被选为挪威国王,七年后他在卡尔马被确认为已经接受过加冕的所有三个斯堪的纳维亚王国的国王。6月17日,来自三个王国的贵族和高级教士,包括隆德、乌普萨拉(Uppsala)的大主教,见证了他的加冕礼。几天后大家同意:埃里克的继承人将继承他的王位,如果没有生下继承人,那么所有三个王国将选出一名共同的君主。每一个王国都要保卫它的同伴,国王应该在顾问们的建议下控制外交政策,在进行任何外交协商时必须与他所居住的王国的政务会委员们商量。埃里克的印章,就像立陶宛-波兰在约盖拉-瓦迪斯瓦夫二世时的联合那样,代表联合君主制,显示瑞典的王冠和丹麦的豹、挪威的狮子和波美拉尼亚的狮身鹫首的怪兽(griffin)、比尔格·亚尔(Birger Jarl)的狮子。然而,与亚盖洛联盟不同的是,建立于卡尔马的这个联盟未能延续到15世纪。

社会结构

从集中在14世纪时一个王朝的各位成员的角度,最好把立陶宛概括为一个蛮族王国。立陶宛向罗斯的扩张,为这个统治家族过剩的成员提供了土地,因此减轻了格季米尼德王朝的大公分割原有立陶宛祖传遗产的压力。在罗斯,立陶宛公爵们满足于维持他们在那里建立的组织(如果它们在运作的话)。当地的波雅尔,尤其是主教,充当地方统治者的令人尊敬的顾问。波洛茨的主教们极其忠诚于立陶宛的大公们,以至于维陶塔斯(非法地)在1406年之前就准许那里拥有普通大主教区的地位。立陶宛本土西北部的领土泽迈提加,那里该家族的影响较小,因为当地领主权力很大,因此被公开用于与条顿骑士团做交易,尽管只基于一种临时性的措施。立陶宛的公爵们乐于为这个统治家族效劳;某些人,如阿尔塞斯基艾(Alseniskiai,即Holszanscy）那样的人，则学会了在较早时期就与统治家族合作，并因这种效劳获得回报。作为维陶塔斯的姻亲，倘若最终他们处于亚盖洛家族世系的最末端，那么他们也是仅有的能够进入大公家族世系的立陶宛的家族。14世纪里，波雅尔贵族是大公政务会议的重要成员，他们与格季米尼德家族一起参与国际条约的缔结，尤其是当一项已知的和约条款涉及他们自己的地产时更是这样。这种转变的一个结果，就是1387年立陶宛（天主教化的）波雅尔贵族从约盖拉那里获得了第一份书面的权利宪章。大部分人口仍居住在村庄和农庄中。就如在斯堪的纳维亚，立陶宛的奴隶（drelle）也仍然是地方经济中的一部分。在各公爵的城堡周围形成的城镇中，其居民是德意志、罗斯和波兰的移民。从1388年起，在第二大城市特拉凯（Trakai）中出现了一批犹太人，他们是卡拉派（Karaite）的成员。鞑靼人居住在重要防御据点附近的村庄里，在该世纪末大公维陶塔斯使这些鞑靼士兵自愿地或以其他方式定居下来。拉比犹太人（rabbinic Jews）也在大公国定居。各种各样的共同体按照他们的特权和习俗生活。大公臣民中的60%—90%不是波罗的海血统。到16世纪，维陶塔斯对大多数（准确地或不准确地）记得他的群体而言是一个神话般的人物，正如一部鞑靼编年史所显示的，维陶塔斯是**他们的**权利的支持者。[7] 这项政策的衰落，即建立一个整体的政治社会的失败，只有在后来才变得清晰起来。在14世纪时，它没有什么新奇之处。

　　骑士团建立了一个由宗教的法人团体取代国王的社会，正因为如此，它开始困扰于与西部和北部欧洲君主们面临的类似问题：农民与城市社会的疏远。该骑士团主要由德意志贵族、受雇佣的德意志籍的仆役、斯拉夫人和波罗的海人的后裔组成。普鲁士的城镇和村庄，尤其是那些根据德意志法典建立的，其居民不仅包括来自德意志的移民，也包括斯拉夫人（波兰人、少数波希米亚人和罗斯人）和波罗的海人（包括立陶宛人）。斯拉夫人和波罗的海人的移民往往接受要小得多的一块土地，其面积受技术上的控制：德意志移民使用金属犁（Hufen），明显比使用钩状犁（Haken）而处于劣势的当地人口有能力耕种更大的面积。斯拉夫人和波罗的海人一般不居住在他们出生的

---

[7] *Risalei Tatari Leb* (1538)，转引自 Krčinskis (1993)，第18页。

地方，比如在桑比亚（Sambia）定居的并不是桑比亚人，而是其他的新来者。如果说指责骑士团轻视本土居民而偏爱德意志移民是一个时代错误，那么我们也许会注意到骑士团对于将他们的土地开发到极致普遍缺乏热情。他们几乎没有在波罗的海人和波兰人中传播德国技术的尝试。普鲁士人被允许进入德意志的城镇，只是在该世纪中期从瘟疫的蹂躏中复苏时才开始，而且条件是他们可以达到与德意志居民相同的报酬。

斯堪的纳维亚的社会由一个拥有特权的贵族阶层构成，瑞典和丹麦的君主们受他们支配，并且也是由他们选出来的。在丹麦大约70个城镇拥有特许状，处在王室执行官（bailiffs）的监督下，但大多数人仍然是农村人口。继承、监护和财产权利都依赖亲属纽带，在自由民大会（Thing）的审判期间，* 一个人依赖他自己的亲人的支持。在丹麦乡下，一些村庄在黑死病之前就被废弃了，就像斯堪的纳维亚其他地方一样。瑞典社会由贵族、自由持有农、佃农和临时劳工组成。跟欧洲的其他地方一样，奴隶制的实践并不罕见。1296年，乌普兰（Uppland）的法典禁止买卖基督徒奴隶；1335年，《斯卡拉法令》（Skara Ordinance）禁止在西哥得兰（Västergötland）和韦姆兰（Vårmland）持有基督徒奴隶。

北部经济

波罗的海经济受汉萨同盟的各城镇控制。汉萨是若干城镇及其在沿波罗的海和北海居住、贸易的商人们的一个协会。该协会通过它的科隆同盟（Confederation of Cologne，1367年）联合起来，这加强了在北方进行统一的商业和外交行动的机遇。德意志和欧洲南部的酒，特别是莱茵河和伊斯特里亚的兰法尔（Istrian Rainfal）（见下面原文第731页），被大量卖到斯堪的纳维亚和普鲁士。同盟成员在军事上击败瓦尔德马尔·阿特达格后，《施特拉尔松德和约》（Peace of Stralsund，1370年）保障了德意志商人在松德海峡（the Sound）的自由通行，并开始控制斯堪尼亚集市（Scanian fair）。同盟的四大**商**

---

* Thing：中世纪斯堪的纳维亚各国地方自由民的大会，具有行政和司法功能。——译者注

站（Kontore）之一在卑尔根（其他的在伦敦、诺夫哥罗德和布鲁日）。斯德哥尔摩和哥本哈根的集市由德意志商人控制着。

14世纪早期，该地区的主要产品仍然来自它的森林，有毛皮、蜡和木材。从14世纪中期起，波兰、利沃尼亚和波罗的海其他地区的木材控制了西方市场。波罗的海的松树、紫杉和冷杉是汉萨同盟向英国出口的主要物产。俄罗斯是中世纪独有的最重要的沥青和柏油来源地。波兰、立陶宛和普鲁士的条顿**骑士团国家**成为主要的谷物出口商，尤其是出口黑麦，一直持续到17世纪。瑞典生产铜（出自法伦［Falun］的科帕尔贝里［Kopparberg］）和高品质的铁（出自马拉［Mällar］湖附近），在资源上以 osmund（**优质铁**）而著称。渔业方面，斯科讷鲱鱼市场的年度交易量最大，卖出的北海鱼类在数量上要多于波罗的海鱼类。

接近13世纪末时，吕贝克开始从法兰西的大西洋沿岸，从吉伦特（Gironde）河口湾和奥莱龙岛（Ile d'Oléron）之间的浅水区域进口海盐。这里的海盐尽管质量较差，但却要比传统上来自吕内贝格（Lüneburg）的海盐便宜。每年都会有一支汉萨船队驶向布尔讷夫（Bourgneuf）湾（正好在卢瓦尔河河口以南），将盐装上船以填满波罗的海黑麦空出来的地方（*in und ut mit solte und roggen*）。盐对于鲱鱼的保存来说必不可少，而捕鲱鱼的最大渔场在丹麦控制的瑞典斯科讷沿海一带。

波罗的海东部为布商提供帆布和亚麻布，也为生产呢绒衣服所需的制剂提供明矾和碳酸钾（也是森林产品）。波罗的海是英国、西班牙和佛兰德的羊毛制品的现成市场。反过来，来自罗斯、斯堪的纳维亚和波罗的海的海狸皮、熊和狐狸的毛皮、貂皮和紫貂皮，在西欧是财富和威望的重要标志。普鲁士则将琥珀念珠送往西方，满足那些虔诚教徒的需要。

在北欧海盗时代就已经活跃起来的波罗的海的贸易网，被整合进西欧的商路和信用网络中。《布鲁日旅行指南》（Itinerary of Bruges, 约1380年）记录了从柯尼斯堡到维尔纽斯的陆路路线，以及经由梅梅尔（Memel）到利沃尼亚和西北罗斯的路线。在诺夫哥罗德，德意志商人保持着他们最重要的**商站**（*contor*）（贸易站）之一，建立在该城围绕着圣彼得教堂形成的德意志人聚居区（*Gotskii Dvor*）。该共同体（根据它的**法律**［*Schra*］）规范自己的生活，从诚实的度量衡、在教堂储存货物，到因向教堂的看门狗扔石头而处以 1 马克罚金等，都有详细规定。1301 年，诺夫哥罗德人保证向北德意志和利沃尼亚商人开放他们的城市，六年后丹麦国王准许商人安全通过爱沙尼亚。立陶宛维持其对外战争力量的能力，严重依赖于它利用吕贝克－利沃尼亚－爱沙尼亚－诺夫哥罗德商业网的能力，及对深入罗斯腹地的德维纳河商路的控制。这条商路通往波洛茨、斯摩棱斯克，并最终到达南方，与鞑靼－热那亚的黑海毛皮贸易相连接。对河流的控制有助于同里加的利沃尼亚商人合作，这些商人深知通往普斯科夫和诺夫哥罗德的大门有赖于同他们南边和东边的异教徒搞好关系。双方都完全明白此类贸易的重要性，并采取措施保障商人们通过他们的领地时的通道。商人们沿着**和平之地**（*vredeweg* 或 *vredeland*）行进，这些道路的宽度常常只有投一次鱼钗（spear）的距离。伊比利亚半岛上各方政治力量也签订了类似的协议。[726]

国际贸易在很大程度上依靠波罗的海的海船（cogs），结实的平底船非常适合运载沉重的货物。内陆大量河流航道上则往返着大木筏（rafts 或 *dubassy*），它们装载着木料和其他笨重的货物从维斯图拉河、涅曼河和德维纳河往北航行。

普鲁士和立陶宛的经济从根本上说是战争经济，建立在内部移民和控制国际商路的基础上。立陶宛大公维护着各战略要点上的地产，称为**国王田庄**（*koniges hoff* 或 *villae regis*），用于饲养马匹和生产谷物。条顿骑士团将德意志人、斯拉夫人和波罗的海人的农民安置在各骑士团辖区的村庄里。

该地区主要的、固定的国际市场是斯科讷集市。1200 年左右，丹麦国王在斯科讷（在瑞典南部，直到 1658 年一直处于丹麦控制下）建立了一座城堡，建在该岛西南端沙质的斯卡诺尔（Skanoer）。到 14 世纪末期，这个岛屿上遍布着渔村。根据该岛发给市民的**小册子**（*motbok*）（关于这些法令的现存文本是用丹麦语和低地德语写成的），该集市在圣母升天日到万圣节（All Saints）之间开市（8 月 15 日到 11 月 1 日），期间"在陆地上凡是渔网晒干的地方，在海上凡是撒着渔网的地方"，都要遵守和平。从 13 世纪起，王室的种种特权就提及某种定期而广泛参与的集市活动，商人们来自西方的林恩

（Lynn，在英格兰东部）、基尔（Kiel）和吕贝克，也来自东方远至里加和雷瓦尔。汉堡和尼德兰也送商人前来。当汉萨商人在1368年获得对集市的控制时（直到1385年），他们排斥苏格兰和英格兰的商人，后来还禁止佛兰德和法国北部的商人。在《施特拉尔松德和约》（1370年）签订后，丹麦国王将种种重要权利拱手让给了汉萨同盟。

主要的商品是当地的鲱鱼，依据特许状由专门的保存者来腌制。渔民们必须携带一种特殊的马克，向国王的官员交纳税费。菲利普·德·梅齐埃（Philippe de Mézières）声称有500艘商船和4万条渔船（总共30万渔民）定期造访这个集市。根据海关报告，1368年在斯科讷集市登记的有34000桶鲱鱼，1369年有33000桶。鱼货市场在14世纪末比在1500年要重要得多。

黑死病对该地区的人口、经济和文化的影响难以估量。1348年晚期，瘟疫从英格兰漂洋过海来到挪威，1349年这里再次感染，在该国西部它一直持续到1350年。1349年，鼠疫迅速从斯科讷传进瑞典，次年汉萨的航船也把这种病带入瑞典。诺夫哥罗德的编年史谈到了1352年的瘟疫——一次严重的瘟疫暴发杀害了大主教瓦西里·卡列卡（Vasily Kaleka）。没有关于这一时期的立陶宛的记录，普鲁士和利沃尼亚的条顿骑士团的编年史家关于瘟疫在14世纪50年代早期的影响，几乎没有什么记录。在瘟疫的余波中那里似乎并未暴发大众性的宗教抗议，即没有发生像从匈牙利来到波兰的那种鞭笞者（flagellants）的运动，以传播他们关于忏悔和仇恨的思想。

宗教生活和十字军

14世纪波罗的海地区天主教徒的生活同欧洲其他地方非常相似，并具有由于远离中心（阿维尼翁、巴黎、帝国）、接近东正教和异教世界而导致的各种特征。那种试图将基督带到异教徒中的宗教运动在天主教国家也很活跃。方济各会和多明我会修士向波兰北部、普鲁士和瑞典的那些新拓殖地区的扩张，与立陶宛大公国内那些托钵僧享受的特殊的宠爱相匹配。立陶宛国家的形成，与商人、移民和他们的宗教服务行业到达波罗的海东部地区，很难说是巧合。在城市生活落后的斯堪的纳维亚托钵僧的分布并不广泛，多明我会修士倾向于定居在主教辖区的中心，而方济各会修士则寻求到内陆的贸易前哨站去——追随一项更为深入南部和东部的政策。萨克森的方济各会成员，及后来的波希米亚－波兰诸教省的教士，随着往东的商人来到普鲁士、立陶宛、罗斯和鞑靼人地区。14世纪晚期，在波希米亚－波兰这个大行政区中新建的70所会堂（house）中，有25所建在亚盖洛君主国的立陶宛和罗斯的领土上。在异教的立陶宛，方济各会成员尤其受到偏爱，被委任为这整个地区各主教区的传教士（missionary sees），譬如里加、谢列特（Seret，包括今天的摩尔达维亚）、利沃夫和维尔纽斯（1387年）。方济各会修士最强烈地大声抱怨条顿骑士团采取的策略。他们为大公们提供书吏，并在诸如维尔纽斯这样的贸易中心为商人们服务。因此，在最常见的有关波罗的海历史的西方原始资料中，不论是在瑞士和吕贝克或是在波兰和西班牙，都能找到方济各会修士写下的文本，这几乎不会令人感到惊讶。

圣布里奇特（1303—1373年）建立救世主修道会（Order of the Saviour），使瑞典在其历史上第一次成了一场欧洲宗教运动的诞生地。这位女创始人是乌普兰有权势的执法官比尔格·佩尔松（Birger Persson）的女儿。她似乎曾是一位典型的贵族妇女——13岁出嫁，8个孩子的母亲。她和她的丈夫参加了去西班牙的圣地亚哥－德孔波斯特拉（Santiago de Compostela）的流行朝圣活动。在随后守寡（1344年）产生的精神危机时期，布里奇特得到一个幻觉，基督向她承诺说"你将是我的新娘和代言人"。她在阿瓦斯特拉（Avastra）定居，她丈夫就埋葬在当地的西铎会修道院中。马格努斯·埃里克松授予她一块位于瓦斯泰纳（Vadstena）的地产，她打算在那里建一座男女都在一名女修道院院长领导下的修道院，这类似于12世纪时开始于英格兰的吉尔伯特运动（Gilbertine movement）。1350年，她来到罗马，教宗克雷芒六世为大赦年（Holy Year）的庆典而在那儿短暂现身，她请求教宗批准她提议建立的修道会，并劝说教宗永远地返回他的城市。她的种种启示激起贵族们反对马格努斯。克雷芒六世没有承认她的修道会，但他的继任者的确同意她在瓦斯泰纳的奥斯汀斯（Austins）修道院由布里奇特自己统管。1391年她的《圣救世主修道院规章》（Rule of St Saviour）得到批准。她死在罗马，但其遗体被带回瑞典，她在瓦斯泰纳的墓地成了大众朝圣的一个目的地。英国最有声望的布里奇特女修道院，即赛恩修道院（Syon Abbey），是亨利五世建立的。然而，瑞典之外的第一批瓦斯泰纳修道院的女儿修道院是建立在佛罗伦萨和但泽。后者受到了马格努斯·彼得松（Magnus Peterson）的鼓励，1394年他在去意大利的途中曾经过这座城市。布里奇特派也得到条顿骑士团的支持，在这方面该骑士团受到当地一个叫（圣）蒙托的多萝西（Dorothy of Montau，1347—1394年）的女神秘主义者的影响。多萝西是一位荷兰血统的农民移民的女儿，丈夫死后在马林韦尔德（Marienwerder）学习神学，并因她的幻觉（仿照圣布里奇特或诺里奇的朱利安［Julian of Norwich］的方式）而闻名。她还因虔诚而受到骑士团总团长的崇敬。在斯堪的纳维亚诸王国统一的那一天，瑞典的主教们在卡尔马集会，将圣布里奇特的遗物送往但泽。这一宗教崇拜的传播遍及波罗的海地区，尤其是那些女性神秘主义者，这是不应被忽视的区域教会生活的一个方面。

  一种所谓的布里奇特神学的早期影响，表现为1348年马格努斯国王领导的瑞典人反对诺夫哥罗德的"十字军"。马格努斯·埃里克松显然持有布里奇特的意图，即通过辩论而非刀剑使东正教皈依。1348年初，他派遣使节到诺夫哥罗德大主教处提议进行一场神学辩论：东正教和天主教不论哪一方赢了，一方要屈服于另一方。与此同时，他加强自己在靠近诺夫哥罗德边境的维堡周边的阵地。大主教提出应该将使节派往君士坦丁堡而不是诺夫哥罗德；战争的准备工作在继续进行。7月23日诺夫哥罗德人在托德原野（Toads' Field）上击败瑞典人，但两个星期后的8月6日马格努斯占领了诺夫哥罗德涅瓦河要塞奥列霍夫，击溃该要塞的立陶宛驻军，并俘获了诺夫哥罗德先前派往维堡的使节。罗斯人花费了6个月时间才收回奥列霍夫，并控制涅瓦河通往卡累利阿的商路。瑞典战役期间，普斯科夫共和国坚称它**事实**上独立于诺夫哥罗德在博洛托沃（Bolotovo）的行动。无论如何，从依赖立陶宛的军事援助反抗它的敌人罗斯和利沃尼亚来看，普斯科夫的这种行为没有导致这种依赖的实质性的增加。从某种神学的观点看，这场战役表现出对二分法（dichotomy）的兴趣，是通过瑞典对异端的东正教（支持分裂的诺夫哥罗德）和异教徒（卡累利阿人）发动战争的合法性的观点显示出来的，反映在条顿骑士团和反条顿骑士团的著述关于反异教的波罗的海人的战争的争论中，这种争论扩大到了南面和西面更远的地方。方济各会的作者们,诸如罗杰·培根(Roger Bacon),已经在笔对刀剑的辩论的背景下讨论过波罗的海十字军。此类学术争论反映了诸修道会之间在地面上的竞争。

往波罗的海的十字军主要集中于波罗的海异教徒的土地上,而不是在瑞典人视作贵重毛皮的重要产地东正教的东北部。南部海滨则被条顿骑士团领导的国际运动所支配,这些运动的目的是保卫它在普鲁士获得的地盘免受立陶宛的攻击。在利沃尼亚,骑士团的较年轻的分支在两条战线上继续作战:抗击南部的立陶宛和东南部立陶宛人统治下的罗斯地区;抗击北部诺夫哥罗德东正教的斯拉夫人。在整个 14 世纪里,发现北部罗斯和立陶宛的青年王子缔结防御合约是不足为奇的。瑞典人可以理所当然地声称:他们在诺夫哥罗迪亚同立陶宛人的碰撞,足以宽恕他们缺席**普鲁士之行**(Preussenreisen)。*

这些在普鲁士的十字军专注于虔诚和战争,可能除了西班牙,某种程度上欧洲其他地方都没有经历过。在总团长及其代理人的鼓动下,来自欧洲各地的骑士们踏上朝圣的征程,用乔叟改编过的德意志语来说是 reysa。** "朝圣者"和"旅客"大多数来自帝国,其中很大一部分来自德意志和尼德兰地区,那里是骑士团各女修道院和执行官辖区(bailliwicks)的发源地。值得注意的是,在查理四世皇帝即位后,波希米亚没有参与这场运动,皇帝在进行了两次失败的战役后宣称**十字军**是浪费时间和金钱。14 世纪 20 年代以后,也就是在教宗承认的立陶宛和骑士团之间的休战走向终结的 1328 年下半年,十字军采取了一种更加泛欧化的形式。立陶宛在 1322—1324 年接近教宗的情况下是否引起人们更多地关注十字军,这是一个有争议的问题。然而,这种巧合是明显的。1328—1329 年的冬季**十字军**期间,英国的骑士第一次来到普鲁士,并将战役持续到晚至 1410 年;在 14 世纪 50 年代中期和 14 世纪 70 年代则活动比较少。亨利·博林布罗克、博尚家族(Beauchamps)、博恩家族(Bohuns)和无数的骑士和绅士为了"开疆拓土"(乔叟语)往北前进。法国人比英国人开始得晚一些(14 世纪 30 年代),但他们继续作战,直至康斯坦茨公会议最终

---

* 指条顿骑士团领导的反对普鲁士异教徒的每年一次的远征。——译者注
** Reysa:译为"十字军",但也可译为"朝圣"或"旅行"。——译者注

正式消除关于立陶宛人是否真诚改宗问题的怀疑。这些骑士大部分来自王室领地（巴黎和法兰西岛）、法国北部、皮卡迪以及中西部法国。伊比利亚半岛是一个有竞争力的战区（卢森堡家族，波希米亚的约翰，都不得不在同普鲁士的骑士们并肩战斗或者为了阿拉贡而反对摩尔人之间作出抉择），它提供的这方面的十字军战士很少，如同意大利领土上的情况一样。从书面记录中，我们没能得到关于斯堪的纳维亚的十字军战士的情况，虽然14世纪晚期的《贝朗维尔名册》(Bellenville Roll) 中描绘了两名瑞典人的徽章。1345年丹麦国王来到东方。瑞典人领导了一场他们自己的对抗东正教诺夫哥罗德人的十字军，试图获得卡累利阿和白海的毛皮产地的控制权。

这种**朝圣**（*Reisen*）是精心组织起来的。它们发生在一年中气候变化使地面可以通行的时节，并与圣母马利亚的重要节日相一致。战役的进行，在冬季是当水道"结冰"之时，尤其是在贞女节（feast of the Purification，2月2日）前后；在夏季则是沼泽地变干和立陶宛人忙于收获的时候。圣母升天节（Assumptiontide，8月15日）和圣母诞生节（9月8日）标志着**夏天的服役期**（*rese d'esté*）。关于这种现象的词语传播到西欧的各种语言中，甚至14世纪初在埃尔宾写下的德意志－普鲁士的单词表中，也记录了**朝圣**（*karyago-Reise*）、**军事会议**（*cariawoytis-Heerschaw*）、**驱逐**（*cinyangus [caryangus]-Bannir*）这些词。普鲁士的军事术语进入了德意志的特许状。[⑧] 注意到一方如何影响到另一方，这一点很重要——德意志不是所有德意志语言词汇的**根源**。[*]

战士们都享有良好的食物供应（有鱼、肉［猪肉和羊肉］、香肠、面包、奶酪）。陆路和河流运输都经过精心安排，他们甚至能在战役中随身带着自己的医生。在马林堡和柯尼斯堡举行的国际性集会上，诸侯们为在骑士团总团长的桌子上得到一个好位置而竞争，这种集会一度是骑士团使自身永久存在的一场表演，使人们的眼睛看不到这个**骑士团国家**的脆弱本质。大规模引进贵族寡头政治，最终使它那些在普鲁士立足的城市和乡村的殖民者互相疏远。14世纪晚期和15

[⑧] 关于埃尔宾词汇表（约1300年）与 *PU*，见 Mažiulis (1981), II, p. 31。

[*] 这里的意思应该是：前面三组单词中，前面一个是埃尔宾语，后面一个来自西欧；来自西欧的三个单词中，前两个是德语，后一个是法语。——译者注

世纪早期，面临着统一的波兰和立陶宛的抗衡，这个骑士团已经无力维持它的地位了。

骑士团的实力，虽然对立陶宛人来说是真实而危险的，但这是被我们的勃兰登堡人的后见之明夸大的某种幻觉般的东西。该骑士团建立了一个僧侣的政权，在其中骑士团取代了君主的位置。它成功地兴建了新的城镇和村庄，并在其领地上恢复了旧有的城镇和村庄。在西方志愿者的援助下，它有足够的力量对立陶宛维持一种惩罚性的措施，周期性地袭击其领土，及摧毁诸如格罗得诺、诺夫哥罗多克（Novgorodok）、考纳斯（Kaunas）及甚至维尔纽斯之类的重要商业据点。然而，值得注意的是，最重大的胜利不是在异教徒的土地上而大多是在骑士团自己的土地上取得的，比如在沃普劳肯（Woplauken，1311年）以及东普鲁士边远地区的鲁道（Rudau，1370年）。

波罗的海地区的文化

谈论14世纪波罗的海地区内部的某种文化统一性，虽然很难但并非不可能，这种共有的标准就是勇士（warrior）精神。奥地利诗人彼得·冯·祖尚维尔特描述过普鲁士的情景，在那里：

> 高贵而正直的公爵在城堡里举行盛宴。在每道菜之间吹奏小号和管乐器。菜肴丰盛。每道菜都是四重的：加香料的、装饰的、烘焙的和烧烤的。桌子上摆满来自南方的酒、来自东部的酒，还有清醇的伊斯特里亚兰法尔酒［Istrian Rainfal］。所有的东西都用精致的容器慷慨地侍奉……银的和金的器皿都拿出来，作为荣誉的一项项标志。两名骑士和一名贵族护卫，每个人都因军功而闻名，被认为其领地上最优秀的人而接受礼物……然后为了遵守古老的传统，骑士团总团长在柯尼斯堡的大厅里举行盛宴。这一宴会之丰盛是你可以确信的。当分配贵宾席的座位时，大家一致欢呼由克雷的康拉德（Konrad of Krey）坐在主座上。[9]

---

[9] Peter von Suchenvirt, 'Duke Albert's Crudade', lines 106–117, 123–129, 148–154 (*SRP*, II, pp. 163–164). Smithand Urban (1985), pp. 13–14.

异教徒不仅仅作为被踩躏的对象，他们也可以加入这种迷人的生活中。总团长的编年史说：无论如何"凯斯图蒂斯是一个勇敢和公正的人。他会向人预先警告自己计划好的攻击，然后才真正执行。当他同总团长作出和解的协议时，他会恪守。如果他知道骑士团的某位兄弟是勇敢的、大胆的，那么他就会向他表示出十分喜爱和尊重"。⑩这位亲王与他女儿的教父勃兰登堡的指挥官贡特尔·冯·霍恩施泰因（Gunther von Hohenstein）保持密切的关系，与他共同进餐，并从这位骑士提供的内部信息中获益，比如关于骑士团同凯斯图蒂斯的外甥兼敌手即约盖拉大公的种种交易。

该骑士团和立陶宛人都在模仿敌人的军事技术和装备。骑士团不仅使用 prusche（波罗的海地区的一种**头盔**）和 littische schild（**拉脱维亚盾牌**），还使用波罗的海人发展起来的各种头盔。立陶宛人也采用了某些西方的战术和武器。骑士团的军队出现火器后，他们很快就遇到了使用同样武器的立陶宛人。然而，这种军事上的相互影响对骑士们和立陶宛人不是没有限制的。14 世纪 80 年代英国的军事法庭，如在著名的斯克罗普（Scrope）和格罗夫纳（Grosvenor）的案件中一样，能够调出关于纪念英国在普鲁士的阵亡者的纹章的描述；15 世纪博尚家族的宣传可能自称某次往柯尼斯堡的**十字军**，并给一个立陶宛的幼年王子洗礼，把这些作为他们光荣历史的一部分。乔叟作品中的骑士为我们提供了一位勇士的经典事例：他在三个十字军的主要战场上鏖战：圣地、西班牙和波罗的海。

关于条顿骑士团的物质文化水平，人们可以这样来猜想：这是西方贵族所控制的一个法人团体，他们生活在一块富庶的土地上，他们使用黄金和白银、精致的玻璃器皿、奢华的布料和壮观的公共建筑，这些都意在创造一种团体威严的印象。彼得拉克曾回忆起他见过一个用欧洲野牛角雕刻的华丽的饮酒器。根据 1394 年马林堡的一份库存清单，主教座堂拥有 7 本弥撒书，一份关于教宗信件的评注，多份轮唱诗歌集，一份弥撒升阶圣歌集、诗篇、圣经评注和一些圣徒的生平（都是用拉丁语写的）；他们有用德语写成的编年史书，与他们的身份相配的禁欲主义的或军事方面的圣经故事（如约伯、巴兰〔Bar-

---

⑩ SRP, III, pp. 593–594.

laam]、以斯帖、犹滴[Judith]的故事),一本圣徒受难记(尤其详细地叙述了圣母的生平)和神父们的生平。《马加比书》(Maccabees)特别受欢迎,因为它适合于作为宗教勇士们的角色楷模。

骑士们不仅是宝贵的文本的拥有者,也是它们的作者。图林根骑士亨利·冯·贝斯莱尔(Henry von Besler)意译了伪作《尼哥底母福音书》(Gospel of Nicodemus)和《启示录》,骑士团总团长吕德尔·冯·布伦瑞克创作了一首关于圣芭芭拉(St Barbara)生平的诗歌。中世纪低地德语的文化空间从西部的布鲁日和弗里斯兰扩大到东部的雷瓦尔和诺夫哥罗德。它在瑞典、挪威和丹麦王国中发挥了某种地区间和国际性语言的作用。文化影响力可以从相反的方向来检测:*schülting*(挪威语)这个词在吕贝克、不来梅、吕内贝格和施特拉尔松德用来表示市政厅。城市编年史传统在汉萨同盟诸中心发育成长,用低地德语写作,吕贝克的《迪特马尔编年史》(Dietmar Chronicle)表明了这一点。

问题在于谁能阅读这些作品。14世纪后期见证了拉丁语学校在马林堡的建立。弗劳恩贝格(Frauenburg)建立了一座天主教学校,埃姆兰的教士付费让12名普鲁士农民在海尔斯贝格(Heilsberg,即Lidzbark)的城堡中接受教育。来自普鲁士的学生们(尤其是那些打算未来成为法律秘书的)被送往波伦亚和布拉格,那里的教会法学科非常强;1386年,教宗乌尔班六世在波伦亚为该骑士团建立了一所**大学**(*studium generade*),以供神学和法律(民法和教会法)的学生学习。

中世纪晚期丹麦和瑞典的城镇建立了不少学校,这通常要经过教会批准。瑞典的学者们不断去巴黎旅行(14世纪乌普萨拉什一税的一部分就花费在那些**贫困学生**[*pauperes studentes*]身上),但他们也被吸引到北欧和中欧的大学,包括布拉格大学。我们有1350—1536年间在帝国和东欧的大学求学的数千名斯堪的纳维亚学生们的记载,但在巴黎学习的人明显少一些。立陶宛首座知名的学校,是1397年前由维尔纽斯王家城堡里的小教堂努力建立起来的。雅德维加王后在布拉格大学中为立陶宛的学生建立了一个学院(1397年),她丈夫则在克拉科夫重建了卡齐米尔大王(Casimir the Great)大学(1400年)。

我们从该骑士团的典藏书籍中，得知在特拉凯的女大公安娜的宫廷音乐家的情况；在该骑士团珍藏的记载中的其他地方，我们知道了为维陶塔斯服务的长笛手（1399年），还有1407—1410年期间骑士团总团长送给安娜的礼物：一架古钢琴和花费6马克的便携式风琴。

普鲁士的建筑反映了条顿骑士团的关注点：控制新拓殖的土地，保卫它们免受立陶宛的攻击，使殖民者铭记这个骑士团的壮丽和权力。1309年后，马林堡成为这个**骑士团国家**的政治、宗教、经济和文化中心。从14世纪20年代晚期开始，总团长的专职教士执行骑士团的大臣职责。到该世纪下半期，德语取代了拉丁语，成为该骑士团日益成长的官僚政治的语言。从1341年起，马林堡城堡中的圣安妮（该骑士团的女赞助人的母亲）小教堂成了总团长们的墓地。一座8米高的《圣母和圣婴》（Mother and Child）的雕像，以拜占庭风格的镶嵌图案为背景，俯视着这个墓地，这再次暗示着波罗的海地区的文化是混合的文化。

主教座堂的教士会和普鲁士的主教们都建立城堡以捍卫他们的权力中心。埃姆兰的主教于该世纪下半叶在海尔斯贝格为自己建了一座城堡。防御类型的哥特式大教堂建在普鲁士各主教区：在弗劳恩贝格，埃姆兰的主教们修建了一座带有高墙、大门和防御性塔台的主教座堂（1329—1388年），内部装饰采用佛兰德的风格。以英国风格建成的马林韦尔德（即Kwidzyn）教堂，也具有防御性质（1320—1340年）。在城镇中，比如在但泽和马林堡，建立了哥特式的市政厅。古老的城镇托伦的市政厅也可追溯到这一时期（1393年）。

在14世纪的斯堪的纳维亚，我们发现了石头建成的城堡和带有凸出的塔楼的城墙，如建立于1275—1300年间的卡尔马城堡。沃尔丁堡（Vordingborg），因其鹅塔（Gåsetårn）而闻名，和凯隆堡（Kalundborg）是典型的丹麦城堡（约1350年）。在拉斯贝格（Raseborg）（1380年）的芬兰的建筑物，也是类似的风格。在14世纪的城堡重建中条顿骑士团的影响很强劲，譬如芬兰的奥博（Abo）、哥得兰的维斯堡（Visborg）、丹麦的克龙堡（Kronborg）。这些建筑的典型特点是围绕开阔的庭院建立四个系列的建筑物。直到中世纪末期，大多数斯堪的纳维亚的城镇都是木头建筑，尽管从13世纪起我们在丹麦发现了露明木架的（half-timbering）结构。

立陶宛的城堡反映出这一地区文化的混合性质，砖块趋向于利沃尼亚风格而装饰却通常是东方的方式。14世纪的维尔纽斯在很大程度上是一座木建筑的城市，占首要地位的是由上层和底层城堡构成的双重城堡综合体。所看到的很可能是这样：在13世纪明道加斯国王皈依天主教后修建的哥特式教堂的废墟上建造起石头的庙宇，为人们提供宗教服务。这座城市有两个截然不同的商业区——一个是为西方商人服务的，另一个是为罗斯人服务的，即所谓的**罗斯人区**（*russkii konets* 或 Rus'ian End）。圣尼古拉方济各会教堂（Franciscan church of St Nicholas）（现在采用了它15世纪的砖结构的哥特式形式），与天主教的主教座堂和东正教的圣尼古拉教堂（church of St Nicholas）一起，很可能是维尔纽斯最古老的教堂。在这座城市中非常频繁地发现商人们的庇护者并不令人吃惊。在特拉凯，一个城中区的两座城堡构成了大公第二个活动场所的中心，到15世纪初这所城市由鞑靼人、卡拉派、天主教徒和东正教的飞地组成。

S. C. 罗韦尔（Rowell）

柴　彬 译

王加丰 校

第二十二章
14 世纪时中欧诸王国

14 世纪见证了中欧地区诸多王室的联盟，依次有：最后几代普热米斯尔王朝（Přemysls）、* 匈牙利的安茹王室和卢森堡王朝，他们都试图修建其民族身份可能已经显得受到威胁的政府，这种威胁产生于本土旧王朝的崩溃和外来影响的扩散。他们的处置方式以某种王朝联姻政策为基础，代表了在征服权和未来的大众主权之间的一条中间道路。1301 年，波希米亚国王瓦茨拉夫二世的儿子被选为匈牙利国王；但他无力维持自己的地位而于 1304 年退位；次年他以圣·斯蒂芬的匈牙利王位（Hungarian crown of St Stephen）交换波希米亚和波兰的王位（那是他的父亲手交给他的）。瓦茨拉夫三世于 1306 年被暗杀。他是首位（连续地并得到公认的）占据匈牙利、波希米亚和波兰三个王位的人。

对这些在每个事例中都与一位卓越君主的刚健个性联系起来的国家来说，14 世纪亦是一种巅峰期。人们喜欢回忆起安茹的路易（Louis of Anjou），他是唯一冠名为"大王"的匈牙利国王；他与波兰的他的前任卡齐米尔都享有这一称号。至于皇帝查理四世，在一种波希米亚政治和文化充分扩张的意义上，他是这个国家的"国父"（pater patriae）。在每种情况下，在经历该世纪初的一系列困难后，这些长期而伟大的统治在所有领域都标志着一个清晰的平衡发展时期，无论是各种领土问题、政治和社会制度、经济和物质生活，还是文化发展，都是这样。

---

* 这里的"普热米斯尔"或后面的"普热梅希尔"（Premysl, Přzemysl）等，是东欧不同国家对同一个家族或王朝的称呼。——译者注

一 1301—1387年的匈牙利

安茹的查理－罗贝尔的继位和成就

安德鲁三世（Andrew III）在统治时期未能打破封建无政府状态，这个王国实际上分裂为若干对立的公国。1301年当这位阿尔帕德（Arpád）王朝的最后一个国王去世时，各派力量都竭力将王冠交给他们自己的候选人。首先将此付诸实践的是瓦茨拉夫二世的儿子，即波希米亚和波兰的国王，和贝拉（Béla）四世的女儿安妮。由于无法维持自己的地位，他于1304年退位，取代他的位置的是德意志王子巴伐利亚的奥托（Otto of Bavaria），贝拉四世的另一个孙子。他毫无疑问得到了特兰西瓦尼亚（Transylvanian）的萨克森人的支持。但是他的事业未能赢得特兰西瓦尼亚的**地方长官**（*voiévode*）拉迪斯拉斯·卡恩（Ladislas Kán）的支持；后者认为他是一位没有人支持的君主，所以宁愿与塞尔维亚的乌罗什二世（Uros II of Serbia）结成同盟。奥托甚至被拉迪斯拉斯所俘虏，拉迪斯拉斯拥有作为抵押品的神圣的匈牙利的王冠。

第三位竞争者，安茹的查理－罗贝尔（Charles-Robert），是阿尔帕德王朝的国王斯蒂芬五世（Stephen V）的曾孙，得到教宗支持（1290年，尼古拉四世把匈牙利授予他，宣称这是一块教宗的封地），这使他赢得了寻求封建领主保护的匈牙利教士的支持。他也得到被亚得里亚海的前景所吸引的南方各省斯拉夫领主的拥护。教会还指责他的反对者，但更有效的是查理－罗贝尔自己的耐心工作，在受大贵族权势威胁的那些贵族阶层中重组起一批新的追随者（clientele）。尽管他于1309年登上王位，并于1310年的圣·斯蒂芬日（8月20日）在塞克什白堡（Székesfehérvár）行了加冕礼，但是他必须在后来的11年里与寡头集团的派系作斗争，并于1312年和1316年相继挫败阿巴（Aba）派和博尔萨（Borsa）派。1318年他除掉了特兰西瓦尼亚的叛乱者拉迪斯拉斯·卡恩（多亏**库曼人**［*coumane*］军队的帮助，1324年萨克森人的叛乱被击败后，其由国王任命的继承人逐渐使该省重新效忠于王权）。1321年，最后一位重要的寡头政治的代表人物马泰·恰克（Máté Csák）去世。从那以后，查理－罗贝尔有能力从王国南部抽身，建立位于从布达（Buda）往上的维舍格勒（Visegrád）的首都。

每一次胜利都会收复许多王室城堡：击败阿巴、博尔萨后分别收复了8座和12座城堡，马泰·恰克死后又收复28座。1327年后这种重建王权遗产的政策得到强化，最后查理－罗贝尔占领了所有城堡的一半（约100座）。在这些城堡中他安排忠于他的人为**城堡长官**（castellani），从此他们在领地经济、征收赋税和对他们的佃户行使司法权等职能的重要性，超过了他们的军事功能。由于农民逃脱了伯爵（ispán）的管理，这些领地由此变成了真正的封建领地。这一重建王室遗产的后果（仅次于贝拉四世）是持久的；查理－罗贝尔和他的儿子在这一地区都不过于奢侈，到1382年王室仍然占有100座城堡。一批新贵族不可否认地已经接管了那些已被清除的贵族的城堡，如拉克菲（Lackfi）、塞切尼（Széchenyi）、德鲁盖特（Drugeth）、孔特－乌伊拉基（Kont-Ujlaki），但是没有哪座城堡能与被博尔萨和恰克掌控的城堡链相提并论。

领地和城堡的体系仍然是权力分配的基础。国家岁入也一直是这样的吗？新金矿的发现和银产量的增加使匈牙利成为欧洲贵金属的主要供应者（每年1/4的银和一吨黄金）。国家垄断（所有的未加工金属必须送交制造钱币处）和封建领地所有者之间利润分享的巧妙结合，都鼓励了矿山的勘探，并为王国提供了可靠而充足的钱币。1325年的金弗罗林（florin）促进了国际贸易的发展。它是否也给近代税收留下了空间？王家城镇和采矿中心按照此后固定数年的标准缴纳补助金。得不到阿维尼翁教宗青睐的可怜的教会，在政府花费方面偶尔作出过贡献。尽管领主们声称农奴的劳动果实完全属于他们的主人，并且农奴向国家交付的任何税收都等于他们收入的减少，查理－罗贝尔仍向非自由人口征收特别税。但由于农民的税收由领主自己在领地上征集，正如**城堡长官**在王室领地内做的一样，结果没有形成王家财政管理制度。由此，国库财富虽然在增加，但建立某种财政政府（fiscal state）的努力失败了。

路易大王的外交政策

查理－罗贝尔1342年去世时，留给其子路易（生于1326年）

个已经加强了的王座，其财政基础也已更为充足。父亲的这些巩固统治的工作，使得新国王得以奉行一种从地中海到波罗的海和黑海的充满活力的外交政策。马克思主义历史学家以一种比对其儿子更赞赏的眼光看待他父亲的统治。对他们来说，如果不是土耳其的威胁耗尽了他的全部精力，那么路易可能至多也只是一位 14 世纪的唐吉诃德，纠缠于各种王朝间的争端和宗教战争。近来，这种趋势已被颠倒过来。从路易同时代的传记作家约翰尼斯·库库莱（Johannes Küküllei），到巴林特·霍曼（Bálint Hóman）这位特里亚农（"Trianon"）匈牙利的官方历史学家，都为路易堆砌了许多颂扬之辞，当代匈牙利的历史学家决不再接受这些不加鉴别的词句，而是喜欢强调这位国王的教育和文化，强调他对这个经历国内分裂和外部威胁而保存下来的王国的权威。路易大王的统治时期显然是民族意识和民族语言发展的一个重要阶段。①

毫无疑问，使路易赢得声望的，首先归于其富有活力的外交政策，而非他在国内的成就。必须再次强调，他的目标完全是一个新兴王朝的目标，如阿尔帕德王朝传统所重申的东西一样：与克罗地亚联盟，这种联盟已经开辟了一条通往亚得里亚和意大利方向的道路，而且这一倾向因安茹王朝的潜力而得到了加强；在巴尔干和瓦拉几亚（Walachia）扩张；使东部领土基督教化；与中欧诸王国联盟。所有这些都是过去寻求的目标。与威尼斯争夺达尔马提亚海岸也是这一遗产的组成部分。路易的敌对行动的指向，首先是威尼斯政府，而不是使巴尔干诸民族皈依，即使是在那不勒斯（Neapolitan）的纠葛将他吸引至更往南的地方之前也是这样。

1332 年，那不勒斯和匈牙利国王缔结条约，罗贝尔和他的侄子查理-罗贝尔所期望的不仅是他们各自的孙女和儿子的婚礼，即那不勒斯的女继承人乔安娜（Joanna）和匈牙利的安德鲁的婚礼，还有他们共同的加冕礼。只要与那不勒斯的争端仅限于违反 1332 年的协议，路易就会把自己限制在外交举措的范围内，其中匈牙利的黄金扮演着重要角色。在其妻子的唆使下（王后，于 1343 年），1345 年安德鲁被刺杀，这迫使路易采取军事行动为他兄弟的死亡获取补偿。此外，

---

① Vardy, Grosschmid and Domonkos (1986), pp. 349–369, 417–425.

如果乔安娜的王位被推翻，并且如果通过男性的家系来获得王位，那么他——路易——不是可以继承那不勒斯的王位吗？由此，与威尼斯人的和平变得至关重要起来。自从威尼斯人在扎拉（Zara）（1346年7月1日）对他占据上风后，情况更是这样。已签订的八年休战协定，还有路易对意大利城镇的政策及他与巴伐利亚的刘易斯四世的联盟，为1348年的远征提供了最理想的条件。匈牙利的路易进入那不勒斯（乔安娜则从这里逃走），把暗杀他兄弟的人交付法庭审判，接受了"西西里和耶路撒冷国王"的头衔。但这次成功的入侵因为黑死病而变得无效，因为它迫使路易返回匈牙利。1350年的第二次战役使他重新夺取那不勒斯，然后这位新的亚历山大赴罗马朝圣去了。尽管取得了军事上的胜利，但路易意识到他的大亚得里亚帝国的计划是一个幻想。1352年，他与教宗结盟，后者对一个从多瑙河延伸至墨西拿的安茹帝国的前景感到恐惧，一直以来总是支持乔安娜，尽管他开始时谴责过谋杀。路易否认对那不勒斯王位的要求，然而并不承认乔安娜的合法性。

一旦两个王权联盟的想法不再有某种真正的可能性，路易便有了与所有那些担忧他的帝国野心的人进行谈判的空间。他回到更传统的目标，首先是达尔马提亚，然后是巴尔干，在那里他的政治目的因消灭鲍格米尔派（Bogomil）异端的愿望而加强。塞尔维亚的沙皇，即斯蒂芬·杜尚（Stephen Dušan），于1355年被杀；次年与威尼斯的战争再次开始，当时路易在波斯尼亚作战，并在那里建立了一些修道院的屋舍。1357年，拉古萨（Ragusa）这个威尼斯的副手转向路易方面；1358年初，许多最重要的城镇和岛屿落入这位国王手中。同年，扎拉和约确认达尔马提亚交给匈牙利。因此在路易的权威下，古克罗地亚重新建立，它包括科托尔（Kotor）以北的达尔马提亚和以前处于威尼斯统治下的一些岛屿。

在随后的十年里，路易在巴尔干半岛作战，其结果与其说是获得新的领地，不如说是攫取贡品、传播基督教和获得黑海的入海口。他的成就微不足道，既因为各地的民族反抗，也因为奥托曼的压力日渐增强。当地王公们皈依基督教的承诺证明是无用的。一个接着一个，摩尔达维亚、瓦拉几亚和塞尔维亚一度都沦为纳贡的省。1367年失去对摩尔达维亚的宗主权。② 只有保加利亚的维丁（Vidin）区（banat）是由路易直接统治的。1369 年，在萨瓦（Sava）河另一边和多瑙河下游地区的扩张成果所剩无几。路易不得不恢复维丁的王公，这位王公如瓦拉几亚的**地方长官**（voiévode）拉杜尔（Radul）一样，自 1374 年开始已向土耳其人进贡。从那以后，除了 1377 年对土耳其和保加利亚人的胜利远征外，当时应该采取的立场是反对奥托曼的入侵，但在这个决定性的时期匈牙利在巴尔干没有发挥任何作用。难道路易（教宗英诺森六世 1356 年使他成为罗马教会的首领 [captain of Roman Church]）错过了使他的领地提供一次名副其实的十字军的大好机会了吗？③

匈牙利优先考虑的问题在 14 世纪 70 年代发生变化。作为一位政治上给人留下深刻印象的波兰妇女的儿子和卡齐米尔大王的外甥，路易一直对波兰王国的未来感兴趣，并在参加波兰反对异教的立陶宛的远征中显示了王者风范和基督徒的团结精神。1352 年，他是试图使立陶宛王公基耶斯图特（Kieistut）改宗的主要发起人之一。后者随后违背了诺言，因此又引起两次战争，战争的结果是路易将他征服的哈利斯（Halyč）和洛多梅里亚（Lodomeria）两个公国留给波兰国王，然而却保留了在基耶斯图特死后它们回归匈牙利王室的权利。路易利用这一机会强迫鞑靼汗迪斯彻宁贝伊（Dschenin-bey）向宗教和贸易使团开放他的领土。卡齐米尔没有直系男性继承人，他确认他的外甥为继承人，并于 1370 年去世。尽管有一些反对者，但路易宣布自己为波兰国王，使他的母亲成为这个王国的摄政。1372 年，他将哈利斯和洛多梅里亚公国转让给匈牙利王室。从此路易大王的王国从格涅兹诺（Gniezno）延伸到科托尔。

国王、贵族和农民

上述政策需要付出高昂的人力和金钱的代价。在那不勒斯的那些战役的贫乏战果在贵族中产生了不满，贵族对军事行动是必不可少的力量，而他们（不像大贵族）尚未通过战利品或国王的奖赏使自己

---

② Deletant (1986), pp. 189–195.
③ Housley (1984).

致富。1351年,来自贵族的压力迫使路易召开统治期间唯一的一次议会(diet)。结果是颁布著名的1351年法令,其内容远远超出1222年《黄金诏书》(Golden Bull)所确认的东西。第11款宣称所有的贵族都可以享受此前仅授予男爵的同样的特权:**只有一种形式和授予同样的特权**(*sub una et eadem libertate gratulantur*),因此现在只存在单一的贵族阶层。一方面是原来的征服者的后代和国王的奴仆和伙伴(*servientes Regis et familiares*)之间的差异,另一方面是匈牙利贵族(狭义的)和位于萨瓦河与德拉瓦(Drava)河之间的土地上的贵族的差异,都被废除了。这个单一的贵族拥有的反抗权(*insurrectio*)得到确认。法律所规定的形式上的统一也结束了土地持有之间的差别,因为时间久远无法追忆(始于征服年代),王室对国王仆人的赏赐由一个特定的办事机构管理。从此,所有世袭的财产均由同样的继承法来处置,也就是说,它们在一个家族内按照男性世系传承,直到绝嗣。战争已经耗尽查理-罗贝尔的金库并使贵族陷于贫困化。1351年的法令将**九分之一税**(*nona*)(即所有收成在支付教会的什一税后再支付1/9的税)扩大到所有的农奴,只有被圈围起来的城镇的居民才可免于该税。这种税由贵族征收,使贵族们有能力无须操心财政问题,并能供养对于国王的战争必不可少的**庞德里亚**(*banderia*:成群的武装随从)。伴随着贵族经济地位的加强的,是他们对自己农奴的充分的、绝对的司法权得到正式承认。这一时期仍存在农民移民的问题,当时黑死病造成劳动力锐减,权贵们往往诱使(强制或者劝导)小土地所有者的农奴去他们的领地上劳作。虽然对自己农奴的这种被迫的迁移,法令确认地主可自由地作出是否同意的决定,但法令并未正式限制农奴们的迁移自由。后来若干法律取消了这种迁移的权利。无论如何该法令的财政与司法方面的条款,使这种农奴制(*jobbagysag*)具有宪法上的合法性的新形式,但同时又为小贵族提供了将来他们把自己看成一个社会等级的正当性的思想基础。[④]

尽管采取了这些措施,但是政治和社会的最高权力仍然掌握在权贵们手中。一个新兴的寡头阶层取代了被查理-罗贝尔所压制的旧寡头阶层。他们获得领地、王室城堡和郡(counties),这些往往成为世

[④] Vardy, Grosschmid and Domonkos (1986), pp. 429–483.

袭采邑，或者作为他们的服务报酬，或者为了使他们能够提供**庞德里亚**。这些使小贵族依赖于显贵的**亲密伙伴关系**（*familiaritas*）的纽带变得更牢固了。显贵们将自己领地中的一些村庄转化为小城镇（*oppida*），这些小城镇有着相对自治的行政机构并获得开设一个市场的特许。这些郡的城镇就这样开始发展起来，它们服从九分之一税和领地司法权。其中某些城镇实现了高水平的手工艺和商业活动。位于大平原上的其他城镇，譬如凯奇凯梅特（Kecskemét）、采格莱德（Cegléd）或者大克勒什（Nagykörös），由于饲养肉牛而致富，已经准备向德意志南部出口。因此，在该世纪下半期经济扩张的促进下，一个新兴城市贵族阶层（patriciate）开始形成，准备挑战旧的地产贵族的优势。他们的时代将在下个世纪到来。少数有竞争力的大家族崛起，远远超过其他贵族家族。如拉克菲家族拥有 7 座城堡和 260 个地盘（localities），持有元帅职位长达 40 年、特兰西瓦尼亚的**地方长官职位**（*voiévodie*）达 30 年；或者塞奇（Szécsi）家族坐拥 6 座城堡和 170 个地盘；南部诸郡则由高劳伊（Garai）家族及其委托人所控制，他们最终于 1397 年消灭了拉克菲家族。1350—1367 年间的巴拉丁伯爵尼古拉·孔特（Nicholas Kont）是四个郡的**伯爵**（*ispán*）。14 世纪 70 年代，由安茹王朝完成的重建工作看来受到了离心力量复兴的威胁。

路易的统治的结束

围绕着匈牙利王位继承问题的不确定性所产生的潜在危险与日俱增。路易的第一任妻子，查理四世皇帝的女儿，没有留下后嗣。在此后与波斯尼亚的伊莉莎白的 17 年婚姻内，他们仍没有子嗣。路易于是把他的亲族塔兰托的菲利普（Philip of Taranto）召到宫廷，他已将侄女嫁给后者。但随后三个女儿连续迅速地出生了，她们是凯瑟琳、玛丽、雅德维加，路易为她们凭空构想了最适合的婚姻，目的是为她们保留他在匈牙利、波兰和那不勒斯的王位（对这些王位他仍然没有放弃自己的主张）。凯瑟琳被许配给她的远表兄弟安茹的路易，是法兰西的"好人"约翰二世（John II 'The Good' of France）的次子，路易希望通过匈牙利国王的权力在那不勒斯重建第二个卡佩王朝；玛丽则指定嫁给卢森堡的西吉斯孟德（Sigismund of Luxemburg），即查理四世的次子，路易已经通过1364年的布尔诺（Brno）和约与查理四世达成和解；至于雅德维加，她已和奥地利公爵利奥波德三世（Leopold III）的儿子订婚。1378年，凯瑟琳的去世和利奥波德三世支持阿维尼翁教宗（路易拥护罗马教宗），使得玛丽和西吉斯孟德将可能成为路易仅有的继承人。

同年，匈牙利和威尼斯再次爆发战争。尽管有扎拉和约，但商业上的紧张关系从未真正减轻过。匈牙利、热那亚、帕多瓦和阿奎拉（Aquila）的联合使威尼斯总督在陆上和海上都遭到决定性的失败。率领匈牙利军队的是都拉斯的查理（Charles of Durazzo），他是克罗地亚－达尔马提亚总督和那不勒斯王位的要求者。这提供了最终报复乔安娜女王的一个良机，而且这位女王还支持阿维尼翁的教宗。查理在罗马加冕为西西里和耶路撒冷国王。他自罗马出发征服那不勒斯，并于1382年5月在那里绞死乔安娜女王。路易很快就去世了，这是9月10日，他欣慰地看到他兄弟的仇已经报了。

对匈牙利人来说，那不勒斯除了它过分的迷人之处，还曾有过更多的东西吗？一些历史学家可能会主张：这些往意大利的远征给匈牙利带来了一种原始文艺复兴，可以识别的有匈牙利秘书署（chancery）书写文献的风格、库库莱的历史著作和短命的佩奇（Pécs）大学的创办。这种解释非常强调零星存在的少数经典引文，强调民法学者波伦亚的加尔瓦诺（Galvano）在**五教堂**（*Quinque Ecclesiae*）即佩奇的短暂逗留。即使意大利的影响在以下实例中很明显，如著名的《绘图编年史》（*Illuminated Chronicle*）或者内克切伊－利波兹（Neckcsei-Lipócz）的圣经、科洛斯堡（Kolozsvár）（布拉格的圣乔治）的马顿（Márton）和哲尔吉（György）兄弟的雕塑，还有在维谢格拉德（Visegrád）、布达（Buda）和迪欧什哲尔（Diósgyör）的王宫建筑，这更多的是安茹王朝的国王们统治期间逗留这些地方的学生和艺术家们的影响，参加在意大利的战争的匈牙利士兵的影响则比较小。[5]

通过开辟一条可将利凡特的商品运至匈牙利，然后通过扎拉港运往波兰、波希米亚和德意志的新的贸易路线，匈牙利在亚得里亚地区

---

[5] Ibid., pp. 203 – 236.

第二十二章　14世纪时中欧诸王国

的这种政策可曾得到补偿？这曾是路易大王的抱负，但现实却大相径庭。威尼斯尽管在达尔马提亚失利，但它的封锁加强了，扎拉-萨格勒布（Zara-Zagreb）仍然是一条次要的商路。来自波若尼（Pozsony）的匈牙利商人继续在维也纳（Vienna）装货，这儿通过塞默灵（Semmering）的通道与威尼斯相连接。通过特兰西瓦尼亚和多瑙河等地的关口将热那亚在黑海的贸易站和匈牙利衔接起来的陆上联系，是布拉索（Brassó）的萨克森商人和瓦拉几亚人使用的商路，从未被完全废弃过。[6] 从1408—1409年起，威尼斯再次控制了达尔马提亚，而巴尔干诸公国则像多米诺骨牌一般倒于土耳其的牛轭之下。对匈牙利人来说，意大利终究只不过是一个短暂的海市蜃楼而已。

尽管如此，在匈牙利南部的那些巨头的意识中，如高劳伊家族和霍尔瓦蒂（Horváti）家族，意大利依然存在。并且正是他们造成了种种有关路易继承人的问题。国王曾设想将其所有的王国一起传给他的女儿玛丽，玛丽在1379年嫁给了卢森堡的西吉斯孟德。可能路易期待波兰-匈牙利王国进一步扩大，最终把波希米亚也包括进来。小波兰的权贵（他们一直支持条顿骑士团，是卢森堡家族的敌人）破坏了与匈牙利的联盟，并将路易的第三个女儿雅德维加扶上王位。玛丽在匈牙利加冕为王；这是匈牙利第一次有一位女性成为国王，证明了安茹家族重建君主制的实力。但是玛丽和她的母亲都仅仅是巴拉丁伯爵尼古拉·高劳伊（Nicholas Garai）的玩物，他担心的是中欧这个新政权聚焦的地区。霍尔瓦蒂家族向那不勒斯的新国王请求帮助，但是后者曾是路易向乔安娜复仇的工具。都拉斯的查理于1385年承接了圣斯蒂芬的王位，但不久在惧怕他权力的巴拉丁伯爵高劳伊的命令下被暗杀。安茹的玛丽、她的母亲及这位巴拉丁伯爵（他已再次加入她们的阵营）从事的远征是一场灾难；霍尔瓦蒂家族的复仇降临了，女王的母亲和巴拉丁伯爵被谋杀，玛丽则被囚禁起来。

所有的希望都寄托在西吉斯孟德身上，大群权贵聚集在他周围，因为他们认识到他是路易大王最后的政策的最接近的化身。有他的兄弟波希米亚的瓦茨拉夫四世和堂兄摩拉维亚的约多克（Jodok）的强势支持，男爵们之间竞争性的帮助，又受益于玛丽被监禁所导致的完

---

[6] Pach（1975），pp. 283–307.

全自主，西吉斯孟德成功地建立起某种合法性，这种合法性与他的王朝与安茹的纽带无关。他不再是妻子的联合摄政。他授予贵族们相当数目的王室城堡以博取他们的支持，并成功地救出妻子。接着，1387年3月31日，他在塞克什白堡举行加冕礼，显贵联盟（magnate league）出席了仪式，那是他在他们面前正式保证尊重上层贵族的特权后才出席的。⑦ 一度受宪法的种种限制所约束的寡头集团，又开始抬头并回到他们那不幸的家族混战中。他们的目标是：在奥托曼的威胁成为这些国家致命危险的非常时刻，拥有一个他们可以严加管束的国王。

二　14 世纪的波兰

13 世纪末，离心势力占优势的波兰与匈牙利有极大的相似性。王国的统一在 1138 年"歪嘴"波列斯拉夫（Boleslas 'Wry Mouth'）死后受到严重威胁，根据皮亚斯特王朝（Piast）的世袭法，国家分裂为若干对立的公国。但无论如何，波兰王国（regnum Poloniae）的概念并未消失，而且得到教会及其领袖格涅兹诺大主教的培育，大主教为波兰国王加冕，他的教区囊括整个王国及其周边地区。另外，来自条顿骑士团的威胁也在这个国家培育起一种活跃的民族身份意识。⑧ 存在着支持统一的强大思潮；但对于谁将成为王国统一的中心——大波兰、小波兰甚或波希米亚，仍未达成一致意见。

重建王国

1295 年，极端反德意志的格涅兹诺大主教雅各布·斯温卡（Jakob Svinka）为普热梅斯拉斯二世（Přzemyslas II）加冕，这位国王为重建王国曾作过一次短暂的尝试。"矮子"拉迪斯拉斯（Ladislas the Short），即库亚维亚（Kuiavia）公爵（1296 年普热梅斯拉斯被暗杀后被选为继承者，于 1300 年被废黜），统一王国的第一次尝试同样没有成功。波希米亚的国王们，他们南进的野心在马希费尔德地区

---

⑦ Mályusz（1990），pp. 7–26.
⑧ Labuda（1970），p. 161.

（Marchfeld）受到决定性的制止，于是利用了在他们的东北部边界出现的机会。1300年瓦茨拉夫二世加冕为国王，支持大波兰的贵族和市民，市民通常为德意志人，他们期望国王保护他们免遭权贵的欺凌，并承诺王国的统一，以便为商业提供有利的环境。皮亚斯特家族的"矮子"拉迪斯拉斯成功地利用了人们直接反对这个外国人国王的情绪，[*] 因为他赞成在国家管理中任命德意志人和捷克人。他还赢得了卜尼法斯八世教宗、安茹家族的查理－罗贝尔（当时正在争夺匈牙利王位）和鲁西尼亚（Ruthenia）、哈利斯的王公们的支持。瓦茨拉夫二世去世（1305年）和瓦茨拉夫三世被暗杀（1306年）后，拉迪斯拉斯驱逐了国外的王位要求者，即卢森堡的约翰和哈布斯堡的鲁道夫（Rudolf of Habsburg），并迅速收复桑多梅日（Sandomir）和克拉科夫。但1308年条顿骑士团在屠杀但泽和泰泽沃（Tezew）的居民后，征服了东波美拉尼亚。1311年拉迪斯拉斯不得不镇压克拉科夫的一次叛乱——是由该市市长和捷克主教挑起的，他们都是卢森堡的约翰的支持者，因为他们认为约翰能更多地帮助城镇发展。大波兰的抵抗持续到1314年。1320年，拉迪斯拉斯为全王国所承认，接受了加冕礼，但不在格涅兹诺而是在克拉科夫举行。他的王国覆盖11万平方公里土地，拥有刚超过100万的居民，但是这仅仅是第一皮亚斯特王朝的一半。尽管如此，统一已经恢复，并且，尽管大小波兰之间关系紧张、斯拉夫人和德意志人之间存在种族纷争，还有同时代的各种联盟等问题，但直至18世纪被瓜分这种统一一直未受到挑战。

拉迪斯拉斯这位波兰统一的恢复者于1333年去世，王位被他的儿子卡齐米尔继承。他在维持王国稳定和扩张方面极为成功，他的统治是波兰中世纪的巅峰。这个"矮子"拉迪斯拉斯为自己统治下的混杂的、多种多样的公国赋予了共同的制度和结构。他周围的那些出色的律师宣布了这一原则："在整个王国，只有一位君主、一部法律和一种货币。"波兰王国国王所统治的所有土地上只有一个统治者，这意味着边远省份——西里西亚、库亚维亚和马佐维亚的公爵们对王室宗主权的承认，以前他们总是受到引诱向其他国家的君主效忠。"矮子"拉迪斯拉斯成功地将王室权威强加于库亚维亚和马佐维亚；

---

[*] 这里的"外国人国王"应该指前面的瓦茨拉夫二世，他来自卢森堡家族。——译者注

在卡齐米尔治下时，这两个公爵领的皮亚斯特家族的世系断绝了，使得它们有可能复归国王，因为其自身不足以建立自己的宗主权，而必须接受中央政府的权威。*Starostes* 是普热梅希尔（Přemysl）王朝设立的省总督，被保留下来了，但由国王任命和废除。他们除了拥有各种特权和豁免权，还代表国家的行政和司法权力。王室的大法官法庭是政府权力的顶点，它剥夺了各公爵法庭存在的**理由**。政府的高级官员中有一些是卓越的民法学家，如大法官扬·苏希维克（Jan Suchywilk）和副大法官恰恩库夫的扬科（Janko of Czarnków），后者还是著名编年史的作者。拉迪斯拉斯在其统治期内召开过四次**大会议**（*conventiones magna* or *generales*）。它们是按省会议（assemblies）（曾充当过地方法庭的角色）的模式创立的，大贵族、教会高层和一些来自贵族、城镇和教会各个教士会的代表联合组成一个单独的议院。但是尚不存在正式组织起来的等级代表制。男爵政务会是政府的首要机构，由政府高级官职持有者构成，与 1320 年以前相比，他们来自较不显赫的家族。卡齐米尔大王更倾向于用一个小小的贵族集团来统治，他们大部分来自克拉科夫，都把自己的崛起归因于君主政体。他们组成中枢政事会（inner council）（各项最重要的决策和政府高级官员的任命都是由它作出的）。但是，在卡齐米尔或他的两位继任者的统治时期，即使出现了这些会议，我们也不能在任何真正的意义上谈论制度化的政务会。⑨ 另一方面，在拉迪斯拉斯统治时期，大会议或**庄严大会**（*conventa solemna*）的角色也得到加强，那时他几乎每年召开一次或有时一年召开两次。⑩

制定一套统一的法律制度是一件更困难的任务。波兰的城镇和许多村庄都遵从马格德堡（Magdeburg）法，它确保他们拥有某种程度的行政自治权，但并不授予财政豁免权，与有时宣扬的规定相悖。⑪ 贵族和农民都受波兰的习惯法的约束，卡齐米尔将它以书面的形式确定下来。尤其在经济事务方面，通过法令的形式形成的法规往往在整个国家和全部社会集团中推行。至于币制，卡齐米尔未能使克拉科夫的**格罗申**（*groschen*）成为波兰币制的基础。这个王国没有像匈牙利

---

⑨ Russocki (1974), pp. 33–52.
⑩ Bardach (1965), pp. 266–267.
⑪ Ludwig (1984).

或者波希米亚那样的矿产资源。一些银矿和稀有铜矿床都在小波兰开采和加工。西里西亚拥有金和银,但是该省处于波希米亚的宗主权之下。外国货币,尤其是匈牙利的货币,继续在该王国使用,在王国的国际交易中则更加流行。尽管具有此种依赖性,但税收体制还是迈出了大步。城市税收在皮亚斯特王朝最后两位国王的统治下已经体系化了。[12] 王权精力充沛地寻求恢复那些丧失的领地,以致在1352年激起一次贵族同盟起义反对大波兰的**总督**(*staroste*),领导者是**地方长官**(*voiévode*)马切伊·博尔科维奇(Maciej Borkowic)。这些努力使许多小城镇有可能依据**地方**(*Locatio*)法律条文建立起来。[13] 最终,王室领地的管理在持续增多的文献贮存的基础上得到全面整顿,这些文献提供的信息既有关于领土范围的,又有关于财政收益价值的。一种综合税代替了旧的公爵领地的税收。在一个世纪内这个王国经历了对外贸易的剧增和海关关税收入的增加。在该世纪末,博赫尼亚(Bochnia)和维利奇卡(Wieliczka)的盐的开采是国库收入的主要来源。1273—1278年间,这些矿山已处于政府控制下,1368年还在"大盐制造商"(great saltmaker)的领导下经过重组;他们每年生产的盐超过12000**吨**,这一生产规模使向匈牙利和俄罗斯南部出口盐成为可能。[14] 中央财政管理在王国大司库的指导下,日益系统化地控制国库收入的可计量性。简言之,近代国家,我们知道它首先是财政的产物,取得了巨大进步。

新的地缘均势

波兰国家的建立部分地也依赖其领土基础的巩固,如同依赖于由城镇和设防城堡的防线组成的边界防御一样。对王国的威胁有两个:北方的条顿骑士团和西南方的波希米亚。然而,在东方和东南方,存在它出面干涉异教的立陶宛大公国和加利西亚-洛多梅里亚王国(Galicia-Lodomeria)的可能性,那儿已经陷入全面混乱状态。造成它与波希米亚冲突的原因有两个:一方面,卢森堡的约翰,作为普热梅希尔家族最后二个人的继承人,要求继承波兰王位;另一方面,17个

---

[12] Ibid.
[13] Lalik (1976), pp. 97–120.
[14] Wyrozumski (1978b).

西里西亚的公爵领（大量德意志人不断涌入那里的农村居民点和矿山城镇）都被拉入波希米亚国王的利益范围。种族和政治问题盘根错节。波兰人和捷克人中的西斯拉夫人是一个共同体，这一意识可能曾促使西里西亚皮亚斯特家族从忠于克拉科夫转向忠于布拉格。14世纪时，在1295年写成的《大波兰编年史》(*Chronicle of Greater Poland*)上新加的序言，使得这两个民族成为两个神话中的兄弟莱赫（Lech）和采赫（Čech）的后裔。⑮ 1327年2月，从奥珀伦（Oppeln）（即今天的奥波莱［Opole］）划出五个公国：法尔肯伯格（Falkenberg）、切申（Teschen）、拉蒂博尔（Ratibor）、科瑟尔－博伊滕（Kosel-Beuthen）和奥斯威辛－扎托尔（Auschwitz-Zator）（现为涅莫德林［Niemodlin］，切申［Cieszyn］，拉齐布日［Racibórz］、科伊莱－比托姆［Koźle-Bytom］、奥斯威辛－扎托尔［Oświęcim-Zator］）。4月，奥珀伦和布雷斯劳（Breslau，即弗罗茨瓦夫［Wrocław］）两公国向卢森堡的约翰表示效忠。1329年4—5月，斯泰因高（Steingau）、奥尔斯（Öls）、萨甘（Sagan）、利格尼茨－布里格（Liegnitz-Brieg）和尧尔（Jauer）（分别为希齐纳瓦尼斯卡［Scinawa Nyska］、奥莱希尼察［Oleśnica］、扎甘［Żagań］、莱格尼察－布热格［Legnica-Brzeg］、亚沃尔［Jawor］）跟着这样做。最后，1331年格洛高（Glogau，即格沃吉夫［Głagów］）也离开了大波兰。卡齐米尔受到条顿骑士团的威胁且没有资源进行两线作战。根据1335年8月特伦钦（Trencsén，即Trenčin）条约的规定，他放弃对西里西亚各公爵领的宗主权，并向卢森堡的约翰支付2万布拉格的**格罗斯**（*gros*），以此换取约翰放弃对波兰王位的要求。一些地方性王朝随后消亡了，结果一些公爵领变成了直接由波希米亚国王持有的采邑。1348年，西里西亚被正式宣布并入波希米亚王国。

  条顿骑士团是更可怕的对手。从1308年起，他们已占领了从但泽和维斯图拉河河口开始的波美拉尼亚，封锁了进入黑海的入海口。1300年他们的总团长在马林堡（今为马尔堡［Malbork］）建立条顿国家的战略和后勤总部。"矮子"拉迪斯拉斯试图维护教宗有利于波兰的仲裁，即1321年的裁决，但该裁决两年后被约翰二十二世废除，

---

⑮ Graus (1980), pp. 133–134.

因为迫于总团长特里尔的查理（Charles of Trier）的压力。此后爆发的战争目睹了波兰和异教的立陶宛之间的首次联盟，它们都受到与卢森堡的约翰结盟的共同敌人的威胁。拉迪斯拉斯在普沃夫采（Płowce）的胜利（1331年）是短命的，因为次年失去了库亚维亚。1335年，卢森堡的约翰和安茹的查理－罗贝尔的仲裁强迫骑士团归还该省和多布任的领土，留给他们的是海乌姆诺和托伦以及从但泽开始的所有波美拉尼亚地区。但交割问题长期拖延。教宗特使沙特尔的加亚德（Galhard of Chartres）于1339年在华沙作出新的裁决，完全有利于波兰，但没有得到本尼狄克十二世的支持。最后，在卡利什（Kalisz）的和谈中（1343年），卡齐米尔与条顿骑士团在1335年协议的基础上进行协商，将东波美拉尼亚交给骑士团，加上但泽、海乌姆诺和米哈沃沃，但未放弃他要成为"波美拉尼亚人的主人和继承人"的主张。在这整个对抗中，卡齐米尔拥有的优势是不仅得到波兰族的支持，还有德意志族的市民的支持。德意志市民在这些曾受到国王政策鼓励的城镇里很有影响，而托伦的垄断地位使它们在波罗的海的扩张受到抑制。波兰与条顿骑士团之间的冲突，是两种对立势力的传统对抗，但更多的是一场民族战争。

  向东扩张，意义重大，这是小波兰的游说团体、王室随从中的贵族、城市市民（bourgeoisie）和教会共同推动的结果。他们都贪婪地注视着加利西亚－洛多梅里亚的东正教王国，那里罗曼诺维奇（Romanovich）王朝的男性世系已于1323年断绝了。马佐维亚的公爵波列斯拉斯－耶日（Boleslas-Jerzy）通过女性世系而有亲缘关系，曾受到那儿的波雅尔的召唤；1340年他被暗杀，他的权利留给了卡齐米尔。位于德涅斯特河上游河谷的这一区域，连接克拉科夫和黑海各个市场的贸易路线穿越其间；该地区还包括波多利亚（Podolia）的富饶土地。因此许多人对它垂涎欲滴，包括位于喀尔巴阡山脉（Carpathians）另一侧的匈牙利人、北边的立陶宛人和西边的波兰人，但还有一个世纪前蹂躏过加利西亚的蒙古人。立陶宛人自1340年起已经控制了沃伦尼亚，其中有卢茨克（Łuck）、沃齐米日（Włodzimierz）（即Luts'k和Volyn／Volodjmjr）和海乌姆诺城镇。卡齐米尔立刻着手占领从哈利斯（即Halych）开始的鲁西尼亚，这是东正教会都主教教座所在地。普热梅希尔的领土自1344年以来一直被占领。1349

年，卡齐米尔发起了对哈利斯和沃齐米日的远征，取得了胜利。但是要永久占领鲁西尼亚必须与匈牙利达成协议，匈牙利曾在卡齐米尔和卢森堡的约翰的争端中扮演仲裁者的角色，还因为 1338 年在维谢格拉德时，卡齐米尔和匈牙利的查理－罗贝尔毕竟承认了他们对鲁西尼亚的相互权利。

  向东发展与基督教在立陶宛的传播相结合，那里的基耶斯图特王公、特罗基（Troki）公爵和他的兄弟们好像已经被基督教争取过来了。1349 年 9 月，克雷芒六世宣布立陶宛王公们即将改宗。1350—1351 年，卡齐米尔和路易大王（他在卡齐米尔在世期间已声明放弃他对鲁西尼亚的权利）在立陶宛征战，旨在征服该地区及促使立陶宛改宗。卡齐米尔把具体行动留给他的侄子处理，其侄子让基耶斯图特重新作出承诺：他、他的家庭和他的人民将接受洗礼信仰基督教，以此换取波兰、匈牙利和立陶宛的三方同盟，共同抗击条顿骑士团。但是基耶斯图特并未遵守诺言，而且 1351 年的远征以军事上的失败和外交上的笑柄而告终。⑯ 第二年，路易在围攻贝尔兹（Blez）时负伤。1355 年由卡齐米尔统帅的远征，有匈牙利军队的援助，又做了更充分的准备，结果占领了沃齐米日。接下来的数年目睹了强迫立陶宛王公奥尔吉耶德（Olgierd）改宗的种种新尝试，但因为他的领地面对条顿骑士团，由此产生的各种需要使这个计划搁浅了。此外，立陶宛的外交不急不躁并且挑拨罗马反对君士坦丁堡。在没有匈牙利援助的情况下，1366 年对立陶宛的最后一次远征的结果，是加利西亚－洛多梅里亚这个古代王国完全并入波兰王权。波兰王国一直延伸，远至波多利亚，现在已经囊括许多民族；其地面面积增加了 1/3以上，人口至少增加了 40%。1365 年在哈利斯设置了一个大主教区。1414 年该大主教教座所在地迁往利沃夫（Lwow），它在另一个领域已取代了沃齐米日，成为来自利凡特的货物的转运中心。它还是鲁西尼亚波兰化及把它整合进罗马教会的重要基地。另外，因内部争斗而受损的东正教日渐虚弱，不过 1401 年时哈利斯的都主教区未被取代。

  位于拉丁教会和基督教西方的边缘，卡齐米尔大王的波兰已经不仅变得更牢固地统一起来，而且其领土地位也更加巩固。这已经证明

---

⑯ Giedroyé(1989), pp. 34–57.

它就是罗马基督教面对立陶宛的异教、乌克兰东正教会的支柱。[17] 波兰在中东欧的特权地位赋予卡齐米尔极高的威望，其至被请求做其他君主的仲裁人：1360年他在安茹的路易和奥地利的鲁道夫四世之间实行斡旋，这对导致这两个领导人的和解，还有查理四世于1364年在布尔诺达成的和解，都是一个重要步骤。查理四世还与波兰国王的孙女波美拉尼亚的伊莉莎白结婚。同年，皇帝及其儿子波希米亚国王、波兰、匈牙利、丹麦和塞浦路斯的国王们，还有西里西亚和巴伐利亚的公爵们，在克拉科夫聚会，讨论他们可以如何帮助吕西尼昂的彼得对抗土耳其人，这充分地显示了波兰在当时基督教世界中的显赫地位。

卡齐米尔大王时期的人口、经济和社会

波兰在欧洲的地位和上述政治成就与经济发展携手共进。尽管这个地区仍然人口非常稀少（1300年时大约每平方公里5.5个居民），并且黑死病阻碍了人口的增长（虽然不像西欧那么极端），但人口增长足以容许农业和手工业生产上升。小波兰最为活跃，其最重要的城市与汉萨同盟的成员——克拉科夫成了王国首都。该地区有铅矿、铁矿、铜矿，尤其是盐矿场。一方面是连接德意志和西方到南部俄罗斯和黑海的道路，另一方面是波罗的海到波希米亚、匈牙利和地中海的道路，都在这儿交汇。来这里游历的有意大利和德意志的商人，还有东方的商人、亚美尼亚人、犹太人和希腊人，他们经常在鲁西尼亚定居。这些人不仅经营转运贸易，诸如以英国布料交换东方的商品；他们也销售当地产品——来自鲁西尼亚的金属、家畜，还有蜂蜡、皮革、皮毛，尤其是来自波兰和西里西亚的廉价布料。除了这些外国商人，还有克拉科夫的商人：他们得到卡齐米尔的保护，越来越多地出现在波美拉尼亚、波罗的海和佛兰德，他们竭力排斥托伦的商人进入俄罗斯和匈牙利，自己控制了这些国家与西欧之间的贸易。克拉科夫的贸易中心（staple）的权利在1354年得以扩大；与鲁道夫四世大公达成的协议简化了往意大利的商路的手续。[18] 14世纪末起，波兰成为

---

[17] Seibt (1987), p. 1069.
[18] Carter (1987), pp. 543–544.

西欧出口小麦和木材的国家。出自马佐维亚、波德拉谢（Podlachia）甚至喀尔巴阡山丘陵的山毛榉（beech）和橡树，常被切割成用于造船的厚木板，通过维斯图拉河的中下游、布格河（Bug）和纳雷夫河（Narev）运送，华沙在这一贸易中担任了重要角色。但那时这一贸易完全依赖普鲁士的商人和条顿骑士团，因为两者都在维斯图拉河下游和波罗的海地区投资和从事运输，因此经济方面的考虑在波兰－条顿骑士团的紧张关系中发挥一定的作用。

这种对外国利益的从属说明波兰城镇的规模不大。不可否认，城市化有一个从西方到东方逐渐发展的过程。卡齐米尔把许多特许状授予王室领地上的定居点，这些领地是重新收复的或曾属于教会或修道院的，特别是位于小波兰的领地，14 世纪里他向这些地方颁发了 50 份城市特许状，而 13 世纪是 30 份。[19] 1320—1396 年间，大波兰城镇的数量从 76 个增加到 130 个；新的城镇都建立在旧公爵领地的边缘地区，沿着中转贸易的道路和植树的波美拉尼亚的边界地带。[20] 在落后的马佐维亚建立了 36 座，在被征服的鲁西尼亚则建立了 10 座。但是最大的城镇（如但泽或者布雷斯劳，拥有 2 万居民）位于严格意义上的王国之外。克拉科夫仅拥有人口 14000 人，波兹南（Poznań）仅有 4000 人。规模次一级的是桑多梅日（Sandomierz）和矿业城镇奥尔库什（Olkusz）、博赫尼亚和维利奇卡，那里施行的是一部混合法典，即**马格德堡法和矿山法**（*jus theutonicum magdeburgenses et montanum*）的混合。[21] 所有这些城镇的权力都被富有的贵族商人所垄断，这些商人的血统往往是外国人。从 14 世纪 60 年代起，这些外国出身的商人与波兰居民存在大量社会冲突。(1375 年克拉科夫面包师行会暴乱的参与者都有德意志人的名字。) 随着来自波希米亚的胡斯主义（Hussitiom）的泛滥，这些紧张关系日益增长，胡斯主义在相当一部分普通民众中找到了立足点。城市贵族（patriciate）暂时成为忠诚于卡齐米尔的一种资源，在政治上和经济上支持他。因为卡齐米尔的政策促进了城市发展，根据他的命令有 20 多座城镇用砖砌的城墙保护起来。

克拉科夫是王国无可争辩的首都：国王住在那里，因此它也成了

---

[19] Wyrozumski (1978a), pp. 31–41.
[20] Wiesołowski (1981), p. 5.
[21] Molenda (1976), pp. 165–188.

他举行加冕礼的地方。它于 1240 年曾遭到鞑靼人的毁坏,城市的面积扩大到 32 公顷,并出现了两座卫星城镇,即卡兹缅兹(Kazimierz)(1335 年被授予自治权)和克莱帕茨(Kleparz)(1366 年获得**出租土地**[*Locatio*]的授权)。那里建立起著名的哥特式建筑,为它赢得了**最著名之城**(*urbs celeberrima*)的美名。1320 年瓦韦尔(Wavel)大教堂开始动工,当时王家城堡(1306 年毁于大火)也在修建中。市政厅和纺织品大厅是城市辉煌的明证。14 世纪 60 年代圣母教堂和圣凯瑟琳教堂的建筑工地是重建工作的见证。1364 年大学的建立(在斯拉夫人的土地上继布拉格之后的第二所大学)使这个王国有了一个有能力向国家提供它所需要的法律人才的法学院。1400 年增设了神学院。这一机构要到 15 世纪初才获得成功,当时,胡斯主义把那些继续在布拉格学习的波兰学生引到了克拉科夫。因此,卡齐米尔大王的统治是波兰民族国家确立的时期。

尽管如此,德意志人的影响仍很重要。基督教化是从西方传过来的,并且皮亚斯特王朝的王公们常从帝国迎娶新娘。在 12 世纪和 13 世纪,德意志西铎会的修士在波兰大量投资,他们的 10 多个修道院已成为殖民中心。在鞑靼人入侵以前,公爵们、地主们和各教会机构都在吸引来自德意志的移民,此后更是这样;尤其在 1280 年后和 14 世纪初期,在大波兰和库亚维亚,**出租土地**的证书到处激增。1306 年后,在小波兰,轮到喀尔巴阡山丘陵和维斯图拉河以北地区受益于**土地出租**(在 14 世纪的过程里分别达 40 处和 33 处)。在众多拥有波兰居民的村庄中,德意志的法律(比波兰的法律对农民更加有利)被接受的程度,远远胜出波兰的法律。即便如此,并不是所有使用德意志法律的城镇都是德意志人的城镇;同样,如果个人姓名的证据可以信赖的话,那么波兰的大城镇拥有的是混合居民,多达 50% 的人口可能是德意志人,如在奥尔库什就是这样。㉒ 此外,正是在城镇的世俗政府和教会中拥有重要职责的德意志人的存在,孕育了真正的仇外思潮。14 世纪初期,一位匿名的法国多明我会修士强调波兰人和德意志人之间**天生的反感**(*naturale odium*)。这种反感一度被掩盖起来,因为先是有大小波兰之间的对抗,接着是 1370 年后反马扎尔人

㉒ Higounet (1986), pp. 200–214.

(Magyar)的情绪。然而,在一个很大程度上向外开放的波兰中,对德意志人的仇视将继续存在,尽管波兰的德意志人忠诚于这种君主制并怀有特定的爱国主义。[23]

匈牙利的继承权和波兰 – 立陶宛联盟

也许曾令人担心的是,卡齐米尔的重建工作将会受到他的继承权问题的威胁,因为继承的不确定一定会使阴谋和派系这个古老的恶魔复活。甚至在1339年,他的首任妻子(未曾为他生育孩子)去世前,卡齐米尔就已深思匈牙利的继承问题。他的姐妹伊莉莎白嫁给了查理 – 罗贝尔,1328年卡齐米尔就曾访问匈牙利,对维谢格拉德的完全西方化、壮丽的宫廷赞叹不已。在他看来,查理 – 罗贝尔表现出对波兰王位的兴趣,波希米亚的国王也提出了这种要求。1338年,双方商定如果波兰王位出现空缺,那么后者支持查理 – 罗贝尔继承,条件是如果波兰希望收复西里西亚,那么匈牙利将保持中立。在丧偶期间,卡齐米尔是从匈牙利方面来考虑继承权问题的,而不考虑一位来自皮亚斯特家族的亲王,因为那样可能引起争议。1339年,波兰的伊莉莎白被承认为继承人,查理 – 罗贝尔承担起帮助波兰征服失地的责任,以表示对她的政治和财政权益的尊重,并且不任命外国人在政府任职。自此匈牙利国王成为波兰永久的盟友。在立陶宛战争期间,给予路易大王的援助为他提供了使他与波兰贵族获得联系的手段。1351年卡齐米尔在卢布林(Lublin)病情转重,使继承权问题显得迫在眉睫。接着波兰贵族们提出要求:路易必须着手向他们发誓不委派德意志人担任政府官职或者城堡长官,而且从王国获取的金钱不得多于供养他自己及他家人在波兰居留期间所需的花费。1355年卡齐米尔在布达(Buda)确认了匈牙利的继承权,然而波兰的四位以王国名义说话的权贵,从路易那里获得专门承诺:关于税收(未经贵族同意不征收新税)、未来国王的开支(他将以自己的费用来到波兰)和军队义务(波兰人将不到自己的国土之外作战)。另外,安茹的继承权限于路易及其男性继承人。匈牙利国王的种种权利就这样稳固地确立下来,但以重大让步为代价。"贵族的自由"(gilded liber-

---

[23] Zientara (1974), pp. 5–28.

ty）和**全体承诺制**（Pacta Conventa）的未来政权已初露端倪了。

匈牙利的继承权似乎一度因卡齐米尔的再婚而受到威胁。这位国王的第二次婚姻受到查理四世的鼓励，后者对两个王权联盟中的任何一方都不感兴趣。1341年，卡齐米尔与黑森的阿德莱德（Adelaide of Hesse）结婚，但没有生下男性子嗣，不久他就把她休弃了。在假冒获得教宗的特许后，1316年他强迫波茨南的主教主持他的第三次婚礼，这次是与萨甘的赫特维克（Hedwig of Sagan）结婚，她也未能为他生下一个儿子。这样，路易是恰当的、真正的继承人；但是卡齐米尔指定他的外孙斯卢普斯克（słupsk）公爵卡齐米尔作为世系中的第二继承人，是他女儿伊莉莎白和波美拉尼亚的博吉斯拉夫五世（Bogisław V）的儿子。因此，斯卢普斯克公爵对匈牙利国王的任何可能的女性继承人都有优先权。在驾崩的前两天，卡齐米尔把王国整个北部的四分之一赐给这位外孙，作为其封地。这是弥留之际在想到剥夺皮亚斯特家族的继承权时的自责吗？是作为外祖父的挂念？还是以一种西部和波罗的海的政策来平衡南部和东部取向的愿望？不管情况如何，规模如此大的一块属地不能不危及王国重建的整体成就。

卡齐米尔于1370年9月8日去世，路易于11月17日被推举为国王，恰恩库夫的扬科——一部强烈反安茹王朝的编年史作者——领导的大波兰的一个贵族派别企图支持斯卢普斯克的卡齐米尔，但后者虽然被剥夺了他的大部分遗产，很快就与路易大王和解，而且1377年他就去世了。库亚维亚的皮亚斯特家族现在仅剩下"白人"拉迪斯拉斯（Ladislas the White），是在第戎（Dijon）的一名僧侣，他回到波兰，拿起武器反抗路易，并于1377年与他的支持者联合起来。至于西里西亚的那些皮亚斯特家族的公爵们，他们服从波希米亚国王，或者实际上是匈牙利人的支持者，比如奥波莱的拉迪斯拉斯（Ladislas of Opole），路易在1380年授予他名副其实的副王（vice-royalty）职位前让他担任鲁西尼亚的总督。在他之前，路易曾把波兰政府委托给他的母亲。

对作为波兰国王的路易的评价是相互冲突的，与对他作为匈牙利国王的评价一样。在恰恩库夫的扬科的叙事传统和出自大波兰的史料中，一些人继续谴责安茹政府，认为它受外国人控制，是掠夺式与搪塞式的统治。扬科尤其指责路易在克拉科夫而不是在格涅兹诺加冕，不在波兰任职并将政府委托给一位妇人管理。事实上安茹派的权贵们有能力避免各种离心力量而获得成功,路易如卡齐米尔一样维持着一个强大的中央政府。新君主的顾问们是政权的也是王国统一的卫士。[24] 如果说路易有什么可以指责之处,那就是他向权贵们作了额外的让步,把大多数王室城镇(在小波兰和大波兰有91%)授予他们,以便巩固自己的权利。路易必须进一步采取措施为他女儿确保王位:1374年依据《卡萨(科希策)特权》(Privilege of Kassa [Kočice]),波兰贵族接受女继承人,但他们得以大幅削减对公共开支的捐款。教士也通过类似让步被拉拢过来。这样,王朝目标的实现阻碍了更公平的税收政策的发展。尽管如此,如果路易那时曾成功地把**帕拉迪纳**(poradine)——一种向农民征的税,从不固定转变为固定征收,规定每户为 2 个**格罗申**,他就会向一种更近代化的税收制度迈进一步。[25]

但是这个王朝的计划并非只有这些灾难性的后果,因为它使一个长期孕育中的计划——波兰与立陶宛的联盟——得以完成。1382年路易去世时,有一个派别反对一位德意志王公借助于路易的某个女儿来继位。路易健在的大女儿玛丽已经嫁给卢森堡的西吉斯孟德,即查理四世的儿子,而当时的卢森堡家族却一直在支持条顿骑士团。其年幼的女儿,即雅德维加,已许配给哈布斯堡的威廉。皮亚斯特派又开始抬头。最终,13岁的公主于1384年在克拉科夫加冕为王。权力仍然掌握在权贵手中。路易大王曾企图使其永存的匈牙利与波兰王权的联合,就这样破灭了。

路易刚去世时,立陶宛正好在条顿骑士团手中经受了一次惨败,不得不向他们割让萨莫吉西亚(Samogitia)的部分地区。此外,这个大公国被约盖拉公爵及其堂兄弟威托尔德(Witold)之间的家族不和所削弱。最后,在东边,莫斯科已宣称她统一俄罗斯领土并向西扩张的愿望。立陶宛与莫斯科的冲突似乎不可避免,这种威胁终结了东正教和拉丁基督教世界之间的这个大公国的古老均势。从此,再没有什么能够阻止波兰和立陶宛团结起来对抗条顿骑士团。1385年双方在

---

[24] Vardy, Grosschmid and Domonkos (1986), pp. 129–154.
[25] Matuszewski (1985), pp. 33–50.

科里沃（Krevo）缔结协议，宣布在约盖拉的王权权杖下立陶宛大公国和波兰王国实行个人的联盟（personal union），* 约盖拉于（次年）2月15日在克拉科夫接受洗礼，取名为拉迪斯拉斯，三天后与雅德维加完婚，并于3月4日加冕为王。立陶宛民众向基督教的改宗过程随之进行。维尔诺（Wilno）主教区于1387年设立，并获得优厚的捐助。除了方济各会，克拉科夫的苦修会托钵僧（Penitential Friars）的宗教会众也在基督教化中扮演了重要角色。

科里沃的行动隐藏着一个对条顿骑士团的致命危险，因为它把两大敌对政权的力量联合起来，因为立陶宛人放弃异教信仰剥夺了条顿骑士团意识形态方面的全部理由。因此，他们想方设法破坏联盟并支持立陶宛内部的反对派，其领袖是已故的基耶斯图特公爵的儿子维陶塔斯。约盖拉·拉迪斯拉斯着手消除反对联合的独立派的种种成见，允许立陶宛大公国有相当大的自治权。1392年维陶塔斯与拉迪斯拉斯和解，后者任命他为立陶宛总督。1399年在沃尔斯克拉河（Vorskla）抗击鞑靼人时维陶塔斯遭到失败，这打击了他东进的雄心——他曾梦想征服普斯科夫、诺夫哥罗德和（为什么不？）莫斯科，还有黑海沿岸，于是他被紧紧地维系在拉迪斯拉斯的阵营中。至于拉迪斯拉斯，他意识到立陶宛两种力量的这种纯粹而简单的合并是不可能的。通过1401年在维尔纳-拉多姆（Vilna-Random）签订的协议，维陶塔斯成为立陶宛大公，拉迪斯拉斯为自己保留了最高大公（Supreme Grand Duke）的称号。拉迪斯拉斯早在两年前就已鳏居，这一点也没有损害他作为波兰国王的形象。两国间的个人联盟是令人满意的、真正密切的。

与条顿骑士团的冲突被推迟了，因为小波兰贵族所优先考虑的事情不是这个，而立陶宛的一些波雅尔在往东扩张。但大波兰的贵族、出口木材和谷物的商人，还有大部分立陶宛人，都受到条顿骑士团侵犯的威胁，迫切要求战争。1407年乌尔里克·冯·荣京根（Ulrich von Jungingen）当选总团长而促成了战争的到来。经过一年的准备，波兰-立陶宛军队于1410年7月发起进攻，向马林堡（马尔堡）进军。条顿骑士团，有雇佣兵和西方志愿者加入进来，企图切断他们的

---

* 这是20世纪立陶宛历史学家的一种观点，认为这种联合是由君主个人决定的。——译者注

行进。决定性的冲突于7月15日在格伦瓦尔德（Grunwald，即坦能堡）爆发，有10万多士兵参战。条顿骑士团被彻底击溃，总团长和许多军官死于战场。条顿人的城镇和要塞相继投降。但是波兰－立陶宛的军队在马林堡城下战败。骑士团得到皇帝西吉斯孟德和教宗格列高利十二世在外交层面的支持，1411年在托伦签署的和约中保住了他们领地中的关键部分：归还的是萨莫吉西亚，但不是波美拉尼亚和但泽。这些条款根本没有粉碎该骑士团的军事力量，压迫波兰和立陶宛逾百年的所有障碍也没有全部消除。因此吞并波罗的海沿岸成为短期到中期的目标。坦能堡之役也保证了波兰－立陶宛用鲜血凝结的联盟。1413年在霍罗德洛（Horodło），43个波兰贵族家族接纳了同样数量的立陶宛家族，并分享他们的战袍。立陶宛领主现在与他们的波兰同伴一样，享有相同的财政和司法特权。立陶宛的自治无可置疑地再次得到正式承认。但是承认兄弟般的关系说明立陶宛的制度和文化都被波兰化。波兰－立陶宛的君主政体正成为一个名副其实的政权。

三　14世纪上半叶的波希米亚

卢森堡的约翰的即位

1306年8月瓦茨拉夫三世被暗杀，使波希米亚陷入漫长的继承危机中。普热梅希尔王朝的最后一个国王没有子嗣但却有许多姐妹；他母亲波兰的伊莉莎白女王，仍然在世。首次冲突是下面两个人之间的较量：一个是他的姐妹之一的安妮的丈夫卡林西亚的亨利（Henry of Carinthia），另一个是哈布斯堡的鲁道夫，即皇帝阿尔伯特的儿子。1306年经历了某种双重的选举，即亨利在8月和鲁道夫在10月的选举。后者通过与寡居的王后成婚，并使他父亲确认波希米亚在帝国选举中的选举权而巩固自己的机会。鲁道夫直接接见一个来自这个国家西南部的贵族联盟，其领导人是瓦尔德克的扎延茨（Zajec of Waldeck），他还得到巴伐利亚人和萨克森人的支持。但他在围攻霍拉日焦维采（Horaždovice）时，于1307年7月3日去世。12天后，波希米亚的领主们再次选出卡林西亚的亨利。秋天，阿尔伯特皇帝在库特纳霍拉（Kutná Hora）城下被打败；1308年5月1日，正当他为确保另一个儿子的王位而发动一场新的战役时被暗杀。哈布斯堡王室的威胁从此避免了，然而卡林西亚的亨利的地位并没有得到巩固。

11月，卢森堡的亨利被选为德国国王，这导致第三个人——他的儿子约翰进入候选人的名单。亨利七世与法国国王关系紧密，他的东方政策得到波希米亚西铎会两位大修道院院长的支持，即兹布拉斯拉夫的康拉德（Conrad of Zbraslav）和塞德莱茨的亨利·海登赖希（Henry Heidenreich of Sedlec），他们是曾穷于应付上层贵族各种要求的瓦茨拉夫二世的前外交官。1309年，在从西铎（Cîteaux）举行的教士会大会（general chapter）返回途中，康拉德在海尔布隆（Heilbronn）认识了亨利七世。在他回到布拉格时，他劝说年轻的公主伊莉莎白，即瓦茨拉夫二世的女儿，嫁给卢森堡的约翰。1310年夏天，伊莉莎白从布拉格逃往德意志。8月31日在施派耶尔（Speyer），18岁的伊莉莎白嫁给了年仅14岁的约翰，他的父亲把波希米亚赐给他，作为封地。经过在库特纳霍拉和科林（Kolin）的失败，卢森堡的约翰的一小批人出现在布拉格城下，其领导是彼得·冯·阿斯珀尔特（Peter von Aspelt），他是美因茨的主教选帝侯和瓦茨拉夫二世的前大臣。在允诺将归还贷给卡林西亚的亨利的款项后，感到放心的市民才于1310年12月3日向他们打开首都的大门。1311年2月阿斯珀尔特为约翰加冕，并因在波希米亚的贵族面前承诺为这个王国的居民保留各种官职而受到贵族们的喝彩。

不久这种共识就被打破了。德意志的顾问们感到不满意，其中有阿斯珀尔特。约翰的帝国皇位候选人资格（因1313年他父亲的死而被公开）使他远离波希米亚的事务，如同他最终才给巴伐利亚的刘易斯提供武装支持一样：他支持刘易斯反对哈布斯堡家族的一位成员"美男子"弗雷德里克（Frederick the Handsome），因他怀疑弗雷德里克对波希米亚有所图谋。约翰不在匈牙利期间，古老的二元政治再次抬头：一方面，是支持中央集权的派别和围绕着王后和西铎会的普热米斯尔王朝的传统，包括一些男爵，尤其是被德意志的市民精英把持的城镇；另一方面，是由利帕的亨利（Henry of Lipá）领导并得到王后母亲支持的更大一部分上层贵族。1315年春天，约翰不得不遣离德意志人。被任命为王国元帅的利帕的亨利取代了阿斯珀尔特；在大量追随者的支持下，不久他就成为一支令人敬畏的势力，意欲控制这位国王的开支。10月，国王把他投进监狱。内战爆发了。阿斯珀尔特被国王召回后,成功地达成了一项妥协:利帕获释但是约翰得以自由地控制王室收入,这使他有能力在帝国内援助巴伐利亚的刘易斯。王国的都督(captain general)阿斯珀尔特竭尽全力稳定局势,但是无法阻止混乱状态。1317年他离开波希米亚,将权力交给了伊莉莎白王后,她非常敌视那些曾迫使她离开布拉格的贵族。

卢森堡的约翰于12月返回波希米亚,在1318年2月的议会(diet)中,贵族们试图强加给他各种非常严格的条件,许多反对他的贵族打哈布斯堡这张牌。幸亏巴伐利亚的刘易斯的干预,双方才达成协议。刘易斯尤其害怕波希米亚将会落入他的敌人哈布斯堡家族手中,这就是"多马日利采调停"(reconciliation of Domažlice)。卢森堡的约翰在尝试统治这个国家时一开始就大吃苦头,现在他只关注确保获得足够的财政收入,幸亏他垄断了库特纳霍拉的银和铸币厂。至于其他所有方面,他重申中央集权和削弱贵族政治权力的王室传统。此后,男爵们在王国里为所欲为;他们中最有权势的,即利帕的亨利,成了总督。至于约翰,他将自己的雄心集中于这个王国以外地区,实际上除了为自己提供优质白银,他没有在波希米亚花费时间。[26] 除了这种政治上的**后退**,尚有另一个转变,即这位王与妻子关系的破裂。在王后心中,普热米斯尔王朝传统仍很活跃,1319年,在布拉格市民的支持下,她试图重新获得权力,但徒劳无果。这种威胁使约翰国王与贵族集团联合起来。约翰最终将孩子们与他们的母亲分开:他(她)们纯粹是国王的欧洲政策的典当品。最年长的瓦茨拉夫于1323年被送往法兰西,到他的姑父"美男子"查理四世的宫廷里,一年前查理四世娶了约翰的姐妹卢森堡的玛丽。查理四世是瓦茨拉夫的坚信礼的主办人,正是在这种情况下瓦茨拉夫接受了这位法兰西国王的基督教的名字。

卢森堡的约翰与欧洲

此后,约翰几乎都不住在他的王国,总是非常依恋他的卢森堡领地,他的大部分时间都在策划外交方案中度过。这些外交方案并非全都有利于波希米亚。有一个早期的联合:约翰与巴伐利亚的刘易斯和

---

[26] Janáček (1973), p. 252.

匈牙利的查理－罗贝尔结盟（约翰将他的姐妹比阿特丽斯[Beatrice]嫁给了他），其矛头对准哈布斯堡家族（该家族由此陷入了一种钳形攻势之中）和波兰（约翰宣称他是普热米斯尔王朝的继承人）。这些联盟使波希米亚得以对特罗保（Troppau，今天的奥拉瓦[Opova]）公国建立起统治权，并且受益于勃兰登堡阿斯坎王朝（Ascanians）的消失，他们还允许恢复西部上卢萨蒂亚（Upper Lusatia），它与鲍岑（Bautzen）一起，1320年被瓦茨拉夫一世交出去，作为他一个女儿的嫁妆。

但是这一联盟体系几乎立刻就瓦解了。比阿特丽斯去世，查理－罗贝尔于1320年又与波兰国王"矮子"拉迪斯拉斯的一个姐妹结婚，并得到教宗的承认。两年后，巴伐利亚的刘易斯和约翰在米尔多夫（Mühldorf）取得对哈布斯堡王室的辉煌胜利，减弱了皇帝对波希米亚国王的依赖。不过，波希米亚国王接受艾格尔（Eger）地区（今天的海布[Cheb]），作为对他的赞成和武力支持的回报。[27] 但是对约翰所曾觊觎的勃兰登堡选侯区，巴伐利亚的刘易斯却将它分配给自己的儿子。从那以后必须建立一个新的联盟体系。经过一些往西边的冒险，如使他的儿子约翰－亨利与卡林西亚的玛格丽特订婚，玛格丽特是与他竞争波希米亚的老对手的女儿，这里包含着约翰重组神圣罗马帝国的三个王国的计划，从中他自己将持有意大利的王冠，瓦卢瓦的查理获得阿尔勒的王位；然后约翰回归他想统治波兰的野心。"矮子"拉迪斯拉斯在异教的立陶宛的援助下介入反对勃兰登堡的行动，而立陶宛曾多次攻击基督徒并将他们卖为奴隶，这给了约翰武装反对波兰国王的法律上的正当理由，干预是在与查理－罗贝尔联合并在约翰二十二世的保护下进行的。尽管这位波希米亚国王在克拉科夫城下被打败，但是他有能力确保在西里西亚的地位。如前所述，西里西亚这块封地从1327年开始转入波希米亚王室手中。[28] 约翰在这里收获了始于普热米斯尔王朝的一项政策的持久的果实。在14世纪，西里西亚已经非常都市化，凭借博伊滕（Beuthen，现为比托姆[Bytom]）的矿山，它成了产铁的重要地区。1328—1329年，约翰与条

---

[27] Bosl (1967–1974), II, pp. 46ff.
[28] Pustejovsky (1975).

顿骑士团一起，发动了一次新的反对立陶宛人的十字军，而波兰人则徒劳地试图帮助立陶宛。

然而约翰的西方政策并未被抛弃，这是被约翰的叔叔特里尔主教选侯的候选人鲍德温（Baldwin）所激活的，这是因为美因茨王位虚悬，它在任何德意志人的王室选举中均具有关键的战略重要性。1330年约翰二十二世反对鲍德温，这迅速将约翰推入反教宗的阵营。也就是说他与巴伐利亚的刘易斯再次团聚，刘易斯自1324年起即被开除教籍，并且他在意大利的冒险也刚刚失败。卢森堡的约翰于是接过这一事业，1330年秋天，他忙于将北意大利从布雷西亚（Brescia）到卢卡的城镇的吉伯林党聚集到自己身边，如他父亲在他之前所曾尝试过的那样。很快，随最初的热情而来的是幻灭，因为"德意志人"占领的名声极其不利，财政压力也无法解决。约翰不住在波希米亚，他的所有敌人都利用这一点，甚至巴伐利亚的刘易斯也这样。刘易斯与哈布斯堡王室达成一份秘密协议，计划瓜分卡林西亚的亨利的各个公爵领地，而卢森堡的约翰是希望将上述领地传给他的儿子约翰－亨利的。1331年6月后，约翰不得不返回中欧，留下他的儿子查理在帕尔马担任总督。两年后，在费拉拉大联盟中意大利各政治力量的联合是卢森堡王朝在意大利造成的产物。

征服帝国

卢森堡的约翰是否意识到他不能无限期地脚踩两只船？自1335年起，这位国王集中于一个单独的计划：为自己或儿子查理获得帝国皇冠，其他一切都从属于这一目标，以各种手段把自己装备起来去实现这一抱负。最重要的外交轴心是强化与法兰西的联盟：1332年瓦卢瓦王位的继承人约翰已娶了波希米亚国王的女儿博妮（Bonne）；既然普热米斯尔王朝的最后一人也去世了，于是这位波希米亚国王在1334年迎娶了波旁的比阿特丽斯，即圣路易的曾孙女。[29] 约翰直到去世都忠诚于这个法兰西的停泊地。他还必须从东边的累赘中摆脱出来。卡齐米尔入主波兰（1333年），促进了某种持久和平的建立，这位新国王同时声明放弃与卢森堡王朝和条顿骑士团的战争；1335年

---

[29] Troubert（1988），pp. 252–280.

卡林西亚的亨利去世,为他与查理-罗贝尔和解提供了一次契机,查理-罗贝尔曾担心哈布斯堡家族加强在匈牙利西部边境的存在。在他的支持下,卢森堡的约翰和卡齐米尔大王在特伦钦会晤:一方声明放弃对波兰王位的要求,另一方则放弃对西里西亚的要求。次年,约翰放弃卡林西亚、卡尔尼奥拉(Carniola)和温迪施的边境地区(March of Windisch),把它们交给哈布斯堡,换取后者承认卢森堡在蒂罗尔(Tirol)的主权,由此他希望获得奥地利的公爵们支持他的帝国政策。1341年,巴伐利亚的刘易斯进攻约翰-亨利,使他同时失去蒂罗尔和妻子(这位皇帝篡用教宗的权利,宣布这场婚姻无效,并将玛格丽特·莫尔塔奇[Margaret Maultasch]嫁给他自己的儿子,即勃兰登堡选侯),这一事件加强了约翰与哈布斯堡家族的联盟,因为后者同样受到这位来自巴伐利亚的皇帝的威胁。从那以后,大部分选侯在克雷芒六世的支持下,都站在查理一方,查理在父亲完全失明后于1340年成为波希米亚的摄政。1346年7月11日,他被三个教会选侯、萨克森的鲁道夫和卢森堡的约翰推选为德意志国王。因为亚琛(Aachen)支持威特尔斯巴赫(Wittelsbach)家族,加冕礼在波恩(Bonn)举行,由科隆大主教主持。1347年10月11日巴伐利亚的刘易斯去世,使帝国诸城镇得以改变政策。卢森堡的约翰当时已经去世一年多,他在克雷西战役中丧生(1346年8月26日),在那里他曾奋力在法国阵营作战,尽管他身体羸弱。查理因此收获了十几年来坚定追求的一项政策的果实。当政初期冲动的和稍许无序的冒险已被谋取帝国皇冠的完全成型的计划所取代。与瓦卢瓦、哈布斯堡王朝和匈牙利的安茹家族的联盟,还有与波兰达成的协议,后来都取得了某种持久的成功:这个王朝中的德意志的王冠维持了将近一个世纪。

卢森堡的约翰统治下的波希米亚

不啻一次,卢森堡的约翰野心勃勃的对外政策严重掏空波希米亚王国国库。1336年,资金缺乏到如此程度,以至于他们竟然搜刮藏匿在犹太教堂和圣阿达尔伯特(St Adalbert)坟墓中的财宝。但尽管存在着这些周期性的危机,卢森堡的约翰仍能从该领地上榨取资金,为他的政策服务。如在匈牙利一样,正是较多的矿物财富和较小的税收，使国王有能力在欧洲舞台上占有一席之地。主要的税收有：一种用于某种专门目的的一般性的补助金（berna generalis），所有臣民都要缴纳，所以要经过上层贵族的同意；一种临时税（berna particularis），这种税的征收无须王室地产上的、王室城镇中的和处于王室庇护下的教会地产上的各个等级的同意；最后，对犹太人征收的税是对王室保护他们的代价。卢森堡王朝经常征收**一般性补助金**，尽管它早在1331年就遭到贵族们的抵制，当时达成的协议规定只有在王子加冕和公主订婚的场合才允许征收。**临时税**经常耗尽修道院的金库而不是城镇的，后者可以通过商业扩张来缓和。[30] 君主对矿山的权利要重要得多。尽管波希米亚只出产匈牙利1/5产量的黄金，但在1300年左右它提供了40%的欧洲白银（每年在20—30吨之间，1350年左右增加了10吨）。[31] 卢森堡的约翰获得所有这些采掘品的八分之一；他支配着银的贸易和铸币的垄断权。所有的金融管理机构都集中于库特纳霍拉，这是一座拥有18000名居民的城镇，1280年左右在那里发现银矿，从瓦茨拉夫二世治下时期起它已取代伊赫拉瓦（Jihlava），成为采矿和铸币的最重要中心。

总的来说，尽管有财政压力，卢森堡的约翰的统治对这些城镇是有利的。在14世纪上半叶，农民的流动没有受到严格限制，正是这一点而不是来自外面的殖民化的流动（这种流入已经枯竭）支撑着城镇的人口，也就是国内所有那些期望生活得更好的乡下居民进入城里。扩大了的城镇从事各种工程的建设，获得种种特权和参政权；市民的法官，作为一种领主的官员，逐渐被城镇居民共同体推选出来的成员所取代，他们以在波希米亚流行的德意志的法典为榜样（是德意志南部和马格德堡使用的法典）。[32] 然而，这种市政自治权的增加并不导致真正参与政治生活。只有那些王室的城镇（32个在波希米亚，17个在摩拉维亚），及主要是布拉格的旧城（Stare Mesto），才派代表参加王国议会。这种议会在约翰统治期仅召集过六次。自治市的政府掌控在一个很狭窄的城市贵族阶层手中，通常为德意志人，尚未

---

[30] Kejř(1966).
[31] Janáček (1973), pp. 247–252; Šmahel (1987), pp. 511–512.
[32] Kejř(1968).

真正受到很大程度上来自捷克的**工匠和工人**（*artifices et operarii*）的威胁，他们已重组在各种行会里。卢森堡的约翰受益于有势力的城市贵族阶级，他们为他提供了数位顾问，包括他的大财政家乌尔里克·普夫勒格（Ulrich Pflug）。另一方面，为了波希米亚诸城镇的利益，尤其是布拉格的利益，那时它已拥有35000名居民，他试图开发地中海与北欧之间的转运贸易（这有助于邻近的城镇维也纳、林茨［Linz］、拉迪斯本［Ratisbon］、纽伦堡、布雷斯劳和克拉科夫增加财富），但没有取得任何实际成效。他将多瑙河的商路往北方转移的努力同样没有成功。布拉格未能成为贸易中心。[33]

支持国王的另一支力量是教会。我们前面提及在他即位时兹布拉斯拉夫和塞德莱茨的西铎会修道院所扮演的角色。我们应该补充的是德拉日茨（Dražice）的约翰四世的作用，他在布拉格主教任上的漫长任期（1301—1343年）在维护主教权利反对教宗的集权化倾向上走出了根本性的一步。他极为敌视托钵僧修会的修士和宗教裁判所，另一方面，他负责将奥古斯丁派的律修会修士（canons regular）引进波希米亚，他赞赏他们的精神和田园生活。1333年他在易北河上的罗乌德尼采（Roudnice）建立了奥古斯丁派修会的第一个教士会；这是专为捷克人创办的，*nisi sit Bohemus de Utroque parente idiomatis bohemice ortum trabens*（**除非他们能说波希米亚语，学自他们的父母**），[34] 而建于12世纪的西铎会和普雷蒙特利修会（Premonstratensian）的各修道院，是其德意志母修道院的女儿修道院，成为移民区和德意志影响的中心。同样的情形也盛行于各托钵僧修会中。至于卢森堡的约翰，他在自己的王国内建立了加尔都西派（Carthusians）；他们的第一个修道院——很快就成为该修会在北德意志地区的首脑——于1342年在布拉格附近开设。诚然，14世纪上半期建立的修道院没有如上一世纪那样多，13世纪经历了与土地开垦相联系的托钵僧修道会和女修道院的增多；也不如查理四世统治时所建立的那样多。但是在约翰统治时期，标志着一种捷克的隐修制度的发展，对未来的民族文化和文学文化有某种基础性的作用。卢森堡的约翰和教宗之间的友

---

[33] Graus（1960）；Meznik（1969）.
[34] Graus（1966），pp. 26–37.

好关系，以及他儿子查理的精力充沛的行动，因布拉格摆脱美因茨的支配而于 1344 年达到顶峰：新的布拉格大主教区环绕着布拉格主教区（2048 个堂区）、奥洛摩茨（Olomouc）主教区（550 个堂区），以及近期创立的利托米什尔（Litomyšl）主教区（153 个堂区）。㉟ 新设的布拉格大主教，是一个强大的教会的头目，王国内仅次于国王的第二号人物，他领导的教会几乎拥有王国土地的 1/3，在该教会里，尽管存在随德意志移民到来的瓦尔多派的某些痕迹，但几乎没有关于未来种种危机的最初征兆的细微迹象。

另一方面，内部诸种族问题已经显示出某种分裂的界线，这些界线将在胡斯战争的危机时期加深。其表现是：一个德意人的上层市民精英阶层渴望得到承认，但同时他们反对发展中的捷克市民阶层（bourgeoisie），尤其反对农村的捷克贵族，后者是波希米亚风俗习惯的捍卫者；德意志的托钵僧教士反对捷克的俗人（seculars）。总之，经济、政治、宗教和人种语言上的紧张关系使得满足某些需求就必然损害另一些需求。贵族在与市民的斗争中，成为自封的"Czechicity"（捷克民族认同）的保护人。这里，市民阶层通常是国王的天然盟友，而贵族则非常依恋于一种双重政治，即将所有的地方权力和税收控制权委托给议会。贵族阶层的所有的不满与悲愤都通过一个捷克作者写的编年史表现出来，这就是据认为写于 14 世纪早期的达利米尔（Dalimil）的编年史：它赞扬有德行的捷克人，即具有古老血统的贵族们，视德意志人为世仇。这部作品提倡了两个概念：*regnum Bohemiae*（**波希米亚王国**）和捷克语共同体成员身份。在这方面，它是民族良知意识形态化的一个重要阶段。存在一种对立的 *deutschböhmisch*（**德意志－波希米亚**）的良知吗？继科斯马斯（Kosmas）之后中世纪历史方面最重要的著作《兹布拉斯拉夫编年史》（*chronicle of Zbraslav*），是用拉丁文写的。它的作者是教士齐陶的彼得（Peter of Zittau），来自德意志族地区，自夸具有德意志人的勇敢。但是这并未阻止他感受波希米亚人：从与波希米亚人打成一片的角度——*nostril Bohemi*（"**我们波希米亚人**"）来感受，或通过否定德意志人与捷克人之间的相互仇恨而维持某种平衡的角度来感受。他宣扬 *Landes-*

㉟ Šmahel (1987), p. 513.

patriotismus（**忠于国家**），一种上层教士也享有的情感。从这方面看，布拉格大主教区的创建是精英集团的抱负的巅峰，这些精英属于两个种族。但使德意志人和捷克人在**忠于国家**理念的基础上持续地、成功地实现某种和平的妥协，这种情感能提供充分的社会和制度支持吗？[36] 摆在前面的各种危机的构成部件，在查理四世统治期间被平息下来，但到该世纪中期它们已经准备就绪。

克劳德·米肖（Claude Michaud）

柴　彬 译

王加丰 校

---

[36] Graus (1966) and (1980), pp. 89 – 113.

第二十三章
14 世纪的罗斯诸公国

14世纪罗斯诸公国并不是"俄罗斯",尽管它们的该世纪的历史时常被归于此类标题之内。以莫斯科为中心的后来成为俄罗斯的那个国家,是在该世纪发展进程中从罗斯诸公国里涌现出来的。位于森林密布的欧洲平原东面的这些土地,在14世纪最初10年其支配性的特征是政治与文化的差异性。我们将要关注的这片领土位于波兰和普鲁士以东,扩展到乌拉尔地区并从波罗的海延伸到黑海大草原的北部。在种族上,东斯拉夫人占优势,并逐渐取代了这些森林里生土长的芬诺乌戈尔(Finno-Ugric)人。芬诺乌戈尔人在爱沙尼亚和莫斯科、诺夫哥罗德以北至白海的广大地区仍然占总人口的多数。波罗的海人(列托人 [letts]、立陶宛人)则居住在沿波罗的海南岸的爱沙尼亚和某种程度上的内陆地区。土著西伯利亚人定居在遥远的白海北边的沿岸地区。至1300年,只有东斯拉夫人是正式的基督教徒,他们属于拜占庭东正教。环绕这一广袤地区的是具有不同宗教、不同种族和不同历史传统的民族:多神教的鞑靼人和土耳其人位于大草原的南方和东方,天主教的波兰人位于西方。

赋予这一地区历史凝聚力的,是它们拥有共同的基辅罗斯国家的政治遗产,10—12世纪留里克(Riurikide)王朝控制着这些地区的绝大部分(不包括波罗的海沿岸或更向北的地区)。但在14世纪初,这一大公国演变成许多不同的公国,均源于基辅的统治家族。这些地区至少可以识别出五个政治中心,作为后来诸民族发展的一种标杆:位于加利西亚、沃伦尼亚、基辅、切尔尼希夫(Chernihiv)、佩雷亚斯拉夫(Pereiaslav)等公国上的现代乌克兰国家的腹地;位于斯摩棱斯克、波洛茨(Polotsk)、图洛夫(Turov)、平斯克(Pinsk)等公国上的现代白俄罗斯人（Belarus'ians）的腹地；以及大俄罗斯的腹地，包括常被称为东北罗斯（就基辅而论）的弗拉基米尔和苏兹达尔（Suzdal'）的众多公国；诺夫哥罗德、普斯科夫城市共和国并未构成现代国家的先驱，它们后来被归入俄罗斯的历史。此外，波罗的海现代立陶宛的领土未曾属于基辅国家的一部分，到 1300 年成了一个政治实体。这些地区在 1300 年时没有一个居于支配地位，因为蒙古帝国西端前哨统揽全局的政治权威，是所谓的金帐汗国（Golden Horde），或更恰当的说是钦察汗国（Kipchak Khanate）。该汗国以伏尔加河下游的撒莱（Sarai）为中心，那里占主导地位的是在干草原上游牧的鞑靼人，向那些从基辅罗斯继承下来的绝大部分领地征索税赋、贡品和政治服从。

14 世纪的戏剧性事件是这种政治组合的转变。从后见之明的角度，我们可以将立陶宛大公国和莫斯科的各位大公视为谋求地区权力的历史成功者，但在 14 世纪里他们后来的成功绝非是命中注定的，并且这两名竞争者似乎时常和其他竞争者势均力敌，这些竞争者有特维尔、苏兹达尔、诺夫哥罗德和普斯科夫。尽管这些地区间的权力之争在 15 世纪获得了最终解决，但这些地区将要遵循的发展轨迹则是在 14 世纪确立的。

原始资料

遗存下来的 14 世纪的原始资料吸引我们关注高层政治。这整个区域和利沃尼亚、波罗的海的条顿骑士团都有自己的编年史；[1] 拜占庭的原始资料则揭示了教会政治；[2] 立陶宛诸大公和许多欧洲国家的外交信函幸存下来了，[3] 诺夫哥罗德和普斯科夫之间、各种商业伙伴和王公之间，还有东北罗斯各王公之间的各种协议也保存至今；[4] 汉萨的档案详细地记录了诺夫哥罗德和普斯科夫之间的贸易。[5]

有关社会和历史文化的原始资料不太丰富。教会和世俗政府使用

---

[1] *Polnoe sobranie russkikh letopisei*；关于诸波罗的海编年史，见 Rowell（1993）and（1994），ch. 2.
[2] Meyendorff（1980）说明了这些史料。
[3] Rowell（1993）and（1994），ch. 2.
[4] *DDG*；*Gramoty Velikogo Novgoroda i Pskova*.
[5] Dollinger（1970）.

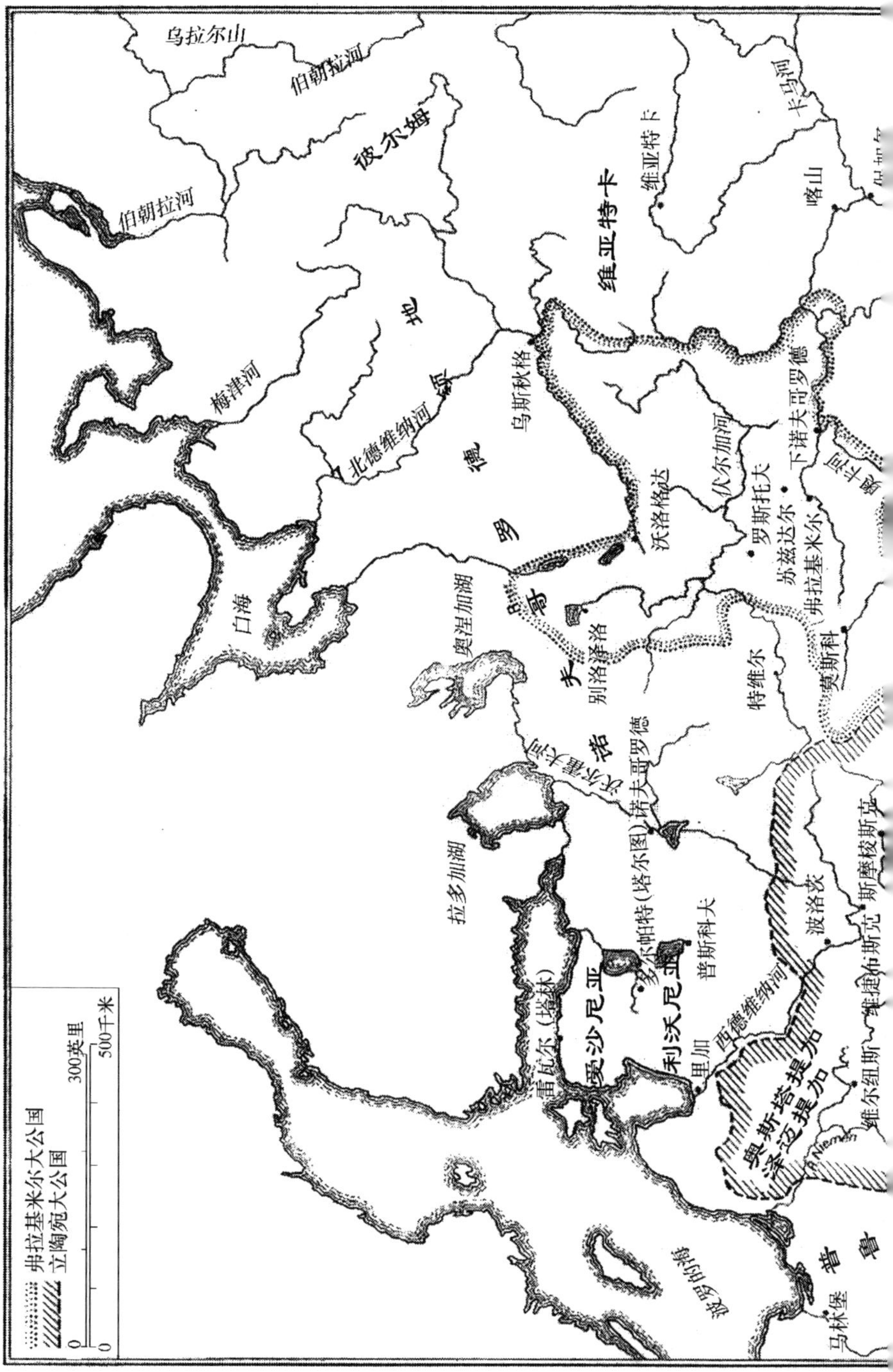

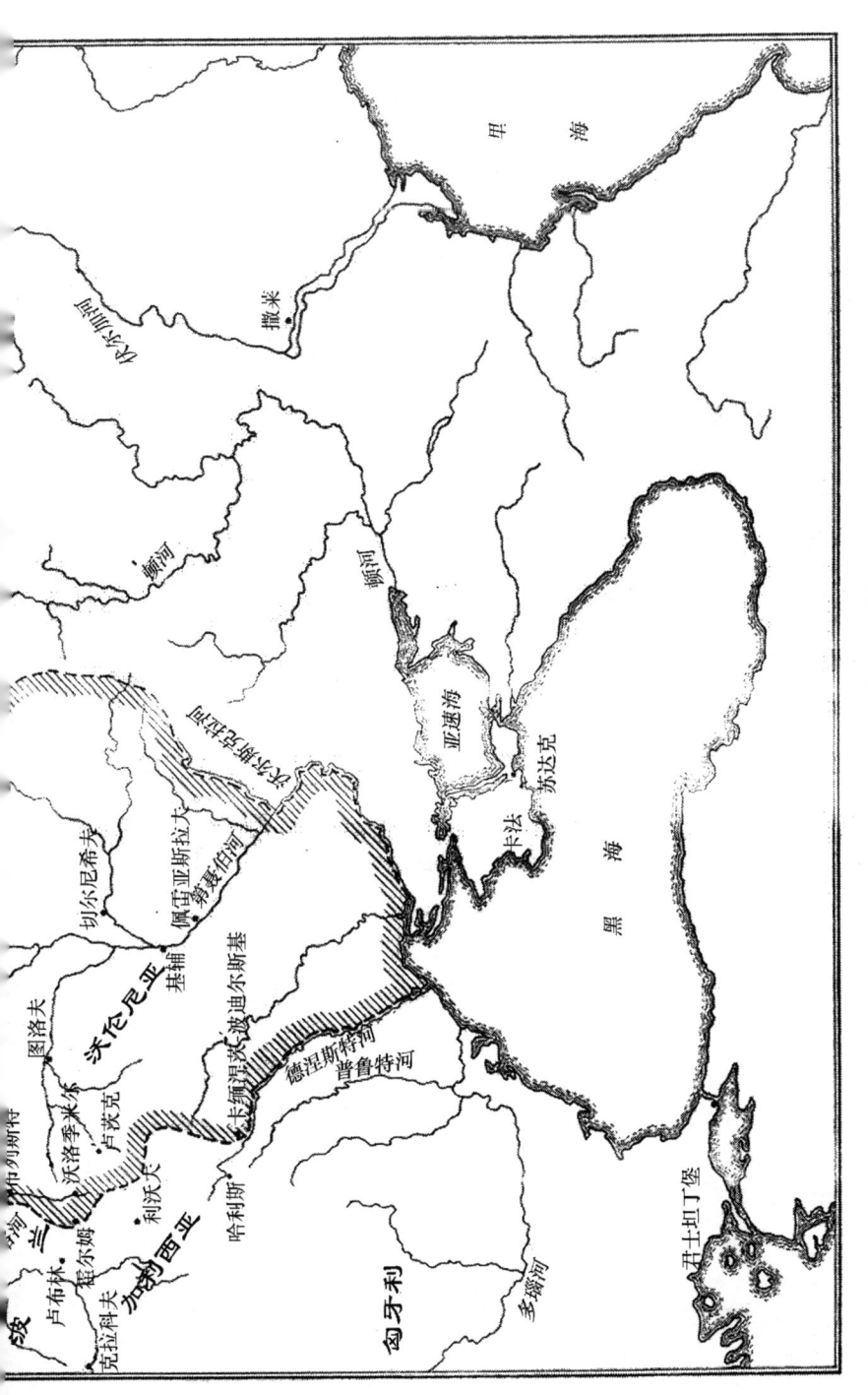

地图15　约1396年的俄罗斯

的各种法典，取自基辅罗斯或是对其传统的延续。它们包括**拜占庭的教会法规**（*Nomokanon*），或者**拜点庭教会法规的斯拉夫人编写本**（*Kormchaia kniga*），是拜占庭和罗斯的教会法和民法的集成；基辅的弗拉基米尔大公们与雅罗斯拉夫（Iaroslav）的那些教会宪章（Ecclesiastical Charters）；《公正的标准》（Just Measure）或《公正的措施》（*Merilo Pravednoe*），及《民众法庭法令》（Court Law for the People，即 *Zakon sudnyi liudem*），一些有拜占庭渊源的教会法规，如**拜占庭的教会法规**，民事和教会问题都混在一起；还有《罗斯法典》（Russian Law）或《罗斯真理》（*Russkaia pravda*）。普斯科夫（1397年）则在该世纪产生了自己的法典；15世纪后期诺夫哥罗德的《司法规章》（Judicial Charter）以14世纪的法典编写本为基础。⑥ 对立陶宛大公国和莫斯科大公国而言，某些14世纪的事迹和地方政府的各种特许状与特权证书保存了下来。⑦ 文学创作主要以圣徒传记和历史传说为代表。⑧

政治事件

至14世纪50年代，地缘政治是由**罗马式和平**（*Pax Romanorum*）的两种新版本构成的：这时是**蒙古式和平**（*pax Mongolica*）（成吉思汗王朝的多个汗国稳定地维持着横贯亚洲干旱大草原的国际贸易），另一种是规模较小的**立陶宛式和平**（*pax Lithuanica*）（一个从内陆森林到波罗的海的稳定的、类似的贸易区域）。⑨ 所以，这样的贸易模式把罗斯地区再分为两个交叉连锁的区域，即波罗的海区域和伏尔加河-里海-干草原区域的交汇。14世纪时北欧对木材产品尤其是毛皮的需求，催生了几个以波罗的海为重心的政治中心。首先是汉萨同盟或汉萨，是一个总部设在吕贝克（Lübeck）的许多德意

---

⑥ Kaiser (1980), ch. 2; *Drevnerusskaia slavianskaia kormchaia XIV titulov bez tolkovanii*, ed. Beneshevich; *Zakon sudnyi liudem kratkoi redaktsii*, ed. Tikhomirov; *Merilo pravednoe*, ed. Tikhomirov and Milov; *Rossiiskoe zakonodatel'stvo*, I–II.

⑦ *Akty, otn. k istorii Zapadnoi Rossii*, I–II; *Akty, otn. k istorii Iuzhnoi i Zapadnoi Rossii*, I; *Akty sotsial' no-eko-nomicheskoi istorii*, I–III; Okinshevich (1953); *Akty, istoricheskie*, I; *Akty feodal' nogo zemlevladeniia*, I–III.

⑧ *Slovar' knizhnikov* (1987–1989), I–II; Kliuchevskii (1871).

⑨ Rowell (1994), p. 79, 关于"立陶宛式和平"（*pax Lithuanica*）。

志贸易城市的网络；其次是诺夫哥罗德，它宣称其领土向北和东北直至白海、德维纳（Dvina）河流域，东至沃洛格达（Vologda）与乌拉尔山脉。普斯科夫是另外一个城市共和国，也很繁荣，它位于把里加、雷瓦尔（Reval，即塔林［Tallinn］）和多尔帕特（Dorpat，即塔尔图［Tartu］）这三个利沃尼亚和爱沙尼亚的主要城市连接起来的商路上，这三个城市都处在条顿骑士团的势力范围内。这些城市的内陆贸易网覆盖了斯摩棱斯克、波洛茨（Polotsk）和维捷布斯克（Vitebsk），它们像利用西德维纳河（Western Dvina，其河口在里加）一样，也利用陆上的商路。总部设在马林堡的条顿骑士团1236年后由条顿（或普鲁士）骑士团和利沃尼亚骑士团组成。这些军事僧侣的共同体在13世纪的第一个1/3世纪里已经在波罗的海沿岸定居下来，是十字军势力往北方的延伸。14世纪初，该骑士团的两个分支控制了从但泽至爱沙尼亚的沿岸地区，并一直向内陆推进，但这里种族上属于立陶宛人的泽迈提加（Žemaitija）是例外。

该骑士团持久的压力、13世纪罗斯诸公国的脆弱和波罗的海的各种贸易机会，刺激立陶宛人的政治联合，他们是一个波罗的海民族，其种族的腹地从西德维纳河南部到涅曼河（Niemen）流域，包括低地区域（泽迈提加）和高地区域（奥斯塔提加［Aukstatija］）。⑩ 至少立陶宛统治者明道加斯的统治从1238年以来已经得到证实，1251年在一场避免条顿骑士团暴力传教攻击的徒劳尝试中，他接受了天主教信仰，1253年他从教宗那里获得国王王冠，立陶宛获准成为一个主教区。这一切都于事无补，骑士团的攻击仍在继续，而且在1263年明道加斯在内讧中被谋杀后，官方的基督教化步伐慢了下来。该世纪末另一位强有力的统治者维泰尼斯（1295—1315年）从立陶宛诸部族冲突中脱颖而出；他兄弟格季米纳斯（1316—1341年）建立了一个王朝，其统治系谱一直延续到1572年（参见前面原文第703—712页）。

格季米尼德王朝强大而精明。它按照斯堪的纳维亚和维京团伙的那些传统模式行事，像那些在9、10世纪建立了基辅罗斯国家的人一样，在14世纪前立陶宛人与他们也有着良好的商贸交往。部族（clan）是

---

⑩ Rowell（1994）and Ochmański（1967），关于立陶宛的早期历史。

占主导地位的政治结构,凭借统治家族和拥有土地的军事精英们的支持。政治的决定因素是建立在血缘纽带和个人效忠基础上的世袭政治联系;大公们通过与亲属和境内各主要部族的密切磋商来统治。[11] 格季米尼德家族的政治抱负将其带入了两个领域,一是面向西方的天主教波兰和条顿骑士团的世界,另一个是面向东方和南方的东正教罗斯诸公国的世界。在 14 世纪里,他们巧妙地玩弄这两种传统,使之相互抗衡;当有利于反对某个罗斯的竞争者时就与骑士团结盟,甚至更为突出的是支持罗斯的各种传统(东正教信仰、东斯拉夫语言、地方罗斯精英阶层和风俗习惯),把这作为对抗波兰政治文化影响的壁垒。

到 1342 年格季米纳斯去世时,他的王朝已经统治了广阔的领土。这个大公国的核心领土在 13 世纪已经巩固下来,由种族上属立陶宛人的诸领地组成(尽管泽迈提加直到 15 世纪开初几年间大体上仍是独立的);所谓的"黑罗斯"(Black [*Chernaia*] Rus'),位于考纳斯和维尔纽斯之南,是一个波罗的海人和东斯拉夫人的混合定居地,以新格鲁多克(Novogrudok)、格罗得诺、斯洛尼姆(Slonim)为中心。在 14 世纪的开头 30 多年,毗邻的领地也被加入进来:如黑罗斯西南的布列斯特 – 德罗吉钦(Brest-Drogichin)地区、黑罗斯东南的图洛夫 – 平斯克公国、黑罗斯东北的明斯克(Minsk)公国,还有各种各样的小公国。在这一核心区之外获得的那些易受攻击的边境地区,都接受了自治的特许状,以便保证大公们实施"将既不采用新的,也不破坏旧的"政策。[12] 波洛茨和维捷布斯克分别于 1307 年和 1318—1320 年成为最早被其吞并的地区。这一王朝建立了一种共治(shared rule)的传统,由一位在维尔纽斯进行统治的年长的王公与另一位几乎与其同样重要的亲属分担职责和自治权,他们中的一位对抗西部的条顿骑士团,另一位在东部和南部扩张,进入罗斯的领土。14 世纪 40—70 年代,格季米纳斯的儿子阿尔吉尔达斯(1345—1377 年在位,是统辖东部领地的年长的王公)和凯斯图蒂斯(1342—1382 年在位,管辖西部边境)代表了一种极好的榜样;14 世纪 80 年代以来约盖拉

---

[11] Rowell (1994), pp. 59–73, 291–294; Kollmann (1990).
[12] 援引自 15 世纪的一份特许状:*Akty, otn. k istori Zapadnoi Rossii*, I, no. 127, p. 151.

(1377—1434年在位,年长的大公)和其侄子维陶塔斯(1382—1430年在位)也是这种关系,但他们间的风波更多。

14世纪20年代,格季米尼德王朝的扩张矛头转向加利西亚-沃伦尼亚公国,该公国可能是基辅罗斯的遗产的最直接的继承者。加利西亚从喀尔巴阡山延伸到沃伦尼亚,包括德涅斯特河和普鲁特河(Prut)上游,及穿过哈利斯和佩列梅什(Peremysl)的东西向的商路。沃伦尼亚自加利西亚延至基辅公国;其主要城市弗拉基米尔(Volodmyr)临近流入波罗的海的维斯图拉河(Vistula)的一条支流西布格河,或者说处于将基辅和波兰的卢布林(Lublin)、克拉科夫等中心及指向西方的地区连接起来的东西方的商路上。

自从10世纪末成为基辅罗斯大公国的一部分以来,加利西亚和沃伦尼亚到12世纪中期前一直是独立的,到1199年它们被沃伦尼亚大公罗曼·姆斯基斯拉维奇(Roman Mstyslavych,卒于1205年)在政治上联合起来。尽管存在有名无实的蒙古人的宗主权及经常与波兰、匈牙利的斗争,罗曼诺维奇家族的领导在13世纪时还是取得了巨大的经济、政治成就。罗曼·姆斯基斯拉维奇被教宗赐予王冠,其子达尼洛·罗曼诺维奇(Danylo Romanovych,1205—1264年)实际上在1254—1256年之间接受过一顶王冠,但在此过程中他们并未由东正教改宗天主教。这一步骤既反映出加利西亚-沃伦尼亚沉浸于中欧的政治关系与象征性的符号(symbolism)中,也反映了其大公们顽固的独立性。达尼洛大公发起城市殖民,于1256年建立了利沃夫(Lwów)城,邀请德意志、波兰的工匠,并欢迎亚美尼亚人和犹太人前来定居。文化活动迅速发展,其标志是加利西亚-沃伦尼亚的编年史,将《基辅原始编年史》(Kievan Primary Chronicle)延续到1289年。1303年左右,加利西亚获得建立独立的东正教都主教区,设在哈利斯(短暂地持续到1308年)。随着1323年罗曼诺维奇王朝的崩溃,格季米纳斯征服了沃伦尼亚,但是波兰的反对阻止了他立即巩固在这里的政权。1340年,由于波兰支持的沃伦尼亚统治者马佐维亚的尤里(Iurii)(波列斯拉夫[Bolesław])大公被暗杀,加利西亚-沃伦尼亚被拆开来了。整个14世纪40年代,这个大公国一直与波兰王国争执不休,当种种冲突在1352年解决(1387年得到签认)时,加利西亚,还有沃伦尼亚的西部各地(如霍尔姆[Kholm]、贝尔兹

[Belz]）被波兰吞并；而立陶宛大公则声称拥有沃伦尼亚的剩余部分。

横跨波罗的海和伏尔加河－里海贸易区的是东北罗斯，它是伏尔加河上游和奥卡（Oka）河流域一个富饶的"美索不达米亚"，其北面和西北面的边界是诺夫哥罗德，西面是立陶宛大公国，南至干草原，东面直到苏拉河（Sura）和韦特卢加河（Vetluga）——那里已处在伏尔加河流域的保加利亚人（Volga Bulgars）（黑海干草原上的游牧部落，曾定居在伏尔加河中游地区，至少自10世纪起就控制了当地的商路）的影响之下。给蒙古人的贡品毛皮就是在这儿收集的，或者由来自莫斯科的商人用船运输，特维尔等其他中心也加入这些保加利亚尔人的船只运输的毛皮贸易；在撒莱，他们加入了传奇般的"丝绸之路"，向东前进穿过里海到咸海底端的乌尔根奇（Urgench），并直到中亚和印度，或向南到达伊拉克、叙利亚和埃及，或向西穿越黑海干草原，或渡过黑海抵达卡法（自1266年起由热那亚人控制）或苏达克（Sudak，即Soldaia，Surozh），并转入欧洲。第聂伯（Dnieper）河应该是该区域最典型的商路，直到11世纪晚期仍然处于不景气状态。自从12世纪以来，东北部出现了政治上的兴旺局面，大公尤里·多尔戈鲁基（Iurii Dolgorukii，1149—1157年）及其子安德烈·博戈柳布斯基（Andrei Bogoliubskii，1157—1174年）宣布该地区独立于基辅，大公弗塞沃洛德·博利舒·格涅兹多（Vsevolod Bol'shoe Gnezdo）（即"大巢"[Big Nest]，1176—1212年）宣布它是"弗拉基米尔大公国"。14世纪里，这里还发生了那些软弱的公国被席卷进几个占主导地位的中心的过程。有三至四个中心——莫斯科、特维尔和梁赞（1341年苏兹达尔－下诺夫哥罗德[Suzdal'-Nizhnii Novgorod]加入进来），它们自称为"大公国"，并争夺"弗拉基米尔大公"这一象征性的角色（直到那时，还没有本土的王朝，但自吹拥有赚钱的土地）。

在14世纪，野心勃勃的罗斯东北诸公国专注于开疆拓土，并与钦察汗国保持良好关系。莫斯科最具侵略性，通过谈判、继承、购买或者征服，它接管了那些处于关键的河道和交叉处的弱小公国。莫斯科王朝由亚历山大·涅夫斯基（Alexander Nevskii，1252—1263年）最小的儿子丹尼尔·阿列克山德罗维奇大公（Daniil Aleksandrovich，卒于1303年）建立。他的儿子尤里（Iurii，卒于1325年）和"钱袋"伊凡一世（Ivan I Kalita「Moneybag」，卒于1340年）承继了父业。历史学家们曾论证说，莫斯科的地理位置，即那些通往黑海、里海、波罗的海的诸河道它都伸手可及，这对其历史性的崛起至关重要。[13] 但莫斯科并非天生被赋予这种地理上的机动性；其大公们与波雅尔们通过共同谋划的领土扩张才赢得了这一优势。所以，应该忽视V. O. 克留切夫斯基的名言：莫斯科的早期统治者都是无足轻重之辈，他们"相似得如同两滴水"。[14] 如果地理因素在这个东北罗斯公国的脱颖而出中扮演了关键角色的话，那么该因素也应该曾有助于特维尔。后者位于伏尔加河上游，位置极佳：由于处于连接通向诺夫哥罗德和立陶宛大公国并由此抵达波罗的海的水陆要道的交汇点，特维尔在13世纪末之前在东北罗斯居于主导地位。从该世纪中期开始，即从亚历山大·涅夫斯基的弟弟雅罗斯拉夫·雅罗斯拉维奇（Iaroslav Iaroslavich，1263—1271年的弗拉基米尔大公）王朝的统治开始，特维尔迅速成为一个繁荣的商贸和文化中心。雅罗斯拉夫大公的儿子斯维亚托斯拉夫（Sviatoslav，1271—1285年）和米哈伊尔（Mikhail，1285—1318年）在特维尔继承了他的位置；1304年，米哈伊尔成为弗拉基米尔大公。自那时至1318年，并从1322年到1327年，特维尔大公享有这项头衔。尽管没有显著扩张，特维尔始终致力于使诺夫哥罗德屈从于自己的权威，并限制莫斯科的野心。

但特维尔的成功亦是它的衰落；撒莱的可汗们为提防它与条顿骑士团或立陶宛大公国结盟对抗自己的可能性，在撒莱的法庭上三次处死特维尔的王公，即1318年（米哈伊尔·雅罗斯拉维奇）、1325年（他的儿子德米特里［Dmitrii］）和1339年（亚历山大·米哈伊洛维奇［Aleksandr Mikhailovich］与其子费奥多尔［Fedor］）。在莫斯科帮助鞑靼人洗劫特维尔，遏制但不摧毁这个雄心勃勃的公国追求地区权力的强烈愿望后，钦察汗国最终将偏爱转向莫斯科，于1331年专门把弗拉基米尔大公头衔授予它。为了这个头衔，莫斯科的丹尼诺维奇（Daniilovich）王朝面临的挑战不仅来自特维尔，还来自苏兹达

---

[13] Kliuchevskii (1956 – 1957), II, lect. 21; Tikhomirov (1952).
[14] Kliuchevskii (1956 – 1957), II, lect. 22, p. 49.

尔-下诺夫哥罗德。在德米特里·康斯坦丁诺维奇（Dmitrii Konstantinovich）大公（1365—1383年在位）和苏兹达尔的大主教迪奥尼希（Dionisii）统治下，这个野心勃勃的公国在文化上和政治上兴盛起来；它在14世纪60年代初期短时间内赢得弗拉基米尔大公头衔，但当它面对内部分歧时被迫屈服于莫斯科的压力。所以，一旦莫斯科获得了弗拉基米尔大公的头衔，它从未真正失去过。

人们常说，教会政治有助于莫斯科的崛起。[15] 因为到14世纪20年代后期，所有的都主教都驻在莫斯科。但通常情况下14世纪的都主教们，如同任命他们的君士坦丁堡的牧首们（patriarchs）一样，都受一种幻想所引导，即将罗斯土地上的人视为一批具有单独的、统一的精神的信徒，并且在该世纪的权力争斗中努力不去偏袒任何一个政治上的竞争者。[16] 所以，正如后来的圣徒传和编年史暗示的，驻在莫斯科的都主教们并不必然支持莫斯科的利益。"基辅与全罗斯"（Kiev and all-Rus'）都主教区的教座到1299年才由基辅迁至弗拉基米尔；1325年都主教彼得驻跸于莫斯科，并于次年在那里逝世。他并未正式将教座迁至莫斯科，因为按照东正教传统，各教座要位于一个王国的政治中心，1325年这种中心在弗拉基米尔或特维尔。但是由于接过了大公的身份，莫斯科成了教座所在地，而且在该世纪后半期莫斯科相应地着手布置对彼得的崇拜。同时该大公国在这整个世纪里都为了把自己的都主教教座作为一种合法性的象征而积极活动。位于天主教的波兰王国辖地上的加利西亚教座于1371年重新建立起来，同时1317年立陶宛大公国获得了一个设立在新格鲁多克的立陶宛都主教教区。不过君士坦丁堡在任何可能的情况下都努力恢复"基辅与全罗斯"教座，于是该教座由盛转衰，尽管立陶宛大公为重建它多次提出请求，并获得过短暂的成功。直到15世纪中期立陶宛大公国才获得一个永久的教座，是对莫斯科就提议中的佛罗伦萨-费拉拉（1438—1439年）联盟与东正教教会决裂的反应。

上面所说的贸易和地缘政治的格局，自1359年起被钦察汗国内部争夺继承权的激烈斗争所撼动。到15世纪前30多年，种种争斗已

---

[15] Ibid., lect. 21.
[16] Meyendorff (1980); Borisov (1986); Rowell (1994), ch. 6.

将钦察汗国分裂为喀山（Kazan'）、克里米亚、下伏尔加河流域（称作大帐汗国［Great Horde］）和西西伯利亚等几个汗国。填补权力真空的是诺夫哥罗德、莫斯科、立陶宛大公国、特维尔、梁赞、苏兹达尔－下诺夫哥罗德，还有一些野心勃勃的鞑靼头领，其中一些人（马麦［Mamai］、帖木儿或"跛子"帖木儿）缺乏成为可汗的合法性，因为不属于成吉思汗家族。14世纪60年代和70年代，甚至就在撒莱同汗位的竞争者们交战时，马麦利用其在伏尔加河右岸的基地获得了显赫的权力。

每位主要竞争者都谋求从钦察汗国的混乱中获得政治与领土上的优势。诺夫哥罗德尤为积极。尽管遭到来自莫斯科的都主教和大公们的强烈反对，诺夫哥罗德大主教从都主教那里获得了司法自主权。自14世纪60年代至1409年，诺夫哥罗德还对伏尔加河上游和中游地区各商业城镇发起武装袭击活动。这些袭击意在阻止那些位于伏尔加河上游、德维纳和卡马（Kama）河流域的城镇，诸如科斯特罗马（Kostroma）、维亚特卡（Viatka）等，屈服于莫斯科公国的政治压力。[17] 利用保加尔（Bulgar）和钦察汗国的混乱，他们还打算为诺夫哥罗德赢得与下诺夫哥罗德、保加尔、撒莱、阿斯特拉罕（Astrakhan）等其他伏尔加河港口通商的权力。这些袭击没有实现后一目标，却在前者获得某些成功：14世纪90年代末莫斯科在接管德维纳的领土时失败了，被迫放弃这一企图。但是莫斯科在北方获得了其他领土收益：自1333年起它在乌斯秋格（Ustiug）和维切格达彼尔姆（Vychegda Perm）征税；到1367年莫斯科已经从诺夫哥罗德手中赢得在卡马河上游的彼尔姆韦利卡亚（Perm' Velikaia），及在伯朝拉（Pechora）河、梅津（Mezen'）河地区征税的权力（尽管进入15世纪后该权力一直是莫斯科与诺夫哥罗德争夺的对象）。[18] 必须明白的是，利害攸关的是征税的权力，而不是政治上的合并；直到15世纪末，诺夫哥罗德人和莫斯科人在这里的存在都是表面化的。1379年，不久后受到尊崇的彼尔姆的圣斯特凡（Stefan of Perm'）使维切格达河的彼尔姆人（Vychegda Permians）改信基督教；深入沃洛格达地区的僧

---

[17] Martin（1975）.
[18] Martin（1983）.

侣的殖民活动从14世纪90年代起增强了。莫斯科也使苏兹达尔－下诺夫哥罗德大公国（grand principality）低声下气，先是在1367年第一次与其结成联盟，以莫斯科大公德米特里·顿斯科伊（Dmitrii Donskoi，1359—1389年）与德米特里·康斯坦丁诺维奇亲王的女儿叶夫多基娅（Evdokiia）的联姻为纽带，并最终在1392年使下诺夫哥罗德处于从属地位。

同时，正当钦察汗国陷入混乱之时，立陶宛大公国在地区权力中的崛起也引人瞩目。在经历一段短暂的时期后，其间该大公国被格季米纳斯的七个儿子瓜分（1342—1345年），其中两个最强大的攫取了联合统治权：阿尔吉尔达斯（1345—1377年）占据东部，凯斯图蒂斯（1345—1382年）则据有西部。除了沃伦尼亚，1363年阿尔吉尔达斯还赢得了基辅和佩雷亚斯拉夫公国、波迪利亚（Podilia，在加利西亚和沃伦尼亚之南，1430年被波兰夺取），并在14世纪70年代获得了切尔尼希夫领土上的若干小公国（但不包括莫斯科和梁赞激烈竞争的奥卡河上游地区）。到1355年，阿尔吉尔达斯获得了在波洛茨的东北面的托洛佩茨（Toropets）。14世纪60—80年代，立陶宛大公国同特维尔大公国结盟，对抗莫斯科实力的上升；1368—1372年，这一同盟三次围攻莫斯科，尽管都徒劳无功。1377年阿尔吉尔达斯去世时，关于继承问题的争执引发了一系列重大事件。阿尔吉尔达斯的儿子与继承者约盖拉起初遭到反对，反对者是其叔父凯斯图蒂斯（死于1382年），随后是凯斯图蒂斯之子维陶塔斯，还有他自己的同父异母兄弟波洛茨的安德烈（Andrei）。安德烈转而向莫斯科求援。约盖拉作出的回应是发起一个反莫斯科的联盟，包括梁赞、鞑靼人的领袖马麦、特维尔和利沃尼亚骑士团；当时，马麦视莫斯科为其计划在东北罗斯重建蒙古权威的一个障碍（例如，自14世纪后期开始，莫斯科频繁地利用撒莱的混乱而拒绝进贡）。1380年，莫斯科在当地各公国，包括苏兹达尔－下诺夫哥罗德、雅罗斯拉夫（Iaroslavl'）、科斯特罗马和贝洛泽诺（Beloozero）等的援助下，于1380年在库利科沃原野（Kulikovo Field）的战斗中击败了马麦及其同盟者。第二年马麦被脱脱迷失（Tokhtamysh）击溃，后者是成吉思汗家族的一个王公，受到中亚新崛起的非出身于成吉思汗家族的统治者帖木儿的庇护。因此，十年间脱脱迷失设法对东北罗斯施加了某种控制；1382

年他劫掠了莫斯科和梁赞，暂时推迟了莫斯科在地区势力中的上升势头。同时，立陶宛大公国的约盖拉因 1380 年的失败并受到国内反对派的围攻，在政治上陷于孤立，曾考虑与莫斯科联姻并恢复**友好关系**，但最终还是转向波兰。在 1385 年的科里沃联盟（Union of Krevo）中，他接受波兰王位，与波兰王位女继承人雅德维加结婚，许诺使自己的王国基督教化并与波兰实行王朝联合。虽然该步骤使立陶宛大公国决定性地走上了与天主教的波兰实行文化、政治一体化的道路，但这一道路开始时并不牢靠。约盖拉面对来自波洛茨的安德烈（安德烈被迅速击败）和凯斯图蒂斯、维陶塔斯的反对，后者顽强地、成功地为立陶宛在与波兰的关系中实现最大限度的自治而斗争。

1391 年，通过将自己的女儿索菲娅嫁给莫斯科大公瓦西里一世底米特里耶维奇（Vasilii I Dmitrievich，1389—1425 年），维陶塔斯使莫斯科保持了中立。这给了他同约盖拉竞争的喘息空间；他数次与条顿骑士团和利沃尼亚骑士团联合，迫使约盖拉让步，到 1399 年，他从约盖亚那里赢得让步，承认他为"立陶宛大公"（即使当时约盖拉为自己保留着最高大公的尊严）。[19] 同时，维陶塔斯试图取代帖木儿的角色，成为地区的拥立国王者（kingmaker）。通过与脱脱迷失结盟，他已经和帖木儿失和，维陶塔斯在伏尔加河下游的大帐汗国发动了针对脱脱迷失的对手的战役。但 1399 年在沃尔斯克拉（Vorskla）河战败后，维陶塔斯被迫收敛往东方的野心，但继续就联盟关系问题与波兰争执。尽管如此，到 1404 年他成功地巩固了在斯摩棱斯克公国的权威，**事实上该公国自 14 世纪 40 年代初就已附属于这个大公国了**。维陶塔斯也同诺夫哥罗德、普斯科夫交战。1410 年维陶塔斯和约盖亚在格伦瓦尔德战胜骑士团后，1413 年维陶塔斯与约盖拉建立霍罗德洛联盟（Union of Horodło），规定约盖拉和波兰贵族承认立陶宛大公国有权拥有自己的统治者；双方在选择新国王与新大公时有进行磋商的必要性。对维陶塔斯而言这是一个明显的胜利。该联盟还被以下条款所确认：将在天主教的立陶宛贵族精英中更广泛地分配波兰贵族拥有的各种特权。直到 1430 年去世，维陶塔斯毫无争议地是东欧政治的主角；神圣罗马帝国皇帝甚至曾授予他一顶王冠（虽然因

---

[19] Presniakov（1938–1939），II, fasc. I, ch. 9；Kolankowski（1930）.

波兰和条顿骑士团的反对而未接受过)。

钦察汗国的混乱局面使莫斯科从中受益,就像立陶宛大公国在14世纪和15世纪之交一样。1399年维陶塔斯败于帖木儿之手后,脱脱迷失也被自己从前的庇护者帖木儿击败;帖木儿摧毁了撒莱及钦察汗国恢复统一与实力的任何可能性。帖木儿将把伏尔加-海联系起来的商路改到黑海,为莫斯科和立陶宛大公国提供了直接与意大利殖民地贸易的机会(苏达克自1365年起处于热那亚控制之下)。虽然受帖木儿任命的伏尔加河下游的埃迪盖(Edigei)声称有权统治东北部,甚至于1408年劫掠莫斯科,虽然在下一个世纪里伏尔加河下游的"大帐汗国"经常声称对东北罗斯享有主权,但蒙古人在罗斯地区的财政和政治权力在该世纪之交崩溃了。莫斯科稳健地夺取了东部的地区权力。维尔纽斯与莫斯科间的新政治平衡取代了钦察汗国有名无实的统治权。

基辅罗斯诸社会的继承者

罗斯地区的严酷气候限制了生产率和人口增长,所以气候是评判行政、社会、经济的重要因素。三个基本特征塑造了自然环境。其一是北方的纬度。基辅位于正好超过北纬50°的地方,莫斯科则接近56°,比伦敦(位于北纬51°30′)和除阿拉斯加以外所有美国和加拿大的主要城市都更靠北。在不列颠岛的主要城市中,爱丁堡和格拉斯哥比莫斯科稍稍更靠北,但是当地气候因洋流而变得温和。来自北方的北冰洋冷空气未遇任何自然障碍的阻拦,席卷这片基本上平坦的土地,它是延伸到乌拉尔山的欧洲大平原的一部分。第三种特征是湖泊和河流,通过水陆联运,形成从波罗的海到黑海和里海的错综复杂的运输网。主要的向北或向南的河流有德涅斯特河、布格河、第聂伯河、顿河、伏尔加河中游和下游、北德维纳河、卡马河;向东或向西流的河道有涅曼河、西德维纳河、伏尔加河上游、奥卡河。随着从北到南土壤肥力的增加,土地与植物也呈水平带状分布。诺夫哥罗德及其领地包括一些北极冻原,但大多位于**泰加群落**(*taiga*)或针叶林地区。占支配地位的是云杉、松树、桦树。这里的土壤属灰化土,富含腐殖质但滤除了铁和各种矿物质,不易疏水。泥炭沼泽与湿地很普遍。在白俄罗斯、莫斯科地区和诺夫哥罗德北面的几乎整个地区,混杂有常绿和落叶的植被,主要是白橡树和云杉。莫斯科以南开始出现一条狭窄的阔叶落叶林带。土壤由灰化土转变为灰褐色森林土(forest earths),比**泰加群落**地区更肥沃,酸性较小,但仍然多沼泽湿地。再往南是覆盖现代乌克兰的地区,先是树木茂盛的大草原,然后是大草原,接连呈带状的更肥沃的黑土壤。植被从落叶林转变为草原,易于清除,用于农耕。

历史上的气候与降雨量的微小差别,使基辅腹地与东北罗斯之间的农业潜力形成显著差异。与基辅相比,莫斯科的气候更潮湿、寒冷和多云;地上的积雪在莫斯科五个月不化,而在基辅只有两个半月,这带来多沼泽和经过滤析的(leached-out)土壤,生长季短暂(在莫斯科五个月,在基辅六个月或更长,西欧八到九个月)。欧洲的大部分谷物、蔬菜、牲畜都可以在基辅种植和饲养,而东北罗斯地区则限制在黑麦、大麦、燕麦和亚麻等耐寒作物。

自19世纪中期开始,俄罗斯的学者与政论家开始对从基辅至莫斯科的不中断的、独有的历史连续性理论提出一种不同的看法,该理论最晚于16世纪就得到莫斯科的理论家们的支持,并被大部分俄罗斯历史学家所接受。就基辅罗斯活跃的国际贸易与文化联系及其王公、扈从和城市公社构成的多元化的政治体制而言,学者们曾假定这些多样化的传统分别源于基辅的各种继承者。N. I. 科斯托马罗夫假定基辅罗斯将两种传统遗赠后世:民主,体现为乌克兰的发展道路;专制,体现为大沙俄(Great Russia)(莫斯科)。那时的历史学家与政论家们,尤其是亚历山大·赫尔岑(Alexander Herzen),把诺夫哥罗德看成基辅公社共和传统的继承者。[20] 到了现代,一个三重的老生常谈已然流行起来:起源于基辅罗斯的有三大传统——专制(俄罗斯)、贵族政治(加利西亚-沃伦尼亚、乌克兰)和民主(诺夫哥罗德)。但人们必须谨慎地使用此类措辞;这些传统的中世纪版本绝非复制它们的现代化身。

---

[20] Kliuchevskii (1956–1957), I–II; Solov'ev (1959–1962), I–II; Kostomarov (1903–1906), I, V; Birnbaum (1981), p. 6 引用了 Herzen 的话。有关诺夫哥罗德历史的编写情况,见 Ianin (1962), pp. 3–13。

加利西亚与沃伦尼亚

　　加利西亚与沃伦尼亚公国确实孕育了一种强大的贵族政治与君主政体，源于它们与波兰王国、匈牙利王国、教廷和神圣罗马帝国的频繁互动（如上文所述，罗曼·姆斯基斯拉维奇大公被授予一项王冠，达尼洛大公也接受了一项）。加利西亚的波雅尔们，被其历史传统（他们看来并非如在基辅罗斯的领地上那样通常起源于大公扈从，而是源于土生土长的精英阶层）和从加利西亚盐的贸易中获得的财富所激励，行使着实际权力。有很多次，12世纪80—90年代、1205—1238年、14世纪40年代，加利西亚的波雅尔使权力掌握在自己手中，在1213年和1340年甚至选举他们自己的一个成员做统治者。但强大的罗曼诺维奇家族在王国内大体上保持着政治均势，"基辅三势力"中的贵族因素未能发展为完整的议会制政府，直至加利西亚，以及后来的沃伦尼亚，被波兰王国所同化都是这样。

　　1340年后，在波兰统治下加利西亚贵族的发展得到了促进，尽管开始时加利西亚被承认为"罗斯王国"，享有自治权。第一个天主教大主教辖区于1375年在利沃夫（Lviv）建立，随后是活跃的修道院的殖民活动；波兰的国王们向来自波兰、德意志、捷克的领地和匈牙利的天主教贵族们授予土地，并向大量的德意志市民表示欢迎。1356年，天主教城市人口所享有的（依据马格德堡的法律）城市特权被引进利沃夫，1374年被引入卡缅涅茨-波迪尔斯基并逐渐扩及整个加利西亚。许多加利西亚波雅尔接受了天主教。到15世纪中期，加利西亚被重组为波兰王国的一个省，拉丁语也代替东斯拉夫语成为官方语言。加利西亚成为一个将东正教文化与欧洲政治多元化的传统混合起来的充满活力的地区，自16世纪晚期以来在乌克兰民族意识的萌发中提供了智力上的领导。

诺夫哥罗德和普斯科夫

　　现代俄罗斯的社会和政治思想给予诺夫哥罗德一个特殊的地位。它被视为城市民主的堡垒，是俄罗斯人具有管理他们自己的天生能力的证据，并由此成为俄罗斯的历史独裁并非必然发生的证明。[21] 这一倾向性很明显的构想，曾鼓励历史学家仔细审视诺夫哥罗德；他们的工作受到一系列引人注目的现存档案的帮助。已经提及的资料有各种诺夫哥罗德编年史、同波罗的海的贸易伙伴和与特维尔或莫斯科大公们签署的各种条约，还有诺夫哥罗德的司法章程（Judicial Charter）和汉萨的档案。关于该城市的广大乡村腹地的资料稀少，但农民的诸种义务已根据15世纪后期莫斯科的土地清册推算出来。最不寻常的是考古上的发现：揭示各种日常活动的数百件桦树皮文书；各种可查考政治机构演变的印章；透露居住方式以及生产的剩余物与消费情况的各种发掘物。[22]

从社会的角度看，诺夫哥罗德的居民被划分为截然不同的四个或者五个群体。[23] 精英由波雅尔家族——到15世纪约有50个——构成，他们是大土地所有者、金融家并几乎排他性地垄断了城市各管理部门。不同于与他们同名称的莫斯科贵族，诺夫哥罗德的波雅尔没有军事上的职责。社会地位处于他们之下的是**富裕市民**（zhit'i liudii），尽管这些人时常与波雅尔财富相当，也是富有的土地所有者。再往下是商人，他们可能不像他们的西方同行那样拥有行会组织。其他的城市居民是工匠和工人，他们必须纳税，这一角色与内陆的农民一致。

议会（assembly）的原则规定了诺夫哥罗德的政治，证明这点的不仅有城镇的议会（veche），还有监督政府日常管理的相继层级的各种次一级的议会。沃尔霍夫（Volkhov）河将该城划分为二，一边是索菲亚大教堂（Sophia Cathedral）（大主教驻地），另一边是市场（各码头和城镇议会会议堂所在地），不过其政治的分野则远为复杂。在索菲亚大教堂一侧有三个行政区（kontsy）：城外区（Zagorodskii）、人民区（Liudin）或陶匠区（Goncharskii）、涅雷夫区（Nerevskii）；在市场的一侧则有木匠区（Plotnitskii）和斯拉夫区（Slavenskii）两个行政区。在行政区内，每一条主要街道都构成一个政治实体，拥有自由人组成的议会，可选出一位波雅尔代表自己的街道参加城市

---

[21] 关于诺夫哥罗德属于民主政体还是寡头政治的辩论，见 Ianin（1962）；Birnbaum（1981）；Langer（1974）。
[22] Thompson（1967）；Novgorodskie gramoty na bereste, ed. Artsikhovskii；Ianin（1970）。
[23] Kliuchevskii（1956–1957），II, lects. 23–24；Bernadskii（1961），ch. 5.

议会。

到 14 世纪时，城市议会可能已经只限于拥有地产的精英阶层与商人，排除了平民。议会选举任期一年的市长（posadnik）。那些落选的行政区的代表、千夫长（tysiatskii）和那些卸任的市长、千夫长，享有出席贵族政务会议（sovet gospod）的终身权力，由此确保波雅尔的利益支配该市的管理和城市议会。后者不定期召开，名义上有权立法、宣战与媾和，选择或解除负责城市军事保卫的大公，以及对类似的重要任务进行授权。

1136 年，诺夫哥罗德拒绝基辅大公的直接统治；到 14 世纪初，它名义上承认东北罗斯诸大公中的某一个的宗主权，通常偏爱特维尔而非莫斯科。大公仅派他的副手（namestnik）到诺夫哥罗德代表自己行事，该副手在市长的监督下，在城里和经过挑选的郊区小心地征收有限的司法、海关方面的费用和税款，并维护刑事法庭审判的公正。根据协定，大公不能居住于市里，不能为自己、其家庭或扈从获得诺夫哥罗德的土地，未经市长的允许也不可以分配该市的土地、参与城市内部政治事务或任意更换城市官员。这更像是一种平等的各外国政权之间的关系，而不是一种封君与封臣的关系。[24] 同时，该城与那些接受雇佣的王公们订约，这些王公用自己的扈从为城市提供军事防卫并领导城市的民兵。14 世纪时该城多次选择格季米尼德王朝的王公来抗衡莫斯科。

由于大公受到牵制，被雇的王公也同样疏离政治生活，其他机构接替了管理的角色。市长一职起初由大公任命，不过到 14 世纪时，市长有权与大公的副手分享刑事法庭的审理、监督这位大公的副手，同时还监视城市议会。千夫长也从大公的管理机构中产生出来；他原先是该城的十个"百人"单位的军事首领，到 14 世纪时，千夫长对商人们来说已成了主要的司法权威，是位于圣约翰教堂的商人百人团（Merchants' Hundred 或 Ivanovskoe sto ［伊万诺沃百人团］）的首脑，及城市贸易和警务的监督者。第三个政治权威是城市议会选举的大主教，他的教座在作为该城的政治象征而屹立着的圣索菲亚大教堂。他在外交事务上代表这座城市，主管一个有关教会事务、教民（church

---

[24] Bernadskii（1961），pp. 15–35.

people）和财产纠纷的法庭，监督度量衡的管理，确认土地转让的所有事务和主持贵族政务会。到 14 世纪时，大主教开始成为诺夫哥罗德领地上最大的土地所有者，也成为总管（majordomos）、执行官与作为战斗人员的扈从组成的世俗行政机关的首脑。随着大主教的财富和权力上升，该市的波雅尔通过培植城市修道院来与他抗衡。每个行政区都建有一个起旗舰作用的修道院，从五个修道院院长中选举出一个"诺夫哥罗德修道院院长"，意义深长的是这位院长由城市议会选举产生，而不是由大主教任命。

14 世纪里，诺夫哥罗德的政治纷争如同它在前几个世纪一样激烈。该市地理上的分界易于把各阶层之间的紧张关系引向派系冲突；各街道和行政区超越阶级的界线而联合起来，结成同盟。暴力冲突源于波雅尔家族间的对抗，或源于民众对高税收和经济困境的抗议。市政务会（council）在正常时期保持平静，但在冲突时期成为从法制上批准变革的媒介。整个 14 世纪，该市的政府都在朝着寡头政治的方向演变：在该世纪中期，贵族政务会设立了一种集体市长职位（collective mayoralty），有六位市长（斯拉夫行政区两名，其他行政区各一名，由此保持河两边的代表的平衡）。㉕ 但至少在 14 世纪里，该市的政治制度仍足以对民众的要求作为回应，以避免寡头政治的极端专断并进行有效管理。

14 世纪时的诺夫哥罗德统治着一片内陆地区，其基本轮廓在 13 世纪中期就已经确立。内陆地区绝大部分由五个城市行政区管辖，因此被后来的莫斯科史料称为"五个区"（piatiny）。* 部分内陆地区被该城以"公社"（volost'）土地的形式直接管辖，它们包括德维纳的领地、科拉（Kola）半岛的特尔利陶拉尔（Ter Littoral），及几个重要的边境城镇。诺夫哥罗德腹地稀疏地居住着东斯拉夫人、芬诺乌戈尔人和西伯利亚土著；东斯拉夫人建立了一些农业，但主要依靠森林开发与狩猎，或者在很远的北部放牧驯鹿。在 14 世纪里，农民向这座城市交税（dan'），要向诺夫哥罗德的大公交纳大公税（chernyi bor），并为城市和大公的官员们履行各种劳役。地主们也索要各种劳

㉕ Ianin (1962), chs. 5–6.
* Piatiny，译为"区"，是古代诺夫哥罗德领地的行政单位。——译者注

役和税赋，但很少以金钱或劳动力来估量，更经常的是以毛皮、食物或者谷物的形式，或以诸如铁或蜡之类的自然资源的形式，后者视当地的自然资源而定。大量土地都归私人拥有，拥有土地的是大主教或其他宗教机构、城市政府或世俗地主。通常情况下这些土地所有者都是不在地主，即不在其土地上居住；自营地像奴隶制一样罕见。农民有迁移的自由，尽管有几种形式的债务依附者要接受传唤。

诺夫哥罗德通过波罗的海贸易而变得富有：它出口毛皮（松鼠、海狸、兔子等高级毛皮）、蜡、蜂蜜、皮革与生铁；它出口制成品则受到汉萨同盟和利沃尼亚城镇的限制。在该世纪，它一般是从佛兰德进口纺织品，包括从品质最好的到城市工匠也买得起的织物都有；另有盐、贵金属、酒、武器，在荒年甚至还进口腌鲱鱼和谷物。尽管诺夫哥罗德的行商成了该市所钟爱的传奇故事的材料来源，但到14世纪为止他们一般不会冒险外出。汉萨同盟几乎独自控制了这里的国际贸易。诺夫哥罗德是汉萨同盟的四个**商站**（Kontore）或仓库地点之一；[26] 建立该**商站**的德意志商人团体居住在市场一侧的一个自治的街区里，该街区称为彼得霍夫（Peterhof）。其贸易规模很大。例如，1311年普斯科夫没收了德意志商人的5万张毛皮；1336—1337年，在诺夫哥罗德登记的商人有160个；1405年，来自里加的三条船装载了45万张生皮、1435磅蜡和1000多磅亚麻布，它们大都来自与诺夫哥罗德的交易。总之，14世纪的诺夫哥罗德是一个繁荣的城市共和国，在政治结构和经济活动方面类似于其北欧和意大利的同行。既非成熟的寡头政治亦非大众的民主政体，在罗斯的领地上，诺夫哥罗德因其文化多样性、活跃的经济以及相对的个人自由而显得前所未有。

到13世纪后期，普斯科夫在政治上实际上已经独立于诺夫哥罗德，它在14世纪继续斗争，进入15世纪后，从诺夫哥罗德获得了宗教自治权，但严重依赖立陶宛大公国的政治保护，以便对抗诺夫哥罗德和条顿骑士团。其政府仿效诺夫哥罗德：六个行政区，各自拥有议会，选举精英人物组成贵族的政务会，有一名或两名市长组成的集体市长职位。自13世纪后期以降它雇用的大公几乎都来自立陶宛大公

---

[26] Dollinger (1970).

国。普斯科夫与诺夫哥罗德的不同主要在于其表面上的平静：它关于城市暴动的记载远远少于动荡的诺夫哥罗德，或许是因为该市规模较小，使波雅尔各派系之间更易于达成一致。因为靠近利沃尼亚骑士团，普斯科夫赋予其所雇佣王公更大的权力，授权他居住在城里，并授予他享有比他的诺夫哥罗德的同行更广泛的行政和司法权，尽管在这里他也受市长和其他城市官员的监督。如同诺夫哥罗德一样，14世纪的普斯科夫发展起一种活泼的文化生活、建筑风格，出现了一种充满生气的圣像画画派。

立陶宛大公国

有人或许主张这个大公国的政治习俗是基辅罗斯传统更忠实的延续，即使它从未成为罗斯国家的一部分；但如上述主张者所说的，立陶宛诸部族所表现的政治传统，与基辅统治者的政治传统类似。它们都由中央松散地统御下的各个世袭公国构成，基于诸部族的组织并将土地精英和城市精英整合进协商式的统治机构中。[27] 立陶宛大公依据来自王国内主要部族的顾问组成的政务会（consiliarii）的建议进行统治，这些顾问与基辅王公的扈从或者莫斯科大公的波雅尔类似。政府的规模是个人化与面对面的，例如1324年，格季米纳斯有20个顾问。[28] 直到15世纪，随着发展的需要和波兰的影响，大公的顾问们成为拥有法定权力（由1492—1529年的特许状所保证）的更加正式的机构。立陶宛的大公们也远比莫斯科的大公们更能容忍地方精英与地方自治，很大程度上同欧洲中世纪的国王们与其各种特权群体、城镇和法人团体和解一样。大公国核心地区以外的领地实际上是若干独立的公国：一般情况下，大公在所占领的公国安排一个王朝的成员，并允许他建立可世袭的王朝。此类地方王公有义务提供捐税、服军役并就某些事情与大公磋商，但其他方面他们尊重地方传统。大公不剥夺当地精英的财产，地方官员从他们中间任命，并且他们也被纳入王公的政务会中。东斯拉夫语言和法律传统得以保留，如同基辅时代的

---

[27] 关于政治传统与统治机构，见 Rowell（1994），p. 294；Kolankowski（1930）；Khoroshkevich（1982）；Bardach（1970）。

[28] Rowell（1994），pp. 202, 61–62。

行政划分一样。甚至在14世纪90年代，当大部分此类王公的王朝都被中央政府任命的总督（来自属立陶宛种族的家族）取代时，地区自治并未完全被废除。15世纪的政治紧张关系（在15世纪30年代、1447年、1492年）导致对地方自治和贵族特权的确认。所以，该大公国的特征，是当政的王朝与诸社会利益集团之间的平衡。

其精英阶层由向大公提供服役的土地所有者组成，主要是格季米尼德王朝和少数留里克王朝［Riurikides］的王公、两个拥有土地的阶层即波雅尔和**地主**（z*emiane*），* 他们主要通过拥有土地财富的程度来辨别。这些群体的某些成员充当重要的王公和其他显贵的封臣，通过服役接受有条件持有的土地。与拥有地产的精英们一样，城市平民也要履行军事服役、缴纳赋税并可以在城外拥有土地；当然，他们最主要的职业还是商业和工匠的工作。1387年在结成科里沃－维尔纽斯联盟（1387年）后，城市自主权扩展到大公国的各个城镇：布列斯特（1390年）、格罗得诺（1391年）、德罗吉钦（1429年）、别利斯克（Bel'sk，1430年）、卢茨克（Lutsk，1432年），以及基辅、沃伦尼亚的沃洛季米尔（Volodymyr）、波洛茨和明斯克（15世纪后半期）。农村生活延续着基辅罗斯时代的结构和职业。农业仍然是经济基础，扩大到养蜂、家畜饲养、狩猎、捕鱼和森林开发。截至14世纪中期，耕种的土地的扩张很明显，意味着经济复兴和人口增长。农民有向大公纳税（dan'）的义务（依据耕种土地的单位来估量，以现金、毛皮或者蜂蜜来支付），以供养其行政人员，还有诸如运输和建筑方面的劳役。农民也向地主缴税但不承担劳役义务（*barshchina*）。14世纪时，农民的流动性不受限制，但是依据大公的司法规定（借自罗斯的法律）的持久性来判断，奴隶仍然是地主劳动力的一个来源。

东北罗斯

东北罗斯最好地保持了基辅国家的原则，即君主通过强大的中央王朝进行统治；其大公声称拥有一切权力，并面对着很少的社团实

---

* "Zemiane"指从市民中分化出来的地主，不再属于市民阶层。——译者注

体，例如城市或拥有土地的精英阶层，而且他们必须顺应大公的要求（与立陶宛的大公们形成对照）。所以这常常被称为独裁（autocracy），这一说法在 16 世纪后期的确成了莫斯科官员头衔的一部分。不过这一术语必须谨慎使用：莫斯科公国的"独裁"绝不意味着现代用法所暗示的那种总体的或者绝对的权力。莫斯科公国的统治者受到许多因素的限制：各种习俗、思想意识、政治现实，后者的最重要的两种情况是人口缺乏和钦察汗国的勒索。大部分人口由自由农民及妇女和儿童构成，他们住在两三户人家构成的小村子里，每户通常有两三名成年男性。他们的耕作技术因不同的地方条件而不同：在土地充足或新近清理出来的地方，实行砍伐或焚烧的方法；在居住点较稠密、有较多人安置下来的地方，则把土地圈围起来耕种。农民在冬天播种黑麦或者大麦，春天播种燕麦，他们用来补充饮食的有鱼、某些肉类（猎物、猪、鸡、牛）、蜂蜜、浆果、坚果、蘑菇、豆角、萝卜及其他根茎类蔬菜。农民们属于由许多村庄、小村子联合起来的公社（commune）的成员。农民种植自己的土地和自家拥有的宅旁园圃，但对诸如草地、森林、池塘、河流之类的资源及废弃土地的安置，则服从公社的权威；公社官员也同王公的官员保持联络。城镇很少，大都是小型设防的公国的营地；因为大多数工匠都在农村工作，城镇贸易的重要性受到限制。城镇的纳税居民也组建了公社（posad），与乡村公社类似。

在所统治的王国内，王公们开拓了一个适当的活动范围：榨取各种资源、执行大法官的职能及进行军事扩张和防御。[29] 他们通过诸如 *dan'shchiki* 这样的巡回官员（circuit officials）或维护司法公正来实现这些目标，*dan'shchiki* 负责征收给蒙古人的贡品（*vykhod*）和交给大公的税（*dan'*）。其他人则根据大公授予的特权设法垄断（*puti*）诸如森林开发、马匹贸易、猎鹰驯养、设陷阱捕捉野兽、酿造和粮食贮存等经济活动。纳税人还要以谷物或偶尔以货币来承担王公的其他索求：为常驻与流动的官员以及他们的随员、马匹供应食物饲料（*korm*）；为邮政系统（*iam*）提供谷物和骑手；提供服军役的人员

---

[29] 关于统治、地主和依附关系，见 Howes (1967); Veselovskii (1926), (1936) and (1947); Kashtanov (1982) and (1988); Eck (1933); Pavlov-Sil'vanskii (1988); Gorskii (1982); Blum (1961)。

(*pososhnaia sluzhba*)；名目繁多的运输、牧场和匠作方面的劳役；防御工事与建筑项目；交纳货物运输与买卖的关税（*myt*，*tamga*）。各个公社和持有私人地产的人可以事先安排，一次性支付（*obrok*）所有这些费用。

14世纪后期，莫斯科（缺少其他公国的资料）通过代理官（vicegerents）和任期为一年的地区行政官（*namestniki* and *volosteli*），加上司法、军事和民政管理，创建了一种固定的征税制度。代理官居住在城镇里，隶属于他们的地区行政官则待在农村。14世纪末只有15个代理官和大约100个地区行政官；这些地区行政官的报酬由共同体提供（"供养"[feeding 或 kormlenie]制度）。然而，所有这些官员的权力，因此还有王公的权力，都被14世纪东北罗斯的权力划分所限制。即使在城镇中，不受王公政府管理的豁免权也到处存在。东北罗斯的城镇不属于"欧洲类型"——城市主权、市民身份和个人自由的绿洲。更确切地说它们是"东方的"，是商人和工匠的街坊的专用聚集之地，每个街坊都向其所有者支付赋税与劳役。农村也一样。王公们利用豁免权——本质上是统治权的分散——以维护地方稳定、最大限度地榨取资源，最重要的是支持并吸引整个提供军役的土地精英阶层。

那时，作为一种惯例，私有土地豁免王公的行政管理和大部分税赋。地主们视自己的不动产为一种"供养"的形式，他们在土地开发中几乎不起直接作用，除非贫困迫使他们那样做。[30] 他们创建的小小的自营地都使用奴隶耕种和管理。地主根据各种条件出租其余的持有地，采用的方式有租金、分成到契约劳役和奴隶制。他们要求现金或实物税、各种劳役、海关通行费，类似于王公们强加的负担；然而，他们的农民不参加民兵的征募。地主的榨取只被自由农民是否愿意接受他们的条件所限制，这并非很小的限制，因为考虑到人力的稀缺和其他地主（还有各自由公社）提供各种有利条件的意愿。这些有利条件包括数年内免除缴纳，以资金或种子的形式提供用于生产的贷款。

所以，农民流动的自由和他们对某个领主可能的依赖之间，存在

---

[30] Veselovskii (1936), p. 142.

第二十三章 14世纪的罗斯诸公国

紧张的关系。个人依附的成因众多：对某些人来说，依附是因为它有各种有利的条件；对其他人而言，当他们的公社被王公赏赐给某个地主时便产生依附；对另外一些人，是因为假如他们遭受自然灾害，地主能够提供紧急保护。对奴隶、受庇护者（clients）和契约仆从来说，也是同样的情况：一些人是未能履行义务的承租者，一些人是战争俘虏，另外一些人是在绝望中自卖为奴、寻求经济上的稳定。通过个人依附的各种纽带组织起来的社会也超出了地主与农民的关系。地主们面临着自己土地的管理和生产的任务，还常常要维持一批军事扈从，他们发现要充分获得这些需要的人力，不仅必须出租土地或把土地授予奴隶们，而且还得把土地送给仆从（retainers），有时是让其无保留地完全拥有所有权（allodial tenure 或 *votchina*），不过经常是有条件的（如以 *sluznie* 的形式持有的土地）。接受土地的人从自由民到受庇护者到奴隶都有，并相应地被视为一个领主的不同的"人员"（*liudi*），如仆人（*slugi*）、受庇护者（*zakladniki*）、家佣（*cheliad'*）等。这些人为领主从事不同的服务，如在领主的扈从中充当骑兵和侍从官，在其领地上担任顾问、管家与法警、法官与收税人、打猎队的头领、铁匠及其他专业手工艺人。修道院常常以礼物的形式接受土地，并在有条件持有的情况下将土地归还给原主人。接受了大量赐地的世俗贵族重复这一过程：把部分土地出租，部分授予地产经营者、工匠和骑兵。

王国的统治基本上是通过此类依附纽带来实施的。比如，代理官、地区行政官和**帕特尼**波雅尔（*putnye* boyars）* 构成的行政网络，是由对王公的个人依附关系组织起来的。情况类似的还有军队，它是王公及其家臣的私人扈从临时性集结起来的一个群体。大公召集廷臣（*dvoriane*）的扈从和被称为"波雅尔的儿子们"（*deti boiarskie*）的那些自由而拥有土地的骑兵；他的波雅尔贡献出他们的扈从，就如他的亲属、盟友和他们的波雅尔们所做的一样。教会的大主教、都主教和主教也派出自己的军队。这些军队主要是骑兵部队，但从纳税的农民和城市居民中集结起来的地区民兵提供了步兵和围城时的防御力量。

---

* **帕特尼**波雅尔：作为王公特使派往某个行政区内进行巡回并监督地方管理的波雅尔贵族。——译者注

王公们与他们最为显赫的顾问们、仆从们、波雅尔之间的关系，鲜明地表明了东北罗斯的私人化的政治关系。精英的规模很小：在同一时间莫斯科任职的波雅尔家族（clan）大约有10个，波雅尔的数目则依据家族死亡率和政治环境而在6个至11个之间波动。[31] 这些人，包括大公家族、都主教和其他高级教士，某些商人，都居住在设防的仅有现在2/3规模的克里姆林宫里。军事随从们加盟于某个王公或者自由选择放弃为他服务；王公们的协定专门保护他们的流动性："我们的仆从和波雅尔可以在我们中自由地选择。"[32] 他们可以自由地在不同公国获取土地，只要求他们向当地王公纳税和提供紧急军事服役，而不是以个人身份为其服务。与此相似，假如他们转而效忠其他王公，他们位于原先领主的公国内的土地不会被没收。记述统治者与其波雅尔的史料也描写了一种私人化的政治。这些文本吸收了拜占庭和基辅罗斯基督教的统治关系的标准**惯用语**：君主是上帝在世间设立的，君权是由上帝授予的，权力的适当行使受上帝的各种规则的支配。当时的各种编年史并非像后来莫斯科公国的文献那样，让王公赋有半神的地位，它们提出了一种人性化的、谦卑与虔诚的统治者的形象。他的任务主要是道义上的：通过虔诚的榜样带领人民走向拯救，向贫者施舍，向教会行善，忠于他自己的人。莫斯科大公谢苗·伊凡诺维奇（Semën Ivanovich）1353年的遗嘱这样教诲他的继承人："你不得听从坏人，如果有人试图在你们中间培植纷争，你应该听从我们的教父阿列克谢（Aleksii）主教，以及那些为我们的父亲和我们祝福的年长的波雅尔。"德米特里·顿斯科伊在1389年写道："我的儿子们，对于那些喜欢为我的公主服务的波雅尔们，要像一个人那样服侍他们。"[33] 政治转向了个人、家庭与道德联系。[34]

　　在这一构架中，莫斯科大公们表演了他们的政治策略。在他们与特维尔的历次协议中，在莫斯科的及在大公属地上的亲属都使用体现血族关系的语言来描绘各种政治关系："我们会把我们的兄长置于父亲的地位，像尊敬父亲一样尊敬他"；"我，大公，无论在什么事情

---

[31] Kollmann (1987), chs. 1–3 以及表格 1–4, 6。
[32] *DDG*, no. 2, p. 13 (1347–1354).
[33] Ibid., no. 3, p. 14.
[34] Kollmann (1987), ch. 5; Val'denberg (1916); d'iakonov (1889). 后来的文本仍关注这同一个主题：Rowland (1979)。

上都会像兄弟一样对待你，不侮辱你"。㉟ 他们确认仆从享有自由投奔其他领主的权利，但他们又经常规定每方都不得接纳他人的扈从作为自己的仆从。他们时常会强加一个类似的禁令：不准接纳乡村和城市工人为受庇护者。他们要求属地诸王公在外交政策和财政事务上服从他们。这样，在东北罗斯诸公国中等级制度和权力分化发展起来，但是这并未削弱政治世袭的基本性质。

许多学者夸大了莫斯科君主的权力，并把他们的"独裁政治"归因于蒙古的影响，但此类主张总体上是站不住脚的，对于14世纪时的莫斯科中央政府而言尤其如此，因为那时它虚弱不堪。㊱ 14世纪时，那些在撒莱汗国和东北罗斯诸王公之间存在直接接触的地区中，莫斯科公国最善于向蒙古人借款：14世纪里罗斯诸王公频繁到撒莱汗国游历；通常他们的儿子会作为担保人而留在那里若干年。蒙古的组织和术语在东北罗斯的军事组织、财政管理机关和某些政治机构中出现。㊲ 但是，把莫斯科后来的中央集权的独裁制度归于一种以蒙古为基础的"东方专制主义"，却无法加以证明，因为在钦察汗国的政治中权力实际上相当分散。至于文化生活，与钦察汗国的接触几乎没有什么影响，因为东斯拉夫人信仰东正教，鞑靼人直到1312年皈依伊斯兰教前为多神崇拜；社会和经济方面与此相似，因为东斯拉夫人是居住在森林的农夫而鞑靼人是大草原上的游牧民。

争论这里叙述的这种个人依附的社会和政治是不是"封建的"，也花费了大量笔墨。从19世纪起，这一问题就被用来比较俄罗斯和西方的异同，因为自近代早期以来，欧洲的政治哲学就认为，在向自由民主的发展过程中，封建阶段是必不可少的一个步骤（论据是领主和封臣或地主和农民之间互惠的义务铸就了立法先例和有利于政治多元化的文化期待）。㊳ 俄国历史学家和政论家试图充分利用俄罗斯没有经历封建社会这一普遍接受的结论。一些学者，譬如 S. M. 索诺维约夫（Solov'ev），认为"斯拉夫人的"即俄罗斯人的发展是独立进行的，但与"日耳曼的"欧洲的发展并列；其他的亲斯拉夫倾向

㉟ *DDG*, nos. 2, 5.
㊱ Halperin (1985); Vernadsky (1953), ch. 5.
㊲ Ostrowski (1990).
㊳ Poe (1993), ch. 9; Brown (1974). Pipes (1974), pp. 48–57, 是关于这一观点的很好的陈述。

的人则赞颂俄罗斯非西方的"公社的"过去;还有其他的一些,如B. N. 契切林(Chicherin),强调俄罗斯的那些非封建的、世袭独裁的消极方面。只有19世纪90年代开始写作的N. P. 帕夫洛夫－西尔万斯基(Pavlov-Sil′vanskii),还有接受他的观点的少数人,认为14和15世纪的东北罗斯处于与西方并行的封建主义时期,尽管苏联马克思主义历史学家将基辅罗斯至1861年的时期视为"封建时期"。[39]不过,"封建主义"问题的确是关系到现代俄罗斯前途的一种话语。关于这个术语仅有一个宽泛的和非发展性的定义,与马克·布洛赫关于封建社会是基于"种种依附纽带"[40]的名言类似,这很符合14世纪的东北罗斯。封建主义问题不仅是一种有用的分析范畴,更是一种历史编纂的架构。

在评估我们这里已详述的种种变革时,一种大俄罗斯历史学的解释已经占支配地位。基于15世纪和16世纪时莫斯科提出的主张,即莫斯科是基辅的继承者,[41](见于诸如1439年佛罗伦萨/费拉拉教会联盟、《弗拉基米尔大公们的传说》[Tale of the Princes of Vladimir]和《等级之书》[Book of Degrees]等相关的故事传说之类的资料),现代学术界倾向于假定此种连续性,而不顾及这些地区自12世纪以来滋生的文化与政治的多样性。为了解释基辅和莫斯科在政治实践、城市发展和经济社会结构中明显的非连贯性,一些人诉诸一种**外来的神的干预**(dens ex machina)——蒙古入侵者。那些喜欢把本土因素视为历史发展驱动力的人,还举出了地理、民族或其他议题。[42]这一假定的结果,是使在未来乌克兰和白俄罗斯的土地上的历史发展的多样性变得模糊不清,而且将立陶宛大公国的角色塑造为要么是继续表达罗斯文化的被动的媒介,要么是莫斯科在"统一罗斯土地"的过程中的

---

[39] Solov′ev (1959 – 1962), 1; Kireevskii (1966); Pavlov-Sil′vanskii (1988) and Eck (1933). 另参见现代苏联学者与西方学者关于俄国历史上封建主义的辩论: Baron (1977); Crummey (1984); Szeftel (1965); Vernadsky (1939)。

[40] Bloch (1970).

[41] Zimin (1972); Miller (1979); Pelenski (1977) and (1983); Gol′dberg (1975)。

[42] 反对蒙古人造就俄国专制制度的论点: Karamzin (1842 – 1843), bk 1, vol. Ⅲ, pp. 137 – 142, 166 – 174; Cherepnin (1960)。强调本地因素的有: Solov′ev (1959 – 1962), 1, ch. 1, 7 Ⅶ, ch. 1; Kliuchevskii (1956 – 1958), Ⅰ, lects. 16 – 17, Ⅱ, lect. 22。

破坏者。少数历史学家曾认为在把罗斯土地从外国压迫者手中"拯救"出来的过程中,立陶宛大公国与莫斯科大公国一样扮演了积极的角色。[43] 但大多数人都谴责前者,认为它阻止了注定要由莫斯科来完成的这个任务。人们可以提出时代错误较小的主张:14 世纪立陶宛和莫斯科大公们的政治扩张和领土扩充的目的,是为了夺取有利可图的商路、贸易中心和自然资源,而不是重新联合一个假定存在的国家。的确,诸如米哈伊洛·赫鲁舍夫斯基(Mykhailo Hrushevsky)、A. E. 普雷斯涅可夫(Presniakov)和 P. N. 米留可夫(Miliukov)等学者都曾提出:俄罗斯的历史只是在 14 世纪随着莫斯科的崛起才开始的。[44] 还出现了倾向于重复 14 世纪的那些政治事件和文本的民族主义情绪,但绝不展现出现代民族主义的那种狂热和排他性,比如,其历史编纂中让 14 世纪的教会承担了为莫斯科崛起服务的角色。与此类似,如果我们关注文化表现,也关注 14 世纪时立陶宛、莫斯科、诺夫哥罗德和其他地方的理论家和统治者为创建各种合法化观念所作的努力,那么我们看到他们的眼光一般聚焦在地区的或王朝的问题上,用宗教习语和常常是未形成的、初生的"民族"感来表达。例如,14 世纪的诺夫哥罗德形成一种经过整合的地方文化,作为一种富足、活力和政治力量的象征。不像 15 世纪里那些因受外部压力的刺激而创作出来的政治化的艺术、文学作品,在 14 世纪时,诺夫哥罗德显示出稳定与自信。该市浓厚的编年史传统经久不衰,14 世纪 30 年代后产生的现存最古老的《诺夫哥罗德第一编年史》(Novgorod First Chronicle)的编写本,使此前的《基辅原始编年史》的内容延续到本书所写的时间,加上了诺夫哥罗德地方的和某些东北罗斯的内容。同时,相比较而言,较不安全的普斯科夫共和国正采取措施巩固自己的独立;1374 年,大公多夫蒙特(Dovmont)——这位受尊敬的 13 世纪普斯科夫的保卫者,被教会封为地方圣人。诺夫哥罗德 14 世纪的文化生活标志着它发展的顶点。像许多欧洲城市共和国一样,诺夫哥罗德以自由思想反映了其文化的多样性。14 世纪后期,它见证了**裁剪工**(*strigol'nik*)异端的出现,支持这一异端的是布料裁剪工

---

[43] Khoroshkevich (1982).
[44] Miliukov (1930 – 1964); Presniakov (1918b); Hrushevsky (1952).

人（cloth cutters），类似于后来拒绝教会等级制度与追求社会正义的胡斯派。然而正是在圣像绘画、壁画和建筑所体现的东正教信仰的精致和对上帝的赞颂上，展现了这座城市最伟大的成就。小巧、正方形、单穹的教堂，有着优雅的三叶形山墙的屋顶，成了建筑典范：例如，1374年，在伊林（Il'in）大街的救世主教堂（Church of the Saviour）有不常见的奢华的外部装饰，及由希腊人费奥凡（Feofan）绘制的精美的内部壁画（其三叶形屋顶的线条现在隐藏在一个叠加的八斜面的斜屋顶之下）。因为曾在君士坦丁堡和黑海沿岸城市工作过，费奥凡将与静默主义（Hesychasm）和南部斯拉夫的影响相联系的感情主义（emotionalism）和人性带到诺夫哥罗德，然后渗入罗斯地区。他的绘画，使用一种新颖的、有引人注目的亮点的单色调色板，热情、主观而富有感情。圣像画也达到了相似的高度，展示了一种安详的，几乎单纯的简朴性。用线条与轮廓这种二维化的方法来界定主题；绘画风格简洁，采用了一组组鲜亮的颜色：各种红色、黄色、蓝色和绿色。经常被描画的是当地受爱戴的圣人——以利亚（Elijah）、布莱斯（Blaise）、乔治、帕拉斯克娃（Paraskeva）、弗洛鲁斯（Florus）和劳鲁斯（Laurus）等，而且常常加上赞助人的小型画像。

14世纪立陶宛大公国的文化和意识形态的活动没有像诺夫哥罗德那样的凝聚力，这适合于它的地区的多样性和作为一个国家来说相对年轻的特点。但通过巧妙运用欧洲各大国的习语中的头衔、仪式和外交辞令，大公们坚持不懈地培育他们的政治地位。该世纪里，斯摩棱斯克、波洛茨、斯卢茨克（Slutsk）、平斯克、诺夫哥罗德、基辅和其他中心可能都编纂了编年史，到1430年维陶塔斯去世时，斯摩棱斯克的主教座堂收集了众多有关立陶宛历史的编年史抄本，以使格季米尼德王朝的权力合法化。此后，出现了许多编年史和家谱，为该王朝的古代传统提供依据并赞颂它的种种成就。⑤

同时，在该大公国的大部分地区，文化事业都仿效罗斯的东正教传统。东斯拉夫的地方方言一直是该大公国的官方语言，直至17世纪和18世纪才被波兰语所代替；法律传统保留下来，对基辅和拜占

---

⑤ Priselkov（1940a）；Khoroshkevich（1982）；Ulashchik（1985）；Rowell（1994），ch. 2.

庭的教会法和民法法典的抄写和传播即是证据。代表性的宗教文化表现为1397年在基辅为斯摩棱斯克主教作的一本插图的圣诗集，还有一些抄写说教的作品及诸如基辅的《父辈之书》（Paterikon）之类的圣徒传记的概略。将这种文化宽容描绘成异教徒被动接受一种更优越的文化，这贬低了立陶宛大公们的成就。假如考虑到格季米尼德王朝的国际联系，那么它本来可以同样容易地惠顾某种基于欧洲文化的政治话语或者文化习语，但它选择了保持罗斯传统的策略，以维持稳定和抗衡波兰的诱惑和天主教的影响。同时，由于立陶宛和波兰的政治、社会、文化的影响，罗斯传统在立陶宛大公国浓厚的文化氛围中生长和变化。独立的白俄罗斯和乌克兰的语言到14世纪或15世纪（时间尚存争议）发展起来，反映了这些地区在大公国和波兰王国内单独的历史经历。新的政治和社会结构获得发展，特别是在与波兰国王在科里沃实行王朝联盟之后（1385年）。

在东北部，文化发展遵循类似于诺夫哥罗德采用的模式。南部斯拉夫的影响渗透进来，这方面的证明是圣像、壁画和文学，特别表现在叶皮凡尼（Epifanii）的作品《智者》（the Wise）（关于一个生活在该世纪之交的俄罗斯僧侣的故事，这位僧侣游历广泛，有修养，来自三位一体圣塞尔吉［Trinity-St Sergii］修道院）。在关于塞尔吉与彼尔姆的斯特凡的《生平》（Lives）中，他展示了华丽的"词汇编织"（word-weaving）风格和易动感情的表达方式。在旅行者、艺术家、肖像画尤其是书籍的交流中，同拜占庭、保加利亚和塞尔维亚接触频繁。来自塞尔维亚和保加利亚的经过翻译的拜占庭著作，如圣徒传、祈祷书、布道术、历史等，都被带到诺夫哥罗德和东北罗斯，所缺失的主要种类是关于神学的书。该世纪后半期的东北罗斯是一个精神上的活跃时期，可以把拉多涅日的塞尔吉（Sergii of Radonezh）视为这方面的缩影。塞尔吉是14世纪30年代或40年代三位一体修道院的创建者，直到1392年去世，他一直以某种禁欲主义、神秘主义和缥缈的灵性这一静默主义的典型特征来鼓舞追随者。他的塑像被安置于其学生或崇拜者建立的修道院中：如1371年德米特里·普里卢茨基（Dmitrii Prilutskii）建立的救世主修道院，1397年与1398年基里尔（Kirill）和费拉蓬特（Ferapont）在贝洛泽诺地区建立的那些修道院，还有许多其他修道院，就像以莫斯科为基地的僧侣们既追随又领导着莫斯科向北和向东扩张一样。

建筑工程为许多文化活动提供了场所。新教堂都是用石料而不是木材修建的，在14世纪里修建的步伐激动人心：克里姆林宫综合体自1326—1397年见证了逾10座石质建筑或者防御工事的建成。新的修道院也建造起来：如14世纪50年代克里姆林宫里的米拉克莱（Miracles）修道院，约1360年的救世主－安德罗尼科夫（Saviour-Andronikov）修道院，1370年的西蒙诺夫（Simonov）修道院，1386年的克里姆林宫基督升天（Ascension）修女院。属地加利奇（Galich）的王公用来装饰他的都城兹韦尼哥罗德（Zvenigorod）的，是1399年用石头建成的圣母升天大教堂（Dormition Cathedral），和1404年在新（1398年）萨瓦－斯托罗热夫斯基（Savva-Storozhevskii）修道院建立的石质的圣母降生节大教堂（Nativity of the Virgin）。1352年在苏兹达尔建造的救世主－埃菲密伊（Saviour-Evfimii）修道院和1372年在下诺夫哥罗德建造的石质堡垒，也反映了地方王公们的类似抱负。14世纪90年代至1409年，特维尔主教阿尔谢尼（Arsenii）建造了多个修道院，并倡议书籍生产，请人代抄一册基辅的《父辈之书》。14世纪40年代，都主教菲奥格诺斯特（Feognost）邀请一批希腊画家到莫斯科装饰克里姆林宫和其他地方的新教堂，希腊人转而向当地画匠传播他们的理念。14世纪90年代，希腊人费奥凡实际上曾在克里姆林内所有的教堂中作画；15世纪最初几十年，杰出的俄罗斯画家安德烈·鲁布廖夫（Andrei Rublev）在克里姆林宫的各个教堂、弗拉基米尔的圣母升天大教堂、兹韦尼哥罗德（精美的三圣像联作［deesis tier］）、救世主－安德罗尼科夫修道院等处作画。鲁布廖夫为三位一体圣塞尔吉修道院的大教堂绘制的教堂的庇护神像《〈旧约〉三位一体》（Old Testament Trinity），是一幅杰作。

政治抱负常会通过艺术、建筑和文学等媒介来表现。上面引证的克里姆林宫、下诺夫哥罗德和兹韦尼哥罗德的建筑工程提升了它们的王公的地位，就像很久以前，即1285年特维尔建立的石质大教堂一样。特维尔的大公们的确积极地从政治上利用文化生活。在那里，定时编纂历史资料始于1285年，这种编纂达到高潮时的表现可能是1305年的一个抄本（某些人将该抄本的年代定在弗拉基米尔时期，确定为1306年或1307年），1327年的一个抄本则肯定是。特维尔从政治上利用圣徒传的写作。1318年米哈伊尔·雅罗斯拉维奇大公刚被暗杀（在撒莱被一位莫斯科王公），他在当地就被当作一个圣人来崇拜，他的生平也在一则故事中受到颂扬，该故事见之于15世纪时改编的一本圣徒传记中。再往后的各种大公编年史的抄本追溯了东北罗斯其他政治中心的抱负。在1327年特维尔的抄本之后，作为弗拉基米尔大公头衔继承者的莫斯科在1340年和1354年或1359年完成了一些重要抄本。1383年野心勃勃的苏兹达尔－下诺夫哥罗德大公们也同样这样做。但是这些编年史仍然聚焦于地区层面；只是在14世纪90年代的莫斯科，羽毛丰满得多的是1408年在都主教的座堂中编纂的《三位一体编年史》（Trinity Chronicle），编纂者收集了各种编年史，包括来自罗斯许多地区的资料，渴望它成为"全罗斯"的编年史，由此显示了比其前已展示的更宽广的政治自我概念（self-conception）。[46]

在运用文学和艺术工具来提升政治地位的行为中，最重要的地方显然是莫斯科。如曾提及的，那里对都主教彼得的崇拜很典型。彼得在其漫长的生涯中对东正教秉持一种恢宏的眼光，他死后无可非议地受到东北罗斯许多政治中心的敬重。人们记录下他的各种奇迹，有人写了他的《生平》（*Life*）（大多数人认为是罗斯托夫的普罗霍尔［Prokhor of Rostov］主教写的）；1339年君士坦丁堡正式封他为圣徒，这堪称东正教传统中一次迅速的行动，因为东正教往往不像天主教会那样正式册封圣徒。在14世纪晚期或15世纪早期，都主教基普里安（Kiprian）以一种新的风格重写并扩展了关于都主教彼得的《生平》，将彼得生涯中的各种事件改写为一种**辩解书**（*apologia*），为他自己试图在莫斯科、特维尔、立陶宛大公国和主教之间周密行事所受的考验和磨难辩解。都主教彼得被描绘在都主教福蒂（Fotii）（1408—1431年）的法衣上；15世纪上半期特维尔和诺夫哥罗德有许多教堂和圣像是奉献给福蒂的。但是莫斯科为了自身目的第一个选择了对彼得的崇拜。彼得被描绘成圣像，他的墓地得到修饰并受到推崇，并被尊奉为"莫斯科奇迹的创造者"，[47] 是与莫斯科大公王朝紧密相关的

---

[46] Nasonov (1930); Lur'e (1976); Murav'eva (1983).
[47] Stökl (1981).

四个都主教之一。

在该世纪里,莫斯科也开始努力把自己刻画为弗拉基米尔大公国的象征和宗教的继承者。其证据包括莫斯科主要的大教堂是表达与弗拉基米尔的圣母升天大教堂同一个主题的,后者是12世纪与13世纪时大公与都主教们的驻地;受人尊崇的弗拉基米尔的圣母像(Mother of God)于1395年从弗拉基米尔临时转移到莫斯科(是12世纪时拜占庭的作品,于1125年被带到基辅,并于1155年被带至弗拉基米尔);修复弗拉基米尔和佩雷亚斯拉夫-扎雷斯基(Pereiaslavl-Zalesskii)11世纪和12世纪时修建的各个教堂,包括1408年鲁布廖夫重绘弗拉基米尔的圣母升天大教堂的壁画。所有这些努力都是由莫斯科大公们发起赞助的。

更有疑问的是莫斯科声称自己是基辅大公国的继承者的问题。作为自我意识中的俄罗斯人民的代表,莫斯科索要这一遗产部分地与关于1380年库利科沃之战的一系列故事有关。这些故事,有的产生于14世纪90年代,其他的则是15世纪中后期,[48] 的确显示出莫斯科的统治者(特别是德米特里·顿斯科伊)与基辅罗斯的统治者之间的相似之处,因为他们都使用指称莫斯科公国的"俄罗斯领地"(*Russkaia zemlia*)这个措辞(在基辅史料中,该措辞用来指基辅周围的核心地区,或者留里克王朝统治的所有地域)。除此之外,自"钱袋"伊凡一世时代(1325—1340年)起,莫斯科大公仿效都主教,已经把"全罗斯"这个短语加进他们的头衔中。[49] 但这些只是尝试性的开端:权力的现实性,关于莫斯科权威之可靠性的最意识形态化的声明,都与弗拉基米尔大公国有关。莫斯科的基辅继承人的主张属于下一世纪,它在建立地区政治权力中的重大成就,并非仅是预定的民族命运的实现,**请克留切夫斯基原谅我的不同意见**,他认为大俄罗斯人民团结在莫斯科公国周围是因为他们认识到自己需要一个强有力的统治者,[50] 不如说这是种种特定的历史张力和事态的产物。

总之,到14世纪末,罗斯诸公国正被铸造为若干更大的、不同的文化实体:立陶宛帝国和莫斯科帝国、诺夫哥罗德殖民共和国、雄

---

[48] Likhachev (1973), ch. 2; Pelenski (1977); Salmina (1966), (1970), (1974) and (1977).
[49] Szeftel (1979).
[50] Kliuchevskii (1956–1958), II, pp. 46–47.

心勃勃的特维尔。该地区充满活力的经济与国际联系培育了发生众多变化的可能性；对大公国及其从属领地来说，与条顿骑士团、波罗的海的贸易伙伴及尤其是与波兰王国的互动，带来了把立陶宛和罗斯传统混合起来的强有力的文化范式。莫斯科罗斯（Muscovy Rus'）和东正教传统适应了一种政治、社会和经济的组合情况，这种情况与基辅罗斯曾面对的明显不同。14世纪是这样一个时代，其中假定的罗斯遗产的统一性被摧毁了，这些地区被置于新的、充满生机的政治和文化的发展方向上。

南希·希尔兹·科利曼（Nancy Shields Kolimann）

柴　彬 译

王加丰 校

第二十四章
14 世纪时拜占庭帝国

在 14 世纪这一历史进程中，拜占庭社会经历了一系列重大变化，这些变化在某些方面与西欧 14 世纪的变化相似，而在另一些方面又相当不同，种种外部威胁的存在不仅使拜占庭社会复杂化，而且逐渐导致国家解体及其领土被征服。尽管经济、社会和文化的发展显示出极大的活力，但是国家的虚弱从根本上削弱了它为臣民提供秩序和安定的能力，不可能不影响它在其他方面的发展动力。革新并不缺乏，其更多是在实际中而非理论上；相反，对新情况的种种反应即使有自相矛盾的方面，也往往表现得很有趣。

从政治史的角度讲，这个新时期并非从该世纪的开端开始，更确切地讲，是始自 1258 年以来尼西亚（Nicaea）皇帝米哈伊尔八世·巴列奥略（Michael VIII Palaeologus）的小股远征部队从拉丁人手中重新夺回君士坦丁堡。这一事件发生于 1261 年 7 月 25 日，是希腊那些处于分离状态的主要城邦的领袖们、尼西亚的皇帝们、伊庇鲁斯（Epirus）的专制君主们盼望已久的事情，肯定是由米哈伊尔八世预先策划的。[1] 一位拜占庭皇帝回到帝国的故都显然会有重要后果。首先，由于他们不得不处理西方的诉求，而需把君主们的兴趣中心由亚洲转为欧洲。罗马教宗、安茹的查理、瓦卢瓦王室和威尼斯人都从事于各种各样的重新占领君士坦丁堡的努力，以至在 1261—1314 年间的几乎任何时刻，拜占庭都至少与一个西方国家之间存在敌对行动；1281 年，如同 1308 年一样，还形成了与拜占庭对抗的强大联盟。然而在米哈伊尔时代，借助灵活的外交和由他作出的一个重大让步，这

---

[1] Geanakoplos (1959), pp. 75ff, 关于收复君士坦丁堡。

些情况发生了转变。这就是拜占庭皇帝接受与罗马教廷结为基督教同盟的策略。里昂同盟（Union of Lyon，1274年）的建立，就是为了缓解即将发生的安茹的查理及其巴尔干同盟攻击帝国的危险，皇帝成功了，因为教宗迫使查理暂时放弃他的计划。1281年，当马丁四世（Martin IV）确认米哈伊尔八世没有真正实施联盟而全力支持安茹的查理时，米哈伊尔的外交再次发挥作用；他和阿拉贡国王以及其他人进行谈判，极大地促成了由"西西里晚祷"（Sicilian Vespers）所造成的阿拉贡对西西里的攻击。外交及好运气使他的继任者们仍可以在西方的威胁中幸存下来。但是，尽管通过帝室联姻，外交谈判及意大利商人的存在，使得拜占庭和西方人的联系更加密切起来，来自西方侵犯的威胁还是使皇帝的注意力集中在欧洲。通过恢复在第四次十字军东征时期丧失的欧洲领土来缔造一个统一国家的尝试亦是如此。对小亚细亚来说这样做的后果是灾难性的。那个时代最为思维缜密的历史学家乔治·帕奇米尔斯（George Pachymeres），在报道档案馆馆长（*protasekretis*）凯考斯·塞纳彻雷姆（Kakos Senachereim）的话时想到了这种情况：凯考斯·塞纳彻雷姆听到拜占庭被再次征服时，沮丧地扯着胡子并哭喊道，"噢，我听到了什么！……我们到底犯了什么罪，要让我们活着见证这些不幸？人们不要怀有任何希望了，因为罗马人重新占领了这个城市。"②

所以，这是巴列奥略王朝从建立一直持续到大约1314年所面临的首要矛盾。君士坦丁堡的恢复，虽被米哈伊尔八世视为神之礼物，③却迫使帝国在政治、外交和意识形态上陷入一种时常难以为继的境地。过时的声音还在谈论着普世的皇帝，巴列奥略王朝的前三位君主试图通过恢复至少是拜占庭帝国的欧洲边界来恢复帝国地理空间上的统一。但这种普世性已毫无踪影，并且地理上的整合与长期以来的去中央化趋势相冲突，这种趋势在12世纪晚期已经很明显，第四次十字军使这种趋势更加严重。西方人把其部分财物保留在阿凯亚（Achaia）侯国及其岛屿上，而希腊的伊庇鲁斯专制君主国和塞萨利（Thessaly）等分立的国家仍然保持着它们的独立。特拉布宗（Trebi-

---

② GP, ed. Failler, p. 205 = Bk II, 28 – 29; cf. ibid, pp. 25ff = Bk 1, 1 – 2 ff.
③ Grégoire, 'Imperatoris Michaelis Palaeologi "De Vita Sua"', especially p. 457; cf. GP, ed. Failler, Bk I, 1.

zond）帝国是另一个分立的希腊国家，尽管由于它地理位置遥远而未卷入恢复旧拜占庭帝国的权力斗争中。非希腊语国家如塞尔维亚和保加利亚也获得了独立，特别是塞尔维亚，由于它在开采新布尔多（Novo Brdo）和其他地方的银矿中得到财政资源的支持，在13世纪晚期到14世纪前半期经历了一次重要的扩张。米哈伊尔八世试图使现实符合其意识形态上的职责。他相当成功地与阿凯亚侯国斗争，还与爱琴海地区的威尼斯人对抗，并且试图削减伊庇鲁斯君主国的独立性。在保加利亚，米哈伊尔八世成功地收复了黑海沿岸一些说希腊语的城市，它们是供应君士坦丁堡所需谷物的重要出海口。同时米哈伊尔八世继续推行与蒙古人结盟的政策，这一政策始于其前的尼西亚各位皇帝。与波斯的伊儿汗国（Ilkhanids of Persia），特别是与旭烈兀（Hulagu）联盟是为了防御土耳其人；安德罗尼卡二世（Andronikos II）继续推行这一联盟政策，他还试图通过联姻来确保这一联盟。米哈伊尔八世实行与金帐汗国（Golden Horde）以诺盖人（Nogai，即"那海人"[Noghai]）为代表的蒙古人联姻，作为对抗保加利亚人的屏障。这一点，加上米哈伊尔与埃及素丹伯拜尔斯（Baybars）的联盟开通了埃及和克里米亚的交流路径，埃及素丹们也从中获取了由库曼人（Cuman）奴隶组建的军队。一种长远的影响是，不管是否有这种意图，便于埃及征服十字军在圣地的最后一批前哨基地。④

米哈伊尔八世取得的成功使他得到了一个相当好的评价，作为一个高明的外交家，他能使拜占庭对抗多种威胁，并扩大他的国家的领地。但与此同时，也付出了沉重并且长期的代价。联盟的政策在国内遭到激烈的争论，并且很快被他的继任者取消。最糟的是小亚细亚的叛离，米哈伊尔是通过把年轻的约翰四世·拉斯卡利斯（John IV Laskaris）废黜并弄盲才登上王位的，后者是一个以小亚细亚为基础建立起来的王朝的后裔，也是约翰三世·瓦塔泽斯（John III Vatatzes，1222—1254年）的孙子，瓦塔泽斯是一位备受爱戴的皇帝，被小亚细亚民众视为圣人。拉斯卡利德王朝在小亚细亚有米哈伊尔难以安抚的追随者；难以安抚的还有阿西尼奥斯（Arsenios）牧首（patriarch），他于1265年被米哈伊尔免职，因为米哈伊尔弄盲约翰·拉斯

---

④ GP, ed. Failler, Bk Ⅲ, 3; Bk Ⅲ, 5; GP, ed. Bekkerus, Ⅱ, pp. 86–87 = Bk Ⅰ, 32.

卡利斯后阿西尼奥斯开除了米哈伊尔的教籍。拉斯卡利德家族的政策集中在小亚细亚的防御上,米哈伊尔八世没有继续这一政策;甚至军事力量也从这里撤离以投入欧洲领土的战争。⑤ 直到皇帝任期结束,他甚至没有视察过该省。小亚细亚被忽视,被课以重税并遭受土耳其的攻击。在米哈伊尔统治末期,有关资料提到了这个地方的人口减少及穷困的情况,称这块桑格里厄斯(Sangarios)河以外的地区为"斯基泰沙漠"(Scythian desert)。这种情况在1282年以后迅速恶化。⑥

成就与冲突(1282—1341年)

政治事件

尽管存在这些问题,但紧接着米哈伊尔八世的继承者们还是取得了一些成就。这是一个诸多矛盾显著的时期:在政府的意识形态与实际上的政府之间、在国家的日益贫穷与社会某些集团的富足之间、在拜占庭和西方十分矛盾的关系之间都存在严重冲突。这些矛盾中的许多矛盾在1341—1354年间的一次严重的内战中爆发,这场内战使拜占庭成为一个在变动的世界中发生巨变的国家。

安德罗尼卡二世(1282—1328年)及其继任者安德罗尼卡三世(1328—1341年)又重新将其兴趣中心由西欧转向小亚细亚和巴尔干。然而他们仍必须和西欧保持密切的外交关系,首先是为了抵挡他们的攻击,其次是为了寻求援助以对抗突厥人。从整体上来讲,这一时期的对外政策在其所关注的地域及涉及的范围都有某种收缩。拜占庭政策的主要成就是在各个分立的希腊国家方面:以逐块获取的方式于1333年获得塞萨利;伊庇鲁斯的约阿尼纳(Ioannina)城于1318年,该君主国的其他地区在1340年,承认拜占庭为自己的最高君主。在伯罗奔尼撒,重新征服的进程贯穿于这整个时期;1349年以后,拜占庭的各个属地,都用莫里亚(Morea)君主国的方式组织起来,成为国家最有活力的部分之一。

以第一个目标来说,与西欧的关系是成功的:实际上,西欧并没

---

⑤ GP, ed. Failler, p. 35, Bk I, 6.
⑥ Ibid, Bk III, 22; p. 633 = Bk VI, 29.

有发起针对拜占庭的较大的远征。拜占庭的外交活动已经减少，其中心围绕着挫败一切有可能攻击帝国的军事同盟的努力上，即与吉伯林派结成同盟。婚姻政策服务于这一意图，如安德罗尼卡二世迎娶蒙费拉的约兰达（Yolanda，婚后称为依雷妮［Irene］皇后）为自己的第二任妻子，约兰达的父亲与卡斯蒂尔结盟，而安德罗尼卡三世则娶了萨伏依的安妮（Anne of Savoy），是阿梅代乌伯爵五世（Count Amedeo V）之女。此外，安德罗尼卡三世比他的祖父安德罗尼卡二世与西欧的关系要淡漠得多，尽管西方人、西方的习俗以及威尼斯人和热那亚人持续而迅速地向帝国渗透。第二个目标，对抗突厥人的联盟并不成功，因为这取决于教会间的联盟，关于此问题的讨论在安德罗尼卡二世统治期间发生过，1324年后又在安德罗尼卡三世和约翰六世·康塔库泽诺斯（John VI Kantakouzenos，1347—1354年）之间进行过，但终因教宗和拜占庭皇帝之间的利益冲突而告失败。

  小亚细亚的情况成为对拜占庭的惩罚。特别是拜占庭在尼科米底（Nicomedeia）附近的巴甫厄斯（Bapheus）战役（1302年）中失败后，这一地区迅速落入突厥人之手。安德罗尼卡二世做了若干努力以挽救这一局面，并且在短时间内，即在1294年，大将军阿列克修斯·菲兰思罗皮诺斯（Alexios Philanthropenos）的战斗曾唤起过这种希望。但由于遭到当地强大的地主势力的反对，他被推入一场失败的反对皇帝的叛乱，所以他的成功是短命的。农村地区迅速陷于突厥人掌控，城市也一个接一个地由于饥饿而被迫投降。奥托曼人（Ottomans）1326年夺取了布尔萨（Bursa）、1331年夺取尼西亚、1337年夺取尼科米底。更往南，以弗所（Ephesos）、士麦那、米利都（Miletos）、萨迪斯（Sardeis）和特拉雷斯（Tralleis）在该世纪的第一个十年均落入塞尔柱人（Seljuk）的各个酋长国之手。直到1390年，费拉德尔菲亚（Philadelphia）及其紧邻地区仍旧作为拜占庭唯一的属地而存在。[⑦] 安德罗尼卡三世曾在小亚细亚发动数次战役，但徒劳无功。更重要的是，1329年以后，安德罗尼卡三世和后来的约翰·康塔库泽诺斯与萨鲁汗（Sarukhan）的埃米尔、埃伊登（Aydin）的埃米尔乌穆尔（Umur）结成紧密的友谊和联盟关系。起初，联盟是为了对抗福西亚（Phocaea）

[⑦] Ahrweiler (1983), pp. 175–197, 关于Philadelphia。

和莱斯沃斯（Lesbos）的热那亚领主，在拜占庭承认塞尔柱对小亚细亚征服的过程中，这成为一种更广泛的联盟。

政府现状

尽管意识形态上被迫需要一个万能的皇帝，但现实中的政府却逐渐变得虚弱，它的权威与特权也分崩离析。在 14 世纪，政府的事务主要与征税、军队和司法相关联。政府的财政收入因遍布各地的战争的高昂花费以及逐渐变少的资源而逐步毁坏。一方面，帝国疆域比 12 世纪要小得多，小亚细亚也在这一时期丧失了，所以从土地税中得来的财政收入相对减少。战争、入侵及恶劣天气有时使税收工作不可能进行。其次，这是一个由特权统治着的国家和社会。将特权授予贵族更进一步侵蚀了税基，同时与意大利城市国家签订的条约包括把商业特权交给它们的商人，这些因素极大地减少了国家从地中海活跃的商业交换中获得的这部分收益。一些拜占庭商人，即约阿尼纳和莫奈姆瓦夏（Monemvasia）的商人也成功地获得了类似的特权，尽管他们为了自己的利益而经营，但对国家财政还是产生了不利的影响。[8]政府为克服财政困难也作出了一些努力：1283 年以后引入了一系列新的、特别的税种，尽管已备受压迫的农民并非总是有能力支付。14 世纪早期，开始征收盐、铁的消费税的做法更令人憎恨。沉重赋税的结果是，到 1321 年年度财政收入为 100 万金币；这是一笔小数目（米哈伊尔八世时的财政收入相当于这个数目的 7 倍），也是一个虚假的数字，因为 1321 年开始的内战确实使征税很成问题。也采取了其他一些措施：为了帮助支付加泰罗尼亚雇佣兵的高额费用，安德罗尼卡二世暂时停发朝廷官员和士兵的报酬；1343 年，在这次重要的内战的第一个阶段中，帝国皇后与摄政者萨伏依的安妮（Anne of Savoy）将王室珠宝以 3 万杜卡特（ducats）的贷款抵押给了威尼斯。然后这些珠宝变成了外交游戏中的马前卒，因为威尼斯人想通过这些珠宝的赎取问题与拜占庭谈判，要求它作出某些重大的政治让步。[9]

---

[8] Miklosich and Müller, *Acta et Diplomata*, V, pp. 77 – 84, 关于 1319 年颁布的 Ioannina 的特权；关于 Monemvasia 的特权，见 Schreiner (1978), pp. 203 – 228, and (1981 – 2), pp. 160 – 166; Laiou (1980 – 1), pp. 206 – 207; Kalligas (1990), pp. 101 – 134。

[9] Laiou (1972), pp. 186 – 187, 关于安德罗尼卡（Andronikos）二世；关于王室珠宝，见 Bertelè (1962), II, pp. 87 – 188。

地图16　米哈伊尔八世治下时期的拜占庭帝国

黑海

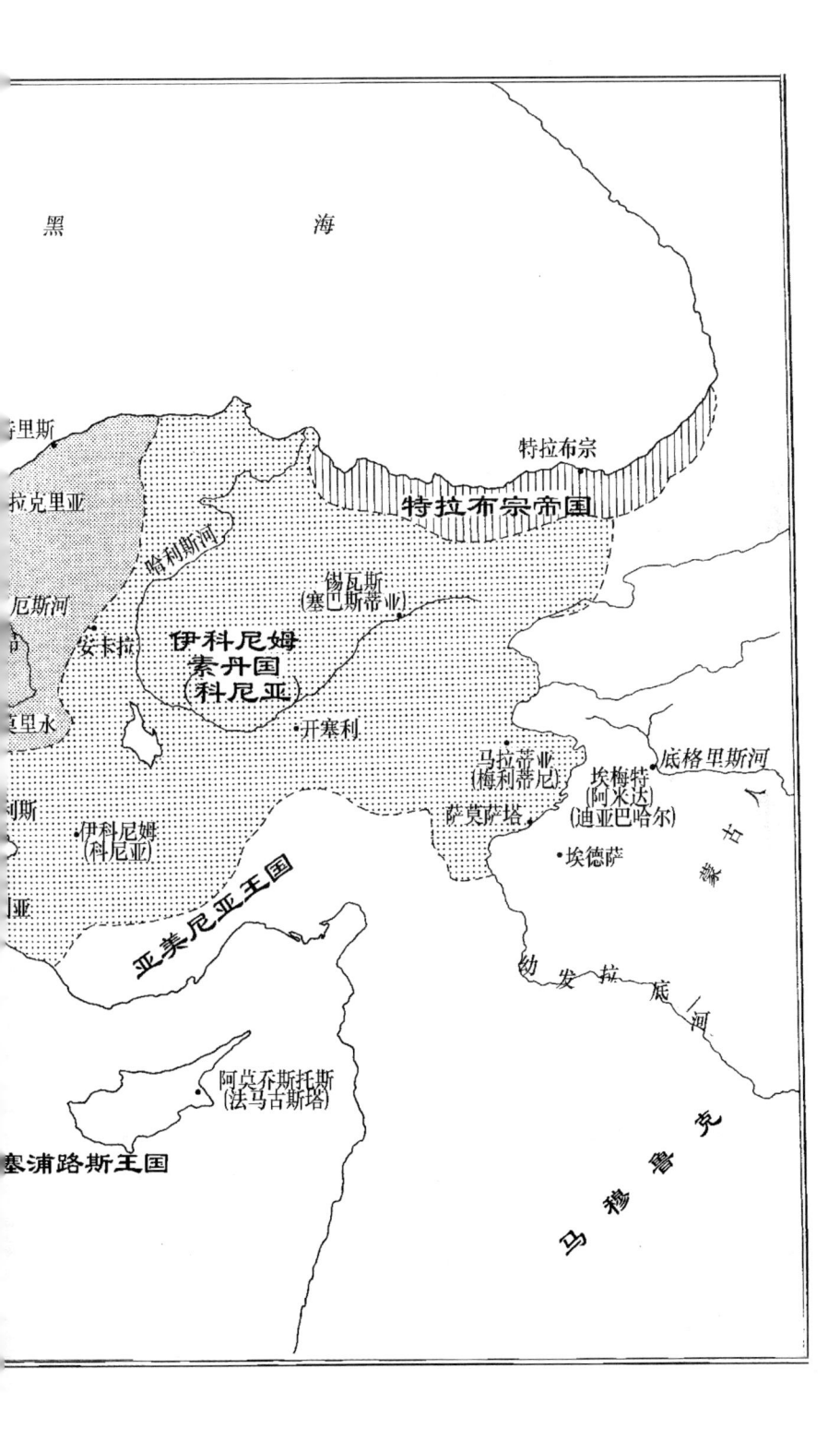

特拉布宗
特拉布宗帝国

锡瓦斯
(塞巴斯蒂亚)

底格里斯河

时利斯河

伊科尼姆
素丹国
科尼亚

安卡拉

开塞利

马拉蒂亚
(梅利蒂尼)

埃梅特
(阿米达)
(迪亚巴哈尔)

萨莫萨塔

埃德萨

伊科尼姆
(科尼亚)

亚美尼亚王国

幼发拉底河

蒙古

阿莫乔斯托斯
(法马古斯塔)

塞浦路斯王国

马穆鲁克

货币贬值是同一个财政问题所产生的后果的组成部分，也是应对国库空虚的权宜之计。金币成色的持续变质（从1230—1260年的17克拉［carats］到14世纪中期降至不足11克拉）是与军事问题引起的特定财政危机联系在一起的。[10] 有时，皇帝的确无法用铸币来满足军事开支而不得不使用未经铸造的黄金。[11] 这种金币的发行在1354—1366年间的某个时刻永远停止了，或许部分是因为出现了黄金普遍流向西欧的运动，但是，毫无疑问也是因为这个国家已无力再维持原有的货币制度了。威尼斯的杜卡特及其银币在巴列奥略时代晚期频繁地出现在拜占庭的文献上；比起拜占庭货币，人们好像更偏爱它们。

巴列奥略王朝的军事力量，特别是本土的军队，规模相当小。1285年，由于维持海军的代价高，并且安茹的查理的死亡似乎减少了来自海上的威胁，海军被撤销了。这是一个灾难性的措施，有洞察力的同时代人及在该世纪中期进行写作的人对此深感痛惜。[12] 小型舰队在14世纪30年代和40年代又得到重建，但是拜占庭事实上已经放弃了这支舰队，尽管它有可能保证爱琴海甚至君士坦丁堡附近海域的安全；至于黑海，拜占庭数世纪来的禁脔，已被意大利人控制。他们的舰队在所有这些水域上自由航行。到1348年，君士坦丁堡这座城市本身在热那亚人的攻打下显得无法防守；为了防御它开征一项特别税，用以建造一支舰队，但这也不是一项很成功的防御手段。海盗也肆无忌惮。塞尔柱人的沿海各酋长国（Seljuk maritime emirates）的海盗式远征是拜占庭人所不能对付的，拜占庭同样无法应对爱琴海诸岛遭受的有害影响。[13] 14世纪30年代，拜占庭与西方大国谈判关于如何回应有人打着十字军的旗号袭击拜占庭的问题，拜占庭花了相当长的时间武装了20艘船，然而却从未参加这方面的活动，其原因不得而知。[14]

至于军队，本国的军事力量较小，而寻求应急之策的代价非常昂贵。本土军队部分是由"普洛尼亚领有者"（pronoia-holders）组成

---

[10] Morrisson (1991), II, pp. 308 ff, 关于巴列奥略王朝时期的货币制度。
[11] E. g. Laiou (1972), p. 189.
[12] GP, ed. Bekkerus, II, pp. 69 – 71 = Bk I, 26; 322 – 324 = Bk IV, 23; 530 – 533 = Bk VI, 26; Gregoras, I, pp. 174 – 176 = Bk VI, 3; 208 – 209 = Bk VI, II; II, pp. 866 – 867 = Bk XVII, 7.
[13] Zachariadou (1989b), pp. 212 – 225.
[14] Laiou (1970), pp. 374 – 392.

的。"普洛尼亚"是一种追溯至 11 世纪的制度，其构成内容是授予土地及其收益，领有者以服役作为回报，尤其是服军役（自科穆宁[Komnenoi]时代开始）。米哈伊尔八世竭力聚集支持自己的力量，允许某些普洛尼亚土地变成世袭，并且也把这种土地分赐给元老院（senate）的成员。到了 14 世纪，人们可以发现军用的普洛尼亚土地控制在两个迥然不同的集团手中：一个是贵族，他们可能在普洛尼亚土地上拥有一些他们自己的财产；另一个是处在社会和经济下层的士兵，这些社会地位最低的人甚至可能以集体的方式拥有这种土地的收入。[15] 14 世纪 20 年代和 30 年代的内战增加了普洛尼亚受赐者的数量，因为敌对的皇帝们忙于为获取支持者而竞争；皇帝们也不断把这些土地，或把其中的部分土地，作为世袭持有地赐给下属，这削弱了有效地恢复军事力量的能力。

其他的军队以支付现金作为报酬。他们不可以再被视为常备军的构成成分，因为他们只是偶尔服役，并在特定的战斗中作战。1321 年组建一支常备军的努力可能并不成功，它由比提尼亚（Bithynia）的 1000 名骑兵以及马其顿和色雷斯的 2000 名骑兵组成，这支小部队是值得注意的。[16] 其余的，以现金来支付其报酬的士兵大多是雇佣军。[17] 有时，他们操希腊语，如 13 世纪晚期在小亚细亚的克里特人组成的雇佣军。更为常见的是，雇佣军是外国人组成的军队，有时候是预先组建的。外国雇佣军的使用，已知始于 11 世纪，到巴列奥略王朝时期更为频繁。意大利人、阿兰人（Alans）、加泰罗尼亚人以及其他一些人都曾在拜占庭军队中服役。拜占庭与 14 世纪时的西欧一样，认识到使用这种外国人组成的雇佣军固有的种种危险。就雇佣军的首领而言，他们在拜占庭没有经常着力于接管政府的行动，而这在意大利诸城市中是常常发生的事情。仅出现过一次可以相提并论的情况。为了应对小亚细亚灾难性的局面，安德罗尼卡二世召集了一支由罗杰·德·弗罗尔（Roger de Flor）领导的加泰罗尼亚人的雇佣军，以对付土耳其人。很快，这些加泰罗尼亚人对获取领土产生了兴趣，并与西西里和阿拉贡的国王们联合，后来又与瓦卢瓦的查理联合。他

---

[15] Oikonomidès (1981), pp. 367 – 371.
[16] Gregoras, I, pp. 317 – 318 = Bk VIII, 6; 223 = Bk VII, 3.
[17] Bartusis (1992) and Oikonomidès (1981), pp. 353 – 371，关于军队。

们对拜占庭来说是个巨大的威胁,但最终他们继续前进,征服了底比斯(Thebes)和雅典(在1311年),并建立了加泰罗尼亚公爵领,一直存在到1388年。

当所有其他的举措都失败了,并且危机重重时,皇帝诉诸一种更危险得多的权宜之计:不是使用雇佣军,而是借助于联盟的外国统治者的军队。14世纪前半叶,拜占庭发生了两次内战,所涉及的是两个敌对的皇帝之间的争夺权力之争:其中一次发生于1321—1328年,另一次是在1341—1354年期间。双方都求助于外国军队:第一次是塞尔维亚人(Serbs)和保加利亚人,第二次是塞尔维亚人和突厥人。其结果都是灾难性的。

在拜占庭,司法管辖权一直是皇帝的特权。不像中世纪的西欧,司法权被分割并分别转交给教会、庄园领主或城镇,直到第四次十字军东征,拜占庭的司法权都属于国家,由帝国法庭管理。皇帝不仅是立法者,而且是最高的司法权威;在上诉及有时在一审的情况下,他维护公正的审判并扮演法官的角色。诚然,阿列克修斯一世·科穆宁(Alexios I Komnenos,1081—1118年)已将审判有关婚姻的所有事务的权力交给了教会法庭。[18] 的确,因为授予西方商人若干特权,12世纪晚期帝国司法原则也受到了侵蚀。但是,真正的改变发生在第四次十字军以后,是在伊庇鲁斯君主国以及在巴列奥略王朝时期。皇帝仍然保留着他的立法地位,尽管我们偶尔会发现把教会会议或牧首的决定作为帝国立法颁布的情况。[19] 司法,尽管表面上仍由帝国掌控,但在14世纪的过程中已变得相当分散和离心化了。意大利城市共和国,主要是威尼斯和热那亚,寻求并获得了治外法权的特权,即获得由他们自己的法庭进行审判的权力,即使案件牵涉拜占庭的臣民,但如果被告是意大利人也由他们自己的法庭进行审判。[20] 在另一种变化中,牧首法庭(patriarchal courts)审判涉及俗人的所有案件,特别是在1330年以前和1394年后这段帝国法庭运作失灵的时期;14世纪末,由牧首法庭审判那些甚至牵涉到商业法规的案件已相当普遍。毫不奇怪,除一位博学的法理学家于14世纪40年代在塞萨洛尼基(Thessa-

---

[18] *JG*, I, p. 312.
[19] Ibid., 533 ff.
[20] Miklosich and Müller, *Acta et Diplomata*, III, pp. 81, 92; *DVL*, I, Venice, no. 80.

loniki）编纂的民法手册（君士坦丁·哈梅诺普洛斯［Constantine Harmenopoulos］的《六卷书》[Hexabiblos]）外，我们还拥有一本民法和教会法的汇编（弗拉斯塔雷斯的《法律》[syntagma of Vlastares, 1335年编于塞萨洛尼基]）。神职人员在司法体系中的地位也体现在他们参与巴列奥略时代的最高法庭，担任罗马人的首席法官（general judges）的活动中。最高法庭由安德罗尼卡三世在1329年建立，是一个帝国法庭，起初由三个俗人和一个主教组成，在圣索菲亚大教堂（Haghia Sophia）内举行的庄严仪式为其蒙上了权威的色彩。颇为特别的是，尽管最初该法庭坐落在君士坦丁堡并且其权威延伸至整个帝国，但是很快各省也有了"罗马人的首席法官"；早在14世纪40年代塞萨洛尼基就有，在利姆诺斯（Lemnos）大概是1395年出现的，在塞雷斯（Serres）肯定是在塞尔维亚人占领期间出现的，在莫里亚及在特拉布宗帝国也是这样。[21]

财政、司法和军队的发展显示出在国家与各地区性力量或各特定集团之间的某种动态的关系，这里的国家是拜占庭人意识中的传统的中央政府，地区性力量指的是地方分权的代理势力。中央政府表面上保留了征税、任命军队统帅、改革司法以及任命法官的权力。与此同时，税收往往落入地方统治者手中，而军队的统帅们则自行其是，易于滑向公开反叛；普洛尼亚领有者，尽管他们拥有的特权来自皇帝，但不易控制，他们的特权来自他们的财政和军事权力并促使这些权力细化。至于司法，也在以某些方式离心化。如果将这种情形与西欧相比，它更接近于西欧11世纪或12世纪，而不是14世纪，14世纪时的欧洲国家正致力于恢复久已失去的对财政、军队和司法的控制。所以，拜占庭帝国以某种重要的方式正经历着一场不同于其他地区，至少是不同于西欧的转变。要不是外部环境的影响，这种变化未必是消极的。

社会团体与社会关系

巴列奥略时期的社会比拜占庭帝国历史上任何时期都要更加组织化（structured）。贵族表现为拥有相当大的权力而同时对其社会地位

---

[21] Lemerle (1948), (1949), (1950) and (1964)，关于巴列奥略时期的司法制度。

有高度意识的一个团体,这种情况一直持续到国家正式存在的终结;商人们也有重要的经济地位,有一阵子还声称拥有政治权力。这些团体经济上繁荣兴旺,无疑直到 14 世纪 40 年代都是这样。[22]

拜占庭贵族的发展有一段很长的历史,其发展以某些方式自 10 世纪起没有中断过。1081 年当王位被两个最有权势的家族(即科穆宁和杜凯[Doukai])占据时,一些重要的特征被巩固下来,并且延续到 14 世纪。直到那时,这都是一个通过联姻来维系的、少数家族主导的贵族专政的国家:这种家族的数量比 12 世纪时要少,但是他们中的绝大多数都可以声称自己是 12 世纪贵族的后裔,那些最高层的贵族可以说出至少一个帝室血统的祖先的名字。1204 年君士坦丁堡被占领时,许多贵族(通常是富有者)逃离君士坦丁堡来到尼西亚。在那里,他们的权利和影响在某种程度上受到约翰三世·瓦塔泽斯和狄奥多勒二世·拉斯卡利斯(Theodore II Laskaris,1254—1258 年)的政策的挑战。前者开创了使某些军队独立于帝国统帅(通常是贵族)的政策,甚至颁布了针对贵族阶层的禁奢法,[23] 而后者则曾任命乔治·穆扎伦(George Mouzalon)为自己年幼的儿子的摄政。可以把穆扎伦和他的兄弟们恰当地称作国王的人,因为他们出身相对卑微,他们的权力来自这个王朝并仅仅忠诚于这个王朝。[24] 由米哈伊尔·巴列奥略(Micheal Palaeologus)领导的一次贵族们的密谋,将他们谋杀,血腥地结束了这些国王的人的权力。在 14 世纪,起初并不属于最高层的贵族通过公职(文职或军职)而变得有权势,倾向于通过和上层联姻来获得社会威望,只有最注重身份的人,如皇后蒙费拉的约兰达/依雷妮才能发现他们的社会出身的缺点。[25] 关于这一点

---

[22] Laiou(1973)and(1991),关于贵族;关于巴列奥略时期的社会,另见 Maksimović(1981)and Matschke(1981)and(1991)。

[23] Gregoras, I, pp. 42-44 = Bk. II, 6.

[24] 然而应予注意的是,乔治·穆扎伦娶了康塔库泽诺斯家族的一个女儿(a Kantakouzene),他死后她再嫁,即著名的女将军狄奥多拉·巴列奥略妮·康塔库泽尼·拉乌莱娜(*protovestiarissa* Theodora Palaeologina Kantakouzene Raoulaina)。见 Nicol(1968)。译者按:"女将军"是个名誉称呼,源自丈夫的称号。

[25] 这里涉及的是尼基弗鲁斯·舒姆诺斯(Nikephoros Choumnos),他的女儿依雷妮(Irene)嫁给了约翰·巴列奥略;还提到狄奥多勒·梅托契特斯(Theodore Metochites),其女儿嫁于在位皇帝安德罗尼卡二世的一位侄子。皇后约兰达(Yolanda)——出生于西方而且本人出身并非最高级的世系——表示反对的正是依雷妮·舒姆奈娜(Irene Choumnaina)与她的儿子的婚姻。见 GP, ed. Bekkerus, II, pp. 289-290 = Bk IV, 7。

的最重要的例外是阿列克修斯·阿波考科斯（Alexios Apokaukos），他从一个征税人一直晋升到**舰队司令**（megas doux）。在某些方面他是一个国王的人，他所遵循的政策使自己与贵族阶级最直言不讳的代表约翰·康塔库泽诺斯对抗，而且这个阶级从未只把他看成一个暴发户。㉖

拜占庭高级贵族和西欧高级贵族之间一个显著的区别，是拜占庭没有像欧洲那样有一个世袭贵族阶层（nobility），没有官方认可的特权，没有官方认可的权利与豁免权，没有一个特定阶层所享受的那些得到法律保障并从一代传向另一代的特权。毫无疑问，有种种态度能最终导致这个世袭贵族阶层的出现。高出生率起了很大作用：在12世纪，皇帝曼努埃尔一世·科穆宁（Manuel I Komnenos）立法禁止门户不配的婚姻（mésalliance），㉗ 而在14世纪时国家并没有对婚姻进行这种管制，但还是存在精心安排的婚姻联盟。联姻是被视为贵族阶层的一个极重要的特征，以至于有一份专门讨论社会改革的文献，即阿列克修斯·马克雷姆沃利蒂斯（Alexios Makremvolites）的《富人与穷人的对话》（Dialogue between the Rich and the Poor）建议贫富之间实行通婚，作为对种种社会弊病和不平等的一个解决办法。㉘ 这一建议表明了对社会分化以及对高级贵族在其中所处位置的某种反对态度。

贵族妇女在政治和社会方面扮演了重要角色。她们是贵族家族间联盟的媒介，因为她们拥有属于她们自己的财产，这些财产形式上是她们的嫁妆和家传财产，因此她们享有相当大的经济实力。姓氏、血统、财富和家族联系像沿着男性谱系传承一样也沿着女性谱系传承；如同他们的男性亲属，贵族妇女对其血统有着敏锐的意识并为之感到骄傲。如在12世纪时，家庭财产的管理似乎掌握在妇女手中；尽管低级阶层的人可能不识字，但一些高级贵族的妇女确实很博学，是文学家、学者、神学家和艺术家的赞助者。有许多妇女，大多是与皇帝的家族接近的那些妇女，如狄奥多拉·拉乌莱娜（Theodora Raoulai-

---

㉖ See below p. 813, and IC, *Hist*, 1, pp. 117–118 = Bk I, 23; II, p. 89 = Bk III, 14; II, p. 278 = Bk III, 46.

㉗ Laiou (1992b), p. 44.

㉘ Ševčenko, 'Alexios Makrembolites', pp. 187–228（关于婚姻，pp. 207–208）。

na）或米哈伊尔八世的姐妹，或狄奥多拉和依雷妮·康塔库泽尼（分别为约翰·康塔库泽诺斯的母亲与妻子），或是依雷妮·舒姆奈娜·巴列奥略娜，都积极卷入了这一时期的政治和宗教争论。[29]

贵族阶层，无论是那些最高级的还是较低级的，都不再像12世纪那样形成一个君士坦丁堡集团。这部分地是地区性的贵族权力中心兴起的结果。科穆宁－杜凯（Komnenoi-Doukai）在伊庇鲁斯和塞萨利建立了独立的国家，如大科穆宁（Grand Komnenoi）在特拉布宗所做的一样。其他一些重要的地方权贵，诸如马利亚赛诺（Maliasenoi）、加夫里耶罗普洛（Gavrielopouloi），在伊庇鲁斯和塞萨利的拉乌尔（Raoul），以及在莫里亚的许多家族，他们中有许多人经常反对中央政府的权威。另外，随着对欧洲省份的再征服，重建拜占庭帝国的那些大家族在马其顿和色雷斯获得了土地。具有代表性的情况是，这些家族的成员可能还被任命为他们拥有财产的某个地区的总督，因此地区性的经济和政治权力常常是共存的。例如，在富庶的农业地区塞雷斯，察姆普拉孔（Tzamplakon）家族自尼西亚帝国时期起就拥有地产；1326年，阿列克修斯·察姆普拉孔（Alexios Tzamplakon）是该城的总督，并负责它的财政管理。[30] 后来通过反叛和篡夺成为皇帝的约翰·康塔库泽诺斯的家族在塞雷斯附近拥有大片地产；他的亲戚安德罗尼卡·康塔库泽诺斯则成为这个城市的总督，而安德罗尼卡的继任者安杰洛斯·梅托契特斯（Angelos Metochites），也是在这个地区拥有地产的一个家族的成员。

贵族阶层仍住在城市中，他们更喜欢居住在城市而不是他们的庄园。但是，特别是在14世纪前半期，它仍是一个经济权力基于土地的团体。也可以通过滥用帝国官职和食品贸易赚钱；但土地仍然既是现实财富的一种来源又是人们观念中所认可的东西。尽管事实上贵族阶级已经分化成各个阶层，但其成员通常都是土地所有者及拥有一定程度的特权，例如，由政府授予其全部或部分地产的财政特权。

这一时期的另一个大地主是教会。修道院，尤其是圣山（Mount

---

[29] Laiou（1981），pp. 255–257，关于女性的读写能力。关于作为艺术家的赞助人的妇女，见 Buchtal and Belting（1978），Nelson and Lowden（1991）and Talbot（1992）。

[30] Guillou, *Les archives de Saint-Jean-Prodrome*, nos. 19, 20. Cf. Theocharides（1963），esp. pp. 160–164.

Athos）上的那些修道院，得到了相当可观的地产，而且是免税的。城市修道院也拥有房地产和各种收入，虽然没有办法和圣山上的那些大修道院相比。这一时期教会的政治权力以及道德权威与其经济力量携手并进。

农村的情况复杂和多样化。持有中等规模的土地而且其产品能够向市场销售的所有者的存在，已为人所知。他们可能拥有帝国的特权，从而有资格称为"绅士农夫"（gentleman-farmer），如13世纪晚期的狄奥多修斯·斯卡兰诺（Theodosios Skaranos）。他们也可能是拥有农村地产（holdings）但不拥有明显的特权的城市居民，如狄奥多勒·卡拉瓦斯（Theodore Karavas），他是塞萨洛尼基的居民，也完全可能是一个商人，经销自己的以及别人的产品。[31] 向国家纳税，主要为了养家而耕种小块土地的自由民，也出现在我们的史料中，但就绝大多数人而言，当他们把自己的财产出卖或捐献给修道院时，他们就处在经济压力之下，至少在马其顿是这样。在伊庇鲁斯，小土地所有者似乎更为常见。尽管如此，俗人或教士持有的大地产是农村居支配地位的特点。这些地产由佃农包括依附农来耕种，是一种间接的剥削。[32]

拜占庭的依附农，即 paroikos，是13世纪和14世纪激增的一类农民。这是对某个世俗的或教会的地主的依附，这些地主包括普洛尼亚持有者（pronoia-holder），他们的依附方式是向地主而不是向国家交纳赋税和杂费。[33] 他们也耕种地主的自营地（demesne），但有一些例外，劳役时间似乎相当有限，通常是一年服役12天，但是24天甚至有一次52天的情况也被证实过。[34] 农民在不是自己的而是从地主那里租借来的土地上耕种，要么支付固定的地租（pakton），要么更为常见的是分享收成，所以对地主来说，他的收入来源有两部分或三部分：税收（以货币形式计算并希望以货币形式支付）、[35] 地租

---

[31] Lefort (1986c); *Actes de Chilandar*, ed. Petit, no. 27.
[32] Svoronos (1982), IV, pp. 167 ff.
[33] Laiou-Thomadakis (1977); Lefort (1985), (1991) and (1993), 关于农民。
[34] Laiou-Thomadakis (1977), pp. 181–182.
[35] 但来看看农民帕夫拉戈尼亚（Paphlagonia）的情况，在米哈伊尔八世治时期他发现以货币支付是一个很大的负担，因为"由于土地富饶，他们生产的必需品数量充足，而且有余，但他们几乎没有什么货币，因为每个人都只生产生活必需品"（GP, ed. Failler, p. 239 = Bk III, 22）。尽管如此他们被迫以现金纳税，这是巨大不幸的根源之一。

(morte 或 dekatia，从字面上看是产量的 1/10，但通常要给地主 1/3 或一半），[36] 以及一些劳役。所以这种依附既是财政上的也是经济上的。与此同时，必须强调农民确实拥有财产，特别是那种不用太多设施就能耕种的财产，诸如葡萄园、橄榄树和园圃。这种财产可以留给他的继承人（在拜占庭，可分割遗产的传统制度导致了财产规模的极大不稳定性，这并不符合地主的最大利益，但仍然坚持下来），或是卖掉，可能无须得到地主的允许。[37] 农民有人身自由和活动自由。

依附农的法律和经济地位，及与大地产共存的中小规模持有地（holdings）的存在，都与一种主要基于家庭耕种小块土地的剥削类型相联系，较少基于对领主保留地（domanial reserves）的直接剥削。[38] 14 世纪的农户既是一个财政单位（税收依此估计）又是一个经济单位、生产单位。值得注意的是家庭和家族可以由男性也可以由女性领导，虽然男性户主具有典型性，但由女性领导的家庭在财政义务上与其并无二致。这一时期的农民妇女像其他妇女一样能够并的确拥有财产，大部分以嫁妆的形式存在。具有代表性的是由一个核心家庭组成的农户，虽然同样有代表性的是大部分农户在某个阶段也会扩展，这种扩大通常是在老一代还在世的时候。横向扩展的家庭，其中兄弟姐妹们与他们自己的家族形成了一个财政单位，不管他们是否居住在一起以及是否共同拥有或利用财产，这些情况都得到了资料的证实，但频繁地发生变化。它们的存在无疑是与继承和婚姻制度相联系的，该制度使家庭的资产在每一代都被分割并加以重组，这是通过婚姻来完成的，新娘带来嫁妆，新郎也带来财产。共同所有并共同利用土地资源，用经济学的术语来说这样做是有利的，但这种持有方式仅限于兄弟姐妹和第一代堂表兄弟姐妹，此后便被拆散。[39]

农民人口，特别是文献资料允许进行详细研究的马其顿的农民人口变化，14 世纪前期经历了经济上的衰退，首先可见的就是农户财

---

[36] Sathas, Μεσαιωνική Βιβλιοθήκη, VI, pp. 6, 620–622; cf. Laiou-Thomadakis (1977), p. 219 and n. 121.
[37] 一份 14 世纪晚期内容含糊的文本表明，地主在一块土地易手时可能拥有其 1/10 价值的权利；但当我们讨论一个依附农（paroikos）时这一点完全不能肯定。关于该文本，参见 Fögen (1982), pp. 236–237，以及 Laiou-Thomadakis (1977), pp. 44–45。
[38] Svoronos (1956), pp. 325–335, and (1982), pp. 153–173.
[39] Laiou (1992b), esp. pp. 167–170.

第二十四章　14世纪时拜占庭帝国　　923

产的减少，特别是比较富裕的农户财产的减少。显然有一些因素发生了作用，阻碍农民私有财产（holdings）的积累或者保存，这些因素中不能包括继承制度，因为其影响已被通过婚姻带来的财富的再集中所抵消了。这种经济衰退被某些人视为已经并仍在膨胀中的人口向边缘土地过分扩张的危机的结果。[40] 根据这一观点，直到14世纪40年代瘟疫发生，乡村地区不存在人口危机。一种不同的解释认为人口在1300年左右达到了人口高地，随后就下降了。我们也可以发现相当大的人口流动，这种迁移既包括整个家庭（农村人口中较为贫困的部分）的迁移，也包括个人（有代表性的是富裕农民）的迁移。因此，在14世纪前半期，农村社会存在一种危机，要么仅仅是经济上的要么是经济和人口两方面的。在其种种原因中，我们必须考虑历次战争、内战及不管是对政府友好还是敌视的军队的抢劫掠夺所造成的综合影响，所有这些因素都把周期性的极限（high points）带入一次尚不十分尖锐的危机中。[41]

拜占庭农村仍然是财富的一个相当可观的源泉，这可以从大土地所有者们能够积累的大量财富中看出来。这个社会仍然拥有的活力和财富在城市中表现得更明显，它的角色和人口也经历了一场真实的转型。首先，首都尽管仍保持其重要性，但一些省会城市，主要是位于欧洲省份的省会城市，作为各个地区中心政府的面貌出现了，这是因为小亚细亚实际上在该世纪的最初30年间已经丢失。在加泰罗尼亚人进攻时城市居民参加保卫战以及后来的防御事务，无疑使城市居民的独立意识不断增强。[42] 一些城市获得了帝国的各种特权，保证它们在行政和财政管理事务上有一定程度的自治。至于这些城市的人口，我们没有确切的数字；君士坦丁堡和塞萨洛尼基或许各曾有10万居民。[43] 正如传统上的城市所共有的情况，其成员包括贵族，也包括其来源上远不显眼的群体：在城市和农村中都拥有房地产的人，他们可以称为地方上流人士，他们享有某种安逸富足的生活水平，起一定的

---

[40] Lefort (1991), pp. 77 – 78, and (1993), p. 105；关于不同的观点，参见 Laiou-Thomadakis (1977)，到处可见。
[41] 约翰·康塔库泽诺斯在写到第一次内战时解释道，1322年不可能征税，既因为战争也因为"征税的主要对象农民已经背井离乡了"，见 IC, *Hist.*, 1, pp. 136 – 137 = Bk I, 28。
[42] 1304年的 Philadelphia 也是这种情况，见 Athrweiler (1983), p. 184。
[43] Matschke (1971), pp. 106 – 107, n. 3.

政治作用，有时通过在城市政府中担任公职，包括教会的职位，来发挥自己的政治作用。[44] 第三个群体包括商人和工匠，众多的城市都证明他们的存在，包括塞萨洛尼基、哈德良堡（Adrianople）、艾诺斯（Ainos）、赖登斯托（Raidestors）、塞雷斯、约阿尼纳、阿尔塔（Arta）、米斯特拉（Mystras）、莫奈姆瓦夏和索佐伯利斯（Sozopolis）。与威尼斯及热那亚商人有联系的沿海各城市的居民，因参与商业活动，比内陆城市的居民更为发达。然而，内陆城镇不很显眼的商业活动也不应受到忽视。

城市及城市人口在贸易中的角色必须结合当时更为广阔的经济现实来看。其中主要的事实是：到该世纪中期，威尼斯和热那亚，尚未受到已影响北欧的危机的影响，在其所创建的贸易体系中居于主导地位，这个体系包括东地中海、意大利和西欧。对于把可观的经济特权授予它们的东地中海国家来说，尤其是对拜占庭来说，其结果是他们的交换经济要在这一更大的交换体系中来运转，并且是以某种特定的角色来进行：拜占庭出口到西方的主要是食品和原材料，进口的主要是手工业产品，其中布匹尤为重要。

尽管如此，需要强调的是，这套经济关系创造了第二级的交换体系，本土商人积极参与的是这后一套交换体系。正是他们，就绝大部分而言，是沿着陆上的商路运输商品；他们航行于爱琴海的各港口之间，与意大利人保持活跃的经济与财政联系，甚至就莫奈姆瓦夏人来说，也有他们自己急速发展的贸易。他们虽然处于次要的和依附的地位，但依然重要。例如，塞萨洛尼基是一个贸易网络的中心，它包括斯特莱蒙（Strymon）河以西的巴尔干地区，以及塞尔维亚，并延伸到塞萨洛尼基自身和杜布罗夫尼克（Dubrovnik，即拉古萨［Ragusa]）的海域，该城人口的重要组成部分是士兵和商人。其他如哈德良堡这样的城市，其商人被纳入一个二级的子贸易系统中，这个系统包括君士坦丁堡、色雷斯和保加利亚，以及那些与黑海城镇上的热那

---

[44] 我采用"上流人士"（gentlefolk）这个术语是为了回避那个特指英格兰的、乡村的含义上的术语"乡绅"（gentry）。他们是城市居民但也是土地所有者，其财富来自土地和低级官职。《牛津拜占庭词典》（*ODB*, *s. v. archontopoulos*）将该团体定义为"第二级的贵族"，但因为那里并无世袭贵族（nobility），故这似乎不准确。对这一团体的研究仍是一重要而**必须做的事情**。譬如，我提及了来自塞萨洛尼基和塞雷斯的穆尔姆乌拉斯（Mourmouras）和马斯吉达（Masgidas）以及波托斯（Pothos）家族。

第二十四章　14世纪时拜占庭帝国

亚人有交易的人。⑮ 拜占庭商人所未能做的就是参与长途贸易。意大利的市场对他们近乎封闭。⑯ 至于黑海，拜占庭商人可能曾在那里出现而不受打扰，而莫奈姆瓦夏人在那里的出现应该特别得到关注。14世纪40年代，当君士坦丁堡从热那亚、威尼斯以及克里米亚的可汗们之间的战争中获利时，拜占庭在那里的存在规模变得相当大以至于引发了与热那亚的战争，1352年缔结了一项和平条约，包括一个严格限制拜占庭商人进入塔那（Tana）与亚速（Azov）海的条款。在这个世纪的前半期，商人和银行家是君士坦丁堡的一个重要团体。

拜占庭人除了参加地区贸易，这一贸易与意大利商业相联系，还有城市与其腹地之间的贸易，激发这种现象的部分原因是农民必须以硬币缴纳税款，部分是由于地主的商业化生产。在马其顿的不同地区之间也存在食品贸易。⑰ 在塞雷斯和塞萨洛尼基都证实有当地生产的呢布。⑱ 但这是小规模的生产，因为我们听到的绝大多数还是西方的进口织物。

在那些商业活动最发达的城市，商人（以及其他城市居民，包括银行家和工匠）在这一时期被认为是一个截然不同的社会群体。他们通常被称为 *mesoi*，字面上的意思是"中等群体"，处于拥有土地的贵族与普通人之间。⑲ 他们似乎已充分意识到自己的经济利益：当皇帝约翰六世·康塔库泽诺斯于1347年为重建军队和舰队要求捐款时，他们大声喧嚷表示反对。尽管一支舰队就可能会保卫他们的商业利益，尤其是在黑海上，但问题可能在于他们的业务过深地与那些意大利商人的事务纠缠在一起，以至于他们不希望损害后者的利益。⑳ 这也是在拜占庭历史上我们在文字记载中第一次发现，在提到商人（或通过贸易变得富有的人）时以某种方式把他们与贵族相提并论，当然是把他们包括在传统的贫富划分中的富人之中。㉑

---

⑮ Laiou (1980–1) and (1985); Matschke (1970) and (1971); Oikonomides (1979a), p. 46.
⑯ 然而必须注意13世纪晚期拜占庭的水手们在亚历山大城的存在，见 *AASS*, Nov. IV, 676。
⑰ Schreiner, *Texte*, no. 3.
⑱ 关于塞萨洛尼基，参见 Matschke (1989)。关于这一时期大量生产布匹的证据很有限。关于塞雷斯，参见 Schreiner, *Texte*, no. 3. 53。
⑲ 这方面最有益的是 Oikonomidès 所做的讨论 (1979a), pp. 114–120。
⑳ Laiou (1987), p. 103.
㉑ Ševčenko, 'Alexios Makrembolites,' pp. 206–207. 作者自己的社会出身是卑微的，见 Ševčenko (1974), pp. 74, 86。

地图 17　14 世纪 40 年代的拜占庭帝国

瓦尔纳

黑 海

梅塞姆布里亚
安恰鲁斯
索佐伯利斯

哈德良堡 (1362)
莫蒂洪 (1361)
塞尔姆布瑞亚
赫拉克里亚
雷德斯图斯
帕尼杜
加拉塔
克里索波利斯 (斯库塔里)
君士坦丁堡
马尔马拉海
尼科米底
尼西亚

赫拉克里亚 (直至1360年)

波利

布鲁萨

安卡拉

多斯
(2年)

新福西亚 (热那亚, 1351)
老福西亚 (热那亚, 1358)
费拉德尔菲亚 (至1390)
土麦那 (自1344)

萨摩斯
里亚
阿莫尔戈斯 (1370年起, 1/4属威尼斯)
阿斯提帕拉亚

罗得岛

图例	
	拜占庭领土, 约1340年
	拜占庭领土, 约1350年
	拜占庭领土, 约1402年
	1340年后被杜尚征服
	1344年被保加利亚征服
	土耳其领土, 约1350年
	被土耳其征服, 1354—1402年
	威尼斯的领地
	威尼斯的采邑
	热那亚的领地
	安茹的领地
	加泰罗尼亚的领地
	纳克索斯(群岛)公国的领地
	纳克索斯的采邑 (阿莫尔戈斯、塞尔米耶)
	医院骑士团的领地 (柯林斯 1400—1404)

0　　　　　100英里
0　　　　　150千米

815

这一时期拜占庭的城市，特别是那些最大程度地卷入贸易的城市的显著特征是这样的：它们是那些也拥有政治权力的高级贵族成员的居住地；城市人口中有一部分参与贸易，在经济上实力强大但并未参加城市治理；在城市封闭的界限内，这个相对有组织的社会有一种贫富差异不断增长的趋势；最后，时时的不安、风险和紧张与政治动乱相联系。所以 1328 年后，安德罗尼卡三世不得不救济因内战而贫困化的债权人，原谅他们从贷款中收取利息。许多人赚了很多钱，但是社会紧张局面也出现了，当时的观察者对这一切都一目了然，从 14 世纪 20 年代的托马斯·马吉斯特（Thomas Magister，即西奥杜洛斯·莫纳乔斯 [Theodoulos Monachos]）到 14 世纪 40 年代初的阿列克修斯·马克雷姆沃利蒂斯，都激烈地抱怨说如果能够做到的话，富人甚至会把太阳都占为己有，剥夺属于穷人的那一点阳光。[52]

内战期间种种社会紧张气氛开始凸显，这在 1341 年 10 月开始的第二次内战中最为清晰，因而与在西欧发生的其他市民叛乱一样，大体上属于同时代的现象。起初，这仅是统治中心争夺权力的斗争：关于 9 岁的王位继承人约翰五世（1341—1391 年）的摄政权之争，争端的一方是约翰·康塔库泽诺斯，另一方是约翰五世的母亲萨伏依的安妮、牧首和**舰队司令**阿列克修斯·阿波考科斯。康塔库泽诺斯在宣布自己为皇帝前向城市的强势人物和军方人士写信，寻求他们的支持；当他的这些信件于 10 月 27 日在哈德良堡宣读时，有三个人，其中至少有一个几乎肯定是商人，鼓动这座城市的民众袭击贵族并焚烧他们的房子。很快，内战漫延到马其顿和色雷斯（Thrace）的各个城市。社会冲突最尖锐的那些方面在塞萨洛尼基可以察觉到，那里领导反对康塔库泽诺斯的是一个有激进倾向的团体，即狂热者（Zealots）。在一些城市，如在塞雷斯，康塔库泽诺斯遭到贵族成员的反对，可以肯定的是在这次内战中，各社会阶层的联盟没有像西欧的同类情况那样完善。但主要的分界线是清楚的：贵族阶层集合在康塔库泽诺斯一边，他是他们最富有、最有权势的代表；而在君士坦丁堡、塞萨洛尼基、季季莫蒂洪（Didymoteichon）、哈德良堡和其他地区的商人，或许还有银行家，肯定有水手，及在不同的程度上还有**中等群体**普遍持

---

[52] Ševčenko (1974), p. 204.

反对康塔库泽诺斯的态度,他们没收或毁掉康塔库泽诺斯支持者的财富,并且监禁了他们中的许多人。康塔库泽诺斯在他写的《历史》(History)中,以自私自利的评价方式描述了这场内战。而比这种描述更能说明事件性质的是他关于登基过程(在1339年)的讨论,以及关于西莫内·博卡内格拉(Simone Boccanegra)在热那亚的政体的讨论。1339年的革命是从拜占庭内战的角度来描述的,他把这次革命视为人民反对贵族的斗争,"因为贵族的生活比他们好"。博卡内格拉的故事很曲折,毫无疑问是有意这样写的,这样所有降临于热那亚的罪恶可以归因于他,就如同拜占庭内战所导致的罪恶都归因于阿波考科斯一样。[53] 尽管热那亚的革命和塞萨洛尼基的革命之间的因果联系已证明是错误的,但其冲突的社会各方面的相似性是显著的。

由于康塔库泽诺斯及其盟友的势力控制了乡村,内战很快呈现出争夺城市的态势。城市很难靠突袭夺取,但是由于乡村被洗劫并且落入包括康塔库泽诺斯的突厥盟友这些敌对者的手中,1344—1345年各城市开始投降。1345年,由于阿列克修斯·阿波考科斯被暗杀,情况发生剧烈变化,1346年2月康塔库泽诺斯进入君士坦丁堡,成为共治皇帝(co-emperor)。塞萨洛尼基坚持抵抗到1350年,在塞尔维亚人的压力下勉强接受了约翰六世·康塔库泽诺斯和约翰五世·巴列奥略。1354年约翰五世迫使康塔库泽诺斯退位。这可以看成是内战的结束。

除了其他事务,这次内战是在拜占庭创建一种新政府的努力的流产,这种新政府将与已经存在的政府极不相同,在这种新政府中商业成分的利益将成为至高无上,而土地贵族和教会的资源将被用于国防的需要。[54] 恰恰在同一时期,教会内部也存在一种冲突,冲突的一方是采纳神秘主义态度的人,他们设想通过一种特殊形式的祈祷(静默派[Hesychasts]的祈祷)来体验圣洁之光(Divine Light)的可能性,另一方则认为可以通过上帝的显灵而不是通过上帝的本质(essence)

---

[53] IC, Hist., III, pp. 197–198 = Bk IV, 26; 234–237 = Bk IV, 32.

[54] 尼古拉·卡瓦希拉斯(Nicholas Kavasilas)写于内战期间的文章提到为了公共利益而没收教会的财产,见 Ševčenko, 'Nicolas Cabasisals's "Anti-Zealot" Discourse', pp. 92–94, par. 4, 6, 7。该时期绝大多数其他资料都提到没收贵族的财产。关于阿波考科斯建立一个将主要是海上的和依赖贸易的国家的计划,见 IC, Hist., II, p. 537 = Bk III, 87。

来体验。静默派的争论不仅使教会分裂，而且也使社会上的其他成员，即使那些对神学和宗教问题感兴趣的人分裂。尽管政治、社会态度和神学立场并非完全趋同，⑤ 分裂的情况也不完全以此划线。静修主义（Hesychasm）的践行地点是圣山（Mount Athos），其最直言不讳的支持者是圣格列高利·帕拉马斯（St Gregory Palamas），静默派也是康塔库泽诺斯忠实的拥护者。康塔库泽诺斯在政治上的胜利结束了这场论战。他主持了 1351 年的一次教会公会议，宣布静修主义为正统，其对立者为异端。难怪被任命为塞萨洛尼基大主教（archbishop）的帕拉马斯两次被该市市政府阻止获得其主教辖区，只是到了 1350 年在康塔库泽诺斯取得胜利后他才得以进城。

最后，康塔库泽诺斯和贵族阶层虽然赢得了政治上的短暂胜利，但却遭受了毁灭性的长期经济失败。为了获胜，康塔库泽诺斯在 1342 年曾求助于塞尔维亚人，不久后又求助于突厥人。当时的摄政委员会亦做了同样的恳求，但并未成功。然而康塔库泽诺斯成功了，斯蒂芬·杜尚（Stephen Dušan）援助了他，但在此过程中，杜尚征服了马其顿、塞萨利（Thessaly）、伊庇鲁斯的许多地区以及希腊部分地区，有时他得到了康塔库泽诺斯的同意，但更多的是未经同意而占领。1345 年，他占领了又大又重要的塞雷斯城，然后就自称是塞尔维亚人和罗马人的皇帝。斯蒂芬·杜尚的国家虽然很大却只是昙花一现，1355 年他死后就崩溃了。他的后继者仅保有其部分领土，直到 1371 年后被奥托曼人征服。至于突厥人，无论是埃伊登的埃米尔还是更为不祥的奥托曼人，都把大批军队派往欧洲帮助康塔库泽诺斯；1354 年，他们在加利波利（Gallipoli）定居，从那以后奥托曼人在欧洲领土上的扩张进展迅速。其结果是，摆脱了内战的拜占庭政权变得比以前小得多、弱得多。

文化生活

14 世纪的智力的作品和艺术作品就其数量和质量而言都是令人钦佩的。现代学者曾令人厌烦地把这些成就与当时国家的虚弱加以比

---

⑤ 例如 Nikephoros Gregoras 是康塔库泽诺斯在政治事务方面的一个支持者，但却激烈地反对 Palamas 和 Hesychasm。

较;但是我们已经看到那时既有优点又有活力,尤其是在14世纪前半期。无须惊讶,这是智力和艺术活动达到巅峰的一个时期。不论是否有人将其称作一次文艺复兴或是再生,⑤ 其主要特征都是清晰的。

当时有相当数量的我们可以称为知识分子的人。他们中的许多人彼此相识,他们相互通信,这时期的大量书信显示了这一点。他们也是下一代知识分子的老师(比如,狄奥多勒·梅托契特斯[Theodore Metochites]和尼基弗鲁斯·格雷戈拉斯[Nikephoros Gregoras]就是这样)。绝大多数(尽管并非全部)知识分子来自教士阶层,贵族、官僚(按老习惯)是他们的庇护人。这些人在希腊受过一流的古典教育;一些人如僧侣马克西莫斯·普兰诺德斯(Maximos Planoudes)和季米特里奥斯·基多尼斯(Demetrios Kydones)也熟悉和翻译拉丁文文献。他们都是博学的人,所写的东西涉及众多主题,包括神学、数学、天文学、地理学。后者在13世纪晚期到14世纪早期尤为重要:普兰诺德斯受委托整理现存最早的托勒密的《地理学》(Ptolemaic *Geography*),带有全部27幅地图。⑤ 他们也是各种文本的编辑和评论者。最后,这一时期产生了相当多的文学作品,用一流的希腊语(high Greek)和大众语言写成的都有。智力生活的巨大中心是君士坦丁堡(直到14世纪30年代)、塞萨洛尼基和米斯特拉(Mystra)。但小城市也会夸耀它们的知识分子,高质量的艺术作品也会在各省找到。

这种复兴的原因是多重的。君士坦丁堡的收复本身就是一种激励,尽管在尼西亚帝国有许多受过高水平教育的人。⑱ 政治的兴衰更替也影响人们的看法。对古物的浓厚兴趣导致了写作和艺术中古典风格的出现,这种风格可能完全与新的自我认同,包括与古希腊人、希腊人的认同的观念有联系;这在12世纪晚期已非常明显,当时的知识分子设想与古希腊人的某种文化上的认同,来比较他们自己与西方

---

⑤ 两种相对立的观点可见于 Runciman (1970) and Ševčenko (1984)。
⑤ 这被认为是具有最高价值的东西(This is the God)。Urbinas Gr. 82, 作了过于繁冗的说明,可能是为了安德罗尼卡二世。这方面其他两份最古老的手稿,Seragliensis 57 and Fragmentum Fabricianum Graecum 23, 也归于 Planoudes 的活动,见 Harley and Woodward (1987), 1, pp. 191-192, 269-270。
⑱ E. g. George Pachymeres 在尼西亚和君士坦丁堡接受 George Akropolites 的教育,后者是在尼西亚受教育的。

人的差异。(59) 庇护起了重要作用。皇帝安德罗尼卡二世对智力方面的事情深感兴趣，他的绝大部分重要官员（尼基弗鲁斯·舒姆诺斯［Nikephoros Choumnos］和狄奥多勒·梅托契特斯）都名列当时的大学者之中。同时还有充足的资金使得智力和艺术作品的生产成为可能。

直到安德罗尼卡二世统治末期，帝国宫廷充当着一个重要庇护者的角色。米哈伊尔八世自称为新君士坦丁，他是第一个投资重建在第四次十字军和拉丁占领期间被重创的城墙和城市的人。索菲亚大教堂（Haghia Sophia）中的圣母和施洗者约翰向基督恳求拯救人类的镶嵌画（Deesis Mosaic）就被认为是在重新征服后创作的。(60) 最高级贵族的成员，皇帝的亲属以及他的继任者，都参与了重建，主要是恢复和
819 扩大各个修道院和教堂，妇女们是重要的赞助人。在君士坦丁堡和塞萨洛尼基，这一时期的镶嵌画和壁画都质量精湛。或许这些作品中的最佳之作应该是乔拉（Chora）修道院（即卡里耶·贾米［Kariye Djami］修道院）的教堂中的镶嵌画和壁画，这是狄奥多勒·梅托契特斯资助的结果。看来修建教堂和宫殿被认为是贵族的重要品质。还有繁荣的手稿生产，这里也有妇女赞助者的作用。

在14世纪，贵族赞助在希腊世界其他地区的作用也很重要，例如在塞萨利。相比之下，近来有人指出在塞萨洛尼基和马其顿，许多建筑的修建要归功于教会的，特别是主教的资助。(61) 塞萨洛尼基的圣徒（Holy Apostles）教堂由牧首尼蓬（Niphon）建造，而圣山的各个修道院也是艺术活动的重要中心。教会的赞助反映了教会不断增强的经济政治力量。

内战时期及14世纪中期的危机引发了种种变化和文化活动的显著衰退，特别是艺术创作。颇为独特的是，当索菲亚大教堂的巨大的东方式拱门和部分圆顶塌毁时（1346年），穷困的约翰六世向俄国人和君士坦丁堡的居民筹款修复。(62) 在莫里亚君主国（despotate of the Morea），其专制君主的宫廷的赞助非常活跃，佩里布雷普托斯（Per-

(59) Laiou (1991b), esp. pp. 77 – 81.
(60) 关于巴列奥略王朝早期的建造活动，参见 Talbot (1993) and Ousterhout (1991)。
(61) Rautman (1991).
(62) Mango (1962), pp. 66ff.

ibleptos）修道院中卓越的壁画要可追溯到 14 世纪后半期。宏伟的镶嵌画，是一种比壁画昂贵得多的表达手段，不是 14 世纪 20 年代以后创作的；索菲亚大教堂巨大的东方式拱门上的镶嵌画、两个东方式斗拱和圆顶，是在大约 1354—1355 年完成的，构成了一个例外。

14 世纪文化和艺术的发展也有助于提醒我们注意这样一个事实：该时期拜占庭的影响远远超出了其政治疆界。拜占庭文化既向东正教世界辐射（斯拉夫人、格鲁吉亚人、意大利占领下的前拜占庭的领地），又向西方辐射，由在其他东正教国家工作的艺术家们（他们中包括希腊人狄奥法内斯 [Theophanes]）以及开始向意大利移民的知识分子带到西方，这种移民在 15 世纪开始加强。

国家的陷落及权力的再分配（1354—1402 年）

在 14 世纪后半期，拜占庭成为地中海世界里正在经历其自身危机的一个微小而支离破碎的国家。经济状况的下降加剧了威尼斯和热那亚的对立，两者卷入并促进了实质上是地区性的拜占庭的王朝战争，同时他们也为争夺领土而战，例如争夺特内多斯（Tenedos）岛，最终导致了特内多斯岛之战，此外还如基奥贾之战（1378—1381 年），拜占庭也牵涉其中。1354 年后，拜占庭"帝国"包括君士坦丁堡、色雷斯、塞萨洛尼基（那时只能经从海上到达）及其邻近内陆、爱琴海北部的岛屿以及在伯罗奔尼撒的莫里亚君主国。自从色雷斯附属于奥托曼人之后，即使这些仅有的领土也并不安全。对城市的突袭之后接踵而来的是对城市的征服，1361 年是季季莫蒂洪、1363 年是菲利普波利斯（Philippopolis）、1369 年是哈德良堡。随着后者的失陷，通往马其顿和保加利亚的道路敞开了。1371 年奥托曼人在马里查（Marista）战役的胜利摧毁了塞雷斯的塞尔维亚人的国家；直到 1383 年，这个城市才重归拜占庭。与此同时，拜占庭和塞尔维亚的统治者变成了奥托曼素丹的纳贡者；皇帝约翰五世以及后来他的儿子曼努埃尔二世（Manuel II），都被迫跟随着素丹出征。[63]

1371 年后，拜占庭皇帝们仅仅在威尼斯人、热那亚人及奥托曼

---

[63] 1390—1391 年，在小亚细亚与奥托曼人一起作战反对其他土耳其人的埃米尔和最后一座拜占庭城市费拉德尔菲亚（Philadelphia）的曼努埃尔在自己的一些信中，令人动容地叙述了先前属于拜占庭的那些领土的陷落和居民的困境，见 Dennis, *Letters*, nos. 16, 18。

人的帮助和容忍下才能进行统治。帝室家族成员之间为争夺王位而进行的争斗只能加重他们的依附，因为每个人都会向这些强权中的一个或另一个寻求帮助。事实上，也有抵制这些倾向的某些努力。所以后来的皇帝曼努埃尔·巴列奥略在与其父不和时曾秘密前往塞萨洛尼基，在那里他建立了季米特里奥斯·基多尼斯所称的"一种新权威"。在短时间内他得以发动反对突厥人的远征；他的成功虽然令拜占庭人和西欧人同样感到振奋，[64]但却是短暂的，我们可以看到1383年塞雷斯陷于奥托曼人之手，1387年塞萨洛尼基在被围困四年后也陷落了。这座城市与其内陆的联系被切断了，受食物短缺的折磨，它的居民也因社会关系紧张和派系斗争而分裂。甚至它的大主教也于1386—1387年放弃了它，与一些教士离开这里。曼努埃尔也被迫离开塞萨洛尼基。他最终返回君士坦丁堡，1391年他在那里继承了父亲的王位（1391—1425年）。突厥人对塞萨洛尼基的第一次征服持续到1403年。

一些拜占庭人所能考虑到的进行抵抗的另一种途径，是与西欧合作并取得西方援助。千丝万缕的政治、经济联系使这些希望具有可能性，此外，那时西欧的一些统治者，特别是教宗，认为奥托曼的推进已成为基督教世界的一种威胁。但是曾为该世纪中期的危机所削弱的威尼斯和热那亚，正忙于追逐他们自己的利益；法兰西和英格兰正忙于百年战争，而教宗的援助前提要视东西方教会根据自己的条件实现统一而定。但是在拜占庭，尽管有人为这种联合积极奔走，大多数拜占庭教会人士和很大一部分居民都对此持反对态度。相继的几位拜占庭皇帝（约翰五世、约翰七世、曼努埃尔二世）到西方寻求援助，都徒劳无功。约翰五世甚至私下皈依天主教；但正式的联合直到费拉拉－佛罗伦萨公会议（1439年）才宣布，不过到那时已经太晚了。诸如萨伏依的阿梅代乌六世伯爵进行的远征也仅起了缓解作用，而1396年尼科波利斯（Nicopolis）的十字军则是一场灾难。

伴随着政治危机的是普遍性的经济危机，还有某种对逐渐减少的资源和政治权力的一种再分配。像西欧一样，乡村和城市人口都普遍地减少了。色雷斯和马其顿的乡村展现出一幅衰败和人口稀少的场

---

[64] Barker (1969), pp. 47ff; *Démétrius Cydonès correspondance*, ed. Loenertz, 208, letter 264. 80.

景。黑死病的影响仍是一个未知因素。尽管有证据证明君士坦丁堡、马其顿、莫里亚、爱琴海诸岛和圣山都发生过瘟疫,但允许其对不同部分的居民的影响进行研究的详细资料却没有。1384 年,牧首内罗斯(Neilos)谈及农民从教会土地上逃离时,将其归因于入侵。[65]

贵族作为一个团体在这一时期经历了重大变化。内战使他们中的许多人变穷了,塞尔维亚人和奥托曼人对马其顿的连续征伐导致财产的再分配,一些财富落入征服者手中,或落入那些对征服者有利的贵族成员手中,或落入教会手中。当拜占庭的势力在这些地区得到短暂恢复时,在是否恢复特定家族或个人失去的土地问题上出现了冗长的争论。[66] 其次,贵族现在比以前任何时候都更多地卷入贸易活动,进入 15 世纪后这一趋势依然延续。[67] 那些享有贵族头衔的权贵投资于商业和银行业活动,这些活动与威尼斯和热那亚商人的活动有密切联系。皇帝约翰七世在 14 世纪 80 年代似乎曾通过自己的代理人向热那亚出口粮食。其实,尽管存在政治上极大的不稳定性以及周期性的、尖锐的粮食危机,谷物贸易仍是一种活跃的贸易;1386 年一些希腊人甚至把谷物运到了卡法。为生活困窘所迫,也因为贸易提供了机会,君士坦丁堡的贵族妇女将来自嫁妆的资金投资商业,尽管法律限制将嫁妆类的财物用于有风险的投资。

贵族的第三个特征是地方贵族或者地方上流人士(gentlefolk)的重要性的增强,地方上流人士就是希腊语资料中的 αρχοντόπουλοι 或 μικροί άρχοντες,威尼斯语资料中的 gentilhomeni picioli。[68] 在塞雷斯,他们构成了在塞尔维亚人统治下的城市中教会和政府管理人员的一部分,他们中的一些人重新出现在奥托曼统治的最初阶段中;在第一次奥托曼人占领期间塞萨洛尼基的情况亦是如此。1411 年在约阿尼纳,他们和更高一级的贵族一起主宰着城市的命运。"上流人士"的出现可能和最后阶段权力从中央往地方转移有关,由于切断了各城

---

[65] Miklosich and Müller, *Acta et Diplomata*, II, pp. 61 – 62.
[66] 参见 Oikonomidès (1980); Laiou (1985)。可能在 1373 年,约翰五世发布一项敕令,宣布所有非法得自其所有者的土地都应被归还,但该敕令并无多大效果。
[67] Oikonomidès (1979a), pp. 120 – 122; Laiou (1982b), pp. 105 – 109.
[68] Mertzios (1947), p. 49. 该文献分为三类: *gentilhomeni e gentilhomeni picioli e stratioti*. Cf. Neçipoglu (1990).

市与首都的联系,更多的决定权落入城市居民手中;[69] 它也是上层阶级中权力重新分配的深层次的标志。尽管上流人士地位的强化可能是一个长期发展的过程(他们都是一些有显著延续性的家族,至少在 14 世纪是这样),但城市居民独立性的增强是在危机的条件下发生的,其典型作用是作出自己所在城市向各种征服者投降的决定。

权力向集体的教会的转移,是所有权力转移中最为持久的过程,对圣山的诸修道院来说特别是这样。虽然长期来被帝国的强大的中央权力的存在所限制,教会现在还是扩大了它的权力和活动范围,并在某些方面取代了国家。静默派论战的解决增加了东正教教会中那部分保守和好斗的人的精神和道德权威。帝国政府的虚弱可以从以下方面看出来:在司法以及在诸如照顾穷人、难民和生活困窘的城市居民等可称之为救济职能的事务中,教会的地位上升了。至于经济来源,圣山的各个修道院从塞尔维亚国王们的捐赠和奥托曼人授予的特权中获利;作为回报,很早,或许在马其顿被征服之前,圣山就承认了奥托曼的领主地位。[70] 修道院也从贵族世俗地主的地产转让中获益,因这些地主无法继续成功地利用他们的土地。国家充分意识到了这一事实:教会乃是此时唯一有能力拥有可供利用的资源的机构。在该世纪中有好几次,皇帝们试图劝说牧首或其他教士把教会土地给予他们或租给他们,从而使士兵能够从这些土地的收入中获得报酬。但是这种要求通常都受到拒绝,在塞萨洛尼基被围困的第一个阶段,曼努埃尔·巴列奥略将教会财产充公的努力引发了大主教领导的暴力反抗。1371 年,处于极度困境中的曼努埃尔剥夺了圣山各修道院和塞萨洛尼基教会一半的财产,将它们转变成普洛尼亚(pronoiai)并分给士兵,"以避免彻底丧失一切"。1403 年以后,这些土地的一部分归还给修道院。当时的教会,富有、势力强大并且拥有远远大于拜占庭国家的道德和精神领域的影响;像过去所做的那样,教会正向整个东正教世界扩张,准备好在 1453 年奥托曼人征服君士坦丁堡后扮演一种主要的角色。

在这个世纪即将结束时,拜占庭唯一紧密集中的领地在伯罗奔尼

---

[69] Zachariadou (1989a), pp. 345–351.
[70] Oikonomidès (1976).

撒，在那里，约翰·康塔库泽诺斯的儿子曼努埃尔已建立了一个虽小但尚能继续生存的政权，即莫里亚君主国。尽管它也易于遭受突厥人的袭击，但却相对繁荣，有一个强有力的而且有独立意识的贵族阶层，其首都米斯特拉拥有可观的智力和艺术的成果。[71] 它在君士坦丁堡陷落后又存在了七年。另一方面，君士坦丁堡已经被素丹巴耶齐德（Sultan Bayezid）封锁了八年之久（1394—1402年）。不论是法兰西的查理六世派遣的让·勒·曼格勒（Jean le Maingre），即布西科（Boucicaut）元帅及其1200名士兵所做的种种努力，还是曼努埃尔二世去西欧寻求援助的旅程，都不足以把这个城市从围困和随之而来的饥饿和苦难中解救出来。许多居民逃离了这个城市，一些人则准备谈判投降。[72] 只是因为奥托曼的军队在安卡拉战役中败于"跛子"帖木儿（1402年7月28日），才准许拜占庭的首都、莫里亚君主国以及特拉布宗帝国再生存另外半个世纪。

拜占庭国家的经济、社会结构和政治导向经过14世纪的危机全都发生了变化。1261年光复君士坦丁堡的决心，在另一方面导致了重建昔日帝国的荒诞梦想，从而否认了这样一个事实：自12世纪晚期以来，该地区最强大的力量是那些使中央权力往地方转移的力量，这将促生若干更小且更同质的政治实体，它们之间可能会有很强的经济和文化联系。重新夺回君士坦丁堡也导致了另一个重要的抉择，米哈伊尔八世几乎一心一意遵循倒向西欧的政策。然而，这一选择在政治层面上却不可能得到维持。在经济的层面上，拜占庭的贸易和制造业经济与意大利经济联系在一起，无法摆脱。与意大利还存在着密切的文化接触。从内部看，在该世纪里，城市中的统治阶层、商人阶层的结构都发生了深刻变化。对各个新兴社会团体和新的机构来说，这些进展中有许多是有益的，正如它们对那些旧的社会团体和机构是不利的一样；大规模的内战就是此类冲突的结果，但却无法解决这些冲突。这一时期拜占庭帝国最为严重的问题是：在外部敌对力量——一度为塞尔维亚人，主要是奥托曼人的强烈压力下，国内发展受到了阻

---

[71] 关于莫里亚（Morea）君主国，见 Zakythinos (1953) and (1975)。

[72] Schreiner, *Die Byzantinischen Kleinchroniken*, chronicle 22, paras. 28 and 30 = I, pp. 184 – 185; Laonici Chalcocandylae, *Historiarum Demonstrationes*, I, p. 77; *Ducae Istoria Turco-Byzantina* (1341 – 1462), pp. 79, 81 – 83.

挠并且被这种压力所塑造。其结果是，在中央权力向地方转移的过程中，那些有活力的群体没有一个能够联合成一个确定无疑的单个的城市整体，甚至与它们的腹地也不能形成可以生存的单元。莫里亚君主国是一个例外，但是它的命运不可阻挡地要跟随着帝国其他部分而且确实还要跟随着巴尔干地区的命运，最终在一个新的帝国势力下重新统一起来，这就是奥托曼国家。

安杰利克·E. 莱欧（Angeliki E. Laiou）
柴　彬 译
王加丰 校

第二十五章

14世纪时爱琴海和巴尔干地区的拉丁人

14世纪初,1261年拜占庭复国对拉丁人在爱琴海和巴尔干地区扩张的影响可以明显地感觉到。米哈伊尔八世·巴列奥略通过《尼菲昂条约》(Treaty of Nymphaeum)为热那亚人打开了通往黑海的通道,数年后对威尼斯人也如法炮制,并承认了威尼斯人在第四次十字军东征后取得的最重要的征服成果。自安德罗尼卡二世因代价过高而放弃维持一支拜占庭舰队后,一系列停靠港口和贸易站点就沿着主要航线延伸开来。爱琴海由此处于从意大利到君士坦丁堡和黑海、塞浦路斯和小亚美尼亚(Lesser Armenia)、叙利亚和亚历山大城诸多主要贸易路线的中心。控制诸岛屿与海岸对于意大利各海上共和国以及它们之间发狂般的竞争目标极有必要:这引发了14世纪里热那亚和威尼斯之间的三次"殖民"战争。战争的唯一结果是**事实上分享爱琴海**:威尼斯拥有爱琴海西部和南部的海岸,那里有麦西尼亚(Messenia)、克里特岛和黑桥(Negroponte);热那亚拥有东部海岸,那里有开俄斯(Chios)和米蒂里尼(Mytilene)。然而加泰罗尼亚人(Catalans)正准备通过控制雅典公国(duchy of Athens)以及迅速发展的海盗活动来破坏意大利人的海上和商业霸权。[①]

结果,爱琴海和巴尔干地区发现自身已被西方的重商主义经济所包围,这种经济以满足其对食品和原材料的需求为导向。它们由此进入了一种殖民类型的交换体系,接受来自西方的手工业产品,并作为交换向西方提供生产这些产品所需要的所有原料。地方的和地区性的

---

① Thiriet (1975); Balard (1978).

贸易从属于由意大利人主导的长途贸易活动的波动与节奏，在意大利商人面前，希腊商人只得站在一边。② 这些重要趋势是随 1261 年东罗马帝国复国的一个世纪的进程中建立起来的，该过程分两个阶段，这是我们在考量重商主义经济结构之前需要加以考察的，然后是考察贸易路线和商品。

西方扩张的各个阶段

14 世纪初，热那亚和威尼斯从克佐拉（Curzola）之战中脱颖而出，在这场战争中安德罗尼卡二世曾全心全意支持热那亚人。但后者却抛弃这位**皇帝**（*basileus*，音译为"**巴赛勒斯**"）而与他们的敌人缔结了《米兰条约》（Treaty of Milan，1299 年 9 月 25 日）。在冲突期间，威尼斯最终阻止了米哈伊尔八世所进行的拜占庭重新征服爱琴海地区的努力，并在已拥有的基础上又新增了几个岛屿。因此，威尼斯的权力牢固地扩展到克里特岛、重新征服的群岛的一部分、麦西尼亚南部的科龙（Coron，即科罗内［Korone］）和莫顿（Modon，即迈索尼［Methoni］）、黑桥（与三个拉丁领主分享，即该岛的威尼斯**三个岛上领主**［*terciers*］）。威尼斯在莫里亚公国（principality of the Morea）也有很大影响，安茹的查理二世刚刚把这个公国从维拉杜安（Villehardouin）家族的女继承人那里转移出来，置于其子塔兰托的菲利普的统治之下。威尼斯人在那里享受着完全的贸易自由，并在主要港口克拉伦斯（Clarence）和帕特拉斯（Patras）确立了自己的地位。至于热那亚人，他们从 13 世纪 60 年代起就得到了小亚细亚海岸上的福西亚（Phocaea），那里有丰富的明矾矿；此后他们的舰队司令贝内德托·扎卡里亚（Benedetto Zaccaria）在 1304 年攻占开俄斯，并且成功地从拜占庭**皇帝**那里获得对占领该岛的承认。与此同时，加泰罗尼亚军团（Catalan Company），即安德罗尼卡二世为抵抗土耳其人匆忙召集起来的雇佣兵，也向爱琴海地区拓展其影响，在 1311 年着手征服雅典公国之前，他们劫掠了色雷斯，然后是马其顿。直到 1388 年，加泰罗尼亚人一直留在那里。至于安茹家族，他们全力抵

---

② Jacoby (1989b), pp. 1–44.

抗米斯特拉的希腊人并开始赞同莫雷奥特（Moreot）男爵某种程度的意大利化，以牺牲此前在维拉杜安家族统治下占有优势的法国因素为代价。③

14世纪前半期，至少直到1348年，威尼斯人行为的特征是巩固已获得的地位。他们拒绝参与瓦卢瓦的查理重新征服君士坦丁堡的计划，并更为靠近拜占庭。1319年威尼斯和加泰罗尼亚人缔结一项条约，后者正威胁着威尼斯在埃维厄岛（Euboea）的地位，在那里威尼斯对**三个岛上领主**（*terciers*）的权威也在强化之中。威尼斯未能成功地彻底平息1332年和1341年克里特人的叛乱，叛乱源于**统治**该岛的威尼斯人过分索取。最重要的是，威尼斯参与了反抗土耳其人的斗争，加泰罗尼亚人毫不犹豫地与其结成联盟：1332年的"基督教同盟"，1344—1345年的海军同盟及1345年法国王太子维埃纳人的安贝尔二世（Humbert II of Viennois）组织的"十字军"。在希腊，总代理人（vicar-general）阿方索·法德里克（Alfonso Fadrique，1318—1330年任职）对雅典公国的控制巩固了加泰罗尼亚人的统治，他们占领了新帕特拉斯（Neopatras）和西德罗卡斯顿（Siderokastron），并且阻止了布里恩的瓦尔特想要恢复其公爵领的企图。但1315年马略尔卡的费兰特（Ferrante of Majorca）亲王希望在莫里亚公国拓展权利的希望破灭了。让·德·格拉维涅斯（Jean de Gravines）对莫里亚的统治转移到了塔兰托的罗贝尔（Robert of Taranto）手中。罗贝尔的母亲瓦卢瓦的凯瑟琳（Catherine of Valois），君士坦丁堡名义上的拉丁皇后，促进了佛罗伦萨银行家阿恰约利家族的财富积累，并且向他们出让这个公国的大量土地作为他们答应给她贷款的补偿。热那亚的属地的命运更加不稳定。由于马蒂诺·扎卡里亚（Martino Zaccaria）拒绝承认拜占庭对其爱琴海地区属地的统治权，安德罗尼卡三世将他逐出开俄斯（1329年），然后又将他从福西亚赶走（1340年），这两个地区都一度回归东方帝国。但是在1346年，利用萨伏依的安妮（Anne of Savoy）虚弱的摄政地位以及维埃纳的安贝尔在领导东方十字军问题上的踌躇不决，西莫内·维尼奥索（Simone Vignoso）率领的热那亚舰队夺取了开俄斯，然后夺取福西亚，并在那里设置了长

---

③ Topping（1975），pp. 104–166.

达两个世纪之久的**马奥那**公司（*mahona*）的统治，组成**马奥那公司**的是向这次远征提供资金的船主。④

这一辉煌的战绩，加上热那亚试图控制到君士坦丁堡和黑海的交通，成为热那亚与威尼斯、加泰罗尼亚和拜占庭帝国组成的联盟之间的海峡战争（1351—1355 年）的原因。这场冲突并没有改变爱琴海地区的形势，除了与突厥人有关之外——这时他们已经来到了拜占庭的大门口。1355 年，热那亚的加蒂鲁西奥（Gattilusio）家族通过与约翰五世·巴列奥略的友谊得到了米蒂里尼岛的特许权，然后在 15 世纪初又得到了爱琴海北部一些岛屿的特权。从此以后，威尼斯必须努力维护经海峡到黑海的自由航行；在达达尼尔（Dardanelles）海峡入口的特内多斯岛（Tenedos）的特许权是从这位**皇帝**那里获得的，但 1376 年对该岛的有效占领激发了与热那亚之间的又一场战争，即所谓的"基奥贾之战"（War of Chioggia），就范围而言这基本上是一场发生在亚得里亚海的战争，并且像之前的战争一样，它在一次"白色和平"（white peace，即《都灵条约》[Treaty of Turin]，1381 年 8 月）中结束。这些对抗阻碍了任何反对突厥人的基督教联盟的形成，而突厥人在爱琴海地区的进展则不可抗拒：1387 年他们占领了塞萨洛尼基，1394 年占领新帕特拉斯和萨罗纳（Salona）。对伯罗奔尼撒海岸持续不断的袭击和对君士坦丁堡的包围，则由于帖木儿在安卡拉对巴耶齐德的胜利（1402 年）才侥幸获得解救。为对付这些紧迫的危险，威尼斯力求通过一项合并政策来加强希腊 – 拉丁的罗马尼亚（Greco-Latin Romania）：1388 年购买了纳夫普利亚（Nauplia）和阿哥斯（Argos），增强了在黑桥和爱琴海群岛的权力，扩大了位于麦西尼亚的科龙和莫顿的领土，暂时掌管了帕特拉斯，最终直接帮助了尼科波利斯的拉丁十字军。克里特是唯一薄弱的环节，1363—1367 年，这里再次发生叛乱，在威尼斯的封臣们的领导下反对威尼斯的**统治**。总的来说，威尼斯成功地维持了其属地的凝聚性并保护他们免遭突厥人的进攻，即使它或许已经唤起了希腊或伯罗奔尼撒上的拉丁小领主的敌意。⑤

---

④ Setton (1975); Bonn (1969); Housley (1992); Argenti (1958); Balard (1978).
⑤ Thiriet (1975).

第二十五章 14世纪时爱琴海和巴尔干地区的拉丁人

希腊大陆在14世纪后半期发生了深刻变化。1348年，当莫里亚的希腊人的君主国建立时，斯蒂芬·杜尚将塞萨利和伊庇鲁斯并入他的塞尔维亚版图。大的拉丁领主产生了，尼科洛·阿恰约利这个西西里王国的大管家，是莫里亚最大的封臣，在麦西尼亚、伊利斯（Elis）和科林西亚（Corinthia）都拥有领土，同时他的表兄弟乔瓦尼（Giovanni）在1360—1365年间担任帕特拉斯的主教。尼科洛死后，他的表兄弟内里奥（Nerio）继承了他在莫雷奥特的部分领地，这些领土被纳瓦拉军团（Navarrese Company）夺走，但他又从加泰罗尼亚人手中夺回迈加拉（Megara），最重要的是1388年夺回雅典，结束了80年来加泰罗尼亚人对它的占领。托基（Tocchi）家族统治着莱夫卡斯岛（Leucas）、凯法利尼亚岛（Cephalonia）和赞特岛（Zante），并试图在1394年内里奥·阿恰约利（Nerio Acciaiuoli）死时取得柯林斯（Corinth）。我们不能忽视扎卡里亚（Zaccaria）家族的极好运气，他们是开俄斯的前主人热那亚人马蒂诺（Martino）的继承人：逊邱伦（Centurione）一世是大总管（great constable）并三度担任驻莫里亚**大使**；他的孙子逊邱伦二世剥夺了加泰罗尼亚军团首领的继承人的权力，圣苏佩朗的皮埃尔（Pierre of Saint-Supéran）1396年后成为阿凯亚（Achaea或Achaia）的君主，并且在1402—1432年期间成为莫里亚的最后一个拉丁君主。因此，这个公国从1383年转入安茹王朝统治，1386年转归纳瓦拉人（Navarrese）的统治，并结束于一个古老的热那亚家族的最后一位后裔之手，现在轮到他被自己的女婿米斯特拉的狄奥多勒·巴列奥略（Theodore Palaeologus）这位暴君所剥夺。⑥

15世纪初爱琴海地区就这样被几个拉丁的主权国家所瓜分，并一点一点地被突厥人和米斯特拉的希腊人的进攻所蚕食。威尼斯人将其属地组织成若干**管辖区**（regimina）：坎迪亚（Candia）区，包括克里特岛和切里哥（Cerigo）岛；黑桥（Negroponte）区，该区延伸至埃维厄（Euboea）、斯基罗斯（Skyros）岛、塞萨利海岸上的斯伯拉迪斯群岛（Sporades）北部和博德尼特萨（Bodonitsa）；科孚岛（Corfu，1387年兼并的岛屿）区，也包括伊庇鲁斯的布特林托

---

⑥ Topping (1975), pp. 104–166; Bonn (1969); Zakythinos (1975).

(Butrinto）和帕特拉斯（Patras）海湾的瑙帕克托斯（Naupaktos，即勒班陀［Lepanto］）；纳夫普利亚（Nauplia）和阿哥斯区，包括埃伊纳（Aegina）岛；最后是科龙（Coron）和莫顿（Modon）区，包括属于它们的萨皮恩察（Sapienza）岛。此外威尼斯还将其保护地延伸至爱琴海上的群岛，直接管理特诺斯（Tenos）岛和米克诺斯（Mykonos）岛，并且在外国领土上拥有数个商站，如马其顿的塞萨洛尼基，小亚细亚海岸的以弗所（Ephesus）和帕拉提亚（Palatia）。自1309年起，罗得岛就掌控在医院骑士团（Knights Hospitaller）手中并作为通往塞浦路斯和叙利亚航线上的补给站。

热那亚的领地就更加有限了：直接拥有的是开俄斯、萨摩斯岛（Samos）和新、老福西亚（Old and New Phocaea）；在以弗所有一个商站；米蒂里尼、利姆诺斯（Lemnos）、萨索斯（Thasos）、印布洛斯（Imbros）、萨莫色雷斯（Samothrace）和艾诺斯（Ainos）被加提鲁西奥家族（Gattilusio）的成员所拥有，但是和热那亚这座城市没有太大的关联。雅典公国自1403年至1435年归安东尼奥·阿恰约利（Antonio Acciaiuoli）所有，莫里亚公国在1404—1432年期间归逊邱伦二世·扎卡里亚（Centurione II Zaccaria）所有，但是其领地因为这个君主国的恢复而逐年减少。正是在这一领土框架内，同样也在拜占庭和土耳其的统治区域里，拉丁人的商业活动得以发展，这些商业活动充斥着整个爱琴海和巴尔干地区，其结构今天已经了解得相当清楚。

长途贸易及其基础设施

上述活动受到了各种特权认可的刺激，这种认可有时就是使先前的占据合法化。威尼斯自1082年起就获得了在拜占庭领土上贸易完全自由的地位。通过与纪尧姆·德·尚普利特（Guillaume de Champlitte）在1209年达成的协议，威尼斯获得科龙和莫顿的完整的所有权，对拥有它们的确认则是通过1268年和1277年与米哈伊尔八世·巴列奥略缔结的条约。在该公国，威尼斯也享有了法兰克人（Franks）自13世纪初定居以来的种种特权。最后，1394年与狄奥多勒一世·巴列奥略（Theodore I Palaeologus）达成的协议恢复了贸易自由，由此威尼斯商人依据该君主国的惯例而获益。这样他们就得以在没有任何障碍的情况下，除了拜占庭的收税人和国库代理人的日常骚扰，将其商业活动扩大到整个爱琴海，并准备挑战受制于冗长的谈判的帝国的特许权，特别是与小麦出口相关的特权。

自 1261 年起，热那亚也受益于完全豁免拜占庭的**商品税**（kommerkion），* 但必须等到 1304 年和 1317 年与安德罗尼卡二世·巴列奥略缔结条约后，他们才能自由地出口帝国生产的小麦。对约翰六世·康塔库泽诺斯摆脱热那亚人经济主导地位作出反应的尝试也戛然而止。从米哈伊尔八世统治时期起，比萨人同样获得了免除所有关税的特权。但其他拉丁国家却未发生同样的情形：加泰罗尼亚人承受的税收是 3% 并在 1320 年降至 2%，但从来没有获得完全的免税权；纳尔榜人（Narbonnais）在整个 14 世纪的税收都是 4%，安科尼坦人（Anconitans）的税收是 2%；佛罗伦萨人不得不等到 1422 年才从**商品税**减半中获益，而拉古萨人（Ragusans）的税负直到 1451 年才降至 2%。尽管如此，事实上拉丁人普遍地、不同程度地处于比希腊人本身更有利的地位，而希腊人被迫履行缴纳全额**商品税**的义务。这是拉丁人凌驾于拜占庭同行的原因之一。⑦

西方贸易的第二根支柱是殖民地和商站网，有一部分拉丁血统的人永久定居在那里。这种移民很自然地延长了巨大的**迁入城市**（inurbamento）运动，意大利的那些商业共和国通过这种运动从自己的**乡村地区**（Contado）吸收其经济发展所必需的人力资源。我们应该把爱琴海群岛诸岛屿放在一边，那里的威尼斯人仅仅是一小撮征服者的家族：在纳克索斯岛（Naxos）的萨努多（Sanudo）家族，然后是克里斯波（Crispo）家族，在卡尔帕索斯（Karpathos）的科尔纳罗（Cornaro）家族，特诺斯岛的吉西（Ghisi）家族，在切里戈岛的米克诺斯和阿莫尔戈斯（Amorgos）家族、韦涅尔（Venier）家族和桑托林岛（Santorini）上的巴罗齐（Barozzi）家族。同样，在如科龙和莫顿的那些停靠港口，拉丁常住人口与过往的商人以及等待征募的水

---

* 拜占庭帝国的一种商业税，在出售商品价值之上加收 10% 并以当地货币支付。——译者注
⑦ 关于科穆宁（Komnenoi）时期，见 Zakythinos（1975），p. 258；Laiou（1972）；Laiou（1980 - 1），pp. 177 - 222；Balard（1978），II；Antoniadis Bibicou（1963），pp. 124 - 133；Giunta（1959），II，pp. 140 - 145；Magdalino（1993），pp. 142 - 150；Lilie（1984）。

手相比是微不足道的。某些重要领土上的拉丁人口必须以相当特殊的方式进行估算。在 14 世纪估计为 4 万居民的拉丁总人口中，黑桥的拉丁人口很难超过 2000 至 3000 这个数字。在克里特，标为 1576—1577 年的第一份保留下来的人口普查仅提到有 407 户威尼斯**骑兵**（*cavalerie*）的家庭居住，但未计算其城镇里的拉丁人**市民**。把该岛上威尼斯人的数量估计为几千看来是合理的，但蒂里耶估算为 10000 人，雅各比（Jacoby）估算为 2500 人。他们分成三种封臣，按**警察**（*sergenteries*）、**骑兵**和城镇中的**市民**来划分。这些封臣中有意大利贵族中最显赫的名字：丹多洛（Dandolo）、格拉代尼戈（Gradenigo）、莫罗西尼（Morosini）、韦涅尔、科纳（Corner）和索兰佐（Soranzo）。为了防务和开发自己的领地，他们都必须交纳沉重的捐税，但都关注于自己土地的产品开发以及从占**支配地位**的谷物自由贸易中获利。克里特的威尼斯的**市民**在城镇中从事某种职业或技艺，尤其是分享长途贸易的收益。[8]

关于在爱琴海地区属地的热那亚人的估算几乎同样无法确定。无可否认，加提鲁西奥家族只吸引少数市民同胞来到米蒂里尼定居，然后是来到他们在 15 世纪初占领的爱琴海北部的岛屿上定居。在他们控制开俄斯期间，扎卡里亚家族仅有少数同伴和一支 800 名士兵的驻军。在马奥那公司统治期间，根据 1395 年**最高行政长官**（*podestà*）尼科洛·法蒂纳提（Niccolò Fatinanti）向热那亚总督写的一份报告，我们有可能估计那里的拉丁人口为近 400 个家庭，即约 2000 人。在这些人中，那些最积极参与长途贸易的是**马奥那公司的股东**（*mahonesi*），这些人拥有销售福西亚和开俄斯的大宗产品明矾和乳香（mastic）的专卖权。[9]

定居在爱琴海地区的商站和殖民地的拉丁人是经济生活中唯一的角色吗？那些来自东方帝国的人、希腊人和犹太人在贸易活动中和拉丁人有联系吗？查阅仅存的官方文件、元老院和威尼斯其他会议的审议材料，可以得出结论：**占支配地位的居民**实行一种完全的

---

[8] Loenertz（1970）；Koder（1973），pp. 170 - 173；Thiriet（1975），pp. 270 - 286；Jacoby（1989a），VI，p. 202.
[9] Argenti（1958），I；Balard（1978），I；Pistarino（1990b）.

第二十五章　14世纪时爱琴海和巴尔干地区的拉丁人　　947

商业**管制经济**（*dirigisme*），把与其罗马尼奥特人（Romaniot）*殖民地之间的贸易垄断权保留给**占支配地位的居民**，使贸易完全有利于威尼斯的市民及其舰队的利益。臣服的居民仅能参与无足轻重的即当地的、地区性的贸易。今天看来，F. 蒂里耶主张的威尼斯殖民地社会这种严格的贸易上的种族隔离制度应该受到质疑。研究14世纪克里特公证人的条例的进展表明，拉丁人、希腊人和犹太人之间在与长途贸易相关的活动中形成了多样化的联系。以下事实不是可以看到不同种族精英之间形成了利益共同体吗：威尼斯的封臣们和古老的**贵族**（*archontes*，东方帝国的大地主和权贵）并肩领导了1363年的克里特大叛乱？在开俄斯，一些希腊人和犹太人在长途贸易中的作用与拉丁人相当：安东尼乌斯·阿尔根蒂（Antonius Argenti）、拉比·埃利亚斯（Rabbi Elias）家族、马斯特·埃利休斯（Master Elixeus）都与拉丁人**合伙经营**（*societates*），投入资金，参与海事保险或谷物运输，更不用说从事地方贸易并向开俄斯和邻近大陆之间往来的小船供应必需品。从这个意义上讲，拉丁罗马尼亚（Latin Romania）的海上和商业活动的增加无疑会对土著精英产生影响。⑩

然而，最重要的海军服役和航运组织只是拉丁人的工作。在威尼斯，元老院严格地规范**护航船队**（*mudae*）制度，投标和平底大船启程日期、停靠的港口、将要装载的商品、全体船员的规模，所有这些都要深思熟虑地加以考量和预计，甚至还涉及未经武装的船只的运输，其任务是运回已运到爱琴海上各停靠港口的多余的商品。强制性地要求塞浦路斯（1373年前）、叙利亚和亚历山大城的**护航船队**停靠在莫顿和坎迪亚，同时罗马尼亚的**护航船队**在麦西尼亚和黑桥必须入港。在热那亚，这种组织较为松懈：直到1330年，负责航海问题的**克里米亚办公室**（*officium Gazarie*）才禁止轻型帆桨快船（light galley）单独驶出西西里前往利凡特（Levant）。没有常规的护航船，但它强制船主们实行**结队**（*in conserva*）航行，以减少风险并确保最贵重商品的良好的运输条件。1300年以前到罗

---

* 罗马尼奥特人：古代中世纪居住在希腊的犹太人。——译者注
⑩ McKee（1993）；Balard（1978），p. 336.

马尼亚进行一年两次航行的组织是有据可查的；那之后减少为一年一次。与威尼斯相比，热那亚从未能建立可与威尼斯的**拍卖制度**（incanti）相媲美的招标制度，而是经常任由私人主导处理。加泰罗尼亚人在14世纪末以前也尚未组建到东方的常规护航队。除了这些常规航行，也有未经武装的船只沿爱琴海海岸进行口岸贸易：威尼斯人不仅访问黑桥和塞萨洛尼基，而且还访问以弗所和帕拉提亚，热那亚船只向佛兰德（Flanders）提供大量来自福西亚和开俄斯的明矾。私人船只的航行，虽不及那些帆桨快船那样为人所知，但也不能低估。[11]

就像在西方一样，拉丁商人在爱琴海地区的活动以有公证人在场的情况下拟订的契约为基础。这些契约的形式有**合伙关系**（colleganze）和**代理契约**（commende）、**合作契约**（societates）和交易契约（contracts of exchange）、海事保险和代理权，它们在各个商人、合伙者之间为某次航行或更长时间的合作编织了周期性的纽带。威尼斯那些来自克里特、科龙和莫顿的公证书，以及热那亚的那些来自开俄斯的公证书，与在威尼斯和热那亚本土起草的同类文书没有什么差别。其目的是聚集必需的资本，确保船只和货物的安全，并创造一种互相依存的关系，能弥补因缺乏实业家而产生的损失。特别是，在公证书中还有来自**马奥那公司**（mahona）所限定的那些条件的合同，能在三大地理区域内行使乳香的专卖权，由构成这种合伙关系的朱斯蒂尼亚尼（Giustiniani）家族成员分享。[12]

这些契约整体上表明经济生活的参与者，其出身与社会阶层颇为多样。虽然威尼斯殖民地上绝大部分实业家来自潟湖（Lagoon）沿岸，热那亚商站的商人则来自利古里亚（Liguria），这些文献也显示了许多其他地方的企业家的活动。加泰罗尼亚人、来自朗格多克和普罗旺斯的人、比萨人、佛罗伦萨人、伦巴第人和安科尼坦人、来自意大利南部和拉古萨（Ragusa）的人以及来自叙利亚－巴勒斯坦的以前的难民，也参与长途贸易，他们或是独自行动，或是与两大意大利海上共和国的代理人联合。爱琴海是一个真正的"自

---

[11] Stöckly（1995）；Balard（1978），pp. 576–585；del Treppo（1971）；Ashtor（1983）.
[12] Carbone（1978）；Chiaudano and Lombardo（1960）；Lombardo（1968）；Morozzo dell Rocca（1950）；Argenti（1958），III, p. 3；Balard（1988）.

由贸易体",在这个贸易体中竞争关系会变得恶化;但其中每个人都会找到自己的位置,只要他能够从资本、机会以及冒险精神中获益。

商路、产品和局势

爱琴海和巴尔干的巨大的拉丁贸易区分为三个迥异的区域:伯罗奔尼撒半岛、威尼斯的岛屿领地(insular domain)以及热那亚的各处属地。伯罗奔尼撒半岛长久以来被视为威尼斯的保护地,自法兰克公国(Frankish principality)创建以来威尼斯人就在那里获得了完全的贸易自由。13世纪末,我们所知的首份威尼斯议会的审议案提到了潟湖(Lagoon)人在克拉伦斯和阿普利亚(Apulia)进行的贸易。莫雷奥特港口事实上是意大利和该公国之间最为便利的航线,尤其是在该公国转为安茹的领地之后。一个威尼斯的领事照料着这件事,使一切都进展顺利,但有时也会被来自该公国的居民所干扰。威尼斯人运来金属和布匹,装上那里的盐、谷物、棉花、油、生丝和葡萄干:**护航船队**得到授权可以在那里停靠,非武装的船只则收集被那些帆桨大船在运输过程中留下的商品。热那亚人也在那里做生意,在1274—1345年间他们在16份契约中投资近4620**里弗尔**。拉古萨人也对该公国的港口感兴趣,但规模较小,他们从该地获取小麦、皮革、丝和亚麻,并向那里输入织好的布匹、酒和奶酪。14世纪后半期的情况则较为不利:克拉伦斯随着该公国的衰落而衰落,其港口经历了佩罗·塔富尔(Pero Tafur)约在1435年游历期间所记录的某种停滞。此后,帕特拉斯似乎取而代之:1400年威尼斯元老院对其国民所运入的商品的估价为8万杜卡特(ducats),1401年的估价为6万至7万杜卡特。在这种情形下可以理解的是:1408年在当地主教的委托下,威尼斯将该城市作为保护地。威尼斯人认为他们发现此地是对克拉伦斯衰落的一个有益的补偿。在该君主国内,直到15世纪初威尼斯人都扮演着最为重要的角色:他们带来了原料和制成品,从那里出口小麦、棉花、蜂蜜和生丝。1428年君士坦丁·巴列奥略(Constantine Palaeologus)这位专制君主的征服(占领了克拉伦斯和帕特拉斯)结束了这些友好的联系。

由于缺乏令人信服的文献，很难评价那些加泰罗尼亚公爵领（Catalan duchies）在地中海内部交换贸易中的经济作用。⑬

在麦西尼亚南部，科龙和莫顿两个港口对威尼斯来说极为重要。借用威尼斯元老院的措辞来说，它们是**统治者**的**主要的眼睛**（*oculicapitales* of the *dominante*）。它们有首要的战略意义：可以观察敌人舰队的动向并且可以作为对1363—1364年发生反叛的克里特进行再征服的基地。作为补给站和货栈，每年它们都会接纳被迫停靠在莫顿的商船的护航队。在普拉托（Prato）的达蒂尼（Datini）档案馆内保存着有关装载货物的信件，这些信件展示了各种商品的清单，最常见的帆桨大船用来装运来自东方的物品（棉花、蔗糖、香料）。在一个富足的农业区域支撑下，科龙和莫顿输出农产品，最重要的是麦西尼亚牲畜饲养业的产品。可以理解的是，面对希腊人和突厥人的袭击，威尼斯可能曾小心地保护这两块相互隔离的飞地，并可能通过1390—1430年期间实行的一系列兼并，把它们再次连接成一块连贯的领土。⑭

威尼斯的这块狭窄的领地是一块**出类拔萃**之地，那里实行着**统治者**的**商业管制**政策：他们希望在那里发展农业生产以满足自身的需要，并为来自利凡特的或出口到那里的商品建立几个运输中心。克里特岛在这方面享有优越的地位。它是前往小亚细亚突厥人领土的区域性交易的出发点，突厥人向克里特提供奴隶、小麦、马匹和明矾，克里特则向那里输送纺织品、酒和肥皂，也向长期遭受谷物短缺的爱琴海群岛各岛屿、黑桥、科龙和莫顿输送这些产品。但首先是它的各个港口，其中最重要的是坎迪亚，在地中海的贸易中发挥着必不可少的作用。事实上，每年有两支护航的帆桨船队经过这里：先是塞浦路斯的，然后是叙利亚的和亚历山大城的。1373年（热那亚占领法马古斯塔［Famagusta］）之前，与塞浦路斯的贸易至关重要，克里特接受盐和糖并且向那里运送谷物。在克里特和皮斯科比（Piskopi）周边拥有领地的科纳家族，控制着这些交换贸易。叙利亚和亚历山大城的帆桨快船带来香料、丝绸和棉花，其结果是克里特成为地中海贸易中

---

⑬ Régestes, ed. Thiriet; *Délibérations*, Krekic（1961）; Bonn（1969）, pp. 320–325; Zakythinos（1975）, pp. 256–260.

⑭ Thiriet（1976–8）, pp. 86–98.

最有价值的产品的仓库。最后，该岛被**统治者**视为小麦仓库，小麦是政府垄断的产品，没有来自元老院的授权大地主不能将其出口到其他地方。来自玛瓦西亚（Malvasia）的葡萄酒、甜点葡萄（dessert grapes）、棉花、木材、奶酪和皮革促进了重要的针对威尼斯的发展，威尼斯人依据其需要和利益来主导整个克里特的经济，其掌控的程度如此之深以至频繁地激起反叛，甚至威尼斯的封臣阶层也参与其中。⑮

被威尼斯和**三个威尼斯岛上领主**所瓜分的黑桥岛，是罗马尼亚来的**护航船队**的一个强制性的停靠站，停靠在这里的船只要么是驶向外地的（在8月底），要么是从君士坦丁堡返回的（11月）。因此它是威尼斯在下罗马尼亚（Lower Romania）贸易的枢轴：负责重新分销来自西方的产品，即堆积在岛上仓库里的那些毛织物和亚麻布；收集来自希腊的产品，有木材、兽皮、染色用的瓦拉尼亚（vallania）、蜡、棉花、谷物和葡萄干，商船会将这些产品运往西方。此外，哈尔基斯（Chalkis）作为这个岛的主要港口，是连接克里特和马其顿地区之间木材、谷物、皮革和布匹贸易的一个停靠站。但是它不再是一个由政府组织的贸易问题，政府将这种主动权留给了私人运作，而自己则限制在沿塞萨利海岸春秋两季的沿岸贸易中。塞萨洛尼基是这些航行的终点。威尼斯人在那里驻有领事并且拥有一小块商业殖民地，其工作是收集来自马其顿和保加利亚平原的小麦并分发来自西方的羊毛织物和亚麻布。即便在奥托曼占领了该城镇后，他们的贸易也仍然继续着。自1234年从专制君主曼努埃尔·科姆内鲁杜卡（Manuel Comnenodukas）获得一项特权后，拉古萨商人便活跃在那里。热那亚人也试图在塞萨洛尼基立足，1305年他们在这里设了一位领事。13世纪末至14世纪初该城是几种商业投资的目标，但那些向爱琴海东部海岸发展的人缺乏共同的政策。从13世纪末以来该城是热那亚领地的心脏。⑯

在扎卡里亚家族的统治下（1304—1329年），开俄斯见证了乳香和明矾贸易的发展。1346年当**马奥那公司的股东**（mahonesi）获得它

---

⑮ Thiriet (1975), pp. 328 – 337; Zachariadou (1983), pp. 159 – 173.
⑯ Thiriet (1975), pp. 337 – 341; Krekic (1961), pp. 67 – 70; Balard (1978), p. 164.

的控制权后，明矾贸易变得极为重要。明矾在固定布匹染色上是必不可少的，它产自小亚细亚海岸的新老福西亚的明矾矿，但是朱斯蒂尼亚尼家族也试图控制来源于奥托曼领土的其他地区的明矾，包括科洛尼亚（Koloneia，即沙尔基［Sharki］或谢比卡拉希萨［Shebin Karahisar］）、库塔亚（Kütahya）、乌鲁巴德（Ulubad）和基齐库斯（Cyzicus）。开俄斯因此是一个巨大的明矾仓库，各种船只将这些明矾运往佛兰德，供其纺织业使用。这样一种笨重商品的运输无疑决定了中世纪"航海革命"的根源，人们目睹横帆船（square-rigged cogs）取代13世纪使用的拉丁式海船，使热那亚在大吨位船舶的竞争中领先于其他航海城镇。直到1455年福西亚沦陷，热那亚的明矾在东西方贸易中都占据相当重要的地位：它刺激了造船业的发展以及船舶体积的增大；依靠开俄斯、佛兰德和英格兰之间的某种直接的海上联系，它决定着往来航行的规律性。⑰

马奥那公司控制的这个岛也生产乳香、乳香树的树胶（lentiscus），在中世纪世界里享有盛誉。朱斯蒂尼亚尼家族保持对它们的垄断，控制了其生产及供销。他们构成了享有裁决权的上流社会，其成员分享巨大的商业范围的销售，包括西方、罗马尼亚和土耳其，最后还有叙利亚、埃及和塞浦路斯。通过这整个组织，**马奥那公司**使开俄斯的"种植园经济"像现代意义上那样运转；岛上一半的财政收入来源于乳香，它构成了其成员财富的基础。经由以弗所和帕拉提亚，开俄斯重新分配小亚细亚的国际贸易产品，同时把安纳托利亚的资源收入自己的仓库。最后，该岛处于两条航线的轴线上，其中一条经过海峡并远至君士坦丁堡和黑海，另一条经由罗得岛和法马古斯塔通往叙利亚和亚历山大城。它是热那亚在西方国际贸易的中心。⑱

从1355年开始，热那亚人在同一地区拥有了另一处基地，即米蒂里尼岛，它曾转入加蒂鲁西奥家族之手。撇开海盗不谈，来自卡罗尼（Kallones）的明矾似乎已经增加了这个岛的主人们的资源。米蒂里尼的港口接待从埃及出发经罗得岛和开俄斯到君士坦丁堡的热那亚

---

⑰ Argenti（1958），pp. 488–489；Heers（1971），pp. 274–284；Balard（1978），pp. 769–782；Pistarino（1990），pp. 243–280.

⑱ Balard（1978），pp. 742–749；Heers（1971），pp. 276–277.

人的贸易活动,该贸易首先关注的买卖是把本都的(Pontic)奴隶运往埃及,目的是增加马穆鲁克军队的兵员。15世纪初加蒂鲁西奥家族占领了爱琴海北部的岛屿和马里查河口的艾诺斯(Ainos)港口,这为热那亚人打开了获取色雷斯和保加利亚平原上的谷物资源的通道。[19]

如果不提一下作为14世纪的贸易活动的特征的各种波动和障碍,爱琴海地区中诸多产品与西方贸易路线的图景就不完整。直至1345—1350年,教宗关于与萨拉森人(Saracens)贸易的各次禁令都有效地虽然是五花八门地得到执行,对该世纪前半期通往罗得岛、塞浦路斯以及小亚美尼亚的海路有重大影响;随后克里特作为停靠港和仓库对全部威尼斯的航运起了某种决定性的作用,而黑桥对于到君士坦丁堡的帆桨大船来说是一个必要的补给站。在该世纪后半叶,拉丁人合法地返回叙利亚和埃及,使贸易联系的数量增加了。部分被热那亚控制的塞浦路斯,在很大程度上已经被威尼斯的商人放弃了,而开俄斯则在这种往西方的重要贸易中增加了转口贸易的利润,这些利润来自南北贸易以及来自与土耳其的安纳托利亚的贸易。

不管怎么说,西方人在爱琴海上的贸易遭受了种种挫折,这是整个14世纪的特征。蒂里耶和斯托基所收集到的威尼斯帆桨大船的**拍卖**数据以及我能收集到的 *karati Peyre** 的统计数据都反映出,14世纪上半期罗马尼奥特人的贸易相当兴旺,1350年后开始衰落,这次衰退至少持续至1410—1420年。1348年黑死病以后西方的产量下降,爱琴海地区奥托曼人入侵增多,威尼斯和热那亚当局抱怨其领地上人口减少,还有海盗活动的发展,这方面的抱怨最初出现在达蒂尼档案馆的商业信件中,然后出现在所有的资料中,这些都解释了上述衰落的原因。但是战争从来不能长久地阻碍商业的扩展:威尼斯人和热那亚人有能力与土耳其人和米斯特拉的希腊人的关系作出必要的安排。至于海盗活动,对其影响作出过高估计可能是一个错误:只要负担一笔附加税,被海盗劫获的货物便迟早会返回到

---

[19] Pistarino (1990b), pp. 383–420.
* 这是本章作者收集到的一份资料或档案的名称,但其含义不详。——译者注

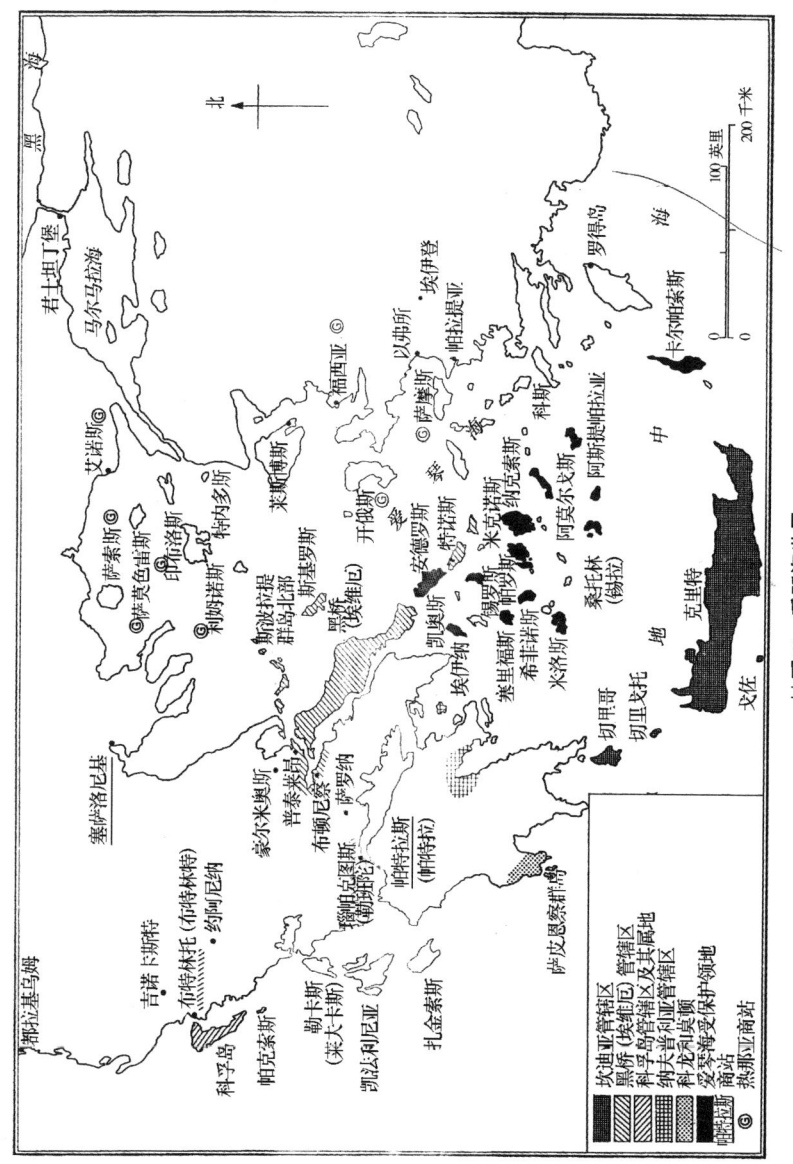

地图18 爱琴海世界

经济体系中。数十年的危机过去后,西方的贸易在 1420 年以后又恢复了在爱琴海地区的扩张,其种种动因、目标及其结果都更加多样化了。[20]

米歇尔·巴拉尔(Michel Balard)

柴　彬译

王加丰校

---

[20] Thiriet (1977); Stöckly (1995); Balard (1978), pp. 683–684.

第二十六章
奥托曼人的兴起

历史背景

奥托曼人（Ottomans）出现于大约1300年，一个世纪以来经过了持续的领土扩张和国家机构的发展，但1402年在帖木儿（"跛子"帖木儿）的可怕打击下，他们的军队被击败，他们的统治被砸碎，他们的事业几乎过早地走向了终结。因此，当一小群边远地区的居民成功地在安纳托利亚和巴尔干半岛建立起一个相当大的地区性政权时，确切地说，14世纪正好构成土耳其国家演变过程中的第一个阶段。

这个国家的起源寂寂无名，因为最初它仅是一个无足轻重的实体。在伊斯兰世界的文化和政治中心大不里士（Tabriz）、大马士革（Damascus）以及在开罗（Cairo）写成的史书，都没有关注过西安纳托利亚这个遥远的边疆地区。尽管有逼真的口述传统的依据，但直到15世纪中期，奥托曼人才将他们自己的历史付诸纸上。[1] 事实上，一些现代史学家认为这些后期的史书在说明奥托曼人的来源问题上实际上没有价值。[2] 档案方面的证据也缺乏；声称源自14世纪但却以抄本形式保存在后来的各种文集中的文献，经过严格审视后得到证实的很少。[3] 然而，历史学家的任务也不是毫无希望：新近的研究倾向于支持较晚的奥托曼人的编年史记叙的真实性；现代历史编纂学也已经

---

[1] Ménage (1962); Inalcik (1962); 特别有关的是 Kafadar (1995), ch. 2。
[2] 比如，Imber (1990)。
[3] 关于最充分的分析，见 Beldiceanu-Steinherr, *Recherches*。

成功地把各种历史传统与来自拜占庭和伊斯兰等不同出处的资料整合起来了。④

第一次世界大战的结果是帝国的解体和崩溃,这刺激了研究奥托曼人国家起源的现代学术兴趣。20世纪30年代,当巴黎的菲阿·科普吕律和伦敦的保罗·维特克做了两个影响深远的系列讲座时,这一讨论达到了巅峰,这两人以他们自己的方式为人们展示了一幅更为恢宏的历史画卷,把这作为他们描述早期奥托曼人的背景。⑤ 虽然科普吕律的画面在社会细节方面相当丰富,但维特克那优雅而又无畏的妙手则提供了一幅颇具吸引力的画像:他笔下的奥托曼人现在无疑被公认为边境的**圣战者**(gazis,又译"加齐战士"),即为伊斯兰荣誉而战的斗士。通过科普吕律的解释,学术型读者都更好地了解了13世纪和14世纪安纳托利亚的社会政治状况,能明白维特克所说的**圣战者**的宗教激情如何为大规模的征服提供了生命力。在奥托曼起源的问题中关于**圣战者**的理论是如此令人满意,以至于它在近半个世纪的时间内都是一种占支配地位的解释。只是在最近20年,鲁迪·林德纳的质疑才重新展开这场争论。他的质疑是:**圣战者**的激情,他大概暗指穆斯林的排他性,如何可能与奥托曼人在对待那些非穆斯林共同体时应该遵守的社会、文化和政治的包容性相调和?⑥ 林德纳也引进了对早期奥托曼社会的一种人类学上的理解,这种理解既涉及一个包罗广泛的、新近形成的"部落"(tribe)的定义,又包括他对游牧社会的命运的分析,即当土耳其领导者日渐偏爱其定居的臣民时,游牧社会就日渐衰落了。他的基于理论的分析,尽管令人信服,然而还不能说已得到普遍接受,但已经成功地刺激了有关的评论。⑦ 对奥托曼人的起源以及奥斯曼勒(Osmanli)部落发展成为国家的过程,现在有了更好的了解,这要归功于杰马尔·卡法达新颖而又精湛的研究,他的研究把几种学术思路成功地综合起来了。⑧ 卡法达赋予**圣战者**以新的含义,不再那么强调所传说的穆斯林的激情,而这正是维特克的论点的标志,尤其是当非专业的评

---

④ Zachariadou(1987)and(1993b)是极为成功的例子。
⑤ Wittek(1938);Köprülü(1992).
⑥ Lindner(1983);Heywood(1988);Imber(1986),(1987)and(1993).
⑦ Imber and Heywood(see n.6);Inalcik(1981–2);Jennings(1986);Zachariadou(1993a).
⑧ Kafadar(1995).

论者着手解释该论点的时候。卡法达笔下的**圣战者**出现于奥斯曼贝伊（Osman Bey）*的"部落"中，在与非穆斯林的邻居们打交道中恰好是包容性的。然而，这种新的分析并不是林德纳的"部落民"和维特克的"圣战者"的生硬的联姻，它既是拜占庭、伊斯兰和后来奥托曼历史编纂学的丰富综合，又是文学史和文化史的一种丰富的综合。在最近20年的重新考察后，关于奥托曼人起源的历史文献现在似乎已经达到了一种新的高度。

遵循现代历史编纂学所确立的合理的先例，在可以看到小小的奥托曼人的共同体在比提尼亚（Bithynia）以独立的身份出现前，我们一定要考虑到14世纪初安纳托利亚的总体状况。13世纪的大部分时间内，位于西部和北部安纳托利亚滨海平原上的拜占庭以及位于中央高原上的卢姆的塞尔柱人（Seljuks of Rum）之间遵守着一条相当稳定的疆界。⑨ 从该世纪中期起，由于这两个国家的命运和关注重心的变化，这种平衡被颠覆而且边界地区的稳定也被扰乱了。从拜占庭方面来说，1261年从尼西亚流亡地回归君士坦丁堡，有助于更多地卷入帝国西部地带的活动，而相对忽视小亚细亚领土的安全。无论如何，对拜占庭的安纳托利亚边境保持警觉似乎理由不太充分。1234年卢姆的塞尔柱人在东安纳托利亚被征服世界的蒙古大军的一支部队击败。蒙古人并未立刻将塞尔柱人的土地并入他们广阔的领土中。然而，1258年，随着重新发动对西亚的攻击，他们劫掠了巴格达，使世界性的伊斯兰哈里发辖区的任何残存的外观走向终结。他们建立了一个地域性的蒙古政权，即伊儿汗素丹国（Ilkhanid sultanate），统治着他们自阿塞拜疆的基地开始的西亚地区。从那时起，卢姆的塞尔柱王国降级为一个卫星国，它的东部地区更加严密地控制在伊儿汗国手中。

安纳托利亚的塞尔柱人的社会不仅仅是一个穆斯林突厥人和当地希腊人的混合体；它的穆斯林部分也是由不同的成分构成的。在其位于科尼亚（Konya，即伊康［Iconium］）的首都，以及在其他诸

---

* 奥斯曼贝伊：奥托曼帝国的创始人，约生于1258年。——译者注

⑨ "卢姆"（Rum）是称呼罗马帝国和拜占庭帝国在安纳托利亚的领土的伊斯兰用语。"卢姆塞尔柱"指大塞尔柱帝国（great Seljuk empire）在安纳托利亚的分支和继承者。在安纳托利亚和巴尔干地区的前拜占庭的领土上，形容词形式的"鲁米"（Rumi，罗马的）一直被奥托曼突厥人用于自我界定，长达很多世纪。

如开塞利（Kayseri，即凯撒里亚［Caesarea］）和锡瓦斯（Sivas，即塞巴斯蒂亚［Sebastea］）等重要城市，这个政权自身在安纳托利亚再现了伊斯兰中心地域上的传统城市文化。这意味着虽然统治王朝的是突厥人，但知识的、宗教的还有世俗使用的语言却是阿拉伯的；波斯语是书吏、财政官僚以及精致的文学文化所使用的语言，表现出他们的民族特质。**神学院**（medrese）和宫廷官僚机构的人员既有来自安纳托利亚的突厥人和希腊人，又有新来的阿拉伯人和波斯人，他们都掌握了城市伊斯兰已普遍接受的这些语言，用于智力的、文化的和行政管理的交流。军队中主要是突厥人，但也有塞尔柱素丹遵循长期来所确立的治国术而建立的家兵（household armies），由来自众多种族群体的人组成。对于统治者来说，不能只依赖从突厥部落征兵是一条基本原则；因为那些部落民虽然曾把他们推向高位，但部落民自身又被那些从他们的家庭和家族中出来的奴隶士兵所包围，这些士兵不再有任何的种族或部落的忠诚而只忠于他们的主人。

这种超越民族界限的城市社会虽然使突厥人和希腊人在市场中相混合，使阿拉伯人和波斯人在宫廷和神学院圈子中相混合，但在乡下不同的种族群体毗邻而居却较少往来。一些突厥人定居下来成为农民，但也有独立的希腊人和亚美尼亚人的村庄。对许多突厥人来说，季节性的迁移放牧是一种主要的生活方式，尤其是在安纳托利亚东部山区，沿中央高原的北部和南部边缘地区也是如此，在那里高原的夏季牧场离可保护牲畜过冬的河谷不太远。乡村突厥人与他们城市的亲戚们的不同之处，不仅表现在生计方式上，也表现在他们保持着一种具有文学和宗教意义的突厥口头文化上。吟游诗人吟唱着突厥史诗和民谣；他们的正义感更多的是与部落传统而不是与伊斯兰《谢里发法》（sheriat）相关；他们的宗教感悟更多地归于圣人的教诲而不是博学的**乌理玛**（ulema）* 博士的规定；他们的宗教实践包括缅怀一个也许并不太遥远的萨满教徒生平而不是仿效城市清真寺的各项正确的程序。一首突厥语的伊斯兰民歌的译本在安纳托利亚的乡村扎下了根，它用简洁而又真诚炽热的颂词表达了

---

* 穆斯林国家公认的、有权威性的伊斯兰教法学家和神学家。——译者注

对突厥圣人艾哈迈德·亚萨维（Ahmed Yesevi）的赞颂之情。

蒙古在亚洲的扩张引起了中亚各民族的移动，一些人加入了征服的队伍，另一些人被迫背井离乡。那些在小亚细亚寻找避难所的人们当中有许多是城镇居民、突厥人和波斯人，但也有许多是突厥人的部落民。随着人口平衡方面的急剧变化，卢姆的塞尔柱政权试图抑制乡村的社会分裂，这一举措尽管有困难，但也有不同程度的成效。这个政权尽力控制新来的突厥人的努力引起了怨恨，导致了城镇与部落民的某种不和，双方的文化相互猜疑。最终，政府当局得以把大量涌入的这些人流中的一部分从中心地区转移至边境地区，但到那时，蒙古人的伊儿汗国已经确立了对安纳托利亚的宗主地位。一些在安纳托利亚的土库曼（Turkmen）的部落民，尤其是那些位于南部托罗斯（Taurus）地区的，在与蒙古人的冲突中试图通过支持马穆鲁克军队来对抗伊儿汗国的压力。甚至在马穆鲁克素丹伯拜尔斯（Baybars）深入安纳托利亚东南的远征之前，托罗斯土库曼人一个很大的分支的酋长卡拉曼·穆罕默德（Karaman Mehmed）贝伊就于1273年成功地占领了塞尔柱的首都。不过不久后，他又不得不从中央平原撤回到他的山区要塞，但在占领科尼亚（Konya）的短暂时间内，他要求不论是皇宫中的还是市场中的交易都要用突厥语进行，即不用阿拉伯语或波斯语，这是一个相当于同安纳托利亚的突厥–穆斯林文化对立的行动，与该世纪中期的部落起义一样重要。

大约在同时，各个边境地区的其他酋长也在政治上崭露头角，几乎都独立于塞尔柱素丹的权力。虽然面对来自东方的蒙古的压力，科尼亚的中央权威在缩小，但那些被鼓励离开中心地区到西部边境定居的部落民日益威胁拜占庭的防御。好战的土库曼人大量涌到高原的边缘，俯视着延伸至爱琴海海岸的河谷，逼迫拜占庭的统治向海边退却。然而，边境地区的扩张尚未完成，正如以塞尔柱素丹的名义（那时素丹本人已是伊儿汗国的傀儡）进行的征服一样；边境地区的酋长们认为除了将其视为一个遥远的挂名首脑，即使他真有什么权力也没有必要再承认什么。第一个将自己确立为一个贝伊（bey）的人，即凭其自身的资格而成为埃米尔（emir）的人，是位于安纳托利亚最西南角的卡利亚（Caria）的门特舍（Menteshe），这里也是离伊儿汗国或塞尔柱的触角最遥远的地方。⑩ 不久托罗斯地区的卡拉曼（Karaman）就效仿了他的做法。到13世纪末，又有几个埃米尔国沿着爱琴海岸建立起来：在门特舍的北面是位于密安德（Meander）河谷的埃伊登（Aydin），位于赫尔姆斯（Hermus）河谷的萨鲁汗（Saruhan），以及位于帕加马（Pergamum）和巴勒克埃西尔（Balikesir）的卡拉西（Karasi）。坐落在中央高原西部边缘上的库塔赫亚（Kütahya）和埃斯基谢希尔（Eskishehir）的一个先前的边境军区杰尔米彦（Germiyan），可能确实曾经发起过对沿海地区山谷的占领，但完成这次征服的指挥官们对杰尔米彦宗主权的承认与他们对塞尔柱君主所做的没什么两样；相反，每一名指挥官都成为以自己名字命名的埃米尔国的创建者。在这些领土中，甚至有一些更小的群体，聚集在一名首领的周围，它们没有屈从于任何埃米尔的权威，但其本身也尚未足够强大到被称为埃米尔。奥托曼人的同名帝国的创建者奥斯曼贝伊，就是这样一位酋长，其所处之地比提尼亚在杰尔米彦的北面。

作为一个一般的历史问题，为何奥托曼政权会崛起为大国要比为什么某个政权竟会从这个新近开放的边境地区脱颖而出更令人感兴趣。随着拜占庭和塞尔柱素丹国的衰落，随着土库曼部落人口的稳定增长，尤其是到14世纪中期伊儿汗国的统治本身分裂和消散后，边境地区酝酿出一种合适的环境，有利于一个以安纳托利亚为基础的新兴权力的兴起，这一点并不令人吃惊。为什么是奥托曼国家而不是门特舍、卡拉曼或埃伊登这些统治者的政权成为这种出类拔萃的边境政权？这个问题需要我们更近地观察这些正在出现的埃米尔国。的确，以后我们就不得不面对更深入的问题：为什么在时间和空间上当边境向更远的地方转移时，奥托曼政体本身却没有产生各个新的埃米尔国。

首先，我们应当注意到各种埃米尔国之间的相似性。它们都有突厥人和拜占庭人的混合因素：土库曼部落民，绵羊和马匹的育种者和战士；从内陆移居来的突厥农学家和商人；当地的希腊人、水手、农民和城镇居民。突厥语是主要语言，但仅在市场或乡村广场使用，或甚至在伊斯兰苦行僧修道院（dervish convent）的不拘泥于宗教教条

---

⑩ Wittek（1934）.

及形式的集会上使用。由于自愿的或其他的原因，如有的情况下是领袖们出于政治上的安排或对其他人来说是出于更自然的原因而形成的通婚，至少有许多希腊人和突厥人能明白彼此的语言和表达方式。大众文化几乎没有差异，事实上不管是在哪个埃米尔的统治下，它充满了英雄史诗和关于神的仁慈的民谣，唱的人同样是在边境社会流动的伊斯兰教的托钵僧和基督教的教友。所有的边境城镇都有其他社会群体、商人和工匠的**亚希**兄弟会（ahi brotherhoods）的成员。无论某个特定的首领其确切出身可能是什么，各种政治观念和机构也是共有的。此外，还有诸团体及个人向多个方面进行的相当大的运动。主要的人口运动是从内陆到边境，尤其是在伊儿汗国的权力衰落及其在东方引发政治剧变之后。在边境地区本身，侵袭拜占庭领土的志愿者和小商人或工匠都可能到任何似乎有更大机遇的地方谋求生计。离开某个边境埃米尔的领地，加入另一更活跃的领袖的旗帜下是一件很简单的事。一群流动的**圣战者**可以在某年为埃伊登服务，而下一年却出现在奥斯曼勒的远征军中。[11] 由于边境受到袭击的规模在增加，其产生的压力也越来越大，拜占庭农民逃避这种骚扰，但并非进一步远离，而是进入埃米尔们创造的相对安全和宽容的环境中，这也增加了突厥人的边境领主可使用的劳动力，因为他们不仅充当臣民也充当战士。[12] 各边境埃米尔国的相对繁荣，为一种新型政治实体的兴起提供了舞台，这时安纳托利亚内部遭受着东方的后伊儿汗国权力斗争带来的折磨，西部的拜占庭领土贫困化了，而且变得无法防御。

奥托曼埃米尔国的出现

13世纪，塞尔柱政权已经建立起边境司令部，即西部的杰尔米彦和北部的钱达尔（Candar）。爱琴海地区若干有名的边境领主实际上是由杰尔米彦派出的。[13] 当诸如门特舍、埃伊登以及萨鲁汗之类的**圣战者**领主在从事反对当时以罗得岛为基地的医院骑士团和在爱琴海

---

[11] Inalcik (1993).
[12] Zachariadou (1987).
[13] Inalcik (1985).

上的拜占庭海军时，奥斯曼贝伊正试图保护从他的父亲埃尔图卢尔（Ertughrul）那里继承来的一小队人，使他们免受杰尔米彦声称的宗主权并被并入一个更强大的邻居领土的危险。他面临着比提尼亚当地敌对的拜占庭领主，两者有时候处于一种令人厌倦的相互宽容之中，在时甚至又处于某种合作状态。不论该"部落"最初的名称是什么，不论在他父亲的一生中他们是否被叫作"埃尔图卢尔鲁"（Ertughrul-lu），当他们获得记载于1301年的第一次成功地反击被派来保卫边境的一支拜占庭军队时，奥斯曼贝伊的一帮人赢得了这个名称。[14] 在巴菲翁（Baphaeon，即科尤尔希萨尔［Koyulhisar］）的这次胜利的影响，越出他直接生活的环境，在**圣战者**中确立了自己的声誉。从那时起，"奥斯曼勒"（Osmanli），即奥斯曼的人，在边境地区总体上成为人们所知道和记住的一个名字。[15]

虽然在这次最初的胜利之后，奥斯曼贝伊一直作为领导人达20年之久，但他似乎将大部分时间都耗费在巩固而不是扩展他那不大的埃米尔国。在他的"部落"中，他远非具有绝对权威；他是一个群体的公认的领袖，包括他们家族成员及其他助理官员，大家自愿地合作来维护这个在敌意的环境中生存的"部落"。他们面临着来自拜占庭领主的威胁，及来自拜占庭政府派往马尔马拉海南岸的加泰罗尼亚雇佣兵的威胁。还有来自邻近的各个埃米尔国的压力，尤其是来自杰尔米彦的压力也继续存在。[16] 至少在14世纪的最初20年间，即使没有作为附庸完全屈从于伊儿汗国，奥斯曼贝伊也接受了伊儿汗国的影响力的现实，不论它看起来距边境地区有多远。既为了巩固他作为领袖的地位又为了确保他的"奥斯曼勒"追随者的生存，他似乎为自己和为儿子们同邻近的拜占庭人及与边境地区一位颇受尊敬的**族长**（sheyh）联姻结盟。后来在奥托曼人的记忆中，奥斯曼贝伊作为一位精明的领导者而被纪念，虽然一位15世纪的编年史家阿希帕萨德（Ashikpashazade），他是一位逐渐衰落的边境精神特质的代表，将奥斯曼贝伊描绘成一个纯朴而直率的人，憎恶法规和规章的必要性。当他获得新的领土时，这些领土包括城镇和乡村以及随季节而徙移的土

---

[14] Kafadar (1995), pp. 122–124.
[15] Inalcik (1993).
[16] Luttrell (1993); Varlik (1974).

库曼人的中心区域，来自安纳托利亚内陆的书吏和有学问的人前来为他记账并帮助他征收赋税。奥斯曼贝伊被想象成不愿意征收市场税费，更多的是编年史家对于他自己时代的奥托曼国家日益强化的中央集权和官僚化的反应；无论如何，从内陆来到新扩展的边境地区的人感到更舒坦的是拿起笔而不是拿起刀剑，这是一个熟悉的和貌似合理的话题。随着边境的转移，离开最初的根据地，埃米尔国自身的内部核心地区由此发展成和平的腹地，它也着手提供教育设施，但在奥斯曼贝伊的儿子的时代，在奥托曼的第一所神学院（*medrese*）在尼西亚（Nicaea）开设之前，奥斯曼贝伊的随从们中就有通晓官僚制度形式和程序的人。而且在整个14世纪时，这样的人继续为边境地区的领主们提供服务。

奥斯曼贝伊的主要成就是不仅聚集和维持了一批追随者，而且还使这批人作为一种独立的力量而存在，他的力量还随着对拜占庭北部和西北部领土的一次次成功袭击而增强。在边境环境不断变化的情况下，他手下各种各样的头目，他们都有自己的一伙人，可能会投奔其他埃米尔，如果那些埃米尔在自己的区域向他们提供更优厚的奖赏。奥斯曼贝伊似乎以自己公正的领导赢得了尊重，他向自己指挥下的袭击者提供获得战利品的足够多的机会，以保持他们的支持和忠诚。到1324年他的生命走向终结时，他已拥有足够的追随者来完成对布鲁萨（Brusa，即布尔萨 [Bursa]）的封锁，布鲁萨是第一个落入土耳其人手中的位于比提尼亚的规模颇大的拜占庭城市。

对布鲁萨施压可能始于奥斯曼，但对它的占领却是由奥斯曼的儿子兼继承者奥尔汉（Orhan）贝伊完成的。该市为奥尔汉的奥托曼人提供了一个重要的地区性市场和一个显而易见的埃米尔王座。另一方面，随着对布鲁萨周边地区的占领，奥尔汉贝伊同西边较远的卡拉西（Karasi）埃米尔国成了邻居。在这一方向上的扩张因此受阻，奥尔汉贝伊遂遵循其父最初的侵袭路线转向北方，向着尼西亚（即伊兹尼克 [Iznik]）和尼科米底（即伊兹米德 [Izmid]）进发。1328年，奥尔汉贝伊在佩莱卡伦（Pelekanon）挡住了拜占庭帝国的军队；这两座被围困的城市已没有获救的希望，于1331年和1337年连续迅速地沦陷了。然后，奥尔汉贝伊的突击手们再次向西，这次是顺着马尔马拉海和黑海之间的狭长地峡前进；只是在到达君士坦丁堡亚洲部分的城外时，他们的进军才停止。

此时是14世纪30年代中期，伊儿汗国的政权正处于瓦解的过程中；东部和中部安纳托利亚卷入了由于王朝消亡留下的真空而产生的继承权争夺之中。内陆混乱的政治局面使安纳托利亚西部边境的埃米尔们有了更大的行动自由，也为他们提供了援军，因为有更多的志愿者开始加入他们的袭击活动。奥尔汉贝伊接纳了这股人流中流向自己的那一部分，尽管更壮观的战斗仍发生在埃伊登的土地上，那里有爱琴海上杰出的掠夺者。伊比利亚著名的穆斯林旅行者伊本·巴图塔（Ibn Battuta）在访问安纳托利亚期间，对埃伊登的繁荣及其埃米尔的权威留下了深刻的印象，尽管他注意到奥尔汉贝伊也控制着相当可观的人力和资源。⑰ 在接下来的10年左右，奥托曼埃米尔国仍然被包围着，直到一场把它卷入的四方参加的斗争为止，在这场斗争中卡拉西埃米尔和奥尔汉贝伊支持谋求拜占庭王位的敌对竞争者。⑱ 在争取君士坦丁堡的权力的过程中，约翰·康塔库泽诺斯最初得到了著名的埃伊登的埃米尔乌穆尔贝伊（Umur Bey）的支持，但在乌穆尔贝伊被迫保卫他自己在爱琴海的土地后，康塔库泽诺斯寻求与奥托曼的某种联盟，将他的女儿狄奥多拉（Theodora）许配给奥尔汉贝伊。与随着约翰·康塔库泽诺斯在君士坦丁堡的成功而来的，是他的女婿奥尔汉贝伊对卡拉西埃米尔国取得了支配地位，不久后卡拉西的土地、卡拉西的指挥官和卡拉西的民众全部并入了奥托曼人的领土。

后来，奥托曼帝国描述这段插曲的传统是不提及拜占庭，而是视其为获取卡拉西埃米尔位置的一场斗争。老埃米尔去世时，他的儿子之间爆发了一场战斗。其中一个儿子在卡拉西民众中受欢迎但比他哥哥的力量要弱一些，于是他寻求奥尔汉贝伊的支持，并以他的部分领土作为回报。他死于这种尝试，接着奥尔汉贝伊击败了其他几个卡拉西王子并占领了卡拉西的大量土地。邻近的贝伊们自愿屈服于奥斯曼家族日益上升的命运，这是14世纪进程中不断遇到

---

⑰ Gibb, *travels*.
⑱ Zachariadou（1993b）.

的一个主题。这种修辞手段什么也说明不了，只不过是后来的编年史家维护奥托曼埃米尔的穆斯林资格的一种努力而已，用于辩解奥尔汉贝伊及其后继者的扩张如何在反对异教徒时要以牺牲其穆斯林邻居为代价。就在拜占庭发生王位争端时，卡拉西可能确实存在着一场继承权之争，但决定性的局势看来曾经是这样的：康塔库泽诺斯和奥尔汉贝伊的联盟战胜了约翰·巴列奥略（John Palaeologus）和他的来自卡拉西的支持者。这场胜利不仅解决了拜占庭的王位继承问题，而且也使得奥尔汉贝伊有可能征服他的卡拉西邻居，他们显然已经处于困难之中，这些困难大概是支持拜占庭的不正当的王位要求者的结果。

奥托曼吞并卡拉西埃米尔国的意义远非仅仅在于简单地将他们的领土和人力扩张了两倍。这时正处在这样一个时机：爱琴海地区最重要的埃米尔国埃伊登被拉丁人的一个联盟击败并丧失了士麦那（Smyrna）/伊兹密尔（Izmir）（1344年），奥尔汉贝伊没经过多少斗争就吸收了卡拉西的土地和民众，开始成为最令人敬畏的边境埃米尔。更重要的是，奥托曼的领土现在已延伸至达达尼尔海峡，一道新的边界线正在海峡那边向它召唤。到14世纪中期，安纳托利亚边境地区的埃米尔国都已在公认不动的边界内稳定下来，因为它们要么被陆地包围，如杰尔米彦、哈米德（Hamid）和卡拉曼（Karaman）的情况，要么就是已经到达了海岸。门特舍、埃伊登和萨鲁汗曾试图将边境的战斗挪至爱琴海岛屿；埃伊登发动过对大陆希腊的成功袭击。[19] 然而，1344年伊兹密尔的损失决定性地断绝了任何横跨爱琴海征服新边境的想法。现在唯一可能的新边境是达达尼尔海峡那边的色雷斯（Thrace）。当奥尔汉贝伊战胜他的卡拉西邻居时，他开始控制通向这个新边境地区的通道。14世纪50年代，任何离开安纳托利亚内陆加入边境事业的志愿者，或任何来自各海上埃米尔国的那些老练的但现在无所事事而又热衷于重新劫掠的武士，都谋求为奥尔汉贝伊效劳，成为奥托曼人。随着几乎所有西部和北部安纳托利亚都变成腹地，虽然这些领土被几个埃米尔国所分割，但仅存的边境和可以进一步扩张的地区位于欧洲，如今被

---

[19] Inalcik (1985); Zhukov (1994).

第二十六章 奥托曼人的兴起

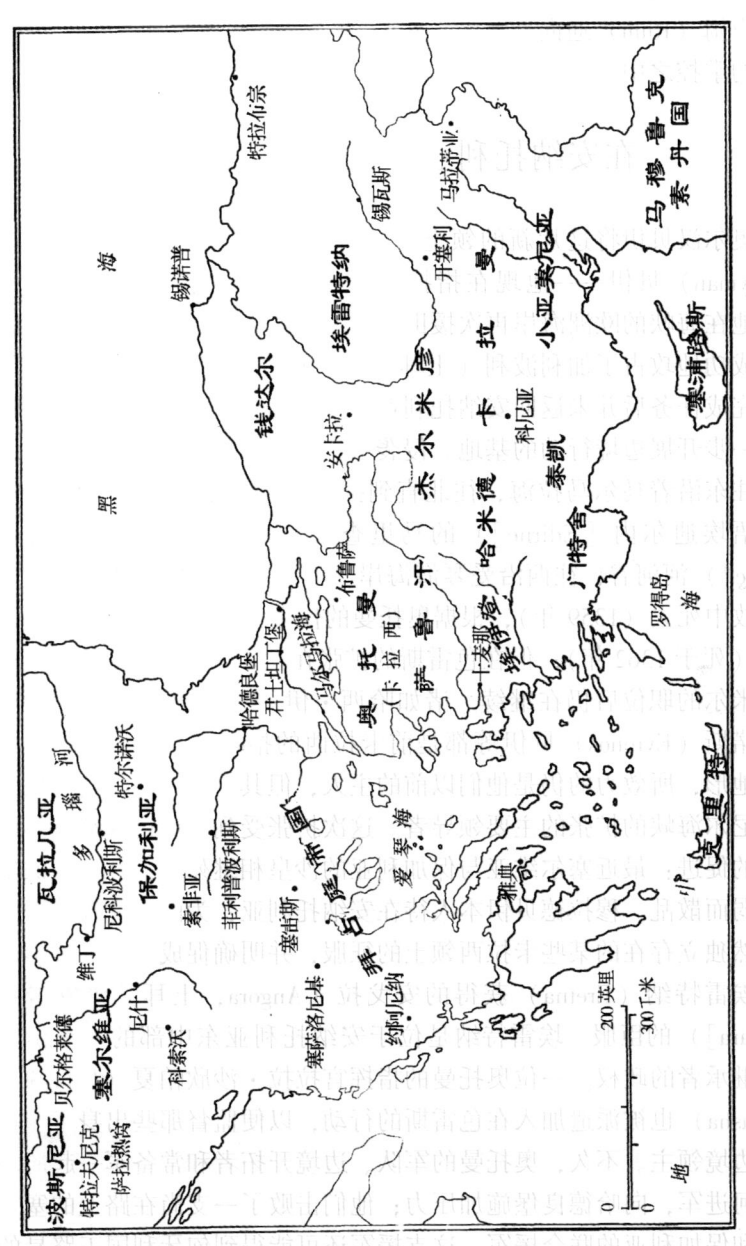

地图19 约1350年时的安纳托利亚与巴尔干

849 奥托曼的边境开拓者命名为鲁米利（Rumeli），即罗马的土地。从从前的卢姆（Rum）通向现在的鲁米利的仅有通道现在牢牢地处在奥托曼的掌控之中。

在安纳托利亚和鲁米利的扩张

奥尔汉贝伊将这片新的领土托付给自己一个年长的儿子苏莱曼（Süleyman）贝伊——他现在指挥先前卡拉西的首领和军队，1354年，他在海峡的欧洲海岸再次援助拜占庭帝国皇帝抗击斯蒂芬·杜尚时，成功地攻占了加利波利（土耳其语格利博卢［Gelibolu］）城堡。他在完成任务后并未返回安纳托利亚，而是将其新属地转变为在色雷斯进一步开展边境行动的基地。侵袭和扩张很快接踵而来，其展开方向是往东沿着马尔马拉海，往北直到接近哈德良堡（Adrianople，土耳其语埃迪尔内［Edirne］）的马里查（Maritsa，土耳其语梅里奇［Meriç]）河河谷，往西沿爱琴海海岸。苏莱曼贝伊不久就在一次意外事故中死去（1359年），根据奥托曼的传说，奥尔汉贝伊也未活得更长（死于1362年）；但在色雷斯的扩张在穆拉德（Murad）贝伊继承埃米尔的职位后仍在继续。诸如哈西·伊尔贝（Haci Ilbey）和埃夫雷诺斯（Evrenos）贝伊等都是前卡拉西的指挥官，他们熟悉色雷斯的地形，所效力的仍是他们以前的主人，但其主人现在是这次横跨达达尼尔海峡的扩张的主要领导者。这次扩张受到了周边局势的不确定性的促进：最近塞尔维亚与保加利亚的沙皇相继死亡，拜占庭的抵抗微弱而散乱。穆拉德贝伊本人待在安纳托利亚，为的是完成对西南部仍然独立存在的某些卡拉西领土的征服，并明确促成奥尔汉贝伊先前从埃雷特纳（Eretna）获得的安戈拉（Angora，土耳其语安卡拉［Ankara］）的臣服。埃雷特纳是位于安纳托利亚东中部的一个伊儿汗国继承者的政权。一位奥托曼的指挥官拉拉·沙欣帕夏（Lala Shahin Pasha）也被派遣加入在色雷斯的行动，以便监督那些出身于卡拉西的边境领主。不久，奥托曼的军队、边境开拓者和常备军一起向马里查河进军，向哈德良堡施加压力；他们击败了一支尚在路上的塞尔维亚和保加利亚的联合援军，这支援军还可能得到匈牙利国王路易的援助，该城被攻陷了。

第二十六章 奥托曼人的兴起

由于各种版本的奥托曼的传说和地方编年史的相关记载存在难以调和的冲突,所以早期穆拉德贝伊的年表现在仍是混乱的。[20] 虽然为减少不确定性提出了各种假设,但学术上的一致意见甚至在诸如最简单的占领哈德良堡的日期以及当时攻打巴尔干军队的战役是否不止一场等问题上,仍无法确立。在后来的奥托曼的资料中,某些事件提到了两次,比如就兼并安卡拉来说,一次是在奥尔汉贝伊的晚年,但又有一次是在穆拉德贝伊接任埃米尔以后。这样的情况在奥托曼攻击巴尔干军队的第一次重要战役中也重复出现过。情况很可能是,某次晚近的奥托曼的扩张被倒退到奥尔汉贝伊去世的时候,而那时穆拉德贝伊仍然正专注于扑灭其兄弟们的挑战,如某些奥托曼的文献所简单地提及的。[21] 伊纳西克曾提出:不仅是安卡拉,而且哈德良堡被攻取也可能发生在奥尔汉贝伊的最后一年(1361年);在奥托曼的继承权斗争中它恢复了拜占庭的统治,这是可能的,几年后(1369年?)它又被重新占领。[22] 奥托曼战胜塞尔维亚-保加利亚的军队也可能发生过两次,即在14世纪60年代早期和1371年,每一次胜利都与夺取哈德良堡有关。

粗略的轮廓变得有点清晰起来了。在攻取哈德良堡以后,奥托曼人接着进入巴尔干半岛;不久就攻下了菲利普波利斯(Philippopolis,即普罗夫迪夫[Plovdiv],土耳其语是菲利波[Filibe])。南方进入色雷斯西部的边境路线也继续推进到科莫蒂尼(Komotini,土耳其语居米辛[Gumulcine])以及更远的地方。在各边境指挥官和他们的上级领主穆拉德贝伊的代表拉拉·沙欣帕夏之间,可以察觉到某种相互猜疑或甚至可以说是敌意。根据土耳其的传说,哈西·伊尔贝,这位以前属于卡拉西并在战胜守卫马里查河谷的塞尔维亚人中起主要作用的人物很快死去,据说是被沙欣帕夏"出于嫉妒"而暗杀了。[23] 也可能出于个人间的仇恨,但情况可能是在布鲁萨的宝座上的穆拉德贝伊至少有一种真正的猜疑:那些成功的边境领主,如哈西·伊尔贝和埃夫雷诺斯贝伊,可能已经受到诱惑,想脱离奥托曼人在鲁米利建立

---

[20] Imber(1990).
[21] Imber(1990), pp. 26-27; Uzunçarsili(1947).
[22] Inalcik(1971); Beldiceanu-Steinherr(1965); Zachariadou(1970).
[23] Uzunçarsili(1947); Sertoglu and Cezar(1957).

他们自己的边境埃米尔国。

　　边境生活变化无常的一个关键因素，是安纳托利亚腹地和欧洲的活动区域之间的交流并不总是那么可靠。横跨达达尼尔海峡是一段很短的行程，但奥托曼海军的能力仍令人奇怪地低下，横渡海峡仍易于受到怀有敌意的海军的攻击。这一点之所以令人诧异，是因为据说甚至在更早的时代，奥托曼人就已经在马尔马拉海上拥有一些船只了。此外，卡拉西的贝伊们拥有一支相当发达的海军，活跃在马尔马拉海以及爱琴海上，这支海军在加利波利半岛获得立足点之前已被奥托曼人所继承。后来的发展表明：合并后的奥托曼－卡拉西海军不能充分胜任这项任务。奥托曼人需要热那亚的战舰输送新的部队，目的是增援鲁米利的边境开拓者，及把安纳托利亚的各支土耳其的部族（clans）运送到新开拓的土地上重新安置下来。色雷斯的希腊人看来曾被运回安纳托利亚。[24] 他们需要热那亚人的合作，不仅仅是为了利用各种规模相对大的民众移动的特殊机会使旧的卢姆（Old Rum）和新的鲁米利之间达到某种人口平衡。当格利博卢要塞本身在 1366 年被萨伏依的阿梅代乌占据并在接下来的 11 年中被拜占庭控制时，甚至连常规性的渡海都变得更为危险。最后，穆拉德贝伊费力地夺回达达尼尔海峡监护人的身份；与此同时协调行动虽然没有明显终止，但也受到了阻碍。这时期边境领主们独立行动的倾向可能有所增强；但这一点想必他们也是明白的，即他们在充满敌意的鲁米利的环境中的地位依然是不确定的，因此他们仍需要来自安纳托利亚的增援和穆拉德贝伊的善意，他正控制着他们的腹地。他们需要安纳托利亚，它不仅是他们的人力的源泉，而且也是他们在袭击中获得的战利品的市场。可能早已存在相互间的怀疑，但也有彼此之间的依赖，这种依赖将穆拉德贝伊的安纳托利亚内陆和鲁米利领主们的边境事业拉到了一起。

　　横跨达达尼尔海峡流入布鲁萨的财富也使得穆拉德贝伊有可能进一步在安纳托利亚扩张。1380 年左右，在一直向地中海的萨塔利亚（Satalia，即安塔利亚 [Antalya]）扩张的各个阶段中，他在南方获得了广阔的领土。奥托曼政权反对其穆斯林邻居而进行的扩张，在奥

---

[24] Fleet, 'The Treaty of 1387'; Imber (1990).

托曼的传统中被说成是一个不可避免的而且总体上是和平的过程。那时，除由卡迪·布尔汉丁（Kadi Burhaneddin）统治着的中东部的政权，这是后伊儿汗国权力斗争的一个幸存者，安纳托利亚仍有几个稳定的埃米尔国。位于中央高原上的卡拉曼仍是卢姆的塞尔柱崩溃之际涌现出来的埃米尔国中最大的一个，当然奥托曼政权本身除外，它那时已经超越早先的有限的性质。其他的，尤其是位于卡拉曼和奥托曼领土之间的那些内陆的埃米尔国，都已经奄奄一息，因为它们既没有能力扩张，也不能在它们更强有力的邻居的压力下作为贫穷的内陆小国而残存下来。当奥托曼家族和卡拉曼家族之间建立起王朝间的纽带后，杰尔米彦的老埃米尔想必曾担忧他自身的生存，因为他将自己的女儿许配给穆拉德贝伊的儿子巴耶齐德（Bayezid）贝伊，而且还把自己相当可观的一部分领土作为嫁妆，包括他的主要城镇库塔赫亚。他的埃米尔国的剩余部分在其临终之际也将并入土耳其领土。大约在举行婚礼期间，埃夫雷诺斯贝伊、其他鲁米利领主都送来贵重的礼物，杰尔米彦南面的哈米德（Hamid）的埃米尔还同意将其土地卖给穆拉德贝伊，使这场婚礼显得更加豪华。几年之后，奥托曼人获取了泰凯（Tekke）埃米尔国，并因此获得通向地中海的入口。

这种领土脱离，不论是作为嫁妆还是作为遗赠，或是以金钱作为回报，有多少自愿的成分？我们必须注意到拱手送出领土作为嫁妆根本不是传统行为。穆拉德贝伊数年前将其女儿许配给卡拉曼埃米尔，可能是为了他在鲁米利时确保他的后方安全；奥托曼的公主将一份土地嫁妆带到其未婚夫处是不可能的。购买一个埃米尔国在安纳托利亚突厥人的习俗中同样是前所未有的事情。杰尔米彦和哈米德的埃米尔可能都已经感到绝望了；无论怎样勉强，他们想必曾得出结论：即使像小鱼在不断增大的奥托曼的池塘中生存，更为可取的是作为一个受尊敬的、富有的人来结束自己的岁月。其重要的地方是：到那时奥托曼的扩张可能已经开始被视为无法抗拒，因为他们比其安纳托利亚的邻居们更为强大和繁荣。这种财富和权势的源泉当然是在鲁米利的扩张，以及控制了卢姆和鲁米利之间唯一的漏斗状的跨海通道，向西部输入新的勇士和将边境战利品带回东部。第二个重要的地方是，埃米尔们之间的这些政治交易看起来不曾有任何社会意义。就民众而言，他们失去了自己地方的统治家族，但变成一个更大得多的政体的成

852

员。无论如何，习惯上存在着横越政治边界的相当规模的人口流动，包括商人、**亚希**（ahi）行会成员、伊斯兰苦行僧和神秘主义兄弟会的成员。流动的学者和诗人曾为各式各样的埃米尔提供服务；起初打算或甚至确定奉献给某位埃米尔的一部学术或文学著作，在它完成时常常献给另一名埃米尔。硬币上铸着不同埃米尔的名字，但从一个埃米尔的领地到下一个埃米尔的领地其重量和价值是可以比较的。㉕ 社会和政治制度很相似，就像各种市场买卖的方式一样。奥托曼的兼并，尤其是当未通过战斗而实现的兼并，没有在安纳托利亚居民中引起社会混乱。生活如从前一样继续着；此外，在奥托曼家族那充满活力的、正在扩展中的领土上有更大的机遇，有对边境劫掠者更大的奖赏，有对学者、诗人和艺术家的更优厚的资助，以及能为商人提供更繁忙的市场和更多的交易。

　　但奥托曼与安纳托利亚那些埃米尔们的关系并非都是和平的。卡拉曼人（Karamanids）对奥托曼新近直接进入其西部的扩张愤恨不已，奥托曼的记载中也是这样说的，因此穆拉德贝伊不得已向其女婿进军。被击败的卡拉曼埃米尔得到允许统治科尼亚，但穆拉德贝伊设法从他那里得到一个允诺：当穆拉德贝伊在鲁米利时，卡拉曼人必须保持和平。在生命终结前的日子里穆拉德贝伊在鲁米利推行一项更具侵略性的政策。先前在自己的埃米尔国内时，他曾将鲁米利领地的管理权委派给自己信任的指挥官，先是沙欣帕夏，然后是蒂穆尔塔什（Timurtash）帕夏；14世纪80年代，随着格利博卢再度落入奥托曼手中，他似乎在边境地区扮演了一个更活跃的角色。边境领主们的袭击早已削弱了保加利亚、塞尔维亚以及拜占庭的防御力量；现在，穆拉德贝伊带着他的常备军继续扩大领土，并将所兼并的新领土纳入有秩序的行政管理。鲁米利的领主们被派往马其顿和阿尔巴尼亚，去开拓新的边境地区并使其深化成符合定居条件的腹地。

　　在巴尔干各国，如同在安纳托利亚一样，邻近国家之间的王朝争端为扩张提供了机会。在保加利亚，自从沙皇亚历山大去世以来，他的两个儿子在特尔诺沃（Tarnovo）和维丁（Vidin）建立了独立的领地。在征服哈德良堡（第二次？）后，那些边境袭击者和拉拉·沙欣

㉕ Zhukov (1993).

帕夏的常备军就已经占领了保加利亚的南部和东部。14世纪70年代的某个时间，穆拉德贝伊迎娶了特尔诺沃的沙皇伊凡·希什曼（Ivan Shishman）的妹妹，自此以后将希什曼视为一个诸侯。但在1387年，可能是利用穆拉德贝伊同卡拉曼的争端的一种尝试，这位沙皇未能响应穆拉德贝伊要他派出后备军抗击塞尔维亚的号召。在采取任何往西部的行动之前，奥托曼的武装侵占了保加利亚的大部分地区；希什曼未加抵抗拱手交出了他最后的要塞，即交出保加利亚北部位于多瑙河上的尼科波利斯（土耳其语尼科波鲁［Niğbolu］）而保全自己的性命。

在整个14世纪80年代向西进入阿尔巴尼亚和向北进入塞尔维亚而进行残酷扩张的过程中，地区性的行动能力开始失去势头的情况变得清晰起来。尼什（Nish）被占领（1386年），根据土耳其传说，塞尔维亚国王拉扎尔（Lazar）接受了奥托曼的宗主权；奥托曼的边境居民向北推进，袭击波斯尼亚领土。但不久于1387年在布劳赫尼克（Plochnik）遭到挫折，1388年在波斯尼亚遭受更严重的失败，上述胜利化为乌有。波斯尼亚国王特夫尔科（Tvrtko）和拉扎尔成功地建立了联盟，他们试图扩大优势，于是一场大规模的冲突在所难免。在接下来的一年中，穆拉德贝伊集结了来自安纳托利亚和鲁米利的所有部队，包括来自各独立的埃米尔国和鲁米利各诸侯国的分遣队，他与波斯尼亚-塞尔维亚联盟在科索沃相遇，经过一次大规模的野战将其击败。这位奥托曼的统治者在战场上被一名塞尔维亚指挥官刺杀，被俘虏的国王拉扎尔在穆拉德贝伊死后被处决，在这次大战中占上风这一事实决定了这一地区的未来有利于奥托曼。[26]在这次战斗中表现活跃的巴耶齐德贝伊立即继承了父亲的职位。拉扎尔的儿子斯蒂芬被视为诸侯，统治塞尔维亚，不久他妹妹同巴耶齐德结婚后便确认了土耳其的宗主权。

巴耶齐德帝国的崛起与衰落

巴耶齐德的统治在1389年后只维持了13年，到他颜面扫地地在

---

[26] Reinert（1993）把奥托曼的、塞尔维亚的及其他历史记载调和起来。

安卡拉被亚洲的伟大征服者帖木儿击败为止。然而，在这一短暂的时间内，他以相当快的步伐完成了领土扩张并确立了作为国内统治者的权威。在奥托曼的传说中，巴耶齐德以"雷电"（Yıldırım）的名声而为人们所铭记，这一名声得自他生涯中战役的迅速、征服的果断以及镇压先前各个埃米尔和国内各种挑战者的反抗的能力。他同样急躁地对待那些态度暧昧的诸侯、有威胁性的邻居们、在奥托曼扩张中受尊敬的领导人、博学的**乌理玛**和有权势的边境的**圣战者**领主。这些问题和加强奥托曼权力的种种机会在其父亲时代就已经很明显；现在，巴耶齐德立即采取行动来稳定并增强其在国内外的名望。他的崛起如此迅速以至于被认为是首个奥托曼素丹，素丹是称呼一个实质上的伊斯兰统治者的经典术语。他父亲也曾摆脱贝伊的普通头衔，并以一种更为崇高的领主头衔而著称，即使这是一个独特的头衔，即"老爷"或"**像神那样的人**"（hüdtâvendigâr），但巴耶齐德真正获得了素丹的地位。

近来，科林·英伯质疑以下奥托曼的传说：巴耶齐德在其父亲被刺杀之际即夺取了权力，不久后又除掉他的兄弟雅各布（Yakub），由此确立了自己不容置疑的权威。[27] 注意到现存的巴耶齐德的铸币至少都是在科索沃战役之后6个月铸造的，英伯提出以下可能性：穆拉德去世后兄弟之间的权力斗争可能持续数月而不是数小时。更有力的证据表明：不论雅各布的挑战持续了多长时间，中央安纳托利亚的某些邻居都试图利用巴耶齐德即位之初的不确定性。英伯引用了一份非奥托曼安纳托利亚的资料来证实这一点，他也把这份叙述与奥托曼关于雷电巴耶齐德（Yildirim Bayezid）的首次战役的传说相比较，这场战役是直接针对卡拉西的南部那些仍保持独立的西安纳托利亚的埃米尔们的。萨鲁汗和埃伊登立即就屈服了；门特舍不久也跟着仿效。接着巴耶齐德于1391年转向东北，合并了他从前的诸侯詹达罗赫鲁·苏莱曼（Candaroghlu Suleyman）以及一些小埃米尔国的土地，直到他到达齐兹立马克（Kizilirmak，即哈利斯〔Halys〕）河才结束。在河对面，他面临一个更强大的仇敌：锡瓦斯（Sivas，即塞巴斯蒂亚〔Sebastea〕）的统治者卡迪·布尔汉丁。值得注意的是，在这最后一

---

[27] Imber (1990), p. 37.

次战役中，陪同巴耶齐德的有拜占庭皇帝曼努埃尔二世和塞尔维亚、保加利亚、阿尔巴尼亚的分遣队，这证实了他们的封臣地位。[28] 此外，奥托曼统治者为了征服安纳托利亚的那些穆斯林邻居而乐于雇佣巴尔干基督教徒的军队，这与为伊斯兰效命的**圣战**武士的思想动机大相径庭。在奥托曼埃米尔国的早期生涯中，不论宗教情绪在**圣战者**的边境热情中起了何种作用，到 14 世纪的最后十年的巴耶齐德时代，他的国家已是一个地区性的政权，怀有同时向东方和西方扩张的野心，这种野心既是穆斯林的又是基督教的。正如我们已经注意到的那样，甚至作为一个边境**圣战者**的埃米尔国，奥托曼人也从未克制自己不对穆斯林邻居们采取行动，但在安纳托利亚的对峙只是到接近该世纪末才转变成公开的冲突。

在鲁米利的进展打断了巴耶齐德吞并安纳托利亚的计划。穆拉德时代，在两条前线上保持警惕的需要迫使他们创造一个贝伊们的贝伊（bey of beys），即创造一名最高指挥官，在穆拉德贝伊本人负责安纳托利亚事务时，此人可活跃于鲁米利。现在，轮到巴耶齐德了，他必须在安纳托利亚产生一个第二最高指挥官，即安纳托利亚的贝伊们的贝伊，来掌控新近征服的领土并捍卫奥托曼的统治。在这两种情况下，直接的、实际的需要都是抑制地方贝伊的自治权并确保他们的忠诚，这些地方贝伊就是鲁米利的那些边境领主和安纳托利亚那些从前的埃米尔。这些位置在更长期的制度方面的含义也需要分别加以考虑。

正当巴耶齐德猛攻安纳托利亚时，边境领主们已在继续向塞尔维亚施加压力，那里的某些指挥官宁愿接受匈牙利的保护。[29] 随着 1392 年在塞尔维亚和 1393 年在保加利亚的战役，巴耶齐德在这整个地区成功地扩大了自己的领主权，排挤匈牙利的影响。正如在安纳托利亚，巴耶齐德可能认为彻底夺取他的封臣们的土地的时机现在成熟了；1394 年为对君士坦丁堡实行长期封锁，他在博斯普鲁斯海峡的安纳托利亚海岸建造了一个要塞。随着边境袭击进一步往北深入，素丹亲自领导军队横跨多瑙河进入瓦拉几亚，击退了匈牙利国王西吉斯

---

[28] Zachariadou（1980）；Imber（1990）.
[29] Imber（1990）.

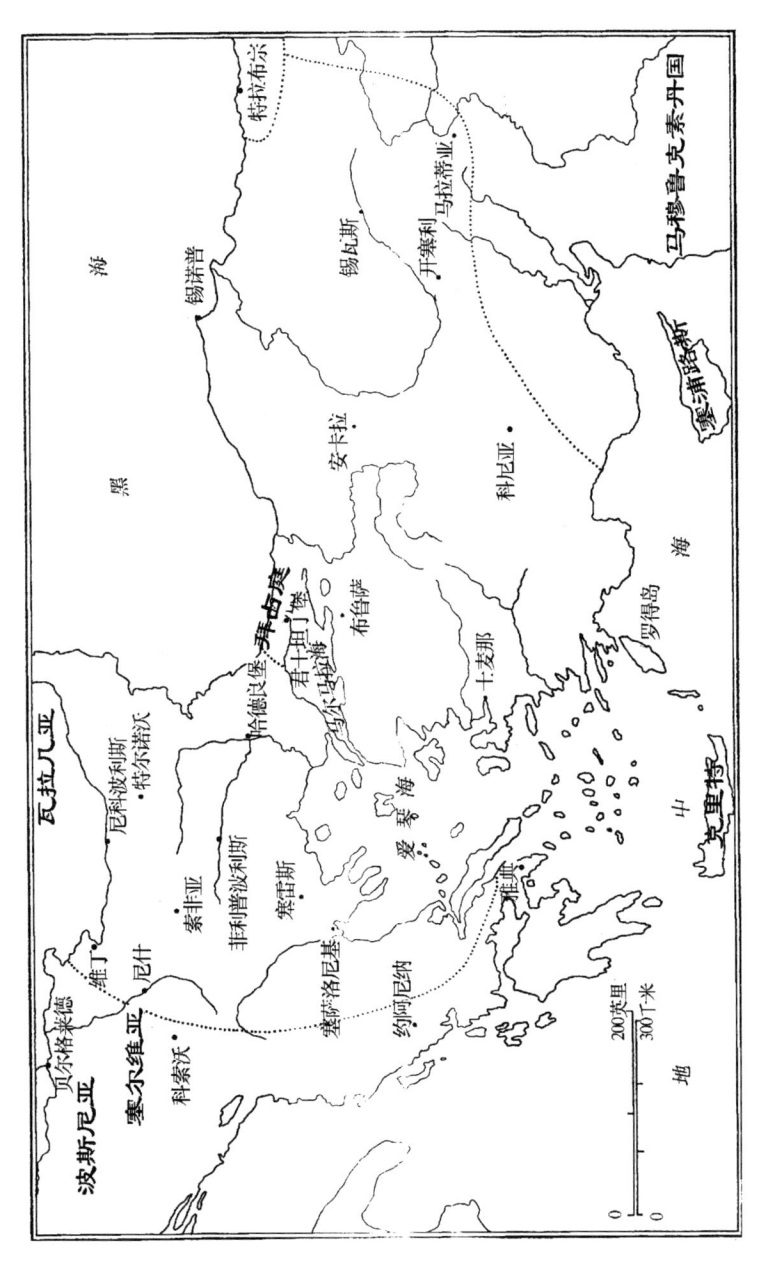

地图20 约1400年时的奥托曼国家

孟德。这样，对巴尔干霸权的竞争已经确定，奥托曼拥有优势。巴耶齐德吞并了保加利亚。最后一位保加利亚沙皇的儿子皈依了伊斯兰教，所获得的奖赏是一道担任安纳托利亚的奥托曼官员的命令，这时特尔诺沃的希什曼王朝走向了终结。

多年来，西吉斯孟德一直在努力招募欧洲的其他军队来扭转奥托曼的推进。1396年，他成功地组织了一个显赫的同盟，一次新的"十字军"，反击巴耶齐德。他获得威尼斯的支持，加盟的有一支规模颇大的勃艮第人的武装及来自西欧其他土地上的武士-骑士，还有作为地方盟友的拜占庭和瓦拉几亚。他再次沿着多瑙河向尼科波利斯进军。然而巴耶齐德做好了对付十字军的准备：他有能力从其在鲁米利和安纳托利亚领土募集一支大军，在塞尔维亚的封臣们的支持下，他击败了西吉斯孟德及其盟友。奥托曼的胜利是如此地具有决定性，以至于当西吉斯孟德试图经由君士坦丁堡和地中海绕道回国时，巴耶齐德在一次袭击中竟向前推进并进入匈牙利。最后剩下的维丁周围的保加利亚地区，也在尼科波利斯战争的余波中被占领，巴耶齐德完成了对这个国家的征服。

巴耶齐德再次回到安纳托利亚事务中来，留下年迈的**圣战者**领主埃夫雷诺斯贝伊袭击并进逼阿尔巴尼亚和南部希腊，并继续对君士坦丁堡进行封锁。在奥托曼全神贯注于西吉斯孟德入侵的这段时间内，卡拉曼曾再度试图恢复其领土。1397年，巴耶齐德领导了一场针对科尼亚的惩罚性的战役，并决定这一次要终结卡拉曼埃米尔国的存在。卡拉曼的埃米尔被击败并被处决，他的土地并入奥托曼领土。进一步往东的地方，巴耶齐德利用卡迪·布尔汉丁去世之际的混乱，吞并了锡瓦斯和马拉蒂亚（Malatya）。到该世纪末，奥托曼的统治者已经根除了西部和中部安纳托利亚的所有前**圣战者**的埃米尔国以及后伊儿汗各政权的最后残留势力。作为一个领土从多瑙河延伸至幼发拉底河的领主，他现在成为西亚两大国家的令人畏惧的邻居，一个是埃及和叙利亚的马穆鲁克素丹国，另一个是帖木儿（"跛子"帖木儿）的所向无敌的亚洲帝国。马穆鲁克素丹国无暇顾及巴耶齐德的迅速崛起，因为它开始处于帖木儿入侵叙利亚的压力之下。然而，对于帖木儿来说，削弱巴耶齐德不久就成为一项比征服马穆鲁克的土地更紧急的任务。巴耶齐德对安纳托利亚的埃米尔们缺乏耐心，对他们进行强迫性驱逐及兼并他们的土地，使得他们中的一些人从征服者帖木儿处寻求正义。从帖木儿壮丽恢宏的首都撒马尔罕（Samarkand）或甚至从较近的诸如大马士革那样的伊斯兰教中心城市来看，巴耶齐德的布鲁萨和哈德良堡仍是微小而又粗俗的边境城镇。在帖木儿的眼中，他只能容忍在政治上把巴耶齐德视为一位力量有限的边境埃米尔，许多埃米尔中的一个，而不能将其视为一名野心勃勃而且一心要开辟一个与之匹敌的帝国的素丹。用意识形态的术语来说，巴耶齐德甚至可能被看成一名边境领主，履行给伊斯兰教带来更大荣誉的值得赞美的服务，而不是蔑视帖木儿作为伊斯兰世界中至高统治者的显赫地位，但当巴耶齐德征服各个穆斯林的埃米尔并转而深入伊斯兰心脏地带时，表现出的正是这种意图。帖木儿着手粉碎羽翼未丰的奥托曼帝国；他的目标不是征服巴耶齐德在安纳托利亚和鲁米利的所有领土，而只不过是要将这些土地恢复到一代人之前的原有面貌。那时该地区的各个小酋长国忙于边境扩张，它们之间或多或少都有点兄弟关系，但是它们中没有一个强大到打算把征服延伸向内陆地区。出于这一目的，只有在迫使巴耶齐德屈服的较早尝试没有成功后，帖木儿才入侵安纳托利亚。他击败了巴耶齐德。当时奥托曼军队与那些来自鲁米利的封臣的基督教援军之间尚未配合默契，安纳托利亚原先独立的各埃米尔国的军队在帖木儿声势浩荡的部落集群面前瓦解了。巴耶齐德沦为阶下囚并死于帖木儿的囚禁。这个胜利重塑了西部边境地区的政治地图，巴耶齐德对安纳托利亚的征服被取消了，但允许一个极大地削弱了的奥托曼埃米尔国存在于其他的埃米尔国之中。15世纪的第一个十年，为了领导这份祖产，巴耶齐德的儿子们互相争斗。不久，一个强大的奥托曼国家又相对容易地重建起来，这表明接近奥托曼统治者的各方力量的联合一致，显得比帖木儿和其他同时代统治者的力量更强大。

奥托曼国家的发展

奥托曼国家在出现后的一百年间，从奥斯曼的追随者构成的一个小小的"部落"，位于塞尔柱–拜占庭的边陲地区的比提尼亚，扩张成一个在安纳托利亚和巴尔干半岛拥有重要地位的素丹国。这种领土扩张意味着奥托曼时代的边境社会向东南欧的各个新地区推移，留下的是一个相对和平和稳定的内陆腹地。变化的另一个方面就是政治"中心"的出现，它不同于边境社会那种相对松散的组织。在很大程度上，奥托曼国家的扩张与其统治者地位的提升相对应，这种提升的标志是其中央权力有足够的力量严格控制边缘地区的秩序。

在奥斯曼贝伊的追随者奉行平等主义的岁月里，"部落"的所有成员似乎都有他们自己的生计，贝伊们拥有若干群绵羊，普通百姓耕种田地，工匠和小商人活跃于市场上。当"部落"受到外部威胁或贝伊们号召进行一次袭击时，牧羊人和农民、工匠和商贩都会拿起武器。在奥尔汉贝伊长期统治的某个时候，当边境地区从原先的内陆往外转移时，人们中间出现了某种社会分化，相对于那些本质上是平民的人来说，其他的人成了战士。区别也不是很严格，在边境袭击中及在统治者发起的战役中也总是给志愿兵留有空间，但众所共知的是，战士们应当给予额外报酬。土地被授予农夫士兵，这些人在接到召集的命令后就能拿起武器参战，不是仅仅作为志愿者。贝伊、首领和骑士们都配有"生计"（livings），土耳其语称**迪尔利克**（dirlik），由农民的土地租金和城镇的市场税费构成。依据村落及产生的收入情况，**迪尔利克**的单位大小，既根据村落又根据所产生的收入的具体情况而定，同持有者的职称或地位相匹配。一个骑士（horseman）可能会被授予一个村庄的收入，大多是实物，即分享一份农产品；一个首领（captain）或贝伊会被授权管理一个城镇，那里的收益更大，而且收益中有更多的部分是在以现金从事的商业等活动中产生的。统治者（ruler）也有一份**迪尔利克**，集中在布鲁萨周围，后来又包括哈德良堡周围，最后都被称为统治者的领土。统治者的这份**迪尔利克**规模当然要更大些，但它在实质上也是一份生计，同其他任何**迪尔利克**一样。土地或土地收益也授予伊斯兰苦行僧或博学之士，但这些是以瓦克夫（vakif，意为"宗教捐赠"）的形式授予的。注意一下所有那些**迪尔利克**的接受者和那些以宗教捐赠收入为生的人是很有趣的，不论武士还是宗教人士，作为一个群体被称为**阿斯凯里**（askeri），其字面上的意思是"军人"，表明早期的社会分化是以战斗能力为基础的，至少在概念上是这样。**迪尔利克**也被称为**蒂玛**（timars，即"采邑"），在这里意指训练马的人，暗指一名骑兵的一份生计。

小的生计是一笔足够维持一个持有者即维持一名骑兵生活的收

入。除此之外，还指望较大的**迪尔利克**的接受者拥有与他们的收入水平相称的一批扈从。例如，一名城镇指挥官拥有的**迪尔利克**可能是一个骑兵的 10 倍；在这种情况下，要求他在战役中带来一支 10 人组成的扈从队。他要完全对他们的生活、武器、马匹以及他可能付给他们的一些零用钱负责。被授予的这些收益不仅要支撑**迪尔利克**持有者的生活，而且要支撑他们自己家庭中若干战士的开支。此类战士可能是外来者或为指挥官服役的当地志愿者，但这些军人家庭成员中也包括很多奴隶，他们可能是在战场上或在袭击中被捕获的。大家庭，即统治者或重要贝伊的家庭，都拥有一支比例相当大的奴隶士兵。其重要之处是：**迪尔利克**的授予支撑了家族军队，不论是自由的志愿兵或是奴隶仆人。

在伊斯兰世界中，保有奴隶家族部队对统治者来说是一个古老的传统。在早期奥托曼的社会中，当亚洲内部的草原部落传统依然存在时，某些背井离乡的武士使自己受贝伊的约束，形成一群忠于酋长个人的战士。㉚ 在伊斯兰教的背景下，奴隶士兵必须是非穆斯林血统并来自领土之外地区，因为要把穆斯林和**兹米**（zimmi，受保护的非穆斯林臣民）变成奴隶都是不合法的。在奥托曼的习俗中，家族军队中的奴隶也是跨越边境抓来的。在该世纪中期以后，当边境斗争推进并横越达达尼尔海峡时，当在安纳托利亚一个又一个**圣战者**（gazi）埃米尔国的领土上几乎没有不生存于穆斯林政府统治下的非穆斯林时，巴尔干诸国就成为这种俘虏的唯一来源。边境领主们用袭击后获得的奴隶充实他们自己的家庭，剩余的奴隶则被运送到安纳托利亚出卖。在奥托曼贝伊本人不再参与袭击的时候，当他可以像在巴尔干诸国那样常常在安纳托利亚领导反击穆斯林的竞争者时，该统治者的光辉可能已经被边疆领主们所遮蔽了，每位指挥着许多边境袭击者的领主都拥有自己的装备精良、人力充足的家庭，远远比单独依靠被授予的收益可能形成的家庭规模要大得多。为恢复平衡并建立自己不受挑战的显赫地位，当俘虏和战利品送往安纳托利亚时，穆拉德贝伊要求得到其中的 1/5 奴隶或奴隶的现金价值的 1/5 或其他掠夺物的 1/5。该主张的结果是在格利博卢设立一个海关关税征收点；边境居民最终

㉚ Inalcik（1981–1982）.

别无选择，只能遵从统治者的命令，但他们对此愤愤不平，认为这是一种不公正的侵吞，是那些诡计多端的顾问用自己的书本知识引导奥托曼贝伊作出不公正的事情，他们对这些顾问的讥讽被人们长期铭记着。[31]

14世纪70年代某个时候，这种新的统治方法提高了这位统治者的**迪尔利克**的收益，并为他的家庭的扩大提供了新的推动力，能够大大超过那些主要指挥官的家庭。穆拉德贝伊已经配置了由付薪的雇佣兵和志愿者组成的家族骑兵团；随着从格利博卢海关流入的现金和俘虏的突然增加，他有能力组成数支步兵连，称为"新军"，土耳其语称为**也尼色里**（yeniçeri），被讹称为加尼沙里（Janissary）。然而到该世纪末，俘虏的数目似乎不能满足皇室的要求，可能是因为大多数战争是征服战争或野外战斗，包括在安纳托利亚的战争，而不是那些为了获得人力或物质战利品而进行的劫掠。不论最初的动力是什么，一种征募兵员的新方法产生了：强行征集奥托曼统治者的臣民——基督教农民中的男人和男孩。这种残忍罕见的征兵方式与征募者本身一起被称为**德米舍梅**（devshirme，意为"收集儿童"），字面上的意思是"集合"或"挑选"。尽管这些被征集者后来可能获得高级职务和指挥权，但那些失去儿子的家庭的困境是可以想象的。这种方法在早期伊斯兰教的习俗中也不为人所知，从伊斯兰教法律《谢里发法》（sheriat）的观点看，几乎可以确定是违法的。[32] 最近，迪马特里德认为**德米舍梅**的征募方式可能发生在边境地区，而不是在和平的内陆。[33] 在动荡的边境环境里，敌对者不是通过边界来划分，而是横跨领土相互对抗，可能曾很难分辨哪儿可认为已经属于奥托曼的领土，哪儿还需要加以征服，谁是封臣以及谁仍是敌人。迪马特里德还曾提出：必须为在他自己的领土上进行此类"袭击"负责的可能正是老边境领主埃夫雷诺斯贝伊。那些早先受外界掠夺的地区，是否即使在它们变为奥托曼统治下的臣民后仍被要求提供兵员和人类的战利品？不管怎样，**德米舍梅**制度相较于选用战场上随机抓来的俘虏来说具有优势，因为可以更从容地依据其优越的体格和心智能力来挑选新兵。

---

[31] Aşikpasazade, *Tevârîh-i Âl-i Osmân*.
[32] Wittek (1955).
[33] Demetriades (1993).

当**德米舍梅**制度在土耳其的文献中显得完全形成时，它是一种皇室特权，但是奥托曼统治者接受埃夫雷诺斯贝伊征集兵员的方法，然后独占他的方法，这种可能性也不能被忽视。㉞ 无论这种事是如何发生的，除了在格利博卢的 1/5 份额的俘虏，**德米舍梅**制度为这位素丹提供了无须付出成本但增加其家族军队的手段，格利博卢海关的收入为维持这个皇室家庭提供了资金。持有格利博卢看来增加了穆拉德贝伊控制领主的权力，并使他有能力控制涌入巴尔干边境的**圣战**志愿者和那些向安纳托利亚运回俘虏和战利品的船只。㉟

在这位统治者权力上升的过程中，其家族军队的规模可能曾是关键性的因素。直到受到帖木儿的打击之前，奥托曼家族一代又一代人之间从未被打乱、破坏和驱散，这样相对顺利的继承也保证了皇室家族和皇室权威的延续。奥托曼人灵活机警地利用相邻各政权的继承权斗争，不论是穆斯林的还是基督教的。另一方面，其政治观念和习俗，似乎已经与安纳托利亚的其他穆斯林埃米尔国相当类似。难道在许多邻居们遭受内乱时奥托曼家族却能保持统一仅仅是巧合吗？卡法达提出了另一种看法：奥托曼人谨慎地避免解体的危险，是因为通过了一项"独子继承制"（unigeniture）的政策，保持世袭财产的完整而不在统治家族的成员中加以分割。㊱ 虽然我们确实没有关于某位奥托曼统治者的兄弟执掌不同省份的例证，但对一个统治家族来说，更危险的分裂通常发生在某个统治者逝世之时。在草原的传统中，没有固定的继承方式；没有规则本身就是规则。统治家族的所有成员都是潜在的继承人；让他们竞争继承权就会出现最好的领袖——成功将是他军事和政治才能的佐证。从这个意义上讲，奥托曼家族与它们的穆斯林邻居们没有差异。历史学家可能不喜欢这样的观点，但这**确实是**一种好运气：奥尔汉显然没有经过多少斗争就继承了其父亲的位置，并在随后几乎近 40 年的时间中维持着首领地位。到他去世时，格利博卢已经掌控在奥托曼手中，边境已经前移至色雷斯。穆拉德在 1362 年和巴耶齐德在 1389 年可能都曾不得不为贝伊的宝座而角逐。㊲

㉞ Vryonis（1971），pp. 240-244，有关强制征募的可能是更早的说法。
㉟ Kafadar（1995），p. 142.
㊱ Ibid., pp. 136-137.
㊲ 见上引注释㉗。

正是在穆拉德的时代,有一段他被儿子萨维克贝伊(Savci Bey)挑战的奇特插曲。萨维克和一名拜占庭王公试图进行一场双重叛乱,但没有成功,他似乎不久后就被清除。当然,在后来奥托曼的历史中有许多或真的或"假"的王公掀起过挑战,对此我们知道得更多,文献也记载得更详细。即使存在有意识地实行的独子继承制,它也不是奥托曼家族特有的做法;而且该家族也未能免除偶然出现的麻烦。即使在其第一个世纪里,奥托曼的继承要比其他地方较少引发混乱,但在1362年和1389年间,新上台的埃米尔显然不得不以自己的名义,再次强行控制其前任刚刚征服的土地和所签署的条约。

同样,在政治组织方面,奥托曼先是仿效早期穆斯林国家的榜样。一旦埃米尔地位提升,成为一个名副其实的统治者,即成为一个素丹,他就会任命一名**乌尔－乌梅拉埃米尔**(*emir ül-ümera*),即贝伊们的贝伊,作为军事首领。通常的伊斯兰的惯例,是首席指挥官(chief commander)受制于**卡迪亚斯科**(*kadiasker*),即首席行政官(chief magistrate)。首席行政官来自有学问的职业,扮演着一个文职顾问官即**维齐**(*vezir*)的角色。早在巴耶齐德短暂的当政时期,在吞并安纳托利亚诸埃米尔国之后,奥托曼国家就背离了先例,它拥有两名首席指挥官,可能也有两名首席行政官,每人负责领土的一翼,即安纳托利亚和鲁米利。素丹的地位现在更显赫了。另外一个变化过程发生在军事指挥官中,那些原先以奴隶身份为该统治者家族服务并因此对素丹本人更忠诚的人开始获得优势。所有这些变化都是奥托曼的组织所特有的,是设计出来扩大素丹的最高地位的,这些变化在1402年的灾难后的几十年中变得更加明确。但在14世纪最后25年间已经能够察觉到这种方向和意图。

素丹的国内权力使扩张更受控制,因为边境领主听从处在中心的素丹及其顾问们清晰地表达出来的政策。征服中的各种惯例减轻了对大众的震动:有时向地方统治者提供机会,让他们成为奥托曼的官员,作为对他们失去自己领地的一种慰藉。他们通常被派往奥托曼国土的某个不同的角落服务。某些基督教指挥官被赐予奥托曼的**迪尔利克**,后来的土地登记簿明显表明了这一点。[38] 地方的行政

---

[38] Inalcik (1952).

惯例被保留下来，以便使日常生活相对地不受扰乱。税收实际上可能减轻了，有时仅仅是暂时的，目的是使这个地区恢复经济潜力。[39] 人口也有变化：各土耳其部落民迁移到巴尔干诸国，不仅是为了减轻他们在安纳托利亚无法无天的行为，而且也是为了在新近征服的鲁米利的土地上迅速实现奥托曼人的存在。[40] 要确定移民的数目是不可能的，但变化中的人口平衡有助于奥托曼扩张：在拜占庭的土地上人口减少时，有时是因为基督教的百姓越境到奥托曼的占领区生活，那里有安全的环境，土耳其-穆斯林居民还因西进运动的新浪潮而增加。[41] 很明显，该世纪中期毁坏阿拉伯和拜占庭城市的黑死病对中亚血统的土耳其民众影响较小：土耳其的史料中记载了周期性暴发的瘟疫，但未作为一次单独的可怕的打击来描述，有迹象表明安纳托利亚在这场大灾难中被视为一个较安全的地方。[42] 与边境居民一起，政府也通过授予**瓦克夫**（宗教捐赠）的方式鼓励苏菲派苦行僧迁往鲁米利；他们的修道院成为穆斯林的社会中心，他们那灵活而宽容的伊斯兰教形式对非穆斯林有吸引力并有助于相互对话。[43] 官方的宗教态度确认了伊斯兰的优势，没有必要诋毁非穆斯林的信仰与习惯。[44] 城镇中的捐助在为社会和宗教提供服务时，也鼓励市场的发展。[45] 穆拉德贝伊甚至加入**亚希**行会，成为它的一个会员，认可它们在安纳托利亚城镇建立起来的这个网络的社会的重要性，有时甚至还有政治上的重要性。[46]

　　以上是14世纪中奥托曼人引人注目地兴起的所有方面，包括在安纳托利亚和在鲁米利的兴起。奥托曼征服和奥托曼化被置于坚实的基础之上，该基础如此充实以至于这个政权拥有惊人的适应力，能从帖木儿的侵略中恢复过来。奥托曼人为安纳托利亚的土耳其人打开了通向一个新的边境地区的机会和扩张的大门，他们利用在鲁米利获得的力量来使安纳托利亚的土耳其邻居臣服自己。唯有在吞并卡拉西埃

---

[39] Oikonomidès (1986).
[40] Gökbilgin, *Edirne ve Paşa Livası*, and *Rumeli'de Yürükler*.
[41] Zachariadou (1987).
[42] Dols (1977).
[43] Barkan (1942).
[44] Kafadar (1995); Balivet (1993).
[45] Kiel (1989).
[46] Uzunçarsılı.

米尔国和牢牢控制格利博卢时,这个扩张的机会才变得可能。起先,它或许是 个未被预料到的机会,但奥托曼人完全明白不能错过这种机会。

I. 梅坦·孔特（I. Metin Kunt）
柴　彬 译
王加丰 校

第二十七章
东地中海地区的基督徒与穆斯林

　　1291年阿克（Acre）和叙利亚、巴勒斯坦沿岸至马穆鲁克素丹国的其他基督徒据点的陷落，标志着始于第一次十字军东侵时期西方在圣地的军事存在的结束。但是关于耶路撒冷及与基督在人世间的生活有关的那些地方应该成为拉丁基督教世界的一部分的信念，却绝不会消亡。耶路撒冷王国的死亡并不意味着十字军运动的结束，尽管从1291年到14世纪末，西方是否应当发动十字军重新占领圣地的问题，在很大程度上开始被更重要的问题所取代：西方能在多大程度上阻止穆斯林占领毗邻东地中海地区的其他基督教控制的土地。1291年后，吕西尼昂（Lusignan）王朝掌控的塞浦路斯王国仍然是利凡特地区唯一的西方前哨，而在其北面的安纳托利亚东南部、奇里乞亚亚美尼亚（Cilician Armenia）王国则提供了一个基督徒控制的进入亚洲腹地的据点。再向西，在爱琴海周围昔日拜占庭的领土上，有许多欧洲人的属地，其中大部分是作为第四次十字军东侵成果而于13世纪早期获取的。医院骑士团在1306年到1310年间从拜占庭的希腊人手中夺取罗得岛，明显增加了这种属地。拜占庭帝国自身，尽管因1261年重新占领君士坦丁堡而振作起来，但缺乏拱卫自己领土的必要资源——当时主要局限于比提尼亚（Bithynia）、色雷斯和希腊北部，难以防御诸邻邦的掠夺计划，14世纪见证了它衰落为无能为力的过程（参见前面原文第795—824页）。

　　自13世纪60年代并事实上直至16世纪早期，以开罗为基地的马穆鲁克素丹国统治着叙利亚和巴勒斯坦。虽然在敌对的军事首领角逐权力时，该政权易于遭受一场场周期性的政治危机，但它仍能够提供一种相当程度的内部稳定。1299年、1301年和1303年，波斯的蒙古人的伊儿汗国短时间内占领过叙利亚，但此外，除了14世纪60年代来自塞浦路斯的对沿海的袭击，直到1400—1401年帖木儿的侵入，这一地区大部分时间避免了外来侵袭。蒙古人与马穆鲁克的冲突始于13世纪中期，1291年后，马穆鲁克继续巩固其对叙利亚的控制，他们通过惩罚性地攻击蒙古人的同盟——奇里乞亚（Cilicia）亚美尼亚人来加强自己的地位。然而，尽管有大规模海军动员的危言耸听的谣言，他们还是没有能力攻击塞浦路斯岛。其在小亚细亚的政治地位更为不稳。卢姆的塞尔柱素丹国在13世纪初已经是这一地区的一支主要力量，但其权势和疆域已经在缩小，到14世纪早期已不再有什么重要性。在其地盘上兴起了若干较小的埃米尔国或**侯国**（*beyliks*），并且自13世纪后期起，来自这些侯国的势力就有能力占据安纳托利亚西北部拜占庭领地上的城市和要塞，掠夺沿岸水域基督徒的船舶。到1337年，突厥人几乎完全驱逐了在小亚细亚的拜占庭人。在他们的武士领袖中，尽管在那个时代绝非被视为最重要，是某位叫奥斯曼的人（逝世于1326年），他于1302年在巴菲翁取得战胜希腊人的著名胜利，但其声望主要缘于他是后世所知的以奥斯曼勒（Osmanlı）或奥托曼土耳其人（Ottoman Turks）而成功的那个王朝的祖先（参见前面原文第844—845页）。

尽管穆斯林在陆上占有统治地位，但基督徒却保有对海洋的控制权。来自意大利的，还有来自法国南部和加泰罗尼亚的商船有规律地在爱琴海、黑海和利凡特进行贸易，既造访基督徒的港口，也造访穆斯林的港口。毫无疑问，他们从贸易和航运中获得了可观的回报；同样毫无疑问的是西方商人舰队的经常存在对在东方维持基督教各个桥头堡和商站贡献甚大。就马穆鲁克来说，虽然确实拥有一支商人的船舶，但他们缺乏一支强有力的海军。因此，尽管面对极大的挑衅，在1271年至1424年间马穆鲁克没有发起针对塞浦路斯的征伐，直到1440年也未进攻过罗得岛。对基督教的船员来说，更令人担心的是小亚细亚西部各个土耳其人的埃米尔国。埃伊登的埃米尔自1304年占领以弗所后，1329年攻占士麦那，俘获了以这些港口及位于安纳托利亚西南部（横跨爱琴海远征至希腊和黑桥）的毗邻的门特舍（Menteshe）埃米尔国为基地的海盗船。这些海盗船的活动范围横跨爱琴海，其袭击远至希腊和黑桥。

对14世纪初期西方的基督徒而言，圣地应予收复的观念仍然是不言自明的。但是也可能有极少数人或许曾对通过组织十字军夺回耶路撒冷的想法表示异议，教宗坚持不懈并想方设法发起的就是这样的一次远征。尽管夺回耶路撒冷的目标仍然很有影响，但关于其实际意义，同意的人相当有限，由于种种不同的原因，一场大战役的前景引发了严重的忧虑，凸显出相互的紧张关系。例如，法国圣路易的斗篷沉重地压在他的继承人的双肩上，人们普遍认为卡佩家族将起带头作用，但对其他君主来说这件事本身就导致他们对往圣地的十字军产生某种冷淡情绪，尤其是阿拉贡的国王们更是如此。自13世纪80年代起，他们就已受困于与法国王室的幼子支系和相继的几代教宗为控制西西里岛而进行的斗争中。商人们的利益显示出某些不同性质的问题。十字军必然会使贸易中断；恢复君士坦丁堡的拉丁帝国这种附带性的目标，将意味着不仅在利凡特而且在爱琴海和黑海周边都会引起混乱，而且商人们知道如果一次十字军不能取得完满的胜利，他们将特别易于遭到报复。更直接的是人们普遍认为：作为一次成功攻击的序幕，马穆鲁克素丹国将被一种扩大的贸易禁运所削弱，它将缺乏战争物资和**马穆鲁克**奴隶，其经济将普遍受到破坏。但是从盈利的角度看，禁运是商人们最不想干的事情。

阿克沦陷后，教宗尼古拉四世旋即采取措施派遣军队保卫塞浦路斯和亚美尼亚，寻求组织针对马穆鲁克港口的商业封锁，并宣布1293年夏要发起一场普遍动员的十字军。他还命令召集地方宗教会议，所考虑的问题中有关于圣殿骑士团和医院骑士团合并，号召主教们在欧洲促成和平并征求关于十字军战略的建议等事宜。教宗的努力并没有得到多少回报，因为他在第二年就去世了，但是他的种种行动为一代人确定了基调。提交上来的建议并不少：有人计算过，1274—1314年间，现存关于《光复圣地》(*de recuperatione terrae sanctae*) 题材的论文不下26篇。[①] 关于这个问题的意见五花八门，诸如所需要的人员的数量，或十字军是否应该通过奇里乞亚侵入叙利亚或直接袭击埃及等。毫无疑问，一些作者似乎比其他人更加联系实际。尼古拉确实设法推动这一进程，由此一支舰队还前往东方帮助那里的基督徒

[①] Schein (1991), pp. 269–270.

的前哨，但是他的圣战计划证明是个死胎。欧洲和平是一个凄凉的希望，援助塞浦路斯和亚美尼亚的那些更短期的措施，又受阻于从1293年延续至1299年的热那亚和威尼斯之间的战争。圣殿骑士团和医院骑士团反对合并他们的骑士团的建议，尽管当1312年圣殿骑士团被镇压时，医院骑士团确实索回了他们先前持有的相当部分的土地。商业封锁，包括对违反相关规定以开除教籍论处的自动判决，都从未生效过。这很可能曾威慑过某些人，但有太多的商人准备冒着被惩罚的风险。不可能存在有效的海上监管；随着岁月推移支付一笔罚金以赦免开除教籍的惩罚成了一种惯例，自14世纪20年代起，教宗开始颁发许可状，允许商人打破禁运并与马穆鲁克的领地从事贸易。

自从1270年圣路易在突尼斯去世，法国国王们对往东方圣战的献身精神已经畏缩。他们优先关注的是其在意大利南部的安茹亲属与阿拉贡人的斗争，及与英格兰国王们和佛兰德的伯爵们的战争，而不是更遥远的战斗。敏锐地意识到从事一次重要的海外远征需要不菲的财政支持，这意味着他们期望教宗同意以增加教士税的形式给以帮助。但就教会人士来说，他们渴望世俗社会应当承担十字军所需的相当一部分财政负担，他们担心筹自教会的金钱将会被用于其他目的。在卜尼法斯八世任教宗期间（1294—1303年），法国国王"美男子"菲利普四世与教宗的关系跌到一个新的低点，但是随后，由于教宗当时正在抉择是驻扎在法兰西王国内还是在它以外的地方时，王室对教宗的影响增加了。这种变化的一个直接结果是菲利普有能力向教宗克雷芒五世（1305—1314年）施压，让他同意镇压圣殿骑士团。另一个是他现在表明了自己对十字军的热情，在1312年的维埃纳（Vienne）公会议上这位国王保证筹备一次十字军，因为他知道将从整个西方基督教世界教士圣职的收入中征收一种六年期的什一税来支付这场圣战。第二年，菲利普和他的儿子们及女婿英格兰的爱德华二世，还有许多贵族，加入了假定于1319年春天开始的这场远征。尽管事实上14世纪法国国王没有领导过一次对东方的十字军，但是在这些年里菲利普献身十字军所必然要包含着的那些行动给法国王室政策留下了挥之不去的痕迹；在下一个1/4世纪中，十字军从来没有远离国家事务最重要的地位，并继续在以后很长一段时间中投下自己的阴影。

菲利普所宣称的目标是耶路撒冷，早在1297年他就获准使他的祖父——不知疲倦的十字军战士路易九世封为圣人。在支持圣战方面，他不仅为自己和王朝寻求更大的荣光，而且也充当起许多欧洲人所期待的法国国王发挥带头作用的角色。菲利普还有另外一个兴趣，就是重建君士坦丁堡的拉丁帝国。自1261年起，当希腊人重占了他们的首都，教宗就在两种政策之间犹豫不决：迫使他们与西方教会结盟或鼓励采取行动再次驱逐他们。1274年里昂公会议后教会联合的失败，加上1301年拉丁皇后与菲利普的兄长瓦卢瓦的查理有名无实的婚姻，使得通过十字军夺回君士坦丁堡的想法——这是通往耶路撒冷的道路上的一个里程碑——被坚定地重新提上议事日程。

没有理由怀疑"美男子"菲利普与他的家族发动一次十字军的意图的真诚。但是，菲利普本人于1314年去世了，此后王朝经历了一段不确定的时期。他的儿子们，菲利普五世（1316—1322年）和查理四世（1322—1328年），都继续计划十字军远征的工作，但没有实现任何具体的事情。人们普遍认为，一支从西方出发的十字军，为收复圣地而展开的全面进攻如要获得成功，就得进行各种规模较小的预备性的远征，以便准备好道路和建立各个桥头堡。换言之，可能有一些往东的十字军远不是为了占领耶路撒冷，而是为了一些特定的目标。菲利普五世企图组织一次预备性的十字军，或者按流行的说法，一种**小规模的航行**（*passagium particulare*）或**初步航行**（*primum passagium*），目的是援助亚美尼亚人，对马穆鲁克港口实施贸易禁运。但是，1319年他召集的舰船却卷入约翰二十二世对意大利的行动，并在热那亚附近的一次海战中失败。1323年查理四世开始筹办另一支准备派往东方的舰队，但是与教宗关于筹资问题的争论及随后与英格兰关于加斯科涅的冲突使他的努力停了下来。但到了菲利普六世时（1328—1350年），他发现形势变得更加有利了。1334年，他促成了他与教宗共同视为**初步航行**的行动，其直接针对的是爱琴海上土耳其的船舶。此次行动的高潮是在阿德拉米蒂翁（Adramyttion）海湾打败土耳其人。

终于，法国君主与教宗的所有努力有了某种值得展示的东西。1334年的战斗标志着欧洲人在努力支撑基督教在东地中海地区的存在方面开启了新篇章，尽管到那时为止都不是沿着所设想的路线来进行。受惠于事后的认识，有一点很清楚：继任的法国国王们已没有能力作出进一步的行动,从而无法使抗击穆斯林推进的其他战略获得支持,而且 1334 年的远征这一事实发生本身也反映了环境的某种变化。法国黯然放弃他们重建君士坦丁堡拉丁帝国的雄心,土耳其征服小亚细亚的拜占庭地区,意味着西方的主张开始坚定地摆向赞成支持拜占庭政权,远离推翻它的想法,以便使穆斯林遭受更大的损失。更重要的是,1334 年的战役并不是法国领导的远征,而是一个法国和教宗都相对较晚才加入的基督教联盟的产物,并且他们对这个联盟的贡献只是提供了数量不多的舰船。该联盟的核心由威尼斯、医院骑士团、拜占庭帝国(结果它未能践行参与的誓言)和塞浦路斯组成,而且鼓舞他们联合起来反对土耳其人的海上掠夺的,是一种共同的私利而非光复圣地的长期目标。曾经有人设想随之而来的 1335 年应该有一支更大的法国和教宗的分遣队发动另一场战役,但因为种种原因,尤其是法国和英格兰关系的恶化,这场战役最终被取消了。随着 1337 年百年战争的爆发,法国进一步插手东地中海已不可能了。但是,包括教宗、威尼斯、塞浦路斯和罗得岛组成的联盟将在更长的时间内存在。

直接反对爱琴海地区的土耳其的基督教联盟,从 14 世纪 30 年代早期到大约 1360 年构成了联合行动的中心。威尼斯提供了绝大多数船只,也正是威尼斯的利益最容易受到土耳其海盗的损害。自 13 世纪初开始,威尼斯人就已控制了克里特岛和黑桥以及一些位于爱琴海南部或者西部水域的小岛,显然他们渴望保护这些属地免受那些最终可能导致征服的袭击。更重要的是,他们的船只定期在君士坦丁堡和黑海间进行贸易,土耳其对他们航线的安全构成重大威胁。威尼斯与热那亚的竞争对立更使这一形势雪上加霜,特别是因为热那亚更乐意与土耳其人通融和解,并且他们有自身的重要的领土和商业利益。威尼斯可能值得享有促使 1334 年同盟结成的绝大部分荣誉;与拜占庭联盟反对土耳其人的想法可以追溯到 14 世纪 20 年代中期,但是安德罗尼卡二世(1282—1328 年)末年和安德罗尼卡三世(1328—1341 年)即位时期政治的不确定性,推迟了联盟的形成。在 14 世纪 30 年代早期,随着埃伊登的埃米尔牢固地控制士麦那,对威尼斯利益的威胁想必远胜于昔,似乎可以看出正是威尼斯人设法将拜占庭和罗得岛骑士团(Knights of Rhodes)结合起来构成联盟的核心。

医院骑士团曾于 1306—1310 年间征服罗得岛,并迅速将其作为自己的总部。从前,他们以塞浦路斯为基地,然而在那里时该骑士团被内部的种种困难所困扰。自从阿克陷落后,骑士团的军事行动已变得零散化,而且大部分都不起什么作用;但获得一个设防的基地是他们可以主动向自己发出的号召,即使这是以损害希腊人而不是穆斯林为代价,这有助于他们发现一种新的使命感。考虑到就在他们落户罗得岛时发生在圣殿骑士团身上的事情,这种新的事业看来肯定是非常有必要的。1309 年,在"美男子"菲利普的积极鼓励下,该骑士团团长维拉里特的富尔克(Fulk of Villaret)领导了一次十字军远征,以便巩固自己对这个岛的控制。罗得岛占据着去塞浦路斯和亚美尼亚的主要航道上的一个战略要点;它也是这样一个理想的地方,既可以抑制小亚细亚西南部的土耳其人,又可保持基督徒对通向爱琴海的往南的航道的支配。对医院骑士团的频繁批评在于他们没有尽其所能地遏制穆斯林的扩张,但在他们驻守罗得岛的初期,债务和各种问题严重削弱了他们的行动能力,这些问题与他们从欧洲众多地产上把资金转移出来有关。无论如何,1319—1320 年间,他们在反对土耳其人及同时反对拜占庭在莱罗斯岛(Leros)的一支驻军的一系列战役中遭受了严重损失。骑士团面临的最根本的问题是:他们虽然有那么多的财富,但与修建防御工事、供给驻军和维护一支舰队的需要相比,就相形见绌了。

在某些方面,与其他在东方的基督教势力相比,圣约翰骑士团(Knights of St John)的行动与教宗的政策更加默契。作为享有免税权的教会骑士团的成员,他们有着效忠教宗的传统;就教宗们而言,他们期待骑士团执行自己的计划。例如,看起来可能是这样:除了试图实行海上警戒阻止违反贸易禁运的行为,该骑士团还听从教宗的指令援助奇里乞亚亚美尼亚。但是,他们也有能力挫败教宗的意图。特别是他们培育起与阿拉贡王国的友好关系,1315 年促成了国王詹姆斯二世和塞浦路斯亨利二世的一个妹妹的婚姻,这很容易使塞浦路斯转到阿拉贡王室之手;同时他们还无视教宗要求他们行动起来打击雅典的加泰罗尼亚人团队的命令。阿拉贡的詹姆斯二世(1291—1327 年)长期以来不尊重教宗。面对法国和教宗的不快他不仅坚持让阿拉贡人继续占领西西里,还与马穆鲁克素丹国维持友好的外交联系,他的商人因为无视教宗贸易禁令而声名狼藉。阿拉贡与这个素丹国达成协议，该素丹国在纳西尔·穆罕默德（al-Nasir Muhammad）第三个任期内（1310—1341年）达到权力巅峰，这种实用主义比起教宗关于十字军的虚夸言辞和遥远的法国的无足轻重的（事实将证明这一点）战争叫嚣相比，看来想必更加现实。骑士团在没有援助的情况下绝不可能挑战马穆鲁克，除非直到一支重要的欧洲十字军真正成为可能，根据形势行动肯定要好得多。

占领罗得岛后，医院骑士团与威尼斯以及与热那亚的关系都紧张起来，部分是因为在爱琴海上角逐的领土野心，部分是因为骑士团尝试着实施教宗关于不准与马穆鲁克贸易的禁令，拦截来自埃及或叙利亚的船只。但是埃伊登和门特舍的土耳其人对骑士团的行动造成了最大的威胁，尽管他们先前有分歧，但骑士团可以与拜占庭人和威尼斯人联合起来与土耳其人对抗，这一事实也进一步证明他们现在看到了土耳其人的劫掠的严重性。在他们的头脑中罗得岛及其周围地区的安全可能是最重要的，但是他们也曾承认保护基督教的普遍利益是他们的职责，这意味着保护爱琴海上其他基督徒的领土，还有通往君士坦丁堡、塞浦路斯和亚美尼亚的航线。

到14世纪30年代早期，塞浦路斯的法兰克人统治者可能觉得自己比自阿卡陷落以前以来的任何时候都更加安全。一代人已经逝去，再未发生马穆鲁克对这个岛屿的攻击：关于在13世纪90年代和14世纪初大规模备战的种种谣言不攻自破。就塞浦路斯人而言，他们曾经试图——但事实上没起作用——加入蒙古人1299年和1301年侵入叙利亚的军队，并且一支以塞浦路斯为基地的圣殿骑士武装在1301—1302年曾短时间内重新占领托尔托萨（Tortosa）附近的鲁阿德（Ruad）岛。但是1303年后，蒙古人再未发动入侵叙利亚的战役，关于圣地也许会由波斯的伊儿汗国（无论如何到那时它已选择了伊斯兰教）为基督教世界收复的想法，也不再有人严肃加以对待。但尽管塞浦路斯在天生的防御工事——海洋的后面是安全的，奇里乞亚亚美尼亚人却开始被马穆鲁克所削弱。毁灭性的战役周期性地发生，如1298年、1302年和1304年或者1320年和1322年都有，导致城市被劫掠和堡垒被放弃，在这时期一种不安宁的和平只能通过支付巨额贡物方可获得。西方的援助是有限的——14世纪初教宗送来了经济援助，医院骑士团带来了军事援助，但统治家族内部的暴力和血腥冲突恶化了这种局势。奥欣（Oshin）国王的统治（1307—1320年）似乎相对平静，尽管这时期是以与塞浦路斯国王亨利二世（1285—1324年）的交恶为特征的，有时似乎还会导致武力冲突。②

这些年里有助于支撑着塞浦路斯和亚美尼亚的是国际贸易所积累的财富。1291年后，亚美尼亚的城镇阿亚斯（Ayas，即拉贾佐[Lajazzo]）是在利凡特的西方商人能与亚洲进行合法贸易的唯一合法的港口，而塞浦路斯的法马古斯塔则作为在东方的第二个重要的货物集散地。西方商人在这两个港口从事呢布、东方香料和食品的买卖，在今存的热那亚公证人的记录中，13世纪90年代和14世纪初在法马古斯塔工作的兰贝托·迪·桑姆布斯托（Lamberto di Sambuceto）很好地说明了这种贸易的生命力和重要性。1322年，马穆鲁克短暂地占领阿亚斯，似乎这里的贸易再不会恢复了。1335年，它再次受到攻击，1337年它最终落入穆斯林的手中。作为一个贸易中心的法马古斯塔能提供更加安全的保障，在那里西方商人能在当地商人手中购得亚洲商品，当地商人中有许多是在1291年或者更早一些时候来到塞浦路斯避难的叙利亚的基督徒，他们则在奇里乞亚或叙利亚北部那些较小的港口获得商品。亨利二世的政府似乎曾试图把法马古斯塔建设成东地中海的一个主要贸易中心，它阻止商人们与塞浦路斯的其他地区进行贸易，而对自己国内商人的行为则睁一只眼闭一只眼，这些商人从马穆鲁克素丹国获得所销售的东方商品，它还试图通过海上巡逻来阻止西方商人违反教宗针对埃及和叙利亚的贸易禁令，从而强迫他们在塞浦路斯从事交易。然而，这种巡逻究竟达到了多少效果值得怀疑，尽管他们的行动无疑会使与热那亚人的关系变得紧张起来，并导致对塞浦路斯海岸的报复性袭击和更严重的攻击的威胁。

塞浦路斯的商业重要性也具有军事意义。一方面，国王们能把他们征收的通行费和其他税费用于防御；另一方面，西方的商人们也认识到保护这个岛和通向西方的航线免受穆斯林的攻击，关乎他们自身的利益。毫无疑问，保护克里特岛和罗得岛周边水域对于与西方的交流是至关重要的，正是这种意识导致塞浦路斯王国加入海上同盟。休四世（Hugh IV，1324—1359年）在1334年提供了六艘军舰，1337

---

② Edbury（1991），pp. 135–136.

年他赢得了对土耳其的一次似乎重要的胜利。几年后，一位来自西方的访问者注意到安纳托利亚南部一些土耳其人的埃米尔向他交纳贡物。塞浦路斯的国王们是如何看待通过一支十字军来收复圣地的前景的？这一问题更加难以回答。他们曾有一个新颖的主张，即他们是耶路撒冷的名义上的国王，但自13世纪70年代起，他们的权力受到奇里乞亚的安茹家族的质疑。他们可能曾意识到，倘若法国人领导的十字军取得了胜利，他们未必能够恢复权力。甚至在西方也有言论准备质疑吕西尼昂家族统治塞浦路斯的权利，尽管1330年休的假定的继承人和法国国王的一个女性亲戚的婚姻想必会使这个特定的幽灵安静下来。还有十字军可能采取什么形式的问题，一次短暂的海战可能一无所获，只会促进马穆鲁克的敌对行为，其结果是海战结束后塞浦路斯将遭受报复。1336年，休甚至让教宗下令在塞浦路斯暂时停止关于十字军的说教。就休而言，打击小亚细亚土耳其人的军事行动及与马穆鲁克素丹国和平共处就是那时代的秩序。

总的来说，塞浦路斯与威尼斯和罗得岛上的圣约翰骑士团关系融洽。与圣殿骑士团相比，传统上医院骑士团与吕西尼昂家族相处得更好，1310年他们帮助了该家族的反政变行动，这场政变的目的是在亨利二世的弟弟阿莫里（Amaury）统治四年后重新恢复亨利二世的王位。1312年圣殿骑士团被镇压后，他们在塞浦路斯的大量地产转到医院骑士团手中，因此医院骑士团成为那时为止该岛上仅次于国王的最富有的领主。1317年，圣殿骑士团塞浦路斯地方支部欠罗得岛的年税费（responsion）就有6万贝赞特（Bazant，拜占庭的金银币名）。多年来威尼斯人与塞浦路斯的关系也比与他们的主要对手热那亚的关系要友好得多，尽管在休四世统治之初这位国王拒绝确认他们的特权，并且为处理一些未偿付的索赔之事而导致他们之间一段时期的紧张关系。另一个在东方利益日益增加且塞浦路斯国王积极寻求与之发生密切联系的基督教政权是阿拉贡。如前所述，1315年，詹姆斯二世娶了亨利二世的妹妹，这种联盟可能预示阿拉贡王室获得塞浦路斯，但这种可能性并没有实现。不久以后，亨利自己与拥有西西里（特里纳克里亚［Trinacria］）王位的阿拉贡王室的一个支系家庭联姻，他的表兄弟则与统治着马略尔卡王国的该家族的另一个支系的成员联姻。一代人后又形成了进一步的婚姻联盟：休四世的两个儿子和一个女儿与阿拉贡的王室联姻。在这些联盟中，发生在 1353 年的无疑是最重要的，这一年未来的彼得一世国王迎娶詹姆斯二世的一个孙女阿拉贡的埃莉诺。与阿拉贡的联系适合塞浦路斯自己的偏好，即与埃及和平共处，加泰罗尼亚商人经常光顾法马古斯塔。尽管出于不同原因，阿拉贡和塞浦路斯都厌恶热那亚和那不勒斯的安茹家族。

1334 年的海上同盟的成功，虽显而易见但仍是有限的。拜占庭未能兑现加盟的承诺，阿德拉米蒂翁海湾战役的胜利并没有伤害突厥人统治者中最有权势的埃伊登的乌穆尔贝伊。计划中的 1335 年的远征并未发生，这一事实是另一个挫折的标志。安德罗尼卡三世与乌穆尔达成谅解，其力量在 14 世纪 40 年代早期达到了令人害怕的程度。据说，1341 年他曾有能力统率一支 350 只船舰组成的舰队远征多瑙河河口，两年后他曾指挥一支 15000 人的陆军。直到 1341 年，塞浦路斯的休和医院骑士团的团长才派出代表赴教廷建议发起新一轮的联合行动。新教宗克雷芒六世给予积极回应。英法间的战争埋葬了对东方发动一次重大的十字军运动的任何希望，但一次针对爱琴海的更适度的远征对教宗有吸引力，促使他本人投入有关十字军的活动。包括教宗、威尼斯、罗得岛和塞浦路斯的一个联盟持续了 3 年，该联盟在爱琴海上的活动于 1343 年最终形成。1344 年春，联盟各方在黑桥集结了 20 艘战舰，并在哈尔基季基（Chalkidike）半岛西部尖端的帕列涅（Pallene）附近打败土耳其舰队，赢得了一次重要胜利。随后在 10 月间他们出其不意地出击乌穆尔的主要港口士麦那的驻军，占领了这座较南的城镇，并焚烧了土耳其的大量船舰。参与远征的武装并不庞大，但是对士麦那（直到 1402 年一直掌握在基督徒手中）的占领，是 14 世纪基督教在东地中海的任何联合冒险中一次最重要的成就，引人注目。[③]

占领士麦那在西方引起了一阵轰动，即使土耳其人仍然控制着北部的城镇，而且 1345 年初基督徒的一次突击以许多首领的阵亡而告终。这暗示着又一波十字军的热情，特别是在意大利，暗示着由一个古怪的、唐吉诃德式的人领导的一支十字军的形成，这个人就是安贝

---

③ Luttrell（1958），p. 203.

尔二世（Humbert II），维埃纳人的王太子。1345 年末，安贝尔从威尼斯出航，尽管他在海上赢了土耳其人一仗，但结果证明他不是一个称职的指挥者。由于未能阻止热那亚人从拜占庭人手中占领重要的开俄斯岛，或将土耳其人从士麦那的北部城镇中驱逐出去，他的远征终于失败了。1347 年他返回西方后，基督徒在应布罗斯（Imbros）附近将打赢另一次海战，但到那时想必已经很明显的情况是：他们将没有能力从其所在的士麦那这个立锥之地向内陆扩展。财政问题，还有医院骑士团和威尼斯人之间、威尼斯人和热那亚人之间的紧张关系损害了进一步的行动，联盟成员开始与土耳其谈判休战。黑死病的到来无论如何可能意味着种种敌对行动的终止。

克雷芒教宗竭力扭转 1344 年胜利后确立的决心日渐趋于松弛的局面。1350 年，随着土耳其人恢复攻击，他设法重建联盟。塞浦路斯、威尼斯和罗得岛共同提供八艘军舰监控爱琴海西岸周边的海域，他们还要与教宗一起分担在士麦那驻军的费用。但是，热那亚人在 1346 年占领开俄斯岛和新旧福西亚引起了威尼斯的恐慌，1350 年，两个贸易共和国的竞争造成的紧张关系在饱受战争蹂躏的拜占庭帝国爆发成一场全面的战争。尽管克雷芒和他的继承人英诺森六世（1352—1362 年）努力挽救他们能够挽救的东西，并且确保基督教卫戍部队继续驻守在士麦那，但是新联盟仍然无法运作。最终在 1357 年，随着和平的恢复，联盟再次复兴，这次持续了五年。参与的三方现在承诺各自只派两艘军舰管理海域，并且每年捐出 3000 弗罗林用于防卫士麦那。值得怀疑的是：一支六艘军舰组成的舰队能否在面对土耳其来自海上的侵略时能干很多事情，还有，到 14 世纪 50 年代，拜占庭的形势已经极大地趋于恶化。

安德罗尼卡三世于 1341 年去世。他统治期间，有征兆表明拜占庭还可能曾在色雷斯和希腊北部地区巩固自己的权力。但是他的去世和他未成年的儿子约翰五世·巴列奥略（1341—1391 年）的继位成为内战爆发的导火索，其中与皇帝的母亲萨伏依的安妮相对立的是已故皇帝的一个主要伙伴约翰·康塔库泽诺斯。1347 年，康塔库泽诺斯进入君士坦丁堡，他的反对者被迫同意：他应该执掌权力并作为一名年长的皇帝和年轻的约翰五世一起统治。他以巨大的代价获得了这次胜利：把他的土耳其盟友，奥斯曼的儿子奥尔汗管辖下的奥托曼军队引入色雷斯；塞尔维亚统治者斯蒂芬·杜尚利用这场战争，实际上已经独自征服了拜占庭在希腊北部和伊庇鲁斯（Epirus）的所有领土，并且采用了帝国的称号；帝国的国库空虚——萨伏依的安妮甚至通过把皇室珠宝抵押给威尼斯以筹集资金。康塔库泽诺斯希望将君士坦丁堡从意大利人所施加的商业钳制下解放出来，同时依靠他的土耳其盟友，但是他悲惨地失败了。他根本不可能从热那亚和威尼斯之间的战争中获得任何利益，卷入这场战争只是进一步削弱他的权威。接着是1354年3月奥托曼人占领加利波利，由此得到了达达尼尔海峡的控制权和一个基地，通过这个基地可以把他们的权力扩大到色雷斯甚至更远的地方。康塔库泽诺斯本人稍后在1354年被推翻，约翰五世复位。除了意大利人，约翰的周围没有什么强国可以求助，而意大利人为了自己的私利已经做了这么多削弱他的帝国的事情。他唯一的答案在西方，1355年12月他发出一份黄金诏书（chrysobull），为换取军事援助抗击土耳其人，承诺保证希腊教会服从教宗。

　　约翰的声明显示了他绝望的程度，几乎没有考虑现实情况。历经数代人在教义上和政治上的磨难，东正教教士可能向教宗俯首的前景几乎不存在。在涉及所需要的军事资源的数量等方面的任何事情时，教宗可能作出的回应都是没有保证的；英法之间、意大利各海上强权之间、意大利的亲教宗与反教宗力量之间都存在战争，几乎不可能留下什么余地为更遥远地方的冲突场所调动可观的人力和资金。英诺森六世的回答是恢复海上联盟的活动，1359年他派遣一位新的使节皮埃尔·托马斯来到东方，他的任务是为西方遏制土耳其扩张的努力注入新能量。该使节在威尼斯和医院骑士团提供的一支海军中队的帮助下，领导了对达达尼尔海峡亚洲一边的兰普萨库斯（Lampsacus）的攻击。他的成功似乎没有起到任何持久的效果，但是这次事件是自1261年以来十字军的冒险事业中第一次为一位君士坦丁堡的统治者带来具有特殊目的的军事援助。④ 但此后皮埃尔·托马斯去了塞浦路斯，随着他的离开，西方对拜占庭的援助变得不了了之。土耳其扩大了他们在色雷斯的收获，而约翰五世作为一位拜占庭皇帝于1365年采取了一个史无前例的举措：亲自去一个外国君主的宫廷寻求帮助，

---

④　Housley（1986），pp. 219–220.

第二十七章 东地中海地区的基督徒与穆斯林　　999

这里指的是匈牙利国王的宫廷。没有人理会他的请求，他在返回的路上被保加利亚人俘虏。

然而，西方的援助正在进行中。皇帝的表兄弟萨伏依的阿梅代乌伯爵1364年参加了十字军，教宗乌尔班五世（1362—1370年）鼓励他在远征途中利用自己的军队援助拜占庭，并期望这一决定性的行动能为希腊教会臣服教宗铺平道路，这是希腊教会所允诺过的。但是直到1366年夏天，阿梅代乌才启程。8月，他的小型舰队抵达达达尼尔海峡，在那里他领导十字军战士占领了加利波利。这是一项夺取土耳其在欧洲最重要港口的重大成就，它重新由拜占庭控制表明：来自西方的十字军还可能拯救这个帝国。接着阿梅代乌继续挺进君士坦丁堡，并由此进入黑海和保加利亚人的港口梅森布瑞亚（Mesembria）和索佐伯利斯（Sozopolis），由此他能够进行关于释放这位皇帝的谈判。这次战役证明一位有能力的十字军领导人能获得什么样的成功；1369年，作为这些事件的一个直接后果，约翰五世来到罗马，表示他本人臣服于教宗。但是他的表示很大程度上是徒劳的。在接下来的另一个1/4个世纪里将不再有新的援助拜占庭的十字军，而奥托曼人则在继续推进。

14世纪60年代西方对君士坦丁堡的直接援助如此之少的原因之一，是欧洲在东方的利益已经转向其他地方了。法国君主恢复了先前关于发动一支十字军收复圣地的计划，1365年塞浦路斯的彼得一世（1359—1369年）洗劫亚历山大城，开启了一场反对马穆鲁克的战争，这次事件在任何时候都必须列为该素丹国历史上受基督教的打击中最惊人的一次。借助于事后的认识，很清楚的一点是土耳其深入色雷斯意味着拜占庭比以往任何时候都更需要军事援助，但是一点也不能肯定的是当时西方人在多大程度上意识到了这一点。不清楚的还有约翰五世使希腊教会顺从教宗的保证有多大的可信度。无论如何，塞尔维亚和匈牙利的竞争野心，更不用说威尼斯和热那亚的，使这个问题变得模糊起来。如果从欧洲的情况来看，则很难看清楚：各个天主教的国家能在多长的时间内维持一支切实可行的反土耳其人的力量。实际上14世纪60年代所发生的事情是：看不清拜占庭帝国和爱琴海上的拉丁领土哪些事情需要优先对待，这是西方混沌不清的思想与被误导的野心的混合共同促成的。

1360年5月，法英两国缔结了布雷蒂尼停战协议，并由此要求停止自1337年以来一直在进行的敌对行动。法国的约翰二世（1350—1364年）面临种种困难，感到沮丧。他需要忘却所遭受的羞辱、恢复财政并使法国摆脱一批批失业的雇佣兵，即"自由连队"（Free Companies）的威胁，他们正在蹂躏乡村并甚至恫吓阿维尼翁的教宗。一次往东的十字军为总体上解决这些问题提供了一个机会。这将会提高他和法国君主的声望；教宗将授予能使他缓解财政紧张状况的教士税，自由连队将会被征募加入十字军，他们的能量将转化为基督教世界的优势。唯一需要期待的是约翰本人关心十字军事业。自12世纪中期路易七世以来，每一位法国国王都接受了十字架，14世纪30年代约翰的父亲菲利普六世，还曾提出过一些通过常规通道夺回耶路撒冷的野心勃勃的建议，但不料竟都因为与英格兰的战争而受挫。

1362年11月，约翰二世从阿维尼翁出发越过罗讷河到达新城（Villeneuve），与新当选的教宗乌尔班五世接触。然后，在下一个耶稣受难日（Good Friday），他双手接受了十字架。乌尔班任命他为十字军远征军的"教区首席神父和总司令"（rector and captain-general），其目的是收复圣地；他计划在1365年3月出发，教宗授予一份六年期的什一税，还有教宗收入中的各种杂项来源的收益，作为教会对圣战费用的贡献。在同一个仪式上，接受十字架的人中还有塞浦路斯的彼得，他是两天前到达阿维尼翁的。

约翰和乌尔班认为他们能发起一场将会收回耶路撒冷的十字军吗？约翰作为军事领袖的记载几乎难以让人尊重，他的王国的情况意味着现在发动一场十字军比起该世纪早期甚至要遇到更多的困难。一旦远征起航，对于远征军将实际做些什么教宗似乎没有多少想法。可能他主要关切的是帮助约翰恢复在法国的权威，促进欧洲的和平并解决自由连队的问题，他首先把十字军视为达到这些目的的一种手段。当时达成一致的意见是：塞浦路斯国王必须在十字军主力部队到来之前领导一次预备性的远征，1363年夏天彼得着手意在宣扬十字军和征募新兵的欧洲之旅。征募自由连队的各种努力并未获得很大成功，但他对这一任务的热情不能加以怀疑。由于1364年4月约翰二世死去，彼得成了这整个事业毫无争议的领导者。

彼得继承了一次以收复耶路撒冷为目标的十字军。他还让14世纪最坚决的十字军宣传者之一的菲利普·德·梅齐埃（Philippe de Mézières）担任他的大臣；菲利普写的关于1365年伴随他远征的教宗使节皮埃尔·托马斯的生平（vita），同样强调战争的预期目的地是圣城。同时代各种教宗诏书的言辞与此类圣徒传记著作的结合，使过去的历史学家视彼得为超凡脱俗的梦想者，他的骑士精神和虔诚导致他从事一场圣战，而这种圣战在14世纪60年代中期是不合时宜的、毫无希望地脱离现实的。另一种非正统的观点是试图体谅这些资料的宣传性质，暗示彼得的十字军热忱可以升华为其自身的利益：他远非脱离现实世界，而是想利用十字军努力把塞浦路斯建成利凡特地区的一种轴心力量，使他的王国在当时产生于东方国际贸易的财富中获得更大的份额。如果说约翰二世和乌尔班五世可以因他们的十字军计划的含糊不清和不切实际而受到指责，那么彼得的缺点则是一个赌徒的缺点，他的乐观主义和过度膨胀的野心将他送上了超出他的财力所能承受的道路。

根据塞浦路斯记载这些事件的主要的编年史家勒昂提奥斯·马凯拉斯（Leontios Makhairas）的记载，彼得在1363年的复活节到达阿维尼翁与十字军毫无关系。更确切地说，他亲自来到西方的目的是为了解决关于他继承王位的争论问题。他的竞争者是他的侄子休，是他早已过世的兄长的儿子。休一直生活在西方，在塞浦路斯国内他似乎未获得任何支持。然而，他在欧洲确实有包括法国王室和教宗在内的强有力的同情者，只要他的要求没有解决，他动摇彼得统治的可能性就始终可能存在。自从1359年休四世去世后，彼得至少派了两位大使去西方处理这一问题；如果年轻的休被劝诱放弃自己的要求，他将需要得到补偿，彼得国王希望教宗和法国国王作为这一和解方案的保证人。彼得在到达阿维尼翁之前在多大程度上知道筹备中的十字军计划，这一点尚不清楚，但毫无疑问的是他对这些计划的热情支持将会讨好他侄子以前的支持者。

通过加入爱琴海地区的反土耳其联盟并迫使安纳托利亚南部各个埃米尔国纳贡，休四世已经保护了通往西方的航线的安全。彼得在统治之初，在抵达阿维尼翁之前，已经将此政策向前推进一步。1360年，为了回应当地居民的请求，他把一支塞浦路斯守备部队派驻亚美尼亚的戈希戈斯（Gorhigos）港口，然后于次年以武力从泰凯的土耳其埃米尔手中取得萨塔利亚（Satalia，即安塔利亚［Antalya］）。萨塔利亚城是塞浦路斯和罗得岛之间的一个主要停靠港，占领它是一项重要的成就，堪与1344年占领士麦那媲美。1362年底他动身去西方后，他的兄弟及摄政者安条克（Antioch）的约翰继续清除各海域中的土耳其海盗的工作。彼得占领萨塔利亚意味着他在与伊斯兰的斗争中获得了军事领导人的荣誉，这无疑也能加强他在阿维尼翁的地位。有可能他来到西方的意图部分是想征募雇佣兵和船舰使他能够继续从事这些活动。

彼得的欧洲之旅从1363年夏天持续到1364年11月，包括访问巴黎，他在欧洲度过了圣诞节，并且在1364年5月参加了约翰二世的葬礼和他的继承者的加冕礼，还访问了英格兰、德国、波兰和波希米亚，最后一站是威尼斯。他受到了优厚的款待但未能像预期那样招募到那么多的十字军战士。这次远征于1365年6月在威尼斯启程，当年8月在罗得岛与安条克的约翰统率的塞浦路斯军队汇合。很难解释我们的资料所提供的关于参与远征的人员和船只的统计数字的矛盾之处，但看来可能是这样：在罗得岛汇合的军队包括彼得自己的塞浦路斯军队的主力，他先前所雇佣的、已经来到东方的西方人组成的雇佣军。[5] 10月4日，这支舰队扬帆起航，它远远大于此前的14世纪里基督教为反对穆斯林的战争在东地中海集结起来的任何一支舰队。其目标现在第一次显示为埃及亚历山大城的港口。

为什么在数十年的和平共处后彼得竟然要挑战马穆鲁克素丹国的军事力量，这是一个不容易回答的问题。但可以相信的是，许多十字军理论家认为夺回圣地的途径就是攻击埃及。用圣战的热忱或者简单而草率的冒险主义来解释彼得的目标选择，似乎低估了他政治上的精明之处。商业和物质的优先考虑很大程度主导着努力的方向，爱琴海上的基督教联盟自14世纪40年代就已经向着这个方向运转了，所以14世纪60年代类似的考量决定着彼得的行动，对此我们不必感到惊讶。或许理解他的政策的戏剧性变化的线索，可以从他在1367年和1368年提出的和平提议中发现：那时为在马穆鲁克领土上从事贸易

---

[5] Edbury (1991), p.166.

的塞浦路斯商人谋求优惠性的商业协定,是彼得主要关心的事情。

到14世纪60年代,塞浦路斯的繁荣日渐衰落。和其他地方一样,作为黑死病的一个后果,经济可能已经萎缩;消费者和生产者都减少了,商业的容量和工农业的产量可能已经下降,而这些正是国王的通行费和其他税费的来源。国际航线的改变以及西欧商人绕过该岛同叙利亚直接交易的准备工作日益完善,导致商业更加萎缩。一方面,情况可能是部分亚洲商品发现了一条经由奇里乞亚和叙利亚北部进入西方的道路,因此经由塞浦路斯的商品减少了,而更多的商品则通过黑海或埃及运到西方;另一方面,自14世纪30年代起,允许西方人在马穆鲁克素丹国通行的教宗特许状的数量稳步增加,而且教宗的贸易禁令没有得到有效实施。通过考察威尼斯政府的平底大船制度(galley system)的例子,可以看出塞浦路斯是如何受到影响的。在1334—1345年间,威尼斯人定期派遣7艘或8艘平底大船到该岛。然后到1346年,利用教宗特许状,他们开始把平底大船开往亚历山大城。驶往东方的船只数量基本上保持不变,但开往塞浦路斯的船只减少了。因此在1357—1359年的三年间,装备好前往亚历山大的平底大船总共有14艘,而去法马古斯塔的仅有9艘。⑥ 如果说这一变化是总体趋势的征兆——没有理由不这样设想,那么彼得就有了严重加以关注的理由。然而怎样才能扭转这一局势呢?一种解决办法是在该岛之外获得商业基地。意大利人在爱琴海和黑海如同在科龙、莫顿、加拉塔(Galata)、卡法和塔纳(Tana)一样拥有自己的小型基地,那么为什么塞浦路斯在利凡特周围没有自己的小型基地呢?彼得已经占领了萨塔利亚和戈希戈斯,控制了它们的贸易活动,可以向它们的商业财富课税。为什么不能同样占领亚历山大城和它的商业利润呢?第二个解决办法是让塞浦路斯商人在东西方贸易中扮演更为重要的角色。如果能够诱使素丹给予他们在其领地上拥有优惠地位,他们就将比欧洲商界拥有一种竞争优势,并可能因此恢复塞浦路斯作为欧洲和亚洲之间主要的转口贸易港之一的地位。

1365年的亚历山大城战役进展得异常糟糕。十字军战士初战顺利,打得当地驻军猝不及防,他们也毫不费力地占领了该城。但是彼

---

⑥ Edbury (1977), pp. 96 – 97.

得不能阻止他的军队忙于肆意掠夺和破坏,他的士兵严重地破坏了那些要塞和城门,该城已经难以防守。除了撤回塞浦路斯别无选择。他曾可能抱有的为自己获得地中海埃及贸易的主要出海口的任何希望都被击碎了,而且塞浦路斯这时正与这个素丹国处于交战状态。此外,此次攻击也激怒了意大利那些商业共和国,其公民在这场大混乱中不仅丧失商品,而且马穆鲁克为了报复还把他们扣押起来。国王希望攻击成功的消息能够鼓舞更多的十字军战士前往东方;意大利人则竭尽全力阻止进一步的敌对行为并恢复正常的贸易关系。1366年,他们设法劝诱彼得开始和平谈判,但看来他可能只是为了拖延时间而在为另一次攻击积聚力量。第二次组织起来的舰队显然并不比曾征服亚历山大城的舰队规模小很多,但它迟迟未能启程,直到1367年1月才从法马古斯塔出发,不料竟在一次冬季的风暴中被吹散了。一批军舰劫掠了叙利亚的的黎波里(Tripoli)港,但是其余的都返回了塞浦路斯,它们似乎什么也没做。

此后彼得倾向于进行严肃的谈判。处于来自西方商人利益的与日俱增的压力,他准备讲和;教宗已经明确表示他不能再期望向教会征税;失败和周期性的怠惰使他日益难以把自己的力量集结起来,更不必说从西方吸引新的军队;战争是昂贵的而塞浦路斯的资源却是有限的;土耳其人对戈希戈斯的攻击和萨塔利亚的塞浦路斯驻军的一次兵变分散了他的注意力。

1367年夏天会谈破裂。彼得越来越明显地处于弱势:他既不能继续侵略并赢得彻底胜利,也不能强迫马穆鲁克求和。在9月、10月领导了对叙利亚海岸的另一次袭击后,他来到西方试图寻求新的支持。但是,教宗乌尔班坚持说他允许威尼斯人和热那亚人代表他与穆斯林谈判。在1368年的最后几个月中,彼得回到了塞浦路斯,这次出访没有什么成果可以展示。彼得日益飘忽不定的行为使他卷入与自己的封臣们的冲突;1369年1月他在一场宫廷政变中被谋杀。1370年10月塞浦路斯终于缔结了与马穆鲁克的和平协定。条约的文本没有留存下来,就已知的内容而言,战争没有给塞浦路斯带来任何好处。相反,彼得留下的遗产是一笔王室债务以及同西方商人的紧张关系,而其王国的经济福利是依赖于这些商人的。1373—1374年,热那亚人入侵塞浦路斯,这给予该岛一次沉重的打击,使它再也不能维持那种为抗击土耳其人的基督教联盟而作出贡献的地位，它挑战马穆鲁克素丹国的力量则更小了。然而，尽管1375年奇里乞亚亚美尼亚王国的残余势力屈服于穆斯林的征服，塞浦路斯人仍确实设法保有戈希戈斯，直至1448年。但在1373年时，他们不是让萨塔利亚落入热那亚人之手，而是将其交还给泰凯的埃米尔。

1366年萨伏依的阿梅代乌占领了加利波利，这提供了将来西欧会援助拜占庭的前景。但是一旦1365年对亚历山大城的进攻已经失败，对叙利亚的攻击也于1367年1月以惨败告终，事情已经很清楚：与马穆鲁克素丹国的冲突将毫无所获。除了一些小规模的海盗行为，还有1403年布西科元帅率领的热那亚海军对叙利亚海岸的一次相当徒劳的袭击，此后大部分时间里基督教诸国大体上都与素丹国相安无事。抗击穆斯林的战争的理想，仍然吸引着西方那些渗透着那时代骑士价值观的人，但是战争的种种现实以及组织一场有意义的战役的花费和各种困难，更不必说寻找一个合适的可以展开战斗的战场，都意味着战争将毫无所获。问题部分在于到达东地中海的基督教世界和伊斯兰的边界需要海军船舶运输，而能提供这种运输的只能是那些其商业利益需要与穆斯林相通融而非对抗的人。意大利人为保护他们的市场和航线而诉诸战争；为保护有共同宗教信仰的人而走向战争，他们则不太热心。威尼斯人和热那亚人所支配的军事和经济力量，意味着东方的统治者，诸如塞浦路斯国王或者医院骑士团的团长，不可能忽视他们。彼得最大的失误之一就是他试图挣脱他们所施加的束缚。

14世纪70年代，热那亚人开始进入其历史上一个异常坚定和自信的阶段。1373—1374年与塞浦路斯的战争以他们占领法马古斯塔而结束，热那亚人对该地的占领一直延续到1464年。1367年，他们再次与威尼斯开战，这一次控制了爱琴海上的战略要地特内多斯岛；而且在本次冲突中，他们封锁了威尼斯与其在基奥贾的基地之间的联系。同时法国和英国已经重新展开敌对行动。这样，反土耳其活动的衰弱就不足为奇了。1372年，在底比斯召开的一次会议上教宗徒劳无益地试图把东方基督教的各派力量集结起来。然后他转向匈牙利人，但匈牙利人没有与他合作；他又转向医院骑士团，他们被劝导单独承担保卫士麦那的责任，但在其他方面他们却发现自己受到了拉丁希腊的错综复杂的政治所牵制。1378年格列高利十一世去世时，罗马教廷本身进入了一个分裂扩大的时代。在两个互相竞争的教宗中，没有哪位拥有足够强大的地位在激发西方人起来反抗奥托曼的扩张上有更多的作为。

14世纪60年代末，奥托曼已经占领了哈德良堡和菲利普波利斯两座关键城市。从那以后，土耳其人进一步深入巴尔干地区，处于其后面的君士坦丁堡及其周边地区作为基督教控制的一个孤立的飞地保留了下来。1371年，素丹穆拉德一世在马里查河的奇尔诺门（Crnomen）取得了对塞尔维亚的重大胜利。他在1377年收复了加利波利；1385年索非亚落入他的手中，尼什与塞萨洛尼基则分别在1386年和1387年沦陷。1389年，土耳其人打败集结在巴尔干科索沃的基督教诸君主联盟的军队，这是一场更重大的胜利。穆拉德本人在战争中被杀，但是他的儿子及继承者巴耶齐德贝伊一世没有碰到什么麻烦，继续往前挺进。巴耶齐德贝伊还把奥托曼的统治扩展到小亚细亚西部其他埃米尔国的领土。14世纪90年代奥托曼的统治区已远至多瑙河，于是他着手准备占领君士坦丁堡。

正是为了应对这些事件，匈牙利的西吉斯孟德国王（1387—1437年）加入到冲突中。到那时为止，匈牙利人很少与西方协力遏制土耳其的推进。现在西吉斯孟德试图加强在巴尔干的抵抗力量并从西方得到援助。很幸运的是他的努力和英法之间的停战协定同时发生，而且正处在一次十字军热情高涨的过程中，这次热情已经促使如波旁（Bourbon）公爵那样杰出的人物在1390年领导了一次针对马赫迪耶（al-Mahdiya）的十字军，促使德比（Derby）伯爵加入1390年和1392年条顿骑士团**远征**（Reisen）立陶宛。塞浦路斯大臣菲利普·德·梅齐埃自彼得一世去世后就一直住在西方，他仍在推动十字军运动，孜孜不倦地向虔诚和具有骑士精神的贵族呼吁，他为往东的一次十字军做的准备工作比任何其他单个的宣传员做的都要多。大规模的英法远征计划开始了，这次远征将从陆路到达匈牙利并在一次打算击退土耳其人的战役中与西吉斯孟德的军队汇合。包括医院骑士团、威尼斯和热那亚战舰的一支舰队将在黑海上行动，与陆地上的军队协力作战。结果，十字军主要由勃艮第人组成。1396年4月，他们出发前往东欧，通过匈牙利挺进到多瑙河的尼科波利斯要塞。但就在那里，在9月25日，基督徒被彻底打败了。

从基督教的角度看，往尼科波利斯的十字军东征有两个积极作用。尽管其战败了，但勃艮第公爵家族已经获得资格（credentials），使自己成为未来十字军志向的一个中心；其次，这次远征至少迫使巴耶齐德贝伊放松了对君士坦丁堡的封锁。1399年，著名的法国指挥官布西科元帅（Marshal Boucicaut）得以进一步缓解拜占庭首都的压力，虽然他本人在尼科波利斯被俘。然而，真正阻止土耳其人的道路的不是西方的干涉，而是帖木儿和他的蒙古军在小亚细亚的出现。1402年帖木儿在安卡拉给予巴耶齐德贝伊毁灭性的打击，奥托曼人需要一代人的时间才能重新在巴尔干地区展开征服活动。

14世纪时西欧人试图在沿东地中海的土地上阻止穆斯林的推进，后人很容易一口气把这写成一个无能的、自私的和未完成的梦想的悲惨故事。长期的战争席卷西方的广大地区，这个世纪里不时地出现的经济危机阻止了各国组织起可观的军队，因而无法发起任何反对土耳其人或者马穆鲁克的持续进行的战役，最多只能说基督徒可能延缓了土耳其人的推进。至少社会上层对十字军的热情仍然没有黯淡下来，反对异教徒的圣战被视为骑士文化的精华。基督徒把保护他们海外同胞视为共同责任的十字军意识和信仰，在14世纪的思想世界里继续占据着重要地位。

如果军事胜利是有限的，如果说那些倡导反穆斯林行动的力量的动机是混合的，那么对12世纪或者13世纪的类似行为也同样可以这样说。然而，不管如何，基督教的欧洲在如此之久的时间内耗费了如此之多的努力，这一事实告诫我们不要将该世纪视为一个十字军走向衰落和民众不再关心捍卫基督教世界的时期。

彼得·埃德伯里（Peter Edbury）
柴　彬译
王加丰校

附　　录
王朝世系一览表

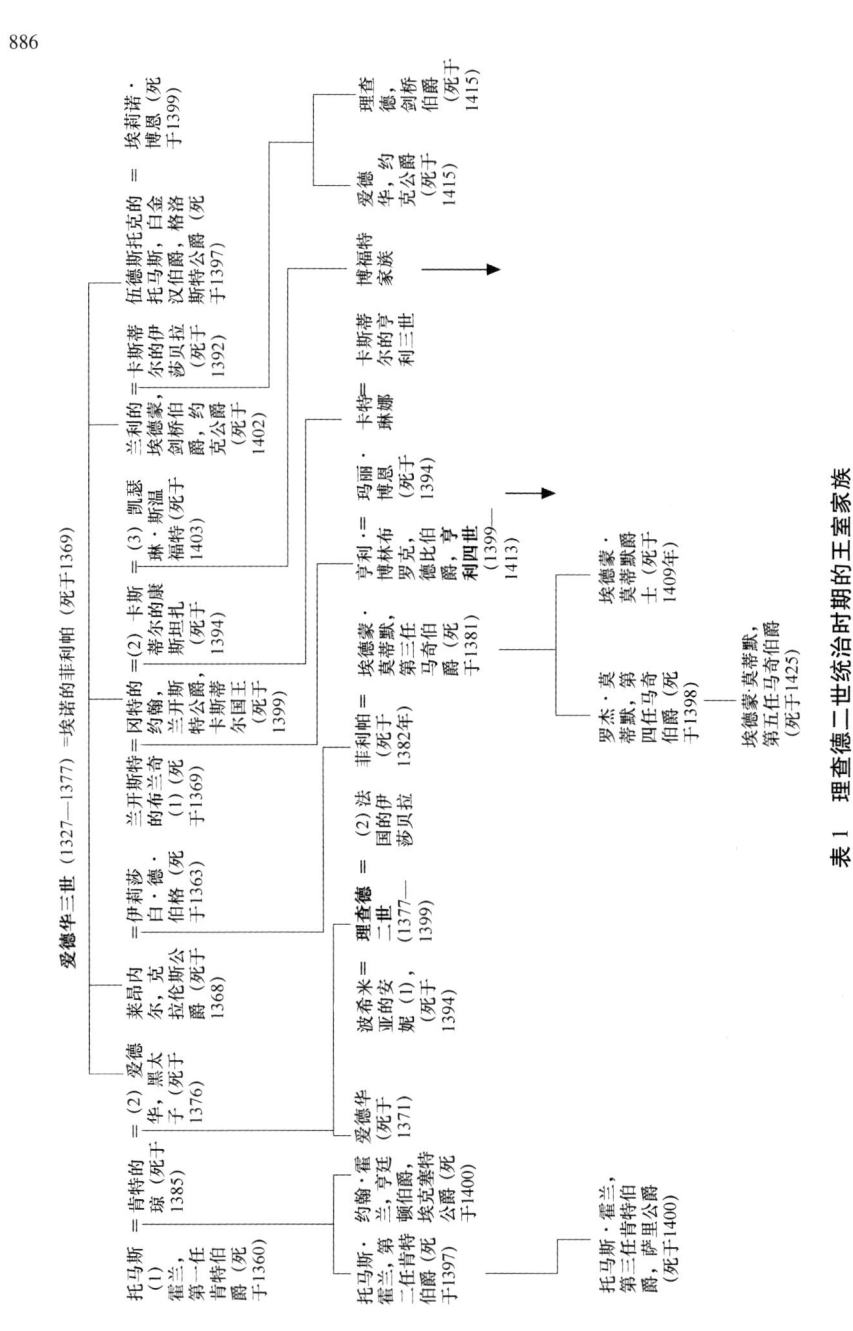

表 1　理查德二世统治时期的王室家族

附录　王朝世系一览表

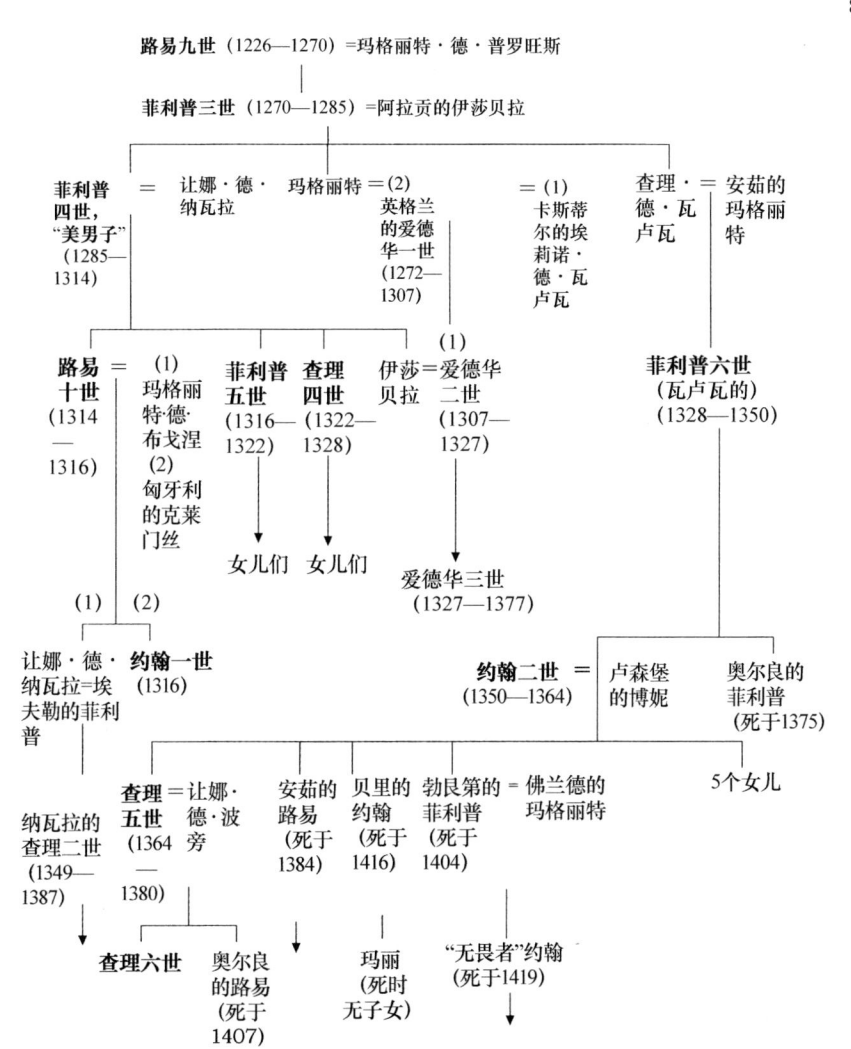

```
路易九世（1226—1270）=玛格丽特·德·普罗旺斯
                │
        菲利普三世（1270—1285）=阿拉贡的伊莎贝拉
```

| 菲利普四世,"美男子"（1285—1314） = 让娜·德·纳瓦拉 | 玛格丽特 =(2) 英格兰的爱德华一世（1272—1307） | =(1) 卡斯蒂尔的埃莉诺·德·瓦卢瓦 | 查理·德·瓦卢瓦 = 安茹的玛格丽特 |

```
路易十世 = (1)玛格丽特·德·布戈涅    菲利普五世    查理四世    伊莎贝拉 =(1) 爱德华二世    菲利普六世（瓦卢瓦的）
(1314—       (2)匈牙利的克莱门丝    (1316—      (1322—              (1307—              (1328—1350)
 1316)                              1322)       1328)               1327)
                                      │           │                   │
                                    女儿们      女儿们              爱德华三世
                                                                   (1327—1377)
```

```
     (1)        (2)
让娜·德·      约翰一世                约翰二世 = 卢森堡的博妮    奥尔良的菲利普（死于1375）
纳瓦拉=埃      (1316)                (1350—1364)                    │
夫勒的菲利                                                       5个女儿
普
 │
纳瓦拉的
查理二世
(1349—
 1387)
```

```
查理五世 = 让娜·德·波旁    安茹的路易    贝里的约翰    勃艮第的菲利普 = 佛兰德的玛格丽特
(1364—                    （死于1384）  （死于1416）  （死于1404）
 1380)
   │
查理六世    奥尔良的路易              玛丽                "无畏者"约翰
           （死于1407）            （死时无子女）        （死于1419）
```

表2　法国卡佩王朝后期诸王和瓦卢瓦王朝早期诸王

888

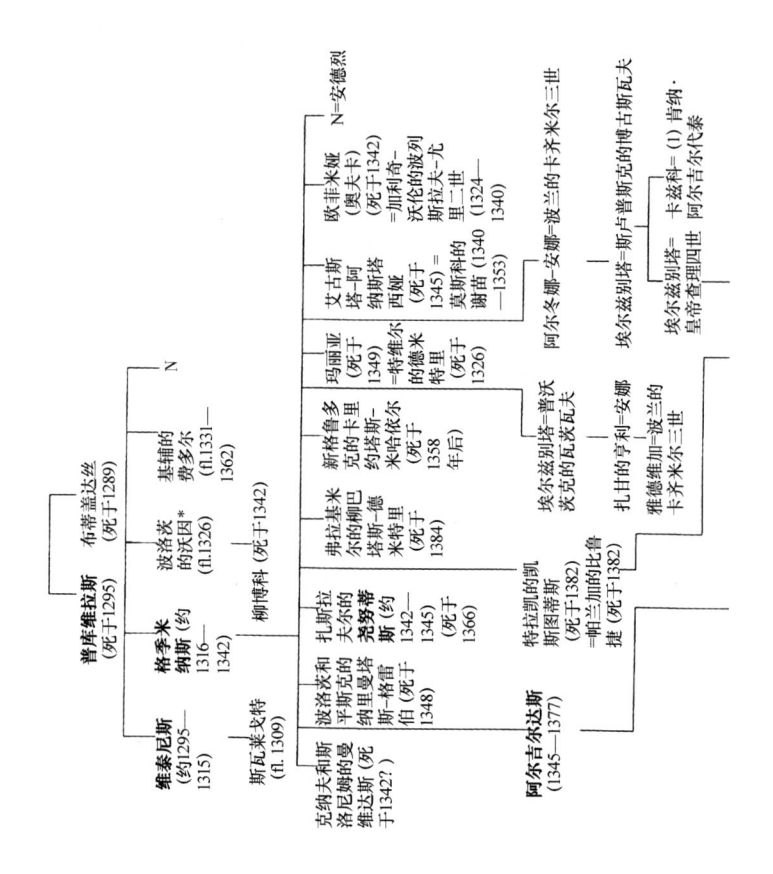

普库维拉斯(死于1295) ─┬─ 布蒂盖达丝(死于1289)

├─ 维泰尼斯(约1295—1315)
├─ 斯瓦莱戈特(fl.1309)
├─ 格季米纳斯(约1316—1342) ─┬─ 波洛茨的沃伊辛*(fl.1326)
│　　　　　　　　　　　　　　├─ 柳博科(死于1342)
│　　　　　　　　　　　　　　├─ 克纳夫和洛尼姆的曼维达斯(死于1342?)
│　　　　　　　　　　　　　　├─ 波洛茨和平斯克纳里曼塔斯-格雷伯(死于1348)
│　　　　　　　　　　　　　　├─ 扎斯拉夫尔的柳克斯-德米特里(死于1345—1366)
│　　　　　　　　　　　　　　├─ 奥努蒂斯(约1342—1345)
│　　　　　　　　　　　　　　├─ 弗拉基尔的巴斯-德米哈依尔(死于1384)
│　　　　　　　　　　　　　　├─ 新格鲁多克的卡里约塔斯-米哈依尔(死于1358年后) ─┬─ 玛丽亚(死于1349)=特维尔的德米特里(死于1326)
│　　　　　　　　　　　　　　│　　　　　　　　　　　　　　　　　　　　　　　　├─ 艾古斯塔-阿纳斯塔西娅(死于1345)=莫斯科的谢苗(1340—1353)
│　　　　　　　　　　　　　　│　　　　　　　　　　　　　　　　　　　　　　　　└─ 欧菲米娅(奥夫卡)(死于1342)=加利奇-沃伦的波拉夫-尤里二世(1324—1340) ─ N=安德烈
│　　　　　　　　　　　　　　├─ 特拉凯蒂斯斯图蒂(死于1382)=帕兰加的比鲁捷(死于1382)
│　　　　　　　　　　　　　　├─ 阿尔吉尔达斯(1345—1377) ─┬─ 阿尔冬娜-安娜=波兰的瓦茨瓦夫
│　　　　　　　　　　　　　　│　　　　　　　　　　　　　　├─ 埃尔兹别塔-普沃茨克的瓦茨瓦夫
│　　　　　　　　　　　　　　│　　　　　　　　　　　　　　├─ 扎甘的亨利=安娜
│　　　　　　　　　　　　　　│　　　　　　　　　　　　　　├─ 维德维加-波兰的卡齐米尔三世
│　　　　　　　　　　　　　　│　　　　　　　　　　　　　　└─ 埃尔兹别塔-斯卢普斯克的博古斯瓦夫
│　　　　　　　　　　　　　　└─ 埃尔兹别塔=卡兹科=皇帝查理四世·阿尔吉尔代表(1)肯纳
└─ 基辅的费多尔(fl.1331—1362)

附录　王朝世系一览表

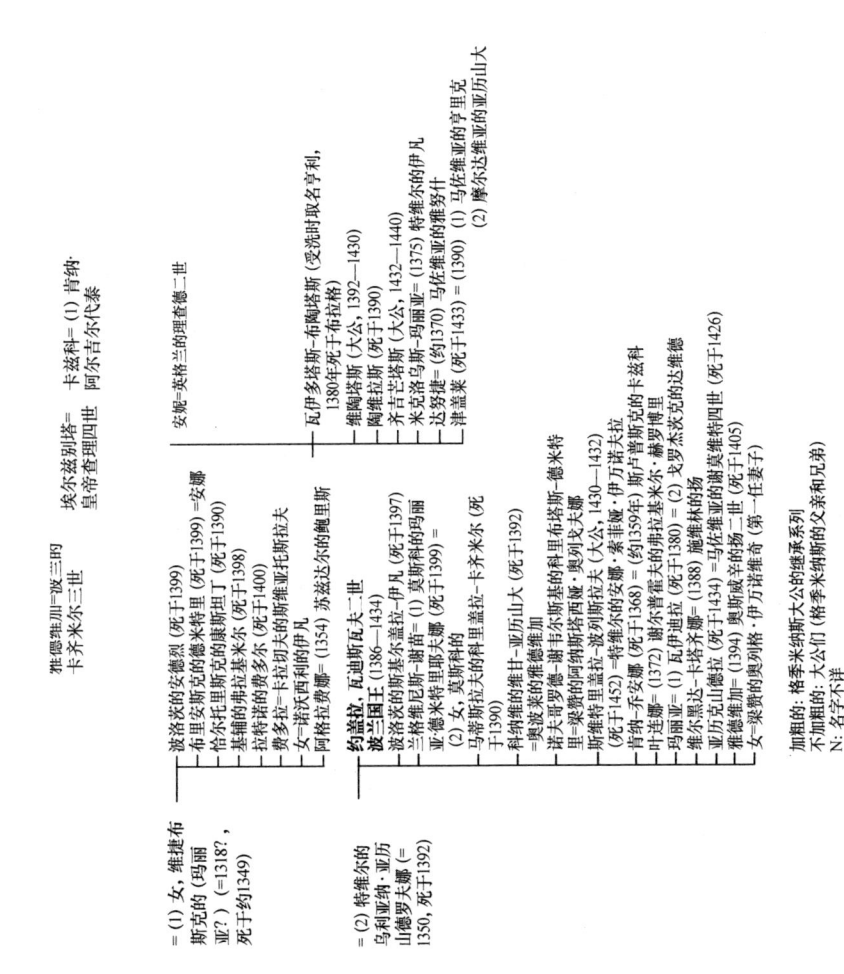

雅盖隆III=波三的　　卡兹科=(1)肯纳·
卡齐米尔三世　　　皇帝查理四世　阿尔吉尔代泰

=(1)女,维捷布
斯克的(玛丽
亚?)(=1318,
死于约1349)
　　├─波洛茨的安德烈(死于1399)
　　├─布里安斯克的僧米特里(死于1399)=安娜
　　├─恰尔托雷斯克的康斯坦丁(死于1390)
　　├─基辅诺弗拉基米尔(死于1398)
　　├─拉特诺的费多尔(死于1400)
　　├─费多拉-卡拉切夫的僧维亚托斯拉夫
　　├─女=诺哥利的伊凡
　　└─阿格拉费娜(=1354)苏兹达尔的鲍里斯

安妮=英格兰的理查德一世

瓦伊多塔斯-布陶塔斯(受洗时取名亨利,
1380年死于布拉格)
维陶塔斯(大公,1392—1430)
陶维拉斯(死于1390)
齐吉芒塔斯(大公,1432—1440)
米克鸟斯-玛丽亚=(1375)特维尔的伊凡
达努捷(约1370)马佐维亚的维契夫什
津盖来(死于1433)=(1390)(1)马佐维亚的亨里克
　　　　　　　　　　　　　(2)摩尔达维亚的亚历山大

=(2)特维尔的
乌利亚纳·亚历
山德罗夫娜(=
1350,死于1392)
　　├─约盖拉·瓦迪斯瓦夫二世
　　│　波兰国王(1386—1434)
　　├─波洛茨的斯盖拉-伊凡(死于1397)
　　├─兰格尼斯-谢苗=(1)莫斯科的玛丽
　　├─亚历米特里斯-科里盖拉(死于1399)=
　　│　(2)女,莫斯科
　　├─马斯拉夫的科里盖达-卡齐米尔(死于
　　│　1390)
　　├─科洛维的维甘-亚历山大(死于1392)
　　├─奥波莱斯的维维加
　　├─诺夫哥罗德-谢韦尔斯基的科西雷-德米特
　　│　里=梁赞的阿纳斯塔西娅-波列戈夫
　　├─斯维里盖拉-波列斯拉夫(大公,1430—1432)
　　│　(死于1452)=特维尔的安娜,伊万诺夫娜
　　├─肯纳-安娜(1372)谢尔波夫霍夫拉基米尔的卡兹科
　　├─叶连娜=(约1359年)斯户普斯克的卡兹科
　　├─玛丽亚=(1380)=(2)瓦伊迪拉·瓦尔霍姆特的达维德
　　├─维尔黑达-卡塔尔娜(1388)施维林的场
　　├─亚历山杜塔(死于1434)马佐维亚的谢莫维特四世(死于1426)
　　├─雅德维加(1394)奥斯威辛格·伊万诺格奇(死于1405)
　　└─女=梁费的奥列格·伊万诺格(第一任妻子)

加粗的:格季米纳大公的继承系列
不加粗的:大公们(格季米纳斯的父亲和兄弟)
N:名字不详

890

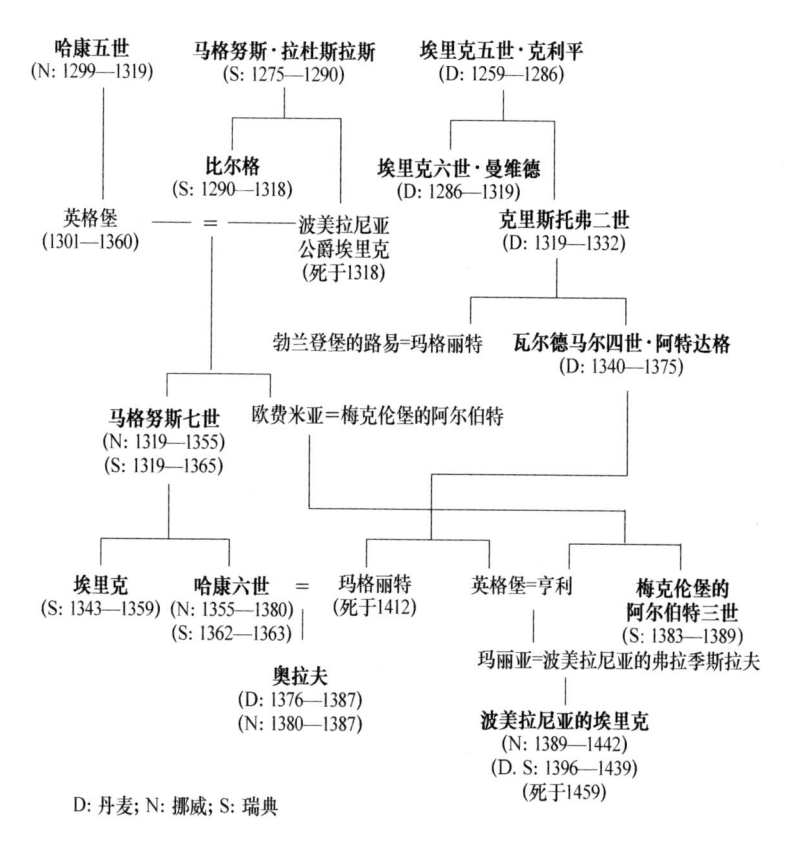

```
哈康五世              马格努斯·拉杜斯拉斯        埃里克五世·克利平
(N: 1299—1319)        (S: 1275—1290)           (D: 1259—1286)
      │                      │                        │
      │                    比尔格                埃里克六世·曼维德
      │                 (S: 1290—1318)            (D: 1286—1319)
      │                      │                        │
   英格堡          ──── = ──── 波美拉尼亚          克里斯托弗二世
  (1301—1360)                公爵埃里克           (D: 1319—1332)
                             (死于1318)                │
                                                      │
                 勃兰登堡的路易=玛格丽特    瓦尔德马尔四世·阿特达格
                                                (D: 1340—1375)
                         │                            │
                  欧费米亚=梅克伦堡的阿尔伯特
                         │
                     马格努斯七世
                    (N: 1319—1355)
                    (S: 1319—1365)
          ┌──────────┬──────────┐            ┌──────────┬──────────┐
        埃里克    哈康六世 = 玛格丽特      英格堡=亨利      梅克伦堡的
      (S: 1343—1359)(N: 1355—1380)(死于1412)              阿尔伯特三世
                   (S: 1362—1363)                        (S: 1383—1389)
                         │              玛丽亚=波美拉尼亚的弗拉季斯拉夫
                       奥拉夫                         │
                    (D: 1376—1387)              波美拉尼亚的埃里克
                    (N: 1380—1387)               (N: 1389—1442)
                                                 (D. S: 1396—1439)
                                                   (死于1459)
```

D: 丹麦；N: 挪威；S: 瑞典

表4 北方诸君主：波美拉尼亚的埃里克的后裔们

附录　王朝世系一览表

卢森堡的亨利四世（死于1288）
├─ 鲍德温·特，卢森堡的亨利五世（死于1313），卢森堡的亨利七世，皇帝（1308—1313）
│ 里尔大主教
├─ 比阿特丽斯（死于1319）=查理·罗伯特，匈牙利国王
├─ 玛丽（死于1324）=查理四世，法国国王
└─ "盲者"约翰（1296—1346），波希米亚国王（1310—1346）
   =（2）瓦卢瓦的比阿特丽斯
   ├─ 博妮（1315—1349）="好人"约翰，法国国王
   └─ 查理四世（1315—1378），波希米亚国王，皇帝（1355—1378）
      ├─ 玛格丽特（死于1349）=匈牙利的路易大王（1342—1382）
      ├─ 瓦茨拉夫四世（1361—1419），波希米亚国王（1378—1419），皇帝（1378—1400）
      ├─ 西吉斯孟德（1368—1437），波希米亚国王（1419—1437），匈牙利国王（1387—1437），皇帝（1433—1437）
      │ =（1）玛丽（1370—1395），匈牙利王后（1382—1395）
      │ =（2）希利的芭芭拉
      ├─ 约翰·亨利（死于1375），摩尔达维亚侯爵
      │ └─ 约斯特（死于1411），摩拉维亚侯爵
      └─ 约翰（死于1359）
         =（1）玛格丽特·毛尔陶施
         =（2）巴伐利亚的刘易斯，勃兰登堡侯爵

哈布斯堡的阿尔伯特（1255—1308），皇帝（1298—1308）
├─ 瓦茨拉夫二世（1270—1305），波希米亚国王（1278—1305），波兰国王（1300—1305）
│ =（1）伊莉莎白（1292—1330）
│ └─ 安妮（1290—1313）=卡林西亚的亨利（死于1335），波希米亚国王（1307—1310）
├─（1）=波兰的伊莉莎白（死于1335）
└─（2）=哈布斯堡的鲁道夫，波希米亚国王（1305—1307）
   └─ 瓦茨拉夫三世（1289—1306），波希米亚国王（1305—1306），匈牙利国王（1301—1304）

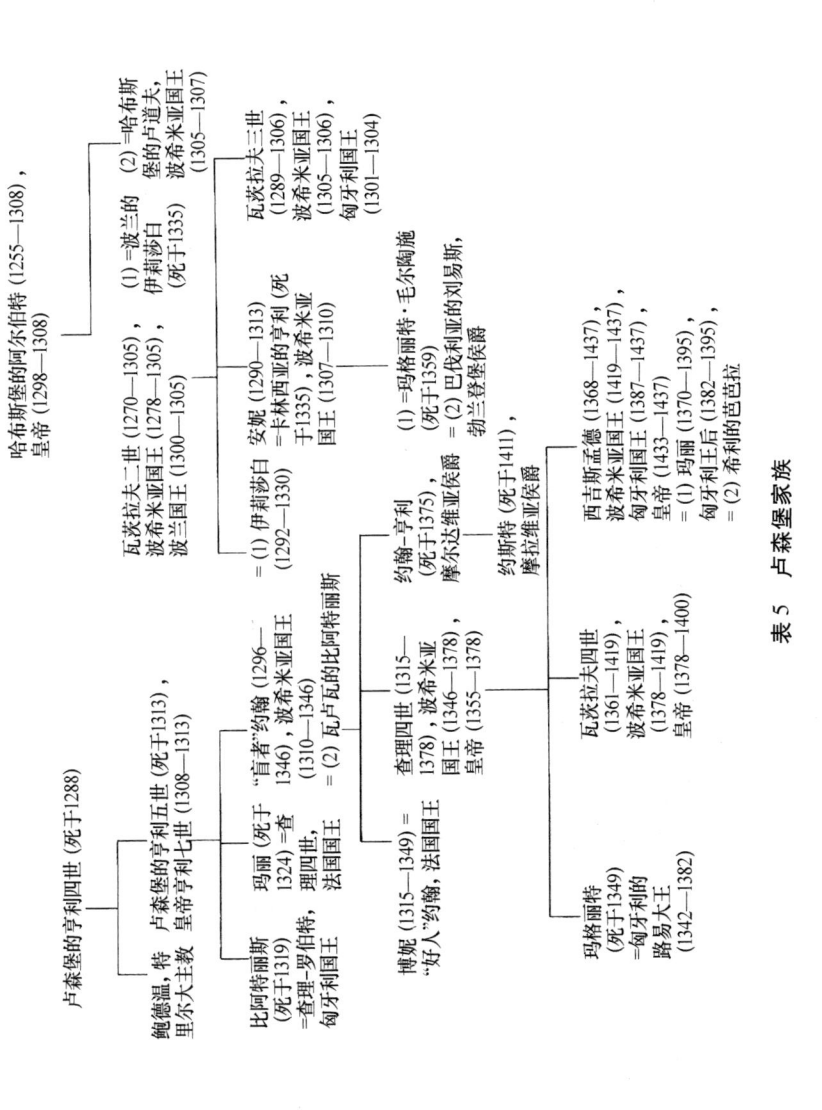

表 5　卢森堡家族

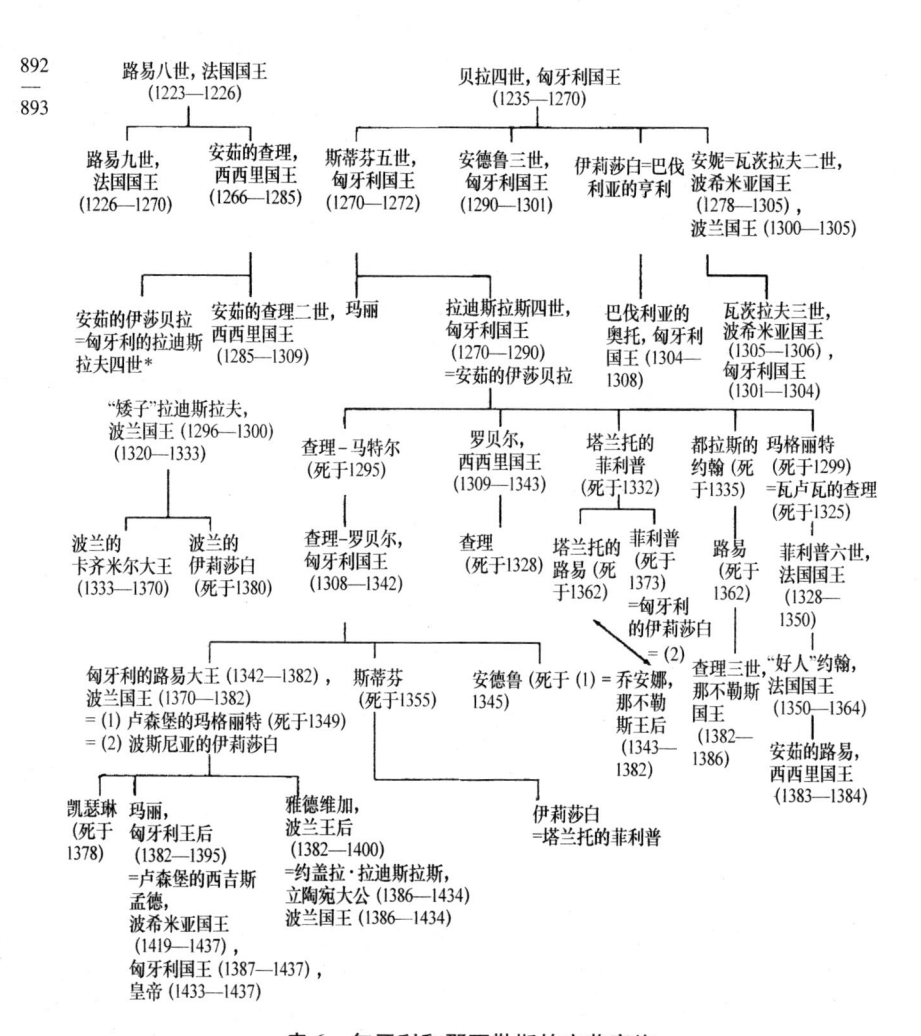

表6 匈牙利和那不勒斯的安茹家族

* 拉迪斯拉夫（Ladislav）四世，即拉迪斯拉斯（Ladislas）四世。——译者注

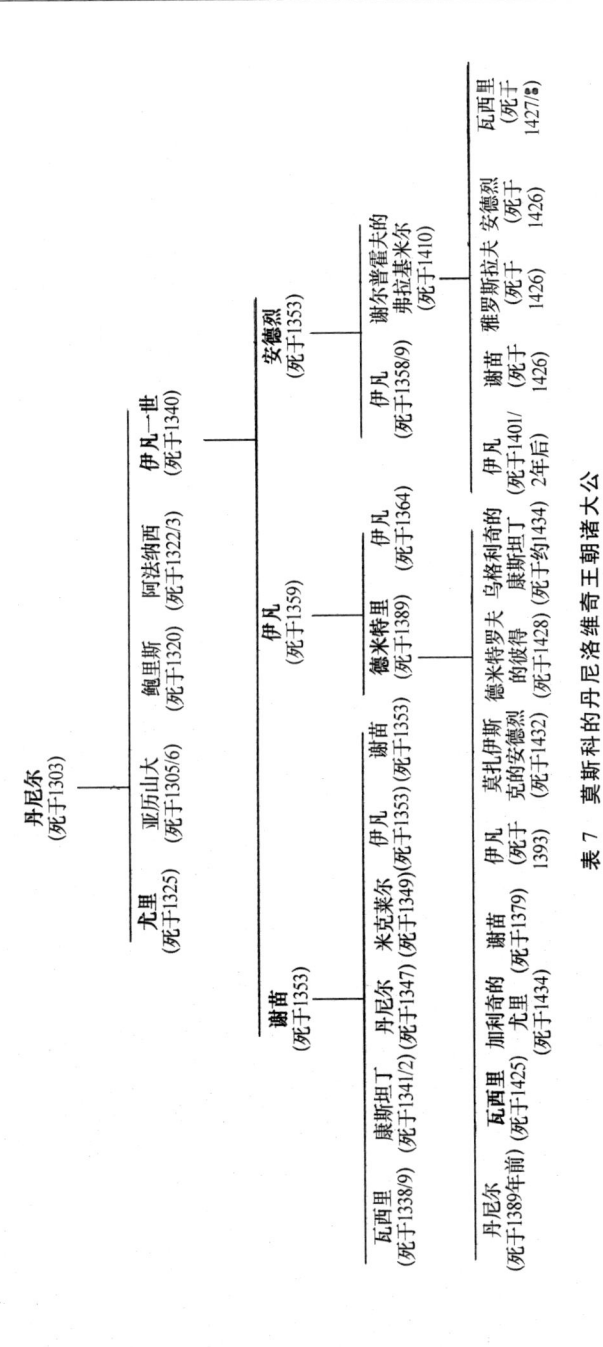

附录　王朝世系一览表

丹尼尔
(死于1303)
├─ 尤里 (死于1325)
├─ 亚历山大 (死于1305/6)
├─ 鲍里斯 (死于1320)
├─ 阿法纳西 (死于1322/3)
└─ 伊凡一世 (死于1340)

谢苗 (死于1353)
├─ 瓦西里 (死于1338/9)
├─ 康斯坦丁 (死于1341/2)
├─ 丹尼尔 (死于1347)
├─ 米克莱尔 (死于1349)
└─ 谢苗 (死于1353)

伊凡 (死于1359)
├─ 德米特里 (死于1389)
└─ 伊凡 (死于1364)

丹尼尔 (死于1389年前)
├─ 瓦西里 (死于1425)
├─ 加利奇的尤里 (死于1434)
└─ 谢苗 (死于1379)

伊凡 (死于1393)
├─ 莫扎伊斯克的安德烈 (死于1432)
├─ 德米特罗夫的彼得 (死于1428)
├─ 乌格利奇的康斯坦丁 (死于约1434)
└─ 伊凡 (死于1401/2年后)

安德烈 (死于1353)
├─ 伊凡 (死于1358/9)
└─ 谢尔普霍夫夫的弗拉基米尔 (死于1410)

├─ 谢苗 (死于1426)
├─ 雅罗斯拉夫安德烈 (死于1426)
├─ 安德烈 (死于1426)
└─ 瓦西里 (死于1427/8)

表 7　莫斯科的丹尼洛维奇王朝诸大公

王加丰　译

参考文献:
第一手资料和第二手著作
(按章编排)

PRIMARY SOURCES AND SECONDARY WORKS ARRANGED BY CHAPTER

1 INTRODUCTION

Secondary works

Abu-Lughod, J.L. (1989), *Before European Hegemony. The World System A.D. 1250–1350*, Oxford

Aers, D. (1992), 'A Whisper in the Ear of Early Modernists: or, Reflections on Literary Critics writing the 'History of the Subject', *Culture and History 1350–1600. Essays on English Communities, Identities and Writing*, in D. Aers (ed.), New York, London, Toronto, Sydney, Tokyo and Singapore, pp. 177–202

Allmand, C.T. (1988), *The Hundred Years War. England and France at War c. 1300–c. 1450*, Cambridge

Blockmans, W. and Genet, J.-Ph. (1993), *Visions sur le développement des états européens. Théories et historiographie de l'état moderne*, Rome

Bulst, N., Descimon, R. and Guerreau, A. (1996), *L'Etat ou le roi. Les fondations de la modernité monarchique en France (XIVe–XVIIe siècles)*, Paris

Contamine, Ph. (1978), 'Les fortifications urbaines en France à la fin du moyen âge: aspects financières et économiques', *RH* 260: 23–47

Contamine, Ph. (1984), *War in the Middle Ages*, trans. M. Jones, Oxford

Coulet, N. and Genet, J.-Ph. (1990), *L'etat moderne: Le droit, l'espace et les formes de l'etat. Actes du colloque tenu à la Baume Les Aix, 11–12 octobre 1984*, Paris

Davies, N. (1996), *Europe. A History*, Oxford

Genet, J.-Ph. (1990), *L'Etat moderne. Genèse. Bilans et perspectives, Actes du colloque tenu au CNRS à Paris les 19–20 septembre 1989*, Paris

Herlihy, D. and Klapisch-Zuber, C. (1978), *Les Toscans et leurs familles. Une étude du Catasto florentin de 1427*, Paris; abbreviated in the English version, *Tuscans and their Families. A Study of the Florentine Catasto of 1427*, New Haven and London (1985)

Huizinga, J. (1924), *The Waning of the Middle Ages*, London

Hussey, J. M. (ed.) (1966–7), *The Byzantine Empire (Cambridge Medieval History, IV)*, part 1, *Byzantium and its Neighbours*, Part II, *Government, Church and Civilisation*, Cambridge

Jones, Michael (1994), 'War and Fourteenth-Century France', in Anne Curry and Michael Hughes (eds.), *Arms, Armies and Fortifications in the Hundred Years War*, Woodbridge, pp. 103–20

Jones, Michael (1996), 'The Late Medieval State and Social Change: A View from the Duchy of Brittany', in Bulst, Descimon and Guerreau (1996), pp. 117–44

McLaughlin, M.L. (1988), 'Humanist Concepts of Renaissance and Middle Ages in the Trecento and Quattrocento', *RStds* 2: 131–42

Mollat du Jourdin, M. and La Roncière, M. de (1984), *Les Portulans. Cartes marines du XIIe au XVIIe siècle*, Paris

Moore, R.I. (1996), 'When did the Middle Ages begin', *Times Literary Supplement*, 7 June 1996, pp. 31–2 (review of *NCMH*, II, *c. 700–c. 900*, ed. Rosamond McKitterick, Cambridge (1995))

Nicholas, David (1997), *The Later Medieval City 1300–1500*, London

Prestwich, M. (1996), *Armies and Warfare in the Middle Ages. The English Experience*, New Haven and London

Previté-Orton, C. and Brooke, Z.N. (1932), *Cambridge Medieval History*, VII: *The Decline of Empire and Papacy*, Cambridge

Rigaudière, A. (1993), *Gouverner la ville au moyen âge*, Paris

Roberts, J.M. (1996), *A History of Europe*, Oxford

Southern, R.W. (1995), *Scholastic Humanism and the Unification of Europe*, I: *Foundations*, Oxford

Ullmann, W. (1949), 'The Development of the Medieval Idea of Sovereignty', *EHR* 64: 1–33

2 THE THEORY AND PRACTICE OF GOVERNMENT IN WESTERN EUROPE IN THE FOURTEENTH CENTURY

Secondary works

L'administration locale et le pouvoir central en France et en Russie (XIIIe–XVe siècle) (1989), Comité français des Sciences historiques. Actes du XIe colloque des historiens français et soviétiques, 18–21 septembre 1989, I, Paris

Alessandro, V. d' (1963), *Politica e società nella Sicilia Aragonese*, Palermo

Allmand, C.T. (ed.) (1976), *War, Literature and Politics in the Late Middle Ages. Essays in Honour of G.W. Coopland*, Liverpool

Allmand, C.T. (1988), *The Hundred Years War*, Cambridge; French trans. *La guerre de cent ans*, Paris (1989)

Allmand, C.T. (ed.) (1989), *Power, Culture and Religion in France, c. 1350–c. 1550*, Woodbridge

Angermeier, H. (1966), *Königtum und Landfriede in deutschen Spätmittelalter*, Munich

Autrand, F. (1974), *Pouvoir et société en France, XIVe–XVe siècles*, Paris

Autrand, F. (1981), *Naissance d'un grand corps de l'état. Les gens du parlement de Paris 1345–1454*, Paris

Autrand, F. (1986), *Charles VI, la folie du roi*, Paris

Autrand, F. (1994), *Charles V le sage*, Paris

Babbitt, S.M. (1985), *Oresme's 'Livre de Politiques' and the France of Charles V*, Philadelphia

Baker, R.L. (1961), *The English Customs Service, 1307–1343. A Study of Medieval Administration*, Philadelphia

Bansa, H. (1968), *Studien zur Kanzlei Kaiser Ludwigs des Bayern vom Tag der Wahl bis zur Rückkehr aus Italien (1314–1329)*, Kallmünz

Barbey, J. (1983), *La fonction royale. Essence et légitimité d'après les 'Tractatus' de Jean de Terrevermeille*, Paris
Barbey, J. (1992), *Etre roi. Le roi et son gouvernement en France de Clovis à Louis XVI*, Paris
Barraclough, G. (1950), *The Medieval Empire. Idea and Reality*, London
Bautier, R.H. (1990), *Chartes, sceaux et chancelleries. Etudes de diplomatique et de sigillographie médiévales*, 2 vols., Paris
Bean, J.M.W. (1968), *The Decline of English Feudalism, 1215–1540*, Manchester
Beaune, C. (1985), *Naissance de la nation France*, Paris; augmented English trans. *The Birth of an Ideology*, ed. Frederic L. Cheyette, Berkeley, Calif. (1992)
Becker, M.B. (1967–8), *Florence in Transition*, 2 vols., Baltimore
Bellamy, J.G. (1970), *The Law of Treason in England in the Later Middle Ages*, Cambridge
Beneyto, J. (1949), *Los origenes de la ciencia politica en España*, Madrid
Benton, J.F. (1990), *Culture, Power and Personality in Medieval France*, ed. T.N. Bisson, London
Bisson, T.N. (1986), *The Medieval Crown of Aragon. A Short History*, Oxford
Blanchard, J. (ed.) (1995), *Représentation, pouvoir et royauté à la fin du moyen âge*, Paris
Bloch, M. (1923), *Les rois thaumaturges. Etude sur le caractère surnaturel attribué à la puissance royale particulièrement en France et Angleterre*, Strasburg and Paris; revised edn 1961
Blockmans, W. and Genet, J.-Ph. (eds.) (1993), *Visions sur le développement des états européens. Théories et historiographies de l'état moderne*, Rome
Bock, F. (1943), *Reichsidee und Nationalstaaten vom Untergang des alten Reiches bis zur Kündigung des deutsch-englischen Bündnisses im Jahre 1341*, Munich
Boockmann, H. (1975), *Johannes Falkenberg, der Deutsche Orden und die polnische Politik. Untersuchungen zur politischen Theorie des späteren Mittelalters, mit einem Anhang: Die 'Satira' des Johannes Falkenberg*, Göttingen
Boulton, D'A.J.D. (1985), *The Knights of the Crown. The Monarchical Orders of Knighthood in Later Medieval Europe, 1325–1520*, Woodbridge
Boureau, A. (1988), *Le simple corps du roi. L'impossible sacralité des souverains français, XVe–XVIIIe siècle*, Paris
Bresc, H. et al. (eds.) (1985), *Genèse de l'état moderne en Méditerranée. Approches historiques et anthropologiques des pratiques et représentations*, Rome
Brown, E.A.R. (1991a), *Politics and Institutions in Capetian France*, Aldershot
Brown, E.A.R. (1991b), *The Monarchy of Capetian France and Royal Ceremonial*, Aldershot
Brown, E.A.R. and Famiglietti, R.C. (1994), *The Lit de Justice. Semantics Ceremonials and the Parlement of Paris 1300–1600*, Sigmaringen
Brown, R.A., Colvin, H.M. and Taylor, A.J. (1963), *The History of the King's Works. The Middle Ages*, 2 vols. and plans, London
Brucker, G.A. (1962), *Florentine Politics and Society, 1343–1378*, Princeton, N.J.
Brunner, O. (1939), *Land und Herrschaft. Grundfragen der territorialen Verfassungsgeschichte Oesterreichs im Mittelalter*, Vienna and Wiesbaden; revised edn 1959
Buck, M. (1983), *Politics, Finance and the Church in the Reign of Edward II. Walter Stapeldon, Treasurer of England*, Cambridge
Cam, H.M. (1944), *Liberties and Communities in Medieval England. Collected Studies in Local Administration and Topography*, London and New York; 2nd edn 1963
Cambridge History of Medieval Political Thought, c. 350–c. 1450 (1988), ed. J.H. Burns, Cambridge

898 Carlyle, R.W. and A.J. (1903–36), *A History of Medieval Political Theory in the West*, 6 vols., London

Cauchies, J.M. (1982), *La législation princière pour le comté de Hainaut, ducs de Bourgogne et premiers Habsbourgs (1427–1506). Contribution à l'étude des rapports entre gouvernants et gouvernés dans les Pays-Bas à l'aube des temps modernes*, Brussels

Cazelles, R. (1958), *La société politique et la crise de la royauté sous Philippe de Valois*, Paris

Cazelles, R. (1982), *Société politique, noblesse et couronne sous Jean le Bon et Charles V*, Geneva and Paris

Cheney, C.R. (1972), *Notaries Public in England in the Thirteenth and Fourteenth Centuries*, Oxford

Chevalier, B. (1982), *Les bonnes villes de France du XIVe au XVIe siècle*, Paris

Chevalier, B. and Contamine, Ph. (eds.) (1985), *La France de la fin du XVe siècle. Renouveau et apogée. Economie, pouvoirs, arts, culture et conscience nationales*, Paris

Chittolini, G. (ed.) (1979a), *La crisi degli ordinamenti comunali e le origini dello stato del Rinascimento*, Bologna

Chittolini, G. (1979b), *La formazione dello stato regionale e le istituzioni del contado, secoli XIV–XV*, Turin

Chrimes, S.B. (1952), *An Introduction to the Administrative History of Mediaeval England*, Oxford: Blackwell; 3rd edn 1966

Clarke, M.V. (1936), *Medieval Representation and Consent. A Study of Early Parliaments in England and Ireland, with Special Reference to the 'Modus Tenendi Parliamentum'*, London and New York; 2nd edn 1964

Cockshaw, P. (1982), *Le personnel de la chancellerie de Bourgogne-Flandre sous les ducs de Bourgogne de la maison de Valois (1384–1477)*, Courtrai and Heule

Coelho, M.H. da Cruz and Homen, A.L. de Carvalho (eds.) (1995), *Portugal em definicão de fronteiras (1096–1325). Do condado portucalense à crise do século XIV*, in J. Serrão and A.H. de Oliviera Marques (eds.), *Nova História de Portugal*, vol. III, Lisbon

Colliva, P. (1977), *Il Cardinale Albornoz, lo stato della Chiesa, le 'Constitutiones Aegidianae' (1353–1357)*, Bologna

Contamine, Ph. (1972), *Guerre, état et société à la fin du moyen âge. Etudes sur les armées des rois de France (1337–1494)*, Paris

Contamine, Ph. (ed.) (1976), *La noblesse au moyen âge XIe–XVe siècles*, Paris

Contamine, Ph. (1980), *La guerre au moyen âge*, Paris; English trans. Michael Jones, *War in the Middle Ages*, Oxford: (1984); 2nd edn 1986; 3rd edn 1995

Contamine, Ph. (1989), *L'état et les aristocraties (France, Angleterre, Ecosse), XIIe–XVIIe siècle*, Paris.

Contamine, Ph. (1992), *Des pouvoirs en France. 1300–1500*, Paris

Las cortes de Castilla y Leon en la edad media (1988), Valladolid

Costa, P. (1969), *Jurisdictio. Semantica del potere politico nella pubblicistica medievale (1100–1433)*, Milan

Cuttino, G.P. (1940, 2nd ed. 1971), *English Diplomatic Administration, 1259–1339*, Oxford

Damiata, M. (1983), '*Plenitudo Potestatis' e 'Universitas Civium' in Marsilio da Padova*, Florence

David, M. (1950), 'Le serment du sacre du IXe au XVe siècle. Contribution à l'étude des limites juridiques de la souveraineté', *RMAL* 6: 5–272

David, M. (1954), *La souveraineté et les limites juridiques du pouvoir monarchique du IXe au XVe siècle*, Paris

Davies, R.G. and Denton, J.H. (eds.) (1981), *The English Parliament in the Middle Ages*, Manchester
Davies, R.R. (1978), *Lordship and Society in the March of Wales, 1282–1400*, Oxford
De Vergottini, G. (1959–60), *Lezioni di storia del diritto italiano. Il diritto publico italiano nei secoli XII–XV*, 2 vols., Milan
Dean, T. (1988), *Land and Power in Late Medieval Ferrara. The Rule of the Este, 1350–1450*, Cambridge
Demandt, K.E. (1981), *Der Personenstaat des Landgrafschaft Hessen im Mittelalter. Ein 'Staatshandbuch' Hessens vom Ende des 12. bis zum Anfang des 16. Jahrhunderts*, Marburg
Dempf, A. (1929; 3rd edn, 1962), *Sacrum Imperium. Geschichts und Staatsphilosophie des Mittelalters und der politischen Renaissance*, Munich
Denton, J.H. and Dooley, J.P. (1987), *Representatives of the Lower Clergy in Parliament, 1295–1340*, London
Dollinger, Ph. (1964), *La Hanse (XIIe–XVIIe siècles)*, Paris; English trans. D.S. Ault and S.H. Steinberg, *The German Hansa*, London (1970)
Dufourcq, Ch.-E. and Gautier Dalché, J. (1973), 'Economies, sociétés et institutions de l'Espagne chrétienne du moyen âge. Essai de bilan de la recherche d'après les travaux des quelques vingt dernières années. III. A travers les états de la couronne d'Aragon des origines au XVe siècle', *MA* 80: 285–319
Dupre Theseider, E. (1952), *Roma dal comune di popolo alla signoria pontificia (1252–1377)*, Bologna
Edwards, J.G. (1960), *Historians and the Medieval English Parliament*, Glasgow
Elias de Tejada, F. (1963–5), *Historia del pensiamento politico catalan*, 3 vols., Seville
The English Government at Work, 1327–1336 (1940–7), ed. J.F. Willard *et al.* 3 vols., Cambridge, Mass.
Erler, A. (1970), *Aegidius Albornoz als Gesetzgeber des Kirchenstaates*, Berlin
Favier, J. (1963), *Un conseiller de Philippe le Bel: Enguerran de Marigny*, Paris
Favier, J. (1966), *Les finances pontificales à l'époque du grand schisme d'occident, 1378–1409*, Paris
Favier, J. (1970), *Finance et fiscalité au bas moyen âge*, Paris
Favier, J. (1978), *Philippe le Bel*, Paris
Favier, J. (1980), *La guerre de cent ans*, Paris
Favier, J. (1984), *Le temps des principautés (1000–1515)*, in J. Favier (ed.), *Histoire de France*, II, Paris
Fedou, R. (1964), *Les hommes de loi lyonnais à la fin du moyen âge. Etude sur les origines de la classe de robe*, Paris
Ferguson, W.K. (1962), *Europe in Transition, 1300–1520*, Boston
Finances et comptabilité urbaines du XIIIe au XVIe siècle. Colloque international de Blankenberge, 1962, (1964), Brussels
Fisher, J.H., Richardson, M. and Fisher, J.L. (1984), *An Anthology of Chancery English*, Knoxville
Folz, R. (1953), *L'idée d'empire en Occident du Ve au XIVe siècle*, Paris
Folz, R. (1984), *Les saints rois du moyen âge en Occident, (VIe–XIIIe siècle)*, Brussels
Font Rius, J.M. (1949), *Institutiones Medievales Espanolas. La organizacion politica, economica y social de los reinos cristianos de la Reconquista*, Madrid
Font Rius, J.M. (1955), *Las instituciones de la corona de Aragón en la primera mitad del siglo XV*, Palma da Mallorca

Fourquin, G. (1972), *Les soulèvements populaires au moyen âge*, Paris; English trans., A.L. Lytton-Sells, *The Anatomy of Popular Rebellion in the Middle Ages*, Amsterdam (1978)

Franca, E. d'Oliveira (1946), *O poder real em Portugal e as origens do absolutismo*, Sao Paulo

La 'France anglaise' au moyen âge (1988), *ACNSS*, CXIe session, Poitiers, 1986, section d'histoire médiévale et de philologie, 1, Paris

Fryde, E.B. and Miller, E. (eds.) (1970), *Historical Studies of the English Parliament*, 2 vols., Cambridge

Fryde, N. (1979), *The Tyranny and Fall of Edward II, 1321–1326*, Cambridge

Fügedi, E. (1986a), *Castle and Society in Medieval Hungary (1000–1437)*, Budapest

Fügedi, E. (1986b), *Kings, Bishops, Nobles and Burghers in Medieval Hungary*, ed. J.M. Bak, London

Gama Barros, H. de (1945–55), *Historia de administraçao publica em Portugal nos seculos XII a XV*, ed. T. de Souza Soares, 11 vols., Lisbon

Gandilhon, R. (1941), *Politique économique de Louis XI*, Rennes

Garcia Marin, J.M. (1974), *El oficio publico en Castilla durante la baja edad media*, Seville

Gaussin, P.R. (1976), *Louis XI, roi méconnu*, Paris

Gauvard, Cl. (1996), *La France au moyen âge du Ve au XVe siècle*, Paris

Genet, J.-Ph. (1990), *L'Etat moderne: Genèse. Bilans et perspectives, Actes du colloque tenu au CNRS à Paris les 19–20 septembre 1989*, Paris

Genet, J.-Ph. and Lottes, G. (1996), *L'Etat moderne et les élites, XIIIe–XVIIIe siècles. Apports et limites de la méthode prosopographique*, Paris

Giesey, R.E. (1960), *The Royal Funeral Ceremony in Renaissance France*, Geneva

Giesey, R.E. (1987), *Cérémonial et puissance souveraine. France, XVe–XVIIe siècle*, Paris

Gilmore, M. P. (1941), *Argument from Roman Law in Political Thought, 1200–1600*, Cambridge, Mass.

Gimeno Casalduero, J. (1972), *La imagen del monarca en la Castilla del siglo XIV. Pedro el Cruel, Enrique II y Juan I*, Madrid

Given-Wilson, C. (1987), *The English Nobility in the Late Middle Ages. The Fourteenth-Century Political Community*, London

Gorski, K. (1976), *Communitas, Princeps, Corona Regni. Studia selecta*, Warsaw, Poznań and Toruń

Gouron, A. and Rigaudière, A. (eds.) (1988), *Renaissance du pouvoir législatif et genèse de l'état*, Montpellier

Grant, A. (1984), *Independence and Nationhood. Scotland, 1306–1469*, London

Griffiths, R.A. (ed.) (1981), *Patronage, the Crown and the Provinces*, Gloucester

Griffiths, R.A. and Thomas, R.S. (1972), *The Principality of Wales in the Later Middle Ages. The Structure and Personnel of Government*, 1: *South Wales, 1277–1536*, Cardiff

Grohmann, A. (1981), *Città e territorio tra medioevo ed età moderna (Perugia, sec. XIII–XV)*, 2 vols., Perugia

Guenée, B. (1963), *Tribunaux et gens de justice dans le bailliage de Senlis à la fin du moyen âge (vers 1380–vers 1550)*, Paris

Guenée, B. (1980), *Histoire et culture historique dans l'Occident médiéval*, Paris

Guenée, B. (1981), *Politique et histoire au moyen âge. Recueil d'articles sur l'histoire politique et l'historiographie médiévales (1956–1981)*, Paris

Guenée, B. (1993), *L'occident aux XIVe et XVe siècles. Les états*, 5th edn, Paris; English trans. Juliet Vale, *States and Rulers in later Medieval Europe*, Oxford (1992)

Guenée, B. and Lehoux, F. (1968), *Les entrées royales françaises de 1328 à 1510*, Paris
Guillemain, B. (1962), *La cour pontificale d'Avignon, 1309–1376. Etude d'une société*, Paris; repr. 1966
Guillot, O., Rigaudière, A. and Sassier, Y. (1994), *Pouvoirs et institutions dans la France médiévale*, II: *Des temps féodaux aux temps de l'état*, Paris
Hale, J.R., Highfield, J.R.L. and Smalley, B. (eds.), *Europe in the Late Middle Ages*, London
Hanley, S. (1983), *The 'Lit de Justice' of the Kings of France. Constitutional Ideology in Legend, Ritual and Discourse*, Princeton, N.J.; French trans. *Le 'lit de justice' des rois de France. L'idéologie constitutionnelle dans la légende, le rituel et le discours*, Paris (1991)
Hassinger, E. (1959), *Das Werden des neuzeitlichen Europa, 1300–1600*, Brunswick
Heers, J. (1981), *Les partis et la vie politique dans l'occident médiéval*, Paris; English trans. David Nicholas, *Parties and Political Life in Medieval West*, Amsterdam (1977)
Hellmann, M. (ed.) (1961), *Corona regni. Studien über die Krone als Symbol des Staates im späteren Mittelalter*, Weimar
Hergemöller, B.U. (1983), *Fürsten, Herren und Städte zu Nürnberg, 1355–1356. Die Entstehung der Goldenen Bulle Karls IV.*, Cologne and Vienna
Hill, M.C. (1961), *The King's Messengers, 1199–1377. A Contribution to the History of the Royal Household*, London
Hlaváček, I. (1970), *Das Urkunden- und Kanzleiwesen des böhmischen und römischen Königs Wenzel (IV), 1376–1419. Ein Beitrag zur spätmittelalterlichen Diplomatik*, Stuttgart
Hödl, G. (1988), *Habsburg und Oesterreich, 1273–1493. Gestalten und Gestalt des österreichischen Spätmittelalters*, Vienna, Cologne and Graz
Hoffmann, E. (1976), *Königserhebung und Thronfolgeordnung in Dänemark bis zum Ausgang des Mittelalters*, Berlin
Homem, A.L. de Carvalho (1990a), *Portugal nos finais da idade média: estado instituições, sociedade politica*, Lisbon
Homen, A.L. de Carvalho (1990b), *O desembargo régio (1320–1433)*, Oporto
Hunnisett, R.F. (1961), *The Medieval Coroner*, Cambridge
Jewell, H.M. (1972), *English Local Administration in the Middle Ages*, Newton Abbot
Jones, M. (1970), *Ducal Brittany (1364–1399)*, Oxford
Jones, M. (1988), *The Creation of Brittany. A Late Medieval State*, London
Jones, R.H. (1968), *The Royal Policy of Richard II. Absolutism in Later Middle Ages*, Oxford
Kaeuper, R.W. (1988), *War, Justice and Public Order. England and France in the Later Middle Ages*, Oxford
Kaminsky, H. (1967), *A History of the Hussite Revolution*, Berkeley, Ca.
Kantorowicz, E.H. (1957), *The King's Two Bodies. A Study in Medieval Political Theology*, Princeton, N.J.; French trans. *Les deux corps du roi*, Paris (1989); 2nd edn 1966
Kantorowicz, E.H. (1965), *Selected Studies*, New York
Kantorowicz, E.H. (1984), *Mourir pour la patrie et autres textes*, Paris
Kerhervé, J. (1987), *L'état breton aux XIVe et XVe siècles. Les ducs, l'argent et les hommes*, 2 vols., Paris
Kirby, J.L. (1970), *Henry IV of England*, London
Krieger, K. Fr. (1979), *Die Lehnshoheit der deutschen Könige im Spätmittelalter (ca. 1200–1437)*, Aalen
Krynen, J. (1982), *Idéal du prince et pouvoir royal en France à la fin du moyen âge (1380–1440). Etude sur la littérature politique du temps*, Paris

902

Krynen, J. (1993), *L'empire du roi. Idées et croyances politiques en France, XIIIe–XVe siècle*, Paris
Krynen, J. and Rigaudière, A. (eds.), *Droits savants et pratiques françaises du pouvoir (XIe–XVe s.)*, Bordeaux
Kubler, J. (1958), *Recherches sur la fonction publique sous l'ancien régime. L'origine de la perpétuité des offices royaux*, Nancy
Lagarde, G. de (1935–46, 1956–70), *La naissance de l'esprit laïque au déclin du moyen âge*, 5 vols., Louvain and Paris
Lalinde Abadia, J. (1967), *Las instituciones de la corona de Aragon en el siglo XIV*, Valencia
Lapsley, G.T. (1951), *Crown, Community and Parliament in the Later Middle Ages. Studies in English Constitutional History*, Oxford
Le Goff, J. (ed.) (1980), *Histoire de la France urbaine*, ed. Georges Duby, II: *La ville médiévale, des Carolingiens à la Renaissance* Paris
Le Goff, J. (ed.) (1989), *Histoire de la France. L'état et les pouvoirs*, Paris
Leist, W. (1975), *Landesherr und Landfrieden in Thüringen im Spätmittelalter, 1247–1349*, Cologne and Vienna
Leroy, B. (1983), *Seigneurs et bourgeois dans le gouvernement de Navarre sous les dynasties françaises (XIIIe–XIVe siècle)*, Lille
Leroy, B. (1988), *L'Espagne au moyen âge*, Paris
Lewis, A.W. (1981), *Royal Succession in Capetian France. Studies on Familial Order and the State*, Cambridge, Mass.; French trans. *Le sang royal. La famille capétienne et l'état, France, Xe–XIVe siècle*, Paris (1986)
Lewis, P.S. (1968), *Later Medieval France. The polity*, London; French trans. *La France à la fin du moyen âge*, Paris (1977)
Lewis, P.S. (1985), *Essays in Later Medieval French History*, London
Lot, F. and Fawtier, R. (1957–62), *Histoire des institutions françaises au moyen âge*, 3 vols., Paris
Lydon, J.F. (1972), *The Lordship of Ireland in the Middle Ages*, Dublin
Lyon, B.D. (1957), *From Fief to Indenture. The Transition from Feudal to Non-Feudal Contract in Western Europe*, Cambridge, Mass.
Lyon, B.D. (1960), *A Constitutional and Legal History of Medieval England*, New York and London; 2nd edn 1980
McFarlane, K.B. (1973), *The Nobility of Later Medieval England. The Ford Lectures for 1953 and Related Studies*, Oxford
McGrade, A.S. (1974), *The Political Thought of William of Ockham. Personal and Institutional Principles*, Cambridge
MacIlwain, C.H. (1910), *The High Court of Parliament and its Supremacy. An Historical Essay on the Boundaries between Legislation and Adjudication in England*, Hamden; repr. 1962
MacIlwain, C.H. (1932), *The Growth of Political Thought in the West from the Greeks to the End of the Middle Ages*, New York
McKisack, M. (1932), *The Parliamentary Representation of the English Boroughs during the Middle Ages*, Oxford; repr. 1963
Maddicott, J.R.L. (1970), *Thomas of Lancaster, 1307–1322. A Study on the Reign of Edward II*, Oxford
Maddicott, J.R.L. (1978), *Law and Lordship. Royal Justices as Retainers in Thirteenth and Fourteenth Century England*, Oxford (*P&P*, Supplement 4)
Maiani, U. (1957), *Chiesa e stato nei teologi agostiniani del secolo XIV*, Rome

Maravall, J.A. (1954), *El concepto de España en el edad media*, Madrid
Marongiu, A. (1949), *Il parlamento in Italia nel medio evo e nell'età moderna*, Rome; 2nd edn, 1962
Marongiu, A. (1956), *Storia del diritto pubblico. Principi e instituti di governo in Italia dalla metà del IX alla metà del XIX secolo*, Milan
Marongiu, A. (1968), *Medieval Parliaments. A Comparative Study*, London
Menendez Pidal, R. *et al.* (1956, 1964, 1969), *Historia de España*, xiv, xv and xvii, Madrid
Menjot, D. (ed.) (1987), *Pouvoirs et sociétés politiques dans les royaumes ibériques. 1300–1450*, Nice
Menjot, D. (1996), *Les Espagnes médiévales 409–1474*, Paris
Meyer, B. (1972), *Die Bildung der Eidgenossenschaft im 14. Jahrhundert. Vom Zugerbund zum Pfaffenbrief*, Zurich
Mitre Fernandez, E. (1968), *Evolucion de la nobleza en Castilla bajo Enrique III (1396–1406)*, Valladolid
Mitteis, H. (1938), *Die deutsche Königwahl und ihre Rechtsgrundlagen bis zur Goldenen Bulle*, Vienna; 2nd edn, 1944
Mochi Onory, S. (1951), *Fonti canonistiche dell'idea moderna dello stato (imperium spirituale, jurisdictio divisa, sovranità)*, Milan
Moeglin, J.M. (1985), *Les ancêtres du prince. Propagande politique et naissance d'une histoire nationale en Bavière au moyen âge (1180–1500)*, Geneva
Mohrmann, W.D. (1972), *Der Landfriede im Ostseeraum während des späten Mittelalters*, Kallmünz
Mollat, M. (1970), *Genèse médiévale de la France moderne XIVe–XIe siècles*, Paris; repr. 1977
Mollat, M. and Wolff, Ph. (1970), *Ongles bleus, Jacques et Ciompi. Les révolutions populaires en Europe aux XIVe et XVe siècles*, Paris; English trans. A. L. Lytton-Sells, *The Popular Revolutions of the Late Middle Ages*, London (1973)
Monahan, A.P. (1987), *Consent, Coercion and Limit. The Medieval Origins of Parliamentary Democracy*, Kingston and Montreal
Monier, R. (1943), *Les institutions centrales du comté de Flandre de la fin du IXe siècle à 1384*, Paris
Najemy, J.M. (1982), *Corporatism and Consensus in Florentine Electoral Politics, 1280–1400*, Chapel Hill
Nicholson, R. (1974), *Scotland. The Later Middle Ages*, Edinburgh
Nieto Soria, J.M. (1988), *Fundamentos ideologicos del poder real en Castilla (siglos XIII–XV)*, Madrid
O'Callaghan, J. F. (1989), *The cortes of Castile-León, 1188–1350*, Philadelphia
Palacios Martin, B. (1975), *La coronacion de los reyes de Aragon, 1204–1410. Aportación al studio de las estructuras politicas medievales*, Valencia
Paravicini, W. and Werner, K.F. (eds.) (1980), *Histoire comparée de l'administration (IVe–XVIIIe siècles). Actes du XIVe Colloque historique franco-allemand, Tours, 27 mars–1e avril 1977*, Beihefte der Francia, 9, Munich
Patze, H. (ed.) (1970–1), *Der deutsche Territorialstaat im 14. Jahrhundert*, 2 vols., Sigmaringen
Pegues, F.J. (1962), *The Lawyers of the Last Capetians*, Princeton, N.J.
Perez Bustamante, R. (1976), *El gobierno y la administracion territorial de Castilla (1230–1474)*, 2 vols., Madrid

904 Perroy, E. (1945), *La guerre de cent ans*, Paris; English trans. W. B. Wells, *The Hundred Years War*, London (1951)
Peyer, H.C. (1955), *Stadt und Stadtpatron im mittelalterlichen Italien*, Zurich
Pollard, A.F. (1920), *The Evolution of Parliament*, London; 2nd edn, 1926
Polonio, V. (1977), *L'administrazione delle 'res publica' genovese fra tre e quattrocento. L'archivio 'antico comune'*, Genoa
Post, G. (1964), *Studies in Medieval Legal Thought. Public Law and the State, 1100–1322*, Princeton, N.J.
Prestwich, M. (1972), *War, Politics and Finance under Edward I*, London
Les principautés au moyen âge (1979), Actes des Congrès de la Société des historiens médiévistes de l'enseignement supérieur public. Congrès de Bordeaux, 1973, Bordeaux
Quillet, J. (1970), *La philosophie politique de Marsile de Padoue*, Paris
Quillet, J. (1977), *La philosophie politique du 'Songe du Vergier' (1378). Sources doctrinales*, Paris
Rapp, F. (1989), *Les origines médiévales de l'Allemagne moderne. De Charles IV à Charles Quint (1346–1519)*, Paris
Recherches sur les états généraux et les états provinciaux de la France médiévale (1986), ACNSS, CXe session, Montpellier, 1985. *Histoire médiévale et philologie*, III, Paris
Révolte et société (1988–9), *Actes du IVe Colloque d'histoire au présent, Paris, mai 1988*, 2 vols., Paris
Richardson, H.G. and Sayles, G.O. (1952), *The Irish Parliament in the Middle Ages*, Philadelphia
Richardson, H.G. and Sayles, G.O. (1963), *The Administration of Ireland, 1172–1377*, Dublin
Richardson, H.G. and Sayles, G.O. (1981), *The English Parliament in the Middle Ages*, London
Riess, L. (1885), *Geschichte des Wahlrechts zum englischen Parlament im Mittelalter*, Leipzig; English trans. with notes by K.L. Wood-Legh, *The History of the English Electoral Law in the Middle Ages*, Cambridge (1940)
Rigaudière, A. (1993), *Gouverner la ville au moyen âge*, Paris
Riis, T. (1977), *Les institutions politiques centrales du Danemark, 1100–1332*, Odense
Roskell, J.S. (1965), *The Commons and their Speakers in English Parliaments, 1376–1523*, Manchester
Roskell, J.S. (1982), *Parliament and Politics in Late Medieval England*, 3 vols., London
Rotelli, E. and Schiera, P. (eds.) (1971), *Lo stato moderno*, I: *Dal medioevo all'età moderna*, Bologna
Royer, J.P. (1969), *L'église et le royaume de France au XIVe siècle, d'après le 'Songe du vergier' et la jurisprudence du Parlement*, Paris
Rucquoi, A. (1987a), *Valladolid en la edad media*, I: *Genesis de un poder*, II, *El mundo abreviado (1367–1474)*, Valladolid
Rucquoi, A. (ed.) (1987b), *Genèse médiévale de l'état moderne. La Castille et la Navarre (1250–1370)*, Valladolid
Rucquoi, A. (ed.) (1988), *Realidad e imágenes del poder. España a fines de la edad media*, Valladolid
Sayles, G.O. (1975), *The King's Parliament of England*, London
Sayles, G.O. (1988), *The Functions of the Medieval Parliament of England*, London

Schramm, P.E. (1937), *Geschichte des englischen Königtums im Lichte der Krönung*, Weimar; English trans. L.G. Wickham Legg, *A History of the English Coronation*, Oxford (1937)
Schramm, P.E. (1939), *Der König von Frankreich. Das Wesen der Monarchie vom 9. bis 16. Jahrhundert. Ein Kapitel aus der Geschichte des abendländischen Staates*, Darmstadt; 2nd edn, 2 vols., 1960
Schramm, P.E. (1954–6), *Herrschaftszeichen und Staatssymbolik*, 3 vols., Stuttgart
Schubert, E. (1979), *König und Reich. Studien zur spätmittelalterlichen deutschen Verfassungsgeschichte*, Göttingen
Schwarz, B. (1972), *Die Organisation kurialer Schreiberkollegien von ihrer Entstehung bis zur Mitte des 15. Jahrhunderts*, Tübingen
Segall, H. (1959), *Der 'Defensor Pacis' des Marsilius von Padua. Grundfragen der Interpretation*, Wiesbaden
Seibt, F. (1978), *Karl IV. Ein Kaiser in Europa, 1346–1378*, Munich
Shneidman, J.L. (1970), *The Rise of the Aragonese-Catalan Empire, 1200–1350*, 2 vols., New York
Spangenberg, H. (1912), *Vom Lehnstaat zum Ständestaat. Ein Beitrag zur Entstehung der landständischen Verfassung, 1912*, Aalen; new edn 1964
Strayer, J.R. (1970a), *Les gens de justice du Languedoc sous Philippe le Bel*, Toulouse
Strayer, J.R. (1970b), *On the Medieval Origins of the Modern State*, Princeton, N.J.; French trans., *Les origines médiévales de l'état moderne*, Paris (1979)
Tessier, G. (1962), *Diplomatique royale française*, Paris
Thomas, H. (1983), *Deutsche Geschichte des Spätmittelalters, 1250–1500*, Stuttgart, Berlin, Cologne and Mainz
Tierney, B. (1982), *Religion, Law and the Growth of Constitutional Thought 1150–1650*, Cambridge
Tierney, B. and Linehan, P. (eds.) (1980), *Authority and Power, Studies on Medieval Law and Government Presented to Walter Ullmann on his Seventieth Birthday*, Cambridge
Touchard, J. et al. (1959), *Histoire des idées politiques*, I: *Des origines au XVIIIe siècle*, Paris
Tuck, A. (1986), *Crown and Nobility, 1272–1461. Political Conflict in Late Medieval England*, London
Ullmann, W. (1969), *Principles of Government and Politics in the Middle Ages*, 2nd edn, London
Ullmann, W. (1975), *Law and Politics in the Middle Ages. An Introduction to the Sources of Medieval Political Ideas*, London
Uytterbrouck, A. (1975), *Le gouvernement du duché de Brabant au bas moyen âge (1355–1430)*, 2 vols., Brussels
Vale, Juliet (1982), *Edward III and Chivalry. Chivalric Society and its Context, 1270–1350*, Woodbridge
Vale, M. (1981), *War and Chivalry. Warfare and Aristocratic Culture in England, France and Burgundy at the End of the Middle Ages*, London
Valeri, N. (1949), *L'Italia nell'età dei principati dal 1343 al 1516*, Milan
Vaughan, R. (1962), *Philip the Bold. The Formation of the Burgundian State*, London; 2nd edn 1979
Vaughan, R. (1966), *John the Fearless. The Growth of Burgundian Power*, London; 2nd edn 1979

906　Vaughan, R. (1970), *Philip the Good. The Apogee of Burgundy*, London
Verger, J. (1973), *Les universités au moyen âge*, Paris
Violence et contestation au moyen âge (1990), *ACNSS*, CXIVe session, Paris, 1989, Section d'histoire médiévale et de philologie, Paris
Waley, D. (1988), *The Italian City Republics*, 3rd edn, London and New York
Walter, H. (1976), *Imperiales Königtum, Konziliarismus und Volkssouveränität. Studien zu den Grenzen des mittelalterlichen Souveränitätsgedankens*, Munich
Wellens, R. (1974), *Les états généraux des Pays-Bas des orgines à la fin du règne de Philippe le Beau (1464–1506)*, 1, Heule
Wernli, Fr. (1972), *Die Entstehung der schweizerischen Eidgenossenschaft. Verfassungsgeschichte und politische Geschichte in Wechselwirkung*, Uznach
Wilkinson, B. (1972), *The Creation of the Medieval Parliament*, New York
Wojciechowski, Z. (1949), *L'état polonais au moyen âge. Histoire des institutions*, Paris
Wright, J.R. (1980), *The Church and the English Crown, 1305–1334. A Study Based on the Register of Archbishop Walter Reynolds*, Leiden
Yardeni, M. (ed.) (1987), *Idéologie et propagande en France*, Paris
Zabalo Zabalegui, J. (1973), *La administracion del reino de Navarra en el siglo XIV*, Pamplona

3 CURRENTS OF RELIGIOUS THOUGHT AND EXPRESSION

Primary sources

Theology

Aureoli, Peter, *Scriptum super Primum Sententiarum*, ed. E.M. Buytaert, 2 vols., St Bonaventure, N.Y. (1953–6)
Bradwardine, Thomas, *De Causa Dei contra Pelagianos*, ed. H. Savile, Oxford (1618)
Campsall, Richard of, *Works*, ed. E.A. Synan, 2 vols., Toronto (1968–82)
Duns Scotus, John, *Opera Omnia*, ed. C. Balić *et al.*, Rome (1950)
Duns Scotus, John, *Scotus on the Will and Morality*, ed. A.B. Wolter, Washington, DC (1986)
Fitzralph, Richard, *De Pauperie Salvatoris*, ed. R.L. Poole in John Wyclif, *De Dominio*, Wyclif Society, London (1890)
Fitzralph, Richard, *De Questionibus Armenorum*, ed. J. Sudoris, Paris (1511)
Gerson, Jean, *Œuvres Complètes*, ed. P. Glorieux, 10 vols., Paris (1960–73)
Ghent, Henry of, *Opera Omnia*, ed. R. Macken *et al.*, 9 vols., Louvain (1979–)
Hus, Jan, *Opera Omnia*, ed. Czech Academy of Sciences, 8 vols., Prague (1959–)
Lull, Ramon, *Opera Latina*, ed. F. Stegmüller, 5 vols., Palma (1959–)
Malabranca de Orvieto, Hugolino, *Commentarius in Quattuor Libros Sententiarum*, 1, ed. W. Eckermann, Würzburg (1980)
Meyronnes, François de, *Commentarius in Libros Sententiarum*, Lyon (1579)
Mirecourt, John of, *Apologia Prima et Secunda*, ed. F. Stegmüller, *Recherches de théologie ancienne et médiévale*, 5 (1933), pp. 40–78, 192–204
Ockham, William of, *Opera Philosophica et Theologica*, ed. PP. Instituti Franciscani, 17 vols., St Bonaventure, N.Y. (1967–)
Ockham, William of, *Opera Politica*, ed. J.G. Sikes and H.S. Offler, 4 vols., Manchester and London (1940–)

Paris, John of (Quidort), *Commentary on the Sentences*, ed. J.-P. Mueller, 2 vols., Rome (1961–4)   907

Rimini, Gregory of, *Lectura super Primum et Secundum Sententiarum*, ed. D. Trapp and V Marcolino, 6 vols., Berlin (1978–84)

Romanus, Aegidius (Giles of Rome), *Opera Omnia*, ed. F. del Punta and G. Fiorovati, 2 vols., Florence (1985–)

Woodham, Adam, *Super Quatuor Libros Sententiarum*, abbreviation of Henry Totting of Oyta, Paris (1512)

Wyclif, John, *De Universalibus*, ed. J. Mueller, Oxford (1985); trans. Anthony Kenny, *On Universals*, Oxford (1985)

Wyclif, John, *Works*, ed. J. Loserth, R. Buddensieg, *et al.*, Wyclif Society, 38 vols., London (1882–1914)

Canon law, exegesis and pastoral care

Andreae, Johannes, *Commentaria in Sextum*, Lyon (1550)
Andreae, Johannes, *Novella in Sextum*, Venice (1504; repr. 1963–6)
Butrio, Antonius de, *Consilia*, Frankfurt (1587)
Clamanges, Nicholas de, *Opera Omnia*, Leiden (1612; repr. 1967)
Corpus Iuris Canonici, ed. E. Friedburg, 2 vols., Leipzig (1879–81)
Ferrer, Vincent, *Textes choisis et présentés,* ed. B.H. Vanderberghe, Namur (1956)
Lyre, Nicholas of, *Postilla super Bibliam*, ed. in *Biblia Sacra cum Glossa Ordinaria et Postilla Nicholai Lyrani*, Douai and Antwerp (1617)
Niem, Dietrich of, *De Modis Uniendi et Reformandi Ecclesiae*, ed. H. Heimpel, Leipzig (1933)
Ubaldis, Baldus de, *Commentaria in Corpus Iuris Canonici*, Venice (1606)

Spirituality

Birgitta of Sweden, *Revelationes*, ed. E. and M. Wessen, 3 vols., Copenhagen (1949–56)
Catherine of Siena, *Dialogue*, trans. S. Noffke, London (1980)
Catherine of Siena, *Letters*, trans. S. Noffke, Binghamton, N.Y. (1988–)
The Cloud of Unknowing, ed. P. Hodgson, EETS, o.s. 218, London (1944)
Deonise Hid Divinite and Other Treatises, ed. P. Hodgson, EETS, o.s. 231, London (1955)
Eckhart, Meister, *Opera Latina*, ed. G. Théry and R. Klibansky, Rome (1934–)
Eckhart, Meister, *Werke* (Latin and German), ed. J. Quint, J. Koch, *et al.*, 5 vols., Stuttgart and Berlin (1936–)
Hilton, Walter, *Angels' Song*, ed. T. Takamiya, Studies in English Literature, Tokyo (1977)
Hilton, Walter, *Latin Works*, ed. J.P.H. Clark and C. Taylor, Analecta Cartusiana, CXXIV, 2 vols., London (1987)
Hilton, Walter, *Mixed Life*, ed. S.J. Ogilvie-Thomson, Salzburg Studies in English Literature, Salzburg (1986)
Hilton, Walter, *The Scale of Perfection,* ed. J.P.H. Clark and R. Derward, Salzburg (1991)
Kempe, Margery, *The Book of Margery Kempe*, ed. S.B. Meech and H.E. Allen, EETS, o.s. 212, London (1940)

908

Norwich, Julian of, *A Book of Showings to the Anchoress Julian of Norwich*, ed. E. Colledge and J. Walsh, 2 vols., Toronto (1978)
Porète, Marguerite, *Le miroir des simples âmes*, ed. R. Guarnieri, in *Il Movimento del Libero Spirito*, Archivio Italiano per la Storia della Pietà, Rome (1965)
Rolle, Richard, *English Writings*, ed. H.E. Allen, Oxford (1931)
Rolle, Richard, *Incendium Amoris*, ed. M. Deanesly, Manchester (1915); English trans. C. Wolters, *The Fire of Love*, Harmondsworth (1972)
Rolle, Richard, *Melos Amoris*, ed. E.J.F. Arnould, Oxford (1957)
Rolle, Richard *Prose and Verse*, ed. S.J. Ogilvie-Thomson, EETS, o.s. 293, London (1988)
Ruysbroeck, Jan, *Opera Omnia* (Latin with English translation), ed. G. de Baere, P. Crowley and H. Rolfson, 10 vols., Ruusbroecgenootschap, Tielt (1981–)
Suso, Henry, *Werke* (German), ed. K. Bihlmeyer, Stuttgart (1907)
Suso, Henry, *Horologium Sapientiae*, ed. P. Künzle, OP, Spicilegium Friburgense, XXIII, Freiburg (1977)
Tauler, Johann, *Die Predigten Taulers*, ed. F. Vetter, Deutsche Texte des Mittelalters, XI, Berlin (1910)

Secondary works

Theology, preaching and religious controversy

Avray, D. d' (1985), *The Preaching of the Friars*, Oxford
Balic, C. (1927), *Les commentaires de Jean Duns Scot sur les Quatre livres de sentences*, Louvain
Boehner, P. (1958), *Collected Articles on Ockham*, St Bonaventure, N.Y.
Boisset, L. (1973), *Un concile provincial au treizième siècle: Vienne 1289*, Paris
Catto, J.I. and Evans, T.A.R. (eds.) (1992), *History of the University of Oxford*, II: *Late Mediaeval Oxford*, Oxford
Combes, A. (1963–4), *La théologie mystique de Gerson*, 2 vols., Paris
Courtenay, W.J. (1974), 'Nominalism and Late Mediaeval Religion', in C. Trinkhaus and H.A. Oberman (eds.), *The Pursuit of Holiness*, Leiden, pp. 26–59
Courtenay, W.J. (1980), 'Augustinianism at Oxford in the Fourteenth Century', *Augustiniana* 30: 58–70
Courtenay, W.J. (1987a), 'Antiqui and Moderni in Late Mediaeval Thought', *JHI* 48: 1–8
Courtenay, W.J. (1987b), *Schools and Scholars in Fourteenth-Century England*, Princeton, N.J.
Delaruelle, E., Labande, E. R. and Ourliac, P. (1962–4), *L'église au temps du Grande Schisme et de la crise conciliaire*, 2 vols., Paris
Dobson, R.B. (1973), *Durham Priory, 1400–1450*, Cambridge
Dunbabin, J. (1991), *The Hound of God: Pierre de la Palud and the Fourteenth-Century Church*, Oxford
Ehrle, F. (1925), 'Der Sentenzenkommentar Peters von Candia', *Franziskanische Studien* 9
Kadlec, J. (1975), *Leben und Schriften des Prager Magisters Adalbert Ranconis de Ericinio*, Münster
Kaluza, Z. (1978), *Thomas de Cracovie*, Wrocław
Kaluza, Z. and Vignaux, P. (eds.) (1984), *Preuve et raisons à l'université de Paris*, Paris
Knowles, D. (1951), 'The Censured Opinions of Uthred of Boldon', *PBA* 37: 305–42

Lambert, M.D. (1961), *Franciscan Poverty. The Doctrine of the Absolute Poverty of Christ and the Apostles in the Franciscan Order 1210–1323*, London
Lambert, M.D. (1977), *Mediaeval Heresy*, London
Leff, G. (1957), *Bradwardine and the Pelagians*, Cambridge
Leff, G. (1961), *Gregory of Rimini. Tradition and Innovation in Fourteenth-Century Thought*, Manchester
Leff, G. (1967), *Heresy in the Later Middle Ages*, Manchester
Leff, G. (1975), *William of Ockham*, Manchester
Leff, G. (1976), *The Dissolution of the Medieval Outlook*, New York
Lerner, R.E. (1972), *The Heresy of the Free Spirit*, Portland, Oreg.
Michaud-Quantin, P. (1962), *Sommes de casuistique et manuels de confession au moyen âge*, Louvain
Mollat, M. (1965), *La vie et la pratique religieuse au XIVe et dans la première partie du XVe siècle*, Paris
Murdoch, J. and Sylla, E. (1975), *The Cultural Context of Mediaeval Learning*, Dordrecht
Pantin, W.A. (1955), *The English Church in the Fourteenth Century*, Cambridge
Rapp, F. (1971), *L'église et la vie religieuse en Occident au fin de la moyen âge*, Paris
Reeves, M. (1969), *The Influence of Prophecy in the Later Middle Ages*, Oxford
Robson, J.A. (1961), *Wyclif and the Oxford Schools*, Cambridge
Rubin, M. (1991), *Corpus Christi*, Cambridge
Scott, T.K. (1971), 'Nicholas of Autrecourt, Buridan, and Ockhamism', *JHP* 9: 15-41
Smalley, B. (1952), *The Study of the Bible in the Middle Ages*, Oxford
Smalley, B. (1960), *English Friars and Antiquity in the Early Fourteenth Century*, Oxford
Smalley, B. (1981), *Studies in Mediaeval Thought and Learning*, London
Southern, R.W. (1962), *Western Views of Islam in the Middle Ages*, Cambridge, Mass.
Swanson, R.N. (1979), *Universities, Academics and the Great Schism*, Cambridge
Trapp, D. (1956), 'Augustinian Theology of the Fourteenth Century', *Augustiniana* 6: 146–274
Walsh, K. (1981), *A Fourteenth-Century Scholar and Primate. Richard Fitzralph in Oxford, Avignon and Armagh*, Oxford
Zumkeller, A. (1941), *Dionysius de Montina*, Würzburg

Spirituality and the art of Contemplation

Allen, H.E. (1927), *Writings Ascribed to Richard Rolle*, New York
Ampe, A. (1950–7), *Kernproblemen uit de Leer van Ruusbroec*, 3 vols., Studien en Textuitgaven van Ons Geestelijk Erf, 11–13, Tielt
Axters, A. (1950–60), *Geschiedenis van de Vroomheid in de Nederlanden*, 4 vols., Antwerp
Baron, H. (1966), *The Crisis of the Early Italian Renaissance*, Princeton, N.J.
Brunn, E. zum and Libera, A. de (1984), *Maître Eckhart: metaphysique du verbe et théologie negative*, Paris
Clark, J.P.H. (1979), 'Action and Contemplation in Walter Hilton', *DR* 97: 258-74
Clark, J.P.H. (1980), 'Sources and Theology in the *Cloud of Unknowing*', *DR* 98: 83–109
Clark, J.P.H. (1986), 'Richard Rolle as a Biblical Commentator', *DR* 104: 165–213
Clark, J.P.H. (1991), 'Time and Eternity in Julian of Norwich', *DR* 109: 259–76
Colledge, E. (1962), *The Mediaeval Mystics of England*, London

Combes, A. (1945–59), *Essai sur la Critique de Ruysbroeck par Gerson*, I–III, Paris
Fawtier, R. and Canet, L. (1948), *Le double expérience de Catherine Benincasa*, Paris
Filthaut, E. (ed.) (1961), *Johannes Tauler, ein deutscher Mystiker*, Essen
Fogelqvist, I. (1993), *Apostasy and Reform in the Revelations of St Birgitta*, Bibliotheca Theologiae Practicae, LI, Uppsala
Glasscoe, M. (ed.) (1980–), *The Mediaeval Mystical Tradition in England*, Woodbridge
Grabmann, M. (1956), *Mittelalterliches Geistesleben*, I–III, Munich
Grundmann, H. (1961), *Religiöse Bewegungen im Mittelalter*, Hildesheim
Hogg, J. (ed.) (1981–2), *Kartäusermystik und -Mystiker*, I–V, Analecta Cartusiana, LXV, London
Hughes, J. (1988), *Pastors and Visionaries*, Woodbridge
Knowles, D. (1961), *The English Mystical Tradition*, London
Lossky, V. (1960), *Théologie negative et connaissance de Dieu chez Maître Eckhart*, Paris
Molinari, P., SJ (1959), *Julian of Norwich. The Teaching of a Fourteenth-Century English Mystic*, London
La mystique rhénane (1963), Paris
Nix, U. and Öchslin, R.L. *Meister Eckhart der Prediger. Festschrift zum Eckhart-Gedenkjahr*, Freiburg
Orcibal, J. (1966), *Saint Jean de la Croix et les mystiques rhéno-flamands*, Paris
Ozment, S.E. (1969), *Homo Spiritualis. A Comparative Study of the Anthropology of Johannes Tauler, Jean Gerson and Martin Luther in the Context of their Theological Thought*, Leiden
Palliser, M.A., OP (1992), *Christ our Mother of Mercy. Divine Mercy and Compassion in the Theology of the 'Showings' of Julian of Norwich*, Berlin and New York
Ruh, K. (ed.) (1964), *Altdeutsche und Altniederländische Mystik*, Darmstadt
Walsh, J., SJ (1965), *Pre-Reformation English Spirituality*, London
Warren, A.K. (1986), *Anchorites and their Patrons*, Berkeley
Watson, V. (1992), *Richard Rolle and the Invention of Authority*, Cambridge
Winkler, E. (1984), *Exegetische Methoden bei Meister Eckhart*, Tübingen

4 THE UNIVERSITIES

Primary sources

Auctarium Chartularii Universitatis Parisiensis, ed. H. Denifle and E. Châtelain, 2 vols., Paris (1894–7)
Beltran de Heredia, V., *Bulario de la universidad de Salamanca*, 3 vols., Salamanca (1966–7)
Beltran de Heredia, V., *Cartulario de la universidad de Salamanca*, 6 vols., Salamanca (1970–3)
Chartularium Studii Bononiensis. Documenti per dell'università di Bologna dalle origini fino al secolo XV, 15 vols., Bologna (1909–88)
Chartularium Universitatis Parisiensis, ed. H. Denifle and E. Châtelain, 4 vols., Paris (1889–97)
Chartularium Universitatis Portugalensis, ed. A. Moreira de Sà, 9 vols., and *Auctarium Universitatis Portulagensis*, ed. A. Moreira de Sà, 3 vols., Lisbon (1966–89)
Fournier, M., *Les statuts et privilèges des universités françaises depuis leur fondation jusqu'en 1789*, 4 vols., Paris (1890–4)

Gloria, A., *Monumenti della università di Padova*, 2 vols., Venice and Padua (1885–8)   911
Statuta Antiqua Universitatis Oxoniensis, ed. S. Gibson, Oxford (1931)

Secondary works

General works

Agrimi, J. and Crisciani, C. (1988), *Edocere medicos. Medicina scolastica nei secoli XIII–XV*, Naples

Brizzi, G.P. and Verger, J. (eds.) (1990), *Le università dell'Europa. La nascita dell'università*, Cinisello Balsamo

Bullough, V.L. (1966), *The Development of Medicine as a Profession. The Contribution of the Medieval University to Modern Medicine*, Basle and New York

Cobban, A.B. (1975), *The Medieval Universities. Their Development and Organization*, London

Denifle, H. (1885), *Die Entstehung der Universitäten des Mittelalters bis 1400*, Berlin

Fried, J. (ed.) (1986), *Schulen und Studium im sozialen Wandel des hohen und späten Mittelalters*, VF, 30, Sigmaringen

Gabriel, A.L. (1969), *Garlandia. Studies in the History of the Mediaeval Universities*, Notre Dame and Frankfurt am Main

History of Universities (one annual issue since 1981)

Ijsewijn, J. and Paquet, J. (eds.) (1978), *Universities in the Late Middle Ages*, Mediaevalia Lovaniensia, 1st series 6, Louvain; also published as J. Paquet and J. Ijsewijn (eds.) *Les Universités à la fin du moyen âge*, Publ. de l'Institut d'Etudes médiévales, 2nd series 2, Louvain (1978)

Kenny, A., Kretzmann, N. and Pinborg J. (eds.) (1982), *The Cambridge History of Later Medieval Philosophy*, Cambridge

Kibre, P. (1948), *The Nations in the Mediaeval Universities*, Cambridge, Mass.

Kibre, P. (1961), *Scholarly Privileges in the Middle Ages. The Rights, Privileges and Immunities of Scholars and Universities at Bologna – Padua – Paris – Oxford*, Cambridge, Mass.

Kittelson, J.M. and Transue, P.J. (eds.) (1984), *Rebirth, Reform and Resilience. Universities in Transition, 1300–1700*, Columbus, Ohio

Le Goff, J. (1985), *Les intellectuels au moyen âge*, 2nd edn, Paris

Leff, G. (1968), *Paris and Oxford Universities in the Thirteenth and Fourteenth Centuries. An Institutional and Intellectual History*, New York, London and Sydney

Piltz, A. (1981), *The World of Medieval Learning*, Oxford

Rashdall, H. (1936), *The Universities of Europe in the Middle Ages*, new edn by F.M. Powicke and A.B. Emden, 3 vols., Oxford

Ridder-Symoens, H. de (ed.) (1992), *A History of the University in Europe*, 1, *Universities in the Middle Ages*, Cambridge

Le scuole degli ordini mendicanti (secoli XIII–XIV) (1978), Convegni del Centro di Studi Sulla Spiritualità Medievale, XVII, Todi

Siraisi, N.G. (1990), *Medieval and Early Renaissance Medicine. An Introduction to Knowledge and Practice*, Chicago and London

Swanson, R.N. (1979), *Universities, Academics and the Great Schism*, Cambridge

Università e società nei secoli XII–XVI. Atti del nono convegno internazionale di studi tenuto a Pistoia nei giorni 20–25 settembre 1979 (1982), Pistoia

912 *Les universités européennes du quatorzième au dix-huitième siècle. Aspects et problèmes. Actes du colloque international à l'occasion du VIe centenaire de l'université jagellone de Cracovie* (1967), Geneva
Verger, J. (1973), *Les universités au moyen âge*, Paris
Zimmermann, A. (ed.) (1974), *Antiqui und Moderni. Traditionsbewusstsein und Fortschrittsbewusstsein im späten Mittelalter*, Miscellanea Mediaevalia, IX, Berlin and New York

Empire, northern and central Europe

Gabriel, A.L. (1969), *The Mediaeval Universities of Pécs and Pozsony*, Notre Dame and Frankfurt am Main
Meuthen, E. (1988), *Kölner Universitätsgeschichte*, I, *Die alte Universität*, Cologne and Vienna
Mornet, E. (1983), 'Le voyage d'études des jeunes nobles danois du XIVe siècle à la Réforme', *JS*: 287–318
Schwinges, R.C. (1986), *Deutsche Universitätsbesucher im 14. und 15. Jahrhundert. Studien zur Sozialgeschichte des alter Reiches*, Stuttgart
Die Universität zu Prag (1986), Schriften der Sudetendeutschen Akademie der Wissenschaften und Künste, 7, Munich

England

Aston, T.H. (1979), 'Oxford's Medieval Alumni', *P&P* 74: 3–40
Aston, T.H., Duncan, G.D., Evans, T.A.R. (1980), 'The Medieval Alumni of the University of Cambridge', *P&P* 86: 9–86
Cobban, A.B. (1988), *The Medieval English Universities. Oxford and Cambridge to 1500*, Berkeley and Los Angeles
Courtenay, W.J. (1987), *Schools and Scholars in Fourteenth-Century England*, Princeton, N.J.
Gabriel, A.L. (1974), *Summary Bibliography of the History of the Universities of Great Britain and Ireland up to 1800 Covering Publications between 1900 and 1968*, Texts and Studies in the History of Mediaeval Education, XIV, Notre Dame
A History of the University of Cambridge, I, Leader, D.R. (1988), *The University to 1546*, Cambridge
The History of the University of Oxford, I, Catto, J.I. (ed.) (1984), *The Early Oxford Schools*, Oxford, 1984; II, Catto, J.I. and Evans, G.R. (eds.) (1992), *Late Mediaeval Oxford*, Oxford
Orme, N. (1973), *English Schools in the Middle Ages*, London
Orme, N. (1976), *Education in the West of England*, Exeter

France

Bernstein, A.E. (1978), *Pierre d'Ailly and the Blanchard Affair. University and Chancellor of Paris at the Beginning of the Great Schism*, Leiden
Gabriel, A.L. (1992), *The Paris Studium. Robert of Sorbonne and his Legacy. Interuniversity Exchange between the German, Cracow, Louvain Universities and that of Paris in the Late Medieval and Humanistic Period. Selected Studies*, Texts and Studies in the History of Mediaeval Education, XIX, Notre Dame and Frankfurt am Main
Gouron, A. (1984), *La science du droit dans le Midi de la France au moyen âge*, London

Gouron, A. (1987), *Etude sur la diffusion des doctrines juridiques médiévales*, London
Guenée, S. (1978–81), *Bibliographie de l'histoire des universités françaises des origines à la Révolution*, 2 vols., Paris
Kaluza, Z. (1988), *Les querelles doctrinales à Paris. Nominalistes et réalistes aux confins du XIVe et du XVe siècle*, Bergamo
Meijers, E.M. (1938), *Responsa Doctorum Tholosanorum*, Haarlem
Tanaka, M. (1990), *La nation anglo-allemande de l'université de Paris à la fin du moyen âge*, Paris
Verger, J. (1970), 'Le recrutement géographique des universités françaises au début du XVe siècle d'après les suppliques de 1403', *MEFRA*, 82: 855–902
Verger, J. (ed.) (1986), *Histoire des universités en France*, Toulouse

Italy

Bellomo, M. (1979), *Saggio sull'università nell'età del diritto comune*, Catania
Capitani, O. (ed.) (1987), *L'università di Bologna. Personaggi, momenti e luoghi dalle origini al XVI secolo*, Bologna
Ermini, G. (1971), *Storia dell'università di Perugia*, 2 vols., Florence
Gargan, L. (1971), *Lo studio teologico e la biblioteca dei Domenicani a Padova nel tre e quattrocento*, Padua
Gargan L. and Limone O. (eds.) (1989), *Luoghi e metodi di insegnamento nell'Italia medioevale (secoli XII–XIV)*, Galatina
Grendler, P.F. (1989), *Schooling in Renaissance Italy. Literacy and Learning, 1300–1600*, Baltimore and London
Pini, A.I. (1988), '*Discere turba volens*. Studenti e vita studentesca a Bologna dalle origini dello studio alla metà del trecento', in G.P. Brizzi and A.I. Pini (eds.), *Studenti e università degli studi a Bologna dal XII al XIX secolo*, Studi e memorie per la storia dell'università di Bologna, n.s., 7, Bologna, pp. 45-136
Quaderni per la storia dell'università di Padova (one annual issue since 1968)
Siraisi, N.G. (1973), *Arts and Sciences at Padua. The Studium of Padua before 1350*, Pontifical Institute of Mediaeval Studies, Studies and Texts, 25, Toronto
Stelling-Michaud, S. (1955), *L'université de Bologne et la pénétration des droits romain et canonique en Suisse aux XIIIe et XIVe siècles*, Travaux d'Humanisme et Renaissance, 17, Geneva

Spain

Ajo Gonzalez de Rapariegos and Sainz de Zuñiga, C. M. (1957–77), *Historia de las universidades hispanicas. Origenes y desarrollo desde su aparicion a nuestros dias*, 11 vols., Madrid
Estudios sobre los origenes de las universidades españolas (1988), Valladolid
La universidad de Salamanca (1989–90), 3 vols., Salamanca

5 RURAL SOCIETY

Primary sources

The Anonimalle Chronicle, 1333–1381, ed. V.H. Galbraith, Manchester (1927)
The Black Death, ed. Rosemary Horrox, Manchester (1994)

914
　　Cartae Nativorum, ed. M.M. Postan and C.N.L. Brooke, Oxford (1960)
　　The Chronicle of Jean de Venette, ed. Richard A. Newhall, trans. Jean Birdsall, New York (1953)
　　La chronique de Jean le Bel, ed. Jules Viard and Eugène Déprez, 2 vols., Paris (1904–5)
　　La chronique des quatre premiers Valois, ed. Siméon Luce, Paris (1862)
　　'Documentos acerca de la peste negra en los dominios de la Corona de Aragón', ed. Amada López de Meneses, in *Estudios de edad media de la Corona de Aragón* 6 (1956), pp. 291–447
　　Essex and the Peasants' Revolt: A Selection of Evidence from Contemporary Chronicles, Court Rolls and Other Sources, ed. W.H. Liddell and R.G.E. Wood, Chelmsford (1981)
　　Froissart, Jean, *Œuvres*, ed. J.M.B.C. Kervyn de Lettenhove, 28 vols., Brussels (1867–77)
　　Knighton, Henry, *Chronicon Henrici Knighton*, ed. Joseph Rawson Lumby, RS 92, London (1895)
　　Knighton, Henry, *Chronicon Henrici Knighton*, ed. Geoffrey Martin, Oxford (1995)
　　The 'Liber Gersumarum' of Ramsey Abbey: A Calendar and Index, ed. Edwin B. DeWindt, Toronto (1976)
　　Libro Becerro de las Behetrías. Estudio y texto crítico, ed. Gonzalo Martínez Díez, 3 vols., León (1981)
　　The Peasants' Revolt of 1381, ed. R.B. Dobson, London (1970)
　　Quellen zur Geschichte des deutschen Bauernstandes im Mittelalter, ed. Günther Franz, Darmstadt (1974)
　　Walsingham, Thomas, *Chronicon Angliae*, ed. Edward Maunde Thompson, RS 64, London (1874)
　　Walsingham, Thomas, *Gesta Abbatum Monasterii Sancti Albani*, ed. Henry Thomas Riley, RS 28:3, London (1869)

Secondary works

Abel, Wilhelm (1976), *Die Wüstungen des ausgehenden Mittelalters* 3rd edn, Stuttgart
Abel, Wilhelm (1980), *Agricultural Fluctuations in Europe from the Thirteenth to the Twentieth Centuries*, trans. Olive Ordish, London
The Agrarian History of England and Wales, II, ed. H.R. Hallam, Cambridge (1988); III, ed. Edward Miller, Cambridge (1991)
Alvarez Borges, Ignacio (1987), *El feudalismo castellano y el libro Becerro de las Behetrías. La merindad de Burgos*, León
Anex, Danielle (1973), *Le servage au Pays de Vaud (XIII–XVI s.)*, Lausanne
Aston, Margaret (1994), 'Corpus Christi and Corpus Regni: Heresy and the Peasants' Revolt', *P&P* 143: 3–47
Aston, T.H. (ed.) (1987), *Landlords, Peasants, and Politics in Medieval England*, Cambridge
Aston, T.H. and Philpin, C.H.E. (eds.) (1985), *The Brenner Debate. Agrarian Class Structure and Economic Development in Pre-Industrial Europe*, Cambridge
Aventín i Puig, Mercè (1996), *La societat rural a Catalunya en temps feudals*, Barcelona
Backman, Clifford (1995), *The Decline and Fall of Medieval Sicily. Politics, Religion, and Economy in the Reign of Frederick III, 1296–1337*, Cambridge
Bader, Karl S. (1941), 'Bauernrecht und Bauernfreiheit in späteren Mittelalter', *HJb* 61: 51–87

Baratier, E. (1961), *La démographie provençale du XIIIe au XVIe siècle, avec chiffres de comparaison pour le XVIIIe siècle*, Paris

Bäuerliche Sachkultur des Spätmittelalters (1984), Veröffentlichungen des Instituts für mittelalterliche Realienkunde Österreichs, 7, Sitzungsberichte der österreichischen Akademie der Wissenschaften, phil.-hist. Kl., 439, Vienna

Bean, J.M.W. (1963), 'Plague, Population and Economic Decline in England in the Later Middle Ages', *EcHR* 2nd series 15: 423–37

Bennett, Judith (1984), 'The Tie that Binds: Peasant Marriages and Families in Late Medieval England', *JIH* 15: 111–29

Bennett, Judith (1986), 'The Village Ale-Wife: Women and Brewing in Fourteenth-Century England', in Barbara A. Hanawalt (ed.), *Women and Work in Preindustrial Europe*, Bloomington, pp. 20–36

Bennett, Judith (1987), *Women in the Medieval English Countryside. Gender and Household in Brigstock before the Plague*, New York

Beresford, Maurice (1954), *The Lost Villages of England*, London

Beresford, Maurice and Hurst, John G. (eds.) (1971), *Deserted Medieval Villages*, London

Berthe, Maurice (1984), *Famines et épidémies dans les campagnes navarraises à la fin du moyen âge*, Paris

Biddick, Kathleen (1987), 'Missing Links: Taxable Wealth, Markets and Stratification among Medieval English Peasants', *JIH* 18: 277–98

Biddick, Kathleen (1989), *The Other Economy. Pastoral Husbandry on a Medieval Estate*, Berkeley

Bierbrauer, Peter (1980), 'Bäuerliche Revolten im Alten Reich. Ein Forschungsbericht', in Peter Blickle et al. (eds.), *Aufruhr und Empörung? Studien zum bäuerlichen Widerstand im Alten Reich*, Munich, pp. 1–68

Blickle, Peter (ed.) (1975), *Revolte und Revolution in Europa*, HZ, Beiheft 4 (Munich)

Blickle, Peter (1992), *Communal Reformation. The Quest for Salvation in Sixteenth-Century Germany*, trans. Thomas Dunlop, Atlantic Highlands, N.J.

Bois, Guy (1984), *The Crisis of Feudalism. Economy and Society in Eastern Normandy, c. 1300–1550*, trans. Jean Birrell, Cambridge

Boyle, Leonard E. (1981), 'Montaillou Revisited: Mentalité and Methodology', in J. A. Raftis (ed.), *Pathways to Medieval Peasants*, Toronto, pp. 119–40

Brenner, Robert (1976), 'Agrarian Class Structure and Economic Development in Preindustrial Europe', *P&P* 70: 30–75; repr. in Aston and Philpin (1985)

Brenner, R. (1996), 'The Rises and Declines of Serfdom in Medieval and Early Modern Europe', in M.L. Bush (ed.), *Serfdom and Slavery. Studies in Legal Bondage* (1991), London and New York, pp. 247–76

Bridbury, A.R. (1981), 'Before the Black Death', *EcHR* 2nd series 34: 393–410

Britnell, R.H. (1966), 'Production for the Market on a Small Fourteenth-Century Estate', *EcHR* 2nd series 19: 380–7

Britnell, R.H. (1990), 'Feudal Reaction after the Black Death in the Palatinate of Durham', *P&P* 128: 28–47

Britton, Edward (1977), *The Community of the Vill. A Study in the History of the Family and Village Life in Fourteenth-Century England*, Toronto

Brunner, Otto (1992), *Land and Lordship. Structures of Governance in Medieval Austria*, Philadelphia

916 Bulst, Neithard (1987), '"Jacquerie" und "Peasants' Revolt" in der französischen und englischen Chronistik', in Hans Patze (ed.), *Geschichtsschreibung und Geschichtsbewusstsein im Spätmittelalter*, VF, xxxi, Sigmaringen, pp. 791–817
Burke, Peter (1978), *Popular Culture in Early Modern Europe*, New York
Cabrillana, Nicolás (1968), 'La crisis del siglo XIV en Castilla: la peste negra en el obispado de Palencia', *Hispania* 28: 245–58
Cabrillana, Nicolás (1971–2), 'Los despoblados en Castilla la Vieja', *Hispania* 119: 485–550; 120: 5–60
Campbell, Bruce M.S. (1984), 'Population Pressure, Inheritance and the Land Market in a Fourteenth-Century Peasant Community', in Smith (1984), pp. 87–134
Campbell, Bruce M.S. (ed.) (1991), *Before the Black Death. Studies in the 'Crisis' of the Early Fourteenth Century*, Manchester
Campbell, Bruce M.S. and Overton, M. (eds.) (1991), *Land Labour and Livestock. Historical Studies in European Agricultural Productivity*, Manchester
Cazelles, Raymond (1984), 'The Jacquerie', in Hilton and Aston (1984), pp. 74–83
Cechura, Jaroslav (1990), 'Die Bauernschaft im Böhmen während des Spätmittelalters Perspektiven neuer Orientierungen', *Bohemia* 31: 283–311
Cherubini, Giovanni (1985), *L'Italia rurale del basso medioevo*, Rome
David, Marcel (1959), 'Les laboratores du renouveau économique du XIIe siècle à la fin du XIVe siècle', *RHDFE*, 4th series 37: 174–95, 295–325
DeWindt, Edwin (1972), *Land and People in Holywell-cum-Needingworth. Structures of Tenure and Patterns of Social Organization in an East Midlands Village, 1252–1457*, Toronto
DeWindt, Edwin (1990), *The Court Rolls of Ramsey, Hepmangrove and Bury, 1280–1600*, Toronto
Dubuisson, R. (1930), *Etude sur la condition de personnes et des terres d'après les coutumes de Reims du XIIe au XVIe siècle*, Rome
Dyer, Christopher (1980), *Lords and Peasants in a Changing Society. The Estates of the Bishopric of Worcester 680–1540*, Cambridge
Dyer, Christopher (1989), *Standards of Living in the Later Middle Ages. Social Change in England c. 1200–1520*, Cambridge
Dyer, Christopher (1994), 'The English Medieval Village Community and its Decline', *JBS* 33: 407–29
Dyer, Christopher (1996), 'Memories of Freedom: Attitudes towards Serfdom in England, 1200–1350', in M.L. Bush (ed.), *Serfdom and Slavery. Studies in Legal Bondage*, Harlow, Essex, pp. 276–95
Faith, Rosamond (1984), 'The "Great Rumour" of 1377 and Peasant Ideology', in Hilton and Aston (1984), pp. 43–73
Flad, Max (1994), 'Zur Geschichte der oberschwäbischen Bauern im ausgehenden Mittelalter', *Zeitschrift für Agrargeschichte und Agrarsoziologie* 42: 142–59
Fossier, Robert (1973), 'Fortunes et infortunes paysannes au Cambrésis à la fin du XIIIe siècle', in *Economies et sociétés au moyen âge. Mélanges offerts à Edouard Perroy*, Paris, pp. 171–82
Fossier, Robert (1988), *Peasant Life in the Medieval West*, trans. Juliet Vale, Oxford
Fourquin, Guy (1978), *The Anatomy of Popular Rebellion in the Middle Ages*, Amsterdam; orig. pub. Paris (1972)
Franz, Günther (1984), *Der deutsche Bauernkrieg*, 12th edn, Darmstadt

Freedman, Paul (1991), *The Origins of Peasant Servitude in Medieval Catalonia*, Cambridge
Fryde, E.B. (1996), *Peasants and Landlords in Later Medieval England*, Stroud and New York
García de Cortázar, José Angel (1988), *La sociedad rural en la España medieval*, Madrid
Genicot, Léopold (1974–5), *L'économie rurale namuroise au bas moyen âge (1199–1429)*, 2 vols., Louvain
Genicot, Léopold (1990), *Rural Communities in the Medieval West*, Baltimore
Genicot, Léopold et al. (1970), *La crise agricole du bas moyen âge dans le Namurois*, Louvain
Gissel, Svend (1976), 'Agrarian Decline in Scandinavia', *SJH* 1: 43–54
Gràcia i Mont, Elisenda (1989), *Estructura agrària de la Plana de Vic al segle XIV*, Barcelona
Grava, Yves (1992), 'Seigneurs et paysans en Provence. La résistance paysanne à l'exploitation seigneuriale sur les rives de l'étang de Berre (XIe–XVe siècle)', *Histoire et société. Mélanges offerts à Georges Duby*, 2: 31–9
Die Grundherrschaft im späten Mittelalter (1983), ed. Hans Patze VF, XXVII, 2 vols., Sigmaringen
Hanawalt, Barbara (1986), *The Ties that Bound: Peasant Families in Medieval England*, New York
Harvey, B. (1991), 'Introduction: The "Crisis" of the Early Fourteenth Century', in Campbell (1991), pp. 1–24
Harvey, P.D.A. (1965), *A Medieval Oxfordshire Village. Cuxham 1200–1400*, Oxford
Harvey, P.D.A. (ed.) (1984), *The Peasant Land Market in Medieval England*, Oxford
Hatcher, John (1977), *Plague, Population and the English Economy, 1348–1530*, London
Hatcher, John (1981), 'English Serfdom and Villeinage: Towards a Reassessment', *P&P* 90: 3–39
Hatcher, John (1994), 'England in the Aftermath of the Black Death', *P&P* 144: 1–35
Herlihy, David (1967), *Medieval and Renaissance Pistoia. The Social History of an Italian Town, 1200–1430*, New Haven
Hilton, R.H. (1973), *Bondmen Made Free. Medieval Peasant Movements and the English Rising of 1381*, London
Hilton, R.H. (1974), 'Peasant Movements in England Before 1381', *Journal of Peasant Studies* 1: 207–19; repr. in R.H. Hilton, *Class Conflict and the Crisis of Feudalism. Essays in Medieval Social History*, London (1985), pp. 122–38
Hilton, R.H. (1975), *The English Peasantry in the Later Middle Ages*, Oxford
Hilton, R.H. (ed.) (1976), *Peasants, Knights and Heretics. Studies in Medieval English Social History*, Cambridge
Hilton, R.H. (1983), *The Decline of Serfdom in Medieval England*, London
Hilton, R.H. and Aston, T.H. (eds.) (1984), *The English Rising of 1381*, Cambridge
Hoffmann, Richard C. (1989), *Land, Liberties, and Lordship in a Late Medieval Countryside. Agrarian Structures and Change in the Duchy of Wroclaw*, Philadelphia
Hudson, Anne (1994), 'Piers Plowman and the Peasants' Revolt: A Problem Revisited', *Yearbook of Langland Studies* 8: 85–106
Hyams, Paul (1970), 'The Origins of a Peasant Land Market in England', *EcHR* 2nd series 23: 18–31
Hybel, Nils (1989), *Crisis or Change. The Concept of Crisis in the Light of Agrarian Structural Reorganization in Late Medieval England*, Aarhus

Jaritz, Gerhard (1989), *Zwischen Augenblick und Ewigkeit. Einführung in die Alltagsgeschichte des Mittelalters*, Vienna

Jordan, William Chester (1996), *The Great Famine: Northern Europe in the Early Fourteenth Century*, Princeton

Justice, Steven (1994), *Writing and Rebellion: England in 1381*, Berkeley

Kershaw, Ian (1973), 'The Great Famine and Agrarian Crisis in England, 1315–1322', *P&P* 59: 3–50

Klapisch-Zuber, C. and Herlihy, D. (1985), *Tuscans and their Families. A Study of the Florentine Catasto of 1427*, New Haven and London

Köhn, Rolf (1991), 'Freiheit als Forderung und Ziel bäuerlichen Widerstandes (Mittel- und Westeuropa, 11.–13. Jahrhundert), in J. Fried (ed.), *Die abendländische Freiheit vom 10. zum 14. Jahrhundert: der Wirkungszusammenhand von Idee und Wirklichkeit im europäischen Vergliech*, Sigmaringen (= *Vorträge und Forschungen*, 39), pp. 325–87

Kreidte, Peter (1981), 'Spätmittelalterliche Agrarkrise oder Krise des Feudalismus?', *GG* 7: 42–68

Langdon, John (1994), 'Lordship and Peasant Consumerism in the Milling Industry of Early Fourteenth-Century England', *P&P* 145: 3–46

Le Roy Ladurie, Emmanuel (1976), *Montaillou, village occitan de 1294 à 1324*, Paris; English trans. Barbara Bray, *Montaillou. Cathars and Catholics in a French Village 1294–1324*, London (1978)

Leclerq, Paulette (1985), 'Le régime de la terre aux XIVe–XVe siècles dans la region brignolaise', *Recueil de mémoires et travaux publié par la Société d'histoire du droit et des Institutions des Anciens Pays de Droit Ecrit* 13: 115–28

Luce, Siméon (1894), *Histoire de la Jacquerie*, 2nd edn, Paris

McIntosh, Marjorie (1986), *Autonomy and Community. The Royal Manor of Havering, 1200–1500*, Cambridge

Maddicott, J.R.L. (1975), *The English Peasantry and the Demands of the Crown, 1294–1341*, Oxford (*P&P*, Supplement 1)

Martín, José Luis (1983), *Economía y sociedad en los reinos hispánicos de la baja edad media*, 2 vols., Barcelona

Martínez Cea, Juan Carlos (1983), *El campesinado castellano de la cuenca del Deuero. Aproximaciones a su estudio durante los siglos XIII al XV*, n.p.

Mate, Mavis (1984), 'Agrarian Economy after the Black Death: the Manors of Canterbury Cathedral Priory, 1348–1391', *EcHR* 2nd series 37: 341–54

Mate, Mavis (1985), 'Medieval Agrarian Practices: The Determining Factors', *AgHR* 33: 22–31

Mate, Mavis (1991), 'The Agrarian Economy of South-East England before the Black Death: Depressed or Buoyant?', in Campbell (1991), pp. 79–109

Medeiros, Marie-Thérèse, de (1979), *Jacques et chroniqueurs. Une étude comparée de récits contemporains relatant la Jacquerie de 1358*, Paris

Miller, Edward and Hatcher, John (1978), *Medieval England. Rural Society and Economic Change 1086–1348*, London

Mollat, Michel and Wolff, Philippe (1973), *The Popular Revolutions of the Late Middle Ages*, trans. A.L. Lytton-Sells, London

Newman, Francis X. (ed.) (1986), *Social Unrest in the Late Middle Ages. Papers of the Fifteenth Annual Conference of the Center for Medieval and Early Renaissance Studies*, Binghamton

Nichols, John F. (1930), 'An Early Fourteenth Century Petition from the Tenants of Bocking to their Manorial Lord', *EcHR* 2: 300–7

Olson, Sherri (1991), 'Jurors of the Village Court: Local Leadership before and after the Plague in Ellington, Huntingdonshire', *JBS* 30: 237–56

Oman, Charles (1969), *The Great Revolt of 1381*, new edn with introduction and notes by E.B. Fryde, Oxford

Pastor, Reyna (1973), *Conflictos sociales y estancamiento económico en la España medieval*, Barcelona

Poos, L.R. (1985), 'The Rural Population of Essex in the Late Middle Ages', *EcHR* 2nd series 38: 515–30

Poos, L. R. (1991), *A Rural Society after the Black Death. Essex 1350–1525*, Cambridge

Portela Silva, Ermelindo (1976), *La region del obispado de Tuy en los siglos XII a XV. Una sociedad en expansion y en crisis*, Santiago de Compostela

Postan, M.M. (1966), 'Medieval Agrarian Society in its Prime', in *CEHE*, I, pp. 548–632

Postan, M.M. (1972), *The Medieval Economy and Society. An Economic History of Britain 1100–1500*, London

Postan, M.M. (1973), *Essays on Medieval Agriculture and General Problems of the Medieval Economy*, Cambridge

Postan, M.M. and Titow, J.Z. (1958–9), 'Heriots and Prices on Winchester Manors', *EcHR* 2nd series 11: 392–417; repr. in Postan (1973)

Putnam, Bertha Haven (1908), *The Enforcement of the Statutes of Labourers during the First Decade after the Black Death, 1349–1359*, New York

Raftis, J. Ambrose (1964), *Tenure and Mobility. Studies in the Social History of the Medieval English Village*, Toronto

Raftis, J. Ambrose (1967), 'Change in an English Village after the Black Death', *MS* 29: 156–77

Raftis, J. Ambrose (1974), *Warboys. Two Hundred Years in the Life of an English Mediaeval Village*, Toronto

Razi, Zvi (1980), *Life, Marriage and Death in a Medieval Parish. Economy, Society, and Demography in Halesowen, 1270–1400*, Cambridge

Razi, Zvi (1981), 'Family, Land and the Village Community in Later Medieval England', *P&P* 93: 3–36

Rösener, Werner (1992), *Peasants in the Middle Ages*, trans. Alexander Stützer, Urbana and Chicago; first publ. Munich (1985)

Rotelli, Claudio (1973), *Una campagna medievale. Storia agraria del Piemonte fra il 1250 e il 1450*, Turin

Ruiz, Teófilo (1987), 'La formazione del mercato della terra nella Castiglia del basso medioevo', *Quaderni strorici*, n.s. 65, 2: 423–542

Ruiz, Teófilo (1994), *Crisis and Continuity. Land and Town in Late Medieval Castile*, Philadelphia

Searle, Eleanor (1979), 'Seigneurial Control of Women's Marriage: The Antecedents and Function of Merchet in England', *P&P* 82: 3–43

Seigneurs et seigneuries au moyen âge (1993), *Actes du 117e CNSS*, Clermont Ferrand, 1992, Paris

Sheehan, Michael M. (1971), 'The Formation and Stability of Marriage in Fourteenth-Century England: Evidence of an Ely Register', *MS* 33: 228–63

Sivéry, Gérard (1990), *Terroirs et communautés rurales dans l'Europe occidentale au moyen âge*, Lille

Smith, Richard (ed.) (1984), *Land, Kinship and the Life-Cycle*, Cambridge

Smith, Richard (1991), 'Demographic Developments in Rural England, 1300–1348', in Campbell (1991), pp. 25–77

Sweeney, Del (ed.) (1995), *Agriculture in the Middle Ages. Technology, Practice and Representation*, Philadelphia

TeBrake, William H. (1993), *A Plague of Insurrection. Popular Politics and Peasant Revolt in Flanders, 1323–1328*, Philadelphia

Tillotson, John H. (1974), 'Peasant Unrest in the England of Richard II: Some Evidence from Royal Records', *Historical Studies* (Melbourne) 16: 1–16

Titow, J.Z. (1969), *English Rural Society, 1200–1350*, London

Titow, J.Z. (1972), *Winchester Yields. A Study in Medieval Agricultural Productivity*, Cambridge

Toch, Michael (1991), 'Ethics, Emotions and Self-Interest: Rural Bavaria in the Later Middle Ages', *JMH* 17: 135–47

Valdeón Baruque, Julio (1969), 'Aspectos de la crisis castellana en la primera mitad del siglo XIV', *Hispania* 111: 5–24

Valdeón Baruque, Julio (1975), *Los conflictos sociales en el reino de Castilla en los siglos XIV y XV*, Madrid

Vicens Vives, J. (1978), *Historia de los Remensas*, 2nd edn, Barcelona

Zientara, Benedykt (1988), 'Die Bauern in mittelalterlichen Polen', *APH* 57: 5–42

6 URBAN LIFE

Primary sources

Froissart, Jean, *Chroniques*, ed. S. Luce *et al.*, 15 vols. (Paris, 1869–1975 continuing)

Secondary works

General

Barel, Y. (1975), *La ville médiévale, système social, système urbain*, Grenoble

Bennassar, B. (1985), *Histoire des Espagnols*, I: *VI–XVII siècle*, Paris

Bernard, G. (1998), *L'aventure des bastides. Villes nouvelles au Moyen Age*, Toulouse

Bois, G. (1976), *Crise du féodalisme*, Paris; English trans., Jean Birrell, *The Crisis of Feudalism. Economy and Society in Eastern Normandy c. 1300–1550*, Cambridge and Paris (1984)

Bourin, M. (ed.) (1989), *Villes, bonnes villes, cités et capitales. Mélanges offerts à Bernard Chevalier*, Tours

Bourin-Derruau, M. (1990), *Nouvelle histoire de la France médiévale: Temps d'équilibre, temps de ruptures*, Paris

Chevalier, B. (1982), *Les bonnes villes de France du XIVème au XVIème siècle*, Paris

Cuvillier, J.P. (1984), *L'Allemagne médiévale*, II: *1273–1525*, Paris

Dickinson, R.E. (1945), 'Morphology of the Medieval German Towns', *Geographical Review* 35: 74–97

Dollinger, Ph. (1988), *La Hanse*, new edn, Paris; English trans. D.S. Ault and S.H. Steinberg, *The German Hansa*, London (1970), from 1st edn, 1964

Duby, G. (gen. ed.) (1980), *Histoire de la France urbaine*, II: *La ville médiévale des Carolingiens à la Renaissance*, ed. A. Chédeville, J. Le Goff and J. Rossiaud, Paris
Dufourcq, Ch. E. and Gautier Dalché, J. (1976), *Histoire économique et sociale de l'Espagne chrétienne au moyen âge*, Paris
Dupâquier, J. (ed.) (1988), *Histoire de la population française*, 2 vols., Paris
Ennen, E. (1979), *The Medieval Town*, Amsterdam
Février, P.A. (1964), *Le développement urbain en Provence de l'époque romain à la fin du XVème siècle*, Paris
Fossier, R. (ed.) (1983), *Le moyen âge*, III: *Le temps des crises, 1250–1520*, Paris; English trans. Sarah Hanbury Tenison, *The Cambridge Illustrated History of the Middle Ages, 1250–1520*, Cambridge (1986)
Fournial, E. (1967), *Les villes et l'économie d'échange en Forez aux XIIIème et XIVème siècles*, Paris
Heers, J. (1973), *L'occident aux XIVème et XVème siècles. Aspects économiques et sociaux*, Paris
Heers, J. (1974), *Le clan familial au moyen âge*, Paris; English trans. Barry Herbert, *Family Clans in the Middle Ages*, Amsterdam (1977)
Heers, J. (1981), *Les partis et la vie politique dans l'Occident médiéval*, Paris; English trans. David Nicholas, *Parties and Political Life in the Medieval West*, Amsterdam (1977)
Heers, J. (1990), *La ville au moyen âge*, Paris
Higounet, Ch. (1989), *Les Allemands en Europe centrale et orientale au moyen âge*, Paris
Jehel, G. and Racinet, Ph. (1996), *La ville médiévale*, Paris
Le Goff, J. (1964), *La civilisation de l'Occident médiéval*, Paris
Le Goff, J. (1972), *Marchands et banquiers du moyen âge*, Paris
Le Mené, M. (1977), *L'économie médiévale*, Paris
Leguay, J.P. (1979), 'Un réseau urbain médiéval, les villes du comté puis du duché de Savoie', *Bulletin du Centre d'études franco-italien* (Turin-Chambéry), 4: 13–64
Leguay, J.P. (1981), *Un réseau urbain au moyen âge. Les villes du duché de Bretagne aux XIVème et XVème siècles*, Paris
Leguay, J.P. (1984), *La rue au moyen âge*, Rennes
Lestocquoy, J. (1952), *Les villes de Flandre et d'Italie sous le gouvernement des patriciens (XIème–XVème siècles)*, Paris
Mumford, L. (1964), *La cité à travers l'histoire*, Paris
Mundy, J.P. and Reisenberg, P. (1958), *The Medieval Town*, New York
Nicholas, David M. (1997), *The Later Medieval City 1300–1500*, London and New York
Oliveira Marques, A.H. de (1978), *Histoire du Portugal, des origines à nos jours*, Roanne
Oliveira Marques, A.H. de, Gonçalves, I. and Aguiar Andrade, A. (1990), *Atlas de Cidades Medievais Portuguesas (Séculos XII–XV)*, I, Lisbon
Les origines des libertés urbaines (1990), Actes du XVIème congrès des Historiens médiévistes de l'enseignement supérieur, Rouen
Le paysage urbain au moyen âge (1981), Actes du XIème congrès des Historiens médiévistes de l'enseignement supérieur, Lyon
Pirenne, H. (1971), *Les villes au moyen âge*, Paris
Planitz, H. (1954), *Die deutsche Stadt im Mittelalter*, Graz and Cologne
Platt, C. (1976), *The English Medieval Town*, London
Rapp, F. (1989), *Les origines médiévales de l'Allemagne moderne, de Charles IV à Charles Quint (1346 à 1519)*, Paris

922 Renouard, Y. (1969), *Les villes d'Italie de la fin du Xème siècle au début du XIVème siècle*, 2 vols., Paris
Reynolds, S. (1977), *An Introduction to the History of English Medieval Towns*, Oxford
Rörig, F. (1967), *The Medieval Town*, London (trans. from 4th German edn, 1964)
Roslanowski, T. (1964), *Recherches sur la vie urbaine dans les villes de la moyenne Rhénanie septentrionale, XIème–XVème siècles*, Warsaw
Roux, S. (1997), *Le monde des villes au Moyen Age (XIe–XVe siècle)*, Paris
Tuñon de Lara, J. (ed.), with Valdeon, J., Salrach, M. and Zabalo, J. (1989), *Historia de España*, IV: *Feudalismo y consolidacion de los Pueblos Hispanicos (siglos XI–XV)*, Madrid
Vicens Vives, J. (1959), *Historia economica de España*, Barcelona
Wolff, Ph. (1986), *Automne du moyen âge ou printemps des temps nouveaux*, Paris

Selected monographs

Collections
Editions Privat of Toulouse have produced in their series *Collection Univers de la France* scholarly collective histories of the following cities: Agen, Albi, Amiens, Angers, Angoulême, Annecy, Bordeaux, Brest, Caen, Carcassonne, Chartres, Dijon, Grenoble, La Rochelle, Le Mans, Lille, Lyon, Marseille, Montauban, Nantes, Narbonne, Nice, Perpignan, Rennes, Rodez, Rouen, Saint-Malo, Toulon, Toulouse, Vannes, Vendôme, Verdun and others. In the *Collection Histoire des Villes du Nord-Pas-de-Calais* (Presses Universitaires de Lille) there are histories of Boulogne, Calais, Douai, Dunkirk, Saint-Omer and Valenciennes.

Among atlases, the following may be noted: *Atlas of Historic Towns*, ed. M.D. Lobel *et al.* Oxford (1964–); *Atlas de Cidades Medievais Portuguesas (Séculos XII–XV)*, I, ed. A. H. de Oliveira Marques, I. Gonçalves and A. Aguiar Andrade, Lisbon (1990); *Atlas Historique des villes de France*, gen. eds. Ch. Higounet, J.B. Marquette and Ph. Wolff, Paris (1982–).

Monographs
Aguiar Andrade, A. (1990), *Um espaço medieval. Ponte de Lima*, Lisbon
Bargellini, P. (1977), *Florence*, 2nd edn, Paris
Becker, M.B. (1967–8), *Florence in Transition*, 2 vols., Baltimore
Billot, Cl. (1987), *Chartres à la fin du moyen âge*, Paris
Braunstein, Ph. and Delort, R. (1971), *Venise, portrait historique d'une cité*, Paris
Brondy, R. (1988), *Chambéry, histoire d'une capitale*, Lyon
Carrère, C. (1967), *Barcelone, centre économique à l'époque des difficultés, 1380–1462*, 2 vols., Paris
Cazelles, R. (1972), *Nouvelle histoire de Paris: Paris de la fin du règne de Philippe Auguste à la mort de Charles V*, Paris; 2nd edn 1996
Chevalier, B. (1975), *Tours, ville royale (1356–1520). Origine et développement d'une capitale à la fin du moyen âge*, Louvain/Paris
Clauzel, D. (1982), *Finances et politique à Lille pendant la période bourguignonne*, Paris
Costa Gomes, R. (1987), 'A Guarda Medieval 1200–1500', *Revista de Historia economica e social* 9-10: 1-226

Cuveiller, S. (1989), *Dunkerque, ville et port de Flandre à la fin du moyen âge à travers les comptes de bailliage de 1358 à 1407*, Lille
Desportes, P. (1979), *Reims et les Remois aux XIIIème et XIVème siècles*, Paris
Dollinger, Ph. and Rapp, F. (1981), *Strasbourg des grandes invasions au XVIème siècle*, II, Strasburg
Duparc, P. (1973), *La formation d'une ville, Annecy jusqu'au début du XITème siècle*, Annecy
Fabre, G. and Locard, Th. (1992), *Montpellier. La ville médiévale*, Paris
Favier, J. (1974), *Nouvelle histoire de Paris: Paris du XVème siècle*, Paris; 2nd edn 1996
Favreau, R. (1978), *La ville de Poitiers à la fin du moyen âge, une capitale régionale*, 2 vols., Poitiers
Fedou, R. (1964), *Les hommes de loi lyonnais à la fin du moyen âge, étude sur les origines de la classe de robe*, Paris
Fietier, R. (1978), *La cité de Besançon de la fin du XIIème siècle au milieu du XIVème siècle, étude d'une société urbaine*, Lille
Fourquin, G. (1962), *Les campagnes de la région parisienne à la fin du moyen âge, du milieu du XIIIème siècle au début du XVIème siècle*, Paris
Fourquin, G. (1970), *Des origines à l'avènement de Charles Quint* (vol. I of the *Histoire de Lille*, gen. ed. L. Trenard), Lille
Garrigou Grandchamp, P., Jones, Michael, Meirion-Jones, Gwyn I. and Salvèque, J.D. (1997), *La ville de Cluny et ses maisons, XIe–XVe siècles*, Paris
Heers, J. (1961), *Gênes au XVème siècle*, Paris
Herlihy, D. (1958), *Pisa in the Early Renaissance. A Study of Urban Growth*, New Haven
Higounet-Nadal, A. (1978), *Périgueux aux XIVème et XVème siècles, études de démographie historique*, Bordeaux
Lane, F.C. (1985), *Venise, une république maritime*, Paris
Miller, E. and Hatcher, J. (1995), *Medieval England. Towns, Commerce and Crafts 1066–1348*, London
Nicholas, David M. (1971), *Town and Countryside. Social, Economic and Political Tensions in Fourteenth-Century Flanders*, Bruges
Nicholas, David M. (1987), *The Metamorphosis of a Medieval City. Ghent in the Age of the Arteveldes 1302–1390*, Leiden
Renouard, Y. (ed.) (1965), *Bordeaux sous les Rois d'Angleterre* (*Histoire de Bordeaux*, gen. ed. Ch. Higounet, III), Bordeaux
Rigaudière, A. (1982), *Saint-Flour, ville d'Auvergne au bas moyen âge*, 2 vols., Paris
Schneider, J. (1950), *La ville de Metz aux XIIIème et XIVème siècles*, Nancy
Stouff, L. (1986), *Arles à la fin du moyen âge*, Aix-en-Provence
Van Houtte, J. A. (1967), *Bruges, essai d'histoire urbaine*, Brussels
Vercauteren, F. (1946), *Les luttes sociales à Liège, XIIIème–XIVème siècle*, Liège
Wolff, Ph. (1954), *Commerce et marchands de Toulouse, vers 1350–vers 1450*, Paris

Particular studies

Benoit, P. and Cailleaux, D. (eds.) (1988), *Hommes et travail du métal dans les villes médiévales*, Paris
Bibolet, Fr. (1974), 'Les métiers à Troyes aux XIVe et XVe siècles', *ACNSS 95e session, Reims, 1970*, II, pp. 113–32

924 Biraben, J.N. (1975–6), *Les hommes et la peste en France et dans les pays européens et méditerranéens*, 2 vols., Paris and The Hague
Blumenkranz, B. (1972), *Histoire des Juifs en France*, Toulouse
Caille, J. (1978), *Hôpitaux et charité publique à Narbonne au moyen âge de la fin du XIème à la fin du XVème siècle*, Toulouse
Cazelles, R. (1984), *Etienne Marcel*, Paris
Chevalier, B. (1982), 'Corporations, conflits politiques et paix sociale en France aux XIVème et XVème siècles', *RH* 543: 17–44
Chiffoleau, J. (1980), 'La violence au quotidien, Avignon au XIVe siècle d'après les registres de la cour temporelle, *Mélanges de l'Ecole française de Rome* 92: 325–71
Contamine, Ph. (1978), 'Les fortifications urbaines en France à la fin du moyen âge, aspects financiers et économiques', *RH* 527: 23–47; repr. in his *La France au XIVe et XVe s. Hommes, mentalités, guerre et paix*, London (1981)
Coornaert, E. (1941), *Les corporations en France avant 1789*, Paris
Croix, A. (1974), *Nantes et le pays nantais au XVIe siècle. Etude démographique*, Paris
Delumeau, J. and Lequin, Y. (eds.) (1987), *Les malheurs des temps, histoire des fléaux et des calamités en France*, Paris
Duby, G. and Perrot, M. (eds.) (1990), *Histoire des femmes, le moyen âge*, Paris
Emery, R.W. (1962), *The Friars in Medieval France. A Catalogue of French Mendicant Convents, 1200–1550*, New York and London
Falcao Ferreira, M. de Conceiçao (1989), *Uma rua de elite na Guimarães medieval*, Guimarães
Gaier, C. (1973), *L'industrie et le commerce des armes dans les anciennes principautés belges du XIIIème au XVème siècle*, Paris
Garrigou Grandchamp, P. (1992), *Demeures médiévales. Cœur de la Cité*, Paris
Geremek, B. (1969), *Le salariat dans l'artisanant parisien aux XIIIème–XVème siècles*, Paris
Geremek, B. (1976), *Les marginaux parisiens aux XIVème et XVème siècles*, Paris; English trans. Jean Birrell, *The Margins of Society in Late Medieval Paris*, Cambridge and Paris (1987)
Geremek, B. (1987), *La potence ou le pitié. L'Europe et les pauvres du moyen âge à nos jours*, Paris
Goglin, J.L. (1976), *Les misérables dans l'Occident médiéval*, Paris
Gonthier, N. (1978), *Lyon et ses pauvres au moyen âge, 1350–1500*, Lyon
Gouron, A. (1972), *Les métiers et l'organisation du travail dans la France médiévale*, Paris
Heers, J. (1972), *Fêtes, jeux et joutes dans les sociétés d'Occident à la fin du moyen âge*, Montreal
Heers, J. (1983), *Fêtes des fous et carnavals*, Paris
Heers, J. (ed.) (1984), *Espaces publics, espaces privés dans la ville, le liber terminorum de Bologne (1294)*, Paris
Heers, J. (ed.) (1985), *Fortifications, portes de villes, places publiques dans le monde méditerranéen*, Paris
Humbert, Fr. (1961), *Les finances municipales de Dijon du milieu du XIVème siècle à 1477*, Paris
Imbert, J. and Mollat, M. (1982), *Histoire des hôpitaux en France*, Toulouse
Kriegel, M. (1979), *Les Juifs à la fin du moyen âge dans l'Europe méditerranéenne*, Paris
Leguay, J.P. (1989), 'Un aspect essentiel de l'histoire urbaine: la propriété et le marché de l'immobilier à la fin du moyen âge en France et dans les grands fiefs', *MEFRA* 122: 135–99

Leguay, J.P. (1990), 'Les manœuvres des chantiers et de carrières en France et dans les pays voisins au moyen âge', *Atti del Convegno 'Il modo di costruire'*, Rome, pp. 29–48

Mehl, J.M. (1990), *Les jeux au royaume de France du XIIIème au début du XIVème siècle*, Paris

Mollat, M. and Wolff, P. (1970), *Ongles bleus, Jacques et Ciompi. Les révolutions populaires en Europe aux XIVème et XVème siècles*, Paris; English trans. A.L. Lytton-Sells, *The Popular Revolutions of the Late Middle Ages*, London (1973)

Mollat, M. (1978), *Les pauvres au moyen âge, étude sociale*, Paris; English trans. Arthur Goldhammer, *The Poor in the Middle Ages: An Essay in Social History*, Chicago (1986)

Oliviera, Marques, A.H. de (1987), *A sociedade medieval portuguesa, Aspectos de vida quotidiana*, Lisbon

Plaisse, A. and Plaisse, S. (1978), *La vie municipale à Evreux pendant la guerre de Cent Ans*, Evreux

Rigaudière, A. (1985), 'Le financement des fortifications urbaines en France du milieu du XIVème à la fin du XVème siècle', *RH*, 553: 19–95; repr. in his *Gouverner la ville au moyen âge*, Paris (1993), pp. 417–97

Rossiaud, J. (1988), *La prostitution médiévale*, Paris; English trans. Lydia G. Cochrane, *Medieval Prostitution*, Oxford (1988)

Roux, S. (1969), 'L'habitat urbain au moyen âge, le quartier de l'université de Paris', *AESC* 24: 1196–1219

Roux, S. (1976), *La maison dans l'histoire*, Paris

Schneider, J. (1956), 'Verdun au XIIIe siècle', in *Mélanges Félix Rousseau*, Brussels

Sosson, J.P. (1977), *Les travaux publics de la ville de Bruges, XIVème et XVème siècles. Les matériaux. Les hommes*, Brussels

Taylor, C.H. (1954), 'The Composition of Baronial Assemblies in France, 1315–1320', *Speculum* 29: 433–49

Touchard, H. (1967), *Le commerce maritime breton à la fin du moyen âge*, Paris

Wolff, Ph. (1977), 'Pouvoir et investissements urbains en Europe occidentale et centrale du treizième au dix-septième siècle', *RH* 524: 277–311

Wolff, Ph. and Mauro, F. (1960), *Histoire générale du travail*, II, Paris

7 PLAGUE AND FAMILY LIFE

Primary sources

Il libro del Biadaiolo. Carestia e annona a Firenze dalla metà del '200 al 1348, ed. G. Pinto, Florence (1978)

Villani, G., *Nuova Cronica*, ed. Giuseppe Porta, Parma (1990)

Villani, M., *Cronica*, Trieste (1857)

Secondary works

Albini, G. (1982), *Guerra, fame, peste. Crisi di mortalità e sistema sanitario nella Lombardia tardomedioevale*, Bologna

Baratier, E. (1961), *La démographie provençale du XIIIe au XIVe siècle*, Paris

Barbadoro, B. (1933), 'Finanza e demografia nei ruoli fiorentini d'imposta del 1352–55', *Atti del Congresso internazionale per gli studi sulla popolazione*, Rome, 11: 615–45

926 Bellettini, A. (1961), *La popolazione di Bologna dal secolo XV all'Unificazione italiana*, Bologna
Belletini, A. (1974), 'La populazione italiana dall'inizio dell'era volgare ai giorni nostri', in *Storia d'Italia*, v, Turin
Beloch, K.J. (1937–61), *Bevölkerungsgeschichte Italiens*, 3 vols., Berlin
Benedictow, O.J. (1992a), *Plague in the Late Medieval Nordic Countries, Epidemiological Studies*, Oslo
Benedictow, O.J. (1992b), *The Medieval Demographic System of the Nordic Countries*, Oslo
Berkner, L.K. (1972), 'The Stem Family and the Developmental Cycle of the Peasant Household. An Eighteenth-Century Austrian Example', *AmHR* 77: 398–418
Berkner, L.K. (1975), 'The Use and Misuse of Census Data for the Historical Analysis of Family Structure', *JIH* 5: 721–38
Berthe, M. (1984), *Famines et épidémies dans les campagnes navarraises à la fin du moyen âge*, 2 vols., Paris
Bideau, A. (1983), 'Les mécanismes autorégulateurs des populations traditionnelles', *AESC* 38: 1040–57
Bideau, A. and Perrenoud, A. (1981), 'Remariage et fécondité. Contribution à l'étude des mécanismes de récupération des populations anciennes', in J. Dupâquier *et al.* (eds.), *Marriage and Remarriage in Populations of the Past*, London and New York, pp. 547–59
Biget, J.-L. and Tricard, J. (1981), 'Livres de raison et démographie familiale en Limousin au XVe siècle', *ADH*: 321–63
Biraben, J.-N. (1975), *Les hommes et la peste en France et dans les pays européens et méditerranéens*, 2 vols., Paris and The Hague
Biraben, J.-N. (1988), 'L'hygiène, la maladie, la mort', in J. Dupâquier (ed.), *Histoire de la population française*, 1: *Des origines à la Renaissance*, Paris, pp. 421–62
Blockmans, W.P. (1980), 'The Social and Economic Effects of Plague in the Low Countries (1349–1500)', *RBPH* 58: 833–63
Bois, G. (1976), *La crise du féodalisme. Recherches sur l'économie rurale et la démographie, du début du XIVe au milieu du XVIe s. en Normandie orientale*, Paris; English trans. Jean Birrell, *The Crisis of Feudalism, Economy and Society in Eastern Normandy, c. 1300–1550*, Cambridge (1982)
Bourin-Derruau, M. (1987), *Villages médiévaux en Bas Languedoc (Xe–XIVe s.)*, 2 vols., Paris
Bowsky, W. (1964), 'The Impact of the Black Death upon Sienese Government and Society', *Speculum* 39: 1–34
Britton, E. (1977), *The Community of the Vill. A Study in the History of the Family and Village Life in Fourteenth-Century England*, Toronto
Bulst, N. (1985), 'Vier Jahrhunderte Pest in niedersächsischen Städten. Vom Schwarzen Tod (1349–1351) bis in die erste Hälfte des 18. Jahrhunderts', in *Stadt im Wandel. Kunst und Kultur des Bürgertums in Norddeutschland, 1150–1650* (exhibition catalogue of the *Land* of Lower Saxony, 1985), Brunswick, pp. 251–70
Bulst, N. (1987), 'Zum Stand der spätmittelalterlichen demographischen Forschung in Frankreich', in P.-J. Schuler (ed.), *Die Familie als sozialer und historischer Verband. Untersuchungen zum Spätmittelalter und zur frühen Neuzeit*, Sigmaringen, pp. 3–22
Bulst, N. (1989), 'Krankheit und Gesellschaft in der Vormoderne. Das Beispiel der Pest', in *Maladies et société (XIIe–XVIIIe s.)*, Paris, pp. 17–47

Campbell, B.M.S. (1984), 'Population, Pressure, Inheritance and the Land Market in a Fourteenth-Century Peasant Community', in R.M. Smith (ed.), *Land, Kinship and Life-Cycle*, Cambridge, pp. 86–132

Campbell, B.M.S. (1991), *Before the Black Death. Studies in the 'Crisis' of the early Fourteenth Century*, Manchester

Carmichael, A.G. (1986), *Plague and the Poor in Renaissance Florence*, Cambridge

Carpentier, E. (1962a), *Une ville devant la peste. Orvieto et la peste noire de 1348*, Paris

Carpentier, E. (1962b), 'Autour de la peste noire: famines et épidémies dans l'histoire du XIVe siècle', *AESC* 17: 1062–92

Carpentier, E. and Glénisson, J. (1962), 'La démographie française au XIVe s.', *AESC* 17: 109–29

Cherubini, G. (1970), 'La carestia del 1346–47 nell'inventario dei beni di un monastero aretino', *Rivista di storia dell'agricoltura* 10: 178–93

Chevalier, B. (1975), *Tours, ville royale (1356–1520). Origine et développement d'une capitale à la fin du moyen âge*, Louvain and Paris

Comba, R. (1977), *La popolazione in Piemonte sul finire del medioevo: Ricerche di demografia storica*, Turin

Comba, R. (1984), 'Emigrare nel medioevo. Aspetti economico sociali della mobilità geografica nei secoli XI–XVI', in R. Comba, G. Piccinni and G. Pinto (eds.), *Strutture familiari, epidemie, migrazioni nell'Italia medievale*, Naples, pp. 45–74

Day, J. (1975), 'Malthus démenti? Sous-peuplement chronique et calamités démographiques en Sardaigne au bas moyen âge', *AESC* 30: 684–702

Del Panta, L. (1977), 'Cronologia e diffusione delle crisi di mortalità in Toscana', *Ricerche storiche*, 7: 293–343

Del Panta, L. (1980), *Le epidemie nella storia demografica italiana (XIV–XIX)*, Turin

Del Panta, L., Livi Bacci, M., Pinto, G. and Sonnino, E. (1996), *La popolazione italiana dal medioevo a oggi*, Rome and Bari

Delmaire, B. (1983), 'Le livre de famille des Le Borgne (Arras 1347–1538). Contribution à la démographie historique médiévale', *RN* 65: 301–26

La démographie médiévale. Sources et méthodes (1972), Nice

Desportes, P. (1966), 'La population de Reims au XVe siècle, d'après un dénombrement de 1422', *MA*: 463–509

Desportes, P. (1979), *Reims et les Rémois au XIIIe et XIVe s.*, Paris

DeWindt, E.B. (1972), *Land and People in Holywell-cum-Needingworth. Structures of Tenure and Patterns of Social Organization in an East Midlands Village, 1252–1457*, Toronto

Dobson, R. B. (1977), 'Urban Decline in Late Medieval England', *TRHS* 5th series 27: 1–22

Dollinger, P. (1972), 'Les recherches de démographie historique sur les villes allemandes au moyen âge', in *La démographie médiévale* (1972), pp. 113–20

Dondarini, R. (1984), 'La famiglia contadina nel bolognese alla fine del trecento', in R. Comba, G. Piccinni and G. Pinto (eds.), *Strutture familiari, epidemie, migrazioni nell'Italia medievale*, Naples, pp. 201–18

Dubois, H. (1988a), 'La dépression (XIVe et XVe siècles)', in J. Dupâquier (ed.), *Histoire de la population française*, I: *Des origines à la Renaissance*, Paris, pp. 313–66

Dubois, H. (1988b), 'L'essor médiéval', in J. Dupâquier (ed.), *Histoire de la population française*, I, pp. 207–66

928 Dupâquier, J. (1972), 'De l'animal à l'homme: le mécanisme autorégulateur des populations traditionnelles', *Revue de l'Institut de sociologie*, 2: 177–211

Les Espagnes médiévales: Aspects économiques et sociaux. Mélanges offerts à J. Gautier Dalché (1983), Nice

Fiumi, E. (1962), 'La popolazione del territorio volterrano-sangimignanese ed il problema demografico dell'età comunale', in *Studi in onore di A. Fanfani*, 1, Milan, pp. 248–90

Fiumi, E. (1968), *Demografia, movimento urbanistico e classi sociali in Prato dall'età comunale ai tempi moderni*, Florence

Fossier, R. (1979), 'Peuplement de la France du nord entre le Xe et le XVIe siècles', *ADH*: 59–99

Franklin, P. (1986), 'Peasant Widows' "Liberation" and Remarriage before the Black Death', *EcHR* 2nd series 39: 186–204

Gauvard, C. (1991), '*De grace especial*'. *Crime, état et société en France à la fin du moyen âge*, 2 vols., Paris

Ginatempo, M. and Sandri, L. (1990), *L'Italia delle città. Il popolamento urbano tra medievo e rinascimento (secoli XIII–XVI)*, Florence

Goldberg, P.J.P. (1992), *Women, Work and Life Cycle in a Medieval Economy*, Oxford

Gottfried, R.S. (1982), *Bury St Edmunds and the Urban Crisis: 1290–1539*, Princeton

Gramain [Bourin-Derruau], M. (1972), 'Un exemple de démographie méridionale: la viguerie de Béziers dans la première moitié du XIVe s.', in *La démographie médiévale* (1972), Nice, pp. 33–8

Gras, P. (1939), 'Le registre paroissial de Givry (1334–1357) et la peste noire en Bourgogne', *BEC* 100: 295–308

Grundmann, J. (1970), 'Documenti umbri sulla carestia degli anni 1328–1330', *ASI* 128: 207–53

Guarducci, P. and Ottanelli, V. (1982), *I servitori domestici della casa borghese toscana nel basso medioevo*, Florence

Guenée, B. (1986), 'L'âge des personnes authentiques: ceux qui comptent dans la société médiévale sont-ils jeunes ou vieux?', in J-Ph. Genet and N. Bulst (eds.), *Prosopographie et genèse de l'Etat moderne*, Paris, pp. 249–79

Guilleré, C. (1984), 'La peste noire à Gérone (1348)', *Annale de l'Institut d'estudis gironins* 27: 87–161

Hajnal, J. (1965), 'European Marriage Patterns in Perspective', in D.V. Glass and D.E.C. Eversley (eds.), *Population in History*, London, pp. 101–43

Hajnal, J. (1982), 'Two Kinds of Preindustrial Household Formation', *Population and Development Review* 8: 449–94

Hallam, H.E. (1981), *Rural England, 1066–1348*, Glasgow

Hallam, H.E. (1985), 'Age at First Marriage and Age at Death in the Lincolnshire Fenland, 1252–1478', *PS* 39: 55–69

Hatcher, J. (1986), 'Mortality in the Fifteenth Century: Some New Evidence', *EcHR* 2nd series 39: 19–38

Heers, J. (1968), 'Les limites des méthodes statistiques pour les recherches de démographie médiévale', *ADH*: 43–72

Herlihy, D. (1967), *Medieval and Renaissance Pistoia. The Social History of an Italian Town, 1200–1430*, Newhaven and London

Herlihy, D. (1973), 'The Population of Verona in the First Century of Venetian Rule', in J.R. Hale (ed.), *Renaissance Venice*, London, pp. 91–120
Herlihy, D. (1985), *Medieval Households*, Cambridge, Mass.
Herlihy, D. and Klapisch-Zuber, C. (1978), *Les Toscans et leurs familles. Une étude du catasto florentin de 1427*, Paris; English trans. *Tuscans and their Families. A Study of the Florentine Catasto of 1427*, New Haven and London (1985)
Higounet, C. (1965), 'Villeneuves et bastides désertées', in *Villages désertés et histoire économique, XIe–XVIIIe siècle*, Paris, pp. 253–65
Higounet-Nadal, A. (1978), *Périgueux aux XIVe et XVe siècles. Etude de démographie historique*, Bordeaux
Higounet-Nadal, A. (1980), 'La démographie des villes françaises au moyen âge', *ADH*: 187–211
Higounet-Nadal, A. (1988), 'La croissance urbaine', in J. Dupâquier (ed.), *Histoire de la population française*, I: *Des origines à la Renaissance*, Paris, pp. 267–312
Hollingsworth, T.H. (1957), 'A Demographic Study of the British Ducal Families', *PS* 11: 4–26
Hollingsworth, T.H. (1964), 'The Demography of the British Peerage', *PS* 18, 2 (Supplement, pp. 1–108)
Hollingsworth, T.H. (1977), 'Mortality in the British Peerage since 1600', *PS* (Supplement, pp. 323–52)
Kershaw, I. (1973), 'The Great Famine and Agrarian Crisis in England, 1315–22', *P&P* 59: 3–50
Klapisch-Zuber, C. (1983), 'Parents de sang, parents de lait. La mise en nourrice à Florence', *ADH*: 33–64
Klapisch-Zuber, C. (1988), 'La fécondité des Florentines', *ADH*: 41–57
Klapisch-Zuber, C. (1993), 'Le dernier enfant: fécondité et vieillissement chez les Florentines, XIVe–XVe s.', in J.-P. Bardet *et al.* (eds.), *Mesurer et comprendre. Mélanges offerts à Jacques Dupâquier*, Paris, pp. 277–90
Klapisch-Zuber, C. (1995), 'Les femmes et la mort à la fin du moyen âge', in *Ilaria del Carretto e il suo monumento nell'arte, la cultura e la società del '400*, Lucca, pp. 207–22
Klapisch-Zuber, C. (1998), 'L'enfant, la mémoire et la mort dans l'Italie des XIVe et XVe siècles', in E. Becchi and D. Julia (eds.), *Histoire de l'enfance en Occident*, I: *De l'antiquité au XVIIe siècle*, Paris, pp. 200–30; orig. published in Italian, Rome and Bari (1996)
Kussmaul, A. (1981), *Servants in Husbandry in Early Modern England*, Cambridge
La Roncière, C.M. de (1974), 'Pauvres et pauvreté à Florence au XIVe siècle', in M. Mollat (ed.), *Etudes sur l'histoire de la pauvreté (moyen âge–XVIe siècle)*, Paris, II, 661–745
Laribière, G. (1967), 'Le mariage à Toulouse aux XIVe et XVe siècles', *AMi* 79: 334–61
Laslett, P. (1973), 'Characteristics of the Western Family Considered over Time', *Journal of Family and Marriage* 2: 53–80
Le Bras, H., and Dinet, D. (1980), 'Mortalité des laïcs et mortalité des religieux: les Bénédictins de St-Maur aux XVIIe et XVIIIe s.', *Population* 35: 347–83
Le Roy Ladurie, E. (1972), *Les paysans de Languedoc*, 2 vols., Paris

930 Le Roy Ladurie, E. (1975), *Montaillou, village occitan de 1284 à 1324*, Paris; English trans. Barbara Bray, *Montaillou. Cathars and Catholics in a French Village, 1284–1324*, London (1979)

Leverotti, F. (1984), 'La famiglia contadina lucchese all'inizio del '400', in R. Comba, G. Piccinni and G. Pinto (eds.), *Strutture familiari, epidemie, migrazioni nell'Italia medievale*, Naples, pp. 237–68

Livi Bacci, M. (1978a), 'Les répercussions d'une crise de mortalité sur la fécondité: une vérification empirique', *ADH*: 197–207

Livi Bacci, M. (1978b), *La société italienne devant les crises de mortalité*, Florence

Lorcin, M.-T. (1973), *Les campagnes de la région lyonnaise aux XIVe et XVe s.*, Lyon

Lot, F. (1929), 'L'état des paroisses et des feux de 1328', *BEC* 90: 51–107 and 256–315

Lucas, H.S. (1930), 'The Great European Famine of 1315, 1316 and 1317', *Speculum* 15: 343–77

McNeill, W.H. (1976), *Plagues and Peoples*, New York

Mazzi, M.S. (1978), *Salute e società nel medioevo*, Florence

Mazzi, M.S. (1982), 'Demografia, carestie, epidemie tra la fine del duecento e la metà del quattrocento', in G. Cherubini *et al.* (eds.), *Storia della società italiana*, VII, pt 2, Milan, pp. 11–37; 'Bibliography', pp. 426–8

Mazzi, M.S. (1984), 'La peste a Firenze 'nel quattrocento', in R. Comba, G. Piccinni and G. Pinto (eds.), *Strutture familiari, epidemie, migrazioni nell'Italia medievale*, Naples, pp. 91–115

Mols, R. (1954–6), *Introduction à la démographie historique des villes d'Europe du 14e au 18e siècle*, 3 vols., Louvain

Montanari, P. (1966), *Documenti su la popolazione di Bologna alla fine del trecento*, Bologna

Moxó, S. de (1979), *Repoblación y sociedad en la España cristiana medieval*, Madrid

Mueller, R.C. (1979), 'Aspetti sociali ed economici della peste a Venezia nel medioevo', in R.C. Mueller (ed.), *Venezia e la peste (1348–1797)*, Venice, pp. 71–6

Muzzi, O. (1984), 'Aspetti dell'evoluzione demografica della Valdelsa fiorentina nel tardo medioevo', in R. Comba, G. Piccinni and G. Pinto (eds.), *Strutture familiari, epidemie, migrazioni nell'Italia medievale*, Naples, pp. 135–52

Neveux, H. (1968), 'La mortalité des pauvres à Cambrai (1377–1473)', *ADH*: 73–97

Ottolenghi, D. (1903), 'Studi demografici sulla popolazione di Siena dal sec. XIV al XIX', *Bullettino senese di storia patria* 10: 297–358

Pesez, J.-M. and Le Roy Ladurie, E. (1965), 'Le cas français: vue d'ensemble', in *Villages désertés et histoire économique, XIe–XVIIIe siècle*, Paris, pp. 127–252

Phythian-Adams, C. (1978), 'Urban Decay in Late Medieval England', in P. Abrams and E.A. Wrigley (eds.), *Towns in Societies*, Cambridge, pp. 159–85

Phythian-Adams, C. (1979), *Desolation of a City. Coventry and the Urban Crisis of the Late Middle Ages*, Cambridge

Pini, A.I. (1969), 'Problemi di demografia bolognese del duecento', *Atti e memorie della deputazione di storia patria per la provincia di Romagna* n.s. 16–17: 147–222

Pini, A.I. (1976), *La popolazione di Imola e del suo territorio nel XIII e XIV secolo*, Bologna

Pini, A.I. and Greci, R. (1976), 'Una fonte per la demografia storica medievale: le "Venticinquine" bolognesi (1247–1404)', *Rassegna degli archivi di stato* 36: 337–417

Pinto, G. (1972), 'Firenze e la carestia del 1346–47. Aspetti e problemi delle crisi annonarie alla metà del trecento', *ASI* 130: 3–84

Pinto, G. (1984), 'La politica demografica della città', in R. Comba, G. Piccinni and G. Pinto (eds.), *Strutture familiari, epidemie, migrazioni nell'Italia medievale*, Naples, pp. 19–43

Poos, L.R. (1989), 'The Historical Demography of Renaissance Europe: Recent Research and Current Issues', *Renaissance Quarterly* 41: 794–811

Poos, L.R. (1991), *A Rural Society after the Black Death. Essex, 1350–1525*, Cambridge

Postan, M. M. (1950a), 'Histoire économique: moyen âge', *Rapports du IXe Congrès international des sciences historiques*, Section III, Histoire économique, sub-section, Moyen Age, Paris, pp. 225–41; revised as 'The Economic Foundations of Medieval Society', in his *Essays on Medieval Agriculture and General Problems of the Medieval Economy*, Cambridge (1973), pp. 1–27

Postan, M.M. (1950b), 'Some Agrarian Evidence of a Declining Population in the Later Middle Ages', *EcHR* 2nd series 2: 221–46; repr. in *Essays on . . . the Medieval Economy*, pp. 186–213

Postan, M.M. (1972), *The Medieval Economy and Society. An Economic History of Britain in the Middle Ages*, London

Prevenier, W. (1983), 'La démographie des villes du comté de Flandre aux XIVe et XVe siècles', *RN* 65: 255–75

Raftis, J.A. (1957), *The Estates of Ramsey Abbey. A Study in Economic Growth and Organization*, Toronto

Ravensdale, J. (1984), 'Population changes and transfer of Customary Land on a Cambridgeshire Manor in the 14th Century', in R.M. Smith (ed.), *Land, Kinship and Life-Cycle*, Cambridge, pp. 197–225

Razi, Z. (1980), *Life, Marriage and Death in a Medieval Parish*, Cambridge

Romano, D. (1991), 'The Regulation of Domestic Service in Renaissance Venice', *Sixteenth Century Journal* 22: 661–77

Rosenthal, J.T. (1973), 'Mediaeval Longevity and the Secular Peerage, 1350–1500', *PS* 27: 287–93

Rossiaud, J. (1976), 'Prostitution, jeunesse et société dans les villes du Sud-Est au XVe siècle', *AESC* 31: 289–325

Russell, J.C. (1948), *British Medieval Population*, Albuquerque

Russell, J.C. (1966), 'The Preplague Population of England', *JBS* 5: 1–21

Schofield, R. and Wrigley, E.A. (1981), 'Remarriage Intervals and the Effect of Marriage Order on Fertility', in J. Dupâquier *et al.* (eds.), *Marriage and Remarriage in Populations of the Past*, London and New York, pp. 211–28

Searle, E. (1979), 'Seigneurial Control of Women's Marriage: The Antecedents and Function of Merchet in England', *P&P* 82: 23–42

Shrewsbury, J.F.D. (1970), *A History of Bubonic Plague in the British Isles*, Cambridge

Smith, R.M. (1981), 'The People of Tuscany and their Families in the Fifteenth Century: Medieval or Mediterranean?', *Journal of Family History* 6: 107–28

Smith, R.M. (1983), 'Hypothèses sur la nuptialité en Angleterre aux XIIIe–XIVe siècles', *AESC* 38: 107–36

Smith, R.M. (1984), 'Families and their Land in an Area of Partible Inheritance: Redgrave, Suffolk, 1260–1320', in R.M. Smith (ed.), *Land, Kinship and Life-Cycle*, Cambridge, pp. 133–95

Stella, A. (1990), 'Les Ciompi et leurs familles', *Médiévales* 19: 65–70

932 Titow, J.Z. (1961), 'Some Evidence of the Thirteenth-Century Population Increase', *EcHR* 2nd series 14: 218–23

Trasselli, C. (1964), 'Sulla popolazione di Palermo nei secoli XIII–XIV', *Economia e storia*, 1: 329–44

Vandenbroucke, J.P. (1985), 'Survival and Expectation of Life from the 1400s to the Present: A Study of the Knighthood of the Golden Fleece', *American Journal of Epidemiology* 122: 1007–15

Venezia e la peste (1348–1797) (1979), ed. R.C. Mueller, Venice

Werveke, H. van (1959), 'La famine de l'an 1316 en Flandre et dans les régions voisines', *RN* 41: 5–8

Wrigley, E. A. (1969), *Société et population*, Paris

Wrigley, E.A. and Schofield, R.S. (1981), *The Population History of England, 1541–1871. A Reconstruction*, London

Ziegler, P. (1969), *The Black Death*, London

8 TRADE IN FOURTEENTH-CENTURY EUROPE

Primary sources

Dawson, C. (ed.), *The Mongol Mission. Narratives and Letters of the Franciscan Missionaries in Mongolia and China in the Thirteenth and Fourteenth Centuries*, trans. by a Nun of Stanbrook Abbey, London and New York (1955); repr. 1980

I libri di commercio dei Peruzzi, ed. Armando Sapori, Milan (1934)

I libri degli Alberti del Giudice, ed. Armando Sapori, Milan (1943)

Il libro del Biadaiolo. Carestia e annona a Firenze dalla metà del '200 al 1348, ed. Giuliano Pinto, Florence (1978)

Melis, Fedrigo, *Documenti per la storia economica dei secoli XIII–XVI*, Florence (1972).

Pegolotti, Francesco di Balducci, *La Pratica della Mercatura*, ed. Allan Evans, Medieval Academy of America, Cambridge, Mass. (1936)

Villani, Giovanni, *Nuova Cronica*, ed. Giuseppe Porta, 3 vols., Parma (1990–1)

Villani, Matteo, *Cronica*, ed. Giuseppe Porta, 2 vols., Parma (1995)

Zibaldone da Canal. Manoscritto mercantile del sec. XIV, ed. Alfredo Stussi, Venice (1967)

Secondary works

Abulafia, D. (1987), 'Asia, Africa and the Trade of Medieval Europe', in *CEHE*, II, 2nd edn, pp. 402–73

Abulafia, D. (1993), *Commerce and Conquest in the Mediterranean 1100–1500*, Aldershot

Abulafia, D. (1994), *A Mediterranean Emporium. The Catalan Kingdom of Majorca*, Cambridge

Abu-Lughod, Janet L. (1989), *Before European Hegemony. The World System A.D. 1250–1350*, Oxford

Aerts, Erik *et al.* (eds.) (1993), *Studia Historica Economica. Liber amicorum Herman Van der Wee*, Louvain

Ashtor, E. (1971), *Les métaux précieux et la balance des payements du proche-orient à la basse époque*, Paris

Ashtor, E. (1978), *Studies on the Levantine Trade in the Middle Ages*, Aldershot

Ashtor, E. (1983), *Levant Trade in the Later Middle Ages*, Princeton, N.J.
Ashtor, E. (1986), *East–West Trade in the Medieval Mediterranean*, Aldershot
Ashtor, E. and Cevidalli, G. (1983), 'Levantine Alkali Ashes and European Industries', *JEEH* 12: 475–522
Balard, M. (1978), *La Romanie génoise (XIIe–XVe siècle)*, 2 vols., Rome
Balard, M. (1989), *La Mer Noire et la Romanie génoise, XIIIe–XVe siècles*, Aldershot
Balard, M. (1991), 'I pisani in Oriente dalla guerra di Acri (1258) al 1406', *BSPS* 60: 1–16
Barron, Caroline M. (1995), 'Centres of Conspicuous Consumption: The Aristocratic Town House in London 1200–1550', *LJ* 20: 1–16
Bartlett, Robert (1993), *The Making of Europe. Conquest, Civilization and Cultural Change 950–1350*, Harmondsworth
Bautier, R.-H. (1953), 'Les foires de Champagne', in *La foire* (1953), 97–147; repr. in Bautier (1991), ch. 7
Bautier, R.-H. (1989), 'La circulation fluviale dans la France médiévale', in *Recherches sur l'économie de la France médiévale. ACNSS Lyon 1987. Les voies fluviales – la draperie*, Paris, pp. 7–36; repr. in Bautier (1991), ch. 5
Bautier, R.-H. (1991), *Sur l'histoire économique de la France médiévale*, Aldershot
Bautier, R.-H. (1992), *Commerce méditerranéen et banquiers italiens au moyen âge*, Aldershot
Beardwood, Alice (1931), *Alien Merchants in England 1350–77. Their Legal and Economic Position*, Cambridge, Mass.
Blockmans, W.P. (1982), 'The Social and Economic Effects of Plague in the Low Countries 1349–1500', *RBPH* 60: 833–63
Blockmans, W.P. (1991), 'Das westeuropäische Messenetz im 14 und 15 Jahrhundert', in R. Koch (ed.), *Brücke zwischen den Völkern. Zur Geschichte der Frankfurter Messe*, Frankfurt, 1, pp. 37–50
Blockmans, W. P. (1993), 'Aux origines des foires d'Anvers, in P. Contamine *et al.* (eds.), *Commerce, finances et société. Recueil de travaux d'histoire médiévale offert à M. le Prof. Henri Dubois*, Paris, pp. 21–6.
Bolton, J.L. (1980), *The Medieval English Economy*, London
Boutruche, Robert (1947), *La crise d'une société. Seigneurs et paysans du Bordelais pendant la guerre de cent ans*, Paris
Bresc, Henri (1986), *Un monde méditerranéen. Economie et société en Sicile, 1300–1450*, 2 vols., Rome
Bridbury, A.R. (1982), *Medieval English Clothmaking*, London
Britnell, R.H. (1989), 'England and Northern Italy in the Early Fourteenth Century: The Economic Contrasts', *TRHS* 5th series 39; 167–83
Britnell, R.H. (1993), *The Commercialisation of English Society 1000–1500*, Cambridge
Brunschvig, R. (1940), *La Berbérie orientale sous les Hafsides, des origines à la fin du XVe siècle*, 2 vols., Paris
Campbell, Bruce M.S. (ed.) (1991), *Before the Black Death. Studies in the 'Crisis' of the Early Fourteenth Century*, Manchester
Carrère, C. (1967), *Barcelone centre économique à l'époque des difficultés, 1380–1462*, 2 vols., Paris
Carsten, F. (1954), *The Origins of Prussia*, Oxford
Carus-Wilson, E.M. (1953), 'La guède française en Angleterre: un grand commerce du moyen âge', *RN* 35: 89–106
Carus-Wilson, E.M. (1950), 'Trends in the Export of English Woollens in the

Fourteenth Century', *EcHR* 2nd series 3: 162–79; repr. in *Medieval Merchant Venturers*, London (1954), pp. 239–64

Carus-Wilson, E.M. (1987), 'The Woollen Industry', in *CEHE*, II, 2nd edn, Cambridge, pp. 614–90

Carus-Wilson, E.M. and Coleman, Olive (1963), *England's Export Trade 1275–1547*, Oxford

Cavaciocchi, Simonetta (ed.) (1993), *La seta in Europa sec. XIII–XX*, Istituto Internazionale di Storia Economica 'F. Datini', Prato

Cazelles, Raymond (1972), *Histoire de Paris de Philippe Auguste à Charles V, 1223–1380*, Paris

Cazelles, Raymond (1976), 'La stabilisation de la monnaie par la création du franc (décembre 1360) – blocage d'une société', *Traditio* 32: 299–311

Chapin, E. (1937), *Les villes de foire de Champagne*, Paris

Childs, Wendy R. (1978), *Anglo-Castilian Trade in the Later Middle Ages*, Manchester

Chorley, Patrick (1987), 'The Cloth Exports of Flanders and Northern France during the Thirteenth Century: A Luxury Trade?', *EcHR* 2nd series 40: 349–79

Craeybeckx, J. (1958), *Un grand commerce d'importations: les vins de France aux anciens Pays-Bas (XIIIe–XVIe siècle)*, Paris

Davids, Karel and Lucassen, Jan (eds.) (1995), *A Miracle Mirrored. The Dutch Republic in its European Context*, Cambridge

Day, J. (1963), *Les douanes de Gênes 1376–7*, 2 vols., Paris

Day, J. (1978), 'The Great Bullion Famine of the Fifteenth Century', *P&P* 79: 3–54; repr. in Day (1987), ch. 1

Day, J. (1987), *The Medieval Market Economy*, Oxford

Day, J. (1996), *Monnaies et marchés au moyen âge*, Comité pour l'Histoire Economique et Financière de la France, Paris

Dini, Bruno (ed.) (1980), *Una pratica di mercatura in formazione 1394–5*, Florence

Doehaerd, Renée (1941), *Les relations commerciales entre Gênes, la Belgique, et l'Outremont au XIIIe et XIVe siècles*, Brussels and Rome

Dollinger, Philippe (1964), *La Hanse*, Paris; English trans. D.S. Ault and S.H. Steinberg, *The German Hansa*, London (1970)

Doumerc, Bernard (1991), 'Le galere da mercato', in Alberto Tenenti and Ugo Tucci (eds.), *Storia di Venezia*, XII: *Il Mare*, Venice pp. 357–95

Dubois, Henri (1976), *Les foires de Chalon et le commerce dans la vallée de la Saône à la fin du moyen âge (vers 1280–vers 1430)*, Paris

Dyer, Christopher (1989), *Standards of Living in the Later Middle Ages. Social Change in England c. 1200–1520*, Cambridge

Edler, Florence (1934), *Glossary of Medieval Terms of Business. Italian Series 1200–1600*, Medieval Academy of America, Cambridge, Mass.

Epstein, S.R. (1991), 'Cities, Regions and the Late Medieval Crisis. Sicily and Tuscany Compared', *P&P* 130: 3–50

Epstein, S.R. (1992), *An Island for Itself. Economic Development and Social Change in Late Medieval Sicily*, Cambridge

Epstein, S.R. (1994), 'Regional Fairs, Institutional Innovation, and Economic Growth in Late Medieval Europe', *EcHR* 2nd series 47: 459–82

Favier, Jean (1966), *Les finances pontificales à l'époque du grand schisme d'occident 1378–1419*, BEFAR, CCXI, Paris

Favier, Jean (1987), *De l'or et des épices. Naissance de l'homme d'affaires au moyen âge*, Paris

Felloni, Giuseppi (1984), 'Struttura e movimenti dell'economia genovese tra due e trecento: bilanci e prospettive di ricerca', *Genova, Pisa e il Mediterraneo tra due e trecento*, Società Ligure di Storia Patria, Genoa, pp. 153–77

Fernandez-Armesto, Felipe (1987), *Before Columbus. Exploration and Colonisation from the Mediterranean to the Atlantic, 1229–1492*, London

La foire (1953), *RSJB*, v, Brussels

Fourquin, G. (1964), *Les campagnes de la région parisienne à la fin du moyen âge*, Paris

Fryde, E.B. (1951), 'The Deposits of Hugh Despenser the Younger with Italian Bankers', *EcHR* 2nd series 3: 344–62; repr. in Fryde (1983), III, with same pagination

Fryde, E.B. (1983), *Studies in Medieval Trade and Finance*, London

Fryde, E.B. (1988), *William de la Pole. Merchant and King's Banker (+1369)*, London

Gilchrist, John (1969), *The Church and Economic Activity in the Middle Ages*, London and New York

Hammel-Kiesow, Rolf (1993), 'Hansischer Seehandel und wirtschaftliche Wechsellagen. Der Umsatz im Lübecker Hafen in der zweiten Hälfte des 14. Jahrhundert, 1492–6 und 1680–2', in Stuart Jenks and Michael North (eds.), *Der hansische Sonderweg? Beiträge zur Sozial- unt Wirtschaftsgeschichte der Hanse*, QDHG, n.s., xxxxix, Cologne, pp. 77-94

Harrison, D.F. (1992), 'Bridges and Economic Development, 1300–1800', *EcHR* 2nd series 45: 240–61

Harte, N.B. and Ponting, K.G. (eds.) (1983), *Cloth and Clothing in Medieval Europe*, London

Hatcher, John (1973), *English Tin Production and Trade before 1550*, Oxford

Heers, Jacques (1966), *L'Occident aux XIVe et XVe siècles. Aspects économiques et sociaux*, 2nd edn, Paris

Heers, Jacques (1981), *Esclaves et domestiques au moyen âge dans le monde méditerranéen*, Paris

Herlihy, David J. (1958), *Pisa in the Early Renaissance. A Study of Urban Growth*, New Haven

Herlihy, David J. (1967), *Medieval and Renaissance Pistoia. The Social History of an Italian Town, 1200–1450*, New Haven

Heyd, W. (1885–6), *Histoire du commerce du Levant au moyen âge*, 2 vols., Leipzig

Hitzer, Hans (1971), *Der Straße*, Munich

Hocquet, Jean-Claude (1978–9), *Le sel et la fortune de Venise*, 2 vols., Lille

Hocquet, Jean-Claude (1985), *Le sel et le pouvoir*, Paris

Hocquet, Jean-Claude (ed.) (1987), *Le roi, le marchand et le sel*, Lille

Holmes, G. (1960), 'Florentine Merchants in England 1346–1436', *EcHR* 2nd series 13: 193–208

Hoshino, Hidetoshi (1980), *L'arte della lana in Firenze nel basso medioevo. Il commercio della lana e il mercato dei panni fiorentini nei secoli XIII–XV*, Biblioteca Storica Toscana, xxi, London

Hoshino, Hidetoshi (1983), 'The Rise of the Florentine Woollen Industry in the Fourteenth Century', in Harte and Ponting (1983), pp. 184–204

Houtte, J.A. van (1966), 'The Rise and Decline of the Market of Bruges', *EcHR* 2nd series 19: 29–47

936 Houtte, J.A. van (1977), *An Economic History of the Low Countries 800–1800*, London

Hunt, Edwin S. (1994), *The Medieval Super-Companies. A Study of the Peruzzi Company of Florence*, Cambridge

Irsigler, F. (1979), *Die Wirtschaftliche Stellung der Stadt Köln im 14. und 15. Jahrhundert, VSW*, Supplement 65

James, M.K. (1971), *Studies in the Medieval Wine Trade*, Oxford

Jenks S. (1992), *England, die Hanse und Preußen. Handel und Diplomatie; 1377–1474*, 3 vols., QDHG, n.s., xxxxviii, Cologne

Jordan, W.C. (1996), *The Great Famine. Northern Europe in the Early Fourteenth Century*, Princeton, N.J.

Kedar, Benjamin Z. (1976), *Merchants in Crisis. Genoese and Venetian Men of Affairs and the Fourteenth Century Depression*, New Haven

Keene, D. (1989), 'Medieval London and its Region', *LJ* 14: 99–111

King, D. (1993), 'Types of Silk Cloth Used in England, 1200–1500', in Simonetta Cavaciocchi (ed.), *La seta in Europa sec. XIII–XX*, Istituto Internazionale di Storia Economica 'F. Datini', Prato, pp. 457–64

Koch, R. (ed.) (1991), *Brücke zwischen den Völkern. Zur Geschichte der Frankfurter Messe*, 3 vols., Frankfurt

La Roncière, C.M. de (1973), *Un changeur florentin du trecento. Lippo di Fede del Sega (1285 env.–1363 env.)*, Paris

La Roncière, C.M. de (1976), *Florence, centre économique régional au XIVe siècle*, 5 vols., Paris (of which a compressed, and slightly revised version, is published as *Prix et salaires à Florence au XIVe siècle (1280–1380)*, Collection de l'Ecole Française de Rome, LIX, Rome (1982))

Lane, Frederic C. (1934), *Venetian Ships and Shipbuilders of the Renaissance*, Baltimore

Lane, Frederic C. (1963), 'Venetian Merchant Galleys, 1300–1334: Private and Communal Operations', *Speculum* 38: 179–203

Lane, Frederic C. (1966), *Venice and History*, Baltimore

Lane, Frederic C. (1973), *Venice. A Maritime Republic*, Baltimore

Lane, Frederic C. (1987), *Studies in Venetian Social and Economic History*, Aldershot

Lane, Frederic C. and Mueller, Reinhold C. (1985), *Money and Banking in Medieval and Renaissance Venice*, I, Baltimore

Laurent, H. (1935), *Un grand commerce d'exportation au moyen âge. La draperie des Pays-Bas en France et dans les pays méditerranéens (XIIe–XVe siècle)*, Paris

Le Goff, Jacques (1986), *Marchands et banquiers du moyen âge*, 7th edn, Paris

Liagre-de Sturler, Léone (1969), *Les relations commerciales entre Gênes, la Belgique, et l'Outremont d'après les archives notariales génoises (1320–1400)*, 2 vols., Brussels and Rome

Lloyd, T.H. (1977), *The English Wool Trade in the Middle Ages*, Cambridge

Lloyd, T.H. (1982), *Alien Merchants in England in the High Middle Ages*, Brighton

Lopez, Robert S. (1971), *The Commercial Revolution of the Middle Ages, 950–1350*, Englewood Cliffs

Lopez, Robert S. (1973), 'Une histoire à trois niveaux: la circulation monétaire', *Mélanges en l'honneur de Fernand Braudel*, II: *Méthodologie de l'histoire et des sciences humaines*, Paris, pp. 335–41

Lopez, Robert S. (1987), 'The Trade of Medieval Europe: The South', in *CEHE*, II, 2nd edn, pp. 306–401

Lopez, Robert S. and Raymond, Irving W. (1955), *Medieval Trade in the Mediterranean World. Illustrative Documents Translated with Introductions and Notes*, New York
Lucas, H.S. (1930), 'The Great European Famine of 1315, 1316, and 1317', *Speculum* 5: 343–77; repr. in E. Carus-Wilson (ed.), *Essays in Economic History*, II, London (1982), pp. 49–72
Luzzatto, Gino (1961), *An Economic History of Italy*, London
Malowist, Marian (1987), 'The Trade of Eastern Europe in the Later Middle Ages', in *CEHE*, II, 2nd edn, pp. 525–612
Mazzaoui, Maureen Fennell (1981), *The Italian Cotton Industry in the Later Middle Ages 1100–1600*, Cambridge
Melis, Federigo (1962), *Aspetti della vita economica medievale – studi nell'Archivio Datini di Prato*, Monte dei Paschi di Siena
Melis, Federigo (1973), 'Intensità e regolarità nella diffusione dell'informazione economica generale nel Mediterraneo e in Occidente alla fine del medioevo', in *Mélanges en l'honneur de Fernand Braudel. Histoire économique du monde méditerranéen 1450–1650*, I, Toulouse, pp. 389–424
Melis, Federigo (1974), 'La lana della Spagna mediterranea e della Barberia occidentale nei secoli XIV–XV', in Spallanzani (1974), pp. 241–51; also published in a slightly revised version in Melis (1990), pp. 233–50
Melis, Federigo (1975), *Origini e sviluppi delle assicurazioni in Italia (secoli XIV–XVI)*, Rome
Melis, Federigo (1984a), *I trasporti e le communicazioni nel medioevo*, Florence
Melis, Federigo (1984b), *I vini Italiani nel medioevo*, Florence
Melis, Fedrigo (1987), *La banca pisana e le origini della banca moderna*, Florence
Melis, Federigo (1989), *Industrie e commercie nella Toscana medievale*, Florence
Melis, Federigo (1990), *I mercanti italiani dell'Europa medievale e rinascimentale*, Florence
Miskimin, H. (1975), *The Economy of Early Renaissance Europe 1300–1460*, Cambridge
Miskimin, H. (1989), *Cash, Credit and Crisis in Europe, 1300–1600*, Aldershot
Mollat, Michel (1952), *Le commerce maritime normand à la fin du moyen âge*, Paris
Mollat, Michel (1968), *Le rôle du sel dans l'histoire*, Paris
Mueller, Reinhold C. (1995), 'The Spufford Thesis on Foreign Exchange: The Evidence of Exchange Rates', *JEEH* 24: 121–9
Munro, John H. (1973), *Wool, Cloth and Gold. The Struggle for Bullion in Anglo-Burgundian Trade 1340–1478*, Brussels and Toronto
Munro, John H. (1983), 'The Medieval Scarlet and the Economics of Sartorial Splendour', in Harte and Ponting (1983), pp. 13–70
Munro, John H. (1988), 'Textile Technology', in J.R. Strayer (ed.), *Dictionary of the Middle Ages*, New York, XI, pp. 693–715
Munro, John H. (1991), 'Industrial Transformations in the North-West European Textile Trades c. 1290–1340: Economic Progress or Economic Crisis?, in Bruce M.S. Campbell (ed.), *Before the Black Death. Studies in the 'Crisis' of the Early Fourteenth Century*, Manchester, pp. 110–48
Munro, John H. (1992), *Bullion Flows and Monetary Policies in England and the Low Countries, 1350–1500*, Aldershot
Munro, John H. (1994), *Textiles, Towns and Trade. Essays in the Economic History of Late-Medieval England and the Low Countries*, Aldershot
Nef, John U. (1987), 'Mining and Metallurgy in Medieval Civilisation', in *CEHE*, II, 2nd edn, pp. 693–761

938 Nicholas, David (1976), 'Economic Reorientation and Social Change in Fourteenth Century Flanders', *P&P* 70: 3–29; reprinted in his *Trade, Urbanisation and the Family. Studies in the History of Medieval Flanders*, Aldershot (1996)

Nicholas, David (1992), *Medieval Flanders*, London and New York

Nightingale, Pamela (1995), *A Medieval Mercantile Community. The Grocers' Company and the Politics and Trade of London, 1000–1485*, New Haven and London

Origo, Iris (1955), 'The Domestic Enemy: The Eastern Slaves in Tuscany in the Fourteenth and Fifteenth Centuries', *Speculum* 30: 321–66

Origo, Iris (1957), *The Merchant of Prato. Francesco di Marco Datini*, London

Peeters, J.P. (1988), 'De-Industrialization in the Small and Medium-Sized Towns in Brabant at the End of the Middle Ages', in Herman van der Wee (ed.), *The Rise and Decline of Urban Industries in Italy and in the Low Countries*, Louvain, pp. 165–86

Pinto, G. (1972), 'Firenze e la carestia del 1346–47, *ASI* 130: 3–84; repr. in Pinto (1982), pp. 338–98

Pinto, G. (1982), *La Toscana nel tardo medioevo*, Florence

Postan, M.M. (1987), 'The Trade of Europe: The North', in *CEHE*, II, 2nd edn, pp. 168–305

Pounds, N.J.G. (1973), 'Europe in the Early Fourteenth Century', in his *An Historical Geography of Europe 450 BC–AD 1330*, Cambridge

Power, Eileen (1941), *The Wool Trade in English Medieval History*, Oxford

Rawcliffe, C. (1978), *The Staffords, Earls of Stafford and Dukes of Buckingham, 1394–1521*, Cambridge

Renouard, Yves (1941), *Les relations des papes d'Avignon et des compagnies commerciales et bancaires de 1316 à 1378*, BEFAR, cli, Paris

Renouard, Yves (1968), *Les hommes d'affaires italiens du moyen âge*, Paris

Renouard, Yves (1969), *Les villes d'Italie de la fin du Xe siècle au debut du XIVe siècle*, II, 2nd edn, Paris

Reyerson, Kathryn L. (1982), 'Medieval Silks in Montpellier: The Silk Market ca.1250– ca. 1350', *JEEH* 11: 117–40; repr. in her *Society, Law and Trade in Medieval Montpellier*, Aldershot (1995)

Reyerson, Kathryn L. (1985), *Business, Banking and Finance in Medieval Montpellier*, Toronto

Roover, Florence Edler de (1945), 'Early Examples of Marine Insurance', *JEH* 5: 172–200

Roover, Raymond de (1942), 'The Commercial Revolution of the Thirteenth Century', *BBHS* 16: 34–9; republished in Frederic C. Lane and Jelle C. Riemersma (eds.), *Enterprise and Secular Change*, Homewood, Ill. (1953), pp. 80–5

Roover, Raymond de (1948), *Money, Banking and Credit in Medieval Bruges: Italian Merchant-Bankers, Lombards and Money-Changers*, Cambridge, Mass.

Roover, Raymond de (1953), *L'évolution de la lettre de change (XIVe–XVIIIe siècles)*, Paris

Roover, Raymond de (1954), 'New Interpretations of the History of Banking', *JWH* 2: 38–76; repr. in Roover (1974), pp. 200–38

Roover, Raymond de (1956), 'The Development of Accounting Prior to Luca Pacioli According to the Account Books of Medieval Merchants', in A.C. Littleton and B.S. Yamey (eds.), *Studies in the History of Accounting*, London, pp. 114–74; repr. in Roover (1974), pp. 119–80

Roover, Raymond de (1963), 'The Organisation of Trade', in *CEHE*, III, pp. 42–118   939
Roover, Raymond de (1968), *The Bruges Money Market around 1400*, Brussels
Roover, Raymond de (1974), *Business, Banking, and Economic Thought in Late Medieval and Early Modern Europe*, ed. Julius Kirshner, Chicago
Ruddock, A.A. (1961), *Italian Merchants and Shipping in Southampton, 1270–1600*, Southampton
Sapori, Armando (1926), *La crisi delle compagnie mercantili dei Bardi e dei Peruzzi*, Florence
Sapori, Armando (1955), *Studi di storia economica, secoli XIII–XIV–XV*, 3rd edn, Florence
Sapori, Armando (1970), *The Italian Merchant in the Middle Ages*, London
Scammell, G.V. (1981), *The World Encompassed. The First European Maritime Empires c. 800–1650*, London and New York
Sosson, J.P. (1977), *Les travaux publics de la ville de Bruges, XIVe–XVe siècles. Les matériaux. Les hommes*, Brussels
Spallanzani, Marco (ed.) (1974), *La lana come materia prima. I fenomeni della sua produzione e circolazione nei secoli XIII–XVII*, Istituto Internazionale di Storia Economica 'F. Datini', Prato
Spallanzani, Marco (ed.) (1976), *Produzione commercio e consumo dei panna di lana (nei secoli XII–XVIII)*, Istituto Internazionale di Storia Economica 'F. Datini', Prato
Sprandel, Rolf (1968), *Das Eisengewerbe im Mittelalter*, Stuttgart
Sprandel, Rolf (1975), *Das mittelalterliche Zahlungsystem nach hansisch-nordischen Quellen des 13.-15. Jahrhunderts*, Stuttgart
Spufford, Margaret (1995), 'Literacy, Trade and Religion in the Commercial Centres of Europe', in Karel Davids and Jan Lucassen (eds.), *A Miracle Mirrored. The Dutch Republic in its European Context*, Cambridge, pp. 229–83
Spufford, Peter (1986), *Handbook of Medieval Exchange*, Royal Historical Society, Guides and Handbooks, 13, London
Spufford, Peter (1987a), 'Coinage and Currency', in *CEHE*, II, 2nd edn, pp. 788–873
Spufford, Peter (1987b), 'Mint Organisation in Late Medieval Europe' in Peter Spufford and N.J. Mayhew (eds.), *Later Medieval Mints. Organisation, Administration and Techniques*, BAR, International Series, Oxford, pp. 5–27
Spufford, Peter (1988), *Money and its Use in Medieval Europe*, Cambridge
Spufford, Peter (1991), 'Spätmittelalterliche Kaufmannsnotizbücher als Quelle zur Bankengeschichte. Ein Projektbericht', in Michael North (ed.), *Kredit im spätmittelalterlichen und frühneuzeitlichen Europa*, QDHG, n.s. xxxvii, Hansischen Geschichtsverein, Cologne, pp. 103–20
Spufford, Peter (1995), 'Access to Credit and Capital in the Dutch Republic and Other Leading Commercial Centres', in Karel Davids and Jan Lucassen (eds.), *A Miracle Mirrored. The Dutch Republic in its European Context*, Cambridge, pp. 303–37
Spufford, Peter (forthcoming), *The Trade of Medieval Europe*, Cambridge
Stefani, Giuseppi (ed.) (1958), *Insurance in Venice from the Origin to the End of the Serenissima*, London
Stromer, Wolfgang von (1970), *Oberdeutsche Hochfinanz 1380–1450*, 3 vols., Wiesbaden
Stromer, Wolfgang von (1978), *Die Gründung der Baumwollindustrie in Mitteleuropa. Wirtschaftspolitik im Spätmittelalter*, Stuttgart
Stuard, Susan Mosher (1995), 'Ancillary Evidence for the Decline of Medieval Slavery', *P&P* 149: 3–28

940   Tenenti, Alberto and Vivanti, Corrado (1961), 'Le film d'un grand système de navigation: les galères marchandes vénitiennes XIVe–XVIe siècles', *AESC* 16: 83–6 and map
Touchard, Henri (1967), *Le commerce maritime breton à la fin du moyen âge*, Paris
Unger, Richard W. (1980), *The Ship in the Medieval Economy 600–1600*, Montreal
Veale, Elspeth M. (1966), *The English Fur Trade in the Later Middle Ages*, Oxford
Verlinden, Charles (1955–77), *L'esclavage dans l'Europe médiévale*, 2 vols., Bruges and Ghent
Verlinden, Charles (1963), 'Markets and Fairs', in *CEHE*, III, pp. 126–53
Wee, Herman van der (1963), *The Growth of the Antwerp Market and the European Economy (Fourteenth–Sixteenth Centuries)*, 3 vols., The Hague
Wee, Herman van der (1975), 'Structural Changes and Specialisation in the Industry of the Southern Netherlands, 1100–1660', *EcHR* 2nd series 28: 203–21; repr. in his *Low Countries in the Early Modern World* (Aldershot), 1993, pp. 201–22
Wee, Herman van der (ed.) (1991), *La banque en Occident*, Antwerp
Werveke, Hans van (1947), 'De omvang van de Ieperse lakenproductie in de veertiende eeuw', *MKVA, Klasse der Letteren*, IX, 2 (not included among papers on Flemish trade and industry selected for his *Miscellanea Mediaevalia*, Ghent (1968))
Werveke, H. van (1959), 'La famine de l'an 1316 en Flandre et dans les régions voisines', *RN* 41: 5–14
Werveke, Herman van der (1968), *Miscellanea Mediaevalia*, Ghent (1968)
Wolff, Philippe (1954), *Commerces et marchands de Toulouse (vers 1350–vers 1450)*, Paris

9 CHIVALRY AND THE ARISTOCRACY

Primary sources

The Black Book of the Admiralty, ed. T. Twiss, RS, I, London (1872)
Chronica Adae Murimuth et Robert de Avesbury, ed. E. Maunde Thompson, London (1889)
Chronicas de los reyes de Castilla desde Don Alfonso el Sabio, ed. F. Cerda, I, Madrid (1781)
Chronique des règnes de Jean II et Charles V, ed. R. Delachenal, 4 vols., Paris (1917–20)
De La Marche, O., *Mémoires*, ed. H. Beaune and J. d'Arbaumont, IV, Paris (1888)
Froissart, Jean, *Œuvres*, ed. J.M.B.C. Kervyn de Lettenhove, 28 vols., Brussels (1867–77)
'Private Indentures for Life Service in Peace and War 1278–1476', ed. Michael Jones and Simon Walker, *Camden Miscellany* 33 (1994), pp. 1–190
Le songe du vergier, ed. M. Schnerb-Lièvre, 2 vols., Paris (1982)
Wapenboek ou Armorial de 1334 à 1372 par Gelre Héraut, ed. V. Bouton, 2 vols., Paris (1881)

Secondary works

Allmand, C.T. (ed.) (1976), *War, Literature and Politics in the Late Middle Ages*, Liverpool
Allmand, C.T. (1988), *The Hundred Years War. England and France at War c. 1300 to c. 1450*, Cambridge
Artonne, A. (1912), *Le mouvement de 1314 et les chartes provinciales de 1315*, Paris
Ashmole, E. (1672), *The Institution, Laws and Ceremonies of the Most Noble Order of the Garter*, London

Barber, R. (1970), *The Knight and Chivalry*, London
Barker, J.R.V. (1986), *The Tournament in England, 1100–1400*, Woodbridge
Barnie, J. (1974), *War in Medieval Society. Social Values and the Hundred Years War*, London
Boulton, D'A.J.D. (1987), *The Knights of the Crown: The Monarchical Orders of Knighthood in Later Medieval Europe*, Woodbridge
Boutrouche, R. (1963), *La crise d'une société. Seigneurs et paysans en Bordelais pendant la guerre de cent ans*, Paris
Bullough, D.A. (1974), 'Games People Played: Drama and Ritual as Propaganda in Medieval Europe', *TRHS* 5th series 24: 97–122
Cline, R. (1945), 'The Influence of Romances on Tournaments of the Middle Ages', *Speculum* 20: 204–11
Contamine, Ph. (1972), *Guerre, état et société. Etudes sur les armées des rois de France 1337–1494*, Paris and The Hague
Contamine, Ph. (ed.) (1976), *La noblesse au moyen âge*, Paris
Denholm-Young, N. (1961), 'The Song of Caerlaverock and the Parliamentary Roll of Arms', *PBA* 47: 451–62
Denholm-Young, N. (1965), *History and Heraldry*, Oxford
Denholm-Young, N. (1969), *The Country Gentry in the Fourteenth Century*, Oxford
Dravasa, E. (1965–6), 'Vivre noblement: recherches sur la dérogeance de la noblesse du quatorzième et quinzième siècles', *Revue juridique et économique du Sud-Ouest*, série juridique, 16: 135–93 and 17: 23–129
Dupont-Ferrier, G. (1930–2), *Etudes sur les institutions financières de la France à la fin du moyen âge*, 2 vols., Paris
Fleckenstein, J. (1977), *Herrschaft und Stand*, Göttingen
Fleckenstein, J. (1985), *Das Ritterliche Turnier im Mittelalter*, Göttingen
Gautier, L. (1884), *La chevalerie*, Paris
Given-Wilson, C. (1986), *The Royal Household and the King's Affinity. Service, Politics and Finance in England, 1360–1413*, New Haven
Green, R.F. (1983), 'The *Familia Regis* and the *Familia Cupidinis*', in Scattergood and Sherborne (1983), pp. 87–108
Hauptmann, F. (1896), *Das Wappenrecht*, Bonn
Huizinga, J. (1927), *The Waning of the Middle Ages*, London
Jones, Michael (1991), 'Les signes du pouvoir: l'ordre de l'Hermine, les devises et les hérauts des ducs de Bretagne au quinzième siècle', *MSHAB* 68: 141–73
Keen, M.H. (1965), *The Laws of War in the Late Middle Ages*, London
Keen, M.H. (1984), *Chivalry*, New Haven
Kilgour, R.L. (1937), *The Decline of Chivalry*, Cambridge, Mass.
Kruse, H., Paravicini, W. and Ranft, A. (eds.) (1991), *Ritterorden und Adelsgesellschaften im Spätmittelalterlichen Deutschland*, Frankfurt
La Curne de Ste. Palaye, J.B. (1759), *Mémoires de l'ancienne chevalerie*, Paris
Lewis, P.S. (1964), 'Decayed and Non-Feudalism in Later Medieval France', *BIHR* 37: 154–84
Lewis, P. S. (1968), *Later Medieval France. The Polity*, London
Linehan, P. (1987), 'Ideologie y liturgia en el reinado de Alfonso XI de Castilla', in A. Rucquoi (ed.), *Genesis medieval del estado moderno: Castilla y Navarra, Valladolid*, pp. 229–43

942 Lucas, R.H. (1977), 'Ennoblement in Late Medieval France', *MS* 39: 239–60
McFarlane, K.B. (1945), 'Bastard Feudalism', *BIHR* 20: 161–80
McFarlane, K.B. (1973), *The Nobility of Later Medieval England*, Oxford
Mertes, K. (1988), *The English Noble Household, 1250–1600*, Oxford
Palmer, J.J.N. (1972), *England, France and Christendom, 1377–99*, London
Palmer, J.J.N. (ed.) (1981), *Froissart: Historian*, Woodbridge
Paravicini, W. (1990), 'Verlorene Denkmäler europäischen Malereien des 14. Jahrhunderts im Dom zu Königsberg', in E. Böckler (ed.), *Kunst und Geschichte im Ostseeraum*, Keil, pp. 66–124 and plates 1–69
Pastoureau, M. (1979), *Traité d'héraldique*, Paris
Prestage, E. (1928), *Chivalry*, London
Renouard, Y. (1949), 'L'ordre de la Jarretière et l'ordre de l'Étoile: étude sur la gènese des ordres laics de chevalerie et sur le développement de leur caractère national', *MA* 4th series 4: 282–300
Scattergood, V.J. and Sherborne, J.W. (eds.) (1983), *English Court Culture in the Later Middle Ages*, London
Schäfer, K.F. (1911–40), *Deutsche Ritter und Edelknechte in Italien*, 3 vols., Paderborn
Schultz, A. (1892), *Deutsches Leben im Vierzehn und Fünfzehn Jahrhundert*, Leipzig
Seyler, G. (1885–9), *Geschichte der Heraldik*, 10 fasc. in 1 vol., Nuremberg
Vale, J. (1982), *Edward III and Chivalry*, Woodbridge
Vale, M. (1981), *War and Chivalry*, London
Wagner, A.R. (1956), *Heralds and Heraldry in the Middle Ages*, Oxford

10 COURT PATRONAGE AND INTERNATIONAL GOTHIC

Secondary works

Baltimore (1962), *The International Style. The Arts in Europe around 1400* (exhibition catalogue), Baltimore
Belting, H. (1981), *Das Bild und sein Publikum im Mittelalter. Form und Funktion Früher Bildtafeln der Passion*, Berlin
Belting, H. (1985), 'The New Role of Narrative in Public Painting of the Trecento: Historia and Allegory', in H.L. Kessler and M.S. Simpson (eds.), *Pictorial Narrative in Antiquity and the Middle Ages*, Studies in the History of Art, 16, Washington, pp. 151–68
Binski, P. (1995), *Westminster Abbey and the Plantagenets. Kingship and the Representation of Power 1200–1400*, New Haven and London
Bony, J. (1979), *The English Decorated Style. Gothic Architecture Transformed 1250–1350*, Oxford
Christiansen, K. (1982), *Gentile da Fabriano*, London
Cohen, K. (1973), *Metamorphosis of a Death Symbol. The Transi Tomb in the Late Middle Ages and the Renaissance*, Berkeley and Los Angeles
Enaud, F. (1971), 'Les fresques du Palais des Papes d'Avignon', *Les Monuments Historiques de la France*, 17/2–3: 1–139
Gardner, J. (1992), *The Tomb and the Tiara. Curial Tomb Sculpture in Rome and Avignon in the Later Middle Ages*, Oxford
Gibbs, R. (1989), *Tomaso da Modena*, Cambridge

Hamburger, J. (1990), *The Rothschild Canticles. Art and Mysticism in Flanders and the Rhineland circa 1300*, New Haven and London
Hedeman, A. D. (1991), *The Royal Image. Illustrations of the Grandes Chroniques de France 1274–1422*, Berkeley, Los Angeles and London
Huizinga, J. (1955), *The Waning of the Middle Ages*, Harmondsworth (orig. edn, 1924)
Keen, M. (1984), *Chivalry*, New Haven and London
Laclotte, M. and Thiébaut, D. (1983), *L'école d'Avignon*, Tours
Le Goff, J. (1984), *The Birth of Purgatory*, trans. A. Goldhammer, Chicago
Martindale, A. (1981), 'Painting for Pleasure – Some Lost Fifteenth Century Secular Decorations of Northern Italy', in A. Borg and A. Martindale (eds.), *The Vanishing Past. Studies in Medieval Art, Liturgy and Metrology presented to Christopher Hohler*, BAR International Series, 111, Oxford, 109–31
Martindale, A. (1988), *Simone Martini*, Oxford
Meiss, M. (1951), *Painting in Florence and Siena after the Black Death*, Princeton
Meiss, M. (1967), *French Painting in the Time of Jean de Berry. The Late Fourteenth Century and the Patronage of the Duke*, 2 vols., London
Morand, K. (1962), *Jean Pucelle*, Oxford
Morand, K. (1991), *Claus Sluter. Artist at the Court of Burgundy*, London
Munich (1978), *Kaiser Karl IV. Staatsmann und Mazen* (exhibition catalogue), Munich
Panofsky, E. (1953), *Early Netherlandish Painting*, 2 vols., Cambridge, Mass.
Paris (1981), *Les fastes du Gothique, le siècle de Charles V* (exhibition catalogue), Paris
Ringbom, S. (1965), *Icon to Narrative. The Rise of the Dramatic Close-Up in Fifteenth-Century Devotional Painting*, Acta Academiae Aboensis, ser. A, Humaniora 31, 2, Abo
Sherman, C. (1969), *The Portraits of Charles V of France*, New York
Sherman, C. (1995), *Imagining Aristotle. Verbal and Visual Representation in Fourteenth-Century France*, Berkeley, Los Angeles and London
Skinner, Q. (1986), 'Ambrogio Lorenzetti: The Artist as Political Philosopher', *PBA* 72: 1–56
Starn, R. and Partridge, L. (1992), *Arts of Power. Three Halls of State in Italy, 1300–1600*, University of California Press
Van Os, H. W. (1981), 'The Black Death and Sienese Painting: A Problem of Interpretation', *Art History* 4: 237–49
Van Os, H. W. (1994), *The Art of Devotion in the Late Middle Ages in Europe 1300–1500*, London and Amsterdam
White, J. (1966), *Art and Architecture in Italy 1250–1400*, Harmondsworth

11 ARCHITECTURE

Secondary works

Ackermann, James (1949), '"Ars sine Scientia nihil Est". Gothic Theory of Architecture at the Cathedral of Milan', *ArtB* 31: 84–111
Albrecht, Uwe (1986), *Von der Burg zum Schloss. Französische Schlossbaukunst im Spätmittelalter*, Worms
Albrecht, Uwe (1995), *Der Adelssitz im Mittelalter. Studien zum Verhältnis von Architektur und Lebensform in Nord- und Westeuropa*, Berlin and Munich

944　Białostocki, J. (1972), *Spätmittelalter und Beginnende Neuzeit*, Berlin (vol. VII Propyläen Kunstgeschichte, ed. K. Bittel, J. Fontein, H. Keller *et al.*, 8 vols.)
Binski, Paul (1995), *Westminster Abbey and the Plantagenets*, Yale
Bony, Jean (1979), *The English Decorated Style. Gothic Architecture Transformed 1250–1350*, Oxford
Boucher, François (1976), 'Micro-Architecture as the "Idea" of Gothic Theory and Style', *Gesta* 15: 71–89
Branner, Robert (1965), *St Louis and the Court Style*, London
Braunfels, W. (1953), *Mittelalterliche Stadtbaukunst in der Toskana*, 4th edn, Berlin
Braunfels, Wolfgang (1981), *Die Kunst im Heiligen Römischen Reich Deutscher Nation*, III, *Reichsstädte, Grafschaften, Reichsklöster*, Munich
Clasen, Karl Heinz (1958), *Deutsche Gewölbe der Spätgotik*, Berlin
Colvin, Howard *et al.* (1963), *The History of the King's Works*, I: *The Middle Ages*, London
Crossley, Paul (1985), *Gothic Architecture in the Reign of Kasimir the Great*, Cracow
Durliat, Marcel (1962), *L'art dans le Royaume de Majorque*, Toulouse
Frankl, Paul (1962), *Gothic Architecture*, Pelican History of Art, Harmondsworth
Freigang, Christian (1992), *Imitare Ecclesias Nobiles: Die Kathedralen von Narbonne, Toulouse und Rodez und die Nordfranzösische Rayonnantgotik im Languedoc*, Worms
Frugoni, Chiara (1991), *A Distant City. Images of Urban Experience in the Medieval World*, Princeton
Gibbs, Robert (1989), *Tomaso de Modena, Painting in Emilia and the March of Treviso 1340–1380*, London
Górski, Karol (1973), *Dzieje Malborka*, Danzig
Gross, Werner (1948), *Die Abendländische Architektur um 1300*, Stuttgart
Harvey, John (1978), *The Perpendicular Style, 1330–1485*, London
Klotz, Heinz (1966), 'Deutsche und Italienische Baukunst im Trecento', *Mitteilungen des Kunsthistorischen Instituts in Florenz* 12: 171–206
Larner, John (1971), *Culture and Society in Italy 1290–1420*, London
Lavedan, Pierre (1935), *L'architecture religieuse en Catalogne, Valence et Baléares*, Paris
Leedy, Walter (1980), *Fan Vaulting. A Study of Form, Technology and Meaning*, Santa Monica
Lindley, Phillip (1986), 'The Imagery of the Octagon at Ely', *JBAA* 139: 75–99
Middeldorf-Kosegarten, Antje (1970), 'Zur Bedeutung der Sieneser Domkuppel', *Münchener Jahrbuch der bildenden Kunst* 21: 73–98
Middeldorf-Kosegarten, Antje (1984), *Sienesische Bildhauer am Duomo Vecchio. Studien zum Skulptur in Siena 1250–1330*, Munich
Nagel, G. (1971), *Das mittelalterliche Kaufhaus und seine Stellung in der Stadt*, Berlin
Nussbaum, Norbert (1994), *Deutsche Kirchenbaukunst der Gotik*, Darmstadt
Die Parler und der Schöne Stil 1350–1400. Europäische Kunst unter den Luxemburgern (1978), ed. A. Legner, 4 vols., Cologne
Platt, Colin (1982), *The Castle in Medieval England and Wales*, London
Romanini, A.M. (1973), 'Architettura', in *Il duomo di Milano*, Milan, pp. 97–232
Rubinstein, Nicolai (1995), *The Palazzo Vecchio, 1298–1532. Government, Architecture and Imagery in the Civic Palace of the Florentine Republic*, Oxford
Schenkluhn, Wolfgang (1985), *Ordines Studentes. Aspekte zur Kirchenarchitektur der Dominikener und Franziskaner im 13 Jahrhundert*, Berlin

Schürenberg, Lisa (1934), *Die kirchliche Baukunst in Frankreich zwischen 1270 und 1380*, Berlin
Skibiński, Szczęsny (1982), *Kaplice na Zamku Wysokim w Malborku*, Poznań
Stejskal, Karol (1978), *European Art in the Fourteenth Century*, Prague
Toker, Franklin (1978), 'Florence Cathedral: The Design Stage', *ArtB* 60: 214–31
Toker, Franklin (1983), 'Arnolfo's S. Maria de Fiore: A Working Hypothesis', *JSAH* 42: 101–20
Trachtenberg, Marvin (1971), *The Campanile of Florence Cathedral. 'Giotto's Tower'*, New York
Trachtenberg, Marvin (1988), 'What Brunelleschi Saw: Monument and Site at the Palazzo Vecchio in Florence', *JSAH* 47: 14–44
Trachtenberg, Marvin (1989), 'Archaeology, Merriment, and Murder, the First Cortile of the Palazzo Vecchio and its Transformations in the Late Florentine Republic', *ArtB* 71: 565–609
Trachtenberg, Marvin (1991), 'Gothic/Italian Gothic: Toward a Redefinition', *JSAH* 50: 22–37
Welch, Evelyn S. (1995), *Art and Authority in Renaissance Milan*, Yale
White, John (1966), *Art and Architecture in Italy: 1250–1400*, Pelican History of Art, Harmondsworth
Wilson, Christopher (1990), *The Gothic Cathedral. The Architecture of the Great Church 1130–1530*, London

12 LITERATURE IN ITALIAN, FRENCH AND ENGLISH: USES AND MUSES OF THE VERNACULAR

Primary sources

Boccaccio, Giovanni, *The Corbaccio*, ed. and trans. A.K. Cassell, Urbana, Chicago and London (1975)
Boccaccio, Giovanni, *Decameron*, ed. V. Branca, vol. IV in *Tutte le opere*, ed. Branca
Boccaccio, Giovanni, *Esposizioni sopra la Comedia di Dante*, ed. G. Padoan, vol VI in *Tutte le opere*, ed. Branca
Boccaccio, Giovanni, *Opere Minori in Volgare*, ed. M. Marti, 4 vols., Milan (1969–72)
Boccaccio, Giovanni, *Tutte le opere*, gen. ed. V. Branca, Milan (1967–)
Boethius, *Tractates and Consolation of Philosophy*, trans. H.F. Stewart *et al.*, London (1918)
Bonaventura, *Opera Omnia*, ed. Patres Collegii Sancti Bonaventurae, 10 vols., Quaracchi (1882–92)
Chaucer, Geoffrey, *The Riverside Chaucer*, gen. ed. L.D. Benson, 3rd edn, Oxford (1988)
Dante Alighieri, *Convivio*, ed. G. Busnelli and G. Vandelli, Florence (1957)
Dante Alighieri, *La divina commedia: testo critico della Società Dantesca Italiana*, ed. G.A. Scartazzini, Florence (1932), rev. G. Vandelli, 9th edn, Milan
Dante Alighieri, *La vita nuova*, ed. M. Barbi, Florence (1932)
Dante Alighieri, *De vulgari eloquentia*, ed. A. Marigo, 3rd edn, Florence (1957)
Deschamps, Eustache, *Œuvres complètes*, ed. A. Queux de Saint-Hilaire and G. Raynaud, 11 vols., Paris (1878–1904)
Dominici, Giovanni, *Lucula Noctis*, ed. E. Hunt, Notre Dame (1940)
Froissart, Jean, *Chroniques*, ed. S. Luce *et al.*, 15 vols., continuing, Paris (1869–1975)

946 Gower, John, *Complete Works*, ed. G. C. Macaulay, 4 vols., Oxford (1899–1902)
Langland, William, *Piers Plowman by William Langland: An Edition of the C-Text*, ed. D. A. Pearsall, London (1978)
Latini, Brunetto, *La rettorica*, ed. F. Maggini, Florence (repr. 1968)
Machaut, Guillaume de, *Le Jugement du Roy de Behaigne and Remède de Fortune*, ed. J.I. Wimsatt *et al.*, Athens, Ga., and London (1988)
Petrarch, Francesco, *Le familiari*, ed. V. Rossi and U. Bosco, 4 vols., Florence (1933–42)
Petrarch, Francesco, *Prose*, ed. G. Martellotti *et al.*, Milan and Naples (1955)
Pisan, Christine de, *Le livre du chemin de long estude*, ed. R. Püschel, Berlin and Paris (1883)
Pisan, Christine de, *Le livre de la Mutacion de Fortune*, ed. S. Solente, Paris (1959)
Polychronicon Ranulphi Higden, ed. C. Babington, 11, RS 41b, London (1869)
Ruiz, Juan, *Libro de buen amor*, Princeton, N.J. (1965)

Secondary works

Antonelli, R. *et al.* (eds.), *Letteratura Italiana*, ed. A.A. Rosa, 1: *L'età medievale*, Turin.
Auerbach, E. (1965), *Literary Language and its Public in Late Latin Antiquity and in the Middle Ages*, trans. R. Manheim, New York
Bahr, E. (ed.) (1987), *Geschichte der Deutschen Literatur*, 1: *Mittelalter bis Barock*, Tübingen
Bennett, J.A.W. (1986), *Middle English Literature*, ed. D. Gray, Oxford
Blake, N.F. (1985), *The Textual Tradition of the Canterbury Tales*, London
Boitani, P. (1984), *Chaucer and the Imaginary World of Fame*, Cambridge and New York
Borgstädt, E. and McGinn, B. (1986), *Meister Eckhart, c.1260–1329*, New York
Bosco, U. (ed.) (1970–8), *Enciclopedia Dantesca*, 5 vols. and Appendix, Rome
Boyce, G.C. (1949), 'Erfurt Schools and Scholars in the Thirteenth Century', *Speculum* 24: 1–18
Brewer, D.S. (1978), *Chaucer. The Critical Heritage*, 1: *1385–1837*, London
Brownlee, K. (1984), *Poetic Identity in Guillaume de Machaut*, Madison, Wisc.
Bühler, C. (1938), 'A Lollard Tract on Translating the Bible into English', *Medium Aevum* 7: 167–83
Burrow, J.A. (1982), *Medieval Writers and their Work. Middle English Literature and its Background 1100–1500*, Oxford
Burrow, J.A. and Turville-Petre, T. (eds.) (1992), *A Book of Middle English*, Oxford
Chartier, R. (1989), 'The Practical Impact of Writing', in R. Chartier (ed.), *Passions of the Renaissance (A History of Private Life*, III, gen. eds. P. Ariès and G. Duby), Cambridge, Mass., and London
Chaytor, H.J. (1966), *From Script to Print. An Introduction to Medieval Vernacular Literature*, repr., London
Clanchy, M.T. (1979), *From Memory to Written Record: England 1066–1307*, London; 2nd edn, Oxford (1993)
Clark, J.M. (1957), *Meister Eckhart. An Introduction ... with an Anthology of his Sermons*, London
Coleman, J. (1981), *1350–1400. Medieval Readers and Writers*, London
Coleman, J. (1996), *Public Reading and the Reading Public in Late Medieval England and France*, Cambridge

Copeland, R. (1991), *Rhetoric, Hermeneutics and Translation in the Middle Ages. Academic Traditions and Vernacular Texts*, Cambridge
Coulter, C.C. (1944), 'The Library of the Angevin Kings at Naples', *Transactions and Proceedings of the American Philological Association* 75: 141–55
Cremona, J. (1965), 'Dante's Views on Language' in U. Limentani (ed.), *The Mind of Dante*, Cambridge, pp. 138–62
Crosby, R. (1936), 'Oral Delivery in the Middle Ages', *Speculum* 11: 88–110
Curtius, E.R. (1953), *European Literature and the Latin Middle Ages*, trans. W. Trask, New York
Davis, C.T. (1984), *Dante's Italy and Other Essays*, Philadelphia
Dazzi, M. (1964), *Il Mussato Preumanista (1261–1329). L'ambiente a l'opera*, Vicenza
Deanesly, M. (1920), *The Lollard Bible*, Cambridge
Deyermond, A. D. (1971), *A Literary History of Spain. The Middle Ages*, London and New York
Diller, G.T. (1982), 'Froissart: Patrons and Texts', in J.J.N. Palmer (ed.), *Froissart. Historian*, Woodbridge and Totowa, N.J., pp. 145–60
Eco, U. (1983), *The Name of the Rose*, trans. W. Weaver, London
Enciclopedia dantesca (1970–8), ed. U. Bosco, 5 vols. and Appendix, Rome
Fowler, D.C. (1960–1), 'John Trevisa and the English Bible', *Modern Philology* 58: 81–98
Fowler, D.C. (1977), *The Bible in Early English Literature*, London
Friederich, W.P. (1950), *Dante's Fame Abroad. 1350–1850*, Rome
Garland, H. and Garland, M. (1986), *The Oxford Companion to German Literature*, Oxford
Gibson, M.T. (ed.) (1981), *Boethius. His Life, Thought and Influence*, Oxford
Graff, H.J. (1987), *The Legacies of Literacy. Continuities and Contradictions in Western Culture and Society*, Bloomington and Indianapolis
Grande dizionario della lingua italiana (1961–), ed. G. Barberi Squarotti, Turin
Grayson, C. (1965), '*Nobilior est Vulgaris*: Latin and Vernacular in Dante's Thought', in *Centenary Essays on Dante*, Oxford, pp. 54–76
Grendler, P.F. (1989), *Schooling in Renaissance Italy. Literacy and Learning, 1300–1600*, Baltimore and London
Griffiths, J. and Pearsall, D.A. (1989), *Book Production and Publishing in Britain 1375–1475*, Cambridge
Haller, R.S. (ed. and trans.) (1973), *Literary Criticism of Dante Alighieri*, Lincoln, Nebr.
Haug, W., Jackson, T.R. and Janota, J. (eds.) (1983), *Zur deutschen Literatur und Sprache des 14. Jahrhunderts: Dubliner Colloquium 1981*, Heidelberg
Havely, N.R. (1980), *Chaucer's Boccaccio. Sources of 'Troilus' and the Knight's and Franklin's Tales*, Cambridge
Havely, N.R. (1983), 'Chaucer, Boccaccio and the Friars' in P. Boitani (ed.), *Chaucer and the Italian Trecento*, Cambridge, pp. 249–68
Hay, D. and Law, J.E. (1989), *Italy in the Age of the Renaissance, 1380–1530*, London
Hollander, R.M. (1993), *Dante's Epistle to Cangrande*, Ann Arbor, Mich.
Kelly, H.A. (1989), *Tragedy and Comedy from Dante to Pseudo-Dante*, Berkeley, Los Angeles and London
Kibre, P. (1946), 'The Intellectual Interests Reflected in Libraries of the Fourteenth Century', *JHI* 7: 257–97

948　Kukenheim, L. and Roussel, H. (1963), *Guide de la literature française du moyen âge*, Leiden
Lecoy de la Marche, A. (1886), *La chaire française au moyen âge*, Paris
Lesnick, D.R. (1989), *Preaching in Medieval Florence. The Social World of Franciscan and Dominican Spirituality*, Athens, Ga., and London
Levy, B.J. (ed.) (1981), *Nine Verse Sermons by Nicholas Bozon*, Oxford
Limentani, U. (1965), *The Mind of Dante*, Cambridge
McFarlane, K.B. (1973), *The Nobility of Later Medieval England. The Ford Lectures for 1953 and Related Studies*, Oxford
Marichal, R. (1964), 'Le Manuscrit', in *Dictionnaire des lettres françaises. Le moyen âge*, Paris
Matteini, N. (1958), *Il più antico oppositore politico di Dante: Guido Vernani da Rimini: testo critico del 'De reprobatione monarchiae'*, Padua
Mazzocco, A. (1993), *Linguistic Theories in Dante and the Humanists*, Leiden
Miller, J.T. (1986), *Poetic License. Authority and Authorship in Medieval and Renaissance Contexts*, New York and Oxford
Minnis, A.J. (1987), *The Medieval Boethius Studies*, Cambridge
Minnis, A.J. (1990), '*Amor* and *Auctoritas* in the Self-Commentary of Dante and Francesco da Barberino', *Poetica* 32: 25–42
Minnis, A.J. and Scott, A.B. (1991), *Medieval Literary Theory and Criticism, c. 1100–c. 1375. The Commentary Tradition*, rev. edn, Oxford
Moreno, S. (1991), 'Some Observations on the Date and Circumstances of the Fifteenth-Century Portuguese and Castilian Translations of John Gower's *Confessio Amantis*', *SELIM (Journal of the Spanish Society for Medieval English Language and Literature)* 1: 106–22
Olson, G. (1979), 'Making and Poetry in the Age of Chaucer', *Comparative Literature* 31: 272–90
Ong, W.J. (1982), *Orality and Literacy. The Technologizing of the Word*, London
Orme, N. (1973), *English Schools in the Middle Ages*, London
Osgood, C.G. (1956), *Boccaccio on Poetry*, repr., Indianapolis and New York
Owst, G.R. (1926), *Preaching in Medieval England. An Introduction to Sermon Manuscripts of the Period c. 1350–1450*, Cambridge
Palmer, J.J.N. (ed.) (1981), *Froissart. Historian*, Woodbridge
Paolazzi, C. (1989), *Dante e la Commedia nel trecento*, Milan
Parkes, M.B. (1973), 'The Literacy of the Laity', in D. Daiches and A.K. Thorlby (eds.), *The Medieval World*, Literature and Western Civilisation, II, London, pp. 555–77
Pearsall, D.A. (1988), 'Gower's Latin in the *Confessio Amantis*', in A.J. Minnis (ed.), *Latin and Vernacular. Studies in Late-Medieval Texts and Manuscripts*, York Manuscript Conferences: Proceedings Series, 1, Cambridge, pp. 12–26
Poirion, D. (1965), *Le poète et le prince. L'évolution du lyrisme courtois de Guillaume de Machaut à Charles d'Orléans*, Paris
Pratt, R.A. (1966), 'Chaucer and the Hand that Fed Him' *Speculum* 41: 619–42
Pullan, B. (1973), *A History of Early Renaissance Italy, from the Mid-Thirteenth to the Mid-Fifteenth Century*, London
Ramsay, L.C. (1983), *Chivalric Romances. Popular Literature in Medieval England*, Bloomington
Rusconi, R. (1981), *Predicazione e vita religiosa nella società italiana, da Carlo Magno alla contoriforma*, Turin

Russell, P.E. (1961), 'Robert Payn and Juan de Cuenca, Translators of the *Confessio Amantis*', *Medium Aevum* 30: 26–32
Saenger, P. (1982), 'Silent Reading: Its Impact on Late Medieval Script', *Viator* 53: 367–414
Sanchis y Sivera, J. (1932–4), *Sermons. Sant Vicent Ferrer*, 2 vols., Barcelona
Simon, E. (ed.) (1991), *The Theatre of Medieval Europe. New Research in Early Drama*, Cambridge
Smalley, B. (1960), *The English Friars and Antiquity in the Early Fourteenth Century*, Oxford
Smith, C. (1983), 'Juan Ruiz: The Book of Good Love', in B. Ford (ed.), *Medieval Literature. The European Inheritance*, Harmondsworth, pp. 275–86
Spencer, H.L. (1993), *English Preaching in the Late Middle Ages*, Oxford
Stevens, J. (1973), *Medieval Romance*, London
Taylor, P.B. and Bordier, S. (1992), 'Chaucer and the Latin Muses', *Traditio* 47: 215–32
Terry, A. (1972), *A Literary History of Spain. Catalan Literature*, London and New York
Trinkaus, C. and Oberman, H.A. (1974), *The Pursuit of Holiness*, Leiden
Vince, R.W. (ed.) (1989), *A Companion to the Medieval Theatre*, New York and London
Walker, R.M. (1971), 'Oral Delivery or Private Reading?', *Forum for Modern Language Studies* 7: 36–42
Weiss, J. (1990), *The Poet's Art. Literary Theory in Castile c.1400–60*, Oxford
Wenzel, S. (1986), *Preachers, Poets and the Early English Lyric*, Princeton, N.J.
Wicksteed, P.H. and Gardner, E.G. (1902), *Dante and Giovanni del Virgilio*, Westminster
Wilkins, H.J. (1915), *Was John Wycliffe a Negligent Pluralist? Also: John Trevisa, his Life and Work*, London
Williams, S.J. (1969), 'An Author's Role in Fourteenth-Century Book Production: Guillaume de Machaut's "Livre ou Je Met Toutes mes Choses"', *Romania* 90: 433–54
Wimsatt, J.I. (1968), *Chaucer and the French Love Poets. The Literary Background of the 'Book of the Duchess'*, Chapel Hill
Windeatt, B.A. (ed. and trans.) (1982), *Chaucer's Dream Poetry. Sources and Analogues*, Cambridge and Totowa, N.J.
Witt, R.G. (1977), 'Coluccio Salutati and the Conception of the *Poeta Theologus* in the Fourteenth Century', *RQly* 30: 538–63
Zahareas, A.N. (1965), *The Art of Juan Ruiz, Archpriest of Hita*, Madrid
Zeller, W. and Jaspert, B. (eds.) (1988), *Heinrich Seuse and Johannes Tauler. Mystische Schriften*, Munich

13(a) ENGLAND: EDWARD II AND EDWARD III

Primary sources

le Bel, Jean, *Chronique*, ed. J. Viard and E. Déprez, 2 vols., SHF, Paris (1904–5)
Chrimes, S.B. and Brown, A.L., *Select Documents of English Constitutional History 1307–1485*, London (1964)
Higden, Ranulph, *Polychronicon*, ed. G. Babington and J.R. Lumby, RS, 41, 9 vols., London (1865–86)
Pronay, N. and Taylor, J., *Parliamentary Texts of the Later Middle Ages*, Oxford (1980)

Stubbs, W., *Select Charters and Other Illustrations of English Constitutional History*, 6th edn, Oxford (1913)

Walsingham, Thomas, *Historia Anglicana*, ed. H.T. Riley, 2 vols., RS, 28, London (1863–4)

Secondary works

Brown, A.L. (1989), *The Governance of Late Medieval England, 1272–1461*, London

Brown, R.A. (1963), 'The King's Works 1272–1485', in H.M. Colvin *et al.* (eds.), *The History of the King's Works. The Middle Ages*, 2 vols., London, 1, pp. 161–292

Buck, M.C. (1983), 'The Reform of the Exchequer, 1316–1326', *EHR* 98: 241–60

Burley, S.J. (1958), 'The Victualling of Calais', *BIHR* 31: 49–57

Cuttino, G.P. and Lyman, T.W. (1978), 'Where is Edward II?', *Speculum* 53: 522–44

Dunbabin, J. (1988), 'Government' in J.H. Burns (ed.), *The Cambridge History of Medieval Political Thought c. 350–c. 1450*, Cambridge, pp. 477–519

Duncan, A.A.M. (1988), '*Honi soit qui mal y pense*: David II and Edward III, 1346–52', *SHR* 67: 113–41

Fryde, N. (1979), *The Tyranny and Fall of Edward II 1321–1326*, Cambridge

Harriss, G.L. (1975), *King, Parliament and Public Finance in Medieval England to 1369*, Oxford

Holmes, G. (1975), *The Good Parliament*, Oxford

Jones, M. (1989), 'Relations with France, 1337–1399', in M. Jones and M. Vale (eds.), *England and her Neighbours 1066–1453. Essays in Honour of Pierre Chaplais*, London, pp. 239–58

Le Patourel, J. (1958), 'Edward III and the Kingdom of France', *History* 43: 173–89

Le Patourel, J. (1960), 'The Treaty of Brétigny, 1360', *TRHS* 5th series 10: 19–39

Maddicott, J.R. (1978), 'The County Community and the Making of Public Opinion in Fourteenth-Century England', *TRHS* 5th series 28: 27–43

Maddicott, J.R. (1987), 'The English Peasantry and the Demands of the Crown, 1294–1341', in T.H. Aston (ed.), *Landlords, Peasants and Politics in Medieval England*, Cambridge, pp. 285–359 (orig. published as *P&P*, Supplement 1, 1975)

Middleton, A.E. (1918), *Sir Gilbert de Middleton*, Newcastle upon Tyne

Ormrod, W.M. (1987a), 'Edward III and his Family', *JBS* 26: 398–442

Ormrod, W.M. (1987b), 'Edward III and the Recovery of Royal Authority in England, 1340–60', *History* 72: 4–19

Ormrod, W.M. (1990a), 'Agenda for Legislation, 1322–c. 1340', *EHR* 105: 1–33

Ormrod, W.M. (1990b), *The Reign of Edward III. Crown and Political Society in England, 1327–1377*, London

Ormrod, W.M. (1991), 'The Crown and the English Economy, 1290–1348', in B.M.S. Campbell (ed.), *Before the Black Death. Studies in the 'Crisis' of the Early Fourteenth Century*, Manchester, pp. 149–83

Phillips, J.R.S. (1986), 'Edward II and the Prophets', in W.M. Ormrod (ed.), *England in the Fourteenth Century. Proceedings of the 1985 Harlaxton Symposium*, Woodbridge, pp. 189–201

Pole-Stewart, E. (1926), 'The Interview between Philip V and Edward II at Amiens in 1320', *EHR* 41: 412–15

Postan, M.M. (1964), 'The Costs of the Hundred Years' War', *P&P* 27: 34–53; repr. in his *Essays in Medieval Agriculture and General Problems of the Medieval Economy*, Cambridge (1973), pp. 63–80
Powicke, M. (1962), *Military Obligation in Medieval England*, Oxford
Prestwich, M.C. (1972), *War, Politics and Finance under Edward I*, London
Prestwich, M.C. (1984), 'Cavalry Service in Early Fourteenth Century England', in J. Gillingham and J.C. Holt (eds.), *War and Government in the Middle Ages. Essays in Honour of J.O. Prestwich*, Woodbridge, pp. 147–58
Prestwich, M.C. (1992), 'Gilbert de Middleton and the Attack on the Cardinals 1317', in T. Reuter (ed.), *Warriors and Churchmen in the High Middle Ages. Essays Presented to Karl Leyser*, London, pp. 179–94
Putnam, B.H.(1929), 'The Transformation of the Keepers of the Peace into the Justices of the Peace, 1327–1380', *TRHS* 4th series 12: 19–48
Scammell, J. (1958), 'Robert I and the North of England', *EHR* 73: 385–403
Sherborne, J.W. (1977), 'The Costs of English Warfare with France in the Later Fourteenth Century', *BIHR* 50: 135–50
Thompson, A.H. (1933), 'Some Letters from the Register of William Zouche, Archbishop of York', in J.G. Edwards, V.H. Galbraith and E.F. Jacob (eds.), *Historical Essays in Honour of James Tait*, Manchester, pp. 327–43
Tuck, A. (1985), *Crown and Nobility 1272–1461*, London
Vale, M. (1990), *The Angevin Legacy and the Hundred Years War 1250–1340*, Oxford
Waugh, S.L. (1991), *England in the Reign of Edward III*, Cambridge

13(b): THE REIGN OF RICHARD II

The primary sources for this reign are numerous and the king himself, and the events of the years 1377–99, have attracted a great deal of historical attention. In this bibliography an attempt is made to indicate the main primary sources for the reign in their most recent and/or accessible editions and to list the most important secondary literature. The focus has been primarily on the political history of the reign and only the most obvious works dealing with Lollardy, the Peasants' Revolt, local history and Chaucerian studies have been selected. A more complete bibliography will be found in Saul (1997a) to which the author is much indebted.

Primary sources

The Ancient Kalendars and Inventories of the Treasury of His Majesty's Exchequer, ed. F. Palgrave, 3 vols, London (1836)
Annales Monasterii Sancti Albani a Johanne Amundesham, ed. H.T. Riley, 2 vols., RS, London (1870–1).
Annales Ricardi Secundi et Henrici Quarti, in J. de Trokelowe, *Chronica et Annales*, ed. H.T. Riley, RS, London (1866)
Anonimalle Chronicle 1338–81, ed. V.H. Galbraith, Manchester (1927)
A Book of London English 1384–1425, ed. R.W. Chambers and M. Daunt, Oxford (1931)
Calendar of the Cartularies of John Pyel and Adam Frauncys, ed. S.J. O'Connor, Royal Historical Society, Camden 5th series 11, London (1993)

952 *Calendar of Close Rolls 1377–1399*, 6 vols., HMSO, London (1914–27)
Calendar of Fine Rolls 1377–1399, 3 vols., HMSO, London (1926–9)
Calendar of the Letter Books of the City of London . . . Letter Book H, ed. R. R. Sharpe, London (1907)
Calendar of Papal Registers, IV: *1362–1404*, HMSO, London (1904)
Calendar of Patent Rolls 1377–1399, 6 vols., HMSO, London (1895–1909)
Calendar of Select Plea and Memoranda Rolls of the City of London, 1381–1412, ed. A.H. Thomas, Cambridge (1932)
Chaucer Life Records, ed. M.M. Crow and C.C. Olson, Oxford (1966)
Chronicles of London, ed. C.L. Kingsford, Oxford (1905)
Chronicles of the Revolution, 1397–1400, ed. C. Given-Wilson, Manchester (1993)
Chronicon Adae de Usk, ed. E.M. Thompson, London (1904)
Chronicon Angliae 1328–1388, ed. E.M. Thompson, RS, London (1874)
Chronicon de la Traison et Mort de Richart II, ed. B. Williams, London (1846)
Chronique du Religieux de Saint-Denys, ed. L.F. Bellaguet, 6 vols., Paris (1839–52); repr. 1994, with introduction by B. Guenée
Chroniques de J. Froissart, ed. S. Luce *et al.*, 15 vols., SHF, Paris (1869–1975, continuing)
'The Dieulacres Chronicle', in M.V. Clarke and V.H. Galbraith, 'The Deposition of Richard II', *BJRL* 15 (1931), pp. 100–37
Diplomatic Correspondence of Richard II, ed. E. Perroy, Camden 3rd series, XLVIII, London (1933)
An English Chronicle of the Reigns of Richard II, Henry IV, Henry V and Henry VI, ed. J.S. Davies, Camden Soc., London (1856)
English Historical Documents 1327–1485, ed. A.R. Myers, London (1969)
Eulogium Historiarum sive Temporis, ed. F.S. Haydon, 3 vols., RS, London (1858–63)
Favent, Thomas, 'Historia sive Narracio Mirabilis Parliamenti', ed. M. McKisack, *Camden Miscellany* XIV, Camden 3rd series, XXXVII, London (1926)
Froissart, J., *Chronicles*, ed. T. Johnes, 2 vols., London (1862)
The Great Chronicle of London, ed. A.H. Thomas and I.D. Thornley, London (1938)
Historia Vitae et Regni Ricardi Secundi, ed. G.B. Stow, Philadelphia (1977)
Household Accounts from Medieval England, ed. C.M. Woolgar, 2 vols., London (1992–3)
Issues of the Exchequer, Henry III–Henry VI, ed. F. Devon, London (1847)
John of Gaunt's Register, 1372–1376, ed. S. Armitage-Smith, 2 vols., Camden 3rd series, XX–XXI, London (1911)
John of Gaunt's Register, 1379–1383, ed. E. C. Lodge and R. Somerville, 2 vols., Camden 3rd series, LVI–LVII, London (1937)
The Kirkstall Abbey Chronicles, ed. J. Taylor, Thoresby Soc., XLII, Leeds (1952)
Knighton's Chronicle 1337–1396, ed. G.H. Martin, Oxford (1995)
'A Metrical History of the Deposition of Richard II attributed to Jean Creton', ed. J. Webb, *Archaeologia* 20 (1814), pp. 1–423
Mézières, Philippe de, *Letter to King Richard II*, ed. G.W. Coopland, Liverpool (1975)
Munimenta Gildhallae, ed. H.T. Riley, 2 vols., RS, London (1858–62)
The Peasants' Revolt of 1381, ed. R.B. Dobson, 2nd edn, London (1983)
Proceedings and Ordinances of the Privy Council of England, ed. N.H. Nicolas, 7 vols., London (1834–7)

Rogeri Dymmok liber contra XII Errores et Hereses Lollardorum, ed. H.S. Cronin, London (1922)
Rotuli Parliamentorum, 7 vols., London (1767–1832)
Rymer, Thomas, *Foedera, Conventiones, Litterae etc.*, ed. G. Holmes, 20 vols., London (1704–35)
The Scrope and Grosvenor Controversy, ed. N.H. Nicolas, 2 vols., London (1832)
Select Cases in the Court of King's Bench under Richard II, Henry IV and Henry V, ed. G.O. Sayles, Selden Soc., LXXXVIII, London (1971)
Select Cases before the King's Council 1243–1482, ed. J.F. Baldwin, Selden Society, xxxv, London (1918)
Select Documents of English Constitutional History, 1307–1485, ed. S.B. Chrimes and A.L. Brown, London (1961)
Statutes of the Realm, 11 vols., London (1810–28)
Stow, John (1908), *Survey of London*, ed. C.L. Kingsford, London
Testamenta Vetusta, ed. N.H. Nicolas, 2 vols., London (1826)
The Treaty of Bayonne (1388), ed. J.J.N. Palmer and B. Powell, Exeter (1988)
Walsingham, Thomas, *Historia Anglicana*, ed. H.T. Riley, 2 vols., RS, 28, London (1863–4)
The Westminster Chronicle 1381–1394, ed. L.C. Hector and B.F. Harvey, Oxford (1982)

Secondary works

Alexander, J. and Binski P. (eds.) (1987), *The Age of Chivalry. Art in Plantagenet England, 1200–1400*, London
Alexander, J.G. (1998), 'The Portrait of Richard II in Westminster Abbey', in Gordon, Monnas and Elam (1998), pp. 197-222
Aston, M. (1960), 'Lollardy and Sedition, 1381–1431', *P&P* 17: 1–44; repr. in R. H. Hilton (ed.), *Peasants, Knights and Heretics*, Cambridge (1973), pp. 273–318
Aston, M. (1965), 'The Impeachment of Bishop Despenser', *BIHR* 38: 127–48
Aston, M. (1967), *Thomas Arundel*, Oxford
Aston, M. (1971), 'Richard II and the Wars of the Roses', in Du Boulay and Barron (1971), pp. 280–317
Aston, M. (1987), 'Wyclif and the Vernacular', in A. Hudson and M. Wilks (eds.), *From Ockham to Wyclif*, (Studies in Church History), Subsidia 5), pp. 281–330
Aston, M. and Richmond, C. (eds.) (1997), *Lollardy and the Gentry in the Later Middle Ages*, Stroud
Atkinson, R.L. (1923), 'Richard II and the Death of the Duke of Gloucester', *EHR* 38: 563–4
Baldwin, J.F. (1913), *The King's Council in England during the Middle Ages*, Oxford
Barker, J.R.V. (1986), *The Tournament in England 1100–1400*, Woodbridge
Barron, C.M. (1968), 'The Tyranny of Richard II', *BIHR* 41: 1–18
Barron, C.M. (1969), 'Richard Whittington: The Man behind the Myth', in A.E.J. Hollaender and W. Kellaway (eds.), *Studies in London History Presented to P.E. Jones*, London, pp. 197–248
Barron, C.M. (1971), 'The Quarrel of Richard II with London 1392–1397', in Du Boulay and Barron (1971), pp. 173–201

954   Barron, C.M. (1981), *Revolt in London. 11th to 14th June 1381*, London
Barron, C.M. (1985), 'The Art of Kingship: Richard II 1377–1399', *HT* 35: 30–7
Barron, C.M. (1990), 'The Deposition of Richard II', Taylor and Childs, (1990), pp. 132–49
Barron, C.M. (1993), 'Richard II: Image and Reality', in Gordon (1993), pp. 13–19
Barron, C.M. and Sutton, A. (eds.) (1994), *Medieval London Widows 1300–1500*, London
Bean, J.M.W. (1959), 'Henry IV and the Percies', *History* 44: 212–27
Bellamy, J.G. (1964–5), 'The Northern Rebellions of the Later Years of Richard II', *BJRL* 47: 254–74
Bennett, M.J. (1983), *Community, Class and Careerism. Cheshire and Lancashire Society in the Age of Sir Gawain and the Green Knight*, Cambridge
Bennett, M.J. (1998), 'Edward III's Entail and the Succession to the Crown, 1376–1471', *EHR* 113: 580–609
Binski, P. (1995), *Westminster Abbey and the Plantagenets. Kingship and the Representation of Power 1200–1400*, New Haven and London
Bird, R. (1949), *The Turbulent London of Richard II*, London
Brewer, D.S. (1973), *Chaucer*, 3rd edn, London
Brooks, N. (1985), 'The Organisation and Achievement of the Peasants of Kent and Essex in 1381', in H. Mayr-Harting and R.I. Moore (eds.), *Studies in Medieval History Presented to R.H.C. Davis*, London, pp. 247–70
Brown, R.A., Colvin, H.M. and Taylor, A.J. (eds.) (1963), *History of the King's Works. The Middle Ages*, 2 vols., London
Burrow, J.A. (1971), *Ricardian Poetry. Chaucer, Gower, Langland and the Gawain Poet*, London
Campbell, M. (1998), 'White Harts and Coronets: The Jewellery and Plate Collection of Richard II', in Gordon, Monnas and Elam (1998), pp. 95–114
Carey, H. (1992), *Courting Disaster*, London
Catto, J.I. (1981), 'Religion and the English Nobility in the Later Fourteenth century', in H. Lloyd-Jones, V. Pearl and B. Worden (eds.), *History and the Imagination. Essays in Honour of H.R. Trevor-Roper*, London, pp. 43–55
Catto, J.I. (1992), 'Wyclif and Wycliffism at Oxford, 1356–1403', in J.I. Catto and T.A.R. Evans (eds.), *The History of the University of Oxford*, II: *Late Mediaeval Oxford*, Oxford, pp. 175–261
Cavanaugh, S. (1988), 'Royal Books: King John to Richard II', *The Library* 10: 304–16
Chrimes, S.B. (1956), 'Richard II's Questions to the Judges', *Law Quarterly Review* 72: 365–90
Clarke, M.V. (1931), 'The Wilton Diptych', *Burlington Magazine* 68: 283–94; repr. in her *Fourteenth Century Studies*, ed. L.S. Sutherland and M. McKisack, Oxford (1968), pp. 272–92
Clarke, M.V (1932), 'Forfeitures and Treason in 1388', *TRHS* 4th series, 14: 65–94; repr. in ibid., pp. 115–45
Clarke, M.V. and Galbraith, V.H. (1930), 'The Deposition of Richard II', *BJRL* 14: 100–37; repr. in ibid., pp. 53–98
Clementi, D. (1971), 'Richard II's Ninth Question to the Judges', *EHR* 86: 96–113
Coleman, O. (1969), 'The Collectors of Customs in London under Richard II', in A.E.J.

Hollaender and W. Kellaway (eds.), *Studies in London History Presented to P.E. Jones,* London, pp. 181–94

Cosgrove, A. (1987), 'England and Ireland, 1399–1447', in A. Cosgrove (ed.), *A New History of Ireland,* II: *Medieval Ireland, 1169–1534,* Oxford, pp. 525–32

Crook, D. (1987), 'Derbyshire and the English Rising of 1381', *HR* 60: 9–23

Crook, D. (1991), 'Central England and the Revolt of the Earls', *HR* 64: 403–10

Curtis, E. (1927a), *Richard II in Ireland, 1394–5, and the Submission of the Irish Chiefs,* Oxford

Curtis, E. (1927b), 'Unpublished Letters from Richard II in Ireland', *PRIA* 37: 276–303

Dahmus, J. (1966), *William Courtenay, Archbishop of Canterbury, 1381–1396,* Philadelphia

Davies, R.G. (1971), 'Some Notes from the Register of Henry de Wakefield, Bishop of Worcester, on the Political Crisis of 1386–1388', *EHR* 86: 547–58

Davies, R.G. (1975a), 'Alexander Neville, Archbishop of York, 1374–1388', *Yorkshire Archaeological Journal* 47: 87–101

Davies, R.G. (1975b), 'Richard II and the Church in the Years of "Tyranny"', *JMH* 1: 329–62

Davies, R.G. (1976), 'The Episcopate and the Political Crisis in England of 1386–1388', *Speculum* 51: 659–93

Davies, R.R. (1971), 'Richard II and the Principality of Chester', in Du Boulay and Barron (1971), pp. 256–79

Dobson, R.B. (1989), 'Beverley in Conflict: Archbishop Alexander Neville and the Minster Clergy, 1381–8', in C. Wilson (ed.), *Medieval Art and Architecture in the East Riding of Yorkshire,* Brit. Arch. Assn., 9, London, pp. 149–64

Du Boulay, F.R.H. and Barron, C.M. (1971), *The Reign of Richard II. Essays in Honour of May McKisack,* London

Dyer, C. (1984), 'The Social and Economic Background to the Rural Revolt of 1381', in Hilton and Aston (1984), pp. 9–42

Eberle, P.J. (1985), 'The Politics of Courtly Style at the Court of Richard II', in G.S. Burgess and R.A. Taylor (eds.), *The Spirit of the Court. Selected proceedings of the Fourth Congress of the International Courtly Literature Society,* Woodbridge, pp. 168–78

Edwards, J.G. (1925), 'The Parliamentary Committee of 1398', *EHR* 40: 321–33; repr. in E.B. Fryde and E. Miller (eds.), *Historical Studies of the English Parliament,* I, Cambridge (1970), pp. 316–28

Emden, A.B. (1957–9), *A Biographical Register of the University of Oxford to AD 1500,* 3 vols., Oxford

Emden, A.B. (1963), *A Biographical Register of the University of Cambridge to 1500,* Cambridge

Faith, R. (1984), 'The "Great Rumour" of 1377 and Peasant Ideology', in Hilton and Aston (1984), pp. 43–75

Ferris, S. (1974), 'Chaucer, Richard II, Henry IV and 13 October', in B. Rowland (ed.), *Chaucer and Middle English Studies in Honour of Rossell Hope Robbins,* London, pp. 210–17

Fisher, J.H. (1965), *John Gower, Moral Philosopher and Friend of Chaucer,* London

Frame, R. (1975), 'English Officials and Irish Chiefs in the Fourteenth Century', *EHR* 90: 748–77

Fryde, E.B. (1981), *The Great Revolt of 1381,* Historical Association, London

Galbraith, V.H. (1942), 'A New Life of Richard II', *History* 26: 223–39

Galbraith, V.H. (1971), 'Thoughts about the Peasants' Revolt', in Du Boulay and Barron (1971), pp. 46–57

Gillespie, J.L. (1975), 'Thomas Mortimer and Thomas Molineux; Radcot Bridge and the Appeal of 1397', *Albion* 7: 161–73

Gillespie, J.L. (1985), 'Ladies of the Fraternity of St George and of the Society of the Garter', *Albion* 17: 259–78

Gillespie, J.L. (1987), 'Richard II's Knights: Chivalry and Patronage', *JMH* 13: 143–59

Gillespie, J.L. (ed.) (1997a), *The Age of Richard II*, Stroud

Gillespie, J.L. (1997b), 'Richard II: King of Battles?', in Gillespie (1997a), pp. 139–64

Gillingham, J. (1987), 'Crisis or Continuity? The Structure of Royal Authority in England 1396–1422', in R. Schneider (ed.), *Das Spätmittelalterliche Königtum im Europäischen Vergleich*, Sigmaringen, pp. 59–80

Given-Wilson, C. (1978), 'Richard II and his Grandfather's Will', *EHR* 93: 320–7

Given-Wilson, C. (1986), *The Royal Household and the King's Affinity. Service Politics and Finance in England 1360–1413*, New Haven and London

Given-Wilson, C. (1993a), 'Adam Usk, the Monk of Evesham and the Parliament of 1397–8', *HR* 66: 329–35

Given-Wilson, C. (1993b), 'The Manner of King Richard's Renunciation: A "Lancastrian Narrative"?', *EHR* 108: 365–70

Given-Wilson, C. (1994), 'Richard II, Edward II and the Lancastrian Inheritance', *EHR* 109: 553–71

Goodman, A. (1971), *The Loyal Conspiracy. The Lords Appellant under Richard II*, London

Goodman, A. (1992), *John of Gaunt. The Exercise of Princely Power in Fourteenth-Century Europe*, London

Goodman, A. and Gillespie, J.L. (1999), *Richard II: The Art of Kingship*, London

Gordon, D. (1992), 'A New Discovery in the Wilton Diptych', *Burlington Magazine* 134: 662–7

Gordon, D. (ed.) (1993), *Making and Meaning. The Wilton Diptych*, London

Gordon, D., Monnas, L. and Elam C. (eds.) (1998), *The Regal Image of Richard II and the Wilton Diptych*, London

Gransden, A. (1982), *Historical Writing in England*, II: *c.1307 to the Early Sixteenth Century*, London

Grant, A. (1992), 'The Otterburn War from the Scottish Point of View', in A. Tuck and A. Goodman (eds.), *War and Border Societies in the Middle Ages*, London, pp. 30–64

Green, R.F. (1976), 'King Richard II's Books Revisited', *The Library* 31: 235–9

Green, R.F. (1980), *Poets and Princepleasers. Literature and the English Court in the Late Middle Ages*, Toronto

Hansen, H.M. (1980), 'The Peasants' Revolt of 1381 and the Chronicles', *JMH* 6: 393–415

Harvey, B.F. (1965), 'Draft Letters Patent of Manumission and Pardon for the Men of Somerset', *EHR* 80: 89–91

Harvey, J.H. (1961), 'The Wilton Diptych – a Re-Examination', *Archaeologia* 98: 1–28

Harvey, J.H. (1967), *The Plantagenets*, London

Harvey, J.H. (1971), 'Richard II and York', in Du Boulay and Barron (1971), pp. 202–17

Hector, L.C. (1953), 'An Alleged Hysterical Outburst of Richard II', *EHR* 68: 62–5

Hilton, R.H. (1962), 'Peasant Movements in England before 1381', *EcHR* 2nd series 2 (1949), reprinted in E.M. Carus-Wilson (ed.), *Essays in Economic History*, London II, pp. 73–90

Hilton, R.H. (1973), *Bond Men Made Free. Medieval Peasant Movements and the English Rising of 1381*, London

Hilton, R.H. and Aston, T.H. (1984), *The English Rising of 1381*, Cambridge

Holmes, G.A. (1957), *The Estates of the Higher Nobility in Fourteenth-Century England*, Cambridge

Holmes, G.A. (1975), *The Good Parliament of 1376*, Oxford

Holt, R. (1985), 'Thomas of Woodstock and Events at Gloucester in 1381', *BIHR* 58: 237–42

Housley, N. (1983), 'The Bishop of Norwich's Crusade, May 1383', *HT* 33: 15–20

Hudson, A. (1982), 'Lollardy: The English Heresy?', *SCH* 18: 261–83; repr. in her *Lollards and their Books*, London (1985), pp. 141–63

Hutchison, H.F. (1961), 'Shakespeare and Richard II', *HT* 11: 236–44

Ilg, U. (1994), 'Ein wiederentdecktes Inventar der Goldschmiedearbeiten Richards II von England und seine Bedeutung für die ikonographie des Wiltondiptychons', *Pantheon* 52: 10–16

James, M.K. (1956), 'Gilbert Maghfield, a London Merchant of the Fourteenth Century', *EcHR* 2nd series 8: 364–76

Johnston, D.B. (1980), 'Richard II and the Submissions of Gaelic Ireland', *IHS* 12: 1–20

Johnston, D.B. (1981), 'The Interim Years: Richard II and Ireland, 1395–1399', in J.F. Lydon (ed.), *England and Ireland in the Later Middle Ages. Essays in Honour of Jocelyn Otway-Ruthven*, Dublin, pp. 175–93

Johnston, D.B. (1983a), 'The Draft Indenture of Thomas Duke of Gloucester, as Lieutenant of Ireland, 1391', *Journal of the Society of Archivists* 7: 173–82

Johnston, D.B. (1983b), 'Richard II's Departure from Ireland, July 1399', *EHR* 98: 785–805

Jones, M. (1970), *Ducal Brittany 1364–1399*, Oxford

Jones, M. (1972), 'The Ransom of Jean de Bretagne, Count of Penthièvre: An Aspect of English Foreign Policy, 1386–8', *BIHR* 45: 7–26

Jones, R.H. (1968), *The Royal Policy of Richard II. Absolutism in the Later Middle Ages*, Oxford

Jones, S.R. (ed.) (1997), *The Government of Medieval York. Essays in Commemoration of the 1396 Royal Charter*, Borthwick Institute of Historical Research, York

Justice, S. (1994), *Writing and Rebellion. England in 1381*, Berkeley

Keen, M. (1973), *England in the Later Middle Ages*, London

Keen, M. (1986), 'Wyclif, the Bible and Transubstantiation', in A. Kenny (ed.), *Wyclif in his Times*, Oxford, pp. 1–16

Keen, M. (1998), 'The Wilton Diptych: the Case for a Crusading Context', in Gordon, Monnas and Elam (1998), pp. 189–96

Kipling, G. (1986), 'Richard II's "Sumptuous Pageants" and the Idea of the Civic Triumph', in D.M. Bergeron (ed.), *Pageantry in the Shakespearean Theater*, Athens, Ga., pp. 83–103

Kriehn, G. (1901–2), 'Studies in the Sources of the Society Revolt in 1381', *AmHR* 7: 254–85 and 458–84

Lancashire, I. (1984), *Dramatic Texts and Records*, Cambridge
Lewis, N.B. (1926), 'The "Continual Council" in the Early Years of Richard II, 1377–80', *EHR* 41: 241–51
Lindenbaum, S. (1990), 'The Smithfield Tournament of 1390', *JMRS* 20: 1–20
Lindley, P. (1998), 'Absolutism and Regal Image in Ricardian Sculpture', in Gordon, Monnas and Elam (1998), pp. 61–83
Loomis, R.S. (1969), 'The Library of Richard II', in E.B. Atwood and A.A. Hill (eds.), *Studies in Language Literature and Culture of the Middle Ages and Later*, Austin, Tex., pp. 273–8
Lydon, J.F. (1963), 'Richard II's Expeditions to Ireland', *Journal of the Royal Society of Antiquaries of Ireland* 93: 135–49
McFarlane, K.B. (1952), *John Wycliffe and the Beginnings of English Nonconformity*, London
McFarlane, K.B. (1972), *Lancastrian Kings and Lollard Knights*, Oxford
McFarlane, K.B. (1973), *The Nobility of Later Medieval England*, Oxford
McHardy, A. (1997), 'Haxey's Case, 1397: The Petition and Presenter Reconsidered', in Gillespie (1997a), pp. 93–114
McKisack, M. (1959), *The Fourteenth Century 1307–1399*, Oxford
McNiven, P. (1969–70), 'The Cheshire Rising of 1400', *BJRL* 52: 375–96
McNiven, P. (1994), 'Rebellion, Sedition and the Legend of Richard II's Survival in the Reigns of Henry IV and Henry V', *BJRL* 76: 93–117
Martin, G.H. (1997a), 'Narrative Sources for the Reign of Richard II', in Gillespie (1997a), pp. 51–69
Martin, G.H. (1997b), 'Knighton's Lollards', in Aston and Richmond (1997), pp. 28–40
Mathew, G. (1968), *The Court of Richard II*, London
Meyer, P. (1881), 'L'Entrevue d'Ardres', *ABSHF* 18: 211–24
Mitchell, S. (1998), 'Richard II and the Cult of Saints', in Gordon, Monnas and Elam (1998), pp. 115–24
Monnas, L. (1998), 'Fit for a King: Embroidered and Woven Silk Worn at the Court of Richard II', in Gordon, Monnas and Elam (1998), pp. 165–77
Morgan, P. (1987), *War and Society in Medieval Cheshire, 1277–1403*, Chetham Soc., 3rd series, XXXIV, Manchester
Morgan, P. (1995), 'Henry IV and the Shadow of Richard II', in R. Archer (ed.), *Crown, Government and People in the Fifteenth Century*, Stroud, pp. 1–31
Mott, R.A.K. (1974), 'A Study in the Distribution of Patronage, 1389–99', *Proceedings of Leeds Philosophical and Literary Society* 15: 113–33
Mott, R.A.K. (1991), 'Richard II and the Crisis of July 1397', in I. Wood and G.A. Loud (eds.), *Church and Chronicle in the Middle Ages. Essays presented to John Taylor*, London, pp. 165–77
Myers, A.R. (1969), 'The Wealth of Richard Lyons', in T.A. Sandsquist and M.R. Powicke (eds.), *Essays in Medieval History Presented to Bertie Wilkinson*, Toronto, pp. 301–29
Myres, J.N.L. (1927), 'The Campaign of Radcot Bridge in December 1387', *EHR* 42: 20–33
Nightingale, P. (1989), 'Capitalists, Crafts and Constitutional Change in Late Fourteenth-Century London', *P&P* 124: 3–25
Nightingale, P. (1995), *A Medieval Mercantile Community: The Grocers' Company and the Politics and Trade of London 1000–1485*, New Haven and London

Norton, C. (1997), 'Richard II and York Minster', in Jones (1997), pp. 56–87
Oman, C. (1969), *The Great Revolt of 1381*, 2nd edn, ed. E.B. Fryde, Oxford
Ormrod, W.M. (1990), 'The Peasants' Revolt and the Government of England', *JBS* 29: 1–30
Otway-Ruthven, A.J. (1968), *A History of Medieval Ireland*, London
Palmer, J.J.N. (1966a), 'The Anglo-French Peace Negotiations, 1390–1396', *TRHS* 5th series 16: 81–94
Palmer, J.J.N. (1966b), 'Articles for a Final Peace between England and France, 16 June 1393', *BIHR* 39: 180–5
Palmer, J.J.N. (1968), 'England and the Great Western Schism, 1388–1399', *EHR* 83: 771–5
Palmer, J.J.N. (1969), 'The Impeachment of Michael de la Pole in 1386', *BIHR* 42: 96–101
Palmer, J.J.N. (1971a), 'The Background to Richard II's Marriage to Isabel of France, 1396', *BIHR* 44: 1–17
Palmer, J.J.N. (1971b), 'The Parliament of 1385 and the Constitutional Crisis of 1386', *Speculum* 46: 477–90
Palmer, J.J.N. (1971c), 'The War Aims of the Protagonists and the Negotiations for Peace', in K. Fowler (ed.), *The Hundred Years War*, London, pp. 51–74
Palmer, J.J.N. (1972), *England, France and Christendom, 1377–99*, London
Palmer, J.J.N. (1978–9), 'The Authorship, Date and Historical Value of the French Chronicles on the Lancastrian Revolution', *BJRL* 61: 145–81 and 398–421
Palmer, J.J.N. (ed.) (1981), *Froissart: Historian*, Woodbridge
Patterson, L. (1992), 'Court Politics and the Invention of Literature: The Case of Sir John Clanvowe', in D. Aers (ed.), *Culture and History, 1350–1600. Essays in English Communities, Identities and Writing*, Detroit, pp. 7–41
Pearsall, D. (1992), *The Life of Geoffrey Chaucer*, Oxford
Perroy, E. (1933), *L'Angleterre et le Grand Schisme d'Occident*, Paris
Philpotts, C.J. (1990), 'John of Gaunt and English Policy towards France, 1389–1395', *JMH* 16: 363–85
Plucknett, T.F.T. (1952), 'State Trials under Richard II', *TRHS* 5th series 2: 159–71
Pollard, A.F. (1938), 'The Authorship and Value of the Anonimalle Chronicle', *EHR* 53: 577–605
Post, J.B. (1981), 'The Obsequies of John of Gaunt', *Guildhall Studies in London History* 5: 1–12
Powell, E. (1896), *The Rising in East Anglia*, Cambridge
Prestwich, M. (1984), 'An Estimate by the Commons of Royal Revenue in England under Richard II', *Parliamentary History* 3: 147–55
Rawcliffe, C. (1994), 'Margaret Stodeye, Lady Philipot (d.1431)', in Barron and Sutton (1994), pp. 85–98
Richardson, H.G. (1936), 'Heresy and the Lay Power under Richard II', *EHR* 51: 1–25
Richmond, C.F. (1971), 'The War at Sea', in K. Fowler (ed.), *The Hundred Years War*, London, pp. 96–121
Richmond, C.F. (1990), *The Paston Family in the Fifteenth Century. The First Phase*, Cambridge

Rickert, E. (1926–7), 'Documents and Records: A Leaf from a Fourteenth-Century Letter Book', *Modern Philology* 24: 111–19

Rickert, E. (1933), 'Richard II's Books', *The Library* 4th series 13: 144–7

Rogers, A. (1964), 'Parliamentary Appeals of Treason in the Reign of Richard II', *American Journal of Legal History* 8: 95–124

Roskell, J.S. (1965), *The Commons and their Speakers in English Parliaments, 1376–1523*, Manchester

Roskell, J.S. (1984), *The Impeachment of Michael de la Pole, Earl of Suffolk, in 1386*, Manchester

Roskell, J.S., Clark, Linda and Rawcliffe, Carole (eds.) (1992), *The History of Parliament. The House of Commons 1386–1421*, 4 vols, Stroud

Ross, C.D. (1956), 'Forfeiture for Treason in the Reign of Richard II', *EHR* 71: 560–75

Royal Commission on Historical Monuments. *An Inventory of the Historical Monuments in London*, I: *Westminster Abbey* (1924), London

Russell, P.E. (1955), *The English Intervention in Spain and Portugal in the Time of Edward III and Richard II*, Oxford

Sanderlin, S. (1987), 'Chaucer and Ricardian Politics', *Chaucer Review* 22: 171–84

Sandquist, T.A. (1969), 'The Holy Oil of St Thomas of Canterbury', in T.A. Sandquist and M.R. Powicke (eds.), *Essays in Medieval History Presented to Bertie Wilkinson*, Toronto, pp. 330–44

Saul, N. (1990), 'The Commons and the Abolition of Badges', *Parliamentary History* 9: 302–15

Saul, N. (1995), 'Richard II and the Vocabulary of Kingship', *EHR* 110: 854–77

Saul, N. (1996), 'Richard II and Westminster Abbey', in W.J. Blair and B. Golding (eds.), *The Cloister and the World: Essays in Medieval History in Honour of Barbara Harvey*, Oxford, pp. 196–218

Saul, N. (1997a), *Richard II*, New Haven and London

Saul, N. (1997b), 'Richard II, York and the Evidence of the King's Itinerary', in Gillespie (1997a), pp. 71–92

Saul, N. (1997c), 'Richard II and the City of York', in Jones (1997), pp. 1–13

Sayles, G.O. (1979), 'Richard II in 1381 and 1399', *EHR* 94: 820–9; repr. in Sayles (1982), pp. 291–300

Sayles, G.O. (1981), 'The Deposition of Richard II: Three Lancastrian Narratives', *BIHR* 54: 313–30; repr. in ibid., pp. 313–30

Sayles, G.O. (1982), 'King Richard II of England: A Fresh Look', in his *Scripta Diversa*, London, pp. 277–83

Scattergood, V.J. (1983), 'Literary Culture at the Court of Richard II', in Scattergood and Sherborne (1983), pp. 29–43

Scattergood, V.J. and Sherborne, J.W. (eds.) (1983), *English Court Culture in the Later Middle Ages*, London

Sherborne, J.W. (1967), 'The English Navy: Shipping and Manpower, 1369–89', *P&P* 37: 163–75; repr. in his *War, Politics and Culture in Fourteenth-Century England*, ed. A. Tuck, London (1994), pp. 29–39

Sherborne, J.W. (1975), 'Richard II's Return to Wales, July 1399', *WHR*, 7: 389–402; repr. in ibid., 119–29

Sherborne, J.W. (1977), 'The Cost of English Warfare with France in the Later Fourteenth Century', *BIHR* 50: 135–50; repr. in ibid., 55–70

Sherborne, J.W. (1981), 'Charles VI and Richard II', in Palmer (1981), pp. 50–63; repr. in ibid., 155–70

Sherborne, J.W. (1988), 'Perjury and the Lancastrian Revolution of 1399', *WHR* 14: 217–41; repr. in ibid., 131–53

Sherborne, J.W. (1990), 'The Defence of the Realm and the Impeachment of Michael de la Pole in 1386', in Taylor and Childs (1990), pp. 97–116; repr. in ibid., 97–117

Somerset, F. (1977), 'Answering the *Twelve Conclusions:* Dymmok's Halfhearted Gestures towards Publication', in Aston and Richmond (1997), pp. 52–76

Stamp, A.E. (1923), 'Richard II and the Death of the Duke of Gloucester', *EHR* 38: 249–51

Starkey, D. (1981), 'The Age of the Household: Politics, Society and the Arts, c. 1350–c. 1550', in S. Medcalf (ed.), *The Later Middle Ages*, London, pp. 225–305

Steel, A. (1934–5), 'The Sheriffs of Cambridgeshire and Huntingdonshire in the Reign of Richard II', *Proceedings of the Cambridgeshire Antiquarian Society* 36: 1–34

Steel, A. (1941), *Richard II*, Cambridge

Storey, R.L. (1957), 'The Wardens of the Marches of England towards Scotland, 1377–1489', *EHR* 72: 593–615

Storey, R.L. (1971), 'Liveries and Commissions of the Peace, 1388–90', in Du Boulay and Barron (1971), pp. 131–52

Stow, G.B. (1973), 'The *Vita Ricardi* as a Source for the Reign of Richard II', *Vale of Evesham Historical Society Research Papers* 4: 63–75

Stow, G.B. (1984), 'Richard II in Thomas Walsingham's Chronicles', *Speculum* 59: 68–102

Stow, G.B. (1985), 'Richard II in Jean Froissart's *Chroniques*', *JMH*, 11: 333–45

Stow, G.B. (1989), 'Chronicles versus Records: The Character of Richard II', in J.S. Hamilton and P. Bradley (eds.), *Documenting the Past. Essays in Medieval History Presented to G.P. Cuttino*, Woodbridge, pp. 155–76

Stow, G.B. (1993), 'Richard II in John Gower's *Confessio Amantis:* Some Historical Perspectives', *Medievalia* 16: 3–31

Stow, G.B. (1995), 'Richard II and the Invention of the Pocket Handkerchief, *Albion* 27: 221–35

Strohm, P. (1989), *Social Chaucer*, Cambridge, Mass.

Strohm, P. (1992), *Hochon's Arrow: The Social Imagination of Fourteenth-Century Texts*, Princeton, N.J.

Strohm, P. (1996), 'The Trouble with Richard: The Reburial of Richard II and Lancastrian Symbolic Strategy', *Speculum* 71: 87–111

Stubbs, W. (1875–8), *The Constitutional History of England*, 3 vols., Oxford

Suggett, H. (1947), 'A Letter Describing Richard II's Settlement with the City of London', *EHR* 72: 209–13

Tait, J. (1902), 'Did Richard II Murder the Duke of Gloucester?', in T.F. Tout and J. Tait (eds.), *Historical Essays by Members of the Owens College, Manchester*, Manchester, pp. 193–216

Taylor, J. (1971), 'Richard II's Views on Kingship', *Proceedings of the Leeds Philosophical and Literary Society* 14: 190–205

Taylor, J. (1987), *English Historical Literature in the Fourteenth Century*, Oxford

Taylor, J. (1990), 'The Good Parliament and its Sources', in Taylor and Childs (1990), pp. 81–96

Taylor, J. and Childs, W. (eds.) (1990), *Politics and Crisis in Fourteenth Century England*, Gloucester

Theilmann, J.M. (1976), 'Stubbs, Shakespeare and Recent Historians of Richard II', *Albion* 8: 107–24

Theilmann, J.M. (1990), 'Political Canonization and Political Symbolism in Medieval England', *JBS* 29: 241–66

Thomson, J.A.F. (1997), 'Knightly Piety and the Margins of Lollardy', in Aston and Richmond (1997), pp. 95–111

Tout, T.F. (1920–33), *Chapters in the Administrative History of Medieval England*, 6 vols., Manchester

Tuck, A. (1968), 'Richard II and the Border Magnates', *Northern History* 3: 27–52

Tuck, A. (1969), 'The Cambridge Parliament, 1388', *EHR* 84: 225–43

Tuck, A. (1970), 'Anglo-Irish Relations, 1382–1393', *PRIA* 69: 15–31

Tuck, A. (1971), 'Richard II's System of Patronage', in Du Boulay and Barron (1971), pp. 1–20

Tuck, A. (1973), *Richard II and the English Nobility*, London

Tuck, A. (1984), 'Nobles, Commons and the Great Revolt of 1381', in Hilton and Aston (1984), Cambridge, pp. 194–212

Tuck, A. (1990), 'Richard II and the Hundred Years War', in Taylor and Childs (1990), pp. 117–31

Tyerman, C. (1988), *England and the Crusades 1095–1588*, Chicago

Walker, S. (1983), 'Lancaster v. Dallingridge: A Franchisal Dispute in Fourteenth-Century Sussex', *Sussex Archaeological Collections* 121: 87–94

Walker, S. (1990), *The Lancastrian Affinity 1361–1399*, Oxford

Walker, S. (1991), 'Letters to the Dukes of Lancaster in 1381 and 1399', *EHR* 106: 68–79

Walker, S. (1995), 'Richard's II's Views on Kingship', in R.E. Archer and S. Walker (eds.), *Rulers and Ruled in Late Medieval England: Essays Presented to Gerald Harriss*, London, pp. 49–63

Wallon, H. (1864), *Richard II*, 2 vols, Paris

Warren, W.L. (1959), 'A Re-Appraisal of Simon Sudbury, Bishop of London (1361–1375) and Archbishop of Canterbury (1375–1381)', *JEH* 10: 139–52

Wathey, A. (1989), *Music in the Royal and Noble Households in Late Medieval England*, New York and London

Webster, B. (1984), 'The Community of Kent in the Reign of Richard II', *Archaeologia Cantiana* 99: 217–29

Whittingham, S. (1971), 'The Chronology of the Portraits of Richard II', *Burlington Magazine* 113: 12–21

Wilkins, N. (1983), 'Music and Poetry at Court: England and France in the Late Middle Ages', in Scattergood and Sherborne (1983), pp. 183–204

Wilkinson, B. (1940), 'The Peasants' Revolt of 1381', *Speculum* 15: 12–35

Wilson, C. (1990), 'The Tomb of Henry IV and the Holy Oil of St Thomas of Canterbury', in E. Fernie and P. Crossley (eds.), *Medieval Architecture in its Intellectual Context. Essays in Honour of Peter Kidson,* London, pp. 181–90

Wilson, C. (1998), 'Sacral Kingship and Shopping: The Hegemony of the Architect and Structural Pragmatics: Some Contexts of Richard II's Rebuilding of Westminster Hall 1393–1399', in Gordon, Monnas and Elam (1998), pp. 33–59

Wood, C.T. (1988), *Joan of Arc and Richard II. Sex, Saints and Government in the Middle Ages,* Oxford

Wright, H.G. (1939), 'The Protestation of Richard II in the Tower in September 1399', *BJRL* 23: 151–65

13(C) WALES

Secondary works

Carr, A.D. (1968–9), 'Welshmen and the Hundred Years War', *WHR* 4: 21–46

Carr, A.D. (1970–1), 'An Aristocracy in Decline: The Native Welsh Lords after the Edwardian Conquest', *WHR* 5: 103–29

Carr, A.D. (1982), *Medieval Anglesey,* Llangefni

Carr, A.D. (1991), *Owen of Wales. The End of the House of Gwynedd,* Cardiff

Carr, A.D. (1995), *Medieval Wales,* London

Cowley, F.G. (1977), *The Monastic Orders in South Wales, 1066–1349,* Cardiff

Davies, R.R. (1966), 'The Twilight of Welsh Law', *History* 51: 143–64

Davies, R.R. (1968), 'Owain Glyn Dŵr and the Welsh Squirearchy', *THSC*, pt 2: 150–69

Davies, R.R. (1969), 'The Survival of the Blood Feud in Medieval Wales', *History* 54: 338–57

Davies, R.R. (1974), 'Colonial Wales', *P&P* 65: 3–23

Davies, R.R. (1974–5), 'Race Relations in Post-Conquest Wales', *THSC*: 32–56

Davies, R.R. (1978), *Lordship and Society in the March of Wales, 1282–1400,* Oxford

Davies, R.R. (1987), *Conquest, Coexistence and Change. Wales, 1063–1415,* Oxford

Davies, R.R. (1995), *The Revolt of Owen Glyn D'r,* Oxford

Edwards, J.G. (1950), 'Edward I's Castle-Building in Wales', *PBA* 32: 15–81

Edwards, J.G. (1969), *The Principality of Wales, 1267–1967. A Study in Constitutional History,* Caernarfon

Given, J.B. (1990), *State and Society in Medieval Europe. Gwynedd and Languedoc under Outside Rule,* Ithaca, N.Y.

Glamorgan County History (1971), III, ed. T.B. Pugh, Cardiff

Griffiths, R.A. (1964–7), 'Gentlemen and Rebels in Later Medieval Cardiganshire', *Ceredigion* 5: 143–67

Griffiths, R.A. (1965), 'The Revolt of Llywelyn Bren', *Glamorgan Historian* 2: 186–96

Griffiths, R.A. (1966–7), 'The Revolt of Rhys ap Maredudd, 1287–8', *WHR* 3: 121–43

Griffiths, R.A. (ed.) (1978), *Boroughs of Medieval Wales,* Cardiff

Griffiths, R.A. (1994), *Conquerors and Conquered in Medieval Wales,* Stroud

Jarman, A.O.H. and Hughes, G.R. (eds.) (1997), *A Guide to Welsh Literature,* II, Cardiff

Lewis, E.A. (1902–3), 'The Decay of Tribalism in North Wales', *THSC*: 1–75
Lewis, E.A. (1903), 'The Development of Industry and Commerce in Wales during the Middle Ages', *TRHS* 2nd series 17: 121–75
Lewis, E.A. (1912), *The Mediaeval Boroughs of Snowdonia*, Cardiff
Lloyd, J.E. (1931), *Owen Glendower*, Oxford
Pierce, T.J. (1972), *Medieval Welsh Society*, ed. J.B. Smith, Cardiff
Rees, W. (1920), 'The Black Death in Wales', *TRHS* 4th series 3: 115–35
Rees, W. (1924), *South Wales and the March, 1284–1415. A Social and Agrarian Study*, Oxford
Rees, W. (1933), *Map of South Wales and the Border in the Fourteenth Century*, Ordnance Survey
Reeves, A.C. (1983), *The Marcher Lords*, Llandybie
Roberts, G. (1969), *Aspects of Welsh History*, Cardiff
Smith, J.B. (1966–7), 'Crown and Community in the Principality of North Wales in the Reign of Henry Tudor', *WHR* 3: 145–71
Smith, J.B. (1974–6), 'Gruffydd Llwyd and the Celtic Alliance', *BBCS* 26: 463–78
Smith, J.B. (1976+7), 'Edward II and the Allegiance of Wales', *WHR* 8: 139–71
Smith, L.B. (1976), 'The Gage and the Land Market in Late Medieval Wales', *EcHR* 2nd series 29: 537–50
Smith, L.B. (1976–8), '*Tir Prid*: Deeds of Gage of Land in Late Medieval Wales', *BBCS* 27: 263–77
Smith, L.B. (1978–80), 'Seignorial Income in the Fourteenth Century: The Arundels in Chirk', *BBCS* 28: 443–57
Soulsby, I.N. (1983), *The Towns of Medieval Wales. A Study in their History, Archaeology and Early Topography*, Chichester
Taylor, A.J. (1973), *A History of the King's Works in Wales, 1277–1330*, London
Walker, D. (1990), *Medieval Wales*, Cambridge
Williams, D.H. (1983–4), *The Welsh Cistercians*, 2 vols., Caldey Island, Tenby
Williams, G. (1966), *Owen Glendower*, Oxford
Williams, G. (1976), *The Welsh Church from Conquest to Reformation*, 2nd edn, Cardiff
Williams, G. (1979), 'Prophecy, Poetry and Politics in Medieval and Tudor Wales', in his, *Religion, Language and Nationality in Wales*, Cardiff, pp. 71–86
Williams, G.A. (1959), 'Owain Glyn Dŵr', in A.J. Roderick (ed.), *Wales through the Ages*, I, Llandybie

13(d) FOURTEENTH-CENTURY SCOTLAND

Primary sources

The Acts of the Parliaments of Scotland, ed. T. Thomson and C. Innes, 12 vols., Edinburgh (1814–75)
Bower, Walter, *Scotichronicon*, ed. D.E.R. Watt, 9 vols., Aberdeen (1987–98)
Calendar of Documents relating to Scotland in H.M. Public Record Office, ed. J. Bain *et al.*, 5 vols., Edinburgh (1881–1986)
The Exchequer Rolls of Scotland, ed. J. Stuart *et al.*, 15 vols., Edinburgh (1878–1908)
Fordun, John of, *Chronica Gentis Scotorum*, ed. W.F. Skene, 2 vols., Edinburgh (1871–2)

Regesta Regum Scottorum, v: *The Acts of Robert I, King of Scots, 1306–1329*, ed. A.A.M. Duncan, Edinburgh (1988)
Regesta Regum Scottorum, vi: *the Acts of David II, King of Scots, 1329–1371*, ed. B. Webster, Edinburgh (1982)
Wyntoun, Andrew of, *The Original Chronicle of Scotland*, ed. F.J. Amours, 6 vols., Scottish Text Society, Edinburgh (1903–14)

Secondary works

Bannerman, J.W.M. (1977), 'The Lordship of the Isles', in J.M. Brown (ed.), *Scottish Society in the Fifteenth Century*, London, pp. 209–39
Barrow, G.W.S. (1973), 'The Highlands in the Lifetime of Robert Bruce', in G.W.S. Barrow, *The Kingdom of the Scots*, Edinburgh, pp. 62–83
Barrow, G.W.S. (1976), 'Lothian in the First War of Independence, 1296–1328', *SHR* 55: 151–71
Barrow, G.W.S. (1978), 'The Aftermath of War: Scotland and England in the Late Thirteenth and Early Fourteenth Centuries', *TRHS* 5th series 28: 103–25
Barrow, G.W.S. (1981), *Kingship and Unity. Scotland, 1000–1306*, London
Barrow, G.W.S. (1988), *Robert Bruce and the Community of the Realm of Scotland*, 3rd edn, Edinburgh
Barrow, G.W.S. (1990), 'The Army of Alexander III's Scotland', in N.H. Reid (ed.), *Scotland in the Reign of Alexander III*, Edinburgh, pp. 132–47
Boardman, S. (1992), 'The Man who would be King: The Lieutenancy and Death of David, Duke of Rothesay, 1399–1402', in R. Mason and N. Macdougall (eds.), *People and Power in Scotland. Essays in Honour of T.C. Smout*, Edinburgh, pp. 1–27
Boardman, S. (1996a), *The Early Stewart Kings. Robert II and Robert III*, East Linton
Boardman, S. (1996b), 'Lordship in the North-East: The Badenoch Stewarts, I. Alexander Stewart, Earl of Buchan, Lord of Badenoch', *Northern Scotland* 16: 1–30
Boardman, S. (1997), 'Chronicle Propaganda in Late Medieval Scotland: Robert the Steward, John of Fordun and the "Anonymous Chronicle"', *SHR* 76: 23–43
Brown, M. (1994a), *James I*, Edinburgh
Brown, M. (1994b), 'Scotland Tamed? Kings and Magnates in Late Medieval Scotland: A Review of Recent Work', *Innes Review* 55: 120–46
Brown, M. (1997a), 'The Development of Scottish Border Lordship, 1332–58', *HR* 70: 1–22
Brown, M. (1997b), '"Rejoice to Hear of Douglas": The House of Douglas and the Presentation of Magnate Power in Late Medieval Scotland', *SHR* 76: 161–87
Campbell, J. (1965), 'England, Scotland and the Hundred Years War in the Fourteenth Century', in J.R. Hale, J.R.L. Highfield and B. Smalley (eds.), *Europe in the Late Middle Ages*, London, pp. 184–216
Curry, A. (1993), *The Hundred Years War*, Basingstoke
Duncan, A.A.M. (1966), 'The Early Parliaments of Scotland', *SHR* 45: 36–58
Duncan, A.A.M. (1970), *The Nation of Scots and the Declaration of Arbroath*, Historical Association, pamphlet G. 75
Duncan, A.A.M. (1975), *Scotland. The Making of the Kingdom*, Edinburgh

Duncan, A.A.M. (1988), '*Honi soit qui mal y pense:* David II and Edward III, 1346–52', *SHR* 67: 113–41

Duncan, A.A.M. (1992), 'The War of the Scots, 1306–1323', *TRHS* 6th series 2: 125–51

Duncan, A.A.M. (1993), 'The "Laws of Malcolm MacKenneth"', in Grant and Stringer (1993), pp. 239–73

Duncan, A.A.M. (ed.) (1994), 'A Question about the Succession, 1364', in *Miscellany of the Scottish History Society*, XII, Scottish History Society, 5th series, 7, Edinburgh, pp. 1–57

Duncan, A.A.M. (1995), 'The Process of Norham', in P.R. Coss and S.D. Lloyd (eds.), *Thirteenth Century England*, v, Woodbridge, pp. 207–30

Gemmill, E. and Mayhew, N. (1995), *Changing Values in Medieval Scotland. A Study of Prices, Money, and Weights and Measures*, Cambridge

Goodman, A. (1987), 'The Anglo-Scottish Marches in the Fifteenth Century: A Frontier Society?', in Mason (1987), pp. 18–33

Goodman, A. (1992), 'Introduction', in A. Goodman and A. Tuck (eds.), *War and Border Societies in the Middle Ages*, London, pp. 1–29

Grant, A. (1984), *Independence and Nationhood. Scotland 1306–1469*, London

Grant, A. (1985), 'Extinction of Direct Male Lines among Scottish Noble Families in the Fourteenth and Fifteenth Centuries', in K.J. Stringer (ed.), *Essays on the Nobility of Medieval Scotland*, Edinburgh, pp. 210–31

Grant, A. (1987), 'Crown and Nobility in Late Medieval Britain', in Mason (1987), pp. 34–59

Grant, A. (1988), 'Scotland's "Celtic Fringe" in the Late Middle Ages: The MacDonald Lords of the Isles and the Kingdom of Scotland', in R.R. Davies (ed.), *The British Isles, 1100–1500. Comparisons, Contrasts and Connections*, Edinburgh, pp. 118–41

Grant, A. (1992), 'The Otterburn War from the Scottish Point of View', in A. Goodman and A. Tuck (eds.), *War and Border Societies in the Middle Ages*, London, pp. 30–64

Grant, A. (1993a), 'Thanes and Thanages, from the Eleventh to the Fourteenth Centuries', in Grant and Stringer (1993), pp. 39–81

Grant, A. (1993b), 'The Wolf of Badenoch', in W.D.H. Sellar (ed.), *Moray. Province and People*, Edinburgh, pp. 143–61

Grant, A. (1994), 'Aspects of National Consciousness in Medieval Scotland', in C. Bjørn, A. Grant and K. J. Stringer (eds.), *Nations, Nationalism and Patriotism in the European Past*, Copenhagen, pp. 68–95

Grant, A. and Stringer, K.J. (eds.) (1993), *Medieval Scotland. Crown, Lordship and Community. Essays Presented to G.W.S. Barrow*, Edinburgh

Keen, M.H. (1973), *England in the Later Middle Ages*, London

McDonald, R.A. (1997), *The Kingdom of the Isles. Scotland's Western Seaboard, c. 1100–c. 1336*, East Linton

McGladdery, C. (1990), *James II*, Edinburgh

McNamee, C. (1997), *The Wars of the Bruces. Scotland, England and Ireland, 1306–1328*, East Linton

McNeill, P.G.B. and MacQueen, H.L. (1997), *Atlas of Scottish History to 1707*, Edinburgh

Mackinnon, J. (1924), *The Constitutional History of Scotland*, London

MacQueen, H.L. (1993), *Common Law and Feudal Society in Medieval Scotland*, Edinburgh

Mason, R.A. (ed.) (1987), *Scotland and England 1286–1815*, Edinburgh
Munro, J. and Munro, R.W. (eds.) (1986), *The Acts of the Lords of the Isles*, Scottish History Society, 4th series, 22, Edinburgh
Nicholson, R. (1965), *Edward III and the Scots*, Oxford
Nicholson, R. (1974), *Scotland. The Later Middle Ages*, Edinburgh
Prestwich, M. (1972), *War, Politics and Finance under Edward I*, London
Prestwich, M. (1987), 'Colonial Scotland: The English in Scotland under Edward I', in Mason (1987), pp. 6–17
Rait, R.S. (1924), *The Parliaments of Scotland*, Glasgow
Reid, N.H. (1993), 'Crown and Community under Robert I', in Grant and Stringer (1993), pp. 203–22
Reynolds, S. (1984), *Kingdoms and Communities in Western Europe, 900–1300*, Oxford
Simms, K. (1987), *From Kings to Warlords. The Changing Political Structure of Gaelic Ireland in the Later Middle Ages*, Woodbridge
Simpson, G.G. (1977), 'The Declaration of Arbroath Revitalised', *SHR* 56: 11–33
Southern, R.W. (1970), *Medieval Humanism*, Oxford
Stones, E.L.G. and Simpson, G.G. (1978), *Edward I and the Throne of Scotland, 1290–1296. An Edition of the Record Sources for the Great Cause*, Oxford
Ullmann, W. (1978), *Principles of Government and Politics in the Middle Ages*, 4th edn, London
Watt, D.E.R. (1993), 'The Provincial Council of the Scottish Church, 1215–1472', in Grant and Stringer (1993), pp. 140–55
Webster, B. (1966), 'David II and the Government of Fourteenth-Century Scotland', *TRHS* 5th series 16: 115–30
Webster, B. (1975), *Scotland from the Eleventh Century to 1603*, London
Webster, B. (1993), 'Scotland without a King, 1329–1341', in Grant and Stringer (1993), pp. 223–38
Wormald, J. (1980), 'Bloodfeud, kindred and government in early modern Scotland', *P&P* 87: 54–97

13(e) IRELAND

Primary sources

Berry, H. F., *Statutes, Ordinances and Acts of the Parliament of Ireland, King John to Henry V*, Dublin (1907)
Curtis, E., *Richard II in Ireland, 1394–5, and Submissions of the Irish Chiefs*, Oxford (1927)
Curtis, E., 'Unpublished Letters from Richard II in Ireland, 1394–5', *PRIA* section C 27 (1927), pp. 276–303
Graves, J., *A Roll of the Proceedings of the King's Council in Ireland, 1392–3*, RS 69, London (1877)
Mac Niocaill, G., *The Red Book of the Earls of Kildare*, Irish Manuscripts Commission, Dublin (1964)
O'Sullivan, A., *Poems on Marcher Lords*, Irish Texts Society 53, London (1987)
Richardson, H.G. and Sayles, G.O., *Parliaments and Councils of Mediaeval Ireland*, Irish Manuscripts Commission, Dublin (1947)

968 Sayles, G. O., *Documents on the Affairs of Ireland before the King's Council*, Irish Manuscripts Commission, Dublin (1979)

Secondary works

Barry, T.B., Frame, R. and Simms, K. (eds.) (1995), *Colony and Frontier in Medieval Ireland. Essays Presented to J. F. Lydon*, London

Bartlett, T. and Jeffery, K. (eds.) (1996), *A Military History of Ireland*, Cambridge

Childs, W. (1982), 'Ireland's Trade with England in the Later Middle Ages', *IESH* 9: 5–33

Connolly, P. (1981), 'The Financing of English Expeditions to Ireland, 1361–76', in Lydon (1981), pp. 104–21

Cosgrove, A. (1981), *Late Medieval Ireland 1370–1541*, The Helicon History of Ireland, 3, Dublin

Cosgrove, A. (ed.) (1987), *Medieval Ireland 1169–1534* (A New History of Ireland, 2), Oxford

Davies, R. R. (1984), 'Lordship or Colony?' in Lydon (1984), pp. 142–60

Down, K. (1987), 'Colonial Society and Economy in the High Middle Ages', in Cosgrove (1987), pp. 439–91

Duffy, S. (1991), 'The Bruce Brothers and the Irish Sea World, 1306–29', *CMCS* 21: 55–86

Empey, C.A. (1986), 'Conquest and Settlement: Patterns of Anglo-Norman Settlement in North Leinster and South Munster', *IESH* 13: 5–31

Frame, R. (1973), 'The Justiciarship of Ralph Ufford: Warfare and Politics in Fourteenth-Century Ireland', *SH* 13: 7–47

Frame, R. (1981), *Colonial Ireland 1169–1369*, The Helicon History of Ireland, 2, Dublin

Frame, R. (1982), *English Lordship in Ireland 1318–1361*, Oxford

Frame, R. (1990), *The Political Development of the British Isles 1100–1400*, Oxford

Frame, R. (1995), 'Two Kings in Leinster: The Crown and the MicMhurchadha in the Fourteenth Century', in Barry, Frame and Simms (1995), pp. 155–75

Frame, R. (1996a), 'The Defence of the English Lordship, 1250–1450', in Bartlett and Jeffery (1996), pp. 76–98

Frame, R. (1996b), 'Thomas Rokeby, Sheriff of Yorkshire, Justiciar of Ireland', *Peritia* 10: 274–96

Frame, R. (1998), *Ireland and Britain 1170–1450*, London

Gilbert, J.T. (1865), *A History of the Viceroys of Ireland*, Dublin

Hand, G.J. (1967), *English Law in Ireland 1290–1324*, Cambridge

Hogan, D. and Osborough, W. N. (eds.) (1991), *Brehons, Serjeants and Attorneys. Studies in the History of the Irish Legal Profession*, Dublin

Johnston, D. (1980), 'Richard II and the Submissions of Gaelic Ireland', *IHS* 22: 1–20

Lydon, J.F. (1963), 'Richard II's Expeditions to Ireland', *JRSAI* 93: 135–49

Lydon, J.F. (1964), 'Edward II and the Revenues of Ireland in 1311–12', *IHS* 14: 39–57

Lydon, J.F. (1965), 'William of Windsor and the Irish Parliament', *EHR* 80: 252–67

Lydon, J.F. (1972), *The Lordship of Ireland in the Middle Ages*, Dublin

Lydon, J.F. (1973), *Ireland in the Later Middle Ages*, The Gill History of Ireland, 6, Dublin

Lydon, J.F. (ed.) (1981), *England and Ireland in the Later Middle Ages. Essays in Honour of Jocelyn Otway-Ruthven*, Dublin
Lydon, J.F. (ed.) (1984), *The English in Medieval Ireland*, Dublin
Lydon, J.F. (ed.) (1997), *Law and Disorder in Thirteenth-Century Ireland: The Dublin Parliament of 1297*, Dublin
Lyons, M. C. (1989), 'Weather, Famine, Pestilence and Plague in Ireland, 900–1500', in E.M. Crawford (ed.), *Famine: The Irish Experience*, Edinburgh, pp. 31–74
McNamee, C. (1997), *The Wars of the Bruces. Scotland, England and Ireland 1306–1328*, East Linton
McNeill, T. E. (1980), *Anglo-Norman Ulster. The History and Archaeology of an Irish Barony, 1177–1400*, Edinburgh
Mac Niocaill, G. (1976), 'Aspects of Irish Law in the Late Thirteenth Century', *Historical Studies* (papers read before the Eleventh Irish Conference of Historians), ed. G.A. Hayes-McCoy, Galway, 10: 25–42
Mac Niocaill, G. (1984), 'The Interaction of Laws', in Lydon (1984), pp. 105–17
Matthew, E. (1984), 'The Financing of the Lordship of Ireland under Henry V and Henry VI', in A.J. Pollard (ed.), *Property and Politics: Essays in Later Medieval English History*, Gloucester, pp. 97–115
Nicholls, K. (1972), *Gaelic and Gaelicised Ireland in the Middle Ages*, The Gill History of Ireland, 4, Dublin
Nicholls, K. (1982), 'Anglo-French Ireland and After', *Peritia* 1: 370–403
Nicholls, K. (1987), 'Gaelic Society and Economy in the High Middle Ages', in Cosgrove (1987), pp. 397–438
Nicholls, K. (1993), 'The Development of Lordship in County Cork, 1300–1600', in O'Flanagan and Buttimer (1993), pp. 157–211
O'Brien, A. F. (1988), 'The Royal Boroughs, the Seaport Towns and Royal Revenue in Medieval Ireland', *JRSAI* 118: 13–26
O'Brien, A. F. (1993), 'Politics, Economy and Society: The Development of Cork and the Irish South-Coast Region, c. 1170–c. 1583', in O'Flanagan and Buttimer (1993), pp. 83–154
O'Flanagan, P. and Buttimer, C.G. (eds.) (1993), *Cork. History and Society*, Dublin
O'Neill, T. (1987), *Merchants and Mariners in Medieval Ireland*, Dublin
Otway-Ruthven, A.J. (1967), 'Ireland in the 1350s: Sir Thomas de Rokeby and his Successors', *JRSAI* 97: 47–59
Otway-Ruthven, A.J. (1968a), *A History of Medieval Ireland*, London
Otway-Ruthven, A.J. (1968b), 'The Partition of the De Verdon Lands in Ireland in 1332', *PRIA* section C 66: 401–55
Otway-Ruthven, A.J. (1980), 'The Background to the Arrest of Sir Christopher Preston in 1418', *Analecta Hibernica* 29: 73–94
Parker, C. (1995), 'The Internal Frontier: The Irish in County Waterford in the Later Middle Ages', in Barry, Frame and Simms (1995), pp. 139–54
Phillips, J.R.S. (1990), 'The Irish Remonstrance of 1317: An International Perspective', *IHS* 27: 112–29
Richardson, H.G. and Sayles, G.O. (1962), 'Irish Revenue, 1278–1384', *PRIA* section C 62: 87–100
Richardson, H.G. and Sayles, G.O. (1963), *The Administration of Ireland 1172–1377*, Irish Manuscripts Commission, Dublin

Richardson, H.G. and Sayles, G.O. (1964), *The Irish Parliament in the Middle Ages*, Etudes présentées à la Commission Internationale pour l'Histoire des Assemblées d'Etats, 10, Philadelphia

Saul, N. (1997), *Richard II*, New Haven

Sayles, G.O. (1982), *Scripta Diversa*, London

Simms, K. (1974), 'The Archbishops of Armagh and the O'Neills, 1347–1471', *IHS* 19: 38–55

Simms, K. (1986), 'Nomadry in Medieval Ireland: The Origins of the Creaght or *Caoraigheacht*', *Peritia* 5: 379–91

Simms, K. (1987), *From Kings to Warlords. The Changing Political Structure of Gaelic Ireland in the Later Middle Ages*, Woodbridge

Simms, K. (1989), 'Bards and Barons: The Anglo-Irish Aristocracy and the Native Culture', in R. Bartlett and A. Mackay (eds.), *Medieval Frontier Societies*, Oxford, pp. 177–97

Simms, K. (1996), 'Gaelic Warfare in the Middle Ages', in Bartlett and Jeffery (1996), pp. 99–115

Smith, B. (1993), 'A County Community in Early Fourteenth-Century Ireland: The Case of Louth', *EHR* 108: 561–88

Smith, B. (1999), *Colonisation and Conquest in Medieval Ireland. The English in Louth, 1170–1330*, Cambridge

Walsh, K. (1981), *A Fourteenth-Century Scholar and Primate. Richard FitzRalph in Oxford, Avignon and Armagh*, Oxford

Watt, J.A. (1970), *The Church and the Two Nations of Medieval Ireland*, Cambridge

Watt, J.A. (1972), *The Church in Medieval Ireland*, The Gill History of Ireland, 5, Dublin

Watt, J.A (1981), 'John Colton, Justiciar of Ireland (1382) and Archbishop of Armagh (1383–1404)', in Lydon (1981), pp. 196–213

14(a) FRANCE: THE LAST CAPETIANS AND EARLY VALOIS KINGS, 1314–1364

Primary sources

Bock, Friedrich, 'Some New Documents Illustrating the Early Years of the Hundred Years War, 1353–6', *BJRL* 15 (1931), pp. 60–99

Cazelles, Raymond, *Catalogue de comptes royaux des règnes de Philippe VI et de Jean II (1328–1364)*, Paris (1984)

Cazelles, Raymond, *Lettres closes, lettres 'de par le Roy' de Philippe de Valois*, Paris (1958)

Chaplais, Pierre, *The War of Saint-Sardos (1323–1325)*, Royal Hist. Soc., Camden 3rd series, LXXVII, London (1954)

Delachenal, Roland (ed.), 'Journal des états généraux réunis à Paris au mois d'octobre 1356', *NRHDFE* 24 (1900), pp. 415–65

Devic, Dom Cl. and Vaissete, Dom J., *Histoire générale de Languedoc*, ed. A. Molinier *et al.*, 16 vols., Toulouse (1872–1904)

Dupont-Ferrier, Gustave, *Gallia Regia, ou état des officiers royaux des bailliages et sénéchaussées de 1328 à 1515*, 7 vols., Paris (1942–65)

Durand de Maillane, P.-T., *Les libertés de l'église gallicane prouvées et commentées suivant l'ordre et la disposition des articles dressées par M. Pierre Pithou et sur les recueils de M. Pierre Dupuy*, 5 vols., Lyon (1771)

Fawtier, Robert, 'Un compte de menues dépenses de l'hôtel du roi Philippe VI de Valois pour le premier semestre de l'année 1337', *BPH (1715)*, 1928–9, pp. 1–57; repr. in Fawtier (1987), pp. 183–239

Fawtier, Robert (ed.), *Comptes du Trésor (1296, 1316, 1384, 1477)*, Paris (1930)

Finke, Heinrich (ed.), *Acta Aragonensia*, 3 vols., Basle (1966); orig. edn Berlin (1908–22), repr. with supplement of 1933

Froissart, Jean, *Œuvres*, ed. J.M.B.C. Kervyn de Lettenhove, 28 vols., Brussels (1867–79)

Hellot, A., 'Chronique parisienne anonyme de 1316 à 1339', *MSHP* 11 (1884), pp. 1–207

Higounet-Nadal, Arlette, 'Le journal des dépenses d'un notaire de Périgueux en mission à Paris (janvier–septembre 1337)', *AMi* 76 (1964), pp. 379–402

Jassemin, Henri, 'Les papiers de Mile de Noyers', *BPH (1715)*, 1918, pp. 174–226

Jones, Michael, 'Some Documents Relating to the Disputed Succession to the Duchy of Brittany, 1341', Royal Hist. Soc., *Camden Miscellany*, XXIV, London (1972), pp. 1–78

Maillard, François, *Comptes royaux (1314–1328)*, Paris (1961)

Merlin-Chazelas, Anne, *Documents relatifs au Clos des Galées de Rouen et aux armées de mer du roi de France de 1294 à 1418*, 2 vols., Paris (1977–8)

Miret y Sans, Joachim, 'Lettres closes des premiers Valois', *MA* 20 (1917–18), pp. 52–88

Moranvillé, Henri, 'Rapports à Philippe VI sur l'état de ses finances', *BEC* 48 (1887), pp. 380–95

Ordonnances des rois de la troisième race, ed. E.J. de Laurière *et al.*, 22 vols. and *Supplément*, Paris (1723–1849)

Petrarch, Francis, *Letters of Old Age. Rerum Senilium Libri I–XVIII*, trans. Aldo S. Bernardo, Saul Levin and Reta A. Bernardo, 2 vols., Baltimore and London (1992)

Recueil des actes de Charles de Blois et Jeanne de Penthièvre, duc et duchesse de Bretagne (1341–1364), suivi des Actes de Jeanne de Penthièvre (1364–1384), ed. Michael Jones, Rennes (1996)

Registres du trésor des chartes, II: *Règnes des fils de Philippe le Bel*, pt. 1: *Règnes de Louis X le Hutin et de Philippe V le Long*, ed. J. Guerout and Robert Fawtier, Paris (1966)

Registres du trésor des chartes, III: *Règne de Philippe de Valois*, pt. 1: *JJ 65A à 69*, ed. J. Viard, Aline Vallée and J. Favier, Paris (1978)

Registres du trésor des chartes, III: *Règne de Philippe de Valois*, pt. 2: *JJ 70 à 75*, ed. J. Viard, Aline Vallée and J. Favier, Paris (1979)

Registres du trésor des chartes, III: *Règne de Philippe de Valois*, pt. 3: *JJ 76 à 79B*, ed. Aline Vallée, Paris (1984)

Schnerb-Lièvre, Marion (ed.), *Le songe du vergier*, 2 vols., Paris (1982)

Viard, Jules, *Documents parisiens du règne de Philippe VI de Valois (1328–1350)*, 2 vols., Paris (1899–1900)

Webster, Bruce, *The Acts of David II, King of Scots, 1329–1371*, Edinburgh (1982)

Secondary works

Allmand, Christopher T. (1988), *The Hundred Years War*, Cambridge

Artonne, A. (1912), *Le mouvement de 1314 et les chartes provinciales de 1315*, Paris

Aubert, Félix (1886), *Le parlement de Paris de Philippe le Bel à Charles VII (1314–1422), son organisation*, Paris; repr. Geneva (1974)

972
Autrand, Françoise (1981), *Naissance d'un grand corps de l'état. Les gens du parlement de Paris, 1345–1454*, Paris
Balard, Michel (1991), *L'histoire médiévale en France. Bilan et perspectives*, Paris
Barber, Malcolm C. (1981), 'Lepers, Jews and Moslems: The Plot to Overthrow Christendom in 1321', *History* 66: 1–17
Baudon de Mony, Charles (1897), 'La mort et les funérailles de Philippe le Bel d'après un compte rendu à la cour de Majorque', *BEC* 58: 5–14
Bautier, Robert-Henri (1964, 1965), 'Recherches sur la chancellerie royale au temps de Philippe VI', *BEC* 122: 89–176; 123: 313–459
Bautier, Robert-Henri (1978), 'Introduction', to A. Lapeyre and Rémy Scheurer, *Les notaires et sécretaires du roi . . . 1461–1515*, 2 vols., Paris
Bautier, Robert-Henri (1986), 'Le personnel de la chancellerie royale sous les derniers Capétiens', *Prosopographie et genèse de l'état moderne. Actes de la Table ronde organisée par le C.R.N.S. et l'E.N.S.J.F., Paris 1984*, ed. Françoise Autrand, pp. 91–115; repr. in his *Chartres, sceaux et chancelleries*, 2 vols., Paris (1990), II, pp. 853–77
Bautier, Robert-Henri (1990), *Chartes, sceaux et chancelleries. Etudes de diplomatique et de sigillographie médiévales*, 2 vols., Paris
Beaune, Colette (1985), *Naissance de la nation France*, Paris; augmented English trans. Susan Ross Huston, *The Birth of an Ideology. Myths and Symbols of Nation in Late-Medieval France*, ed. Fredric L. Cheyette, Berkeley, Los Angeles and London (1991)
Beriac, Fr. (1987), 'La persécution des lépreux dans la France méridionale en 1321', *MA* 93: 203–21
Bois, Guy (1976), *La crise du féodalisme. Economie rurale et démographie en Normandie orientale du début du 14e siècle au milieu du 16e siècle*, Paris; English trans. Jean Birrell, *The Crisis of Feudalism. Economy and Society in Eastern Normandy, c. 1300–1500*, Cambridge (1984)
Borrelli de Serres, Léon-Louis (1895–1909), *Recherches sur divers services publics du XIIIe au XVIIe siècle*, 3 vols., Paris
Brown, E.A.R. (1971a), 'Subsidy and Reform in 1321: The Accounts of Najac and the Policies of Philip V', *Traditio* 27: 399–430
Brown, E.A.R. (1971b), 'Assemblies of French Towns in 1316: Some New Texts', *Speculum* 46: 282–301
Brown, E.A.R. (1972), 'Cessante Causa and the Taxes of the Last Capetians: The Political Applications of a Philosophical Maxim', *SG* 15: 565–87
Brown, E.A.R. (1973), 'Taxation and Morality in the Thirteenth and Fourteenth Centuries: Conscience and Political Power and the Kings of France', *FHS* 8: 1–28
Brown, E.A.R. (1974), 'Customary Aids and Royal Fiscal Policy under Philip VI of Valois', *Traditio* 30: 191–258
Brown, E.A.R. (1976a), 'Royal Necessity and Noble Service and Subsidy in Early Fourteenth-Century France: The Assembly of Bourges of November 1318', in H. G. Fletcher III and M.B. Schulte (eds.), *Paradosis. Studies in Memory of Edwin A. Quain*, New York, pp. 135–68
Brown, E.A.R. (1976b), 'Royal Salvation and Needs of State in Early-Fourteenth-Century France', in William C. Jordan, Bruce McNab and Teofilo F. Ruiz (eds.), *Order and Innovation in the Middle Ages. Essays in Honor of Joseph R. Strayer*, Princeton, pp. 365–83, 541–61; revised version in Brown (1991b)

Brown, E.A.R. (1978), 'The Ceremonial of Royal Succession in Capetian France: The Double Funeral of Louis X', *Traditio* 34: 227–71

Brown, E.A.R. (1980), 'The Ceremonial of Royal Succession in Capetian France. The Funeral of Philip V', *Speculum* 55: 266–93

Brown, E.A.R. (1981), 'Reform and Resistance to Royal Authority in Fourteenth-Century France: The Leagues of 1314–1315', *PER* 1: 109–37

Brown, E.A.R. (1988), 'The Case of Philip the Fair', *Viator* 19: 219–46

Brown, E.A.R. (1989), 'Diplomacy, Adultery and Domestic Politics at the Court of Philip the Fair: Queen Isabelle's Mission to the Court of France in 1314', in J.S. Hamilton & Patricia J. Bradley (eds.), *Documenting the Past: Essays in Medieval History Presented to George Peddy Cuttino*, London, pp. 53–84

Brown, E.A.R. (1991a), *Politics and Institutions in Capetian France*, Aldershot and Brookfield, Vt.

Brown, E.A.R. (1991b), *The Monarchy of Capetian France and Royal Ceremonial*, Aldershot and Brookfield, Vt.

Brown, E.A.R. (1991c), 'Philip V, Charles IV, and the Jews of France: The Alleged Expulsion of 1322', *Speculum* 66: 294–329

Brown, E.A.R. (1992), *Customary Aids and Royal Finance in Capetian France. The Marriage Aid of Philip the Fair*, Cambridge, Mass.

Campbell, James (1965), 'England, Scotland and the Hundred Years War in the Fourteenth Century', in J. R. Hale et al. (eds.), *Europe in the Late Middle Ages*, London, pp. 184–216

Capra, Pierre (1975), 'Les bases sociales du pouvoir anglo-gascon au milieu du XIVe siècle', *MA* 81: 273–99, 447–73

Cazelles, Raymond (1958), *La société politique et la crise du royauté sous Philippe de Valois*, Paris

Cazelles, Raymond (1962a), 'Pierre Becoud et la fondation du Collège de Boncourt', *BEC* 120: 55–103

Cazelles, Raymond (1962b), 'Les mouvements révolutionnaires du milieu du XIVe siècle et le cycle de l'action politique', *RH* 228: 279–312

Cazelles, Raymond (1962–3), 'Une exigence de l'opinion depuis saint Louis: la réformation du royaume', *ABSHF*: 91–9

Cazelles, Raymond (1966a), 'Une chancellerie privilégiée: celle de Philippe VI de Valois', *BEC* 124: 355–82

Cazelles, Raymond (1966b), 'Quelques reflexions à propos des mutations de la monnaie royale française (1295–1360)', *MA*: 83–105, 251–78

Cazelles, Raymond (1974), 'Jean II le Bon: Quel homme? Quel roi?', *RH* 251: 5–25

Cazelles, Raymond (1982), *Société politique, noblesse et couronne sous Jean le Bon et Charles V*, Paris and Geneva

Cazelles, Raymond (1984a), *Etienne Marcel, champion de l'unité française*, Paris

Cazelles, Raymond (1984b), 'The Jacquerie', in Rodney H. Hilton and T.H. Aston (eds.), *The English Rising of 1381*, Cambridge, pp. 74–83

Chaplais, Pierre (1981), *Essays in Medieval Diplomacy and Administration*, London

Chevalier, Bernard (1975), *Tours, ville royale (1356–1520)*, Paris and Louvain

Cheyette, Fredric L. (1970), 'The Sovereign and the Pirates, 1332', *Speculum* 45: 40–68

974

Cheyette, Fredric L. (1973), 'The Professional Papers of an English Ambassador on the Eve of the Hundred Years War', in *Economies et sociétés au moyen âge. Mélanges offerts à Edouard Perroy*, Paris, pp. 400–13

Contamine, Philippe (1972), *Guerre, état et société à la fin du moyen âge. Etudes sur les armées des rois de France, 1337–1494*, Paris and The Hague

Contamine, Philippe (1978), 'Les fortifications urbaines en France à la fin du moyen âge: aspects financières et économiques', *RH* 260: 23–47

Contamine, Philippe (1981), *La France au XIVe et XVe siècles. Hommes, mentalités, guerre et paix*, London

Contamine, Philippe (1992), *Des pouvoirs en France 1300/1500*, Paris

Contamine, Philippe (1994), 'The Norman "Nation" and the French "Nation" in the Fourteenth and Fifteenth Centuries', in David Bates and Anne Curry (eds.), *England and Normandy in the Middle Ages*, London, pp. 215–34

Cordey, Jean (1911), *Les comtes de Savoie et le rois de France pendant la guerre de Cent Ans (1329–1391)*, Paris

Couderc, Camille (1896), 'Le manuel d'histoire de Philippe VI de Valois', in Ernest Lavisse (ed.), *Etudes d'histoire du moyen âge dediées à Gabriel Monod*, Paris, pp. 415–44

Cuttino, George (1944), 'The Process of Agen', *Speculum* 19: 161–78

Cuttino, George (1956), 'Historical Revision: The Causes of the Hundred Years War', *Speculum* 31: 463–77

Cuttino, George (1971), *English Diplomatic Administration, 1259–1339*, 2nd edn, Oxford

Cuttler, Simon H. (1981), *The Law of Treason and Treason Trials in Later Medieval France*, Cambridge

Daumet, Georges (1898), *Etudes sur l'alliance de la France et de la Castille aux XIVe et XVe siècles*, Paris

Delachenal, Roland (1900), 'Premières négociations de Charles le Mauvais avec les Anglais (1354–1355)', *BEC*, 61: 253–82

Delachenal, Roland (1909–31), *Histoire de Charles V*, 5 vols., Paris

Delisle, Léopold (1894), 'Chronologie des baillis et des sénéchaux royaux depuis les origines jusqu'à l'avènement de Philippe de Valois', *RHGF* 24: 15*–368*

Déprez, Eugène (1902), *Les préliminaires de la guerre de Cent Ans (1328–1342)*, Paris

Déprez, Eugène (1908), 'Une conférence anglo-navarraise en 1358', *RH* 99; 34–9

Desportes, Pierre (1979), *Reims et les Rémois aux XIIIe et XIVe siècles*, Paris

Dieudonné, A. (1932), 'L'Ordonnance ou règlement de 1315 sur le monnayage des barons', *BEC* 93: 5–54

Dossat, Yves, 1978, 'L'Agenais vers 1325 après la campagne de Charles de Valois', in *La guerre et la paix au moyen âge*, *ACNSS*, 101, Paris, pp. 143–54

Douët d'Arcq, Louis (1840–1), 'Acte d'accusation contre Robert le Coq, évêque de Laon', *BEC* 2: 350–87

Duby, Georges (1991), *France in the Middle Ages, 987–1460*, trans. Juliet Vale, Oxford

Ducoudray, Gustave (1902), *Les origines du parlement de Paris et la justice aux XIIIe et XIVe siècles*, 2 vols., Paris; repr. 1970

Dunbabin, Jean (1988), 'Government', in J.H. Burns (ed.), *Cambridge History of Medieval Political Thought, c. 350–c. 1450*, Cambridge, pp. 477–519

Dunbabin, Jean (1991), *A Hound of God. Pierre de la Palud and the Fourteenth-Century Church*, Oxford

Dupâquier, Jacques (ed.) (1988), *Histoire de la population française*, 2 vols., Paris
Dupont-Ferrier, Gustave (1902), *Les officiers royaux des bailliages et sénéchaussées et les institutions monarchiques locales en France à la fin du moyen âge*, Paris
Faucon, Marcel (1879), 'Prêts faits aux rois de France par Clément VI, Innocent VI et le comte de Beaufort (1345–1360)', *BEC* 40: 570–80
Favier, Jean (1963), *Un conseiller de Philippe le Bel. Enguerran de Marigny*, Paris
Fawtier, Robert (1987), *Autour de la France capétienne*, London
Fournial, Etienne (1970), *Histoire monétaire de l'occident médiéval*, Paris
Fourquin, Guy (1956), 'La population de la région parisienne aux environs de 1328', *MA* 62: 63–91
Fourquin, Guy (1964), *Les campagnes de la région parisienne à la fin du moyen âge*, Paris
Fowler, Kenneth (1969), *The King's Lieutenant. Henry of Grosmont, First Duke of Lancaster, 1310–1361*, London
Fowler, Kenneth (1991), 'News from the Front: Letters and Despatches of the Fourteenth Century', in Philippe Contamine, Charles Giry-Deloison and Maurice H. Keen (eds.), *Guerre et société en France, en Angleterre et en Bourgogne, XIVe–XVe siècle*, Lille, pp. 63–92
Funk, Arthur Layton (1944), 'Robert le Coq and Etienne Marcel', *Speculum* 19: 470–87
Galliou, P. and Jones, Michael (1991), *The Bretons*, Oxford
Gavrilovitch, M. (1899), *Etude sur le traité de Paris de 1259*, Paris
Guenée, Bernard (1985), *States and Rulers in Later Medieval Europe*, trans. Juliet Vale, Oxford
Guenée, Bernard (1988), 'Le roi, ses parents et son royaume en France au XIVe siècle', *Bullettino dell'Istituto storico italiano per il medio evo e archivio muratoriano* 94: 439–70
Guessard, F. (1843–4), 'Etienne de Mornay, chancelier de France sous Louis Hutin', *BEC* 5: 373–96
Henneman, John Bell (1968), 'Taxation of Italians by the French Crown (1311–1363)', *MS* 31: 15–43
Henneman, John Bell (1971), *Royal Taxation in Fourteenth Century France. The Development of War Financing 1322–1356*, Princeton
Henneman, John Bell (1976), *Royal Taxation in Fourteenth-Century France. The Captivity and Ransom of John II, 1356–1370*, Philadelphia
Hewitt, H. J. (1958), *The Black Prince's Expedition of 1355–57*, Manchester
Hillgarth, J. N. (1971), *Ramon Lull and Lullism in Fourteenth-Century France*, Oxford
Housley, N. J. (1980), 'The Franco-Papal Crusade Negotiations of 1322–3', *PBSR* 48: 166–85
Housley, Norman (1986), *The Avignon Papacy and the Crusades, 1305–1378*, Oxford
Jones, Michael (1980), 'Sir Thomas Dagworth et la guerre civile en Bretagne au XIVe siècle: quelques documents inédits', *ABret* 87: 621–39
Jones, Michael (1987), 'Sir John de Hardreshull, king's lieutenant in Brittany, 1343–1345', *NMS* 31: 76–97
Jones, Michael (1988a), *The Creation of Brittany. A Late Medieval State*, London
Jones, Michael (1988b), 'Les capitaines anglo-bretons et les marches entre la Bretagne et le Poitou de 1342 à 1373', in *La France 'Anglaise' au moyen âge, ACNSS*, 111, Paris, pp. 357–75
Jones, Michael (1989), 'Relations with France, 1337–1399', in Michael Jones and

Malcolm Vale (eds.), *England and her Neighbours, 1066–1453. Essays in Honour of Pierre Chaplais*, London, pp. 239–58

Jones, Michael (1990), 'The Capetians and Brittany', *HR* 63: 1–16

Jones, Michael (1994), 'War and Fourteenth-Century France', in Anne Curry and Michael Hughes (eds.), *Arms, Armies and Fortifications in the Hundred Years War*, Woodbridge, pp. 103–20

Jones, Michael (1996). 'The Late Medieval State and Social Change: A View from the Duchy of Brittany', *L'Etat ou le roi. Les fondations de la modernité monarchique en France*, ed. Neithard Bulst, Robert Descimon and Alain Guerreau, Paris, pp. 117–44

Jordan, William Chester (1989), *The French Monarchy and the Jews from Philip Augustus to the Last Capetians*, Philadelphia

Jordan, William Chester (1996), *The Great Famine. Northern Europe in the Early Fourteenth Century*, Princeton N.J.

Jugie, Pierre (1987), 'L'activité diplomatique du Cardinal Guy de Boulogne en France au milieu du XIVe siècle', *BEC* 145: 99–127

Jusselin, Maurice (1912), 'Comment la France se préparait à la guerre de Cent Ans', *BEC* 73: 209–36

Kaeuper, Richard W. (1988), *War, Justice and Public Order. England and France in the Later Middle Ages*, Oxford

Kicklighter, John (1990), 'Appeal Procedure in the Medieval Parlement of Paris', *BJRL* 72: 37–50

La Roncière, Charles de (1909), *Histoire de la marine française*, 3rd edn, 6 vols., Paris

Leguai, André (1969), *De la seigneurie à l'état. Le Bourbonnais pendant la guerre de cent ans*, Moulins

Lehoux, Françoise (1966–8), *Jean de France, duc de Berri, sa vie, son action politique (1340–1416)*, 4 vols., Paris

Lehugeur, Paul (1897–1931), *Histoire de Philippe le Long*, 2 vols., Paris

Lehugeur, Paul (1929), *Le conseil royal de Philippe le Long, 1316–1321*, Paris

Le Patourel, John (1984), *Feudal Empires Norman and Plantagenet*, ed. Michael Jones, London

Le Roy Ladurie, Emmanuel (1975), *Montaillou, village occitan de 1294 à 1324*, Paris; English trans. Barbara Bray, *Montaillou. Cathars and Catholics in a French Village 1294–1324*, London (1978)

Lewis, Andrew W. (1981), *Royal Succession in Capetian France. Studies on Familial Order and the State*, Cambridge, Mass., and London

Lewis, Peter S. (1968), *Later Medieval France. The Polity*, London

Lewis, Peter S. (1985), *Essays in Later Medieval French History*, London

Longnon, Auguste (1922), *La formation de l'unité française*, Paris

Lot, Ferdinand (1929), 'L'état des paroisses et des feux de 1328', *BEC* 90: 51–107, 256–315

Lot, Ferdinand and Fawtier, Robert (1957–62), *Histoire des institutions françaises au moyen âge*, 3 vols., Paris

Lucas, Henry S. (1929), *The Low Countries and the Hundred Years War 1326–1347*, Ann Arbor

Luce, Siméon (1894), *Histoire de la Jacquerie d'après des documents inédits*, revised edn, Paris

Lyon, Bryce D. (1957), *From Fief to Indenture*, Cambridge, Mass.

Mahn-Lot, M. (1939), 'Philippe d'Evreux roi de Navarre et un projet de croisade contre le royaume de Grenade (1329–1331), *BH*: 227–33

Mirot, Léon (1925), 'Dom Bévy et les comptes des trésoriers des guerres. Essai de restitution d'un fonds disparu de la chambre des comptes', *BEC* 86: 245–379

Mollat, Guillaume (1958), 'Philippe VI de Valois et son fils Jean, duc de Normandie', *BEC* 116: 209–10

Mornet, Elisabeth (ed.) (1995), *Campagnes médiévales: l'Homme et son espace. Etudes offertes à Robert Fossier*, Paris

Morel, Octave (1900), *La grande chancellerie royale (1328–1400)*, Paris

Nicholas, David M. (1971), *Town and Countryside. Social, Economic and Political Tensions in Fourteenth-Century Flanders*, Bruges

Nicholas, David M. (1992), *Medieval Flanders*, London and New York

Nicholson, Ranald (1965), *Edward III and the Scots*, Oxford

Olivier-Martin, F. (1909), *L'assemblée de Vincennes de 1329 et ses conséquences*, Paris

Pegues, Franklin J. (1962), *The Lawyers of the Last Capetians*, Princeton, N.J.

Perrot, E. (1910), *Les cas royaux*, Paris

Perroy, Edouard (1949), 'A l'origine d'une économie contractée: les crises du XIVe siècle', *AESC* 4: 167–82

Petit, Ernest (1885–1905), *Histoire des ducs de Bourgogne de la race capétienne*, 9 vols., Paris

Petit, Jean (1900), *Charles de Valois (1270–1325)*, Paris

Pocquet du Haut-Jussé, Barthélemy-Amadée (1925), 'Les faux états de Bretagne de 1315 et les premiers états de Bretagne', *BEC* 86: 388–406

Pocquet du Haut-Jussé, Barthélemy-Amadée (1928), *Les papes et les ducs de Bretagne*, 2 vols., Paris

Prestwich, Michael (1989), 'England and Scotland during the Wars of Independence', in Michael Jones and Malcolm Vale (eds.), *England and her Neighbours, 1066–1453. Essays in Honour of Pierre Chaplais*, London, pp. 181–97

Rogozinski, Jan (1969), 'The Counsellors of the Seneschals of Beaucaire and Nîmes, 1250–1350', *Speculum*, 44: 421–39

Rogozinski, Jan (1976), 'Ennoblement by the Crown and Social Stratification in France 1285–1322: A Prosopographical Survey', in William C. Jordan, Bruce McNab and Teofilo F. Ruiz (eds.), *Order and Innovation in the Middle Ages. Essays in Honor of Joseph R. Strayer*, New Jersey, pp. 273–91, 500–15

Russell, Major, John (1980), *Representative Government in Early Modern France*, New Haven and London

Small, Carola (1977), 'Appeals from the Duchy of Burgundy to the Parlement of Paris in the Early Fourteenth Century', *MS* 39: 350–68

Small, Carola (1979), 'Appeals to the Royal Courts from the County of Artois, 1328–46', in Joyce Duncan Falk (ed.), *Proceedings of the Sixth Annual Meeting of the Western Society for French History*, Santa Barbara, pp. 9–17

Spufford, Peter (1988), *Money and its Use in Medieval Europe*, Cambridge

Strayer, Joseph R. (1971), *Medieval Statecraft and the Perspectives of History*, Princeton, N.J.

Strayer, Joseph R. (1980), *The Reign of Philip the Fair*, Princeton, N.J.

Strayer, Joseph R. and Taylor, Charles H. (1939), *Studies in Early French Taxation*, Cambridge, Mass.

Sumption, Jonathan (1990), *The Hundred Years War*, I, *Trial by Battle*, London

978   Taylor, Charles H. (1938), 'An Assembly of French Towns in March 1318', *Speculum* 13: 295–303
Taylor, Charles H. (1939), 'Assemblies of French Towns in 1316', *Speculum* 15: 275–99
Taylor, Charles H. (1954), 'The Composition of Baronial Assemblies in France, 1315–1320', *Speculum* 29: 433–59
Taylor, Charles H. (1968), 'French Assemblies and Subsidy in 1321', *Speculum* 43: 217–44
TeBrake, William H. (1993), *A Plague of Insurrection. Popular Politics and Peasant Revolt in Flanders, 1323–1328*, Philadelphia
Tessier, Georges (1962), *Diplomatique royale française,* Paris
Timbal, Pierre (1961), *La guerre de cent ans vue à travers des registres du parlement de Paris (1337–1369)*, Paris
Trautz, Fritz (1961), *Die Könige von England und das Reich, 1272–1377*, Heidelberg
Tricard, Jean (1979), 'Jean, duc de Normandie et heritier de France, un double échec?', *ANo* 29: 23–44
Tucoo-Chala, Pierre (1960), *Gaston Fébus et la vicomté de Béarn, 1343–1391*, Bordeaux
Tucoo-Chala, Pierre (1961), *La vicomté de Béarn et le problème de sa souveraineté des origines à 1620*, Bordeaux
Tyerman, Christopher J. (1984a), 'Sed nihil fecit? The Last Capetians and the Recovery of the Holy Land', in John Gillingham and J.C. Holt (eds.), *War and Government in the Middle Ages. Essays in Honour of J.O. Prestwich*, Woodbridge, pp. 170–81
Tyerman, Christopher J. (1984b), 'Philip V of France, the Assemblies of 1319–20 and the Crusade', *BIHR* 57: 15–34
Tyerman, Christopher J. (1985), 'Philip VI and the Recovery of the Holy Land', *EHR* 100: 26–52
Vale, Malcolm (1989), 'England, France and the Origins of the Hundred Years War', in Michael Jones and Malcolm Vale (eds.), *England and her Neighbours, 1066–1453. Essays in honour of Pierre Chaplais*, London, pp. 199–216
Vale, Malcolm (1990), *The Angevin Legacy and the Hundred Years War, 1250–1340*, Oxford
Vale, Malcolm (1991), 'The Anglo-French Wars, 1294–1340: Allies and Alliances', in Philippe Contamine, Charles Giry-Deloison and Maurice H. Keen (eds.), *Guerre et société en France, en Angleterre et en Bourgogne, XIVe–XVe siècle*, Lille, pp. 15–35
Vaughan, Richard (1962), *Philip the Bold*, London
Viard, Jules (1888), 'Un chapitre d'histoire administrative. Les ressources extraordinaires de la royauté sous Philippe VI de Valois', *RQH* 44: 167–218
Viard, Jules (1890), 'Gages des officiers royaux vers 1329', *BEC* 51: 238–67
Viard, Jules (1894), 'L'Hôtel de Philippe VI de Valois', *BEC* 55: 465–87, 598–626
Viard, Jules (1896), 'La France sous Philippe VI de Valois. Etat géographique et militaire', *RQH* 59: 337–402
Viard, Jules (1921), 'Philippe VI de Valois: la succession au trône', *MA* 31: 218–22
Viard, Jules (1936), 'Les projets de croisade de Philippe VI de Valois', *BEC* 97: 305–16
Wood, Charles T. (1966), *The French Apanages and the Capetian Monarchy, 1224–1328*, Cambridge, Mass.
Wood, Diana (1989), *Clement VI. The Pontificate and Ideas of an Avignon Pope*, Cambridge
Wright, Nicholas (1998), *Knights and Peasants. Hundred Years War in the French Countryside*, Woodbridge

14(b) FRANCE UNDER CHARLES V AND CHARLES VI

Primary sources

Autrand, Fr., 'La prière de Charles V', *ABSHF*, année *1995* (1996), pp. 37–61
Besse, G., *Recueil de diverses pièces servant à l'histoire du roi Charles VI*, Paris (1660)
Bock, F., 'Some New Documents Illustrating the Early Years of the Hundred Years War', *BJRL* 15 (1931), pp. 60–99
Boulet, M., *Questiones Johannis Galli*, Paris (1944)
Brun, R., 'Annales avignonnaises de 1382 à 1410, extraites des archives de Datini', *Mémoires de l'Institut historique de Provence* 12 (1935), pp. 17–142; 13 (1936), pp. 58–105; 14 (1937), pp. 5–57; 15 (1938), pp. 21–52; 16 (1939), pp. 154–92
Chaplais, P., 'Some Documents Regarding the Fulfilment and Interpretation of the Treaty of Brétigny (1361–1369)', *Camden Miscellany* 19 (1952), pp. 1–84
Chronique des règnes de Jean II et Charles V, ed. R. Delachenal, 4 vols., Paris (1917–20)
Chronique de la Pucelle ou chronique de Cousinot, followed by *Chronique normande de P. Cochon, relatives aux règnes de Charles VI et de Charles VII*, ed. A. Vallet de Viriville, Paris (1859)
Chronique des quatre premiers Valois (1327–1393), ed. S. Luce, Paris (1862)
La chronique du bon duc Loys de Bourbon, ed. A.-M. Chazaud, Paris (1876)
Chronique normande, ed. E. Molinier, Paris (1882)
Chroniques et annales de Gille le Muisit, abbé de Saint-Martin de Tournai (1272–1352), ed. H. Lemaître, Paris (1906)
Les chroniques du roi Charles VII par Gilles le Bouvier dit le Héraut Berry, ed. H.C. Courteault, L. Celier and M.-H. Julien de Pommerol, Paris (1979)
Chronographia Regum Francorum (1270–1405), ed. H. Moranvillé, 3 vols., Paris (1891–7)
Comptes du trésor (1296, 1316, 1384, 1477), ed. R. Fawtier, Paris (1930)
Contamine, P., 'Un traité politique du XVe siècle', *ABSHF*, années *1983–4* (1986), pp. 139–71
Cosneau, E., *Les grands traités de la guerre de cent ans*, Paris (1889)
Cuvelier, Jean, *La chanson de Bertrand du Guesclin*, ed. J.-C. Faucon, 3 vols., Toulouse (1990–2)
Delisle, L., *Mandements et actes divers de Charles V (1364–1380)*, Paris (1874)
Delisle, L., *Recherches sur la librairie de Charles V*, 2 vols., Paris (1907)
Les demandes faites par le roi Charles VI, touchant son état et le gouvernement de sa personne, avec les réponses de Pierre Salmon, son secrétaire et familier, ed. G.-A. Crapelet, Paris (1833)
Deschamps, Eustache, *Oeuvres complètes*, ed. le marquis de Queux de Saint-Hilaire and G. Raynaud, 11 vols., Paris (1878–1904)
Devic, J. and Vaissette, C., *Histoire générale de Languedoc avec des notes et des pièces justificatives*, ed. A. Molinier, Toulouse, IX–XII (1885–9)
Douët d'Arcq, L., *Choix de pièces inédites relatives au règne de Charles VI*, 2 vols., Paris (1863–4)
Douët d'Arcq, L., *Comptes de l'Hôtel des rois de France aux XIVe et XVe siècles*, Paris (1865)
Douët d'Arcq, L., 'Document inédit sur l'assassinat de Louis, duc d'Orléans (23 novembre 1407)', *ABSHF*, année 1864, 2e partie, pp. 6–26
Douët d'Arcq, L., *Nouveaux recueil des comptes de l'Argenterie des rois de France*, Paris (1884)
Eder, R., 'Tignonvilla inedita', *RF* 33 (1975), pp. 851–1022
Fenin, Pierre de, *Mémoires*, ed. E. Dupont, Paris (1837)
le Fevre de Saint-Remy, Jean, *Chronique*, ed. F. Morand, 2 vols., Paris (1876–81)

980 Froissart, Jean, *Chroniques*, ed. S. Luce et al., 15 vols., Paris (1869–1975 continuing)
Froissart, Jean, *Œuvres*, ed. J.M.B.C. Kervyn de Lettenhove, 28 vols., Brussels (1867–79)
Gerson, Jean, *Œuvres complètes*, ed. P. Glorieux, 10 vols., Paris, Tournai and Rome (1960–73)
Godefroy, D., *Le cérémonial françois*, Paris (1649)
Graves, F.-M., *Pièces relatives à la vie de Louis Ier duc d'Orléans et de Valentine Visconti, sa femme*, Paris (1913)
Guenée, B. and Lehoux, F., *Les entrées royales françaises de 1328 à 1515*, Paris (1968)
Guilhiermoz, Paul, *Enquêtes et procès. Etude sur la procédure et le fonctionnement du parlement au XIVème siècle, suivie du style de la chambre des enquêtes, du style des commissaires du parlement et autres*, Paris (1902)
'*L'honneur de la couronne de France*'. *Quatre libelles contre les Anglais (vers 1418–vers 1429)*, ed. N. Pons, Paris (1990)
Journal d'un bourgeois de Paris (1405–1449), ed. A. Tuetey, Paris (1881)
Journal de Clément de Fauquembergue, ed. A. Tuetey, 3 vols., Paris (1903–15)
Journal de Nicolas de Baye, greffier du parlement de Paris, 1400–1417, ed. A. Tuetey, 2 vols., Paris (1885–8)
'Journal des états généraux réunis à Paris au mois d'Octobre 1356', ed. R. Delachenal, *NRHDFE* 24 (1900), pp. 415–65
Juvénal des Ursins, Jean, *Ecrits politiques*, ed. P. S. Lewis, 3 vols., Paris (1978–92)
Juvénal des Ursins, Jean, 'Histoire de Charles VI, roy de France . . .', in Michaud et Poujoulat (ed.), *Nouvelle collection de mémoires pour servir à l'histoire de France . . .*, II, Paris (1836)
Labarte, J., *Inventaire du mobilier de Charles V, roi de France*, Paris (1879)
Le livre des fais du bon messire Jehan le Maingre, dit Bouciquaut, mareschal de France et gouverneur de Jennes, ed. D. Lalande, Paris and Geneva (1985)
Luce, S., *Histoire de la Jacquerie d'après les documents inédits*, 2nd edn, Paris (1894)
Machaut, Guillaume de, *Œuvres*, ed. E. Hoepffner, 3 vols., Paris (1908–21)
Mézières, Philippe de, *Le songe du vieil pélerin*, ed. G. W. Coopland, 2 vols., Cambridge (1969)
Mézières, Philippe de, *Letter to King Richard II. A Plea Made in 1395 for Peace Between England and France*, ed. G.W. Coopland, Liverpool (1975)
Monstrelet, Enguerrand de, *Chronique*, ed. L. Douët d'Arcq, 6 vols., Paris (1857–62)
Montebelluna, François de, '*Tragicum Argumentum de miserabili statu regni Francie (1357)*', ed. A. Vernet, *ABSHF*, années 1962–1963 (1965), pp. 101–63
Montreuil, Jean de, *Opera*, ed. E. Ornato, G. Ouy and N. Pons, 4 vols., Turin and Paris (1966–86)
Morice, Dom P.-H., *Mémoires pour servir de preuves à l'histoire ecclésiastique et civile de la Bretagne*, 3 vols., Paris (1742–6)
L'ordonnance cabochienne (26–27 mai 1413), ed. A. Coville, Paris (1891)
Ordonnances des rois de France de la troisième race, ed. E.S. de Laurière et al., 22 vols., Paris (1723–1849)
Oresme, Nicolas, *Le livre des éthiques d'Aristote*, ed. A. M. Menut, New York (1940)
Oresme, Nicolas, *Maistre Nicole Oresme. Le Livre de Politiques d'Aristote*, ed. A.M. Menut, Philadelphia (1970)
Oresme, Nicolas, *Traité des monnaies et autres écrits monétaires du XIVe siècle*, ed. and trans. C. Dupuy and F. Chartrain, Lyon (1989)

Partie inédite des Chroniques de Saint-Denys . . ., ed. J. Pichon, Paris (1864)
Le pastoralet, ed. J. Blanchard, Paris (1983)
Perroy, E., 'The Anglo-French Negotiations at Bruges, 1374–1377', *Camden Miscellany* 19 (1952), pp. i–xix, 1–95
Pisan, Christine de, *Le livre des fais et bonnes meurs du sage roy Charles V*, ed. S. Solente, 2 vols., Paris (1936–40)
Plancher, Dom U., *Histoire générale et particulière de Bourgogne*, 4 vols., Dijon (1739–81)
Recueil des actes de Jean IV, duc de Bretagne (1357–1399), ed. Michael Jones, 2 vols., Paris (1980–3)
Registre criminel du châtelet de Paris du 6 septembre 1389 au 18 mai 1392, ed. H. Duplès-Agier, 2 vols., Paris (1861–4)
'Remontrances de l'université et de la ville de Paris à Charles VI', ed. H. Moranvillé, *BEC* 51 (1890), pp. 420–42
Secousse, D., *Recueil de pièces servant de preuves aux mémoires sur les troubles excités en France par Charles II, dit le Mauvais, roi de Navarre et comte d'Evreux*, Paris (1755)
Somnium viridarii, ed. M. Schnerb-Lièvre, I, Paris (1993)
'Le songe véritable. Pamphlet politique d'un Parisien du XVe siècle', ed. H. Moranvillé, *MSHP* 17 (1890), pp. 217–438
Le songe du vergier, ed. M. Schnerb-Lièvre, 2 vols., Paris (1982)
Timbal, P.C. et al., *La guerre de cent ans vue à travers les registres du parlement (1337–1369)*, Paris (1961)
Venette, Jean de, *Continuationis chronici Guillelmi de Nangiaco pars tertia (1340–1368)*, ed. H. Géraud, 2 vols., Paris (1843); Eng. trans. Jean Birdsall, *The Chronicle of Jean de Venette*, ed. R.A. Newhall, New York (1953)

Secondary works

Allmand, C.T. (ed.) (1976), *War, Literature and Politics in the Late Middle-Ages. Essays in Honour of G.W. Coopland*, Liverpool
Allmand, C.T. (1988), *The Hundred Years War. England and France at War c. 1300–1450*, Cambridge
Autrand, Fr. (1969), 'Offices et officiers royaux en France sous Charles VI', *Revue historiques* 242: 285–338
Autrand, Fr. (1974), *Pouvoir et société en France*, Paris
Autrand, Fr. (1981), *Naissance d'un grand corps de l'état. Les gens du parlement de Paris, 1345–1454*, Paris
Autrand, Fr. (1986), *Charles VI. La folie du roi*, Paris
Autrand, Fr. (1994), *Charles V le sage*, Paris
Autrand, Fr. (1998), 'Les artisans de paix face à l'Etat. La diplomatie pontificale et le conflit franco-anglais au XIVe siècle', in Ph. Contamine (ed.), *Guerre et concurrence entre les états européens du XIVe au XVIIIe siècle*, Paris, pp. 305–37
Autrand, Fr. (1999), 'Aux origines de l'Europe moderne; l'alliance France-Ecosse au XIVe s.', in J.C. Laidlaw (ed.), *The Auld Alliance. France and Scotland over 700 years*, Edinburgh, pp. 33–46
Autrand, Fr. and Contamine, Ph. (1995), 'Les livres des hommes de pouvoir: de la pratique à la culture écrite', in M. Ornato and N. Pons (eds.), *Pratiques de la culture écrite en France au XVe siècle*, Louvain-la-Neuve, pp. 195–224

Autrand, Fr. and Le Maresquier, Y.-H. (1994), 'Vie sociale et municipale à Paris aux XIVe et XVe s.', *Franco-British Studies, Journal of the British Institute in Paris*, 17: 65-75

Autrand, Fr., Bournazel, E. and Riché, P. (1993), *Histoire de la fonction publique en France*, ed. M. Pinet, I, *Des origines au XV siècle*, Paris

Avout, J. d' (1943), *La Querelle des Armagnacs et des Bourguignons. Histoire d'une crise d'autorité*, Paris

Avout, J. d' (1960), *31 juillet 1358. Le meurtre d'Etienne Marcel*, Paris

Babbit, S.M. (1985), *Oresme's 'Livre de Politiques' and the France of Charles V*, Philadelphia

Barber, R. (1978), *Edward, Prince of Wales and Aquitaine*, London

Barber, R. (1986), *The Life and Campaigns of the Black Prince*, Woodbridge

Barbey, J. (1983), *La fonction royale, essence et légitimité, d'après les 'tractatus' de Jean de Terrevermeille*, Paris

Beaune, C. (1981), 'Costume et pouvoir en France à la fin du moyen-âge. Les devises royales vers 1400', *Revue des sciences humaines* 183: 125-46

Beaune, C. (1985), *Naissance de la nation France*, Paris; augmented English trans. Susan Ross Huston, *The Birth of an Ideology. Myths and Symbols of Nation in Late-Medieval France*, ed. Fredric L. Cheyette, Berkeley, Los Angeles and London (1991)

Bell, D.-M. (1962), *L'idéal éthique de la royauté en France au moyen-âge d'après quelques moralistes de ce temps*, Geneva and Paris

Beltran E. (1989), *L'idéal de sagesse d'après Jacques Legrand*, Paris

Bonenfant, P. (1958), *Du meurtre de Montereau au traité de Troyes*, Brussels

Bozzolo, C. and Loyau, H. (1982-93), *La cour amoureuse dite de Charles VI*, 3 vols., Paris

Brachet, A. (1903), *Pathologie mentale des rois de France*, Paris

Calmette, J. and Déprez, E. (1937), *L'Europe occidentale de la fin du XIVe siècle aux guerres d'Italie*, I: *La France et l'Angleterre en conflit*, Paris

Cazelles, R. (1972), *Nouvelle histoire de Paris. De la fin du règne de Philippe Auguste à la mort de Charles V (1223-1380)*, Paris

Cazelles, R. (1982), *Société politique, noblesse et couronne sous les règnes de Jean II le Bon et Charles V*, Geneva and Paris

Cazelles, R. (1984), *Etienne Marcel, champion de l'unité française*, Paris

Chapelot, J. (1994), *Le château de Vincennes. Une résidence royale au moyen-âge*, Paris

Collas, E. (1911), *Valentine de Milan, duchesse d'Orléans*, Paris

Contamine, Ph. (1972), *Guerre, état et société à la fin du moyen-âge. Étude sur les armées des rois de France, 1337-1494*, Paris and The Hague

Contamine, Ph. (1980), *La guerre au moyen âge*, Paris; English trans. M. Jones, *War in the Middle Ages*, Oxford (1984); 2nd edn 1986; 3rd edn 1995

Contamine, Ph. (1981), *La France aux XIV et XVe siècles. Hommes, mentalités, guerre et paix*, London

Contamine, Ph. (1992a), *Des pouvoirs en France, 1300-1500*, Paris

Contamine, Ph. (1992b), *Histoire militaire de la France*, ed. A. Corvisier, I: *Des origines à 1715*, Paris

Contamine, Ph. (1993), *La guerre de cent ans*, new edn, Paris

Contamine, Ph. (1997), *La noblesse au royaume de France de Philippe le Bel à Louis XII*, Paris

Coville, A. (1888), *Les Cabochiens et l'ordonnance de 1413*, Paris

Coville, A. (1932), *Jean Petit, la question du tyrannicide au commencement du XVe siècle*, Paris

Coville, A. (1941), *La vie intellectuelle dans les domaines d'Anjou-Provence de 1380 à 1435*, Paris
Cuttler, S.H. (1981), *The Law of Treason and Treason Trials in Later Medieval France*, Cambridge
Delachenal, R. (1909–31), *Histoire de Charles V*, 5 vols., Paris
Delaruelle, E., Labande, E.-R. and Ourliac, P. (1962–4), *L'église au temps du Grand Schisme et de la crise conciliaire (1378–1469)*, 2 vols., Paris
Demurger, A. (1978), 'Guerre civile et changement du personnel administratif dans le royaume de France de 1400 à 1418: l'exemple des baillis et sénéchaux', *Francia* 6: 151–258
Demurger, A. (1990), *Temps de crises, temps d'espoirs, XIVe–XV siècle*, Paris
Dubois, H. (1976), *Les foires de Chalon et le commerce dans la vallée de la Saône à la fin du moyen âge (vers 1280–vers 1430)*, Paris
Erlande-Brandenburg, A. (1988), *Le monde gothique. La conquête de l'Europe, 1260–1380*, Paris
Famiglietti, R. C. (1986), *Royal Intrigue. Crisis at the Court of Charles VI (1392–1420)*, New York
Les fastes du gothique. Le siècle de Charles V (1981) exhibition catalogue, Grand Palais, Paris
Favier, J. (1974), *Paris au XVe siècle, 1380–1500*, Paris
Favier, J. (1980), *La guerre de cent ans*, Paris
Fourquin, G. (1964), *Les campagnes de la région parisienne à la fin du moyen-âge*, Paris
Fowler, K.A. (ed.) (1971), *The Hundred Years War*, London
Gauvard, C. (1985), 'Le roi de France et l'opinion publique à l'époque de Charles VI', in *Culture et idéologie dans la genèse de l'état moderne*, Rome, pp. 353–66
Gauvard, C. (1992), *'De grace especial'. Crime, état et société en France à la fin du moyen âge*, 2 vols., Paris
Genèse et débuts du Grand Schisme d'Occident (1362–1394), Paris (1980)
Genet, J.-P. (ed.) (1990), *L'état moderne. Genèse, bilans et perspectives*, Paris
Gouron, A. and Rigaudière, A. (eds.) (1988), *Renaissance du pouvoir législatif et genèse de l'état*, Montpellier
Grandeau, Y. (1967), 'Itinéraires d'Isabeau de Bavière', *BPH, année 1964*, II, pp. 569–670
Grandeau, Y. (1969), 'Les enfants de Charles VI. Essai sur la vie privée des princes et des princesses de la maison de France à la fin du moyen âge', *BPH, année 1967*, II, pp. 809–50
Grandeau, Y. (1971), 'Le dauphin Jean, duc de Touraine, fils de Charles VI, (1398–1417)', *BPH, année 1968*, II, pp. 665–728
Grandeau, Y. (1974), 'La mort et les obsèques de Charles VI', *BPH, année 1970*, II, pp. 133–86
Grandeau, Y. (1977), 'De quelques dames qui ont servi la reine Isabeau de Bavière', *BPH, année 1975*, II, pp. 129–238
Guenée, B. (1987), *Entre l'église et l'état. Quatre vies de prélats français à la fin du moyen âge*, Paris
Guenée, B. (1991), *L'Occident aux XIVe et XVe siècles. Les états*, new edn, Paris; English trans. Juliet Vale, *States and Rulers in Later Medieval Europe*, Oxford (1986)
Guenée, B. (1992), *Un meurtre, une société. L'assassinat du duc d'Orléans*, Paris
Guillemain, A. (1978), 'Le *Testament* de Philippe de Mézières', in *Mélanges de littérature… offerts à Mademoiselle Jeanne Lods…*, Paris, I, pp. 297–322

984

Henneman, J.B. (1971), *Royal Taxation in Fourteenth-Century France. The Development of War Financing, 1322–1356*, Princeton

Henneman, J.B. (1976), *Royal Taxation in Fourteenth-Century France. The Captivity and Ransom of John II, 1356–1370*, Philadephia

Henneman, J.B. (1996), *Olivier de Clisson and Political Society under Charles V and Charles VI*, Philadelphia

Henwood, P. (1979), 'Raymond du Temple, maître d'œuvre des rois Charles V et Charles VI', *Bull. Soc. hist. de Paris et de l'Ile de France, année 1978*, pp. 55–74

Jackson, R. (1984), *Vivat Rex. Histoire des sacres et des couronnements en France*, Strasburg and Paris

Jarry, E. (1889), *La vie politique de Louis de France, duc d'Orléans, 1372–1407*, Paris and Orléans

Jones, M. (1970), *Ducal Brittany, 1364–1399*, Oxford

Jones, M. (1988), *The Creation of Brittany. A Late Medieval State*, London

Jorga, N. (1896), *Philippe de Mézières 1327–1405 et la croisade au XIVe siècle*, Paris

Jugie, P. (1986), 'Le cardinal Gui de Boulogne (1316–1373). Biographie et étude d'une familia cardinalice', *PTEC*: 83–92

Jugie, P. (1987), 'L'activité diplomatique du cardinal Gui de Boulogne en France au milieu du XIVe siècle, *BEC* 145: 99–127

Kaminsky, H. (1983), *Simon de Cramaud and the Great Schism*, Rutgers

Kantorowicz, E.H. (1957), *The King's Two Bodies. A Study in Medieval Political Theology*, Princeton, N.J.

Kennedy, A.J. (1988), 'Christine de Pizan's *Epistre à la reine* (1405)', *RLR* 92: 253–64

Kerhervé, J. (1987), *L'état breton aux XIVe et XVe siècles. Les ducs, l'argent et les hommes*, 2 vols., Paris

Kimm, M.H. (1969), *Isabeau de Bavière, reine de France (1370–1435). Beitrag zur Geschichte einer bayerischen Herzogtochter und des französischen Königshauses*, Munich

Krynen, J. (1981), *Idéal du prince et pouvoir royal en France à la fin du moyen âge (1380–1440). Etude de la littérature politique du temps*, Paris

Krynen, J. (1993), *L'empire du roi. Idées et croyances politiques en France, XIIIe–XVe siècle*, Paris

Krynen, J. and Rigaudière, A. (eds.) (1992), *Droits savants et pratiques françaises du pouvoir*, Bordeaux

La Selle, X. de (1995), *Le service des âmes à la cour: confesseurs et aumôniers des rois de France du XIIIe au XVe siècle*, Paris

Lafaurie, J. (1951), *Les monnaies des rois de France*, 1: *De Hugues Capet à Louis XII*, Paris and Basle

Le Roux de Lincy, A. and Tisserand, L.M. (1867), *Paris et ses historiens aux XIVe et XVe siècles*, Paris

Leguai, A. (1962), *Les ducs de Bourbon pendant la crise monarchique du XVe siècle*, Paris

Leguai, A. (1969), *De la seigneurie à l'état Le Bourbonnais pendant la guerre de cent ans*, Moulins

Lehoux, Fr. (1966–8), *Jean de France, duc de Berri. Sa vie. Son action politique (1340–1416)*, 4 vols., Paris

Lewis, P.S. (1968), *Late Medieval France. The Polity*, London

Lewis, P.S. (1985), *Essays in Later Medieval French History*, London

La librairie du roi (1968) (exhibition catalogue, Bibliothèque nationale), Paris

Lot, F. and Fawtier, R. (1957–62), *Histoire des institutions françaises au moyen âge*, 3 vols., Paris

'Le Louvre des rois. Les fouilles de la cour Carrée' (1986), *Dossiers histoire et archéologie*, no. 110

Maumené, Ch. and Harcourt, L. d' (1928), *Iconographie des rois de France*, 1: *De Louis IX à Louis XIII*, Paris

Millet, H. (1982), *Les Chanoines du chapitre cathédral de Laon, 1272–1412*, Rome

Millet, H. and Poulle, E. (1988), *Le vote de la soustraction d'obédience en 1398*, 1: *Introduction. Edition et fac-similés des bulletins du vote*, Paris

Minois, G. (1993), *Du Guesclin*, Paris

Mirot, L. (1905), *Les insurrections urbaines sous Charles VI (1380–1383), leurs causes, leurs conséquences*, Paris

Mirot, L. (1919), 'Lettres closes de Charles VI conservées aux archives de Reims et de Tournai', *MA* 30: 125-39

Mollat, M. and Wolff, Ph. (1970), *Ongles bleus, Jacques et Ciompi. Les révolutions populaires en Europe aux XIVe et XVe siècles*, Paris

Monfrin, J. (1964), 'Humanisme et traductions au moyen âge', in A. Fournier (ed.), *L'Humanisme médiéval dans les littératures romanes du XIIe au XIVe siècle*, Paris, pp. 217–46

Munro, J.H. (1973), *Wool, Cloth and Gold. The Struggle for Bullion in Anglo-Burgundian Trade (1340–1478)*, Toronto

Nordberg, M. (1964), *Les ducs et la royauté. Etude sur la rivalité des ducs d'Orléans et de Bourgogne, 1392–1407*, Uppsala

Ornato, E. (1969), *Jean Muret et ses amis Nicolas de Clamanges et Jean de Monteuil. Contribution à l'étude des rapports entre les humanistes de Paris et ceux d'Avignon (1394–1420)*, Geneva and Paris

Ouy, G. (1973), 'L'humanisme et les mutations politiques et sociales en France aux XIVe et XVe siècle', in *L'humanisme français au début de la Renaissance*, Paris, pp. 27–44

Ouy, G. (1974), 'Humanisme et propagande politique en France au début du XVe siècle: Ambrogio Migli et les ambitions impériales de Louis d'Orléans', in *Atti del Convegno su: 'Culture et politique en France à l'époque de l'Humanisme et de la Renaissance', Accademia delle Scienze di Torino, 29 marzo–3 aprile 1971*, Turin, pp. 13–42

Ouy, G. (1975), 'Le collège de Navarre, berceau de l'humanisme français', *ACNSS*, 95e Congrès, Reims, 1970, section phil. et hist., Paris, I, pp. 275-99

Palmer, J.J.N. (1972), *England, France and Christendom (1377–1399)*, London

Phillpotts, C. (1984), 'The French Plan of Battle during the Agincourt Campaign', *EHR* 99: 59–66

Plaisse, A. (1972), *Charles dit le Mauvais, comte d'Evreux, roi de Navarre, capitaine de Paris*, Evreux

Pocquet du Haut-Jussé, B.-A. (1935), *Deux féodaux, Bourgogne et Bretagne (1363–1491)*, Paris

Pocquet du Haut-Jussé, B.-A. (1937), 'Le compte de Pierre de Gorremont, receveur général du royaume (1418–1420)', *BEC* 98: 66–98 and 234–82

Pocquet du Haut-Jussé, B.-A. (1959), *La France gouvernée par Jean sans Peur. Les dépenses du receveur général du Royaume*, Paris

Préludes à la Renaissance. Aspects de la vie intellectuelle en France au XVe siècle (1992), ed. C. Bozzolo and E. Ornato, Paris

986 Quillet, J. (1986), *Charles V. Essai sur la pensée politique d'un règne,* Paris
Rey, M. (1965a), *Le domaine du roi et les finances extraordinaires sous Charles VI, 1388–1413,* Paris
Rey, M. (1965b), *Les finances royales sous Charles VI. Les causes du déficit 1388–1413,* Paris
Rodinson, M. (1989), 'Le seigneur bourguignon et l'esclave sarrasin. De Charles VI à Alexandre Dumas', in M. Rodinson, *La fascination de l'Islam,* Paris, pp. 141–98
Royer, J.-P. (1969), *L'église et le royaume de France au XIVe siècle, d'après le 'Songe du vergier' et la jurisprudence du parlement,* Paris
Schnerb, B. (1986), *Les Armagnacs et les Bourguignons. La sale guerre,* Paris
Sherman, C.R. (1969), *The portraits of Charles V,* New York
Thibault, M. (1903), *Isabeau de Bavière, reine de France. La jeunesse, 1370–1405,* Paris
Tucoo-Chala, P. (1961), *La vicomté de Béarn et le problème de la souveraineté, des origines à 1620,* Bordeaux
Tucoo-Chala, P. (1976), *Gaston Fébus, un grand prince d'Occident,* Pau
Valois, N. (1888), *Le conseil du Roi aux XIVe, XVe et XVIe siècles,* Paris
Valois, N. (1896–1902), *La France et le Grand Schisme d'Occident,* 4 vols., Paris
Van Ossel, P. (1992), 'Nouvelles données sur l'enceinte de Charles V (XIVe–XVIe siècle) à Paris, d'après les fouilles du jardin du Carrousel au Louvre', *AIBL, comptes rendus,* pp. 337–51
Vaughan, R. (1962), *Philip the Bold. The Formation of the Burgundian State,* London
Vaughan, R. (1966), *John the Fearless. The Growth of Burgundian Power,* London
Vaughan, R. (1970), *Philip the Good. The Apogee of Burgundy,* London
Verger, J. (1987), 'Nouveaux fléaux, nouveaux recours', in J. Delumeau and Y. Lequin (eds.), *Les malheurs des temps. Histoire des fléaux et des calamités en France,* Paris, pp. 209–24
Whiteley, M. (1992), 'Le Louvre de Charles V; dispositions et fonctions d'une résidence royale', *Revue de l'art* 97: 60–75

15(a) THE ITALIAN NORTH

Primary sources

Annales Mediolanenses, RIS, XVI, Milan (1730)
Azario, Pietro, *Liber Gestorum in Lombardia,* ed. F. Cognasso, *RIS,* XVI/4, Bologna (1938)
Bartoli, A., *I Manuscritti Italiani della Biblioteca Nazionale di Firenze,* 3 vols., Florence (1883)
Chronicon Bergomense, ed. C. Capasso, *RIS,* XVI/2, Bologna (1926)
Chronicon Veronense, RIS, VIII, Milan (1726)
Cipolla, C. and Pellegrini, F. (eds.), 'Poesie minori riguardanti gli Scaligieri', *Bulletino dell'Istituto storico italiana per il medio evo,* 24 (1902)
Conti, G., *Novellae inedite intorno a Bernabò Visconti,* Florence (1940)
Cortusi, Guiglielmo, *Cronica de Novitatibus Padue et Lombardiae,* ed. B. Pagnin, *RIS,* XII/5, Bologna (1941)
Dati, G., *Istoria di Firenze,* ed. G. Manni, Florence (1735)
Liber de Laudibus Civitatis Ticinensis, ed. R. Maiocchi and F. Quintavalle, *RIS,* XVI/1, Città di Castello (1903)
Lünig, J.C., *Codex Italiae Diplomaticus,* I, Frankfurt and Leipzig (1725)

Medin, A., 'La letteratura poetica viscontea', *ASL* 2nd series 2 (1885), pp. 568–81
Miari, C., *Cronaca Bellunese*, ed. G. De Dona, Belluno (1873)
Musatti, M.P. (ed.), *Lamento di Bernabò Visconti*, Milan (1985)
Ordo funeris Joannis Galeatii Vicecomitis, *RIS*, XVI, Milan (1730)

Secondary works

Agnelli, G. (1901), 'Vertenze dei Visconti colla mensa vescovile di Lodi', *ASL* 3rd series, 16: 260–306
Assereto, U. (1900), 'Genova e la Corsica 1358–88', *Giornale storico-letterario della liguria* 1: 119–60
Avesani, R. (1988), 'Petrarca e Verona', in Varanini (1988b), pp. 505–10
Baron, H. (1955), *The Crisis of the Early Italian Renaissance*, Princeton; rev. edn, 1966
Benvenuti, G. (1977), *Storia della repubblica di Genova*, Milan
Berrigan, J.R. (1990), 'A Tale of Two Cities: Verona and Padua in the Late Middle Ages', in C.M. Rosenberg (ed.), *Art and Patronage in Late Medieval and Early Renaissance Italy*, Notre Dame, pp. 67–80
Besozzi, L. (1981), 'I processi canonici contro Galeazzo Visconti', *ASL* 10th series 6: 235–45
Biscaro, G. (1920), 'Dante Alighieri e i sortilegi di Matteo e Galeazzo Visconti contro papal Giovanni XXII', *ASL* 5th series 7: 446–81
Black, J.W. (1994), '*Natura Feudi Haec Est*: Lawyers and Feudatories in the Duchy of Milan', *EHR* 99: 1150–73
Bowsky, W.M. (1960), *Henry VII in Italy*, Lincoln
Brown, H. (1895), *Venice, an Historical Sketch*, London
Bueno da Mesquita, D.M. (1941), *Giangaleazzo Visconti*, Cambridge
Canning, J. (1987), *The Political Thought of Baldus Ubaldis*, Cambridge
Carlotto, N. (1993), *La città custodita. Politica e finanza a Vicenza dalla caduta di Ezzelino al vicariato imperiale*, Milan
Carrara, M. (1966), *Gli Scaligeri*, Varese
Cau, E. (1969–70), 'Lettere inedite Viscontee. Contributo alla diplomatica signorile', *Ricerche medievali* 4–5: 45–98
Ceriotti, G. (1972–3), 'Interpretazione storica di Fra Jacopo Bussulari', *BSPSP* n.s. 22–3: 3–34
Cessi, R. (1914), 'Venezia e le preparazioni della guerra friulana', *Memorie storiche Forogiuliesi* 10: 414–73
Chittolini, G. (1980), *La crisi delle Libertà Comunali e le origini dello stato del rinascimento*, Bologna
Chittolini, G. (1981), 'Signorie rurali e feudi alla fine del medioevo', *Storia d'Italia*, UTET, IV, Turin, pp. 591–676
Chojnacki, S. (1973), 'In Search of the Venetian Patriciate: Family and Faction in the Fourteenth Century', in J.R. Hale (ed.), *Renaissance Venice*, London, pp. 47–90
Chojnacki, S. (1994), 'Social Identity in Renaissance Venice: The Second *Serrata*', *RStds* 8: 341–58
Cipolla, C. (1881), *Storia delle signorie italiane*, Milan

Cognasso, F. (1922), 'Ricerche per la storia dello stato visconteo', *BSPSP* 22: 121–84
Cognasso, F. (1923), 'Note e documenti sulla formazione dello stato visconteo', *BSPSP* 23: 23–169
Cognasso, F. (1955), 'Le basi giuridiche della signoria di Matteo Visconti in Milano', *BSBS* 53: 79–89
Cognasso, F. (1971), *I Savoia*, Varese
Cogo, G. (1898), 'Il patriarcato di Aquileia e le aspirazioni dei Carraresi al possesso del Friuli', *NAV* 16: 223–320
Comani, F.E. (1900a), 'Usi cancellereschi viscontei', *ASL* 4th series 13: 385–412
Comani, F.E. (1900b), 'Prime informazioni sui documenti viscontei del R. Archivio di Stato a Reggio Emilia', *ASL* 3rd series 13: 221–9
Comani, F.E. (1902), 'Sui domini di Regina della Scala e dei sui figli', *ASL* 3rd series 18: 211–48
Corbanese, G.G. (1984), *Il Friuli, Trieste e l'Istria*, Bologna
Costa, A. (1977), *I vescovi di Trento*, Trent
Cox, E. (1967), *The Green Count of Savoy*, Princeton
Cozzi, G. and Knapton, M. (1986), *Storia della repubblica di Venezia dalla guerra di Chioggia alla riconquista della terraferma, Storia d'Italia*, UTET, XII/1, Turin
Crouzet-Pavan, E. (1992), *Espaces, pouvoir et société à Venise à la fin du moyen âge*, Rome
Crouzet-Pavan, E. (1994), 'Venice and Torcello: History and Oblivion', *RStds* 8: 416–27
Cusin, F. (1937), *Il confine orientale d'Italia*, I, Milan
De Marco, E. (1938–9), 'Crepusculo degli Scaligeri, la signoria di Antonio della Scala', *NAV* 22: 107–206 and 24: 1–20
De Negri, T. O. (1968), *Storia di Genova*, Milan
De Vergottini, G. (1941), 'Vicariati imperiali e signori', in *Studi di storia e diritto in onore di Arrigo Solmi*, Milan, pp. 41–64
Enciclopedia Italiana, 35 vols., Rome, Istituto della Enciclopedia Italiana (1949)
Ercole, F. (1910), 'Comuni e signorie nel veneto. Saggio storico-giuridico', *NAV* n.s. 19: 255–337
Ercole, F. (1929), *Dal comune al principato. Saggi sulla storia del diritto del rinascimento italiano*, Florence
Fondazione Treccani degli Alfieri (1954–5), *Storia di Milano*, IV and V, Milan
Fortuni Brown, P. (1988), *Venetian Narrative Painting in the Age of Carpaccio*, Newhaven and London
Gabotto, F. (1894), *Storia del Piemonte nella prima metà del sec. XIV*, Turin
Gabotto, F. (1895), 'L'eta del conte Verde', *Miscellanea di storia italiana* 3rd series 2: 75–324
Gabotto, F. (1896), 'Il "tuchinaggio" nel Canavese', *BSPS* 1: 81–95
Gabotto, F. (1897), *Gli ultimi principi di Acaia*, Pinerolo and Turin
Gianola, G. M. (1984), 'L'ecerinide di Ferreto Ferreti: *De Scaligerorum origine*', *SM* 3rd series 25: 201–36
Girgensohn, D. (1996), 'La crisi del patriarcato d'Aquileia', in Provincia di Pordenone (ed.), *Il quattrocento nel Friuli occidentale*, Pordenone, 1, 53–68
Green, L. (1990), 'Galvano Fiamma, Azzone Visconti and the Revival of the Classical Theory of Magnificence', *JWCI* 53: 98–113

Green, L. (1993), 'The Image of Tyranny in Early Fourteenth Century Italian Historical Writing', *RStds* 7: 335–51
Hay, D. (1988), 'The Italian View of Renaissance Italy', and 'Italy and Barbarian Europe', in his *Renaissance Essays*, London, pp. 353–88
Hay, D. and Law, J.E. (1989), *Italy in the Age of the Renaissance*, London
Hyde, J.K. (1993), 'Contemporary Views on Faction and Civil Strife in Thirteenth and Fourteenth Century Italy', in his *Literacy and its Uses*, ed. D. Waley, Manchester, pp. 58–86
Ilardi, V. (1978), 'The Visconti–Sforza Regime of Milan; Recently Published Sources', *RQly* 31: 331–42
Istituto per gli Studi Storici Veronesi (1975), *Verona e il suo Territorio*, III/1, Verona
Jarry, E. (1896), *Les origines de la domination française à Gênes*, Paris
Jones, P. (1997), *The Italian City-State from Commune to Signoria*, Oxford
Jones, P.J. (1965), 'Communes and Despots: The City-State in Late-Medieval Italy', *TRHS* 5th series 15: 71–96
Joppi, V. (1888), *I Carraresi ed il Friuli*, Udine
Kirsch, E.W. (1991), *Five Illuminated Manuscripts of Giangaleazzo Visconti*, University Park
Koenigsberger, H. (1978), 'The Italian Parliaments', *Journal of Italian History* 1: 40–6
Kohl, B.G. (1988), review article, *Speculum* 83: 707–9
Kohl, B.G. (1998), *Padua under the Carrara*, Baltimore
Lane, F.C. (1966), 'Medieval Political Ideas and the Venetian Constitution', in his *Venice and History*, Baltimore, pp. 285–308
Lane, F.C. (1971), 'The Enlargement of the Great Council of Venice', in J.C. Rowe and W.H. Stockdale (eds.), *Florilegium Historiale. Essays Presented to W.K. Ferguson*, Toronto, pp. 237–74
Lane, F.C. (1973), *Venice – a Maritime Republic*, Baltimore
Lanza, A. (1991), *Firenze contro Milano: gli intelletuali fiorentini nelle guerre con i Visconti*, Anzio
Law, J.E. (1974), 'The Commune of Verona under Venetian Rule from 1405 to 1455', DPhil thesis, University of Oxford
Law, J.E. (1981a), '"*Super Differentiis Agitatis Venetiis inter Districtuales et Civitatem*": Venezia, Verona e il contado nel '400', *AV* 5th series 116: 5–32
Law, J.E. (1981b), *The Lords of Renaissance Italy*, London
Law, J.E. (1988a), 'Venice and the Problem of Sovereignty in the *Patria del Friuli*', in P. Denley and C. Elam (eds.), *Florence and Italy. Renaissance Studies in Honour of Nicolai Rubinstein*, London, pp. 135–48
Law, J.E. (1988b), 'La caduta degli Scaligeri', in G. Ortalli and M. Knapton (eds.), *Istituzioni, società e potere nella Marca Trevigiana e Veronese*, Rome, pp. 83–98
Law, J.E. (1996), 'L'autorità veneziana nella Patria del Friuli agli inizi del XV sec.', in Provincia di Pordenone (ed.), *Il quattrocento nel Friuli occidentale*, Pordenone, 1, pp. 35–52
Lazzarini, V. (1910), 'Un prestito di Francesco il Vecchio da Carrara al comune di Trieste, 1 aprile 1382', in *Miscellanea in Onore di A. Hortis*, 1, Trieste, pp. 229–36
Lazzarini, V. (1959), 'I titoli dei dogi di Venezia', in his *Scritti di paleografia e diplomazia*, Padua, pp. 195–226
Lazzarini, V. (1963), *Marino Falier*, Florence

Leicht, P.S. (1955), 'La giovenezza di Tristano Savorgnan', in *Studi di Storia Friulana*, Udine, pp. 3–40
Litta, P. (1819–99), *Famiglie celebri d'Italia*, Milan and Turin
Mallett, M. (1974), *Mercenaries and their Masters*, London
Marie-José (ex-queen of Italy) (1956), *La maison de Savoie*, Paris
Medin, A. (1891), 'I Visconti nella poesia contemporanea', *ASL* 18: 753–95
Mueller, R.C. (1992), 'Espressioni di *status* sociale a Venezia dopo la "serrata" del Maggior Consiglio', in G. Benzone et al. (eds.), *Studi Veneti Offerti a Gaetano Cozzi*, Venice, pp. 53–62
Nada Patrone, A.M. (1986), *Il Piemonte medioevale, Storia d'Italia*, UTET, v, Turin, pp. 61–86
Nasalli Rocca, E. (1968), 'La posizione politica del Pallavicini nell'eta dei comuni a quella delle signorie', *Archivio storico per le provincie parmensi* 4th series 20: 65–113
Novati, F. (1886), 'Le querele di Genova a Giangaleazzo Visconti', *Giornale ligustico* 13: 3–15
Novati, F. (1904), 'Il Petrarca e i Visconti', in *Francesco Petrarca e la Lombardia*, Milan, pp. 11–84
Ortalli, G. (1996), 'Le modalità di un passaggio: il Friuli occidentale e il dominio veneziana, in Provincia di Pordenone (ed.), *Il quattrocento nel Friuli occidentale*, Pordenone, I, pp. 13–34
Partner, P. (1972), *The Lands of St Peter*, London
Paschini, P. (1975), *Storia del Friuli*, Udine
Petti Balbi, G. (1981), 'I Maonesi e la Maona di Corsica', *MEFRM* 93: 147–70
Petti Balbi, G. (1991), *Simone Boccanegra e la Genova del '300*, Genoa
Prosdocimi, L. (1973), *Il diritto ecclesiastico*, Milan
Puncuh, D. (1978) 'Il governo genovese del Boucicaut', *MEFRM* 90: 657–87
Queller, D.E. (1986), *The Venetian Patriciate. Reality versus Myth*, Urbana and Chicago
Riedmann, J. (1991), 'L'area trevigiana e i poteri alpini', *Storia di Treviso* 2: 243–67
Robey, D. and Law, J.E. (1975), 'The Venetian Myth and the *De Republica Veneta* of Pier Paolo Vergerio', *Rinascimento* 2nd series 25: 3–59
Romano, G. (1894), 'Giangaleazzo Visconti avvelenatore', *ASL* 3rd series 1: 309–60
Romano, G. (1915), 'Un giudizio di A. Biglia sulla funzione storica dei Visconti e del ducato di Milano', *BSPSP* 15: 138–47
Rösch, G. (1989), *Der Venezianische Adel bis zur Schliessung der Grossen Rat*, Sigmaringen
Ruggiero, G. (1980), *Violence in Early Renaissance Venice*, New Brunswick
Ruggiero, M. (1979), *Storia del Piemonte*, Turin
Sandri, G. (1969), 'Il vicariate imperiale e gli inizi della signoria scaligera in Vicenza', in *Scritti di G. Sandri*, Verona, pp. 195–250
Seneca, F. (1952), 'L'intervento veneto-carrarese nella crisi friulana', *Miscellanea di studi e memorie della deputazione di storia patria per le Venezie*, 8/ii, 3–93
Sestan, E. (1961), 'Le origini delle signorie cittadine: un problema storico esaurito?', *Bulletino dell'Istituto storico italiano per il medio evo*, 73: 41–69
Simeoni, L. (1946), 'Signorie e principati', in E. Rota (ed.), *Questioni di storia medievale*, Milan, pp. 413–54
Simeoni, L. (1950), *Storia politica d'Italia. Le signorie*, I, Milan
Soldi Rondinini (1984), 'Appunti per una nuova storia di Milano', in *Saggi di Storia e Storiografia Visconteo-Sforzesche*, Milan, pp. 9–37

Stella, A. (1979a), *I principati vescovile di Trento e Bressanone, Storia d'Italia,* UTET, XVII, Turin, pp. 510–18
Stella, A. (1979b), *Il comune di Trieste, Storia d'Italia,* UTET, XVII, Turin, pp. 619–35
Tosti Croce, M. (ed.) (1993), *Il viaggio di Enrico VII in Italia,* Città di Castello
Valeri, N. (1934), 'L'insegnamento di Giangaleazzo e i consigli al principe di Carlo Malatesta', *BSBS* 36: 452–87
Valeri, N. (1935a), 'Lo stato visconteo alla morte di Giangaleazzo', *NRS* 19: 461–73
Valeri, N. (1935b), 'Gli studi viscontei-sforzeschi fino all crisi della libertà nell'ultimo ventennio', *ASI* 93/iv: 101–32
Valeri, N. (1938), *L'eredità di Giangaleazzo Visconti,* Turin
Valeri, N. (1949), *Signorie e principati,* Verona
Valeri, N. (1959), *Storia d'Italia,* I, Turin
Varanini, G.M. (1988a), 'I dal Verme e le loro sprovincializzazione' in Varanini (1988b), pp. 198–203
Varanini, G.M. (ed.) (1988b), *Gli Scaligieri,* Verona
Varanini, G.M. (1988c), 'Pietro dal Verme podestà scaligero di Treviso', in G. Ortalli and M. Knapton (eds.), *Istituzioni, società e potere nella Marca Trevigiana e Veronese,* Rome, pp. 65–81
Varanini, G.M. (1991), 'Istituzioni e società a Treviso tra comune, signoria e poteri regionali', in *Storia di Treviso,* II, Venice, pp. 135–211
Varanini, G.M. (1994), 'Propaganda dei regimi signorili: le esperienze venete del trecento', in P. Cammarosano (ed.), *Le forme della propaganda politica nel due e nel trecento,* Rome, pp. 311–43
Varanini, G.M. (1995), 'Istituzioni, politica e societa nel Veneto (1329–1403)', in A. Castagnetti and G.M. Varanini (eds.), *Il Veneto nel medioevo,* Verona, pp. 1–124
Vitale, V. (1955), *Brevario della storia di Genova,* I, Genoa
Waley, D. (1978), *The Italian City Republics,* 2nd edn, London, pp. 133–40

15(b) FLORENCE AND THE REPUBLICAN TRADITION

Primary sources

Compagni, D., *Cronica,* ed. I. Del Lungo, *RIS,* IX/2, Città di Castello (1916)
Stefani, Marchionne di Coppo, *Cronaca fiorentina,* ed. N. Rodolico, *RIS,* XXX/1, Città di Castello (1927)
Villani, G., *Cronica,* ed. F.G. Dragomanni, 4 vols., Florence (1844–5)
Villani, M., *Cronica,* ed. F.G. Dragomanni, 2 vols., Florence (1846)

Secondary works

Azzi, G. degli (1908), 'La dimora di Carlo figliuolo di Re Roberto a Firenze (1326–27)', *ASI* 5th series 42: 45–83, 259–305
Baldasseroni, F. (1906), 'Relazioni tra Firenze, la Chiesa, e Carlo IV (1353–55)', *ASI* 5th series 37: 3–60, 322–47
Balestracci, D. (1985), 'Una città nella crisi: Firenze (1280–1380). A proposito del recente volume di Charles Marie de la Roncière', *ASI* 143: 163–96

992
Barbadoro, B. (1929), *Le finanze della repubblica fiorentina. Imposta diretta e debito pubblico fino all'istituzione del Monte*, Florence
Barducci, R. (1979), 'Politica e speculazione finanziaria a Firenze dopo la crisi del primo Trecento (1343–1358)', *ASI* 137: 177–219
Barducci, R. (1981), 'Le riforme finanziarie nel Tumulto dei Ciompi', in *Il tumulto dei Ciompi: un momento di storia fiorentina ed europea*, Florence, pp. 95–102
Baron, H. (1966), *The Crisis of the Early Italian Renaissance. Civic Humanism and Republican Liberty in an Age of Classicism and Tyranny*, 2nd edn, Princeton
Becker, M.B. (1959), 'Some Economic Implications of the Conflict between Church and State in Trecento Florence', *MS* 21: 1–16
Becker, M.B. (1962), 'Florentine Popular Government (1343–1348)', *PrAPS* 106: 360–82
Becker, M.B. (1967–8), *Florence in Transition*, 2 vols., Baltimore
Becker, M.B. and Brucker, G.A. (1956). 'The Arti Minori in Florentine Politics', *MS* 18: 93–104
Bernocchi, M. (1979), *Il sistema monetario fiorentino e le leggi del governo popolare del 1378–1382*, Bologna
Bonolis, G. (1901), *La giurisdizione della mercanzia in Firenze nel secolo XIV*, Florence
Bowsky, W.M. (1958), 'Florence and Henry of Luxemburg, King of the Romans: The Re-Birth of Guelphism', *Speculum* 33: 177–203
Bowsky, W.M. (1960), *Henry VII in Italy. The Conflict of Empire and City-State (1310–1313)*, Lincoln, Neb.
Brucker, G.A. (1962), *Florentine Politics and Society 1343–1378*, Princeton
Brucker, G.A. (1968), 'The Ciompi Revolution', in N. Rubinstein (ed.), *Florentine Studies. Politics and Society in Renaissance Florence*, London, pp. 314–56
Brucker, G.A. (1977), *The Civic World of Early Renaissance Florence*, Princeton
Caggese, R. (1922–30), *Roberto d'Angiò e i suoi tempi*, 2 vols., Florence
Cipolla, C.M. (1982), *Il fiorino e il quattrino. La politica monetaria a Firenze nel 1300*, Bologna
Davidsohn, R. (1956–68), *Storia di Firenze* (Italian translation of *Geschichte von Florenz*, 4 vols., Berlin (1896–1927)), 8 vols., Florence
De Rosa, D. (1980), *Coluccio Salutati, il cancelliere e il pensatore politico*, Florence
Del Lungo, I. (1921), *I Bianchi e i Neri. Pagina di storia fiorentina da Bonifazio VIII ad Arrigo VII per la vita di Dante*, Milan
Dumontel, C. (1952), *L'impresa italiana di Giovanni di Lussemburgo, re di Boemia*, Turin
Falsini, A.B. (1971), 'Firenze dopo il 1348. Le consequenze della peste nera', *ASI* 129: 425–503
Fiumi, E. (1977), *Fioritura e decadenza dell'economia fiorentina*, Florence
Franceschi, F. (1993a), 'Intervento del potere centrale e ruolo delle Arti nel governo dell'economia fiorentina del trecento e del primo quattrocento. Linee generali', *ASI* 151: 863–909
Franceschi, F. (1993b), *Oltre 'Il Tumulto': I lavoratori fiorentini dell'Arte della Lana fra tre e quattrocento*, Florence
Gherardi, A. (1867–8), 'La guerra dei Fiorentini con papa Gregorio XI, detta la guerra degli Otti Santi', *ASI* 5th series 5, ii: 35–131; 6, i: 208–32; 6, ii: 229–51; 7, i: 211–32; 7, ii: 235–48; 8, i: 260–96

Green, L. (1986), *Castruccio Castracani. A Study on the Origins and Character of a Fourteenth-Century Italian Despotism*, Oxford

Green, L. (1995), *Lucca under Many Masters: A Fourteenth-Century Italian Commune in Crisis (1328–1342)*, Florence

Guidi, G. (1972), 'I sistemi elettorali agli uffici del comune di Firenze nel primo Trecento (1300–1328)', *ASI* 130: 345–407

Guidi, G. (1977), 'I sistemi elettorali agli uffici della città-repubblica di Firenze nella prima metà del Trecento (1329–1349)', *ASI* 135: 373–424

Guimbart, C. (1992), 'Appunti sulla legislazione suntuaria a Firenze dal 1281 al 1384', *ASI*, 150: 57–82

Henderson, J. (1994), *Piety and Charity in Late Medieval Florence*, Oxford

Herde, P. (1965), 'Politik und Rhetorik in Florenz am Vorabend der Renaissance: die ideologische Rechtfertigung der Florentiner Aussenpolitik durch Coluccio Salutati', *AK* 47: 141–220

Herde, P. (1973), 'Politische Verhaltensweisen der Florentiner Oligarchie 1382–1402', *Geschichte und Verfassungsgefüge: Frankfurter Festgabe für Walter Schlesinger: Frankfurter Historische Abhandlungen* 5: 156–249

Holmes, G. (1986), *Florence, Rome and the Origins of the Renaissance*, Oxford

Hoshino, H. (1980), *L'Arte della Lana in Firenze in basso medioevo. Il commercio della lana e il mercato dei panni fiorentini nei secoli XIII–XV*, Florence

Jones, P.J. (1968), 'From Manor to Mezzadria: A Tuscan Case-Study in the Medieval Origins of Modern Agricultural Society', in N. Rubinstein (ed.), *Florentine Studies. Politics and Society in Renaissance Florence*, London, pp. 193–241

La Roncière, C.M. de (1968), 'Indirect Taxes or "Gabelles" at Florence in the Fourteenth Century', in N. Rubinstein (ed.), *Florentine Studies. Politics and Society in Renaissance Florence*, London, pp. 140–92

La Roncière, C.M. de (1981), 'La condition des salariés à Florence au XIVe siècle', in *Il tumulto dei Ciompi. Un momento di storia fiorentina ed europea*, Florence, pp. 13–40

La Roncière, C.M. de (1982), *Prix et salaires à Florence au XIVe siècle (1280–1380)*, Rome

Landogna, F. (1929), *La politica dei Visconti in Toscana*, Milan

Lesnick, D.R. (1989), *Preaching in Medieval Florence. The Social World of Franciscan and Dominican Spirituality*, Athens, Ga.

Mandich, G. (1988), 'Il fiorino di conto a Firenze nel 1294–1381', and 'Il fiorino di conto a Firenze nel 1382–1464', *ASI* 146: 23–48, 155–82

Mantini, S. (1995), 'Un ricinto di identificazione: le mura sacre della città. Riflessione su Firenze dall'età classica al medioevo', *ASI* 153: 211–61

Martin, A. von (1916), *Coluccio Salutati und das humanische Lebensideal. Ein Kapitel aus der Genesis der Renaissance*, Berlin and Leipzig

Mesquita, D.M. Bueno de (1941), *Giangaleazzo Visconti, Duke of Milan 1351–1402*, Cambridge

Molho, A. (1968a), 'The Florentine Oligarchy and the *Balìe* of the Late Trecento', *Speculum* 43: 23–51

Molho, A. (1968b), 'Politics and the Ruling Class in Early Renaissance Florence', *NRS* 52: 401–31

Najemy, J.M. (1981), '"Audiant omnes artes": Corporate Origins of the Ciompi Revolution', in *Il Tumulto dei Ciompi. Un momento di storia fiorentina ed europea*, Florence, pp. 59–93

994 Najemy, J. M. (1982), *Corporatism and Consensus in Florentine Electoral Politics*, Chapel Hill, N.C.
Ninzi, R. (1992), 'Techniche e manipolazioni elettorali nel comune di Firenze tra XIV e XV secolo (1382–1434)', *ASI* 150: 735–74
Pampaloni, Giuseppe (1953), 'Gli organi della Repubblica fiorentina per le relazioni con l'Estero', *Rivista di studi politici internazionali* 20: 261–96
Pampaloni, Guido (1982), 'Un nuovo studio sulla produzione e commercio della lana a Firenze tra trecento e cinquecento', *ASI* 140: 197–213
Panella, A. (1913), 'Politica ecclesiastica del comune fiorentino dopo la cacciata del duca d'Atene', *ASI* 6th series 2: 271–370
Paoli, C. (1862), *Della signoria di Gualtieri, duca d'Atene in Firenze. Memoria compilata su documenti*, Florence; also published in *Giornale storico degli archivi toscani* 6: 86–286
Pardi, G. (1916), 'Disegno della storia demografica di Firenze', *ASI* 74: 3–84, 185–245
Perrens, F.-T. (1877–83), *Histoire de Florence depuis ses origines jusqu'à la domination des Médicis*, 6 vols., Paris
Petrucci, A. (1972), *Coluccio Salutati*, Rome
Pinto, G. (1972), 'Firenze e la carestia del 1346–7', *ASI* 130: 3–84
Pinto, G. (1973), 'Aspetti della guerra tra Firenze e Ludovico il Bavaro in alcune lettere della cancelleria fiorentina', *ASI* 131: 225–33
Rado, A. (1926), *Dalla repubblica fiorentina alla signoria medicea. Maso degli Albizzi e il partito oligarchico in Firenze dal 1382 al 1393*, Florence
Rodolico, N. (1899), *Il popolo minuto.. Note di storia fiorentina (1343–1378)*, Bologna
Rodolico, N. (1945), *I Ciompi. Una pagina di storia del proletario operaio*, Florence
Rubinstein, N. (1981), 'Il regime politico di Firenze dopo il Tumulto dei Ciompi', in *Il tumulto dei Ciompi. Un momento di storia fiorentina ed europea*, Florence, pp. 105–24
Rutenburg, V. (1971), *Popolo e movimenti popolari nell'Italia del '300 e '400*, Bologna
Sapori, A. (1926), *La crisi delle compagnie mercantili dei Bardi e dei Peruzzi*, Florence
Sapori, A. (1955–67), *Studi di storia economica (secoli XIII–XIV–XV)*, 3 vols., Florence
Stella, A. (1993), 'Fiscalità, topografia e società a Firenze nella seconda metà del Trecento', *ASI* 151: 797–862
Strocchia, S. T. (1992), *Death and Ritual in Renaissance Florence*, Baltimore
Szabó, T. (1992), *Comuni e politica stradale in Toscana e in Italia nel Medioevo*, Bologna
Tabacco, G. (1953), *La casa di Francia nell'azione politica di papa Giovanni XXII*, Rome
Tognetti, S. (1995), 'Prezzi e salari nella Firenze tardo-medievale: un profilo', *ASI* 153: 263–333
Trexler, R.C. (1974), *The Spiritual Power. Republican Florence under the Interdict*, Leiden
Trexler, R.C. (1985), 'Il parlamento fiorentino del 10 settembre 1378', *ASI* 143: 437–75
Vigo, P. (1879), *Uguccione della Faggiuola, podestà di Pisa e di Lucca 1313–1316*, Livorno
Witt, R.G. (1969), 'A Note on Guelfism in late Medieval Florence', *NRS* 53: 134–45
Witt, R.G. (1976), 'Florentine Politics and the Ruling Class', *JMRS* 6: 243–67
Witt, R.G. (1983), *Hercules at the Crossroads. The Life, Works and Thought of Coluccio Salutati*, Durham, N.C.
Zorzi, A. (1987), 'Aspetti e problemi dell'amministrazione della giustizia penale nella repubblica fiorentina I: la transizione dal XIV al XV secolo', *ASI* 145: 391–453

15(c) THE ITALIAN SOUTH

Primary sources

Davidsohn, R., *Forschungen zur Geschichte von Florenz*, III. Teil *XIII. und XIV. Jahrhundert*, I. *Register unedirter Urkunder zur Geschichte von Handel, Gewerbe und Zuftwesen*; II. *Die Schwarzen und die Weissen*, Berlin (1901)

Robert d'Anjou, *La vision bienheureuse. Traité envoyé au pape Jean XXII*, ed. M. Dykmans, Miscellanea Historiae Pontificiae, Rome (1970)

Secondary works

The literature is uneven, and some aspects are covered in far more detail than others. More extended treatment of most issues touched on in this chapter is found in Abulafia (1997).

The kingdom of Naples

Abulafia, D. (1980), 'Venice and the Kingdom of Naples in the Last Years of King Robert the Wise', *PBSR* 48: 186–204; repr. in Abulafia (1987)

Abulafia, D. (1981), 'Southern Italy and the Florentine Economy, 1256–1370', *EcHR* 2nd series 33: 377–88; repr. in Abulafia (1987)

Abulafia, D. (1987), *Italy, Sicily and the Mediterranean, 1100–1400*, London

Abulafia, D. (1994), 'Genova Angioina, 1318–35: gli inizi della Signoria di Roberto re di Napoli', in *La storia dei Genovesi*, XII: *Atti del Convegno internazionale di studi sui Ceti Dirigenti nelle Istituzioni della Repubblica di Genova, 12a Tornata, Genova, 11–14 giugno, 1991*, part 1, Genoa, pp. 15–24

Abulafia, D. (1997), *The Western Mediterranean Kingdoms, 1200–1500*, London

Boulton, D'A.J.D. (1987), *The Knights of the Crown. The Monarchical Orders of Knighthood in Later Medieval Europe, 1325–1520*, Woodbridge

Bowsky, W. M. (1960), *Henry VII in Italy*, Lincoln, Nebr.

Branca, V. (1976), *Boccaccio. The Man and his Works*, Hassocks, Sussex

Caggese, R. (1922–30), *Roberto d'Angiò*, 2 vols., Florence

Cole, B. (1976), *Giotto and Florentine Painting, 1280–1375*, New York

Cutolo, A. (1936), *Re Ladislao di Angio-Durazzo*, 2 vols., Milan

Ducellier, A. (1981), *La façade maritime de l'Albanie au moyen âge. Durazzo et Valona du XIe au XVe siècle*, Thessaloniki

Enderlein, L. (1997), *Die Grablegen des Hauses Anjou in Unteritalien. Totenkult und Monumente 1266–1343*, Worms

L'Etat Angevin. Ponvoir, culture et société entre XIIIe et XIVe siècle (1998), Collection de l'école française de Rome, 245, Rome

Galasso, G. (1992), *Il regno di Napoli. Il Mezzogiorno angioino e aragonese (1266–1494)*, UTET, Storia d'Italia, Turin

Gardner, J. (1975), 'Simone Martini's St Louis of Toulouse', *Reading Medieval Studies* 1: 16–29

Green, L. (1986), *Castruccio Castracani. A Study on the Origins and Character of a Fourteenth-Century Italian Despotism*, Oxford

996 Grierson, P. and Travaini, L. (1998), *Medieval European Coinage*, XIV: *Italy*, pt III: *South Italy, Sicily, Sardinia*, Cambridge

Hilton, R.H. (1973), *Bond Men Made Free. Medieval Peasant Movements and the English Rising of 1381*, London

Housley, N.J. (1982), *The Italian Crusades. The Papal-Angevin alliance and the Crusades against Christian Lay Powers, 1254–1343*, Oxford

Housley, N.J. (1983), 'Pope Clement V and the Crusades of 1309–10', *JMH* 8: 29–43

Housley, N.J. (1986), *The Avignon Papacy and the Crusades, 1305–1378*, Oxford

Hunt, E.H. (1994), *The Medieval Super-Companies. A study of the Peruzzi Company of Florence*, Cambridge

La Roncière, C. M. de (1976), *Florence, centre économique régional*, 4 vols., Aix-en-Provence

Labande, E.R. (1957), 'La politique méditerranéenne de Louis Ier d'Anjou et le rôle qu'y joua la Sardaigne', *Atti del VI Congresso internazionale di studi sardi*, Cagliari, pp. 3–23; repr. in E.R. Labande, *Histoire de l'Europe occidentale, XIe–XIVe s.*, London (1973)

Léonard, E. (1932–6), *Le règne de Jeanne Ier de Naples*, 3 vols., Monaco and Paris

Léonard, E. (1954), *Les Angevins de Naples*, Paris

Léonard, E. (1967), *Gli Angioini di Napoli*, Milan (Italian version of Léonard (1954))

Mollat, G. (1965), *Les papes d'Avignon, 1305–1378*, 10th edn, Paris; English trans. Janet Love, of earlier edn (1963) as *The Popes at Avignon*, London (1963)

Pennington, K. (1993), *The Prince and the Law, 1200–1600. Sovereignty and Rights in the Western Legal Tradition*, Berkeley and Los Angeles

Pryor, J.H. (1980), 'Foreign Policy and Economic Policy: The Angevins of Sicily and the Economic Decline of Southern Italy', in L.O. Frappell (ed.), *Principalities, Powers and Estates. Studies in Medieval and Early Modern Government and Society*, Adelaide

Sapori, A. (1926), *La crisi delle compagnie mercantili dei Bardi e dei Peruzzi*, Florence

Tabacco, G. (1953), *La casa di Francia nell'azione politica di Giovanni XXII*, Rome

Trifone, A. (1921), *La legislazione angioina*, Naples

Ullmann, W. (1946), *The Medieval Idea of Law as Represented by Lucas de Penna*, London

Ullmann, W. (1948), *The Origins of the Great Schism*, London

Weiss, R. (1977), *Medieval and Humanist Greek*, Padua

Wood, D. (1989), *Clement VI. The Pontificate and Ideas of an Avignon Pope*, Cambridge

Yver, G. (1903), *Le commerce et les marchands dans l'Italie méridionale*, Paris

The island kingdom of Sicily

Abulafia, D. (1995), 'The Aragonese Kingdom of Albania. An Angevin Project of 1311–16', *MHR* 10: 1–13; repr. in Benjamin Arbel (ed.), *Intercultural Contacts in the Medieval Mediterranean. Studies in Honour of David Jacoby*, London (1996)

Backman, C. (1995), *The Decline and Fall of Medieval Sicily. Politics, Religion and Economy in the Reign of Frederick III, 1296–1337*, Cambridge

Benigno F. and Torrisi C. (eds.) (1995), *Elites e potere in Sicilia dal medioevo ad oggi*, Catanzaro

Bresc, H. (1990), *Politique et société en Sicile, XIIe–XVe siècles*, Aldershot

Bresc, H. (1986), *Un monde méditerranéen. Economie et société en Sicile, 1300–1450*, 2 vols., Rome and Palermo

Corrao, P. (1991), *Governare un regno. Potere, società e istituzioni in Sicilia fra Trecento e Quattrocento*, Naples
D'Alessandro, V. (1963), *Politica e società nella Sicilia aragonese*, Palermo
D'Alessandro, V. (1994), *Terra, nobili e borghesi nella Sicilia medievale*, Palermo
Epstein, S.R. (1992), *An Island for Itself. Economic Development and Social Change in Late Medieval Sicily*, Cambridge
Fisber Polizzi, C. (1979), *Amministrazione della contea di Ventimiglia nella Sicilia aragonese*, Supplement to *Atti dell'Accademia Agrigentina di scienze lettere e arti*, 6, Padua
Kiesewetter, A. (1999), *Die Anfänge der Regierung Karls II. von Anjou (1278–1295)*, Husum
Luttrell, A.T. (ed.) (1975), *Medieval Malta. Studies on Malta before the Knights*, London
Mazzarese Fardella, E. (1974), *I Feudi comitali di Sicilia dai Normanni agli Aragonesi*, Milan and Palermo
Peri, I. (1981), *La Sicilia dopo il Vespro. Uomini, città e campagne, 1282–1376*, Bari
Peri, I. (1993), *Villani e cavalieri nella Sicilia medievale*, Bari
Romano, A. (ed.) (1992), *Istituzioni politiche e giuridiche e strutture del potere politico ed economico nelle città dell'Europa mediterranea medievale e moderna. La Sicilia*, Messina
Sciascia, L. (1993), *Le donne e i cavalier, gli affanni e gli agi. Famiglia e potere in Sicilia tra XII e XIV secolo*, Messina

16(a) THE EMPIRE: FROM ADOLF OF NASSAU TO LEWIS OF BAVARIA, 1292–1347

ADOLF OF NASSAU

Primary sources

MGH, Legum Sectio IV: Constitutiones et Acta Publica Imperatorum et Regum Tom. III, ed. Iacobus Schwalm, Hanover and Leipzig (1904–6), nos. 468–590, pp. 455–553
Die Regesten des Kaiserreiches unter Adolf von Nassau 1291–1298, ed. Vincenz Samanek (J. F. Böhmer, *Regesta Imperii* VI 2), Innsbruck (1948)

Historiographical sources

Lhotsky, Alphons, *Quellenkunde zur mittelalterlichen Geschichte Österreichs*, MIÖG, Ergänzungsband, XIX, Graz and Cologne, (1963), pp. 259ff
Lorenz, Ottokar, *Deutschlands Geschichtsquellen im Mittelalter seit der Mitte des dreizehnten Jahrhunderts*, I (3rd edn, Berlin (1886)); II (3rd edn, Berlin (1887)), esp. pp. 257ff

Secondary works

Baethgen, Friedrich (1956), 'Zur Geschichte der Wahl Adolfs von Nassau', *DA* 12: 536–43; repr. in his *Mediaevalia*, Stuttgart (1960), I, pp. 192–201
Barraclough, G. (1940), 'Edward I and Adolf of Nassau', *Cambridge Historical Journal* 6: 225–62
Gerlich, A. (1994), 'Adolf von Nassau (1292–8): Aufstieg und Sturz eines Königs, Herrscheramt und Kurfürstenfronde', *Nassauische Annalen* 105: 17–78

998

Gerlich, A. (1998), 'König Adolf von Nassau: Reichspolitik am Rhein und in Schwaben 1293 und 1294', *Nassauische Annalen* 109: 1–72

Patze, Hans (1963), 'Erzbischof Gerhard II. von Mainz und König Adolf von Nassau. Territorialpolitik und Finanzen', *Hessisches Jahrbuch für Landesgeschichte* 13: 83–140

Roth, F.W.K. (1879), *Geschichte des römischen Königs Adolf I. von Nassau*, Wiesbaden

Samanek, Vincenz (1930), *Studien zur Geschichte König Adolfs*, Akademie der Wissenschaften in Wien, philos.-histor. Klasse, Sitzungsberichte, 207.2, Vienna and Leipzig

Samanek, Vincenz (1932), *Neue Beiträge zu den Regesten König Adolfs*, Akademie der Wissenschaften in Wien, philos.-histor. Klasse, Sitzungsberichte, 214.2, Vienna and Leipzig

Trautz, Fritz (1961), *Die Könige von England und das Reich 1272–1377*, Heidelberg

Trautz, Fritz (1965), 'Studien zur Geschichte und Würdigung König Adolfs von Nassau', *Geschichtliche Landeskunde* 2, Veröffentlichungen des Instituts für geschichtliche Landeskunde an der Universität Mainz, Wiesbaden, pp. 1–45

ALBERT I OF HABSBURG

Primary sources

There is so far no new edition of the 'Regesta Imperii' for Albert's reign. The most important documents are in *MGH, Legum Sectio IV: Constitutiones et Acta Publica Imperatorum et Regum Tom. IV*, pt 1, ed. Iacobus Schwalm, Hanover and Leipzig (1906), nos. 1–236, pp. 1–199

Chronicon Ecclesiae Wimpinensis auct. Burcardo de Hallis et Dythero de Helmestat. MGH, Scriptores Tom, XXX, pt. I, Hanover (1896); repr. Stuttgart (1976)

Historiographical sources

See above under Adolf of Nassau

Secondary works

Baethgen, Friedrich (1928), 'Die Promissio Albrechts I. für Bonifaz VIII.', in *Aus Politik und Geschichte. Gedächtnisschrift für Georg von Below*, Berlin, pp. 75–90; repr. in his *Mediaevalia*, Stuttgart (1960), 1, pp. 202–17

Baethgen, Friedrich (1964), 'Zur Geschichte der Weltherrschaftsidee im späteren Mittelalter', in *Festschrift Percy Ernst Schramm*, Wiesbaden, 1, pp. 189–203

Hessel, Alfred (1931), *Jahrbücher des Deutschen Reiches unter König Albrecht I. von Habsburg*, Munich

Lhotsky, Alphons (1967), *Geschichte Österreichs seit der Mitte des 13. Jahrhunderts (1281–1358)*, Vienna

Lintzel, Martin (1935), 'Das Bündnis Albrechts I. mit Bonifaz VIII.', *HZ* 151: 457–85; repr. in Martin Lintzel, *Ausgewählte Schriften*, Berlin (1961), II, pp. 464–85

Lucas, H.S. (1934), 'Diplomatic Relations of Edward I and Albert of Austria', *Speculum* 9: 125–34

HENRY VII

Primary sources

So far there is no new edition of the 'Regesta Imperii' for the the reign of Henry VII. The most important documents are in *MGH, Legum Sectio IV: Constitutiones... Tom. IV,* pt 1, ed. Iacobus Schwalm, Hanover and Leipzig (1909–11), nos. 262–722, pp. 228–712; pt 2, ed. Iacobus Schwalm, Hanover and Leipzig (1909–11), nos. 723–1090, pp. 713–1090. This edition largely replaces two earlier ones: Doennigs, G[uillelmus], *Acta Henrici VII imperatoris Romanorum*, 2 vols., Berlin (1838), and Bonaini, Francesco, *Acta Henrici VII Romanorum imperatoris...*, 2 vols., Florence (1877)

Mommsen, Theodor E. and Hagemann, Wolfgang, *Italienische Analekten zur Reichsgeschichte des 14. Jahrhunderts (1310–1378)*, Schriften der MGH, 11, Stuttgart (1952), nos. 1–136, pp. 21–64

Le Opere di Dante Alighieri, a cura del Dr E. Moore, nuovamente rivedute nel testo dal Dr Paget Toynbee, 4th edn, Oxford (1924)

Stengel, Edmund E., *Nova Alamanniae. Urkunden, Briefe und andere Quellen besonders zur deutschen Geschichte des 14. Jahrhunderts*, 2 vols., Berlin and Hanover (1921–76)

Wampach, Camillo, *Urkunden- und Quellenbuch zur Geschichte der altluxemburgischen Territorien bis zur burgundischen Zeit*, 10 vols., Luxemburg (1935–55)

Secondary works

Bowsky, W.M. (1958a), 'Florence and Henry of Luxemburg, King of the Romans: The Rebirth of Guelfism', *Speculum* 33: 177–203

Bowsky, W.M. (1958b), 'Dante's Italy: A Political Dissection', *The Historian* 21: 82–100

Bowsky, W.M. (1958c), 'Clement V and the Emperor-Elect', *MH* 12: 52–69

Bowsky, W.M. (1960), *Henry VII in Italy. The Conflict of Empire and City-State, 1310–1313*, Lincoln, Nebr.

Dietmar, Carl D. (1983), *Die Beziehungen des Hauses Luxemburg zu Frankreich in den Jahren 1247–1346*, Cologne

Franke, Maria Elisabeth (1992), *Kaiser Heinrich VII. im Spiegel der Historiographie*, Cologne

Gade, John A. (1951), *Luxemburg in the Middle Ages*, Leiden

Heyen, Franz-Josef (1965), *Kaiser Heinrichs Romfahrt. Die Bilderchronik von Kaiser Heinrich VII. und Kurfürst Balduin von Luxemburg (1308–1313)*, Boppard; repr. Munich (1978)

Jäschke, Kurt-Ulrich (1988), *Imperator Heinricus. Ein spätmittelalterlicher Text über Kaiser Heinrich VII. in kritischer Beleuchtung*, Beiheft zu Hémecht, Luxemburg

Meltzer, Franz (1940), *Die Ostraumpolitik König Johanns von Böhmen*, Jena

Schneider, Friedrich (1924–8), *Kaiser Heinrich VII.*, 3 parts, Greiz and Leipzig

Schneider, Friedrich (1940), *Kaiser Heinrich VII. Dantes Kaiser*, Stuttgart and Berlin

Wenck, Carl (1882), *Clemens V. und Heinrich VII. Die Anfänge des französischen Papsttums*, Halle

LEWIS OF BAVARIA

Primary sources

A new edition of the 'Regesta Imperii' is under way, but so far only a few volumes have been published: *Regesten Kaiser Ludwigs des Bayern (1314–1347) nach Archiven und Bibliotheken geordnet*, ed. Peter Acht, pt 1: *Die Urkunden aus den Archiven und Bibliotheken Württembergs*, ed. Johannes Wetzel, Cologne (1991); pt 2: *Die Urkunden aus den Archiven und Bibliotheken Badens*, ed. Johannes Wetzel, Cologne (1994); pt 3: *Die Urkunden aus Kloster- und Stiftsarchiven im Bayerischen Haupstaatsarchiv und in der Bayerischen Staatsbibliothek München*, ed. Michael Menzel, Cologne (1996); pt 4: *Die Urkunden aus den Archiven und Bibliotheken des Elsasses (Département Haut- und Bas-Rhin)*, ed. Johannes Wetzel, Cologne (1998)

The most important documents of his reign to 1330 are published in *MGH, Legum Sectio IV: Constitutiones et Acta Publica Imperatorum et Regum Tom. V*, ed. Iacobus Schwalm, Hanover and Leipzig (1909–13), nos. 1–1027, pp. 1–851; *Tom. VI Pars I*, ed. Iacobus Schwalm, Hanover (1914–27), nos. 1–894, pp. 1–741

Das deutsch-englische Bündnis von 1335–1342, I, *Quellen*, ed. Friedrich Bock, Munich (1956)
Die Register der Kanzlei Ludwigs des Bayern, ed. Helmut Bansa, 2 vols., Munich (1971–4)
Vatikanische Akten zur deutschen Geschichte in der Zeit Kaiser Ludwigs des Bayern, ed. Sigmund Riezler, Innsbruck (1891)

Historiographical sources

Geschichte Ludwigs des Bayern. Nach der Übersetzung von Walter Friedensburg neu bearbeitet und herausgegeben von Christian Lohmer, 2 vols., Essen and Stuttgart (1987)
The Defensor Pacis of Marsilius of Padua, ed. C.W. Previté-Orton, Cambridge (1928)
Marsilius von Padua, Defensor Pacis, ed. Richard Scholz, *MGH, Fontes Iuris Germanici Antiqui* 7, Hanover (1932)
Marsile de Padoue, Œuvres mineures, Defensor minor – De translatione imperii, ed. Colette Jeudy and Jeannine Quillet, Paris (1979)
Guillelmi de Ockham, Opera politica, ed. H.S. Offler *et al.*, 3 vols., Manchester (1956–74)

Secondary works

Baethgen, Friedrich (1920), 'Der Anspruch des Papsttums auf das Reichsvikariat', *ZR kanonist. Abt.* 10: 168–268; repr. in his *Mediaevalia*, Stuttgart (1960), I, pp. 110–85
Bansa, Helmut (1968), *Studien zur Kanzlei Kaiser Ludwigs des Bayern vom Tag der Wahl bis zur Rückkehr aus Italien (1314–1329)*, Kallmünz
Barisch, Gerhard (1977), 'Lupold von Bebenburg', *Historischer Verein Bamberg* 113: 219–432
Benker, Gertrud (1980), *Ludwig der Bayer. Ein Wittelsbacher auf dem Kaiserthron 1282–1347*, Munich
Bock, Friedrich (1943), *Reichsidee und Nationalstaaten vom Untergang des alten Reiches bis zur Kündigung des deutsch-englischen Bündnisses in Jahre 1341*, Munich
Bornhak, Otto (1933), *Staatskirchliche Anschauungen und Handlungen am Hofe Kaiser Ludwigs des Bayern*, Weimar
Colberg, Katherina (1985), *Die deutsche Literatur des Mittelalters, Verfasserlexikon*, V, Berlin, cols. 1071–8
Gewirth, Alan (1951–6), *Marsilius of Padua. The Defender of Peace*, 2 vols., New York
Green, Louis (1986), *Castruccio Castracani. A Study on the Origins and Character of a Fourteenth-Century Italian Despotism*, Oxford

Heyen, Franz-Josef (ed.) (1985), *Balduin von Luxemburg. Erzbischof von Trier-Kurfürst des Reiches 1285–1354*, Mainz
Homann, Hans-Dieter (1974), *Kurkolleg und Königtum im Thronstreit von 1314–1330*, Munich
Huber, Alexander (1983), *Das Verhältnis Ludwigs des Bayern zu den Erzkanzlern von Mainz, Köln und Trier (1314–1347)*, Kallmünz
Hundt, Barbara (1989), *Ludwig der Bayer. Der Kaiser aus dem Hause Wittelsbach 1282–1347*, Esslingen and Munich
McGrade, A.S. (1974), *The Political Thought of William of Ockham*, Cambridge
Meyer, Hermann (1909), *Lupold von Bebenburg. Studien zu seinen Schriften*, Freiburg im Breisgau
Miethke, J. (1969), *Ockhams Weg zur Sozialphilosophie*, Berlin
Moser, Peter (1985), *Das Kanzleipersonal Kaiser Ludwigs des Bayern in den Jahren 1330–1347*, Munich
Most, Rolf (1941), 'Der Reichsgedanke des Lupold von Bebenburg', *DA* 4: 444–85
Müller, Carl (1879–80), *Der Kampf Ludwigs des Bayern mit der römischen Kurie*, 2 vols., Tübingen
Offler, H.S. (1956), 'Empire and Papacy: The Last Struggle', *TRHS* 5th series 6: 21–47
Schlögl, Waldemar (1977), 'Beitrage zur Jugendgeschichte Ludwigs des Bayern', *DA* 33: 182–99
Scholz, Richard (1952), *Wilhelm von Ockham als politischer Denker und sein Breviloquium de principatu tyrannico*, Stuttgart
Schütz, Alois (1973), *Die Prokuratorien und Instruktionen Ludwigs des Bayern für die Kurie (1331–1345). Ein Beitrag zu seinen Absolutionsprozess*, Kallmünz
Schütz, Alois (1987), 'Ludwig der Bayer', *Neue Deutsche Biographie*, Munich, xv, cols. 334–47
Schwöbel, Hermann Otto (1968), *Der diplomatische Kampf zwischen Ludwig dem Bayern und der Römischen Kurie im Rahmen des kanonischen Absolutionsprozesses 1330–1346*, Weimar
Stengel, Edmund E. (1930), *Avignon und Rhens. Forschungen zur Geschichte des Kampfes um das Recht am Reich in der ersten Hälfte des 14. Jahrhunderts*, Weimar
Thomas, Heinz (1993), *Ludwig der Bayer (1282–1347). Kaiser und Ketzer*, Ratisbon, Graz, Vienna and Cologne

16(b) THE LUXEMBURGS AND RUPERT OF THE PALATINATE, 1347–1410

Primary sources

Battenberg, F. *Reichsacht und Anleite im Spätmittelalter. Ein Beitrag zur Geschichte der Höchsten Königlichen Gerichtsbarkeit im Alten Reich, besonders im 14. und 15. Jahrhundert*, Quellen und Forschungen zur Höchsten Gerichtsbarkeit im Alten Reich, Cologne and Vienna (1986)
Battenberg, F. *Urkundenregesten zur Tätigkeit des Deutschen Königs- und Hofgerichts bis 1451*, VI: *Die Königszeit Karls IV., 1346–1355 März*, Quellen und Forschungen zur Höchsten Gerichtsbarkeit im Alten Reich, 6, Cologne and Vienna (1990)
Brandl, V. et al. (eds.), *Codex Diplomaticus et Epistolaris Moraviae*, VII–XV, Brünn (1858–1903)
Chroniken der Deutschen Städte, Göttingen and Zurich, 1 – (repr.), (1965–)

Dahlmann, F.C. and Waitz, G., *Quellenkunde zur Deutschen Geschichte. Bibliographie der Quellen und der Litteratur zur Deutschen Geschichte*, 10th edn, Stuttgart (1969–)
Emler, J. *et al.* (eds.), *Fontes Rerum Bohemicarum*, IV and V, Prague (1884–93)
Fritz, W.D. (ed.), *Die Goldene Bulle Kaiser Karls IV. vom Jahre 1356*, Fontes Iuris Germanici Antiqui, 11, Weimar (1972)
Glafy, A.F., *Anecdotorum S.R.I. Historiam ac jus Publicum Illustrantium Collectio*, Dresden and Leipzig (1734)
Haas, A., *Archiv České Koruny, 1158–1935*, Prague (1961)
Haas, A., *Archiv Koruny České 5. Katalog Listin z let 1378–1437*, Prague (1947)
Hrub', V., *Archivum Coronae Regni Bohemiae*, II: *1346–1355*, Prague (1928)
Hubatsch, J.W. (ed.), *Regesta Historico-Diplomatica Ordinis S. Mariae Theutonicorum, 1193–1525*, I and II, Göttingen (1948–50)
Huber, A. (ed.), *Regesta Imperii*, VIII: *Die Regesten des Kaiserreiches unter Kaiser Karl IV., 1346–78*, Innsbruck (1877) and its supplement: A. Huber (ed.), *Regesta Imperii*, VIII: *Additamentum Primum*, Innsbruck (1889)
Janssen, W. *et al.* (eds.), *Regesten der Erzbischöfe von Köln im Mittelalter*, VII–X, Düsseldorf (1982–)
Koch, A. and Wille, J. (eds.), *Regesten der Pfalzgrafen am Rhein*, I and II, Innsbruck (1894–1939)
Kurze, D., *Quellen zur Ketzergeschichte Brandenburgs und Pommerns*, Veröffentlichungen der Historischen Kommission zu Berlin, 45, Berlin (1973)
Lüdicke, R., *Die Königs- und Kaiserurkunden der Königlich-Preussischen Staatsarchive und des Königlichen Hausarchiv bis 1439*, Mitteilungen d. kgl. Preuss. Archivverwaltung, 16, Leipzig (1910)
MGH Constitutiones, VIII: *Constitutiones et Acta Publica Imperatorum et Regum inde ab a. 1345 ad a. 1348*, ed. K. Zeumer and R. Saloman, Hanover (1982, repr. of 1910–26 edn)
MGH Constitutiones, IX: *Constitutiones et Acta Publica Imperatorum et Regum. Dokumente zur Geschichte des Deutschen Reiches und seiner Verfassung, 1349*, ed. M. Kühn, Hanover (1974–83)
MGH Constitutiones, X: *Constitutiones et Acta Publica Imperatorum et Regum. Dokumente zur Geschichte des Deutschen Reiches und seiner Verfassung, 1350–1353*, ed. M. Kühn, Hanover (1979–87)
MGH Constitutiones, XI: *Constitutiones et Acta Publica Imperatorum et Regum. Dokumente zur Geschichte des Deutschen Reiches und seiner Verfassung, 1354–1356*, ed. W.D. Fritz, Hanover (1978–92)
Patschovsky, A., *Quellen zur Böhmischen Inquisition im 14. Jahrhundert*, MGH, Quellen zur Geistesgeschichte des Mittelalters, 11, Weimar (1979)
Pfeiffer, G., *Quellen zur Geschichte der Fränkisch-Bayerischen Landfriedensorganisation*, Schriftenreihe zur Bayrischen Landesgeschichte, 69, Munich (1975)
Repertorium Fontium Historiae Medii Aevi, I – Rome (1962–)
Ruser, K. (ed.), *Die Urkunden und Akten der Oberdeutschen Städtebünde vom 13. Jahrhundert bis 1519*, I: *Vom 13. Jahrhundert bis 1347*, and II: *Städte- und Landfriedensbündnisse von 1347 bis 1380*, Göttingen (1979–88)
Scholz, R. and Krüger, S. (eds.), *Die Werke des Konrad von Megenberg*, 2 vols., MGH, Staatsschriften des Späteren Mittelalters, 2 and 3, Berlin and Stuttgart (1941–84)
Steinherz, S. (ed.), *Ein Fürstenspiegel Karls IV*, Prague (1925)

Tadra, F. (ed.), *Summa Cancellariae: Cancellaria Caroli IV*, Prague (1895)
Weizsäcker, J., *Deutsche Reichstagsakten*, I-VI, Göttingen (1956, repr. of Munich 1867–88 edns)
Winkelmann, E., *Acta Imperii Saeculi XIII et XIV*, I and II, Innsbruck (1885)
Winkelmann, E. *et al.* (eds.), *Regesten der Pfalzgrafen am Rhein*, I and II, Innsbruck (1894–1939)
Wohlgemuth, H., *Das Urkundenwesen des Deutschen Reichshofgerichts 1273–1378*, Quellen und Forschungen zur Höchsten Gerichtsbarkeit im Alten Reich, 1, Cologne and Vienna (1973)
Zeumer, K., *Die Goldene Bulle Kaiser Karls IV.*, I and II, Weimar (1908)

Secondary works

Angermeier, H. (1966), *Königtum und Landfriede im Deutschen Spätmittelalter*, Munich
Bartoš, F.M. (1947) *České Dějiny II-6, Čechy v Době Husové*, Prague
Battenberg, F. (1974), *Gerichtsschreiberamt und Kanzlei am Reichshofgericht, 1235–1451*, Quellen und Forschungen zur Höchsten Gerichtsbarkeit im Alten Reich, 2, Cologne and Vienna
Battenberg, F. (1979), *Das Hofgerichtssiegel der Deutschen Kaiser und Könige, 1235–1451*, Quellen und Forschungen zur Höchsten Gerichtsbarkeit im Alten Reich, 6, Cologne and Vienna
Battenberg, F. (1983), *Die Gerichtsstandsprivilegien der Deutschen Kaiser und Könige bis zum Jahre 1451*, I and II, Quellen und Forschungen zur Höchsten Gerichtsbarkeit im Alten Reich, 12, Cologne and Vienna
Blaschke, K. (1990), *Geschichte Sachsens im Mittelalter*, Munich
Bosl, K. and Seibt, F. (1967), *Handbuch der Geschichte der Böhmischen Länder*, I, Stuttgart
Burdach, K. *et al.* (eds.) (1893–1936), *Vom Mittelalter zur Reformation. Forschungen zur Geschichte der Deutschen Bildung*, Berlin
Conrad, H. (1962), *Deutsche Rechtsgeschichte*, 2nd edn, I, Karlsruhe
Demandt, K.A. (1972), *Geschichte des Landes Hessen*, 2nd edn, Kassel and Basle
Denifle, H. (1885), *Die Entstehung der Universitäten des Mittelalters bis 1400*, Berlin
Dirlmeyer, U. (1966), *Mittelalterliche Hoheitsträger im Wirtschaftlichen Wettbewerb*, Wiesbaden
Eisenhardt, U. (1980), *Die Kaiserlichen 'Privilegia de non Appellando'*, Quellen und Forschungen zur Höchsten Gerichtsbarkeit im Alten Reich, 7, Cologne
Engel, E. (ed.) (1982), *Karl IV. Politik und Ideologie im 14. Jahrhundert*, Weimar
Engel, E. and Holtz, E. (eds.) (1988), *Deutsche Könige und Kaiser des Mittelalters*, Berlin
Erler, A. and Kaufmann, E. (eds.) (1971–), *Handwörterbuch zur Deutschen Rechtsgeschichte*, 1– , Berlin
Fahlbusch, F.B. and Johanek, P. (eds.) (1989), *Studia Luxemburgica. Festschrift Heinz Stoob zum 70. Geburtstag*, Warendorf
Franklin, O. (1967), *Das Reichshofgericht im Mittelalter*, I and II, Hildesheim (repr. of Weimar 1867 edns)
Fried, J. (ed.) (1986), *Schulen und Studium im Sozialen Wandel des Hohen und Späten Mittelalters*, VF, 30, Sigmaringen
Füchtner, J. (1970), *Die Bündnisse der Bodenseestädte bis zum Jahre 1390*, Veröffentlichungen des Max-Planck-Instituts für Geschichte, 8, Göttingen

Gebhardt, B. *et al.* (eds.) (1970), *Handbuch der Deutschen Geschichte*, 9th edn, I and II, Stuttgart
Gerlich, A. (1960), *Habsburg–Luxemburg–Wittelsbach im Kampf um die Deutsche Königskrone*, Wiesbaden
Graus, F. (1975), *Lebendige Vergangenheit. Überlieferung im Mittelalter und in den Vorstellungen vom Mittelalter*, Cologne and Vienna
Graus, F. (1987), *Pest-Geissler-Judenmorde*, Veröffentlichungen des Max-Planck-Instituts für Geschichte, 86, Göttingen
Handbuch der Historischen Stätten Deutschlands (1959–), various editors, I–XI, Stuttgart
Handbuch der Schweizer Geschichte (1972), I, Zurich
Hauck, A. (1954), *Kirchengeschichte Deutschlands*, Berlin and Leipzig, I and II, 8th edn
Heimpel, H. (1957), 'Deutschland in Späteren Mittelalter, 1200–1500', in O. Brandt *et al.* (eds.), *Handbuch der Deutschen Geschichte*, I–V, Constance,
Heimpel, H. (1982), *Die Vener von Gmünd und Strassburg, 1162–1447*, Veröffentlichungen des Max-Planck-Instituts für Geschichte, 52, I–III, Göttingen
Heinig, P.-J. (1983), *Reichsstädte, Freie Städte und Königtum, 1389–1450*, Veröffentlichungen des Instituts für Europäische Geschichte Mainz, Universalgeschichte, 108, Wiesbaden
Hergemöller, B.-U. (1983), *Fürsten, Herren und Städte zu Nürnberg 1355/1356. Die Entstehung der 'Goldenen Bulle', Karls IV.*, Städteforschung, ser. A, vol. 13, Cologne and Vienna
Hermkes, W. (1968), *Das Reichsvikariat in Deutschland. Reichsvikare nach dem Tode des Kaisers von der Goldenen Bulle bis zum Ende des Reiches*, Studien und Quellen zur Geschichte des Deutschen Verfassungsrechts, A 2, Karlsruhe
Hlaváček, I. (1970), *Das Urkunden- und Kanzleiwesen des Böhmischen und Römischen Königs Wenzel, 1376–1419*, Schriften der *MGH* 23, Stuttgart
Hlaváček, I. (1974), 'Konrad von Vechta', *Beiträge zur Geschichte der Stadt Vechta* 1: 5–35
Hlaváček, I. (1981), 'Studie k Dvoru Václava IV', *Folia Historica Bohemica* 3: 135–93
Hlaváček, I. (1991), *K Organizaci Státního Správního Systému Václava IV. Dvě Studie o Jeho Itineráři a Radě*, Prague
Hödl, G. (1988), *Habsburg und Österreich 1273–1493: Gestalten und Gestalt des Österreichischen Spätmittelalters*, Vienna, Cologne and Graz
Hölscher, W. (1985), *Kirchenschutz als Herrschaftsinstrument. Personelle unde Funktionale Aspekte der Bistumspolitik Karls IV.*, Warendorf
Isenmann, E. (1988), *Die Deutsche Stadt im Spätmittelalter*, Stuttgart
Jahresberichte für Deutsche Geschichte, Berlin (1949–   )
Jenks, S. (1992), *England, die Hanse und Preussen. Handel und Diplomatie 1377–1474*, Quellen und Darstellungen zur Hansischen Geschichte N.F. 38, I–III, Cologne and Vienna
Jeserich, K.G.A. *et al.* (eds.) (1983), *Deutsche Verwaltungsgeschichte*, I: *Vom Spätmittelalter bis zum Ende des Reiches*, Stuttgart
Kavka, F. (1989), *Am Hofe Karls IV.*, Leipzig
Kavka, F. (1993), *Vláda Karla IV. Za Jeho Císařství, 1355–1378*, Země České Koruny, Rodová, Říšská a Evropská Politika, 1 and 2, Prague
Kellenbenz, H. (ed.) (1986), *Handbuch der Europäischen Wirtschafts- und Sozialgeschichte*, III, Stuttgart
Klare, W. (1990), *Die Wahl Wenzels von Luxemburg zum Römischen König 1376*, Münster
Kohl, W. (ed.) (1983), *Geschichte Westfalens*, I, Düsseldorf

1005 Knott, R. (1899), 'Ein Mantuanischer Gesandtschaftsbericht aus Prag vom Jahre 1383', *Mitteilungen des Vereins für Geschichte der Deutschen in Böhmen* 37: 337–57
Krása, J. (1971), *Die Handschriften Wenzels IV.*, Prague
Kraus, T.R. (1987), 'Eine Unbekannte Quelle zur Ersten Gefangenschaft König Wenzels im Jahre 1394', *DA* 43: 135–59
Krieger, K.-F. (1979), *Die Lehenshoheit der Deutschen Könige im Spätmittelalter, c.1200–1437*, Untersuchungen zur Deutschen Staats und Rechtsgeschichte N.F. 23, Aalen
Krieger, K.-F. (1992), *König, Reich und Reichsreform im Spätmittelalter*, Enzyklopädie Deutscher Geschichte ,14, Munich
Kruse, H. *et al.* (eds.) (1991), *Ritterorden und Adelgesellschaften im Spätmittelalterlichen Deutschland. Ein Systematisches Verzeichnis*, Kieler Werkstücke Reihe D, 1, Frankfurt
Kühnel, H. (1985), *Alltag im Spätmittelalter*, 2nd edn, Graz, Vienna and Cologne
Lamprecht, K. (1885–6), *Deutsches Wirtschaftsleben im Mittelalter*, I–III, Leipzig
Landwehr, G. (1967), *Die Verpfändung der Deutschen Reichsstädte im Mittelalter*, Forschungen zur Deutschen Rechsgeschichte, 5, Cologne and Graz
Legner, A. (ed.) (1978–80), *Die Parler und der Schöne Stil 1350–1400*, 6 vols., Cologne
Lehmann, P. (1959–62), *Erforschung des Mittelalters*, I–V, Stuttgart
Leuschner, J. (1975), *Deutschland im Späten Mittelalter*, Göttingen
Lexikon des Mittelalters, 9 vols., Munich and Zurich (1980–98)
Lindner, T. (1875–80), *Geschichte des Deutschen Reiches unter König Wenzel in den Jahren 1378–1400*, I–II, Braunschweig
Lindner, T. (1882), *Das Urkundenwesen Karls IV. und Seiner Nachfolger, 1346–1437*, Stuttgart
Lorenz, O. (1887), *Deutschlands Geschichtsquellen im Mittelalter seit der Mitte des 13. Jahrhunderts*, 3rd edn, II, Berlin
Losher, G. (1985), *Königtum und Kirche zur Zeit Karls IV.*, Munich
Loyo, H. (1924), *Die Landfrieden unter Ruprecht von der Pfalz*, Giessen
Martin, T.M. (1993), *Auf dem Weg zum Reichstag, 1314–1410*, Schriftenreihe der Historischen Kommission bei der Bayer. Akademie der Wissenschaften, 44, Göttingen
Messerschmidt, W. (1907), *Der Rheinische Städtebund von 1381–1389*, Marburg
Meuthen, E. (1988), *Kölner Universitätsgeschichte*, I: *Die Alte Universität*, Cologne and Vienna
Mezník, J. (1990), *Praha Před Husitskou Revolucí*, Prague
Moraw, P. (1968a), 'Beamten und Rat König Ruprechts', *Zeitschrift für die Geschichte Oberrheins* 116: 59–126
Moraw, P. (1968b), 'Deutsches Königtum und Bürgerliche Geldwirtschaft um 1400', *VSW* 55: 289–328
Moraw, P. (1969), 'Kanzlei und Kanzleipersonal König Ruprechts', *DA* 15: 1–104
Moraw P. (1979), 'Reichsstadt, Reich und Königtum im Späten Mittelalter', *ZHF* 6: 385–424
Moraw, P. (1980), 'Zur Mittelpunktfunktion Prags im Zeitalter Karls IV', in *Europa Slavica, Europa Orientalis. Festschrift für Herbert Ludat*, Berlin, pp. 445–89
Moraw, P. (1982), 'Kaiser Karl IV., 1378–1978: Ertrag und Konsequenzen eines Gedenkjahres' in H. Ludat and R.C. Schwinges (eds.), *Politik, Gesellschaft, Geschichtsschreibung. Giessener Festgabe für František Graus zum 60. Geburtstag*, Cologne and Vienna, pp. 224–318

Moraw, P. (1985a), *Von Offener Verfassung zu Gestalteter Verdichtung 1250–1490. Das Reich im Späten Mittelalter*, Propyläen Geschichte Deutschlands, 3, Berlin

Moraw, P. (1985b), 'Grundzüge der Kanzleigeschichte Kaiser Karls IV., 1346–1378', *ZHF* 12: 11–42

Neitmann, K. (1986), *Die Staatsverträge des Deutschen Ordens in Preussen, 1230–1449*, Neue Forschungen zur Brandenburg-Preussischen Geschichte, 6, Cologne and Vienna

Paravicini, W. (1989), *Die Preussenreisen des Europäischen Adels I*, Sigmaringen

Patschovsky, A. (1975), *Die Anfänge einer Ständigen Inquisition in Böhmen*, Beiträge zur Geschichte und Quellenkunde des Mittelalters, 3, Berlin

Patze, H. (ed.) (1970–1), *Der Deutsche Territorialstaat im 14. Jahrhundert*, VF, XIII and XIV, I and II, Sigmaringen

Patze, H. (ed.) (1978), *Kaiser Karl IV., 1316–1378: Forschungen über Kaiser und Reich*, Blätter für Deutsche Landesgeschichte, 114, Sigmaringen

Patze, H. and Paravicini, W. (eds.) (1991), *Fürstliche Residenzen im Spätmittelalterlichen Europa*, VF, XXXVI, Sigmaringen

Patze, H. and Schlesinger, W. (eds.) (1967–74), *Geschichte Thüringens*, II and III, Cologne and Vienna

Piattoli, R. (1976), *Miscellanea Diplomatica IV. Renati Piattoli in Memoriam*, Prato, pp. 77–203

Pirchan, G. (1930), *Italien und Kaiser Karl IV. in der Zeit seiner Zweiten Romfahrt*, I and II, Prague

Ritter, G. (1936), *Die Heidelberger Universität*, I, Heidelberg

Rüegg, W. (ed.) (1993), *Geschichte der Universität in Europa*, I, Munich

Růžek, V., 'Česka Znaková Galerie na Hradě Laufa u Norimberka z Roku 1361. Příspěvek Keskladbě Královského Dvora Karla IV', *Shornik Archivních Praci 38*, I: 37–312

Samanek, V. (1910), *Kronrat und Reichsherrschaft im 13. und 14. Jahrhundert*, Abhandlungen zur Mittleren und Neueren Geschichte, 18, Berlin and Leipzig

Schneider, R. (ed.) (1987), *Das Mittelalterliche Königtum im Europäischen Vergleich*, VF, 32, Sigmaringen

Schramm, P.E. (1978), *Fillitz Herman mit Zus. von Florentine Mütherich*, Denkmale der Deutschen Könige und Kaiser, 2, Munich

Schröder, R. (1932), *Lehrbuch der Deutschen Rechtsgeschichte*, 7th edn, ed. E. Künssberg, Leipzig

Schubert, E. (1979), *König und Reich. Studien zur Spätmittelalterlichen Deutschen Verfassungsgeschichte*, Veröffentlichungen des Max-Plank-Institut für Geschichte, 63, Göttingen

Schubert, E. (1992), *Einfürung in die Grundprobleme der Deutschen Geschichte im Spätmittelalter*, Darmstadt

Schuchard, C. (1987), *Die Deutschen an der Päpstlichen Kurie im Späten Mittelalter, 1378–1447*, Bibliothek des Deutschen Historischen Instituts in Rom, 65, Tübingen

Schultze, J. (1961–), *Die Mark Brandenburg*, I–, Berlin

Schumann, S. (1974), *Die 'Nationes' an den Universitäten Prag, Leipzig und Wien*, Berlin

Schwinges, R.C. (1986), *Deutsche Universitätsbesucher im 14. und 15. Jahrhundert*, Stuttgart

Sedláček, A. (1914), *Zbytky Register Králův Římskýcha 'Českých z let 1361–1480*, Prague

Seeliger, G. (1885), *Das Deutsche Hofmeisteramt im Spaeteren Mittelalter*, Innsbruck

Seibt, F. (1978a), *Karl IV. Ein Kaiser in Europa 1346 bis 1378*, 2nd edn, Munich

Seibt, F. (ed.) (1978b), *Kaiser Karl IV. Staatsmann und Mäzen*, 2nd edn, Munich

Seibt, F. (1987), *Glanz und Elend des Mittelalters*, Berlin
Seibt, F. and Eberhard, W. (eds.) (1984), *Europa 1400. Die Krise des Spätmittelalters*, Stuttgart
Spěváček, J. (1980), *Karel IV. Život a Dílo, 1316–1378*, 2nd edn, Prague
Spěváček, J. (1986), *Václav IV., 1361–1419*, Prague
Spindler, M. (ed.) (1976–9), *Handbuch der Bayerischen Geschichte*, 2nd edn, II and III, Munich
Sprandel, R. (1975), *Verfassung und Gesellschaft im Mittelalter*, Paderborn
Sterken, M. (1989), *Königtum und Territorialgewalten in den Rheinmaasländishen Landfrieden des 14. Jahrhunderts*, Rheinishes Archiv, 124, Cologne and Vienna
Stoob, H. (1990), *Kaiser Karl IV. und seine Zeit*, Graz
Stromer, W. von (1970), *Oberdeutsche Hochfinanz 1350–1450*, Vierteljahrschrift für Sozial- und Wirtschaftsgeschichte, supplements, 55–7, I–III, Wiesbaden
Stromer, W. von (1971), 'Das Zusammenspiel Oberdeutscher und Florentiner Geldleute bei der Finanzierung von König Ruprechts Italienzug, 1401–2', in H. Kellenbenz (ed.), *Öffentliche Finanzen und Privates Kapital im Späten Mittelalter und in der Ersten Hälfte des 19. Jahrhunderts*, Stuttgart, pp. 50–86
Stromer, W. von (1978), *Die Gründung der Baumwollindustrie in Mitteleuropa. Wirtschaftspolitik im Spätmittelalters*, Monographien zur Geschichte des Mittelalters, 17, Stuttgart
Šusta, J. (1946–8), *České Dějiny*, II: 3 and 4, Prague
Thomas, H. (1973), *Zwischen Regnum und Imperium. Die Fürstentümer Bar und Lothringen zur Zeit Kaiser Karls IV.*, Bonner Historischen Forschungen, 40, Bonn
Thomas, H. (1983), *Deutsche Geschichte des Spätmittelalters, 1250–1500*, Stuttgart, Berlin, Cologne and Mainz
Uhlitz, K. and M. (1963), *Handbuch der Geschichte Österreich-Ungarns*, 2nd edn, I, Graz, Vienna and Cologne
Vaněček, V. (ed.) (1984), *Karolus Quartus*, Prague
Veldtrup, D. (1988), *Zwischen Eherecht und Familienpolitik. Studien zu den Dynastischen Heiratsprojekten Karls IV.*, Warendorf
Weigel, H. (1942), 'Männer um König Wenzel: Das Problem der Reichspolitik 1379–84', *Deutsches Archiv für Geschichte des Mittelalters* 5: 112–77
Weigel, H. (1944), 'König Wenzels Persönliche Politik: Reich und Hausmacht 1384–1389', *Deutsches Archiv für Geschichte des Mittelalters* 7: 133–99
Weller, K. and A. (1971), *Württembergische Geschichte*, Stuttgart and Aalen
Werunsky, K. (1880–92), *Geschichte Kaiser Karls IV. und seiner Zeit* (to 1368 only), I–III, Innsbruck
Winter, E. (1964), *Frühhumanismus. Seine Entwicklung in Böhmen und deren Bedeutung für die Kirchenreformbestrebungen im 14. Jahrhundert*, Berlin
Zöllner, E. (1984), *Geschichte Österreichs*, 7th edn, Vienna

17 THE LOW COUNTRIES, 1290–1415

Secondary works

Allmand, C. T. (1988), *The Hundred Years War. England and France at War, c. 1300–c. 1450*, Cambridge

Anrooij, W. van (ed.) (1991), *Holland in Wording. De ontstaansgeschiedenis van het graafschap Holland tot het begin van de vijftiende eeuw,* Hilversum

Arnould, M.A. (1969), 'Le Hainaut. Evolution historique d'un concept géographique', in *Le Hainaut français et belge,* Mons. pp. 15–42

Avonds, P. (1984), *Brabant tijdens de regering van hertog Jan III (1312–1356). De grote politieke crisissen,* VKAWLSKB, Brussels

Avonds, P. (1991), *Brabant tijdens de regering van hertog Jan III (1312–1356). Land en instellingen,* VKAWLSKB, Brussels

Avonds, P. and Janssen, J.D.(1989), *Politiek en literatuur. Brabant en de slag bij Woeringen, 1288,* Brussels

Baerten, J. (1969), *Het graafschap Loon (11de–14de eeuw),* Assen

Berben, H. (1937), 'Une guerre économique au moyen âge. L'embargo sur l'exportation des laines anglaises (1270–1274)', in *Etudes d'histoire dediées à la mémoire de H. Pirenne par ses anciens élèves,* Brussels, pp. 1–17

Blockmans, F. (1938), *Het Gentsche Stadspatriciaat tot omstreeks 1302,* Antwerp

Blockmans, W.P. (1978), *De volksvertegenwoordiging in Vlaanderen in de overgang van Middeleeuwen naar Nieuwe Tijden (1384–1506),* VKAWLSKB, Brussels

Blockmans, W.P. (1982), 'The Social and Economic Effects of Plague in the Low Countries 1349–1500', *RBPH* 60: 833–63

Blockmans, W.P. and Prevenier, W. (1978), 'Poverty in Flanders and Brabant from the Fourteenth to the Mid-Sixteenth Century', *Acta Historiae Neerlandicae* 10: 20–57

Blockmans, W.P. and Prevenier, W. (1997), *De Bourgondiërs. De Nederlanden op weg naar eenheid, 1384–1530,* Amsterdam and Louvain

Blok, D.P., Prevenier, W. *et al.* (1980), *Algemene Geschiedenis der Nederlanden,* IV: *(1384–1482),* Haarlem

Blok, D.P., Prevenier, W. *et al.* (1982), *Algemene Geschiedenis der Nederlanden,* II: *(1100–1400),* Haarlem

Boer, D. de (1978), *Graaf en grafiek. Sociale en economische ontwikkelingen in het middeleeuwse Noordholland tussen 1345 en 1415,* Leiden

Boer, D. de (1987), 'Een vorst trekt noordwaarts. De komst van Albrecht van Beieren naar de Nederlanden (1358)', in D. de Boer *et al.* (eds.), *De Nederlanden in de late middeleeuwen,* Utrecht, pp. 283–309

Boone, M. (1990a), *Geld en macht. De Gentse stadsfinanciën en de Bourgondische staatsvorming (1384–1453),* VMGOG 15, Ghent

Boone, M. (1990b), *Gent en de Bourgondische hertogen,* VKAWLSKB, Brussels

Boone, M. and Prevenier, W. (eds.) (1993), *Drapery Production in the Late Medieval Low Countries. Markets and Strategies for Survival (11th–16th Centuries),* Louvain and Apeldoorn

Bos-Rops, J.A.M.Y. (1993), *Graven op zoek naaar geld de inkomsten van de graven van Holland, 1389–1433,* Hilversum

Bovesse, J. (1949–50), 'Jean Ier, comte de Namur, *Annales de la société archéologique de Namur* 45: 1–66

Bovesse, J. (1958), 'La maison de Namur et les villes liègeoises au début du XIVe siècle', in *Mélanges F. Rousseau. Etudes sur l'histoire du pays mosan au moyen âge,* Brussels, pp. 121–43

Bovesse, J. (1966), 'Le comté de Namur, la France et l'empire en 1309–1310', *SL* 38: 65–95

Bragt, R. van (1956), *De Blijde Inkomst van de hertogen van Brabant Johanna en Wenceslas, SL,* 13, Louvain

Brokken, H. (1982), *Het ontstaan van de Hoekse en Kabeljauwse twisten,* Zutphen

Buntinx, J. (1949), *De Audiëntie van de graven van Vlaanderen. Studie over het centraal grafelijk gerecht c. 1330–c. 1409,* VKAWLSKB, Brussels

Byl, R. (1965), *Les juridictions scabinales dans le duché de Brabant (des origines à la fin du XVe siècle),* Brussels

Chorley, P. (1987), 'The Cloth Exports of Flanders and Northern France during the Thirteenth Century: A Luxury Trade?', *EcHR* 2nd series 40: 349–79

Coenen, J.M.A. (1986), *Graaf en grafelijkheid. Een onderzoek naar de graven van Holland en hun omgeving in de dertiende eeuw,* Utrecht

Cordfunke, E. (ed.) (1982), *Holland in de dertiende eeuw,* The Hague

Cordfunke, E. *et al.* (ed.) (1988), *De Hollandse stad in de dertiende eeuw,* Zutphen

Curry, A. (1993), *The Hundred Years War,* Basingstoke

Delcambre, F. (1938), *Les relations entre la France et le Hainaut depuis l'avènement de Jean II d'Avesnes jusqu'à la conclusion de l'alliance franco-hennuyère (1280–1297),* Paris

Demuynck, R. (1951), 'De Gentse Oorlog (1379–1385). Oorzaken en karakter, *HMGOG,* 5: 305–18

Déprez, E. (1902), *Les préliminaires de la guerre de Cent Ans. La papauté, la France et l'Angleterre, 1328–1342,* Paris

Derville, A. (1972), 'Les draperies flamandes et artésiennes vers 1250–1350. Quelques considérations critiques et problématiques', *RN* 54: 353–70

Dieperink, F.H.J. (ed.) (1953), *Studiën betreffende de geschiedenis van Oost-Nederland van de dertiende tot de vijftiende eeuw,* Groningen

Doudelez, G. (1974), 'La révolution communale de 1280 à Ypres', in O. Mus and J.A. van Houtte (eds.), *Prisma van de geschiedenis van Ieper,* Ypres, pp. 188–294

Ernsig, R. (1885), *Wilhelm III als Herzog von Geldern (1372–1393),* Paderborn and Münster

Fasel, W.A. (1980), 'De onlusten te Alkmaar tot aan het jaar 1500', in *Scrinium et Scriptura. Opstellen aangeboden aan J. L. van der Gouw,* Groningen, pp. 312–21

Favier, J. (1980), *La guerre de Cent Ans,* Poitiers

Favresse, F. (1932), *L'avènement du régime démocratique à Brussels pendant le moyen âge (1306–1423),* Brussels

Formsma, W.J. (1930), *De wording van de Staten van Stad en Lande tot 1536,* Assen

Formsma, W.J. (ed.) (1976), *Historie van Groningen. Stad en Land,* Groningen

Gaier, C. (1973), *L'industrie et le commerce des armes dans les anciennes principautés belges du XIIIe à la fin du XVe siècle,* Paris

Ganshof, F.L.(1938), *Brabant, Rheinland und Reich im 12., 13. und 14. Jahrhundert,* Bonn

Ganshof, F.L. (1957), 'La Flandre', in F. Lot and R. Fawtier (eds.), *Histoire des institutions françaises au moyen âge,* 3 vols., Paris, 1, pp. 343–426

Ganshof, F.L. and Verhulst, A. (1966), 'Medieval Agrarian Society in its Prime, I. France, The Low Countries, and Western Germany', in *CEHE,* 1, pp. 291–339

Genicot, L. (1943–82), *L'économie rurale namuroise au bas moyen âge (1199–1429),* 3 vols., Namur, Louvain and Brussels

Genicot, L. (1974), 'Sur le patriciat à Namur au XIVe siècle', in *Festschrift Karl Bosl,* Stuttgart, pp. 79–91

Gerven, J. van (1976), 'Nationaal gevoel en stedelijke politieke visies in het 14de eeuwse Brabant. Het voorbeeld van Jan van Boendale', *BG* 59: 145–64

Gorissen, P. (1956), *Het Parlement en de Raad van Kortenberg, SL*, 11, Louvain

Haegeman, M. (1988), *De anglofilie in het graafschap Vlaanderen tussen 1379 en 1435. Politieke en economische aspecten, SL*, 90, Kortrijk and Heule

Haepke, R. (1908), *Brügges Entwicklung zum mittelalterlichen Weltmarkt*, Berlin

Hardenberg, H. (1975), 'Het ontstaan van de Staten van Holland', in L. Brummel (ed.), *Driekwart eeuw historisch leven in Den Haag*, The Hague, pp. 104–20

Herwaarden, J. van (1986), 'Stedelijke rivaliteit in de middeleeuwen: Toscane, Vlaanderen, Holland', in P. Blaas and J. van Herwaarden (eds.), *Stedelijke naijver. De betekenis van interstedelijke conflicten in de geschiedenis*, The Hague, pp. 38–81

Houtte, J.A. van (1977), *An Economic History of the Low Countries 800-1800*, London

Hoven van Genderen, B. van den (1987), *Het kapittel-generaal en de Staten van het Nedersticht in de 15 de eeuw*, Utrecht

Howell, M. (1986), *Women, Production and Patriarchy in Late Medieval Cities*, Chicago

Hugenholtz, F.W.N. (1949), *Drie boerenopstanden uit de veertiende eeuw. Vlaanderen, 1323–1328. Frankrijk, 1358. Engeland, 1381*, Haarlem

Hugenholtz, F.W.N. (1966), *Floris V*, Bussum

Immink, P.W.A. (1942), *De wording van Staat en souvereiniteit in de middeleeuwen. Een rechtshistorische studie in het bijzonder met betrekking tot het Nedersticht*, 1, Utrecht

Janse, A. (1993), *Grenzen aan de macht. De Friese oorlog van de graven van Holland omstreeks 1400*, The Hague

Jansen, H.P.H. (1966), *Hoekse en Kabeljauwse twisten*, Bussum

Janssen, W. (1981), 'Niederrheinische Territorialbildung', in E. Ennen and K. Flink (eds.), *Soziale und wirtschaftliche Bindungen im Mittelalter am Niederrhein*, Kleef, pp. 95–113

Janssen, W. (ed.) (1988), *Der Tag bei Worringen: 5. Juni 1288*, Düsseldorf

Jappe Alberts, W. (1950), *De Staten van Gelre en Zutphen tot 1459*, The Hague

Jappe Alberts, W. (1972), *Geschiedenis van de beide Limburgen*, Assen

Jappe Alberts, W. (1978), *Geschiedenis van Gelderland tot 1492*, Zutphen

Jappe Alberts, W. (1982), *Overzicht van de geschiedenis van de Nederrijnse territoria tussen Maas en Rijn*, II: *1288–c. 1500*, Assen

Jappe Alberts, W. (1984), *De graven en hertogen van Gelre op reis, 13 de-15 de eeuw*, Dieren

Joris, A. (1961), 'Der Handel der Maasstädte im Mittelalter, *HG* 79: 15–33

Joset, C.J. (1940), *Les villes au pays de Luxembourg (1196–1363)*, Louvain

Kalma, J. (1968), *Geschiedenis van Friesland*, Drachten

Kan, F.J.W. van (1988), *Sleutels tot de macht. De ontwikkeling van het Leidse Patriciaat tot 1420*, Hilversum

Kastner, D. (1972), *Die Territorialpolitik der Grafen van Kleve*, Düsseldorf

Kerling, N.J.M. (1954), *Commercial Relations of Holland and Zeeland with England from the Late 13th Century to the Close of the Middle Ages*, Leiden

Kittell, E.E. (1991), *From Ad Hoc to Routine. A Case Study in Medieval Bureaucracy*, Philadelphia

Laet, M. de (1972), 'De Vlaamse aktieve handel op Engeland in de eerste helft van de 14de eeuw, aan de hand van de custom accounts', in *Economische Geschiedenis van Belgie. Behandeling van de bronnen en problematiek. Handelingen van het Colloquium te Brussel 17–19 nov. 1971, ARA*, Brussels, pp. 223–31

Laurent, H. (1933), *La loi de Gresham au moyen âge. Essai sur la circulation monétaire entre la Flandre et le Brabant à la fin du XIVe siècle*, Brussels

1010

Lejeune, J. (1948), *Liège et son pays. Naissance d'une patrie (XIIIe–XIVe siècle)*, Liège
Lemmink, F.H.J. (1951), *Het ontstaan van de Staten van Zeeland en hun geschiedenis tot het jaar 1555*, Nijmegen
Lesger, C.M. (1990), *Hoorn als stedelijk knooppunt. Stedensystemen tijdens de late middeleeuwen en vroegmoderne tijd*, Hilversum
Lucas, H.S. (1929), *The Low Countries and the Hundred Years War (1326–1347)*, Ann Arbor
Luykx, Th. (1952), *Het grafelijk geslacht Dampierre en zijn strijd tegen Filips de Schone*, Louvain
Maertens, R. (1976), *Wertorientierungen und wirtschaftsliches Erfolgsstreben mittelalterlicher Grosskaufleute. Das Beispiel Gent im 13. Jahrhundert*, Cologne and Vienna
Maris, A.J. (1954), *Van voogdij tot maarschalkambt. Bijdrage tot de geschiedenis der Utrechts-bisschoppelijke staatsinstellingen, voornamelijk in het Nedersticht*, Utrecht
Marsilje, J.W. (1985), *Het financiële beleid van Leiden in de laat-Beierse en Bourgondische periode, c. 1390–1477*, Hilversum
Meij, P.J. (1959), 'Over de lotgevallen van de Gelderse landsheerlijke privilegebrieven', *Bijdragen en Mededelingen van de Vereniging Gelre* 58: 141–55
Meilink, P.A. (1912), *De Nederlandsche hanzesteden tot het laatste kwartaal der XIVe eeuw*, Groningen
Monier, R. (1924), *Les institutions judiciaires des villes de Flandre des origines à la rédaction des coutumes*, Lille
Munro, J. H. (1991), 'Industrial Transformations in the North-West European Textile Trades, c. 1290–c. 1340: Economic Progress or Economic Crisis?', in B.M.S. Campbell (ed.), *Before the Black Death. Studies in the Crisis of the Early Fourteenth Century*, Manchester, pp. 110–48
Mus, O. and Houtte, J.A. van (1974), *Prisma van de Geschiedenis van Ieper*, Ypres
Neillands, R. (1990), *The Hundred Years War, 1337–1453*, London
Nicholas, D. (1971), *Town and Countryside. Social, Economic and Political Tensions in Fourteenth-Century Flanders*, Bruges
Nicholas, D. (1987), *The Metamorphosis of a Medieval City. Ghent in the Age of the Arteveldes, 1302–1390*, Lincoln, Nebr. and London
Nicholas, D. (1988), *The van Arteveldes of Ghent. The Varieties of Vendetta and the Hero in History*, Ithaca and New York
Nicholas, D. (1992), *Medieval Flanders*, London and New York
Nikolay, W. (1985), *Die Ausbildung der ständischen Verfassung in Geldern und Brabant während des 13. und 14. Jahrhunderts*, Bonn
Nüsse, K. (1958), *Die Entwicklung der Stände im Herzogtum Geldern bis zum Jahre 1418 nach den Stadtrechnungen von Arnheim*, Cologne
Oostrom, F. P. van (1992), *The Word of Honor. Literature at the Court of Holland in about 1350–1450*, Berkeley
Overvoorde, J. C. and Joosting, J.G.C. (1897), *De gilden van Utrecht tot 1528*, The Hague
Palmer, J.J.N. (1976), 'England, France, the Papacy and the Flemish Succession, 1361–9', *JMH* 2: 339–64
Pirenne, H. (1900), *Le soulèvement de la Flandre maritime de 1323–1328*, Brussels
Pirenne, H. (1963), *Early Democracies in the Low Countries. Urban Society and Political Conflict in the Middle Ages and the Renaissance*, New York
Pleij, H. (ed.) (1991), *Op belofte van profijt. Stadsliteratuur en burgermoraal in de Nederlandse letterkunde van de middeleeuwen*, Amsterdam

Pols, M.S. (1899), 'Graaf Jan I van Holland', *Bijdragen voor Geschiedenis en Oudheidkunde* 3rd series 10: 1–55
Posthumus, N. W. (1908), *De geschiedenis van de Leidsche lakenindustrie*, I, The Hague
Prevenier, W. (1961), *De Leden en de Staten van Vlaanderen (1384–1405)*, VKAWLSKB, Brussels
Prevenier, W. (1973), 'Les perturbations dans les relations commerciales anglo-flamandes entre 1379 et 1407. Causes de désaccord et raisons d'une réconciliation', in *Economies et sociétés du moyen âge. Mélanges E. Perroy*, Paris, pp. 477–97
Prevenier, W. (1977), 'Motieven voor leliaardsgezindheid in Vlaanderen in de periode 1297–1305', *De Leiegouw* 19: 273–88
Prevenier, W. (1978), 'La bourgeoisie en Flandre au XIIIe siècle', *Revue de l'université de Bruxells*: 407–28
Prevenier, W. (1983), 'La démographie des villes du comté de Flandre aux XIVe et XVe siècles', *RN* 65: 255–75
Prevenier, W. and Blockmans, W.P. (1985), *The Burgundian Netherlands*, Cambridge
Prevenier, W. and Boone, M. (1989), 'The "city-state" Dream. Fourteenth–Fifteenth Century', in J. Decavele (ed.), *Ghent. In Defence of a Rebellious City*, Antwerp, pp. 80–105
Quicke, F. (1947), *Les Pays-Bas à la veille de la période bourguignonne, 1356–1384*, Paris and Brussels
Ridder, P. de (1979), 'Brussel, residentie der hertogen van Brabant onder Jan I (1267–1294) en Jan II (1294–1312)', *RBPH* 57: 329–41
Rogghé, P. (1964), 'De politiek van graaf Lodewijk van Male', *Appeltjes van het Meetjesland* 15: 388–441
Roland, J. (1959), *Le comté et la province de Namur*, Namur
Rompaey, J. van (1977), 'De publiekrechterlijke achtergrond van de strijd tussen Gwijde van Dampierre en Filips de Schone', *De Leiegouw* 19: 337–59
Roover, R. de (1948), *Money, Banking, and Credit in Mediaeval Bruges*, Cambridge, Mass.
Rutgers, C.A. (1970), *Jan van Arkel. Bisschop van Utrecht*, Groningen
Rutgers, C.A. (ed.) (1978), *De Utrechtse bisschop in de middeleeuwen*, The Hague
Sabbe, J. (1951), 'De vijandelijkheden tussen de Avesnes en de Dampierres in Zeeland, Holland en Utrecht van 1303 tot 1305', *HMGOG* 5: 225–303
Schaefke, W. (ed.) (1988), *Der Name der Freiheit 1288–1968*, 2 vols., Cologne
Schaïk, R.W.M. van (1987), *Belasting, bevolking en bezit in Gelre en Zutphen (1350–1550)*, Hilversum
Schmidt, H. (1975), *Politische Geschichte Ostfrieslands*, Leer
Schneider, F. (1913), *Herzog Johann von Baiern. Erwählter Bischof von Lüttich und Graf von Holland (1373–1425)*, Berlin
Sivéry, G. (1977), *Structures agraires et vie rurale dans le Hainaut à la fin du moyen âge*, Villeneuve d'Ascq
Slicher van Bath, B.H. (ed.) (1970), *Geschiedenis van Overijssel*, Deventer
Slicher van Bath, B.H. (1977), *Een samenleving onder spanning, geschiedenis van het platteland in Overijssel*, Utrecht
Smit, J.G. (1995), *Vorst en onderdaan. Studies over Holland en Zeeland in de late middeleeuwen*, Louvain
Spading, K. (1973), *Holland und die Hanse im 15. Jahrhundert*, Weimar

1013   Stabel, P. (1997), *Dwarfs among Giants. The Flemish Urban Network in the Late Middle Ages*, Louvain and Apeldoorn
Stercken, M. (1989), *Königtum und Territorialgewalten in den rheinmaasländischen Landfrieden des 14. Jahrhunderts*, Cologne and Vienna
Straeten, J. van der (1952), *Het Charter en de Raad van Kortenberg*, 2 vols., Brussels and Louvain
Stuip, R.E.V. and Vellekoop, C. (eds.) (1991), *Utrecht tussen kerk en staat*, Hilversum
Sturler, J. de (1936), *Les relations politiques et les échanges commerciaux entre le duché de Brabant et l'Angleterre au moyen âge*, Paris
Taal, G. (1965), 'Het graafschap Zeeland en zijn verhouding tot Holland in de landsheerlijke tijd', *Archief Zeeuwsch Genootschap der Wetenschappen*: 51–96
TeBrake, William H. (1993), *A Plague of Insurrection. Popular Politics and Peasant Revolt in Flanders, 1323–1328*, Philadelphia
Tihon, C. (1958), 'Le conflit des XVII villes entre Liège et Namur au XIVe siècle. Le procès en cour de Rome', in *Mélanges F. Rousseau. Etudes sur l'histoire du pays mosan au moyen âge*, Brussels, pp. 607–27
Töpfer, B. (1980), 'Die Rolle von Stadtebunden bei der Ausbildung der Ständeverfassung in den Fürstentümern Lüttich und Brabant', in B. Töpfer (ed.), *Städte und Ständestaat. Zur Rolle der Städte bei der Entwicklung der Ständeverfassung in europäischen Staaten vom 13. bis zum 15. Jahrhunderts*, Berlin, pp. 113–54
Uyttebrouck, A. (1975), *Le gouvernement du duché de Brabant au bas moyen âge (1355–1430)*, Brussels
Uytven, R. van (1962), 'Plutokratie in de 'oude demokratieën der Nederlanden', *Handelingen Koninklijke Zuidnederlandse Maatschappij voor Taal- en Letterkunde en Geschiedenis* 16: 373–409
Uytven, R. van (1963), 'Peter Couthereel en de troebelen te Leuven van 1350 tot 1363', *Mededelingen van de geschied- en oudheidkundige kring voor Leuven en omgeving* 3: 63–97
Uytven, R. van (1976a), 'Vorst, adel en steden: een driehoeksverhouding in Brabant van de twaalfde tot de zestiende eeuw', *BG* 59: 93–122
Uytven, R. van (1976b), 'La draperie brabançonne et malinoise du XIIe au XVIIe siècle', in *Produzione, commercio e consumo dei Panni di Lana*, Florence, pp. 85–97
Uytven, R. van and Blockmans, W. (1969), 'Constitutions and their Application in the Netherlands during the Middle Ages', *RBPH* 47: 399–424
Vandermaesen, M. (1971), 'Raadsheren en invloeden achter de grafelijke politiek in Vlaanderen in de 14de eeuw', in *Handelingen van het 14de Congres van de Federatie van Kringen voor Oudheidkunde en Geschiedenis van Belgie*, Mechelen, pp. 212–20
Vaughan, R. (1962), *Philip the Bold. The Formation of the Burgundian State*, London
Vaughan, R. (1966), *John the Fearless. The Growth of Burgundian Power*, London
Verbruggen, J.F. (1977), *1302 in Vlaanderen*, Brussels
Vercauteren, F. (1943), *Luttes sociales à Liège aux XIIIe et XIVe siècles*, Brussels
Verhulst, A. (1972), 'La laine indigène dans les anciens Pays-Bas entre le XIIe et le XVIIe siècle. Mise en oeuvre industrielle, production et commerce', *RH* 96: 281–322
Verhulst, A. (1990), *Précis d'histoire rurale de la Belgique*, Brussels
Verwijs, E. (1869), *De oorlogen van hertog Albrecht van Beieren met de Friezen in de laatste jaren der XIVe eeuw*, Utrecht

Vries, O. (1986), *Het Heilige Roomse Rijk en de Friese Vrijheid*, Leeuwarden
Waale, M.J. (1990), *De Arkelse oorlog, 1401–1412. Een politieke, krijgskundige en economische analyse*, Hilversum
Warlop, E. (1975), *The Flemish Nobility before 1300*, 4 vols., Courtrai
Wee, H. van der (1975), 'Structural Changes and Specialization in the Industry of the Southern Netherlands 1100–1600', *EcHR* 2nd series 27: 203–21
Werveke, H. van (1946), *Gand. Esquisse d'histoire sociale*, Brussels
Werveke, H. van (1954), 'Industrial Growth in the Middle Ages: The Cloth Industry in Flanders', *EcHR* 2nd series 6: 237–45
Werveke, H. van (1959), 'La famine de l'an 1316 en Flandre et dans les régions voisines', *RN* 41: 5–14
Wyffels, C. (1966), 'Nieuwe gegevens betreffende een XIIIde eeuwse "democratische" stedelijke opstand: de Brugse "Moerlemaye" (1280–1281)', *BCRH* 132: 37–142
Zeper, S.A. Waller (1914), *Jan van Henegouwen, heer van Beaumont. Bijdrage tot de geschiedenis der Nederlanden in de eerste helft der veertiende eeuw*, The Hague
Ziegler, J.E. (1983), 'Edward III and Low Country Finances: 1338–1340, with Particular Emphasis on the Dominant Position of Brabant', *RBPH* 61: 802–7

18(a) THE CROWN OF ARAGON

Primary sources

Cartas de población del reino de Aragón en los siglos medievales, ed. M.L. Ledesma Rubio, Zaragoza (1991)
Cartas de población y franquicia de Cataluña, ed. J.M. Font Rius, 3 vols., Madrid and Barcelona (1969–83)
Chronicle of Muntaner, trans. Lady Goodenough, 2 vols., London (1920–1)
Chronicle of San Juan de la Peña. A Fourteenth-Century Official History of the Crown of Aragon, trans. L.H. Nelson, Philadelphia (1991)
Cortes de los antiguos reinos de Aragón y de Valencia y principado de Cataluña, 26 vols., Madrid (1896–1922)
Pere III of Catalonia (Pedro IV of Aragon), *Chronicle*, trans. M. and J.N. Hillgarth, 2 vols., Toronto (1980)

Secondary works

Abadal i de Vinyals, R. d' (1966), 'Pedro el Ceremonioso y los comienzos de la decadencia política de Cataluña', in *HEMP*, xiv, pp. ix–ccii
Abulafia, D. (1994), *A Mediterranean Emporium. The Catalan Kingdom of Majorca*, Cambridge
Arribas Palau, A. (1952), *La conquista de Cerdeña por Jaime II de Aragón*, Barcelona
Ashtor, E. (1988), 'Catalan Cloth on the Late Medieval Mediterranean Markets', *JEEH* 17: 227–57
Assis, Y. T. (1987), 'The Papal Inquisition and Aragonese Jewry in the Early Fourteenth Century', *MS* 49: 391–410

Atiya, A. S. (1938), *Egypt and Aragon. Embassies and Diplomatic Correspondence between 1300 and 1330 A.D.*, Leipzig
Baer, Y. (1961–6), *History of the Jews in Christian Spain*, 2 vols., Philadelphia
Basáñez Villaluenga, M.B. (1989), *La aljama sarracena de Huesca en el siglo XIV*, Barcelona
Batlle, C. (1977), 'El municipio de Barcelona en el siglo XIV', *CH* 8: 203–11
Batlle, C. (1988), *L'expansió baixmedieval (segles XIII–XV)* (*Història de Catalunya*, III, ed. P. Vilar), Barcelona
Baucells i Reig, J. (1982), 'L'expansió peninsular en la política de Jaume II: el matrimoni de la seva filla gran Maria amb l'infant Pere de Castella', *AEM* 12: 491–535
Bisson, T.N. (1986), *The Medieval Crown of Aragon*, Oxford
Blasco Martínez, A. (1988), *La judería de Zaragoza en el siglo XIV*, Zaragoza
Boswell, J. (1977), *The Royal Treasure. Muslim Communities under the Crown of Aragon in the Fourteenth Century*, New Haven
Bramon, D. (1981), *Contra moros i jueus. Formació i estratègia d'unes discriminacions al País Valencià*, Valencia
Carrère, C. (1967), *Barcelone. Centre économique à l'époque des difficultés, 1380–1462*, 2 vols., Paris
Casula, F.C. (1990), *La Sardegna aragonese*, 2 vols., Sassari
Cateura Bennàsser, P. (1982), *Política y finanzas del reino de Mallorca bajo Pedro IV*, Palma de Mallorca
Chamberlin, C.L. (1992), '"Not all Martyrs or Saints": The Aragonese-Castilian Crusade against Granada, 1309–1310', *Comitatus* 23: 17–45
Doñate Sebastià, J. and Magdalena Nom de Déu, J.R. (1990), *Three Jewish Communities in Medieval Valencia. Castellón de la Plana, Burriana, Villareal*, Jerusalem
Dufourcq, C.-E. (1966), *L'Espagne catalane et le Maghrib aux XIIIe et XIVe siècles*, Paris
Estal, J.M. del (1982), *La conquista y anexión de las tierras de Alicante, Elche, Orihuela y Guardamar al reino de Valencia por Jaime II de Aragón (1296–1308)*, Alicante
Fernández-Armesto, F. (1987), *Before Columbus. Exploration and Colonisation from the Mediterranean to the Atlantic, 1229–1492*, London
Fernández-Armesto, F. (1992), *Barcelona. A Thousand Years of the City's Past*, Oxford
Ferrer i Mallol, M.T. (1970–1), 'El patrimoni reial i la recuperació dels senyorius jurisdiccionals en els estats catalano-aragonesos a la fi del segle XIV', *AEM* 7: 351–491
Ferrer i Mallol, M.T. (1985), 'La redempció de captius a la Corona Catalano-Aragonesa (segle XIV)', *AEM*, 15: 237–97
Ferrer i Mallol, M.T. (1987), *Els sarraïns de la Corona Catalano-Aragonesa en el segle XIV: segregació i discriminació*, Barcelona
Ferrer i Mallol, M.T. (1988), *La frontera amb l'Islam en el segle XIV. Cristians i sarraïns al país Valencià*, Barcelona
Ferrer i Mallol, M.T. (1989), 'La frontera meridional valenciana durant la guerra amb Castella dita dels Dos Peres', in *Pere el Cerimoniós i la seva època*, Barcelona, pp. 245–357
Ferrer i Mallol, M.T. (1991), 'Origen i evolució de la Diputació del General de Catalunya', *Les corts a Catalunya*, Barcelona, pp. 152–9
Finke, H. (1907), *Papsttum und Untergang des Templerordens*, 2 vols., Münster
Forey, A.J. (1989), 'The Beginning of Proceedings against the Aragonese Templars', in D.W. Lomax and D. Mackenzie (eds.), *God and Man in Medieval Spain*, Warminster, pp. 81–96

Freedman, P. (1991), *The Origins of Peasant Servitude in Medieval Catalonia*, Cambridge
García Fernández, M. (1991) 'Jaime II y la minoría de Alfonso XI. Sus relaciones con la sociedad política castellana', *HID* 18: 143–81
Goñi Gaztambide, J. (1958), *Historia de la bula de la cruzada en España*, Vitoria
González Antón, L. (1975), *Las uniones aragonesas y las cortes del reino (1283–1301)*, 2 vols., Zaragoza
González Antón, L. (1977), 'Las cortes aragonesas en el reinado de Jaime II', *AHDE* 47: 523–682
González Antón, L. (1978), *Las cortes de Aragón*, Zaragoza
González Antón, L. and Lacarra y de Miguel, J. M. (1990), 'Consolidación de la Corona de Aragón como potencia mediterránea', *HEMP*, XIII, ii, pp. 255–316
Guilleré, C. (1982), 'Les finances royales à la fin du règne d'Alfonso IV el Benigno (1335–1336)', *MCV* 18: 33–60
Guilleré, C. (1984), 'Les finances publiques en Roussillon-Cerdagne au milieu du XIVe siècle', *AMi* 96: 357–84
Gutiérrez de Velasco, A. (1960), 'La conquista de Tarazona en la guerra de los dos Pedros (Año 1357)', *JZCH* 10–11: 69–98
Gutiérrez de Velasco, A. (1961), 'Las fortalezas aragonesas ante la gran ofensiva castellana en la guerra de los dos Pedros', *JZCH* 12–13: 7–39
Gutiérrez de Velasco, A. (1963), 'La contraofensiva aragonesa en la guerra de los dos Pedros', *JZCH* 14–15: 7–30
Gyug, R. (1983), 'The Effects and Extent of the Black Death of 1348: New Evidence for Clerical Mortality in Barcelona', *MS* 45: 385–98
Hamilton, E.J. (1936), *Money, Prices and Wages in Valencia, Aragon and Navarre, 1351–1500*, Cambridge, Mass.
Harvey, L.P. (1990), *Islamic Spain, 1250–1500*, Chicago
Hillgarth, J.N. (1975), *The Problem of a Catalan Mediterranean Empire, 1229–1327*, London
Hillgarth, J.N. (1976–8), *The Spanish Kingdoms, 1250–1516*, 2 vols., Oxford
Housley, N. (1982), 'Pope Clement V and the Crusades of 1309–10', *JMH* 8: 29–43
Jordá Fernández, A. (1990), 'Las remensas: evolución de un conflicto jurídico y social del campesinado catalán', *BRAH* 187: 217–97
Küchler, W. (1969), 'La influencia de la peste negra sobre la Hacienda Real', in *VIII CHCA*, Valencia, II.i, pp. 65–70
Laliena Corbera, C. (1987), *Sistema social, estructura agraria y organización del poder en el Bajo Aragón en la edad media (siglos XII–XV)*, Teruel
Laliena Corbera, C. and Iranzo Muñío, M.T. (1991), 'El grupo aristocrático en Huesca en la baja edad media: bases sociales y poder político', in *Les sociétés urbaines en France méridionale et en péninsule ibérique au moyen âge*, Paris, pp. 183–202
Lalinde Abadía, J. (1979), *La Corona de Aragón en el Mediterráneo medieval (1229–1479)*, Zaragoza
Lalinde Abadía, J. (1990), 'La ordenación política e institucional de la Corona de Aragón', *HEMP*, XIII, ii, pp. 319–416
López Bonet, J.F. (1989), 'La revolta de 1391: efectivament, crisi social', *XIII CHCA*, Palma de Mallorca, I, pp. 111–23
López de Meneses, A. (1959), 'Una consecuencia de la peste negra en Cataluña: el pogrom de 1348', *Sefarad* 19: 93–131, 321–64

1017

Lourie, E. (1986), 'A Plot which Failed? The Case of the Corpse Found in the Jewish *Call* of Barcelona (1301)', *MHR* 1: 187–220

Lourie, E. (1990), 'Anatomy of Ambivalence: Muslims under the Crown of Aragon in the Late Thirteenth Century', in her *Crusade and Colonisation. Muslims, Christians and Jews in Medieval Aragon*, Aldershot, ch. vii, pp. 1–77

Luttrell, A.T. (1961), 'The Aragonese Crown and the Knights Hospitallers of Rhodes, 1291–1350', *EHR* 76: 1–19

Luttrell, A.T. (1966), 'Los Hospitalarios en Aragón y la peste negra', *AEM* 3: 499–514

Luttrell, A.T. (1969), 'La Corona de Aragón y la Grecia catalana: 1379–1394', *AEM* 6: 219–52

Martín, J.L. (1970), 'Las cortes catalanas en la guerra castellano-aragonesa (1356–1365)', *VIII CHCA*, Valencia, II, ii, pp. 79–90

Martín, J.L. (1991), 'La actividad de las cortes catalanas en el siglo XIV', in *Les corts a Catalunya*, Barcelona, pp. 146–51

Martínez Ferrando, J.E. (1948), *Jaime II de Aragón. Su vida familiar*, 2 vols., Barcelona

Masiá de Ros, A. (1951), *La Corona de Aragón y los estados del Norte de África*, Barcelona

Masiá de Ros, A. (1992), 'Las pretensiones de los infantes de la Cerda a la Corona de Castilla en tiempos de Sancho IV. El apoyo aragonés', *Medievalia* 10: 255–79

Motis Dolader, M.A. (1990), *Los judíos en Aragón en la edad media (siglos XIII–XV)*, Zaragoza

Moxó y Montoliu, F. de (1986), 'La política aragonesa de Alfonso XI y los hijos de Leonor de Guzmán', in *En la España medieval, V. Estudios en memoria del Profesor D. Claudio Sánchez-Albornoz*, Madrid, II, pp. 697–708

Nadal i Oller, J. (1983), 'La població', in J. Nadal Farreras and P. Wolff (eds.), *Història de Catalunya*, Barcelona, pp. 65–94

Palacios Martín, B. (1975), *La Coronación de los reyes de Aragón, 1204–1410*, Valencia

Reglá Campistol, J. (1951), *Francia, la Corona de Aragón y la frontera pirenaica. La lucha por el Valle de Arán (siglos XIII–XIV)*, 2 vols., Madrid

Reglá Campistol, J. (1966), 'La Corona de Aragón, 1336–1410', *HEMP*, xiv, pp. 439–605

Riera i Sans, J. (1977), 'Los tumultos contra las juderías de la Corona de Aragón en 1391', *CH* 8: 213–26

Riera Melis, A. (1986), *La Corona de Aragón y el reino de Mallorca en el primer cuarto del siglo XIV*, Madrid and Barcelona

Riu, M. (1983), 'The Woollen Industry in Catalonia in the Later Middle Ages', in N.B. Harte and K.G. Ponting (eds.), *Cloth and Clothing in Medieval Europe*, London, pp. 205–29

Robson, J.A. (1959), 'The Catalan Fleet and Moorish Sea-Power (1337–1344)', *EHR* 74: 386–408

Romano, D. (1989), 'Els jueus en temps de Pere el Cerimoniós (1336–1387)', in *Pere el Cerimoniós i la seva època*, Barcelona, pp. 113–31

Rubio Vela, A. (1987), 'Crisis agrarias y carestías en las primeras décadas del siglo XIV. El caso de Valencia', *Saitabi* 37: 131–47

Ruiz Doménec, J.E. (1977), 'La crisis económica de la Corona de Aragón: realidad o ficción historiográfica?', *CH* 8: 71–117

Russell, P.E. (1955), *The English Intervention in Spain and Portugal in the Time of Edward III and Richard II*, Oxford

Sáinz de la Maza Lasoli, R. (1984), 'La aljama judía de Montalbán (1307–1391)', *AEM* 14: 345–91
Salavert y Roca, V. (1956), *Cerdeña y la expansión mediterránea de la Corona de Aragón, 1297–1314*, 2 vols., Madrid
Salavert y Roca, V. (1959), 'Los motivos económicos en la conquista de Cerdeña', *VI CHCA*, Madrid, pp. 433–45
Salavert y Roca, V. (1973), 'La Corona de Aragón en el mundo mediterráneo del siglo XIV', *VIII CHCA*, Valencia, II, iii, pp. 31–64
Sánchez Martínez, M. (1982), 'La fiscalidad catalanoaragonesa y las aljamas de judíos en la época de Alfonso IV (1327–1336): los subsidios extraordinarios', *Acta Historica et Archaeologica Medievalia* 3: 93–141
Sánchez Martínez, M. (1989), 'Las relaciones de la Corona de Aragón con los países musulmanes en la época de Pedro el Ceremonioso', in *Pere el Cerimoniós i la seva època*, Barcelona, pp. 77–97
Sánchez Martínez, M. (1992), 'La fiscalidad real en Cataluña (siglo XIV)', *AEM* 22: 341–76
Sánchez Martínez, M., and Gassiot Pintori, S. (1991), 'La *Cort General* de Barcelona (1340) y la contribución catalana a la guerra del Estrecho', in *Les corts a Catalunya*, Barcelona, pp. 222–40
Sans i Travé, J.M. (1990), *El procés dels Templers catalans*, Lleida
Santamaría, A. (1982), 'Tensión Corona de Aragón–Corona de Mallorca. La sucesión de Sancho de Mallorca (1318–1326)', in *En la España medieval*, III: *Estudios en memoria del profesor D. Salvador de Moxó*, Madrid, pp. 423–95
Sarasa Sánchez, E. (n.d.), *Las cortes de Aragón en la edad media*, Zaragoza
Sarasa Sánchez, E. (1980), 'Notes sur la condition sociale des vassaux seigneuriaux dans le royaume d'Aragon aux XIVe et XVe siècles', *MA* 86: 5–47
Sarasa Sánchez, E. (1981), *Sociedad y conflictos sociales en Aragón, siglos XIII–XV: estructuras de poder y conflictos de clase*, Madrid
Sarasa Sánchez, E. and Orcástegui, C. (1985), 'El rechazo de la aventura mediterránea y la manifestación de las contradicciones internas: la consolidación del reino y los comienzos de la crisis (1276–1336)', and 'La recuperación del poder monárquico y el aislamiento de Aragón en sus límites territoriales: la plenitud de la crisis (1337–1410)', in A. Beltrán Martínez (ed.), *Historia de Aragón*, Zaragoza, VI, pp. 11–76
Sesma Muñoz, J.A. (1982), *Transformación social y revolución comercial en Aragón durante la baja edad media*, Madrid
Sesma Muñoz, J.A. (1983), 'La fijación de fronteras económicas entre los estados de la Corona de Aragón', *Aragón en la edad media* 5: 141–65
Setton, K.M. (1975), *Catalan Domination of Athens, 1311–1388*, London
Shirk, M.V. (1981), 'The Black Death in Aragon, 1348–51', *JMH* 7: 357–67
Shneidman, J.L. (1970), *The Rise of the Aragonese-Catalan Empire, 1200–1350*, 2 vols., New York
Sobrequés Callicó, J. (1970–1), 'La peste negra en la península ibérica', *AEM* 7: 67–102
Sobrequés Vidal, S. (1957), *Els barons de Catalunya*, Barcelona
Sobrequés Vidal, S. (1970–1), 'La noblesa catalana en el siglo XIV', *AEM* 7: 513–31
Soldevila, F. (1963), *Història de Catalunya*, Barcelona

1018

Sturcken, H.T. (1979), 'The Unconsummated Marriage of Jaime of Aragon and Leonor of Castile (October 1319)', *JMH* 5: 185–201

Tasis i Marca, R. (1979), 'Le segle XIV. Pere el Ceremoniós i els seus fills', in *Història de Catalunya*, Barcelona, IV, pp. 7–215

Treppo, M. del (1972), *I mercanti catalani e l'espansione della Corona d'Aragona nel secolo XV*, Naples

Verlinden, C. (1955), *L'esclavage dans l'Europe médiévale*, I, Bruges

Verlinden, C. (1970–1), 'L'esclavage dans la péninsule ibérique au XIVe siècle', *AEM* 7: 577–91

Vicens Vives, J. (1969), *Economic History of Spain*, Princeton

Vicens Vives, J., Suárez Fernández, L. and Carrère, C. (1959), 'La economía de los países de la Corona de Aragón en la baja edad media', *VI CHCA*, Madrid, pp. 103–35

Vilar, P. (1962), *La Catalogne dans l'Espagne moderne*, 3 vols., Paris

Wolff, P. (1971), 'The 1391 Pogrom in Spain. Social Crisis or Not', *P&P* 50: 4–18

Zurita, J. (1967–85), *Anales de la Corona de Aragón*, ed. A. Canellas López, 9 vols., Zaragoza

18(b) CASTILE, NAVARRE AND PORTUGAL

Primary sources

[Alfonso X], *Las Siete Partidas*, ed. Real Academia de la Historia, 3 vols., Madrid (1807, repr. 1972)

As Gavetas da Torre do Tombo, II, Lisbon (1962)

Colmeiro, M., *Cortes de los antiguos reinos de León y de Castilla. Introducción*, Madrid (1883)

Cortes de los antiguos reinos de León y de Castilla, ed. Real Academia de la Historia, I, II, Madrid (1861–3)

Crónica de Alfonso XI, ed. C. Rosell, BAE, 66 (*Crónicas de los reyes de Castilla*, I), Madrid (1875), pp. 173–392

Crónica de Enrique III, ed. C. Rosell, BAE, 68 (*Crónicas de los reyes de Castilla*, II), Madrid (1877), pp. 161–257

Crónica de Fernando IV, ed. C. Rosell, BAE, 66 (*Crónicas de los reyes de Castilla*, I), Madrid (1875), pp. 93–170

Crónica de Juan I, ed. C. Rosell, BAE, 68 (*Crónicas de los reyes de Castilla*, II), Madrid (1877), pp. 65–159

Crónica de Pedro I, ed. C. Rosell, BAE, 66 (*Crónicas de los reyes de Castilla*, I), Madrid (1875), pp. 395–629

García y García, A., *Synodicon Hispanum*, 7 vols., to date, Madrid (1981–)

Gran Crónica de Alfonso XI, ed. D. Catalán, 2 vols., Madrid (1976)

Hechos de D. Berenguel de Landoria, arzobispo de Santiago, ed. M. Díaz y Díaz *et al.*, Santiago de Compostela (1983)

Jofré de Loaisa, *Crónica de los reyes de Castilla*, ed. A. García Martínez, Murcia (1982)

Lomax, D.W. and Oakley, R.J., *The English in Portugal 1367–87*, Warminster (1988)

Macchi, G. (ed.) and J. Steunou (trans.), *Fernão Lopes, Chronique du roi D. Pedro I*, Paris (1985)

O'Callaghan, J.F. (1986), 'Las cortes de Fernando IV: cuadernos inéditos de Valladolid 1300 y Burgos 1308', *HID* 13: 315–28
Peña Pérez, F.J., *Documentación del monasterio de San Juan de Burgos (1091–1400)*, Burgos (1983)
Pere III of Catalonia (Pedro IV of Aragon), Chronicle, trans. M. Hillgarth, with introduction and notes by J.N. Hillgarth, 2 vols., Toronto (1980)
Tanner, N.P. (ed.), *Decrees of the Ecumenical Councils*, 2 vols., London and Washington DC (1990)

Secondary works

Abadal i de Vinyals, R. d' (1976), in *España cristiana. Crisis de la Reconquista. Luchas civiles*, *HEMP*, XIV, ed. L. Suárez Fernández and J. Reglá Campistol, 2nd edn, Madrid
Almeida, F. de (1922), *História de Portugal*, I, Coimbra
Almeida, F. de (1967), *História da Igreja em Portugal*, ed. D. Peres, I, Oporto
Alonso Romero, M.P. (1990), in *La expansión peninsular y mediterránea (c. 1212–c. 1350)*, *HEMP*, XIII, i, *La corona de Castilla*, ed. J. Torres Fontes *et al.*, Madrid
Amasuno Sárraga, M.V. (1996), *La peste en la corona de Castilla durante la segunda mitad del siglo XIV*, Valladolid
Anasagasti Valderrama, A.M. and Sanz Fuentes, M.J. (1985), 'La hermandad de Andalucía durante la minoría de Alfonso XI: nueva aportación documental', *Saitabi* 35: 13–21
del Arco, R. (1954), *Sepulcros de la casa real de Castilla*, Madrid
Avezou, R. (1930), 'Un prince aragonais, archevêque de Tolède au XIVe siècle. D. Juan de Aragón y Anjou', *BH* 32: 326–71
Barros, H. da Gama (1945–54), *História da administraçao pública em Portugal*, 2nd edn, 11 vols., Lisbon
Beceiro Pita, I. (1987), 'Los dominios de la familia real castellana (1250–1350)', in Rucquoi (1987b), pp. 79–106
Benavides, A. (1860), *Memorias de D. Fernando IV de Castilla*, 2 vols., Madrid
Bermúdez Aznar, A. (1989), 'Los concejos y la administración del reino', in *Concejos y ciudades en la edad media hispánica. II Congreso de estudios medievales*, Avila, pp. 569–92
Boswell, J. (1977), *The Royal Treasure. Muslim Communities under the Crown of Aragon in the Fourteenth Century*, New Haven, Conn.
Brásio, A. (1958), 'As "razões" de João das Regras nas Cortes de Coimbra', *LS* 3: 7–40
Bueno Domínguez, M.L. (1991), 'El concejo de Zamora. Siglos XII–XIV', in *Primer congreso de historia de Zamora*, III: *Medieval y moderna*, Zamora, pp. 119–36
Burns, J.H. (1992), *Lordship, Kingship, and Empire. The Idea of Monarchy, 1400–1525*, Oxford
Cabrillana, N. (1968), 'La crisis del siglo XIV en Castilla: la peste negra en el obispado de Palencia', *Hispania* 28: 246–58
Caetano, M. (1951), 'As Cortes de 1385', *RPH* 5: 5–86
Caetano, M. (1953), 'O concelho de Lisboa na crise de 1383–1385', *AAPH* 4: 179–247
Casado Alonso, H. (1987), 'Las relaciones poder real-ciudades en Castilla en la primera mitad del siglo XIV', in Rucquoi (1987b), pp. 193–215
Castro, J.R. (1967), *Carlos III el Noble, rey de Navarra*, Pamplona
Catalán Menéndez Pidal, D. (1962), *De Alfonso X al Conde de Barcelos. Cuatro estudios sobre el nacimiento de la historiografía romance en Castilla y Portugal*, Madrid

Coelho, A. Borges (1984), *A revolução de 1383*, 5th edn, Lisbon
Coelho, M.H. de Cruz and Homem, A.L. de Carvalho (1996), *Portugal em definição de fronteiras (1096–1325). Do condado portucalense à crise do século XIV*, Lisbon
Costa, M.-M. (1981), 'Los reyes de Portugal en la frontera castellano-aragonesa (1304)', *Medievalia* 2: 27–50
David, P. (1943), 'Français du Midi dans les évêchés portugais (1279–1390)', *BEP* 9: 16–70
Delachenal, R. (1909–31), *Histoire de Charles V*, 5 vols., Paris
Díaz Martín, L. (1984), 'Le processus de fondation de Guadalupe sous Alfonso XI', *MA* 39: 233–56
Dupré Theseider, E. (1972), 'Egidio de Albornoz e la riconquista dello stato della Chiesa', in *El Cardenal Albornoz y el Colegio de España*, I, Studia Albornotiana, 11, Bologna, pp. 433–59
Fernández Conde, F.J. (1978), *Gutierre de Toledo obispo de Oviedo (1377–1389)*, Oviedo
Fernández Conde, F.J. (ed.) (1980–2), *La iglesia en la España de los siglos VIII–XIV. Historia de la iglesia en Espana*, 2 vols., Madrid
Fita, F. (1908), 'El concilio nacional de Palencia en 1321', *BRAH* 52: 17–48
Gaibrois de Ballesteros, M. (1922–8), *Historia del reinado de Sancho IV de Castilla*, 3 vols., Madrid
Gaibrois de Ballesteros, M. (1967), *María de Molina, tres veces reina*, Madrid; originally publ. 1936
García de Cortázar, J.A. (1990), *La sociedad rural el la España medieval*, 2nd edn, Madrid
García Díaz, I. (1984), 'La política caballeresca de Alfonso XI', *Miscelánea medieval murciana* 11: 117–33
García Fernández, M. (1985), 'La hermandad general de Andalucía durante la minoría de Alfonso XI de Castilla: 1312–1325', *HID* 12: 351–75
García Fernández, M. (1991), 'Jaime II y la minoría de Alfonso XI. Sus relaciones con la sociedad política castellana', *HID* 18: 143–81
García y García, A. (1976), *Estudios sobre la canonística portuguesa medieval*, Madrid
García y García, A. (1988), 'Las constituciones del concilio legatino de Valladolid (1322)', in W. Brandmüller, H. Immenkötter and E. Iserloh (eds.), *Ecclesia Militans*, Paderborn, pp. 111–27
García y López, J.C. (1892–3), *Castilla y León durante los reinados de Pedro I, Enrique II, Juan I y Enrique III*, 2 vols., Madrid
Gautier-Dalché, J. (1970–1), 'L'histoire castillane dans la première moitié du XIVe siècle', *AEM* 7: 239–52
Gautier-Dalché, J. (1982), 'Alphonse XI a-t-il voulu la mort de D. Juan Manuel?', in *Don Juan Manuel. VII Centenario*, Murcia, pp. 135–47
Giménez Soler, A. (1932), *Don Juan Manuel. Biografía y estudio crítico*, Zaragoza
Goñi Gaztambide, J. (1958), *Historia de la Bula de la Cruzada en España*, Vitoria
Goñi Gaztambide, J. (1979), *Historia de los obispos de Pamplona*, II: *Siglos XIV–XV*, Pamplona
González Alonso, B. (1988), 'Poder regio, cortes y régimen político en la Castilla bajomedieval (1252–1474)', in *Las cortes de Castilla y León en la edad media*, Valladolid, II, pp. 201–54

González Mínguez, C. (1976), *Fernando IV de Castilla (1295–1312). La guerra civil y el predominio de la nobleza*, Vitoria
González Mínguez, C. (1983), 'Algunos datos sobre la población de Castilla durante el reinado de Fernando IV', in J. Crespo Redondo (ed.), *El pasado histórico de Castilla y León. Actas del I Congreso de historia de Castilla y León*, Burgos, I, pp. 87–99
Grassotti, H. (1987), 'Novedad y tradición en las donaciones "con mero y mixto imperio" en León y Castilla', in *Homenaje al prof. Juan Torres Fontes*, Murcia, I, pp. 723–36
Harvey, L.P. (1990), *Islamic Spain 1250 to 1500*, Chicago and London
Hernández, F.J. (1978), 'Ferrán Martínez, escrivano del rey, canónigo de Toledo, y autor del Libro del Cavallero Zifar', *Revista de archivos, bibliotecas y museos* 81: 289–325
Hillgarth, J. (1976), *The Spanish Kingdoms 1250–1516*, I, Oxford
Kershaw, I. (1973), 'The Great Famine and Agrarian Crisis in England 1315–1322', *P&P* 59: 3–50
Lacarra, J.M. (1972, 1973), *Historia política del reino de Navarra desde sus orígenes hasta su incorporación a Castilla*, II, III, Pamplona
Leroy, B. (1984), 'Ruina y reconstrucción. Los campos y las ciudades de Navarra en la segunda mitad del siglo XIV', *Hispania* 44: 237–61
Leroy, B. (1988), 'La cour des rois Charles II et Charles III de Navarre (vers 1350–1425), lieu de rencontre, milieu de gouvernement', in A. Rucquoi (ed.), *Realidad e imágenes del poder. España a fines de la edad media*, Valladolid, pp. 233–48; repr. in Leroy, *Le royaume de Navarre à la fin du moyen âge*, Aldershot (1990)
Linehan, P. (1971), *The Spanish Church and the Papacy in the Thirteenth Century*, Cambridge
Linehan, P. (1983), 'The Church, the Economy and the *Reconquista* in Early Fourteenth-Century Castile', *Revista española de teología*, 43: 275–303; repr. in his *Past and Present in Medieval Spain*, Aldershot (1992)
Linehan, P. (1985), 'The Beginnings of Santa María de Guadalupe and the Direction of Fourteenth-Century Castile', *JEH* 36: 284–304; repr. in his *Past and Present in Medieval Spain*
Linehan, P. (1993a), *History and the Historians of Medieval Spain*, Oxford
Linehan, P. (1993b), 'The Mechanics of Monarchy. Knighting Castile's King, 1332', *HT* 43: 26–32
Lopes, F. Félix (1970a), 'Duas cartas inéditas da Rainha Santa Isabel sobre jóias empenhoradas', *RPH* 13: 61–72
Lopes, F. Félix (1970b), 'Santa Isabel na contenda entre D. Dinis e o filho, 1321–1322', *LS* 8: 57–80
López-Ibor Aliño, M. (1984), 'El "señorío apartado" de la cofradía de Arriaga y la incorporación de la tierra de Alava a la corona de Castilla en 1332', in *En la España medieval, IV: Estudios dedicados al prof. D. Angel Ferrari Núñez*, Madrid, I, pp. 513–36
Martín Duque, A.J. (1970–1), 'El reino de Navarra en el siglo XIV', *AEM* 7: 153–64
Martínez Ferrando, J.E. (1948), *Jaime II de Aragón. Su vida familiar*, 2 vols., Barcelona
Mattoso, J. (1985), 'A nobreza e a revolução de 1383', in *1383–1385 e a crise geral dos séculos XIV/XV. Jornadas de história medieval, Lisboa, 20 a 22 de junho de 1985*, Lisbon, pp. 391–416
Mattoso, J. (1993), in *História de Portugal, direcção de José Mattoso*, II: *A monarquia feudal (1096–1480)*, Lisbon, pp. 8–309

Milhou, A. (1982), 'La chauve-souris, le Nouveau David et le roi caché (trois images de l'empereur des derniers temps dans le monde ibérique: XIIIe–XVIIe siècle', *MCV* 18: 61–78

Mínguez, J.M. (1989), 'Las hermandades generales de los concejos en la corona de Castilla', in *Concejos y ciudades en la edad media hispánica. II Congreso de estudios medievales*, Avila, pp. 537–67

Mitre Fernández, E. (1968), *Evolución de la nobleza en Castilla bajo Enrique III (1396–1406)*, Valladolid

Mitre Fernández, E. (1969), *La extensión del regimen de corregidores en el reinado de Enrique III de Castilla*, Valladolid

Moreta, S. (1978), *Malhechores-feudales. Violencia, antagonismos y alianzas de clases en Castilla, siglos XIII–XIV*, Madrid

Moxó, S. de (1969), 'De la nobleza vieja a la nobleza nueva. La transformación nobiliaria castellana en la baja edad media', *CH* 3: 1–210

Moxó, S. de (1975), 'La promoción política y social de los "letrados" en la corte de Alfonso XI', *Hispania* 35: 5–29

Moxó, S. de (1976), 'Relaciones entre la corona y las ordenes militares en el reinado de Alfonso XI', in *VII Centenario del Infante D. Fernando de la Cerda. Jornadas de estudio, Ciudad Real, abril 1975. Ponencias y comunicaciones*, Madrid, pp. 117–58

Moxó, S. de (1990), in *La expansión peninsular y mediterránea (c. 1212–c. 1350)*, *HEMP*, XIII, i, *La corona de Castilla*, ed. J. Torres Fontes *et al.*, Madrid

Nieto Soria, J.M. (1984), 'Abadengo episcopal y realengo en tiempos de Alfonso XI de Castilla', in *En la España medieval*, IV *(Estudios dedicados a A. Ferrari Núñez)*, 2 vols., Madrid, pp. 707–36

Nieto Soria, J.M. (1988), *Fundamentos ideológicos del poder real en Castilla (siglos XIII–XVI)*, Madrid

Pérez-Prendes, J.M. (1974), *Cortes de Castilla*, Barcelona

Phillips, J.R.S. (1988), *The Medieval Expansion of Europe*, Oxford

Rashdall, H. (1936), *The Universities of Europe in the Middle Ages*, ed. F.M. Powicke and A.B. Emden, II, Oxford

Rau, V. *et al.* (1963), 'Para o estudo da peste negra em Portugal', in *Actas do Congresso histórico de Portugal medievo, Bracara Augusta*, 14–15, Lisbon, pp. 210–39

Rebelo, L. de Sousa (1981), 'The Idea of Kingship in the Chronicles of Fernão Lopes', in F.W. Hodcroft *et al.* (eds.), *Medieval and Renaissance Studies on Spain and Portugal in Honour of P. E. Russell*, Oxford

Rebelo, L. de Sousa (1983), *A concepção do poder em Fernão Lopes*, Lisbon

Rubio Vela, A. (1987), 'Crisis agrarias y carestías en las primeras décadas del siglo XIV. El caso de Valencia', *Saitabi* 37: 131–47

Rucquoi, A. (1987a), *Valladolid en la edad media*, 2 vols., Valladolid

Rucquoi, A. (ed.) (1987b), *Génesis medieval del estado moderno. Castilla y Navarra (1250–1370)*, Valladolid

Ruiz, T.F. (1977), 'The Transformation of the Castilian Municipalities: The Case of Burgos 1248–1350', *P&P* 77: 3–32

Ruiz, T.F. (1987), 'L'image du pouvoir à travers les sceaux de la monarchie castillane', in Rucquoi (1987b), pp. 217–27

Russell, P.E. (1955), *The English Intervention in Spain and Portugal in the Time of Edward III and Richard II*, Oxford

Serrão, J. Veríssimo (1979), *História de Portugal*, I: *Estado, pátria e nação (1080–1415)*, 3rd edn, 2 vols., n.p.

Sobrequés Callicó, J. (1970–1), 'La peste negra en la península ibérica', *AEM* 7: 67–101

Sousa, A. de (1993), in *História de Portugal, direcção de José Mattoso*, II: *A monarquia feudal (1096–1480)*, Lisbon, pp. 310–556

Sturcken, H.T. (1979), 'The Unconsummated Marriage of Jaime of Aragon and Leonor of Castile', *JMH* 5: 185–201

Suárez Fernández, L. (1951), 'Evolución histórica de las hermandades castellanas', *CH(E)* 16: 5–78

Suárez Fernández, L. (1953), 'Don Pedro Tenorio, arzobispo de Toledo (1375–1399)', *Estudios dedicados a Menéndez Pidal*, IV (Madrid), pp. 601–27

Suárez Fernández, L. (1955), *Juan I, rey de Castilla (1379–1390)*, Madrid

Suárez Fernández, L. (1959), *Nobleza y monarquía. Puntos de vista sobre la Historia castellana del siglo XV*, Valladolid

Suárez Fernández, L. (1960), *Castilla, el Cisma y la crisis conciliar (1378–1440)*, Madrid

Suárez Fernández (1976), in *España cristiana. Crisis de la Reconquista. Luchas civiles*, *HEMP*, XIV, ed. L. Suárez Fernández and J. Reglá Campistol, 2nd edn, Madrid

Suárez Fernández, L. (1977–82), *Historia del reinado de Juan I de Castilla*, 2 vols., to date, Madrid

Torres Fontes, J. (1953), 'El concejo murciano en el reinado de Alfonso XI', *AHDE* 23: 139–59

Torres Fontes, J. (1990), in *La expansión peninsular y mediterránea (c. 1212–c. 1350)*, *HEMP*, XIII, i, *La corona de Castilla*, ed. J. Torres Fontes et al., Madrid

Vaca, A. (1977, 1979), 'La estructura socioeconómica de la Tierra de Campos a mediados del siglo XIV', *Institución Tello Téllez de Meneses* 39: 229–398, 42: 203–387

Valdeón Baruque, J. (1966), *Enrique II de Castilla. La guerra civil y la consolidación del regimen (1366–1371)*, Valladolid

Valdeón Baruque, J. (1969), 'Aspectos de la crisis castellana en la primera mitad del siglo XIV', *Hispania* 29: 5–24

Valdeón Baruque, J. (1975), 'Movimientos antiseñoriales en Castilla en el siglo XIV', *CH* 6: 357–90

Valdeón Baruque, J. et al. (eds.) (1980), *Feudalismo y consolidación de los pueblos hispánicos (siglos XI–XV)*, Historia de España dirigida por M. Tuñón de Lara, IV, Barcelona

Verlinden, C. (1938), 'La grande peste de 1348 en Espagne. Contribution à l'étude de ses conséquences économiques et sociales', *RBPH* 17: 103–46

Vones, L. (1993), *Geschichte der Iberischen Halbinsel im Mittelalter (711–1480). Reiche, Kronen, Regionen*, Sigmaringen

Wolff, P. (1971), 'The 1391 Pogrom in Spain. Social Crisis or Not?', *P&P* 50: 4–18

Zabalo Zabalegui, F. J. (1968), 'Algunos datos sobre la regresión demográfica causada por la Peste en la Navarra del siglo XIV', in *Miscellánea J. M. Lacarra y de Miguel*, Zaragoza, pp. 485–91

Zunzunegui, J. (1954), 'Para la historia del Concilio de Valladolid de 1322', *Scriptorium Victoriense* 1: 345–9

19 THE AVIGNON PAPACY

Primary sources

Baluze, E. (ed.), *Vitae Paparum Avenionensium*, new edn by G. Mollat, 4 vols., Paris (1914–27)

Barbiche, B., *Les actes pontificaux originaux des Archives nationales de Paris*, III, IARP, 3, Vatican City (1982)

Barraclough, G., *Public Notaries and the Papal Curia. A Calendar and a Study of a 'Formularium Notariorum Curie' from the Early Years of the Fourteenth Century*, London (1934)

Baumgarten, P.M., *Untersuchungen und Urkunden über die Camera Collegii Cardinalium für die Zeit von 1295 bis 1437*, Leipzig (1898)

Bresc, H. (ed.), *La correspondance de Pierre Ameilh, archevêque de Naples, puis d'Embrun (1363–1369)*, Paris (1972)

Coulon, A. and Clémencet, S., *Jean XXII (1316–1334). Lettres secrètes et curiales relatives à la France*, BEFAR, 3rd series, Paris (1900 ff)

Daumet, G., *Benoît XII (1334–1342). Lettres closes, patentes et curiales se rapportant à la France*, BEFAR, 3rd series, Paris (1899–1920)

Déprez, E. and Mollat, G., *Clément VI (1342–1352). Lettres closes, patentes et curiales intéressant les pays autres que la France*, BEFAR, 3rd series, Paris (1906–61)

Déprez, E., Glénisson, J. and Mollat, G., *Clément VI (1342–1352). Lettres closes, patentes et curiales se rapportant à la France*, 3 vols., BEFAR, 3rd series, Paris (1901–61)

Dykmans, M. (ed.), *Les sermons de Jean XXII sur la Vision béatifique*, Rome (1973)

Dykmans, M. (ed.), *Le cérémonial papal de la fin du moyen âge à la Renaissance*, II–III, Brussels and Rome (1981–3)

Finke, H. (1907), *Papsttum und Untergang des Templerordens*, 2 vols., Münster.

Finke, H. (ed.), *Acta Aragonensia*, 3 vols., Berlin (1908–22)

Finke, H., 'Nachträge und Ergänzungen zu den Acta Aragonensia (I–III)', *SFGG* I, 4 (1933), pp. 355–536

Friedberg, E. (ed.), *Corpus Juris Canonici*, 2 vols., Leipzig (1879–82)

Gasnault, P. and Laurent, M.-H., *Innocent VI: lettres secrètes et curiales*, BEFAR, 3rd series, Paris (1959 ff)

Glénisson, J. and Mollat, G., *Correspondance des légats et des vicaires-généraux. Gil Albornoz et Androin de la Roche (1353–1367)*, Paris (1964)

Göller, E., *Die päpstliche Pönitentiarie von ihrem Ursprung bis zu ihrer Umgestaltung unter Pius V.*, I, 1–2, Rome (1907)

Göller, E., *Die Einnahmen der apostolischen Kammer unter Johann XXII.*, VQHF, 1, Paderborn (1910)

Göller, E., *Die Einnahmen der apostolischen Kammer unter Benedikt XII.*, VQHF, 4, Paderborn (1920)

Guillemain, B. (ed.), *Les recettes et les dépenses de la chambre apostolique pour la quatrième année du pontificat de Clément V (1308–1309)*, Rome (1978)

Hayez, M. et al., *Urbain V (1362–1370). Lettres communes*, 12 vols., BEFAR, 3rd series, Paris (1954–89)

Herde, P., *Audientia Litterarum Contradictarum*, 2 vols., Tübingen (1970)

Hledíková, Z., *Raccolta Praghese di scritti di Luca Fieschi*, Prague (1985)

Hoberg, H. (ed.), *Die Inventare des päpstlichen Schatzes in Avignon 1314–1376*, Rome (1944)
Hoberg, H., *Die Einnahmen der apostolischen Kammer unter Innocenz VI.*, VQHF, 7–8, Paderborn (1955–72)
Lecacheux, P. and Mollat, G., *Lettres secrètes et curiales du pape Urbain V (1362–1370) se rapportant à la France*, BEFAR, 3rd series, Paris (1902–55)
Meyer, Matthäus (ed.), *Die Pönitentiarie-Formularsammlung des Walter Murner von Strassburg*, Freiburg (1979)
Mirot, L. et al., *Lettres secrètes et curiales du pape Grégoire XI relatives à la France*, BEFAR, 3rd series, Paris (1935–57)
Mohler, L., *Die Einnahmen der apostolischen Kammer unter Klemens VI.*, VQHF, 5, Paderborn (1931)
Mollat, G., *Jean XXII (1316–1334). Lettres communes*, 16 vols., BEFAR, 3rd series, Paris (1904–33)
Mollat, G., *Lettres secrètes et curiales du pape Grégoire XI (1370–1378) intéressant les pays autres que la France*, BEFAR, 3rd series, Paris (1962–5)
Ottenthal, E. von (ed.), *Regulae Cancellariae Apostolicae. Die päpstlichen Kanzleiregeln von Johannes XXII. bis Nikolaus V.*, Innsbruck (1888)
Petrarca, Francesco, *Le Familiari*, ed. Vittorio Rossi, Edizione Nazionale delle Opere di Francesco Petrarca, 10–13, Florence (1933–42)
Regestum Clementis Papae V ex Vaticanis Archetypis . . . Cura et Studio Monachorum Ordinis Sancti Benedicti editum, 8 vols., Rome (1885–92); *Tables . . .*, ed. Y. Lanhers et al., Paris (1948–57)
Rinaldi, O., *Caesaris S.R.E. Card. Baronii, Od. Raynaldi et Iac. Laderchii Annales Ecclesiastici*, ed. A. Theiner, 37 vols., Bar-le-Duc (1864–83)
Schäfer, K.H., *Die Ausgaben der apostolischen Kammer unter Johann XXII.*, VQHF, 2, Paderborn (1911)
Schäfer, K.H., *Die Ausgaben der apostolischen Kammer unter Benedikt XII., Klemens VI. und Innocenz VI.*, VQHF, 3, Paderborn (1914)
Schäfer, K.H., *Die Ausgaben der apostolischen Kammer unter den Päpsten Urban V. und Gregor XI.*, VQHF, 6, Paderborn (1937)
Schmidt, Tilmann (ed.), *Constitutiones Spoletani Ducatus a Petro de Castaneto Edite (a. 1333)*, Rome (1990)
Schröder, H., 'Die Protokollbücher der päpstlichen Kammerkleriker 1329–1347', *AK* 27 (1937), pp. 121–286
Segre, A., 'I dispacci di Cristoforo da Piacenza procuratore mantovano alla corte pontificia (1371–1383)', *ASI* 5th series 43 (1909), pp. 27–95; 44 (1909), pp. 253–326
Sella, P. (ed.), *Costituzioni Egidiane dell'anno MCCCLVII*, Corpus Statutorum Italicorum, 1, Rome (1912)
Tangl, M. (ed.), *Die päpstlichen Kanzleiordnungen von 1200–1500*, Innsbruck (1894)
Tarrant, J. (ed.), *Extravagantes Iohannis XXII*, Vatican City (1983)
Theiner, A. (ed.), *Codex Diplomaticus Dominii Temporalis S. Sedis*, 3 vols., Vatican City (1861–2)
Vidal, J.-M., *Benoît XII (1334–1342). Lettres communes et curiales analysées d'après les registres dits d'Avignon et du Vatican*, 3 vols., BEFAR, 3rd series, Paris (1903–11)
Vidal, J.-M. and Mollat, G., *Benoît XII (1334–42). Lettres closes et patentes intéressant les pays autres que la France*, 2 vols., BEFAR, 3rd series, Paris (1913–50)

Williman, D., 'Letters of Etienne Cambarou, camerarius apostolicus', *AHP* 15 (1977), pp. 195–215

Williman, D., *The Right of Spoil of the Popes of Avignon, 1316–1415*, Philadelphia (1988)

Zutshi, P.N.R., *Original Papal Letters in England, 1305–1415*, IARP, 5, Vatican City (1990)

Secondary works

General bibliographic note: Mollat (1965) contains full bibliographies, which are not present in the English translation (1963). Much of the more recent literature is cited in *Aux origines* (1990). The bibliography in Boyle (1972) is especially useful for publications of material in the Vatican Archives.

Aspetti culturali della società italiana nel periodo del papato avignonese (1981), Convegni del Centro di Studi sulla Spiritualità Medievale, 19, Todi

Aux origines de l'état moderne. Le fonctionnement administratif de la papauté d'Avignon (1990), CEFR, 138, Rome

Barraclough, G. (1935), *Papal Provisions*, Oxford

Barraclough, G. (1936), 'The Executors of Papal Provisions in the Canonical Theory of the Thirteenth and Fourteenth Centuries', in *Acta Congressus Iuridici Internationalis Romae 12–17 Novembris 1934*, III, Rome, pp. 109–53

Bernard, J. (1948–9), 'Le népotisme de Clément V et ses complaisances pour la Gascogne', *AMi* 61: 369–411

Bock, F. (1934), 'Die Geheimschrift in der Kanzlei Johanns XXII.', *RQ* 42: 279–303

Bock, F. (1935–7), 'Studien zum politischen Inquisitionsprozess Johanns XXII.', *QFIAB* 26: 20–142, 27: 109–34

Bock, F. (1941), *Einführung in das Registerwesen des Avignonesischen Papsttums*, QFIAB, 31, Ergbd.

Boehlke, F.J. (1966), *Pierre de Thomas. Scholar, Diplomat, and Crusader*, Philadelphia

Boyle, L.E. (1972), *A Survey of the Vatican Archives and of its Medieval Holdings*, Toronto

Bresslau, H. (1912–31), *Handbuch der Urkundenlehre für Deutschland und Italien*, 2nd edn, 2 vols., Berlin

Brucker, G. (1963), 'An Unpublished Source for the History of the Avignonese Papacy: The Letters of Francesco Bruni', *Traditio* 19: 351–70

Caillet, L. (1975), *La papauté d'Avignon et l'église de France. La politique bénéficial du Pape Jean XXII en France*, Paris

Chaplais, P. (1951), 'Règlement des conflits internationaux franco-anglais au XIVe siècle', *MA* 57: 269–302

Chiffoleau, J. (1984), *Les justices du pape. Délinquence et criminalité dans la région d'Avignon au XIVe siècle*, Paris

Coing, H. (ed.) (1973), *Handbuch der Quellen und Literatur der neueren europäischen Privatrechtsgeschichte*, I, Munich

Colliva, P. (1977), *Il cardinale Albornoz, lo stato della Chiesa, le 'Constitutiones Aegidianae'*, Bologna

Courtel, A.-L. (1977), 'Les clientèles des cardinaux limousins en 1378', *MEFRM* 89: 889–944

Creytens, R. (1942), 'Le "Studium Romanae Curiae" et le maître du sacré palais', *AFP* 12: 5–83 1028
Di Stefano, G. (1968), *La découverte de Plutarque en occident. Aspects de la vie intellectuelle en Avignon au XIVe siècle*, Turin
Duprè Theseider, E. (1939), *I papi d'Avignone e la questione Romana*, Florence
Dykmans, M. (1973), 'Le cardinal Annibal de Ceccano (c. 1282–1350)', *Bulletin de l'Institut historique belge de Rome* 43: 145–344
Ehrle, F. (1889), 'Der Nachlass Clemens' V. und der in Betreff desselben von Johann XXII. (1318–21) geführte Process', *ALKG* 5: 1–166
Ehrle, F. (1890), *Historia Bibliothecae Romanorum Pontificum*, I, Rome
Frutaz, A.P. (1979), 'La famiglia pontificia in un documento dell'inizio del sec. XIV', in *Palaeografica Diplomatica Archivistica. Studi in onore di Giulio Battelli*, Rome, II, pp. 277–323
Glénisson, J. (1951), 'Les origines de la révolte de l'état pontifical en 1375', *RSCI* 5: 145–68
Göller, E. (1907), *Die päpstliche Pönitentiarie von ihrem Ursprung bis zu ihrer Umgestaltung unter Pius V.*, I, 1–2, Rome
Guillemain, B. (1952), *La politique bénéficiale du pape Benoît XII*, Paris
Guillemain, B. (1962), *La cour pontificale d'Avignon, 1309–1376*, Paris
Hale, J., Highfield, R. and Smalley, B. (eds.) (1965), *Europe in the Late Middle Ages*, London
Halecki, O. (1930), *Un empereur de Byzance à Rome*, Warsaw
Hayez, A.-M. (1978), 'Travaux à l'enceinte d'Avignon sous les pontificats d'Urbain V et Grégoire XI', in *ACNSS* 101, Paris, pp. 193–223
Hayez, A.-M. (1984), 'Les rotuli présentés au pape Urbain V durant la première année de son pontificat', *MEFRM* 96: 327–94
Hayez, A.-M. (1988), 'Préliminaires à une prosopographie avignonnaise du XIVe siècle', *MEFRM* 100: 113–24
Hayez, M. (ed.) (1980), *Genèse et débuts du grand schisme d'occident* (1980), Colloques internationaux du CNRS, 586, Paris
Housley, N. (1986), *The Avignon Papacy and the Crusades*, Oxford
Jugie, P. (1991a), 'Un Quercynois à la cour pontificale d'Avignon: le cardinal Bertrand du Pouget', *CFan* 26: 69–95
Jugie, P. (1991b), 'Le vicariat impérial du cardinal Gui de Boulogne à Lucques en 1369–1370', *MEFRM* 103: 261–357
Luttrell, A.T. and Blagg, T.F.C. (1991), 'The Papal Palace and Other Fourteenth-Century Buildings at Sorgues near Avignon', *Archaeologia* 109: 161–92
Majic, T. (1955), 'Die Apostolische Pönitentiarie im 14. Jahrhundert', *RQ* 50: 129–77
Melville, G. (1982), 'Quellenkundliche Beiträge zum Pontifikat Benedikts XII. Teil 1', *HJb* 102: 144–82
Meyer, Andreas (1986), *Zürich und Rom. Ordentliche Kollatur und päpstliche Provisionen am Frau- und Grossmünster 1316–1523*, Tübingen
Meyer, Andreas (1990), *Arme Kleriker auf Pfründensuche. Eine Studie über das 'in forma pauperum'-Register Gregors XII. von 1407 und über päpstliche Anwartschaften im Spätmittelalter*, Cologne and Vienna
Mollat, G. (1921), *La collation des bénéfices ecclésiastiques à l'époque des papes d'Avignon*, Paris

Mollat, G. (1936), 'Contribution à l'histoire de l'administration judiciaire de l'église romaine au XIVe siècle', *RHE* 32: 877–928

Mollat, G. (1951), 'Contribution à l'histoire du Sacré Collège de Clément V à Eugène IV', *RHE* 46: 22–112, 566–94

Mollat, G. (1965), *Les papes d'Avignon*, 10th edn, Paris; English trans. Janet Love, *The Popes at Avignon, 1305–1378*, London (1963)

Mollat du Jourdin, M. and Vauchez, A. (eds.) (1990), *Histoire du Christianisme*, VI: *Un temps d'épreuves (1274–1449)*, Paris

Müller, E. (1934), *Das Konzil von Vienne 1311–1312*, Münster

Opitz, G. (1944), 'Die Sekretärsexpedition unter Urban V. und Gregor XI.', *QFIAB* 33: 158–98

Paravicini Bagliani, A. (1991), 'Der Papst auf Reisen im Mittelalter', in D. Altenburg *et al.* (eds.), *Feste und Ferien im Mittelalter*, Sigmaringen, pp. 501–14

Partner, P. (1953), 'Camera Papae: Problems of Papal Finance in the Later Middle Ages', *JEH* 4: 55–68

Partner, P. (1972), *The Lands of St Peter. The Papal State in the Middle Ages and the Early Renaissance*, London

Pelzer, A. (1947), *Addenda et Emendanda ad Francisci Ehrle Historiae Bibliothecae Romanorum Pontificum*, Vatican City

Piola Caselli, F. (1981), *La costruzione del Palazzo dei Papi di Avignone (1316–1367)*, Milan

Piola Caselli, F. (1984), *Un cantiere navale del trecento*, Milan

Piola Caselli, F. (1987), 'L'espansione delle fonti finanziarie della Chiesa nel XIV secolo', *Archivio della Società romana di storia patria* 110: 63–97

Renouard, Y. (1941), *Les relations des papes d'Avignon et des compagnies commerciales et bancaires de 1316 à 1378*, Paris

Renouard, Y. (1954), *La papauté à Avignon*, Paris; English trans. D. Bethell, *The Avignon Papacy*, London (1970)

Reydellet-Guttinger, C. (1975), *L'administration pontificale dans le duché de Spolète (1305–52)*, Florence

Richard, J. (1977), *La papauté et les missions d'orient au moyen âge*, Rome

Sade, J.F.P.A. de (1764–7), *Mémoires pour la vie de François Pétrarque*, 3 vols., Amsterdam

Samaran, Ch. and Mollat, G. (1905), *La fiscalité pontificale en France au XIVe siècle*, Paris

Schäfer, K.H. (1911–14), *Deutsche Ritter und Edelknechte in Italien während des 14. Jahrhunderts*, 3 vols., Paderborn

Schimmelpfennig, B. (1971), 'Die Organisation der päpstlichen Kapelle in Avignon', *QFIAB* 50: 80–111

Schimmelpfennig, B. (1973), *Die Zeremonienbücher der Römischen Kurie im Mittelalter*, Tübingen

Schimmelpfennig, B. (1976), 'Zisterzienserideal und Kirchenreform – Benedikt XII. (1334–1342) als Reformpapst', *Zisterzienser Studien* 3: 11–43

Schimmelpfennig, B. (1990), 'Papal Coronations in Avignon', in J.M. Bak (ed.), *Coronations. Medieval and Early Modern Monarchic Ritual*, Berkeley and Los Angeles, pp. 179–96

Schmidt, Tilmann (1989), *Der Bonifaz-Prozess. Verfahren der Papstanklage in der Zeit Bonifaz' VIII. und Clemens' V.*, Cologne and Vienna

Schneider, F.E. (1914), *Die Römische Rota*, I, Paderborn

Schwarz, B. (1972), *Die Organisation kurialer Schreiberkollegien von ihrer Entstehung bis zur Mitte des 15. Jahrhunderts*, Tübingen

Setton, K.M. (1953), 'Archbishop Pierre d'Ameil in Naples and the Affair of Aimon III of Geneva (1363–1364)', *Speculum* 28: 643–91

Setton, K.M. (ed.) (1975), *A History of the Crusades*, III, Wisconsin

Setton, K.M. (1976), *The Papacy and the Levant*, I, Philadelphia

Southern, R. W. (1987), 'The Changing Role of Universities in Medieval Europe', *HR* 60: 133–46

Tellenbach, G. (1932–3), 'Beiträge zur kurialen Verwaltungsgeschichte im 14. Jahrhundert', *QFIAB* 24: 150–87

Tomasello, A. (1983), *Music and Ritual at Papal Avignon, 1309–1403*, Epping

Ullmann, W. (1972), *The Origins of the Great Schism*, reprinted with a new preface, Hamden, Conn.

Vauchez, A. (1981), *La sainteté en occident aux derniers siècles du moyen âge*, Paris

Verdera y Tuells, E. (ed.) (1972–9), *El cardenal Albornoz y el Colegio de España*, 6 vols., Bologna

Verger, J. (1973), 'L'entourage du cardinal Pierre de Monteruc (1356–1385)', *MEFRM* 85: 515–46

Waley, D. (1974), 'Opinions of the Avignon Papacy: A Historiographical Sketch', in *Storiografia e storia. Studi in onore di Eugenio Duprè Theseider*, I, Rome, pp. 175–88

Waley, D. (1987), 'Lo stato papale dal periodo feudale a Martino V', in G. Galasso (ed.), *Storia d'Italia*, Turin, VII, 2, pp. 229–320,

Walsh, K. (1981), *A Fourteenth-Century Scholar and Primate. Richard FitzRalph in Oxford, Avignon and Armagh*, Oxford

Watt, D.E.R. (1959), 'University Clerks and Rolls of Petitions for Benefices', *Speculum* 24: 213–29

Weiss, R. (1977), 'Per la storia degli studi greci alla curia papale nel tardo duecento e nel trecento', in his *Medieval and Humanist Greek. Collected Essays*, Padua, pp. 193-203

Welkenhuysen, A. (1983), 'La peste en Avignon (1348) décrite par un témoin oculaire, Louis Sanctus de Beringen', in R. Lievens *et al.* (eds.), *Pascua Mediaevalia. Studien voor Prof. Dr. J. M. De Smet*, Louvain, pp. 452–92

Wilkins, E.H. (1955), *Studies in the Life and Works of Petrarch*, Cambridge, Mass.

Williman, D. (1985), 'Summary Justice in the Avignonese Camera' in S. Kuttner and K. Pennington (eds.), *Proceedings of the Sixth International Congress of Medieval Canon Law*, Vatican City, pp. 437–49

Wood, D. (1989), *Clement VI. The Pontificate and Ideas of an Avignon Pope*, Cambridge

Zacour, N.P. (1960), *Talleyrand. The Cardinal of Périgord*, Philadelphia

Zacour, N.P. (1975), 'Papal Regulation of Cardinals' Households in the Fourteenth Century', *Speculum* 50: 434–55

Zacour, N.P. (1979), 'Petrus de Braco and his Repudium Ambitionis', *MS* 41: 1–29

Zutshi, P.N.R. (1984), 'Proctors Acting for English Petitioners in the Chancery of the Avignon Popes', *JEH* 35: 15–29

Zutshi, P.N.R. (1989), 'The Letters of the Avignon popes (1305–1378). A Source for the Study of Anglo-Papal Relations and of English Ecclesiastical History', in Michael Jones and Malcolm Vale (eds.), *England and her Neighbours, 1066–1453. Essays in Honour of Pierre Chaplais*, London, pp. 259–75

20 THE GREAT SCHISM

General note

The bibliography is restricted, in principle, to works relevant – directly or at one or two removes – to the Schism as an integral historical subject; it omits works about particular phenomena of the Schism in a peripheral context, works dealing with other subjects that include the Schism by the way, and many older works that have been superseded by more recent studies of the same topics. Even within these limits it is only a selection intended to guide first approaches from various directions. With the same intention editions and studies of primary sources, noted according to more or less the same criteria, are listed under the appropriate subdivisions of the subject-matter; some standard repertories, however, are listed separately. Conciliarism and the Councils are covered only in so far as they figure in the history of the Schism, as the *via concilii generalis*.

Bibliographies and surveys of scholarship

Alberigo, Giuseppe (1978), 'Il movimento conciliare (XIV–XV sec.) nella ricerca storica recente', *SM* 3rd series 19: 913–50

Delaruelle, Etienne, Labande, E. and Ourliac, P. (1962–4), *L'Eglise au temps du grand schisme et la crise conciliaire (1378–1449)*, 2 vols., Paris (Full bibliographical notes to each section.)

Institut d'Estudis Catalans (1979), *El cisma d'occident a Catalunya, les illes i el país Valencià. Repertori bibliogràfic*, Barcelona. (An exceptionally good list, with analyses and indexes, of more than 500 items, a great many of general, not just Catalan, relevance.)

Marini, A. (1982), 'Periodo Avignonese e scisma d'occidente alla luce de due convegni', *RSCI* 36: 426–36

Sieben, Hermann (1983), *Traktate und Theorien zum Konzil, vom Beginn des grossen Schismas bis zum Vorabend der Reformation (1378–1521)*, Frankfurt a. M. (Pp. 11–30 survey the printed Schism tractates.)

Standard repertories of primary sources

Bourgeois du Chastenet, L., *Nouvelle histoire du concile de Constance*, Paris (1718) (Valuable documentary appendix.)

Bulaeus (Du Boulay, C.E.), *Historia Universitatis Parisiensis*, iv–vi, Paris (1668–73)

Denifle, H. and Chatelain, A., *Chartularium Universitatis Parisiensis*, iii & iv, Paris (1894–7)

Deutsche Reichstagsakten unter König Ruprecht, ed. J. Weizsäcker, 3 vols., Gotha (1882–8)

Deutsche Reichstagsakten unter König Wenzel, ed. J. Weizsäcker, 3 vols., Munich (1867–77)

Documents relatifs au grand schisme, Textes et analyses (1924–73), i–vi, Analecta Vaticano-Belgica, 8, 13, 19, 26, 27, Brussels and Rome. (Letters, etc., of Clement VII and Benedict XIII concerning Belgium.)

Gerson, Jean, *Œuvres complètes*, ed. P. Glorieux, 10 vols., Paris (1960–73)

Mansi, J.D., *Sacrorum Conciliorum Nova et Amplissima Collectio*, XXII, XXVI, XXVII, Venice (1784)
Martène, E. and Durand, U., *Thesaurus Novus Anecdotorum*, I and II, Paris (1717)
Martène, E. and Durand, U., *Veterum Scriptorum et Monumentorum Historicorum, Dogmaticorum, Moralium Amplissima Collectio*, VII, Paris (1724)
Ordonnances des rois de France de la troisième race, ed. D. F. Secousse, VI–IX, Paris (1745–55)

1378 and after: the two elections and the ensuing polemics

Bliemetzrieder, Franz (1903), 'Zur Geschichte der großen abendländischen Kirchenspaltung. Die Kardinäle Peter Corsini, Simone de Borsano, Jakob Orsini und der Konzilsgedanke', *SMGBO* 24: 360–77, 625–52

Bliemetzrieder, F. (ed.) (1909a), *Literarische Polemik zu Beginn des großen abendländischen Schismas*, Vienna; repr. New York, 1967

Bliemetzrieder, F. (1909b), 'Le traité de Pierre Bohier, évêque d'Orvieto, sur le projet de concile général (1379)', *Questions ecclésiastiques* 2: 40–51

Brandmüller, W. (1974), 'Zur Frage nach der Gültigkeit der Wahl Urbans VI.' *AHC* 6: 78–120; repr. in *Papst und Konzil* (1990), pp. 3ff

Bresc, H. (1980), 'La genèse du schisme: les partis cardinalices et leurs ambitions dynastiques', in *GDGSO*, pp. 45–57

Colledge, E. (1956), 'Epistola Solitarii ad Reges: Alphonse of Pecha as Organizer of Birgittine and Urbanist Propaganda', *MS* 18: 19–49

Dykmans, Marc, S.J. (1975), 'Du conclave d'Urbain VI au grand schisme. Sur Pierre Corsini et Bindo Fesulani, écrivains florentins', *AHP* 13: 207–30

Dykmans, Marc, S.J. (1977a), 'La bulle de Grégoire XI à la veille du grand schisme', *MEFRM* 89: 485–95

Dykmans, Marc, S.J. (1977b), 'La troisième élection du pape Urbain VI', *AHP* 15: 17–64

Fink, K. A. (1962), 'Zur Beurteilung des Großen Abendländischen Schismas', *ZKG* 73: 335–43

Gayet, L. (1889), *Le grand schisme d'occident d'après les documents contemporains déposés aux archives secrètes du Vatican*. *Les origines*, 2 vols., Berlin, Florence and Paris (Important chiefly for its appendices of testimonies, etc., bearing on the events of 1378.)

Guillemain, B. (1980), 'Cardinaux et société curiale aux origines de la double élection de 1378', in *GDGSO*, pp. 19–30

Haller, J. (1941), review of Seidlmayer (1940), *HZ* 163: 595–7

Harvey, M. (1980), 'The Case for Urban VI in England to 1390', in *GDGSO*, pp. 541–60

Hayez, M. (ed.) (1980), *Genèse et débuts du grand schisme d'occident*, Colloques internationaux de CNRS, 586, Paris

MacFarlane, L. (1953), 'An English Account of the Election of Urban VI, 1378', *BIHR* 26: 75–85

Mirot, L. (1899), *La politique pontificale et le retour du Saint-Siège à Rome en 1376*, Paris

Mollat, M. (1980), 'Vie et sentiment religieux au début du grand schisme', in *GDGSO*, pp. 295–303

Moreau, E. de (1949), 'Une nouvelle théorie sur les origines du grand schisme d'occident', *Académie royale de Belgique. Bulletin de la classe des lettres* 35: 182–9

Ols, O. (1980), 'Sainte Catherine de Sienne et les débuts du grand schisme', in *GDGSO*, pp. 337–47

Pasztor, E. (1980), 'La curia romana all'inizio dello scisma d'occidente', in *GDGSO*, pp. 31–43

Petrucci, E. (1982), 'L'ecclesiologia alternativa alla vigilia e all'inizio del grande scisma: S. Caterina da Siena et Pietro Bohier vescovo di Orvieto', in *Atti del Simposio internazionale cateriniano-bernardiniano*, Siena, pp. 181–253

Přerovský, O. (1960), *L'elezione di Urbano VI e l'insorgere dello scisma d'occidente*, Rome

Re, N. del (1962), 'Il "consilium pro Urbano VI" di Bartolomeo da Saliceto (Vat. Lat. 5608)', *ST* 219: 213–63

Seidlmayer, M. (1933), 'Peter de Luna (Benedikt XIII.) und die Entstehung des großen abendländischen Schismas', *GAKGS*, *SFGG*, 1st series, 4: 206–47

Seidlmayer, M. (1940), *Die Anfänge des großen abendländischen Schismas. Studien zur Kirchenpolitik insbesondere der spanischen Staaten und zu den geistigen Kämpfen der Zeit*, *SFGG*, 2nd series, 5, Münster

Souchon, M. (1898–9), *Die Papstwahlen in der Zeit des Großen Schismas. Entwicklung und Verfassungskämpfe des Kardinalates von 1378 Bis 1417*, 2 vols., Braunschweig; repr. in one vol. Darmstadt, 1970

Steinherz, S. (1900), 'Das Schisma von 1378 und die Haltung Karls IV.', *MIÖG* 21: 599–639

Thibault, P.R. (1986), *Pope Gregory XI. The Failure of Tradition*, New York

Thomas, H. (1988), 'Frankreich, Karl IV. und das Große Schisma', in P. Moraw (ed.), *'Bundnissystem' und 'Außenpolitik' im späteren Mittelalter*, *ZHF*, Supplementary vol. 5, Berlin, pp. 69–104

Trexler, R. (1967), 'Rome on the Eve of the Great Schism', *Speculum* 42: 489–509

Ullmann, W. (1948), *The Origins of the Great Schism. A Study in Fourteenth-Century Ecclesiastical History*, London; repr. 1972

Williman, D. (1980), 'The Camerary and the Schism', in *GDGSO*, pp. 65–71

The Schism: general and miscellaneous

Bautier, R.-H. (1980), 'Aspects politiques du grand schisme', in *GDGSO*, pp. 457–81

Boüard, M. de (1936), *Les origines des guerres d'Italie. La France et l'Italie au temps du grand schisme d'occident*, Paris

Brandmüller, W. (1990), *Papst und Konzil im Großen Schisma (1378–1431). Studien und Quellen*, Paderborn

Engels, O. (1987), 'Die Obedienzen des Abendländischen Schismas', in H. Jedin *et al.* (eds.), *Atlas Zur Kirchengeschichte*, 2nd edn, Freiburg, pp. 48–52

Esch, A. (1966), 'Bankiers der Kirche im Großen Schisma', *QFIAB* 46: 277–398

Esch, A. (1969), review of Favier (1966), *Göttingische Gelehrte Anzeigen* 221: 133–59

Eubel, K. (1893), 'Die provisiones praelatorum während des großen Schismas', *RQ* 7: 405–46

Favier, J. (1966), *Les finances pontificales à l'époque du grand schisme d'occident, 1378–1409*, Paris

Fink, K.A. (1968), 'Das große Schisma bis zum Konzil von Pisa', in Hubert Jedin (ed.), *Handbuch der Kirchengeschichte. Die mittelalterliche Kirche*, II: *Vom kirchlichen*

Hochmittelalter bis zum Vorabend der Reformation, III, ed. H.-G. Beck *et al.*, Freiburg, pp. 490–516
Finke, H. *et al.* (eds.) (1896–1928), *Acta Concilii Constanciensis*, 4 vols., Münster (esp. I: *Akten zur Vorgeschichte des Konstanzer Konzils (1410–1414)*)
Haller, J. (1903), *Papsttum und Kirchenreform*, I, Berlin
Hefele, Ch./J. and Leclercq, H. (1915–16), *Histoire des conciles d'après les documents originaux. Nouvelle traduction française*, VI, ii and VII, i, Paris
Herde, P. (1973), 'Politische Verhaltungsweisen der Florentiner Oligarchie 1382–1402', in *Geschichte und Verfassungsgefüge, Walter Schlesinger Festschrift*, Wiesbaden, pp. 156–249
Holmes, G. (1975), *Europe. Hierarchy and Revolt*, London
Jordan, G.J. (1930), *The Inner History of the Great Schism of the West*, London
Labande, E.-R. (1980), 'L'attitude de Florence dans la première phase du schisme' in *GDGSO* pp. 483–92
Landi, A. (1985), *Il papa deposto (Pisa 1409). L'idea conciliare nel grande scisma*, Turin
Largiadèr, A. (1961), 'Zum großen abendländischen schisma von 1378–1415', in *Mélanges offerts à Paul E. Martin*, Geneva, pp. 199–212
Manselli, R. (1980), 'Papes et papauté entre Christ et Antéchrist: approches religieuses du schisme', in *GDGSO*, pp. 591–8
Mercati, A. (1949), 'Un ignota missione francese nel 1401 presso Roberto de Palatino eletto re dei Romani', *MAHEFR* 61: 209–24
Millet, H. (1986), 'Le cardinal Martin de Zalba (m. 1403) face aux prophéties du grand schisme d'occident', *MEFRM* 98: 265–93
Millet, H. (1990), 'Ecoute et usage des prophéties par les prélats pendant le grand schisme d'occident', *MEFRM* 102: 425–55
Palmer, J.J.N. (1972), *England, France and Christendom, 1377–1399*, London
Pasztor, E. (1980), 'Funzione politico-culturale di una struttura della Chiesa: il Cardinalato', in *GDGSO*, pp. 197–226
Rusconi, R. (1979), *L'attesa della fine. Crisi della società, profezia ed Apocalisse in Italia al tempo del grande scisma d'occidente (1378–1417)*, Rome
Salembier, L. (1921), *Le grand schisme d'occident*, 5th edn, Paris
Santa Teresa, G. di (1964), 'Contributi alla libellistica dello scisma occidentale (1378–1417)', *Ephemerides Carmeliticae* 15: 387–424
Scheuffgen, F.J. (1889), *Beiträge zu der Geschichte des grossen Schismas*, Freiburg im Br.
Smith, J. Holland (1970), *The Great Schism 1378*, London
Sorbelli, A. (1906), *Il trattato di S. Vincento Ferrer intorno al grande scisma d'occidente*, 2nd edn, Bologna
Steinherz, S. (1932), *Dokumente zur Geschichte des großen abendländischen Schismas (1385–1395)*, QFGG, 11, Prague
Swanson, R.N. (1979), *Universities, Academics and the Great Schism*, Cambridge
Swanson, R.N. (1980), 'The Problem of the Cardinalate in the Great Schism', in P. Linehan and B. Tierney (eds.), *Authority and Power*, Cambridge, pp. 225–35
Swanson, R.N. (1983), 'A Survey of Views on the Great Schism, c. 1395', *AHP* 21: 79–103
Swanson, R.N. (1984), 'Obedience and Disobedients in the Great Schism', *AHP* 22: 377–87

1035   Vauchez, A. (1990), 'Les théologiens face aux prophéties à l'époque des papes d'Avignon et du grand schisme', *MEFRM* 102: 578–88

The Avignon papacy and its obedience: French schism policy

Arnold, Ivar (ed.) (1926), *L'apparicion Maistre Jehan de Meun et le Somnium super materia Schismatis d'Honoré Bonet*, Paris

Bernstein, A. (1978), *Pierre d'Ailly and the Blanchard Affair, University and Chancellor of Paris at the Beginning of the Great Schism*, Leiden

Bess, B. (1890), *Johannes Gerson und die kirchenpolitischen Parteien Frankreichs vor dem Konzil zu Pisa*, Marburg

Bess, B. (1904), 'Frankreich und sein Papst von 1378 bis 1394: eine Skizze', *ZKG* 25: 48–89

Bliemetzrieder, F. (1903), 'Handschriftliches zur Geschichte des grossen abendländischen Schismas. I. Antwort der Universität in Wien an diejenige zu Paris, 12. Mai 1396, wegen der Zession der beiden Päpste', *SMGBO* 24: 100–5

Bossuat, A. (1949), 'Une relation inédite de l'ambassade française au pape Benoît XIII en 1407', *MA* 55: 77–101

Brun, R. (1935–8), 'Annales avignonnaises de 1382 à 1410, extraites des archives de Datini', *Mémoires de l'Institut historique de Provence* 12: 17–142; 13: 58–105; 14: 5–57; 15: 21–52; 16: 154–92

Cheyette, F. (1962), 'La justice et le pouvoir royal à la fin du moyen âge français', *RHDFE* 4th series 40: 373–94

Coopland, G.W. (ed.) (1969), Philippe de Mézières, *Le songe du vieil pèlerin*, 2 vols., Paris

Coville, A. (ed.) (1936), *Le traité de la ruine de l'église de Nicolas de Clamanges*, Paris

Ehrle, F. (1889–1900), 'Aus den Akten des Afterkonzils von Perpignan 1408', *ALKG* 5: 387–487; 7: 576–696

Ehrle, F. (ed.) (1892–1900), 'Neue Materialien zur Geschichte Peters von Luna (Benedikts XIII.)', *ALKG* 6: 139–308; 7: 1–310

Ehrle, F. (1900), 'Die kirchenrechtlichen Schriften Peters von Luna (Benedikts XIII.)', *ALKG* 7: 515–75

Ehrle, F. (ed.) (1906), *Martin de Alpartils Chronica actitatorum temporibus domini Benedicti XIII.*, 1, Paderborn

Eubel, K. (1900), *Die avignonesische Obedienz der Mendikanten-Orden sowie der Orden der Mercedarier und Trinitarier zur Zeit des großen Schismas beleuchtet durch die von Clemens VII., und Benedikt XIII., an dieselben gerichteten Schreiben*, QFGG, 1, 2, Paderborn

Eubel, K. (1914), 'Die avignonesische Obedienz im Franziskanerorden zur Zeit des großen abendländischen Schismas', *FS* 1: 165–92, 312–27, 479–90

Favier, J. (1980), 'Le grand schisme dans l'histoire de France', in *GDGSO*, Paris, pp. 7–16

Goñi Gaztambide, J. (1962), 'Los obispos de Pamplona en el siglo XIV', *Principe de Viana* 23: 5–194, 309–400 (The second part is a monograph on Cardinal Martín de Zalba.)

Harvey, M. (1973), 'Papal Witchcraft: The Charges against Benedict XIII', *SCH* 10: 109–16

Immenkotter, H. (1976), 'Ein avignonesischer Bericht zur Unionspolitik Benedikts XIII.', *AHP* 8: 200–49

Jarry, E. (1892), 'La "voie de fait" et l'alliance franco-milanaise (1386–1395)', *BEC* 53: 213–53, 505–70

Kaminsky, Howard (1983), *Simon de Cramaud and the Great Schism*, New Brunswick, N.J.

Kehrmann, Carl (1890), *Frankreichs innere Kirchenpolitik von der Wahl Clemens VII., und dem Beginn des großen Schismas bis zum Pisaner Konzil und zur Wahl Alexanders V., 1378–1409*, Jena

Léman, A. (1929), 'Un traité inédit relatif au grand schisme d'occident, propositions de Chrétien Coq . . . au synode de Lille de 1384', *RHE* 29: 239–59

Léonard, E.-G. (1923), 'Négociations entre Clément VII et Charles VI au sujet des charges de l'Eglise de France et de l'ordonnance royale du 6 octobre 1385', *RHDFE* 4th series 2: 272–86

Logoz, R. (1974), *Clément VII (Robert de Genève), sa chancellerie et le clergé romand au début du grand schisme (1378–1394)*, Lausanne

Luc, P. (1938), 'Un complot contre le pape Benoît XIII (1406–1407)', *MAHEFR* 55: 374–402

Martin, V. (1939), *Les origines du Gallicanisme*, 2 vols., Paris

Millet, H. (1985), 'Du conseil au concile (1395–1408). Recherche sur la nature des assemblées du clergé en France pendant le grand schisme d'occident', *JS*: 137–59

Millet, H. (1986), 'Quels furent les bénéficiaires de la soustraction d'obédience de 1398 dans les chapitres cathédraux français?', in N. Bulst *et al.* (eds.), *Medieval Lives and the Historian*, Kalamazoo Mich., pp. 123–37

Millet, H. and Poulle, E. (eds.) (1988), *Le vote de la soustraction d'obédience en 1398*, 1, *Introduction, édition et fac-similés des bulletins du vote*, Paris

Millet, H. (1991), 'Les votes des évêques à l'assemblée du Clergé de 1398', *L'Ecrit dans la société Médiévale*, ed. C. Bourlet and A. Dufour, Paris, pp. 195–214

Mirot, L. (1934), *La politique française en Italie sous le règne de Charles VI, de 1380 à 1422*, Paris

Mollat, G. (1927), 'Episodes du siège du palais des papes au temps de Benoît XIII (1398–1399)', *RHE* 23: 489–501

Mollat, G. (1945), 'L'application en France de la soustraction d'obédience à Benoît XIII jusqu'au concile de Pise', *Revue du moyen âge latin* 1: 149–63

Mollat, G. (1948), 'Les origines du Gallicanisme parlementaire aux XIVe et XVe siècles', *RHE* 43: 90–147

Mollat, G. (1949), 'L'adhésion des Chartreux à Clément VII (1378–1380).' *Revue du moyen âge latin* 5: 35–42

Morrall, J. (1960), *Gerson and the Great Schism*, Manchester

Nélis, H. (1932), 'La collation des bénéfices ecclésiastiques en Belgique sous Clément VII (1378–1394)', *RHE* 28: 39–61

Ouy, G. (1970), 'Gerson et l'Angleterre. A propos d'un texte polémique retrouvé du chancelier de Paris contre l'université d'Oxford, 1396', in A. Levi (ed.), *Humanism in France*, Manchester, pp. 43–81

Pascoe, L.B. (1974), 'Jean Gerson: Mysticism, Conciliarism and Reform', *AHC* 6: 135–53

Puig y Puig, S. (1920), *Pedro de Luna, último papa de Aviñon*, Barcelona (Important documentary appendix.)

Renouard, Y. (1970), *The Avignon Papacy 1305–1403*, trans. D. Bethell, London, from *La papauté à Avignon*, Paris (1954)

Rubio, J.-A. (1926), *La politica de Benedicto XIII desde la substraccion de Aragón a su obediencia hasta su destitucion en el concilio de Constanza jenero de 1416 a julio de 1417*, Zamora

Salembier, L. (1931), *Le cardinal Pierre d'Ailly, chancelier de l'université de Paris, évêque du Puy et de Cambrai, 1350–1420*, Tourcoing

Schmitt, C. (1958), 'La position du cardinal Léonard de Giffoni, O.F.M. dans le conflit du grand schisme d'occident', *AFH* 50: 273–331; 51: 25–72, 410–72

Schmitt, C. (1962), 'Le parti clémentiste dans le province franciscain de Strasbourg', *AFH* 55: 82–102

Seidlmayer, M. (1940), 'Die spanischen "Libri de Schismate" des Vatikanischen Archivs', *GAKGS* 8: 199–262

Suárez Fernández, L. (1960), *Castilla, el cisma y la crisis conciliar (1378–1440)*, Madrid (Important documentary appendix.)

Swanson, R. N. (1975), 'The University of St. Andrews and the Great Schism, 1410–1419', *JEH* 26: 223–45

Tabbagh, V. (1996), 'Guy de Roye un évêque au temps du Grande Schisme', *RH* 296: 29–58

Tobin, M, (1986), 'Le "Livre des révélations" de Marie Robine (d. 1399), Etude et édition', *MEFRM* 98: 229–64

Tschackert, P. (1877), *Peter von Ailli (Petrus de Alliaco), Zur Geschichte des großen abendländischen Schisma und der Reformkonzilien von Pisa und Konstanz*, Gotha; repr. 1968

Valois, N. (1896–1902), *La France et le grand schisme d'occident*, 4 vols., Paris

Zunzunegui, J. (1942), *El reino de Navarra y su obispado de Pamplona durante la primera época del cisma de occidente, Pontificado de Clemente VII de Aviñon 1378–1394*, San Sebastián

Zunzunegui, J. (1943), 'La legación en España del cardinal Pedro de Luna 1379–1390', *Miscellanea Historiae Pontificiae* 7: 83–137

The Roman (Urbanist) papacy

Brezzi, P. (1944), 'Lo scisma d'occidente come problema italiano (La funzione italiana del papato nel periodo del grande scisma)', *Deputazione Romana di storia patria, Archivio*, 67 (n.s. 10): 391–450

Brown, E. (ed.) (1690), 'Speculum Aureum de Titulis Beneficiorum', *Fasciculus Rerum Expetendarum et Fugiendarum*, London

Cutolo, A. (1969), *Re Ladislao d'Angiò-Durazzo*, 2nd edn, Naples

Erler, Georg (ed.) (1890), *Theoderici de Nyem, De schismate libri tres*, Leipzig

Esch, A. (1969), *Bonifaz IX. und der Kirchenstaat*, Tübingen

Esch, A. (1972), 'Das Papsttum unter der Herrschaft der Neapolitaner. Die führende Gruppe Neapolitaner Familien an der Kurie während des Schismas 1378–1415', in *Festschrift für Hermann Heimpel*, Göttingen, II, pp. 713–800 (a French abridgement in *GDGSO*, pp. 493–506)

Esch, A. (1974), 'Simonie-Geschäft in Rom 1400: Kein Papst wird das tun, was dieser tut', *VSW* 61: 433–57

Esch, A. (1976–7), 'La fine del libero comune di Roma nel giudizio dei mercati fiorentini . . . 1395–98', *Bolletino dell'Istituto storico italiano per il medio evo*, 86: 235–77

Fodale, S. (1973), *La politica napoletana di Urbano VI*, Palermo

Frankl, K. (1977), 'Papstschisma und Frömmigkeit. Die "Ad instar-Ablässe"', *RQ* 72: 57–124, 184–247   1038
Graf, T. (1916), *Papst Urban VI. Untersuchungen über die römische Kurie während seines Pontifikates (1378–1389)*, Berlin
Heimpel, H. (1932), *Dietrich von Niem (c. 1340–1418)*, Münster
Heimpel, H. (1974), *Studien zur Kirchen- und Reichsreform des 15. Jahrhunderts, 2, Zu zwei Kirchenreform-Traktaten des beginnenden 15. Jahrhunderts: Die Reformschrift 'De praxi curiae Romanae' ('Squalores Romanae curiae', 1403) des Matthäus von Krakau und ihr Bearbeiter – Das 'Speculum aureum de titulis beneficiorum' (1404/05 und sein Verfasser)*, Heidelberg
Jansen, M. (1904), *Papst Bonifaz IX. (1389–1404) und seine Beziehungen zur deutschen Kirche*, Freiburg i. Br.
Jones, P. (1974), *The Malatesta of Rimini and the Papal States. A Political History*, London
Rothbart, M. (1913), *Urban VI. und Neapel*, Berlin
Sauerland, H. (1893), 'Aktenstücke zur Geschichte des Papstes Urban VI.', *HJb* 14: 820–932
Stacul, P. (1957), *Il cardinale Pileo di Prata*, Rome
Tachella, L. (1976), *Il pontificato di Urbano VI a Genova (1385–1386) e l'eccidio dei cardinali*, Genoa

The Schism and various princes, polities, regions, corporations

Baptista, J.C. (1956), 'Portugal e o cisma de occidente', *LS* 1: 65–203
Binz, L. (1973), *Vie religieuse et réforme ecclésiastique dans le diocèse de Genève pendant le grand schisme et la crise conciliaire (1378–1450)*, 1, Geneva
Bliemetzrieder, F. (1904), 'Der Zisterzienserorden im großen abendländischen Schisma', *SMGBO* 25: 62–82
Bliemetzrieder, F. (1908), 'Herzog Leopold III, von Österreich und das große abendländische Schisma', *MIÖG* 29: 662–72
Boüard, M. de (1931), 'L'empereur Robert et le grand schisme d'occident 1400–1403', *MAHEFR*, 48: 215–32
Diener, H. (1980), 'Die Anhänger Clemens' VII. in Deutschland', in *GDGSO*, pp. 521–31
Ehlen, L. (1910–13), 'Das Schisma im Metzer Sprengel ... bis zur Niederlage der Urbanisten', *Jahrbuch der Gesellschaft für lothringische Geschichte und Altertumskunde* 21: 1–69; 25: 380–477
Erler, G. (1889), 'Florenz, Neapel und das päpstliche Schisma', *Historisches Taschenbuch* 6: 179–230
Eschbach, P. (1887), *Die kirchliche Frage auf den deutschen Reichstagen von 1378–1380*, Gotha
Gerlich, A. (1956), 'Die Anfänge des großen abendländischen Schismas und der Mainzer Bistumsstreit', *Hessisches Jahrbuch für Landesgeschichte* 6: 25–76
Graham, R. (1929), 'The Great Schism and the English Monasteries of the Cistercian Order', *EHR* 44: 373–87
Guggenberger, K. (1907), *Die Legation des Kardinals Pileus in Deutschland 1378–1382*, Munich
Hauck, A. (1958), *Kirchengeschichte Deutschlands*, v, ii, Berlin; orig. publ. 1920

1039 Hennig, E. (1909), *Die päpstlichen Zehnten aus Deutschland im Zeitalter des avignonesischen Papsttums und während des großen Schismas*, Halle

Ivars, A. (1928), 'La "indiferencia" de Pedro IV de Aragón en el gran cisma de occidente (1378–1382)', *Archivo ibero-americano* 29: 21–97, 161–86

Jank, D. (1983), *Das Erzbistum Trier während des Großen Abendländischen Schismas (1378–1417/18)*, QAMK, 47, Mainz

Junghanns, H. (1915), *Zur Geschichte der englischen Kirchenpolitik von 1399–1413*, Freiburg i. Br.

Komarek, H.P. (1970), *Das große abendländische Schisma in der Sicht der öffentlichen Meinung und der Universitäten des Deutschen Reichs 1378–1400*, Salzburg

Machilek, F. (1977), 'Das Große Abendländische Schisma in der Sicht des Ludolf von Sagan', in Remigius Bäumer (ed.), *Das Konstanzer Konzil*, WF, 415, Darmstadt, pp. 37–95

Miebach, A. (1912), *Die Politik Wenzels und der rheinischen Kurfürsten in der Frage des Schismas von der Thronbesteigung bis zum Jahre 1380*, Münster

Palmer, J.J.N. (1966), 'The Anglo-French Peace Negotiations, 1390–1396', *TRHS* 5th series 16: 81–94

Palmer, J.J.N. (1968), 'England and the Great Western Schism, 1388–1399', *EHR* 83: 516–22

Palmer, J.J.N. (1971), 'The Background to Richard II's Marriage to Isabel of France (1396)', *BIHR* 44: 1–16

Paquet, J. (1964), 'Le schisme d'occident à Louvain', *RHE* 59: 401–36

Pauw, N. de (1904), 'L'adhésion du clergé de Flandre au pape Urbain VI et les évêques urbanistes de Gand (1379–1395)', *BCRH* 73: 671–702

Perroy, E. (1933), *L'Angleterre et le grand schisme d'occident. Etude sur la politique religieuse de l'Angleterre sous Richard II (1378–1399)*, Paris

Roth, F. (1958), 'The Great Schism and the Augustinian Order', *Augustiniana* 8: 281–98

Rott, J. (1935), 'Le grand schisme d'occident et le diocèse de Strasbourg (1378–1415)', *MAHEFR* 52: 366–95

Schönenberger, K. (1926), 'Das Bistum Konstanz während des großen Schismas 1378–1415', *Zeitschrift für Schweizerische Kirchengeschichte* 20: 1–31, 81–110, 185–222, 241–81

Schönenberger, K. (1927–8), 'Das Bistum Basel während des großen Schismas 1378–1415', *Basler Zeitschrift für Geschichte und Altertumskunde* 26: 73–145; 27: 115–89

Segre, A. (1906–7), 'I conti di Savoia e lo scisma d'occidente', *Atti dell'Accademia delle scienze di Torino* 42: 575–610

Shank, M. (1981), 'Academic Benefices and German Universities during the Great Schism: Three Letters from Johannes of Stralen, Arnold of Emelisse and Gerard of Kalkar to Henry of Langenstein, 1387–1388', *Codices manuscripti* 7: 33–47

Stewart, A.F. (1907), 'Scotland and the Papacy during the Great Schism', *SHR* 4: 144–58

Swanson, R.N. (1977), 'The University of Cologne and the Great Schism', *JEH* 28: 1–15

Tipton, Charles L. (1967), 'The English Hospitallers during the Great Schism', *SMRT* 4: 91–124

Torrisi, N. (1954), 'I riflessi dello scisma d'occidente in Sicilia', *Siculorum gymnasium* 7: 129–37

Ullmann, W. (1958), 'The University of Cambridge and the Great Schism', *JThS* n.s. 9: 53–77

Vincke, J. (1938), 'Der König von Aragón und die Camera apostolica in den Anfängen des Großen Schismas', *GAKGS* 7: 84–126

Vincke, J. (1972), 'Ruprecht von der Pfalz und Martín von Aragón', in *Festschrift für Hermann Heimpel*, Göttingen, II, pp. 500–30

Weltsch, R. (1968), *Archbishop John of Jenstein (1348–1400), Papalism, Humanism and Reform in Pre-Hussite Prague*, The Hague

Wriedt, K. (1972), *Die deutschen Universitäten in den Auseinandersetzungen des Schismas und der Reformkonzilien. Kirchenpolitische Ziele und korporative Interessen (1378–1449)*, I. *Vom Ausbruch des Schismas bis zum Beginn des Basler Konzils*, Kiel

Ending the Schism: theory, politics, publicistics, 'viae'

Angermeier, H. (1961), 'Das Reich und der Konziliarismus', *HZ* 192: 529–83

Bäumer, R. (1977a), 'Konrad von Soest und seine Konzilsappellation 1409 in Pisa', in Bäumer (1977b), pp. 96–118; orig. publ. 1973

Bäumer, R. (ed.) (1977b), *Das Konstanzer Konzil*, WF, 415, Darmstadt

Bliemetzrieder, F. (1903), 'Handschriftliches zur Geschichte des grossen abendländischen Schismas. II. Zwei kanonistische Traktate aus Bologna (Ende 1408) wegen des Pisanerkonziles', *SMGBO* 24: 106–14

Bliemetzrieder, F. (1904a), *Das Generalkonzil im großen abendländischen Schisma*, Paderborn

Bliemetzrieder, F. (1904b), 'Konrad von Gelnhausen und Heinrich von Langenstein auf dem Konzile zu Pisa (1409)', *HJb* 25: 536–41

Bliemetzrieder, F. (ed.) (1905), 'Abt Ludolfs von Sagan Traktat "Soliloquium scismatis"' [early 1409], *SMGBO* 26: 29–47, 226–38, 434–92

Bliemetzrieder, F. (1908–9), 'Traktat des Minoritenprovincials von England Fr. Nikolaus de Fakenham (1395) über das grosse abendländische Schisma', *AFH* 1: 577–600; 2: 79–91

Boockmann, H. (1974), 'Zur politischen Geschichte des Konstanzer Konzils', *ZKG* 85: 45–63

Brandmüller, W. (1975a), 'Die Gesandtschaft Benedikts XIII., an das Konzil von Pisa', in G. Schwaiger (ed.), *Konzil und Papst (H. Tüchle Festschrift)*, Munich, pp. 169–205; repr. in *Papst und Konzil* (1990), pp. 42ff

Brandmüller, W. (1975b), 'Sieneser Korrespondenzen zum Konzil von Pisa 1409', *AHC* 7: 166–278; repr. in *Papst und Konzil*, Munich (1990), pp. 171ff

Culley, D. (1913), *Konrad von Gelnhausen. Sein Leben, seine Werke und seine Quellen*, Halle

Finke, H. (1889), *Forschungen und Quellen zur Geschichte des Konstanzer Konzils*, Paderborn

Girgensohn, D. (1984), 'Kardinal Antonio Caetani und Gregor XII., in den Jahren 1406–1408: vom Papstmacher zum Papstgegner', *QFIAB* 64: 116–226

Girgensohn, D. (1987), 'Antonio Loschi und Baldassarre Cossa vor dem Pisaner Konzil von 1409 (mit der 'Oratio pro unione ecclesiae')', *IMU* 30: 1–93

1040

Girgensohn, D. (1989), 'Ein Schisma ist nicht zu beenden ohne die Zustimmung der konkurrierenden Päpste. Die juristische Argumentation Benedikts XIII. (Pedro de Lunas)', *AHP* 27: 197–247

Harvey, M. (1970), 'England and the Council of Pisa: Some New Information', *AHC* 2: 263–83

Harvey, M. (1972), 'A Sermon by John Luke on the Ending of the Great Schism, 1409', *SCH* 9: 159–69

Harvey, M. (1974), 'The Letter of Oxford University on the Schism, 5 February 1399', *AHC* 6: 121–34

Harvey, M. (1975), 'The Letters of the University of Oxford on Withdrawal of Obedience from Pope Boniface IX', *SCH* 11: 187–98

Harvey, M. (1977), 'Two "Quaestiones" on the Great Schism by Nicholas Fakenham, O.F.M.', *AFH* 7 (1977): 97–127

Harvey, M. (1983), *Solutions to the Schism. A Study of Some English Attitudes, 1378–1409*, KQS, 12, St Ottilien

Heimpel, Hermann (ed.) (1933), *Dialog über Union und Reform der Kirche, 1410* (Dietrich von Niem, *De modis uniendi et reformandi ecclesiam in concilio universali*), Leipzig and Berlin

Kaminsky, H. (ed.) (1984), Simon de Cramaud, *De substraccione obediencie*, Cambridge, Mass.

Kreuzer, G. (1987), *Heinrich von Langenstein. Studien zur Biographie und zu den Schismatraktaten unter besonderer Berücksichtigung der Epistola pacis und der Epistola concilii pacis*, QFGG, NF, 6, Paderborn

Machilek, F. (1967), *Ludolf von Sagan und seine Stellung in der Auseinandersetzung um Konziliarismus und Hussitismus*, Munich

Morrissey, T. (1981), 'Franciscus Zabarella (1360–1417): Papacy, Community and Limitations upon Authority', in G. Lytle (ed.), *Reform and Authority in the Medieval and Reformation Church*, Washington, pp. 37–54

Oakley, F. (1960), 'The "Propositiones utiles" of Pierre d'Ailly: an Epitome of Conciliar Theory', *Church History* 29: 398–403

Oakley, F. (1964), *The Political Thought of Pierre d'Ailly. The Voluntarist Tradition*, New Haven. (Includes edition of 'Tractatus de materia concilii generalis', pp. 252–342.)

Oakley, F. (1978), 'The "Tractatus de fide et ecclesia, romano pontifice et concilio generali" of Johannes Breviscoxe', *AHC* 10: 99–130

Swanson, R.N. (1983) 'The Way of Action: Pierre D'Ailly and the Military Solution to the Great Schism', *SCH* 20: 191–200

Thomson, J.A.F. (1980), *Popes and Princes, 1417–1517*, London

Tierney, B. (1955), *Foundations of the Conciliar Theory. The Contribution of the Medieval Canonists from Gratian to the Great Schism*, Cambridge; repr. 1968

Vincke, J. (ed.) (1938), 'Acta Concilii Pisani', *RQ* 46: 81–331

Vincke, J. (ed.) (1940), *Briefe zum Pisaner Konzil*, Bonn

Vincke, J. (ed.) (1942), *Schriftstücke zum Pisaner Konzil. Ein Kampf um die öffentliche Meinung*, Bonn

Vincke, J. (1955), 'Zu den Konzilien von Perpignan und Pisa', *RQ* 50: 89–94

Wenck, K. (1896), 'Konrad von Gelnhausen und die Quellen der konziliaren Theorie', *HZ* 76: 6–61

A history of the Baltic region requires a familiarity with several different cultures and language groups (Slavonic, Germanic and Baltic) but the general reader should not be disheartened. This bibliography serves two functions: to guide the reader through selected primary and secondary material (first and second sections) and to indicate other works used for this chapter (third section).

Primary sources

The main national collections of medieval documents and chronicles have been under way since the nineteenth century.

Acta

Bullarium Franciscanum, ed. K. Eubel, 7 vols., Rome (1759–1904)
Bullarium Poloniae, ed. I. Sułkowska-Kuraś and S. Kuraś, 3 vols., Rome (1982–)
Chartularium Lithuaniae Res Gestas Magni Ducis Gedeminne illustrans, seu/ arba Gedimino Laiškai, ed. S.C. Rowell, Vilnius (1999)
Codex Diplomaticus Prussicus, ed. J. Voigt, 6 vols., Königsberg (1836–61); 2nd edn, Osnabrück (1965)
Codex Epistolaris Vitoldi Magni Ducis Lithuaniae 1376–1430, ed. A. Prochaska, Cracow (1882)
Diplomatarium Danicum, ed. Danske Sprog og Litteraturselskab, Copenhagen (1938–)
Gedimino Laiškai, ed. V.T. Pashuto and I. Shtal, Vilnius (1966)
Gramoty Velikogo Novgoroda i Pskova, ed. S.N. Valk, Moscow and Leningrad (1949)
Hansisches Urkundenbuch, ed. K. Höhlbaum et al., 11 vols., Halle, Leipzig and Weimar (1876–1939)
Liv-, Esth-, und Kurländisches Urkundenbuch nebst Regesten, ed. F.G. von Bunge, part I, I–VI, Reval and Riga (1853–71); Aalen (1967–74)
Das Marienburger Tresslerbuch der Jahre 1399–1409, ed. E. Joachim, Königsberg (1896)
Preussisches Urkundenbuch, ed. M. Hein, E. Maschke, K. Conrad et al., 6 vols., Königsberg and Marburg (1882–1986)
Die Recesse und andere Akten der Hansetage von 1256–1430, ed. K. Koppmann, 8 vols., Leipzig (1870–97); 2nd edn, Hildesheim and New York (1975)
Les regestes du patriarcat de Constantinople, I: *Les actes des patriarches*, parts 4–6, ed. J. Darrouzès, 6 vols., Paris (1977–9)
Scriptores rerum svecicarum medii aevi, ed. E.M. Fant et al., 3 vols., Uppsala (1818–76)

Belles lettres

Chaucer, Geoffrey, *The Canterbury Tales*, ed. F.N. Robinson, London (1966)
Deschamps, Eustache, *Œuvres complètes*, ed. G. Raynaud, 11 vols., Paris (1878–1903)
Machaut, Guillaume de, 'Confort d'ami', in his *Oeuvres*, ed. E. Hoepffner, 3 vols., Paris (1911–21), III, pp. 1–142
Mézières, Philippe de, *Songe du vieil pélerin*, ed. G.W. Coopland, 2 vols., Cambridge (1969)

1043   *Chronicles*

Annales Danici Medii Aevi, ed. E. Jorgensen, Copenhagen (1920)
Danmarks Middelalderlige Annaler, ed. E. Kroman, Copenhagen (1980)
Długosz, Jan [Dlugossius, Iohannes], *Annales seu cronicae incliti regni Poloniae*, ed. J. Dąbrowski, D. Turkowska *et al.*, Warsaw (1964–)
Dusburg, Peter von, *Cronica terrae Prussiae*, in *SRP*, I, pp. 3–219; German trans. and ed. K. Scholz and D. Wojtecki, *Die Peters von Dusburg Chronik des Preussenlandes*, Darmstadt (1984)
Erikskrönikan, ed. S.-B. Jansson, Stockholm (1985)
Livländische Reimchronik, ed. L. Meyer, Paderborn (1876); 2nd edn, Hildesheim (1963); English trans. with an historical introduction and appendices, J.C. Smith and W.L. Urban, *The Livonian Rhymed Chronicle*, Bloomington (1977)
Mannhardt, W., *Letto-preussiches Götterlehre*, Riga (1936); 2nd edn, Hanover and Döhren (1971)
Monumenta Poloniae Historicae, 6 vols., Lwów and Cracow (1864–93)
Novgorodskaia Pervaia Letopis', ed. M.N. Tikhomirov, Moscow and Leningrad (1950); [Unreliable] English trans. R. Mitchell and N. Forbes, *The Chronicle of Novgorod, 1016–1471*, London (1914)
Scriptores Rerum Prussicarum, ed. T. Hirsch *et al.*, 5 vols., Leipzig (1861–74); repr. with a sixth vol. Frankfurt am Main (1965)
Wartberge, Hermann von, *Chronicon Livoniae*, in *SRP*, II, pp. 21–116

Debt registers, lawbooks, etc.

Iura Prutenorum, ed. J. Matuszewski, Toruń (1963)
Kammerei-Register der Stadt Riga 1348–1361 und 1405–1474, ed. A. von Bulmerincq, Leipzig (1909)
Das Rigische Schuldbuch (1285–1352), ed. H. Hildebrand, St Petersburg (1872)
Der Stralsunder Liber Memorialis, ed. H.-D. Schroeder, Leipzig (1964)
Tabliczki woskowe, miasta Torunia, ok. 1350–I pol. XVI w. [Tabulae cereae civitatis Torunensis], ed. K. Górski and W. Szczuczko, Warsaw, Poznań and Toruń (1980)

Secondary works

A general history of the medieval Baltic is unavailable and studies in English are particularly rare. Much can be said for E. Christiansen, *The Northern Crusades. The Baltic and the Catholic Frontier, 1100–1525*, London (1980), which owes a great deal to continental historians but is readable and usually accurate. Periodical literature is recorded annually in the *International Medieval Bibliography* (Leeds) by region and by subject.

Scandinavia

A satisfactory history of medieval Scandinavia has yet to be written covering the gap between the Vikings and the Vasas which has been so little to the taste of both Lutherans and socialists. B. and P. Sawyer, *Medieval Scandinavia. From Conversion to Reformation, circa 800–1500*, Minneapolis and London (1993), is an excellent starting place for those who cannot manage L. Musset, *Les peuples scandinaves au moyen âge*, Paris (1951), which is still valuable. *Danish Medieval History. New Currents*, ed. N. Skyum Nielsen and N. Lund, Copenhagen (1981) is good. A good demographic and plague study is O.J. Benedictow, *Plague in the Late Medieval Nordic Countries. Epidemiological Studies*, Oslo (1992). For short informative articles see *Medieval Scandinavia. An Encyclopaedia*, New York (1993). Periodical literature includes *Medieval Scandinavia* (Odense); *Scandinavian Journal of History; Scandinavian Studies*.

Lithuania

Surprisingly, perhaps, medieval Lithuania is much better served by historians than is Scandinavia. The pagan grand duchy is viewed as a golden age in Lithuanian history. Much has been written in Russian (V.T. Pashuto, *Obrazovanie litovskogo gosudarstva*, Moscow (1958), with bibliography, pp. 429–64), Polish (see especially H. Paszkiewicz (below) and more recently the works of J. Ochmański and M. Kosman) and Lithuanian (Z. Ivinskis, *Lietuvos istorija*, Rome, and Vilnius (1978, 1991) – bibliography up to 1971, E. Gudavičius and A. Nikžentaitis (see below)). German historians have tended to write only about the Baltic Germans and their colonies. In western European languages, including English, see *La Cristianizzazione della Lituania*, ed. P. Rabikauskas (*Atti e documenti*, 2), Vatican City (1989); M. Giedroyć, 'The Arrival of Christianity in Lithuania . . .', *OSP* n.s. 18 (1985–9), pp. 1–30; 20, pp. 1–33; 22, pp. 34–57; R.J. Mažeika, 'Of Cabbages and Knights: Trade and Trade Treaties with the Infidel on the Northern Frontier, 1200–1390', *JMH* 20 (1994), pp. 63–76, and 'Bargaining for Baptism: Lithuanian Negotiations for Conversion 1250–1358', in J. Muldoon (ed.), *Religious Conversion. The Spiritual Transformation of the Old World and the New*, Florida University Press (1996). Mažeika provided a bibliographical article on Baltic history in 'The Grand Duchy Rejoins Europe: Post-Soviet Developments in the Historiography of Pagan Lithuania', *JMH* 21 (1995), pp. 289–303. See also the valuable chapters on Lithuania in H. Paszkiewicz, *The Origin of Russia*, London (1954), a misleading title since Lithuania was not a part of Russia, but vice versa. His *Jagiellonowie a Moskwa*, Warsaw (1933) remains the best coverage of pre-1385 Lithuania, thanks to clear reliance on primary sources and extensive critical apparatus. Most recently see S.C. Rowell, *Lithuania Ascending. A Pagan Empire within East-Central Europe 1295–1345*, Cambridge (1994) – bibliography pp. 318–60.

Volumes in the series *Acta Historica Universitatis Klaipedensis*, Klaipėda (1993–) have up-to-date articles by Lithuanian and foreign scholars and include summaries or whole pieces in English or German: *Žalgirio laiku Lietuva ir jos kaimynai* (Lithuania and her neighbours in the time of Grunwald/Tannenberg), Vilnius (1992). The *Encyclopedia Lituanica*, 6 vols., Boston (1970) contains generally reliable historical entries in English.

For the European context of the *Preussenreisen* see the excellent catalogue and analysis in W. Paravicini, *Die Preussenreisen des europäischen Adels*, 2 vols., (of three) Sigmaringen (1989–95)

The Teutonic Order

The best general history is H. Boockmann, *Der Deutsche Orden. Zwölf Kapitel aus seiner Geschichte*, Munich (1985). This should be complemented by M. Biskup and G. Labuda,

1045 *Dzieje zakonu krzyżackiego w Prusach,* Danzig (1986). For a general background to the crusades in north-eastern Europe, see N. Housley, *The Later Crusades. From Lyons to Alcazar 1274–1580,* Oxford (1992); on soldier monks see A. Forey, *The Military Orders. From the Twelfth to the Early Fourteenth Centuries,* London (1992). F.L. Carsten, *The Origins of Prussia,* Oxford (1954), remains useful. For a splendid study of the Ordensstaat in the fifteenth century see M. Burleigh, *Prussian Society and the German Order. An Aristocratic Corporation in Crisis c. 1410–1466,* Cambridge (1984). Those interested in closer scholarship should take note of *Zeitschrift für Ostmitteleuropa,* now *Zeitschrift für Ostmitteleuropa-Forschung,* and *Jahrbücher für Geschichte Osteuropas*; the former has summaries in English, the latter publishes in English as well as German. For the Polish littoral see *Zapiski Historyczne,* Toruń.

Rus'

J.L.I. Fennell, *The Emergence of Moscow 1304–1359,* London (1968), remains the best English study, carefully delineating the Lithuanian invasions from the Russian point of view. General histories available in idem, *The Crisis of Medieval Russia 1200–1304,* London and New York (1983) and R.O. Crummey, *The Formation of Muscovy 1304–1613,* London and New York (1987).

Other works consulted

Those who read only English may still find the references and quotations in foreign articles a useful springboard to further studies.

800 Jahre Deutscher Orden (1990), ed. U. Arnold *et al.,* Gütersloh and Munich (A large, well-illustrated exhibition catalogue.)

Balticum. Studia z dziejów polityki, gospodarki i kultury XII–XVII w. (1992), ed. Z.H. Nowak, Toruń

Batūra, R. (1975), *Lietuva tautų kovoje prieš Aukso Ordą* (Lithuania in the nations' struggle against the Golden Horde), Vilnius

Birgitta hendes værk og hendes klostre i Norden (1991), ed. T. Nyberg, Odense

Birkhan, H. (1989), 'Les croisades contre les paiens de Lituanie et de Prusse. Idéologie et réalité', in D. Buschinger (ed.), *La croisade. Réalités et fictions. Actes du colloque d'Amiens 18–22 mars 1987,* Göttingen, pp. 31–50

Ekdahl, S. (1994), 'The Treatment of Prisoners of War during the Fighting between the Teutonic Order and Lithuania', in M. Barber (ed.), *The Military Orders. Fighting for the Faith and Caring for the Sick,* London, pp. 263–9

Fenske, E. and Militzer, K. (1993), *Ritterbrüder im livländischen Zweig des Deutschen Ordens,* QSBG, 12, Cologne and Vienna

Friedland, K. (1991), *Die Hanse,* Stuttgart

Geschichte der Deutschbaltischen Geschichtsschreibung (1986), ed. G. von Rauch, Cologne and Vienna

Giedroyć, M. (1992), 'The Ruthenian-Lithuanian metropolitanates and the progress of Christianisation (1300–1458)', *Nuovi studi storici,* 17: 315–42

Gudavičius, E. (1991), *Miestų atsiradimas Lietuvoje* (The development of towns in Lithuania), Vilnius

Gudavičius, E. (1992), 'Lietuvių pašauktinės kariuomenės organizacijos bruožai'

(Aspects of the organisation of Lithuanian conscript forces), *Karo archyvas* 13: 43–118

Hartknoch, C. (1679), *Selectae dissertations historicae de variis rebus prussicus*

Higounet, C. (1986), *Die deutsche Ostsiedlung im Mittelalter*, Berlin (trans. from the French)

Jensen, J.S. (1973), 'Danish Money in the Fourteenth Century', *Mediaeval Scandinavia*, 6: 161–71

Jogaila (1935), ed. A. Šapoka, Kaunas; 2nd edn, 1991

Johnsen, P. and Mühlen, H. von zur (1973), *Deutsch und Undeutsch im mittelalterlichen und frühneuzeitlichen Reval*, Cologne and Vienna

Jungbluth, G. (1969), 'Literarisches Leben in Deutschen Ritterorden', *Studien zum Deutschtum in Osten* 5: 27–51

Kłoczowski, J. (1980), 'The Mendicant Orders between the Baltic and Adriatic Seas in the Middle Ages', in S. Bylina (ed.), *La Pologne au XVe Congrès International des sciences historiques à Bucarest*, Wrocław, Warsaw, Cracow and Gdańsk, pp. 95–110

Kosman, M. (1992), *Orzeł i pogoń. Z dziejów polsko-litewskich XIV–XXw.*, Warsaw

Kričinskis, [Kryczynski], S. (1993), *Lietuvos totoriai. Istorinės ir etnografinės monografijos bandymas*, trans. T. Bairasauskaitė, Vilnius

Das Kriegswesen der Ritterorden in Mittelalter (1991), ed. Z.H. Nowak, OMCTH, 6, Toruń

Kunst und Geschichte im Ostseeraum (1990), ed. E. Böckler, Homburger Gespräche, 12, Kiel

Lerdam, H. (1996). *Danske len og lensmænd 1370–1443*, Copenhagen

Lloyd, T.H. (1991), *England and the German Hanse 1157–1611. A Study of their Trade and Commercial Diplomacy*, Cambridge

Mažeika, R.J. (1987), 'Was Grand Prince Algirdas a Greek Orthodox Christian?', *Lituanus* 33, 4: 35–55

Mažeika, R.J. (1997), 'Bargaining for Baptism: Lithuanian Negotiations for Conversion, 1250–1358', in J. Muldoon (ed.), *Religious Conversion in the Middle Ages*, Gainsville, pp. 131–45

Mažeika, R.J. and Rowell, S. C. (1993), '*Zelatores Maximi:* Pope John XXII, Archbishop Frederick of Riga and the Baltic Mission 1305–1340', *AHP* 31: 33–68

Mažiulis, V. (1981), *Prūsų kalbos paminklai*, Vilnius

Nikžentaitis, A. (1989), *Gediminas*, Vilnius

Nikžentaitis, A. (1992), 'XIII–XV a. lietuvių kariuomenės bruožai (organizacija, taktika, paprociai)', *Karo archyvas* 13: 3–33

Nikžentaitis, A. (1993), 'Die friedliche Periode in den Beziehungen zwischen dem Deutschen Orden und dem Grossfürstentum Litauen (1345–1360) und das Problem der Christianisierung Litauens', *JGO* n.s. 41: 1–22

Nowak, Z.H. (1996), *Współpraca polityczna państw unii Polsko-Litewskiej i unii Kalmarskiej w latach 1411–1425* (Political cooperation between the states of the Polono-Lithuanian and Kalmar Unions, 1411–25), Toruń (German summary)

Ochmamński, J. (1986), *Dawna Litwa. Studia historyczne*, Olsztyn

Der Ost- und Nordseeraum, Politik, Ideologie, Kultur vom 12. bis zum 17. Jahrhundert (1986), ed. K. Fritze *et al.*, Hansische Studien, 7, Weimar

1046

1047 Pounds, N.J.G. (1974), *An Economic History of Medieval Europe*, London and New York

Riis, T. (1977), *Les institutions politiques centrales du Danemark 1100-1332*, Odense

Rowell, S.C. (1993), 'Of Men and Monsters: Sources for the History of Lithuania in the Time of Gediminas (ca. 1315–42)', *JBaS* 24: 73–112

Rowell, S.C. (1994), 'Pious Princesses or the Daughters of Belial: Pagan Lithuanian Dynastic Diplomacy 1279–1423', *Medieval Prosopography* 15: 1–77

Rowell, S. C. (1996), 'Unexpected Contacts: Lithuanians at Western Courts, c. 1316–c. 1400', *EHR* III: 557–77

Smith, J. and Urban, W. (1985), 'Peter von Suchenvirt', *Lituanus* 31, 2: 5–26

Varakauskas, R. (1982), *Lietuvos ir Livonijos santykiai XIII–XVI a.*, Vilnius

W kręgu stanowych i kulturowych przeobrażeń Europy północnej w XIV–XVIII wieku (1988), ed. Z.H. Nowak, Toruń

Werkstatt des Historikers der mittelalterlichen Ritterordens, Quellenkundliche Probleme und Forschungsmethoden (1987), ed. Z.H. Nowak, OMCTH, 41, Toruń

Zur Wirtschaftsentwicklung des Deutschen Ordens im Mittelalter (1987), ed. U. Arnold, QSGDO, 38, Marburg

Zernack, K. (1993), *Nordosteuropa, Skizzen und Beiträge zu einer Geschichte der Ostseeländer*, Lüneburg

22 THE KINGDOMS OF CENTRAL EUROPE IN THE FOURTEENTH CENTURY

Primary sources

Bak, J.M. et al. (eds.), *The Laws of the Medieval Kingdom of Hungary, 1000–1301*, The Laws of Hungary, ser. 1, 1, Bakersfield (1989)

Döry, F. et al. (eds.), *Decreta Regni Hungariae: Gesetze und Verordnungen Ungarns, 1301–1457*, Budapest (1976)

Secondary works

Bak, J. (1973), *Königstum und Stände in Ungarn in 14–16. Jahrhundert*, Wiesbaden

Bak, J.M. (1987), 'Das Königreich Ungarn in Hochmittelalter 1060–1444', in F. Seibt (ed.), *Europa im Hoch- und Spätmittelalter*, Handbuch des Europäischen Geschichte, Stuttgart, II, pp. 507–32

Bardach, J. (1965), 'Gouvernants et gouvernés en Pologne au moyen âge et aux temps modernes', *APAE* 36: 255–85

Bónis, G. (1965), 'The Hungarian Feudal Diet (13th-18th Centuries)', *APAE* 36: 287–307

Bosl, K. (ed.) (1967), *Handbuch der Geschichte der Böhmischen Länder*, I: *Die Böhmischen Länder von der Archaischen Zeit bis zum Ausgang der Hussitischen Revolution*; II: *Die Böhmischen Länder von der Hochblüte der Ständeherrschaft bis zum Erwachsen eines Modernen Nationalbewusstseins*, Stuttgart

Boulton, D'A. J.D. (1987), *The Knights of the Crown. The Monarchical Orders of Knighthood in Later Medieval Europe, 1365–1520*, Woodbridge

Carter, F.W. (1987), 'Cracow's Wine Trade (Fourteenth to Eighteenth Centuries)', *SEER* 65: 537-78
Cazelles, R. (1947), *Jean l'Aveugle, comte de Luxembourg, roi de Bohême*, Bourges
Csernus, S. (1990), 'Quelques aspects européens du conflit Armagnac-Bourguignon: Sigismond et la France des partis', *114e Congrès national des Sociétés savantes, Paris 1989*, pp. 305-18
Dąbrowski, J. (1928), 'Jean de Czarnkow et sa chronique', *Bulletin international de l'Académie polonaise des sciences et des lettres. Classe de philologie-classe d'histoire et de philosophie* 7-10: 101-12
Dąbrowski, J. (1953), 'Corona Regni Poloniae au XIVe siècle', *Bulletin international de l'Académie polonaise des sciences et des lettres. Classe de philologie-classe d'histoire et de philosophie*, n° sup. 7: 41-64
David, P. (1934), *Les sources de l'histoire de Pologne à l'époque des Piast 963-1386*, Paris
Davies, N. (1981), *God's Playground, a History of Poland*, Oxford
Deletant, D. (1986), 'Moldavia between Hungary and Poland 1347-1412', *SEER* 64: 189-211
D'Eszlary, C. (1959), *Histoire des institutions publiques hongroises*, Paris
Domonkos, L.S. (1983), 'The Problem of Hungarian University Foundations in the Middle Ages', in S.B. and A.H. Vardy (eds.), *Society and Change. Studies in Honor of Béla K. Kiraly*, Boulder and New York, pp. 371-90
Dumontel, C. (1952), *L'impresa italiana di Giovanni di Lussemburgo, re di Boemia*, Turin
Dvornik, F. (1970), *Les Slaves. Histoire et civilisation de l'Antiquité aux débuts de l'époque contemporaire*, Paris
L'Eglise et le peuple chrétien dans les pays de l'Europe du Centre-Est et du Nord (XIVe-XVe siècle) (1990), Actes du Colloque organisé par l'Ecole française de Rome, les 27-29 janvier 1986, Paris and Rome
Fedorowicz, J.K. *et al.* (1982), *A Republic of Nobles. Studies in Polish History to 1864*, Cambridge
Fiala, Z. (1978), *Před-Husitské Čechy. Český Stát pod Vládou Lucemburků 1310-1419*, Prague
Fine Jr., J.V.A. (1975), *The Bosnian Church. A New Interpretation*, Boulder and New York
Fügedi, E (1986a), *Kings, Bishops, Nobles and Burghers in Medieval Hungary*, London
Fügedi, E. (1986b), *Castles and Society in Medieval Hungary (1000-1437)*, Studia Historica Academiae Scientarum Hungaricae, 187, Budapest
Gabriel, A. (1944), *Les Rapports dynastiques Franco-Hongrois au moyen âge*, Budapest
Gabriel, A. (1969), *The Medieval Universities of Pécs and Pozsony*, Notre-Dame, Ind., and Frankfurt am Main
Gazi, S. (1973), *A History of Croatia*, New York
Gerlich, A. (1960), *Hapsburg-Luxemburg-Wittelsbach im Kampf um die Deutsche Königskrone*, Wiesbaden
Giedroyć, M. (1989), 'The Arrival of Christianity in Lithuania: Baptism and Survival (1341-1386)', *OSP* n.s. 22: 34-57
Gieysztor, A. (1970), 'Economie, société et civilisation polonaises aux XIVe et XVe siècles. Essai de synthèse, état des recherches', in L. di Rosa (ed.), *Ricerche storiche ed economiche in memoria di Corrado Barbagallo*, Naples, II, pp. 199-210
Górski, K. (1966), 'The Origins of the Polish Seym', *SEER* 44: 122-38

1048

1049 Górski, K. (1968), 'Les débuts de la représentation de la "Communitas Nobilium" dans les assemblées d'état de l'Est européen', *APAE* 47: 37–55

Graus, F. (1960), 'Die Handelbeziehungen Böhmens zu Deutschland und Österreich im 14. und zu Beginn des 15. Jahrhunderts', *Historica* 2: 77-110

Graus, F. (1965), 'Die Entstehung des Mittelalterlichen Staaten in Mitteleuropa', *Historica* 10: 5-65

Graus, F. (1966), 'Die Bildung eines Nationalbewusstseins im Mittelalterlichen Böhmen', *Historica* 13: 5–49

Graus, F. (1980), *Die Nationenbildung der Westslawen im Mittelalter*, Sigmaringen

Guldescu, S. (1964), *History of Medieval Croatia*, The Hague

Halecki, O. (1952), *Borderlands of Western Civilization. A History of East Central Europe*, New York

Higounet, C. (1986), *Die Deutsche Ostsiedlung im Mittelalter*, Berlin

Holub, J. (1958), 'La représentation politique en Hongrie au moyen âge', *APAE* 18: 77–121

Housley, N. (1984), 'King Louis the Great of Hungary and the Crusades, 1342–1382', *SEER* 62: 192–208

Janáček, J. (1973), 'L'Argent tchèque et la Méditerranée (XIVe et XVe siècles)', in *Histoire économique du monde méditerranéen. Mélanges en l'honneur de Fernand Braudel*, Paris, 1, pp. 245–61

Joris, A. (1971), 'Documents concernant la commune de Huy avec la Bohême et la Haute-Meuse (XIIIe–XIVe siècles)', *BCRH* 137: 1–37

Kejř, J. (1966), 'Les impôts dans les villes médiévales de Bohême', in *L'Impôt dans le cadre de la ville et de l'état*, Historischa Uitgaven, 13, pp. 208–31

Kejř, J. (1968), 'Les privilèges des villes de Bohême depuis les origines jusqu'aux guerres hussites (1419)', in *Les Libertés urbaines et rurales du XIIe au XIVe siècles*, Brussels, pp. 79–90

Kejř, J. (1969), 'Zwei Studien über die Anfänge der Städteverfassung in den Böhmischen Ländern', *Historica* 16: 81–142

Kejř, J. (1972), 'Organisation und Verwaltung des Königlichen Städtewesens in Böhmen zur Zeit der Luxemburger', in W. Rausch (ed.), *Stadt und Stadtherr im 14. Jahrhundert*, Linz, pp. 79–90

Kieniewicz, S. (ed.) (1971), *Histoire de Pologne*, Warsaw

Kłoczowski, J. (1967), 'Les ordres mendiants en Pologne à la fin du moyen âge', *APH* 15: 5–38

Kłoczowski, J. (1987), *Histoire religieuse de la Pologne*, Paris

Knoll, P.W. (1972), *The Rise of the Polish Monarchy. Piast Poland in East-Central Europe, 1320–1370*, London

Köpeczi, B. (ed.) (1992), *Histoire de Transylvanie*, Budapest

Kozlowska-Budkowa, S. (1985), 'The Foundation of the University of Cracow', in *Poland in Christian Civilisation*, London, pp. 165–79

Kubinyi, A. (1972), *Der Ungarische König und seine Städte im 14. und am Beginn des 15. Jahrhunderts*, Linz

Labuda, G. (1970), 'Die Entstehung des Mittelalterlichen Staats und die Entwicklung des Polnischen Kultur', *APH* 21: 93–107

Lalik, T. (1976), 'La génèse du réseau urbain en Pologne médiévale', *APH* 34: 97–120

Ludwig, M. (1984), *Besteuerung und Verpfandung Königlicher Städte im Spätmittelalterlichen Polen*, Osteuropastudien der Hochschulen des Landes Hessens, Reihe I. Giessener Abhandlungen zur Agrar- und Wirtschaftforschung des Europäischen Ostens, 126, Berlin 1050

Macek, J. (1984), *Histoire de la Bohême des origines à 1918*, Paris

Magocsi, P.R. (1985a), *Galicia. A Historical Survey and Bibliographic Guide*, Toronto, Buffalo and London

Magocsi, P.R. (1985b), *Ukraine. A Historical Atlas*, Toronto, Buffalo and London

Makkai, L. (1946), *Histoire de Transylvanie*, Paris

Małowist, M. (1972), *Croissance et régression en Europe XIVe–XVIIIe siècles*, Paris

Mályusz, E. (1965), 'Les débuts du vote de la taxe par les ordres dans la Hongrie féodale', *Nouvelles études historiques* 1: 55–82

Mályusz, E. (1980), 'Die Entstehung der Ständischen Schichten im Mittelalterlichen Ungarn', *EHH* 1: 101–32

Mályusz, E. (1990), *Kaiser Sigismond in Ungarn 1387–1437*, Budapest

Matuszewski, J.S. (1985), 'La signification des privilèges fiscaux de Louis de Hongrie en Pologne', *APH* 51: 33–50

Mezník, J. (1969), 'Der Ökonomische Charakter Prags im 14. Jahrhundert', *Historica* 17: 43–91

Molenda, D. (1976), 'Mining Towns in Central-Eastern Europe in Feudal Time: Problem Outline', *APH* 34: 165–88

Pach, Zs. P. (1975), 'Levantine Trade and Hungary in the Middle Ages (Theses, Controversies, Arguments)', *EHH* 1: 283–307

Pamlényi, E. (ed.) (1974), *Histoire de la Hongrie des origines à nos jours*, Budapest

Preveden, F.R. (1955), *A History of the Croatian People*, 1: *Prehistory and Early Period until 1397*, New York

Pustejovsky, O. (1965–7), 'Zur Geschichte der Böhmischen Länder im 14. Jahrhundert. 30 Jahre Tschechischer und Slowakischer Forschung, 1935–64, 1967', *JGO* 13: 65–106; 15: 99–130 and 251–76

Pustejovsky, O. (1975), *Schlesiens Übergang an die Böhmische Krone. Machtpolitik Böhmens im Zeichen von Herrschaft und Frieden*, Forschungen und Quellen zur Kirche- und Kulturgeschichte Ostdeutschlands, 13, Cologne and Vienna

Reddaway, W.F. et al. (eds.) (1950), *The Cambridge History of Poland. From the Origins to Sobieski (to 1696)*, Cambridge

Russocki, S. (1974), 'Les assemblées préreprésentatives en Europe centrale. Préliminaire d'une analyse comparative', *APH* 30: 33–52

Schlesinger, W. (ed.) (1975), *Die Deutsche Ostsiedlung des Mittelalters als Problem der Europäischen Geschichte*, VF, XVIII, Sigmaringen

Seibt, F. (ed.) (1974), *Bohemia Sacra. Das Christentum in Böhmen, 973–1973*, Düsseldorf

Seibt, F. (1987), 'Polen von der Jahrhundertwende bis 1444', in F. Seibt (ed.), *Europa im Hoch- und Spätmittelalter*, Handbuch der Europäischen Geschichte, Stuttgart, II, pp. 1042–79

Šmahel, F. (1969), 'The Idea of the "Nation" in Hussite Bohemia. An Analytical Study of the Ideological and Political Aspects of the National Question in Hussite Bohemia from the End of the 14th Century to the Eighties of the 15th Century', *Historica* 16: 143–247

1051 Šmahel, F. (1987), 'Die Böhmischen Länder im Hoch- und Spätmittelalter c. 1050–1452' in F. Seibt (ed.), *Europa im Hoch- und Spätmittelalter*, Handbuch der Europäischen Geschichte, Stuttgart, II, pp. 507–32

Spěváček, J. (1971), 'Statuts luxembourgeois donnés en 1333 à la ville de Lucques', *Historica* 18: 59–104

Spěváček, J. (1982), *Král Diplomat Jan Lucemburský 1296–1346*, Prague

Spieralski, Z. (1980), 'Die Jagiellonische Verbundenheit bis zum Ende des 15. Jahrhunderts', *APH* 41: 51–83

Sułkowska-Kurasiowa, I. (1980), 'Les conseillers de Ladislas Jagellon (1386–1434)', *APH* 42: 27–40

Troubert, O. (1988), 'Beatrix de Bourbon, reine de Bohême', *AE* 5th series 40: 252–80

Vardy, S.B., Grosschmid, G. and Domonkos, L.S. (eds.) (1986), *Louis the Great. King of Hungary and Poland*, New York

Weczerka, H. (1982), 'Les routes terrestres de la Hanse', *Flaran 2. L'homme et la route en Europe occidentale au moyen âge et aux temps modernes*, Auch, pp. 85–105

Wiesiołowski, J. (1981), 'Le réseau urbain en Grande-Pologne aux XIIIe–XVIe siècles. L'espace et la société', *APH* 43: 5–29

Wyrozumski, J. (1978a), 'La société úrbaine en Pologne au bas moyen âge', *RN* 60: 31–41

Wyrozumski, J. (1978b), 'Le sel dans la vie économique de la Pologne médiévale', *Studi in memoria di Frederigo Melis*, Naples, II, pp. 497–506

Zientara, B. (1974), 'Foreigners in Poland in the 10th–15th Centuries: Their Role in the Opinion of the Polish Medieval Community', *APH* 24: 5–28

23 THE PRINCIPALITIES OF RUS' IN THE FOURTEENTH CENTURY

Selected primary sources

Akty feodal'nogo zemlevladeniia i khoziaistva XIV–XVI vekov, 3 vols., Moscow (1951–61)

Akty istoricheskie, 5 vols., St Petersburg (1841–2). *Dopolneniia k Aktam istoricheskim*, 12 vols., St Petersburg (1846–72)

Akty istoricheskie, otn. k Rossii, izvlechennye iz inostrannykh arkhivov i bibliotek . . . A.K. Turgenevym, 3 vols., St Petersburg (1841–8). *Dopolneniia k Aktam istoricheskim . . . Turgenevym*, St Petersburg (1848)

Akty, otnosiashchiesia k istorii Iuzhnoi i Zapadnoi Rossii, 15 vols., St Petersburg (1863–92)

Akty, otnosiashchiesia k istorii Zapadnoi Rossii, 5 vols., St Petersburg (1846–53)

Akty, sobrannye v bibliotekakh i arkhivakh Rossiiskoi imperii Arkheograficheskoiu ekspeditsieiu . . ., 4 vols., St Petersburg (1836)

Akty sotsial'no-ekonomicheskoi istorii severo-vostochnoi Rusi kontsa XIV–nachala XVI v., 3 vols., Moscow (1952–6)

Drevnerusskaia slavianskaia kormchaia XIV titulov bez tolkovanii, ed. A.V. Beneshevich, St Petersburg (1906)

Drevnerusskie kniazheskie ustavy. XI–XV vv., ed. Ia. N. Shchapov, Moscow (1976)

Dukhovnye i dogovornye gramoty velikikh i udel'nykh kniazei XIV–XVI vv., Moscow and Leningrad (1950)

Gramoty Velikogo Novgoroda i Pskova, Moscow (1949)

Merilo pravednoe, ed. M.N. Tikhomirov and L.V. Milov, Moscow (1961)
Novgorodskaia pervaia letopis' starshego i mladshego izvodov, ed. A.N. Nasonov and M.N. Tikhomirov, Moscow and Leningrad (1950)
Novgorodskie gramoty na bereste: iz raskopok 1951– , ed. A.V. Artsikhovskii, 6 vols., Moscow (1953–)
Pamiatniki literatury drevnei Rusi. XIV–seredina XV veka, Moscow (1981)
Pamiatniki russkogo prava, 8 vols., Moscow (1952–63)
Polnoe sobranie russkikh letopisei, 41 vols., to date, St Petersburg and Moscow (1841–)
Pskovskie letopisi, ed. A.N. Nasonov, 2 fascs., Moscow (1941–51)
Rossiiskoe zakonodatel'stvo X–XX vekov v deviati tomakh, 9 vols., to date, Moscow (1984–94)
Sobranie gosudarstvennykh gramot i dogovorov, 5 vols., Moscow (1813–94)
Troitskaia letopis'. Rekonstruktsiia teksta, ed. M.D. Priselkov, Moscow (1950)
Zakon sudnyi liudem kratkoi redaktsii, ed. M.N. Tikhomirov, Moscow (1961)
Zakonodatel'nye akty Velikogo kniazhestva litovskogo XV–XVI vv., Leningrad (1936)

Secondary works

Chronicle writing

Kuzmin, A.G. (1965), *Riazanskoe letopisanie*, Moscow
Likhachev, D.S. (1947), *Russkie letopisi i ikh kul'turnoi-storicheskoe znachenie*, Moscow and Leningrad
Lur'e, Ia. S. (1976), *Obshcherusskie letopisi XIV–XV vv.*, Leningrad
Murav'eva, L.L. (1983), *Letopisanie severo-vostochnoi Rusi kontsa XIII-nachala XV veka*, Moscow
Nasonov, A.N. (1930), 'Letopisnye pamiatniki Tver'skogo kniazhestva', *Izvestiia Akademii nauk SSSR. Seriia 7: Otdelenie gumanitarnykh nauk* 9–10: 709–73
Nasonov, A.N. (1969), *Istoriia russkogo letopisaniia XI–nachala XVIII veka*, Moscow
Priselkov, M.D. (1940a), *Istoriia russkogo letopisaniia XI–XV vv.*, Leningrad
Priselkov, M.D. (1940b), 'Letopisanie Zapadnoi Ukrainy i Belorussii', *Uchenye zapiski Leningradskogo gosudarstvennogo universiteta. Seriia istoricheskikh nauk* 7 67: 5–24
Shakhmatov, A.A. (1908), *Razyskaniia o drevneishikh russkikh letopisnykh svodakh*, St Petersburg
Shakhmatov, A.A. (1938), *Obozrenie russkikh letopisnykh svodov XIV–XVI vv.*, Moscow and Leningrad
Ulashchik, N.N. (1985), *Vvedenie v izuchenie belorusskogo-litovskogo letopisaniia*, Moscow

Political history of north-east Rus'

Antonovich, V.B. (1885), *Monografii po istorii zapadnoi i iugo-zapadnoi Rossii*, 1, Kiev
Bardach, Juliusz (1970), *Studia z ustroju i prawa Wielkiego księstwa litewskiego, XIV–XVII w.*, Warsaw
Bernadskii, V.N. (1961), *Novgorod i novgorodskaia zemlia v XV veke*, Moscow and Leningrad
Birnbaum, Henrik (1981), *Lord Novgorod the Great*, 1, Columbus, Ohio
Borzakovskii, V.S. (1876), *Istoriia tverskogo kniazhestva*, St Petersburg

1053 Cherepnin, L.V. (1948–51), *Russkie feodal'nye arkhivy XIV–XV vekov*, 2 vols., Moscow and Leningrad
Cherepnin, L. V. (1960), *Obrazovanie russkogo tsentralizovannogo gosudarstva v XIV–XV vekakh*, Moscow
Crummey, Robert O. (1987), *The Formation of Muscovy, 1304–1613*, London and New York
Dollinger, Philippe (1970), *The German Hansa*, London and Stanford, Calif.
Ekzempliarskii, A.V. (1889–91), *Velikie i udel'nye kniazia severnoi Rusi v tatarskoi period, s 1238 po 1505 g.*, 2 vols., St Petersburg
Fennell, J.L.I. (1968), *The Emergence of Moscow, 1304–1359*, Berkeley
Floria, B.N. (1992), *Otnosheniia gosudarstva i tserkvi u vostochnykh i zapadykh slavian*, Moscow
Grekov, B.D. and Iakubovskii, A. Iu. (1950), *Zolotaia orda i ee padenie*, Moscow
Grekov, I.B. (1975), *Vostochnaia Evropa i upadok Zolotoi Ordy*, Moscow
Grekov, I.B. and Shakhmagonov, F.F. (1986), *Mir istorii. Russkie zemli v XIII–XV vekakh*, Moscow
Halperin, Charles (1985), *Russia and the Golden Horde. The Mongol Impact on Medieval Russian History*, Bloomington, Ind.
Hrushevsky, Mykhailo (1941), *A History of Ukraine*, New Haven
Hrushevsky, Mykhailo (1952), 'The Traditional Scheme of "Russian" History and the Problem of a Rational Organization of the History of Eastern Slavs', *The Annals of the Ukrainian Academy of Arts and Sciences in the U.S.* 2: 355–64
Ianin, V.L. (1962), *Novgorodskie posadniki*, Moscow
Ianin, V.L. (1970), *Aktovye pechati drevnei Rusi X–XV vv.*, Moscow
Istoriia Kieva (1982–6), 3 vols., in 4 bks, Kiev
Istoriia Moskvy (1952–9), 6 vols., in 7 pts, Moscow
Kafengauz, B.B. (1969), *Drevnii Pskov. Ocherki po istorii feodal'noi respubliki*, Moscow
Karamzin, N.M. (1842–3), *Istoriia gosudarstva rossiiskogo*, 5th edn, 12 vols., in 3 bks, St Petersburg
Karger, M.K. (1973), *Novgorod the Great*, Moscow
Kashtanov, S.M. (1988), *Finansy srednevekovoi Rusi*, Moscow
Kazakova, N.A. (1975), *Russko-livonskie i russko-ganzeiskie otnosheniia. Konets XIV–nachalo XVI v.*, Leningrad
Khoroshev, A.S. (1980), *Tserkov' v sotsial'no-politicheskoi sisteme novgorodskoi feodal'noi respubliki*, Moscow
Khoroshkevich, A.L. (1982), 'Istoricheskie sud'by belorusskikh i ukrainskikh zemel' v XIV–nachale XVI v.', in V.T. Pashuto, B.N. Floria and A.L. Khoroshkevich, *Drevnerusskoe nasledie i istoricheskie sud'by vostochnogo slavianstva*, Moscow, pp. 69–150
Kireevskii, I.V. (1966), 'On the Nature of European Culture and its Relation to the Culture of Russia', in Marc Raeff (ed.), *Russian Intellectual History. An Anthology*, New York, pp. 174–207
Kizilov, Iu. A. (1984), *Zemli i narody Rossii v XIII–XV vv.*, Moscow
Kliuchevskii, V.O. (1956–8), *Kurs russkoi istorii*, i–v, of Kiuchevskii (1956–9)
Kliuchevskii, V.O. (1956–9), *Sochineniia*, 8 vols., Moscow
Klug, Ekkehard (1985), 'Das Fürstentum Tver'. 1247–1485', *FOG* 37: 7–355
Kolankowski, Ludwig (1930), *Dzieje wielkiego ksiestwa litewskiego za Jagiełłonów*, Warsaw
Kolankowski, Ludwig (1936), *Polska Jagiełłonów. Dzieje polityczne*, Lwów

Kostomarov, N.I. (1903–6), *Sobranie sochinenii. Istoricheskie monografii i issledovaniia*, 8 vols., St Petersburg

Kuchkin, V.A. (1984), *Formirovanie gosudarstvennoi territorii severo-vostochnoi Rusi v X–XIV vv.*, Moscow

Langer, Lawrence (1974), 'V.L. Ianin and the History of Novgorod', *SR* 33: 114–19

Langer, Lawrence (1984), 'The Posadnichestvo of Pskov: Some Aspects of Urban Administration in Medieval Russia', *SR* 43: 46–62

Leontovich, F.I. (1893–4), *Ocherki istorii litovsko-russkogo prava*, St Petersburg

Liubavskii, M.K. (1910), *Ocherki istorii litovsko-russkogo gosudarstva do Liublinskoi unii vkliuchitel'no*, Moscow

Liubavskii, M.K. (1918), *Lektsii po drevnei russkoi istorii do kontsa XVI veka*, 3rd edn, Moscow

Liubavskii, M.K. (1929), *Obrazovanie osnovnoi gosudarstvennoi territorii velikorusskoi narodnosti*, Leningrad

Martin, Janet (1983), 'Muscovy's Northeastern Expansion: The Context and a Cause', *CMRS* 24: 459–70

Meyendorff, John (1980), *Byzantium and the Rise of Russia. A Study of Byzantino-Russian Relations in the Fourteenth Century*, Cambridge

Miliukov, P.N. (1930–64), *Ocherki po istorii russkoi kul'tury*, 3 vols., Paris

Nasonov, A.N. (1940), *Mongoly i Rus'. Istoriia tatarskoi politiki na Rusi*, Moscow

Nasonov, A.N. (1951), *'Russkaia zemlia' i obrazovanie territorii drevnerusskogo gosudarstva. Istoriko-geograficheskoe issledovanie*, Moscow

Ocherki istorii SSSR. Period feodalizma IX–XV vv. (1953), ed. B.D. Grekov et al., 2 pts, Moscow

Ochmański, Jerzy (1967), *Historia Litwy*, Wrocław

Ostrowski, Donald (1990), 'The Mongol Origins of Muscovite Political Institutions', *SR* 49: 525–42

Pashuto, B.T. (1959), *Obrazovanie litovskogo gosudarstva*, Moscow

Pickhan, G. (1992), *Gospodin Pskov. Entstehung und Entwicklung eines städtischen Herrschaftszentrums in Altrussland*, FOG 47

Presniakov, A.E. (1918a), *Moskovskoe tsarstvo*, Petrograd

Presniakov, A.E. (1918b), *Obrazovanie velikorusskogo gosudarstva*, Petrograd

Presniakov, A.E. (1938–2), *Lektsii po russkoi istorii*, 2 vols., Moscow

Rowell, S.C. (1993), 'Of Men and Monsters: Sources for the History of Lithuania in the Time of Gediminas (ca. 1315–1342)', *JBaS* 24: 73–112

Rowell, S.C. (1994), *Lithuania Ascending. A Pagan Empire within East-Central Europe, 1295–1345*, Cambridge

Russ, Hartmut (1975), *Adel und Adelsoppositionen im Moskauer Staat*, Wiesbaden

Sergeevich, V.I. (1902), *Russkie iuridicheskie drevnosti*, I, *Territoriia i naselenie*, 2nd edn, St Petersburg

Sergeevich, V.I. (1903–9), *Drevnosti russkogo prava*, 3 vols., 3rd edn, St Petersburg

Solov'ev, S.M. (1959–62), *Istoriia Rossii s drevneishikh vremen*, 29 vols., in 15 bks, Moscow

Subtelny, Orest (1988), *Ukraine. A History*, Toronto

Thompson, Michael W. (1967), *Novgorod the Great*, New York

Tikhomirov, M.N. (1947), *Drevniaia Moskva (XII–XV vv.)*, Moscow

Tikhomirov, M.N. (1952), 'Moskva – stolitsa Moskovskogo velikogo kniazhestva XIV v. – vtoraia polovina XV v.', in *Istoriia Moskvy* (1952–9), 1, pp. 26–64

1055 Tikhomirov, M.N. (1957), *Srednevekovaia Moskva v XIV–XV vekakh*, Moscow
Tikhomirov, M.N. (1966), *Srednevekovaia Rossiia na mezhdunarodnykh putiakh (XIV–XV vv.)*, Moscow
Vernadsky, George (1953), *The Mongols and Russia*, New Haven and London

Culture and ideology

Andreyev, Nikolay (1977), 'Literature in the Muscovite Period (1300–1700)', in Robert Auty and Dimitri Obolensky (eds.), *An Introduction to Russian Language and Literature*, Cambridge, pp. 90–110
Birnbaum, Henrik (1977), 'Lord Novgorod the Great: Its Place in Medieval Culture', *Viator* 8: 215–54
Borisov, N.S. (1986), *Russkaia tserkov' v politicheskoi bor'be XIV–XV vekov*, Moscow
Budovnits, I.U. (1960), *Obshchestvenno-politicheskaia mysl' drevnei Rusi (XI–XIV vv.)*, Moscow
D'iakonov, M.A. (1889), *Vlast' moskovskikh gosudarei: Ocherki iz istorii politicheskikh idei drevnei Rusi do kontsa XVI veka*, St Petersburg
Fedotov, G.P. (1966), *The Russian Religious Mind*, II: *The Middle Ages. The Thirteenth to the Fifteenth Centuries*, Cambridge, Mass.
Floria, B.N. (1993), 'Istoricheskie sud'by Rusi i etnicheskoe samosoznanie vostochnykh slavian v XII–XV vekakh (k voprosu o zarozhdenii vostochnoslavianskikh narodnostei)', *Slavianovedenie* 2: 42–66
Gol'dberg, A.L. (1975), 'Istoriko-politicheskie idei russkoi knizhnosti XV–XVII vekov', *Istoriia SSSR* 5: 60–77
Golubinskii, E.E. (1901–10), *Istoriia russkoi tserkvi*, 2 vols. in 4 pts, Moscow
Halperin, Charles (1976), 'The Russian Land and the Russian Tsar: The Emergence of Muscovite Ideology, 1380–1408', *FOG* 23: 7–103
Karger, M.K. (1973), *Novgorod the Great. Architectural Guidebook*, Moscow
Kartashev, A.V. (1959), *Ocherki po istorii russkoi tserkvi*, 2 vols., Paris
Kazakova, N.A., and Lur'e, Ia. S. (1955), *Antifeodal'nye ereticheskie dvizheniia na Rusi XIV–nachala XVI veka*, Moscow and Leningrad
Khoroshev, A.S. (1986), *Politicheskaia istoriia russkoi kanonizatsii (XI–XVI vv.)*, Moscow
Kliuchevskii, V.O. (1871), *Drevnerusskie zhitiia kak istoricheskii istochnik*, Moscow
Lazarev, V.N. (1966), *Old Russian Murals and Mosaics from the XI to the XVI Century*, London
Lazarev, V.N. (1976), *Novgorodskaia ikonopisi*, 2nd edn, Moscow
Lazarev, V.N. (1980), *Moskovskaia shkola ikonopis'*, Moscow
Likhachev, D.S. (1958), *Chelovek v literature drevnei Rusi*, Leningrad
Likhachev, D.S. (1967), *Poetika drevnerusskoi literatury*, Leningrad
Likhachev, D.S. (1973), *Razvitie russkoi literatury X–XVII vekov. Epokhi i stili*, Leningrad
Likhachev, D.S. (1987), *Velikii put'. Stanovlenie russkoi literatury XI–XVII vekov*, Moscow
Makarii, metropolitan of Moscow (1857–87), *Istoriia russkoi tserkvi*, 12 vols., St Petersburg
Miller, David E. (1979), 'The "Velikie Minei Chetii" and the "Stepennaia kniga" of Metropolitan Makarii and the Origins of Russian National Consciousness', *FOG* 26: 263–382

Ocherki russkoi kul'tury XIII–XV vekov (1969), 2 pts, Moscow
Okinshevich, Leo (1953), *The Law of the Grand Duchy of Lithuania. Background and Bibliography*, New York
Pautkin, A.A. (1989), 'Kharakteristika lichnosti v letopis'nykh kniazheskikh nekrologakh', in *Germenevtika drevnerusskoi literatury. XI–XVI veka*, Moscow, pp. 231–46
Pelenski, Jaroslaw (1977), 'The Origins of the Official Muscovite Claim to the "Kievan Inheritance"', *HUS* 1: 29–52
Pelenski, Jaroslaw (1983), 'The Emergence of the Muscovite Claims to the Byzantine-Kievan "Imperial Inheritance"', *HUS* 7: 520–31
Philipp, Werner (1983), 'Die religiöse Begründung der altrussischen Hauptstadt', *FOG* 33: 227–38
Rowland, Daniel (1979), 'The Problem of Advice in Muscovite Tales of the Time of Troubles', *RuH* 6: 259–83
Salmina, M.A. (1966), '"Letopisnaia povest'" o Kulikovskoi bitve i "Zadonshchina"', in *'Slovo o polku Igoreve', i pamiatniki Kulikovskogo tsikla. K voprosu o vremeni napisaniia Slova'*, Moscow and Leningrad, pp. 344–84
Salmina, M.A. (1970), 'Slovo o zhitii i o prestavlenii velikogo kniazia Dmitriia Ivanovicha, tsaria Rus'kogo', *TODL* 25: 81–104
Salmina, M.A. (1974), 'K voprosu o datirovke "Skazaniia o Mamaevom poboishche"', *TODL* 29: 98–124
Salmina, M.A. (1977), 'Eshche raz o datirovke "Letopisnoi povesti" o Kulikovskoi bitve', *TODL* 32: 3–39
Slovar' knizhnikov i knizhnosti drevnei Rusi (1987–9), 3 vols., in 5 pts to date, Leningrad
Smirnova, E.E. (1989), *Moscow Icons*, Oxford
Stökl, Günther (1981), 'Staat und Kirche im Moskauer Russland. Die vier Moskauer Wundertäter', *JGO* 29: 481–93
Szeftel, Marc (1979), 'The Title of the Muscovite Monarch up to the End of the Seventeenth Century', *Canadian-American Slavic Studies* 13: 59–81
Tikhomirov, M.N. (1968), *Russkaia kul'tura X–XVIII vekov*, Moscow
Tikhomirov, N. Ia. and Ivanov, V.N. (1967), *Moskovskii kreml'. Istoriia arkhitektury*, Moscow
Val'denberg, Vladimir (1916), *Drevnerusskie ucheniia o predelakh tsarskoi vlasti*, Petrograd
Zimin, A.A. (1972), 'Antichnye motivy v russkoi publitsistike kontsa XV v.', in *Feodal'naia Rossiia vo vsemirnom istoricheskom protsesse*, Moscow, pp. 128–38

Governance

Baron, Samuel H. (1977), 'Feudalism or the Asiatic Mode of Production: Alternative Interpretations of Russian History', in Samuel H. Baron and Nancy W. Heer (eds.), *Windows on the Russian Past*, Columbus, Ohio, pp. 24–41
Bloch, Marc (1970), *Feudal Society*, trans. L. A. Manyon, 2 vols. Chicago
Blum, Jerome (1961), *Lord and Peasant in Russia from the Ninth to the Nineteenth Century*, New York
Brown, Elizabeth A.R. (1974), 'The Tyranny of a Construct: Feudalism and Historians of Medieval Europe', *AmHR*, 79: 1063–88

1056

1057 Cherepnin, L.V. (1940), 'Iz istorii drevnerusskikh feodal'nykh otnoshenii XIV–XVI vv.', *IZ* 9: 31–78

Crummey, Robert O. (1984), 'Periodizing "Feudal" Russian History', in R.C. Elwood (ed.), *Russian and East European History. Selected Papers*, Berkeley, pp. 17–41

D'iakonov, M. A. (1908), *Ocherki obshchestvennogo i gosudarstvennogo stroia drevnei Rusi*, 2nd edn, St Petersburg

Eck, Alexandre (1933), *Le moyen âge russe*, Paris

Gorskii, A.D. (1982), 'O votchinnom sude na Rusi v XIV–XV vv.', in *Rossiia na putiakh tsentralizatsii. Sbornik statei*, Moscow, pp. 25–35

Halbach, Uwe (1985), *Der russische Fürstenhof vor dem 16. Jahrhundert*, Stuttgart

Howes, Robert Craig (trans. and ed.) (1967), *The Testaments of the Grand Princes of Moscow*, Ithaca, N.Y.

Kaiser, Daniel H. (1980), *The Growth of the Law in Medieval Russia*, Princeton, N.J.

Kashtanov, S. M. (1982), 'Finansovoe ustroistvo Moskovskogo kniazhestva v seredine XIV v. po dannym dukhovnykh gramot', in *Issledovaniia po istorii i istoriografii feodalizma*, Moscow, pp. 173–89

Kliuchevskii, V.O. (1919), *Boiarskaia duma drevnei Rusi*, 5th edn, St Petersburg

Kliuchevskii, V.O. (1959), *Istoriia soslovii v Rossii*, VI, of Kliuchevskii (1956–9)

Kollmann, Nancy Shields (1987), *Kinship and Politics. The Making of the Muscovite Political System. 1345–1547*, Stanford, Calif.

Kollmann, Nancy Shields (1990), 'Collateral Succession in Kievan Rus'', *HUS* 14: 377–87

Kotliarov, A.N. (1985), 'Boiarskii "gorod" v XIV veke', in *Feodalizm v Rossii*, Moscow, pp. 84–7

Levin, Eve (1983), 'The Role and Status of Women in Medieval Novgorod', PhD dissertation, Indiana University

Limonov, Iu. A. (1987), *Vladimiro-Suzdal'skaia Rus'. Ocherki sotsial'no-politicheskoi istorii*, Moscow

Nazarov, V.D. (1978), '"Dvor" i "dvoriane" po dannym novgorodskogo i severo-vostochnogo letopisaniia (XII–XIV vv.)', in *Vostochnaia Evropa v drevnosti i srednevekov'e. Sbornik statei*, Moscow, pp. 104–23

Pavlov-Sil'vanskii, N.P. (1988), *Feodalizm v Rossii*, Moscow

Phillip, Werner (1980), 'Zur Frage nach der Existenz altrussischer Stände', *FOG* 27: 64–76

Pipes, Richard (1974), *Russia under the Old Regime*, New York

Poe, Marshall (1993), '"Russian Despotism": The Origins and Dissemination of an Early Modern Commonplace', PhD dissertation, University of California, Berkeley

Sergeevich, V.I. (1887), 'Vol'nye i nevol'nye slugi moskovskikh gosudarei', *Nabliudatel'*, 6: 58–89

Sergeevich, V.I. (1904), *Lektsii i issledovaniia po drevnei istorii russkogo prava*, 3rd edn, St Petersburg

Szeftel, Marc (1965), 'Aspects of Feudalism in Russian History', in Rushton Coulborn (ed.), *Feudalism in History*, Hamden, Conn., pp. 167–82

Vernadsky, George (1939), 'Feudalism in Russia', *Speculum* 14: 300–23

Veselovskii, S.B. (1926), *K voprosu o proiskhozhdenii votchinnogo rezhima*, Moscow

Veselovskii, S.B. (1936), *Selo i derevnia v severo-vostochnoi Rusi XIV–XVI vv.*, Moscow and Leningrad　　1058
Veselovskii, S.B. (1947), *Feodal'noe zemlevladenie v severo-vostochnoi Rusi*, 1 vol. in 2 pts, Moscow and Leningrad
Veselovskii, S.B. (1969), *Issledovaniia po istorii klassa sluzhilykh zemlevladel'tsev*, Moscow
Vladimirskii-Budanov, M.F. (1909), *Obzor istorii russkogo prava*, 6th edn, St Petersburg
Zimin, A. A. (1973), *Kholopy na Rusi (s drevneishikh vremen do kontsa XV v.)*, Moscow

Trade and agrarian life

Bater, James H. and French, R.A. (eds.) (1983), *Studies in Russian Historical Geography*, 2 vols., London
Budovnits, I.U. (1966), *Monastyri na Rusi i bor'ba s nimi krest'ian v XIV–XVI v.*, Moscow
Cherepnin, L.V. and Nazarov, V.D. (1986), 'Krest'ianstvo na Rusi v seredine XII–kontse XV v.', in *Istoriia krest'ianstva v Evrope*, II: *Epokha feodalizma*, Moscow, pp. 250–86
Danilova, L.V. (1955), *Ocherki po istorii zemlevladenii i khoziaistva v Novgorodskoi zemle v XIV–XV vv.*, Moscow
Gorskii, A.D. (1966), *Ocherki ekonomicheskogo polozheniia krest'ian severo-vostochnoi Rusi XIV–XV vv.*, Moscow
Grekov, B.D. (1952–4), *Krest'iane na Rusi s drevneishikh vremen do XVII veka*, 2 vols., 2nd edn, Moscow
Kazakova, N.A. (1945), *Rus' i Pribaltika. IX–XVII vv.*, Leningrad
Khoroshkevich, A.L. (1963), *Torgovlia Velikogo Novgoroda s Pribaltikoi i Zapadnoi Evropoi v XIV–XV vekakh*, Moscow
Kochin, G.E. (1965), *Sel'skoe khoziaistvo na Rusi v period obrazovaniia Russkogo tsentralizovannogo gosudarstva konets XIII–nachalo XVI v.*, Moscow and Leningrad
Martin, Janet (1975), 'Les uškujniki de Novgorod: marchands ou pirates?', *Cahiers du monde russe et soviétique* 16: 5–18
Martin, Janet (1986), *Treasure of the Land of Darkness. The Fur Trade and its Significance for Medieval Russia*, Cambridge
Sakharov, A.M. (1959), *Goroda severo-vostochnoi Rusi XIV–XV vekov*, Moscow
Shapiro, A.L. (1977), *Problemy sotsial'no-ekonomicheskoi istorii Rusi XIV–XVI vv.*, Leningrad
Shapiro, L. (1987), *Russkoe krestianstvo pered zakreposhcheniem XIV–XVI vv.*, Leningrad
Smirnov, P.P. (1947–8), *Posadskie liudi i ikh klassovaia bor'ba do serediny XVII v.*, 2 vols., Moscow and Leningrad
Smith, R.E.F. (1966), 'Medieval Agrarian Society in its Prime: Russia', in *CEHE*, I, pp. 507–47
Syroechkovskii, V.E. (1936), *Gosti surozhanie*, Moscow and Leningrad

24 THE BYZANTINE EMPIRE IN THE FOURTEENTH CENTURY

Primary sources

Actes de Chilander (= *Actes de l'Athos*, v), ed. L. Petit, St Petersburg (1911); repr. Amsterdam (1975)

1059 Akindynos, Gregory, *Letters of Gregory Akendynos*, ed. A. Hero, Washington, DC (1983)
Archives de l'Athos, ed. P. Lemerle, N. Oikonomidès, J. Lefort *et al.*, Paris (1937–)
Cantacuzeni, Iohannis, *Eximperatoris Historiarum Libri IV*, ed. L. Schopen, 3 vols., *CSHB*, Bonn (1828–32)
Chrysostomides, J., *Manuel II Palaeologus. Funeral Oration on his Brother Theodore*, Thessaloniki (1985)
Démétrius Cydonès correspondance, ed. G. Cammelli, Paris (1930)
Démétrius Cydonès correspondance, ed. R.J. Loenertz, ST, 186, 208, Vatican City (1956–60)
Dennis, G.T., *The Letters of Manuel II Palaeologus*, Washington, DC (1977)
Diplomatarium Veneto-Levantinum, I: *1300–1350*; II: *1351–1454*, ed. G.M. Thomas, Venice (1880–99)
Dölger, F., *Aus den Schatzkammern des Heiligen Berges*, Munich (1948)
Dölger, F., *Sechs byzantinische Praktika des 14. Jahrhunderts für das Athoskloster Iberon*, Munich (1949)
Ducae Istoria Turco-Byzantina (1341–1462), ed. B. Grecu, Bucharest (1958)
Ducas, *Historia Byzantina*, ed. I. Bekker, *CSHB*, Bonn (1830)
Ducas, *Istorija Turco-Bizantina 1341–1462*, ed. V. Grecu, Bucharest (1958)
Faturos, G., *Die Briefe des Michael Gabras (ca. 1290–nach 1350)*, 2 vols., Vienna (1973)
Grégoire, H. (ed.) (1959–60), 'Imperatoris Michaelis Palaeologi "De Vita Sua"', *Byzantion* 29–30 (1959–60), pp. 447–76
Gregoras, Nicephorus, *Byzantina historia*, I–III, ed. L. Schopen and I. Bekker, *CSHB*, Bonn (1829–55)
Guillou, André, *Les archives de Saint-Jean-Prodrome sur le mont Ménécée*, Paris (1955)
Hero, A., *A Woman's Quest for Spiritual Guidance. The Correspondence of Princess Irene Eulogia Choumnaina Palaiologina*, Brookline, Mass. (1986)
Hopf, C., *Chroniques gréco-romanes inédites ou peu connues*, Berlin (1873)
Kodinos (Pseudo-), George, *Traité des offices*, ed. J. Verpeaux, Paris (1976)
Laonici Chalconcandylae, *Historiarum Demonstrationes*, ed. E. Darkó, 2 vols., Budapest (1922–3)
Martini, A., *Manuelis Philae carmina inedita*, Naples (1900)
Mercati, A., *Notizie di Procoro e Demetrio Cidone, Manuele Caleca e Teodoro Meliteniota, ed altri appunti per la storia della teologia e della litteratura bizantina del secolo XIV*, ST, 56, Vatican City (1931)
Miklosich, F. and Müller, J., *Acta et Diplomata Graeca Medii Aevi Sacra et Profana*, 6 vols., Vienna (1860–90)
Miller, E., *Manuelis Philae Carmina*, 2 vols., Paris (1855–7)
Pachymeres, George, *De Michaele et Andronico Palaeologis Libri Tredecim*, ed. I. Bekkerus, 2 vols., *CSHB*, Bonn (1835)
Pachymeres, George, *Relations historiques*, ed. A. Failler, 2 vols., Paris (1984)
Sathas, K., Μεσαιωνικὴ Βιβλιοθήκη, 7 vols., Venice (1841–1914)
Schreiner, P., *Die Byzantinischen Kleinchroniken*, *CSHB*, 12, 3 vols., Vienna (1975–9)
Schreiner, P., *Texte zur spätbyzantinischen Finanz- und Wirtschaftsgeschichte in Handschriften der Biblioteca Vaticana*, Vatican City (1991)
Ševčenko, I., 'Nicolas Cabasilas' "Anti-Zealot" Discourse: A Reinterpretation', *DOP* 11 (1957), pp. 79–171

Ševčenko, I., 'Alexios Makrembolites and his "Dialogue between the Rich and the Poor"', *ZRVI* 6 (1960), pp. 187–228

Talbot, A.-M., *The Correspondence of Athanasius I Patriarch of Constantinople. Letters to the Emperor Andronicus II, Members of the Imperial Family, and Officials*, Washington, DC (1975)

Theodoulos Magistos, Λόγος περὶ Βασιλείας, *MPG* 145 (1965), pp. 447–96

Theodoulos Magistos, Λόγος περὶ πολιτείας, *MPG* 145 (1965), pp. 496–548

Treu, M., *Dichtungen des Grosslogotheten Theodoros Metochites*, Potsdam (1895)

Treu, M., *Maximi Monachi Planudis Epistulae*, Breslau (1890)

Zepos, J. and Zepos, P., *Jus Graecoromanum*, I, Athens (1931)

Secondary works

Ahrweiler, Hélène (1983), 'La région de Philadelphie au XIVe siècle (1290–1390), dernier bastion de l'hellénisme en Asie Mineure', *AIBL*: 175–97

Angelov, D. (1956), 'Certains aspects de la conquête des peuples balkaniques par les Turcs', *Byzantinoslavica* 17: 220–75

Atiya, A.S. (1934), *The Crusade of Nicopolis*, London

Barker, J.W. (1969), *Manuel II Palaeologus, 1391–1425*, New Brunswick

Bartusis, M. (1992), *The Late Byzantine Army. Arms and Society, 1204–1453*, Philadelphia

Beck, H.-G. (1952), *Theodoros Metochites. Die Krise des byzantinischen Weltbildes im 14. Jahrhundert*, Munich

Beck, H.-G. (1974), 'Die griechische volkstümliche Literatur des 14. Jahrhunderts', *Actes du XIVe congrès international des études byzantines, Bucarest, 1971*, Bucharest, pp. 125–38

Belting, H., Mango, C. and Mouriki, D. (1978), *The Mosaics and Frescoes of St Mary Pammakaristos (Fethiye Camii) at Istanbul*, Washington, DC

Bernicolas-Hatzopoulos, D. (1983), 'The First Siege of Constantinople by the Ottomans (1394–1402), and its Repercussions on the Civilian Population of the City', *BS* 10: 39–51

Bertelé, T. (1962), 'I gioelli della corona bizantina dati in pegno alla repubblica veneta nel sec. XIV e Marino della Scala', *Studi in onore di Amintore Fanfani*, Milan, II, pp. 87–188

Bertelé, T. (1978), *Numismatique Byzantine*, Wetteren; ed. and reissued by Cecile Morrisson

Bosch, U.V. (1965), *Andronikos III. Palaiologos. Versuch einer Darstellung der byzantinischen Geschichte in den Jahren 1321–1341*, Amsterdam

Brătianu, G.I. (1929), *Recherches sur le commerce génois dans la mer noire au XIIIe siècle*, Paris

Brătianu, G.I. (1936), *Privilèges et franchises municipales dans l'empire byzantin*, Paris and Bucharest

Bryer, A.A.M. (1986), 'Late Byzantine Rural Society in Matzouka', in A. Bryer and H. Lowry (eds.), *Continuity and Change in Late Byzantine and Early Ottoman Society*, Birmingham and Washington, DC, pp. 53–95

Buchthal, H. and Belting, H. (1978), *Patronage in Thirteenth-Century Constantinople. An Atelier of Late Byzantine Book Illumination and Calligraphy*, Washington, DC

Canard, M. (1937), 'Un traité entre Byzance et l'Egypte au XIIIe siècle et les relations diplomatiques de Michel VIII Paléologue avec les sultans Mamluks Baibars et Qualā'ūn', in *Mélanges GaudefroyDemombynes*, Cairo, pp. 197–224

Charanis, P. (1941), 'Internal Strife in Byzantium during the Fourteenth Century', *Byzantion* 15: 208–30

Charanis, P. (1942/3), 'The Strife among the Palaeologi and the Ottoman Turks, 1370–1402', *Byzantion* 16: 286–314

Charanis, P. (1948), 'The Monastic Properties and the State in the Byzantine Empire', *DOP* 4: 51–119

Charanis, P. (1951), 'On the Social Structure and Economic Organization of the Byzantine Empire in the Thirteenth Century and Later', *BS* 12: 94–153

Chatzidakis, M. (1955), 'Rapports entre la peinture de la Macédoine et de la Créte au XIVe siècle', in Πεπραγμένα τοῦ θ' Διεθνοῦς Βυζαντινολογικοῦ Συνεδρίου, Athens, pp. 136–49

Chatzidakis, M. (1974), 'Classicisme et tendances populaires au XIVe siècle. Les recherches sur l'évolution du style', *Actes du XIVe congrès international des études Byzantines, Bucarest, 1971*, Bucharest, pp. 153–88

Chrysostomides, J. (1965), 'John V Palaeologus in Venice (1370–71) and the Chronicle of Caroldo: A Reinterpretation', *OCP* 31: 76–84

Dade, E. (1938), *Versuche zur Wiedererrichtung der lateinischen Herrschaft in Konstantinopel im Rahmen der abendländischen Politik (1261 bis etwa 1310)*, Jena

Dennis, G.T. (1960), *The Reign of Manuel II Palaeologus in Thessalonica, 1382–1387*, OCA, LIX, Rome

Dölger, F. (1931), 'Johannes VII., Kaiser des Rhomäer', *BZ* 31: 21–36

Dölger, F. (1938), 'Johannes VI. Kantakuzenos als dynastischer Legitimist', *Annales de l'Institut Kondakov*, 10: 19–30; repr. in ΠΑΡΑΣΠΟΡΑ, Ettal (1961), pp. 194–207

Dölger, F. (1940), 'Die dynastische Familienpolitik des Kaisers Michael VIII. Palaiologos', in *Festschrift Eichmann*, n.p. pp. 179–90 ; repr. in ΠΑΡΑΣΠΟΡΑ, Ettal (1961), pp. 178–88

Dölger, F. (1949), 'Einiges über Theodora, die Griechin, Zarin der Bulgaren (1308–1330)', in *Mélanges H. Grégoire*, 1, n.p., = *AIPHO* 9: 211–21; repr. in ΠΑΡΑΣΠΟΡΑ, Ettal (1961), pp. 222–30

Dölger, F. (1952), 'Der Vertrag des Sultans Qalā'un von Ägypten mit dem Kaiser Michael VIII. Palaiologos (1281)', in *Serta Monacensia. Festschrift Babinger*, Leiden, pp. 60–79; repr. in *Byzantinische Diplomatik*, Ettal (1956), pp. 225–44

Dujčev, I. (1972), 'Contribution à l'histoire de la conquête turque en Thrace aux dernières décades du XIV siècle', *EB* 9: 80–92

Ferjančić, B. (1974), *Tesalija u XIII i XIV veku*, Belgrade

Fögen, M.-Th. (1982), 'Zeugnisse byzantischer Rechtspraxis', *Fontes Minores* 5: 215–80

Francès, E. (1962), 'La féodalité byzantine et la conquête turque', *Studia et Acta Orientalia* 4: 69–90

Geanakoplos, D. (1959), *Emperor Michael Palaeologus and the West 1258–1282. A Study in Byzantine–Latin Relations*, Cambridge, Mass.

Gouma-Peterson, T. (1991), 'The Frescoes of the Parekklesion of St Euthymios in Thessaloniki: Patrons, Workshop, and Style', in S. Čurčić and D. Mouriki (eds.), *The Twilight of Byzantium*, Princeton, pp. 111–60

Guilland, R. (1922), 'Le palais de Métochite', *REG* 35: 82–95
Guilland, R. (1926a), *Essai sur Nicéphore Grégoras*, Paris
Guilland, R. (1926b), 'Les poésies inédites de Théodore Métochite', *Byzantion* 3: 265–302
Haldon, J. (1986), 'Limnos, Monastic Holdings and the Byzantine State: ca. 1261–1453', in A. Bryer and H. Lowry (eds.), *Continuity and Change in Late Byzantine and Early Ottoman Society*, Birmingham and Washington, DC, pp. 161–215
Halecki, O. (1930), *Un empereur de Byzance à Rome. Vingt ans de travail pour l'union des églises et pour la défense de l'empire d'orient, 1355–1375*, Warsaw
Harley, J.B. and Woodward D. (eds.) (1987), *The History of Cartography*, I, Chicago and London
Heisenberg, A. (1920), *Aus der Geschichte und Literatur der Palaiologenzeit*, Munich
Hero, A. (1991), 'Theoleptos of Philadelphia (ca. 1250–1322): From Solitary to Activist', in S. Čurčič and D. Mouriki (eds.), *The Twilight of Byzantium*, Princeton, pp. 27–38
Hrochova, V. (1967), 'Le commerce vénitien et les changements dans l'importance des centres de commerce en Grèce du 13e au 15e siècles', *SVen* 9: 3–34
Hrochova, V. (1972), 'Aspects sociaux et économiques de la décadence des villes byzantines à l'époque des Paléologues', *Actes du IIe congrès international des études du sud-est européen*, Athens, II, *Histoire*, pp. 435–40
Hrochova, V. (1989), *Aspects des Balkans médiévaux*, Prague
Hunger, H. (1974), 'Klassizistische Tendenzen in der byzantinischen Literatur des 14. Jh.', *Actes du XIVe congrès international des études byzantines, Bucarest, 1971*, Bucharest, pp. 139–52
Jacoby, D. (1973), 'The Encounter of Two Societies: Western Conquerors and Byzantines in the Pelopennesus after the Fourth Crusade', *AmHR* 78: 873–906
Jacoby, D. (1974), 'Catalans, Turcs et Vénitiens en Romanie (1305–1322): un nouveau témoignage de Marino Sanudo Torsello', *SM* 3rd series 15: 217–61
Jugie, M. (1928), 'Démetrius Cydonès et la théologie latine à Byzance aux XIVe et XVe siècles', *EO* 27: 385–402
Kalligas, H. (1990), *Byzantine Monemavasia. The Sources*, Monemavasia
Kazhdan, A.P. (1980), 'L'histoire de Cantacuzène en tant qu'œuvre littéraire', *Byzantion* 50: 279–335
Kazhdan, A.P. (1982), 'The Fate of the Intellectual in Byzantium', *Greek Orthodox Theological Review* 27: 83–97
Kazhdan, A.P. (1993), 'State, Feudal, and Private Economy in Byzantium', *DOP* 47: 83–100
Kravari, V. (1989), *Villes et villages de Macédoine occidentale*, Paris
Kyrris, K.P. (1982), *Το Βυζάντιον κατά τὸν ΙΔ αἰῶνα*, I, Nicosia
Laiou, A.E. (1970), 'Marino Sanudo Torsello, Byzantium and the Turks; the Background to the Anti-Turkish League of 1332–1334', *Speculum* 41: 374–92
Laiou, A.E. (1972), *Constantinople and the Latins. The Foreign Policy of Andronicus II (1282–1328)*, Cambridge, Mass.
Laiou, A.E. (1973), 'The Byzantine Aristocracy in the Palaeologan Period: A Story of Arrested Development', *Viator* 4: 131–51

1063 Laiou, A.E. (1978), 'Some Observations on Alexios Philanthropenos and Maximos Planoudes', *Byzantine and Modern Greek Studies* 4: 88–99

Laiou, A.E. (1980–1), 'The Byzantine Economy in the Mediterranean Trade System, 13th-15th Centuries', *DOP* 34–5: 177–222

Laiou, A.E. (1981), 'The Role of Women in Byzantine Society', *JÖB* 31: 233–60

Laiou, A.E. (1982a), 'L'économie et la société de Crète vénitienne (ca. 1270–ca. 1310)', in *Bisanzio e l'Italia, Raccoita di studi in de Agostino Pertusi. Vita e Pensiero*, Milan, pp. 177–298

Laiou, A.E. (1982b), 'The Greek Merchant of the Palaeologan Period: A Collective Portrait', *The Proceedings of the Academy of Athens*: 97–132

Laiou, A.E. (1984), 'Observations on the Results of the Fourth Crusade: Greeks and Latins in Port and Market', *MH* n.s. 12: 47–60

Laiou, A.E. (1985), 'In the Medieval Balkans: Economic Pressures and Conflicts in the Fourteenth Century', in S. Vryonis Jr (ed.), *Byzantine Studies in Honor of Milton V. Anastos (Byzantina kai Metabyzantina,* 4), Malibu, Calif., pp. 137–62

Laiou, A.E. (1987), 'Un notaire vénitien à Constantinople: Antonio Bresciano et le commerce international en 1350', in M. Balard, A. Laiou, C. Otten Froux (eds.), *Les Italiens à Byzance*, Paris, pp. 79–151

Laiou, A.E. (1991a), Στὸ Βυζάντιο τῶν Παλαιολόγων: Οἰκονομικὰ καὶ πολιτιστικὰ φαινόμενα, *Eufrosynon. Festschrift für M. Chatzidakis*, Athens, pp. 283–96

Laiou, A.E. (1991b), 'The Foreigner and the Stranger in 12th-Century Byzantium: Means of Propitiation and Acculturation', in M.-Th. Fögen (ed.), *Fremde des Gesellschaft*, Frankfurt, pp. 71–98

Laiou, A.E. (1992a), 'Venetians and Byzantines: Investigation of Forms of Contact in the Fourteenth Century', *Thesaurismata* 22: 29–43

Laiou, A.E. (1992b), *Mariage, amour et parenté à Byzance aux XIe–XIIIe siècles*, Paris

Laiou, A.E. (1993), 'On Political Geography: The Black Sea of Pachymeres', in R. Beaton and C. Roueché (eds.), *The Making of Byzantine History. Studies dedicated to Donald M. Nicol*, Aldershot and London, pp. 94–121

Laiou, A.E. (1995a), 'Italy and the Italians in the Political Geography of the Byzantines (14th Century)', *DOP* 49: 73–98

Laiou, A.E. (1995b), 'Peasant Rebellion: Notes on its Vocabulary and Typology', in M.-Th. Fögen (ed.), *Ordnung und Aufruhr im Mittelalter*, Frankfurt, pp. 99–117

Laiou, A.E. (1995c), 'Thessaloniki, its Hinterland and its Economic Space', *Vyzantine Makedonie*, Thessaloniki, pp. 183–94

Laiou, A.E. and Simon, D. (1992), 'Eine Geschichte von Mühlen und Mönchen: der Fall der Mühlen von Chantax', *Bolletino dell'Istituto di diritto romano* 3rd series 30: 619–76

Laiou-Thomadakis, A.E. (1977), *Peasant Society in the Late Byzantine Empire. A Social and Demographic Study,* Princeton

Lampros, S. (ed.) (1912), Ἰσιδώρου ἐπισκόπου Θεσσαλονίκης ὀκτὼ ἐπιστολαὶ ἀνέκδοται, *Νέος Ἑλληνομνήμων* 9: 343–414

Laourdas, B. (ed.) (1954), Ἰσιδώρου ἀρχιεπισκόπου Θεσσαλονίκης ὁμιλίαι εἰς τὰς ἑορτὰς τοῦ ἁγίου Δημητρίου, Ἑλληνικά Παράρτημα, v, Thessaloniki

Laurent, V. (1938), 'Grégoire X (1271–1276) et un projet de ligue antiturque', *EO* 37: 257–73

Laurent, V. (1945), 'Les grandes crises religieuses à Byzance. La fin du schisme arsénite', 1064
    Acad. Roum. Bull. Sect. Hist. 26: 225–313
Lefort, J. (1982), *Villages de Macédoine*, I: *La Chalcidique occidentale*, Paris
Lefort, J. (1985), 'Radolibus: populations et paysage', *TM* 9: 195–234
Lefort, J. (1986a), 'The Village of Radolibos, XIIth–XIVth Centuries', in A. Bryer and H. Lowry (eds.), *Continuity and Change in Late Byzantine and Early Ottoman Society*, Birmingham and Washington, DC, pp. 11–21
Lefort, J. (1986b), *Paysages de Macédoine*, Paris
Lefort, J. (1986c), 'Une exploitation de taille moyenne au XIIIe siècle en Chalcidique', in Ἀφιέρωμα στό Νίκο Σβορῶνο, Rethymon, pp. 362–72
Lefort, J. (1991), 'Population et peuplement en Macédoine orientale, IXe–XVe siècles', in V. Kravari, J. Lefort and C. Morrisson (eds.), *Hommes et richesses dans l'empire byzantin*, 2 vols., Paris, II: *VIIIe–XVe siècle*, pp. 63–82
Lefort, J. (1993), 'Rural Economy and Social Relations in the Countryside', *DOP* 47: 101–13
Lemerle, P. (1945), *Philippes et le Macédoine orientale à l'époque chrétienne et byzantine*, Paris
Lemerle, P. (1948), 'Le juge général des Grecs et la réforme judiciaire d'Andronic III', in *Mémorial L. Petit*, Bucharest, pp. 292–316
Lemerle, P. (1949), 'Recherches sur les institutions judiciaires à l'époque des Paléologues I: le tribunal impérial', *Mélanges H. Grégoire*, I = *AIPHO* 9: 369–84
Lemerle, P. (1950), 'Recherches sur les institutions judiciaires à l'époque des Paléologues II: le tribunal du patriarcat ou tribunal synodal', *Mélanges P. Peeters*, II = *AB* 68: 318–33
Lemerle, P. (1957), *L'émirat d'Aydin. Byzance et l'occident*, Paris
Lemerle, P. (1964), 'Documents et problèmes nouveaux concernant les juges généraux', Δελτίον χριστιανικῆς ἀρχαιολογικῆς ἑταιρείας 4: 29–44
Loenertz, R.J. (1937–8), 'Manuel Paléologue et Démétrius Cydonès. Remarques sur leurs correspondences', *EO* 36: 271–87, 474–87; 37: 107–24
Loenertz, R.J. (1938), 'Démétrius Cydonès citoyen de Venise', *EO* 37: 125–6
Loenertz, R.J. (1939), 'La première insurrection d'Andronic IV Paléologue (1373)', *EO* 38: 334–45
Loenertz, R.J. (1958), 'Jean V Paléologue à Venise (1370–1371)', *REB* 16: 217–32
Maksimović, L. (1973), 'Geneza i karakter apanaža u Vizantiji', *ZRVI* 14/15: 103–54
Maksimović, L. (1981), 'Charakter der sozial-wirtschaftlichen Struktur d. spätbyzantinischen Stadt', *JÖB* 31: 149–88
Maksimović, L. (1988), *The Byzantine Provincial Administration under the Palaiologoi*, Amsterdam
Mango, C. (1962), *Materials for the Study of the Mosaics of St Sophia at Istanbul*, Washington, DC
Matschke, K.P. (1969), 'Rolle und Aufgaben des Gouverneurs von Konstantinopel in der Palaiologenzeit', *Byzantino-Bulgarica* 3: 81–101
Matschke, K.P. (1970), 'Zum Charakter des byzantinischen Schwarzmeerhandels in XIII. bis XV. Jh.', *Wiss. Zeitschrift Univ. Leipzig* 19: 447–58
Matschke, K.P. (1971), *Fortschritt und Reaktion in Byzanz im 14. Jahrhundert. Konstantinopel in der Bürgerkriegsperiode von 1341 bis 1354*, Berlin
Matschke, K.P. (1973), 'Bemerkungen zum spätbyzantinischen Salzmonopol', *SB* 2: 37–60

1065 Matschke, K.P. (1975), 'Johannes Kantakuzenos, Alexios Apokaukos und die byzantinische Flotte in der Bürgerkriegsperiode 1340–1355', *Actes du XIVe congrés international des études byzantines, Bucarest, 1971*, Bucharest, pp. 193–205

Matschke, K.P. (1979), 'Geldgeschäfte, Handel und Gewerbe in spätbyzantinischen Rechenbüchern und in der spätbyzantinischen Wirklichkeit', *JGF* 3: 181–204

Matschke, K.P. (1981a), 'Bemerkungen zu den sozialen Trägern des spätbyzantinischen Seehandels', *Byzantino-bulgarica* 7: 253–61

Matschke, K.P. (1981b), 'Sozialschichten und Geisteshaltungen', *JÖB* 31: 189–212

Matschke, K.P. (1984a), 'Byzantinische Politiker und byzantinische Kaufleute im Ringen um die Beteiligung am Schwarzmeerhandel in der Mitte des 14. Jh.', *Mitteilungen des Bülgarischen Forschungsinstitutes in Österreich* 6: 75–90

Matschke, K.P. (1984b), 'Grund-und Hauseigentum in und um Konstantinopel in spätbyzantinischer Zeit', *Jahrb. für Wirtschaftgeschichte* 4: 103–28

Matschke, K.P. (1989), 'Tuchproduktion und Tuchproduzenten in Thessalonike und in anderen Städten und Regionen des späten Byzanz', *Βυζαντιακά* 9: 47–87

Matschke, K.P. (1991), 'Bemerkungen zu den Mikro- und Makrostrukturen der spätbyzantinischen Gesellschaft', *XVIIIth International Congress of Byzantine Studies, Major Papers*, Moscow, pp. 152–95

Matschke, K.P. (1993), 'Die spätbyzantinische Offentlichkeit', in S. Tanz (ed.), *Mentalität und Gesellschaft in Mittelalter: Gedenksschrift für Ernst Weiner*, Frankfurt, pp. 155–223

Mavromatis, L. (1978), *La fondation de l'empire serbe. Le Kralj Milutin*, Thessaloniki

Mertzios, K. (1947), *Μνημεία Μακεδονικῆς Ἱστορίας*, Thessaloniki

Meyendorff, J. (1959), *Introduction à l'étude de Grégoire Palamas* (Patristica Sorbonensia, 31), Paris

Meyendorff, J. (1960a), 'Projets de concile oecuménique en 1367', *DOP* 14: 147–77

Meyendorff, J. (1960b), 'Jean-Joasaph Cantacuzène et le projet de concile oecuménique en 1347', in *Akten des XI. Internat, Byz.Kongresses: Munich, 1958*, Munich, pp. 363–9

Meyendorff, J. (1974), 'Society and Culture in the Fourteenth Century: Religious Problems', *Actes du XIVe congrès international des études byzantines, Bucarest, 1971*, Bucharest, pp. 111–24

Miller, W. (1908), *The Latins in the Levant. A History of Frankish Greece, 1204–1566*, London

Miller, W. (1921), *Essays on the Latin Orient*, Cambridge

Morrisson, C. (1991), 'Monnaie et finances dans l'empire byzantin, Xe–XVe siècle', in V. Kravari, J. Lefort and C. Morrisson (eds.), *Hommes et richesses dans l'empire byzantin*, Paris, II, pp. 291–315

Mouriki, D. (1991), 'The Wall Paintings of the Pantanassa at Mistra: Models of a Painter's Workshop in the Fifteenth Century', in S. Čurčič and D. Mouriki (eds.), *The Twilight of Byzantium*, Princeton, pp. 217–50

Neçipoglu, N. (1990), 'Byzantium between the Ottomans and the Latins: A Study of Political Attitudes in the Late Palaeologan Period 1370–1460', dissertation, Harvard University

Nelson, R. and Lowden, J. (1991), 'The Palaeologina Group: Additional Manuscripts and New Questions', *DOP* 45: 59–68

Nicol, D.M. (1968), *The Byzantine Family of Kantakouzenos (Cantacuzenus) ca. 1100–1460. A Genealogical and Prosopographical Study*, Washington, DC

Nicol, D.M. (1972), *The Last Centuries of Byzantium, 1261–1453*, London

Nicol, D.M. (1979), *Church and Society in the Last Centuries of Byzantium*, Cambridge
Nicol, D. M. (1982), 'Thessalonica as a Cultural Center in the Fourteenth Century', in *Ἡ Θεσσαλονίκη μεταξὺ Ἀνατολῆς καὶ Δύσεως*, Thessaloniki, pp. 122–31
Nicol, D.M. (1984), *The Despotate of Epiros 1267–1479*, Cambridge
Oikonomidès, N. (1964), 'Contribution à l'étude de la pronoia au XIIIe siècle: une formule d'attribution de parèques à un pronoiaire', *REB* 22: 158–75
Oikonomidès, N. (1968), Σημείωμα γιά τόν Ἀνδρόνικο Εὑ Παλαιολόγο (1390), *Θησαυρίσματα*, 5: 23–31
Oikonomidès, N. (1969), 'Le haradj dans l'empire byzantin du XVe siècle', *Actes du 1er congrès international des études Balkanique et sud-est européennes*, Sofia, III, pp. 681–8
Oikonomidès, N. (1973), 'Notes sur un praktikon de pronoiaire (juin 1323)', *TM* 5: 335–46
Oikonomidès, N. (1976), 'Monastères et moines lors de la conquête ottomane', *SF* 35: 1–10
Oikonomidès, N. (1977), 'John VII Palaeologus and the Ivory Pyxis at Dumbarton Oaks', *DOP* 31: 329–37
Oikonomidès, N. (1979a), *Hommes d'affaires grecs et latins à Constantinople (XIIIe–XVe siècles)*, Paris and Montreal
Oikonomidès, N. (1979b), Ἕνα πρόσταγμα τοῦ Ματθαίου Καντακουζηνοῦ (4 Δεκεμβρίου 1353), *Σύμμεικτα* 3: 53–62
Oikonomidès, N. (1980), 'The Properties of the Deblitzenoi in the Fourteenth and Fifteenth Centuries', in A.E. Laiou-Thomadakis (ed.), *Charanis Studies: Essays in Honor of Peter Charanis*, New Brunswick, pp. 176–98
Oikonomidès, N. (1980–1), Οἱ δύο Σερβικές κατακτήσεις τῆς Χαλκιδικῆς τόν ΙΔ΄ αἰώναν, *Δίπτυχα* B: 294–9
Oikonomidès, N. (1981), 'A propos des armées des premiers Paléologues et des compagnies de soldats', *TM* 8: 353–71
Oikonomidès, N. (1985), 'La chancellerie impériale de Byzance du 13e au 15e siècle', *REB* 42: 167–95
Oikonomidès, N. (1986), 'Ottoman Influences on Late Byzantine Fiscal Practice', *SF* 45: 1–24
Oikonomidès, N. (1988), 'Byzantium and the Western Powers in the Thirteenth to Fifteenth Centuries', in J.D. Howard-Johnston (ed.), *Byzantium and the West, c. 850–c. 1200*, Amsterdam, pp. 319–32
Oikonomidès, N. (1992), 'Byzantine Diplomacy, A.D. 1204–1453: Means and Ends', in J. Shephard and S. Franklin (eds.), *Byzantine Diplomacy*, London, pp. 73–88
Ostrogorsky, G. (1954), *Pour l'histoire de la féodalité byzantine*, Subsidia, CBHB, 1, Brussels
Ostrogorsky, G. (1956), *Quelques problèmes d'histoire de la paysannerie byzantine*, CBHB, Subsidia, 11, Brussels
Ostrogorsky, G. (1958), 'Byzance, état tributaire de l'Empire turc', *ZRVI* 5: 49–58
Ostrogorsky, G. (1965a), *Serska Oblast posle Dušanove smrti*, Belgrade
Ostrogorsky, G. (1965b), 'La prise de Serrès par les Turcs', *Byzantion* 35: 302–19
Ousterhout, R. (1987), *The Architecture of the Kariye Camii in Istanbul*, Washington, DC
Ousterhout, R. (1991), 'Constantinople, Bithynia, and Regional Developments in Later Palaeologan Architecture', in S. Ćurčić and D. Mouriki (eds.), *The Twilight of Byzantium*, Princeton, pp. 75–110

1067 *Oxford Dictionary of Byzantium* (1991), 3 vols., Oxford
Parisot, V. (1845), *Cantacuzène homme d'état et historien*, Paris
Radojčič, S. (1974), 'Der Klassizismus und ihm entgegengesetzte Tendenzen in der Malerei des 14. Jahrhunderts bei den orthodoxen Balkanslawen und den Rumänen', *Actes du XIVe congrès international des études byzantines, Bucarest, 1971*, Bucharest, pp. 189–205
Rautman, M. (1991), 'Aspects of Monastic Patronage in Palaeologan Macedonia', in S. Ćurčić and D. Mouriki (eds.), *The Twilight of Byzantium*, Princeton, pp. 53–74
Rubió y Lluch, A. (1883), *La expedición y dominación de los catalanes en oriente*, Barcelona
Runciman, Steven (1970), *The Last Byzantine Renaissance*, Cambridge
Schlumberger, G. (1902), *Expéditions des 'Almugavares' ou routiers catalans en orient*, Paris
Schreiner, P. (1978), 'Ein Prostagma Andronikos' III. für die Monembasioten in Pegai (1328) une das gefälschte Chrysobull Andronikos' II für die Monembasioten im byzantinischen Reich', *JÖB*: 203–28
Schreiner, P. (1981-2), Παρατηρήσεις διὰ τὰ προνόμια τῆς Μουεμβασίας, Πρακτικά Β'Συνεδρίου Πελοποννησιακῶν Σπουδῶν, Athens
Setton, K. (1948), *Catalan Domination of Athens 1311–1388*, Cambridge, Mass.
Setton, K. (1976–84), *The Papacy and the Levant 1204–1571*, 4 vols. Philadelphia
Ševčenko, I. (1962), *Etudes sur la polémique entre Théodore Métochite et Nicéphore Choumnos*, Brussels
Ševčenko, I. (1974), 'Society and Intellectual Life in the Fourteenth Century', *Actes du XIVe congrès international des études byzantines, Bucarest, 1971*, Bucharest, pp. 69–92
Ševčenko, I. (1984), 'The Palaeologan Renaissance', in W.J. Treadgold (ed.), *Renaissances Before the Renaissance: Cultural Revivals of Late Antiquity and the Middle Ages*, Stanford, pp. 144–71
Skržinskaja, E.C. (1947), 'Genuezcy v Konstantinople v XIV veke', *VV* n.s. 1: 213–34
Sokolov, J. (1923–6), 'Krupnye i meikiie vlasteli v Fessalii v epochu Paleologov', *VV* 24: 35–44
Solovjev, A. (1932), 'Fessalijskie archonty v XIV veke', *BS* 3: 159–74
Soulis, G.C. (1984), *The Serbs and Byzantium during the Reign of Tsar Stephen Du'an (1331–1355) and his Successors*, Washington, DC
Svoronos, N. (1956), 'Sur quelques formes de la vie rurale à Byzance: petite et grande exploitation', *AESC* 11: 325–35
Svoronos, N. (1982), 'Le domaine de Lavra sous les Paléologues', in P. Lemerle, A. Guillou, N. Svoronos and D. Papachryssanthou (eds.), *Actes de Lavra*, Paris, IV, pp. 65–173
Tafrali, O. (1913), *Thessalonique au XIVe siècle*, Paris
Talbot, A.-M. (1992), 'Empress Theodora Palaiologina, Wife of Michael VIII', *DOP* 46: 295–303
Talbot, A.-M. (1993), 'The Restoration of Constantinople under Michael VIII', *DOP* 47: 243–61
Theocharides, G.I. (1963), Οἱ Τζαμπλάκωνες. συμβολὴ εἰς τὴν Βυζαντινὴν Μακεδονικὴν προσωπογραφίαν τοῦ ΙΔ' αἰῶνος, *Makedonika* 5: 125–83
Underwood, P. (1966), *The Kariye Djami*, 3 vols., New York

Vakalopoulos, A.E. (1955–60), Οἱ δημοσιευμένες ὁμιλίες τοῦ ἀρχιεπισκόπου Θεσσαλονίκης Ἰσιδώρου ὡς ἱστορικὴ πηγὴ γιὰ τὴ γνώση τῆς πρώτης Τουρκοκρατίας στὴ Θεσσαλονίκη, Μακεδονικά, 4: 20–34 1068

Vakalopoulos, A.E. (1962), 'Les limites de l'empire byzantin depuis la fin du XIVe siècle jusqu'à sa chute (1453)', *BZ* 55: 56–65

Verpeaux, J. (1959), *Nicéphore Choumnos, homme d'état et humaniste byzantin, 1255–1327*, Paris

Vryonis, Jr, S. (1971), *The Decline of Medieval Hellenism in Asia Minor and the Process of Islamization from the Eleventh through the Fifteenth Century*, Berkeley and London

Weiss, G. (1969), *Joannes Kantakuzenos – Aristokrat, Staatsman, Kaiser und Mönch – in der Gesellschaftsentwicklung von Byzanz im 14. Jahrhundert*, Wiesbaden

Werner, E. (1965), 'Johannes Kantakuzenos, Umur Pasha und Orchan', *Byzantinoslavica* 26: 255–76

Werner, E. (1974), 'Gesellschaft und Kultur im XIV. Jahrhundert: sozial-ökonomische Fragen', *Actes du XIVe congrès international des études byzantines, Bucarest, 1971*, Bucharest, pp. 93–110

Wirth, P. (1965), 'Zum Geschichtsbild Kaiser Johannes' VII. Palaiologos', *Byzantion* 35: 592–600

Xyngopoulos, A. (1953), Ἡ ψηφιδωτὴ διακόσμηση τοῦ ναοῦ τῶν Ἁγίων Ἀποστόλων Θεσσαλονίκης, Thessaloniki

Zachariadou, E.A. (1970), 'The Conquest of Adrianople by the Turks', *SV* 12: 211–17

Zachariadou, E.A. (1977), 'John VII (alias Andronicus) Palaeologus', *DOP* 31: 339–42

Zachariadou, E.A. (1980), 'The Catalans of Athens and the Beginning of the Turkish Expansion in the Aegean Area', *SM* n.s. 3: 821–38

Zachariadou, E.A. (1983), *Trade and Crusade. Venetian Crete and the Emirates of Menteshe and Aydin (1300–1415)*, Venice

Zachariadou, E.A. (1987), Notes sur la population de l'Asie Mineure turque au XIVe siècle', *BF* 12: 223–31

Zachariadou, E.A. (1989a), Ἐφήμερες ἀπόπειρες γιά αὐτοδιοίκηση στίς ἑλληνικές πόλεις κατά τόν ΙΔ΄ καί ΙΕ΄ αἰῶνα, Ἀριάδνη 5: 345–51

Zachariadou, E.A. (1989b), 'Holy War in the Aegean during the Fourteenth Century', *MHR* 4: 212–25

Zakythinos, D.A. (1953), *Le despotat grec de Morée*, II: *Vie et institutions*, Athens

Zakythinos, D. A. (1975), *Le despotat grec de Morée (1262–1460)*, I: *Histoire politique*, London (reissue of the same work published in Paris in 1932, with revisions and additions by Chryssa Maitezou)

Zakythinos, D.A. (1948), *Crise monétaire et crise économique à Byzance du XIIIe au XVe siècle*, Athens

25 LATINS IN THE AEGEAN AND BALKANS IN THE FOURTEENTH CENTURY

Primary sources

Balard, M. (ed.), *Notai genovesi in Oltremare. Atti rogati a Chio da Donato di Chiavari, 17 febbraio – 12 novembre 1394*, Genoa (1988)

Carbone, S. (ed.), *Pietro Pizolo, notaio in Candia*, I: *1300*, Venice (1978)

1069 Chiaudano, M. and Lombardo, A. (eds.), *Leonardo Marcello, notaio in Candia, 1278–1281*, Venice (1960)
Délibérations des assemblées vénitiennes concernant la Romanie, ed. F. Thiriet, 2 vols., Paris and The Hague (1966–71)
Documents sur le régime des terres dans la principauté de Morée au XIVe siècle, ed. J. Longnon and P. Topping, Paris and The Hague (1969)
Duca di Candia. Quaternus consilorum (1340–1350), ed. P. Ratti Vidulich, Venice (1976)
Duca di Candia. Ducali e lettere ricuvete (1358–1360; 1403–1405), ed. F. Thiriet, Venice (1978)
Libra delle uxanzo e statuti delo Imperio de Romania, ed. A. Parmeggiani, Spoleto (1998)
Lombardo, A. (ed.), *Zaccaria de Fredo, notaio in Candia, 1352–1357*, Venice (1968)
Monumenta Peloponnesiaca. Documents for the History of the Peloponnese in the 14th and 15th Centuries, ed. J. Chrysostomides, Camberley (1995)
Morozzo della Rocca, R. (ed.), *Benvenuto de Brixano, notaio in Candia, 1301–1302*, Venice (1950)
Notai genovesi in Oltremare. Atti rogati a Chio da Giuliano da Canella (2 Novembre 1380–31 Marzo 1381), ed. E. Basso, Athens (1993)
Notai genovesi in Oltremare. Atti rogati a Chio da Gregorio di Panissaro (1403–1405), ed. P. Toniolo, Genoa (1995)
Régestes des délibérations du Sénat de Venise concernant la Romanie, ed. F. Thiriet, 3 vols. Paris and The Hague (1958–61)

Secondary works

Antoniadis Bibicou, H. (1963), *Recherches sur les douanes à Byzance*, Paris
Arbel, B. (ed.) (1996), *Intercultural Contacts in the Medieval Mediterranean*, London
Argenti, P.P. (1958), *The Occupation of Chios by the Genoese and their Administration of the Island, 1340–1566*, 3 vols., Cambridge
Ashtor, E. (1983), *Levant Trade in the Later Middle Ages*, Princeton
Balard, M. (1978), *La Romanie génoise, XIIe – début du XVe siècle*, 2 vols., Genoa and Rome
Balard, M. and Ducelier, A. (1995), *Coloniser au Moyen Age*, Paris
Balard, M. and Ducelier, A. (eds.) (1998), *Le partage du monde. Echanges et colonisation dans la Mediterrannée médiévale*, Paris
Bon, A. (1969), *La Morée franque. Recherches historiques, topographiques et archéologiques sur la principauté d'Achaïe, 1205–1430*, 2 vols., Paris
Gallina, M. (1989), *Una società coloniale del Trecento. Creta fra Venezia e Bisanzio*, Venice
Giunta, F. (1959), *Aragonesi e Catalani nel Mediterraneo*, II: *La presenza catalana nel Levante dalle origini a Giacomo II*, Palermo
Heers, J. (1961), *Gênes au XVe siècle. Activité économique et problèmes sociaeux*, Paris
Housley, N. (1992), *From Lyons to Alcazar. The Later Crusades, 1274–1580*, Oxford
Ilieva, A. (1991), *Frankish Morea (1205–1262). Socio-Cultural Interactions between the Franks and the Local Population*, Athens
Jacoby, D. (1989a), 'Social Evolution in Latin Greece', in K. M. Setton, *A History of the Crusades*, VI, Madison
Jacoby, D. (1989b), 'From Byzantium to Latin Romania: Continuity and Change', *MHR* 4: 1–44
Jacoby, D. (1997), *Trade, Commodities and Shipping in the Medieval Mediterranean*, Aldershot

Koder, J. (1973), *Negroponte. Untersuchungen zur Topographie und Siedlungsgeschichte der Insel Euboioa während der Zeit der Venezianerherrschaft*, Vienna

Krekic, B. (1961), *Dubrovnik (Raguse) et le Levant au moyen âge*, Paris and The Hague

Laiou, A. (1972), *Constantinople and the Latins. The Foreign Policy of Andronicus II, 1282–1328*, Cambridge, Mass.

Laiou, A. (1980–1), 'The Byzantine Economy in the Mediterranean Trade System, Thirteenth–Fifteenth Centuries', *DOP* 34–5: 177–222

Lilie, R.J. (1984), *Handel und Politik zwischen dem byzantinischen Reich und den italienischen Kommunen Venedig, Pisa und Genua in der Epoche der Komneni und der Angeloi, 1081–1204*, Amsterdam

Lock, P. (1995), *The Franks in the Aegean 1204–1500*, London and New York

Loenertz, R.J. (1970), *Byzantina et Franco-Graeca*, ed. P. Schreiner, Rome

McKee, S. (1993), 'Uncommon Dominion: The Latins, Greeks and Jews of Venetian Crete in the Fourteenth Century', PhD thesis, University of Toronto

Magdalino, P. (1993), *The Empire of Manuel I Komnenos, 1143–50*, Cambridge

Pistarino, G. (1990a), *Genovesi d'Oriente*, Genoa

Pistarino, G. (1990b), 'Duecentocinquant'anni dei Genovesi a Chio', in Pistarino (1990a), pp. 243–80

Pistarino, G. (1990c), 'I Gattilusio di Lesbo e di'Enos signori nell'Egeo', in Pistarino (1990a), pp. 383–420

Setton, K.M. (1975), *Catalan Domination of Athens*, 2nd edn, London

Stöckly, D. (1995), *Le système de l'Incanto des galées du Marché à Venise (fin XIIIe–milieu XVe siècle)*, Leiden

Thiriet, F. (1975), *La Romanie vénitienne au moyen âge. Le développement et l'exploitation du domaine colonial vénitien, XIIe–XVe siècles*, 2nd edn, Paris

Thiriet, F. (1976–8), 'La Messénie méridionale dans le système colonial des Vénitiens en Romanie', in *Praktika tou I Diethnous Synedriou Peleponnesiakon Spoudon*, Athens

Thiriet, F. (1977), 'Quelques observations sur le trafic des galées vénitiennes d'après les chiffres des *incanti*, XIVe–XVe siècles', in *Etudes sur la Romanie gréco-vénitienne, X^e–XVe siècles*, VIII, London

Topping, P.W. (1949), *Feudal Institutions as Revealed in the Assizes of Romania, the Law Code of Frankish Greece*, London

Topping, P. (1975), 'The Morea, 1311–1364' and 'The Morea, 1364–1460', in *A History of the Crusades*, ed. K.M. Setton, Madison, Wisconsin, III, pp. 104–66

Treppo, M. del (1971), *I mercanti catalani e l'espansione delle corona d'Aragona nel Mediterraneo*, Naples

Zachariadou, E.A. (1983), *Trade and Crusade. Venetian Crete and the Emirates of Menteshe and Aydin, 1300–1415*, Venice

Zakythinos, D. (1975), *Le despotat grec de Morée*, 2nd edn, London

26 THE RISE OF THE OTTOMANS

Primary sources

Azıkpasazade, Ç. N. Atsış (ed.), *Tevârîh-i Âl-i Osmân*, Istanbul (1949)

Beldiceanu-Steinherr, Irène, *Recherches sur les actes des règnes des Sultans Osman, Orhan et Murad I*, Munich (1967)

Fleet, Kate, 'The Treaty of 1387 between Murad I and the Genoese', *BSOAS* 56 (1993), pp. 13–33

Gibb, H.A.R., *Travels of Ibn Battuta*, II, Cambridge (1962)

Gökbilgin, Tayyib, *Edirne ve Paşa Livası*, Istanbul (1952)

Gökbilgin, Tayyib, *Rumeli'de Yürükler, Tatarlar ve Evlâd-ı Fâtihân*, Istanbul (1957)

Secondary works

Balivet, Michel (1993), 'Culture ouverte et échanges inter-religieux dans les villes ottomanes du XIVe siècle', in Zachariadou (1993a), pp. 1–6

Barkan, Ömer Lütfi (1942), 'Kolonizatör Türk Dervişleri', *Vakıflar* 2: 279–386

Beldiceanu-Steinherr, Irène (1965), 'La conquête d'Adrianople par les Turcs', *TM* 1: 439–61

Demetriades, Vassilis (1993), 'Some Thoughts on the Origins of the Devsirme', in Zachariadou (1993a), pp. 23–33

Dols, Michael (1977), *The Black Death in the Middle East*, Princeton, N.J.

Emecen, Feridun (1993), 'Ottoman Policy of Conquest of the Turcoman Principalities of Western Anatolia', in Zachariadou (1993a), pp. 35–40

Heywood, Colin (1988), 'Wittek and the Austrian Tradition', *JRAS*: 7–25

Heywood, Colin (1989), 'Boundless Dreams of the Levant: Paul Wittek, the *George-Kreis*, and the Writing of Ottoman History', *JRAS*: 30–50

Imber, Colin (1986), 'Paul Wittek's "De la défaite d'Ankara à la prise de Constantinople"', *Osmanlı Araştırmaları* 5: 65–81

Imber, Colin (1987), 'The Ottoman Dynastic Myth', *Turcica* 19: 7–27

Imber, Colin (1990), *The Ottoman Empire, 1300–1481*, Istanbul

Imber, Colin (1993), 'The Legend of Osman Gazi', in Zachariadou (1993a), pp. 67–75

Inalcık, Halil (1952), 'Timariotes chrétiens en Albanie au XVe siècle', *Mitteilungen des Österreichischen Staatsarchivs* 4: 118–38

Inalcık, Halil (1954), 'Ottoman Methods of Conquest', *Studia Islamica*, 2: 104–29

Inalcık, Halil (1962), 'The Rise of Ottoman Historiography', in B. Lewis and P.M. Holt (eds.), *Historians of the Middle East*, London, pp. 152–67

Inalcık, Halil (1971), 'The Conquest of Edirne (1361)', *Archivum Ottomanicum*, 3: 185–210

Inalcık, Halil (1981–2), 'The Question of the Emergence of the Ottoman State', *IJTS* 2: 71–9

Inalcık, Halil (1985), 'The Rise of the Turcoman Maritime Principalities in Anatolia', *BF* 9: 179–217

Inalcık, Halil (1993), 'Osman Gazi's Siege of Nicea and the Battle of Bapheus', in Zachariadou (1993a), pp. 77–100

Jennings, Ronald C. (1986), 'Some Thoughts on the Gazi-thesis', *Wiener Zeitschrift für die Kunde des Morgenlandes*, 76: 151–61

Kafadar, Cemal (1995), *Between Two Worlds. The Construction of the Ottoman State*, Berkeley, Los Angeles and London

Kiel, Machiel (1989), 'Urban development in Bulgaria in the Turkish Period', *IJTS* 4/2: 79–159

Köprülü, Mehmed Fuad (1992), *The Origins of the Ottoman Empire*, London; trans. and

ed. Gary Leiser, Albany (from the 1935 French original and the 1959 expanded Turkish version)
Lindner, Rudi Paul (1983), *Nomads and Ottomans in Medieval Anatolia*, Bloomington
Luttrell, Anthony (1993), 'Latin Responses to Ottoman Expansion before 1389', in Zachariadou (1993a), pp. 119–34
Mantran, Robert (ed.) (1989), *Histoire de l'empire ottoman*, Paris
Ménage, V.L. (1962), 'The Beginnings of Ottoman Historiography', in B. Lewis and P.M. Holt (eds.), *Historians of the Middle East*, London, pp. 168–79
Oikonomidès, Nicolas (1986), 'Ottoman Influences on Late Byzantine Fiscal Practice', *SF* 45: 1–24
Reinert, Stephen (1993), 'From Nis to Kosovo Polje: Reflections on Murad I's Final Years', in Zachariadou (1993a), pp. 169–211
Sertoğlu, M. and Cezar, M. (1957), *Mufassal Osmanlı Tarihi*, I, Istanbul
Uzunçarşılı, I.H. (1947), *Osmanlı Tarihi*, I, Ankara
Varlık, Mustafa Çetin (1974), *Germiyanoğulları Tarihi*, Ankara
Vryonis, Speros (1971), *The Decline of Medieval Hellenism in Asia Minor and the Process of Islamisation from the Eleventh through the Fifteenth Century*, Berkeley and Los Angeles
Wittek, Paul (1934), *Das Fürstentum Mentesche*, Istanbul
Wittek, Paul (1938), *The Rise of the Ottoman Empire*, London
Wittek, Paul (1955), 'Devshirme and shari'a', *BSOAS* 17: 271–8
Zachariadou, Elizabeth (1970), 'The Conquest of Adrianople by the Turks', *SV* 12: 211–17
Zachariadou, Elizabeth (1980) 'Manuel II Paleologus on the Strife between Bayezid I and Kadi Burhan al-Din Ahmad', *BSOAS* 43: 471–81
Zachariadou, Elizabeth (1987), 'Notes sur la population de l'Asie Mineure turque au XIVe siècle', *BF* 12: 223–31
Zachariadou, Elizabeth (ed.) (1993a), *The Ottoman Emirate*, Rethyninon
Zachariadou, Elizabeth (1993b), 'The Emirate of Karasi and that of the Ottomans: Two Rival States', in Zachariadou (1993a), pp. 225–36
Zhukov, Konstantin (1993), 'Ottoman, Karasid and Sarukhanid Coinages and the Problem of Currency Community in Turkish Western Anatolia ('40s–'80s of the 14th Century)', in Zachariadou (1993a), pp. 237–43
Zhukov, Konstantin (1994), 'The "Destan of Umur Pasha"', *Proceedings of the 11th Turkish Congress of History*, Ankara

27 CHRISTIANS AND MUSLIMS IN THE EASTERN MEDITERRANEAN

Primary sources

Argenti, P., *The Occupation of Chios by the Genoese and their Administration of the Island, 1346–1566*, Cambridge (1958)
Atiya, A.S., *Egypt and Aragon. Embasssies and Diplomatic Correspondence between 1300 and 1330 A.D.*, Leipzig (1938)
Housley, N.J., *Documents on the Later Crusades, 1274–1580*, London (1996)
Martínez Ferrando, J.E., *Jaime II de Aragón. Su vida familiar*, Barcelona (1948)

1073 Mas Latrie, L. de, *Histoire de l'île de Chypre sous le règne des princes de la maison de Lusignan*, 3 vols., Paris (1852–61)

Richard, J., *Chypre sous les Lusignans. Documents chypriotes des archives du Vatican (XIVe et XVe siècles)*, Paris (1962)

Secondary works

Ahrweiler, H. (1966), *Byzance et la mer: la marine de guerre, la politique et les institutions maritimes de Byzance aux VIIe–XVe siècles*, Paris

Arbel B., Hamilton B. and Jacoby, D. (eds.) (1989), *Latins and Greeks in the Eastern Mediterranean after 1204*, London

Ashtor, E. (1983), *Levant Trade in the Later Middle Ages*, Princeton, N.J.

Atiya, A.S. (1934), *The Crusade of Nicopolis*, London

Atiya, A.S. (1938), *The Crusade in the Later Middle Ages*, London

Ayalon, D. (1965), 'The Mamluks and Naval Power – a Phase of the Struggle between Islam and Christian Europe', *Proceedings of the Israel Academy of Sciences and Humanities* 1: 1–12

Balard, M. (1978), *La Romanie génoise (XIIe–début du XVe siècle)*, 2 vols., Genoa and Rome

Balard, M. (1985), 'L'activité commerciale en Chypre dans les années 1300', in Edbury (1985), pp. 251–63

Balard, M. (1994), 'La place de Famagouste génoise dans le royaume des Lusignan', in *Les Lusignans et l'Outre Mer: Actes du Colloque*, Poitiers, pp. 16–27

Balard, M. (1995a), 'Chypre, les républiques maritimes Italiennes et les plans des croisades (1274–1370)', in Coureas and Riley-Smith (1995), pp. 97–106

Balard, M. (1995b), 'The Urban Landscape of Rhodes as Perceived by Fourteenth- and Fifteenth-Century Travellers', *MHR* 10: 24–34

Balard, M. and Ducellier, A. (eds.) (1995), *Coloniser au Moyen Age*, Paris

Barber, M. (1978), *The Trial of the Templars*, Cambridge

Barber, M. (1994), *The New Knighthood. A History of the Order of the Temple*, Cambridge

Boase, T.S.R. (ed.) (1978), *The Cilician Kingdom of Armenia*, Edinburgh

Boehke, F.J. (1966), *Pierre de Thomas. Scholar, Diplomat and Crusader*, Philadelphia

Boulton, D'A.J.D. (1987), *The Knights of the Crown. The Monarchical Orders of Knighthood in Later Medieval Europe, 1325–1520*, Woodbridge

Coureas, N. (1994), 'The Papacy's Relations with the Kings and the Nobility of Armenia in the Period 1300–1350', in *Les Lusignans et l'outre mer. Actes du colloque*, Poitiers, pp. 99–108

Coureas, N. (1995), 'Cyprus and the Naval Leagues, 1333–1358', in Coureas and Riley-Smith (1995), pp. 107–24

Coureas, N. and Riley-Smith, J. (eds.) (1995), *Cyprus and the Crusades*, Nicosia

Cox, E.L. (1967), *The Green Count of Savoy. Amadeus and Transalpine Savoy in the Fourteenth Century*, Princeton, N. J.

Delaville Le Roulx, J. (1886), *La France en orient au XIVe siècle*, Paris

Delaville Le Roulx, J. (1913), *Les Hospitaliers à Rhodes jusqu'à la mort de Philibert de Naillac (1310–1421)*, Paris

Der Nersessian, S. (1962), 'The Kingdom of Cilician Armenia', in Setton (1955–89), II, pp. 630–59

Edbury, P.W. (1977), 'The Crusading Policy of King Peter I of Cyprus, 1359–1369', in Holt (1977), pp. 90–105

Edbury, P.W. (1980), 'The Murder of King Peter I of Cyprus (1359–1369)', *JMH* 6: 219–33

Edbury, P.W. (ed.) (1985), *Crusade and Settlement. Papers Read at the First Conference of the Society for the Study of the Crusades and the Latin East and Presented to R.C. Smail*, Cardiff

Edbury, P.W. (1986), 'Cyprus and Genoa: The Origins of the War of 1373–1374', in T. Papadopoullos and V. Englezakis (eds.), Πρακτικα τοῦ Δευτέρου Διεθνοῦζ Κυπριολογικοῦ Συνεδίου, Nicosia, II, pp. 109–26

Edbury, P.W. (1991), *The Kingdom of Cyprus and the Crusades*, Cambridge

Edbury, P.W. (1993), *The Lusignan Kingdom of Cyprus and its Muslim Neighbours*, Nicosia

Edbury, P.W. (1994), 'The Aftermath of Defeat: Lusignan Cyprus and the Genoese, 1374–1382', in *Les Lusignans et l'outre mer. Actes du Colloque*, Poitiers, pp. 132–40

Forey, A.J. (1980), 'The Military Orders in the Crusading Proposals of the Late-Thirteenth and Early-Fourteenth Centuries', *Traditio* 36: 317–45

Gill, J. (1979), *Byzantium and the Papacy, 1198–1400*, Brunswick, N.J.

Halecki, O. (1930), *Un empereur de Byzance à Rome: vingt ans de travail pour l'union des églises et pour la défense de l'empire d'orient, 1355–1375*, Warsaw

Hill, G. (1940–52), *A History of Cyprus*, 4 vols., Cambridge

Hillgarth, J.N. (1971), *Ramon Lull and Lullism in Fourteenth-Century France*, Oxford

Holt, P.M. (ed.) (1977), *The Eastern Mediterranean Lands in the Period of the Crusades*, Warminster

Holt, P.M. (1986), *The Age of the Crusades*, London and New York

Housley, N.J. (1980), 'The Franco-Papal Crusade Negotiations of 1322–3', *PBSR* 48: 166–85

Housley, N.J. (1982a), 'The Mercenary Companies, the Papacy and the Crusades, 1356–1378', *Traditio* 38: 253–80

Housley, N.J. (1982b), 'Pope Clement V and the Crusades of 1309–10', *JMH* 8: 29–43

Housley, N.J. (1982c), *The Italian Crusades*, Oxford

Housley, N.J. (1986), *The Avignon Papacy and the Crusades, 1305–1378*, Oxford

Housley, N.J. (1992), *From Lyons to Alcazar. The Later Crusades, 1274–1580*, Oxford

Housley, N.J. (1995), 'Cyprus and the Crusades, 1291–1571', in Coureas and Riley-Smith (1995), pp. 187–206

Irwin, R. (1986), *The Middle East in the Middle Ages. The Early Mamluk Sultanate*, London and Sydney

Irwin, R. (1994), 'How Many Miles to Babylon? The *Devise des chemins de Babiloine* Redated', in M. Barber (ed.), *The Military Orders. Fighting for the Faith and Caring for the Sick*, Aldershot, pp. 57–63

Jacoby, D. (1968), 'Jean Lascaris Calophéros, Chypre et La Morée', *REB* 26: 189–228

Jacoby, D. (1977), 'Citoyens, sujets et protégés de Venise et de Gênes en Chypre de XIIIe au XVe siècle, *BF* 5: 159–88

Jacoby, D. (1984), 'The Rise of a New Emporium in the Eastern Mediterranean: Famagusta in the Late Thirteenth Century', Μελέται καὶ Ὑπομνήματα 1: 143–79

Jorga, N. (1896), *Philippe de Mézières (1327–1405) et la croisade au XIVe siècle*, Paris

Kedar, B.Z. (1976), *Merchants in Crisis. Genoese and Venetian Men of Affairs and the Fourteenth-Century Depression*, New Haven and London

Kedar, B.Z. and Schein, S. (1979), 'Un projet de "passage particulier" proposé par l'Ordre de l'Hôpital 1306–1307', *BEC* 137: 211–26

Keen, M.H. (1984), *Chivalry*, New Haven and London

Laiou, A.E. (1970), 'Marino Sanudo Torsello, Byzantium and the Turks: The Background to the Anti-Turkish League of 1332–1334', *Speculum* 45: 374–92

Laiou, A.E. (1972), *Constantinople and the Latins. The Foreign Policy of Andronicus II, 1282–1328*, Cambridge, Mass.

Lemerle, P. (1957), *L'émirat d'Aydin. Byzance et l'Occident. Recherches sur 'La geste d'Umur Pacha'*, Paris

Lock, P. (1995), *The Franks in the Aegean, 1204–1500*, London and New York

Luttrell, A.T. (1958), 'Venice and the Knights Hospitallers of Rhodes in the Fourteenth Century', *PBSR* 26: 195–212

Luttrell, A.T. (1965), 'The Crusade in the Fourteenth Century', in J.R. Hale, J.R.L. Highfield and B. Smalley (eds.), *Europe in the Late Middle Ages*, London, pp. 122–54

Luttrell, A.T. (1975), 'The Hospitallers at Rhodes, 1306–1421', in Setton (1955–89), III, pp. 278–313

Luttrell, A.T. (1978a), *The Hospitallers in Cyprus, Rhodes, Greece and the West, 1291–1400*, London

Luttrell, A.T. (1978b), 'The Hospitallers' Interventions in Cilician Armenia: 1291–1375', in Boase (1978), pp. 118–44

Luttrell, A.T. (1980a), 'Gregory XI and the Turks, 1370–1378', *OCP* 46: 391–417

Luttrell, A.T. (1980b), 'Popes and Crusaders: 1362–1394', in *Genèse et débuts du grand schisme d'occident: 1362–1394*, Paris, pp. 575–85

Luttrell, A.T. (1982), *Latin Greece, the Hospitallers and the Crusades, 1291–1400*, London

Luttrell, A.T. (1988), 'English Levantine Crusaders, 1363–1367', *RStds* 2: 143–53

Luttrell, A.T. (1992), *The Hospitallers of Rhodes and their Mediterranean World*, Aldershot

Luttrell, A.T. (1995), 'Rhodes: base militaire, colonie, métropole de 1306 à 1440', in Balard and Ducellier (1995), pp. 235–40, 244–5

Metcalf, D.M. (1996), *The Silver Coinage of Cyprus, 1285–1382*, Nicosia

Nicol, D.M. (1972), *The Last Centuries of Byzantium, 1261–1453*, London

Nicol, D.M. (1988), *Byzantium and Venice*, Cambridge

Otten-Froux, C. (1994), 'Le retour manqué de Jacques Ier en Chypre', in *Les Lusignans et l'outre mer. Actes du colloque*, Poitiers, pp. 228–40

Otten-Froux, C. (1995), 'Les relations politico-financière de Gênes avec le royaume des Lusignan (1374–1460)', in Balard and Ducellier (1995), pp. 61–75

Palmer, J.J.N. (1972), *England, France and Christendom, 1377–99*, London

Papacostea, S. (1995), 'De la guerre du Bosphore à la guerre de Ténédos: rivalités commerciales et alignements politiques dans le sud-est de l'Europe dans la seconde moitié du XIVe siècle', in Balard and Ducellier (1995), pp. 341–7, 350–52

Petti Balbi, G. (1974), 'La maona di Cipro del 1373', *Rassegna storica della Liguria* 1: 269–85

Pryor, J.H. (1988), *Geography, Technology and War. Studies in the Maritime History of the Mediterranean 649–1571*, Cambridge

Racine, P. (1977), 'Note sur le trafic Veneto-Chypriote à la fin du moyen âge', *BF* 5: 307–29

Richard, J. (1952), 'La révolution de 1369 dans le royaume de Chypre', *BEC* 110: 108–23

Richard, J. (1984), 'Le royaume de Chypre et l'embargo sur le commerce avec l'Egypte (fin XIIIe–début XIVe siècle)', *AIBL, comptes rendus*, pp. 120–34
Richard, J. (1995), 'L'état de guerre avec l'Egypte et le royaume de Chypre', in Coureas and Riley-Smith (1995), pp. 83–95
Riley-Smith, J. (1967), *The Knights of St John in Jerusalem and Cyprus c. 1050–1310*, London
Riley-Smith, J. (1987), *The Crusades. A Short History*, London
Riley-Smith, J. (ed.) (1991), *The Atlas of the Crusades*, London
Riley-Smith, J. (ed.) (1995), *The Oxford Illustrated History of the Crusades*, Oxford
Rudt de Collenberg, W.H. (1963), *The Rupenides, Hethumides and Lusignans. The Structure of the Armeno-Cilician Dynasties*, Paris
Rudt de Collenberg, W.H. (1986), 'Les *Bullae* et *Litterae* adressées par les papes d'Avignon à l'Arménie cilicienne, 1305–1375 (d'après les Registres de l'Archivio Segreto Vaticano)', in D. Kouymjian (ed.), *Armenian Studies in Memoriam Haïg Berbérian*, Lisbon, pp. 697–725
Sáez Pomés, M. (1952), 'Los Aragoneses en la conquista saqueo de Alejandria por Pedro I de Chipre', *Estudios de edad media de la corona de Aragón* 5: 361–405
Schein, S. (1979), '*Gesta Dei per Mongolos* 1300. The Genesis of a Non-Event', *EHR* 94: 805–19
Schein, S. (1991), *Fideles Crucis. The Papacy, the West, and the Recovery of the Holy Land, 1274–1314*, Oxford
Setton, K.M. (ed.) (1955–89), *A History of the Crusades*, 6 vols., Philadelphia and Madison
Setton, K.M. (1976–84), *The Papacy and the Levant (1204–1571)*, 4 vols., Philadelphia
Thiriet, F. (1959), *La Romanie vénitienne au moyen âge*, Paris
Trenchs Odena, J. (1980), '"De Alexandrinis" (el comercio prohibido con los muslmanes y el papado de Aviñón durante la primera mitad de siglo XIV)', *AEM* 10: 237–320
Tyerman, C.J. (1984a), 'Philip V of France, the Assemblies of 1319–20 and the Crusade', *BIHR* 57: 15–34
Tyerman, C.J. (1984b), 'Sed Nihil Fecit? The Last Capetians and the Recovery of the Holy Land', in J. Gillingham and J.C. Holt (eds.), *War and Government in the Middle Ages*, Woodbridge, pp. 170–81
Tyerman, C.J. (1985), 'Philip VI and the Recovery of the Holy Land', *EHR* 100: 25–52
Tyerman, C.J. (1988), *England and the Crusades, 1095–1588*, Chicago
Zachariadou, E.A. (1983), *Trade and Crusade. Venetian Crete and the Emirates of Menteshe and Aydin (1300–1415)*, Venice
Zachariadou, E.A. (1989), 'Holy War in the Aegean during the Fourteenth Century', in Arbel *et al.* (1989), pp. 212–25
Zachariadou, E.A. (1993), 'The Early Years of Ibrahim I. Karamanoglu', in A.A.M. Bryer and G.S. Georghallides (eds.), *The Sweet Land of Cyprus*, Nicosia, pp. 147–56

索引*

absolute monarchy，专制王权（专制君主制，或绝对君主制），7，31 - 32

也见 kingship 条

Acciaiuoli, Antonio，阿恰约利，安东尼奥，829

Acciaiuoli, Donato，阿恰约利，多纳托，485

Acciaiuoli, Giovanni，阿恰约利，乔瓦尼，828

Acciaiuoli, Nerio，阿恰约利，内里奥，602，828

Acciaiuoli, Niccolò，阿恰约利，尼科洛，495，496，501，502，509，510 - 511

Acciaiuoli, family，阿恰约利，家族，119，471，475，497，498，505，664，827

accounts，账目，173，174，175，178，181，298，566

Achaia，阿凯亚，495，509，797，797，828

administration，政府管理（行政部门），6，11，12，34 - 38，391 - 393，410 - 415，422，431 - 438，662 - 669

Adolf of Mark（1313 - 1344），马克的阿道夫（1313—1344），580，581 - 582

Adolf of Nassau，纳索的阿道夫，516 - 519，522，523，524，529，580

Adriatic region，亚得里亚地区，497，509，510，738，742，812，827

Aegean，爱琴海，812，843，864，865，866，868，870，873，877，879，880

与拜占庭，825，826，827，829

拉丁企业家，832 - 833

长途贸易，829 - 833

商业，经济，825，831 - 833

奥托曼人，844 - 849，869

问题，836 - 838

贸易产品，835 - 838

---

* 页码为原文页码。——译者注

贸易路线，833-835，836

西向扩张，825-829，838

也见 Byzantine empire 条

Afonso IV of Portugal（1325-1357），葡萄牙的阿方索四世（1325—1357），624，632，634ff，640-641

Agincourt, battle of（1415），阿金库尔战役（1415），425，430，585，588

agriculture，农业，85-88，100，155，282，566，592，783

危机，91，92，93，102，200

萧条，82，93

也见 peasants 条

Ailly, Pierre d'，阿伊，皮埃尔·德，688，689，693

Albania，阿尔巴尼亚，495，853，854，857

Albert I of Habsburg，哈布斯堡的阿尔伯特，515，516，517，518，519-529

Albert III，阿尔伯特三世，563

Albert of Mecklenburg，梅克伦堡的阿尔伯特，720，722

Alberti，阿尔贝蒂，119，196，484，485

Alberti, Antichi，阿尔贝蒂，安蒂基，664，672

Albigensians，阿尔比城的卡塔尔派，47

Albizzi，阿尔比齐，471，481，482，483，484，485

Albornoz, Cardinal，阿尔博尔诺斯，枢机主教，655，656-657，660，664

Albrecht of Bavaria, count of Hainault-Holland，巴伐利亚的阿尔布雷希特，埃诺-荷兰伯爵，585-587

Albrecht of Saxony-Wittenberg，萨克森-维滕贝格的阿尔布雷希特，518-519

Albret lords of，阿尔布雷的领主们，278，389，398，399

Alexander V, Pope（1409-1410），亚历山大五世，教宗（1409—1410），43，695-696

Alexandria，亚历山大城，184-185，186，187，191，825，831，834，836，879，880-881

Alfonso III of Aragon（1285-1291），阿拉贡的阿方索三世（1285—1291），595，603，612

Alfonso IV of Aragon（1327-1336），阿拉贡的阿方索四世（1327—1336），597，604，610，613，636

Alfonso X of Castile（1252-1284），卡斯蒂尔的阿方索十世（1252-1284），24，619-621，632，633，647

Alfonso XI of Castile（1312-1350），卡斯蒂尔的阿方索十一世（1312—1350），30，31，210，211，398，596，597，619，627，629，630-632，634-637，647，650

Algirdas of Lithuania（1345-1377），立陶宛的阿尔吉尔达斯（1345—1377），706，707，709-710，719，770，774

Alps，阿尔卑斯山，173，175，181，182，183，189，192，198，202，

207, 442, 456

Alsace, 阿尔萨斯, 532, 557

Altoviti, 阿尔托维蒂, 471, 479

Amedeo VI of Savoy (1343 – 1383), 萨伏依的阿梅代乌六世 (1343—1383), 443, 455, 456 – 457, 660, 851, 876, 881

Amedeo VII of Savoy, 萨伏依的阿梅代乌七世, 457

Amedeo VIII of Savoy, 萨伏依的阿梅代乌八世, 457

Anatolia, 安纳托利亚, 660, 836, 839, 840 – 849, 856 – 857, 859 – 863, 864, 865, 878

Andalusia, 安达卢西亚, 91, 184, 623, 628, 649

Andrea, Giovanni (c. 1270 – 1348), 安德烈亚, 乔瓦尼 (约1270—1348), 19, 76

Andrew III of Hungary, 匈牙利的安德鲁三世, 496, 508, 509, 526, 735 – 736, 738

Andronikos II (1282 – 1328), 安德罗尼卡二世 (1282—1328), 797, 798 – 799, 802, 803 – 804, 818, 825, 826, 829, 869

Andronikos III (1328 – 1341), 安德罗尼卡三世 (1328—1341), 798, 799, 805, 813, 827, 869, 873, 875

Angers university, 昂热大学, 66, 78

Angevin dynasty, 安茹王朝, 279, 735, 753 – 754, 760, 826, 828, 833, 867

   宫廷, 501 – 503

   十字军, 489, 491, 493, 495

衰落, 498 – 500

财政, 496 – 500

与佛罗伦萨, 473, 477, 480, 497, 498

与匈牙利, 496, 508 – 510, 511, 513, 514, 524

法律, 503, 505

那不勒斯, 488ff, 526, 535, 536

与北意大利, 454, 455, 456

与教宗, 488 – 490, 492, 504, 509, 511, 658

与普罗旺斯, 454, 488

与宗教, 504 – 505

竞争, 508 – 509

与西西里, 476, 488 – 506, 508 – 514, 872

也见 Durazzo, house of; Louis I of Anjou; Louis II of Anjou; Naples, kingdom of; Robert of Naples; Taranto, house of 条

Anglo-Normans, 盎格鲁-诺曼人, 298, 299

Anjou, house of, 安茹王室 (安茹家族), 也见 Angevin dynasty 条

Anne of Bohemia, 波希米亚的安妮, 303, 308, 318, 322, 756

Annecy, 阿讷西, 103, 104, 108, 113, 117, 122

Anthony of Burgundy, 勃艮第的安东尼, 587, 588

antinomianism, 唯信仰论, 59, 60

Antwerp, 安特卫普, 59, 60, 156, 184, 577, 853, 588

Aquileia, 阿奎莱亚, 453 – 454

Aquinas, Thomas, 阿奎那, 托马斯,

42,43,46,50,60,267,268
Aquitaine,阿基坦,106,273,277-278,279,280,302,318,398-400,401,421,427,430
　城市,102,109,118
Arabic language,阿拉伯语,502,841
Aragon,阿拉贡,30,36,46,396,418,530,595-618,672,696
　阿拉贡合并,609,610,611,612,613
　与卡斯蒂尔,596,597,598,600,602,610,619,620,623,625,628,629,636,638-639
　议会（cortes）,40,41,607,609,611-614,616
　混乱,614-615
　与东地中海,601-602,603,604,866,870,873
　经济,606-609
　财政,605-606,608,613
　外交政策,595-606
　与法国,595,600
　与伊比利亚半岛,596ff,602,604
　与马略尔卡,595,596,597-598,600,603,604,605
　贵族,609,611,613,614
　与北非,601,604,617
　与教宗,595ff,600,604,605,609-610,678,681,692
　瘟疫,607,608
　人口,606,607,608
　与葡萄牙,636
　宗教,603-604,615-618
　与撒丁岛,596,597,598,600ff
　与西西里,488,490,495,501,504,505-508,511,595-596,600,601
　奴隶,615-616
　继承权,610-611
　税收,605,606,613,614
　与圣殿骑士团,605,606,609-610
　城市,609,611,613,614-615
　贸易,603,604,605
　大学,67,78
　与法国的战争,415
Arborea, Judges of,阿尔博雷阿的法官,598,600,606
archaeology,考古学,778
architecture,建筑,7,8,568,594,733-734,742
　装饰风格,245,250
　穹顶,256
　早期基督教的风格,254
　火焰式（Flamboyant）风格,247
　哥特式风格,222,226,234-238,242-256,502,569,734
　意大利的,114,463,502
　军事的,113-114,334
　微型的,243-244
　市政的,106,112-113,120,239-242
　赞助,222,226-227
　垂直式（Perpendicular）风格,245,247,298
　辐射式（Rayonnant）风格,234,242,244,245,247,248,250,251,252,254
　宗教的,105-106,115,233,234,235,239,241,242-256,

789-790,791-792,818,819
　世俗的,225,235-242
Arezzo,阿雷佐,477,478,479,485,486,536
aristocracy,贵族,见 nobility 条
Aristotle,亚里士多德,17,20,33,42,50,57,76,228,241,265,266,267,268,424,435
Arles, kingdom of,阿尔勒王国,520,521,528,531,532,534,543,544,759
Armagnac,阿尔马尼亚,389,406,429,430,446,585,600
Armenia,亚美尼亚,184,190,660,661,836,864,865,866,868,870,871,881
armies,军队,23,113,114,280-282,319,364,401,404-405,406,407,422,427,430,433,467,532,533,803-804,841
armour,盔甲,114,196,206,207
Arnold of Hoorn,霍伦的阿诺德,589
art,美术,7-8,120,568,594,819
　讽喻的,225
　王朝的,225-231
　瘟疫的影响,229
　庇护(赞助),223-233,594
　宗教,225,231-233,789-790,791-792
　主观主义,232-232
　也见 architecture; Gothic art; painting; patronage 条
Artevelde, James van,阿特维尔德,詹姆斯·范,572,575,584

Arthur's Round Table,亚瑟王的圆桌(骑士),212,215,221,231
artillery,炮兵,11-12,114,732
artisans,工匠,47,121,122,200,299,321,471,474,478,480,481,483-485,487,571,701,811,
Artois,阿图瓦,172,392,393,413,415,440
　也见 Robert of Artois 条
arts,艺术,501-503
　也见 architecture; literature; paining; patronage 条
Arundel, Thomas, archbishop of York (1388-1396),阿伦德尔,托马斯,约克大主教,62,311,312,313,314,315,317,321,323,325,326
Ascanian dynasty,阿斯坎王朝,538,552
Asia,亚洲,4,56,190,199,204,601,660,661,771,795
　也见 Asia Minor 条
Asia Minor,小亚细亚,163,166,167,175,184,185,190,191,199,797,798-799,803-804,826,834,835,836,841,865,868,883
Asti,阿斯蒂,443,445,447,455,456,489,491,496
Athens, duchy of,雅典公爵领,505,507,602,804,825,826,827,828,829
　也见 Walter of Brienne 条
Augustinians,奥古斯丁派,42,51,

54，58，60，76，267，269，424
aurality，可听性，261－262
Auriol, Peter，奥里奥尔，彼得，42，50
Austins，奥斯汀斯，728
Austria，奥地利，132，242，247，250，397，449，515，518，519，522，537－538，760
 也见 Empire, Holy Roman; Habsburg dynasty 条
authors, identity of，作者身份，257，262－270
Auvergne，奥弗涅，406，415，440
Avesnes family，阿韦讷家族，521，522，548，573，577，590
Avignon，阿维尼翁，47，111，112，117，164，178，197，233，238，243，407，578
 与黑列病，107，405，672
 设防，113
 发展，114，669
 大学，67，78，667，670
 也见 Avignon papacy 条
Avignon papacy，阿维尼翁教宗，57，71，79，80，81，114，179，196，342，404，429，477，509，510，511，580，590，653，709，741
 行政管理，662－669，673
 优势，654
 与艺术赞助，222－223，224，235
 枢机主教，667－669，671，675－678，683，689
 小教堂，666
 与克雷芒五世，653－654

学院（colleges），655
交往，671－672
法庭，665
批评者，657－658
与十字军，659－661
与帝国，527，532，538ff，543－544，547－548，549－550，551，555，561，654，656，658
财政，663－665，668，671，674，680，681
与法国，418，523－525，653，657－659，673
与意大利，656－657，658，674－678，693－696
教宗使节，656－657，665－666，667
书信，662－663，665，670，672
图书馆，666
铸币厂，655
传教工作，661
宫殿，653，654，655
与教宗君主国（papal monarchy），679，680，687，
宗教裁判所（penitentiaries），665
请愿，662，668，670
教宗不在，655，662，674
代理人（proctors），662，672
供应，671
改革，662，663，672－673
与安茹的罗伯尔，488－489，490，493，494，
与大分裂，677－678，686－696
税收，656，663－664，671
战争，674
也见 Avignon 条

Ayala, López de, 阿亚拉, 洛佩斯·德, 641, 648, 649
Ayala, Pedro de, 阿亚拉, 佩德罗·德, 31
Aydın, emirate, 埃伊登埃米尔国, 799, 817, 843, 844, 846, 847, 854, 865, 869, 870, 873
Azario, Pietro (1312 – 1366), 阿扎里奥, 皮耶罗 (1312—1366), 447 – 448

Bacon, Roger, 培根, 罗杰, 729
Baldus (1327 – 1400), 鲍尔达斯 (1327—1400), 19
Baldwin, archbishop of Trier, 鲍德温, 特里尔大主教, 530, 532, 537, 542, 545, 546, 548, 759
Balearic islands, 巴利阿里群岛, 595, 596,
　也见 Mallorca; Minorca 条
Balkans, 巴尔干, 16, 56, 738, 739, 742, 798, 812, 824, 882, 883,
　拉丁人, 828, 829,
　商业, 经济, 825
　奥托曼人, 839, 849, 850, 853, 854, 858, 859, 861, 862
　贸易, 829, 833
　也见 Bosnia; Croatia; Serbia 条
Ball, John, 鲍尔, 约翰, 99
Balliol, Edward, 巴利奥尔, 爱德华, 276, 351 – 352, 354, 357, 397, 517
Balliol, John, 巴利奥尔, 约翰, 349, 350, 356, 365, 371
Baltic region, 波罗的海地区, 8, 9, 12, 509, 565, 699 – 734, 456, 768
　建筑, 733 – 734
　与黑死病, 132, 720, 727
　钱币, 722
　十字军, 699, 701, 702, 709, 710 – 711, 728 – 732
　文化, 731 – 734
　经济, 724 – 727
　饥荒, 712
　法律, 702 – 703, 713, 715, 724
　迁徙, 713
　贵族, 715, 716, 719, 720, 721, 722, 724, 732
　宗教, 705, 708, 710, 711, 727 – 731, 734
　与斯堪的纳维亚半岛, 720
　奴隶, 723, 724
　社会结构, 723 – 724
　资源, 701 – 703
　城镇, 723, 724 – 725, 732
　贸易, 158, 165, 201, 205 – 206, 593, 699, 701, 706, 712, 725 – 727, 728, 778, 781
　武士精神, 703, 731 – 732
　战争, 108
　也见 Denmark; Lithuania; Prussia; Scandinavia; Sweden 条
Baltic Sea, 波罗的海, 182, 185, 699, 721
Balts, 波罗的海人, 702, 724, 726, 729, 732
banks, 银行, 119, 178, 179, 180, 198, 282, 475, 479, 480, 488, 497, 498, 499, 500, 505, 566,

593, 608, 609, 664, 682

Bannockburn, battle of (1314), 班诺克本战役 (1314), 275, 286, 350

baptisms, 洗礼, 139 - 140

Barbour, John, 巴伯, 约翰, 354

Barcelona, 巴塞罗那, 46, 47, 111, 113, 177, 178, 197, 234, 252, 507, 595, 598, 617, 618

经济问题, 608 - 609

饥荒, 107

政府, 614 - 615

市政建筑, 115

瘟疫, 637

人口增长, 103

船只, 185, 187

贸易, 206, 605

Bardi, 巴尔迪, 119, 177, 180, 475, 478, 479, 485, 497, 498, 505

Bartolus (1314 - 1357), 巴尔托鲁, 19, 21, 23, 24

Bavaria, 巴伐利亚, 397, 515, 517, 537, 538, 543, 547, 555, 585, 586, 587, 749

也见 Lewis IV of Bavaria 条

Bayezid Bey, 巴耶齐德贝伊, 853 - 858, 862, 883

beggars, 乞丐, 148

Belarus, 白俄罗斯, 776, 788, 790

Benedict XI, Pope (1303 - 1304), 本尼狄克十一世, 教宗 (1303—1304), 174, 470, 526, 653

Benedict XII, Pope (1334 - 1342), 本尼狄克十二世, 教宗 (1334—1342), 43, 48, 179, 400, 476, 544, 545, 546, 547, 604, 654, 655, 656, 748

与枢机主教们, 668

与十字军, 659

财政, 664

与法国, 658, 659

与教宗的小教堂, 666

改革, 662, 663, 671, 673

Benedict XIII, Pope (1394 - 1409/17), 本尼狄克十三世, 教宗 (1394—1409/17), 57, 81, 419, 688ff, 693 - 694, 696

Benedictines, 本尼狄克派 (会), 48, 137, 222, 305, 306 - 307

benefices, 圣职, 74, 419, 421, 662, 663, 665, 668, 669 - 671, 674, 679, 680, 684

Benincasa, Catherine, 贝宁卡萨, 凯瑟琳, 见 Catherine of Siena, St

Bentley, Sir Walter, 本特利, 瓦尔特爵士, 406, 407

Bertrand, Pierre (d. 1349), 贝特朗, 皮埃尔 (死于1349), 19

Bianchi movement, **白党运动**, 447

Bible, 圣经, 54, 57, 259, 307

birth rates, 出生率, 138 - 141, 142

Black Death, 黑死病, 10, 14, 78, 100, 102, 110, 124, 273, 283, 294, 304, 339 - 340, 382 - 383, 405, 406, 458, 479, 483, 607 - 608, 617, 637, 738, 740, 750, 821, 856, 862, 874, 880

在波罗的海地区, 132, 720, 727

与出生率, 139 - 140

与死亡率, 136 - 138

与饥荒，129-130
与德国，556-557
影响，131-134
与结婚率，141-145
与人口下降，124，127-128，135-136
与乡村地区，82-83，91-95
传播，132
与城镇，107-108
也见 plague 条

Black Sea, 黑海, 158, 165, 166, 184, 190, 661, 699, 706, 739, 748, 771, 776, 797, 812, 813, 825, 827, 865, 866, 869, 880, 883

Blake, John, 布莱克，约翰，312-313, 314

Blanche of Navarre, 纳瓦拉的布兰奇，395

Boccaccio, Giovanni, 薄伽丘，乔瓦尼，257, 258, 259, 260, 263, 269, 487, 502

Boccanegra, Simone, 博卡内格拉，西莫内，116, 460-461, 816

Boethius, 波埃修，258, 267, 268

Bohemia, 波希米亚，9, 43, 45, 303, 494, 551, 553, 696, 712, 735, 743, 756-763
　农业, 247, 250, 252, 568
　艺术, 227
　编年史, 763
　与十字军, 759
　经济, 761
　　与帝国, 515, 516, 526, 531, 537, 547, 548, 549, 559, 592
　各族划分, 763
　与法国, 759-760
　贵族, 558, 756, 757, 761, 763
　与波兰, 744, 746-747, 753, 758, 759, 760
　宗教, 761-762
　税收, 761, 763
　城镇, 761-762
　贸易, 761
　大学, 67, 71, 563, 564
　也见 Charles IV of Bohemia; John of Luxemburg 条

Bohemund, archbishop of Trier, 博希蒙德，特里尔大主教，516, 518, 520

Bohun, William, earl of Northampton, 博恩，威廉，北安普敦伯爵，288, 404

Bolingbroke, Henry, 博林布罗克，亨利，196, 299, 314, 317, 327, 328, 329, 330, 332, 341, 385, 400, 407, 711, 730
　也见 Henry IV of England 条

Bologna, 波伦亚，116, 139, 206, 482, 486, 493, 534, 656, 657, 667, 685, 732
　西班牙学院（Spanish college），74, 80
　大学，43, 44, 66, 67, 72ff, 78, 80, 733

Boniface VIII, Pope (1294-1303), 卜尼法斯八世，教宗（1294—1303），56, 174, 396, 418, 470, 492, 500, 517, 522-525, 527, 530, 596, 624, 634, 658,

1081

667, 867

Boniface IX, Pope (1389 - 1404), 卜尼法斯九世, 教宗 (1389—1404), 322 - 323, 513 - 514, 561, 682, 684, 685, 692

Bonsignori, 邦西尼奥里, 179

Books of Hours, 祈祷书 (《时间之书》), 45, 226, 229, 230, 231, 232

books, 书籍, 258 - 259, 261, 424
也见 literature 条

Bordeaux, 波尔多, 192, 280, 299, 302, 399, 400, 405, 407

Bosnia, 波斯尼亚, 16, 738, 853

boucicaut, Marshal, 布西科元帅, 461, 462, 883

Boyars, 波雅尔 (俄罗斯贵族), 723, 777, 778, 780, 782, 783, 786, 787

Brabant, 布拉班特, 40, 61, 162, 168, 239, 241, 395, 397, 516, 520, 521, 570, 571, 580ff, 590
农业, 594
经济, 592 - 593
外交政策, 576 - 577, 587 - 588
政府, 575 - 576, 588

Bradwardine, Thomas, 布拉德沃丁, 托马斯, 53, 54, 63, 77

Brandenburg, 勃兰登堡, 92, 515, 516, 518, 538, 540, 543, 545, 549, 552, 562, 713

Brembre, Nicholas, 布伦伯尔, 尼古拉, 310, 313, 314, 322

Brethren of the Common Life, 共同生活兄弟会, 49, 64

Brethren of the Free Spirit, 自由灵兄弟会, 59

Brétigny, Treaty of (1360), 《布雷蒂尼条约》, 280, 299, 406, 421, 425, 427, 446

bridges, 桥梁, 188 - 189

Bridget, St, 圣布里奇特, 701, 728
修会, 699

brigands, 盗匪 (匪患等), 108, 109, 193, 615

Brittany, 布列塔尼, 103, 104, 111, 116, 118, 122, 220, 279, 280, 389, 391, 401, 404, 407, 413, 415, 419, 421, 427, 439, 441
也见, Charles of Blois; de Montfort; John IV of Brittany; Order of the Ermine 条

Bruce, David, 布鲁斯, 大卫, 397

Bruce, Edward, 布鲁斯, 爱德华, 336, 350, 357, 379, 382

Bruce, Robert, 布鲁斯, 罗伯特, 379
也见 Robert I of Scotland 条

Bruges, 布鲁日, 97, 103, 106, 111, 114, 115, 121, 129, 178, 179, 188, 280, 283, 303, 572, 584, 732
建筑, 222, 241
银行, 198
呢布, 163
贸易, 156, 166, 173, 177, 178, 182, 184, 197, 592, 593

Bruni, Francesco, 布鲁尼, 弗朗切斯科, 667

Brunswick, 布伦瑞克, 91, 93

Brussels, 布鲁塞尔, 168, 241

Bulgarians, 保加利亚人, 739, 791, 796, 797, 804, 812, 835, 836, 849, 850, 854, 856

bureaucracy, 官僚制度, 6, 12, 34, 435-438

burgesses, 市民, 291, 292, 293, 295, 316, 337

Burghausen, Hans von, 布格豪森, 汉斯·冯, 251

Burgundy, 勃艮第, 39, 118, 141, 226, 227, 389, 392, 409, 425, 517, 528, 532, 555, 563, 578, 659, 678,

 与布拉班特, 588

 与十字军, 883

 与佛兰德, 429, 430, 440, 582-585

高等法院 (*parlement*), 413, 415

Burley, Sir Simon, 伯利, 西蒙爵士, 301, 304, 309-310, 314, 315

Bushy, Sir John, 布希, 约翰爵士, 320, 321, 325, 327

Butler, earls of Ormond, 巴特勒, 奥蒙德的伯爵们, 378, 380, 383, 386

Byzantine empire, 拜占庭帝国, 14, 167, 602, 660, 706, 791, 795-824, 864, 865, 868-891

 与爱琴海, 825, 826, 827, 829

 建筑和艺术, 818-819

 武装力量, 802-804, 812-813

 与小亚细亚, 797, 798-799, 803-804

 教会, 808, 811, 816-817, 819, 821, 822-823

 内战, 798, 802, 803, 804, 813, 816, 824

 钱币, 802

 文化, 817-819, 823

 与欧洲, 795-796, 798, 807, 811, 817, 820-821, 823, 825, 826-829

 政府, 798, 799-805

 历史学, 840

 司法制度, 804-805

 贵族, 805, 806-808, 813, 816ff, 821-822

 与奥托曼人, 797, 799, 804, 816, 817, 820, 822ff, 838, 840-849, 865, 873-876

 瘟疫, 821,

 政治史, 795-799, 819-824

 乡村社会, 808-810, 821

 社会关系, 805-817, 824

 国家, 795, 796, 798, 799, 805, 808, 816, 817, 822, 823, 824

 税收, 799, 802, 808, 809

 城镇, 810-813, 816, 818

 贸易, 184, 190, 811-813, 823, 825, 829-833

 妇女, 807, 809, 818

 也见 Aegean; Constantinople; Orthodox Church 条

Cabochiens, 卡博什派, 429, 435, 437

Calais, 加莱, 279, 281, 283, 302, 316, 325, 405, 407, 427, 430, 549

Cambio, Arnolfo di, 坎比奥, 阿诺尔

福·迪, 253, 254, 256
Cambrai, 康布雷, 543, 570, 586, 588
Cambridge university, 剑桥大学, 42, 66, 71, 74, 75, 78
canals, 运河, 187-188
Cangrande I della Scala of Verona, 坎格朗德一世, 维罗纳的德拉·斯卡拉, 445, 447, 449, 450, 451, 462, 463, 464, 493, 535, 539, 542
Cangrande II, 坎格朗德二世, 464
cannon, 火炮, 12, 114; 也见 artillery 条
Capetian dynasty, 卡佩王朝, 278, 388-393, 395, 396ff, 420, 421, 530, 540, 631, 741
cardinals, 枢机主教, 667-669, 671, 675-678, 683, 689, 674, 675-678, 683, 684, 685, 688, 692ff
Carinthia, duchy of, 卡林西亚, 公爵领, 526, 530, 531, 547
Carlos II the Bad of Navarre (1349-1387), 纳瓦拉的"坏蛋"卡洛斯二世 (1349—1387), 97, 109, 391, 392, 394, 407, 427, 619, 632, 639, 642-643 (按: 正文中往往不用"Carlos", 而写成"Charles", 故也译为"查理")
Carlos III of Navarre (1387-1425), 纳瓦拉的卡洛斯三世, 648
Carmelites, 伽尔默罗派, 46,
Carobert, 卡洛伯特, 491, 496
Carrara family, 卡拉拉家族, 454, 459, 465

Carthusians, 加尔都西派, 48, 62, 63, 647, 762
Casimir III the Great of Poland (1333-1370), 波兰的卡齐米尔三世, 大王, 235, 707, 733, 735, 739, 745-746, 747, 748, 749-753, 760
Castile, 卡斯蒂尔, 24, 30, 31, 66, 78, 86, 106, 174, 303, 308, 309, 317, 337, 342, 398, 678, 696
  与阿拉贡, 596ff, 600, 602, 610, 619, 620, 623, 625, 628, 629, 636, 638-639
  骑士制度, 636, 650
  编年史, 620, 621, 622, 623, 625, 629
  内战, 108, 192, 193
  议会 (cortes), 621ff, 625-627, 628-629, 630, 636, 637, 638, 644ff, 648-649
  饥荒, 623, 625
  财政, 622, 625
  与法国, 638, 639
  犹太人, 617, 647, 649
  司法, 645
  贵族, 605, 622, 626, 627, 636, 649
  与教宗, 624, 628, 630, 636-637, 638, 642, 645, 647
  瘟疫, 637-638, 644, 648
  与葡萄牙, 623ff, 629, 630, 632-635, 639, 640-645
  《七章律》(siete partidas), 619, 632, 636, 648

资源, 623, 624
继承, 596
税收, 28-29
城镇, 620-621, 622, 626, 628, 636, 645, 648
羊毛, 187, 196, 197
也见 Order of the Band 条
castle-palaces, 城堡-宫殿, 234, 235, 236, 238-239, 247, 654, 655
castles, 城堡, 433, 450, 453, 467, 716, 733, 734, 736, 743
Castracani, Castruccio, 卡斯特拉卡尼, 卡斯特鲁乔, 472, 473, 475, 477, 491, 493, 498, 541, 542
Catalonia, 加泰罗尼亚, 67, 78, 163, 510, 610, 811
　　与爱琴海, 825, 826, 827, 828, 832, 833
　　与阿拉贡, 488, 504, 506-508
　　与雅典, 505
　　与卡斯蒂尔, 598, 637
　　议会 (cortes), 40, 41, 606, 607, 611, 616
　　衰落, 609
　　饥荒, 89, 107
　　哥特式, 252
　　犹太人, 617, 618
　　商人, 176, 177, 602-603, 604
　　贵族, 611
　　人口减少, 607
　　农奴制, 86, 95, 608
　　船只, 186, 187
　　城镇, 102
　　也见 Aragon; Spain 条

Cathars, 卡塔尔派(清洁派), 47-48, 418
Catherine de Courtenay, 凯瑟琳·德·考特尼, 495, 509
Catherine of Siena, St, 锡耶纳的凯瑟琳, 圣者, 47, 49, 58, 61, 62, 63, 64
cathedrals, 大教堂, 222, 235, 243, 244, 245-256, 733
Catholic Church, 天主教会, 7, 22, 24, 38-39, 43, 46-47, 219, 322-324, 390, 438, 545, 522-525, 568, 633-634, 640, 762, 769, 775, 778
　　在波罗的海地区, 705, 710, 711, 712, 727ff, 734
　　与拜占庭, 795, 798, 808, 816-817, 819, 821
　　分裂, 56-58
　　教义, 673, 695
　　与法国王室, 418-420, 423, 429, 438
　　与大分裂, 673, 677
　　与法律, 19-20
　　与北意大利, 452, 453, 454, 463, 465-466, 539
　　与庇护, 222-223
　　与波兰, 749
　　改革, 555, 590, 684-685
　　与西西里, 504-505
　　与税收, 684
　　与大学, 66, 67, 71, 72, 74, 79, 564
　　也见 Dominicans; Franciscans; friars; Great Schism; papacy; religious or-

ders 条

Cavallini, P., 卡瓦利尼, P., 223-224, 226, 503

cavalry, 骑兵, 281, 282, 401, 405, 472

Celestines, 西莱斯廷派, 63

Cerda, Alfonso de la, 塞尔达, 阿方索·德·拉, 596, 620, 623, 625, 647

chapels, 小教堂, 234, 235, 242

chapter houses, 教士会礼堂, 248

Charles I of Anjou, 安茹的查理一世, 99, 500, 502, 503-504, 795, 796

Charles II of Anjou, 安茹的查理二世, 也见 Charles II of Naples 条

Charles of Blois, duke of Brittany, 布卢瓦的查理, 布列塔尼公爵, 401, 404, 407, 415, 427, 441

Charles IV of Bohemia, 波希米亚的查理四世, 43, 214, 303, 397, 423, 445, 449, 451, 453, 454, 455, 461, 540, 565, 566, 577, 592, 699, 709, 735, 749, 753, 760

 对立王国 (anti-kingdom of), 548-550

 对艺术的赞助, 227-228, 235, 238

 加冕, 552, 553, 555

 与十字军, 729

 死亡, 556

 与教育, 67, 71, 77, 563

 当选, 549, 551-552

 与意大利, 553, 555

 与教宗, 553, 555-556, 673, 762

 政治活动, 446, 552-556, 559-560

Charles of Calabria, 卡拉布里亚的查理, 473, 474, 478, 493, 496, 508, 532

Charles of Durazzo, 都拉斯的查理, 210, 509, 512-513, 681, 683, 685, 742, 743

Charles IV of France (1322-1328), 法国查理四世 (1322—1328), 277-278, 391, 392, 398, 399, 409, 410, 412, 631, 758

 与十字军, 868

 与财政, 416

 与犹太人, 417-418

 与伦巴第人, 418

Charles V of France (1364-1380), 法国查理五世 (1364—1380), 33, 77, 113, 116, 214, 216, 223, 227, 228, 235, 238, 239, 258, 280, 302, 303, 395, 433, 440, 512, 600, 643

 死亡, 427

 政府管理, 414-415, 432, 434, 435, 439

 与智力文化 (intellectual culture), 423-424

 与教廷分裂, 678

 与王室礼仪, 423, 426

 与王位继承, 425

Charles VI of France (1380-1422), 法国查理六世 (1380—1422), 15, 110, 213, 214, 423, 432, 433, 439, 445, 456, 682, 686

继承，424-425

与官僚主义的国家，435

死亡，430

神经错乱，429

王室官员，436

王室象征，426，434

与税收，440

Charles VII of France, 法国查理七世，389，440

Charles II of Naples, 那不勒斯的查理二世，455，478，490，491，497，498，499-500，512，525

Charles II of Navarre, 纳瓦拉的查理二世，也见 Carlos II the Bad of Navarre 条

Charles of Normandy, 诺曼底的查理，409，427

Charles of Orléans, 奥尔良的查理，258，264

Charles III of Sicily, 西西里的查理三世，513

Charles of Valois, 瓦卢瓦的查理，390，392，393，470，512，521，529-530，804

也见 Charles IV of France 条

Charles-Robert of Hungary, 匈牙利的查理-罗贝尔，209，210，525，526，736-737，738，740，744，747，748，752，758，759，760

Chaucer, Geoffrey, 乔叟，杰弗里，260，261-262，263，264，265，266-267，269，299，331，730，731-732

Chauliac, Guy de (c. 1300-1368), 肖利亚克，居伊·德（约1300—1368），76，77

Chiaramonte family, 基亚拉蒙特家族，505，506，507，510，511

children, 儿童，108，126，134，136，138，139，140，204，205

China, 中国，166，190，191

Chingisid dynasty, 成吉思汗王朝，768，773

Chioggia, battle of, 基奥贾战役，见 War of Chioggia 条

chivalry, 骑士，11，13，235，274，425，464，636，650，701，719

纹章，217-218，220，731

与十字军，729-730，884

娱乐，214-216，220

与哥特艺术，230-231

纹章官（heralds），216-218，220

骑士团，209-212，215，217，218，220，231，289，432，502，631，634

价值观，218，219-220

Christendom, 基督教王国，5，7，17，22，56，96，394，417，418，504，619，647，739，749，754-755

在阿拉贡，615-618

在波罗的海地区，710，711，712，718，728-731，769

传教士，661

在罗斯国家，727，728，772-773，774，786，789ff，792-793

也见 Avignon papacy；Catholic Church；Christian states；crusades；Orthodox Church；papacy 条

Christian states, 基督教国家，604，

826，864－884

反土耳其联盟，868－869ff，873－876，882－884

十字军，876－884

海军联盟，868－873，879，881

也见 Christendom；crusades；Latins 条

chronicles，编年史，298－299，301，305，307，309，330，354，359，391，423，443，620ff，625，629，641，702，731，747，763，765，789，791，792

Ciompi，梳毛工人（起义），153，483－484，485

Cistercians，西铎会（派），46，87，248，299，716，718，751，756，757，762

cities，城市，见 towns 条

也见 citizens 条

citizens，市民，113－114，116，117，118，120

'Civic humanism'，"市民人文主义"，486－487

Clanvow, Sir John，克兰沃，约翰，爵士，323，331

Clement V, Pope（1305－1314），克雷芒五世，教宗（1305—1314），122，222，418，443，470，472，489，490，491，527，530，531，532，534，536，616－617，867

与阿维尼翁，653－654

与圣职，669

与枢机主教们，667，668

财政，655，656，663

与法国，658

与传教工作，661

Clement VI, Pope（1342－1352），克雷芒六世，教宗（1342—1352），8，43，223，231，235，404，419，420，481，509，510，551，672，728

与阿维尼翁，654，655

与十字军，660，873－874

财政，664

与法国，658，659

与巴伐利亚的刘易斯，547－548，549－550

与申请，670－671

Clement VII, Pope（1378－1389），克雷芒七世，教宗（1378—1389），80，512，644，667，681，687

clergy，教士，39，283，291，307，323－324，452，481，539，543，589，679

教育，43－44，65

作为王室官员，436

威尔士人，340－341，342，343

也见 benefices 条

climate changes，气候变化，89，200

cloth，呢布（呢绒），156，162－164，166－168，173－174，197，202，203－204，207，284，303，497，498，811，812

也见 textiles 条

Cloud of Unknowing, The，《不知之云》，62－63

coinage，钱币，39－40，86，102，110，155，164，176，178，179，198－199，282，345，348，505，592，722，852，854

贬值，193，196，802

　法国的，413，416－417，421，427，433

　有关论著，424

colleges，学院，74－75，80，120，564

　也见 univisities 条

Cologne，科隆，104，105，114，122，197，516，517，521，522，528，530，548，549，561，562，565，577，592

　艺术和建筑，222，234

　大教堂，248，250

　科隆同盟（1367），724－725

　大学，44，71，72，563，564

Colonna dynasty，科隆纳家族，525，535，541

Comminges, count of，科曼日，伯爵，389，393

Commons, House of，下议院（下院），40，41，283，291，292－295，296，298，300，309，311，312，315－316，317－318，320，321，325，326，327

communalism，地方自治主义（共同体精神），85，86

Comyn, John，科明，约翰，350，356，357

Comyn family，科明，家族，357，370，371

confession, religious，忏悔的宗教（告解），45，54

confraternities, religious，兄弟会，宗教的，47－49，59

Conrad of Megenberg，梅根伯格的康拉德，568

Constance, Council of，康斯坦茨公会议，44，58，453，696，730

Constantinople，君士坦丁堡，14，184，186，495，699，710，729，772，773，797，802，805，820，826，827，836，841，846，875，876

　艺术，819

　拜占庭的再征服，795，796，823，825

　拉丁人，828，864，866，867－868，882

　奥托曼人的封锁，856，857，883

　瘟疫，821

　人口，811

　贸易，812，869

Constanza of Castile，卡斯蒂尔的康斯坦扎，303，306

contemplativeliterature，冥想文学，11，42，58－64

convents，女修道院，105，762

conversion，皈依，56

Corsica，科西嘉，460，461，504，596，603，605

cortes，议会，611－614，644，645，646，647

　阿拉贡的，40，41，607，609，611－613，616

　卡斯蒂尔的，621ff，625－627，628－629，630，636，637，638，644ff，648－649

　加泰罗尼亚的，40，41，606，607，611，612，613，616

　葡萄牙的，637

巴伦西亚的（Valencian），608，611，612，613

Cossa, Cardinal Baldassare，科萨，巴尔达萨雷，枢机主教，685，694-695，696

Councils of Church，教会公会议，见 Constance; Florence; Pisa; Vienne 条

Court Styles，宫廷风格，225-231

Courtenay, William，考特尼，威廉，311，323

Courtenay family, earls of Devon，考特尼家族，德文郡伯爵，317，319，320

courts, law，法庭，法律，27，28，37，38，554

Cracow，克拉科夫，169，182，235，744，746，748，750，754，755，762

  人口，751

  大学，71，72，733，751

Crécy, battle of (1346)，克雷西战役（1346），279，396，397，405，549，552

Cremona，克里莫纳，443，450，472，534，535

Crete，克里特岛，825，826，828，830，831，832，834，835，869，872

criminality，犯罪，112

Croatia，克罗地亚，509，513，738，739

crusades，十字军，11，12，43，56，317，318-319，398，413，416，417，419，510，513，618，739，759，796

安茹王朝统治者与，489，491，493，495

阿维尼翁教宗与，659-661

在波罗的海地区，699，701，702，709，710-711，728-731

与法国，866，867-869

与圣地（Holy Land），864-869，876-879

意识形态，884，

拉丁人与，827，828

与北非，601，617

组织，730

与奥托曼人，873-876，879-884

与教宗，865ff

与贸易，866

culture，文化，8-9，424，426，563-564，565，566，567-569，765，770，787，788-794，841，842，852

Cuneo，库尼奥，454，455

customs duties，关税，193，284，527，566，829-830

  也见 taxation 条

Cyprus，塞浦路斯，184，186，191，204，466，514，601-602，603，604，749，825，829，831，834，836，864，865，866，881

与十字军，872，876，877，879ff

与海军联盟，868，869-870，873

贸易，871-872，880

Czechs，捷克人，744，747，763

  也见 Bohemia 条

Dafydd ap Gwilym，戴维兹·阿普·格

威林, 338

Dalmatia, 达尔马提亚, 161, 446, 450, 510, 738, 739, 742

Dalyngridge, Sir Edward, 达林格里德, 爱德华, 爵士, 320, 322

Dampierre dynasty, 当皮埃尔家族, 520, 573, 574

Dante Alighieri (1265-1321), 但丁, 阿利盖里, 20, 55, 226, 254, 257, 258, 260, 263, 265-266, 269, 270, 445, 451, 463, 469, 487, 523, 527, 532-533, 535, 536

Danzig, 但泽, 713, 715, 728, 733, 747, 748, 750

Datini, Francesco, 达蒂尼, 弗郎切斯科, 185, 192, 196, 834, 838

David, duke of Rothesay, 大卫, 罗斯西公爵, 361, 362

David II of Scotland (1329-1371), 苏格兰的大卫二世 (1329—1371), 235, 276, 277, 279, 348, 351, 352-353, 354, 357-360, 365-366, 367, 371, 372, 397

de Blois, Charles, 德·布卢瓦, 查理, 见 Charles of Blois 条

de Burgh family, 德·伯格家族, 378, 379

de Cramaud, Simon, 德·克拉莫德, 西蒙, 678, 688, 690, 693, 694, 695

de Lorris, Robert, 德·洛里斯, 罗贝尔, 431-432

de Machaut, Guillaume, 德·马肖, 纪尧姆, 264, 266

de Male, Louis, count of Flanders, 德·马尔, 路易, 佛兰德伯爵, 303, 406, 573, 575, 577, 582-584, 586, 588

de Melun, Guillaume, archbishop of Sens, 德·梅伦, 纪尧姆, 桑斯大主教, 417, 432

de Mézières, Philippe (1327-1405), 德·梅齐埃, 菲利普 (1327—1405), 26, 30, 56, 319, 331, 727, 878, 883

de Montfort, John, the elder, 德·蒙福尔, 约翰, 年长的 (哥哥), 279, 401, 404

de Montfort, John, the younger, 德·蒙福尔, 约翰, 年小的 (弟弟), 427

也见 John IV of Brittany 条

de Montfort, Simon, 德·蒙福尔, 西蒙, 285

de Mornay, Etienne, 德·莫尔奈, 艾蒂安, 392, 393

de Vere, Robert, 德·维尔, 罗贝尔, 310, 312, 313, 314, 315, 316, 330, 385

de Vienne, Jean, 德·维耶纳, 让, 302, 309

death rate, 死亡率, 见 mortality 条

deforestation, 砍伐森林, 161

della Scala family, 德拉·斯卡拉家族, 191, 443, 445, 447, 448, 449, 450, 451, 462-465, 476-477, 498, 535

della Torre family, 德拉·托雷家族, 443, 445, 447, 451, 491, 533

demographic crisis, 人口危机, 9 – 10
　也见 population
Denmark, 丹麦, 699, 700, 702, 712, 715, 718, 719, 721 – 722, 723, 724, 726, 730, 732, 734, 749
Deschamps, Eustache, 德尚, 厄斯塔什, 264, 266, 434
Deschamps, Gilles, 德尚, 吉勒, 688, 690
Desmond, earldom of, 德蒙, 伯爵, 378, 380, 383
Despenser, Hugh the Younger, 戴斯彭瑟, 休, "幼者", 274, 286, 287
Despenser family, 戴斯彭瑟家族, 286 – 287, 288, 290, 293, 330
despots, 暴君, 见 tyrants
devotions, personal, 个人的虔诚, 46 – 47, 49, 55, 63, 232, 260, 504
diet, 议会, 201, 202
Dinant, 迪南, 175
Dinis of Portugal (1279 – 1325), 葡萄牙的迪尼斯 (1279—1325), 620, 624, 632 – 634, 637
Disease, 疾病, 10, 84, 85, 89, 92, 93, 107, 109, 121, 129 – 130, 134, 534, 536, 567
　也见 Black Death; plague 条
Dominicans, 多明我会 (多米尼克派), 49, 60, 61, 62, 77, 105, 242, 324, 543, 544, 563, 667, 708, 727
　传教工作, 661

与诗歌, 268, 269 – 270
与本土语言, 259 – 260
Dominici, Giovanni, 多米尼奇, 乔瓦尼, 268, 270
Dominum mundi, 世界主权, 18, 21, 23
d' Oresme, Nicolas, 多雷姆, 尼古拉, 31, 76, 77, 417, 424
Dorothy (St) of Montau, 蒙托的多萝西 (圣), 728
Douglas, Achibald, 道格拉斯, 阿奇博尔德, 361
Douglas, James, 道格拉斯, 詹姆斯, 357, 369
Douglas, William, 道格拉斯, 威廉, 358, 360, 369
Douglas family, 道格拉斯家族, 370
dowries, 嫁妆, 150, 151, 153, 179, 303, 318, 324
du Guesclin, Bertrand, 迪·盖克兰, 贝特朗, 302, 427, 435, 441, 600, 639, 645
Dublin, 都柏林, 375, 376, 377, 379, 381, 382
Duccio, 杜乔, 224, 226
Dunbar, John, 邓巴尔, 约翰, 359, 360
Dunbar, Patrick, earl of March, 邓巴尔, 帕特里克, 马奇伯爵, 358, 360
Duns Scotus, 邓斯·司各脱, 42, 50, 51 – 53, 76, 77
Durand, Guillaume, bishop of Mende, 迪朗, 纪尧姆, 芒德主教, 44, 56 – 57

Durazzo, house of, 都拉斯, 家族, 210, 508, 511, 514, 668
　也见 Angevin dynasty; Charles of Durazzo 条
Dušan, Stephen, 杜尚, 斯蒂芬, 738, 817, 875

ecclesiastical property, 基督教教会财产, 43
Eckhart, Meister (d. 1327), 埃克哈特, 迈斯特 (死于 1327), 58, 59-61, 62, 77
Edmund, earl of Kent, 埃德蒙, 肯特伯爵, 287, 288
Edmund of Langley, duke of York, 兰利的埃德蒙, 约克公爵, 302, 310, 317, 326, 328, 329
education, 教育, 6, 120, 154, 260, 563-564, 566, 567, 568
　商业的, 178, 181
　宗教的, 42, 43-44, 65, 260, 564
　studia generale, 大学, 66, 67, 72, 78, 732
　也见 schools; universities 条
Edward I of England (1272-1307), 英格兰的爱德华一世 (1272—1307), 214, 216, 235, 244, 245, 273-274, 275, 281, 285, 291, 296, 297, 334, 335, 658
　与法国, 277, 282, 517
　与爱尔兰, 375, 381, 382
　与苏格兰, 345-346, 349-350, 354, 356
Edward II of England (1307-1327), 英格兰的爱德华二世 (1307—1327), 31, 32, 223, 235, 274, 275-276, 282, 284, 287, 289, 290, 291, 292, 293, 295, 296, 297
　封圣, 322, 323
　废黜, 32, 285
　与法国, 277-278, 399, 400, 467
　与爱尔兰, 375, 382
　与苏格兰, 350-351
　与威尔士, 335-336
Edward III of England (1327-1377), 英格兰国王爱德华三世 (1327—1377), 15, 28, 31, 32, 37, 121, 174, 228, 235, 245, 276-277, 300, 301, 302, 329, 393, 394, 477, 499, 625, 659
　性格, 274-275, 297
　与骑士, 210, 211, 212, 215, 221, 238, 289
　与神圣罗马帝国, 544-545, 546, 548, 552
　与法国, 277-280, 282, 289, 396, 397, 398, 399, 400, 401-407, 421, 427
　与爱尔兰, 375, 380-384
　与低地国家, 574-575, 577, 586
　与议会, 40, 291ff
　财政收入, 282, 283, 284, 500
　与苏格兰, 346, 351, 354, 359, 368, 369
　与威尔士, 336
Edward the Black Prince (d. 1376), 黑太子爱德华 (死于 1376 年), 174, 221, 279, 280, 299, 301,

336, 405, 407, 424
Egypt, 埃及, 175, 176, 190, 191, 601, 797, 836, 857, 866, 872, 873
'Eight Saints', "八圣徒", 482
Eleanor of Portugal, 葡萄牙的埃莉诺, 611
elites, 精英, 8, 13, 126, 469ff, 480, 482, 485-486, 487, 497-500, 570, 576, 615, 763, 782, 783, 785
　也见 boyars; patriciate 条
Elizabeth of Bohemia, 波希米亚的伊莉莎白, 531, 756-757
Elizabeth of Hungary, 匈牙利的伊莉莎白, 710
Elizabeth of Poland, 波兰的伊莉莎白, 752, 756, 757
empire, 帝国, 6, 17
　与司法权, 25-26
　与法律, 18, 19, 20, 21, 23-24
　与雇佣兵, 446
　　也见 Byzantine empire; Empire, Holy Roman; Ottoman empire 条
Empire, Holy Roman, 神圣罗马帝国, 423, 453-454, 461, 467, 515-550, 551-569, 777
　行政管理, 528
　军队, 532, 533
　与波希米亚, 515, 516, 526, 530, 531, 537, 548, 549, 758-760
　边境地区, 553
　加冕典礼, 527, 532, 537, 550, 552, 555, 558
　衰落, 21-23, 588

混乱, 566
经济, 554, 560, 565, 566
选帝侯, 22-23, 537, 548-549, 554, 560
与英国, 544-545, 546, 548, 550
财政, 527-528
外交政策, 517-518, 558
　与法国, 517, 520-521, 529-530, 531-532, 542, 544, 546-547, 551, 558
与黄金诏书 (Golden Bull), 22, 556, 565, 740
与教会大分裂, 678, 682, 696
与匈牙利, 525-526
帝国领地, 522, 527
与意大利, 442-444, 446, 455, 488-493, 523, 527, 528, 529, 538-544, 553, 555, 558, 561
法律, 536, 545-546, 547, 554
文学与艺术, 567-569
与低地国家, 591-592
与婚姻, 547-548
贵族和城镇, 557-558
起源, 522-523
与教宗, 522-525, 527, 531-532, 534, 535-536, 538ff, 545ff, 561, 654, 656, 658, 673
与牧首职位 (patriarchate), 453-454
农民, 527, 529
诸侯, 22-23, 24, 515, 527, 528, 532, 537, 548
公共救济（慈善）, 566
改革, 544-546, 555
与莱茵河流域的选侯们 (Rhenish e-

lectors），520－522，526
继承，515－516，519，551
税收，527，533，542
城镇，527，528，529，542，545，548，554，557－558，562，565－567，760
贸易，527，554
大学，563－564，566，567
也见 Austria；Bohemia；Burgundy；Germany；Luxemburg dynasty；Order of the Golden Buckle 条
Engelbert of Mark（1345－1364），马尔克的恩格尔贝特（1345－1364），580，581，588－589
England，英格兰（英国），3，5，45，72，88，121，154，182，273－296，297－333，440，441，466，475，517，653，654，658，659，678，679，682，695，696
  上诉贵族，危机（Appellants crisis），320，325－326，327，353
  农业，222，226，234，235，238，241，244－247，250，298
  军队，280－282
  艺术，228
  黑死病，92，94，100，131－132，134，143－144，273，283，294，304
  与卡斯蒂尔e，637，642，643，646
  骑士团，210－211，212，215－216，217
  教会，298，307－308，322－324
  教士，教育，43
  呢布出口，204
  煤炭工业，161

冥想的生活，62－63
腐败，283，309，312
与十字军，318－319，729
死亡率，90，132，137
与双重君主制（'double monarchy'），430，431
绣花呢布（embroidered cloth），173－174
与帝国，544－545，546，548，550
巡回法庭（eyre），273，294
饥荒，89，129，273
耕作，87，100
封建主义，见 serfdom 条
外交政策，275－282，299－304，308－310，318－319
与法国的战争，273，275，277－280，281，282，289，299－300，302－304，308－309，312，315，318－319，351，384，391，396ff，400－407，421，425，429－430，549
毛皮贸易，166
政府，286，291－294，296，299－304，308－311
毕业生，79
住户（家庭），86，283
与爱尔兰，275，277，319－322，328，330，375－377，378，380－387
司法制度，27，28，37－38，273，1087，293－295，300，326
文学，259，260，261ff，266－267，269，299，331
生活水准，348
罗拉德派（Lollards），45，49，

259, 298, 307-308, 323, 331
与低地国家, 571, 572, 573-575, 577, 583-584, 586, 590
与君主制, 31-32, 274, 285, 297, 324-325, 331-332
市政建筑, 106
海军, 281, 401
"新法令"('New Ordinances', 1311), 285-286, 287, 293
贵族, 219, 273, 276, 285-290, 291, 292-293, 296, 297, 300, 304, 311, 314, 315, 316-317, 319, 325-326, 334, 385, 386
结婚率, 143-144, 151
议会（国会）, 32, 39, 40, 41, 283, 284, 285, 289, 290, 291-295, 296, 300, 311-316, 320-321, 326-327, 412, 413
农民, 受剥削, 87, 88, 100
农民起义（1381）, 29, 95, 96, 98-101, 298, 299, 304-307, 343
高级教士（peers）, 291, 292, 295, 311, 312, 314-317, 321, 325-327
人头税, 96, 98
人口下降, 90, 92, 127-128
公共财政, 275, 295, 324-325
征用（王室征用权, purveyance）, 282-283, 294
改革, 309
宗教, 45, 307-308
王室行政部门, 34, 37-38, 299-304, 310-322
王室会议（royal councils）, 33, 302-304, 308, 312-313, 320-321
王室纹章官（royal heralds）, 216, 217
与苏格兰, 273, 274, 275-277, 280, 281, 288-289, 302-303, 304, 308, 309, 315, 345-346, 348-354, 365, 368
资源, 298-299
国家（state）, 284-288, 295-296
农奴制（serfdom）, 82, 86, 87, 151
税收, 29, 193, 282, 283-284, 291-293, 295, 296, 304-305, 309
纺织业, 122
神学, 53, 54
贸易, 155, 156, 175, 282, 284, 348, 725, 726
大学, 66, 71, 72, 74, 75, 76, 77, 78, 79, 80, 81
城市人口, 104
本土语言, 259, 260, 261-262, 263, 264, 265, 266-267, 269
村庄, 85
与威尔士, 273, 275, 287, 319, 328-329, 334ff
战争, 273, 274, 275-282, 288-289
羊毛, 121, 168, 169, 193, 196, 197, 198, 203, 282, 283, 284, 292, 294, 303, 321, 347, 348, 574, 593
也见 Edward I; Edward II; Edward III; Hundred Years War; Order of

the Garter; Richard II 条
English language, 英语, 298, 299, 307, 332
Enrique II of Castile（1369 - 1379）, 卡斯蒂尔的恩里克二世（1369—1379）, 619, 641 - 642, 645 - 646
也见 Henry of Trastámara 条
Enrique III of Castile, 卡斯蒂尔的恩里克三世, 642, 646, 648, 649
Epirus, 伊庇鲁斯, 795, 796, 798, 804, 807, 808, 813, 828
Erfurt university, 埃尔福特大学, 44, 71, 72
Eric of Sweden, 瑞典的埃里克, 709, 719
Ermland, 埃姆兰, 713, 715, 716, 732, 733
estates, 地产（庄园）, 36, 38 - 41
Este family, 埃斯特家族, 116, 490, 491, 539
也见 Ferrara 条
Estonia, 爱沙尼亚, 715, 718, 721, 726, 764, 768
Eudes IV of Burgundy（1315 - 1347）, 勃艮第的厄德四世（1315—1347）, 392

fairs, 集市, 见 trade 条
family life, 家庭生活, 14, 15
　洗礼和葬礼, 139 - 140, 141
　与人口变化, 145 - 154
　经济和文化因素, 152 - 154
　与生殖, 138 - 141, 145
　家庭史, 125 - 126
　住户, 145 - 150
　婚姻, 10, 138, 139, 141 - 145, 154
　模式, 145 - 148
　核心家庭, 147, 149
　与瘟疫, 134, 135 - 145
　乡村家庭, 83 - 84, 85
　与仆人, 153 - 154
　寡妇, 142, 150 - 152, 153
famines, 饥荒, 88 - 90, 106 - 107, 129 - 130, 148, 158, 200, 273, 346, 382, 388, 623, 625, 708, 712
Feofan the Greek, 费奥凡, 希腊人, 790, 791
Ferdinand IV of Castile, 卡斯蒂尔的斐迪南四世, 30
Ferdinand of Trastámara, 特拉斯塔马拉家族的斐迪南, 30
Fernando I of Portugal（1367 - 1383）, 葡萄牙的费尔南多一世（1367 - 1383）, 641 - 643, 644
Fernando IV of Portugal, 葡萄牙的费尔南多四世, 596, 610, 620, 621, 622 - 627, 632
Ferrara, 费拉拉, 116, 450, 458, 475, 490, 491, 539, 541, 778
　大学, 71
　也见 Este family 条
Ferrer, Vincent, 费雷尔, 文森特, 45, 259 - 260
fertility rates, 生殖率, 10, 126, 138 - 141, 145, 152
feudalism, 封建主义, 10, 11, 12, 13, 17, 25, 26, 36, 86, 87,

425，439，559，575，591，787－788

Filippo I of Savoy-Achaia，萨伏依－阿凯亚的菲利波一世，454，457

finance，财政，40，275，282ff，295，324－325，496－500，662，625
  也见 coinage 条

Finland，芬兰，718，720，734

firearms，枪支（轻武器），732
  也见 artillery 条

Fitzalan, Richard, earl of Arundel，菲查伦，理查德，阿伦德尔伯爵，288，289

Fitzralph, Richard，菲茨拉尔夫，理查德，43，53，54，56，57

Flanders，佛兰德，89，118，279，280，303，304，308，521，577，586，591，592
  艺术，227，230
  与勃艮第，582－585
  运河，187－188
  呢布（呢绒）工业，162，163，168，172，202
  王朝，570，573，582
  经济，592－593
  与英国，571，572，573－575，577，583－584
  与法国，388，389，390，396，401，421，429，439，440，441，520，570，584－585
  战舰，184
  与德国，570，573，577
  与埃诺（Hainault），573
  利息率，180
  显贵，571，572，574

政治，571－575
起义，96，97，581，584
社会各阶级（层），571－572
城镇，102，106，110，120，121，425，571，572，573，575，585
贸易，182，183，573，583，584，586，592－593，725，726

Florence，佛罗伦萨，8，25，44，49，121，204，444，447，448，451，464，469－487，689，728，788，830
  与安茹王朝的统治者（Angevins），473，477，480，497，498，514
  艺术和建筑，105，106，114，115，120，223，234，239，241－242，254，255，469
  工匠行会，471，474，478，480，481，483－485，487
  银行，119，475，479，480，488，497，498，499，500，527
  出生率，140
  与黑死病，132，135，139
  呢布贸易，162－163，168
  宪政统治（constitutional rule），469－470，472，474－475，478，479，481，483－484，486－487
  延续，469－470，487
  公会议（1438－1439），56
  死亡率，138，139
  混乱，111
  经济和贸易，442，469，479，480，482
  精英，469，471，474，475，478，480，482，485－486，487，497－500

与帝国, 472, 473, 489-490, 534, 535, 536, 543, 561
财政, 475, 477, 479, 481, 497, 498, 499-500
外交政策, 473, 475-477, 481, 486
圭尔夫派（教宗党, Guelfs）, 442, 470-472, 474, 475, 480-481, 482, 484, 485, 487, 493, 523, 533
住户, 153
工业, 122, 164, 206
与自由, 486-487
文学, 469, 487
商业家族, 177, 469, 471, 475, 477ff, 484, 487
与军事防御, 113
与那不勒斯, 473, 474, 475, 476, 480, 497, 498-499, 491, 512
贵族, 471, 478, 479, 480, 481, 483, 485
结婚率, 142
寡头政治, 474-475, 480, 481, 484
法令, 470, 471, 477, 479, 483
瘟疫, 479, 480, 483
人口, 103, 104, 162, 207, 479
共和主义（republicanism）, 486-487
道路和桥梁, 188-189, 192
船只, 186,
丝织工业, 167
国家, 471, 474
贸易公司, 179, 180, 196, 197, 474, 475, 479, 480

梳毛工人起义（Tumult of the Ciompi）, 153, 483-484, 485
大学, 67
战争, 108, 446, 469, 470, 472ff, 482, 498
Foix, 富瓦, 389, 398, 406
food, 食物, 201, 202, 282, 283
短缺, 106-107
供应, 157-158
Fourth Lateran Council, 第四次拉特兰公会议, 65
France, 法国（法兰西）, 3, 4, 5, 7-8, 13, 23-24, 45, 47, 86, 287, 299-300, 340, 342, 343, 349, 351, 388-421, 422-441, 638
属地, 389, 392, 425, 439, 440
与阿拉贡, 595, 600, 639
军队, 403-405, 406, 407, 427, 430, 433
（贵族）会议, 413-415, 426
与波希米亚, 759-760
盗匪, 108, 109
枢机主教, 676-678
骑士团, 210-211, 212, 213
教会, 390, 418-420, 423, 429,, 438
钱币, 110, 193, 413, 416-417, 421, 424, 427, 433
十字军, 398, 413, 416, 417, 419, 729-730, 866, 867-869, 877-879
死亡率, 137, 138
破坏, 388-389
混乱, 200, 406

与"双重君主制"（'double monarchy'），430，431
经济和贸易，156，157，159，165，169，173，178，179，192，193，203，206，388
与帝国，517，520－521，529－530，531－532，542，543，546－547，551，558
与英国的战争，273，275，277－280，281，282，289，299－300，302－304，308－309，312，315，318－319，335，337，384，391，396ff，400－407，421，425，429－430，549
三级会议（Estates General），36，38，40，110
内讧（派系），391－393
家庭，147，149，153
饥荒，129，388
财政，391－392，411，415－418，419，426，429，433－434，439－440，500
外交政策，391，396－400，418
哥特式，222－223，226，227，228，230，233，234，235，238－239，244，247，252，502
与教会大分裂，678，681，682，686－692，693，694，696
智力文化（intellectual culture），424，426
与意大利，445，447，455，456，461，466，467，494，502，520
扎克雷起义（（Jacquerie，1358），95，96，97－98，116，388，427，431

犹太人，417－418
司法制度，26－27，28，391，412－413，420，436
法律，18，19
地方行政管理，409－410，413，414，437，438－441
伦巴第人，390，417，418
与低地国家，576，577，578，582－585
军事建筑，113－114
君主制，389－396，409－410，418－421，423－426
市政建筑，106，113，115
与纳瓦拉，631－632，648
贵族，219，220，388，389，390，392，393，406，409，413，425－426，431－435，437，438，456
结婚率，143，144
与教宗，523－525，653，657－659，673
宗教迫害，417－418
瘟疫，131，132，133，388，405，406
政治思想，424
人口下降，90，93－94，128，388，392－393
权力结构，422，431－435
诸侯，30－31，389，390，392－393，421，425，437，439－441
公共工程，115，117，118
改革，417，437
与宗教象征，393－394，395，396
起义，388，391，427，429，431
王室管理，34－36，37，38，391－

393，410 – 415，426，429，431 – 438，439

王室政务会议成员或顾问（royal councilors），33 – 34

王室，213 – 214，389

与苏格兰，302 – 303，397 – 398，400

国家，390，422 – 423，426，431，433，435 – 438，439

税收，28，36，395，405，411，415 – 416，419，421，424，425，427，429，431，439，440

神学，64 – 65

城镇，39，102，103，104，105，110，111，116，117，121，396，406，413，414，429，433，439

贸易，156，157，169，177，178，192，193，202，206

条约，277，278，280，299，396，398，399，406，421，424，425，427，430，441

大学，66，67，72，73，74，75，78，80，81

也见 Angevin dynasty；Avignon papacy；Burgundy；Capetian dynasty；Charles IV；Charles V；Charles VI；Hundred years war；John I；John II；Louis IX；Normandy；Paris；Philip IV；Philip V；Philip VI；Provence；Valois dynasty 条

Franciscans，方济各会（法兰西斯派），21，42，43，46，48，55，57，58，59，105，324，661，708，710，727 – 728，729，755

与帝国，539，542，543，545，550

与教宗，544，673

方济各会圣灵派（Spiritual Franciscans），493，494，504

与神学，52，53，76，77，563

与本土语言，259

也见 friars 条

Franconia，法兰克尼亚，527

Fraticelli，弗拉蒂切利派，48，59

Frederick II of Habsburg，哈布斯堡的弗雷德里克二世，528，529，531，539

Frederick III of Habsburg and Sicily (1272 – 1337)，哈布斯堡和西西里的弗雷德里克三世（1272—1337），491，492，493，495，499，504 – 505，538，541，543，595，596

Frederick IV of Habsburg and Sicily (1314 – 1330)，哈布斯堡和西西里的弗雷德里克四世（1314 – 1330），445，453，506，534，535，536，537，538

Frederick of Sierck (1317 – 1322)，谢尔克的弗雷德里克（1317 – 1322），590

French language，法语，424，436

Frescobaldi bank，弗雷斯科巴尔迪银行，180

friars，托钵僧，11，45，53，55，57，65，242，252，260，307，324

与圣俸，668

与冥想文学，59，61

与私密告解（私密忏悔：private confession），45

学校，42，43，44，72

Friesland，弗里斯兰，521，579，591，592
Froissart, Jean，傅华萨，让，97，108，109，217，221，262，299，331，386，424

Galicia，加莱西亚（西班牙），621，623，642
Galicia-Lodomeria，加利西亚－洛多梅里亚，746，748，749，764，770，773，777－778
Gallican Church，高卢教会，691，694
Gascony，加斯科涅，192，277－278，279，389，399，400，401，406，413，653
Gaston of Foix，富瓦的加斯顿，398，406，421
Gaveston, Piers，加弗斯滕，皮尔斯，274，275，277，285，286，296
Gediminas of Lithuania（c. 1315 – c. 1342），立陶宛的格季米纳斯（约1315—约1342），701－702，706－709，712，718，720，769，782
Gediminid dynasty，格季米尼德王朝，705－712，723，769－770，779，782－783，790
　　也见 Lithuania 条
Genoa，热那亚，14，107，113，116，445，447，449，467，534，598，601，614，742，851，881
　　与爱琴海，825，830－831，833，835－836
　　与那不勒斯的安哲文统治者，492，509，510
　　与拜占庭，804，811，812，816，820，821，827
　　公司，180，197
　　平底大船、战舰，182，184，635，637，831－832
　　政府，444，460－462
　　商人，177，178
　　贵族，460，461
　　人口，103，104，207
　　航船（sailing ships），185，835
　　贸易，164，185，186，187，205－206，460，461，462
　　与威尼斯，186，187，458，464，825，826，827，869，874，875，882
　　与维斯孔蒂家族，460，461
　　葡萄酒贸易，159
Genoese，热那亚人，190，418，462，492，799，802
　　在北非，191
　　与撒丁岛（撒丁尼亚），596，597，598，600，601
　　在西班牙，182－183
gentry，绅士，298，299，320，376
geographical exploration，地理探险，5
George of Lichtenstein（1390－1419），利希滕施泰因的乔治（1390—1419），453
Geraldine earls of Kildare，基尔代尔的杰拉尔丁伯爵们，378，380
Gerard of Mainz, archbishop，美因茨的杰拉德，大主教，516，518，520，521，522
German language，德语，60，567，732，733

索　引

German law，德意志（德国）法律，26，536，545 - 546，547，554，715，724，752，761

Germans, ethnic，德意志人，种族，103，713，715，721，723，724，725，726，744，747，748，751 - 752，763，781

Germany，德意志（德国），3，4，5，6，22，23，38，40，88，118，157，202，279，466，696，724，756ff，763

　农业，566

　建筑，239，424，243，247 - 251，254，568

　黑死病，132，133，134，553，556 - 557，566 - 567

　冥想文学，58，59 - 61

　与十字军，729，730

　文化，566，567 - 568，732

　王朝政策，516 - 519

　教育，44

　与帝国，26，516 - 519，522 - 525，527，537 - 538ff

　饥荒，129

　哥特艺术，222

　医疗供给（health provision），567

　与帝国改革（1338），544 - 546

　与国际政治（1330 - 1337），542 - 544

　犹太人，527 - 528，553

　文学，59 - 61，567 - 568

　与低地国家，520，521，570，573，577，578，582，585，587 - 588，592

　婚姻法，547 - 548

　商人，119，179，527，712

　市政建筑，106，114

　贵族，557，558，559 - 560，565 - 566

　与巴拉丁伯爵领（palatinate），515，517，521 - 522，530，538，543，545，558，560 - 562

　造纸工业，173

　支付方法，179

　农民家庭（户），84，87

　人口下降，90，91，92 - 93，566 - 567

　宗教团体，48

　叛乱，95 - 96，111

　王室政务会议成员或顾问（royal councilors），33

　税收，527

　技术，566

　与条顿骑士团，712 - 719

　城镇，71，519，527，528，529，542，554，557 - 558，559，562，564，565 - 567，760

　贸易，156，160，162，198，207，208，527，566

　贸易路线，183，184，189

　大学，71，72，80，563 - 564，567

　本土语言，259，567

　村庄荒芜，91，92 - 93

　也见 Empire, Holy Roman 条

Gerson, Jean（1363 - 1429），热尔松，让（1363—1429），26，30，33，44，48，50，54，57，64 - 65，80，688，689，693

Ghent，根特，105，106，111，120，121，162，164，188，303，440，

572，574，575，584，592，593
Ghibellines，吉伯林派（皇帝党），
    20，24，442ff，451，456，460，
    462，466，470ff，480，484，
    489ff，498，505，532，533，
    534，535，539，540，541，542，
    798
Giles of Rome，罗马的吉勒斯，18，31
Giotto，乔托，223，224，225，226，
    239，242，253，254，469，
    501-502
Giovanni di Moravia（1387-1394），乔
    瓦尼·迪·莫拉维亚，453
Giovannino of Mantua，曼图亚的乔瓦
    尼奥，268，270
girls，姑娘们，142，204
Godfrey of Jerusalem，耶路撒冷的戈弗
    雷，214，220
gold，黄金，178，191，199-200，
    208，417，500，746，761，802
goldsmiths，金匠，244，253
Gonzaga，贡扎加，453，467
goods，货物，192-193，197，207-
    208
Gothic art，哥特艺术，502
    建筑，222，226-227，233，234-
        238
    与贵族赞助（庇护），225-226
    与骑士，230-231
    多样性，222，234
    王朝的，225-231
    晚期的，244，247，250，252
    世俗市民的，225
    城市的，222
    也见 architecture；International Gothic
    Style 条
Gotland，哥得兰，734
government，政府，5，6，228，285-
    286，299-304，349-350，
    362-368
    发展，12-13
    对话，38-41
    与法律，18-20
    地方的，34-38
    领主权，450-453
    科学，17-18，25
    专家，29，32-34
Gower, John，高尔，约翰，263，
    266，299，331
Granada，格拉纳达，398，471，596， 1091
    597，598，604，616，617，623，
    628，635
Great Famine，大饥荒，88-90
Great Schism（1378-1417），（教会）
    大分裂（1378-1417），58，71，
    72，80-81，307，322，420，
    447，465，555，560，561，562，
    589，642，647，674-696，882
    与阿维尼翁教宗，673，677-678，
    686-696
    康斯坦茨公会议，Council of Con-
        stance，696
    比萨公会议，Council of Pisa，686，
        691，694-696
    与全部撤销忠诚的教义（doctrine of
        total subtraction），695
    与帝国，678，682，696
    结束，696
    与第四次巴黎公会议，693
    与法国，678，681，682，686-

692，693，694，696

影响，678-680

与意大利，693，694-696

与教宗收入，681

解决方法，679-680，686-696

与第三次巴黎公会议，690-692

也见 Avignon papacy；papacy；Roman papacy 条

Greece，希腊，184，505，523，602，795，796，798ff，817，825，826-829，835，843，847，857，864，865，875

也见 Aegean；Byzantine empire；Latins 条

Greek language，希腊语，502，667，818

Gregory XI, Pope (1370-1378)，格列高利十一世，教宗 (1370—1378)，61，482，512，516，654，655，657，658，660，671，672，674

Gregory XII, Pope (1406-1409/15)，格列高利十二世，教宗 (1406—1409/15)，562，692-694，696

Gregory of Rimini，里米尼的格列高利，53，54，63

Grodno，格罗得诺，731

Groote, Gehard (Gerard)，格罗特，格哈德，49，62，64，77

Guelders，盖尔德斯，570，577，578，590-591，592

Guelfs，圭尔夫派（教宗党），24，442，443，444，447-448，456，460，470-472，474，475，480ff，492，493，494，496，

504，532，533，534，536，538，597

"黑党"，470，471-472，474，523

"白党"，470，472，523，535

guilds，行会，47，119，121，162，298，461，579

佛罗伦萨的，471，474，478，480，481，483-485，487

Gulik，古利克，577，590

gunpowder artillery，火炮，11-12

Guyenne，吉耶纳，见 Aquitaine 条

Habsburg dynasty，哈布斯堡王朝，71，247，250，445，449，453，467，515-516，518，528，529，530，531，532，537，543，547，548，554，565，591，576，575ff

与莱茵兰（Rhineland），519-522

与城市联盟，557

也见 Austria；Empire, Holy Roman 条

Hadewijch of Antwerp，安特卫普的哈德维奇，59，60

Hainault，埃诺，228，397，517，520，521，570，573，577-580，585-587，589，591，592

Hangest, Pierre de，昂热，皮埃尔·德，409-410

Hanseatic League，汉萨同盟，119，158，162，182，185，201，205，557，565，699，701，703，724-726，732，768

Harclay, Andrew, earl of Carlisle，哈克雷，安德鲁，卡莱尔伯爵，

275-276
Haydroit clan, 海德罗特部落, 589
Heidelberg, 海德堡, 522, 527, 556, 565
　大学, 71, 72, 564, 568
Heinrich von Virneburg, archbishop of Mainz, 海因里希·冯·菲尔内堡, 美因茨大主教, 542, 545, 548-549, 551
Henry of Carinthia, 卡林西亚的亨利, 526, 530, 531, 547, 756, 757, 759, 760
Henry of Castile, 卡斯蒂尔的亨利, 317
Henry of Constance, 康斯坦茨的亨利, 528
Henry II of Cyprus, 塞浦路斯的亨利二世, 601-602, 870, 871-873
Henry III of England, 英格兰国王亨利三世, 174, 277, 285, 291
Henry IV of England (1399-1413), 英格兰国王亨利四世 (1399-1413), 32, 215, 320, 324, 341-342, 386-387, 430
　也见 Bolingbroke, Henry 条
Henry V of England, 英格兰国王亨利五世, 387, 430
Henry VI of England, 英格兰国王亨利六世, 431
Henry of Genoa, bishop of Valence, 热那亚的亨利, 瓦朗斯主教, 43
Henry of Ghent (d. 1293), 根特的亨利 (死于1293年), 43, 50-51, 52
Henry of Grosmont, 格罗斯蒙特的亨利, 288
Henry of Langenstein, 朗根斯泰因的亨利, 71, 80, 679
Henry XIV of Lower Bavaria, 下巴伐利亚的亨利十四世, 543
Henry VI, Holy Roman Emperor (1190-1197), 亨利六世 (1190—1197), 神圣罗马帝国皇帝, 515
Henry VI, count of Luxemburg, 亨利六世, 卢森堡伯爵, 530
Henry VII of Luxemburg, Holy Roman Emperor (1308-1313), 卢森堡的亨利七世, 神圣罗马帝国皇帝 (1308—1313), 21-22, 113, 455, 463, 488, 494, 517, 529-537, 539, 592, 756
　当选, 530
　与佛罗伦萨, 471-472, 489-490
　与法国, 529-530
　帝国加冕礼, 532
　远征意大利, 442-444, 447, 450, 471-472, 489-490, 531-537
　与教宗, 531-532, 534, 535-536
　也见 Luxemburg dynasty 条
Henry of Mainz, archbishop, 美因茨的亨利, 大主教, 515, 545
Henry of Trastámara (1369-1379), 特拉斯塔马拉的亨利 (1369—1379), 108, 303, 598, 600, 638, 639-640
　也见 Enrique II of Castile 条
heralds, 纹章官、司礼官, 216-218, 220
heretics, 异端, 15, 47, 323, 418,

447，539，541，542，544，555，660-661

Hesychasts，静默派，816，817，822

Hildegard of Bingen，宾根的希尔德加德，14

Hilton, Walter（d. 1396），希尔顿，瓦尔特（死于1396年），48，50，58，62-63

historiography，历史学，10-11，12，14，15，737

 法国，422，658

 意大利，4，448

 奥托曼帝国，839-840，854

 俄国，777，788-789，793

 西班牙，4

 城镇，568

Hohenstaufen dynasty，霍亨斯陶芬王朝，502，503，517，518，520

Hohenzollern dynasty，霍亨索伦王朝，538

Holland, John, duke of Exeter，霍兰，约翰，埃克塞特公爵，317，319，320

Holland，荷兰，49，520，521，573，577-580，582，583，585-587，590，591，592-593，594

Holstein，荷尔斯泰因，85，713，721，722

Holy Land，圣地，604，797，865-869，878，879

 也见Jerusalem条

honour，荣誉，218，219-220，221，275

Horsley, Adam，霍斯利，亚当，48，63

Hospitallers，医院骑士团，305，607，608，609，610，625，660，829，844，864，866，868，871，872-873，874，876，882，883

Hospitals，医院，47，567

Hotspur, Henry，霍特斯珀，约翰，315，342

households，住户（家庭），125，135，148-154，283，809-810

Huesca university，韦斯卡大学，67，78

Hugh IV of Cyprus，塞浦路斯的休四世，872，873，878

humanism，人文主义，8，49，77，228，229，267-268，269，436，486-487，667

Hundred Years War，百年战争，11，12，108，113，121，193，210，238，247，274，278，282，284，289，400-407，426-427，456，544，549，577，578，587，593，659

Hungary，匈牙利，38，88，182，202，319，491，525-526，554，678，707，709，710，712，735-743，760，770，777，849，856，876

 与黑死病，132，727

 教会，736，737

 铸币，737，746

 文化，742

 王朝婚姻，735，741，752-754

 经济，737，741

 外交政策，737-739

 与那不勒斯，496，508-510，511，

513，514，524
贵族，210，736，739-741，742-743，778
农民，736，737，740
瘟疫，738，740
与波兰，743，746，748，749，752-754
王室遗产，736-737
税收，737
贸易路线，742，748
大学，71
与威尼斯，446，447
Hus, Jan, 胡斯, 扬, 57-58, 568, 685
Hussites, 胡斯派, 45, 48, 58, 751, 763, 789

Iberian peninsula, 伊比利亚半岛, 见 Aragon; Castile; Catalonia; Navarre; Portugal; Spain 条
icons, 偶像, 789, 791, 792, 793
immigration, 移民, 132, 133, 148, 149, 200, 207
India, 印度, 190, 191, 661
individual, 个人, 11, 15, 47, 49, 57, 58, 126, 150, 153, 232-233, 307
indulgences, 赎罪券, 684
industries, 产业（工业）, 121, 122, 164, 203, 205, 207, 507, 579
煤炭，161，182
玻璃，161，175-176，191，206
谷物，155-156，157，158，185，200，201，202，497，508
铁，161，187

马略尔卡陶器（majolica），175，206
金属，593
纸张，172-173，206，207
infant mortality, 婴儿死亡率, 136, 138
inheritance, 继承, 83, 150, 151
可分割的，84，203，339
长子继承权，345，356，425
Innocent VI, Pope (1352-1362), 英诺森六世, 教宗（1352—1362）, 511, 638, 644, 654, 655, 656, 657, 658, 661, 663, 664, 665, 668, 671, 716, 739, 874-876
insurance, 保险, 178, 181, 192-193
International Gothic Style, 国际哥特式风格, 224, 225-231
Ireland, 爱尔兰, 103, 165, 350, 370, 373, 375-387
农业，381
阿尔马（Armagh）大主教，380
游吟诗人（bards），377
与英格兰，275，277，319-322，328，330，375-377，378，380-387
饥荒，346，382
盖尔人地区（Gaelic areas），376，377，378，379，386
边境地区（Marches），375，377，378，379，381，382
土著家族（native dynasties），376，378
贵族，376，377-379，385，386
议会，377，384，386

瘟疫，382，384

苏格兰人入侵，338，350，378，379-380，382

资源，379

税收，375，382

城镇，376，377，380，381

也见 Dublin；Ulster 条

Isabella of Castile，卡斯蒂尔的伊莎贝拉，598

Isabella of England，英格兰的伊莎贝拉，228，274，276，277，287，288，318，336，351，399，430

Islam，伊斯兰教，4，56，840，841，854，856，857，862，863，871，879

也见穆斯林

Isle of Man，马恩岛，368

Istria，伊斯特里亚，450，453，454

Italy，意大利，6，14，21，23，47，48，49，442-468，469-487，488-514，520，728，759，804，823，825，826，833

安茹王朝统治者，442，488ff，503-504

农业，241-242，244，252-256

艺术庇护（赞助），223-224，225，226，227，229，231-232

银行，119，178，179，180，282，475，479，480，664

洗礼和葬礼，139

教会，452，453，454，463，465-466，504-505

城市国家，24，27

与"商业革命"，176-181

公社，442，443，445，450，451，452，453，454，457ff，464，465，466，471，475，482，493，541

冥想文学（contemplative literature），1093-59

腐败，459，466

基督教教会公国（ecclesiastical principalities），453-454（按：《君主论》译为"教会的君主国"）

与帝国，442-444，445，446，455，488-493，523，528，529，531-537，538-544，553，555，558，561

家庭结构，149-150

饥荒，129

强制借贷（贷款），193

外国干涉，444-447，448，454

与教会大分裂，693，694-696

与匈牙利，738，741-742

历史学，4，486

家族，120

法律，19，20，26，27

文学，257，258，259，260，263，265，266，267-270，445，449，452-453，463，464，469，487，502

地方自治，448-449

暴君（制）（signorie），442，450-453，467，474，533，553

市政建筑，106

贵族，443，444，447-448，450ff，457ff，464，465，467，492，505-506，514，533

往北的扩张，446，450，463-464，

466，486

寡头统治，116，474-475，480，484，533

与教宗，24-25，442，443，445，446-447，453，454，470，472，477，488-493，512，656-657，658，674-678，693-696

与牧首（patriarchate），453-454

瘟疫，131，132-133，135，139，458，479，480，483，509

政治分裂，442，443，444，447-450，457，458，460

教宗定居，653

人口下降，128-129

公国，454-457，466，467

改革，449，461

共和国，457，467

起义，457，458-459，461，478-479，657

乡村地区，448，450-451，465

肥皂工业，175

丝绸贸易，166-167

国家，24-25，465-468

纺织品贸易，162-164，497-498

城镇，102，103，104，106，114，115，116，117，119，120，122，436，443，444，445，447，450，451，456，464，465，489，493，494，533，656，657，811，812

贸易，156，160，161，448，460，461，462

贸易网，157-158

贸易路线，182-184，186，188-189，192-193

贸易公司，157，179-180，196-198

统一，of，448，465

大学，66，67，72，73，74，75，76，80

本土语言，257，258，259，260，263，265，266，267-270

葡萄酒贸易，158-159

也见 Florence；Latins；Milan；Naples；Papal States；Rome；Sicily；Venice 条

Ivan I Kalita（1325-1340），伊凡一世·卡里达（即"钱袋"伊凡）(1325—1340)，793

Jadwiga（Hedwig）of Poland，波兰的雅德维加（赫特维克），15，710，733，741，743，754，755，774

Jagiellonians，亚盖洛家族，见 Gediminid dynasty 条

James II of Aragon（1291-1327），阿拉贡的詹姆斯二世（1291—1327），252，504，595-601，602，603-604，605，609，610，617，620，628，870

与议会（cortes），611-613

James III of Mallorca，马略尔卡的詹姆斯三世，597，610

James IV of Mallorca，马略尔卡的詹姆斯四世，511，512

James I of Scotland，苏格兰的詹姆斯一世，362

Jean II d'Avesnes，阿韦讷的让二世，520，521，522

Jeanne of Brabant，布拉班特的珍妮，40

Jeanne of Burgundy, 勃艮第的珍妮, 394

Jeanne of Evreux, 埃夫勒的珍妮, 395

Jeanne of Navarro, 纳瓦拉的珍妮, 394

Jens Grand, archbishop of Lund, 延斯·格兰德, 隆德大主教, 716, 721

Jeronimites, 赫罗尼莫派, 647

Jerusalem, 耶路撒冷, 43, 489, 601, 602, 864, 865, 867, 868, 877, 878

"耶路撒冷之王", 510, 512, 872

Jews, 犹太人, 3, 7, 15, 56, 60, 110, 111, 390, 417 - 418, 502, 750, 761, 831

皈依, 617, 618

在德意志帝国（神圣罗马帝国的德意志部分）, 527 - 528, 553

立陶宛的, 723

在西西里, 498, 504

在西班牙, 606, 609, 615 - 618, 619, 637, 647, 649

Joan of Brabant, 布拉班特的若昂, 587 - 588

Joan of Kent, 肯特的琼, 15, 302, 304, 307, 311

Joanna I of Naples (d. 1382), 那不勒斯的乔安娜一世, 14 - 15, 427, 455, 456, 496, 499, 500, 508 - 513, 654, 678, 681, 738, 742

João I of Portugal, 葡萄牙的若昂一世, 644, 645, 646, 647

Jogaila (Jagellon) of Lithuania, 立陶宛的约盖拉（亚盖洛）, 7, 71, 710, 711, 723, 732, 755, 770, 774, 775

Jogaila-Władysław II of Lithuania-Poland, 立陶宛 - 波兰国王约盖拉 - 瓦迪斯瓦夫二世, 708, 722

John XXII, Pope (1316 - 1334), 约翰二十二世, 教宗 (1316—1334), 43, 44, 57, 67, 223, 397, 419, 445, 447, 451, 473, 476, 494, 503, 605, 610, 628, 631, 634, 721, 747, 759

与阿维尼翁, 658, 663, 654 - 655, 655 - 656, 663, 667

与圣职, 669, 670, 671

与枢机主教, 668

与十字军, 659 - 660

与巴伐利亚的刘易斯, 538ff

传教工作, 661

改革, 662, 672 - 673, 696

收入, 179, 500, 656, 664

与那不勒斯的罗贝尔, 492, 493

John VI Kantakouzenos (1347 - 1354), 约翰六世·康塔库泽诺斯 (1347—1354), 798, 799, 806, 808, 812, 813, 816, 819, 829, 846, 847, 875

John V Palaeologus (1341 - 1391), 约翰五世·巴列奥略 (1341—1391), 660, 813, 816, 820, 821, 827, 847, 875, 876

John VII Palaeologus, 约翰七世·巴列奥略, 821

John I of Aragon (1387 - 1396), 阿拉贡的约翰一世 (1387—1396), 600, 602, 608, 614, 615

John of Arkel (1342 - 1394), 阿克尔

的约翰（1342—1394），589，590

John III of Armagnac，阿尔马尼亚的约翰三世，446

John of Bavaria，巴伐利亚的约翰，587，589

John of Berry (1340 - 1416)，贝里的约翰（1340—1416），113，115，226，229 - 230，235，247，429，439，440，686，687，688

John III of Brabant (1312 - 1355)，布拉班特的约翰三世（1312—1355），397，576 - 577，587，591

John III of Brittany (1312 - 1341)，布列塔尼的约翰三世（1312—1341），401，419

John IV of Brittany (1364 - 1399)，布拉班特的约翰四世（1364—1399），302，315，427，441

John of Burgundy，勃艮第的约翰，见 John the Fearless

John of Diest (1322 - 1340)，迪斯特的约翰（1322—1340），590

John of England，英格兰的约翰，349，350

John the Fearless, duke of Burgundy (1404 - 1419)，"无畏者"约翰，勃艮第公爵（1404—1419），429，430，441，584，585，587，588，589

John of Fordun，福尔登的约翰，347，354，359

John I of France (1316)，法国约翰一世（1316），394，395

John II ('the Good') of France (1350 -1364)，法国（"好人"）约翰二世（1350—1364），40，97，112，121，173，179，210，213，232，279 - 280，391，398，407，409，410，412，421，431，433，439，440

被俘，423，427

性格，424

与骑士团，434

与十字军，877 - 879

政府，432

与教宗，418

与税收，429

John of Gaunt，冈特的约翰，96，99，173，280，290，295，300，301，302，303，304，307，310 - 311，316，320，709

与卡斯蒂尔，309，312，317，642，646

创建阿基坦（Aquitaine）公爵，318

死亡，328

与农民起义（1381），306

与苏格兰，352，353，359

John of Jandun，扬敦的约翰，540 - 541

John of Luxemburg, king of Bohemia (d. 1346)，卢森堡的约翰，波希米亚国王（死于1346年），397，398，405，445，448，475，476，494，496，498，532，542，550，551，577，730，756 - 763

继位，756 - 758

与帝国，537，545，758 - 760

与法国，546，549

与波兰，744，746 - 747，748

与宗教，762–763

与维特斯巴赫（Wittelsbach）事业，540，543

也见 Bohemia; Luxemburg dynasty 条

John of Normandy，诺曼底的约翰，397，400，404，405，416

也见 John II of France 条

John of Northampton，北安普敦的约翰，310，316

John of Paris，巴黎的约翰，56，300

John of Salisbury，索尔兹伯里的约翰，258，267，424

John of Trevisa，特雷维萨的约翰，259，267

John of Zurich，苏黎世的约翰，524，528

John-Henry of Bohemia，波希米亚的约翰-亨利，547

Johnston, Elias，约翰斯顿，埃利亚斯，396

Juan, Don，胡安，唐，620，621，623，624，625，626，627，628

Juan I of Castile（1379–1390），卡斯蒂尔的胡安一世（1379—1390），303，317，643–644，646–648

Juan Manuel, Don，胡安·曼努埃尔，唐，31，625，628，629，630，635，636，640–641

Juana II of Norwich，诺里奇的胡安娜二世，14，63，64，728

Kalmar, Union of（1397），卡尔马联盟（1397），722–723，728

Karaman emirate，卡拉曼埃米尔，842，843，851，852，853，857

Karasi emirate，卡拉西埃米尔，846–847，849，850，863

Karelia，卡累利阿，79

Kaunas，考纳斯，731

Kestutis of Lithuania（1342–1382），立陶宛的凯斯图蒂斯（1342–1382），707，708，709，710，731–732，770，774，775

Kiev，基辅，706，707，708，764，765，769，776–777，788，789，790

Kings of Arms，纹章院长，216，217

kingship，王权，6，285–286，297，324，331–333，354–362，549

与艺术庇护（赞助），223，224，225–231，501–503

与政务会议成员，33–34，437

宫廷，213–216，225–231，437，463，466，501，502，503

与对话（dialogue），38–41

与政府，29–32

与纹章官，216–217

理想的肖像，30–31

与司法权，25–28

与法律，19–21，503

国王的人身，285，296，426

与宗教，395，396，418–420

与王室礼仪，393–394，395–396，423

与王室官员，435–438

与继承，425

象征，395，396，426

与税收，28–29，96，117，419，421

也见 chivalry; princes 条

Kipchak khanate, 钦察（金帐）汗国, 771, 772, 773-774, 775-776, 783ff, 787

Knights, 骑士（团）, 291, 292, 293, 295, 302, 304, 310, 316, 320, 416, 434, 438, 729, 730, 731

也见 chivalry 条

Knights of St John of Jerusalem, 耶路撒冷的圣约翰骑士团, 495, 870

knowledge, 知识, 17-19, 50, 51, 52, 64, 76

Königsberg, 柯尼斯堡, 217, 732

Kortenberg Charter (1312), 《科滕贝赫宪章》, 576

Kress company, 克雷斯公司, 207-208

Kronborg, 克龙堡, 734

labour, 劳工（劳动者）, 121, 304, 339, 348

乡村, 86, 87, 94, 783, 785, 809

Ladislas of Naples, 那不勒斯的拉迪斯拉斯, 514, 693, 696

Ladislas the Short of Poland, 波兰的拉迪斯拉斯，"矮子", 744-745, 747, 758, 759

laity, 俗人, 43, 44-46, 58, 65, 308

confessions, 忏悔（告解）, 45
与冥想文学, 62, 63-64
与识字, 260-262, 268
与教廷分裂, 679
个人的虔诚, 46-47
与精神生活, 48-49

与神学, 53
与本土语言, 260, 261

Lancastrians, 兰开斯特家族, 285ff, 292, 303, 327, 328, 330, 331

land, 土地, 92, 93, 149, 151, 152, 338, 339, 365, 366, 368, 501, 785

价格下降, 202-203
市场, 85
所有制, 85-87, 193, 196

Landfriede of Cheb (1389), 海布的《普遍和平》法令 (1389), 556, 557-558, 561

landlords, 主人（地主）, 83, 94, 96, 97, 151, 164, 193, 200, 201, 202-203, 218, 347, 500, 785, 809

与农民, 85-88, 99, 100, 304-305, 501, 607, 781, 783

Langland, William, 郎格兰，威廉, 266

languages, 语言, 60, 77, 298, 299, 667, 702, 730, 732, 733, 782, 790, 818, 841, 842, 843-844

也见 German language; Greek language; Latin language; vernacular languages 条

Languedoc, 朗格多克, 85, 86, 103, 106, 107, 109, 111, 147, 163, 406, 414, 417, 429

Languedoil, 朗格多伊尔, 40, 103, 110, 414, 415, 417

Laskarid dynasty, 拉斯卡利德家族（王朝）, 797

Latin language, 拉丁语, 299, 436,

502, 567, 568, 667, 702, 818
与本土语言, 257, 258-260, 263, 264, 266
Latini, Brunetto, 拉蒂尼, 布鲁内托, 265
Latins, 拉丁人, 495, 795, 818, 825-838, 866, 867-868, 877
殖民地, 830-833
十字军, 828, 864ff, 867-868, 882
在爱琴海的扩张, 826-829
长途贸易, 829-833
商业经济, 825, 831-833
law, 法律, 18-21, 23-24, 26-28, 273, 293-295, 394, 691, 702-703, 713, 724, 745-746, 765, 768, 783, 790, 804
教会法, 19-20, 21, 44, 56, 76, 79, 733
民法, 18, 19, 76, 79
普通法, 18, 28
英国的, 377
法学院, 66, 67, 73, 75, 76, 79
帝国的, 536, 545, 546, 554
与王权, 19-21, 503
自然法, 57
也见 German law; Roman law 条
Le Bel, Jean, 勒贝尔, 让, 97
Le Moine, Jean (d. 1313), 勒穆瓦纳, 让 (死于1313年), 19
Leagues, 同盟
海军, 868-873
贵族, 419, 420, 446, 448
城镇, 557-558, 562, 565, 566
Leinster, 伦斯特, 376, 381, 385

León, 莱昂, 621, 623, 625, 629, 636
Leonor of Castile, 卡斯蒂尔的莱昂诺尔, 636, 639, 642, 643, 644, 648
Leopold III of Austria, 奥地利的利奥波德三世, 449, 529, 531, 538, 741
Lerida university, 莱里达大学, 66, 67, 78
Leroy, Pierre, 勒鲁瓦, 皮埃尔, 688, 690
Levant, 利凡特, 864, 865, 866, 871, 878, 880
也见 Asia Minor; Mediterranean region 条
Lewis IV of Bavaria (1314-1347), 巴伐利亚的刘易斯四世 (1314—1347), 20, 22, 26, 397, 445, 446, 473, 492-493, 494, 495, 496, 498, 499, 537-550, 551, 552, 578, 738, 757, 758, 759, 760
加冕, 537, 550
死亡, 549
当选, 537-538
与英格兰, 544-545, 546, 548, 550
被开除出教, 539
与法国, 546-547
与教宗, 538ff, 547-548, 549-550, 657, 673
Lewis of Brandenburg, 勃兰登堡的刘易斯, 545, 546, 547
Lewis II of Upper Bavaria, 上巴伐利亚

的刘易斯二世，515，529
liberty，自由（特权），449，486–487
libraries，图书馆，258，261，424，434，564，666
Liège，列日，570，571，576，577，580–582，586，587，588–589，592–593，594
life expectancy，平均寿命（预期寿命），137–138
Limburg brothers，林堡兄弟，229，230
Lionel, duke of Clarence，莱昂内尔，克拉伦斯公爵，290，375，380，383，385
Lisborn，里斯本，111，183，633，637，641，642，644
　大学，66，67，72
literacy，识字，6，9，260–262，268，305，308
literature，文学，8，503，640，666–667，789，790，791，792，852
　经典，265，266–267，270
　英格兰的，259，260，261–262，263，264，265，266–267，269，299，331
　小说，267，269
　法国的，258，259，264，266，411
　德国的，59–61，567–568
　意大利的，257，258，259，260，263，265，266，267–270，445，449，452–453，463，464，469，487，502
　与缪斯，264–265，267，268，269
　宗教的，42，44，48，232，259，260
　西班牙的，259，263
　翻译，258–259
　威尔士的，338，343
　也见 authors, identity of; chronicles; contemplative literature; poetry; romances; vernacular languages 条
Lithuania，立陶宛，43，317，509，701，703–712，727，730，739
　农业，783
　建筑，733–734
　波雅尔（boyars），723，783
　内战，708
　教士，迁移，708，710
　反立陶宛的十字军，660，699，710–711
　文化和宗教，703，705，706，709，710，727，728，729，731–734，755，790
　王朝，705，707–708
　经济，783
　教育，732–733
　各族团体，723，724
　饥荒，708
　法律，703，790
　贵族，703，705，711，783
　与波兰，707，708，709，710–712，746ff，752–756，759，744–745，790，791
　政治制度，782
　与里加，706
　与俄罗斯，703，705，706–708，709，710，723，765，769–770，782–783，788–791
　社会结构，723–724

资源，702，765，768
与条顿骑士团，706，708-709，712，713，718，719，730，768-770
城镇，723，783
贸易，706
武士精神（warrior ethos），731
也见 Poland-Lithuania 条
Livonia，利沃尼亚，699，702，703，705，712-719，720，726，729，768，775，781，782
Llywelyn ap Gruffydd, prince of Wales, 卢埃林·阿普·格鲁菲兹，威尔士君主，334，335，340
Loans, 借款（贷款），180，193，196，282，283，284，325，419，475，480，497，500，505
local government, 地方政府，34-38，116-118
Lodovico of Sicily, 西西里的卢多维科，495，505
logic, 逻辑，50，51，53，55，76
Logie, Margaret, 洛吉，玛格丽特，358
Lollards, 罗拉德派，45，49，259，298，307-308，323，331
Lombardy, 伦巴第，24，43，114，116，445，448，450，452，464，475，476，489，490，525，532，533，535，536，543，657
呢布贸易，163-164，202
圭尔夫派（教宗党），443，488
帝国选举，554
同盟，494，498
亚麻布，172

贸易，157，159，160，161，206
也见 Italy；Venice 条
London, 伦敦，98-99，174，178，202，308，319，320，324，329，332
建筑，234，235
与黑死病，107
政府，301，306，310，322，325
成长，115
资源，298，299
贸易，156，157，164，172，177，184
Loon, 洛恩，589，591，592
López de Haro, Diego, 洛佩斯·德·哈罗，迭戈，620，622
Lorraine, 洛林，520，521，532
Louis de Nevers (1322-1348)，纳韦尔的路易（1322—1348），574
Louis I of Anjou (1339-1384)，安茹的路易一世（1339—1384），427，439，455，512，513，678，681
Louis II of Anjou (1377-1417)，安茹的路易二世（1377—1417），513，514，600，683，685，693，694，741，749
Louis of Durazzo, 都拉斯的路易，495，511
Louis of Flanders, 佛兰德的路易，405
Louis IX ('Saint Louis') of France (1226-1270), 法国路易九世（圣路易，1226—1270），39，235，242，390，394，395，409，412，417，421，426，431，500
Louis X of France (1314-1316), 法国

路易十世（1314—1316），219，
  392，394，410，412，417
Louis the Great of Hungary（1342 –
  1382），匈牙利的路易大王
  （1342—1382），38，508，509，
  510，512，513，735，737 – 743，
  752 – 754
Louis of Orléans（d. 1407），奥尔良的
  路易（死于 1407 年），429，
  440，445，449，455，461，682，
  692，694
Louis of Taranto，塔兰托的路易，210，
  508，509，510，511
Louis of Toulouse，图卢兹的路易，
  224，501
Louvre, the，卢浮宫，424，426，434
Low Countries，低地国家，38，279，
  397，400，401，429，441，532，
  570 – 594，713，729
  农业，592
  建筑，239，241，594
  艺术，226，227，230，594
  权力制衡，570 – 582
  与黑死病，132，133
  呢布工业，162，167 – 168，584
  钱币，592
  冥想文学，59，64
  文化，594
  王朝权力，582 – 589
  经济发展，579，592 – 594
  与英格兰，571，572，573 – 575，
    577，586，590
  饥荒，129
  与法国，576，577，578，582 – 585
  与德国，520，521，522，570，
    573，577，578，582，585，
    587 – 588，592
  司法权，570
  贵族，572，573，576，578，579，
    580，582，590
  显贵（城市贵族，patriciate），570，
    571，572，574，575，579，581，
    582，593
  宗教，589
  起义，574，575，581，588
  乡村地区，591
  社会阶级，571 – 572，576
  纺织业，573，592 – 593
  城镇，570 – 571，572，573，575，
    576，578，579，580ff，589，
    592，594
  贸易，158，172，184，185，571，
    573，574，579，581，583，584，
    586，726
  交易会（trade fairs），156
  也见 Brabant；Flanders；Friesland；
    Holland；Liège；Zeeland 条
Lübeck，吕贝克，104，107，188，
  201，205 – 206，565，699，703，
  725，726，732
Lucca，卢卡，67，197，464，491，
  494，534，541，543，693，694
  银行，497
  大教堂，105
  商业教育，181
  公司，179
  与佛罗伦萨，470，472，473，
    475 – 478
  丝绸，122，166，167，206
Ludwig II of Upper Bavaria，上巴伐利

亚的路德维希二世, 517, 522
Lull, Roman, 勒尔, 拉蒙, 42, 56, 504
Lusignan dynasty, 吕齐尼昂王朝, 864, 872
　也见 Cyprus 条
Luther, Martin, 路德, 马丁, 96
Luxemburg dynasty, 卢森堡王朝, 453, 490, 530 – 531, 538, 547, 548, 551 – 560, 562, 735, 742, 743, 754
　与波希米亚, 756ff
　与东欧, 554, 555
　与低地国家, 591 – 592
　王朝下的政治, 552 – 556, 562
　也见 Charles IV of Bohemia; Henry VII of Luxemburg; Wenceslas IV of Bohemia 条
Luxemburgregion, 卢森堡地区, 591, 592

MacDonalds of Islay, 艾莱的麦克唐纳家族, 371, 372, 373, 380
MacDougalls of Argyll, 阿盖尔的麦克杜格尔家族, 370, 371
Macedonia, 马其顿, 803, 807, 808, 810, 812, 813, 817, 819, 820, 821, 822, 826, 829, 835, 853
MacMurrough clan, 麦克默罗家族, 376, 381, 383
Madrid, 马德里, 648
Magna Carta,《大宪章》, 32
Magnus Ericsson, king of Denmark and Sweden, 马格努斯·埃里克松, 丹麦和瑞典国王, 719 – 720, 721, 728, 729
Magnus Peterson, 马格努斯·彼得松, 728
Mainz, archbishop of, 美因茨的大主教, 515, 516, 518, 520, 521, 522, 528, 530, 540, 542, 545, 549, 551, 561, 562, 757, 759
Malatesta, 马拉泰斯塔, 656
Mallorca, 马略尔卡, 175, 187, 252, 418, 498, 511, 512, 617
　与阿拉贡, 595, 596, 597 – 598, 600, 603, 604, 605, 873
Malta, 马耳他, 511
Malthusian crisis, 马尔萨斯危机, 89 – 92
Mamluks, 马穆鲁克, 191, 601, 836, 842, 857, 864 – 867, 870, 872, 876, 879 – 881
Manuel III Palaeologus, 曼努埃尔三世·巴列奥略, 820, 821, 822 – 823, 854
Marcel, Etienne (d. 1358), 马赛尔, 埃蒂安（死于1358年）, 110, 111, 113, 116, 414, 427
March, earldom of, 马奇（边境）伯爵领, 361 – 362, 365, 369, 370, 384
Mare, Peter de la, 马雷, 彼得·德·拉, 295, 300
Margaret 'lord of Sweden', 玛格丽特,"瑞典之王", 15, 722
Maria de Molina of Castile (d. 1321), 卡斯蒂尔的玛丽亚·德·莫利纳（死于1321年）, 14, 620 – 622, 623 – 624, 625, 626, 627, 628

María de Padilla（d. 1361），帕迪亚的玛丽亚（死于 1361 年），638，639，641

María of Portugal，葡萄牙的玛丽亚，630，634，638

Marie of Luxemburg，卢森堡的玛丽，395

Marienburg，马林堡，234，235，238，248，712，716，730，732，733，747，755，768

Marienwerder，马林韦尔德，728

Marigny, Enguerran de，马里尼，昂盖朗·德，391，392，393

markets，市场，155，178

　也见 trade 条

'Marmosets'，"顾问团"，429，435-437（按：等于 Marmousets）

Marquardo di Randek（1365-1381），马卡多·迪·兰德克（1365—1381），453，545

Marriage，婚姻，见 nuptiality 条

Marsilius of Padua（1275/80-1343），帕多瓦的马尔西利乌斯，6，20，22，544，547-548，550，657

Martin V, Pope（1417-1431），马丁五世，教宗（1417—1431），696

Martin I of Aragon（1396-1410），阿拉贡的马丁一世（1396—1410），507，508，600-601，606，611，614

Martin II of Aragon，阿拉贡的马丁二世，507

Martini, Simone，马丁尼，西莫内，223-225，501

Mary of Anjou, queen of Hungary，安茹的玛丽，匈牙利王后，525，741，742-743

Mary of Lusignan，吕西尼昂的玛丽，601-602，605

Mary of Navarre，纳瓦拉的玛丽，610-611

Maud of Lancaster，兰开斯特的莫德，383

Mazovia，马佐维亚，707，708，715，745，750，770

Meaux，莫（城），97，115，116，409，413，745

Medici, Giovanni，美第奇（梅迪奇），乔瓦尼，478

Medici, Salvestro，美第奇（梅迪奇），萨尔韦斯特罗，483

Medici family，美第奇（梅迪奇）家族，119，471，479

medicine，医药，502，568

　学校，66，67，75，76

Mediterranean region，地中海地区，4，5，14，84，199，407，458，460，461，825ff，851

　十字军，398，868ff

　东地中海，601-602，603，604，811，864ff

　家族，147，149，151，154

　地主，86，87

　法律，85

　海军联盟，868-873，879，881

　结婚率，143，145

　与瘟疫，133，143

　乡村危机，89

　城镇，102

　贸易，157-158，159，160，205-

206

贸易路线（商路），182-187

西地中海，602，603

也见 Catalonia; Cyprus; Latins; Sicily 条

mendicant orders，托钵僧修会，见 religious orders 条

mercenaries，雇佣兵，467，472，511，512，513，615，656，661，755，803

加泰罗尼亚的，471，602，802，804，826，828，845

团队（连队），220，406，427，500，600，639，654，877

与雇佣兵队长（*condottieri*），192，446

merchants，商人

与城市城区，108，109，112，113，114，116

merchants，商人，121，156，181，185，189-190，191，207，282，284，298，299，300-301，320，321，418，498，499，799，805，811，812，813

波罗的海，725，726

加泰罗尼亚的，176，177，601，602-603，604

汉萨的，158，781

低地国家的，571，575，576，593

显贵（城市贵族）阶级，106，119，751

贸易公司，179-180，916-918

Merswin, Rulman（d. 1381），默斯温，拉尔曼（死于1381年），60，61

Michael VIII Palaeologus，米哈伊尔八世·巴列奥略，795-797，802，803，806，818，823，825，826，829

Midi, the，南方（法国），400，410，413，416，417，419，429

Milan，米兰，34，104，114，116，132，161，196，197，443，444，446，452，453，455，465，491，494，512，541

大教堂，253-254

公司，180

派别冲突（内讧），445，447

与佛罗伦萨，475，476，486，561

与卢森堡的亨利，533-534，535

工业，164

人口，206-207

收入，500

道路，189

圣徒，466

military fortifications，军事防御工事，113-114

military orders，军事骑士团，11，12，610，634，643，782

也见 Hospitallers; Teutonic Knights 条

military services，军事服役，289

Mindaugas of Lithuania（*c*. 1238-1263），立陶宛的明道加斯（约1238—1263），705，734，769

mines，煤矿，199，499，746，761

Minorca，梅诺卡岛，595

minstrels，吟游诗人，216

Moldavia，摩尔达维亚，739

monarchy，君主制，见 kingship 条

monasteries，修道院，43，46，87，100，242-243，248，298，299，308，341，504，566，718，762，768，774，791，792
 拜占庭，808，819，822，823
monasticism，修道生活，11，47，48，49-50，762
 也见 friars；monasteries 条
money，货币，见 coinage 条
money-changers，货币兑换商，180，198
Mongols，蒙古人，56，190，525，601，615，661，748，765，768，770，771，774，776，784，787，797，841，849，864-865，871，883
Montagu, John, earl of Salisbury，蒙塔古，约翰，索尔兹伯里伯爵，322，323，328，329，330，331
Montague, William，蒙塔古，威廉，274，288，290
Montaillou, Languedoc，蒙塔尤，朗格多克，85
Montferrat, marquisate of，蒙费拉，侯爵领，444，446，447，449，454，455，457，467
Montfort dukes，蒙福尔公爵，220，441
 也见 Brittany；de Montfort；John IV of Brittany 条
Montpellier，蒙彼利埃，109，111，177，178，414，595，598
 大学，44，66，74，76，78
Moors，摩尔人，398，417，647，660
Moravia，摩拉维亚，526，531，548，562，709，743，761
Morea, the，莫里亚，798，805，813，819，820，821，823，824，826，828，829
Morocco，摩洛哥，190，597，604，635，637
mortality，死亡率，10，124，125，126
 与家庭结构，147-148，152
 与瘟疫，131-134，136-138，145
 乡村，84，85，89-44（按：原文如此），152
 城市，107-108
Mortimer, Edmund, earl of March，莫蒂默，埃德蒙，马奇（边境）伯爵，329，342
Mortimer, Roger，莫蒂默，罗杰，276，287，288，319，336，343，351，380，382，383，386
Moscow，莫斯科，707，708，709，710，754，765，771，772，773-774，775，776，778，784，786-787，788，789
 艺术和建筑，792
 宗教生活，792-793
Mowbray, Thomas, earl of Nottingham，莫布雷，托马斯，诺丁汉伯爵，314，317，325，327，386
Munster，明斯特，378（按：应为379页），385
Murad Bey，穆拉德贝伊，849-853，856，859-861，863，882，883
Murray, Andrew，默里，安德鲁，350，351
Muslims，穆斯林，56，174，175，

190，191，398，417，660，661，787

与基督教国家，864，868，870ff，882，883，884

与医院骑士团（Hospitallers），868 – 871

与奥托曼人，840ff，847，851 – 852，854，856，859ff

与西班牙，595，601ff，615 – 618，619，635

也见 Islam；Mamluks

Mussato, Albertino，穆萨托，阿尔贝蒂诺，267，268，269，449，463，534

mysticism，神秘主义，11，14，50，58 – 64，232，504，701，728，791

Namur，那慕尔，570，577，589，591

Naples (city)，那不勒斯（城市），104，105，223，224

Naples, kingdom of，那不勒斯，王国，8，13，24，46，219，442，455，681，683 – 684，685

与阿尔巴尼亚，495

艺术庇护（赞助），223 – 224，501 – 530

骑士团，210，502

与帝国，489 – 490，534 – 536

财政，497 – 500

与佛罗伦萨，473，474，475，476，480，497，498 – 499，512

与匈牙利，496，508 – 510，511，513，514，738，739，741 – 742

工业，497 – 498

法律，503，505

文学，502

贵族，495，504 – 506，5 – 7，508，509，514

与塞尔维亚人，495

税，493，499 – 500

也见 Angevin dynasty；Charles II of Naples；Charles of Durazzo；Robert of Naples 条

nationalism，民族主义，7

Navarre，纳瓦拉，30，36 – 37，109，393，598，619，631 – 632，639，640，642 – 643，648，828

学院，74，80，424

瘟疫，637

也见 Charles II of Navarre 条

navies，海军，281，401，802 – 803，812 – 813，831 – 832，850，865，868 – 873，879，881，882

Negroponte，黑桥（内格罗蓬特），825，828，830，831，832，834，865，869

Nestorian Christians，聂斯托利派基督徒，56

Netherlands，尼德兰，见 Low Countries 条

Neville, Alexander, archbishop of York，内维尔，亚历山大，约克大主教，313，314，316

Neville, Ralph, earl of Westmorland，内维尔，拉尔夫，威斯特摩兰伯爵，290，317

Neville family，内维尔家族，320

Neville's Cross, battle of (1346)，内维尔十字架之战（1346），276，

371，397

Nicaea，尼西亚，795，806，818

Nicholas IV, Pope (1288 – 1292)，尼古拉四世，教宗 (1288—1292)，866

Nicholas V, Pope (1447 – 1455)，尼古拉五世，教宗 (1447—1455)，541 – 542，673

nobility，贵族，13，32，39，168，174，179，193，210，211
  与骑士，218，219 – 220，235
  与城镇的冲突，557 – 558
  教育，72，434
  与纹章，217 – 218
  家庭（户），213 – 215
  同盟，419，420，446，448
  与军事服役，289，370，415
  新的，438
  与庇护（赞助），225 – 226，286
  与农民起义，97，98
  与政治权力，431 – 435，701
  与君主，218 – 221，437
  个人的虔诚，45
  与随从，211，212，213 – 214
  作为王室官员，435 – 438
  毁灭，82
  与条顿骑士团，715，716，732
  称号（头衔），220
  威尼斯的，459
  也见 chivalry; knights; princes 条

Nogaret, Guillaume de，诺加雷，纪尧姆·德，525

Normandy，诺曼底，97，128，391，392，397，404，405，406，407，409，430

会议 (assemblies)，414，415
  与黑死病，91，93 – 94，135，144
  人口，388

Normans，诺曼人，345，350，376，405，502，503，632

North Africa，北非，158，177，190，191，601，604，617
  也见 Egypt; Mamluks; Syria 条

North Sea，北海，182

Norway，挪威，720，722，723，732

Novgorod，诺夫哥罗德，8，15，162，701，708，719ff，732，765，768，771，773ff，778 – 782，789，791，794

Núñez de Lara, Juan，努涅斯·德·拉腊，胡安，620，622，626，635

nuns，修女（尼姑），61，62，63，137

nuptiality，结婚率，10，138，139，141 – 145，146，149，152，154

Nuremberg，纽伦堡，104，122，161，207 – 208，527，528，538，554，562，565，762

oaths，誓言，327 – 328

Ockham, William，奥卡姆，威廉，76

oligarchies，寡头政治，8，13，106，116，118，474 – 475，480，481，484，533，626，636，736，743，780

Olivi, Peter John，奥利维，彼得·约翰，43，55

orality，口语倾向，261 – 262，269

Orange，奥兰治，67

Order of the Band, 绶带骑士团, 209, 210, 212, 215
Order of the Collar, 领圈骑士团, 209
Order of the Ermine, 貂皮骑士团, 209, 220
Order of the Garter, 嘉德骑士团, 209, 210-211, 212, 215, 217, 231, 238, 289, 434, 502
Order of the Golden Buckle, 金带扣骑士团, 209
Order of the Golden Fleece, 金羊毛骑士团, 231
Order of the Holy Spirit, 圣灵骑士团, 502, 510
Order of the Knot, 花结骑士团, 210, 211, 510
Order of the Passion of Jesus Christ, 基督受难骑士团, 319, 331
Order of the Star, 星星骑士团, 209, 210-211, 212, 213, 217, 231, 434, 502
Orekhov, 奥列霍夫, 729
Orhan Bey, 奥尔汗贝伊, 846-849, 858
Orléans, dukes of, 奥尔良公爵, 425, 429, 439, 440
　　也见 Louis of Orléans 条
Orléans university, 奥尔良大学, 66, 73, 76, 78
Ormond 奥蒙德, 见 Butler, earls of Ormond 条
Orsini, Cardinal Napoleone, 奥尔西尼, 拿破仑枢机主教, 470, 655, 668
Orthodox Church, 东正教教会（正教), 7, 453, 727, 748, 749, 754, 823
　　拜占庭, 706, 711, 808, 816-817, 819, 821
　　希腊, 660, 875, 876
　　俄罗斯, 709-710, 728, 729, 730, 734, 764, 778, 790, 791, 792, 793
Orvieto, 奥尔维耶托, 133, 244, 253, 254, 482, 653
Osman Bey, 奥斯曼贝伊, 840, 843, 844-846, 858, 865
Osmanlı emirate, 奥斯曼勒埃米尔, 844-849, 852, 861, 865
Otto of Bavaria, 巴伐利亚的奥托, 736
Otto of Brunswick, 布伦瑞克的奥托, 512, 513, 681, 683
Otto III of Lower Bavaria, 下巴伐利亚的奥托三世, 515
Ottokar of Bohemia, 波希米亚的奥托卡尔, 526
Ottoman empire, 奥托曼帝国, 7, 16, 319, 602, 660, 737, 739, 743, 749, 827, 835, 836, 839-863, 868ff
　　与黑死病, 862
　　与拜占庭, 797, 799, 804, 816, 817, 820, 822, 823, 824, 838, 840-849, 865, 873-876
　　铸币, 852, 854
　　反对奥斯曼的十字军, 873-876, 879-884
　　文化, 841, 842, 852
　　与欧洲, 852
　　埃米尔国家（职位）的出现,

844-849

扩张，849-853

伊斯兰教，840，841，854，856，857，859，862，863

语言，841，842，843-844

文学，852

海军，850

起源与历史学，839-844，854

奥斯曼贝伊（Osman Bey）与，840，843，844-846，858

奴隶制，859，860

社会与政治，843-844，858-863

城镇，863

overpopulation，人口过剩，89，90，91，92，107，606

Owain ap Thomas ap Rhodri，欧文·阿普·托马斯·阿普·罗德里，340，343

Owain Glyn Dŵr，欧文·格林·德兀尔，341-344

Oxford university，牛津大学，42，43，44，50，51，53，54，57，62，66，71，72，73，74，75，307

默顿（Merton）学院，74

新学院，80

与教宗分裂，80，81

学生数，78

Pachymeres, Georges，帕奇米尔斯，乔治，796

Padua，帕多瓦，445，449，450，454，459，465，477，486，534，742

大学，66，72，75，76

pagans，异教徒（异端），12，727，728，729，730-731，749

pageantry，盛大的庆典，214-215，220

painting，绘画，223，224-225，226，227，230，232，243，253，501-502，568，789，791-792，819

也见 icons 条

Pais, Alfonso, bishop of Viseu，派斯，阿方索，维塞乌的主教，31

Palaeologus dynasty，巴列奥略王朝，449，454，796，804-805，813，816，820，821，823

Palatinate，巴拉丁伯爵领，515，517，521-522，530，538，543，545，558，560-562

Palestine，巴勒斯坦，见 Holy Land 条

Pallavicini family，帕拉维奇尼家族，450-451

Panormitanus (d. 1453)，帕诺米塔努斯（死于1453年），19

papacy，教宗（职位），6，7，43，56-57，396，595ff，604，605，609，647

与艺术，222-223

与拜占庭，795，798

与卡斯蒂尔，624，628，630，636-637，638，642，645，647

与十字军，398，866-868，873-876

与教育，66，67，71，72，74，79

与帝国，522-525，527，538-540ff，549-550，555-556，656

财政，500，503，655-656，664，674，681，682-683，684，687

与法国王室, 418-420, 523-525, 867-869

与意大利诸国, 24-25, 442, 443, 446-447, 453, 545, 470, 472, 477

与法律, 20, 21, 57

与西西里, 488-493, 504-505, 512

与诸国, 22-24

与条顿骑士团, 716, 718

与威尼斯, 490-491

也见 Avignon papacy; Roman papacy 条

Papal States, 教宗国（教宗辖地）, 24, 447, 482, 514, 523, 525, 535, 538, 653, 655-657, 664, 674, 681, 683, 685

Paris, 巴黎, 8, 58, 80, 105, 110, 112, 121, 174, 223, 322, 413, 414, 430, 730

建筑, 235, 239, 244, 247, 248

防御, 113, 114

食物短缺, 106

与教会大分裂, 690-694

高等法院（*parlement*）, 27, 112, 219, 280, 389, 391, 392, 399, 410, 412-413, 419, 420, 422, 427, 435, 436, 437, 438, 440

与瘟疫, 107, 405

人口, 104, 388

骚乱, 106, 111, 116, 429

贸易, 156, 157, 177

条约 (1259), 277, 278, 398, 399

也见 Paris University 条

Paris university, 巴黎大学, 20, 42, 43, 44, 51, 54, 57, 59, 64, 66, 67, 71, 76, 115, 540, 733

财政, 74

与教会分裂, 80, 81, 679, 686, 687, 688, 693, 694

学生数, 78

神学争论, 50, 53, 72

Parler, Peter, 帕勒, 彼得, 250, 251, 568

parliament, 议会（国会）, 29, 32, 38-41, 289, 291-295, 296, 300, 311-316, 320-321, 326-327, 412, 413, 456

贤良议会 (Good Parliament, 1376), 290, 295, 298-299, 300, 301

爱尔兰的, 377, 384, 386

苏格兰的, 353, 363, 364, 366-367

也见 Commons, House of; *cortes*; Paris, *parlement* 条

Parma, 帕尔马, 450, 451, 464, 476, 477, 494, 543, 535, 543

Paston, Norfolk, 帕斯顿, 诺福克, 305

pastoral care, 精神关怀, 11

Pastoreaux movement, 牧羊人运动, 417

patriciate, 显贵（城市贵族）, 106, 479, 570, 571, 572, 574, 575, 579, 581, 582, 593

patronage, 庇护（赞助）, 8, 120, 211-212, 216, 219, 220, 274, 290, 304, 309-310, 317, 367-368, 389, 468, 501-502,

594, 818, 819
与建筑, 222, 226-227, 234-235
贵族的, 225-226, 286
教会的, 222-223
与国际哥特式风格, 225-231
新的中心, 223-224
与宗教艺术, 225, 231-233
世俗市民的 secular civic, 225
城市的, 222, 225

Pavia, 帕维亚, 444, 449, 466, 467
大学, 67, 72, 75

peasants, 农民, 15, 199, 282, 332, 350, 527, 529, 608, 718, 721, 724, 732, 740, 778, 779, 783, 784, 785, 788
受剥削, 87, 88, 94-95, 96, 100
持有地, 83-84, 85, 87, 809-810
与主人（地主）, 83-88, 99, 100
流动, 761
死亡率, 84, 85
起义, 82, 86, 88, 95-101, 108, 116, 298, 299, 304-307, 388, 427
妇女, 84, 809

Pedro III of Aragon (1276-1285), 阿拉贡的佩德罗三世（1276—1285）, 595, 596, 612

Pedro IV of Aragon (1336-1387), 阿拉贡的佩德罗四世（1336—1387）, 507, 511, 597, 598, 602, 603, 604, 605, 606, 607, 608, 610, 611, 613, 614, 615, 616, 617, 641

Pedro I the Cruel of Castile (1334-1369), 卡斯蒂尔的"残忍的"佩德罗一世, 30, 108, 598, 599, 600, 619, 632, 635, 638-639, 641, 644

Pegolotti, Francesco, 佩戈洛蒂, 弗朗切斯科, 166, 181, 185, 199

Pelopponese, 伯罗奔尼撒, 798, 823, 827, 828, 833

Percy family, earls of Northumberland, 珀西家族, 诺森伯兰伯爵, 302-303, 308, 317, 319-320

Pere II of Aragon, 阿拉贡的佩雷二世, 见 Pedro III of Aragon 条

Pere III of Aragon, 阿拉贡的佩雷三世, 619, 632, 635, 639
也见 Pedro IV of Aragon 条

Perpignan university, 佩皮尼昂大学, 67, 78

Perrers, Alice, 佩勒兹, 艾丽丝, 15, 290, 296, 300

Persia, 波斯, 166, 172, 175, 190, 601, 604, 661, 797, 841, 842, 864, 871

Perugia, 佩鲁贾, 207, 476, 482, 486, 655, 657, 656, 657
教宗在, 653
圣多明我会教堂（St Dominic's church）, 105-106
大学, 67, 75

Peruzzi, 佩鲁齐, 119, 157, 177, 180, 471, 475, 479, 489, 497

Peter IV of Aragon, 阿拉贡的彼得四世, 见 Pedro IV of Aragon 条

Peter of Aspelt, 阿斯珀尔特的彼得, 530, 540, 757

Peter of Cyprus, 塞浦路斯的彼得, 660, 873, 876-881, 882
Peter of Lusignan, 吕西尼昂的彼得, 749
Peter II of Sicily, 西西里的彼得二世, 505
petitions, 请愿（申请）, 40-41, 292-293, 295, 305, 321, 413, 449, 467, 662, 668, 670
Petrarch, Francesco, 彼得拉克, 弗朗切斯科, 49, 77, 258, 263, 268, 388-389, 449, 502, 553, 657-658, 662, 666-667, 732
Philip the Bold of Burgundy (1342-1404), 勃艮第的"无畏者"菲利普 (1342—1404), 173, 429, 439, 440, 441, 583, 584, 585, 588, 659, 686, 687, 688
Philip the Good of Burgundy (1396—1467), 勃艮第的"好人"菲利普 (1396—1467), 430, 441, 585, 592
Philip of Evreux, 埃夫勒的菲利普, 见 Philip of Navarre 条
Philip IV the Fair of France (1285-1314), 法国"美男子"菲利普四世 (1285—1314), 36, 56, 183, 219, 239, 247, 273, 397, 413, 416, 418, 431, 573, 631, 653, 658, 867
  行政改革, 409
  死亡, 388, 395
  与帝国, 517, 520, 521, 524, 525, 529-530, 532, 536, 537
  外交政策, 396
  与司法, 412
  遗产, 389-390, 391, 392, 420
  收入, 500
  与王室礼仪, 393-394
  与税收, 415, 419, 421
Philip V of France (1316-1322), 法国菲利普五世 (1316—1322), 113, 219, 277, 392, 394, 395, 398, 409, 412
  与十字军, 868
  财政, 419
  政府, 410-411, 414
  与犹太人, 417
  与伦巴第人, 418
  与贵族, 420
  与教宗, 658
Philip VI of France (1328-1350), 法国菲利普六世 (1328—1350), 30, 191, 278, 279, 391, 392, 395, 396, 397, 409, 410, 412, 576
  与阿基坦 (Aquitaine), 399
  与十字军, 398
  与钱币, 417
  与帝国, 543, 546-547, 549
  与英国的战争, 400-406
  与政府, 411, 414
  与伦巴第人, 418
  与教宗, 658
Philip of Navarre, 纳瓦拉的菲利普, 30, 398, 619, 631-632
Philip of Poitiers, 普瓦蒂埃的菲利普, 394, 396
Philip of Taranto, 塔兰托的菲利普, 741

Philip of Valois,瓦卢瓦的菲利普,392,394,542

也见 Philip VI of France 条

Philippa of Hainault,埃诺的菲利帕,228,300,397

philosophy,哲学,18,20,21,42,51-53,56,57,75,76,267,268,568

Piacenza,皮亚琴察,450,451

Piedmont,皮德蒙特,454-457,489,490,491,492,496,512,535

pilgrimages,朝圣,46,186,317,601,655,684

piracy,海盗行为,192,825,836,838,865

Pisa,比萨,25,186,188,189,193,197,241,472,473,474,477,478,486,535,536,541,694

市议会,562,686,691,694-696

与撒丁岛,596,597

大学,67,75

Pisan,Christine de(1365-1430),皮尚,克里斯蒂娜·德,26,30,33,228,263,264,423

Pistoia,皮斯托亚,90,92,108,470,473,477,479,493

plague,瘟疫,6,8,9,12,14,92,102,298,346,347,382,384,388,405,406,479,480,483,489,500,506,509,553,556-557,644,672,738,740

与艺术,229

原因,131

与儿童,134,136,138,139,140

死亡率,131-134,136-138,145

对人口影响,124-126,130ff

与饥荒,129-130

与生殖率,138-141

历史学,124-126

与住户(家庭),148-150

与结婚率,141-145

与乡村地区,82,567

与西班牙,132,143,607-608,617,637-638,644,648

与城镇,106,107-108

也见 Black Death 条

Plato,柏拉图,266,267

poetry,诗歌,59,258,260,261-262,331,338,343,354,377,449,464,502,503,666,702,852

与作者身份,262-265

状况,257,265-270

Poitiers,普瓦蒂埃,113,115,440

Poitiers,battle of(1356),普瓦蒂埃战役(1356),96,97,109,247,398,423,426-427

Poland-Lithuania,波兰-立陶宛,12,120,169,201,250,526,531,554,555,678,701,707,708,709,710,727,735,741,742,743-756,769

与黑死病,91,132,750

与波希米亚,744,746-747,753,758,759,760

教会,744,748,749,750,755

王国的概念,743-746,749

经济,746,749-750

德国人,744,747,748,751-752

1102

索　引

与匈牙利, 739, 743, 746, 748, 749-750, 752-754
法律, 715, 745-746, 752, 790
　小波兰（Lesser Poland）, 743, 744, 748, 750, 751, 752, 754, 755
　贵族, 711, 744, 745, 746, 748, 752, 754, 755, 756, 778
　人口, 750-751
　国家, 745, 746-749, 751, 754
　税收, 746
　与条顿骑士团, 713, 714, 715, 721, 744, 746, 747-749, 750, 754-756, 777
　城镇, 750-751, 752, 754
　贸易, 748, 750, 770
　联盟, 710, 711, 712, 722, 752-756, 774-775, 790
　大学, 71, 72, 733
　也见 Lithuania 条
Pole, Michael de la, 波尔, 迈克尔·德·拉, 310, 311, 312, 313, 314, 316
politics, 政治, 6, 12-13, 285, 422, 424, 434, 447-450
　与艺术, 225
　与法律, 18-20
　与科学, 17-21
　理论, 17-29, 434
　也见 government; kingship 条
poll tax, 人头税, 29, 96, 98, 154
Pomerania, 波美拉尼亚, 721, 723, 744, 747, 748, 750
population, 人口（居民）, 14, 157
　与黑死病, 124-127-128, 135-154, 567
　下降, 9-10, 82, 85, 89-93, 102, 107, 108, 124, 126-136, 200, 201, 304, 339-340, 608
　增长, 84, 103-104
　寿命分析, 135-145
　资源, 126, 127
　稳定, 128, 129, 130, 138, 149, 607
　与贸易, 164
　城市, 103-104, 107-108
　也见 overpopulation 条
portolans, 航海图（指南）, 5
Portugal, 葡萄牙, 103, 104, 113, 132, 308, 418, 507, 598, 620
　与卡斯蒂尔, 623, 624, 625, 629, 630, 632-635, 639, 640-645
　教会, 633-634, 640
　危机, 645
　历史学, 633
　文学, 640
　瘟疫, 637
　继承, 643-644
　大学, 66, 67, 78, 633
poverty, idea of, 贫困观念, 43, 48, 55, 57, 108, 111, 112, 116, 130, 153, 305
power structures, 权力结构, 422, 431-435
Prague, 布拉格, 8, 164, 518, 547, 699, 747, 757, 758, 761
　艺术与建筑, 222, 223, 227-228, 234, 235
　人口, 103, 762
　大学, 57, 67, 71, 72, 78, 80,

563, 564, 685, 732, 733
Prato，普拉托，137, 139, 141, 146, 149, 150, 154, 197, 482, 492, 503
preaching，布道，259-260
Premysl dynasty，普热米斯尔王朝，526, 735, 744ff, 756, 757, 758
prices，价格，93, 94, 106, 157, 191, 203, 284, 304, 347
princes，君主（诸侯、亲王），13, 228, 389, 390, 392-393, 421, 437, 439-441, 454-457, 466, 467, 527, 528, 784, 786, 787
骑士团，209-212, 231
神权，20
选侯，22-23, 24, 519, 520, 532, 537-538, 548-549, 554, 555, 560
与等级，38-41
住户（家庭），213-215
理想的肖像，30-31
司法权，25-28
与贵族，218-221
与城镇，557-558, 565
privileges，特权，466, 468
Prophet, John，普罗费特，约翰，298
Protestantism，新教，57-58
Provence，普罗旺斯，91, 102, 128, 143, 406, 442, 454, 448, 489, 491, 496, 502, 509, 511, 513, 514, 532, 535
也见 Angevin dynasty 条
Prussia，普鲁士，247-248, 317, 579, 699, 702, 712-719, 724, 725, 726, 727, 730, 732-733

建筑，733-734
与十字军，729, 730-731
文化，731-732
Přzemysl, Přzemyslas，普热梅希尔，普热梅斯拉斯，见 Přemysl 条
Pskov，普斯科夫，728-729, 765, 768, 775, 781-782, 789
public works，公共工程，115, 117, 118, 463
Pucelle, Jean，皮塞勒，让，226, 228
Pulci bank，普尔奇银行，180

Radewijns, Florent，拉德维金斯，佛洛朗，64
Ranconis, Adalbert (d. 1388)，朗松尼斯，阿达尔伯特（死于1388），43
Randolph, John, earl of Moray，伦道夫，约翰，马里伯爵，357, 358
Randolph, Thomas, earl of Moray，伦道夫，托马斯，马里伯爵，357, 369
ransoms，赎金，277, 279, 289, 358, 365, 366, 416, 422
Regno, the，那不勒斯王国，497, 500, 501, 509-510, 511, 512, 513, 514
religion，宗教，6-7, 11, 17, 96, 298, 307-308, 322-324, 331, 332, 340-341, 418-420, 603-604, 615-618, 630, 647, 727-731, 734, 762-763, 772-773, 778, 786ff, 792-793, 795, 798, 808, 816-817,

819, 821, 822-823
西西里的安茹与, 504-505
建筑, 105-106, 115, 233, 235, 239, 241, 242-256
艺术, 231-232
冥想文学, 42, 58-64
崇拜, 46-47, 55
东方的, 56, 60
与教育, 42, 43-45, 65, 260, 261, 564
兄弟会, 47-48, 49, 59
与王权, 395, 396, 426
与俗人, 44-46, 62, 63
与精神关怀 (pastoral care), 44, 62
继承, 47
改革, 568, 590, 684-685
与精神生活, 48-49, 59, 62-64
也见 Catholic Church; monasticism; Orthodox Church; papacy; theology 条

religious orders, 宗教修会, 47-49, 57, 63-64, 105, 259-260, 563, 566, 634, 647, 654, 661, 687, 701, 727-728, 762
也见 Dominicans; Franciscans; friars 条

rents, 地租, 83, 86, 87, 88, 99, 164, 193, 200, 201, 202-203, 218, 347, 501, 608, 809

republicanism, 共和主义, 6, 8, 457, 467, 486-487, 777

Révigny, Jacques de (d. 1296), 雷维尼, 雅克·德 (死于1296年), 18, 23

revolts, 起义(叛乱), 12, 29, 95-101, 106, 108, 574, 575, 588
英国的 (1381), 95, 96, 98 101, 304-307, 343
佛兰德的, 581, 584
法国的, 388, 391, 427, 429, 431
意大利的, 457, 458-459, 461, 478-479, 657
起义分类, 95-96
城市的, 111, 116
威尔士的, 335, 336, 338, 341-344
也见 riots 条

Rhineland, 莱茵兰, 58, 59, 60, 93, 202, 716
选侯, 520-522, 526, 530, 531, 545, 555, 559
哥特式风格, 248
城镇, 102, 557, 558, 559
贸易, 156, 157, 183, 184, 189

Rhodes, 罗得岛, 869-871, 872, 873, 874, 879

Ricci, 里奇, 119, 471, 479, 481, 483

Richard I of England, 英格兰的理查德一世, 214

Richard II of England (1377-1399), 英格兰的理查德二世 (1377—1399), 31, 32, 214, 228, 239, 241, 274, 290, 429-430, 643, 699
出生和加冕, 299, 301-302
性格, 297, 311
与教会, 298, 307-308, 322-324, 689, 692

与下院, 298, 300, 309, 311, 312, 315-316, 317-318, 320, 321, 325, 326, 327

被废黜, 329-330

友谊, 309-310, 311, 312, 313, 316

与爱尔兰, 319-322, 328, 330, 375, 379, 380, 381, 383, 385-387

与伦敦, 308, 310, 319, 320, 322, 324, 325, 329, 332

与上院, 311, 312, 314-317, 321, 325-327

婚姻, 303, 304, 308, 318

未成年时, 302-304, 306, 308

庇护(赞助), 309-310, 317

与农民起义(1381), 302-307

个人统治, 316-325

肖像, 324

与外省, 319-320, 321-322

与王室财政, 324-325

与王室政府, 310-322

与国王家庭, 320, 321, 322

与苏格兰, 353, 354

王权理论, 331-333

与威尔士, 341

与战争, 297, 308-309, 318

Riga, 里加, 699, 703, 706, 712, 716, 718, 726, 727, 768

riots, 反叛(骚乱), 106, 609, 615, 653

也见 revolts 条

rivers, 河流, 156, 157, 181, 187, 188, 189

roads, 道路, 160, 175, 176, 181-182, 187, 188-189, 192, 566

Robert de Béthune, 罗贝尔·德·贝蒂纳, 396, 573, 574

Robert the Wise of Anjou (1278-1343), 安茹的"聪明人"罗贝尔, 445, 448, 455, 488-490

也见 Robert of Naples 条

Robert of Artois (d. 1342), 阿图瓦的罗贝尔(死于1342年), 392, 393, 400, 401

Robert of Bavaria, count of the Palatinate, 巴伐利亚的罗伯特, 巴拉丁伯爵, 445, 446

Robert of Geneva, cardinal, 日内瓦的罗伯特, 枢机主教, 675, 676, 677

也见 Clement VII, Pope 条

Robert of Naples (1309-1343), 那不勒斯的罗贝尔 (1309—1343), 224, 470, 472, 473, 474, 478, 488-496, 532, 534-535, 536, 538, 541, 542, 543, 660, 738

与艺术庇护, 501-503

死亡, 508, 510

与佛罗伦萨银行, 498-500

与意大利政治, 503-504

与法律, 503

与教宗, 488-489, 492, 493, 539, 656

与西西里, 476, 488, 490, 491ff, 494-496, 500, 501

论著与说教, 503

Robert I of Scotland (d. 1329), 苏格兰的罗伯特一世(死于1329年), 275, 276, 349, 350-351,

354, 356-357, 359, 365-366, 367, 369, 371, 382, 397

Robert II of Scotland (1371-1390), 苏格兰的罗伯特二世 (1371—1390), 351, 352, 353, 357, 358, 359, 360-361, 366, 367, 372

Robert III of Scotland (1390-1406), 苏格兰的罗伯特三世 (1390—1406), 361-362, 365, 367

Robert Stewart, 罗伯特·斯图尔特, 见 Robert II of Scotland 条

Rolle, Richard (d. 1349), 罗尔, 理查德 (死于1349年), 62, 63

Roman law, 罗马法, 13, 18-20, 21, 27, 44, 55, 67, 85, 150, 390, 398, 610, 636

Roman papacy, 罗马教宗 (职位), 57, 71, 223, 512, 513-514, 589, 653, 655, 665, 666, 674-675, 678, 679

弊端, 684-685

圣职, 684

与教会大分裂的结束, 692, 693

财政问题, 682-683, 684

与那不勒斯, 683-684, 685

与教宗国, 683, 685

税收, 684

也见 Avignon papacy; Catholic Church; papacy 条

romances, 罗曼司 (传奇故事), 221, 269, 331

Romanesque style, 罗马式, 227, 239, 253, 254, 594

Romania, 罗马尼亚, 827, 831, 832, 834-835, 836

'Romans, king of', "罗马人国王", 22, 488, 515, 527, 530, 551, 554, 555, 559, 569

也见 Germany; Empire, Holy Roman 条

Rome, 罗马, 22, 104, 189, 192, 223, 254, 256, 488, 509, 535, 541-542, 555, 560

混乱, 653

教宗归来, 655, 674-675

大学, 67

也见 Roman papacy 条

royal councils, 王室政务会议, 33, 302-304, 308, 312-313, 320-321

Rublev, Andrei, 鲁布廖夫, 安德烈, 791-792, 793

Rudolf IV of Habsburg, 哈布斯堡的鲁道夫四世, 71, 445, 515, 563, 744, 749, 750, 756

Rudolf of Saxony-Wittenberg, 萨克森-维滕贝格的鲁道夫, 537

Rudolf I of Upper Bavaria, 上巴伐利亚的鲁道夫一世, 517, 518, 520, 521, 525, 526, 529, 530, 535, 537, 552

Rumeli, 鲁米利, 849-853, 856, 857, 862, 863

Rupert II of the Palatinate (d. 1398), 巴拉丁的鲁佩特二世 (死于1398年), 558

Rupert III of the Palatinate (1352-1410), 巴拉丁的鲁佩特三世 (1352—1410), 558, 559, 560ff

rural society，乡村社会，82 – 101
　农业经济，83 – 85，89，93 – 94
　与黑死病，82 – 83，91 – 95，566 – 567
　危机，82，88 – 95
　混乱，615，618
　家庭单位，83 – 85
　大饥荒，88 – 90
　住户（家庭），148
　工业，121
　劳动力，86，87
　地主与佃农，83 – 88
　死亡率，84，85，89 – 93
　人口下降，82，83，85，89 – 93，200，201
　农奴制，86 – 87，88，99，100，101
　与城镇，103
　村庄，84 – 85，91，92 – 93，102，200，201
　也见 peasants 条
Rushook, Thomas, bishop of Chichester，拉肖克，托马斯，奇切斯特主教，312，314
Rus′，罗斯国家，702，713，720，734，764 – 794
　农业，783，784
　建筑和艺术，789 – 790，791 – 792，793
　独裁统治，777，787，788
　编年史，789，791，792
　气候与环境，776 – 777
　文化，765，770，787，788 – 794
　民主，777，778
　种族多样性（ethnic diversity），764
　封建主义 787 – 788
　与大俄罗斯（Great Russia），764，778，793
　历史学，777，778 – 779，793
　与基辅国家（Kiev state），764，765，769，776 – 777
　语言，790 – 791
　法律，765，768，790
　文学，789，790，791，792
　与立陶宛，703，705，706 – 708，709，710，723，765，769 – 770，782 – 783，788 – 791
　贵族，777 – 778，780，782，783，784
　东北各诸侯国，771 – 776，779，783 – 788
　农民，778，779，781，783，784，785，788
　政治，768 – 776，786 – 788
　宗教，727，728，772 – 773，786，789，790，791，792 – 793
　农村地区，783，785
　与俄罗斯，764，765
　奴隶，783，785
　资源，765，768
　贸易，726，768，771，773，775，777，781，789，794
　城市自由，778 – 780，783
Russia，俄罗斯，132，165，699，701，725，764，765，777，783，788 – 794
　也见 Rus′条
Ruthenia，鲁西尼亚，744，748，749，750
Ruysbroek, Jan，勒伊斯布鲁克，扬，

索 引

42，64

saints, local, 地方圣人, 45-46, 49, 443, 466
Salamanca university, 萨拉曼卡大学, 44, 66, 72, 75, 78, 633
Salutati, Coluccio, 萨卢塔蒂, 科卢乔, 49, 62, 267, 268, 486
Saluzzo, 萨卢佐, 454, 455, 457
Sambia, 桑比亚, 724
Sancho IV of Castile (1258-1295), 卡斯蒂尔的桑乔四世（1258—1295）, 596, 619-622, 628, 632, 649
Sanseverino, house of, 圣塞韦里诺家族, 514
Sardinia, 撒丁岛（撒丁尼亚）, 199, 460, 461, 504, 508, 512, 596, 597, 598, 600-601, 602, 603, 604, 605, 606
Savona, 萨沃纳, 449
Savoy, 萨伏依, 520, 532
Savoy dynasty, 萨伏依王朝, 448, 454, 455, 457, 467
Savoy-Achaia, 萨伏依-阿凯亚, 454-455, 457
也见 Order of the Colla 条
Saxony, 萨克森, 515, 516, 518, 521, 537, 549, 557, 562, 566
Scandinavia, 斯堪的纳维亚, 16, 103, 678, 701, 705, 711, 719-723
建筑, 733-734
与黑死病, 132
钱币, 722

文化与语言, 732
贵族, 722, 724
人口下降, 90
宗教, 727, 728
奴隶, 723, 724
资源, 702
学生, 733
城镇, 734
统一, 722-723
也见 Baltic region 条
Schleswig, 石勒苏益格, 721
scholarship, 学术, 424, 426
scholasticism, 经院哲学, 258, 262, 267
schools, 学校, 66-67, 120, 504, 563, 564, 733
大学（studia generale）, 66, 67, 72, 78, 733
教师, 181
science, 科学, 502, 503, 567, 568
也见 knowledge 条
Scotism, 司各脱主义, 见 Duns Scotus 条
Scotland, 苏格兰, 345-374, 678, 696
农业, 346, 347
边境地区, 368-370
内战, 346, 349, 356, 362
与《阿布罗斯宣言》(Declaration of Arbroath, 1320), 7, 354, 357
经济与贸易, 345, 346, 347-348
与英格兰, 273, 274, 275-277, 280, 281, 288-289, 302-303, 304, 308, 309, 315, 345-346, 348-354, 356, 361, 365, 368

饥荒，346

与法国，302-303，397-398，400

盖尔人成分（Gaelic elements），345，370，371，372，373

高地与岛屿（Highlands and Isles），346，370-373

与爱尔兰，338，350，378，379-380，382，383

司法制度，364

地方政府，345，363-364

君主制，345-346，350，354-362，363，364-367

货币，345，348

贵族，345，350，353，356ff，367-368，369-371

议会，353，363，364，366-367

庇护（赞助），367-368

瘟疫，346，347，372

政治制度，345，349-350，363-368

人口，345，346，347

税收，366

领土扩张，345，346，349，368

独立战争，348-354，365，368

Scrope and Grosvenor case (1385)，斯克罗普和格罗夫纳案件（1385），732

sculpture，雕塑、雕像，568

Seljuks of Rum，卢姆的塞尔柱人，841-844，851，865

Serbia，塞尔维亚，16，495，736，738，739，791，796-797，804，812，816，817，820，822，824，828，849，850，852，853，854，856，875，876

serfdom，农奴制，82，86，87，151，347，608，740

sermons，讲道、布道，44-45，57，259，503

Seville，塞维利亚，182-183，197

sharecropping，分成制，150，151，152

shipping industry，造船工业，593

ships，船只，158，176，182-187，499，865，880

大帆船（carracks），182，187，204

平底大船、战舰（galleys），183-185，187

帆船（sailing ships），185-186

贸易路线，182-183

Sicily，西西里，24，163，173，207，534，536，668，796

与那不勒斯的安茹统治者，476，488-506，508-514

与阿拉贡王朝，488，490，495，501，504，505-508，511，595-596，600，601

艺术和文化，501-503

内战，506

钱币，505

经济，498，499，507

出口，497-498

法律，503

贵族，495，500-501，504，505-506，507，5-8，514

与教宗，489，492，504，509，511，512，513

瘟疫，488，500，506，509

宗教，504-505

税收，499-500

纺织业，498

城镇，505，508

贸易，507，508

Siegfried III of Westerburg, archbishop of Cologne，韦斯特堡的西格弗里德三世（按：正文中是"二世"），科隆大主教，515，516

Siena，锡耶纳，47，67，207，228，465，482，486

艺术和建筑，105，106，114，115，120，222，223，224，225，226，229，241，254，256，536

洗礼和葬礼，139

大教堂，105

公司，179

与圭尔夫派（教宗党），534

Sigismund of Hungary, Holy Roman Emperor (1410-1436)，匈牙利的西吉斯孟德，神圣罗马帝国皇帝（1410-1436），445，453，562，592，696，741，742，856，883

Silesia，西里西亚，90-91，250，713，715，745，747，749，750，752，753，759，760

silver，白银，178，179，190，191，199，201，208，417，499，746，761

slavery，奴隶制，15，204-205，505，615-616，723，724，783，797，836，859，860，866

Slavs，斯拉夫人，103，715，724，726，729，736，744，747，764，780

Smolensk，斯摩棱斯克，702，706，726，764，768，775，790

Smyrna，士麦那，495，660，847，865，869，874，879

social and economic crisis，社会和经济危机，82，88-95，121-122

social class，社会阶级（阶层），298，299，320，321，438

social mobility，社会流动，85，96

Society of St George，圣乔治协会，209，210

Soldiers，士兵，446，451，532，803
也见 armies; mercenaries 条

Songe du Vergier，《韦尔热之梦》，28，221，420，423，424

Sovereignty，主权，23，25-28，423，425
也见 kingship 条

Spain，西班牙，3，5，15，182-183，185，187，197，303，511

建筑，241，252

黑死病，132，143，607-608，617，637，644

议会的作用，611-614

与十字军，730

混乱，614-615，618

经济问题，608-609

等级会议，40，41

饥荒，623，625

历史学，4

与理想的君主，30，31

犹太人，606，609，615-618，619，637，647，649

领主（地主），86，87

商人，418，604，605

穆斯林，601ff，615-618

结婚率，143

寡头统治, 626, 636
人口下降, 91
王室行政管理, 34, 37-38
王室政务会议, 34
王室权力, 27, 30
城镇, 31, 609, 611, 613, 614-615, 620-621, 622, 626, 628, 636, 645, 648
贸易, 160, 161, 174, 175, 187, 725, 726
大学, 66, 67, 71, 74, 75, 78
本土语言, 259-260, 263
也见 Aragon; Castile; Catalonia; cortes; Mallorca; Navarre; Portugal 条
Stafford, Edmund, bishop of Exeter, 斯塔福德, 埃德蒙, 埃克塞特主教, 316, 323, 326
states, 国家, 7, 12-13, 390, 431, 433, 551, 569, 585, 735, 746-749
 行政管理, 34-38, 435-438
 自治, 25
 集中, 426
 与教会, 7, 22
 与帝国, 21-24
 历史学, 422
 意大利的, 24-25, 465-468, 471, 474
 与政治科学, 17-21
 与王室政务会议, 34
 与税收, 28-29, 110, 164
 城镇与, 109
Stewart, Alexander, earl of Buchan, 斯图尔特, 亚历山大, 巴肯伯爵, 360, 361, 372-373

Stewart, John, earl of Carrick, 斯图尔特, 约翰, 卡里克伯爵, 353, 360, 361
 也见 Robert III of Scotland 条
Stewart, Robert, 斯图尔特, 罗伯特, 见 Robert II of Scotland 条
Stewart, Robert, earl of Fife, 斯图尔特, 罗伯特, 法夫伯爵, 360, 361, 362
Stewart, Walter, 斯图尔特, 瓦尔特, 357
Strasbourg, 斯特拉斯堡, 239, 243, 248, 249, 250
Strozzi, 斯特罗齐, 119, 471, 479, 481, 484
students, 学生, 67, 73, 74, 75, 77, 78-79, 120, 563, 567, 670, 733
Stury, Sir Richard, 斯图里, 理查德爵士, 304, 307, 320, 323
Suso, Henry (d. 1366), 苏索, 亨利 (死于1366年), 60, 61
Swabia, 士瓦本, 515, 528, 537, 538, 542, 557
Sweden, 瑞典, 15, 699, 701, 712, 718, 719-720
 黑死病, 727
 十字军, 728-729, 730
 文化, 732-733
 贵族, 722, 728
 资源, 702
 贸易, 726
Switzerland, 瑞士, 16, 85, 132, 456, 519, 528-529, 532, 557
Syria, 叙利亚, 163, 166, 174-175,

184，186，190，191，202，208，825，829，831，834，836，857，864-865，866，871，872，880，881，882

Taranto, house of，塔兰托家族，508，509，511，668

也见 Angevin dynasty; Louis of Taranto 条

Tatars，鞑靼人，710，711，723，734，739，751，755，764，765，774，787

taxation，税收，11，96，335，375，422，424，425，431，454，456，493，499-500，737，746，761，783，784，785，799，802，808，809

直接税，282，283-284，291，292，293，295，366，427，429，433，439

与英格兰，282-284，291-293，296，309

炉灶税（住户税），36，108，127，133，416

间接税，282，284，292，415-416

与教宗，517，656，663-664，671，684，867

人头税，96，98，143，304-305

与君主，25，40，126

王室征税权，28-29

与西班牙，605，606，613，614

与国家形成，164

与城镇，23，102，103，110，111，116，117-118，119，121

与贸易，191，193，829-830

technology，技术，11，566

Tell, William，泰尔，威廉，529

Templars，圣殿骑士团，209，390，417，605，606，609-610，634，659，866，867，871，872-873

tenants，佃户，85-86，88，94，99，100，203，218，339

Teutonic Knights，条顿骑士团，12，103，217，247，248，500，699，701，703，705，712-719，722，723，727，728-733，759，760，772，775，781

建筑，733-734

殖民，712-713，715　　1107

与十字军，710-711，728，729，730-732

与丹麦，721

土地与流动，715，716

与立陶宛，706，708-709，712，713，718，719，731，768-770

组织，715-716，724

起源，712

与教宗，716，718

与波兰，744，746，747-749，750

城镇，715

贸易，725，726

武士精神，731

textiles，纺织业，121，122，188，190，202，573，592-593，604，605，781

意大利的，162-164，497-498

奢侈品，165-172，203

也见 cloth 条

theatre，戏剧，269

Theodore I Palaeologus，狄奥多勒一

世·巴列奥略, 828, 829
theology, 神学, 6, 18, 20, 42 - 43, 50 - 56, 59, 62, 65, 268, 503, 542, 563, 568, 667, 669, 732
 与自由意志, 51 - 54, 76
 神秘主义的, 64
 与诗歌, 267
 与理性, 51, 54
 经院哲学家, 55
 大学与神学, 71, 72, 75, 76, 77
 也见 religion 条
Thessaloniki, 塞萨洛尼基, 14, 805, 808, 811, 812, 816, 818, 819, 820, 823, 827, 829, 832, 835, 882
Thessaly, 塞萨利, 796, 798, 807, 813, 819, 828, 835
Thomas, duke of Gloucester (d. 1397), 托马斯, 格洛斯特公爵（死于1397年), 302, 310, 311, 312, 313, 314, 317, 321, 326, 327
Thomas, earl of Lancaster (d. 1322), 托马斯, 兰开斯特伯爵（死于1322年), 285, 286, 287, 288, 326, 327, 328
Thomism, 托马斯主义, 76, 77
 也见 Aquinas, Thomas 条
Thomond, lordship of, 托蒙德的领主, 379
Thrace, 色雷斯, 803, 807, 812, 813, 820, 821, 826, 836, 847, 849, 850, 864, 875, 876
Thuringia, 图林根, 518, 716
Timur (Tamerlane), 帖木儿（"跛子"帖木儿), 839, 853, 857 - 858, 863, 865, 883
Toad's Field, battle of, 托德原野之战, 729
Toulouse, 图卢兹, 107, 108, 110, 113, 120, 121
 建筑, 222, 242
 艺术, 224
 结婚率, 143
 大学, 66, 72, 73, 74, 75, 76, 78, 81, 692
tournaments, 比武大赛, 214, 215 - 216, 220, 318, 319
towns, 城镇, 8, 13, 14, 31, 44, 74, 88, 102 - 123, 150, 151, 291, 292, 293, 298, 304, 320, 321 - 322, 332, 337, 377, 450, 451, 456, 464, 465, 489, 494, 508, 715, 724
 建筑, 105 - 106, 112 - 113, 114 - 115, 117, 118, 120, 239 - 242, 733, 778 - 780, 783, 784, 785
 变化, 112 - 122
 特许状（宪章: charters), 116
 教堂, 105, 106, 113
 犯罪, 112
 危机, 106 - 112
 防御, 113 - 114
 经济不平等, 121 - 122
 娱乐, 122
 财政, 117 - 118
 火灾, 109, 115, 567
 政府, 116 - 118
 成长, 102 - 104, 114 - 115
 历史学, 568

索　引

住户（家庭），148，153
住房，109，110，117，120，203
帝国城市，23，527，528，529，
　542，545，548，554，557–558，
　562，565–567，760
死亡率，107–108
结婚率，143
与庇护（赞助），222，225
与瘟疫，106，107–108，200，201
规划，104–105，115
人口下降，128，201
公共健康，108，115–116
代表制（representation），39
与王室特权，116，117
学校，72，564，732
郊区，109，111，115，120
税收，103，110，111，116，117–
　118，527
贸易，155，156，157，164，197，
　592，724–725
动乱，106，111，116，122，614–
　615
城墙，105，113，114，117，118
与战争，106，108–109
trade，贸易，119，121，122，155–
　208，282，284，418，460，461，
　462，566，725–727，729，
　829–833，865，866，869，
　871–872，880
　与亚洲，163，166，167，175，
　　184，185，190，191
　与破产，196–198
　汇票（bills of exchange），178–
　　179，180
　经纪人（捐客：brokers），176，
　　177–178
　与拜占庭，811–813
　公司，157–158，178，179–180，
　　196–198
　棉花，163，172，186，191，202，
　　208
　信使服务（courier services），176，
　　178，180，188，197
　与信用（credit），196，197–199
　崩溃（disruption of），190–193
　劳动分工，176–178
　染料，165，168–169
　集市，155–156，162，177，202，
　　418，499，507，508，725，727
　毛皮，165–166，725
　粗斜纹布（fustian），173，202，
　　206，207
　谷物，157–158
　与信息，180–181
　与利息率，178，180，196
　象牙雕刻，174
　亚麻布，163，169，172，174，
　　190，203
　长途，156，158，164–176，188，
　　203，829–838
　奢侈品，164–172，176–176，
　　193，203，208，337
　橄榄油，160，174
　与瘟疫，200–201
　与人口密度，156
　陶器，175
　贸易革命（商业革命），176–181，
　　188
　路线（商路），181–190，192–
　　193，197，592，654，706，742，

748，750，770，771，789，825，833-835，836

盐，159-160，185，499

规模，205-206

短途，155

丝绸，166-168，204，207

肥皂，160，174-175，187，191，206，208

香料，185，187，190，191，207，208

挂毯，173

贸易技巧 of，206，207

葡萄酒，158-159，165，186，187，192，283，337

也见 industries；merchants；slavery；transport 条

transport，运输，181-190，776

煤，161

谷物，157-158，185

改进，188-189，566

大批牲畜（pack animals），188，189

河流，181，187，188，189

道路，160，175，176，181-182，187，188-189，192

海洋，158，160，175，176，182-187，190

treason，叛逆，289，326

Treaties，条约，见 Brétigny；Paris；Vilnius 条

Trebizond, empire of，特拉布宗帝国，184，190，191，796，805，807，823

Trent，特伦特，445，453，467

Tresilian, Robert，特雷西良，罗伯特，313，314

Treviso，特雷维索，67，444，445，449，462，463

Trier，特里尔，515，516，521，528，530

Trieste，特里雅斯特，449，453，454，467

Trinacria，特里纳克里亚，见 Sicily 条

Turks，突厥人，土耳其人，见 Ottoman empire 条

Tuscany，托斯卡纳，91，182，186，188，470-471，472，476，482，490，523，525，532，533，535，656

建筑，241-242，253

圭尔夫派，488，489，493

住户，149，150，152-153

与瘟疫，133，134，139，149

结婚率，141-143

人口趋势，129，145

丝绸，166，167

纺织业，162，498

贸易，156，157，178，179，180，206

本土语言，258，259

也见 Florence 条

Tver′，特维尔，708，765，771-772，773，774，778，779，787，792，794

Tyler, Wat，泰勒，瓦特，98，99，306

tyrants，暴君，451，452，463，471，472，473，477，487，493，500，656

Tyrol，蒂罗尔，39，445，453，547，

548，550，552，760

Ukraine，乌克兰，749，764，776，777，778，788，790
Ulster，乌尔斯特，376，378，379，380，382，383，386
universities，大学，42，43 - 44，54 - 55，66 - 81，247，563 - 564，567，670，732 - 733
 学科和学院，71，72，73，75
 课程，75 - 77
 财政，73 - 74，79
 制度的稳定性（institutional stability），73 - 78
 新大学的创办，66 - 73
 与教会大分裂，71，72，80 - 81
 与社会，78 - 80
 学生，67，73，74，75，77，78 - 79
 教师，74，80
Uppsala，乌普萨拉，733
Urban V, Pope (1362 - 1370)，乌尔班五世，教宗（1362 - 1370），418，555，654，655，659，660，669，671，876，877，881
Urban VI, Pope (1378 - 1389)，乌尔班六世，教宗（1378—1389），322，454，512，513，642，644，681，733
 性格，676，677
 当选，675 - 676
 与教会大分裂，682，683 - 684
urbanisation，城市化，13，102 - 103，115，130
 也见 towns 条

Usk, Adam of，阿斯克的亚当，299
Usk, Thomas，阿斯克，托马斯，299，314
Utrecht，乌得勒支，105，570，578，587，589 - 590，591

vagabonds，流浪汉，111，112
Val d'Aosta，奥斯塔河谷，448，454，456
Valdemar Atterdag of Denmark，丹麦的瓦尔德马尔·阿特达格，715，721，722，725
Valdemar of Sweden，瑞典的瓦尔德马尔，709，719
Valencia，巴伦西亚，595，598，600，605，606，607，608，611，612，613，614，615，617 - 618，637
Valladolid，巴利亚多利德，621，623，624，628，629，637，638，646
 学校，66
 大学，78
Valois dynasty，瓦卢瓦王朝，30，227，238，279，280，389，391，392，393ff，420 - 421，423 - 441，681，760，795，798
Venice，威尼斯，14，24，105，107，119，167，418，443，451，454，465，503，510，561，598，661
 与爱琴海，825，830 - 832，834 - 835
 建筑，114，115，120
 与拜占庭，795，797，804，820，821
 公司，180

1109 与塞浦路斯, 872, 873
扩张主义, 446, 447, 449, 453, 486
强制贷款, 193
战舰, 182, 183-185, 186, 187, 880
与热那亚, 186, 187, 458, 464, 825, 826, 827, 882
政府, 116, 457-460, 467
与匈牙利, 738, 739, 741-742
工业, 164, 175-176
商人, 177, 178, 180, 191, 207-208, 527
海军, 831, 836, 838
贵族, 457, 458, 459, 830
与奥托曼人, 868ff, 874
与教宗, 490-491
人口, 103
贸易, 159, 206, 450, 527, 811
vernacular languages, 本土语言, 8-9, 45, 58, 60, 77, 307, 308, 354, 567, 568
与作者身份, 267-270
文学上的使用, 257, 258-262, 264, 265, 266
Vernani, Guido, 韦尔纳尼, 圭多, 268
Verona, 维罗纳, 67, 159, 191, 443, 445, 447, 449, 450, 451, 453, 462-465, 474, 475, 476, 486, 494, 534, 535, 539, 541
Vicenza, 维琴察, 447, 450, 463, 464
Victorines, 维克托派（信徒）, 59, 63

Vienna, 维也纳, 182, 242, 248, 250, 518, 565, 762
大学, 71, 72, 563-564, 568
Vienne, 维埃纳, 43
公会议（1312）, 56, 77, 667, 669, 867
Vilanova, Arnau de (c. 1240-1311), 维拉诺瓦, 阿尔瑙·德（约 1240-1311 年）, 76, 504
Villani, Filippo, 维拉尼, 非利波, 3, 16
Villani, Giovanni, 维拉尼, 乔瓦尼, 158, 162, 168, 196, 448, 477, 494, 499
Vilnius, 维尔纽斯, 705, 706, 710, 727, 728, 731, 733-734, 770, 776, 783
条约（1323）, 718
Visconti, Azzo, 维斯孔蒂, 阿佐, 494
Visconti, Bernabò, 维斯孔蒂, 贝尔纳博, 452-453, 464, 466
Visconti, Galeazzo II, 维斯孔蒂, 加莱亚佐二世, 449, 455, 466, 492
Visconti, Giangaleazzo (1387-1402), 维斯孔蒂, 詹加莱亚佐（1387—1402）, 254, 445, 446, 447, 450, 451, 452, 455, 461, 465, 466, 486, 685
Visconti, Matteo (d. 1322), 维斯孔蒂, 马泰奥（死于 1322 年）, 116, 444, 451, 452, 492, 504, 534, 535, 539
Visconti of Milan, 米兰的维斯孔蒂, 444-445, 446, 447, 448, 453,

456，461，473，498，533，555，561

扩张，191，449－450，455

不稳定 of，451－452

与意大利国家，465－466

与教宗，656，657，661，672

复位，491

Vitebsk，维捷布斯克，706，707，769

Vladimir dynasty，弗拉基米尔王朝，764，765，771，772，788，792，793

Volhynia，沃伦（沃伦尼亚），770，777－778，783

Vordingborg，沃尔丁堡，734

Vyborg，维堡，729

Vytautas (vitold) of Lithuania (1392－1430)，立陶宛的维陶塔斯（维托尔德，1392—1430），702，710，711，723，733，755，770，774，775

Vytenis of Lithuania (c. 1295 – c. 1315)，立陶宛的维泰尼斯（约1295—约1315），706，708，769

wages，工资，87，94，100，119，121，157，164，179，191，200，201，203，204，289，295，298，

Walachia，瓦拉几亚，738，739，856

Waldensians，瓦尔多派，48，762－763

Wales，威尔士，273，275，287，319，328－329，334－344

教会，340－341，342，343

分裂，334

王朝，334，340，341

英国的统治，334－337，338－339

与法国的战争，335，337

土地与经济，337，338，339

法律，334，341

边境地区（马奇：March），334，335，336，337，338－339，341

瘟疫，339－340，342

诗歌，338，343

人口，339，340

反抗，335，336，338，341－344

社会结构，337－338

Wallace, William，华莱士，威廉，350，351，354，369

Walloon，沃伦，570，576，584，592

也见 Flanders

Walsingham, Thomas，沃尔辛厄姆，托马斯，296，298，303，307，308，326

Walter of Brienne, duke of Athens，布里恩的瓦尔特，雅典公爵，477－478，479，481，483，493，827

war，战争，9，89，94，96，114，183，219，273，274，275－282，288－289，297，308－309，318，388，418，482，488，703，799，882

变化，11－12

与骑士团，210，502

战争精神（ethos），731－732

财政供给，40，415

对城镇的影响，108－109，115

与贸易，191－193，199

也见 armies；Hundred Years War 条

War of Chioggia (1378－1381)，基奥

贾战争（1378－1381），186，187，193，206，446，454，458，820，827

Warwick, Thomas, earl of，沃里克，托马斯，伯爵，314，321，325

wealth，财富，118－120，153，164，229

weapons，武器，11－12，114，118
也见 armour 条

weavers，织工，173，572，584

Wenceslas II of Bohemia（1271－1305），波希米亚国王瓦茨拉夫二世（1271—1305），515，516，518，519，526，530，531，735，744

Wenceslas III of Bohemia and Poland，波希米亚和波兰国王瓦茨拉夫三世，526，735，736，744，756

Wenceslas IV of Bohemia（1378－1400），波希米亚国王瓦茨拉夫四世（1378—1400），303，455，540，556－562，564，592，689，695，743
废黜，558，559，560－561，692

Wenceslas of Brabant，布拉班特的瓦茨拉夫，40，587，588

Western Isles，西部群岛，370－33
也见 Scotland 条

Westphalia，威斯特伐利亚，713，716

Wettin dynasty，韦廷家族，538，565

Whittington, Richard，惠廷顿，理查德，322

Wikbold of Cologne，科隆的维克博尔德，519，520，521

William I of Gulik（1371－1402），古利克的威廉一世（1371—1402），590

William III of Hainault-Holland（1305－1337），埃诺－荷兰的威廉三世（1305—1337），397，578，579－580

William IV of Hainault-Holland（1337－1345），埃诺－荷兰的威廉四世（1337—1345），548，578－579，580

William V of Hainault-Holland，埃诺－荷兰的威廉五世，15，579

William VI of Hainault-Holland，埃诺－荷兰的威廉六世，586，587

William of Ockham（1270－1347），奥卡姆的威廉（1270—1347），20－21，22，42，50，53，57，542，547－548，550，657

William of Windsor，温莎的威廉，384，385

William of Wykeham，威克汉姆的威廉，80

Wilton Diptych，威尔顿双连画，228，324

Windsor Palace，温莎的宫殿，8，235，247，274

Wittelsbach dynasty，维特斯巴赫家族，517，543，547，548，549，551，552，555，558，560－562，565

women，妇女，14－15，59，60，61，112，212，220，260，394，807，809，818
死亡率，138
生殖，139，140
与住户（家庭），150－152，154

结婚率, 138, 139, 141 - 145
农民, 84
奴隶, 204
Woodham, Adam, 伍德姆, 亚当, 53
wool, 羊毛(毛织品), 121, 156, 160, 162, 167 - 168, 169, 187, 190, 196, 197, 202, 337, 347 - 348, 483, 484, 497, 498, 725
英格兰的, 193, 198, 203, 282, 284, 303, 574, 593
佛兰德的, 572, 573
托斯卡纳的, 206
也见 cloth 条
working class, 工人阶级, 116, 121, 483, 571, 581

也见 artisans; peasants 条
Wyclif, John, 威克利夫, 约翰, 49, 50, 54, 57, 61, 81, 259, 307 - 308
也见 Lollards 条

York, 约克, 104, 105, 113, 320, 321, 322, 332
Ypres, 伊普尔, 97, 106, 107, 121, 129, 162, 241, 303, 388, 572, 584, 592, 593
Yusuf I of Granada (1333 - 1354), 格拉纳达国王优素福一世, 635

Zeeland, 泽兰, 521, 522, 570, 577 - 580, 585 - 587, 594

王加丰 译